Wirtschaftswörterbuch

Band II: Deutsch – Englisch

von

Dr. Wilhelm Schäfer

o. Professor
an der Universität Erlangen-Nürnberg

3., überarbeitete und erweiterte Auflage

Verlag Franz Vahlen München

CIP-Titelaufnahme der Deutschen Bibliothek

Schäfer, Wilhelm:
Wirtschaftswörterbuch / von Wilhelm Schäfer. –
München : Vahlen.

NE: HST

Bd. 2. Deutsch – Englisch. – 3., überarb. u. erw. Aufl. –
1991
  ISBN 3 8006 1508 8

ISBN 3 8006 1508 8

© 1991 Verlag Franz Vahlen GmbH, München
Satz und Druck der C. H. Beck'schen Buchdruckerei, Nördlingen

Vorwort zur 3. Auflage

Mit der vorliegenden Neuauflage wurde Teil II des Wörterbuchs durchgehend überarbeitet. Viele in jüngerer Zeit außer Gebrauch geratene Wortstellen wurden gelöscht und durch eine Auswahl von Neuzugängen und Erweiterungen aus der umfassenderen Datenbank ersetzt. Das Konzept wurde nicht geändert. Benutzer und Rezensenten sind der Meinung, daß der strenge Alphabetisierungsgrundsatz trotz gewisser, unvermeidlicher Inkonsistenzen beibehalten werden sollte, um den Vorteil des umweglosen Zugriffs nicht aufzugeben. Die Zahl der Kurzdefinitionen und Beispiele wurde erhöht, um an das lästige Faktum der Nicht-Äquivalenz und Kontextgebundenheit vieler Einträge in beiden Sprachen zu erinnern. Das bloß Sprachliche mit seinen Benennungen und Definitionen ist ja nicht Ersatz für fehlende Kenntnis fachlich komplexer Zusammenhänge, wie manche nach wie vor zu suggerieren scheinen.

Der tägliche Umgang mit Wörterbüchern wird unvermeidlich begleitet von Kritik an „Falschem" und „Fehlendem" (F&F). Die Qualität des Werkes ließe sich indes um eine Potenz steigern, wenn – entgegen der allgemeinen Gepflogenheit – ein Feedback zwischen Benutzern und Autor zustande käme, letzterer durch Kommentare, Fragen oder Anregungen also in die Lage versetzt würde, in der nächsten Auflage das F&F-Volumen weiter zu reduzieren.

Allen Benutzern und Kritikern, die sich zu Wort gemeldet haben, danke ich herzlich. Ebenso denen, die am Entstehen der Neuauflage in dieser oder jener Form beteiligt waren, aber ungenannt zu bleiben wünschen.

*Wilhelm Schäfer**

* Anschrift: Mörsdorfer Straße 14, D-5449 Buch

Inhalt

Sachgebiete

AuW	Außenwirtschaft	International Trade
Bö	Börse	Securities Exchanges
Bw	Betriebswirtschaft	Business Administration
com	General Commercial English	General Commercial English
EDV	Datenverarbeitung	Data Processing
EG	Europäische Gemeinschaften	European Communities
Fin	Finanzwirtschaft/Banken	Business Finance/Banking
FiW	Öffentliche Finanzwirtschaft	Public Finance
IndE	Industrial Engineering	Industrial Engineering
IWF	Internationaler Währungsfonds	International Monetary Fund
Kart	Kartellrecht	Antitrust Law
KoR	Kostenrechnung	Cost Accounting
Log	Logik und Methodology	Logic and Methodology
Math	Mathematik	Mathematics
MaW	Materialwirtschaft	Materials Management and Control
Mk	Marketing	Marketing
OR	Operations Research	Operations Research
Pat	Patentrecht	Industrial Property Rights
Pw	Personalwirtschaft/Bildungswesen	Personnel Management/Education
Re	Recht	Law
ReW	Rechnungswesen	General Accounting
SeeV	Seeversicherung	Marine Insurance
SozV	Soziale Sicherheit	Social Security
Stat	Statistik	Statistics
StR	Steuerrecht	Law of Taxation
Vers	Versicherungswirtschaft	Insurance Industry
VGR	Volkswirtschaftliche Gesamtrechnung	National Accounting
Vw	Volkswirtschaft	Economics
WeR	Wechselrecht	Negotiable Instruments
Zo	Zollwesen	Customs and Excises

Benutzerhinweise

1. Eine Besonderheit des Wörterbuchs: Es enthält keine Wortfelder, die linguistischen Vorstellungen eher genügen als dem Bedarf des Benutzers. Alle Stichwörter sind an ihrem Platz im Alphabet zu finden. Lediglich Reflexivverben sind unter ihrem Grundwort eingeordnet, wie ‚bewerben, sich‘. Um den Grundsatz auf die Spitze zu treiben: selbst eine begrenzte Anzahl synkategorematischer Ausdrücke wurde alphabetisiert, wie ‚nach geltendem Recht‘, ‚mit Wirkung vom‘.

2. Eine Liste mit Abkürungen wurde im Gegensatz zur 2. Auflage nicht vorgeschaltet; sie sind jetzt im Textkorpus enthalten.

3. Die Zahl der zum Nachschlagen nötigen Abkürzungen hält sich in Grenzen; es sind:

US	US-American
GB	British
m	männlich
f	weiblich
n	sächlich
e-e	eine
e-m	einem
e-n	einen
e-r	einer
e-s	eines
aF	alte Fassung
cf	vergleiche
eg	zum Beispiel
fml	formal
idR	in der Regel
ie	das heißt
i.e.S.	im engeren Sinne
infml	informell
i.w.S.	im weiteren Sinne
nF	neue Fassung
od	oder
opp	Gegensatz
pl	Plural
s-e	seine
s-m	seinem
s-r	seiner
s-s	seines
sl	Slang
syn	Synonym
usu	in der Regel
v	Verb
vgl	vergleiche

4. Von ausschließlich britischen Ausdrücken abgesehen, wird die amerikanische Schreibweise benutzt. Über die geringen Unterschiede (wie installment/instalment, defense/defence) gibt jedes allgemeine einsprachige Wörterbuch Auskunft.

A

ab
(com) on or after *(ie, a certain date or year)*
– (US) from
– (US) as of
– (GB) as from
AB (Re) = Ausführungsbestimmungen = Implementing Regulations
abändern
(com) to change
(ie, implies essential difference, loss of identity, or substitution of one thing for another)
– to alter
(ie, difference in some respect, without loss of identity)
– to modify
(ie, implies a difference that limits or restricts; it often suggests minor changes)
(com) to correct
– to rectify
(Re) to amend
– to revise
Abänderung *f*
(com) alteration
– change
– modification
– revision
(com) correction
– rectification
(Re) amendment *(eg, of a bill)*
– revision *(eg, of a judgment)*
Abänderungsantrag *m* **einbringen** (Re) to introduce an amendment
Abänderungsantrag *m* **zustimmen** (Re) to agree to an amendment
Abänderungsklage *f* (Re) civil action seeking to modify enforceable judgment for recurrent payments; Ziel ist Abänderung e–s Urteils, das zu wiederkehrenden Leistungen verurteilt hat; § 323 ZPO
Abänderungsklausel *f* (Re) derogatory stipulation *(ie, of a contract)*
Abänderungskündigung *f* (Pw) notice of dismissal + offer for re-employment at less favorable terms, §§ 2, 8 KSchG
(ie, Kündigung des Vertrages, verbunden mit Angebot auf Abschluß e–s neuen Vertrages; syn, Änderungskündigung)
Abänderungsvertrag *m* (Re) agreement to modify existing contract
(ie, gehört zu den vertraglichen Anpassungsregelungen, die im BGB nicht ausdrücklich vorgesehen sind; ergibt sich aus der allgemeinen Vertragsfreiheit)
Abandon *m*
(com) relinquishment of a right in order to be discharged from a duty
(ie, um von (Zahlungs–)Verpflichtungen befreit zu werden; cf, Börsenterminhandel, Nachschußpflicht, Zubuße)
(Re) abandonment

(ie, Preisgabe e–s Gegenstandes, um sich gewissen Verpflichtungen od sonstigen Rechtsnachteilen im Zusammenhang mit diesem Gegenstand entziehen zu können; see below)
(Re) abandonment
(ie, of a share to a company if shareholder objects to change of AG into GmbH or vice versa, §§ 375, 383 AktG)
(SeeV) abandonment
(ie, surrender of insured property to the underwriter in return for full payment of sum insured, § 861 HGB)
(Vers) abandonment
(ie, right of transport insurer to pay or deposit the full amount of sum insured in order to disclaim any further liability)
Abandonerklärung *f*
(SeeV) notice of abandonment
– abandonment clause
(ie, that ship will be abandoned to insurers if it should become a total loss)
Abandonist *m* (SeeV) abandoner
Abandonklausel *f* (Vers) abandonment clause
abandonnieren
(Bö) to abandon *(ie, old-fashioned)*
(Vers) to abandon
Abandonrecht *n* (Re) right of abandonment
Abandonrevers *m*
(Vers) declaration of abandonment *(ie, in transportation insurance)*
(SeeV) abandonment acknowledgment
(ie, authenticated document of acknowledgment concerning the subrogation of rights occurring by reason of the notice of abandonment, § 871 HGB)
abarbeiten
(com) to work off *(eg, debts)*
(EDV) to process/execute *(eg, a program)*
Abbau *m* (IndE) exploitation
(ie, extraction of minerals, coal, gas, oil)
Abbaubetrieb *m*
(com) extractive . . . enterprise/company
Abbau *m* **der Belegschaft** (Pw) cutting down/reduction . . . of workforce or personnel
– job pruning
– slimming *(eg, upwards of 20,000 jobs)*
– slashing of manning level
abbauen
(com) to reduce *(eg, prices, wages)*
(com) to abolish gradually
(eg, tariffs, tax advantages)
(com) to work off *(eg, backlog of orders on hand)*
(com) to run down *(eg, stocks)*
(Fin) to repay *(eg, debt)*
(Pw) to cut down *(eg, labor force)*
– to slim
– to reduce
(AuW) to abolish
– to break down

– to dismantle
– to remove *(eg, Handelsschranken = trade barriers)*
(IndE) to dismantle
– to disassemble
abbaufähige Betriebsfläche *f* (Bw) wasting asset
Abbaugerechtigkeit *f*
(Re) mineral/mining... right
(ie, right equivalent to ownership of real property and existing under a servitude or easement = Grunddienstbarkeit)
Abbaukonzession *f*
(Bw) mining license
– operating... license/lease
Abbauland *n* (StR) wasting assets
(ie, Betriebsflächen für Abbau der Bodensubstanz, wie Sand-, Kies-, und Lehmgruben, Steinbrüche, Torfstiche; mining land, quarries, gravel pits; assets diminishing in value commensurately with the removal of a natural product, § 34 I Nr 2 a BewG)
Abbau *m* **nichttarifärer Handelshemmnisse**
(AuW) nontariff reductions
– dismantling/removal... of nontariff barriers
Abbaurecht *n* (StR) mineral/mining... right
(ie, grundstücksgleiches Recht zum Abbau von Mineralien durch Bergbau; Einzelheiten sind im Ertragsteuerrecht [§ 15 II 1 EStG] und im Substanzsteuerrecht [§§ 8, 9 GewStG] geregelt
Abbau *m* **von Arbeitsplätzen**
(Pw) slimming jobs
– job pruning
– slashing manning levels
Abbau *m* **von Devisenreserven** (AuW) rundown of foreign exchange reserves
Abbau *m* **von Handelsschranken**
(AuW) abolition of
– breaking down
– dismantling
– lowering
– removal of... trade barriers
Abbau *m* **von Lagerbeständen**
(Vw) disinvestment in stocks
(Bw) inventory... liquidation/drawdown /runoff) *(opp, Lagerauffüllung, qv)*
Abbau *m* **von Staatsverschuldung** (FiW) reduction in... government debt /public debt
Abbau *m* **von Zöllen**
(AuW) abolition of tariffs
– elimination of customs duties
(AuW) reduction of customs duties
Abbau *m* **von Zollschranken** (AuW) removal of customs barriers
abberufen
(com) to recall *(ie, from office)*
– to remove
– to withdraw
– to dismiss *(eg, board member)*
Abberufung *f*
(com) dismissal
– recall
– withdrawal *(eg, from office)*
Abberufung *f* **von Gesellschaftern** (com) withdrawal of... partners/shareholders
(ie, Abberufung durch Änderung des

Gesellschaftsvertrages und durch gerichtliches Urteil; cf, §§ 117, 127 HGB)
abbestellen
(com) to cancel an order (for)
(com) to cancel a subscription (for) *(eg, for a journal, magazine)*
abbezahlen
(Fin) to pay off
– to pay by installments
Abbild *n* (EDV) image
Abbildbereich *m* (EDV) image area
Abbilddatei *f* (EDV) image file
Abbilddaten *pl* (EDV) image data
Abbilddefinition *f* (EDV) image definition
Abbild *n* **der Ätzvorlage** (EDV) artwork pattern *(eg, in CAD)*
Abbilddokument *n* (EDV) image document
abbilden auf/in (Math) to map/transform... into
Abbildkonfiguration *f* (EDV) image configuration
Abbildtextzeile *f* (EDV) image content line
Abbildtheorie *f* (Math) theory of mapping
Abbildumgebung *f* (EDV) image environment
Abbildung *f*
(Math) function
– mapping
– transformation
(ie, Abbildung od Funktion e–r Menge A in e–e Menge B ordnet jedem Element a genau ein Element b zu; mathematical correspondence that assigns exactly one element of one set to each element of the same or another set; der für die Analysis grundlegende Begriff der Funktion läuft nach dem heutigen Sprachgebrauch auf den der Abbildung hinaus)
Abbildverarbeitung *f* (EDV) image processing
abbrechen
(com) to break off *(eg, negotiations, talks)*
(com) to tear down
– to pull down *(eg, ram-shackle building)*
– to demolish
(EDV) to abort *(ie, job or system; due to malfunction)*
(EDV) to truncate *(ie, to suppress insignificant digits of a number)*
Abbrechen *n*
(Stat) cutoff *(eg, of survey)*
(com) breaking off *(eg, negotiations)*
(com) tearing/pulling... down
– dismantling *(syn, Abbruch)*
(EDV) abortion
(EDV) truncation
Abbrechen *n* **der Kausalkette** (Re) discontinued chain of causation
Abbrechfehler *m* (EDV) truncation error
abbröckeln
(Bö) to ease off
– to edge down
– to drift down
– to ease marginally
abbröckelnd
(Bö) slackening
– easing
– crumbling
Abbruch *m*
(com) break off *(eg, negotiations)*

(Bw) demolition *(eg, buildings)*
– dismantlement *(eg, plant and equipment)*
Abbruch *m* **baulicher Anlagen** (Re) demolition of buildings *(ie, ist baugenehmigungspflichtig)*
Abbruchbetrieb *m* (com) = Abbruchunternehmen
Abbrucherlöse *mpl*
(ReW) revenue from disposal of dismantled buildings, plant and equipment
– revenue from scrap disposal
Abbruchkosten *pl*
(ReW) cost of demolition
– cost of dismantling
– removal expenses
(ie, sind entweder Herstellungskosten des neuen Gebäudes oder sonst sofort abzugsfähige Betriebsausgaben)
Abbruchmaterial *n* (com) demolition... rubbish/ waste
Abbruchunternehmen *n*
(com) demolition contractor
– salvage company
– wrecker *(syn, Abbruchbetrieb)*
Abbruchwert *m* (ReW) break-up value
abbuchen
(com) to debit *(eg, bank debited my account with $50)*
– to enter a debit against
– to take out of the books
(ReW) to charge off *(ie, as an expense or loss)*
(ReW) to write off *(eg, bad debt as uncollectible)*
(ReW) to close out *(eg, cost of plant removed)*
Abbuchen *n* **e-r uneinbringlichen Forderung**
(ReW) bad debt writeoff
Abbuchungsauftrag *m* (Fin) credit transfer instruction
Abbuchungsauftragsverfahren *n* (Fin) = Abbuchungsverfahren
Abbuchungsermächtigung *f*
(Fin, US) preauthorized payment mandate
Abbuchungsverfahren *n*
(Fin) direct debiting service
– preauthorized payment method
(ie, Zahlungsverpflichteter gibt Auftrag an sein Kreditinstitut; cf, Einzugsermächtigungsverfahren)
ABC-Analyse *f* (Bw) ABC (evaluation) analysis
(ie, Variante der Programmanalyse; qv; ferner Hilfsmittel der Planungsmethodik des Operations Research)
ABC-Analyse *f* **der Lagerhaltung**
(MaW) ABC inventory control system
– selective inventory control
– usage value analysis
abdecken
(Fin) to repay *(eg, a credit or debt)*
(Fin) to cover *(eg, a risk)*
– to hedge
(ie, to take a defensive measure in order to safeguard portfolios against any dramatic fall in values)
(Bö) to conclude a covering transaction *(ie, in forward operations)*
Abdeckerei *f*
(com, US) rendering plant
– (GB) knacker's yard

Abdeckung *f* **des Marktes** (Mk) market coverage
abdingbar (Re) *(provisions of contract are)* modifiable
(ie, may be subject to agreement to the contrary)
abdingbares Recht *n* (Re) modifiable/flexible... law
(ie, Geltung kann durch Vereinbarung zwischen Personen ausgeschlossen werden; Ggs. zwingendes Recht; it is part of ‚jus dispositivum', not of ‚jus strictum')
abdisponieren
(Fin) to transfer
(Fin) to withdraw
Abdisposition *f*
(Fin) transfer
(Fin) withdrawal
Abdruck *m*
(EDV) print *(ie, in text processing)*
(com) copy
(com) reprint *(syn, Sonderdruck)*
abelsche Gruppe *f* (Math) abelian/commutative... group
(ie, e–e Gruppe heißt a., wenn die in ihr definierte Verknüpfung kommutativ ist; group whose binary operation is commutative; eg, ab = ba in the group; syn, kommutative Gruppe, Modul)
abelsches Integral *n* (Math) abelian integral
Abendschule *f* (Pw) evening/night... school
Abendverkauf *m*
(Mk) night-time sales
– late opening
Aberdepot *n* (Fin) deposit of fungible securities
(ie, bank need only return paper of same description and quantity)
ab Fabrik
(com) ex works
– ex factory
– ex mill
abfahren (IndE) to shut down
Abfahrtsdatum *n* (com) date of sailing *(ie, in ocean shipping)*
Abfall *m*
(com) waste
(eg, kommunale Abfälle, Gewerbemüll, Klärschlamm, Sonderabfälle = municipal and industrial waste, sludge produced by sewage treatment, special waste)
(MaW) spoilage
(ie, junked and sold for disposal value)
– scrap
(ie, of measurable but relatively minor recovery value; eg, shavings, filings, turnings; may be sold or reused)
– waste *(ie, no measurable recovery value or lost in the process; eg, dust, smoke)*
Abfallanalyse *f* (MaW) volume analysis of scrap, waste, and spoilage
Abfallaufkommen *n*
(MaW) solid waste production
– quantity discarded
Abfallberater *m* (com) waste disposal consultant
Abfallbeseitigung *f* (com) waste disposal
Abfallbeseitigungsanlage *f* (IndE) solid waste plant
(ie, set up for processing and disposal)

Abfallbeseitigungsgesetz *n* (Re) Waste Disposal Law, as amended 5 Jan 1977

Abfallbörse *f* (com) exchange set up by German Chambers of Commerce for the purchase and sale of residues, waste, and rejects, such as paper, plastics, etc.

Abfall-Container *m* (com, US) dumpster

Abfallerzeugnis *n*
(com) byproduct
– product made from scrap, waste, or spoilage
– spinoff

Abfallgesetz *n*
(Re) = Abfallbeseitigungsgesetz

Abfallmaterial *n*
(IndE) spoilage
(ie, products not meeting quality standards, sold for disposal value)
– waste
(ie, lost in manufacturing, no recovery value)
– scrap
(ie, residue from manufacturing, sold or reused)

Abfallmengenplanung *f* (KoR) volume planning of waste, scrap, and spoilage
(ie, carried out by OR methods as part of direct materials planning in standard cost accounting)

Abfallpapier *n* (com) waste paper

Abfallprodukt *n* (Bw) = Abfallerzeugnis

Abfallstoffe *mpl* (com) waste material

Abfallstück *n*
(IndE) reject
– (infml) waster

Abfallverminderungsprämie *f* (Pw) scrap-cutting bonus *(ie, an additional component of premium wage systems)*

Abfallverwertung *f*
(com) disposition *(ie, sale or reuse)* of spoilage or scrap
(com) waste utilization

Abfallwirtschaft *f*
(com) waste ... management/control
(com) waste disposal industry

Abfassung *f* **von Werbetexten** (Mk) copy writing
(syn, Werbetexten, Texten)

abfertigen
(com) to attend
– to serve
– to wait on customers
(com) to deal with
– to process *(esp in public offices)*
(com) to dispatch
– to forward
– to expedite *(eg, consignment)*
(Zo) to clear under customs procedure
(or through the customs)

Abfertigung *f*
(com) dispatch
(ie, preparing, concluding, and implementing railroad transportation contract)
(Zo) customs clearance of goods
(OR) service ... unit/station

Abfertigung *f* **im Reiseverkehr** (Zo) control of tourist traffic

Abfertigungsart *f*
(com) method of forwarding

Abfertigungsbeamter *m* (Zo) customs clearance officer

Abfertigungsbescheinigung *f* (Zo) certificate of acceptance

Abfertigungsgebühr *f*
(com) incidental railroad charges
(ie, other than actual freightage; eg, for loading and unloading)
(com) clearance fee

Abfertigungshafen *m* (Zo) port of clearance

Abfertigungsnota *f* (com) despatch note

Abfertigungsprozeß *m* (OR) service process

Abfertigungsrate *f* (OR) service rate

Abfertigungsreihenfolge *f* (OR) service order

Abfertigungsschalter *m* (Zo) passport control point

Abfertigungsspediteur *m* (com) truck haulage carrier
(ie, appointed by a higher-level transportation authority under §§ 33-36 GüKG)

Abfertigungsstelle *f*
(com) freight office
– (GB) goods office
(OR) channel
– service point
– service station
– service unit

Abfertigungsvorschriften *fpl*
(com) forwarding regulations
(Zo) clearance regulations

Abfertigungszeit *f* (OR) service time *(syn, Bedienungszeit, Servicezeit)*

Abfertigungszollstelle *f* (Zo) office of clearance

Abfertigung *f* **von Waren** (Zo) customs clearance of goods

Abfertigung *f* **von Zollgut** (Zo) customs clearance of goods
(ie, zum freien Verkehr, zu e–m Freigutverkehr, zu einem besonderen Zollverkehr)

Abfertigung *f* **zum Dauerverbleib** (Zo) clearance for home use

Abfertigung *f* **zum freien Verkehr beantragen** (Zo) to enter (goods) for consumption

Abfertigung *f* **zum zollrechtlich freien Verkehr** (Zo) release for free circulation

Abfertigung *f* **zum zoll- und steuerrechtlich freien Verkehr** (Zo) release for home use

Abfertigung *f* **zur Anweisung** (Zo) clearance for transit

Abfertigung *f* **zur Wiedereinfuhr** (Zo) clearance on ... re-importation/re-entry)

AbfG (Re) = Gesetz über die Beseitigung von Abfällen

Abfinanzierung *f* (Fin) repayment of debt and/or equity

abfinden
(com, Re) to compensate
– to indemnify
(com) to buy off *(ie, cause sb to give up a claim)*
(Re) to settle with
(Fin) to pay off
– to satisfy *(eg, creditor)*
(Fin) to buy out *(ie, an established company, a partner)*

Abfindung *f*
(Re) indemnity *(ie, money compensation to settle*

a legal claim, either as a one-time payment or in
instalments)
(Fin) money compensation
(ie, beim Ausscheiden e–s od mehrerer
Gesellschafter; Anspruch auf Anteil an Vermögenswerten und Vermögenszugang; zu regeln
nach § 738 BGB; cf, auch: §§ 305, 330 AktG)
(Pw) dismissal pay
– severance pay
– terminal bonus (or wage)
– termination pay
– ex gratia payment
– lump-sum settlement
(ie, fixed by a labor court, § 10 KSchG)
– (infml) golden handshake
– (US, infml) golden parachute
Abfindungsangebot n
(com) offer of lump-sum compensation (ie, in
settlement of a claim)
(com) offer of cash payment
(ie, unter bestimmten Umständen haben Minderheitsaktionäre Anspruch auf e–e Barabfindung; cf, § 305 AktG; minority shareholders may
demand cash payment)
(Pw) retirement offer
– early retirement scheme
Abfindungsbefugnis f (Re) right to perform an obligation other than that originally stipulated,
§ 241 I BGB
Abfindungserklärung f
(Re) release
– declaration accepting indemnity in full settlement of claim
(Vers) release (ie, document signed by insured
stating that any further claims, present and future,
are waived)
Abfindungsguthaben n
(Re) compensation
– amount of compensation
(ie, due to a partner at the time of his withdrawal
from the partnership or company)
Abfindungsplan m (Pw) compensation scheme
Abfindungsvertrag m (Pw) termination agreement
Abfindungszahlung f
(Pw) redundancy payment
– severance pay
– termination pay
abflachen (com) to level off
Abfluß m (Fin) outflow (ie, of funds)
Abfluß m **liquider Mittel** (Fin) cash drain
Abfrage f
(EDV) inquiry
– query
abfragebereit (EDV) ready for inquiry
Abfragedatei f (EDV) inquiry file
Abfrageeinheit f (EDV) inquiry unit
abfragen
(EDV) to query
– to inquire
– to interrogate
(EDV) to scan
Abfrageplatz m (EDV) inquiry station
Abfrageprogramm n (EDV) inquiry program
Abfragesprache f (EDV) query language
Abfragestation f (EDV) inquiry . . . station/unit

Abfragesystem n (EDV) query system, QS
abfühlen
(EDV) to sense (syn, abtasten)
– to read
Abfühlstation f (EDV) sensing/reading . . . station
abführen (Fin) to pay over (ie, to make formal pay-
ment; eg, to revenue authorities)
Abgabe f (StR) cf, Abgaben
Abgabe f **der Steuererklärung** (StR) filing a tax return, § 149 AO
Abgabe f **der Zollanmeldung** (Zo) lodgment of the
goods declaration
Abgabedruck m (Bö) sales/selling . . . pressure
Abgabefrist f
(com) due date
– filing date
– final date for acceptance
Abgabehoheit f (FiW) = Steuerhoheit
Abgabekurs m (Bö) issue price
Abgaben fpl
(StR) fiscal/public . . . charges
(ie, general term denoting all compulsory pay-
ments to public or quasi-public authorities; eg,
taxes, duties, levies, dues)
(KoR) taxes and fiscal charges
(ie, treated as administrative overhead)
(Bö) sales (of securities)
Abgabenautonomie f (FiW) right of municipalities
to levy taxes and duties
Abgabeneigung f (Bö) selling tendency
Abgabenerhebung f
(StR) collection of taxes (and other fiscal
charges)
(Zo) collection of duties and taxes
abgabenfrei (StR) free of tax
abgabenfreie Einfuhr f
(Zo) duty and tax-free importation
– free admission
Abgabenfreiheit f (StR) exemption from taxes (and
other fiscal charges)
Abgabenordnung f
(StR) German Fiscal Code
– general tax code
(ie, basic tax law, as amended in 1976, incor-
porating substantive and procedural provisions
common to all special tax legislation)
Abgabenorientierung f (Bw) tax-orientation of
plant location
(ie, choice of location determined by general level
of fiscal charges)
abgabenpflichtig
(StR) liable to pay taxes (or other fiscal charges)
– subject to payment of taxes
abgabenpflichtige Waren fpl (Zo) chargeable/duti-
able . . . goods
Abgabenquote f (FiW) = Steuerquote, qv
Abgabenschuldner m (StR) person liable to duties
or taxes
Abgabenstruktur f (StR) tax structure
Abgabensystem n (StR) system of levies
Abgabenvergünstigung f (AuW) preferential tariff
treatment
Abgaben fpl **zollgleicher Wirkung** (Zo) charges
equivalent to customs duties
Abgabepreis m (Mk) selling price (ie, in retailing)

5

Abgabesatz m
(com) amount of fiscal charges *(ie, in % of income)*
(Fin) selling rate *(ie, charged by German Bundesbank for money market paper; opp, Rücknahmesatz)*

Abgabetermin m
(com) due date
– filing date (for acceptance)
– time for filing *(eg, report, tax return)*

Abgabe f **von Angeboten**
(com) submission of bids
– bidding

Abgabe f **von Spielbanken** (StR) tax on gambling casinos

Abgabe f **von Zollanmeldungen für bestimmte Zeiträume** (Zo) periodic lodgment of declarations

Abgang m
(com) loss of weight *(ie, due to storage)*
(MaW) quantity issued *(ie, from stock)*
(Bw) asset ... disposal/retirement
(Pw) separation
– leave *(ie, termination of employment contract)*
(Vers) termination *(ie, of policy)*

Abgänge mpl
(ReW) disposals
– retirements *(eg, fixed assets, inventory items)*
(Pw) leavers
(Vers) actual deaths

Abgänger m (OR) branch emanating from node

Abgangsalter n (Vers) age at expiry

Abgangsbahnhof m (com) departure station

Abgangsdatum n (com) date of... dispatch/forwarding

Abgangsflughafen m (com) airport of departure

Abgangshafen m
(Zo) port of ... clearance/departure

Abgangskurve f
(Vers) mortality curve
– survivor-life curve

Abgangsland n (Zo) country of departure

Abgangsmitgliedstaat m (Zo) Member State of departure

Abgangsordnung f
(Bw) mortality sequence
(ie, of technical products, such as automobiles, railroad sleepers)
(Bw) mortality table *(ie, showing retirement sequence of fixed assets)*

Abgangsort m (Zo) place of departure

Abgangsrate f (Pw) separation/layoff... rate

Abgangsrechnung f (ReW) asset retirement accounting

Abgangstabelle f (Stat) mortality/retirement... table

Abgangswahrscheinlichkeit f
(Bw) mortality probability
(Vers) probability of exit

Abgangszeugnis n (Pw) school leaving certificate

Abgangszollstelle f (Zo) office of departure

Abgang m **von Gegenständen des Anlagevermögens**
(ReW) disposal of fixed assets

Abgas n
(IndE) exhaust gas *(ie, leaves IC engine or gas turbine)*

(IndE) flue gas *(ie, gaseous combustion product from a furnace)*

abgasarmes Auto n (com) low emission car

Abgasvorschriften fpl (Re) exhaust emission standards

abgebende Buchhaltung f (ReW) transferring accounting unit

abgebender Sektor m (Vw) supplying sector *(ie, in input-output analysis)*

abgebendes Konto n (ReW) issuing account

abgebrochene Prüfung f (IndE) curtailed inspection

abgebrochene Rente f (Fin) curtate annuity

abgebrochene Stichprobenprüfung f (IndE) curtailed/truncated ... sampling

abgeführte Gewinne mpl **aufgrund e-r Gewinngemeinschaft**
(ReW) income transferred from profit pooling

abgekürzte Außenprüfung f (StR) summary examination, § 203 AO *(ie, of small businesses not subject to periodic review)*

abgekürzte Division f (Math) short division

abgekürzte Lebenserwartung f (Vers) reduced life expectancy

abgekürztes Zollverfahren n (Zo, US) summary judgment

abgekürzte Todesfallversicherung f (Vers) term insurance
(syn, Risikoversicherung; ie, bei Tod während der Versicherungsdauer wird die vereinbarte Todesfallsumme fällig; bei Erleben des Ablauftermins wird keine Leistung fällig = life insurance for a stipulated term only; beneficiary receives the face value of the policy upon death, but nothing upon survival at completion of term; opp, Todesfallversicherung: straight-life insurance, qv)

abgekürzte Versicherung f (Vers) endowment life insurance
(ie, payable to the insured at the end of the contract or covered period or to beneficiary if insured dies prior to maturity date)

abgekürzte zusammengesetzte Vergleichsbedingung f
(EDV, Cobol) abbreviated combined relation condition *(cf, DIN 66 028)*

abgelagerte Ware f (com) seasoned goods

abgelaufene Frist f (com) expired term

abgelaufene Police f (Vers) expired policy

abgelaufenes Patent n
(Pat) lapsed
– expired
– extinct... patent

abgelaufene Zeit f (EDV) elapsed time

Abgeld n (Fin) discount *(syn, Disagio)*

abgeleitete Bilanz f (ReW) derived balance sheet
(ie, prepared from the commercial balance sheet but based on different valuation rules)

abgeleitete Firma f (Re) derived firm, §§ 21, 22 HGB

abgeleitete Informationsquelle f (Bw) source of processed information

abgeleitete Kostenarten fpl
(KoR) derived
– composite
– mixed

– secondary . . . cost types
abgeleitete Maßzahl *f* (Stat) derived statistic
abgeleitete Menge *f* (Math) (weak) derived set
abgeleitete Nachfrage *f* (Vw) derived/indirect . . .
demand
*(ie, Nachfrage nach Produktionsfaktoren, die
sich aus der N. auf dem Absatzmarkt ergibt; syn,
derivative Nachfrage)*
abgeleiteter Anspruch *m* (Re) derivative claim
abgeleiteter Besitz *m* (Re) derivative possession
abgeleiteter Erwerb *m* (Re) derivative acquisition
abgeleiteter Produktionsfaktor *m* (Vw) derived factor of production
abgeleitetes Einkommen *n* (Vw) derived income *(ie,
other than primary income)*
abgeleitetes Ereignis *n* (OR) derived event
abgeleitete Steuerhoheit *f* (FiW) derived taxing
power *(ie, delegated to subordinate governmental
units, such as ‚Gemeinde‘, ‚Kreis‘)*
abgelten (com) to pay in settlement of claim
abgepackte Ware *f* (com) packaged goods *(opp,
bulk goods)*
abgerechnete Leistungen *fpl* (RcW) invoiced sales
abgeschlossene Hülle *f* **e-r Punktmenge** (Math) closure of a set of points
abgeschlossene Menge *f* (Math) closed set
abgeschlossenes Börsengeschäft *n* (Bö) round transaction
abgeschlossenes Studium *n* (Pw) full course of study
(eg, completed a . . . at a university)
abgeschlossene Struktur *f* (Math) closed/com-
plete . . . structure
abgeschlossenes Unterprogramm *n* (EDV) closed
subroutine
Abgeschlossenheitsbescheinigung *f* (Re) separate-
ness certificate
*(ie, Wohnungseigentum ist nur an abgeschlosse-
nen Räumen zulässig; dem Grundbuchamt ist
zwecks Eintragung eine A. der Verwaltungsbehörde vorzulegen; cf, §§ 3, 7 WEG)*
abgeschwächte Nachfrage *f* (Vw) weaker demand
abgesonderte Befriedigung *f* (Re) preferential settlement of claim, §§ 47–52 KO
abgesonderter Gläubiger *m* (Re) creditor entitled
to preferential settlement, § 4 KO
abgespeckte Version *f* (com) slimmed-down/pared-
down . . . version *(eg, of car, computer program)*
abgestimmte Betriebsgröße *f* (IndE) balanced plant
size
abgestimmte Intervention *f* (Vw) joint intervention
*(ie, by central banks on foreign exchange mar-
kets)*
abgestimmtes Verhalten *n* (Kart) concerted . . . ac-
tion/practice
*(ie, ermöglicht wirksame Umgehung e–s Kartell-
verbots; meist formlose Verständigung durch
‚Frühstückskartell‘ od ‚Augenzwinkerkartell‘)*
abgetretene Forderung *f*
(ReW) account receivable discounted
*(ie, in factoring: contingent liability of seller up to
time of payment by debtor)*
(Re) assigned claim
abgetretener Bestand *m* (Fin) ceded portfolio
abgewanderter Bevölkerungsüberschuß *m* (Vw)
population overspill

abgewickelt (com) closed out
– completed
abgleichen
(EDV) to collate
– to merge *(syn, mischen)*
abgrenzen
(ReW) to charge to subsequent accounting years
– to accrue
Abgrenzung *f*
(ReW) accruals and deferrals
*(ie, to reflect the lack of coincidence of the
accounting period and the benefit period; syn,
Rechnungsabgrenzung, qv)*
(KoR) assignment of cost or expense not relating to accounting period or operating purpose
Abgrenzung *f* **des Küstenmeeres** (Re) delimitation
of the territorial sea
Abgrenzung *f* **regionaler Teilmärkte** (Mk) market
zoning
Abgrenzungsbogen *m* (ReW) reconciliation sheet
*(ie, statistical statement showing allocation of ex-
penses to financial and plant accounts)*
Abgrenzungsergebnis *n* (ReW) result of expense allocation statement
(ie, showing accruals and deferrals)
Abgrenzungskonten *npl* (ReW) accounts receiving
accruals and deferrals
Abgrenzungsposten *mpl* (ReW) items of accrual
and deferral
Abgrenzungsrechnung *f* (ReW) statement of expense allocation
Abgrenzungssammelkonto *n* (ReW) account collecting accruals and deferrals
Abgruppierung *f* (Pw) downgrading *(ie, of a job)*
abhaken (com) to tick off *(eg, items on a list)*
Abhakungszeichen *n*
(com) check
– tick
abhanden gekommene Sache *f* (Re) movable thing
either lost or stolen
*(ie, ownership cannot be acquired from any per-
son other than the true owner, § 935 BGB)*
abhängig Beschäftigte *mpl* (Pw) = Abhängige
Abhängige *mpl*
(Pw) wage and salary earners
– wage earners and salaried employees
– persons in dependent employment
– employees
abhängige Beschäftigung *f* (Pw) dependent employment
abhängige Erwerbspersonen *fpl* (Stat) dependent
labor force
abhängige Erwerbstätige *pl* (Pw) dependent
workers
abhängige Gesellschaft *f* (com) dependent/control-
led . . . company
Abhängigenquote *f* (Stat) dependency ratio
*(ie, Verhältnis zwischen der Anzahl der Noch-
nicht-Erwerbstätigen sowie der Nicht-mehr-Er-
werbstätigen und der Anzahl der Personen im erwerbsfähigen Alter)*
abhängiger Lieferant *m* (com) captive contractor
abhängiger Wartezustand *m* (EDV) normal disconnected mode, NDM
abhängiges Patent *n* (Pat) dependent patent

7

abhängiges Unternehmen *n* (com) controlled/dependent... enterprise
(ie, rechtlich selbständiges Unternehmen, unter beherrschendem Einfluß e–s anderen Unternehmens, § 17 AktG)
abhängige Variable *f* (Math) dependent variable
Abhängigkeitsanalyse *f* (KoR) analysis determining relation between costs and changes of plant parameters
Abhängigkeitsbericht *m*
(ReW) dependent company report
– dependence report
(ie, Kurzbezeichnung für den Bericht des Vorstandes über Beziehungen zu verbundenen Unternehmen nach §§ 312ff AktG = management report disclosing relations to affiliated companies)
Abhängigkeitsprüfung *f* (ReW) dependence audit, § 313 AktG
Abhängigkeitsverhältnis *n* (Bw) relationship of dependence
Abhängigkeitsvermutung *f* (com) presumption of dependency
abheben
(Fin) to draw
– to withdraw
(ie, money from a bank account)
Abhebung *f* (Fin) withdrawal
Abhilfe *f* (com, Re) relief
Abhilfemaßnahmen *fpl* (com, IndE) corrective action
(ie, to eliminate non-conformance; syn, Korrekturmaßnahmen)
Abhilfemaßnahmen *fpl* **in Gang setzen**
(com) to instigate
– to take... corrective action
abholen
(com) to collect
– to pick up *(eg, parcels, consignment)*
Abholgrossist *m* (Mk) cash and carry wholesaler
Abhollager *n* (com) call station *(syn, Depot)*
Abitur *n* (com) secondary school final
(ie, the equivalent of two years of college in US, and of ‚A‘ level in GB; entitles successful candidate forthwith to matriculation at any German university)
Abiturient *m* (com) ‚gymnasium‘ graduate
Abiturzeugnis *n* (com) final secondary school leaving certificate
ab Kai (com) ex quay
ab Kai benannter Hafen (com) ex quay named port
ab Kai (unverzollt) (com) ex quay (duty on buyer's account)
ab Kai verzollt (com, Incoterms) ex quay duty paid
(... named port of destination)
Abkommen *n*
(Re, *bilateral*) agreement
(ie, on economic, financial, technical matters, see ‚treaty‘)
(Re, *multilateral*) convention
(Note: the two terms are sometimes used interchangeably)
Abkommen *n* **mit den Gläubigern** (Re) arrangement/settlement... with creditors
Abkommenskonten *npl* (Fin) clearing accounts
(ie, aufgrund e–s zwischenstaatlichen Zahlungs-

abkommens bei e–r od mehreren Notenbanken geführt)
Abkommen *n* **über den Schutz des gewerblichen Eigentums** (Re) Convention for the Protection of Industrial Property
Abkommen *n* **über den Zollwert der Waren** (AuW) Convention on the valuation of goods for customs purposes
Abkommen *n* **zur Stabilisierung der Rohstoffpreise** (Vw) commodity stabilization agreement
Abkommen *n* **zur Vermeidung von Doppelbesteuerung** (StR) double taxation treaty
abkoppeln (com) to de-couple *(ie, Europe from U.S. interest rates)*
Abkoppeln *n* (AuW) delinking
(ie, von Entwicklungsländern aus den internationalen Wirtschaftsstrukturen)
Abkopplungsthese *f* (AuW) decoupling theorem
(ie, Entwicklungsländer sollen e–e binnenmarktorientierte Entwicklung anstreben; reduce their trade relations with industrialized countries to a minimum)
abkürzen (com) to abbreviate
– to abridge
– to condense
– to shorten
Abkürzung *f* (com) abbreviation
Abladegeschäft *n* (com) import transaction where shipping port is deemed to be the place of performance
(ie, echtes Abladegeschäft; see also: unechtes Abladegeschäft)
Abladegewicht *n*
(com) shipping weight
(com) unloading weight *(ie, determined by the carrier upon arrival at point of destination)*
Abladehafen *m* (com) port of discharge
Abladeklausel (com) loading clause
(ie, Handelsklausel zwischen Käufer und Verkäufer, die Erfüllungsort, -zeit, Beförderungskosten betrifft; cf, Incoterms)
Abladeklauseln *fpl* (com) trade terms relating to transportation cost, place and time of fulfillment
(eg, cif, fob, freight prepaid etc.)
Abladekosten *pl* (com) unloading charges
abladen
(com) to unload
– to discharge
Ablader *m*
(com) shipper
– forwarder
(ie, derjenige, der dem Verfrachter das Gut zur Beförderung übergibt; delivers goods to a carrier, § 442, §§ 642ff HGB; idR sind Ablader und Befrachter identisch)
Abladerbindung *f* (AuW) commitment to foreign supplier/forwarder
(ie, Einfuhr nur aufgrund e–s Vertrages mit e–m bestimmten ausländischen Lieferanten [Ablader] gestattet)
Abladung *f*
(com) unloading
– discharge
Abladungshafen *m* (com) port of discharge
Ablage *f*

8

(com) filing
(com) file system *(ie, systematic arrangements for storing office papers)*

Ablagekorb *m*
(com) filing ... basket/tray
– letter tray

Ablagemappe *f* (com) letter folder *(ie, folded cardboard used for holding loose papers)*

ab Lager
(com) ex store
– ex warehouse
(com, infml) off the shelf

ab Lager liefern (com) to deliver from stock

Ablagesystem *n* (com) filing system

Ablagevermerk *m* (com) filing stamp

Ablauf *m*
(Bw) operation
– (operational) sequence
– execution
– procedure
– process
(Re) expiration
– lapse
– termination
(WeR) maturity
(Pat) lapse
– expiration
(Vers) expiry *(eg, of life insurance policy)*

Ablaufabschnitt *m* (IndE) phase of work *(eg, project stage, activity)*

Ablaufanalyse *f* (IndE) analysis of work flow

Ablaufanforderung *f* (EDV) sequence request

Ablaufauswahl *f* (EDV) sequence selection

ablaufbedingte Brachzeit *f* (IndE) machine idle time

ablaufbedingte Wartezeit *f* (IndE) unoccupied time

Ablaufbeschreibung *f* (EDV) description of operational sequence

Ablaufdauer *f* (IndE) time of operations flow

Ablauf *m* **der Gültigkeitsdauer der Einfuhrlizenz** (Zo) expiry of the period of validity of the import licence

Ablauf *m* **der Gültigkeitsdauer des Carnet** (Zo) expiry of the validity of the carnet

Ablaufdiagramm *n*
(EDV) flowchart
– flow diagram
– process chart
(sub-terms: Befehlsdiagramm, Datenflußplan, Programmablaufplan)
(Stat) flow/route ... diagram
(IndE) straight-line scheduling

ablaufen
(Re) to expire
– to lapse
(EDV) to execute
– to run

Ablauf *m* **e–s Patents** (Pat) lapse of a patent

Ablauf *m* **e–s Programms** (EDV) program run

Abläufe *mpl* **steuern** (IndE) to control processes

ablauffähige Version *f* (EDV) runtime application

Ablauffrist *f* (com) time limit

Ablaufgraph *m*
(Stat) flow/route ... diagram
(IndE) straight-line scheduling

Ablaufhemmung *f* (Re) suspension of the statute of limitations, § 205 BGB
(ie, period of limitations is extended for the duration of the suspending event)

ablaufinvariant
(EDV) re-entrant
– re-enterable
– sharable

Ablaufkontrolle *f* (IndE) flow control *(ie, in continuous manufacture)*

Ablauflinie *f* (EDV) flow line

Ablauforganisation *f* (Bw, *roughly*) structuring of operations
(ie, in simple German defined as: ,raumzeitliche Gestaltung der in allen Bereichen e-s organisatorischen Gebildes zur Aufgabenerfüllung erforderlichen Prozesse'; opp, Aufbauorganisation)

Ablaufplan *m*
(EDV) = Ablaufdiagramm
(IndE) flow ... chart/diagram/sheet
(ie, in der Reihenfolgeplanung = job shop sequencing)
(IndE) process plan *(eg, in quality assurance programs)*

Ablaufplanung *f*
(Bw) operations planning
– scheduling
– sequencing
(IndE) job shop scheduling *(ie, determining when and where each operation in the production process will be done; syn, Durchführungsplanung, Produktionsvollzugsplanung)*

Ablaufplanung *f* **mit überlappenden Phasen**
(IndE) lap phasing
– overlapped scheduling
– telescoping

Ablaufplanungsdilemma *n* (IndE) operations-planning dilemma

Ablaufprinzipien *npl*
(IndE) classification by type of manufacturing processes
(eg, job shop, flow line, automated production)

Ablaufprogramm *n* (IndE) operating cycle

Ablaufschaubild *n* (EDV) = Ablaufdiagramm

Ablaufschema *n* (EDV) = Ablaufdiagramm

Ablaufsteuerkarte *f* (EDV) job control card

Ablaufsteuerung *f*
(EDV) scheduler *(subterms: job scheduler + task scheduler)*
(EDV) sequential control

Ablaufteil *m* (EDV) executive (program)

Ablauftermin *m*
(Re) date of expiry
(Fin) due date
– date of maturity

Ablaufüberwacher *m*
(EDV) tracer
– tracing program

Ablaufverfolger *m* (EDV) = Ablaufüberwacher

AblEG (EG) = Amtsblatt der Europäischen Gemeinschaften

ablegen (com) to file

ablehnen
(com, Re) to refuse *(ie, general word)*

– to reject *(ie, stronger implication)*
– to decline *(ie, more formal and courteous)*
Ablehngrenze *f*
(IndE) lot tolerance limit
– lot tolerance percent defective
– rejectable quality level
– rejection line
– limiting quality
Ablehnung *f*
(com, Re) refusal
– rejection
– decline
Ablehnung *f* **durch Gegenangebot** (Re) rejection by counter-offer
Ablehnung *f* **e-s Risikos** (Vers) rejection of risk
Ablehnungsbereich *m* (IndE) rejection region
Ablehnungsbescheid *m* (Re) notice of denial
Ablehnung *f* **von Prämienerhöhungen** (Vers) turndown on rate requests *(ie, by supervisory authority)*
ableichtern (com) to tranship *(or transship)* *(ie, to reload cargo, in whole or in part, from one ship to another)*
ableitbar (Log) deducible *(syn, erzeugbar)*
Ableitbarkeit *f*
(Log, Math) deducibility
(Math) derivability
Ableitung *f*
(Log) inference *(ie, derivation of a proposition, the conclusion, from a set of other propositions, the premises)*
(Math) derivation
(Math) derivative
– differential quotient
(ie, function f which satisfies the equation $f(uv) = uf(v) + vf(u)$)
Ableitungen *fpl* (Math) derivations
Ableitung *f* **e-r Funktion**
(Math) derivative of a function
– differential coefficient
Ableitung *f* **höherer Ordnung** (Math) derivative of higher order
Ableitung *f* **nach der Zeit** (Math) time derivative
Ableitungsbeziehung *f* (Log) consequence
Ableitungsregel *f*
(Log) rule of inference
– transformation rule
(ie, any rule in its metalanguage of the form „from well-formed formulas of the form A_1, A_2, ..., A_n, it is permissible to infer a wff of the form B"; syn, Beweisregel, Deduktionsregel, Schlußregel)
Ablenkungsmanöver *n* (com) diversionary... tactics/exercise
Ablenkungsweg *m* (com) indirect route
abliefern (com) to deliver *(eg, goods)*
Ablieferung *f* (com) delivery
Ablieferungsbescheid *m* (com) notice/notification... of delivery
Ablieferungsbescheinigung *f* (com) receipt of delivery
Ablieferungsfrist *f*
(com) time of delivery
– delivery period
Ablieferungsgewicht *n* (com) weight delivered

Ablieferungshindernis *n* (com) obstacle to delivery, § 437 HGB *(ie, if such obstacle arises, carrier shall notify the sender of the goods)*
Ablieferungskontingent *n* (com) delivery quota
Ablieferungsort *m* (com) place of... delivery/destination
(ie, frequently identical with ‚Erfüllungsort' = place of performance)
Ablieferungspflicht *f* (com) obligation to deliver *(ie, mostly farm products)*
Ablieferungspreis *m*
(com) price of delivery
– delivery price
Ablieferungsprüfung *f* (IndE) user inspection
Ablieferungssoll *n* (com) delivery quota
Ablieferungstermin *m* (com) date... appointed/fixed/settled for delivery
ablösbar
(Fin) redeemable
– repayable
ablösen
(Fin) to redeem
– to repay
Ablösung *f*
(Fin) discharge
– redemption
– repayment *(ie, in a single sum)*
(Fin, Vers) commutation
Ablösung *f* **e-r Anleihe** (Fin) anticipatory redemption of a loan
Ablösungsanleihe *f* (FiW) commutation ... loan/bonds
(ie, short-term bonds issued to creditors and equivalent to the depreciated debt of public borrowers)
Ablösungsbetrag *m*
(Fin) amount required for redemption
– redemption sum
Ablösungsfinanzierung *f* (Fin) consolidation financing
(ie, Aufnahme von Eigenkapital zur Ersetzung von Fremdkapital; provision of equity capital to repay borrowed funds)
Ablösungsfonds *m* (Fin) sinking fund
Ablösungsrecht *n*
(Fin) equity/right... of redemption
(ie, of borrower to redeem property taken by a creditor)
(Re) right to avert seizure by satisfying the judgment debt on debtor's behalf, § 268 BGB
Ablösungsschuld *f* (Fin) commutation debt
Ablösungssumme *f* (Re) redemption sum
(ie, paid to extinguish encumbrance, § 1199ff BGB)
abmachen
(com) to arrange
– to make arrangements
Abmachung *f* (com) arrangement
Abmachungen *fpl* **einhalten** (com) to honor arrangements
Abmachung *f* **treffen** (com) to make an... arrangement/agreement
Abmahnung *f* (Re) written request to desist from alleged or actual violation of contractual or legal obligations

(ie, Hinweis auf vertragswidriges Verhalten des Vertragspartners und auf rechtliche Konsequenzen bei Fortdauer s–s Verhaltens; wichtigste Fallgruppe ist die verhaltensbedingte Kündigung im Arbeitsrecht; daneben vor allem beim Versicherungsvertrag sowie bei wettbewerbswidrigem Verhalten)

Abmattung *f* (com) dunnage *(eg, material laid beneath objects carried by rail or ship to prevent damage)*

abmelden
(com) to deregister *(eg, automobile)*
(EDV) to sign off
– to log off/out

Abmeldung *f*
(com) withdrawal
– cancellation *(eg, of membership)*
– cancellation of registration
(EDV) signoff
– logoff

Abnahme *f*
(com) purchase *(ie, of goods)*
– order
(com) acceptance *(ie, of goods by customer)*
(com) taking delivery
(com) collection *(of goods)*
(IndE) acceptance
– acceptance ... inspection/test
– final inspection *(ie, of products ready for delivery)*

Abnahmeabschnitt *m* (Zo) voucher for customs control

Abnahmebeamter *m*
(IndE) quality inspector
– acceptance inspector

Abnahmebeauftragter *m* (IndE) inspector *(ie, sent by a customer)*

Abnahmebedingungen *fpl*
(IndE) acceptability standards
– conditions laid down for acceptance

Abnahmebereich *m* (IndE) acceptance region *(syn, Gutbereich)*

Abnahmebericht *m* (IndE) acceptance/inspection ... report

Abnahmebescheinigung *f* (IndE) = Abnahmezeugnis, qv

Abnahme *f* **des Nutzungspotentials** (Bw) diminution of service yield *(ie, of depreciable assets)*

Abnahmegrenze *f*
(IndE) acceptance boundary
– acceptable quality level, AQL

Abnahme *f* **größerer Mengen**
(com) ordering/purchasing ... of large quantities
– bulk buying *(syn, Großeinkauf)*

Abnahmekontrolle *f* **mittels Stichproben**
(IndE) acceptance sampling
– sampling inspection

Abnahmekontrollkarte *f* (IndE) acceptance control chart

Abnahmelinie *f* (IndE) acceptance line *(opp, rejection line)*

Abnahmenormen *fpl* (IndE) acceptance criteria *(ie, standards for judging ...)*

Abnahmepflicht *f* (com) obligation to take delivery *(ie, of merchandise tendered)*

Abnahmeprotokoll *n*
(IndE) = Abnahmezeugnis, qv

Abnahmeprüfprotokoll *n*
(IndE) certificate of acceptance *(syn, Abnahmezeugnis, qv)*

Abnahmeprüfung *f*
(IndE) inspection test *(ie, made by manufacturer)*
(IndE) acceptance/conformance ... test *(ie, made by customer)*

Abnahmeprüfung *f* **nach qualitativen Merkmalen**
(IndE) inspection by attributes

Abnahmeprüfung *f* **nach quantitativen Merkmalen**
(IndE) inspection by variables

Abnahmeprüfzeugnis *n* (IndE) acceptance test certificate *(cf, DIN 50 049)*

Abnahmepunkt *m* (IndE) witness point *(ie, in quality assurance)*

Abnahmestichprobenplan *m* (IndE) acceptance sampling plan

Abnahmetest *m*
(IndE) acceptance trial
(ie, of equipment by agents of purchaser to make sure that specified performance criteria have been met)
(EDV) acceptance test

Abnahmeverpflichtung *f*
(com) purchase commitment
(com) acceptance duty
(Re) obligation to take delivery

Abnahmeverzug *m* (Re) = Gläubigerverzug, qv

Abnahmevorschriften *fpl*
(IndE) quality specifications
– acceptance standards

Abnahmezahl *f* (IndE) acceptance number

Abnahmezeugnis *n*
(IndE) acceptance/test ... certificate
– inspection/test ... report
(syn, Abnahmebescheinigung, Abnahmeprotokoll)

Abnahmebescheinigung *f* (IndE) = Abnahmezeugnis, qv

abnehmen
(com) to order
– to purchase *(eg, goods, merchandise, products)*
(com) to accept
– to take delivery *(ie, of goods)*
(Fin, infml) to soak
– (GB) to rush *(eg, how much did they rush you for that car?)*
(IndE) to accept *(opp, to reject)*

abnehmende Funktion *f* **e-r Variablen**
(Math) decreasing function of a variable

abnehmende Grenzleistungsfähigkeit *f* **des Kapitals**
(Vw) declining marginal efficiency of capital

abnehmende Grenzproduktivität *f* (Vw) diminishing marginal productivity

abnehmende Grenzrate *f* **der technischen Substitution** (Vw) diminishing marginal rate of substitution

abnehmende Niveaugrenzerträge *mpl* (Vw) diminishing returns to scale

abnehmender Grenznutzen *m* (Vw) diminishing marginal utility

abnehmende Skalenerträge *mpl* (Vw) diminishing returns to scale
Abnehmer *m*
  (com) buyer
  – purchaser
  – customer
  – client
  (Bö) taker
  (StR, VAT) recipient of a delivery *(ie, Empfänger e-r Lieferung)*
Abnehmer *mpl* **finden** (com) to find a market
Abnehmerkredit *m* (Fin) = Kundenanzahlung, qv
Abnehmerkreis *m* (com) customers
Abnehmerland *n* (AuW) customer/importing . . . country
abnormale Krümmung *f* (Stat) allokurtosis
abnutzbare Betriebsmittel *npl* (Bw) depreciable plant assets
abnutzbare Güter *npl* (ReW) assets subject to depreciation *(syn, Nutzungsgüter)*
abnutzbares Anlagevermögen *n* (ReW) depreciable fixed assets
abnutzbare Wirtschaftsgüter *npl* **des Anlagevermögens** (ReW) depreciable fixed assets
Abnutzung *f*
  (IndE) wear and tear
  (ReW) depreciation *(ie, in the sense of diminution of service yield)*
  (StR) depreciation for tax purposes
  (Vers) new for old *(ie, applying discount based upon depreciation of a new part that is installed in settlement of a claim)*
Abnutzung *f* **durch Gebrauch** (IndE) wear and tear
Abnutzungseffekt *m* (com) wear-out effect
Abnutzungswert *m* (ReW) carrying rate of asset
Abonnement *n* (com) subscription
Abonnent *m* (com) subscriber (to)
Abonnentenversicherung *f* (Vers) subscribers' insurance
  (ie, publisher of periodicals taking out policies on account of his subscribers)
abonnieren
  (com) to subscribe (to)
  – to take out a subscription
Abordnung *f* (Pw) transfer *(ie, of employee to another location)*
Abordnungsgeld *n* (Pw) living allowance *(ie, paid to an employee transferred to another duty station)*
Abraumbeseitigung *f*
  (com) industrial reclamation
  (IndE) removal of overburden
  (ie, im Steinkohlen- und Braunkohle-Tagebau = in strip mining of hard coal and lignite)
abrechnen
  (com) to account for
  – to give an accounting
  – to settle the accounts
  (com) to invoice *(ie, goods and services)*
  (ReW) to charge an account
  (Fin) to clear *(eg, checks)*
  (Bö) to liquidate
  – to settle
Abrechnung *f*
  (com) accounting
  – settlement of accounts

  (com) statement of accounts
  (com) invoicing
  – billing
  (Fin) clearing
  (Bö) liquidation
  – settlement
  (Bö) contract note
Abrechnung *f* **des Einkaufskommissionärs**
  (com) account purchases (A/P)
Abrechnung *f* **des Verkaufskommissionärs**
  (com) account sales (A/S)
Abrechnungsbeleg *m* (ReW) voucher
Abrechnungsbereich *m* (ReW) accounting group
  (ie, Gesamtunternehmen wird in Abrechnungsbereiche aufgeteilt, die wiederum in Kosten- und Leistungsstellen untergliedert werden)
Abrechnungscomputer *m* (EDV) accounting computer
Abrechnungsdaten *pl* (com) account information
Abrechnungsdatum *n* (Fin) value date *(syn, Valutierung, Wertstellung)*
Abrechnungseinheit *f* (ReW) reporting subunit
Abrechnungskurs *m*
  (Bö) making-up price
  (Bö) settlement rate
Abrechnungsmaschine *f* (EDV) accounting machine *(eg, Fakturiermaschine, Buchungsmaschine)*
Abrechnungsperiode *f* (Bö) account period
abrechnungsreife Leistungen *fpl* (ReW) accountable cost of unbilled contracts
Abrechnungsroutine *f* (EDV) accounting routine
Abrechnungssaldo *m* (Fin) clearing balance
Abrechnungsspitzen *fpl* (Bö) settlement fractions
Abrechnungsstellen *fpl* (Fin) clearing offices
  (ie, run by the Landeszentralbanken – central banks of the Laender)
Abrechnungsstufen *fpl* (KoR) levels of costing
Abrechnungssystem *n* (EDV) job accounting system
Abrechnungstag *m* (Bö) pay/settlement . . . day
Abrechnungstermin *m* (Fin) due/settlement . . . date
Abrechnungsvaluta *f* (Bö) settlement currency *(syn, Abrechnungswährung)*
Abrechnungsverkehr *m*
  (Fin) clearing system
  – system of clearing transactions
  (ie, set up to settle mutual accounts of banks, which arise from transfers, checks, bills, etc.)
Abrechnungswährung *f*
  (Fin) accounting currency
  (Bö) settlement currency
Abrechnungszeitraum *m*
  (ReW) accounting period
  (Bö) settlement period
Abrechnung *f* **von Zollverkehren** (Zo) settling of accounts in connection with special customs procedures
abreißen
  (com) to tear down
  – (GB) to pull down
  – to demolish *(syn, abbrechen)*
Abreißkalender *m* (com) sheet calendar
Abrollkosten *pl*

(com) cartage
- (US) drayage
Abruf *m*
(com) call-forward notice *(ie, instruction to send off consignment)*
(MaW) materials/stock . . . issue
- requisition
Abrufarbeit *f* (Pw) call-off employment
(ie, Beschäftigung entsprechend dem betrieblichen Bedarf)
Abrufauftrag *m* (com) call order
abrufbar (Fin) callable
Abrufbetrieb *m* (EDV) polling mode
abrufen
(com) to call off *(ie, goods ordered and ready for shipment)*
(Fin) to call *(ie, funds made available by a bank)*
(EDV) to call in
- to fetch from storage
Abruffrequenz *f* (IndE) call-off frequency
(ie, in der produktionssynchronen Beschaffung)
Abrufmenge *f* (MaW) call-off amount *(ie, of materials)*
Abruf *m* **nach Bedarf** (com) call off as required
Abrufphase *f* (EDV) fetch cycle
Abrufprogramm *n* (EDV) calling programm
Abruftaste *f* (EDV) attention key *(syn, Unterbrechungstaste)*
Abrufvertrag *m*
(com) call-off purchase agreement
(Pw) call-off agreement
(ie, as provided for in ‚Beschäftigungsförderungsgesetz': Form der kapazitätsorientierten variablen Arbeitszeit)
Abrufzeichen *n* (EDV) polling character
abrunden (Math) to round off
Abrüstung *f* (com) arms . . . reduction/control
(ie, gerichtet auf Begrenzung, Verminderung od Einstellung von Aufrüstung)
Abrüstzeit *f* (IndE) dismantling time
abrutschen
(com) to go down
- to slide
- to slip down/off
- (infml) to nose downward *(eg, economy into recession)*
Absahnpreis *m* (Mk) skim-off price
Absahnstrategie *f* (Mk) skimming strategy *(syn, Abschöpfungsstrategie)*
ABS-Anleihen *fpl* (Fin, US) asset-backed securities
(ie, werden durch Poolen unterschiedlicher Aktiva besichert)
Absatz *m*
(com) sales volume
(Re) clause
(EDV) paragraph
(Mk) marketing
- selling
- distribution
(ReW) sales
- (GB) turnover *(ie, in terms of volume and money)*
Absatzaktivität *f* (Mk) marketing/sales . . . activity
Absatzanalyse *f* (Mk) sales analysis *(ie, part of market analysis)*

Absatzausschuß *m* (Mk) marketing/distribution . . . committee
Absatzbarometer *n* (Mk) sales barometer
Absatzbedingungen *fpl* (Mk) marketing/sales . . . conditions
Absatzbelebung *f*
(com) sales resurgence
- revival of sales
Absatzbemühungen *fpl*
(Mk) marketing
- sales
- selling . . . efforts/endeavors
Absatzberater *m* (Mk) marketing consultant
Absatzbereich *m* (Mk) market coverage
Absatzbeschränkung *f* (Mk) sales restriction
Absatzbezirk *m*
(Mk) marketing . . . area/territory
- distribution territory
Absatzbudget *n* (Mk) sales/volume . . . budget
Absatzchancen *fpl*
(Mk) marketing/sales . . . opportunities
- sales prospects
- potential market
Absatzdirektor *m* (Mk) general sales manager
Absatz *m* **durch ein Kartell** (Kart) pool selling
Absatzeinbruch *m* (Mk) slump in sales
Absatzelastizität *f* (Vw) sales elasticity
(ie, ratio of relative change of sales volume to relative change of commodity price)
Absatzergebnis *n* (KoR) sales result
(ie, in standard costing = Plankostenrechnung: difference between standard mill cost and net revenue = Unterschied zw Standardselbstkosten und Reinerlös)
Absatzertrag *m* (ReW) sales revenue
(opp, unrealisierter Ertrag: auf Lager genommene Güter = unrealized revenue from inventory additions)
Absatzerwartungen *fpl* (Mk) sales . . . anticipations/expectations
Absatzfachmann *m* (Mk) marketing . . . man/specialist
absatzfähig
(Mk) marketable
- salable
Absatz *m* **festverzinslicher Wertpapiere** (Fin) bond sales
Absatzfinanzierung *f* (Fin) sales/customer . . . financing
(ie, Finanzierung von Warenverkäufen od Dienstleistungen; Hilfe an nachgelagerte Unternehmen; syn, Kundenfinanzierung)
Absatz *m* **finden** (com) to find a market
Absatzflaute *f*
(com) dull
- flagging
- slack . . . sales
- low level of sales
Absatzfonds *m* **der deutschen Land-, Forst- und Ernährungswirtschaft** (com) Sales Promotion Fund of the German Farming, Forestry, and Food Industries *(ie, established in 1969)*
Absatzförderung *f* (Mk) sales promotion
Absatzforschung *f*
(Mk, US) marketing research

13

(Mk, GB) market research

Absatzfunktion *f* (Mk) marketing/selling... activity

Absatzgebiet *n*
(Mk) distribution area
– market(ing)/sales... area
– sales territory
– marketing outlet
– trading area
– outlet

Absatzgebietsstaffel *f* (Mk) graduated prices *(ie, for identical products, fixed for each sales area)*

Absatzgenossenschaft *f*
(Mk) cooperative marketing association
– marketing cooperative *(cf, § 1 I 3 GenG)*

Absatzgeschwindigkeit *f* (Mk) rate of selling *(ie, number of units sold in a given period; eg, per week, month, etc.)*

Absatzkanal *m*
(Mk) channel of distribution
– distributive
– marketing
– trade... channel *(syn, Absatzweg, Marktkanal)*

Absatzkapazität *f*
(Mk) selling capacity
– sales potential

Absatzkartell *n*
(Kart) sales
– distribution
– marketing... cartel

Absatzkette *f* (Mk) sales chain

Absatzkontingent *n* (Mk) market/sales... quota *(syn, Absatzquote)*

Absatzkontrolle *f* (Mk) sales control *(eg, Angebotsbeschränkungen in Form von Absatzkontingenten, Andienungszwang, Vorschriften zur Produktmanipulation wie Denaturierung)*

Absatzkosten *pl*
(Mk) marketing... costs/expenses
– sales costs
– distribution... costs/expenses
– cost of disposition

Absatzkrise *f* (Mk) slump in sales

Absatzlage *f*
(Mk) market situation
– sales position

Absatzleiter *m* (Mk) marketing ... manager/executive

Absatzmangel *m* (Mk) lack of sales

Absatzmarketing *n* (Mk) sales marketing *(opp, Beschaffungsmarketing)*

Absatzmarkt *m*
(Vw) output market
(Mk) sales market *(ie, Konsumentenmarkt, Produzentenmarkt, Wiederverkäufermarkt, Öffentliche Betriebe; K-Markt, P-Markt, W-Markt, Ö-Markt)*

Absatzmarktforschung *f* (Mk) sales market research

Absatzmarkt *m* **für industrielle Erzeugnisse**
(Mk) industrial market

Absatzmenge *f*
(Mk) sales volume
– quantity sold

– amount of sales

Absatzmengenplan *m*
(Mk) volume budget
– budget of sales volume *(ie, part of overall sales planning)*

Absatzmethoden *fpl*
(Mk) marketing
– distribution
– sales... methods
– marketing/selling... techniques

Absatzmittler *m*
(Mk) sales/distribution... middleman
– marketing institution

Absatzmöglichkeiten *fpl*
(Mk) sales potential
– potential market

Absatznetz *n* (Mk) sales network

Absatzorganisation *f* (Mk) sales/marketing... organization *(syn, Marketingorganisation)*

absatzorientiert (Mk) marketing-oriented

Absatzperiode *f* (Mk) selling period

Absatzphase *f* **nach Neuemission** (Bö) period of digestion

Absatzplan *m*
(Mk) distribution
– marketing
– sales... plan
– sales budget

Absatzplanung *f* (Mk) marketing/sales... planning

Absatzpolitik *f* (Mk) distribution/marketing... policy *(ie, heute meist mit dem Marketingbegriff gleichgesetzt)*

Absatzpotential *n* (Mk) marketing/sales... potential

Absatzpreis *m* (Mk) selling price

Absatzproduktion *f* (Mk) production of goods for an anonymous market

Absatzprognose *f*
(Mk) forward sales projection
– sales forecast

Absatzprozeß *m* (Mk) distribution/marketing... process

Absatzquote *f* (Mk) market/sales... quota *(syn, Absatzkontingent)*

Absatzregion *f*
(Mk) market area
– marketing territory

Absatzrisiko *n* (Mk) marketing/merchandising... risk

Absatzrückgang *m*
(com) decrease
– decline
– drop
– slump... in sales

Absatzschwierigkeiten *fpl* (Mk) marketing... difficulties/problems

Absatzsegment *n* (Mk) marketing segment

Absatzsoll *n* (Mk) target sales *(ie, fixed for the various sales areas)*

Absatzstatistik *f* (Mk) sales/distribution... statistics

Absatzsteigerung *f* (com) sales... increase/jump *(eg, to DM 1.8bn)*

14

Absatzstellen *fpl* (Mk) marketing... institutions/ agencies

Absatzstrategie *f*
(Mk) market
– marketing
– sales... strategy

Absatzstudie *f* (Mk) market study

Absatzsystem *n* (Mk) distribution/marketing... system

Absatzvereinigung *f* (Mk) marketing association

Absatzverhältnisse *npl* (Mk) market... situation/ conditions

Absatzvolumen *n*
(Mk) sales volume
– volume of goods sold

Absatz *m* **von Massenerzeugnissen** (Mk) mass marketing

Absatzweg *m* (Mk) = Absatzkanal

Absatzwirtschaft *f*
(Mk) marketing/distribution... system
(ie, alle Institutionen zur Verwertung betrieblicher Leistungen)
(Mk) marketing *(ie, the decision making process)*

absatzwirtschaftliche Kennzahlen *fpl* (Mk) marketing ratios

Absatzzahlen *fpl*
(Mk) sales figures
– market data

Absatzzeitenstaffel *f* (Mk) graduated prices *(ie, for identical seasonal goods)*

Absatzzentrum *n* (Mk) distribution center

Absatzziel *n* (Mk) sales goal

Absatzzielgruppe *f* (Mk) market target

Absatzzusammenschluß *m* (Mk) marketing association

Abschaffung *f* **von Zöllen**
(AuW) abolition of tariffs
– elimination of customs duties

abschalten (Pw, infml) to turn off *(ie, to become less involved in one's work)*

Abschaltung *f*
(com) abandonment of service *(ie, public utility cuts off a customer)*

Abschichtungsbilanz *f* (ReW) balance sheet of a partnership prepared when a partner retires

abschicken
(com) to send off
– to forward
– to dispatch
– (US) to ship *(eg, a letter)*

Abschiedsrede *f*
(com, US) valedictory speech
– farewell speech

abschießen (com, infml) to zap *(eg, a project; syn, vereiteln)*

ab Schiff (com) ex ship
(ie, Handelsklausel, die Teil der Incoterms ist; Ware muß lediglich an Bord des Schiffes zur Verfügung gestellt werden)

Abschirmwirkung *f* (StR) screening effect *(cf, Basisgesellschaft)*

Abschlag *m*
(com) price reduction
– reduction in price
(com) payment on account

– installment
(Fin) discount *(eg, on forward dollars)*
(Fin) payment of interim dividend
(Bö) markdown *(ie, of share prices)*
(Pw) advance pay *(or* wage)
(StR) deduction

abschlägige Antwort *f* (com) refusal

abschlägiger Bescheid *m* (com) negative reply

Abschlagsdividende *f*
(Fin) interim /quarter... dividend
– fractional dividend payment
(ie, im Gegensatz zu den USA in Deutschland nicht üblich; cf, aber § 59 I AktG; syn, Interimsdividende, Zwischendividende)

Abschlagsverteilung *f* (Re) intermediate distribution of cash to creditors, § 149 KO

Abschlagszahlung *f*
(com) part payment
(com) payment on account
(com) progress payment
(Re) installment, § 266 BGB

Abschlagszahlung *f* **auf den Bilanzgewinn**
(Fin) interim dividend

Abschleppwagen *m*
(com, US) tow truck
– (GB) breakdown... van/lorry

abschließen
(com) to close a deal
– to strike a bargain
(ReW) to close (out) an account
(Re) to conclude a contract
(Pw) to complete
– to finish
(eg, education or training course)

abschließende Abnahmeprüfung *f* (IndE) final... checkout/inspection

abschließen über
(ReW) to close into *(eg, nominal accounts into income statement)*
– to clear (account) through

Abschließungseffekt *m* (AuW) trade diverting effect

Abschluß *m*
(com) sales contract *(eg, § 94 HGB)*
(com) conclusion of a sale
(Re) conclusion *(or* making) of a contract
(ReW) closing the accounts
(ReW) financial statements
– (GB) annual accounts
(Bö) bargain *(eg, finalized by contract note)*
(Pw) wage settlement

Abschlußagent *m* (Vers) policy writing agent *(opp, Vermittlungsagent)*

Abschlußanalyse *f* (ReW) financial statement analysis

Abschlußanlage *f* (ReW) supplement to financial statement

Abschlußanweisung *f* (EDV, Cobol) close statement

Abschluß *m* **auf Abladung** (Bö) transaction for delivery within a specified period
(ie, made on commodity exchanges)

Abschlußbedingungen *fpl* (Fin) closing conditions
(ie, loan agreement conditions)

Abschlußbericht *m* (com) final report

Abschluß *m* **berichtigen** (ReW, GB) to adjust annual accounts

Abschlußbesprechung *f*
(com) final... discussion/conference
(ReW) discussion of financial statement

Abschlußblatt *n* (ReW) = Abschlußübersicht

Abschlußbogen *m* (ReW) = Abschlußübersicht

Abschlußbuchung *f* (ReW) closing/final... entry

Abschlußbuchungen *fpl* (ReW) annual closing entries *(ie, at the end of an accounting year)*

Abschlußdividende *f* (Fin) final/year-end... dividend

Abschlüsse *mpl* **am Sekundärmarkt** (Fin) secondary dealings

Abschlüsse *mpl* **machen** (ReW) to prepare financial statements

Abschlußergebnis *n* (ReW) annual result

Abschlußerläuterungen *fpl* (ReW) notes to financial statements

Abschluß *m* **e-s Geschäfts** (com) conclusion of a transaction

Abschluß *m* **e-s Kaufvertrages** (com) conclusion of a purchase order contract

Abschlußgebühr *f*
(com) sales charge
(Vers) acquisition fee

Abschlußgliederungsprinzip *n* (ReW) principle of classifying accounts
(ie, Einteilung der Kontenklassen nach der Reihenfolge der einzelnen Positionen in Bilanz und Erfolgsrechnung; zB im IKR: Industriekontenrahmen; nicht im GKR: Gemeinschaftskontenrahmen, für den das Prozeßgliederungsprinzip gilt)

Abschluß *m* **in rollender od schwimmender Ware** (Bö) transaction for delivery of goods in transit *(ie, made on commodity exchanges)*

Abschlußkonsolidierung *f* (ReW) consolidation of financial statements

Abschlußkonto *n* (ReW) closing account

Abschlußkosten *pl*
(Vers) acquisition cost
– initial expenses

Abschlußkurs *m* (Bö) contract price

Abschluß *m* **machen**
(ReW) to draw up
– to make up
– to prepare... a financial statement
– (GB) to make up the accounts

Abschluß *m* **mit Bestätigungsvermerk** (ReW) certified financial statement

Abschlußnormen *fpl* (Pw) rules written into collective agreements and dealing with the conclusion of new employment contracts

Abschlußprämie *f* (com) „signature bonus" *(ie, lump sum paid up for the privilege of getting any oil at all)*

Abschlußpreis *m* (Bö) strike/striking... price

Abschlußprovision *f*
(com) commission for business transactions concluded by commercial agent, § 87 HGB
(Vers) acquisition commission
– initial commission

Abschlußprüfer *m*
(ReW) balance sheet auditor

– statutory auditor
– *(often simply)* auditor
(ie, die Prüfung des Jahresabschlusses der AG erfolgt durch den von der Hauptversammlung gewählten A. nach §§ 316–324 HGB)

Abschlußprüfung *f*
(ReW) statutory balance sheet audit, §§ 316–324 HGB
– (GB) audit of annual accounts *(syn, Jahresabschlußprüfung)*
(Pw) final examination
– final

abschlußprüfungspflichtig (ReW) subject to annual statutory audit *(ie, refers to all but small AG's and GmbH's)*

Abschlußrechnung *f*
(ReW) final accounts
(Bö) settlement note

Abschlußstichtag *m*
(ReW) balance sheet
– closing
– cutoff... date

Abschlußtabelle *f* (ReW) = Abschlußübersicht

Abschlußtag *m* (Bö) settlement day

Abschlußtest *m*
(EDV) final program test
(ReW) condensed tabular statement of balance sheet figures
– (GB) balance sheet in schedule form
– work sheet

Abschlußübersicht *f*
(ReW) condensed tabular statement of balance sheet figures
(syn, Betriebsübersicht, Hauptabschlußübersicht)

Abschluß- und Prüfungskosten *pl*
(ReW) financial statement and final audit fees

Abschlußunterlagen *pl*
(ReW) balance sheet and income statement
– balance sheet and profit and loss accounts
– financial statements
– reporting package

Abschlußvertreter *m* (com) commercial agent authorized to sign sales contracts *(opp, Vermittlungsvertreter)*

Abschlußvollmacht *f* (Re) authority to transact business for a third party, § 164 I BGB

Abschlußvorschriften *fpl* (ReW) legal rules governing the closing of accounts, §§ 238–263 HGB

Abschlußzahlung *f*
(com) final payment
(Re, *also*) complete payment
(Fin) final... installment/payment
(StR) final tax payment, § 36 IV EStG

Abschlußzeugnis *n* (Pw) school leaving certificate

Abschlußzwang *m* (Re) obligation to accept contracts, § 453 HGB

abschneiden (EDV, Cobol) to truncate
(ie, suppress digits of a number which are not significant; cf, DIN 66 028)

Abschneiden *n* (EDV, Cobol) truncation

Abschnitt *m*
(com) stub *(ie, counterfoil in a check book)*
(WeR) bill of exchange
(Re) clause
– section

(Math) subset of ordered set where each element includes all smaller elements
(EDV) segment (of a program)
Abschnitt *m* **der x-Achse** (Math) x-intercept
Abschnitt *m* **der y-Achse** (Math) y-intercept
Abschnitte *mpl*
  (Fin) bills (of exchange)
  (Fin) denominations *(eg, securities)*
Abschnittsbesteuerung *f* (FiW) period-related taxation *(syn, periodenbezogene Besteuerung)*
abschöpfen
  (Mk) to absorb
  – to skim off
  – to siphon off *(ie, purchasing power)*
Abschöpfung *f*
  (EG) variable export/import levy
  – agricultural levy
  (ie, Instrument der Agrarmarktordnung: ermöglicht Abschirmung des EG-Binnenmarktes vom Weltmarkt und damit Stabilisierung der EG-Agrarpreise; ist Steuer i.S. der Abgabenordnung; fließt in den Haushalt der Europäischen Gemeinschaften)
Abschöpfungserhebungsgesetz *n* (EG) Levy Imposition Law
abschöpfungsfrei (EG) exempt from agricultural levies
abschöpfungsfreie Einfuhr *f* (EG) free-of-levy import
Abschöpfungspreispolitik *f* (Mk) skimming-the-market policy
Abschöpfungssatz *m* (EG) price-adjustment levy rate
  (ie, Differenz zwischem dem von der EG festgelegten Einfuhrpreis und dem günstigsten Angebot der Drittländer)
Abschöpfungsstrategie *f* (Mk) = Absahnstrategie
Abschöpfungssystem *n* (EG) system of agricultural levies
Abschöpfungstarif *m* (EG) price-adjustment levy rate
abschreibbare Kosten *pl* (ReW) depreciable cost
abschreiben
  (ReW) to depreciate
  – to write off
  – to write down
  – to charge off
  – to charge depreciation *(eg, on properties)*
  (ReW) to deplete
  (ReW) to amortize
  (Vers) to write off *(ie, a policy)*
  (Vers) to declare off
Abschreibepolice *f* (Vers) floater policy *(ie, special type of ,laufende Versicherung', mostly in transportation)*
Abschreibung *f*
  (ReW) depreciation
  – writedown
  – writeoff *(ie, all general terms)*
  (ReW) depreciation *(idR Anlagegüter)*
  (ReW) depletion *(ie, Substanzverringerung: removal of material resources)*
  (ReW) amortization *(ie, immaterielle Aktiva)*
  (ReW) depreciation accounting
  (ie, systematic, periodic writedown of cost = An-

schaffungs- od Herstellungskosten of limited life assets = Anlagegüter mit begrenzter Nutzungsdauer)
Abschreibung *f* **auf Anlagevermögen** (ReW) depreciation of fixed assets and long-term investments
Abschreibung *f* **auf Basis der Produktion**
  (ReW) production-basis method of depreciation
  – service-output method
  – unit-of-product method
Abschreibung *f* **auf Basis der Wiederbeschaffungskosten** (ReW) replacement method (of depreciation)
Abschreibung *f* **auf Beteiligungen**
  (ReW) writedown of investments in shares of affiliated companies
  – writeoff on trade investments
Abschreibung *f* **auf Betriebsanlagen** (ReW) depreciation of plant and equipment
Abschreibung *fpl* **auf den Geschäfts- und Firmenwert**
  (ReW) amortization of goodwill
Abschreibung *f* **auf Finanzanlagen**
  (ReW) depreciation on financial assets
  – writedown of investments
Abschreibung *f* **auf Forderungen**
  (ReW) allowance for bad or doubtful accounts
  (ReW) writedown of uncollectible receivables
  (ReW) valuation account
  (ie, = Wertberichtigung, set up to account for estimated losses from receivables)
Abschreibung *f* **auf Gebäude** (ReW) building depreciation
Abschreibung *f* **auf Geschäftswert** (ReW) amortization of goodwill
Abschreibung *f* **auf immaterielle Anlagen** (ReW) amortization of intangible assets
  (ie, term used instead of ,depreciation')
Abschreibung *f* **auf Lagerräume** (ReW) depreciation of storerooms
Abschreibung *f* **auf Rentenbestand** (Fin) writeoff on fixed-income securities
Abschreibung *f* **auf Sachanlagen**
  (ReW) fixed-asset depreciation
  – depreciation of property, plant, and equipment
Abschreibung *f* **auf Warenbestände**
  (ReW) depreciation of inventories
  – inventory depreciation
Abschreibung *f* **auf Wertpapiere**
  (Fin) write-off on securities portfolio
  – writedowns of securities
Abschreibung *f* **auf Zugänge des Geschäftsjahres** (Rew) depreciation on additions during the year
Abschreibung *f* **aus bilanz- od finanzpolitischen Gründen**
  (ReW) policy depreciation
  – in-lieu depreciation
Abschreibungen *fpl*
  (VGR) capital (asset) consumption
  – provision for the consumption of fixed capital
  (syn, Kapitalverschleiß)
Abschreibungen *fpl* **auf Finanzanlagen** (ReW) write-down of financial assets
Abschreibungen *fpl* **auf immaterielle Vermögensgegenstände**

(ReW) amortization of intangible assets

Abschreibungen *fpl* **auf Sachanlagen**
(ReW) depreciation of fixed assets

Abschreibungen *fpl* **auf Zugänge des Geschäftsjahres** (ReW) depreciation on additions made duringe the fiscal year

Abschreibung *f* **geringwertiger Wirtschaftsgüter** (StR) writeoff of low-cost assets

Abschreibung *f* **mit konstanten Quoten** (ReW) straight-line depreciation

Abschreibung *f* **nach Maßgabe der Beanspruchung**
(ReW) production-basis method of depreciation
– production-unit-basis method
– service-output method
– unit-of-product method

Abschreibungsarten *fpl*
(ReW) methods of depreciation
(eg, balance sheet/imputed
– unit/group
– direct/indirect)

Abschreibungsaufwand *m* (ReW) depreciation expense (*or* expenditures) *(ie, depreciation base ×*
depreciation rate)

Abschreibungs-Ausgangsbetrag *m*
(ReW) depreciation base
– cost to be depreciated
– depreciable cost
– service cost
(ie, total depreciation during useful life, excluding
resale or salvage value)

Abschreibungsbasis *f* (ReW) = Abschreibungs-Ausgangsbetrag

Abschreibungsbedarf *m* (ReW) depreciation requirements

Abschreibungsbetrag *m*
(ReW) amount of depreciation
– depreciation allowance

Abschreibungsdauer *f* (ReW) period of depreciation

Abschreibungsergebnis *n* (ReW) depreciation result
(ie, difference between commercial and cost-accounting depreciation allowances, zwischen handelsrechtlicher und kalkulatorischer Abschreibung)

Abschreibungserleichterungen *fpl* (StR) writeoff facilities

abschreibungsfähig (ReW) depreciable and amortizable
(ie, depreciable used in connection with tangible fixed assets, while amortizable refers to intangible assets)

abschreibungsfähige Güter *npl* (ReW) depreciable assets

Abschreibungsfinanzierung *f* (Fin) ‚depreciation financing' *(ie, recovery of fixed-asset costs through depreciation charges)*

Abschreibungsfonds *m* (ReW) depreciation fund

Abschreibungsfunktion *f* (Bw) depreciation function

Abschreibungsgegenstand *m* (ReW) depreciation unit

Abschreibungsgesellschaft *f*
(Fin) depreciation company
– project write-off company

– company selling depreciation allowances
– tax loss company
(ie, Sonderform e–r Verlustzuweisungsgesellschaft zum Zwecke der vergleichsweise günstigen Beschaffung von ‚venture capital' für Anlagenfinanzierung: scheme offering tax savings by producing artificial accounting losses; cf, aber § 15 a EStG)

Abschreibungsgrundlage *f* (ReW) depreciation base

Abschreibungskonto *n* (ReW) depreciation account

Abschreibungskorrektur *f* (ReW) adjustment for depreciation

Abschreibungskriterium *n* (ReW) depreciation criterion

Abschreibungsmethode *f* (ReW) depreciation... method/procedure

Abschreibungsmöglichkeiten *fpl* (StR) write-off facilities

Abschreibungsplan *m* (ReW) depreciation... program/schedule

Abschreibungspolitik *f* (ReW) depreciation policy

Abschreibungspräferenz *f* (ReW) special depreciation allowance

Abschreibungsprojekt *n* (StR) tax-saving write-off project
(ie, high losses offered in the initial phases can be set against the individual's taxable income from other sources)

Abschreibungsprozentsatz *m* (ReW) depreciation rate

Abschreibungsquote *f*
(ReW) annual depreciation expense
– depreciation per period

Abschreibungsrechnung *f* (ReW) depreciation accounting

Abschreibungsrichtsätze *mpl*
(Bw) statistically observed useful lives of certain fixed assets
(StR) standard depreciation rates *(ie, recommended depreciation tables published by the Federal Ministry of Finance and classified by branches of commerce and industry)*

Abschreibungssatz *m*
(ReW) rate of depreciation

Abschreibungssumme *f*
(ReW) depreciation charge
(ReW) depreciation base
– depreciable cost
– service cost *(ie, total depreciation during useful life, excluding resale or salvage value)*

Abschreibungstabellen *fpl*
(StR) depreciation-rate tables
– (US) guideline lives

Abschreibungsursachen *fpl*
(ReW) causes of expiration of fixed-asset cost
– factors of depreciation
(ie, technical, economic, legal)

Abschreibungsvergünstigungen *fpl* (StR) tax privileges in the form of special or accelerated depreciation

Abschreibungswagnis *n* (ReW) depreciation risk
(ie, risk of premature retirement or loss of fixed assets, due to obsolescence and other factors; eg, fire)

Abschreibungswagniskonto *n* (ReW) depreciation risk account

Abschreibungszeitraum *m*
(ReW) depreciation period
– period of depreciation

Abschreibung *f* **unter Berücksichtigung von Zinseszinsen**
(ReW) annuity depreciation method
– equal-annual-payment method of depreciation
– compound-interest method of depreciation

Abschreibung *f* **vom Wiederbeschaffungspreis**
(ReW) replacement method of depreciation *(ie, based on the cost of replacing assets actually in use)*

Abschrift *f* (com, Re) copy *(eg, business letter, entries of commercial register; § 238 II HGB, § 140 AO)*

Abschriftladeschein *m*
(com) duplicate bill of lading

Abschwächung *f*
(com) decline
– fall
(eg, in business activity or in the trend of capital investment)
(Bö) easing
– sagging *(ie, of prices)*

Abschwächung *f* **des Wachstums** (Vw) slowdown in economic growth

Abschwächungsmöglichkeiten *fpl* (Bö) downside potential

Abschwung *m*
(Vw) downturn
– downswing *(eg, of economic activity)*

Abschwungphase *f* (Vw) contraction phase *(ie, of business cycle)*

absehbare Zeit *f* (Re) forseeable future
(eg, in tax matters interpreted by the courts to mean „approximately six years")

absenden
(com) to send off
– to forward
– to dispatch
– (US) to ship *(eg, a letter)*
(syn, abschicken)

Absender *m*
(com) sender *(eg, of letters, parcels)*
– consignor
(ie, concludes freight contract with carrier in his own name)

Absenderfreistempler *m*
(com) postage meter
– (GB) franking machine

Absendung *f* (com) dispatch

Absentismus *m* (Pw) absenteeism
(ie, Zeiten der Nicht-Anwesenheit von Mitarbeitern während der Sollarbeitszeit; häufig nur das ‚Blaumachen'; Fehlzeiten sind dann: Krankenstand + Absentismus)

absetzbar
(Mk) marketable
– salable
(StR) tax deductible

Absetzbarkeit *f*
(Mk) marketability

– salability
(StR) tax deductibility

absetzen
(Mk) to sell
– to market
(StR) to deduct *(ie, for tax purposes)*
(EDV) to relocate

Absetzung *f* **für Abnutzung (AfA)**
(StR) tax depreciation
– tax writeoff
(ie, ordinary depreciation of income producing assets, § 7 EStG; syn, steuerliche Abschreibung)

Absetzung *f* **für außergewöhnliche Abnutzung**
(StR) tax depreciation due to extraordinary wear and tear

Absetzung *f* **für außergewöhnl technische od wirtschaftliche Abnutzung** (StR) extraordinary depreciation
(ie, due to unexpected wear and tear, incorrect estimate of useful life, § 7 EStG)

Absetzung *f* **für Substanzverringerung** (StR) depletion allowance
(ie, expenses allowed for removal of natural resource; eg, coal, ore, peat, petroleum, § 7 VI EStG)

absichern
(com) to guard/cover . . . against
(com) to provide cover/security against
(Fin) to hedge against *(ie, to protect oneself financially)*

Absicherungsfazilität *f* (Fin) hedging facility *(eg, swaps, options, financial futures, NIFs, RUFs)*

Absicht *f* **der Einnahmeerzielung** (StR) intent to realize receipts, § 2 I UStG

Absicht *f* **der Gewinnerzielung**
(Re) intent to realize profits
– gainful intent

Absichtsanfechtung *f* (Re) avoidance of transactions which a bankrupt concludes prior to the proceedings with the intent to damage his creditors, § 31 KO

Absichtserklärung *f* (com) letter of intent
(ie, unverbindliche Zusage e-s Importeurs, Auftrag an Exporteur zu e-m späeteren Zeitpunkt zu erteilen; kommt auch im Anlage- und Kreditgeschäft vor)

absolut (com) in absolute terms

absolute Abweichung *f* (Stat) absolute deviation

absolute Adresse *f*
(EDV) absolute
– actual
– direct
– explicit
– machine
– specific . . . address
(opp, symbolische, relative, virtuelle Adresse)

absolute Adressierung *f* (EDV) absolute addressing

absolute Einkommenshypothese *f* (Vw) absolute-income theory

absolute Häufigkeit *f* (Stat) absolute frequency
(syn, Besetzungszahl; opp, relative Häufigkeit)

absolute Konstante *f* (Math) absolute constant

absolute Konvergenz *f* (Math) absolute/unconditional . . . convergence
(ie, unendlicher Reihen = of infinite series)

absolute Kostenvorteile *mpl* (Vw) absolute economics *(opp, scale economics)*

absolute Mehrheit *f* (com) absolute majority

absolute Meistbegünstigung *f* (AuW) unconditional most-favored-nation treatment

absolute Minimalität *f* (OR) crash time

absolute Priorität *f* (OR) preemptive priority *(ie, in waiting-line theory; opp, relative Priorität)*

absoluter Betrag *m* (Math) absolute value

absoluter Fehler *m* (EDV) absolute error

absoluter Höchststand *m* (com) all-time high

absoluter Kostenvorteil *m* (AuW) absolute advantage *(opp, komparativer Vorteil = comparative advantage)*

absoluter Tiefstand *m* (com) all-time low

absoluter Vorrang *m* (OR) = absolute Priorität

absolutes Glied *n* (Math) constant term

absolutes Maximum *n* (Math) absolute maximum

absolutes Minimum *n* (Math) absolute minimum

absolutes Recht *n* (Re) absolute right *(ie, available against the whole world, equivalent to the English ,jus ad rem'; syn, uneingeschränktes Recht)*

absolutes Streuungsmaß *n* (Stat) absolute measure of dispersion

absolute Unmöglichkeit *f* (Re) absolute impossibility

absolute Vorteilhaftigkeit *f* (Fin) absolute profitability *(ie, of a capital spending project: Vorteilhaftigkeit e–r Investition gegenüber der Alternative Unterlassen)*

absolute Zahl *f* (Math) absolute/abstract . . .number *(syn, abstrakte Zahl, opp, benannte Zahl = concrete/denominate . . . number)*

Absolutglied *n* (Math) constant term

Absolutwert *m* **e–r Abweichung** (Math) absolute deviation *(ie, the difference, without regard to sign, between a variate value and a given value)*

Absolutwert *m* **e–r komplexen Zahl** (Math) absolute value of a complex number
- magnitude of a complex number
- modulus of a complex number
(ie, square root of the sum of squares of its real and imaginary part)

Absolvent *m*
(com) graduate *(ie, of any educational institution; in GB: restricted to university degree)*
- diploma holder

Absonderung *f* (Re) right to preferential settlement of claim, §§ 47–52 KO

Absonderungsrecht *n* (Re) preferential right of creditor

absorbierender Bereich *m* (Stat) absorbing region

absorbierender Rand *m* (Math) absorbing barrier *(syn, absorbierender Zustand, Absorptionsschirm)*

Absorption *f* (VGR) absorption *(ie, für Konsum und Investition beanspruchter Teil des Sozialprodukts und des Imports = total spending of residents on domestic and foreign goods and services)*

Absorptionskapazität *f* (Vw) absorptive capacity *(ie, Investitionsvolumen, das e–e Volkswirtschaft*

in e–m bestimmten Zeitraum effizient einsetzen kann)

Absorptionsschirm *m* (Math) absorbing barrier

Absorptionstheorie *f* (AuW) absorption appproach *(ie, Modellansatz zur Erklärung des Saldos der Leistungsbilanz)*

abspecken (com, infml) to slim down *(eg, a business, an industry)*

absperren (com) to cordon off *(ie, an area)*

Absperrklausel *f* (Pw) provision in a collective agreement stating that employers will only hire unionized workers *(ie, violates the Federal Basic Law)*

Absprache *f*
(com) arrangement
(Re) agreement
(Kart) gentlemen's agreement
- coordinated business practice

abspringen
(EDV) to branch
- to jump
(ie, to depart from normal sequence of instructions)

Abstand *m* (Re) indemnity payment

Abstandssumme *f*
(Re) compensation
- indemnity

absteigende Arbeitspartizipation *f* (Pw) descending worker participation *(eg, managerial functions carried out at workers' own level)*

absteigender Sortierbegriff *m* (EDV, Cobol) descending key

absteigend sortieren
(EDV) to sort in descending order
- to backsort

abstellen
(Pw) to transfer temporarily
- to second *(ie, employee to another position)*
(com) to remedy
- to rectify *(eg, defects, shortcomings)*

Abstellgleis *n*
(com) siding
- sidetrack *(ie, opening onto main track at both ends)*
(Pw, US, infml) Turkey farm, qv

Abstellung *f* (Pw) temporary transfer *(ie, of employee to another position)*

Abstempelung *f* (Fin) official stamping of shares *(eg, on capital reduction, change of firm, reduction of bond interest)*

Absterbeordnung *f*
(Stat) mortality table
(Vers) observed life table

Abstiegsmobilität *f* (Pw) downward mobility

abstimmen
(com) to vote
(ReW) to reconcile
(IndE) to calibrate *(syn, eichen)*

Abstimmkarte *f* (EDV) summation check card

Abstimmung *f*
(ReW) matching
- reconciliation
(ie, der Aufwands- und Ertragsrechnung zum Zwecke der Periodenabgrenzung: Abgrenzungs-

posten – accruals and deferrals – werden als solche ausgewiesen)
(IndE) calibration *(syn, Eichung)*
Abstimmung f **des Produktionsprogramms** (IndE) matching of production program
Abstimmung f **laufender Einnahmen und Ausgaben** (Fin) cash management
Abstimmungsbogen m (ReW) reconciliation sheet
(ie, statistical statement showing allocation of expenses to financial and plant accounts)
Abstimmungsmechanismus m (Bw) coordinating mechanism
Abstimmungsparadoxon n (Vw) voting paradox
Abstimmungstermin m (Fin) reconcilement date
(eg, Clearingzentrale überprüft Ausgleich aller Positionen)
Abstimmungsverfahren n (com) procedure on voting
Abstimmung f **zwischen Produktion und Lager** (IndE) production smoothing
Abstinenztheorie f (Vw) abstinence theory of interest *(ie, Kapital- und Zinstheorie von William Nassau Senior)*
abstoßen
(com) to sell off *(eg, merchandise)*
(Fin) to divest
– to sell off
– to shed
– to unload
(eg, security holdings, foreign assets, subsidiaries)
(Pw) to shed *(eg, labor)*
(Bö) to job off *(ie, to sell cheaply)*
Abstoßen n **von Aktien**
(Bö) bail out
– dumping
– unloading
(ie, at the earliest possible moment, with no regard for losses)
abstrahieren
(Log, Math) to abstract
– to generalize
Abstrakt n
(com) abstract
– summary, *(syn, Kurzfassung, Referat, Abstract)*
abstrakte Garantieverpflichtung f (Re) indemnity
(cf, aber 'Garantie')
abstrakter Begriff m
(Log) abstrakt . . . concept/term
– abstraction
abstrakter Raum m (Math) abstract space
abstrakter Term m (Log) abstract term
abstrakter Vertrag m (Re) abstract agreement
(ie, by which one of the parties incurs a liability without reference to the reason or motive inducing him to incur such liability; eg, Anweisung, Wechsel, Scheck, Inhaberschuldverschreibung)
abstraktes Rechtsgeschäft n (Re) abstract (legal) transaction
(ie, one standardized by law to such an extent that the circumstances of the individual case can only to a very slight extent be taken into consideration in appreciating their legal consequences)
abstraktes Schuldversprechen n
(Re) abstract contractual performance

– abstract promise to perform
(ie, unilateral contract not tied to the underlying transaction)
abstrakte Zahl f (Math) abstract number *(syn, absolute Zahl, qv)*
Abstraktion f
(Log) abstraction
– generalization
Abstraktionsniveau n
(Log) level of . . . abstraction/generalization
– level of generality)
Abstraktionsstufe f
(Log) = Abstraktionsniveau
(EDV) refinement step *(ie, in program design)*
abstreichen (EDV) to truncate *(cf, DIN 9757 E)*
Absturz m
(EDV) system crash
– abnormal system end *(syn, Systemabsturz, qv)*
Abszisse f (Math) abscissa
(ie, horizontal coordinate of a point in a plane coordinate system = horizontale Koordinate e–s Punktes im ebenen Koordinatensystem; x-Koordinate; opp, Ordinate)
Abszissendifferenz f **zweier Punkte** (Math) run
Abtastbefehl m (EDV) scan command
Abtastbürste f (EDV) reading/sensing . . . brush
Abtasteinheit f (EDV) scanning unit
abtasten (EDV) to scan
Abtaster m (EDV) scanner
Abtastfehler m (EDV) read(ing) error
Abtastkopf m (EDV) sensing head
Abtastmatrix f (EDV) scan matrix
Abtastprogramm n (EDV) scan program
Abtastverfahren n (EDV) scanning method
Abtastvorrichtung f (EDV) scanner
Abteilung f (com) department *(ie, any division of a business enterprise)*
Abteilung f **Einkauf** (com) purchasing department
Abteilungen fpl **außerhalb der Linienhierarchie** (Bw) collateral units *(eg, staff management units)*
Abteilung f **Forderungsinkasso** (Fin) collection department
Abteilungsbildung f (Bw) departmentation *(ie, Zusammenfassen von Stellen zu Abteilungen)*
Abteilung f **Schaden** (Vers) claim/loss . . . department
Abteilungserfolgsrechnung f
(KoR) profit center accounting
– activity accounting
– accounting by functions
Abteilungsgemeinkosten pl (KoR) departmental . . . overhead/expenses /burden
Abteilungsgewinn m (KoR) departmental profit
Abteilungsgliederung f (Bw) departmental structure *(ie, of an organization)*
Abteilungshandbuch n (Bw) department manual
(ie, loose-leaf presentation of department work processes through texts and graphs)
Abteilungshierarchie f (Bw) departmental hierarchy *(ie, of an organization)*
abteilungsintern (Bw) intra-departmental
Abteilungskalkulation f (KoR) departmental costing/cost . . . estimation
Abteilungskostenrechnung f (KoR) departmental costing

Abteilungsleiter *m*
(Pw) department(al) head
– head of department
– department ... manager/chief
– head of division
– superintendent
Abteilungsleitersitzung *f* (com) departmental meeting
Abteilungsorganisation *f* (Bw) departmental organization
Abteilungsrechner *m* (EDV) departmental computer
Abteilungsrechnung *f* (KoR) departmental costing
Abteilungsspanne *f* (KoR) departmental profit margin
abteilungsübergreifend
(Bw) *(eg, problems)* cutting across departmental boundaries
Abteilungsumlage *f* (KoR) departmental charge
Abteilungsverrechnungssatz *m* (KoR) departmental rate
Abteilungszeichen *n* (com) departmental code
(ie, used in correspondence to ensure speedy routing of incoming mail)
Abteilungszuschlag *m* (KoR) departmental rate
Abteilung *f* **Verkaufsförderung** (Mk) promotion services department
abtragen
(Math) to lay off/up
(Fin) to pay off (debt)
abtransportieren (com) to truck away
abtrennbarer Optionsschein *m* (Fin) detachable purchase warrant
abtrennen
(com) to detach
– to separate
– to sever
(Fin) to float (*or* spin) off *(eg, as a separate company)*
Abtrennklausel *f* (Re) separability clause
(ie, recites that contract provisions are separable; the invalidity of one does not affect others; cf, salvatorische Klausel)
Abtrennungsregel *f* (Log) law of detachment
(syn, Modus-Ponens-Regel; ein Beweis im Syllogismus kommt erst zustande, wenn man den modus ponens voraussetzt: wenn A, dann B; nun aber A, also B (Deduktion), wenn A, dann B, nun aber B, also A [Reduktion])
abtretbar
(Re) assignable
– transferable
Abtretbarkeit *f*
(Re) assignability
– transferability
abtreten
(Re) to assign *(eg, rights, claims)*
– to make an assignment
– to transfer
– to make over
– to set over
(Re) to convey *(ie, real estate)*
Abtretender *m*
(Re) assignor
– transferor

(syn, Zedent, Altgläubiger; opp, Abtretungsempfänger, Zessionar)
Abtretung *f*
(Re) assignment
(ie, im Recht der Schuldverhältnisse geregelt: rechtsgeschäftliche Übertragung e–r Forderung vom bisherigen Gläubiger, dem Zedenten, auf den neuen Gläubiger, den Zessionar; cf, §§ 398–413 BGB; in English law it includes transfers of all kinds of property, real or personal, including negotiable instruments, but usually intangible property such as mortgage, agreement of sale or partnership; syn, Zession)
Abtretung *f* **kraft Gesetzes**
(Re) assignment by operation of law
– (GB) assignment by act of law
Abtretungsanzeige *f* (Re) notice of assignment
Abtretungsempfänger *m*
(Re) assignee
– assign
– transferee
– *(Scot)* cessionary
(syn, Zessionar, Neugläubiger; opp, Abtretender, Zedent)
Abtretungserklärung *f* (Re) declaration of assignment
Abtretungsurkunde *f* (Re) deed/instrument ... of assignment
Abtretungsverbotsklausel *f* (Re) non-assignment clause
Abtretungsvertrag *m* (Re) contract of assignment
Abtretung *f* **und Übergabe** *f* (WeR) assignment and delivery
Abtretung *f* **von Bezugsrechten** (Fin) letter of renunciation
Abtretung *f* **von Forderungen**
(Fin) assignment of accounts receivable
abundante Zahl *f* (Math) abundant/redundant ... number
AbwAG (Re) = Abwasserabgabengesetz
abwägen gegen
(com) to balance against/with
– to weigh against
(ie, positive factors against negative factors)
abwählen (com) to vote out of office *(eg, chairman)*
abwälzen
(com) to pass on to *(eg, cost, taxes)*
– to shift
Abwälzung *f* (FiW) = Steuerüberwälzung
abwandern (Pw) to float off *(eg, workers)*
Abwärme *f* (IndE) waste heat
abwarten (Bö, infml) to stay on the sidelines
Abwärtsbewegung *f*
(com) downward ... movement/slide *(eg, of prices)*
(Vw) downtrend
– downward trend
Abwärts-Fusion *f* (com) downstream/downstairs ... merger
(ie, between parent and subsidiary, the latter being the surviving organization)
Abwärtslimit *n* (Bö, US) circuit breaker
(eg, ein A. von 5 Punkten für die Eröffnungsphase)
Abwärtsstrukturierung *f* (EDV) top down design

Abwärtstrend *m*
(Stat) downtrend
(Fin) downside trend
– down market *(ie, in charting)*
Abwasser *n*
(IndE) waste water
– sewage
(ie, aus häuslichem, gewerblichem, industriellem, landwirtschaftlichem und sonstigem Gebrauch; aus bebauten Gebieten (built-up areas) abfließendes Niederschlagswasser: the fluid discharged from domestic, industrial, and medical sanitary appliances; sometimes surface water as from rain)
Abwasserabgabe *f* (com) sewage levy
(ie, von den Ländern erhoben: imposed by the Laender = federal or provincial states)
Abwasserabgabengesetz *n* (Re) Water Pollution Control Levy Law idF vom 5.3.1987
(ie, legt Abwasserabgaben nach dem Verursacherprinzip (qv) fest; compulsory taxation whenever sewage is fed into stretches of water)
Abwasserbeseitigung *f* (com) waste water/sewage . . . disposal
Abwehranspruch *m* (Re) claim to protection against abridgment of legal rights, § 1004 BGB
Abwehrklage *f*
(Re) action brought to repel unlawful interference
– *(civil law)* actio negatoria/negativa
(ie, to safeguard an absolute right, such as property, property rights, etc.; umbrella term covering ‚Beseitigungsklage‘ and ‚Unterlassungsklage‘)
Abwehrkonditionen *fpl* (com) defensive conditions
(ie, resulting from full capacity operations)
Abwehrmaßnahmen *fpl* (com) insulating measures
(eg, against capital inflows)
Abwehrpreis *m* (Mk) keep-out price
Abwehrwerbung *f* (Mk) counter-offensive advertising
Abwehrzölle *mpl* (AuW) protective tariffs
abweichen
(com) to deviate (from)
– to depart (from)
– to stray (from)
abweichend
(com) divergent
– deviating
– digressing
– (infml) out-of-line
abweichende Meinung *f* (Re) dissenting . . . vote/ opinion
abweichendes Votum *n* (Re) dissenting opinion
Abweichung *f*
(Math) azimuth
– polar angle *(ie, in polar coordinate system)*
(Stat) deviation
(KoR) variance
Abweichungsanalyse *f*
(Stat) variance analysis
(KoR) cost variance analysis
– analysis of cost variances
Abweichungsindikator *m* (Fin) divergence indicator

(ie, mißt Abweichung des ECU-Wertes vom ECU-Leitwert e–r Währung)
Abweichungsklausel *f* (SeeV) deviation clause
Abweichungskoeffizient *m* (Stat) coefficient of variation
Abweichungsschwelle *f* (Fin) divergence threshold
(ie, 75% der maximal zulässigen Abweichung des ECU-Tageswertes vom ECU-Leitkurs; level at which central banks are expected to take corrective action; syn, Divergenzschwelle)
Abweichungsspanne *f* (AuW) divergence margin
Abweichungsverteilung *f* (KoR) allocation of variances
Abweichung *f* **von der angestrebten Qualitätslage** (IndE) quality characteristic departure, QCD
Abweichung *f* **zweiten Grades** (KoR) composite/incidental . . . variation
Abweisung *f* **e–r Klage beantragen** (Re) to seek to have a case dismissed
Abwendung *f* **des Konkurses** (Re) avoidance of bankruptcy
abwerben
(Mk) to alienate
– to contract away . . . customers
– to divert custom
(Pw) to bid away
– to entice away
– to hire away
– (infml) to poach
Abwerber *m* (Pw) head hunter
Abwerbung *f*
(Mk) alienation
– contracting away *(ie, customers)*
– diverting custom
(Pw) bidding away
– enticing away
– hiring away
– (infml) poaching
– labor piracy
abwerfen (Fin) to yield/return . . . a profit
– to pay
(cf, einbringen)
ab Werk
(com) ex works
(ie, Handelsklausel, die Verkäufer verpflichtet, Ware auf s–m Grundstück zur Verfügung zu stellen; Teil der Incoterms)
– ex factory
– ex mill
– (US) ex *(point of origin)*
– free at point of dispatch
ab-Werk-Preis *m*
(com) price . . . ex works/at factory
– mill price
abwerten
(Fin) to depreciate
– to devalue
Abwertung *f*
(Fin) currency . . . depreciation /devaluation
(ie, Verschiebung des Wechselkurses der Inlandswährung zu ausländischen Währungen = official reduction of the exchange rate)
Abwertung *f* **auf Fertigerzeugnisse** (ReW) inventory adjustments – finished goods
Abwertung *f* **auf Roh-, Hilfs- und Betriebsstoffe,**

23

Waren (ReW) inventory adjustments – raw materials and supplies
Abwertung f **auf unfertige Erzeugnisse** (ReW) inventory adjustments – work in process
Abwertungen fpl (ReW) writedowns
Abwertungskonkurrenz f (Fin) = Abwertungswettlauf
Abwertungssatz m (Fin) rate of currency devaluation
Abwertungsspirale f (Fin) depreciation spiral
Abwertungsstrategie f (Fin) depreciation strategy
abwertungsverdächtige Währung f (Fin) depreciation-prone currency
Abwertungswettlauf m (Fin) competitive currency devaluation
(ie, währungspolitisches Verhalten der wichtigsten Welthandelsländer Anfang der 30er Jahre)
Abwertungszyklus m (Fin) devaluation cycle
Abwertung f **wegen Leihwarenrisiko** (ReW) adjustment for risk relating to equipment loaned to customers
Abwertung f **wegen Mengenrisiko** (ReW) adjustment for quantitative risk
Abwertung f **wegen Preisrisiko** (ReW) adjustment for price risk
Abwertung f **wegen Skonti und Niederstwert** (ReW) adjustment for cash discounts and lowest value
Abwertung f **wegen Sonderlager** (ReW) adjustment for special inventory risks
Abwertung f **wegen technischen Risikos** (ReW) adjustment for technical risks
Abwesenheitsprotest m (WeR) protest for absence (of drawer) *(syn, Platzprotest)*
Abwesenheitsquote f (Pw) rate of absenteeism
Abwesenheitsrate f (Pw) = Abwesenheitsquote
Abwesenheitszeit f (IndE) absence time
abwickeln
(com) to handle *(eg, order, business)*
– to process
– to carry out
– to deal with
(Re) to liquidate *(ie, a company)*
– to wind up
(Fin) to settle *(eg, transaction)*
– to complete arrangements *(eg, for a loan)*
Abwickler m (Re) liquidator
Abwickler m **bestellen** (Re) to appoint a liquidator
Abwicklung f
(com) handling
– processing
(Re) liquidation
– (GB) winding up *(syn, Liquidation)*
(Bö) settlement
Abwicklung f **des Versicherungsgeschäfts** (Vers) conduct of insurance business
Abwicklungs-Anfangsvermögen n (Fin) net worth at beginning of winding-up
Abwicklungsbank f (Fin) liquidating bank
Abwicklungsbilanz f
(ReW) liquidating balance-sheet
– (GB) winding-up accounts
(syn, Liquidationsbilanz)
Abwicklungs-Endvermögen n (Fin) net worth at end of winding-up

Abwicklungseröffnungsbilanz f (ReW) opening balance sheet of a business in liquidation
Abwicklungsfirma f (Re) company in liquidation
(ie, übliche Zusätze „in Liquidation", „i. L.", „in Abwicklung"; cf; § 153 HGB, § 269 AktG)
Abwicklungsschlußbilanz f (ReW) closing balance sheet of a business in liquidation
Abwicklungstermin m (Bö) settlement date
Abwicklungsverfahren n (Re) liquidation/winding-up . . . procedure
Abwicklungszeit f (com) handling/processing . . . time
(eg, of order, of work on hand)
Abwicklungszeitraum m (Re) liquidation/winding-up . . . period
Abwicklung f **von Havarieschäden** (SeeV) adjustment of average losses
abwracken
(IndE) to scrap
– to break up
– to dismantle
Abwrackprämie f (com) ship breaking premium
(ie, in der Binnenschiffahrt: inland waterway shipping; introduced in 1969 with doubtful results)
Abwrackung f (IndE) ship breaking
abzählbare Menge f
(Math) denumerable
– enumerable
– countable . . . set
Abzählbarkeitsaxiom n (Math) axiom of countability
abzählbar unendlich
(Math) denumerably
– enumerably
– countably . . . infinite
abzählbar unendliche Menge f (Math) countably infinite set
(ie, set which may be put in one-to-one correspondence with the positive integers)
abzahlen
(Fin) to pay off
– to pay by installments
Abzahlung f (com) payment of installments
Abzahlungsgeschäft n
(com) installment . . . contract/sale
– (GB) hire purchase
– (GB, infml) the never never
(ie, sale of movable goods (a) which seller delivers to buyer and for which buyer pays in periodic payments; (b) which may be delivered in separate lots against payment by installment; (c) which may be the object of a continuing contract.
Syn, Teilzahlungskauf, Ratenkauf, Abzahlungskauf.
Note: German legal and commercial practice is different and should not be pressed into the conceptual framework, for instance, of the British Hire Purchase Act of 1965 or of comparable American arrangements.)
Abzahlungshypothek f
(Fin) installment mortgage
– (US) constant payment mortgage
(ie, Rückzahlung in gleichbleibenden Tilgungsraten; with equal redemptions: principal increasing

and interest decreasing; opp, Tilgungs- bzw. Annuitätenhypothek, qv)

Abzahlungskauf *m* (com) = Abzahlungsgeschäft

Abzahlungskredit *m* (Fin) installment credit
(ie, Rückzahlung in gleichen Raten)

Abzahlungsperiode *f* (Fin) repayment period

Abzahlungspreis *m* (com) installment price

Abzahlungswechsel *mpl* (Fin) installment bills of exchange
(ie, drawn for each separate installment under an installment sale; do not confuse with ‚Ratenwechsel‘ which is a multimaturity bill)

abzeichnen (com) to initial *(eg, letter, memo)*

AbzG (Fin) = Gesetz betreffend die Abzahlungsgeschäfte

abziehbar (com) deductible

abziehbare Aufwendungen *mpl*
(StR) deductible expenditure

abziehbare Reisekosten *pl*
(StR) deductible traveling expenses, § 119 III EStR

abziehbare Vorsteuerbeträge *mpl*
(StR) deductible portion of the prior turnover tax, § 15 III UStG
– deductible input tax

Abziehbild *n*
(com) decal
– decalcomania
– transfer picture
– transfer design

abziehen
(com) to deduct
– (infml) to knock off
(com) to divert
– to turn off
– to siphon off *(eg, traffic from common carriers)*
(ReW) to net *(eg, loss against profit)*

abzinsen (Fin) to discount

Abzinsung *f*
(Fin) discounting
– discounting process *(ie, Verfahren der Zinseszinsrechnung: Errechnung des Barwertes aus gegebenem Endbetrag mit Hilfe des Diskontierungsfaktors, qv; syn, Diskontierung; opp, Aufzinsung)*

Abzinsungsfaktor *m*
(Fin) discount factor $(1 + i)^{-n}$
– conversion factor in compound discounting
(syn, Diskontierungsfaktor)

Abzinsungspapier *n*
(Fin) discounted paper
(Fin) security sold at a discount
(ie, unverzinsliche Schatzanweisungen des Bundes (= U-Schätze), Sparbriefe; Zinsen für die gesamte Laufdauer werden vom zu zahlenden Preis abgezogen)

Abzinsungssatz *m* (StR) discount rate allowed on advance payment of taxes

Abzinsungstabelle *f* (Fin) discount table

Abzug *m*
(com) deduction
(com) allowance
– discount *(ie, in the sense of ‚Nachlaß‘)*
(IndE) penalty *(ie, in quality control)*

Abzug *m* **alt für neu** (Vers) discount new for old, § 86 VVG
(ie, based upon depreciation of a new part that is installed in settlement of a claim; discount approaches the wearing out of the item indemnified)

Abzüge *mpl* (Pw) deductions from wage or salary

abzüglich
(com) less
– net of *(eg, agreed price net of turnover tax)*

Abzugsbeträge *mpl* (StR) statutory deductions

abzugsfähig
(StR) allowable
– deductible *(eg, income-related expenses)*

abzugsfähige Ausgaben *fpl* (StR) tax-deductible expenses
(ie, collective term covering ‚Betriebsausgaben, Werbungskosten, Sonderausgaben und außergewöhnliche Belastungen‘)

abzugsfähiger Betrag *m* (StR) allowable deduction

Abzugsfähigkeit *f* (StR) deductibility

Abzugsformat *n* (EDV) dump format

Abzugsfranchise *f* (Vers) deductible *(ie, paid by the insured)*

Abzugskapital *n* (Fin) capital items deducted from total
(ie, in determining the amount of operating capital needed = bei Ermittlung des betriebsnotwendigen Kapitals; scheinbar zinsloses Fremdkapital)

Abzugslimit *n* (Fin) withdrawal limit *(ie, of deposit accounts)*

Abzugsmethode *f* (StR) exclusion method
(ie, exclusion of income from tax base to mitigate double taxation; used in all tax treaties signed by the Federal Republic of Germany; im Falle der Inkompatibilität von in- und ausländischen Steuern; cf, Freistellungsmethode, Anrechnungsmethode)

Abzugsroutine *f* (EDV) dump routine

Abzugssteuern *fpl*
(StR) withholding taxes
– taxes stopped at source
(ie, taxes withheld from wages and salary and paid direct to the government; eg, wages tax, supervisory board tax, capital yield tax; opp, veranlagte Steuern)

abzweigen
(com) to detour *(eg, taxes to other uses)*
– to channel off *(eg, money for a different purpose)*

Account-Manager *m* (Mk) account manager, AM

Achsenabschnitt *m* (Math) intercept of an axis

Achtstundentag *m* (Pw) eight-hour working day

A-conto-Zahlung *f* (com) payment on account

ad acta legen
(com) to close off *(eg, plan, program)*
– to lay to rest

adaptive Regelung *f* (EDV) adaptive control (system) *(subterms: gesteuerte a. R. + a. R. mit Rückführung = open loop adaptation + closed loop adaptation)*

adaptive Regelung *f* **mit Rückführung** (EDV) closed loop adaptation

adaptives Filtern *n* (Bw) adaptive filtering
(ie, bei e–r Prognose werden die Vergangenheitswerte nicht (wie bei gleitenden Mittelwerten od

bei exponentieller Glättung) starr, sondern adaptiv gewichtet; die Gewichte werden iterativ berechnet)
a dato (WeR) from the day of making out *(eg, a bill of exchange)*
ADB (com) = Allgemeine Deutsche Binnentransportbedingungen
Addend *m*
  (EDV) addend *(ie, added to the augend to form the sum)*
Addendenregister *n* (EDV) addend register *(syn, Summandenregister)*
Addierbefehl *m* (EDV) add instruction
addieren
  (com) to add up
  – to cast up
  – to foot up
  – (infml) to tot up
Addition *f*
  (com) addition
  – summation
  – footing
Additionsanweisung *f* (EDV, Cobol) add statement
Additionsaxiom *n* (Math) addition axiom
Additionsbefehl *m* (EDV) add instruction
Additionssätze *mpl* **der Wahrscheinlichkeit** (Stat) addition theorems of probability
Additionsstreifen *m* (EDV) addition slip
Additionstabelle *f* (EDV) addition table
Additionstheorem *n* (Math) addition theorem
Additionsübertrag *m* (EDV) add carry
Additionszeit *f* (EDV) add time
Addition *f* **von Matrizen** (Math) matrix addition
Addition *f* **von Zufallsvariablen** (Stat) addition of variates
additive Grenzkosten *pl* (Vw) additive marginal cost *(Pigou)*
additive Gruppe *f* (Math) additive group
additive Präferenzen *fpl* (Vw) additive ... preferences/utilities
additiver Fehler *m* (EDV) accumulated error
additiver Zufallsprozeß *m* (Stat) additive random walk process
Additivität *f* (Stat) additive property
Addressensammlung *f* (com) set of addresses
Adhäsionsverschluß *m* (com) adhesion flap *(ie, used for printed matter consignments)*
Adhäsionsvertrag *m* (Re) adhesion contract *(syn, Knebelungsvertrag, qv)*
ad hoc-Ausschuß *m* (com) ad hoc committee
ad-hoc-Verband *m* (Re) single-purpose association
Adjazenzmatrix *f* (Math) adjacency matrix
Adjungierte *f* **e–r Matrix** (Math) adjoint *(or* adjugate*)* of a matrix
Adjunktion *f* (Log) inclusive disjunction
Adjustierung *f* (SeeV) adjustment of average
administrative Abwicklung *f* (com) administrative handling
administrative Handelshemmnisse *npl* (AuW) administrative barriers to trade
administrativer Protektionismus *m* (AuW) administrative protectionism *(eg, non-tariff trade barriers)*
administrierte Preisfestsetzung *f* (Vw) business-controlled pricing

administrierte Preisinflation *f* (Vw) administered price inflation
administrierter Preis *m* (Vw) administered price *(eg, of water, electricity, gas; may rise even when demand is cooling down)*
administrierter Zinssatz *m* (Vw) administered rate of interest
Adressat *m* (com) addressee
Adreßbereich *m* (EDV) address range
Adreßbuch *n* (EDV) index register
Adreßbus *m* (EDV) address bus
Adresse *f*
  (com) address *(ie, designation of place of delivery)*
  (EDV) address *(ie, laufende Nummer für Speicherstellen: location where information is stored)*
Adressenänderung *f* (EDV) address modification
Adressenarithmetik *f* (EDV) = Adreßrechnung
Adressenauswahl *f* (EDV) address selection
Adressendatei *f* (EDV) address file
Adressenerzeugung *f* (EDV) address generation *(syn, randomization)*
Adressenfeld *n* (EDV) address field
Adressenkapazität *f* (EDV) address capacity
Adressenliste *f*
  (com) list of addresses
  – mailing list
adressenloser Befehl *m*
  (EDV) addressless/zero ... address instruction
Adressenmodifikation *f* (EDV) address modification
Adressenrechnung *f* (EDV) address computation
Adressensystem *n* (EDV) address system
Adressenverlag *m* (Mk) list broker *(ie, rents direct-mail lists to advertisers; syn, Adressenvermittler)*
Adressenvermittler *m* (Mk) = Adressenverlag, qv
Adressenverzeichnis *n* (com) list of addresses
Adressenzuweisung *f* (EDV) address assignment
adressieren (com, EDV) to address
Adressierkarte *f* (com) address card
Adressiermethode *f* (EDV) addressing
Adressiersystem *n* (EDV) addressing system
Adressierungsart *f* (EDV) addressing mode
Adressierverfahren *n* (EDV) addressing
Adreßindex *m* (EDV) address index
Adreßkonstante *f* (EDV) address constant *(syn, ADCON)*
Adreßmarke *f* (EDV) address marker
Adreßmodifikation *f* (EDV) address modification
Adreßraum *m* (EDV) address space
Adreßrechnen *n* (EDV) address ... arithmetic/computation
Adreßregister *n* (EDV) address register
Adreßschlüssel *m* (EDV, Cobol) actual key
Adreßspediteur *m* (com) receiving forwarding agent
ADS (SeeV) = Allgemeine Deutsche Seeversicherungsbedingungen
ADSp (com) = Allgemeine Deutsche Spediteurbedingungen
ad valorem-Zoll *m* (Zo) ad valorem customs duty
AE (com) = Ausfuhrerklärung
Aerogramm *n* (com) aerogram
Afa (StR) = Absetzung für Abnutzung

AfaA (StR) = Absetzung für außergewöhnliche Abnutzung
Afa-Nutzungsdauer *f* (StR) writeoff period *(ie, for income tax purposes)*
Afa-Tabellen *fpl* (StR) tax depreciation tables *(ie, tables listing statutory economic lives of assets for the purpose of computing tax depreciation)*
Affektionswert *m* (com) fancy value *(ie, subjective value of a good higher than its objective value)*
Affiche *f* (Mk) bill
Affidavit *n* (Fin) affidavit *(ie, von e–r Bank abgegebene Erklärung zur Glaubhaftmachung e–s Rechts über Herkunft, Besitz, Eigentum e–s Wertpapiers)*
Affiliation *f*
(Bw) affiliation
(Fin) subsidiary bank *(ie, controlled by another large bank)*
affine Funktion *f* (Math) affine function
affine Gruppe *f* (Math) affine group
affines Koordinatensystem *n* (Math) affine coordinate system
affine Transformation *f* (Math) affine transformation
AFG (Re) = Arbeitsförderunggesetz
Afrikanische Entwicklungsbank *f* (Fin) African Development Bank, AfDB *(ie, 50 unabhängige afrikanische Staaten und 23 nicht-afrikanische Staaten; Sitz in Abidjan/Elfenbeinküste)*
AfS (StR) = Absetzung für Substanzverringerung
AG
(com) = Aktiengesellschaft
(Re) = Amtsgericht
(Re) = Ausführungsgesetz
AGB (com) = Allgemeine Geschäftsbedingungen
Agent *m*
(com) commercial agent
– sales . . . agent/representative
– selling agent
Agentenprovision *f* (com) agent's commission
Agentur *f*
(com) representation *(ie, of a firm by an agent)*
(com) branch office
(com) news agency
Agenturgeschäft *n* (com) agency business
Agenturhandel *m* (com) agency trade *(ie, von Handelsunternehmen mit e–m Lieferanten abgeschlossene Agentur-, Kommissions- und Kommissionsagenturverträge)*
Agenturvergütung *f* (com) agency commission
Agenturvertrag *m* (Re) agency agreement *(ie, signed between commercial agent and principal = Unternehmer, § 84 HGB)*
Agenturvertreter *m* (com) agency representative
Agenturwaren *fpl* (Zo) agency goods
A-Geschäft *n* (Fin) installment credit granted to consumer directly *(cf, Teilzahlungskredit)*
Agglomeration *f* (Vw) agglomeration *(ie, in location theory, A. Weber)*
Agglomerationsziffer *f* (Stat) agglomeration index
Aggregat *n*
(Stat, Vw) aggregate
(IndE) set of machines *(eg, turbo-generator set)*

Aggregation *f*
(Stat) aggregation
– summation
Aggregationsmethode *f* (Log) bottom-up method
aggregierte Börsenbewertung *f* (Bö) equity market capitalization
aggregierte Größen *fpl*
(Vw) aggregates
– broad totals
– economy-wide totals
aggregierter Index *m* (Stat) aggregative index number
aggregiertes Modell *n* (Vw) aggregative model
aggressiv
(Mk) aggressive
– thrusting
(Bw) fast expanding
– competing head-on
aggressive Absatzmethode *f* (Mk) hard-sell technique
aggressive Anlagepolitik *f* (Fin) aggressive investing policy
aggressive Preispolitik *f* (Mk) aggressive pricing policy
aggressiver Konkurrent *m* (com) aggressive . . . rival/competitor /player)
aggressives Marketing *n*
(Mk) aggressive marketing
– (infml) hell-for-leather marketing
aggressives Verkaufsgespräch *n*
(Mk) high-pressure sales talk
aggressive Werbung *m*
(Mk) aggressive advertising
– (infml) blockbuster advertising
aggressiv expandieren (com) be set on an aggressively expansionary course
Agio *n*
(Fin) premium
(ie, 1. Preisaufschlag auf den Nennwert e–s Wertpapiers od den Paritätskurs e–r Devise; 2. Differenz zwischen zwei Kursen od zwischen dem Nennwert e–s Wertpapiers und s–m Kurswert; syn, Aufgeld; opp, Disagio)
(ReW, EG) share premium account
Agioanleihe *f* (Fin) premium bond *(ie, Emissionskurs liegt über Nennwert; syn, Prämienanleihe; retired at maturity date at an amount above its par value; not permitted in US, but frequent in Europe)*
Agio *n* **aus Aktienemission**
(Fin) premium on capital stock
– share premium
Agioerträge *mpl* (Fin) premiums received
Agiorücklage *f* (ReW) share premium reserve *(ie, not available for distribution)*
Agiotage *f*
(Fin) agiotage
(ie, business of dealing in foreign exchange)
(Fin, *rare*) agiotage
(ie, speculative dealing in securities)
Agioteur *m*
(Fin) agioteur
– foreign-exchange dealer
Agiotheorie *f* (Vw) agio theory of interest *(E. v. Böhm-Bawerk)*

27

agiotieren
  (Fin) to deal in foreign exchange
  (Fin, *rare*) to deal speculatively in securities
Agrarabgaben *fpl* (EG) farm levies
  (ie, Schutzinstrument gegenüber Drittlandsein-
  fuhren von Agrarwaren)
Agrarabschöpfung *f* (EG) agricultural levy
Agrarbevölkerung *f* (Vw) rural population
Agrareinfuhren *fpl*
  (EG) agricultural imports
  – agri-imports
Agrareinkommen *n* (EG) farm income
Agrarerzeugnisse *npl*
  (EG) agricultural products
  – farm goods
  – farm products
Agrarexporte *mpl*
  (EG) agricultural exports
  – farm exports
  – agri-exports
Agrarfonds *m* (EG) European Agricultural Guid-
  ance and Guarantee Fund, AEGGF
Agrargenossenschaft *f* (com) farm cooperative
Agrargeographie *f* (Vw) rural geography
Agrarimporte *mpl*
  (EG) agricultural imports
  – farm imports
  – agri-imports
agrarische Rohstoffe *mpl* (com) agricultural com-
  modities
Agrarkonjunktur *f* (Vw) cyclical movements in ag-
  ricultural markets
Agrarkredit *m*
  (Fin) agricultural . . . credit/loan
  – farm(ing) credit
Agrarkrise *f* (Vw) farm crisis
Agrarland *n* (Vw) agrarian country *(opp, industrial*
  country)
Agrarmarkt *m* (Vw) agricultural commodities
  market
Agrarmarktordnung *f* (EG) agricultural market organization
Agrarministerrat *m* (EG) Council of Agricultural
  Ministers
Agrarpolitik *f* (EG) agricultural/farm . . . policy
agrarpolitisch (EG) relating to farm policy
Agrarpreise *mpl* (EG) agricultural/farm . . . prices
Agrarpreisregelung *f* (EG) farm price settlement
Agrarpreisrunde *f* (EG) annual farm prices round
  (ie, im EG-Agrarministerrat)
Agrarpreisstützung *f* (EG) support of agricultural
  prices
  (ie, by ‚Preis- und Abnahmegarantien, Export-
  subventionen, Zölle, Abschöpfungen, Einfuhr-
  kontingentierung, Interventionskäufe‘, which see)
Agrarpreissystem *n*
  (EG) CAP system of prices
  – farm price system
Agrarprodukte *npl* (EG) agricultural/farm . . .
  products
Agrarproduktion *f* (EG) agricultural/farm . . . production
Agrarquote *f* (Stat) ratio of farming population to
  total labor force
Agrarreform *f* (EG) agricultural reform

Agrarsektor *m* (Vw) agricultural/farming . . . sector
  (ie, umfaßt Landwirtschaft, Gartenbau, Wein-
  bau, Forst- und Holzwirtschaft sowie Fischerei =
  farming, gardening, wine growing, forestry,
  fishery)
Agrarstatistik *f* (Stat) agricultural statistics
Agrarstruktur *f* (Vw) farm structure
Agrarsubvention *f* (EG) farm subsidy
Agrarsubventionen *fpl*
  (EG) agricultural/farm . . . aids
  – aids to farmers
Agrarüberschüsse *mpl* (EG) farm product sur-
  pluses
Agrarvermarktung *f* (EG) marketing of farm prod-
  ucts
Agrarverordnung *f* (EG) agricultural regulation
Agrarwaren *fpl* (EG) farm commodities *(syn,*
  Marktordnungswaren)
Agrarwirtschaft *f* (Vw) farming
Agrarwissenschaft *f* (Vw) agricultural economics
Agrarzölle *mpl*
  (AuW) customs duties levied on exported and
  imported products
  – agricultural duties
Agreement *n* (Kart) agreement
  (ie, mündliches eindeutiges Kooperationsangebot
  ohne schriftliche Vereinbarung; Formen: Früh-
  stückskartell, Gentlemen's Agreement, Corner,
  Bietungsabsprache)
AG und Co. (Bw) combination of ‚Offene Handels-
  gesellschaft‘ and ‚Kommanditgesellschaft‘, qv.
AHB (Fin) = Außenhandelsbank
ähnlich geordnete Menge *f* (Math) similarly ordered set
Ähnlichkeitsverhältnis *n* (Math) ratio of similitude
AKA (AuW) = Ausfuhrkredit-Gesellschaft
Akademiker *m* (Pw) person of university education
  (ie, not an academic which in English is a person
  holding a teaching job at a college or university)
akademischer Grad *m* (Pw) university degree
AKA-Kredit *m*
  (Fin) medium or long-term export credit granted
  by AKA, qv *(cf, Plafond A, B und C)*
Akkommodation *f* (Stat) accommodation
Akkord *m*
  (com) amicable/friendly . . . settlement of dis-
  pute
  (Re) composition proceedings
  (IndE) piece work
Akkordabrechnung *f* (IndE) piece-work payroll ac-
  counting
Akkordarbeit *f*
  (IndE) piecework
  – (GB) task system of pay
  – (GB) task wages
Akkordarbeiter *m* (IndE) piece worker
Akkordausgleich *m* (IndE) timeworkers' bonus
Akkordbrecher *m*
  (IndE) job spoiler
  – rate buster
  – (infml) high flier
  – (sl) rat
Akkordkarte *f* (IndE) job ticket
Akkordköpfen *n* (IndE) rate cutting *(ie, in piece*
  work; syn, Akkordschere)

Akkordlohn *m*
(IndE) piecework rate (*or* wage)
– piece rate
– payment by piece rates *(syn, Stücklohn)*
Akkordlohnsatz *m* (IndE) piece/job . . . rate
Akkordrichtarbeiter *m* (IndE) pace setter
Akkordrichtsatz *m* (IndE) basic piece rate
  *(ie, amount earned at a normal pace per time
  unit)*
Akkordschere *f* (IndE) rate cutting *(ie, in piece
  work)*
Akkordstundenanteil *m* (IndE) hours on incentive
Akkordsystem *n* (IndE) piecework system
Akkordzeit *f* (IndE) allowed/incentive . . . time
Akkordzettel *m* (IndE) piecework slip *(syn, Lohn-
  zettel, Lohnschein)*
Akkordzuschlag *m* (IndE) bonus increment
Akkreditierung *f* (Fin) opening of a letter of credit
  (*or* L/C)
Akkreditiv *n*
  (Fin) letter of credit, L/C, clc
  *(ie, Auftrag an e–e Bank, aus e–m Guthaben des
  Auftraggebers e–m Dritten e–n bestimmten Geld-
  betrag auszuzahlen; meist gegen Übergabe bestimmter Dokumente;*
  *= instrument drawn by a bank known as the cre-
  dit-issuing bank (Akkreditivbank), on behalf of
  its customer, known as the principal (who
  guarantees payment to the issuing bank), authorizing another bank at home or abroad,
  known as the credit-notifying or negotiating bank
  (and usually the payer bank), to make payments
  or accept drafts by a fourth party, known as the
  beneficiary; Akkreditive werden wie folgt einge-
  teilt (classifications are not mutually exclusive):*
  *1. Direction of shipment: export – import –
  domestic;*
  2. Security: documentary – clean;
  3. Form of letter: straight – revolving;
  4. Form of currency: dollar – sterling;
  *5. Cancellation: irrevocable–confirmed;
  irrevocable–unconfirmed;   revocable–unconfirmed;*
  *vor allem im angelsächsischen Raum; Teilausnut-
  zungen sind die Regel; frei übertragbar durch Indossament; Einlösungsstelle frei wählbar)*
Akkreditivabrechnungskonto *n* (Fin) credit settlement account
Akkreditivanzeige *f* (Fin) notification of credit
Akkreditiv *n* **anzeigen** (Fin) to advise/notify . . . a
  letter of credit
Akkreditivauftraggeber *m*
  (Fin) applicant
  – (US) account party
  *(ie, credit is issued at the request and for the ac-
  count of . . .; cf, eröffnende Bank und Begünstig-
  ter = issuer and beneficiary)*
Akkreditivbank *f*
  (Fin) credit-issuing/opening . . . bank
  *(ie, idR die Bank des Importeurs; syn, Eröff-
  nungsbank)*
Akkreditivbedingungen *fpl* (Fin) terms of a credit
Akkreditiv *n* **bestätigen** (Fin) to confirm a credit
Akkreditivbestätigung *f* (Fin) credit confirmation
Akkreditivbevorschußung *f*

(Fin) anticipatory/packing . . . credit
– advance against a documentary credit
  (cf, hierzu 'Farbklauseln')
Akkreditiv *n* **brieflich eröffnen** (Fin) to open a credit by letter
Akkreditivdeckung *f* (Fin) credit cover
Akkreditivdokumente *npl* (com) commercial credit
  documents *(eg, bill of lading, packing list, warehouse receipt)*
Akkreditivermächtigung *f* (Fin) letter of authority
Akkreditiv *n* **eröffnen**
  (Fin) to open
  – to issue
  – to establish . . . a credit
Akkreditiveröffnung *f*
  (Fin) issue
  – issuance
  – opening . . . of a letter of credit
Akkreditivgeschäft *n* (Fin) documentary credit
  business
Akkreditiv *n* **hinauslegen** (Fin) = Akkreditiv
  eröffnen
Akkreditiv *n* **in Anspruch nehmen** (Fin) to draw on
  a letter of credit
Akkreditivklausel *f* (Fin) letter of credit clause
Akkreditiv *n* **mit aufgeschobener Zahlung** (Fin) de-
  ferred-payments credit
Akkreditivpartei *f* (Fin) party to a letter of credit
Akkreditivstellung *f* (Fin) opening a letter of credit
Akkreditiv *n* **telegraphisch eröffnen** (Fin) to open a
  credit by cable
Akkreditivverpflichtung *f* (Fin) liability under a let-
  ter of credit
Akkreditivwährung *f* (Fin) currency of the credit
Akkreditivwährungsdeckungskonto *n* (Fin) foreign
  currency credit cover account
Akkumulation *f* (Vw) accumulation *(ie, Marxist
  term for investment)*
Akkumulationsquote *f* (Vw) rate of accumulation
  (ie, obsolete for ‚investment ratio‘)
akkumulierte Abschreibung *f* (ReW) accumulated
  depreciation
Akontozahlung *f* (com) payment on account
AKP-Länder *npl* (AuW) ACP countries *(ie, Afri-
  can, Caribbean, and Pacific States)*
Akquisiteur *m*
  (Mk) canvasser
  – solicitor
Akquisition *f*
  (Mk) sales canvassing
  – acquisition
  *(ie, Gewinnung von Aufträgen/Kunden durch
  Außendienstmitarbeiter)*
  (com) acquisition of a company *(cf, Kauf von
  Anteilen, Kauf von Wirtschaftsgütern; vor allem
  in der Wendung M&A: mergers and acquisi-
  tions)*
Akquisitionskosten *pl*
  (Mk) canvassing costs
  – sales development costs
  (Vers) acquisition cost
Akquisitionsvertrag *m* (com) = Übernahmever-
  trag, qv
Akte *f* (com) file *(ie, collection of papers on one
  subject)*

Aktendeckel m (com) folder
Akteneinsicht f (Re) inspection of records
aktenkundig (Re) on the record
aktenkundig machen (com) to place on record
Aktennotiz f (com) memo(randum)
Aktenordner m (com) standing file
Aktenplan m (com) filing plan *(ie, based on decimal classification)*
Aktenvermerk m (com) memo
Aktenzeichen n
(com) reference code *(ie, on letters)*
(com) file number
AktG (Re) = Aktiengesetz
Aktie f
(Fin) share *(ie, used in England and Canada)*
– (GB) share
(Fin, US) stock
– share of stock
– share *(ie, much less commonly used)*
(Fin) share/stock . . . certificate
(ie, als Mitgliedsschaftsurkunde = evidence of ownership)
Aktie f **mittlerer Güte** (Fin) medium grade stock
Aktien fpl **abrufen** (Fin) to call the stock
Aktienabstempelung f (Fin) official stamping of shares
(eg, on capital reduction, change of firm, reduction of bond interest)
Aktien fpl **abstoßen** (Bö) to dump shares
Aktienagio n (Fin) stock/share . . . premium
aktienähnliche Wertpapiere npl
(Fin) equity-related securities
Aktienanalyse f (Fin) equity research
(ie, Prognose von Aktienkursen durch Fundamentalanalyse und Chartanalyse)
Aktienarten fpl (Fin) classes/types of shares
(ie,
1. nach Stückelung:
a) Summen- od Nennwertaktien = par value shares; cf, § 8 AktG;
b) Quoten- od nennwertlose Aktien = no-par value shares;
c) Globalaktien = multiple share certificates
2. nach Eigentumsübertragung:
a) Inhaberaktien = bearer shares; cf, § 929 BGB;
b) Namensaktien = registered shares;
c) vinkulierte Namensaktien = registered share not freely transferable; cf, § 68 AktG;
3. Umfang der verbrieften Rechte:
a) Stammaktien = common stock, (GB) ordinary share;
b) Vorzugsaktien = preferred stock, preference share
siehe auch: eigene Aktien, Vorratsaktien, Belegschaftsaktien; alte/junge Aktien; Gratisaktien; Split-Aktien)
Aktienaufschlag m (Fin) = Aktienagio
Aktienausgabe f (Fin) issue of . . . shares/stock
Aktien fpl **ausgeben** (Fin) to issue . . . shares/stock
Aktienaustausch m (Fin) exchange of . . . shares/stock
Aktienbesitz m (Fin) equity holding
Aktienbestand m
(Fin) shareholding

– stockholding
– stock portfolio
Aktienbeteiligung f (Fin) equity . . . interest/stake
Aktienbewertung f
(Fin) stock valuation
(Bö) stock market analysis
(cf, Fundamentalanalyse, technische Analyse)
Aktienbezugsrecht n
(Fin) stock purchase warrant
– (GB) stock right
– right
Aktienbezugsrechtsschein m (Fin) equity warrant *(syn, Aktien-Warrant)*
Aktienbezugsschein m (Fin) stock allotment warrant
Aktienbörse f (Bö) stock . . . exchange/market
(ie, organized market for the purpose of centralized trading in securities)
Aktienbuch n (Fin) share/stock . . . register, § 67 AktG *(syn, Aktionärsbuch)*
Aktiendepot n (Fin) stock portfolio
Aktiendisagio n (Fin) stock/share . . . discount
Aktien fpl **einreichen** (Fin) to surrender share certificates
Aktien fpl **einziehen** (Fin) to call in shares
Aktieneinziehung f (Fin) redemption of . . . shares/stock, § 237 AktG
(ie, Verfahren zur Herabsetzung des Grundkapitals)
Aktienemission f
(Fin) issue of . . . shares/stock
– equity . . . issue/offering
– equity launch
(ie, Erstbegebung von Aktien)
Aktienemissions-Agio n (Fin) stock-issue premium
Aktienemissions-Disagio n (Fin) stock-issue discount
Aktienemissions-Kosten pl (Fin) stock-issue cost
Aktienemissions-Kurs m (Fin) share/stock . . . offering price
Aktien fpl **emittieren** (Fin) to issue shares (*or* stock)
Aktienerwerb m (Fin) share acquisition
Aktienfinanzierung f (Fin) common stock financing
– equity . . . financing/funding
(Note: ,equity financing' may include funds generated in the business = Selbstfinanzierung')
Aktienfonds m
(Fin) equity/stock/ . . . fund
– share-based investment fund
(opp, Rentenfonds = bond fund)
Aktienführer m (Bö) stock guide
Aktiengattung f (Fin) class of . . . shares/stock
Aktiengeschäft n
(Bö) equity business
– dealings in equity
Aktiengesellschaft f
(com) stock corporation
– (GB) public limited company, PLC, plc
– (US) corporation
(ie, with limited liability and quoted shares; cf, AktG vom 6. 9. 1965 idF vom 26. 6. 1990)
Aktiengesetz n (Re) German Stock Corporation Law
Aktienhandel m (Bö) equity/stock . . . trading
Aktienhändler m (Fin) equity dealer

Aktien *fpl* **im Sammeldepot** (Fin) shares in collective deposit
(ie, bank serving as central depository for securites)
Aktienindex *m* (Bö) stock index
(ie, bildet Kursentwicklung des Aktienmarktes od einzelner Aktiengruppen: Dow Jones Industrial (USA), Financial Times Ordinary (GB), CAC General Index (Frankreich), Swiss Performance Index (Schweiz), Hang Seng Index (Hongkong), Deutscher Aktienindex, DAX seit 1.10.1988; syn, Kursindex)
Aktienindexanleihe *f*
(Bö, GB) bull-and-bear bond
– (infml) heaven-and-hell bond
(ie, Rückzahlungskurs ist nicht bei 100%, sondern an die Entwicklung e–s Aktienindex gekoppelt; hat meist e–n Deckel, d. h. Kursanstieg und -verlust sind auf e–n maximalen Prozentsatz begrenzt; Anleihe besteht in der Regel aus zwei Tranchen: bull bond und bear bond)
Aktienindex-Arbitrage *f* (Fin) stock index arbitrage
(ie, Differenzarbitrage durch Kauf von Aktien, Aktienindizes, Aktienindex-Terminkontrakte und gleichzeitigen Verkauf ähnlicher Werte in e–m anderen Marktsegment)
Aktienindex-Optionskontrakt *m* (Bö, US) stock index option contract
(ie, puts and calls are traded on the Chicago Options Exchange (CBOE), the American Stock Exchange (AMEX), the Philadelphia Stock Exchange (PHLX), and the Pacific Stock Exchange (PSE); they are regulated by the Securities and Exchange Commission)
Aktienindex-Terminkontrakt *m* (Bö) stock index futures contract
(ie, based not on the prices of individual stocks, but on broad-based stock market averages (Aktienindizes); not settled by the delivery of stocks but by cash settlement; other features are leverage, liquidity, and commissions)
Aktieninhaber *m*
(Fin) shareholder
– stockholder
– equity ... holder/shareholder
Aktieninvestmentfonds *m* (Fin) common stock fund
Aktienkaduzierung *f* (Fin) forfeiture of shares, § 64 AktG
Aktienkapital *n*
(Fin) share capital of a company
– capital stock
(ie, Nominalkapital der AG, das in Aktien zerlegt ist)
Aktienkauf *m*
(Fin) purchase of ... shares/stock
Aktienkaufplan *m* (Pw) stock purchase plan
Aktien *fpl* **konjunkturempfindlicher Unternehmen** (Fin) cyclical stocks
Aktienkurs *m*
(Fin) share/stock/equity ... price
– market price of share
Aktienkursindex *m* (Bö) = Aktienindex, qv
Aktienmarkt *m*
(Bö) equity
– stock

– share ... market
(ie, Handel in Aktien, der sich idR an der Börse vollzieht)
Aktienmehrheit *f*
(Fin) controlling portion of common stock
– majority of stock
Aktien *fpl* **mit Konsortialbindung** (Fin) shares under syndicate agreements
Aktiennotierung *f* (Bö) stock quotation
Aktienoption *f* (Fin) right to convert bonds into shares
Aktienpaket *n*
(Fin) block/parcel ... of shares
– (GB) line/block ... of shares
(ie, größerer Nominalbetrag von Aktien, der maßgeblichen Einfluß auf e–e Gesellschaft sichert)
Aktienplazierung *f* (Fin) equity placement
Aktienportefeuille *n*
(Fin) equity/stock ... portfolio
(syn, Aktiendepot, Aktienbestand)
Aktienrecht *n* (Re) stock corporation law
aktienrechtliche Gliederungsvorschriften *fpl* (Re) rules of classification as established in the German Stock Corporation Law
aktienrechtliche Vorschriften *fpl* (Re) rules as established under the German Stock Corporation Law
Aktienrechtsreform *f* (Re) reform of German stock corporation law
Aktienrendite *f*
(Fin) equity returny
– yield on shares
– stock yield
Aktienrückgabe *f* (Fin) surrender of shares
Aktienrückkauf *m* (Fin) stock ... buyback/repurchase
Aktiensparen *n* (Fin) equity saving
Aktienspekulation *f* (Bö) speculation in ... shares/stock
Aktienspitzen *fpl* (Bö) fractional shares
Aktiensplit *m* (Fin) stock splitup
Aktien *fpl* **splitten** (Fin) to split ... shares/stock
Aktienstimmrecht *n* (Fin) stock voting right
(ie, durch Aktie verbrieftes Mitgliedschaftsrecht, §§ 12, 134 I AktG)
Aktienstreubesitz *m* (Fin) (widely) scattered shareholdings
Aktientausch *m*
(Fin) exchange of shares
– stock swap
(ie, in acquisition or merger operation)
(Bö) equity switching
Aktienübernahme *f*
(Fin) stock takeover
– share acquisition
Aktienübertragung *f* (WeR) transfer of ... shares/stocks
Aktienumtausch *m* (Fin) exchange of share certificates
(syn, Umtausch von Aktien)
Aktienurkunde *f* (WeR) stock/share ... certificate
Aktien-Warrant *m* (Fin) equity warrant
(syn, Aktienbezugsrechtsschein, qv)
Aktien *fpl* **zeichnen** (Fin) to subscribe to shares

Aktienzeichner *m*
(Fin) applicant for shares
– share applicant
Aktienzeichnung *f*
(Fin) application/subscription ... for shares
Aktienzertifikat *n* (WeR) = Aktienurkunde
Aktien *fpl* **zur Zeichnung auflegen** (Fin) to invite
subscription to shares
Aktienzusammenlegung *f*
(Fin) share consolidation
– reverse stock split
(ie, bei Herabsetzung des Grundkapitals)
Aktienzuteilung *f* (Fin) stock/share ... allotment
Aktionär *m*
(Fin) shareholder
– stockholder
– equity holder
– equity shareholder
Aktionäre *mpl* **abfinden** (Fin) to indemnify share-
holders
Aktionäre *mpl* **einberufen**
(Bw) to convene shareholders *(eg, to general
meeting)*
Aktionärsbanken *fpl* (Fin) shareholding banks
Aktionärsbrief *m*
(com) shareholders' letter
– newsletter to shareholders
(eg, company stated in a ...)
Aktionärsbuch *n* (com) = Aktienbuch, qv
Aktionärsdarlehen *n* (Fin) shareholder loan
Aktionärsgruppe *f* (com) shareholder group
Aktionärspflege *f* (com) shareholder/stockholder/
investor ... relations
Aktionärsrechte *npl* (com) shareholders/stockhold-
ers' ... rights
*(ie, Teilnahme an der HV, Recht auf Dividende,
Bezugsrecht, Anteil am Liquidationserlös)*
Aktionärsvereinigung *f* (com) association of shareholders
*(eg, Deutsche Schutzvereinigung für Wertpapier-
besitz e.V.)*
Aktionärsversammlung *f* (com) stockholders'
meeting
Aktionärsvertreter *mpl* (com) stockholder representatives
*(eg, in co-determination matters; banks in general
stockholder meetings)*
Aktionen *fpl* **zur Stützung von Währungen** (Fin)
monetary support operations
Aktionseinheit *f*
(Bw) organization unit
– administrative unit
– job
Aktionsforschung *f* (Bw) action research
*(ie, Wissenschaftler und Praktiker bilden ein um-
fassendes Handlungssystem; vor allem eingesetzt
bei Prozessen der Organisationsentwicklung)*
Aktionsparameter *m*
(Vw) action parameter
– parameter of action
Aktiva *npl* (ReW) assets
*(ie, Anlagevermögen, Umlaufvermögen, aktive
Rechnungsabgrenzung)*
Aktivablage *f* (com) active file *(opp, dead file)*
Aktiva *npl* **monetisieren** (Fin) to monetize assets

Aktiv-Antizipation *f*
(ReW) accrued assets
– accrued expense
– accrued income
– accrued liabilities
aktive Handelsbilanz *f*
(AuW) favorable trade balance
– active trade balance
aktive Jahresabgrenzung *f*
(ReW) accruals
– accrued ... assets/income/revenue
aktive Leistungsbilanz *f* (AuW) surplus on current
account
aktive Leitung *f* (EDV) active line *(ie, available for
data transmission)*
aktive Lohnveredelung *f* (AuW) processing of
goods for foreign account
aktive Rechnungsabgrenzung *f* (ReW) accruals *(ie,
accrued assets/income/revenue)*
aktiver Speicher *m* (EDV) active storage
aktiver Teilhaber *m* (Re) active partner
aktiver Transithandel *m* (AuW) active transit trade
aktiver Veredelungsverkehr *m* (Zo) inward processing arrangements
aktiver Verrechnungssaldo *m* (Fin) credit balance
on inter-branch account, § 53 II 2 KWG
aktive Veredelung *f* (Zo) inward processing
*(ie, durch Gemeinschaftsrecht geregelte Art der
Zollbehandlung)*
aktive Vertretung *f* (Re) active agency *(ie, agent
makes a declaration of intent on his principal's
behalf)*
aktive Zahlungsbilanz *f* (AuW) active/favorable ...
balance of payments
Aktivfinanzierung *f* (Fin) lending of funds to third
parties
(ie, by banks or business enterprises)
Aktivforderung *f* (com) claim outstanding *(ie, no
technical term in accounting)*
Aktivgeschäft *n* (Fin) lending business
Aktivhandel *m* (AuW) foreign trade carried on by
domestic firms *(opp, Passivhandel)*
Aktivhypotheken *fpl* (Fin) mortgage lendings
aktivieren
(ReW) to capitalize
– to recognize/carry ... as an asset
– to charge to capital
*(opp, als Periodenaufwand verbuchen = to ex-
pense)*
(EDV) to enable *(syn, einschalten)*
aktivierte Eigenleistungen *fpl*
(ReW) internally produced and capitalized assets
– company-produced additions to plant and
equipment
– material, wages and overhead capitalized as
additions to plant and equipment
(ReW, EG) work performed by the undertaking
for its own purposes and capitalized
aktivierte Kosten *pl* (ReW) capitalized cost
Aktivierung *f*
(ReW) capitalization
– carrying as assets
(AuW) moving/heading ... into surplus *(ie, said
of balance of payments; opp, Passivierung)*

aktivierungsfähig (ReW)... which may be capitalized

Aktivierungspflicht f (ReW) legal obligation to capitalize (*or* to itemize) assets in the balance sheet)

aktivierungspflichtige Gemeinkosten pl (ReW) capitalized overhead (expense)

aktivierungspflichtiger Aufwand m (ReW) expenditure to be capitalized
– capital expenditure
(ie, chargeable to assets; permanently and substantially increases the property value and therefore the earning power of a business; opp, erfolgswirksamer Aufwand = revenue expenditure)

Aktivierungsrecht n (ReW) right to capitalize *(ie, certain assets; eg, discount, startup cost, acquired goodwill)*

Aktivierungsverbot n (ReW) legal prohibition to capitalize *(ie, certain asset items)*

Aktivierungswahlrecht n (ReW) option to capitalize
(eg, derivativer Firmenwert = purchased goodwill)

aktiv Innovierender m (Bw) change agent

aktivisch abgegrenzt (ReW) deferred

Aktivitätsanalyse f (OR) activity analysis

Aktivitätskennzahl f (Fin) activity ratio

Aktivitätsordnung f (Vers) active life table
(ie, actuarial table showing number of persons of a specific age group that are still alive or gainfully employed)

Aktivitätsstrahl m (Math) activity ray

Aktivitätsvektor m (Math) activity vector

Aktivkonto n (ReW) asset account

Aktivkredit m (Fin) business lending to outside parties

Aktivlegitimation f (Re) capacity to sue, § 50 ZPO
(ie, term is now extended to include the wider concept of ‚Sachbefugnis‘ = accrual of substantive claim to plaintiff)

aktiv legitimiert (Re) capable of suing
– having capacity to sue

Aktiv-Management n (Fin) asset management
(ie, Umschichtung von Aktiva; opp, liability managent)

Aktivposten m
(VGR) credit item *(ie, of balance of payments)*
(ReW) asset... item/unit

Aktivsaldo m (ReW) credit balance

Aktivsaldo m **der Zahlungsbilanz** (AuW) balance of payments surplus

Aktivseite f (ReW) asset side *(ie, of balance sheet)*

Aktivspeicher m (EDV) programmable read only memory, PROM

Aktivtausch m (ReW) accounting exchange on the assets side *(ie, of financial statements)*

Aktivum n (ReW) asset

Aktivvermögen n (Fin) actual... net worth/assets

Aktivwechsel mpl (ReW) bills outstanding

Aktivwert m (ReW) asset value

Aktivzins m (Fin) interest charged

aktualisieren
(com) to update *(eg, operating figures)*
– to bring up to date

Aktualisierungsprogramm n (EDV) updating program

Aktualität f (com) immediacy *(eg, data produced weekly for greater...)*

Aktualitätsverlust m (com) loss of up-to-dateness

Aktuar m (Vers) actuary *(syn, Versicherungsmathematiker, auch: Chefmathematiker e–r Versicherungsgesellschaft)*

Aktuarwissenschaft f (Vers) = Versicherungsmathematik, qv

aktuelle Ertragslage f (Fin) current profitability

aktueller Adreßschlüssel m (EDV, Cobol) actual key

aktueller Datensatz m (EDV, Cobol) current record

aktuelle Seite f (EDV) current page

aktuelles Laufwerk n (EDV) default drive *(syn, Standardlaufwerk)*

aktuelles Programm n (EDV) active/current... program

aktuelle Zeile f (EDV) current line
(ie, often highlighted = unterlegt)

aktuell verfügbar
(com) available on a current basis
– currently available

Akustikkoppler m (EDV) acoustic coupler
(ie, tragbares Gerät, das zur Datenfernübertragung angeschlossen wird; Übertragungsleistung bei 300 bit/sec; kann anstelle e–s Modems benutzt werden)

acoustic muff (EDV) Akustikmuff m
(ie, kleiner, mobiler Datenterminal mit Gummikapsel, die über Sprechmuschel des Telefons gestülpt wird; nur zum Datensenden mit etwa 1200 bit/sec)

akustische Anzeige f (EDV) audible alarm

akustischer Speicher m (EDV) acoustic... memory/storage/store
(ie, using the properties of an acoustic delay line)

AKV (IWF) = Allgemeine Kreditvereinbarungen

Akzelerationskoeffizient m (Vw) acceleration coefficient
(eg, α in der Investitionsfunktion $I(t) = \alpha(dY/dt)$)

Akzelerationsprinzip n (Vw) acceleration principle
(ie, fluctuation in consumption induces much greater fluctuation in derived demand for capital good; lineare Beziehung zwischen induzierten Nettoinvestitionen und Veränderungen der Nachfrage (Volkseinkommen); Anwendungen: Lagerhaltungszyklus und das Multiplikator-Akzelerator-Modell der Konjunkturtheorie)

Akzelerator m (Vw) accelerator
(ie, ratio between induced consumption and induced investment)

Akzelerator-Multiplikator-Modell n (Vw) accelerator-multiplier model
(ie, gibt Zusammenhang zwischen gewünschtem Sachkapitalbestand und erwartetem Produktionsvolumen an)

Akzelerator-Multiplikator-Wirkung f (Vw) accelerator-multiplier interaction

Akzelerator-Rückkopplung f (Vw) accelerator loop

Akzept n
(WeR) acceptance
(ie, Annahme durch „Querschreiben“; cf,

*Art. 21–29 WG; Akzeptarten: 1. Blankoakzept;
2. Teilakzept; 3. Avalakzept; Vollakzept)*
(Fin) accepted bill *(ie, der angenommene Wechsel selbst)*
(Fin) acceptance
(ie, two kinds: trade acceptance and bankers acceptance = Warenwechsel und Bankakzept)

Akzept-Akkreditiv *n* (Fin) acceptance credit
(ie, bei Vorlage der Dokumente: Akzeptierung des vom Exporteur auf die Bank gezogenen Wechsels)

Akzeptant *m* (WeR) acceptor
(ie, primarily liable after acceptance, while drawer is secondarily liable; cf, UCC § 3-413; syn, Bezogener, Trassat = drawee)

Akzeptantenwechsel *m* (Fin) acceptor's bill
(ie, Lieferantenkredit auf Wechselbasis; syn, Scheck-Wechsel-Verfahren, umgedrehter Wechsel, Umkehrwechsel)

Akzeptanz *f* (Mk) market acceptance

Akzeptanzproblem *n*
(EDV) problem of acceptance *(syn, mangelnde Nutzung)*

Akzeptaustausch *m* (Fin) exchange of acceptances
(ie, Austausch von selbstdiskontierten eigenen Akzepten zwischen Banken)

Akzeptebuch *n* (ReW) register of bills payable
(ie, Hilfsbuch der doppelten Buchführung)

Akzepte *npl* **im Umlauf** (Fin) acceptances outstanding

Akzeptgebühr *f* (Fin) acceptance charge

Akzept *n* **gegen Dokumente** (com) acceptance against documents, D/A, d/a
(ie, Importeur erhält Ware erst, nachdem der Exporteur e–e Tratte auf den Importeur od die Importeurbank akzeptiert hat)

akzeptierbare Menge *f* (EDV) acceptable/semi-calculable . . . set)

akzeptieren
(com) to accept
– to approve of *(eg, plan, proposal, scheme)*
(EDV) to accept *(opp, to reject)*

Akzeptkredit *m* (Fin) acceptance credit
(ie, Bank akzeptiert einen vom Kreditnehmer auf sich gezogenen Wechsel und verpflichtet sich so zur Einlösung; clean credit facility for funding trade collections of acommodation finance; syn, Diskontkredit, Wechselkredit)

Akzeptleistung *f* (WeR) acceptance

Akzeptlinie *f* (Fin) acceptance line
(ie, limit or ceiling of acceptance credit which a foreign bank allows a domestic bank for drafts of its customers)

Akzeptmeldung *f* (Fin) notification of acceptance

Akzeptobligo *n* (ReW) bills payable

Akzeptprovision *f* (Fin) acceptance commission

Akzepttausch *m* (Fin) = Akzeptaustausch

Akzeptumlauf *m*
(Fin) acceptances outstanding
– acceptance commitments

Akzeptverbindlichkeiten *fpl* (Fin) acceptance . . . liabilities/commitments)
(syn, Wechselobligo)

Akzeptverweigerung *f* (WeR) dishonor by nonacceptance

Akzeptvorlage *f* (WeR) presentation for acceptance

Akzession *f*
(com) accession
– acquisition *(eg, of books in library)*
(Re) accession
– adherence
(ie, act of becoming joined to; eg, Greece to EEC)

Akzessorietät *f* (Re) quality of being accessory to
(eg, a principal obligation)

akzessorisch (Re) accessory

akzessorische Sicherheit *f*
(Re) collateral security
– (GB) asset cover
(opp, persönliche Sicherheit = personal security)

Akzisen *fpl*
(FiW) excise taxes
– indirect taxes *(eg, consumption taxes, customs duties)*

A-Länder *npl* (AuW) A countries *ie, Entwicklungsländer Afrikas und Asiens; cf, B-, C- und D-Länder)*

Alarmeinrichtung *f* (EDV) alarm equipment

aleatorischer Vertrag *m* (Re) aleatory/hazardous . . . contract
(ie, where the performance depends on an uncertain event; eg, insurance, engagement to pay annuity)

Algebra *f* (Math) algebra

Algebra *f* **der Logik** (EDV) Boolean . . . algebra/logic

algebraische Funktion *f* (Math) algebraic function

algebraische Gleichung *f* (Math) algebraic equation

algebraische Körpererweiterung *f* (Math) algebraic/separable . . . extension of a field
(syn, separable Körpererweiterung, Körpererweiterung 1. Art)

algebraischer Addierer *m* (EDV) algebraic adder

algebraisches Komplement *n*
(Math) algebraic complement
– cofactor
(ie, signed minor of an element of a square matrix)

algebraische Struktur *f* (Math) algebraic structure

algebraische Topologie *f* (Math) algebraic topology

algebraische Zahl *f* (Math) algebraic number
(ie, root of an algebraic equation with integral coefficients = ganzzahlige Koeffizienten)

algebraisch irrationale Zahl *f* (Math) algebraic irrational number

algorithmisch (EDV) algorithmic

algorithmische Linguistik *f* (EDV) computational linguistics

algorithmisieren (EDV) to algorithmize

Algorithmisierung *f* (EDV) algorithmization

Algorithmus *m* (Math) algorithm *(ie, problem-solving procedure; effektives Berechnungsverfahren)*

Alias *m* (EDV) alias *(syn, Zweitname)*

Aliud-Lieferung *f* (Re) delivery of goods other than those ordered
(ie, does not constitute performance of contract)

Allbranchen-Versicherer *m* (Vers) all-line insurer
(ie, Leben, Kranken, Sach, Haftpflicht)

Allbranchen-Versicherung *f*
(Vers) all-lines insurance
(Vers) all-lines insurance company

Alleinbesitz m (Re) exclusive possession
Alleinbetrieb m
  (com) one-man business
  – sole proprietor
  – (GB) sole trader
Alleineigentum n (Re) sole ownership
Alleineigentümer m (Re) sole owner
Alleinerbe m (Re) sole heir
Alleinfinanzierung f (Fin) sole financing *(opp, joint financing)*
alleiniger Abnehmer m (com) sole buyer *(ie, franchise dealer for a specified sales district)*
alleiniger Eigentümer m (Re) sole owner
alleiniger Erfinder m (Pat) sole inventor
alleiniges Eigentumsrecht n (Re) sole ... ownership/proprietorship
alleiniges Vertriebsrecht n (Mk) sole selling right
alleinige Zuständigkeit f (Re) exclusive jurisdiction
Alleininhaber m (Re) sole ... holder/owner
Alleinkonzessionär m (com) sole concessionaire
Alleinrecht n (Pat) exclusive right
Alleinstellung f (Pat) unique position
  (ie, special protection of a well-known trade mark on account of its unequaled nature)
Alleinsteuer f (FiW) single tax (= impôt unique)
Alleinverkaufsrechte npl
  (com) sole and exclusive selling rights
  – exclusive franchise
Alleinverkaufsvertrag m (Re) exclusive sales contract
Alleinvertreter m
  (com) sole agent
  – sole distributor
  (ie, buys and sells in his own name and for his own account, seeking to make middleman's profit)
  (Re) sole (and exclusive) agent *(opp, Gesamtvertreter)*
  (Mk) exclusive distributor
Alleinvertretung f (com) sole and exclusive ... agency /representation *(syn, Einzelvertretung)*
Alleinvertrieb m (Mk) exclusive marketing
  (ie, by a sole agent, a sole proprietor, or a company-owned trading operation; syn, Exklusivvertrieb)
Alleinvertriebsabkommen n (Re) exclusive sales contract
Alleinvertriebsberechtigter m (com) exclusive distributor
Alleinwerbung f (Mk) individual advertising *(opp, Gemeinschaftswerbung)*
alle Rechte vorbehalten (Re) all rights reserved
Alles-oder-Nichts-Klausel f (Fin) all-or-nothing clause
Allfinanz f
  (Fin) one shop-shopping
  (ie, möglichst umfassendes Angebot von Finanzdienstleistungen durch Kreditinstitute, Versicherungen, Nichtbanken; Möglichkeiten: Tochterunternehmen, Beteiligungen, Kooperationen)
allgemein (com) across-the-board *(eg, pay rises, price and wage controls)*
Allgemeinbegriff m
  (com) general term
  (Log) universal (concept)

allgemein-bejahendes Urteil n
  (Log) universal affirmative
  – A-proposition
allgemeine Arbeitslosigkeit f (Vw) general unemployment
allgemeine Bankgeschäfte npl (Fin) general banking operations
allgemeine Bedingungen fpl (Re) standard terms and conditions
Allgemeine Bedingungen fpl **für die Kraftverkehrsversicherung**
  (Vers) General Conditions Relating to Motor Vehicle Insurance
allgemeine Bemessungsgrundlage f (SozV) general basis of assessment
allgemeine Betriebskosten pl (KoR) general (operating) costs
Allgemeine Betriebswirtschaftslehre f (Bw, *roughly*) general business economics
allgemeine Bewertungsvorschriften fpl (StR) general valuation rules, §§ 1–16 BewG
Allgemeine Deutsche Binnentransportbedingungen fpl (com) General Domestic Transport Conditions
Allgemeine Deutsche Seeversicherungsbedingungen fpl (SeeV) General German Marine Insurance Conditions
Allgemeine Deutsche Spediteurbedingungen fpl (com) General German Forwarders' Conditions
allgemeine Erhöhung f (com) across-the-board increase *(eg, prices, wages)*
allgemeine Erklärungsfrist f
  (StR) general due date for filing annual tax return, § 149 I AO
  – filing period
  (ie, within 5 months after the period or date unless otherwise specified)
allgemeine Geburtenziffer f (Stat) crude birth rate
Allgemeine Geschäftsbedingungen fpl, AGB (Re) General Standard Terms and Conditions
  (ie, vorformulierte Vertragsbedingungen, die e–e Partei (der Verwender) der anderen Partei (Kunde) bei Vertragsabschluß stellt; nur Annahme oder Nichtannahme möglich; inhaltlich gleich sind Allgemeine Vertragsbedingungen)
allgemeine Geschäftskosten pl (com) general business expense
  (ie, nontechnical term for ‚administrative overhead')
allgemeine Havarie f (SeeV) general average
allgemeine Hilfsabteilung f (KoR) general service department
allgemeine Hilfskostenstelle f
  (KoR) general indirect-cost center
  – general service department
  (eg, buildings, heating, welfare facilities)
allgemeine Kapitalgesellschaft f
  (com) public(ly held) company
  – public corporation
allgemeine Kostenstelle f
  (KoR) general cost center
  – service department
  (ie, erbringen Leistungen für alle Teile des Unternehmens; eg, Energieerzeugung, Grundstücke, Gebäude; opp, Fertigungsstelle)

Allgemeine Kreditvereinbarungen *fpl* (IWF) General Arrangements To Borrow, GAB

Allgemeine Lieferbedingungen *fpl* (com) General Terms and Conditions of Delivery

allgemeine Lohnerhöhung *f* (Pw) across-the-board wage increase

allgemeine Preiserhöhung *f*
(Vw) general price increase
(Mk) across-the-board price increase *(ie, affecting all company products)*

Allgemeine Rollfuhrbedingungen *fpl* (com) General Cartage Conditions

allgemeiner Satz *m*
(Log) strictly universal statement
– all-statement
(opp, singulärer Satz)

allgemeiner Term *m* (Math) general term

allgemeiner Überblick *m* (com) broad/general ... overview (of)

allgemeines Glied *n* (Math) general term *(ie, of a series)*

allgemeine Sicherheitsrücklage *f* (Vers) contingency reserve

allgemeines Kindergeld *n* (SozV) general children's benefits

allgemeines Lohnniveau *n* (Vw) general wage level

allgemeine Sorgfaltspflicht *f* (Re) common duty of care

Allgemeines Präferenzsystem *n* (AuW, US) Generalized System of Preferences, GSP
(ie, set up to promote exports from developing countries)

allgemeines Preisniveau *n* (Vw) general price level

allgemeines Rechnungswesen *n* (ReW) general accounting

Allgemeines Schuldrecht *n* (Re) general part of the law of obligations, §§ 241–432 BGB

allgemeines Tauschmittel *n* (Vw) general means of exchange

allgemeine Sterbeziffer *f* (Stat) crude death *(or* mortality) rate

allgemeine Steuer *f* (FiW) general/broad-based ... tax
(opp, spezielle Steuer = narrow-based tax)

allgemeine Steuermeßzahl *f* (StR) general basic rate, § 15 GrStG

allgemeine Steuermittel *pl*
(FiW) general revenue
– (infml) public ... purse/till

allgemeine Steuern *fpl* (FiW) general/broad-based ... taxes

allgemeine Steuersenkung *f* (FiW) general cut in taxes

allgemeines Urteil *n* (Log) universal (proposition)

allgemeines Veräußerungsverbot *n* (Re) general prohibition to sell or otherwise dispose of individual assets, § 106 KO, § 59 VerglO

Allgemeines Wirtschaftsrecht *n* (Re) General Law of the Economy *(ie, juristic basis of economic activities)*

Allgemeines Zoll- und Handelsabkommen *n* (AuW) General Agreement on Tariffs and Trade, GATT

allgemeine Unkosten *pl* (com) general expense *(ie, obsolete term for ‚overhead')*

allgemeine Verbrauchsteuer *f* (StR) general consumption tax

Allgemeine Verkaufsbedingungen *fpl* (Re) General/Standard ... Conditions of Sale

Allgemeine Versicherungsbedingungen *fpl* (Vers) General Insurance Conditions

Allgemeine Vertragsbedingungen *fpl* (Re) cf, Allgemeine Geschäftsbedingungen

allgemeine Volkswirtschaftslehre *f* (Vw) general economics

Allgemeine Vorschriften *fpl* **über die Zollsätze** (Zo) General Rules concerning duties

allgemeine Wirtschaftsdaten *pl* (com) general business statistics

allgemeine Wirtschaftslage *f* (Vw) general business conditions
– general economic activity
– state of the economy

allgemeine Zinstendenz *f* (Vw) general interest tendency

Allgemeine Zollordnung *f*, AZO (Zo) General Customs Regulations *(ie, vom 29.11.1961)*

Allgemeine Zollpräferenzen *fpl* (Zo) General Preferences
(ie, vom 1.7.1971; für Halb- und Fertigwaren zugunsten der Entwicklungsländer; cf, General Systems of Preference, GSP)

Allgemeinheit *f*
(Re) general public
– public at large

Allgemeinheitsstufe *f* (Log) level of ... generality/universality

allgemeinstes Entscheidungsnetzwerk *n* (OR) generalized activity network

allgemein-verneinendes Urteil *n*
(Log) universal negative
– E-proposition

Allgemeinwohl *n* (Re) = Gemeinwohl, qv

Allklasse *f* (Log) universal class

Allokation *f* **der Ressourcen**
(Vw) resource allocation
– allocation of resources

Allokationsabteilung *f* (FiW) allocation branch *(Musgrave)*

Allokationseffekt *m* (Vw) allocative effect

Allokationseffizienz *f* (Vw) allocative efficiency

Allokationsfunktion *f* (Vw) allocative function

Allokationsmechanismus *m* (Vw) allocative mechanism

Allonge *f*
(WeR) allonge
– rider
(ie, strip of paper annexed to a bill of exchange, on which to write indorsements for which there is no room left on the instrument itself)

Alloperator *m* (Log) universal quantifier
(ie, name given to the notation (x) prefixed to a logical formula A containing the free variable x to express that A holds for all values of x – usu. for all values of x within a certain range)

Allphasen-Brutto-Umsatzsteuer *f* (StR) all-stage gross turnover tax *(ie, abolished on 31 Dec 1967)*

Allphasen-Netto-Umsatzsteuer *f* (StR) all-stage net turnover tax

(ie, value-added tax, or VAT, introduced on 1 Jan 1968)

Allphasen-Netto-Umsatzsteuer *f* **mit Vorsteuerabzug** (StR) all-stage net turnover tax entitling ,entrepreneur' to deduct prior turnover tax

Allphasensteuer *f* (FiW) all-stage (turnover) tax

Allsatz *m*
(Log) strictly universal statement
– all-statement

Allzweckrechner *m* (EDV) general-purpose computer

al pari (Fin) at par *(ie, market price of security is equal to its face value)*

alphabetischer Code *m* (EDV) alphabetic code *(syn, Alphacode)*

alphabetisches Zeichen *n* (EDV, Cobol) alphabetic character
(ie, letter or space character; cf, DIN 66 028, Aug 1985)

Alphabetname *m* (EDV, Cobol) alphabet name *(ie, cf, DIN 66 028, Aug 1985)*

Alphabetsortierung *f* (EDV) alphabetic sort

alphanumerisch
(EDV) alphameric
– (Cobol) alphanumeric

alphanumerische Adresse *f* (EDV) alphameric/alphanumeric... address

alphanumerische Codierung *f* (EDV) alphameric/alphanumeric... coding

alphanumerische Daten *pl* (EDV) alphameric/alphanumeric... data

alphanumerischer Code *m* (EDV) alphameric/alphanumeric... code
(ie, Zuordnungsvorschrift, die sich auf e–n Zeichenvorrat aus Dezimalziffern und den Buchstaben des Alphabets bezieht; coding system using combinations of numeric and alphabetic characters to represent data)

alphanumerischer Leser *m* (EDV) alphameric/alphanumeric... reader

alphanumerisches Codesystem *n* (EDV) alphameric/alphanumeric... coding system

alphanumerisches Zeichen *n* (EDV, Cobol) alphanumeric character
(ie, any character in a character set = Zeichenvorrat; cf, DIN 66 028, Aug 1985)

alphanumerische Tastatur *f* (EDV) alphanumeric keyboard

als Aufwand verrechnen
(ReW) to expense
– to charge against the operations of an accounting period
– to charge as present operating cost

als Gegenleistung (Re) in return for

Als-ob-Wettbewerb *m* (Kart) as-if competition

als Vertreter (Re) in representative capacity

als Zollwert der Waren anerkennen (Zo) to accept the price as the value of goods for customs purposes

Altbausanierung *f*
(com) modernizing and refitting older buildings
(com) area rehabilitation *(ie, als Flächensanierung)*

Altbauwohnungen *fpl* (StR) older homes

alte Aktie *m* (Fin) old share *(opp, junge Aktie, qv)*

alteingesessenes Unternehmen *n* (com) old-established business

Altenteil *n* (StR) residential building (or part thereof) used by retired owner of an agricultural enterprise, § 34 III BewG

Altenteiler *m* (StR) retired owner (of an agricultural establishment), § 34 III BewG

ältere Erfindung *f* (Pat) prior invention

älterer Arbeitnehmer *m*
(Pw) older... employee/worker
– elderly employee

älteres Patent *n* (Pat) prior patent

Alternativ-Auftrag *m* (Bö) either-or order

Alternative *f*
(com) alternative
(ie, one or the other of two conditions or courses of action)
(Log) alternative
– inclusive disjunction
(EDV) inclusive OR

alternative Kosten *pl* (Vw) opportunity costs *(cf, Opportunitätskosten)*

alternative Produktion *f* (IndE) alternative production
(ie, in a multi-product plant where an increase in output of one product reduces the output potential of others)

alternativer Kapitalmarkt *m* (Fin) gray capital market *(syn, grauer Kapitalmarkt)*

alternativer Satzschlüssel *m* (EDV) alternative record key
(ie, identifies a record within an indexed file; cf, DIN 66 028, Aug 1985)

alternative Substitution *f* (Bw) alternative substitution

Alternativfrage *f*
(Mk) closed
– dichotomous
– alternative... question

Alternativhypothese *f* (Log) alternative hypothesis *(opp, null hypothesis)*

Alternativklausel *f* (Fin) *(obsolete for:)* Fakultativklausel, qv

Alternativkosten *pl* (Vw) opportunity costs *(cf, Opportunitätskosten)*

Alternativlösung *f* (com) alternative solution

Alternativplan *m* (com) contingency/alternative... plan

Alternativplanung *f* (com) contingency/alternative... planning *(syn, Schubladenplanung)*

Alternativprogramm *n* (Bw) alternative program

Alternativsanierung *f* (Fin) alternative reorganization
(ie, where members of a company may choose between voluntary prorata payments or reduction of par value of their shares)

Alternativsubstitution *f* (Vw) alternative substitution

Alternativtechnologie *f* (Vw) = Auffangtechnologie, qv

Alternativvorschlag *m* (com) alternative... suggestion/proposal

Alternativweg *m* (EDV) alternative route *(ie, secondary route if primary route is unavailable)*

alternierende Gruppe *f* (Math) alternating group

37

alternierende Reihe *f* (Math) alternating series
Altersaufbau *m*
  (Bw) age ranking of fixed assets *(ie, based on year of acquisition)*
  (Stat) age distribution
  – age pattern
  – age structure
Alterseinkommen *n* (Pw) retirement income
Altersentlastungsbetrag *m* (StR) old age percentage reduction, § 24a EStG *(ie, maximum 40 percent, not exceeding DM 3,000)*
Altersfreibetrag *m* (StR) old age allowance
  (ie, deductible by taxpayers who have completed age 64 prior to the next calendar year; cf, 32 VIII EStG)
Altersgliederung *f* (Stat) age ... distribution/structure
Altersgrenze *f*
  (Pw) age limit
  – retirement age
Altersgruppe *f*
  (com) age group
  (Stat) age cohort
Altershilfe *f* **für Landwirte** (SozV) farmers' old-age pension scheme
Altersprofil *n* (Mk) age profile *(ie, of a product)*
Alterspyramide *f* (Stat) age pyramid
Altersruhegeld *n*
  (SozV) old-age pension
  – retirement pension
  – retired pay
Alterssicherung *f* (SozV) old-age protection
altersspezifisch
  (Pw) age-specific *(eg, death rate)*
  – by age
altersspezifische Sterbeintensität *f* (Vers) force of mortality
altersspezifische Sterbeziffer *f* (Stat) refined death rate
Altersstruktur *f* (Pw) = Altersaufbau
Alters- und Hinterbliebenenversorgung *f* (SozV) old age, disabled, and survivors' social security system
Altersverteilung *f* (Bw) age distribution *(ie, of fixed assets)*
Altgläubiger *m* (Re) assignor *(syn, Abtretender, Zedent)*
Altlastzahlungen *fpl* (FiW) payments to meet restructuring costs run up before the 1969 reorganization of the West German coal industry
Altmaterial *n* (com) scrap
Altmaterialhändler *m* (com) scrap dealer
Altmaterialwert *m* (ReW) scrap/salvage ... value
Altpapier *n*
  (com) waste paper
  (com) paper stock *(ie, raw material or merchandise)*
Altsparerwertpapiere *npl* (Fin) old savers' securities
Altwarenhandel *m* (com) second-hand trade
Altzusagen *fpl* (ReW) pension promises predating the new law
Aluminiumindustrie *f*
  (com) aluminum industry
  – (GB) aluminium industry

(ie, this is what is generally called ‚Leichtmetallindustrie')
Ambivalenzkonflikt *m* (Bw) plus-minus conflict
ambulante Behandlung *f* (SozV) out-patient treatment
ambulanter Handel *m* (com) itinerant selling
ambulantes Gewerbe *n* (com) itinerant trade
amerikanische Buchführung *f* (ReW) columnar/tabular ... bookkeeping
amerikanische Klausel *f* (SeeV) American Clause
  (ie, weitere Deckung durch den Versicherten verringert nicht die Haftung des Versicherers)
amerikanische Option *f* (Bö) American option
  (ie, kann während der gesamten Laufzeit ausgeübt werden; can be exercised on or before the fixed expiration date; opp, europäische Option, qv)
amerikanische Parität *f* (AuW) American parity
  (ie, indicates the equivalent in U.S. money of the foreign price of an internationally traded security)
am Markt vorbei produzieren (com) to fail to fill the needs of the market
Amoroso-Robinson-Relation *f* (Vw) Amoroso-Robinson relation *(ie, between marginal outlay and direct price elasticity)*
Amortisation *f*
  (Fin) amortization
  – repayment
  (ie, gradual extinction of long-term debt according to an agreed plan)
  (Fin) payback
  – payoff
  – payout *(ie, of investment projects)*
  (ReW) depreciation *(ie, of fixed assets)*
Amortisationsanleihe *f* (Fin) redemption/refunding ... loan *(syn, Tilgungsanleihe)*
Amortisationsdauer *f* (Fin) = Amortisationszeit
Amortisationsfonds *m*
  (Fin) amortization
  – redemption
  – sinking ... fund *(syn, Tilgungsfonds)*
Amortisationshypothek *f* (Fin) = Tilgungshypothek, qv
Amortisationsmethode *f* (Fin) payback/payoff ... analysis *(ie, used in evaluating investment projects)*
Amortisationsplan *m* (Fin) amortization/redemption ... schedule
Amortisationsrechnung *f* (Fin) payback (time) method
  (ie, Verfahren der Investitionsrechnung = preinvestment analysis; syn, Kapitalrückflußrechnung)
Amortisationszeit *f*
  (Fin) period of ... amortization
  ... redemption
  ... repayment
  (Fin) payback
  – payoff
  – payout ... period
  (ie, in der Investitionsrechnung = preinvestment analysis)
  (Vers) payback (or amortization) period
  (ie, term used in the rating of per occurrence excess covers which represent the number of years at a given premium level which would be neces-

38

sary to accumulate total premiums equal to the indemnity)
amortisierbar
(Fin) amortizable
– repayable
– redeemable
amortisieren
(com) to pay off *(eg, purchase has long paid off)*
(Fin) to amortize *(ie, to retire debt gradually and as planned)*
(Fin) to pay... back/off/out *(ie, said of investment projects)*
Amortisierung *f* (Fin) = Amortisation
Amt *n*
(Re) office
(ie, kleinste Verwaltungseinheit im Rahmen der Verwaltungsorganisation)
(Re, US) agency
(Pw) position
amtlich beglaubigt
(Re) legalized
– officially... attested/authenticated
amtlich bestellter Sachverständiger *m* (com) officially appointed expert
amtlich beurkundet (Re) officially recorded
amtliche Bekanntmachung *f* (Re) official announcement
amtliche Börsennotiz *f* (Bö) official quotation
amtliche Finanzstatistik *f* (FiW) official financial statistics
amtliche Genehmigung *f* (Re) official approval
amtliche Güteprüfung *f* (Stat) government inspection
amtliche Hinterlegungsstelle *f* (Re) official depository
amtlich eingeführte Aktie *f*
(Bö) listed share
– officially quoted share
– share admitted to official stock exchange dealings
amtliche Notierung *f* (Bö) official quotation
amtliche Notiz *f* (Bö) = amtliche Notierung
amtliche Preisüberwachung *f* (Vw) official price surveillance
amtliche Prognose *f* (Vw) official forecast
amtlicher Börsenmakler *m* (Bö) official stock exchange broker
amtlicher Börsenpreis *m* (Bö) official exchange quotation
amtlicher Devisenkurs *m* (Fin) official foreign exchange quotation
amtlicher Handel *m* (Bö) official... dealings/trading
(ie, Börsensegment der zum amtlichen Handel zugelassenen Wertpapiere; syn, amtlicher Markt)
amtlicher Kurs *m*
(Bö) official rate of exchange
(Bö) official... price/quotation
amtlicher Kursmakler *m* (Bö) official broker
amtlicher Markt *m* (Bö) = amtlicher Handel, qv
amtlicher Sachverständiger *m* (com) officially appointed expert
amtlicher Vordruck *m* (com) official form
amtlicher Wechselkurs *m* (Fin) official exchange rate

amtliches Kursblatt *n*
(Bö) official price list
– (GB) Official List
amtliche Statistik *f* (Stat) official statistics
amtliche Vorprüfung *f* (Pat) preliminary search
amtliche Währungsreserven *fpl* (AuW) official reserves
amtliche Wertpapierbörse *f* (Bö) official/recognized... stock exchange
amtlich nicht notierte Werte *mpl* (Bö) unlisted securities
amtlich notiert (Bö) officially... listed/quoted
amtlich notierte Wertpapiere *npl* (Bö) listed/on-board... securities
amtlich vorgeschriebenes Muster *n* (com) officially designated/required... form
amtlich zugelassen (Bö) officially... listed/quoted
amtlich zugelassener Makler *m* (Bö) official broker
Amtsblatt *n* **der Europäischen Gemeinschaften** (EG) Official Journal of the European Community
Amtsbonus *m* (com) advantage of incumbency
Amtsgericht *n* (Re) local first-instance court
(ie, Gericht der ersten Instanz der ordentlichen Gerichtsbarkeit; Rechtsmittelzug geht an das Landgericht; hears cases involving minor offenses or smaller claims)
Amtshaftungsklage *f* (Re) suit to establish liability of public authorities
Amtshandlung *f* **der Zollbehörden** (Zo) customs operation
Amtshilfe *f* (Re) administrative cooperation
Amtsinhaber *m*
(Pw) incumbent
– holder of an office
Amtspfleger *m* (Re) official guardian
Amtspflichtsverletzung *f* (Re) breach of official duties by civil *(or public)* servants, § 839 BGB
Amtsplatz *m* (Zo) place where the business of customs offices is usually conducted
Amtsstunden *fpl* (com) official hours
Amt *n* **übernehmen** (com) to assume an office
Analogdarstellung *f* (EDV) analog representation
Analogkanal *m* (EDV) analog channel
Analogrechner *m* (EDV) analog computer
Analogsichtgerät *n* (EDV) analog display unit
Analyse *f* **der strategischen Lücke des Unternehmens** (Bw) gap analysis
Analyse *f* **der strategischen Mission des Unternehmens** (Bw) mission analysis
Analyse *f* **der strategischen Möglichkeiten des Unternehmens** (Bw) opportunity analysis
Analyse *f* **der Umweltwirkungen**
(com) environmental impact analysis
(ie, of the extent of pollution or environmental degradation involved in a mining or processing project)
Analysenprobe *f* (Stat) test sample
Analysenzertifikat *n* (com) certificate of analysis
analysierende Entscheidungstheorie *f* (Bw) decision analysis
Analyst *m* (Fin) = Wertpapieranalytiker, qv
analytische Arbeitsbewertung *f* (IndE) analytic job evaluation *(or rating)*
analytische Definition *f* (Log) lexical definition

analytische Fortsetzung *f* (Math) analytic continuation

analytische Funktion *f* (Math) analytic/regular... function

analytische Geometrie *f* (Math) analytic geometry

analytische Methode *f* **der Arbeitsbewertung** (IndE) analytic job evaluation

analytischer Beweis *m* (Math) analytic proof

analytischer Satz *m* (Log) analytic... proposition/ statement
(ie, one in which the predicate concept is included within the subject concept; requires no verification by experience; its sole criterion is the law of contradiction; opp, synthetischer Satz)

analytische Statistik *f* (Stat) inferential statistics
(syn, induktive, schließende Statistik)

Anbauten *mpl*
(com) additions to buildings
– attachments to buildings
(opp, detached buildings)

Anbauverfahren *n* (KoR) expense distribution transfer sheet

Anbieter *m*
(com) supplier
(com) bidder
– tenderer *(ie, connoting a formal buying approach)*
(Mk) marketer

Anbieterabsprache *f* (com) collusive... bidding/ tendering

anbieter-determinierte Preise *mpl* (Vw) inflexible prices

Anbietereinheit *f* (Mk) selling center

Anbieter-Inflation *f* (Vw) supply inflation

Anden-Gruppe *f* (AuW) Andean Group *(ie, members are Bolivia, Colombia, Ecuador, Peru, and Venezuela)*

Andenpakt *m* (AuW) Andean Pact *(ie, successor organization of the Latin American Free Trade Zone)*

an der Börse gehandelt (Bö) traded on the stock exchange

Anderdepot *n* (Fin) third-party security deposit
(ie, securities left to banks for safekeeping by lawyers, public accountants, and trust companies on behalf of their clients)

andere aktivierte Eigenleistungen *fpl* (ReW) other company-produced additions to plant and equipment

andere Verbindlichkeiten *fpl* (ReW) other undetermined liabilities

Anderkonten *npl* (Fin) client accounts

Anderkonto *n* (Fin) escrow/third-party... account
(ie, held in a bank by a trustee on behalf of third-party assets; Verfügung nur durch Treuhänder, nicht durch Person, für die das Konto geführt wird; nicht jedes Treuhandkonto ist ein Anderkonto)

Änderung *f* **der Sätze des gemeinsamen Zolltarifs** (EG) modification of duties of the common customs tariff

Änderung *f* **der Unternehmensform** (Re) transformation of legal form of business organization

Änderung *f* **der Vergleichsbasis** (StR) re-basing

Änderung *f* **der Zollsätze** (Zo) alteration of customs duties

Änderung *f* **des Beschäftigungsgrades** (Vw) change in the level of activity

Änderung *f* **des Steuerbescheides** (StR) alteration of tax assessment notice, § 172 AO

Änderungen *fpl* **der Bedarfsstruktur** (Vw) changes in tastes

Änderungen *fpl* **vorbehalten** (com) subject to change without notice

Änderungsband *n*
(EDV) amendment
– change
– updating... tape

Änderungsdatei *f*
(EDV) amendment
– activity
– change
– transaction... file
(syn, Bewegungsdatei, Fortschreibungsdatei)

Änderungsdaten *pl* (EDV) change data

Änderungsdienst *m* (EDV) updating service

Änderungsdienstprogramm *n* (EDV) patch utility

Änderungsgesetz *n* (Re) amending statute

Änderungskarte *f* (EDV) patch card *(syn, Korrekturkarte, Patch-Karte)*

Änderungskündigung *f* (Pw) = Abänderungskündigung, qv

Änderungslauf *m* (EDV) update run

Änderungsprogramm *n* (EDV) updating program

Änderungsrate *f* (com) rate of change

Änderungsroutine *f* (EDV) = Änderungsprogramm

Änderungssatz *m*
(EDV) amendment
– change
– transaction... record

Änderungsvorschlag *m* (com) proposal... for modification/to modify

andienen
(com) to tender *(ie, goods)*
(Fin) to tender *(ie, documents)*
(SeeV) to advance a claim

Andienung *f* (com) tender of delivery

Andruck *m* (com) test print *(syn, Probedruck)*

aneignen, sich
(com) to acquire
(Re) to appropriate

Aneignung *f* (Re) acquisition of ownership by occupancy, § 958 BGB

an ein Zollamt anweisen (Zo) to clear for transit to a customs office

an Erfüllungs Statt (Re) in lieu of performance
(ie, creditor accepts a substituted obligation in lieu of the promised act, § 364 I BGB)

anerkannter Ausbildungsberuf *m* (Pw) officially recognized training occupation

anerkannter Beleg *m* (ReW) approved voucher

Anerkenntnis *n* (Re) acknowledgment of debt
(ie, takes it out of the Statute of Limitations, § 208 BGB)

Anerkennungsbedürfnis *n* (Pw) need of recognition

Anerkennungsstreik *m* (Pw) recognition strike

anfallen
(Fin) to accumulate *(eg, interest)*

– to accrue

Anfallsberechtigter *m*
(Re) person having a future interest in income
– remainderman

Anfängerkurs *m* (com) beginning course *(eg, in math)*

anfängliche Unmöglichkeit *f*
(Re) initial/original . . . impossibility
– impossibility ab initio
– impossibility at the time of making
– initial frustration
(syn, ursprüngliche Unmöglichkeit)

Anfangsadresse *f*
(EDV) starting . . . address/location

Anfangsauszahlung *f* (Fin) initial investment

Anfangsbelastung *f* (Fin) initial debt service
(ie, including interest and repayment of principal)

Anfangsbestand *m*
(ReW) beginning inventory *(eg, of receivables)*
– opening inventory
(MaW) level of initial inventory

Anfangsbilanz *f* (ReW) opening balance sheet

Anfangsdividende *f* (Fin) initial dividend

Anfangsereignis *n* (OR) initial event

Anfangsetikett *n* (EDV) header label

Anfangsfehler *m* (EDV) inherited error

Anfangsgehalt *n*
(Pw) commencing
– initial
– starting . . . salary

Anfangsgewinne *mpl* (Bö) early gains

Anfangsglied *n* (Math) first term *(ie, of a series or progression = Reihe od Folge)*

Anfangskapital *n*
(Fin) initial/starting . . . capital
– start-up funding
(Math) initial investment
– original principal, K_O

Anfangskennsatz *m* (EDV, Cobol) file/header . . . label

Anfangsknoten *m*
(Math) initial vertex
– starting node

Anfangskurs *m*
(Bö) first quotation
– opening price
(ie, for a security quoted in the variable market)

Anfangslader *m* (EDV) initial program loader

Anfangslohn *m*
(Pw) starting/entrance . . . wage
– hiring/entrance . . . rate

Anfangsmarke *f*
(EDV) beginning of information marker
– load point

Anfangsnotierung *f* (Bö) = Anfangskurs

Anfangsrendite *f* (Fin) initial rate of return

Anfangssaldo *m* (ReW) opening balance

Anfangsstadium *n* (com) initial stage

Anfangsstellung *f* (Pw) entry-level job

Anfangstermin *m* (Re) dies a quo

Anfangsverteilung *f* (Math) boundary/initial . . . distribution

Anfangsverzinsung *f* (Fin) initial coupon

Anfangswert *m* (com) initial value

Anfangszeichen *n* (EDV) starting character

anfechtbar
(Re) contestable
(Re) avoidable
(Log) refutable

anfechtbare Behauptung *f* (Log) refutable assertion

anfechtbare Rechtshandlung *f* (Re) voidable transaction
(ie, favoring or discriminating one or more creditors)

anfechtbarer Vertrag *m* (Re) voidable contract
(ie, in the event of fraud, incompetence, or other sufficient cause)

anfechtbares Rechtsgeschäft *n* (Re) voidable . . . transaction/act-in-the-law)

Anfechtbarkeit *f* (Re) right of avoidance
(ie, Vernichtbarkeit e–s Rechtsgeschäfts durch Willenserklärung, cf, §§ 142ff BGB)

Anfechtbarkeit *f* **wegen falscher Übermittlung** (Re) voidability due to incorrect transmission, § 120 BGB

Anfechtbarkeit *f* **wegen Irrtum** (Re) voidability due to error, § 119 BGB

Anfechtbarkeit *f* **wegen Täuschung od Drohung** (Re) voidability due to fraud or threat, § 123 BGB

anfechten
(Re) to challenge
– to contest *(eg, administrative act)*
(Re) to avoid
– to rescind
– to dispute *(eg, a contract)*
(Re) to oppose *(eg, a will)*
(Re) to appeal against *(eg, a judgment)*

Anfechtung *f*
(Re) challenge
– contestation
(Re) avoidance
– rescission
(ie, nachträgliche Beseitigung der Rechtsfolgen e–s Rechtsgeschäfts)
(Re) opposition
(Re) appeal

Anfechtung *f* **außerhalb des Konkurses** (Re) avoidance outside of bankruptcy proceedings

Anfechtungsfrist *f* (Re) period during which right of avoidance can be exercised, § 124 BGB

Anfechtungsgegner *m*
(Re) party subject to avoidance
– opposing party, § 143 BGB

Anfechtungsgesetz *n*
(Re) Law Relating to the Avoidance of Debtor's Legal Transactions

Anfechtungsklage *f*
(Re, *general*) action for annulment
(Re) action for the invalidation of a contract *(= im Schuldrecht)*
(Re) action to set aside a conveyance *(= im Grundstücksrecht)*
(Pat) interference proceedings
(StR) action to contest an administrative decision, § 40 I FGO
– complaint directed at the extinction or modification of an administrative act

Anfechtungsklausel *f* (Re) avoidance clause

AnfG (Re) = Anfechtungsgesetz

Anforderung *f*
(EDV) intervention required
– request
Anforderungen *fpl*
(com) requirements
(Pw) task/job ... requirements
Anforderungsbetrieb *m* (EDV) contention mode
Anforderungsdefinition *f* (EDV) requirements definition
(syn, Aufgabendefinition, Bedarfsbeschreibung)
Anforderungsprofil *n* (Pw) job specification
Anforderungsstufe *f*
(IndE) quality level
– quality program category *(ie, in quality assurance)*
Anforderungszuverlässigkeit *f* (IndE) demand reliability *(ie, in quality assurance)*
Angaben *fpl*
(com) details
– particulars
– statement
Angaben *fpl* **über den Zollwert** (Zo) particulars relating to the value of goods for customs purposes
Angabe *f* **von Ankaufs- und Verkaufskurs** (Bö) double-barrelled quotation
Angebot *n*
(com) offer
– quotation
– quote
– proposal *(ie, general terms)*
(com) bid
– tender *(ie, terms in contract awarding)*
(Re) offer *(syn, Offerte)*
(Vw) supply *(opp, Nachfrage = demand)*
Angebot *n* **einholen**
(com) to obtain an offer
– to send out requests for quotations
Angebot *n* **einreichen** (com) to put out/submit ... a proposal
Angebot *n* **geht ein** (com) bid is received
Angebot *n* **ohne Festpreis** (com) subject bid
Angebotsabgabe *f* (com) tendering
Angebotsanalyse *f* (com) comparative evaluation sheet *(ie, in bid analysis)*
Angebotsänderung *f*
(com) change in supply
(Vw) shift in supply
Angebotsbearbeiter *m* (com) proposal writer
Angebotsbedingungen *fpl* (com) terms of a bid
Angebotsdruck *m*
(Bö) selling pressure
(Vw) supply push
(ie, Inflationsursache in der nichtmonetären Inflationstheorie)
Angebotseinholung *f* (com) request to submit offer
angebotselastisch (Bw) supply elastic *(eg, plant)*
Angebotselastizität *f*
(Vw) elasticity of supply
– supply elasticity
Angebotseröffnung *f*
(com) bid opening
– opening of tenders
Angebotsformular *n* (com) bid form
Angebotsgarantie *f* (com) tender ... guaranty/bond
Angebotsgesetz *n* (Vw) law of supply

angebotsinduzierte Rezession *f* (Vw) supply induced recession
Angebotsinflation *f* (Vw) sellers'/supply push ... inflation
Angebotskalkulation *f* (com) cost estimating *(ie, on which supply offer is based)*
Angebotskurve *f* (Vw) supply curve
Angebotslücke *f* (com) supply gap
Angebotsmenge *f* (Vw) quantity supplied
Angebotsmonopol *n* (Vw) supply monopoly
angebotsorientierte Wirtschaftspolitik *f*
(Vw) supply-oriented economic policy
– (US) supply side economics
Angebotspalette *f* (com) range of goods *(and/or* services) offered
Angebotspreis *m*
(com) offer price
– bid price
– quoted price
– price stated in ... bid/tender
– supply price
angebotsstarr (Bw) supply inelastic *(eg, plant)*
Angebotstabelle *f* (Vw) supply schedule
Angebotsüberhang *m*
(Vw) = Angebotsüberschuß
(Bö) sellers over
– surplus of selling orders
Angebotsüberschuß *m*
(Vw) excess (in) supply
– excess of supply over demand
– surplus offers
Angebotsunterlagen *fpl* (com) tender documents
Angebotsverschiebung *f* (Vw) shift in supply
Angebotszeichnungen *fpl* (com) proposal drawings
Angebot *n* **und Annahme** *f* (Re) offer and acceptance *(ie, in contract law)*
Angebot *n* **und Nachfrage** *f* (Vw) supply and demand
Angebot *n* **verwerfen** (com) to reject an ... offer/ bid
Angebot *n* **vorlegen** (com) to submit an ... offer/bid
Angebot *n* **zurückziehen** (com) to withdraw a bid
angefochtener Verwaltungsakt *m* (StR) contested administrative action, § 40 FGO
angegliedertes Unternehmen *n* (com) affiliated/associated ... enterprise
angekündigter Bezugspreis *m* (Mk) advertised price
Angeld *n* (Re) earnest money *(syn, Draufgabe)*
angelernte Arbeitskräfte *fpl* (Pw) semi-skilled labor
angemessene Entschädigung *f*
(com) fair and reasonable compensation
(Re) just compensation
(eg, payable under condemnation proceedings = Enteignungsverfahren)
angemessene Frist *f* (Re) reasonable time
angemessene Frist *f* **setzen** (com) to set a reasonable period of time
angemessene Gegenleistung *f* (Re) fair and reasonable consideration
angemessene Kündigungsfrist *f* (Re) reasonable notice
angemessener Marktpreis *m*
(com) fair market value
– actual cash value

(ie, reasonable cash price obtained in the open market)

angemessener Preis *m*
(com) fair
– reasonable
– appropriate
– bona fide ... price

angemessener Schadenersatz *m* (Re) fair damages

angemessener Wert *m* (ReW) fair value

angemessene Sorgfalt *f* (Re) reasonable care and skill

angemessenes Wachstum *n* (Vw) adequate rate of growth

angemessene Vergütung *f* (com) reasonable compensation

angemessene Verzinsung *f* (Fin) fair rate of return

angemessen reagieren (com) to respond adequately

angenommene Lieferung *f* (com) accepted lot (of goods)

angenommener Totalverlust *m* (SeeV) constructive total loss

angepaßte Stichprobe *f* (Stat) balanced sample

angepaßte Technik *f* (Vw) adapted technology *(ie, in Entwicklungsländern)*

angepeiltes Wachstumsziel *n* (Vw) targeted growth rate

angeschlossene Bank *f* (Fin) affiliated bank

angeschlossenes Unternehmen *n* (com) = angegliedertes Unternehmen

angeschmutzte Ware *f* (com) shop-soiled goods

angespannte Finanzlage *f* (Fin) situation of strained resources

angespannte Haushaltslage *f*
(FiW) tight budget situation
– strained budget

angespannte Liquiditätslage *f* (Fin) tight liquidity position

angespannter Arbeitsmarkt *m* (Vw) tight labor market

angesparte Eigenmittel *pl* (Fin) personal resources saved

Angestellte *mpl* (Pw) clerical staff

Angestelltenversicherung *f* (SozV) salary earners' pension insurance

Angestellter *m*
(Pw) nonmanual employee
– salaried employee
– salary/office ... worker
– (infml) white-collar worker

angestrebte Kapitalverzinsung *f* (Fin) target rate of return

angestrebte Mindestverzinsung *f* (Fin) required rate of return
(ie, in investment analysis)

angestrebter Preis *m* (Mk) target price

angestrebtes Zielausmaß *n* (Bw) targeted goal accomplishment

angewandte Forschung *f* (com) applied research
(opp, Grundlagenforschung = basic research)

angewandte Logik *f* (Log) applied logic
(ie, there can be no applied logic in two cases: 1. where there is no discourse at all; 2. where discourse is present, but does not express an objective structure; this may occur in two ways: (a) when the discourse is completely meaningless; (b)

when, although it is meaningful, it expresses only subjective states)

angewandte Mathematik *f* (Math) applied mathematics

angewandte Statistik *f* (Stat) applied statistics

angewandte Wirtschaftsforschung *f* (Vw) applied economic research

Angleichung *f* **von Zollsätzen** (Zo) adjustment/ alignment ... of tariff rates

angliedern (com) to affiliate (to)

Angliederung *f* (com) affiliation (to)

Angliederungsfinanzierung *f* (Fin) procurement of funds to finance a holding in, or the acquisition of, another company

angrenzende Küstenstaaten *mpl* (Re) adjoining coastal States

Angstkäufe *mpl*
(com) panic/scare ... buying

Angstklausel *f* (WeR) no-recourse clause
(ie, Aussteller schließt Haftung für die Annahme aus; cf, Art 9 II 1 WG)

Angstverkäufe *mpl* (Bö) panic selling

angurten
(com) to buckle up
– to strap in

Angurten *n* (com) seat-belt use

anhaltend
(com) persistent
– sustained

anhaltende Kurserholung *f* (Bö) sustained rally

anhaltende Nachfrage *f* (com) persistent demand

anhaltende Nachfrageschwäche *f* (com) persistent weakness of demand

anhaltender Umschwung *m* (com) sustained reversal *(eg, in current transactions)*

Anhalten *n* **der Ware auf dem Transport** (Re) stoppage in transit *(see: Verfolgungsrecht)*

anhaltendes Exportwachstum *n* (Vw) sustained growth of exports

Anhaltepunkt *m*
(EDV) checkpoint
– conditional breakpoint *(syn, Fixpunkt)*

Anhang *m*
(com) appendix
(ReW) notes to the financial statements
(ie, bedeutsamste Änderung des neuen deutschen Bilanzrechts; cf, § 264 I 1 HGB; entspricht den angelsächsischen ‚notes‘; Text: Die gesetzlichen Vertreter e–r Kapitalgesellschaft haben den Jahresabschluß ... um e–n Anhang zu erweitern, der mit der Bilanz und der Gewinn- und Verlustrechnung eine Einheit bildet, sowie e–n Lagebericht aufzustellen)
(WeR) allonge
– rider
(Re) codicil *(ie, supplement to a will)*

Anhängekalkulation *f* (KoR) cost estimate in which bases are not corrected if direct costs have changed

Anhängelast *f* (com) trailer load *(ie, Gewicht des Anhängers + Belastung)*

Anhänger *m*
(com) tag
(com) trailer *(ie, hinter e–m anderen Fahrzeug mitgeführt)*

43

anhängiges Verfahren *n*
(Re) proceeding pending before a court
– lis pendens
Anhängigkeit *f* (Re) pendency
Anhang *m* **zum Konzernabschluß** (ReW) notes to the consolidated accounts
anheben
(com) to raise *(eg, prices)*
– to increase
– to lift
(Bö) to mark up
anheuern (Pw) to sign up *(ie, as a sailor)*
Anhörung *f*
(com) hearing
– consultation
(eg, there is no established system of informal consultation)
Anhörungen *fpl* (Pw) consultation
(ie, Unterrichtung und Anhörung = information and consultation)
an Inhaber (WeR) payable to bearer
an Kapazitätsgrenzen stoßen (com) to bump up against capacity limits
Ankauf *m* (com) acquisition/purchase ... of goods in bulk, or of objects of value
(ie, securities, precious metals, real estate)
ankaufen
(com) to buy goods in bulk or objects of value *(eg, shares, grain)*
(Fin) to negotiate *(eg, a draft)*
Ankäufer *m*
(com) buyer
– purchaser
Ankaufermächtigung *f*
(com) authority to buy *(on behalf of a third party)*
(AuW) authority to pay *(or to purchase)*
(Fin) order to negotiate *(ie, Form des Negoziierungskredits)*
Ankaufskurs *m* (Fin) buying rate *(ie, in the money market; opp, Abgabesatz = selling rate)*
Ankaufspreis *m*
(com) buying-in price
(EG) intervention price *(ie, minimum price in EC farm policy)*
Ankaufsrecht *n*
(Re) right to acquire *(ie, nonlegal ambiguous term:)*
– unilateral offer for contract of sale held open for limited period of time
– preliminary agreement giving right to specific contract offer
– contract of sale subject to condition precedent that party entitled will use its rights
Ankaufssatz *m*
(Bö) check price
(Bö) = Ankaufskurs
Ankergebühr *f* (com, GB) = Ankergeld
Ankergeld *n* (com, GB) groundage *(ie, charge for anchoring in ports)*
anklagen wegen (Re) to charge for
ankommen bei (com, infml) to go down well with *(eg, product)*
ankreuzen
(com) „please check in appropriate space"

– to mark
Ankündigungseffekt *m* (Vw, FiW) announcement effect
Ankündigungsschreiben *n* (com) announcement letter
Ankunftsrate *f* (OR) arrival rate
Ankunftszeit *f* (OR) arrival time
ankurbeln
(Vw) to boost *(ie, the economy)*
– to stimulate *(ie, economic activity)*
(Vw, infml) to pep up
– to give a shot in the arm
Ankurbelung *f* (Vw) pump priming *(ie, of the economy by public sector spending)*
Ankurbelungsmaßnahmen *fpl* (Vw) pump priming measures *(ie, to boost or pep up the economy)*
Ankurbelungspolitik *f* (Vw) reflationary policy
Anlage *f*
(com) enclosure *(ie, attached to a letter)*
– exhibit
(IndE) plant
(Fin) investment
Anlageberater *m*
(Fin) investment adviser
– investment consultant
– investment counsel
– investment counselor
Anlageberatung *f* (Fin) investment counseling
Anlageberatungsgesellschaft *f* (Fin) investment management company
anlagebereite Mittel *pl*
(Fin) idle balances (*or* funds) seeking investment
Anlagebereitschaft *f*
(Fin) readiness
– willingness
– propensity ... to invest
Anlagebestand *m*
(Fin) investment portfolio
– inventory of securities *(eg, carried by banks)*
Anlagebetrag *m* (Fin) amount invested
Anlagebewertung *f*
(Rew) fixed asset valuation
(Fin) evaluation of securities
(Fin) investment ... appraisal/rating
Anlagebuchhaltung *f*
(ReW) plant records
– fixed-asset accounting
Anlagechance *f* (Fin) investment ... outlet/opportunity
Anlagedevisen *pl* (Fin, GB) investment currency
Anlagedispositionen *fpl* (Fin) investment decisions
Anlageergebnis *n* (Fin) investment performance
Anlageerträge *mpl* (Fin) investment income
Anlagefinanzierung *f* (Fin) investment financing
Anlageformen *fpl* (Fin) investment vehicles
Anlagegegenstand *m*
(ReW) fixed asset
(Bw) capital asset
Anlagegruppen-Ersatzpolitik *f* (Bw) group replacement policy
Anlagegüter *npl*
(Bw) capital assets
– (fixed) capital goods
Anlagegut *n* **mit begrenzter Nutzungsdauer** (Bw) limited-life asset

Anlageinstrumente *npl* (Fin) investment vehicles *(syn, Anlageformen)*

Anlageinvestitionen *fpl*
(VGR) gross fixed capital formation
(VGR) business capital spending
– fixed asset investment
– business outlay for plant and equipment
(Bw) capital equipment spending
– capital investment
– expenditures for plant and equipment
– outlays for fixed asset investment

Anlageinvestitionen *fpl* **des Unternehmensbereichs**
(VGR) business fixed investment

Anlageinvestitionsgüter *npl*
(Bw) capital
– investment
– industrial
– equipment . . . goods

Anlage *f* **in Wertpapieren** (Fin) paper investment *(opp, gold)*

Anlagekapital *n* (Bw) fixed/capital . . . assets *(ie, nontechnical term for ,Anlagevermögen')*

Anlagekartei *f*
(ReW) fixed asset card file
– unit assets records
– plant ledger
(ie, Form des Bestandsverzeichnisses: für jedes Anlagegut wird e–e Karte angelegt; ersetzt die körperliche Bestandsaufnahme (physical inventory) für steuerliche Zwecke)

Anlagekäufe *mpl* (Fin) portfolio buying

Anlagekäufe *mpl* **des Publikums** (Fin) public investment buying

Anlagekonten *npl* (ReW) fixed-asset and investment accounts

Anlagekonto *n* (ReW) fixed-asset account

Anlagekonto *n* **im Investmentgeschäft** (Fin) open account

Anlagekredit *m* (Fin) investment credit
(ie, long-term borrowed capital used for financing production plant)

Anlageland *n* (com) country of investment
(eg, klassisches . . . deutscher Firmen sind die USA)

Anlagemöglichkeiten *fpl*
(Fin) investment . . . outlets/opportunities
– outlet for funds

Anlagen *fpl*
(IndE) plants
(ReW) fixed assets
(Fin) investments

Anlagenabgang *f*
(Bw) fixed assets disposal

Anlagenabgänge *mpl*
(ReW) fixed assets retirements
– deductions during period
– disposals during period
– asset . . . disposal/retirement

Anlagenauslastung *f*
(Bw) factory operating rate
– capacity use in manufacturing *(ie, Auslastung im Fertigungsbereich)*

Anlagenausmusterung *f* (Bw) retirement of . . . fixed assets/plant and equipment *(ie, removal from service)*

Anlagenbau *m*
(IndE) plant engineering and construction
– general plant construction
– project building
– systems engineering

Anlagenbauer *m*
(IndE) plant and equipment maker
– plant builder

Anlagenbeurteilung *f* (EDV) system evaluation

Anlagenbewertung *f*
(ReW) fixed asset . . . appraisal/valuation
– asset valuation

Anlagenbuchhaltung *f*
(ReW) fixed-asset accounting
(ReW) fixed-asset accounting department
(= für Sachanlagen)
(ReW) investment accounting department
(= für Finanzanlagen)

Anlagendeckung *f*
(Fin) equity-to-fixed assets ratio
– ratio of equity capital to fixed assets

Anlagendeckungsgrad *m*
(Fin) fixed-assets-to-net-worth ratio
– (or) fixed assets + long-term debt to net worth ratio
(ie, horizontale Kapitalstruktur-Kennzahl, die Auskunft über strukturelle Liquidät, Kapitalkraft, Kreditwürdigkeit gibt)

Anlagenerhaltungsrücklage *f* (ReW) = Substanzerhaltungsrücklage

Anlagenerneuerung *f*
(Bw) renewal of plant and equipment
– replacement investment

Anlagenfinanzierung *f*
(Fin) plant and equipment financing
– investment financing
– provision of finance for renewed or expanded plant facilities

Anlagengeschäft *n* (com) industrial plant business
(ie, umfaßt e–e auf die individuellen Probleme des Abnehmers ausgerichtete Kombination von Produkten zu kompletten Anlagen; opp, Produktgeschäft, Systemgeschäft)

Anlagengitter *n* (ReW) cf, Anlagenspiegel

Anlagen *fpl* **im Bau**
(ReW) plant under construction
(ReW, EG) tangible assets in course of construction

Anlagenintensität *f* (Bw) capitalization ratio *(ie, fixed assets to total assets)*

anlagenintensiv (Bw) capital intensive
(ie, production in which substantial use is made of fixed assets)

anlageninterne Codierung *f* (EDV) absolute/specific . . . coding
(syn, Maschinencodierung, maschineninterne Codierung)

anlageninterner Code *m* (EDV) absolute/specific . . . code *(syn, Maschinencode)*

Anlagenkartei *f* (ReW) = Anlagekartei

Anlagenkonfiguration *f* (EDV) system/hardware . . . configuration

Anlagenkonto *n*
(ReW) fixed asset account *(ie, Sachanlagen)*
(ReW) investment account *(ie, Finanzanlagen)*

Anlagen *fpl* **Kraft, Licht, Heizung** (ReW) installations for power, light and heating

Anlagenkredit *m* (Fin) investment credit *(eg, für Grundstücke, Maschinen und Anlagen; syn, Investitionskredit)*

Anlagen-Marketing *n* (Mk) industrial marketing

Anlagennachweis *m* (ReW) fixed asset inventory

Anlagenorganisation *f* (Bw) product-group-oriented structure (of a company)

Anlagenpalette *f* (Fin) range of investment vehicles

Anlagenplanung *f* (Bw) planning for industrial installations

Anlagenrechnung *f* (ReW) fixed-asset accounting *ie, Teilgebiet des internen Rechnungswesens)*

Anlagenspiegel *m*
(ReW) fixed-asset movement schedule
(ie, Entwicklung der einzelnen Posten des Anlagevermögens, in der Bilanz oder im Anhang darzustellen; im Ggs zu 152 I2 AktG wird der Bruttoanlagenspiegel gefordert: Im 8-Spalten-Schema ist zu gliedern: Anschaffungs- und Herstellungskosten, + Zugänge – Abgänge, ± Umbuchungen, + Zuschreibungen, – Abschreibungen, Buchwert Ende des Jahres, Buchwert Vorjahr; in der Literatur auch als ,Anlagengitter' bezeichnet; cf, § 268 II HGB)

Anlagenstatistik *f* (Bw) fixed-assets statistics

Anlagenstreuung *f* (Fin) asset diversifiation

Anlagenüberträge *mpl* (ReW) fixed-asset transfers

Anlagen *fpl* **umbuchen** (ReW) to reclassify fixed assets

Anlagenumbuchungen *fpl* (ReW) reclassification of fixed assets

Anlagen *fpl* **umschichten** (Fin) to regroup investments

Anlagenumschichtung *f* (Fin) regrouping of investments

Anlagenwirtschaft *f* (Bw) fixed-asset management

Anlagenzugänge *mpl*
(ReW) asset additions *(ie, Sachanlagen)*
– addition of fixed asset units
– additions to plant and equipment
– additions to capital account
(ReW) additions to capital investments *(ie, Finanzanlagen)*

Anlagepapiere *npl* (Fin) investment securities *(ie, für langfristige Kapitalanlage geeignet; eg, festverzinsliche Wertpapiere)*

Anlageplanung *f* (IndE) plant layout and design

Anlagepolitik *f* (Fin) investment management policy

Anlagepublikum *n*
(Fin) investing public
(Bö) buying public

Anlagerisiko *n* (Fin) investment risk

Anlagespezialist *m* (Fin) investment specialist

Anlagestrategie *f* (Fin) investment strategy *(cf, Portfolio Selection)*

Anlagestreuung *f* (Fin) investment diversification

anlagesuchendes Publikum *n* (Fin) investing public

Anlage *f* **umrüsten** (IndE) to refit plant

Anlage- und Ausrüstungsinvestitionen *fpl* (VGR) business investment in plant and equipment

Anlagevermögen *n* (ReW) fixed assets
(ie, intended for use on a continuing basis for the

purpose of an undertaking's activities; Unterbegriffe nach § 266 HGB: Immaterielle Vermögensgegenstände = intangible assets; Sachanlagen = tangible assets; Fianzanlagen = financial assets; opp, Umlaufvermögen: current assets)

Anlagevermögen *n* **zum Anschaffungswert** (ReW) fixed assets at cost

Anlagevermögen *n* **zum Nettobuchwert** (ReW) fixed assets valued at net book value

Anlageverwaltung *f* (Fin) investment management

Anlagevolumen *n* (Fin) volume of assets invested

Anlagewagnis *n*
(ReW) depreciation risk *(ie, risk of premature retirement or loss of fixed assets, due to obsolescence and other factors; eg, fire)*
(Fin) investment risk

Anlagewagniskonto *n* (ReW) depreciation risk account

Anlagewährung *f* (Fin) investment currency

Anlageziel *n* (Fin) investment goal

Anlanden *n* (com) landing

Anlandevertreter *m* (com) landing agent *(ie, of a shipping company)*

Anlaufen *n*
(com) phase-in *(eg, programs, projects)*
(IndE) starting
– startup
– launching
– breaking-in *(eg, of machine)*

Anlaufhafen *m* (com) port of call

Anlaufkosten *pl*
(ReW) starting cost
– starting-load cost
– start-up . . . cost/expense
– launching cost
– pre-operating expense
(ie, fallen vor Betriebseröffnung bei Gründung des Betriebs an; zB für Planung, Organisation, Werbung, Kapitalbeschaffung)
(KoR) breaking-in cost *(eg, of machine)*

Anlaufperiode *f* **der Entwicklung** (Vw) takeoff period

Anlaufphase *f* (com) start-up phase

Anlaufroutine *f* (EDV) start routine

Anlaufschritt *m* (EDV) start element

Anlaufstelle *f* (com) contact point

Anlaufverluste *mpl* (ReW) startup losses

Anlaufzeit *f*
(IndE) break-in period
– launching period
– start-up period
(ie, initial period of operation)

anlegen
(com, infml) to spend
(Fin) to invest

Anleger *m* (Fin) investor

Anlegerinteresse *n* (Fin) buying interest

Anlegerpublikum *n* (Fin) = Anlagepublikum

Anlegerrisiko *n* (Bö) investor's risk

Anlegerschutz *m* (Fin) investor protection

Anlehnungsmodell *n* (Fin) rescue model

Anleihe *f*
(Fin) loan
– (straight) bond
(ie, Aufnahme von Kredit gegen Schuld-

verschreibungen auf den Inhaber; Instrument der langfristigen Kreditfinanzierung; lautet über Gesamtbetrag und wird in Teilschuldverschreibungen zerlegt und verbrieft; large-scale long-term borrowing on the capital market against the issue of fixed-interest bearer bonds)
(Fin) bond issue
- bonds

Anleiheablösung *f* (Fin) redemption of a loan

Anleiheagio *n*
(Fin) bond/loan . . . premium
- premium on bonds

Anleihe *f* **auflegen**
(Fin) to launch a bond offering
- to float/issue . . . a bond issue
- to float a loan
- to offer bonds for subscription

Anleihe *f* **aufnehmen** (Fin) to contract/raise/take up . . . a loan

Anleiheausstattung *f*
(Fin) terms of a loan
- bond features
(syn, Anleihebedingungen, Anleihekonditionen; siehe Übersicht)

Anleihe *f* **bedienen** (Fin) to service a loan

Anleihebedingungen *fpl* (Fin) loan terms

Anleihe *f* **begeben** (Fin) = Anleihe auflegen, qv

Anleihedienst *m* (Fin) loan debt service

Anleihedisagio *n*
(Fin) discount on bonds
- (GB) debenture discount

Anleiheemission *f* (Fin) bond/coupon . . . issue

Anleihe-Emissionsagio *n* (Fin) bond/loan . . . premium

Anleihe *f* **emittieren** (Fin) to float a bond issue

Anleiheerlös *m*
(Fin) bond yield
- loan proceeds
- avail
- (GB) debenture capital

Anleihefinanzierung *f* (Fin) bond financing

Anleihegeschäft *n* (Fin) bond issue operations

Anleihegläubiger *m* (Fin) bond . . . creditor/holder

Anleiheinhaber *m* (Fin) bondholder

Anleihekapital *n*
(Fin) bond/loan . . . capital
- bond principal

Anleihekonsortium *n* (Fin) bond/loan . . . syndicate

Anleihekonversion *f* (Fin) bond conversion

Anleihekosten *pl* (Fin) bond issue costs

Anleihekündigung *f* (Fin) call-in of a loan

Anleihekupon *m* (Fin) bond coupon

Anleihekurs *m* (Fin) bond price

Anleihelaufzeit *f* (Fin) term of a loan

Anleihemantel *m* (Fin) bond certificate

Anleihemarkt *m* (Fin) bond market

Anleihe *f* **mit Endfälligkeit**
(Fin) bullet . . . loan/issue
- bullet maturity issue
(calls for no amortization; commonly used in the Euromarket)

Anleihe *f* **mit Optionsscheinen** (Fin) bond with warrants

Anleihe *f* **mit Umtauschrecht** (Fin) convertible bond

Anleihe *f* **mit variabler Verzinsung**
(Fin) floater
- floating rate note
(eg, minimum rate 7 per cent + ¼ pct over 6-months Libor)

Anleihemodalitäten *fpl* (Fin) = Anleiheausstattung

Anleihen *fpl*, **davon konvertibel** (ReW, EG) debenture loans, showing convertible loans separately

Anleihen *fpl* **der öffentlichen Hand** (Fin) public bonds

Anleihen *fpl* **ohne Zinssatz** (Fin) zero bonds *(ie, mostly much below par, medium term)*

Anleihe *f* **ohne Optionsscheine** (Fin) bond ex warrants

Anleihe *f* **ohne Wandelrecht** (Fin) straight bond

Anleihe *f* **ohne Zinseinschluß** (Fin) flat bond *(ie, accrued interest not included in the price)*

Anleihepolitik *f* (Fin) loan issue policy

Anleiheportefeuille *n* (Fin) bond portfolio

Anleiherechnung *f* (Fin) bond mathematics

Anleiherendite *f* (Fin) bond/loan . . . yield

Anleiherückzahlung *f* (Fin) bond redemption

Anleiheschuld *f* (Fin) loan/bonded . . . debt

Anleiheschuldner *m* (Fin) loan debtor

Anleiheschuldverschreibung *f* (WeR) bond made out to order

Anleihestückelung *f* (Fin) bond denomination

Anleihe *f* **tilgen** (Fin) to redeem/repay . . . a loan

Anleihetilgung *f* (Fin) bond/loan . . . redemption

Anleihetilgungsfonds *m* (Fin) sinking fund

Anleihetilgungsplan *m* (Fin) bond redemption schedule

Anleiheübernahmekonsortium *n* (Fin) underwriting syndicate

Anleiheumlauf *m* (Fin) bonds outstanding

Anleiheumschuldung *f*
(Fin) rescheduling of a loan
- bond rescheduling

Anleihe *f* **unterbringen** (Fin) to place a loan

Anleiheunterbringung *f* (Fin) placing of a loan

Anleiheverbindlichkeiten *fpl*
(Fin) bonded . . . debt/indebtedness
- bonds (payable)

Anleiheverschuldung *f* (Fin) loan indebtedness

Anleihevertrag *m* (Fin) loan agreement

Anleiheverzinsung *f* (Fin) loan interest

Anleihezeichner *m* (Fin) loan subscriber

Anleihezeichnungskurs *m* (Fin) loan subscription price

Anleihezinssatz *m* (Fin) loan interest rate

Anleihezuteilung *f* (Fin) loan allotment

Anlernling *m* (Pw) trainee *(ie, in a semi-apprenticeship)*

Anlernsystem *n* (Pw, infml) buddy system
(ie, unter Anleitung e–s erfahrenen Meisters)

anliefern (com) to deliver

Anlieferung *f* (com) delivery

Anlieferungszeit *f* (EDV) response time

Anlieger *m* (Re) abutting owner

Anliegerbeitrag *m* (FiW) = Erschließungsbeitrag

Anliegerstaat *m* (Re) bordering state

Anlocken *n* **von Kunden** (Kart) baiting of customers
(eg, by unsolicited consignments, leading articles, bait and switch advertising)

Anmeldebildschirm *m* (EDV) log-in screen
Anmeldedatum *n*
  (com) date of application
  (Pat) filing date of application
Anmeldeformular *n*
  (com) application . . . form/blank
  – registration form
Anmeldefrist *f*
  (com) time limited for application (*or* registration)
  (Pat) filing period
Anmeldegebühr *f*
  (com) application/registration . . . fee
  (Pat) application/filing . . . fee
Anmeldekartell *n*
  (Kart) application cartel
  (ie, effective upon application submitted to the Federal Cartel Office, § 5 I GWB)
Anmeldekennwort *n* (EDV) log-on password
anmelden
  (com) to apply for
  (com) to check in *(eg, hotel, airport)*
  (com) to enter for *(eg, an examination)*
  (Zo) to declare *(ie, goods for duty)*
  (Re) to file for registration
  – to register
  (Re) to advance *(ie, a claim)*
  – to lodge
  – to put forward
  – to submit
  (Pat) to file *(ie, a patent application)*
  (EDV) to sign on
  – to log on
Anmeldepflicht *f*
  (Re) legal obligation to register *(ie, with a public authority)*
  (Kart) advance notification requirements
anmeldepflichtig
  (Kart) notifiable
  – subject to notification
  – subject to filing requirement
anmeldepflichtiges Gewerbe *n* (Re) business/trade . . . subject to registration
anmeldepflichtige Waren *fpl* (Zo) goods to declare
Anmeldeprinzip *n* (Pat) first-to-file doctrine *(opp, Erfinderprinzip, qv)*
Anmelder *m*
  (com) applicant
  (Re) declarant *(ie, person making a declaration or statement)*
  (Pat) applicant
Anmeldeschluß *m*
  (com) closing date
  – deadline
  – final deadline
  – time limit for application
Anmeldestelle *f* (com) filing/registration . . . office
Anmeldesystem *n* (Pat) registration system, § 3 PatG
  (opp, Prüfsystem = pre-examination system as used in the U.S.)
Anmeldetermin *m*
  (com) time fixed for . . . application / registration
  (Pat) latest filing date

Anmeldeunterlagen *fpl*
  (com) application/registration . . . documents
  (Pat) application . . . documents/papers
Anmeldeverfahren *n*
  (com) application procedure
  (Pat) patent application proceedings
Anmeldevordruck *m*
  (com) registration form
  (SeeV) declaration form
Anmeldevorschriften *fpl* (Pat) application requirements
Anmeldung *f*
  (com) application
  (Re) (filing for) registration
  (Re) registry *(ie, place where register is kept)*
  (Re) advancement *(ie, of a claim)*
  – putting forward
  – submission
  (Pat) patent application
  (Kart) notification of cartel, § 9 II GWB
Anmeldung *f* **bei der Ankunft des Schiffes** (Zo) ship's arrival declaration
Anmeldung *f* **der Gesellschaft** (Re) application to record the company, § 36 AktG
Anmeldung *f* **der Ladung** (Zo) freight declaration
Anmeldung *f* **der Waren(ausfuhr)** (Zo) goods declaration (outwards)
Anmeldung *f* **der Waren(einfuhr)**
  (Zo) goods declaration (inwards)
  – (GB) entry of goods (on importation)
Anmeldung *f* **des Schiffes (Einfuhr)** (Zo) declaration of ship's particulars (inwards)
Anmeldung *f* **e–s ausgeschiedenen Teiles e–r Anmeldung** (Pat) divisional application
Anmeldung *f* **in e–m Verbandsland** (Pat) Convention application
Anmeldung *f* **nach Zusammenschluß** (Kart) post-merger notification, § 23 I GWB
Anmeldung *f* **offenlegen** (Pat) to disclose a patent application
Anmeldungsstau *m* (Pat) backlog of pending applications
Anmeldung *f* **von Kartellen** (Kart) notification of cartels
Anmeldung *f* **von Transporten** (Vers) declaration of consignments
Anmeldung *f* **vor Zusammenschluß** (Kart) pre-merger notification, § 24 a I GWB
Anmeldung *f* **zum gemeinschaftlichen Versandverfahren** (EG) declaration for Community transit
Anmeldung *f* **zurückweisen** (Pat) to refuse a patent application
Annäherung *f* (Math) approximation
Annäherungskurs *m* (Bö) approximate price
Annahme *f*
  (com) acceptance *(eg, goods, orders)*
  – receipt
  (com) assumption
  – supposition
  (IndE) acceptance *(ie, of submitted lots of goods in quality control)*
  (Re) acceptance *(ie, following offer by contracting party)*
  (Re) passage *(ie, enactment of bill into law)*
  (WeR) acceptance *(ie, promise to pay by the*

drawee of a bill of exchange; syn, Akzept, Akzeptleistung)
Annahme *f* **an Erfüllungs Statt** (Re) acceptance in lieu of performance
Annahmebereich *m* (IndE) accept(ance) region *(syn, Gutbereich)*
Annahmebestätigung *f* (com) acknowledgment of receipt
Annahme *f* **erfüllungshalber** (Re) acceptance on account of performance
Annahmeerklärung *f* (Re) declaration of acceptance
Annahme *f* **e–r nicht geschuldeten Leistung** (Re) substituted mode of performance *(ie, in lieu of + on account of performance)*
Annahmefrist *f*
(com) time stated for acceptance
(Re) time within which offer must be accepted, § 147 BGB
Annahmefrist *f* **setzen** (com) to limit the time for acceptance
Annahmegrenze *f* (IndE) = Annahmezahl, qv
Annahmekennlinie *f* (Stat) operating characteristic
Annahmekontrolle *f* **durch Stichproben** (IndE) lot acceptance sampling
Annahmelinie *f* (IndE) acceptance line
Annahmelos *n* (IndE) acceptance lot
Annahmepflicht *f*
(com) duty to accept *(or to take delivery) (ie, of merchandise tendered)*
(Vers) obligation to accept application for insurance cover
Annahmeprüfung *f* (IndE) acceptance inspection
Annahmerichtzahl *f* (IndE) acceptance number
Annahme-Stichprobenplan *m* (IndE) acceptance sampling plan
annahmetauglich (IndE) acceptable *(ie, in quality control)*
Annahmetauglichkeit *f* (IndE) acceptability
Annahmevermerk *m* (com) note of acceptance
Annahme *f* **verweigern**
(com) to refuse to accept
– to refuse to take delivery
(Re) to refuse acceptance
(WeR) to dishonor
(ie, refuse or fail to accept or pay a negotiable instrument at maturity)
Annahmeverweigerung *f*
(com, Re) refusal to accept
– refusal of acceptance
– nonacceptance
Annahmeverzug *m*
(Re) default in acceptance, § 373 HGB
– default in accepting the delivery of goods
– *(civil law)* mora accipiendi
(syn, Gläubigerverzug)
Annahmewahrscheinlichkeit *f* (IndE) probability of acceptance
Annahmezahl *f*
(IndE) acceptable quality level, AQL
(ie, in statistical quality control; syn, Annahmegrenze, annehmbare Qualität, Gutgrenze)
(IndE) acceptance number
annehmbare Qualität *f* (com) acceptable quality
(ie, fit for a particular purpose)

annehmbare Qualitätslage *f* (IndE) acceptable quality level, AQL
(syn, annehmbare Herstellergrenzqualität)
annehmbarer Preis *m* (com) reasonable/acceptable . . . price
annehmbares Zuverlässigkeitsniveau *n* (IndE) acceptable reliability level, ARL
(ie, in statistical quality control)
annehmen
(com) to accept *(eg, goods, orders)*
– to receive
(com) to assume
– to suppose
– to proceed on the assumption
(Re) to accept *(ie, an offer for contract)*
(Re) to pass *(ie, a bill)*
(WeR) to accept *(ie, a bill of exchange)*
(Stat) to accept
(Math) to take on *(eg, variables . . . integer values or whole numbers)*
Annehmer *m* (WeR) acceptor
(syn, Akezptant; same as drawee = Bezogener od Trassat)
Annonce *f* (Mk) advertisement *(syn, Anzeige)*
Annoncenexpedition *f*
(Mk) advertising . . . agency/office
– space buyer
Annotation *f* (EDV) annotation *(ie, explanatory notes in flowcharting)*
Annuität *f*
(Fin) annuity
(ie, income payable at stated intervals; syn, Zeitrente)
(Fin) regular annual payment
(ie, periodisch zu zahlende stets gleichbleibende Rate auf e–e Kapitalschuld; covering interest and repayment of principal)
Annuitätenanleihe *f*
(Fin) perpetual bond
– annuity bond
(ie, bis zur Fälligkeit werden keine Zinsen gezahlt)
Annuitätendarlehen *n* (Fin) annuity loan
(ie, repayable by annuities made up of interest plus repayment)
Annuitätenhypothek *f*
(Fin) redemption mortgage
– (US) level-payment mortgage
(ie, debtor repays in equal annual installments; syn, Tilgungshypothek, Amortisationshypothek; cf, Verkehrshypothek)
Annuitätenmethode *f* (Fin) annuity method
(ie, Variante der Kapitalwertmethode der dynamischen Investitionsrechnung = net present value method)
Annuitätenrechnung *f* (Fin) = Annuitätsmethode, qv
Annuitätsfaktor *m* (Fin) = Wiedergewinnungsfaktor, qv
Annuitätsmethode *f* (Fin) annuity method *(ie, of preinvestment analysis)*
annullieren
(com) to cancel *(eg, an order)*
(Re) to avoid
– to declare null and void

  – to rescind
  (Re) to set aside *(eg, a judgment)*
annullierter Scheck *m* (Fin) canceled/paid...
  check *(ie, perforated or ink stamped)*
Annullierung *f*
  (com) cancellation
  (Re) avoidance
  – annulment
  – rescission
  (Re) setting aside
anomale Angebotskurve *f* (Vw) backward bending
  supply curve
anomale Nachfragekurve *f* (Vw) backward bending
  demand curve
Anomalie *f*
  (Math) azimuth
  – polar angle *(ie, in the polar coordinate system)*
anonymer Aktienbesitz *m* (Fin) nominal holdings
  *(ie, through straw men, often in preparation of a
  takeover)*
anonymes Konto *n* (Fin) anonymous bank account
  *(ie, wird unter Code-Wort geführt; keine Iden-
  titätsprüfung bei Eröffnung; in Österreich
  zulässig)*
anonymes Sparen *n* (Fin) anonymous saving
  *(ie, by holder of passbook unknown to bank, not
  allowed in Germany, § 154 I AO)*
an Order (WeR) to order
an Order ausstellen (WeR) to make out to order
Anordnung *f*
  (Math) array *(ie, generic term = Sammelbegriff
  covering rows and columns)*
  (Math) = Ordnung, qv
Anordnungsmaßzahl *f* (Stat) order statistic
Anordnungspatent *n* (Pat) arrangement patent
Anordnungstest *m* (Stat) order test
anormale Häufigkeitskurve *f* (Stat) abnormal frequency curve
ANOVA (Stat) = Varianzanalyse, qv
anpassen
  (com) to adjust *(eg, figures in the light of changing circumstances)*
  (com) to gear to
  (com) to scale
  (eg, taxes to earners' ability to pay)
  (Bw) to shape *(eg, business to prevailing
  economic conditions)*
Anpassung *f* (com) adjustment *(eg, of plant to cyclical conditions)*
Anpassung *f* **der Trendlinie an den Kurvenverlauf**
  (Stat) fitting the trendline
Anpassungsbeihilfe *f* (FiW) adjustment... aid/as-
  sistance
Anpassungsbereitschaft *f* (Pw) willingness to adapt
  (eg, to changing conditions)
Anpassungsdarlehen *n*
  (Fin) adjustment loan
  – renegotiated loan
Anpassungsfähigkeit *f* (Pw) action flexibility
Anpassungsgüte *f* (Stat) closeness of fit
Anpassungshilfe *f* (Vw) financial assistance to en-
  terprises or industries to facilitate their adapta-
  tion to new economic conditions
Anpassungsinflation *f* (Vw) adjustment inflation
Anpassungsinvestition *f* (Fin) rationalization in-

vestment *(ie, to bring plant in line with changed
  conditions)*
Anpassungsmaßnahme *f* (com) adjustment measure
Anpassungsperiode *f* (Vw) period of adjustment
Anpassungsprozeß *m* (Vw) adjustment process
Anpassungstransaktionen *fpl* (AuW) settling transactions
Anrainerstaat *m* (Re) littoral state *(ie, in Sea Law)*
anrechenbar (com, StR) creditable
anrechenbarer Betrag *m* (StR) creditable amount
anrechenbare Steuer *f* (StR) creditable tax
anrechenbare Vorsteuer *f* (StR) revoverable input
  tax
anrechnen
  (com) to credit against
  – to set off
  (com) to count against *(eg, a quota)*
Anrechnung *f*
  (Re) mode of appropriation, § 367 BGB
  (StR) imputation
Anrechnung *f* **auf mehrere Schulden** (Re) appropriation of performance where several obligations
  are outstanding
Anrechnung *f* **ausländischer Steuern** (StR) foreign
  tax credit
Anrechnung *f* **gezahlter Steuern** (StR) tax credit
anrechnungsberechtigt (StR) entitled to imputation
  credit
anrechnungsberechtigter Anteilseigner *m* (StR)
  shareholder entitled to an imputation credit
Anrechnungsbetrag *m* (StR) credit
anrechnungsfähiges Jahr *n* (SozV) year of coverage
  (syn, Versicherungsjahr)
anrechnungsfähige Versicherungsjahre *npl* (SozV)
  eligible insured years
Anrechnungsverfahren *n*
  (StR) imputation system
  *(ie, Ziel ist die Vermeidung der Doppelbelastung
  ausgeschütteter Gewinne; in corporate income tax
  law; opp, split rate system)*
  (StR) tax credit system
  (ie, applicable to foreign taxes)
Anrechnungswert *m* (com) accepted value
Anrechnungszeitraum *m* (StR) tax credit period
Anrechtsschein *m* (WeR) intermediate share cer-
  tificate
Anrede *f* (com) salutation *(ie, in business letters)*
Anregungsphase *f* (Bw) orientation phase
  *(ie, in decision theory: pointing up problems, per-
  ceiving problems requiring solutions)*
Anreiz *m*
  (Bw) incentive
  – inducement
Anreizartikel *m* (Mk) leader/inducement... article
Anreizsystem *n*
  (Pw) incentive system
  (IndE) productivity incentive system
Anreiz *m* **zur Integration** (Bw) incentive to inte-
  grate
Anruf *m* **an Organisationsprogramm** (EDV) super-
  visor call
Anrufbeantworter *m*
  (com) automatic answering set
  – answering machine

anrufen
(com) to telephone
– to phone
– to call (up)
– (GB, infml) to give a ring
– to ring (up)
anrufender Teilnehmer *m* (EDV) calling party
Anrufer *m*
(EDV) calling party
– (GB) caller
Anruftaste *f* (EDV) request button
Ansager *m*
(com) newscaster
– (GB) newsreader
Ansatz *m*
(Log) approach
(ReW) amount reported
(ReW) valuation
Ansatzfehler *m* (Math) error in equation
anschaffen
(com) to buy
– to purchase
– to acquire
(Fin) to provide cover
(Fin) to remit
Anschaffung *f*
(com) acquisition
(com) delivery
(Re) acquisition
(ie, legal transaction involving transfer of movable things and negotiable instruments for a consideration)
(Fin) remittance
(Fin) provision of cover
Anschaffungsausgabe *f* (Fin) investment outlay *(ie, in preinvestment analysis)*
Anschaffungsdarlehen *n* (Fin) personal loan
(ie, Ratenkredit; Laufzeit 2-6 Jahre; bis zu 40.000 DM, bei entsprechender Sicherheit bis zu 150,000 DM; medium-term installment credit extended to private individuals)
Anschaffungsgeschäfte *npl*
(StR) acquisition deals
– acquisition of securities
(ie, contractual transfer for a consideration through which the transferee acquires title to stocks and bonds, § 18 KVStG)
Anschaffungskosten *pl*
(com) purchase/acquisition . . . cost
(ReW) original cost
– historical cost
– initial cost
– (also simply:) cost
(ie, Anschaffungspreis und Anschaffungsnebenkosten; die GoB entscheiden, was als A. anzusehen ist; sie unterliegen der Aktivierungspflicht; other terms: first/asset /up-front . . . cost)
Anschaffungskostenprinzip *n* (ReW) historical cost concept
Anschaffungskosten *pl* **von Investitionsobjekten**
(Fin) initial investment
– original cash outlay
– original investment
Anschaffungskredit *m* (Fin) medium-sized personal loan

anschaffungsnaher Aufwand *m* (ReW) expense following closely upon acquisition of asset
Anschaffungsnebenkosten *pl* (ReW) incidental acquisition cost
Anschaffungs- od Herstellungskosten *pl* (ReW) costs of acquisition or production
Anschaffungs- od Herstellungspreis *m* (ReW) cost price *(ie, component of acquisition cost)*
Anschaffungspreis *m*
(com) purchase price
(ReW) = Anschaffungskosten, qv
Anschaffungspreisminderungen *fpl* (ReW) purchase price reductions
Anschaffungswert *m*
(ReW) = Anschaffungskosten, qv
(Fin) net cash outflow *(ie, in preinvestment analysis)*
Anschaffungswert-Methode *f*
(Fin) cost value method
– legal basis method
(ie, method of evaluating permanent investments)
Anschaffungszeitpunkt *m* (ReW) date of acquisition
Anschauungen *fpl* **des Verkehrs** (StR) custom and usage, § 2 BewG
Anschauungsmaterial *n* (Mk) visual demonstration material
Anschauungs-Validität *f* (Mk) face validity
Anscheinsbeweis *m* (Re) prima facie evidence
(ie, gilt bis zur Widerlegung als Tatsachenvermutung = sufficient in law to raise a presumption of fact unless rebutted)
Anscheinsbeweis *m* **erbringen** (Re) to establish a prima facie case
Anscheinsvollmacht *f* (Re) apparent authority
(ie, der Vertretene kennt das Handeln s–s Vertreters ohne Vollmacht nicht, hätte es aber bei pflichtgemäßer Sorgfalt kennen müssen; im deutschen System ist die Anerkennung der A. durch die Gerichte sehr umstritten; cf, BGHZ 65, 13)
Anschlag *m* (com) bulletin board notice
Anschlagflächen *fpl*
(Mk) billboards
Anschlag *m* **machen** (com) to post a notice on the bulletin board
Anschlagtafel *f*
(com) bulletin/notice . . . board
(Mk) billboard
– (GB) hoarding
Anschlagwerbung *f* (Mk) billboard advertising
anschließen (com) to plug into
(eg, town into new motor highway, dp workstation into LAN)
Anschlußabsatz *m* (Mk) joint use of sales organization
Anschluß-Arbeitslosenhilfe *f* (SozV) follow-up unemployment assistance
Anschlußauftrag *m*
(com) follow-up
– renewal
– sequence . . . order
(com, infml) add-on sale
(ie, made to a customer satisfied on earlier occasions)

Anschlußaufträge *mpl*
(Bö) follow-through support
– back-up support
Anschlußfinanzierung *f*
(Fin) follow-up financing
– ongoing finance
(ie, notwendig bei fristeninkongruenter Finan-
zierung: Kapitalüberlassungsdauer kürzer als die
Kapitalbindungsdauer)
Anschlußflug *m* (com) connecting flight
Anschlußgerät *n* (EDV) peripheral unit *(syn,*
periphere Einheit)
Anschlußgeschäft *n*
(com) follow-up contract
(Bö) roll over deal
Anschlußgleis *n*
(com) siding
– sidetrack
(ie, opening onto main track at both ends)
(com) spur *(or* stub) track *(ie, connected to main*
track at one end only)
Anschlußkonkurs *m*
(Re) bankruptcy proceedings following failure
of composition proceedings
(ie, unmittelbar nach dem Scheitern e–s Ver-
gleichsversuchs eröffnet; cf, § 102 VerglO)
Anschlußkunde *m* (Fin) client
(ie, company using the services of the factor: als
Nachfrager des Factoring; syn, Klient)
Anschlußleitung *f* (EDV) access line
Anschlußmarkt *m* (Mk) after market *(ie, for re-*
placements)
Anschlußnorm *f* (IndE) follow-up standard specifi-
cation
(ie, one that allows replacement of machine parts
of different origin; eg, standard fit systems, screw
thread standardization)
Anschlußpfändung *f* (Re) renewed attachment of
‚thing‘ previously attached, §§ 826, 827 ZPO
Anschlußplanung *f* (Bw) follow-up planning
Anschlußspediteur *m* (com) connecting carrier
Anschlußstelle *f* (EDV) exit point
Anschlußzone *f* (Re) contiguous zone *(ie, in Sea*
Law)
Anschlußzone *f* **für die Zollkontrolle** (Zo) customs
supervision zone
Anschlußzone *f* **für Fischereirechte** (Re) contiguous
fishing zone
anschnallen
(com) to buckle up
– to belt up
– to strap in
Anschnallpflicht *f* (com) = Gurtpflicht, qv
Anschreibekonto *n*
(com) charge account
– (GB) account
anschreiben
(com) to charge to account
– (infml) to chalk up
Anschreibung *f* **über die Waren führen** (Zo) to
keep a stock-account of goods
Anschrift *f* (com) address
Anschubfinanzierung *f* (Fin) knock-on financing
anschwärzende Werbung *f* (Kart) denigration *(ie,*
of competitive products in advertising)

Anschwärzung *f*
(Kart) disparagement/slander . . . of goods
– injurious/malicious . . . falsehood
(ie, making a false statement about a competitor's
product)
ansetzen
(com) to estimate
– (infml) to put at
(ReW) to state
– to report
– to show
Ansichtsexemplar *n* (com) inspection specimen
Ansichtssendung *f*
(com) consignment on approval
– (GB, infml) . . . on áppro
(ie, merchandise taken but returnable at custom-
er's option)
Anspannungsgrad *m*
(Fin) = Verschuldungsgrad *m*
(KoR) tightness
Anspannungsindex *m* (Vw) employment index *(ie,*
ratio of number of jobless and number of vacan-
cies)
Anspannungskoeffizient *m* (Fin) debt to total capital *(ie, balance sheet ratio)*
ansparen (com) to save up *(ie, by putting aside*
money regularly and for a specific purpose)
Ansprechpartner *m* (com) contact
Anspruch *m*
(com) claim
(Re) claim
(ie, Recht, von e–m anderen ein Tun od Unterlas-
sen zu verlangen = legal capability to require a
positive or negative act of another person; cf,
§ 194 I BGB)
(SozV) entitlement
Anspruch *m* **abweisen** (Re) to dismiss/reject . . . a
claim
Anspruch *m* **anerkennen** (Re) to admit/recog-
nize . . . a claim
Anspruch *m* **aufgeben**
(Re) to abandon
– to give up
– to renounce
– to waive . . . a (legal) claim
– to disclaim
Anspruch *m* **auf Versicherungsleistung** (Vers) in-
surance claim
Anspruch *m* **aus Sachschaden** (Re) property claim
Anspruch *m* **aus unerlaubter Handlung**
(Re) tort claim
– claim arising out of an unlawful act
Anspruch *m* **aus Vertrag** (Re) contractual claim
Anspruch *m* **begründen**
(Re) to substantiate a claim
Anspruch *m* **durchsetzen** (Re) to enforce a claim
Ansprüche *mpl* **aus dem Steuerschuldverhältnis**
(StR) claims arising out of the government-tax-
payer relationship, § 38 AO
Ansprüche *mpl* **Dritter** (Re) third-party claims
Ansprüche *mpl* **erlassen** (StR) to grant administra-
tive relief
Ansprüche *mpl* **erlöschen** (Re) rights of claim are
invalidated *(eg, by non-observance of . . .)*
Anspruch *m* **einklagen** (Re) to litigate a claim

Anspruch *m* **entsteht** (Re) claim arises
Anspruch *m* **erlischt** (Re) claim expires *(eg, non-observance of... invalidates any rights of claim)*
Anspruch *m* **geltend machen**
  (Re) to advance
  – to assert
  – to bring forward
  – to prefer
  – to put forth... a claim
Anspruch *m* **haben auf**
  (Re) to have a claim to
  – to be entitled to
anspruchminderndes Mitverschulden *n* (Re) comparative negligence
Anspruchsanpassung *f* (Mk) adjustment of aspiration level
Anspruchsberechtigter *m*
  (Re) claimant
  – beneficiary
Anspruchserhebungsprinzip *n* (Vers) claims-made principle *(opp, Haftpflichtdeckung auf der Grundlage des Ereignisprinzips = occurrence principle)*
Anspruchsgesellschaft *f* (Vw) entitlement society
Anspruchsgrundlage *f* (Re) subject-matter of a claim
Anspruchshäufung *f* (Re) multiplicity/plurality... of claims *(ie, against the same defendant, § 260 ZPO)*
Anspruchsinflation *f* (Vw) entitlements mentality *(cf, Verteilungskampf)*
Anspruchsniveau *n* (Vw) level of aspirations
Anspruchsteller *m* (Re) claimant *(ie, one who may assert a right, demand, or claim)*
Anspruchsverwirkung *f* (Vers) forfeiture of insurance claim
Anspruch *m* **verjährt** (Re) claim is barred
Anspruch *m* **zurückweisen** (Re) to reject/repudiate... a claim
Anstalt *f*
  (Re) incorporated public-law institution
  – institution unter public law, § 196 BGB
anstellen
  (com) to line up in a queue
  (Pw) = einstellen, qv
Anstellung *f* **auf Lebenszeit** (Pw) life/permanent... tenure
Anstellung *f* **auf Probe** (Pw) hiring on probation
Anstellungsvertrag *m*
  (Pw) contract of employment
  – employment/hiring... contract
  – service agreement
Ansteuerungsprüfung *f* (EDV) selection check
Anstieg *m*
  (com) increase
  – rise
  – (infml) uphill climb *(eg, in interest rates is still in gear)*
Anstoß *m*
  (com) initiative
  – impact
Anstoßmultiplikator *m* (Vw) impact multiplier
Anstoßwirkung *f*
  (Bw) knock-on impact *(eg, of a decision)*
  (FiW) impact effect

anstreben
  (com) to aim at *(eg, job, position, goal)*
  (com, fml) to aspire to *(eg, the job of vice president marketing)*
an Subunternehmer vergeben
  (com) to subcontract
  – to farm out a contract
antagonistische Kooperation *f* (Bw) antagonistic cooperation
Anteil *m*
  (Fin) share
  (Fin) = Beteiligung
Anteil *m* **am Investmentfonds**
  (Fin) share
  – (GB) unit
Anteil *m* **der geprüften Stücke** (IndE) average fraction inspected
Anteil *m* **der Kontingentsmenge** (Zo) quota share
Anteil *m* **des Warenhandels am Außenhandel** (AuW) commodity concentration
Anteile *mpl* (Re) shares
  (ie, term covers shares, interests, or participations in: AG, OHG, KG, BGB-Gesellschaft and other forms of associations us well as all foreign corporations, partnerships or associations)
Anteile *mpl* **an verbundenen Unternehmen**
  (ReW, EG) shares in affiliated undertakings
  – share capital in group companies
Anteile *m* **fehlerhafter Stücke in der Stichprobe** (IndE) sample fraction defective
Anteile *mpl* **in Fremdbesitz** (com) minority interests
Anteil *m* **fehlerhafter Einheiten** (IndE) fraction defective
anteilig belasten (KoR) to charge pro rate
anteilige Befriedigung *f* (Re) prorata... payment/settlement
anteilige Finanzierung *f* (Fin) prorata financing
anteilige Gemeinkosten *pl* (KoR) prorated overhead
anteilige Kosten *pl* (KoR) prorated cost
anteilige Personalkosten *pl* (KoR) prorated employment cost
anteiliger Beitragswert *m* (SeeV) rateable contribution
anteiliger Betrag *m* (com) proportionate/prorated... amount
anteiliger Bilanzverlust *m* (ReW) proportionate share in loss
anteiliges Eigentum *n* (Re) proportionate ownership
  (eg, of stock entitles the stockholder to four rights)
anteilige Zahlung *f* (Fin) prorata payment
anteilig geschichtete Stichprobe *f* (Stat) proportional stratified sampling
anteilig verrechnete Gemeinkosten *pl* (KoR) prorated overhead
anteilig verteilen (ReW) to prorate *(eg, cost over productive life of an asset)*
anteilig zu verrechnende Kosten *pl* (KoR) proratable cost
anteilmäßige Kostenumlage *f* (KoR) prorata apportionment of cost
anteilmäßige Verrechnung *f* (com) proration

anteilmäßige Zahlungen *fpl* (Fin) prorata payments
anteilmäßig verrechnen
  (KoR) to absorb
  – to prorate
  – to spread through allocation (to)
Anteilpapier *n* (Fin) equity security
Anteilsaktie *f* (Fin) = Quotenaktie
Anteilsbesitz *m*
  (Fin) investment holdings
  (Fin) share ownership
Anteilschein *m*
  (Fin) interim certificate
  (ie, issued to shareholders prior to issuance of share certificates, § 8 IV AktG)
  (Fin) investment fund share
Anteilseigner *m*
  (Fin) shareholder
  – stockholder
  – equity holder
  (Fin) shareholder of a GmbH
  (Fin) shareholder *(ie, of investment fund)*
  – (GB) unitholder
Anteilseignervertreter *mpl*
  (Pw) stockholder side
  – capital side
  (ie, supervisory board members representing stockholders)
Anteilsinhaber *m* (Fin) = Anteilseigner
Anteilskurs *m* (Fin) unit price
Anteilsmengen *fpl* **eines Kontingents** (Zo) volume of quota share
Anteilsrechte *npl* (Fin) equity interests
Anteilsschein *m*
  (Fin) participating certificate
  (ie, verbrieft Mitgliedschaftsrechte an e–r Gesellschaft; hierunter fallen auch: Optionsschein, Genußschein, Gewinnanteilschein, Zwischenschein)
  (Fin) unit/share... certificate *(ie, verbrieft e–n od mehrere Anteile am Investmentfonds)*
Anteilsumlauf *m*
  (Fin) shares outstanding
  – (GB) units outstanding
Anteilszertifikat *n*
  (Fin) share certificate
  – (GB) unit certificate
Anteilszoll *m* (Zo) compensatory levy
Antezedens *n*
  (Log) antecedent
  – protasis
  (ie, clause expressing the condition in a conditional statement; opp, Konsequens = apodosis)
Antidumpingverfahren *n* (AuW) anti-dumping procedure
Antidumpingzoll *m* (AuW) anti-dumping... duty/ tariff
Anti-Inflationspolitik *f*
  (Vw) anti-inflation policy
  – inflation-fighting policy
Antilogarithmus *m* (Math) antilogarithm
Anti-Marginalist *m* (Vw) anti-piecemeal approacher
Anti-Marketing *n* (Mk) demarketing
Antiquariat *n*
  (com) second-hand book selling

  (com) second-hand book store
  – (GB) second-hand book shop
  (com) second-hand department *(ie, in a book store)*
Antiselektion *f*
  (Vers) adverse selection
  – anti-selection
  (syn, Gegenauslese)
Antisubventionsverfahren *n* (EG) anti-subsidy procedure
Antitrust-Bewegung *f* (Vw) antitrust movement
Antitrust-Gesetzgebung *f* (Kart, US) antitrust legislation
  (ie, the three principal pieces of legislation are (1) Sherman Act of 1890, (2) Clayton Act of 1914, and (3) Federal Trade Commission Act of 1914)
Antitrustrecht *n*
  (Kart) antitrust law
  (Re, US) antritrust laws
  (ie, laws intended to regulate or prohibit unfair competition and combinations in restraint of trade, including monopolies, cartels, trusts, and interlocking directorates, qv; its goal is to maintain and strengthen the free enterprise system by requiring competition in business; responsibility for the enforcement of AT laws is vested in the Antitrust Division of the Department of Justice and in the Federal Trade Commission)
Antivalenz *f*
  (EDV) exclusive-OR
  – non-equivalence
  – anti-coincidence... operation
  (syn, Kontravalenz, ausschließendes ODER)
Antizipationsaufwand *m* (ReW) anticipated cost
Antizipationsläger *npl* (Bw) anticipation inventories
antizipative Aktiva *npl* (ReW) accrued... income/ revenue/assets
  (ie, items of revenue not received but earned; opp, antizipative Passiva, qv)
antizipative Passiva *npl* (ReW) accrued... expense/liabilities
  (ie, expense incurred but not paid; opp, antizipative Passiva, qv)
antizipative Posten *npl* (ReW) accruals *(ie, der aktiven Jahresabgrenzung: accrued... revenue/income /assets)*
antizipatives Sicherungsgeschäft *n* (Fin) anticipatory hedge
antizipative Zinsabgrenzung *f* (ReW) deferred interest
antizipierte Inflation *f* (Vw) steady-state inflation
  (ie, die konstante Inflationsrate wird im Durchschnitt aller Dispositionen korrekt antizipiert = inflatorisches Gleichgewicht)
antizipierter Vertragsbruch *m* (Re) anticipatory breach of contract
antizyklische Finanzpolitik *f*
  (FiW) countercyclical fiscal policy
  – compensatory finance
  (ie, konjunkturpolitisches Steuerungsmittel; cf, Art 109 II-IV GG)
antizyklische Haushaltspolitik *f* (FiW) anticyclical budgeting

antizyklische Politik *f* (Vw) anticyclical/countercyclical ... policy

antizyklische Wirtschaftspolitik *f* (Vw) countercyclical/anti-cyclical ... economic policy *(ie, measures to mitigate the effects of cyclical booms and recessions)*

Antrag *m* (com) application

Antrag *m* **ablehnen**
(com) to reject a request
(Re) to dismiss a motion

Antrag *m* **auf Aktienzuteilung** (Fin) application for shares

Antrag *m* **auf Börseneinführung** (Bö) = Antrag auf Börsenzulassung

Antrag *m* **auf Börsenzulassung**
(Bö) application for listing
– listing application

Antrag *m* **auf Entlassungen** (Pw) request for dismissal of redundant personnel *(ie, made to the local labor office)*

Antrag *m* **auf Eröffnung des Konkursverfahrens stellen**
(Re) to apply for bankruptcy proceedings
– to file a petition in bankruptcy

Antrag *m* **auf Fristverlängerung** (com) request for an extension of time

Antrag *m* **auf Konkurseröffnung** (Re) petition in bankruptcy

Antrag *m* **auf Konkurseröffnung stellen** (Re) to file a petition in bankruptcy

Antrag *m* **auf Lohnsteuerjahresausgleich** (StR) application for annual computation of wage tax

Antrag *m* **auf Rückerstattung**
(com) refund request

Antrag *m* **auf Schluß der Debatte** (com) closure motion

Antrag *m* **auf Steuerrückerstattung stellen** (StR) to file a refund claim

Antrag *m* **auf Zollabfertigung für den freien Warenverkehr** (Zo) consumption entry

Antrag *m* **genehmigen** (com) to approve an application

Antragsannahme *f* (Vers) acceptance of proposal *(ie, agreement to give insurance cover against payment of premium)*

antragsberechtigt (Re) entitled to make an application

Antragsberechtigter *m* (com) party entitled to make an application

Antragsempfänger *m* (Re) offeree *(ie, in formation of contract)*

Antragsformular *n*
(com) application form
– application blank
– form of application
– proposal form

Antragsgegner *m* (Re) opposing party

Antragsgrund *m* (com) reason for application

Antrag *m* **stellen**
(com) to make an application
– to apply for
(Re) to file a petition
(StR) to file a claim *(eg, for a tax credit)*

Antragsteller *m*
(com) applicant

(SozV) claimant *(eg, demanding unemployment compensation)*

Antragsverfahren *n* (Re) filing procedure

Antriebsermüdung *f* (Pw) psychically-induced fatigue

Antriebskräfte *fpl*
(Vw) expansionary/stimulating ... forces
– stimulus

Antrittsbesuch *m*
(com) „get-acquainted" visit
– first visit

Antrittsvorlesung *f* (Pw) inaugural lecture

Antwort bezahlt (com) answer prepaid

Antwortkarte *f* (com) business reply card

Antwortschein *m* (com) reply coupon

Antwortzeit *f* (EDV) response time

anvisieren
(com) to zero in on
– to target at *(eg, consumer groups, market, opportunities)*

Anwachsung *f* (Re) accrual
(ie, of company share to the other members, § 738 BGB)

anwählen (EDV) to dial up

Anwalt *m*
(Re) = Rechtsanwalt

Anwaltsbüro *n* (Re) cf, Anwaltskanzlei

Anwaltsgebühren *fpl*
(Re) attorney's fees
– legal charges

Anwaltskammer *f*
(Re, appr) Bar Association
– (GB) Law Society *(ie, of solicitors)*
– (GB) General Council of the Bar *(ie, confined to barristers)*

Anwaltskanzlei *f* (Re) law office

Anwaltssozietät *f*
(Re) law firm
– firm of lawyers
(ie, e–e Gesellschaft des bürgerlichen Rechts nach § 705 ff BGB; unterhält e–e gemeinsame Kanzlei)

Anwaltszwang *m* (Re) mandatory legal counsel *(ie, in court proceedings; syn, Vertretungszwang)*

Anwärterkreis *m* (Pw) recruiting sources *(ie, which may be external or internal)*

Anwartschaft *f*
(Re) right in course of acquisition
(Pw) legal right to future pension payments
– expectancy of future benefits

Anwartschaft *f* **auf Pension**
(SozV) vested right to future pension payments
– potential pension
(eg, a person accrues his maximum potential pension)

Anwartschaftsrecht *n* **auf Altersversorgung** (SozV) right to an old-age pension

anweisen
(com) to instruct
(Fin) to remit *(eg, amount of money)*

Anweisender *m* (WeR) drawer *(ie, person issuing an order to pay or to deliver a thing)*

Anweisung *f*
(com) instruction
(WeR) order to pay a sum of money or to deliver a thing

(eg, Scheck, gezogener Wechsel, kaufmännische Anweisung; cf, §§ 783-792 BGB)
(Zo) transit
(EDV) statement
Anweisungen *fpl* **entgegennehmen** (Pw) to take orders (from)
Anweisungsblatt *n* (Zo) transit sheet *(ie, comprises counterfoil and voucher = Stammabschnitt und Trennabschnitt)*
Anweisungsempfänger *m* (WeR) payee *(ie, person to whom or to whose order payment or delivery is to be made)*
Anweisung *f* **zur Arbeitsunterbrechung** *f* (IndE) stop work order
anwenden
(com) to apply *(ie, to put to use for some practical purpose)*
(Re) to apply *(ie, to put into effect or operation; eg, a law)*
– bring (a new law) to bear *(gegen = against)*
Anwender *m* (com) user
Anwenderprogramm *n*
(EDV) applications/user . . . program
Anwenderschnittstelle *f* (EDV) user interface
Anwendersoftware *f*
(EDV) applications software
(EDV) user software
Anwendung *f*
(com) application
(EDV) application
– account
Anwendung *f* **der Zollsätze aussetzen** (Zo) to suspend collection of the duties applicable
Anwendung *f* **finden** (com) to find/have applications to *(eg, the study of ecosystems)*
Anwendungsbereich *m*
(com) scope/area . . . of application
(Re) scope *(eg, of a law)*
Anwendungsbeschränkung *f* (Pat) field-of-use restriction
anwendungsbezogene Forschung *f* (com) applied/action . . . research
Anwendungsdatei *f* (EDV) application file
Anwendungsdatenbank *f* (EDV) application data base
Anwendungsentwickler *m* (EDV) application developer
Anwendungsentwicklung *f* (Bw) application management
anwendungsgebundenes System *n* (EDV) dedicated system
(ie, computer system built with a specific application in mind)
Anwendungsgenerator *m* (EDV) applications generator
Anwendungsinstallation *f* (EDV) application setup
anwendungsorientierte Informatik *f* (EDV) application-oriented computer science
Anwendungsprogrammierer *m*
(EDV) application programmer
(syn, Organisationsprogrammierer)
Anwendungsschicht *f* (EDV) application layer *(ie, in computer network)*
Anwendungssoftware *f* (EDV) applications/systems . . . software *(cf, Software)*

Anwendungssystem *n* (EDV) applications system
Anwendungstechnik *f* (IndE) applications engineering
Anwendungstechniker *m* (IndE) applications engineer
Anwerbegebühr *f* (Pw) recruitment fee
Anwerbeland *n* (Pw) recruitment country
anwerben (Pw) to recruit (labor)
Anwerbestopp *m* (Pw) recruitment . . . ban/stop
Anwerbevereinbarung *f* (Vw) recruitment agreement *(ie, between two countries)*
Anwerbung *f* (Pw) recruitment
Anwesenheitskarte *f* (Pw) attendance card
Anwesenheitsliste *f* (com) attendance . . . sheet/register
Anwesenheitsprämie *f* (Pw) attendance bonus
Anwesenheitszeit *f*
(Pw) attendance time
(OR) attendance time *(ie, waiting time + processing time)*
anzahlen
(com) to pay down
– to make a down payment
(Re) to pay as a deposit
Anzahl *f* **in e–r Klasse** (Stat) absolute frequency
Anzahlung *f*
(com) advance/down . . . payment
– (customer) prepayment
(cf, Kundenanzahlung)
(Re) deposit (payment)
(Fin) cash deposit
Anzahlungen *fpl* **auf Anlagen** (ReW) installment payments for facilities
Anzahlungen *fpl* **finanzieren** (Fin) to fund downpayments
Anzahlungsgarantie *f*
(Fin) advance payment bond
– advance guaranty
– security bond for down payment
an Zahlungs Statt
(Re) in payment
– in lieu of payment
– *(civil law)* datio in solutum
Anzeige *f*
(Mk) advertisement
– (infml) ad
– (infml, GB) ádvert
(EDV) indicator
(EDV) message
(EDV) display (image)
(ie, visual representation of data as printed report, graph, or drawing)
Anzeige *f* **aufgeben** (Mk) to advertise
Anzeigedatei *f* (EDV) display file
Anzeigedaten *pl* (EDV) display data
Anzeigedatenübersetzung *f* (EDV) display file compilation
Anzeigeelement *n* (EDV) display . . . element/primitive
Anzeigefeld *n* (EDV) display field
anzeigefreies Bauvorhaben *n* (Re) building project exempt from notification of authorities
Anzeigegerät *n* (EDV) indicating instrument
Anzeigegruppe *f* (EDV) display group *(syn, Segment)*

Anzeigehintergrund *m*
(EDV) background ... display/image
– static image
Anzeigemodus *m* (EDV) display mode
Anzeigenabteilung *f* (Mk) advertising department
Anzeigenagentur *f* (Mk) advertising agency
Anzeigenakquisiteur *m* (Mk) advertisement canvasser
Anzeigenannahme *f* (Mk) advertising office
Anzeigenauftrag *m* (Mk) advertising/space ... order
Anzeigenbeilage *f* (Mk) advertising ... insert/supplement
Anzeigenblatt *n* (Mk) advertising journal
Anzeigenexpedition *f* (Mk) advertising agency
Anzeigenfachmann *m*
(Mk) advertising specialist
– adman
Anzeigengrundpreis *m*
(Mk) advertising base price
– open rate
Anzeigenkosten *pl*
(Mk) advertising charges
– advertising rates
– space costs
Anzeigenkunde *m* (Mk) advertising customer
Anzeigenmittler *m* (Mk) advertising ... agency/office
Anzeigenplazierung *f* (Mk) advertisement positioning
Anzeigenplazierungen *fpl* (Mk) advertisement positioning
Anzeigenpreisliste *f* (Mk) advertising rate list
Anzeigenraum *m* (Mk) (advertising) space
Anzeigenraum *m* **buchen** (Mk) to book advertising space
Anzeigenraumvermittler *m*
(Mk) advertising space salesman
– space buyer
Anzeigenschluß *m* (Mk) copy deadline
Anzeigenspalte *f* (Mk) advertisement/ad ... column
Anzeigen-Split *m* (Mk) split run advertising
Anzeigentarife *mpl* (Mk) advertising rates
Anzeigentermin *m* (Mk) copy deadline
Anzeigentext *m* (Mk) advertising copy
Anzeigentexter *m* (Mk) copy writer
Anzeigenvertrag *m* (Mk) advertising contract
Anzeigenvertreter *m*
(Mk) ad agent
– advertising representative
– advertising sales agency
Anzeigepflicht *f*
(Re) duty to notify
– duty of notification
– duty to give notice
– duty of disclosure
(Kart) notification requirements
(ie, setzt eine gewisse wirtschaftliche Größenordnung des Zusammenschlusses voraus)
Anzeigepflicht *f* **bei Fusionen** (Kart) premerger notification duty
Anzeigepflichten *fpl* (Re) reporting/disclosing ... requirements
anzeigepflichtiges Bauvorhaben *n* (Re) building project requiring notification of authorities

Anzeigeraum *m* (EDV) = Bildbereich, qv
Anzeigeröhre *f* (EDV) display tube
Anzeigesteuerung *f* (EDV) display control unit
Anzeigetafel *f* (Bö) quotations board
Anzeigevordergrund *m*
(EDV) foreground ... display/image
– dynamic image
anziehen
(Bö) to advance *(ie, prices)*
– to firm
– to move up
Anziehen *n*
(com, Bö) firming up
– upturn *(eg, prices, interest rates)*
anzuwendende Berichtigung *f* (EG) corrective amount *(ie, applicable to the refund of...)*
AO (StR) = Abgabenordnung
aperiodische Aufwendungen *mpl* (ReW) expenses not identified with a specified period
A-Phase *f* (EDV) execution phase *(syn, Ausführungsphase)*
apodiktische Aussage *f* (Log) apodictic statement *(ie, asserting that something must be the case; opp, assertorische und problematische Aussage)*
apodiktisches Urteil *n* (Log) apodictic proposition
a posteriori-Wahrscheinlichkeit *f* (Stat) posterior/a posteriori ... probability *(opp, a priori-Wahrscheinlichkeit)*
Apotheke *f*
(com) drugstore
– pharmacy
– (GB) chemist's (shop)
Apotheker *m*
(com) pharmacist
– (GB) dispenser
A-priori-Schätzung *f* (Stat) extraneous estimate
a priori-Wahrscheinlichkeit *f* (Stat) prior/a priori ... probability *(opp, a posteriori-Wahrscheinlichkeit)*
Äquidistanten *fpl* (EDV, CAD) offset curves *(ie, besitzen gleichbleibenden Normalabstand zu e-r Ursprungskurve)*
Äquipollenz *f* (Log) equipollence
äquivalente Binärstellen *fpl* (EDV) equivalent binary digits
äquivalente Mengen *fpl*
(Math) equivalent
– equinumerable
– equipotent ... sets
äquivalente Struktur *f*
(Math) equivalent structure
– indistinguishable structure
äquivalente Waren *fpl*
(Zo) equivalent goods
– equivalents
Äquivalenz *f*
(Log) equivalence
– biconditional
(ie, binary propositional connective = 2-stelliger Funktor der Aussagenlogik ,if and only if', 'iff'; syn, Bisubjunktion, Bi-Konditional, Valenz)
Äquivalenzbeziehung *f* (Log) equivalence relation
Äquivalenzglied *n* (EDV) equivalence/coincidence ... element
Äquivalenzklasse *f* (Math) equivalence class

57

Äquivalenzoperator *m* (Log) iff, (–)
Äquivalenzprinzip *n*
(FiW) benefit(s) received principle
– compensatory principle of taxation
– cost-of-service principle
(Vers) principle of equivalence
Äquivalenzschaltung *f* (EDV) equality circuit
Äquivalenzverkehr *m* (Zo) setting-off with equivalent goods
Äquivalenzverknüpfung *f*
(EDV) equivalence operation
– if and only if-operation
– matching
Äquivalenzziffer *f* (KoR) weighting figure
(ie, applied in process cost accounting [= Divisionskalkulation] and in handling joint production [= Kuppelproduktion] in standard costing [= Plankostenrechnung] to find a common base for cost allocation)
Äquivalenzziffernrechnung *f* (KoR) equivalence coefficient costing
(ie, für der Art nach ähnliche Produkte; durch Gewichtungs- od Wertigkeitsziffern wird die Kostenverursachung der Herstellung genauer erfaßt; Umrechnung auf e–e normierte Einheitssorte)
Äquivokation *f* (Log) equivocation
(ie, an argument in which an equivocal expression is used in one sense in one premise and in a different sense in another premise or in the conclusion)
AR (com) = Aufsichtsrat
arabische Zahlen *fpl* (Math) Arabic numerals
ARB (com) = Allgemeine Rollfuhrbedingungen
Arbeit *f*
(Vw) labor *(ie, as one of the factors of production)*
(Bw) work *(ie, labor × working time)*
Arbeit *f* annehmen (Pw) to take employment
Arbeit *f* aufnehmen (Pw) to take up... work/employment
arbeiten an
(com) to work on
– (infml) to bite on *(eg, a tricky problem to bite on)*
Arbeiten *fpl* außerhalb des Arbeitstaktes (IndE) out-of-cycle work
arbeitendes Kapital *n* (Fin) active capital *(ie, continuously employed in profit-making pursuits; opp, funds on the sideline)*
Arbeiten *n* mit mehrfacher Wortlänge (EDV) multiple-length working
Arbeiten *fpl* mit Zeitrichtwerten (IndE) controlled work
Arbeiten *fpl* vergeben (com) to contract out work
Arbeiter *m*
(Pw) worker
(ie, general term denoting varying degrees of qualification; eg, manual worker, research worker)
– laborer *(mostly heavy work)*
– hourly paid employee
– manual worker
– blue-collar worker
Arbeiteraktie *f* (Pw) employee share
Arbeiterin *f* (Pw) female worker

Arbeiterrentenversicherung *f* (SozV) invalidism and old-age insurance for wage earners
Arbeiterschutzgesetzgebung *f* (Re) protective labor legislation
Arbeiterselbstverwaltung *f* (Bw) autogestion
Arbeiterstunde *f*
(Pw) manhour
– manpower hour
Arbeiter *mpl* und Angestellte *mpl* (Pw) staff and operatives
Arbeitgeber *m* (Pw) employer
Arbeitgeberanteil *m* (SozV) employer's contribution
Arbeitgeber-Arbeitnehmer-Beziehungen *fpl* (Pw) employer-employee relations
Arbeitgeberbeitrag *m* (SozV) employer's contribution
Arbeitgeberdarlehen *n* (Pw) loan by employer to employee
Arbeitgeber-Übergewicht *n* (Pw) employer supremacy *(ie, in matters of co-determination)*
Arbeitgeberverband *m* (com) employers' association
Arbeitgebervereinigung *f* (com) Employers' Federation
Arbeitnehmer *m* (Pw) employee
(ie, Arbeiter, Angestellter oder ein zur Berufsausbildung Beschäftigter)
Arbeitnehmeraktie *f* (Pw) employee share
Arbeitnehmeranteil *m* (SozV) employee's contribution
Arbeitnehmerbeteiligung *f* (Pw) employee participation
Arbeitnehmereinkommen *n* (Pw) employee... compensation/earnings
Arbeitnehmer-Erfindervergütung *f* (StR) compensation received by an employee as an inventor
Arbeitnehmererfindung *f* (Pw) employee invention *(ie, made by one or several employees in the course of their employment, either on or off duty)*
Arbeitnehmerflügel *m* (Pw) worker wing *(ie, of a political party)*
Arbeitnehmerhandbuch *n* (Pw) company information manual
Arbeitnehmerseite *f* (Pw) = Arbeitnehmervertreter
Arbeitnehmer-Sparzulage *f* (Pw) employee's savings premium
Arbeitnehmervertreter *mpl*
(Pw) board employee representatives
– employee-elected representatives on the supervisory board
– employee members
– members representing employees
– worker board members
– worker representatives
– labor side
Arbeitnehmervetreter *m* (Pw) employee-elected representative
(ie, on company board of directors, as in German 'co-determination' schemes)
Arbeitplatzrechner *m f* (EDV) workstation computer
Arbeitsablauf *m*
(Bw) operational sequence
– process

– sequence of . . . operations/work
– workflow
Arbeitsablaufabweichung *f* (KoR) nonstandard operation variance
arbeitsablaufbedingte Brachzeit *f* **bei Mehrstellenarbeit** (IndE) interference time
Arbeitsablaufbogen *m* (IndE) flow process chart
Arbeitsablaufdiagramm *n*
(IndE) flowchart
– labor explosion chart *(syn, Arbeitsablaufplan)*
Arbeitsablaufgestaltung *f* (IndE) work flow structuring
Arbeitsablaufhandbuch *n* (Bw) procedures manual
Arbeitsablaufkarte *f* (IndE) route sheet
Arbeitsablauforganisation *f* (IndE) work flow organization
(ie, term used in industrial plant organization to denote planning of job scheduling; opp, Strukturorganisation)
Arbeitsablaufplan *m*
(IndE) sequence of operations schedule
– work schedule
(IndE) labor explosion chart
(IndE) flowchart
(syn, Arbeitsablaufdiagramm)
Arbeitsablaufplanung *f* (IndE) work flow planning
Arbeitsablaufschaubild *n* (IndE) outline process chart
Arbeitsablaufskizze *f* (IndE) outline process chart
Arbeitsablaufstudie *f*
(IndE) analysis of work flow
– work flow study
Arbeitsamt *n*
(Pw) local Labor Office *(ie, a government-run employment agency)*
– (GB) labour exchange
Arbeitsanalyse *f*
(IndE) job/position/task . . . analysis *(ie, breakdown of job operations; syn, Arbeitszerlegung)*
Arbeitsangebot *n* (Vw) labor supply
Arbeitsangebotskurve *f* (Vw) labor supply curve
Arbeitsanreicherung *f* (Pw) job enrichment
Arbeitsanreiz *m* (Vw) incentive to work
Arbeitsanweisungen *fpl*
(Pw) job instructions
– work assignments
– orders directing employees on their jobs
Arbeitsaufbau *m* (IndE) job analysis
Arbeitsaufgabe *f*
(IndE) job
– task
Arbeitsauftrag *m*
(IndE) job/shop . . . order
– labor voucher
– operation ticket
– work . . . order/ticket
– labor chit
Arbeitsauftragname *m* (IndE) job name
Arbeitsauftragnummer *f* (IndE) job number
Arbeitsband *n* (EDV) work/scratch . . . tape
Arbeitsbedingungen *fpl*
(Pw) conditions of employment
– working conditions
Arbeitsbegleitpapiere *npl* (IndE) job routing documents

Arbeitsbelastung *f* (Pw) workload
Arbeitsbereich *m*
(Log) study . . . area/field
– field of . . . attention/concentration
(IndE) working area
(Pw) area of operations
Arbeitsbereichsbewertung *f* (Pw) job . . . evaluation/rating
Arbeitsbeschaffung *f* (Pw) job creation
Arbeitsbeschaffungsmaßnahmen *fpl*
(Pw) employment/job . . . creating measures (*or* scheme)
(Vw) make-work policies
Arbeitsbeschaffungsprogramm *n*
(Vw) job creation/creating . . . programm
– job fostering scheme
Arbeitsbeschaffungsprojekt *n* (Vw) make-work project
Arbeitsbeschreibung *f* (IndE) work specification
Arbeitsbestgestaltung *f* (Bw) measures taken to ensure optimum efficiency in combining labor, equipment, and materials
Arbeitsbewertung *f*
(Pw) job . . . evaluation/rating
– (GB) labour grading
(ie, vergleichende Beurteilung von Arbeitsplätzen nach Anforderungen und Anforderungshöhen; appraisal of each job either by a point system or by comparison of job characteristics; used for establishing a job hierarchy and wage plans)
Arbeitsbewertungsschlüssel *m* (Pw) labour grading key
Arbeitsbeziehungen *fpl*
(Pw, roughly) industrial relations
– labor relations
(ie, Gesamtheit der Verhaltensweisen der Arbeitgeber/Arbeitnehmer, ihrer jeweiligen Vertreter sowie des Staates)
Arbeitsbildschirm *m* (EDV) working mask
Arbeitsblatt *n* (ReW) work sheet
Arbeitsdatei *f* (EDV) work file
Arbeitsdefinition *f* (Log) working definition
Arbeitsdiagramm *n* (EDV) flow diagram *(syn, Datenflußplan)*
Arbeitsdirektor *m*
(Pw) personnel director *(ie, union approved and appointed to the managing board)*
– director of industrial relations
– *(for U. S. readers:)* vice president personnel
(Note that ‚worker director‘ is a convenient but incorrect translation
Arbeitsdiskette *f* (EDV) working diskette
Arbeitsdokument *n* (com) work-in-process document
Arbeitsdurchlaufkarte *f* (IndE) operations routing sheet
Arbeitseignung *f* (Pw) aptitude for work
Arbeitseinheit *f*
(IndE) activity
– service unit
Arbeitseinkommen *n*
(Vw) earned
– employment
– service . . . income *(opp, Besitzeinkommen = property income, unearned income)*

Arbeitseinsatz *m*
(Pw) amount of work
– (Pw, infml) habit of getting stuck into work
Arbeitseinsatzplanung *f* (IndE) manload/work-force ... planning
Arbeitseinteilung *f* (Pw) work management
Arbeitselement *n* (IndE) work element
Arbeitsentfremdung *f* (Vw) alienation from work
Arbeitsentgelt *n*
(Pw) employee compensation
– employee earnings
– employee pay
Arbeitsergiebigkeit *f* (Bw) labor productivity
Arbeitserlaubnis *f*
(Pw) employment/work ... permit *(ie, issued to foreign workers)*
– (Pw, US) labor certification
(ie, required before a permanent visa is issued)
Arbeitsermüdung *f*
(Pw) work fatigue
– fatigue due to work
Arbeitserprobung *f* (Pw) aptitude test *(ie, for a period of up to 4 weeks, cost paid by Federal Labor Office)*
Arbeitsertrag *m* (Vw) return to labor
Arbeitsessen *n* (com) working ... lunch/dinner
Arbeitsethos *n* (Pw) work ethic
arbeitsfähig
(Pw) able/capable ... to work
– employable
– fit for work
arbeitsfähige Mehrheit *f* (com) working majority
arbeitsfähiges Alter *n* (Pw) working/employable ... age
Arbeitsfähigkeit *f*
(Pw) capacity to work
– fitness for work
Arbeitsfluß *m* (IndE) work flow
Arbeitsflußdarstellung *f* (IndE) route diagram
Arbeitsflußdiagramm *n* (IndE) operation flow chart
Arbeitsfolge *f*
(IndE) operating sequence
– sequence of work
Arbeitsfolge *f* **der Werkstattfertigung** (IndE) job shop sequencing
Arbeitsfolgen *fpl* (IndE) routings
Arbeitsfolgeplanung *f* (IndE) sequencing of operations
Arbeitsförderung *f* (Vw) employment (*or* work) promotion
Arbeitsförderungsgesetz *n* (Re) Labor Promotion Law, of 1 July 1969
Arbeitsfortschritt *m*
(IndE) status of ... progress/project
– work status
Arbeitsfortschritts-Ausweis *m* (com) work progress certificate
Arbeitsfortschritts-Diagramm *n* (IndE) progress chart
Arbeitsfortschrittsplanung *f* (IndE) progress planning
arbeitsfreie Zeit *f* (Pw) time off duty
Arbeitsfreude *f* (Pw) delight in work
Arbeitsfrieden *m*

(Pw) industrial peace
– labor-management peace
– peaceful labor relations
Arbeitsgang *m*
(IndE) work cycle
– pass
– run
(IndE) operation
(ie, abgeschlossener Arbeitsanteil, der von e–m Arbeitsträger (operator) an e–m Objekt durchgeführt wird)
Arbeitsgebiet *n*
(com) study ... area/field
– field of ... attention/concentration
Arbeitsgemeinschaft *f*
(Re) special partnership
(Bw) joint venture (group)
– (ad hoc) consortium
(ie, adopted for specific schemes, mostly in the legal form of ‚joint venture')
(Pw) team
(Pw) study group
Arbeitsgemeinschaft *f* **der Deutschen Wertpapierbörsen** (Bö) Federation of German Stock Exchanges *(ie, formed in 1986)*
Arbeitsgemeinschaft *f* **der Verbraucherverbände** (com) Consumer Associations' Working Party
Arbeitsgemeinschaft *f* **selbständiger Unternehmer** (com) Association of Independent Businessmen
Arbeitsgericht *n* (Re) (first-instance) labor court
Arbeitsgerichtsbarkeit *f* (Re) labor jurisdiction
Arbeitsgesetzgebung *f*
(Re) labor legislation
– employment legislation
Arbeitsgestaltung *f*
(Bw) optimum combination of labor, equipment, and materials
(Bw) job design
– work structuring
Arbeitsgruppe *f*
(com) task ... force/group
– team
– working ... group/party
(Pw) gang
Arbeitsgruppe *f* **leiten** (com) to head a task force
Arbeitshypothese *f* (Log) working hypothesis
Arbeitsintensität *f*
(Bw) labor intensity
(ie, Verhältnis von Arbeitseinsatz zum Kapitalstock; Quotient aus Kapitalproduktivität und Arbeitsproduktivität)
– labor hours per unit of output
arbeitsintensiv (Bw) labor intensive
Arbeitskampf *m*
(Pw) industrial ... conflict/dispute
– labor dispute
– industrial ... action/strife
Arbeitskampfmaßnahmen *fpl* (Pw) industrial/job ... action
(ie, temporary action to enforce compliance with demands; such as a slowdown strike = Bummelstreik)
Arbeitskampfmaßnahmen *fpl* **ergreifen** (Pw) to take industrial action
Arbeitskampfrecht *n* (Re) labor dispute law

Arbeitskarte *f*
(IndE) operation/job . . . card
– job . . . sheet/ticket
– work ticket
*(ie, records the times spent by individual workers,
or the materials used on a particular job, or both)*
Arbeitskenngröße *f* (IndE) performance characteristics
Arbeitskleidung *f* (Pw) working clothes
Arbeitskoeffizient *m* (Vw) labor-output ratio *(ie,
reciprocal of labor productivity)*
Arbeitskolonne *f* (Pw) gang
Arbeitskontrolle *f* (IndE) = Fertigungsüber-
wachung, qv
Arbeitskoordinatensystem *n* (EDV, DAD) work-
ing space
Arbeitskopie *f* (EDV) working copy
Arbeitskosten *pl*
(Pw) labor cost
– employment cost
– bill for wages, salaries, and social cost
– sum total of wages and salaries + fringe be-
nefits
(KoR) variable cost *(ie, fully determined by out-
put or ‚labor‘)*
Arbeitskostentheorien *fpl* (Vw) labor cost theories
(opp, production cost theories)
Arbeitskraft *f*
(Bw) labor *(ie, as productive factor)*
(Pw) capacity to work
(Pw) employee
– worker
Arbeitskräfte *fpl*
(Pw) manpower
– workers
– labor
– labor force
– workforce
Arbeitskräfteabgang *m*
(Pw) labor wastage
– attrition
Arbeitskräfte *fpl* **abwerben**
(Pw) to bid away
– to entice away
– to hire away . . . labor
Arbeitskräfteangebot *n* (Vw) labor supply
Arbeitskräfteangebotskurve *f* (Vw) labor supply
curve
Arbeitskräfte-Auslastungskurve *f* (Bw) work-
load . . . curve/graph
Arbeitskräftebedarf *m* (Pw) manpower require-
ments
Arbeitskräftebedarfs-Bericht *m* (Bw) manpower
loading report
Arbeitskräftedefizit *n* (Vw) labor shortage
Arbeitskräfte *fpl* **einstellen**
(Pw) to hire
– to engage
– to add . . . workers/employees
– to take on labor
Arbeitskräfteengpaß *m* (Vw) labor/manpower . . .
bottleneck
Arbeitskräftefluktuation *f*
(Pw) labor
– employee

– personnel
– staff . . . turnover *(syn, zwischenbetrieblicher
Arbeitsplatzwechsel)*
Arbeitskräfte *fpl* **horten** (Pw) to hoard labor
Arbeitskräfteknappheit *f* (Vw) = Arbeitskräf-
temangel
Arbeitskräfte-Leasing *n* (Pw) employee leasing
Arbeitskräftemangel *m*
(Vw) scarcity of labor
– shortage of labor
– manpower shortage
– tight labor market
Arbeitskräftenachfrage *f* (Vw) labor demand
Arbeitskräfteplanung *f* (Pw) manpower planning
Arbeitskräftepotential *n*
(Vw) manpower potential
– labor force potential
*(ie, die erwerbsfähigen Personen der Gesamt-
bevölkerung = pool of workers)*
Arbeitskräftereserve *f* (Vw) manpower/labor . . .
reserve
arbeitskräftesparende Fertigung *f* (IndE) labor-
saving production
Arbeitskräftestatistik *f*
(Stat) manpower statistics
– labor force statistics
Arbeitskräftestunde *f*
(Pw) manhour
Arbeitskräfteüberangebot *n* (Vw) excess supply
of . . . labor/manpower
Arbeitskräfteüberschuß *m* (Vw) labor/manpow-
er . . . surplus
Arbeitskräfteverknappung *f* (Pw) labor/manpow-
er . . . shortage
Arbeitskräftewanderung *f* (Vw) labor/manpow-
er . . . migration
Arbeitskreis *m* (com) working . . . group/party
Arbeitsleben *n*
(Pw) working
– occupational
– professional . . . life
Arbeitsleistung *f*
(IndE) output
(Pw) job performance
– performance level
Arbeitsleistungsabweichung *f*
(KoR) labor efficiency variance
– labor time variance
– labor usage variance
Arbeitsliste *f*
(IndE) operating list
Arbeitslohn *m*
(Vw) wage(s)
(Vw) wage rate
(IndE) employment compensation
(StR) employment income *(ie, including wages,
salaries, commissions, bonuses, etc.)*
arbeitslos
(com) unemployed
– jobless
– out of work
– off the payroll
– (infml) sitting on the sidelines of business
Arbeitslose *pl*
(com) unemployed

61

– jobless
– persons out of work

Arbeitslosengeld *n* (SozV) unemployment ... benefit/pay
(ie, früher: ‚Arbeitslosenunterstützung‘ Höhe 68% bzw. 63%; Dauer je nach Beitragszeit 104 bis 312 Tage, ältere Arbeitslose bis zu 624 Tagen; cf, §§ 100ff. AFG idF des Gesetzes vom 15. 5. 1986)

Arbeitslosenhilfe *f* (SozV) unemployment ... aid/assistance
(ie, earlier term ‚Arbeitslosenfürsorge‘)

Arbeitslosenpflichtversicherung *f* (SozV) compulsory unemployment insurance

Arbeitslosenquote *f* (com) unemployment/jobless ... rate *(ie, ratio of jobless to total labor force)*

Arbeitslosenschlangen *fpl* (Vw) lines of jobless workers

Arbeitslosenstatistik *f*
(Stat) unemployment statistics
– jobless tally

Arbeitslosenunterstützung *f* (SozV) cf, Arbeitslosengeld

Arbeitslosenversicherung *f* (SozV) unemployment insurance

Arbeitslosenversicherungsbeitrag *m* (SozV) unemployment insurance contribution

Arbeitslosenzahl *f*
(com) jobless total
– unemployment figure
– number of people ... out of work/unemployed

Arbeitsloser *m*
(com) jobless/unemployed ... person
– person out of work

arbeitsloses Einkommen *n* (Vw) unearned/property ... income
(syn, Besitzeinkommen; opp, Arbeitseinkommen)

Arbeitslosigkeit *f*
(com) unemployment
– joblessness
(com) level of unemployment
– number of people out of work

Arbeitslosigkeit *f* **bekämpfen** (com) to fight/combat ... unemployment

Arbeitsmarkt *m*
(Vw) job
– labor
– unemployment ... market

Arbeitsmarktabgabe *f* (Vw) labor market levy
(ie, von Gewerkschaften geforderte Abgabe von Beamten (public sector employees) und Selbständigen (self-employed persons), abzuführen an die Bundesanstalt für Arbeit; zur Finanzierung der Arbeitsförderung)

Arbeitsmarktanpassung *f* (Vw) labor (or job) market adjustment *(ie, by removing bottlenecks or surpluses)*

Arbeitsmarktaussichten *fpl*
(Vw) employment ... outlook/perspectives
– job ... outlook/perspectives

Arbeitsmarktbehörde *f*
(Vw) manpower administration

– labor administration
– labor market authorities

Arbeitsmarktdaten *pl* (Stat) labor market data

Arbeitsmarktentwicklung *f* (Vw) labor market development (*or* trend)

Arbeitsmarkterhebung *f* (Stat) labor force survey

Arbeitsmarktforschung *f* (Vw) labor market research

Arbeitsmarktgleichgewicht *n* (Vw) labor market ... equilibrium/balance

Arbeitsmarktmonopol *n* (Vw) labor monopoly

Arbeitsmarktpolitik *f*
(Vw) labor market policy
– manpower policy
(ie, Träger: gesetzgebende Körperschaften, Bundesanstalt für Arbeit, Tarifparteien)

Arbeitsmarktreserve *f* (Vw) hidden labor potential

Arbeitsmarktsituation *f*
(Vw) labor market
– employment
– manpower ... situation

Arbeitsmarktstatistik *f*
(Vw) labor (market) statistics
– labor force statistics

Arbeitsmarkttheorie *f*
(Vw) labor market theory
– labor economics

Arbeitsmarktungleichgewicht *n* (Vw) labor market ... disequilibrium /imbalance

Arbeitsmarktverhalten *n*
(Vw) labor market behavior
– labor force behavior

Arbeitsmarkt *m* **verstopfen** (com, US) to clog the labor market
(ie, by minimum wage laws, shortages of skills, employment laws that penalizes firing and so deter hiring, etc)

Arbeitsmedizin *f* (Pw) industrial/occupational ... medicine
(ie, seeks to protect workers from hazards in the workplace)

Arbeitsmobilität *f*
(Vw) labor mobility
– mobility of labor

Arbeitsmöglichkeiten *fpl* (Pw) employment/job ... opportunities

Arbeitsmoral *f*
(Pw) work attitude
– on-the-job morale
– staff morale

Arbeitsnachweis *m* (Pw) daily performance record

Arbeitsniederlegung *f*
(Pw) stoppage of work
– industrial stoppage
– walkout

Arbeitsnorm *f* (Pw) labor standard

Arbeitsökonomik *f* (Vw) labor economics
(ie, concerned with the relation between the worker and his job, with labor market and pay policies)

Arbeitsorganisation *f* (Bw) work organization
(ie, Gestaltung und Verknüpfung einzelner Arbeitsplätze od Stellen von Unternehmen od öffentlichen Verwaltungen; bestimmt den Grad der Arbeitsteilung)

Arbeitsorientierung f (Bw)
labor orientation *(ie, in location theory = Standorttheorie)*
Arbeitspapier n
(com) working paper
– exposure draft
Arbeitspapiere npl (Pw) employee/working...
papers
(ie, Lohnsteuerkarte; Sozialversicherungsnachweisheft; Arbeitserlaubnis/Arbeitskarte im Falle ausländischer Arbeitnehmer; wage tax card, social insurance card, employment permit for foreign workers)
arbeitsparende Technologie f (IndE) labor-saving technology
Arbeitsplan m (IndE) schedule of job operations *(ie, based on drawings and design data)*
Arbeitsplaner m (IndE) work scheduler
Arbeitsplanung f (IndE) work scheduling
(ie, produktbezogene Teilaufgabe der Fertigungsplanung, qv)
Arbeitsplanungsbogen m (IndE) multiple activity chart
Arbeitsplatz m
(com) job
– position
– post
(com) job
– job site
– workplace
– work station
– duty station *(ie, im Sinne von Einsatzort)*
Arbeitsplatzanalyse f (IndE) job analysis
Arbeitsplatzangebot n
(Vw) availability/supply... of jobs
(Pw) job offer
Arbeitsplatzbeschaffung f (com) job creation
Arbeitsplatzbeschreibung f (Pw) job... description/specification
Arbeitsplatz m **besetzen** (com) to fill a... job/vacancy
Arbeitsplatzbesetzung f (Pw) filling vacant jobs
Arbeitsplatzbewertung f
(Pw) job... evaluation/rating
– (GB) labour grading
(ie, appraisal of each job either by a point system or by comparison of job characteristics)
Arbeitsplatzbezogenheit f (Pw) job relatedness
Arbeitsplatz-Computer m (EDV) desk-top personal computer
Arbeitsplatz-Datenbank f (Pw) job data base *(ie, enthält Daten über bestehende und geplante Arbeitskräfte)*
Arbeitsplatzdrucker m (EDV) terminal printer
Arbeitsplätze mpl **einsparen** (com) to shed jobs
Arbeitsplätze mpl **erhalten** (com) to preserve jobs
Arbeitsplätze mpl **gefährden** (com) to endanger jobs
Arbeitsplatzerhaltung f (com) preservation of jobs
Arbeitsplätze mpl **schaffen** (com) to create/generate... jobs
Arbeitsplatzexport m (AuW) job export *(ie, Verlagerung von Arbeitsstätten aus den Heimatländern multinationaler Unternehmen in Gastländer)*

Arbeitsplatzförderung f
(Vw) job promotion
– promotion of jobs
Arbeitsplatzgarantie f
(Pw) job guaranty
– employment guarantee
Arbeitsplatzgestaltung f
(Pw) job engineering
– workplace layout
Arbeitsplatzgruppe f (IndE) work center
Arbeitsplatz m **haben** (com) to have/hold... a job
Arbeitsplatz-Klassifizierung f (Pw) job coding
Arbeitsplatzmangel m
(Vw) job... scarcity/shortage
– lack of jobs
Arbeitsplatzmerkmal n (Pw) job characteristic
Arbeitsplatz m **ohne Aufstiegsmöglichkeiten** (com) dead-end job
Arbeitsplatzprofil n (Pw) job profile
Arbeitsplatzrechner m (EDV) workstation
Arbeitsplatzrisiko, n (Pw) occupational hazard
Arbeitsplatzsicherheit f
(Pw) employment security
– job... security/safety
Arbeitsplatzsicherung f (Pw) safeguarding of jobs
Arbeitsplatzsuche f (Pw) search for job
Arbeitsplatzteilung f (Pw) job sharing
Arbeitsplatzumsetzung f (Pw) job relocation
Arbeitsplatzuntersuchung f (Pw) job evaluation
(ie, durch Befragung, Dokumentenanalyse, Multimomentverfahren, Zeitstudien, Experimente)
Arbeitsplatz m **verlieren** (com) to lose a job
Arbeitsplatzverluste mpl (Pw) job losses
Arbeitsplatzvernichtung f
(com) job... shedding/destruction
– abolition of jobs
Arbeitsplatzwahl f (Vw) job choice
Arbeitsplatzwechsel m (com) job... change/shift
Arbeitsproduktivität f
(Vw) labor... productivity/efficiency
(ie, ratio of output to labor input)
Arbeitsproduktivitäts-Abweichung f (KoR) labor productivity variance
Arbeitsprogramm n (EDV) working program
Arbeitspsychologie f (Bw) industrial and organizational psychology *(ie, the term 'industrial psychology' has a more limited meaning)*
Arbeitsrechner m (EDV) host (computer)
Arbeitsrecht n
(Re) labor law
– (GB) industrial law
(ie, regelt die Beziehungen zwischen Arbeitgeber und Arbeitnehmern; Rechtsgrundlage zB: Verfassung, Gesetz, Tarifvertrag, Betriebsvereinbarung, Arbeitsvertrag, Anordnung des Arbeitgebers; Unterbegriffe: kollektives/individuelles Arbeitsrecht)
arbeitsrechtliche Gesetzgebung f (Re) labor legislation
arbeitsrechtliche Streitigkeit f (Pw) = Arbeitsstreitigkeiten
arbeitsrechtliche Vorschriften fpl (Re) labor legislation rules
Arbeitsrückstand m (com) backlog of work
Arbeitsschein m (IndE) work slip

Arbeitsschluß *m*
(Pw) end of working day
(Pw, infml) knocking-off time
Arbeitsschutz *m* (Pw) labor/job . . . protection
Arbeitsschutzbestimmungen *fpl* (IndE) industrial
safety regulations
Arbeitsschutzgesetz *n* (Re) labor/job . . . protection
law
Arbeitssicherheit *f* (Pw) occupational/on-the-
job . . . safety
Arbeitssitzung *f* (com) work session
arbeitssparende Technologie *f* (IndE) labor-saving
technology
Arbeitsspeicher *m*
(EDV) main memory *(syn, Hauptspeicher)*
Arbeitsspeicherabzug *m* (EDV) main memory
dump
Arbeitsspeicherbereich *m* (EDV) (main) memory
area
Arbeitsspeicherblock *m*
(EDV) main memory block
– storage block
Arbeitsspeicherplatz *m* (EDV) (main) memory lo-
cation
Arbeitsstatistik *f*
(Vw) labor (market) statistics
– labor force statistics
Arbeitsstätte *f* (Pw) place of work
Arbeitsstättenverordnung *f* (Re) Ordinance on
Workplaces *(ie, issued in 1975)*
Arbeitsstelle *f* (Pw) = Arbeitsplatz
Arbeitsstreitigkeiten *fpl*
(Pw) industrial
– labor
– trade . . . dispute
– industrial . . . conflict/strife
(syn, Arbeitskampf)
Arbeitsstruktur *f* (Pw) job/work . . . structure
Arbeitsstrukturierung *f*
(Pw) job . . . redesign/structuring
– work restructuring
*(ie, umbrella term covering job enrichment, job
rotation, employee participation etc. in varying
degrees)*
Arbeitsstückliste *f* (IndE) schedule of job opera-
tions
(ie, based on drawings and design data)
Arbeitsstudie *f* (IndE) time and motion study
Arbeitsstudium *n* (IndE) work study
Arbeitsstunde *f* (com) manhour *(ie, work done by
one man in one hour)*
Arbeitssuche *f*
(Pw) job . . . seeking/search/hunting
Arbeitssystem *n* (IndE) work system *(ie, interpreted
as a socio-technical system or as a man-machine
control loop)*
Arbeitstag *m*
(com) workday
– (GB) working day
(com) business/trading . . . day
(Bw) stream day *(ie, day of real productive
work)*
Arbeitstagung *f* (com) workshop
Arbeitstakt *m* (IndE) work cycle
Arbeitsteilung *f* (Vw) division of labor

Arbeitsüberwachung *f* (IndE) job control *(syn, Fer-
tigungsüberwachung, qv)*
Arbeit *f* **suchen**
(com) to look for a job/for work
– to seek a job (*or* work)
Arbeitsuchender *m* (Pw) job seeker
Arbeitsumgebung *f*
(Pw) job . . . environment/context
– work environment
Arbeitsumgebungsanalyse *f* (Pw) job environment
analysis
arbeitsunfähig
(Pw) unfit for work *(ie, for the time being)*
(Pw) incapacitated
– unable to work
Arbeitsunfähiger *m* (Pw) disabled person
Arbeitsunfähigkeit *f*
(Pw) unfitness for work
(Pw) inability to work
– disability
Arbeitsunfall *m* (Pw) industrial/occupational/
work . . . accident
Arbeitsunterbrechung *f*
(IndE) interruption of work
– work stoppage
– delay
Arbeitsunterbrechungsanweisung *f* (IndE) hold
order
Arbeitsunterlagen *fpl* (com) working papers
Arbeitsunterteilung *f* (IndE) job/operation . . .
breakdown *(ie, into elements)*
Arbeitsunzufriedenheit *f* (Pw) job dissatisfaction
Arbeitsurlaub *m* (Pw) working vacation
*(ie, managers and politicians sometimes claim to
be in that frame of mind)*
Arbeitsvereinfachung *f* (IndE) work simplification
Arbeitsverfahren *n* (com) working method
Arbeitsverhältnis *n* (Pw) employer-employee relationship
– employment
Arbeitsvermittlung *f* (Pw) placement of employees
*(ie, in Deutschland staatliches Monopol seit
1927; Träger heute die Bundesanstalt für Arbeit
in Nürnberg)*
arbeitsvermittlungsfähig (Pw) employable
Arbeitsvermittlungsfähigkeit *f* (Pw) employability
Arbeitsvermögen *n* (Vw) human . . . capital/wealth
*(ie, part of the productive assets of the economy;
syn, Humankapital)*
arbeitsvernichtende Technologien *fpl* (IndE) job-
displacing technologies
Arbeitsverrichtung *f* (IndE) task
Arbeitsverteilung *f* (Pw) assignment of activities
Arbeitsvertrag *m*
(Pw) employment
– labor
– service . . . contract
– contract of employment
Arbeitsverwaltung *f*
(Vw) labor/manpower . . . administration
– labor market authorities
Arbeitsvolumen *n* (Vw) total number of man-hours
worked
Arbeitsvorbereiter *m*
(IndE) process planning engineer

(IndE) work scheduler

Arbeitsvorbereitung *f*
(IndE) production/operations . . . scheduling
- process planning
- operation and process planning
- planning of process layout
- work scheduling
(ie, taktische und operative Planung, Steuerung und Überwachung aller Produktions-Aktivitäten; syn, Fertigungs-/Produktionsvorbereitung; cf, Übersicht S. 66)
(EDV) job preparation

Arbeitsvorgang *m*
(IndE) job
- operation

Arbeitsvorrat *m* (IndE) work load

Arbeitswertlehre *f* (Vw) labor theory of value

Arbeitswertlohn *m* (IndE) evaluated rate

Arbeitswilligkeit *f* (Pw) willingness to be employed
(ie, preferred term now: employability)

Arbeitszeichnung *f* (IndE) working drawing

Arbeitszeit *f*
(Pw) hours of work
- working . . . hours/time

Arbeitszcitabweichung *f*
(KoR) labor efficiency variance
- labor time variance
- labor usage variance

Arbeitszeiterfassung *f* (Pw) attendance recording
(ie, between standard and actual and actual direct labor hours; syn, Arbeitsleistungsabweichung, Einzellohnzeitabweichung)

Arbeitszeitkategorie *f* (Pw) working-time category
(eg, normal time, overtime)

Arbeitszeitnachweis *m* (IndE) time . . . sheet/slip

Arbeitszeitordnung *f* (Re) Working Hours Code, of 30 April 1938

Arbeitszeitplan *m* (IndE) (schematic) job time plan

Arbeitszeitstudie *f* (IndE) work time study

Arbeitszeitverkürzung *f*
(Pw) cut in working time
- reduction of (working) hours
- shorter working hours

Arbeitszeitvorgabe *f*
(KoR) labor efficiency standard
- labor performance standard
- labor quantity standard
- labor time standard
(IndE) operation time standard

Arbeitszerlegung *f*
(IndE) job analysis
- breakdown of job operations

Arbeitszerlegung *f* **in Teilvorgänge** (IndE) element breakdown

Arbeitszerlegungsdiagramm *n* (IndE) break down structure

Arbeitszeugnis *n* (Pw) employment certificate

Arbeitszufriedenheit *f* (Pw) job satisfaction

Arbeitszuordnung *f* (Pw) assignment of activities

Arbeitszyklus *m*
(IndE) job cycle *(ie, time required to perform a discrete unit of work)*
(EDV) operation cycle
(EDV) cycle time

Arbitrage *f* (Fin) arbitrage

(ie, Ausnutzung von Preis-, Kurs- od Zinsdifferenzen zu e–m bestimmten Zeitpunkt an verschiedenen Börsenplätzen; Güter: Effekten, Termingeld, Devisen, Edelmetalle usw; cf, Differenzarbitrage, Ausgleichsarbitrage als Unterfälle der Raumarbitrage; buying a specified item – whether securities, term money, foreign exchange, precious metals – or its equivalent in one market and simultaneously selling it in the same or other markets, for the differential or spread prevailing at least temporarily because of the conditions particular to each market)

Arbitrage *f* **bei unternormalen Preis- od Kursdifferenzen** (Fin) backspread

Arbitragehändler *m* (Fin) arbitrage dealer

Arbitrage-Interventionspunkte *mpl* (Fin) arbitrage support points

Arbitrageklausel *f*
(Re) clause of arbitration
(AuW) arbitrage clause

Arbitragepreistheorie *f* (Fin) arbitrage pricing theory, APT
(ie, Weiterentwicklung des Capital Asset Pricing Model)

Arbitragerechnung *f* (Fin) arbitrage calculation

Arbitragetransaktionen *fpl* (Fin) arbitrage . . . dealings/operations /transactions)

Arbitrageur *m*
(Fin) arbitrager
- arbitrageur
- (GB) shunter

Arbitragewerte *mpl* (Bö) arbitrage stocks

Arbitrage *f* **zwischen zwei Parallelmärkten** (Fin, GB) shunting

Arbitriumwert *m* (Bw) value of an enterprise as a whole *(ie, as determined by an arbitrating expert; syn, Schiedsspruchwert)*

Architektengruppe *f* (com) architectural firm

Argand-Diagramm *n* (Math) Argand diagram

Arglist *f* (Re) intention to deceive
(ie, term denoting acts made in violation of good faith; eg, any act done willfully by means of which damage is done to another in a manner contra bonos mores, § 826 BGB)

arglistig (Re) fraudulent

arglistiges Verschweigen *n* **e–s Fehlers** (Re) malicious silence with regard to a defect, § 463 BGB

arglistige Täuschung *f*
(Re) fraud
- misrepresentation intended to deceive
(ie, a legal transaction so induced is voidable at the option of the party deceived, § 123 BGB)

Argument *n* (Math, Log) argument

Argumentation *f* (Log) line of reasoning

argumentationszugänglich
(Log) open to . . . analytical argument /logical reasoning

arithmetisch-degressive Abschreibung *f* (ReW) sum-of-the-years-digit method of depreciation
(ie, jährliche Abschreibungsbeträge nehmen kontinuierlich zum Ende der Nutzungszeit um e–n jeweils konstanten Betrag ab; syn, digitale Abschreibung)

arithmetische Anweisung *f* (EDV) arithmetic statement *(cf, DIN 66 028, Aug 1985)*

Teilaufgaben der Arbeitsvorbereitung

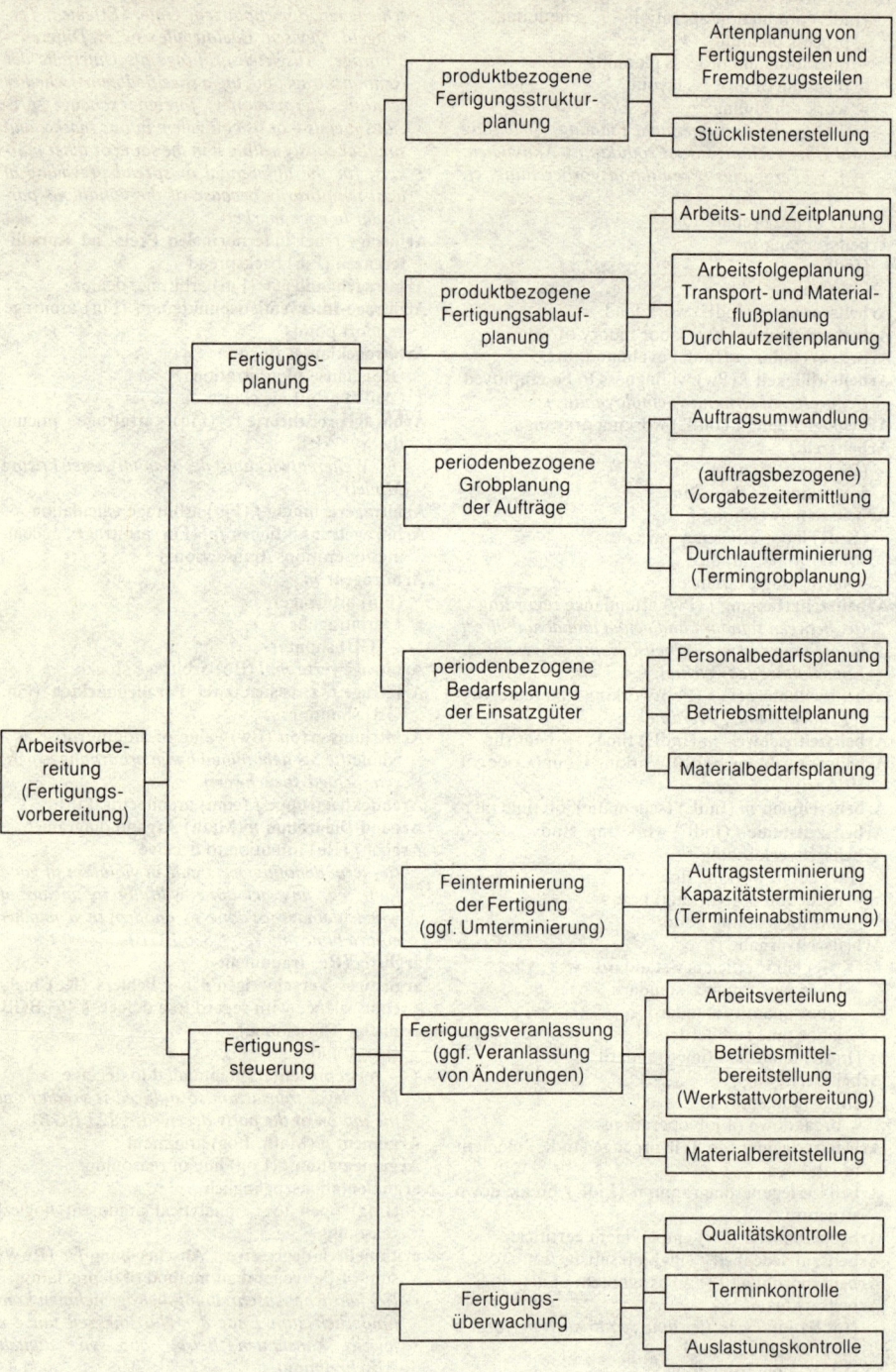

Quelle: Dichtl/Issing: Vahlens Großes Wirtschaftslexikon, München 1987, Bd. 1, 108.

arithmetische Einheit *f* (EDV) arithmetic ... unit/ element/section/organ *(syn, Rechenwerk)*

arithmetische Folge *f* (Math) arithmetic ... progression/sequence

arithmetische Operation *f* (EDV) arithmetic operation

arithmetische Prüfung *f* (EDV) arithmetic *(or* mathematical) check

arithmetischer Ausdruck *m* (EDV, Cobol) arithmetic expression

arithmetischer Befehl *m* (EDV) arithmetic instruction

arithmetischer Durchschnitt *m* (Stat) = arithmetischer Mittelwert

arithmetische Reihe *f* (Math) arithmetic series

arithmetischer Lag *m* (Vw) arithmetic lag

arithmetischer Mittelwert *m*
(Stat) mean
– arithmetic ... mean *(or* average)
(ie, average or expected value; syn, arithmetisches Mittel)

arithmetischer Operator *m* (EDV) arithmetic operator

arithmetisches Element *n* (EDV) = arithmetische Einheit

arithmetisches Mittel *n* (Stat) = arithmetischer Durchschnitt

arithmetisches Register *n* (EDV) arithmetic register *(syn, Operandenregister, Rechenregister)*

arithmetisches Unterprogramm *n* (EDV) arithmetic subroutine

arithmetisches Verschieben *n* (EDV) arithmetic shift

Armenrecht *n* (Re) right to cost exemption *(ie, in civil proceedings)*

Arrest *m*
(Re) attachment
– (GB) distraint

Arrestbeschluß *m*
(Re) attachment order
– (GB) distraint order
(ie, secured or sued out to seize property, §§ 916 ff ZPO)

Arrestverfahren *n* (Re) attachment procedure

Arrondierungskauf *m* (com) rounding-off buying *(eg, real property, stock exchange securities)*

Artikel *m*
(com) article *(or* item) of goods
– product
(Re) section *(ie, in laws or contracts)*
– article

Artikelanalyse *f* (Mk) item analysis

Artikelaufschlag *m* (Mk) item markup

artikelbezogene Prüfung *f* (Stat) commodity test

Artikeleinstandswert *m* (Mk) item cost

Artikel *m* **im Sonderangebot** (Mk) flash item

Artikelkarte *f* (EDV) item card

Artikelnumerierung *f* (EDV) item numbering *(ie, based on UPC and EAN)*

Artikelnummerndatei *f*
(Mk, US) master universal product (UPC) order file

Artikelspanne *f* (Mk) item-related profit margin *(ie, difference between purchase and sales prices of a single article)*

Artikelstammdatei *f* (EDV) item master file

Artikelstammsatz *m* (EDV) item master record *(cf, Teilestammdatei)*

Artikelstatistik *f* (Mk) item analysis

Arzneimittelindustrie *f* (com) drugs industry

Ärztekammer *f*
(com, US) State Medical Board of Registration
– (GB) General Medical Council

Ärztemuster *n* (Mk) free drug sample *(ie, said to be lavishly distributed to medical practitioners as a sales boosting measure)*

ärztliches Gutachten *n* (Pw) medical report

Asiatische Entwicklungsbank *f* (Fin) Asian Development Bank, ADB
(ie, Sitz in Manila, Philippinen)

Assekuradeur *m* (Vers) authorized agent of insurer *(ie, wirkt beim Abschluß und der Abwicklung von TransportV mit)*

Assekurant *m*
(Vers) insurer
– insurance company
(ie, German term now obsolete)

Assekuranz *f* (Vers) insurance industry

Assembler *m*
(EDV) assembler
– assembly program *(syn, Assemblierer)*

Assemblerprotokoll *n* (EDV) assembly list

Assemblersprache *f* (EDV) assembly language *(syn, Assemblierersprache)*

assemblieren (EDV) to assemble *(ie, to translate a source program into an object program; syn, übersetzen)*

Assembliererprotokoll *n* (EDV) assembler listing

Assemblierersprache *f* (EDV) = Assemblersprache

Assemblierinstruktion *f* (EDV) assembly instruction

assertorische Aussage *f* (Log) assertoric statement *(ie, asserting that something is the case; opp, apodiktische und problematische Aussage)*

assertorischer Eid *m* (Re) assertory oath

assertorisches Urteil *n* (Log) assertoric proposition

Asset Swap *m* (Fin) asset swap
(ie, zur Steuerung von Aktiva; Grundform über e-n Zinsswap; Beispiel: Festsatzanleihe + Zinsswap = synthetischer Floater; cf, Liability Swap)

Assistenzarzt *m*
(Pw) assistant physician *(ie, employed by a hospital)*
– (US) intern
– (GB) houseman

assortieren (Mk) to assort *(ie, goods or commodities)*

Assoziationskoeffizient *m* (Stat) coefficient of association

Assoziationsrat *m* (EG) Association Council

assoziatives Gesetz *n* (Math) associative law

Assoziativspeicher *m*
(EDV) associative storage
– content addressed memory, CAM
– data addressed memory
– parallel search storage
(syn, inhaltsadressierbarer Speicher)

assoziiert (EG) to have *(or* to hold) associate status (with)

assoziiertes Gebiet *n* (EG) associated territory

assoziiertes Land *n* (EG) associated country

assoziiertes Mitglied *n* (EG) associate member

assoziiertes Unternehmen *n* (Bw) associated undertaking *(ie, one over which another undertaking exercises a significant influence; cf, § 311 HGB)*

Assoziierungsabkommen *n* (EG) agreement of association

Ast *m* (OR) tree arc

AStG (StR) = Außensteuergesetz

AStR (StR) = Außensteuerrecht

astronomische Höhe *f* (com) sky-scraping levels *(eg, prices remain at . . .)*

ASU (com) = Arbeitsgemeinschaft selbständiger Unternehmer

Asylant *m* (Re) person seeking asylum

Asylrecht *n* (Re) right to seek asylum

asymmetrische Verteilung *f* (Stat) asymmetric distribution

Asymptote *f* (Math) asymptote

asymptotisch (Math) asymptotic

asymptotisch beste Schätzung *f* (Stat) asymptotically efficient estimate

asymptotische Eigenschaft *f* (Math) asymptotic property

asymptotische Entwicklung *f* (Stat) asymptotic expansion

asymptotische Methoden *fpl* (Math) asymptotic methods

asymptotische Normalität *f* (Stat) asymptotic normality

asymptotisch erwartungstreue Schätzfunktion *f* (Stat) asymptotically unbiased estimator

asymptotische Streuungs-Kovarianz-Matrix *f* (Math) matrix of asymptotic variances and covariances

asymptotisches Verhalten *n* (Math) asymptotic behavior

asymptotische Verzerrung *f* (Stat) asymptotic bias

asynchrone Arbeitsweise *f* (EDV) asynchronous . . . mode/operation

asynchrone Kommunikation *f* (EDV) asynchronous communication *(ie, Übermittlung von Informationen mit Zwischenlagerung auf e–m Speichermedium; Sende- und Empfangszeiten können auseinander liegen)*

Asynchronrechenanlage *f* (EDV) = Asynchronrechner

Asynchronrechner *m* (EDV) asynchronous computer

Asynchronübertragung *f* (EDV) asynchronous data transmission

Asynchronverfahren *n* (EDV) asynchronous method

ATA-Vorgang *m* (Zo) ATA-operation

Atempause *f* (com) breathing space

atomare Wirtschaft *f* (com) nuclear-based industry

Atomgesetz *n* (Re) Atomic Energy Law, as amended 31 Oct 1976

atomistische Konkurrenz *f* (Vw) atomistic competition

Atomkraftwerk *n* (IndE) nuclear power station

Atommüll *m* (IndE) nuclear waste

Atomprogramm *n* (Vw) nuclear energy program *(ie, to promote research and technological development)*

Atomrisiko-Versicherung *f* (Re) nuclear risk insurance

Atomsatz *m* (Log) atomistic proposition

Attentismus *m* (Bö) wait-and-see attitude

Attest *n*
(com) doctor's certificate
– (GB) medical certificate
(ie, evidencing a person's temporary unfitness for work)

Attest *n* **ausstellen** (Pw) to write out a certificate

attraktive Ausstattung *f* (Fin) attractive terms *(eg, of bond)*

attraktives Produkt *n*
(Mk) attractive product
– (infml) sexy product *(ie, one strongly appealing to potential customers)*

attraktives Risiko *n* (Vers) target risk

Attribut *n*
(IndE) attribute
– qualitative characteristic

Attributenkontrolle *f*
(IndE) go-and-not-go gage
– sampling by attributes

Attributenmerkmal *n* (IndE) attribute

Attributenprüfung *f*
(IndE) attribute gage
– attribute . . . test/testing
– inspection by attributes

Attributenvariable *f* (Math) attribute variable

attributive Prüfung *f*
(IndE) inspection by attributes
– attribute gage *(or test or testing)*

atypischer stiller Gesellschafter *m* (com) nontypical silent partner *(ie, one who participates in the assets and capital of a business in addition to its profits and losses)*

atypische stille Beteiligung *f* (com) atypical silent participation

atypische stille Gesellschaft *f* (com) nontypical silent partnership *(ie, der Stille bedingt sich vertraglich e–e dem Geschäftsinhaber gleichrangige Stellung aus, jedoch ohne dingliche Beteiligung am Gesellschaftsvermögen und ohne Haftung; neuerdings häufig auch Kombination GmbH & Still.)*

auf Abzahlung kaufen
(com) to buy on the installment plan
– (GB) to buy on hire purchase

aufaddieren
(com) to add up
– to sum up
– to foot up
– (infml) to tot up

auf Antrag
(com) upon application
– upon request
(Re) upon the initiative *(eg, of relatives, a conservator is appointed by the court)*

aufarbeiten
(com) to work off *(eg, arrears of correspondence)*
(IndE) to recondition
– to rework

auf Baisse spekulieren (Bö) to sell a bear

Aufbaudarlehen *n* (Fin) reconstruction loan
aufbauen (com) to build up *(eg, firm, reputation)*
Aufbauorganisation *f* (Bw) company organization
structure
Aufbau *m* **von Lagerbeständen**
(MaW) inventory buildup
– stockbuilding
aufbereiten (EDV) to edit
Aufbereitung *f*
(Stat) organization of data
(EDV) editing
Aufbereitungsfehler *m* (Stat) processing error
aufbessern (Pw) to raise *(ie, salary of a staff
member)*
Aufbewahrungsfristen *fpl* (Re) retention times
Aufbewahrungsgebühr *f* (Fin) safe deposit fee
Aufbewahrungspflicht *f* (ReW) duty *(or* obligation)
to preserve books of account and other records
for a specified period
*(ie, zehn Jahre für Hdlbücher, Inventare, Bilan-
zen, Lageberichte; im übrigen sechs Jahre, § 257
HGB)*
aufbrauchen
(com) to use up
– to finish completely
aufbringen
(Fin) to raise *(or* put up) money
– (infml) to cough up
– (infml) to stump up *(eg, an extra $50bn in
finance)*
auf dem Dienstweg (com) through formal channels
auf dem laufenden sein (com) be abreast of *(eg, of
current developments)*
auf dem Submissionswege (com) by tender
auf den Markt bringen (com) to put on the market
auf den Markt kommen
(com) to come to market
– to come off the line
auf den neuesten Stand bringen
(com) to bring up to date
– to update
auf die Tagesordnung setzen (com) to put down on
the agenda
aufdrängen (com) to pressure (customers) to take
(eg, a certain product)
auf eigene Gefahr (com) at one's own risk *(or* peril)
auf eigene Kosten (com) at one's own charge
auf eigene Rechnung (com) on one's own account
aufeinander bezogene Ereignisse *npl* (Bw) related
events
auf Eis legen (com, infml) to put *(a matter)* on ice
Aufenthaltsbeschränkung *f* (Re) limitation of residence
Aufenthaltserlaubnis *f* (Re) = Aufenthaltsgenehmigung
Aufenthaltsgenehmigung *f* (Re) residence permit
(ie, issued to a foreigner)
Aufenthaltsort *m* (Re) (place of) residence *(ie, permanent address)*
Aufenthaltsverlängerung *f* (Re) extension of stay
(ie, issued to foreigners)
auf erstes Anfordern (com) upon first demand
auffangen (com) to cushion the impact *(eg, of cost
increases)*
Auffanggesellschaft *f*

(Bw) rescue company
(StR) = Basisgesellschaft, qv
Auffangkonsortium *n*
(Fin) backing *(or* reconstruction) syndicate
– support group
Auffanglinie *f* (Fin) back-up line *(syn, Stützungsfa-
zilität)*
Auffangtechnologie *f* (Vw) backstop technology
*(ie, Verwendung nicht erschöpfbarer natürlicher
anstelle erschöpfbarer Ressourcen: Sonnenergie,
Kernfusion anstelle von Öl, Kohle; syn, Alter-
nativtechnologie)*
Auffassung *f* **vertreten**
(com) to take the position (that . . .)
auffordern (com) to request *(eg, to pay)*
Auffordern *n* (EDV) prompting
Aufforderungsbetrieb *m* (EDV) normal response
mode, NRM
Aufforderungsschreiben *n* (com) letter of invitation
Aufforderungszustand *m* (EDV) prompt mode *(cf,
Systemanfrage)*
Aufforderung *f* **zur Einzahlung auf Aktien** (Fin) call
on shares
auffrischen
(com) to brush up *(eg, your English)*
– (US) to brush up on
auffrischende Ausbildung *f*
(Pw) booster
– refresher
– updating
– upgraded . . . training
Auffrischungskurs *m* (Pw) refresher course
auffüllen
(MaW) to accumulate
– to build up
– to replenish . . . inventories *(or* stocks)
(EDV) to pad
Auffüllen *n* (EDV, Cobol) padding
Auffüllung *f* **von Lagerbeständen**
(MaW) inventory buildup
– accumulation of inventories *(or* stocks)
– stockbuilding
– replenishment of inventories *(or* stocks)
Auffüllzeichen *n* (EDV) pad character
Aufgabe *f*
(com) mailing *(eg, a letter)*
– (GB) posting
(com) placing *(eg, an order)*
(com) task *(ie, work imposed by a person in au-
thority or by an employer or by circumstance)*
(Re) discontinuance *(eg, of a business)*
(Pw) task
– job
– duty
– (work) assignment
(Math) problem
(Mk) inserting *(ie, an advertisement)*
(EDV) task
(EDV) problem
(Pat) abandonment *(ie, of patent right)*
Aufgabebescheinigung *f* (com) postal receipt
Aufgabe *f* **des Wohnsitzes** (Re) abandonment of
domicile
Aufgabe *f* **e–r Anwartschaft** (StR) renunciation of
an expectancy § 24 I b EStG

Aufgabe *f* **e–r Gewinnbeteiligung** (StR) renunciation of a right to a profit participation, § 24 I b EStG

Aufgabe *f* **e–r Stellung** (Pw) abandonment of a position (*or* job)
(ie, no formal resignation)

Aufgabe *f* **e–r Tätigkeit** (StR) discontinuance of a taxable activity, § 24 I b EStG

Aufgabe *f* **e–s Gewerbebetriebes** (com) discontinuance of a commercial business

Aufgabemakler *m* (Bö) broker concluding a deal for his own account

Aufgabenanalyse *f* (Bw) functional analysis

Aufgabenbereich *m*
(Bw) area (*or* scope) of responsibilities
– task area
(Pw) scope of position
(Pw) field (*or* scope) of duties
– line of duty

Aufgabendefinition *f* (EDV) requirements definition

Aufgabenerweiterung *f* (Pw) job enrichment

Aufgabengebiet *n* (Pw) = Aufgabenbereich

Aufgabengliederung *f* (Bw) task structuring *(syn, Objektgliederung)*

Aufgabenkatalog *m* **der Wirtschaftspolitik** (Vw) set of economic policy objectives (*or* targets)

aufgabenorientierte Budgetaufstellung *f* (FiW) mission budgeting

aufgabenorientierter Führungsstil *m* (Bw) task-oriented style of leadership *(R. Likert)*

aufgabenorientiertes Terminal *n* (EDV) job oriented terminal

aufgabenorientierte Variable *f* (Mk) task variable

Aufgabensammlung *f* (Math) collection of problems

Aufgabenstellung *f* (com) terms of reference

Aufgabenstrukturierung *f* (Pw) job structuring

Aufgabenteilung *f*
(Bw) division of responsibilities
(EDV) task sharing

Aufgabenträger *m* (Bw) ultimate unit of responsibility

Aufgaben *fpl* **übernehmen** (Pw) to take on responsibilities (*or* tasks)

Aufgabenveränderungs-Programm *n* (Pw) job readjustment program

Aufgabenvergrößerung *f* (Pw) job enlargement

Aufgabenverteilung *f*
(Pw) task/job ... assignment
(EDV) task assignment

Aufgabenverwaltung *f* (EDV) task management

Aufgabenziele *npl* (Bw) task goals

Aufgabenzuteiler *m* (EDV) task dispatcher

Aufgaben *fpl* **zuweisen** (Pw) to assign problems

Aufgabenzuweisung *f* (Pw) assignment of tasks

Aufgabeort *m*
(com) place of mailing
– (GB) place of posting

Aufgabeschein *m* (com) postal receipt

Aufgabestempel *m*
(com) date stamp
– postmark

Aufgabe *f* **übertragen** (Pw) to assign a ... task/job (to)

Aufgabe *f* **von Rechten**
(Re) parting with rights
– surrender of rights

Aufgabezeit *f* (com) time of dispatch

Aufgabe *f* **zuweisen** (Pw) to assign a task (to)

aufgeben
(com) to mail *(eg, letter, parcel)*
– (GB) to post
(com) to place *(eg, order, advertisement)*
(Re) to abandon *(eg, right, claim)*
– to give up
– to part with
– to renounce
– to waive
– to disclaim
(com) to close down
– to discontinue
– to give up ... a business

aufgebläht (com) bloated *(eg, staff; welfare state)*

aufgeblähte Bilanz *f* (ReW) blown-up balance sheet

Aufgebot *n* (Pat) public invitation to advance claims
(ie, following preliminary examination by Patent Office)

Aufgebotssystem *n* (Pat) examination-plus-opposition system *(ie, grounds of opposition are ‚prior use‘ and ‚prior patent grant‘)*

Aufgebotsverfahren *n*
(Re) cancellation proceeding, § 72 I AktG
(Re) process of public notice, § 946 ZPO

auf Gefahr des Empfängers (com) at receiver's risk

auf Gefahr des Käufers (com) at buyer's risk

aufgegebenes Unternehmen *n* (Re) discontinued business

aufgegebenes Warenzeichen *n* (Pat, US) abandoned trademark
(ie, non-use for two consecutive years is prima facie abandonment; 15 USC § 1127)

aufgeklärtes Eigeninteresse *n* (Bw) enlightened self-interest

aufgeklärte Unternehmensführung *f* (Bw) enlightened form of management

aufgelassenes Bergwerk *n* (com) abandoned mine

aufgelaufene Abschreibungen *fpl* (ReW) accrued/accumulated ... depreciation

aufgelaufene Dividende *f*
(Fin) accrued/accumulated ... dividend
(ie, on preferred stock)

aufgelaufene Gemeinkosten *pl* (KoR) accumulated overhead

aufgelaufener Buchgewinn *m* (ReW) accumulated book profit

aufgelaufene Zinsen *mpl* (Fin) accrued interest *(syn, Stückzinsen)*

Aufgeld *n*
(com) extra charge
– surcharge
(Fin) = Agio, qv

aufgelegt (Fin) open (*or* issued) for subscription

aufgenommene Gelder *npl*
(Fin) creditors' account *(ie, in bank balance sheet)*
(Fin) borrowing by banks *(ie, to strengthen liquidity position)*

aufgenommene langfristige Darlehen *npl* (Fin)

long-term borrowing *(ie, item on bank balance sheet)*
aufgenommene Mittel *pl* (Fin) borrowed funds
aufgerufenes Programm *n* (EDV) called program *(ie, object of a CALL statement; cf, DIN 66 028, Aug 1985)*
auf Geschäftskonto (com) on expense account
auf Geschäftskosten reisen (com) to travel at company's expense
aufgeschobene Dividende *f* (Fin) deferred dividend
aufgeschobene Nachfrage *f* (Vw) deferred demand
aufgeschobene Prüfung *f* (Pat) deferred patent examination
aufgeschobene Rente *f* (Fin) deferred *(or* intercepted*)* annuity
aufgeschobene Steuerverbindlichkeiten *fpl* (ReW) deferred tax liabilities
aufgeschobene Versicherung *f* (Vers) deferred insurance
aufgeschobene Zahlung *f* (Fin) deferred payment
aufgestaute Nachfrage *f* (Mk) pentup/catch-up... demand
auf Gewinnsteigerung spekulieren (Bö) to buy... earnings/growth
aufgliedern
(com) to break down
– to classify
– to itemize
Aufgliederung *f*
(com) breakdown
– classification
– itemization
Aufgliederung *f* **e–s Gesamtbetrages** (com) breakout
Aufgliederung *f* **in Matrizenform** (ReW) spread sheet
Aufgreifkriterien *npl* (Kart) leading indicators
aufhängen
(com) to put back the receiver
– to hang up
Aufhänger *m*
(com, infml) peg
(ie, fact or reason used as pretext or support)
(Mk, infml) sales anchor
(ie, to overcome buying resistance)
auf Hausse spekulieren
(Bö) to bull
– to go a bull
(ie, speculate for a rise in prices)
aufheben
(com) to close *(eg, meeting, debate)*
– to end
– to terminate
(com) to unfix *(eg, SEC unfixed the brokerage commission in 1975)*
(Vw) to lift *(eg, price controls)*
(Zo) to abolish *(ie, customs duties)*
(Pw) to call off *(ie, a strike)*
(Re) to annul
– to avoid
– to cancel
– to rescind
– to nullify
– to terminate... a contract
(Re) to disaffirm *(eg, a legal transaction)*

(Re) to set aside *(eg, a will)*
(Re) to disaffirm *(eg, a decision)*
– to reverse
(Re) to rescind *(ie, a judgment)*
– to quash
– to set aside
– to strike down *(ie, decision of lower court)*
(StR) to abolish *(ie, a tax)*
– to lift
aufheben, sich (Math) to cancel (each other) out
Aufhebung *f* **der öffentlichen Bindung**
(Vw) deregulation *(ie, returning ‚regulated industries' to the private sector of the economy)*
Aufhebung *f* **des Steuerbescheides** (StR) revocation of tax assessment notice, § 172 AO
Aufhebung *f* **des Wohnsitzes** (Re) discontinuance of residence, § 7 BGB
Aufhebung *f* **e–r Sitzung** (com) termination of a meeting
Aufhebungserklärung *f* (Re) declaration of avoidance *(eg, of a contract)*
Aufhebungsklage *f* (Re) action for rescission *(ie, taking proceedings to have a contract judicially set aside)*
Aufhebungsvertrag *m* (Re) agreement to annul an obligatory relation
Aufhebung *f* **von Kreditkontrollen** (Fin) removal of credit controls
Aufhebung *f* **von Zöllen**
(AuW) abolition of tariffs
– elimination of customs duties
(syn, Abschaffung von Zöllen)
aufholen
(com) to catch up
(com) to pick up *(eg, prices)*
(Bö) to rally
Aufholhypothese *f* (Vw) catching-up hypothesis
Aufholprozeß *m* (Vw) catching-up process
auf Inhaber ausstellen (WeR) to make out to bearer
auf Inhaber lauten (WeR) made out to bearer
auf Jahresbasis umgerechnet
(Stat) at an annual rate
– annualized
auf Jahresbasis umrechnen (com) to annualize
Aufkauf *m*
(com) buying up
(com) acquisition
– buying out/up
– takeover
aufkaufen
(com) to buy up *(ie, all the supplies of a commodity)*
(com) to buy off/out/up *(ie, a business to gain complete control)*
– to acquire
– to take over
Aufkäufer *m*
(com) buyer
– purchaser
(com) speculative buyer
Aufkaufhandel *m* (com) buying-up trade
aufklären (com, fml) to educate
(eg, the public on the irresponsible spending of politicians)

71

Aufklärungspflicht f (Re) duty to warn *(ie, imposed on producer)*

Aufklebeadresse f
(com) mailing label
– gummed address label

Aufkleber m
(com) sticker
– adhesive label

Aufklebezettel m (com) adhesive label

Aufkommen n **an Finanzierungsmitteln** (Fin) inflow of financial resources

Aufkommen n **an Steuern** (FiW) revenue from taxes

aufkommen für
(com) to make good *(eg, damage)*
(com) to pay expenses
– to pay for

Aufkommenselastizität f (FiW) elasticity of tax revenue *(syn, Steuerflexibilität)*

auf Kredit
(com) on credit
– (infml) on the cuff
– (GB, infml) on tick
– (GB, infml) on the slate *(eg, put it on the slate)*

auf Kredit bestellen
(com) to order on account *(or credit)*
– (GB, infml) to order on tick

auf Kredit kaufen (com) to buy on credit

auf Kredit verkaufen (com) to sell on credit terms

aufkündigen
(Re) to give notice to terminate *(eg, contract, lease)*
(Fin) to call in *(eg, a loan)*

Auflage f
(com) edition *(ie, of a book)*
(com) circulation *(ie, of a newspaper)*
(Bw) lot
– lot size
– batch
(syn, Los, Partie, Serie)
(Re) condition *(eg, imposed by a contract; eg, on condition that . . .)*
(Kart) condition
(eg, Fusion mit bestimmten Auflagen genehmigen = allow merger to proceed subject to certain conditions)
(Re) requirement
(ie, by a public authority: to do or omit an act)
(Re, *civil law*) modus
(ie, qualification of restriction annexed to the conveyance of land)
(Re) burden *(ie, imposed by a testator)*

Auflagendegression f (KoR) reduction of fixed setup cost per output unit *(ie, resulting from increased lot size)*

Auflagen fpl **erfüllen** (Re) to satisfy requirements

Auflagenhöhe f (com) circulation *(ie, number of copies of each issue)*

auf Lager
(com) in stock *(or store)*
– on hand

auf Lager haben (com) to have in stock

auf Lager produzieren (Bw) to manufacture for warehouse

auflassen (Re) to convey real property

Auflassung f
(Re) conveyance by agreement
– formal *in rem* transfer agreement
(ie, agreement on transfer of property between vendor and vendee, sale and transfer being distinct transactions, § 925 BGB)

auflaufen (com) to accrue *(eg, interest on bank account)*

aufleben lassen (Re) to revitalize *(eg, a company)*

auflegen
(com) to put back the receiver
– to hang up
(Fin) to issue *(ie, a bond issue)*
– to float
– to launch
(Fin) to invite subscriptions
– to offer for subscription
(IndE) to run *(eg, a production lot)*

Auflegung f
(Fin) issue
– floating
– launching

Auflegung f **zur öffentlichen Zeichnung** (Fin) invitation *(or* offer*)* for public subscription

Auflieferer m (com) sender

aufliefern
(com) to send
– to dispatch
– to consign

auflisten (com) to list

Auflisten n (EDV) listing

Auflockerung f **der Geldpolitik** (Vw) relaxation of monetary policy

auflösen
(Re) to dissolve *(eg, a company)*
(Re) to cancel *(eg, a contract)*
(Kart) to break up *(ie, a cartel)*
(Math) to solve *(eg, an equation)*
(Fin) to close *(ie, one's account with a bank)*
(Fin) to unlock *(ie, an investment)*
(ReW) to retransfer *(ie, reserves, provisions)*
– to return to source
– to release
– to appropriate
– to withdraw
– to write back
(Pw) to terminate *(ie, an employment contract; eg, by notice to quit)*

auflösend bedingt (Re) subject to a condition subsequent

auflösende Bedingung f (Re) condition subsequent, § 158 II BGB
(opp, aufschiebende Bedingung = condition precedent

Auflösung f (Re) dissolution
(ie, termination of a firm's existence followed by winding up)
(Kart) breaking up *(ie, of a cartel)*
(Re) cancellation *(of a contract)*
(Math) solution *(eg, of an equation)*
(Fin) closing *(ie, an account)*
(ReW) retransfer *(ie, of reserves, provisions)*
– return to source
– release
– appropriation

– withdrawal
– writing back
(Pw) termination *(ie, of employment contract)*
(EDV) resolution
(ie, of a video display screen; a high resolution has a very short distance between two adjacent points)
Auflösungsbeschluß *m* (Re) resolution to liquidate a business
Auflösungsfehler *m* (EDV) quantization error *(syn, Diskretisierungs-, Quantisierungsfehler)*
Auflösungsgraph *m* (Stat) explosion graph
Auflösungsgründe *mpl* (Re) statutory grounds for dissolution, § 131 HGB
Auflösung *f* **von Rechnungsabgrenzungsposten** (ReW) amortization of accruals and deferrals
aufmachen (SeeV) to draw up *(ie, Dispache)*
Aufmachung *f*
(Mk) presentation
– getup
(Mk) layout *(ie, of printed material)*
Aufmaßliste *f* (com) list of measurements
auf meine Rechnung, bitte!
(com, GB) Put it down, please
– Please book it to me
– Book it to my account
Aufmerksamkeitserreger *m* (Mk) attention getter
Aufnahme *f*
(Re) admission
(Fin) raising *(ie, funds, a loan)*
Aufnahmeantrag *m* (Re) application for admission
Aufnahmeantrag *m* **stellen**
(com) to apply for admission
(EG) to apply to join the Community
Aufnahmebedingungen *fpl* (Re) conditions for admission
aufnahmebereiter Markt *m* (com) receptive market
Aufnahme *f* **der Geschäftstätigkeit** (com) commencement of business operations
Aufnahme *f* **der Steuererklärung an Amtsstelle** (StR) oral declaration by taxpayer before the local tax office, § 151 AO
Aufnahme *f* **e–s Protokolls** (com) taking of minutes
aufnahmefähiger Markt *m*
(Bö) broad/ready ... market
(Mk) market capable to ... absorb/take up
Aufnahmefähigkeit *f*
(Mk) absorptive capacity *(ie, of a market)*
(Bö) absorbing/absorptive ... capacity
– market receptiveness
Aufnahmegebühr *f*
(com) admission fee *(ie, general term)*
(com) initiation fee
– (GB) entrance fee
(ie, paid on joining a club)
Aufnahmegesuch *n* (com) application for admission
Aufnahme *f* **in die Kursnotiz** (Bö) listing
Aufnahmeinterview *n* (Mk) initial *(or* intake) interview
Aufnahmeland *n* (Vw) receiving country *(ie, for migrant workers)*
Aufnahme *f* **langfristigen Fremdkapitals** (Fin) long-term borrowing

Aufnahmeprüfung *f* (Pw) entrance examination
Aufnahme *f* **von Fremdkapital** (Fin) borrowing
Aufnahme *f* **von Fremdmitteln** (Fin) borrowing *(or* raising) external funds
Aufnahme *f* **von Gütern** (com) inland collection *(ie, from exporter)*
aufnehmen
(Re) to introduce *(eg, provisions into a contract)*
– to include
(Fin) to borrow
– to raise
– to take up *(ie, money, funds, loan)*
(Fin) to accept
– to take up *(ie, documents)*
(Mk) to absorb
– to accept
– to take up *(eg, products, merchandise)*
aufnehmende Bank *f* (Fin) borrowing bank
aufnehmende Gesellschaft *f* (com) absorbing company
Auf- od Abschlag *m* **bei Aufträgen auf Bruchschluß** (Bö) trading difference
Aufpreis *m*
(com) extra charge
– additional price
Aufpreis *m* **für Kassaware** (Bö) backwardation *(eg, auf den Metallmärkten)*
auf Probe
(com) on approval
(Pw) on probation
auf Pump (com, infml) on tick
aufrechnen
(Re) to offset
– to set off
(StR) to offset
(ReW) to balance against
– to counterbalance
– to offset *(eg, debits against credits)*
– *to match (eg, DM assets against DM liabilities)*
Aufrechnung *f*
(Re) offset
– setoff
(ie, element not of procedural but of substantive law; results in discharge of obligation, §§ 387ff BGB)
(StR) offset
– setoff
(ie, of a tax against other tax liabilities, § 226 AO)
(ReW) offset
– setoff
– balancing against
– counterbalancing
Aufriß *m*
(IndE) elevation *(ie, projection on a vertical plane without perspective)*
Aufrißzeichnung *f* (IndE) front view *(or* elevation)
Aufruf *m*
(EDV) call
– cue
(ie, transference of control to a closed subroutine)
(Bö) call
Aufrufbefehl *m* (EDV) call instruction

Aufrufbetrieb *m* (EDV) polling (*or* selecting) mode

aufrufen
(Vw) to call in *(ie, to remove banknotes from circulation)*
(Fin) to call up/in *(ie, for redemption)*
(EDV) to call *(ie, execute a call)*
– to invoke *(eg, in UNIX)*

aufrufendes Programm *n* (EDV) calling program *(ie, executes a CALL to another program; cf, DIN 66 028, Aug 1985)*

Aufrufliste *f* (EDV) polling list

Aufrufsequenz *f* (EDV) = Abfragesequenz, qv

Aufruftaste *f* (EDV) calling key

Aufrufzeit *f* (EDV) call time

aufrunden (com) to round off

Aufrunden *n* (com) rounding off

aufrüsten (EDV) to upgrade *(syn, hochrüsten)*

auf Schadenersatz klagen (Re) to sue for damages

aufschieben
(com) to put off (*or* back) *(till/until)* *(eg, decision, appointment, talks until year-end)*
– to postpone *(until/to)*
– to delay *(doing sth)*
– to defer

Aufschieben *n*
(com) putting off
– postponement
– delay
– deferment

aufschiebend bedingt (Re) subject to a condition precedent

aufschiebend bedingte Lasten *fpl*
(StR) conditional liabilities and burdens (on property), § 6 BewG

aufschiebende Bedingung *f*
(Re) condition precedent
– suspensive condition, § 158 BGB
(eg, it shall be a condition precedent to this contract that...)

aufschiebende Einrede *f* (Re) dilatory defense (*or* exception) *(syn, dilatorische od rechtshemmende Einrede)*

aufschiebende Wirkung *f* (Re) suspensive effect

Aufschlag *m* (com) extra charge
(com) premium
(com) recargo
(Mk) markup
(Fin) load
(ie, fee charged by open-ended investment company with purchase of new shares)
(Bö) markup

aufschlagen (com) to mark up *(ie, prices)*

Aufschlag *m* **für Bearbeitung** (com) service charge

Aufschlag *m* **für vorzeitige Tilgung**
(Fin) prepayment penalty
– (GB) redemption fee
(ie, fee charged for paying off a mortgage before maturity)

Aufschlag-Preiskalkulation *f* (Mk) = Aufschlagskalkulation

Aufschlagskalkulation *f* (Mk) markup pricing
(ie, progressives Kalkulationsverfahren im Handel, bei dem mithilfe von Zu- und Abschlägen der Bruttoverkaufspreis wie folgt ermittelt wird:

1. Einkaufspreis	purchase price
+ Bezugskosten	+ cost of acquisition
./. Rabatte	– rebates and allowances
2. = Einstandspreis	= cost price
+ Handlungskosten	+ overhead expenses
3. = Selbstkosten	cost of sales
+ Gewinnaufschlag	+ markup
4. = Nettoverkaufspreis	= net sales price
+ Mehrwertsteuer	+ value-added tax (VAT)
5. = Bruttoverkaufspreis	= gross sales price

aufschließen (IndE) to develop *(eg, land or natural resources)*

Aufschließung *f* (IndE) development work in mining
(ie, removal of overburden in strip mining, and shaft sinking in underground mining)

Aufschließungseffekt *m* (AuW) trade creating effect
(syn, Handelsschaffung)

Aufschließungskosten *pl*
(com) development cost
(KoR) mine development cost (*or* expense) *(ie, capitalized and written off by the unit-of-product method)*

Aufschließungsmaßnahmen *fpl* (com) land improvements

aufschlüsseln
(com) to break down
– to apportion
– to subdivide
– to classify
– to subclassify

Aufschlüsselung *f*
(com) breaking down
– apportionment
– allocation
– subdivision
– classification
– subclassification

aufschreiben (com) to write (*or* put) down

Aufschrift *f*
(com) name (*or* sign) of business
(com) address
– label *(ie, in postal service)*
(com) inscription

Aufschub *m*
(com) delay
– deferment
– extension

Aufschubanmeldung *f* (Zo) deferment notification

Aufschubfrist *f* (Fin) time limit for payment

Aufschub *m* **gewähren** (com) to grant a delay (*or* respite)

Aufschubkonto *n* (Zo) deferment account

aufschwänzen (Bö) to corner *(syn, schwänzen)*

aufschwatzen (Mk) to talk *(a customer)* into taking sth

Aufschwung *m*
  (Vw) (cyclical) upswing
  – upturn
  – turn-up
  – burst of expansion
  – business cycle expansion
auf Schwung bringen (com, infml) to bring up to
  snuff *(eg, sales staff, field force)*
Aufschwung m der Aktienmärkte (Bö) strong performance of the stock market
aufsetzen
  (com) to draw up *(eg, letter, minutes, contract,
  advertisement)*
  (Re) to draft *(eg, a contract)*
Aufsetzpunkt *m* (EDV, Cobol) rerun point
auf Sicht
  (WeR) at sight
  – on demand *(ie, subject to payment upon presentation and demand)*
Aufsichtsamt *n* (Re) supervisory office
Aufsichtsführung *f* (Pw) supervision
Aufsichtsorgan *n* (Bw) supervisory body *(or* organ)
Aufsichtsrat *m* (com) supervisory board
  *(ie, neben Vorstand und HV das dritte Organ der
  AG; bei GmbH fakultativ;
  Note: This is the Central European version of the
  ,board of directors'. It is not a component of a
  two-tier management system, but plays essentially
  the same advisory role as its American counterpart. Top managers cannot sit on the board)*
Aufsichtsratsbericht *m* (ReW) supervisory board's
  annual report *(ie, prepared on the basis of management and audit reports, § 171 AktG)*
Aufsichtsratsmandat *n* (com) supervisory board
  seat
Aufsichtsratsmitglied *n*
  (com) supervisory board member
  – member of supervisory board
  *(ie, may be equated with the non-executive direc-
  tors on an English board of directors)*
Aufsichtsratsteuer *f* (StR) directors' tax *(ie, deducted at source – Quellensteuer – from directors'
  fees receivable by nonresident members of supervisory board)*
Aufsichtsratsvergütung *f*
  (com) supervisory board fee
  – payment to members of supervisory board
Aufspaltung *f*
  (Stat) disaggregation
  (EDV) switching point
  – fork
aufspannen
  (Math) to occupy
  – to span
aufspannender Baum *m* (OR) spanning tree
Aufstaulager *n* (IndE) bottled-up store
  *(ie, in serial production where output per time
  unit is larger than that of subsequent operations)*
aufsteigen
  (Pw) to rise
  – to be promoted
aufsteigende Arbeitspartizipation *f* (Pw) ascending
  worker participation *(ie, influence at levels above
  one's own)*
aufstellen

  (com) to draw up
  – to prepare *(eg, statement, balance sheet)*
  (IndE) to install *(eg, machinery)*
  (Pw) to post *(eg, to post pickets at the factory
  gate)*
Aufstellen *n* **e-r Präferenzordnung** (Vw) ordering
  (or ranking) of preferences
Aufstellung *f*
  (com) list
  – breakdown
  – schedule
  (ReW) drawing up
  – preparation *(eg, statement, balance sheet)*
  (IndE) installation *(eg, machinery)*
  (EDV) tabulation *(ie, a printed report)*
Aufstellung *f* **des Jahresabschlusses**
  (ReW) preparation of year-end financial state-
  ment
  – (GB) drawing up of the annual accounts
Aufstellung *f* **e-s Inventars** (ReW) preparation *(or*
  taking) of an inventory, § 240 II HGB
Aufstellungszeichnung *f* (com) installation drawing
Aufstieg *m*
  (Pw) advancement
  – career development
  – (fml) ascendancy
Aufstiegschancen *fpl*
  (Pw) career development prospects
  – scope for advancement
Aufstiegsmobilität *f* (Pw) upward mobility
Aufstiegsmöglichkeiten *fpl*
  (Pw) career prospects
  – career development prospects
  – career growth opportunities
  – scope for advancement
aufstocken
  (com) to increase *(eg, credit by DM 10bn, reserves, liquid funds)*
  – to top up *(eg, pension)*
  (Bw) to build up *(eg, inventory)*
Aufstockung *f* **des Grundkapitals** (Fin) increase of
  capital stock
Aufstockung *f* **e-s Zollkontingents** (Zo) quota increase
Aufstockungsaktie *f* (Fin) bonus share
Aufstockungs-Koeffizient *m* (ReW) revaluation
  coefficient
aufsuchen (com) to call on *(eg, a customer)*
aufsummieren
  (com) to add up
  – to sump up
  – (infml) to tot up
aufsummieren über (Math) to sum over
aufsummierte Abweichung *f* (Stat) accumulated deviation
Aufsummierung *f*
  (com) adding up
  – summing up
  (Math) summation
auftabellierbar (com) tabulable
auftabellieren
  (com) to tabulate
  – to put in tabular form
  – to tabularize
  – to formulate tabularly

Auftabellierung *f* (com) tabulation
aufteilen
  (com) to break up
  – to split up
  – to apportion
  – to allocate
  (ReW) to divide *(eg, profits)*
  (Stat) to allocate *(ie, a sample)*
  (FiW) to apportion *(ie, tax revenues)*
  (Mk) to divide *(ie, a market)*
  – to partition
  – (infml) to carve up
Aufteilung *f*
  (com) allocation
  – apportionment
  – breakup
  (ReW) division *(eg, of profits)*
  (Stat) allocation *(eg, of a sample)*
  (FiW) apportionment *(ie, of tax revenues)*
  (Mk) division *(ie, of a market)*
  – partition
  – (infml) carving up
Aufteilung *f* **e-s Kontingents** (Zo) allocation of a tariff quota
Aufteilungsmaßstab *m* (StR) procedural rule governing the apportionment of taxes, §§ 268–280 AO
auf Termin kaufen (Bö) to purchase forward
Auftischgerät *n* (EDV) desk-top model
Auftrag *m*
  (com) order
  – purchase order
  – sales order (for)
  (Re) mandate
  (ie, gratuitous contract by which one party undertakes to do something on behalf of the other without receiving any compensation = Gegenleistung; § 662 BGB)
  (EDV) job *(syn, Abschnitt, Aufgabe, Bearbeitung)*
Auftrag *m* **annehmen** (com) to accept an order
Auftrag *m* **ausführen**
  (com) to carry out
  – to complete
  – to execute
  – to fill ... an order
Auftrag *m* **bearbeiten** (com) to process an order
Aufträge *mpl* **ablehnen** (com) to turn away business
Aufträge *mpl* **abwickeln**
  (com) to transact business
  (com) to fill
  – to handle
  – to process ... orders
Aufträge *mpl* **beschaffen**
  (com) to attract/solicit ... new business
  – to canvass
  – to obtain
  – to secure ... new orders
Aufträge *mpl* **hereinholen** (com) = Aufträge beschaffen
Aufträge *mpl* **hereinnehmen** (com) to take on business
Auftrag *m* **erhalten**
  (com) to obtain
  – to secure ... an order

  (com) to win a contract *(ie, esp. in construction and systems engineering)*
Auftrag *m* **erteilen**
  (com) to place an order (for)
  – to award a contract
Aufträge *mpl* **weitervergeben**
  (com) to job out
  – to farm out contracts
Aufträge *mpl* **zu regulärem Festpreis** (com, US) straight-fixed-price contracts
Aufträge *mpl* **zurückhalten** (com) to cut back on orders
Auftraggeber *m*
  (com) customer
  – client
  (Fin) principal
  (Re) mandant *(ie, person at whose request unremunerated services are performed, § 662 BGB)*
  (StR, VAT) recipient of another performance *(= Empfänger e-r sonstigen Leistung)*
  (EDV) user
Auftrag *m* **hereinholen** (com) to secure an order
Auftrag *m* **hereinnehmen** (com) to accept an order
Auftrag *m* **mit interessewahrender Ausführung** (Bö) not-held order
auftragsabhängige Kosten *pl* (KoR) cost traceable to a specific job order
Auftragsabrechnung *f*
  (KoR) job order cost accounting
  – accounting for job order costs
  (EDV) job accounting
Auftragsabrechnungsdatei *f* (EDV) job account file
Auftragsabrechnungssystem *n* (EDV) job accounting system
Auftragsabwicklung *f*
  (com) order filling
  – order handling
  – order processing
  (EDV) job handling
auftragsähnliches Rechtsverhältnis *n* (Re) mandate, employment or other contractual relationship
Auftragsänderung *f* (com) change order
Auftragsaufgaben *fpl* **der Zollverwaltung** (Zo) functions of the customs administration carried out on behalf of other government bodies
Auftragsausführung *f* (com) job execution
Auftragsbearbeitung *f* (com) sales order processing
Auftragsbeschaffung *f* (com) order getting
Auftragsbestand *m*
  (com) backlog/level/volume ... of orders
  – backlog order books *(eg, look relatively healthy)*
  – state of order book
  – orders on hand
  – unfilled orders
  – orders on the book
  – order book
Auftragsbestandskartei *f* (MaW) open purchase-order file
Auftragsbestätigung *f*
  (com) acceptance/acknowledgment ... of order *(ie, sent by seller to customer)*
  (com) confirmation of order *(ie, sent by buyer to vendor)*

Auftragsbewegung *f* (com) statement of changes in order backlog

auftragsbezogen (EDV) job oriented

auftragsbezogen produzieren (com) to make (*or* produce) to order

Auftragsbuch *n* (com) order book

Auftragsbuchführung *f* (com) order filing department

Auftragseingabe *f* (EDV) job input

Auftragseingabeband *n* (EDV) job input tape

Auftragseingang *m*
(com) booking of new orders
– incoming business (*or* orders)
– inflow of orders
– intake of new orders
– new orders
– order bookings (*or* flow)
– orders received (*or* taken)
– rate of new orders (*eg, started to show slight improvement*)

Auftragseingang *m* **aus dem Ausland** (com) foreign bookings

Auftragseingangs-Statistik *f* (Stat) statistics on orders received

Auftragsende *n* (EDV) end of job (*or* run)

Auftragserfassung *f* (EDV) purchase order entry

Auftragserteilung *f*
(com) placing an order
– placing of order

Auftragsferneingabe *f* (EDV) remote job entry, RJE

Auftragsfertigung *f* (IndE) make-to-order production
(*ie, im Gegensatz zur Markt- und Vorratsfertigung*)

Auftragsforschung *f*
(com) committed
– contract
– outside
– sponsored . . . research

auftragsgebundene Forschung *f* (com) = Auftragsforschung, qv

auftragsgebundenes Material *n*
(MaW) allotted
– allocated
– apportioned
– applicable
– assigned
– obligated
– reserved . . . materials

auftragsgemäß (com) as per order

Auftragsgeschäft *n* (Fin) commission business

Auftragsgröße *f* (Bw) lot size

Auftragsgruppen-Überwachung *f* (Bw) block control

Auftragskalkulation *f* (KoR) estimate of job order costs

Auftragskarte *f* (com) order card

Auftragskartei *f* (com) order file (*ie, comprising customer and production orders*)

Auftragskennzeichen *n* (com) job order code

Auftragskopf *m* (EDV) order header

Auftragskosten *pl* (KoR) job costs

Auftragskostenrechnung *f* (KoR) job (*or* order) costing

Auftragskostensammelblatt *n* (KoR) job cost sheet

Auftragskostenverfahren *n* (KoR) job order cost system

Auftragslage *f* (com) orders position

Auftragsloch *n* (com) order gap
(*ie, lack of orders over a period of time*)

Auftragsmakro *n* (EDV) job macro

Auftragsmangel *m* (com) lack (*or* dearth) of orders

Auftragsmaterial *n* (MaW) materials purchased to fill a particular order

Auftragsmeldung *f* (com) order note

Auftragsname *m* (EDV) job name

Auftragspapiere *npl* (Fin) documents accepted for collection

Auftragsplanung *f* (IndE) job order planning (*ie, part of production planning: made to smooth out fluctuations in plant utilization*)

Auftragspolster *n*
(com) cushion of existing orders
– comfortable backlog of orders
– full order books

Auftragspriorität *f* (EDV) job priority

Auftragsprioritätssteuergerät *n* (EDV) job scheduler

Auftragsproduktion *f* (IndE) make-to-order production

Auftragsprofil *n* (EDV) workload

Auftragsreserven *fpl* (com) order backlog

Auftragsrückgang *m*
(com) drop in orders
– drop-off in orders
– falling-off of orders
– order decline (*eg, in capital goods*)

Auftragsrückstand *m* (com) unfilled orders

Auftragsschritt *m* (EDV) job step

Auftragsschwemme *f*
(com) boom in orders
– (infml) deluge of orders

Auftragssprache *f* (EDV) = Auftragssteuersprache

Auftragssteuersprache *f* (EDV) job control language

Auftragssteuerung *f* (EDV) job control

Auftragssteuerungsstelle *f* (Kart) central order distribution agency

Auftragsstornierung *f* (com) cancellation of order

Auftragsstückliste *f* (IndE) order bill of materials

Auftrag *m* **stornieren** (com) to cancel an order

Auftragsüberwachung *f* (com) order control

Auftragsumlaufzeit *f* (EDV) elapsed (*or* job around) time (*syn, Verweilzeit*)

Auftragsvergabe *f* (com) contract award process
(com) placing of orders

Auftragsverteilung *f* **auf mehrere Lieferanten** (MaW) order splitting

Auftragsverwaltung *f*
(Re) administration by the states (= *Länder*) acting as agents for the Federal Government
(EDV) job management

auftragsweise Kostenerfassung *f* (KoR) determination of costs by job order

Auftragswert *m* (com) contract value

Auftragszeit *f* (IndE) total process time (*ie, setup time + actual process time*)
(*cf, Übersicht S. 78*)

Auftragszusammensetzung *f* (KoR) job order setup

77

Auftrag *m* **vergeben**
(com) to give (*or* place) an order (for)
(com) to award (*or* let out) a contract
– to accept a bid (*or* tender)
Auftrag *m* **zu Festpreisen** (com) fixed-price contract *(ie, no escalator clause)*
Auftrag *m* **zur Bestandsauffüllung** (MaW) replacement order
Auftrag *m* **zu regulärem Festpreis** (com) straight fixed-price contract
Auftrag *m* **zur Nachbesserung**
(IndE) spoiled-work order
– rework order
Auftrag *m* **zur sofortigen Ausführung**
(Bö) immediate-or-cancel order
– carry out-or-cancel order
Auftriebskräfte *fpl* (com) buoyant/propellant . . . forces
auf unbestimmte Zeit vertagen (com) to adjourn indefinitely
auf veränderte Bedingungen reagieren (Bw) to respond to changing circumstances
auf Veranlassung von (com) at the instance of
auf Vermögensausgleich gerichtetes Schuldrecht *n* (Re) remedial obligatory right
Aufwand *m*
(com) cost
– expense
– expenditure
– outlay
(com) effort(s)
(ReW) expense *(opp, Ertrag = revenue)*
Aufwand *m* **für ungenutzte Anlagen** (ReW) carrying charges
Aufwandrückstellung *f* (ReW) expenditure reserve *(ie, Vorsorge für konkrete künftige Aufwen-*

dungen, die vergangenen Geschäftsjahren zuzuordnen sind; auch in anderen EG-Staaten zulässig; eg, Reparaturen an eigenen Anlagen, unterlassener Werbeaufwand; cf, § 249 II HGB im Ggs zu § 152 VII aF AktG)
Aufwandsart *f* (ReW) type of expense
Aufwandsausgleichskonto *n* (ReW) expense matching account
Aufwandsentschädigung *f*
(com) expense allowance
– representation allowance
(com) reimbursement of expenses
aufwandsgleiche Ausgaben *fpl*
(ReW) revenue expenditure
(KoR) current-outlay costs
aufwandsgleiche Kosten *pl* (KoR) current outlay costs *(syn, Istkosten der Gegenwart)*
Aufwandskonto *n* (ReW) expense account
Aufwandskosten *pl* (KoR) current-outlay costs
Aufwandsposten *m* (ReW) expense item
Aufwandsteuer *f* (StR) expenditure tax
Aufwands- und Ertragskonsolidierung *f* (ReW) consolidation of revenue and expenditure *(ie, § 322 I 2 AktG; ab 1990: § 305 HGB)*
Aufwands- und Ertragskonten *npl*
(ReW) revenue and expense accounts
– nominal accounts
– (US) income accounts
Aufwands- und Ertragsrechnung *f* (ReW) = Gewinn- und Verlustrechnung
Aufwandszinsen *mpl* (Fin) interest charges (*or* expenses)
Aufwand *m* **und Ertrag** *m*
(ReW) revenue and expense
– (US) income and expense

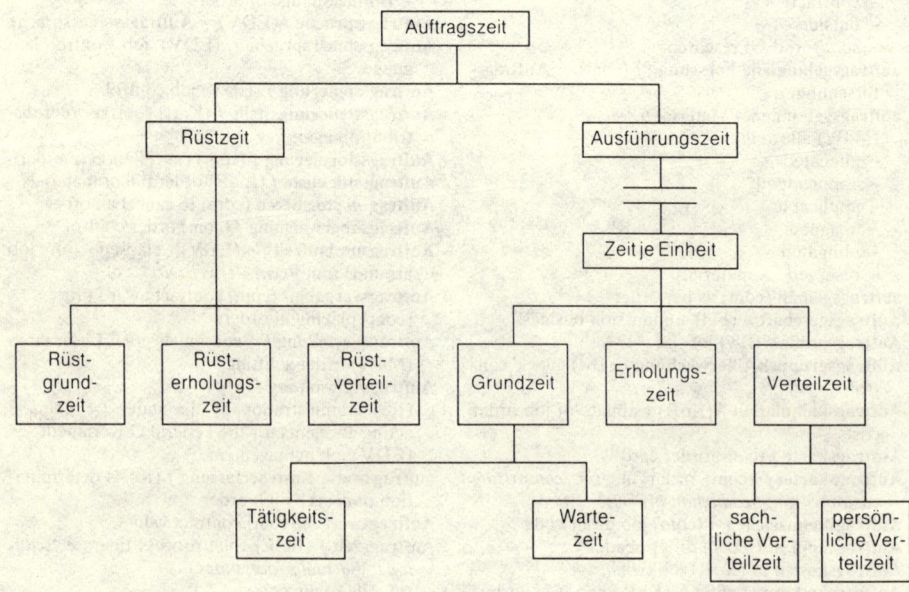

Quelle: Dichtl/Issing, Vahlens Großes Wirtschaftslexikon, München 1987, Bd. 1, 124

Aufwärtsentwicklung f
(com) rising (or upward) trend
– rising tendency
– uphill trend
– upswing
aufwärtskompatibel (EDV) upward compatible (ie, Programm läuft auch auf neuen Versionen des Betriebssystems)
Aufwärtsstrukturierung f (EDV) bottom-up design
Aufwärtstrend m
(com) = Aufwärtsentwicklung
(Fin) upside trend (ie, im Aktienkursdiagramm)
Aufwärtsverträglichkeit f (EDV) compatibility
(ie, Funktionen von Moduln niederer Levels sind in denen höherer Levels stets voll enthalten)
aufwenden
(com) to spend
– to expend (eg, money on)
aufwendig
(com) expensive
– entailing great expense
– costly
Aufwendungen mpl
(Re, ReW) expenses
(ReW, EG) charges
Aufwendungen mpl **aus Kursdifferenzen**
(Fin) expenses from exchange rate differences
Aufwendungen mpl **aus Verlustübernahme** (ReW) expense from loss transfers
Aufwendungen mpl **für Altersversorgung**
(Pw) employee pension plan contributions
Aufwendungen mpl **für Arbeitsmittel** (StR) expenses for tools and other professional necessities (eg, work clothes, professional literature, § 9 I 6 EStG)
Aufwendungen mpl **für Arbeitszimmer**
(StR) expenses associated with a work room at home
Aufwendungen fpl **für berufliche Weiterbildung** (StR) educational expenses (ie, to gain skills for a current job
Aufwendungen mpl **für die Berufsfortbildung** (StR) educational expenses (ie, expenses incurred for maintaining or improving existing skills needed in the taxpayer's profession or employment, § 10 I 7 EStG)
Aufwendungen mpl **für die Bewirtung** (StR) expenditures incurred in connection with the entertainment of persons other than employees, § 4 V No. 2 EStG
Aufwendungen mpl **für die Eigenkapitalbeschaffung** (Fin) commissions and expense on capital
Aufwendungen mpl **für die Errichtung und Erweiterung des Unternehmens** (ReW, EG) formation expenses
Aufwendungen mpl **für Fahrten zwischen Wohnung und Arbeitsstätte** (StR) commuting expenses (ie, for daily travel between home and place of work, § 9 I 4 EStG)
Aufwendungen mpl **für Forschung und Entwicklung** (Bw) spending on research and development
Aufwendungen mpl **für Geschäftsfreundebewirtung** (StR) entertaining expenses
Aufwendungen mpl **und Erträge** mpl

(ReW) revenue and expense
– (US) income and expense
Aufwendungen mpl **zur Erwerbung, Sicherung und Erhaltung der Einnahme** (StR) expenditures made to create, protect, or preserve the income
Aufwendungsersatz m (com) repayment of expenses, § 87d HGB
aufwerten
(com) to upgrade
(AuW) to appreciate (or upvalue) a currency
Aufwertung f
(AuW) appreciation
– upvaluation
– upward revaluation (ie, of a currency)
Aufwertungsdruck m (AuW) upward (exchange rate) pressure (eg, on the $, £)
Aufwertungsland n (AuW) upvaluing country
Aufwertungssatz m (AuW) revaluation rate
Aufwertungstendenz f (AuW) tendency towards depreciation
aufwertungsverdächtig (AuW) revaluation prone
Aufwuchs- und Fanggründe pl (com) maturing and fishing grounds
aufzehren
(com) to use up
– to clean out (eg, savings)
aufzeichnen
(com) to note
– to put down
– to record
(EDV) to record (syn, speichern)
Aufzeichnung f (EDV) recording
Aufzeichnung f **des Warenausgangs** (StR) records of merchandise sales, § 144 AO
Aufzeichnung f **des Wareneingangs** (StR) records of merchandise purchases, § 143 AO
Aufzeichnungen fpl
(com) notes
(ReW) books and records
– accounting records
Aufzeichnungsband n (EDV) log tape
Aufzeichnungsdichte f (EDV) recording density
Aufzeichnungsfehler m (EDV) recording error
Aufzeichnungsformat n (EDV) record format
Aufzeichnungsmedium n (EDV) recording medium
Aufzeichnungspflicht f (StR) legal obligation to keep books and records, §§ 140ff AO
auf Ziel kaufen (com) to buy on credit
aufzinsen
(Fin) to accumulate
– to compound (opp, abzinsen = to discount)
(Fin) to add unaccrued interest
Aufzinsung f
(Fin) accumulation
– act of compounding
(ie, Ermittlung des Endkapitals aus e-m Anfangskapital auf der Grundlage e-s bekannten Anlagezeitraums und e-s bestimmten Zinsfußes; periodic addition of interest to principal)
Aufzinsungsfaktor m
(Fin) accumulation factor
– compound amount of 1
(ie, formula $(1 + r)^n$ applied to a principal amount bearing interest at r rate for the purpose

*of determining its total at the end of n periods;
opp, Abzinsungsfaktor = discount factor)*
Aufzinsungspapier *n* (Fin) accrued-interest paper
Aufzinsungspapiere *npl* (Fin) securities sold at a
premium
Aufzug *m*
(com, US) elevator
– (GB) lift
Aufzugsanlagen *fpl* (IndE) elevator equipment
Auf-Zu-Regler *m* (EDV) on-off controller
Augenblicksänderung *f* (Math) instantaneous rate
of change
Augenblicksverband *m* (Re) single-purpose association
Augenblicksverzinsung *f* (Fin) continuous convertible interest
Auktion *f*
(com) sale at auction
– (GB) sale by auction
Auktionator *m* (com) auctioneer
Auktionssystem *n* (com) system of establishing
prices by auction
A-Urteil *n*
(Log) universal affirmation
– A-proposition
– material implication
*(ie, equivalent of ‚subalternation' of traditional
logic)*
ausarbeiten
(com) to prepare
– to work out
Ausarbeitung *f*
(com) draft
– preparation
(com) paper
– memorandum
– memo
ausbaden
(com, infml) be left holding the bag (*or* baby)
Ausbau *m* (Bw) plant extension
Ausbau *m* **der Fertigungskapazität** (Bw) upstep-
ping of productive capacity
ausbauen
(Bw) to extend *(eg, plant facilities)*
– to expand
(EDV) to upgrade *(eg, PC)*
ausbaufähig (Bw) extensible
Ausbaugebiet *n* (Vw) structural-improvement region
Ausbaugewerbe *n* (com) fitting-out trade *(eg,
plumbing, painting, etc.)*
Ausbaupatent *n* (Pat) improvement patent *(syn,
Verbesserungspatent, Zusatzpatent)*
ausbedingen (Re) to stipulate
Ausbesserungen *fpl* (com) maintenance and repair
work
Ausbeute *f*
(Bw) output
– yield
(Bw) yield coefficient *(ie, relation between usable
output and processed output)*
(Fin) distributable profit *(ie, of a mining com-
pany)*
(Re) yield, § 99 BGB
Ausbeuteabweichung *f* (KoR) yield variation

Ausbeutesatz *m* (Bw) rate of yield *(ie, in processing)*
Ausbeutung *f* **auf Wettbewerbsbasis** (Vw) competitive exploitation *(ie, of the oceans)*
Ausbeutungsmißbrauch *m*
(Kart) exploitation of market power
– exploitative abuse of market power
*(ie, Leistungen vorgelagerter Stufen werden nicht
angemessen vergütet od für erbrachte Leistungen
werden unangemessene Gegenleistungen ver-
langt)*
Ausbeutungsrate *f* (IndE) yield rate
ausbieten (com) to put up for sale (by auction)
Ausbietung *f* (com) putting up for sale by auction
Ausbietungsgarantie *f* (Re) contractual obligation
of a party in a forced sale to bid up to the
amount of the mortgage so that the other party
suffers no loss through a delinquent claim
ausbilden
(Pw) to teach *(ie, general word)*
– to instruct *(ie, formal teaching)*
– to educate *(ie, bring out latent capabilities)*
– to train *(ie, targeted instruction and drill)*
– to school *(ie, teach in specific skill; eg, well-
schooled in economics and foreign languages)*
Ausbildender *m*
(Pw) instructor
(Pw) enterprise or company in which apprentice
is trained
Ausbildung *f*
(Pw) teaching
– instruction
– education
– training
– schooling
Ausbildung *f* **abschließen**
(Pw) to complete (*or* finish) education (*or*
training)
Ausbildung *f* **am Arbeitsplatz**
(Pw) on-the-job training
– on-the-site training
– desk training
Ausbildung *f* **außerhalb des Arbeitsplatzes** (Pw) off-
the-job training
Ausbildungsabgabe *f* (Pw) apprenticeship levy
Ausbildungsabgabe *f* **einführen** (Pw) to introduce
(*or* impose) a training levy
Ausbildungsabschlußprüfung *f* (Pw) final trainee
examination
Ausbildungsbeihilfe *f* (Pw) training allowance *(ie,
paid to apprentice)*
Ausbildungsbetrieb *m*
(Pw) enterprise or company where apprentice is
trained
Ausbildungsdauer *f*
(Pw) length (*or* duration) of education (*or*
training)
Ausbildungsförderung *f* (Pw) promotion of voca-
tional (*or* professional) training
Ausbildungsförderungsgesetz *n* (Pw) Federal Law
on Education and Training Promotion
Ausbildungsfreibetrag *m*
(StR) education allowance
– deduction for educational expenses
Ausbildungsgang *m* (Pw) course of training

Ausbildungskosten *pl*
(Pw) training costs
(StR) educational expenses
Ausbildungslehrgang *m* (Pw) training course
Ausbildungsleiter *m* (Pw) training officer
Ausbildungsort *m* (StR) town where training takes place
Ausbildungspersonal *n* (Pw) training personnel
Ausbildungsplatz *m* (Pw) training place
Ausbildungsplatz-Abzugsbetrag *m* (StR) deduction for creating training opening, § 24 b EStG
Ausbildungsplätze *mpl* (Pw) openings for apprentices
Ausbildungsplatzförderungsgesetz *n* (Re) Apprentice Hiring Law
Ausbildungsprogramm *n* (Pw) training scheme (*or* program)
Ausbildungsstand *m* (Pw) level of training
Ausbildungsstätte *f*
(Pw) training shop (*or* facilities)
– training center
Ausbildungsvergütung *f* (Pw) trainee compensation
Ausbildungsversicherung *f* (Vers) educational endowment insurance
Ausbildungsvertrag *m* (Pw) articles of apprenticeship
Ausbildungswerkstatt *f* (Pw) training shop
Ausbildungszeit *f* (Pw) length (*or* duration) of training or education
Ausbildungszeiten *fpl* (Pw) periods of professional (*or* vocational) training
Ausblendbefehl *m* (EDV) mask (*or* extract) instruction
ausblenden
(EDV) to mask out
– (EDV) to shield
(*ie, in computer graphics*)
Ausblenden *n*
(EDV) masking out
(EDV) reverse clipping
– shielding
Ausbreitungseffekt *m* (Vw) spread effect
Ausbringung *f*
(Bw) output
– production
– yield
Ausbringung *f* **bei Vollbeschäftigung** (Vw) full employment output
ausbuchen
(com) to debit
– to take out of the books
– to enter a debit against (*eg, bank debited my account with DM50*)
(ReW) to charge off (*eg, as expense or loss*)
(ReW) to write off (*eg, bad debt as uncollectible*)
(ReW) to close out (*eg, cost of plant removed*)
– to abandon (*eg, take fixed asset from the books*)
Ausbuchung *f*
(com) debit
(ReW) charge off
(ReW) write off
(ReW) closing out
– elimination
(Fin) balancing

aus dem Erwerbsleben ausscheiden
(Pw) to leave (*or* drop out of) the labor force
– to withdraw from working life
aus dem Markt nehmen
(Fin) to take out of the market
– to soak up
aus der Notierung nehmen (Bö) to suspend a quotation
Ausdruck *m*
(com) expression
(Log) term
(EDV, Cobol) arithmetic expression
(EDV) printout
(EDV) memory dump
Ausdruck *m* **des Systems** (Log) well-formed formula, wff
ausdrückliche Bedingung *f* (Re) express condition
ausdrückliche Garantie *f* (Re) express guaranty
ausdrückliche Vereinbarung *f*
(Re) special arrangement
– express agreement
ausdrückliche Zusicherung *f* (Re) express warranty
ausdrücklich od stillschweigend
(Re) expressly or impliedly
– expressly or by implication
ausdrücklich vereinbaren (Re) to stipulate expressly
Auseinandersetzung *f*
(Re) division
– apportionment
(*ie, of property – surplus or deficiency – among partners pro rata of their shares, §§ 730–735 BGB*)
(Re) partition of an estate, § 2042 BGB
Auseinandersetzung *f* **e-r Gemeinschaft** (Re) partition of a community of interest
Auseinandersetzungsbilanz *f* (ReW) balance sheet for settlement purposes
(*ie, division of property among members of partnership*)
Auseinandersetzungsguthaben *n* (Re) credit balance of a retiring partner's capital account (*usu, plus his share of secret reserves resulting from an undervaluation of the business' fixed assets*)
aus e-m Vertrag klagen (Re) to sue on a contract
Ausfall *m*
(Fin) financial loss
– loss
– deficiency
(*eg, from default in payment, of receivables, sales revenue*)
(Mk) non-response rate
(IndE) failure (*ie, of machinery*)
– breakdown
(EDV) outage
– failure
Ausfallbürge *m*
(Re) guarantor of collection
– (GB) deficiency guarantor
(*ie, secondarily liable for the debt of the principal; opp, selbstschuldnerischer Bürge = surety*)
Ausfallbürgschaft *f*
(Re) guaranty of collection
– (GB) deficiency guarantee
– (GB) indemnity bond

(ie, Bürge haftet nur für den Differenzbetrag, wenn der Gläubiger trotz Zwangsvollstreckung beim Schuldner einen Ausfall gehabt hat; cf, §§ 765ff BGB; guarantor – Bürge – assumes only secondary/subsidiary liability: creditor must first exhaust his legal remedies against the principal debtor; he pays if the latter cannot; opp, selbstschuldnerische Bürgschaft = guaranty of payment, absolute guaranty, qv)

Ausfalldichte *f* (IndE) failure density

Ausfalldichtefunktion *f* (IndE) failure density function

Ausfälle *mpl* (Fin) loan losses

Ausfallforderung *f* (Re) claim of preferential creditor *(ie, in bankruptcy proceedings)*

Ausfallhaftung *f* (Re) liability for non-collection

Ausfallhäufigkeit *f* (IndE) failure frequency

Ausfallhäufigkeitsverteilung *f* (IndE) failure frequency distribution

Ausfallklasse *f* (IndE) risk allowance group

Ausfallkriterien *npl* (IndE) failure criteria

Ausfallmuster *n*
  (IndE) type sample *(cf, CSA Z 299)*
  (com) reference pattern *(syn, Referenzmuster)*

Ausfallquote *f*
  (IndE) failure quota
  (Fin) loan chargeoff ratio
  – default rate
  (ReW) delinquency ratio
  (ie, volume of outstanding delinquent accounts to sales for a specified period)

Ausfallrate *f*
  (IndE) non-achievement rate *(ie, in surveys)*
  – failure *(or* non-response*)* rate
  (IndE) proportion of defectives
  – refusal rate
  (IndE) failure rate

Ausfallraten-Vertrauensgrenze *f* (IndE) assessed failure rate

Ausfallrisiko *n*
  (Fin) risk of . . . default/nonpayment
  – non-payment risk
  – delinquency risk
  (ie, relating to receivables)
  (Fin) loan loss risk

ausfallsicher (IndE) fail safe

ausfallsichere Betriebsweise *f* (EDV) fail safe mode

Ausfallsummenkurve *f* (IndE) cumulative failure curve

Ausfallursache *f* (IndE) failure cause

Ausfallverhalten *n* (IndE) failure behavior

Ausfallwahrscheinlichkeit *f* (IndE) probability of failure

Ausfallwahrscheinlichkeitsdichte *f* (IndE) failure probability density

Ausfallwahrscheinlichkeitsverteilung *f* (IndE) failure probability distribution

Ausfallwahrscheinlichkeit *f* **von Leitungen** (EDV) network reliability

Ausfallzeit *f*
  (IndE) downtime
  – outage time
  (EDV) down/fault . . . time

ausfertigen (Re) to write out *(eg, document, agreement, contract)*

Ausfertigung *f*
  (com) copy *(ie, of official document)*
  (com) counterpart *(eg, of bill of lading)*

Ausfertigungsgebühr *f*
  (com) issue fee
  (com) charge for making out *(eg, duplicate, copy)*
  (Vers) policy issue fee

Ausfertigungstag *m* (com) day of issue

Ausfischung *f* (com) devastation of fishery resources

Ausflaggen *n* (com) sailing under a foreign flag

Ausfolgungsprotest *m* (WeR) protest for non-delivery *(ie, of bill of exchange)*

Ausfuhr *f*
  (AuW) export *(ie, act of exporting)*
  – exportation
  (AuW) export *(ie, article exported)*
  (AuW) exports *(ie, volume of goods exported)*

Ausfuhrabfertigung *f* (Zo) clearance on exportation

Ausfuhrabgaben *fpl*
  (EG) export levies
  – duties at exportation
  (ie, payable if world-market price levels are higher than Community prices)

Ausfuhrabschöpfung *f*
  (EG) price adjustment levy
  – export farm levy
  (ie, imposed in order to keep prices at high EEC levels)

Ausfuhragent *m* (AuW) export agent

Ausfuhranmeldung *f*
  (Zo) clearance on exportation
  – (GB) entry outwards

Ausfuhrartikel *m*
  (AuW) export article *(or* item*)*

Ausfuhrbescheinigung *f* (Zo) certificate of exportation

Ausfuhrbeschränkung *f* (AuW) export restriction

Ausfuhrbestimmungen *fpl* (AuW) export regulations

Ausfuhrbewilligung *f* (AuW) export license

Ausfuhrblatt *n* (Zo) exportation sheet *(ie, Stammabschnitt und Trennabschnitt: counterfoil and voucher)*

Ausfuhrbürgschaft *f* (AuW) export guaranty
  (ie, covers risks inherent in transactions with foreign governments; see also ‚Hermesdeckung')

Ausfuhrdokument *n* (AuW) export document

ausführen
  (com) to carry out *(eg, an order)*
  – to execute
  – to fill
  (AuW) to export *(syn, exportieren)*

ausführende Arbeit *f* (Bw) operative performance

ausführende Arbeitskraft *f* (Pw) operative

Ausführer *m* (com) exporter
  (ie, wer Waren nach fremden Wirtschaftsgebieten verbringt od verbringen läßt; Spediteur od Frachtführer ist nicht A.; § 1 1 AWV)

Ausfuhrerklärung *f*, AE (com) export declaration
  (ie, der Versandzollstelle zur Ausfuhrabfertigung vorzulegen; dient der statistischen Erfassung der Ausfuhren)

Ausfuhrerlaubnis f (AuW) export permit (or license)

Ausfuhrerlöse mpl (AuW) export earnings

Ausfuhrerlösschwankungen fpl (AuW) export revenue fluctuations

Ausfuhrerstattung f (EG) export refund (ie, rebate of domestic tax to exporter)

Ausfuhrfinanzierung f (AuW) export financing

Ausfuhrförderung f (AuW) export promotion (ie, sum total of measures designed to increase volume of exports of a particular country)

Ausfuhrförderungskredit m (AuW) export promotion credit

Ausfuhrförmlichkeiten fpl **erfüllen** (AuW) to carry out export formalities

Ausfuhrgarantie f (AuW) export credit guaranty (ie, covers risks inherent in transactions with private foreign firms; see also ‚Hermesdeckung')

Ausfuhrgenehmigung f (EG) export authorization

Ausfuhrgewährleistung f (AuW) export guaranty (cf, Hermes-Deckung)

Ausfuhr-Grundquote f (Zo) basic export quota

Ausfuhrgüter npl
(AuW) export commodities (or goods)
– exports

Ausfuhrhafen m (Zo) port of exit

Ausfuhrhandel m (AuW) export trade

Ausfuhrhändler m (AuW) export trader

Ausfuhrhändlervergütung f (AuW) refund of VAT to exporter

Ausfuhrkartell n (Kart) export-promoting cartel (syn, Exportkartell)

Ausfuhrkommissionär m (com) export commission agent

Ausfuhrkontingent n (AuW) export quota

Ausfuhrkontrolle f (AuW) export control (ie, pursuant to German foreign trade legislation)

Ausfuhrkontrollmeldung f (Zo) export notification for purposes of record

Ausfuhrkredit m (Fin) export credit

Ausfuhr-Kreditgesellschaft f (AuW) Export Credit Company
(ie, set up in 1952 by a group of West-German credit institutions for medium and long-term export financing; abbr. AKA)

Ausfuhrkreditversicherung f (Fin) export credit insurance
(ie, Hermes in Deutschland, ECGD in GB, Export-Import-Bank und Foreign Credit Insurance Association in USA; syn, Exportkreditversicherung)

Ausfuhrland n
(AuW) country of export
– exporting country

ausführlich beschreiben
(com) to describe in full detail
– to detail

ausführliche Bewerbung f (Pw) detailed application

ausführlicher Lebenslauf m
(Pw) detailed curriculum vitae
– career monograph
– detailed/full . . . career history

ausführlicher Prüfungsbericht m (ReW) accountant's detailed report

Ausfuhrlieferungen fpl (StR) export deliveries (ie, exempt from turnover tax, § 4 No. 1, § 6 UStG)

Ausfuhrlizenz f (EG) export license (ie, needed for farm products supplied to non-member countries)

Ausfuhrlizenz f **beantragen** (AuW) to file an application for an export license

Ausfuhrmarkt m (AuW) export market

Ausfuhrmeldung f (AuW) export notification (ie, submitted together with the export declaration, in the form of one copying set)

Ausfuhrmitgliedsstaat m (EG) Member State of export

Ausfuhr f **nach aktiver Veredelung** (Zo) exportation after inward processing

Ausfuhrnachweis m (StR) evidence of export shipment
(ie, requirement for exemption from turnover tax, § 6 No. 3 UStG)

Ausfuhrort m
(AuW) place of dispatch
(Zo) exit point

Ausfuhrpapier n (Zo) export document

Ausfuhrprämie f (AuW) export bounty

Ausfuhrpreisbestimmung f (AuW) export price regulation, § 9 AWG

Ausfuhrpreisindex m (AuW) export price index

Ausfuhrquote f (AuW) export quota

Ausfuhrrisiko n (AuW) export risk

Ausfuhrschein m (AuW) export declaration as per § 8 AWV

Ausfuhrsendung f (AuW) export consigment

Ausfuhrsperre f (AuW) embargo on exports

Ausfuhrstatistik f (AuW) export figures (ie, foreign trade statistics about cross-frontier movement of goods)

Ausfuhrsubvention f (AuW) export subsidy

Ausfuhrtag m (com) day of exportation

Ausfuhrüberschuß m (AuW) export surplus

Ausfuhrüberwachung f (AuW) export control (ie, pursuant to German foreign trade legislation)

Ausführung f
(com) carrying out (eg, of orders)
– execution
(com) model
(com) quality

Ausführungsanzeige f (Bö) contract note

Ausführungsbeispiel n (Pat) embodiment (eg, of an invention)

Ausführungsbestimmungen fpl (Re) implementing regulations

Ausführungsebene f (Bw) operating level

Ausführungsform f
(Pat) = Ausführungsbeispiel
(IndE) style

Ausführungsgeschäft n (Re) business transaction made by commission agent with a third party, of which he is to render an account to the principal, § 384 II HGB

Ausführungsgesetz n (Re) State Law Implementing a Federal Law

Ausführungsgrenzen fpl (com) scope of tender

Ausführungsphase f
(EDV) execution phase (syn, A-Phase)
(OR) contract-in-process phase

Ausführungsqualität *f*
 (IndE) workmanship
 (IndE) quality of conformance
 (ie, Übereinstimmung zwischen Ausführungs-
 planung und tatsächlicher Ausführung; DIN 55
 350, T. 11; syn, Qualität der Übereinstimmung)
Ausführungsverordnung *f* (Re) implementing ordi-
 nance
Ausführungszeichnung *f* (IndE) workshop drawing
Ausführungszeit *f*
 (EDV) execution time
 (ie, time during which actual work is carried out)
 (IndE) setup time + portion of job time
Ausführungszyklus *m* (EDV) execute cycle (or
 phase)
Ausfuhrverbot *n*
 (AuW) ban on exports
 – export prohibition
 – prohibition on exportation
Ausfuhrverbot *n* **wirtschaftlicher Art** (AuW)
 export prohibition imposed in the interest of the
 national economy
Ausfuhrvergütung *f* (StR) export rebate *(ie, applic-*
 able until 1967 when VAT was introduced)
Ausfuhrvertrag *m* (AuW) export contract *(ie, legal*
 transaction by which a resident agrees to supply
 goods to a customer in a foreign country)
Ausfuhrvolumen *n* (AuW) volume of exports *(ie,*
 total value of goods and services sent out of the
 country)
Ausfuhr *f* **von Arbeitslosigkeit** (Vw) transfer of unemployment to other countries *(ie, through beg-*
 gar-my-neighbor policy)
Ausfuhr *f* **von Waren** (AuW) export of commodities
Ausfuhr-Vorfinanzierungsversicherung *f* (Vers) insurance of export advance-financing *(ie, taken*
 out to protect credit institute against the risk of
 exporter's insolvency)
Ausfuhrwaren *fpl* (AuW) goods to be exported
Ausfuhrzahlen *fpl* (AuW) export figures *(ie, for-*
 eign trade statistics about cross-frontier move-
 ment of goods, broken down by types of com-
 modities)
Ausfuhrzoll *m* (Zo) customs duty on exportation
Ausfuhr-Zolldeklaration *f* (Zo) export declaration
Ausfuhrzollförmlichkeiten *fpl* (Zo) customs export
 formalities
Ausfuhrzollstelle *f* (Zo) customs office of exports
ausfüllen
 (com) to fill in
 – to fill out *(ie, a form)*
 – (GB) to fill in
 – (GB, *nonstandard*) to fill up
Ausgabe *f*
 (com) outlay
 – expense
 – expenditure
 (com) copy, number *(eg, of magazine)*
 (Fin) issue (or issuance) *(eg, shares)*
 (EDV) data output
Ausgabeabgeld *n* (Fin) offering discount
Ausgabeanforderung *f* (EDV) output request
Ausgabeaufgeld *n* (Fin) offering premium *(ie, ex-*
 cess of issue price over par value)

Ausgabebank *f*
 (Vw) bank of issue
 – issue bank
Ausgabebedingungen *fpl* (Fin) terms of issue
Ausgabebefehl *m* (EDV) output instruction
Ausgabebereich *m* (EDV) output area
Ausgabebetrag *m* (Fin) amount for which shares
 are issued
Ausgabebewilligung *f*
 (FiW) budget appropriation
Ausgabeblock *m* (EDV) output block
Ausgabebuch *n* (ReW) cash (or expense) book
Ausgabecode *m* (EDV) output code
Ausgabedaten *pl* (EDV) output data
Ausgabeeinheit *f* (EDV) = Ausgabegerät
Ausgabeermächtigung *f*
 (Fin) spending authority
 (FiW, GB) total obligational authority, TOA
 – (US) Budget Authority
 (ie, Grundformen: appropriations, contract au-
 thority, borrowing authority; gelten im Dt nach
 dem Grundsatz der qualitativen Spezialität aus-
 schließlich für die im Haushaltsplan genannten
 Zwecke; Übertragung auf andere Titel verboten)
Ausgabefunktion *f* (Vw) expenditure function
Ausgabegerät *n*
 (EDV) output device (or unit)
 (EDV) list device
 (ie, zur Darstellung od zum Drucken von Daten;
 eg, Drucker)
Ausgabegewohnheiten *fpl* (Mk) spending habits
Ausgabegrenze *f*
 (Fin) spending target
 (FiW) budget ceiling
 (ie, set forth in draft budgets)
Ausgabekanal *m* (EDV) output channel
Ausgabekurs *m*
 (Fin) issue price
 – initial offering price *(syn, Emissionskurs)*
Ausgabekurve *f* (Vw) outlay curve
Ausgabeliste *f* (OR) analysis sheet
Ausgaben *fpl*
 (com) expenditure
 – expenses
 – outlay
 (Fin) outflows *(ie, in preinvestment analysis)*
Ausgabenansätze *mpl* (FiW) expenditure estimates
Ausgabenbegrenzung *f* (FiW) spending limitation
Ausgabenbeleg *m* (ReW) disbursement voucher
Ausgabenbewilligung *f* (FiW, Fin) budget appropri-
 ation
Ausgaben *fpl* **decken** (com) to cover expenses
Ausgabeneigung *f* (Vw) propensity to spend
Ausgaben/Einnahmen *fpl* (ReW) outlays/receipts
Ausgaben *fpl* **einschränken**
 (com) to curtail
 – to cut
 – to limit ... expenditures
Ausgaben-Entscheidung *f* (Mk) spending decision
Ausgaben *fpl* **erhöhen** (Fin) to step up spending
Ausgabe *f* **neuer Aktien** (Fin) issue of new shares
Ausgabenfunktion *f* (Vw) expenditure function
Ausgaben *fpl* **für Auslandsreisen**
 (VGR) tourist outlays abroad
 – spending of tourists abroad

Ausgaben *fpl* **für Hausverwaltung** (StR) expenses for housekeeping
ausgabengleiche Kosten *pl* (KoR) cash-outlay costs
(ie, costs set equal to expenses; eg, taxes paid)
Ausgabengleichung *f* (Vw) spending equation
Ausgabengrenze *f*
  (FiW) budget ceiling
  – spending target
  (eg, set forth in fiscal blueprint)
Ausgabenkompetenz *f* (FiW) spending power
Ausgaben-Konsum-Kurve *f* (Vw) expenditure-consumption curve
Ausgabenkurve *f* (Vw) outlay curve
Ausgabenkurve *f* **der Nachfrager** (Vw) demand-outlay curve
Ausgaben *fpl* **kürzen**
  (com) to cut spending
  – to make cuts in spending
  – (infml) to put a lid on spending
  – (infml) to clamp down on spending
Ausgabenkürzung *f* (FiW) spending cut
Ausgabenmultiplikator *m* (Vw) expenditure multiplier
Ausgabenplan *m* (Fin) outgoing payments budget
  (ie, part of overall financial budget)
Ausgabenpolitik *f* (FiW) spending policy
Ausgabenquote *f* (FiW) quota of expenditure
Ausgabenquote *f* **für Auslandsreisen** (VGR) travel ratio
Ausgaben *fpl* **reduzieren**
  (com) to cut spending
  – (infml) to tighten purse strings
Ausgabenreste *mpl* (FiW) unspent budget balances
Ausgabenschub *m* (FiW) sharp rise of expenditure
Ausgabensteuer *f* (FiW) expenditure tax *(ie, imposed on use of income, described by N. Kaldor)*
Ausgabenstruktur *f* (Vw) pattern of expenditure
Ausgabenwährung *f* (Vw) expenditure currency
ausgabenwirksame Periodenkosten *pl* (KoR) out-of-pocket expense
ausgabenwirksames Gesetz *n* (FiW) spending bill
Ausgabenzuweisung *f* (ReW) allocation of expenditure
Ausgabepreis *m* (Fin) issue price *(ie, of investment fund share)*
Ausgabeprogramm *n* (EDV) output program *(or routine)*
Ausgabepufferspeicher *m* (EDV) output buffer
Ausgabesatz *m* (EDV) output record
Ausgabeschalter *m* (com) delivery counter
Ausgabeschreiber *m* (EDV) output writer
Ausgabespeicher *m* (EDV) output storage
Ausgabe *f* **von Gratisaktien** (Fin) bonus *(or scrip)* issue, qv
Ausgabewelle *f* (Vw) wave of expenditures
Ausgabewert *m* (Fin) issue price
ausgabewirksame (Perioden)kosten *pl* (KoR) out-of-pocket cost *(or expense)*
Ausgang *m* (EDV) output
Ausgang *m* **aus der Gemeinschaft** *f* (Zo) exit from the Community
Ausgänge *mpl* (Fin) outgoings
Ausgangsabfertigung *f* (Zo, GB) clearance outwards
Ausgangsabgaben *fpl* (StR) export duties and taxes

ausgangsabgabenpflichtig (StR) liable to export duties and taxes
Ausgangsdaten *pl* (Stat) raw *(or source)* data
Ausgangs-Durchgangszollstelle *f* (Zo) office of exit en route
Ausgangsfinanzierung *f* (Fin) initial finance
Ausgangsfracht *f*
  (com) freight out
  – (GB) carriage outward
Ausgangsfunktion *f*
  (OR) distributive
  – emitting
  – output ... function
Ausgangsgesamtheit *f* (Stat) parent population
Ausgangsgewicht *n* (Stat) base weight
Ausgangshypothese *f* (Log) starting assumption
Ausgangskapital *n* (Fin) initial capital
Ausgangskasse *f* (Mk) checkout
  (ie, Kassentisch mit Kasse im Ausgangsbereich e–r Verkaufsstelle)
Ausgangsknoten *m* (OR) output *(or starting)* node
Ausgangslager *n*
  (MaW) outgoing stores
  (IndE) salable products store *(or inventory)*
  (ie, Fertigerzeugnisse, Ersatzteile, Halbfabrikate, Handelswaren)
Ausgangsland *n* (AuW) country of departure
Ausgangsmatrix *f* (OR) original matrix
Ausgangspunkt *m* **der Trendlinie** (Stat) pivot of linear trend
Ausgangsraum *m* (Stat) sample space
Ausgangsrechnung *f* (com) sales invoice
Ausgangssprache *f* (Log) source language *(opp, Zielsprache = target language)*
Ausgangsstelle *f* (EDV) outconnector
Ausgangsstückliste *f* (IndE) master bill of materials
Ausgangsversand *m* (Zo) outward transit
Ausgangswert *m*
  (Stat) basic dimension
  (StR) basic value *(ie, of real estate or plot of land, comprising value of land, buildings, and external improvements)*
Ausgangszahl *f* (Stat) benchmark figure
Ausgangszollsatz *m* (Zo) basic duty
Ausgangszollstelle *f*
  (Zo) customs office outward
  – customs office at point of exit
  – office of exit
Ausgangszustand *m*
  (EDV) initial state
  (OR) starting state
ausgeben
  (com) to spend
  – to disburse
  – to expend
  – to lay out
  – to pay out
  (Fin) to issue *(eg, shares, banknotes)*
ausgebucht
  (com) booked up *(eg, for eight weeks ahead)*
  (ReW) expensed
  (ReW) charged off
  – written off
ausgedehnte Befugnisse *fpl* (Re) extensive powers
  (eg, available to the Federal Cartel Office)

ausgedient
(com) worn out
(com, infml, GB) clapped out *(eg, equipment, vehicle)*
(Pw) retired
ausgegebene Aktien *fpl* (Fin) issued shares
ausgegebenes Aktienkapital *n* (Fin) capital stock issued
ausgeglichener Haushalt *m*
(FiW) balanced
– in-balance
– in-line ... budget
ausgeglichenes Budget *n* (FiW) = ausgeglichener Haushalt
ausgeglichenes Ergebnis *n* (ReW) break-even result *(ie, no profit, no loss)*
ausgeglichenes Konto *n* (ReW) account in balance *(ie, credits equal debits)* – closed account
ausgehen (com) to eat out in restaurants
ausgehende Post *f* (com) outgoing mail
ausgelastete Knoten *mpl* (OR) rejected nodes
ausgelegte Kredite *mpl* (Fin) loans extended *(or granted)*
ausgereift
(com) sophisticated
– fully operational
– mature *(eg, product)*
ausgeschiedenes Wirtschaftsgut *n* (StR) replaced *(or retired)* asset, Abschn. 35 II EStR
ausgeschlossener Aktionär *m* (com) expelled shareholder
ausgeschüttete Dividende *f* (Fin) declared dividend
ausgeschüttete Gewinnanteile *mpl* (StR) distributive share of profits
ausgeschütteter Gewinn *m* (Fin) distributed profit
ausgesetzte Steuerfestsetzung *f* (StR) suspended tax assessment, § 165 II AO
ausgesperrt (Pw) locked-out
ausgewiesene eigene Mittel *pl* (ReW) reported equity *(ie, as shown in the balance sheet)*
ausgewiesener Gewinn *m* (ReW) reported earnings *(or income)*
ausgewiesenes Eigenkapital *n* (ReW) reported equity capital
ausgewiesenes Grundkapital *n* (ReW) capital stock disclosed in balance sheet
ausgezahlte Einkommen *npl* (VGR) income receipts
ausgezahlter Betrag *m* (Fin) amount paid out *(ie, to borrower)*
ausgezahlter Gewinnanteil *m* (Vers) bonus in cash
Ausgleich *m*
(com) balance
– compensation
– adjustment
– equalization
– settlement
– squaring
Ausgleich *m* **der Produktlebenszyklen** (Bw) life cycle balance
Ausgleich *m* **der Zahlungsbilanz**
(VGR) adjusting the balance of payments
(VGR) balance of payments equilibrium
Ausgleich *m* **der Zolltarife** (Zo) tariff harmonization

Ausgleich *m* **des Kapazitätsbedarfs** (OR) leveling of capacity requirements
Ausgleich *m* **durch Kauf/Verkauf** (Bö) evening up
ausgleichen
(com) to make up the difference
(com) to balance *(eg, an account)*
– to compensate *(eg, for a loss)*
– to equalize *(eg, incomes)*
– to settle *(eg, an account, claim)*
– to square *(eg, a debt)*
– to offset *(or smooth out)* *(eg, cyclical fluctuations)*
– to level out *(eg, differences)*
ausgleichender Fehler *m* (ReW) offsetting error
Ausgleichsabgabe *f* (AuW) = Ausgleichszoll, qv
Ausgleichsabgaben *fpl* (StR) contributions under the equalization of burdens law
Ausgleichsamt *n* (FiW) Equalization of Burdens Office *(ie, handling equalization cases on a lower administrative level, such as Land- and Stadtkreise)*
Ausgleichsanspruch *m* (Re) claim for adjustment *(made by a commercial agent, § 89b HGB)*
Ausgleichsarbitrage *f* (AuW) foreign-exchange arbitrage seeking the lowest rates to pay off a claim
Ausgleichsbetrag *m* **Beitritt** (EG) accession compensatory amount
Ausgleichsbuchung *f*
(ReW) offsetting entry
(ReW) charge back
Ausgleichsdividende *f* (Fin) equalizing dividend
Ausgleichsfaktor *m* (com) compensatory factor
Ausgleichsfinanzierung *f* (IWF) Compensatory Financing Facility
(ie, support given mainly to primary-commodity-producing countries)
Ausgleichsfonds *m*
(Fin) equalizing fund
(ie, Ausgleichskasse bei Konzernen und sonstigen Unternehmenszusammenschlüssen, um Gewinne und Verluste zu regulieren, die durch die Konzernpolitik bei einzelnen Unternehmenseinheiten entstehen)
(FiW) Equalization Fund
(ie, special-purpose fund, part of Equalization of Burdens system, receives levies and funds from public-sector budgets)
(AuW) Exchange Stabilization Fund
– (GB) Exchange Equalisation Account
Ausgleichsforderungen *fpl* (FiW) equalization claims
(ie, claims by banks and insurance companies against Federation and Laender, created by the West German Currency Reform)
Ausgleichsgesetz *n* **der Planung** (Bw) law of balancing organizational plans
(ie, implies continuous appraisal of interrelated operating plans or financial programs and removal of discrepancies among them; the overall planning or master budgeting is subject to the constraints of the ‚minimum (bottleneck) sector')
Ausgleichskalkulation *f* (com) compensatory pricing
(ie, Grundsatz der Preislinienpolitik; einzelne

Produkte od Produktgruppen werden mit unterschiedlich hohen Kalkulationsaufschlägen belegt; syn, Mischkalkulation, Kompensationskalkulation)

Ausgleichskredite *mpl* (FiW) borrowing to smooth budgetary irregularities

Ausgleichskürzungen *fpl* (FiW) compensatory cuts *(eg, made elsewhere in the budget)*

Ausgleichslager *n* (MaW) buffer/equalization... store

Ausgleichsleistung *f*
(FiW) equalization of burdens payment
(Fin) compensating payment

Ausgleichsmeßzahl *f* (StR) equalization figure *(ie, per capita collection figure multiplied by the number of inhabitants of each state)*

Ausgleichspolitik *f* (Vw) offset policy *(ie, in der Umweltpolitik; cf, Kompensationslösungen)*

Ausgleichsposten *m*
(ReW) balancing item
– compensating item
– offsetting item
– per contra item
(ReW) adjustment item *(eg, aus der Erstkonsolidierung = from initial consolidation)*

Ausgleichsposten *m* **aus der Konsolidierung** (ReW) adjustment resulting from consolidation

Ausgleichsposten *m* **zur Auslandsposition** (VGR) balance on official settlements

Ausgleichsprämie *f*
(Pw) catch-up allowance
(IndE) compensating bonus

Ausgleichsrücklage *f*
(ReW) equalization reserve
– operating reserve
(ie, zur gleichmäßigen Verteilung ungleichmäßig anfallender Aufwendungen)

Ausgleichsschleife *f* (EDV) tape loop

Ausgleichsteuer *f*
(StR) turnover equalization tax
(ie, under the former law imposed on imported goods in order to equalize the tax burden of imported goods and of domestic goods; now ‚Einfuhrumsatzsteuer')

Ausgleichsteuerordnung *f* (StR) Ordinance Regulating the Turnover Equalization Tax

Ausgleichstransaktionen *fpl*
(AuW) accommodating movements
– accommodating/settling... transactions
(syn, induzierte Transaktionen)

Ausgleichszahlung *f*
(Fin) deficiency/equalization... payment
(StR) compensatory payment, § 304 I KStG

Ausgleichszoll *m*
(AuW) countervailing duty
– compensating/compensatory... tariff
– contingent/matching... duty
(syn, Ausgleichsabgabe)

Ausgleichszugeständnisse *npl* (AuW) compensatory concessions

Ausgleichszuweisungen *fpl* (FiW) equalization payments

Ausgleichungspflicht *f* (Re) hodgepodge (GB: hotchpotch) liability
(ie, liability to account for certain kinds of gift

received from the deceased during his life, §§ 2050 ff, 2316 BGB)*

Ausgleich *m* **von Wertminderungen** (ReW) equalization of asset losses

ausgliedern
(com) to spin off *(ie, part of a company)*
(Fin) to divest
– to sell off
– to shed
– to unload
(ie, security holdings, foreign assets, subsidiaries)

ausgründen (com, GB) to hive off *(ie, to separate parts of a company and start a new firm)*

aushandeln (com) to negotiate

aushändigen
(com) to hand over
(com) to deliver

Aushilfe *f* (Pw) temporary worker *(ie, employed for a limited period)*

Aushilfskraft *f*
(Pw) casual worker
(Pw) office temp
– temporary office help *(syn, Bürohilfe)*

Aushilfslöhne *mpl* (com) part-time salaries

Aushilfspersonal *n* (Pw) temporary personnel

Aushöhlung *f* (EDV) bucket *(ie, in direct access storage)*

Aushöhlung *f* **der Steuerbasis** (FiW) tax erosion

Aushöhlung *f* **e-s Gesetzes** (Re) dismantling of a law

Aushöhlungseffekt *m* (Vw) backwash effect *(ie, in developing countries)*

auskalkulieren (com) to make a complete estimate

auskehren (Fin) to pay out

Auskehrung *f* (FiW) rundown of public authorities' bank balances

ausklammern (Math) to factor out a term

Auskunft *f* (com) directory assistance *(ie, in telephone traffic)*

Auskunftei *f*
(com) commercial agency
– *(rare)* mercantile agency
– (GB) credit... agency/bureau
– (GB) credit reporting agency
(ie, erteilt Auskünfte insbesondere über Kreditwürdigkeit, the financial standing of persons)

Auskunftsersuchen *n* (Re) request for information

Auskunftspflicht *f* (com) duty to disclose information
(ie, in various contexts; eg, by employers, by taxpayers as laid down in §§ 93 ff AO, for statistical purposes, in competition law, in foreign trade law)

Auskunftsrecht *n* (Re) right to demand information
(ie, from the managing board during a general meeting of a stock corporation, § 131 AktG)

Auskunftsschein *m* (com) information slip *(eg, supplied by commercial agencies)*

Auskunftsstellen *fpl* **für den Außenhandel** (AuW) foreign-trade information agencies *(ie, chambers of commerce or other trade associations)*

Auskunftssystem *n*
(EDV) information system
(EDV) inquiry system

Auskunftsverlangen *n* (Kart) request for information

87

Ausladebahnhof *m* (com) unloading railroad station

ausladen
(com) to unload
– to discharge

Auslage *f*
(Mk) window display
– goods displayed

Auslagefenster *n* (Mk) shop window

Auslagematerial *n* (Mk) display materials *(ie, for shop window)*

Auslagen *fpl*
(com) expenses
– outlays

Auslagenersatz *m* (com) reimbursement of expenses
(ie, under civil and commercial law, under civil procedure provisions, and under wages tax law)

Auslagenklausel *f* (SeeV) disbursement clause

auslagern
(com) to take out of stock and transfer to another place
(Mk) to sell from stock

Auslagerung *f* (EDV) roll in/roll out

Auslagetisch *m* (com) display counter

Ausland *n*
(Re) foreign country *(eg, in turnover tax law and foreign trade law)*
(VGR) rest of the world

Ausländer *m* (Re) non-resident

Ausländerdepot *n* (Fin) non-resident securities account

Ausländerguthaben *npl* (Fin) external assets

Ausländerkonten *npl* (Fin) non-resident accounts *(ie, with German banks, held by natural or legal persons domiciled abroad)*

Ausländerkonvertibilität *f* (Fin) external *(or* non-resident) convertibility

Ausländerrecht *n* (Re) law relating to non-residents

Ausländerreiseverkehr *m* (AuW) foreign tourist trade

Ausländersicherheit *f* (Re) foreigner's security *(ie, at request of defendant deposited in German court by foreign plaintiff to cover estimated cost of litigation)*

Ausländersonderkonto *n* (AuW) special non-resident account

ausländische Anleihe *f*
(Fin) foreign bond
– external loan
(ie, loan raised by a foreigner in Germany; see also: Auslandsanleihe)

ausländische Arbeitnehmer *mpl* (Pw) foreign employees *(or* workers)

ausländische Arbeitskräfte *fpl* (Pw) = ausländische Arbeitnehmer

ausländische Betriebsstätte *f*
(StR) permanent establishment abroad
– foreign permanent establishment

ausländische Direktinvestitionen *fpl*
(Fin) foreign direct investment
– direct outward investment
(ie, management control resides in the investor lender; lender is often the parent corporation and the borrower its foreign subsidiary or affiliate, both being part of a multinational or transnational corporation)

ausländische DM-Anleihe *f* (Fin) international DM bond

ausländische Einkünfte *pl*
(StR) foreign-source income
– income received from abroad
(ie, by natural or legal persons subject to unlimited tax liability)

ausländische Emittenten *mpl* (Bö) foreign issuers

ausländische Fluggesellschaft *f*
(com) foreign airline
– (US) foreign carrier

ausländische Investitionen *fpl* (AuW) non-residents' investments *(ie, in West Germany)*

ausländische Konkurrenz *f* (com) foreign rivals *(or* competitors)

ausländische Körperschaften *fpl* (Re, StR) foreign corporations

ausländische Märkte *mpl* (com) foreign markets

ausländische Märkte *mpl* **erobern** (com) to conquer *(or* penetrate) foreign markets

ausländische Mitarbeiter *mpl*
(Pw) non-German personnel
– foreign employees

ausländische Quellensteuer *f* (StR) foreign tax withheld at source

ausländischer Abnehmer *m* (StR) foreign customer *(ie, term used in turnover tax law, § 6 I 1 UStG)*

ausländischer Anteilseigner *m* (Fin) non-resident shareholder

ausländischer Arbeitnehmer *m* (Pw) foreign employee *(or* worker)

ausländischer Emittent *m* (Fin) non-resident

ausländische Rentenwerte *mpl* (Fin) foreign bonds

ausländischer Schiedsspruch *m* (Re) foreign arbitral *(or* arbitration) award

ausländischer Versicherer *m*
(Vers) foreign insurer
– alien carrier

ausländisches Einkommen *n* (StR) foreign source income

ausländisches Fabrikat *n* (com) foreign product

ausländisches Stammhaus *n*
(com) foreign headquarters

ausländisches Vermögen *n* (StR) assets held abroad *(ie, part of total taxable assets, except if tax liability is limited; valuation as per § 31 BewG)*

ausländische Tochtergesellschaft *f* (com) foreign subsidiary
(ie, a corporation abroad in which a domestic company holds at least a material interest)

ausländische Unternehmungen *fpl* **im Inland** (Re) domestic enterprises in which non-residents hold an equity stake

ausländische Währung *f* (Fin) foreign currency

ausländische Werte *mpl* (StR) invoice amounts in foreign currency, § 53 UStDV

Auslandsabsatz *m* (com) export *(or* external) sales

Auslandsabteilung *f*
(com) foreign operations department
(Fin) international department *(of a bank)*

Auslandsakkreditiv *n* (Fin) credit opened in a foreign country

Auslandsaktiva *npl* (AuW) external (*or* foreign) assets

Auslandsakzept *n* (Fin) foreign acceptance *(ie, draft accepted by foreign buyer)*

Auslandsamt *n* (EDV) international exchange

Auslandsanlage *f* (Fin) foreign investment

Auslandsanleihe *f*
(Fin) external loan
– foreign bond
(ie, im Inland aufgelegte Anleihe ausländischer Emittenten; issued abroad by a domestic debtor in foreign or domestic currency or loan issued by a foreigner in Germany, the latter also being termed ,ausländische Anleihe')

Auslandsarbitrage *f* (Fin) outward arbitrage

Auslandsauftrag *m*
(AuW) order from abroad
– foreign order

Auslandsausleihungen *fpl* (Fin) cross-border lending

Auslandsbank *f* (Fin) foreign bank *(ie, one mainly operating abroad)*

Auslandsbelegschaft *f*
(Pw) employees operating abroad
– employees outside Germany

Auslandsbesitz *m* (AuW) non-resident's holding

Auslandsbestellung *f* (AuW) = Auslandsauftrag

Auslandsbeteiligung *f*
(Fin) foreign participations (*or* shareholdings)
(Fin) associated company abroad

Auslandsbezug *m* (com) purchase from foreign suppliers

Auslandsbonds *pl* (Fin) external bonds *(ie, German fixed-interest bonds in foreign currency)*

Auslandsbrief *m* (com) letter sent abroad

Auslandsdebitoren *pl* (Fin) foreign receivables (*or* debtors)

Auslandseinlage *f* (Fin) non-resident deposit

Auslandseinsatz *m* (Pw) international assignment *(ie, Entsendung von Mitarbeitern für ausländische Niederlassungen e–r multinationalen Unternehmung)*

Auslandsemission *f* (Fin) foreign issue

Auslandsfactoring *n* (Fin) international (*or* multinational) factoring

Auslandsfiliale *f*
(com) foreign branch
– branch abroad
– overseas branch

Auslandsfiliale *f* **eröffnen** (com) to establish a foreign branch (*or* a branch abroad)

Auslandsflug *m* (com) nondomestic flight

Auslandsforderungen *fpl*
(AuW) external claims
(ReW) foreign receivables

Auslandsfracht *f* (com) cargo/freight... sent abroad

Auslandsgelder *npl* (Fin) foreign funds

Auslandsgeschäft *n*
(com) international business
(Fin) provision of international banking services
(Fin) external transactions
(ie, in securities, made either abroad or between resident and non-resident, § 24 KVStG)

Auslandsgespräch *n* (com) international call

Auslandsguthaben *npl*
(AuW) foreign assets (*or* claims)
(Fin) funds (*or* balances) abroad
(Fin) non-resident deposits

Auslandshandelskammer (AuW) foreign-trade chamber of commerce

Auslandshilfe *f* (Vw) external economic aid

Auslandsinvestition *f*
(Bw) foreign investment
– investment abroad
(ie, may be either direct or portfolio investment)

Auslandsinvestitionsgesetz *n* (Re) Law on Foreign Investments, of 18 Aug 1969, as amended

Auslands-Investmentgesetz *n* (Re) Foreign Investment Law, of 28 July 1969, as amended

Auslandskapital *n* (AuW) foreign capital *(ie, capital supplied from other countries, as direct or portfolio investment or as loans)*

Auslandskäufe *mpl* (Bö) foreign buying

Auslandskonkurrenz *f*
(com) foreign competitors (*or* rivals)
– competition from abroad

Auslandskontakte *mpl* (com) contacts abroad (*or* in foreign countries)

Auslandskonto *n*
(VGR) rest-of-the-world account
(Fin) foreign account *(ie, account held at a bank abroad)*

Auslandskorrespondent *m*
(com) clerk handling foreign correspondence
(Fin) foreign correspondent (bank)

Auslandskorrespondenz *f* (com) foreign correspondence

Auslandskredit *m*
(Fin) foreign lending
– loan extended to foreigner
(Fin) foreign borrowing (*or* loan)
(ie, loan obtained from abroad)

Auslandskreditgeschäft *n* (Fin) international lending business

Auslandskunde *m*
(AuW) foreign customer
– overseas buyer

Auslandsmarkt *m* (AuW) foreign market

Auslandsmesse *f* (com) foreign trade fair

Auslandsnachfrage *f* (AuW) external (*or* foreign) demand

Auslandsnetz *n* (Mk) foreign network

Auslandsniederlassung *f* (com) foreign branch *(ie, set up by residents in foreign countries to establish permanent business relations)*

Auslandsobligo *n* (Fin) total lendings to foreigners

Auslandspassiva *npl* (AuW) external liabilities

Auslandspatent *n* (Pat) foreign patent *(ie, obtained abroad or granted to foreigners)*

Auslandsposition *f* (AuW) external position

Auslandspostanweisung *f* (Fin) international money order

Auslandsreiseverkehr *m* (AuW) foreign travel

Auslandsreise-Versicherung *f* (Vers) foreign travel insurance

Auslandsrente *f* (Pw) pension payable to non-residents

Auslandsrepräsentanz *f* (Fin) representative office abroad

Auslandssaldo *m* (AuW) net foreign position
Auslandsscheck *m* (Fin) foreign check
Auslandsschulden *fpl*
  (AuW) external (*or* foreign) debt
  (Fin) foreign liabilities
  – external liabilities
Auslandssendung *f* (com) postal consignment sent
  abroad or received from abroad
Auslandsstatus *m* (Fin) foreign assets and liabilities
  (*or* position)
Auslandtochter *f* (com) foreign (*or* overseas) sub-
  sidiary
Auslandtourismus *m* (VGR) international tourism
Auslandsumsatz *m*
  (Stat) sales abroad *(ie, all direct supplies of*
  goods and services to a consignee abroad, plus
  deliveries to German exporters)
  (com) international sales
  – export turnover
Auslandsverbindlichkeit *f*
  (AuW) external indebtedness
  – liability to non-resident
  – foreign liability
Auslandsverkäufe *mpl* (Bö) foreign selling
Auslandsvermögen *n*
  (VGR) foreign
  – external
  – international... assets *(ie, German assets*
  abroad)
Auslandsverpflichtung *f* (AuW) international capital links´
Auslandsverschuldung *f* (Fin) foreign/external...
  indebtedness *(ie, volume of claims due to for-*
  eigners)
Auslandsvertreter *m*
  (com) foreign representative
  – agent abroad
Auslandswährung *f* (Fin) foreign currency
Auslandswechsel *m* (Fin) external (*or* foreign) bill
  (ie, drawn by a bank on a foreign correspondent
  bank)
Auslandswerte *mpl*
  (AuW) foreign assets
  (ie, fixed assets abroad, DM claims against non-
  residents, foreign means of payment, receivables
  and securities, § 4 II AWG)
  (Bö) foreigners
Auslandszahlung *f*
  (Fin) foreign payment
  (Fin) payment from abroad
Auslandszahlungsverkehr *m* (AuW) foreign (*or* international) payments transactions
Auslandszulage *f*
  (Pw) foreign service pay *(ie, mostly in percent of*
  pay)
  – expatriation allowance
auslasten
  (IndE) to utilize *(eg, capacity of plant)*
  – to work a plant at... pct
Auslastung *f*
  (com) load(ing) factor
  (ie, von Verkehrsflugzeugen = of commercial
  aircraft: ratio of passengers to seats on a given
  flight; syn, Auslastungsfaktor)
  (IndE) = Auslastungsgrad

Auslastung *f* **im Fertigungsbereich**
  (IndE) capacity use in manufacturing
  – industrial capacity utilization
Auslastungsfaktor *m* (com) = Auslastung, qv
Auslastungsgrad *m*
  (IndE) rate of capacity utilization
  – plant utilization rate
  – operating rate
  – operating performance *(eg, was only 90% of*
  normal)
  (EDV) relative throughput
  – utilization *(syn, relativer Durchsatz)*
Auslastungsgrad *m* **von Arbeitskräften** (Pw) overall
  performance
Auslastungskontrollkarte *f* (IndE) load chart
Auslastungsplan *m* (IndE) loading schedule
auslastungssensible Bereiche *mpl* (Bw) areas sensitive to capacity utilization
auslaufen
  (com) to run out
  – to discontinue
  – to phase out
Auslaufen *n*
  (com) phase-out *(eg, programs, projects)*
  (Stat) tail off *(ie, of a frequency distribution)*
auslaufender Brief *m* (com) outgoing letter
auslaufender Vertrag *m* (Re) expiring contract
auslaufen lassen (com) to taper off *(eg, subsidies)*
Auslaufen *n* **von Häufigkeitsverteilungen** (Stat) tail
  off
Auslauftag *m* (Fin) expiration date *(ie, bei De-*
  visenoptionen)
auslegen
  (Re) to interpret
  – to construe
  (eg, this part of the contract shall be construed as
  binding on both parties)
  (Pat) to open applications to public inspection
  (IndE) to design
  – to lay out
Auslegeschrift *f* (Pat) patent specification open to
  public inspection *(ie, comprises description and*
  drawings)
Auslegung *f*
  (Re) construction
  – interpretation
  (eg, to put a broad or strict construction upon; see
  §§ 133, 157 BGB, § 1 StAnpG)
Auslegungsregeln *fpl* (com, Re) rules of interpretation (*or* construction)
Auslegung *f* **von Betriebsanlagen** (IndE) plant
  layout
ausleihen (Fin) to lend
Ausleiher *m* (Fin) lender
Ausleihquote *f* (Fin) lendings ratio
Ausleihungen *fpl*
  (Fin) (total) lendings
  – total amount loaned
  – asset exposure *(of a bank)*
Ausleihungen *fpl* **an Gesellschafter** (ReW) loans to
  shareholders
Ausleihungen *fpl* **an nahestehende Personen** (ReW)
  loans to affiliated persons
Ausleihungen *fpl* **an verbundene Unternehmen**
  (ReW, EG) loans to affiliated companies

(ie, auf längere Zeit angelegte Darlehen; entscheidend ist die ursprüngliche, nicht die Restlaufzeit; cf, § 266 HGB, im Ggs zu § 151 aF AktG)

Ausleihungen *fpl* **des Finanzvermögens**
(Fin) long-term financial investments

Ausleihungen *fpl* **mit e-r Laufzeit von mindestens 4 Jahren** (Fin) loans for a term of at least 4 years

auslesen (EDV) to read out

Auslesen *n* (EDV) readout

ausliefern (com) to deliver

Auslieferung *f* (com) delivery *(eg, of goods, securities)*

Auslieferungsanspruch *m* (com) right/claim... to delivery

Auslieferungsauftrag *m* (com) delivery order

Auslieferungslager *n*
(com) consignment stock *(ie, inventory of consigned goods committed to the consignee at consignor's expense)*
(com) distributing warehouse
– field store
(ie, from which customers are supplied direct)

Auslieferungsprovision *f* (com) delivery commission
(ie, payable to commission agent when transaction, that is, receipt, storage, and delivery, has been carried out, § 396 HGB)

Auslieferungsversprechen *n* (com) promise to deliver

AuslInvG (Re) = Auslandsinvestitionsgesetz

Auslobung *f* (Re) public... offer/promise of reward, § 657 BGB
(ie, example of an obligation arising from a unilateral declaration, not from contract)

Auslobungstarife *mpl* (com) exceptional rates in railroad transport for delivery of minimum quantities

auslosbar
(Fin) redeemable by drawings
– drawable

auslösen
(com) to set off
– to spark off
– to trigger off
– to ignite

auslösender Faktor *m* (com) initiating source *(eg, of excess demand and a soaring price level)*

Auslosung *f*
(Fin) bond drawing *(ie, form of repayment of bonds during their life)*
(Mk) prize competition *(ie, in advertising)*

Auslösung *f*
(Pw) field/accommodation... allowance *(ie, paid during employment abroad)*
(Pw) termination/severance... payment *(ie, for early retirement)*

Auslosungsanleihe *f*
(Fin) lottery... loan/bonds
– bonds issued by public authorities and redeemable by drawings

Auslosungsanzeige *f* (Fin) notice of drawing

Auslosungskurs *m* (Fin) drawing price

Auslösungspreis *m* (EG) activating price *(ie, on EEC farm markets)*

Auslosungstermin *m* (Fin) drawing date

ausmachender Betrag *m* (Fin) actual amount
(ie, market price + interest for fixed-interest securities; market price for variable-interest securities)

ausmultiplizieren (Math) to multiply out

ausmustern
(com) to sort out and discard *(eg, models, vehicles)*
(com) to produce new designs or patterns

Ausmusterung *f*
(com) sorting out and discarding
(com) production of new designs or patterns

Ausnahmen *fpl* **von der Besteuerung** (StR) nontaxable transactions, § 22 KVStG

Ausnahmetarife *mpl* (com) low freight rates in railroad or commercial long-distance transport, granted for economic or social reasons

ausnutzen (Pat) to work (a patent)

Ausnutzungsgrad *m* (IndE) = Auslastungsgrad

Ausnutzungsmodus *m* **eines Kontingents** (Zo) system of utilization of quota

Ausnutzung *f* **vorhandener Anlagen** (Bw) utilization of existing plant

auspacken
(com) to unpack
(Pw, infml) to speak out *(or up)*

Auspendler *m* (com) commuter

ausprägen
(Vw) to coin
– to mint

Ausprägung *f*
(Stat) attribute
– characteristic
(Vw) coining
– minting

auspreisen (com) to price *(ie, to put price tags on articles)*

ausrechnen
(com) to calculate
– to work out *(eg, a sum)*
– (US) to figure out

Ausrechnung *f*
(com) worked-out figures
(com) calculation

ausreichen (Fin) to extend *(eg, a loan)*

ausreichendes Kapital *n*
(Fin) sufficient capital
– capital adequacy

ausreichende Sorgfalt *f* (Re) adequate care

ausreichend finanziert (Fin) adequately funded

Ausreißer *m*
(Stat) outlier
– maverick
(Stat) ,runaway' product

Ausrundungsfläche *f* (EDV, CAD) fillet surface

ausrüsten
(com) to equip
– to outfit

ausrüsten mit
(com) to equip with
– to fit out/up

Ausrüster *m*
(com) outfitter
(com) managing owner *(of a ship)*

Ausrüstung *f*

(com) equipment
– plant
Ausrüstungsgegenstand *m* (com) piece of equipment
Ausrüstungsgüter *npl* (com) machinery and equipment
Ausrüstungsindustrie *f* (com) supplies industry *(eg, in making aircraft)*
Ausrüstungsinvestitionen *fpl*
(Bw) plant and equipment expenditure
– plant and equipment outlay
– plant and equipment spending
– equipment investment
– equipment spending
– investment in plant and equipment
(opp, Bauinvestitionen, Lagerinvestitionen)
Ausrüstungsvermietung *f* (Fin) equipment leasing
Aussage *f* (Log) statement
(ie, in a declarative sentence; note that ‚proposition' is usually reserved to denote the content of meaning of a declarative sentence)
aussagefähig (com) meaningful
Aussageform *f*
(Log) propositional formula
– sentential formula
(Log) well-formed formula, wff
Aussagefunktion *f* (Log) propositional *(or* statement) function
Aussagefunktor *m*
(Log) propositional connective
– sentential operator
Aussagekraft *f* (Log) informative value
Aussagenkalkül *n* (Log) propositional *(or* sentential) calculus
(ie, system containing ‚Aussagenvariable' and ‚aussagenlogische Verknüpfungen' = propositional variables and logical connectives)
Aussagenkomplex *m*
(Log) molecular statement
(Log) set of interrelated propositions
Aussagenlogik *f* (Log) propositional *(or* sentential) logic *(ie, theory of truth-functions)*
aussagenlogische Ableitbarkeit *f* (Log) propositional deducibility
aussagenlogische Deduktion *f* (Log) sentential inference
aussagenlogische Konstante *f* (Log) propositional constant
aussagenlogisches Argument *n* (Log) sentential logic argument
aussagenlogische Verknüpfung *f* (Log) propositional *(or* sentential) connective
Aussagenvariable *f* (Log) propositional variable
Aussagenwahrscheinlichkeit *f* (Log) probability of statement
Aussagenzusammenhang *m* (Log) set of interrelated propositions
Aussagewahrscheinlichkeit *f* (Stat) confidence coefficient *(syn, Vertrauenskoeffizient)*
ausschalten
(com) to eliminate *(eg, rivals)*
(com, infml) to cut out *(eg, go-between, financial institutions)*
(EDV) to deactivate
– to disable

Ausschalten *n* **von Saisonbewegungen** (Stat) seasonal adjustment
Ausschaltung *f* **der Konkurrenz** (Bw) elimination of competitors *(or* rivals)
ausscheiden
(com) to eliminate
– to exclude
– to remove
(com) to retire
– to withdraw
– to leave
Ausscheiden *n*
(com) retirement *(eg, of a partner)*
– withdrawal
(Vw) exit *(ie, of supplier or demander)*
Ausscheiden *n* **aus dem Erwerbsleben** (Pw) withdrawal from employment *(or* working life *or* labor force)
Ausscheiden *n* **aus dem EWS** (AuW) withdrawal from the European Monetary System, EMS
ausscheidend (com) outgoing *(eg, chairman)*
ausscheidender Gesellschafter *m* (com) retiring *(or* withdrawing) partner
Ausscheiden *n* **e-s Wirtschaftsgutes** (Bw) retirement of an asset
Ausscheidetafel *f* (Vers) table of decrements
Ausscheidungsrate *f* (Fin) cut-off point *(or* rate) *(ie, in preinvestment analysis)*
Ausscheidungswettbewerb *m* (Pw) competitive examination
ausscheren (com) to pull out *(ie, of business, sector, industry)*
ausschiffen
(com) to land
– to discharge
– to unload
ausschlachten
(com) to cannibalize
– to disassemble
(ie, to use a broken or retired machine or plant for the repair of another)
Ausschlachten *n* **von Unternehmen** (com, infml) asset stripping
ausschlaggebende Interessen *npl* (com) overriding interests
ausschlaggebende Stimme *f*
(Pw) casting
– decisive
– tie-breaking . . . vote *(eg, at board meeting)*
Ausschlagung *f* **e–r Erbschaft** (Re) disclaimer of an inheritance (GB: of an estate); § 3 II 4 ErbStG
Ausschlagung *f* **e–s Vermächtnisses** (Re) disclaimer of a testamentary gift *(or* specific legacy)
Ausschlagungsfrist *f* (Re) period of disclaimer, § 1956 BGB
ausschließen
(com) to exclude
– (infml) to boot off *(eg, company booted off the stock exchange)*
ausschließende Disjunktion *f* (Log) exclusive disjunction
ausschließende Einrede *f* (Re) peremptory defense *(or* exception) *(syn, dauernde od zerstörliche od peremptorische Einrede)*
ausschließendes ODER *n*

(EDV) exclusive OR
- non-equivalence
- anti-coincidence . . . operation
- diversity
- except
- exjunction
- symmetric difference
(syn, Antivalenz, Kontravalenz)

„ausschließendes-Oder"-Knoten *m* (OR) exclusive-or node

ausschließen von
(com) to bar from *(eg, practising)*
- to exclude from

ausschließlich (com) exclusive of

ausschließliche Benutzung *f* (Pat) exclusive use

ausschließliche Lizenz *f* (Pat) exclusive license

ausschließlicher Lizenzvertrag *m* (Pat) exclusive license agreement *(opp, nicht-ausschließlicher/einfacher Lizenzvertrag)*

ausschließliche Zuständigkeit *f* (Re) exclusive jurisdiction *(ie, proceedings can be brought in only one court; opp, konkurrierende Z.)*

Ausschließlichkeitsbindung *f* (Kart) exclusive dealing

Ausschließlichkeitserklärung *f* (Re) agreement to deal exclusively with one business partner in certain types of transactions *(eg, in cartel or broker agreements, also often requested in banking)*

Ausschließlichkeitsklausel *f* (Kart) tying clause

Ausschließlichkeitspatent *n* (Pat) exclusive patent

Ausschließlichkeitsvertrag *m*
(Mk) exclusive dealer arrangement
(Pat) exclusive licensing agreement

Ausschließung *f* e–s **Gesellschafters** (Re) exclusion *(or* expulsion) of a partner *(eg, by virtue of § 140 HGB)*

Ausschließungsgrund *m* (Re) personal circumstance with respect to a partner, which would entitle the other members of a partnership to demand its dissolution under § 140 HGB

Ausschließungsklage *f* (Re) litigation seeking exclusion of one or several members of a OHG or KG

Ausschließungsurteil *n* (Re) court order to exclude partner from OHG or KG

Ausschluß *m* (Kart, US) (market) foreclosure *(ie, Aussperrung von Konkurrenten vom Markt, zB durch Selbstkosten- und Absatzpreissenkung)*

Ausschluß *m* der **Haftung** (Re) exclusion of liability

Ausschluß *m* der **Steuerbefreiung für Ausfuhrlieferungen** (StR) exemption of export deliveries

Ausschlußfrist *f*
(Re) preclusive/bar . . . period
(ie, Frist, nach deren Ablauf das Recht erlischt; cf, § 121 BGB; im Dt besonders im Arbeitsrecht; compulsory period prescribed for the exercise of certain rights, such as the right to avoid a legal transaction on the ground of error or fraud; syn, Verwirkungsfrist, Verfallfrist)

Ausschlußkauf *m* (Mk) preclusive buying *(ie, to prevent someone else from buying)*

Ausschlußprinzip *n* (Vw) exclusion principle

Ausschlußprinzip *n* des **Preises** (FiW) exclusion principle *(ie, applied to distinguish between private and public goods)*

Ausschlußrecht *n* (Re) exclusive *(or* exclusionary) right

ausschöpfen
(com) to exhaust
- to utilize *(eg, a loan)*

Ausschöpfung *f* e–s **Kontingents** (AuW) exhausting a quota

Ausschöpfung *f* von **Kapazitätsreserven** (Bw) exhaustion of capacity reserves

ausschreiben
(com) to invite tenders
- to put out/up . . . for tender
- to advertise for bids

Ausschreibung *f*
(com) invitation to bid *(or* tender)
- request for bids
(ie, published notice that competitive bids are requested; syn, Submission)

Ausschreibung *f* der **Ausfuhrabschöpfung** (EG) tendering for export levies

Ausschreibung *f* e–r **Emission** (Fin) offer for sale by competitive bidding

Ausschreibung *f* im **Tenderverfahren** (Bö) offer for sale by tender *(ie, relating to new issues of equities)*

Ausschreibungsbedingungen *fpl*
(com) terms/conditions . . . of tender
- bidding requirements

Ausschreibungsfrist *f* (com) bidding period

Ausschreibungsgarantie *f* (com) bid bond

Ausschreibungskonsortium *n* (com) bidding syndicate

Ausschreibungsunterlagen *fpl* (com) tender documents *(or* specifications)

Ausschreibungsverfahren *n*
(com) bid . . . process/procedure
- tendering procedure

Ausschreibungswettbewerb *m* (com) competitive bidding on a tender basis

Ausschuß *m*
(com) committee
(IndE) lost units
- rejects
- spoilage *(ie, not reprocessed or sold)*
(IndE) defective *(or* subquality) units *(ie, reworked and sold)*

Ausschußabweichung *f* (KoR) spoilage rate variance *(ie, difference between budgeted and actual rates)*

Ausschußanteil *m*
(IndE) fraction defective

Ausschußbetrieb *m* (Bw) executive structure *(ie, of a Verbandbetrieb: comprises committees varying in size from 3 to 30 members)*

Ausschuß *m* der **Präsidenten der Zentralbanken der Mitgliedstaaten der** (EG) Committee of the Governors of the Central Banks of the EC Member States

Ausschuß *m* für **allgemeine Zollregelungen** (EG) General Customs Procedures Committee

Ausschuß *m* für **das gemeinschaftliche Versandverfahren** (EG) Committee on Community transit operations

Ausschuß *m* für **das harmonisierte System** (EG) Harmonized System Committee

Ausschuß m für das Schema des Gemeinsamen Zolltarifs (EG) Committee on Common Customs
Tariff Nomenclature

Ausschuß m für das Zolltarifschema (EG)
Nomenclature Committee

Ausschuß m für den aktiven Veredelungsverkehr
(EG) Inward Processing Committee

Ausschuß m für den Zollwert (EG) Valuation
Committee

Ausschuß m für Umweltfragen (com) environmental committee

Ausschuß m für Wirtschaft (com) committee on
economic affairs

Ausschuß m für wirtschaftliche Zusammenarbeit
(com) committee on economic cooperation

Ausschuß m für Wirtschaftspolitik (EG) Economic
Policy Committee

Ausschuß m für Zollbefreiungen (EG) Committee
on duty-free arrangements

Ausschuß m für Zollveredelungsverkehr (EG) Customs Processing Arrangement Committee

Ausschuß m für Zusammenarbeit im Zollwesen
(EG) Customs Cooperation Committee

Ausschußgrenze f
(IndE) limiting quality
– lot tolerance percent defective, LTPD

Ausschußkostenverrechnung f (KoR) accounting/
costing... for spoiled goods/units

Ausschuß m leiten (com) to run a committee

Ausschußmenge f (IndE) quantity rejected

Ausschußmitglied n (com) committee member

Ausschußplanung f (IndE) planned spoilage

Ausschußprozentsatz m
(IndE) percentage defective
– percentage of defective items
(Stat) attribute

Ausschußprüfung f (Stat) attribute gage (or test)

Ausschußquote f
(IndE) reject/breakage... frequency
– defects rate

Ausschußsenkung f (IndE) lowering rates of
spoilage

Ausschußsitzung f (com) committee meeting

Ausschußstücke npl (IndE) rejects

Ausschußteil n (IndE) rejected item

Ausschußverhütung f (IndE) elimination of spoilage (to a minimum)

Ausschußverwertung f (IndE) utilization of unavoidable defectives (ie, through sale as seconds,
reprocessing, recycling as raw material, scrapping
and sale)

Ausschußvorsitzender m (com) committee
chairman

Ausschußwagnis n (ReW) risk of spoilage

Ausschußware f (com) defective (or substandard)
goods

ausschüttbarer Gewinn m (Fin) distributable profit

ausschütten (Fin) to distribute (ie, dividends)

ausschüttende Körperschaft f (StR) distributing
corporate body

Ausschüttung f
(Fin) distribution of dividends
– dividend outpayment (or payout)

Ausschüttung f erhöhen (Fin) to raise (dividend)
distribution

Ausschüttungsbelastung f
(StR) tax burden on distributions
– distribution rate
(ie, corporate tax rate that applies to distributed
profits; set at a uniform 36%)

ausschüttungsfähiger Gewinn m
(Fin) net earnings available for distribution (or
payout)
– distributable profit

Ausschüttungspolitik f (Fin) dividend policy

Ausschüttungssatz m
(Fin) (dividend) payout rate

Ausschüttungssperrbilanz f (ReW) balance sheet
with prohibited profit distribution

Ausschüttungssperre f (ReW) limitation on profit
distribution, § 269 HGB

Ausschüttungstermin m (Fin) profit distribution
date

Außenabnahme f (IndE) source inspection

Außenanlagen fpl
(com) outdoor installations
(ReW) outside facilities
(StR) external improvements of a property other
than buildings, § 89 BewG (eg, fencing, paving)

Außenbeitrag m
(VGR) net export (of goods and services) (ie,
including net factor income accruing to residents
from abroad)
(Vw) net foreign demand (ie, difference between
planned foreign demand and planned imports of
goods and services)

Außenbilanz f (AuW) external balance

Außendienst m
(com) field service
– customer engineering
(Vers) field organization
– (US) agency plant
(ie, total force of agents representing an insurer)

Außendienstberichtssystem n (Bw) field-service reporting system

Außendienstkosten pl (KoR) field expense

Außendienstleiter m (Vers) agency manager

Außendienstmitarbeiter mpl
(com) outdoor staff
(Mk) field workers

Außendiensttechniker m
(com) customer engineer
– field service technician

Außenfinanzbedarf m (Fin) external finance requirements

Außenfinanzierung f
(Fin) debt financing
– external financing
– financing out of outside funds
– outside financing
(eg, there is a limit to the amount of money that
can be raised from outside sources; syn, exogene
Finanzierung, Marktfinanzierung)

Außengeld n (Vw) outside money

Außengrenze f (EG) external frontier

Außengroßhandel m (AuW) foreign trade wholesaling

Außenhandel m
(AuW) foreign (or external) trade
(ie, commerce with other nations)

Außenhandel *m* **liberalisieren** (AuW) to liberalize foreign trade

Außenhandelsabteilung *f* (com) foreign trade department *(eg, in banks)*

Außenhandelsakzelerator *m* (Vw) foreign trade accelerator

Außenhandelsbank *f* (Fin) foreign trade bank

Außenhandelsbeziehungen *fpl* (AuW) foreign trade relations

Außenhandelsbilanz *f* (AuW) (foreign) trade balance

Außenhandelsdefizit *n*
(AuW) trade deficit
– (US) deficit on merchandise trade

Außenhandelsfinanzierung *f* (Fin) foreign trade financing

Außenhandelsförderung *f* (AuW) foreign trade promotion

Außenhandelsgeschäft *n*
(AuW) external transaction
– export/import transaction

Außenhandelsgewinn *m* (AuW) gains from trade

Außenhandelskaufmann *m* (AuW) export and import merchant

Außenhandelslücke *f* (AuW) foreign trade gap *(syn, Handelslücke, qv)*

Außenhandelsmarketing *n* (AuW) export marketing

Außenhandelsmonopol *n* (AuW) foreign trade monopoly

Außenhandelsmultiplikator *m* (AuW) foreign trade multiplier

Außenhandelspolitik *f*
(AuW) foreign trade policy
– foreign trading policy
– trade policy

Außenhandelspräferenzen *fpl* (AuW) trade preferences *(syn, Handelspräferenzen, qv)*

Außenhandelsquote *f* (AuW) ratio of total trade turnover – exports and imports – to national income
(ie, national income: as a rule gnp at market prices)

Außenhandelsstatistik *f* (AuW) foreign (*or* external) trade statistics

Außenhandelstätigkeit *f* (AuW) foreign trade activity

Außenhandelstheoretiker *m* (Vw) foreign trade theorist

Außenhandelstheorie *f* (AuW) theory of international trade

Außenhandelsüberschuß *m*
(AuW) trade surplus
– (US) surplus on merchandise trade

Außenhandelsunternehmen *n*
(AuW) foreign trade firm
– foreign (*or* international) trader
– (GB) import/export merchant
– (US) export management company, EMC

Außenhandelsverflechtung *f*
(AuW) multilateral foreign trade system
– interlinkage of world trade

Außenhandelsvolumen *n* (AuW) volume of foreign trade

Außenhändler *m* (AuW) foreign trader

Außenkonsolidierung *f* (ReW) external consolidation
(ie, carried out to prepare global or worldwide financial statements of company groups)

Außenmarkt *m* (Vw) external market
(ie, total of all external national economies which are potential trading partners)

Außenmontage *f* (com) field assembly

Außenmontagegehälter *npl* (Pw) field assembly salaries

Außenmontagelöhne *mpl* (Pw) field assembly wages

Außenprüfer *m*
(ReW) field auditor
(StR) qualified government auditor

Außenprüfung *f*
(ReW) field audit
(StR) periodic tax examination (*or* government audit)
(ie, of large business, agricultural and professional establishments by government auditors, §§ 193–207ff AO)

Außenseiter *m*
(Kart) outsider *(ie, firm or company not affiliated with a cartel or pressure group)*
(Vers) independent (insurer), pl. independents

Außensicherung *f* (Vw) hot-money defense policy

Außenstände *pl*
(ReW) accounts receivable
– debts ... outstanding/receivable
– receivables outstanding
– outstanding accounts
– uncollected receivables

Außenstation *f*
(EDV) remote terminal
– outstation

außenstehende Anteilseigner *mpl* (Fin) outside shareholders

Außenstehender *m*
(Re) bystander
(com) outside ... person/party

Außenstelle *f* (com) field/satellite ... office

Außensteuererlaß *m* (StR) Introductory Decree to the „Außensteuergesetz", of 11 July 1974

Außensteuergesetz *n* (StR) Law on External Tax Relations, of 8 Sept 1972, as amended

Außensteuerrecht *n*
(StR) tax legislation relating to non-residents
– legislation on external tax relations

Außentarif *m* (EG) external (*or* extra-bloc) tariff

Außenumatzerlöse *mpl* (ReW) external sales
(opp, intercompany /internal ... sales)

Außenumsatzerlöse *mpl*
(ReW) external sales
– customer sales proceeds
(ie, e–s Konzerns = of a group of companies)

Außenverhältnis *n* (Re) (rights and duties) as to third parties

Außenverpackung *f* (com) packing
(eg, in Kisten, Kartons; opp, Innenverpackung = packaging)

Außenversicherung *f* (Vers) external insurance *(ie, covering temporary removal of property from its usual site)*

Außenvertreter *m* (com) field representative

95

Außenwährungspolitik *f* (Vw) monetary policy toward the outside world

Außenwanderung *f* (Vw) external migration *(ie, persons moving from one country to another)*

Außenwanderungsstatistik *f* (Vw) external-migration statistics

Außenwerbung *f* (Mk) outdoor advertising

Außenwert *m* **e–r Währung**
(Fin) external value of a currency
(Fin) trade-weighted exchange rate
– trade weighting *(eg, improved from 90 to 90.2)*

Außenwinkel *m* (Math) exterior angle

Außenwirtschaft *f*
(AuW) external economic relations
– external sector of the economy

außenwirtschaftliche Beziehungen *fpl*
(AuW) external economic relations
– external sector of the economy

außenwirtschaftliche Komponente *f* (VGR) external component *(ie, balance of goods and service transactions with the rest of the world)*

außenwirtschaftliche Lage *f* (AuW) external position (*or* situation)

außenwirtschaftliche Probleme *npl* (AuW) external problems

außenwirtschaftlicher Geldwert *m* (Vw) external value of money

außenwirtschaftliches Gleichgewicht *n*
(AuW) equilibrium in a country's international balance of payments
– external equilibrium

außenwirtschaftliche Stabilität *f* (AuW) external stability

außenwirtschaftliches Ungleichgewicht *n* (AuW) external imbalance

Außenwirtschaftsbestimmungen *fpl* (Re) foreign trade and payments provisions

Außenwirtschaftsgesetz *n* (Re) Foreign Trade Law, of 28 Apr 1961

Außenwirtschaftspolitik *f*
(AuW) international economic policy
– (US) commercial policy
(ie, importation and exportation of goods and services, excluding monetary and fiscal policies)

Außenwirtschaftsrecht *n* (Re) foreign trade and payments legislation

Außenwirtschaftstheorie *f* (Vw) international economics

Außenwirtschaftsverkehr *m* (AuW) foreign trade and payments transactions

Außenwirtschaftsverordnung *f* (Re) Foreign Trade and Payments Ordinance *(ie, newly amended as of 31 Dec 1973)*

Außenzoll *m* (AuW) external tariff

Außenzollsatz *m* (EG) external rate of duty

außer Betrieb
(com) inoperative
– out of . . . action/commission/operation /work

außerbetrieblicher Vergleich *m* (Bw) inter-plant comparison

außerbetriebliche Weiterbildung *f* (Pw) off-the-job training

Außerbetriebnahme *f*
(com) taking out of operation (*or* service)

– decommissioning
(ReW) retirement (*or* abandonment) *(ie, of fixed assets from service)*

außer Betrieb nehmen
(com) to take out of operation (*or* service)
– to decommission
(ReW) to retire (*or* abandon) *(ie, fixed assets from service)*

außerbörslicher Handel *m* (Bö) off board (*or* off the floor) trading
(ie, vorbörslich od nachbörslich; Handel von Bank zu Bank, telefonisch oder per Telex; Papiere sind nicht in den amtlichen Handel oder in den Freiverkehr einbezogen)

außerbörslicher Kurs *m* (Bö) off-the-board price

außerbörslich handeln (Bö) to trade off the floor

äußere Konvertibilität *f* (AuW) external convertibility

äußere Umstände *mpl* (com) external facts *(eg, are controlling)*

äußere Verschuldung *f* (FiW) borrowing abroad

außergerichtliche Einigung *f* (Re) out-of-court settlement

außergerichtlicher Rechtsbehelf *m* (StR) administrative appeal (*or* remedy), § 44 FGO, §§ 348, 349 AO

außergerichtlicher Vergleich *m*
(Re) out-of-court
– amicable
– voluntary . . . settlement
– (GB) arrangement before receiving order

außergerichtlich vertreten (Re) to represent out of court

außergewöhnliche Aufwendungen *mpl* (ReW) extraordinary (*or* nonrecurrent) expenditure *(ie, part of nonoperating expense)*

außergewöhnliche Belastungen *fpl* (StR) extraordinary financial burdens, §§ 33, 33 a EStG

außergewöhnlicher Preisnachlaß *m* (com) abnormal discount

außergewöhnlicher Verschleiß *m* (ReW) extraordinary loss of service life (*or* utility)
(ie, due to unexpected occurrences; eg, accidents, explosion, fire)

außer Kraft setzen
(Re) to cancel
– to set aside
– to rescind
– to override

Außerkrafttreten *n* **von Rechtssätzen** (Re) inoperativeness of legal rules
(ie, by lapse of time – by formal cancellation – by collision with another legal rule of the same or a higher standing)

Außerkurssetzung *f* (Bö) suspension of a quotation

äußerlich gute Beschaffenheit *f* (SeeV) apparent good order and condition

außerökonomisch bedingte Arbeitslosigkeit *f* (Vw) incidental unemployment *(eg, due to act of God, fire, inundation)*

außerordentliche Abschreibungen *fpl* (ReW) extraordinary depreciation

außerordentliche Aufwendungen *mpl* (ReW) extraordinary (*or* nonrecurrent) expenditure *(ie, part of nonoperating expense)*

außerordentliche Bilanz *f* (ReW) special balance sheet

außerordentliche Einkünfte *pl* (StR) extraordinary income, § 34 I EStG

außerordentliche Erträge *mpl*
(ReW) extraordinary income
– extraordinary gains
– nonrecurrent income

außerordentliche Gewinne *mpl* **und Verluste** *mpl*
(ReW) extraordinary profit and loss

außerordentliche Hauptversammlung *f*
(Bw) special meeting of shareholders (*or* stockholders)
– (GB) extraordinary general meeting

außerordentliche Kündigung *f* (Pw) notice to quit for cause *(= aus wichtigem Grund)*

außerordentliche Posten *mpl* (ReW) extraordinary items
(ie, wenn sie ungewöhnlich sind, selten anfallen und wesentlich für die Beurteilung der Ertragslage sind)

außerordentlicher Aufwand *m*
(ReW) extraordinary expenses
– nonrecurrent charges

außerordentlicher Haushalt *m* (FiW) extraordinary budget

außerordentlicher Reparaturaufwand *m* (ReW) extraordinary repairs

außerordentliche Rücklagenzuführung *f* (ReW) extraordinary charge to reserves

außerordentliches Ergebnis *n* (ReW, EG) extraordinary profit or loss

außerordentliche Zuwendungen *fpl* (ReW) extraordinary benefits
(ie, accruing to an enterprise through gift, inheritance, remission of debt, etc.)

außerplanmäßige Abschreibung *f* (ReW) unplanned (*or* non-scheduled) depreciation, § 154 II aF AktG; *now § 253 II HGB*
(ie, due to sudden and unexpected loss of usefulness)

außerplanmäßige Ausgaben *fpl*
(Fin) unbudgeted expenditure
– extra-budgetary outlay

außerplanmäßige Tilgung *f* (Fin) off-schedule redemption

außerpreislicher Wettbewerb *m* (Vw) nonprice competition

außerschulische Ausbildung *f* (Pw) out-of-school education (*or* training)

äußerster Kurs *m* (Bö) ceiling price

äußerster Preis *m*
(com) lowest
– bottom
– knock-down
– rock-bottom ... price

außertarifliches Personal *n* (Pw) staff members to whom the regular pay scale does not apply

außertarifliche Zollvergünstigung *f* (Zo) non-tariff customs relief

außervertragliche Haftung *f*
(Re) noncontract liability
– noncontractual liability
– liability based on violation of non-contract right

aussetzen
(Re) to stay
– to suspend *(eg, execution of judgment)*
(StR) to suspend *(eg, assessment or payment of taxes)*
(Bö) to suspend *(eg, quotation of shares)*

Aussetzen *n* **der Notierung** (Bö) trading halt

Aussetzung *f* **der degressiven Afa** (StR) suspension of declining-balance depreciation

Aussetzung *f* **der Eingangsabgaben** (Zo) conditional relief from import duties and taxes

Aussetzung *f* **der Sätze des Gemeinsamen Zolltarifs** (EG) suspension of duties of the common customs tariff

Aussetzung *f* **der Steuerfestsetzung** (StR) suspension of tax assessment, § 165 AO

Aussetzung *f* **der Vollziehung** (StR) suspension of execution (*or* of tax collection)

Aussetzung *f* **e–r Gerichtsentscheidung** (Re) suspension of judgment

Aussetzung *f* **von Kursnotizen** (Bö) suspension of price quotations

aussieben (Pw) to screen out *(ie, Bewerber = job candidates)*

Aussiedler *m* (com) immigrant

aussondern (Re) to segregate

Aussonderung *f*
(Re) stoppage in transit, § 44 KO
(Re) segregation *(ie, of an asset from bankrupt's estate)*

Aussonderungsaxiom *n* (Log) axiom/schema ... of separation

Aussonderungsrecht *n* (Re) right of segregation, §§ 43–46 KO

aussortieren (com) to sort out

Aussortierung *f* (com) sorting out

Ausspannen *n* **von Kunden** (Kart) enticing away of customers

Ausspannung *f* (Vers) = Abwerbung, qv

ausspeichern (EDV) to roll out

aussperren (Pw) to lock out

Aussperrung *f* (Pw) lockout

Ausstand *m* (Pw) strike

ausstatten
(Fin) to lay down the terms *(eg, of a loan issue)*
(Fin) to provide funds
– to fund

ausstatten mit (com) to invest with *(eg, umfassender Vollmacht = broad authority)*

Ausstattung *f*
(Fin) terms of issue
(Fin) provision of funds
– funding
(Fin) structure *(ie, of a bond issue; eg, 25-year domestic sterling bond, including amount, price, coupon, maturity, register or bearer, placement and underwriting group)*
(Mk) design of packing

Ausstattungsmerkmale *npl* (Fin) structure (*or* terms) *(ie, of a bond issue)*

ausstehende Aktien *fpl* (ReW) outstanding capital stock *(ie, issued minus treasury shares)*

ausstehende Einlagen *fpl*
(ReW) outstanding contributions
– unpaid subscriptions

- (GB) outstanding calls on shares
- (GB) unpaid call on capital

ausstehende Einlagen *fpl* **auf das gezeichnete Kapital** (ReW, EG) subscribed capital unpaid

ausstehende Forderung *f*
(ReW) account receivable
(Fin) debt outstanding

ausstehender Betrag *m* (com) amount outstanding

ausstehende Rechnungen *fpl* (ReW) invoices not yet received

ausstehendes Aktienkapital *n*
(ReW) capital outstanding
- outstanding capital stock

ausstehende Wechselforderungen *fpl* (Fin) bills receivable, B/R

aussteigen
(com) to back out
- to bail out
- to drop out
- to pull out
- to opt out *(eg, of a contract, deal, project)*

ausstellen
(com) to draw up *(eg, contract, document)*
- to make out *(eg, bill, invoice)*
- to write out *(eg, check, receipt)*
(Mk) to exhibit *(eg, at a fair)*
(Vers) to close out *(ie, a policy)*

ausstellende Behörde *f* (com) issuing body

ausstellende Dienststelle *f* (com) issuing office

Aussteller *m*
(WeR) drawer
- (Solawechsel:) maker
(Mk) exhibitor

Aussteller *m* **e–s Gefälligkeitsakzepts** (WeR) accommodation maker (*or* party)

Ausstellung *f*
(com) fair
- exhibition
- show
- exposition

Ausstellungsdatum *n* (com) date of issue

Ausstellungsfläche *f* (com) exhibition space

Ausstellungsgegenstände *mpl* (com) equipment for shows and exhibits

Ausstellungsgelände *n* (com) exhibition (*or* fair) grounds

Ausstellungsgut *n* (com) exhibits *(ie, exported or imported for use at trade fairs)*

Ausstellungsjahr *n* (com) year of issue

Ausstellungskosten *pl* (com) expenses arising in connection with exhibition at, and visits to, trade fairs

Ausstellungsmodell *n* (com) display model

Ausstellungsort *m* (WeR) place of issue

Ausstellungsraum *m* (com) show room

Ausstellungsstand *m* (com) exhibition stand

Ausstellungsstück *n*
(com) exhibit
- display article
- showpiece

Ausstellungsstücke *npl* (Mk) display... goods/items

Ausstellungstag *m* (com) issuing date

Ausstellungs-Versicherung *f* (Vers) trade fair insurance

Ausstellungswerbung *f* (Mk) exhibition advertising

aussteuern
(EDV) to select
- to outsort
(Vers) to discontinue insurance benefits

Aussteuerungsbefehl *m* (EDV) select instruction

Aussteuerversicherung *f* (Vers) daughters' endowment insurance

Ausstiegskurs *m* (Bö) take-out price

Ausstoß *m* (Bw) output *(syn, Ausbringung, Produktionsmenge)*

Ausstoßmaximierung *f* **unter Nebenbedingungen** (Vw) constrained-output maximization

Ausstrahlungseffekt *m* (Mk) spillover effect *(ie, positive od negative Wirkung, die über den Zielbereich hinausgeht)*

ausstreichen
(com) to strike out
- to delete
- to cross out
- to cancel *(syn, durchstreichen)*

Ausstreichungen *fpl* (com) deletions

Austakten *n* (IndE) assembly line balancing

Austaktverfahren *n* (IndE) line-of-balance system

Austasten *n* (EDV) blanking *(ie, in computer graphics)*

Austausch *m*
(com) exchange
(com) interchange *(eg, of ideas, notes, gifts, etc)*
(IndE) replacement

austauschbare Dateien *fpl* (EDV) interchangeable files

Austauschbeziehung *f*
(com) trade relationship
(Vw) tradeoff

Austauschrelation *f* (Vw) exchange ratio

Austauschvertrag *m*
(Re) reciprocal
- bilateral
- synallagmatic ... contract
(ie, agreement intending to create obligations on both sides)

Austauschvolumen *n*
(AuW) volume of exports and imports
(AuW) total value of exports and imports

Austausch *m* **von Informationen** (Bw) information exchange

austesten (EDV) to debug

Austestzeit *f* (EDV) program development time *(syn, Programmprüfzeit)*

Austieg *m* (com, infml) pull-out *(eg, of a big project)*

Australisch-Europäischer Containerdienst *m*, **AECS** (com) Australia-Europe Container Service

austretende Variable *f* (OR) departing variable

Austritt *m* (com) voluntary retirement *(or* withdrawal*)* of partner *(ie, from partnership, corporation, association)*

Austrittsalter *n* (Vers) age at withdrawal

Austrittsort *m* (Zo) place (*or* point) of exit

Ausübung *f* **der Steuerhoheit** *f* (FiW) exercise of taxing power

Ausübung *f* **des Stimmrechts** (com) exercise of the right to vote

Ausübung f **e–s freien Berufes** (com) practice of a profession

Ausübungspreis m (Bö) = Basispreis, qv

Ausübungstag m (Bö) exercise date *(ie, of an option; syn, Erklärungstag)*

Ausverkauf m
(com) clean-up sale
– close-out sale
– closeout
– sellout
– clearance sale
– cleanout of inventories of unsold goods *(ie, § 8 UWG kennt nur noch den Räumungsverkauf)*

ausverkaufen (com) to sell out

ausverkauft
(com) out of stock
– sold out

Ausverkaufware f
(com) clearance items
– (GB, infml) bunches
(ie, at clothing shops)

aus von uns nicht zu vertretenden Gründen (Re) for reasons beyond our control

Auswahl f
(com) range of goods (*or* products)
– assortment
(Stat) sample

Auswahlantwort f (EDV) multiple choice

Auswahl f **aus e–m Herstellersortiment** (Mk) short line

Auswahlaxiom n
(Math) axiom of choice
– multiplicative axiom
– Zermelo's axiom

Auswahlbasis f (Stat) = Auswahlgrundlage, qv

Auswahlbetrieb m (EDV) selective calling

Auswahl f **der Lieferquelle** (MaW) selection of sources of supply

Auswahleinheit f
(Stat) unit of sampling
– sampling unit
– sample

Auswahleinheit f **erster Stufe** (Stat) first-stage unit

Auswahleinheit f **zweiter Stufe** (Stat) second-stage unit

Auswahlfrage f
(Mk) cafeteria question
– multiple choice question

Auswahlfragebogen m (com) multiple choise questionnaire, MCQ

Auswahlgrundlage f (Stat) frame

Auswahlkriterium n (Stat) eligibility (*or* selection) criterion

Auswahlphase f
(Bw) choice activity *(ie, in decision theory)*
– phase of selecting the best alternative
– phase of selecting the plan to follow

Auswahlplan m
(Stat) sample design
– sample plan
– sampling plan

Auswahlsatz m (Stat) sampling fraction (*or* ratio)

Auswahlsendung f (com) „on approval" consignment

Auswahlverfahren n
(Stat) sampling (procedure)
(Pw) screening technique

auswärtige Unterbringung f (StR) room and board away from home

Auswärtsvergabe f (com) farming out *(ie, of contracts)*

auswechselbare Platten fpl (EDV) interchangeable disks

Ausweichkapazität f (IndE) standby capacity

Ausweichklausel f (AuW) escape clause *(syn, Schutzklausel)*

Ausweichkurs m (Bö) fictitious security price *(syn, Scheinkurs)*

Ausweis m
(com) identity card
(ReW) statement *(eg, balance sheet)*
(Fin) bank return

ausweisen
(com) to prove one's identity
(ReW) to report
– to show on the books
– to carry on the books
– to recognize in the accounts
– (infml) to chalk up

Ausweiskontrolle f (Zo) identity control

Ausweisleser m (EDV) badge reader

Ausweismethode f (Fin) recording method

Ausweispapier n (WeR) identification document *(ie, simple instrument evidencing title to ownership; eg, credit card, cloakroom ticket)*

Ausweispflicht f (com) duty (*or* obligation) to publish (*or* disclose) certain information

auswerten
(com) to appraise
– to evaluate
(Stat) to evaluate
– to interpret
(Pat) to exploit

Auswertung f
(com) evaluation
– appraisal *(ie, to determine the value of sth)*
– analysis
(ReW) evaluation *(ie, through balance sheet analysis)*
(Stat) evaluation
– interpretation
(Pat) exploitation *(eg, of an invention)*

auszahlen
(com) to disburse
– to pay out
(Fin) to pay off *(eg, a partner)*

Auszahlung f (Fin) amount paid out

Auszahlungsanweisung f (Fin) payment order

Auszahlungsbetrag m (Fin) net loan proceeds

Auszahlungsbewilligung f (Fin) payment authorization

Auszahlungsdisagio n (Fin) loan discount *(syn, Damnum, qv)*

Auszahlungsermächtigung f (Fin) authority to pay

Auszahlungskredit m (Fin) deferred payment credit
(ie, Sonderform des Akkreditivs)

Auszahlungskurs m (Fin) payout ratio *(ie, loan amount less discount)*

Auszahlungsmatrix *f* (Bw) payoff matrix

Auszahlungsreihe *f* (Fin) (stream of) cash outflows *(ie, in preinvestment analysis)*

Auszahlungsstelle *f* (Fin) paying agency

Auszahlungsströme *mpl* (Fin) cash outflows *(ie, in der Investitionsrechnung = in preinvestment analysis)*

Auszahlungstabelle *f* (Bw) payoff table

Auszahlungsüberschuß *m* (Fin) net outpayments

Auszahlungsvolumen *n* (Fin) volume of loans granted

Auszahlungswert *m* (Fin) net loan proceeds

auszeichnen
(com) to price
– to mark with prices
(ie, to put price tags on articles)

Auszeichnen *n* (EDV) typographic styling *(ie, in text processing)*

Auszeichnung *f*
(com) price marking
– marking with price tags
(com) price mark *(or* tag)

Auszeichnungspflicht *f* (com) legal duty to price goods displayed

Auszubildender *m*
(Pw) apprentice
– trainee

Auszug *m*
(Re) extract *(eg, from official register)*
(com) statement of account

autark
(Vw) autarchic *(eg, energy policy)*
– self-reliant
– self-sufficient

Autarkie *f*
(Vw) economic self-sufficiency
– autarchy

authentische Interpretation *f* (Re) authentic interpretation

Autoaktien *fpl* (Bö) automobile shares

Autobranche *f* (com) motor industry *(or* sector)

Autocode *m*
(EDV) autocode
– low-level language *(syn, maschinenorientierte Programmiersprache)*

Autodidakt *m*
(Pw) self-trained *(or* self-educated) person

autodidaktisches Lernen *n* (Pw) self-education *(ie, without outside help)*

Autofähre *f* (com) car ferry

Autohändler *m*
(com) car dealer
– (US) auto . . . dealer/distributor

Autohersteller *m*
(com) car manufacturer *(or* maker)
– automaker

Autokonsolidierung *f* **von Staatsdefiziten** (FiW) automatic consolidation of public-sector deficits

Autokorrelation *f* (Stat) autocorrelation
(ie, internal correlation between members of a series of observations)

Autokorrelations-Koeffizient *m* (Stat) autocorrelation coefficient

Autokovarianz-Funktion *f* (Stat) autocovariance function

autokratische Führung *f* (Bw) autocratic *(or* Caesar) management

autokratischer Führungsstil *m* (Bw) autocratic managerial style

Automat *m*
(com) vending machine
– (GB) slot machine
(IndE) automatic machine

Automatentheorie *f*
(EDV) theory of automation
– automatics

Automatenverkauf *m* (com) sale by automatic vendors

Automatik *f* (IndE) (programmed) automatic cycle

Automation *f* (IndE) automation *(ie, fully mechanized production with the aid of automated equipment)*

Automation *f* **der technischen Planung** (EDV) engineering design automation, EDA
(ie, on-screen work of deriving electrical schematics, laying out circuits, generating plans for manufacturing processes and feeding instructions to production tools; e–e Erweiterung von CAD)

automatische Ausschaltung *f* (EDV) automatic cutout

automatische Bestückung *f* (EDV) autoinsertion
(ie, beim Leiterplattenentwurf = in circuit board design)

automatische Codierung *f* (EDV) automatic coding *(or* programming)
(syn, automatische od maschinenunterstütztc Programmierung)

automatische Datenverarbeitung *f* (EDV) automatic data processing, ADP

automatische Fehlerkorrektur *f* (EDV) automatic error correction

automatische Fristverlängerung *f* (StR) automatic extension *(ie, of time for the filing of returns)*

automatische Geräteprüfung *f*
(EDV) automatic
– built-in
– hardware . . . check *(syn, Selbstprüfung)*

automatische Lohnbindung *f* (Vw) automatic wage-indexation *(eg, ‚scala mobile‘ in Italy)*

automatische Produktionssteuerung *f* (IndE) automated production control

automatische Programmausführung *f* (EDV) automatic program execution

automatische Programmierung *f* (EDV) automatic programming *(or* coding)
(syn, maschinenunterstützte Programmierung, automatische Codierung)

automatische Prüfung *f* (EDV) built-in *(or* hardware) check *(syn, Selbstprüfung)*

automatische Quoten *fpl* (EG) automatic quotas

automatischer Abrufbetrieb *m*
(EDV) automatic polling
– autopoll

automatischer Arbeitsprozeß *m* (IndE) automated operating procedure

automatischer Konjunkturstabilisator *m*
(Vw) automatic fiscal stabilizer
– built-in flexibility
– built-in stabilizer

automatischer Stopp *m* (EDV) automatic stop

automatische Rückstellung *f* (EDV) self-resetting

automatischer Vorschub *m* (EDV) automatic feed

automatische Saldenaufnahme *f* (ReW) automatic balance pickup

automatische Scheckbearbeitung *f* (Fin) automatic check handling

automatische Schreibmaschine *f* (com) automatic typewriter

automatische Speichervermittlung *f* (EDV) automatic (message) switching center – switching center *(ie, transferring traffic between circuits)*

automatisches Quotierungssystem *n* (Bö) automatic quotations system *(ie, provides up-to-the-minute bid and asked quotations; eg, NASDAQ)*

automatische Stabilisatoren *mpl* (Vw) built-in (*or* automatic) stabilizers *(syn, passive Flexibilität; opp, formelgebundene Maßnahmen und diskretionäre Politik)*

automatisches Wörterbuch *n* (EDV) automatic dictionary *(ie, providing a word for word substitution between languages)*

automatische Unterbrechung *f* (EDV) automatic interrupt

automatische Vorrangsteuerung *f* (EDV) automatic priority control

automatische Weiterversicherung *f* (Vers) automatic loss reinstatement *(ie, of full value of the policy after payment of a loss)*

automatische Zeichengenerierung *f* (EDV) automatic character generation

Automatisierte Fertigung

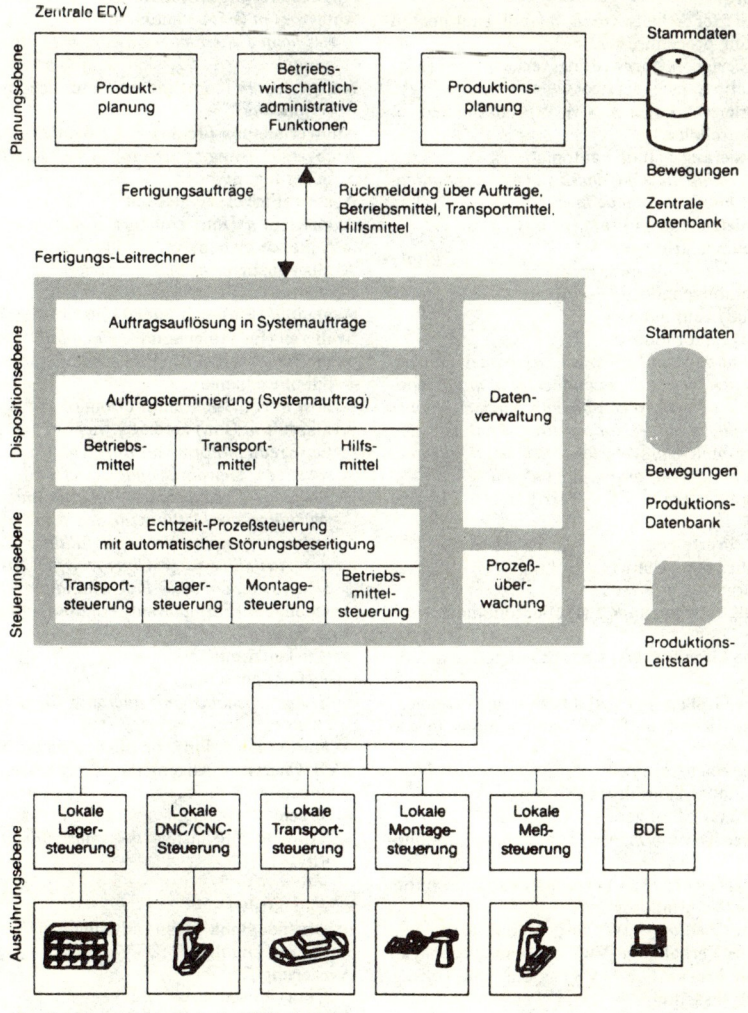

Quelle: Handelsblatt, 1. 4. 1987, S. B 7.

automatisch in Kraft tretend (Re) self-operative

automatisieren (IndE) to automate

automatisierte Fertigung *f*
(IndE) automated . . . manufacturing/production
– (US) autofacturing
(ie, the overall activities of the automated factory; it has ten components:
1. product design;
2. database construction and management;
3. integrated computerized control system;
4. automated materials handling system;
5. process and machine automation;
6. automatic assembly machine;
7. robots;
8. automatic inspection and testing system;
9. automatic maintenance system;
10. human interfaces with autofacturing; cf, Abb. S. 101)

automatisierte Produktion *f* (IndE) automated production

automatisierter Arbeitsprozeß *m* (IndE) automated operating procedure

automatisierter Überweisungsverkehr *m* (Fin) automatic transfer service

automatisiertes Lager *n* (MaW) automated . . . store/warehouse

Automatisierung *f* (IndE) automation
(ie, operating in an advanced stage of mechanization by highly automatic means)

Auto *n* **mieten** (com) to rent (*or* hire) a car

Automobilindustrie *f*
(com) automobile industry
– automotive industry
– (infml) auto industry
– (GB) motor industry
(ie, generally applied to all companies and activities involved in the manufacture of motor vehicles, including most components, such as engines and bodies, but excluding tires, batteries, and fuel; commercial vehicles, such as trucks and buses, though important, are secondary)

Automobilkonzern *m* (Bw, GB) motor vehicle group

Automobilwerte *mpl*
(Bö) automotive stock
– motors

autonome Arbeitsgruppe *f* (Pw) autonomous work group

autonome Ausgaben *fpl* (Vw) autonomous expenditure

autonome Größen *fpl* (Vw) autonomous variables

autonome Investition *f* (Vw) autonomous investment

autonome Nachfrage *f*
(Vw) autonomous demand
(OR) final bill of goods

autonomer Konsum *m* (Vw) autonomous consumption

autonomer technischer Fortschritt *m* (Vw) autonomous technical progress

autonomer Zoll *m* (AuW) autonomous tariff

autonomes Verhalten *n* (Vw) autonomous behavior

autonome Transaktion *f* (Vw) autonomous (*or* regular) transaction

autonome Variable *f* (Math) autonomous variable

Autonomiegrad *m* (Bw) scope of authority

Autonomieprinzip *n* (Re, Bw) principle of autonomy

Autorenexemplar *n* (com) author's/complimentary/courtesy . . . copy

Autorenhonorar *n* (com) (author's) royalty *(ie, percentage of retail price of each copy sold)*

Autorenrechte *npl* (Re) author's rights

autorisieren (Re) to authorize

autorisierte Übersetzung *f* (com) authorized translation

Autorisierung *f* (com) authorization

autoritärer Führungsstil *m* (Bw) authoritative (*or* directive) style of leadership

Autorität *f*
(com) authority *(ie, authoritative power)*
(com) authority
– expert *(ie, in a special field)*

Autoritätsstruktur *f* (Bw) authority structure

Autoschalter *m* (Fin) drive-in window

Autoswap *m* (EDV) autoswap
(ie, beim Leiterplattenentwurf = in circuit board design)

Autoverleih *m* (com) car rental service *(syn, Autovermietung)*

Autovermietung *f* (com) = Autoverleih

Autoversicherung *f* (Vers) = Kraftfahrtversicherung, qv

Aval *m* (Fin) cf, Avalkredit

Avalakzept *n* (Fin) collateral (*or* guaranteed) acceptance by bank

Avalbegünstigter *m* (Re) beneficiary under a guaranty

Avale *mpl* (Fin) guaranteed bills outstanding

avalieren (Fin) to guarantee *(ie, a bill of exchange)*

avalierter Wechsel *m* (Fin) backed/guaranteed . . . bill of exchange

Avalist *m* (Fin) guarantor of bill of exchange

Avalkredit *m* (Fin) credit by way of bank guaranty
(ie, Kredit in Form von Bürgschaft, Garantie und sonstigen Gewährleistungen; cf, § 1 I 2 Nr. 8 KWG; Kreditinstitut übernimmt Dritten gegenüber die Haftung für den Kunden bei nicht ordnungsgemäßer Vertragserfüllung; Aval ist e–e Art Ausfallhaftung; Unterbegriffe: Prozeßaval, Steueraval, Zollaval, Frachtstundungsaval)

Avalobligo *n* (Fin) guaranty commitments

Aval *m od n*
(Fin) guaranty
– (GB) guarentee
(ie, irrevocable bank guaranty for a bill of exchange)

Avalprovision *f* (Fin) commission on guaranty

AVB (Vers) = Allgemeine Versicherungsbedingungen

avisieren
(com) to inform *(eg, that consignment is under way)*
– to advise
– to notify

avisierende Bank *f* (Fin) advising bank *(ie, under a letter of credit)*

Avisierung *f*
(com) advice
– notification

Avis *m od n*
(com) advice
– notice
– notification
a vista (WeR) (payable) at sight
AWG (Re) = Außenwirtschaftsgesetz
AWV (Re) = Außenwirtschaftsverordnung
Axiologie *f* (Re) axiology *(ie, branch of science dealing with values)*
axiologisch (Re) axiological
Axiom *n* (Math, Log) axiom
(ie, nach Aristoteles ein Satz, der e–s Beweises weder fähig noch bedürftig sei: not susceptible of a proof, and not needing it; nach heutiger Auffassung sind Axiome Gesetzesaussagen od nomologische Hypothesen innerhalb e–r Theorie)
Axiomatik *f* (Log) axiomatics
(ie, the total of logical operations proceeding from axioms)
axiomatische Definition *f* (Log) axiomatic definition
axiomatische Mengenlehre *f* (Math) axiomatic set theory *(opp, naive Mengenlehre = intuitive set theory)*

axiomatische Methode *f*
(Log) axiomatic method
– model theory *(ie, sometimes in empirical sciences)*
axiomatischer Begriff *m* (Log) axiomatic... concept/term
axiomatischer Satz *m* (Log) axiomatic... proposition/statement
axiomatische Theorie *f*
(Math) axiometric theory
– *(also often called:)* deductive system
axiomatisieren (Log, Math) to axiomatize
Axiom *n* **der Fundierung** (Math) axiom of foundation *(or regularity)*
(ie, an axiom in set theory stating that every nonempty set a) contains a member b) which has no member in common with a)
Axiom *n* **der vollständigen Ordnung** (Math) complete-ordering axiom
Axiomensystem *n* (Math) system of axioms
axonometrische Zeichnung *f* (Math) axonometric drawing
Azubi *m*
(Pw) apprentice
– trainee *(ie, acronym for ‚Auszubildender')*

B

BA
(Fin) = Bundesaufsichtsam für das Kreditwesen
(Fin) = Berichtigungsaktie
BAB (KoR) = Betriebsabrechnungsbogen
Babbage-Prinzip *n* (IndE) babbage principle *(ie, Aufspaltung e–s Arbeitsprozesses in unterschiedlich anspruchsvolle Teilprozesse)*
Backstop-Technologie *f* (Vw) backstop technology *(ie, Technologien, mit denen erschöpfliche Ressourcen (depletable resources) vollständig ersetzt werden können; die substitutive Ressource muß dabei unbegrenzt verfügbar sein; Beispiele: Sonnenenergie und Kernfusion = solar energy and atomic/nuclear fusion)*
Backwash-Effekt *m* (Vw) = Kontereffekt
Baco-Schiff *n* (com) barge-container ship *(cf, Containerschiff)*
baden gehen (com, infml) to take a bath
BaföG (Pw) = Bundesausbildungsförderungsgesetz
BAG (Re) = Bundesarbeitsgericht
Bagatellausgaben *fpl* (com) minor disbursements
Bagatellbetrag *m*
(com) trifle
– trifling amount
Bagatellfehler *m* (ReW) negligible mistake *(ie, in preparing the annual financial statement)*
bagatellisieren (com) to play down *(opp, to play up = hochspielen)*
Bagatellkartell *n* (Kart) minor cartel
(ie, wegen der geringfügigen Wettbewerbsbeschränkung entfällt das öffentliche Interesse an e–r Verfolgung durch Wettbewerbspolitik; it is not deemed to be violative of the public interest)
Bagatellklausel *f*
(Kart) minor-merger clause

(ie, taking such mergers outside the scope of statutory merger control, if a market for goods and commercial services produces less than DM 10 million in sales revenue, § 24 VIII GWB)
(Vers) franchise clause *(ie, claims below a stated limit not payable by insurer)*
Bagatellsache *f* (Re) petty case *(or cause)*
(ie, civil litigation where the amount in controversy is negligible; the concept is foreign to the German legal system)
Bagatellschaden *m*
(com) trivial *(or petty)* damage
(Vers) small loss *(ie, costing more to process than the actual settlement amount)*
Bagatellsteuer *f* (FiW) nuisance tax
(ie, das geringe Aufkommen deckt nicht die Erhebungskosten; in Deutschland etwa 20 Einzelsteuern dieser Art: Tee, Zucker, Schaumwein, Salz, Leuchtmittel, usw.)
Bagatellstrafsache *f* (Re) petty offense
Bagatellzölle *mpl* (FiW) nuisance rates *(ie, below 5 percent)*
Bahn *f*
(com) railroad
– (GB) railway
Bahnaktien *fpl*
(Fin) railroad shares *(or stocks)*
– railroads
– rails
bahnamtlich (com) in accordance with railroad rules and regulations
bahnamtliche Bestimmungen *fpl* (com) rules and regulations issued by railroad authorities
bahnamtlicher Rollfuhrdienst *m* (com) contract carrier

(ie, authorized by and acting on behalf of the Federal Railways)

Bahnanschluß *m*
(com) rail connection
– (GB *also:* connexion)

Bahnanschlußgleis *n*
(com) railroad siding
– private siding

Bahnbeamter *m* (com) railroad official

Bahnbeförderung *f* (com) carriage (*or* transport) by rail

Bahnbehörde *f* (com) railroad authorities

bahnbrechend
(com) pioneering
– epoch-making
– (infml) trail-blazing
(eg, discoveries, inventions, innovations)

Bahnfracht *f*
(com) railroad freight
– rail freight
– rail charges
(com) rail carriage

Bahnfrachtbrief *m*
(com, US) railroad bill of lading
– railroad waybill
– freight bill
– (com, GB) (railway) consignment note
– letter of consignment
(ie, the German document is neither transferable nor negotiable: it is a mere instrument of evidence = Beweisurkunde)

Bahnfrachtgeschäft *n* (com) rail transport (*or* carriage)

Bahnfrachtsätze *mpl* (com) railroad rates

Bahnfrachtverkehr *m* (com) railroad freight traffic

bahnfrei
(com) free on board (railroad station)
– (GB) free on rail, FOR, f. o. r.
(com, GB) carriage paid

bahngesteuerter Betrieb *m* (IndE) continuous-path operation

Bahnhofstarif *m* (com) tariff rates for railroad transport between loading station and unloading station

Bahnhofswerbung *f* (Mk) commercial advertising in railroad stations

bahnlagernde Sendung *f* (com) consignment to be called for at railroad station

Bahnlieferung *f*
(com) transport by rail
– (GB) carriage by rail

bahnmäßig verpackt
(com) packed for rail shipment
– (GB) packed for carriage by rail

Bahnpost *f* (com) railroad mail service

Bahnpostamt *n* (com) station post office

bahnpostlagernd (com) to be called for at station office

Bahnrechner *m* (EDV) path computer

Bahnrollfuhr-Versicherungsschein *m* (Vers) cartage contractor's insurance policy

Bahnspediteur *m*
(com) railroad agent
– (GB) railway carrier
– cartage contractor

104

Bahnsteuerung *f* (IndE) continuous-path control

Bahntransport *m*
(com) rail(road) transport
– transportation by rail
– (GB) railway transport

Bahnverkehr *m* (com) railroad traffic

Bahnversand *m* (com) forwarding by rail

Bahnzustellung *f* (com) railroad delivery

Baisse *f*
(Fin) downturn phase
(Bö) slump at the stock market
– falling prices
– sharp drop
(ie, Sinken der Börsenkurse; opp, Hausse)

Baisseangebot *n* (Bö) short offer

Baissebewegung *f* (Bö) bearish/downward . . . movement

Baisse-Engagement *n*
(Bö) engagement to sell short
– short account
– short interest
– short position

Baissegeschäft *n*
(Bö) bear transaction
– short selling

Baissemanöver *n*
(Bö, US) bear . . . raid/tack
– (GB) bear campaign

Baissemarkt *m* (Bö) bear/bearish . . . market
(opp, bull market)

Baissepartei *f* (Bö) short side

Baisseposition *f*
(Bö) bear account
– short position
– short account position

Baissesignal *n* (Bö) bearish signal formation
(ie, in der Point & Figure-Analyse)

Baissespekulant *m*
(Bö) bear
– speculator for a fall in prices
– (infml) banger

Baissespekulation *f*
(Bö) bear operation (*or* speculation *or* transaction)
– speculation for a fall in prices
– going short

Baissestimmung *f*
(Bö) bearish tone of the market
– bearishness
– bearish tendency

Baissetendenz *f* = Baissestimmung

Baissetermingeschäft *n* (Bö) trading on the short side

Baisseverkauf *m*
(Bö) bear/short . . . sale
(syn, Leerverkauf, Verkauf auf Baisse)

Baisseverkäufer *m* (Bö) short seller

Baissier *m* (Bö) bear
(ie, believes that prices will decline and sells on that expectation; is also a short seller, qv; opp, Haussier = bull)

Baissiergruppe *f* (Bö) bear clique
(who team up to depress prices by short selling)

BAK (Fin) = Bundesaufsichtsamt für das Kreditwesen

Balken-Charts *npl* (Fin) bar charts
(ie, in der Chartanalyse: tägliche, wöchentliche od monatliche Höchst- und Tiefstkurse werden fortlaufend in einem senkrechten Strich aufgezeichnet; cf, Liniencharts, Points & Figure Charts)
Balkencode *m* (com) bar code *(syn, Strichcode)*
Balkencodeleser *m* (com) bar code scanner *(syn, Strichcodeleser)*
Balkendiagramm *n* (com) bar chart
(ie, zur Darstellung von Häufigkeitsverteilungen; eg, Grundlage der Chartanalyse ist die Darstellung der Aktienkurse in Kursgrafiken)
Ballungsgebiet *n*
(com) congested urban area
(Vw) area of industrial concentration
– agglomeration area
Ballungsraum *m* (Vw) = Ballungsgebiet
BAM (com) = Bundesarbeitsminister
Band *n*
(EDV) tape
(IndE) assembly line
Bandabgleich *m* (IndE) = Bandabgleichung, qv
Bandabgleichung *f* (IndE) line balancing *(ie, reassigning and redesigning work done on an assembly line to make work cycle times at all stages approximately equal)*
Bandabschnittsmarke *f* (EDV) tape mark
Bandanfang *m* (EDV) leading end
Bandanfangkennsatz *m* (EDV, Cobol) beginning reel label
Bandanfangs-Etikett *n* (EDV) tape header label
Bandanfangsmarke *f* (EDV) beginning of tape marker, BOT
Bandarchiv *n* (EDV) magnetic tape library
Bandaufbereitung *f* (EDV) tape editing
Bandauszug *m* (EDV) selective tape dump
Bandbetriebssystem *n* (EDV) Tape Operating System, TOS *(ie, for IBM computers)*
Bandbibliothek *f* (EDV) tape library
Bandblock *m* (EDV) magnetic tape block *(or cluster or group)*
Bandbreite *f*
(Fin) currency band
– exchange margins
– support points
– margin *(or range)* of fluctuations
– official spread
(ie, Ausmaß der möglichen Schwankungsbreite des Wechselkurses um e–e offiziell festgelegte Parität (od den Leitkurs) in e–m System grundsätzlich fester Wechselkurse; eg, im EWS beträgt sie ± 2,25%; margin of 2¼% on either side of nominal rates)
Bandbreiten-Flexibilität *f* (Vw) flexible target range *(eg, of monetary growth)*
Banddatei *f* (EDV) magnetic tape file
Banddiagramm *n* (Stat) band chart
Banddichte *f* (EDV) tape packing density
Banddruckroutine *f* (EDV) tape edit routine
Bandeingabe *f* (EDV) tape input
Bandende *n*
(EDV, Cobol) end of reel
(EDV) end of tape
Bandendemarke *f* (EDV) end of tape marker, EOT

Bandendeprogramm *n* (EDV) end-of-tape routine
Bandenschmuggel *m* (StR) joint contraband smuggling, § 373 AO
Bandenwerbung *f* (Mk) background advertising
Banderole *f* (StR) revenue stamp *(ie, printed on pasted label)*
Banderolensteuer *f* (StR) revenue stamp tax *(or duty)*
Bänderschaubild *n* (Stat) band chart
Bandetikett *n* (EDV) tape label
Bandfehler *m* (EDV) tape error *(syn, Magnetbandfehler)*
Bandfertigung *f* (IndE) synchronous assembly-line production
Bandgeschwindigkeit *f* (EDV) tape speed
Bandlänge *f* (EDV) tape length
Bandlaufwerk *n* (EDV) (cartridge) streamer
Bandmarke *f* (EDV) tape mark
Bandmontage *f* (IndE) progressive assembly
Bandnummer *f* (EDV) tape number
Bandprüfung *f* (EDV) tape test
Bandrücksetzen *n* (EDV) backspace
Bandsatz *m* (EDV) tape record
Bandschreibmarke *f* (EDV) tape mark
Bandsicherung *f* (EDV) tape backup
Bandspeicher *m* (EDV) magnetic tape storage
Bandspule *f* (EDV) reel
Bandspur *f* (EDV) tape track
Bandsteuerung *f* (EDV) tape control
Bandvergleich *m* (EDV) tape compare
Bandvorschub *m* (EDV) tape feed
Bandwagon-Effekt *m*
(Vw) bandwagon effect
– demonstration effect
(ie, Nachfrage nach e–m Konsumgut steigt deshalb, weil auch andere Wirtschaftssubjekte dieses Gut verwenden; zB in der Mode; syn, Mitläufereffekt)
Bandwirkungsgrad *m* (IndE) = Leistungsabstimmung, qv
Bank *f*
(Fin) bank
– banker
– banking establishment *(or house)*
Bankabrufverfahren *n* (Fin) automatic debit transfer system
(eg, taxpayer authorizes his bank by standing order = ‚Dauerauftrag' to make payment to the revenue receiving office = ‚Finanzkasse' when this calls for it)
Bankadresse *f*
(com) bank address
(Fin) bank name *(eg, on a bill of exchange)*
Bankagent *m* (Fin) bank representative
Bankagio *n* (Fin) share *(or bond)* premium charged by banks
bankähnliche Institute *npl*
(Fin) near banks *(syn, Quasibanken, Fastbanken)*
Bankakkreditiv *n*
(Fin) clean credit *(ie, based on the terms „documents against payment")*
(Fin) instruction by a bank to another bank to pay out a specified amount in cash to a third party

105

Bankaktien *fpl*
(Fin) bank . . . shares/stock
– banks
Bankaktiengesellschaft *f*
(Fin) joint-stock bank
– banking corporation
Bankakzept *n*
(Fin) banker's acceptance
– (GB) bank bill
(ie, bill accepted by a bank, more easily resold)
Bank-an-Bank Beteiligung *f* (Fin) interbank
holding
Bank-an-Bank-Kredit *m* (Fin) interbank lending
(*or* loan)
Bank-an-Bank-Kredite *mpl* (Fin) bank-to-bank
lending
Bankangestellter *m*
(com) bank . . . clerk/employee
– bank . . . officer/official
Bankanleihen *fpl* (Fin) bank bonds *(ie, issued by
banks for refinance purposes, esp. by real estate
credit institutions, rarely by credit banks)*
Bank *f* **anweisen** (Fin) to instruct a bank
Bankanweisung *f* (Fin) order to a bank to transfer
title to a fungible thing, mostly money, to a third
party *(eg, check, letter of credit)*
Bankarchiv *n* (Fin) bank's archives *(ie, today re-
placed by the ‚economics department‘ of a bank)*
Bank-auf-Banken-Ziehung *f* (Fin) bank order
check
Bankauftrag *m*
(Fin) instruction to a bank
– bank order
(Re) contract concluded with a bank for transac-
tion of business, Ziff. 6 ff AGB
Bankauskunft *f*
(Fin) information supplied by bank
– bank reference
Bankausweis *m* (Fin) bank return
Bankauszug *m* (Fin) bank statement
Bankautomat *m*
(Fin) automated teller machine, ATM *(syn,
Bankomat)*
Bankautomation *f* (Fin) automation of banking ser-
vices
Bankaval *n* (Fin) bank guaranty
Bankavis *n*
(com) bank advice *(ie, confirming letter of credit
to exporter)*
(Fin) LZB credit advice *(ie, sent to the receiving
LZB)*
Bankbeamter *m* (com) bank official *(ie, term obso-
lescent)*
Bank-bei-Bank-Einlage *f* (Fin) interbank deposit
Bankbestände *mpl* (Fin) banks' holdings
Bankbeteiligung *f*
(Fin) banking interest
– interest/holding/stake . . . in a bank
(Fin) affiliated bank
Bankbetrieb *m*
(Fin) bank *(ie, handling all bank operations from
inception to completion; includes savings banks)*
(Fin) bank(ing) operations
Bankbetriebslehre *f* (Fin) bank management (sci-
ence)

*(ie, dealing with money and credit in terms of
banking operations)*
Bankbevollmächtigter *m* (Fin) bank's authorized
agent
Bankbilanz *f* (ReW) bank balance sheet
Bankbote *m* (Fin) bank messenger
Bankbuchhaltung *f*
(ReW) bank accounting system
(ReW) bank's accounting department
Bankbürgschaft *f* (Fin) bank guaranty
Bankdarlehen *n* (Fin) bank loan
Bankdeckung *f*
(Vw) bank cover *(ie, of notes issued; comprising
bankable instruments, such as bills of exchange,
checks, Lombard claims, stocks and bonds)*
(Fin) cover provided by bank
Bankdepositen *pl* (Fin) bank deposits
Bankdepot *n* (Fin) safe custody (at a bank)
Bank *f* **der Banken** (Vw) bankers' bank
Bankdienstleistungen *fpl* (Fin) banking services
Bankdirektor *m* (Fin) bank manager *(ie, esp. board
members of joint-stock banks = ‚Aktienbanken‘;
title is not protected and need not be entered in the
commercial register)*
Bankdiskont *m*
(Fin) bank discount rate
(Fin) discount rate *(ie, charged by central bank)*
Bankeigenschaft *f* (Fin) bank status
Bankeinbruchversicherung *f* (Vers) bank burglary
insurance
Bankeinlagenversicherung *f* (Vers) bank deposit in-
surance
Bank *f* **einschalten** (Fin) to interpose a bank *(eg,
between seller and buyer)*
Bankeinzug *m* (Fin) payment by automatic debit
transfer
Bankeinzugsverfahren *n* (Fin) automatic debit
transfer system
Bankenabrechnungsstelle *f* (Fin) bankers' clearing
house
Bankenapparat *m* (Vw) banking system
Bankenaufsicht *f* (Fin) bank supervision *(ie, or-
ganized under public and private law)*
Bankenaufsichtsbehörde *f*
(Fin) banking supervisory authority
– (US) bank regulatory agency
*(ie, Bundesaufsichtsamt für das Kreditwesen;
selbstständige Bundesoberbehörde im Geschäfts-
bereich des Bundesministers der Finanzen; unterstützt durch Deutsche Bundesbank)*
Bankenbonifikation *f* (Fin) agency commission *(ie,
between banks)*
Banken-Clearing *n*
(Fin) clearing
– settling inter-bank transactions
Bankendebitoren *pl* (ReW) due from banks
Bankendekonzentration *f* (Fin) deconcentration of
banks
Bankeneinlage *f* (Fin) bank deposit
Bankenerlaß *m* (StR) „banking decree" *(ie, administrative decree issued in 1949 imposing restraint on the fiscal authorities in tracing taxable
transactions)*
Bankenfilialsystem *n* (Fin) multiple branch (*or* office) banking

bankenfinanziert (Fin) bank-financed
Bankenfreizonen *fpl* (Fin) International Banking Facilities, IBFs
(ie, von ihnen aus können Kreditinstitute Finanzgeschäfte mit dem Ausland unabhängig von der jeweils benutzten Währung aufgrund der Befreiung von staatlichen Vorschriften zu niedrigeren Kosten und unter günstigeren Rahmenbedingungen als sonst im Inland tätigen; in den USA seit dem 1. 12. 1981; the concept behind IBFS is to create a species of „free trade zone for international money“, primarily Eurodollars; syn, Finanzfreihäfen)
Bankengeldmarkt *m* (Fin) interbank money market
Bankengesetzgebung *f* (Re) banking legislation *(ie, all statutory provisions relating to the money and credit system of a country)*
Bankengruppe *f*
  (Fin) group of banks
  – banking group
Bankenkonsortium *n*
  (Fin) banking consortium
  – consortium of banks
  – banking syndicate
  – syndicate
  – bank group (*or* group of banks)
  – underwriting group
  (ie, Gelegenheitsgesellschaft zur Durchführung von Einzelgeschäften auf gemeinsame Rechnung; zwei Grundtypen: (1) Effektenkonsortien, Gründungskonsortien, Emissions- od Begebungskonsortien, Plazierungs- od Übernahmekonsortien, Börseneinführungskonsortien, Kursstützungs-, Kursregulierungs- od Investitionskonsortien und Schutzkonsortien; (2) Geld- und Kreditleihekonsortien: Kreditkonsortien, Sanierungskonsortien und Garantiekonsortien)
Bankenkonzentration *f* (Fin) concentration of banks
Bankenkreditoren *pl* (ReW) due to banks
Bankenliquidität *f* (Fin) liquidity of the banking system
  (ie, Ausdruck für die Liquidität des gesamten Bankensystems; cf, Bankliquidität)
Bankenmarkt *m* (Fin) interbank market
Bankenmoratorium *n* (Fin) moratorium by banks
Bankennumerierung *f* (Fin) system of bank routing numbers
Bankenpublikum *n* (Bö) bank traders
Bankensektor *m* (Vw) banking sector
Bankenstatistik *f* (Fin) banking statistics
Bankenstimmrecht *n*
  (Fin) right of banks to vote proxies
  – bank's right to vote deposited shares at a general meeting *(syn, Depotstimmrecht)*
Bankensystem *n* (Fin) banking system
Banken-Überweisungsverkehr *m* (Fin) bank transfer system
Banker *m* (Fin, infml) banker
Bankerträge *mpl* (Fin) bank's earnings
Bankfach *n*
  (Fin) banking business
  (Fin) bank safe
Bankfachmann *m* (Fin) banking ... specialist/professional

bankfähiger Wechsel *m* (Fin) bankable bill (of exchange)
bankfähiges Papier *n* (Fin) paper eligible for discount
Bankfazilitäten *fpl*
  (Fin) bank facilities
  – credit facilities (at a bank)
Bankfeiertage *mpl* (Fin) bank holidays *(ie, in Germany all Saturdays)*
Bankfiliale *f*
  (Fin) branch bank
  – bank opening
Bankfinanzierung *f* (Fin) financing through a bank
Bank f für Internationalen Zahlungsausgleich (Fin) Bank for International Settlements, BIS
Bankfusion *f* (Fin) bank merger (*or* consolidation)
Bankgarantie *f* (Fin) bank guaranty
Bankgarantiefonds *m* (Fin) bank guaranty fund
Bankgebühren *fpl* (Fin) bank charges
Bankgeheimnis *n* (Fin) banking secrecy
Bankgeld *n* (Vw) bank (*or* book) money
Bankgelder *npl*
  (Fin) bank moneys
  – deposits of banks
Bankgeldschöpfung *f* (Vw) creation of bank money
Bankgeschäft *n*
  (Fin) banking
  – banking activity
  – banking business
  – banking operations
  – banking transactions
  (ie, nach § 1 KWG:
  1. Einlagengeschäft
  2. Kreditgeschäft
  3. Diskontgeschäft
  4. Effektenkommissionsgeschäft
  5. Depotgeschäft
  6. Investmentgeschäft
  7. Darlehenserwerbsgeschäft
  8. Garantiegeschäft
  9. Girogeschäft sowie neue Geschäftsarten)
bankgeschäftlicher Betrieb *m* (Fin) banking operation
Bankgesetz *n* (Re) Law on the Federal Central Bank, of 27 July 1957
Bankgesetzgebung *f* (Re) bank legislation *(ie, all statutory provisions relating to the money and credit system of a country)*
Bankgewerbe *n* (Fin) banking industry, § 1 HGB
bankgiriert (Fin) bank indorsed
bankgirierter Warenwechsel *m* (Fin) banker's trade acceptance
  (ie, bill resulting from a trade transaction, discounted by the bank and bearing bank's indorsement; rediscountable)
Bankgiro *n*
  (Fin) noncash clearing under Giro system
  – Bank Giro
  (Fin) bank indorsement
Bankgläubiger *m* (Fin) bank creditor
Bankguthaben *n*
  (ReW) cash ... in bank/at bank
  (Fin) bank ... balance/deposit
  – balance in bank
Bankhaus *n* (Fin) banking firm (*or* house)

Bank-Holding f (Fin) bank holding (company)

Bankier m

(Fin) banker *(ie, the KWG amendment of 1976 prohibits the legal form of sole proprietorship in licensing new credit institutions, § 2 a KWG)*

(Fin) *(loosely also:)* any top executive in the banking business

Bankierbonifikation f (Fin) banker's commission *(ie, for taking over part of a securities issue from an underwriting group)*

Bankindossament n (Fin) bank stamp *(ie, on bill of exchange)*

Bankinstitut n

(Fin) bank

– banking establishment (*or* institution)

Bankkalkulation f (Fin) bank's cost and revenue accounting

Bankkapital n (Fin) bank capital *(ie, own funds + outside capital)*

Bankkassierer m (Fin) bank teller

Bankkaufmann m (Fin) bank employee *(with a 3-year training period)*

Bankkonditionen fpl (Fin) credit conditions of a bank

Bankkonsortium n (Fin) = Bankenkonsortium, qv

Bankkonto n (Fin) bank account

Bankkonto n **eröffnen**

(com) to open a bank account

– to open an account with a bank

Bankkonto n **haben**

(com) to carry (*or* have) an account (with)

– to bank with *(eg, Where do you bank?)*

Bankkontokorrent n (Fin) current account with a bank

Bankkonto n **sperren** (Fin) to block a bank account

Bankkonto n **überziehen** (Fin) to overdraw a bank account

Bankkontrolle f (Fin) bank audit

Bankkonzern m

(Fin) group of banks

– banking group

Bankkonzerngeschäfte npl (Fin) group banking

Bankkostenrechnung f (KoR) bank cost accounting *(ie, mostly based on departmental costing, aimed at efficiency analysis and control)*

Bankkrach m (Fin) bank crash

Bankkredit m

(Fin) bank loan

– (GB) overdraft *(ie, universal British term for a bank loan)*

Bankkredite mpl (Fin) bank lending

Bankkreise mpl

(Fin) banking ... quarters/circles

– the banking community

Bankkunde m (Fin) bank customer

Bankkundschaft f

(Fin) bank's ... customers/clientele

Banklehre f (Pw) bank apprenticeship

Bankleistungen fpl (Fin) banking services

Bankleitzahl f

(Fin) transit number

– routing symbol

– (GB) bank code no.

Bankleitzahlsystem n (Fin) system of bank routing numbers

Bankliquidität f (Fin) bank liquidity *(ie, Zahlungsfähigkeit e–s Bankbetriebes; cf, Bankenliquidität)*

Banklombardgeschäft n (Fin) collateral loan business

Bankmarketing n (Fin) bank marketing *(ie, marktorientierte Führungs- und Handlungskonzeption von Kreditinstituten)*

bankmäßige Zahlung f (Fin) bank payment *(ie, by means of check, remittance, or debit transfer; opp, cash payment)*

Bank f **mit mehreren Zweigstellen** (Fin) multiple-office bank

Bank-Namensschuldverschreibung f (Fin) registered bank bond

Banknebenstelle f (Fin) secondary bank place

Banknote f

(Vw) banknote

(com, infml) bill

– (esp GB) note

Banknoten fpl **aufrufen** (Vw) to call in notes

Banknoten fpl **aus dem Verkehr ziehen** (Vw) to withdraw notes from circulation

Banknotenausgabe f (Vw) note issue

Banknoten fpl **ausgeben** (Vw) to issue bank notes

Banknotenbündel n

(Fin) bankroll

– wad of notes

– (GB) sheaf of notes

Banknoten fpl **einziehen**

(Vw) to call in notes

– to withdraw notes from circulation

Banknotenemission f (Vw) note issue

Banknotenfälschung f (Vw) counterfeiting (*or* forgery) of bank notes

Banknoten fpl **in Umlauf setzen** (Vw) to issue bank notes

Banknotenmonopol n (Vw) note-issuing monopoly

Banknotensteuer f (FiW) tax on note issue

Banknotenumlauf m

(Vw) bank notes in circulation

– active circulation of bank notes

Bankobligationen fpl (Fin) bank bonds *(ie, issued by banks for refinance purposes, esp. by real estate credit institutions, but rarely by credit banks)*

Bankomat m

(Fin) automated teller machine, ATM

– (GB) cash dispenser *(syn, Geldautomat)*

Bankorganisation f (Bw) bank's organization system

Bankpapiere npl (Fin) securities issued by a bank

Bankplatz m

(Fin) bank place *(ie, where a LZB establishment is domiciled)*

– banking center

Bankpolitik f (Vw) banking policy *(ie, pursued by the central bank or by government agencies)*

Bankpraxis f (Fin) banking practice

Bankprovision f (Fin) banking commission

Bankprüfung f (ReW) complete audit of bank balance sheet

Bankpublizität f (Fin) banks' disclosure requirements

Bankquittungen fpl

(Fin) bank receipts *(ie, mainly used in borrowed-funds trading)*

(Fin) receipts made out by branded-article dealers and sent to banks for collection
Bankrate *f* (Fin) = Diskontsatz
Bankrechnen *n* (Fin) mathematics of banking
Bankrecht *n* (Fin) banking law
Bankreferenz *f* (Fin) banker's reference
Bankregel *f* (Fin) Golden Bank Rule *(ie, liquidity rule of credit institutions, requires sufficient availability of funds at any time)*
Bankrembours *m* (Fin) bank documentary credit
Bankreserve *f* (Fin) bank reserve
(ie, Bar- und Mindestreserve)
Bankrevision *f* (Fin) banking audit
Bankrichtlinie *f* (EG) Banking Directive
bankrott
(com) bankrupt
– (infml) bust
– (sl) broke *(cf, zahlungsunfähig)*
– flat/stony ... broke
Bankrott *m* (com) bankruptcy
– (infml) bust *(cf, to go bust)*
bankrott machen
(com) to go bankrupt *(or* into bankruptcy)
– (infml) to go broke
– (infml) to go bust
– (infml) to go to the wall
– (sl) to take a bath
– (sl) to lose one's shirt
– (sl) to go belly up
– (GB, sl) to put up the shutters
Banksafe *m od n* (Fin) bank safe
Banksaldenbestätigung *f* (Fin) confirmation of bank balance
Banksaldo *m*
(Fin) balance of a bank account
– bank balance
Banksatz *m* (Fin) = Diskontsatz
Bankschalter *m* (Fin) bank counter
Bankscheck *m*
(Fin) bank check *(ie, drawn on a bank)*
(Fin) banker's draft, B.D.
(ie, bill or check drawn by a bank on another bank)
Bankschließfach *n* (Fin) bank safe deposit box
Bankschulden *fpl*
(ReW) due to banks
– indebtedness to banks
Bankschuldner *m* (Fin) bank's debtor
Bankschuldschein *m* (Fin) borrower's note issued by bank
Bankschuldverschreibung *f* (Fin) bank bond
Banksicherheit *f* (Fin) security provided by bank
Banksparbrief *m* (Fin) bank savings bond
Banksparen *n* (Fin) bank savings scheme
Bankspesen *pl* (Fin) bank(ing) charges
Bankstatistik *f* (Fin) banking statistics
bankstatistische Gesamtrechnung *f* (Fin) overall monetary survey
Bankstatus *m* (Fin) bank statement
Bankstellen *fpl* (Fin) banks including their branch establishments and offices
banktechnische Abläufe *mpl* (Fin) banking procedures *(or* operations)
Banktransaktion *f* (Fin) banking operation *(or* transaction)

Banktresor *m* (Fin) bank vault
Banküberweisung *f*
(Fin) bank transfer
– bank credit transfer
– banker's order
– bank remittance
Banküberziehungskredit *m* (Fin) bank overdraft facilities
banküblich (Fin) customary in banking
Bankumsätze *mpl* (Fin) bank turnovers
Bank- und Börsenverkehr *m* (Fin) bank and stock exchange operations *(or* transactions)
Bankusancen *pl*
(Fin) banking customs
– bank usages
Bankverbindlichkeiten *fpl*
(ReW) due to banks
– indebtedness to banks
Bankverbindung *f*
(Fin) banking connection
– bank affiliation
Bankverkehr *m*
(Fin) banking business
(Fin) interbank operations
– interbank dealings
Bankvollmacht *f* (Re) power of attorney granted to a bank
Bankwechsel *m*
(Fin) bank acceptance
– bank ... bill/draft
– banker's bill
Bankwerte *mpl*
(Bö) bank ... shares/stock
– banks
Bankwesen *n* (Fin) banking
Bankwirtschaft *f* (Fin) banking industry
Bankziehungen *fpl* (Fin) bank's own drafts on customers or on other banks
Bankzinsen *mpl* (Fin) bank interest
Bank-zu-Bank-Ausleihungen *fpl* (Fin) interbank lendings
Bank-zu-Bank-Einlagen *fpl* (Fin) interbank deposits
Bank-zu-Bank-Fazilitäten *fpl* (Fin) interbank credit lines
Bank-zu-Bank-Geschäfte *npl* (Fin) interbank transactions
Bank-zu-Bank-Kredit *m* (Fin) interbank credit
Bankzusammenbruch *m* (Fin) bank failure *(or* collapse)
Bannbruch *m* (StR) illegal export, import, or transit of goods without due customs clearance, § 372 AO
Banngut *n* (com, Re) contraband goods
Bannware *f* (com, Re) = Banngut
BAnz (com) = Bundesanzeiger
bar
(com) in cash
– cash down
(ie, by money payment or by check)
Barabfindung *f* (Fin) money compensation, § 320 V AktG
Barabfindungsangebot *n* (Fin) cash tender *(opp, paper tender)*
Barabhebung *f* (Fin) cash withdrawal

Barablösung f
(Fin) cash repayment
– cash settlement
Barablösungswert m (Vers) cash surrender value
Barabstimmung f (com) register cash balance *(ie, in retailing)*
Barabzug m (com) cash deduction
Barakkreditiv n (Fin) cash letter of credit
Barangebot n (Fin) cash offer
Baraufwendungen mpl (ReW) out-of-pocket cost *(or expense)*
Barausgaben fpl (Fin) cash expenditure *(or outlay)*
Barausgänge mpl (com) cash outgoings
Barauslagen fpl
(com) cash outlays
– out-of-pocket costs *(or expense)*
Barausschüttung f
(Fin) cash distribution
– cash dividend
Barauszahlung f (Fin) cash payment
Barbestand m (ReW) cash on hand
Barbetrag m (com) cash amount
bar bezahlen
(com) to pay cash down
– (sl) to pay spot cash
– (US, sl) to pay on the barrel head
– (GB, sl) to pay on the nail
Barbezüge pl (Pw) compensation in cash
Bar-Chart-Analyse f (Fin) bar chart analysis
Barcode m (com) bar code *(syn, Strichcode)*
Barcodeaufkleber m (com) bar code sticker *(ie, maschinell lesbar)*
Barcodeleser m (EDV) bar code scanner *(syn, Strichcodeleser)*
Bardepot n (Vw) cash deposit, § 23 AWG
Bardepotpflicht f (Vw) cash deposit requirement
Bardepotsatz m (Vw) cash deposit ratio
Bardividende f
(Fin) cash dividend
– cash distribution
– cash payout
(opp, Sachdividende = dividend in kind)
(Vers) cash bonus
– bonus in cash
(ie, ist die von der Versammlung der Anteilseigner beschlossene Dividende)
Bareboatcharter f
(com) bareboat charter
– bare-pole/bare-hull/demise . . . charter
(ie, charterer bears all the cost and responsibility + insurance)
Bareinforderung f (Fin) cash call
Bareingänge mpl (com) cash receipts
Bareinkauf m (com) cash buying *(or purchase)*
Bareinlage f
(Fin) contribution in cash
– cash contribution *(opp, Sacheinlage = contribution in kind or noncash contribution)*
Bareinnahmen fpl
(com) cash receipts
– takings *(esp in retailing)*
Bareinschuß m (Bö) cash margin *(ie, cash put up by a client in part payment of the purchase of a stock under a forward contract = Termingeschäft)*
Bareinschußpflicht f (Bö) cash margin requirement

Bareinzahlung f
(com) inpayment
(Fin) cash deposit
Bareinzahlungen fpl (IWF) subscription payments in cash
Barentnahme f
(com) cash withdrawal
– cash drawings
Barerlös m
(com) net proceeds
– proceeds in cash
Barerstattung f (com) cash refund
Barforderung f (com) money claim
Barfreimachung f (com) bulk franking (of mail)
Bargebot n (Re) minimum cash bid
(ie, in forced sales: difference between lowest and highest bid + cost of auction, §§ 10, 12 ZVG)
Bargeld n
(com) cash *(ie, money in notes and coin)*
(com, infml) hard cash
– (GB) ready cash *(ie, coll: ready)*
– (esp US, infml) cash on the barrelhead /on the nail
Bargeldausgaben fpl (Fin) outgoing cash payments
Bargeldautomat m
(Fin) = Geldautomat
Bargeldbestand m
(Fin) cash in hand
– cash holding
Bargeldeinnahmen fpl (Fin) incoming cash receipts
Bargeldknappheit f
(Fin) cash shortage
– cash squeeze
bargeldlos
(Fin) cashless
– noncash
(ie, payment by check or bank transfer)
bargeldlose Lohnzahlung f (Pw) cashless pay
bargeldloser Einkauf m (com) cashless shopping
bargeldloser Zahlungsverkehr m
(Fin) cashless/noncash . . . money transfer
– (GB) bank giro credit system
bargeldloses Einkaufen n (Mk) cashless shopping
(ie, electronic funds transfer at point of sale = eftpos, EFTPOS)
bargeldlose Zahlung f (Fin) cashless *(or noncash)* payment
Bargeldrückfluß m (Vw) reflux of notes and coin
Bargeldumlauf m
(Vw) currency in circulation
– (GB) notes and coin in circulation
– currency circuit
– cash circuit
(ie, component of money supply M_1)
Bargeldvolumen n (Vw) volume of notes and coin in circulation
Bargeldzahlung f (Fin) cash payment
Bargeschäft n (com) cash sale *(or transaction)*
Bargründung f (Bw) formation of stock corporation by cash subscriptions
Barguthaben n (ReW) cash in hand
Barkauf m (com) cash sale *(ie, payment being made in full on receipt of goods; opp, Kreditkauf = sale on credit)*

Barkaution f
(Vers) cash bond
Barkredit m (Fin) cash advance (or credit)
(Fin) clean credit, C/C
Barkunde m (com) cash customer
Barleistungen fpl (SozV) cash benefits
Barliquidität f
(Fin) liquid cash resources
– available cash
– cash position
Barliquidität f **der Kreditinstitute** (Fin) available cash (ie, ratio of cash in hand and central bank balances to total liabilities less savings deposits)
Barlohn m (Pw) money wages (or compensation)
Barlohnumwandlung f (Pw) conversion of cash wages into insurance premium, § 40 b EStG (ie, direct insurance through cuts in cash wages)
Barmittel pl
(Fin) cash
– liquid funds
(infml) ready money
Barpreis m (com) cash price
Barrabatt m (com) cash discount
Barregulierung f (Fin) cash settlement
Barrengold n (Fin) gold bullion
Barrensilber n (Fin) silver bullion
Barrentabilität f (Fin) cash return
Barreserve f
(Fin) bank's cash/legal . . . reserve
– vault . . . cash/money
(ie, Kassenbestand, Guthaben bei der Bundesbank und Postgiroguthaben: bank notes, deposits with central bank, and postal giro accounts)
Barsaldo m (Fin) cash balance
Barscheck m
(Fin) cashable check
– open check
Barsicherheit f (Fin) cash deposit
Barter m (com, AuW) = klassischer Barter, qv
Bartergeschäft n (com) barter transaction
Barübernahmeangebot n
(com) all cash tender offer
– all paper offer
Barüberschuß m (Fin) cash surplus
Barüberweisung f (Fin) cash remittance (or transfer)
Barumsatz m (com) net cash
Barumsätze mpl (com) cash transactions
Barvergütung f (com) compensation in cash
Barverkauf m (com) cash sale
Barverkehr m (com) trading on cash terms
Barvermögen n (Fin) liquid funds (ie, cash in hand, bank and postal check balances, checks, discountable bills)
Barvorschuß m (Fin) cash advance
Barwert m (Fin) present . . . value/worth
(ie, Wert e–s od mehrerer künftiger Kapitalbeträge im Bezugszeitpunkt; current worth of a certain sum of money due on a specified future date after taking interest into consideration; syn, Gegenwartswert)
(Fin) cash value (eg, of lease that has seven years to run)
Barwertabschreibung f (ReW) present-value depreciation

(ie, künftige Abschreibung zu e–m bestimmten Zinssatz auf den Anschaffungszeitpunkt diskontiert; Jorgensen-Auerbach-Ansatz)
Barwertanwartschaft f (Vers) present value of an expectancy
Barwert m **der nachschüssigen Rente** (Math) present value of ordinary annuity
Barwert m **der Rückflüsse** (Fin) present value of net cash inflows (ie, in preinvestment analysis)
Barwertfaktor m (Fin) present-value factor
bar zahlen (com) to pay in cash
Barzahlung f
(com) cash payment
– (infml) cash down
– (infml) hard cash
Barzahlung f **bei Lieferung** (com) cash on delivery, COD
(ie, Kaufpreis zahlbar bei Übergabe der Ware)
Barzahlungsgeschäft n (com) cash transaction
Barzahlungsnachlaß m (com) cash discount (syn, Skonto)
Barzahlungspreis m (com) cash price (opp, Teilzahlungspreis)
Barzahlungsrabatt m (com) cash discount (or rebate)
Barzahlungsverkehr m (Fin) cash payments (or transactions)
Barzahlung f **vor Lieferung** (com) cash before delivery
Barzeichner m (Fin) cash subscriber
Barzufluß m (Fin) cash inflow
Basis f
(Pw) rank and file (ie, of a union)
(Math) base (ie, of a power = Potenz)
(Math) radix (ie, of a logarithm)
(OR) basics
(Bö) basis
(ie, in commodity jargon: difference between a futures price and some other price; the money market would talk about 'spread' rather than than 'basis')
(EDV) base
– radix
(eg, the radix of each place in the decimal notation is ten)
Basisadresse f (EDV) base (or reference) address (syn, Bezugsadresse, Grundadresse)
Basisadreßregister n (EDV) base address register
Basisanforderungen fpl (IndE) base lines (ie, in quality assurance: für jede Phase e–s Projektes)
Basisausgleichsbeträge mpl **für den innergemeinschaftlichen Warenverkehr**
(EG) basic compensatory amounts for intra-Community exchanges
Basisbeschäftigung f (KoR) basic volume of activity
Basis-Betriebssystem n (EDV) basic operating system
Basiseinkommen n **des Haushalts** (Vw) breakeven level of income
Basiseinstandspreis m (com) base cost
Basis f **e–r Topologie** (Math) base of topology
Basis f **e–s Logarithmussystems** (Math) radix
Basisgesellschaft f (StR) foreign base company
(ie, domiciled in a low-tax country to accumulate profits or to take advantage of double-taxation

agreements; die hier thesaurierten Gewinne werden idR nicht mehr im Sitz- bzw Wohnsitzstaat besteuert; syn, Auffanggesellschaft; diese Abschirmwirkung ist heute weitgehend aufgehoben)

Basisgewicht *n* (Stat) base weight

Basisjahr *n* (Stat) base year *(syn, Basisperiode)*

Basiskalkulation *f* (KoR) standardized cost estimate *(ie, covering all fixed and variable cost)*

Basiskonfiguration *f* (EDV) basic configuration

Basiskurs *m* (Bö) initial price

Basislaufzeit *f*
(com) effective base period
(KoR) period used in standard cost calculation
(ie, during which basic prices remain unchanged)

Basislinie *f* (Stat) base line

Basislösung *f*
(OR) basic solution
(ie, solution to a linear program model, consisting of m equations in n variables, obtained by solving for m variables in terms of the reminaing (n – m) variables and setting the (n – m) variables to zero)

Basismatrix *f* **des geschlossenen Kantenzuges**
(Math) circuit-basis matrix

Basismodell *n* (EDV) bare bones version

Basisobjekt *n* (Fin) underlying instrument *(ie, von Terminkontrakten)*

Basispatent *n* (Pat) basic patent

Basisperiode *f* (Stat) base period *(syn, Basisjahr)*

Basispreis *m*
(com) basic price
(Bö) exercise/strike/striking ... price
(ie, Preis, zu dem der Käufer e–r Kaufoption das Recht erhält, innerhalb der Optionsfrist – option period – das Wertpapier zu kaufen; syn, Optionspreis, Ausübungspreis)

Basispreis *m* **e–r Kaufoption** (Fin) call exercise price

Basispreis-Schrittweiten *fpl* (Fin) strikes

Basispunkt *m* (Fin) basis point
(ie, 0,01 der Rendite e–r Investition; 100 basis points = 1; eg, prices firmed by as much as 50 basis points)

Basispunktsystem *n* (com) basing point system *(ie, for computation of freight charges)*

Basisqualität *f* (Bö, US) basis grade
(ie, in commodity futures contracts; without premium or discount)

Basissatz *m* (Log) basic statement

Basisstichtag *m* (com) base reference date

Basisswap *m* (Fin) basic swap
(ie, gleich dem klassischen Zinsswap, mit der Ausnahme, daß statt zwischen festem und variablem zwischen verschiedenen Arten des variablen Zinssatzes getauscht wird)

Basistrend *m* (Stat) basic trend

Basisvariable *f* (OR) basic variable

Basiswährung *f* (AuW) reference currency

Basiswert *m* (Stat) basic dimension

Basiswinkel *m* (Math) base angle

Basiszeitpunkt m (Stat) base date *(syn, Bezugszeitpunkt)*

Basiszeitraum *m* (Stat) base/origin ... period *(ie, of a time series; syn, Bezugszeitraum)*

Basiszins *m* (Fin) base interest rate

Basiszyklus *m* (Stat) reference cycle

Basler Abkommen *n*
(AuW) Basle Agreement
– Reciprocal Currency Agreement
(ie, Stillhalteabkommen von 1931; Gruppenabkommen in den Jahren 1966, 1968 und 1977; Abkommen zwischen den Zentralbanken der EG-Mitgliedsstaaten von 1972, abgelöst durch Abkommen vom 13. 3. 1979, um EWS zu errichten)

Basler Ausschuß *m* Basle Committee
(ie, where supervisors from the Group-of-Ten countries meet under the auspices of the BIS = Bank for International Settlements)

Basler Konkordat *n* (Fin) Basle Concordat
(ie, the international bank supervisor's set of guiding principles; ausländische Stellen von Geschäftsbanken sollen durch die beteiligten Notenbanken überwacht werden)

BAT (Pw) = Bundes-Angestellten-Tarifvertrag

Bauabnahme *f*
(Re) final inspection of completed building by appropriate authority
(com) acceptance of building work by owner

Bauabrechnung *f* (com) work measurement and billing

Bauabschnitt *m*
(com) phase of construction
(com) section of construction

Bauaktien *fpl* (Bö) building shares

Bauamt *n* (Re) building authority

Bauantrag *m*
(com) application for building license

Bauarbeit *f* (com) construction work

Bauarbeiter *m* (com) construction worker

Bauarbeitsgemeinschaft *f* (com) construction consortium

Bauartgenehmigung *f* (com) type approval

Bauartzulassung *f*
(IndE) type approval
– conformity certificate

Bauauflage *f* (Re) specific condition imposed on the performance of construction work *(ie, by building authority)*

Bauaufsicht *f* (com) supervision of construction work

Bauaufsichtsbehörde *f* (Re) building supervisory authority

Bauaufträge *mpl*
(com) construction orders

Bauaufwand *m*
(com) cost of construction
= building cost

Bau *m* **ausführen** (com) to carry out (*or* complete) a building (*or* construction) project

Bauausschreibung *f* (com) invitation to tender for construction work

Baubeginn *m* (com) start of building (*or* construction) work

Baubehörde *f* (Re) building authority

Baubeschränkungen *fpl* (Re) building restrictions

Baubeteiligte *mpl* (com) parties to a construction project

Baubewilligung *f* (Re) = Baugenehmigung

Bauboom *m* (Vw) construction boom

Bauchlandung *f* (Fin, sl) belly flop

Baudarlehen *n* (Fin) building loan
Baueinheit *f* (EDV) physical unit
Bauelement *n*
(EDV) component
(IndE) guzzinta
Bauerlaubnis *f* (Re) = Baugenehmigung
bäuerlicher Familienbetrieb *m* (com) family farm
Bauernverband *m* (com) farmers' association
Bauerwartungsland *n*
(com) prospective building land
– land earmarked for development
Baufinanzierung *f*
(Fin) financing of building projects
– construction finance
Baufinanzierungsmittel *pl* (Fin) construction finance
Baufirma *f*
(com) firm of builders (*or* constructors)
– construction company
Bauführer *m* (com) construction site supervisor
Baugebiet *n* (com) building area
Baugelände *n* (com) building site
Baugeld *n* (Fin) building loans
Baugeldhypothek *f* (Fin) building mortgage
Baugeldkredit *m* (Fin) intermediate building credit
Baugenehmigung *f* (Re) building license (*or* permit)
Baugenossenschaft *f* (Bw) building cooperative
Baugewerbe *n*
(com) construction industry
– (GB) building trade
(*ie, excluding building materials industry and trade*)
Baugrundstück *n*
(com) building lot (*or* plot)
– home site
Baugruppe *f*
(IndE) assembly
– package (*ie, preassembled unit*)
Baugruppennummer *f* (IndE) indent number
Baugruppensystem *n* (IndE) package system
Bauhaftpflichtversicherung *f* (Vers) builder's risk insurance
Bauhandwerk *n* (com) building trade
Bauhandwerker *m* (com) construction worker
Bauhauptgewerbe *n* (com) construction industry
Bauherr *m* (com) owner of a building (*ie, in the planning stage, under construction, and upon completion*)
Bauherrenhaftung *f* (Re) liability of builder-owner
Bauherrenmodell *n* (StR) model for tax-favored construction of residential properties
(*ie, purchasers, mostly of condominiums in a large building system, are deemed to be the original owners, and may deduct substantial portion of costs as income-related expenses – Werbungskosten – during the construction period; allocation of losses – Verlustzuweisungen – result from commissions, cost of finance, and depreciation on construction cost*)
Bauhilfsgewerbe *n* (com) construction-related trade
Bauhypothek *f* (Fin) building mortgage
Bauindex *m*
(Stat) construction price index

Bauindustrie *f* (com) building (*or* construction) industry
Bauinvestitionen *fpl*
(VGR) building investments
– capital spending on new construction
Baukastenprinzip *n*
(IndE) building block concept
– concept of modular assembly
– modular concept
– modularity
Baukasten-Schaltkreismodul *n* (EDV) building-block circuit module
Baukastenstückliste *f* (IndE) one-level bill of material
Baukonjunktur *f* (Vw) overall construction activity
Baukonsortium *n* (com) group of building contractors
Baukosten *pl* (com) building (*or* construction) cost
Baukostenindex *m* (Stat) construction cost index
Baukostenvoranschlag *m*
(com) building estimate
– estimate of construction cost
Baukostenzuschuß *m* (com) tenant's contribution to building cost
Baukostenzuschüsse *mpl* (com) building subsidies
Bauland *n*
(com) building (*or* developed) land
(StR) land suitable for residential construction, § 69 I BewG
Baulandbeschaffung *f* (Re) provision of land for building sites
Baulanderschließung *f*
(com) development of real estate
– property development
Baulandsteuer *f* (StR) site value tax (*ie, conceived as ‚land hoarding charge‘ = graduated tax on land ready for building but not yet improved; introduced on 23 June 1960 and repealed as of 1 Jan 1963*)
Bauleistungen *fpl* (com) construction work performed
Bauleistungsversicherung *f* (Vers) contractor's all risk insurance, CAR
(*ie, Sparte der technischen Versicherung*)
Bauleitplan *m* (com) general plan for the development of local real estate
bauliche Mängel *mpl* (StR) structural defects, § 85 BewG
Baumalgorithmus *m* (OR) tree search type algorithm
Baumaschinen-Hersteller *m* (com) construction machinery producer
Baumaßnahmen *fpl* (com) construction work
Baumaterial *n* (com) building (*or* construction) materials
Baumateriallieferant *m*
(com) building supply firm
– (GB) builder's merchant
Baumdiagramm *n* (Stat) tree diagram
Baumwollbörse *f* (Bö) cotton exchange
Baumwollterminbörse *f*
(Bö) forward cotton exchange
– cotton futures market
– trading in cotton futures
Baumwolltermingeschäfte *npl* (Bö) cotton futures

Baunebengewerbe *n* (com) construction-related trade

Bauobjekt *n* (com) construction project

Bauplanung *f* (com) planning of construction work

Bauplatz *m*
(com) building lot (*or* plot)
(com) building (*or* construction) site (*ie, after starting work; syn, Baustelle*)

Baupreise *mpl* (com) building prices

Baupreisverhältnisse *npl* (StR) building cost index, § 85 BewG

Bauprogramm *n* (com) construction schedule (*or* program)

Bauprojekt *n* (com) construction project

Bauprüfung *f* (IndE) in-process inspection

Baureederei *f* (com) joint ship building

baureife Grundstücke *npl*
(com) land ready for building
(StR) land considered likely to be improved in the near future and included in a building plan, § 73 II BewG

Baureihe *f* (IndE) production series

Baurezession *f* (Vw) construction slump

Baurisikoversicherung *f* (Vers) builder's risk insurance (*ie, insurance of a building under construction*)

Bausachverständiger *m*
(com) building expert
– quantity surveyor

Bauschäden *mpl* (com) structural damage

Bauschädenversicherung *f* (Vers) building liability insurance

Bausektor *m* (com) building sector

Bausparbeitrag *m* (Fin) saver's payment to savings and loan association (*or* GB: to building society)

Bauspardarlehen *n* (Fin) loan from savings and loan association
(*ie, paid out when savings quota (= Mindestsparguthaben) is reached*)

Bausparen *n* (Fin) saving through a savings and loan association

Bausparer *m*
(Fin) member of a savings and loan association
– (GB) person saving through a building society

Bausparguthaben *n* (Fin) balance on savings account with a savings and loan association (*or* GB: a building society)

Bausparkasse *f*
(Fin) building and loan association
(Fin, US) savings and loan association
– (GB) building society

Bausparkassengesetz *n* (Re) Law on Building and Loan Associations, of 16 Nov 1972

Bausparprämie *f* (Fin) government premium allowed to savers in savings and loan association

Bausparsumme *f* (Fin) target amount of savings (*ie, which qualifies for a building loan under a ‚Bausparvertrag‘*)

Bausparvertrag *m* (Fin) agreement under which a loan is granted by a savings and loan association (*ie, for the purchase, construction, or improvement of residential properties*)

Baustein *m*
(Bw) building block (*ie, of systems*)
(EDV) module

Bausteinsystem *n* (EDV) modular system

Baustelle *f*
(com) building site
– construction site
– job site

Baustellenfertigung *f*
(IndE) job-site production
– fixed-site production (*eg, large-scale equipment and machinery, construction industry*)

Baustoffe *mpl* (com) building (*or* construction) materials

Baustoffhandlung *f*
(com) building supply firm
– (GB) builder's merchant

Baustoffindustrie *f* (com) building (*or* construction) materials industry

Bausumme *f* (com) total construction cost

Bautätigkeit *f* (Vw) building activity

Bauteil *n*
(IndE) component (part) (*ie, Bauelement*)
– structural component
(IndE) assembly (*ie, Baugruppe*)
– subassembly (*ie, Unterbaugruppe, U-Gruppe*)

Bauteilname *m* (EDV, CAD) decal name

Bauträger *m*
(com) property developer
– company building and selling completed residential properties

Bauträger-Gesellschaft *f* (com) real estate developing company (*ie, one that subdivides land into sites, builds houses and sells them*)

Bauüberhang *m* (com) volume of unfinished building projects

Bauüberwachung *f* (Re) building inspection

Bau- und Prüfvorschriften *fpl* (com) specifications for construction and testing

Bauunternehmer *m*
(com) building contractor
– construction firm

Bauvergabe *f* (com) award of construction contract

Bau *m* **vergeben** (com) to award (*or* let) a building contract

Bauverwaltung *f* (Re) building authorities

Bauvolumen *n* (Vw) volume of construction output

Bauvorhaben *n* (com) construction project

Bauvorschriften *fpl* (Re) building ... code/regulations

Bauwert *m* (com) construction cost of a building (*ie, taken as a basis for determining the lending value = ‚Beleihungswert‘ of a plot of land*)

Bauwerte *mpl* (Bö) buildings

Bauwesenversicherung *f* (Vers) builder's risk insurance (*ie, insurance on a building during construction*)

Bauwirtschaft *f*
(com) building/construction ... industry
– (GB) building trade

Bauzeit *f* (com) construction period

Bauzinsen *mpl* (com) interest for building finance

Bauzuschuß *m* (FiW) building subsidy

Bauzwischenkredit *m* (Fin) intermediate building credit (*ie, replaced by a mortgage credit upon completion of the building*)

BAV (Vers) = Bundesaufsichtsamt für das Versicherungs- und Bausparwesen

BAW (com) = Bundesamt für gewerbliche Wirtschaft
Bayessches Theorem n (Stat) Bayes' theorem
BBankG (Re) = Bundesbankgesetz
BBiG (Re) = Berufsbildungsgesetz
BDA (com) = Bundesvereinigung der Deutschen Arbeitgeberverbände
BDI (com) = Bundesverband der Deutschen Industrie
BDSG (Re) = Bundesdatenschutzgesetz
beabsichtigen (Re) to contemplate
beabsichtigte Geschäftspolitik f (Bw) prospective business policy
beabsichtigte Nettoinvestition f (Vw) intended (or planned) net investment
beachtlicher Irrtum m (Re) substantial (or operative) mistake
Beamter m
  (com) public official (ie, for life)
  – (GB) civil servant
  (ie, not only administrative personnel in direct government service, but also school teachers, university staff, police, part of armed forces, clergy, judiciary, senior employees in the Post Office and railways)
beanspruchen
  (Re) to claim
  – to lay claim to
Beanspruchung f **der Priorität** (Pat) claim to priority
beanstanden
  (com) to complain about
  – to reject (eg, defective goods)
beanstandet (IndE) non-conforming
Beanstandung f
  (com) complaint (about)
  – objection (to)
  (ReW) exception (to) (ie, in balance sheet audit)
Beanstandungscode m (IndE) non-conformance code
beantragen
  (com) to apply for
  – to make an application for
Beantwortung f
  (com) answer
  – reply
Beantwortungsfrist f (Re) time limit set for filing a reply
Beantwortungszeit f (EDV) response time
bearbeiten
  (com) to deal with
  – handle
  – to process (eg, incoming mail)
  (IndE) to process
  – to treat
  (EDV) to edit
bearbeitende Industrie f (com) manufacturing (or processing) industry
Bearbeiter m (com) person in charge of (sth)
Bearbeitung f
  (com) handling
  – processing (eg, incoming mail)
  (Zo) working of goods (= Veredelung)
  (IndE) processing
  – treatment

Bearbeitungsaufschlag m (com) service charge
Bearbeitungsbetrieb m (IndE) processing plant
Bearbeitungsfehler m (com) processing error
Bearbeitungsgebühr f
  (com) service charge
  – handling/processing ... fee
  (Fin) management ... charge/fee
  – bank service charge
Bearbeitungskosten pl
  (com) handling cost
  (Vers) cost of writing insurance
  (Vers) claim expenses
  (IndE) manufacturing (or processing) cost
Bearbeitungsmethode f (IndE) manufacturing method (or technique)
Bearbeitungsprogramm n **für die Großproduktion** (IndE) retooling program
Bearbeitungsprovision f (Fin) handling fee (ie, charged by credit granting bank)
Bearbeitungsreihenfolge f (IndE) machine sequence
Bearbeitungsschädenklausel f (Re) clause relating to processing risks
Bearbeitungsschritt m (EDV) job step
Bearbeitungsstempel m (com) date (or receipt) stamp
Bearbeitungsverfahren n (IndE) manufacturing method (or technique)
Bearbeitungsvorgang m
  (com) processing operation
  (Zo) manufacturing operation (ie, im Veredelungsverkehr)
Bearbeitungszeit f
  (IndE) process(ing) time
  (OR) holding time
  (EDV) process time (eg, in teleprocessing)
beaufsichtigen (Pw) to supervise
Beaufsichtigung f (Pw) supervision
beauftragen
  (com) to charge with
  – to put in charge with
  – to instruct
  (Re) to authorize
  – to empower
beauftragen mit
  (com) to charge with
  – to put in charge of
beauftragte Bank f (Fin) paying bank
Beauftragter m
  (com) agent
  – representative
  (Re) attorney-in-fact
  – private attorney
  (Re) mandatory (ie, person agreeing to perform unremunerated services involving the transaction of business for another, § 662 BGB)
Beauftragter m **für den Datenschutz** (EDV) data protection officer (syn, Datenschutzbeauftragter)
bebauen
  (com) to build upon
  – to develop (ie, to build on land)
bebaute Fläche f (com) improved/built-up ... area
bebaute Grundstücke npl
  (com) developed real estate
  (ReW) land and buildings

– land built-upon
(StR) improved real property *(ie, carrying buildings and other structures, §§ 74–90 BewG)*
bebautes Gelände *n* (com) built-up area
Bebauungsgebiet *n* (com) building *(or* development) area
Bebauungsgrenze *f* (Re, US) building line
Bebauungskosten *pl*
(com) building costs
– cost of buildings
Bebauungsplan *m* (com) building *(or* development) plan
(ie, for the area in which land is located, § 69 III BewG; zweite und rechtsverbindliche Stufe der Bauleitplanung, qv)
Bedarf *m*
(com) demand *(an: for)*
– need (for)
– requirements (of)
Bedarf *m* **an Arbeitskräften** (Pw) manpower requirements
Bedarf *m* **an liquiden Mitteln** (Fin) cash requirements
Bedarf *m* **decken**
(com) to meet
– to satisfy
– to supply... demand *(or* needs *or* requirements)
Bedarf *m* **neu ausschreiben** (com) to rebid a requirement
Bedarfsanalyse *f* (Mk) demand analysis
Bedarfsartikel *mpl* (Mk) necessaries
Bedarfsauflösung *f* (IndE) requirements explosion
(ie, mit Hilfe von Stücklisten, Rezepten, Herstell-od Bauvorschriften wird der Materialbedarf ermittelt und in s–e Komponenten „aufgelöst"; Unterarten: analytische/synthetische B.)
Bedarfsbefriedigung *f* (Vw) satisfaction of demand
Bedarfsbeschreibung *f* (EDV) requirements definition *(syn, Anforderungsdefinition, Aufgabendefinition)*
Bedarfsdeckung *f*
(com) satisfaction of requirements
– supply of needs
(Mk) demand coverage
Bedarfsdeckungsrate *f* (Mk) = Wiederkaufrate
Bedarfsdeckungswirtschaft *f* (Vw) subsistence economy *(ie, supplying only survival needs: the minimum of food, clothing, and shelter)*
Bedarfselastizität *f* (Mk) demand elasticity
Bedarfserkennung *f* (Mk) demand recognition
Bedarfsfaktoren *mpl* (Mk) factors of demand *(ie, determined in market analyses)*
Bedarfsforschung *f* (Mk) demand research *(ie, aimed at potential sales volume)*
bedarfsgerecht (Mk) tailored to suit the needs of the market
bedarfsgesteuerte Disposition *f* (MaW) materials requirements planning, MRP
(ie, löste zunehmend die verbrauchsgesteuerte Disposition mit ihrem Order-Point-Verfahren ab; term coined by APICS = American Production and Inventory Control Society, a sister organization of the German GF+M)
Bedarfsgüter *npl* (Vw) necessaries

(com) consumer goods
Bedarfs-Kreditlinie *f* (Fin) demand line of credit
– swing line
(ie, customer may borrow on a daily or on an on-demand basis)
Bedarfslenkung *f* (Vw) re-directing consumer demand
Bedarfslücke *f*
(Vw) demand gap
– unsatisfied demand
Bedarfsmarkt *m* (Mk) = relevanter Markt
Bedarfsmaterial *n* (MaW) materials purchased to fill a particular order
Bedarfsmeldung *f* (MaW) purchase requisition
Bedarfsmengenkontrolle *f* (MaW) requirements control
Bedarfsmengenplanung *f* (MaW) materials budgeting *(cf, bedarfsgesteuerte Disposition)*
Bedarfsmeßzahl *f* (FiW) figure indicating the average expenditure burden of a municipality
bedarfsorientiert (Mk) demand oriented
bedarfsorientierte Fertigung *f* (IndE) demand-oriented production
Bedarfsplanung *f* (MaW) requirement planning *(ie, by plant divisions for materials and operating supplies)*
Bedarfsprämie *f* (Vers) net premium *(or* rate) *ie, the net charge for insurance cost only, minus expenses or contingencies)*
Bedarfsprognose *f* (Mk) demand forecast
Bedarfsprüfung *f* (Re) public need test *(ie, prior to licensing a business establishment)*
Bedarfsquote *f* (Pw) vacancy ratio *(ie, job openings to number of unemployed)*
Bedarfsrate *f* (OR) demand rate
Bedarfsspanne *f*
(Fin) net expense ratio *(ie, of banks)*
– cover-requiring margin
– required margin
Bedarfsspannenrechnung *f* (Fin) calculation of net expense ratio
Bedarfsspitze *f* (Mk) peak demand
Bedarfssteuerung *f* (Mk) demand control
Bedarfsstruktur *f*
(Vw) order of preference
– preference system
Bedarfsstruktur *f* **des Haushalts** (Vw) tastes of household
Bedarfsverlagerung *f* (Mk) shift in demand
Bedarfsverlust *m* (com) loss of demand *(ie, if stock-outs cannot be supplied)*
Bedarfsverteilung *f* (Mk) demand distribution
Bedarfswandel *m* (Mk) change in demand
Bedarfsweckung *f* (Mk) creation of demand
Bedarfswirtschaft *f* (Vw) needs-economy *(opp, wants-or-aspirations economy)*
Bedenkfrist *f* (WeR) time allowed for re-presentation *(of a bill of exchange, Art. 24 WG)*
bedeutsame Ziffer *f* (EDV) significant digit
bedienen
(com) to attend to *(eg, customers, clients)*
(Fin) to service *(eg, a loan)*
Bediener *m* (IndE) operator
Bedieneranweisung *f*
(EDV) run... chart/diagram

– user guide
Bedienerführung *f*
  (EDV) operator prompting
  – user prompt
Bedienerstation *f* (EDV) control station
Bedienperson *f* (EDV) operator
Bedienplatz *m* (EDV) operator console
bedienter Betrieb *m* (EDV) attended operation
Bedienung *f* **e–s Kredits** (Fin) debt service
Bedienung *f* **mit Vorrang** (OR) preemptive service
Bedienung *f* **ohne Vorrang** (OR) nonpreemptive service
Bedienungsanforderung *f* (EDV) service call (*or* request)
Bedienungsanleitung *f*
  (com) instructions for use
  (IndE) operating instructions
Bedienungsanweisung *f* (EDV) operating instructions
Bedienungsaufruf *m* (EDV) operator request
Bedienungsaufschlag *m* (com) service charge
Bedienungseinrichtungen *fpl* (EDV) operating facilities
Bedienungselement *n* (EDV) control element
Bedienungsfeld *n* (EDV) operator control panel
bedienungsfreier Betrieb *m* (EDV) unattended operation
Bedienungsgelder *npl* (ReW) tips and gratuities
Bedienungshandbuch *n* (IndE) service manual
  – user handbook
  – manual of instruction
Bedienungskonsole *f* (EDV) = Bedienungsplatz
Bedienungsperson *f* (EDV) operator
Bedienungspersonal *n* (IndE) operating personnel
Bedienungsplatz *m*
  (EDV) operator console
  – operator control station
Bedienungspult *n* (EDV) control console
Bedienungsrate *f* (OR) service rate
Bedienungsrelation *f* (IndE) relation between operator's process time and machine time
Bedienungsstation *f*
  (OR) server
  – channel
  – service facility (*or* point *or* station *or* unit)
  (*ie, in waiting-line models*)
Bedienungsstelle *f* (OR) service facility (*or* point)
Bedienungssteuerung *f* (EDV) master scheduler
Bedienungsstrategie *f* (OR) service strategy
Bedienungssystem *n* (OR) system of service points
  (*ie, in waiting-line theory*)
Bedienungstisch *m* (EDV) control desk
Bedienungszeit *f* (OR) service time (*syn, Abfertigungszeit, Servicezeit*)
bedingt (Re) conditional
bedingt arbeitsfähig (Pw) fit for limited employment (*or* service)
bedingte Abfertigung *f* **zum Dauerverbleib** (Zo) conditional clearance for home use
bedingte Annahme *f* (Re) conditional acceptance
bedingte Ansprüche *mpl* (Vw) contingent claims
  (*ie, Ansprüche auf Einkommen od Vermögen, deren Wirksamkeit von der Bedingung des Eintretens des entsprechenden Zustandes abhängt*)

bedingte Anweisung *f*
  (EDV, Cobol) conditional statement
  (EDV, Unix) conditional request
bedingte Ausfallwahrscheinlichkeit *f* (IndE) conditional probability of failure
bedingte Befreiung *f* **von Eingangsabgaben** (Zo) conditional relief from import duties and taxes
bedingte Definition *f* (Log) conditional definition
bedingte Einfuhr *f* (AuW) conditional imports
bedingte Fälligkeit *f* (Fin) contingent payment
bedingte Kapitalerhöhung *f* (Fin) conditional increase of capital stock, §§ 192 ff AktG
  (*ie, kann drei Zwecke haben: (1) Sicherung der Ansprüche auf Aktien, die sich aus Umtausch- und Bezugsrechten der Inhaber von Wandelschuldverschreibungen ergeben; (2) Vorbereitung von Fusionen; (3) Schaffung von Bezugsrechten für Arbeitnehmer der Gesellschaft*)
bedingte Klausel *f* (com) conditional clause
bedingte Lieferung *f*
  (com) conditional delivery
  – delivery on condition
  (*ie, tender of delivery by seller conditioned upon payment*)
bedingte Meistbegünstigungsklausel *f* (AuW) conditional most-favored nation clause
bedingte Option *f* (com) qualified option
bedingter Ablauf *m* (EDV) conditional execution
bedingter Anspruch *m* (Re) contingent claim
bedingter Ausdruck *m* (EDV, Cobol) condition(al) expression
bedingter Befehl *m* (EDV) conditional instruction
bedingte Regression *f* (Stat) conditional regression
bedingter Erwartungswert *m*
  (Stat) conditional expectation
  – conditional expected value
bedingt erhöhen (Fin) to increase subject to a contingency
bedingter paralleler Fortschritt *m* (OR) conditional parallel progress
bedingter Sprung *m* (EDV) conditional branch (*or* jump) (*syn, bedingte Verzweigung*)
bedingter Sprungbefehl *m*
  (EDV) conditional branch (*or* jump) instruction
  – discrimination instruction
  (*syn, bedingter Verzweigungsbefehl*)
bedingter Test *m* (Stat) conditional test
bedingter Vertrag *m* (Re) conditional contract
bedingter Verzweigungsbefehl *m* (EDV) = bedingter Sprungbefehl
bedingt erwartungstreue Schätzfunktion *f* (Stat) conditionally unbiased estimator
bedingtes Anschaffungsgeschäft *n* (StR) acquisition of securities subject to a condition, § 18 II 3 KVStG
bedingtes Fremdkapital *n* (Fin) contingent assets
bedingtes Indossament *n* (WeR) conditional indorsement
bedingtes Kapital *n* (Fin) authorized but unissued capital
bedingtes Maximum *n* (Math) conditioned maximum
bedingtes Recht *n* (Re) conditional right
bedingtes Rechtsgeschäft *n*
  (Re) conditional transaction

– (GB) act of the parties subject to a condition

bedingte Störungsrate *f*
(IndE) conditional rate of failure
– hazard rate of failure

bedingtes Urteil *n* (Log) conditional proposition

bedingte Trennschärfefunktion *f* (Stat) conditional power function

bedingte Überlebenswahrscheinlichkeit *f* (OR) conditional probability of survival

bedingte Verbindlichkeiten *fpl* (Re) contingent liabilities

bedingte Versicherung *f* (Vers) contingent insurance

bedingte Verteilung *f* (Stat) conditional distribution

bedingte Verzweigung *f* (EDV) conditional branch (*or* jump) *(syn, bedingter Sprung)*

bedingte Wahrscheinlichkeit *f* (Stat) conditional probability

bedingte Wahrscheinlichkeit *f* **der Ausfallzeit** (IndE) conditional rate of failure

bedingte Wertpapiere *npl* (Fin) conditional securities
(ie, stock subscription rights, warrants, convertible debt, convertible preferred stock, and stock options, qv)

Bedingtgeschäft *n* (Re) conditional transaction

Bedingtlieferung *f* (com) sale qualified by right of return *(ie, esp. in book selling)*

bedingt verfügbare Liquidität *f* (AuW) conditional liquidity

bedingt verfügbare Pufferzeit *f* (OR) interfering (*or* dependent) float

Bedingung *f*
(Re) condition *(general term)*, §§ 158 ff BGB
– stipulation *(eg, of a contract)*
(Log, Math) condition
(EDV, Cobol) condition
(ie, program status for which a truth value can be determined; cf, DIN 66 028, Aug 1985)

Bedingung *f* **der Zug-um-Zug-Erfüllung** (Re) concurrent condition

Bedingungen *fpl* (com) terms and conditions

Bedingungen *fpl* **auferlegen** (Re) to impose conditions

Bedingungen *fpl* **festsetzen** (Re) to stipulate terms (*or* conditions)

Bedingungen *fpl* **vereinbaren**
(Re) to agree on conditions
– to settle terms

Bedingung *f* **erfüllen**
(Re) to comply with
– to fulfill
– to perform
– to satisfy ... a condition

Bedingung *f* **erster Ordnung** (Math) first-order condition

Bedingungsausdruck *m* (EDV, Cobol) conditional expression *(cf, DIN 66 028, Aug 1985)*

bedingungsfeindliches Geschäft *n*
(Re) absolute/unconditional ... transaction
– actus legitimus
(ie, ist es dennoch mit e–r Bedingung verknüpft, ist diese in der Regel nichtig)

Bedingungsgleichung *f* (Math) conditional equation

Bedingungskonstellation *f* (Bw, Vw) combination of circumstances

bedingungslos
(Re) unconditional
– without qualification
– without stipulations
– (infml) unfootnoted

bedingungslose Abfertigung *f* **zum Dauerverbleib** (Zo) unconditional clearance for home use

bedingungslose Schenkung *f* (Re) absolute gift *(opp, conditional gift)*

bedingungslose Zuwendung *f* (Re) = bedingungslose Schenkung

bedingungslos verfügbare Liquidität *f* (IWF) unconditional liquidity

Bedingungsname *m* (EDV, Cobol) condition name *(cf, DIN 66 028, Aug 1985)*

Bedingungsteil *m* (EDV) conditional part

Bedingungsvariable *f* (Math) conditional variable

Bedingung *f* **tritt ein**
(Re) condition happens (*or* is performed)
– contingency comes to pass

Bedingung *f* **zweiter Ordnung**
(Math) second-order condition

bedungene Einlage *f* (Fin) stipulated capital contribution

Bedürfnis *n* (Vw) want

Bedürfnis *n* **befriedigen** (Vw) to meet (*or* satisfy) a want

Bedürfnisbefriedigung *f* (Vw) satisfaction (*or* satiation) of wants

Bedürfnis *n* **der Selbstverwirklichung** (Pw) self-actualization need

Bedürfnishierarchie *f* (Bw) hierarchy of needs *(Maslow)*

Bedürfniskoinzidenz *f* (Vw) (double) coincidence of wants

Bedürfnislohn *m*
(Vw) living wage
– cultural wage

Bedürfnisprüfung *f* (Re) public need test *(ie, prior to licensing a business establishment)*

Bedürfnispyramide *f* (Bw) = Bedürfnishierarchie

Bedürfnisse *npl*
(Vw) wants
– wants and needs
– tastes and preferences
(ie, „Gefühl e–s Mangels mit dem Streben, ihn zu beseitigen", v. Herrmann, 1832)

Bedürfnisskala *f* (Vw) scale of preferences

Bedürfnisstruktur *f* (Vw) want pattern (*or* structure)

bedürftige Angehörige *mpl* (Re) dependents in need

Bedürftigkeitsprüfung *f*
(SozV) means test
– no-means test
– test of need
(ie, standard of eligibility based on income)

beeidigter Dolmetscher *m* (com) sworn interpreter

beeidigter Sachverständiger *m* (Re) sworn expert (*or* appraiser)

Beeidigung *f* (Re) administration of oath

beeinflußbare Kosten *pl* (KoR) controllable cost *(ie, term used in ‚responsibility accounting')*

beeinflußbare Maschinenzeit *f* (IndE) controlled machine time
beeinflußbare Variable *f* (Math) controlled variable
Beeinflusser *m* (Mk) influencer
beeinträchtigen
(com) to abridge
– to encroach upon
– to impair
– to interfere (upon/on)
– to interfere with *(eg, a right)*
Beeinträchtigung *f*
(com) encroachment (on)
– infringement (of)
– interference (with)
beenden (Re) to terminate *(eg, a contract)*
Beendigung *f* (Re) termination
Beendigung *f* **e–s Vertragsverhältnisses**
(Re) discharge of a contract *(ie, by performance or otherwise)*
– termination of a contractual relationship
Beendigung *f* **von Schuldverhältnissen** (Re) discharge of obligations *(eg, termination of contract by performance)*
beerben
(Re) to inherit from
– to succeed to *(eg, the family estate)*
Beerdigungskosten *pl* (StR) funeral expenses *(ie, extraordinary burden = ‚außergewöhnliche Belastung' for income-tax purposes)*
befähigt
(Pw) capable of
– qualified for
Befähigung *f*
(Pw) ability
– aptitude
– capacity
– qualification
Befähigung *f* **nachweisen**
(Pw) to prove qualifications
– to furnish proof of qualifications
– to submit evidence as to qualifications
Befähigungsnachweis *m*
(com) proof of ability *(or competence)*
– evidence of formal qualifications
(Re) certificate of qualification
Befähigung *f* **zum Richteramt** (Re) qualification for judicial office
Befehl *m*
(EDV) instruction
– command
(EDV) command *(ie, as part of an instruction)*
Befehlsablauf *m* (EDV) instruction cycle
Befehlsabrufphase *f* (EDV) instruction fetch phase
Befehlsadresse *f* (EDV) instruction address *(syn, Instruktionsadresse)*
Befehlsänderung *f* (EDV) instruction modification
Befehlsausführung *f* (EDV) instruction execution
Befehlsausführungszeit *f* (EDV) instruction time
Befehlsbereich *m* (EDV) instruction area
Befehlscode *m* (EDV) instruction code
Befehlsdatei *f* (EDV) command file
Befehlsdiagramm *n* (EDV) instruction flowchart
Befehlsergänzung *f* (EDV) instruction modification
Befehlsfolge *f* (EDV) instruction sequence
Befehlsindex *m* (EDV) instruction index

Befehlsinterpretation *f* (EDV) instruction decomposition *(ie, step in pipelining)*
Befehlskette *f*
(Bw) chain of command
– internal lines of command
(EDV) instruction chain
Befehlskettung *f* (EDV) command chaining
Befehlslänge *f* (EDV) instruction length
Befehlsliste *f* (EDV) instruction list
Befehlsmakro *n* (EDV) command macro
Befehlsregister *n* (EDV) instruction register
Befehlssatz *m* (EDV) instruction set
Befehlsschleife *f* (EDV) instruction loop
Befehlsschlüssel *m* (EDV) instruction code
Befehlsstruktur *f* (EDV) command structure
Befehlsteil *m* (EDV) operation part
Befehlstyp *m* (EDV) instruction type
Befehlsübertragung *f* (EDV) instruction fetch *(ie, from main memory to control unit)*
Befehlsvorrat *m* (EDV) instruction repertoire *(or* set)
Befehlsweg *m* (Bw) = Befehlskette
Beförderer *m* (Zo) carrier
befördern
(com) to transport
– to carry
– to forward
– to convey
– to ship *(eg, goods)*
(Pw) to advance
– to promote
Beförderung *f*
(com, US) transportation
– (GB) transport
– carriage
– conveyance
– freighting
– shipment
– haulage
(Pw) advancement
– promotion
Beförderung *f* **ablehnen** (Pw) to turn down a promotion
Beförderung *f* **auf dem Landwege** (com) land transport
Beförderung *f* **auf dem Luftwege** (com) air transport
Beförderung *f* **im Straßenverkehr** (com) road haulage
Beförderung *f* **im Transitverkehr** (com) transport in transit
Beförderung *f* **im Zollgutversand** (Zo) transport (of goods) under customs transit
Beförderung *f* **per Bahn** (com) rail transport
Beförderung *f* **per Schiff** (com) waterborne transport
Beförderungsangebot *n* (com) offer of transportation
Beförderungsanspruch *m*
(Pw) seniority right
– right to be advanced *(or promoted)*
Beförderungsart *f* (com) mode of transport
Beförderungsaussichten *fpl*
(Pw) career prospects
– prospects of promotion

119

Beförderungsbedingungen *fpl* (com) conditions of transport
Beförderungseinheit *f* (com) transport unit
Beförderungsentgelte *npl* (com) transport charges (*or* rates)
Beförderungsgeschäfte *npl* (Re) transport activities (*or* operations) *(ie, comprising passenger and goods traffic)*
Beförderungsgut *n* (com) cargo
Beförderungskosten *pl*
   (com, Zo) cost of transport
   – freight
   – transport expenses
   (com) railroad charges
   (com) haulage *(ie, in road transport)*
Beförderungsleistung *f*
   (com) volume of traffic
   (StR) transport operations *(ie, within the meaning of the turnover tax law)*
Beförderungsleiter *f* (Pw) promotion ladder
Beförderungsmittel *npl*
   (com) means of transportation
   – transport facilities
Beförderungspapier *n* (Zo) transit (*or* transport) document
Beförderungspflicht *f* (Re) statutory duty of public carriers to undertake transportation
Beförderungsrisiko *n* (com) risk of transport
Beförderungstarif *m* (com) scale of transport charges
Beförderungssteuer *f* (StR) transportation tax *(ie, superseded by the value-added tax, as of 1 Jan 1968)*
Beförderungssteuergesetz *n* (StR) Transportation Tax Law, of 13 June 1955, as amended
Beförderungsunternehmen *n*
   (com) transport company
   – private carrier
Beförderungsvertrag *m*
   (Re) shipping contract
   – (GB) contract of carriage
   – forwarding contract
Beförderungsvorschriften *fpl* (com) forwarding instructions
Beförderungswege *mpl*
   (com) transport routes
   (Zo) transit routes
Beförderungszulage *f* (Pw) seniority pay
Beförderung *f* **unter Zollverschluß** (Zo) transport under customs seal
Beförderung *f* **von Stückgut** (com) transport of general cargo
befrachten
   (com) to load *(ie, on board a ship)*
   – to freight *(eg, ship is freighted with...)*
   – to affreight
   (com) to forward freight
   (ie, up to ship's berth, putting it at disposal of ocean carrier)
Befrachter *m*
   (com) inland waterway forwarding agent
   (com) freighter
   – shipper *(ie, for whom freight is transported, contracts with ocean carrier)*
Befrachtung *f* (com) freighting

Befrachtungsmakler *m* (com) chartering broker
Befrachtungsvertrag *m* (com) contract of affreightment
   (ie, either charter party or bill of lading)
Befragter *m* (Mk) respondent
Befragung *f*
   (Stat) public-opinion survey
   – opinion poll
   (Stat) interview *(ie, persönliche Befragung)*
Befragung *f* **e-r Grundgesamtheit** (Mk) canvass
befreien
   (com) to discharge
   – to dispense
   – to exempt
   – to exonerate
   – to free
   – to relieve
   (Re) to excuse *(eg, performance)*
   (Re) to insulate from (*or* against) *(eg, risk of liability, imposition of liability)*
   (Re) to relieve *(eg, of liability)*
   (Fin) to discharge *(eg, of debt)*
befreiende Lebensversicherung *f* (SozV) exempt life insurance
befreiende Schuldübernahme *f* (Re) assumption of debt (*or* liability) in discharge of the old debtor
befreiende Wirkung *f* (Re) discharging effect
befreien von (com) to exempt from
befreit
   (Re) immune from
   – relieved of *(eg, liability to)*
   (StR) exempt
Befreiung *f* (StR) tax exemption
   – exemption from tax liability
Befreiungen *fpl* (StR) exemptions
Befreiungsklausel *f* (AuW, GATT) escape clause
Befreiungsversicherung *f* (SozV) insurance taken out to exempt beneficiary from compulsory social insurance
Befreiung *f* **von den Eingangsabgaben** (Zo) exemption from (*or* waiver of) import duties and taxes
Befreiung *f* **von der geschuldeten Leistung** (Re) discharge of obligation
Befreiung *f* **von e-r Schuld** (StR) forgiveness of a debt (*or* indebtedness), § 13 I 5 ErbStG
Befreiung *f* **von e-r Verbindlichkeit**
   (Re) discharge
   – release from an obligation
befreundete Zahlen *fpl* (Math) amicable numbers
befriedigen
   (Vw) to meet
   – to satisfy *(eg, want, need)*
   (Re) to satisfy *(eg, claim)*
   (Re) to pay off
   – to satisfy *(eg, creditor)*
Befriedigung *f*
   (Re) satisfaction *(eg, claim, creditor)*
   (Vw) satisfaction
   – satiation *(eg, want)*
Befriedigung *f* **des Bedarfs** (Vw) satisfaction of demand
Befriedigung *f* **e-s Gläubigers vereiteln** (Re) to frustrate the satisfaction of a creditor
Befriedigungsrecht *n* (Re) right to obtain satisfaction, § 371 HGB

Befriedigungsvorrecht *n* (Re) right to preferential payment
Befriedigung *f* **von Gläubigern** (Re) paying off creditors
befristen
(com) to place
– to set
– to fix ... a deadline (on)
– to put a time limit on
befristet
(com) limited in time
– having a time limit (*or* cutoff date)
– with a limited time *(eg, for acceptance of an offer)*
befristete Einlagen *fpl* (Fin) time deposits *(eg, at no less than 30 days' notice)*
befristete Exportförderung *f* (AuW) export promotion limited in time
befristete Guthaben *npl* (Fin) time balances
befristete Police *f* (Vers) time policy
befristeter Kredit *m* (Fin) time loan
befristeter Vertrag *m* (Re) contract of limited duration
befristetes Angebot *n* (com) offer open for a specified time
befristetes Anschaffungsgeschäft *n* (StR) acquisition of securities subject to a time limitation
befristetes Arbeitsverhältnis *n* (Pw) limited employment contract
befristetes Darlehen *n* (Fin) loan with fixed date for repayment
befristete Verbindlichkeiten *fpl* (Fin) term liabilities
Befristung *f* (com) setting a time limit (*or* deadline)
BefStG (StR) = Beförderungsteuergesetz
Befugnis *f*
(com) authority
– competence
– power(s)
Befugnisse *fpl* **überschreiten** (com) to exceed authority (*or* powers)
Befugnisse *fpl* **übertragen** (com) to delegate authority (*or* powers)
befugt
(com) authorized
– competent
– empowered
begebbar
(WeR) negotiable *(ie, referring to ‚Inhaber- und Orderpapiere‘ = bearer and order instruments; transfer by indorsement and delivery)*
(WeR) transferable
– assignable
(ie, referring to ‚Rekta-/Namenspapiere‘ = registered or nonnegotiable instruments; transfer by assignment)
begebbare Schuldverschreibung *f* (WeR) negotiable bond
begebbare Wertpapiere *npl*
(WeR) negotiable instruments
(WeR) transferable (*or* assignable) instruments
(ie, verbriefen od verkörpern Ansprüche aus kurzfristigen Krediten)
Begebbarkeit *f* (WeR) negotiability *(ie, restricted to order and bearer papers)*

begeben
(WeR) to negotiate *(ie, to hand over 1. Inhaberpapiere, by indorsement and delivery, Indossament und Übergabe; 2. Orderpapiere, by mere delivery, bloße Übergabe; see also ‚Einwendungsausschluß‘)*
(Fin) to issue *(eg, bond issue)*
– to float
– to launch
(Fin) to sell *(eg, a loan)*
(Fin) to negotiate *(eg, at the stock exchange)*
Begebung *f*
(WeR) negotiation
(Fin) issue *(ie, of shares and other securities)*
Begebung *f* **e–r Anleihe**
(Fin) issue
– flotation
– launching ... of a loan (*or* bonds)
Begebung *f* **e-s Wechsels** (WeR) negotiation of a bill of exchange
Begebungsfähigkeit *f* (Fin) negotiability
Begebungskonsortium *n*
(Fin) issuing group (*or* syndicate)
– selling group
Begebungskosten *pl* (Fin) issue costs
Begebungskurs *m*
(Fin) issue
– subscription
– coming-out ... price
(syn, Emissionskurs, Zeichnungskurs)
Begebung *f* **von Aktien** (Fin) issue of shares (*or* stock)
Begebung *f* **von Auslandsanleihen** (Fin) issue of foreign bonds
Begehen *n* **e-r unerlaubten Handlung** (Re) commission of an unlawful act (*or* tort)
Begeher *m* **e-r unerlaubten Handlung**
(Re) tortfeasor
– person committing an unlawful act
Beginn *m* **der Rechtsfähigkeit** (Re) beginning of legal capacity, § 1 BGB
beglaubigen
(Re) to authenticate
– to legalize *(eg, a signature)*
– to certify *(eg, certified to be a true and correct copy of the original)*
beglaubigte Kopie *f* (com) certified copy
beglaubigte Übersetzung *f* (com) certified translation
beglaubigte Urkunde *f* (Re) authenticated document
beglaubigte Vollmacht *f* (Re) certified power of attorney
Beglaubigung *f*
(Re) authentication
– certification
– verification
(ie, stating that a document is in due legal form)
Beglaubigungsgebühr *f* (Re) certification fee
Beglaubigungsvermerk *m*
(Re) attestation clause
– certificate of acknowledgment
begleichen
(com) to pay *(eg, a debt)*

121

– to defray *(eg, cost, expenses)*
– to discharge *(eg, a debt)*
– to settle *(eg, bill or money claimed)*
– to square *(eg, an account)*
Begleichung *f*
(com) payment
– discharge
– settlement
Begleichungstermin *m* (Fin) settlement date
Begleitblatt *n* (com) advice note
Begleitdokumente *npl* (com) accompanying documents
Begleitmaterial *n* (com) backing-up material *(ie, as an accompaniment of a language course)*
Begleitpapier *n* (com) accompanying document
Begleitschreiben *n*
(com) accompanying/covering . . . letter
– letter of transmittal
Begleitumstände *mpl* (com) attendant/surrounding . . . circumstances
Begleitungsdienst *m* **im Zoll- und Verbrauchsteuerverkehr** (Zo) escort duties with respect to customs and excise matters
Begleitzettel *m* (com) compliment slip
begrenzen
(com) to limit
– to set limits on
– to restrict
– (infml) to put a cap on *(eg, railroad rates)*
(EDV) to delimit
– to frame
begrenzende Wortmarke *f* (EDV) defining word mark
Begrenzer *m*
(EDV, Cobol) delimiter
– separator *(syn, Trennzeichen; cf, DIN 66 028, Aug 1985)*
begrenzte Ausschreibung *f* (com) preclusive specification *(ie, für e–e begrenzte Zahl von Bietern)*
begrenzte Enumeration *f*
(OR) implicit enumeration
– backtracking
(ie, Typ von Entscheidungsbaumverfahren der kombinatorischen Optimierung, gehört zur Klasse der impliziten vollständigen Enumeration)
begrenzter Markt *m*
(com, Bö) narrow
– thin
– tight . . . market
begrenzter Markttest *m* (Mk) consumer acceptance test
begrenzte Zuständigkeit *f* (Re) limited jurisdiction
Begriff *m*
(Log) concept
– notion
(Note: ‚term‘, *strictly speaking, is not the equivalent of* ‚Begriff‘; *it is simply a word or expression* = Bezeichnung, Benennung; *unfortunately, however,* ‚term‘ *and* ‚concept‘, *like their German counterparts, are used interchangeably by scholars and non-scholars alike)*
Begriff *m* **des Obersatzes** (Log) major term *(ie, the predicate of the conclusion in a categorical syllogism)*
Begriff *m* **des Untersatzes** (Log) minor term *(ie, the*

term *that is the subject of the conclusion in a categorical syllogism)*
begrifflich (Log) conceptual
begrifflicher Bezugsrahmen *m* (Log) conceptual frame of reference *(or* framework)
begriffliche Supposition *f* (Log) logical supposition
Begriff *m* **präzisieren** (Log) to respecify a concept
Begriffsbestimmung *f* (Log) definition of a concept
Begriffsbestimmung *f* **des Warenursprungs** (Zo) definition of the concept of originating products
Begriffsbestimmung *f* **des Zollwerts** (Zo) definition of value for customs purposes
Begriffsbildung *f* (Log) concept formation
Begriffsinhalt *m*
(Log) intension *(ie, of a concept)*
– connotation
Begriffslogik *f* (Log) logic of concepts
Begriffsumfang *m*
(Log) extension *(ie, of a concept)*
– denotation
begründen
(Re) to create *(or* establish) *(ie, a right)*
(Re) to justify
– to substantiate *(eg, a claim in a law court)*
begründet (Re) supported by a reasoned opinion
begründete Einrede *f* (Re) good defense
begründete Entlassung *f* (Pw) dismissal for cause
begründete Vermutung (com) educated guess *(ie, based on some knowledge of fact)*
begründete Weigerung *f* (Re) reasonable refusal
Begründung *f*
(com) statement of reasons
(com) explanatory notes *(or* memorandum)
Begründung *f* **e-s Gerichtsstandes** (Re) establishment of a forum
Begründung *f* **e-s Gesellschaftsverhältnisses** (Re) establishment of a partnership
Begründung *f* **e-s Rechts** (Re) creation of a right
Begründung *f* **e-s Wohnsitzes** (Re) establishment of a residence, § 7 BGB
Begründungsfrist *f* (StR) time limit set for stating reasons of an administrative appeal
Begründungszusammenhang *m* (Log) context of justification
Begründungszwang *m* (Re) duty to submit supporting arguments
begünstigen
(com) to favor
– to foster
– to support
– to promote
(Re) to benefit
begünstigte Aufwendungen *mpl* (StR) expenses subject to preferential treatment
begünstigte Einfuhr *f*
(Zo) preferential import
– importation on preferential terms
Begünstigter *m* (Re) beneficiary
begünstigter Warenverkehr *m* (Zo) preferential trade
begünstigtes Ausfuhrland *n* (AuW) exporting beneficiary country
begünstigtes Land *n* (Zo) beneficiary country
Begünstigung *f*
(com) support

– preferential treatment
Begünstigungsklausel *f* (Re) beneficiary clause
begutachten
(com, Re) to give an expert opinion
(com) to appraise
– to assess
– to evaluate
Begutachtung *f*
(com, Re) appraisal
– valuation
– expert valuation
behaftet (com) surrounded
(eg, forecasts are surrounded by a number of uncertainties)
Behälterabkommen *n* (Zo) Customs Convention on Containers, of 1956
Behälterverkehr *m* (com) container traffic
behandeln
(com) to address oneself to *(eg, task, problem, business in hand)*
– to deal with
– to approach
– to tackle
– to treat
Behandlung *f* **e-r Großspeicherdatei** (EDV) random processing *(ie, treatment of data without respect to their location in external storage)*
Beharrungseffekt *m* (Mk) decay effect *(ie, im Rahmen der Marketingplanung)*
Beharrungstendenz *f* (Bö) tendency to inertia
behaupten
(com) to allege *(ie, facts, without proof)*
– to assert *(ie, forcefully; eg, a right)*
– to claim *(ie, in the face of opposition)*
– to contend *(ie, say with strength)*
– to maintain *(ie, to argue for an opinion)*
behauptende Aussage *f* (Log) assertion
behauptendes Urteil *n* (Log) assertoric proposition
behauptet (Bö) steady
Behauptung *f*
(com) allegation
– assertion
– claim
– contention
Behauptung *f* **aufstellen** (com) = behaupten
Behauptung *f* **beweisen** (com) to prove an assertion *(or contention)*
Behauptung *f* **ohne Grundlage**
(com) unfounded assertion
– assertion without substance
Behauptung *f* **zurückweisen** (com) to reject an allegation
Beheizungskosten *pl* (KoR) heating cost
beherrschende Gesellschaft *f* (com) controlling company
beherrschender Einfluß *m*
(com) control
– dominating influence
beherrschendes Unternehmen *n* (com) controlling/dominant . . . enterprise
beherrschte Fertigung *f*
(IndE) controlled process
– process under control
beherrschte Gesellschaft *f* (com) controlled company

beherrschter Fertigungsprozeß *m* (IndE) controlled process
beherrschtes Unternehmen *n* (com) controlled enterprise
Beherrschungstatbestand *m* (Bw) facts leading to group control, § 290 HGB
Beherrschungsvertrag *m* (com) control *(or* subordination) agreement
(ie, agreement under which a corporation subordinates its management to that of another enterprise, § 291 I AktG)
Behinderte *pl* (SozV) disabled people
Behinderter *m*
(SozV) handicapped person *(or* individual)
– disabled person
(ie, physically handicapped, deaf, hard of hearing, blind, partially sighted, speech impaired, mentally handicapped or ill)
Behinderungsmißbrauch *m* (Kart) undue restraint of market power
(ie, etwa durch folgende Maßnahmen: (1) Ausschließlichkeitsbindungen; (2) Squeezing; (3) Sperrkäufe)
Behinderungswettbewerb *m* (Kart) restraint of competition
Behörde *f*
(Re) public authority *(or* agency)
– administrative agency
Behördeneinkauf *m*
(FiW) public purchasing
– purchasing by governmental agencies
(syn, öffentliche Auftragsvergabe, Staatseinkauf)
Behördenhandel *m* (com) purchasing and distribution of merchandise within a government agency
Behördenleiter *m*
(Bw) administrator
– head of a government agency
Behördensprache *f* (com) officialese
Behördenvertrag *m* (Re) government contract
behördlich anerkannte Wirtschaftsprüferstelle *f* (ReW) officially recognized accounting agency
behördliche Genehmigung *f* (Re) official license *(or* permit)
behördliche Zulassung *f* (Re) concession
Beiakten *fpl* (Re) related files
bei Auftragserteilung (com) with order
bei Bedarf (com) as and when necessary
Beibehaltungswahlrecht *n* (ReW) retention option, § 280 II HGB *(ie, right to retain lower values)*
beiderseitiges Einverständnis *n* (Re) mutual consent
beiderseitiges Verschulden *n* (Re) mutual fault
Beidhand-Analysebogen *m* (IndE) two-handed process chart
Beidhanddiagramm *n*
(IndE) simultaneous motion cycle chart
– simo chart
bei Eröffnung (Bö) at the opening
bei Fälligkeit
(Fin) at maturity
– when due
Beihilfe *f*
(Pw) allowance paid by the government to public employees *(ie, as contribution to costs of removal, illness, death, etc.)*

123

(Pw) benefit

Beihilfe *f* **zu Patentverletzung** (Pat) aiding and abetting infringement

Beiladung *f*
(com) additional/extra... cargo
(Re) summoning a person who is not a party to an administrative legal procedure, § 65 VwGO

Beilage *f*
(com) enclosure (same as ‚*Anlage*‘)

Beilegung *f* **von Streitigkeiten** (Re) settlement of disputes

Beinahe-Geld *n*
(Vw) quasi-money
– near-money

„bei Nichtgefallen Geld zurück“
(com) satisfaction or money back
– money back guarantee

Beipacksendung *f* (com) collective (*or* pooled) consignment

Beipackzettel *m*
(com) drug guide
– package leaflet

Beirat *m* (com) advisory council
(*ie, fakultatives Organ neben den gesetzlich vorgesehenen Organen Vorstand/Geschäftsführer, Aufsichtsrat, Gesellschafter- bzw. Hauptversammlung; üblich sind Beratungs- und/oder Überwachungsfunktionen; praktisch besonders wichtig in der GmbH; syn, Verwaltungsrat*)

bei Sicht
(WeR) at sight
– on demand
(*ie, subject to payment upon presentation and demand*)

Beistand *m*
(com) aid
– assistance
– support
(Re) legal advisor, § 1685 BGB, § 14 VwVfg

Beistandsfazilität *f* (AuW) support facility

Beistandskredit *m* (Fin) standby credit

Beistandspflicht *f* (StR) duty to assist (*ie, the local finance office in taxation procedures, examinations and supervisions*)

Beistandssystem *n* (AuW) support system

Beistellung *f* (com) provision of materials

Beitrag *m*
(com) contribution
(Fin) financial contribution
– subscription

Beiträge *mpl*
(StR) special public charges (*ie, recurrent or onetime; eg, improvement costs payable by real property owner*)
(SozV) social insurance contributions

Beiträge *mpl* **an Bausparkassen**
(Fin) periodic savings deposits with a savings or loan association
– payments made to a savings and loan association

Beiträge *mpl* **zu Berufsverbänden** (com) membership dues paid to trade or professional organizations

Beiträge *mpl* **zur Berufsgenossenschaft** (com) workmen's compensation contributions

Beiträge *mpl* **zur gesetzlichen Rentenversicherung**
(Pw) mandatory social insurance contributions

Beitragsabführung *f* (SozV) remittance of social insurance contributions

Beitragsabzug *m* (Pw) deduction of social insurance contributions (*ie, from wages or salaries*)

Beitragsaufkommen *n* (SozV) yield from contributions

Beitragsbefreiung *f*
(SozV) exemption from contributions
(Vers) waiver of premium

Beitragsbemessungsgrenze *f*
(SozV) income threshold
(*ie, income limit up to which contributions are payable*)

Beitragsberechnung *f* (SozV) computation of contributions

Beitragseinnahmen *fpl* (com) contribution receipts

Beitragseinzugsverfahren *n* (SozV) contributions checkoff system

Beitragserstattung *f* (SozV) refunding (*or* reimbursement) of contributions

beitragsfrei (SozV) non-contributory

beitragsfreie Police *f* (Vers) free policy

beitragsfreie Versicherung *f*
(Vers) paid-up insurance (*ie, life insurance on which all premiums are paid but has not yet matured by death or endowment*)

beitragsfreie Zeiten *fpl* (SozV) no-contribution periods

Beitragsfreiheit *f* (SozV) exemption from contributions

Beitragsjahre *npl* (SozV) contribution years

Beitragsklasse *f* (SozV) scale of contributions

Beitragsleistung *f* (SozV) payment of contributions

Beitragspflicht *f* (SozV) liability to pay contributions

beitragspflichtig (SozV) liable to contribute

Beitragspflichtiger *m*
(com) person liable to contribute (*or* to pay contributions)

beitragspflichtige Vermögenswerte *mpl* (SeeV) contributing values

Beitragsrückerstattung *f* (Vers) refund of premium

Beitragsrückstände *mpl*
(SozV) arrears of contributions
(Vers) arrears of premiums

Beitragssatz *m*
(SozV) rate of contribution
(com) membership fee

Beitragsstaffelung *f* (Vers) grading of premiums

Beitragsüberwachung *f* (SozV) control of contributions checkoff (*or* collection)

Beitragswert *m* (SeeV) contributory value

beitreiben
(Fin) to collect
(Re) to enforce payment

Beitreibung *f*
(com) collection of money due
(StR) enforced collection of amounts due to public authorities (*eg, taxes, fees, fines, penalties, etc.*)

Beitreibung *f* **der Steuerschuld** (StR) enforced collection of taxes due

Beitreibungskosten *pl* (Fin) collection expenses

Beitreibungsverfahren *n*
(Fin) recovery proceedings
(Fin) collection procedure
Beitreibung *f* **von Außenständen** (Fin) recovery of accounts receivable
Beitreibung *f* **von Zöllen** (Zo) recovery of duties
beitreten
(Re) to enter
– to accede to
– to join
Beitritt *m*
(EG) accession to the EEC
– EEC accession
– entry into the EEC
Beitrittsakte *f* (EG) Act of Accession
Beitrittsantrag *m* (Re) application for... entry/ membership
Beitrittsausgleichsbetrag *m* (EG) accession compensatory amount
Beitrittserklärung *f* (Re) declaration of accession (*or* adhesion) *(eg, to EEC)*
Beitrittsgegner *m* (EG) anti-marketeer
Beitrittsklausel *f* (Re) accession clause
Beitrittsländer *npl* (EG) acceding countries
Beitrittsurkunde *f* (Re) document (*or* instrument) of accession
Beitrittsverhandlungen *fpl*
(EG) accession/entry/membership... negotiations (*or* talks)
Beitrittsvertrag *m* (EG) treaty of accession
bei Versand (com) on shipment
bei Vorlage
(WeR) on presentation
(WeR) at sight
– on demand
bekanntgeben
(com) announce
– to disclose
– to publish
– to break out
bekanntmachen *(eg, detailed results)*
(com) to announce
– to make public
– to disclose
Bekanntmachung *f*
(com) announcement *(eg, in newspapers, circular letters, etc.)*
(Re) public notice (*or* announcement)
Bekanntmachung *f* **der Börsenorgane** (Bö) notification by stock exchange authorities
Bekanntmachung *f* **der Firmenänderung** (com) notification of change of corporate (*or* firm) name
Bekanntmachungspflicht *f* (ReW) diclosure requirement *(ie, relating to annual financial statement)*
Beklagter *m* (Re) defendant
(ie, party against whom recovery is sought in a civil action or suit)
Bekleidungsindustrie *f*
(com) apparel (*or* garment) industry
– (US, infml) needle industry
bekräftigen
(com) to affirm
– to confirm
(Re) to corroborate
– to substantiate
Bekräftigung *f*
(Re) affirmation *(ie, of the truth of a statement)*
– corroboration
– substantiation
bekundete Präferenzen *fpl* (Vw) revealed preferences *(syn, offenbarte Präferenzen)*
Beladen *n* **e–s Containers** (com, US) vanning
Beladung *f*
(com) loading
(com) load
– cargo
Beladungsgrenze *f*
(com) load limit
– maximum load
belasten
(com) to charge against *(eg, charge consignment against my account)*
(ReW) to charge *(eg, an account)*
– to debit
(Re) to burden *(eg, property)*
– to encumber
belastetes Eigentum *n* (Re) encumbered property
belastete Ware *f* (com) taxed product
Belastung *f*
(com) burden *(eg, interest, taxes)*
– load
(ReW) charge
– debit
(Re) charge
– burden
– encumbrance *(eg, of property by lien or mortgage*
(AuW) pressure *(eg, on the balance of payments)*
Belastungsanzeige *f* (ReW) debit note
Belastungsart *f* (IndE) load type
Belastungsausgleich *m* (OR) load leveling
Belastungsfaktoren *mpl* (OR) load factors
(ie, coefficients assigned to the variables in capacity restraints of mathematical programming)
Belastungsgrenze *f* (Re) limit for land encumbrances
Belastungsgruppe *f* (IndE) load center
Belastungshochrechnung *f* (IndE) load projecting
Belastungsplanung *f* (IndE) load planing
Belastungsprinzip *n* (FiW) burden principle
(ie, loan repayments and grants are deducted from total expenditures; the result is the net expenditure)
Belastungsquote *f* **des BSP** (FiW) public-sector share of gnp
belaufen auf, sich
(com) to amount to
– to add up to
– to come to
– to run at
– stand at
beleben
(com) to revive
– to stimulate
– to reinvigorate
– to revitalize
Belebung *f* **der Investitionstätigkeit** (Vw) investment upturn

Belebung f **der Konjunktur** (Vw) economic upturn (*or* recovery)

Belebung f **der Nachfrage**
(com) recovery of demand
– upturn in demand

Belebung f **des Auftragseingangs** (com) picking up of orders

Belebungseffekt m (Vw) reinvigorating (*or* revitalizing) effect

Beleg m
(ReW) voucher
– slip
– (bookkeeping) record
– document
(*ie, written evidence of a business or accounting transaction*)

Belegabriß m (com) stub (*ie, in garment retailing*)

Belegabschnitt m
(com) check voucher
– stub
– (GB) counterfoil

Belegaufbereitung f (Fin) voucher processing

Belegbearbeitung f (com) document handling

Belegblock m (com) pad of forms

Belegbuchführung f (ReW) voucher-based accounting

Belegbuchhaltung f
(ReW) bookless accounting
– file posting
– ledgerless accounting
– slip system of accounting
(*ie, Belege werden zu Grundbüchern zusammengefaßt*)

Belegdoppel n (ReW) voucher copy

Belegdrucker m (EDV) document printer

Belege mpl (ReW) supporting data (*or* records)

belegen
(com) to prove
(Re) situate (*eg, a parcel of land . . . in*)
(EDV) to occupy
– to use
(EDV) to allocate
– to assign

belegene Sache f (Re) property situated at

Belegenheit f (Re) situs (*eg, property that has a situs in Germany*)

Belegenheitsfinanzamt n (StR) local finance office where taxable property is situated, § 72 AO (*ie, now 'Lagefinanzamt', § 18 AO 1977*)

Belegenheitsgemeinde f (StR) municipality where taxable property is situated

Belegenheitsstaat m
(StR) country where property is situated
– state of situs

Belegerstellung f (ReW) voucher (*or* document) preparation

Belegexemplar n (com) author's (*or* courtesy) copy

Belegfeld n (EDV) document field

beleggebundener Einzugsverkehr m (Fin) paper-based collections

beleggebundene Zahlung f (Fin) paper-based transfer

beleghaft erteilter Überweisungsauftrag m (Fin) paper-based credit transfer order

Belegkopie f (ReW) voucher (*or* document) copy

Beleglauf m (ReW) voucher routing

Belegleser m
(com) document (*or* mark) reader
– document handler
(*Unterarten: Klarschriftleser, Markierungsleser, Strichcodeleser*)

belegloser Datenträgeraustausch m (EDV) paperless exchange of data media

belegloser Überweisungsverkehr m (Fin) electronic funds transfer, EFT, eft

belegloser Zahlungsverkehr
(Fin) electronic funds transfer, EFT, eft

belegloses Scheckeinzugsverfahren n (Fin) = belegloses Scheckinkasso

belegloses Scheckinkasso n
(Fin) check truncation procedure
– truncation

beleglose Zahlung f (Fin) paperless transfer

belegmäßige Bestandsaufnahme f (ReW) voucher-based materials inventory

belegmäßiger Nachweis m (ReW) audit trail (*syn, Belegverweis*)

Belegnumerierung f (ReW) item numbering (*or* indorsing)

Belegnummer f (ReW) voucher number

Belegprinzip n (ReW) „no posting without voucher" principle
(*ie, keine Buchung ohne Beleg; vgl aber EDV-Buchführung*)

Belegprüfung f
(ReW) voucher audit
(Zo) documentary check
– scrutiny of documents

Belegregister n
(ReW) voucher register
– voucher journal
– voucher record

Belegsatz m (com) form set

Belegschaft f
(Pw) employees
– staff
– personnel
– workforce
(*ie, Arbeiter, Angestellte, Auszubildende, nicht aber leitende Angestellte*)

Belegschaft f **reduzieren**
(Pw) to reduce the workforce
– to trim staff
– (infml) to winnow staff
– to slash jobs

Belegschaftsaktien fpl
(Fin) employee . . . shares/stocks
– shares offered and sold to employees
– (infml) buckshee shares (*eg, employees get further . . . on a 1 : 1 basis*)

Belegschaftsaktienplan m (Pw) share purchase plan for employees

Belegschaftsaktionär m (Pw) shareholder (*or* stockholder) employee

Belegschaftsangehöriger m (Pw) company employee

Belegschaftsversammlung f (Pw) employee meeting

Belegschaftsversicherung f (Vers) employee insurance
(*ie, taken out, and often fully paid, by the em-*

ployer as an additional safeguard against the risks of disability, old age, and death)

Belegsortierer *m* (EDV) document sorter

Belegstelle *f* (Log) supporting authority *(ie, found in first-hand special literature)*

Belegstreifen *m* (ReW) detail strip

Belegsystem *n* (ReW) voucher system

Belegung *f*
(com) occupancy ... rate/ratio
(eg, hotel, hospital)
(IndE) loading *(syn, Belastung)*

Belegungsdauer *f* (EDV) holding time *(ie, message time + operating time)*

Belegungsplanung *f* (EDV) utilization planning *(ie, bei Rechensystemen)*

Belegungszeit *f* (IndE) loading ... period/time *(ie, Vorgabezeit für die Belegung e–s Betriebsmittels durch e–n Auftrag)*

Belegverarbeitung *f* (EDV) document handling

Belegverweis *m* (ReW) audit trail *(syn, belegmäßiger Nachweis)*

Belegzeit *f* (IndE) action time

Belegzuführung *f* (EDV) document feeding

Belegzwang *m* (StR) legal duty of taxpayer to keep records *(ie, on business, income-related, and special expenses, § 205 AO in connection with §§ 170–182 AO)*

beleihbar (Fin) eligible (*or* suitable) as collateral

beleihbare Effekten *pl* (Fin) securities eligible as collateral

beleihen (Fin) to lend against (collateral security)

Beleihung *f* (Fin) lending against collateral security

Beleihung *f* e-r Police od Versicherung (Vers) policy loan

beleihungsfähig
(Fin) eligible to serve as a collateral
– suitable as collateral

beleihungsfähiges Objekt *n* (Fin) property eligible as security

Beleihungsgrenze *f*
(Fin) lending ceiling (*or* limit)
– marginal loan value
(ie, in respect of collateral security; syn, Beleihungssatz)

Beleihungsgrundsätze *mpl* (Fin) lending principles

Beleihungskredit *m* (Fin) advance on collateral

Beleihungsobjekt *n* (Fin) real estate used as collateral

Beleihungsquote *f* (Fin) loan-to-value ratio *(syn, Beleihungsrate)*

Beleihungsrate *f* (Fin) = Beleihungsquote

beleihungsreifes Bauobjekt *n* (Fin) construction project qualifying for mortgage loans

Beleihungssatz *m* (Fin) = Beleihungsgrenze

Beleihungssätze *mpl* (Fin) initial margins *(ie, als Mindestdeckung e–s Effektenkredits)*

Beleihungswert *m*
(Fin) value of collateral
(ie, highest amount a lender can safely lend on property, life insurance, etc; based on cash value)
(Vers) loan value
(ie, of an insurance policy, based on its cash value)

Beleihung *f* von Versicherungspolicen (Fin) loans and advances on insurance policies

Beleuchtungskosten *pl* (KoR) lighting cost

Belieferung *f* (com) supply *(ie, transport between producer and customer)*

beliehenes Unternehmen *n* (Re) independent private enterprise charged with specific functions in the national interest

beliehene Wertpapiere *npl* (Fin) collateral securities

Bemerkungseintrag *m* (EDV) comments entry

Bemerkungsfeld *n* (EDV) comments field

bemessen
(com) to assess
– to determine
(Re) to award *(eg, damages)*

Bemessung *f*
(com) assessment
– determination
(Re) awarding

Bemessung *f* der Eingangsabgaben (Zo) assessment of import duties

Bemessung *f* e–r Steuer (StR) computing a tax

Bemessungsgrundlage *f*
(com) basis of proration
(Re) measure *(eg, of damages)*
(StR) tax/taxable ... base
– basis of assessment

Bemessungsgrundlage *f* für den Gewinn (Vers) rate base

Bemessungsgrundlage *f* für die Zollerhebung (Zo) basis upon which customs charges are determined

Bemessungsmaßstab *m* (com) standard of assessment

Bemessungszeitraum *m* (StR) income year *(ie, the calendar year, § 2 VII EStG; co-extensive with the period of assessment)*

bemustern (com) to attach samples to an offer
(com) to sample *(ie, drawing samples to determine the average quality of staple goods)*

benachbarte Kanten *fpl* (OR) adjacent edges (*or* vertices)

benachbarte Küstenstaaten *mpl* (Re) adjoining coastal States

benachbarte Staaten *mpl* (Re) adjoining States

benachrichtigen
(com) to advise
– to inform
– to give notice
(Re) to notify

Benachrichtigung *f* (com) advice
– information
– notice
(Re) notification

Benachrichtigungsadresse *f* (com) notify party

Benachrichtigungspflicht *f*
(Re) duty of commercial agent to notify principal, § 86 II HGB
(WeR) duty (of holder) to notify certain obligors, Art. 45 WG

Benachrichtigungsschreiben *n* (com) letter of advice

benachteiligen
(Re) to discriminate
– to place at a disadvantage

Benachteiligter *m* (Re) injured (*or* defeated) party

Benachteiligung *f*
(Re) discrimination
– unfavorable treatment
Benachteiligung *f* **am Arbeitsplatz** (Pw) job discrimination
benannte Zahl *f* (Math) concrete/denominate ...
number
(opp, unbenannte Zahl, qv)
beneficium discussionis *n* (Re) = Einrede der Vorausklage
(ie, privilege by which a surety is bound to sue the principal debtor first, and can only sue the sureties for that which he himself cannot recover from the principal, § 771 BGB)
Benennung *f* (Log) term *(ie, see: Begriff)*
Benennungssystem *n* (Log) nomenclature
Benutzer *m* (EDV) user
Benutzerakzeptanz *f* (EDV) user acceptance
Benutzeranwendung *f* (EDV) user application
Benutzerberatung *f* (EDV) user advisory information *(syn, Anwenderberatung)*
Benutzer *m* **e–s Warenzeichen** (Pat) rightful user of a trade mark
benutzerfreundlich
(EDV) user friendly
– user responsive
– easy to use
Benutzerfreundlichkeit *f* (EDV) user friendliness *(or* responsiveness)
Benutzerhandbuch *n*
(EDV) user's guide
– user manual
Benutzerkennsatz *m* (EDV) user label
Benutzerkennzeichen *n* (EDV) user ID *(syn, Benutzer-ID)*
Benutzerkomfort *m* (EDV) user comfort
Benutzerkonfiguration *f* (EDV) user configuration
Benutzerkosten *pl* (com) user cost
Benutzeroberfläche *f* (EDV) human interface
Benutzerprofil *n* (EDV) user profil, UPR
Benutzerprogramm *n* (EDV) application/user ...
program *(syn, Anwender-/Anwendungs-Programm)*
Benutzerschnittstelle *f* (EDV) user interface
Benutzerstation *f*
(EDV) user terminal
– (often shortened to:) terminal
Benutzungsanleitung *f* (EDV) handling specification *(Syn, Hantierungsvorschrift)*
Benutzungsgebühr *f*
(FiW) charge *(or* fee) for the use of ...
– user fee
Benutzungslizenz *f* (Pat) license to use
Benutzungsrecht *n* (Re) right to use *(cf, Nutzungsrecht)*
Benutzungszwang *m* (Re) compulsory use
(ie, of public utility services; eg, postal services, water, light, etc.)
Benzinbleigesetz *n* (Re) Petrol Lead Law
(ie, health protection against air pollution from lead compounds and other metal compound additives in fuels for vehicles engines)
beobachtbare Variable *f* (Stat) observable variable
beobachten
(com) to observe

– (infml) to keep a watchful eye (on)
beobachteter Leistungsgrad *m* (IndE) observed rating
beobachteter Wert *m* (Stat) observation
beobachtete Verfügbarkeit *f* (Stat) observed availability
Beobachtungsdaten *pl* (Stat) observational data
Beobachtungsfehler *m* (Stat) error of observation
Beobachtungswert *m* (Stat) observed value
Beobachtungszeit *f*
(IndE) elapsed time *(ie, of machine operator)*
(IndE) effective time
(ie, des Operators, einschl. Vorbereitungs- und Prüfzeit: incl setup and inspection time)
bequeme Finanzierung *f* (Fin) easy financing facilities
bequemer Zinsfuß *m* (Math) convenient base
beraten
(com) to advise
(com) to consult *(eg, with fellow workers)*
– to confer (with)
(Re) to deliberate
beratende Abteilung *f* (Bw) advisory department
beratende Funktion *f* (com) advisory ... function/ capacity
beratender Ausschuß *m* (com) consultative committee
Beratender Ausschuß *m* **für Zollfragen** (EG) Advisory Committee on Customs Matters
beratendes Gremium *n* (com) advisory body
Berater *m*
(com) consultant
– adviser
– counselor
Beratervertrag *m*
(com) consultancy agreement
– advisory contract
Beratung *f*
(com) advice
(com) consulting
– consultation
– counseling
(com) consultancy
(Re) deliberation
Beratungsfirma *f*
(com) consulting firm
– consultancy
– consultants
Beratungsgebühr *f* (com) consultancy fee
Beratungsgegenstand *m*
(com) item on the agenda
– subject of discussion
Beratungsgesellschaft *f* (com) consulting company
Beratungsingenieur *m* (com) consulting engineer
Beratungskosten *pl* (com) consulting expenses
Beratungspflicht *f* (StR) duty to furnish tax counsel
(ie, imposed upon local tax offices under § 89 AO)
Beratungsservice *m* (com) consulting service
Beratungsstelle *f* (com) consulting agency
Beratungstätigkeit *f* (com) consulting/advisory ...
activity
Beratungsunternehmen *n* (com) consulting firm
Beratungsvertrag *m* (com) advisory *(or* consultancy) contract

Beraubung *f* (SeeV) pilferage
Beraubungsversicherung *f* (Vers) robbery insurance policy *(ie, coverage protecting against loss from the unlawful taking of property by violence, force, or intimidation)*
berechenbare Zeit *f* (com) billable time *(eg, of free professionals)*
Berechenbarkeit *f* (com) computability
berechnen
  (com) to calculate
  – to compute *(eg, taxes on the amount of royalties)*
  – *to work out (eg, prices, costs)*
  (com) to bill
  – to charge
  – to invoice
  (com) to estimate *(eg, in cost calculation)*
  (EDV) to compute
berechneter Nettoumsatz *m* (com) net sales billed
berechnete unfertige Aufträge *mpl* (ReW) billings on contracts in progress
Berechnung *f*
  (com) calculation
  (com) estimate
  (com) billing
  – invoicing
  (EDV) computation
Berechnung *f* **der Fristen** (Re) computation of time limits
Berechnung *f* **der Zinstage** (Math) computing elapsed time in days
Berechnung *f* **der Zölle und sonstigen Abgaben** (Zo) assessment of duties and taxes
Berechnungsart *f* (com) method of calculation
Berechnungsformel *f* (com) computational formula
Berechnungsgrundlage *f* (com) basis of . . . computation/calculation
Berechnungsmethode *f* (com) method of calculation
Berechnungsschema *n* (com) = Berechnungsformel
Berechnungsschlüssel *m* (com) = Berechnungsformel
Berechnungszeitraum *m* (com) period of computation
berechtigen
  (Re) to entitle *(eg, entitled to payment of damages)*
  – *to qualify*
Berechtigter *m*
  (Re) beneficiary
  – obligee
  – promisee
  – party entitled to. . . .
berechtigtes Interesse *n* (Re) vital interest *(ie, of a factual or legal kind; eg, access to inspect official files)*
Berechtigung *f*
  (SozV) eligibility
  – entitlement
Berechtigung *f* **der Steuerfestsetzung** (StR) change of tax assessment
Berechtigungsstufe *f* (EDV) authorization level
Bereich *m*
  (com) area
  – domain

  – range
  – scope
  – sector
  – sphere
  (Bw) group *(ie, of a company)*
  – division
  – operations
  (Bw) segment *(eg, the metals. . . reported heavy losses)*
  (EDV) area
Bereicherung *f* (Re) enrichment *(ie, obtaining a thing without consideration = ohne rechtlichen Grund, § 812 BGB)*
Bereicherungsabsicht *f* (Re) intent to enrich oneself
Bereicherungsanspruch *m* (Re) claim on account of unjust enrichment
Bereicherungsklage *f* (Re) action on grounds on unjust enrichment
  – *(civil law)* condictio sine causa
Bereich *m* **e–r Variablen** (Math) range of a variable
Bereich *m* **für ein Warteschlangenelement** (OR) queue element area
Bereich *m* **mit selbständiger Ergebnisrechnung** (Bw) profit center
Bereich *m* **realisierbarer Verbrauchspläne** (Vw) budget space
Bereichsadresse *f* (EDV) area address
Bereichsangabe *f* (EDV) area specification
Bereichsausgangspreis *m* (KoR) intenal price agreed upon between groups *(or divisions)*
Bereichsausnahmen *fpl* (Kart) industry-wide exemptions
  (ie, agriculture, banks, insurance companies, public utilities)
Bereichs-Controller *m* (Bw) area controller
Bereichsdefinition *f* (Log) area definition
bereichsfixe Kosten *pl* (KoR) fixed department costs
Bereichsgrenze *f* (EDV) area . . . limit/boundary
bereichsintern (Bw) internal
Bereichskapital *n* (Fin) equity capital allocated to a group *(or division)*
Bereichsleiter *m*
  (Bw) division manager
  – (US, *also)* vice president. . . *(eg, marketing)*
  – (GB) divisional director
Bereichsmatrix *f* (EDV) area matrix
bereichsspezifisch (com) area specific *(eg, secretary)*
Bereichsüberschreitung *f* (EDV) limit error
Bereichsunterschreitung *f* (EDV) underflow
Bereichsvariable *f* (Stat) array variable
Bereichsvorstand *m*
  (Bw) dividional board of management
  (Bw) top executive in command of a functional area
bereinigen
  (com) to adjust
  – to correct
  – to settle
  – to straighten out
  – (infml) to clean up
bereinigter Betriebserfolg *m* (ReW) net operating profit *(ie, total profit minus monoperating profit)*

bereinigter Gewinn *m* (Bw) adjusted... profit/
earnings
(ie, Gesamtgewinn abzüglich neutralem Erfolg)
bereinigter Index *m* (Stat) adjusted index
bereinigtes Kassenbudget *n* (FiW) consolidate cash
budget
Bereinigung *f*
(com) adjustment
– correction
– settlement
(IndE) streamlining *(eg, of operations sequence)*
Bereinigung *f* **des Sortiments** (Mk) streamlining of
product range
bereitgestellte Investitionsmittel *pl*
(Fin) capital appropriation
– funds available for capital spending
bereitschaftsabhängige Kosten *pl* (KoR) standby
costs
Bereitschaftsdienst *m* (Pw) standby duty *(or* service*)*
Bereitschaftskosten *pl* (KoR) standby costs
Bereitschaftskredit *m* (IWF) standby credit *(or*
facility*)*
*(ie, additional device to assist IMF members in
temporary difficulites; under these Arrangements
members may negotiate lines of credit in anticipation of their actual needs)*
Bereitschaftskredit-Abkommen *n* (IWF) standby
agreement
Bereitschaftsprämie *f* (Pw) on-call premium
Bereitschaftsrechner *m* (EDV) standby computer
Bereitschaftssystem *n* (IndE, EDV) standby system
Bereitschaftswahrscheinlichkeit *f* (IndE) operational readiness *(ie, of machines)*
Bereitschaftszeit *f* (IndE) waiting time
Bereitschaftszusage *f* (Fin) credit commitment
bereitstellen
(com) to furnish
– to make available
– to make ready for use
– to provide
– to supply
(Fin) to allocate
– to appropriate
– to earmark
Bereitstellung *f*
(com) provision
– supply
(Fin) allocation
– appropriation
– earmarking
(EDV) load
Bereitstellungsadresse *f* (EDV) load area address
Bereitstellungsfonds *m*
(Fin) earmarked fund
Bereitstellungsgebühr *f*
(Fin) standby fee
Bereitstellungskonto *n*
(ReW) appropriation account
(Fin) credit account open to drawings
Bereitstellungskosten *pl* (MaW expenses for main-
taining reserve inventory
Bereitstellungskredit *m* (Fin) commitment credit
Bereitstellungsliste *f* (IndE) staging bill of material
Bereitstellungsmenge *f* (MaW) service level

Bereitstellungsplafond *m* (Fin) commitment ceiling
Bereitstellungsplanung *f* (IndE) procurement
budgeting
*(ie, part of manufacturing planning and
scheduling)*
Bereitstellungsprinzipien *npl* (MaW) principles of
procurement
Bereitstellungsprogramm *n* (EDV) job control
program
Bereitstellungsprovision *f* (Fin) loan commitment
fee *(ie, now ‚Kreditprovision‘)*
Bereitstellungsteil *m* (EDV) load field
Bereitstellungszins *m* (Fin) commitment interest
Bereitstellung *f* **von Ressourcen** (Bw) resourcing
Bergbau *m*
(com) mining
(com) mining industry
Bergbauberufsgenossenschaft *f* (SozV) compulsory
miners' accident insurance
Bergbaufreiheit *f* (Re) equal opportunity of mining
*(ie, accruing to the first finder of mineral deposits,
except gypsum, platinum, tungsten, bod iron ore
= Raseneisenerz, and hard coal; the latter falling
under the right of eminent domain)*
Bergbauingenieur *m* (IndE) mining engineer
Bergbautechnik *f* (IndE) mining *(or* mineral) engineering
bergbautreibende Vereinigung *f* (com) mining association
Bergbehörde *f* (Re) mining authorities *(ie, Berg-
amt, Oberbergamt, and the appropriate Laender-
minister)*
Bergegeld *n* (com) salvage money
Bergelohn *m* (com) = Bergegeld
Bergelohnforderung *f* (com) salvage claim
Bergewert *m*
(com) salvage value
– residual value
Berggrundbuch *n* (Re) public land register for mining assets
Bergmannsprämie *f* (StR) (tax-free) miner's bonus
(ie, not subject to social insurance)
Bergmannsrente *f* (SozV) miners' old-age pension
Bergrecht *n* (Re) mining law
bergrechtliche Gesellschaft *f* (Re) mining company
bergrechtliche Gewerkschaft *f* (Re) mining com-
pany
*(ie, share capital divided into ‚Kuxe‘ evidencing a
prorata share; partners are called ‚Gewerken‘;
many companies are now converted into stock
corporations)*
Bergschäden *mpl* (Re) mining damage *(ie, due to
subsidence; see: §§ 82, 87ff BewG)*
Bergung *f* (SeeV) salvage
Bergungsgesellschaft *f* (com) salvage company
Bergungskosten *pl* (com, SeeV) salvage charges
Bergungsrecht *n* (Re) right of salvage
Bergungsschaden *m* (SeeV) salvage loss
Bergungsvertrag *m* (Re) salvage agreement *(or*
contract*)*
Bergwerksaktie *f* (Fin) mining share
Bergwerksanteil *m* (WeR) registered mining share
(= Kux)
*(ie, = Rektapapier, no par value, subject to con-
tributions by members)*

Bergwerkseigentum n (Re) right to economic exploitation of a certain mining district *(ie, this is a right equivalent to real property)*
Bergwerksgesellschaft f (com) mining company
Bergwerkskonzession f (Re) mining license
Bergwerksrecht n (Re) mining right
Bericht m (com) report
Bericht m **ausarbeiten** (com) to draw up (*or* prepare) a report
berichten (com) to report
berichtende Abrechnungseinheit f (ReW) reporting subunit
berichtende Gesellschaft f (ReW) reporting company
Bericht m **e–r Auskunftei**
(com) mercantile report
– status report
Berichterstattung f
(com) reporting
– coverage
(ReW) disclosure
Berichterstattung f **durch die Medien** (Mk) media coverage
Berichterstattungs-Grundsatz m (ReW) basic standard of reporting
Berichterstellung f
(com) report preparation
(EDV) report generation
berichtigen
(com) to correct
– to put right
– to rectify
– to straighten out *(eg, mistakes in a bill)*
(ReW) to adjust
berichtigende Werbung f (Mk) corrective advertising
berichtigte Bilanz f (ReW) adjusted balance sheet
berichtigter Bruttoauftragseingang m (com) adjusted gross sales
berichtigter Bruttoumsatz m (com) adjusted gross income
Berichtigung f
(com) adjustment
– correction
– rectification
Berichtigung f **der Währungsausgleichsbeträge** (EG) correction of the monetary compensating amounts
Berichtigung f **des Aktienkapitals** (Fin) adjustment of capital stock
Berichtigungsaktie f (Fin) bonus share
Berichtigungsaktien fpl (Fin) bonus (*or* scrip) shares *(ie, equivalent to a capital increase out of retained earnings = zu Lasten der offenen Rücklagen, §§ 207ff AktG; syn, Gratisaktien)*
Berichtigungsbetrag m
(StR) correcting amount
(EG) corrective amount
Berichtigungsbuchung f (ReW) adjusting/correcting . . . entry
Berichtigungsbuchung f **am Jahresende** (ReW) year-end adjustment
Berichtigungsbuchung f **nach Abschlußprüfung** (ReW) audit adjustment
Berichtigungsfeststellung f (StR) adjusting assessment *(ie, setting aside or changing a notice of assessment)*
Berichtigungsfortschreibung f (StR) adjustment of assessed value to correct a mistake *(ie, made in the last-preceding assessment, § 22 IV 2 BewG)*
Berichtigungshaushalt m (FiW) amended budget
Berichtigungskonto n (ReW) adjustment (*or* reconciliation) account
Berichtigungsposten m
(ReW) adjusting entry *(ie, in general bookkeeping)*
(ReW) valuation account *(ie, as a means of providing for indirect depreciation)*
Berichtigungsposten mpl **zum Eigenkapital** (ReW) adjustments to capital account
Berichtigungssatz m (Zo) rate of adjustment
Berichtigungsveranlagung f (StR) adjusting assessment *(ie, setting aside or changing a notice of assessment*
Berichtsdaten pl (com) reporting data
Berichtsformular n (com) report form
Berichtsgrundlage f (com) terms of reference
Berichtsjahr n (com) year under review
Berichtsnormen fpl (ReW) reporting standards
Berichtsperiode f (com) period under review
Berichtsvorlage f (com) presentation of a report
Berichtswesen n (com) reporting
Berichtszeit f
(com) reporting period
– period under review
Berichtszeitpunkt m (com) key (*or* reporting) date
Berichtszeitraum m
(com) reporting period
– period under review
Bericht m **über die wichtigsten Ereignisse** (com) highlight report
Bericht m **über Umsatzverlust** (com) lost revenue report
Bericht m **vorlegen**
(com) to present (*or* submit) a report
– to issue a report (to)
BERI-Index m (Vw) business environment risk index
(ie, Methode zur Erfassung des Länderrisikos; wird seit 1972 jedes Vierteljahr berechnet und umfaßt 45 Länder)
Berliner Kammergericht n (Kart) Berlin Appeal Court
Berner Übereinkunft f (Pat) Berne Convention
(ie, die Vertragsstaaten bilden zum Zwecke des Urheberrechtsschutzes e–n eigenständigen Staatenverband)
Berner Verband m (Pat) Berne Union
Berner Verbands-Übereinkunft f (Pat) Berne Convention
Bernoulli-Experiment n (Stat) Bernoulli trial
Bernoulli-Prinzip n (Bw) Bernoulli principle *(ie, decision rule under risk)*
Bernoulli-Verteilung f
(Stat) Bernoulli distribution
(Math) binomial distribution
Bertrand-Modell n (Vw) Edgeworth-Bertrand model *(ie, of oligopolistic dyopoly)*
berücksichtigen
(com) to allow for

– to make allowance for
– to take into ... account/consideration
berücksichtigungsfähig (StR) tax deductible
berücksichtigungsfähige Ausschüttungen *fpl* (StR, KSt) dividend payments subject to reduced tax rates
(ie, superseded by the corporate tax imputation procedure = körperschaftsteuerliches Anrechnungsverfahren)
Beruf *m*
(Pw) occupation
(ie, most inclusive term: work or employment habitually pursued and requiring a certain training; eg, architect, teacher, bookbinder)
(Pw) profession
(ie, requires – often university – training in some special branch of knowledge; eg, law, medicine)
(Pw) career
(ie, job or profession for which one is trained and which is often pursued for a whole lifetime)
(Pw) vocation
(ie, requires a special fitness for a special call)
(Pw) trade
(ie, job needing manual skills; eg, a carpenter by trade)
Beruf *m* **ausüben** (com) to practice an occupation or profession
berufen (com) to appoint *(eg, to an office)*
berufen auf, sich (Re) to invoke *(eg, a special legal provision)*
Beruf *m* **ergreifen** (Pw) to take up career *(eg, in a particular trade or industry)*
berufliche Bildung *f* (Pw) vocational (*or* occupational) training
berufliche Eignung *f* (Pw) occupational competence
berufliche Eignungsprüfung *f* (Pw) examination of professional competence *(ie, at graduate level)*
berufliche Fortbildung *f*
(Pw) further occupational (*or* professional) training
(Pw) advanced vocational training
(ie, measures to maintain or improve existing skills in a profession or occupation, § 1 III BBiG)
berufliche Gliederung *f* (Stat) occupational classification
berufliche Mobilität *f*
(Vw) occupational mobility
(Pw) career mobility
(ie, willingness to move from one job to another)
berufliche Rehabilitation *f* (Pw) vocational rehabilitation
beruflicher Ehrenkodex *m*
(Bw) professional code of ethics
– deontology
beruflicher Werdegang *m*
(Pw) career ... path/history
– work history
berufliche Struktur *f*
(Pw) occupational pattern
berufliche Umschulung *f* (Pw) vocational retraining, § 1 IV BBiG
Berufsanfänger *m* (Pw) entry-level ... employee/job seeker
Berufsauffassung *f* (com) professional standard

Berufsausbildung *f*
(com) professional or vocational training
– pre-employment training
Berufsausbildungsabgabe *f* (Pw) levy for the creation of apprentice training places
(ie, imposed by virtue of the Federal Law of 23 Dec 1977)
Berufsausbildungsbeihilfe *f*
(Pw) grant or loan paid by the Federal Labor Office to youths or adults to finance occupational training
Berufsausbildungsförderung *f* (Pw) promotion of training for an occupation or profession
Berufsausbildungskosten *pl* (Pw) cost of occupational or professional training
(ie, may be deducted as extraordinary tax burden, § 33 a EStG)
Berufsausbildungsverhältnis *n* (Pw) employer/apprentice relationship, §§ 3 ff BBiG
Berufsausbildungsvertrag *m*
(Pw) contract creating an employer/apprentice relationship
– employer/apprentice agreement
Berufsausrüstung *f* (Zo) occupational outfit *(ie, duty-free in the Federal Republic)*
Berufsaussichten *fpl* (Pw) employment outlook (*or* prospects)
Berufsausübung *f* (Pw) exercise of a trade, occupation or profession
Berufsberater *m* (Pw) vocational (*or* job) counselor
Berufsberatung *f*
(Pw) career
– vocational
– occupational ... guidance
– job counselling
(ie, a monopoly of the Nuremberg-based Federal Labor Office)
Berufsbezeichnung *f* (Pw) job title
berufsbezogene Ausbildung *f* (Pw) career-oriented training
Berufsbild *n*
(Pw) detailed description of a specific occupation, § 40 a HandwO
(Pw) professional activity description
Berufsbildung *f* (Pw) generic term of the ‚Berufsbildungsgesetz‘ covering 1) occupational or professional training, and 2) all retraining measures
Berufsbildungsgesetz *n* (Re) Occupational Training Law, of 14 Aug 1969 and variously amended
Berufserfahrung *f*
(Pw) vocational
– professional
– proven ... experience *(eg, several years of ...)*
– post-qualifying experience
Berufsexamen *n* (com) professional examination
Berufsfeld *n* (Pw) group of ‚training‘ occupations
Berufsfortbildung *f* (Pw) training to improve existing skills in the taxpayer's profession or employment, § 10 EStG
Berufsfreiheit *f*
(Re) right to freely choose one's occupation, place of work and place of training, Art. 12 GG
– freedom of occupation
Berufsfürsorge *f* (SozV) = (now) Berufshilfe
Berufsgefahren *fpl* (Pw) occupational hazards

Berufsgeheimnis *n* (com) professional secrecy (*or* discretion)

Berufsgenossenschaft *f* (SozV) social insurance against occupational accidents

Berufsgliederung *f* (Stat) occupational classification (*ie, criteria: a) sex, b) economic sectors, c) social status, d) occupation*)

Berufsgruppe *f*
(Pw) occupational
– professional
– trade... group

Berufsgruppen-Einteilung *f* (Stat) occupational classification

Berufshaftpflichtversicherung *f*
(Vers) professional liability insurance
– malpractice insurance
– (GB) professional indemnity insurance

Berufshandel *m*
(Bö) professional (securities) dealing
– professional trading

Berufshilfe *f* (SozV) training promotion provided by the statutory accident insurance fund

Berufskammer *f* (com) professional organization (*ie, semi-autonomous corporations under public law*)

Berufskodex *m* (com) code of professional guidelines

Berufskrankheit *f* (Pw) industrial (*or* occupational) disease

Berufsleben *n* (Pw) working life

berufsmäßige Spekulation *f*
(Bö) professional speculation
– professional stock exchange operations

Berufsorganisation *f* (com) professional (*or* trade) association

Berufspflicht *f* (Pw) professional duty

Berufspflichtverletzung *f* (Pw) professional misconduct

Berufspsychologie *f* (Pw) occupational psychology

Berufsrichter *m* (Re) permanent judge

Berufsrisiko *n* (Pw) occupational hazard

Berufsschule *f* (Pw) vocational school (*ie, attended part-time in conjunction with practical apprenticeship*)

berufsständische Vertretung *f* (com) professional representation

Berufsstatistik *f* (Stat) occupational statistics

Berufsstellung *f* (Pw) occupational (*or* professional) status

Berufsstruktur *f* (Stat) occupational structure

Berufssystematik *f*
(Pw) occupational classification
– structure of occupational groups

berufstätig
(Pw) working
(Stat) gainfully employed

Berufstätige *mpl* (Stat) gainfully employed persons

berufstätige Bevölkerung *f* (Stat) gainfully employed population

Berufstätigkeit *f*
(Pw) work
– employment
– occupation
– professional activity
(Stat) gainful employment

Berufsumschulung *f* (Pw) vocational retraining

Berufsunfähigkeit *f* (SozV) occupational disability (*ie, below 50% of capacity, § 1246 RVO*)

Berufsunfähigkeitsrente *f* (SozV) pension for occupational invalidity (*ie, due to decline in earning capacity*)

Berufsunfall *m* (SozV) occupational accident

Berufsunfallversicherung *f* (SozV) occupational accident insurance

Berufsverband *m* (com) professional association

Berufsverbot *n*
(Re) non-admission to a profession
(Re) revocation of the license to practise

Berufsvereinigung *f*
(com) trade association
– professional body

Berufsvertretung *f* (com) representation of professional group

Berufswahl *f* (Pw) choice of occupation

Berufswechsel *m* (Pw) job change

Berufszählung *f* (Stat) occupational census

Berufszuschlag *m* (Vers) added premium for occupational risks

Berufszweig *m* (Pw) line of occupation

Berufung *f*
(Pw) appointment
(Re) appeal (*ie, against judgment, on questions of fact or law*)

Berufung *f* **einlegen**
(Re) to appeal a decision
– to take an appeal (*ie, to a higher court*)
– to appeal against (*ie, a decision*)

Berufungsbeklagter *m*
(Re) appellee
– respondent
(*ie, in civil proceedings*)

Berufungsfrist *f* (Re) period set aside for appeal

Berufungsgegner *m* (Re) appellee

Berufungsgericht *n* (Re) appellate court

Berufungsinstanz *f* (Re) appellate instance

Berufungskläger *m* (Re) appellant (*ie, in civil proceedings*)

Berufungsmöglichkeit *f* (Re) resort to an appellate court

Berufung *f* **stattgeben** (Re) to allow an appeal

Berufung *f* **verwerfen** (Re) to dismiss (*or* negative) an appeal

Berufung *f* **zurückweisen** (Re) to dismiss an appeal

Beruhigungsfrist *f* (Pw) cooling-off period

Berührungspunkt *m* (Math) point of tangency

berührungssensitiver Bildschirm *m* (EDV) touch screen
(*cf, Kontaktbildschirm*)

Beschädigtenrente *f* (SozV) disablement pension (*ie, paid to war veterans if earning capacity is reduced to at least 30%*)

Beschädigter *m* (SozV) disabled person

beschädigte Sendung *f* (com) defective consignment

beschädigte Waren *fpl*
(com) damaged goods
(Zo) goods deteriorated or spoiled (*eg, by accident or force majeure*)

beschaffen
(com) to procure

133

– to furnish
– to supply
Beschaffenheit *f* (com) quality
Beschaffenheit *f* **der Waren** (Zo) nature of goods
Beschaffenheitsangabe *f* (com) quality description
Beschaffenheitsmerkmal *n* (IndE) characteristic of state *(cf, DIN 4000.T.1)*
Beschaffenheitsschaden *m* (SeeV) inherent defect *(or* vice)
Beschaffenheitssicherung *f* (com) quality protection *(ie, of merchandise)*
Beschaffenheitszeugnis *n* (com) certificate of inspection
Beschaffung *f*
  (MaW, *i. w. S.*) procurement
  – resource acquisition
  – resourcing *(ie, covers labor, materials, equipment, services, rights, capital)*
  (MaW, *i. e. S.*) purchasing
Beschaffung *f* **für die lagerlose Fertigung** (MaW) hand-to-mouth buying
Beschaffung *f* **neuen Fremdkapitals** (Fin) provision of fresh outside finance
Beschaffungsamt *n* (FiW) government purchasing authority *(ie, set up to buy specific requirements)*
Beschaffungsaufgabe *f* (Mk) buying task
Beschaffungsbegleitkarte *f* (MaW) purchase traveler
Beschaffungsbudget *n* (MaW) procurement budget
Beschaffungseinrichtung *f*
  (Kart) purchasing organization, § 5 III GWB
  – procurement facilities
Beschaffungsermächtigung *f* (MaW) procurement authorization
Beschaffungsforschung *f* (MaW) procurement research *(ie, market study and market survey)*
Beschaffungsfunktion *f* (MaW) procurement function
Beschaffungsgruppe *f* (Mk) buying center
Beschaffungshandbuch *n* (MaW) purchasing manual *(syn, Einkaufshandbuch)*
Beschaffungskartell *n* (Kart) buying cartel
Beschaffungskosten *pl*
  (MaW) procurement cost
  – ordering cost
  – cost of acquisition
Beschaffungskredit *m* (Fin) buyer credit
Beschaffungsmarkt *m* (Bw) input market
beschaffungsmäßige Verflechtung *f* (Vw) backward linkage
Beschaffungsnebenkosten *pl*
  (Maw, KoR) incidental procurement cost *(eg, freight, cartage, insurance)*
Beschaffungsplan *m* (MaW) procurement budget
Beschaffungsplanung *f* (MaW) procurement planning *(or* budgeting)
Beschaffungspolitik *f* (MaW) purchasing policy
Beschaffungspreis *m* (MaW) purchase price *(ie, invoice price of goods + expenses incidental thereto; eg, transportation, insurance, packing, customs duties)*
Beschaffungsproblem *n* (OR) procurement problem
Beschaffungsprogramm *n* (MaW) buying/purchasing . . . program

Beschaffungsstatistik *f* (MaW) procurement statistics *(ie, comprises a) external market statistics, b) order statistics, c) purchase statistics)*
Beschaffungs- und Distributions-Logistik *f* (Bw) outbound logistics
Beschaffungsvertrag *m* (FiW) procurement contract
Beschaffungsvollzugsplanung *f* (MaW) detailed procurement planning *(ie, broken down on a quarterly and monthly basis)*
Beschaffungsweg *m* (MaW) procurement channel *(ie, either direct or indirect purchasing: Bezug beim Hersteller od Einkauf beim Handel)*
Beschaffungswert *m* (ReW) acquisition value
Beschaffungswesen *n*
  (MaW) purchasing and materials management
  – procurement system
  (FiW) government procurement
Beschaffungszeit *f*
  (MaW) purchasing
  – procurement
  – inventory
  – vendor
  – replenishment . . . lead time
  – procurement cycle
beschäftigen
  (Pw) to employ
  – to occupy
Beschäftigte *mpl*
  (Pw) employed persons
  – employees
  – wage and salary earners
Beschäftigte *mpl* **in der Stablinienorganisation** (Pw) staff operatives
Beschäftigtenstand *m*
  (Pw) level *(or* volume) of employment
  (Pw) number of persons employed
Beschäftigung *f*
  (Bw) output
  – production volume *(or* level)
  (KoR) activity
  – volume
  (Pw) employment
  – occupation
  (Pw) total number of employees
Beschäftigung *f* **an der Kapazitätsgrenze** (Vw) capacity output *(or* production)
Beschäftigung *f* **annehmen** (Pw) to take employment
Beschäftigung *f* **aufnehmen** (Pw) to take up work *(or* employment)
Beschäftigungsabweichung *f*
  (KoR) activity
  – capacity
  – idle capacity
  – noncontrollable
  – volume . . . variance
  (ie, tritt nur in der Vollkostenrechnung auf; Differenz zwischen Sollgemeinkosten der Istbezugsgröße und den verrechneten Plangemeinkosten der Ist-Bezugsgröße)
Beschäftigungsart *f* (Stat) employment category
Beschäftigungsaussichten *fpl*
  (Pw) employment . . . prospects/outlook
  – job . . . prospects/outlook/perspectives

beschäftigungsbedingt
(Pw) employment-connected
– employment-related
Beschäftigungsbedingungen *fpl*
(Vw) conditions of employment
– employment conditions
Beschäftigungsbereich *m* (KoR) range of activity
Beschäftigungsbescheinigung *f* (Pw) certificate of employment
Beschäftigungschancen *fpl*
(Vw) employment opportunities (*or* prospects)
– job opportunities
– job prospects
Beschäftigungsdauer *f*
(Pw) duration of employment (*or* service)
– length of employment (*or* service)
Beschäftigungseffekt *m* (Vw) employment effect
Beschäftigungseinbruch *m*
(Vw) drop in economic activity
(Pw) sudden slump in employment
Beschäftigungsengpaß *m* (Vw) employment bottleneck
Beschäftigungsentwicklung *f*
(Vw) trend in economic activity
(Vw) employment trend
Beschäftigungsförderung *f* (Vw) promotion of employment (*or* work)
Beschäftigungsgrad *m*
(Bw) capacity utilization rate
– degree of capacity utilization
– operating rate
Also:
– activity level
– level (*or* volume) of activity (*or* operations *or* output *or* production)
– volume point (*eg, to run a mill at a high . . .*)
(*ie, ratio of actual utilization to attainable capacity working; syn, Kapazitätsausnutzungsgrad, qv*)
Beschäftigungsindex *m*
(Vw) employment index
(KoR) index of volume
Beschäftigungsindikator *m* (Vw) employment indicator
Beschäftigungskrise *f* (Vw) employment crisis
Beschäftigungslage *f*
(Vw) level of employment
– current employment figures
– employment situation
Beschäftigungsland *n* (StR) country of employment
Beschäftigungsmöglichkeiten *fpl* (Pw) employment (*or* job) opportunities
Beschäftigungsniveau *n* (Vw) level of employment
(*ie, jobless rate or number of unemployed*)
Beschäftigungsort *m* (Pw) place of employment
Beschäftigungsplanung *f* (KoR) planning of activity level
Beschäftigungspolitik *f*
(Vw) manpower policy
(Vw) = Vollbeschäftigungspolitik
Beschäftigungspotential *n* (Vw) potential labor force
Beschäftigungsprogramm *n*
(Vw) job creation program
– make-work scheme
– (infml) jobs plan

(*ie, spending program to create jobs or to promote employment and increase investment*)
Beschäftigungsreserve *f* (Vw) reserve of potential labor
Beschäftigungsschwankungen *fpl* (KoR) fluctuations in activity
beschäftigungssichernde Finanzpolitik *f* (FiW) fiscal policy safeguarding a targeted level of employment
Beschäftigungssituation *f*
(Vw) employment
– job
– manpower
– labor market . . . situation
Beschäftigungsstand *m*
(Pw) employment level
Beschäftigungsstatistik *f*
(Stat) statistics of employment
– manpower statistics
Beschäftigungsstruktur *f* (Vw) pattern of employment
(*ie, distribution of gainfully employed persons among various sectors or regions of a national economy, either in absolute or percentage terms*)
Beschäftigungstheorie *f* (Vw) theory of income and employment
Beschäftigung *f* **suchen** (com) to look for (*or* seek) employment
beschäftigungsunabhängige Kosten *pl* (KoR) standby (*or* noncontrollable) cost
Beschäftigungsverhältnis *n* (Pw) employment (relationship)
Beschäftigungsvolumen *n* (Pw) employment volume (*ie, total hours worked*)
beschäftigungswirksam (Vw) having a positive impact on employment
Beschau *f* **der Waren** (Zo) physical inspection of the goods
Bescheid *m* (Re) administrative decision
Bescheid *m* **erteilen** (Re) to render an administrative decision
bescheinigen (com) to certify
(*eg, This is to certify that . . . = Hiermit wird bescheinigt, daß . . .*)
bescheinigende Stelle *f* (com) certifying body
Bescheinigung *f*
(com) certificate
– „to whom(soever) it may concern"
Bescheinigung *f* **ausstellen** (com) to make out a certificate
Bescheinigung *f* **beibringen** (com) to submit (*or* furnish) a certificate
Bescheinigung *f* **der Ursprungsbezeichnung** (Zo) certificate of designation of origin
Bescheinigung *f* **der Zollstelle** (Zo) customs certificate
Bescheinigungs- und Zulassungsvorschriften *fpl* (AuW) certification and approval requirements
Bescheinigung *f* **über abgabenfreie Verbringung ins Zollgebiet** (Zo) duty-free entry certificate
Bescheinigung *f* **über die Einfuhr aus einem Nicht-Mitgliedsland** (EG) certificate of import from a nonmember country
Bescheinigung *f* **über die Wiederausfuhr** (Zo) certificate of re-exportation

135

Bescheinigung *f* **über die Wiedereinfuhr** (Zo) certificate of re-importation

Bescheinigung *f* **über zusätzliche Nämlichkeitszeichen** (Zo) certificate concerning additional identification marks

Bescheinigung *f* **über zuviel gezahlte Zollgebühren** (Zo) over-entry certificate

beschichten
(IndE) to coat *(ie, put a layer of substance over another)*
(IndE) to laminate *(ie, generally plastics to sheet metal)*

beschichtetes Material *n*
(com) sensitized material
– sensitized photographic products
(ie, covers still and motion pictures, x-ray film, paper, plates, and photographic materials)

Beschichtung *f* (IndE) coating *(ie, Aufbringung von Überzügen)*

Beschichtungsmasse *f* (IndE) coating compound

Beschläge *mpl*
(com) hardware
– (GB) fixings

Beschlagnahme *f*
(Re) attachment *(ie, to satisfy the judgment debt)*
(Re) arrest *(ie, of ship or cargo)*

Beschlagnahme *f* **aufheben** (Re) to set aside an attachment

Beschlagnahmebeschluß *m* (Re) order of attachment

beschlagnahmefähig (Re) attachable

Beschlagnahmerisiko *n* (AuW) risk of capture and seizure

Beschlagnahmeverfügung *f* (Re) warrant of attachment

Beschlagnahmeversicherung *f* (Vers) capture-risk insurance

beschlagnahmte Forderung *f* (Re) claim attached by a judgment creditor, § 392 BGB

beschleunigte Abschreibung *f* (ReW) accelerated depreciation

beschleunigtes wirtschaftliches Wachstum *n*
(Vw) accelerated growth
– forced-draught expansion

beschleunigtes Wirtschaftswachstum *n*
(Vw) accelerated economic growth
– forced-draught expansion

beschließen
(com) to adopt/pass . . . a resolution
(Fin) to declare *(eg, a dividend)*

beschließendes Organ *n* (Re) decision-making body

Beschluß *m*
(Re) decision
– resolution *(eg, passed in a meeting)*

Beschlußabteilung *f*
(Kart) rule-making branch
– Diciding Division *(ie, des Bundeskartellamtes = Federal Cartel Office)*

Beschluß *m* **beantragen** (Re) to sue out a writ

beschlußfähig (com) constituting a quorum

beschlußfähige Anzahl *f* (com) quorum *(ie, taken from the phrase: „numerus membrorum quorum praesentia necesse est')*

beschlußfähige Versammlung *f* (com) quorate meeting

Beschlußfähigkeit *f* (com) presence of a quorum

beschlußfähig sein (com) to form a quorum

Beschluß *m* **fassen** (com) to adopt/pass . . . a resolution

beschlußfassendes Organ *n* (Re) decision-making body

Beschlußfassung *f* (com) adoption *(or* passing) of a resolution

Beschluß *m* **mit einfacher Mehrheit** (com) resolution by simple majority

beschlußreif (com) ready to be voted on

Beschluß *m* **über die Eröffnung des Konkursverfahrens** (Re) order of adjudication in bankruptcy

Beschluß *m* **über Dividendenausschüttung** (Fin) declaration of dividend

Beschlußunfähigkeit *f* (com) absence of quorum

beschneiden
(com) to cut back on
– to pare (down)
– to trim
– to clamp a lid on *(eg, spending)*

beschränkt abzugsfähige Sonderausgaben *fpl* (StR) limited allowance for special expenses

beschränkte Deliktsfähigkeit *f* (Re) limited capacity to commit unlawful acts, § 828 BGB

beschränkte Einkommensteuerpflicht *f* (StR) non-residents' income tax liability

beschränkte Geschäftsfähigkeit *f*
(Re) limited capacity to contract
– restricted capacity to transact business

beschränkte Haftung *f* (Re) limited liability

beschränkt einkommensteuerpflichtig (StR) subject to limited taxation of income

beschränkte Konvertibilität *f*
(AuW) limited
– partial
– restricted . . . convertibility

beschränkte Meistbegünstigung *f* (AuW) conditional most-favored-nation treatment

beschränkte Nachschußpflicht *f* (Re) limited liability of members to make additional contributions

beschränkte persönliche Dienstbarkeit *f* (Re) limited personal servitude, § 1090 BGB

beschränkter Handel *m* (Bö) restricted trading

beschränkter Markt *m* (com) restricted market

beschränktes Eigentum *n* (Re) qualified ownership

beschränktes Giro *n* (WeR) qualified indorsement

beschränktes Recht *n* (Re) limited right

beschränkte Steuerpflicht *f* (StR) limited tax liability

beschränkte Variable *f* (Math) bounded variable

beschränkte Vollmacht *f* (Re) limited authority

beschränkte Zuständigkeit *f* (Re) limited jurisdiction *(opp, unbeschränkte Zuständigkeit)*

beschränkte Zuteilung *f* (Fin) limited allotment

beschränkt geschäftsfähig
(Re) of limited contractual capacity
– limited in competence to enter into legal transactions, § 8 BGB

beschränkt Geschäftsfähiger *m* (Re) person with limited capacity *(ie, to transact legal business)*

beschränkt haftender Gesellschafter *m* (Bw) limited partner

beschränkt konvertierbar (AuW) limitedly convertible

beschränkt persönliche Dienstbarkeit *f* (Re) easement restricted to the benefit of an individual
beschränkt steuerpflichtig (StR) subject to limited
tax liability *(ie, applies to nonresident individuals, § 1 EStG)*
beschränkt Steuerpflichtiger *m*
(StR) non-resident taxpayer
– person subject to limited taxation
Beschränkung *f*
(com) restriction
(Math) constraint
– restriction
– limiting condition
Beschränkung *f* **ausländischer Investitionen** (AuW)
controls over foreign investment
Beschränkung *f* **des Kapitalverkehrs** (AuW) restrictions on capital movements
Beschränkungen *fpl* **auferlegen** (com) to impose restrictions
Beschränkungen *fpl* **aufheben** (com) to lift (*or* remove) restrictions
Beschränkungen *fpl* **verschärfen** (com) to intensify
restrictions
Beschränkungsvektor *m* (OR) restriction vector
beschreiben
(com) to describe
– to specify
(EDV) to record
Beschreiben *n* **e-r Spur** (EDV) recording of a track
Beschreibung *f*
(com) description
– account
– report
– specification
(Pat) patent specification
(EDV, Cobol) description
beschriften (com) to inscribe
Beschriftung *f*
(com) inscription
– marking
Beschriftungsschild *n*
(com) placard
– placard strip
– name plate *(ie, of a machine)*
(EDV) marking label
Beschwerde *f*
(Re) appeal
(StR) administrative appeal
*(ie, against a decision which rejects the applica-
tion for administrative relief, § 349 AO)*
Beschwerdeausschuß *m* (Pw) grievance committee
Beschwerdebrief *m* (com) letter of complaint
Beschwerdebuch *n* (com) complaints book *(ie, in a
restaurant, hotel)*
Beschwerde *f* **einlegen**
(Re) to appeal a decision *(ie, to court)*
– to take an appeal (to)
Beschwerdefrist *f*
(Re) time for bringing an appeal
– time limit for appealing a decision
Beschwerde *f* **führen**
(Re) to appeal a decision
– to lodge an appeal
– to take an appeal *(ie, to a court)*

Beschwerdeführer *m*
(Re) appellant
– complainant
– person filing an appeal
Beschwerdegegner *m*
(Re) appellee
– respondent
Beschwerdegericht *n* (Re) appellate court
Beschwerdegrund *m* (Re) grounds of appeal
Beschwerdeinstanz *f* (Re) appellate instance
Beschwerden *fpl* **nachgehen** (com) to monitor com-
plaints
Beschwerdequote *f* (Pw) rate of grievances
Beschwerderecht *n*
(Re) right of complaint
– right to appeal
Beschwerdeverfahren *n* (Re) complaint proceed-
ings
Beschwerde *f* **verwerfen** (Re) to refuse an appeal
Beschwerde *f* **zurückziehen** (Re) to withdraw an ap-
peal
Beseitigung *f* **der Zölle**
(AuW) abolition of tariffs
– elimination of customs duties
Beseitigung *f* **e-s Rechtsmangels** (Re) removing a
deficiency in title
besenrein (com) broom clean *(ie, in real estate lan-
guage)*
besetzt (com, US) busy *(eg, sorry, the number is
busy, please try again)*
– (GB) engaged *(ie, telephone line)*
Besetztzeichen *n*
(com) busy signal
– (GB) engaged tone
Besetzung *f* **e-s Tabellenfeldes** (Stat) cell frequency
Besetzungsproblem *n* (Stat) occupancy problem
Besetzungszahl *f* (Stat) (absolute) frequency
besichern
(Fin) to collateralize
– to supply security for a loan
besichertes Darlehen *n*
(Fin) secured/collateralized . . . loan
– asset-backed loan
– loan against collateral
(ie, beyond the general credit of the borrower)
Besicherung *f*
(Fin) provision of collateral
– collateralization
besichtigen
(com) to examine
– to inspect
(SeeV) to hold survey
Besichtigung *f*
(com) tour of a plant (= Betriebsbesichtigung)
(com) drawing samples *(ie, to determine the average quality of goods)*
(Zo) physical inspection of goods
Besichtigungsbericht *m* (SeeV) survey report
Besitz *m*
(com) property (= im wirtschaftlichen Sinne)
(Re) (actual) possession
*(ie, Zustand der tatsächlichen Herrschaft über e–e
Sache, §§ 854ff BGB; direct physical control
over a thing; cf, constructive possession; opp,
Eigentum, qv)*

(Fin) holding *(ie, of shares and stock = Wert-papierbesitz)*
Besitzanspruch *m* (Re) possessory claim
Besitz *m* **aufgeben** (Re) to surrender possession
Besitzdiener *m* (Re) possessory servant, § 855 BGB
(ie, exercising actual power over a thing for another, but not having possession)
Besitzeinkommen *n*
(Vw) unearned income
– unearned revenue
– income from property
– property income
besitzen
(com) to own
(Re) to possess
– to hold in possession)
– (als Vertragsformel) to have and to hold
Besitz *m* **entziehen** (Re) to dispossess
Besitzentziehung *f*
(Re) dispossession
– divestment
Besitzer *m*
(com) owner
– proprietor
(Re) possessor
– holder
– occupier
Besitzer *m* **auf Lebenszeit** (Re) holder for life
Besitz *m* **ergreifen** (Re) to take possession
Besitzerwerb *m* (Re) obtaining possession
Besitz *m* **erwerben**
(Re) to acquire possession
– to acquire property
Besitzgesellschaft *f*
(Bw) company leasing its fixed assets to a ‚Kapitalgesellschaft‘
(ie, frequently in the form of OHG, KG or BGB-Gesellschaft)
(Bw) holding . . . company/unit
Besitzkonstitut *n*
(Re, *civil law*) constitutum possessorium
(ie, agreement replacing delivery of movables by indirect possession; eg, in the form of tenancy)
– constructive possession, §§ 930ff BGB
Besitzloser *m* (Re) nonproperty owner
Besitznachfolger *m* (Re) subsequent holder
Besitzstand *m*
(com) vested/acquired . . . rights
(Re) status of possession, § 920 BGB
Besitzstandswahrung *f*
(Re) non-impairment/protection . . . of vested rights
(Fin, US) grandfathering
Besitzstand *m* **wahren** (Pw) to stay even *(eg, union leaders hope . . .)*
Besitzsteuern *fpl* (FiW) taxes from income and property
Besitzstörung *f* (Re) unlawful interference with possession, § 862 BGB
Besitzteile *mpl* (com) assets = Aktiva
Besitztitel *m* (Re) right to possession
Besitzübertragung *f* (Re) transfer of possession
Besitz- und Verkehrsteuern *fpl* (FiW) taxes on property and transactions

Besitzwechsel *m*
(ReW) bills (*or* notes) receivables
– (GB) trade notes receivable
besoldet (Pw) salaried
Besoldung *f* (Pw) salary
Besoldungsgruppe *f* (Pw) pay grade
besondere Ausfuhrabgabe *f* (Zo) special charge on exports
besondere Ausfuhrabschöpfung *f* (Zo) special export levy
besondere Bewertungsvorschriften *fpl* (StR) special valuation rules, §§ 17–124 BewG
besondere Havarie *f*
(SeeV) particular
– common
– petty
– simple . . . average, § 701 HGB
besonderer Satz *m* (Log) particular statement *(opp, Allsatz, allgemeiner Satz = universal statement)*
besonderes Ausgleichskonto *n* (IWF) Special Settlement Account
Besonderes Schuldrecht *n* (Re) law relating to individual types of obligations
(eg, sale, donation, unjust enrichment, torts, §§ 433–853 BGB)
Besonderes Wirtschaftsrecht *n* (Re) Particular Law of the Economy
(ie, concerned with the powers of public authorities and their exercise)
Besonderheit *f* (com) special/unique . . . feature
Besorgnis *f* **der Befangenheit**
(Re) doubt as to impartiality
– fear of prejudice
(eg, to challenge a judge for . . .)
besprechen
(com) to discuss
(com) to review *(eg, a book)*
Besprechung *f*
(com) discussion
– meeting
(com) book review
Besprechungsexemplar *n* (com) review copy
Bessel-Verteilung *f* (Stat) Bessel function distribution
Besserungsschein *m*
(Fin) income adjustment bond
– (GB) debtor warrant bond
(ie, Variante des Schulderlasses, qv; Vergleichsschuldner hat die Möglichkeit, über die Vergleichsquote hinaus weitere Zahlungen zu leisten, wenn sich s–e wirtschaftliche Lage wieder bessert; B. verbrieft das Zahlungsversprechen; in der Ausgestaltung besteht völlige Freiheit (nach Quote, Dauer, Rang, Kriterien))
Bestand *m*
(MaW) inventory
– stock
(Fin) bank's asset portfolio
(Vers) portfolio of insurance
– policies in force
– in-force business
Bestand *m* **an Aufträgen mit Rückgaberecht** (com) backlog of orders subject to cancellation
Bestand *m* **an fertigen Erzeugnissen** (ReW) inventory of finished goods

Bestand *m* **an festen Aufträgen** (com) backlog of
final orders
Bestand *m* **an unfertigen Erzeugnissen**
(ReW) work-in-process inventory
– work-in-progress inventory
– in-process inventory
Bestände *mpl*
(MaW) inventory
– inventories
– stock(s)
– merchandise on hand
– stock on hand
– (GB) stock-in-trade *(syn, Vorräte)*
Bestände *mpl* **an Handelswaren** (com) merchandise
inventory
Bestände *mpl* **an Waren** (com) stocks of goods on
hand
Bestände *mpl* **auffüllen**
(MaW) to accumulate
– to build up
– to replenish . . . inventories
Bestände *mpl* **aufnehmen**
(ReW) to take inventory (*or* stock)
– to inventory
Beständeeinheitswert *m* (ReW) inventory unit
value
beständelose Beschaffung *f* (MaW) just-in-time
(JIT) purchasing
(ie, procurement method alleged to be a Japanese
invention; older terms having the same meaning
are: stockless buying, job lot control, etc; syn,
fertigungssynchrone/einsatzsynchrone/JIT . . .
Beschaffung)
beständelose Beschaffungswirtschaft *f* (MaW) job
lot control
Beständerechnung *f*
(ReW) inventory
– stocktaking
Beständeschwund *m* (MaW) inventory shrinkage
Bestände-Stückwert *m* (ReW) inventory unit value
Bestände *mpl* **verringern**
(MaW) to destock
– to trim inventories
Beständewagnis *n* (ReW) inventory risk
Bestand *m* **im Verteilsystem** (MaW) pipeline/in-
transit . . . inventory
(ie, stock held between the point where it is made
and point where it is used)
Bestandsabbau *m*
(MaW) decrease
– reduction
– liquidation . . . of inventories
Bestandsabgleich *m* (MaW) netting
Bestandsänderungen *fpl* (com) change of inven-
tories
Bestandsänderungen *fpl* **an eigenen Erzeugnissen**
(VGR) change in inventories
Bestandsänderungsgröße *f* (VGR) change in stocks
Bestandsänderungsrechnung *f* (VGR) statement
showing changes in stocks
Bestandsaufbau *m*
(MaW) increase in inventories
– replenishment of inventories
Bestandsaufnahme *f*
(Bw) position/situation . . . audit

– corporate appraisal
– assessment of current position
(ReW) inventory taking
– stocktaking
Bestandsband *n* (EDV) master tape
Bestandsbedingungen *fpl* (Vw) stock conditions
Bestandsberichtigungen *fpl* (ReW) inventory ad-
justments
Bestandsbericht *m* **über Lagervorräte** (MaW) bal-
ance-of-stores record
Bestandsbewegung *f* (Vers) changes of business in
force
Bestandsbewertung *f* (ReW) inventory valuation
Bestandsbewertung *f* **zu Anschaffungs- od Herstel-
lungskosten** (ReW) inventory pricing (*or* valua-
tion) at acquisition or production costs
Bestandsdatei *f* (EDV) master file
Bestandsdaten *pl* (ReW) inventory data
Bestandsdifferenz *f* (ReW) inventory discrepancy
(ie, posted as extraordinary expense)
Bestandserfolgskonten *npl* (ReW) mixed accounts
(ie, representing both balance sheet items and rev-
enue or expense items)
Bestandserhöhung *f* **der Erzeugnisse** (ReW) increase in product inventories
Bestandsermittlung *f*
(ReW) inventory taking
– stocktaking
Bestandserschöpfung *f* (Vw) depletion of a natural
resource
Bestandsfortschreibung *f* (MaW) inventory updating
Bestandsführung *f* (MaW) inventory management
Bestandsführungssystem *n* (MaW) inventory management system
Bestandsgewinn *m* (ReW) inventory profit *(ie, ex-*
cess of one valuation base over another; eg, fifo
vs lifo; unavailable for reinvestment or dividend
payout)
Bestandsgröße *f* (Vw) stock (variable)
Bestandshaltekosten *pl* (Fin) cost of carry
(ie, Nettokosten im Futures-Geschäft, die sich aus
der Finanzierung e–r Kassaposition ergeben)
Bestandshöhe *f*
(MaW) amount of inventory carried
– service level
Bestandskarte *f*
(ReW) balance card
– inventory record card
(EDV) master card
Bestandskartei *f* (ReW) inventory file
Bestandskonto *n* (ReW) asset (*or* real) account
Bestandskontrolle *f* (MaW) inventory control
Bestandsliste *f*
(ReW) inventory
– stock list
Bestandsmasse *f* (Stat) point-in-time population
(opp, Bewegungsmasse)
Bestandsminderung *f* (MaW) drop in inventories
Bestandsobergrenze *f* (MaW) maximum inventory
level *(syn, maximaler Bestand, qv)*
Bestandspflege *f*
(Vers) policy service
– conservation of issued insurance
Bestandsprüfer *m* (MaW) inventory checker

139

Bestandsprüfung f (MaW) inventory audit
Bestandsrechnung f (VGR) statement of stocks
Bestandsrente f (SozV) existing pension
Bestandsrisiko n (ReW) inventory risk
Bestandssteuerung f (MaW) inventory control
Bestandsüberschuß m (MaW) overage
Bestandsübertragung f (MaW) transfer of stock
Bestandsveränderungen fpl (MaW) inventory changes
Bestandsvergleich m (StR) „simplified" method of net worth comparison *(ie, also called ,Vermögensvergleich', § 4 I EStG)*
Bestandsverlust m (MaW) inventory shrinkage
Bestandsverwaltung f (MaW) inventory management
Bestandsverzeichnis n
  (ReW) inventory *(or* stock) list
  (StR) list of fixed assets, Abschn. 31 I EStR *(= Verzeichnis der Gegenstände des beweglichen Anlagevermögens)*
Bestandsvorgaben fpl (MaW) inventory *(or* stock) releases
Bestandswagnis n (ReW) inventory risk
Bestandswesen n (MaW) inventory management
Bestandszuwachs m (MaW) increase in inventories
Bestandteile mpl (Re) components
  (ie, objects other than buildings, firmly attached to the realty and including rights attaching to the ownership, such as easements or servitudes, §§ 93, 94, 96 BGB)
bestätigen
  (com) to acknowledge *(eg, receipt of a letter)*
  (com) to confirm *(eg, what I told you over the phone)*
  (Re) to indorse
  – to ratify
  – to certify *(eg, this is to certify that . . . = hiermit wird bestätigt, daß . . .)*
bestätigende Bank f (Fin) confirming bank
bestätigter Scheck m (Fin) certified check *(ie, see § 23 BBankG)*
bestätigtes Akkreditiv n (Fin) confirmed letter of credit
bestätigtes unwiderrufliches Akkreditiv n (Fin) confirmed irrevocable letter of credit
Bestätigung f
  (com) acknowledgment
  – confirmation
  (Re) indorsement
  – ratification
  – validation
  – verification
Bestätigung f **des Jahresabschlusses** (ReW) certification of annual financial statements, § 167 AktG
Bestätigungskarte f (Vers) cover note
Bestätigungsmeldung f (EVD) acknowledgment, ACK *(ie, confirming receipt of a message; syn, Rückmeldung)*
Bestätigungsprovision f (Fin) confirming commission
Bestätigungsschreiben n
  (com) letter of acknowledgment
  – letter of confirmation *(ie, see distinction made under ,bestätigen')*

Bestätigungsvermerk m
  (ReW) audit opinion, § 322 I HGB
  – audit . . . certificate/report
  – (US) short-form audit report *(syn, Testat)*
  *(ie, statutory text of the unqualified audit opinion:
  „Based on an audit performed in accordance with my/our professional duties, the accounting records and the financial statements/the consolidated financial statements comply with the legal regulations. The financial statements/consolidated financial statements present, in compliance with required accounting principles, a true and fair view of the net worth, financial position and results of the company/group. The management report/group management report is in agreement with the financial statements/consolidated financial statements.")*
Bestätigungsvermerk m **einschränken** (ReW) to qualify the auditor's certificate
Bestätigungsvermerk m **versagen** (ReW) to refuse the auditor's certificate
Bestattungskosten pl (StR) funeral expenses
  (ie, extraordinary burden = außergewöhnliche Belastung for income-tax purposes)
Bestbeschäftigung f (KoR) optimum level of activity *(syn, Optimalbeschäftigung)*
Bestbietender m (com) highest bidder
beste Anpassung f (Stat) best fit
  (ie, this is discussed under the heading of 'estimation of the regression line from sample data'; on a scatter diagram you visually assess the type of line that best describes the X, Y-relationship; the criterion of best fit typically employed is the least-squares criterion, qv; syn, Best Fit)
bestechen
  (com) to bribe
  – to buy off
  – (GB, *also)* to buy over
  – (infml) to grease
  – (sl) oil somebody's palm
bestechen lassen, sich (com) to take bribes
Bestechung f (com) bribery
  (ie, pratice of giving or taking bribes)
Bestechungsaffäre f (com) bribery affair
Bestechungsgeld n
  (com) bribe money
  – (corporate) payoff
  – improper payments
  – (sl) boodle *(cf, Schmiergeld)*
Bestechungsskandal m (com) bribery scandal
Besteckindustrie f (com) cutlery industry
beste lineare Schätzung f (Stat) best linear estimate
Bestellabstand m (MaW) ordering interval
Bestellbestand m
  (MaW) reorder point
  – reordering quantity
Bestellbuch n (com) order book
Bestelldaten pl (com) order information
Bestelleingang m
  (com) booking of new orders
  – incoming business *(or* orders)
  – inflow of orders
  – intake of new orders
  – new orders
  – order bookings

– orders received
– rate of new orders *(eg, started to show slight improvement)*
bestellen
(com) to order
– to place/give... an order for
(ReW) to appoint *(eg, Abschlußprüfer = annual auditor)*
(Re) to create *(eg, a mortgage)*
Besteller *m*
(com) customer
– buyer
– purchaser
Bestellerkredit *m*
(Fin) buyer credit
(ie, granted to the foreign buyer by a bank in the exporting country; paid out direct to supplier)
Bestellerrisiko *n* (Stat) consumer's risk
bestellfixe Kosten *pl* (MaW) fixed order cost
Bestellformular *n* (MaW) purchase order form
Bestellhäufigkeit *f* (MaW) frequency of ordering (*or* acquisition)
Bestellintervall *n* (MaW) replenishment cycle
Bestelliste *f* (com) list of orders
Bestellkarte *f* (com) return order card *(ie, in mail order business)*
Bestellkosten *pl* (MaW) ordering costs
Bestellmenge *f*
(MaW) order(ing) quantity
– order size
Bestellmuster *n* (com) sample of goods which are made after receipt of orders *(eg, textiles, wallpaper)*
Bestellnummer *f* (com) purchase order number
Bestellpolitik *f* (MaW) ordering policy
Bestellpraxis *f* (com) system of appointment *(eg, physicians, hair-dressers)*
Bestellproduktion *f* (IndE) make-to-order production
Bestellpunkt *m* (MaW) order point
Bestellpunktsystem *n*
(MaW) max-min system
– order point system
– fixed-order variable-cycle system
(ie, of inventory control)
Bestellrhythmussystem *n*
(MaW) periodic review system
– order cycling system
– fixed-cycle (variable-order) system
– fixed reorder-cycle system *(ie, of inventory control)*
Bestellschein *m* (com) order note
(ie, either contract offer binding customer for some time, or acceptance of contract)
Bestellsystem *n* (MaW) reorder system
Bestellsystem *n* **mit Fixgrößen**
(MaW) fixed-order system
– maximum-minimum inventory control
Bestellsystem *n* **mit Intervallüberprüfung** (MaW) periodic inventory review system
bestellt
(com) on order
– ordered
– booked
(com) having an appointment *(eg, to see...*

(Re) appointed
Bestelltätigkeit *f* (com) booking (*or* placing) orders
Bestellterminal *n* (Mk) teleshopping terminal
bestellter Vertreter *m* (Re) appointed representative
bestelltes Material *n* (MaW) material on order
Bestellung *f*
(com) *(auf/über)* order (for)
– purchase order
– customer order
– sales order
(Re) appointment *(eg, as/to be chairman of the managing board)*
Bestellung *f* **annehmen** (com) to accept an order
Bestellung *f* **aufgeben**
(com) to order
– to place (*or* give) an order for
Bestellung *f* **ausführen**
(com) to carry out
– to complete
– to execute
– to fill... an order
Bestellungen *fpl* **einschränken** (com) to slash orders
Bestellung *f* **e–r Sicherheit**
(Fin) collateralization
– provision of security *(ie, for a loan)*
Bestellungsannahme *f*
(com) acceptance/acknowledgement... of order
(syn, Auftragsbestätigung)
Bestellungsstatistik *f* (com) order statistics
Bestellung *f* **stornieren** (com) to cancel an order
Bestellung *f* **von Sicherheiten**
(Re) provision of collateral
Bestellwert *m* (com) order (*or* contract) value
Bestellwesen *n* (MaW) purchase order processing
bestens
(Bö) at best
– at market
(ie, order to buy or sell at the best available price; syn, billigst)
„bestens" absetzen (Fin) to sell on „best efforts basis" *(ie, securities through banks)*
bestens-Auftrag *m*
(Bö) discretionary order
– market order
– order at the market
– order to buy at best
(ie, to be executed at the best obtainable price)
„bestens" kaufen (Bö) to buy irrespective of price
bester kritischer Bereich *m* (Stat) best critical region
bester Preis *m* (com) best/lowest/rockbottom... price *(ie, in Angeboten; as an offer term)*
bester Test *m* (Stat) optimum test
beste Schätzfunktion *f* (Stat) best estimator
beste statistische Maßzahl *f* (Stat) optimum statistic
beste Übereinstimmung *f* (Stat) best fit
besteuerbar
(StR) subject to taxation
– taxable
besteuern
(StR) to tax
– to impose/levy taxes
– to charge a tax on
– (GB) to charge (sth) to tax

besteuert (StR) taxed

Besteuerung *f* (StR) taxation

Besteuerung *f* **gewerblicher Unternehmen** (StR) business taxation

Besteuerung *f* **nach Durchschnittssätzen** (StR) taxation at flat rates, § 23 UStG

Besteuerungseinheit *f* (StR) tax unit

Besteuerungsgegenstand *m* (StR) taxable event

Besteuerungsgerechtigkeit *f* (FiW) equity of taxation

Besteuerungsgrundlage *f* (StR) basis of taxation *(ie, all factual and legal elements from which a tax liability is derived)*

Besteuerungsgrundlagen *fpl* (StR) basic principles of taxation (StR) basis of taxation *(ie, all factual and legal elements from which tax liability is derived, § 157 AO)*

Besteuerungsgrundsätze *mpl* (FiW) canons of taxation (FiW) principles of taxation – (historisch) canons of taxation *(eg, as set forth by A. Smith)*

Besteuerungshoheit *f* (StR) power to tax – taxing power

Besteuerungsunterschiede *mpl* (StR) discrepancies in taxation

Besteuerungsverfahren *n* (StR) tax proceedings

Besteuerungszeitraum *m* (StR) taxable period

Besteuerung *f* **von Wohlfahrtstransfers** (Vw) clawback

bestimmen (com) to determine

bestimmender Teilvorgang *m* (IndE) governing element

bestimmte Geldsumme *f* (WeR) sum certain in money

bestimmter Wert *m* (Math) assigned value

bestimmtes Integral *n* (Math) definite integral *(of a function; opp, unbestimmtes Integral = indefinite integral)*

bestimmtes Laufwerk *n* (EDV) logged-in drive *(ie, vom Benutzer od Programm ausgewähltes Laufwerk)*

Bestimmtheitsmaß *n* (Stat) coefficient of determination

Bestimmung *f* (com) use for which an article is intended (Re) provision – stipulation – term *(ie, of a contract)* (Re) regulation – rule

Bestimmungen *fpl* **für den Aktienhandel** (Bö) trading rules

Bestimmungen *fpl* **über den Zahlungsverkehr** (AuW) exchange arrangements

Bestimmung *f* **erlassen** (Re) to enact provision

Bestimmungsbahnhof *m* (com) station of destination

Bestimmungsfaktor *m* (com) determining factor (Log) determinant

Bestimmungsflughafen *m* (com) airport of destination

bestimmungsgemäß (com) in accordance with the intended *(or* appointed) use (Re) as set down in the contract – according to the terms of the contract

bestimmungsgemäßer Gebrauch *m* (com) intended *(or* contractual) use

Bestimmungshafen *m* (com) port of destination

Bestimmungskauf *m* (Re) sale subject to buyer's specifications, § 375 I HGB *(ie, usually in the iron and steel, wood, and paper industries)*

Bestimmungsland *n* (com) country of destination

Bestimmungslandprinzip *n* (StR) destination principle *(opp, Ursprungslandprinzip)*

Bestimmungsmitgliedsstaat *m* (Zo) Member State of destination

Bestimmungsort *m* (com) place of destination – final destination

Bestimmungsort-Konnossement *n* (com) destination bill of lading *(ie, issued at the destination, not at place of shipment)*

Bestimmungszollstelle *f* (Zo) office of destination

Bestimmungszone *f* (Zo) destination zone

Bestkauf *m* (com) purchase at lowest price

Bestleistung *f* (KoR) optimum performance *(ie, term used in standard costing)*

bestmöglich absetzen (Fin) to sell on „best efforts basis" *(ie, securities through banks)*

Bestpreis *m* (com) best/highest ... price

bestreiken (Pw) to strike *(eg, a plant)* – to go on strike *(eg, against a plant)*

Bestreiken *n* **von Drittbetrieben** (Pw) secondary picketing

bestreikter Betrieb *m* (Pw) strike-bound firm *(or* plant)

bestreiten (com) to pay *(eg, expenses)* – to defray (com) to challenge – to dispute – to contest

Bestreiten *n* (com) defrayal *(ie, of expenses)* (Re) contestation – denial

bestückte Leiterplatte *f* (EDV) mounted circuit board *(syn, Flachbaugruppe)*

Bestückung *f* (EDV, CAD) (circuit) board assembly – insertion – placement *(ie, von Leiterplatten; syn, Plazierung)*

Bestückungsautomat *m* (IndE) automatic ... insertion/placement machine

Bestückungstechnik *f* (EDV, CAD) placement technology

Betafaktor *m* (Fin) beta factor *(ie, of a stock: Quotient aus der Kovarianz der Marktrenditen zu den Aktienrenditen und der Varianz der Marktrenditen; für die meisten Aktien etwa gleich 1; shows the likely price trend for*

*a given market movement and whether the stock
is apt to under or over-react)*

Beta-Fehler *m*
(Stat) beta error
– error of second kind *(syn, Fehler zweiter Art)*

betagte Forderungen *fpl* (Re) claim maturing at a
certain future date, § 54 KO

Betakoeffizient *m*
(Stat) beta coefficient
*(ie, one of the coefficients in a regression equa-
tion)*
(Fin) beta coefficient, ß factor
– beta weight
*(ie, mißt die Volatilität der Aktie = Steigung der
Regressionsgeraden e–s Wertpapiers: Kovarianz/
Varianz; oder: Relation zwischen Rendite des
Marktportefeuilles und Rendite e–r Aktie; oder:
factor used to describe the volatility of movements
in the price of a particular investment, that is,
percentage movement against time; Maß für
Marktrisiko)*

Beta-Korrelation *f* (Stat) beta correlation

Betaverteilung *f*
(Stat) beta distribution
– Pearson Type I distribution
*(ie, probability distribution of a random variable
with a specified density function)*

beteiligen (Fin) to give an interest (*or* share) (in)

beteiligen, sich
(com) to participate
– to take part *(eg, in a project)*
(Fin) to acquire an interest (in)
– to take an equity stake

Beteiligung *f*
(com) interest
– holding
– stake
– participation
– participating interest (*or* share)
(Fin) equity holding (*or* stake)
– industrial holding
– share of equity capital
(Fin) investment

Beteiligung *f* **am Gewinn**
(Fin) profit share

Beteiligung *f* **an börsennotiertem Unternehmen**
(Fin) quoted (*or* listed) investment

Beteiligung *f* **an der Patentverwertung** (Pat) interest in patent exploitation

Beteiligungen *fpl*
(ReW) investments
– equity interests
– (GB) trade investments
(ReW, EG) participating interests
– participations
(Fin) investments in subsidiaries and affiliated
companies
– shareholdings in outside companies

Beteiligungen *fpl* **an nicht konsolidierten Tochtergesellschaften** (Fin) unconsolidated investments

Beteiligungen *fpl* **zum Buchwert** (Fin) investments
at amortized cost

Beteiligung *f* **erwerben**
(com) to acquire an interest

– to acquire an equity investment *(eg, in a foreign corporation)*

Beteiligungsbereich *m* (Fin) equity investment field

Beteiligungsbesitz *m* (Fin) shareholding

Beteiligungscharakter *m* (Fin) equity feature *(eg, of
a loan)*

Beteiligungsdarlehen *n* (Fin) loan taken up to finance a participation

Beteiligungserträge *mpl*
(Fin) direct investment income
– investment earnings
(ReW) income from investments (in affiliates)

Beteiligungserwerb *m* (Fin) acquisition of participations

Beteiligungsfähigkeit *f* (Re) capacity to participate
in proceedings

Beteiligungsfinanzierung *f* (Fin) participatory
financing
*(ie, supply of share capital by all existing or new
members of a company; takes the form of contributions, shares, mining shares, drilling interests, etc.)*

Beteiligungsfonds *m* (Fin) equity fund

Beteiligungsgeschäft *n* (Fin) participation transaction *(ie, carried out to secure control or major
influence)*

Beteiligungsgesellschaft *f*
(com) associated company *(ie, often restricted to
an interest of not more than 50%)*
(com) holding company
(Fin) = Kapitalbeteiligungsgesellschaft, qv

Beteiligungsgewinn *m* (Fin) investment earnings

Beteiligungsinvestition *f*
(Fin) direct investment
(Fin) portfolio investment

Beteiligungskapital *n*
(Fin) equity capital
(Fin) direct-investment capital

Beteiligungskäufe *mpl* (Fin) acquisition of shareholdings

Beteiligungskonzern *m* (com) controlled corporate
group

Beteiligungspapier *n* (WeR) equity security

Beteiligungsquote *f*
(Fin) participation quota
– amount of holding

Beteiligungsrechte *npl* (Fin) equities

Beteiligungsveräußerung *f* (Fin) sale of participation

Beteiligungsverhältnis *n* (FiW) Federal and Länder
portions *(ie, of total tax revenues)*

Beteiligungsvertrag *m* (Re) contract of participation

Beteiligungswert *m*
(Fin) book value of investment
(ie, in subsidiaries and associated companies)

Betongold *n* (com, infml) assets in the form of commercial or residential buildings

Betrag *m* **abbuchen**
(com) to debit an amount
– to charge (amount) to an account

Betrag *m* **abheben** (Fin) to withdraw an amount
(from)

Betrag *m* **abzweigen** (com) to set aside (*or* earmark) an amount

Betrag *m* **anrechnen** (com) to credit an amount
Betrag *m* **auszahlen** (com) to pay out an amount
betragen
  (com) to amount to
  – to add up to
  – to come to
  – to run at
  – to come out *(eg, total comes out to DM 10,000; figures come out at 96,978)*
  – to work out at *(eg, the project works out at DM5bn = kommt auf . . .)*
Betragsspanne *f* (Mk) gross margin *(ie, absolute difference between cost price and sales price of an article)*
Betrag *m* **überweisen** (Fin) to remit an amount *(ie, through a bank)*
betrauen mit (com) to put in charge of
Betreiben *n* (IndE) operation
Betreiber *m*
  (Bw) operator *(eg, of a plant)*
  (EDV) carrier
  – network operator *(syn, Netzbetreiber)*
Betreuungsgebühr *f* (com) attendance fee
Betrieb *m*
  (com) business enterprise
  – enterprise
  – firm
  – undertaking
  – company *(see: Unternehmen)*
  (IndE) plant
  – operation
  (IndE) operation
  – running
  – working
  – duty
  (EDV) mode
Betriebassistent *m* (IndE) assistant to works manager
Betrieb *m* **aufgeben**
  (com) to close
  – to discontinue
  – to terminate . . . a business
  – (infml) to shut up shop
Betrieb *m* **aufnehmen**
  (com) to start business
  (com) to start operations
  – to commission
  – to take into operation
  – to put on stream
Betrieb *m* **der Urproduktion** (com) extractive *(or* natural resource) enterprise
Betriebe *mpl* **der Land- und Forstwirtschaft** (StR) agricultural establishments, § 34 BewG
Betrieb *m* **einschränken** (com) to cut back operations
Betrieb *m* **einstellen**
  (com) to shut down shop
  – (infml) to put up the shutters
  (IndE) to close down a plant
Betrieb *m* **eröffnen**
  (com) to open a business
  – (infml) to put up shop
Betrieb *m* **für die Eigenfertigung** (Bw) captive shop
Betrieb *m* **gewerblicher Art** (StR) business enterprise of a public corporation *(eg, public utility)*

betriebliche Altersversorgung *f*
  (Pw) employee pension scheme
  (ie, covers old age, disability, and survivor's pensions)
betriebliche Aufwendungen *mpl*
  (ReW) operating cost *(or* expense)
  (ReW, EG) operating charges
betriebliche Ausbildung *f*
  (Pw) in-plant
  – in-service
  – industrial
  – in-house . . . training
betriebliche Bruttoerträge *mpl* (ReW) gross operating revenue
betriebliche Erträge *mpl* (ReW) operating revenue
betriebliche Finanzwirtschaft *f* (Fin) business *(or* corporate) finance
betriebliche Fortbildung *f* (Pw) in-plant training
betriebliche Gesamtplanung *f* (Bw) overall corporate planning
betriebliche Instanzen *fpl* (Bw) organizational lines
betriebliche Leistungserstellung *f* (Bw) production process *(ie, turnout of goods and services)*
betriebliche Leistungsfähigkeit *f*
  (IndE) operating . . . capacity/efficiency
  – productive capacity
betriebliche Lohnsumme *f* (Pw) establishment payroll
betriebliche Mitbestimmung *f* (Pw) codetermination at plant level
betriebliche Pensionskasse *f*
  (Pw) employer's pension scheme
  – occupational pension scheme
betriebliche Planung *f* (Bw) company *(or* corporate) planning
betriebliche Prozesse *mpl* (Bw) operations
betrieblicher Anteil *m* **von Schuldzinsen** business component of interest expense
betrieblicher Ertrag *m*
  (ReW) operating income *(or* revenue)
  – (GB) trading income
betrieblicher Standort *m* (Bw) plant location
betrieblicher Teilbereich *m*
  (Bw) department
  – division
  – group
betriebliche Ruhegeldverpflichtung *f* (Pw) employer's pension commitment
betriebliches Förderwesen *n* (IndE) internal *(or* in-plant) transportation
betriebliches Gesamtbudget *n* (Bw) business budget
betriebliches Kommunikationssystem *n* (Bw) organizational communications system
betriebliche Sonderzahlung *f* (Pw) bonus payment
betriebliches Potential *n* (Bw) operational capabilities
betriebliche Steuerlehre *f* (Bw) company tax law
betriebliches Umfeld *n* (Bw) external/business . . . environment
betriebliches Umsystem *n* (Bw) organizational environment
betriebliches Verantwortungszentrum *n* (Bw) responsibility center
betriebliches Vorschlagswesen *n* (Pw) company/employee . . . suggestion system

(ie, through which employees submit ideas for increasing productivity)

betriebliche Umwelt *f* (Bw) external/business... environment

betriebliche Wohlfahrtseinrichtungen *fpl* (Pw) plant welfare facilities

Betrieb *m* **mit Kundenauftragsfertigung** (IndE) job shop
- job order plant
- make-to-order plant

Betrieb *m* **mit Lagerfertigung** (IndE) make-to-stock plant

Betriebsablauf *m*
(com) sequence of operations
(IndE) inplant flow of operations

Betriebsabrechnung *f*
(KoR) industrial cost accounting
- operational accounting
- internal accounting

Betriebsabrechnungsbogen *m*
(KoR) expense distribution sheet
- assignment sheet for non-manufacturing cost overhead allocation sheet

Betriebsabteilung *f*
(Bw) division
- operating division
- plant division

Betriebsanalyse *f* (Bw) operational analysis

Betriebsänderung *f* (Bw) change in plant operation
(ie, closure, restriction, locational shift, object of company, etc.)

Betriebsangehörige *mpl*
(Pw) employees
- personnel
- staff of a firm

Betriebsanlage *f*
(IndE) (operating) equipment
- facility
- plant

Betriebsanleitung *f* (IndE) operating instructions

Betriebsanweisung *f* (EDV) job control statement

Betriebsart *f* (EDV) operating mode

Betriebsart *f* „Eingriff" (EDV) interrupt (*or* hold) mode

Betriebsarten *fpl* (Bw) classification of business enterprises

Betriebsart *f* „Halten" (EDV) hold mode

Betriebsart *f* „Lesen" (EDV) read mode

Betriebsart *f* „Pause" (EDV) reset mode

Betriebsart *f* „Rechnen" (EDV) compute (*or* operate) mode

Betriebsart *f* „Rücksetzen" (EDV) reset mode

Betriebsart *f* „Schreiben" (EDV) write mode

Betriebsarzt *m* (Pw) company... doctor/physician

Betriebsassistent *m* (IndE) assistant to works manager

Betriebsaufgabe *f* (com) termination of a business

Betriebsaufnahme *f*
(com) starting business
(com) commissioning
- putting on stream
- taking into operation *(eg, a plant)*

Betriebsaufspaltung *f* (StR) split of a unitary enterprise
(ie, into a Besitzunternehmen = property holding

unit, usu. in the form of a sole proprietorship or partnership, and a Betriebsunternehmen = operating unit, usu. in the form of a GmbH; syn, Betriebsspaltung, Betriebsteilung)*

Betriebsaufwand *m* (ReW) = betriebsbedingter Aufwand

Betriebsausflug *m* (Pw) annual works outing

Betriebsausgaben *fpl* (StR) business expenses, cf, § 4 IV EStG
(ie, Aufwendungen, die durch den Betrieb des Steuerpflichtigen veranlaßt sind)

Betriebsausschuß *m* (Pw) plant committee
(ie, Organ des Betriebsrats; cf, § 27 BetrVG)

Betriebsausstattung *f*
(ReW) office furnishings
(IndE) plant and equipment
- machinery and equipment

betriebsbedingter Aufwand *m* (ReW) operating expense
(ie, entsteht durch die betriebliche Leistungserstellung; syn, Betriebsaufwand)

betriebsbedingter Ertrag *m* (ReW) operating revenue

betriebsbedingtes Kapital *n* (Bw) = betriebsnotwendiges Kapital, qv

Betriebsbedingungen *fpl* (com) operating conditions

Betriebsbegehung *f*
(com) plant inspection
- touring the plant

Betriebsberater *m* (com) management consultant
(cf, Unternehmensberater)

Betriebsberatung *f* (com) management consulting

betriebsbereit
(IndE) ready to operate
- ready for operation
- ready to go into operation
- in operating (*or* working) order
- operational

Betriebsbereitschaft *f* (IndE) readiness to operate

Betriebsbesichtigung *f*
(com) plant visit
- touring the plant

betriebsbezogener Aufwand *m* (ReW) operating expense
(syn, betrieblicher Aufwand; opp, neutraler Aufwand = nonoperating expense)

betriebsblind
(com) blunted by habit
- blind to organizational deficiencies

Betriebsblindheit *f* (com) habitual blindness to organizational deficiencies

Betriebsbuchführung *f* (ReW) = Betriebsbuchhaltung

Betriebsbuchhalter *m* (KoR) plant accountant

Betriebsbuchhaltung *f*
(ReW) internal cost accounting
- industrial accounting
- factory accounting

Betriebscode *m* (EDV) operation code

Betriebsdaten *pl*
(com) operational... data/information
(EDV) production data

Betriebsdatenerfassung, BDE *f*
(IndE) production data acquisition

(EDV) industrial data capture

Betriebsdatenrückmeldung *f* (Bw) feedback of operational data

Betriebsdichte *f* (Stat) ratio of number and size of business enterprises to territory or number of population

Betriebseinheit *f* (Bw) operating center (*or* unit)

Betriebseinnahmen *fpl*
(ReW) operating receipts
(StR) business receipts

Betriebseinnahmen *fpl* **aus freiberuflicher Tätigkeit**
(StR) business income from independent professional services

Betriebseinrichtungen *fpl*
(IndE) operating (*or* production) equipment
– plant facilities

Betriebseinrichtungskosten *pl* (ReW) expenses for the startup of operations (*ie, may be included under fixed assets, § 153 IV AktG*)

Betriebseinschränkung *f* (com) cutting back of operations

Betriebserfahrung *f* (com) operational experience

Betriebserfindung *f* (Pat) employee invention (*ie, automatically attributed to the owner of an enterprise; now replaced by ‚Diensterfindung‘*)

Betriebserfolg *m* (ReW) = Betriebsergebnis

Betriebserfordernisse *npl* (com) operational requirements

Betriebsergebnis *n*
(ReW) operating result (*ie, either net profit or loss*)
– earnings from operations
– operating income (*or* profit)
– results from operations
– (GB) trading result

Betriebsergebnisquote *f* (Fin) profit ratio

Betriebsergebnisrechnung *f*
(ReW) operating income statement
– operating statement

Betriebserlaubnis *f* (Re) operating license (*or* permit)

Betriebseröffnung *f* (com, StR) opening of a business, § 137 AO

Betriebsertrag *m* (ReW) operating income (*or* revenue)

Betriebserweiterung *f*
(Bw) plant extension
– expansion of plant facilities

betriebsfähig (com) in working order

Betriebsfähigkeit *f*
(com) operating condition
– working order

Betriebsferien *pl*
(Bw) plant (closure for) holidays
– vacation close-down (*syn, Werksferien*)

betriebsfertig (IndE) = betriebsbereit

Betriebsfinanzamt *n* (StR) tax office in whose district the management of an enterprise or a permanent establishment *[Betriebsstätte]* is domiciled, § 18 AO

Betriebsfläche *f* (com) plant area

Betriebsfonds *m* (Bw) operating fund
(*ie, capital needed to keep fixed assets employed at a reasonable level; part of necessary current assets = betriebsnotwendiges Umlaufvermögen*)

Betriebsformen *fpl* **des Einzelhandels** (Bw) organizational forms of retail trade

betriebsfremd (ReW) nonoperating

betriebsfremde Aufwendungen *mpl*
(ReW) nonoperating expense
– other expense

betriebsfremde Erträge *mpl*
(ReW) nonoperating revenue
– other revenue (*or* income)

Betriebsführung *f* (IndE) plant management

Betriebsführungsrechner *m* (EDV) operation control computer

Betriebsführungsvertrag *m*
(Bw) business management agreement (*syn, Verwaltungsvertrag*)
(Bw) operating agreement
(*ie, provides for the management of a project*)

Betriebsgebäude *n*
(com) factory building
(com) company building

Betriebsgefahr *f* (com) operational hazard (*or* risk)

Betriebsgefährdung *f* (Kart) disparagement of competitor, § 14 UWG
(*ie, making a false statement about a competitor's business, its management and products*)

Betriebsgeheimnis *n*
(com) business
– trade
– industrial . . . secret

Betriebsgemeinde *f* (StR) municipality of employer

Betriebsgemeinkosten *pl*
(KoR) factory overhead
– operating overhead
– factory indirect expense

Betriebsgenehmigung *f* (Re) operating license (*or* permit)

Betriebsgesellschaft *f* (com) operating company (*or* unit)

Betriebsgewerkschaft *f* (Pw) company union

Betriebsgewinn *m*
(ReW) earnings from operations
– operating income (*or* profit)
– (GB) trading profit
(*ie, operating revenue minus operating cost of a period*)

betriebsgewöhnliche Nutzungsdauer *f*
(StR) useful life expectancy, § 7 I EStG
– average/useful . . . life
– asset depreciation range

Betriebsgröße *f*
(Bw) plant size
– scale of plant

Betriebsgrößenvariation *f* (Bw) variation of plant scale (*ie, through quantitative adjustment*)

Betriebsgrundstücke *npl*
(Bw) company premises
– factory-site land
– plant-site land
– land in use as a plant site
(StR) business real property, § 99 BewG

Betriebshaftpflichtversicherung *f* (Vers) business liability insurance (*ie, taken by owner or operator*)

Betriebshandbuch *n* (Pw) company information manual

Betriebshandelsspanne f
(com) gross (merchandise) margin
– operating margin
Betriebshierarchie f
(Bw) management structure
– plant hierarchy
Betriebshygiene f (Bw) plant hygiene
Betriebsinformatik f (EDV) business informatics
Betriebsingenieur m (IndE) plant engineer
Betriebsinhaber m (com) owner (or proprietor) of
a business
betriebsinterne Abfälle mpl (IndE) home scrap
(syn, Rücklaufschrott)
betriebsinterne Größennachteile mpl (Bw) internal
diseconomies of scale
betriebsinterne Größenvorteile mpl (Bw) internal
economies of scale
betriebsinterner Innovator m (Bw) internal (or in-
house) entrepreneur
Betriebsjahr n
(com) operating year
– working year
Betriebskapazität f (IndE) plant (or operating)
capacity
Betriebskapital n
(com) working capital
(Fin) current operating capital
(ie, in commercial language equal to ‚Umlaufvermögen‘ = current assets) (Note: Do not confound
with ‚working capital‘ or ‚net working capital‘
which, being a liquidity ratio, is defined as ‚current assets minus current liabilities‘. The term
‚working capital‘ is either used as a loan word or
translated as ‚Liquiditätskoeffizient‘.)
Betriebsklima n (Pw) organization climate
Betriebskoeffizient m (Bw) input-output ratio
Betriebskonfiguration f (EDV) operating environment
Betriebskonto n (ReW) contra account of internal
accounting (ie, maintained in financial accounting)
Betriebskosten pl
(KoR) operating cost (or expense)
– operational cost
– cost of operation
– operationals
– running cost (eg, wages, rent, taxes)
(EDV) support costs
Betriebskosten pl **bei Unterbeschäftigung** (KoR)
partial-capacity operating cost
Betriebskostenkalkulation f (Bw, appr) cost effec-
tiveness analysis
(ie, esp. by means of cost center accounting =
Kostenstellenrechnung)
Betriebskostenzuschlag m (Vers) loading for ex-
penses
Betriebskrankenkasse f (Pw) company (or plant)
health insurance fund
Betriebsleistung f
(Vw) share of a business enterprise in the overall
performance of the economy
(Bw) operating performance (ie, measured by
comparing actual output with maximum output)
Betriebsleiter m
(IndE) plant

– works
– operating … manager
– (GB) plant superintendent
Betriebsleitung f (IndE) plant (or factory) manage-
ment
Betriebsmaterial n (IndE) factory supplies
Betriebsmaximum n (Bw) maximum capacity
Betriebsminimum n (KoR) minimum of variable
average costs
Betriebsmittel npl
(Bw) operating resources (ie, conceptual coun-
terpart of the term ‚Produktionsmittel‘ as used in
economics)
(IndE) production facilities
(IndE) operating media
– expendables (eg, power, water)
(Fin) operating (or working) funds
Betriebsmittelbedarf m
(Bw) resource requirements
(Fin) working fund requirements
Betriebsmittelgrundzeit f (IndE) equipment base
time
Betriebsmittelkredit m (Fin) short-term operating
credit
(ie, to cover temporary finance requirements;
opp, long-term investment credit)
Betriebsmittelplanung f (EDV) resource
scheduling
Betriebsmittelrücklage f (Fin) operating cash re-
serve
Betriebsmittelrüstzeit f (IndE) machine setup time
Betriebsmittelverbund m (EDV) resource sharing
Betriebsmittelverwaltung f (EDV) resource management
Betriebsmittelzeit f
(IndE) available machine time
– available process time
Betriebsmittelzuschüsse mpl (FiW) operating subsidies
Betriebsmittelzuweisung f
(FiW) appropriation of operating funds
(EDV) resource allocation
– facility assignment
(ie, allocation of memory and external devices as
required by the program)
betriebsnotwendiges Kapital n (Bw) necessary
operating capital
(ie, zur Erfüllung des Betriebszwecks eingesetztes
Kapital; Grundlage für Errechnung der kal-
kulatorischen Zinsen; syn, betriebsbedingtes
Kapital)
betriebsnotwendiges Vermögen n (Bw) necessary
business assets
Betriebsobmann m (Pw) plant steward (ie, takes the
place of ‚Betriebsrat‘ in small enterprises)
betriebsoptimale Ausbringung f (Bw) optimum
output
Betriebsoptimum n
(Bw) ideal (or practical) capacity
– optimum scale of operations
(ie, minimum of total average costs)
Betriebsorganisation f (Bw) plant organization
Betriebspachtvertrag m (Re) company lease agreement, § 292 I No. 3 AktG
(ie, leasing an entire enterprise to another)

„Betriebspapst" *m* (Pw, sl) „works pope" *(ie, often used by the shop floor to refer to a powerful chairman of a works council at divisional or corporate level)*
Betriebsperiode *f*
(IndE) operating period
(OR) busy period
Betriebspersonal *n*
(Pw) personnel
– staff
Betriebspflicht *f* (Re) statutory obligation to operate *(eg, public carriers, utilities)*
Betriebsplanung *f* (Bw) business (*or* corporate) planning
Betriebspolitik *f* (Bw) business (*or* company) policy
Betriebspreis *m* (KoR) product price (*or* value) used in intra-plant cost allocation
(eg, pricing of semi-finished goods between departments)
Betriebsprogramm *n* (EDV) operating program
Betriebsprüfer *m*
(StR) government tax auditor
– tax investigator
(ie, term now replaced by ‚Außenprüfer')
Betriebsprüferbilanz *f* (StR) tax auditors' balance sheet *(syn, Prüferbilanz, Prüfungsbilanz)*
Betriebsprüfung *f*
(Zo) external audits
(StR) government tax audit
– tax investigation
(ie, periodic examination by tax auditors, term now replaced by ‚Außenprüfung', § 193 AO)
(EDV) operating test
– dynamic test (*or* check)
Betriebsprüfungsbilanz *f* (StR) = Betriebsprüferbilanz
Betriebsprüfungsordnung *f* (StR) Regulations on Procedural Rules to be Observed in Tax Examinations, of 27 Apr 1978
Betriebsrat *m*
(Pw) works
– plant
– company
– employee... council
(ie, Interessenvertretung der Arbeitnehmer auf Betriebsebene gegenüber dem Arbeitgeber; cf, Betriebsverfassungsgesetz 1972)
Betriebsratsvorsitzender *m* (Pw) chairman of works council
Betriebsratswahl *f* (Pw) election of works council members
Betriebsrechner *m* (EDV) plant computer
Betriebsrentabilität *f* (Fin) operating return *(ie, ratio of pretax „as if"– kalkulatorisch – operating income to necessary operating capital)*
Betriebsrente *f*
(Pw) business (*or* company) pension
– occupational pension
Betriebsrentengesetz *n* (Pw) Law Relating to Company Pension Plans, of 19 Dec 1974
Betriebsrisiko *n*
(com) business risk
(IndE) operational hazard (*or* risk)
Betriebsschließung *f*
(Bw) factory closure

– plant shutdown
Betriebsschluß *m* (com) closing hours
Betriebsschulden *fpl* (StR) business debt (*or* indebtedness, § 103 BewG) *(opp, Privatschulden)*
Betriebsschwund *m* (com) shrinking number of enterprises
Betriebsselbstkosten *pl* (KoR) net production cost
Betriebsspaltung *f* (StR) = Betriebsaufspaltung
Betriebssprache *f*
(EDV) job control language, JCL
– job description language, JDL
(EDV) operating language
Betriebsstätte *f*
(IndE) plant
– operational facility
– operation
(StR) permanent establishment, § 12 AO
Betriebsstillegung *f* (Bw) plant closing (*or* closure)
Betriebsstoffe *mpl*
(ReW) supplies
(IndE) factory supplies
– operating supplies
(KoR) expendables
– expendable supplies
– expense material
– single-use items
Betriebsstörung *f*
(IndE) breakdown
– equipment failure
– plant interruption
– stoppage
Betriebsstruktur *f* (Bw) corporate structure
Betriebssystem *n*
(IndE) production system
(EDV) operating system, OS
(ie, supports the hardware of a computer system)
Betriebssystem-Residenz *f* (EDV) operating system residence
Betriebssystem-Stammband *n* (EDV) operating system master tape
Betriebsteil *m* (Bw) operating unit
Betriebsteile *mpl* **ausgliedern** (Bw) to spin off (*or* hive off) operations
Betriebsteilung *f* (StR) = Betriebsaufspaltung
Betriebsteuer *f* (FiW) operating tax
(ie, discussed under tax reform plans as a means of uniformly taxing all commercial operating profits)
Betriebstreuhandversicherung *f* (Vers) plant fidelity insurance
(ie, lump-sum insurance protecting employer against losses through employee action)
Betriebsübergabe *f* (Bw) transfer of an enterprise
Betriebsüberlassung *f* (Bw) transfer of an enterprise
Betriebsüberlassungsvertrag *m* (Bw) company surrender agreement, § 292 I No. 3 AktG
(ie, handing over the operation of an entire enterprise to another)
Betriebsübernahme *f* (Bw) takeover of a business (*or* plant)
Betriebsüberschuß *m*
(ReW) operating surplus
(VGR) operating surplus

(ie, Einkommen aus Unternehmertätigkeit und Vermögen = income from property and entrepreneurship)

Betriebsübersicht *f* (ReW) condensed tabular statement of balance sheet figures

Betriebs- und Geschäftsausstattung *f* (ReW) office and plant equipment
– furnitures and fixtures

Betriebs- und Geschäftsgeheimnis *n* (com) business secrecy *(ie, term used in labor law)*

Betriebsunfall *m*
(SozV) industrial
– occupational
– work . . . accident *(syn, Arbeitsunfall)*

Betriebsunkosten *pl* (KoR) overhead cost *(ie, obsolete term for ‚Gemeinkosten')*

Betriebsunterbrechung *f*
(Bw) plant interruption
– (infml) tie-up

Betriebsunterbrechungsversicherung *f* (Vers) business interruption insurance

Betriebsunterlagen *fpl* (com) operational data

Betriebsuntersuchung *f* (Bw) operational analysis *(syn, Betriebsanalyse)*

Betriebsveräußerung *f* (Bw) sale of a business

Betriebsverband *m* (Bw) association
(ie, Verbandstheorie: firms or private households join together to form a B.)

Betriebsvereinbarung *f* (Pw) plant agreement *(ie, between employer and works council, not permissible to supersede collective agreements)*

Betriebsverfassungsgesetz *n* (Pw) Industrial Constitution Law, of 15 Jan 1972

Betriebsvergleich *m*
(Bw) external analysis
– interplant comparison

Betriebsverlegung *f*
(Bw) relocation of a plant
– movement of operations *(eg, into another country)*

Betriebsverlust *m* (ReW) operating loss *(ie, net of nonoperating result)*

Betriebsvermögen *n*
(com) company assets
(StR) business capital
– business property
– business assets and liabilities, §§ 95–109a BewG and § 5 EStG

Betriebsvermögensvergleich *m* (Fin) balance-sheet comparison

Betriebsversammlung *f* (Pw) employee meeting

Betriebsversicherung *f* (Vers) group insurance *(ie, for the benefit of employees)*

Betriebsvertrag *m* (Bw) company agreement

Betriebsvertrauensleute *pl* (Pw) shop representatives

Betriebsverwaltungsgemeinkosten *pl* (KoR) administrative overhead

Betriebsvorrichtungen *fpl* (StR) plant facilities, § 68 BewG

Betriebswagnis *n* (Bw) operating risk

Betriebswert *m* (KoR) product price *(or* value*)* used in intra-plant cost allocation *(eg, pricing of semi-finished goods between departments)*

Betriebswirt *m* (Pw, *roughly*) graduate in business economics

Betriebswirtschaft *f* (Bw) = Betriebswirtschaftslehre

betriebswirtschaftlich
(Bw) economic *(eg, merger is absolutely necessary for economic reasons)*
– commercial *(eg, take a decision on commercial grounds)*
– operational *(eg, aspects)*
– managerial

betriebswirtschaftliche Auswertung *f* (Bw) managerial analysis

betriebswirtschaftliche Gesichtspunkte *mpl* (com) commercial grounds *(eg, to take decisions on . . .)*

betriebswirtschaftliche Kennziffern *fpl*
(Bw) ratios
– management ratios

betriebswirtschaftliche Logistik *f* (Bw) industrial logistics

betriebswirtschaftliche Planungsabteilung *f*
(OR) operations research unit
– (GB) operational research unit

betriebswirtschaftlicher Verlust *m* (ReW) operating loss

betriebswirtschaftliches Instrument *n* (Bw) administrative vehicle

betriebswirtschaftliches Risiko *n* (Bw) commercial risk *(opp, economic, political, currency risks)*

betriebswirtschaftliche Statistik *f* (Stat) business statistics

betriebswirtschaftliche Steuerlehre *f* (Bw) business taxation *(ie, as a field of study)*

Betriebswirtschaftslehre *f*
(com) „business and management economics"
– science of business management
– business studies
(ie, if taking place at university level; eg, to earn a degree in . . .)
(Bw, US) tax management
(ie, entscheidungs- und beratungsorientiert; Funktionen: tax . . . planning/control/administration/compliance)
(Note: There is no exact equivalent in American or British usage)

Betriebswirtschaftspolitik *f* (Bw) business *(or* company*)* policy

Betriebswirtschaftsstelle *f* (IndE) fuel power department

Betriebswissenschaft *f*
(Bw) management science
(Bw) scientific management *(ie, today often referred to as ‚Arbeitswissenschaft' in its wider sense)*

Betriebszeit *f* (IndE) attended time

Betriebszuschuß *m* (FiW) operating subsidy *(or* grant*)*

Betriebszweig *m* (com) branch of business

Betrieb *m* **verlegen**
(Bw) to relocate a plant
– to move operations

Betrug *m* (Re) fraud, § 263 StGB

betrügen um (com) to defraud of *(eg, the tax office of millions of DM)*

betrügerischer Konkurs *m* (Re) fraudulent bankruptcy
BetrVG (Re) = Betriebsverfassungsgesetz
beurkunden
(Re) to record
– to place on record
– to register
– to authenticate
beurkundet
(Re) authenticated
– evidenced
– recorded
– registered
– certified
Beurkundung *f*
(Re) authentication
– (judicial or notarial) recording
Beurlaubung *f*
(Pw) furlough *(eg, part of a company's work-
force)*
(Pw) suspension from office
Beurteilender *m* (Pw) rater
Beurteilter *m* (Pw) ratee
Beurteilung *f* durch Gleichgestellte (Pw) peer rating
Beurteilung *f* durch Untergebene (Pw) rating by
subordinates
Beurteilungsgespräch *n* (Pw) appraisal interview
Beurteilungskriterien *npl* (Pw) appraisal factors
Beurteilungszeitraum *m* (Pw) period of appraisal
Bevölkerungsaufbau *m* (Stat) population structure
Bevölkerungsdichte *f* (Stat) density of population
Bevölkerungsdruck *m* (Vw) population pressure
Bevölkerungsexplosion *f* (Vw) population explo-
sion
Bevölkerungsfalle *f* (Vw) population trap *(ie, in de-
veloping countries)*
Bevölkerungsgruppe *f* (Stat) segment of the popu-
lation
Bevölkerungsmodell *n* (Stat) demographic model
Bevölkerungspolitik *f* (Vw) population policy *(ie,
seeking to affect the birth rate)*
Bevölkerungspyramide *f* (Stat) age pyramid
Bevölkerungsschicht *f*
(Stat) social stratum
– demographic stratum
Bevölkerungsstatistik *f* (Stat) demographic *(or vital)* statistics *(ie, concerning the maintenance of
population)*
Bevölkerungsstruktur *f* (Stat) population structure
Bevölkerungsüberschuß *m* (Stat) surplus population
bevollmächtigen
(com) to authorize
– to empower
(Re) to appoint (someone) attorney-in-fact
– to grant power of attorney
bevollmächtigt
(com) authorized
– empowered
(Re) invested with *(or having)* power of attorney
Bevollmächtigter *m*
(com) authorized person
– proxy *(ie, authorized to act at a meeting of
stockholders)*
(Re) attorney-in-fact

– duly authorized agent *(or representative)*
bevollmächtigter Vertreter *m* (com) authorized
representative
Bevollmächtigung *f*
(Re) authorization *(ie, delegation of power
enabling another to act as agent or attorney)*
(Re) power of attorney *(ie, instrument authorizing such agent or attorney-in-fact)*
bevorraten
(com) to stockpile
– to stock up
Bevorratung *f*
(com) stockpiling
– building up of stocks
Bevorratungsebene *f*
(MaW) inventory level
– stocking level
bevorrechtigen (Re) to grant... privileges/pre-
ferences
bevorrechtigt (Re) entitled to priority
bevorrechtigte Forderung *f*
(Re) preferred... claim/debt
– preferential claim
– prior charge
bevorrechtigter Gläubiger *m*
(Re) preferred
– preferential
– privilege
– secured
– senior... creditor
Bevorrechtigung *f*
(Re) preference
– privilege
– priority
bevorschussen (Fin) to advance money
Bevorschussung *f* (Fin) advancement of funds
bevorstehend
(com) forthcoming
– upcoming *(eg, negotiations)*
– approaching
– nearing
(Vw) oncoming *(eg, recession)*
bevorzugte Annahmegrenze *f* (Stat) preferred average quality level
bevorzugte Befriedigung *f* (Re) preferential payment
bevorzugte Behandlung *f* (com) preferential treatment
Bevorzugung *f* (com) preferential treatment
bewährte Technologie *f* (IndE) proven technology
Bewährungsaufstieg *m*
(Pw) automatic progression
(Pw) carrier promotion
Bewältigung *f* strategischer Probleme (Bw)
strategic issue management
Bewässerungsprojekt *n* (com) irrigation scheme
bewegliche Gegenstände *mpl* (Re) movable objects
bewegliche Güter *npl* (Re) movable goods
bewegliche Sachanlagen *fpl* (Bw) non-real-estate
fixed assets
bewegliche Sache *f*
(Re) movable *(or personal)* property
– personal estate *(or chattel)*
– personalty
bewegliche Sachen *fpl* (Re) movables

bewegliches Anlagevermögen *n* (Bw) non-real-estate fixed assets
bewegliches Vermögen *n* (Re) movable property
bewegliche Wirtschaftsgüter *npl* (Bw) movable assets
bewegte Konten *npl* (ReW) active accounts
Bewegungsablauf *m* (IndE) sequence of movements
Bewegungsbilanz *f*
  (Fin) flow statement
  – flow of funds analysis
  – statement of application of funds
  – statement of sources and application of funds
  – statement of changes in financial position
  – sources-and-uses statement
  (ie, Variante der Kapitalflußrechnung, qv)
Bewegungsdatei *f*
  (EDV) amendment
  – change
  – activity
  – transaction . . . file
  (syn, Änderungsdatei, Fortschreibungsdatei)
Bewegungsdaten *pl* (EDV) transaction data *(ie, used to update a file)*
Bewegungsgrundelement *n* (IndE) elemental movement
Bewegungshäufigkeit *f* (EDV) activity ratio
Bewegungskomponenten *fpl* (Stat) movements *(ie, in time series)*
Bewegungsmasse *f* (Stat) period-based population *(syn, Ereignismasse; opp, Bestandsmasse)*
Bewegungsökonomie *f*
  (IndE) motion economy
  – economy in human movements
Bewegungsstudie *f*
  (IndE) motion study
  – motion analysis
Bewegungs-Zeit-Studie *f* (IndE) time and motion study
Beweis *m*
  (Math) proof
  – demonstration
  (Re) proof
  – evidence
Beweisantrag *m*
  (StR) submission of evidence
  – evidence submitted by the parties, § 76 I FGO, § 88 AO
Beweis *m* **antreten**
  (Re) to furnish evidence
  – to offer proof
Beweis *m* **des ersten Anscheins** (Re) prima facie evidence
  (ie, gilt bis zur Widerlegung als Tatsachenvermutung = sufficient in law to raise a presumption of fact unless rebutted)
Beweis *m* **des ersten Anscheins erbringen** (Re) to establish a prima facie case
Beweise *mpl* **erheben** (Re) to take evidence (on)
Beweisführungslast *f* (Re) = Beweislast
Beweiskette *f* (Log) chain of evidence *(eg, lückenlos = unbroken)*
Beweiskraft *f*
  (Re) inherent/internal . . . evidence *(ie, of a legal instrument)*

(StR) probative force, § 158 AO *(eg, of an inventory)*
Beweiskraft *f* **e-r Urkunde** (Re) inherent (*or* internal) evidence of a legal instrument
beweiskräftige Unterlage *f* (Re) substantiating document
Beweislast *f*
  (Re) burden/onus . . . of proof
  – (civil law) onus probandi
  (ie, duty of proving a disputed assertion = Pflicht des Beweises e–r umstrittenen Behauptung; syn, Beweisführungslast)
Beweismittel *n* (Re) evidence
  (ie, das Gesetz nennt – nicht abschließend – folgende B: Augenschein, Zeuge, Sachverständigengutachten, Urkundenbeweis, Parteivernehmung)
Beweispflicht *f* (Re) duty to produce evidence
Beweisrecht *n* (Re) law of evidence
Beweisregel *f*
  (Re) rule of evidence
  (ie, Pflicht des Gerichts, Beweismittel und Beweisergebnis zu würdigen)
  (Log) rule of inference *(syn, Ableitungsregel, qv)*
Beweisregeln *fpl* (Re, US) evidentiary standards
Beweisstück *n* (Re) exhibit
Beweistheorie *f* (Math) proof theory
Beweisurkunde *f* (WeR) instrument of evidence *(eg, Frachtbrief)*
Beweisvermutung *f* (Re) evidentiary presumption
Beweiswert *m* (Re) evidentiary value
bewerben, sich (Pw) to apply for *(ie, job, position, vacancy; to a company)*
Bewerber *m*
  (Pw) (job) applicant
  (Pw) job candidate
Bewerbung *f* (Pw) job application *(syn, Stellengesuch)*
Bewerbungsschluß *m* (Pw) closing date of/for an application
Bewerbungsschreiben *n* (Pw) letter of application
bewerten
  (com) to appraise
  – to assess
  – to evaluate
  – to value
  (com) to cost *(eg, costed input = bewerteter Input)*
bewerteter Input *m* (Bw) costed input
Bewertung *f*
  (com) appraisal
  – evaluation
  – valuation
  (ReW) valuation
Bewertung *f* **aufgrund des gezahlten Preises** (Zo) valuation on the basis of the price paid
Bewertung *f* **des Materialverbrauchs** (KoR) costing of material usage
Bewertung *f* **des Vertriebsplanes** (Mk) marketing plan evaluation
Bewertung *f* **des Vorratsvermögens** (ReW) inventory valuation
Bewertung *f* **e-r Unternehmung als Ganzes** (Bw) valuation of an enterprise as a whole
Bewertung *f* **für Zollzwecke** (Zo) customs valuation

Bewertung *f* **nicht notierter Aktien** (Fin) valuation of unlisted (*or* unquoted) shares

Bewertungsabschlag *m* (StR) downward valuation adjustment, § 80 EStDV
(ie, relating to certain current assets supplied from abroad)

Bewertungsabschreibung *f* (ReW) valuation of an asset below the last-preceding balance-sheet valuation
(ie, as a rule, down to the lower going-concern value)

Bewertungsaufgabe *f* (EDV) benchmark problem

Bewertungsbasis *f* (ReW) basis of valuation

Bewertungsbeirat *m* (StR) advisory council set up to determine the values of agricultural model enterprises
(ie, attached to the Federal Ministry of Finance, §§ 39 I, 63–66 BewG)

Bewertungsdifferenzen *fpl* (ReW) valuation variances *(ie, important correcting items in operating statements)*

Bewertungseinheit *f* (StR) separate valuation unit, § 2 BewG

Bewertung *f* **selbsterstellter Erzeugnisse** (ReW) product costing

Bewertungsfachmann *m* (Bw) appraiser

Bewertungsfreiheit *f*
(StR) freedom of choice in the valuation of assets
– discretionary valuation

Bewertungsgebühr *f* (com) appraisal fee

Bewertungsgesetz *n* (StR) Valuation Law, of 10 Dec 1965

Bewertungsgrößen *fpl* (com) factors of evaluation

Bewertungsgrundlage *f*
(com) basis of . . . valuation/value
– valuation basis

Bewertungsgrundsatz *m*
(ReW) standard of valuation
(StR) standard of value, § 9 BewG

Bewertungskonglomerat *n* (ReW) valuation mix
(ie, consolidation balance sheet based on different valuation standards; eg, commercial code, stock corporation law)

Bewertungskontinuität *f* (ReW) continuity of valuation

Bewertungsmaßstab *m* (ReW) standard of valuation *(eg, fair market value, going concern value, etc.)*

Bewertungsmatrix *f* (OR) value matrix

Bewertungsmethode *f* (ReW) method of valuation
(ie, zur Ermittlung des Wertansatzes von Vermögensgegenständen in der Bilanz; Ausgangspunkt sind die Anschaffungs- od Herstellungskosten)

Bewertungsmethoden *fpl* **für Zollzwecke** (Zo) customs valuation techniques

Bewertungsmodell *n* (OR) valuation (*or* assessment) model *(ie, Planungsmodell des OR; opp, Optimierungsmodell)*

Bewertungsrecht *n* (StR) law regulating the valuation of property

Bewertungsrichtlinien *fpl* (ReW) valuation . . . principles/rules

Bewertungsskala *f* (Log) rating scale

Bewertungsstetigkeit *f* (ReW) continuity in valuation
(ie, valuation method of previous financial statements are to be continued)

Bewertungsstichtag *m*
(Fin) date of valuation
(StR) effective valuation date, § 106 BewG

Bewertungsstützpunkte *mpl* (StR) index figures determined to assure equality of valuation, § 39 I BewG
(ie, based on operating conditions and results of representative agricultural enterprises)

Bewertungsüberschuß *m* (ReW) appraisal (*or* appreciation) surplus

Bewertungs- und Gliederungsvorschriften *fpl* (ReW) rules of valuation and classification

Bewertungsunterlagen *fpl* (com) valuation data

Bewertungsunterschied *m* (ReW) valuation variance

Bewertungsverfahren *n* (ReW) valuation method (*or* procedure)

Bewertungsverstoß *m* (ReW) infringement of valuation rule

Bewertungsvorschrift *f* (ReW) valuation rule

Bewertungswahlrecht *n*
(ReW) option to choose cost or market valuation
(StR) freedom of choice in the valuation of assets
– discretionary valuation

Bewertung *f* **und Erfolgsermittlung** *f*
(ReW) principles of evaluating balance sheet items and of determining results *(ie, als theoretisches Sachgebiet)*

Bewertung *f* **von Büroarbeiten** (Pw) clerical work evaluation

Bewertung *f* **zu Durchschnittspreisen** (ReW) average cost method

Bewertung *f* **zu festen Verrechnungspreisen** (ReW) standard cost method

Bewertung *f* **zum Niederstwertprinzip** (ReW) valuation at the lower of cost or market

Bewertung *f* **zum Wiederbeschaffungspreis** (ReW) valuation at replacement cost

BewG (Re) = Bewertungsgesetz

bewilligen (FiW) to appropriate

bewilligte Mittel *pl*
(FiW) appropriations
– appropriated funds

Bewilligung *f* (FiW) appropriation

Bewilligung *f* **des aktiven Veredelungsverkehrs** (Zo) authorization granting the benefit of the inward processing arrangements

Bewilligungsausschuß *m* (FiW) appropriations committee

Bewilligungsinhaber *m* (Zo) holder of the authorization

Bewilligungsrecht *n* (FiW) appropriation power

Bewilligungszeitraum *m* (FiW) appropriation period

bewirtschaftete Währung *f* (AuW) controlled currency

Bewirtschaftung *f* (Vw) control

Bewirtungskosten *pl* (com) entertainment expenses

beworbener Artikel *m* (Mk) advertised article

bewußte Auswahl *f* (Stat) purposive sample *(ie, today often used as a quota sample)*
bewußte Fahrlässigkeit *f*
(Re) intentional negligence
– *(civil law)* luxuria
bewußtes Parallelverhalten *n* (Kart) conscious parallelism
bewußt gewählte Stichprobe *f* (Stat) purposive sample
bezahlen (com) to pay for
bezahlte Freizeit *f* (Pw) time off with pay
bezahlter Jahresurlaub *m* (Pw) annual vacation with pay
bezahlter Urlaub *m*
(Pw) paid holidays (*or* leave)
– vacation with pay
Bezahlt-Kurs *m* (Bö) price agreed upon
bezahlt machen, sich (com, infml) to pay for itself
bezahlt und Geld
(Bö) buyers ahead
– dealt and bid
Bezahlung *f* (com) payment
bezeichnen
(Log) to denote
– to name
– to designate
(com) to mark
Bezeichner *m* (EDV, Cobol) identifier
Bezeichnung *f*
(com) designation
(Log) term *(see also: ,Begriff')*
Bezeichnung *f* **e-r Erfindung** (Pat) title (*or* designation) of an invention
Bezeichnungsweise *f* (Log) terminology
beziehen
(com) to buy
– to purchase
(Pw) to draw *(ie, wages or salary)*
Bezieher *mpl* **fester Einkommen** (Vw) persons on fixed income
Beziehungskauf *m* (com) direct purchase *(ie, bypassing the retailing trade)*
Bezirksdirektion *f* (Vers) district management
Bezirksdirektor *m*
(Vers) district manager
– (US) agency superintendent
Bezirksfiliale *f* (Vers) regional main office
Bezirksfinanzdirektion *f* (StR) regional tax office
Bezirksleiter *m* (Pw) district leader *(ie, second-tier union functionary)*
Bezirksvertreter *m* (com) agent to whom a certain district or group of customers is assigned, § 87 II HGB
bezogene Bank *f*
(Fin) bank drawn upon (*or* as drawee)
– drawee bank
Bezogener *m* (WeR) drawee *(cf, Akzeptant)*
bezogene Teile *npl*
(MaW) purchased components
(MaW) = fremdbezogene Teile
Bezug *m*
(MaW) buying
– purchase
– procurement
(ie, goods, merchandise)

(com) subscription *(ie, of regular publications, such as newspapers, periodicals)*
Bezüge *pl*
(Pw) pay *(ie, the most general word)*
– earnings
– salary
– (fml) remuneration
– (fml) emoluments *(ie, may include fringe benefits)*
Bezug *m* **neuer Aktien** (Fin) allocation of new shares
Bezugnahme *f* (com) reference
Bezugrechtserlös *m* (Fin) rights proceeds
Bezugsadresse *f* (EDV) base (*or* reference) address *(syn, Basisadresse, Grundadresse)*
Bezugsaktien *fpl* (Fin) preemptive shares *(ie, resulting from a conditional capital increase, §§ 192 ff AktG)*
Bezugsangebot *n*
(Fin) rights offer
– offer of new shares
Bezugsaufforderung *f* (Fin) request to exercise option right
Bezugsbasis *f*
(com) benchmark (*or* reference) figures
– base year
(eg, Bezugsbasis ist das Jahr 1953: 1953 is the base year)
Bezugsbedingungen *fpl*
(com) terms and conditions of sale
(Fin) terms of subscription
bezugsberechtigt (Fin) entitled to subscribe
Bezugsberechtigter *m*
(Re) beneficiary *(ie, of a foundation)*
(Fin) allottee *(ie, person entitled to new shares)*
(Vers) beneficiary *(ie, of an insurance policy)*
Bezugsberechtigung *f* (Vers) appointment of beneficiary
Bezugsbescheinigung *f* (Fin) allotment certificate
bezugsfertiges Gebäude *n* (com) building ready for use
Bezugsfrist *f* (Fin) time limit for subscription
Bezugsgenossenschaft *f* (com) agricultural purchasing cooperative
Bezugsgröße *f*
(com) reference value
(Math) reference variable
(KoR) reference . . . figure/unit
(SozV) basic amount, § 18 SGB IV
(ie, average compensation of all workers and salaried employees in the penultimate calendar year, rounded up to the next higher amount which is divisible through 600)
Bezugsgröße *f* **des Währungssystems** (AuW) numéraire
Bezugsgrößenkalkulation *f* (KoR) reference magnitude costing
(ie, wertmäßige Bezugsgrößen werden durch mengenmäßige ersetzt; costing on the basis of reference figures, independent of the production method used)
Bezugskalkulation *f* (Mk) cost price estimate *(ie, in retail trading)*
Bezugsklasse *f* (Stat) reference class
Bezugskosten *pl* (KoR) delivery costs

Bezugskurs *m* (Fin) stock subscription price *(ie, mostly in percent of par value)*
Bezugsland *n*
  (AuW) supplying country
  (AuW) customer country
Bezugsmarke *f* (EDV) benchmark
Bezugsmarkierung *f* (EDV, CAD) reference designator
Bezugsmaß *n* (Stat) basic size *(ie, in quality control)*
Bezugsobligationen *fpl* (Fin) bonds with stock subscription rights
Bezugsoption *f*
  (Bö) call
  – call option
  – option to buy new shares *(or stock)*
Bezugsperiode *f* (Stat) reference period
Bezugspflicht *f* (com) obligation to buy
Bezugspreis *m*
  (com) price of delivery
  (Fin) subscription price
Bezugspunkt *m* (EDV) benchmark
  (ie, reference point from which measurements can be made)
Bezugsquelle *f* (com) supply source
Bezugsquellenverzeichnis *n* (com) trade directory *(or register)*
Bezugsrahmen *m* (Log) frame of reference
Bezugsrecht *n*
  (Fin) subscription right
  – stock right
  Also:
  – right
  – preemptive/preemption . . . right
  – stock purchase warrant
  (Vers) right to life insurance benefits
Bezugsrecht *n* **auf neue Aktien**
  (Fin) option on new stock
  – stock option
  – stock subscription right
Bezugsrecht *n* **ausgeübt** (Fin) ex rights
Bezugsrecht *n* **ausüben** (Fin) to exercise *(or* take up) an option
Bezugsrechte *npl* **auf Dividendenwerte** (Fin) subscription rights to dividend-bearing securities, § 19 III KVStG
Bezugsrechtsabschlag *m* (Fin) subscription ex rights
Bezugsrechtsangebot *n*
  (Fin) rights offering
  – acceptance letter
Bezugsrechtsankündigung *f* (Fin) announcement of rights issue
Bezugsrechtsausgabe *f* (Fin) rights issue
Bezugsrechtsausschluß *m* (Fin) cancellation of preemption right on issues of new shares
Bezugsrechtsausübung *f* (Fin) exercise of subscription rights
Bezugsrechtsemission *f*
  (Fin) rights issue
  – capitalization issue
Bezugsrechtshandel *m*
  (Bö) trading in subscription rights
  – rights trading
Bezugsrechtskurs *m* (Fin) subscription price
Bezugsrechtsobligation *f* (Fin) option bond

Bezugsrechtsschein *m*
  (Fin) subscription warrant
  – stock purchase warrant
Bezugsrechtsstichtag *m* (Fin) record date
Bezugssperre *f* (Kart) refusal to buy, § 26 GWB
Bezugsstelle *f* (Fin) subscription agent
Bezugstermin *m*
  (com) date fixed for moving into a building
  (Fin) date of delivery *(ie, of shares)*
Bezugsverhältnis *n* (Fin) exchange *(or* subscription) ratio
Bezugsvertrag *m*
  (Re) continuous purchase contract
  – open-end contract
  (ie, extends over a longer period of time; syn, Sukzessivlieferungsvertrag)
Bezugswert *m*
  (Stat) base
  (com) reference value
  (Fin) security carrying subscription rights
Bezugszeitpunkt *m* (Fin) initial date *(eg, in preinvestment analysis)*
Bezugszeitraum *m* (Stat) base period *(syn, Basiszeitraum, qv)*
BfA
  (com) = Bundesanstalt für Arbeit
  (com) = Bundesstelle für Außenhandelsinformationen
BfF (StR) = Bundesamt für Finanzen
BFH (StR) = Bundesfinanzhof
BFM (com) = Bundesminister der Finanzen
BGB (Re) = Bürgerliches Gesetzbuch
BGB-Gesellschaft *f*
  (Re) civil-law association
  – company constituted under civil law
  – civil-code company
  – (US, *roughly*) non-trading partnership
  (ie, company constituted under German civil law, §§ 705–740 BGB; syn, Gesellschaft des bürgerlichen Rechts)
BGBl (Re) = Bundesgesetzblatt
BGH (Re) = Bundesgerichtshof
BHO (FiW) = Bundeshaushaltsordnung
Bibliothek *f* (EDV, Cobol) library
Bibliothek *f* **ladbarer Programme** (EDV) core image library
Bibliotheksband *n* (EDV) library tape
Bibliotheksplatte *f* (EDV) library disk
Bibliotheksprogramm *n* (EDV) library program *(or routine)*
Bibliotheksunterprogramm *n* (EDV) library subroutine
Bibliotheksverwaltungsprogramm *n*
  (EDV) librarian (program)
  – library maintenance program
bichromatischer Graph *m* (Math) bipartite graph
Biersteuer *f* (StR) beer tax
bieten
  (com) to bid
  – to make *(or* submit) a bid
  – to offer
Bieten *n* (com) bidding *(ie, at an auction)*
Bieter *m* (com) bidder
  (eg, company, individual, or group making an offer to control another company)

Bietproblem *n* (OR) bidding problem
Bietungsgarantie *f*
(com) bid bond
– earnest money
– proposal bond
– provisional deposit
– sales contract bid
(ie, furnished by a bank, esp in public invitations to bid)
Bietungskonsortium *n* (com) bidding syndicate
Bikonditional *n*
(Log) biconditional
– equivalence
(ie, binary propositional connective = 2-stelliger Funktor der Aussagenlogik, „if and only if", „iff")
Bilanz *f*
(ReW) balance sheet
– annual financial statement
– year-end financial statement
– (GB) annual accounts
(ie, comprehensive term: may include balance sheet, profit and loss statement, and other related documents; cf, Übersicht S. 143)
Bilanzanalyse *f*
(ReW) balance sheet
– financial statement
– statement ... analysis
Bilanzänderung *f* (StR) alteration of a balance sheet, Abschn. 4 II EStR
(ie, one permissible entry in the financial statements is replaced by another permissible entry)
Bilanzanlage *f* (ReW) balance sheet supplement
Bilanzansatz *m*
(ReW) balance sheet item (*or* figure)
(ReW) recording of a balance sheet item
(ReW) valuation of a balance sheet item
Bilanzaufbereitung *f* (ReW) reshuffling of balance-sheet items for the purpose of detailed analysis
Bilanz *f* **auf Nettoliquiditätsbasis** (AuW) net liquidity balance
Bilanz *f* **aufstellen** (ReW) to prepare a balance sheet
Bilanzaufstellung *f* (ReW) preparation of a balance sheet
Bilanzausgleichsposten *m* (ReW) balance sheet adjustment item
Bilanzausschuß *m* (Bw) financial audit committee
(ie, on managing boards)
Bilanzauswertung *f*
(ReW) evaluation of a balance sheet
– balance sheet evaluation
Bilanzauszug *m*
(ReW) condensed balance sheet
Bilanzbereinigung *f* (ReW) balance sheet adjustment
Bilanzbericht *m* (ReW) notes added to the balance sheet
Bilanzberichtigung *f* (StR) correction of a balance sheet, Abschn. 4 I EStR
(ie, either by taxpayer or by the local tax office)
Bilanzbewertung *f* (StR) balance sheet valuation
(ie, valuation of business assets for purposes of income determination, § 6 EStG)
Bilanzbuch *n* (ReW) balance sheet book

Bilanzbuchhalter *m* (ReW) accountant qualified to prepare balance sheets
Bilanzdelikt *n* (Re) balance sheet offense, § 400 AktG
Bilanz *f* **der laufenden Posten**
(AuW) balance on current account
– current account
– balance of payments on current account
– balance on goods, services, and remittances
(See note under ‚Leistungsbilanz')
Bilanz *f* **der offiziellen Reservetransaktionen**
(VGR) balance on official reserve transactions
(ie, foreign exchange balance + official liabilities to foreign currency authorities)
Bilanz *f* **der unentgeltlichen Leistungen** (AuW) balance on unilateral transfers
Bilanz *f* **der unsichtbaren Leistungen**
(VGR) invisible balance
– balance on services account
Bilanz *f* **des kurzfristigen Kapitalverkehrs** (VGR) balance on short-term capital account
Bilanz *f* **des langfristigen Kapitalverkehrs** (VGR) balance on long-term capital account
Bilanz *f* **des unsichtbaren Handels** (VGR) = Dienstleistungsbilanz
Bilanz *f* **des Warenhandels**
(VGR) visible balance
– balance on merchandise account
Bilanzebene *f* (Vw) budget surface
Bilanzentwurf *m* (ReW) draft balance sheet
Bilanz *f* **e–r AG** (ReW) corporate statement
Bilanzergebnis *n*
(ReW) net result (for the year)
– balance sheet profit or loss
Bilanzergebnisvortrag *m* (ReW) undistributed net result of prior year
Bilanzerläuterungen *fpl* (ReW) balance sheet notes
Bilanz *f* **e–r Muttergesellschaft** (ReW) parent company balance sheet
(ie, consolidating the subsidiaries into ‚investment in subsidiaries')
Bilanz *f* **erstellen** (ReW) to prepare a balance sheet
Bilanzfälschung *f* (ReW) falsification of a balance sheet, § 400 AktG
Bilanz *f* **frisieren** (ReW, infml) to cook (*or* doctor) a balance sheet
Bilanzfrisur *f* (ReW, infml) window dressing
Bilanzgerade *f*
(Vw) budget (constraint) line
– opportunity curve
– price line
Bilanzgewinn *m*
(ReW) net profit for the year, § 157 AktG
Also:
– unappropriated retained earnings
– net income shown in the balance sheet
Bilanzgleichung *f*
(Vw) budget equation *(ie, for the household)*
(ReW) accounting/balance sheet/fundamental accounting ... equation
– accounting identity
Bilanzgliederung *f* (ReW) layout of balance sheet
(cf, Übersicht S. 156)
Bilanzhochrechnung *f* (ReW) balance sheet extrapolation

Bilanzgliederung nach § 266 HGB für große und mittelgroße Kapitalgesellschaften

Aktivseite	Passivseite

A. Anlagevermögen:
 	
  I. Immaterielle Vermögensgegenstände:
    1. Konzessionen, gewerbliche Schutzrechte und ähnliche Rechte und Werte sowie Lizenzen an solchen Rechten und Werten;
    2. Geschäfts- oder Firmenwert;
    3. geleistete Anzahlungen;
 	
  II. Sachanlagen:
    1. Grundstücke, grundstücksgleiche Rechte und Bauten einschließlich der Bauten auf fremden Grundstücken;
    2. technische Anlagen und Maschinen;
    3. andere Anlagen, Betriebs- und Geschäftsausstattung;
    4. geleistete Anzahlungen und Anlagen im Bau;
 	
  III. Finanzanlagen:
    1. Anteile an verbundenen Unternehmen;
    2. Ausleihungen an verbundene Unternehmen;
    3. Beteiligungen;
    4. Ausleihungen an Unternehmen, mit denen ein Beteiligungsverhältnis besteht;
    5. Wertpapiere des Anlagevermögens;
    6. sonstige Ausleihungen.
 	
B. Umlaufvermögen:
 	
  I. Vorräte:
    1. Roh-, Hilfs- und Betriebsstoffe;
    2. unfertige Erzeugnisse, unfertige Leistungen;
    3. fertige Erzeugnisse und Waren;
    4. geleistete Anzahlungen;
 	
  II. Forderungen und sonstige Vermögensgegenstände:
    1. Forderungen aus Lieferungen und Leistungen;
    2. Forderungen gegen verbundene Unternehmen;
    3. Forderungen gegen Unternehmen, mit denen ein Beteiligungsverhältnis besteht;
    4. sonstige Vermögensgegenstände;
 	
  III. Wertpapiere:
    1. Anteile an verbundenen Unternehmen;
    2. eigene Anteile;
    3. sonstige Wertpapiere;
 	
  IV. Schecks, Kassenbestand, Bundesbank- und Postgiroguthaben, Guthaben bei Kreditinstituten.
 	
C. Rechnungsabgrenzungsposten.
	A. Eigenkapital:
	
	  I. Gezeichnetes Kapital;
	
	  II. Kapitalrücklage;
	
	  III. Gewinnrücklagen:
	    1. gesetzliche Rücklage;
	    2. Rücklage für eigene Anteile;
	    3. satzungsmäßige Rücklagen;
	    4. andere Gewinnrücklagen;
	
	  IV. Gewinnvortrag/Verlustvortrag;
	
	  V. Jahresüberschuß/Jahresfehlbetrag.
	
	B. Rückstellungen:
	    1. Rückstellungen für Pensionen und ähnliche Verpflichtungen;
	    2. Steuerrückstellungen;
	    3. sonstige Rückstellungen.
	
	C. Verbindlichkeiten:
	    1. Anleihen,
	      davon konvertibel;
	    2. Verbindlichkeiten gegenüber Kreditinstituten;
	    3. erhaltene Anzahlungen auf Bestellungen;
	    4. Verbindlichkeiten aus Lieferungen und Leistungen;
	    5. Verbindlichkeiten aus der Annahme gezogener Wechsel und der Ausstellung eigener Wechsel;
	    6. Verbindlichkeiten gegenüber verbundenen Unternehmen;
	    7. Verbindlichkeiten gegenüber Unternehmen, mit denen ein Beteiligungsverhältnis besteht;
	    8. sonstige Verbindlichkeiten,
	      davon aus Steuern,
	      davon im Rahmen der sozialen Sicherheit.
	
	D. Rechnungsabgrenzungsposten.

Quelle: Dichtl/Issing, Vahlens Großes Wirtschaftslexikon, München 1987, Bd. 1, 779.

Bilanzidentität *f* (ReW) balance sheet continuity
(ie, identity between closing balance sheet of the current year and opening balance sheet of the following year)
bilanzielle Abschreibung *f*
(ReW) depreciation for reporting purposes
– balance sheet depreciation expense
– bookkeeping allowance for depreciation
– book depreciation
– accounting provision for depreciation
(opp, steuerliche Abschreibung = tax writeoff)
bilanzieren
(ReW) to balance *(ie, an account)*
(ReW) to prepare a balance sheet
(ReW) to report *(ie, in the balance sheet)*
Bilanzierung *f*
(ReW) balancing of an account
(ReW) preparation of a balance sheet
Bilanzierungsgesetzgebung *f* (ReW) accounting legislation
Bilanzierungsgrundsatz *m* **der kaufmännischen Vorsicht** (ReW) principle of prudence
Bilanzierungsgrundsätze *mpl* (ReW) accounting... principles/rules
Bilanzierungshandbuch *n*
(ReW) manual of accounting
– financial manual
Bilanzierungshilfe *f* (ReW, appr) accounting convenience
– balance sheet aid
– capitalizable aid
(ie, „it is assumed that (prepaid) deferred taxes, although not an asset, may be carried forward to achieve more closely the objective of reporting the results of the operation")
Bilanzierungspolitik *f*
(ReW) practice of balance sheet make-up
– financial presentation practice
Bilanzierungspraxis *f* (ReW) accounting policies *(or standards)*
Bilanzierungsrichtlinien *fpl*
(ReW) rules for the preparation of balance sheets
(ReW) accounting policies
Bilanzierungsverbot *n* (ReW) prohibition to include items in the balance sheet
(ie, gesetzlich festgelegte Vermögensgegenstände od Aufwendungen dürfen nicht in die Bilanz aufgenommen werden; cf, § 248 HGB)
Bilanzierungsvorschriften *fpl* (ReW) statutory provisions relating to the make-up of balance sheets
Bilanzierungswahlrecht *f* (ReW) option to report certain items in the balance sheet
(eg, Aktivierungswahlrecht des derivativen Firmenwerts; Passivierungswahlrecht für bestimmte Aufwendungen; cf, §§ 255, 249 HGB)
Bilanzierungszeitraum *m* (ReW) reporting period
Bilanz *f* **in Matrizenform** (ReW) matrix balance sheet
Bilanzjahr *n* (ReW) financial *(or fiscal)* year
Bilanzkennzahl *f* (ReW) balance sheet ratio
Bilanzklarheit *f* (ReW) principle of unambiguous presentation of balance sheet items
Bilanzkontinuität *f* (ReW) continuity of balance sheet presentation

Bilanzkonto *n* (ReW) balance sheet account
Bilanzkritik *f* (ReW) critical appraisal *(or evaluation)* of balance sheet
Bilanzkurs *m*
(ReW) book value *(ie, of assets)*
(Fin) balance sheet rate
(Bö) value of a corporate share
(ie, ratio of reported equity to stated capital = ausgewiesenes Eigenkapital zu Grundkapital)
bilanzmäßige Abschreibung *f* (ReW) = bilanzielle Abschreibung
Bilanzmaterial *n* (ReW) balance sheet material
bilanzneutral (ReW) off balance
bilanzoptisch (ReW) for window-dressing purposes
bilanzorientiert (ReW) balance-sheet oriented
Bilanzpolitik *f* (ReW) accounting policy
Bilanzposition *f* (ReW) balance-sheet item *(or title)*
Bilanzposten *m* (ReW) balance sheet item
Bilanzpressekonferenz *f* (com) press conference on financial statements
Bilanzprüfer *m*
(ReW) balance sheet auditor, § 162 AktG
– independent auditor
– *(often simply)* auditor
Bilanzprüfung *f* (ReW) statutory balance sheet audit, §§ 316ff HGB
bilanzrechtliche Vorschriften *fpl* (ReW) accounting regulations
Bilanzreform *f*
(ReW) balance sheet reform
(ie, attempts to combine the tax and commercial balance sheets into a single balance sheet = ‚Einheitsbilanz')
(ReW) rearrangement of the corporate balance sheet classification
Bilanzrevision *f* (ReW) internal balance sheet audit
(ie, detailed voluntary audit of balance sheet and profit and loss statement)
Bilanzrichtlinie *f* (EG) Accounting Directive
(ie, vierte EG-Richtlinie zur Koordinierung des Gesellschaftsrechts vom 25. 7. 1978; Regelung im neuen dritten Buch des HGB enthalten)
Bilanzrichtliniengesetz *n*
(ReW) Accounting Directives Law
– Accounting and Reporting Law
(ie, dient der Anpassung an folgende Richtlinien der Europäischen Gemeinschaften: 1. Vierte Richtlinie über den Jahresabschluß von Gesellschaften bestimmter Rechtsformen; 2. Siebente Richtlinie über den konsolidierten Abschluß; 3. Achte Richtlinie über die Zulassung der mit der Pflichtprüfung der Rechnungslegungsunterlagen beauftragten Personen; betroffen sind: HGB, AktG, GmbHG, PublG, GenG, WPO; am 1. 1. 1986 in Kraft getreten)
Bilanzsanierung *f* (ReW) balance sheet restructuring
Bilanzschema *n* (ReW) balance sheet classification, § 266 HGB
Bilanzstatistik *f* (ReW) balance sheet statistics
Bilanzsteuerrecht *n* (StR) statutory provisions relating to the preparation of tax balance sheets
Bilanzstichtag *m*
(ReW) balance sheet date
– closing/cutoff... date

157

Bilanzstruktur *f* (ReW) balance sheet structure

Bilanzsumme *f* (ReW) balance sheet total

Bilanzsumme *f* **verlängert sich** (ReW) balance sheet totals increase

Bilanz *f* „**über Kreuz**" (ReW) matrix balance sheet

bilanz- und finanzpolitische Abschreibung *f* (ReW) policy depreciation
– in-lieu depreciation

bilanzunwirksam (ReW) off balance (sheet)

bilanzunwirksamer Posten *m* (ReW) off balance sheet item

bilanzunwirksame Transaktion *f* (ReW) off balance sheet transaction

Bilanzvergleich *m* (ReW) comparison of balance sheets

Bilanzverkürzung *f* (ReW) balance sheet contraction *(ie, reduction on both sides of a balance sheet)*

Bilanzverlängerung *f* (ReW) balance sheet extension
(ie, rise on both sides of a balance sheet)

Bilanzverlust *m* (ReW) net loss for the year

Bilanzvermerk *m* (ReW) balance sheet note

Bilanz *f* **verschleiern** (ReW) to cook (*or* doctor) a balance sheet

Bilanzverschleierung *f* (ReW) doctoring a balance sheet

Bilanzvolumen *n* (ReW) balance sheet total

Bilanzvorlage *f* (ReW) presentation of a balance sheet

Bilanzwahrheit *f* (ReW) true and correct presentation of balance sheet items

Bilanzwert *m* (ReW) value of a balance sheet item *(ie, determined on the basis of all applicable commercial and tax valuation rules)*

Bilanz *f* **ziehen** (com) to strike a balance

Bilanzzusammenhang *m* (ReW) continuity of balance sheet presentation

bilateral (Vw) bilateral *(opp, multilateral)*

bilaterale Interventionspunkte *mpl* (AuW) bilateral exchange limits

bilateraler Beistand *m* (EG) bilateral assistance

bilateraler Handel *m* (AuW) bilaterial (*or* two-way) trade

bilateraler Strukturdialog *m* (Vw) bilateral discussions on structural policy measures

bilateraler Vertrag *m* (Re) bilateral agreement *(ie, mostly based on the reciprocity principle)*

bilateraler Zahlungsverkehr *m* (AuW) bilateral settlements

bilaterales Clearing *n* (AuW) bilateral clearing

bilaterales Handelsabkommen *n* (AuW) bilateral trade agreement

bilaterales Länderkontingent *n* (AuW) negotiated bilateral quota

bilaterales Monopol *n* (Vw) bilateral monopoly

bilaterales Oligopol *n* (Vw) bilateral oligopoly

bilaterales Verrechnungsabkommen *n* (AuW) bilateral clearing agreement

bilaterale Verträge *mpl* (Re) bilateral agreements *(ie, mostly based on the reciprocity principle)*

Bilateralismus *m* (AuW) bilateralism

Bildbereich *m*
(EDV) display (*or* operating) space
– workstation viewport *(ie, in Computergrafik)*

Bilddatei *f* (EDV) display file *(ie, in Computergrafik)*

Bildebene *f*
(EDV, CAD) layer
– level *(cf, Ebenentechnik)*

Bilder-Charts *npl* (Fin) point & figure charts *(ie, in der Aktienanalyse = in stock market analysis)*

Bildfenster *n* (EDV) screen window

Bildfernsprechverkehr *m* (EDV) video telephone service

Bildfunktion *f* (EDV) display function *(syn, grafische Funktion)*

bildliche Darstellung *f* (Stat) visual portrayal

Bildmenge *f* (Math) image set

Bildneuaufbau *m* (EDV, CAD) repaint (of a screen)

Bildplattenspeicher *m* (EDV) video disk memory

Bildschirm *m*
(EDV) terminal
– (display) screen
– video (*or* display) monitor
(syn, Monitor, Datensichtgerät)

Bildschirmarbeitsplatz *m* (EDV) display… console/workstation

Bildschirmauflösung *f* (EDV) screen resolution

Bildschirmblättern *n* (EDV) paging

Bildschirmcomputer *m* (EDV) video computer

Bildschirmführung *f* (EDV) screen operation

Bildschirmgerät *n*
(EDV) video display terminal
– video display unit, VDU
(ie, screen + keyboard; syn, Datensichtgerät)

Bildschirm-Koordinatensystem *n*
(EDV, CAD) space screen
– display coordinates

Bildschirmmaske *f* (EDV) screen form

Bildschirm *m* **mit Bildwiederholung** (EDV) refresh display *(ie, in Computergrafik)*

Bildschirmmodus *m* (EDV) display mode

bildschirmorientiertes Textsystem *n* (EDV) screen-based text system

Bildschirmsteuerung *f* (EDV) console screen control

Bildschirmtelefon *n* (EDV) video telephone

Bildschirmterminal *n* (EDV) visual display terminal

Bildschirmtext *m*
(EDV) videotext
– (GB) viewdata

Bildschirmtext-Dienst *m* (EDV) videotext service

Bildschirmtext-System *n*
(EDV) video text system
– (GB) viewdata *(ie, Post Office System)*

Bildungschancen *fpl* (Pw) educational opportunities

Bildungsgang *m* (Pw) educational background

Bildungsinvestition *f* (Vw) investment in the educational system

Bildungsökonomie *f* (Vw) economics of education

Bildungspolitik *f* (Pw) educational policy

Bildungsregel *f* (Log) rule of formation

Bildung *f* **steuerfreier Rücklagen** (ReW) accruals – non taxable

Bildungsurlaub *m* (Pw) educational leave

(ie, von der Konferenz der Internationalen Arbeitsorganisation in Genf am 24.6.1974 beschlossen; cf, Gesetz vom 7.9.1976; BGBl II 1526; Einzelheiten in Landesgesetzen)

Bildungswesen *n* (Pw) training and education system

Bildung *f* **von Rücklagen** (ReW) formation (*or* setting-up) of reserves

Bildung *f* **von Strings** (EDV) string generation

Bildunterprogramm *n* (EDV) display subroutine

Bildvariable *f* (EDV) display variable

Bildwerbung *f* (Mk) pictorial advertising

Bildwiederholung *f* (EDV) image regneration *(ie, in Computergrafik)*

Bildwiederholungsrate *f* (EDV) refresh rate

billig
(com) cheap *(ie, auch „billig"!)*
– inexpensive
– low-priced

billige Flaggen *fpl* (Re) flags of convenience *(ie, Panama, Honduras, Liberia; benefits: tax preferences and subsidies)*

Billigeinfuhren *fpl* (com) cut-price imports

billige Produkte *npl* (com) low-priced products

billiges Geld *n* (Vw) cheap money

Billigfluglinie *f* (com) cut-rate line *(eg, offering no-frills flights)*

Billigflugpreise *mpl* (com) cut-price fares *(ie, of airlines)*

Billigimporte *mpl* (com) cut-price imports

Billigkeit *f* (Re) equity

Billigkeitsentscheidung *f*
(Re) decision ex aequo et bono
– equitable decision

Billigkeitserlaß *m* (StR) equitable tax relief, § 227 AO

Billigkredit *m* (Fin) cheap loan

Billigpreisgeschäft *n* (Mk) cut-price store

Billigpreisländer *npl* (AuW) low-price countries

billigst
(Bö) at best
– at market

billigst-Auftrag *m* (Bö) buy order at market

billigstens kaufen (Bö) to buy at the lowest price

billigster Anbieter *m* (com) lowest bidder .

Billigst-Gebot *n* (com) lowest bid *(ie, bid with no indication of price = ‚Gebot ohne Angabe e–s Bietungskurses')*

Billigst-Order *f* (Bö) order to buy at the lowest possible price

Billigtarif *m*
(com) cheap fare
– cut-price fare *(eg, of airlines)*

Billigung *f* (Re) approval

Billigungsklausel *f* (Vers) tacit approval clause (*or* rule)
(ie, Abweichungen zwischen Versicherungsschein und Antrag gelten als genehmigt, wenn V.nehmer nicht innerhalb e–s Monats widerspricht; cf, § 5 VVG)

Bimetallismus *m* (Vw) bimetalism
(ie, currency system where the monetary unit – Währungseinheit – is defined in two metals; eg, gold and silver)

bimodale Verteilung *f* (Stat) bimodal distribution

binärer Funktor *m* (Log) binary connective

Binäroperator *m* (EDV) binary operator

Bindeglieder *npl* (OR) linking pins *(ie, between systems of groups)*

binden
(com) to bind
– to commit
(Fin) to lock up
– to tie up *(eg, funds)*

bindende Abmachung *f*
(Re) binding agreement
– agreement binding upon the parties

bindendes Angebot *n* (com) = verbindliches Angebot, qv

bindendes Schiedsgerichtsverfahren *n* (Re) binding adjudication

bindende Wirkung *f* (Re) binding effect *(ie, on/ upon)*

bindende Zusage *f* (Re) binding promise

Binder *m*
(EDV) linkage editor
– composer
(ie, service routine – Dienstprogramm – that converts the output of assemblers and compilers into a form that can be loaded and executed)

Binderlauf *m* (EDV) linkage (editor) run

Bindungsermächtigung *f*
(FiW) commitment authorization
– contract authority *(ie, vorherige Ausgabeermächtigungen, durch die zB der Bund über ein Rechnungsjahr hinaus zur Leistung von Zahlungen verpflichtet wird; §§ 13 und 45 b RHO)*

Bindungsfalle *f* (Fin) commitment trap

Bindungsfrist *f*
(Re) commitment period *(ie, während der der Antragsteller gebunden ist)*
(Fin) lock-up period

Bindungsvektor *m* (Math) constraint vector

Bindung *f* **von Entwicklungshilfe an Auflagen** (Vw) aid tying

Bindung *f* **von Geldmitteln** (Fin) appropriation (*or* earmarking) of funds

Bindung *f* **von Währungen** (Vw) linking of currencies *(eg, to the US-$)*

Binnenfischerei *f* (com) freshwater fishery

Binnengewässer *npl* (Re) inland (*or* internal) waters

Binnengrenze *f* (EG) internal frontier

Binnengroßhandel *m* (com) domestic wholesaling

Binnenhafen *m* (com) inland port

Binnenhandel *m* (com) domestic (*or* internal) trade

Binnenkaufkraft *f* (Vw) domestic purchasing power

Binnenklassen-Korrelation *f* (Stat) intra-class correlation

Binnenklassen-Streuung *f* (Stat) intra-class variance

Binnenkonjunktur *f*
(Vw) domestic economic situation (*or* trend)
– domestic activity

Binnenkonnossement *n* (com) inland waterway bill of lading

Binnenmarkt *m*
(com) domestic market

– home market
(EG) internal market *(cf, einheitlicher Binnen-markt)*
(EG) (European) single market
(ie, the Euro-wide integrated markets after 1992)
Binnenmarktpreis *m* (com) domestic price
Binnenmarktpreise *mpl* **des Ausfuhrlandes** (Zo) internal prices in a country of exportation
Binnennachfrage *f* (com) domestic demand
Binnenschiffahrt *f* (com) inland waterway transportation
(ie, gewerbliche Beförderung von Personen und Gütern auf Binnengewässern)
Binnenschiffahrtunternehmen *n* (com) inland waterway carrier
Binnenschiffahrtverkehr *m* (com) inland waterway traffic (*or* transportation)
Binnenschiffahrtversicherung *f* (Vers) inland waterway insurance
Binnenschiffer *m* (com) inland waterway operator
Binnentarif *m*
(com) inland rate
(com) domestic tariff
(EG) intra-bloc tariff
Binnentransportversicherung *f* (Vers) inland marine insurance
Binnenumsätze *mpl*
(StR) internal turnovers *(ie, between divisions of the same enterprise or several enterprises owned by the same person)*
(ReW) internal sales
– intra-company sales
– (GB) internal turnover
Binnenverkehr *m* (com) internal traffic
Binnenversand *m* (Zo) interior transit
Binnenwährung *f* (Vw) domestic currency
Binnenwanderung *f* (Stat) internal migration
Binnenwasserstraßen *fpl* (com) inland waterways
Binnenwert *m* **e-r Währung** (Vw) internal value of a currency
Binnenwirtschaft *f* (Vw) domestic economy
binnenwirtschaftliche Lage *f* (Vw) domestic situation
binnenwirtschaftliche Notwendigkeiten *fpl* (Vw) domestic requirements
binnenwirtschaftlicher Einkommensmultiplikator *m* (Vw) national income multiplier
binnenwirtschaftlicher Geldwert *m* (Vw) domestic (*or* internal) value of money
binnenwirtschaftliches Gleichgewicht *n*
(EG) internal economic equilibrium
– (GB) domestic economic equilibrium
(Vw) internal balance
binnenwirtschaftliche Stabilität *f* (Vw) internal economic stability
Binnenzoll *m*
(Zo) internal tariff
– (GB) internal customs duty
Binnenzollamt *n* (Zo) inland customs office
Binnenzollsatz *m* (EG) internal rate of duty
Binnenzollstelle *f* (Zo) inland customs office
binomiale Grundgesamtheit *f* (Stat) binomial population
Binomialkoeffizient *m*
(Math) binomial coefficient

Binomialverteilung *f*
(Math) binomial distribution
– point binomial
– Bernoulli distribution *(syn, Bernoulli-Verteilung)*
Binomialwahrscheinlichkeit *f* (Stat) binomial probability
binomische Reihe *f* (Math) binomial series
binomischer Lehrsatz *m* (Math) binomial theorem
BIP *n* **zu Marktpreisen** (VGR) GDP *(gross domestic product)* at market prices
biquadratische Gleichung *f*
(Math) biquadratic equation
– quartic equation
– equation of fourth degree
(syn, Gleichung 4. Grades)
bis auf weiteres (com) until further notice
Bisubjunktion *f*
(Log) biconditional
– equivalence
(ie, binary propositional connective = ‚2-stelliger Funktor der Aussagenlogik‘, „if and only if“, „iff“)
Bisubtraktion *f* (Math) symmetric difference of sets
Bit *n*
(EDV) bit
– binary digit
Bitrate *f* (EDV) bit rate
bitte wenden
(com) over
– more
– (GB) p.t.o. *(= please turn over)*
BIZ (Fin) = Bank für Internationalen Zahlungsausgleich
B-Länder *npl* (AuW) B countries *(ie, die westlichen Industrieländer; identisch mit OECD-Ländern)*
Blankett *n*
(com) document signed in blank
(WeR) blank form
Blankoabtretung *f*
(Re) assignment in blank
(Fin) blank transfer
(ie, assignment or transfer of stock in blank)
Blankoakzept *n*
(WeR) acceptance in blank
– blank acceptance
blanko akzeptieren (WeR) to accept in blank
Blankoannahme *f*
(WeR) acceptance in blank
– blank acceptance
Blankoauftrag *m* (com) blank order
blanko ausstellen (com) to make out in blank
Blankoformular *n* (com) blank form
Blankogeschäft *n* (Bö) uncovered transaction
blanko girieren (WeR) to indorse in blank
Blankoindossament *n*
(WeR) blank (*or* general) indorsement
– indorsement in blank *(opp, Vollindossament)*
blanko indossiert (WeR) blank indorsed
Blankokredit *m*
(Fin) blank credit
– clean credit
– open (book) account
(ie, unsecured loan; wird gewährt, ohne daß der Kreditnehmer Sicherheiten zu stellen braucht)

Blankoofferte *f* (com) offer in blank

Blankopapiere *npl* (WeR) blank instruments *(ie, not yet bearing the name of the beneficiary or other essential details)*

Blankopolice *f* (Vers) blank policy

Blankoquittung *f* (com) blank receipt

Blankoscheck *m* (Fin) blank check

blanko übertragen (Re) to assign in blank

Blankoübertragung *f* (WeR) transfer in blank

Blankounterschrift *f* (com) blank signature

Blankoverkauf *m* (Bö) short sale

blanko verkaufen (Bö) to sell short

Blankoverkäufer *m* (Bö) short seller

Blankovollmacht *f* (Re) blank (*or* unlimited) power of attorney

Blankowechsel *m* (WeR) blank bill

Blankozession *f*
(Re) assignment in blank
– blank assignment

Blankstahl *m* (com) bright steel

Blasenchip *m* (EDV) bubble chip

Blasenpolitik *f* (Vw) bubble policy *(cf, Glockenpolitik)*

Blasenspeicher *m* (EDV) bubble memory

Blasenspeicherkassette *f* (EDV) bubble memory cassette
(ie, faster, more reliable and vastly more rugged than floppy disks, if slower than conventional semiconductor memory)

blaß (Pw) unassertive

Blätterung *f* (Math) manifold

Blattleser *m* (EDV) document reader *(syn, Belegleser)*

Blattschreiber *m* (EDV) page printer

Blaumachen *n* (Pw, infml) unexcused absence from work
(ie, by pretending illness or just staying away, esp. on Fridays or Mondays, the preferred ‚blue days‘)

Blaupausen-Export *m* (com) export of patents, licenses, engineering documentations, etc.

blendfreier Bildschirm *m* (EDV) nonglare screen

blendfreie Tastatur *f* (EDV) nonglare keyboard

blendfreie Tasten *fpl* (EDV) glare-free keys

Blickfang *m* (Mk) attention getter

Blindanweisung *f* (EDV) null statement

blind buchen (com) to book blind *(eg, from single advertisement)*

blindschreiben (com) to touch type
(ie, nach dem 10-Finger-System; cf, Ein-Finger-Suchsystem)

Blindschreiben *n* (com) touch typing

Blitzprognose *f* (Vw, US) flash estimate *(ie, published by the Department of Commerce 20 days before the end of each quarter)*

Blitzprogramm *n* (com) crash programm

„Blitzprüfung" *f* (StR) lightning check

blitzschnelle Entscheidung *f* (com) split second decision

Blitzstreik *m* (Pw) lightning strike

Blitzumfrage *f* (Mk) snap poll

Block *m*
(EDV) block *(syn, group of records treated as an individual unit)*
(EDV) physical record
– tape block

Blockadresse *f* (EDV) block address

Blockanfangsadresse *f* (EDV) block start address

Blockdiagramm *n* (com) block diagram

Blockdiagrammsymbol *n* ‚Entscheidung‘ (EDV) decision box

Blockdiagrammversuch *m* (IndE) block diagram test

blocken (EDV) to block

Blocken *n* (EDV) blocking *(ie, combining two or more computer records (Datensätze) into one block)*

Blockende *n* (EDV) end of block

Blockendesicherungszeichen *n* (EDV) cyclical redundancy check character

Blockendezeichen *n* (EDV) end-of-block signal

Blockfaktor *m* (EDV) = Blockungsfaktor, qv

Blockfehlerrate *f* (EDV) block error rate

Blockfloaten *n*
(Fin) block floating
– common/joint . . . float
(ie, wurde 1979 in das Europäische Währungssystem übergeleitet)

Blockformat *n* (EDV) block format

Blockhandel *m* (Bö) block trading *(syn, Pakethandel, qv)*

Blockierpatent *n* (Pat) blocking-off patent

Blockierung *f* **von Vermögenswerten** (Vw) freezing of assets

Blocklänge *f* (EDV) block length

Blocklücke *f* (EDV) = Blockzwischenraum

Blockmarke *f* (EDV) block mark

Blockmethode *f* (ReW) block method
(ie, Zusammenfassung von Konten für Kontroll- und Bearbeitungszwecke)

Blockmultiplexkanal *m* (EDV) block multiplex channel

Blockpolice *f* (Vers) ticket policy

Blockposten *m* (Fin) block *(eg, of shares or bonds)*

Blockprüfung *f*
(ReW) block check
(EDV) longitudinal (redundancy) check *(syn, Längssummenprüfung, Längsprüfung)*

Blockprüfzeichen *n* (EDV) longitudinal (redundancy) check character, LRC

Blocksatz *m*
(EDV) right justification
– justification of right margin *(syn, Rechtsbündigkeit)*

Blocksicherung *f* (EDV) cross checking *(syn, Kreuzsicherung)*

Blocksortierung *f* (EDV) block sort

Blocksuche *f* (EDV) block search

Blocktransfer *m* (EDV) block transfer

Blockübertragung *f* (EDV) = Blocktransfer

Blockungsfaktor *m* (EDV) blocking factor *(ie, number of records in a block)*

Blockungültigkeitszeichen *n*
(EDV) block cancel character
– block ignore character

Block *m* **variabler Länge** (EDV) variable block

blockweiser Datentransfer *m* (EDV) burst mode

blockweise Übertragung *f* (EDV) = Blocktransfer

Blockzwischenraum *m*
(EDV) block
– interblock

- interrecord
- recording... gap
- interblock space
(syn, Blocklücke, Kluft)
bloße Übergabe *f* (WeR) mere delivery *(ie, von In-haberpapieren nach § 929 BGB = of bearer in-struments)*
BLZ (Fin) = Bankleitzahl
BLZ-System *n* (Fin) = Bankleitzahlsystem, qv
Board-System *n* (com, US, GB) board system *(ie, Form der Unternehmensleitung; der board of directors ist gleichzeitig Geschäftsführungs- und Kontrollorgan; er vereinigt in sich die Funktionen des Vorstands und des Aufsichtsrats der AG; it is a single-tier system of management = einstufiges Leitungssystem)*
Bocksprungtest *m* (EDV) leapfrog test *(ie, check routine that copies itself through storage to perform tests on different locations)*
Bodenbeschaffungsplan *m* (Vw) land-acquisition program
Bodenbonitierung *f* (com) appraisal of farm land
Bodenertrag *m* (Vw) return to land
Bodenertragsgesetz *n* (Vw) law of diminishing *(or* non-proportional) returns to land
Bodenkredit *m* (Fin) mortgage *(or* land-secured) credit
Bodenkreditinstitut *n*
(Fin) real estate credit institution
- land mortgage bank
Bodenmannschaft *f* (com) ground crew *(opp, air crew)*
Bodenpreis *m* (com) land price
Bodenrente *f* (Vw) ground rent
Bodensatz *m*
(Fin) deposit base
- permanent average balances
Bodensatzarbeitslosigkeit *f* (Vw) hard-core unemployment *(syn, Restarbeitslosigkeit)*
Bodensatz *m* **eigener Akzepte** (Fin) working inventory
Bodenschätze *mpl* (Vw) natural resources
Bodenschätzung *f* (com) appraisal of farm land
Bodenschätzungsgesetz *n* (Re) Law on the Appraisal of Farm Land, of 16 Oct 1934
Bodenspekulation *f* (com) speculation in real estate
Bodentransport *m* (com) surface transport *(opp, air transport)*
Bodenwertzuwachssteuer *f* (FiW) land-value tax
Bodmerei *f*
(SeeV) bottomry
- gross adventure *(ie, repealed on 21 June 1972)*
Bodmereibrief *m*
(Re) bill of adventure
- bottomry bond
- maritime loan
Bodmereigelder *npl* (com) loans on bottomry
Bogen *m*
(com) sheet of paper
(Fin) coupon sheet *(ie, sheet mostly made up of 20 dividend or interest coupons; syn, Kuponbogen)*
Bogenanschlag *m* (Mk) bill advertising *(opp, Daueranschlag)*

Bogenelastizität *f* (Vw) arc elasticity
Bogenerneuerung *f* (Fin) renewal of coupon sheets
Bon *m* (com) cash register slip
Bona-Fide-Klausel *f* (Fin) bona fide clause *(ie, part of a commercial letter of credit)*
Bond-Analyse *f* (Fin) fixed interest research
Bondmarkt *m*
(Fin) bond market
- fixed-interest market
(ie, principal markets for bonds are the over-the-counter markets; syn, Rentenmarkt)
Bond Ratings *pl* (Fin) = Ratings, qv
Bonds *pl* (Fin) bonds *(syn, Schuldverschreibungen)*
Bonifikation *f*
(com) bonus
- premium
(ie, paid to agents in wholesaling or in the insurance industry)
(Fin) agency commission *(ie, between banks)*
- banker's/selling... commission
Bonität *f*
(com) credit standing
- credit worthiness
- financial standing
(Vw) quality of farm land
Bonitätseinstufung *f* (Bö) = Ratings, qv
Bonitätsprüfung *f*
(Fin) credit investigation *(or* review) *(ie, relating to capacity, capital, conditions)*
(ReW) examination of debtors' financial standing *(ie, part of annual audit)*
bonitieren (com) to classify and appraise soil
Bonitierung *f* (com) classification and appraisal of soil
Bonus *m*
(com) bonus
- premium
(Vers) extra *(or* special) dividend
Boole-Operator *m*
(EDV) Boolean *(or* logical) connective
- logical operator
(syn, boolescher Operator)
boolesche Algebra *f*
(Math) algebra of logic
- Boolean algebra
boolesche Komplementierung *f*
(EDV) Boolean complementation
- negation
- NOT operation *(syn, Negation)*
boolesche Menge *f* (Math) symmetric difference
boolesche Operation *f* (EDV) Boolean operation *(syn, boolesche Verknüpfung)*
boolescher Befehl *m* (EDV) logical instruction *(syn, logischer Befehl, Verknüpfungsbefehl)*
boolescher Elementarausdruck *m*
(EDV) logical element
- gate
boolescher Operator *m*
(EDV) Boolean connective *(or* operator)
- logical connective *(or* operator)
boolescher Primärausdruck *m* (Math) logical primary
boolescher Term *m* (Math) logical term
boolescher Verband *m* (Math) Boolean lattice
boolescher Wert *m* (EDV, Cobol) logical value

boolesche Verknüpfung *f* (EDV) Boolean opera-
tion *(syn, boolesche Operation)*
Bordbescheinigung *f* (com) mate's receipt
Bordcomputer *m* (com) vehicle-borne computer
Bordkarte *f* (com) boarding ... card/pass
Bordkonnossement *n*
(com) on board bill of lading

– on board B/L
– ocean bill of lading
– shipped bill of lading
Borel-Menge *f* (Stat) Borel set
Borel-meßbare Funktion *f* (Stat) Borel measurable
function

Börse *f*
(Bö) exchange *(ie, für Wertpapiere und Waren: stock exchange and commodity exchange)*
– market
(Bö) = Wertpapierbörse od Effektenbörse
  I. Die acht deutschen Börsen haben folgende Segmente (stock exchange tiers):
    1. Amtlicher Handel = official market = Primärmarkt;
      a) Handel zu fortlaufenden Kursen;
      b) Handel nur zu Einheitskursen;
    2. Geregelter Markt od zweiter Markt (ie, neues Zwischensegment; entsprechend den europäischen Börsenrichtlinien seit Mai 1987)
    3. Freiverkehr = over-the-counter markets
      a) geregelter Freiverkehr = regulated free market
        (ie, nichtamtliches Börsensegment; meist nur Nebenmarkt; von Kreditinstituten als Sekundärmarkt benutzt für mittelfristige Inhaberschuldverschreibungen, um Zulassungskosten zu sparen;
      b) ungeregelter Freiverkehr = unregulatet free market or off-board/off-floor trading
        (ie, häufig mit Telefonverkehr verwechselt; Handel findet wie beim geregelten Freiverkehr an der Börse statt; unterstes Börsensegment.
  II. In Great Britain there are three tiers now:
    1. the main (established) market;
    2. the USM: Unlisted Securities Market, set up in November 1980 by the Stock Exchange Council, as a forum for dealing in the shares of companies too young or too small to go public on the established stock market;

    3. the Third Market, introduced in January 1987, as a new forum for dealing in the shares of companies too young and too small, even to be quoted on the USM; in order to enter a company must: (a) produced audited accounts, without material qualification, for at least one year; (b) be incorporated in the UK and have at least three directors on its board; (c) ensure that nothing in its articles of association could impede the settlement of dealings in its equity; (d) convince a Stock Exchange member firm that it will be worthwhile to sponsor the company on to the Third Market;
  III. In the U.S. the stock exchange is defined as an organized market for the purpose of centralized trading in securities; it is a voluntary association of members and strictly a market of a ‚secondary‘ nature, that is, for securities already issued and outstanding and admitted through the listing process to trading;
    1. the first tier: national markets, namely, American, Boston, Chicago Board of Options, Chicago Board of Trade, Cincinnati, Intermountain, Midwest, New York, Pacific, Philadelphia, Spokane;
    2. the second tier: the Over-the-Counter market, OTC: for securities not listed on any organized securities exchanges; OTC has two sectors: NASDAQ Tier 1 and Tier 2 securities, each with specified minimum criteria; (b) other unlisted securities that do not qualify for the NASDAQ criteria or choose not to enter NASDAQ)
(Bö) commodity exchange = Warenbörse
(Note that stock exchanges on the Continent are often called ‚Bourses‘ by the British; eg, Paris Bourse)

Börsenabrechnung *f* (Bö) stock exchange settlement
Börsenabschluß *m*
(Bö) stock market transaction
– (GB) bargain
Börsenabschlußeinheit *f* (Bö) full (*or* regular) lot
Börsenagent *m* (Bö) bank's stock exchange agent
(*or* representative)
Börsenaufsicht *f* (Bö) stock exchange supervision
Börsenaufsichtsbehörde *f*
(Bö) stock market supervisory authority

– (US) Securities and Exchange Commission, SEC
Börsenauftrag *m* (Bö) stock exchange order
Börsenausschuß *m* (Bö) stock exchange committee
Börsenbaisse *f* (Bö) bear market
Börsenbedingungen *fpl* (Bö) stock exchange rules
Börsenbericht *m*
(Bö) stock exchange report
– market report
Börsenbesucher *mpl* (Bö) groups of persons having access to the stock or commodity exchanges

Börsenbewertung *f*
(Bö) market assessment *(eg, of equities)*
– stock market rating
(Bö) market capitalization
Börsenblatt *n*
(com) German book trade gazette *(ie, ,Börsenblatt des deutschen Buchhandels')*
(Bö) stock exchange gazette
Börseneffekten *pl* (Bö) securities traded on the stock exchange
Börseneinführung *f* (Bö) admission to official listing *(or* quotation)
Börseneinführungsgebühr *f* (Bö) stock exchange admission fee
Börseneinführungsprospekt *m* (Bö) prospectus
Börseneinführungsprovision *f*
(Fin) commission charged for stock exchange admission
– listing commission
(ie, charged for stock exchange admission)
Börsenengagement *n* (Bö) stock exchange commitment
Börseneröffnung *f* (Bö) opening of the stock exchange
Börsenfachmann *m* (Bö) stock exchange *(or* trading) specialist
börsenfähige Aktie *f* (Bö) marketable *(or* listable) share
börsenfähige Wertpapiere *npl* (Bö) stock exchange securities
Börsenfähigkeit *f*
(Bö) marketableness
– qualification for trading on the stock exchange
Börsenflaute *f* (Bö) dullness of the market
börsenfreie Optionen *fpl* (Bö) OTC options
börsengängig
(Bö) marketable
– listed *(or* traded) on the stock exchange
börsengängige Dividendenwerte *mpl* (Bö) marketable equities
börsengängige Papiere *npl* (Bö) marketable *(or* stock exchange) securities
Börsengeschäft *n*
(Bö) stock market transaction
– (GB) bargain
Börsengeschäfte *npl* (Bö) exchange transactions
Börsengesetz *n* (Re) German Stock Exchange Law
(ie, as amended in 1975)
Börsenhandel *m*
(Bö) stock exchange trading
– exchange dealings
Börsenhändler *m* (Bö) stock exchange trader *(ie, Angestellte von Unternehmen mit Händlerbefugnis)*
Börsenhausse *f* (Bö) bull market
Börsenindex *m* (Bö) stock (exchange) index
Börsenindex-Kontrakt *m* (Bö, GB) „Footsie" contract
(ie, based on the FT-SE index, concluded at Liffe, qv)
Börsenkapitalisierung *f* (Bö) market capitalization
(syn, Börsenwert)
Börsenklima *n* (Bö) market climate *(or* sentiment)
(ie, affects the price of securities on a stock market; may be bullish, bearish, or mixed)

Börsenkommissionsfirma *f* (Bö) commission brokers
Börsenkonsortium *n* (Bö) stock exchange syndicate
Börsenkorrektur *f* (Bö) corrective price adjustment
Börsenkrach *m*
(Bö) market crash
– stock exchange crash
(ie, wiped out $40 billion in stock prices during the last four months in 1929)
Börsenkredit *m* (Fin) bank loan for financing stock exchange dealings
Börsenkurs *m*
(Bö) stock exchange . . . price/quotation
– (fair) market price
– list price (of a security)
– officially quoted price
Börsenmakler *m* (Bö) stock (exchange) broker
börsenmäßiger Handel *m* (Bö) stock exchange trading
börsenmäßig gehandelte Waren *fpl* (Bö) commodities *(or* goods) dealt in on an exchange
Börsenmitglied *n* (Bö) member of a stock exchange
börsennotiert (Bö) listed/quoted . . . on the stock exchange
börsennotierte Anleihe *f* (Bö) listed bond
börsennotierte Gesellschaft *f* (Bö) listed company
börsennotiertes Unternehmen *n* (Bö) listed/quoted . . . company
börsennotierte Wertpapiere *npl*
(Bö) listed securities
– quoted investments
– on-board securities
Börsennotierung *f*
(Bö) stock market listing
– exchange . . . listing/quotation
Börsennotiz *f* (Bö) quotation
Börsen- od Marktpreis *m*
(ReW) current market price
– exchange or market value
Börsenordnung *f* (Bö) stock exchange rules and regulations
Börsenorgane *npl* (Bö) stock exchange authorities
Börsenpapiere *npl* (Bö) quoted *(or* listed) securities
Börsenparkett *n* (Bö) (exchange) floor
Börsenpflichtblatt *n* (Bö) authorized journal for the publication of mandatory stock exchange announcements
Börsenplatz *m* (Bö) stock exchange
Börsenpreis *m*
(Bö) exchange price *(or* quotation)
– market price
– stock market price
Börsenprospekt *m* (Bö) prospectus
Börsenrecht *n* (Re) law governing stock exchange transactions
Börsenrendite *f* (Bö) stock market yield
Börsenschiedsgericht *n* (Bö) exchange arbitration tribunal
Börsenschluß *m*
(Bö) close of stock exchange
– market close
(Bö) lot
– trading unit
Börsensegment *n* (Bö) stock market tier
Börsensitz *m* (Bö) exchange seat

Börsensitzung *f* (Bö) trading session
Börsenspekulant *m*
(Bö) stock exchange speculator
– stag
Börsenspekulation *f* (Bö) stock exchange specula-
tion
Börsensprache *f* (Bö) stock exchange jargon
Börsenstimmung *f* (Bö) tone (*or* mood *or* senti-
ment) of the market
Börsenstunden *fpl* (Bö) official (*or* trading) hours
Börsentage *mpl* (Bö) market (*or* trading) days
Börsentendenz *f* (Bö) stock market trend
Börsentermingeschäft *n*
(Bö) forward exchange transactions
– trading in futures
Börsenterminhandel *m*
(Bö) forward trading
– trading in futures
Börsenticker *m* (Bö) ticker *(ie, telegraphic installa-
tion which immediately transmits the rates during
a session of the stock exchange; it also transmits
news items; syn, Ticker, automatische Kursüber-
mittlungsanlage)*
Börsentransaktion *f*
(Bö) stock exchange transaction
– (GB) bargain
Börsenumsatz *m*
(Bö) trading volume
– volume of securities traded
(syn, Umsatzvolumen)
Börsenumsätze *mpl*
(Bö) stock exchange turnover
– value of trading
– sales figures
– markings
Börsenumsatzsteuer *f*
(StR) exchange turnover tax
– stock exchange transfer tax
– (GB) stamp duty on stock exchange transactions
*(ie, imposed on the acquisition – other than the
original issuance – of certain securities for a con-
sideration, § 17 KVStG)*
börsenumsatzsteuerfrei (StR) exempt from exchange turnover tax
Börsenusancen *fpl* (Bö) stock exchange usages
Börsenverkehr *m* (Bö) stock exchange dealings (*or*
transactions)
Börsenvertreter *m* (Fin) bank's representative at a
stock exchange
Börsenvolumen *n* (Bö) volume of securities
traded
Börsenvorstand *m* (Bö) managing committee of the
stock exchange
Börsenwert *m*
(ReW) market value
(Fin) market capitalization *(ie, Kurswert e-r
Kapitalgesellschaft; syn, Börsenkapitalisierung)*
Börsenwerte *mpl* (Bö) quoted securities
Börsenzeiten *fpl* (Bö) trading hours
Börsenzettel *m*
(Bö) list of quotations
– stock list
Börsenzulassung *f*
(Bö) admission to ... listing/official trading

– listing
Börsenzulassung *f* **beantragen** (Bö) to apply for ...
listing/official quotation
Börsenzulassungsausschuß *m* (Bö) listing committee
Börsenzulassungsprospekt *m* (Bö) prospectus
Börsenzulassungsverfahren *n* (Bö) listing procedure
Börsenzwang *m* (Bö) stock exchange monopoly *(ie,
bars securities trading outside official stock exchanges)*
Börse *f* **schließen** (Bö) to suspend trading
Börsianer *m*
(Bö) stock exchange
– market
– bourse ... operator
böser Glaube *m*
(Re) bad faith
– mala fides
bösgläubig (Re) in bad faith, §§ 932 ff BGB
bösgläubiger Besitzer *m* (Re) possessor in bad faith
(*or* mala fide)
Boston-Effekt *m* (Bw) = Erfahrungskurve, qv
böswillige Beschädigung *f* (SeeV) malicious
damage
Bote *m* (Re) messenger *(ie, person transmitting de-
claration of intent = Willenserklärung, § 120
BGB)*
Box-Pierce-Test *m* (Mk) portmanteau lack of fit
test
Boykott *m* (com, Pw) boycott
Boykott-Streik *m* (Pw) boycott strike
BP (com) = Deutsche Bundespost
BPflV (SozV) = Verordnung zur Regelung der
Krankenhauspflegesätze
BPG (ReW) = Buchprüfungsgesellschaft
BPV (Bw) = Betriebspachtvertrag
brachliegendes Geld *n*
(Fin) idle money
– unemployed funds
Brachzeit *f*
(IndE) dead (*or* lost) time
(IndE) machine down time *(störungsbedingt)*
(IndE) machine idle time *(ablaufbedingt)*
(IndE) machine interference time *(überlappend)*
Branch-and-Bound-Verfahren *n* (OR) branch-and-
bound-process
Branche *f*
(com) branch of business (*or* industry)
– line of business
– industry
– sector of industry
Branchenanalyse *f* (Fin) sector analysis
Branchenbeobachter *m* (Bw) industry observer (*or*
watcher)
Branchenbeobachtung *f* (com) industry survey and
appraisal
Branchenerlöse *mpl* (Fin) industry revenue
branchenfremde Fusion *f* (Kart) merger in (totally)
different lines
branchenfremder Zusammenschluß *m* (Bw) interindustry business combination
Branchenführer *m*
(Mk) industry leader
– (infml) bellwether of an industry

165

Branchenindex *m* (Fin) sector index
(ie, Aktienindex für eine einzelne Branche; opp, Gesamtindex)
Branchenkenner *m* (com) knowledgeable observer of an industry
Branchenkennzahl *f* (Bw) = Branchenkennziffer
Branchenkennziffer *f* (Bw) industry ratio
Branchenkonjunktur *f*
(Vw) economic activity in a specific industry
– sector trends
Branchennorm *f* (com) industrywide standard
Branchenposition *f* (com) industry position
Branchenprognose *f* (com) industry forecast
Branchenquotenziele *npl* (com) industry quota objectives
Branchenspanne *f* (Mk) average industry margin
Branchenstatistik *f* (Stat) industry statistics
Branchentarifvertrag *m* (Pw) industry-wide wage agreement
branchenüblicher Gewinn *m* (Fin) conventional profit
Branchenuntersuchung *f*
(Bw) industry study
– study of a particular branch of business
Branchenverzeichnis *n*
(com) trade register
– trade directory book
– (US, but also GB) the yellow pages
(ie, classified telephone directory; sometimes called ‚the Red Book‘)
Branchenvorausschau *f* (com) industry forecast
brandeiliger Auftrag *m* (com) hot job
Brandschaden *m* (Vers) loss by fire, lightning, explosion
Brandversicherung *f* (Vers) fire insurance
Branntweinmonopol *n* (FiW) alcohol (*or* spirits) monopoly
Branntweinmonopolstelle *f* (Zo) spirits monopoly agency
Branntweinsteuer *f*
(StR) spirits duty
– tax on distilled spirits
Brauch *m* (com) commercial (*or* trade) usage
brauchbares Kriterium *n* (com) acceptable criterion
Brauchbarkeit *f* **der Erfindung** (Pat) usefulness of an invention
Brauchbarkeitsdauer *f* (IndE) service life
Brauchbarkeitsminderung *f*
(Bw) lost usefulness (of fixed assets)
– loss of serviceability
– decline in economic usefulness
– diminution of service yield
– expired utility
Brauereiaktien *fpl* (Fin) brewery stock
braune Ware *f* (com) brown goods
(eg, radio, TV set, recorder; opp, weiße Ware = white goods)
Braunkohlekraftwerk *n* (IndE) lignite-based power station
Bravais-Pearsonscher-Korrelationskoeffizient *m* (Stat) Bravais correlation coefficient
Breakeven-Analyse *f*
(KoR) breakeven analysis
– cost-profit-volume analysis

– CVP analysis
– profitgraph
(syn, Gewinnschwellenanalyse, Deckungspunktanalyse)
Breakeven-Punkt *f*
(KoR) breakeven point, BEP
(ie, point at which a company neither makes a profit nor auffers a loss from the operations of the business, and at which total cost are equal to total sales volume; syn, Gewinnschwelle, Kostendeckungspunkt, toter Punkt, Nutzschwelle)
break in *v* (com, infml) einfahren *(eg, a new car; syn, to run in)*
Breitbandleitung *f* (EDV) wideband line
breite Berichterstattung *f* (com) broad/extensive … coverage
breite Nachfrageschichten *fpl* (Mk) large groups of consumers (*or* demanders)
breite Produktpalette *f* (Mk) diversified product range
breiter Ermessensspielraum *m* (com) wide discretion
breites Sortiment *n*
(Mk) wide range of goods
– wide assortment of products
breit gestreut
(com) widely scattered
– broadly diversified
breit gestreuter Aktienbesitz *m*
(Fin) widespread shareholdings
– widely scattered shareholdings
Breitschrift *f* (EDV) broad print
Brief *m*
(com) letter
(Bö) ask
– offer
– offer price
Briefablage *f* (com) letter filing
Briefe *mpl* **diktieren** (com) to dictate letters
Briefentwurf *m* (com) draft letter
Briefgeheimnis *n* (com) secrecy of mails
Briefgrundschuld *f* (Re) certificated land charge
(ie, registered charge for which a transferable instrument is issued, §§ 1191–1196 BGB)
Briefhypothek *f* (Re) certificated mortgage, § 1116 I BGB
Briefkasten *m*
(com) mailbox
– (GB) letter-box
– post(ing) box
– pillar box
Briefkastenfirma *f* (com) letter box company *(ie, empty cover without economic functions of its own)*
Briefkopf *m*
(com) heading
– letterhead
Briefkopie *f* (com) copy letter
Briefkurs *m*
(Fin) selling rate *(ie, of foreign exchange)*
(Bö) asked price
– offered
– offer price
– price offered
– rate asked

– sellers' rate *(opp, Geldkurs, qv)*
Briefkursnotiz *f* (Bö) offer quotation
briefliche Auszahlung *f* (Fin) mail transfer
briefliche Befragung *f*
(Mk) mail interview *(or* survey)
– postal inquiry
briefliche Überweisung *f* (Fin) mail transfer, M/T
Briefmarke *f*
(com) postage stamp
– postal stamp
– stamp
Briefnotiz *f* (Bö) offer quotation
Briefsendung *f* (com) consignment by mail
Brieftaube *f* (com) carrier/homing . . . pigeon
Brieftelegramm *n*
(com) lettergram
– letter telegram
Briefträger *m*
(com) mailman
– (GB) postman
Briefumschlag *m* (com) envelope
Briefumschlagklappe *f* (com) envelope flap
Brief und Geld
(Bö) asked and bid
– sellers and buyers
Briefwahl *f*
(com) voting . . . by mail/post
– absentee ballot
– (GB) postal . . . ballot/vote
Briefwähler *m* (com) absentee voter
Briefwechsel *m* (com) correspondence
Briefzustellung *f* (com) delivery of letters
Briggscher Logarithmus *m*
(Math) Briggs' *(or* Briggsian) logarithm
– common logarithm
Bringschuld *f* (Re) obligation to be performed at creditor's habitual residence
(ie, mostly by agreement or by virtue of trade usages)
Bringsystem *n* (MaW) delivery system
(ie, materials are supplied to work stations; opp, Holsystem)
Broschüre *f*
(com) broschure
– booklet
– folder
Bruch *m*
(Re) violation *(eg, of contracts)*
(com) breakage
(Math) fraction
Bruch *m* **kürzen** (Math) to cancel factors
Bruchrechnen *n* (com) fractions *(eg, using fractions in business)*
Bruchrisiko *n* (com) risk of breakage
Bruchschaden *m* (com) damage by breakage
Bruchschadenversicherung *f* (Vers) insurance against breakage
Bruchstrich *m* (Math) (fraction) bar
bruchteilige Gewinne *mpl* (Bö) fractional gains
Bruchteilsaktie *f* (Fin) fractional share certificate
Bruchteilseigentum *n*
(Re) fractional share of property
– tenancy in common
Bruchteilseigentümer *m* (Re) owner of a fractional share of property

Bruchteilsgemeinschaft *f*
(Re) community of part owners
– tenancy in common
(ie, each owner holds an undivided interest in property, §§ 741 ff BGB)
Bruchteilversicherung *f* (Vers) fractional value insurance
(ie, taken out to cover warehouse against the risks of burglary and water damage; fraction usually between 5% and 25% of total value)
Bruchzins *m* (Fin) broken interest
Brüsseler Begriffsbestimmung *f* (Zo) Brussels definition *(ie, of value for customs purposes)*
Brüsseler Bewertungsgrundsätze *mpl* (Zo) Brussels principles of valuation
Brüsseler Zollrat *m* (EG) Customs Cooperation Council, CCC
(ie, now ‚Rat für die Zusammenarbeit auf dem Gebiet des Zollwesens')
Brüsseler Zolltarifschema *n* (EG) Brussels tariff nomenclature, CCCN
brutto (com) gross
Brutto-Allphasen-Umsatzsteuer *f*
(StR) cumulative all-stage turnover tax
– cascade tax
(ie, replaced by the value-added tax as of 1 Jan 1968; syn, Kaskadensteuer, Lawinensteuer)
Bruttoanlageinvestitionen *fpl* (VGR) gross fixed capital formation
Bruttoanlagespiegel *m* (ReW) gross fixed assets movements *(cf, Anlagenspiegel)*
Bruttoarbeitseinkommen *n* (Pw) earned income before deductions
Bruttoarbeitslohn *m*
(Pw) gross amount of wages or salaries
– gross pay
Bruttoaufschlag *m* (com) gross (merchandise) margin
Bruttoauftragseingang *m* (com) gross sales
Bruttoaustauschverhältnis *n* (AuW) gross barter terms of trade
Bruttoausweis *m* (ReW) gross statement
(ie, of fixed assets before deducting accumulated depreciation)
Bruttobetrag *m* (com) gross amount
Brutto-Betriebsvermögen *n*
(Bw) operating investment
– gross operating assets
Bruttobilanz *f* (ReW) statement of account transactions *(syn, Summenbilanz, Umsatzbilanz)*
Bruttobuchwert *m* (ReW) book value before adjustment
Bruttodividende *f* (Fin) gross dividend
Brutto-Eigenkapitalrendite *f* (Fin) gross return on net assets
Bruttoeinkaufspreis *m* (com) gross *(or* invoiced) purchase price
(ie, acquisition cost less invoice deductions = Nettoeinkaufspreis)
Bruttoeinkommen *n*
(Pw) gross earnings
– gross income
– gross pay
Bruttoeinkommen *n* **aus unselbständiger Arbeit** (VGR) gross wage and salary income

Bruttoeinkommen *n* **aus Vermögen** (VGR) gross property income

Bruttoeinkünfte *pl* (StR) total gross income

Bruttoeinnahmen *fpl* (com) gross receipts (*or* takings)

Bruttoentgelt *n* (Pw) gross pay

Bruttoerfolgsrechnung *f* (ReW) grossed income statement
(ie, listing all expense and revenue items on an income statement without balancing, § 157 AktG; opp, Nettoerfolgsrechnung)

Bruttoergebnis *n*
(ReW) gross operating result
– earnings before taxes

Bruttoerlös *m* (ReW) gross revenue (*or* sales)

Bruttoersparnis *f*
(com) gross savings
(VGR) gross savings
(ie, depreciation + personal and corporate savings)

Bruttoertrag *m*
(com) gross proceeds
(Fin) gross yield from investment

Bruttoertrag *m* **bis zur Rückzahlung** (Fin, GB) gross yield to redemption

Bruttoetat *m* (FiW) gross budget
(ie, showing receipts and expenditures separately for each budget item; opp, Nettoetat)

Bruttofracht *f* (com) gross freight

brutto für netto (com) gross for net *(ie, price is quoted for the weight of the goods inclusive of packing, § 380 HGB)*

Bruttogehalt *n* (Pw) gross salary

Bruttogewicht *n* (com) gross weight

Bruttogewinn *m*
(ReW) gross profit (*or* earnings)
(com) margin *(ie, gross profit on sales)*
(com) gross profit on sales
(ie, in retailing and wholesaling: difference between purchase and sales prices)
(KoR) contribution margin
– marginal income
– profit contribution
– variable gross margin
(ie, difference between price and variable unit costs = Deckungsbeitrag)

Bruttogewinnanalyse *f* (KoR) gross profit analysis *(ie, method of short-term results accounting, based on standard costing)*

Bruttogewinnmarge *f* (com) gross profit margin

Bruttogewinn *m* **pro Einheit der Engpaßbelastung** (KoR) marginal income per scarce factor

Bruttogewinnspanne *f* (com) gross (merchandise) margin

Bruttogewinnzuschlag *m* (com) gross markon

Bruttoinlandsinvestitionen *fpl* (VGR) gross domestic fixed capital formation

Bruttoinlandsprodukt *n* (VGR) gross domestic product, GDP, gdp

Bruttoinlandsprodukt *n* **zu Faktorkosten** (VGR) gross domestic product at factor cost

Bruttoinlandsprodukt *n* **zu konstanten Preisen** (VGR) gross domestic product at constant cost

Bruttoinlandsprodukt *n* **zu Marktpreisen** (VGR) gross domestic product at market prices

Bruttoinvestitionen *fpl*
(VGR) gross capital expenditure (*or* formation)
– gross investment

Bruttoinvestitionsquote *f* (VGR) gross investment ratio

Bruttojahresarbeitsentgelt *n* (Pw) annual gross wages or salaries

Bruttokaltmiete *f* (com) = Kaltmiete, qv

Brutto-Kapitalproduktivität *f* (Vw) gross capital productivity

Bruttokreditaufnahme *f* (FiW) gross credit intake *(cf, öffentlicher Kredit)*

Bruttoladefähigkeit *f* (com) deadweight cargo

Bruttolohn *m* (Pw) gross earnings (*or* pay)

Bruttolohnberechnung *f* (Pw) determination of gross earnings per period *(ie, including taxes and social insurance)*

bruttolohnbezogene Rentenformel *f* (SozV) pension formula based on gross, wages and salaries

Bruttolohnsumme *f*
(Stat) total of wages and salaries
– total payroll
(ie, plus all extras and premiums directly related to the work performed, excluding employer's contributions and fringe benefits)

Bruttolohnzusammenstellungsliste *f* (KoR) tabular list of gross earnings *(ie, prepared for certain cost centers and the overall plant)*

Bruttomehrwertsteuer *f* (FiW) output tax

Bruttomethode *f* (ReW) gross method of presenting cost and depreciation

Bruttomiete *f* (com) gross rent *(syn, Gesamtmiete, Entgelt)*

Bruttomietwert *m* (StR) gross annual rental

Bruttoprämie *f* (Vers) gross premium

Bruttopreis *m* (com) gross price *(ie, prior to discounts or rebates)*

Bruttopreisliste *f* (com) gross-price list

Bruttoprinzip *n* (FiW) principle of recording all planned receipts and expenditures in the budget

Bruttoproduktion *f*
(VGR) gross output (*or* product)
– total volume of output

Bruttoproduktionswert *m* (VGR) gross output

Bruttorechnung *f* (ReW) = Bruttoerfolgsrechnung

Bruttorendite *f* (Fin) gross return

Bruttoschadenquote *f* (Vers) gross loss ratio *(ie, Verhältnis Bruttoschadensaufwand zu Bruttoprämien)*

Bruttoselbstfinanzierung *f*
(Fin) gross self-financing
– (GB) gross plough-back

Bruttosozialprodukt *n* (VGR) gross national product, GNP, gnp

Bruttosozialprodukt *n* **bei Vollbeschäftigung** (Vw) full employment GNP

Bruttosozialprodukt *n* **zu Faktorkosten** (VGR) gross national product at factor cost

Bruttosozialprodukt *n* **zu Marktpreisen** (VGR) gross national product at market prices

Bruttospanne *f* **ohne Skontoabzug** (Mk) gross merchandising margin

Bruttosteuerbelastung *f* (FiW) gross tax load ratio

Bruttostundenlohn *m* **im Fertigungsbereich** (Pw) gross hourly wages in manufacturing

Bruttoumsatz *m*
(ReW) gross sales
– (GB) gross turnover
Bruttoumsatzerlös *m*
(ReW) gross sales revenue
– sales including VAT
Bruttoverbuchung *f* (ReW) gross accounting procedure
Bruttoverdienst *m* (Pw) gross earnings
Bruttoverdienstspanne *f* (com) gross margin
Bruttoverkaufspreis *m* (com) gross selling price
Bruttoverlust *m* (ReW) gross loss
Bruttovermögen *n* (VGR) gross wealth
Bruttoverzinsung *f* (Fin) gross interest return
Bruttovolkseinkommen *n* (VGR) gross national income
Bruttowarengewinn *m* (ReW) gross trading profit
Bruttowarenumsatz *m* (ReW) gross sales
Bruttowertschöpfung *f*
(VGR) gross value added *(ie, net value added + indirect taxes (– subsidies) + depreciation)*
(com) gross value added *(eg, per employee in manufacturing)*
Bruttoziehungen *fpl* (IWF) gross drawings
Bruttozins *m* (Fin) gross interest
Bruttozinsdifferenz *f* (AuW) uncovered interest-rate differential
Bruttozinsspanne *f* (Fin) gross interest margin
BSG
(Re) = 1. Bundessozialgericht
2. = Bausparkassengesetz
BSP (VGR) = Bruttosozialprodukt
BSP-Deflator *m* (Vw) gross national product deflator
BSpKG (Re) = Gesetz über Bausparkassen (Bausparkassengesetz)
BSP-Lücke *f* (Vw) gross national product gap
BStBl (Re) = Bundessteuerblatt
Buchauszug *m* (com) statement of account, § 87c HGB
Bucheffekten *pl* (Fin) = Wertrechte, qv
Bucheinsicht *f* (ReW) inspection of books of account
buchen
(com) to reserve *(eg, hotel rooms, rental cars)*
– (GB *also*) to book
(ReW) to post (auf ein Konto = to an account)
– to enter in/on the books
– to make an entry in the accounts
– to carry on
– to recognize on
(syn, verbuchen)
Bücher *npl*
(ReW) (account) books
– books of account
– books and records
Bücher *npl* **abschließen** (ReW) to close the books
Bücher *npl* **einsehen** (ReW) to inspect books and records
Bücher *npl* **fälschen** (ReW) to doctor *(or* falsify) books and records
Bücher *npl* **führen** (ReW) to keep commercial books
Bücher *npl* **und sonstige Aufzeichnungen** (ReW) books and records

Buchforderungen *fpl*
(ReW) accounts receivable
– book receivables
– outstanding accounts
Buchführung *f*
(ReW) bookkeeping
– accounting
– accountancy
(ie, planmäßige und lückenlose Aufzeichnung aller Geschäftsfälle = process of classifying and recording transactions in accordance with a preconceived plan)
Buchführungsgesellschaft *f*
(ReW) auditing firm
– company of licensed public accountants
Buchführungskosten *pl*
(ReW) (cost of) accounting services
Buchführungspflicht *f*
(ReW) duty to keep books of account, § 38 HGB
(StR) legal obligation to keep commercial books of account and to prepare financial statements at regular intervals, §§ 140ff AO
Buchführungspflichten *fpl* (ReW) bookkeeping requirements
Buchführungsrichtlinien *fpl* (ReW) accounting rules
(ie, originally issued in 1937, but still regarded as properly spelling out the basic elements of ‚orderly accounting' = ordnungsmäßige Buchführung')
Buchführungssystem *n* (ReW) accounting system
Buchführungstechnik *f* (ReW) accounting methods
Buchgeld *n*
(Vw) deposit money
Also:
– bank deposit/book … money
– deposit currency
– primary deposits
(syn, Giralgeld)
Buchgewinn *m* (Fin) book/accounting/paper … profit *(syn, rechnerischer Gewinn)*
Buchgrundschuld *f* (Re) registered land charge
Buchhalter *m*
(ReW) accounting clerk
– bookkeeper
buchhalterische Abschreibung *f* (ReW) accounting depreciation
buchhalterische Behandlung *f* (ReW) accounting treatment
buchhalterischer Zusammenhang *m* (ReW) accounting trail
(ie, vom Urbeleg bis zum Ergebnis; cf, Prüfungspfad = audit trail)
Buchhalternase *f* (ReW) ruling off *(syn, Buchhalterknie, Buchhalterriegel)*
Buchhaltung *f*
(ReW) = Buchführung
(ReW) accounting department
– bookkeeping department
– (GB) accounts department
Buchhaltungsrichtlinien *fpl* (ReW) = Buchführungsrichtlinien
Buchhaltungstheorie *f* (ReW) accountancy theory
Buchhandel *m* (com) book trade
Buchhonorar *n* (com) book royalty

Buchhypothek *f*
(Fin) mortgage entered in the land register,
§ 1116 II BGB
– registered mortgage
Buchinventur *f* (ReW) book (*or* perpetual) inventory
Buchkredit *m*
(Fin) book credit
– current account credit
– open (book) credit
– open account credit
(*eg, Kontokorrentkredit und Kreditgewährung im Einzelhandel durch Anschreiben; Lieferantenkredit*)
buchmäßig angefallene Wagnisse *npl* (ReW) risks recorded in the books of account
buchmäßige Abschreibung *f* (ReW) book (*or* recorded) depreciation
buchmäßige Erfassung *f* (ReW) entry in the accounts
buchmäßige Gewinnverteilung *f* (ReW) appropriation of earnings
buchmäßige Informationen *fpl* (ReW) accounting information
buchmäßige Materialentnahme *f* (MaW) accounting issue
buchmäßiger Gewinn *m*
(ReW) accounting profit
buchmäßiger Nachweis *m* (ReW) evidence of a transaction (in the books of account)
buchmäßiger Restwert *m* (ReW) residual value recorded in the books
buchmäßiger Überschuß *m* (Fin) book surplus
buchmäßiger Verlust *m* (ReW) accounting/book … loss (*syn, Buchverlust*)
buchmäßiges Ergebnis *n* (ReW) result as shown in the books
Buchmesse *f* (com) book fair
Buchprüfer *m* (ReW) = Vereidigter Buchprüfer, qv
Buchprüfung *f* (ReW) audit
Buchprüfungsgesellschaft *f* (ReW) firm of licensed public accountants
Buchrestwert *m* (ReW) salvage value shown in the books
Buchsachverständiger *m* (ReW) accounting expert
(*ie, comprehensive term covering certified public accountants = Wirtschaftsprüfer, sworn auditors = vereidigte Buchprüfer, and other experts*)
Buchstabierwörter *npl* (com) identification words
Buchstelle *f* (ReW) accounting agency
Buch- und Betriebsprüfung *f* (StR) periodic examination by tax auditors (*ie, term now replaced by ‚Außenprüfung'*)
Buchung *f*
(com) reservation
– (GB *also*) booking
(ReW) entry
Buchung *f* **berichtigen** (ReW) to correct a bookkeeping entry
Buchungen *fpl* **erzeugen** (ReW) to generate entries
Buchung *f* **ohne Gegenbuchung** (ReW) unbalanced entry
Buchungsautomat *m* (EDV) automatic accounting machine

Buchungsbeleg *m*
(ReW) bookkeeping/accounting … voucher
– voucher supporting book entry
Buchungsdatum *n* (ReW) date of entry
Buchungsdurchlauf *m* (ReW) accounting cycle
(*ie, from books of original entry to final annual statements*)
Buchungsfehler *m* (ReW) false entry
Buchungsformel *f* (ReW) entry formula
Buchungsgebühr *f* (Fin) account management fee
(*ie, for each credit and debit*)
Buchungskarte *f* (ReW) posting card
Buchungskontrolle *f* (ReW) audit trail
buchungspflichtig
(ReW) accountable
(*ie, zur Rechnungslegung verpflichtet*)
Buchungsplatz *m* (EDV) booking (*or* reservation) terminal
Buchungssatz *m* (ReW) entry formula
Buchungsschluß *m* (ReW) closing date of entries
Buchungstext *m*
(ReW) entry description
– memo
Buchung *f* **stornieren** (ReW) to reverse an entry
Buchungsunterlage *f*
(ReW) accounting … document/record
– posting medium
– records and vouchers
Buchungsvermerk *m*
(ReW) booking/posting … reference
(*eg, voucher number, accout identification*)
Buchungsvorfall *m*
(ReW) accountable/accounting … event
– accountable condition
– internal transaction
(*opp, Geschäftsvorfall = external transaction*)
Buchungsvorgang *m* (ReW) bookkeeping operation
Buchungszeitpunkt *m* (ReW) date of entry
Buchung *f* **von Eliminierungen** (Re) eliminating entry
(*ie, in preparing group accounts = Konzernabschlüsse*)
Buchverleger *m* (com) book publisher
Buchverlust *m* (ReW) book/accounting … loss
Buchwert *m*
(ReW) book value
– amortized cost
– carrying value
– rate of asset
– depreciated book value (*or* cost)
(*ie, original cost less applicable portions of accounting depreciation*)
(Fin) book value
(*ie, nominal amount of liability less unamortized discount = nicht abgeschriebenes Disagio od Damnum*)
(Fin) asset value
(*ie, von Investmentfonds: total assets of the company minus all the liabilities, minus all prior capital; the net value is this sum divided by the number of shares (Anteile), to give a figure per share*)
Buchwertabschreibung *f* (ReW) = geometrisch-degressive Abschreibung

Buchwert *m* **des Anlagevermögens** (ReW) net investment in property, plant, and equipment
Buchwertmethode *f* (ReW) book value method, § 301 I 1 HGB *(cf, Neubewertungsmethode)*
Buckel-Effekt *m* (Stat) bulge effect *(eg, in the cost-of-living index, due to an increase in VAT)*
Budget *n*
   (FiW) budget
   – budget packet
   (ie, annual estimates of public receipts and expenditures; identisch mit ‚öffentlichem Haushalt')
   (Bw) budget
Budgetabweichung *f* (KoR) budget variance *(syn, Verbrauchsabweichung, qv)*
Budgetanforderung *f* (Fin) budget request
Budget *n* **aufstellen** (Bw) to prepare a budget
Budgetaufstellung *f*
   (FiW) budgeting
   – preparing the budget
Budgetausgleich *m* (FiW) balancing the budget
Budget *n* **ausgleichen** (FiW) to balance a budget
Budgetausgleichsfonds *m* (Fin) budget equalization fund
Budgetausschuß *m* (FiW) budget committee
Budgetbeschränkung *f* (Vw) budget balance
Budget *n* **der Wartungskosten** (Bw) maintenance budget
Budget *n* **des Fertigungsbereichs** (Bw) production budget
Budget *n* **des Materialbereichs** (MaW) inventory and purchases budget
Budgeteinsparungen *fpl* (FiW) budget cuts
Budgetentwurf *m* (FiW) = Haushaltsentwurf
Budgetgenehmigungsblatt *n* (Bw) budget authorization form
Budgetgerade *f*
   (Vw) budget line
   – iso-expenditure line
   – opportunity curve
   – price line
   – budget constraint line
   – consumption possibility line
Budgetgleichung *f* (Vw) budget equation
Budgetierung *f*
   (Bw) budgeting *(ie, operational planning)*
   (Fin) budgeting *(ie, in the sense of financial planning)*
Budgetierungszeitraum *m* (Bw) budget period
Budgetimpuls *m* (FiW) budget impulse
Budgetinflation *f* (Vw) public demand-pull inflation
Budgetinzidenz *f* (FiW) budget incidence
Budgetkontrolle *f* (KoR) budgetary control
Budgetkosten *pl*
   (KoR) budgeted
   – target
   – attainable standard
   – current standard
   – ideal standard . . . cost
   (syn, Soll- od Vorgabekosten)
Budgetkreislauf *m* (FiW) budget cycle *(syn, Budgetzyklus)*
Budgetkürzung *f* (FiW, Bw) budget cut
Budgetperiode *f* (FiW) budget period
Budgetposten *m* (FiW) budget/budgetary . . . item

Budgetprinzipien *npl* (FiW) budget principles
Budgetprojektion *f* (Bw) budget forecast
Budgetrestriktion *f* (Vw) budget constraint
Budgetsoll *n* (Bw) budgeted figure
Budgetüberschreitung *f*
   (Bw) budget overrun
   – over budget
Budgetüberschuß *m* (FiW) budget surplus
Budgetüberschuß *m* **bei Vollbeschäftigung** (Vw) high employment budget surplus
Budgetübertragungen *fpl* (FiW) carryover funds *(ie, from one fiscal year to the next)*
Budgetunterschreitung *f*
   (Bw) budget underrun
   – under budget
Budgetziel *n* (Bw) budget target *(ie, in the shape of a numberized goal)*
Bulk-Factoring *n* (Fin) bulk factoring *(ie, does not involve accounts receivable ledgering; syn, Eigenservice-Factoring)*
Bull-and-Bear-Anleihe *f* (Fin) = Aktienindex-Anleihe, qv
Bumerang-Methode *f* (Mk) boomerang method *(ie, of sales talk)*
Bummelstreik *m*
   (Pw) slowdown strike
   – labor slowdown
   – go-slow
Bund *m* **der Steuerzahler** *m* (com) Tax Payers' Association
Bündelpatent *n* (Pat) batch patent
Bündelung *f* **von Risiken** (Fin) repackaging of risks *(ie, zerlegte Risiken werden getrennt oder neu gebündelt, um den individuellen Risikoneigungen zu entsprechen)*
Bundesamt *n* **für Finanzen** (StR) Federal Tax Agency *(ie, domiciled at/in Bonn-Bad Godesberg)*
Bundesamt *n* **für gewerbliche Wirtschaft** (com) Federal Office for Trade and Industry *(ie, domiciled in Frankfurt)*
Bundes-Angestelltentarif-Vertrag *m* (Pw) Federal Collective Agreement for Public Employees
Bundesanleihe *f* (FiW) federal loan *(or bond)*
Bundesanleihekonsortium *n* (Fin) federal loan *(or bond-issuing)* syndicate
   (ie, Gruppe von Kreditinstituten, die alle Emissionen von Bundesanleihen durchführt; Deutsche Bundesbank, Großbanken und rd. 70 weitere Banken)
Bundesanstalt *f* **für Arbeit** (com) Federal Labor Office *(ie, central labor administration, Nuremberg-based, holds a strict labor exchange monopoly)*
Bundesanzeiger *m* (com) Federal Official Gazette
Bundesarbeitsgericht *n* (Re) Federal Labor Court *(at Kassel)*
Bundesarbeitsminister *m* (com) Federal Minister of Labor and Social Affairs
Bundesaufsichtsamt *n* (com) Federal Supervisory Office
Bundesaufsichtsamt *n* **für das Kreditwesen** (Fin) Federal Banking Supervisory Office
   (ie, nimmt die staatliche Bankenaufsicht wahr; gehört zum Geschäftsbereich des Bundesministers der Finanzen; Sitz in Berlin)

171

Bundesaufsichtsamt *n* **für das Versicherungs- und Bausparwesen** (Vers) Federal Supervisory Office for Insurance and for Building and Loan Associations *(ie, domiciled in Berlin)*

Bundesausbildungsförderungsgesetz *n* (Pw) Federal Law on Education and Training Promotion, of 26 Aug 1971, as amended

Bundesausgaben *fpl* (FiW) federal expenditure

Bundesbahn *f* (com) Federal Railways

Bundesbank *f*
(Fin) West German Central Bank
– Deutsche Bundesbank
– Bundesbank

Bundesbankausschüttung *f* (FiW) payout of Bundesbank surplus *(ie, to improve the deficit position of the Federal budget)*

Bundesbankdirektorium *n* (Fin) Directorate of the Bundesbank

bundesbankfähig (Fin) eligible for rediscount *(or* rediscountable) at the Bundesbank

bundesbankfähige Abschnitte *mpl* (Fin) bills rediscountable at the Bundesbank

bundesbankfähige Wechsel *mpl* (Fin) = bundesbankfähige Abschnitte

Bundesbankfähigkeit *f* (Fin) eligibility for rediscount at the Bundesbank
(ie, refers to bills of exchange and other negotiable instruments)

Bundesbankgesetz *n* (Re) Federal Bank Law

Bundesbankgiro *n* (Fin) Bundesbank transfer

Bundesbankguthaben *npl* (Fin) Bundesbank balances

Bundesbankrat *m* (Fin) Federal Bank Council

Bundesbank- und Postscheckguthaben *npl* (ReW) deposits at Bundesbank and in postal checking accounts

Bundesbeauftragter *m* **für den Datenschutz** (EDV) Federal Data Protection Commissioner

Bundesbedienstete *pl* (Pw) employees of the Federal Government

Bundesbehörde *f*
(com) federal authority
(Re, US) federal agency
(ie, may be a board, commission, administration, department; little substantive difference attaches to the various names)

Bundesbeihilfe *f* (FiW) federal grant

Bundesberggesetz *n* (Re) Federal Mining Law

Bundesbetriebsprüfungsstelle *f* (StR) Federal Tax Examination Office *(ie, superseded by the Federal Tax Office = Bundesamt für Finanzen)*

Bundesbürgschaft *f*
(Fin) federal *(or* state-backed) guaranty
– state backing
(ie, for credits that are in the public interest and cannot otherwise be secured)

Bundesdatenschutzgesetz *n* (Re) Federal Data Protection Law

bundeseigene Unternehmen *npl* (FiW) federal commercial enterprises under public and private law

Bundeseinkommen *n* (FiW) federal income

Bundeseinlagenversicherung *f* (Fin, US) Federal Deposit Insurance Corporation, FDIC *(ie, insures bank deposits, currently up to $100 000 per deposit)*

Bundesemissionsschutzgesetz *n* (Re) Federal Emissions Control Act (of 1974)

Bundesemittent *m* (Fin) issuer of federal bonds

Bundesetat *m* (FiW) Federal Government budget

Bundesfinanzbehörden *fpl* (FiW) federal revenue authorities

Bundesfinanzhof *m* (StR) Federal Fiscal Court *(ie, supreme court in tax controversies, domiciled in Munich)*

Bundesfinanzverwaltung *f* (FiW) Federal Revenue Administration

Bundesgarantie *f* (Fin) federal guaranty

Bundesgebiet *n* (com) federal . . . area/territory

Bundesgebührenordnung *f* (Re) federal fee scale regulation

Bundesgerichtshof *m* (Re) Federal Supreme Court *(ie, in civil and criminal proceedings, domiciled in Karlsruhe)*

Bundesgesetzblatt *n* (Re) Official Federal Gazette

Bundeshauptkasse *f* (FiW) Federal Chief Cash Office

Bundeshaushalt *m* (FiW) federal budget

Bundeshaushaltsordnung *f* (FiW) Federal Budget Code

Bundes-Immissionsschutzgesetz *n* (Re) Federal Emission Protection Law
(ie, protection of people, animals, plants and other things against toxic environmental effects)

Bundeskartellamt *n*
(Kart) (Berlin-based) Federal Cartel Office
– Antitrust-Office
– Federal Monopolies Commission

Bundeskasse *f* (FiW) Federal Cash Office

Bundeskindergeldgesetz *n* (Re) Law on Support Payments for Children, of 31 Jan 1975, as amended

Bundeskompetenzen *fpl* **verlagern** (FiW) to shift federal responsibilities *(eg, to states and local authorities)*

Bundesminister *m* **der Finanzen** (com) Federal Minister of Finance

Bundesminister *m* **des Innern** (com) Federal Minister of the Interior

Bundesministerium *m* (com) federal ministry

Bundesmittel *pl* (Fin) federal funds

Bundesmonopolverwaltung *f* **für Branntwein** (FiW) Federal Spirits Monopoly Administration

Bundesnaturschutzgesetz *n* (Re) Federal Nature Protection Law
(ie, protection, care and development of nature and countryside)

Bundesoberseeamt *n* (Re) Federal Admiralty Court *(at Hamburg)*

Bundesobligation *f* (FiW) federal bond

Bundespatentgericht *n* (Re) Federal Patent Tribunal

Bundespost *f*
(com) Federal Post Administration
– federal post service
– (GB) Federal Post Office
– German PTT

Bundesrat *m*
(com) Bundesrat
– Federal Council
(ie, the upper or second house of the bicameral

parliament of the Federal Republic; it represents the German Länder/Laender)

Bundesrechnungshof m (FiW) Federal Audit Office
(ie, charged with the accounting and budgetary control of all government functions)

Bundesregierung f (com) Federal Government (see inset below)

Bundesschatzanweisung f (Fin) federal treasury note

Bundesschatzbrief m
(Fin) federal treasury bill
– Federal savings bond

Bundesschuld f (FiW) federal debt

Bundesschuldbuch n (FiW) Federal Debt Register

Bundesschuldenverwaltung f (FiW) Federal Debt Administration (ie, reporting to the Federal Ministry of Finance; domiciled at Bad Homburg v. d. Höhe)

Bundesschuldverschreibung f (Fin) federal bond

Bundessozialgericht n (Re) Federal Court for Social Security and Related Matters (domiciled at Kassel)

Bundesstatistik f (Stat) federal statistics

Bundesstelle f **für Außenhandelsinformation** (com) Federal Foreign Trade Information Office

Bundessteuer f (FiW) federal tax

Bundessteuerblatt n (StR) Official Gazette of the Federal Ministry of Finance

Bundestag m
(com) Bundestag
– Federal Diet
(ie, the lower or popular chamber of the bicameral parliament of the Federal Republic)

bundesunmittelbare juristische Person f **des öffentlichen Rechts** (Re) federal public law body

bundesunmittelbare Körperschaft f (Re) federal corporation

Der Präsident der Bundesrepublik Deutschland Bundespräsident (Bundespräsidialamt)	President of the Federal Republic of Germany Federal President (Office of the Federal President)
Der Kanzler der Bundesrepublik Deutschland Bundeskanzler (Bundeskanzleramt)	Chancellor of the Federal Republic of Germany Federal Chancellor (Federal Chancellery)
Der Bundesminister des Auswärtigen und Stellvertreter des Bundeskanzlers (Auswärtiges Amt)	Deputy Federal Chancellor and Federal Minister for Foreign Affairs (Federal Foreign Office)
Der Bundesminister des Innern	Federal Minister of the Interior
Der Bundesminister der Justiz	Federal Minister of Justice
Der Bundesminister der Finanzen	Federal Minister of Finance
Der Bundesminister für Wirtschaft	Federal Minister of Economics
Der Bundesminister für Ernährung, Landwirtschaft und Forsten	Federal Minister of Food, Agriculture and Forestry
Der Bundesminister für Arbeit und Sozialordnung	Federal Minister of Labour and Social Affairs
Der Bundesminister der Verteidigung	Federal Minister of Defence
Der Bundesminister für Jugend, Familie, Frauen und Gesundheit	Federal Minister for Youth, Family Affairs, Women and Health
Der Bundesminister für Verkehr	Federal Minister of Transport
Der Bundesminister für Umwelt, Naturschutz und Reaktorsicherheit	Federal Minister of the Evironment, Nature Conservation and Nuclear Safety
Der Bundesminister für das Post- und Fernmeldewesen	Federal Minister of Posts and Telecommunications
Der Bundesminister für Raumordnung, Bauwesen und Städtebau	Federal Minister for Regional Planning, Building and Urban Development
Der Bundesminister für innerdeutsche Beziehungen	Federal Minister for Intra-German Relations
Der Bundesminister für Forschung und Technologie	Federal Minister for Research and Technology
Der Bundesminister für Bildung und Wissenschaft	Federal Minister of Education and Science
Der Bundesminister für wirtschaftliche Zusammenarbeit	Federal Minister for Economic Co-operation
Der Bundesminister für besondere Aufgaben Chef des Bundeskanzleramtes	Federal Minister for Special Tasks and Chief of the Federal Chancellery

Quelle: Auswärtiges Amt

bundesunmittelbares Unternehmen *n* (FiW) directly operated federal government enterprise

Bundesverband *m* **Bekleidungsindustrie** (com) Federal Association of the Clothing Industry

Bundesverband *m* **der deutschen Arbeitgeberverbände** (com) Confederation of German Employers' Federations

Bundesverband *m* **der Deutschen Industrie** (com) Federation of German Industries
(ie, comprises 34 specialist umbrella associations whose branches cover the differentiated structure of German industry)

Bundesverband *m* **Deutscher Banken** (Fin) Federal Association of German Banks

Bundesvereinigung *f* **der deutschen Arbeitgeberverbände** (com) Federal Confederation of German Employers' Association

Bundesverfassungsgericht *n* (Re) Federal Constitutional Court
(ie, exclusively exercises the power of judicial review (richterlicher Prüfungsrecht) of legislation; primarily concerned with the interpretation of the Basic Law)

Bundesvermögen *n* (FiW) federal government property

Bundesvermögensstelle *f* (FiW) Federal Property Agency

Bundesvermögensverwaltung *f* (FiW) Federal Property Administration

Bundesversicherungsamt *n* (SozV) Federal Insurance Office *(at Berlin)*

Bundesversicherungsanstalt *f* **für Angestellte** (SozV) Federal Social Insurance Office for Salaried Employees *(at Berlin)*

Bundesverwaltungsgericht *n* (Re) Federal Administrative Court *(based in Berlin)*

Bundeswaldgesetz *n* (Re) Federal Forestry Law
(ie, maintenance, enlargement, propagation and proper management of forests)

bundesweiter Streik *m* (Pw) all-out national strike

Bundeszollbehörde *f* (FiW) federal customs authority

Bundeszollblatt *n* (StR) Federal Customs Gazette

Bundeszollverwaltung *f* (FiW) Federal Customs Administration

Bundeszuschuß *m* (FiW) federal grant

Bürge *m*
(Re) guarantor
– surety

bürgender Verband *m* (com) guaranteeing association

Bürgerinitiative *f* (com) public interest group

bürgerliche Rechtsstreitigkeiten *fpl* (Re) civil litigation

Bürgerliches Gesetzbuch *n* (Re) German Civil Code

bürgerliches Recht *n*
(Re) private law
(ie, governing the legal relations between private persons, including legal entities; opp, public law)
(Re) civil law
(eg, as laid down in the German Civil Code = BGB)

bürgerlich-rechtliche Gesellschaft *f* (Re) = BGB-Gesellschaft

Bürgschaft *f*
(Re) suretyship
– (US) guaranty
– (GB) guarantee
(ie, Bürge verpflichtet sich vertraglich gegenüber dem Gläubiger e–s Dritten (Hauptschuldner = principal), für die Erfüllung von dessen Verbindlichkeit einzustehen; § 765 I BGB = there are points of difference between surety and guarantor: both are answerable for the debt of another, but liability of guarantor is secondary and collateral, while that of surety is original, primary and direct; note that under U.C.C. the term ‚surety‘ includes a ‚guarantor‘; Sonderformen: 1. Mitbürgschaft; 2. Zeitbürgschaft; 3. Ausfallbürgschaft; 4. Rückbürgschaft; 5. Höchstbetragsbürgschaft)

Bürgschaft *f* **leisten**
(Re) to accept a guaranty
– to stand surety (for)

Bürgschaftserklärung *f* (Re) statement of guaranty

Bürgschaftskredit *m* (Fin) guaranty credit

Bürgschaftsnehmer *m*
(Re) guaranteed creditor
– guarantee

Bürgschaftsplafond *m* (Fin) guaranty line (*or* ceiling)

Bürgschaftsprovision *f* (Fin) guaranty commission

Bürgschaftsrahmen *m* (Fin) = Bürgschaftsplafond

Bürgschaftsrisiko *n* (ReW) guaranty risk

Bürgschaftsschuld *f*
(Re) guaranty indebtedness
– principal debt

Bürgschaftsverhältnis *n* (Re) principal-surety relationship

Bürgschaftsverluste *mpl* (StR) losses on guaranties
(ie, Problem: sind sie Betriebausgaben, Werbungskosten od iwS Lebenshaltungskosten?)

Bürgschaftsverpflichtungen *fpl* (ReW) guaranties

Bürgschaftsversicherung *f* (Vers) guaranty insurance

Bürgschaftsvertrag *m* (Re) contract of . . . guaranty/suretyship *(but see ‚Bürgschaft‘)*

Bürgschaft *f* **übernehmen**
(Re) to accept a guaranty
– to stand surety

Büro *n*
(com) office
(com) = Repräsentanz

Büroangestellte *pl*
(Pw) office workers
– clerical personnel
– white-collar (*or* black-coated) workers

Büroangestellter *m* (Pw) office/clerical . . . worker

Büroarbeiten *fpl*
(com) office work
– clerical operations

Büroausstattung *f* (com) office equipment and furnishings

Büroautomatisierung *f* (EDV) office automation
(eg, PCs, electronic messages, voice mail, videoconferencing systems, etc)

Bürobedarf *m* (com) office supplies *(ie, stationery, etc.)*

Büroberufe *mpl* (Pw) white-collar occupations

Bürobote *m*
(com) interoffice messenger
- office boy
- (sl) office goofer
- (sl) prat boy
Büro *n* **der Zukunft** (EDV) office of the future
Bürofachkraft *f* (com) trained clerical help
Bürogebäude *n* (com) office building
Bürogemeinschaft *f*
(com) sharing office facilities
- shared office
Bürogeräte *npl* (EDV) electronic office equipment
Bürohandel *m* (Bö) unofficial trading
Büroklammer *f*
(com) paper clip
- (US) bulldog clip
Bürokommunikation *f*
(EDV) office automation
- office communication
bürokratische Autorität *f* (Bw) bureaucratic type of administrative organization *(ie, translation of M. Weber's German term)*
bürokratische Schwerfälligkeit *f* (Bw) bureaucratic inflexibility
Bürolandschaft *f*
(com) landscaped office
- open office area
- panoramic office
Büromaschinenhändler *m* (com) office equipment dealer
Büromaschinenhersteller *m* (com) office equipment manufacturer

Büromaterial *n* (com) stationery and office supplies
Büroräume *mpl* (com) office . . . accommodation/ space
Bürosystem *n* (EDV) office computer
Büro- und Geschäftseinrichtung *f* (com) office equipment
Bürozeit *f* (com) office hours
Bürozubehörmarkt *m* (com) office supplies market
Büschelkarte *f* (Stat) bunch graph (*or* map)
Bußgeld *n*
(Re) monetary fine
- penalty
(Re) administrative fine
Bußgeldbescheid *m* (Re) penalty notice
Bußgeldbestimmungen *fpl* (Re) monetary fine regulations
Bußgeldverfahren *n* (Re) administrative fine proceedings
Bußgeld *n* **verhängen**
(Kart) to impose a fine *(eg, on a company)*
Bußgeld *n* **zahlen**
(Kart) to pay a fine
- to pay in fines . . .
BÜV (Bw) = Betriebsüberlassungsvertrag
BU-Versicherung *f* (Vers) business interruption insurance
BVerfG (Re) = Bundesverfassungsgericht
BVerG (Re) = Bundesverwaltungsgericht
BVG (Re) = Betriebsverfassungsgesetz
Byte *n* (EDV) byte *(die kleinste adressierbare Informationseinheit: 8 Datenbits und 1 Parity) Bit)*

C

Cache *m* (EDV) cache
(ie, a small, fast buffer storage integrated in the CPU; syn, Zwischenspeicher)
Cantor-Paradoxon *n* (Math) Cantor paradox
Cantorsche Menge *f* (Math) Cantor set
Cantorsche Reihe *f* (Math) Cantor series
Cantorsches Diskontinuum *n* (Math) Cantor set
CAQ-System *n* (IndE) computer-aided quality assurance system
(ie, rechnerunterstützte (schritthaltende) Qualitätssicherung)
Carnet *n* **für die vorübergehende Einfuhr** (AuW) carnet for temporary admission
Cash Flow *m*
(Fin) cash flow
(ie, allgemein der finanzwirtschaftliche Überschuß (Einnahmenüberschuß) e-r Periode; für die externe Analyse wird meist folgendes Schema verwendet:
Bilanzgewinn oder –verlust + Erhöhung der Rücklagen – Gewinnvortrag aus Vorperiode = Jahresüberschuß + Abschreibungen (– Zuschreibungen) + Erhöhung der langfristigen Rückstellungen = Cash Flow (Brutto-Cash-Flow) – Gewinnausschüttung = Netto-Cash-Flow)
Cash Management *n* (Fin) cash management
(ie, sachgerechte Kassendisposition e-r Unter-

nehmung; wesentlicher Bestandteil der kurzfristigen Liquiditätsplanung)
CATIA-Konzept *n* (EDV) CATIA (computer-graphics aided three-dimensional interactive application) system
(ie, interaktives System für rechnerunterstützte Konstruktion und Fertigung (CAD/CAM) im 3D- und 2D-Bereich)
Cauchy-Riemannsche Differentialgleichung *f* (Math) Cauchy-Riemann equation
Cauchyscher Integralsatz *m* (Math) Cauchy integral law
Cauchysches Konvergenzkriterium *n* (Math) Cauchy principle of convergence
Cauchysches Restglied *n* (Math) Cauchy's form of remainder
Cauchy-Standardverteilung *f* (Stat) standard Cauchy distribution
Cellulartelefon *n* (com) = tragbares Telefon, qv
Centralvereinigung *f* **Deutscher Handelsvertreter und Handelsmakler** (com) Federation of German Commercial Agents and Brokers)
CES-Funktion *f* (Vw) CES *(constant elasticity of substitution)* function
ceteris paribus (Vw) other things being equal
(ie, unter Vernachlässigung aller sonstigen Einflußgrößen)

175

C-Geschäft *n* (Fin) installment credit based on bills of exchange

charakteristische Determinante *f* (Math) characteristic determinant

charakteristische Funktion *f* (Math) characteristic function

charakteristische Gleichung *f* (Math) characteristic equation
(ie, which has a solution, subject to specific boundary conditions, only when a parameter ocurring in it has certain values)

charakteristische Matrix *f* (Math) characteristic matrix

charakteristischer Wert *m* **e–r Grundgesamtheit** (Stat) summary measure

charakteristische Wurzel *f*
(Math) characteristic (*or* latent) root
– proper value
– eigenwert

charakterliche Zuverlässigkeit *f* (Pw) character firmness

Charge *f* (IndE) batch

Chargenfertigung *f* (IndE) batch production *(ie, no continuous or standardized production)*

Chargenkalkulation *f* (KoR) batch-type costing *(ie, special type of ‚Divisionskalkulation‘)*

Chargenproduktion *f* (IndE) = Chargenfertigung

Chargenstreuung *f* (IndE) batch variation

Chart-Analyse *f*
(Fin) chart analysis
– charting *(syn, technische Analyse, qv)*

Chart-Analyst *m* (Fin) chartist

Charterer *m* (com) charterer

Charterflug *m* (com) charter flight

Chartergeschäft *n* (com) charter business

Chartermaschine *f* (com) charter plane

chartern
(com) to charter
– to hire
– to affreight

Chartern *n* (com) chartering *(ie, of ocean-going vessel or airplane)*

Charterpartie *f* (com) charter party, § 557 HGB

Chartervertrag *m*
(com) contract of affreightment
– charter party

Chart-Service *m* (Bö) chart service
(ie, es werden bereitgestellt: Schlußkursdiagramm, Balkendiagramm, gleitende Durchschnittskurse, Point&Figure-Diagramm)

Checkliste *f* (com) check list

Check-List-Methode *f* (Stat) check list method

Chef *m*
(com) head *(ie, of a firm)*
– (infml) boss
– (infml) chief

Chefetage *f* (com) executive floor

Chefmathematiker *m* (Vers) actuary *(syn, Aktuar)*

Chefredakteur *m* (com) editor-in-chief

Chefsekretärin *f*
(com) personal secretary
– personal assistant, PA
(ie, may be a female or a male humanperson)

Chefunterhändler *m* (com) chief negotiator

Chemiegrundstoffe *mpl* (com) base chemicals

Chemieindustrie *f* (com) chemicals industry

Chemiekonzern *m* (com) chemicals group

Chemiemärkte *mpl* (com) chemicals markets

Chemieriese *m* (com) chemical giant *(eg, BASF, Hoechst, Bayer)*

Chemieunternehmen *n* (com) chemicals company

Chemiewerte *mpl* (Bö) chemicals

Chemikaliengesetz *n* (Re) Chemicals Law
(ie, protection of people and the environment from harmful effects of dangerous materials)

chemische Industrie *f* (com) = Chemieindustrie

Chiffreanzeige *f*
(Pw) blind ad *(ie, one that does not identify the employer, a box number being provided for responses)*
(Mk) box number advertisement
– keyed advertisement

Chiffrenummer *f* (Pw) box (*or* reference) number

Chi-Maßzahl *f* (Stat) chi characteristic
(ie, square root of the more familiar chi-squared statistic)

Chip *m* (EDV) chip

Chi-Quadrat-Kriterium *n* (Stat) test of goodness of fit

Chi-Quadrat-Test *m* (Stat) chi square test

chiquadratverteilt (Stat) chi square distributed

Chi-Quadrat-Verteilung *f* (Stat) chi square distribution
(ie, a particular case – Spezialfall – of the Pearson Type III distribution)

Chi-Verteilung *f* (Stat) chi distribution
(ie, distribution of the positive square root of the statistic, known as chi-squared)

cif-Agent *m* (com) CIF agent

cif-Geschäft *n* (com) CIF contract (*or* transaction)

CIM-Baustein *m* (IndE) CIM module

circa (Bö) about

Circadian-Rhythmus *m* (Pw) circadian rhythm

C-Länder *npl* (AuW) C countries *(ie, die Entwicklungsländer Lateinamerikas)*

Clausula *f* **rebus sic stantibus** (Re) clausula rebus sic stantibus
(ie, tacit condition attaching to all contracts which cease to be binding when underlying facts have changed)

Clearing *n* (Fin) clearing

Clearing-Forderungen *fpl* (Fin) clearing receivables

Clearing-Guthaben *n* (Fin) clearing assets

Clearingstelle *f* (Fin) clearing house

Clearingverkehr *m* (Fin) clearing transactions

CMOS-Schaltung *f* (EDV) CMSO integrated circuit *(ie, CMOS = custom metal oxide semiconductor = kundenspezifischer MOS-Schaltkreis)*

Cobb-Douglas-Funktion *f* (Vw) Cobb Douglas function *(ie, macroeconomic production function)*

COBOL-Programm *n* (EDV) COBOL source program

COBOL-Übersetzer *m* (EDV) COBOL compiler

COBOL-Zeichenvorrat *m* (EDV) COBOL character set *(syn, COBOL-Teichensatz)*

COBOL-Zielprogramm *n* (EDV) COBOL object program

Codeklausel *f* (EDV, Cobol) code clause
Codeprüfung *f* (EDV) code check
Codetabelle *f* (EDV) code table
Codierblatt *n* (EDV) coding sheet
codieren
   (EDV) to code
   – to encode
Codierer *m*
   (EDV) coder *(ie, person writing computer instructions)*
   (EDV) coding device
   – encoder
Codiermatrix *f* (EDV) coding matrix
codiert dezimal (EDV) coded decimal
codierter Befehl *m* (EDV) coded instruction
codiertes Programm *n* (EDV) coded program
Codierung *f* (EDV) coding
Codierzeile *f* (EDV) code line
Cod-Sendung *f* (com) consignment „cash on delivery"
commercial franc (Fin) Handelsfranc *m* *(opp, free franc)*
compiler *m*
   (EDV) compiler
   – compiling routine
   (ie, program to translate a higher programming language into a machine language)
Compiler *m*
   (EDV) compiler
   – compiling routine
   (ie, program to translate a higher programming language into a machine language
Computer *m* (EDV) computer
   (ie, sequence of generations:
   1. first generation: vacuum tubes;
   2. second generation: transistors;
   3. third generation: integrated circuits, ICs;
   4. fourth generation: VLSI chips;
   5. fifth generation: large numbers of VLSI chips in parallel;
   syn, Rechner, Rechenanlage, Datenverarbeitungsanlage)
Computerbrief *m* (com) personalized computer letter
Computergeld *n* (Fin) electronic (*or* disk) money
computergestützt
   (EDV) computer-aided (*or* -based)
   – computerized
computergestützte Fernbuchhaltung *f* (ReW) computer-based remote accounting
   (cf, BFH vom 10.7.1978, BStBl. II 1979, 20)
computergestützte Fertigung *f* (IndE) computer-aided manufacturing, CAM
computergestützte Informationserschließung *f* (EDV) information retrieval
computergestützte Produktionsplanung *f* (Bw) computer-based production planning
computergestütztes Arbeitsvermittlungssystem *n* (Pw) computerized job bank network
computergestütztes Konstruieren *n* (EDV) computer-aided design, CAD
computergestütztes Telefoninterview-Verfahren *n* (Mk) computer-aided telephone interviewing
   – CATY system
computergestützte Strategie-Vertriebssteuerung *f*

(Bw) computer-aided strategy and sales controlling, CAS
   (ie, modular aufgebautes Markt-Führungssystem mit Planungs- und Kontrollvorgängen zur Steuerung des Geschäftes mit Marktzielen)
Computergrafik *f* (EDV) computer graphics
computer-integrierte Fertigung *f* (IndE) computer-integrated manufacturing, CIM
   (ie, links variable islands into integrated systems under the management of computers)
Computerkasse *f* (EDV) electronic till
   (ie, main computer may dial each branch to take information from each till's memory)
Computerkonferenz *f* (EDV) computer (*or* electronic) conferencing *(ie, besondere Form der Telekonferenz)*
Computer-Kriminalität *f* (Bw) computer crimes
Computerlauf *m* (EDV) computer run
computerlesbar (EDV) machine readable
Computer *m* **mit zwei Plattenlaufwerken** (EDV) dual-disk drive computer
Computerprogramm *n* (EDV) computer program
Computersatz *m* (EDV) computer typesetting *(ie, in text processing)*
Computer-Scheckkarte *f*
   (EDV) memory (*or* chip) card
   – electronic checkbook
Computersteuerung *f* (EDV) computer control
computerunterstützt (EDV) = rechnergestützt, qv
computerunterstützte Qualitätssicherung *f* (IndE) computer-aided quality assurance, CAQ *(ie, meist mit übergeordnetem PPS [Produktplanungssystem] gekoppelt)*
Computer-Wörterbuch *n* (EDV) electronic dictionary
Condock-Schiff *n* (com) container-dock ship
Container *m* (com) container
Containerdepot *n* (com) container yard
Containerfracht *f*
   (com) containerized freight
   – capsule cargo
Container-Frachtbrief *m* (com) container bill of lading
Container-Linie *f* (com) container line
Container-Packstation *f* (com) container freight station
Containerschiff *n* (com) container ship
Containerstapel *m* (com) unit load
Containerstapler *m* (com) container carrier truck
Containerterminal *m od n* (com) container terminal
Container-Verkehr *m* (com) container traffic
contradictio *f* **in adiecto** (Log) contradiction in terms *(ie, a phrase of which the parts are expressly inconsistent)*
Contremineur *m*
   (Bö) bear
   – speculator for a fall of prices
Controlling *n*
   (Bw, US) controlling
   – (GB) controllership
Copytesten *n* (Mk) copytesting *(ie, to measure the effectiveness of advertising copy)*
Courtage *f* (Fin) brokerage
Courtagerechnung *f* (Bö) brokerage statement

Courtagesatz m (Fin) brokerage rate
CpD (Fin) = Konto pro Diverse
CpD-Konto n (Fin) account held for uncleared settlements, undisclosed customers, etc.
CPFF-Vertrag m (com) cost plus fixed fee contract
CPIF-Vertrag m (com) cost plus incentive fee contract
CPM-Methode f (OR) critical path analysis
Cramèr-Raosche Ungleichung f (Math) Cramèr Rao inequality
CRC-Prüfzeichen n (EDV) cyclic redundancy check character
Cross Hedge m (Bö) cross hedge

(ie, imperfect matches of the futures contract to the cash instrument: das zu kaufende od zu verkaufende Gut ist nicht identisch mit dem am Terminmarkt gehandelten; eg, T-bill futures contract to hedge a commitment in CDs)
C-Techniken fpl (EDV) computer-aided techniques *(eg, CAD, CAM, CAE, CIM)*
cusp (Math) Eckpunkt m zweier Tangenten
Cutoff-Verfahren n (ReW) cutoff method *(ie, Auswahl nach dem Grundsatz der ‚materiality': Auswahlvorgang wird abgeschnitten, wenn ein bestimmter Wert des Prüffeldes geprüft ist; syn, Konzentrationsauswahl)*

D

Dachfonds m
(Fin) pyramiding fund
– fund of funds
(ie, assets consist of shares of other investment funds, legally prohibited in 1969)
Dachgesellschaft f (com) holding company *(ie, either an AG or a GmbH, set up to control and dominate affiliated companies; Obergesellschaft im Konzern)*
Dachorganisation f (com) umbrella organization
Dachprogramm n (EDV) = Organisationsprogramm
Dachschädenversicherung f (Vers) roof damage insurance
(ie, introduction several times attempted but not permitted by insurance supervisory authorities)
Dachverband m (com) umbrella organization
DAG (Pw) = Deutsche Angestelltengewerkschaft
Damnum n
(Fin) loan discount (*or* premium)
– debt discount
– (often called) points
(ie, Differenz zwischen dem höheren Nennwert und dem niedrigeren Auszahlungswert, vor allem bei Hypotheken; difference between the amount of repayment of a loan and the payout amount; syn, Darlehensabgeld, Auszahlungsdisagio)
(Fin) loss *(eg, on exchange rates, securities)*
dämpfen
(com) to check
– to curb
– to damp down
– to retard
– to slow down
Dämpfung f
(com) curb
– slackening
– slowdown
Dämpfungsfunktion f (Math) loss function
Dankschreiben n
(com) letter of thanks
– note of thanks
(infml) bread-and-butter letter
Darbietung f
(Mk) presentation

(IndE) supply *(eg, of water, energy)*
Dargebot n (IndE) supply *(eg, water, energy)*
Darlegung f (Zo) presentation of goods to be cleared, ready for inspection
Darlehen n
(Fin) loan
– advance
(Re) loan *(ie, of money and other fungible things, § 607 I BGB)*
Darlehen npl **an Tochtergesellschaften** (ReW) advances to subsidiary companies
Darlehen n **aufnehmen**
(Fin) to raise
– to contract
– to obtain
– to secure
– to take on
– to take up . . . a loan
Darlehen n **aushandeln**
(Fin) to negotiate/arrange . . . n
– to negotiate the terms of a loan
Darlehen n **gegen Pfandbestellung**
(Fin) loan secured by chattel mortgage
– collateralized loan
Darlehen n **genehmigen** (Fin) to approve a loan
Darlehen n **gewähren**
(Fin) to extend
– to grant
– to make . . . a loan
Darlehen n **kündigen** (Fin) to call/recall . . . a loan
Darlehen n **mit täglicher Kündigung** (Fin) loan at call
Darlehensabgeld n (Fin) loan discount = Damnum, qv
Darlehensagio n (Fin) loan premium
Darlehensantrag m (Fin) application for a loan
Darlehensbedingungen fpl (Fin) terms of a loan
Darlehensbestand m (Fin) loan portfolio
Darlehensbetrag m (Fin) loan amount
Darlehensempfänger m (Fin) borrower
Darlehensfinanzierung f (Fin) loan financing
(ie, general term to denote financing through outside lenders)
Darlehensforderung f
(Fin) claim under a loan

– loan receivable
Darlehensforderungen *fpl* **abzüglich Wertberichtigungen** (Fin) loans less provisions
Darlehensforderungen *fpl* **gegenüber Betriebsangehörigen** (ReW) due from officers and employees
Darlehensgeber *m* (Fin) lender
Darlehensgeschäft *n* (Fin) lending (*or* loan) business
Darlehensgewährung *f* (Fin) loan grant
Darlehenshypothek *f* (Re) mortage securing a loan (*ie, häufigste Form der Verkehrshypothek*)
Darlehenskasse *f* (Fin) loan bank
Darlehenskonten *npl* **der Töchter** (ReW) loan accounts – subsidiaries of . . .
Darlehenskonten *npl* **eigene Tochtergesellschaften** (ReW) loan accounts – own subsidiaries
Darlehenskonto *n* (ReW) loan account
Darlehenskosten *pl* (Fin) loan charges
Darlehensnehmer *m* (Fin) borrower
Darlehenspolitik *f* (Fin) lending policy
Darlehensrückzahlung *f* (Fin) amortization/repayment . . . of a loan
Darlehensschuld *f* (Fin) loan debt
Darlehensschulden *fpl* (Fin) loans
Darlehensschuldner *m* (Fin) borrower
Darlehenssumme *f* (Fin) amount of loan
Darlehensvaluta *f* (Fin) loan proceeds
Darlehensverbindlichkeiten *fpl* (Fin) loan liabilities
Darlehensvermittler *m* (Fin) loan broker
Darlehensversprechen *n* (Fin) promise to extend a loan, § 610 BGB
Darlehensvertrag *m*
(Fin) loan agreement
– credit agreement (*or* contract) (*syn, Kreditvertrag*)
Darlehensvertrag *m* **abschließen** (Fin) to conclude a loan agreement
Darlehensvorvertrag *m* (Fin) preliminary loan agreement
Darlehenszinsen *mpl* (Fin) interest on loans, § 608 BGB and §§ 354 II, 352 HGB
Darlehenszinssatz *m*
(Fin) loan interest
– lending rate
Darlehenszusage *f*
(Fin) loan commitment
– promise to grant a loan
Darlehen *n* **tilgen** (Fin) to repay a loan
Darlehen *npl* **von Kreditinstituten** (ReW) bank loans
Darlehen *n* **zurückzahlen** (Fin) to pay off (*or* repay) a loan
darstellen
(com) to describe
(com) to represent
– to portray
– to picture
darstellende Geometrie *f* (Math) projective geometry
Darstellung *f*
(com) description
(com) representation
Darstellungsbereich *m*
(EDV) display (*or* operating) space

– workstation viewport (*ie, in Computergrafik*)
Darstellungsfeld *n* (EDV) viewport (*ie, in Computergrafik*)
Darstellungsfläche *f* (EDV) display surface (*ie, in Computergrafik*)
Darstellungsraum *m* (EDV) image space (*ie, in Computergrafik*)
Datei *f*
(EDV) file
– data file
Dateiabschlußanweisung *f* (EDV, Cobol) close statement
Dateiabschnitt *m* (EDV) file section
Dateianfangsetikett *n* (EDV) file header label
Dateianfangskennsatz *m* (EDV, Cobol) beginning file label
Dateiaufbau *m* (EDV) file (*or* record) layout
Dateiaufbereitungsprogramm *n* (EDV) file edit routine
Dateibereich *m* (EDV) file area
Dateibezeichnung *f* (EDV) file name
Dateidefinition *f* (EDV) file definition
Dateidefinitionsanweisung *f* (EDV) data definition statement
Dateidefinitionsname *m* (EDV) dd name
Dateiende *n* (EDV, Cobol) end of file, EOF
Dateiendeanzeiger *m* (EDV) end-of-file . . . mark/indicator
Datei-Endekennsatz *m* (EDV, Cobol) end of file label
Dateiende-Programm *n* (EDV) end-of-file routine (*ie, checks that the contents of a file read into the computer were correctly read*)
Dateiendetikett *n*
(EDV) trailer label
– end of file label
Dateiendmarke *f* (EDV) end of file marker (*or* indicator)
Datei *f* **erstellen** (EDV) to create a file
Dateikennsatz *m* (EDV, Cobol) file identifier (*or* label)
Dateikennung *f* (EDV) (file) extension (*eg, COM, EXE, BAT*)
Dateilücke *f* (EDV) file gap
Dateiname *m* (EDV) file name
Datei *f* **rückspeichern** (EDV) to clear a file
Dateischutz *m* (EDV) file protection
Dateispezifikation *f* (EDV) file specification
Dateisteuerblock *m* (EDV) data control block, DCB
Dateisteuerung *f* (EDV) data file control
Dateiverarbeitung *f* (EDV) file processing
Dateiverbundsystem *n* (EDV) linked file system
Dateiverwaltung *f* (EDV) file management
Dateiwartung *f* (EDV) file maintenance
Dateldienste *mpl* (EDV) datel services
Daten *pl*
(com) data
– facts and figures
– particulars
– conditions
datenabhängiger Fehler *m* (EDV) pattern sensitive fault
Daten *pl* **abrufen** (EDV) to recall data
Datenabruftechnik *f* (EDV) polling method

Datenanalyse f (Bw) data analysis
Datenanzeigeeinrichtung f (EDV) data display
Datenaufbereitung f
(EDV) data preparation
(EDV) data editing
Datenausgabe f (EDV) data output
Datenaustausch m (EDV) data communication exchange
Datenaustauscheinheit f (EDV) data exchange unit
Datenaustauschsteuerung f (EDV) data exchange control, DXC
Datenaustauschsystem n (EDV) date interchange system
Datenauswahlsteuerung f (EDV) data select control
Datenauswertung f (Stat) data evaluation
Datenbank f (EDV) data base
Datenbankabfragesystem n (EDV) data base inquiry system
Datenbank-Management-System n (EDV) data base management system, DBMS
Datenbanksprachen fpl (EDV) data base languages *(ie, generic term covering ,Datenbeschreibungssprachen' and ,Datenmanipulationssprachen')*
Datenbanksystem n (EDV) data base system
Datenbankverwalter m (EDV) data base administrator
Datenbankverwaltung f (EDV) data base management (facilities)
Datenbasis f (EDV) data base
Datenbearbeitung f (EDV) data manipulation
Datenbehandlungssprache f (EDV) data manipulation language
Datenbereich m (EDV) data area
Datenbeschreibung f (EDV) data definition
Datenbeschreibungssprache f (EDV) data definition language, DDL
Datenbestand m (EDV) data stock
Datenbestandsschutz m (EDV) data file protection
Datenbit n (EDV) information bit *(opp, Kontrollbit = control bit)*
Datenblatt n (EDV) spec sheet
Datenblock m (EDV) data block
Datenblockadresse f (EDV) data block address
Datenbus m (EDV) data bus
Datendarstellung f (EDV) data representation
Datendirektübertragung f (EDV) on-line data transmission
Datendurchsatz m (EDV) data throughput
Datenebene f (EDV, Cobol) data level
Dateneingabe f (EDV) data ... entry/input
Dateneingabegerät n (EDV) data entry unit
Dateneinheit f (EDV) data unit
Datenelement n
(EDV, Cobol) data element
– elementary item *(cf, DIN 66 028, Aug 1985)*
Datenendeinrichtung f (EDV) data terminal equipment
Datenendgerät n
(EDV) data terminal
– terminal (unit)
Datenendplatz m
(EDV) data terminal
– terminal

Datenendstation f (EDV) communication terminal
Daten pl **erfassen**
(com) to accumulate
– to acquire
– to collect ... data
Datenerfassung f
(EDV) data ... acquisition/capture
– data entry
Datenerfassungskasse f (EDV) point-of-sale (POS) system
Datenerfassungssystem n (EDV) data acquisition system
Datenerhebung f (Stat) data collection
Datenfehler m (EDV) data error
Datenfeld n
(EDV, Cobol) data item
– item of date
– item
(EDV) data field
Datenfernübertragung f (EDV) telecommunication
Datenfernübertragungsnetz n (EDV) telecommunications network
Datenfernübertragungssystem n (EDV) telecommunication system
Datenfernübertragungssystem n **der Kreditinstitute** (Fin) direct fund transfer system
Datenfernverarbeitung f
(EDV) remote data processing
– telecomputing
– teleprocessing
Datenfluß m (EDV) data flow
Datenflußplan m (EDV) data flowchart
Datenflußsteuerung f (EDV) data flow control
Datenformat n (EDV) data format
Datengewinnung f (EDV) data acquisition *(syn, Datenerfassung)*
Datengruppe f
(EDV) array
(EDV, Cobol) group item
Datenintegrität f (EDV) data integrity
Datenkanal m (EDV) data channel
Datenkarte f (EDV) data card
Datenkasse f
(EDV) POS terminal
(Mk) stand-alone terminal
Datenkennsatz m
(EDV) dataset label, DSL
– header label
Datenkettung f (EDV) data chaining
Datenkommunikation f (EDV) data communication
Daten-Kompatibilität f (EDV) data compatibility
Datenkompression f (EDV) = Datenkomprimierung
Datenkomprimierung f (EDV) data compression *(syn, Datenkompression, Datenverdichtung)*
Datenkonstellation f
(com) facts
– situation
Datenkonvertierung f (EDV, Cobol) conversion of data
Datenkonzentrator m (EDV) data concentrator
Datenkranz m
(Vw) set of non-economic factors
– non-economic environment

180

Datenleitung *f* (EDV) data line (*or* circuit)
Datenlogger *m* (EDV) data logger
Datenmakro *n* (EDV) data macro
Datenmanagement *n* (EDV) data management
Datenmanipulation (EDV) data manipulation
Datenmanipulationssprache *f* (EDV) data manipulation language, DML
Datenmißbrauch *m* (EDV) data abuse
Datenname *m* (EDV, Cobol) data name
Datenorganisation *f* (EDV) data organization
Datenpaket *n* (EDV) data packet
Datenpaketbetrieb *m* (EDV) packet mode
Datenpaketübertragung *f* (EDV) packet switching
Datenpfad *m* (EDV) data highway (*or* bus *or* trunk)
Datenprozeßsteuerung *f* (EDV) data processing system
Datenrate *f*
  (EDV) channel transfer rate
  – data rate *(syn, Kanalrate)*
Datenreduktion *f* (Stat) reduction of data
Datenretrieval *n* (EDV) data retrieval
Datensatz *m* (EDV, Cobol) data record
Datenschutz *m* (EDV) data privacy protection
Datenschutzbeauftragter *m*
  (EDV) Federal Data Protection Commissioner
  (EDV) data protection officer
Datenschutzgesetz *n*
  (Re) Federal Data Protection Law
  – (US) Privacy Act
Datensicherheit *f* (EDV) data security
Daten *pl* **sichern** (EDV) to back up data
Datensicherung *f*
  (EDV) data protection
  (EDV) backup
Datensicherung *f* **mit Rückübertragung** (EDV) information feedback system
Datensichtgerät *n*
  (EDV) data display station
  – video terminal
  – display (screen)
Datensichtplatz *m* (EDV) data display console
Datenspeicher *m* (EDV) data memory (*or* storage)
Datenspeicherorganisation *f* (EDV) data memory organization
Datenstation *f* (EDV) workstation *(syn, Arbeitsplatzrechner)*
Datensteuerung *f* (EDV) data control
Datenstruktur *f* (EDV) data format (*or* structure)
Datentechnik *f* (EDV) data systems technology
Datenträger *m* (EDV) data medium (*or* carrier) *(ie, Diskette od Festplatte)*
Datenträgerarchiv *n*
  (EDV) data archives
  – data record office
Datenträgerbuchführung *f* (ReW) books and recordings in the form of storage media, § 43 IV HGB *(eg, tapes, microfilms, discs; syn, Speicherbuchführung)*
Datenträger-Inhaltsverzeichnis *n* (EDV) volume table of contents, VTOC
Datenträgerkennsatz *m* (EDV) volume (ID) label
Datenträgername *m* (EDV) volume name
Datenträgerspeicher *m* (EDV) data carrier storage
Datentransfer *m* (EDV) data transfer

Datentyp *m* (EDV) data type
Datentypistin *f* (EDV) keyboarder
Datenübermittlung *f* (EDV) data communication
Datenübermittlungsabschnitt *m* (EDV) communication (*or* data) link
Datenübermittlungsgerät *n* (EDV) data transmission unit
Daten *pl* **übertragen** (EDV) to transfer data
Datenübertragung *f*
  (EDV) data . . . transfer/traffic
Datenübertragungs-Einrichtungen *fpl* (EDV) data transmission facilities
Datenübertragungsgeschwindigkeit *f* (EDV) transmission speed
Datenübertragungskanal *m* (EDV) data channel
Datenübertragungsleitung *f* (EDV) data transmission line
Datenübertragungsprogramm *n* (EDV) communication control program, CCP
Datenübertragungssteuerung *f*
  (EDV) communication control
  – data link control procedure
Datenübertragungssteuerzeichen *n* (EDV) transmission control character
Datenumsetzung *f* (EDV) data conversion
Datenverarbeitung *f* (EDV) data (*or* information) processing
Datenverarbeitungsanlage *f*
  (EDV) computer
  – data processing (*or* dp) equipment
  (syn, Rechenanlage)
Datenverarbeitungssystem *n* (EDV) data processing system *(syn, Rechensystem)*
Datenverbund *m* (EDV) data combination
Datenverdichtung *f* (EDV) = Datenkomprimierung
Datenvermittlungstechnik *f* (EDV) data switching
Datenverwaltung *f* (EDV) data management
Datenwiederherstellung *f* (EDV) data recovery
Datenwort *n* (EDV) data word
datieren (com) to date
datiert sein (com) to bear date (of)
Datierung *f* (com) dating *(eg, of a document)*
dato (com, *obsolete*) date
dato nach heute (Fin) after date, a/d
Datowechsel *m*
  (Fin) after-date bill of exchange
  – bill (payable) after date
  (opp, Tageswechsel, Datumswechsel)
Datum *n* **des Angebots** (com) date of quotation
Datum *n* **des Inkrafttretens** (Re) effective date
Datum *n* **des Poststempels** (com) date as postmark
Datumsangabe *f*
  (com) date *(eg, undated letter)*
  (Mk) code date
  (eg, printed on perishable goods)
Datumstempel *m*
  (com) dater
  – date stamp
Datumswechsel *m*
  (Fin) bill payable at a fixed date
  – day bill
  (syn, Tagwechsel; opp, Datowechsel)
Dauer *f*
  (com) duration

(Re) term
(OR) elapsed time
Dauerabfluß *m*
(Vw) permanent drain
Daueraktionär *m* (com) long-term shareholder
Daueranlage *f*
(Fin) permanent holding
– long-term investment
Daueranleger *m* (Fin) long-term investor
Daueranschlag *m* (Mk) permanent advertising *(ie, mostly for several years; opp, Bogenanschlag)*
Dauerarbeitslosigkeit *f* (Vw) chronic unemployment
Dauerauftrag *m*
(com) standing order
(Fin) money transfer order *(ie, the practice is rare in America)*
– (GB) banker's order
– mandate
Dauerausschreibung *f* (com) standing invitation to tender
Dauerbelastung *f* (com) permanent burden
Dauerbeschäftigung *f* (Pw) permanent employment
Dauerbetrieb *m* (IndE) continuous operation
Dauerbürgschaft *f* (Re) continuing guaranty
(ie, covers a succession of liabilities for which, as and when they accrue, the guarantor becomes liable)
Dauer *f* **der Beschäftigung** (Pw) length of employment *(or service)*
Dauer *f* **der Betriebszugehörigkeit**
(Pw) length of service
– number of years of service
– seniority
Daueremission *f*
(Fin) constant issue
– issue offered continuously
– tap issue
(ie, by mortgage banks and certain banks making communal loans)
Daueremittent *m*
(Fin) constant issuer
(Bö) tap issuer
Dauerfinanzierung *f* (Fin) continuous funding
dauerhafte Güter *npl*
(Vw) durable goods
– durables
dauerhafte Konsumgüter *npl*
(Vw) durable consumer goods
– consumer durables
dauerhafte Nutzung *f* (Bw) permanent use *(or* flow of services)
dauerhafte Produktionsmittel *npl* (Vw) producer durables
Dauerinflation *f* (Vw) persistent inflation
Dauerinserent *m* (Mk) rate holder
Dauerkonsortium *n* (Fin) standing loan syndicate
Dauerkredit *m* (Fin) long-term credit
Dauerkrise *f* (Vw) permanent crisis
Dauerkunde *m*
(com) regular customer
– repeat buyer
Dauerkundschaft *f* (com) established clientele
dauernde Einrede *f* (Re) peremptory . . . defense/ exception

(syn, ausschließende od zerstörliche od peremptorische Einrede)
dauernde Erwerbsunfähigkeit *f* (SozV) permanent incapacity for self-support
dauernde Invalidität *f* (SozV) permanent disablement
dauernde Lasten *fpl* (StR) permanent . . . burden/ charges
(ie, obligation imposed on a person, or, more often, an encumbrance of real property, § 9 I No. 1 EStG)
dauernd getrennt lebend (StR) permanently separated, § 10 I No. 1 EStG
dauernd pflegebedürftig (SozV) permanently in need of care
Dauernutzungsrecht *n* (Re) proprietary lease
Dauerposten *m*
(Pw) permanent job *(or* position)
Dauerprüfung *f*
(ReW) continuing audit
(IndE) endurance/fatigue . . . test
Dauerregelung *f* (com) permanent arrangement
Dauerrente *f* (SozV) permanent pension
(ie, paid to injured persons by the statutory accident insurance fund)
Dauerschaden *m* (SozV) permanent injury
Dauerschulden *fpl* (StR) permanent debts
(ie, serving to strengthen the capital structure of a business for a substantial length of time, § 8 No. 1 GewStG)
Dauerschuldverhältnis *n* (Re) continuous obligation
(ie, contracts under which debtor's performance extends over a longer period of time, esp. if performance takes place in installments)
Dauerschuldzinsen *mpl* (StR) interest on permanent debt, § 8 No. 1 GewStG
Dauersparauftrag *m* (Fin) automatic deduction plan
(ie, under which a bank transfers to a savings account a specified sum at fixed intervals)
Dauersparen *n* (Fin) long-term saving
Dauerstellung *f* (Pw) permanent position
Dauertender *m* (Bö) continuous tender panel, CTP
(ie, agent quotes the strike offer yield throughout the offering period and on this basis underwriters approach clients; underwriters are guaranteed a supply of paper up to their prorated underwriting commitment)
Dauerverpflichtungen *fpl* (FiW) permanent obligations
Dauerversuch *m* (IndE) = Dauerprüfung, qv
Dauervollmacht *f* (Re) permanent power of attorney
Dauerwerkzeuge *npl* (KoR) permanent tools
Dauerwohnrecht *n* (Re) permanent residential *(or* occupancy) right
(ie, recorded on the land register = Grundbuch, may be sold and inherited)
Dauerwohnrechtsvertrag *m* (Re) contract relating to permanent residential right
Dauerwohnsitz *m* (Re) permanent residence
Daumenregister *n* (com) thumb index
davonlaufende Preise *mpl* (com) skyrocketing prices

DAX (Fin) = Deutscher Aktienindex = German Stock Index

DB (com) = Deutsche Bundesbahn

DBA (StR) = Doppelbesteuerungsabkommen

DBB (Pw) = Deutscher Beamtenbund

DBP (Pat) = Deutsches Bundespatentamt

DBPa (Pat) = für Deutsches Bundespatent angemeldet

DCF-Analyse *f*
(Fin) discounted cash flow analysis
– DCF (*or* dcf) analysis

DD-Anweisung *f* (EDV) data definition statement
(syn, Dateidefinitionsanweisung)

Découvert *n* (Bö) = Leerverkauf

Debet *n* (ReW) debit side *(ie, of an account)*

Debetbuchung *f* (ReW) debit entry

Debetsaldo *m*
(ReW) balance due
– debit balance

Debetseite *f* (ReW) debit side *(ie, of an account)*

Debetspalte *f* (ReW) debit column

Debetzins *m* (Fin) interest on debit balance

Debitoren *pl*
(ReW) accounts receivable
– customer's accounts
– receivables *(syn, Forderungen)*
(Fin) lendings

Debitorenausfälle *mpl* (Fin) loan chargeoffs (*or* writeoffs)

Debitorenbewegungsdatei *f* (ReW) accounts receivable (*or* A/R) journal entry file

Debitorenbuch *n* (ReW) accounts receivable transactions register

Debitorenbuchhaltung *f* (ReW) accounts receivable department

Debitorenbuchung *f* (ReW) accounts receivable entry

Debitorendatei *f* (ReW) accounts receivable file

Debitorengeschäft *n* (Fin) lending business

Debitorenjournal *n* (ReW) accounts receivable transactions register

Debitorenkartei *f* (ReW) accounts receivable file

Debitorenkonto *n* (ReW) accounts receivable account

Debitorenkontoauszug *m* (ReW) A/R statement

Debitorenkredit *m*
(Fin) accounts receivable loan

Debitorenliste *f* (Fin) accounts receivable list

Debitorensaldo *m* (ReW) balance due

Debitorensätze *mpl* (Fin) lending rates

Debitorensystem *n* (ReW) receivables system

Debitorenumschlag *m*
(ReW) receivables turnover
– (average) days of receivables

Debitoren-Umschlagkennzahl *f*
(ReW, US) accounts receivable collection period
– days' sales in receivables
– days' sales outstanding
– (GB) debtor days ratio
(ie, Debitorenbestand zu Verkäufen: average trade debtors to average daily value of credit sales)

Debitorenverkauf *m* (Fin) sale of accounts receivable

Debitorenversicherung *f* (Vers) accounts receivable insurance

Debitorenverwaltung *f*
(Fin) debtor management
– sales accounting and collection service
(ie, the making of collections and accounts receivable ledgering)

Debitorenwagnis *n* (ReW) accounts receivable risk
(syn, Vertriebswagnis)

Debitorenziehung *f* (Fin) bill drawn by a bank on a debtor
(ie, may also be a promissory note made out by a debtor and presented to his bank)

Debugger *m* (EDV) debugger
(ie, Systemprogramm zur Suche von Laufzeitfehlern [run-time errors] in e–m Programm)

Deckenbahn *f* (IndE) liner board *(ie, flat facing of corrugated board = Wellpappe)*

Deckladung *f* (com) deck cargo

Deckladungsversicherung *f* (Vers) deck cargo insurance

Deckung *f*
(Vw) backing *(ie, of a currency)*
(Fin) cover
(ie, ausreichende Geldmittel zur Einlösung von Scheck und Wechsel)
(Bö) covering purchase
– short covering
(ie, Käufe zur Abdeckung vorangegangener Leerverkäufe; syn, Deckungskauf)
(Vers) insurance coverage
– (GB) insurance cover
(ie, indicating the aggregate risks covered by a particular policy)

Deckung *f* **anschaffen** (Fin) to provide cover

Deckung *f* **der Anleihezinsen durch die Gewinne des Unternehmens** (Fin) interest times earned

Deckung *f* **im Leergeschäft** (Bö) short covering

Deckungsanschaffung *f* (Fin) provision of cover

Deckungsauflage *f* (com) break-even number of printed copies
(ie, of a book that must be sold to cover direct cost and prorated overhead)

Deckungsauftrag *m* (Bö) covering order

Deckungsbedürfnisse *npl* (FiW) budgetary requirements

Deckungsbeitrag *m*
(KoR) contribution margin
Also:
– profit contribution
– variable gross margin (*or* profit)
– marginal balance
– marginal income
– direct product profit
(ie, in Grenzkostenrechnungen ermittelte Bruttogewinne oder auch Differenz von Erlös und den variablen Kosten e–s Produkts)

Deckungsbeitrag *m* **in %** (KoR) contribution margin percentage

Deckungsbeitrag *m* **je Engpaßeinheit** (KoR) contribution per unit of limiting factor

Deckungsbeitrag *m* **pro Ausbringungseinheit** (KoR) unit contribution margin

Deckungsbeitragsplan *m* (KoR) contribution budget

183

Deckungsbeitragsrechnung *f*
(KoR) contribution costing (*or* analysis)
– contribution margin technique
– (US) = direct costing
– (GB) = marginal costing
(ie, Verfahren der kurzfristigen Erfolgsrechnung, das als Umsatzkostenverfahren auf Grenzkostenbasis e–e Grenzkostenrechnung zur Grundlage hat: Betriebserfolg = Umsatzerlöse – variable Selbstkosten der umgesetzten Erzeugnisse – Fixkostenblock; term mostly synonymous with ‚Grenzplankostenrechnung')
Deckungsbeschränkung *f* (Fin) cover restriction
Deckungsbestätigung *f*
(Fin) confirmation of cover
– cover note
Deckungsbetrag *m* (com) amount of coverage
Deckungsdarlehen *n* (Fin) covering loan
(ie, zur gesetzlichen Absicherung von Pfandbriefen dienen Hypothekarkredite als D.)
deckungsfähiges Risiko *n* (Fin) coverable risk
deckungsfähige Wertpapiere *npl* (Fin) fixed-interest securities which the central bank may use as cover in its open market operations
Deckungsfonds *m* (Fin) cover fund
Deckungsforderungen *fpl* (Fin) covering claims
Deckungsfrist *f* (Vers) duration of cover
Deckungsgeschäft *n* (Bö) covering/heding . . . transaction
(ie, dient zur Eindeckung leer verkaufter Wertpapiere)
Deckungsgrad *m* (Fin) cover (*or* liquidity) ratio
(eg, balance sheet ratios, such as: fixed assets to equity + long-term debt; cash and short-term receivables to current liablties; debt-equity ratio)
Deckungsgrenze *f* (Fin) cover limit
Deckungsguthaben *n*
(Fin) coverage deposit
– covering balance
– (US) compensating balance, qv
– covering balance
(Fin) bond-covered mortgage *(ie, zur Deckung von Hypothekenpfandbriefen)*
(Vers) mortgage investment based upon premium reserve stock
Deckungskapital *n*
(Fin) guaranty fund
(Vers) premium reserve
– unearned premium reserve
– mathematical reserve
– reimbursement fund
– (GB) cover of assurance
(ie, Summe aller Deckungskapitalien ergibt die Deckungsrückstellung)
Deckungskauf *m*
(com) covering purchase
(Bö) covering
– short covering
– hedge transaction
(ie, Wertpapierkauf zur Erfüllung von Lieferverpflichtungen)
Deckungsklausel *f* (FiW) cover clause
(ie, exceptional authorization to appropriate funds for purposes other than those specified in the budget)

Deckungskonto *n* (Fin) cover account
Deckungslinie *f* (Fin) backup facility
Deckungslücke *f*
(FiW) budgetary deficit
– shortfall
(SozV) deficit
Deckungslücke *f* **schließen** (FiW) to close the gap
(ie, between receipts and expenditures)
Deckungsmittel *pl* (FiW) cover funds
Deckungsmöglichkeit *f* (Fin) back-up facility
Deckungsorder *f* (Bö) covering order
Deckungspapiere *npl* (Fin) securities pledged as collateral
Deckungspunkt *m* (KoR) breakeven point
Deckungspunktanalyse *f* (KoR) breakeven analysis
Deckungsquote *f* (Fin) cover ratio
Deckungsrücklage *f* (Vers) = Deckungskapital
Deckungsrückstellung *f*
(Vers) pro rata unearned premium reserve
– (GB) cover of assurance
(ie, the terms ‚Deckungsrücklage' and ‚Prämienreservefonds', though often used, are inappropriate; the reserve is set up as an interest-bearing pool of premiums)
Deckungssatz *m* (Vers) cover (*or* reserve) ratio
Deckungsschutz *m* (Vers) insurance protection
Deckungsstock *m*
(Vers) premium reserve stock
– cover fund
(ie, total assets available as cover for the sum total of premium reserves, separately administered and supervised by a trustee; Gegenposten der Deckungsrückstellung)
Deckungsstockfähigkeit *f* (Vers) eligibility for investment in premium reserve stock
Deckungsstockgrundsatz *m* (Vers) cover fund principle
Deckungssumme *f* (Vers) amount/sum . . . insured
Deckungssysteme *npl* (Vers, SozV) cover systems
Deckungsumsatz *m* (com) breakeven sales *(ie, sales volume absorbs all costs)*
Deckungsverhältnis *n* (Vw) cover ratio *(ie, currency to gold or foreign exchange)*
Deckungsverkauf *m*
(Re) resale of goods by unpaid seller
(Bö) covering sale
– hedging sale
Deckungszeitpunkt *m* (KoR) breakeven time
(ie, Zeitpunkt, in dem die kumulierten Deckungsbeiträge erstmals die kumulierten fixen Kosten überschreiten = term used in cumulative profit analysis: point of time in a planning period where cumulative profit contributions are higher than cumulative fixed costs)
Deckungszusage *f*
(Vers) cover note *(ie, prepared by an agent)*
– binder *(ie, prepared by the insurance company)*
– slip *(ie, used in property and transportation insurance)*
decodieren (EDV) to decode
Decodierer *m* (EDV) decoder
Decodiermatrix *f* (EDV) decoder matrix
Decodiernetzwerk *n* (EDV) decoder network
Dedikationsexemplar *n*

(com) complimentary (*or* courtesy) copy *(syn, Widmungsexemplar)*
dedizierte Software *f* (EDV) dedicated software *(ie, set aside for a specific application)*
Deduktion *f*
(Log) deduction
– inference
Deduktionsgesetz *n* (Log) theorem of deduction
Deduktionsregel *f* (Log) rule of inference *(syn, Ableitungsregel, qv)*
Deduktionsschluß *m* (Log) inference
Deduktionstheorem *n* (Log) theorem of deduction
deduktive Methode *f* (Log, Math) deductive (*or* axiomatic) method
deduktiver Beweis *m* (Log) deductive proof
deduzieren
(Log) to infer
– to deduce
Defekt *m* **der Matrix** (Math) nullity of a matrix
defensive Anlagepolitik *f* (Fin) defensive investment policy
(ie, unwilling to tolerate higher degrees of risk)
defensive Investitionspolitik *f* (Bw) defensive investment policy
Defensivstrategie *f* (Bw) defensive strategy
Defensivzeichen *n* (Pat) detensive trademark, § 2 I WZG
Deficit Spending *n*
(FiW) deficit spending
– budgetary reflation
(ie, stimulating demand by widening the public sector's debt)
definieren (Log) to define
(ie, describe or explain the meaning of a word or phrase)
Definition *f* (Log) definition
(ie, statement of the meaning of a word or word group; in the definitional equation the word to be defined is called the 'definiendum', while the expression that defines is the 'definiens'; 'Kosten' is the definiendum, while 'leistungsbezogener, bewerteter Güterverzehr' is the definiens; note that the word 'Kosten' may denote a number of different concepts, for instance, in economics, in rating and valuation, in financial accounting, and other often unrelated fields)
Definition *f* **durch Induktion** (Log) recursive definition *(syn, rekursive Definition)*
Definitionsbereich *m* (Math) universal set of reference
Definitionsbereich *m* **e–r Funktion** (Math) domain of a function
Definitionsgleichung *f* (Vw) definitional equation
(ie, defines the extension of a specific variable; eg, Gesamtnachfrage = C + I)
Definitionsintervall *n* (Math) defining range
definitorische Beziehung *f* (Log) definitional relationship
definitorische Identität *f*
(Log) definitional identity
defiziente Zahl *f* (Math) defective (*or* deficient) number
Defizit *n*
(com, FiW) deficit
– shortfall

defizitär
(Fin) in deficit
– (infml) deficit-ridden
(AuW) in a deficit position
Defizit *n* **der Leistungsbilanz**
(AuW) deficit on current account
– current account deficit
Defizit *n* **der Zahlungsbilanz**
(AuW) balance of payments deficit
– external deficit
Defizit-Finanzierung *f* (FiW) deficit financing (*or* spending)
Defizit *n* **in laufender Rechnung** (AuW) deficit on current account
Defizitland *n* (AuW) deficit country
Defizitmultiplikator *m* (FiW) deficit multiplier
Deflation *f* (Vw) deflation
deflationäre Tendenzen *fpl* (Vw) deflationary tendencies
deflationieren
(Stat) to deflate
(ie, nominelle in reale Größen umrechnen)
(Vw) to revalue
Deflationierung *f* (Vw) deflating
Deflationierungsfaktor *m* (Vw) deflator
deflationistisch (Vw) deflationary
Deflationsspirale *f* (Vw) deflationary spiral
Deflator *m* (Vw) deflator *(ie, GNP 'implicit price deflator': compensating subtraction to determine the effect of rising prices)*
deflatorische Impulse *mpl* (Vw) deflationary impulses
deflatorische Lücke *f* (Vw) deflationary gap *(syn, Nachfragelücke)*
deflatorisches Gleichgewicht *n* (Vw) equilibrium under deflationary conditions
Degeneration *f* (OR) degenerate solution
Degenerationsphase *f* (Mk) decline stage *(ie, of product life cycle)*
degenerierte Lösung *f* (OR) degenerate solution
Degression *f*
(KoR) degression
(cf, Gesamtkostendegression, Stückkostendegression, Auflagendegression)
(FiW) = Steuerdegression, qv
Degressionseffekt *m* (Bw) degressive effect
Degressionsgewinne *mpl*
(Vw) economies of scale
– scale economies
Degressionsschwelle *f* (KoR) level of activity where the unit costs are at a minimum and equal to marginal costs
degressive Abschreibung *f*
(ReW) declining balance method *(of depreciation)*
– diminishing provision method
– reducing balance method
(ie, Abschreibungsbeträge sinken von Jahr zu Jahr; senken das Risiko wirtschaftlicher Entwertung; (syn, geometrisch-degressive Abschreibung; opp, arithmetisch-degressive Abschreibung)
degressive Afa *f* (StR) declining-balance tax depreciation *(ie, includes sum-of-the-years-digit method = digitale Abschreibung, § 7 II 2 EStG)*

degressive Akkorde *mpl* (IndE) degressive premiums *(eg, Rowan-Lohn)*

degressive Doppelraten-Abschreibung *f* (ReW) double-rate declining balance method (of depreciation)

degressive Kosten *pl* (KoR) degressive costs *(ie, falling average, unit or total costs in relation to a level of activity)*

degressiver Tarif *m* (com) tapering rate

degressive Steuer *f* (FiW) degressive tax

dehnbarer Begriff *m* (Log) elastic concept

dekadischer Logarithmus *m*
(Math) common logarithm
– Briggs' *(or* Briggsian) logarithm

Dekartellierung *f* (Kart) = Dekartellisierung

Dekartellisierung *f*
(Kart) decartelization *(ie, general term)*
– deconcentration *(ie, term used in banking)*

Deklaration *f*
(com) declaration *(ie, of contents and value in postal consignments)*
(StR) tax return
(Zo) customs declaration

Deklaration *f* **für zollfreie Waren** (Zo) entry for duty-free goods

Deklarationsprinzip *n* (StR) declaration principle *(ie, duty of taxpayer to cooperate in determining tax liability; eg, by filing tax returns; opp, Quellenprinzip, retained in wages tax)*

Deklarationsprotest *m* (WeR) declaratory protest

Deklarationsschein *m* (Zo) declaration certificate

Deklarationswert *m* (Zo) declared value

Deklaration *f* **zur Einlagerung unter Zollverschluß** (Zo) warehousing entry

deklaratorischer Charakter *m* (Re) declaratory effect

deklaratorische Urkunde *f* (Re) declaratory instrument
(eg, receipt, declaratory judgment = Feststellungsurteil; it declares a right, but does not establish it: it is not a ,constating instrument')

deklarieren (Zo) to declare goods

Dekomposition *f* (OR) decomposition *(ie, of a program)*

Dekompositions-Algorithmus *m* (OR) decomposition algorithm

Dekompositionsmethode *f* (Bw) decomposition method *(ie, klassische und neoklassische Methoden)*

Dekompositionsprinzip *n* (OR) principle of decomposition

Dekonzentration *f* (Kart) deconcentration *(ie, in banking)*

Dekoration *f* (Mk) window dressing *(or* display)

Dekort *m*
(com) deduction for substandard quality
(com) cash discount in wholesaling
(com) rebate in export business

Delegation *f* (Bw) delegation
(ie, Übertragung von Kompetenzen und Verantwortung an hierarchisch untergeordnete organisatorische Stelle = transfer of authority and activity to a subordinate unit)

Delegation *f* **funktionaler Kompetenz** (Bw) function authority delegation

Delegationsbefugnis *f* (Bw) power of delegation

Delegationsbereich *m* (Bw) delegated decision area

Delegation *f* **von Kompetenzen** (Bw) delegation of authority

Delikatessengeschäft *n* (com) fancy food shop

Delikt *n*
(Re) unlawful *(or* wrongful) act
– tort
– tortious act
(ie, does not include breach of contract; syn, ,unerlaubte Handlung')

deliktische Haftung *f* (Re) tortious *(or* delictual) liability

deliktsfähig (Re) capable of unlawful acts

Deliktsfähigkeit *f* (Re) capacity to commit unlawful acts

Deliktshaftung *f* (Re) liability in tort

Delkredere *n*
(com) del credere
(ie, direct personal liability of assignor or commission agent to make good a loss arising from failure of purchaser to pay)
(ReW) provision for contingent losses
– writeoff of uncollectible receivables *(or* uncollectible accounts)

Delkredereagent *m* (com) del credere agent

Delkrederegebühr *f* (Fin) credit insurance premium *(ie, in factoring)*

Delkrederegeschäft *n* (com) del credere business

Delkrederehaftung *f* (Re) del credere liability

Delkredereklausel *f* (com) del credere clause

Delkrederekonto *n*
(ReW) reserve set up to cover losses of receivables
– provision for doubtful debts
(ie, expected for the end of the business year)

Delkredereprovision *f* (com) del credere commission
(ie, paid for undertaking to guarantee the fulfillment of obligations arising from a deal, § 86 b HGB)

Delkredereserven *fpl* (Fin) additional loan loss allowances

Delkredererisiko *n* (com) collection risk *(ie, particularly high in export trade)*

Delkredererückstellung *f* (ReW) provision for doubtful debts *(ie, set up to meet a del credere liability)*

Delkredereschutz *m* (Fin) credit protection

Delkredere *n* **übernehmen** (com) to assume del credere liability

Delkredere-Versicherung *f* (Vers) del credere insurance

Delkredere-Vertrag *m* (com) del credere agreement

Delkredere-Vertreter *m* (com) del credere agent

Delkredere-Wertberichtigung *f*
(ReW) (indirect) writedown of uncollectible receivables
– writeoff of-uncollectible accounts
(ie, für voraussichtliche Ausfälle von Außenständen = provision for contingent losses)

Delphi-Methode *f* (Bw) delphi method
(ie, using structured group interviews, developed by RAND Corporation)

Delphi-Prognose *f* (Bw) jury-of-executive opinion
Delta *n* (Bö) delta
(ie, gibt an, in welchem Maß sich e-e Marktpreis-veränderung des Bezugsobjekts auf die Options-prämie auswirkt; Spanne zwischen 1 und 0)
Demigrossist *m* (com) semi-wholesaler *(ie, whole-saler who also engages in retailing)*
demnächst
(com) coming
– forthcoming
Demographie *f* (Stat) demography
demokratischer Führungsstil *m* (Bw) democratic style of leadership *(or* management)
Demometrie *f* (Stat) demometry
demonetisieren
(Vw) to demonetize *(ie, to divest a monetary standard – Münzeinheit – of value)*
.(Vw) to withdraw *(ie, money from use)*
Demonetisierung *f*
(Vw) demonetization
(Vw) withdrawal
Demonstrationsanlage *f* (IndE) demonstration *(or* pilot) plant
Demontage *f* (com) dismantlement
Demoskopie *f* (Stat) public opinion research *(ie, by means of surveys or polls)*
DEMV (Re) = Deutscher Einheitsmietvertrag
Denkgesetze *npl* (Log) laws of thought
(ie, the three principles of thought:
1. law of identity = Identitätsprinzip;
2. law of contradiction = Prinzip vom ausge-schlossenen Widerspruch, principium contradic-tionis;
3. law of excluded middle = Prinzip vom ausge-schlossenen Dritten, principium exclusi tertii; question to the aspiring philosopher: are they on-tologically real, cognitively necessary, uninferred knowledge, mere rules of inference?)
Denkmodell *n* (Log) conceptual model
Denomination *f* (Fin) form of capital reduction of a German stock corporation
Denotation *f*
(Log) denotation *(ie, of a concept)*
– extension
(opp, Konnotation, Intension)
denotative Definition *f* (Log) denotative definition
DepG (Re) = Depotgesetz
Deponent *m*
(Fin) depositor *(eg, of money)*
(Fin) bailor *(ie, in safekeeping)*
Deponentenaktien *fpl* (Fin) deposited shares *(ie, for which banks may vote proxies in their own name)*
deponieren
(Fin) to deposit
.(Fin) to hand over for safe-keeping
Deport *m*
(Bö) delayed delivery penalty
– (GB) backwardation *(ie, London Stock Ex-change term: percentage of the selling price pay-able by the seller of shares for the privilege of delaying their delivery; opp, Report)*
Deportgeschäft *n* (Bö) backwardation business *(opp, Reportgeschäft)*
Deportsatz *m* (Bö) backwardation rate
Depositalschein *m* (Fin) = Depotschein

Depositen *pl* (Fin) deposits .
(ie, demand and time deposits; ie, heute kaum noch gebräuchliche Bezeichnung für Einlagen bei Kreditinstituten)
Depositenbank *f* (Fin) deposit bank
Depositeneinlage *f* (Fin) deposit
Depositengelder *npl*
(Fin) deposit money
– deposits
Depositengeschäft *n* (Fin) deposit banking *(or* business)
Depositenkonto *n* (Fin) deposit account
Depositenkonto *n* **mit festgesetzter Fälligkeit** (Fin) deposit account with fixed maturity
Depositenkonto *n* **mit vereinbarter Kündigungsfrist** (Fin) deposit account at notice
Depositenmultiplikator *m* (Vw) deposit multiplier
Depositenschein *m* (com) deposit receipt
Depositenversicherung *f* (Vers) bank deposit insur-ance *(ie, not used in Germany; see U. S. Banking Act, 1935)*
Depositenzertifikat *n* (Fin) Certificate of Deposit *(ie, meist unübersetzt)*
Depositenzinsen *mpl* (Fin) deposit rate
Depot *n*
(com) storehouse
– warehouse *(ie, where freight is deposited)*
– call station *(syn, Abhollager)*
(Fin) securities account
Depot A *n* (Fin) own security deposit, § 13 DepG *(syn, Eigendepot)*
Depotabstimmung *f* (Fin) securities account recon-ciliation
Depotabteilung *f* (Fin) securities deposit depart-ment
Depotaktien *fpl* (Fin) deposited shares *(ie, for which banks may vote proxies in their own name)*
Depotaufstellung *f* (Fin) list of securities deposited
Depotauszug *m* (Fin) statement of securities
Depot B *n* (Fin) third-party securities account *(syn, Anderdepot)*
Depotbank *f* (Fin) depositary/custodian . . . bank
Depotberechtigter *m* (Fin) depositor
Depotbescheinigung *f* (Fin) deposit certificate
Depotbesitz *m* (Fin) holding of deposited securities
Depotbuch *n* (Fin) deposit ledger
(ie, maintained by bailee of deposited securities, § 14 DepG)
Depotbuchhaltung *f* (Fin) securities accounts de-partment
Depotbuchung *f* (Fin) posting to securities account
Depot C *n* (Fin) pledged securities deposit *(syn, Pfanddepot)*
Depot D *n* (Fin) special pledged-securities deposit *(syn, Sonderpfanddepot)*
Depotgebühr *f*
(Fin) safe custody charge *(or* fee)
– custodian fee
Depotgeschäft *n*
(Fin) custody business
– security deposit business
– portfolio management
(ie, Verwahrung und Verwaltung von Effekten für Kunden e-r Bank; durch Sonder- od Streif-bandverwaltung od durch Sammelverwahrung,

187

qv; custody and administration of securities for the account of others)

Depotgesetz *n* (Re) Law on the Deposit and Acquisition of Securities, of 4 Feb 1937

Depothandel *m* (com) = Agenturhandel

Depotinhaber *m* (Fin) securities account holder

Depotkonto *n*
(Fin) security deposit account
– securities account
– custodianship account

Depotprüfer *m* (Fin) securities deposit auditor

Depotprüfung *f* (Fin) audit of security deposit holdings
(ie, annually by auditors appointed by the Federal Supervisory Office or by the Bundesbank, § 30 KWG)

Depotschein *m*
(Fin) safe custody receipt
– deposit receipt

Depotstimmrecht *n*
(Fin) proxy voting power
– right of banks to vote proxies
– bank's right to vote deposited shares at a general meeting
(ie, under German law, a bank automatically votes all proxies according to the decisions of its management, unless shareholders have given instructions to the contrary)

Depotstück *n* (Fin) security deposited at a bank

Depotumbuchung *f* (Fin) transfer of securities

Depotverpfändung *f* (Fin) pledging of security holding

Depotversicherung *f* (Vers) deposit insurance

Depotvertrag *m* (Fin) safe custody agreement *(ie, relating to the custody and management of securities, §§ 688 ff BGB and relevant provisions of ‚Depotgesetz')*

Depotverwahrung *f* (Fin) custodianship
(ie, safekeeping and accounting for income-bearing personal property)

Depotverwaltung *f*
(Fin) management of deposited securities
– portfolio management

Depotwechsel *m* (Fin) collateral bill *(ie, deposited with a bank)*

Depression *f*
(Vw) depression
– (US) business panic

Deputat *n* (Pw) payment in kind *(eg, free coal for miners)*

Deregulierung *f* (Kart) deregulation
(ie, Aufhebung der öffentlichen Bindung: returning 'regulated industries' to the private sector of the economy)

Dereliktion *f* (Pw) voluntary abandonment of a movable thing, § 959 BGB

derivative Nachfrage *f* (Vw) derived demand *(syn, abgeleitete Nachfrage, qv)*

derivativer Firmenwert *m* (ReW) acquired goodwill
(ie, cf, § 266 II HGB und § 6 I No. 2 EStG; No. 2 EStG; opp, originärer Firmenwert = self-generated goodwill)

Derivierte *f* (Math) derivative

derzeitiger Wohnort *m* (Re) current residence

Desaggregation *f*
(Stat) disaggregation
– breakdown

desaggregieren
(Vw) to disaggregate
– to break down/apart
(ie, to separate into component parts)

desaggregierte Größe *f* (Vw) subaggregate

Desaggregierung *f*
(Vw) breakdown
– disaggregation

Designat *n* (Log) designatum

Designierungsverfahren *n* (IWF) designation procedure

Desinflation *f* (Vw) disinflation
(ie, Senkung des allgemeinen Preisniveaus auf das Niveau der langfristigen Grenzkosten = reduction of the price level to the plateau of long-term marginal costs; by tax increases, cuts in government spending, high interest rates)

Desinvestition *f*
(Vw) disinvestment
– negative investment

Desinvestitionsperiode *f* (Fin) recovery period *(ie, period in which the tied-up capital flows back with interest)*

Desinvestitionsprogramm *n* (Bw) disinvestment program *(ie, to shed unnecessary assets)*

Desinvestitionsvorgang *m* (Fin) disinvestment process

deskriptive Anweisung *f* (EDV) non-executable statement

deskriptiver Satz *m* (Log) descriptive (*or* positive) statement

deskriptive Statistik *f* (Stat) descriptive statistics
(ie, theoretical statistics which involves some process of inferenece in probability)

Deskriptor *m* (EDV) descriptor
(ie, zur Indexierung verwendetes Schlagwort in e–m Retrieval-System)

Deskriptorenverknüpfung *f* (EDV) interfixing of descriptors

Desorganisation *f* (Bw) disorganization

Destinatar *m*
(com) consignee *(ie, recipient of goods named in a waybill*
(Re) beneficiary *(ie, of a foundation)*

destruktives Lesen *n* (EDV) destructive reading

Detail *n*
(com) detail
(EDV, CAD) item

Detailflußdiagramm *n* (EDV) detail flowchart

Detailhandel *m* (com) *(obsolescent term for:)* retail trade

Detailkollektion *f* (com) primary collection *(eg, of scrap, eggs)*

detaillierte Aufstellung *f*
(com) detailed list
– breakdown

detaillierte Berichterstattung *f* (ReW) detailed (*or* segmental) reporting

detaillierte Übersicht *f*
(com) detailed report
– detailed statement
– rundown

Detaillist m (com) *(obsolescent term for:)* retailer
Detailplanung f (Bw) detailed planning
Detailreisehandel m (com) traveling salesman's trade *(ie, door-to-door canvassing of mail orders)*
Determinante f (Math) determinant
Determinantengleichung f (Math) determinantal equation
Determinantenschreibweise f (Math) determinant form (*or* notation)
deterministische Entscheidung f (Stat) deterministic decision
deutlich (com) perceptible
  (eg, liegt deutlich über: is currently running at perceptibly above 10%)
Deutsche Angestelltengewerkschaft f (Pw) German Salaried Employee Union
  (ie, up to 3 Oct 1990, represented about 450,000 white-collar workers)
Deutsche Bundesbahn f (com) German Federal Railways
Deutsche Bundesbank f
  (Fin) West German Central Bank
  – Deutsche Bundesbank
  – the Bundesbank
  (ie, finally established in 1957; it is a federal corporation under public law, and its capital is held by the Federal Government; the 1957 Act requires the Bank and the Federal Government to consult and cooperate; and the Bank is required to support the general economic policy of the Government; it also states that the Bank must always regard its primary task as being the guardian of the currency; not only is it independent of instructions from the Federal Government; its obligation to support general economic policy is expressly linked to the condition that this does not create insoluble conflicts with its reponsibility for the prudent management of monetary policy; Währungs- und Notenbank der Bundesrepublik Deutschland mit Sitz in Frankfurt a. M.; unabhängig von den Weisungen der Bundesregierung; geld- und währungspolitische Befugnisse sind:
  1. Ausgabe von Banknoten = issue of bank notes
  2. Diskontsatz-Politik = discount rate policy
  3. Offenmarkt-Politik = open-market policy
  4. Mindestreservesatz-Politik = minimum reserve policy
  5. Einlagepolitik = government deposit policy
  6. Swapgeschäfte = swap transactions
  7. Interventionspolitik = intervention policy
  8. Wertpapierpensionsgeschäfte = sale und repurchase of securities)
Deutsche Bundespost f (com) German Federal Post Office
Deutsche Forschungsgemeinschaft f (com) German Research Committee - DFG
Deutsche Genossenschaftsbank f (Fin) Central Bank of German Cooperatives
Deutsche Girozentrale f (Fin) German Central Giro Bank
Deutsche Lufthansa f (com) German LH/Lufthansa Airlines

Deutscher Aktienindex m, **DAX**
  (Bö) German Stock Index (DAX)
  (ie, Laufindex, der im KISS-System der Frankfurter Börse minütlich neu berechnet und angezeigt wird; enthält 30 Aktien)
Deutscher-Aktienindex-Terminkontrakt m   (Bö) German index futures contract
  (ie, ab Anfang 1990 an der DAX notiert)
Deutscher Bauernverband m (com) German Farmers' Federation
Deutscher Beamtenbund m
  (Pw) German Public Service Federation
  – German Federation of Civil Servants
  (ie, an organization of about 730,000 middle and upper-level government employees)
Deutscher Einheitsmietvertrag m (Re) German Standard Tenancy Agreement
Deutscher Gewerkschaftsbund m (Pw) German Trade Union Federation
  (ie, an association of 17 industrial, white-collar, and civil servant unions; up to 3 Oct 1990, structurally the DGB has been divided into 9 Federal State areas, 232 regions and almost 2,000 branches and local cartels)
Deutscher Hotel- und Gaststättenverband m (com) German Association of the Hotel and Catering Industry
Deutscher Industrie- und Handelstag m (com) Association of German Chambers of Industry and Commerce
  (ie, umbrella organization covering the 81 German chambers of commerce)
Deutscher Sparkassen- und Giroverband m (Fin) German Savings Banks' and Giro Association
Deutscher Städtetag m
  (com) Federation of German Towns
  – German City Diet
Deutscher Transportversicherungsverband m (com) German Transport Insurance Association
Deutsches Bundespatentamt n
  (Pat) German Federal Patent Office
  – West German Patent Office
Deutsches Institut n **für Wirtschaftsforschung** (Vw)
  (Berlin-based) German Institute for Economic Research
Deutsches Patentamt n (Pat) (Munich-based) German Patent Office
Deutsche Terminbörse f, **DTB** (Bö) German Futures Exchange
  (ie, arbeitet seit 26.1.1990; Computerbörse: standortunabhängige Teilnahme am Börsenhandel über Terminal; die Trägergesellschaft fungiert als zentrale Clearing-Stelle)
Deutsche Vereinigung f **für Finanzanalysten und Anlageberater, DVFA** (Fin) German Association of Financial Analysts and Investment Consultants
Devalvation f (AuW) = Abwertung
Deviation f (com) deviation from scheduled route
Devinkulation f (WeR) change of a registered instrument into a bearer paper
Devisen pl
  (Fin) foreign exchange
  – exchange
  – foreign currency

189

Devisenabfluß m (AuW) outflow of foreign exchange

Devisenabkommen n (AuW) foreign exchange agreement

Devisenabrechnung f (Fin) foreign exchange note

Devisenankaufskurs m (Fin) buying rate

Devisenarbitrage f

(Fin) arbitration of exchange

– currency/exchange . . . arbitrage

(ie, 1. Ausgleichsarbitrage; 2. Differenzarbitrage; in US: either simple or compound arbitration: direkte od indirekte Arbitrage; the result is ‚arbitrated exchange‘ = günstigster Arbitragekurs; but the term is gradually being replaced by ‚commercial parity‘)

Devisenaufgeld n (Fin) premium on exchange

Devisenausgleichsabkommen n (AuW) foreign exchange offset agreement

Devisenausländer m (AuW) non-resident *(ie, term replaced by ‚Gebietsfremder‘)*

Devisenbeschränkungen fpl (AuW) foreign exchange restrictions

Devisenbestände mpl

(Fin) currency holdings (or reserves)

– foreign exchange holdings (or reserves)

– exchange holdings

– holdings of exchange

(Vw) reserve balances

Devisenbestimmungen fpl (AuW) exchange (or currency) regulations

Devisenbewirtschaftung f

(AuW) control of foreign exchange

– currency control

– exchange control

– foreign exchange control

– (US *also*) monetary controls

Devisenbewirtschaftungsmaßnahmen fpl (AuW) exchange controls

Devisenbilanz f

(AuW) foreign exchange account

– net exchange movements

(ie, Teil der Kapitalbilanz i. w. S. und damit e–e der Teilbilanzen der Zahlungsbilanz: erfaßt Veränderungen der Forderungen und Verbindlichkeiten der Zentralbank gegenüber dem Ausland = Veränderungen der Auslandsaktiva)

Devisenbörse f

(Bö) (foreign) exchange market

– currency market

Devisenbringer m (AuW) foreign exchange earners *(eg, machinery exports, oil, tin, rubber)*

Devisendefizitland n (AuW) exchange deficit country

Deviseneigenhandel m (Fin) foreign exchange dealings for own account *(of a bank)*

Deviseneinnahmen fpl

(Fin) currency receipts

– exchange proceeds

Devisenengagements npl (Fin) foreign exchange commitments

Devisenerlöse mpl (AuW) foreign exchange earnings

Devisengeschäft n

(Fin) foreign exchange transaction

(Fin) foreign exchange trading

Devisenguthaben n (Fin) foreign exchange holdings

Devisenhandel m

(Fin) foreign exchange trade (or trading)

– dealings in foreign exchange

– foreign exchange dealings

Devisenhändler m

(Fin) exchange dealer (or trader)

– foreign exchange dealer (or trader)

Deviseninländer m (AuW) resident *(ie, term replaced by ‚Gebietsansässiger‘)*

Devisenkassageschäft n (Bö) spot exchange transaction *(syn, Comptantgeschäft)*

Devisenkassahandel m (Bö) spot exchange trading

Devisenkassakurs m (Bö) spot exchange rate

Devisenkassamarkt m (Bö) spot exchange market

Devisenkaufoption f (Fin) currency call option

Devisenknappheit f (AuW) shortage of foreign exchange

Devisenkontingent n (AuW) foreign exchange quota

Devisenkontingentierung f (AuW) foreign exchange allocation

Devisenkonto n (Fin) foreign exchange account *(syn, Währungskonto, Fremdwährungskonto)*

Devisenkontrolle f (AuW) exchange control

Devisenkontrolle f **an der Grenze** (AuW) currency check at the border

Devisenkontrollerklärung f (AuW) exchange control declaration

Devisenkredit m (Fin) foreign exchange loan *(ie, Kredit in ausländischer Währung; syn, Währungskredit, Valutakredit)*

Devisenkurs m

(Fin) (foreign) exchange rate

– currency quote

Devisenkursarbitrage f (Fin) foreign exchange arbitrage

Devisenkursfeststellung f (Bö) exchange rate fixing

Devisenkursmakler m (Bö) currency broker *(ie, amtlicher Makler an der Devisenbörse)*

Devisenkursnotierung f (Bö) exchange rate quotation

Devisenkurssicherung f (Fin) exchange rate hedging

Devisenkurszettel m

(Bö) list of foreign exchange

– currency quotations list

Devisenmakler m

(Bö) foreign exchange broker

– exchange broker

– cambist *(ie, vereidigter Kursmakler)*

Devisenmangel m (AuW) scarcity of foreign exchange

Devisenmarkt m

(Bö) foreign exchange market

– exchange market

– currency market

(ie, telefonischer od fernschriftlicher Handel von Devisen zwischen Banken, Devisenmaklern und großen Wirtschaftsunternehmen; das Interbankengeschäft dominiert)

Devisenmarktintervention f (Fin) exchange market intervention

(ie, in Form von An- od Verkäufen von Devisen)

Devisenmarktkurs m (Fin) market exchange rate

Devisenmittelkurs *m* (Fin) middle rate
Devisennotierung *f* (Fin) = Wechselkurs, qv
Devisenoption *f* (Fin) currency option
(ie, Recht, zu e–m Basispreis e–n bestimmten Betrag an Devisen zu kaufen (call option) oder zu verkaufen (put option); in der Bundesrepublik Deutschland (noch) nicht angeboten)
Devisenpensionsgeschäft *n*
(Fin) purchase of foreign exchange for later resale
– foreign exchange transaction under repurchase agreement
– currency repurchase agreement
Devisenplafond *m* (AuW) foreign exchange ceiling
Devisenpolitik *f* (AuW) foreign exchange policy
Devisenpolster *n* (AuW) foreign exchange cushion
(*or* reserve)
Devisenportefeuille *n* (Fin) foreign exchange holdings
Devisenposition *f* (AuW) foreign exchange position
Devisenquoten *fpl* (AuW) foreign exchange quoteas
(ie, allocated to importers; instrument of bilateralism)
Devisenreportgeschäft *n* (Fin) swap *(ie, buying a currency spot and simultaneously selling it forward)*
Devisenreserven *fpl*
(AuW) foreign currency reserves
– foreign exchange reserves
– currency reserves
– currency holdings *(syn, Währungsreserven)*
Devisenrestriktionen *fpl* (AuW) exchange restrictions
Devisenschmuggel *m*
(com) smuggling of foreign exchange
– currency smuggling
Devisenspekulation *f* (Fin) foreign exchange speculation
Devisenspekulationsgewinn *m* (Fin) gain on foreign exchange speculation
Devisen-Swapgeschäft *n* (Fin) foreign exchange swap
(ie, die Deutsche Bundesbank kauft (verkauft) Devisen per Kasse und verkauft (kauft) diese sogleich wieder per Termin)
Devisenterminbörse *f* (Bö) forward market in currency
Devisentermingeschäft *n*
(Bö) forward exchange dealing
– forward exchange
– exchange futures
– future exchange transaction
(ie, zwei Geschäftsarten: (1) Outright-Termingeschäfte; (2) Swapgeschäfte)
Devisenterminhandel *m*
(Bö) forward exchange trading
– currency futures trading
Devisenterminkontrakte *mpl* (Fin) currency futures
Devisenterminkurs *m* (Bö) forward exchange rate
Devisenterminmarkt *m* (Bö) forward exchange market
Devisenterminpolitik *f* (AuW) forward exchange policy
Devisentransfer *m* (Fin) currency transfer

Devisenüberschuß *m* (AuW) foreign exchange surplus
Devisenumrechnungssatz *m* (Fin) foreign exchange conversion rate
Devisenverfügbarkeit *f* (AuW) availability of foreign exchange
Devisenvergehen *n* (AuW) violation of foreign exchange regulations
Devisenverkaufskurs *m* (Fin) selling rate
Devisenverkehr *m* (Fin) foreign exchange transactions
Devisenverkehrsbeschränkungen *fpl* (AuW) exchange restrictions
Devisenverrechnungsabkommen *n* (AuW) exchange clearing agreement
Devisenvorschriften *fpl* (AuW) foreign exchange regulations
Devisenwährung *f* (Fin) currency exchange standard
Devisenwechsel *m*
(Fin) foreign exchange bill *(ie, payable abroad)*
– bill in foreign currency
Devisenwerte *mpl* (Fin) foreign exchange assets
Devisenzufluß *m* (AuW) inflow of foreign exchange
Devisenzuflüsse *mpl* (AuW) currency inflows
Devisenzuteilung *f*
(AuW) allocation of foreign exchange *(ie, to travelers)*
– exchange allowance
Devisenzwangswirtschaft *f* (AuW) foreign exchange control
Dezemberfieber *n* (FiW, infml) = saisonale Auskehrung, qv
dezentrale Datenverarbeitung *f* (EDV) distributed data processing *(ie, terminals located at remote sites)*
dezentrale Planung *f* (Bw) decentralized planning
dezentrales Führungssystem *n* (Bw) decentralized management system
dezentrales Lager *n* (MaW) decentralized inventory
Dezentralisation *f* (Bw) decentralization
dezentralisieren (Bw) to decentralize
dezentralisierte Arbeitszuweisung *f* (IndE) decentralized dispatching
dezentralisierte Datenerfassung *f* (EDV) decentralized data acquisition
dezentralisierte Willensbildung *f* (Bw) decentralized decision-making
Dezentralisierung *f* (Bw) decentralization
Dezernat *n*
(Bw) department
– operating/functional ... area
(ie, Aufgaben-, Sachgebiets-, Amts-, Geschäftsbereich; the hierarchy often is, especially in banks: Dezernat, Ressort, Abteilung; cf, Management)
Dezernent *m*
(Bw) departmental head
– head of a department
(ie, Leiter e–s Dezernats; Berichterstatter für e–e übergeordnete Behörde)
(Bw) officer or executive in charge of an operating area *(ie, and reporting to the next higher level of management)*

Dezil *n* (Stat) decile
Dezimalbruch *m*
  (Math) decimal fraction
  – decimal
  (eg, .5, .375, .005 are decimals)
Dezimalkomma *n* (EDV) decimal point
Dezimalpunkt *m* (EDV) decimal point
Dezimalschreibweise *f* (Math) decimal notation
Dezimalstelle *f* (Math) decimal digit (*or* place)
Dezimalsystem *n*
  (Math) decimal system
  – decimal ... notation/scale
  (ie, number system based on the number 10; in theory, each unit is 10 times the next smaller one)
Dezimalwert *m* (Math) decimal value
Dezimalzahl *f* (Math) decimal number
Dezimalziffer *f* (Math) decimal digit
dezimieren (com) to decimate *(eg, battle for the market decimated profits)*
DFG (com) = Deutsche Forschungsgemeinschaft
DFÜ (EDV) = Datenfernübertragung
DFÜ-Netz *n* (EDV) = Datenfernübertragungsnetz
DFV-Netzwerk *n* (EDV) communication network
DGB (Pw) = Deutscher Gewerkschaftsbund
DGBa (Fin) = Deutsche Genossenschaftsbank
DG-Bank *f* (Fin) Central Bank of German Cooperatives
DGB-Vorstand *m* (Pw) DGB executive board
d'Hondtsches Wahlverfahren *n* (Pw) d'Hondt proportional-election procedure
Diagnoseprogramm *n*
  (EDV) diagnostic program (*or* routine)
  – error detection routine
  (ie, designed to locate a computer malfunction or a mistake in coding)
Diagnosetest *m* (EDV) diagnostic check (*or* test)
diagonales Wachstum *n* (Bw) diagonal expansion
Diagonalmatrix *f* (Math) diagonal matrix
Diagonal-Produkt-Regel *f* (Math) diagonal product rule
Diagonal-Regression *f* (Stat) diagonal regression
Diagramm *n*
  (com) diagram
  – chart
  – graph
Dialogbetrieb *m* (EDV) conversational (*or* interactive) mode
  (opp, Stapelverarbeitung = batch processing)
Dialogbetriebsteilnehmer *m* (EDV) conversational user
Dialogdatenverarbeitung *f* (EDV) dialog (*or* interactive) processing
dialogfähiges Datensichtgerät *n* (EDV) interactive display terminal
Dialogfernverarbeitung *f* (EDV) remote dialog processing
Dialog-Kompilierer *m* (EDV) conversational compiler
Dialogprogrammierung *f* (EDV) conversational mode programming
Dialogrechner *m* (EDV) interactive computer
Dialogsprache *f* (EDV) conversational/dialog ... language
Dialogstation *f* (EDV) conversational terminal
Dialogsystem *n* (EDV) conversational system

Dialogverarbeitung *f* (EDV) interactive (*or* transaction) processing
Dialogverkehr *m* (EDV) interactive mode
Dibit *n* (EDV) dibit *(ie, a group of two bits)*
dichotomisieren (Log) dichotomisieren *(cf, Zweiteilung)*
Dichte *f* (Stat) density
Dichte *f* **des Seeverkehrs** (com) density of marine traffic
Dichte *f* **e-r Menge** (Math) density of a set
Dichtefunktion *f* (Stat) density function
dichte Menge *f* (Math) dense set
dichtester Wert *m* (Stat) mode *(syn, Modus)*
Diebstahl *m*
  (Re) theft *(ie, the popular term)*
  – larceny
Diebstahl-Alarmanlage *f* (com) burglar alarm system
Dienstalter *n* (Pw) (job) seniority
Dienstalterszulage *f* (Pw) seniority allowance
Dienst *m* **antreten**
  (Pw) to take up duties
  – to enter on/upon ... one's duties
Dienstantritt *m* (Pw) commencement of duties
Dienstanweisung *f* (Bw) service (*or* standing) instructions *(ie, for handling routine activities)*
Dienstaufsichtsbehörde *f* (Re) supervisory authority
Dienstaufsichtsbeschwerde *f* (Re) informal remonstration about an official *(ie, because of an allegedly arbitrary decision)*
Dienstauftrag *m* (Bw) service order
Dienstaufwandsentschädigung *f* (StR) expense allowance *(ie, paid to private employees, treated as part of employment compensation = Teil des Arbeitslohnes)*
Dienstbarkeit *f*
  (Re) easement
  – servitude
  (ie, i.e.S. ein Nutzungsrecht, nach dem der Rechtsinhaber ein belastetes Grundstück in einzelnen Beziehungen nutzen darf; dies sind die Grunddienstbarkeit und beschränkte persönliche Dienstbarkeit; portion of a right of ownership enjoyed by a person other than the owner of the thing itself
Dienstbezüge *pl* (Pw) remuneration
  (ie, des Beamten; setzen sich zusammen aus Grundgehalt, Zulagen, Ortszuschlag und den Vergütungen)
Diensterfindung *f* (Pat) employee invention *(ie, made in the course of employment)*
Dienstfahrzeug *n* (com) service vehicle
Dienstgang *m* (StR) temporary employment in a location less than 15 km from the regular duty station
Dienstgeheimnis *n*
  (Bw) business
  – trade
  – industrial ... secret
Dienstgeschäfte *npl* (Pw) official business *(eg, away on ...)*
Dienstgespräch *n*
  (com) business call
  (com) official call

Dienstleistung *f* (com) business service
Dienstleistungen *fpl* (com) services
(eg, encompassing transportation, public utilities, wholesale and retail trade, finance, health, education, business services, entertainment)
Dienstleistungen *fpl* **erbringen** (com) to provide (*or* render) services
Dienstleistungsauftrag *m* (Bw) service order
Dienstleistungsbereich *m* (Vw) = Dienstleistungssektor
Dienstleistungsbetrieb *m*
(com) service company (*or* enterprise)
(com) service center (*or* establishment)
Dienstleistungsbilanz *f*
(VGR) balance on services
– services account
– (GB) invisible balance
(syn, Bilanz des unsichtbaren Handels
Dienstleistungsentgelt *n* (com) service charge (*or* fee)
Dienstleistungsgeschäft *n*
(com) service transaction
– sale of services
Dienstleistungsgesellschaft *f*
(Vw) service economy
(Re) nontrading partnership
(Bw) service company *(eg, in a group of companies = Konzern)*
Dienstleistungsgewerbe *n* (Bw) service industry
Dienstleistungskosten *pl* (com) cost of services
Dienstleistungsmarke *f* (Pat) service mark *(ie, allowed under German patent law as from 1 Apr 1979)*
Dienstleistungsmarketing *n* (Mk) service marketing
Dienstleistungspalette *f*
(com) range
– array
– palette . . . of services
Dienstleistungspflicht *f* (Re) duty (*or* obligation) to render services
Dienstleistungsrechenzentrum *n* (EDV) service computing center
Dienstleistungsrechner *m* (EDV) host (computer)
(syn, Arbeitsrechner, Verarbeitungsrechner, Wirtsrechner)
Dienstleistungssektor *m*
(Vw) service (producing) sector
– tertiary sector
Dienstleistungsunternehmen *n*
(com) service business
– service-producing company
Dienstleistungsverkehr *m* (AuW) service transactions
Dienst *m* **nach Vorschrift**
(Pw) work by the book
– (GB) work to rule
Dienstort *m* (Pw) duty station
Dienstprogramm *n* (EDV) service (*or* utility) program
Dienstreise *f* (StR) business travel
(ie, temporary employment in a location at least 15 km from the regular duty station)
Dienstsitz *m* (Pw) duty station
Dienststelle *f*
(com) office

– administrative office (*or* agency)
– official agency
(Bw) activity
Dienststellengliederung *f* (Bw) departmental structure
Dienststellung *f* (Pw) position
Dienststunden *fpl*
(com) business/office . . .hours
(com) hours of . . . service/attendance)
– official hours
– *(or simply)* hours
Dienstverhältnis *n* (Pw) employment
Dienstvertrag *m*
(Re) contract of service (*or* employment) §§ 611 ff BGB
– service agreement (*or* contract)
Dienstweg *m* (com) official channels
Dienstwohnung *f* (Pw) official residence
Dienstzeit *f*
(com) = Dienststunden, qv
(Pw) length/period . . . of service
– term of office
Differential *n* (Math) differential *(ie, of a function)*
Differentialeinkommen *n* (Vw) differential income
Differentialfracht *f* (com) differential freight rate
Differentialgleichung *f* (Math) differential equation
Differentialgleichung *f* **erster Ordnung** (Math) first-order differential equation
Differentialkosten *pl* (Vw) differential cost
Differentiallohnsystem *n* (IndE) differential piece-rate system *(developed by Taylor)*
Differentialoperator *m* **zweiter Ordnung** (Math) Laplace operator
Differentialprozeß *m* (Stat) additive random walk process
Differentialquotient *m* (Math) differential quotient
Differentialrechnung *f* (Math) differential calculus
Differentialrente *f* (Vw) differential rent *(developed by Anderson and Ricardo)*
Differentialstücklohn *m* (Pw) differential piece rate
Differentialzoll *m*
(AuW) differential duty (*or* tariff)
– discriminating duty
Differentiation *f* (Math) differentiation
Differentiationsregel *f* (Math) differentiation formula
Differentiationszeichen *n* (Math) differentiation sign
differentieller Parameter *m* (Math) differential parameter
Differenz *f*
(com) difference
– discrepancy
Differenzarbitrage *f* (Bö) price difference arbitrage *(ie, Eigengeschäft der Banken mit der Absicht, rasch Kursgewinne zu erzielen)*
Differenzbetrag *m* (com) differential amount
Differenz *f* **der Zahlenfolge** (Math) common difference *(ie, of an arithmetic progression or series)*
Differenzengleichung *f* **erster Ordnung** (Math) difference equation of the first order
Differenzenquotient *m* (Math) difference quotient
Differenzenrechnung *f* (Math) calculus of differences
Differenzgeber *m* (EDV) bias transmitter

Differenzgeschäft *n*
(Bö) gambling in futures
– margin business (*or* trading)
(ie, not allowed in Germany, treated as gambling under § 764 BGB)
Differenzhandel *m* (Bö) margin business (*or* trading)
differenzierbar (Math) differentiable
differenzierbare Funktion *f* (Math) differentiable function
differenzierende Zuschlagskalkulation *f* (KoR) differentiated job order costing
differenzierte Produktanforderungen *fpl* (Mk) demand for sophisticated products
differenzierter Akkordsatz *m* (IndE) differential piece rate
Differenzinvestition *f* (Fin) fictitious investment made in preinvestment analysis *(ie, to compare various spending alternatives)*
Differenzkosten *pl*
(Vw, Bw) differential cost
(KoR) marginal
– incremental
– relevant
– avoidable
– alternative . . . cost
Differenzmenge *f*
(Math) difference set
– difference of sets
Differenzmethode *f* (Stat) variate difference method *(developed by O. Anderson)*
Differenzposten *m* **bei der Abstimmung** (ReW) reconciling item
Differenzzahlung *f* (com) marginal payment
Diffusionsindex *m* (Stat) diffusion index
Diffusionsprozeß *m* (Vw) diffusion of innovations *(ie, through a social system)*
Diffusionstheorie *f* (FiW) diffusion theory of taxation
(ie, tax on a particular kind of commodity, exchange, or occupation is shifted on to other classes of taxpayers, so that the tax is spread, „diffused", over a large area)
Diffusion *f* **von Innovationen** (Vw) diffusion of innovations
Digitalabschreibung *f*
(ReW) sum-of-the-years-digit method of depreciation
– life-period method of depreciation
(syn, arithmetisch-degressive Abschreibung)
Digitalanzeige *f* (EDV) digital display
Digitalausgabe *f* (EDV) digital output
digital darstellen (EDV) to digitize
digitale Abschreibung *f* (ReW) = Digitalabschreibung
digitale Darstellung *f* (EDV) digital representation
digitale Daten *pl* (EDV) digital (*or* discrete) data
(opp, analoge Daten)
digitale Datenverarbeitung *f* (EDV) digital data processing
Digitaleingabe *f* (EDV) digital input
digitale Rechenanlage *f* (EDV) digital computer
digitaler Regler *m* (EDV) sampled data feedback controller
(syn, Abtastregler)

digitales Integriergerät *n*
(EDV) digital differential analyzer
– incremental computer
digitale Verarbeitungsanlage *f* (EDV) digital computer
Digitalisiergerät *n* (EDV) digitizer *(syn, D/A-Umsetzer, Digital-Analog-Umsetzer)*
Digitalplotter *m*
(EDV) data (*or* graphic) plotter
– plotter
Digitalrechner *m* (EDV) digital computer
Digitaluhr *f* (EDV) digital clock
Digraph *m* (Math) digraph
DIHT (com) = Deutscher Industrie- und Handelstag
Diktat *n* (com) shorthand dictation
Diktat *n* **aufnehmen** (com) to take dictation
Diktat *n* **übertragen** (com) to transcribe notes
Diktatzeichen *n*
(com) identification initials
– (GB) reference initials
diktierter Vertrag *m* (Re) adhesion contract
dilatorische Einrede *f* (Re) dilatory defense (*or* exception) *(syn, aufschiebende od rechtshemmende Einrede)*
Dilemma *n* **der Planung** (Bw) planning dilemma
Dilemma *n* **des Untersuchungsgefangenen** (OR) prisoner's dilemma
Dilemmasituation *f* (Log) double-bind situation
diligentia quam in suis (rebus adhibere solet) (Re) ordinary diligence *(see: konkrete Fahrlässigkeit)*
Dimensionsanalyse *f* (Stat) factor analysis
dimensionslose Maßzahl *f* (Math) absolute measure
dinglich besichern (Re) to secure by real property
dingliche Belastung *f* (Re) encumbrance
dinglicher Anspruch *m* (Re) claim in rem
dinglicher Arrest *m*
(Re) attachment *(ie, seizure by legal process)*
(Re) attachment order *(ie, blocking debtor's assets)*
dingliche Rechte *npl* **an Grundstücken** (Re) real right in land
dinglicher Vertrag *m*
(Re) real agreement
– deed of conveyance
dingliche Sicherheit *f* (Re) real security *(ie, property pledged for the satisfaction of a debt)*
dingliches Recht *n* (Re) right in rem
dingliches Vorkaufsrecht *n* (Re) real right of preemption
dingliches Wohnrecht *n* (Re) limited personal servitude *(ie, in residential property)*
dinglich gesicherte Verbindlichkeiten *fpl* (Fin) debt secured by real property
diophantische Gleichung *f* (Math) diophantine equation
Diplomarbeit *f* (Pw) master's thesis (final diploma)
Diplom-Handelslehrer *m* (Pw) master's degree in commerce education
Diplom-Kaufmann *m* (Pw) master's degree in business administration
Diplom-Ökonom *m* (Pw) master's degree in business economics
Diplom-Volkswirt *m* (Pw) master's degree in economics

Diplom-Wirtschaftsinformatiker *m* (com) master's degree in business informatics

Diplom-Wirtschaftsingenieur *m* (Pw) master's degree in engineering with a minor in economics

Direktabsatz *m* (Mk) direct marketing
(ie, selling direct to the consumer, thus bypassing any retail outlets; includes mail order houses and direct response firms that sell through the media or post)

Direktanspruch *m* (Vers) direct claim *(ie, of injured third party against motor insurance company)*

Direktausgabe *f* (EDV) direct output

Direktbedarfsmatrix *f* (OR) matrix of direct requirements
(ie, of assemblies, components, raw materials which are incorporated into a unit of next higher complexity)

Direktbefehl *m* (EDV) direct instruction

Direktbezug *m* (com) direct buying *(or* purchasing)

Direktbuchungssystem *n* (EDV) direct accounting system

Direktdaten *pl* (EDV) immediate data

Direktdiskont *m* (Fin) direct rediscounting *(ie, without intermediation of banks, not provided for in the law on the Deutsche Bundesbank)*

direkte Abschreibung *f* (ReW) direct method of depreciation *(ie, debiting to fixed-asset account)*

direkte Adresse *f* (EDV) direct *(or* one-level) address

direkte Adressierung *f* (EDV) direct *(or* first-level) addressing

direkte Arbitrage *f* (Fin) two-point arbitrage

direkte Ausfuhr *f* (com) direct export (selling)

direkte Auswahl *f* (Stat) direct sampling

direkte Beschaffung *f* (MaW) direct purchasing *(ie, bypassing all trade intermediaries)*

direkte Buchung *f* (ReW) straightforward entry

direkte Devisenarbitrage *f*
(Fin) simple/direct . . . arbitrage
(ie, nutzt den Unterschied zweier Währungen aus; opp, indirekte/Mehrfach-Arbitrage = compound arbitration; cf, Devisenarbitrage)

direkte Einkommensverbesserungen *fpl* (EG) cash-in-hand income supplements *(ie, paid to farmers)*

Direkteingabe *f* (EDV) direct input

Direkteinkauf *m* (com) direct buying *(or* purchasing)
(ie, bypassing all trade intermediaries)

direkte Kosten *pl* (KoR) direct cost *(or* expense)

Direktemission *f* (Fin) direct . . . offering/sale *(ie, of a loan issue)*

direkte Programmierung *f* (EDV) direct programming

direkter Export *m* (AuW) direct export selling

direkter Import *m* (AuW) direct importing

direkter persönlicher Verkauf *m*
(Mk) face-to-face selling *(cf, persönlicher Verkauf)*
– (sl) belly-to-belly selling

direkter Speicherzugriff *m* (EDV) direct memory access, DMA

direkter Stecker *m* (EDV, CAD) edge-type connector *(opp, indirekter Stecker, qv)*

direkter Vertrieb *m* (com) direct selling *(ie, from manufacturer to final user)*

direkter Zugriff *m* (EDV) direct *(or* immediate) access

direkte Speicherplatzzuweisung *f* (EDV) direct storage allocation *(opp, dynamische Speicherplatzzuweisung)*

direkte Steuer *f* (FiW) direct tax
(ie, Kriterium: Erhebungstechnik – paid direct to the government – und Überwälzbarkeit – shifting potential; opp, indirekte Steuer)

direkte Stichprobennahme *f* (Stat) direct sampling

Direktexport *m* (AuW) direct export(ing)

Direktexporte *mpl* (AuW) direct exports

Direktfinanzierung *f* (Fin) direct financing
(ie, bypassing the capital market and banking syndicates)

Direktgeschäfte *npl* (com) direct business *(ie, done by principal with third parties without using the services of the commercial agent)*

Direkthändler *m* (com) dealer

Direktimport *m* (AuW) direct importing

Direktimporte *mpl* (AuW) direct imports

Direktimporteur *m* (AuW) direct importer

Direktinvestition *f* (Fin) direct investment
(ie, funds given by an investor in one country to overseas affiliates [subsidiaries, associates, and branches] in the form of share capital, loans, trade credit and retained profits; opp, Portfolioinvestition)

Direktion *f*
(Bw) management
(com) headquarters
– (GB) head *(or* main) office

Direktionsassistent *m* (Pw) assistant to top management

Direktionsrecht *n* (Bw) right to issue instructions to employees

Direktkorrektur *f* (EDV) patch

Direktkostenrechnung *f* (KoR) direct costing

Direktkredit *m* (Fin) direct loan

Direktkredite *mpl*
(Fin) borrowings
(Fin) lendings

Direktläufer *mpl* (IndE) straight component supplies
(ie, arrive at the assembly line without passing through an incoming quality control gate)

Direktlieferung *f* (com) direct *(or* drop) shipment

Direktmarketing *n* (Mk) direct marketing
(ie, kein Zwischenschalten von Absatzmittlern od gewerblichen Medienträgern)

direkt meßbare Größe *f* (Math) quantity

Direktor *m*
(com) manager
– head of . . .

Direktplazierung *f* (Fin) direct placement
(ie, of an issue of securities, without interposing a broker or underwriter)

Direktrufanschluß *m* (EDV) quick line service

Direktschuldner *m* (Re) direct debtor

Direktsubventionen *fpl* (EG) direct aid *(or* subsidies) *(eg, to farmers)*

Direktübertragung *f* (EDV) direct transmission

Direktverkauf *m*
(com) direct selling *(im weiteren Sinne: no intermediaries of trade)*

(com) direct selling *(im engeren Sinne: sale of consumer goods to ultimate consumers through retail outlets, door-to-door selling, mail ordering, etc.)*

(com) direct selling *(ie, also called ‚anonymer Warenweg' = ‚anonymous distribution channels', or ‚grauer Markt' = ‚gray market'; its various forms: (1) Belegschaftshandel = sale to outsiders through employees; (3) Beziehungshandel = direct sale to ultimate consumer by manufacturer or wholesaler.)*

Direktverkauf *m* **über Haushaltsreisende**
(com) door-to-door selling
– personal selling

Direktversandwerbung *f* (Mk) direct mail advertising
(ie, sending informative literature to selected prospects)

Direktversicherer *m*
(Vers) original isurer
– ceding company
– reinsured (*or* reassured)
(ie, in reinsurance; syn, Zedent, Erstversicherer)

Direktversicherung *f* (Vers) direct insurance *(ie, insurance premiums paid direct by employers on behalf of employees)*

Direktvertrieb *m* (com) = Direktverkauf

Direktwahlgespräch *n* (com) automatically dialed call

Direktweg *m* (EDV) primary route *(syn, normaler Weg; opp, Alternativweg)*

Direktwerbung *f* (Mk) direct advertising

Direktzugriff *m* (EDV) direct (*or* random) access

Direktzugriffsdatei *f* (EDV) random file

Direktzugriffsspeicher *m* (EDV) direct (*or* random) access storage *(syn, Randomspeicher)*

Direktzugriffsverfahren *n* (EDV) random-access (*or* direct-access) method

direkt zurechenbare Kosten *pl*
(KoR) directly allocable (*or* apportionable *or* assignable *or* traceable *or* identifiable) cost
– specific cost

Direktzusage *f* (Pw) employer's pension commitment

Disagio *n*
(Fin) discount
– below par
– disagio

Disagioanleihe *f* (Fin) noninterest-bearing discount bond *(ie, interest paid at maturity)*

Disagiodarlehen *n* (Fin) loan granted at a discount

Disagioerträge *mpl* (Fin) discounts earned

Disagiokonto *n* (Fin) account stating difference between repayment amount and payout amount – *Auszahlungsbetrag* – arising in connection with the issue of loans and other liabilities, § 156 III AktG

Discounter *m*
(Mk) discounter
– discount house

Disinflation *f* (Vw) = Desinflation, qv

disjunkte Mengen *fpl* (Math) disjoint sets

Disjunktion *f* (Log) disjunction

Disjunktionsglied *n* (EDV) = inklusives ODER-Glied

disjunktive Normalform *f* (Log) disjunctive normal form

disjunktive Supposition *f* (Log) discrete supposition

disjunktives Urteil *n* (Log) disjunctive proposition

Diskette *f*
(EDV) diskette

Disketten-Betriebssystem *n* (EDV) diskette operating system

Diskettenlaufwerk *n* (EDV) floppy disk drive

Diskettenspeicher *m* (EDV) diskette storage

Diskont *m* (Fin) discount

Diskontabrechnung *f* (Fin) discount note

Diskontaufwendungen *mpl* (ReW) discounts allowed

Diskontbank *f* (Fin) discounting bank

Diskontbedingungen *fpl* (Fin) discount terms

Diskonteinreichung *f* (Fin) presentation for discount

Diskonten *pl* (Fin) domestic bills of exchange *(opp, foreign exchange bills)*

Diskonter *m* (Mk) = Diskonthaus, qv

Diskont *m* **erhöhen** (Fin) to increase (*or* raise) the discount rate

Diskonterhöhung *f* (Fin) raising the discount rate

Diskonterholung *f* (Fin) discount rate rise

Diskonterlöse *mpl* (ReW) discounts earned

Diskonterträge *mpl* (ReW) discounts received

diskontfähig
(Fin) discountable
– bankable
– eligible for discount
(ReW) (bills) available for discounting

diskontfähiger Wechsel *m* (Fin) discountable bill

diskontfähiges Papier *n* (Fin) paper eligible for discount

Diskontfähigkeit *f* (Fin) eligibility for discount

Diskontgefälle *n* (Fin) discount rate differential

Diskontgeschäft *n* (Fin) discount business
(ie, Ankauf von Wechseln und Schecks; purchase of bills, notes, and checks)

Diskonthäuser *npl* (com) discount houses *(ie, retailing outlets selling far below usual or suggested prices, mostly self-service)*

diskontierbar
(Fin) = diskontfähig

diskontieren (Fin) to discount
(ie, to purchase or sell a bill at a reduction based on the interest for the time it has still to run)

diskontierende Bank *f* (Fin) discounting bank

diskontierter Einnahmeüberschuß *m*
(Fin) discounted cash flow
– DCF, dcf

diskontierter Rückfluß *m* **von Barmitteln** (Fin) discounted cash flowback

diskontierte Wechsel *mpl*
(Fin) discounts
– discounted bills

Diskontierung *f*
(Math) discounting
– discounting process

Diskontierungsfaktor *m*
(Fin) discount factor $(1 + i)^{-n}$
– conversion factor in compound discounting *(syn, Abzinsungsfaktor)*

Diskontierungszeitraum *m* (Fin) discount period

diskontinuierliche Hypothese *f* (Stat) discontinuous hypothesis
diskontinuierliches Produktionsverfahren *n* (IndE) discrete production process
diskontinuierliche Verteilung *f* (Stat) discrete distribution
Diskontkredit *m* (Fin) discount credit
(ie, Form des Wechselkredits; Verkauf e–s Wechsels vor Fälligkeit an ein Kreditinstitut)
Diskontmakler *m* (Fin) discount broker
Diskontmarkt *m* (Fin) discount market
Diskontnota *f* (Fin) list of bills or checks presented for discount *(usu. a bank's multipart form = Vordrucksatz)*
Diskontpolitik *f* (Vw) discount-rate policy
(ie, one of the traditional instruments of central-bank monetary policy)
Diskontprinzip *n* (Mk) discount principle of marketing
(ie, größtmögliche Warenmenge mit Mindestservice zu möglichst niedrigen Preisen an verbraucheroptimalen Standorten verkaufen)
Diskontprovision *f* (Fin) discount commission
(ie, charged by the bill-buying bank as a service fee)
Diskontrechnung *f*
(Math) computation of simple discount
(Fin) discount note
Diskontsatz *m*
(Fin) discount rate
(ie, Zinsfuß, der der Berechnung des Diskonts beim Wechselankauf zugrundegelegt wird; charged for buying bills of exchange in advance of maturity)
(Fin) central-bank discount rate
– official rate (of discount)
– (US) rediscount rate
(ie, Satz, zu dem die Zentralbank Wechsel bestimmter Güte ankauft; rate of discount fixed by the central bank for rediscounting paper; syn, Diskontrate, Banksatz)
Diskontsatz *m* **erhöhen** (Fin) to raise the discount rate
Diskontsatz *m* **senken** (Fin) to lower the discount rate
Diskontsenkung *f* (Fin) reduction of discount rate
Diskontspesen *pl* (Fin) discount charges
Diskonttage *mpl* (Fin) discount days
Diskont-Warenhaus *n*
(Mk) discounter
– discount house
– discount department store
Diskontwechsel *m* (Fin) discount(ed) bill
Diskontzusage *f* (Fin) discount commitment
diskreditierende Werbung *f* (Kart) denigration *(ie, of competitive products in advertising)*
diskret
(Math) discountinuous
– discrete
diskrete algebraische Strukturen *fpl* (Math) discrete algebraic structures, DAS
diskrete Punktmenge *f* (Math) discrete set of points
diskreter stochastischer Prozeß *m* (Stat) discrete process
diskretes Merkmal *n* (IndE) discrete variable

(ie, in quality assurance: ,vorhanden' oder ,nicht vorhanden')
diskrete Spesenzahlungen *fpl* (com) discreet expense payments
diskrete Variable *f* (Math) discontinuous variable
diskrete Zeitreihe *f* (Bw) discrete/discontinuous . . . time series
(ie, Beobachtungswerte werden zu festen Zeitpunkten erfaßt; Zeitintervalle konstant)
diskrete Zeitvariable *f* (Math) discontinuous time variable
diskrete Zufallsvariable *f* (Math) discontinuous variate
diskretionäre Entscheidungsspielräume *mpl* (Vw) discretionary power
diskretionäre Fiskalpolitik *f* (FiW) discretionary fiscal policy
Diskriminante *f* (Math) discriminant
Diskriminanzanalyse *f* (Stat) discriminatory analysis *(ie, goes back to R. A. Fisher)*
diskriminieren
(Kart, Vw) to discriminate (against)
(Re) to discriminate
– to treat unfavorably
diskriminierende Behandlung *f* (AuW) discriminatory treatment
diskriminierende Besteuerung *f* (FiW) discriminatory taxation
diskriminierende Preisgestaltung *f* (Mk) differential pricing
diskriminierender Frachtausgleich *m* (Kart) freight equalization
diskriminierende Wechselkurse *mpl* (AuW) discriminatory exchange rates
diskriminierende Zollpolitik *f* (AuW) tariff discrimination
Diskriminierung *f* (AuW) discrimination *(eg, the various nontariff barriers to trade)*
Diskriminierung *f* **am Arbeitsplatz** (Pw) job discrimination
Diskriminierungsverbot *n* (Kart) prohibition of discrimination
(ie, das deutsche Wettbewerbsrecht enthält kein allgemeines D.; § 26 II GWB gilt nur für marktbeherrschende Unternehmen nach §§ 22 ff GWB, für zugelassene Kartelle, für preisbindende Unternehmen und für marktstarke Unternehmen)
Diskussionsbereich *m* (Log) universe of discourse
Diskussionspapier *n*
(com) discussion paper *(or document)*
– exposure draft
Dispache *f*
(SeeV) adjustment of average, §§ 727 ff HGB
(SeeV) general average statement
– statement of average
Dispache *f* **aufmachen** (SeeV) to make up the average
Dispachekosten *pl* (SeeV) adjustment charges
Dispacheur *m*
(SeeV) average adjuster *(or stater)*
– general average adjuster
dispachieren (SeeV) to adjust averages
Dispachierung *f* (SeeV) adjustment of average
Disparität *f* (Vw) disparity
Dispersion *f* (Stat) dispersion

197

Dispersionsanalyse *f* (Stat) = Varianzanalyse, qv
Dispersionsindex *m* (Stat) index of dispersion
Dispersions-Parameter *m* (Stat) measure of dispersion
Dispokredit *m* (Fin) = Dispositionskredit, qv
Disponent *m*
  (com) expediter
  (com) managing clerk
  (Fin) fund (*or* money) manager
Disponibilität *f* (AuW) availability (of monetary reserves)
disponibles Einkommen *n* (VGR) disposable income
disponible Ware *f*
  (Bö) cash commodity (*ie, in spot transactions*)
  – spots
disponieren
  (com) to make arrangements
  (com) to place orders
Disporahmen *m* (Fin) loan limit
Dispositionen *fpl*
  (com) arrangements
  – operations
  – planning
  (IndE) scheduling
  (Fin) drawings (*ie, on a bank account*)
Dispositionen *fpl* **der öffentlichen Haushalte** (FiW) public authorities' operations
Dispositionen *fpl* **des Handels** (com) ordering by the trade
Dispositionsausdruck *m* (Log) dispositional term
Dispositionsbegriff *m*
  (Log) dispositional
  – dispositional concept
Dispositionsdatei *f* (MaW) material planning file
Dispositionsfonds *m* (FiW) fund at free disposal of executive or administrative head (*eg, Federal Chancellor, ministers, mayors*)
Dispositionsguthaben *n* (Fin) balance available
Dispositionskartei *f* (MaW) materials planning file
Dispositionskredit *m*
  (Fin) personal credit line
  – retail-customer credit
  (*ie, Kreditlinie der Kreditinstitute an ihre Privatkunden; i.d.R. in Höhe von 2-3 Monatsgehältern; syn, Dispokredit*)
Dispositionspapiere *npl* (WeR) documents of title (*syn, Traditionspapiere*)
Dispositionsrechner *m* (EDV) scheduling computer
Dispositionsreserve *f* (Fin) general operating reserve
Dispositionsschein *m* (WeR) certificate of obligation, § 363 I HGB
  (*ie, made out by a bank which promises to pay a sum certain in money to a third party*)
Dispositionsterminus *m* (Log) intervening variable
Dispositionsüberwachung *f* (MaW) material planning control
Dispositionszeichnung *f*
  (com) general arrangement drawing
  – layout plan
  – outline drawing
dispositive Arbeit *f* (Bw) directing activity
  (*ie, of an entrepreneur or manager; term coined by E. Gutenberg*)

dispositives Recht
  (Re) modifiable/flexible . . . law
  – jus dispositivum (*opp, zwingendes Recht*)
Disproportionalitätstheorien *fpl* (Vw) generic term covering a group of business cycle theories which assume that economic activities are set in motion by ‚disproportionalities' in the overall economic structure
Dissens *m* (Re) lack of agreement
Dissertation *f* **einreichen** (Pw) to submit a doctoral dissertation
Dissertation *f* **schreiben** (Pw) to write a doctoral dissertation
Distanzadresse *f*
  (EDV) symbolic (*or* floating) address (*syn, symbolische Adresse*)
  (EDV) displacement address
Distanzfracht *f*
  (com) distance freightage
  – freight by distance
  (*ie, shipper pays freightage in the same proportion as the part of the voyage covered stands to the whole, § 630 HGB*)
  – freight pro rate
  – prorata freight
Distanzgeschäft *n* (com) contract of sale where seller agrees to ship the goods to buyer's destination at the latter's risk (*ie, basis of transaction may be sample, catalog or indication of standard quality*)
Distanzhandel *m* (com) mail-order business (*ie, based on catalog-type advertising*)
distanzieren von, sich (com) to dissociate from (*eg, statement, opinion*)
Distanzkauf *m* (com) = Distanzgeschäft
Distanzscheck *m* (Fin) out-of-town check
Distanzwechsel *m* (Fin) out-of-town bill (*opp, Platzwechsel*)
Distribution *f*
  (Vw) income distribution
  (Mk) distribution
Distributionsfunktion *f* **des Preises** (Vw) distributive function of prices
Distributions-Index *m* (Mk) distribution index
Distributionskette *f* (Mk) distribution chain
Distributions-Mix *m* (Mk) distribution mix
Distributions-Planung *f* (Mk) distribution planning
Distributionspolitik *f* (Mk) distribution mix
Distributionsproblem *n* (OR) transport problem
Distributionstheorie *f* (Vw) theory of distribution
Distributionsweg *m* (Mk) channel of distribution
distributive Supposition *f* (Log) distributive supposition
Disziplinarverfahren *n* (Re) disciplinary proceedings
Disziplinierungseffekt *m* (Pw) labor disciplining mechanism
  (*ie, of unemployment*)
divergente Reihe *f* (Math) divergent series
Divergenzindikator *m* (EG) = Abweichungsindikator, qv
Divergenzschwelle *f* (AuW) threshold of divergence
  (*ie, level at which central banks are expected to take corrective action; syn, Abweichungsschwelle*)

divergierende Fertigung *f* (IndE) divergent manufacturing
(ie, aus e–r Materialart werden mehrere Produktarten hergestellt; fallen diese zwangsläufig an, spricht man von ‚Kuppelproduktion‘, qv)
Diversifikation *f*
(Bw) diversification
– branching out
diversifizierte Intervention *f*
(AuW) diversified intervention *(ie, in the EMS: European Monetary System)*
Diversifizierung *f* (Bw) = Diversifikation
Diversifizierungsinvestition *f* (Bw) investment made to produce a qualitative change in the marketing program and/or organization
Dividende *f*
(Fin) (shareholder) dividend
(Vers) dividend
Dividende *f* **ankündigen** (Fin) to announce a dividend payout
Dividende *f* **auf Stammaktien** (Fin) ordinary dividend
Dividende *f* **ausfallen lassen** (Fin) to pass *(or* to waive) dividends *(eg, because of plunging profits)*
Dividende *f* **ausschütten** (Fin) to distribute *(or* pay) a dividend
Dividende *f* **erhöhen** (Fin) to increase a dividend
Dividende *f* **kürzen** (Fin) to cut/reduce... a dividend
dividendenabhängig (Fin) linked to dividend payout
Dividendenabrechnung *f* (Fin) dividend note
Dividendenabschlag *m*
(Fin) interim dividend
(Bö) quotation ex dividend
Dividendenabschnitt *m* (Fin) dividend coupon
Dividendenanspruch *m* (Fin) right to a dividend
Dividendenausfall *m* (Fin) passing of a dividend
Dividenden-Ausgleichskonto *n* (ReW) dividend equalization account *(or* reserve)
Dividendenausschüttung *f*
(Fin) dividend distribution
– dividend payment *(or* payout)
dividendenberechtigt
(Fin) entitled to dividend
(Fin) bearing dividend
Dividendenberechtigungsschein *m* (Fin) dividend warrant
Dividendenbogen *m* (Fin) dividend coupon sheet
Dividendendeckung *f*
(Fin) earnings cover *(ie, ratio of earnings to dividend)*
(Fin) payout ratio *(ie, earnings percentage paid out in dividends)*
Dividendeneinkommen *n* (Fin) dividend income
Dividendeneinnahmen *fpl* (Fin) = Dividendeneinkommen
Dividendenerhöhung *f* (Fin) dividend increase
Dividendenerklärung *f* (Fin) declaration of a dividend
Dividendenerträge *mpl* (ReW) dividend earnings *(or* income)
Dividendenforderungen *fpl* (ReW) dividends receivable

Dividendengarantie *f* (Fin) dividend guaranty *(ie, promise to pay a minimum dividend by third parties; eg, by government or municipality; such promise cannot be extended to company's own shareholders, § 57 II AktG)*
Dividendeninkasso *n*
(Fin) dividend collection
– collection of dividend
Dividendenkontinuität *f* (Fin) payment of unchanged dividend over a period of years
Dividendenkonto *n* (ReW) dividend payout account
Dividendenkürzung *f* (Fin) dividend cut
Dividendenpapier *n*
(Fin) equity security
– dividend-bearing share
– dividend paper
Dividendenpolitik *f* (Fin) dividend payout policy
Dividendenrendite *f* (Fin) dividend yield
(ie, Dividende in DM × 100 : Kurs in DM = gross cash dividend per share in percent of the market price)
Dividendenrücklage *f*
(ReW) dividend reserve fund
Dividendenrückstände *mpl* (Fin) arrears of dividends
Dividendensatz *m* (Fin) dividend rate
Dividendenschein *m* (Fin) dividend coupon *(or* warrant)
Dividendenschnitt *m* (Fin) dividend cut
Dividendensenkung *f* (Fin) dividend cut
Dividendensteuer *f* (StR) dividend tax
Dividendenstopp *m* (Fin) dividend stop
Dividendentermin *m* (Fin) dividend due date
Dividendenvorschlag *m* (Fin) dividend proposal *(or* recommendation)
Dividendenwerte *mpl*
(WeR) dividend-bearing securities
(ie, corporate shares, parts of limited liability companies, quotas of mining companies, and other securities evidencing an equity investment in a domestic or foreign ‚Kapitalgesellschaft‘, § 19 II KVStG)
(Bö) shares
– equities
Dividendenzahlstelle *f* (Fin) dividend disbursing agent
Dividendenzahlung *f* (Fin) dividend payment *(or* payout)
Dividende *f* **pro Aktie** (Fin) dividend per share
Dividende *f* **vorschlagen** (Fin) to recommend *(or* propose) a dividend
Division *f* (Bw) division
divisionale Organisation *f* (Bw) divisional organization
divisionale Struktur *f* (Bw) divisional structure *(syn, Spartenstruktur)*
Divisionalisierung *f* (Bw) divisionalization
Divisionsanweisung *f* (EDV, Cobol) divide statement
Divisionskalkulation *f*
(KoR) process costing
– process system of accounting
(ie, Verwendung bei Massen- od Sortenfertigung; cf, einstufige und mehrstufige D.)

Divisionskalkulation *f* mit Äquivalenzziffern (KoR) = Äquivalenzziffernrechnung, qv
Divisionsmanagement *n* (Bw) divisional management
Divisionsmanager *m* (Bw) divisional manager
DIW (Vw) = Deutsches Institut für Wirtschaftsforschung
DM-Auslandsanleihe *f* (Fin) foreign (*or* international) DM bond
DM-Schuldscheine *mpl* (Fin) D-Mark denominated promissory notes
DNC-System *n* (IndE) DNC (direct numerical control) system *(ie, überträgt NC-Programme vom Prozeßrechner in die Maschinensteuerung)*
Dock *n*
   (com) dock
   – wharf
Dockempfangsschein *m* (com) dock warrant
Dockgebühren *fpl* (com) dock charges (*or* dues)
Dogmengeschichte *f* (Vw) history of economic thought
Doktorand *m* (Pw) doctoral candidate
Doktorarbeit *f*
   (Pw) doctoral thesis
   – dissertation
Dokument *n*
   (Re) document
   – instrument
Dokument *n* **ausstellen** (com) to prepare a document
Dokumente *npl* (com) documents
Dokumente *npl* **aufnehmen** (Fin) to take up/accept... documents
Dokumente *npl* **gegen Akzept** (com) documents against acceptance, D/A
Dokumente *npl* **gegen Zahlung** (com) documents against payment, D/P
Dokumenten-Akkreditiv *n*
   (Fin) (documentary) letter of credit
   – (US) straight-line letter of credit
   (ie, es liegt immer ein Warengeschäft mit e–m Kaufvertrag und der Verpflichtung des Käufers [Importeurs] zur Akkreditiv-Eröffnung zugrunde)
Dokumentenaufnahme *f* (Fin) taking up of documents
Dokumenteneinreichung *f* (Fin) presentation of documents
Dokumentengegenwert *m* (Fin) currency equivalent of documents
Dokumentengeschäft *n* (Fin) documentary business
Dokumenteninkasso *n* (Fin) documentary collection *(ie, documents are handed over by the bank to the importer against payment of invoice amount)*
Dokumentenkredit *m* (Fin) documentary credit
Dokumententratte *f*
   (Fin) documentary... draft/bill
   – acceptance bill
   – draft with documents attached
Dokumentenwechsel *m* (Fin) documentary bill
Dokument *n* **vorlegen**
   (WeR) to present an instrument (to)
   – to produce a document (to)
Dollaranleihen *fpl* (Fin) dollar bonds

Dollaranstieg *m* **bremsen** (Fin) to slow advance of dollar
Dollarguthaben *n* (Fin) dollar balance
Dollarklausel *f*
   (Fin) dollar clause *(ie, stipulating that invoicing and payment must be made in dollars)*
Dollarknappheit *f* (AuW) dollar gap (*or* shortage)
Dollarlücke *f* (AuW) dollar gap
Dollarparität *f* (AuW) dollar parity
Dollarrembours *m* (Fin) dollar documentary (*or* acceptance) credit
Dollarschwäche *f* (AuW) weakness of the dollar
Dollarsteigerung *f*
   (AuW) advance
   – climb
   – ascent... of the dollar
   – surge in the dollar
Dollartitel *mpl* (Fin) dollar securities
Dollarüberfluß *m* (AuW) dollar glut
Dollarzinssätze *mpl* **am Eurogeld- und Euroanleihemarkt** (Fin) Eurodollar deposit rates and bond yields
Domänentransportspeicher *m* (EDV) bubble memory *(syn, Magnetblasenspeicher, Magnetdomänenspeicher)*
dominanter Baum *m* (OR) dominant requirement tree
dominante Strategie *f* (OR) dominant strategy
dominante Werbung *f* (Mk) dominant advertising
Domizil *n*
   (Re) residence
   – domicile
   (WeR) domicile
Domizilgesellschaft *f* (StR) foreign base company *(ie, domiciled in a low-tax country to accumulate profits or to take advantage of double-taxation agreements)*
Domiziliant *m* (WeR) payer of a domiciled bill
domizilierter Wechsel *m* (WeR) domiciled bill
Domizilort *m* (WeR) place of payment of a domiciled bill
Domizilprovision *f* (Fin) domicile commission
Domizilstelle *f* (Fin) place for presentment
Domizilvermerk *m* (WeR) domicile clause
Domizilwechsel *m* (WeR) domiciled (*or* addressed) bill
Doppel *n* (com) duplicate
Doppelaktivierungs-Leasing *n* (Fin) double dip leasing *(ie, je nach nationalen steuerrechtlichen Vorschriften kann der Leasinggegenstand beim Leasinggeber und beim Leasingnehmer aktiviert werden)*
Doppelbelastung *f* (StR) double economic burden
Doppelbeschäftigung *f* (Pw) double employment
Doppelbesteuerung *f* (StR) double taxation of corporate profits *(ie, first to the corporation and, upon distribution, to the shareholders; removed by superseding legislation)*
Doppelbesteuerungsabkommen *n* (StR) double taxation agreement (*or* treaty)
Doppelbesteuerung *f* **von Kapitalerträgen** (StR) double taxation of portfolio income
Doppelbrief *m* (com) overweight letter

Doppelbruch *m* (Math) complex (*or* compound) fraction

Doppelgesellschaft *f* (StR) split company *(ie, operating unit + holding unit)*

Doppelgesellschafter *m*
(com) simultaneous partner *(ie, in two partnerships)*
(com) simultaneous member *(ie, in two companies)*

Doppelintegral *n* (Math) double integral

Doppelpackung *f* (com) twin pack

Doppelpatentierung *f* (Pat) double patenting

Doppelprüfung *f* (EDV) duplication (*or* twin) check

Doppelquittung *f* (com) double receipt *(ie, made out by a third party for another)*

doppelseitige Anzeige *f*
(Mk) double-page spread
– double truck

doppelseitige Treuhandschaft *f* (Re) two-way trusteeship
(ie, Treugut wird auf e–n Dritten übertragen, der Interessen sowohl des Gläubigers als auch des Schuldners – beide sind Treugeber – wahrzunehmen hat; zB im gerichtlichen Vergleichsverfahren, im außergerichtlichen Liquidationsvergleich)

Doppelsitz *m* (Re) double seat *(ie, of a commercial company)*

Doppelstichprobennahme *f* (Stat) double sampling

Doppelstichprobenplan *m* (Stat) double sampling plan

Doppelstichprobenprüfung *f* (Stat) double sampling inspection

doppelstöckige GmbH & Co. KG *f* (Re) two-tier GmbH & Co. KG
(ie, a ,Kommanditgesellschaft' = partnership limited by shares where the limited partner is a ,GmbH & Co. KG')

Doppelstockwagen *m* (com) rack car *(ie, open goods waggon on which cars are transported two stories high)*

Doppelstrategie *f* (Bw) double-barrelled strategy

doppelstufige Sanierung *f* (Fin) capital writedown + immediate increase of capital

Doppelsystem *n* (EDV) twin system

Doppeltarif *m* (Zo) double tariff *(ie, two rates for each customs item)*

doppelte Buchführung *f* (ReW) double-entry bookkeeping

doppelte Dichotomie *f* (Stat) double dichotomy

doppelte Genauigkeit *f* (EDV) double precision

doppelte Haushaltsführung *f*
(StR) double housekeeping
– maintenance of two households, § 9 I No. 5 EStG

doppelte Preisauszeichnung *f* (Mk) double pricing

doppelte Pufferung *f* (EDV) double buffering

doppelter Boden *m* (EDV) false (*or* raised) floor *(ie, in computer centers)*

doppelt erhobene Stichprobe *f* (Stat) duplicate sample

doppelter Shefferstrich *m* (Log) joint denial

doppelter Vorschub *m* (EDV) double feed

doppelter Zeilenabstand *m* (EDV) double space

doppeltes Integral *n* (Math) double integral sign

doppelt faktorales Austauschverhältnis *n* (AuW) double factoral terms of trade

doppelt-kaschierte Leiterplatte *f* (EDV, CAD) double-sided board *(syn, zweiseitige L.)*

doppelt lange Zahl *f* (EDV) double-length (*or* double-precision) number

doppelt-logarithmisches Netz *n* (Math) double-logarithmic chart

doppelt-logarithmisches Papier *n* (Math) log-log paper

doppelt-logarithmische Transformation *f* (Stat) log-log transformation

Doppelverdiener *m*
(Pw) dual job holder
– two-job man/two-job woman
– *(infml)* moonlighter *(ie, which increasingly is also used to cover ,Schwarzarbeiter')*

Doppelverdienerehe *f* (StR) two-earner married couple

Doppelverrechnung *f* (ReW) double counting

Doppelversicherung *f* (Vers) double insurance

Doppelversicherungsklausel *f* (Vers) double indemnity clause

Doppelwährung *f*
(Vw) double currency
– double monetary standard
– double standard
– bimetallism

Doppelwährungsanleihe *f* (Fin) double currency loan
(ie, am Eurokapitalmarkt: Aufnahme und Tilgung in zwei verschiedenen Währungen)

Doppelwohnsitz *m* (Re) second domicile (*or* residence)

Doppelwort *n* (EDV) doubleword

Doppelzählung *f* (com) double counting

Doppik *f* (ReW) double-entry bookkeeping

Dotationen *fpl* (FiW) unappropriated payments made by a higher government unit – within the system of revenue sharing – to subordinate units, such as municipal associations, churches, etc.

Dotationskapital *n* (Fin) dotation capital
(ie, equity capital of credit institutions organized under public law, § 10 II No. 5 KWG)

dotieren
(Fin) to allocate funds
– to endow *(eg, a foundation)*
– to capitalize with equity
(ReW) to allocate to reserves (= Rücklagen)

dotiert mit (Pw) remuneration is...

Dotierung *f*
(Fin) allocation (*or* provision) of funds
– endowment
– dotation

Dotierung *f* **der Rücklagen** (ReW) transfer (*or* allocation) to reserves

Doxologie *f* (Mk) public opinion research

drastischer Anstieg *m* (com) dramatic rise *(eg, of oil prices)*

drastischer Personalabbau *m* (Pw) radical cuts down the line

drastischer Rückgang *m* (com) sharp fall

drastisch kürzen (com) to curtail drastically

Draufgabe *f*
(com) earnest money
– bargain money
– token payment
(ie, Beweisanzeichen für den Abschluß e–s Vertrages; cf, §§ 336-338 BGB; indicates the intention and ability of a buyer to carry out the contract)
Draufgeld *n* (Re) = Draufgabe
Draufgeld *n* **leisten** (Re) give in earnest *(ie, to bind the contract)*
Draufsicht *f* (IndE) top view
Drehbleistift *m*
(com) mechanical pencil
– (GB) propelling pencil
Drehen *n* **an der Diskontschraube** (Fin) turning the discount screw
Drehungsachse *f* (Math) axis of revolution
Drei-Abweichungsmethode *f* (KoR) three-way overhead analysis
Dreiadreßbefehl *m* (EDV) three-address instruction
Dreiadreßcode *m* (EDV) three-address code
Dreiadreßformat *n* (EDV) three-address format
Dreiadreßmaschine *f* (EDV) three-address machine
Dreiadreßsystem *n* (EDV) three-address system
dreidimensionaler Raum *m* (Math) ordinary *(or* three-dimensional) space
dreidimensionales Gitter *n* (Math) three-dimensional lattice
dreieckiger Graph *m* (Math) triangulated graph
Dreiecksarbitrage *f*
(Fin) triangular arbitrage
– three-point arbitrage *(ie, in foreign exchange)*
Dreiecksbarter *m*
(AuW) multilateral barter
– reverse reciprocity *(syn, Dreieckstauschhandel)*
Dreiecksgeschäft *n*
(AuW) triangular deal *(or compensation)*
(ie, nationales od internationales Verbundgeschäft zwischen drei Vertragsparteien; im Gegensatz zum Dreiecksbarter müssen zwischen zwei Parteien Zahlungsströme fließen)
(com) three-cornered deal
– three-way switch deal
Dreieckshandel *m* (AuW) triangular trade
Dreiecksmatrix *f* (OR) triangular matrix
Dreiecksverhältnis *n* (Re three-cornered relationship
dreiecksverteilte Dichte *f* (Stat) triangular density
Dreieck-Verkehr *m* (AuW) triangular system
Dreieckverkehr *m* **bewilligen** (AuW) to authorize recourse to the triangular system
Dreierprodukt *n* (Math) triple product
Dreifachadresse *f* (EDV) three address
Dreifachboden *m* (Bö) triple bottom formation *(ie, in der Point & Figure-Analyse)*
Dreifachintegral *n* (Math) triple integral
Dreifachspitze *f* (Bö) trip top formation *(ie, in der Point & Figure-Analyse)*
Dreimeilengrenze *f* (com) three-mile limit
Dreimonatsakzept *n* (Fin) three months' acceptance

Dreimonatsgeld *n* (Fin) three-month funds
Dreimonatsinterbanksatz *m* (Fin) interbank rate for three-month funds
Dreimonatspapiere *npl* (Fin) three-month maturities
Dreimonatswechsel *m* (Fin) three months' bill of exchange
Dreiprodukttest *m* (Mk) triadic product test
Dreisatz *m* (Math) rule of three
Dreischichtler *m* (IndE) three-shift worker *(ie, working early, late, and night shifts; opp, Einschichtler, Zweischichtler, Kontiarbeiter)*
dreiseitige Gespräche *npl* (com) tripartite talks
Drei-Sektoren-Wirtschaft *f* (VGR) three-sector economy
Dreispaltentarif *m* (Zo) triple-column tariff
dreistelliger Junktor *m*
(Log) three-place
– ternary
– triadic... connective
dreistufiges Leitungssystem *n* (Bw) three-tier system of control
(ie, shareholders' meeting, board of management, supervisory board)
Dreiteilung *f* (com) three-way classification
Dreiviertelmehrheit *f* (Bw) three-quarter majority
dreiwertige Logik *f* (Log) three-valued logic
dreiwertiger Graph *m* (Math) trivalent graph
Driftausfall *m* (EDV, Cobol) degradation failure
Driftfehler *m* (EDV) drift error
Dringlichkeitsstufe *f* (Bw) precedence rating
Drittanspruch *m* (Re) third-party claim
Drittausfertigung *f*
(com) third copy
(WeR) third of exchange
Drittbegünstigter *m* (Re) tertiary *(or* third-party) beneficiary
Dritteigentümer *m* (Re) third-party owner
Dritter Markt *m* (Bö, GB) Third Market
(ie, Segment an der Londoner Börse; ergänzt den regulären Handel (main market) und den „Unlisted Securities Market" (USM); Börseneinstieg für junge und kleine Unternehmen, die sich für die Aufnahme in den beiden anderen Londoner Teilmärkten nicht qualifizieren können od wollen; cf, Übersicht ‚Börse', S. 163)
dritter Produktionsfaktor *m* (Vw) residual factor
dritter Schalter *m* (AuW) third window
(ie, Finanzierungsfazilität der Weltbank; die Kredite werden durch e–n Zinssubventionsfonds subventioniert)
Dritterwerber *m* (Re) third-party purchaser
dritte Wahl *f*
(com) third-class quality
– (infml) thirds
Drittgläubiger *m* (Re) third-party creditor
drittklassig (com, US, infml) bush league
Drittkontrahent *m* (Re) third contracting party
Drittland *n*
(EG) third country
– non-EEC state
Drittlandswaren *fpl* (EG) third country products
Drittlandszoll *m* (EG) rate of duty applicable to third countries
Drittmarkt *m* (AuW) export *(or* outside) market

Drittschaden *m* (Re) third-party damage *(or in-jury)*
Drittschadenversicherung *f* (Vers) third-party damage insurance
Drittschuldner *m*
  (Fin) client *(ie, in factoring)*
  – (account) debtor
  (Re) third-party debtor, §§ 829, 835 ZPO
Drittvergleich *m* (StR) dealing-at-arm's-length rule *(syn, Fremdvergleich, which see)*
Drittvermögen *n* (Re) third-party assets
Drittverwahrung *f* (Fin) custody (of securities) by third party
Drittverzug *m* (Fin) cross default *(syn, reziproker Verzug)*
Drittwiderspruch *m* (Re) third-party opposition *(ie, against execution = Zwangsvollstreckung)*
Drittwiderspruchsklage *f* (StR) third-party action against execution, § 262 AO
Drogenhandel *m* (com) drug trafficking
drohende Enteignung *f* (Re) imminence *(or* threat) of condemnation
drohender Verderb *m* (com) imminent deterioration
drohende Verluste *mpl* (ReW) impending losses
drohende Verluste *mpl* **aus schwebenden Geschäften**
  (ReW) anticipated losses related to incomplete contracts *(eg, reserves may be set up for ...)*
Drohung *f* (Re) duress, §§ 123, 124 BGB
drosseln
  (com) to curb
  – to reduce
  – to restrict
Drosselung *f*
  (com) curb
  – cutdown
  – reduction
Drosselungsbetrag *m* (ReW) amount of revaluation
Druckaufbereitung *f* (EDV, Cobol) editing
Druck *m* **auf die Gewinnspanne** (com) price-cost squeeze
Druck *m* **auf die Zinsspanne** (Fin) pressure on interest margins
Druckausgabebereich *m* (EDV) printout area
Druckausgabespeicher *m*
  (EDV) printout storage
druckbares Zeichen *n* (EDV) printable character
Druckbefehl *m* (EDV) print instruction
Druckdezimalpunkt *m* (EDV, Cobol) actual decimal point *(ie, cf, DIN 66 028, Aug 1985)*
drucken (EDV) to print
Drucker *m* (EDV) printer
Druckerqualität *f* (EDV) print quality
  (cf, Druckqualität = typewriter quality)
Druckerschnittstelle *f* (EDV) printer port
Druckertreiber *m* (EDV) printer driver
Druckfehler *m*
  (com) misprint
  – literal error
  – (GB) typo (= typographical error)
  – literal
Druckformat *n* (EDV) print format
Druckformular *n* (EDV) printer form
Druckleiste *f* (EDV, Cobol) print group

Druckmedien *npl* (Mk) print media *(ie, Zeitungen und Zeitschriften; Werbeträger allgemein)*
Druckmedien-Werbung *f* (Mk) publication advertising *(ie, newspapers, magazines, journals)*
Druckprogramm *n* (EDV) print program
Druckqualität *f* (EDV) typewriter quality
  (cf, Druckerqualität = print quality)
Druckreife *f* (com) printability
Drucksache *f*
  (com) printed matter
  – (GB) printed papers
Drucksachenwerbung *f* (Mk) direct-mail advertising
Druckstelle *f* (EDV) print position
Drucksteuerdatei *f* (EDV) printer driver
Drucksteuerzeichen *n* (EDV) print control character
Drucktastentelefon *n* (EDV) pushbutton phone
Druck *m* **verstärken** (com) to step up pressure (on)
Druckvorlage *f*
  (EDV) print layout
  (EDV) artwork *(ie, in CAD; syn, Vorlage, Ätzvorlage)*
Druckzeichen *n* (EDV) print character
DTB (Bö) = Deutsche Terminbörse
DTV (com) = Deutscher Transportversicherungs-verband
dualer Algorithmus *m* (OR) dual algorithm
dualer Graph *m* (Math) dual graph
dualer Vektorraum *m* (Math) dual vector space
duales Problem *n*
  (OR) dual
  – dual problem
duale Wirtschaft *f* (Vw) dual economy
dualistisches System *n*
  (ReW) dual system of bookkeeping
  – dual accounting system *(ie, financial + internal accounting; syn, Zweikreissystem)*
Dualitätsprinzip *n* (Log) principle of duality
Dualitätsrestriktionen *fpl* (OR) dual constraints
Dualitätstheorem *n* (OR) duality theorem
Dualsystem *n* (EDV) binary system
Dualzahl *f* (EDV) binary number
Dualziffer *f* (EDV) binary digit
dual zulässiger Vektor *m* (OR) dual feasible vector
dubiose Forderungen *fpl* (ReW) = Dubiosen
Dubiosen *pl* (ReW) doubtful accounts
Dumping *n*
  (AuW) dumping
  – (sl) unloading
  (ie, selling goods at prices lower than those charged in the domestic markets)
Dumpingbekämpfungszoll *m* (AuW) anti-dumping ... duty/tariff
Dumpingeinfuhr *f* (AuW) dumped import
Dumping-Praktiken *pl* (Kart) dumping practices *(or* activities)
Dumpingpreis *m* (AuW) dumping price
Dumpingraten *fpl* (com) uncommercial rates *(ie, in shipping)*
Dumpingspanne *f* (AuW) dumping margin
Dumpingverbot *n* (AuW) ban on dumping
Dumpingverbotsgesetz *n* (Re) anti-dumping law
Düngemittel *pl* (com) fertilizer
Düngemittelstatistik *f* (com) fertilizer statistics

Dunkelziffer *f* (com) number of undisclosed cases
dunkle Geschäfte *npl* (com) shady dealings *(ie, of doubtful honesty)*
dünne Kapitaldecke *f*
(Fin) thin
– slender
– inadequate ... capital *(or* equity) base
Dünnschichtschaltkreis *m* (EDV) thin-film circuit *(syn, Dünnfilmschaltkreis)*
Dünnschichtschaltung *f* (EDV) thin-film integrated circuit *(syn, Dünnfilmschaltung)*
Dünnschichtspeicher *m* (EDV) thin film memory *(ie, less than one micrometer)*
Duopol *n* (Vw) duopoly
Duopson *n* (Vw) duopsony
Duplexbetrieb *m* (EDV) duplex operation *(opp, Simplexbetrieb)*
Duplexkanal *m* (EDV) duplex channel
Duplikat *n* (com) duplicate
Duplikatfrachtbrief *m* (com) duplicate of railroad bill of lading
duplizieren (EDV) to duplicate
Duplizierprogramm *n* (EDV) duplicating program
Durationsanalyse *f* (Fin) duration analysis *(ie, Problem: wie verhält sich der Markt- od Barwert von Festzinspositionen bei Marktzinsän-derungen; cf, durchschnittliche Bindungsdauer)*
durchboxen (com, infml) to ram through *(eg, plan, project)*
durchbringen (com) to carry through *(eg, a plan through a committee meeting)*
durchdringende Stichproben *fpl* (Stat) interpene-trating (sub)samples *(ie, two or more samples taken from the same population by the same pro-cess)*
durcheinanderbringen (com, infml) to throw *(eg, a spending plan)* off balance
Durchfinanzierung *f* (Fin) complete financing (package)
Durchflußwirtschaft *f* (Vw) throughput economy
Durchfracht *f* (com) through freight
Durchfrachtkonnossement *n* (com) through bill of lading *(or* B/L)
Durchfrachtverladung *f* (com) through-freight shipment
Durchfuhr *f* (AuW) transit
Durchfuhrabgaben *fpl* (Zo) transit duties
durchführbar
(com) workable
– feasible
Durchführbarkeit *f*
(com) workability
– feasibility
Durchführbarkeitsstudie *f* (Bw) feasibility study
Durchfuhrberechtigungsschein *m* (AuW) transit permit
Durchfuhrbeschränkung *f* (Zo) restriction on transit
durchführen
(com) carry out *(or* through)
– to perform
– to implement
Durchfuhrfreiheit *f* (Zo) freedom of transit
Durchfuhrhandel *m* (AuW) transit trade
Durchfuhrland *n* (AuW) country of transit

Durchführung *f*
(com) implementation
– performance
(Re) enforcement *(ie, of a law)*
Durchführung *f* **der Geldpolitik** (Vw) execution of monetary policy
Durchführung *f* **e-s Gesetzes** (Re) administration of a law *(or* statute)
Durchführung *f* **e-s Vertrages** (Re) implementation of an agreement *(or* contract)
Durchführungsbestimmungen *fpl* (Re) implement-ing regulations
Durchführungsbestimmungen *fpl* **zum Um-satzsteuergesetz** (StR) Ordinance Regulating the Turnover Tax
Durchführungsphase *f*
(Bw, *Entscheidungsphase)* phase of actual deci-sion making
– phase of putting solution to work
Durchführungsplanung *f* (Bw) operational plan-ning *(syn, Ablaufplanung)*
Durchführungsverordnung *f* (Re) implementing *(or* regulating) ordinance *(eg, supporting a tax statute)*
Durchfuhrverbot *n* (Zo) prohibition on transit
Durchfuhrverkehr *m* (Zo) traffic in transit
Durchfuhrzoll *m* (Zo) transit duty
Durchgangsfracht *f* (com) through freight
Durchgangsgüter *npl* (com) transit goods
Durchgangskonnossement *n* (com) through bill of lading *(or* B/L)
Durchgangskonto *n*
(ReW) internal transfer account
– transit account
Durchgangsladung *f* (com) through shipment
Durchgangsland *n* (AuW) transit country
Durchgangsposten *m* (ReW) transitory item *(ie, ac-cruals and deferrals)*
Durchgangstarif *m* (com) through rate
Durchgangstransport *m* (com) transit transport
Durchgangsverkehr *m* (Zo) transit traffic
Durchgangswaren *fpl* (Zo) goods in transit
Durchgangszoll *m* (Zo) transit duty
Durchgangszollstelle *f* (Zo) customs office en route
Durchgangszollstelle *f* **beim Ausgang** (Zo) customs office of exit en route
Durchgangszollstelle *f* **beim Eingang** (Zo) customs office of entry en route
durchgehende Abfertigung *f*
(com) through invoicing
durchgehendes Frachtpapier *n* (com) through bill of lading
durchgehende Versicherung *f* (Vers) = durch-stehende Versicherung
durchgreifende Reform *f* (com) root-and-branch reform
Durchgriffshaftung *f* (Re) „piercing the corporate veil"
(ie, unter bestimmten Umständen kann e–e per-sönliche Haftung der Gesellschafter gegenüber den Gläubigern begründet werden; syn, Haf-tungsdurchgriff; direct liability of partners and shareholders beyond corporate assets, if legal per-son is abused to restrict liability or is used in vio-lation of the principle of good faith)

Durchkonnossement *n* (com) through bill of lading (*or* B/L)
Durchkontaktierung *f* (EDV, CAD) feedthru *(syn, durchkontaktierte Bohrung; beim Leiterplattenentwurf, qv)*
Durchlaßzone *f* (IndE) gap *(ie, in quality control)*
Durchlauf *m*
  (OR) transmittance
  (IndE) pass
  – run
  (EDV) run
Durchlaufanweisung *f* (EDV, Cobol) perform statement
durchlaufende Gelder *npl* (Fin) transitory funds
durchlaufende Kredite *mpl*
  (Fin) loans on a trust basis
  – loans in transit
  – conduit credits
  (ie, bank acting in its own name but for the account of another; syn, Treuhandkredite)
durchlaufende Mittel *pl* (Fin) transmitted funds (*or* money)
durchlaufender Posten *m*
  (ReW) item in transit
  – transitory item (*or* account)
  – self-balancing item
Durchlauf *m* **e–r Schleife** (OR) traversal
Durchlaufkonto *n* (ReW) interim account
Durchlaufkredit *m* (Fin) transmitted credit
Durchlaufposten *m* (ReW) = durchlaufender Posten
Durchlaufregal *n* (IndE) continuous flow rack *(ie, Beschickung von der einen, Entnahme von der anderen Seite her)*
Durchlaufrichtung *f* **e–r Randkurve** (Math) contour traversal
Durchlaufwahrscheinlichkeit *f* (OR) reliability
Durchlaufwirtschaft *f* (Vw) throughput economy
Durchlaufzeit *f*
  (com) time from receipt of order till dispatch
  (Bw) processing time
  (IndE) door-to-door time
  – throughput time
durchleiten
  (com) to channel through
  – to transmit
Durchleitgelder *npl* (Fin) transmitted funds
Durchleitkredit *m* (Fin) transmitted credit
Durchleitmarge *f* (Fin) bank's margin on transmitted credit
Durchleitung *f*
  (com) channeling through
  – transmission
Durchleitungsrecht *n* (Re) right-of-way
durch Organe handeln (Re) to act through its primary agents
durchrechnen
  (com) to to make a detailed estimate
  (com) to go over *(eg, set of figures, Projekt, Kalkulation)*
Durchsatz *m*
  (IndE) throughput
  (EDV) throughput *(syn, Durchsatzrate, Datenrate)*
Durchsatzkapazität *f* (IndE) throughput capacity

Durchschaltvermittlung *f* (EDV) circuit switching *(syn, Leitungsvermittlung)*
Durchschlag *m*
  (com) copy
  – carbon copy
  – carbon
  (eg, mit drei Durchschlägen = with three copies)
durchschlagen (com) to feed through *(eg, auf die Preise = into the prices)*
Durchschlagpapier *n*
  (com) manifold
  – flimsy
  (ie, thin inexpensive paper for making carbon copies on a typewriter)
  (com) carbon paper (= Kohlepapier)
Durchschlupf *m* (IndE) average outgoing quality, AOQ *(ie, defective items are not replaced)*
Durchschnitt *m*
  (Math) intersection *(von Mengen: of sets)*
  – meet
  (Stat) average
  – mean (value)
Durchschnitt *m* **ermitteln** (com) to average out *(eg, profit, cost, revenue, for a period of...)*
durchschnittlich anfallende Zinskosten *pl* (Fin) average interest expenses
durchschnittlich betragen (com) to average out *(eg, output, takings, salary)*
durchschnittliche Abweichung *f* (Stat) mean deviation
durchschnittliche Auslastung *f* (OR) average utilization *(ie, of server in waiting-line models)*
durchschnittliche Bindungsdauer *m* (Fin) duration *(ie, Laufzeitmaß; syn, Duration, Selbstliquidationsperiode)*
durchschnittliche Exportquote *f* (Vw) average propensity to export
durchschnittliche Fertigungsqualität *f* (IndE) process average
durchschnittliche fixe Kosten *pl* (Vw) average fixed cost
durchschnittliche Gesamtkosten *pl* (Vw) average total cost
durchschnittliche Importquote *f* (Vw) average propensity to import *(ie, ratio of imports to net national product at market prices)*
durchschnittliche Kapitalproduktivität *f* (Vw) average investment productivity
durchschnittliche Konsumquote *f* (Vw) average propensity to consume
durchschnittliche Lebenserwartung *f* (Vers) average life expectancy
durchschnittliche Nutzungsdauer *f* (Bw) average useful life
durchschnittlicher Fehler *m* (Stat) mean absolute error
durchschnittlicher Fehleranteil *m* (IndE) process average defective
durchschnittlicher Normalverdienst *m*
  (Pw) normal average earnings
  – average straight-time earnings
  – standard average earnings
durchschnittlicher Preisaufschlag *m* (com) average markon

durchschnittlicher Prüfaufwand *m* (Stat) average fraction inspected

durchschnittlicher Steuersatz *m* (StR) = Durchschnittssteuersatz

durchschnittlicher Stichprobenumfang *m* (Stat) average sample number

durchschnittliche Schadenhöhe *f* (Vers) loss ratio *(ie, percentage of losses in relation to premiums)*

durchschnittliche Schadensgröße *f* (Vers) average size of loss

durchschnittliche Sparquote *f* (Vw) average propensity to save, S/Y

Durchschnittsbeitragssatz *m* (SozV) average rate of social insurance contribution

Durchschnittsbestand *m* (MaW) standard inventory

Durchschnittsbetrag *m* (com) average amount

Durchschnittsbewertung *f* (ReW) inventory valuation at average prices, Abschn. 36 II EStR

Durchschnittseinkommen *n* (Pw) average income

Durchschnittseinstandspreis *m* (ReW) average cost price

Durchschnittsentgelt *n* (Pw) average pay *(or compensation)*

Durchschnittserlös *m*
(Vw) average revenue
(Bw) average sales revenue

Durchschnittsertrag *m*
(Vw) average product
(Fin) average yield

Durchschnittsfachmann *m*
(Pat) average mechanic skilled in the art
– average person familiar with the art

Durchschnitts-Gemeinkostensatz *m* (KoR) average overhead *(or burden)* rate

Durchschnittsgewinn *m* (Fin) average profit

Durchschnittskosten *pl* (Vw, KoR) average cost *(syn, Stückkosten, Einheitskosten)*

Durchschnittskosten *pl* auf dem Expansionspfad (Vw) ray average cost *(cf, Konzept der Subadditivität der Kosten)*

Durchschnittskostendeckung *f* (Bw) principle of long-term pricing policy: product prices should cover average unit costs

Durchschnittskostenmethode *f*
(ReW) average cost method *(ie, of inventory valuation)*
(Fin) cost averaging
(ie, Form der Effektenspekulation: in Phasen sinkender Kurse kann durch den Erwerb e–r höheren Zahl von Anteilen ein niedrigerer durchschnittlicher Einstandspreis erzielt werden)

Durchschnittskostenrechnung *f* (KoR) absorption costing

Durchschnittskurs *m* (Bö) average market price

Durchschnittsleistung *f*
(com) average performance
(IndE) average output (per worker)

Durchschnittslohn *m* (Pw) average wage

Durchschnittsmenge *f*
(Math) intersection of sets
– logical product of sets
– meet of sets *(syn, Schnittmenge, qv)*

Durchschnittsmethode *f* (ReW) = Durchschnittskostenmethode

Durchschnittsprämie *f* (Vers) flat rate

Durchschnittspreis *m* (ReW, KoR) average price

Durchschnittspreisermittlung *f* (KoR) determining average prices

Durchschnittsprodukt *n* (Vw) average product

Durchschnitts-Produktivität *f* (Bw) average productivity

Durchschnittsqualität *f* (com) fair average quality, faq

Durchschnittsrendite *f* (Fin) average yield

Durchschnittssatz *m* (com) average rate

Durchschnittssatzbesteuerung *f* (StR) average rates method of computing taxes, §§ 13 a, 29 EStG, § 24 UStG

Durchschnittssätze *mpl* (StR) average rates of return, § 29 EStG *(repealed in 1980)*

Durchschnittssatz-Verordnung *f* (StR) 8. UStDV = Regulatory Ordinance of 3 Jan 1968 specifying the average rates at which prior turnover tax (= *Vorsteuer*) can be deducted by certain businesses

Durchschnittsspanne *f* (com) average profit margin

Durchschnittssteuersatz *m* (StR) average tax rate *(syn, durchschnittlicher Steuersatz)*

Durchschnitts-Stückkosten *pl*
(KoR) average cost per unit
– average unit cost

Durchschnitts-Stundenverdienst *m* (Pw) average hourly earnings

Durchschnittsverdienste *mpl*
(Pw) average wages and salaries
– average earnings

Durchschnittsverzinsung *f*
(Fin) average interest rates
– yield mix

Durchschnittsware *f* (com) merchandise of average quality

Durchschnittswerte *mpl*
(Bö) market averages
(Zo) customs averages

Durchschreibeblock *m* (com) carbon-copy pad

Durchschreibebuchführung *f*
(ReW) carbon-copy bookkeeping
– one-write system of bookkeeping
(ie, duplicate recording system using carbon copies)

Durchschreibsatz *m* (com) multi-part form set

Durchschrift *f* (com) carbon copy

Durchschrift *f* Kassenzettel (com) tissue form of sales check

Durchschuß *m* (EDV) leading *(ie, in text processing)*

durchsehen (com) to skim through *(eg, notes)*

Durchsetzungsvermögen *n*
(com) assertiveness
– authority
– ability to get things done

durchstehende Versicherung *f* (Vers) uniform application of marine transportation conditions to all other forms of transportation *(eg, by rail, truck, plane)*

Durchsteiger *m* (EDV, CAD) via *(hole)* *(syn, unbestückte Bohrung; im Leiterplattenentwurf)*

durch Steuerabzug erhobene Einkommensteuer *f*

(StR) income tax withheld at the source, § 36
EStG
durchstreichen
(com) to cancel
– to delete
– to cross out
– to strike out
Durchsuchungsbefehl *m* (Re) search warrant
Durchwahl *f* (com) direct dialing
Durchwahlnummer *f* (com) direct dial number
durchwurschteln
(com, infml) to muddle through
– to fumble along from day to day
durch Zession übertragbar (WeR) transferable by
assignment
Düsenverkehrsflugzeug *n* (com) jetliner
düstere Prognose *f* (Vw) gloomy forecast
DVO (Re) = Durchführungsverordnung
dyadische Relation *f* (Log) dyadic relation
dyadischer Funktor *m* (Log) binary connective
dyadischer Wahrheitswertfunktor *m* (Log) binary
connective
dyadische Verknüpfung *f*
(EDV) binary arithmetic operation
– dyadic operation
(syn, Binäroperation)
Dynamik *f* (Vw) = dynamische Analyse
dynamische Adreßumsetzung *f* (EDV) dynamic address translation
dynamische Adreßverschiebung *f* (EDV) dynamic
memory relocation
dynamische Analyse *f* (Vw) dynamic analysis
dynamische Arbeitsspeicherzuweisung *f* (EDV) dynamic storage allocation
dynamische Außenhandelsgewinne *mpl*
(AuW) dynamic gains from trade
– nonallocative gains from trade
Dynamische Bilanz *f* (ReW) Dynamic Accounting
(E. Schmalenbach)
dynamische Marktlagengewinne *mpl* (Vw) windfall
profits
dynamische Methoden *fpl*
(Fin) time adjusted (*or* time-weighted) methods
(of investment analyis)
– *(sometimes also:)* dcf methods

– (GB) discounted cash flow methods
dynamische Partialanalyse *f* (Vw) partial dynamics
dynamische Programmverschiebung *f* (EDV) dynamic program relocation
dynamische Prüfung *f* (EDV) dynamic test (*or*
check)
dynamische Rente *f*
(SozV) wage-related pension
– earnings-linked pension
*(ie, pension linked with current changes in the
general level of money incomes)*
dynamischer Verschuldungsgrad *m*
(Fin) ratio of net indebtedness to gross cash flow
dynamischer Wachstumsfonds *m* (Fin) growth fund
dynamisches Modell *n* (Vw) dynamic model
dynamische Speicherplatzzuweisung *f* (EDV) dynamic storage allocation (*opp, direkte Speicherplatzzuweisung*)
dynamisches Programmieren *n* (OR) dynamic
programming
*(ie, rekursives Verfahren zur Lösung von Op-
timierungsproblemen; used for solving a mul-
tidimensional optimization problem which is
transformed into a sequence of single-stage problems having only one variable each)*
dynamisches Skalieren *n* (EDV) zooming (*ie, in
Computergrafik; syn, Zooming*)
dynamisches Ungleichgewichtsmodell *n* (Vw) model of disequilibrium dynamics
dynamisches Unternehmen *n*
(Bw) dynamic enterprise
– go-ahead company
dynamisches Unterprogramm *n* (EDV) dynamic
subroutine
dynamische Verfahren *npl* **der Investitionsrechnung**
(Fin) time-adjusted (*or* time-weighted) methods
of investment analysis
– *(sometimes also:)* dcf methods
– (GB) discounted cash flow methods
dynamische Wirtschaftstheorie *f*
(Vw) dynamic economic analysis
– dynamics
Dynamisierung *f* (Pw) dynamization (*eg, of company pensions)*

E

EAGFL (EG) = Europäischer Ausdrichtungs- und
Garantiefonds Landwirtschaft
EAN (Mk) = Europäische Artikelnumerierung
EAN-Codierung *f* (Mk) EAN bar coding
EAN-Strichcode *m* (com) EAN bar code
*(ie, in Warenwirtschaftssystemen = merchandise
information systems, MIS)*
EAN-Strichkodierung *f* (Mk) = EAN-Codierung
eben (Math) plane
Ebene *f*
(Bw) level
– echelon (*ie, of a business organization)*

(Math) plane
*(ie, surface containing any straight line through
any of its points)*
ebene Geometrie *f* (Math) plane (*or* two-dimen-
sional) geometry
ebene Koordinaten *fpl* (Math) plane coordinates
ebene Kurve *f* (Math) plane curve
Ebenentechnik *f* (EDV, CAD) layering technique
*(ie, Aufteilung e–s grafischen Objekts in mehre-
ren Schichten; einzelne Ebenen sind an- und aus-
schaltbar*
ebener Schnitt *m* (Math) plane cross-section

ebener Umlauf *m* (Math) plane contour

ebenes Polarkoordinatensystem *n* (Math) polar coordinates in the plane

ebene Trigonometrie *f* (Math) plane trigonometry

Echoeffekt *m* (Vw) echo effect *(ie, Nachfrageschwankungen aufgrund von Reinvestitions-Zyklen)*

Echokontrolle *f* (EDV) echo (*or* read-back) check

echte Addition *f* (EDV) true add

echte Adresse *f*
(EDV) actual
– absolute
– specific . . . address

echte Entscheidung *f* (Bw) genuine (*or* non-programmable) decision

echte Gemeinkosten *pl* (KoR) true overhead (costs)

echte Monatsprämie *f* (Vers) genuine monthly premium *(opp, unechte Monatsprämie)*

echter Bruch *m* (Math) proper fraction

echtes Abladegeschäft *n* (com) import transaction where shipping port is deemed to be the place of performance

echtes Angebotsmonopol *n* (Vw) pure monopoly

echte Schnittmengen *fpl* (Math) proper cut sets

echtes Dokument *n* (Re) authentic document

echtes Factoring *n* (Fin) nonrecourse factoring
– old-line factoring
(ie, Factor (Finanzierungsinstitut) übernimmt Finanzierungsfunktion + Delkrederefunktion + Dienstleistungs- und Servicefunktion; involves the outright purchase of receivables from client and factor's guarantee of the credit worthiness of client's customers; opp, unechtes Factoring = recourse factoring)

echte Teilmenge *f* (Math) proper (*or* true) subset

Echtheitszeugnis *n* (Zo) certificate of authenticity

Echtheit *f* **von Urkunden bestätigen** (Re) to authenticate documents

Echtzeit *f* (EDV) real time *(syn, Realzeit)*

Eckdaten *pl*
(com) key data
– benchmark figures

Ecke *f*
(OR) node
– vertex

Eckenabschnitt *m* (EDV) corner cut

Eckenlösung *f* (Vw) corner solution

eckige Klammer *f* (com) bracket

Ecklohn *m*
(Pw) basic/benchmark . . . rate
– standard wage
(ie, collectively agreed hourly earnings for a normal skilled-worker group over 21 years of age)

Eckpunkt *m* (OR) = Ecke

Eckpunkt *m* **e–r Matrix** (Math) corner

Eckpunkt *m* **zweier Tangenten** (Math) cusp

Ecktermin *m* (com) basic time limit

Eckwert *m* (com) benchmark figure

Eckzins *m*
(Fin) basic savings rate (of interest)
– basic deposit rate
– benchmark rate
(ie, fixed for savings accounts at statutory notice = bei gesetzlicher Kündigungsfrist)

ECU-Leitkurs *m* (Fin) ECU central rate

EC-Versicherung *f* (Vers) extended coverage insurance

Edelmetall *n* (com) precious metal

Edelmetallbörse *f* (Bö) precious-metals market

Edelmetallgeschäft *n* (com) precious-metals business

Edelmetallgewicht *n* (com) troy weight

Edelmetallhandel *m*
(Fin) precious-metals dealing
– bullion trade

Edelmetallhändler *m* (Fin) bullion dealer
(ie, firms and institutions dealing in gold and silver, with prices determined by the international free markets)

Edelmetallhausse *f* (Fin) upswing in bullion prices

Edelmetallkonten *npl* (Fin) precious metals accounts
(ie, offered by Luxembourg-based German banks)

Edelmetallmarkt *m* (Bö) precious-metals market

Edelmetallombardgeschäft *n* (Fin) lending on precious metals

Edelmetallrechnung *f*
(Fin) computing the gross weight and and the standard of purity of gold and silver bullion and of coins

Edelsteinbörse *f* (com) precious-stone market

Edelsteinexperte *m* (com) lapidary *(ie, precious and semiprecious stone = Edelsteine und Halbedelsteine)*

Edgeworth-Bertrand-Modell *n* (Vw) Edgeworth-Bertrand model *(ie, of oligopolistic duopoly)*

Edgeworthsches Kastendiagramm *n* (Vw) Edgeworth box diagram

Edinburgh-Regel *f* (FiW) leave them as you find them-rule

Editor *m* (EDV) editor (program)
(ie, unterstützt Aufbereitung von Daten, Dateien, Quellprogrammen und Prozeduren vor anschließender Verarbeitung; program by means of which a user can easily perform corrections, insertions, modifications, or deletions in an existing program or data file)

EDV-Abteilung *f* (EDV) EDP department

EDV-Analphabet *m* (EDV, infml) computer illiterate

EDV-Buchführung *f* (ReW) computer-based accounting
(ie, Verwendung von Magnetstreifen, Platten od Lochstreifen)

EDV-gestütztes Buchführungssystem *n* (ReW) computer-based accounting system

EDV-Großanlage *f* (EDV) mainframe computer

EDV-Personal *n*
(EDV) data processing personnel
– liveware

EDV-Überweisungsverkehr *m* (Fin) electronic funds transfer, EFT

EEV-Steuern *fpl* (StR) taxes on corporate income, business profits, and net worth

Effekten *pl*
(Fin) stocks and bonds
– stock exchange securities
ie, am Kapitalmarkt handelbare, vertretbare Wertpapiere mit Gutglaubensschutz; neben Ak-

tien und Schuldverschreibungen auch Pfand-
briefe, sonstige Anleihen, Investmentanteile usw)
Effektenabrechnung *f* (Fin) contract note
Effektenabteilung *f* (Fin) investment (*or* securities)
department
(ie, mostly organizationally related to security de-
posit department)
Effektenanalyse *f* (Fin) security analysis *(syn, Wert-*
papieranalyse)
Effektenanlage *f* (Fin) investment in securities
Effektenanlageberater *m* (Fin) investment consul-
tant
Effektenarbitrage *f*
(Bö) securities arbitrage
– arbitrage in... securities/stock
– stock arbitrage
Effektenauftrag *m* (Fin) buying or selling order
Effektenaustausch *m* (Fin) portfolio switch (of in-
vestment fund)
Effektenbank *f* (Fin) investment bank *(ie, outside*
West Germany: special bank dealing with provi-
sion of finance, setting up new businesses, securi-
ties issues)
Effektenbankgeschäft *n* (Fin) investment banking
Effekten *pl* **beleihen** (Fin) to make a loan on securi-
ties
Effektenbeleihung *f* (Fin) advance on securities
Effektenberatung *f* (Fin) investment counseling
Effektenbestand *m* (Fin) security holding
Effektenbörse *f*
(Bö) stock exchange
– stock market
– market
(ie, exchanges on the European Continent are of-
ten called ‚Bourses'; oft auch als Wertpapierbörse
bezeichnet)
Effektendepot *n*
(Fin) deposit of securities
– securities deposit
– stock deposit
Effektendifferenzgeschäft *n* (Fin) margin business
(*or* trading)
Effektendiskont *m*
(Fin) securities discounting
(Fin) securities discount *(ie, slightly above cen-*
tral-bank discount rate, deducted on buying se-
curities drawn by lot prior to the redemption date)
Effekteneigenhandelsgeschäfte *npl* (Fin) security
trading for own account
Effekteneinführung *f* (Fin) marketing of securities
Effektenemission *f*
(Fin) issue of securities
– offering
(ie, for sale to the public)
Effektenemissionsgeschäft *n* (Fin) underwriting
business
Effektenengagement *n* (Bö) stock market commitment
Effektenferngiroverkehr *m* (Fin) securities clearing
system between different stock exchange locations
Effektenfinanzierung *f* (Fin) financing through securities
Effektengeschäft *n* (Fin) securities business
(ie, Anschaffung und Veräußerung von Wert-

papieren für andere: purchase and sale of securi-
ties for the account of others)
Effektengirobank *f* (Fin) giro-type security deposit
bank
(ie, financial institution operating collective secu-
rity systems and giro transfer systems; syn, Wert-
papiersammelbank, Kassenverein)
Effektengiroverkehr *m* (Fin) clearing system for
settling securities operations
(ie, Abwicklung geht stückelos vor sich, durch
bloß buchmäßige Übertragung; cf, Wertpapier-
sammelbank)
Effektenhandel *m*
(Bö) dealing (*or* trading) in stock
– stock trading
– securities trading
Effektenhändler *m*
(Fin) stock dealer (*or* trader)
– dealer in securities
(ie, bank employee dealing in certain types of se-
curities)
Effektenhaus *n* (Fin) securities trading house *(eg,*
Merrill Lynch, Salomon, Shearson Loeb
Rhoades, E. F. Hutton)
Effektenkauf *m* (Fin) security purchase
Effektenkaufabrechnung *f* (Bö) bought note
Effektenkaufauftrag *m* (Fin) buy order
Effektenkauf *m* **mit Einschuß** (Bö) buying on
margin
Effektenkommissionär *m*
(Fin) securities commission agent *(ie, banks act*
as such in their own name and on behalf of
another)
(Fin, US) stockbroker
Effektenkommissionsgeschäft *n* (Fin) securities
transactions on commission *(ie, by banks, for of-*
ficially listed securities)
Effektenkonto *n* (Fin) securities account
Effektenkredit *m*
(Fin) loan on securities
– security loan
– stock loan
Effektenkundschaft *f* (Fin) customers investing in
stocks and bonds
Effektenkurs *m*
(Bö) stock exchange quotation
– stock market price
Effektenleihe *f* (Fin) share borrowing *(ie, zur Erfül-*
lung von Lieferverpflichtungen)
Effektenlombard *m*
(Fin) loan collateralized by securities
– collateral advance
– advance on securities
(ie, in Form (kontokorrentmäßiger) Effekten-
vorschüsse od Effektenkredite werden Kunden
kurzfristige Kredite gewährt, die durch im Depot
liegende Wertpapiere gedeckt sind; cf, Waren-
lombard)
Effekten *pl* **lombardieren** (Fin) to borrow on stocks
and bonds (*or* securities)
Effektenmakler *m* (Fin) stock broker
Effektenmarkt *m* (Bö) stock market
Effektennotierung *f*
(Bö) stock exchange quotation
– stock market price

Effektenorder *f* (Bö) stock order *(ie, order to buy or sell shares)*

Effektenpaket *n* (Fin) block (*or* parcel) of shares

Effektenplazierung *f* (Fin) placing of new securities issue *(ie, by public sale or subscription)*

Effektenportfolio *n* (Fin) investment portfolio

Effektenrechnung *f* (Fin) computation of effective interest rate *(syn, Wertpapierrechnung)*

Effektensammeldepot *n* (Fin) collective securities deposit

Effektenschalter *m* (Fin) security department counter

Effektenscheck *m* (Fin) security transfer check *(syn, grüner Scheck)*

Effektenskontro *n* (Fin) securities ledger

Effektensparen *n* (Fin) saving through investment in securities

Effektenspekulation *f* (Fin) speculation in securities

Effektensubstitution *f* (Fin) substitution of security by another *(ie, financed through the issue of own shares, bonds, etc)*

Effektentermingeschäft *n* (Fin) forward transaction (*or* operation) in securities

Effektenübertragung *f* (Fin) transfer of securities

Effektenverkauf *m* (Fin) sale of securities

Effektenverkaufsabrechnung *f* (Fin) sold note

Effektenverwahrung *f*
(Fin) security deposit business
(Fin) security custody

Effektenverwaltung *f*
(Fin) portfolio management
(Fin) security deposit department (of banks)

effektive gearbeitete Zeit *f* (Pw) working time

effektive Inventur *f* (ReW) physical inventory

effektive Kosten *pl* (Vw) explicit cost

effektive Lieferzeit *f* (com) actual delivery time

effektive Nachfrage *f* (Vw) effective (*or* monetary) demand

effektiver Übergangspfad *m* (Vw) effective transition path

effektiver Wettbewerb *m* (Vw) workable (or effective) competition *(cf, funktionsfähiger Wettbewerb)*

effektiver Zins *m*
(Fin) effective interest rate
– market (*or* real *or* negotiated) rate of interest
– yield rate *(ie, in bond valuations)*

effektiver Zinsfuß *m* (Fin) effective rate

effektive Steuerbelastung *f* (StR) actual tax load

effektive Stücke *npl* (Bö) actual securities

effektive Übertragungsgeschwindigkeit *f* (EDV) effective bit rate *(syn, Transfergeschwindigkeit: not the same as Übertragungsgeschwindigkeit)*

effektive Verzinsung *f* (Fin) = Effektivverzinsung, qv

effektive Ware *f* (Bö) actuals *(syn, physische Ware; opp, Terminware = futures)*

effektive Zeit *f* (IndE) actual (*or* clock) time *(syn, Istzeit)*

effektive Zinsbelastung *f* (Fin) effective interest load

Effektivgarantieklausel *f* (Pw) clause safeguarding effective pay *(ie, when negotiated pay is increased)*

Effektivgeschäft *n* (Bö) spot market transactions

(ie, on commodity exchanges, include ‚Lokogeschäfte‘, ‚Abschlüsse auf Abladung‘, ‚Abschlüsse in rollender od schwimmender Ware‘)

Effektivhandel *m* (com) transactions directed at actual delivery *(opp, speculative trade)*

Effektivklausel *f*
(WeR) currency clause *(ie, „effektiv“ on bills of exchange)*
(Pw) stipulation in a collective agreement that a percentage pay rise is granted to all employees across the board

Effektivkosten *pl* (KoR) actual cost

Effektivlohn *m* (Vw) actual earnings (*or* wages)

Effektivrendite *f* (Fin) dividend yield *(cf, Dividendenrendite)*

Effektivverdienst *m* (Pw) actual earnings

Effektivverzinsung *f* (Fin) effective/yield . . . rate
– effective (interest) yield
– effective annual yield
– redemption/true . . . yield
– market rate
(ie, tatsächlicher Ertrag e–s Wertpapiers; kann über od unter der Nominalverzinsung liegen; it is investment income or investment rate of return; note that the terms yield and return are often confused; yield is restricted to the net imcome from a bond if held to maturity, while return denotes current income derived from either a bond or a stock, without reference to maturity; opp, Nominalverzinsung = nominal rate of interest, coupon rate)

Effektivwert *m*
(Bö) actual price
(ie, esp. of stocks and bonds, generally market price less expenses)
(Stat) root mean square (*or* rms) value

Effektivzeit *f* (EDV) effective time

Effektivzins *m* (Fin) = Effektivverzinsung

effiziente Schätzfunktion *f* (Stat) efficient estimate

effiziente Schätzung *f* (Stat) efficient estimate

Effizienz *f*
(com) efficiency
*(ie, technische/ökonomische Effizienz:
relation between an output value and an input value; Ausdruck des Wirtschaftlichkeitsprinzips/ Rationalprinzips)*
(Stat) efficiency *(ie, Eigenschaft e–r Schätzfunktion)*

Effizienzeinbußen *fpl* (Bw) efficiency losses

Effizienzgewinne *mpl* (Bw) efficiency gains

Effizienzkriterium *n* (Vw, Bw) performance criterion

Effizienzmangel *m* (Bw) organizational slack *(ie, in organizations)*

Effizienztheorem *n* (OR) efficiency theorem

EFTA (Vw) = Europäische Freihandelszone

EG-Agrarminister *m* (EG) Community agricultural minister

EG-Haushalt *m* (EG) EEC budget

EG-Kommission *f* (EG) Common market commission

EGKS (EG) = Europäische Gemeinschaften

EGKS-Waren *fpl* (EC) ECSC treaty products

EG-Länder *npl*
(EG) EEC countries
– members of the European Community

EG-Marktpreis m (EG) Community market price
eGmbH (com) = eingetragene Genossenschaft mit
  beschränkter Haftung
EG-Patent n (EG) Community-wide patent
  (ie, eventually to replace national patents)
EG-Präferenz f (EG) EEC preference
EG-Richtlinie f (EG) EEC Directive
EG-Wertpapiere npl (Fin) Community financial instruments
Eheberater m (StR) marriage guidance counselor
Ehegattenbesteuerung f (StR) taxation of husband
  and wife (*or* spouses)
Ehegattengehalt n (com) spouse's salary
Ehekonflikt m (OR) battle of sexes
eheliches Güterrecht n (Re) matrimonial regime,
  §§ 1363ff BGB
ehernes Lohngesetz n (Vw) iron (*or* brazen) law of
  wages *(D. Ricardo)*
Eheschließungsrate f (Stat) marriage rate *(ie, per
  1,000 inhabitants)*
Ehevertrag m
  (Re) marriage settlement
  – post-nuptial marriage contract
Ehrenakzept n
  (WeR) acceptance for honor
  – acceptance supra protest
  – acceptance by intervention
Ehrenakzeptant m
  (WeR) acceptor for honor
  – acceptor by intervention
ehrenamtlicher Richter m (StR) lay judge, § 5 III
  FGO
ehrenamtlich tätig (com) acting on an honorary
  basis
Ehrenannahme f (WeR) = Ehrenakzept
Ehreneintritt m
  (WeR) act of honor
  – intervention supra protest
Ehrenkodex m (com) code of ethical practice
Ehrenzahlung f
  (WeR) payment for honor
  – payment supra protest
  – payment by intervention
Ehrenzahlung f **ach Protest** (WeR) payment for
  honor supra protest
ehrgeiziges Projekt n (com) ambitious project (*or*
  scheme)
eichen (IndE) to calibrate *(syn, abstimmen)*
Eichung f (IndE) calibration *(syn, Abstimmung)*
Eid m (Re) oath *(eg, to swear on oath; to give evidence under oath = unter Eid aussagen)*
Eid m **abnehmen**
  (Re) to administer an oath
  – to swear in
eidesstattliche Erklärung f (Re) affirmation in lieu
  of an oath
eidesstattliche Versicherung f
  (Re) statement in lieu of an oath *(ie, affirmed
  and signed)*
  – affirmation (or declaration) in lieu of an oath
Eid m **leisten** (Re) to take an oath
eidliche Erklärung f (Re) affirmation in lieu of an
  oath
eidliche Vernehmung f (StR) examination (*or* statement) under oath, § 94 AO

eidliche Versicherung f (Re) assertory oath
Eigenanzeige f (StR) self-accusation of tax evasion
  reported to the local tax office, § 371 AO
Eigenbedarf m
  (com) personal requirements
  (Bw) internal (*or* in-house) requirements (*or*
  needs)
  (AuW) domestic requirements
Eigenbehalt m (Vers) retention *(ie, amount of lia-
  bility assumed by the writing company and not
  reinsured)*
Eigenbelastung f (StR) amount of extraordinary ex-
  penditure (= *außergewöhnliche Belastungen*)
  which the taxpayer can reasonably be expected
  to bear himself, § 33 EStG
Eigenbeleg m
  (ReW) internal voucher
  – self-prepared document (*or* voucher)
Eigenbesitz m
  (Re, StR) possession under claim of right, § 872
  BGB, § 39 II 1 AO
  (Fin) own holdings of securities
Eigenbesitzer m (Re) proprietory possessor
Eigenbestand m (Fin) own holdings
Eigenbestand m **von Emittenten** (Fin) issuers' hold-
  ings of their own bonds
Eigenbetrieb m
  (FiW) owner-operated municipal enterprise
  – municipal public utility undertaking
  *(ie, gas, power, water, transportation; set up as a
  special fund = Sondervermögen; no independent
  legal entity)*
Eigendepot n
  (Fin) own security deposit
  – trading account
  (cf, §§ 13, 15 DepG; syn, Depot A)
Eigendiagnose f (EDV) self diagnosis *(eg, with self-
  diagnostic features)*
eigene Aktien fpl
  (Fin) own shares, § 71 AktG
  – (US) treasury shares
  – shares held in treasury
  – reacquired/repurchased . . . shares
  (ReW, EG) own shares
eigene Akzepte npl (Fin) (bank's) acceptances outstanding
eigene Leistungen fpl
  (ReW) non-market output of goods and services
  – goods and services for own account
eigene Mittel pl
  (Fin) own (*or* capital) resources *(ie, capital and
  reserves; may include depreciation allowances
  and unappropriated earnings)*
  (Fin) self-generated funds
Eigenentwicklung f
  (Bw) me-too-product
  *(ie, unterscheidet sich nicht od nur unwesentlich
  von e–m kurz vorher auf den Markt gebrachten
  Konkurrenzprodukt; ist keine USP = unique selling proposition, qv, sondern e–e Imitation)*
  (EDV) me-too-product *(eg, Software)*
eigener Hausstand m (StR) own household
eigener Wechsel m (WeR) promissory note
eigenerwirtschaftete Mittel pl
  (Fin) internally generated funds

– internal equity
(ie, finance provieded out of a company's own resources; syn, Selbstfinanzierungsmittel)
Eigenerzeugnis *n* (KoR) company-manufactured product
eigene Währungsreserven *fpl* (AuW) earned currency reserves
eigene Ziehungen *fpl* (Fin) bills drawn by a bank
Eigenfertigung *f*
(IndE) internal production
(IndE) internally-produced goods
Eigenfertigung *f* **od Fremdbezug** *m* (IndE) make or buy
Eigenfinanzierung *f* (Fin) financing from own resources
(ie, the two components of this type of financing are a) eigene Mittel: equity financing, and b) Selbstfinanzierung: funds generated in the business; opp, Fremdfinanzierung; die wichtigste Form aus dem betrieblichen Umsatzprozeß ist die Selbstfinanzierung: Überführung von Gewinnen auf Rücklagekonten)
Eigenfinanzierungsmittel *pl* (Fin) internal resources *(ie, capital consumption, investment grants, retained income)*
Eigenfinanzierungsquote *f* (Fin) self-financing ratio
Eigenfunktion *f*
(Math) eigenfunction
– proper function
eigengenutzte Grundstücke *npl* (com) owner-occupied land
eigengenutztes Haus *n* (StR) owner-occupied home
Eigengeschäft *n*
(com) independent operation (*or* transaction) *(ie, for one's own account)*
(Fin) trade for one's own account
Eigengewässer *npl* (Re) inland (*or* internal) waters
Eigengewicht *n* (Zo) net weight
Eigenhandel *m*
(Fin) trade for one's own account
– own account trading
Eigenhandelsgewinne *mpl* (Fin) profits from dealing for bank's own account
eigenhändig
(com) „hand to addressee only"
(Re) holographic *(ie, written with one's own hand)*
eigenhändiges Testament *n*
(Re) holograph
– holographic will *(ie, not witnessed or attested)*
eigenhändige Unterschrift *f* (com) autograph (*or* personal) signature
eigenhändig geschriebener Brief *m* (com) autograph letter
eigenhändig geschriebene Urkunde *f* (Re) holograph
eigenhändig unterschrieben (com) signed personally (*or* in one's own hand)
Eigenhändler *m* (com) dealer *(ie, other than agent)*
Eigenhändlergeschäft *n* (Fin) trading for (bank's) own account *(ie, not on commission)*
Eigenhändlervertrag *m* (com) exclusive dealer agreement
Eigenheim *n* **mit Einliegerwohnung** (com) owner-occupied home with separate apartment

Eigeninvestition *f* (Bw) internal investment *(opp, Fremdinvestition)*
Eigenkapital *n*
(ReW) equity capital
– stockholders'equity
– (GB) shareholders' equity
– (GB) total equity
(ie, bilanzielles Eigenkapital ist gleich der Differenz zwischen Vermögen und Schulden; nach § 266 III HGB umfaßt das Eigenkapital:
1. gezeichnetes Kapital = subscribed capital;
2. Kapitalrücklage = capital reserves;
3. Gewinnrücklage = revenue reserves; mit der Unterteilung: gesetzliche Rücklagen = statutory reserves; Rücklagen für eigene Anteile = reserves for own shares; satzungsmäßige Rücklagen = company (constitutional) reserves; andere Gewinnrücklagen = other revenue reserves;
4. Gewinnvortrag/Verlustvortrag = profit/loss brought forward;
5. Jahresüberschuß/Jahresfehlbetrag = profit or loss for the year;
in U.S. accounting it is a composite of the following capital accounts:
1. common stock; 2. preferred stock; 3. surplus;
4. undivided profit; 5. reserves for contingencies;
6. and other capital reserves
(Fin) equity capital
(ie, von Banken: ‚hartes' E. = eingezahltes Aktienkapital + ausgewiesene Rücklagen; ‚weiches' E. = Hälfte des E. kann mit ergänzenden Eigenkapitalsurrogaten-, wie Neubewertungsrücklagen oder Sammelwertberichtigungen auf Länderrisiken aufgefüllt werden)
(Vers) net total assets
– capital at risk
Eigenkapitalanteil *m* (Fin) proprietary interest
Eigenkapitalausstattung *f* (Fin) equity capitalization *(cf, Eigenkapitalquote)*
Eigenkapitalbasis *f* (Fin) equity capital base
Eigenkapitalbedarf *m* (Fin) equity requirements (*or* needs)
Eigenkapital-Bewegungsbilanz *f* (Fin) statement of shareholders' equity (*or* net worth)
Eigenkapitalbildung *f* (Fin) equity capital formation
Eigenkapitaldecke *f* (Fin) equity position *(eg, geringe = thin)*
Eigenkapitalfinanzierung *f* (Fin) equity financing
Eigenkapitalgliederung *f* (ReW) breakdown of net worth
Eigenkapital *n* **je Aktie** (Fin) net assets per share
Eigenkapitalkonsolidierung *f* (Fin) equity funding
Eigenkapitalkonto *n*
(ReW) equity account
– (GB) proprietary/proprietorship... account
Eigenkapitalkosten *pl* (Fin) cost of equity
Eigenkapitalmethode *f* (ReW) = Equity-Methode, qv
Eigenkapitalminderung *f* (Fin) decrease in equity
Eigenkapitalpolster *n* (Fin) equity cushion
Eigenkapitalpositionen *fpl* (ReW) equity captions
Eigenkapitalquote *f*
(Fin) equity ratio
– capital-to-assets ratio

(ie, Verhältnis Eigenkapital zur Bilanzsumme = ratio of equity to total assets; hat sich in der Industrie bei 30 stabilisiert)
Eigenkapitalrendite *f* (Fin) = Eigenkapitalrentabilität
Eigenkapitalrentabilität *f*
(Fin) equity return
– income-to-equity ratio
– percentage return on equity
– return on (shareholders') equity
Eigenkapitalrückkauf *m*
(Fin) equity/capital ... buyback
– equity ... redemption
Eigenkapitalverflechtung *f* (Fin) equity link
Eigenkapitalverzinsung *f*
(Fin) equity yield rate
– rate of return on equity
Eigenleistung *f* (Fin) borrower's own funding
Eigenleistungen *fpl*
(Bw) services rendered for own account
(ReW) = eigene Leistungen
Eigenmacht *f* (Re) unlawful interference with possession, § 858 BGB
Eigenmarke *f* (Mk) house brand
Eigenmittel *pl*
(Fin) own funds
– capital resources
Eigennachfrage *f* (Vw) reverse demand
Eigennutzung *f* (com) internal use
Eigenschaft *f*
(com) attribute
– property
– characteristic
– feature
– earmark
Eigenservice-Factoring *n* (Fin) = Bulk-Factoring, qv
Eigentest *m*
(EDV) open-shop testing
(EDV) open-shop test run *(opp, Ferntest)*
eigentliches Dumping *n* (AuW) dumping proper
eigentrassierter Wechsel *m* (WeR) bill drawn by the maker
Eigentum *n*
(Re) ownership, §§ 903 ff BGB
– perfect ownership
– complete ownership
– property
(Note: Be careful in using the term ,title'. It does not indicate whether a person holds property for his own benefit or as trustee.)
Eigentum *n* **beanspruchen** (Re) to claim title to
Eigentümer *m*
(Re) owner ·
(ie, in English the term is a ,nomen generalissimum', its meaning to be gathered from the connection in which it is used)
– proprietor
(ie, having exclusive title to anything; in many instances synonymous with ,owner')
Eigentümergrundschuld *f* (Re) owner's land charge, § 1196 BGB
Eigentümerhypothek *f* (Re) owner's mortgage, § 1163 BGB
Eigentümerin *f* (Re) proprietoress

Eigentümer-Unternehmer *m* (Bw) owner-manager
Eigentum *n* **erwerben (an)** (Re) to acquire ownership (of)
Eigentum *n* **geht über** (Re) property (*or* title) passes (to)
Eigentum *n* **nach Bruchteilen** (Re) tenancy in common *(ie, each owner holds an undivided interest in property, §§ 741 ff BGB)*
Eigentumsanspruch *m* (Re) right of ownership
Eigentumsaufgabe *f*
(Re) voluntary abandonment of ownership, § 959 BGB
– *(civil law)* dereliction
Eigentumsbildung *f* (Pw) formation of property (*or* wealth)
Eigentumsdauer *f* (StR) holding period *(ie, time during which an asset is held)*
Eigentumserwerb *m* (Re) acquisition of ownership
Eigentumsformen *fpl* (Re) types of ownership
Eigentumsrecht *n*
(Re) property/proprietary ... right
– right of ownership
– ownership interest
– legal right of property
– legal title
Eigentumsschutz *m* (Re) protection of ownership
Eigentumsübergang *m*
(Re) passage (*or* transfer) of title to property
– passage of ownership
– passing of title
Eigentumsübertragung *f* (Re) transfer of ownership
Eigentumsurkunde *f* (Re) document of ownership
Eigentumsverhältnisse *npl* (Re) ownership structure
Eigentumsverlust *m* (Re) loss of ownership *(ie, through destruction, abandonment, and transfer of property)*
Eigentumsvermutung *f* (Re) presumption of ownership, § 1006 BGB
Eigentumsverzicht *m* (Re) = Eigentumsaufgabe
Eigentumsvorbehalt *m*
(Re) reservation of ownership
– reservation of right of disposal
– retention of (title to) ownership
(ie, ownership should not pass before payment of purchase price, § 455 BGB; civil law: pactum reservati dominii)
Eigentumsvorbehaltsklausel *f* (Re) retention-of-title clause
Eigentumswohnung *f*
(com) condominium
– condo
– cooperative apartment
(ie, system of separate ownership of individual units in multiple-unit building)
Eigentum *n* **übertragen**
(Re) to convey
– to transfer
– to transmit ... ownership *(to others)*
– to pass title
Eigentum *n* **verschaffen** (Re) to transfer property
Eigentum *n* **vorbehalten** (Re) to reserve title to ownership
Eigentum *n* **zur gesamten Hand** (Re) joint property

213

Eigenumsatz m (com) internal turnover (ie, use of own finished products, own repairs, own buildings, etc.)

Eigen- und Fremdkapital n (Fin) equity and debt capital

Eigenvektor m
(Math) characteristic vector
– eigenfunction
– latent vector

Eigenverbrauch m
(com) personal consumption
(VGR) consumption by owner
(Bw) in-house consumption
– in-feeding (of goods and services)
(StR, VAT) appropriation (or withdrawal) of business property for non-business purposes of the owner, § 1 I 2 UStG
– personal use by taxpayer

Eigenveredelung f (com) processing for own account

Eigenverkehr m (Bw) plant-operated traffic (ie, delivering goods to private and public households)

Eigenversicherung f (Vers) self-insurance (eg, business places aside sufficient sums to cover liability losses that may be sustained)

Eigenwechsel m (WeR) promissory note (syn, Solawechsel)

Eigenwerbung f
(Mk) individual advertising
– self-advertising
(opp, ‚Gemeinschaftswerbung‘ and ‚Sammelwerbung‘)

Eigenwert m
(Math) characteristic root
– eigenfunction
– eigenwert
– eigenvector
– latent root
– proper value
(ie, especially a root of the characteristic equation of a matrix)

Eigenwirtschaftlichkeit f (FiW) profitability (or efficiency) of public enterprises
(ie, pursued to ensure continued existence or viability)

Eignung f
(Pw) aptitude
– qualification
– suitability
– ability

Eignungsbeurteilung f (Pw) appraisal of aptitude (ie, through aptitude tests or testing)

Eignungsprüfung f
(Pw) aptitude test
– qualifying examination
– examination of professional competence (ie, at graduate level)

Eignungstest m
(Pw) = Eignungsprüfung
(Bw) acceptance test
(ie, made in the early phase of a project to make sure that the finished product fits the appointed purpose)

Eilauftrag m
(com) rush order

(Fin) „urgent order" (ie, instruction in postal check handling)

Eilbestellung f (com) = Eilauftrag

Eilbote m
(com) special delivery messenger
– (GB) express messenger

Eilbotensendung f (com) express delivery consignment

Eilfracht f
(com) fast freight
– (GB) express freight

Eilfrachtbrief m (com) fast-freight waybill

Eilgebühr f (com) express delivery charge

Eilgeld n (com) dispatch money (ie, bei eingesparter Liegezeit)

Eilgeld n **in Höhe des halben Liegegeldes** (com) dispatch half demurrage

Eilgeld n **nur im Ladehafen** (com) dispatch loading only

Eilgut n (com) fast freight

Eilpaket n (com) express parcel (or package)

Eilpost f (com) express postal service

Eilüberweisung f (Fin) rapid money transfer (ie, straight through to the final account-holding bank; settlement still passing through Giro center)

Eilzuschlag m (com) extra charge for urgent work

Eilzustellung f (com) rush delivery

Einadreßbefehl m (EDV) single (or one-address) instruction

Einadreßmaschine f (EDV) single address computer

Einadreßsystem n (EDV) single address system

Einarbeitung f
(Pw) orientation
– familiarization
– settling-in (ie, of new employees)

Einarbeitungskosten pl (Pw) cost of employee orientation

Einarbeitungsprogramm n (Pw) orientation program

Einarbeitungszeit f
(Pw) lead-in period
– orientation period
– period of familiarization
– settling-in period

Einarbeitungszuschlag m (IndE) learner allowance

Einarbeitungszuschuß m (Pw) job familiarization allowance

Ein-Ausgabe-Bereich m (EDV) input output area

Ein-Ausgabe-Kanal m (EDV) input output channel

Ein-Ausgabe-Operation f (EDV) input output operation

Ein-Ausgabe-Prozessor m (EDV) input output processor

Ein-Ausgabe-System n (EDV) input output system, IOS

Ein-Ausgabe-Werk n (EDV) input output control

Einbauten mpl (ReW) improvements

Einbauten pl **in gemietete Räume** (ReW) leasehold improvements

Einbauten pl **in Mietobjekte** (ReW) = Einbauten in gemietete Räume

einbehalten
(Fin) to retain (eg, earnings)
(StR) to withhold (ie, taxes)

einbehaltene Gewinne *mpl*
(Fin) earnings (*or* net income *or* profits) retained in the business
  – profit retentions
  – retained earnings (*or* income *or* profit)
  – undistributed profits
  – (GB) ploughed-back profits
einbehaltene Lohnsteuer *f* (StR) wages tax withheld
einbehaltener Gewinn *m* (ReW) earnings retained for use in the business
einbehaltene Steuern *fpl*
(ReW) tax withholdings
  – withheld taxes
Einbehaltung *f* **der Lohnsteuer** (Pw) withholding of wages tax *(ie, by employer)*
Einbehaltung *f* **von Gewinnen**
(Fin) earnings (*or* profit) retention
  – (GB) ploughing-back of profits
Einbehaltung *f* **von Steuern** (StR) withholding of taxes
einberufen (com) to call/convene *(eg, a meeting)*
Einberufung *f* **der Hauptversammlung** (Bw) calling of shareholders' meeting, §§ 121 ff AktG
Einberufungsbekanntmachung *f* (Bw) notice of meeting
Einberufungsfrist *f* (Re) period of notice of meeting, § 123 AktG
einbetten (EDV) to imbed
einbezahlen (com) to pay in
einbezahlt
(com) paid-in
  – paid-up
Einblendung *f* (EDV) superimposition
einbringen
(com) to earn *(eg, money)*
  – to yield *(eg, a profit)*
  – to produce
  – to bring in *(eg, book brought in DM1m)*
  – (infml) to pull in *(eg, hefty rents)*
(Fin) to contribute
  – to bring contributions to
  – to put in contributions
Einbringung *f* (Fin) transfer of property to a company in exchange for stock
Einbringung *f* **e–s Unternehmens** (Bw) contribution of an enterprise, § 31 III AktG
Einbringungsvertrag *m* (Fin) agreement relating to contribution of capital
Einbringung *f* **von Sachwerten** (Fin) contribution of physical assets
Einbruch *m*
(com) setback
(com) slump
  – sharp tumble *(eg, in prices)*
Einbruchdiebstahl-Versicherung *f*
(Vers) burglary insurance *(ie, includes burglary, theft, robbery)*
  – (GB) theft insurance
Einbruch *m* **in den Markt** (Mk) inroads into a market
Einbuße *f*
(com) damage
  – loss
Einbußen *fpl* **des Realeinkommens** (Vw) real income losses

eindämmen
(com) to check
  – to curb
  – to damp
eindecken, sich
(com) to buy ahead
  – to cover requirements
  – to stock up
  – to accumulate inventory
Eindeckung *f*
(com) stocking up
(com) precautionary buying
(MaW) least-cost replenishment of inventories
eindeutig
(Log) unequivocal
(com) unique
(com, adv) fairly and squarely
eindeutig abhängig (Math) uniquely related
eindeutig definiert (Log) uniquely defined
eindeutige Abbildung *f*
(Math) biunique mapping
(Math) single-valued function
eindeutige Aufgabe *f* (Bw) specified task
eindeutige Definition *f*
(Log) clear-cut
  – hard-and-fast
  – unique ... definition
eindeutige Funktion *f* (Math) one-valued (*or* single-valued) function
eindeutige Lösung *f* (Math) determinate (*or* unique) solution
eindeutiger Vorteil *m*
(com) decided advantage
eindeutiges Ergebnis *n* (Math) unique solution
eindeutiges Optimum *n* (OR) unique optimum
Eindeutigkeitssatz *m* (Math) identity (*or* uniqueness) theorem
eindimensionale Verteilung *f* (Stat) univariate distribution
eindringen (com) to penetrate *(eg, a market)*
eineindeutige Abbildung *f*
(Math) one-to-one mapping
  – one-to-one ... function/transformation
  – bijection
  (syn, umkehrbar eindeutige Abildung)
Einerkomplement *n* (EDV) ones complement
Einerstelle *f* (EDV) low-order position
Einfachadresse *f* (EDV) one (*or* single) address
Einfachbeleg *m* (com) single-part form
einfache Buchführung *f*
(ReW) single-entry bookkeeping
  – (US) Boston bookkeeping
einfache Codierung *f* (EDV) absolute (*or* basic) coding *(syn, Grundcodierung)*
einfache Devisenarbitrage *f* (Fin) direct arbitrage
einfache Fahrkarte *f*
(com) one-way ticket
  – (GB) single ticket
  (opp, Rückfahrkarte, qv)
einfache Gesellschaft *f* (Re) civil partnership *(syn, Gesellschaft des bürgerlichen Rechts, BGB-Gesellschaft)*
einfache Havarie *f* (SeeV) simple (*or* ordinary) average
einfache Lizenz *f* (Pat) nonexclusive license *(ie, es-*

sentially an agreement that patent owner will not sue the licensee)

einfache Mehrheit *f* (com) simple majority

einfache mittlere Abweichung *f* (Stat) average deviation

einfacher Ausdruck *m*
(Log) primitive (*or* simple) expression
– simple term

einfacher durchschnittlicher Abstand *m* (Stat) = einfache mittlere Abweichung

einfacher exponentieller Lag *m* (Math) simple exponential lag

einfacher Gitterplan *m* (Stat) simple lattice design

einfacher Lizenzvertrag *m* (Pat) = nicht-ausschließlicher Lizenzvertrag, qv

einfacher Mittelwert *m* (Stat) simple average

einfacher Name *m* (EDV) simple name

einfacher Summenzuwachs *m* (Vers) simple reversionary bonus

einfacher Zeitlohn *m* (Pw) plain time rate

einfaches Akkreditiv *n* (Fin) clean (*or* open) credit

einfaches Inkasso *n* (Fin) clean collection (*opp, documentary collection*)

einfaches Termingeschäft *n* (Bö) outright forward transaction

einfache Stichprobe *f* (Stat) simple sample

einfache Stichprobennahme *f* (Stat) single sampling

einfaches Zufallsstichproben-Verfahren *n* (Stat) simple sampling (procedure)

einfache Unstetigkeit *f* (Math) ordinary discontinuity

einfache Vermutung *f*
(Re) rebuttable
– disputable
– inconclusive... presumption
– *(civil law)* praesumptio juris tantum
(ie, counter-evidence permitted = Widerlegungsmöglichkeiten zugelassen; opp, unwiderlegliche Vermutung)

einfache Zinsen *mpl* (Fin) simple interest

einfache Zufallsauswahl *f* (Stat) simple (*or* unrestricted) random sampling

einfache Zufallsstichprobe *f* (Stat) simple sample

einfach faktorales Austauschverhältnis *n* (AuW) single factoral terms of trade

Einfachfertigung *f* (IndE) single-process production

Einfachklassifikation *f* (Stat) one-way classification

Einfachkorrelation *f* (Stat) simple correlation

einfach-logarithmischer Maßstab *m* (Math) ratio scale

einfach-logarithmisches Netz *n* (Math) semi-logarithmic chart

einfach-logarithmisches Papier *n* (Math) semi-log paper

Einfachstichprobennahme *f* (Stat) single sampling

Einfachstichprobenprüfplan *m* (Stat) single sampling plan

Einfachstichprobenprüfung *f* (Stat) single sampling inspection

einfach zusammenhängender Bereich *m* (Math) simply connected region

einfahren
(com, infml) to break in *(ie, a new car)*
– (GB) to run in

Einfaktortheorie *f* (Stat) single-factor theory

Einfamilienhaus *n* (StR) single-family home (*or* unit)
(ie, may be used in part for business or professional purposes, § 75 V BewG)

einfarbiges Farbband *n* (com) monochrome (typewriter) ribbon

Einfinger-Suchsystem *n* (com, infml) hunt and peck method *(ie, of typing; cf, Blindschreiben = touch typing)*

Einfirmenvertreter *m* (Re) commercial agent contractually barred from working for other principals, § 92 a HGB

einfordern (Fin) to call in (*or* call up) capital

Einfordern *n* **nicht eingezahlter Zeichnungen** (Fin) call on unpaid subscriptions

Einfordern *n* **von Kapitaleinlagen** (Fin) call-in of unpaid capital contributions

einfrieren (Fin) to freeze *(eg, external assets)*

einfügen
(com) to insert
– to build in/into *(eg, clause/proviso /stipulation... into a contract)*
(EDV) to embed
– to append

Einfuhr *f* (com) importation

Einfuhrabfertigung *f*
(Zo) clearance on importation
– clearance inwards

Einfuhrabgabe *f* (EG) border tax on imports *(syn, Grenzausgleichsabgabe)*

Einfuhrabgaben *fpl* (Zo) import charges

Einfuhrabgabenbefreiung *f* (Zo) exemption from import duties

Einfuhrabschöpfung *f* (EG) variable import farm levy *(ie, difference between a lower world market price and a high domestic price)*

Einfuhranmeldung *f* (Zo) import notification *(ie, submitted to the Federal Office of Statistics)*

Einfuhr *f* **auf dem Seeweg** (Zo) importation by sea

Einfuhrausgleichsabgabe *f* (Zo) import equalization levy

Einfuhrbelastung *f* (Zo) import charges

Einfuhrbescheinigung *f*
(Zo) entry certificate
– certificate of clearance inwards

Einfuhrbeschränkungen *fpl*
(AuW) import... restrictions/curbs
– restrictions on imports
– restrictions on the entry of goods
– bar on imports

Einfuhrbeschränkungen *fpl* **verschärfen** (AuW) to intensify import restrictions

Einfuhrbesteuerung *f* (FiW) imposition of taxes on importation

Einfuhrbestimmungen *fpl* (AuW) import regulations

Einfuhrbewilligung *f* (com) import permit

Einfuhrbewilligungsverfahren *n* (com) import licensing system

Einfuhrdeklaration *f* (Zo) import entry (*or* declaration)

Einfuhrdokument *n* (Zo) import document

einführen
(AuW) to import (into)

(Mk) to launch *(eg, product on a market)*
Einfuhren *fpl*
(com) imports
– imported goods
Einfuhren *fpl* **auf die Gemeinschaftsplafonds anrechnen** (EG) to charge imports against the Community ceilings
Einfuhren *fpl* **aus Staatshandelsländern** (AuW) imports from state trading countries
einführender Mitgliedsstaat *m* (EG) importing Member State
Einfuhren *fpl* **durch Agenturen** (Zo) agency importations
Einführer *m* (AuW) importer
Einfuhrerklärung *f* (Zo) import entry *(or* declaration)
Einfuhrerleichterung *f* (AuW) import facility
Einfuhrerleichterungen *fpl* **gewähren** (AuW) to ease the importation procedure
Einfuhrfinanzierung *f* (Fin) import financing *(ie, raising debt money for handling import transactions)*
Einfuhrfreigabe *f* (AuW) import release
Einfuhrfreiliste *f* (AuW) import calendar
Einfuhrgebiet *n* (AuW) importing territory
Einfuhrgenehmigung *f* (com) import authorization
Einfuhrgeschäft *n* (com) import transaction
Einfuhrhafen *m* (Zo) port of import
Einfuhrhandel *m* (AuW) import trade
Einfuhrhändler *m* (com) importer
Einfuhrkommissionär *m* (com) import commission agent
Einfuhrkontingent *n*
(AuW) import quota
– allocated quota *(ie, nach Ländern und Importeuren; based on a prior representative period)*
Einfuhrkontingentierung *f*
(AuW) quota allocation for imports
– imposing import quotas
– limitation on imports
Einfuhrkontrollmeldung *f* (Zo) import control declaration *(or* notification)
Einfuhrkredit *m* (Fin) import credit
Einfuhrland *n*
(AuW) country of importation
– importing country
Einfuhrliberalisierung *f* (AuW) liberalization of imports
Einfuhrliste *f* (AuW) import calendar
Einfuhrlizenz *f* **beantragen** (EG) to apply for an import licence
Einfuhrlizenz *f* **erteilen** (EG) to grant an import licence
Einfuhrmakler *m* (com) import broker
Einfuhrmengen *fpl* (AuW) volume of imports
Einfuhrmonopol *n* (AuW) import monopoly
Einfuhr *f* **nach passiver Veredelung** (Zo) importation after outward processing
Einfuhrort *m* (Zo) place of entry *(or* importation)
Einfuhrpapier *n* (com) import document
Einfuhrpapiere *npl* (com) import documentation
Einfuhrplafond *m* (AuW) import ceiling
Einfuhrprämie *f* (AuW) import bonus
Einfuhrpreis *m* (com) entry/import ... price
Einfuhrpreisindex *m* (AuW) import price index

einfuhrrechtlich abfertigen (Zo) to carry out *(or* effect) import procedure
Einfuhrregelung *f*
(AuW) import rules
– rules for imports
Einfuhrrestriktionen *fpl* (AuW) = Einfuhrbeschränkungen
Einfuhrsaison *f* (com) importing season
Einfuhrschleuse *f* (AuW) import sluice
Einfuhrschranken *fpl* (AuW) import barriers
Einfuhrsendung *f* (com) import consignment
Einfuhrsog *m* (AuW) import pull
Einfuhrsteuer *f* (FiW) import levy *(ie, imposed to protect domestic industries or to better the balance of payments situation)*
Einfuhrstopp *m* (AuW) import ban
Einfuhrstrom *m* (AuW) flow of imports
Einfuhrsubvention *f* (AuW) import subsidy
Einfuhrtag *m* (com) day of importation
Einfuhrüberschuß *m* (AuW) import surplus
Einfuhrüberwachung *f* (EG) surveillance over imports
Einfuhrumsatzsteuer *f* (StR) turnover tax on imports, § 21 UStG
(ie, levied on imported goods at the rates applicable to domestic deliveries of equivalent merchandise)
Einfuhrumsatzsteuer-Wert *m* (StR) basis for calculation of import turnover tax
Einfuhrunbedenklichkeitsbescheinigung *f* (AuW) certificate of non-objection to import
Einfuhr- und Vorratsstelle *f* **für landwirtschaftliche Erzeugnisse** (AuW) intervention board for agricultural products
Einführung *f* **neuer Produkte**
(Mk) launching of new products
– product pioneering
Einführungsangebot *n* (Bö) opening offer
Einführungsgesetz *n* (Re) introductory act *(or* law)
Einführungskonsortium *n* (Bö) introduction syndicate
Einführungskurs *m* (Bö) introduction *(or* issue) price
Einführungsphase *f* (Mk) introduction *(or* pioneering) stage *(ie, of product life cycle)*
Einführungspreis *m*
(Mk) introductory/advertising ... price
– (infml) get-acquainted price
(syn, Orientierungspreis)
Einführungsprospekt *m* (Bö) listing prospectus
Einführungsprovision *f* (Bö) listing commission
Einführungsrabatt *m* (Mk) get-acquainted discount
Einführungstag *m* (Bö) first day of listing
Einführungstest *m* (Mk) product placement test
Einführungswerbung *f*
(Mk) announcement advertising (campaign)
– launch advertising
– (GB) initial advertising
Einführung *f* **von Kreditkontrollen** (Fin) imposition of credit controls
Einfuhr *f* **unter Zollverschluß** (Zo) importation in bond
Einfuhrverbot *n*
(AuW) import embargo
– ban on imports

Einfuhrverfahren n (Zo) import procedure
Einfuhrvertrag m (com) contract for importation, § 22 AWV
Einfuhrvolumen n
(AuW) volume of imports
(Stat) value of imports for one period, measured in prices of a specified base year
Einfuhrvorgang m (com) import operation (or transaction)
Einfuhrwaren fpl (com) import goods
Einfuhrzoll m
(Zo) customs duty on importation
– import duty
– duty on entry (or imports)
– customs inward
Einfuhrzollanmeldung f
(Zo) import declaration
Einfuhrzollerklärung f (Zo) duty paid entry
Einfuhrzollförmlichkeiten fpl
(Zo) customs formalities for putting into free circulation
– customs import formalities
Einfuhrzollkontingent n (Zo) import tariff quota
Einfuhrzuschuß m (AuW) import subsidy
Eingabe f
(EDV) (data) input
– entry
(Re) application (eg, to submit an ...)
– petition (eg, make a ...)
Eingabe-Ausgabe-Einheit f (EDV, Cobol) input-output unit
Eingabebefehl m (EDV) read instruction (syn, Lesebefehl)
Eingabebereich m (EDV) input area (or block)
Eingabeblock m
(EDV) entry block
(ie, area of main memory reserved for the data which will be introduced at execution time)
Eingabecode m (EDV) input code
Eingabedaten pl (EDV) input/entry ... data
Eingabeeinheit f (EDV) input unit
Eingabefeld n (EDV, Cobol) input field
Eingabegerät n (EDV) input device (or unit)
Eingabekanal m (EDV) input channel
Eingabeprogramm n (EDV) input program (or routine)
Eingabepuffer m (EDV) input buffer
Eingaberegister n (EDV) input register
Eingabesatz m (EDV) input record
Eingabespeicher m (EDV) input storage (or area)
Eingabestation f (EDV) input station
Eingabetastatur f (EDV) keyboard
Eingabetermin m (com) input date (eg, für EDV-mäßige Erfassung)
Eingabevorgang m (EDV) input process
Eingabewarteschlange f
(EDV) input job queue
– input work queue
Eingang m
(com) arrival
(com) incoming mail
(Fin) receipts
(EDV) input
Eingänge mpl (Fin) receipts
Eingang m e–r Zahlung (Fin) receipt of payment

Eingang m **in die Gemeinschaft** (EG) entry into the Community
Eingangsabfertigung f (Zo) inward clearance formalities (on arrival)
Eingangsabgaben fpl
(StR) import duties and taxes, § 1 III ZG
– import charges
eingangsabgabenpflichtig (StR) liable to import duties and taxes
Eingangsabteilung f (com) receiving department
Eingangsanzeige f (com) acknowledgment of receipt
Eingangsbefehl m (EDV) entry instruction
Eingangsbescheinigung f (EG) receipt (ie, common shipping procedure)
Eingangsbestätigung f
(com) acknowledgment of receipt
(Zo) confirmation of procedure as declared
Eingangsbuch n (MaW) register of merchandise received
Eingangsbuchung f (ReW) original entry
Eingangsdatum n (com) date of receipt
Eingangsdurchgangszollstelle f (Zo) office of entry en route
Eingangsdurchschnittspreis m (KoR) average price of raw materials and supplies, restricted to current additions
(ie, disregarding the beginning inventory of an accounting period)
Eingangsfehler m (EDV) inherited error
Eingangsfracht f
(com) carriage inward
– freight in
– freight inward
Eingangsfunktion f
(OR) contributive function
– input function
– receiving function
Eingangs-Informationsträger m (EDV) input medium
Eingangskontrolle f (IndE) = Eingangsprüfung
Eingangslager n (MaW) incoming stores
Eingangsmeldung f (com) receiving report
Eingangsmitgliedstaat m (EG) Member State of entry
Eingangsort m (Zo) port of entry
Eingangsprüfung f
(IndE) receiving inspection
– incoming inspection (or testing)
(ie, of incoming goods; cf, DIN 55 350.T11)
(IndE) incoming quality control gate
(MaW) incoming materials control
Eingangsprüfung f **ablegen**
(Pw) to sit for
– to take
– to sustain ... a qualifying examination (eg, at university level)
Eingangsrechnung f
(ReW) purchase invoice
– invoice received
Eingangssatz m (StR) basic rate (ie, of income tax)
Eingangsstelle f (EDV) inconnector
Eingangsstempel m
(com) date (or receipt) stamp
Eingangsstufe f (Pw) entry level

Eingangsstufe *f* **des Steuertarifs** (StR) first-bracket rate of tax

Eingangstag *m* (com) date of receipt

Eingangsüberwachung *f* (MaW) = Eingangskontrolle

Eingangsvermerk *m* (com) file mark

Eingangsversand *m* (Zo) inward transit

Eingangszoll *m* (Zo) inward duty

Eingangszollamt *n* (Zo) import customs office

Eingangszollstelle *f* (Zo) customs office of entry

Eingang *m* **vorbehalten** (Fin) „subject to collection" *(ie, clause on credit note for bills of exchange and checks turned in to a bank for collection)*

eingebaute Funktion *f* (EDV) built-in function *(ie, single expression comprising complex mathematical routine)*

eingeben (EDV) to input
– to enter
– to key in

eingebrachtes Kapital *n* (Fin) contributed capital
– capital brought into the company

eingeforderter Betrag *m* (Fin) amount called in, § 63 II AktG

eingefordertes Kapital *n* (Fin) called-up capital

eingefrorene Forderung *f* (Fin) blocked (*or* frozen) claim

eingefrorenes Guthaben *n* (Fin) frozen (*or* blocked) assets

eingeführte Produktlinie *f* (Mk) well-established/entrenched . . . product line

eingeführte Produktlinien *fpl* (Mk) entrenched product lines

eingegliederte Gesellschaft *f* (com) integrated company, §§ 319–327 AktG

eingegliedertes Unternehmen *n* (StR) integrated entity, § 2 II No. 2 GewStG *(ie, subordinated to another resident business enterprise to the extent that it has no freedom of decision)*

eingehen (Re) to assume *(eg, obligation)* (Fin) to incur *(eg, debt, liabilities)*

eingehende Beschau *f* **der Waren** (Zo) detailed (*or* full) examination of the goods

eingehende Post *f* (com) incoming mail

eingehender Bericht *m* (com) detailed (*or* full) report

eingelöster Scheck *m* (Fin) paid check

eingerichteter Geschäftsbetrieb *m* (com) organized enterprise

eingeschaltet (EDV, Cobol) on status

eingeschaltete Bank *f* (Fin) intermediary bank

eingeschlossenes Leerzeichen *n* (EDV, Unix) embedded blank

eingeschränkte Ermessensfreiheit *f* (Bw) bounded discretion

eingeschränkte Randomisierung *f* (Stat) restricted randomization

eingeschränkte Rationalität *f* (Bw) bounded rationality *(ie, permitting no optimum solutions)*

eingeschränkter Bestätigungsvermerk *m*

(ReW) qualified certificate (*or* opinion)
– with-the-exception-of opinion

eingeschränktes Akzept *n* (WeR) qualified (*or* special) acceptance

eingeschränktes Eigentum *n* (Re) qualified title (to property)

eingeschränktes Indossament *n* (WeR) qualified indorsement

eingeschränkte Zufallsauswahl *f* (Stat) restricted random sampling

eingeschriebener Brief *m* (com) registered letter

eingeschriebenes Mitglied *n* (Pw) card-carrying member *(eg, of a union)*

eingesetztes Kapital *n* (Fin) capital employed

eingetragene Genossenschaft *f* (Re) registered cooperative society

eingetragene Genossenschaft *f* **mit beschränkter Haftpflicht, eGmbH** (Re) registered cooperative society with limited liability

eingetragene Genossenschaft *f* **mit beschränkter Haftung** (com) registered limited-liability cooperative

eingetragene Genossenschaft *f* **mit unbeschränkter Haftpflicht** (com) registered cooperative with unlimited liability

eingetragener Inhaber *m* (Re) registered holder

eingetragener Verein *m* (Re) registered association (*or* society), §§ 55–79 BGB

eingetragenes Warenzeichen *n* (Pat) registered trademark

eingetretene Anlagenwagnisse *npl* (ReW) encountered risks on fixed assets and investments

eingetretene sonstige Wagnisse *npl* (ReW) miscellaneous encountered risks

eingetretene Todesfälle *mpl* (Vers) actual deaths

eingezahlte Aktie *f* (Fin) fully paid-in share

eingezahlter Betrag *m* (com) amount paid in (*or* tendered)

eingezahltes Aktienkapital *n* (Fin) paid-up share capital

eingezahltes Kapital *n* (Fin) paid-in capital *(ie, including contributions in kind)*

eingezogene Aktie *f* (Fin) redeemed/called-in . . . share

eingipfelige Verteilung *f* (Stat) unimodal distribution

Eingleichungsmodell *n* (Math) single-equation model *(ie, einfache bzw. multiple Regressionsmodelle)*

eingliedern (Bw) to integrate *(a company etc.)*

Eingliederung *f* (Bw, StR) integration
– subordination of a dependent entity *(ie, temporary affiliation of a company with/to another – main – company, §§ 319–327 AktG, § 2 II No. 2 GewStG)*

Eingliederung *f* **in den Arbeitsprozeß** (Pw) integration into the labor force

Eingliederungsbeihilfe *f* (SozV) settling-in allowance *(ie, paid by the Federal Labor Office to employers offering a permanent job to a jobseeker, usu. for one year)*

Eingliederungsdarlehen *n* (Vw) integration loan

Eingliederungshilfe *f* (Vw) integration aid

219

Eingliederungskonzern *m* (com) = Unterordnungskonzern

Eingriff *m* (Re) impairment *(ie, of existing right)*

Eingriff *m* im Ausnahmefall (Bw) management by exception

Eingriffsgrenze *f* (IndE) action limit
(ie, auf der Qualitätsregelkarte (quality control card): erfordert Eingriff in den zu überwachenden Prozeß)

Eingriffsintensität *f* (Kart) intensity of interference

Eingriffsrechte *npl* (Re) powers to intervene *(eg, in the running of the economy)*

Eingriffsschwelle *f* (Kart) threshold of interference
(ie, threshold at which cartel authorities start investigations; eg, volume of sales, number of employees, market shares)

Eingriffssignal *n* (EDV) interrupt signal

Einhaltung *f* e–r Frist
(com) keeping a time limit
– meeting a deadline

Einhaltung *f* e–s Vertrages (Re) compliance with the terms of a contract

Einhaltung *f* staatlicher Vorschriften (Re) compliance with government regulations

einheimische Arbeitskräfte *fpl* (Pw) indigenous workers

einheimische Beteiligung *f* (Bw) local integration
(ie, to produce a certain percentage of value added in the host country)

einheimische Führungskräfte *fpl* (Pw) local managers

einheimisches Unternehmen *n*
(com) domestic enterprise
(AuW) indigenous enterprise

Einheit *f* (com) unit
(IndE) item
(ie, sehr abstrakt; wird in der Praxis oft ersetzt durch „Produkt" od „Tätigkeit"; cf, DIN 55 350.T11)

Einheit *f* der Auftragserteilung (Bw) unity of command
(ie, in business organizations)

Einheit *f* der ersten Auswahlstufe (Stat) first-stage *(or* primary) unit

Einheit *f* der zweiten Auswahlstufe (Stat) second-stage *(or* secondary) unit

einheitlich abschreiben (ReW) to subject to uniform depreciation rules, Abschn. 31 II EStR

einheitliche Bedingungen *fpl* (com) standard terms

einheitliche Dispositionsstufe *f* (IndE) level schedule
(ie, the use of all parts in materials is as evenly distributed over time as possible; for a given period of production)

Einheitliche Europäische Akte *f*, EEA
(EG) Single European Act, SEA
(ie, substantial amendment of the Treaty of Rome effective 1 July 1987; Ziel ist die Umwandlung der EG in e-e europäische Union)

einheitliche Geschäftsbedingungen *fpl* (Re) standard business conditions

einheitliche Gewinnfeststellung *f* (StR) uniform determination of profits, §§ 179, 180 I 2 a AO

einheitliche Grundsätze *mpl* der Kostenrechnung (KoR) uniform cost accounting rules

einheitliche Lebensverhältnisse *npl* (Re) identical social and economic conditions *(or* relations)

einheitliche Leitung *f*
(Bw) central
– centralized
– unified ... management
– common control

einheitliche Preise *mpl* (com) uniform prices

einheitlicher Auswahlsatz *m* (Stat) uniform sampling fraction

einheitlicher Bezugspunkt *m* (Fin) uniform base period *(ie, in investment analysis)*

Einheitlicher Binnenmarkt
(EG) Single European Market
(ie, is about freedom of movement for goods, services and capital, and the ending of protective barriers, whether direct or indirect; supposed to be completed in 1992)

einheitlicher geschäftlicher Betätigungswille *m* (StR) common business purpose

einheitlicher Gewerbesteuermeßbetrag *m* (StR) uniform tentative tax
(ie, obtained by combining the tentative taxes on business profits and on business capital)

Einheitliche Richtlinien *fpl* für Dokumentenakkreditive (com) Uniform Customs and Practice for Commercial Documentary Credits

Einheitliche Richtlinien *fpl* für Inkassi (Fin) Uniform Rules for Collections

einheitlicher Markt *m*
(com) unified market *(eg, as in EC)*
(Bö) uniform market

einheitlicher Satz *m* (com) uniform rate

einheitlicher Steuermeßbetrag *m* (StR) uniform tentative tax
(ie, established by the local tax office which combines the tentative taxes [= Steuermeßbeträge] on business profits and business capital)

einheitliches Bewertungssystem *n* (Bw) uniform valuation system

einheitliches Kaufvertragsrecht *n* (Re) uniform law on sale of goods

einheitliches Preisgefüge *n* (Mk) unified price structure

einheitliche Unternehmenspolitik *f* (Bw) uniformity of corporate policy

einheitliche Währung *f* (EG) sole *(or* single) currency

Einheitlichkeit *f* der Lebensverhältnisse (Re) economic unity of the country *(see: einheitliche Lebensverhältnisse)*

Einheitlichkeit *f* der Zollsysteme (Zo) uniformity in the customs systems

Einheitsbewertung *f* (StR) assessed valuation, §§ 19–109a BewG
(ie, designed to establish uniform and separate values for the greatest possible variety of taxes)

Einheitsbilanz *f* (ReW) unified balance sheet
(ie, term suggesting the goal of making the commercial and tax balance sheets co-extensive. Current statutory obstacle are different valuation rules)

Einheitsbudget *n* (FiW) unified budget *(ie, developed in U. S. in 1967)*

Einheitsformular *n* (com) standard form

Einheitsfrachttarif *m* (com) all-commodity freight rate

Einheitsgewerkschaft *f* (Pw) nonpartisan industry-based union
(ie, open to all skills, grades and specialisms in the branch of employment covered by the union; there are 17 of them under the umbrella of the union federation – DGB – at Düsseldorf)

Einheitsgraph *m* (Math) unitary graph

Einheitsgrundsatz *m* (ReW) entity point of view
(ie, Konzern wird als rechtliche Einheit verstanden, ungeachtet der rechtlichen Selbständigkeit der Konzernunternehmen = group companies)

Einheitsgründung *f* (Re) single-step formation (of a stock corporation = AG)
(ie, corporation and capital issue at one go; syn, Simultangründung; opp, Stufengründung)

Einheitskonditionen *fpl* (com) unified conditions of sale and delivery
(ie, in Einheitskontrakten, wie Deutscher Baumwollkontrakt)

Einheitskosten *pl*
(KoR) unit cost
– cost per unit of output *(opp, ‚Gesamtkosten')*

Einheitskurs *m*
(Bö) daily
– single
– standard . . . quotation
– middle price

Einheitsladung *f* (com, US) unitized cargo *(ie, grouped cargo carried aboard a ship in pallets, containers, etc.)*

Einheitsmarkt *m* (Bö) single-price *(or* single-quotation) market *(opp, variabler Markt)*

Einheitsmatrix *f*
(Math) identical
– identity
– unit
– universal . . . matrix

Einheitsmietvertrag *m* (Re) standard tenancy agreement

Einheitsnotierung *f* (Bö) uniform prices *(opp, variable Notierung)*

Einheitsnotiz *f* (Bö) single quotation

Einheitsprämie *f* (Vers) flat premium *(or* rate)

Einheitspreis *m*
(com) standard price
– unit price
(Vw) uniform price *(ie, set for government price control purposes)*

Einheitspreisgeschäft *n* (Mk) variety store *(ie, retail outlet carrying 2,000–3,000 low-priced articles in fixed price classes)*

Einheitssatz *m* (KoR) standard rate

Einheitsscheck *m* (Fin) standard check form

Einheitssprung *m* (Math) unit step

Einheits-Sprungfunktion *f* (Math) unit-step function

Einheitssteuer *f* (FiW) flat rate tax

Einheitsstücklohn *m* (IndE) standard piece wage

Einheitstarif *m*
(com) flat rate
(Zo) general tariff
– single-schedule tariff
– unilinear tariff *(syn, Generaltarif)*

Einheitstheorie *f* (Bw) = Einheitsgrundsatz

Einheitsvektor *m* (Math) unit vector

Einheitsverpackung *f* (com) standard packing, § 62 I EVO

Einheitsversicherung *f* (Vers) combined-risk insurance
(ie, restricted to a number of industries, such as textiles, leather clothing, tobacco, furs, dying, laundries, chemical cleaning)

Einheitsvertrag *m* (Re) standard agreement *(or* contract)

Einheitsvordruck *m* (com) standard form

Einheitswechsel *m* (Fin) standard form of bill of exchange

Einheitswert *m*
(com) standard value
(StR) assessed value of property
(ie, computed for agricultural, real, and business property, §§ 19–109 a BewG)

Einheitswertbescheid *m* (StR) assessment notice

Einheitswertsteuern *fpl* (StR) taxes based on assessed values
(eg, net worth tax, real property tax, trade tax, inheritance tax)

Einheitswertzuschlag *m* (StR) assessed value adjustment, § 121 a BewG
(ie, raises the 1964 assessed values of real property by 40%)

Einheitswurzel *f* (Math) root of unity

Einheitszoll *m* (Zo) uniform duty

Einheitszolltarif *m* (Zo) single-schedule tariff

Einigung *f*
(com) agreement
(Re) mutual consent
– meeting/union . . . of minds *(ie, in contract law)*
(Re) agreement that property should pass, § 929 BGB
(Re) composition *(ie, außergerichtlich)*
– arrangement

Einigung *f* **mit den Gläubigern**
(Re) arrangement *(or* composition) with creditors
– composition in bankruptcy
(ie, discharge is by operation of law)

Einigungsmangel *m* (Re) lack of agreement

Einigungsstelle *f* (Pw) conciliation board, § 76 BetrVerfG

Einigungsstellen *fpl* **für Wettbewerbsstreitigkeiten** (Kart) conciliation boards for the settlement of disputes on restrictive trade practices
(ie, working under the jurisdiction of the Chambers of Industry and Commerce)

Einigung *f* **und Übergabe** *f* (Re) agreement and delivery, § 929 BGB

Einkanalmodell *n* (OR) single channel *(or* station) model

Ein-Kanten-Netzwerk *n* (OR) one-branch network

Einkauf *m*
(com) buying
– purchase
(MaW) purchasing *(ie, terms like purchasing, procurement, supply, materials management, and logistics are used almost interchangeably; syn, Beschaffungswesen)*

einkaufen
(com, infml) to go shopping
(com) to buy
– to purchase
Einkaufen n
(com, infml) shopping
– (US) marketing
(com) to do shopping
– to go marketing
Einkäufer m
(com) shopper
(Mk) buyer
– buying agent
Einkauf m nach Katalog (Mk) catalog buying (opp, buying through retail outlets)
Einkaufsabteilung f (Bw) purchasing department
Einkaufsabweichung f (KoR) purchasing variance (ie, difference between planned price and actual cost price)
Einkaufsagent m (AuW) purchasing agent (ie, employed by American and European department stores)
Einkaufsakkreditiv n (Fin) buying letter of credit
Einkaufsauftrag m (com) purchase order
Einkaufsbedingungen fpl (com) conditions of purchase (ie, in commercial practice: conditions of delivery and payment)
Einkaufsbruttopreis m (KoR) gross purchase price (ie, includes all acquisition costs)
Einkaufsbuch n (MaW) purchase journal
Einkaufsbudget n (Bw) purchase budget
Einkaufsgemeinschaft f
(Mk) purchasing association
– buying group
(ie, comprising retail traders, artisans, wholesalers, and department stores)
Einkaufsgenossenschaft f (com) purchasing (or wholsesale) cooperative
Einkaufsgewohnheiten fpl (Mk) buying habits
Einkaufsgremium n
(Mk) buying center
– decision making unit (DMU)
(ie, theoretisches Konstrukt zur Erklärung des organisationalen Kaufverhaltens)
Einkaufshandbuch n (MaW) purchasing manual
Einkaufshäufigkeit f (Mk) purchasing frequency
Einkaufskartell n (Kart) buying/purchasing... cartel
Einkaufskommission f (Re) commission to purchase goods, § 391 HGB
Einkaufskommissionär m
(com) commission buyer
– purchasing commission agent
– buying agent
Einkaufskommittent m (Fin) securities account holder
Einkaufskontingent n (com) buying quota
Einkaufskonto n (ReW) purchasing account
Einkaufsland n (Zo) country of purchase
Einkaufsleiter m
(MaW) head of purchasing
– purchasing manager
Einkaufsniederlassung f (Bw) purchasing branch office
Einkaufsplanung f (MaW) purchasing planning

Einkaufspolitik f (MaW) procurement policy
Einkaufspreis m (com) purchase price (ie, invoiced by seller)
Einkaufsprogramm n (MaW) purchasing program
Einkaufsprovision f (com) buying commission
Einkaufsrechnungspreis m (com) invoiced purchase price (ie, charged by supplier)
Einkaufsstatistik f (MaW) procurement statistics
Einkaufssyndikat n (Mk) buying syndicate
Einkaufsverband m (Mk) purchasing association
Einkaufsvereinigung f (Mk) buying group
Einkaufsverhalten n (Mk) buying behavior (or pattern)
Einkaufsvertreter m (com) buying agent
Einkaufszentrale f (Bw) buying office
Einkaufszentrum n (Mk) shopping center
Einkauf m unter e–m Dach (Mk) one-stop shopping
einklagbar (Re) actionable
einklagbare Forderung f (Re) enforceable claim
einklagen (Re) to sue for
Einklarierung f (Zo) clearance inwards
Einkommen n
(com, Pw) income (ie, usu. money income)
– earnings
(StR) net income (ie, taxable base of income tax)
Einkommen n angestellter Unternehmer (VGR) contractual entrepreneurial income
Einkommen-Ausgaben-Modell n (Vw) income-expenditure approach
Einkommen n aus selbständiger Arbeit (VGR) self-employment income
Einkommen n aus unselbständiger Arbeit (VGR) income from employment
Einkommen n aus Unternehmertätigkeit und Vermögen (VGR) income from property and entrepreneurship
Einkommen n der unselbständig Beschäftigten (VGR) employee ... compensation/earnings
Einkommen-Konsum-Funktion f
(Vw) income-consumption function
– Engels curve
Einkommen-Konsumkurve f (Vw) income-consumption curve
Einkommen n pro Kopf der Bevölkerung (VGR) per capita income
Einkommensaktien fpl (Fin) income equities (ie, shares with a high price-dividend ratio)
Einkommensaustauschverhältnis n (AuW) income terms of trade
einkommensbedingte Inflation f (Vw) inflation due to disproportionate claims to income rises
Einkommensbesteuerung f
(FiW) income taxation
(opp, Vermögensbesteuerung = capital taxation)
Einkommensbezieher m (com) income recipient
Einkommensdisparität f
(Pw) pay inequalities
(Vw) income disparity (ie, income differential between employed persons of various sectors or various societal groups)
Einkommenseffekt m
(Vw) income effect (ie, in the theory of the household)
(Vw) income generating effect (ie, in macroeconomics)

Einkommenselastizität f (Vw) income elasticity

Einkommenselastizität f **der Importnachfrage** (Vw) income elasticity of demand for imports

Einkommenselastizität f **der Nachfrage** (Vw) income elasticity of demand

Einkommensempfänger m (com) income recipient

Einkommensentstehungsrechnung f (VGR) = Entstehungsrechnung, qv

Einkommensermittlung f (StR) determination (or computation) of taxable income:

Summe der Einkünfte aus den 7 Einkunftsarten (§§ 13–24 EStG)	Adjusted gross income from all applicable sources
– Altersentlastungsbetrag	– Old age percentage reduction
= Gesamtbetrag der Einkünfte	= Adjusted gross income
– Sonderausgaben (§§ 10–10d EStG)	– Special expenses
– außergewöhnliche Belastungen (§§ 33–33b EStG)	– Extraordinary financial burdens
= Einkommen	= Income
– Altersfreibetrag (§ 32 II EStG)	– Old age allowance
– Haushaltsfreibetrag (§ 32 III EStG)	– Household allowance
– sonstige vom Einkommen abzuziehende Beträge	– Other deductions
= Zu versteuerndes Einkommen	= Taxable Income

Einkommensfonds m (Fin) income fund (opp, Wachstumsfonds, Thesaurierungsfonds)

Einkommensgefälle n (Pw) earnings gap

Einkommensgeschwindigkeit f **des Geldes** (Vw) income velocity of money (cf, Quantitätsgleichung)

Einkommensgleichung f (Vw) cash balance equation (ie, M = k.Y; syn, Kassenhaltungsgleichung)

Einkommensgruppe f
(Vw) income group
(StR) income bracket

Einkommenshöhe f (com) income level

Einkommens-Konsumkurve f (Vw) income consumption curve

Einkommenskreislauf m
(Vw) circular flow of income
– flow of income

Einkommenskreislaufgeschwindigkeit f **des Geldes** (Vw) income velocity of circulation

Einkommensmechanismus m (AuW) income mechanism

Einkommens-Nachfrage-Funktion f (Vw) income demand function

Einkommensnivellierung f (Vw) leveling of incomes

Einkommenspolitik f (Vw) incomes policy (ie, strategy aimed at directly holding down wages and prices)

Einkommensprobleme npl **der Landwirtschaft** (Vw) farm income problems

Einkommenspyramide f (Vw) income pyramid

Einkommensredistribution f (Vw) income redistribution (syn, Einkommensumverteilung)

Einkommensschere f (Vw) income gap (eg, between the farming and industrial sectors)

Einkommensschichtung f (Stat) income stratification (ie, Querverteilung; Darstellungsform der personellen Einkommensverteilung)

Einkommensschmälerung f (Pw) reduction of earnings

Einkommenssicherung f (SozV) income maintenance (or protection)

Einkommenssituation f (Vw) income situation (ie, of market participants)

Einkommensstatistik f (Stat) income statistics

Einkommensstufe f (StR) income bracket

Einkommensteuer f (StR) income tax (ie, including ‚Lohnsteuer‘ = wages tax and ‚Körperschaftsteuer‘ = corporation income tax)

Einkommensteuerbilanz f (StR) income-tax balance sheet

Einkommensteuer-Durchführungsverordnung f (StR) Ordinance Regulating the Income Tax Law

Einkommensteuererklärung f (StR) individual income tax return

Einkommensteuergesetz n (StR) Income Tax Law

Einkommensteuer-Grundtabelle f (StR) basic income-tax scale

Einkommensteuerpflicht f (StR) income tax liability

einkommensteuerpflichtig
(StR) taxable to income tax
– liable in/to income tax

Einkommensteuerpflichtiger m (StR) person liable in income tax
– income tax payer

Einkommensteuerreformgesetz n (StR) Income Tax Reform Law

Einkommensteuer-Richtlinien fpl (StR) Income Tax Regulations

Einkommensteuer-Rückvergütung f (StR) refund of income tax

Einkommensteuerschätzung f (StR) arbitrary assessment of income tax

Einkommensteuer-Splittingtabelle f (StR) joint marital income-tax scale

Einkommensteuer-Tarif m (StR) income tax scale

Einkommensteuer-Vorauszahlung f (StR) prepayment of estimated income tax, § 37 EStG

Einkommenstheorie f
(Vw) theory of income determination
(VGR) national income theory

Einkommensträger m (Stat) income-receiving person

Einkommensübertragungen fpl (VGR) transfer payments

Einkommensumverteilung f (Vw) income redistribution
(ie, through labor-union wage policy + govern-

*ment (secondary) redistribution, such as taxes,
transfer payments, public goods)*
Einkommens- und Beschäftigungstheorie *f* (Vw) income and employment analysis
Einkommensverlust *m*
(Pw) income loss
– loss of income
Einkommensverteilung *f* (Vw) income (*or* earnings) distribution
Einkommensverteilungs-Inflation *f* (Vw) income-share inflation
Einkommensverwendung *f* (StR) application of income
Einkommen *n* **verringern**
(com) to cut down
– to diminish
– to pare down
– to reduce
– to whittle down... income/earnings
Einkreisungspatent *n* (Pat) fencing-in patent
Einkünfte *pl*
(com) earnings
– income
– emoluments
– revenue
(StR) adjusted gross income
*(ie, gross income from one or several of the seven
sources listed in § 2 EStG)*
Einkünfte *pl* **aus bebauten Grundstücken** (StR) income from improved properties
Einkünfte *pl* **aus Gewerbebetrieb** (StR) income from trade or business, § 2 I No. 2 EStG
Einkünfte *pl* **aus Gewerbetrieb**
(StR) income from trade or business
Einkünfte *pl* **aus Kapitalvermögen**
(StR) income from investment of capital, § 2 I No. 5 EStG
– capital gains
Einkünfte *pl* **aus Land- und Forstwirtschaft** (StR) income from agriculture and forestry, § 2 I No. 1 EStG
Einkünfte *pl* **aus nichtselbständiger Arbeit** (StR) employment income *(ie, on which income tax is withheld at the source, § 2 I No. 4 EStG)*
Einkünfte *pl* **aus öffentlichen Erwerbsunternehmungen**
(FiW) revenue from government-owned enterprises
Einkünfte *pl* **aus Schwarzarbeit** (Pw) black earnings
Einkünfte *pl* **aus selbständiger Arbeit** (StR) income from independent personal services, § 2 I No. 3 EStG
Einkünfte *pl* **aus unbebauten Grundstücken** (StR) income from lease of unimproved properties
Einkünfte *pl* **aus Vermietung und Verpachtung** (StR) income from rentals and royalties, § 2 I No. 6 EStG
Einkunftsarten *fpl*
(StR) sources of taxable income, § 2 I EStG
– categories of income
Einladung *f* **zur Zeichnung** (Bö) subscription offer
Einlagekonto *n* (Fin) account of ‚dormant‘ partner showing the current position of his participation *(ie, see §§ 335 ff HGB!)*

Einlagen *fpl*
(Fin) bank deposits
(Re) contribution *(ie, cash or property, made to any type of commercial undertaking, such as AG, OHG, KG, stille Gesellschaft)*
(StR) contributions to capital during the business year, § 4 I 3 EStG
(Mk) inserts
Einlagen *fpl* **abbauen** (Fin) to run down *(eg, central bank deposits)*
Einlagenabgänge *mpl* (Fin) outflow of deposits
Einlagen *fpl* **abziehen**
(Fin) to withdraw deposits
– (infml) to pull out deposits
Einlagenbestand *m* (Fin) volume of deposits
Einlagenentwicklung *f* (Fin) movement of deposits
Einlagengeschäft *n* (Fin) deposit-taking business
Einlagen *fpl* **hereinnehmen** (Fin) to take (on)/accept... deposits
Einlagen *fpl* **mit Kündigungsfrist** (Fin) deposits at notice
Einlagen *fpl* **mit kurzer Kündigungsfrist** (Fin) short-term deposits
Einlagenpolitik *f* (FiW) government deposit policy *(ie, dient der Regulierung des Geldangebots der Geschäftsbanken durch die Bundesbank: öffentliche Haushalte werden veranlaßt, ihre Einlagen bei Geschäftsbanken auf Konten der Zentralbank zu übertragen oder umgekehrt)*
Einlagenrückgewähr *f* (Fin) refund of contributions, § 57 I 1 AktG
Einlagenschutz *m* (Fin) deposit security arrangements *(ie, multi-stage system set up by the German savings banks)*
Einlagensicherung *f* (Fin) safeguarding depositors’ accounts *(ie, general term; accomplished through private arrangements of the banking industry, such as guaranty funds, joint liability agreements, ect.)*
Einlagensicherungs-Fonds *m*
(Fin) deposit guaranty fund
– fire-fighting fund
(ie, set up by the ‚Bundesverband der deutschen Banken‘ = Federation of the German Banking Industry)
Einlagenüberschuß *m* (Fin) surplus of deposits
Einlagenumschichtung *f* (Fin) shift in deposits
Einlagenversicherung *f* (Vers) deposit insurance
Einlagenvolumen *n* (Fin) volume of deposits
Einlagen *fpl* **von Anteilseignern** (Fin) capital contribution by shareholders
Einlagenzertifikat *n* (Fin) certificate of deposit, CD *(ie, Geldmarktpapier, das Banken zur Refinanzierung ihres Aktivgeschäfts emittieren)*
Einlagenzins *m* (Fin) deposit rate
Einlagenzuflüsse *mpl* (Fin) inflow of deposits
Einlagerer *m* (com, Zo) depositor
einlagern
(com) to store
– to stock
– to warehouse
Einlagerung *f*
(com) storage, §§ 416 ff HGB
– warehousing
(Zo) admission into warehouse

Einlagerungsgewicht *n* (com) storage weight of goods receipted by the warehouse keeper
Einlagerungsinventur *f* (ReW) incoming-goods inventory
(ie, körperliche Erfassung [physical count] bei Einlagerung der Gegenstände)
Einlagerungskredit *m* (Fin) stockpiling loan
Einlagerungsland *n* (Zo) country of warehousing
Einlagerungsschein *m* (com) warehouse receipt
Einlagerungswechsel *m* (Fin) storage (*or* warehouse) bill
Einlauf *m* (com) incoming mail
Einlaufkurve *f* (Bw) regular pattern of startup cost curve
(ie, established in the motor industry and other large-series production)
Einleger *m* (com, Fin) depositor
einlesen
(EDV) to read in
– to input
Einleseroutine *f* (EDV) read-in routine
Einlesespeicher *m* (EDV) input storage
Einlieferung *f*
(com) mailing
– (GB) posting
(com) delivery
– surrender
Einlieferungsbescheinigung *f*
(com) postal receipt *(eg, for registered letters, in-payments)*
(Fin) paying-in slip
(Fin) safe custody receipt
Einliniensystem *n*
(Bw) single-line system
– straight-line organization
– unity of command
einlösbar
(Fin) redeemable
– repayable
(Fin) payable *(eg, check, bill of exchange)*
einlösen
(Fin) to cash *(eg, check, coupon)*
(WeR) to honor *(eg, draft)*
(Fin) to redeem
– to repay *(eg, loan, mortgage)*
einlösende Bank *f* (Fin) negotiating bank *(ie, in letter of credit transaction)*
Einlösung *f*
(WeR) discharging
– honoring
– payment *(ie, of a bill)*
(Fin) encashment *(eg, check, coupon)*
(Fin) redemption
– repayment *(eg, loan, mortgage)*
Einlösung *f* e–s **Wechsels** (WeR) payment of a bill
Einlösungsaufforderung *f* (Fin) call *(ie, to bondholders for payment, esp. by formal notice)*
Einlösungsbedingungen *fpl* (Fin) terms of redemption
Einlösungsfonds *m* (Fin) sinking fund
Einlösungsfrist *f*
(Fin) maturity deadline
– redemption period
Einlösungsgewinn *m* (Fin) gain on redemption
Einlösungskurs *m* (Fin) redemption price

Einlösungsprovision *f* (Fin) payment commission
Einlösungsstelle *f* (Fin) paying agent
Einlösung *f* **von Zinsscheinen** (Fin) coupon collection
Einmalbeitrag *m* (Vers) one-time (*or* single) premium
Einmalemission *f* (Bö) one-off issue *(opp, Daueremission: tap issue)*
Einmalfertigung *f* (IndE) = Einzelfertigung
einmalige Aufwendungen *fpl* (ReW) non-recurrent expenditure
einmalige Ausgabe *f* (Fin) non-recurring (*or* one-off) expenditure
einmalige Berechnung *f* (com) one-time charge
einmalige Bezüge *pl* (Pw) non-recurring income
einmalige Einnahmen *fpl* (Fin) non-recurrent (*or* one-time) receipts
einmalige Entscheidung *f* (Bw) one-shot decision
einmalige Erhöhung *f* (com) one-shot increase *(eg, in special energy allowances to persons receiving supplemental government payments)*
einmalige Erträge *mpl* (ReW) noncurrent income (*or* revenue)
einmalige Gebühr *f*
(com) non-recurrent charge
– one-time charge
(com) single-use charge
(Fin) flat fee
einmaliger Versicherungsvertrag *m* (Vers) one-time insurance contract
einmaliges Akkreditiv *n* (Fin) straight letter of credit *(cf, list under ‚Akkreditiv‘)*
einmaliges Stück *n*
(com) one of a kind
– (GB, infml) one-off *(eg, a one-off model)*
einmalige Vermögensabgabe *f* (StR) one-time capital levy
einmalige Vermögensanfälle *mpl* (StR) one-time wealth accruals *(eg, gift, inheritance, lottery gains)*
einmalige Zahlung *f*
(Fin) commutation payment
(Fin) one-off (*or* one-time) payment
Einmal-Käufer *m* (Mk) one-time buyer
Einmal-Kohlepapier *n* (com) one-time carbon paper
Einmalkosten *pl* (com) non-recurring (*or* one-time) costs
Einmalprämie *f* (Vers) one-time (*or* single) premium *(opp, current premium)*
Einmalprämien-Lebensversicherung *f* (Vers) single-premium life insurance
Einmal-Rückstellung *f* (ReW) non-recurrent transfer to reserve
Einmaltarif *m* (Mk) one-time rate *(ie, of advertising)*
Einmann-AG *f* (com) one-man stock corporation
Einmannbetrieb *m*
(com) one-man business
– (sl) one-man band
Einmanngesellschaft *f*
(com) one-man company *(ie, most frequently as limited liability company = GmbH)*
(com) one-man corporation *(ie, may come into existence by the acquisition of all shares)*

Ein-Mann-GmbH *f* (com) one-man GmbH
Einmehrdeutigkeit *f* (EDV) one-to-many relation
Einmonatsbilanz *f* (ReW) monthly balance sheet
einmotten (Bw, infml) to mothball *(ie, withdraw from services and keep in reserve; eg, factory, plant, capacities, battleship)*
Einmünder *m* (OR) branch leading into node
Einnahmeausfall *m* (FiW) revenue shortfall
Einnahmeerzielung *f* (StR) income-producing activity
Einnahmen *fpl*
  (com) receipts *(ie, do not confuse with ‚Einzahlung')*
  (com) (retail) takings
  (Fin) inflows *(ie, term used in preinvestment analysis)*
  (StR) gross income, § 4 III EStG
Einnahmen *fpl* **aus der Veräußerung von Dividendenscheinen** (StR) income from disposition of dividend certificate
Einnahmen-Ausgaben-Plan *m* (Fin) cash budget
Einnahmen-Ausgaben-Planung *f* (Fin) cash budgeting
Einnahmen-Ausgaben-Rechnung *f* (ReW) cash basis of accounting
  (ie, ohne Periodenabgrenzung; opp, periodengerechte Aufwands- und Ertragsrechnung = accrual basis of accounting)
Einnahmen *fpl* **aus Umlagen** (StR) income from encumbrances *(eg, fees for water, central heating etc.)*
Einnahmen *fpl* **aus unsichtbaren Leistungen** (VGR) invisible earnings
Einnahmen *fpl* **beschaffen** (FiW) to raise revenues
Einnahmenbuch *n* (ReW) cash receipts journal
Einnahmen *fpl* **in laufender Rechnung** (VGR) current account receipts
Einnahmenplan *m* (Fin) incoming receipts budget
Einnahmenpolitik *f* (FiW) revenue policy
Einnahmenreihe *f* (Fin) stream of earnings *(ie, term used in preinvestment analysis = Investitionsrechnung)*
Einnahmenstruktur *f* (FiW) pattern of revenue
Einnahmenüberschuß *m* (FiW) revenue surplus
Einnahmen *fpl* **und Ausgaben** *fpl*
  (ReW) receipts and disbursements
  (com) *(a store's)* income and outgo
Einnahmen- und Ausgabenrechnung *f*
  (ReW) cash-based accounting
  (StR) = Einnahmeüberschußrechnung
Einnahmequelle *f*
  (com) income source
  (FiW) source of revenue
  – income source
Einnahmeschätzungen *fpl* (FiW) receipts projections
Einnahme-Überschüsse *mpl*
  (Fin) cumulative annual net cash savings *(ie, term used in preinvestment analysis)*
  (Fin) cash flows
Einnahmeüberschußrechnung *f*
  (StR) cash receipts and disbursement method, § 4 III EStG
  – net income method
Einnahmeunterdeckung *f* (Fin) negative cash flow

Einnahmewirkungen *fpl* (FiW) revenue effects
einordnen (com) to pigeonhole *(ie, to put into proper class or group)*
Einpassen *n* (EDV) boxing *(ie, in computer graphics)*
einpendeln (com) to settle down *(eg, prices settle down at a lower level)*
Einpendler *m* (com) commuter
einperiodige Prognose *f* (Bw) point forecast
  (ie, betrifft nur eine Folgeperiode; opp, mehrperiodige Prognose = trace forecast)
Einpersonen-Gesellschaft *f* (com) one-man corporation *(ie, corporation with a single shareholder)*
Ein-Personen-Haushalt *m* (Stat) single person household
Ein-Pfeil-Schleife *f* (OR) self loop
Einphasensteuer *f* (FiW) single-stage tax
Einphasen-Umsatzsteuer *f* (FiW) single-stage turnover tax *(eg, production tax, wholesale tax, retail tax)*
einplanen
  (Bw) to plan
  (IndE) to schedule
Einplanwirtschaft *f* (Vw) single-plan economy *(E. Preiser)* *(syn, Planwirtschaft, zentralgeleitete Wirtschaft, Befehlswirtschaft)*
Einplatzssystem *n* (EDV) standalone/dedicated... system
Einproduktbetrieb *m* (IndE) single-product firm
Einprodukt-Unternehmen *n* (Bw) single-product firm
einräumen
  (com) to admit
  – to allow
  (Fin) to grant *(eg, credit, loan)*
  – to extend
Einrede *f*
  (Re) defense
  – plea
Einrede *f* **begründen mit** (Re) to establish a defense on the ground of *(eg, necessity = Notstand)*
einredebehaftete Forderung *f* (Re) claim which can be met by a plea of confession and avoidance, § 390 BGB
Einrede *f* **der Arglist**
  (Re) exception of fraud
  – *(civil law)* exceptio doli mali
Einrede *f* **der Aufrechnung** (Re) defense of setoff
Einrede *f* **der Erfüllung** (Re) defense of discharge *(ie, of contract)*
Einrede *f* **der Verjährung**
  (Re) plea of the statute of limitations
  – *(civil law)* exceptio temporis
  (ie, defense that a claim is statute-barred or that time prescribed for bringing suit has expired)
Einrede *f* **der Verjährung geltend machen**
  (Re) to plead the statute of limitations
  – to plead lapse of time *(ie, as a defense to an action)*
  – to set up the statute of limitations *(ie, against a claim)*
  – to assert the bar of the statute of limitations
Einrede *f* **der Vorausklage**
  (Re) defense of preliminary proceedings against principal debtor

– benefit of discussion
– *(civil law)* beneficium discussionis
(ie, surety – Bürge – may refuse to satisfy creditor unless the latter has unsuccessfully attempted to levy compulsory execution against principal debtor, § 771 BGB)

Einrede *f* des nicht erfüllten Vertrages
(Re) defense of nonperformance of contract
– defense that plaintiff has not performed
– *(civil law)* exceptio non adimpleti contractus
(ie, exception in an action that plaintiff is not entitled to sue because he has not performed his own part of the agreement)

Einrede *f* des Notstandes (Re) defense of necessity

Einrede *f* geltend machen
(Re) to put forward
– to set up
– to interpose
– to establish
– to urge . . . a defense
– to allege an objection
(eg, to urge fraud or rescission as a defense)

einreichen
(com) to file
– to hand (to)
– to lodge
– to submit
(Fin) to bring (*or* present) *(eg, a bill for discount)*
(Fin) to deposit *(eg, for collection or safe custody)*

Einreicher *m* (com) presenting party

Einreichung *f*
(com) filing
– lodgment
– submission
(Fin) presentment
– presentation
– deposit

Einreichung *f* e–r Patentanmeldung (Pat) filing of patent application

Einreichung *f* e–s Antrags (com) filing of an application

Einreichungsdatum *n* (com) filing date

Einreichungsfrist *f*
(com) closing date *(eg, invitation to tender)*
(com) deadline for application
(Fin) period for presentment

Einreichungsschluß *m*
(com) cut-off date for applications
– closing date
(com) bid closing

Einreichungstermin *m*
(com) closing date *(eg, for receipt of applications)*
– last day *(eg, on which we are to receive . . .)*

Einreichungsverzeichnis *n* (Fin) list of bills or checks submitted for discount *(usu. a bank's multipart form = Vordrucksatz)*

Einreichung *f* von Schriftstücken (com) filing of documents

einreihen (Zo) to classify *(ie, under a tariff heading = ‚unter eine Tarifnummer')*

Einrichtelöhne *mpl* (KoR) setup wages *(ie, traced to costing units or included in overhead rate)*

einrichten
(com) to arrange
– to organize
– to set up

Einrichtezeit *f* (IndE) setup time

Einrichtkosten *pl* (KoR) setup cost
(ie, incurred in retooling machinery for new operations)

Einrichtung *f*
(com) office equipment and furnishings
(ReW) furnitures and fixtures (= Betriebsausstattung)
(IndE) machine setup *(ie, to change to another type of production)*

Einrichtungen *f* für Wohnbauten (ReW) furnitures and fixtures for residential buildings

Einrichtungskosten *pl*
(ReW) cost (*or* expense) of setting up, organizing, and extending a plant *(ie, capitalized and written off, but see § 6 EStG)*

Einrichtung *f* und Betrieb *m* industrieller Anlagen
(Bw) plant engineering

einrücken (EDV) to indent *(eg, first line)*

Einrückung *f* (EDV) indentation

Einrückungsstufe *f* (EDV) level of indentation

Einsatz *m*
(com) use
– utilization
(Pw) employment
(Fin) one-off *(ie, von nur e-r Kassaposition)*

einsatzbereiter Zustand *m* (IndE) operating condition

Einsatzbereitschaft *f* (Pw) willingness to engage in purposeful action

Einsatzbesprechung *f* (com) briefing session

Einsatzergebnis *n* (KoR) difference between purchase price and predetermined price *(ie, term used in standard costing: may be a shadow price or a standard price)*

Einsatzfaktor *m* (Bw) input factor

Einsatzgewicht *n*
(IndE) input weight
– charge weight

Einsatzgüter *npl*
(Bw) input *(ie, sum total of all productive factors)*
(IndE) start materials
– charge materials
– feedstocks

Einsatzhäufigkeit *f* (Bw) incidence of usage

Einsatzmaterial *n*
(IndE) charge materials
– feed materials
– feedstocks
– input materials
– start (*or* starting) materials

Einsatzmenge *f* des variablen Faktors (Bw) input of variable factor

Einsatzmittel *npl* (Bw) resources

Einsatzniveau *n* (Vw) input level

Einsatzort *m* (Pw) duty station

Einsatzplanung *f* (Bw) applications planning

Einsatzpreis *m* (com) starting price *(ie, at auction)*

Einsatzstoffe *mpl* (KoR) input materials

einsatzsynchrone Beschaffung *f* (MaW) = bestandelose Beschaffung, qv

einschalten
  (com) to use the services of
  – to interpose *(eg, a bank)*
  – to intermediate
Einschalten *n* (EDV) initial setup
  (EDV) enabling
Einschaltquote *f* (Mk) share of audience *(ie, in television)*
Einschaltung *f* **e–r Bank** (Fin) interposition of a bank
einschecken (com) to check in *(ie, hotel desk, airport)*
Einschichtler *m* (IndE) one-shift worker *(ie, either early or late shift; opp, Zwei- und Dreischichtler, Kontiarbeiter)*
einschieben (com) to insert
Einschiebung *f* (com) insertion
einschießen
  (Fin) to contribute money *(or* capital)
  – to put money into a business
einschlagen (Mk, infml) to hit the market *(ie, product)*
einschlägige Bestimmungen *fpl*
  (Re) relevant provisions *(eg, of stock exchange law)*
einschleusen (Mk) to channel *(ie, goods into a market)*
Einschleusung *f* (Mk) channeling
Einschleusungspreis *m* (EG) sluice gate price *(ie, fiktiver Herstellungspreis für Schweinefleisch, Geflügel und Eier; liegt der ausländische Angebotspreis unter dem E., wird eine Zusatzabschöpfung erhoben)*
einschließendes ODER *n*
  (EDV) inclusive-OR operation
  – disjunction
  – logical sum
einschließlich aller Rechte (Bö) cum all
einschließlich Bezugsrechte (Bö) cum rights
einschließlich Dividende (Bö) cum dividend
Einschlußklausel *f* (Vers) omnibus clause
einschränken (com, infml) to cut down on *(eg, smoking, capital spending)*
einschränkende Bedingung *f*
  (Re) limiting condition
  (Re) proviso *(ie, a condition or limitation inserted in a contract; usu. beginning with the words ‚provided that . . .‘)*
einschränkendes Konnossement *n* (com) claused bill of lading
Einschreibebrief *m* (com) registered letter
Einschreibegebühr *f* (com) registration fee
einschreiben (EDV) to write in
Einschreiben *n*
  (com) registered mail
  – (GB) registered post
Einschreiben *n* **mit Rückschein** (com) registered letter with acknowledgment of receipt
Einschreibsendung *f*
  (com, US) certified mail
  (com, GB) registered mail
Einschub *m* (EDV) slide-in module
Einschuß *m*
  (Bö) contribution *(or* trading) margin
  – margin requirement

  – initial deposit
  (ie, usu. 10% of contract value)
  (SeeV) contribution
  – general average deposit
Einschußquittung *f* (SeeV) contribution receipt
einseitig
  (Re) unilateral
  – one-sided
  – ex parte *(eg, notice to determine a lease)*
einseitige Ableitung *f* (Math) one-sided derivative
einseitige empfangsbedürftige Erklärung *f* (Re) unilateral declaration requiring communication *(eg, on the part of a debtor)*
einseitige Handelsgeschäfte *npl* (Re) one-sided *(or* unilateral) commercial transactions
einseitige Rechtsetzung *f* (Re) unilateral legislative action
einseitiger Irrtum *m* (Re) unilateral mistake
einseitiger Schuldvertrag *m* (Re) unilateral contract
einseitiger Test *m*
  (Stat) one-sided test
  – single-tail test
einseitiger Transfer *m* (VGR) unilateral transfer
einseitiger Vertrag *m*
  (Re) unilateral
  – one-sided
  – ex-parte . . . contract
einseitiges Rechtsgeschäft *n* (Re) unilateral act *(or* transaction) *(eg, declaration containing a notice to terminate a lease)*
einseitige Überlebensrente *f*
  (Fin) reversionary annuity
  – survivorship annuity
einseitige Übertragung *f* (VGR) unilateral transfer
einseitige Verpflichtung *f* (Re) unilateral obligation
einseitige Willenserklärung *f* (Re) unilateral manifestation of intent
einseitig festgesetztes Importkontingent *n* (AuW) unilateral quota
einseitig offene Klasse *f* (Stat) open-ended class
Einsendeabschnitt *m* (com) return coupon
einsenden
  (com) to send in
  – to submit
Einsender *m*
  (com) sender
  – submitter
Einsendeschluß *m*
  (com) deadline
  – closing date
Einserkomplement *n* (EDV) ones complement
Einsetzen *n* (Vw) onset *(eg, of an economic upturn)*
Einsetzungsregel *f* (Log) rule of substitution
Einsicht *f* **in die Bücher** (ReW) inspection of books and records
Einsichtsrecht *n* (Re) right to inspect books and records
Einsmenge *f* (Math) unitary set
Einsoperator *m* (Math) unit/identity . . . operator
Einspaltentarif *m* (Zo) unilinear tariff
einsparen
  (com) to save
  – to cut expenses
  – to economize (on)

– (infml) to shave (costs)
Einsparung *f*
(com) reduction of costs
– cutting expenses
– economizing
Einsparungsmöglichkeit *f* (com) savings possibility
einspeichern
(EDV) to store
(EDV) to roll in
einspiegeln (ReW) to reflect *(eg, fixed assets in a consolidated financial statement)*
Einspruch *m*
(Re) objection
– exception
(StR) protest against tax assessment, § 348 AO
(Pat) opposition
Einspruch *m* **einlegen** (Re) to file *(or* lodge) an objection
Einspruch *m* **einleiten** (Pat) to give notice of an opposition
Einspruch *m* **erheben**
(Re) to make *(or* raise) an objection
– to object (to)
Einspruch *m* **gegen Erteilung e–s Patents erheben** (Pat) to oppose the grant of a patent
Einspruch *m* **gegen Patentanmeldung erheben** (Pat) to oppose an application
Einspruchsabteilung *f* (Pat) Opposition Division *(ie, of the Patent Office)*
Einspruchsbegründung *f* (Pat) grounds for opposition
Einspruchseinlegung *f* (Pat) notice of opposition
Einspruchsentscheid *m* (Pat) decision relating to an opposition
Einspruchserwiderung *f* (Pat) rejoinder to an opposition
Einspruchsfrist *f* (Pat) time limit for entering opposition
Einspruchsgebühr *f* (Pat) opposition fee
Einspruchspartei *f*
(Pat) party in opposition
– opponent
Einspruchsrecht *n* (Re) right to object (to)
Einspruchsschriftsatz *m* (Pat) memorandum supporting opposition
Einspruchsverfahren *n* (Pat) opposition proceedings
Einspruch *m* **verwerfen** (Pat) to reject *(or* dismiss) an opposition
Einspruch *m* **wegen mangelnder Neuheit** (Pat) opposition for lack of novelty
Einspruch *m* **wurde nicht erhoben** (Pat) application was left unopposed
Einspruch *m* **zurücknehmen** (Pat) to withdraw an opposition
Einspruch *m* **zurückweisen** (Pat) to reject an opposition
Einsprungbedingungen *fpl* (EDV) initial/entry ... conditions
Einsprungstelle *f* (EDV, Unix) entry (point)
Einstandsgebühr *f* (Fin) initial fee *(iee, in franchising)*
Einstandskosten *pl* (Fin) cost of funds *(ie, in banking; syn, Refinanzierungskosten)*
Einstandspreis *m*

(KoR) = Einstandswert
(EG) minimum import price
(ie, für landwirtschaftliche Veredelungsprodukte)
Einstandspreis *m* **der verkauften Handelsware** (ReW) cost of merchandise sold
Einstandswert *m*
(KoR, *in retailing*) acquisition cost
– cost price
(ie, price delivered free stock)
einstellen
(com) to discontinue
– to stop
– to suspend *(eg, payment of debts)*
(com) to close/shut ... down *(eg, a plant)*
(ReW) to allocate *(eg, to open reserves)*
– to transfer
(com) to engage
– to hire
Einstellenarbeit *f* (IndE) single-place job *(ie, one assignment, one worker)*
einstellig
(Log) one-place
– monadic
einstelliger Junktor *m* (Log) singular connective
Einstellkosten *pl* (com) hiring cost *(or* expenses)
Einstellquote *f*
(Pw) hiring rate *(ie, of labor)*
– (GB) accessions rate
Einstellung *f*
(com) discontinuance
– stoppage
– suspension
(com) closure
(ReW) allocation *(eg, to special reserves)*
– transfer
(com) hiring
(IndE) setup
– adjustment
Einstellung *f* **des Verfahrens**
(Re) discontinuance of civil proceedings
– abatement of (civil) action
Einstellungen *fpl* **aus dem Jahresüberschuß** (ReW) transfer from net income for the business year
Einstellungen *fpl* **in Gewinnrücklagen** (ReW) transfer to earnings reserves
Einstellung *f* **in Pauschalwertberichtigung** (ReW) transfer to general allowance
Einstellung *f* **in Rücklage** (ReW) transfer to reserve
Einstellung *f* **in Sonderposten** (ReW) transfer to special allowances
Einstellung *f* **in Sonderposten mit Rücklagenanteil** (ReW) transfer to special tax reserve
Einstellungsforschung *f* (Mk) image research *(syn, Imageforschung)*
Einstellungsgespräch *n*
(Pw) job
– employment
– hiring ... interview
Einstellungskosten *pl* (Pw) recruiting expenses
Einstellungsquote *f*
(Pw) hiring/recruitment ... rate
– (GB) accession(s) rate
(ie, ratio of new hires and recalls from layoff to total number of workers)

Einstellungssperre f (Pw) employment
- job
- hiring . . . freeze
Einstellungsstopp m (Pw) = Einstellungssperre
Einstellungstermin m (Pw) first date of service
Einstellungstest m (Pw) employment test
(ie, measures intelligence, personality traits, skills, interests, aptitudes, and other characteristics; used to supplement interviews and background investigations before employment)
Einstellungsverfahren n (Pw) hiring procedure
Einsteuer f (FiW) single tax (= impôt unique)
Einstiegsmodell n (com) capture/entry-level . . . model
Einstiegspreis m (Bö) strike (*or* striking) price
Einstiegssystem n (EDV) entry-level system
einstimmige Entscheidung f (com) unanimous decision *(eg, was taken)*
einstimmiger Beschluß m (com) unanimous resolution *(eg, was adopted)*
Einstimmigkeitsregel f (Bw) unanimous-vote rule
einstufen
(com) to categorize
- to classify
- to grade
- to scale
einstufige Divisionskalkulation f (KoR) summary (single-stage) process costing
(ie, Selbstkosten werden durch Division der Gesamtkosten durch die erzeugten Produkte ermittelt; in den Kostenstellen wird nicht nach Einzel- und Gemeinkosten unterschieden; cf, mehrstufige D.)
einstufige Kostenplanung f (KoR) formula method (of cost budgeting)
einstufiger Betrieb m (IndE) single-stage plant system
einstufiger Stichprobenplan m (Stat) unitary sampling plan
einstufiges Leitungssystem n
(Bw) single-tier (*or* unitary) board structure *(eg, in the Anglo-Saxon and French company law systems)*
einstufiges Mischgeldsystem n (Vw) single-tier mixed-money system
einstufiges Reihenfolgeproblem n (IndE) one-machine (*or* single-machine) sequencing problem
einstufiges Unternehmen n (Bw) single-stage business
Einstufung f der Tätigkeit (IndE) job ranking
Einstufungstest m (Pw) placement test
einstweiliges Fischereiabkommen n (Re) temporary fishing agreement
einstweilige Verfügung f
(Re) preliminary
- interim
- interlocutory . . . injunction
- temporary restraining order
(eg, is issued or granted)
einstweilige Verfügung f erwirken (Re) to sue out a preliminary injunction
Einsystem n (ReW) interlinked system of financial and cost accounting *(ie, all postings are made in journal and general ledger)*
Einszustand m

(EDV) one state
- one condition
Ein-Tages-Engagement n (Bö) intra-day position
(ie, open foreign exchange position run by a dealer within a day)
einteilen
(com) to classify
- to grade
- to scale
Einteilung f
(com) classification
- gradation
- division
- subdivision
Einteilung f nach einem Merkmal (Stat) one-way classification
Einteilungsmethode f (Log) classification approach
Einteilung f zollpflichtiger Güter nach Eigenschaften (AuW) attribute method of tariff classification
Eintrag m
(com) entry
(EDV) entry *(cf, DIN 66 028, Aug 1985)*
eintragen
(com) to enter in/up
- to register on
- to make an entry
- to post
einträglich
(com) profitable
- remunerative
Eintragung f
(com) entry
- registration
- posting
Eintragung f in das Handelsregister (Re) registration/entry . . . in the Commercial Register
Eintragung f löschen (com) to cancel an entry
Eintragungsbewilligung f (Re) consent to entry in land register *(ie, requires official authentication)*
eintreibbare Forderung f (Fin) recoverable debt
eintreiben (Fin) to collect *(ie, debts outstanding)*
Eintreibung f (Fin) collection
eintretende Variable f (OR) entering variable
Eintritt m
(com) admission
- (fml) admittance
Eintritt m der Geschäftsunfähigkeit (Re) supervening incapacity, § 791 BGB
Eintritt m der Rechtshängigkeit (Re) date at which a claim is brought forward, § 291 BGB
Eintritt m des Schadensfalles (Vers) occurrence of risk
Eintritt m des Versicherungsfalles (Vers) insurance contingency
Eintritt m e–r Bedingung (Re) fulfillment of a condition
Eintritt m in Rechte (Re) subrogation
(ie, substitution of a third party in place of a party having a claim against another person, eg; insurance companies or guarantors generally have such right)
Eintritt m ins Erwerbsleben (Pw) entry into the labor force
Eintrittsalter n (Vers) age at entry

Eintrittsbarriere *f* (Bw) barrier of entry *(cf, Markt-zutrittsschranken)*
Eintrittsbilanz *f* (ReW) special balance sheet prepared when a new member joins a partnership
Eintrittsgrenzzollamt *n* (Zo) customs office at place of entry
Eintrittshafen *m* (Zo) port of entry
Eintrittshäufigkeit *f* (Stat) frequency of occurrence
Eintrittspreis *m* (com) admission fee
Eintrittssperre *f*
  (Vw) restriction of entry
  – barrier to entry
Eintrittssperrenpreis *m* (Vw) limit price
Einverfahren-Maschine *f* (IndE) single-process machine
Einverständnis *n*
  (com) approval
  (Re) assent
  – consent
Einwand *m* **der unzulässigen Rechtsausübung**
  (Re) defense *(or* exception) of fraud
  – *(civil law)* exceptio doli generalis
  (ie, made irrelevant by the general principle of fair dealing, §§ 157, 242, 226 BGB)
Einwand *m* **der Verwirkung** (Re) defense available in cases of belated assertion of rights
Einwand *m* **des Rechtsmißbrauchs** (Re) = Einwand der unzulässigen Rechtsausübung
Einwände *mpl* **geltend machen**
  (Re) to set up
  – to raise
  – to urge
  – to interpose
  – to establish
  – to put forward . . . defenses
einwandfreier äußerer Zustand *m* (com) apparent good order and condition
einwandfrei funktionieren (com) to work properly
Einwegbehälter *m* (com) disposable *(or* one-way) container
Einwegflasche *f*
  (com) non-returnable bottle
  – non-refillable
  – one-way bottle
Einwegverpackung *f* (com) disposable *(or* non-returnable) package *(or* packaging)
einweisen (Pw) to familiarize
Einwendungsausschluß *m* (WeR) holder in due course (= *rechtmäßiger od legitimierter Inhaber)* is free of equitable defenses available to prior parties
einwertige Funktion *f* (Math) single-value function
Einwilligung *f* (Re) prior approval *(ie, authorization of an act-in-the law, § 183 BGB; opp, nachträgliche Zustimmung, Genehmigung = subsequent consent)*
einzahlen
  (Fin) to pay in
  (Fin, fml) to pay over
Einzahler *m*
  (com) payer
  (Fin) depositor
Einzahlung *f*
  (Fin) inpayment
  (Fin) deposit

Einzahlungsaufforderung *f*
  (com) request for payment
  (Fin) call
  – call letter
  – notice of call
  (ie, purchaser of nil-paid or partly-paid share is requested to pay amount due to a company)
Einzahlungsformular *n*
  (Fin) in-payment form
  – paying-in slip
Einzahlungspflicht *f* (Re) obligation to pay up shares, § 54 AktG
Einzahlungsquittung *f* (Fin) deposit receipt
Einzahlungsreihe *f*
  (Fin) stream of cash inflows
  – cash inflows
  (ie, term used in evaluating alternative investment projects)
Einzahlungsrückstand *m* (Fin) calls in arrears
  (ie, due by shareholders who failed to pay calls for payment on subscribed shares)
Einzahlungsschein *m*
  (Fin) deposit slip
  – (GB) paying-in slip
  – credit slip
Einzahlungsströme *mpl* (Fin) cash inflows *(ie, in preinvestment analysis)*
einzeiliger Beleg *m* (ReW) single-line document
Ein-Zeit-Verfahren *n* (OR) single-phase planning method *(eg, critical path method [CPM], metra potential method [MPM])*
Einzelabnehmer *m* (com) individual customer
Einzelabschluß *m* (ReW) individual accounts *(ie, in group accounting)*
Einzelabschreibung *f*
  (ReW) single-asset depreciation
  – unit depreciation
  (syn, individuelle Abschreibung; opp, Pauschal-od Summenabschreibung)
Einzelakkord *m*
  (IndE) individual piece-work
  (IndE) individual piece-work rate
Einzelaktionär *m* (Fin) individual shareholder *(or* stockholder)
Einzelanfertigung *f*
  (IndE) manufacture to specification
  – single-unit production
  (IndE) = Einzelfertigung, qv
Einzelanleger *m* (Fin) individual investor
Einzelarbeitsvertrag *m* (Pw) individual employment contract
Einzelaufgliederung *f* (com) detailed breakdown
Einzelaufstellung *f*
  (com) detailed statement
  – itemized list
Einzelauftrag *m* (com) individual order
Einzelaufzeichnungen *fpl* (ReW) detail records
Einzelausgebot *n* (Re) invitation of bids *(ie, for each individual parcel of real estate, in judicial sales, § 63 ZVG; opp, Gesamtausgebot)*
Einzelausnahmen *fpl* (Kart) individual exemptions, §§ 2–8 GWB
  (opp, Bereichsausnahmen = industry-wide exemptions)
Einzelaussteller *m* (Mk) individual exhibitor

Einzelbegriff *m* (Log) individual concept
Einzelbeleg *m* (ReW) single voucher (*or* form)
Einzelbelegprüfung *f* (ReW) detailed checking
Einzelbeschaffung *f* **im Bedarfsfall** (MaW) individual buying
Einzelbesteuerung *f* (StR) individual taxation
Einzelbewertung *f*
   (ReW) individual
   – item-by-item
   – single-asset
   – single . . . valuation
   – unit account method of valuation (*opp, Gruppenbewertung*)
Einzelbilanz *f* (ReW) individual balance sheet (*ie, part of consolidated balance sheet*)
Einzelblattzuführung *f* (EDV) cut-sheet feeder
Einzelbürgschaft *f* (Re) individual guaranty
Einzeldokument *n* (com) single document
Einzelerfinder *m* (Pat) individual (*or* sole) inventor
Einzelertragswertverfahren *n* (StR) individual appraisal of potential yield, § 37 II BewG
Einzelfertigung *f*
   (IndE) individual
   – job
   – one-off
   – (single) unit
   – unique-product
   – single-item . . . production
   (IndE) tailor-made (*or* unique) products
Einzelfirma *f*
   (com) one-man business
   (com) sole (*or* individual) proprietorship
   – individual business
   – (GB) sole trader
   (*syn, Einzelkaufmann, Einzelunternehmung*)
Einzelgang *m* (EDV) detail printing (*opp, Sammelgang*)
Einzelgeschäftsführung *f* (Re) capacity to transact business of each individual partner of OHG and KG, §§ 114 ff HGB
Einzelgesellschaften *fpl* (Bw) individual companies
Einzelgewerbetreibender *m* (StR) individual proprietor (*or* trader)
   (*ie, carries on business independently, permanently, and for profit, excluding agriculture and independent personal services*)
Einzelgewerkschaft *f* (Pw) single-industry union
Einzelhandel *m* (Mk) retail industry (*or* trade)
Einzelhandel-Einkaufsgenossenschaft *f* (com) retail cooperative
Einzelhandelsberatung *f* (Mk) retail advisory services
Einzelhandelsbetrieb *m*
   (com) retail business (*or* establishment)
   – retail store
Einzelhandels-Factoring *n* (Mk) retail factoring
Einzelhandelsgeschäft *n* (com) retail store (*or* outlet)
Einzelhandelskette *f*
   (Mk) retailing chain
   – multiple chain
Einzelhandelskontenrahmen *m* (ReW) (simplified) classification-of-account system tailored to retailing needs
Einzelhandelskunde *m* (com) retail customer

Einzelhandelsorganisation *f* (com) retail sales organization
Einzelhandelspolitik *f* (Vw) retail trade policy
Einzelhandelspreis *m* (com) retail price
Einzelhandelspreisindex *m* (Stat) retail price index
Einzelhandelsrabatt *m* (com) retail rebate
Einzelhandelsrichtpreis *m* (com) recommended retail price
Einzelhandelsspanne *f* (com) retail margin
Einzelhandelsumsätze *mpl*
   (com) retail sales
   – (GB) retail turnover
   – shop sales
   – sales of retail stores
Einzelhandelsunternehmen *n* (com) retail establishment
Einzelhandelsvertrieb *m* (com) retail marketing (*or* sales)
Einzelhändler *m*
   (com) retailer
   – retail trader
Einzelhonorar *n*
   (com) individual fee
   – fee for service
   (*opp, Pauschalhonorar = flat-rate fee, flate fee*)
Einzelkalkulation *f* (KoR) job-order (*or* single-item) calculation
Einzelkaufmann *m* (com) = Einzelfirma
Einzelkontingent *n* (AuW) selectively administered quota
Einzelkosten *pl*
   (KoR) direct . . . cost/expense/charge
   – prime cost
   (*ie, in der Kostenträgerkalkulation dem Erzeugnis unmittelbar zurechenbar; identifiable direct with a particular activity; opp, Gemeinkosten = overhead*)
Einzelkostenabweichung *f* (KoR) direct-cost variance
Einzelkostenlohn *m* (KoR) direct labor
Einzelkostenmaterial *n* (KoR) direct material
Einzelkostenplanung *f* (KoR) direct cost planning
Einzelkredit *m* (Fin) individual credit (*ie, funds loaned to a single borrower*)
Einzelkreditversicherung *f* (Vers) individual credit insurance
Einzellebensversicherung *f* (Vers) individual life insurance
   (*opp, Gruppenlebensversicherung = group life insurance*)
Einzelleistung *f* (Re) individual performance
Einzellizenz *f* (Pat) individual license
Einzellöhne *mpl* (KoR) direct labor
Einzellohnkosten *pl* (KoR) productive labor (*or* wages)
Einzellohnsatzabweichung *f* (KoR) labor rate variance
Einzellohnzeitabweichung *f*
   (KoR) labor efficiency
   – labor time
   – labor usage . . . variance
   (*syn, Arbeitszeitabweichung, qv*)
Einzelmaterial *n* (KoR) direct material
Einzelmaterialkosten *pl* (KoR) cost of direct material

Einzelmaterialmischungsabweichung *f* (KoR) mixture subvariance
Einzelmaterialpreisabweichung *f* (KoR) material price variance
Einzelmaterialverbrauchsabweichung *f* (KoR) materials quantity variance
– material usage variance
Einzelmieter *m* (Re) sole tenant
Einzelnachfolge *f* (Re) singular succession *(ie, not to the entire estate of another, but only to individual legal relations)*
Einzelnachweis *m* **führen** (StR) to itemize expenses *(ie, instead of claiming blanket allowance)*
einzeln aufführen (com) to itemize
Einzelobjekt *n* (Bw) individual item
Einzelplan *m* (Bw) individual plan
Einzelplanung *f* (Bw) detail planning
Einzelpolice *f* (Vers) individual *(or* voyage) policy
Einzelpreis *m* (com) unit price
Einzelpreisauszeichnung *f* (com) item pricing
Einzelpreiserrechnung *f* (com) unit price calculation
Einzelprodukt *n* (KoR) specific product
Einzel-Produkttest *m* (Mk) monadic product test
Einzelprogramm *n* (EDV) individual routine
Einzelprokura *f* (Re) individual „Prokura" *(ie, general power of commercial representation)*
Einzelprüfer *m* (ReW) independent auditor *(opp, auditing partnership)*
Einzelpunktsteuerung *f* (IndE) point-to-point system
Einzelrechtsnachfolge *f* (Re) = Einzelnachfolge
Einzelschadenverteilung *f* (Vers) single-loss distribution *(ie, gebräuchlich sind: Gammafamilie, logarithmische Normalverteilung, Pareto)*
Einzelschuldner *m* (Re) sole debtor
Einzelspanne *f* (Mk) item-related profit margin *(ie, difference between purchase and sales price of a single article)*
einzelstaatliche Rechtsvorschriften *fpl* (EG) national legislation
einzelstaatlicher Markt *m* (EG) national market
einzelstaatliches Durchfuhrpapier *n* (Zo) national transit document
Einzelstoffkosten *pl* (KoR) direct material
Einzelstrategie *f* (Bw) individual strategy
Einzelteile *npl* (com) (component) parts
Einzelübertragung *f* (Re) = Einzelnachfolge
Einzelunternehmen *n* (com) = Einzelfirma
Einzelveräußerungspreis *m* (com) unit sales price
Einzelverpackung *f* (com) individual *(or* unit) packing
Einzelversicherer *m* (Vers) individual insurer
Einzelversicherung *f* (Vers) individual *(or* private) insurance
Einzelvertretung *f* (Re) sole representation *(opp, Gesamtvertretung)*
Einzelverwahrung *f* (Fin) individual safekeeping
Einzelvollmacht *f* (Re) individual power of representation *(ie, to undertake certain transactions or certain kinds of transaction, § 125 II HGB; opp, Generalvollmacht)*

Einzelwerbung *f* (Mk) individual advertising *(opp, Gemeinschaftswerbung)*
Einzelwertberichtigung *f*
(ReW) individual value adjustment
– itemized allowance for bad debts
(Fin) provision for losses on individual loan accounts
Einzelwertberichtigung *f* **zu Forderungen** (ReW) itemzed allowance for bad debts
Einzelwertberichtigung *f* **zu Kundenforderungen** (ReW) reserve for doubtful accounts – direct
einzelwirtschaftlich (Vw) applying to individual economic units
einzelwirtschaftliche Nachfragefunktion *f* (Vw) individual demand function
Einzelzeit *f*
(IndE) element time *(ie, time to complete a specific motion element)*
Einzelzeitverfahren *n* (IndE) flyback timing
Einzelziele *npl* (Bw) individual *(or* personal) goals
Einzelzuweisung *f*
(FiW) segregated appropriation
(FiW) itemized appropriation *(opp, Pauschalzuweisung – lump-sum appropriation)*
einziehen
(Vw) to call in *(eg, old notes from circulation)*
(Fin) to call in
– to redeem *(ie, securities)*
(Fin) to collect *(eg, debt outstanding, checks)*
(Fin) to debit
Einziehung *f*
(Re) forfeiture
(Vw) calling in
(Fin) redemption
– call in
(Fin) collection
(Fin) debiting
(StR) collection of a tax, § 227 AO
Einziehungsgebühr *f* (Fin) collection charge
Einziehungsgeschäft *n* (Fin) collection business
Einziehungsverfahren *n*
(Fin) = Einzugsverfahren
(Fin) collection procedure
Einzug *m*
(Fin) = Einziehung
(com) indent *(ie, in text processing)*
– indentation
Einzugsauftrag *m* (Fin) collection order
Einzugsbank *f* (Fin) collecting bank
Einzugsermächtigung *f* (Fin) direct debit authorization
Einzugsermächtigungsverfahren *n*
(Fin) direct debiting service
– automatic debit transfer
(ie, Zahlungsverpflichteter gibt Ermächtigung gegenüber dem Zahlungsempfänger ab; cf, Abbuchungsverfahren; syn, Einziehungsverfahren, Lastschriftverfahren, rückläufige Überweisung)
Einzugsgebiet *n*
(com) catchment area
(com) area of supply
– trading area
Einzugskosten *pl* (Fin) collecting charges
Einzugsstelle *f* (Fin) collecting agency

Einzugsverfahren *n* (Fin) = Einzugsermächtigungsverfahren

Einzugswechsel *m*
(Fin) bill for collection
– collective draft

Einzweck-Maschine *f* (IndE) single-purpose machine

Eisenbahner-Gewerkschaft *f* (Pw) railwaymens' union

Eisenbahnerstreik *m* (Pw) rail strike

Eisenbahnfrachtbrief *m*
(com) railroad bill of lading (*or* waybill) *(ie, this is a document of title = Dispositions- od Traditionspapier)*
– (GB) consignment note

Eisenbahnfrachtgeschäft *n* (com) carriage of goods by public railroads, §§ 453 ff HGB

Eisenbahngütertarif *m*
(com) railroad freight tariff
– railroad rates

Eisenbahngüterverkehr *m* (com) rail freight traffic

Eisenbahntarif *m*
(com) railroad rates
– (GB) railway rates

Eisenbahnwerte *mpl*
(Bö) railroad stocks
– rails
– (GB) railway shares

Eisenerzbergbau *m* (com) iron ore mining

Eisengalluspause *f* (com) black-and-white print

eisenschaffende Industrie *f* (com) iron and steel industry *(syn, Eisen- und Stahlindustrie)*

Eiserne-Bestands-Methode *f* (ReW) base (*or* reserve) stock method of valuation
(ie, assets always needed in the business are carried on the books at cost)

eiserner Bestand *m*
(MaW) base stock
– base stock inventory
– minimum inventory level
– reserve stock
– safety … level/stock
(Fin) reserve fund

eiserne Reserve *f* (com) iron reserve *(ie, against unpleasant surprises such as escalation of prices)*

EK (Fin) = Eigenkapital

elastische Geldmenge *f* (Vw) elastic money supply

elastische Nachfrage *f* (Vw) elastic demand

elastischer Bereich *m* **der Nachfragekurve** (Vw) elastic range of demand

elastisches Angebot *n* (Vw) elastic supply

Elastizität *f*
(Vw) elasticity
(ie, relative response of one variable to a small percentage change in another variable; general formula: dx/dy . y . x)

Elastizität *f* **der Nachfrage** (Vw) elasticity of demand

Elastizität *f* **des Angebots** (Vw) elasticity of supply

Elastizitätsansatz *m* (Vw) elasticity approach

Elastizitätskoeffizient *m*
(Vw) elasticity coefficient
– coefficient of elasticity

Electronic Mail *f*
(EDV) electronic mail

– mailbox system
(ie, Form der computerunterstützten Textkommunikation; syn, elektronische Post)

Elefanten-Hochzeit *f*
(com) giant (*or* jumbo) merger
– (infml) juggernaut marriage
– (US) megadollar merger

elektrische Abtastung *f*
(EDV) electrical (*or* brush) sensing
– brush reading
(opp, magnetische Abtastung = magnetic reading; optische Abtastung = optical scanning)

elektrische Buchungsmaschine *f* (EDV) electric accounting machine, EAM

Elektrizitätsversorgung *f* (com) electricity (*or* power) supply

Elektrizitätswirtschaft *f* (com) electricity (supply) industry

Elektrobranche *f* (com) = elektrotechnische Industrie

Elektroindustrie *f* (com) = elektrotechnische Industrie

Elektrokonzern *m*
(com) electrical group

Elektronik *f* (EDV) electronics

Elektronikindustrie *f* (com) electronics industry

elektronisch bestellen (com) to teleorder

elektronische Ablage *f*
(EDV) electronic filing system
– electronic file cabinets

elektronische Datenverarbeitung *f* (EDV) electronic data processing, EDP

elektronische Post *f* (EDV) = Electronic Mail

elektronischer Zahlungsverkehr *m*
(Fin) electronic payments
– electronic funds transfer

elektronisches Beleglesen *n* (Mk) laser scanning

elektronische Schreibmaschine *f* (EDV) electronic typewriter

elektronisches Datenverarbeitungssystem *n* (EDV) electronic data processing system

elektronisches Datenverarbeitungszentrum *n*
(EDV) electronic data processing center
– EDP center
– computer center

elektronisches Handelssystem *n* (Bö) electronic trading system
(eg, die meisten Aktien werden in London nicht mehr im Börsenparkett, sondern über Bildschirm und Telefon gehandelt)

elektronisches Marketing *n*
(Mk) electronic marketing
– telemarketing

elektronisches Zahlungsverkehrssystem *n* (Fin) electronic funds transfer system

Elektrotechnik *f* (Pw) electro-technology *(ie, als Ausbildungsfach)*

elektrotechnische Gebrauchsgüter *npl* (com) electrical applicances

elektrotechnische Industrie *f* (com) electrical engineering industry

Elektrowerte *mpl* (Bö) electricals

Element *n*
(Stat) element
– unit

(OR) input unit
- customer *(ie, in waiting-line models)*
Elementaraufgabe *f* (Pw) elementary task
Elementarbewegung *f*
(IndE) basic motion
- elemental movement
elementare Algebra *f* (Math) basic algebra
elementare Mengenlehre *f* (Math) intuitive set
theory
*(syn, naive Mengenlehre; opp, axiomatische
Mengenlehre = axiomatic set theory)*
elementare Stichprobentheorie *f* (Stat) basic sampling theory
Elementarfaktoren *mpl* (Bw) basic factors of production
*(ie, umbrella term used by E. Gutenberg; opp,
,dispositive Faktoren')*
Elementarkombination *f*
(Bw) combination of basic factors of production
- basic-factor combination
Elementarmarkt *m*
(com) individual market
(Vw) elemental market
- single-market model
Elementarsatz *m*
(Log) atomistic proposition
- elementary statement
Elementarschadenversicherung *f* (Vers) insurance
against damage by natural forces
Elementbeziehung *f* (Math) membership relation
Element *n* **e–r Menge** (Math) element of a set
elementfremde Mengen *fpl* (Math) disjoint sets
Elementketten *fpl* (EDV, CAD) strings
*(ie, entstehen durch Aneinanderreihen von 2 D-
Grundelementen)*
Elendsindex *m* (Vw, US) misery index *(ie, inflation
rate + jobless rate)*
Elferausschuß *m* (Fin) Central Capital Market
Committee *(ie, represents the large issuing
banks)*
Eliminierung *f* **der Innenumsatzerlöse**
(ReW) elimination of internal sales
- elimination of proceeds from intercompany
sales *(cf, 332 I 1 AktG)*
Eliminierung *f* **des Trends** (Stat) trend elimination
Eliminierungsbuchung *f*
(ReW) eliminating entry
*(ie, made to neutralize, reverse, or remove an ex-
isting intercompany relationship between two or
more affiliated corporations; its does not effect
the internal accounting records of any of the af-
filiated companies and is not booked)*
Emballage *f* (com) packaging *(ie, all-inclusive term)*
Embargo *n* (AuW) embargo
Embargo *n* **aufheben** (AuW) to lift an embargo
Embargo *n* **durchsetzen** (AuW) to enforce an em-
bargo
Embargo *n* **nicht beachten** (AuW) to defy an em-
bargo
Embargorisiko *n* (Fin) risk of embargo *(ie, in ex-
port credit insurance)*
Embargo *n* **verhängen** (AuW) to impose *(or* put)
an embargo (on)
Emission *f*
(Fin) = Effektenemission

(IndE) pollution
*(eg, Luftverunreinigung, Abwasser, Abfall, Ab-
wärme, Erschütterungen)*
Emission *f* **auf dem Submissionswege** (Fin) issue by
tender
Emission *f* **begeben** (Fin) to launch an issue
Emission *f* **fest übernehmen** (Fin) to underwrite an
issue
Emission *f* **mit variablem Zinssatz** (Fin) floating
rate notes
Emission *f* **placieren** (Fin) = Emission unter-
bringen
Emissionsabteilung *f* (Fin) issue department *(ie, of
banks)*
Emissionsagio *n*
(Fin) issue premium
- underwriting premium
(Fin, GB) share premium
(Fin) bond premium
Emissionsbank *f*
(Vw) bank of issue *(cf, Notenbank)*
(Fin) issuing bank
- underwriter
Emissionsbedingungen *fpl*
(Fin) offering terms
- terms of an issue
Emissionsdisagio *n*
(Fin) issuing discount
*(ie, discount to subscribers of a share or bond
issue)*
(Fin) bond/debt . . . discount
Emissionserlös *m* (Fin) proceeds of an issue
Emissionsfahrplan *m*
(Fin) issue calendar
- calendar of new issues
Emissionsfenster *n* (Fin) new issue window *(eg, for
fixed-interest public bonds)*
Emissionsgenehmigung *f* (Fin) authorization to is-
sue securities
*(ie, granted by economics minister for bearer and
order bonds, §§ 795 and 808 a BGB)*
Emissionsgeschäft *n* (Fin) issuing *(or* underwriting)
business
Emissionsgesellschaft *f* (Fin) issuing company
Emissionsgewinn *m* (Fin) underwriting profit *(ie, is-
sue premium less cost of issue)*
Emissionsgläubiger *m* (Fin) issuing creditor
Emissionshaus *n* (Fin, GB) issuing house
Emissionsinstitut *n* (Fin) issuing institution
Emissionsjahr *n* (Fin) year of issue
Emissionskalender *m* (Fin) new issue calendar
Emissionsklima *n* (Fin) climate for new issues
Emissionskonditionen *fpl*
(Fin) terms of issue
- offering terms
Emissionskonsortialvertrag *m*
(Fin) agreement among underwriters
- underwriting agreement
Emissionskonsortium *n*
(Fin) underwriting . . . group/syndicate
- buying syndicate
Emissionskontrolle *f* (Fin) control of security issues
(ie, as an instrument of capital market policy)
Emissionskosten *pl* (Fin) cost of issue *(ie, expenses
of issuing shares or bonds)*

Emissionskredit *m*
(Fin) credit granted to security issuer by issuing bank

Emissionskurs *m* (Fin) initial offering (*or* issue) price

Emissions-Kursniveau *n* (Fin) issue-price level

Emissions-Limit *n* (Fin) ceiling of new issues

Emissionsmakler *m* (Fin) issue broker

Emissionsmarkt *m* (Fin) new issue market
(ie, Markt des ersten Absatzes von Wertpapieren: for the initial issue of securities; syn, Primär-markt; opp, Umlaufmarkt, Sekundärmarkt, Börse)

Emissionsminderungsbanken *fpl* (Vw) emissions reduction banks
(ie, in der Umweltpolitik; cf Kompensations-lösungen)

Emissionsmodalitäten *fpl* (Fin) terms of an issue

Emissionsnebenkosten *pl* (Fin) ancillary issuance (*or* issue) costs

Emissionsnotenbank *f* (Vw) issuing central bank

Emissionspause *f* (Fin) pause preceding a new issue

Emissionspolitik *f*
(Fin) issue policy
– policy of issuing securities

Emissionsprospekt *m*
(Fin) prospectus
– issuing (*or* underwriting) prospectus

Emissionsrecht *n* (Fin) right to issue

Emissionsrendite *f*
(Fin) yield on newly issued bonds
– yield on new issue
– new issue rate

Emissionsrisiko *n* (Fin) underwriting risk

Emissionssatz *m* (Fin) tender rate

Emissionsschuldner *m* (Fin) issue debtor

Emissionsschwemme *f* (Fin) wave (*or* deluge) of new issues

Emissionssperre *f* (Fin) blocking of new issues *(ie, instrument of capital market policy)*

Emissionsspitze *f* (Fin) portion of an unsold issue

Emissionsstatistik *f* (Fin) security issue statistics

Emissionsstoß *m* (Fin) flurry of new issue activity

Emissionstag *m* (Fin) date of issue

Emissionstätigkeit *f* (Fin) issuing activity

Emissionsteuer *f* (StR) security issue tax

Emissionsübernahmevertrag *m* (Fin) underwriting contract

Emissionsvergütung *f* (Fin) issuing commission

Emissionsvertrag *m* (Fin) underwriting agreement

Emissionsvolumen *n* (Fin) total volume of issues

Emissionswährung *f* (Fin) issuing currency

Emissionswelle *f* (Fin) spate of new issues

Emission *f* **unterbringen** (Fin) to place an issue

Emission *f* **von Wertpapieren** (Fin) issue of securities

Emittent *m* (Fin) issuer

emittieren
(Fin) to issue *(eg, shares)*
– to float *(eg, an issue)*

emittierende Bank *f* (Fin) issuing bank

emittierende Gesellschaft *f* (Fin) issuing company

emittierendes Unternehmen *n* (Fin) issuer

emittierte Aktien *fpl* (Fin) shares issued and outstanding

empfangender Sektor *m* (Vw) receiving sector *(ie, in input-output analysis)*

Empfänger *m*
(com) addressee *(eg, letters, parcels)*
– receiver
– recipient
(com) consignee *(ie, of merchandise)*
(Fin) payee *(ie, of money)*
– remittee
(Fin) borrower *(ie, of loan)*
(Re) warrantee *(ie, of guaranty)*

Empfängerland *n*
(AuW) host
– recipient
– donee ... country

Empfängerteil *m* **e–s Knotens** (OR) receiver of a node

empfangsbedürftige Willenserklärung *f*
(Re) declaration (*or* manifestation) of intent requiring communication *(cf, § 130 I BGB)*

Empfangsberechtigter *m*
(com) authorized recipient
(Re) beneficiary

Empfangsbescheinigung *f*
(com) receipt
– acknowledgment of receipt

Empfangsbestätigung *f*
(com) = Empfangsbescheinigung
(com) receipt for goods shipped

Empfangsbevollmächtigter *m*
(Re) person authorized to take delivery
(StR) resident agent

Empfangsdaten *pl* (EDV) received data

Empfangsknoten *m* (OR) receiver node

Empfangskonnossement *n* (com) received-for-shipment bill of lading (*or* B/L)

Empfangsschein *m* (com) counterfoil *(ie, of a delivery note = ‚Lieferschein')*

Empfangsspediteur *m* (com) receiving forwarding agent
(ie, routes individual consignments of a collective shipment to final destinations)

Empfangsspediteurvergütung *f* (com) fee paid to receiving forwarding agent
(ie, covering unloading, distribution, and office expenses)

Empfehlungsschreiben *n*
(com) letter of recommendation (*or* introduction)
(Pw) letter of appraisal

Empfehlungsvereinbarungen *fpl* (com) recommended arrangements

Empfindlichkeitsanalyse *f*
(Bw) sensitivity analysis *(syn, Sensitivity-Training, qv)*

empfohlener Abgabepreis *m* (Mk) = empfohlener Abgabepreis, qv

empfohlener Richtpreis *m* (Mk) recommended (*or* suggested) retail price

empirische Kurvenbestimmung *f* (Math) curve fitting *(syn, Kurvenanpassung)*

empirische Varianz *f* (Stat) sample variance

empirische Wahrheit *f* (Log) empirical truth

empirische Wirtschaftsforschung *f* (Vw) empirical economic research

empirische Wissenschaft *f*
(Log) empirical (*or* factual) science
(opp, normative/präskriptive Wissenschaft = normative science)
emporschnellen
(com) to soar *(eg, prices)*
– to zoom
Emulator *m* (EDV) emulator
(ie, micro-assisted macroprogram which allows a computer to run programs written for another computer)
emulieren (EDV) to emulate
Emulierungs-Betriebsart *f* (EDV) emulation mode
(ie, computer executes instructions of a different (simpler) computer, in contrast to normal mode)
Endabnahme *f* (IndE) final inspection
Endabnehmer *m*
(com) ultimate buyer (*or* consumer)
– end user
– intended user
Endabrechnung *f* (ReW) final account
Endadresse *f* (EDV) end address
Endalter *n* (Vers) age at expiry
Endanwender-Kontrolle *f* (AuW) end user control, EUC
(syn, Endverbleiber-Kontrolle, Reexport-Kontrolle, Wiederausfuhr-Kontrolle)
Endauswertung *f* (com) final evaluation
Endbenutzer *m* (EDV) end user
Endbenutzersystem *n* (EDV) end user system *(ie, software system)*
Endbenutzerwerkzeug *n* (EDV) end user tool
(ie, 4th generation software tools and programming languages; eg, Tabellenkalkulation = spread sheeting, Abfragesprachen = query languages)
Endbestand *m*
(com) final balance
(ReW) ending inventory *(eg, of receivables)*
(ReW) net balance end of period
(MaW) closing inventory
– ending balance
Endebedingung *f* (EDV) at end condition
(cf, DIN 66 028, Aug 1985)
Ende *n* der Laufzeit (Fin) maturity date *(ie, of bonds)*
Ende *n* der Versicherung (Vers) termination (*or* expiry) of insurance contract
Ende *n* des Beschäftigungsverhältnisses (Pw) termination (*or* cessation) of employment
Endereignis *n* (OR) terminal event
Endergebnis *n* (com) final (*or* net) result
Enderzeugnis *n* (com) end (*or* final) product
Endezeichen *n* (EDV) end . . . character/marker
endfällige Anleihe *f* (Fin) bullet (bond)
(ie, fixed interest security with a single fixed maturity date)
Endfälligkeit *f* (Fin) final maturity
Endfläche *f* e–r Verteilung (Stat) tail area of a distribution
Endgehalt *n* (Pw) final salary
Endgerät *n* (EDV) terminal
Endglied *n* e–r Reihe (Math) last term (*or* extreme) of a series
endgültig (Re) final and binding

endgültige Einfuhr *f* (Zo) outright (*or* permanent) importation
endgültig entscheiden (Re) to settle finally
endgültige Patentbeschreibung *f* (Pat) = endgültige Patentschrift
endgültige Patentschrift *f* (Pat) complete patent specification
endgültiger Bescheid *m*
(com) final information
(com) final notice
(Re) final decision
endgültiger Bestimmungsort *m* (com) final destination
endgültiger Steuerbescheid *m* (StR) final notice of assessment
endgültiges Patent *n* (Pat) complete patent *(opp, provisional patent = vorläufiges Patent)*
endgültige Steuerfestsetzung *f* (StR) final tax assessment, § 165 II AO
endgültiges Urteil *n* (Re) final (*or* valid and binding) judgment
Endinvestoren *mpl* (Fin) final investors *(ie, Money Market Funds, Versicherungen und Finanzinstitute)*
Endkapital *n*
(Fin) end value
– new principal
– compound amount at end of n years
(syn, Endwert)
Endkapital *n* (K_n)
(Fin) compound amount at end of n years
– end value
– new principal *(syn, Endwert)*
Endknoten *m* (OR) terminal node (*or* vertex)
Endkostenstelle *f* (KoR) final cost center *(syn, Fertigungshauptkostenstelle, qv)*
Endkreditnehmer *m* (Fin) final (*or* ultimate) borrower
Endlager *n*
(MaW) end product warehouse
(IndE) final storage *(eg, of nuclear waste)*
Endlaufzeit *f* (Fin) period to maturity
endliche Anzahl *f* (Math) finite number
endliche Folge *f* (Math) finite sequence
endliche Folge *f* von Gliedern (Math) finite set of terms
endliche Grundgesamtheit *f* (Stat) finite population
endliche Körpererweiterung *f* (Math) finite extension of a field *(syn, Körpergrad)*
endliche Menge *f* (Math) finite set *(ie, a set whose elements can be indexed by integers 1, 2, 3, . . . , n inclusive)*
endlicher Dezimalbruch *m* (Math) finite (*or* terminating) decimal
endliche Reihe *f* (Math) finite series
endlicher Graph *m* (OR) finite graph
endlicher Warteraum *m* (OR) finite queue
endliches Kundenreservoir *n* (OR) finite source population
endliches Spiel *n* (OR) finite game
endliche Streuung *f* (Stat) finite variance
endliche Zahl *f* (Math) finite number (*or* integer)
Endlichkeitsbeweis *m* (OR) finiteness proof
Endlosformular *n* (EDV) continuous form
Endlosformulare *npl* (com) continuous stationery

Endloslochstreifen *m* (EDV) continuous tape
Endlospapier *n* (EDV) continuous... stationery/ fanfold
Endlosvordruck *m* (EDV) = Endlosformular
Endmarke *f* (EDV) end mark
Endmontage *f* (IndE) final assembly
Endnachfrage *f*
  (Vw) final demand (for goods and services)
  (OR) final bill of goods
endogene Bestimmungsgröße *f* (Vw) endogenous determinant
endogene Finanzierung *f* (Fin) internal financing *(ie, profit retentions, reserves, depreciation, restructuring of assets)*
endogene Konjunkturtheorie *f* (Vw) endogenous business-cycle theory
endogenes Geld *n* (Vw) inside money
endogene Variable *f* (Vw) endogenous variable *(ie, determined within the economy itself; such as income, production, money supply, prices, interest; opp, exogene Variable)*
Endpreis *m*
  (com) price charged to ultimate customer
  – final price
  (com) retail price
Endprodukt *n*
  (com) final product
  (Vw) output *(ie, measured by social indicators)*
Endprüfung *f* (IndE) final inspection *(ie, vor Übergabe an den Abnehmer; cf, DIN 55 350.T11)*
Endpunkt *m* **der Beförderung** (Zo) terminal point of transportation
Endpunkt *m* **e–r Kante** (OR) end point of a branch
Endrente *f* (SozV) maximum payable pension
Endsaldo *m*
  (ReW) closing/ending... balance
  (opp, Anfangssaldo = opening balance)
Endschuldner *m* (Fin) final debtor *(eg, in the international credit system)*
Endspalte *f* (ReW) end column
Endsumme *f*
  (com) total
  (com) grand *(or* final) total
Endtermin *m*
  (com) target date
  – deadline
  – finish date
  – completion time
  (Re) dies ad quem
Endübertrag *m* (EDV) end around carry *(syn, Ringübertrag)*
Endverbleiber-Kontrolle *f* (AuW) = Endanwender-Kontrolle, qv
Endverbleibsbestätigung *f* (AuW) end use certificate
Endverbleibsbestätigung *f* (AuW) end use certificate
Endverbrauch *m* (VGR) final consumption
Endverbraucher *m*
  (com) end... user/consumer
  (com) retail customer
  (Vw) final/ultimate ... consumer
Endverbrauchernachfrage *f* (Mk) demand from ultimate consumers

Endverbraucherpreis *m*
  (com) retail price
  (com) consumer price
Endverbraucherwerbung *f* (Mk) consumer *(or* retail) advertising
Endverkaufspreis *m* (com) final sales *(or* selling) price
Endvermögen *n* (Bw) final net worth *(ie, at end of winding-up procedure)*
Endvermögensmaximierung *f* (Fin) maximization of assets at end of total planning period *(ie, targeted goal in evaluating investment projects)*
Endwert *m*
  (Math) end *(or* terminal) value
  (Fin) total accumulation of annuity
  Fin) = Endkapital, qv
Endwertmodell *n* (Fin) final-value model *(ie, used in planning optimum capital budget, related to date of discontinuance of an enterprise or to cutoff date of planning horizon)*
Endzeichen *n* (EDV) end character
Endzinssatz *m*
  (Fin) all-in interest rate
  (Fin) interest rate charged to borrower
Endzuführung *f* (EDV) serial *(or* endwise) feed *(ie, in Längsrichtung; opp, Seitenzuführung = sideways parallel... feed)*
energieabhängiger Speicher *m* (EDV) volatile memory *(ie, from which data are lost when power is cut = bei Stromausfall; energieunabhängiger Speicher = nonvolatile memory)*
Energie-Agentur *f* (Vw) Energy Agency
Energieanlagen *fpl* (IndE) utilities *(ie, power, steam, water, air, fuels)*
Energieaufwand *m* (IndE) energy input
Energieausfall *m* (IndE) power failure
Energiebedarf *m* (IndE) energy requirements
Energieberater *m* (com) advisor on energy
Energiebereich *m* (com) energy industry
Energiebevorratung *f* (Vw) energy stocking *(ie, um Versorgungssicherheit zu erhöhen; 10 Mio t Steinkohle + 90 Tagesmengen Mineralöl)*
Energiebilanz *f* (IndE) energy balance statement *(ie, records aggregate supply and utilization of power)*
Energieeinsatz *m* (IndE) energy input
Energieeinsatz *m* **pro Produktionseinheit** (IndE) energy input per unit of production
Energieeinsparung *f* (com) energy saving
Energieerzeugung *f* (IndE) power generation
Energiefluß *m* (IndE) energy flow
Energiegewinnung *f* (Vw) production of energy
Energiehaushalt *m* (Vw) ratio of power generation to energy requirements
energieintensiv (IndE) energy intensive
Energiekonzept *n* (Vw) energy concept
Energiekosten *pl* (KoR) cost of energy *(ie, power, steam, gas)*
Energiekrise *f* (Vw) energy... crisis/crunch
Energielage *f* (Vw) energy supply situation
Energielücke *f* (Vw) energy gap
Energielücke *f* **füllen** (Vw) to plug the energy gap
Energiemarkt *m*
  (Vw) energy market

(com) power-supply market
Energiepolitik *f* (Vw) energy policy
Energiepreis *m* (IndE) energy price
Energieproblem *n* (Vw) energy supply problem
Energieprogramm *n*
  (Vw) energy-generating program
  (IndE) power-plant program
Energiequelle *f* (Vw) source of energy
Energiereserve *f* (Vw) energy reserve
Energiesektor *m*
  (Vw) energy sector
  (com) power-supply sector
Energiesicherung *f* (Vw) energy conservation
energiesparend (IndE) energy efficient
Energiesparprogramm *n* (Bw) energy efficiency program
Energiesystem *n* (IndE) power distribution system
Energietechnik *f* (IndE) power engineering
Energieträger *m*
  (IndE) fuel
  (IndE) source of energy
energieunabhängiger Speicher *m* (EDV) non-volatile memory *(cf, energieabhängiger Speicher)*
Energieunternehmen *n*
  (com) utility company
  – power-supply company
Energieverbrauch *m* (IndE) energy consumption
Energieverlust *m* (IndE) energy loss
Energieversorgung *f* (Vw) energy supply
Energieversorgungsunternehmen *n* (com) public utility
Energieverteilungsplan *m* (IndE) power distribution plan
Energieverwendung *f* (IndE) utilization of energy
Energiewerte *mpl* (Bö) utilities
Energiewirtschaft *f*
  (com) energy industry
  – power-supply industry
energiewirtschaftliche Probleme *npl* (Vw) energy problems
Energiewirtschaftsgesetz *n* (Re) Energy Industry Law
Energiezellen-Stromerzeuger *m* (IndE) fuel cell power plant
  (ie, compact generators that produce electricity through chemical reaction, without combustion or pollution)
Energiezufuhr-Funktion *f* (Bw) energy supply function
Engagement *n*
  (com, Bö) commitment
  (Fin) open position
  (Pw) personal involvement
Engaß *m* **beseitigen** (com) to open up a bottleneck
eng auslegen (Re) to put a narrow (*or* restricted) construction upon
enge Auslegung *f* (Re) narrow (*or* restricted) construction
Engel-Kurve *f* (Vw) Engel curve
enger Markt *m* (Bö) tight (*or* narrow) market
enges Oligopol *n* (Vw) close oligopoly
  (ie, hohe Reaktionsverbundenheit zwischen der geringen Zahl bedeutender Anbieter; hohe Marktzutrittsschranken und hoher ‚Reifegrad' des Wirtschaftszweiges)

enge Verflechtung *f* (com) tight interlocking *(eg, of the banking and industrial sectors)*
Engpaß *m* (com) bottleneck
Engpaßbereich *m* (Bw) bottleneck area
Engpaß *m* **beseitigen** (com) to open up a bottleneck
Engpaßfaktor *m*
  (KoR) limiting factor
  (com) constraining (*or* critical) factor
Engpaßinvestition *f* (Bw) bottleneck investment
Engpaßmonopol *n* (Kart) bottleneck monopoly *(ie, operating a key physical facility)*
Engpaßplanung *f* (Bw) overall planning paying particular attention to the bottleneck area of an enterprise
Engrosabnehmer *m* (com) wholesale buyer (*or* customer)
Engrosbezug *m* (com) wholesale buying
Enkelgesellschaft *f* (StR) second-tier subsidiary *(ie, enterprise controlled by another subsidiary, § 120 BewG)*
EN-Normen *fpl* (EG) = europäische Normen
Enquete-Kommission *f*
  (com) study committee
  commission of inquiry
entartete Lösung *f* (OR) degenerate solution
entarteter Graph *m* (OR) degenerate graph
Entartung *f* (OR) degeneracy
Entartungsfall *m* (OR) degenerate case
Entbindungskosten-Pauschbetrag *m* (StR) flat-rate birth benefit
  (ie, paid by the statutory health insurance fund, § 198 RVO)
entblocken (EDV) to deblock
Entbündelung *f* (EDV) unbundling
  (ie, separate supply and pricing of hardware and software)
Entdeckungszusammenhang *m* (Log) context of discovery
enteignen
  (Re) to condemn property *(ie, for public purposes)*
  (AuW) to expropriate
Enteignung *f*
  (AuW) expropriation
  (Re, US) condemnation
  – *(almost synonymous)* expropriation
  – (GB) compulsory purchase
  (ie, taking private property under the power of eminent domain)
Enteignungsbeschluß *m* (Re) condemnation order
Enteignungsentschädigung *f* (Re) condemnation award
enteignungsgleich (Re) confiscatory
Enteignungsrecht *n* **des Staates** (Re) right (*or* power) of eminent domain
Enteignungsverfahren *n*
  (Re) formal eminent domain proceedings
  – condemnation proceedings
entfallen auf (com) to go on
entfallende Ausschüttungsbelastung *f* (StR) applicable distribution burden
entferntes Endgerät *n* (EDV) remote terminal
Entfernungsmatrix *f* (Math) distance matrix
Entfernungsstaffel *f* (com) graded distance schedule

entflechten
(Re) to deglomerate
(Kart) to divest
(Kart) to decartelize
– to deconcentrate
(com, infml) to unbundle *(eg, by spinning off unprofitable interests)*
Entflechtung *f*
(Re) deglomeration
(Kart) corporate divestment
(Kart) decartelization
– deconcentration
Entflechtungsanordnung *f* (Kart) divesting *(or dis-memberment)* order
Entfremdung *f* **am Arbeitsplatz** (Pw) shop-floor alienation
entfusionieren (Kart) to demerge *(ie, to break up into independent smaller units)*
entgangener Gewinn *m*
(com) lost profits
(Re) loss of prospective profits, § 252 BGB
– *(civil law)* lucrum cessans
– *(Scotland)* ceasing gain
(ReW) profit loss *(ie, from potential sale)*
– loss of expected return
entgegengehaltenes Patent *n* (Pat) reference *(or cited)* patent
entgegengesetztes Ereignis *n* (Stat) complementary event
entgegenhandeln (Re) to act in contravention *(or violation) (ie, of legal provisions)*
entgegenkommen (com) to accommodate
Entgegennahme *f* **von Einlagen** (Fin) acceptance of deposits
entgegenstehende Anmeldung *f* (Pat) interfering application
entgegenstehender Anspruch *m* (Pat) conflicting *(or interfering)* claim
Entgelt *n*
(com) payment
(Re) consideration
(StR) consideration *(ie, for deliveries and services, § 13 UStG)*
(Pw) compensation
– remuneration
(SozV) benefit *(ie, cash or in kind)*
Entgelt *n* **für die Unternehmensführung** (VGR) remuneration of management
entgeltlich
(Re) for (valuable) consideration
(com) against payment
entgeltliche Einfuhr *f* (AuW) imports against payment
entgeltlich erwerben
(Re) to aquire for a consideration
(WeR) to take for value
entgeltlich od unentgeltlich (Re) gratuitously or for a consideration
Entgeltpolitik *f* (Pw) pay policy
Entgeltüberträge *mpl* (Vers) premiums unearned on balance sheet date, § 14 VAG
Entherrschungsvertrag *m* (com) decontrol agreement
(ie, bisher nur in wenigen Fällen geschlossen; Entscheidung des BGH zum Fall Veba/Gelsen-

berg in 1977; cf, 1988 vereinbarter E. zwischen Asko Deutsche Kaufhaus AG und Massa AG; opp, Beherrschungsvertrag)
enthorten (Vw) to dishoard
Enthorten *n* (Vw) dishoarding
Entindustrialisierung *f* (Vw) de-industrialization
entkartellisieren (Kart) to decartelize
Entkartellisierung *f* (Kart) decartelization
Entladehafen *m* (com) port of discharge *(or un-loading)*
Entladekosten *pl* (Zo) unloading charges
entladen
(com) to discharge
– to unload
Entladeort *m* (com) place of unloading
Entladerampe *f* (com) unloading platform
Entladung *f*
(com) discharge
– unloading
Entladung *f* **auf Zollboden** (Zo) unloading to temporary store
entlassen
(Re) to discharge
– to release
– to remove from office
(Pw) to dismiss
– (US) to dehire
– (infml) to fire
– (GB, infml) to sack *(or give the sack)*
– (GB, infml) chuck *(eg, get/give the chuck)*
Entlassung *f*
(Re) discharge
– removal from (office)
(Pw) dismissal
– permanent layoff
Entlassungen *fpl* (Pw) terminations
Entlassungsabfindung *f*
(Pw) severance pay
– dismissal pay
– (GB) redundancy pay
Entlassungsentschädigung *f* (Pw) = Entlassungsabfindung
Entlassungsgeld *n* (Pw) = Entlassungsabfindung
Entlassungsgrund *m* (Pw) grounds for dismissal *(or discharge)*
Entlassungspapiere *npl*
(Pw) dismissal papers
– (infml) walking papers *(or ticket)*
– (GB) marching . . . orders/papers
Entlassungsschreiben *n*
(Pw) letter *(or notice)* of dismissal
– layoff notice
entlasten
(com) to ease the strain (on)
(ReW) to credit *(ie, someone's account)*
(Re) to discharge *(ie, from debt or obligation)*
(Bw) to give discharge (to) *(eg, managing board, auditor, § 120 AktG)*
– to ratify *(eg, acts of management for a business year)*
entlasteter Gemeinschuldner *m* (Re) discharged bankrupt
Entlastung *f*
(ReW) credit entry
(Re) formal approval

– vote of formal approval
– (grant of) discharge
– release
– ratification
Entlastung *f* **beschließen** (Bw) to ratify the acts of management, § 30 III AktG
Entlastung *f* **der Wirtschaft** (Vw) easing the pressure on the economy
Entlastung *f* **der Zahlungsbilanz** (VGR) easing the strain on the balance of payments
Entlastung *f* **des Abschlußprüfers** (ReW) discharge of the statutory auditor
Entlastung *f* **des Gemeinschuldners** (Re) discharge of bankrupt
Entlastung *f* **des Vorstandes**
(Bw) release of managing board from responsibility for management
– discharge of managing board
Entlastung *f* **erteilen**
(Bw) to release members of a board from responsibility for management during the preceding year, § 120 AktG
– to approve (*or* vote for) a general release at an annual shareholders' meeting
Entlastungsanzeige *f* (ReW) credit note
Entlastungsauftrag *m* (IndE) relief order
Entlastungsbeweis *m* (Re) exculpatory evidence
Entlastungserteilung *f*
(Bw) vote of formal approval
– grant of release
Entlastungsfertigung *f* (IndE) production in connection with relief orders
entlohnen
(Pw) to pay
– to compensate
Entlohnung *f* (Pw) compensation *(ie, of employees)*
Entlohnungsverfahren *npl* (Pw) payments system *(syn, Lohnformen)*
entmischte Tätigkeit *f* (Pw) work mix comprising only video station work *(ie, to the exclusion of ordinary office work; see: Mischtätigkeit)*
entmonetisieren (Vw) to demonetize
entmündigen
(Re) to interdict *(wegen:* on the ground of)
– to place under guardianship
entmündigt (Re) officially placed under guardianship Entmündigung *f*
(Re) interdiction
– placing under guardianship, § 6 BGB
Entmündigungsbeschluß *m* (Re) judicial decree of interdiction *(ie, by which a person is deprived of the exercise of his civil rights)*
Entnahme *f*
(MaW) withdrawal
(Fin) distribution
(Fin) withdrawal *(eg, cash, capital)*
– drawings *(eg, to take...)*
(IndE) sampling
– taking samples
Entnahme *f* **aus der Gemeinschaftsreserve** (EG) drawing on the Community reserve
Entnahme *f* **aus der Rücklage für eigene Anteile** (ReW) withdrawal from treasury stock reserve
Entnahme *f* **aus Gewinnrücklage** (ReW) withdrawal from earnings reserve

Entnahme *f* **aus Kapitalrücklage** (ReW) withdrawal from capital reserve
Entnahmemaximierung *f* (Fin) maximization of annual withdrawals *(ie, target requirement in evaluating investment projects)*
Entnahmen *fpl* **aus der Rücklage für eigene Anteile** (ReW) withdrawals from treasury stock reserves
Entnahmen *fpl* **aus Kapitalrücklagen** (ReW) withdrawals from capital reserves
Entnahme *f* **von Kapital** (Fin) withdrawal from capital
Entnahme *f* **von Proben**
(IndE) sampling of test specimens
– taking of samples
entnehmen
(com) to withdraw
– to take drawings
entpacken (EDV) to unpack
entrichten (Fin) to pay *(eg, taxes and duties)*
Entrichtung *f* (Fin) payment
Entrichtung *f* **der Eingangsabgaben** (Zo) payment of import duties and taxes
Entropie *f*
(EDV) entropy
– average information content
(ie, mittlerer Informationsgehalt e-r Zeichenmenge)
entsalzen
(com) to desalinate
– to desalt
Entsalzungsanlage *f* (com) desalination plant
entsandter Mitarbeiter *m* (Pw) expatriate *(eg, employee of a multinational company working abroad)*
entschädigen
(com) to reimburse
(Re) to compensate
– to indemnify
Entschädigung *f*
(com) reimbursement
(Re) compensation
– indemnification
(ie, give reimbursement of loss incurred)
(Re) indemnity
– compensation
(eg, given by government for private property turned to public use)
Entschädigungen *fpl* **für entgangene Einnahmen** (StR) indemnities received for loss of income, § 24 I a EStG
Entschädigung *f* **in Geld** (Re) pecuniary compensation
Entschädigungsanspruch *m* (Re) claim for compensation
Entschädigungsenteignung *f* (Re, US) condemnation award
Entschädigungsfonds *m* (Vers) Indemnity Fund *(ie, set up to adjust injuries suffered from motor accidents)*
Entschädigungsforderungen *fpl* (com) indemnity claims *(ie, arising under freight contracts signed with the Deutsche Bundesbahn)*
Entschädigungsleistung *f*
(Re) compensatory payment
– compensation

(Vers) adjustment

Entschädigungspflicht *f* (Re) liability to pay compensation

entschädigungspflichtig (Re) liable to pay compensation

Entschädigungspflichtiger *m* (Re) person (*or* party) liable to pay compensation

Entschädigungssumme *f*
(Re) amount of compensation
– indemnity

Entschädigungsverfahren *n*
(Re, US) condemnation proceedings
– formal eminent domain proceedings

Entschädigungszahlung *f* (Re) (payment of) compensation

entschärfen
(com) to defuse (*eg, shopfloor unrest*)
(com, infml) to take the heat out of (*eg, situation, crisis*)

Entscheidbarkeit *f* (Log) decidability

entscheiden
(com) to decide (*eg, on, in favor of, against*)
– to come to a decision
(Re) to find (*eg, court found for the taxpayer = entschied zugunsten des Steuerzahlers*)
– to hold (*eg, the court has held that*)
– to rule (*eg, the Federal Fiscal Court ruled that*)
– to determine (*ie, by judicial sentence*)

entscheidende Stimme *f* (com) deciding vote

Entscheider *m*
(Bw) decider
– decision maker

Entscheidung *f*
(com) decision
(Re) decision
– ruling
– judgment

Entscheidung *f* **anfechten** (Re) to contest a decision

Entscheidung *f* **aufheben** (Re) to disaffirm (*or* reverse) a decision

Entscheidung *f* **aufschieben** (com) to shelve a decision

Entscheidung *f* **bei Unsicherheit und Risiko** (Bw) decision under risk and uncertainty

Entscheidung *f* **fällen** (com) to make a decision

Entscheidung *f* **in mündlicher Verhandlung** (StR) hearing a case in open court, § 90 I FGO

Entscheidung *f* **ohne mündliche Verhandlung** (StR) decision of a controversy on the basis of the record, § 90 II FGO

Entscheidung *f* **realisieren** (Bw) to implement a decision

Entscheidungsanalyse *f* (Bw) decision analysis

Entscheidungsautonomie *f* (Bw) autonomy of decision making

Entscheidungsbaum *m* (Bw) decision (*or* logical) tree

Entscheidungsbefehl *m* (EDV) decision instruction

Entscheidungsbefugnis *f*
(Bw) authority (*or* competence) to decide
– power to take decisions
– decision-making power

Entscheidungsbereitschaft *f*
(Bw) willingness to take decision
– decisiveness

Entscheidungsdaten *pl* (Bw) decision data (*or* parameter)

Entscheidungsdelegation *f* (Bw) delegation of decision-making

Entscheidungsdezentralisation *f*
(Bw) decentralization of decisions
– delegation of authority

Entscheidungseinheit *f*
(Vw, Bw) decision unit
– decision-taking unit

Entscheidungselement *n* (EDV) decision element

Entscheidungsfehler *m* (Stat) error of decision (*ie, first and second kind*)

Entscheidungsfeld *n* (Bw) decision area

Entscheidungsfindung *f* (Bw) decision making

Entscheidungsfunktion *f* (Stat) decision function

Entscheidungsgehalt *m* (Bw) decision content

Entscheidungsgrund *m* (Re) ratio decidendi (*ie, the ground of decision*)

Entscheidungsgrundlage *f* (Re) decisional base

Entscheidungshierarchie *f*
(Bw) hierarchy of authority
– decision-making hierarchy

Entscheidungshorizont *m* (Bw) time span of discretion (*ie, e–s Mitarbeiters für selbständige Entscheidungen*)

Entscheidungsinstanz *f*
(Bw) authority
– decision center
– decision-making unit

Entscheidungsknoten *m* (OR) decision box

Entscheidungskriterien *npl* (Bw) criteria of decision

Entscheidungslogik *f* (Bw) decision logic

Entscheidungsmatrix *f* (Bw) decision matrix
(*ie, Instrument der Problemanalyse innerhalb der Planungsmethodik des Operations Research und Untersuchungsschema der Entscheidungstheorie; syn, Entscheidungs-Umwelt-Matrix*)

Entscheidungsmodell *n* (Bw) decision model
(*ie, reduzierende Darstellung e–s realen Entscheidungsproblems durch ein System mathematischer Zeichen und Symbole; erstrebt wird optimale Gestaltung des Realitätsbereichs*)

Entscheidungsmodell *n* **mit mehreren Zielfunktionen** (Bw) multi-objective decision model

entscheidungsorientierte Kostenrechnung *f* (KoR) functional accounting

entscheidungsorientiertes Rechnungswesen *n* (ReW) management (*or* managerial) accounting (*ie, steht in enger Beziehung zum verantwortungsorientierten Rechnungswesen*)

Entscheidungspaket *n* (Bw) decision package

Entscheidungsparameter *m* (Bw) decision parameter

Entscheidungsphasen *fpl* (Bw) phases of the decision-making process

Entscheidungsproblem *n* (Bw) decision problem

Entscheidungsprogramm *n* (Bw) decision program (*ie, written to solve routine decisions*)

Entscheidungsprozeß *m* (Bw) decision making process

Entscheidungsprozeß *m* **an der Front** (Bw) process of operational decision-making

Entscheidungsraum *m* (Bw) decision space
(ie, Menge aller möglichen Entscheidungen = set of all possible decisions)
Entscheidungsregel *f* (Bw) decision rule
(ie, Ziel: aus e–r vorgegebenen Menge von Handlungsalternativen ist die Optimalalternative zu bestimmen; Beispiele: Mini-Max-Prinzip, Hurwicz-Prinzip, Laplace-Prinzip, Savage-Niehans-Prinzip, die für Ungewißheitssituationen gelten)
entscheidungsrelevante Größen *fpl* (Bw) decision variables
entscheidungsrelevante Kosten *pl* (KoR) relevant costs
entscheidungsrelevante Kriterien *npl* (Bw) choice criteria
Entscheidungssequenzen *fpl* (Bw) interlocked sequence of decision steps
Entscheidungsspielraum *m* (Bw) scope of decision-making
Entscheidungsstufe *f* (Bw) level of decision-making
Entscheidungssubjekt *n* (Bw) decision maker (*or* unit)
Entscheidungstabelle *f* (EDV) decision table
Entscheidungstechnologie *f* (Bw) decision technology
Entscheidungstheorie *f* (Bw) decision (making) theory
(ie, set of concepts and techniques developed both to describe and rationalize the process of decision making, that is, making a choice among several possible alternatives)
Entscheidungsträger *m*
(Vw, Bw) decider
– decision-taking unit
– decision unit
(syn, Entscheider, Entscheidungsinstanz, Entscheidungssubjekt, Entscheidungsträger)
Entscheidungs-Umwelt-Matrix *f* (OR) = Entscheidungsmatrix
Entscheidungsunterstützungssystem, EUS *n* (Bw) decision support system, DSS
Entscheidungsvariable *f* (Bw) decision variable
Entscheidungsverfahren *n*
(Bw) decision making process
(Log) decision rule
Entscheidungsverhalten *n* (Bw) decision making behavior
Entscheidungsverzögerung *f* (FiW) decision lag
Entscheidungsverzögerung *f* **konjunkturpolitischer Maßnahmen** (Vw) action lag
Entscheidungswege *mpl* (Bw) lines of decision
entscheidungswirksame Kosten *pl* (KoR) decision making cost
Entscheidungszentrum *n*
(Bw) decision center
– locus of decision making
Entscheidung *f* **unter Unsicherheit** (Bw) decision under uncertainty
Entscheidunsgwege *mpl* (Bw) lines of decision
Entschließung *f* **annehmen** (com) to adopt/pass . . . a resolution
entschlüsseln (EDV) to decode
Entschlüsselungsmatrix *f* (EDV) decoder matrix
entschulden
(Re) to disencumber

– to free of debts
(Fin) to reduce indebtedness
entschuldigtes Fernbleiben *n* (Pw) authorized absence (from work)
Entschuldung *f*
(Re) disencumberment
(Fin) reduction of indebtedness
Entsendeland *n* (Pw) sending country
entsenden
(Pw) to send (to)
– (GB) to post *(ie, to a particular place or duty with a company)*
Entsendung *f* (Pw) international assignment
Entsorgung *f*
(com) waste disposal
– waste disposal management
(ie, Teilfunktion der Materialwirtschaft: durch Recycling, marktliche Verwertung, Beseitigung, Vernichtung)
(com) disposal of hazardous waste
– decontamination
Entspannung *f* (Fin) easing *(eg, of financial position)*
Entsparen *n*
(Vw) dissaving
– negative saving
Entsperrtaste *f* (EDV) unlock key
Entstaatlichung *f* (Vw) privatization *(ie, of nationalized industries)*
entstehen
(Re) to accrue *(eg, right)*
– to arise
– to come into force/existence
entstehendes Recht *n* (Re) inchoate right *(opp, vested right)*
Entstehung *f* **der Zollschuld** (Zo) creation of the customs debt
Entstehung *f* **des Bruttoinlandsprodukts** (VGR) industrial origin of gross domestic product
Entstehungsrechnung *f*
(VGR) commodity-service method
– (GB) output method *(cf, Verwendungsrechnung, Verteilungsrechnung)*
Entstehungsseite *f* (VGR) output side
Entweder-Oder-Regel *f* (Log) rule of alternatives
entwerfen
(com) to draft
– to make a draft
(IndE) to design
entwerten
(com) to cancel
– to invalidate
Entwertung *f*
(com) cancellation
– invalidation
(Bw) decline in economic usefulness
Entwertung *f* **durch technischen Fortschritt** (Bw) obsolescence
Entwertungsfaktoren *mpl*
(ReW) factors of depreciation
– causes of expiration of fixed-asset cost
(ie, technical, economic, legal)
Entwertungsstempel *m* (com) cancellation stamp
entwickeln
(com) to develop

(IndE) to design and develop
(Math) to expand *(eg, function in a power series)*

entwickelte Volkswirtschaft *f* (Vw) developed *(or* commercial) economy *(opp, subsistence economy)*

entwickelt von Rechtsprechung und Lehre (Re) developed in and out of court

Entwicklung *f*
(com) development
– movement
– trend
– tendency
(IndE) design and development

Entwicklung *f* **des Führungskräftepotentials** (Pw) management development

Entwicklung *f* **e–r Funktion** (Math) expansion of a function

Entwicklungsabteilung *f* (IndE) development department
(ie, closely cooperating with research and dealing with improvement, rationalization, new salable products)

Entwicklungsanleihe *f* (Fin) development loan

Entwicklungsaufwand *m* (ReW) development expense

Entwicklungsausschuß *m* (AuW) Development Committee
(ie, Joint Ministerial Committee of the Governors of the World Bank and the IMF on the transfer of Real Resources to Developing Countries)

Entwicklungsbank *f* (Vw) development bank *(eg, European Investment Bank)*

Entwicklungsfonds *m* (Vw) development fund

Entwicklungsforschung *f* (Bw) development engineering

Entwicklungsgebiet *n* (Vw) development area

Entwicklungsgefahren *fpl* (Bw) risks of product development

Entwicklungsgesellschaft *f*
(Vw) development corporation
(Bw) research and development company
– R & D company

Entwicklungshilfe *f* (Vw) aid/assistance... to developing nations

Entwicklungshilfeanleihe *f* (Fin) development aid loan

Entwicklungshilfekredit *m*
(Fin) aid/development... loan

Entwicklungshilfepolitik *f* (Vw) development aid policy

Entwicklungshilfe-Steuergesetz *n* (StR) Development Aid Tax Law

Entwicklungsingenieur *m* (com) design engineer

Entwicklungskapazität *f* (Bw) product development potential

Entwicklungskosten *pl* (ReW) development cost *(or* expense)

Entwicklungsland *n*
(Vw) less developed country
– LDC, ldc
– developing country

Entwicklungsländer-Steuergesetz *n* (StR) Law on Tax Incentives for Investments in Developing Countries

Entwicklungsmöglichkeiten *fpl* (com) open-ended capabilities

Entwicklungsprojekt *n* (AuW) development project

Entwicklungsstadium *n* (Bw) stage of development

Entwicklungsvorhaben *n* (Vw) development project

Entwicklungswagnis *n* (ReW) R & D (research and development) risk

Entwicklungszentrum *n* (Bw) design center

Entwicklung *f* **von Erzeugnissen** (Bw) product engineering

Entwurf *m*
(com) draft *(eg, of letter, document)*
– outline
(IndE) design

Entwurfsphase *f* **des Entscheidungsprozesses** (Bw) design activity

Entwurfsprüfung *f* (IndE) design review *(syn, Entwurfsüberprüfung)*

Entwurfsqualität *f*
(IndE) quality of design *(ie, Ausmaß, in dem die Anforderungen des Marktes erfüllt werden; syn, Qualität des Entwurfs; opp, Fertigungsqualität = quality of conformance, qv)*

Entwurfsüberprüfung *f* (IndE) = Entwurfsprüfung

entzerren (com) to correct the distorted pattern *(eg, of interest rates, prices)*

Entzerrung *f* **(der Zinsstruktur)** (Vw) correcting the distortion (in the pattern of interest rates)

entziehbare Betriebsmittel *pl* (EDV) preemptive resources

entziffern (com) to decipher

Entzugseffekte *mpl* (Vw) withdrawals

Enumeration *f* (OR) enumeration

Equity-Methode *f* (ReW) equity accounting
(ie, betrifft Wertansatz der Beteiligung an assoziierten Unternehmen nach § 312 HGB: die Methode ist e–e vereinfachte, angelsächsische Konsolidierungsform, die die Konsolidierung auf die Beteiligung und zT auf die Eliminierung von Zwischenergebnissen beschränkt; sucht den Wert der Beteiligung und s–e jährlichen Veränderungen periodengerecht auszuweisen; syn, Eigenkapitalmethode; daneben üblich Buchwertmethode und Kapitalanteilsmethode)

Erbanfall *m* (StR) acquisition of property by will or intestacy, § 1942 BGB, § 3 I ErbStG

Erbanfallsteuer *f*
(StR) inheritance tax
– (GB) estate duty *(ie, in 1975 replaced by the Capital Transfer Tax)*

Erbauseinandersetzung *f* (Re) apportionment and division of a decedent's estate

Erbbaurechte *npl* (Re) inheritable building rights

Erbe *n* (Re) inheritance

Erbengemeinschaft *f* (Re) community of heirs, §§ 2032ff BGB

Erbfolge *f* (StR) succession of the testamentary or intestate heir to the property and debts of the testator or decedent

Erblasser *m* (Re) testator *(ie, one who makes a will or testament)*

Erbportion *f* (Re) portion of the estate received by a beneficiary

Erbrecht *n* (Re) Law of Succession
(ie, laid down in the fifth book of the German Civil Code, BGB; treats both testate and intestate succession)
erbringen
(com) to perform
– to render
– to furnish
(Fin) to yield
Erbringung *f* **von Dienstleistungen** (com) performance of services
Erbschaft *f* **ausschlagen** (StR) to disclaim an inheritance, § 3 II 4 ErbStG
Erbschaftsgut *n* (Zo) inherited goods, § 24 I ZG
Erbschaftsteuer *f*
(StR) inheritance tax
(FiW) estate or inheritance tax
(ie, the estate tax is a ‚Nachlaßsteuer‘ levied on the undivided decedent's estate, while the inheritance tax is an ‚Erbanfallsteuer‘ levied – as in Germany – on the heir receiving a portion of the estate. Note that the British ‚estate duty‘ was replaced in 1975 by a ‚capital transfer tax‘)
Erbschaftsteuer-Durchführungsverordnung *f* (StR) Ordinance Regulating the Inheritance Tax Law, of 19 Jan 1962
Erbschaftsteuer- und Schenkungsteuergesetz *n* (StR) Inheritance Tax Law, of 17 Apr 1974 *(ie, amended by Introductory Decree on the Fiscal Code of 14 Dec 1976)*
Erbschein *m* (Re) certificate of inheritance
Erbschleicher *m* (Re, infml) legacy hunter
ErbSt (StR) = Erbschaftsteuer
ErbStDV (StR) = Erbschaftsteuer-Durchführungsverordnung
ErbStG (StR) = Erbschaftsteuergesetz
Erbteil *n* (Re) portion of estate received by a beneficiary
Erdbebenversicherung *f* (Vers) earthquake insurance
Erdbewegungsmaschinen *fpl* (IndE) earth-moving equipment
Erdgas *n* (IndE) natural gas
erdölexportierende Länder *npl* (Vw) oil exporting countries
Erdölindustrie *f* (com) oil industry
Erdölwerte *mpl* (Bö) oils
Erdrosselungsteuer *f* (FiW) strangling tax
(ie, Ziel: unerwünschte ökonomische Aktivitäten von Wirtschaftssubjekten abzuwürgen)
Ereigniseintritt *m* (com) occurrence of an event
Ereignisfolgen *fpl* (Stat) runs *(ie, in quality control)*
Ereignismasse *f* (Stat) period-based population *(syn, Bewegungsmasse; opp, Bestandsmasse)*
Ereignisprinzip *n* (Vers) occurrence principle *(opp, Anspruchsprinzip = claims-made principle, qv)*
Ereignispuffer *m* (OR) slack
Ereignisraum *m* (Stat) sample space *(syn, Stichprobenraum)*
Ereigniswahrscheinlichkeit *f* (Stat) probability of occurrence *(or events)*
erfahren (Pw) widely experienced
Erfahrungsaustausch *m* (com) interchange of know-how

Erfahrungsbericht *m* (com) progress report
Erfahrungskurve *f* (Bw) experience curve *(ie, Gesetzmäßigkeit zwischen Ausbringung und Stückkosten e–s Erzeugnisses; syn, Boston-Effekt)*
Erfahrungssatz *m* (Log) statement based on experience
Erfahrungswerte *mpl* (com) experience figures
Erfahrungswissenschaft *f* (Log) empirical science
erfassen
(com) to record
– to account for
(KoR) to accumulate
– to acquire
– to collect … data
(EDV) to enter
erfaßt (com) covered
Erfassung *f* **an der Quelle** (StR) stoppage at source
Erfassungsbereich *m* (com) scope *(eg, of survey, estimate, assessment)*
Erfassungsbreite *f* (com) scope of coverage
Erfassungsstation *f* (EDV) point of acquisition
Erfassungszeitraum *m* (Stat) period under review
Erfassung *f* **von Daten** (EDV) data acquisition
Erfassung *f* **von Geschäftsvorfällen** (ReW) recording of business transactions
Erfinder *m* (Pat) (first and true) inventor
Erfinder *m* **der Haupterfindung** (Pat) original inventor
Erfindergeist *m* (Pw) inventive talent
Erfinderprinzip *n* (Pat, US) first-to-invent doctrine *(opp, Anmeldeprinzip, qv)*
erfinderrechtliche Vindikation *f* (Pat) claim to transfer of property *(ie, patterned after § 985 BGB)*
Erfinderschutz *m* (Pat) safeguarding of inventor's rights
Erfindervergütung *f* (Pw) inventor's compensation
Erfindung *f* (Pat) invention
Erfindung *f* **anmelden** (Pat) to apply for a patent of an invention
Erfindung *f* **nutzen** (Pat) exploit an invention
Erfindungsaufgabe *f* (Pat) object of an invention
Erfindungseigenschaft *f* (Pat) sufficiency of an invention
Erfindungsgedanke *m* (Pat) inventive idea
Erfindungsgegenstand *m*
(Pat) object (*or* subject matter) of an invention
– claimed subject matter
Erfindungshöhe *f*
(Pat) inventive level (*or* height *or* step)
– level of invention
– degree of novelty
– amount of invention
Erfindungshöhe *f* **verneinen** (Pat) to deny an inventive step
Erfindungsmaßstab *m* (Pat) standard of invention
Erfindungspatent *n* (Pat) patent for an invention
Erfindungspriorität *f* (Pat) priority of invention
Erfindungsschutz *m* (Pat) protection of an invention
Erfindungsvorteil *m* (Pat) benefit of an invention
Erfolg *m*
(com) result of economic activity
– performance

(ReW) profit
- result

erfolgloses Übernahmeangebot *n* (com) abortive takeover bid

erfolgreich abschließen (com, infml) to pull off a deal

erfolgreicher Anbieter *m* (com) successful bidder

erfolgreiches Unternehmen *n*
(com) successful venture
- going business

Erfolgsanalyse *f* (ReW) profit analysis *(eg, break-even analysis, profit-maximizing production program)*

Erfolgsbeitrag *m* (KoR) profit contribution

Erfolgsbeteiligung *f* (Pw) profit-sharing plan for employees

Erfolgsbilanz *f*
(ReW) = Gewinn- und Verlustrechnung
(ReW) results accounting
(ie, based on Schmalenbach's ‚Dynamische Bilanz')

Erfolgsermittlung *f*
(Bw) performance evaluation
(ReW) income determination
- determination of earnings

Erfolgsfaktoren *mpl* (Bw) factors of performance

Erfolgsgrößen *fpl* (Bw) performance data

Erfolgshaftung *f*
(Re) strict *(or* absolute) liability
- liability without fault
(syn, Gefährdungshaftung, qv)

Erfolgshonorar *n* (com) contingent fee

Erfolgskennziffer *f* (Bw) operating ratio *(ie, measuring the effectiveness of operations)*

Erfolgskonsolidierung *f*
(ReW) intercompany elimination
- consolidation of earnings
(ie, Eliminierung des konzerninternen Lieferungs- und Leistungsverkehrs; cf, U. S. Regulation S–X, 408)

Erfolgskonto *n*
(ReW) nominal account
- revenue and expense account
- operating account
- income statement account

Erfolgskontrolle *f*
(Bw) efficiency review
(KoR) cost-revenue control
(ie, analysis of period income for 1. an enterprise as a whole; 2. a plant unit; 3. individual departments; and 4. individual profit units)

Erfolgskriterium *n* (Bw) = Erfolgsmaßstab, qv

Erfolgslohn *m*
(Pw) incentive pay
- payment by results

Erfolgsmaßstab *m*
(Bw) yardstick of performance
- performance criterion
- indicator of performance

erfolgsneutral (ReW) not affecting operating result

Erfolgsplan *m* (Bw) profit plan

Erfolgsposten *m* (ReW) item of income statement (or GB: of profit and loss account)

Erfolgsquote *f* (Stat) success rate

Erfolgsrate *f* (Bw) yield

Erfolgsrechnung *f*
(ReW) income
- profit and loss
- earnings . . . statement/report
(syn, Gewinn- und Verlustrechnung, GuV-Rechnung)

Erfolgsrelationen *fpl* (Bw) performance ratios *(eg, productivity, economic efficiency, rates of return)*

Erfolgsspaltung *f* (ReW) breakdown of total profit into operating income and nonoperating income

Erfolgsvergleichsrechnung *f* (Fin) comparative earnings analysis *(ie, carried out to evaluate investment projects)*

Erfolgswert *m* (Fin) = Ertragswert

erfolgswirksam (ReW) affecting current-period result *(or* operating result)

erfolgswirksame Kosten *pl* (ReW) expired cost *(or* expense)

erfolgswirksamer Aufwand *m* (ReW) revenue expenditure
(ie, non-capitalized expense affecting operating result; syn, aufwandsgleiche Ausgaben; opp, aktivierungspflichtiger Aufwand = capital expenditure)

Erfolgsziele *npl* (Bw) goals of performance

Erfolgszurechnung *f* (Fin) allocation of earnings *(ie, to various organizational units)*

erfolgversprechender Markt *m* (Mk) promising market

Erfordernis *n* **der Schriftform** (Re) writing requirement

Erforschung *f* **des Meeresbodens** (com) sea-bed exploration

Erfüllbarkeit *f* (Log) satisfiability

erfüllen
(com) to satisfy *(eg, conditions)*
(Re) to perform a contract
- to carry out the terms of a contract
- to discharge obligations under a contract
- to render performance

Erfüllung *f*
(Re) performance, § 362 I BGB
- discharge
- fulfillment
- extinction

Erfüllung *f* **der Einfuhrförmlichkeiten** (Zo) carrying out the import formalities

Erfüllung *f* **durchsetzen** (Re) to force performance

Erfüllung *f* **e-r Bedingung** (Re) satisfaction *(or* performance) of a condition
(eg, a condition precedent is one which must be performed . . .)

Erfüllung *f* **e-r Forderung** (Re) satisfaction of a claim

Erfüllung *f* **e-r Verbindlichkeit** (Re) discharge of a debt

Erfüllung *f* **e-s Anspruchs** (Re) satisfaction of a claim

Erfüllung *f* **e-s Vertrages** (Re) performance of a contract

Erfüllung *f* **e-s Wertpapiergeschäfts** (Bö) execution of a bargain

Erfüllungsangebot *n* (Re) tender of performance

Erfüllungsannahme *f* (Re) acceptance as performance

Erfüllungsfrist *f*
(Re) time fixed for performance
(Bö) delivery time
Erfüllungsgarantie *f*
(Re) performance guaranty
– guaranty against defective materials and workmanship
– completion (*or* contract) bond
Erfüllungsgehilfe *m* (Re) person employed in performing an obligation, § 278 BGB
Erfüllungsgeschäft *n* (Re) legal transaction in fulfillment of an obligation
erfüllungshalber (Re) on account of performance *(ie, where the undertaking of a new obligation by the debtor does not operate as a discharge of the former obligation, such new obligation is said to be undertaken ‚erfüllungshalber')*
Erfüllungshindernis *n* (Re) obstacle to performance
Erfüllungsinteresse *n* (Re) positive interest *(ie, claim to indemnity for breach at an amount equal to the full performance of the contract; syn, positives Interesse; opp, Vertrauensinteresse; negatives Interesse)*
Erfüllungsmenge *f* (Math) solution set
Erfüllungsort *m*
(Re) place of... performance/fulfillment/execution, § 269 BGB
– *(civil law)* domicilium executandi
(ie, Erfüllungsort, § 269 BGB, ist für Maß und Gewicht der Lieferungsort, für die Währung der Erfüllungsort der Zahlungsschuld; cf, auch § 361 HGB)
Erfüllungsort *m* **und Gerichtsstand** *m*
(Re) place of fulfillment and jurisdiction
– *(civil law)* domicilium citandi et executandi
(eg, place of fulfillment for either party shall be Munich; any disputes arising out of the contract shall be referred to the court having jurisdiction in Munich)
Erfüllungspflicht *f* (Re) obligation to perform
Erfüllungsschuldverschreibung *f* (Fin) performance bond
Erfüllungstag *m* (com) due date
Erfüllungstermin *m* (Bö) settlement day
Erfüllungsübernahme *f* (Re) assumption of an obligation to perform, § 329 BGB
Erfüllungsverweigerung *f* (Re) repudiation of a contract
Erfüllungszeitpunkt *m* (Re) time (*or* date) of performance
Erfüllung *f* **Zug um Zug** (Re) mutual concurrent performance
Ergänzungsabgabe *f* (StR) supplemental income tax *(ie, on upper-bracket individuals)*
Ergänzungsabgabegesetz *n* (StR) Law on Surcharge of Income Tax and Corporation Income Tax
Ergänzungsfrage *f* (Stat) probe question
Ergänzungsgesetz *n* (Re) supplementary law
Ergänzungshaushalt *m* (FiW) supplementary budget *(ie, changing a budget not yet approved by parliament)*
Ergänzungsklasse *f* (Log) difference class
(syn, Restklasse)

Ergänzungslieferungen *fpl* (com) supplements *(ie, to loose leaf volumes)*
Ergänzungspatent *n* (Pat) supplementary patent
Ergänzungsprodukt *n* (com) add-on product
Ergänzungswerbung *f* (Mk) accessory advertising
Ergänzungswinkel *m* (Math) conjugate angle
Ergänzungszone *f* (Re) contiguous zone *(ie, in Sea Law)*
Ergänzungszuweisung *f* (FiW) supplemental appropriation *(ie, definiert in Art 107 II 3 GG)*
Ergänzungszuweisungen *fpl* (FiW) supplementary appropriations (*or* payments)
(ie, out of federal funds to indigent Länder, Art. 107 II GG)
Ergebnis *n*
(com) result
– showing *(eg, the best... since 1990)*
– performance
(Bw) (positive or negative) payoff
(ReW) profit
– net earnings
– operating result
Ergebnisabführungsvertrag *m*
(Bw) profit and loss transfer agreement
– profit and loss pooling agreement
(ie, corporation undertakes to transfer its entire profits to another enterprise, §§ 291 ff AktG; syn, Gewinnabführungsvertrag)
Ergebnisanalyse *f* (Vw) performance analysis *(ie, ratio analysis)*
Ergebnisausschlußvereinbarung *f* (ReW) profit and loss exclusion agreement
Ergebnisbeitrag *m* (ReW) earnings/profit... contribution
Ergebnisberichtigung *f* **früherer Jahre** (ReW) prior-period adjustment
Ergebnisbeteiligung *f* (Pw) profit sharing
ergebnisbezogene Leistungsbewertung *f* (Pw) appraisal of (*or* by) results
Ergebnis *n* **der normalen Geschäftätigkeit** (ReW, EG) profit or loss on ordinary activities
Ergebnis *n* **des Geschäftsjahres** (ReW, EG) profit or loss for the financial year
Ergebniseinheit *f* (Bw) profit center
Ergebnis *n* **je Aktie** (Fin) net earnings per share
Ergebnislohn *m* (Pw) payment by results
Ergebnismatrize *f* (Bw) payoff matrix
Ergebnis *n* **nach Steuern** (ReW) result after taxes
ergebnisneutral (ReW) not affecting net income (*or* operating result)
Ergebnisprotokoll *n* (com) minutes of a meeting
Ergebnisrechnung *f*
(ReW) statement of operating results
(ReW) = Erfolgsrechnung
Ergebnisübernahmevertrag *m* (Re) = Ergebnisabführungsvertrag
Ergebnisübersicht *f* (ReW) statement of results
Ergebnisverantwortung *f* (Bw) profit responsibility
Ergebnisverbesserung *f* (Bw) improvement in performance
Ergebnisverwendung *f* (ReW) appropriation of net income
Ergebnisverwendungsvorschlag *m* (ReW) proposed appropriation of profit, § 278 HGB
Ergebnisvortrag *m*

247

(ReW) result brought forward
– unappropriated net income
(ReW, EG) profit or loss brought forward
ergebniswirksam (ReW) affecting net income
ergebniswirksame Konsolidierung *f* (ReW) consolidation affecting net income
Ergibt-Anweisung *f* (EDV) assignment statement
ergiebige Steuer *f* (StR) tax yielding a large amount of revenue
Ergiebigkeit *f* (Bw) productivity
Ergiebigkeit *f* **des technischen Fortschritts** (Vw) yield of technical progress
Ergiebigkeit *f* **e–r Steuer** (FiW) tax efficiency *(ie, term covers long-range and short-range ability to raise revenue, cost of collection, etc)*
Ergonomie *f*
(IndE) ergonomics
– human-factors engineering
ergonomischer Arbeitsplatz *m*
(IndE) ergonomically designed workplace
– workplace designed to fit man's physiological makeup
ERG-Theorie *f* (Bw) ERG theory *(ie, Zusammenfassung der Bedürfnishierarchie zu drei Bedürfnisklassen: materielle Bedürfnisse = existence needs; soziale Bedürfnisse = relatedness needs; Selbstverwirklichung, Wachstum, Wertschätzung = growth needs)*
erhaltene Anzahlungen *fpl*
(ReW) advance payments from customers
– customer prepayments
– advances received from customers
erhaltene Anzahlungen *fpl* **auf Bestellungen** (ReW, EG) payments received on account of orders
erhaltene Gewinne *mpl* **aufgrund e–r Gewinngemeinschaft** (ReW) income from profit pooling
Erhaltungsaufwand *m* (StR) maintenance expenditure
(ie, fully tax allowable for the year in which payment was made, up to DM 4,000 – exclusive of VAT – for each building)
Erhaltungsinvestition *f* (Bw) replacement investment
Erhaltungsmarketing *n* (Mk) maintenance marketing
Erhaltungssubvention *f* (Vw) maintenance subsidy
Erhaltungswerbung *f* (Mk) maintenance advertising
Erhaltungszustand *m* (com) state of repair
Erhaltung *f* **von Arbeitsplätzen** (Pw) job preservation
erheben
(StR) to charge
– to levy
– to impose
erheblicher Marktanteil *m* (Mk) substantial market share
erheblicher Umstand *m* (Re) material circumstance
erhebliche Schädigung *f* (Kart) material injury
erhebliche Vorteile *mpl* (com) substantial benefits
Erheblichkeitsschwelle *f* (Kart) relevance threshold
Erhebung *f*
(Stat) survey
– census
(StR) collection

– levying
– charging
– imposition
Erhebung *f* **durchführen** (Stat) to carry out a survey
Erhebung *f* **im Groß- und Einzelhandel** (Stat) census of distribution
Erhebung *f* **im produzierenden Gewerbe** (Stat) census of production
Erhebungsanalyse *f* (Stat) survey analysis
Erhebungsbogen *m* (Stat) questionnaire
Erhebungseinheit *f* (Stat) survey unit *(syn, statistische Einheit)*
Erhebungsfehler *m*
(Stat) ascertainment error
– error in survey
Erhebungsforschung *f* (Stat) observational *(or* survey) research
Erhebungsgebiet *n* (Stat) collection area
Erhebungsgesamtheit *f* (Stat) coverage
Erhebungskosten *pl*
(Stat) cost of collection
(StR) collection expenses
– cost of collecting a tax
Erhebungsobjekt *n* (Stat) element of survey population
Erhebungsstichtag *m* (Stat) statistical reference date
Erhebungstechniken *fpl*
(EDV) methods of data acquisition *(or* capture)
(IndE) observational methods
(ie, zur Erfassung und Diagnose der Struktur und des Ablaufs von Arbeitsprozessen)
Erhebungsverfahren *n* (Stat) collection method *(or* procedure)
Erhebungszeitraum *m*
(Stat) survey period
(Stat) check period
– period of collection
(StR) levying period, § 14 II GewStG
erhöhen
(com) to increase *(eg, prices, wages)*
– to raise
– to advance
– to lift
– to put up
(com, infml) to boost
– to beef up
– to bump up
– to hike up
– to push up
– to step up
erhöhte Abschreibung *f* (ReW) increased depreciation
erhöhte Absetzungen *fpl* (StR) accelerated depreciation, § 7b EStG
erhöhte Helligkeit *f* (EDV) highlight
(ie, the higher of two contrasting light levels = Helligkeitsstufen)
erhöhtes Risiko *n*
(Vers) aggravated *(or* classified) risk
Erhöhung *f*
(com) increase
– rise
– (US) raise

Erhöhung *f* **der Bestände** (MaW) inventory increase (*or* buildup)
Erhöhung *f* **des Bestandes** (ReW, EG) increase in stocks *(eg, of finished goods and work in progress)*
Erhöhung *f* **liquider Mittel** (Fin) increase in net funds
erholen, sich
(com) to recover
– to revive
– (infml) to pick up
– to back up
(Bö) to rally
Erholung *f*
(Vw) economic recovery
– pickup *(ie, in economic activity)*
(Bö) rally
(ie, brief rising period following an up reversal)
Erholung *f* **am Aktienmarkt** (Bö) stock market rally
Erholung *f* **am Rentenmarkt** (Bö) bond market rally
Erholungszeit *f* (IndE) compensating rest
Erholungszeitzuschlag *m* (IndE) relaxation allowance
Erholungszuschlag *m* (IndE) fatigue allowance
Erinnerungsposten *m* (ReW) memorandum (*or* pro memoria) item *(syn, Merkposten)*
Erinnerungsschreiben *n* (com) follow-up letter
Erinnerungswerbung *f* (Mk) follow-up (*or* reminder) advertising
Erinnerungswert *m* (ReW) pro mem(oria) figure *(eg, to write down to the...)*
erkennbare Umstände *mpl* (com) recognizable facts
erkennen
(ReW) to credit
– to enter on the credit side
Erkennungsverzögerung *f* (Vw) recognition lag
erklären
(com) to explain
– to account for
erklärende Definition *f* (Log) lexical definition
Erklärender *m*
(Re) declaring person
– person making a declaration
– declarant
erklärende Variable *f* (Stat) explanatory variable
erklärter Zollwert *m* (Zo) declared value
Erklärung *f*
(com) declaration
– statement
Erklärung *f* **des Ausführers** (Zo) declaration by the exporter
Erklärung *f* **für die vorübergehende Ausfuhr** (Zo) temporary export declaration
Erklärung *f* **für die vorübergehende Einfuhr** (Zo) temporary importation declaration
Erklärung *f* **für die Wiedereinfuhr** (Zo) re-importation declaration
Erklärungsansatz *m* (Log) explanatory approach
Erklärungsbote *m* (Re) messenger transmitting a declaration
Erklärungsempfänger *m* (Re) addressee of declaration
Erklärungsfrist *f* (Re) time fixed for making a declaration

Erklärungsirrtum *m* (Re) mistake as to the expression of intention, § 119 I BGB
Erklärungsmittler *m* (Re) person transmitting declaration of intent
Erklärungstag *m* (Bö) exercise date *(ie, of an option; syn, Ausübungstag)*
Erklärungstheorie *f* (Re) doctrine of declared intention *(eg, in formation of contract)*
Erklärungsvariable *f* (Log) explaining variable
Erklärungsversuch *m* (Log) approach
Erklärungswert *m* (Log) explanatory power (*or* usefulness)
Erklärungswille *m* (Re) will or intention to state something having legal consequences *(ie, creation, transfer, or extinction of a right)*
Erklärung *f* **zur Anweisung** (Zo) declaration of despatch in transit
Erklärung *f* **zur Feststellung des Einheitswerts** (StR) report disclosing the factual data on which the determination of the assessed value of property is based
(ie, to be filed as of each principal assessment date, § 28 I BewG)
Erklärung *f* **zur gesonderten und einheitlichen Feststellung** (StR) statement of a separate and uniform determination
Erlaß *m*
(Re) waiver of right to performance of contract, § 397 BGB
(Re) decree
– ordinance
(StR) abatement *(eg, of assessed taxes)*
Erlaß *m* **der Eingangsabgaben** (Zo) remission of import duties and taxes
erlassen
(com) to abate
(Re) to discharge *(eg, from debt, liability)*
– (US) to forgive *((ie, grant relief from payment;... sb. a debt)*
– to free from
– to release
– to remit *(eg, taxes)*
– (infml) to wipe away
(Re) to make
– to pass *(eg, a judgment)*
Erlaß *m* **e-r einstweiligen Verfügung** (Re) issue of a temporary injunction
Erlaß *m* **e-r Schuld** (Re) release (*or* remission) of a debt
(ie, by act of party = durch Rechtsgeschäft)
Erlaßvertrag *m* (Re) release argreement *(ie, informal agreement between creditor and debtor by which an obligation is gratuitously – ohne Gegenleistung – discharged, § 397 I BGB)*
Erlaubnis *f* **erlischt** (Re) license expires
Erlaubnis *f* **erteilen** (Re) to issue a license
Erlaubniskartell *n* (Kart) authorized cartel
Erlaubnis *f* **versagen** (Re) to refuse a license
Erläuterungen *fpl*
(com) comments (on)
– notes (on)
Erläuterungen *fpl* **zum Brüsseler Zolltarifschema** (Zo) Explanatory Notes to the Brussels Nomenclature
Erläuterungen *fpl* **zum Jahresabschluß** (ReW)

notes to the annual (or year-end) financial statements

Erläuterungen *fpl* **zur Bilanz und zur GuV** (ReW) notes to the financial statements

erläuterungspflichtig (ReW) to be disclosed *(eg, in the notes)*

Erlebensfall-Versicherung *f* (Vers) pure endowment insurance
(ie, leistet Rente od Kapital, wenn der Versicherte e–n bestimmten Zeitpunkt erlebt; dient der Altersversorgung; an arrangement by which no life is insured, payment of the sum insured being due at a fixed date; if insured dies before that date, the contract ends, with or without return of the premiums)

Erlebens-Rentenversicherung *f* (Vers) retirement income policy

Erlebensversicherung *f* (Vers) pure endowment insurance

Erlebenswahrscheinlichkeit *f* (Vers) average life expectancy

erledigen
(com) to arrange for
– to dispatch
– to discharge
– to see to it
– to settle

Erledigung *f*
(com) dispatch
– discharge
– settlement

Erledigung *f* **des Versandvorganges** (Zo) termination of the customs transit operation

Erledigung *f* **e-s Rechtsstreits** (Re) settlement of litigation

Erledigungsbescheinigung *f* (Zo) certificate of discharge

Erleichterung *f* **bewilligen** (StR) to grant relief *(eg, from statutory requirements)*

Erlös *m*
(com) revenue
– proceeds
(ReW) revenue

erlöschen
(Re) to expire
– to lapse

Erlöschen *n* (Re) extinguishment (of a debt) *(ie, by operation of law)*

erloschene Firma *f* (Re) defunct firm

erloschene Forderung *f* (Re) extinct (or extinguished) claim

erloschene Gesellschaft *f* (com) defunct company

Erlöschen *n* **e-r Hypothek** (Re) cancellation of a mortgage

Erlöschen *n* **e-r Steuerbefreiung** (StR) termination (or extinction) of tax exemption

Erlöschen *n* **e-r Versicherung** (Vers) expiration of an insurance policy

erloschenes Patent *n* (Pat) extinct (or expired or lapsed) patent

Erlöschen *n* **e-s Patents** (Pat) lapse (or expiry) of a patent

Erlöschen *n* **e-s Rechts** (Re) extinction of a right

Erlöse *mpl* **aus Anlageverkäufen**
(ReW) proceeds from fixed assets sales

Erlöse *mpl* **aus dem Verkauf von Fertigprodukten an andere Unternehmen** (VGR) finished goods sold to other enterprises

Erlöseinbuße *f* (com) fall (or drop) in sales revenue

Erlösfunktion *f* (Vw) revenue function

Erlöskonten *npl* (ReW) revenue accounts

Erlös *m* **maximieren** (Bw) to maximize revenue

Erlösmaximierung *f* (Bw) revenue maximization

Erlösmaximierung *f* **unter Nebenbedingungen** (Vw) constrained-revenue maximization

erlösmindernd (ReW) revenue-reducing

Erlösrechnung *f* (ReW) revenue accounting

Erlösschmälerungen *fpl*
(ReW) sales deductions
– reduction of proceeds

Erlössituation *f* (com) revenue picture *(eg, is improving)*

ermächtigen
(Re) to authorize
– to empower

Ermächtigter *m* (Re) authorized person

ermächtigter Ausführer *m* (Zo) approved exporter

ermächtigter Vertreter *m*
(Re) authorized agent
– agent acting on behalf of ...

Ermächtigung *f*
(Re) authorization
(Re) authority
– power

Ermächtigungsindossament *n* (WeR) indorsement for collection only

Ermächtigungsschreiben *n* (com) letter of authority

Ermächtigungsvorschriften *fpl* (Re) authorization provisions

ermäßigen
(com) to reduce
to abate
– to lower
– to mark down

ermäßigte Gebühr *f* (com) reduced rate

ermäßigter Satz *m* (com) reduced rate

ermäßigter Steuersatz *m* (StR) reduced tax rate, § 12 II UStG

Ermäßigung *f*
(com) allowance
– reduction

Ermäßigungsbetrag *m* (com) reduction

Ermessensauswahl *f*
(Stat) judgmental
– convenience
– nonprobability ... sampling

Ermessensbereich *m* (Re) scope of discretion

Ermessensentscheidung *f* (StR) discretionary decision, § 102 FGO

Ermessensfrage *f* (Re) matter of discretion

Ermessensfreiheit *f*
(Re) discretionary power
– power of discretion

Ermessensmißbrauch *m* (Re) abuse of discretion
(ie, failure to exercise a sound, reasonable, and legal discretion)

Ermessensreserven *fpl* (ReW) discretionary reserves

Ermessensspielraum *m*
(Re) scope of discretion

– latitude *(ie, scope for range of choices)*
Ermittlung *f* **der Erwartungen von Unternehmen und Haushalten** (Stat) anticipations survey
Ermittlung *f* **des Einkommens** (StR) determination of income
Ermittlung *f* **des Preises** (com) determination of price
Ermittlung *f* **des Zollwertes** (Zo) determination of the value for customs purposes
Ermittlung *f* **des zu versteuernden Einkommens** (StR) computation of taxable income
Ermittlungen *fpl* **führen** (Kart) to conduct investigations
Ermittlungszeitraum *m* (StR) period for which income is determined
Ermittlung *f* **von Amts wegen** (StR) examination (by the tax office) of the facts of a case on its own initiative (*or* motion), § 88 AO
Ermüdung *f* (Pw) fatigue
Ernannter *m* (com) appointee
ernennen (com) to appoint (as/to be)
(eg, to a post or vacancy, as/to be chairman of a board)
Ernennung *f* (com) appointment
Ernennung *f* **auf Lebenszeit** (Pw) appointment for life
Ernennungsproblem *n* (OR) assignment problem
Ernennung *f* **widerrufen** (Re) to revoke an appointment
Erneuerung *f* (com) renewal *(eg, contract, loan)*
Erneuerungsbedarf *m* (Bw) replacement demand
Erneuerungsfonds *m* (ReW) = Erneuerungsrücklage
Erneuerungskonto *n* (ReW) renewal fund account
Erneuerungspolice *f* (Vers) renewal policy
Erneuerungsprämie *f* (Vers) renewal bonus
Erneuerungsrücklage *f* (ReW) renewal (*or* replacement) fund
(ie, a free reserve set up to provide for increased prices of plant and equipment at the time of replacement)
Erneuerungsschein *m*
(Fin) renewal coupon
– coupon sheet
– certificate of renewal
(syn, Talon, Zinsleiste, Leistenschein)
Erneuerungswert *m* (ReW) replacement value
erneut zusammentreten
(com) to meet again
– to reconvene
Ernteüberschüsse *mpl* (EG) crop surpluses
Ernteversicherung *f* (Vers) crop insurance
Eroberungsdumping *n* (AuW) predatory dumping
eröffnen
(com) to open
– to set up *(eg, business)*
(Fin) to open *(eg, account)*
(Re) to open *(eg, legal proceedings)*
(Pw) to offer *(eg, opportunities)*
eröffnende Bank *f* (Fin) opening (*or* issuing) bank
(ie, in the case of a letter of credit)
Eröffnungsanweisung *f* (EDV) open statement
Eröffnungsbank *f*
(Fin) = Akkreditivbank
Eröffnungsbeschluß *m*

(Re) order for the commencement of proceedings
(Re) bankruptcy order, § 108 I KO *(ie, issued by the court in charge)*
– (US) adjudication of bankruptcy
Eröffnungsbestand *m* (ReW) opening balance
Eröffnungsbilanz *f* (ReW) opening balance sheet
Eröffnungsbuchung *f* (ReW) opening entry
Eröffnungshandel *m*
(Bö) early trading
– first trade
Eröffnungskurs *m* (Bö) opening (*or* initial) quotation
Eröffnungsnotierung *f* (Bö) = Eröffnungskurs
Eröffnungsplädoyer *n* (Re, US) opening statement
Eröffnungssaldo *m* (ReW) opening balance
Eröffnungssatz *m* (Fin) daily opening rate
Eröffnungsschreiben *n* (Fin) advice of credit
Eröffnung *f* **von Zollpräferenzen** (Zo) opening of tariff preferences
erpressen (Re) to blackmail
Erpressung *f*
(Re) extortion *(ie, demanding money with menaces, § 253 StGB)*
– blackmailing
Erprobungsphase *f* (com) trial phase
errechnen
(com) to compute *(eg, aus e–m Betrag errechnen = to compute on an amount)*
– to work out
Errechnung *f* **der Grundzeit** (IndE) extension
erreichbare Fertigungsgenauigkeit *f* (IndE) process capability
(ie, of production equipment and procedures to hold dimensions and other product characteristics within acceptable bounds for the process itself; not the same as tolerances or specifications required of the produced units themselves)
erreichbarer Nettoproduktivitätsvektor *m* (Vw) attainable point in commodity space
Erreichbarkeitsmatrix *f* (OR) reachability matrix
erreichen
(com) to obtain
– to get
– to achieve
– to attain
(com) to cover *(eg, Lamborghini Diablo covers 202 miles/325 km per hour)*
Erreichung *f* **des Tiefstkurses** (Bö) grounding
errichten
(com) to set up
– to establish
errichtende Umwandlung *f* (Bw) setting up conversion
(ie, Vermögen wird auf ein neu zu gründendes Unternehmen übertragen)
Errichtung *f* **e–r Gesellschaft** (com) formation of a company
Errichtung *f* **e–r Zollunion** (AuW) establishment of a customs union
Ersatzaktie *f* (Fin) substitute share certificate, § 74 AktG
Ersatzanspruch *m*
(Re) damage claim
– claim for compensation

251

Ersatzanspruch *m* **aus unerlaubter Handlung** (Re) tort claim

Ersatz *m* **barer Auslagen** (com) reimbursement of cash outlay

Ersatzbedarf *m* (Bw) replacement demand

Ersatzberechtigter *m* (Re) indemnitee

Ersatzbeschaffung *f* (Bw) replacement

Ersatzbeschaffung *f* **aus Abschreibungen** (ReW) replacements funded from depreciation allowances

Ersatzbeschaffungsanalyse *f* (IndE) equipment replacement study
(ie, cost analysis based on estimates of operating costs over a stated time for the old facility compared with the new facility)

Ersatzbeschaffungsrücklage *f* (ReW) replacement reserve

Ersatzbescheinigung *f* (com) substitute certificate

Ersatz *m* **des tatsächlichen Schadens** (Re) compensatory damages

Ersatz *m* **erhalten** (Re) to recover for a loss

Ersatzgeschäft *n* (Re) substituted purchase

Ersatzgut *n* (Zo) compensating good

Ersatzindikator *m* (Vw, Bw) proxy indicator

Ersatzinvestition *f*
(Bw) replacement investment
– equipment replacement
(Fin) capital spending on replacement
(Vw) reinvestment

Ersatzkennzahl *f* (Bw) = Ersatzindikator

Ersatzkonto *n* (IWF) Substitution Account

Ersatzleistung *f*
(Re) indemnification
(Re) indemnity
– compensation

Ersatzlieferung *f* (com) substitute delivery

Ersatzmitglied *n* (Pw) substitute member *(ie, of works council)*

Ersatzpflicht *f* (Re) obligation to pay damages *(or compensation)*

Ersatzpflicht *f* **ausschließen** (Re) to preclude liability for damages

Ersatzpflichtiger *m*
(Re) party liable
– indemnitor

Ersatzproblem *n* (Bw) replacement problem

Ersatzprogramm *n* (EDV) alternative program

Ersatz-Reservewährung *f* (AuW) substitute reserve currency

Ersatzscheck *m* (Fin) replacement check

Ersatzstück *n* (Fin) replacement certificate

Ersatzteil *n*
(com) spare
– renewal
– replacement . . . part

Ersatzteildienst *m* (MaW) spare parts service

Ersatzteile *npl* **einbauen** (IndE) to fit replacement parts

Ersatzteillager *n* (MaW) stock of spare *(or replacement)* parts

Ersatzteilliste *f* (IndE) spare parts list

Ersatztheorie *f* (OR) replacement *(or renewal)* theory

Ersatzvariable *f* (Vw) proxy variable

Ersatz *m* **von Aufwendungen** (Re) reimbursement of outlay

Ersatz *m* **von Barauslagen** (com) reimbursement of cash expenses

Ersatz *m* **von Reisekosten** (Pw) reimbursement of travel cost

Ersatzwirtschaftsgut *n* (StR) replacement asset, Abschn. 35 II EStR

Ersatzzeiten *fpl* (SozV) fictitious qualifying periods, § 1251 RVO

Ersatzzeitpunkt *m* (Bw) reinvestment *(or replacement)* time

erschließen
(com) to develop *(eg, land)*
– to improve
(Mk) to open up *(ie, markets)*

Erschließung *f* (com) land development

Erschließungsabgabe *f* (FiW) development charge

Erschließungsanlagen *fpl* (com) land *(or public)* improvements

Erschließungsaufwendungen *fpl* (com) development and improvement costs

Erschließungsbedarf *m* (Mk) latent demand

Erschließungsbeitrag *m*
(FiW) local assessment
– local improvement assessment
– betterment . . . charge/levy
(ie, beitragsähnliche Abgabe zur öffentlich-rechtlichen Vorteilsausgleichung; the earlier term is: Anliegerbeitrag)

Erschließungsgebiet *n* (com) improvement area

Erschließungsgelände *n* (com) land ready for building

Erschließungskosten *pl*
(com) development costs
– cost of developing real estate

Erschließungsunternehmen *n*
(com) developer
– property developer
– (US) real estate developer
(ie, one that improves and subdivides land and builds and sells houses thereon)

erschlossene Grundstücke *npl* (com) improved real property

erschlossenes Gelände *n* (com) developed *(or improved)* site

erschöpfende Aufzählung *f* (com) exhaustive enumeration

Erschöpfung *f* **des Rechtsweges** (Re) exhaustion of rights *(ie, a doctrine which is foreign to English law)*

erschwerende Umstände *mpl* (com) aggravating circumstances
(opp, mildernde Umstände = mitigating circumstances)

Erschwerniszulage *f*
(Pw) hardship . . . allowance/pay
– bonus for hazardous or unpleasant work
(ie, Gefahrenzulage, Hitzezulage, Säurezulage, etc; meist in % der Arbeitsvergütung; bonus for hazardous or unpleasant work)

Ersetzungsbefugnis *f*
(Re) right to offer alternative performance
– *(civil law)* facultas alternativa

ersitzen (Re) to acquire by adverse possession

Ersitzung *f*

(Re) adverse possession, §§ 937 ff BGB
– acquisitive prescription
(ie, Erwerb von Eigentum durch Zeitablauf; bei beweglichen Sachen 10 Jahre; praktische Bedeutung gering; acquisition of ownership by long possession)
Ersparnis *f* (Fin) savings
Ersparnisbildung *f* (Fin) formation of savings
Ersparnisse *fpl* **angreifen** (com) to dip into savings
Erstabsatz *m* **neu aufgelegter Wertpapiere** (Fin) initial sales of newly issued securities
Erstanmeldedatum *n* (Pat) first filing date
Erstanmeldung *f*
(Pat) original filing *(ie, of a patent application)*
(Pat) original application
erstatten
(com) to pay back
– to refund
– to reimburse
– to repay
– to return
Erstattung *f*
(com) refund
– repayment
– reimbursement *(eg, of cost or expenses)*
(Re) restitution *(ie, as a measure of damages)*
(StR) tax refund, § 37 II AO
Erstattung *f* **beantragen** (StR) to claim credit, § 36 II EStG *(eg, for corporate income tax)*
Erstattungsanspruch *m*
(Re) claim to reimbursement
(Re) claim to restitution
(StR) claim for refund, § 37 AO
Erstattungsantrag *m* (com) claim for repayment
Erstattungsbetrag *m* (com) amount of refund
erstattungsfähig
(com) recoverable
– refundable
– repayable
Erstattungsrückstände *mpl* (Fin) repayment arrears
Erstattungssatz *m* (com) rate of refund
Erstattung *f* **zuviel erhobener Beträge** (com) repayment of amounts overpaid
Erstauftrag *m* (com) first *(or* initial*)* order
Erstausfertigung *f*
(com) original
(WeR) first of exchange *(syn, Erstschrift)*
Erstausgabepreis *m*
(Fin) initial offering price *(ie, von Investmentanteilen)*
(Bö) issuing price
Erstausstattung *f*
(com) initial supply
(IndE) initial equipment
Erstbegünstigter *m* (Re) primary beneficiary
Erstbesteller *m* (com) launch customer *(eg, in the sale of a new aircraft; syn, Pilotkunde)*
Erstbestellung *f* (com) initial *(or* launch *or* first*)* order
erste Ableitung *f* (Math) first-order derivative
erste Adresse *f*
(com) blue-chip customer
(Fin) top-quality/top-rated . . . borrower
– quality borrower

– prime . . . borrower/firm
– prime industrial firm
– firm with impeccable credit standing
erste Gefahr *f* (Vers) first *(or* initial*)* risk
erstehen
(com) to buy
– to purchase
ersteigern (com) to buy at an auction
erstellen
(com) to prepare
– to draw up
– to make up
Erstellung *f*
(com) preparation *(eg, report, balance-sheet)*
(EDV) creation *(ie, in file processing)*
Erstellung *f* **e–s konsolidierten Abschlusses** (ReW) consolidation
Erstellungskosten *pl* (com) cost of construction
erste Mahnung *f* (com) first reminder
erste partielle Ableitung *f* (Math) first-order partial derivative
erster Arbeitsgang *m* (IndE) feeder operation
erster Eindruck *m*
(com) first impression
(Pw) threshold effect *(ie, of a job applicant, „as he/she commes through the door")*
erster Entwurf *m* (com) rough *(or* preliminary*)* draft
Ersterfassung *f*
(Stat) source data
– initial data
– original data
– primary data . . . collection
Ersterfassungsbeleg *m* (ReW) source document
Ersterfinder *m* (Pat) original inventor
erster Grenzwertsatz *m* (Stat) first limit theorem
erster Kapitalaufwand *m* (Fin) initial capital outlay
erster Kurs *m* (Bö) initial quotation *(syn, Eröffnungskurs)*
Ersterwerb *m*
(Re) first acquisition *(eg, of membership rights)*
(Fin) purchase of newly issued securites
Ersterwerber *m*
(com) first buyer *(or* purchaser*)*
(Bö) original subscriber
Ersterwerb *m* **von Wertpapieren** (StR) initial acquisition of securities, § 22 KVStG
erstes Bestimmungsland *n* (com) first country of destination
erstes Gebot *n* (com) opening bid *(ie, at an auction)*
erste Wahl *f*
(com) prime quality
– (infml) firsts
erste Zahlungsaufforderung *f*
(com) first request to pay an amount due
(Fin) first call *(ie, going out to shareholders after allotment)*
Erstfinanzierung *f* (Fin) initial financing
Erstgebot *n* (com) first bid
Erstgüteprüfung *f* (Stat) original inspection
Ersthand-Leasing *n* (Fin) first-hand leasing
Ersthypothek *f*
(Re) first
– principal
– prior

253

– priority
– senior . . . mortgage
erstinstanzliche Entscheidung *f* (Re) first-instance decision
Erstinvestition *f* (Fin) start-up investment
erstklassig
(com) first class
– first tier
– top flight
– top notch
erstklassige Anlage *f* (Fin) prime investment
erstklassige Bank *f* (Fin, infml) blue-blooded bank
erstklassige Geldmarktpapiere *npl* (Fin) prime paper
erstklassiger Wechsel *m*
(Fin) approved bill of exchange
– fine bill
– prime bill
erstklassige Schuldverschreibung *f*
(Fin) top-line bond
– high-grade bond
erstklassiges Material *n* (Fin) first-category paper
erstklassige Wertpapiere *npl* (Fin) top-grade securities
Erstkonsolidierung *f* (ReW) initial (*or* first) consolidation
(ie, § 301 HGB schreibt als Regelfall die erfolgswirksame Erstkonsolidierung [angelsächsische Methode] vor; der Wertansatz der dem Mutterunternehmen gehörenden Anteile an dem Tochterunternehmen ist mit dem entsprechenden Betrag des Eigenkapitals des Tochterunternehmens zu verrechnen; nur der Unterschiedsbetrag geht in die Konzernbilanz ein)
erstmalig Arbeitsuchender *m*
(Pw) first-time job seeker
– entry-level job seeker
Erstplazierung *f* (Fin) initial placing of securities
Erstprämie *f* (Vers) first premium
(ie, zeitlich erste Prämie zu e–m Versicherungsvertrag; opp, Folgeprämie)
Erstprobe *f* (IndE) initial sample *(ie, in quality control)*
erstrangiges Grundpfandrecht *n* (Re) first mortgage
erstrebte Mindestverzinsung *f* (Fin) minimum acceptable rate (of return)
Erstrisikoversicherung *f* (Vers) first loss insurance
Erstschrift *f* (com) original
Erstschuldner *m* (Re) primary debtor
erststellige Grundschuld *f* (Re) senior land charge
erststellige Hypothek *f* (Re) = Ersthypothek
erststellige Schuldverschreibung *f* (Fin) senior bond
erststellige Sicherheit *f* (Fin) first-charge security
Erstverkauf *m* (com) initial sale
Erstverpflichteter *m* (WeR) principal *(eg, guarantor, indorser)*
Erstversicherer *m*
(Vers) original insurer
– reinsured
– reassured
– ceding company
– leading underwriter
(ie, in reinsurance; syn, Zedent, Direktversicherer)

Erstversicherung *f*
(Vers) direct
– original
– primary . . . insurance
Erstversicherungsgeschäft *n* (Vers) prime insurance business
Erstverwahrer *m* (Fin) original custodian
Erstzeichner *m* (Fin) original subscriber
Erstzeichnung *f* (Fin) initial subscription
Ersuchen *n* (Re) request
ersuchende Verwaltung *f* (Re) requesting administration
Erteilungsgebühr *f*
(Pat) fee for the grant of a patent
– patent fee
Ertrag *m*
(Bw) output
– yield
(ReW) revenue *(opp, expenditure)*
– earnings
– proceeds
– yield
– income
Ertrag *m* **aus der Nominalverzinsung** (Fin) nominal yield
ertragbringend
(com) earning
– income-producing
– profitable
ertragbringende Aktiva *npl* (Fin) earning assets *(eg, stocks and bonds; opp, cash or capital equipment)*
Ertrag *m* **des investierten Kapitals**
(Fin) return on investment
– return on capital employed
Erträge *mpl* (ReW, EG) income
Erträge *mpl* **aus Beteiligungen an Tochtergesellschaften** (Fin) income from subsidiaries
Erträge *mpl* **aus Beteiligungen an verbundenen Unternehmen** (ReW) income from participations in group companies
Erträge *mpl* **aus der Auflösung von Rückstellungen** (ReW) income from writing back provisions
Erträge *mpl* **aus festverzinslichen Wertpapieren** (Fin) receipts from bonds
Erträge *mpl* **aus Investmentanteilen** (Fin) income from investment shares
Erträge *mpl* **aus Kapitalherabsetzungen** (ReW) income from write-down of capital
Erträge *mpl* **aus Verlustübernahme** (ReW) income from transfer of losses
Erträge *mpl* **us Beteiligungen**
(Fin) income from investments
– investment income
(ReW, EG) income from participating interests
– income from participations
ertragreiche Anbausorten *fpl* (com) high-yield crops
ertragsabhängige Steuern *fpl* (StR) earnings-linked taxes
Ertragsabweichung *f* (KoR) yield variance *(ie, in standard costing)*
Ertragsanteil *m* (StR) interest portion of an annuity payment, § 9 I No. 1, § 22 No. 1 a EStG
Ertragsaufteilung *f* (ReW) earnings apportionment

Ertragsausfall *m* (Fin) loss of earnings
Ertragsausgleich *m* (Fin) income adjustment *(eg, in investment funds)*
Ertragsausschüttung *f* (Fin) distribution of earnings
Ertragsaussichten *fpl*
(StR) earnings capacity *(eg, based on the average profits for a number of preceding years)*
– prospective earnings
Ertragsbeteiligung *f* (Pw) profit sharing
Ertragsbewertung *f* (Fin) valuation of prospective earnings (*or* of earning power)
Ertragsbilanz *f* (ReW) = Gewinn- und Verlustrechnung
Ertragscontrolling *n* (ReW) revenue controlling *(ie, increase of revenues while keeping cost constant)*
Ertragsdifferenz *f* (Fin) yield differential
Ertragseinbruch *m* (Fin) sharp drop in earnings
Ertragseinbußen *fpl* (Fin) reductions in profit
Ertragsentwicklung *f*
(Fin) trend of earnings (*or* profits)
– trend of profitability
Ertragserwartungen *fpl* (com) earnings (*or* profit) expectations
Ertragsfähigkeit *f*
(com) income productivity *(eg, of land)*
(Fin) earning power
– earning capacity value *(syn, Ertragskraft)*
Ertragsfaktoren *mpl* (Fin) earnings/income/profit . . . factors
(eg, sichere oder wahrscheinliche E. sind bei der Bewertung zu berücksichtigen)
Ertragsfunktion *f* (Vw, Bw) production function
Ertragsfunktion *f* **bei Niveauvariation** (Vw) returns-to-scale function
Ertragsgebirge *n* (Vw) (physical) production surface *(ie, grafische Wiedergabe e–r zweivariabligen Produktionsfunktion)*
Ertragsgesetz *n*
(Vw) law of diminishing returns
– law of non-proportional returns
– law of variable proportions
Ertragsisoquanten *fpl* (Vw) revenue isoquants
Ertragskonsolidierung *f* (ReW) consolidation of earnings
Ertragskonto *n*
(ReW) revenue
– income
– nominal . . . account
Ertragskraft *f*
(Fin) earning power
– earning capacity value
– profitability
Ertragskurve *f*
(Vw) total product curve
(Fin) yield curve *(ie, spread betwen long-term and short-term interest rates)*
Ertragslage *f*
(Fin) earnings/operating . . . position
– income/profit . . . situation
(ie, vom Gesetzgeber verwendet, ohne näher definiert zu werden; cf, § 264 II HGB; wird aber nach allgemeiner Meinung durch die GuV-Rechnung bestimmt, die die Erfolgsquel-

len offenlegt und die Aufwandsstrukturen zeigen soll)
Ertragslage *f* **verbessern** (Fin) to improve profitability
Ertragsmarge *f* (com) profit margin
Ertragsminderung *f* (com) reduction of earnings (*or* profit)
ertragsorientiertes Budget *n* (FiW) performance budget
Ertragsplanung *f* (ReW) sales revenue planning *(ie, wichtigster Einzelplan im Rahmen der GuV-Rechnung; syn, Umsatzplanung)*
Ertragsrechnung *f*
(ReW) income statement
– statement of income
Ertragsrückgang *m* (Fin) drop in earnings
Ertragssituation *f*
(com) revenue picture *(eg, is worsening)*
(Fin) earnings situation
Ertragsspanne *f* (Fin) earnings margin *(ie, ratio of operating cost to average volume of business)*
Ertragssteigerung *f* (Fin) earnings growth
Ertragsströme *mpl* (Vw) flow of yields
Ertragsteuerbilanz *f* (ReW) earnings-tax balance sheet
Ertragsteuern *fpl* (StR) taxes on income (*or* earnings) *(ie, Einkommen-, Körperschaft- und Gewerbeertragsteuern)*
ertragsunabhängige Steuern *fpl* (StR) taxes independent of income
Ertrags- und Aufwandposten *mpl* (ReW) revenue and expense items
Ertragsverbesserung *f* (Fin) improvement of profitability
Ertragsvorschau *f* (Fin) profit and loss forecast
Ertragswert *m*
(Fin) capitalized value of potential earnings
– earning power
– earning capacity value
(ie, kapitalisierter voraussichtlicher Überschuß der Einnahmen über die Ausgaben; spiegelt den Wert des Unternehmens wider)
Ertragswertverfahren *n* (StR) gross rental method *(ie, value of property is determined by applying statutory multipliers to the annual rental, §§ 78ff BewG)*
Ertragszahlen *fpl* (Fin) operational figures *(ie, revenue and expense as reported in the statement of profit and loss)*
Ertragszentrum *n* (Bw) profit center
Ertragszinsen *mpl* (Fin) interest earned or received
erwartete Abweichung *f* (KoR) budgeted variance
erwartete Leistung *f* (com) expected attainment (*or* performance)
erwartete Mindestrendite *f*
(Fin) hurdle rate of return
– cut-off rate
(ie, expected minimum rate of return)
erwartete mittlere Nutzungsdauer *f* (Bw) anticipated average life *(ie, of a fixed asset item)*
erwartete Nutzungsdauer *f*
(Bw) expected useful life
– life expectancy
erwarteter Aufschwung *m* (Vw) anticipated economic upswing

erwarteter Nutzen *m*
  (Bw) expected value
  – expected utility
  (ie, Nutzenmaß in der Entscheidungstheorie: measure of utility expected from a given strategy)
Erwartung *f*
  (com) expectation
  (Stat) expectation
  (ie, number that represents the average value of a random variable; also called ‚mean'; the symbol m is often used for expectation)
Erwartungen *fpl* **zurücknehmen** (com) to scale back expectations
Erwartungen *fpl* **zurückschrauben** (SozV) to cool off popular expectations
Erwartungshypothese *f* (Stat) expectation hypothesis
Erwartungsparameter *m* (Vw) expectation parameter
Erwartungstreue *f* (Stat) unbiasedness
Erwartungstreue *f* **e–r Schätzfunktion** (Stat) accuracy
erwartungstreue Schätzfunktion *f* (Stat) unbiased estimator
Erwartungswert *m*
  (Math) expected value
  – expectation
  (ie, for a random variable x with probability density function f(x), this is the integral from minus infinity to infinity of xf(x)dx)
  (Vw) anticipation term
erweitern
  (com) to extend
  – to broaden *(eg, the tax base = die Besteuerungsgrundlage)*
erweiterte Bandbreiten *fpl* (AuW) widened parity bands
erweiterte Druckerfunktion *f* (EDV) advanced printer function
erweiterte Fondsfazilität *f* (IWF) extended Fund facility
erweiterte Gemeinschaft *f* (EG) enlarged Community
erweiterte Hoheitszone *f* (Re) contiguous zone
erweiterte Matrix *f* (Math) augmented matrix
erweiterte Mitbestimmung *f* (Pw) extended codetermination
erweiterter Eigentumsvorbehalt *m* (Re) extended reservation of ownership
erweiterter Prädikatenkalkül *m* (Log) extended predicate (*or* functional) calculus
erweiterter Rohertrag *m* (ReW) amplified gross earnings
erweiterter Versicherungsschutz *m* (Vers) extended insurance coverage
  (ie, for other hazards or risks than those provided for under the basic provisions of the policy)
erweiterter Zugang *m* (IWF) enlarged access
  (ie, policy under which members can borrow more than their quota subscriptions to the Fund)
erweiterte Steuerpflicht *f* (StR) extended tax liability
erweiterte Stimmrechte *npl* (com) enhanced voting rights
erweiterte Tastatur *f* (EDV) expanded keyboard

256

erweiterte Zugriffsmethode *f* (EDV) queued access method
Erweiterung *f* (EDV) extension *(eg, COM, BAT, TXT)*
Erweiterung *f* **der Arbeitsaufgaben** (Pw) job enlargement
Erweiterung *f* **der EG** (EG) enlargement of the Community
Erweiterung *f* **der Haftung** (Re) extension of liability
Erweiterungsbedarf *m* (Mk) expansion demand
Erweiterungsfähigkeit *f* (com) expandability
Erweiterungsinvestition *f*
  (Vw) capital widening
  (Bw) investment in new plant capacity
  – investment in the extension of productive capacity
  – expansion investment
  – capital (expenditure) expansion
Erweiterungskarte *f* (EDV) adapter board
Erweiterungskörper *m* (Math) extension of a field *(syn, Körpererweiterung, Oberkörper)*
Erweiterungsplatte *f* (EDV) extension disk
Erwerb *m* (com) acquisition *(opp, Veräußerung = disposal)*
Erwerb *m* **aus Konkursmasse** (Re) acquisition from the estate of a bankrupt
Erwerb *m* **eigener Aktien** (Re) acquisition of own shares, §§ 71, 305, 320 AktG
erwerben
  (com) to acquire
  – to buy
  – to earn
erwerbende Gesellschaft *f* (com) acquiring company *(syn, übernehmende Gesellschaft, qv)*
Erwerber *m*
  (com) buyer
  – purchaser
  – acquiror
  (Re) transferee
  – vendee
  (Re) alienee *(ie, in real property law)*
  (StR) beneficiary, § 2 I ErbStG
  – donee
Erwerber *m* **e–r Sachgesamtheit** (Re) bulk transferee
Erwerb *m* **e–r Kaufoption** (Bö) giving for the call
Erwerbsberechtigter *m* (Re) authorized transferee
Erwerbsbeteiligung *f* (Vw) labor force participation
Erwerbsbevölkerung *f*
  (Stat) working population *(ie, employed and unemployed)*
  – labor force *(ie, total employment + unemployment)*
  – economically (*or* gainfully) active population
erwerbsfähig
  (Pw) capable of work
  – employable
erwerbsfähiges Alter *n* (Pw) working (*or* employable) age
Erwerbsfähigkeit *f* (Pw) ability (*or* capacity) to work
Erwerbsgartenbau *m*
  (com) truck farming (*or* gardening)
  – (GB) market gardening

Erwerbsgenossenschaft *f* (Re) commercial cooperative

Erwerbskurs *m*
(Fin) basis/purchase ... price
(ie, in terms of yield to maturity or annual rate of return)
(Bö) flat price *(ie, including accrued interest)*

Erwerbsleben *n* (Pw) working life

erwerbslos
(com) unemployed
– jobless
– out of work

Erwerbslose *pl*
(com) persons out of work
– unemployed persons

Erwerbsminderung *f* (SozV) reduction in earning capacity, expressed in percent

Erwerbspersonen *fpl* (Stat) economically active population

Erwerbspersonenstatistik *f* (Stat) manpower statistics

Erwerbsquote *f*
(Stat) activity rate
– employee activity rate
– labor force participation rate
– employment rate
– labor force activity
(ie, Maßzahl der amtlichen Erwerbstätigkeitsstatistik: Verhältnis der Zahl der Erwerbspersonen zur Grundgesamtheit in %; proportion of the population that works)

erwerbstätig (Stat) gainfully active (*or* employed)

Erwerbstätige *mpl*
(Stat) wage and salary earners (*or* workers)
– wage earners and salaried employees
– persons in dependent employment

Erwerbstätigkeit *f*
(Stat) gainful employment
– remunerative occupation

erwerbsunfähig
(SozV) incapable of self-support
– incapacitated

Erwerbsunfähigkeit *f* (SozV) general disability *(ie, not ‚Berufsunfähigkeit‘ which is inability to work in one's occupation or profession)*

Erwerbsunfähigkeitsklausel *f*
(Vers) disability clause

Erwerbsunfähigkeitsrente *f*
(SozV) invalidism pension
– pension for general disability *(ie, loss of earning capacity)*

Erwerb *m* **unter aufschiebender Bedingung** (StR) conditional transfer of property, § 9 I ErbStG

Erwerb *m* **unter Lebenden** (Re) acquisition inter vivos

Erwerb *m* **vom Nichtberechtigten**
(Re) bona fide purchase
– acquisition/purchase ... in good faith
(ie, Möglichkeit, Forderungen im Vertrauen auf die Verfügung e–s Nichtberechtigten („gutgläubig“) zu erwerben; für bewegliche Sachen grundsätzlich geregelt in §§ 932-936 BGB; purchase without any notice of defects in the title of the seller; cf, UCC § 7-501; cf, gutgläubiger/redlicher Erwerb)

Erwerb *m* **von Todes wegen**
(Re) acquisition mortis causa
(StR) transfer of property by reason of death, § 1 ErbStG

Erwerb *m* **von Wertpapieren durch Gebietsfremde**
(Fin) nonresident purchase of securities

erwirken
(Re) to secure
– to sue out *(eg, order from court)*

erworbene Gesellschaft *f* (com) acquired company *(syn, übernommene Gesellschaft)*

erzeugen
(com) to produce
(EDV) to generate

Erzeugende *f* (Math) generatrix

erzeugendes Modell *n* (Stat) generating model

erzeugende Zeile *f* (OR) generating (*or* source) row

Erzeugerbeihilfe *f* (EG) producer subsidy *(ie, gebunden an Produkt od Produktionsfläche; Bestandteil der EG-Marktorganisation für Schaffleisch, Ölsaaten, Olivenöl, Saatgut, Flachs und Hanf, Hopfen, Weizen sowie Milch und Milcherzeugnisse)*

Erzeugerhandel *m*
(com) direct acquisition and selling *(ie, by manufacturers)*
(com) direct selling *(ie, with no intermediaries to the ultimate consumer)*

Erzeugerkosten *pl* (com) cost of production

Erzeugermitgliedstaat *m* (EG) producer Member State

Erzeugerpreis *m* (com) producer price

Erzeugerpreisindex *m* (Stat) producer price index

Erzeugerrichtpreis *m* (EG) producer target price

Erzeugersachkapital *n* (Vw) stock of capital

Erzeugnis *n* (com) product

Erzeugnisbestände *mpl* (ReW) inventories of finished and unfinished products

Erzeugnisfixkosten *pl* (KoR) product-traceable fixed cost

Erzeugnisgliederung *f*
(Bw) product classification

Erzeugnisgruppe *f* (com) product group

Erzeugnisgruppenfixkosten *pl* (KoR) fixed cost traceable to product groups

Erzeugniskapazität *f* (Bw) product capacity *(opp, plant capacity = ‚Betriebskapazität‘ relating to the entire production program)*

Erzeugnispatent *n* (Pat) product patent *(syn, Sachpatent, Stoffpatent)*

Erzeugnisplanung *f* (Bw) product planning

Erzeugnisspektrum *n* (com) product range

Erzeugnisstrukturdatei *f* (EDV) structured product file

Erzeugnis/Teile-Matrix *f* (IndE) matrix bill of materials

Erzeugung *f* (com) production

Erzeugungsgebiet *n* (com) production area

Erziehungsgeld *n* (SozV) educational grant *(ie, 1986 eingeführt mit dem Bundeserziehungsgeldgesetz als familienpolitische Sozialleistung)*

Erziehungswissenschaftler *m*
(Pw) educationalist
– (GB, also) educationist

Erziehungszoll *m* (AuW) educational tariff

Erziehungszoll-Argument *n* (FiW) infant-industry argument

erzwungene Glattstellung *f* (Bö) enforced liquidation

Es-gibt-nicht Satz *m* (Log) nonexistence statement

Es-gibt Satz *m* (Log) existential statement

Essen *n* **auf Rädern** (SozV) meals on wheels

Essensmarken *fpl*
(Pw) lunch coupons
– (GB) luncheon vouchers, L.V.

ESt (StR) = Einkommensteuer

EStDV (StR) = Einkommensteuer-Durchführungsverordnung

EStG (StR) = Einkommensteuergesetz

EStR (StR) Einkommensteuer-Richtlinien

etabliert
(com) well-established
– (infml) well-entrenched *(eg, manufacturer, dealer)*

etablierte Konkurrenz *f* (com) established competitors

etablierte Wettbewerber *mpl* (com) competitors *(or rivals)* firmly established in the market

Etat *m* (FiW, Fin) budget

Etatansatz *m*
(FiW) budget estimate
(Fin) planned budget figure

etatisieren (FiW) to budget

Etatkunde *m* (Mk) (advertising) account

etatmäßig (FiW) budgetary

Etatmittel *pl* (FiW) budget/public . . . funds

Etatrecht *n* (FiW) budget law

Etat-Spielraum *m* (FiW) budgetary scope

Etatüberschreitung *f* (FiW) spending in excess of appropriated funds

Etatzuweisung *f* (FiW) budget appropriation

Etikett *n*
(com) ticket
– tag
– label
(EDV) label

Etikettangaben *fpl* (EDV) label information

Etikettanweisung *f* (EDV) label statement

Etikettbehandlung *f* (EDV) label processing

Etikettenspeicher *m* (EDV) tag memory

Etiketterzeugung *f* (EDV) label generation

Etikettfehler *m* (EDV) label error

Etikettfeld *n* (EDV) label field

Etikettfolge *f* (EDV) label sequence

Etikettformat *n* (EDV) label format

Etikettgruppe *f* (EDV) label set

Etikettprüfprogramm *n* (EDV) label checking routine

EU (EG) = Europäische Union

EuGH (EG) = Europäischer Gerichtshof

Eulersches Theorem *n* (Math) adding-up theorem
(ie, in linear-homogeneous production functions)

Euro-Aktien *fpl*
(Fin) Euro-Equities *pl*

Euroaktienmarkt *m* (Fin) Euroequity market *(ie, Markt für den Handel mit Aktien und aktienähnlichen Beteiligungsrechten großer Unternehmen über internationale Konsortien)*

Euro-Anleihe *f* (Fin) Eurocurrency loan

Euro-Anleihemarkt *m* (Fin) Euro loan market

Eurobanken *fpl* (Fin) Eurobanks *(ie, am Euromarkt tätige Banken)*

Eurobondmarkt *m* (Fin) Eurobond market

Eurobonds *pl* (Fin) Eurobonds
(ie, issues floated in European countries payable in a currency foreign to the host countries; eg, American dollar bonds issued in European currencies; Eurobonds are generally exempt from applicable laws and regulations of the country in which they are sold; they are all bearer (unregistered) bonds)

Euro-Clear
(Fin) Euro-Clear
– Euro-clear Clearance System plc
(ie, Clearing-Organisation im internationalen Wertpapierhandel mit Sitz in Brüssel; mit 125 Finanzintermediären als Gesellschafter)

Euro-Commercial-Paper *pl* (Fin) Euro Commercial Paper
(ie, Spiegelbild der US-Domestic Commercial Paper; aber vorrangig Alternative zum traditionellen Libor-verzinsten Eurokredit mit 3 od 6 Monats-Roll-over-Perioden; übliche Stückelung z. Zt. $500 000 und $1 000 000)

Euro-Devisen *pl* (Fin) Euro currencies

Euro-Dollar *m* (Fin) Eurodollar

Euro-Dollareinlagen *fpl* (Fin) Eurodollar deposits

Euro-Dollarkredit *m* (Fin) Eurodollar borrowing

Euro-Dollarmarkt *m* (Fin) Eurodollar market

Euro-Emission *f* (Fin) Euro issue (of bonds)

Eurofer-Kartell *n* (Kart) Eurofer cartel
(ie, Zusammenschluß der wichtigsten europäischen Stahlunternehmen; Ziel: freiwillige mengenmäßige Selbstbeschränkung und Durchsetzung von Mindestpreisen)

Eurofestsatzkredit *m* (Fin) Euro fixed rate credit
(mit Schwerpunkt im Ein-, Drei- und Sechsmonatsbereich)

Euro-Geldmarkt *m* (Fin) Eurocurrency market *(ie, internationaler Finanzmarkt, an dem Einlagen- und Kreditgeschäfte in e–r Währung außerhalb ihres Geltungsbereichs getätigt werden; syn, Euromarkt, Offshoremarkt, Fremdwährungsmarkt, Außengeldmarkt, Xenomarkt; Zentren sind: London, Luxemburg, Paris, Hongkong, Singapur, einige Karibikstaaten sowie die International Banking Facilities in den USA; dient dem internationalen Liquiditätsausgleich)*

Euro-Geldmarktgeschäfte *npl* (Fin) Eurocurrency business *(or transactions)*

Euro-Kapitalmarkt *m* (Fin) Eurocapital market *(ie, auf ihm werden von internationalen Bankenkonsortien Anleihen außerhalb des Landes begeben, auf dessen Währung sie lauten; Anlaß war die Einführung der Zinsausgleichsteuer (interest equalization tax) in den USA in 1963; syn, Euroanleihemarkt, Eurobondmarkt)*

Euro-Konsortialkredit *m* (Fin) syndicated Euroloan

Eurokraten *mpl* (EG) Eurocrats

Euro-Kreditaufnahme *f* (Fin) borrowing in the Eurocredit market

Euro-Kreditgeschäft *n* (Fin) Euro lending business

Euro-Kreditmarkt *m* (Fin) Eurocredit market

Euro-Lochung *f* (com) multi-perforation

Euromarkt *m* (Fin) Euromarket
(ie, Oberbegriff für die Gesamtheit von Finanzmärkten wie Eurodollar-Markt, Euro-DM-Markt, Euroaktienmarkt, Eurogeldmarkt, Eurokapitalmarkt, usw.)
Euronote *f* (Fin) Euronote
(ie, Bankenkonsortium räumt e–m Kreditnehmer längerfristig e–e Kreditlinie ein; dieser kann revolvierend nichtbörsenfähige Wertpapiere mit e–r Laufzeit bis zu 6 Monaten begeben; wichtigste Varianten sind Revolving Underwriting Facilities, RUF, and Note Issuance Facilities, NIF)
europäische Aktiengesellschaft *f* (EG) European company
Europäische Artikelnumerierung *f* (Mk) European product coding, EAN
Europäische Artikelnummer *f*, **EAN** (Mk) European article number
Europäische Ausfuhrbank *f* (EG) European Export Bank, EEB
Europäische Bank *f* **für Wiederaufbau und Entwicklung**
(Fin) European Bank für Reconstruction and Development, EBRD
(ie, vehicle for funneling aid to reform-minded East Bloc states, London-based)
Europäische Börsenrichtlinien *fpl* (EG) European stock exchange directives
(ie, über Börsenzulassungsprospekte, Börsenzulassung von Wertpapieren, Zwischenberichte)
Europäische Datenbank *f* **für Abfallwirtschaft** (EG) European Waste Data Bank, EWADAT
Europäische Freihandelsassoziation *f* (Vw) European Free Trade Association, EFTA, efta
Europäische Gemeinschaft *f* (EG) European Community
Europäische Gemeinschaften *fpl* (EG) European Communities
(ie, Sammelbezeichnung für EGKS, EWG und Euratom)
Europäische Handelsgesellschaft *f* (EG) European trading company
Europäische Investitionsbank *f* (EG) European Investment Bank, EIB
(ie, set up by the EEC countries to encourage regional and economic integration, Luxembourg-based)
europäische Normen *fpl* (EG) European standard specifications
Europäische Optionsbörse *f* (Bö) European Options Exchange, EOE *(ie, based in Amsterdam)*
europäische Parallelwährung *f* (EG) European parallel currency
Europäische Patentorganisation *f* (Pat) European Patent Organization
europäische Patentschrift *f* (Pat) specification of the European patent
Europäischer Ausdrichtungs- und Garantiefonds Landwirtschaft *m* (EG) European Agricultural Guidance and Guarantee Fund, AEGGF
Europäische Rechnungseinheit *f* (EG) European unit of account, EUA
(ie, 1981 durch ECU ersetzt)
Europäischer Entwicklungsfonds *m* (EG) European Development Fund, EDF *(ie, der*

Europäischen Gemeinschaften und der Europäischen Investitionsbank)
Europäischer Fonds *m* **für währungspolitische Zusammenarbeit** (EG) European Monetary Cooperation Fund, EMCF
Europäischer Gerichtshof *m*
(EG) Court of Justice of the European Communities
– European Court of Justice
Europäischer Gerichtshof *m* **für Menschenrechte des Europarates** (EG) European Court of Human Rights
Europäischer Gewerkschaftsbund *m* (EG) European Trade Union Confederation, ETUC
Europäischer Rat *m* (EG) European Council *(ie, seit 1974 oberste Entscheidungsinstanz der Europäischen Gemeinschaften; Mitglieder: die Staats- und Regierungschefs der EG-Mitgliedstaaten und der Präsident der EG-Kommission)*
Europäischer Sozialfonds *m* (EG) European Social Fund
Europäischer Währungsfonds *m* (EG) European Monetary Fund, EMF
Europäischer Wechselkursverbund *m* (EG) = Europäische Währungsschlange
Europäischer Wirtschaftsrat *m* (EG) European Economic Council
Europäisches Forschungsinstitut *n* **ür Wirtschafts- und Sozialpolitik** (EG) European Economic and Social Policy Research Institute
europäisches Gesellschaftsrecht *n* (EG) European company law
(ie, Regelung zur Internationalen Unternehmensverfassung, wie Europäische Aktiengesellschaft, Europäische Wirtschaftliche Interessenvereinigung, sowie 5. und 9. EG-Richtlinie zur Harmonisierung der europäischen Aktienrechte)
Europäisches Patent *n* (Pat) = Europa-Patent
Europäisches Patentamt *n* (Pat) European Patent Office
Europäisches Patentregister *n* (Pat) Register of European Patents
Europäisches Patentübereinkommen *n* (Pat) European Patent Convention, EPC
Europäisches Währungsabkommen *n* (AuW) European Monetary Agreement, EMA
Europäisches Währungssystem *n* (EG) European monetary system, EMS
Europäische Union *f* (EG) European Union
Europäische Währungseinheit *f* (EG) European Currency Unit, ECU, ecu
(ie, a weighted combination of the EC currencies, introduced in 1979)
Europäische Währungsschlange *f* (EG) European Currency Snake *(syn, Wechselkursverbund, Euroschlange)*
Europäische Wirtschaftsgemeinschaft *f* (EG) European Economic Community, EEC
Europäische Wirtschafts- und Währungsunion *f* (EG) European Economic and Currency Union *(ie, effective 1 July 1990)*
Europäische Zahlungsunion *f* (AuW) European Payments Union, EPU
Europäische Zentralbank *f* (Fin) European Central Bank

Europäische Zollunion f (AuW) European Customs Union, ECU
Europakarte f (EDV) Eurocard
Europa-Patent n (Pat) Europatent *(ie, granted for a term of 20 years)*
Euro-Pfund n (Fin) Euro sterling
Euroschlange f (AuW) European snake *(ie, snake in the tunnel + blockfloating; syn, Europäische Währungsschlange)*
Euro-Verbraucher m (Mk) Euro-consumer
Euro-Währung f (AuW) Eurocurrency
Euro-Währungskredit m (Fin) Eurocurrency loan
Euro-Währungsmarkt m (Fin) Eurocurrency market
Euro-Wertpapiere npl (Fin) Eurosecurities
Euro-Zinsen mpl (Fin) Euromarket interest rates
E-Urteil n
  (Log) E-proposition
  – alternative denial
  – universal negative
e.v. (Re) = eingetragener Verein
Evaluierung f
  (AuW) project evaluation
  – control of implementation of industrial projects *(ie, in developing countries)*
Eventualfonds m (Fin) contingent fund
Eventualforderung f (ReW) contingent claim
Eventualhaftung f (Re) contingent liability
Eventualhaushalt m (FiW) contingency budget *(ie, prepared for fiscal policy purposes)*
Eventualplan m (Bw) contingency plan
Eventualplanung f (Bw) contingency *(or alternative)* planning
  (syn, Alternativplanung, Schubladenplanung)
Eventualverbindlichkeit f (ReW) contingent liability
Evidenz-Konten-Abkommen n (AuW) evidence account agreement
  (ie, werden in Staatshandelsländern bei den jeweiligen Außenhandelsbanken geführt; erfassen alle Einkäufe und Verkäufe e–r westlichen Unternehmung im Staatshandelsland; den Güterströmen fließen sofort Zahlungsströme entgegen)
Evidenzzentrale f (Fin) Central Risk Service
  (ie, official credit information exchange; gathers information on the total exposure – Engagement, Obligo – of individual corporations; cf, § 14 KWG)
EWF (EG) = Europäischer Währungsfonds
EWG-Vertrag m
  (EG) EEC Treaty
  – Treaty of Rome
EWG-Waren fpl (EG) EEC products
ewige Rente f (Fin) perpetuity *(ie, an annuity that continues forever)*
EWS (EG) = Europäisches Währungssystem
exakt identifiziert (Log) uniquely identified
Examensarbeit f (Pw) examination paper *(or GB: script)*
ex ante-Analyse f (Vw) ex ante analysis
ex ante-Beziehungen fpl (Vw) ex ante constructions
ex ante-Ersparnis f (Vw) planned savings
ex ante-Größe f (Vw) anticipation term
ex Berichtigungsaktien (Bö) ex capitalization issue
ex Bezugsaktien (Bö) ex cap(italization)

ex Bezugsrecht (Bö) ex allotment *(or rights)*
ex Bezugsrechte
  (Bö) ex new, ex.n.
  – ex claim
  – ex rights
ex Bezugsrechtsschein (Fin) ex warrants
ex Dividende
  (Bö) dividend off
  – coupon detached
  – ex dividend *(or ex-d)*
Exemplar n **Abgang** (EG) departure copy
Exemplar n **Bestimmung** (EG) destination copy
Exemplar n **für statistische Zwecke** (EG) copy for statistical purposes *(ie, in Community transit operations)*
ex Gratisaktien
  (Bö) ex capitalization
  – ex bonus
  – ex scrip
Exim-Regelung f (com) exim arrangements
Existenzgrundlage f (StR) essential basis for gaining a livelihood, § 69 II BewG
Existenzminimum n
  (Vw) subsistence level
  – minimum survival needs
Existenzminimumtheorie f **des Lohnes** (Vw) subsistence theory
Existenzoperator m
  (Log) existential *(or particular)* quantifier
Existenzsatz m **für Fixpunkte** (OR) fixed-point theorem
Exklusion f (Log) alternative/joint … denial
  – incompatibility
  – stroke
  (ie, konträrer Gegensatz der klassischen Logik: complex sentence that is false if the two constituent propositions are true, and that is true if either or both are false: 0001: aus der E. läßt sich der gesamte Aussagenkalkül herleiten; syn, Unverträglichkeit)
exklusive Disjunktion f (Log) nonequivalence
exklusive Rücklizenz f (Pat, US) exclusive grant back
exklusives ODER-Glied n (EDV) = ODER-Glied
exklusives Segment n (EDV) exclusive segment
Exklusivrecht n (com) exclusive dealing right
Exklusivvertrag m
  (com) exclusive rights contract
  (Kart) exclusive purchasing agreement
Exklusivvertrieb m (Mk) exclusive dealing
Exkulpationsbeweis m (Re) exculpatory proof
exkulpieren
  (Re) to exculpate
  – to exonerate
ex Kupon (Bö) ex coupon
Exnotierung f (Bö) quotation ex … *(eg, rights)*
exogene Bestimmungsgröße f (Vw) exogenous determinant
exogene Finanzierung f (Fin) external financing *(ie, equity + debt)*
exogene Konjunkturtheorie f (Vw) exogenous *(or external)* business cycle theory
exogenes Geld n
  (Vw) monetary base
  – primary money

(ie, central bank money + demand deposits with central bank; syn, Geldbasis, monetäre Basis, Primärgeld)

exogenes Wachstum *n* (Bw) = externes Wachstum

exogene Variable *f* (Vw) exogenous variable
(ie, determined by noneconomic factors, such as nature, politics, customs, or institutions)

exogene Zufallsvariable *f* (Stat) exogeneous variate

ex Optionsschein (Bö) ex warrant

exorbitante Zuständigkeit *f* (Re) jurisdiction over nonresidents of foreign corporations
(ie, erweiterte Zuständigkeit des Staates über die eigenen Grenzen hinaus; cf, long-arm statutes)

Exoten *pl*
(Bö) securities offered by issuers from exotic countries
(Bö) speculative papers *(ie, unlisted and outside over-the-counter business)*

exotische Währungen *fpl*
(Fin) exotic currencies
– exotics
(ie, no developed international market, and infrequently dealt)

expandieren
(com) to expand (operations)
– to grow

expandierender Markt *m* (com) growing *(or expanding)* market

Expandierung *f* (EDV) expansion

Expansion *f* (Bw) expansion

Expansionsgleichgewicht *n* (Vw) = Wachstumsgleichgewicht, qv

Expansionsgrenze *f* (Vw) ceiling

Expansionskurve *f* (Vw) expansion curve *(ie, locus of all least cost combinations resulting from constant factor prices and successive output variations)*

Expansionsmultiplikator *m* (Vw) expansion multiplier

Expansionspfad *m* (Vw) expansion path
(ie, geometrischer Ort – locus – aller Minimalkostenkombinationen bei steigender Endproduktmenge; syn, Expansionslinie, Faktoranpassungskurve, Skalakurve)

Expansionsphase *f* (Mk) growth stage *(syn, Wachstumsphase, qv)*

Expansionsrate *f* (Vw) rate of growth *(or expansion)*

expansive Einflüsse *mpl* (com) expansionary forces

expansive Fiskalpolitik *f* (FiW) expansive fiscal policy

expansive Geldpolitik *f* (Vw) expansionary monetary policy

expansive Haushaltspolitik *f* (FiW) expansionary budget policy

expansive Impulse *mpl* (com) expansionary impact

expansive Lohnpolitik *f* (Vw) expansionary wages policy *(ie, suggested by labor unions)*

expansive Offenmarktpolitik *f* (Fin) expansionary open market policy

expansiver Prozeß *m*
(Vw) expansionary movement *(or process)*
– business cycle expansion

Expedient *m* (com) dispatcher

Expedition *f*
(com) forwarding
– shipping

Expeditionsabteilung *f* (com) forwarding *(or shipping)* department

Experiment *n* **durch Versuch und Irrtum** (Log) experiment through trial and error

Experte *m*
(com) expert
– specialist

Expertengruppe *f* (com) panel of experts

Expertensystem *n* (EDV) expert system
(ie, wissensbasiertes Programm, das die Problemlösungsfähigkeit menschlicher Experten erreicht od übertrifft = intended to solve problems in a similar way to human brains)

Expertise *f* (com) expert opinion

explizite Definition *f* (Log) explicit definition

explizite Funktion *f* (Math) explicit function

explodierende Kosten *pl* (com) runaway/skyrocketing . . . costs

explosive Oszillation *f* (Vw) explosive oscillation

explosive Schwingung *f* (Vw) = explosive Oszillation

explosives Cobweb *n* (Vw) explosive cobweb

Exponent *m* (Math) exponent

Exponentialgleichung *f* (Math) exponential equation

Exponentialkurve *f* (Math) exponential curve

Exponentiallag *m* (Vw) exponential lag

Exponentialtrend *m* (Vw) exponential trend *(syn, logarithmischer Trend)*

exponentialverteilte Abfertigungszeit *f* (OR) exponential holding time

exponentialverteilte Zwischenankunftszeiten *fpl* (OR) exponential interarrival times

Exponentialverteilung *f* (Math) exponential distribution

exponentielle Beziehung *f* (Math) exponential *(or curvilinear)* relationship

exponentielle Dichte *f* (Stat) exponential density

exponentielle Glättung *f* (Stat) exponential smoothing *(ie, Methode zur Erstellung kurzfristiger Prognosen; cf, R. G. Brown, 1963)*

exponentielle Glättung *f* **erster Ordnung** (Stat) first-order exponential smoothing

exponentielle Glättung *f* **zweiter Ordnung** (Stat) second-order exponential smoothing

exponentieller Bedienungskanal *m* (OR) exponential service channel

exponentielles Glätten *n* (Stat) = exponentielle Glättung, qv

exponentielles Wachstum *n* (Vw) exponential growth

Export *m*
(com) exportation
(com) exports

exportabgabepflichtig (AuW) liable to export duty

exportabhängige Beschäftigung *f* (Vw) base employment *(ie, of a region)*

Exportabhängigkeit *f* (AuW) export dependency

Exportabteilung *f*
(com) export department
– international sales department

Exportagent *m* (com) export agent

Exportakkreditiv *n* (Fin) export letter of credit (*or* L/C)

Exportangebot *n* (com) export offer

Exportanteil *m* (AuW) export content

Exportartikel *m* (com) export article (*or* item)

Exportauftrag *m* (com) export order

Exportbasis *f* (AuW) export base

Exportbasis-Analyse *f* (Vw) base analysis

Exportbasisanteil *m* (Vw) base component

Exportbasiseinkommen *n* (Vw) basic income

Exportbasisindustrie *f* (Vw) basic industry

Exportbasis-Multiplikator *m* (Vw) base multiplier

Exportbasis-Sektor *m* (Vw) basic sector

Exportbasis-Theorie *f*
(Vw) base theory
– economic base concept

Exportbedingungen *fpl* (com) export terms

Exportbeschränkungen *fpl* (AuW) export restraints (*or* restrictions)

Exportbestimmungen *fpl* (AuW) export regulations

Exportbonus *m* (AuW) export bonus (*ie, subsidy or special benefit or credit*)

Exportbürgschaft *f* (com) export guaranty

Exportdeklaration *f* (Zo) entry outwards

Exportdevisen *pl* (com) foreign exchange resulting from export transactions

Exportdokumente *npl* (com) export documents

Exporte *mpl* **behindern** (AuW) to hamstring exports (*eg, with countervailing duties*)

Export *m* **entwickelter Länder an Entwicklungsländer** (AuW) downstream trade

Exporterlös *m*
(com) export earnings (*or* proceeds)
– proceeds from exports

Exporterstattung *f* (EG) export refund (*ie, Spiegelbild der Abschöpfungen*)

Exporteur *m*
(com) exporter
– export firm

Export-Factoring *n* (Fin) export factoring (*cf, Übersicht siehe unten*)

Exportfinanzierung *f* (Fin) export financing

Exportfinanzierungsinstrumente *npl* (Fin) export financing instruments

Exportfirma *f* (com) export trader

Exportförderung *f* (AuW) export promotion

Exportförderungskredit *m* (Fin) export promotion credit

Exportgemeinschaft *f* (com) export association

Exportgeschäft *n*
(com) export business
(com) export transactions

Exportgeschäft *n* **abwickeln** (com) to process an export transaction

Forfaitierung und Export-Factoring sind keine Synonyme

Merkmale	Forfaitierung	Export-Factoring
Wesen	Kauf von Exportforderungen ohne Rückgriff auf den Exporteur Einzelgeschäfte	Kauf von Exportforderungen ohne Rückgriff auf den Exporteur Rahmenvertrag
Größenordnung	mindestens 50 000 DM	Umsatz pro Land und Jahr mindestens 500 000 DM
Laufzeit	3 Monate bis 8 Jahre	maximal 180 Tage
Währung	DM, US$, sfr, Yen, FF und Ecu sowie andere Währungen, in denen eine kongruente Refinanzierung möglich ist	Keine Einschränkung, da Währungsrisiko beim Forderungsverkäufer verbleibt
Delkredererisiko	Forfaiteur	Factor
Politisches Risiko Transferrisiko	Forfaiteur	Exporteur
Finanzierung	Nominalwert der Forderung ./. Diskont	80% des Bruttorechnungswertes
Voraussetzungen	erstklassige Schuldneradresse oder gutes Bankaval, ausreichende Bonität des Importlandes	ausreichende Bonität des Lieferanten, des ausländischen Importeurs und des Korrespondenzfactors
Besonderheiten	gesamte Abwicklung durch Forfaiteur	Buchhaltung, Mahnwesen und Inkasso kann vom Factor übernommen werden

Quelle: Handelsblatt, 17. 10. 1989, S. B 8.

Exportgeschäft *n* **finanzieren** (Fin) to finance an export transaction
Exportgüterstruktur *f* (AuW) commodity pattern
Exporthandel *m* (com) export trade
Exporthändler *m* (com) export merchant
exportieren (com) to export
exportierte Arbeitslosigkeit *f* (Vw) exported unemployment
Exportindustrie *f* (com) export industry
exportinduziert (Vw) export-led
exportinduzierter Aufschwung *m* (Vw) export-led recovery
exportinduziertes Wachstum *n* (Vw) export-led expansion (*or* growth)
Exportinformationen *fpl* (com) export intelligence
Exportintensität *f* (AuW) export intensity *(ie, ratio of exports to total production, see ,Exportquote')*
exportintensive Branche *f* (com) export intensive industry
exportintensive Industrie *f* (com) export-intensive industry
Exportkalkulation *f* (com) export cost accounting
Exportkartell *n* (comt) export-promoting cartel *(ie, Legaldefinition – statutory definition – nach § 6 I GWB; Ausfuhrkartell)*
Exportkatalog *m* (com) export catalog
Exportkommissionär *m* (com) export commission agent
Exportkonnossement *n* (com) outward bill of lading
Exportkontingent *n* (AuW) export quota
Exportkredit *m* (Fin) export (trade) credit
Exportkredit-Vereinbarungen *fpl* (AuW) export credit arrangements
Exportkreditversicherung *f* (Fin) = Ausfuhrkreditversicherung, qv
Exportkunde *m* (com) export customer
Exportland *n* (AuW) exporting country
Exportleiter *m*
    (com) head of export department
    – export sales manager
Exportlizenz *f* (com) export license
Exportmakler *m* (com) export agent *(syn, Ausfuhragent)*
Exportmarketing *n* (com) export marketing
    (ie, konkurrierende Termini sind: internationales Marketing, Auslandsmarketing, foreign marketing, internationl business, international management, multinational management, Außenhandelsmarketing; Stufen sind:
    1. direkter/indirekter Export;
    2. Lizenzvergabe/Franchising;
    3. Kontraktproduktion im Ausland;
    4. Kontraktmarketing;
    5. Joint Ventures;
    6. Produktionsniederlassung)
Exportmarkt *m* (com) export market
Exportmarktforschung *f* (com) export market research *(syn, Auslandsforschung)*
Exportmesse *f* (com) export exhibition (*or* fair)
Exportmöglichkeiten *fpl* (com) export opportunities
Exportmultiplikator *m* (AuW) export multiplier
Exportneigung *f* (Vw) propensity to export
Export *m* **ohne Gegenleistung** (AuW) unrequited exports

exportorientierte Wirtschaft *f*
    (AuW) export-oriented economy
    (com) export trade
Exportpolitik *f* (AuW) export policy
Exportpotential *n* (AuW) export potential
Exportprämie *f* (AuW) export bounty *(ie, paid by government or private associations to promote the exportation of specific goods)*
Exportpraxis *f* (com) export practice
Exportpreis *m* (com) export price
Exportquote *f*
    (AuW) export-income ratio *(ie, assets side of trade balance to gnp at market prices)*
    (VGR) net exports of goods and services *(syn, Außenbeitrag)*
    (Vw) propensity to export
    (AuW) export quota per period
    (com) export share *(ie, of sales abroad to total sales)*
Exportrestriktionen *fpl* (AuW) export restrictions
Exportrisiko *n* (com) export-related risk
Exportrisikohaftung *f* (com) export risk liability
Export-Schutzversicherung *f* (Vers) (additional) insurance of exports
Exportselbstbehalt *m* (Fin) exporter's retention *(ie, share of financing)*
Exportselbstbeschränkung *f* (AuW) voluntary export restraint
Exportsperre *f* (AuW) export embargo
Exportsteuer *f* (StR) export levy
    (ie, on products destined for export, 4%; syn, Sonderumsatzsteuer; inapplicable as of 11 Oct 1969)
Exportstruktur *f* (AuW) structure of the export industry
Exportsubvention *f* (AuW) export subsidy
Exporttratte *f* (Fin) export draft
Exportüberschuß *m* (AuW) export surplus
Exportverbot *n* (AuW) export ban
Exportverpackung *f* (com) export packing
Exportversicherung *f*
    (Vers) export insurance
    – insurance of exports
Exportvertreter *m* (com) export agent
Export *m* **von Arbeitslosigkeit** (Vw) beggar-my-neighbor policy
    (ie, attempts to switch a certain amount of unemployment to other countries)
Exportware *f* (com) exported articles
Exportwelle *f*
    (com) export wave
    – surge of export orders
Exportwerbung *f* (com) export advertising
Exportwirtschaft *f*
    (com) export sector
    – export business
    – export trade
Exportzoll *m* (Zo) export duty
Exposé *n*
    (com) memorandum
    – report
    (com) Exposé *(ie, meist in negativer Bedeutung gebraucht)*
ex post-Analyse *f* (Vw) ex post-analysis *(eg, national accounting)*

ex post-Analyse *f* **des Volkseinkommens** (Vw) ex-post analysis of national income

Expreßgut *n* (com) express consignment

Expreßgutschein *m* (com) express parcels consignment note

Extension *f*
(Log) extension *(ie, of a concept)*
– domain of applicability

extensionale Definition *f* (Log) extensional *(or denotative)* definition

extensionale Logik *f* (Log) extensional logic *(ie, one in which truth-values may be substituted for sentences)*

extensionaler Junktor *m* (Log) extensional connective

extensionale Semantik *f* (Log) theory of reference

Extensionalitätsaxiom *n* (Log) axiom of extensionality

extensive Auswahl *f* (Stat) extensive sampling

Externalitäten *fpl*
(Vw) external effects
– externalities
– neighborhood effects
– spillovers

extern beschaffen (MaW) to outsource
(ie, a high-tech company outsources components)

externe Adresse *f* (EDV) external address

externe Aufwendungen *pl* (ReW, EG) external charges

externe Effekte *mpl* (Vw) = Externalitäten

externe Informationsquelle *f* (Bw) external source of information *(eg, competitors, markets)*

externe Kosten *pl*
(Vw) social costs
– discommodities
(ie, Kosten, die nicht von den Verursachern getragen, sondern Dritten auferlegt werden; syn, soziale/Volkswirtschaftliche Kosten)

externe Leistungen *fpl* (ReW) external performance

externe Nachteile *mpl* (Vw) external diseconomies

externe Nutzen *mpl* (Vw) external economies *(syn, externe volkswirtschaftliche Ersparnisse)*

externe Personalbeschaffung *f* (Pw) external recruitment (of staff/personnel)

externer Arbeitsmarkt *m* (Pw) external labor market

externer Bilanzvergleich *m* (ReW) external balance sheet comparison
(ie, covering several firms in the same industry, of about the same size, and for the same period)

externe Referenz *f* (EDV) external reference

externe Revision *f* (ReW) external *(or independent)* audit

externer gemeinschaftlicher Versandschein *m* (EG) external Community transit document

externer Kapitalgeber *m* (Fin) outside lender

externer Konsumeffekt *m* (Vw) external effects of consumption
(ie, bandwagon effect = ,Mitläufereffekt', snob effect, and Veblen effect)

externer Speicher *m* (EDV) external *(or peripheral)* storage

externes Berichtswesen *n* (com) external reporting

externe Sortierung *f* (EDV) offline sorting

externe Steuerung *f* (EDV) external control

externes Wachstum *n* (Bw) external growth
(ie, Unternehmen erwirbt bestehende Produktions- od Distributionskapazitäten: Beteiligungserwerb, Verschmelzung, Sachvermögensübertragung; syn, exogenes Wachstum)

externe Umwelt *f* (Bw) external environment

externe Unterbrechung *f* (EDV) external interrupt

externe Verschuldung *f* (FiW) borrowing abroad

externe Verzögerung *f* (EDV) external delay

externe Vorteile *mpl* (Vw) external benefits *(or economies)*

Extraausstattung *f* (com) optional extras *(ie, of a car)*

Extraktionskosten *pl* (Bw) extractive costs

Extrapolation *f* (Math) extrapolation

Extrarisiko *n* (Vers) special risk

Extratara *f* (com) additional packing required for prolonged transportation

extraterritoriale Anwendung *f* (Kart) extraterritorial application *(eg, of competition rules)*

Extremalpunkt *m* (Math) extreme point

Extrema *npl* **mit Nebenbedingungen** (Math) constrained extrema of functions *(cf, Lagrangesche Multiplikatormethode)*

Extremkostenversicherung *f* (Vers) catastrophic coverage

Extremwert *m* **e-r Funktion** (Math) extreme *(or extremum)* of a function *(ie, maximum or minimum value)*

Exzedent *m* (Vers) excess of line *(or loss)*

Exzedentenfranchise *f* (Vers) free from average in excess of . . . pct

Exzedentenrückversicherung *f*
(Vers) excess loss insurance
– surplus treaty reinsurance

ex Ziehung (Bö) ex drawing

ex Zinsen (Bö) without interest

F

Fabrik *f*
(com) factory
– manufacturing plant
(IndE) factory building(s)
(Pw) labor force of a factory

Fabrikabgabepreis *m* (com) price ex works

Fabrikanlage *f* (IndE) factory *(ie, including site, buildings, and all other facilities)*

Fabrikant *m*
(com) manufacturer
(com) factory owner

Fabrikarbeit *f*
(com) factory work
(Pw) activity of a factory worker

Fabrikarbeiter *m*
(Pw) factory worker

- *(euphem)* operative
Fabrikarbeiterin *f*
(Pw) female factory worker (*or* operative)
Fabrikat *n*
(com) product
- make
- brand
(IndE) manufactured product
Fabrikategemeinkosten *pl*
(KoR) product overhead
- indirect cost of work in progress and finished products
Fabrikategruppe *f* (IndE) product group
Fabrikategruppenleiter *m* (IndE) product group manager
Fabrikatekonto *n* (ReW) finished products account
(ie, in the ,Gemeinschaftskontenrahmen' = joint account classification, placed between the manufacturing and sales accounts)
Fabrikation *f*
(IndE) *(older term for ,Produktion':)* production
- manufacturing
Fabrikationsanforderungen *fpl* (IndE) manufacturing requirements
Fabrikationsanlagen *fpl* (IndE) manufacturing facilities
Fabrikationsauftrag *m* (IndE) production order
Fabrikationsbetrieb *m* (IndE) small-sized manufacturing establishment *(ie, often affiliated to a larger enterprise and specialized in making a single product)*
Fabrikationsdampf *m* (IndE) process steam
Fabrikationseinrichtungen *fpl*
(IndE) production facilities
- plant equipment
Fabrikationsgeheimnis *n* (IndE) industrial secret
Fabrikationsgemeinkosten *pl* (KoR) manufacturing overhead (*or* expense)
Fabrikationsgrundstück *n* (IndE) manufacturing premises
Fabrikationskonto *n*
(ReW) work-in-process account
- goods-in-progress account
(ReW) process account
Fabrikationskosten *pl* (KoR) production (*or* manufacturing) cost
Fabrikationsleiter *m*
(IndE) production manager
Fabrikationsnummer *f* (com) serial number
Fabrikationsprogramm *n*
(IndE) manufacturing program *(ie, together with the sales program it makes up the overall production program)*
(com) total number of orders scheduled for a certain plant planning period
Fabrikationsstätte *f*
(IndE) production plant
- factory
Fabrikationssteuer *f* (FiW) production tax
(ie, special mode of levying a consumption tax, based on features such as raw materials, equipment, semifinished products; syn, Produktionsteuer)
Fabrikationsverfahren *n* (IndE) manufacturing process

Fabrikationszweig *m* (IndE) branch (*or* line) of production
Fabrikatsteuer *f* (FiW) product tax
(ie, another type of consumption tax levied on the product as it leaves the production facilities; eg, mineral oil, tobacco, playing cards)
Fabrikbauten *mpl* (ReW) factory buildings
Fabrikbesitzer *m* (com) factory owner
Fabrikbuchhaltung *f*
(ReW) factory accounting *(ie, accounting system based on a special account classification plan)*
(ReW) *(obsolete term replaced by ,Betriebsbuchhaltung' =)* cost accounting
Fabrik *f* **der Zukunft** (IndE) factory of the future *(ie, run by computers and built around software products: computer integrated manufacturing, CIM)*
Fabrikdirektor *m* (Pw) factory manager
Fabrikeinrichtung *f* (IndE) factory equipment
Fabrikenplanung *f*
(IndE) planning and design of factories
(IndE) (= Raumplanung) intra-plant layout
Fabrikgebäude *n*
(ReW) factory (*or* plant) building
- factory premises
- industrial building
Fabrikgelände *n* (com) factory site
Fabrikgleis *n*
(com) siding (*or* sidetrack) *(ie, opening onto main track at both ends)*
(com) spur (*or* stub) track *(ie, connected to main track at one end only)*
Fabrikgrundstück *n* (com) factory (*or* plant) site
Fabrikhalle *f* (IndE) factory (*or* plant) building
Fabrikhandel *m*
(com) direct purchasing from producer
(com) direkt selling to final user
Fabrikklausel *f* (com) ex factory clause
Fabrikleitung *f* (IndE) factory management
Fabrikleitungsgemeinkosten *pl* (KoR) plant management overhead
Fabrikmarke *f* (Mk) manufacturer's brand
(ie, weist auf Hersteller des Produkts hin; syn, Herstellermarke; opp, Handelsmarke, qv)
fabrikmäßig (com) industrial *(eg, production)*
fabrikmäßig herstellen (IndE) to manufacture
Fabrikmusterlager *n* (com) permanent display of samples
(ie, by producer or in main marketing centers, representing entire production program)
fabrikneu (com) brand-new
- straight from the factory
- virgin
Fabrikpreis *m*
(com) price ex works
(Mk) factory price *(ie, based on cost price plus profit markup)*
Fabrik *f* **stillegen** (com) to close down a factory
Fabrik *f* **unter Zollverschluß**
(com) bonded factory
- bonded manufacturing warehouse
Fach *n*
(Log) subject matter
(com) special ... area/field
(com) subject

Fachabteilung f (Bw) operating/specialist... department
(eg, accounting, organization, marketing)
Fachanwalt m (Re) specialized lawyer
Fachanwalt m **für Steuerrecht** (StR) tax lawyer
Facharbeiter m (Pw) skilled worker
(ie, has served formal apprenticeship in a particular occupation or trade and passed a qualifying examination)
Facharbeiterbrief m (Pw) skilled worker's certificate *(ie, obtained by passing an examination at the end of the apprenticeship)*
Facharbeiterlohn m (Pw) wage of skilled worker
Facharbeiterstamm m (Pw) permanent staff of skilled workers
Fachaufsicht f (Re) government supervision of certain economic branches *(opp, Dienstaufsicht)*
Fachausbildung f (Pw) special *(or* technical) training
Fachausdrücke mpl
(Log) technical terms
– words of art
Fachausschuß m
(com) technical committee
– committee of experts
– professional committee
Fachausstellung f (Mk) trade fair *(or* show)
Fachberater m (com) technical/trade... consultant
Fachbereich m (com) special field *(or* line *or* domain)
Fachbericht m (com) technical report
Fachblatt n
(com) technical journal
(com) trade journal
(com) professional journal
Facheinzelhandel m (com) specialized retail trade
Facheinzelhändler m (com) specialized retail dealer
Fachgebiet n (com) special field *(or* line *or* domain)
Fachgeschäft n
(com) specialty store
– single-line retail store
– (GB) specialist shop
Fachgespräch n (com) expert *(or* technical) discussion
Fachgremium n (com) expert body *(or* group)
Fachgroßhandel m (com) specialist wholesaling trade
Fachgroßhändler m (com) specialist wholesaler
Fachgruppe f
(com) special group
– working party
Fachgutachten n (com) expert opinion
Fachgütermesse f (Mk) specialized trade fair
Fachhandel m (com) specialized trade
Fachhändler m (com) specialized dealer
Fachhochschule f (com, appr) senior technical college
Fachingenieur m (com) specialist engineer
Fachjargon m (com) technical jargon
Fachkaufmann m (Pw) operational specialist at middle-management level
(eg, in balance-sheet and cost accounting, personnel, materials control)
Fachkenntnisse fpl (com) specialized *(or* technical) knowledge

(ie, resulting from job training + job experience)
Fachkompetenz f (com) technical competence
Fachkraft f
(com) skilled worker
– specialist
Fachkräfte fpl
(com) skilled labor *(or* personnel)
– specialized labor
– qualified operators *(or* personnel)
(com) specialist staff
Fachleute pl
(com) experts
– specialists
– persons knowledgeable in a specialized field
fachliche Eignung f (com) professional qualification
fachliche Mobilität f (Pw) occupational mobility
fachliche Qualifikation f (com) professional/technical... qualification
fachliches Können n (com) technical competence *(or* expertise)
fachliche Vorbildung f (com) professional background
fachliche Zwecke mpl (com) specialist purposes
fachlich geeignet (com) professionally *(or* technically) qualified
Fachliteratur f (com) specialized *(or* technical) literature
Fachmann m
(com) expert
– specialist
– authority *(eg, in the field)*
(Pat) average person familiar with the art
– person skilled in the art
Fachmarkt m (Mk) specialized discount store
Fachmesse f (com) trade fair *(or* show)
Fachnorm f (IndE) special standard
(ie, for a special segment of production; eg, ribbon cartridges for typewriters)
Fachpersonal n (com) skilled personnel *(or* staff)
Fachpresse f (com) trade press
Fachsprache f
(com) technical *(or* professional) language
– technical terminology
Fachtagung f (com) special *(or* trade) conference
Fachtechnik f (IndE) special engineering
Fachübersetzer m (com) technical *(or* specialized) translator
Fachübersetzung f (com) technical translation
Fachunternehmer m (com) specialized enterprise
Fachverband m
(com) trade association
(com) professional association
Fachverkäufer m
(com) trained salesclerk
– (GB) trained salesman
Fachvorgesetzter m (Pw) operating supervisor
Fachwelt f
(com) profession
– experts
– trade
Fachwort n (com) technical term
Fachwörterbuch n (com) specialized dictionary
Fachzeitschrift f
(com) professional

– technical
– trade ... journal
Factoring *n*
(Fin) factoring
– accounts receivable financing
(ie, Finanzierungsgeschäft, bei der Factor (Finanzierungsinstitut)
1. die Forderungen e–s Klienten ankauft und sie bis zur Fälligkeit bevorschußt (= Finanzierungsfunktion);
2. das Risiko des Forderungsausfalls übernimmt (= Delkrederefunktion);
3. für e–n Klienten die Debitorenbuchhaltung und Mahnwesen führt und das Inkasso betreibt (= Dienstleistungsfunktion);
bei Übernahme aller drei Funktionen handelt es sich um ‚echtes' Factoring, bei Nichtübernahme der Delkrederefunktion um ‚unechtes Factoring';
vgl auch: offenes/notifiziertes und stilles/nichtnotifiziertes Factoring)
Factoring-Gebühr *f*
(Fin) factor's commission
– factorage
Factoring-Institut *n*
(Fin) factor
– factoring company
Factoring *n* **mit Delkredereübernahme** (Fin) full factoring
Factoring *n* **mit Kreditrisiko und Forderungsverwaltung** (Fin) maturity factoring
Factoring *n* **ohne Rückgriffsrecht** (Fin) main-line factoring
Factoring-Vereinbarung *f* (Fin) factoring agreement
Factoringvertrag *m* (Fin) factoring contract
(ie, sale of accounts receivable of a firm to a factor = ‚Finanzierungsinstitut' at a discounted price)
facultas alternativa *f* (Re) right to offer alternative performance, § 251 II BGB *(syn, Ersetzungsbefugnis)*
Fadendiagramm *n* (Stat) string diagram
Fadenkreuz n (EDV, CAD) cross hairs
Fähigkeit *f* (Pw) skill
Fähigkeiten *fpl*
(Pw) skills and abilities
– capabilities
Fahndungsdienste *mpl* (Zo) investigation services
Fahne *f* (com) = Fahnenabzug
Fahnenabzug *m* (com) galley proof
fahren
(IndE) to run
– to operate
– to use
fahrende Ladung *f* (com) revenue freight
Fahrgelderstattung *f* (com) reimbursement of travel expenses
Fahrgemeinschaft *f*
(com) ride-sharing group
– car pool
(ie, as a measure to conserve energy)
Fahrkarte *f* **einfach**
(com) one-way ticket
– (GB) single
Fahrkartenschalter *m* (com) ticket office

fahrlässig (Re) negligent
fahrlässige Handlung *f* (Re) negligent act
fahrlässige Steuerumgehung *f* (StR) negligent tax avoidance
fahrlässig handeln (Re) to act negligently
Fahrlässigkeit *f*
(com) want of proper care
(com) negligence
(Re) negligence *(ie, failure to use such care as a reasonable and prudent person would use under similar circumstances, § 276 BGB)*
Fahrnis *f*
(Re) movable (*or* personal) property
– personal estate (*or* chattel)
– personalty
Fahrnishypothek *f* (Re) chattel mortgage
Fahrnisversicherung *f* (Vers) insurance of movable property
Fahrnisvollstreckung *f* (Re) seizure and sale of movable property
Fahrprüfung *f* (com, GB) driving test
Fahrradversicherung *f* (Vers) bicycle insurance
Fahrstrahl *m* (Math) radius vector
Fahrtauslagen *fpl* (com) travel expenses
Fahrtenbuch *n* (com) log book, § 31a StVZO
Fahrtenschreiber *m*
(com) tachograph
– vehicle performance recorder
(ie, meter recording driving speeds and length of journeys)
Fahrtkosten *pl*
(com) travel expenses
(StR) commuting expenses
(ie, für Fahrten zwischen Wohnung und Arbeitsstätte; between home and workplace)
Fahrtkostenentschädigung *f* (com) compensation for travel expenses
Fahrtkostenerstattung *f* (Pw) reimbursement of commuting expenses
Fahrtkostenzuschuß *m* (Pw) commuting allowance
Fahrtreppe *f*
(com, US) escalator
– moving staircase
– (GB) moving stairway *(syn, infml, Rolltreppe)*
Fahrtschreiber *m* (com) = Fahrtenschreiber
Fahrzeugbau *m* (com) vehicles construction
(ie, umfaßt Schiffbau, Luft- und Raumfahrzeugbau, Straßenfahrzeugbau)
Fahrzeugbetriebskosten *pl* (KoR) vehicle operating costs
(ie, Kraftstoffkosten, Lohnkosten, Reparaturkosten, Abschreibungen, Gemeinkosten)
Fahrzeugdichte *f* (Stat) motor vehicle density *(ie, number of motor vehicles per square kilometer, per road km or per head of population)*
Fahrzeugflotte *f* (com) = Fahrzeugpark
Fahrzeugpark *m*
(com) vehicle
– automobile
– haulage ... fleet
– (GB) motor pool *(syn, Fahrzeugflotte, Flotte)*
Fahrzeugversicherung *f* (Vers) vehicle insurance
Fahrzeugvollversicherung *f* (Vers) fully comprehensive car insurance
Fahrzeugwerte *mpl* (Bö) motor shares

267

Faksimile *n* (com) facsimile
Faksimilestempel *m* (com) signature stamp
Faksimileunterschrift *f* (com) facsimile signature
faktische Beherrschung *f* (Bw) factual control
faktische Gesellschaft *f*
  (Re) de facto company *(ie, one without legal basis, perhaps due to nullity of constituting agreement, but accepted for all practical purposes)*
  – company frappée de nullité
faktische Präferenz *f* (Vw) revealed preference *(syn, offenbarte Präferenz)*
faktischer Konzern *n* (com) de facto group *(ie, Konzernvermutung besteht, wenn ohne Beherrschungsvertrag od Eingliederung ein Abhängigkeitsverhältnis besteht; cf, § 18 I 3 AktG)*
faktischer Vertrag *m* (Re) de facto agreement (*or* contract)
  (ie, held to be valid against the outside world but defective in some element)
faktisches Arbeitsverhältnis *n* (Pw) de facto employer/employee relationship
  (ie, existing if employee works for employer without legally valid contract)
faktisches Beschäftigungsverhältnis *n* (Pw) = faktisches Arbeitsverhältnis
faktisches Vertragsverhältnis *n* (Re) de facto contractual relationship
Faktor *m*
  (Math) factor *(ie, multiplicand and multiplier)*
  (Vw) factor of production
  (com) department head in printing trade
  (com) foreman in outdoor industry *(ie, handing out raw materials and receiving finished products)*
faktorales Austauschverhältnis *n* (AuW) factoral terms of trade
Faktoranalyse *f* (Stat) = Faktorenanalyse
Faktorangebot *n* (Vw) factor supply
Faktoranpassungskurve *f* (Vw) expansion path
Faktorausstattung *f* (Vw) factor endowment
Faktordifferential *n*
  (Vw) factor differential
  – differential of factor function
Faktoreinkommen *n*
  (Vw) factor earnings
  – factor income
  – factor payments
Faktoreinkommen *n* **an das Ausland** (VGR) factor incomes paid to foreigners
Faktoreinkommen *n* **aus dem Ausland** (VGR) factor incomes received from abroad
Faktoreinsatz *m* (Vw) factor input
Faktoreinsatzfunktion *f* (Vw) factor input function
Faktoreinsatzmengen *fpl*
  (Vw, Bw) input of resources
  – volume input
Faktorenanalyse *f* (Stat) factor analysis
Faktorengewichtung *f* (IndE) factor weighting *(ie, in job evaluation)*
Faktorentlohnung *f* (Vw) factor payments
Faktorenzerlegung *f*
  (Math) factorizing
  – factorization
Faktorerträge *mpl*
  (Vw) earnings of factors of production
  – factor returns

Faktorexpansionspfad *m* (Vw) input expansion path
Faktorfehlleitung *f* (Vw) misallocation of resources
Faktorfunktion *f* (Bw) input function *(syn, Produktorfunktion)*
Faktorgrenzkosten *pl*
  (Vw) marginal cost of acquisition
  – marginal factor cost
Faktorgruppe *f* (Math) quotient (*or* factor) group
Faktorielle *f* (Math) factorial
faktorielles Experiment *n* (Stat) factorial experiment
Faktorintensität *f* (Vw) input ratio of the factors of production *(ie, at a given output volume)*
faktorisierbar (Math) factorable
faktorisieren
  (Math) to factor
  – to factorize
Faktorisierung *f*
  (Math) factorizing
  – factorization
Faktorisoquante *f*
  (Vw) factor isoquant
  – transformation curve
Faktorkoeffizient *m* (Vw) production (*or* technical) coefficient *(syn, Produktions- od Inputkoeffizient)*
Faktorkombination *f*
  (Vw) combination of inputs
  – factor mix
  (ie, Einsatzgüterkombination, Faktorenbündel)
Faktorkosten *pl* (Vw) factor cost *(ie, identisch mit der Nettowertschöpfung!)*
Faktorkurve *f*
  (Vw) factor curve
  – graph of factor function
Faktorleistungen *fpl* (Vw) productive services
Faktorlücke *f*
  (Vw) factor gap
  – inflationary gap in the factor market *(ie, inflatorische Lücke)*
Faktormarkt *m*
  (Vw) factor market
  – input market *(ie, der der Produktion vorgelagerte Markt)*
  – resource market
Faktormatrize *f* (Math) component matrix
Faktormengen *fpl* (Vw) fixed inputs
Faktorminimierung *f* **unter Nebenbedingungen** (Vw) constrained-input minimization
Faktormobilität *f* (Vw) (spatial, inter-state, and sectoral) mobility of production factors
Faktornachfrage *f* (Vw) factor demand
Faktorpreis *m*
  (Vw, VGR) input (*or* resource) price
  – factor price
Faktorpreisausgleich *m* (Vw) equalization of factor prices
Faktorpreisausgleichstheorem *n* (AuW) factor price equalization theorem
Faktorpreisgleichgewicht *n* (Vw) factor price equilibrium
Faktorpreistheorem *n* (Vw) factor price theorem
Faktorproduktivität *f* (Vw) factor productivity *(ie, total output to input quantity of one factor)*

Faktorproportionen *fpl* (Vw) factor proportions
Faktorproportionen-Theorem *n*
  (AuW) factor proportions (endowment) theorem
  – Heckscher-Ohlin theorem
Faktorqualität *f* (Vw) factor quality *(ie, may be expressed through productivity measures)*
Faktorstrom *m* (Vw) factor flow
Faktorsubstitution *f*
  (Vw) substitution of factor (of production)
  – factor substitution
Faktorumkehrprobe *f* (Stat) factor reversal test
faktorunabhängige Kosten *pl* (Vw) nonfactor cost
Faktorvariation *f* (Vw) factor variation *(ie, may be total or partial)*
Faktorverlagerung *f* (Vw) shift of resources
faktorvervielfachend (Vw) factor-augmenting *(ie, technical progress)*
Faktorwanderungen *fpl* (Vw) factor movements
Faktorwert *m* (Vw) input level
Faktura *f*
  (com) invoice
  – bill
Fakturawährung *f* (com) invoicing currency
Fakturenabteilung *f* (com) billing (*or* invoicing) department
Fakturenwert *m* (com) invoice value
Fakturierautomat *m* (EDV) automatic billing machine
Fakturiercomputer *m* (EDV) invoicing computer
fakturieren
  (com) to invoice
  – to bill
  – to factor *(eg, crude oil in dollars)*
Fakturiermaschine *f* (EDV) automatic billing machine
Fakturierung *f*
  (com) billing
  – invoicing
Fakturierung *f* **über Drittländer** (ReW) third-country invoicing
  (ie, transfer pricing to avoid currency controls)
Fakturist *m* (com) invoice clerk
Fakultät *f*
  (Pw) (university) department
  (ie, ‚faculty‘ ist der Lehrkörper)
  (Math) factorial *(ie, n = n! [n Fakultät])*
fakultative Normen *fpl* (com) voluntary standards
fakultative Rückversicherung *f* (Vers) facultative reinsurance *(ie, reinsurer has the option of accepting the tendered part of the original insurer's risk)*
fakultatives Geld *n* (Vw) facultative money *(ie, money which is not legal tender)*
Fakultativklausel *f* (Fin) optional clause *(ie, „oder anderes Konto des Empfängers“ = „or creditable to another account of beneficiary“)*
Fakultätschreibweise *f* (Math) factorial notation
Fall *m*
  (com) matter
  (Re) case
Fall *m* **bearbeiten** (com) to handle a case
Falle *f*
  (com) trap
  (EDV) trap *(ie, in UNIX; can be set to execute a predefined sequence of requests when a given place in a page is reached)*
fallen
  (com) to fall *(eg, prices, interest rates)*
  – to decline
  – to decrease
  – to dip
  – to drop
  – to fall off
  – to go down
  – to sag
  – to lower
  (syn, sinken, zurückgehen)
fallende Abschreibung *f* (ReW) accelerated method of depreciation
  (ie, declining balance and sum-of-the-years-digit = degressive und digitale Abschreibung)
fallende Annuität *f* (Fin) decreasing annuity
fallende Funktion *f* (Math) decreasing function
fallende Nachfragekurve *f* (Vw) downward sloping demand curve
fallende Preise *mpl* (com) dropping (*or* falling) prices
fallende Reihe *f* (Math) descending series
fallende Tendenz *f* (com) downward tendency
Fällen *n* **von Entscheidungen** (Bw) decision making
Fall *m* **erledigen** (com) to settle a case
Fallibilismus *m* (Log) fallibilism
  (ie, posits the principle that no statement can be accepted as true beyond possible doubt)
fallieren
  (Re) to go bankrupt
  – (infml) to go bust
  – (infml) to go to the wall
fällig
  (Fin) due
  – payable
  – due and payable
  – matured
fällige Forderung *f* (Fin) debt due
fälliger Anspruch *m* (Re) matured claim
fälliger Betrag *m* (Fin) amount due
fälliger Wechsel *m* (WeR) payable bill of exchange
fällige Verbindlichkeit *f*
  (Fin) matured liability
  (ReW) liability due
fällige Zahlungen *fpl* **leisten** (Fin) to meet payments when due
Fälligkeit *f*
  (com) maturity
  – due date
  (ie, the date at which an obligation becomes due)
Fälligkeit *f* **der Prämie** (Vers) premium due date
Fälligkeiten *fpl* (Fin) maturities *(syn, Fristigkeiten)*
Fälligkeitsdatum *n* (Fin) = Fälligkeitstag
Fälligkeitsgliederung *f* (Fin) spacing of maturities
Fälligkeitsgrundlage *f* (Fin) maturity basis *(ie, difference between future and spot prices)*
Fälligkeitsgrundschuld *f* (Re) fixed-term land charge, § 1193 BGB
Fälligkeitshypothek *f* (Fin) fixed-term mortgage
  (ie, Rückzahlung des Darlehens in e–m festen Betrag; syn, Kündigungshypothek; cf, Verkehrshypothek)
Fälligkeitsjahr *n* (Fin) year of maturity

269

Fälligkeitsklausel f (Fin) accelerating clause
Fälligkeitsliste f (Fin) maturity tickler
Fälligkeitssteuern fpl (StR) taxes payable by operation of law *(ie, assessment not normally required)*
Fälligkeitsstruktur f (Fin) maturity structure
Fälligkeitstabelle f (Fin) aging schedule
Fälligkeitstag m
　　(Fin) accrual date
　　(ie, for recurrent payments, such as interest, annuities)
　　(Fin) date of maturity
　　– maturity date
　　– due date
　　– date of payment
　　– date of ... expiration/expiry
Fälligkeitstermin m (Fin) = Fälligkeitstag
Fälligkeitswert m (Fin) maturity value *(eg, of a bond)*
Fälligkeitszeitpunkt m (Fin) = Fälligkeitstag
Fälligkeitszinsen mpl (Fin) interest after due date, § 353 HGB
Fälligkeit f **vorverlegen** (Fin) to accelerate the due date *(or maturity)*
fällig werden
　　(Fin) to become due
　　– to fall due
　　– to mature
Fallmethode f
　　(Bw) case-by-case approach
　　– case method
Fallrecht n (Re) case law
　　(ie, aggregate of reported cases as forming a body of jurisprudence; opp, statutes and other sources of law)
Fallstudie f (Bw) case study
falls unzustellbar, zurück an (com) if undelivered return to
Fall m **verhandeln** (Re) to hear a case
fallweise Beschaffung f
　　(MaW) individual buying
　　– procurement on a case-to-case basis
Fall m **wieder aufrollen** (Re) to reopen a case
Fall m **wird verhandelt** (Re) case comes before a court
falsa demonstratio non nocet (Re) false description does not injure or vitiate *(eg, a contract or manifestation of intent = Willenserklärung)*
Falschanmeldung f (Zo) false declaration
falsch auslegen (Re) to misinterpret
falsch behandeln (com) to mishandle
Falschbuchung f (ReW) false entry
falsche Auslegung f (Re) misinterpretation
fälschen
　　(com) to counterfeit
　　– to fake
　　– to falsify
　　– (GB) to forge
　　(eg, bank notes, documents, receipts)
Fälschen n **von Buchungsunterlagen** (ReW, infml) padding of accounting records
Falschgeld n
　　(Fin) counterfeit
　　– fake
　　– (GB) forged ... money
　　– (sl) boodle

falsch informieren (com) to misinform
Falschlieferung f (Re) delivery of merchandise other than that stipulated, § 378 HGB
Falschmünzen fpl (Fin) base *(or* counterfeit) coin
Falschmünzer m (Fin) counterfeiter
Falschmünzerei f (Fin) forging of false currency
Fälschung f
　　(com) falsification
　　(Re) forgery and counterfeiting
　　(ie, of notes and coin, documents, securities)
　　(com, Re) counterfeit
　　– fake
Fälschungen fpl
　　(Mk) counterfeit products
　　– bogus merchandise
　　– fakes
　　(ie, a well-known label of a manufacturer's brand name is illegally fixed to inferior merchandise which is sold at an inflated markup = mit überhöhter Gewinnspanne)
Falschwerbung f (Mk) misleading advertising
Falsifikat n
　　(com) counterfeit
　　– fake
Falsifikation f
　　(Log) falsification
　　(Re) = Fälschung
falsifizieren (Log) to falsify
Falsifizierung f (Log) falsification
falsus procurator m (Re) attorney-in-fact without proper authority, §§ 177 ff BGB
Faltbehälter m (com) palletainer
　　(ie, designed for fork-lifting; sides and ends fold down for savings of space of empty units)
Faltblatt n (Mk) folder
Faltprospekt m
　　(com) folder
　　– leaflet
Faltschachtel f (com) folding box
Faltung f
　　(Math) faltung
　　– convolution family
　　(ie, a family of functions where the convolution of any two members of the family is also a member of the family; das Integral $F_1 * F_2 = ...$ ist die Faltung von $F_1(t)$ und $F_2(t)$)
Faltungsintegral n (Math) convolution integral
Faltungssatz m (Math) convolution theorem *(cf, Laplace-Transformation)*
Familienaktiengesellschaft f (com) family-owned company *(or* corporation)
　　(ie, die Mehrheit der stimmberechtigten Aktien befinden sich in e–r Familie; the majority of voting shares are held by a family)
Familienaktionär m (com) family shareholder
Familienarbeitskräfte fpl (com) unpaid familiy workers *(ie, of a farm)*
Familienbesteuerung f (StR) familiy taxation
Familienbetrieb m
　　(com) family farm
　　(com) family-owned business *(or* concern)
Familieneinkommen n (Stat) family income
Familiengeld n (SozV) benefit paid to the family of a disabled person *(ie, through legal accident insurance)*

Familiengesellschaft *f*
 (com) family partnership
 (com) family-owned company (*or* corporation)
 (ie, Mitglieder sind ganz od vorwiegend durch verwandtschaftliche od Ehebeziehungen verbunden; gelegentlich bei der AG, häufig bei der GmbH und verbreitet bei der Personenhandelsgesellschaft anzutreffen)
Familienheimfahrt *f* (StR) trip home
Familienhilfe *f* (SozV) family assistance *(ie, benefits paid under statutory health insurance scheme to dependents of insured)*
Familienlohn *m*
 (Pw) socially subsidized wage *(syn, Soziallohn)*
 (StR) family-based income *(opp, income by results)*
Familienmarke *f* (com) family brand
Familienpackung *f* (com) family size package
Familienrecht *n*
 (Re) family law
 – law of domestic relations
Familienstand *m* (StR) marital status
Familienstiftung *f* (StR) family foundation, § 1 I 4 ErbStG
Familienunternehmen *n*
 (com) family-owned business (*or* concern)
 (com) family partnership
 (com) family-owned corporation
Familienunterstützung *f* (SozV) = Familiengeld
Familienversicherung *f*
 (Vers) family income insurance
 (ie, type of life insurance: part of policy amount is paid if the insured dies and installments are paid to the family until the expiration date)
 (Vers) family health insurance
Familienzulage *f* (SozV) family allowance *(ie, being paid as ‚Kindergeld‘ = childrens' allowance since 1955)*
Familienzusammenführung *f* (Pw) family reunion
Familienzuschlag *m* (SozV) additional family allowance *(ie, paid in addition to the basic amount of unemployment benefit or aid)*
Familie *f* **unterhalten** (Pw) to carry a family
Fangabkommen *n* (Re) fishery-limiting agreement
Fangbeschränkung *f* (Re) fishing limitation
Fangergebnis *n* (com) catch *(ie, in fishery)*
Fanggebiete *npl* (com) fishing grounds
Fanggründe *mpl* (com) = Fanggebiete
Fangplätze *mpl* (com) = Fanggebiete
Fangquote *f* (com) catch (*or* fishing) quota
Fangquotenaufteilung *f* (com) allocation of fishing quota
Fangquotenfestlegung *f* (com) allocation of fishing
Fangrechte *npl* (Re) fishery (*or* fishing) rights
Fangverbot *n*
 (com) fishing ban
 – ban on fishing *(eg, of Norway pout)*
Façonwert *m* (Bw) goodwill
Farbanzeige *f*
 (EDV) color display
 – composite video
Farbband *n*
 (com) (typewriter) ribbon
 – ink ribbon
Farbbanddrucker *m* (EDV) ribbon printer

Farbbandwechsel *m* (com) changing the ribbon
Farbbildschirm *m* (EDV) color monitor *(opp, Schwarzweiß-Bildschirm = monochrome monitor)*
Farbenindustrie *f* (com) paint (*or* dye-stuffs) industry
Farbgrafik-Arbeitsplatz *m* (EDV) color/graphics station
Farb-Grafik-Bildschirm *m* (EDV) color/graphics monitor
Farbkissen *n* (com) inking pad
Farbklauseln *fpl* (Fin) color clauses
 (ie, Red Clause, Green Clause; cf, Akkreditivbevorschussung)
Farbstoffindustrie *f* (com) dyestuffs industry
Faser-Importrestriktionen *fpl* (Kart) trade barriers against cheap man-made fibers
Fassongründung *f* (Re) formation of a shell company *(ie, either AG or GmbH, with no intention of carrying on business, regarded as violating § 134 BGB)*
Fassonwert *m* (Bw) goodwill
Fassung *f*
 (com) version
 – wording
 – form *(eg, in der vorliegenden Fassung = in its present form)*
 (Re) cf, in der Fassung vom = as amended on
fastperiodische Funktion *f* (Math) almost periodic function
Faustpfand *n* (Re) pledge *(ie, security interest in a chattel, usually in direct possession of the creditor)*
Faustpfandkredit *m* (Fin) loan secured by pledge (*or* movable property) *(eg, merchandise, securities)*
Faustregel *f* (Log) rule-of-thumb *(ie, based on common sense and experience)*
Fautfracht *f* (com) dead freight, § 580 HGB *(ie, payable by a charterer for such part of the carrying capacity of a ship as he does not in fact use; it is damages for loss of freight; syn, Leerfracht, Fehlfracht)*
Favoriten *mpl* (Bö) favorites
faxen (com, infml) to (tele)fax
Fazilität *f*
 (Fin) (credit) facility
Fazilität *f* **zur Finanzierung von Rohstofflagern** (IWF) buffer stock financing facility
Fed *f* (Fin, US) = Federal Reserve System
Federal Reserve Bank *f* (Fin, US) Federal Reserve Bank
 (ie, e–e der 12 regionalen Banken des Federal Reserve System: Boston, New York, Philadelphia, Cleveland, Richmond, Atlanta, Chicago, St. Louis, Minneapolis, Kansas City, Dallas, San Francisco)
Federal Reserve System *n* (Fin, US) Federal Reserve System
 (ie, Zentralbanksystem der USA; includes 12 Federal Reserve Banks and their 25 branches, 37 automated clearinghouses, 46 regional check processing centers, national banks and many others)
Federal Trade Commission *f* (Kart, US) Federal Trade Commission, FTC

271

(ie, established in 1914 as the ‚watchdog of competition' = Wettbewerbshüter; zusammen mit der Antitrust Division des Department of Justice wacht sie über die Einhaltung der Vorschriften des Wettbewerbsrechts; please do not translate this proper name by ‚Bundeshandelskommission')

federführend
(com) acting as general coordinator
– handling a contract
(Fin) leading
– taking the lead
federführende Börse *f* (Bö) leading stock exchange
(ie, on the occasion of a stock or loan issue)
federführende Firma *f* (com) leading member *(eg, of a group)*
federführende Konsortialbank *f*
(Fin) leading bank
– lead manager
federführender Ausschuß *m* (com) responsible committee
federführendes Konsortialmitglied *n*
(Fin) leader
– manager
(Vers) leader
– leading company
federführend sein (com) to lead manage
Federführung *f*
(com) central handling
– lead management
Fehlallokation *f* **von Ressourcen** (Vw) misallocation of resources
Fehlanzeige *f* (com) nil return
Fehlarbeit *f* (com) = Ausschuß
Fehlbedarf *m* (com) uncovered demand
Fehlbestand *m*
(com) deficiency
(MaW) stockout
Fehlbestands-Wahrscheinlichkeitsdiagramm *n*
(Bw) stockout probability chart
Fehlbetrag *m*
(com) deficit
– deficiency
– short
– shortfall
– wantage
(ReW) under-accrual *(eg, of pensions)*
Fehlbeträge *mpl* **von Pensionsverpflichtungen** (ReW) under-accruals in respect of pension liabilities, Art. 28 II EGHGB
Fehlbuchung *f* (ReW) incorrect entry
Fehleinschätzung *f* (com) misjudgment
fehlende Erfindungseigenschaft *f* (Pat) lack of invention
Fehlen *n* **der Erfindungshöhe** (Pat) obviousness of an invention *(or* inventive idea*)*
Fehlen *n* **der Gegenleistung** (Re) absence of consideration
Fehlen *n* **der Geschäftsgrundlage** (Re) absence of valid subject-matter
fehlende Werte *mpl* (com) missing values
Fehlen *n* **e-r zugesicherten Eigenschaft** (Re) lack of quality which has been promised, § 463 BGB
Fehlen *n* **gesetzlicher Grundlage** (Re) lack of legal *(or* statutory*)* basis

Fehler *m*
(com) mistake
(com) error
(Stat, EDV) error
(IndE) defect
– error
– nonconformance
(ie, Unterschied (= quality characteristic departure), der die Brauchbarkeit e–s Produkts od e–r Tätigkeit gefährdet; die Bedeutung von ‚error': 1. Fehler; 2. Abweichung (vom wahren Wert))
fehleranfällig
(IndE) fault prone
(EDV) error prone
Fehler-Anpassungsmechanismus *m* (Vw) error adjustment mechanism
Fehleranteil *m* (IndE) fraction defective
Fehleranzeige *f* (EDV) error display
Fehleranzeiger *m* (EDV) error indicator
Fehlerband *n* (EDV) error tape
Fehlerbaum-Analyse *f*
(Bw) fault-tree analysis *(eg, in accident prevention, DIN 25 424)*
(IndE) fault-tree analysis
(ie, ermöglicht frühzeitige Entwurfverbesserungen; Instrument der Zuverlässigkeitsplanung)
Fehlerbehandlung *f* (EDV) error control processing
Fehlerbereich *m*
(Stat) band of error
(EDV) range of error
Fehlerberichtigung *f* (EDV) error correction
Fehlerbeseitigungskosten *pl* (IndE) cost of correcting *(or* eliminating*)* defects
Fehlerbyte *n* (EDV) error byte
Fehlercode *m* (EDV) error code
Fehler *m* **dritter Art** (Stat) error of third kind
Fehlererkennung *f* (EDV) error detection
Fehlererkennungscode *m*
(EDV) error detecting code
– self-checking code *(syn, selbstprüfender Code)*
Fehlererkennungsprogramm *n* (EDV) error detection routine
Fehler *m* **erster Art**
(Stat) error of first kind
– alpha error
Fehlerfortpflanzung *f* (Stat) propagation of error
fehlerfrei
(IndE) faultless
– free from defects
– conforming *(ie, Teile = parts)*
fehlerfreie Regression *f* (Stat) true regression
fehlerfreies Stück *n* (IndE) effective unit
Fehlerfunktion *f* (Math) error function
Fehlergrenze *f*
(Stat) error limit
– margin of error
(Pw) performance tolerance
fehlerhaft
(IndE) defective
– nonconforming *(syn, nichtkonform)*
fehlerhafte Arbeit *f* (IndE) faulty *(or* defective*)* work
fehlerhafte Einheit *f* (IndE) defective (item)

fehlerhafte Lieferung *f* (com) defective delivery
fehlerhafter Anspruch *m* (Re) defective claim
fehlerhafter Besitz *m* (Re) faulty possession
fehlerhaftes Eigentumsrecht *n* (Re) bad title
fehlerhaftes Produkt *n*
  (com) defective product
  – product in defective condition
fehlerhafte Stücke *npl*
  (IndE) defective items (*or* units)
  – nonconforming items
fehlerhafte Teile *npl* (com) defective parts
fehlerhafte Übergabe *f* (Bö) bad delivery *(ie, of securities)*
Fehlerhaftigkeit *f* (Re) defective condition
Fehlerhäufigkeit *f* (EDV) error rate
Fehlerhäufigkeit *f* **beim Tasten** (EDV) keying error rate
Fehler *m* **in der Gleichung** (Math) error in equation
Fehlerkennbit *n* (EDV) error indication bit
Fehlerklassifizierung *f* (Stat) classification of defects
Fehlerkorrektur *f* (EDV) error correction
Fehlerkorrekturcode *m* (EDV) error correcting code
Fehlerkorrekturprogramm *n* (EDV) error correction routine
Fehlerkosten *pl* (IndE) nonconformance costs
  (ie, entstehen, wenn Produkte und Verfahren nicht den festgelegten Anforderungen entsprechen)
Fehlerliste *f* (EDV) error list
Fehlermeldung *f* (EDV) error message
Fehlernachricht *f* (EDV) error message
Fehlerprotokoll *n* (EDV) error list (*or* report)
Fehlerprüfcode *m* (EDV) error detecting code
Fehlerprüfprogramm *n* (EDV) error checking program
Fehlerprüfung *f* (EDV) error check
Fehlerquelle *f* (IndE) source of (product) defects
Fehlerquote *f*
  (IndE) defect (*or* failure) rate
  – defect level
Fehlerrate *f* (EDV) error rate
Fehlerrechnung *f* (Math) calculus of error
  (ie, untersucht die systematischen und zufälligen Fehler)
Fehlerregister *n* (EDV) error register
Fehlerrisiko *n* (Stat) risk of error
Fehlersicherung *f* (EDV) error protection
Fehlerstopp *m* (EDV) dynamic stop *(syn, dynamischer Stopp)*
Fehlersuche *f*
  (IndE) troubleshooting
  – troubleshoot
  (EDV) (error) debugging
  – checkout
Fehler *mpl* **suchen**
  (IndE) to troubleshoot
  (EDV) to debug
Fehlersuchprogramm *n* (EDV) debugging (*or* checkout) routine
Fehlertheorie *f* (Stat) theory of error
fehlertolerant
  (IndE) fault tolerant
  – fail safe

Fehlerunterbrechung *f* (EDV) error interrupt
Fehlervariable *f* (Stat) error term
Fehlervarianz *f* (Stat) error variance
Fehlerverhütung *f*
  (IndE) prevention of nonconformance
  – defect prevention
Fehlerverwaltung *f* (EDV) recovery management
Fehlerwahrscheinlichkeit *f* (Stat) error probability
Fehlerzähler *m* (EDV) error counter
Fehler *m* **zweiter Art**
  (Stat) error of second kind
  – beta error
Fehlfracht *f* (com) = Fautfracht
Fehlinvestition *f*
  (com) bad investment
  (Fin) unprofitable investment
  (Fin) misdirected capital spending
Fehlkonstruktion *f* (IndE) faulty design
Fehlleitung *f* **volkswirtschaftlicher Produktivkräfte**
  (Vw) misallocation of productive resources
Fehlmenge *f*
  (com) shortage
  – shortfall
Fehlmengenkosten *pl*
  (MaW) cost of not carrying
  – out-of-stock cost
  – stockout cost
  (OR) penalty cost
Fehlmengensituation *f* (MaW) stocking-out situation
Fehlschluß *m*
  (Log) fallacy
  – paralogism
  (ie, any fallaceous reasoning: an argument that seems to be valid but is not)
Fehlschluß *m* **der Desaggregation** (Log) fallacy of division
  (ie, an argument in which one assumes that various parts have a property solely because the whole has that property)
Fehlschluß *m* **der unzulässigen Quelle** (Log) fallacy of unqualified source
  (ie, using a source of authority that is not qualified to provide evidence)
Fehlschluß *m* **der Verallgemeinerung** (Log) fallacy of composition
  (ie, an argument in which one assumes that a whole has a property solely because its various parts have that property)
Fehlteil *n* (IndE) missing part
Fehlzeit *f* (Pw) time off
Fehlzeitenquote *f*
  (Pw) rate of absenteeism
  – absence rate
  absence incidence
Feierschicht *f*
  (IndE) off-shift time *(eg, in one-shift operation, 16 hours are off shift)*
  (Pw) day off in lieu
Feiertagsarbeit *f*
  (Pw) rest-day working
  – work on a public holiday
Feiertagslohn *m* (Pw) holiday pay
Feiertagszuschlag *m* (Pw) holiday premium
feilschen (com) to haggle

Feingehalt *m*
(Fin) fineness
– percentage of purity
(eg, designating the purity of gold or silver in carat or lot)
Feinplanung *f* (Bw) detailed (*or* fine-tuned) planning
Feinsteuerung *f* (Vw) fine tuning *(eg, of economic policy)*
Feld *n*
(Math) field
(EDV) array
(EDV) area
(EDV, Cobol) data item
Feldbild *n* (Math) flow map
Feldelement *n* (EDV) array element
Feldforschung *f* (Mk) field research *(syn, Primärforschung)*
Feldgeldkonto *n* (Fin) time account
Feldgruppe *f* (EDV) array
Feldlinien *fpl* (Math) flow lines
Feldrechner *m* (EDV) array processor
Feldversuch *m* (IndE) Feldversuch *m*
Fensterausschnitt *m* (EDV) box window *(ie, in Computergrafik)*
Fenstertechnik *f*
(EDV) windowing
– window technique
Fenstertransformation *f*
(EDV) viewing
– window-viewport ... transformation *(ie, in der Computergrafik)*
Fensterumschlag *m* (com) window envelope
Fensterung *f* (EDV) windowing
Ferienjob *m* (com) vacation job
Ferienkurs *m* (com) vacation course
Ferienvertretung *f*
(Pw) deputy during vacations
(Pw) deputizing during vacations
Ferienwetterversicherung *f* (Vers) holiday weather insurance
Fermatsche Vermutung *f* (Math) Fermat's last theorem
Fernanfrage *f* (EDV) remote inquiry
Fernanzeige *f* (EDV) remote indication
Fernbetriebseinheit *f* (EDV) link control unit
fernbleiben von
(com) to stay away from *(eg, a meeting)*
– to absent oneself from
Fernbuchführung *f*
(ReW) remote accounting
(ie, Auslagerung der Buchführung an Dritte)
Ferndatenstation *f* (EDV) remote station
Ferneingabe *f* (EDV) remote input
Ferneingabestation *f* (EDV) remote input station
fernere mittlere Lebensdauer *f* (Stat) average life expectancy *(syn, mittlere Lebenserwartung)*
ferne Sichten *pl* (Bö) distant deliveries
Fernfischerei *f*
(com) distant
– distant-water
– long-range ... fishing
Fernfrachtverkehr *m* (com) long-haul freight traffic
Ferngasgesellschaft *f*

(com) gas transmission company
– (US) pipeline company
(ie, in der überregionalen Erdgaswirtschaft hat die Ruhrgas AG zentrale Bedeutung für Import und Verteilung)
Ferngespräch *n*
(com) long distance call
– (GB) trunk call
Ferngiroverkehr *m* (Fin) distant giro transfers
fernhalten (com) to keep out and down *(eg, rivals from the market)*
Fernkauf *m* (com) contract of sale where seller agrees to ship the goods to buyer's destination at the latter's risk, § 447 BGB
Fernkopie *f* (com) facsimile
fernkopieren
(EDV) to telecopy
– (infml) to telefax, to fax
Fernkopieren *n*
(EDV) facsimile transmission
– telecopying *(cf, Telefax)*
Fernkopierer *m*
(EDV) telecopier
– facsimile terminal *(syn, Telekopierer)*
Fernlastverkehr *m*
(com) long-distance trucking
– (GB) long-distance haulage
Fernmeldegebühren *fpl* (com) telephone charges
Fernmeldemonopol *n* (com) telecommunication monopoly
Fernmeldesatellit *m* (EDV) telecommunication satellite
Fernmeldetechnik *f* (EDV) telecommunication engineering
Fernmeldewesen *n* (EDV) telecommunication
fernmündliche Befragung *f* (Mk) telephone survey
Fernscheck *m* (Fin) out-of-town check
fernschreiben (EDV) to teletype
Fernschreiben *n* (EDV) telex
Fernschreiber *m*
(EDV) teletypewriter
– (GB) teleprinter
Fernschreibverkehr *m* (EDV) telex traffic
fernschriftlich (com) by telex
Fernsehen *n*
(com) television, TV
– (GB, infml) telly
– (infml) goggle box
Fernsehgebühr *f* (com) TV license fee
Fernsehinterview *n*
(Mk) television
– televised
– TV ... interview
Fernsehwerbung *f* (Mk) TV advertising
Fernsprechanschluß *m* (com) telephone connection
Fernsprechauftragsdienst *m* (com) answering service
Fernsprechbuch *n*
(com) telephone directory
– (infml) phone book
Fernsprechgebühren *fpl* (com) telephone charges
Fernsprechkonferenz *f* (com) audioconference
Fernsprechleitung *f* (com) telephone line
Fernsprechteilnehmer *m* (com) telephone subscriber

Fernsprechverkehr *m* (com) telephone communications

Fernstapelbetrieb *f* (EDV) remote batch processing

Fernsteuereinrichtung *f* (IndE) remote control equipment

Fernsteuern *n* (EDV) telecommand

Fernsteuerung *f* (IndE) remote control

Ferntest *m* (EDV) remote (*or* closed-shop) testing *(opp, Eigentest)*

Fernüberwachung *f* (IndE) telemonitoring

Fernüberweisung *f* (Fin) out-of-town credit transfer

Fernüberweisungsverfahren *n* (Fin) intercity transfer procedure

Fernuniversität *f* (Pw) correspondence university

Fernverkehr *m* (com) long-distance haulage (*or* transport)

Fernwartung *f* (EDV) remote maintenance

Fernwirken *n*
  (com) telemetry *(cf, Temex der Deutschen Bundespost)*

Fernwirksystem *n* (EDV) remote control system

Fernzahlungsverkehr *m* (Fin) intercity payments

fertigen
  (com) to produce
  – to manufacture
  – to make

Fertigerzeugnis *n* (com) finished product

Fertigerzeugniskonto *n* (ReW) finished products account

Fertigfabrikat *n* (com) = Fertigerzeugnis

Fertiggewicht *n*
  (IndE) finished weight
  – weight of finished product

Fertiggüterbranche *f* (com) finished goods industry

Fertigladenbau *m* (com) preassembly shop fitting

Fertiglager *n* (MaW) finished goods (*or* products) inventory

Fertigmeldung *f* (IndE) order completion report

Fertigmontage *f* (IndE) final assembly

Fertigprodukt *n* (com) finished product

Fertigstellung *f* (com) completion

Fertigstellungsbescheinigung *f* (com) certificate of manufacture

Fertigstellungsgarantie *f*   (com)   completion guarantee
  (ie, um Fertigstellungsrisiko in der Projektfinanzierung abzufangen)

Fertigstellungstermin *m*
  (com) finish date
  – completion time

Fertigteile *npl*
  (IndE) finished parts
  (KoR) purchased parts
  – bought-out parts (*or* components)

Fertigteilelager *n* (MaW) finished parts store

Fertigung *f*
  (IndE) production
  – manufacture
  – manufacturing operation(s)

Fertigung *f* **bei Schwerelosigkeit** (IndE) zero gravity manufacturing

Fertigung *f* **nach Flußprinzip**
  (IndE) flow-line (*or* process) production *(ie,*

Fließfertigung = *continuous production; eg, assembly-line production + Reihenfertigung* = *continuous production without cycle times)*

Fertigungsablauf *m* (IndE) production sequence

Fertigungsablaufplan *m*
  (IndE) master operation list
  – master route chart
  – manufacturing data sheet
  – process chart

Fertigungsablaufplanung *f* (IndE) production sequencing

Fertigungsablaufstudie *f* (IndE) production study

Fertigungsabteilung *f*
  (IndE) production department (*or* division)
  – manufacturing department

Fertigungsanteil *m* (AuW, *im Abnehmerland*) local content

Fertigungsauftrag *m*
  (IndE) production (*or* manufacturing) order
  – job shop order *(syn, Werkstattauftrag)*

Fertigungsbeobachtung *f* (Stat) production surveillance

Fertigungsbereich *m*   (IndE)   manufacturing sector

Fertigungsbereich *m* **reorganisieren** (IndE) to restructure manufacturing operations

Fertigungsbetrieb *m* (IndE) manufacturing enterprise

fertigungsbezogener Lohn *m* (Pw) production-related wages

Fertigungsdurchlaufzeit *f*   (IndE)   manufacturing lead time

Fertigungseinheit *f* (IndE) unit of product

Fertigungseinrichtungen *fpl* (IndE) manufacturing (*or* production) facilities

Fertigungseinzelkosten *pl* (KoR) prime cost *(ie, include all direct manufacturing expense)*

Fertigungsendstellen *fpl* (KoR) final production cost centers

Fertigungsergebnis *n* (Bw) production result

Fertigungsgehälter *npl* (KoR) direct salaries

Fertigungsgemeinkosten *pl*
  (KoR) factory . . . overhead/expense
  – applied manufacturing cost
  – indirect manufacturing overhead
  – production overhead

Fertigungsgemeinkostenlohn *m*   (KoR)   indirect labor

Fertigungsgemeinkostenmaterial *n* (KoR) indirect material

Fertigungsgemeinkosten-Überdeckung *f*   (KoR) overapplied factory expense

Fertigungsgemeinkosten-Unterdeckung *f*   (KoR) underabsorbed production overhead

Fertigungsgemeinkostenzuschlag *m*   (KoR)   allocated production overhead

Fertigungsgrobplanung *f* (IndE) master scheduling

Fertigungshauptkostenstelle *f*   (KoR)   production cost center (*or* department)
  (ie, an der unmittelbaren Herstellung der Absatzleistung beteiligt; syn, Endkostenstelle, primäre Kostenstelle)

Fertigungshauptstelle *f* (KoR) = Fertigungshauptkostenstelle

Fertigungshilfskostenstelle *f*
(KoR) indirect department – indirect production cost center
(syn, Fertigungshilfsstelle)

Fertigungshilfsstelle *f* (KoR) = Fertigungshilfskostenstelle

Fertigungsinformationssystem *n* (IndE) manufacturing information system

Fertigungsintensität *f* (Bw) = Produktionsgeschwindigkeit

Fertigungskapazität *f* (IndE) production capacity

Fertigungskontrolle *f*
(IndE) process control
(IndE) control engineering
– production control *(syn, Fertigungsüberwachung)*

Fertigungskosten *pl*
(KoR) manufacturing
– production
– factory
– conversion . . . cost

Fertigungskostenstelle *f* (KoR) production cost center
(ie, Erzeugung der Haupt- und Nebenprodukte; unterteilt in (1) Fertigungshaupt-, (2) Fertigungsneben- und (3) Fertigungshilfskostenstellen)

Fertigungslenkung *f* (IndE) production control

Fertigungslinie *f* (IndE) partially automated production line

Fertigungslohn *m*
(KoR) direct labor
– manufacturing labor
– productive labor *(or wages)*

Fertigungslohnzettel *m* (IndE) direct labor slip *(or* ticket)

Fertigungslos *n*
(IndE) manufacturing lot
– production batch

Fertigungsmaterial *n*
(KoR) direct and indirect material
(IndE) charge material

Fertigungsmaterialkosten *pl* (KoR) direct material

Fertigungsmethode *f* (IndE) production method

Fertigungsnest *n* (IndE) machining cell *(syn, Fertigungszelle)*

Fertigungsperiode *f* (KoR) operating period

Fertigungsphase-Überwachung *f* (IndE) block control

Fertigungsplan *m* (IndE) production schedule

Fertigungsplanung *f*
(IndE) production planning
(ie, sämtliche strategischen, taktischen und operativen Planungsaufgaben der Fertigung)
(IndE) process *(or* production) scheduling
(ie, Teilkomplex der Arbeitsvorbereitung; umfaßt taktische und operative Aufgaben, die für jede Produktart nur einmal durchzuführen sind; ferner Grobplanung von Einsatzgütern und Aufträgen)

Fertigungspräzision *f* (IndE) process capability
(ie, Maß der Übereinstimmung zwischen den Werten e–s Fertigungsmerkmals bei wiederholter Anwendung e–s Fertigungsverfahrens; im allgemeinen wird die Standardabweichung verwen-

det; expressed as a capability index; syn, Prozeßpräzision, possibilité/limitation du processus)

Fertigungsprogramm *n* (Bw) production program

Fertigungsprüfer *m* (IndE) in-process inspector

Fertigungsprüfung *f*
(IndE) in-process inspection
– process inspection

Fertigungsqualität *f* (IndE) quality of conformance
(ie, Ausmaß, in dem die Anforderungen des Entwurfs erfüllt werden; syn, Übereinstimmungsqualität; opp, Entwurfsqualität)

Fertigungsregelung *f* (IndE) = Fertigungssteuerung, qv

Fertigungssonderkosten *pl* (KoR) special production costs
(eg, of patents, special tools, patterns)

Fertigungsspannweite *f* (IndE) process range

Fertigungsstätte *f*
(IndE) production *(or* manufacturing) facility
– manufacturing operation
– production plant

Fertigungsstelle *f* (KoR) = Fertigungskostenstelle

Fertigungsstellengemeinkosten *pl* (KoR) plant departmental overhead

Fertigungssteuerung *f*
(IndE) manufacturing
– process
– production . . . control
(ie, Teilaufgaben umfassen Auftragssteuerung und Faktor-(Einsatzmengen-)Steuerung; syn, Arbeitsführung, Fertigungsregelung, Produktionssteuerung, Prozeßsteuerung)

Fertigungssteuerungssystem *n* (IndE) production control system

Fertigungsstraße *f* (IndE) production line
(ie, Unterbegriffe: 1. Fertigungslinie = partially automated production line; 2. Transferstraße = transfer line, automated flow line)

Fertigungsstückliste *f* (MaW) manufacturing bill of materials

fertigungssynchrone Beschaffung *f* (MaW) = beständelose Beschaffung, qv

fertigungssynchrone Materialwirtschaft *f* (MaW) just-in-time (JIT) inventory method
(ie, aims at maintaining just the level needed to meet current demand)

Fertigungstechnik *f*
(IndE) production *(or* manufacturing) technology
– product engineering

Fertigungsterminübersicht *f* (IndE) master schedule

Fertigungstiefe *f* (IndE) manufacturing penetration

Fertigungstoleranz *f* (IndE) process tolerance

Fertigungsüberwachung *f*
(IndE) job *(or* manufacturing) control
(ie, Teilaufgabe der Fertigungssteuerung; Ist- und Soll-Merkmale des Fertigungsprozesses werden verglichen und einer Abweichungsanalyse (variance analysis) unterzogen; umfaßt Qualitätskontrolle, Auslastungskontrolle; syn, Arbeitskontrolle, Arbeitsüberwachung, Fertigungskontrolle)
(IndE) process control

Fertigungsunternehmen *n* (Bw) manufacturing enterprise *(or* organization)

Fertigungsvereinfachung f (IndE) product simplification

Fertigungsverfahren n (IndE) method (or system) of production

Fertigungsvertriebsrechnung f (KoR) production/sales cost accounting

Fertigungsvollzugsplanung f (IndE) planning of overall production process

Fertigungsvorbereitung f (IndE) production scheduling

Fertigungswagnis n (KoR) manufacturing (or production) risk

Fertigungszeichnung f (IndE) fabrication drawing

Fertigungszeit f
(IndE) production (or manufacturing) cycle
– production lead time

Fertigungszelle f (IndE) manufacturing cell

Fertigungsziel n (IndE) production goal

Fertigungszuschlag m (KoR) combined rate for direct labor and overhead

Fertigwaren fpl (com) finished goods (or products)

Fertigwarenimporte mpl (AuW) imported finished products

Fertigwarenlager n
(MaW) finished goods inventory
– inventory of finished products

Fertilitätsmaße npl (Stat) fertility ratios

Fertilitätsökonomie f (Vw) economics of familiy

Festangestellte pl (Pw) permanently employed salaried personnel

Festanlage f (Fin) funds deposited for a fixed period

Festauftrag m (com) firm order

Festbewertung f (ReW) valuation of assets based on standard values

feste Abfälle mpl (com) solid waste

feste Annuität f (Fin) fixed-amount annuity

feste Anstellung f (Pw) fixed (or permanent) appointment

feste Ausgangsstichprobe f (Stat) master sample

feste Belastung f (Fin) fixed charge

feste Bestellung f (com) firm order

feste Blocklänge f (EDV) fixed block length

feste Börse f
(Bö) up market
– strong market (ie, when there is a price advance)

feste Gelder npl
(Fin) fixed bank deposits
(ie, for at least one month)
(Fin) longer-term funds traded in the money market for fixed periods (eg, three months)

feste Grundstimmung f (Bö) firm undertone

feste Kosten pl (KoR) fixed costs

feste Kurse mpl (Bö) firm prices

feste Laufzeit f (Fin) fixed period to maturity

feste Laufzeiten fpl (Fin) fixed maturities

fester Gemeinkostenzuschlag m (KoR) standard costing rate

fester Kostenvoranschlag m (com) firm estimate

fester Kundenkreis m (com) established clientele

fester Kurs m (Bö) firm price

fester Markt m (Bö) firm (or steady) market

fester Schluß m (Bö) firm closing

fester Verrechnungspreis m (KoR) standard price

fester Wechselkurs m (AuW) fixed (or pegged) exchange rate

festes Angebot n (com) firm (or binding) offer

feste Satzlänge f (EDV) fixed record length

festes Einkommen n
(com) regular income
(com) fixed income

festes Format n (EDV) fixed format

festes Gebot n (com) firm (or fixed) offer

feste Stichprobe f (Stat) fixed sample

festes Zeitelement n (IndE) constant element (ie, in time studies)

feste Tendenz f (Bö) firm tendency

feste Übernahme f (Fin) firm commitment underwriting
(ie, of a bond issue by an issuing bank)

feste Wechselkursparität f (AuW) fixed parity

feste Wortlänge f (EDV) fixed word length

Festgebot n (com) firm offer

Festgehalt n (Pw) fixed salary

Festgehaltsklausel f (Pw) fixed-salary clause
(ie, relates the amount of a regular payment to a specified salary bracket)

Festgeld n (Fin) fixed-term deposits (opp, Tagesgeld)

Festgeldanlage f (Fin) fixed-term deposit investment

Festgeldkonto n
(Fin) term account
– time (deposit) account

Festgeldzinsen mpl
(Fin) interest on fixed-term deposits
– fixed period rates

festgelegte Bestellmenge f (MaW) fixed-order quantity

festgelegter Beschaffungsrhythmus m (MaW) fixed cycle

Festgeschäft n (com, Bö) firm bargain (or deal)

festgestellter Jahresabschluß m (ReW) certified financial statement

Festgrundschuld f (Re) fixed-date land charge

Festhypothek f (Re) fixed-date mortgage loan (opp, Tilgungshypothek)

Festjahre npl (Fin) call-free years

Festkauf m (com) firm purchase

fest kaufen (com) to buy firm

Festkomma n (EDV) fixed decimal point

Festkonditionen fpl (Fin) fixed lending rates

Festkonto n (Fin) fixed-date time account

Festkörperbauelement n (EDV) solid state component
(ie, a component utilizing the electric or magnetic phenomena of solids; eg, a transistor, a ferrite core)

Festkörperelement n (EDV) solid state element

Festkörperschaltkreis m (EDV) solid state circuit

Festkredit m (Fin) fixed-rate loan

Festkurs m (Bö) fixed quotation

Festkurs-System n (AuW) fixed-exchange-rate system

Festlandsockel m (Re) continental shelf

Festlandsockelgrenzen fpl (Re) continental shelf boundaries

Festlandsproduzent m (com) land-based mineral producer

Festlaufzeit *f* (Fin) fixed term *(ie, of a loan)*
festlegen
   (Fin) to lock up *(eg, capital)*
   (Fin) to lock away
   (eg, shares for two years in a share ownership scheme)
Festlegen *n* **von Akkordsätzen** (Pw) rate fixing
Festlegung *f* **der Arbeitsfolge** (IndE) routing *(ie, defining the product's path through the production process)*
Festlegungsfrist *f* (Fin) fixed period of investment
Festlegung *f* **von Kapital** (Fin) locking-up of capital
Festlegung *f* **von Prioritäten** (Bw) priority assignment
Festlohn *m* (Pw) fixed wage
Festnotierung *f* (Bö) fixed quotation
Festplatte *f* (EDV) hard disk
Festplattenspeicher *m* (EDV) hard disk storage
Festpreis *m*
   (com) firm price
   (Vw) fixed price *(or* rate)
   (ReW) standard intercompany price *(ie, in cartels and groups of affiliated companies)*
   (ReW) fixed price *(ie, in valuation)*
Festpreisauftrag *m* (com) fixed price order
Festpreisaufträge *mpl* **mit Neufestsetzung des Preises** (com, US) fixed-price contracts with provision for redetermination of price
Festpreisverfahren *n* (KoR) fixed-price method *(ie, of valuating intra-plant service output)*
Festpreisvertrag *m* (com, US) fixed-price incentive contract *(cf, Bd. I³, 289)*
Festpreiszuschlag *m* (com) fixed-price charge
Festpunktaddition *f* (EDV) fixed point addition
Festpunktarithmetik *f* (EDV) fixed point arithmetic
Festpunktoperation *f* (EDV) fixed point operation
Festpunktrechnung *f* (EDV) fixed point arithmetic *(or* computation)
Festpunktschreibweise *f* (EDV) fixed point representation
Festsatzkredit *m* (Fin) fixed rate credit *(ie, unter anderem die traditionelle Form des Eurokredits, bei dem kurze Laufzeiten vorherrschen)*
festschreiben (Fin) to lock in
   (ie, in futures trading; eg, lock in today's prices for long-term government bonds)
festsetzen
   (com) to determine
   – to fix
   (Re) to lay down
   – to stipulate
Festsetzen *n* **von Zielen** (Bw) goal setting
Festsetzung *f* **der Lohnsätze** (IndE) rate setting *(ie, based on time and motion studies)*
Festsetzung *f* **der Prämie nach Schadenshäufigkeit** (Vers) retrospective rating
Festsetzung *f* **des Goldpreises** (Bö) gold fixing
Festsetzungen *fpl* (Log) conventions
Festsetzung *f* **e-s Exportpreises** (AuW) costing an export price
Festsetzungsfrist *f* (StR) assessment period, § 169 AO
Festsetzung *f* **von Abgabepreisen** (com) rate making *(or* setting)

278

Festspeicher *m*
   (EDV) read only memory, ROM
   – fixed *(or* non-erasable *or* permanent) storage *(syn, Festwertspeicher, Dauerspeicher, Permanentspeicher)*
feststellen
   (com) sagen = to state
   – herausfinden = to find out
   – bemerken = to notice
   – festsetzen = to determine
   (ReW) to approve *(ie, annual accounts)*
Feststellen *n* **der Kreditwürdigkeit** (Fin) credit investigation
Feststellung *f* **der Satzung** (Re) execution of articles of incorporation, § 23 AktG
Feststellung *f* **des amtlichen Kurses** (Bö) fixing of official quotation
Feststellung *f* **des Jahresabschlusses** (ReW) approval of year-end financial statements *(ie, by supervisory board or general meeting)*
Feststellung *f* **des Schadens** (Re) ascertainment of loss *(or* damage)
Feststellungsbescheid *m* (StR) notice of determination, §§ 157, 179 AO
   (ie, establishes the factual and legal data from which tax liability follows but does not compute a tax or demand its payment)
Feststellungsklage *f*
   (Re) action for a declaratory judgment
   – (GB) friendly action
   (eg, to establish the existence of a fiscal obligation between taxpayer and government or the invalidity of an administrative act, § 41 FGO; im übrigen cf, § 256 I ZPO, § 43 VwGO)
Feststellungsurteil *n* (Re) declaratory judgment, § 256 ZPO
Festübernahme *f* (Fin) firm underwriting *(ie, of a loan issue)*
festverdrahtetes Netz *n* (EDV) hard-wired network
festverdrahtete Steuerung *f* (EDV) hard-wired controller
Festverkauf *m* (com) fixed sale
festverzinslich (Fin) fixed-interest bearing
Festverzinsliche *pl* (Fin) fixed-interest bearing securities
festverzinsliche Anlagepapiere *npl* (Fin) investment bonds
festverzinsliche Anleihe *f* (Fin) fixed-interest loan
festverzinsliche Dollaranleihe *f* (Fin) dollar straight
festverzinsliche Kapitalanlage *f* (Fin) fixed-interest investment
festverzinsliche Schuldverschreibung *f* (Fin) fixed-interest bearing bond
festverzinsliches Wertpapier *n* (Fin) fixed-interest (bearing) security
festverzinsliche Werte *mpl* (Fin) fixed-interest-bearing securities
Festwert *m* (ReW) fixed valuation *(ie, over a period of several years)*
Festwertregelung *f* (EDV) constant value control
Festwertspeicher *m* (EDV) = Festspeicher
Festwertversicherung *f* (Vers) agreed-value insurance
Festwort *n* (EDV) fixed-length word
Festzinsanleihe *f* (Fin) straight bond

(ie, nonconvertible Eurobond issues with fixed interest rates and fixed maturities; syn, Anleihe ohne Wandelrecht)

Festzinshypothek *f* (Fin) fixed-rate mortgage

Festzinskredit *m* (Fin) fixed-interest loan

Festzinssatz *m* (Fin) fixed interest rate

fette Jahre *npl* (com, infml) fat (*or* locust) years *(opp, magere Jahre = lean years)*

Feuergefahr *f* (Vers) fire hazard

feuern (Pw, infml) to fire *(cf, Bd. I³, 285)*

Feuerrisiko *n* (Vers) = Feuergefahr

Feuerschaden *m* (Vers) fire damage

Feuerschadenabteilung *f* (Vers) fire department

Feuerschutzsteuer *f* (StR) fire protection tax *(ie, collected from public or commercial fire insurance companies)*

Feuerschutzsteuergesetz *n* (StR) Law Regulating the Fire Protection Tax, of 21 Dec 1979

feuersicher
(Vers) fire resistive
– fireproof *(ie, this term is going out of use)*

feuersichere Bauweise *f* (Vers) fire resistive construction

Feuerversicherer *m* (Vers) fire insurer

Feuerversicherung *f* (Vers) fire insurance

Feuerversicherungsgesellschaft *f* (Vers) fire insurance company

Feuerversicherungsprämie *f* (Vers) fire insurance premium

Feuerversicherungsteuer *f* (StR) fire insurance tax

Feuerwehrfonds *m* (Fin) fire-fighting fund *(ie, as a measure of safety to bank customers' accounts; today ‚Einlagensicherungsfonds')*

Feuerwehrkosten *pl* (KoR) fire protection expense

Feuerwehr-Unfallversicherung *f* (SozV) fire brigade accident insurance
(ie, mostly incorporated into the social accident insurance schemes)

FFP-Vertrag *m* (com) firm fixed price contract

FG (StR) = Finanzgericht

FGO (StR) = Finanzgerichtsordnung

Fibor *m* (Fin) Frankfurt interbank offered rate, Fibor
(ie, Referenzzinssatz am deutschen Geldmarkt für die Laufzeiten von 3 und 6 Monaten, in Anlehnung an Libor; introduced in August 1985; wird an der Frankfurter Börse publiziert; ermöglicht Floating Rate-Anleihen in DM)

Fiduzialgrenze *f* (Stat) probability limit

Fiduzialschluß *m* (Stat) fiducial inference

Fiduzialverteilung *f* (Stat) fiducial distribution

fiduziarische Abtretung *f* (Re) fiduciary assignment *(eg, for the purpose of giving security to a creditor)*

fiduziarisches Rechtsgeschäft *n* (Re) fiduciary transaction

fiduziarische Treuhandschaft *f* (Re) fiduciary trusteeship
(ie, Treuhänder erwirbt vom Treugeber Vermögensgegenstand (Treugut) zu vollem zivilrechtlichem Eigentum)

Fifo-Methode *f* (ReW) first-in, first-out method *(ie, of inventory valuation)*

figurative Konstante *f* (EDV) figurative constant

fiktive Buchung *f*
(VGR) imputation
(ReW) imputed (*or* fictitious) entry

fiktive Dividende *f* (Fin) sham dividend

fiktive Prämie *f* (Vers) fictitious premium *(ie, used in computing pension reserves qualifying for tax exemption)*

fiktiver Besitz *m* (Re) constructive possession

fiktiver Wert *m* (com) fictitious value

fiktiver Wohnsitz *m* (Re) sham domicile

fiktives Einkommen *n*
(StR) imputed income *(eg, from owner-occupied residence)*
– (GB) notional income

Filialbank *f*
(Fin) branch bank
(Fin) multiple-branch bank

Filialbanksystem *n*
(Fin) branch-banking system
– multiple-branch banking

Filialbetrieb *m*
(com) company (*or* firm) having branches
(com) branch operation *(ie, under central management)*
(Mk) branch (*or* chain) store

Filialbetriebsorganisation *f* (Mk) branch (*or* chain) store organization

Filialbuchführung *f* (ReW) retail branch accounting

Filialbuchhaltung *f* (ReW) branch accounting
(ie, der Zweigniederlassung e–s inländischen Unternehmens)

Filiale *f*
(com) branch
(com) branch/field . . . office
(com) branch operation *(ie, may be an independent retail outlet, a field store from which customers are supplied = Auslieferungslager, etc.)*
(Mk) branch/chain . . . store
(Re) branch establishment

Filialgeschäft *n* (Mk) retail (*or* chain) store

Filialgesellschaft *f* (Mk) chain store company

Filialkalkulation *f* (ReW) branch office accounting

Filialkette *f*
(Mk) chain store
– (GB) multiple shops

Filialleiter *m*
(com) branch manager
(Mk) branch (*or* chain) store manager

Filialnetz *n* (com) network of branches

Filialunternehmen *n* (com) = Filialbetrieb

Filialwechsel *m* (Fin) house bill

Filmausgabeeinheit *f* (EDV) film recorder

Filmverleih *m* (com) film rental

Filterbasis *f* (Math) filter *(ie, family of nonempty subsets of a set; syn, Raster)*

Filterfrage *f* (Mk) filter (*or* strip) question

Filtern *n* (Stat) filtering

Filzschreiber *m* (com) felt-tip pen

Finanz *f*
(Fin) (management of) finance
(Fin, infml) financial community

Finanzabgaben *fpl* (FiW) fiscal charges *(ie, general term denoting all compulsory payments to public authorities; eg, taxes, duties, levies)*

Finanzabkommen *n* (FiW) financial agreement

Finanzabteilung *f* (Fin) financial department

Finanzakzept *n* (Fin) accepted finance bill *(ie, with no underlying sale of goods)*

Finanzamt *n*
(StR) local tax office
– local finance office
– (infml) tax collector
– (infml) taxman

Finanzamtsvorsteher *m* (StR) head of local tax office

Finanzanalyse *f* (Fin) financial analysis

Finanzanalyst *m* (Fin) financial analyst

Finanzanlageinvestition *f*
(Fin) investment in financial assets
– (GB) trade investment

Finanzanlagen *fpl*
(ReW, EG) financial assets
(ie, Beteiligungen; Wertpapiere des Anlagevermögens; Ausleihungen mit e–r Laufzeit von mind. 4 Jahren)
(Fin) financial investments
– long-term investments
– (GB) non-trading assets

Finanzanlagenzugänge *mpl* (Fin) addition to capital investments

Finanzanlagevermögen *n* (Fin) = Finanzanlagen

Finanzanteil *m* **e-s Zolls** (FiW) fiscal element of a duty

Finanzaufkommen *n* (FiW) budgetary ... revenue/receipts

Finanzausgleich *m*
(FiW) fiscal (*or* intergovernmental) equalization
(EG) financial compensation

Finanzausgleichsgesetz *n* (FiW) Tax Equalization Law, of 28 Aug 1968

Finanzausgleichsmittel *pl*
(FiW) revenue sharing funds
– shared revenues

Finanzausgleichssystem *n* (FiW) financial equalization system

Finanzausgleichs-Zahlungen *fpl*
(FiW) intergovernmental transfers
(EG) compensatory payments

Finanzausgleich *m* **zwischen Händlern** (com) pass-over system

Finanzausschuß *m*
(Fin) committee on finance
– finance committee
– financial policy committee

Finanzausweis *m* (ReW) financial statement
– statement of financial position

Finanzautonomie *f* (FiW) = Finanzhoheit

Finanzbeamter *m* (FiW) tax official

Finanzbedarf *m* (Fin) financial requirements (*or* needs)

Finanzbedarf *m* **der öffentlichen Hand**
(FiW, GB) public sector borrowing requirements, PSBR
– government funding requirements
– funds needed by the government

Finanzbedarfsanalyse *f* (Fin) financial requirements analysis

Finanzbedarfsplanung *f* (Fin) planning of financial requirements

Finanzbedarfsrechnung *f* (Fin) financial requirements analysis

Finanzbefehl *m* (FiW) fiscal order *(ie, administrative act imposing upon a taxpayer the duty to do or to refrain from doing something)*

Finanzbehörde *f*
(StR) revenue
– fiscal
– tax ... authority *(syn, Steuerbehörde)*

Finanzbeitrag *m* (EG) financial contribution

Finanzberater *m* (Fin) financial consultant (*or* adviser)

Finanzberatung *f* (Fin) financial counseling

Finanzbericht *m* (Fin) financial report

Finanzbeteiligung *f* (Fin) financial participation

Finanzbuchhalter *m* (ReW) financial accountant

Finanzbuchhaltung *f*
(ReW) financial
– general
– administrative ... accounting
(ReW) general accounting department

Finanzbudget *n* (Fin) capital (*or* financial) budget

Finanzdecke *f* (Fin) available operating funds

Finanzdienstleistungen *fpl* (Fin) financial services *(ie, umfassender als der Begriff ‚Bankdienstleistungen‘)*

Finanzdirektor *m* (Fin) = Finanzleiter

Finanzdisposition *f*
(Fin, FiW) management of financial investments *(ie, seeking to optimize the asset mix)*
(Fin) implementation of a company's financial policy

Finanzen *pl*
(Fin) matters of finance
– finances
(FiW) public revenue and other pecuniary resources *(ie, of governmental units)*

Finanzentscheidung *f* (Fin) financial decision

Finanzergebnis *n* (ReW) financial results

Finanzexperte *m* (Fin) expert in financial management

Finanzfachleute *pl* (Fin) finance specialists (*or* men)

Finanzflußelemente *npl* (Fin) cash flow elements

Finanzflußrechnung *f*
(Fin) funds statement
– financial flow statement
– cash flow statement

Finanzfranc *m*
(Fin) free franc, BEL
– Freimarktkurs *m (opp, commercial franc)*

Finanzfreihäfen *mpl* (Fin, US) International Banking Facilities, IBFs

Finanzgebaren *n*
(Fin, FiW) practice of financial management
– management (*or* practice) of finances

Finanzgebarung *f* (FiW) = Finanzgebaren

Finanzgenie *n* (Fin, infml) financial wizard

Finanzgericht *n*
(StR) first-instance fiscal court, § 2 FGO
– tax court

finanzgerichtliche Entscheidung *f* (StR) tax court ruling

Finanzgerichtsbarkeit *f* (StR) fiscal jurisdiction, § 1 FGO

Finanzgerichtsordnung *f* (StR) Code of Fiscal Procedure, of 6 Oct 1965

Finanzgeschäft *n* (Fin) financial (*or* money) transaction

Finanzgeschäfte *npl* (Fin) financial business (*or* operations)

Finanzgesetzgebung *f* (FiW) fiscal legislation

Finanzgewaltiger *m* (Fin, infml) financial tycoon

Finanzgruppe *f*
(Fin) financial services group
– financial (*or* financiers') group

Finanzhedging *n* (Fin) financial hedging

Finanzhilfe *f*
(Fin) financial aid (*or* assistance *or* support)
(FiW) fiscal aid, § 12 StabG

Finanzhoheit *f* (FiW) = Steuerhoheit

Finanzholding *f* (Fin) financial holding (company)

finanziell (Fin) financial

finanziell angeschlagen (Fin) financially-stricken (*eg, electrical group*)

finanzielle Aktiva *npl* (Fin) financial assets (*eg, money, receivables, property rights*)

finanzielle Angelegenheiten *fpl* (Fin) financial affairs (*or* matters)

finanzielle Anreize *mpl* (Vw) financial inducements (*ie, offered by the state*)

finanzielle Ausstattung *f* (Fin) funding

finanzielle Belastung *f* (Fin) financial burden

finanzielle Beteiligung *f* (Fin) financial interest (*or* participation)

finanzielle Eingliederung *f* (Fin) financial integration

finanzielle Entschädigung *f* (Fin) pecuniary compensation

finanzielle Führung *f* (Fin) financial management

finanzielle Hilfe *f* (Fin) financial aid (*or* assistance)

finanzielle Konsolidierung *f* (Fin) financial restructuring

finanzielle Lage *f* (Fin) financial position (*or* condition)

finanzielle Leistungsfähigkeit *f* (Fin) financial strength (*or* power)

finanzielle Mittel *pl*
(Fin) funds
– financial resources
– finance

finanzielle Mittler *mpl* (Fin) financial intermediaries

finanzielle Notlage *f* (Fin) financial emergency

finanziellen Verpflichtungen *fpl* **nachkommen** (Fin) to fulfill (one's) financial obligations

finanzieller Beitrag *m* (Fin) financial contribution

finanzieller Engpaß *m* (Fin) financial straits (*or* plight *or* squeeze)

finanzielle Rettungsaktion *f* (Fin) financial rescue deal (*or* package)

finanzieller Status *m* (Fin) financial condition (*or* position)

finanzieller Vorteil *m* (Fin) financial advantage (*or* benefit)

finanzieller Zusammenbruch *m* (Fin) financial collapse (*or* failure)

finanzielle Schwierigkeiten *fpl*
(Fin) financial difficulties (*or* trouble)
– (infml) troubled waters

finanzielles Ergebnis *n* (Fin) financial result

finanzielles Gleichgewicht *n* (Fin) financial equilibrium

finanzielles Polster *n* (Fin) financial cushion

finanzielle Unterstützung *f* (Fin) financial aid (*or* assistance *or* backing *or* support)

finanzielle Verflechtung *f* (Fin) financial interpenetration

finanzielle Vermögenswerte *mpl* (Fin) financial assets

finanzielle Verpflichtung *f* (Fin) financial commitment (*or* obligation)

finanziell schwach
(Fin) cash strapped
– financially weak

finanziell solide (FiW) financially sound (*eg, government budget!*)

finanziell unterstützen (Fin) to back financially

finanziell verpflichtet (Fin) financially obligated (to)

finanzieren
(com) to finance (*ie, to buy or sell on credit; eg, automobile*)
(Fin) to finance
– to fund
– to provide (*or* raise) funds (*or* capital *or* money)

Finanzierung *f*
(Fin) financing (*ie, act, process, instance of raising or providing funds*)
– provision of finance
– funding
(Fin) finance (*ie, capital, funds*)
(Fin) lending (*ie, extension of credits*)

Finanzierung *f* **aus Abschreibung** (Fin) replacement financing through accumulated depreciation

Finanzierung *f* **außerhalb der Bilanz** (Fin) off-book financing

Finanzierung *f* **durch Aktienfinanzierung** (Fin) stock financing

Finanzierung *f* **durch Fremdmittel** (Fin) financing with outside funds

Finanzierung *f* **durch Verkauf offener Buchforderungen** (Fin) accounts receivable financing

Finanzierung *f* **e-s Projektes** (Fin) funding of a project

Finanzierungsabschnitt *m* (Fin) phase of financing

Finanzierungsarten *fpl* (Fin) types of financing

Finanzierungsaufwand *m* (Fin) finance charges (*or* expenditure)

Finanzierungsbasis *f* (Fin) = Finanzierungsgrundlage

Finanzierungsbedarf *m*
(Fin) financing requirements
(Fin) borrowing requirements

Finanzierungsdarlehen *n* (Fin) loan for financing purposes

Finanzierungsdefizit *n* (FiW) financing deficit

Finanzierungsdienst *m* (Fin) financing service

Finanzierungsentscheidung *f* (Fin) financial decision

finanzierungsfähig (Fin) eligible for financing

Finanzierungs-Fazilität *f* (Vw) financing facility (*ie, of the Bank for International Settlements, BIS*)

Finanzierungsform *f* (Fin) method of financing
Finanzierungsfunktion *f* (Fin) finance function
Finanzierungsgebühren *fpl* (Fin) financing charges
Finanzierungsgeschäft *n*
  (Fin) financing transaction
  (Fin) financing business *(eg, selling securities issues)*
Finanzierungsgesellschaft *f*
  (Fin) finance (*or* financing) company
  (Fin) = Kapitalbeteiligungsgesellschaft, qv
Finanzierungsgleichgewicht *n* (Fin) balance of financing
Finanzierungsgrundlage *f*
  (Fin) financial base
  – basis for granting credit (*or* loans)
Finanzierungsgrundsätze *mpl* (Fin) rules of financing
Finanzierungshandbuch *n* (Fin) financing manual
Finanzierungshilfe *f* (Fin) financing aid
Finanzierung *f* **sichern** (Fin) to procure adequate financing
Finanzierungsinstitut *n* (Fin) financial institution
Finanzierungsinstrument *n* (Fin) financing instrument (*or* vehicle)
Finanzierungskennzahlen *fpl* (Fin) financing ratios *(ie, dienen der Beurteilung der Finanzstruktur der Unternehmung)*
Finanzierungskonsortium *n* (Fin) financial (*or* financing) syndicate
Finanzierungskontrolle *f*
  (Fin) internal financial control
  – cash control
Finanzierungskosten *pl*
  (Fin) cost of finance
  – finance charges
  – financial . . . charges/expense
  – funding cost
Finanzierungskredit *m* (Fin) financing credit
Finanzierungskrise *f* (AuW) funding crisis
Finanzierungslast *f* (Fin) financing burden
Finanzierungs-Leasing *n* (Fin) finance leasing *(ie, Finanzierungsgeschäft e–s Ratenkaufs unter Eigentumsvorbehalt)*
Finanzierungslücke *f*
  (Fin) financing gap *(ie, in corporate finance)*
  (FiW) budgetary gap *(ie, in public finance)*
Finanzierungsmakler *m* (Fin) credit broker
Finanzierungsmethode *f* (Fin) method of financing
Finanzierungsmittel *pl*
  (Fin) funds
  – finance
Finanzierungsmittelmarkt *m*
  (Fin) finance market
  – fund raising market
  (eg, money and capital markets, stock exchange)
Finanzierungsmodalitäten *fpl* (Fin) financing terms
Finanzierungsmöglichkeit *f* (Fin) source of finance
Finanzierungspaket *n* (Fin) financial package
Finanzierungspapiere *npl* (Fin) financing paper *(ie, Geldmarktpapiere, die von öffentlichen Haushalten zur Überbrückung von Kassendefiziten ausgegeben werden: Schatzwechsel und U-Schätze)*
Finanzierungsplan *m* (Fin) financing plan (*or* scheme)

Finanzierungspolitik *f* (Fin) financial policy
Finanzierungspotential *n* (Fin) available capital and credit sources
Finanzierungspraxis *f* (Fin) practice of finance
Finanzierungsquelle *f*
  (Fin) financing source
  – source of finance
Finanzierungsrechnung *f* (ReW) statement of changes in financial position
Finanzierungsregeln *fpl* (Fin) rules for structuring debt capital
Finanzierungsreserve *f* (Fin) financial reserve *(ie, lump-sum amount added to cash requirements as a safety margin)*
Finanzierungsrisiko *n* (Fin) financing risk *(ie, entsteht aus Fristeninkongruenz sowie bei Großprojekten und Auslandsgeschäften)*
Finanzierungssalden *mpl* (AuW) debit and credit balances
Finanzierungssaldo *m* (VGR) net financial investment
Finanzierungsschätze *pl* (Fin) financing Treasury bonds
  (ie, nicht börsennotierte Finanzierungspapiere mit festen Laufzeiten von 1 od 2 Jahren; Verzinsung durch Zinsabzug vom Nominal- od Einlösungswert)
Finanzierungsspielraum *m* (Fin) financial margin
Finanzierungsströme *mpl* (VGR) financial flows
Finanzierungstätigkeit *f* (Fin) financing activity
Finanzierungstechnik *f* (Fin) financial engineering *(ie, maßgeschneidertes Lösen von Finanzierungsproblemen)*
Finanzierungstheorie *f* (Fin) theory of managerial finance
Finanzierungsträger *m* (Fin) financing institution
Finanzierungsüberschuß *m* (Fin) surplus cash
Finanzierungsüberschüsse *mpl* **anlegen** (Fin) to invest cash temporarily *(eg, in interest-bearing securities)*
Finanzierungsunterlagen *fpl* (Fin) documents to be submitted for financing
Finanzierungsvertrag *m* (Fin) financing agreement
Finanzierungswechsel *mpl* (Fin) finance acceptances and notes
Finanzierungsziele *npl* (Fin) objectives of financial decisions
Finanzierungszusage *f*
  (Fin) promise to finance
  – financial commitment
  – commitment to provide finance
Finanzierungszusageprovision *f* (Fin) finance commitment commission
Finanzimperium *n* (Fin) financial empire
Finanzinnovation *f* (Fin) financial innovation *(ie, Sammelbegriff für neue Teilmärkte und Geschäftsformen an den Finanzmärkten; kennzeichnend ist vor allem der Tatbestand der ‚securitization' = Verdrängung traditioneller Bankkredite durch neuartige, verbriefte und damit handelbare Forderungen (Wertpapiere) an den internationalen Finanzmärkten; cf, Übersicht S. 284/285)*
Finanzinstitut *n* (Fin) financial institution
Finanzintermediär *m* (Fin) financial intermediary *(ie, vermittelt auf organisierten Kapitalmärkten*

zwischen Kapitalnachfrage und -angebot; vor allem an Wertpapierbörsen)

Finanzintermediation *f* (Fin) financial intermediation *(cf, financial intermediation)*

Finanzinvestition *f* (Fin) financial investment *(ie, loans, securities, participations)*

Finanzjahr *n* (Fin) financial *(or* fiscal*)* year

Finanzklemme *f* (Fin) financial squeeze

Finanzkonten *npl* (ReW) financial accounts

Finanzkontrolle *f* (FiW) (continuous) budgetary control *(ie, comprises: Kassenkontrolle, Rechnungskontrolle, Verwaltungskontrolle)*

Finanzkonzern *m* (Fin) financial group (of companies)

Finanzkraft *f*
(Fin) financial strength *(or* power*)*
(Fin, infml) financial clout

finanzkräftig (Fin) financially strong *(eg, company)*

Finanzkredit *m*
(Fin) finance loan
– financing credit
(ie, Form der Fremdfinanzierung, qv)

Finanzkrise *f* (Fin) financial crisis

Finanzkurs *m* (Fin) financial rate *(ie, Kursart im Devisenhandel)*

Finanzlage *f* (Fin) financial ... position/condition

Finanzleiter *m*
(Fin) (corporate) financial manager
– treasurer
– (US *usu.*) vice president finance
(ie, placed at the second level of the management structure)

Finanzmagnat *m* (Fin) financial tycoon

Finanzmakler *m* (Fin) finance broker
(ie, making available medium- and long-term credits, participations, and enterprises as a whole)

Finanzmanagement *n* (Fin) financial management *(ie, institutional and functional)*

Finanzmann *m* (Fin) financier

Finanzmarkt *m* (Fin) financial market

Finanzmathematik *f* (Fin) mathematics of ... finance/investment

finanzmathematische Methoden *fpl* **der Investitionsrechnung**
(Fin) discounted cash flow methods
– time-adjusted methods
(ie, of preinvestment analysis; syn, dynamische Methoden)

Finanzminister *m*
(FiW) Minister of Finance
– Finance Minister
– (US) Secretary of the Treasury
– (GB) Chancellor of the Exchequer

Finanzministerium *n*
(FiW) Ministry of Finance
– (US) Treasury Department
– (GB) Treasury

Finanzmisere *f* (FiW) financial trouble *(or* straits*)*

Finanzmittel *pl*
(Fin) financial resources
– funds

Finanzmittelbindung *f*
(Fin) absorption of funds
– tie-up of funds

Finanzmittler *m* (Fin) financial intermediary

Finanzmonopol *n* (FiW) fiscal monopoly
(ie, exclusive right to appropriate the proceeds from the sale of certain goods for the compensation for certain services rendered)

Finanznot *f* (FiW) financial straits *(eg, of municipalities)*

Finanzorganisation *f*
(Fin) administrative organization for financial decisions
– administrative arrangement for financial matters

Finanzperiode *f* (Fin) budgetary period

Finanzplan *m* (Fin) financial plan *(or* budget*)*

Finanzplanung *f*
(FiW) fiscal planning
(Fin) budgetary planning
– financial ... forecasting/planning

Finanzplanungsmodell *n* (Fin) financial forecasting model
(ie, Planungsmodell des Operations Research; Ziel: bestmögliche Abstimmung von Beschaffung und Verwendung von Finanzmitteln; meist vom Typ der linearen bzw. ganzzahligen Optimierung, qv)

Finanzplanungsrat *m* (FiW) Financial Planning Council *(ie, composed of representatives of local government)*

Finanzplatz *m* (Fin) financial center

Finanzpolitik *f* (FiW) financial policy

finanzpolitisch
(FiW) financial
– fiscal

finanzpolitische Instrumente *npl* (FiW) fiscal policy mix

finanzpolitischer Hebel *m* (FiW) fiscal leverage *(Musgrave)*

finanzpolitischer Spielraum *m*
(FiW) budgetary room for maneuver
– fiscal leverage
– scope for action within the fiscal system

Finanzpolster *n* (Fin) financial cushion

Finanzrecht *n* (FiW) financial *(or* fiscal*)* law *(ie, comprises: Recht der Finanzverwaltung, Haushaltsrecht, Steuerrecht)*

Finanzreform *f* (FiW) fiscal reform

Finanzreformgesetz *n* (StR) Fiscal Reform Law, of 12 May 1969

Finanzregelung *f* (FiW) financial arrangements

Finanzriese *m* (Fin, infml) financial juggernaut

Finanzsachverständiger *m* (Fin) financial expert

finanzschwach (Fin) financially weak

Finanzschwierigkeiten *fpl* (Fin) = finanzielle Schwierigkeiten

Finanzsenator *m* (FiW) senator for finance *(ie, in the city states of Hamburg and Bremen, and in Berlin)*

Finanzspritze *f*
(Fin) cash infusion *(or* injection*)*
– injection of fresh funds
– (infml) fiscal hypo
– (infml) fiscal shot in the arm

finanzstark (Fin) financially strong

Finanzstatistik *f* (Fin) financial statistics

Finanzstatus *m* (Fin) statement of financial position

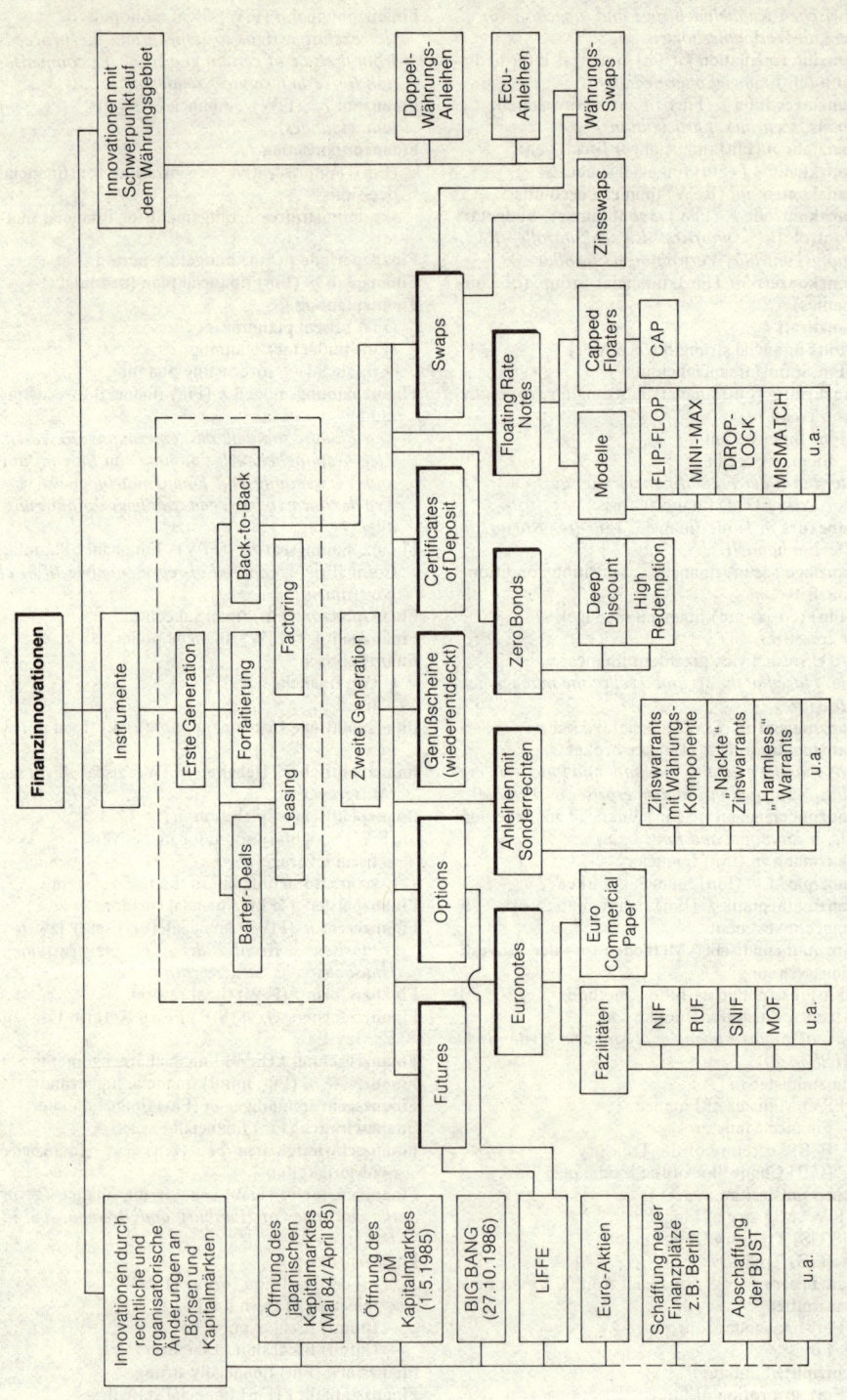

Quelle, Handelsblatt, 23. 4. 1987, S. B 7.

Begriffserläuterungen zu Finanzinnovationen

BUST	= Börsenumsatzsteuer		*HIGH*	= Emission zu 100%,
CAP	= Zinsbegrenzung nach oben		*REDEMP-TION*	Tilgung in einer Summe über Pari
CAPPED FLOATERS	= FRN (s. u.) mit Zins-obergrenze		*LIFFE*	= London International Financial Futures Exchange
DEEP DISCOUNT	= mit Emissionsdisagio und Tilgung zu 100%		*MINI-MAX*	= Minimal- und Maximal-zins festgesetzt
DROPLOCK	= Sinkt Libor unter einen bestimmten Satz, erfolgt automatische Umwandlung in eine Festsatzanleihe		*MISMATCH*	= z.B. monatliche Zinsneufestsetzung bei Basiszins auf 3 oder 6 Monate
FLIP-FLOP	= Anleihegläubigern steht das Recht zu, nach einigen Jahren in eine andere An-leihe mit kürzerer Laufzeit zu wechseln und auch wieder zurück		*MOF*	= Multi Option Facility
			NACKTE ZINS-WARRANTS	= Emission nicht zusammen mit einer Anleihe
			NIF	= Note Issuance Facility
			RUF	= Revolving Underwriting Facility
FRN	= Floating Rate Note		*SNIF*	= Short Term Note Issuance Facility
HARMLESS WARRANTS	= Optionsrecht ist an vorzeitige Kündigung durch die Emittentin geknüpft			

Finanzsteuer *f*
(FiW) revenue tax *(ie, tax as a revenue-raising instrument or a source of general revenue)*
– tax levied for revenue
– (infml) revenue raiser
Finanzsteuerung *f* (Fin) financial engineering
Finanzstruktur *f*
(Fin) financial structure
– pattern of finance
– financing mix
Finanzsupermarkt *m* (Fin) financial supermarket *(ie, one-stop financial shop; eg, Sears Roebuck, Dean Wetter, etc)*
Finanzsystem *n* (FiW) fiscal system (of a country)
finanztechnisch
(FiW) financial
– fiscal
(ie, relating to the technical arrangements of public finance)
Finanzterminbörse *f* (Bö) financial futures market *(eg, in Chicago and London)*
Finanztermingeschäfte *npl* (Fin) financial futures *(ie, comprising futures contracts in interest rates and exchange rates; eg, dealing facilities exist notably in Chicago, and, since Sept 1982 in London: LIFFE: London International Financial Futures Exchange)*
Finanzterminkontrakte *mpl*
(Fin) financial futures contract
– futures contract on financial instruments

Finanztheorie *f* (FiW) theory of public finance
Finanztitel *mpl* (Fin) financial securities
Finanztransaktion *f* (Fin) financial operation (*or* transaction)
Finanzüberschuß *m* (Fin) cash flow
Finanzüberschußanalyse *f* (Fin) cash flow analysis
Finanzumlaufvermögen *n* (ReW) current financial assets
Finanzunternehmen *n* (Vw) business undertaking engaged in the provision of finance
Finanzverfassung *f*
(FiW) constitutional provisions governing public finance *(eg, Art 105 ff GG)*
(FiW) system of public finance
Finanzverfassungsrecht *n* (FiW) fiscal constitution-al law
Finanzverflechtung *f*
(Fin) unilateral or reciprocal equity participation *(ie, of two or more companies)*
(VGR) financial interlacing *(ie, zwischen finanziellen und nichtfinanziellen Sektoren e–r Volkswirtschaft)*
Finanzverhältnisse *npl* (Fin) financial conditions
Finanzvermögen *n*
(Fin) financial assets
(FiW) revenue-producing assets in public owner-ship *(eg, forestry, government farms)*
Finanzverwaltung *f* (FiW) fiscal administration *(ie, general term denoting all tax offices and revenue authorities)*

285

Finanzverwaltungsgesetz *n* (StR) Law on Fiscal Administration, as republished on 30 Aug 1971

Finanzverwaltungsrecht *n* (FiW) fiscal administration law

Finanzvorschau *f* (Fin) financial forecast

Finanzvorstand *m*
(Fin) (corporate) financial manager
– financial executive
– (US) vice president finance
– corporate treasurer

Finanzwechsel *m* (Fin) finance (*or* financial) bill

Finanzwelt *f* (Fin) financial community

Finanzwesen *n*
(Fin) finance (*ie, management or use of funds*)
(FiW) system of public finance

Finanzwirtschaft *f*
(FiW) public finance (*ie, management of public revenues and expenditures*)
(Fin) corporate/business/managerial... finance

finanzwirtschaftlich
(Fin) financial
(FiW) relating to public finance

finanzwirtschaftliche Bewegungsbilanz *f*
(Fin) source and application of funds statement
– funds statement (*syn, Kapitalflußrechnung*)

finanzwirtschaftliche Entscheidung *f* (Fin) financial decision

finanzwirtschaftliche Kennzahlen *fpl* (ReW) accounting (*or* financial) ratios

finanzwirtschaftliche Modellbildung *f* (Fin) financial modeling

Finanzwissenschaft *f*
(FiW) public finance
– theory of public finance
– fiscal/public sector... economics

Finanzzeitung *f* (Fin) financial paper

Finanzzentrum *n* (Fin) financial center

Finanzzoll *m*
(FiW) financial (*or* revenue) duty
– revenue-raising duty
– revenue tariff
– customs duty of a fiscal nature

Finanzzuweisung *f* (FiW) revenue appropriation (*ie, by the Federal government to the Laender, Art. 106 IV GG*)

Finderlohn *m* (Re) finder's reward, § 971 BGB

fingierte Order *f* (com) fictitious order (*ie, submitted by commercial agent to his principal; cause for dismissal without notice*)

fingierter Besitz *m* (Re) constructive (*or* indirect) possession

fingierter Totalverlust *m* (SeeV) constructive total loss

fingierte Veräußerungsgewinne *mpl* (StR) fictitious disposal gains

Firma *f*
(com) firm
– business enterprise (*or* undertaking)
(*ie, any economic unit of whatever type and size*)
(com) firm (*or* business) name
(*ie, the name under which a single trader carries on business and signs documents, § 17 HGB*)

Firma *f* **gründen**
(com) to set up
– to organize

– to create
– to found... a business

Firmenausschlachter *m* (com, infml) asset stripper (*ie, Aufkäufer ertragschwacher, aber substanzstarker Unternehmen zum Zwecke der Einzelverwertung*)

Firmenbezeichnung *f* (com) firm name

firmeneigene Vermittlungsgesellschaft *f* (Vers) captive agent

firmeneigene Versicherung *f* (Vers) self-insurance

firmeneigene Versicherungsgesellschaft *f* (Vers) captive insurance company

Firmenfortführung *f* (com) continued existence of a firm

Firmengründung *f* (com) establishment of a business undertaking

Firmengruppe *f*
(com) group of firms (*or* companies)
– company group

Firmen-Gruppenversicherung *f* (Vers) group contract

Firmeninhaber *m* (com) proprietor of a firm (*or* business)

Firmenjargon *m* (com) in-house jargon

Firmenkauf *m* (com) acquisition of a firm

Firmenkern *m* (com) essential elements of a firm name
(*eg, family name and first name of owner*)

Firmenkredit *m* (Fin) corporate loan

Firmenkreditgeschäft *n* (Fin) corporate lending business

Firmenkunde *m*
(Fin) wholesale (*or* corporate) client
– corporate account

Firmenkundengeschäft *n*
(Fin) wholesale (*or* corporate) banking
(*opp, Privatkundengeschäft = retail banking*)

Firmenkundschaft *f* (com) business/commercial... customers (*opp, Privatkundschaft*)

Firmenleitungskosten *pl* (KoR) general management cost

Firmenmantel *m*
(Bw) corporate shell
– shell company (*or* firm)
– nonoperating company

Firmenmarke *f* (Pat) trade name (*ie, covers all products of a company*)

Firmenname *m*
(com) business
– commercial
– corporate
– firm
– trade... name
(com) legal name (*ie, one that is considered sufficient in all legal matters; name under which business is carried on*)

Firmenpleiten *fpl* (com) business failures

Firmenregister *n* (Re) = Handelsregister

Firmenschutz *m* (Re) protection of firm name

Firmensitz *m*
(com) registered office
– domicile of a firm (*or* company)
– headquarters

Firmensprecher *m* (com) company spokesman (*syn, Unternehmenssprecher*)

Firmentarif *m* (Pw) pay scale negotiated by single employer

Firmenverband *m* (com) group of companies

Firmenvertreter *m* (com) firm's representative

Firmenwagen *m*
(Pw) company-supplied car
– company car

Firmenwerbung *f* (Mk) institutional advertising

Firmenwert *m* (ReW) goodwill
(ie, immaterieller Anlagewert: Differenz zwischen Ertragswert bzw. Gesamtwert e–r Unternehmung und der Summe der Zeitwerte des bilanzierten Nettovermögens: the capitalized value of potential earnings in excess of the book value of a company's net worth; or (GB: SSAP 22, para. 21) the difference between the value of a business as a whole and the aggregate of the fair values of its separable net assets; syn, Geschäftswert, Goodwill, innerer Wert, Betriebsmehrwert, façon)

Firmenwertabschreibung *f* (Fin) goodwill amortization
(ie, method of determining the value of an enterprise as a whole)

Firmenzeichen *n* (com) firm's distinctive symbol

firmieren
(com) to carry on business under the firm of . . .
– to trade under the firm of . . .

Fischbestände *mpl*
(com) fish stocks
– fishery resources

Fischereiabkommen *n*
(Re) fisheries agreement
– fishing pact

Fischereianschlußzone *f* (Re) contiguous fishing zone

Fischereiflotte *f* (com) fishing fleet

Fischereigrenzen *fpl* (com) fishery limits *(eg, 200 miles)*

Fischereiindustrie *f* (com) fishing industry

Fischereipolitik *f* (EG) EEC fisheries policy

Fischereirechte *npl* (Re) fishery rights

Fischereischutzzone *f*
(Re) fishery conservation zone
– fisheries protection zone

Fischereistreit *m* (Re) fisheries dispute

Fischereiwirtschaft *f* (com) fisheries

Fischindustrie *f* (com) fish processing industry

Fischverarbeitung *f* (com) fish processing

fiskalische Besteuerung *f* (FiW) revenue taxation

fiskalischer Anreiz *m* (FiW) fiscal stimulus *(or incentive)*

fiskalisch strafbare Handlungen *fpl* (FiW) fiscal offenses

Fiskalpolitik *f*
(FiW) fiscal policy
(ie, konjunktur- und wachstumspolitischer Einsatz der Staatsausgaben und Staatseinnahmen)
(FiW) fiscal politics *(ie, asks how in fact public policy behaves)*

fiskalpolitische Bremswirkung *f* (FiW) fiscal drag
(ie, tritt ein aufgrund der Wirkung automatischer Stabilisatoren e–s progressiven Steuersystems)

Fiskalzoll *m* (FiW) = Finanzzoll

Fiskus *m*
(FiW) revenue *(or* tax) authorities

– government as a tax collector
(Re) public fisc *(ie, government as a public body)*

fixe Fertigungsgemeinkosten *pl* (KoR) fixed factory overhead

fixe Gemeinkosten *pl* (KoR) fixed overhead

fixe Koeffizienten *mpl* (Vw) fixed coefficients

fixe Kosten *pl*
(com) inflexible expenses
(com) fixed cost
(KoR) fixed
– nonvariable
– standby
– standing
– volume
– capacity . . . cost *(or* expense)

fixe Kurse *mpl* (AuW) pegged rates

fixen
(Bö) to bear the market
– to sell a bear
– to sell short
(ie, sell a security one does not own with the intention of buying it later at a lower price to cover the sale; syn, leer verkaufen)

Fixer *m* (Bö) bear/short . . . seller *(syn, Leerverkäufer)*

fixer Kapitalkoeffizient *m* (Vw) constant *(or* fixed) capital-output ratio

fixer Wechselkurs *m* (AuW) fixed exchange rate

fixe Stückkosten *pl* (KoR) fixed cost per unit

fixe Werksgemeinkosten *pl* (KoR) fixed factory overhead

Fixgeschäft *n*
(com) firm deal *(or* bargain)
(com) fixed-date purchase
(Re) contract where time is of the essence *(ie, performance at an exact point of time, or within a strictly defined period, § 361 BGB, § 376 HGB)*
(Bö) short sale
(Bö) time bargain

fixierte Wechselkurse *mpl*
(AuW) fixed exchange rates
– pegged rates

Fixing *n* (Fin) fixing *(ie, amtliche Festsetzung e–s Börsenkurses, meist für Gold od Devisen)*

Fixkauf *m* (com) = Fixgeschäft

Fixklausel *f* (com) fixed-date clause

Fixkosten *pl* (KoR) = fixe Kosten

Fixkosten-Aggregat *n* (KoR) block of fixed costs

Fixkostenbestandteil *m* (KoR) fixed-cost component

Fixkostenblock *m* (KoR) pool *(or* total) of fixed costs

Fixkostendeckung *f* (KoR) covering of fixed costs *(ie, by aggregate profit contribution = gesamte Deckungsbeiträge)*

Fixkostendeckungsrechnung *f* (KoR) analysis of fixed-cost allocation *(ie, Umsatzkostenverfahren auf Grenzkostenbasis)*

Fixkostendegression *f*
(KoR) decline of fixed unit costs when output rises
– fixed cost degression

Fixkostenkoeffizient *m* (KoR) fixed-cost coefficient *(ie, indicating the percentage share of fixed costs in total plant costs)*

fixkostenrelevante Beschäftigung *f* (KoR) relevant range
Fixkostenschichten *fpl* (KoR) blocks of fixed costs
Fixpunkt *m*
  (EDV) checkpoint
  – dump point
  – conditional breakpoint *(syn, Anhaltepunkt)*
Fixpunktetikett *n (EDV) checkpoint label*
Fixsummenspiel *n* (OR) constant sum game
Fixum *n*
  (Pw) fixed salary *(or compensation or remuneration)*
  (com) fixed allowance *(ie, guaranteed minimum income, as paid to commercial traveler)*
Fixverkauf *m* (com) fixed-date sale
FK (Fin) = Fremdkapital
Flachbaugruppe *f*
  (EDV) integrated circuit board
  – printed circuit board *(syn, gedruckte Schaltung)*
  (EDV) mounted (circuit) board *(syn, bestückte Leiterplatte)*
Fläche *f* **in dreidimensionaler Darstellung** (Math) surface in space
Flächendiagramm *n* (Stat) area diagram
Flächengenerator *m* (EDV) surface generator
Flächenintegral *n* (Math) surface integral
Flächennutzungsplan *m* (Re) municipal development plan
Flächensegment *n* (EDV, CAD) surface patch
Flächenstaat *m* (Re) territorial state
Flächenstichprobe *f* (Stat) area sample
Flächenstichprobenverfahren *n* (Stat) area sampling
Flächenvergleichsfaktor *m* (Stat) area comparability factor
Flächenverteilung *f* (Math) surface distribution
flacher Trend *m* (Stat) flat trend
Fläche *f* **zweiten Grades** (Math) quadratic surface
Flachglasmarkt *m* (com) flat-glass market
flankierende Maßnahmen *fpl* (Vw) supporting measures
flankierende Werbung *f* (Mk) accessory advertising *(syn, unterstützende od Randwerbung)*
Flaschenfüllanlage *f* (com) bottling operations
Flaschenhals *m* (com) = Engpaß
Flaschenpfand *n* (com) returnable-bottle deposit
Flattern *n* (EDV) thrashing
Flattersatz *m* (EDV) unjustified *(or „ragged")* right margin *(opp, Blocksatz = right margin alignment)*
Flaute *f*
  (com) dullness
  – (infml) doldrums *(eg, in the doldrums)*
  (Bö) slackness
  – sluggishness
Fleischabteilung *f*
  (com) meat department
  – (GB) butchery
Flexibilität *f* **der Wechselkursparitäten** (AuW) flexibility in exchange rate parities
flexible Altersgrenze *f*
  (Pw) flexible age limit
  – flexible retirement *(or retiring)* age
  – flexible pensionable age

flexible Arbeitszeit *f* (Pw) = Gleitzeit
flexible Investmentgesellschaft *f* (Fin) management company
flexible Magnetplatte *f*
  (EDV) floppy disk
flexible Normalkosten *pl* (KoR) normal standard cost
flexible Plankosten *pl* (KoR) flexible standard cost
flexible Plankostenrechnung *f* (KoR) flexible budgeting *(ie, arbeitet auf Vollkostenbasis)*
flexible Planung *f*
  (Bw) contingency planning *(syn, Alternativplanung, Schubladenplanung)*
  (OR) flexible planning *(ie, multi-phase decision process under conditions of uncertainty)*
flexible Preise *mpl* (Vw) flexible prices
flexibler Akzelerator *m* (Vw) flexible accelerator
flexibler Wechselkurs *m*
  (AuW) flexible
  – floating
  – fluctuating . . . exchange rate
flexibles Budget *n*
  (Bw) flexible
  – variable
  – sliding-scale . . . budget
  (KoR) expense control *(or formula)* budget
  – performance budget
flexibles Fertigungssystem *n* (IndE) flexible manufacturing system, FMS
  (ie, besteht aus e–m System verketteter Einzelmaschinen; ohne Unterbrechung von Rüstvorgängen lassen sich verschiedene fertigungsverwandte Werkstücke gleichzeitig bearbeiten; es gibt einstufige, kombinierte, mehrstufige Konzepte; it links production machinery, handling devices and transport systems using computer control and communication systems so that different components of the same general size and kind can be made in any sequence, without major upheavals each time there is a product change)
flexible Vollkostenrechnung *f* (KoR) modified absorption costing
fliegender Druck *m* (EDV) hit-on-the-fly printing
fliegender Streikposten *m* (Pw) roving picket
Fließarbeit *f* (IndE) continuous sequence of operations *(eg, Fließfertigung, Fließbandfertigung)*
Fließband *n* (IndE) assembly line
Fließbandabgleich *m* (IndE) assembly line balancing
Fließbandarbeiter *m* (Pw) assembly line worker
Fließbandfertigung *f* (IndE) assembly line *(or belt)* production
Fließbandprinzip *n* (IndE) conveyor belt system
Fließbandstation *f* (IndE) assembly station
Fließfertigung *f*
  (IndE) continuous process production
  – flow line production
  – flow shop production
  (ie, Stationen können sein: Fließreihen, Fließstraßen, Fließbänder, Transferstraßen, qv)
Fließinselfertigung *f* (IndE) continuous group manufacturing *(ie, Aufträge durchlaufen nacheinander Werkstätten und Fertigungslinien)*
Fließprinzip *n* (IndE) principle of continuous production

Fließstraße f (IndE) production line
Fließtext m
  (com) continuous/running . . . text
  (Mk) body copy
Fließverfahren n (IndE) flow process
Float m (Fin) float
  (ie, Transaktionszeit innerhalb des Bankenapparats)
Floaten n (AuW) = Floating
Floatgewinn m (Fin) profit from different value dates
Floating n
  (AuW) floating
  – float *(ie, of foreign exchange rates)*
Floprate f (Mk) flop rate
flottant (Fin) non-permanent *(ie, security holdings)*
Flotte f
  (com) vehicle pool
  – fleet of trucks
  (syn, Fahrzeugpark)
Flottenrabatt m (Vers) vehicle pool rebate *(ie, granted for at least thirty insured automobiles)*
Flucht f **aus dem Dollar** (Fin) flight from the dollar
Flucht f **aus der DM** (Fin) flight of funds out of the Deutschemark
Fluchtgelder npl (Fin) = Fluchtkapital
flüchtiger Schuldner m
  (Re) absconding debtor
  – (sl) fly-by-night
flüchtiger Speicher m (EDV) volatile storage
Flucht f **in Gold od Edelmetalle** (Fin) flight *(eg, from a paper currency)* to gold and precious metals
Fluchtkapital n (Fin) flight *(or runaway)* capital
Fluchtlinientafel f (Math) alignment chart
Fluchtsteuer f (FiW) tax on capital flight
Fluchtsymbol n (EDV) escape symbol
  (ie, & in Unix; provided to hide the. at the start of a line)
Flugblatt n
  (Mk) handbill
  – leaflet
  – throwaway leaflet
  – (US) flier, flyer
Flugdienst m (com) air service
Fluggerät n (com) aircraft *(ie, includes planes and helicopters)*
Fluggerätemarkt m (com) aircraft market
Fluggesellschaft f
  (com) airline
  – (air) carrier
Flughafen m
  (com) airport
  – (US) airdrome *(ie, used by commercial and military aircraft)*
Flughafenhotel n
  (com) airport hotel
  – (infml) airtel
Flugkorridor m (com) air lane
Flugmotorenhersteller m (com) aircraft/aero . . . engine maker
Flug m **nach Sicht**
  (com) visual flight
  – VFR flight
Flugpreise mpl (com) air fares

Flugrechte npl (Re) air rights
Flugschreiber m (IndE) flight data recorder
flugtauglich
  (com) airworthy
  – in good operating condition and safe for flying
Flugunfallentschädigung f (Vers) air accident compensation
Flugvorführung f (com) demonstration flight
Flugzeug n
  (com) aircraft *(ie, any type, with or without an engine)*
  – airplane *(ie, with at least one engine)*
  – (GB) aeroplane
Flugzeugflotte f (com) aircraft fleet
Flugzeugkaskoversicherung f (Vers) aircraft hull insurance
fluktierende Gelder npl (AuW) hot money *(ie, transferred from one country to another to escape devaluation)*
Fluktuation f
  (Pw) employee
  – labor
  – manpower
  personnel
  – staff . . . turnover
  (Fin) flow of funds *(ie, between markets)*
Fluktuationsarbeitslosigkeit f (Vw) frictional unemployment *(syn, friktionelle Arbeitslosigkeit)*
Fluktuationskennzahl f (Pw) net turnover rate
fluktuieren
  (Fin) to float
  – to flow
fluktuierende Wechselkurse mpl (AuW) = flexible Wechselkurse
Flußbild n
  (Stat) flow chart *(or diagram)*
  – route diagram
Flußdiagramm n
  (com) flowchart
  – flow diagram
  (IndE) flow process chart
  (EDV) flowchart *(syn, Ablaufdiagramm)*
Flußfrachtgeschäft n (com) inland waterway transportation business
Flußfrachtsendung f (com) consignment carried by inland waterway
Flußgraphtheorie f (OR) flowgraph theory
flüssige Mittel pl
  (Fin) cash resources
  – current funds
  – liquid funds *(ie, Schecks, Kassenbestand, Bundesbank- und Postgiroguthaben, Guthaben bei Kreditinstituten)*
flüssiger Arbeitsablauf m
  (IndE) speedy dispatch of work
  – uninterrupted performance of work
Flüssigkeit f **des Geldmarktes** (Fin) ease in the money market
Flüssigkeitsverlust m (com) ullage
Flüssigkristallanzeige f (EDV) liquid crystal display
flüssig machen (Fin) to mobilize *(eg, several million DM)*
Flußkonnossement n
  (WeR) shipping note, §§ 444–450 HGB
  – inland waterway bill of lading

Flußladeschein *m* (com) inland waterway bill of lading
Flußrichtung *f* (EDV) flow direction
Flußschiffahrt *f* (com) river traffic
fob-Geschäft *n* (com) f.o.b. sale
fob-Kalkulation *f* (com) f.o.b. calculation *(ie, of export prices)*
fob-Lieferung *f* (com) f.o.b. delivery
fob-Preis *m* (com) f.o.b. price
fob Schiff (com) free on board vessel
Folgeadresse *f* (EDV) link address
Folgeauftrag *m* (com) follow-up order
Folgeausgaben *fpl* (Fin) follow-up *(or* subsequent) expenditure
Folgebetrieb *m* (EDV) serial operation
Folge *f* **der arithmetischen Mittel** (Stat) arithmetic mean sequence
Folge *f* **der ganzen Zahlen** (Math) integer progression
Folge *f* **der Länge Eins** (EDV) unit string
Folgeentscheidung *f* (Bw) follow-up *(or* sequential) decision
Folgeerzeugnis *n* (IndE) derived product
Folgefehler *m* (EDV) sequence error
Folgeinvestitionen *fpl* (Bw) follow-up investments
Folgekonsolidierung *f* (ReW) subsequent consolidation, § 300 et seq HGB *(opp, Erstkonsolidierung, qv)*
Folgekosten *pl*
  (com) follow-up costs
  (Vers) ongoing maintenance charges
Folgeleistungs-Sektor *m* (Vw) nonbasic sector
folgenreich (com) consequential *(eg, decision)*
folgen *fpl* **tragen** (com) to answer for the consequences
Folgeprämie *f*
  (Vers) subsequent premium
  (ie, every premium which is not an „Erstprämie' = initial premium)
  – renewal premium
Folgeprovision *f* (Vers) installment commission
Folgeprüfung *f*
  (Stat) sequential analysis *(or* sampling)
  (EDV) sequence check
Folgeregelung *f* (EDV) sequence control
Folgeregelungssystem *n* (EDV) adaptive control constraint, ACC
folgerichtig (Log) consistent
Folgerichtigkeit *f* (Log) consistency *(ie, a set of propositions has consistency or is consistent when no contradiction can be derived from the joint assertion of the propositions in the set)*
folgern
  (Log) to conclude
  – to infer from
Folgerückversicherung *f* (Vers) retrocession *(ie, cession of reinsurance by one reinsurer to another reinsurer; syn, Retrozession)*
Folgerung *f*
  (Log) conclusion
  – inference
Folgerungsbeziehung *f* (Log) entailment relation
Folgeschaden *m*
  (Re) consequential
  – constructive

290

– indirect . . . damage *(or* loss)
Folgeschadenversicherung *f* (Vers) consequential loss insurance
Folgespalte *f* (ReW) continue column
Folgesteuern *fpl* (FiW) follow-up taxes *(ie, levied to stop loopholes in the tax system; eg, inheritance tax followed by gift tax)*
Folgesteuerung *f* (EDV) sequential control
Folgetestverfahren *n* (Stat) sequential analysis *(or* sampling)
Folgeverarbeitung *f* (EDV) sequential scheduling
Folge *f* **von Ereignissen** (Stat) sequence of occurrences
Folgezeitverfahren *n* (IndE) differential timing
Folie *f*
  (com) transparency
  – overhead
Fonds *m*
  (com) fund
  (Fin) earmarked reserve fund
  (FiW) bonds of public authorities *(ie, often restricted to funded loans, exclusive of short-term treasury notes)*
  (Fin) = investment fund
  (Fin) = real property fund
Fondsanlage *f* (Fin) fund investment
Fondsanteil *m*
  (Fin) share
  – (GB) unit
Fondsanteilseigner *m*
  (Fin) shareholder
  – (GB) unitholder
Fondsbeitrag *m* (Fin) contribution to fund
Fondsbörse *f*
  (Bö) stock exchange *(opp, commodity exchange)*
  (Bö) fixed-interest security exchange
Fonds *m* **der flüssigen Mittel** (Fin) cash fund *(ie, in Kapitalflußrechnung = funds statement)*
Fonds *m* **des Nettoumlaufvermögens** (Fin) working-capital fund
fondsgebundene Lebensversicherung *f*
  (Vers) variable life insurance
  – (US) share-linked . . . equity-linked /insurance
  – (GB) unit-linked life assurance
Fondsgesellschaft *f* (Fin) investment company
Fonds-Leasing *n* (Fin) fund leasing *(ie, neuere Variante des Immobilien-Leasing)*
Fonds *m* **liquider Mittel** (Fin) cash fund
Fondsobjekt *n* (com) fund's property
Fondsprinzip *n* (FiW) principle permitting earmarking of public funds for specific purposes *(opp, Non-Affektationsprinzip)*
Fondsrechnung *f* (ReW) funds statement
Fondsvermögen *n* (Fin) fund's assets
Fondsverwaltung *f* (Fin) fund management
forcieren
  (com) to force up
  – to speed up
  – to step up
Förderabgabe *f* (FiW) mining royalty *(ie, ist für gewonnene Bodenschätze an das betreffende Bundesland zu entrichten; Rechtsnatur umstritten; Regelsatz 10 des jahresdurchschnittlichen Marktwertes; cf, aber §§ 30, 31 BBergG)*
Förderland *n* (Vw) producing country

Förderlizenz *f*
(Re) mining (or mineral) lease
(ie, contract to work a mine under specified conditions)
Fördermittel *npl* (IndE) materials handling equipment
fordern
(Re) to claim
– to assert a claim (*or* right)
Förderprämie *f* (com) output bonus
Förderung *f*
(IndE) production
(IndE) output
(com) promotion
Forderung *f* **abtreten** (Re) to assign a ... claim/debt
Forderung *f* **anerkennen** (Re) to allow a claim
Forderung *f* **anmelden** (Re) to prove a debt *(ie, in bankruptcy proceedings)*
Forderung *f* **aufgeben**
(Re) to abandon
– to resign
– to waive ... a claim
Forderung *f* **bcfriedigen** (Re) to satisfy a claim
Förderung *f* **der Allgemeinheit** (StR) furtherance (*or* promotion) of public welfare
Förderung *f* **des Warenhandels** (AuW) promotion of commodity trade
Forderung *f* **einklagen** (Re) to sue for the recovery of a debt
Forderungen *fpl*
(ReW) accounts receivables
Auch:
– customers' accounts
– debt outstanding
– outstanding accounts
– receivables
– trade debtors
Forderungen *fpl* **abschreiben** (ReW) to write off delinquent accounts
Forderungen *fpl* **an Konzernunternehmen**
(ReW) due from affiliated companies (*or* affiliates)
– indebtedness of affiliates
Forderungen *fpl* **an Kreditinstitute** (ReW) due from banks
Forderungen *fpl* **an Kunden** (ReW, Fin) due from non-bank customers
Forderungen *fpl* **an verbundene Unternehmen**
(ReW) due from subsidiaries and affiliated companies
– accounts receivable from related enterprises
Forderungen *fpl* **aus Aktienzeichnungen** (Fin) stock subscriptions receivable
Forderungen *fpl* **aus Inkassogeschäften** (Fin) collections receivable
Forderungen *fpl* **aus Kreditgeschäften** (Fin) receivables from lending operations
Forderungen *fpl* **aus Lieferungen und Leistungen** (ReW, EG) trade debtors
Forderungen *fpl* **aus Warenlieferungen und Leistungen (a. W. u. L.)**
(ReW) accounts receivable from sales and services
– trade accounts receivable

– customers' accounts
– outstanding trade debts
– trade debtors (*or* receivables)
Forderungen *fpl* **a.W.u.L. an eigene Tochtergesellschaften** (ReW) accounts receivable from sales and services – subsidiaries
Forderungen *fpl* **a.W.u.L. – Ausland** (ReW) accounts receivable from sales and services – foreign
Forderungen *fpl* **a.W.u.L. – Inland** (ReW) accounts receivable from sales and services – domestic
Forderungen *fpl* **einziehen** (Fin) to collect accounts (*or* receivables)
Forderungen *fpl* **gegenüber leitenden Angestellten und Aktionären** (ReW) accounts receivable from officers, directors, and stockholders
Forderungen *fpl* **gegen verbundene Unternehmen** (ReW, EG) loans to affiliated undertakings
Forderung *f* **erfüllen**
(com) to satisfy (*or* answer) a claim
– to fulfill (*or* meet) a demand
– to agree to (*or* respond to) a demand
Forderung *f* **erlassen** (Re) to forgo (*or* release from) a debt
Forderung *f* **geltend machen**
(Re) to assert
– to make
– to prefer
– to put in
– to raise
– to set up ... a claim
Förderung *f* **gewerblicher Interessen** (com) furtherance of commercial interests
Forderungsabschreibung *f* (ReW) writedown of uncollectible receivables, § 40 III HGB
Forderungsabtretung *f*
(Re) assignment of ... claim/debt
(ReW) assignment of receivables
Forderungsanmeldung *f* (Re) filing a debt *(ie, in bankruptcy proceedings)*
Forderungsausfall *m* (ReW) loss of receivables outstanding
Forderungsausfallquote *f* (Fin) loss chargeoff ratio *(ie, in banking)*
Forderungsberechtigter *m* (Re) rightful claimant *(ie, one who may assert a right, demand, or claim)*
Forderungseinzug *m* (Fin) collection of accounts receivable
Forderungsgarantie *f* (Re) guaranty of receivables outstanding
Förderungsgebiet *n* (Vw) development area
Forderung *f* **sichern** (Fin) to secure an existing debt
Forderungsinkasso *n* (Fin) collection of accounts receivable
Forderungskauf *m* (Fin) purchase of accounts receivable, § 437 BGB
Förderungsmaßnahmen *fpl*
(Vw) (state *or* government) promotion measures
(Pw) employee development measures
Forderungsnachweis *m* (com) proof of claims
Forderungspapiere *npl* (WeR) securities representing money claims *(opp, Mitgliedschaftspapiere und sachenrechtliche Papiere)*

Forderungspfändung *f* (Re) attachment of debt
Forderungspodest *n* (Pw) intitial pay settlement claim *(ie, made by a union during the first bargaining round)*
Förderungsprogramm *n* (Vw) development plan
Forderungsrecht *n* (Re) *(personal)* right to recover a debt
(ie, sustainable against a specific person, not the world at large; eg, money claims, claims under contracts, unjust enrichment, tort)
Forderungsrisiko *n* (ReW) risk on receivables
Forderungsstrom *m* (VGR) flow of monetary claims
Forderungsstundung *f* (Re) respite for payment of debt
(ie, time or delay obtained for the payment of sums owed)
Forderungstilgung *f* (Fin) repayment of debt
Forderungstransfer *m* (Vw) transfer of claims (*or* accounts outstanding)
Forderungsübergang *m* (Re) transmission of claim
Forderungsübernahme *f* (Re) assumption of indebtedness *(ie, one person binds himself to pay debt incurred by another)*
Forderungsumschlag *m*
(Fin) receivables turnover (ratio)
– collection ratio
– collection period (in days)
Forderungsverkauf *m* (com) sale of receivables
Forderungsverletzung *f* (Re) breach of an obligation
Forderungsverluste *mpl*
(ReW) losses on receivables
Forderungsvermögen *n* (Fin) financial assets
Forderungsverzicht *m*
(Re) remission (*or* release) of a debt
– waiver of claims outstanding
(Fin) writeoff of a loan *(ie, by a bank)*
förderungswürdig
(StR) eligible for favorable tax treatment *(eg, officially recognized as . . ., § 10b I EStG)*
(com) eligible for promotion
– worthy of support
Förderungswürdigkeit *f* (com) eligbility for aid (*or* promotion)
Forderung *f* **zurückweisen**
(Re) to reject a claim
– to refuse to recognize a claim
Förderzahlung *f* (com) production payment
(ie, right to a share in the proceeds of production from mineral property)
Förderziele *npl* (IndE) production targets
Förderziffern *fpl* (IndE) production (*or* output) figures
Forfaitierung *f* (Fin) forfaiting
(ie, nonrecourse financing of receivables similar to factoring; so called in Austria and Germany; the difference is that a factor buys short-term receivables, while a forfaiting bank purchases notes that are long-term receivables with maximum maturities of 8 years; siehe Übersicht S. 293)
Forfaitierungsgeschäft *n* (Fin) forfaiting transaction
formale Entscheidungslogik *f* (Bw) formal decision logic

formale Inzidenz *f* (FiW) formal incidence
formale Logik *f* (Log) formal logic
formaler Beweis *m* (Log) formal reasoning
formaler Einwand *m* (Re) technical objection
formaler Kommunikationsweg *m* (Bw) formal communication channel
(ie, based on a chain of command from the top of the organization down)
formale Supposition *f*
(Log) formal supposition
– use of a term
formale Unternehmensplanung *f* (Bw) formal corporate planning
Formalitäten *fpl* **klären** (Re) to handle formalities
Formalprüfung *f* (Pat) examination as to formal requirements
Formalsprache *f* (EDV) formula language
Formalstruktur *f* **der Organisation** (Bw) formal organizational structure
Formalwissenschaft *f* (Log) formal science
Format *n* (EDV) format
formatieren (EDV) to format
Formatierhilfen *fpl* (EDV) formatting capabilities
Formatiermakro *n* (EDV) formatting macro
Formatierprogramm *n* (EDV) formatting program
formatierter Datenbestand *m* (EDV) formatted data set
Formatsteuerzeichen *n*
(EDV) layout character
– format effector
formbedürftiger Vertrag *m* (Re) formal contract
Formblatt *n*
(com) form
– blank
– blank form
(ReW) financial statement form
Formbrief *m* (com) form letter
(ie, business or advertising letter composed of carefully phrased but repetitive elements; opp, Schemabrief)
Formelflexibilität *f* (Vw) formula flexibility
(ie, Bindung antizyklischer Maßnahmen an vorherbestimmte Indikatoren; instrument to flatten out cyclical fluctuations; syn, regelgebundene Maßnahmen)
formelle Kreditwürdigkeitsprüfung *f* (Fin) formal test of credit standing
formeller Führungsstil *m* (Bw) formal management style
formelles Recht *n*
(Re) procedural
– remedial
– adjective . . . law
– law of procedure
(opp, materielles Recht = substantive law)
Formerfordernis *n* (Re) requirement (*or* requisite) of form
Formfehler *m*
(Re) = Formmangel, qv
(EDV) syntax error
formfreier Vertrag *m* (Re) informal contract
Formfreiheit *f*
(Re) freedom of form *(ie, contracts under German law as a rule do not require any form)*
– absence of formal requirements

Forfaitierung und Export-Factoring sind keine Synonyme

Merkmale	Forfaitierung	Export-Factoring
Wesen	Kauf von Exportforderungen ohne Rückgriff auf den Exporteur Einzelgeschäfte	Kauf von Exportforderungen ohne Rückgriff auf den Exporteur Rahmenvertrag
Größenordnung	mindestens 50 000 DM	Umsatz pro Land und Jahr mindestens 500 000 DM
Laufzeit	3 Monate bis 8 Jahre	maximal 180 Tage
Währung	DM, US$, sfr, Yen, FF und Ecu sowie andere Währungen, in denen eine kongruente Refinanzierung möglich ist	Keine Einschränkung, da Währungsrisiko beim Forderungsverkäufer verbleibt
Delkredererisiko	Forfaiteur	Factor
Politisches Risiko Transferrisiko	Forfaiteur	Exporteur
Finanzierung	Nominalwert der Forderung ./. Diskont	80% des Bruttorechnungswertes
Voraussetzungen	erstklassige Schuldneradresse oder gutes Bankaval, ausreichende Bonität des Importlandes	ausreichende Bonität des Lieferanten, des ausländischen Importeurs und des Korrespondenzfactors
Besonderheiten	gesamte Abwicklung durch Forfaiteur	Buchhaltung, Mahnwesen und Inkasso kann vom Factor übernommen werden

Quelle: Handelsblatt, 17. 10. 1989, S. B 8.

Formgebung *f* (com) industrial design
Formgestalter *m* (com) industrial designer
Formkaufmann *m* (Re) association on which the law confers the attributes of a merchant, regardless of the object of its business, § 6 II HGB
förmlich (Re) in due form
förmliche Beschwerde *f* (StR) administrative appeal *(ie, against a decision rejecting the application for administrative relief, § 349 AO)*
förmlicher Vertrag *m* (Re) formal contract *(or* agreement)
förmlich in Ordnung (StR) formally in order, Abschn. 29 I EStR
formlos (com) informal
formlose Befragung *f* (Mk) informal interview
formloser Antrag *m* (com) simple application
formloser Vertrag *m* (Re) informal agreement
formlose Vereinbarung *f* (com) informal arrangement
formlos übertragbar (WeR) freely transferable
formlos übertragen (WeR) to negotiate by delivery only
Formmangel *m*
 (Re) deficiency in form
 – defect in form

 – insufficiency of form
 – noncompliance with required form
 (cf, § 125 BGB; syn, Formfehler)
Formsache *f*
 (Re) formality
 – matter of form
Formular *n*
 (com) blank
 – form
 – blank form
 – printed form *(syn, Vordruck)*
 (EDV) form
Formularbrief *m* (com) = Formbrief
Formularformatspeicher *m* (EDV) (vertical) format buffer
Formularkopf *m* (EDV) form title field
Formularstreifen *m* (Fin) slip
Formulartransport *m* (EDV) form feed
Formularvertrag *m* (Re) standard form contract
Formularvorschubzeichen *n* (EDV) form feed character
form- und fristgerecht (Re) in due form and time
Formvorschrift *f*
 (Re) form requirement
 – requisite of form

Formvorschriften *fpl* **für die Anmeldung** (Pat) formal filing requirements

formwechselnde Umwandlung *f* (Bw) modifying conversion
(ie, Wechsel der Rechtsform; eg, GmbH in AG; no transfer of legal rights; opp, übertragende Umwandlung)

formwidrig (Re) contrary to formal requirements

Formzwang *m*
(Re) requisites of form
– required formalities *(eg, it is not essential that any particular formalities be complied with)*

Forscher *m* (com) researcher

Forschungsabteilung *f* (Bw) research department

Forschungsansatz *m* (Log) approach

Forschungsanstalt *f* (com) research institute

Forschungsauftrag *m* (Bw) research assignment (*or* contract)

Forschungseinrichtungen *fpl* (Bw) research facilities

Forschungsetat *m* (Bw) research budget

Forschungsgelder *npl* (Bw) research funds

Forschungshaushalt *m* (Bw) research budget

Forschungsinstitut *n* (Bw) research institute

Forschungskosten *pl* (ReW) research costs

Forschungsökonomik *f* (Vw) research economics

Forschungspotential *n* (com) research capabilities

Forschungsprogramm *n* (Bw) research program

Forschungsprojekt *n* (Bw) research project

Forschungs- und Entwicklungskosten *pl* (ReW, EG) cost of research and development

Forschungsvorhaben *n* (Bw) research project

Forschungszuschuß *m* (FiW) research grant

Forschung *f* **und Entwicklung, F&E** *f* (Bw) research and development, R & D

forstliche Betriebswirtschaftslehre *f* (Bw) forestry management

Forstwirtschaft *f* (Vw) forestry

forstwirtschaftlicher Betrieb *m* (Bw) forestry operation

Fortbestand *m* **e-s Unternehmens** (Bw) ongoing (*or* continued) existence of a company

Fortbestehen *n*
(Bw) continuity of existence
– continued existence

Fortbildung *f*
(Pw) further training (*or* education)
– advanced training
– continuing education

Fortbildungsbedarf *m* (Pw) training needs (*or* requirements)

Fortbildungskosten *pl* (StR) cost of further training

Fortbildungs-Maßnahmen *fpl* (Pw) training measures

Fortbildungs-Methoden *fpl* (Pw) training techniques

Fortbildungsprogramm *n*
(Pw) training program
– employee development program

Fortbildungsziel *n* (Pw) training objective

Fortführung *f* **der Firma**
(com) continuation of business
(Re) continuation of firm name

Fortführungsgrundsatz *m* (ReW) going concern concept

(ie, Voraussetzung für e–e periodische Erfolgsrechnung; assumption made in the valuation of the assets and liabilities of an accounting entity that the entity will continue to carry on its activities for the forseeable future; cf, § 252 HGB)

fortgeführte Anlagekosten *pl* (ReW) carrying rate of asset

fortgeführte Kosten *pl* (ReW) depreciated book value (*or* cost)

fortgeführter Anschaffungswert *m* (ReW) net book value

fortgeschrittene Informationsverarbeitung *f* (EDV) advanced information processing, AIP

fortlaufende Kreditbürgschaft *f* (Fin) continuing guaranty

fortlaufende Notierung *f*
(Bö) consecutive (*or* continuous) quotation
– variable-price quotation *(opp, Einheitskurs)*

fortlaufender Handel *m* (Bö) continuous market

fortlaufende Verzinsung *f* (Fin) continuous interest (*or* compounding)

fortlaufend numeriert (com) consecutively numbered

fortschreiben (com) to update *(syn, aktualisieren)*

Fortschreiben *n* (com) file maintenance

Fortschreibung *f*
(ReW, EDV) updating
(StR) adjustment of assessed value, § 22 BewG

Fortschreibungsdatei *f*
(EDV) amendment
– change
– activity
– transaction
– up date . . . file
(syn, Änderungsdatei, Bewegungsdatei)

Fortschreibungsdifferenz *f* (ReW) updating difference

Fortschreibungsverfahren *n* (ReW) application of estimation or grossing-up procedure

fortschreitender Mittelwert *m* (Stat) progressive average

fortschreitendes Gleichgewicht *n* (Vw) progressive equilibrium

Fortschrittsbericht *m* (com) progress report
(ie, submitted in multi-phase project realization)

Fortschrittsmöglichkeitsfunktion *f* (Bw) innovation possibility function

Fortschrittszeitverfahren *n* (IndE) cumulative timing

Fortsetzungszeile *f* (EDV, Cobol) continuation line

fortwälzen (FiW) to pass/shift . . . forward *(ie, taxes)*

Fortwälzung *f* (FiW) forward shifting

Fotokopie *f*
(com) photocopy
– photostat (copy)

fotokopieren (com) to photocopy

Fotokopiergerät *n* (com) photocopier

Fototermin *m* (com) photograph session

FPI-Vertrag *m* (com) fixed-price incentive contract

Fracht *f*
(com) cargo
– freight
– load
(com) = Frachtgebühr

Frachtabnahme f (com) acceptance of consignment (or shipment)
Frachtabschluß m (com) freight fixing
Frachtangebot n (com freight offered
Frachtannahme f (com) = Frachtabnahme
Frachtanspruch m (com) freight claim
Frachtaufkommen n (com) freight volume
Frachtaufschlag m (com freight surcharge
Frachtaufseher m (com) cargo superintendent
Frachtausgleich m (com freight equalization
Frachtausschuß m (com) freight bureau
Frachtaval n (Fin) guaranty of freight payment
Frachtbasis f
(com) freight basis
– basing/equalization . . . point
(ie, geografischer Ausgangspunkt für die Frachtberechnung; berechnet werden die Frachtkosten für die Entfernung zwischen F. und Empfangsort, dh, ohne Rücksicht auf die wirkliche Fracht; zB, Siegen für Feinbleche, Oberhausen für andere Walzwerkserzeugnisse = rolled steel products; syn, Frachtparität)
Frachtbasissystem n
(com) basing point system
Frachtbedingungen fpl (com) terms of freight
Frachtbeförderung f (com) freightage
Fracht f **berechnen** (com) to charge freight
Frachtberechnung f
(com) calculation of freight
(com) freight charges
Fracht bezahlt
(com) freight prepaid
– (GB) carriage paid, C/P
Fracht bezahlt Empfänger (com) freight forward
Frachtbilanz f (VGR) net freights
Frachtbörse f (com) = Frachtenbörse
Frachtbrief m
(com) railroad bill of lading
– railroad waybill
– freight bill
– (GB) consignment note
– (GB) letter of consignment
(ie, unlike the German document which is a mere instrument of evidence = Beweisurkunde, the English counterparts are transferable or negotiable)
Frachtbriefabrechnung f (com) waybill accounting
Frachtbriefdoppel n
(com) duplicate freight bill
– counterfoil waybill
– (GB) duplicate consignment note
Frachtbuchung f (com) freight booking
Frachtbüro n (com) freight office
Fracht f **gegen Nachnahme**
(com) freight collect
– (GB) freight forward, frt fwd
(opp, frachtfrei = freight prepaid)
Frachtenausgleich m (com) equalization of freight rates
Frachtenausschuß m (com) = Frachtausschuß
Frachtenaval n (Fin) bank guaranty for deferred freight payment
Frachtenbörse f (com) shipping exchange
(eg, Baltic Mercantile and Shipping Exchange, Ltd.)

Frachtermäßigung f (com) freight reduction
Frachtertrag m (com) freight receipts (or revenue)
Frachtflugzeug n
(com) cargo plane
– air freighter
frachtfrei
(com) freight prepaid
– (GB) carriage paid, C. P.
(com, Incoterms 1953) freight or carriage paid to . . . (named port of destination)
frachtfreie Beförderung f (com) transport at no charge to customer
Frachtfreigabe-Bescheinigung f (com) freight release (ie, when freight has been paid)
frachtfrei Grenze (com) carriage paid to frontier
Frachtführer m
(com) carrier
– haulage contractor
(ie, individual or organization engaged in transporting goods by land, river or other inland waterway for hire = gewerbsmäßig; called ‚Verfrachter' in ‚ocean carrier' in sea transport)
(Re) bailee
Frachtführer-Klausel f (Vers) carrier clause
(ie, insurance protection does not extend to carriers, shipowners and warehousemen who are employed or in the service of the insured)
Frachtgebühr f
(com) freight
– freight charge
– (GB) carriage charge
Frachtgeschäft n (com) freight business
frachtgünstig (com) low freight
Frachtgut n
(com) freight (ie, in all types of transportation)
– (GB) freight (ie, in sea and air transport)
– cargo
Fracht f **im voraus bezahlt**
(com) freight prepaid
– (GB) carriage paid, C. P.
Fracht f **in Bausch und Bogen** (com) flat rate (or lump sum) freight (syn, Pauschalfracht)
Frachtinkasso n (com) collection of freight charges
Frachtkosten pl
(com) freight
– freightage
– freight charges
– carrying charges
Frachtliste f
(com) cargo list
– tally
Frachtmakler m (com) freight broker
Frachtmaklergebühr f (com) freight brokerage
Frachtmaklergeschäft n (com) freight broking
Frachtmanifest n **des Luftfahrzeugs** (com) aircraft cargo manifest
Frachtnachlaß m (com) freight rebate
Fracht nachnehmen (com) freight forward, frt.fwd.
Frachtnotierung f (Bö) freight quotation
Frachtpapier n (com) transport document
Frachtparität f (com) = Frachtbasis, qv
Fracht f **per Nachnahme**
(com) freight collect (or forward)
– (GB) carriage forward
Frachtrate f (com) shipping rate

295

Frachtraum *m* (com) freight capacity
Frachtraum *m* **belegen** (com) = Frachtraum buchen
Frachtraum *m* **buchen** (com) to book freight
Frachtrechnung *f* (com) freight note (*or* account)
Frachtsatz *m* (com) freight rate
Frachtstundung *f*
  (com) deferred freight
  payment
  (ie, method used by ‚Deutsche Verkehrskredit-bank' for cashless settlement of freightage, fees and other Bundesbahn claims)
Frachttarif *m*
  (com) freight rates (*or* tariff)
  – prices for rail freight
Frachttermingeschäfte *npl* (Bö) freight futures *(ie, by the dry cargo shipping market)*
Frachttonne *f* (com) cargo/freight . . . ton
Frachttransportunternehmen *n*
  (com) cargo shipper
  – freight company (*or* forwarder)
  (eg, UPS, Federal Express, Lufthansa)
Fracht– und Liegegeld *n* (com) freight and demurrage
fracht- und spesenfrei (com) freight and charges prepaid
Fracht *f* **und Versicherung** *f* (com) freight and insurance
frachtungünstig (com) high freight
Frachtunterbietung *f* (com) rate cutting *(ie, in ocean shipping)*
Frachtverkehr *m* (com) freight traffic
Frachtverlag *m* (com) = Frachtvorlage
Frachtvermerk *m* (com) freight clause
Frachtversicherer *m* (Vers) cargo underwriter
Frachtversicherung *f* (Vers) cargo (*or* freight) insurance
Frachtversicherungspolice *f* (Vers) cargo policy
Frachtvertrag *m*
  (com) freight contract
  – (GB) contract of carriage
Fracht vorausbezahlt
  (com) freight prepaid, frt.ppd.
  – (GB) carriage paid, C. P.
Frachtvorlage *f*
  (com) advance payment of freight charges by forwarder
Frachtvorschuß *m*
  (com) advance on freight
  – advance freight
Frachtweg *m* (com) freight route
Fracht *f* **zahlt der Empfänger**
  (com) freight collect (*or* forward)
  – (GB) carriage forward, C/F
Frachtzahlung *f* **im Bestimmungshafen** (com) freight payable at destination
Frachtzone *f* (com) freight zone
Frachtzuschlag *m*
  (com) extra freight
  – (GB) additional carriage
Frachtzustellung *f* (com) freight delivery
Frachtzuteilung *f* (com) space allocation
Frage *f* **anschneiden**
  (com) to address
  – to bring up

  – to broach (to/with)
  – to take up . . . a question
Fragebogen *m* (Mk) questionnaire
Fragebogen *m* **ausfüllen** (Mk) to fill out/make out . . . a questionnaire
Fragebogen *m* **mit Strichmarkierung** (com) bar markable request form
Fraktil *n* (Stat) fractile *(ie, of a distribution)*
Fraktionssitzung *f* (Pw) caucus session
Franchise *f*
  (com) weight variation allowance
  (Mk) franchising (*cf, Franchising*)
  (Vers) deductible
  – excess insurance
  – percentage exemption
  (SeeV) free average
Franchisegeber *m* (Mk) franchisor *(ie, Hersteller/ Großhändler)*
Franchiseklausel *f* (Vers) franchise clause *(ie, claims below a stated limit are not payable by insurer)*
Franchisenehmer *m* (Mk) franchisee *(ie, Einzelhändler)*
Franchisesystem *n* (Mk) franchising system
Franchiseunternehmen *n* (Mk) franchise company
Franchisevertrag *m* (Mk) franchise agreement
Franchising *n* (Mk) franchising
  (ie, Form des vertraglich geregelten, vertikalen Kontraktmarketing zwischen Franchisegeber (franchisor) und einem Franchisenehmer (franchisee))
Frankatur *f* (com) prepayment of freight
Frankaturvermerk *m* (com) freight prepayment mark
Frankaturzwang *m* (com) compulsory prepayment of freight
frankieren
  (com) to stamp *(ie, a letter)*
  (com) to frank *(ie, using a metering machine)*
Frankiermaschine *f*
  (com) postage meter
  – (GB) franking machine *(syn, Freistempler)*
frankiert
  (com) stamped
  – post paid
  – postage paid
frankierter Brief *m* (com) free-paid letter
franko (com) charges prepaid by sender
franko Courtage (Fin) free of brokerage
franko Fracht und Zoll (com) carriage and duty prepaid
franko Kurtage (Bö) no brokerage
Frankoposten *mpl* (Fin) free-of-charge items in current account statements
franko Provision (Bö) free of commission *(ie, in stock exchange orders for over-the-counter securities)*
Frauenbeschäftigung *f*
  (Pw) female employment
  – women in the labor force
  – female labor force activity
Frauenerwerbsarbeit *f* (Pw) gainful occupation of women
frei (Pw) time off work *(eg, a day, two weeks, a morning off)*

Freiaktie *f*
(Fin) gratuitous share *(ie, illegal under German stock corporation law)*
(Fin) bonus share *(ie, backed by retained earnings or reserves)*
frei an Bord (com, *Incoterms*) free on board, F. O. B., fob
Freiantwort *f* (com) prepaid answer
frei auf Kai (com) free on quai, f.o.q.
frei Bahnstation (com) free on board *(ie, railroad station)*
frei Bau (com) free construction site
frei beantwortbare Frage *f* (Stat) open-ended question
frei benannter Abflughafen (com, *Incoterms*) F. O. B. *(or* fob) airport
Freiberuflicher *m*
(com) (free) professional
– professional worker
freiberuflicher Mitarbeiter *m* (com) free lance contributor
freiberuflicher Werbeberater *m* (Mk) advertising consultant *(or* counselor)
freiberufliche Tätigkeit *f*
(Pw) self-employment
– free-lance work
frei Bestimmungsort
(com) free domicile
– free delivered
Freibetrag *m*
(Zo) amount of exemption
(StR) allowable deduction
– exemption
– tax-free amount
Freibetrag *m* **für außergewöhnliche Belastung**
(StR) allowance for extraordinary financial burden
Freibezirk *m* (Zo) free port area
freibleibend
(com) subject to change without notice
– without engagement
(Fin) subject to prior sale
freibleibend anbieten (com) to offer subject to confirmation
freibleibende Offerte *f* (com) = freibleibendes Angebot
freibleibendes Angebot *n* (com) offer without engagement
Freibordabkommen *n* (Re) Load-Line Convention
Freibordzeugnis *n* (com) freeboard certificate
freie Berufe *mpl* (com) liberal professions
freie Berufswahl *f* (Re) freedom of choise of occupation or profession
freie Beweiswürdigung *f*
(StR) free evaluation of facts and evidence, § 96 I FGO
freie Forschung *f* (com) uncommitted research
frei Eisenbahnwaggon (com, *Incoterms*) free on rail, F. O. R., for
freie Kapazität *f*
(Bw) idle
– spare
– unused ... capacity
freie Konkurrenz *f* (Vw) free *(or* unhampered) competition

freie Konsumwahl *f*
(Vw) freedom of choice by consumers
– free consumers' choice
freie Lieferung *f* (com) delivery free of charge
freie Liquiditätsreserven *fpl* (Vw) free liquid reserves
freie Marktwirtschaft *f* (Vw) free *(or* liberal) market economy
freie Prüfung *f* (ReW) voluntary audit *(ie, vertraglich vereinbarte und freiwillige Prüfung im Gegensatz zur Pflichtprüfung, qv)*
freie Pufferzeit *f* (OR) (early) free float
freier Aktionär *m* (Fin) outside shareholder
freier Beruf *m* (com) (liberal) profession
freier Devisenverkehr *m* (AuW) freedom of exchange operations
freier Erfinder *m* (Pat) independent inventor
freie Reserven *fpl* (Vw) free reserves
freier Goldmarkt *m* (Fin) free-tier gold market
freier Handel *m* (Bö) unofficial trading
freier Importeur *m* (com) outside importer
freier Kapitalmarkt *m* (Fin) gray capital market *(syn, grauer od alternativer Kapitalmarkt)*
freier Kapitalverkehr *m* (AuW) freedom of capital movements
freier Lombardspielraum *m* (Vw) scope for raising lombard loans
freier Makler *m*
(com) outside broker
(Bö) unofficial/private ... broker *(syn, Privatmakler; opp, amtlicher Kursmakler)*
freier Markt *m*
(com) free *(or* open) market
(Bö) unofficial market
– off-board trading
freier Marktpreis *m* (com) competitive *(or* free market) price
freier Marktzutritt *m*
(Vw) freedom of entry
– free entry into a market
freier Mitarbeiter *m* (com) free-lance collaborator
freier Parameter *m* (Math) arbitrary parameter
freie Rücklagen *fpl*
(ReW) free
– voluntary
– uncommitted ... reserves
– retained earnings – voluntary portion
freieruflich (com) free lance *(eg, journalist, interpreter)*
freier Verkehr *m* (Zo) = freier Warenverkehr
freier Vorgangspuffer *m* (OR) = freie Pufferzeit
freier Warenverkehr *m* (Zo) free movement of goods
freier Wechselkurs *m* (AuW) = frei schwankender Wechselkurs
freier Welthandel *m* (AuW) open world trading system
(ie, with the undiluted free trade idea as its undisputed centerpiece)
freier Wettbewerbspreis *m* (Vw) open market price
freier Wohnungsbau *m* (com) privately *(or* market) financed housing
freier Zugang *m* (Pw) unrestricted entry *(eg, to institutions of higher learning)*
freies Band *n* (EDV) clear band *(ie, in OCR)*

freies Einkommen *n*
(Pw) net income
– take-home pay
freies Ermessen *n* (Re) absolute (or free) discretion
freies Gut *n*
(Vw) free good (*or* resource)
– common property resource
freies Guthaben *n* (Vw) free balance
freies Interview *n* (Stat) nonstructured interview
freie Spanne *f* (Mk) free mark-up
freies Rediskontkontingent *n* (Vw) unused rediscount quota
freies Spiel *n* **der Marktkräfte** (Vw) free play of market forces
freies Spiel *n* **des Wettbewerbs** (Vw) unrestrained interaction of competitive forces
freie Stelle *f*
(com) unfilled/vacant . . . job
– vacancy
– job opening
– job on offer (*syn, offene Stelle*)
freie Stücke *npl* (Fin) freely disposable securities (*opp, Sperrstücke*)
freies Vermögen *n* (Vers) free assets
freie Tankstelle *f*
(com, US) private-brand gas station
– (GB) independent filling station
freie Übertragbarkeit *f*
(WeR) free transferability
– negotiability
freie Wahl *f* **des Arbeitsplatzes** (Pw) free choice of employment
freie Wirtschaft *f*
(Vw) free (*or* liberal) market economy
– private enterprise
freie Wohnung *f* (StR) free living quarters
Freiexemplar *n*
(com) free (*or* complimentary) copy
– unpaid copy
frei finanziert (Fin) privately financed
frei finanzierter Wohnungsbau *m* (com) = freier Wohnungsbau
Freifläche *f* (EDV) dummy (*ie, in circuit board design = Leiterplattenentwurf*)
frei Flughafen (com) free airport
frei Frachtführer (com) free carrier, frc
Freigabe *f*
(IndE) acceptance
– release (*ie, in quality control*)
(com) release
(*ie, of products for shipment; zur sofortigen Freigabe = for immediate release; cf, press release, news release*)
(Fin) unfreezing
– unblocking
(*eg, of immobilized bank accounts*)
Freigabedatum *n* (EDV) purge date
Freigabe *f* **der Waren** (Zo) release of the goods
Freigabesignal *n* (EDV) enabling signal
Freigabe-Software *f* (EDV, Cobol) destination
Freigabe *f* **von Mitteln** (Fin) unblocking (*or* unfreezing) of funds
Freigabe *f* **von Wechselkursen**
(AuW) unpegging of foreign exchange rates
– floating

freigeben
(com) to release (*eg, products for shipment; news to the press; cf, news/press . . . release*)
(com) to declassify
(*ie, to remove or reduce the security classification; eg, to . . . secret documents*)
(Fin) to unblock, to unfreeze
(*eg, immobilized foreign exchange bank balances*)
(Pat) to dedicate (*ie, patents for public use*)
Freigelände *n* (com) open-air space (*or* site) (*ie, at fairs and exhibitions*)
freigemacht
(com) prepaid
– postage paid
freigemachter Umschlag *m* (com) prepaid envelope
frei-gemeinnützige Betriebe *mpl* (Re) private non-profit enterprises (*ie, seeking to satisfy public welfare goals*)
freigesetzte Arbeitskräfte *fpl*
(Pw) redundant workers (*or* labor)
– displaced workers
freigestellt
(Pw) freed for full-time works council activity
(Pw) laid off
frei Grenze (com) free frontier
Freigrenze *f*
(StR) tax-free amount
(Zo) duty-free allowance
Freigut *n* (Zo) goods in free circulation
Freigutumwandlung *f* (Zo) conversion of duty-free goods
Freigutveredelung *f* (Zo) processing of duty-free goods
Freihafen *m*
(Zo) free port (area)
– free trade zone
Freihafengebiet *n* (Zo) free port area
Freihafengrenze *f* (Zo) free port frontier
Freihafenlager *n* (com) free port store (*or* warehouse)
Freihafen-Veredelungsverkehr *m* (Zo) free port processing
Freihandel *m*
(Vw) free (*or* liberal) trade
(Bö) over-the-counter trade
Freihandelsabkommen *n* (AuW) free-trade agreement
Freihandelsgebiet *n*
(AuW) free trade area
– (US) foreign trade zone
Freihandels-Gleichgewicht *n* (AuW) free trade equilibrium
Freihandelspolitik *f* (Vw) liberal trade policy
Freihandelsprinzip *n* (AuW) principle of free trade
Freihandelszone *f*
(AuW) free trade area
– (US) foreign trade zone
freihändig (com) by private contract
freihändige Auftragsvergabe *f* (com) discretionary award of contract
freihändiger Ankauf *m* (Fin) purchase at market rates
freihändiger Rückkauf *m* (Fin) repurchase (*eg, of mortgage bonds*) in the open market

freihändiger Verkauf *m* (Fin) direct offering (*or* sale) *(eg, of a loan issue)*
freihändig verkaufen
  (com) to sell privately
  – to sell by private contract
freihändig verwerten (com) to sell in the open market
Freihandverfahren *n* (Stat) freehand method
frei Haus
  (com) free of charge to address of buyer
  – franco domicile
  – free house (*or* domicile)
frei Haus unverzollt (com) free at domicile not cleared through customs
frei Haus verzollt (com) free at domicile after customs clearance
Freiheit *f* **des Dienstleistungsverkehrs** (Vw) freedom to provide services
Freiheitsgrad *m* (Math) degree of freedom
Freiheitsstrafe *f* (Re) confinement in a penitentiary
Freijahr *n* (Vers) year for which premium payment is suspended
Freijahre *npl*
  (Fin) grace period
  – years of grace
  – repayment holiday
  (eg, three grace = principal repayment beginning in the fourth year; or: life of 10 years, with 8 grace)
Freikarte *f* (com) free ticket
frei konvertierbare Währung *f*
  (Fin) freely convertible currency
  (IWF) Article Eight currency
Freiladegleis *n* (com) loading track provided free of charge
frei Lager (com) free warehouse
Freilager *n*
  (Zo) bonded/customs . . . warehouse
  – open-air storage area
Freilandeier *npl*
  (com) eggs from uncooped hens
  – (GB) free-range eggs (*opp, battery eggs*)
frei Längsseite Schiff (com, *Incoterms*) free alongside ship, F. A. S., fas
frei längsseit Kai (com) free alongside quay, faq
Freiliste *f*
  (Zo) free list
  – list of tax-free goods
frei Lkw (com, *Incoterms*) free on truck, F. O. T., fot
freimachen
  (com) to stamp
  – to prepay postage
Freimakler *m* (Bö) = freier Makler
Freimarktkurs *m* (Fin) free market rate *(ie, Kursart im Devisenhandel)*
frei nehmen (Pw) to take off
Freiperiode *f*
  (Fin) = Freijahre
Freischicht *f*
  (Pw) nonworking shift
  – paid nonwork shift *(ie, in mining and steelmaking)*
frei Schiff (com) free on steamer, f.o.s.
Freischreibungserklärung *f* (WeR) officially re-

corded declaration by which the holder of a ‚Rektapapier' = *non-negotiable instrument* hands a title of execution to a pledgee; allows satisfaction of claim without assignment of instrument
frei schwankender (schwebender) Wechselkurs *m*
  (AuW) freely flexible
  – floating
  – fluctuating . . . exchange rate
freisetzen
  (Pw) to lay off
  – to make redundant
Freisetzung *f* **von Arbeitskräften**
  (Pw) displacement of labor
  (Pw) redundancy *(ie, which may be due to structural changes)*
freisprechen (Re) to acquit *(eg, of charge, on the charge of)*
Freispruch *m* (Re) acquittal *(opp, conviction)*
freistehende Bauten *mpl* (com) detached buildings
freistellen
  (Fin) to indemnify *(eg, for losses)*
  (Pw) = freisetzen
Freistellungen *fpl* (Pw) job layoffs
Freistellungsanspruch *m* (Re) right of indemnity
Freistellungsantrag *m* (SozV) application for exemption from compulsory old-age insurance coverage
Freistellungsbescheid *m* (StR) notice of nonliability for tax, § 155 I AO
Freistellungsgarantie *f* (Re) indemnification guaranty
Freistellungsklausel *f* (Re) exemption clause
Freistellungsvertrag *m* (SeeV) indemnification agreement
Freistellung *f* **von Haftung** (Re) indemnity against liability
freistempeln (com) to frank
Freistempler *m*
  (com) postage meter
  – (GB) franking machine
Freiteil-Klausel *f* (Vers) franchise clause *(ie, claims below a stated limit are not payable by insurer)*
frei übertragen (WeR) to transfer freely
Freiumschlag *m*
  (com) postage-paid
  – reply-paid
  – stamped . . . envelope
frei verfügbares Einkommen *n*
  (Vw) discretionary income
  (ie, cash income left over for household use after taxes and the purchase of necessities; income that may be freely spent)
  (Pw) available income
Freiverkauf *m* (com) voluntary sale
Freiverkehr *m*
  (Bö, geregelter) over-the-counter market
  (Bö, ungeregelter) unofficial dealing (*or* market)
  – outside market
  – unlisted trading
  – off-floor (*or* off-board) trading
Freiverkehrsbescheinigung *f* (Zo) free circulation certificate
Freiverkehrsbörse *f* (Bö) unofficial market
Freiverkehrshändler *m* (Bö) dealer in unlisted securities

Freiverkehrskurs *m*
(Bö) unofficial quotation
– free market price
Freiverkehrsmakler *m*
(Bö) outside (*or* unofficial) broker
– broker for unofficial dealings
Freiverkehrsmarkt *m* (Bö) unofficial market
Freiverkehrsumsätze *mpl* (Bö) outside transactions
Freiverkehrswerte *mpl* (Bö) unlisted securities
frei verwerten (com) to sell in the open market
frei von Beschädigung (SeeV) free from damage
(ie, now obsolete)
frei von Beschädigung außer im Strandungsfalle
(SeeV) *(essentially co-extensive with)* free from
particular average, F.P.A.
frei von Beschlagnahme und Aufbringung (SeeV)
free of capture and seizure
frei von Bruch (com) free from breakage
frei von gewissen ersten Prozenten (Vers) free from
certain first percentage points
*(ie, the agreed percentage is deducted from a
damage claim)*
frei von gewissen Prozenten (Vers) free from certain percentage points
*(ie, insurer is not liable to indemnify unless the
claim exceeds the agreed percentage rate)*
frei von Schäden in besonderer Havarie (SeeV) free
from particular average
frei Waggon (com) free on rail, FOR, f.o.r.
freiwillige Abfindungsaktion *f* (Pw) voluntary termination program
freiwillige Altersversorgung *f* (SozV) voluntary old-
age provision
freiwillige Arbeitslosigkeit *f* (Vw) voluntary unemployment
freiwillige Beschränkung *f* (Kart) voluntary restraint
freiwillige Entschädigung *f* (Re) ex gratia payment
freiwillige Ersparnis *f* **der privaten Haushalte** (Vw)
voluntary savings of private households
freiwillige Exportbeschränkungen *fpl* (AuW) „voluntary" export restraint (*or* reductions)
freiwillige Gerichtsbarkeit *f* (Re) voluntary (*or*
noncontentious) jurisdiction
freiwillige Großhandelskette *f* (Mk) voluntary chain
of wholesalers
freiwillige Kapitalbildung *f* (Vw) voluntary capital
formation
freiwillige Kette *f* (Mk) voluntary retail buying
chain
freiwillige Leistungen *fpl* (SozV) noncompulsory
contributions
freiwillige Produktionsbeschränkung *f*
(EG) voluntary system of limiting production
– voluntary output curbs
(eg, Eurofer II)
freiwillige Quotenvereinbarung *f* (EG) voluntary
quota agreement
freiwilliger Preisstopp *m* (Bw) voluntary price
freeze
freiwillige Rücklagen *fpl* (ReW) = freie Rücklagen
freiwilliger Zusammenschluß *m* (Re) voluntary association *(eg, of two or more persons to carry on
as co-owners a business for profit)*
freiwilliges Ausscheiden *n*

(Pw) voluntary redundancy
– voluntary retirement
freiwillige soziale Aufwendungen *mpl*
(SozV) voluntary social security contributions
freiwillige Sozialleistungen *fpl* (SozV) voluntary
welfare payments
freiwillige Verhaltensregeln *fpl* (Bö) voluntary
codes of conduct
*(eg, introduced by the German stock exchange
and banking associations)*
freiwillige Versicherung *f*
(Vers) voluntary insurance
(SozV) voluntary social insurance
freiwillige Weiterversicherung *f* (SozV) continued
voluntary insurance
freiwillige Zusammenarbeit *f* (Bw) voluntary cooperation
freiwillige Zuwendungen *fpl* (StR) voluntary payments to others, § 12 No. 2 EStG
freiwillig versichert (SozV) insured on a voluntary
basis
Freizeichen *n*
(Pat) unprotected mark
– trade mark not in general use
– non-registrable trademark
freizeichnen (Re) to contract out of *(eg, liability,
agreement)*
– to disclaim
Freizeichnung *f* (Re) contracting out of *(total or
partial)* statutory liability
Freizeichnungsgrenze *f*
(Vers) percentage exemption
(SeeV) free average
Freizeichnungsklausel *f*
(com) without-engagement clause
*(ie, Verkäufer befreit sich ganz od teilweise von
ihm obliegenden Verpflichtungen; eg, Liefe-
rungsmöglichkeit vorbehalten, Höhere Gewalt
Klausel, Selbstbelieferung)*
(Re) contracting-out clause
– disclaimer (clause)
– exemption clause
– exculpatory·contract clause
– exoneration clause
– hold-harmless clause
– non-warranty clause
*(ie, disclaiming defects liability = schließt Sach-
mängelhaftung aus)*
(Vers) accepted perils clause
Freizeit *f* (Pw) leisure (*or* vacation) time
Freizeitanzug *m* (com) leisure suit
freizeitbezogene Dienstleistungen *fpl* (Vw) leisure-
time-related services
Freizeitgestaltung *f* (com) organization of leisure
activities
Freizeitindustrie *f* (com) leisure time industry
Freizeitmarkt *m* (Mk) leisure activity market
Freizeitökonomik *f* (Vw) leisure time economics
Freizone *f* (Zo) free zone
freizügig (AuW) liberal
Freizügigkeit *f*
(Fin) freedom of capital movements
(Pw) labor mobility
– free movement of labor
(Re) freedom of establishment; cf, Art 11 GG

Fremdanteile *mpl* (Fin) minority interests
Fremdanzeige *f* (Fin) third-party deposit notice
Fremdarbeiten *fpl* (com) outside services
Fremdarbeiter *m* (Pw) foreign worker
Fremdauftrag *m* (com) outside contract
Fremdbeleg *m* (ReW) external voucher
Fremdbeschaffung *f* (MaW) outsourcing
 (ie, practice of subcontracting the manufacture of components that can be more cheaply produced elsewhere)
Fremdbeteiligung *f* (Fin) minority interest (*or* stake)
fremdbezogene Stoffe *mpl* (MaW) bought-out materials
fremdbezogene Teile *npl*
 (MaW) bought-in/bought-out ... parts
 – bought-in supplies
 – purchased components
Fremdbezug *m*
 (MaW) outside purchasing
 – external procurement
Fremddepot *n* (Fin) third-party security deposit
fremde Gelder *npl*
 (Fin) outside funds
 – borrowings
 (Fin) customers' deposits (*or* balances)
Fremdemission *f* (Fin) securities issue for account of another
fremde Mittel *pl*
 (Fin) borrowed funds
 – funds from outside sources
Fremdenverkehr *m* (com) tourism
Fremdenverkehrsabgabe *f* (com) tourist tax
Fremdenverkehrsförderung *f* (com) promotion of tourism
Fremdenverkehrsgewerbe *n* (com) tourist industry
Fremdenverkehrswerbung *f* (Mk) tourist advertising
fremdes Bankakzept *n* (Fin) acceptance by another bank
fremdes Eigentum *n* (Re) third-party property
fremde Verbindlichkeiten *fpl* (ReW) third-party liabilities
fremde Währung *f* (AuW) foreign currency
Fremdfahrzeug *n* (com) third-party motor vehicle
fremdfinanzieren
 (Fin) to finance through borrowing
 – to borrow
 – to obtain outside finance
Fremdfinanzierung *f*
 (Fin) debt
 – external
 – loan
 – outside ... financing
 – borrowing
Fremdfinanzierungsmittel *pl* (Fin) borrowed (*or* outside) funds
Fremdfinanzierungsquote *f* (Fin) borrowing ratio
Fremdgeld *n* (Fin) trust fund (*or* money)
Fremdgelder *npl* (Fin) third-party funds
Fremdgrundschuld *f* (Re) third-party beneficiary land charge
Fremdinvestition *f*
 (Fin) external investment
 – investment in other enterprises

Fremdkapital *n*
 (Fin) debt
 – outside
 – borrowed
 – loan ... capital
 – capital from outside sources
 – debt *(eg, in debt/equity ratio)*
 (ReW) current liabilities + long-term debt – stockholders' equity – valuation accounts
Fremdkapitalbeschaffung *f* (Fin) procurement of outside capital
Fremdkapitalgeber *m* (Fin) lender
Fremdkapitalkosten *pl* (Fin) cost of debt
Fremdkapitalmarkt *m* (Fin) debt market
Fremdkapital *n* **mit Beteiligungscharakter** (Fin, US) participating debt
Fremdkapitalzins *m* (Fin) interest rate on borrowings
Fremdkosten *pl* (KoR) = Fremdleistungskosten
Fremdleistungen *fpl* (Bw) external/extraneous/outside ... services
Fremdleistungskosten *pl* (KoR) cost of outside services *(eg, rent, brought-in energy supplies, patents)*
Fremdmärkte *mpl* (Fin) xenomarkets *(ie, markets in US-$ outside the United States; a successor to Eurocurrency markets)*
Fremdmittel *pl*
 (Fin) borrowed
 – external
 – outside ... funds/resources
Fremdmittelbedarf *m* (Fin) borrowing requirements
Fremdnutzung *f* (com) utilization by third parties
Fremdspeicher *m* (EDV) external memory
Fremdsprachenkorrespondent *m* (com) foreign language correspondent
Fremdumsatz *m* (com) external sales (*or* GB: turnover) *(ie, of a group of companies)*
Fremdvergleich *m* (StR) dealing-at-arm's-length rule
 (ie, standard methods under this rule are: (1) Preisvergleichsmethode = comparable uncontrolled price method, (2) Wiederverkaufspreismethode = resale price method, and (3) Kostenaufschlagmethode = cost-plus method)
Fremdvergleichspreis *m* (Fin) external reference price
 (ie, to charge such prices between branches of the same bank is not permissible)
Fremdvermutung *f* (Fin) non-property presumption
 (ie, that securities which a bank placed with third-party depository are not its property: protects customer by restricting rights of retention and attachment)
Fremdversicherung *f* (Vers) third-party insurance
Fremdwährung *f*
 (Fin) foreign currency
 – xenocurrency
 (ie, currency on deposit in a bank owned by someone outside the issuing country)
Fremdwährungsanleihe *f*
 (Fin) foreign currency loan issue
 – currency bond

Fremdwährungsbetrag *m* (Fin) amount denominated in foreign currency

Fremdwährungseinlagen *fpl* (Fin) foreign currency deposits

Fremdwährungsguthaben *npl* (Fin) foreign exchange balances *(syn, Währungsguthaben)*

Fremdwährungsklausel *f* (Fin) foreign currency clause

Fremdwährungskonto *n* (Fin) foreign exchange account *(syn, Währungskonto, Devisenkonto)*

Fremdwährungskredit *m* (Fin) foreign currency loan

Fremdwährungskreditaufnahme *f* (Fin) foreign currency borrowing

Fremdwährungsposition *f* (Fin) foreign currency position

Fremdwährungsrechnung *f* **zu Stichtagskursen** (Fin) closing-rate method
– all-current method
(opp, F. nach der Fristigkeit = current noncurrent method, qv)

Fremdwährungsrisiko *n* (Fin) foreign currency exposure *(or* risk)

Fremdwährungsscheck *m* (Fin) foreign currency check

Fremdwährungsschuld *f* (Fin) debt expressed in a foreign currency

Fremdwährungsschuldverschreibung *f* (Fin) foreign currency bond

Fremdwährungsumrechnung *f* (ReW) translation of foreign currencies

Fremdwährungsverbindlichkeiten *fpl* (Fin) foreign currency... liabilities /debt/indebtedness

Fremdwährungsversicherung *f* (Vers) foreign currency insurance

Fremdwährungswechsel *m* (Fin) foreign currency bill
– foreign bill
– foreign exchange draft

Frequenz *f* (Stat) frequency

Frequenzreihen *fpl* (Stat) frequency series

freundliche Börse *f* (Bö) cheerful market

freundliche Übernahme *f* (com) friendly takeover *(opp, hostile takeover)*

freundliche Verfassung *f* (Bö) bright sentiment *(ie, of the market)*

Friedenspflicht *f*
(Pw) peacekeeping duty
– obligation to keep the peace
(ie, during the continuance of a wage agreement; it is the very essence of the West German collective bargaining process)

friedliches Oligopolverhalten *n* (Vw) oligopoly stalemate

friktionelle Arbeitslosigkeit *f* (Vw) frictional unemployment
(syn, Fluktuationsarbeitslosigkeit)

frisch gebacken (Pw, infml) freshly minted *(eg, lawyer)*

Frischhaltedatum *n* (com) code date

frisieren (com) to doctor *(eg, report, balance sheet)*

Frisieren *n* **der Bilanz** (ReW) doctoring a balance sheet

frisierter Abschluß *m* (ReW, infml) sugar-coated financial statements

Frist *f*
(com) time limit *(eg, within the... provided in the contract)*
– time allowed *(eg, for cancellation)*
– period of time
– time span
– extension of time *(eg, a 10-day... in which to consummate a deal)*

Fristablauf *m*
(com) expiration of time *(or* period)
– lapse of time
– deadline expiration

Fristaufschub *m* (Re) extension (of time)

Frist *f* **bewilligen** (com) to grant a deadline

Frist *f* **einhalten**
(com) to keep a time limit
– to meet a deadline

Frist *f* **einräumen** (com) to grant a period of time

Fristenasymmetrie *f* (Fin) = Fristeninkongruenz

Fristen *fpl* **berechnen** (com) to compute time limits

Fristen *fpl* **einhalten** (com) to observe time limits

fristinkongruente Darlehen *npl* (Fin) mismatched loans
(ie, fixed-term loans financed with more expensive floating-rate funds)

Fristeninkongruenz *f*
(Fin) mismatched maturities
– mismatch in maturities

Fristenkategorie *f* (Fin) maturity category

fristenkongruent (Fin) at matching maturities

fristenkongruente Finanzierung *f* (Fin) financing at matched maturities *(ie, of outflows and inflows)*

fristenkongruent finanzieren (Fin) to finance at matching maturities

Fristenkongruenz *f*
(Fin) matching maturities
– identity of maturities
(ie, Kapitalbindungs- und Kapitalüberlassungsdauer müssen deckungsgleich sein; zB, langfristige Investitionen durch langfristiges Kapital finanzieren)

Fristenraum *m* (Fin) maturity range

Fristenrisiko *n* (Fin) risk of maturity gaps (of ‚Schuldscheindarlehen‘)
(ie, risk that no follow-up loan is available when amounts are due with terms shorter than those of the overall loan)

Fristenschutz *m* (Fin) maturity hedging

Fristenstruktur *f* (Fin) maturity structure *(or* pattern)

Fristentransformation *f*
(com) rephasing of time periods
(Fin) maturity transformation
(ie, borrowing short-term deposits to make longer-term loans; Fähigkeit der Kreditinstitute, kürzerfristige Einlagen in langfristige Kredite umzuwandeln)

Fristen *fpl* **verlängern** (StR) to grant extensions of time for the filing of returns, § 109 AO

Fristenverteilung *f* (Fin) maturity distribution
(ie, diversification of maturities as short, intermediate, and long-term)

Frist *f* **festsetzen** (com) to fix a time limit

fristgemäß
(com) within the time stipulated
- within the agreed time limit
- at due date
- when due
- as promised
- on schedule *(syn, fristgerecht)*
fristgemäße Rückzahlung *f* (Fin) repayment at due date
fristgerecht (Re) = fristgemäß
Frist *f* **gewähren** (com) to grant a time limit
Fristgewährung (Re) granting an extension
Fristhemmung *f* (Re) suspension of prescription
Fristigkeit *f*
(Fin) time to maturity
- *(or simply)* maturity
Fristigkeiten *fpl* (Fin) maturities
Fristigkeitsstruktur *f* (Fin) = Fristenstruktur
Fristigkeitsstruktur *f* **der Zinssätze**
(Fin) term-structure of interest rates
(ie, Gesamtheit der Renditen homogener festver-zinslicher Wertpapiere zu e–m bestimmten Zeit-punkt, geordnet nach den Restlaufzeiten; rela-tionship between yields on securities with various maturities and the maturity of securities; credit risk, liquidity, taxability, and other characteristics being the same; syn, Zinsstruktur)
Frist *f* **in Lauf setzen** (Re) to appoint time to run against a party
Frist *f* **läuft ab** (Re) period set aside for . . . runs out
fristlos (Pw) without notice
fristlose Entlassung *f*
(Pw) instant dismissal
- dismissal without notice
fristlose Kündigung *f* (Pw) termination without notice
fristlos entlassen (Pw) to dismiss without notice
fristlos kündigen (Pw) to terminate without notice
Frist *f* **setzen**
(com) to set a deadline
- to fix a time limit
Frist *f* **überschreiten**
(com) to disregard a time limit
- to pass a deadline
- to fail to meet a time target
Fristüberschreitung *f*
(com) failure to keep within the time limit
- passing a deadline
frist- und formgerecht (Re) in due form and time
Frist *f* **verlängern** (com) to extend a time limit *(or deadline)*
Fristverlängerung *f*
(com) extension of deadline *(or time limit)*
(StR) extension of time for the filing of returns, § 109 AO
(Fin) maturity extension *(syn, Laufzeitver-längerung)*
Frist *f* **versäumen** (com) to fail to meet a deadline
Frist *f* **wahren** (com) to observe a time limit
Fristwahrung *f* (com) observance of deadline
Frist *f* **zur Äußerung** (Re) final date for reply
Frostschadenversicherung *f* (Vers) frost insurance
(ie, widely used in US, unknown in Germany)
Früchte *fpl* **und Nutzungen** *fpl* (Re) fruits and prof-its, §§ 99, 100 BGB

Frühbezugsrabatt *m* (com) dead-season rebate *(ie, granted for buying in advance of actual season sales)*
früherer Erfinder *m* (Pat) preceding inventor
frühester Anfangszeitpunkt *m* (OR) earliest start-ing time
frühester Endzeitpunkt *m* (OR) earliest completion time
frühest möglicher Zeitpunkt *m* (OR) earliest ex-pected time
Frühindikator *m*
(Vw) leading indicator
- leader
(eg, new orders, money supply, stock prices; syn, vorlaufender/vorausseilender . . . Indikator; opp, Präsensindikator, Spätindikator, qv)
Frühinvalidität *f* (SozV) pre-retirement disable-ment
Frühjahrsmesse *f* (com) spring fair
Frühkapitalismus *m* (Vw) early capitalism
Frühpensionierung *f* (Pw) early retirement
Frührentner *m* (Pw) early retirer
Frühschicht *f* (Pw) morning shift
Frühstückskartell *n* (Kart) gentlemen's agreement
Frühverrentung *f* (SozV) early retirement
Frühwarnsignal *n* (Bw) early warning signal
Frühwarnsystem *n* (Bw) early warning system
Fühler *mpl* **ausstrecken** (com, infml) to put out *(or send out)* one's feelers
Fühlungnahme *f* (com) exploratory contacts
führen
(Bw) to manage
- to direct
- to lead
- to run *(eg, the show day by day)*
(com) to carry in stock *(eg, a wide variety of products)*
(Fin) to lead manage *(eg, an underwriting syndi-cate)*
(ReW) to carry *(ie, in books of account)*
- to list *(eg, assets are listed in corporate books)*
führende Aktienwerte *mpl* (Bö) equity leaders
führende Null *f* (EDV, Cobol) leading zero
führender Hersteller *m* (com) leading *(or premier)* producer
führender Market *m* (com) key/bellwether . . . market
führende Stellung *f* (Pw) leading position
führende Werte *mpl*
(Bö) leading shares
- bellwether stock
- market leaders
(syn, Publikumswerte, Spitzenwerte)
Führerpersönlichkeit *f* (Pw) born leader
Führerschein *m*
(com) driver's license
- (GB) driving licence
Führerscheinentzug *m* (Re, GB) obligatory dis-qualification *(ie, from driving)*
Fuhrpark *m*
(com) vehicles . . . fleet/park/pool
- car pool
- automobile fleet
- fleet of trucks *(ie, Lkws)*
Fuhrparkbetreiber *m* (com) fleet operator

Führung *f*
(com) guided tour *(eg, of a plant)*
(Bw) management
– direction
– directing
– leadership
Führung *f* **der Bücher** (ReW) keeping books of account
Führung *f* **der Geschäfte** (com) conduct of a business
Führungsabstand *m* (EDV) guide margin
Führungsaufgaben *fpl* (Bw) = Führungsfunktionen
Führungsausschuß *m* (com) management committee
Führungsbank *f* (Fin) lead manager *(ie, in e–m Konsortium)*
Führungsbefähigung *f* (Pw) managerial qualities
Führungscrew *f* (Bw, infml) management team
Führungsebene *f*
(Bw) level *(or* layer) of management
– managerial level
Führungseigenschaften *fpl* (Pw) executive talent
Führungselite *f* (Bw) managerial elite
Führungsentscheidung *f* (Bw) executive decision
Führungsfunktionen *fpl* (Bw) management *(or* mangerial) functions
Führungsgremium *n* (Bw) management group *(or* committee)
Führungsgröße *f* (EDV) controlling variable *(syn, Stellgröße, qv)*
Führungsgrundsätze *mpl* (Bw) principles of management
Führungsgruppe *f*
(com) management team
(Fin) lead management group
Führungshierarchie *f* (Bw) managerial hierarchy
Führungsinformation *f* (Bw) management information
Führungsinstrument *n*
(Bw) directional device
– instrument of management
Führungsklausel *f* (Vers) lead management clause
Führungskonzeption *f* (Bw) management concept
Führungskraft *f*
(Bw) manager
– (business) executive
Führungskräfte *fpl*
(Pw) executive personnel
– senior staff
– management-level employees
Führungskräfte *fpl* **aller Ebenen** (Bw) managers at all levels
Führungsmannschaft *f* (Bw) management team
Führungsmittel *npl* (Bw) managerial instruments
Führungsmodell *n* (Bw) management model
Führungsnachwuchs *m* (Pw) young executives
Führungsorganisation *f* (Bw) = Führungsstruktur
führungsorientiertes Rechnungswesen *n* (ReW) management accounting *(ie, Schwerpunkt liegt bei der operativen Planung)*
Führungsposition *f*
(Bw) management
– executive
– supervisory... position
Führungsprovision *f* (Fin) management fee

Führungssituation *f* (Bw) directional *(or* managerial) situation
Führungsspanne *f* (Bw) span of control
Führungsspitze *f*
(Bw) corporate summit
– top management *(or* echelon)
Führungsstil *m*
(Bw) pattern *(or* style) of leadership
– management style
Führungsstruktur *f*
(Bw) management structure
– management and control structure
Führungssystem *n* (Bw) management concept *(or* system) *(syn, Führungskonzept, Managementkonzept)*
Führungsteam *n* (Bw) management team
Führungstechnologie *f* (Bw) management techniques *(ie, anwendungsorientierte Transformation von Theorien; Schwerpunkt liegt auf der wissenschaftlichen Begründbarkeit)*
Führungstheorie *f* (Bw) theory of management
Führungsverhalten *n*
(Bw) pattern of management
– leadership attitude
Führungswechsel *m* (Bw) change in leadership
Führungszeichen *n* (EDV) leader *(ie, in UNIX)*
Führungszeugnis *n* (Pw) certificate of conduct
Führungsziele *npl* (Bw) managerial objectives
Fuhrunternehmen *n* (com) haulage contractor
Füllauftrag *m*
(com) stop gap order
– fill-in order
Füllbefehl *m* (EDV) dummy instruction
Füllfeld *n* (EDV, Cobol) filler
Füllmaterial *m*
(com) wadding *(ie, soft stuffing substance)*
– padding
Füllzeichen *n*
(EDV) fill character
– filler *(syn, Leerzeichen)*
(EDV, Cobol) padding character
Füllziffer *f* (EDV) gap digit
Fundamentalanalyse *f* (Bö) fundamental analysis *(ie, Methode zur Prognose von Aktienkursen; geht von den ‚fundamentals‘ (fundamentalen Daten) e–r Aktiengesellschaft aus; Teil der stock market techniques, qv)*
Fundamentalsatz *m* **der Algebra** (Math) fundamental theorem of algebra *(ie, every polynomial of degree n with complex coefficients has exactly n roots counted according to multiplicity)*
Fundbüro *n*
(com) lost and found
– (GB) Lost Property Office
– baggage service
fundieren (Fin) to fund *(or* consolidate) *(eg, a debt or loan)*
fundierte Schätzung *f* (Stat) informed estimate
fundierte Schulden *fpl* (Fin) funded *(or* long-term) debt
fundiertes Einkommen *n* (StR) unearned income
fundierte Staatsschuld *f*
(FiW) funded
– consolidated

– long-term . . . public debt
Fundierung *f*
(Fin) funding
– consolidation
Fundierungsanleihe *f* (Fin) funding loan
Fundierungsmethode *f* (ReW) sinking fund method
(of depreciation)
Fundierungsschuldverschreibung *f* (Fin) funding
bond
Fünfer-Gruppe *f* (Vw) Group of Five, G–5 *(ie,*
consists of highly industrialized nations: France,
Germany, Japan, the U.S., and Britain)
Fünftagewoche *f* (Pw) five-day work week
fungibel
(com) fungible
– marketable
– merchantable
Fungibilien *pl* (Re) fungible goods, § 91 BGB
Fungibilität *f* (com) fungibility
fungible Waren *fpl*
(com) fungible (*or* merchantable) goods
– fungibles
fungieren (com) to act as
Funktion *f*
(Math) function
– transformation
– mapping
– map
– graph *(syn, Abbildung)*
Funktional-Determinante *f* (Math) Jacobian determinant
funktionale Autorität *f* (Bw) functional authority
(ie, based on power, status, or job)
funktionale Organisation *f* (Bw) functional organization
funktionale Organisationsstruktur *f* (Bw) functional organization structure
funktionaler Entscheidungsträger *m*
(Bw) decision-making unit
– decider
funktionaler Leiter *m* (Bw) functional manager
funktionales Weisungsrecht *n* (Bw) functional authority
funktionale Verteilungsquoten *fpl* (Vw) factor
shares
Funktionalgliederung *f* (FiW) functional breakdown *(ie, of expenditures)*
Funktionallehre *f*
(Bw) functional specialty
– business discipline
(eg, accounting, auditing, finance, marketing)
Funktionär *m* (Pw) functionary
Funktion *f* **des mittleren Stichprobenumfangs** (Stat)
average sample number function
funktionelle Einkommensverteilung *f* (Vw) functional income distribution
(ie, income accruing to the factors of production,
such as land, labor, capital)
funktionelle Lohnquote *f* (Vw) functional share
funktionelle Planung *f* (EDV) functional design
funktionelle Untergliederung *f* (Bw) functional
grouping
Funktionen *fpl* **ausgliedern** (Bw) to split off enterprise functions
Funktionenbudget *n* (FiW) functional budget

Funktionendiagramm *n* (Bw) function chart
Funktion *f* **mit absoluten Werten** (Math) levels
function
Funktionsbereich *m*
(Bw) area of activities
– functional area
Funktionsdarstellung *f* (Bw) function chart
Funktionseinheit *f* (EDV) functional unit
funktionsfähig
(com) workable
(IndE) operative
funktionsfähiger Wettbewerb *m* (Vw) workable
competition
(ie, orientiert sich an den Kriterien: Marktstruk-
tur, Marktverhalten, Marktergebnis = market
structure, market behavior, market performance/
results; syn, effektiver/wesentlicher/wirksamer . . .
Wettbewerb)
Funktionsgenerator *m* (EDV) function generator
Funktionsgliederung *f* (Bw) functional departmen-
tation
Funktionsmanager *m* (Bw) functional manager
Funktionsmeister *m* (Bw) functional foreman
Funktionsorganisation *f* (Bw) function-oriented
structure
Funktionsplan *m*
(FiW) functional budget plan
(EDV) logical diagram
Funktionsprüfung *f* (EDV) acceptance test
Funktionsrabatt *m* (Mk) functional discount
Funktionsschwäche *f* (Bw) functional weakness
funktionsspezifische Leistung *f* (Bw) function-re-
lated service
Funktionsstörung *f* (EDV) malfunction
Funktionsüberschneidungen *fpl* (Bw) instances of
multiple functions
Funktionsübersicht *f*
(Bw) function chart
(EDV) functional diagramm
Funktionsunfähigkeit *f* (IndE) failure to function
properly
Funktionsvariable *f* (Log) functional variable
Funktionszeichen *n* (EDV) functional character
Funktionszustandsregister *n* (EDV) interrupt
status register
Funktor *m* (Log) logical connective (*or* operator)
(ie, Allquantor und Existenzquantor – universal
and existential quantifiers – are the most common
examples)
Funkwerbung *f* (Mk) broadcast advertising
für Deutsches Bundespatent angemeldet (Pat) Application Pending for German Federal Patent
für die Richtigkeit der Abschrift (com) certified to
be a true and correct copy of the original
für ehelich erklärte Kinder *npl* (StR) legitimated
children, § 6 II VStG
für fremde Rechnung
(com) for third party account
– on/in behalf of another person
für nichtig erklären
(Re) to avoid
– to nullify
für Rechnung wen es angeht (com) for the account
of whom it may concern
Fürsorge *f* (SozV) = (now) Sozialhilfe

Fürsorgepflicht *f*
(Re) principal's duty to ensure welfare (to com-
mercial clerks), § 62 HGB)
(Pw) solicitude for employees
Fürsorgepflicht *f* **des Arbeitgebers** (Pw) employer's
duty of care
Fürstensuite *f* (Pw, joc) top executives' office suite
Fusion *f* (com) merger
Fusion *f* **durch Aufnahme od Neubildung** (com)
merger or consolidation
fusionieren (com) to merge
Fusionsangebot *n* (com) merger offer
Fusionsbilanz *f* (ReW) merger balance sheet
Fusionsfieber *n* (com) merger fever
Fusionsgewinn *m* (Fin) consolidation profit
Fusionskontrolle *f* (com) merger control, §§ 23, 24
GWB *(syn, Zusammenschlußkontrolle, qv)*
Fusionsstrategie *f* (com) merger strategy
Fusionsverbot *n* (Kart) prohibition of merger
Fusionsvertrag *m* (com) merger agreement

Fusionswelle *f*
(com) spate *(or wave)* of mergers
– takeover wave
Fuß fassen
(com) to get a toehold in a market
– to breach a market
– to carve out a market niche
Fußgängerüberweg *m*
(com) pedestrian crossing
– (GB) pelican crossing *(ie, short for: pedestrian
light controlled crossing)*
– (GB) zebra crossing
Fußgängerzone *f*
(com) pedestrian mall
– (GB) pedestrian precinct
Futtergetreide *n* (com) feed grain
Futures *pl* (Bö) futures
*(ie, auf dem Terminkontraktmarkt börsenmäßig
gehandelte Waren, Devisen, Geldmarktpapiere
und Anleihen, Aktienindizes sowie Edelmetalle)*

G

Gabelstapler *m* (com) forklift
Gabelungspunkt *m* (KoR) splitoff point *(ie, in
joint-product production the point of separation
of the different products)*
Gage *f* (com) artist's pay or fee
galoppierende Inflation *f*
(Vw) galloping
– runaway
– cantering . . . inflation
– (infml) wheelbarrow inflation *(eg, Germans
with nightmares of . . .)*
Gammadichte-Funktion *f* (Stat) gamma density
function
Gängelwirtschaft *f* (Vw) economy on leading
strings
gängig
(com) marketable
– (readily) salable *(or saleable)*
– readily sold
– easily sold
gängige Größe *f* (com) stock size
gängige Münzen *fpl*
(Vw) current coins
– coins in circulation
gängiger Artikel *m*
(com) fast-selling article
– high-volume product
gängiger Lohnsatz *m* (Pw) going rate
gängige Waren *fpl* (com) readily salable goods
Gängigkeit *f*
(com) marketability
– salability *(or saleability)*
Gannt-Chart *f*
(IndE) Gannt chart
– daily balance chart
Gannt-Karte *f* (IndE) = Gannt Chart
Gannt-Prämienlohnsystem *n* (IndE) Gannt premium plan

Ganzcharter *f* (com) chartering a whole ship
ganze Dualzahl *f* (EDV) binary integer
ganze rationale Funktion *f* (Math) rational integral
function
ganze Zahl *f*
(Math) integer
– whole number
*(ie, any positive or negative counting number or
zero; opp, Bruch = fraction)*
ganzjährig geöffnet (com) open all the year round
ganz leichte Fahrlässigkeit *f* (Re) culpa levissima
*(ie, very slight negligence; the term is foreign to
the BGB, but is used in labor-court decisions
when risk-prone work is involved)*
ganz od teilweise (com) wholly or in part
ganzseitige Anzeige *f* (Mk) full-page ad(vertise-
ment)
Ganzstelle *f* (Mk) entire billboard
(ie, reserved for a single advertiser)
ganztägig arbeiten (Pw) to work full time
Ganztagsarbeit *f* (Pw) full-time job
Ganztagsbeschäftigung *f* (Pw) full-time employment *(or job or work)*
ganzwertige Funktion *f* (Math) integer-valued function
ganzzahlig (Math) integer-valued
ganzzahlige Funktion *f* (Math) integral function
(ie, takes on integer values)
ganzzahlige Lösung *f* (Math) integer solution
ganzzahlige Optimierung *f* (OR) = ganzzahlige
Programmierung
ganzzahlige Potenz *f* (Math) integer power
ganzzahlige Programmierung *f*
(OR) integer
– discrete
– diophantine . . . programming
*(ie, used to find maxima or minima of a function
subject to one or more constraints, including one*

that requires that the values of some or all of the variables be integers = whole numbers)
ganzzahliger Teil (EDV) integer part
ganzzahliges Vielfaches *n* (Math) integer multiple
ganzzahlige Variable *f* (Math) integer-valued variable
ganzzahlige Verteilung *f* (Stat) integer-valued distribution
Ganzzahligkeitsbedingung *f* (OR) discreteness stipulation
Gap-Analyse *f* (Bw) gap analysis *(syn, Lückenanalyse, qv)*
Garagenmiete *f*
(com) garage rental
Garant *m*
(Re) guarantor
– warrantor
(Fin) underwriter
Garanten *mpl* (Vers) guarantors
(ie, people who have put up the funds for the formation and initial operation of a mutual insurance association)
Garantie *f*
(Re) guaranty
– (GB) guarantee
(ie, e–e von der Hauptschuld unabhängige Verpflichtung; nicht akzessorisch, sondern abstrakt; das angloamerikanische Recht versteht hierunter mehr e–e akzessorische Sicherheit, während eine abstrakte Verpflichtung 'indemnity' genannt wird; guaranty makes guarantor secondarily liable for debt or default of another person, but see ‚selbstschuldnerische Bürgschaft‘)
(com) warranty
– guarantee
(ie, gesetzlich od vertraglich fixierte Verpflichtung e–s Anbieters, Eigenschaften e–s Produktes, wie Haltbarkeit od Funktionstüchtigkeit zu gewährleisten; Ansprüche nach §§ 459ff und §§ 633ff BGB; sonst nach Allgemeinen Geschäftsbedingungen (AGB) od individuellen Garantieverträgen; hohe absatzpolitische Bedeutung; syn, Garantieleistung, Gewährleistung)
(Fin) underwriting
Garantieabteilung *f*
(Fin) guaranty department *(ie, of a bank)*
(Fin) underwriting department
Garantieanspruch *m*
(Re) claim under a warranty
– warranty claim
Garantiearbeiten *fpl* (com) warranty work *(eg, by car makers)*
Garantiedeckungsbetrag *m* (Fin) guaranty cover amount
Garantiedeckungskonto *n* (ReW) guaranty cover account
Garantiedividende *f* (Fin) guaranteed dividend *(ie, adequate annual compensation payable to minority shareholders, § 304 AktG)*
Garantieeffekt *m* (WeR) guaranty effect *(ie, resulting from payment guaranty given by indorser of bill of exchange or check)*
Garantieerklärung *f*
(Re) guaranty bond
– warranty

Garantiefall *m* (Fin) event making a guaranty operative
Garantiefonds *m* (Vers) guaranty fund
Garantiefrist *f*
(com) guarantee period
– period of warranty
Garantiegeber *m* (Re) guarantor
Garantiegemeinschaft *f* (Re) guaranty association
Garantiegeschäft *n* (Fin) guaranty business *(ie, of banks)*
Garantiegruppe *f* (Fin) underwriting group
Garantie *f* **haben** (com) guaranteed *(eg, for 3 years)*
Garantiehaftung *f*
(Re) liability under a guaranty
Garantie *f* **in Anspruch nehmen**
(Re) to implement a guaranty
– to call a guaranty
– to make a claim under a guaranty
Garantiekapital *n*
(ReW) equity capital *(ie, insofar as it serves as security for loans or other liabilities)*
(Fin) equity capital of real estate credit institutions
Garantieklausel *f* (Re) warranty clause
Garantiekonsortium *n*
(Re) guaranty syndicate
(Fin) underwriting syndicate
– (GB) underwriters
(ie, rare in Germany: syndicate guarantees to take up any unsold portion of a security issue for its own account)
Garantiekosten *pl*
(KoR) cost of a company's guarantee commitments
(Fin) cost of government or bank guaranties
Garantie *f* **läuft ab** (com) guarantee expires
Garantie *f* **leisten**
(Re) to guarantee
– to give (*or* furnish) guaranty
Garantieleistung *f* (Re) giving (*or* furnishing) a guaranty
Garantieleistungen *fpl* (ReW) warranties
Garantielohn *m* (IndE) = garantierter Mindestlohn
Garantiemittel *pl*
(Fin) guaranty funds
(Vers) equity capital (*or* net worth) of an insurance company + technical reserves
Garantienehmer *m* (Re) warrantee
Garantien *fpl* **für Kapitalanlagen im Ausland** (AuW) guaranties for capital investments abroad
(ie, provided by the Federal Government to cover political risks of direct investments in developing countries)
Garantiepreis *m* (com, EG) guaranteed price
Garantieprovision *f*
(Fin) guaranty commission
(Fin) underwriting commission
Garantierahmen *m* (Fin) guaranty ceiling (*or* limit)
garantieren
(Re) to guarantee (*or* guaranty)
(com) to guarantee *(eg, a machine for 5 years)*
– to warrant
garantierter Erzeugermindestpreis *m* (EG) guaranteed minimum producer price

garantierter Jahreslohn *m* (Pw) guaranteed annual wage *(ie, paid by some U.S. companies)*

garantierter Mindestlohn *m*
(Pw) guaranteed minimum wage
– minimum entitlement (*or* wage)
(ie, supplements the straight piece-rate system)

garantierter Mindestpreis *m* (EG) intervention price

garantiertes jährliches Mindesteinkommen *n* (FiW) guaranteed annual income

Garantierückstellungen *fpl* (ReW) provisions for guarantees

Garantiesatz *m* (AuW) guaranteed proportion (of · export credit)

Garantieschein *m* (com) certificate of guarantee (*or* warranty)

Garantieschreiben *n* (com) letter of guarantee

Garantiestempel *m* (com) warranty stamp

Garantieübernahme *f* (com) acceptance of a guarantee

Garantie *f* **übernehmen**
(com) to guarantee
– to give (*or* furnish) guaranty

Garantieverbund *m* (Fin) joint security scheme *(ie, operated by banks as a means to protect customers' accounts)*

Garantieverletzung *f* (Re) breach of warranty

Garantieverpflichtung *f*
(Re) guaranty obligation
– obligation under a guaranty

Garantieversicherung *f* (Vers) guaranty insurance *(ie, nontechnical term – untechnischer Ausdruck – covering ‚Kautionsversicherung‘, Veruntreuungsversicherung‘ and a special type of ‚Maschinenversicherung‘)*

Garantievertrag *m* (Re) contract of guaranty

Garantiezeit *f* (com) guarantee (*or* warranty) period

Gartenbaubetrieb *m*
(com) truck farm (*or* garden)
– (GB) market garden

Gastarbeiter *m*
(Pw) foreign worker
– guest worker
– temporary immigrant worker

Gastarbeiterrimessen *fpl* (VGR) = Gastarbeiterüberweisungen

Gastarbeiterüberweisungen *fpl* (VGR) remittances of foreign workers

Gastgeberland *n* (AuW) host country

Gasthörer *m*
(Pw) extramural student
– (US) auditor

Gastland *n* (AuW) host (*or* receiving) country

Gaststättenbetrieb *m*
(com, US) caterer
– (US) restaurateur

Gaststättengewerbe *n*
(com) restaurant business
– (GB) catering trade

Gaststätteninhaber *m*
(com) restaurateur
– (GB) caterer

Gaststätten- und Beherbungsgewerbe *n* (com) hotels and restaurants

Gastwirtversicherung *f* (Vers) innkeeper's insurance

Gate Arrays *pl*
(EDV) gate arrays
(ie, halbkundenspezifische integrierte Schaltungen = semi-custom ICs; syn, Logik-Arrays)

Gattung *f*
(Re) genus
– a general class or division
(Fin) class *(eg, of shares)*

Gattungsanspruch *m* (Re) generic claim

Gattungsbegriff *m* (Log) generic term

Gattungsbezeichnung *f* (Kart, Pat) generic (*or* established) name
(ie, of a product, not protected by industrial property law)

Gattungskauf *m*
(Re) sale by description
– sale of unascertained goods
(ie, Käufer bestellt sorten- od listenmäßig und überläßt die Auswahl der Stücke dem Lieferanten; goods have been designated by their kind only)

Gattungsname *m*
(Log) generic name
– general term

Gattungssachen *fpl*
(Re) generic (*or* unascertained) goods *(opp, konkrete Sachen: specific or ascertained goods)*
– generics

Gattungsschuld *f*
(Re) obligation in kind
– generic obligation
(Re) obligation to supply unascertained goods
– obligation to deliver a generically defined thing
(ie, merchantable goods of average kind and quality, § 243 BGB)

Gattungsware *f* (Re) = Gattungssachen

Gauß-Markoffscher Satz *m* (Stat) Gauss-Markov theorem

Gaußsche Einheitsvariable *f* (Stat) unit normal variate

Gaußsche Normalverteilung *f* (Stat) Gaussian distribution

Gaußsche Zahlenebene *f*
(Math) Argand diagram
– Gaussian plane

Gaußverteilung *f* (Stat) = Normalverteilung, qv

GAZ (EG) = Gemeinsamer Außenzolltarif

GDV (Vers) = Gesamtverband der Deutschen Versicherungswirtschaft

geätzte Schaltung *f* (EDV) etched circuit *(syn, gedruckte Schaltung)*

Gebaren *n*
(com) behavior
– practices
– mode of handling

Gebarung *f* (com) = Gebaren

Gebarungskontrolle *f* (FiW) operational audit
(ie, betrifft Ordnungsmäßigkeit der Gebarungshandlungen, auch Unterlassungen, die in den Büchern aufgezeichnet sind)

Gebäude *npl* (ReW, *balance sheet item*) buildings

Gebäudeabschreibung *f* (ReW) building depreciation

Gebäudebesteuerung *f* (StR) taxation of buildings
(ie, may comprise elements of real property tax, net worth tax, income tax, and real property transfer tax)

Gebäude *npl* **einschl. Ein- und Umbauten** (ReW) buildings and improvements

Gebäudekosten *pl* (com) building occupancy expenses
(ie, depreciation, interest, repairs, heating, lighting, etc.)

Gebäudereparaturen *fpl* (com) building repairs

Gebäudeschaden *m* (com) damage to a building

Gebäudeunterhaltung *f* (com) building maintenance and upkeep

Gebäudeversicherung *f* (Vers) building insurance

Gebäudewert *m* (StR) value of building *(ie, construction cost + income)*

Geber *m*
(StR) payor, § 10 I No. 1 EStG
(EDV) generator

Geberland *n*
(Vw) donor country
(IWF) selling country

Gebiet *n*
(com) territory
(Log) subject area

gebietsansässig (AuW) resident

Gebietsansässiger *m* (StR) resident (individual)

Gebietsaufteilung *f*
(Vw) zoning
(Kart, US) division of territories

gebietsfremde Einlagen *fpl* (Fin) non-resident deposits

Gebietsfremden-Kontingent *n* (AuW) nonresident quota

Gebietsfremder *m* (StR) nonresident (individual)

Gebietshoheit *f* (Re) territorial jurisdiction

Gebietskartell *n* (Kart) market sharing cartel
(ie, limited agreement allocating markets with a view to saving transport and advertising costs)

Gebietskörperschaft *f*
(Re) government(al) unit
– unit of government
– political subdivision
– territorial division

Gebietskörperschaften *fpl* (com) central, regional, and local authorities

Gebietsleiter *m*
(com) regional manager
– division area supervisor

Gebietsprovision *f* (com) overriding commission
(ie, of a commercial agent)

Gebietsvertreter *m* (com) regional commercial representative

Gebinde *n*
(com) barrel
– cask
(ie, used for storing alcoholic beverages)

geborene Orderpapiere *npl* (WeR) original order papers
(opp, gekorene (ie, auch gesetzliche Orderpapiere; die Möglichkeit der Übertragung durch Indossament gilt ohne weiteres für Wechsel,

Scheck, Namensaktie; Art 11 I WG, Art 14 I ScheckG, § 68 AktG; opp, gekorene Orderpapiere)

Gebot *n*
(com) bid *(eg, at auction)*
(Bö) buyers

Gebot *n* **abgeben**
(com) to make a bid

gebotener Preis *m* (com) bid price

Gebrauchsabnahme *f* (com) final acceptance of completed building

Gebrauchsabweichung *f* (KoR) use variance

Gebrauchsanweisung *f*
(com) instructions for use

Gebrauchsartikel *m* (com) article of daily use

Gebrauchsdefinition *f*
(Log) contextual definition
– definition in use
– postulational definition

Gebrauchsgrafik *f* (Mk) commercial/advertising . . . art

Gebrauchsgrafiker *m* (Mk) industrial/commercial . . . artist

Gebrauchsgüter *npl*
(com) durable consumer goods
– consumer durables
– durables

Gebrauchsgüterpanel *n* (Mk) consumer durables panel

Gebrauchslizenz *f*
(Pat) license for use

Gebrauchsmuster *n* (Pat) utility-model patent *(ie, second-class patent for ‚petty' inventions of useful articles)*
– industrial design
– utility patent
– petty patent
– design patent

Gebrauchsmusterberühmung *f* (Pat) holding out as a utility-patented article

Gebrauchsmusterhilfsanmeldung *f* (Pat) auxiliary utility model registration

Gebrauchsmusterschutz *m* (Pat) legal protection of utility patents

Gebrauchstarif *m* (AuW) autonomous tariff

Gebrauchstauglichkeit *f*
(IndE) adequacy *(cf, DIN 55 350. T11)*
– fitness for use
(ie, Eignung e–s Produktes für den geplanten Verwendungszweck)

Gebrauchsüberlassung *f*
(ReW) loan for use
(Re) transfer for use

Gebrauchsüberlassungsvertrag *m* (Re) contract for the transfer of use

Gebrauchsvermögen *n* (VGR) national wealth earmarked for consumption

Gebrauchsverschleiß *m*
(ReW) depreciation based on use
(eg, through ordinary or normal wear and tear)

Gebrauchswert *m*
(com) practical value
(Vw) value in use

Gebrauchszolltarif *m* (Zo) working tariff

Gebrauchtmaschinen *fpl* (com) used equipment

Gebrauchtwagen *m* (com) second-hand (*or* used) car

Gebrauchtwagenmarkt *m* (com) used-car market

Gebrauchtwagenpreisliste *f* (com, GB) Glass's guide
(ie, equivalent, for instance, to ,Schwacke')

Gebrauchtwaren *fpl* (com) second-hand articles

Gebrauchtwarenhändler *m* (com) second-hand dealer

Gebrauchtwarenmarkt *m* (com) second-hand market

gebrochene Abschreibung *f* (KoR) broken-down depreciation
(ie, into fixed and proportional elements; used in standard direct costing = Grenzplankostenrechnung)

gebrochener Exponent *m* (Math) fractional exponent

gebrochener Schluß *m* (Bö) odd lot

gebrochener Verkehr *m* (com) combined transportation *(eg, rail/road, rail/truck)*

gebrochene Währung *f* (Fin) more than one currency

gebrochen rationale Funktion *f* (Math) fractional equation

Gebühr *f*
(com) fee *(eg, admission/entrance/parking... fee)*
(Re) professional fee

Gebühren *fpl*
(FiW) public charges
– direct-user charges
– benefit taxes
(Fin, sometimes) commission

Gebührenanzeiger *m*
(com) tollcharge meter
– (GB) call-charge indicator

Gebührenaufstellung *f* (com) account of charges

Gebühren *fpl* **berechnen** (com) to charge fees

Gebühreneinheit *f* (com) (telephone) call charge unit

Gebühren *fpl* **entrichten** (com) to pay fees

Gebühren *fpl* **erheben** (FiW) to levy fees

Gebührenerhöhung *f* (com) increase of charges or fees

Gebührenerlaß *m* (com) remission of charge (*or* fee)

Gebührenerstattung *f* (com) refund of charges

Gebühren *fpl* **festsetzen** (com) to fix fees

gebührenfrei
(com) at no charge
– free of charge
– without charge

gebührenfreies Konto *n* (Fin) account on a non-charge basis

Gebühren *fpl* **für Müllabfuhr** (com) fees for garbage disposal

Gebührenmarke *f* (com) fee stamp

Gebührenordnung *f*
(com) fee scale
– schedule of fees
(Re, US) fee bill

Gebührenordnung *f* **für Kursmakler** (Bö) brokers' pricing schedule

Gebührenrechnung *f* (com) bill of charges (*or* costs)

Gebührensatz *m*
(com) billing rate *(eg, per accountant hour)*
(Re) rate of charges

Gebührentabelle *f*
(com) scale of charges
(Re) schedule of fees
(Fin) scale of interest rates and charges *(ie, in banking)*

Gebührentarif *m* (Re) fee schedule

Gebühr *f* **für ungenutzte Liegetage** (com) dispatch money

gebündelte Versicherung *f*
(Vers) bundled insurance cover *(opp, kombinierte Versicherung)*

gebunden
(Re) bound *(eg, by contract)*
– committed

gebundene Entwicklungshilfe *f*
(AuW) tied aid
– procurement tying

gebundene Erfindung *f* (Pat) employee's invention made available to the employer

gebundene Finanzmittel *pl*
(MaW) funds tied up in inventories
– cash (*or* capital) lockup in raw materials and supplies

gebundene Mindestreserven *fpl* (Vw) nonavailable (*or* immobilized) liquidity

gebundene Namensaktie *f* (Fin) registered share of restricted transferability

gebundener Preis *m*
(Vw) controlled price *(opp, free market price)*
(Kart) maintained (*or* fixed) price *(see: resale price maintenance)*

gebundener Zahlungsverkehr *m* (Vw) payments by means of currencies agreed upon between two countries

gebundenes Kapital *n*
(ReW) fixed capital
(Fin) tied-up (*or* locked-up) capital

gebundene Spanne *f* (Mk) restricted margin

gebundenes Vermögen *n* (Vers) restricted assets

gebundene Variable *f* (Math) bound(ed) variable
(syn, scheinbare Variable)

gebundene Vermögenswerte *mpl* (Bw) blocked (*or* frozen) assets

gebundene Zollsätze *mpl* (AuW) bound rates

Geburtenhäufigkeit *f* (Stat) fertility

Geburtenkontrolle *f* (com) birth control
(ie, by drastically reducing the number of conceptions)

Geburtenstatistik *f* (Stat) birth statistics

Geburtenziffer *f* (Stat) birth rate

Geburtsbeihilfe *f* (StR) birth benefit, § 3 No. 15 EStG

Geburtshilfe *f* (SozV) childbirth care

Geburtsurkunde *f* (com) birth certificate

Gedächtnisprotokoll *n* (com) minutes from memory

Gedächtnistest *m* (Mk) (aided) recall test

gedämpfte Schwingung *f* (Vw) damped oscillation

Gedankenaustausch *m*
(com) exchange of ideas (on)

- (infml) swapping ideas (on)
Gedankengang *m* (com) line of thought
gedeckter Kredit *m* (Fin) secured loan (*or* credit)
gedeckter Wagen *m*
(com) boxcar
- (GB) covered goods waggon *(syn, G-Wagen)*
gedecktes Risiko *n* (Vers) risk covered
Gedingelohn *m* (Pw) job (*or* piece) wage *(ie, in the mining industry)*
gedrückter Markt *m*
(Bö) depressed market
- weak (*or* sagging) market
- heavy market
(ie, denotes a drop in prices due to selling of long stock by holders who are taking profits)
gedruckter Schaltkreis *m* (EDV) printed circuit
gedruckte Schaltung *f* (EDV) printed circuit board
(syn, geätzte Schaltung, Flachbaugruppe)
geeignete Schritte *mpl* (com) appropriate action
(eg, to take...)
Gefahr *f*
(Vers) risk
- hazard
- peril
gefährdeter Beruf *m* (Pw) hazardous occupation
Gefährdungshaftung *f*
(Re) strict liability (in tort)
- absolute liability
- liability based on causation irrespective of fault
(ie, responsibility for hazardous activities where damage was caused neither intentionally nor negligently; auf die übliche Fiktion e–r vertraglichen Haftung wird inzwischen verzichtet; opp, Verschuldenshaftung = liability based on proof of fault; syn, Erfolgshaftung, verschuldensunabhängige Haftung)
Gefahrengemeinschaft *f*
(Vers) community of risks
(SeeV) contributing interests
Gefahrenherd *m* (com, infml) hot spot *(ie, where there is likely to be trouble)*
Gefahrenklasse *f*
(Vers) class (*or* category) of risks
- experience rating
Gefahrenklausel *f* (Vers) emergency (*or* perils) clause
Gefahrenmerkmale *npl* (Vers) particulars of risk
Gefahrenprämie *f* (Vers) extraordinary perils bonus
Gefahrenquelle *f* (Vers) safety hazard
Gefahrenrückstellung *f* (Vers) reserve for special risks
Gefahrentarif *m* (SozV) danger list
(ie, based on the number of accidents in a specified sector; used by the Berufsgenossenschaften)
Gefahren *fpl* **tragen** (com) to bear risks
Gefahrenübergang *m* (Re) = Gefahrübergang
Gefahrenübernahme *f* (Re) assumption (*or* acceptance) of risk
Gefahrenzulage *f*
(Pw) danger pay
- danger zone/hazard... bonus
(cf, Erschwerniszulage)

Gefahrerhöhung *f* (Vers) extended risk (*or* hazard)
Gefahr *f* **geht über** (Re) risk passes
gefahrgeneigte Arbeit *f*
(Pw) accident/risk... prone work
- hazardous occupation
Gefahrgüter *npl* (com) dangerous goods
Gefahrminderung *f* (Vers) risk-reducing measure (*or* arrangement)
Gefahrübergang *m* (Re) passage of risk
(ie, in German law the maxim ,cujus periculum ejus est commodum' applies: the burdens and advantages of the object which has been sold pass to the purchaser at the time the risk passes, § 446 BGB)
Gefälligkeitsadresse *f* (WeR) accommodation address
Gefälligkeitsakzept *n* (Fin) accommodation acceptance
Gefälligkeitsakzeptant *m* (Fin) accommodation acceptor
Gefälligkeitsdeckung *f* (Vers) accommodation line
Gefälligkeitsgarantie *f* (WeR) accommodation contract
(ie, usually simply by signing the instrument)
Gefälligkeitsgiro *n* (WeR) = Gefälligkeitsindossament
Gefälligkeitsindossament *n* (WeR) accommodation indorsement
(ie, guaranty of a negotiable instrument)
Gefälligkeitsindossant *m* (WeR) accommodation endorser *(cf, UCC § 3-415)*
Gefälligkeitskonnossement *n* (com) accommodation bill of lading
(ie, issued by a common carrier prior to receipt of merchandise)
Gefälligkeitspapier *n* (Fin) accommodation paper
(ie, bill or note endorsed to help another party)
Gefälligkeitswechsel *m* (Fin) accommodation... bill/note/paper
(ie, zur Hebung der Kreditfähigkeit von Unternehmen = signed to accommodate another party whose credit is not strong enough; quite common in personal and business lending)
Gefälligkeitszeichner *m* (WeR) accommodation party
gefälschte Banknote *f*
(Fin) counterfeit bill
- (GB) forged note
Gefangenendilemma *n* (OR) prisoner's dilemma
(ie, Konfliktsituation, in der Individuen bei individuell rationalem Verhalten ein für alle Beteiligten nachteiliges Ergebnis herbeiführen)
gefragt (com) in demand
Gefriergut *n*
(com) frozen food
- (GB) frosted foods
Gefriertrocknung *f* (com) freeze-drying *(eg, of vegetables)*
gegabelte Befragung *f* (Mk) split ballot
Gegenakkreditiv *n*
(Fin) back-to-back
- countervailing
- secondary... credit
(ie, two letters of credit are used to finance the same shipment)

gegen alle Gefahren (Vers) against all risks
gegen alle Risiken (com) against all risks, a.a.r.
Gegenangebot *n*
  (com) counterbid
  – counter-offer
Gegenanspruch *m*
  (Re) counterclaim
  – cross claim
Gegenanspruch *m* **geltend machen** (Re) to plead a compensating claim
Gegenanspruch *m* **stellen** (Re) to plead a compensating cross claim
Gegenauslese *f*
  (Vers) anti-selection
  – adverse selection
gegen bar verkaufen (com) to sell for cash
gegen Barzahlung (com) cash down
Gegenbestätigung *f* (com) counterconfirmation
Gegenbetrieb *m* (EDV) duplex transmission
Gegenbewegung *f*
  (Stat) countermovement
  – scissor movement
  (eg, of time series in a business cycle diagram)
Gegenbeweis *m* (Re) rebutting (*or* counter) evidence
Gegenbieter *m* (com) competitive bidder
Gegenbuchung *f*
  (ReW) contra
  – cross
  – offsetting
  – reversing... entry
Gegenbürge *m* (Re) counter surety
Gegendarstellung *f*
  (com) counterstatement
  (Mk) (voluntary) counter advertising
gegen die guten Sitten (Re) contra bonos mores
Gegendienst *m*
  (com) reciprocal service
  – service in return
gegen Entgelt
  (Re) for a consideration
  – against ‚quid pro quo‘
Gegenerklärung *f* (com) counterstatement
Gegenforderung *f* (com) counterclaim
Gegengarantie *f* (Re) counter indemnity
Gegengeschäft *n* (com) back-to-back transaction
  – counterdeal
  (AuW) counter-purchase
  (ie, Verpflichtungen werden im Gegensatz zu den Kompensationsgeschäften i. e. S. nicht in einem, sondern in zwei Verträgen niedergelegt: (a) Liefer- od Basisvertrag und (b) Gegenlieferungsvertrag; im Außenhandel von erheblicher Bedeutung; fällt unter den Oberbegriff des ‚countertrade‘; cf, auch Parallelgeschäft)
  (Bö) offsetting transaction
  (Vers) reciprocity business *(ie, in reinsurance)*
gegengewichtige Marktmacht *f* (Vw) countervailing power *(K. Galbraith)*
Gegengutachten *n* (com) opposing expert opinion
Gegenhypothese *f* (Stat) non-null hypothesis
Gegenkaperbrief *m* (SeeV) letter of countermart
Gegenkonto *n* (ReW) contra account
gegenläufige Güter- und Geldströme *mpl* (Vw) bilateral flows

gegenläufiger Zyklus *m*
  (Vw) counter-cyclical pattern
  – anticyclical pattern
  – reciprocal cycle
  (eg, of prices, unemployment)
Gegenleistung *f*
  (Re) quid pro quo *(ie, strictly speaking, the doctrine of ‚consideration‘ has no counterpart in German law)*
  (Re) counter-performance, §§ 323–325 BGB
gegenlesen (com) to compare
Gegenmacht *f* (Vw) countervailing power *(K. Galbraith)*
Gegenmaßnahme *f*
  (AuW) countermeasure
  – retaliation
  – retaliatory action
gegen Null konvergieren (Math) to approach toward zero
Gegenofferte *f* (com) counter-offer
Gegenposten *m*
  (VGR) contra entry *(ie, changes in the external position)*
  (ReW) per contra item
Gegenrechnung *f*
  (com) bill in return
  – invoice for setoff purposes
Gegensaldo *m* (ReW) counter balance
gegenseitig ausschließende Ereignisse *npl* (OR) mutually exclusive events
gegenseitige Bankforderungen *fpl* (Fin) interbank balances
gegenseitige Bedingungen *fpl* (Re) concurrent (*or* mutual) conditions
gegenseitige Kostenstellenverrechnungen *fpl* (KoR) mutual cost center charge transfers
gegenseitige Kreditlinie *f* (AuW) swing
gegenseitige Lizenzgewährung *f* (Pat) cross-licensing *(syn, Lizenzaustausch)*
gegenseitiger Vertrag *m*
  (Re) reciprocal
  – bilateral
  – synallagmatic... contract
  (ie, agreement intending to create obligations on both sides)
gegenseitige Vereinbarung *f* (Re) mutual agreement
gegenseitige Verpflichtung *f* (Re) mutual (*or* reciprocal) obligation
Gegenseitigkeit *f*
  (Re) reciprocity
  – mutuality
Gegenseitigkeitsabkommen *n* (AuW) reciprocal trade agreement
Gegenseitigkeitsgeschäft *n* (AuW) reciprocal deal (*or* transaction)
Gegenseitigkeitsgesellschaft *f* (Re) noncommercial civil-law partnership *(ie, most frequently used in the insurance industry: mutual insurance company)*
Gegenseitigkeitsklausel *f* (AuW) reciprocity clause
Gegenstand *m* **des Anlagevermögens** (ReW) fixed asset
Gegenstand *m* **des Geschäftsverkehrs** (StR) activity of economic significance

Gegenstände *mpl* **des täglichen Bedarfs**
(com) necessaries
– convenience goods
Gegenstand *m* **e–r Gesellschaft** (Re) object (*or* purpose) of a company
Gegenstand *m* **e–r Patentanmeldung** (Pat) subject matter of a patent application
Gegenstand *m* **e–s Patents** (Pat) subject matter of a patent
Gegenstand *m* **e–s Vertrages** (Re) subject matter of a contract
Gegenstandsbereich *m*
(Log) universe of discourse
– domain of individuals
– field of attention (*or* concentration *or* study) (Math) reference set
Gegenstandsraum *m* (Log) semantic domain
Gegenstromverfahren *n* (Bw) mixed top-down/bottom-up planning system
Gegen-Swap *m* (Bö) reverse swap
gegenüber dem Vorjahr
(com) compared with the previous year
– from a year earlier
– on the previous year
Gegenübernahmeangebot *n* (com) anti-takeover proposal
Gegenverkauf *m*
(com) sale in return
– counter-sale
Gegenverpflichtung *f* (Re) mutual promise
Gegenversicherung *f* (Vers) mutual (*or* reciprocal) insurance
Gegenwahrscheinlichkeit *f* (Stat) inverse probability
gegenwärtiger Preis *m* (com) current (*or* prevailing) price
Gegenwartswert *m*
(ReW) current purchase price
(Fin) = Barwert, qv
Gegenwechsel *m* (WeR) cross bill
Gegenwert *m*
(Fin) equivalent amount
(Fin) countervalue (*eg, bills and checks*)
(Fin) proceeds (*ie, in the sense of ‚Erlös'*)
Gegenwert *m* **e–r Anwartschaft** (Vers) present value of an expectancy
Gegenwertfonds *m* (Vw) = Gegenwertmittel
Gegenwertmittel *pl* (Vw) counterpart funds
Gegenwert *m* **überweisen** (Fin) to transfer countervalue
gegenzeichnen (com) to countersign
Gegenzeichnung *f* (com) counter-signature
Gehalt *n* (com) salary
Gehalt *n* **beziehen** (com) to draw (*or* receive) a salary
Gehalt *n* **erhöhen** (com) to increase the salary
Gehaltsabrechnung *f* (EDV) salary printout
Gehaltsabzug *m*
(Pw) deduction from salary
– paycheck deductions
Gehaltsansprüche *mpl* (Pw) desired pay (*or* salary)
Gehaltsaufbesserung *f* (Pw) = Gehaltserhöhung
Gehaltseinzelkosten *pl* (KoR) direct salary costs
Gehaltsempfänger *mpl*
(com) salaried employees

– salaried personnel
– salaried workers
– salary earners
Gehaltserhöhung *f*
(com) salary increase
– pay rise (*or* US: raise)
Gehaltsfortzahlung *f* (SozV) continued payment of salary (*ie, im Krankheitsfalle: in case of illness*)
Gehaltsklasse *f* (Pw) salary bracket
Gehaltskonto *n*
(ReW) salary account
(Pw) employee's salary account
Gehaltskurve *f* (Pw) wage curve
Gehaltskürzung *f*
(com) salary cut
– reduction in salary
Gehaltsliste *f*
(Pw) payroll
– salary roll
Gehaltsniveau *n* (Pw) salary level
Gehaltspfändung *f* (Re) attachment (*or* garnishment) of salary
Gehaltspolitik *f* (Pw) compensation policy
Gehaltsstreifen *m* (com) pay slip
Gehaltsstruktur *f* (Pw) salary structure
Gehaltssummenstatistik *f* (Pw) payroll statistics
Gehaltsunterschiede *mpl* (Pw) salary differential
Gehaltsverrechnungskonto *n* (ReW) payroll account
Gehaltsvorschuß *m* (com) salary advance
Gehaltswünsche *mpl* (Pw) desired pay
Gehaltszettel *m* (com) pay slip
Gehaltszulage *f* (com) additional salary
gehandelt
(Bö) quoted
– listed
– traded (*ie, on the stock exchange*)
gehandelt und Brief (Bö) dealt and offered
Geheimbuchführung *f* (ReW) undisclosed accounting (*ie, employees have no access to key portions of books and records; this is not against principles of orderly accounting*)
geheimer Mangel *m*
(Re) latent
– hidden
– concealed ... defect
(*ie, not apparent on the face of product, document, etc.*)
geheimer Vorbehalt *m*
(Re) mental reservation
– hidden intention
(*ie, denotes a dishonest excuse for evading a contractual promise, § 116 BGB*)
geheimes Einverständnis *n* (Re) collusion
geheimes Wettbewerbsverbot *n* (Kart) blacklisting
geheime Wahl *f* (Pw) election by secret ballot
Geheimhaltungspflicht *f* (Pw) obligation to maintain secrecy
Geheimnisverrat *m* (Kart) disclosure of business secrets, §§ 17ff UWG
Geheimnummer *f*
(com) unlisted number
(*ie, telephone number not recorded in the public phone book and not available for information*)
(EDV, infml) personal identity number, PIN

Geheimpatent n (Pat) secret patent

Geheimsache f
  (com) secret matter
  – classified item

gehemmtes Exportwachstum n (Vw) constrained export growth

gehobener Bedarf m
  (Mk) non-essential demand

Gehorsamspflicht f (Re) duty (or obligation) to comply with instructions

gehortetes Geld n (Vw) inactive money

geht gegen unendlich (Math) tends to infinity

geh- und stehbehindert (SozV) unable to walk and stand properly

Geisterstunde f (Bö, US, infml) triple witching hour
  (ie, an der New Yorker Börse: einmal im Quartal, wenn Terminkontrakte und Optionen auf Marktindizes und Aktien auslaufen)

Geisteskranker m
  (Re) person of unsound mind
  – person non compos mentis

Geisteskrankheit f
  (Re) mental illness, § 104 BGB
  – unsoundness of mind
  – insanity

Geistesschwäche f
  (Re) mental infirmity (or weakness)
  – feebleness of mind
  (ie, a mentally weak person may have lucid intervals; opp, Geisteskrankheit = mental illness)

geistiges Eigentum n (Pat) intellectual property

geizig (com, infml) cheeseparing

gekettete Adressierung f (EDV) chained addressing

geknickte Nachfragekurve f
  (Vw) kinked (or kinky) demand curve
  – cornered demand curve

gekoppelte Börsengeschäfte npl (Bö) matched sales

gekoppelte Stichproben fpl (Stat) linked samples

gekorene Orderpapiere npl (WeR) order papers by transaction (or GB: act of the party)
  (ie, auch gewillkürte O.; bestimmte Papiere können durch Orderklausel [,an eigene Order'] zu Orderpapieren gemacht werden: Konnossement, Ladeschein, Lagerschein, Transportversicherungspolicen; opp, geborene Orderpapiere)

gekreuzter Scheck m (WeR) crossed check, §§ 37 ff ScheckG

gekrümmte Nachfragekurve f (Vw) curvilinear demand curve

gekündigt (Pw) under notice

gekündigte Anleihe f (Fin) called bond

Geländeerschließungskosten pl (com) site development (or preparation) cost

Geld n
  (Fin) money (ie, notes and coin)
  (com) money
  – (infml) cash (money in any form)
  – (sl) bread
  (Bö) bid
  – buyers
  – buyers over

Geldabfluß m (Fin) outflow of funds

Geld n **abheben** (Fin) to draw (or withdraw) money
  (ie, from bank account)

Geld n **abschöpfen** (FiW) to skim money from the economy (ie, through higher taxes)

Geldabundanz f (Fin) abundance of money (ie, in the banking system and in the money market)

Geldakkord m (Pw) money piece rate

Geldangebot n
  (Vw) money supply
  (Fin) money supply (eg, in the money market)

Geldangebotsmultiplikator m (Vw) money supply multiplier

Geldanlage f
  (Fin) (financial) investment
  – employment (or investment) of funds

Geldanlagen fpl **der privaten Haushalte** (VGR) private savings

Geldanlagen fpl **entgegennehmen** (Fin) to accept deposits

Geldanlagen fpl **im Ausland** (Fin) funds employed abroad

Geldanlagen fpl **von Gebietsfremden** (Fin) nonresident investments

Geld n **anlegen**
  (Fin) to invest
  – to put money (into)
  – to sink money (into)

Geldanleger m (Fin) investor

Geldanspruch m (Re) monetary claim

Geld n **aufbringen** (Fin) to raise (or borrow) money

Geld n **aufnehmen** (Fin) to borrow/take up ... money

Geldausgang m (Fin) cash disbursement

Geld n **ausleihen**
  (Fin) to lend
  – to give out money (to)

Geldautomat m
  (Fin, US) automated teller machine, ATM
  – (US) cashomat
  – (GB) cash dispenser

Geldautomaten-Karte f (Fin) cash card

Geldautomatensystem n
  (Fin) ATM (automatic teller machine) system
  – (GB) cash dispenser system

Geldbasis f (Vw) cash/monetary base
  (ie, central bank money + demand deposits with central bank; syn, monetäre Basis, Primärgeld, exogenes Geld)

Geldbedarf m (Fin) cash requirements

Geld n **bei e–r Bank haben** (Fin) to have/keep money in/with a bank

Geld n **bereitstellen** (Fin) to put up money (ie, for a project)

Geld n **beschaffen**
  (Fin) to find
  – to procure
  – to raise ... money
  – (infml) to dig up money somewhere

Geldbeschaffung f (Fin) provision of funds (ie, converting nonliquid assets into cash)

Geldbeschaffungskosten pl
  (Fin) cost of finance
  – cost of raising (or procuring) money
  (Fin) financing costs for the bank itself

Geldbestand m (Fin) monetary holdings

Geld-Brief-Schlußkurs m (Bö) bid-ask close

Geld-Brief-Spanne f (Bö) price spread

Geldbuße *f*
(Re) administrative fine
(StR) fine
(Kart) monetary fine
Gelddarlehen *n* (Fin) money loan
Gelddeckung *f*
(Vw) gold or foreign exchange cover *(ie, of money in circulation)*
(Fin) sum total of liquid funds *(ie, raised through realizing physical assets or procuring money)*
Gelddisponent *m* (Fin) money manager
Gelddisponibilitäten *fpl* (Fin) available liquid funds
Gelddisposition *f*
(Fin) cash management
(Fin) money dealing *(or* operations)
Gelddispositions-Stelle *f* (Fin) money-management department
Geldeingang *m*
(Fin) cash receipt
(Fin) inflow of liquid funds *(ie, from sales of goods, services, or receivables)*
Geldeingänge *mpl* (Fin) monies received
Geldeinheit *f* (Vw) monetary unit
Geldeinkommen *n* (Vw) money income
Geldeinkommen *n* **des Haushalts** (Vw) consumer's money income
Geldeinlage *f*
(Fin) contribution in cash
– cash contribution
(opp, Sacheinlage = contribution in kind od non-cash contribution)
Geldeinstandskosten *pl* (Fin) cost of money *(ie, bank's own financing cost)*
Geld *n* **einzahlen**
(Fin) to pay in money
(Fin) to deposit money at/with a bank
Geldeinzug *m* (Fin) collection of receivables
Geldentschädigung *f* (Re) money *(or* pecuniary) compensation
Geldentwertung *f*
(Vw) inflation
– fall in the value of money
Geldentwertungsindex *m* (Stat) inflation index
Geldentwertungsrate *f* (Vw) rate of inflation
Gelder *npl* **abziehen** (Fin) to withdraw funds
Gelder *npl* **anlegen** (Fin) to invest funds
Gelder *pl* **der öffentlichen Hand** (FiW) public funds
Geldersatzmittel *n* (Fin) substitute money
Gelderwerb *m* (Fin) money-making
Geld *n* **fest anlegen** (Fin) to tie up money
Geldflüssigkeit *f* (Fin) = Geldmarktverflüssigung
Geldflußrechnung *f* (Fin) cash flow statement
(Note: ‚Finanzflußrechnung' is the preferred term in German managerial finance)
Geldforderung *f*
(Fin) money *(or* monetary) claim
– outstanding debt
Geldfunktionen *fpl* (Vw) functions of money
Geldgeber *m*
(Fin) (money) lender
(com) financial backer
– sponsor
Geldgeschäft *n*
(Fin) money-market business
(Fin) money *(or* financial) transaction

(Fin) procurement and disposal of funds
Geldgeschäfte *npl* (Fin) money *(or* monetary) transactions
Geldhahn *m* (Fin, infml) money faucet *(eg, opens up)*
Geldhandel *m*
(Fin) money-market dealings *(ie, in central bank money between banks)*
(Fin) money dealing *(or* trading)
Geldhandelslinie *f* (Fin) money market line
Geldhändler *m* (Fin) money dealer
Geld *n* **hinauswerfen** (com, infml) to throw money down the sink
Geld *n* **hineinstecken**
(Fin) to invest money (into)
– to sink money into
Geld *n* **horten** (Vw) to hoard money
Geldhortung *f* (Vw) hoarding of money
Geldillusion *f*
(Vw) money illusion *(I. Fisher)*
– veil of money
Geldinstitut *n* (Fin) financial institution
Geld *n* **investieren** (Fin) to invest money (into)
Geldkapital *n* (Vw) monetary capital *(opp, Real-od Sachkapital)*
Geldkapitalbildung *f* (Vw) formation of monetary capital
Geldkapitalerhaltung *f* (ReW) maintenance of money capital
Geld *n* **knapp halten** (Vw) to keep credit tight
Geldknappheit *f*
(Vw) money squeeze *(or* stringency)
(Fin) scarcity *(or* shortage) of money
– (infml) money crunch
Geldkosten *pl*
(KoR) money cost *(ie, equivalent of materials used)*
(Fin) cost of money
Geldkredit *m* (Fin) monetary credit
Geldkreislauf *m*
(Vw) circular flow of money
– money circuit
Geld *n* **kündigen** (Fin) to call in money
Geldkurs *m*
(Fin) buying rate *(ie, im Devisenhandel = in currency trading)*
(Bö) bid
– bid/demand . . . price
– buyers'/money . . . rate
Geldleihe *f* (Fin) lending business *(ie, comprises loans, advances on current account, and credits by way of bills discounted)*
Geld *n* **leihen** (Fin) to borrow money *(syn, Geld aufnehmen)*
Geldleihverkehr *m* (Fin) money loan business between banks
Geldleistung *f* (com) payment
Geldleistungen *fpl* (SozV) cash benefits *(opp, Sachleistungen = in-kind benefits)*
Geld *n* **locker machen** (com, infml) to stump up money
Geldlohn *m* (Pw) money wage *(opp, Naturallohn)*
Geldmangel *m*
(Fin) lack of money
– want of finance

315

Geldmarkt *m*
(Fin) money market
(ie, in a broad sense: any demand for and supply of funds and credits)
(Fin) money market
(ie, in the technical sense: the open market for short-term funds; cf, Übersicht)
(Fin, US) money market
(ie, includes the capital market for longer-term funds (government and corporate bonds and stocks) provided by dealers and underwriters)
– (GB, infml) Lombard Street
– (US, infml) Wall Street
Geldmarktanlage *f*
(Fin) employment of funds in the money market
– money market investments
geldmarktfähige Aktiva *pl* (Fin) assets eligible for the money market
(ie, those which are also eligible for discount with the central bank)
geldmarktfähige Papiere *npl* (Fin) paper eligible for the money market
Geldmarktgeschäfte *npl* (Fin) money market dealings (*or* activities)
Geldmarktkredite *mpl* (Fin) money market loans
Geldmarktpapiere *npl* (Fin) money market paper
Geldmarktsatz *m* (Fin) money rate
Geldmarktsätze *mpl* (Vw) money (market) rates
Geldmarktsätze *mpl* **unter Banken** (Fin) interbank money market rates

Geldmarktsteuerung *f* (Fin) money market control
Geldmarktteilnehmer *m* (Fin) money market operator
Geldmarkttitel *mpl* (Fin) = Geldmarktpapiere
Geldmarkttransaktionen *fpl* (Fin) money market transactions *(cf, Übersicht siehe unten)*
Geldmarktverflüssigung *f* (Fin) easing of money market *(ie, supply of loan funds satisfies demand)*
Geldmarktverschuldung *f* (Fin) money market indebtedness
Geldmarktwechsel *m* (Fin) money market bill
Geldmarktzinsen *mpl* (Fin) money market (interest) rates
Geldmenge *f* (Vw) money supply (*or* stock) *(cf, Übersicht)*
Geldmenge *f* **knapp halten** (Vw) to keep a tight grip on the money supply
Geldmengenausweitung *f*
(Vw) money supply expansion
– monetary expansion
(syn, Geldmengenwachstum)
Geldmengen-Einkommensmechanismus *m* (AuW) money supply/income mechanism
Geldmengenentwicklung *f*
(Fin) monetary growth
Geldmengenexpansion *f* (Vw) growth of money supply (*or* stock)
Geldmengen-Preismechanismus *m* (AuW) money supply/price-mechanism

Geldmarkt-Transaktionen

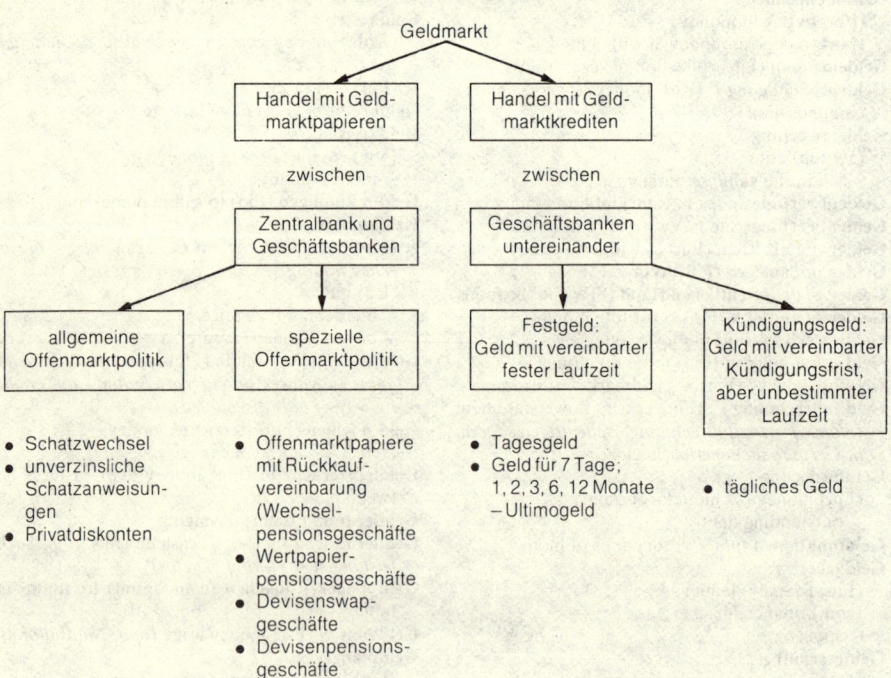

Quelle: Dichtl/Issing, Vahlens Großes Wirtschaftslexikon, Bd. 1, München 1987, 675.

Geldmengenregulierung *f* (Vw) management of money supply
Geldmengensteuerung *f*
(Vw) money supply control
– monetary targeting
Geldmengen- und Kreditzunahme *f* **beschränken** (Vw) **to restrain the growth of money and credit**
Geldmengenwachstum *n* (Vw) monetary growth (*or* expansion)
Geldmengenziel *n*
(Vw) monetary growth target
– monetary target
– money supply target
Geldmenge *f* **regeln** (Vw) to regulate the money supply
Geldmittel *pl* (Fin) cash resources
Geldmittelbestand *m* (Fin) cash position
Geldmittelbewegung *f* (Fin) flow of funds *(ie, up dated statement of liquid funds extending over a period up to three months)*
Geldnachfrage *f* (Vw) demand for cash
Geldnähe *f* (Fin) degree of liquidity

geldpolitischer Indikator *m* (Vw) monetary policy indicator
geldpolitisches Instrumentarium *n* (Vw) tools of monetary policy
geldpolitische Ziele *npl* (Vw) monetary targets
Geldquelle *f* (Fin) money source
Geldrente *f* (Re) annuity *(ie, right to receive periodic payments in compensation for loss of occupational ability or death, § 843 BGB)*
Geldrepartierung *f* (Bö) scale-down of purchase orders
Geldreserve *f* (Vw) money reserve
Geldrückgabe *f* (com) money back
Geldsatz *m* (Fin) buying rate
Geldschaffung *f* (Vw) = Geldschöpfung
Geldschleier *m* (Vw) veil of money *(syn, Geldillusion)*
Geld *n* **schöpfen** (Vw) to create money
Geldschöpfung *f*
(Vw) creation of money
– process of creating money
Geldschöpfungs-Gewinn *m* (Vw) seigniorage

Geldmengen-Aggregate

0.0 Zentralbankgeldmenge
(Geldbasis der Deutschen Bundesbank seit 1974): Bargeldumlauf (einschl. Kassenbestände der Kreditinstitute) + Mindestreservesoll für Inlandsverbindlichkeiten der Banken
= central bank money supply (monetary base): currency in circulation (including banks' cash balances) + liabilities subject to reserve requirements to residents

1.0 Geldvolumen M 1
Bargeldumlauf (ohne Kassenbestände der Kreditinstitute, jedoch einschließlich der im Ausland befindlichen DM-Noten und -Münzen)
= currency in circulation (excluding banks' cash balances, but including DM notes and coins held abroad)
+ Sichteinlagen inländischer Nichtbanken
= domestic non-banks' sight deposits

2.0 Geldvolumen M 2
M 1
+ Termingelder inländischer Nichtbanken bis unter 4 Jahren
= domestic non-banks' time deposits and funds borrowed for less than 4 years

3.0 Geldvolumen M 3
M 2
+ Spareinlagen inländischer Nichtbanken mit gesetzlicher Kündigungsfrist
= domestic non-banks' savings deposits at statutory notice

Quelle: Monatsberichte der Deutschen Bundesbank – Monthly Report of the Deutsche Bundesbank.

Geldnutzen *m* (Vw) utility of liquid funds (*or* cash)
Geld *n* **ohne Edelmetalldeckung** (Vw) credit money
Geldplan *m* (Fin) cash plan
Geldplanung *f* (Fin) cash planning
Geldpolitik *f* (Vw) monetary policy
(ie, durch Veränderung der Geldmenge, der Liquidität und des Zinses wird versucht, Geldnachfrage und Geldangebot zu beeinflussen; actions taken by central banks to affect monetary and other financial conditions in pursuit of broader objectives, such as sustainable growth of real output, high employment, and price stability)
geldpolitische Bremsen *fpl* (Vw) monetary brakes
geldpolitische Maßnahmen *fpl* (Vw) measures of monetary policy

Geldschöpfungskoeffizient *m* (Vw) money creation coefficient
Geldschöpfungsmultiplikator *m*
(Vw) bank money creation multiplier
– money creation multipler
– money supply expansion multiplier
– deposit multiplier
Geldschuld *f* (Re) money debt (*or* owed), § 244 BGB
Geldsendung *f* (VGR) remittance
Geldsorten *fpl* (Fin) foreign notes and coin
Geld *n* **spielt keine Rolle** (com, infml) money no consideration
Geldspritze *f*
(Fin) injection of money

– (infml) fiscal shot in the arm
Geldsteuerung *f* (Vw) money supply control
Geld *n* **stillegen**
  (Fin) to immobilize
  – to neutralize
  – to sterilize ... money
Geldstillegung *f*
  (Fin) locking up
  – tying up
  – sterilization ... of money
Geldstrafe *f*
  (Re) penalty
  – fine
Geldstromanalyse *f*
  (Vw) analysis of moneyflows
  – flow-of-funds/money flow ... analysis
Geldsubstitut *n* (Fin) near money
Geldsumme *f* (Fin) sum of money
Geldsurrogat *n* (Fin) substitute money
Geldtheorie *f*
  (Vw) theory of money
  – monetary economics
Geldtransfer *m* (FiW) cash grants
Geldüberhang *m* (Vw) excess money supply
Geld *n* **überweisen** (Fin) to remit money *(ie, by mail or post)*
Geldüberweisung *f*
  (Fin) money transfer *(ie, transmission of funds by public or private telegraph)*
  – remittance
  (Fin) remittance
  – amount of money remitted
Geldüberweisungsgebühr *f* (Fin) money transfer charge
Geldumlauf *m*
  (Vw) circulation of money
  (Vw) money in circulation
  (ie, currency – coin and paper money – in circulation)
  – money supply *(or* stock*)*
  (Vw) money turnover
Geldumlaufgeschwindigkeit *f* (Vw) velocity of circulation
Geldumsatz *m* (Fin) money turnover
Geld und Brief (Bö) bid and asked
Geld- und Kapitalvermittler *mpl* (Fin) financial intermediaries
Geld- und Kreditpolitik *f* (Vw) monetary policy
Geld- und Kredittheorie *f* (Vw) monetary theory
geld- und kreditwirtschaftliches Unternehmen *n* (Fin) financial enterprise
Geld- und Währungsordnung *f* (Vw) monetary order (*or* system)
Geld *n* **unterschlagen**
  (Re) to embezzle
  – to convert another's money to one's own use
  – to take another's money
Geldunterschlagung *f* (Re) embezzlement
Geld *n* **verdienen**
  (Fin) to make money
  (Pw) to earn money *(ie, by working)*
Geldverfassung *f* (Vw) monetary structure
Geldverkehr *m* (Fin) monetary movements (*or* transactions)
Geldverknappung *f*

(Fin) contraction of money supply
– monetary tightness
– money squeeze
Geldverleiher *m* (Fin) moneylender
Geld *n* **verlieren**
  (Bö) to loose money
  – (infml) to catch a cold
Geldvermögen *n* (VGR) financial assets
Geldvermögensbildung *f*
  (VGR) acquisition of financial assets
  (Vw) monetary wealth formation
Geldvermögensneubildung *f* (Vw) new capital formation
Geldvermögenswerte *mpl* (Fin) cash assets
Geldvernichtung *f*
  (Vw) reduction of money supply
  – destruction of money *(opp, Geldschöpfung)*
Geldverschlechterung *f* (Vw) currency depreciation
Geld *n* **verschwenden**
  (Fin) to squander money
  – (infml) to throw one's money about/around
Geldversorgung *f* **der Wirtschaft** (Vw) money supply
Geldversorgungsgeschäfte *npl* (Fin) money creation and payments transactions *(ie, by banks)*
Geldvolumen *n*
  (Vw) money supply (*or* stock)
  – volume of money *(syn, Geldmenge, qv)*
Geldvolumen *n* **der Wirtschaft** (Fin) volume of money in the economy
Geldwäsche *f* (Fin, infml) money laundering *(ie, converting money from illegal or shady transactions into untraceable investment)*
Geld *n* **waschen** (Fin, infml) to launder money *(ie, to legitimize illegally obtained money by processing it through a legitimate third-party business or organization)*
Geldwechselgeschäft *n* (Fin) currency exchange transactions
Geld *n* **wechseln** (Fin) to change money
Geldwert *m* (Vw) value of money *(ie, 1/Preisniveau = reciprocal of price level)*
Geldwerte *mpl* (Vw) money assets
geldwertes Recht *n* (Vw) financial claim
geldwerte Vorteile *mpl* (Pw) benefits in money's worth
Geldwertschwankungen *fpl* (Vw) fluctuations in the value of money
Geldwertschwund *m* (Vw) monetary erosion
Geldwertstabilität *f* (Vw) monetary stability *(ie, Konstanz des Preisniveaus bzw. der Kaufkraft des Geldes)*
Geldwertverschlechterung *f* (Vw) currency depreciation
Geldwesen *n*
  (Vw) currency system
  – monetary system (*or* order)
Geldwirtschaft *f* (Vw) money economy *(opp, Naturalwirtschaft = barter economy)*
Geldzins *m* (Vw) money interest *(opp, Naturalzins)*
Geldzuflüsse *mpl* (Fin) inflow (*or* influx) of funds
Geld *n* **zurückerstatten** (Fin) to refund (*or* pay back) money
Gelegenheit *f* **nutzen** (com) to catch at a chance *(eg, of making a profit)*

– to grab at
– to snap at
Gelegenheitsagent *m* (com) occasional agent *(ie, he is not a commercial representative)*
Gelegenheitsarbeit *f*
(Pw) temporary employment (*or* work)
– casual work (*or* labor)
Gelegenheitsarbeiter *m*
(Pw) occasional (*or* transient) worker
– (GB) casual labourer
(ie, not confined to heavy labor)
Gelegenheitsbeschäftigung *f* (Pw) = Gelegenheitsarbeit
Gelegenheitsemittent *m* (Fin) occasional issuer
Gelegenheitsfrachtführer *m* (com) occasional carrier
Gelegenheitsgeschäfte *npl*
(com) occasional deals (*or* transactions)
(com) transactions of single-venture partnerships
Gelegenheitsgesellschaft *m*
(com) temporary joint venture
– ad hoc consortium
(ie, es genügt das gemeinsame Verfolgen e–s einmaligen Zwecks, das farblos als G. bezeichnet wird; es gelten die Regeln der §§ 705 ff BGB; bedeutsam lediglich in der Form des Emissionskonsortiums, qv)
Gelegenheitskauf *m*
(com) chance bargain
(Kart) bargain
(ie, offering goods for sale below the current market price)
Gelegenheitskunde *m* (com) casual customer
Gelegenheitspreis *m* (com) bargain price
Gelegenheitsspediteur *m* (com) occasional forwarder
Gelegenheitsstichprobe *f* (Stat) chunk sample
geleistete Anzahlungen *fpl*
(ReW) advance payments to suppliers
– payments in advance
– advances to supply
– deposits with suppliers
(ReW, EG) payments on account *(cf, § 266 HGB)*
geleistete Anzahlungen *fpl* **auf Anlagevermögen**
(ReW) down-payments for fixed assets
geleistete Arbeitsstunden *fpl* (Pw) hours worked
gelenkter Außenhandel *m* (AuW) controlled international trade
gelenkte Wirtschaft *f* (Vw) controlled (*or* directed) economy
gelieferte Menge *f* (com) quantity shipped
geliefert Grenze (com) delivered at frontier
geliefert Grenze benannter Lieferort (com, *Incoterms*) delivered at frontier named place of delivery
geliefert verzollt benannter Ort im Einfuhrland (com, *Incoterms*) delivered named place of destination in country of importation duty paid
geliehene Währungsreserven *fpl* (AuW) borrowed reserves
geltender Lohnsatz *m* (Pw) prevailing wage rate
geltender Preis *m* (com) current (*or* ruling) price
geltender Satz *m* (com) current rate

geltender Wechselkurs *m* (ReW) current exchange rate
(ie, exchange rate ruling at the balance sheet date or during the income statement period)
geltendes Recht *n*
(Re) established law
(Re) applicable/governing ... law
– law to apply
(ie, as used in contract wording)
geltende Vorschrift *f* (Re) current regulation
geltende Ziffer *f* (Math) significant number
geltend machen
(Re) to assert *(eg, a right)*
– to put forward *(eg, a claim)*
(StR) to claim *(eg, expenses as tax exempt)*
(Pat) to interfere
Geltendmachen *n* **von Rechten** (Re) assertion of rights
Geltendmachung *f* **von Ersatzansprüchen** (Re) assertion of claims for damages
Geltungsbereich *m*
(Re) scope
– ambit *(eg, of a law or statute)*
Geltungsdauer *f*
(Re) duration
– period of validity (*or* operation)
Geltungsdauer *f* **e–s Patents** (Pat) life of a patent
Geltungsfrage *f* (Log) question of justification (*or* validity)
Geltungskonsum *m* (Vw) conspicuous (*or* ostentatious) consumption
gemeiname Patentanmeldung *f* (Pat) common patent application
gemeinasmer Rechtsgeschäftswille *m*
(Re) concurrence of intention
– union/meeting ... of minds
Gemeinbedarf *m* (FiW) public requirements
Gemeinbedürfnisse *npl* (FiW) collective (*or* public) wants
Gemeinde *f*
(FiW) municipality
– municipal authority
(ie, lowest level of government in the German three-tier system)
– (GB) local authority
Gemeindeabgaben *fpl* (FiW) municipal taxes and charges
Gemeindeabgabengesetz *n* (FiW) municipal-revenue law
Gemeindeanleihe *f* (FiW) municipal loan
Gemeindeanteil *m* (FiW) municipal share in income tax revenue
Gemeindefinanzen *pl* (FiW) municipal (*or* local) finance
Gemeindefinanzreformgesetz *n* (FiW) Municipal Finance Reform Law, of 8 Sept 1969
Gemeindehaushalt *m* (FiW) municipal budget
Gemeindehaushaltsrecht *n* (FiW) municipal budget law
Gemeindelasten *fpl* (StR) municipal burdens *(ie, which result from the existence of a business establishment, § 30 GewStG)*
Gemeindesteuer *f* (StR) municipal tax
Gemeindesteuersystem *n* (FiW) municipal tax structure

*(ie, zu den Gemeindesteuern zählen: Gewerbe-
und Grundsteuer sowie örtliche Verbrauch- und
Aufwandsteuern wie Getränkesteuer, Vergnügungsteuer, Hundesteuer, Jagd- und Fischerei-
steuer und Zweitwohnungsteuer; Grundlage Art
106 VI 1 GG)*

Gemeindeverband *m*
(Re) communal association
– association of municipalities
– (GB) local authority association
*(ie, autonomous governmental unit discharging
supra-regional functions, such as road construction, water and electricity supply)*

Gemeineigentum *n* (Re) public ownership

gemeiner Handelswert *m* (com) common market
value, § 659 HGB

gemeiner Logarithmus *m* (Math) common
logarithm

gemeiner Wert *m* (StR) fair market value, § 9
BewG
*(ie, the price which can be realized for an asset
under normal market conditions; applicable unless a different measure of value is specifically
prescribed)*

Gemeinhaftung *f* (Re) joint liability *(of GmbH
shareholders, § 31 III GmbHG)*

Gemeinkosten *pl*
(KoR) overhead (cost)
– indirect ... cost/expense
– burden
– (GB) oncost
*(ie, werden den Kostenträgern über die Kosten-
stellenrechnung mittels Zuschlagsätzen mittelbar
zugeordnet; können variable od fixe Kosten sein)*

Gemeinkostenabweichung *f* (KoR) overhead variance

Gemeinkostenausgleichsrücklage *f* (ReW) reserve
for overhead

Gemeinkostenbereich *m* (KoR) overhead (or burden) department

Gemeinkostenbudget *n* (KoR) overhead (or expense) budget

Gemeinkostenergebnis *n* (KoR) balance between
estimated and absorbed overhead

gemeinkostenintensiv (KoR) costly on overheads

Gemeinkostenkarten *fpl* (KoR) expense cards

Gemeinkostenleistungen *fpl* (KoR) overhead-type
services
*(ie, not sold, but immediately used for plant pur-
poses; traceable as secondary expense)*

Gemeinkostenlohn *m* (KoR) indirect labor

Gemeinkostenmanagement *n* (KoR) overhead
management
*(ie, Instrumente: Gemeinkostenwertanalyse,
Zero-Base-Budgeting)*

Gemeinkostenmaterial *n* (KoR) indirect material

Gemeinkostenplan *m* (KoR) overhead budget

Gemeinkostenplanung *f* (KoR) overhead budgeting
(or planning)

Gemeinkostensatz *m* (KoR) overhead rate

Gemeinkostenschlüssel *m* (KoR) overhead allocation base

Gemeinkostenschlüsselung *f* (KoR) establishing
standards for allocating overhead cost to costing
units or cost centers

Gemeinkostenstelle *f* (KoR) overhead department

Gemeinkostenstoffe *mpl* (KoR) = Gemeinkostenmaterial

Gemeinkostenüberdeckung *f*
(KoR) overabsorption of overhead
(KoR) overabsorbed (*or* overapplied) overhead

Gemeinkostenumlage *f*
(KoR) allocation of overhead
– overhead cost allocation
– overhead distribution

Gemeinkostenunterdeckung *f*
(KoR) underabsorption of overhead
(KoR) underabsorbed (*or* underapplied) over-
head

Gemeinkosten *pl* **verrechnen** (KoR) to allocate
overhead expense

Gemeinkosten-Verrechnungsbasis *f* (KoR) overhead distribution base

Gemeinkosten-Verrechnungssatz *m*
(KoR) percentage overhead rate
– burden rate

Gemeinkosten-Verrechnungssatzbasis *f*
(KoR) overhead/burden ... rate

Gemeinkostenverteilung *f* (KoR) = Gemeinkostenumlage, qv

Gemeinkostenwertanalyse *f* (KoR) overhead value
analysis
*(ie, Verfahren der systematischen Gemeinkosten-
senkung im Verwaltungsbereich; focuses solely
on cost reduction)*

Gemeinkostenzuschlag *m* (KoR) cost/overhead ...
rate

gemeinnützig
(Bw) nonprofit
– nonprofit making
– on a public benefit and cooperative basis
*(see ‚gemeinwirtschaftlich‘ for conceptual expla-
nation)*
(StR) of public benefit, § 10b I EStG *(ie, excludes religious and scientific purposes)*

gemeinnützige Gesellschaft *f* (com) company not
for profit *(or* gain*)*

gemeinnützige Körperschaft *f* (Re) nonprofit corporation

gemeinnützige Organisation *f* (Re) nonprofit organization

gemeinnütziger Verein *m* (Re) nonprofit association

gemeinnütziger Zweck *m* (StR) public-benefit purpose

gemeinnützige Stiftung *f* (Re) nonprofit foundation

gemeinnütziges Unternehmen *n* (Bw) nonprofit enterprise

gemeinnütziges Wohnungsunternehmen *n* (com)
non-profit housing enterprise

Gemeinnützigkeit *f* (Bw) nonprofit-making
character

gemeinsam abhängige Variable *f* (Math) jointly dependent variable

gemeinsame Abgaben *fpl* (EG) co-responsibility
levies *(eg, on farm overproduction)*

gemeinsame Agrarmarktorganisation *f* (EG) common organization of the agricultural markets

gemeinsame Agrarpolitik *f* (EG) Common Agricultural Policy, CAP

gemeinsame Anmelder *pl* (Pat) joint applicants

gemeinsame Arbeitsgruppe *f* (com) joint study team

gemeinsame Beschaffung *f* (MaW) joint purchasing *(ie, by two or more organizations)*

gemeinsame Bewirtschaftung *f* (Bw) joint management

gemeinsame Bildung *f* **von Reserven** (EG) pooling of reserves

gemeinsame Dichtefunktion *f* (Math) joint density function

gemeinsame Einfuhrregelung *f* (EG) common rule for import

gemeinsame Erfinder *pl* (Pat) joint inventors

gemeinsame Erklärung *f* (StR) joint statement *(ie, of special expenses and extraordinary financial burdens, § 57 EStDV)*

gemeinsame Federführung *f* (com) co-general contracting *(eg, for Western participants in gas pipeline project)*

gemeinsame Fischereipolitik *f* (EG) Common fishing/fisheries . . . policy

gemeinsame Gefahr *f* (SeeV) common peril

gemeinsame Gesamtleistung *f* (Bw) joint overall performance

gemeinsame Gewinnmaximierung *f* (Vw) joint profit maximization

gemeinsame Handelspolitik *f* (EG) common commercial policy

gemeinsame Leitung *f* (Bw) common management
– unified control

gemeinsame Marktforschung *f* (Mk) syndicated market research

gemeinsame Marktorganisation *f* (EG) common market organization *(ie, for products such as grain, rice, vegetables, hop, tobacco, etc.)*

gemeinsame Patentanmeldung *f* (Pat) common patent application

Gemeinsamer Agrarmarkt *m* (EG) Common Agricultural Market

gemeinsame Rangzahlen *fpl* (Stat) tied ranks

gemeinsamer Ausschuß *m* (com) joint committee

gemeinsamer Außenzolltarif *m* (EG) common external tariff

gemeinsamer Fonds *m* (EG) common fund
– (infml) common kitty
(eg, to which all members contribute)

gemeinsamer Haushalt *m* (StR) common household

gemeinsamer Konsum *m* (Vw) non-rivalry in consumption

gemeinsamer Markt *m* (EG) Common Market

gemeinsamer Nenner *m* (Math) common denominator

gemeinsamer Rechtsgeschäftswille *m* (Re) meeting *(or* union*)* of minds
– concurrence of intention

gemeinsamer Teiler *m* (Math) common divisor

Gemeinsame Rundverfügung *f* (StR) Joint Decree *(ie, of Regional Tax Offices = Oberfinanzdirektionen)*

Gemeinsamer Zolltarif *m* (EG) Common Customs Tariff, CCT

Gemeinsames Internationales Handelszentrum *n* (AuW) International Trade Center, ITC *(ie, gemeinsames Sonderorgan des GATT und der UNO mit Sitz in Genf)*

gemeinsames Patent *n* (Pat) joint patent

gemeinsame Steuererklärung *f* (StR) joint (tax) return

gemeinsames Umsatzsteuersystem *n* (EG) Common Turnover Tax System

gemeinsames Vielfaches *n* (Math) common multiple

gemeinsames Zollgebiet *n* (EG) common customs territory

gemeinsame Währung *f* (EG) common currency

gemeinsame Wirtschaftspolitik *f* (EG) common economic policy

gemeinsam haften (Re) be jointly liable (for)

gemeinschädliche Sachbeschädigung *f* (Re) malicious damage to public property, § 304 StGB

Gemeinschaft *f* (EG) Community

gemeinschaftliche Absatzorgane *npl* (Mk) joint sales organization *(ie, sales office, distributing warehouse, traveling salesmen, etc.)*

gemeinschaftliche Einfuhrüberwachung *f* (EG) Community surveillance over imports

gemeinschaftliche Gefahrenübernahme *f* (Re) pooling of risk

gemeinschaftliche Havarie *f* (com) general average, § 700 HGB

gemeinschaftlicher Besitz *m* (Re) joint possession

gemeinschaftlicher Versandschein *m* (EG) Community transit document

gemeinschaftliches Bankkonto *n* (Fin) joint bank account

gemeinschaftliches Eigentum *n* (Re) joint ownership
– co-ownership
– joint tenancy

gemeinschaftliches Risiko *n* (Vers) joint risk

gemeinschaftliches Tarifkontingent *n* (EG) Community tariff quota

gemeinschaftliches Versandverfahren *n* (EG) Community transit operation *(or* procedure*)*

gemeinschaftliches Wirtschaftsrecht *n* (EG) economic Community law

gemeinschaftliches Zollrecht *n* (EG) Community provisions on customs matters

gemeinschaftliche Überwachung *f* (EG) Community surveillance (over)

Gemeinschaft *f* **nach Bruchteilen** (Re) tenancy in common *(ie, each owner holds an undivided interest in property, §§ 741 ff BGB)*

Gemeinschaftsabgabe *f* (EG) Community levy

Gemeinschaftsangebot *n* (Fin) syndicated bid

Gemeinschaftsanleihe *f* (Fin) Community loan

Gemeinschaftsantenne *f* (com) community antenna

Gemeinschaftsaufgabe *f* (FiW) community task
(Vw) common *(or* joint*)* task
(ie, gemeinsame Aufgabe von Bund und Län-

dern; cf, Art 91 a, b und Art 104 a IV GG; eg, Hochschulen, regionale Wirtschaftsstruktur, Agrarstruktur und Küstenschutz)

Gemeinschaftsausschuß m **der Deutschen Gewerblichen Wirtschaft** (com) Joint Committee of German Trade and Industry
(ie, headquartered in Cologne; as forum for the umbrella organizations, it deals with questions of common concern und represents common interests at the highest level)

Gemeinschaftsbehandlung f
(EG) Community treatment
– intra-Community treatment

Gemeinschaftsbeschaffung f (Mk) group buying (or purchasing)
(ie, by retail traders, artisans, wholesalers, and department stores)

Gemeinschaftsbeteiligung f (Re) jointly owned company

Gemeinschaftsbudget n (EG) Community budget

Gemeinschaftscharakter m **von Waren** (EG) Community nature of goods

Gemeinschaftsdepot n (Fin) joint security deposit
(ie, for the account of one or several depositors)

Gemeinschaftseinfuhr f **von Waren** (EG) Community import of goods

Gemeinschaftseinkauf m (Mk) joint buying (or purchasing)

Gemeinschaftsemission f (Fin) joint loan issue

Gemeinschaftserfindung f (Pat) joint invention

Gemeinschaftserzeuger m (EG) Community producer

Gemeinschaftserzeugnis n (EG) Community product

Gemeinschaftsetat m (EG) Community budget

Gemeinschaftsfinanzierung f
(Fin) joint (or group) financing
(Fin) co-financing deal

Gemeinschaftsforschung f (Bw) joint research (ie, undertaken by several firms)

Gemeinschaftsgenehmigung f (EG) Community authorization

Gemeinschaftsgeschäft n (Fin) joint business

Gemeinschaftsgründung f (com) joint venture
(syn, Joint Venture, Gemeinschaftsunternehmen)

Gemeinschaftshaushalt m (EG) Community budget

Gemeinschaftsinstrumente npl (EG) Community instruments

Gemeinschaftskontenrahmen m **der Industrie, GKR (ReW) Joint Standard Accounting System of Industrial Associations**
(ie, 1951 herausgegeben vom Bundesverband der deutschen Industrie; aufgebaut nach dem Prozeßgliederungsprinzip; 1971 ersetzt durch dem IKR, qv)

Gemeinschaftskontenrahmen m **industrieller Verbände** (ReW) Joint Standard Accounting System of Industrial Associations
(superseded in 1971 by IKR)

Gemeinschaftskonto n (Fin) joint account (ie, which may be ‚Oder-Konto‘ or ‚Und-Konto‘, which see)

Gemeinschaftskredit m
(Fin) joint loan
– syndicated credit

Gemeinschaftsland n (EG) Community country

Gemeinschaftsmarke f (Mk) distributor’s brand (ie, used by a group of retailers)

Gemeinschaftsmarkt m (EG) Community market

Gemeinschaftsmittel pl (EG) Community funds (or cash)

Gemeinschaftsorgan n (EG) Community agency

Gemeinschaftsorgane npl (EG) Community institutions

Gemeinschaftspatent n (Pat) jointly owned patent

Gemeinschaftsplafond m (EG) Community ceiling

Gemeinschaftspräferenz f (EG) Community preference

Gemeinschaftsproduktion f (EG) Community production

Gemeinschaftsprogramm n (com) collaborative program

Gemeinschaftsprojekt n (com) community (or consortium) project

Gemeinschaftsrechner m (EDV) multi-user computer

Gemeinschaftsrecht n (EG) Community law

Gemeinschaftsregelung f (EG) Community rules

Gemeinschaftsreserve f (EG) Community reserve

Gemeinschaftsschlange f (EG) Community snake

Gemeinschaftssinn m (Pw) sense of communality

Gemeinschaftssparen n (Fin) collective saving
(opp, Individualsparen Einzelsparen)

Gemeinschaftssteuern fpl
(FiW) shared taxes (ie, apportioned between Federation and Länder)
(EG) Community taxes

Gemeinschaftsunternehmen n
(com) joint undertaking
(com) joint venture, JV
(ie, internationale Zusammenarbeit von Gesellschaften: grenzüberschreitende, auf Kapitalbeteiligungen beruhende vertraglich festgelegte dauerhafte Zusammenarbeit zwischen zwei od mehr Partnern mit jeweils eigenen Interessenlagen; der Begriff ‚joint venture‘ ist allerdings weiter: agreement by two or more firms to cooperate in manufacturing, distribution, R&D, etc.; each party makes a substantial contribution; eg, in the form of capital, technology, marketing experience, personnel, or physical assets; it may take various legal forms, such as corporation, partnership of (in German) civil law association [BGB-Gesellschaft]; it usually in-volves the creation of a separate wholly-owned subsidiary)

Gemeinschaftsursprung m (EG) Community origin

Gemeinschaftsverfahren n (EG) Community procedure

Gemeinschaftsversicherung f (Vers) group insurance

Gemeinschaftsvertrag m (Re) joint contract

Gemeinschaftsvertrieb m (Mk) joint selling (or marketing)

Gemeinschaftswährung f (EG) common (or Community) currency

Gemeinschaftswaren fpl (EG) Community goods

Gemeinschafts-Warenhaus n (Mk) shop-in-the-shop system

Gemeinschafts-Wechselkurssystem n (EG) Community exchange rate system

Gemeinschaftswerbung *f* (Mk) cooperative
- joint
- collective
- association... advertising

Gemeinschaftszoll *m* (EG) Community tariff

Gemeinschaftszollkontingent *n* (EG) Community tariff quota

Gemeinschaft *f* **zur gesamten Hand** (Re) community of „united hands" *(ie, similar concept found in English law is the institution of joint ownership, see §§ 718ff BGB)*

Gemeinschuldner *m*
(Re) bankrupt
- common debtor
- adjudicated bankrupt
(Re, US) debtor (in possession) *(ie, term introduced in 1978 to replace bankrupt)*

Gemeinwirtschaft *f* (Bw) public-benefit and cooperative sector of the economy
*(ie, profit objective is subordinated to certain economic and socio-political goals; the difficulty of translating the term is illustrated by the following subclassification of ‚Gemeinwirtschaft':
(1) öffentliche Unternehmen − public enterprises
(2) frei-gemeinwirtschaftliche Unternehmen = based on ‚free', private initiative:
(a) Selbsthilfebetriebe, such as Genossenschaften, cooperatives
(b) widmungswirtschaftliche Betriebe, such as hospitals, Red Cross
(3) öffentlich gebundene Unternehmen, such as ‚Versorgungsbetriebe' = public utilities)*

gemeinwirtschaftlich
(Bw) nonprofit
- nonprofit making
- on a public benefit and cooperative basis
(The German term and its common translation ‚nonprofit' do not imply that such organizations disown the profit motive; they profess as their overriding goal the promotion of public-welfare tasks which, by definition, lie outside the direct operational range of private enterprise committed to both the profitability and the payout principle; note, however, that the German term has moral and self-righteous overtones)

Gemeinwirtschaftlichkeitsprinzip *n* (Bw) principle (*or* concept) of „commonweal" *(ie, chief objective of business ought to be to improve social and economic conditions and not to maximize profits)*

Gemeinwohl *n*
(Re) communal well-being
- bonum commune

gemeldete offene Stellen *fpl* (Pw) vacancies notified

gemietete Grundstücke *npl* **und Gebäude** *npl* (ReW) leasehold land and buildings

Gemischtbasis-Schreibweise *f* (EDV) mixed radix notation

gemischte Basis *f* (EDV) mixed base

gemischte Entscheidungsfunktion *f* (Stat) randomized decision function

gemischte Hypothekenbank *f* (Fin) mixed mortgage bank

gemischte Kennziffern *fpl* (ReW) interstatement ratios *(ie, ratios derived from balance sheet and earnings statement)*

gemischte Kommission *f* (Re) joint commission

gemischte Konten *npl* (ReW) mixed accounts *(syn, Bestands-Erfolgs-Konten)*

gemischte Kostenarten *fpl*
(KoR) mixed
- composite
- derived
- secondary... cost types

gemischte Lebensversicherung *f*
(Vers) endowment (life) insurance
(ie, leistet Kapital od Rente beim Tode des Versicherten, spätestens beim Ablauf der vereinbarten VDauer; am weitesten verbreitete Form der LebensV in Deutschland; payable to the insured at the end of contract or covered period or to beneficiary if insured dies prior to maturity date; syn, Versicherung auf den Todes- und Erlebensfall)

gemischte Nachfrage-Kosten-Inflation *f* (Vw) mixed demand-cost inflation

gemischte Produktausdrücke *mpl* (Math) cross-product terms

gemischter Fonds *m* (Fin) mixed fund

gemischter Vertrag *m* (Re) mixed contract

gemischtes Konto *n* (ReW) mixed account

gemischtes Modell *n* (Stat) mixed model

gemischtes Stichprobenverfahren *n* (Stat) mixed sampling

gemischtes Supergitter *n* (EDV) composite superlattice *(ie, produced by combining different materials in a single chip)*

gemischte Strategie *f* (OR) mixed strategy

gemischte Versicherung *f*
(Vers) combined insurance
- multiple coverage
(Vers) combined endowment and whole-life insurance *(ie, nontechnical term in German insurance language)*

gemischte Wirtschaft *f* (Vw) mixed economy *(ie, combining elements of capitalist and socialist systems)*

gemischte Zahl *f* (Math) mixed number

Gemischtfertigung *f* (IndE) mixed production (*or* manufacturing)
(ie, halfway between Werkstattfertigung = job shop production and Fließfertigung = flow line production; syn, Gruppenfertigung)

gemischt-ganzzahlige Programmierung *f* (OR) mixed-integer programming

gemischtgenutzte Grundstücke *npl* (StR) mixed property, § 75 IV BewG *(ie, serving residential as well as business or public purposes)*

Gemischtwarengechäft *n* (Mk) general merchandise store
(ie, weitgehend verdrängt von Supermärkten u.a.)

gemischtwirtschaftliche Gesellschaft *f* (Re) quasi-public company

gemischtwirtschaftliches System *n* (Vw) mixed economy

gemischtwirtschaftliches Unternehmen *n* (Re) mixed (*or* semi-public) enterprise

genannter Verschiffungshafen *m* (com) named port of shipment

genaue Beschreibung *f* **der Waren** (com) detailed description of goods

Genauigkeit f (Math) accuracy
genehmigen
  (com) to approve *(ie, agree officially; eg, a plan)*
  – to give approval
  (com) to authorize *(ie, give permission for)*
  (com) to permit
  (com, infml) to rubber stamp
genehmigte Bilanz f (ReW) approved balance sheet
genehmigte Investition f (Fin) authorized invest-, ment
genehmigtes Kapital n (Fin) approved capital, §§ 202 ff AktG *(ie, not identical with the English term ‚authorized capital‘ which is often translated as ‚autorisiertes Kapital‘)*
Genehmigung f
  (com) authorization
  – approval
  – permit
  (Re) subsequent approval *(ie, ratification of an act-in-the-law, § 184 BGB)*
Genehmigung f **der Bilanz** (ReW) adoption of the balance sheet
Genehmigung f **des Jahresberichts** (ReW) adoption of the annual report
Genehmigungsantrag m (Re) application for a permit
Genehmigungsbehörde f
  (Re) approving authority
  – authorizing agency
Genehmigungsbescheid m (Re) notice of approval
genehmigungspflichtig
  (Re) requiring official approval
  (Kart) to be registered
  – must be filed for approval *(ie, with the Berlin-based Federal Cartel Office)*
Genehmigungsverfahren n (com) licensing procedure
Genehmigungsvermerk m (Re) note of approval
Genehmigung f **von Investitionsprojekten**
  (Fin) capital spending authorization
  – capital appropriation
geneigte Ebene f (Math) oblique plane
Generalagent m (Vers) general agent *(ie, of an insurance company)*
Generalagentur f (com) general agency
Generalbevollmächtigter m
  (Re) manager holding a general power of attorney
  – universal agent *(see: Generalvollmacht)*
  (Fin) executive manager
Generalbilanzen fpl (ReW) overall balance sheets *(ie, comprising ‚Sammelbilanzen‘ and ‚konsolidierte Bilanzen‘)*
Generaldirektor m
  (com) chief executive
  – general manager
  (ie, rarely used additional title)
  (EG) Director General
Generalhandel m (AuW) general commodity trade
Generalisator m (Log) universal quantifier
Generalklausel f
  (com) all-purpose clause
  – blanket clause
  (Re) general rule of law
  – legal principle of general application

(ie, one sanctioned by the recognition of authorities and expressed in the form of a maxim or logical proposition)
Generalkonto n (IWF) General Account
Generallizenznehmer m (Pat) general licensee
Generalpolice f
  (Vers) floating *(or* floater) policy
  (SeeV) open cargo policy
  – open cover
Generalstreik m (Pw) general strike
Generaltarif m
  (Zo) general
  – single-schedule
  – unilinear... tariff *(syn, Einheitstarif)*
Generalüberholung f (IndE) general overhaul
Generalunternehmer m
  (com) general
  – main
  – primary
  – prime... contractor
Generalversammlung f
  (com) general meeting of shareholders
  – (GB) company in general meeting
  (ie, German term now replaced by ‚Hauptversammlung‘)
  (com) general meeting of members
  (ie, e–r Genossenschaft = of a cooperative; vergleichbar der Hauptversammlung e–r Aktiengesellschaft)
Generalvertrag m (Re) blanket contract
Generalvertreter m (com) general agent *(or* representative)
Generalvertretung f (com) general agency
Generalvollmacht f
  (Re) universal agency
  – general power of representation
  – blanket/unlimited... power of attorney *(opp, Sondervollmacht/Einzelvollmacht)*
Generationenvertrag m (SozV) inter-generation compact
  (ie, concept developed by W. Schreiber; kennzeichnet das Prinzip des dynamischen Alterssicherungssystems)
Generator m
  (EDV) generator
  – generator program
  – generating program *(or* routine)
Generatorprogramm n (EDV) = Generator
generelle Abgaben fpl (FiW) general fiscal charges
  (ie, taxes, duties, levies)
generelle Exportförderung f (AuW) across-the-board export promotion
generieren (EDV) to generate
generierte Adresse f (EDV) generated address
Generika pl
  (com) generic drugs *(ie, nonproprietary brands sold at a lower price than the branded products)*
genormte Größe f (com) standardized size
Genosse m (com) member of a cooperative
Genossenschaft f (com) cooperative association
Genossenschaft f **des Einzelhandels**
  (com) retail co-op
  – retailer cooperative
genossenschaftlicher Prüfungsverband m (ReW) cooperative auditing association

genossenschaftliche Zentralbanken *fpl* (Fin) central institutions of credit cooperatives
Genossenschaftsanteil *m*
(com) cooperative share
– share in a cooperative
Genossenschaftsbank *f*
(Fin) cooperative bank
– credit cooperative
Genossenschaftsgesetz *n* (Re) Cooperative Association Law, as amended in 1973
Genossenschaftskasse *f* (Fin) cooperative bank
Genossenschaftsprüfung *f* (ReW) auditing of cooperatives
Genossenschaftsregister *n* (Re) public register of cooperatives
Genossenschaftstheorie *f* (Vw) theory of cooperative societies
Genossenschaftsverband *m* (Bw) cooperative union
Genossenschaftswesen *n* (Bw) cooperative movement (*or* system)
Genossenschaftswissenschaft *f* (Bw) cooperative science
Gentlemen's Agreement *n* (Kart) gentlemen's agreement
(ie, formlose, auf gegenseitigem Vertrauen beruhende Vereinbarung zwischen privaten und/od staatlichen Stellen)
Genuskauf *m*
(Re) sale of unascertained goods
– sale by description
(ie, contract of sale in which the goods have been designated by their kind only)
Genus-Sachen *fpl* (Re) unascertained goods
Genußaktie *f*
(Fin) bonus share *(ie, unknown in Germany)*
(Fin, GB) jouissance share
Genußberechtigter *m* (Re) beneficiary
Genusschuld *f*
(Re) generic (*or* generically defined) obligation
– obligation in kind
– unascertained debt
Genüsse *pl*
(Fin, infml) = Genußscheine, qv
Genußrechte *npl* (Fin) profit participation rights
(ie, schuldrechtliche Ansprüche gegen die Gesellschaft: Beteiligung am Gewinn, Liquidationserlös, aber auch Leistungen sonstiger Art)
Genußschein *m*
(Fin) participating/participation... certificate
– qualified dividend instrument
– certificate of beneficial interest
(ie, verbrieft nur Vermögensrechte, wie Ansprüche auf Anteil am Reingewinn, am Liquidationserlös oder den Bezug neuer Aktien; cf, § 221 III AktG)
genutzte Kapazität *f* (Bw) utilized (*or* used) capacity
geographische Mobilität *f* (Vw) geographical (*or* regional) mobility
geometrisch-degressive Abschreibung *f*
(ReW) declining-balance method *(of depreciation)*
– diminishing-provision method
(ie, Abschreibungsprozentsatz bezieht sich nach dem ersten Jahr auf den Restbuchwert; Buchwertabschreibung, Restwertabschreibung)
geometrische Figur *f* (Math) = geometrischer Ort, qv
geometrische Folge *f* (Math) geometric progression (*or* sequence)
geometrische Kante *f* (OR) geometric edge
geometrische Programmierung *f* (OR) geometric programming
(ie, a nonlinear programming technique in which the relative contribution of each of the component costs is first determined; only then are the variables in the component costs determined)
geometrische Reihe *f* (Math) geometric series
geometrischer Knoten *m* (OR) geometric vertex
geometrischer Lag *m* (Vw) geometric lag
geometrischer Ort *m*
(Math) locus (*pl* loci = Örter)
(ie, a collection of points in a euclidean space whose coordinates satisfy one or more algebraic conditions; verdrängt durch ‚geometrische Figur')
geometrisches Mittel *n* (Stat) geometric... mean/average
(ie, the geometric mean of n given quantities is the nth root of their product)
geometrische Spannweite *f* (Stat) geometric range
geometrische Verteilung *f* (Stat) geometric distribution
(ie, a discrete probability distribution)
geometrische Zahlentheorie *f* (Math) geometric number theory
(ie, the branch of number theory studying relationships among numbers by examining the geometric properties of ordered pair sets of such numbers)
geordnete Marktverhältnisse *npl* (Vw) orderly market conditions
geordnete Menge *f* (Math) (partially) ordered set
geordnete Mengen *fpl* (Math) nested sets
(ie, families of sets where, given any two of its sets, one is contained in the other)
geordnete Menge *f* **von Mengen**
(Math) chain
– nest
– tower
geordneter Markt *m* (Bö) regular market
geordnetes Feld *n* (Math) ordered field
(ie, a field with an ordering as a set analogous to the properties of lesss than equal for real numbers relative to addition and multiplication)
geordnetes Paar *n* (Math) ordered pair
(ie, a pair of elements x and y from a set, written (x,y), where x is distinguished as first and y as second)
Gepäcknetz *n*
(com) luggage rack
– (GB) roof rack
Gepäckschein *m* (WeR) baggage (*or* luggage) check
Gepäckversicherung *f* (Vers) baggage (*or* luggage) insurance
geplante Desinvestition *f* (Vw) intended (*or* planned) disinvestment
geplante Emissionen *fpl* (Fin) slated issues

geplante Ersparnis f (Vw) planned savings
geplante Investition f
  (Vw) intended (or planned) investment
  (Fin) proposed investment expenditure
geplante Konsumsumme f (Vw) planned consumption expenditure
geplante Kosten pl (KoR) predetermined cost
geplante Obsoleszenz f (Bw) planned obsolescence (syn, geplantes Veralten)
geplanter Verrechnungspreis m (ReW) budgeted transfer price
geplantes Entsparen n (Vw) intended dissaving
geplantes Sparen n (Vw) planned saving
geplantes Veralten n (Bw) built-in/planned . . . obsolescence
geplatzter Scheck m (Fin, sl) bounced check
geprüfte Bilanz f (ReW) audited balance sheet
geprüfte Software f (EDV) use-tested software
gepufferte Datenstation f (EDV) buffered terminal
gepufferte Ein-Ausgabe f (EDV) buffered input/output
Geradenabschnitt m (Math) line segment
Geradenschar f (Math) family (or system) of straight lines
gerade Parität f (EDV) even parity
gerade Zahl f (Math) even number
geradliniger Graph m (Math) straight graph
geradliniges Segment n (Math) straight-line segment
geränderte Determinante f (Math) bordered determinant
Geräte npl
  (com) devices
  – equipment
Gerätebyte n (EDV) standard device byte
Geräteeinheit f (EDV) equipment unit
Gerätefehler m (EDV) equipment failure
Gerätefehlerkorrektur f (EDV) device error recovery
Gerätefenster n (EDV) workstation window
Gerätegruppe f (EDV) package
Gerätekompatibilität f (EDV) equipment compatibility
  (ie, ability of a device to handle data prepared or handled by other equipment)
Gerätekonfiguration f (EDV) equipment configuration
Gerätemiete f (com) equipment rental
Gerätesicherheitsgesetz n (Re) Technical Plant and Equipment Act of 1968
Gerätesteuerung f (EDV) device controller
Gerätesteuerzeichen n (EDV) device control character
Gerätetransformation f (EDV) workstation transformation (ie, in Computergrafik)
Gerätetreiber m (EDV) device driver
Geräteverwaltungsprogramm n (EDV) device management program
Gerätezuordnung f (EDV) device allocation
Gerätezustandsbyte n (EDV) = Gerätebyte
Gerätezuweisung f (EDV) = Gerätezuordnung
gerechte Beurteilung f (Pw) fair appraisal
gerechte Einkommensverteilung f (Vw) equitable distribution of income
  (ie, productivity gains are to be distributed equal-

ly among employees, the self-employed and shareholders)
geregelter Devisenmarkt m (AuW) regulated foreign exchange market
geregelter Freiverkehr m
  (Bö) regulated over-the-counter market
  – regulated inofficial dealing
  – semi-official trading
  – (GB) unlisted securities market, USM
  (ie, securities permitted on the trading floor, but not on the official list; cf, Stichwort ,Börse')
geregelter Wertpapiermarkt m (Bö) organized stock market
Gericht n (Re) court of law
Gericht n **erster Instanz** (Re) first-instance court
gerichtete Gerade f (Math) directed line
gerichtete Inzidenzabbildung f (Math) directed incidence mapping
gerichtete Kante f
  (OR) arc
  – directed arc (or edge)
  – oriented branch
gerichtete Kantenprogression f **der Länge** (OR) arc progression of length
gerichtete Kette f (OR) directed chain
gerichtete Pfeile mpl (OR) directed branches
gerichteter Graph m (Math) directed graph
  – digraph
gerichteter Zyklus m (OR) directed cycle
gerichtetes Abtasten n (EDV) directed scan
gerichtliche Beurkundung f (Re) judicial record
gerichtlich eintreiben (Re) to enforce
  (eg, Schulden = payment of debt)
gerichtliche od notarielle Beurkundung f (Re) authentication by public act
gerichtlicher Vergleich m (Re) court settlement
gerichtliche Schritte mpl (Re) legal action
gerichtliche Schritte mpl **unternehmen**
  (Re) to take legal action
  – (infml) to go to court
gerichtliches Vergleichsverfahren n (Re) judicial composition proceedings (see: Vergleich)
gerichtliche Versteigerung f (Re) judicial sale
gerichtlich vertreten (Re) to represent in court
Gerichtsbarkeit f (Re) jurisdiction
Gerichtsbeschluß m **beantragen** (Re) to sue out a writ
Gerichtsdiener m (Re) court attendant
Gerichtsgebühren fpl (Re) court fees
Gerichtshof m
  (Re) court of law
  – court of justice
  – tribunal
Gerichtskosten pl (Re) legal fees (or charges)
Gerichtsstand m
  (Re) place of jurisdiction
  – venue (eg, for the settlement of disputes shall be Frankfurt am Main)
  – (civil law) domicilium disputandi
Gerichtsstand m **des Erfüllungsortes** (Re) jurisdiction at the place of performance
Gerichtsstand m **des Wohnsitzes** (Re) forum domicilii
  (ie, forum or court of the domicile, considered as a place of jurisdiction)

Gerichtsurteil *n* (Re) court judgment *(syn, richterliches Urteil)*
Gerichtsverfahren *n* (Re) legal proceedings
gerichtsverwertbare Tatsachen *f* (com) court-type evidence
Gerichtsvollzieher *m* (Re, appr) bailiff
geringe Besteuerung *f* (StR) light taxation
geringe Lagerbestände *mpl* (MaW) lean inventories
geringe Nachfrage *f* (com) slack (*or* sluggish) demand
geringer Zuwachs *m* (com) marginal gain *(eg, in sales)*
geringe Umsätze *mpl*
  (Bö) calm
  – quiet
  – thin . . . trading
geringfügige Beschäftigung *f*
  (SozV) low-paid (*or* side-line) employment *(eg, 15 hours per week or DM390 per month or one sixth of total income)*
  (StR) part-time employment *(ie, for wage tax purposes)*
geringfügiger Rückgang *m* (com) slight dip (*or* decline) *(eg, in value of mergers)*
geringfügig fester (Bö) slightly firmer
geringfügig schwächer
  (Bö) a fraction easier
  – slightly off
geringstes Gebot *n* (Re) minimum bid *(ie, in judicial sales of real estate, § 44 ZVG)*
geringste Stückkosten *pl* (KoR) minimum unit cost
Geringverdiener *m* (SozV) low-income earner *(ie, whose monthly income is not more than one tenth of the monthly social insurance income limit = ¹/₁₀ der monatlichen Beitragsbemessungsgrenze)*
geringwertig
  (com) low-valued
  – of minor value
geringwertige Geschäftsausstattung *f* (ReW) low-value office equipment
geringwertiges Wirtschaftsgut *n*
  (ReW) low-value item
  – asset of low value
  – minor asset
  (StR) depreciable movable fixed asset of low value
  (ie, capable of separate use, deductible as current expense – Betriebsausgaben – in the year of acquisition or production, if cost does not exceed DM800, less VAT paid in connection with its acquisition)
Gerücht *n* **ausstreuen** (com, infml) to plant a rumor
  – (GB) to put it about *(that . . .)*
Gerüchteküche *f* (Bw, infml) grapevine
  (ie, oral, one-to-one channel through which rumors can spread throughout the organization extremely rapidly)
gerufener Teilnehmer *m* (EDV) called party
Gerüst- und Schaungsmaterial *n* (ReW) scaffolding and shuttering
Gesamtabsatz *m* (com) total sales
Gesamtabschreibung *f* (ReW) lump-sum depreciation
Gesamtabweichung *f* (KoR) gross (*or* overall) variation

Gesamtaktie *f* (Fin) multiple share certificate *(ie, evidencing a large share holding, not widely used in Germany; syn, Gesamttitel od Globalaktie)*
Gesamtangebot *n* (Vw) aggregate (*or* overall *or* total) supply
Gesamtannuität *f* (Fin) total annuity
Gesamtarbeitslosigkeit *f* (Vw) overall (*or* total) unemployment
Gesamtarbeitswert *m* (IndE) total work value
Gesamtaufkommen *n*
  (FiW) total tax collections
  – total revenue
Gesamtauftragswert *m*
  (com) total contract value
  (com) value of total orders received
Gesamtaufwand *m* (ReW) total expenditure
Gesamtausgaben *fpl* **der Inländer für Güter und Dienste**
  (VGR) domestic expenditure
  – absorption
Gesamtausgebot *n* (Re) invitation of combined bid *(ie, for several parcels of real estate, in judicial sales, § 63 ZVG; opp, Einzelausgebot)*
Gesamtausleihungen *fpl*
  (Fin) total lendings
  – loan exposure
Gesamtbaufinanzierung *f* (Fin) one-stop construction financing
  (ie, erst- und nachstellige Dauerfinanzierung + Bauzwischenkredite + Vorfinanzierung von Bausparverträgen; syn, Finanzierung aus e–r Hand)
Gesamtbedarf *m* (com) total requirements
Gesamtbedarfsmatrix *f* (Bw) total input matrix *(opp, Direktbedarfsmatrix)*
Gesamtbelastung *f* (StR, VAT) total tax burden *(ie, on the final sales price of a product)*
Gesamtbelegschaft *f* (Pw) total labor force
Gesamtbeschäftigung *f* (Bw) total activity
Gesamtbetrag *m*
  (com) total
  – total amount
  – sum total
  – grand total
Gesamtbetrag *m* **der Einkünfte** (StR) adjusted gross income
Gesamtbetriebskalkulation *f* (Mk) overall costing system
  (ie, covering the entire flow of goods and services from purchasing to sales)
Gesamtbetriebsrat *m* (Pw) central works council
Gesamtbewertung *f* (StR) valuation of an enterprise as a whole
Gesamtbilanz *f*
  (ReW) overall balance sheet *(eg, consolidated balance sheet)*
  (AuW) overall balance *(ie, all balance-of-payments items, except changes in currency reserves)*
Gesamtbuchhaltung *f* (ReW) unified accounting
  (ie, no separation of general and cost accounting, etc.)
Gesamtbudget *n* (Bw) master budget
Gesamtbürgschaft *f* (Re) comprehensive guaranty
Gesamtdefizit *n* (FiW) overall budget deficit
Gesamtdividende *f* (Fin) total dividend

327

Gesamtdurchlaufzeit *f*
(IndE) total door-to-door time
– total processing time
gesamte außenwirtschaftliche Transaktionen *fpl*
(VGR) total external transactions
gesamte Erwerbspersonen *fpl* (Stat) total labor
force
Gesamteigenhandel *m* (AuW) total cross-frontier
traffic of goods *(ie, including direct transit trade)*
Gesamteigentum *n* (Re) joint ownership
Gesamteinkommen *n* (SozV) total income *(ie, in-*
cludes ‚Arbeitsentgelt‘ and ‚Arbeitseinkommen‘
= employment income and earned income, § 16
SGB IV)
Gesamtengagement *n* (Fin) total exposure
Gesamtentwicklung *f* (com) overall trend *(or de-*
velopment)
gesamter Auftragsbestand *m* (com) total backlog
Gesamterbe *m* (Re) universal heir
Gesamterfolg *m* (ReW) overall result *(or* perform-
ance)
Gesamtergebnis *n* (Bw) overall result
Gesamtergebnisplan *m* (Bw) overall earnings
budget *(ie, listing a number of annual pretax*
earnings figures)
Gesamtergebnisrechnung *f* (ReW) statement of in-
come and accumulated earnings
Gesamterhebung *f* (Stat) universal census
Gesamterlös *m*
(Vw) total revenue
(com) total proceeds
Gesamtertrag *m*
(Vw) total revenue
(Bw) total output *(ie, used in mapping the pro-*
duction function)
(com) total yield *(ie, in farming)*
Gesamterwartungsschaden *m* (Vers) total expected
loss
Gesamtfahrleistung *f* (StR) total distance driven in
fiscal year
gesamtfällige Anleihen *fpl* (Fin) issues falling due
en bloc
Gesamtfinanzierung *f* (Fin) total financing *(opp,*
Grenzfinanzierung)
Gesamtfinanzierungskosten *pl*
(Fin) total cost of financing
– all-in cost of financing
Gesamtforderung *f* (Re) claim of several joint creditors, §§ 428 to 430 BGB
(ie, each being entitled to request full perform-
ance; opp, Teilforderung)
Gesamtgeschäft *n* (com) package deal
Gesamtgeschäftsführung *f*
(Re) joint management
– management by more than one partner
(ie, requires consent by all managing partners,
§ 115 HGB)
Gesamtgewinnrendite *f* (Fin) total earnings yield in
percent *(ie, Gesamtgewinn in DM je Aktie ×*
100: Kurs in DM)
Gesamtgläubiger *mpl*
(Re) joint and several creditors, § 428 BGB
– plurality of creditors
Gesamtgleichgewicht *n* (Bw) overall equilibrium
(ie, of receipts and expenditures)

Gesamtgrundschuld *f* (Re) comprehensive land
charge
Gesamthaftung *f*
(Re) joint and several liability
(Re) aggregate liability
Gesamthand *f* (Re) = Gemeinschaft zur gesamten
Hand
Gesamthandeigentum *n* (Re) joint ownership of
property
Gesamthandeigentümer *m* (Re) joint owner (of un-
divided interest)
Gesamthandforderung *f* (Re) joint claim (of sever-
al creditors)
Gesamthandgläubiger *m*
(Re) joint and several creditor
(Re) joint creditor *(cf, Gesamtgläubiger)*
Gesamthandsbesitz *m* (Re) common possession of
a thing
(ie, physical control by several persons)
Gesamthandschuldner *m* (Re) joint and several de-
btor
Gesamthandsgemeinschaft *f* (Re) community of
joint owners
Gesamthandvermögen *n* (Re) joint property
Gesamthaushalt *m* (FiW) overall budget
Gesamthaushaltseinkommen *n* (Vw) aggregate con-
sumer income
Gesamthypothek *f* (Re) blanket mortgage *(ie, one*
creating a lien on several parcels of land to secure
payment of the same claim, § 1132 BGB)
Gesamtindex *m*
(Fin) composite share index
(ie, Aktienindex für den gesamten Markt; opp,
Branchenindex)
(Stat) overall index
Gesamtinvestitionen *fpl* (Fin) total capital spending
Gesamtkapazität *f* (Bw) overall capacity
Gesamtkapital *n* (Fin) total capital
Gesamtkapitalausstattung *f* (Fin) total capitaliza-
tion
Gesamtkapitalrentabilität *f*
(Fin) return on total investment
– return on total assets
– percentage return on total capital employed
(ie, profit + interest on borrowed capital × 100,
divided by total capital)
Gesamtkassendefizit *n* (FiW) overall cash deficit
Gesamtkaufpreis *m* (com) total purchase value
Gesamtkonjunktur *f*
(Vw) level of general economic activity
(Vw) overall health of the economy
Gesamtkonsum *m* (Vw) aggregate consumption ex-
penditure
Gesamtkonzern *m* (com) combined group (of com-
panies)
Gesamtkosten *pl*
(com) all-in cost
(KoR) total cost
(ie, sum of (a) fixed and variable cost = fixe und
variable Kosten; (b) direct cost and overhead =
Einzel- und Gemeinkosten; opp, Einheitskosten)
Gesamtkosten *pl* **der Materialbeschaffung** (MaW)
total cost of acquisition
Gesamtkostenfunktion *f* (Bw) total cost function
Gesamtkostenkurve *f* (Bw) total cost curve

Gesamtkostenverfahren *n*
(KoR) „total cost"-type of short-term results accounting
(ie, gross sales revenue − sales deductions = net sales revenue Δ inventory change − cost of sales [Herstellkosten der gefertigten Erzeugnisse] = operating result = Betriebsergebnis; opp, Umsatzkostenverfahren)
(ReW) type of expenditure format, § 275 HGB
− expenditure type of presentation
(ie, total cost type of short-term results accounting: gross sales; die GuV wird nach den den einzelnen Ertrags- und Aufwandsarten gegliedert; es wird erkennbar, welche Produktionsfaktoren den Aufwand verursacht haben; opp, cost of sales style of presentation)

Gesamtlaufzeit *f* (Fin) total life *(eg, of a bond issue)*

Gesamtleistung *f*
(Bw) total operating performance
(ReW) gross performance
(ie, Umsatzerlöse + Bestandsänderungen + aktivierte Eigenleistungen = sales revenue + inventory changes + internally produced and capitalized assets)

Gesamtmarktanalyse *f* (Mk) census survey *(opp, sample survey)*

Gesamtmiete *f* (com) gross rent *(syn, Bruttomiete)*

Gesamtnachfolge *f* (Re) = Gesamtrechtsnachfolge

Gesamtnachfolger *m* (Re) = Gesamtrechtsnachfolger

Gesamtnachfrage *f*
(Vw) aggregate
− overall
− total . . . demand

Gesamtnachfragefunktion *f* (Vw) aggregate demand function

Gesamtnachfragekurve *f* (Vw) aggregate demand curve

Gesamtnennbetrag *m* (Fin) total par value

Gesamtnutzen *m* (Vw) total utility

Gesamtnutzungsdauer *f* (Bw) total life

Gesamtpauschalierung *f*
(StR) flat-rate taxation *(ie, of expenses)*

Gesamtperformance *f* (Fin) total performance *(ie, Zinsertrag plus Kapitalgewinn der Rentenanlage)*

Gesamtpersonalrat *m* (Pw) central works council

Gesamtplan *m* (com) master *(or* overall*)* plan

Gesamtplanung *f*
(com) general layout
(Bw) master *(or* overall*)* planning

Gesamtprämienaufkommen *n* (Vers) total premium earned

Gesamtpreis *m*
(com) overall/total . . . price
− (infml) all-round price
(Zo) inclusive price

Gesamtproduktion *f* (com) total production *(or* output*)*

Gesamtproduktivität *f*
(Vw) aggregate
− overall
− total . . . productivity
(Bw) corporate productivity

Gesamtprokura *f*
(com, appr) joint proxy

(Re) ‚Prokura' granted to several persons who must act jointly, § 48 II HGB

Gesamtqualifikation *f* (Pw) overall qualification

Gesamtrechtsnachfolge *f* (Re) universal succession
(ie, to predecessor's entire property which includes all his active and passive legal relations)

Gesamtrechtsnachfolger *m* (Re) universal successor

Gesamtrendite *f* (Fin) total yield (of a loan) *(opp, Einzelrendite)*

Gesamtrentabilität *f*
(Fin) overall profitability
− operating efficiency
(ie, as measured by return on total assets)

Gesamtrisiko *n* (Bw) total risk

Gesamtsaldo *m* (Fin) aggregate balance

Gesamtsaldo *m* **der Zahlungsbilanz** (VGR) overall net total

Gesamtschaden *m* (Re, Vers) total loss

Gesamtschaden-Exzedenten-Rückversicherung *f* (Vers) aggregate excess of loss reinsurance

Gesamtschadenhöhe *f*
(Vers) total incidence of loss
− total volume of losses
(ie, Summe aller Schadenhöhen, die ein Risiko in e−m Zeitintervall verursacht hat)

Gesamtschätzung *f* (Stat) overall estimate

Gesamtschuld *f* (Re) joint and several obligation

Gesamtschuldner *mpl*
(Re) co-debtors, § 421 BGB
− debtors jointly and severally liable
− joint and several debtors
− plurality of debtors

gesamtschuldnerisch (Re) jointly and severally

gesamtschuldnerische Bürgschaft *f* (Re) joint and several guaranty

gesamtschuldnerische Haftung *f* (Re) joint and several liability

gesamtschuldnerisch haftbar (Re) jointly and severally liable

Gesamtschuldnerschaft *f* (StR) joint tax liability, § 44 AO

Gesamtsparverhalten *n* (Vw) aggregate savings behavior

Gesamtstatus *m* (ReW) consolidated statement

Gesamtsteueraufkommen *n* (FiW) total tax collections *(ie, at all levels of government: federal, Laender, municipal)*

Gesamtstillegung *f* (Bw) final discontinuance of an enterprise as a whole

Gesamtstückzeit *f*
(IndE) cycle time
− (GB) floor-to-floor time
(ie, required to complete an operation on one unit of a batch; cf, BS 5191:1975; syn, Taktzeit, Zeit pro Stück)

Gesamtsumme *f*
(com) total amount
− total
− sum total
− grand total

Gesamttendenz *f*
(com) basic stance *(eg, of fiscal policy)*

Gesamttextil *f* (com) German Textile Federation

Gesamtüberschuß *m* (FiW) overall budget surplus

329

Gesamtumlaufvermögen *n* (ReW) total current assets

Gesamtumsatz *m*
(ReW) total sales
– (GB) total turnover
(StR) total of taxable sales, net of imports

Gesamtumsatzvolumen *n* **aller Waren** (Mk, *retailing*) all-commodity volume

Gesamtumschuldung *f* (Fin) total debt rescheduling

Gesamtunternehmer *m*
(com) general
– main
– primary
– prime ... contractor
(syn, Generalunternehmer)

Gesamtverband *m*
(com) central
– general
– umbrella ... association

Gesamtverband *m* **der Deutschen Versicherungswirtschaft** (Vers) German Insurance Association

Gesamtverband *m* **der Textilindustrie** (com) Central Association of the Textile Industry

Gesamtverband *m* **des Groß- und Außenhandels** (com) General Association of Wholesale and Foreign Trade

Gesamtverbindlichkeiten *fpl*
(ReW) overall debt burden
– overall debt exposure
– overall indebtedness

Gesamtverbrauch *m* (Vw) total (*or* overall) consumption

Gesamtverbrauchsmatrix *f* (Bw) = Gesamtbedarfsmatrix

Gesamtverbuchung *f* **e–s Geschäftsfalles** (ReW) covering entry

Gesamtvergütung *f* (Pw) total compensation package *(ie, salary + fringe benefits)*

Gesamtvermögen *n*
(com) total (*or* entire) assets
– entire property
(Fin) total capital employed (*or* invested) *(ie, fixed assets + current assets)*
– total investment
(StR) total property, §§ 114–120 BewG

Gesamtversicherung *f*
(Vers) all-risk comprehensive insurance
– (GB) all-in insurance

Gesamtversicherungssumme *f* (Vers) total sum insured

Gesamtvertrag *m* (SozV) overall agreement

Gesamtvertretung *f* (Re) collective representation, § 125 II HGB

Gesamtvollmacht *f* (Re) collective power of attorney

Gesamtvolumen *n* (FiW) total volume *(eg, of farm budget)*

Gesamt-Vorstandsbeschluß *m* (Bw) resolution adopted by the entire managing board

Gesamtwert *m*
(com) aggregate
– total
– overall ... value
(StR) total value of a commercial enterprise,

§ 103 BewG *(ie, total assets minus liabilities and reserves)*

Gesamtwert *m* **der Einfuhr** (Zo) aggregate value of importation

Gesamtwert *m* **e–r Unternehmung** (Bw) value of an enterprise as a whole

Gesamtwirtschaft *f*
(Vw) economy as a whole
– overall (*or* entire) economy

gesamtwirtschaftliche Abgabenquote *f* (FiW) overall ratio of levies

gesamtwirtschaftliche Aktivität *f* (Vw) general business activity

gesamtwirtschaftliche Angebotsfunktion *f* (Vw) aggregate supply function

gesamtwirtschaftliche Arbeitsproduktivität *f* (Vw) overall labor productivity

gesamtwirtschaftliche Eckdaten *pl* (Vw) key economic data

gesamtwirtschaftliche Endnachfrage *f* (Vw) total final demand

gesamtwirtschaftliche Entwicklung *f*
(Vw) aggregate
– overall
– macroeconomic ... development

gesamtwirtschaftliche Finanzierungsrechnung *f*
(VGR) capital finance account
– money flow analysis

gesamtwirtschaftliche Größen *fpl* (Vw) economic aggregates (*or* quantities)

gesamtwirtschaftliche Kosten *pl* (Vw) social costs

gesamtwirtschaftliche Nachfrage *f* (Vw) overall/ aggregate ... level of demand

gesamtwirtschaftliche Produktion *f* (Vw) aggregate output

gesamtwirtschaftliche Produktionsfunktion *f* (Vw) aggregate production function

gesamtwirtschaftliche Produktivität *f* (Vw) overall productivity

gesamtwirtschaftlicher Konsum *m* (Vw) aggregate consumption

gesamtwirtschaftliches Gleichgewicht *n* (Vw) overall economic equilibrium

gesamtwirtschaftliches Interesse *n* (Vw) interest of the whole economy

gesamtwirtschaftliche Sparquote *f* (Vw) aggregate savings ratio

gesamtwirtschaftliches Produktionspotential *n* (Vw) overall production potential

gesamtwirtschaftliche Steuerquote *f* (FiW) overall tax receipts *(ie, total tax receipts to gnp)*

gesamtwirtschaftliche Tätigkeit *f* (Vw) overall business activity

gesamtwirtschaftliche Ziele *npl* (Vw) overall economic goals

gesamtwirtschaftliche Zielvariable *f* (Vw) economic policy goal

Gesamtzahl *f* **der offenen Stellen** (Vw) number of job vacancies in the economy as a whole

Gesamtzahlungsbilanz *f* (AuW) overall balance of payments

Gesamtziel *n* (Vw, Bw) overall objective

Gesamtzinsspannenrechnung *f* (Fin) calculation of total interest margin *(ie, to determine gross and net margins)*

Gesamtzollbelastung f (Zo) total customs charges

Gesamtzuladungsgewicht n (com) deadweight tonnage *(ie, capacity of vessel in tons of cargo, passengers, fuel, etc.)*

gesättigter Markt m (Mk) saturated (*or* mature) market

geschachtelt (EDV) nested

geschädigte Partei f (Re) aggrieved (*or* injured) party *(ie, entitled to legal remedy)*

Geschädigter m
(Re) injured party
– person injured
(Vers) claimant

Geschäft n
(com) business *(ie, general term)*
(com) store
– (GB) shop
(com) bargain
– deal
– (business) transaction

Geschäft n **abschließen**
(com) to make a bargain (*or* deal)
– to strike a deal
– to enter into a transaction
– to sign a contract (with)
– to consummate a transaction

Geschäft n **abwickeln**
(com) to carry out a transaction
(Re) to wind up (*or* liquidate) a business

Geschäft n **aufgeben**
(com) to abandon . . .
– to discontinue . . .
– to give up . . .
– to terminate . . . a business
– to go out of business
(com) to close down a shop
– (infml) to shut shop

Geschäft n **betreiben**
(com) to carry on business
(com) to run (*or* operate) a business

Geschäfte npl **der Kreditinstitute** (Fin) banking operations (*or* transactions)

Geschäftemacherei f (com) profiteering

Geschäft n **eröffnen**
(com) to put up shop
– (infml) to hang out one's shingle
– (infml, GB) to put up one's brass plate

Geschäfte npl **tätigen** (com) to do business

Geschäfte npl **vermitteln** (com) to negotiate business *(ie, said of an agent)*

Geschäft n **für wen es angeht** (Re) legal transaction for whom it may concern
(ie, an instance of indirect agency in which the disclosure principle (= Offenkundigkeitsprinzip) is waived)

geschäftlich (com) on business

geschäftliche Transaktion f (com) business (*or* commercial) transaction

geschäftliche Verabredung f (com) business appointment *(syn, Termin)*

geschäftliche Verbindung f (com) business contact

Geschäft n **ohne Rechnung** (com) non-invoiced transaction

Geschäft n **rückgängig machen** (com) to cancel an order

Geschäftsablauf m (com) course of business

Geschäftsabschluß m (com) conclusion of a deal (*or* transaction)

Geschäftsabwicklungspflichten fpl (Re) responsibilities of the parties to perform the contract

Geschäftsanteil m
(Fin) share
– interest
– participation
(ie, in GmbH and Genossenschaft)

Geschäftsarten fpl (StR) types of transactions, § 20 KVStG

Geschäftsaufgabe f (com) discontinuance (*or* termination) of a business

Geschäftsauflösung f (com) dissolution of a business

Geschäftsausstattung f (ReW) furnitures and fixtures

Geschäftsausweitung f (com) business expansion

Geschäftsbank f (Fin) commercial bank

Geschäftsbankengeld n (Fin) commercial bank money

Geschäftsbauten mpl
(com) commercial buildings
(ReW) office buildings

Geschäftsbedingungen fpl (Re) general terms and conditions

Geschäftsbeginn m
(com) commencement of business
(com) opening hours

Geschäftsbereich m
(Bw) division *(syn, Sparte)*
(com) business/functional/operating . . . area
– operation
– area of responsibility
– business segment *(syn, Geschäftsfeld)*

Geschäftsbereichsgruppe f (Bw) operational group

Geschäftsbericht m
(ReW, obsolete) annual report
– year-end report
– report of managing board
– management report
(ie, bis zum Inkrafttreten des Bilanzrichtliniengesetzes – Accounting Directives Law – dritter Bestandteil des Jahresabschlusses; comprises (a) report on operations, (b) company welfare report, (c) report on board composition, (d) audit report; vgl. Lagebericht)

Geschäftsbesorgungsvertrag m (Re) non-gratuitous contract for services or work, § 675 BGB
(ie, ist ein Dienst- od Werkvertrag, der e–e Geschäftsbesorgung zum Gegenstand hat)

Geschäftsbestätigung f (Fin) confirmation of deal

Geschäftsbetrieb m
(com) business establishment
(com) sum total of business activities

Geschäftsbewegungen fpl (com) sales activities

Geschäftsbezeichnung f
(Re) trade name, § 16 UWG
(Re) firm name

Geschäftsbeziehungen fpl (com) business . . . relations/contacts

Geschäftsbrief m (com) business/commercial . . . letter
(ie, angegeben werden müssen bei GmbH und

AG Rechtsform und Sitz der Gesellschaft, das Registergericht sowie die Namen aller Geschäftsführer bzw Vorstandsmitglieder)

Geschäftsbücher *npl*
(ReW) (commercial) books of account
– account books
– books and records

Geschäftsbuchhaltung *f* (ReW) financial (*or* general) accounting *(syn, Finanzbuchhaltung)*

Geschäftsergebnis *n* (ReW) operating result

Geschäftseröffnung *f* (com) opening of a business

Geschäftserweiterung *f* (com) expansion of business

geschäftsfähig (Re) competent to contract

geschäftsfähige Partei *f* (Re) competent party

Geschäftsfähigkeit *f*
(Re) legal capacity to contract
– contractual capacity
– capacity to transact legal business
– capacity to enter into legal transactions
– capacity to perform legal acts
– capacity for acts-in-the law
– competence
(ie, Fähigkeit, mit rechtlicher Wirkung durch eigene Handlung Rechtsgeschäfte vorzunehmen; Unterfall der Handlungsfähigkeit)

Geschäftsfeld *n*
(Bw) business/operating . . . area
– business segment

Geschäftsfelder-Portfolio *n* (Bw) business segment portfolio

Geschäftsfeldplanung *f* (Bw) planning of business segments

Geschäftsfrau *f* (com) business woman

Geschäftsfreund *m*
(com) business . . . associate/acquaintance
– customer
– business friend
(ie, not close enough to call a friend in the everyday sense of the word)
(com) correspondent
(ie, one who has regular business relations with another, esp. at a distance)

Geschäftsfreundebewirtung *f* (StR) entertainment of visitors

geschäftsführend
(com) directing the affairs
– managing
– acting

geschäftsführender Bereich *m* (Bw) management sector

geschäftsführender Direktor *m*
(com) managing director
– head manager

geschäftsführender Gesellschafter *m* (com) managing partner

geschäftsführender Partner *m*
(com) acting
– active
– managing . . . partner

geschäftsführendes Mitglied *n* (com) managing member

Geschäftsführer *m*
(com) manager *(ie, of a company)*
(com) (general) manager *(ie, of GmbH and KG)*

– chief executive
– chief operating officer
(com) store manager

Geschäftsführer *m* **ohne Auftrag** (Re) agent without mandate

Geschäftsführer *m* **Technik** (Bw) technical director

Geschäftsführung *f*
(com) conduct of business
(Bw) management

Geschäftsführung *f* **ohne Auftrag**
(Re) management of affairs without mandate
– *(civil law)* negotiorum gestio
(ie, Schuldverhältnis zum Ausgleich von Vor- und Nachteilen aus e-r Tätigkeit in e-m fremden Rechtskreis ohne vertragliche od gesetzliche Verpflichtung; cf, §§ 677-687 BGB; (ie, creates a semi-contractual relation; performs a number of functions which in English law are allotted to the law of trust; eg, duty to act with due care)

Geschäftsführungsbefugnis *f*
(com) managing authority
– power of management
– power to direct a business
(Re) authority granted by principal to agent *(opp, Vertretungsmacht: power to represent principal towards third parties)*

Geschäftsführungsorgan *n* (Bw) management body

Geschäftsgebaren *n* (com) business methods (*or* practices)

Geschäftsgebäude *n* (com) office building

Geschäftsgebiet *n* (Bw) operational sector (*or* segment)

Geschäftsgebrauch *m* (com) official use

Geschäftsgegend *f* (Mk) shopping area (*or* district)

Geschäftsgeheimnis *n*
(com) trade
– business
– industrial . . . secret

Geschäftsgrundlage *f* (Re) basis of a legal transaction
(ie, ihre Funktion besteht darin, den Grundsatz pacta sunt servanda dann einzuschränken, wenn dies im Interesse e-r gerechten Lastenverteilung zwingend geboten ist; gesetzlich nicht geregelt)

Geschäftsgrundlage *f* **zerstören** (Re) to upset the economy of a contract
(ie, which rests on the principle of fair dealing = Treu und Glauben)

Geschäftsgrundstücke *npl* (StR) business property, § 75 III BewG
(ie, more than 80% of it used for commercial or industrial purposes; opp, Betriebsgrundstücke)

Geschäftsgründung *f* (Re) formation of a business enterprise

Geschäftsguthaben *n*
(Fin) capital share
(ie, held by member of cooperative: includes cash contributions and pro-rata profit credited to contribution account = Barzahlung und Zuschreibung von Gewinnanteilen)
– paid-up cooperative share

Geschäftsguthabendividende *f* (Fin) capital dividend distributed by cooperative

Geschäftshaus *n*
(com) trading firm

– business firm
– business establishment
(com) commercial building
Geschäftsherr *m* (Re) principal
Geschäftsinhaber *m*
(Re) owner (*or* proprietor) of a business
(com) storekeeper
– (GB) shopkeeper
Geschäftsinhaberin *f* (com) proprietress of a business
Geschäftsirrtum *m* (Re) error in negotii
Geschäftsjahr *n*
(com) business
– financial
– fiscal . . . year
– (infml) fiscal (*eg, in fiscal 1983*)
– *accounting year*
Geschäftskarte *f* (com) business card (*ie, card with businessman's name, firm, business address, and phone number*)
Geschäftskette *f*
(com) retailing chain
– chain of retail stores
Geschäftsklima *n*
(Bw) business climate
– mood of business
Geschäftsklimaindex *m* (Bw) business climate index
Geschäftskonto *n* (ReW) contra account linking financial accounting and cost accounting
Geschäftskorrespondenz *f* (com) business (*or* commercial) correspondence
Geschäftskredit *m* (Fin) business loan
Geschäftskunde *m*
(com) customer
– client
Geschäftslage *f*
(Vw) business conditions
(Mk) store location
Geschäftsleben *n* (com) business (*eg, to retire from business*)
Geschäftsleiter *m* (com, Fin) manager
Geschäftsleitung *f*
(com) management
(com) place of management
Geschäftsleute *pl* (com) business men
Geschäftslokal *n*
(com) business premises
(Mk) retail store
Geschäftsmann *m* (com) business man (*Americans now prefer ‚business person' if the term is understood to include both male and female*)
geschäftsmäßig (com) businesslike
geschäftsmäßige Gebrauchsüberlassung *f* (Re) commercial leases and bailments
geschäftsmäßige Hilfe *f* **in Steuersachen** (StR) tax advice on a professional basis
Geschäftsordnung *f*
(Bw) internal rules of procedure (*ie, of managing or supervisory board*)
(Bw) set of procedural rules implementing the organization chart
– code of procedure
Geschäftsordnung *f* **erlassen** (Re) to establish rules of procedure

Geschäftspapiere *npl*
(com) business papers
(com) business records (*eg, books of account, business letters*)
Geschäftspartner *m*
(com) business partner
– associate
(Re) partner
(Re) party to a transaction
Geschäftsplan *m* (Vers) general operational plan (*ie, Gesellschaftsvertrag/Satzung, Allgemeine Versicherungsbedingungen, Tarife, finanzielle Unterlagen; sind dem Bundesaufsichtsamt für das Versicherungswesen einzureichen*)
Geschäftspolitik *f*
(Bw) business
– company
– corporate . . . policy
geschäftspolitische Entscheidung *f* (Bw) business decision
Geschäftsräume *mpl* (com) business premises
Geschäftsreise *f* (com) business . . . travel/trip
Geschäftsrückgang *m* (com) shrinkage in volume of business (*or* trade)
geschäftsschädigend (com) damaging (*or* injuring) the interests and reputation of a firm
Geschäftsschädigung *f* (com) act by which a firm's standing is affected (*ie, wichtigster Fall geschäftlicher Ehrenschutz nach § 824 BGB; kann Ersatzanspruch aus unerlaubter Handlung begründen = may give rise to a tort claim*)
Geschäftsschluß *m* (com) closing time
Geschäftssitz *m*
(Re) place of business
– registered office
Geschäftssparte *f* (com) line of business
Geschäftsspartenkalkulation *f* (Fin) cost accounting by lines of business (*ie, a type of departmental cost accounting practiced by banks*)
Geschäftssprache *f* (com) official language
Geschäftsstelle *f*
(com) office(s)
(com) branch (*or* field) office
(Bw) executive unit (*ie, of a Verbandbetrieb*)
Geschäftsstellenleiter *m* (com) branch manager
Geschäftsstellennetz *n* (com) branch network
Geschäftsstunden *fpl* (com) business hours
Geschäftstagebuch *n* (ReW) daily transactions journal (*ie, posting all receipts and expenditures and all cashless transactions*)
Geschäftstätigkeit *f*
(com) business activity
(Vw) economic activity
Geschäftstätigkeit *f* **aufnehmen** (com) to commence business operations
Geschäftsübernahme *f* (com) takeover of a business
Geschäfts- und Fabrikgebäude *npl*
(ReW) buildings
– administrative and plant buildings
geschäftsunfähig
(Re) incapacitated
– incompetent
– incapable (*or* wholly unable) to enter into legal transactions

333

Geschäftsunfähiger *m* (Re) incapacitated person

Geschäftsunfähigkeit *f*
(Re) contractual incapacity
– incapacity to contract
– legal disability
– contractual incompetence
(ie, total absence of capacity for legal transactions; opp, beschränkte Geschäftsfähigkeit)

Geschäftsunterbrechung *f* (Bw) interruption of business

Geschäftsveräußerung *f* **im ganzen** (Bw) sale of an enterprise as a whole

Geschäftsverbindung *f* (com) business . . . relations/ contacts

Geschäftsverkehr *m* (com) business
(ie, the total of all reciprocal business or commercial relations)

Geschäftsvermögen *n* (ReW) business assets *(opp, Privatvermögen = private assets)*

Geschäftsverteilung *f*
(Bw) assignment of business
– division of responsibilities

Geschäftsverteilungsplan *m*
(Bw) distribution-of-business plan
– plan of task division

Geschäftsvolumen *n*
(com) business volume
– volume of business
(Bö) trading volume

Geschäftsvorfall *m*
(ReW) business/external . . . transaction
– transaction with an outsider
(opp, Buchungsvorfall = accountable event)

Geschäftsvorgang *m* (com) business transaction

Geschäftswagen *m* (com) business car

Geschäftswelt *f* (com) business community

Geschäftswert *m*
(ReW) = Firmenwert, qv
(Re) value of subject matter in issue, § 153 V AktG

Geschäftszeichen *n* (com) reference (*or* file) number

Geschäftszeit *f*
(com) business hours
(Mk) shopping hours

Geschäftszentrum *n*
(Mk) business center
(Mk) mall shopping center

Geschäftszweig *m* (com) = Wirtschaftszweig, Branche

Geschäft *n* **tätigen** (com) to transact business

Geschäft *n* **zustandebringen**
(com) to negotiate a deal (*or* transaction)
– to conclude a contract
– to strike a deal
– (infml) to engineer a deal

geschätzte Ankunftszeit *f* (OR) estimated time of arrival

geschätzte Ausfallrate *f* (IndE) assessed failure rate

geschätzte Kosten *pl* (KoR) estimated cost

geschätzte Nutzungsdauer *f*
(ReW) estimated useful life *(ie, of a fixed asset)*
– expected life
– estimated service life
– life expectancy

(StR) guideline service life

geschätzter mittlerer Fehleranteil *m* (IndE) estimated process average

geschätzter Wert *m* (com) estimated value (*or* price)

geschätzter Wertminderungsverlauf *m*
(ReW) estimated loss of service life (*or* utility)
– estimated diminution of service life

Geschenk *n* (com) gift

Geschenkabonnement *n* (com) gift subscription

Geschenke *npl* (StR) gratuities and presents, § 4 V EStG

Geschenke *npl* **verteilen** (SozV, infml) to hand out largesse

Geschenksendungen *fpl* (Zo) gift parcels

Geschichte *f* **der ökonomischen Theorie** (Vw) history of economic thought

geschichteter Stichprobenplan *m* (Stat) stratified sampling plan

geschichtetes Stichprobenverfahren *n* (Stat) stratified sampling (procedure)

geschichtete Stichprobe *f* (Stat) stratified sample

geschichtete Zufallsstichprobe *f* (Stat) stratified random sample

geschlossene Anlage *f* (StR) integrated unit, Abschn. 31 III EStR

geschlossene Ausschreibung *f* (com) closed bidding

geschlossene Erfassungsgruppe *f* (Stat) cluster

geschlossene Kantenzugprogression *f* (OR) circuit progression

geschlossene Kurve *f* (Math) loop

geschlossene Randkurve *f* (Math) closed contour

geschlossener Fonds *m* (Fin) closed-end fund

geschlossener Halbraum *m* (Math) closed halfspace

geschlossener Immobilienfonds *m* (Fin) closed-end real estate fund

geschlossener Investmentfonds *m* (Fin) closed-end investment fund

geschlossener Kantenzug *m* (OR) circuit

geschlossener Markt *m* (Vw) closed market *(ie, one barred to new entrants)*

geschlossener Regelkreis *m* (EDV) closed-loop (*or* feedback) control system

geschlossene Schleife *f* (EDV) closed loop
(ie, continues indefinitely in the absence of external intervention)

geschlossenes Entscheidungsmodell *n* (Bw) closed decision model
(ie, based on fully formulated decision matrix and given decision rule; eg, linear programming model)

geschlossenes Indentgeschäft *n* (com) closed indent
(ie, Indentgeber legt Lieferanten oder Ware fest; opp, open indent)

geschlossenes Leasing *n* (Fin) closed-end lease
(ie, lessee returns the leased equipment to the lessor at the end of the lease term; he has no further obligation; opp, offenes Leasing, qv)

geschlossenes Netzwerk *n* (EDV) closed network

geschlossenes Unterprogramm *n* (EDV) linked (*or* closed) subroutine

geschlossene Volkswirtschaft *f* (Vw) closed economy *(ie, one for which no external transactions are assumed)*

geschlossene Wirtschaft *f* **ohne staatliche Aktivität**

(Vw) closed economy, with no government budget

Geschmacksmuster *n*
(Pat) design patent
– ornamental design

Geschmacksmustergesetz *n* (Re) Ornamental Design Law, of 11 Jan 1976

geschuldete Leistung *f* (Re) obligation owed by the debtor
(ie, das, was der Schuldner aufgrund des Schuldverhältnisses an den Gläubiger zu erbringen hat; cf, § 362 I BGB)

geschuldeter Betrag *m* (com) sum due *(or* owing)

geschützte Bezeichnung *f* (Pat) proprietary designation

geschützter Speicher *m* (EDV) protected memory

geschweifte Klammern *fpl* (Math) braces

Geselle *m* (Pw) journeyman *(ie, skilled worker with formal apprenticeship qualification)*

Gesellschaft *f*
(com) partnership *(ie, as the basic type of 'Personengesellschaft')*
(com) corporation
– company
(ie, as the basic type of 'Kapitalgesellschaft')

Gesellschaft *f* **auflösen** (com) to dissolve a partnership *(or* company)

Gesellschaft *f* **ausgliedern** (com) to remove a subsidiary from an affiliated group of companies

Gesellschaft *f* **beherrschen** (com) to control another company

Gesellschaft *f* **der unentgeltlichen Übertragungen** (Vw, infml) transfer society *(ie, one of the excesses of the modern welfare state)*

Gesellschaft *f* **des bürgerlichen Rechts** (com) = BGB-Gesellschaft

Gesellschafter *m*
(com) *(Personengesellschaft:)* partner
– member of partnership
(com) *(Kapitalgesellschaft:)* shareholder
– stockholder
– company member

Gesellschafterausschuß *m* (com) shareholders' committee
(ie, in der GmbH: nimmt Kompetenzen der GfterVers wahr und ersetzt diese uU; erledigt vielfach nur die Geschäftsführungsangelegenheiten)

Gesellschafterbeschluß *m*
(com) resolution adopted by the partners
– shareholders' decision *(or* resolution)

Gesellschafterdarlehen *n*
(com) member's loan
(Fin) partner's loan (to a partnership) *(ie, a genuine loan in the case of limited partners = Kommanditisten, if capital is fully paid, but a contribution only if paid in by unlimited partners = Komplementäre, Vollhafter)*
(Fin) shareholder loan
(ie, one granted to 'Kapitalgesellschaften'; genuine loan and as such subject to trade tax = Gewerbesteuer)

Gesellschaftereinlage *f* (Fin) partner's contribution

Gesellschafter-Geschäftsführer *m* (com) managing partner

Gesellschafterkapital *n* (Fin) partner's capital

Gesellschafterliste *f*
(com) shareholder list
(ie, containing names and residence of all shareholders of a stock corporation present at a general meeting)
(com) list of shareholders *(ie, submitted annually to the Commercial Register, § 40 GmbHG)*

Gesellschaft *f* **errichten**
(com) to constitute
– to establish
– to found
– to set up . . . a partnership *or* company

Gesellschafterversammlung *f*
(com) shareholders' meeting
– general meeting of members
(ie, organ of a GmbH, § 48 GmbHG)

Gesellschaft *f* **gründen**
(com) to form
– to create
– to organize . . . a partnership
(com) to create
– to establish
– to form . . . a corporation

gesellschaftliche Indifferenzkurve *f* (Vw) community indifference curve

gesellschaftliche Indikatoren *mpl* (Vw) social indicators

gesellschaftliche Kosten *pl* (Vw) social cost

gesellschaftliche Nutzen *mpl* (Vw) social benefits

gesellschaftliche Präferenzfunktion *f* (Vw) social preference function

gesellschaftliche Rechtfertigung *f* (Bw) societal justification
(eg, for the existence of a business firm)

gesellschaftlicher Konsens *m* (Vw) social consensus
(eg, in Germany and Austria)

gesellschaftlicher Nutzen *m* (Vw) social utility

gesellschaftliche Wohlfahrt *f* (Vw) social welfare

gesellschaftliche Wohlfahrtsfunktion *f* (Vw) social welfare function

Gesellschaft *f* **mit beschränktem Aktionärskreis**
(com) closely held corporation
– (GB) closely held company
(ie, most of the shares and voting control are held by a small group)

Gesellschaft *f* **mit beschränkter Haftung**
(com) limited liability company, GmbH *(ie, private legal entity, unquoted)*
– (US, *roughly*) close corporation
– (GB, *roughly*) private company

Gesellschaft *f* **ohne Geschäftsbetrieb** (Bw) inactive company

Gesellschaftsanteil *m* **der OHG** (Re) share or other membership right in a commercial partnership, §§ 105 II HGB, 719 BGB

Gesellschaftsbeiträge *mpl* (Re) monetary and non-monetary contributions of partners, § 706 BGB

Gesellschaftsbeschluß *m* (com) corporate resolution

gesellschaftsbezogene Rechnungslegung *f* (ReW) corporate socio-economic accounting *(syn, Sozialbilanz)*

gesellschaftsbezogenes Rechnungswesen *n* (ReW) social accounting

Gesellschaftsbilanz *f*
(ReW) partnership balance sheet
(ReW) company (*or* corporate) balance sheet
Gesellschaftsblätter *npl* (Re) publications named in the company's articles of incorporation, § 20 VI AktG
Gesellschaftsbücher *npl*
(ReW) partnership books
– company books
Gesellschaftseinlage *f* (Fin) contribution to partnership capital
Gesellschaftsformen *fpl* (com) legal forms of commercial entities
(ie, OHG, KG, atypische stille Gesellschaft, AG, KGaA, GmbH, Genossenschaft, Versicherungsverein auf Gegenseitigkeit)
gesellschaftsfreundliches Marketing *n* (Mk) human concept of marketing
Gesellschaftsgewinn *m* (Fin) company profit
Gesellschaftsjustitiar *m* (Re) legal adviser (*or* officer) of a company
Gesellschaftskapital *n*
(Fin) partnership capital
(Fin) corporate capital
– share capital
Gesellschaftskonkurs *m* (Re) bankruptcy of legal entities and partnerships *(ie, juristische Personen and Personengesellschaften, §§ 207–213 KO)*
Gesellschaftsmantel *m* (Re) corporate shell
Gesellschaftsmittel *pl* (Fin) corporate funds
Gesellschaftsrecht *n*
(Re) law of partnerships and corporations *(ie, including also part of the law relating to ‚Vereine' = private-law associations)*
– (GB) company law
Gesellschaftsrechte *npl*
(com) membership rights in corporations and other companies
(ie, corporate shares, GmbH participations, quotas of mining companies = Kuxe, participations in the profits of a company = Genußrechte, etc.)
gesellschaftsrechtliche Einlagen *fpl* (com) deposits under company law
gesellschaftsrechtliche Struktur *f* (Re) corporate structure
Gesellschaftsschulden *fpl*
(Re) partnership liabilities
(Re) company liabilities
– corporate debts
Gesellschaftssitz *m*
(com) corporate domicile
– (GB) registered office
Gesellschaftsstatuten *pl* (com) bylaws
Gesellschaftsstruktur *f* (Vw) societal structure
Gesellschaftssteuer *f*
(StR) company tax
– capital investment tax
– (GB) capital duty
(ie, levied on contributions made by stockholders; see: ‚Kapitalverkehrsteuer')
Gesellschaftsvergleich *m* (Re) composition proceedings relating to legal persons
(ie, Vergleichsverfahren von nicht natürlichen Personen)

Gesellschaftsverhältnis *n* (com) shareholder relationship
Gesellschaftsverhältnisse *npl* (ReW) equity relationships *(eg, Beteiligungen, Wertpapiere = participating interests, investments)*
Gesellschaftsvermögen *n*
(Fin) partnership assets *(ie, of ‚Personengesellschaften')*
(Fin) company (*or* corporate) assets *(ie, of ‚Kapitalgesellschaften')*
Gesellschaftsvertrag *m*
(com) partnership agreement
– articles of partnership
– articles of copartnership
(ie, relating to Gesellschaft des bürgerlichen Rechts, OHG, KG, stille Gesellschaft)
(com) company agreement (*or* contract)
(ie, equivalent to the articles of AG and KGaG; US: articles of incorporation + bylaws; GB: memorandum of association + articles of association)
Gesellschaftszweck *m*
(Re) purposes of a partnership
(Re) corporate purpose
– object of company
Gesetz *n*
(Log) universal law
(Re) statute
– (US) Law
(ie, after legislation ‚law' and ‚act' may be used interchangeably)
– (GB) Act
Gesetz *n* **betreffend die Abzahlungsgeschäfte** (Re) Law Relating to Deferred Payment Sales
Gesetzblatt *n* (Re) legal gazette
Gesetz *n* **der abnehmenden Grenzrate der Substitution** (Vw) law of diminishing marginal rate of substitution
Gesetz *n* **der doppelten Negation** (Log) law of double negation
Gesetz *n* **der großen Zahlen** (Stat) law of large numbers
Gesetz *n* **der Identität** (Log) law of identity
(ie, if p is true, then p is true; A = A; everything is what it is (and cannot at the same time be something else); cf, Denkgesetze)
Gesetz *n* **der komparativen Kosten** (AuW) law of comparative costs
Gesetz *n* **der Kontraposition** (Log) law of contraposition
Gesetz *n* **der Massenproduktion** (Bw) law of mass production *(ie, formulated by K. Bücher in 1910)*
Gesetz *n* **der Unterschiedslosigkeit der Preise** (Vw) law of indifference *(Jevons)*
Gesetz *n* **der wachsenden Staatsausgaben** (FiW) law of rising public expenditure *(A. Wagner, 1861)*
Gesetz *n* **des abnehmenden Bodenertrages** (Vw) law of diminishing marginal productivity
Gesetz *n* **des einheitlichen Preises** (AuW) law of one price
Gesetz *n* **des komparativen Vorteils** (AuW) law of comparative advantage
Gesetzesauslegung *f* (Re) interpretation (*or* construction) of a law

Gesetzesbegriff *m*
(Re) legal term
– statutory concept
Gesetzesentwurf *m* (Re) draft statute
Gesetzeskraft *f* (Re) force of law
Gesetzeslücke *f* (Re) loophole
Gesetzesnovelle *f* (Re) amendment of a law
Gesetzesvollzug *m* (Re) law enforcement
gesetzgebende Körperschaft *f* (Re) legislative body
Gesetzgeber *m*
(Re) legislator
– legislative body
Gesetzgebungsverfahren *n*
(Re) legislative procedure
– bill-to-law process
Gesetz *n* **gegen den Unlauteren Wettbewerb, UWG**
(Kart) Law Against Unfair Competition *(ie, as of 7 June 1906, variously amended)*
Gesetz *n* **gegen Wettbewerbsbeschränkungen**
(Kart) Law Against Restraints of Competition *(ie, effective Jan 1, 1958; amended in 1965, 1973, 1976, and 1980)*
– German Antitrust Act
gesetzlich
(Re) lawful
– legal
(ie, the principal distinction between the two terms is that the former contemplates the substance of law, the latter the form of law)
– statutory *(ie, conforming to a statute)*
– by operation of law
gesetzliche Beschränkung *f* (Re) statutory restriction
gesetzliche Bestandteile *mpl* (WeR) statutory features
(eg, of checks or bills of exchange)
gesetzliche Bestimmung *f* (Re) legal *(or* statutory) provision
gesetzliche Dauerverpflichtungen *fpl* (FiW) permanent statutory obligations
gesetzliche Einlagen *fpl* (Fin) legal minimum deposits
gesetzliche Erbfolge *f*
(Re) intestate succession
gesetzliche Exportbeschränkungen *fpl* (AuW) legally enforced export controls
gesetzliche Forderung *f* (Re) legal claim
gesetzliche Forderungsabtretung *f* (Re) assignment by operation of law
gesetzliche Formvorschriften *fpl* (Re) formal legal requirements
gesetzliche Frist *f*
(Re) statutory time limit
(Re) statutory period
gesetzliche Gewährleistung *f*
(Re) statutory warranty
– warranty implied in law
gesetzliche Grundlage *f* (Re) statutory basis
gesetzliche Haftpflicht *f* (Re) legal *(or* statutory) liability
gesetzliche Haftpflichtversicherung *f*
(Vers) third-party insurance
– (GB) act liability insurance
gesetzliche Haftung *f* (Re) legal *(or* statutory) liability

gesetzliche Krankenversicherung *f*
(SozV) statutory *(or* compulsory) health insurance
(SozV) statutory health insurance fund
gesetzliche Kündigungsfrist *f* (Re) statutory period of notice
gesetzliche Lizenz *f* (Pat) legal *(or* statutory) license
gesetzliche Orderpapiere *npl* (WeR) original order paper
(syn, geborene Orderpapiere; opp, gekorene Orderpapiere = order paper by act of the party)
gesetzlicher Arbeitgeberzuschuß *m* (SozV) employer's statutory social security contribution
gesetzliche Rentenversicherung *f* (SozV) statutory pension insurance fund
gesetzlicher Feiertag *m* (Pw) public holiday
gesetzlicher Güterstand *m* (Re) statutory regime of matrimonial property
(ie, considered as adopted by the spouses whenever they have not expressly agreed on choosing another regime)
gesetzlicher Hinderungsgrund *m* (Re) statutory bar
gesetzliche Rücklagen *fpl*
(ReW) legal *(or* statutory) reserves
– retained earnings – compulsory portion, § 150 AktG
(ie, bei der AG und der KGaA zu bildende Gewinnrücklage)
gesetzlicher Vertreter *m* (Re) legal *(or* statutory) representative
(eg, parents for their minor children, guardian, managing board of stock corporation, trustee in bankruptcy)
gesetzlicher Zinsfuß *m* (Re) legal *(or* statutory) rate of interest
gesetzlicher Zinssatz *m* (Re) legal rate of interest
gesetzliche Schriftform *f* (Re) writing prescribed by law
gesetzliche soziale Aufwendungen *fpl* (SozV) compulsory social security contributions
gesetzliches Pfandrecht *n* (Re) legal lien *(cf, § 1257 BGB)*
gesetzliches Rentenalter *n* (SozV) statutory retirement age
gesetzliches Schuldverhältnis *n* (Re) obligation created by operation of law *(ie, otherwise than by act of the parties)*
gesetzliches Veräußerungsverbot *n* (Re) statutory prohibition of alienation, § 135 BGB)
gesetzliches Zahlungsmittel *n*
(Vw) legal tender
– lawful money
(ie, for all debts, public and private, public charges, taxes, duties, and dues)
gesetzliche Unfallversicherung *f* (SozV) statutory accident insurance
gesetzliche Unterhaltspflicht *f* (StR) statutory obligation to support
gesetzliche Verjährungsfrist *f* (Re) statutory period of limitation
gesetzliche Verpflichtung *f* (Re) legal *(or* statutory) obligation
gesetzliche Vertretung *f* (Re) legal representation
gesetzliche Vertretungsmacht *f* (Re) agency by operation of law

(opp, gewillkürte Vertretungsmacht = agency by act of the parties)

gesetzliche Vollmachten *fpl* (Re) statutory powers

gesetzliche Vorschrift *f* (Re) statutory provision (*or* requirement)

gesetzliche Zinsen *mpl* (Re) legal (*or* statutory) rate of interest

gesetzlich geschützt
(Pat) legally protected
- patented (*ie, inventions*)
- registered (*ie, trade marks*)

gesetzlich geschütztes Verfahren *n* (Pat) proprietory process

gesetzlich vorgeschriebenes Deckungsverhältnis *n* (Vers) legal reserve requirements

Gesetzmäßigkeit *f* (Log) universal tendency

Gesetz *n* **novellieren** (Re) to amend a law

Gesetz *n* **über Abgaben für das Einleiten von Abwässer in Gewässer** (Re) Law Providing for a Levy for Discharging Effluents Into Running and Standing Waters = Abwasserabgabengesetz

Gesetz *n* **über die Beseitigung von Abfällen** (Re) Waste Disposal Law

Gesetz *n* **über die Deutsche Bundesbank** (Re) Federal Bank Law

Gesetz *n* **über die Finanzverwaltung** (Re) Law on Fiscal Administration (*ie, as of 30 Aug 1971 and amended thereafter*)

Gesetz *n* **über die Mitbestimmung** (Pw) Codetermination Law

Gesetz *n* **über Kapitalanlagegesellschaften** (Fin) Law Relating to Investment Companies, as amended 14 Jan 1970

Gesetz *n* **vom abnehmenden Ertragszuwachs**
(Vw) law of diminishing returns
- law of non-proportional returns
- law of variable proportions

Gesetz *n* **vom abnehmenden Grenznutzen**
(Vw) law of diminishing marginal utility
- law of satiation

Gesetz *n* **vom ausgeschlossenen Dritten**
(Log) law of excluded middle
- law of bivalence
- law of tertium non datur
(*ie, either p is true or q is false; one or the other but not both at the same time and in the same respect; a thing A is either A or is not A*)

Gesetz *n* **vom Ausgleich der Grenznutzen**
(Vw) equimarginal principle
- law of equi-marginal returns

Gesetz *n* **vom Rangabfall** (Math) Sylvester's law of degeneracy (*or* nullity)

Gesetz *n* **von Angebot und Nachfrage** (Vw) law of supply and demand

Gesetz *n* **von der Steigerung der fixen Kosten** (KoR) law of increasing fixed cost (*K. Mellerowicz*)

gesetzwidriges Verhalten *n* (Re) illegal conduct

Gesetz *n* **zur Entlastung des Bundesfinanzhofs** (StR) Law for the Relief of the Federal Fiscal Court, of 7 Aug 1975, amending the FGO

Gesetz *n* **zur Förderung der Berliner Wirtschaft** (Re) Law for the Promotion of the Economy of West Berlin, of 29 Oct 1970 (and numerous amendments)

Gesetz *n* **zur Förderung der Stabilität und des Wachstums der Wirtscha** (Vw) Law Promoting Stability and Growth of the Economy, as of 8 June 1967 (= Stabilitätsgesetz)

Gesetz *n* **zur Ordnung des Handwerks** (Re) Law Concerning the Regulation of Trade and Craft

Gesetz *n* **zur Verbesserung der betrieblichen Altersversorgung** (Re) Business Pension Law, 19 Sep 1974

Gesetz *n* **zur Vermögensbildung der Arbeitnehmer** (Pw) Law to Promote Capital Formation by Employees

gesicherte Anlage *f* (Fin) asset-back investment (*ie, investment related to tangible or corporate assets such as shares or property*)

gesicherte Forderung *f* (Fin) secured debt

gesicherter Gläubiger *m* (Re) secured creditor

gesicherter Kredit *m* (Fin) secured credit

gesichertes Darlehen *n* (Fin) secured loan

gesondert anmelden (Zo) to declare separately

gesondert ausweisen (ReW) to present (*or* show) separately

gesonderte Feststellung *f* (StR) separate determination, § 180 AO
(*ie, gesonderte Ermittlung einzelner Besteuerungsgrundlagen*)

gesonderte Gewinnfeststellung *f* (StR) separate determination of profits, § 180 AO

gespaltener Devisenmarkt *m*
(Fin) split
- two-tier
- dual ... foreign exchange market

gespaltener Goldmarkt *m* (Fin) two-tier gold market

gespaltener Goldpreis *m* (Fin) two-tier gold price

gespaltener KSt-Satz *m* (StR) split corporation income tax rate

gespaltener Preis *m* (Mk) split price

gespaltener Steuersatz *m* (StR) split tax rate

gespaltener Wechselkurs *m*
(Fin) multiple
- split
- two-tier ... exchange rate
(*syn, multipler od differenzierter Wechselkurs*)

gespaltenes Wechselkurssystem *n* (Fin) = System gespaltener Wechselkurse, qv

gespannter Kurs *m* (Bö) close quotation of foreign exchange

gespeicherte Energie (IndE) stored energy

gespeichertes Programm *n* (EDV) stored program

gesperrte Guthaben *npl* (Fin) blocked assets

gesperrter Scheck *m* (Fin) stopped check

gesperrtes Depot *n* (Fin) blocked deposit (*ie, of securities*)

gesperrte Stücke *npl* (Fin) blocked securities

Gespräch *n* **anmelden** (com) to book a (telephone) call

Gespräch *n* **durchstellen** (com) to put a call through

Gesprächsbetrieb *m* (EDV) dialog processing (*opp, Stapelbetrieb*)

Gesprächsgebühren *fpl* (com) call charges

Gesprächsnotiz *f*
(com) memo of a discussion
- notes on a discussion

Gesprächspartner *m* (com) interlocutor

Gesprächssystem n (EDV) time sharing
gestaffelt (com) graduated
gestaffelte Rückzahlung f (Fin) repayment by installments
gestaffelter Zinssatz m (Fin) staggered rate of interest
gestaltet (com) structured (eg, acquisitions structured as asset purchases)
Gestaltung f (com) structuring
gestaltungsfähige Kapitalertragsteuer f (StR) flexible capital yields tax
Gestaltungsfreiheit f
 (com) freedom of scope
 (Re) liberty of the parties (to a contract) to make their own arrangements
 (StR) freedom to shape one's transactions so as to accomplish the most favorable tax result
Gestaltungsklage f (Re) action for a modification of rights
Gestaltungsrecht n (Re) right to establish, alter or terminate a legal relationship
Gestehungskosten pl (KoR) cost price
Gestehungswert m (com) cost of production or acquisition
Gestellung f der Waren (Zo) presentation of goods
Gestellung f e-s Akkreditivs (Fin) opening a letter of credit
Gestellungsverzeichnis n (Zo) customs declaration list, § 6 ZG
gesteuerte Ablage f (EDV) controlled stacker
gesteuerter Preis m (Vw, Kart) controlled price (opp, Marktpreis)
gesteuertes Floating n (AuW) controlled floating
gesteuerte Variable f (EDV) controlled variable
gestörtes Gleichgewicht n
 (Vw) disequilibrium
 – imbalance
gestreckte Programmierung f (EDV) straight line coding
gestreute Anlagen fpl (Fin) diversified investments
gestreute Datenorganisation f (EDV) scattered data organization
gestreutes Laden n (EDV) scatter loading (or reading)
gestreutes Lesen n (EDV) = gestreutes Laden
gestreute Speicherung f (EDV) random organization
gestreutes Schreiben n (EDV) gather write
gestrichelte Linie f (com) dashed/broken . . . line
gestricheltes Liniendiagramm n (Stat) broken-line graph
gestrichen (Bö) quotation canceled (ie, no price, no dealings)
gestützter Preis m (com) pegged (or supported) price
gestützter Wechselkurs m (Fin) pegged rate of exchange
gestutzte Verteilung f (Stat) truncated distribution
Gesuch n
 (com) application
 – request
Gesuch n ablehnen (com) to refuse a request
Gesuch n bearbeiten (com) to handle an application (or request)
Gesuch n bewilligen (com) to grant an application

Gesuch n einreichen
 (com) to file an application
 – to submit a request
gesunde finanzielle Lage f (Fin) sound financial position
Gesundheitsattest n
 (com) bill of health
 – health (or sanitary) certificate
Gesundheitseinrichtungen fpl (SozV) health care facilities
Gesundheitsindikatoren mpl (Bw) health indicators (eg, length of patient stay, etc.)
Gesundheitsinformationssystem n (EDV) health information system
Gesundheitsmarkt m (Vw) health care market
Gesundheitsökonomik f (Vw) health economics (ie, instruments are theory of public goods, theory of externalities, cost-benefit analysis, etc.)
Gesundheitsplanung f (Vw) health planning
gesundheitspolitische Bestimmungen fpl (AuW) sanitary regulations (or standards)
gesundheitspolitische Überwachung f (AuW) sanitation
Gesundheitsrisiko n (SozV) health hazard
gesundheitsschädigende Wirkungen fpl (SozV) adverse health effects
 – . . . deleterious to health
Gesundheitsschutz m (Pw) health protection
Gesundheitsversicherung f (SozV, US) health insurance
 (ie, covers loss by sickness and bodily injury; the term is now used to replace such terms as Accident Insurance, Sickness Insurance, Medical Expense Insurance, Accidental Death Insurance, and Dismemberment Insurance)
Gesundheitsvorsorge f (SozV) health care
Gesundheitswesen n
 (SozV) health care system (ie, e–e allgemein anerkannte Definition gibt es nicht)
 (SozV) health care industry
Gesundheitszertifikat n (AuW) = Gesundheitsattest
Gesundheitszeugnis n (com) = Gesundheitsattest
gesundschrumpfen
 (com, infml) to pare down
 – to whittle down
 (ie, a company to a more profitable or leaner and more viable core)
Gesundschrumpfen n (com) = Schrumpfen, qv
getaktet (EDV) time phased
getaktete Arbeitsweise f (EDV) clocked operation
geteilte Anzeige f (EDV) split screen
getilgtes Disagio n (Fin) amortized discount
Getränkebesteuerung f (StR) taxation of beverages
Getränkegroßhandel m (com) beverage wholesaling
Getränkeindustrie f (com) beverage industry
Getränkesteuer f (StR) beverage tax
Getreideausfuhrland n (AuW) grain exporting country
Getreidebörse f
 (Bö) grain exchange
 – (GB) (London) Corn Exchange
 (ie, mostly part of produce exchange = Produktenbörse)

Getreideeinfuhr- und Vorratsstelle *f* (AuW) grain import and storage agency

Getreideembargo *n* (AuW) grain embargo *(eg, on the Soviet Union)*

Getreidehandel *m* (com) grain trade

Getreidehändler *m* (com) grain merchant *(or dealer)*

Getreidemarktregelung *f* (Vw) grain market regulation

Getreidepreis *m* (com) grain price

Getreide-Schweine-Zyklus *m* (Vw) corn-hog cycle

Getreidetermingeschäfte *npl* (Bö) grain futures

Getreidezoll *m* (Zo) duty on imported grain

getrennte Schleife *f* (OR) disjoint *(or* nontouching) loop

getrennte Veranlagung *f* (StR) separate assessment *(ie, independent taxation of wife's and husband's income, § 26a EStG)*

gewähren
(com) to allow
– to grant

Gewährfrist *f* (Re) period of guarantee, § 482 BGB

gewährleisten (com) to warrant

Gewährleistung *f* (com) warranty *(ie, agreement by seller that article sold has certain qualities)*

Gewährleistungen *fpl* **aus Einzelrisiko** (ReW) warranties – direct

Gewährleistungen *fpl* **pauschal** (ReW) warranties – indirect

Gewährleistung *f* **für Rechtsmängel** (Re) warranty of title

Gewährleistung *f* **für Sachmängel** (Re) warranty of merchantable quality

Gewährleistungsansprüche *mpl* (ReW) warranty claims

Gewährleistungsfrist *f* (Re) warranty period

Gewährleistungsgarantie *f*
(Fin) performance bond
– defects liability guaranty
– guaranty against defective material and workmanship
– guaranty deposit
– maintenance guaranty
– guarantee for warranty obligations
(ie, als Bankgarantien erstellt und hinterlegt; diese Avalkredite belasten den Kreditspielraum des Lieferers)

Gewährleistungskosten *pl* (ReW) cost of guaranty commitments

Gewährleistungsverpflichtungen *fpl* (ReW) warranties

Gewährleistungsvertrag *m*
(Re) guarantee agreement
(Re) indemnity agreement

Gewährleistungswagnis *n* (ReW) warranty risk *(ie, amounts to self-insurance of noninsurable risks)*

Gewährleistung *f* **übernehmen** (Re) to give warranty

Gewährträger *m* (Fin) guaranty authority *(ie, city or municipality which covers liability of savings banks operating within its jurisdiction)*

Gewährträgerhaftung *f* (Re) liability of guaranty authority

Gewährung *f* **e-s Kredits** (Fin) granting of a credit

Gewährung *f* **von Ansprüchen** (Re) acceptance of claims

Gewährverband *m* (Re) = Gewährträger

Gewährvertrag *m* (Re) contract of guaranty *(syn, Garantievertrag)*

Gewässerverschmutzung *f* (com) water pollution

Gewerbe *n*
(com) No English equivalent exists of the German term that in its most general sense is taken to mean any permanent, gainful economic activity. The English terms ‚business‘, ‚trade‘, and ‚industry‘, together with the adjectives ‚commercial‘ and ‚industrial‘ may be used to come near to a specific German context.
The general idea of ‚Gewerbe‘ is variously decribed as follows:
(1) any gainful activity, as opposed to leisure time pursuits;
(2) the total of all nonfarm activities carried on by economically inpendent units = **gewerbliche Wirtschaft:** mining, industry, crafts, trade and commerce, transportation, catering trade, banks and insurance companies, service industries;
(3) a specific segment of the economy as described under (2) and defined in the German **Gewerbeordnung** = Trade Regulation Act, which excludes the mining industry;
(4) a still more restricted extension of the term, used esp. in economics, covers the entire nonfarm production of goods and services (industry, crafts, and homework on cotract);
(5) **Kleingewerbe:** small and medium-sized business engaged in the production of goods;
(6) **mittelständisches Gewerbe:** the entire group of small and medium-sized business, industrial and commercial, that is, exclusive of large enterprises in industry, trade, etc.

Gewerbe *n* **anmelden** (Re) to apply for a trading license

Gewerbeanmeldung *f* (Re) registration of a trade or business, § 14 GewO

Gewerbeaufsicht *f* (Re) trade supervision

Gewerbeaufsichtsamt *n*
(Re) trade supervisory authority
– (GB) factory inspectorate

Gewerbe *n* **ausüben** (com) to carry on a trade

Gewerbebescheinigung *f* (com) trade certificate

Gewerbebesteuerung *f* (StR) trade taxation

Gewerbe *n* **betreiben** (com) to carry on a trade

Gewerbebetrieb *m* (StR) business establishment, § 1 GewStDV
(ie, includes every activity which is carried on independently, continuously, for profit, and which constitutes a participation in the general commerce of the country = Selbständigkeit, Nachhaltigkeit der Betätigung, Gewinnerzielungsabsicht, Beteiligung am allgemeinen wirtschaftlichen Verkehr)

Gewerbeerlaubnis *f* (Re) business license, §§ 30 ff GewO

Gewerbeertrag *m* (StR) trade earnings

Gewerbeertragsteuer *f*
(StR) trade tax on ... earnings/profit
– trade earnings tax *(ie, geared to annual profits)*

Gewerbeförderung f (Vw) promotion of small and medium-size enterprises
(ie, designed to increase efficiency and rationalization)
Gewerbefreiheit f (Re) free dom of trade, Art 12 II GG
Gewerbegenehmigung f (Re) = Gewerbeerlaubnis
Gewerbegesetzgebung f (Re) legal rules relating to trade regulation
Gewerbekapital n (StR) trading capital
Gewerbekapitalsteuer f (StR) trade tax on capital
(ie, levied on capital employed!)
Gewerbelegitimationskarte f (com) commercial card, § 55b GewO *(= carte de commercant, valid for trading abroad)*
Gewerbeordnung f
(Re) Trade Regulation Act, 21 June 1869, as amended 1 Jan 1978
– Trading Ordinance
(ie, postulates the desirability of freely chosen trade or occupation as a matter of principle)
Gewerbepolitik f (Vw) trade policy
(ie, umbrella term covering industrial policy, policy relating to the crafts, and policy directed at all other activities which are neither industry nor craft)
Gewerbeschein m (com) trading license
Gewerbesteuer f (StR) trade tax
(ie, levied by local authorities, including tax on earnings and capital = Gewerbeertrag- und Gewerbekapitalsteuer)
Gewerbesteuerausgleich m (FiW) equalization of revenue from trade tax
Gewerbesteuerbefreiung f (StR) exemption from trade tax
Gewerbesteuerbescheid m (StR) trade tax assessment notice
Gewerbesteuer-Durchführungsverordnung f (StR) Ordinance Regulating the Trade Tax Law, republished on 26 Jan 1978
Gewerbesteuererklärung f (StR) trade tax return, § 25 GewStDV
Gewerbesteuergesetz n (StR) Trade Tax Law, republished on 22 Sept 1978
Gewerbesteuerhebesatz m (StR) factor by which the uniform tentative tax = einheitlicher Steuermeßbetrag is multiplied
(ie, established for one or several calender years, § 16 II GewStG)
Gewerbesteuermeßbescheid m (StR) formal notice of applicable basic rate, § 184 AO
Gewerbesteuermeßbetrag m (StR) tentative tax *(ie, product of applicable tax rate and taxable business profits)*
Gewerbesteuer-Richtlinien fpl (StR) Trade Tax Regulations, republished on 21 June 1979
Gewerbesteuerrückstellung f (StR) reserve for trade taxes, Abschn. 22 II EStR
Gewerbesteuerumlage f (FiW) participation of federal and state governments in the municipal trade tax, Art 106 VI GG
Gewerbetreibender m
(com) businessman *(ie, anyone carrying on a trade or business in his own name and for his own account)*

(StR) nonfarm self-employed *(ie, excluding liberal professions)*
Gewerbeunfallversicherung f (Vers) industrial accident insurance
Gewerbeverlust m (StR) trading loss, § 10a GewStG
Gewerbezentralregister n (Re) Central Trade Register, §§ 149.ff GewO
Gewerbezulassung f (Re) trading license
Gewerbezweig m (com) branch of industry (or trade)
gewerbliche Ausfuhr f (AuW) industrial exports
gewerbliche Ausrüstungsinvestitionen fpl (VGR) business investment of plant and equipment
gewerbliche Bauten pl
(com) non-residential buildings
– commercial and industrial buildings
(syn, Wirtschaftsbauten)
gewerbliche Berufe mpl (Pw) industrial occupations
gewerbliche Betriebsgebäude npl (Bw) plant buildings
gewerbliche Bodenbewirtschaftung f (StR) commercial extraction of minerals and other deposits *(ie, mining, extraction of peat, stones, earths, etc., § 15 I No. 1 EStG)*
gewerbliche Einfuhr f (AuW) commercial and industrial imports
gewerbliche Erfahrung f (com) industrial experience
gewerbliche Erzeugnisse npl (com) industrial products
gewerbliche Fahrzeuge npl (com) commercial vehicles
gewerbliche Gebäude npl (Bw) commercial (or non-residential) buildings
gewerbliche Grundstücke npl (com) land for commercial purposes
gewerbliche Hypothek f (Fin) industrial mortgage
gewerbliche Investition f (Bw) business investment
gewerbliche Investitionen fpl (VGR) business investment in plant and equipment
gewerbliche Kreditaufnahme f (Fin) industrial and business borrowing
gewerbliche Kredite mpl (Fin) commercial (and industrial) loans *(ie, except those secured by real estate)*
gewerbliche Kreditgenossenschaft f (Fin) industrial credit cooperative *(ie, mainly ,Volksbanken')*
gewerbliche Kreditnachfrage f (Fin) business-sector credit demand
gewerbliche Leistungen fpl (Kart) commercial services
gewerbliche Niederlassung f (Bw) business establishment
gewerbliche Nutzung f (com) commercial use
gewerbliche Produkte npl (Bw) industrial products
gewerbliche Produktion f (Stat) industrial production
gewerblicher Abnehmer m (Bw) industrial buyer (or user)
gewerblicher Arbeiter m (Pw) industrial worker
gewerbliche Räume mpl (Bw) business premises
gewerblicher Betrieb m (StR) business enterprise, § 95 BewG
gewerblicher Gewinn m (StR) business income

341

gewerblicher Güterfernverkehr *m* (com) commercial long haul trucking

gewerblicher Hochbau *m* (com) industrial construction

gewerblicher Investor *m* (com) business investor

gewerblicher Kredit *m* (Fin) industrial/business . . . loan

gewerblicher Kreditbedarf *m* (Fin) business credit demands

gewerblicher Kreditnehmer *m* (Fin) industrial borrower

gewerblicher Rechtsschutz *m* (Pat) protection of industrial property rights
(ie, erfaßt Patente, Gebrauchsmuster, Geschmacksmuster und Warenzeichen, qv; ferner wird das Gesetz gegen den unlauteren Wettbewerb hinzugerechnet, nicht aber Urheberrecht und Kartellrecht nach GWB)

gewerblicher Sektor *m* (com) business sector

gewerblicher Straßentransport *m* (com) commercial road transport

gewerbliche Schutzrechte *npl* (Pat) industrial property rights
(ie, 1. patents [Patente] and/or petty patents (utility models) [Gebrauchsmuster], which protect technical inventions; 2. design patents [Geschmacksmuster], which protect novel features of design appealing to and judged by the eye; 3. trade marks [Warenzeichen], which protect the marketing and appellation of goods)

gewerbliches Eigentum *n* (Pat) industrial property

gewerbliches Fahrzeug *n* (com) commercial vehicle

gewerbliches Unternehmen *n* (Bw) business (*or* commercial) enterprise

gewerbliches Verfahren *n* (IndE) industrial production method

gewerbliche Tätigkeit *f* (com) business (*or* commercial) activity

gewerbliche Tätigkeit *f* **usüben** (com) to carry on a business

gewerbliche Verbrauchsgüter *npl* (Mk) industrially produced consumer goods

gewerbliche Verwertbarkeit *f* (Pat) commercial utilization

gewerbliche Wirtschaft *f* (com) trade and industry

gewerbliche Zwecke *mpl* (com) industrial or commercial purposes

gewerblich genutzte Grundstücke *npl* (com) industrial real estate

gewerblich-industrielle Bauten *mpl* (com) gewerbliche Bauten, qv

gewerblich nutzen (com) to use commercially

gewerbsmäßig
(com) professionally
– by way of business or trade

gewerbsmäßiger Frachtführer *m* (com) common carrier

Gewerke *m* (Re) member of mining company

Gewerkenbuch *n* (Re) register of mining-share holders

Gewerkschaft *f* (Pw) labor union
– (GB) trade union
(Bw) mining company

Gewerkschaft *f* **Druck und Papier** (Pw) Print and Paper Workers' Union

Gewerkschaftler *m*
(Pw) union member
(Pw) union official

gewerkschaftliche Kampfmaßnahmen *fpl*
(Pw) industrial action
– strike action unleashed by unions

gewerkschaftlich genehmigter Streik *m* (Pw) authorized strike

gewerkschaftlich organisieren (Pw) to unionize

gewerkschaftlich organisierte Arbeitnehmer *mpl* (Pw) union-member employees

Gewerkschaft *f* **Öffentliche Dienste, Transport und Verkehr** (Pw) Public Services and Transport Workers' Union

Gewerkschaftsbeiträge *mpl* (Pw) union dues

Gewerkschaftsbewegung *f*
(Pw) unionism
– union movement

Gewerkschaftsführer *m* (Pw) union (*or* labor) leader

Gewerkschaftsfunktionär *m*
(Pw) union official (*or* functionary)
(Pw, US, infml) labor skate *(ie, full-time union employee)*

Gewerkschaftskartell *n* (Pw) combination of unions

Gewerkschaftsmitglied *n* (Pw) union member

Gewerkschaftspolitik *f* (Pw) union policy

Gewerkschaftsvertreter *m*
(Pw) union representative
(Pw, pl) the union side

Gewichte *npl* (com) weights

gewichten (Stat) to weight

gewichtetes Mittel *n* (Stat) weighted average

gewichtete Stichprobe *f* (Stat) differential sample

Gewichtsangabe *f* (com) declaration of weight

Gewichtsbescheinigung *f* (com) weight certificate

Gewichtsermittlung *f* (com) determination of weights

Gewichtsgrenze *f* (com) weight limit

Gewichtskoeffizient *m* (Stat) weighting coefficient

Gewichtsliste *f* (com) weight list

Gewichtstarif *m* (com) weight-based transport rate *(opp, Stück- und Raumtarife)*

Gewichtsverlust *m* (com) loss in weight

Gewichtsverzollung *f* (Zo) duty based on weight

Gewichtszoll *m* (Zo) specific duty *(ie, based on weight)*

Gewichtszollsatz *m* (Zo) tariff rate based on weight

Gewichtung *f* (Stat) weighting

Gewichtungsfehler *m* (Stat) weighting bias

Gewichtungsziffer *f* (KoR) weighting figure *(cp, Äquivalenzziffer)*

gewillkürte Orderpapiere *npl* (WeR) = gekorene Orderpapiere

gewillkürtes Betriebsvermögen *n* (StR) voluntary business property
(ie, assets which may be private or business, depending on their appropriation)

gewillkürte Vertretungsmacht *f* (Re) agency by act of the parties *(opp, gesetzliche Vertretungsmacht = by operation of law)*

Gewinn *m*
(com) profit
(ReW) profit
– income

– earnings
– gain
(ie, subordinate concepts: Betriebsgewinn and Unternehmungsgewinn, which see)
Gewinnabführung *f* (Fin) transfer of profits
Gewinnabführungsvertrag *m* (com) profit transfer agreement
(ie, corporation undertakes to transfer its entire profits to another enterprise, § 291 I AktG; syn, Ergebnisabführungsvertrag)
gewinnabhängige Steuern *fpl* (StR) taxes on profits
gewinnabhängige Zulage *f* (Pw) profit-linked bonus
Gewinnabrechnungsgemeinschaft *f* (Fin) profit pool
Gewinnabschöpfung *f* (Fin) siphoning-off (*or* skimming-off) profits
Gewinnabsicht *f* (com) gainful intent
Gewinnanalyse *f* **nach Marktsegmenten** (ReW) segment profit analysis
Gewinnanspruch *m* (Fin) claim on pro rata share in annual net profits *(ie, divident and interest coupons)*
Gewinnanteil *m*
(Fin) profit share
(Vers) policy dividend
– bonus
– profit commission
Gewinnanteilschein *m*
(WeR) profit sharing certificate, § 234 BGB
(Fin) dividend coupon (*or* warrant)
Gewinnanteilscheinbogen *m* (Fin) coupon sheet
Gewinnanteil-Staffel *f* (Vers) graded scale of profit commission
Gewinnaufschlag *m* (com) mark-up
Gewinn *m* **aus Anlagenverkauf** (Fin) profit on asset disposal
Gewinn *m* **aus der Auflösung stiller Rücklagen**
(StR) gain from the dissolution of secret reserves, Abschn. 35 EStR
– gain from involuntary conversion
Gewinn *m* **aus der Veräußerung von Wertpapieren** (ReW) profit (*or* gain) on securities
Gewinnausfallversicherung *f* (Vers) loss of profit insurance
Gewinnausgleichssystem *n* (Kart) profit pass-over *(ie, protected traders receive part of the sales profit)*
Gewinn *m* **aus konzerninternen Geschäften** (ReW) intercompany profit
Gewinn *m* **aus Neubewertung** (ReW) surplus arising from revaluation
Gewinnausschließungsvertrag *m*
(Fin) non-profit agreement
– profit-exclusion agreement
Gewinnausschluß- und Verlustübernahmevertrag *m* (Fin) = Gewinnabführungsvertrag
Gewinnausschüttung *f*
(Fin) distribution of profits
– profit distribution
– dividend payout
Gewinnausschüttungssperre *f* (ReW) limitation on profit distributions, § 274 HGB
Gewinnaussichten *fpl* (Fin) profit prospects
Gewinnausweis *m* (ReW) earnings/income . . . reporting

Gewinn *m* **ausweisen** (ReW) to post a profit
Gewinn *m* **aus Wertpapieranlagen** (Fin) income from security holdings
gewinnberechtigt (Fin) entitled to profit share
gewinnberechtigte Aktien *fpl* (Fin) shares entitled to dividend
Gewinnbesteuerung *f* (StR) tax on earnings
Gewinnbeteiligung *f* (Pw) profit sharing
Gewinnbeteiligung *f* **der Arbeitnehmer** (Pw) employee profit sharing
Gewinnbeteiligungsplan *m* (Pw) profit-sharing plan (*or* scheme)
Gewinnbeteiligungsrechte *npl* (Fin) participating rights
gewinnbringend (com) profitable
Gewinn *m* **der Minderheitsaktionäre** (Fin) profit accruing to minority shareholders
Gewinn *m* **des Geschäftsjahres** (ReW, EG) profit for the financial year
Gewinndruck *m* (Bw) profit squeeze
(Vw) profit push *(ie, in der nichtmonetären Inflationstheorie)*
Gewinndruck-Inflation *f* (Vw) profit-push inflation
Gewinne *mpl* **abschöpfen** (Fin) to siphon off (*or* skim off) profits
Gewinne *mpl* **erwirtschaften** (com) to generate profits *(eg, DM 2 million in profits)*
Gewinn *m* **einbringen** (com) to turn in profits
Gewinneinbruch *m* (Fin) profit collapse
Gewinneinbußen *fpl* (Fin) squeeze on margins
Gewinneinkommen *n* (Vw) profit income
Gewinneinkommensbezieher *mpl* (Vw) profit income recipients
Gewinne *mpl* **mitnehmen**
(Bö) to take profits
– to cash in on profits
gewinnen
(com) to win
– to gain
(com) to make a profit
(com, infml) to come out on top
Gewinnentgang *m* (com) loss of profits
Gewinnentwicklung *f* (Fin) earnings performance
Gewinne *mpl* **realisieren**
(Fin) to realize profits
(Bö) to take profits
Gewinnerhaltung *f* (Fin) maintenance of profit levels
Gewinnermittlung *f* (StR) determination of income (*or* profit *or* earnings)
Gewinnermittlungsarten *fpl* (StR) methods of determining taxable income
Gewinnermittlungsbilanz *f*
(ReW) income statement
– profit and loss account
Gewinnermittlungsweg *m* (StR) method of computing taxable income
Gewinn *m* **erzielen** (com) to make a profit
Gewinnerzielung *f* (Fin) making (*or* realization) of profits
Gewinnerzielungsabsicht *f* (StR) intent to realize a profit
Gewinne *mpl* **subventionieren** (Bw) to subsidize profits
Gewinne *mpl* **überweisen** (Fin) to forward profits

Gewinne *mpl* **und Verluste** *mpl*
(Bö) gains and losses
– (GB) rises and falls
Gewinne *mpl* **von Kapitalgesellschaften** (ReW) corporate profits (*or* income)
Gewinnfeststellung *f* (StR) income determination *(ie, by tax authorities)*
Gewinnfunktion *f* (Bw) profit function *(ie, revenue minus cost)*
Gewinngemeinschaft *f*
(com) profit (and loss) pooling
– profit-pooling agreement, § 292 I No. 1 AktG
Gewinnherausgabeanspruch *m* (Pat) right to claim infringement profits
Gewinn *m* **in % des investierten Kapitals** (Fin) rate of return on investment (*or* capital employed)
Gewinn *m* **in % des Umsatzes** (Fin) percentage return on sales
(syn, Umsatzrentabilität, Umsatzrendite, Umsatzgewinnrate)
Gewinninflation *f*
(Vw) markup pricing inflation
– profit-push inflation
Gewinn *m* **je Aktie** (Fin) earnings per share, EPS
Gewinnkennziffern *fpl* (Fin) earnings ratios
Gewinnlinse *f*
(KoR) profits wedge
– net income area *(ie, in breakeven diagram; syn, Gewinnzone)*
gewinnlose Konkurrenz *f* (Vw) no-profit competition
(ie, where market price is equal to minimum of total average cost)
Gewinn *m* **machen**
(com) to make a profit
(com, infml) to make a turn
(com, infml) to turn a profit
Gewinnmarge *f* (com) profit margin
Gewinnmatrix *f* (Fin) payoff (*or* gain) matrix
gewinnmaximale Ausbringung *f* (Bw) profit maximization output
Gewinnmaximierung *f* (Bw) profit maximization
Gewinnmitnahme *f* (Bö) profit taking
Gewinnmitnahme *f* **durch den Berufshandel** (Bö) professional profit taking
Gewinn *m* **nach Steuern**
(ReW) after-tax profit
– post-tax income
– earnings after taxes
Gewinnobligation *f* (Fin) income (*or* participating) bond
(ie, neben festem Basiszins ein mit der Dividende gekoppelter Gewinnanspruch)
gewinnorientiert (Bw) profit-minded *(eg, managers)*
Gewinnorientierung *f* (Bw) profit orientation
Gewinnplan *m*
(Bw) profit plan
(Vers) bonus scheme
Gewinnplanung *f* (Bw) profit planning and budgeting
Gewinnpolster *n* (Fin) earnings cushion
Gewinnpooling *f* (Re) profit-pooling agreement, § 291 I 1 AktG)
(ie, Zusammenlegung und Neuaufteilung von

Ergebnisgrößen im Rahmen e–r Gewinngemeinschaft)
Gewinnprinzip *n* (Bw) profitability principle
Gewinn *m* **pro Aktie** (Fin) earnings per share
Gewinnprognose *f* (Fin) profit (*or* earnings) forecast
Gewinnpunkt *m* (Fin) breakeven point
(ie, point of activity or sales volume where total revenues and total expenses are equal, that is, there is neither profit nor loss)
Gewinnpunktrechnung *f* (KoR) breakeven analysis
Gewinnquote *f* (Vw) profit share *(ie, in national income)*
Gewinnrate *f* (Fin) rate of profit
Gewinnrealisierung *f*
(ReW) realization of profits *(ie, by disclosing secret reserves)*
(Bö) profit taking
– realization of profits
Gewinnrückgang *m* (com) drop in profits
Gewinnrücklage *f* (ReW) revenue reserve
(ie, aus dem Geschäftsergebnis gebildet; ersetzt die bisherige offene Rücklage; gesetzliche und satzungsmäßige Rücklagen = legal reserves and reserves required under company bylaws; § 272 III HGB)
Gewinnschuldverschreibung *f*
(Fin) income/participating ... bond
– (GB) profit-sharing loan stock
(ie, verbrieft neben e–r bestimmten Geldforderung weitere Leistungen, „die mit Gewinnanteilen von Aktionären in Verbindung gebracht" werden; cf, § 221 I 1 AktG; knüpft z.B. an Dividende, Bilanzgewinn od Jahresüberschuß an)
gewinnschwache Tochtergesellschaft *f* (Bw) marginal subsidiary
Gewinnschwelle *f* (KoR) breakeven point
(syn, Nutzschwelle, Kostendeckungspunkt, toter Punkt)
Gewinnschwelle *f* **erreichen** (KoR) to break even
Gewinnschwellenanalyse *f* (KoR) breakeven analysis *(syn, Break-Even-Analyse, qv)*
Gewinnschwellendiagramm *n*
(KoR) breakeven chart
– profitgraph
Gewinnschwellenrechnung *f* (KoR) breakeven analysis
Gewinnspanne *f*
(com) profit margin
– margin of profit
– gross profit
– operating margin
Gewinnspanne *f* **e–r Emissionsbank** (Fin) gross spread
(ie, equals the selling concession – Bonifikation – plus the management and underwriting fees)
Gewinnspanne *f* **komprimieren** (com) to squeeze the profit margin
Gewinnsteuern *fpl* (StR) taxes on income (*or* earnings)
Gewinnsteuerung *f* (Fin) profit management
Gewinnsubventionierung *f* (Bw) subsidization of profits
Gewinnthesaurierung *f*

(ReW) income retention
- (GB) ploughing back of profits
gewinnträchtig (Bw) high-profit-margin *(eg, speciality chemicals)*
Gewinntreiber *m* (com) profiteer
Gewinn-Umsatz-Kennziffer *f* (KoR) profit-volume ratio
Gewinn-Umsatz-Schaubild *n* (Fin) profit-volume graph
Gewinn- und Kapitalverlagerung *f* (StR) (arbitrary) shifting of profits and capital *(ie, among affiliated businesses)*
Gewinn- und Sicherheitszuschlag *m* (Vers) profit and contingencies
Gewinn- und Verlustbeteiligung *f* (Re) participation in profits and losses
(ie, in the absence of provisions written into partnerships agreements, statutory rules apply, such as §§ 121, 168, 336 HGB)
Gewinn- und Verlustkonto *n* (ReW) profit and loss account
Gewinn- und Verlustrechnung *f*
(ReW) income statement
- (GB) profit and loss account
- statement of earnings
- earnings statement
- statement of loss and gain
(syn, Erfolgsbilanz, Ertragsbilanz, Ergebnisrechnung, Umsatzrechnung, Aufwands- und Ertragsrechnung; cf. Übersicht S. 346)
Gewinn- und Verlustrechnungsplanung *f* (Bw) profit and loss planning
Gewinn- und Verlustübernahmevertrag *m* (Fin) profit and loss assumption *(or* absorption*)* agreement
Gewinnungsbetriebe *mpl* (Bw) extractive industries
Gewinnungskosten *pl* (com) resource cost *(ie, of obtaining primary energies)*
Gewinnung *f* **von Steinen und Erden** (VGR) quarrying
Gewinnvergleichsrechnung *f* (Fin) profit comparison method
(ie, in preinvestment analysis)
Gewinnverlagerung *f*
(Fin) shift *(or* transfer*)* of profits
- profit shifting
Gewinnverlagerungspolitik *f* (Fin) profit shifting policy
gewinnversprechend (com) profitable
Gewinnverteilung *f*
(Fin) profit distribution
(Vers) bonus distribution
Gewinnverteilungsbeschluß *m* (Bw) resolution ordering the distribution of profits
Gewinnverteilungskartell *n* (Kart) profit-distribution cartel
Gewinnverteilungsplan *m* (Vers) contribution plan
Gewinnverwendung *f*
(ReW) application/appropriation . . . of profits
- disposal of corporate profits
- disposition of retained earnings
Gewinnverwendungsbilanz *f* (ReW) profit appropriation statement
Gewinnverwendungsrücklage *f* (ReW) profit utilization reserve

Gewinnverwendungsvorschlag *m* (Fin) proposed appropriation of earnings
Gewinnverwirklichung *f* (ReW) profit realization
Gewinnvorschau *f* (Fin) profit forecast
Gewinn *m* **vor Steuern**
(ReW) profit *(or* income *or* earnings*)* before taxes
- pretax profit
- taxable profit
Gewinnvortrag *m*
(ReW) portion of profit carried forward as unappropriated surplus, § 174 II 4 AktG
- net earnings brought forward
- profit carried forward
- prior year's earnings
- retained profits brought forward
Gewinnvortrag *m* **nach Verwendung**
(ReW) appropriated retained earnings brought forward
Gewinnvortrag *m* **vor Verwendung** (ReW) unappropriated retained earnings brought forward
Gewinnzielkalkulation *f* (Bw) target (return) pricing
(ie, Preisermittlung auf der Grundlage der ungestrebten Kapitalverzinsung = applied to reach a specified profit objective)
Gewinnzone *f*
(KoR) profits wedge
- net income area *(ie, in breakeven diagram; syn, Gewinnlinse)*
Gewinnzurechnung *f* (StR) profit allocation
Gewinnzuschlag *m* (Mk) profit markup *(ie, in retail trading)*
gewogener arithmetischer Mittelwertindex *m* (Stat) weighted arithmetic mean of relatives
gewogener Außenwert *m* (AuW) weighted external value
gewogener Außenwert *m* **e–r Währung** (AuW) trade-weighted exchange rate
gewogener Index *m* (Stat) weighted index
gewogener Mittelwert *m* (Stat) weighted average
gewogener Summenindex *m*
(Stat) index of weighted aggregatives
- weighted aggregative relative
gewogenes Mittel *n* (Stat) weighted average
gewöhnliche Erhaltungskosten *pl* (StR) regular maintenance cost
gewöhnliche Fahrlässigkeit *f*
(Re) ordinary negligence, § 276 BGB
- *(civil law)* culpa levis
gewöhnliche Nutzungsdauer *f* (Bw) expected life
gewöhnliche Post *f*
(com) ordinary mail
- (com, US) surface mail
gewöhnlicher Aufenthalt *m*
(StR) habitual residence, § 90 AO
- customary *(or* usual*)* place of abode
(ie, implies mere physical presence for a somewhat extended period of time)
gewöhnlicher Bruch *m*
(com) ordinary breakage
(Math) common/ordinary/simple/vulgar . . . fraction *(opp, Dezimalbruch = decimal fraction)*
gewöhnlicher Logarithmus *m* (Math) common logarithm

345

Gliederung der Gewinn- und Verlustrechnung nach § 275 HGB

Bei Anwendung des Gesamtkostenverfahrens	Bei Anwendung des Umsatzkostenverfahrens
1. Umsatzerlöse	1. Umsatzerlöse
2. Erhöhung oder Verminderung des Bestands an fertigen und unfertigen Erzeugnissen	2. Herstellungskosten der zur Erzielung der Umsatzerlöse erbrachten Leistungen
3. andere aktivierte Eigenleistungen	3. Bruttoergebnis vom Umsatz
4. sonstige betriebliche Erträge	4. Vertriebskosten
5. Materialaufwand: a) Aufwendungen für Roh-, Hilfs- und Betriebsstoffe und für bezogene Waren b) Aufwendungen für bezogene Leistungen	5. allgemeine Verwaltungskosten
6. Personalaufwand: a) Löhne und Gehälter b) soziale Abgaben und Aufwendungen für Altersversorgung und für Unterstützung, davon für Altersversorgung	6. sonstige betriebliche Erträge
7. Abschreibungen: a) auf immaterielle Vermögungsgegenstände des Anlagevermögens und Sachanlagen sowie auf aktivierte Aufwendungen für die Ingangsetzung und Erweiterung des Geschäftsbetriebs b) auf Vermögensgegenstände des Umlaufvermögens, soweit diese die in der Kapitalgesellschaft üblichen Abschreibungen überschreiten	7. sonstige betriebliche Aufwendungen
8. sonstige betriebliche Aufwendungen	8. Erträge aus Beteiligungen, davon aus verbundenen Unternehmen
9. Erträge aus Beteiligungen, davon aus verbundenen Unternehmen	9. Erträge aus anderen Wertpapieren und Ausleihungen des Finanzanlagevermögens, davon aus verbundenen Unternehmen
10. Erträge aus anderen Wertpapieren und Ausleihungen des Finanzanlagevermögens, davon aus verbundenen Unternehmen	10. sonstige Zinsen und ähnliche Erträge, davon aus verbundenen Unternehmen
11. sonstige Zinsen und ähnliche Erträge, davon aus verbundenen Unternehmen	11. Abschreibungen auf Finanzanlagen und auf Wertpapiere des Umlaufvermögens
12. Abschreibungen auf Finanzanlagen und Wertpapiere des Umlaufvermögens	12. Zinsen und ähnliche Aufwendungen, davon an verbundene Unternehmen
13. Zinsen und ähnliche Aufwendungen, davon an verbundene Unternehmen	13. Ergebnis der gewöhnlichen Geschäftstätigkeit
14. Ergebnis der gewöhnlichen Geschäftstätigkeit	14. außerordentliche Erträge
15. außerordentliche Erträge	15. außerordentliche Aufwendungen
16. außerordentliche Aufwendungen	16. außerordentliches Ergebnis
17. außerordentliches Ergebnis	17. Steuern vom Einkommen und vom Ertrag
18. Steuern vom Einkommen und vom Ertrag	18. sonstige Steuern
19. sonstige Steuern	19. Jahresüberschuß/Jahresfehlbetrag.
20. Jahresüberschuß/Jahresfehlbetrag.	
§ 276 HGB: Kleine und mittelgroße Kapitalgesellschaften dürfen die Posten 1 bis 5 unter der Bezeichnung **Rohergebnis** zusammenfassen.	**§ 276 HGB:** Kleine und mittelgroße Kapitalgesellschaften dürfen die Posten 1 bis 3 und 6 unter der Bezeichnung **Rohergebnis** zusammenfassen.

Quelle: Dichtl/Issing, Vahlens Großes Wirtschaftslexikon, München 1987, 725.

gewöhnlicher Verschleiß *m* (ReW) ordinary loss of utility (*ie, through wear and tear, action of the elements, depletion*)

gewöhnliche Zinsen *mpl* (Fin) simple (*or* ordinary) interest (*ie, based on 360 days*)

geworfene Güter *npl* (SeeV) jettisoned goods, § 720 HGB

gezeichnete Aktien *fpl* (Fin) subscribed shares

gezeichnetes Kapital *n* (ReW, EG) subscribed capital
(*ie, auf das die Haftung der Gesellschafter beschränkt ist = to which the shareholders'/stockholders' liability is limited; Unterposten des Eigenkapitals; durch Bilanzrichtliniengesetz erstmals eingeführte Position; cf, § 272 I HGB*)

gezielte Anzeigenwerbung *f* (Mk) targeted advertising

gezielte Aufklärung *f* (Mk) pinpointed information campaign

gezielte Förderung *f* (com) selective incentives

gezielte Programme *npl* (FiW) selectively targeted programs

gezielte Stichprobe *f* (Stat) precision sample

gezogener Wechsel *m* (WeR) draft

Gibson-Paradoxon *n* (Vw) Gibson paradox (*ie, empirical evidence that rising prices also pull up rates of interest*)

Gießkannenprinzip *n* (Vw, SozV) „watering can" principle (*eg, of investment subsidies, social benefits*)

Giffen-Effekt *m* (Vw) Giffen effect

Giffenscher Fall *m* (Vw) Giffen case

giftige Abfälle *mpl* (IndE) toxic waste

giftige Gase *npl* (com) hazardous/toxic . . . gases

Giftmüll *m* (com) hazardous/toxic . . . waste
(*ie, contributes to an increase in mortality or in serious irreversible illness: poses a substantial hazard to human health or the environment; cf, U. S. Resource Conservation and Recovery Act of 1976*)

Gipfelgespräche *npl* (Vw) summit talks

Gipfelkonferenz *f* (Vw) summit conference

Gipfelteilnehmer *m* (Vw) summiteer

Gipfelwert *m* (Stat) peak

Giralgeld *n*
(Vw) bank deposit/bank account/book . . . money
– deposit . . . currency/money
– primary deposits
– (US) checkbook money

Giralgeld *n* **der Kreditbanken** (Fin) commercial bank book money

Giralgeld *n* **der Zentralbank** (Fin) central bank book money

Giralgeldkontraktion *f* (Vw) deposit contraction

Giralgeldschöpfung *f* (Vw) deposit money creation (*or* expansion)

Giralgeldvernichtung *f* (Vw) destruction of commercial bank deposits

Girant *m*
(WeR) indorser
– backer
– (GB) endorser

Girat(ar) *m*
(WeR) indorsee

– (GB) endorsee

girierbar (WeR) indorsable

girieren
(WeR) to indorse
– (GB) to endorse (*syn, indossieren*)

girierter Wechsel *m* (WeR) indorsed bill of exchange

Girierung *f* (WeR) transfer by indorsement

Giro *n*
(WeR) indorsement
(Fin) giro

Giroabteilung *f* (Fin) giro department (*syn, Überweisungsabteilung*)

Giroauftrag *m* (Fin) credit transfer order

Giroeinlage *f* (Fin) deposit on current account

Girogelder *npl* (Fin) funds available for credit transfer

Girogeschäft *n* (Fin) giro business
(*ie, Durchführung des bargeldlosen Zahlungsverkehrs und des Abrechnungsverkehrs: cashless payments and clearings; cf, § I I 9 KWG*)

Girogläubiger *m* (WeR) creditor by indorsement

Giroguthaben *n*
(Fin) credit balance on current account

Girokonto *n*
(Fin) current account (*ie, in a bank*)
– (GB) Giro account

Girokunden *mpl* (Fin) current account customers

Gironetz *n* (Fin) giro system (*ie, branch system of a group of banks through which payments are cleared*)

Giro *n* **ohne Gewähr** (WeR) indorsement without recourse

Giroprovision *f* (Fin) credit transfer commission

Girosammelanteil *m* (Fin) share in a collective securities account

Girosammeldepot *n* (Fin) = Girosammelverwahrung

Girosammelverwahrung *f*
(Fin) collective safe deposit of negotiable securities
– collective custody account
(*ie, Wertpapiersammelbanken – securities clearing and deposit banks – sind Sammelverwahrer für die von den Kontoinhabern eingelieferten Wertpapiere*)

Giroschuldner *m* (WeR) debtor by indorsement

Girostelle *f* (Fin) giro center (*ie, credit transfer clearing house*)

Giroüberweisung *f* (Fin) credit (*or* bank) transfer

Giroüberzugslombard *m* (Fin) Bundesbank advance

Giroverbände *mpl* (Fin) giro center associations
(*ie, set up by savings banks and credit cooperatives*)

Giroverkehr *m*
(Fin) giro credit transfers
– giro transactions
– bank giro credit system
(*ie, payment by cashless bank transfers; syn, Überweisungsverkehr*)

Girozentrale *f* (Fin) central giro institution

Girozentralen *fpl* (Fin) giro centers
(*ie, central credit institutions of public savings banks*)

347

Gitterauswahlverfahren *n* (Stat) lattice sampling
Gitter *n* **bilateraler Leitkurse**
(AuW) grid of bilateral central rates
– parity grid *(syn, Paritätenraster, qv)*
Gitter-Stichprobenverfahren *n* (Stat) configurational *(or* grid) sampling
GKR (ReW) = Gemeinschaftskontenrahmen industrieller Verbände
Glasindustrie *f* (com) glass industry
Glasversicherung *f*
(Vers) glass insurance
– *(sometimes called)* plate glass insurance
glatte Fertigung *f* (IndE) linear-flow manufacturing *(ie, aus e–r Materialart wird e–e Produktart hergestellt; daher lineare Produktionsstruktur; syn, durchlaufende Fertigung)*
glatte Komponente *f* (Stat) smooth component *(ie, Trendkomponente T_t + zyklische Komponente Z_t; im Saisonbereinigungsverfahren)*
glätten (com) to smooth
glatter Satz *m* (EDV) straight matter *(ie, in text processing)*
glattstellen
(Bö) to balance
– to even up
– to liquidate
– to realize
– to sell off
– to settle
– to square
Glattstellen *n*
(Bö) closing out
– offset
(ie, e-r futures- od Optionsposition)
Glattstellung *f*
(Bö) realization sale
– evening out/up
Glattstellungsauftrag *m* (Bö) realization order
Glattstellungsgeschäft *n*
(Bö) evening-up transaction
– offsetting ... transaction/trade)
Glattstellungsverkauf *m*
(Bö) realization sale
– sell off
Glättung *f* (Stat) smoothing
Glättung *f* **der Trendkurve** (Stat) fitting the trendline
Glättungsfaktor *m* (Stat) smoothing factor
Glättungskoeffizient *m* (Stat) smoothing coefficient
Glättungskonstante *f* (Stat) smoothing constant
Gläubiger *m*
(com) creditor *(ie, one to whom money is due)*
(Re) creditor, § 241 BGB
– (fml) obligee
(ie, one having the right to require the performance of any legal obligation)
Gläubigeranfechtung *f* (Re) avoidance of debtor's transactions by creditor
Gläubigeranfechtungsgesetz *n* (Re) Creditor's Avoidance of Transfers Act, 1898
Gläubigerarbitrage *f* (AuW) creditor arbitrage
Gläubigerausschuß *m* (Re) committee of creditors, § 87 KO
Gläubiger *m* **befriedigen** (Re) to satisfy *(or* pay off) a creditor

Gläubigerbefriedigung *f* (Re) satisfaction of creditors
Gläubiger *m* **begünstigen** (Re) to prefer a creditor
Gläubigerbegünstigung *f* (Re) preference of a creditor
Gläubigerbeirat *m* (Re) creditors' committee *(ie, appointed by the court, § 44 VerglO)*
Gläubigerbenachteiligung *f* (Re) delay of creditors
Gläubigerland *n* (AuW) creditor country
Gläubigerliste *f* (Re) = Gläubigerverzeichnis
Gläubigerpapiere *npl* (WeR) fixed-interest securities
Gläubigerquote *f* (EG) creditor quota
Gläubigerrallonge *f* (EG) creditor rallonge
Gläubigerrechte *npl* (Re) creditor claims
Gläubigerschädigung *f* (Re) prejudicial treatment of creditors
Gläubiger-Schuldner-Hypothese *f* (Vw) debtor-creditor hypothesis *(ie, claims a positive correlation between inflation and growth)*
Gläubigerschutz *m*
(Re) creditor protection
– proctecting the rights of creditors
Gläubigerversammlung *f*
(Re) creditors' meeting, § 93 KO
– meeting of creditors
Gläubigerverzeichnis *n* (Re) schedule *(or* list) of creditors
Gläubigerverzicht *m* (Re) forgiveness of indebtedness
Gläubigerverzug *m*
(Re) creditor's delay
– *(civil law)* mora accipiendi
(ie, in accepting performance; § 293 BGB; syn, Abbnahmeverzug)
Gläubigervorrecht *n* (Re) absolute/full ... priority
Gläubigerwechsel *m* (Re) subrogation of creditors
Gläubigerzentralbank *f* (AuW) creditor central bank
Glaubwürdigkeitslücke *f* (com) credibility gap
gleichartige Geschäfte *npl* (com) similar transactions
gleichartige Ware *f* (AuW) like product
gleich behandeln (com) to treat equivalently
Gleichbehandlung *f*
(AuW) nondiscrimination
(Pw) equal treatment *(ie, of all employees)*
Gleichbehandlungspflicht *f* (Pw) rule of equal treatment
Gleichbesicherungsklausel *f* (Fin) pari passu clause *(ie, Kreditnehmer stellt bei Besicherung anderer Verbindlichkeiten den Gleichrang aller Forderungen sicher)*
gleichbleibende Prämie *f* (Vers) level premium
gleiche Güte *f* **und Qualität** *f* (com, US) like grade and quality
gleiche Mengen *fpl* (Math) equal sets *(ie, sets with precisely the same elements)*
gleicher Lohn *m* (Pw) equal pay *(ie, for work of equal value)*
gleichförmiges Verhalten *n* (Kart) parallel behavior
gleichgerichtete Kursbildung *f* (Bö) parallel pricing
gleichgerichtete Preisgestaltung *f* (Kart) parallel pricing
gleichgestellter Mitarbeiter *m* (Pw) peer

gleichgestreut (Stat) homoscedastic
Gleichgewicht *n* (Vw) equilibrium
(ie, condition in which no change occurs in the state of a system as long as its surroundings are unaltered)
Gleichgewicht *n* am Gütermarkt (Vw) goods market equilibrium
Gleichgewicht *n* bei Maximalgewinn (Vw) best profit equilibrium
Gleichgewicht *n* bei Unterbeschäftigung (Vw) underemployment equilibrium
Gleichgewicht *n* bei Vollbeschäftigung (Vw) full employment equilibrium
gleichgewichtige Expansion *f* (Vw) moving equilibrium
gleichgewichtiger Code *m*
(EDV) constant ratio
– fixed count
– fixed ratio . . . code
gleichgewichtiges Wachstum *n* (Vw) steady growth
Gleichgewichtsbedingung *f* (Vw) equilibrium condition (*or* position)
Gleichgewichtseinkommen *n* (Vw) equilibrium level of income
Gleichgewichtslohnsatz *m* (Vw) adjustment rate of wages
Gleichgewichtsmenge *f* (Vw) equilibrium quantity
Gleichgewichtsmodell *n* (Vw) equilibrium model
Gleichgewichtspfad *m* (Vw) equilibrium path
Gleichgewichtspreis *m* (Vw) equilibrium price
Gleichgewichtsproduktion *f* (Bw) production by which the goal function of an enterprise is maximized
Gleichgewichtstheorie *f* (Vw) equilibrium theory
Gleichgewichtswachstum *n* (Vw) balanced growth
Gleichgewichts-Wachstumsrate *f* (Vw) warranted rate of growth *(Harrod)*
Gleichgewichts-Wechselkurs *m* (AuW) equilibrium exchange rate
Gleichgewichtszins *m* (Vw) equilibrium interest rate
Gleichheitsglied *n* (EDV) equality circuit (*or* unit)
Gleichheitszeichen *n* (Math) equals sign *(ie, =)*
gleichlaufende Reihe *f* (Stat) coincident series
gleichmächtig (Math) equipollent
(ie, used of sets between which there exists a one-to-one correspondence = 1:1-Entsprechung)
gleichmächtige Mengen *fpl*
(Math) equipotent
– equinumerable
– equivalent . . . sets
Gleichmächtigkeit *f* (Math) equipollence
gleichmäßig beste Schätzfunktion *f* (Stat) uniformly best constant risk estimator
gleichmäßige Besteuerung *f* (FiW) equal and uniform taxation
gleichmäßiges Wachstum *n* (Vw) steady (*or* sustained) growth
gleichmäßige Toleranz *f* (Stat) uniform tolerance
Gleichmäßigkeit *f* der Besteuerung (FiW) uniformity and equality of taxation
gleichmäßig schärfster Test *m* (Stat) uniformly most powerful test
gleichmäßig verzerrungsfreie Schätzfunktion *f* (Stat) uniformly unbiased estimator

Gleichmöglichkeit *f*
(Stat) equal probability *(ie, basic term of Laplacean probability theory)*
(Stat) equal chance sampling
gleichnamiger Bruch *m* (Math) similar fraction
gleich Null setzen (Math) to set to zero
Gleichordnungskonzern *m* (Bw) horizontal group *(of affiliated companies; cf, § 18 II AktG; opp, Unterordnungskonzern)*
gleichrangig
(Re) of equal rank (*or* status)
– pari passu
gleichrangiger Gläubiger *m* (Re) creditor ranking pari passu
gleichrangige Schuldverschreibung *f* (Fin) pari passu bond
gleichrangige Verbindlichkeiten *fpl* (Re) liabilities of equal priority
Gleichrangrahmen *m* (Fin) scope for equally ranking charges
gleichschenkeliges Dreieck *n* (Math) isosceles triangle
gleichseitige Hyperbel *f* (Math) equilateral/rectangular . . . hyperbola
gleichseitiges Dreieck *n* (Math) equilateral triangle
gleichseitiges Polygon *n* (Math) equilateral polygon
gleichsetzen
(Math) to equate
– to set equal to
gleichsinnige Abweichung *f* (Math) concurrent deviation
Gleichteil *n* (IndE) identical part
Gleichung *f*
(Math) equation
(ie, formal statement of the equivalence of mathematical expressions)
Gleichung *f* **dritten Grades**
(Math) cubic equation
– equation of third degree
Gleichungssystem *n* (Math) set (*or* system) of equations
Gleichung *f* **vierten Grades**
(Math) biquadratic (*or* quartic) equation
– equation of fourth degree
Gleichung *f* **zweiten Grades**
(Math) linear (*or* quadratic equation
– equation of second degree
Gleichverteilung *f* (Stat) uniform/rectangular . . . distribution
(ie, each value has the same probability of occurrence)
Gleichverteilungshypothese *f*
(Stat) equal-chance hypothesis
– equi-probability hypothesis
Gleichwahrscheinlichkeit *f* (Stat) = Gleichmöglichkeit
gleichwertige Beschäftigung *f* (Pw) equivalent occupation
gleichwertige Positionen *fpl* (Bö) equivalent positions
gleichwertige Zugeständnisse *npl* (AuW) equivalent concessions
Gleichwertigkeit *f*
(com) equal value
(Math) equipollence

gleichwinkeliges Polygon *n* (Math) equiangular polygon

gleichzeitig schwebende Anmeldung *f* (Pat) copending application

Gleisanschluß *m*
(com) railroad siding
– private siding

gleitende Arbeitswoche *f* (Pw) fluctuating workweek

gleitende Arbeitszeit *f*
(Pw) flexible working hours
– flextime

gleitende Bandbreiten *fpl* (AuW) crawling
– sliding
– self-adjusting... peg
– gliding parity
– moving band
(ie, feste, aber in kleinen Stufen anpassungsfähige Paritäten; exchange rates are allowed to drift slowly and steadily by weekly, monthly, or quarterly alterations up to 2% or 3% a year, automatically or with deliberate guidance; syn, Wechselkursanpassung in kleinen Schritten, limitierte Wechselkursflexibilität)

gleitende Budgetprognose *f* (Bw) moving projection

gleitende Lohnskala *f* (Pw) escalator scale

gleitende Paritätsanpassung *f*
(Vw) crawling peg
– sliding parity *(ie, stetig, automatisch und in kleinen Schritten)*

gleitende Planung *f*
(Bw) continuous
– perpetual
– rolling... planning *(syn, revolvierende/rollende/überlappende... Planung)*

gleitender Durchschnitt *m* (Stat) moving average

gleitender Lohn *m* (Pw) indexed wage

gleitender Mittelwert *m* (Stat) moving average

gleitender Zoll *m* (Zo) escalator *(or* sliding scale*)* tariff

gleitende Saisonschwankung *f* (Stat) moving seasonal variation

gleitende Summenanpassung *f* (Vers) automatic cover

Gleitkomma *n* (EDV) floating point decimal

Gleitkommabefehl *m* (EDV) floating point instruction

Gleitkommarechnung *f* (EDV) floating point arithmetic

Gleitparität *f* (AuW) crawling peg

Gleitpreisklausel *f* (com) escalator *(or* escalation*)* clause

Gleitpunkt *m* (EDV) floating point

Gleitpunktarithmetik *f* (EDV) floating point arithmetic

Gleitpunktoperation *f* (EDV) floating point operation

Gleitpunktrechnung *f* (EDV) floating point computation

Gleitpunktschreibweise *f* (EDV) floating point representation

Gleitpunktwort *n* (EDV) floating point word

Gleitpunktzahl *f* (EDV) floating point number

Gleitzeit *f*
(com) flexitime

– flexible (working) hours

Gleitzeitüberhang *m* (Pw) accumulated excess over flexible working hours
(ie, Arbeitnehmer haben Normalarbeitszeit überschritten; Arbeitgeber ist im Erfüllungsrückstand)

Gleitziffer *f* (Stat) link relative

Gleitzoll *m* (Zo) = gleitender Zoll

Glied *n* (Math) term

Glied *n* **e–r Datei** (EDV) member of a file

gliedern
(com) to arrange
– to classify
– to subdivide

Gliedertaxe *f* (SozV) rate of dismemberment benefit

Gliederung *f*
(Log) breakdown
– classification
– subdivision
(ReW) layout *(or* format*) (eg, of financial statements, § 151 AktG)*

Gliederung *f* **der Bilanz** (ReW) balance sheet format
(ie, according to the Accounting Directives Law incorporated in § 266 HGB; see page 156)

Gliederung *f* **der Jahresbilanz** (ReW) classification of annual balance sheet

Gliederungstiefe *f* (com) level of detail

Gliederungsvordruck *m* (StR) form for the breakdown of distributable equity capital, §§ 27–43 KStG

Gliederungsvorschriften *fpl* (Rew) legal requirements for the classification of financial statements

Glieder *npl* **zusammenfassen** (Math) to collect terms

gliedweise Ableitung *f* (Math) term-by-term derivation

Gliedziffern *fpl* (Stat) linked relatives

global (com) in aggregate terms

Globalabtretung *f* (Re) blank *(or* blanket*)* assignment

Globalaktie *f*
(Fin) multiple share certificate
– stock certificate
(ie, evidencing a large share holding, not widely used in West Germany; syn, Sammelaktie)

Globalangebot *n* (com) comprehensive offer

Globalanleihe *f* (Fin) blanket loan

Globalbewilligung *f* (FiW) block appropriation

Globaldarlehen *n* (Fin) blanket *(or* lump sum*)* loan

globale Ausgabeneigung *f* (Vw) global propensity to spend

globale Nachfragesteuerung *f* (Vw) aggregative demand management

globales Dateinamenzeichen *n* (EDV) = Globalzeichen

globale Vorgabe *f* (Bw) overall standard

Globalfinanzierung *f* (Fin) block financing

Globalisierung *f* (Fin) globalization *(ie, of financial markets)*

Globalkontingent *n* (AuW) overall quota

Globalkürzung *f* (com) across-the-board cut

Globalplanung *f* (Bw) master planning

Globalpolice f (Vers) blanket policy
Globalsteuerung f (Vw) demand management *(ie, by monetary or fiscal policies or both)*
Globalurkunde f (Fin) global bond certificate
Globalversicherung f (Vers) blanket insurance
Globalwertberichtigung f (ReW) lump-sum value adjustment
Globalzeichen n (EDV) wild card (character) *(ie, wird anstelle bestimmter Zeichen in Dateiname od Dateityp eingesetzt (* und ?); syn, globales Dateinamenzeichen)*
Globalzession f (Re) blank (*or* blanket) assignment *(syn, Globalabtretung, Vorausabtretung)*
global zurechenbare Kosten pl (OR) indirect cost (*or* expense)
Glockenkurve f (Stat) bell-shaped/gaussian ... curve
Glockenpolitik f (Vw) bubble policy *(ie, umweltinstrumentelle Lösung zur Reduzierung der Umweltschutzkosten und zur Flexibilisierung der Umweltauflagen)*
Glücksspiel n (Stat, Re) game of chance, § 284 StGB
GmbH (com) – Gesellschaft mit beschränkter Haftung = Limited Liability Company
GmbH & Co f
(com) limited partnership
(ie, whose general partner – nominally liable without limit for the partnership's debts – is a private company and whose limited partners are the same persons as the shareholders of the company)
GmbH & Co. KG f (com) limited commercial partnership (= KG) formed with a limited liability company (= GmbH) as general partner and the members of the GmbH, their families, or outsiders, as limited partners
GmbH-Gesetz n (Re) Law on Limited Liability Companies
GmbH-Novelle f (Re) statute amending the GmbH Law (effective 1 Jan 1981)
GoA
(ReW) = Grundsätze ordnungsmäßiger Durchführung von Abschlußprüfungen
(Re) = Geschäftsführung ohne Auftrag
GoB (ReW) = Grundsätze ordnungsmäßiger Buchführung
GoDV (EDV) = Grundsätze ordnungsmäßiger Datenverarbeitung
Goldabfluß m (Vw) gold outflow
Goldagio n (Vw) gold premium
Goldaktien fpl (Bö) gold mines
Goldankaufspreis m (Fin) gold buying price
Goldarbitrage f
(Fin) arbitrage in bullion
– gold arbitrage
Goldaufgeld n (Fin) gold premium
Goldauktion f (IWF) gold auction
Goldausfuhrpunkt m (AuW) export gold point
Goldautomatismus m (AuW) specie-flow adjustment mechanism
(ie, correcting an adverse balance of payment, or restoring equilibrium; reference is had to a ,self-regulating' or ,automatic' gold standard)
Goldbarren m (Fin) gold bullion

Goldbarrenmarkt m (Fin) bullion market
Goldbarrenwährung f (Vw) gold bullion standard
Goldbestand m (Fin) gold inventory
Goldbestände mpl
(AuW) gold holdings (*or* reserves)
– gold stock
Goldbewegungen fpl (AuW) gold flow (*or* movements)
Goldbindung f (Vw) linkage to gold
Goldbörse f (Bö) gold exchange
Golddeckung f (Vw) gold cover (*or* backing)
Golddevisenwährung f (Vw) gold exchange standard
Goldeinfuhrpunkt m (AuW) gold import point
Goldeinlagen fpl **der Zentralbanken** (IWF) gold contributions of Central Banks
Goldene Bankregel f (Fin) Golden Bank Rule
(ie, liquidity rule of credit institutions, requires sufficient availability of funds at any time)
Goldene Bilanzregel f (ReW) golden balance-sheet rule
(ie, requires that fixed assets be backed by long-term capital, and current assets by short-term funds)
Goldene Finanzregel f (Fin) golden rule of financing
(ie, requires that long-term investments be not financed with short-term funds)
goldener Wachstumspfad m
(Vw) complete (*or* total) equilibrium
– golden age path
– unique steady-state equilibrium
Goldexportpunkt m (AuW) gold export point
Goldhandel m (Fin) gold trading
Goldhorte pl (Vw) gold hoardings
Goldimportpunkt m (AuW) gold import point
Goldkernwährung f (Vw) gold bullion standard
Goldmarkt m (Fin) gold market
Goldmünzen fpl (Fin) gold coins
Goldmünzwährung f (Vw) gold coin standard
Goldnotierung f (Fin) gold quote
Goldoptionen fpl (Fin) gold options
Goldparität f (Vw) gold parity
Goldpreis m (Fin) gold price
Goldproduktion f (Vw) gold production (*or* output)
Goldpunkte mpl
(Vw) gold points
– gold specie points
– bullion points
Goldreserven fpl (AuW) gold holdings (*or* reserves)
Goldstandard m (Vw) gold standard
Goldtranche f (IWF) gold tranche *(ie, term preceding that of the ,reserve tranche')*
Goldtransaktionen fpl (AuW) gold transactions
Goldumlaufwährung f (Vw) gold specie currency (*or* standard)
Gold- und Devisenbilanz f (AuW) gold and foreign exchange balance
(ie, shows the changes in foreign exchange reserves; equal to a positive or negative change in ,net external assets' = Nettoauslandsaktiva of the Bundesbank)
Gold- und Devisenreserven fpl (AuW) gold and foreign currency reserves

351

Goldverkäufe *mpl* **am freien Markt** (Fin) gold sales in the open market

Goldwährung *f* (Vw) gold currency (*or* standard)

Goldwährung *f* **aufgeben** (Vw) to go off the gold standard

Goldwährungsmechanismus *m* (AuW) = Goldautomatismus

Goldwährungssystem *n* (Vw) gold-based monetary system

Goldwertklausel *f* (Fin) gold clause

Goldzufluß *m* (Vw) gold influx

Gomory-Schnitt *m* (OR) generating (*or* source) row

Gomory-Zeile *f* (OR) = Gomory-Schnitt

Goodwill *m* (ReW) = Firmenwert

Gossensche Gesetze *npl* (Vw) Gossen's Laws
(ie, First Law: postulates the principle of diminishing utility, and Second Law: this is in fact a theorem stating that, to maximize utility, a given quantity of a good must be divided among different uses in such a manner that the marginal utilities are equal in all uses)

Gozinto-Graph *m* (IndE) gozinto graph
(ie, Darstellung aller Baukasten-Stücklisten bzw. Baukasten-Teileverwendungsnachweise e–s Produktionsbetriebes)

Grad *m* **der Anforderung** (IndE) degree of factor

Grad *m* **der Entartung** (OR) degree of degeneracy

Grad *m* **der erreichten Marktdurchdringung** (Mk) achieved market penetration

Grad *m* **der Neuheit** (Pat) degree of novelty

Grad *m* **der Worttrennung** (EDV) level of hyphenation

Grad *m* **des Folgeschadens** (Re) remoteness of damage

Grad *m* **des Verschuldens** (Re) degree of fault

Grad *m* **e–r algebraischen Bestimmungsgleichung** (Math) degree of an algebraic equation

Grade *mpl* **von Fahrlässigkeit** (Re) degrees of negligence
(ie, in English law the prevailing view is that there are no degrees of care in negligence, but only different amounts of care as a matter of fact)

Gradientenmethode *f*
(Math) gradient method
– method of successive approximation

gradzahlige Paritätskontrolle *f* (EDV) even parity check

Grafik *f*
(com) chart
– graph

grafikfähiges System *n* (EDV) graphic display system

Grafikterminal *n* (EDV) display console plotter

grafisch darstellen
(com) to graph
– to represent graphically

grafische Anzeige *f*
(EDV) graphic display
– graphics *(syn, grafische Datendarstellung)*

grafische Darstellung *f*
(com) graphic representation
– graph

grafische Datenstruktur *f* (EDV) graphical data structure

grafische Datenverarbeitung *f*
(EDV) graphic data processing
– computer graphics

grafische Funktion *f* (EDV) display function *(syn, Bildfunktion)*

grafische Papiere *npl* (EDV) graphic papers

grafischer Arbeitsplatz *m*
(EDV) graphics workstation
(EDV) display console

grafischer Ausdruck *m* (EDV) display expression

grafisches Bildschirmgerät *n* (EDV) graphic CRT system

grafisches Gewerbe *n* (com) printing industry *(ie, German term obsolete, but still used in places)*

grafisches Kernsystem *n* (EDV) graphic kernel system

grafische Software *f* (EDV) graphics software

Grafitstift *m* (com) conductive pencil

Graphenreduktion *f* (OR) graph reduction

graphentheoretisch (OR) graph theoretic

Graphentheorie *f*
(OR) graph theory
– theory of graphs
(syn, Theorie der Netzwerke)

Gratifikation *f* (Pw) bonus *(eg, Christmas, vacation, loyalty)*

gratis
(com) at no charge
– free
– free of charge

Gratisaktie *f* (Fin) bonus share (*or* stock)
(ie, a special type of self-financing: a formal dividend payout is subsequently treated as a new capital contribution, §§ 207ff AktG; syn, Berichtigungsaktie)

Gratisangebot *n* (com) free offer

Gratismuster *n* (com) free sample

Gratiszuteilung *f* (Fin) bonus allotment

grauer Markt *m* (com) gray market

Graupappe *f* (com) chipboard

GrdstVG (Re) = Grundstücksverkehrsgesetz

Gremien-Organisation *f* (Bw) committee organization

Gremium *n* (com) body

Grenzanalyse *f* (Vw) marginal analysis

Grenzanbieter *m* (Vw) marginal seller

Grenzanbieter *m* **von Kapital** (Vw) marginal lender

Grenzausgabe *f* (Vw) marginal outlay

Grenzausgleich *m*
(StR) border adjustment
(cf, Ursprungslandprinzip, Bestimmungslandprinzip)
(EG) = Grenzausgleichszahlungen, qv

Grenzausgleichsabgabe *f* (FiW) border tax on imports

Grenzausgleichsteuer *f* (AuW) border tax adjustment

Grenzausgleichszahlungen *fpl* (EG) Monetary Compensatory Amounts
(ie, subsidizing exports from a country with higher prices to one with lower prices, and correspondingly taxing trade in the opposite direction)

Grenzbereich *m* (Log) interface

Grenzbesteuerungsquote *f* (FiW) marginal propensity to tax

Grenzbetrieb *m*
(Vw) marginal firm
– least efficient producer
– marginal unit of production *(syn, Grenz-produzent)*
Grenzbezugskosten *pl*
(Vw) marginal cost of acquisition
– marginal-factor cost
(ie, extra cost to a purchaser when buying one more productive factor)
Grenzböden *mpl* (Vw) marginal land
Grenzen *fpl* **der Besteuerung** (FiW) limits of taxation
Grenzen *fpl* **des Wachstums** (Vw) growth limits
Grenzerlös *m* (Vw) marginal revenue
(ie, additional revenue received from the sale of one additional unit)
Grenzerlösfunktion *f* (Vw) marginal revenue function
Grenzerlösprodukt *n* (Vw) marginal revenue product
(ie, Ergebnis der Multiplikation der Grenz-produktivität e–s Faktors mit dem Grenzumsatz = the added revenue received by the addition of one more unit of a production factor)
Grenzerlösproduktion *f* (Vw) marginal revenue product
Grenzertrag *m*
(Vw) marginal yield
(Vw) marginal return *(or income)*
Grenzertrag *m* **des Kapitals** (Vw) marginal yield on capital
Grenzerzeugnis *n* (Vw) marginal product
Grenzfall *m* (com) borderline case
Grenzfinanzierung *f* (Fin) marginal financing *(opp, Gesamtfinanzierung)*
Grenzform *f* **e-r Funktion** (Math) limiting form of a function
Grenzgänger *m*
(StR) frontier worker
– cross-frontier commuter
Grenzgebiet *n* (com) borderline subject
Grenzkapazität *f* (Vw) marginal capacity
Grenzkäufer *m* (Vw) marginal buyer
Grenzkonsum *m* (Vw) marginal consumption
Grenzkosten *pl*
(Vw, Bw) marginal
– incremental
– differential . . . cost
(ie, geben die Änderung der Gesamtkosten (meist bei Variation der Beschäftigung) um eine infinitesimal kleine Einheit an = 1. Ableitung (Differentialquotient) der Gesamtkostenfunktion; the extra cost incurred for an extra unit of output; mathematically, the first derivative (differential quotient) of the total cost function: dK/dY)
(KoR) alternative cost
Grenzkostenergebnis *n*
(KoR) profit contribution
– variable gross margin *(or profit)*
– marginal balance
– marginal income *(syn, Deckungsbeitrag)*
Grenzkostenkalkulation *f* (KoR) marginal costing
Grenzkostenrechnung *f*
(KoR) direct costing

– (GB) marginal costing
Grenzkreditnehmer *m* (Fin) marginal borrower
Grenzkurs *m* (Fin) marginal rate
Grenzleerkosten *pl* (KoR) marginal idle-capacity cost
Grenzleid *n* **der Arbeit** (Vw) marginal disutility of labor
Grenzleistungsfähigkeit *f* **der Investition** (Vw) marginal efficiency of investment
(ie, gleich dem Produkt aus Grenzproduktivität der Investition und Grenzproduktivität des Kapitals)
Grenzleistungsfähigkeit *f* **des Kapitals**
(Vw) marginal efficiency of capital
– marginal rate of return
(ie, Grenzertragsrate aus den Kapitalgütern e–s Unternehmens; Maß für die Vorteilhaftigkeit e–r Investition)
Grenzliquidität *f* (Fin) marginal liquidity
Grenzmultiplikator *m* (Vw) marginal multiplier
Grenzmuster *n* (IndE) tolerance limit sample
Grenznachfrager *m* (Vw) marginal buyer
Grenznachfrager *m* **nach Kapital** (Vw) marginal borrower
Grenznutzen *m*
(Vw) marginal utility
– final degree of utility *(St. Jevons)*
(ie, Nutzen, den die letzte verbrauchte Einheit e–s Gutes stiftet: erste Ableitung der Nutzenfunktion nach dem betreffenden Gut; increase in total utility of consuming a commodity which results from increasing by one unit the quantitiy of commodity consumed; determines the price in conjunction with supply; cf, Indifferenzanalyse)
Grenznutzenanalyse *f* (Vw) marginal utility analysis
Grenznutzen *m* **des Geldes** (Vw) marginal utility of money
Grenznutzenschule *f*
(Vw) marginalist school
– marginal utility school
Grenznutzentheorie *f* (Vw) marginal utility theory (of value)
Grenzplankostenkalkulation *f* (KoR) marginal cost pricing
Grenzplankostenrechnung *f*
(KoR) standard direct costing
(Also:)
– direct costing
– differential costing
– variable cost accounting
– (GB) marginal costing
– activity accounting
– functional accounting
(ie, vereinfacht das Abrechnungsverfahren der auf Vollkostenbasis arbeitenden flexiblen Plankostenrechnung (qv): trennt fixe und variable Gemeinkosten und nimmt nur letzere in den geplanten Gemeinkostenverrechnungssatz auf; (syn, Teilkostenrechnung, Deckungsbeitragsrechnung)
Grenzpreise *mpl* (Vw) limit prices
(ie, im Rahmen staatlicher Preisregulierung: Oberbegriff für die bekannteren Ausdrücke Höchst-, Mindest- und Spannenpreise)

Grenzprinzip *n* (Vw) principle of marginality

Grenzprodukt *n* (Vw) marginal product

Grenzprodukt *n* **der Arbeit** (Vw) marginal product of labor

Grenzproduktivität *f* (Vw) marginal productivity *(ie, Grenzproduktivität e–s Faktors multipliziert mit der Änderung s–r Einsatzmenge: partielle G.; extra product obtained by increasing by a further unit a given factor of production; mostly set equal to marginal productivity; may refer to one or all factors: Grenzprodukt e–s Faktors od Niveaugrenzproduktivität)*

Grenzproduktivität *f* **der Arbeit** (Vw) marginal productivity of labor

Grenzproduktivität *f* **des Geldes** (Vw) marginal productivity of money *(ie, reciprocal of marginal cost)*

Grenzproduktivitätstheorie *f* (Vw) marginal productivity theory *(ie, developed by J. B. Clark)*

Grenzproduzent *m*
(Vw) marginal firm *(or producer)*
– least efficient producer
– marginal unit of production
(syn, Grenzbetrieb)

Grenzpunkt *m* **e-r Menge** (Math) boundary point of a set

Grenzrate *f* **der Substitution** (Vw) marginal rate of substitution

Grenzrate *f* **der technischen Substitution** (Vw) marginal rate of technical substitution

Grenzrate *f* **der Transformation** (Vw) marginal rate of transformation *(ie, equal to the negative reciprocal ratio of marginal productivities)*

Grenzrate *f* **der Zeitpräferenz** (Vw) intertemporal marginal rate of substitution

Grenzsituation *f* (Log) sensitive situation

Grenzsparen *n* (Vw) marginal saving

Grenzsteuersatz *m*
(FiW) marginal tax rate
– marginal rate of taxation
– marginal propensity to tax, MPT
(syn, marginaler Steuersatz)

Grenzstückkosten *pl* (KoR) marginal unit cost

Grenzübergang *m*
(com) border crossing
Zo) point of entry

grenzüberschreitend
(com) international
– cross-frontier

grenzüberschreitende Beförderung *f* (Zo) international transport

grenzüberschreitende Informationen *fpl* (com) cross-border intelligence

grenzüberschreitender Datenverkehr *m* (EDV) transborder data flows

grenzüberschreitender Kapitalverkehr *m* (Fin) international *(or* cross-frontier) capital movements

grenzüberschreitender Warenverkehr *m*
(AuW) cross-frontier movements of goods *(or* traffic *or* trade)
– cross-border commerce *(or* trade)

grenzüberschreitender Wettbewerb *m* (Vw) cross-frontier competition

grenzüberschreitendes Konzernclearing *n* (Fin) cross-border group clearing

grenzüberschreitendes Leasing *n* (Fin) cross-border leasing *(ie, über günstige Finanzierungskosten sollen die Bedingungen des Exports verbessert werden)*

grenzüberschreitendes Projekt *n* (com) cross-frontier project

grenzüberschreitende Transportmittel *npl* (AuW) international means of transport

grenzüberschreitende Unternehmenskäufe *mpl* (com) cross-border mergers and acquisitions

Grenzumsatz *m* (Vw) marginal revenue

Grenzumsatzprodukt *n* (Vw) marginal revenue *(or* value) product

Grenzverbraucher *m* (Vw) marginal consumer

Grenzverkäufer *m* (Vw) marginal seller

Grenzverkehr *m* (com) border traffic

Grenzwert *m*
(Math) limiting value
– limit

Grenzwertanalyse *f* (Vw) marginal analysis

Grenzwertaxiom *n*
(Stat) axiom of convergence
– limit axiom

Grenzwertbegriff *m* (Math) limit concept

Grenzwertproblem *n* (Math) boundary value problem

Grenzwertprüfung *f* (EDV) marginal check *(or* test)

Greshamsches Gesetz *n* (Vw) Gresham's law

GrEStG (Re) = Grunderwerbsteuergesetz

Griffbereich *m* (IndE) working area

Grobbleche *npl* (com) heavy plate *(ie, über 5 mm Stärke; cf, Feinbleche, Mittelbleche)*

Grobdiagramm *n* (EDV) block digramm *(ie, Blockdiagramm zur Beschreibung von Programmabläufen)*

grobe Fahrlässigkeit *f*
(Re) gross negligence
– *(civil law)* culpa lata
(ie, die Unterscheidung des dt Rechts ‚Vorsatz und grobe Fahrlässigkeit‘ nach § 277 BGB samt dem Oberbegriff ‚Verschulden‘ ist dem englischen Rechtskreis unbekannt; der Komplex wird dort unter dem Stichwort ‚negligence‘ abgehandelt; Schweregrade (degrees) sind: gross – wilful wanton/reckless – ordinary – slight; the majority of lawyers refer to ‚different amounts of care‘)

grobe Pflichtverletzung *f* (Pw) gross breach of duty

grobe Schätung *f* (com) rough estimate

grob fahrlässig (Re) grossly negligent

grob gerechnet
(com) as a rough estimate
– roughly calculated

Grobplanung *f* (Bw) overall planning

Großabnehmer *m*
(com) bulk . . . buyer/purchaser
– big industrial user
– heavy consumer
– large/quantity . . . buyer

Großabschluß *m*
(com) large . . . contract/deal
– big-ticket transaction

Großaktionär *m* (Fin) major shareholder

Großanlage f (EDV) mainframe computer
Großanlagenbau m
  (IndE) large-scale plant engineering and construction
  – systems engineering
Großanlagengeschäft n (Fin) big-ticket deposit taking
Großanleger m (Fin) big/large-scale . . . investor
Großauftrag m
  (com) major/large-scale . . . order
  – bulk order
  – big ticket item
Großbank f (Fin) big/large . . . bank
Großbestellung f (com) bulk order
Großbetrieb m
  (Bw) large-scale enterprise *(ie, defining categories are: size of labor force, capital, or sales volume)*
  (Bw) large farm
Großbrand m (Vers) conflagration
Großcomputer m (EDV) mainframe (computer)
Größe f
  (com) size
  – dimensions
    measurements
  (Math) magnitude
  – variable
große Alternative f
  (Log) exclusive disjunction
große Havarie f (SeeV) general (*or* gross) average, § 700 HGB
Großeinkauf m
  (Mk) bulk buying
  – volume purchasing
Großeinkäufer m
  (Mk) bulk purchaser
  – wholesale buyer
Großeinlagengeschäft n (Fin) big-ticket deposit-taking *(ie, by banks)*
große Kontrollspanne f
  (Bw) shallow/broad . . . span of control
  (opp, kleine Kontrollspanne = narrow span of control)
große Leitungsspanne f (Bw) = große Kontrollspanne
Großemission f (Fin) jumbo loan issue
Großemittent m (Fin) major debt issuer
Größendegression f (Bw) economies of scale
Größenklasse f (Bw) group
Größenklassen fpl (com) size classifications *(eg, of companies, provided for in the 4th EEC Directive)*
Größennachteile mpl
  (Bw) diseconomies of scale
  – inefficiencies of scale
größenordnungsmäßig (com) in order of magnitude
größenproportionale Auswahl f (Stat) proportional sampling
Größenverteilung f (Stat) size distribution
Größenvorteile mpl (Bw) economies of scale
großer Spielraum m (com) plenty of room to operate
großer Steuertermin m (StR) major tax payment date
großes Sortiment n (com) large variety of goods

große Steuerreform f (FiW) top-to-bottom (*or* root and branch) reform of the tax system
Große Tarifkommission f (Pw) Central Union Bargaining Committee
Großflächenwerbung f (Mk) bulletin board advertising
Großfluggesellschaft f (com) megacarrier
Großfusion f
  (com) giant
  – jumbo
  – (infml) mega(buck)
  – (infml) megadollar
  – juggernaut . . . merger *(syn, Mammutfusion, Elephantenhochzeit)*
Großgeschäft n (com) big-ticket (*or* jumbo) deal
Großhandel m
  (com) wholesale business (*or* trade)
  – wholesaling
Großhandelsbetrieb m (com) wholesale establishment
Großhandelsfunktion f (Mk) wholesaling function
Großhandelsindex m (Stat) index of wholesale prices
Großhandelslager n (com) wholesale stock
Großhandelspreis m (com) wholesale price
Großhandels-Preisindex m (Stat) index of wholesale prices
Großhandelsrabatt m (com) wholesale discount
Großhandelsspanne f (com) wholesale margin
Großhandelsunternehmen n (Mk, US) merchant wholesaler
  (ie, engaged in selling to retailers and other types of business users and wholesalers, and in full-line marketing services)
Großhandelsvereinigung f (com) wholesaling association
Großhandelsvertreter m (com) wholesale representative
Großhandelswerte mpl (Bö) big volume stock
Großhandelszentrum n (com) wholesale center
Großhändler m
  (com) wholesale dealer
  – wholesaler
  – distributor
Großintegration f (EDV) large-scale integration, LSI
  (ie, densely packed – 10 000 per sq in – in digital storage and logical elements on a semiconductor chip)
Grossist m (com) wholesaler
Groß-Klein-Umschaltung f (EDV) case shift
Großkredit m
  (Fin) big
  – large-scale
  – massive
  – (infml) jumbo . . . loan
  (ie, extended in excess of 15% of a bank's equity capital, § 13 KWG)
Großkreditgeschäft n (Fin) large-scale lending business
Großkreditnehmer m
  (Fin) major
  – massive
  – large
  – big . . . borrower

Großkunde *m*
(com) big customer
– bulk/large-lot... buyer
– major account
– leading edge account
– (infml) big-ticket customer
(Mk) key account *(ie, in industrial marketing)*
Großkundensteuerung *f* (Mk) account management
Großleben *n* (Vers) ordinary branch business
Großlebenbranche *f* (Vers) ordinary life insurance
Großlebensversicherung *f* (Vers) ordinary *(or* straight) life insurance
Großlieferant *m* (com) major supplier
Großmarkt *m* (com) wholesale market
Groß-M-Methode *f* (OR) big M method
Großpackung *f*
(com) large
– bulk
– giant
– jumbo
– familiy size
– economy-sized... package
Großproduktion *f* (IndE) large-scale production
Großprojekt *n*
(com) large-scale project
– big-ticket... project/item
– jumbo scheme
Großraumbüro *n* (com) open plan office
Großraumkernspeicher *m* (EDV) bulk core storage
Großraumspeicher *m* (EDV) bulk storage
Großrechner *m* (EDV) mainframe (computer)
Großrechner-Arbeitsplatz *m* (EDV) mainframe-link terminal
Großreparatur *f*
(ReW) general overhaul
(IndE) major repair
– general overhaul
(ie, involves complete overhaul or substantial replacement of parts)
Großrisiko *n* (Vers) jumbo risk
Großschaden *m* (Vers) major damage
groß schreiben (com) to capitalize
Großschreibung *f* (com) capitalization
Großserie *f* (IndE) large-scale production
Großspeicher *m* (EDV) mass storage
Großspeichersteuerung *f* (EDV) random access controller, RAC
großtechnische Anlage *f* (IndE) commercial *(or* full-scale) plant
großtechnische Demonstrationsanlage *f* (IndE) commercial demonstration *(or* pilot) plant
großtechnische Fertigung *f* (IndE) commercial production *(opp, Pilotfertigung = pilot plant scale production)*
größter Durchschlupf *m* (IndE) average outgoing quality limit, AOQL
(ie, may be given in terms of defective or effective units; as either 95% effective or 5% defective)
größter gemeinsamer Teiler *m*
(Math) greatest common divisor
– highest common factor, hcf
größte untere Schranke *f*
(Math) greatest lower bound, glb

– infimum
(ie, the glb of a set of numbers S is the largest number among the lower bounds of S)
Größtrechner *m* (EDV) ultra-large computer
Großvater *m* (EDV) grandfather *(ie, data set that is two generations earlier than the data set under consideration)*
Großvaterzyklus *m* (EDV) grandfather cycle
Großverbraucher *m* (com) bulk consumer
Großverbundnetz *n* (com) large-scale integrated system
Großverdiener *m* (com) big income earner
Großwetterlage *f*
(Vw, infml) general business conditions
– shape of the economy
Großwirtschaftsraum *m* (Vw) large economic region
Großzahlforschung *f* (Stat) large-number research
Großzählung *m* (Stat) census
großzügige Kreditbedingungen *fpl* (Fin) (very) easy credit terms
Groupoid *n* (Math) groupoid
(ie, [G; .] is an algebraic system with a binary operation; no postulates are specified; it may be multiplicative or additive)
GrStG (StR) = Grundsteuergesetz
GrStR (StR) = Grundsteuer-Richtlinien
Grubenschließung *f* (Bw) = Zechenstillegung, qv
Grubenvorstand *m* (com) managing board of mining company
Grund *m* (Re) cf, wichtiger Grund
Grundadresse *f* (EDV) base *(or* reference) address *(syn, Basisadresse, Bezugsadresse)*
Grundaktivität *f* (Bw) basic activity
Grundanweisung *f* (EDV) basic statement
Grundaufbaubefehl *m* (EDV) basic instruction
Grundausbildung *f* (Pw) basic training
Grundausstattung *f*
(com) basic equipment
(EDV) basic hardware configuration
Grundbedarf *m* (com) basic requirements
Grundbedürfnisse *npl* (Vw) basic... needs/wants
Grundbefehl *m* (EDV) basic instruction
Grundbegriff *m* (Log) basic concept
Grundbesitz *m* (StR) real property
(ie, comprises property in agriculture and forestry, and plant sites, § 19 BewG)
Grundbestand *m*
(MaW) lead time
– working
– cycle
– active – turnover... inventory
(ie, needed to tide over the procurement lead time = Beschaffungszeit)
(com) basic stock
Grundbetrag *m*
(com) basic amount
(StR) gross rental
(ie, 1.4% of assessed value = Einheitswert)
Grundbetriebssystem *n* (EDV) Basic Operation System, BOS
Grundbilanz *f* (VGR) basic balance
(ie, balance on current account and long-term capital = Leistungsbilanz + Bilanz des langfristigen Kapitalverkehrs)

Grundbilanz *f* **und kurzfristiger Kapitalverkehr**
(AuW, US) official settlement balance
Grundbuch *n*
(ReW) book of original entry
– journal
– daybook
(syn, Tagebuch, Memorial, Journal, Primanota)
(Re) official real estate register
– land register
Grundbuchamt *n*
(Re) real estate registry
– (US) Land Records Office
– (GB) Land Registry
Grundbuchauszug *m*
(Re) abstract of land register
– (GB) office copy of land register
Grundbucheinsicht *f* (Re) inspection of real estate register
Grundbucheintragung *f*
(Re) entry in the land register
– (GB) registration of title to land
Grundbuchlöschung *f* (Re) cancellation of an entry in the land register
Grundbuchung *f* (RcW) original entry
Grundchemikalien *fpl* (com) commodity chemicals
(opp, Spezialchemikalien = speciality chemicals)
Grundcodierung *f* (EDV) absolute (or basic) coding *(syn, einfache Codierung)*
Grunddaten *fpl*
(Stat) source data
(com) basic data
(Fin) base data *(eg, stock market data, company accounts analysis data)*
Grunddefinition *f* (Log) basic/core . . . definition
Grunddienstbarkeit *f* (Re) real servitude
Grundeigentum *n* (Re) property in land
Grundeigentümer *m* (Re) land owner
Grundeinheit *f* (com) basic unit
gründen
(com) to form
– to create
– to establish
– to launch
– to organize
– to set up . . . a business *(ie, of any kind)*
(com) to incorporate *(ie, Kapitalgesellschaft)*
– (GB) to promote (a company)
Gründer *m*
(com) founder *(ie, of any type of business)*
(com) incorporator *(ie, of a Kapitalgesellschaft)*
– (GB) promoter
Gründer *m* **e-r AG**
(com) incorporator of a stock corporation, § 2 AktG
– (GB) promoter of a company
Gründerlohn *m* (Fin) founders' fee
Grunderwerb *m* (Re) acquisition of land
Grunderwerbsteuer *f*
(StR) land transfer tax
– property acquisition tax
Grunderwerbsteuer-Durchführungsverordnung *f*
(StR) Ordinance Regulating the Real Property Transfer Tax Law, of 30 March 1940
Grunderwerbsteuergesetz *n* (StR) Real Property Transfer Tax Law, of 29 March 1940

Grundformen *fpl* **der Betriebsorganisation** (Bw) basic patterns of departmentation
Grundfreibetrag *m*
(StR) basic tax-free amount
– (US) basic exemption *(ie, always allowed to taxpayer, whether married or single)*
Grundgebühr *f* (com) basic fee (or charge)
Grundgehalt *n* (Pw) basic salary
Grundgesamtheit *f*
(Stat) parent population
– population
– universe *(obsolescent term)*
Grundgeschäft *n*
(com) bottom line
– mainstay business
– (infml, US) meat and potatoes
(ie, of a busines, trade, or industry)
Grundgesetz *n* (Re) Basic Law
(ie, the constitution of the Federal Republic of Germany; so termed to emphasize that the new system was to be temporary)
Grundgüter *npl* (Vw) natural resources
Grundhandelsgeschäft *n* (com) general commercial transaction, § 1 II HGB
Grundhandelsgewerbe *n* (com) general commercial business, § 1 II HGB
Grundkapital *n*
(ReW) capital stock
– (appr) stated
– nominal
– legal
– share
– equity . . . capital
(ie, Nennkapital od gezeichnetes Kapital e–r AG oder KGaA; identical with the total par value of all its shares, minimum amount DM 100,000, § 7 AktG; cf, Nominalkapital)
Grundkapital-Dividende *f* (Fin) dividend out of capital
Grundkenntnisse *fpl*
(com) elementary understanding
– basic knowledge
– the ABC of . . .
Grundkosten *pl*
(Bw) baseline costs
(KoR) basic cost
(ie, Aufwendungen, die in gleicher Höhe in die Kostenrechnung eingehen; syn, aufwandsgleiche Kosten; expenditure spread by costing over the period under review; opp, Zusatzkosten, Anderskosten)
Grundkredit *m* (Fin) real estate credit
Grundkreditanstalt *f* (Fin) mortgage bank
Grundkurve *f* (Math) master curve
Grundlage *f*
(com) basis
– foundation
– (infml) underpinnings *(eg, the court disavowed the . . . of the case)*
(com) basic elements
– fundamentals
Grundlagenbescheid *m* (StR) basic assessment
Grundlagenforschung *f* (com) basic research
Grundlageninvestition *f* (Vw) investment in infrastructure

357

grundlegende Änderung *f* (com) wholesale change
Grundleistungssektor *m* (Vw) basic sector
gründliche Analyse *f*
(com) deep study
– study in depth
– (US) in-depth analysis
– (infml) seat-of-the-pants analysis
Grundlinie *f*
(Vw) underlying tendency
(Stat) base line
Grundlohn *m*
(Pw) base pay
– basic rate
Grundlohnsatz *m* (Pw) base pay rate
grundlose Entlassung *f*
(Pw) unfair dismissal
– dismissal without cause
Grundmenge *f* (Log, Math) universal set of reference
(Stat) universe
Grundmetalle *npl* (com) base metals *(eg, copper, lead, tin)*
Grundmiete *f* (com) basic rent *(syn, Nettokaltmiete)*
Grundnahrungsmittel *npl* (com) basic foodstuffs
Grundpatent *n* (Pat) basic *(or master)* patent
Grundpfand *n* (Re) real estate mortgage
Grundpfandbrief *m* (Re) official mortgage certificate
Grundpfanddarlehen *n* (Fin) mortgage loan
Grundpfandgläubiger *m* (Re) mortgagee
Grundpfandrechte *npl*
(Re) encumbrances on real property
– rights in rem
– real rights
(ie, securing a claim attaching to a real estate; general term covering Hypothek, Grundschuld, Rentenschuld, qv)
grundpfandrechtlich gesichert (Re) secured by mortgage
Grundpfandschuld *f* (Re) mortgage debt
Grundpfandschuldner *m* (Re) mortgagor
Grundprämie *f* (Vers) basic ... premium/rate
Grundpreis *m*
(com) basic
– basis – base ... price
(EG) basic price *(ie, laid down for pigmeat under CAP)*
Grundqualität *f* (Bö, US) = Basisqualität, qv
Grundquote *f* (EG) basic quota
(ie, Bestandteil der Agrarmarktordnung für Zucker; syn, A-Quote)
Grundrechnungsarten *fpl*
(Math) basic operations of arithmetic
– first rules of arithmetic
Grundrechte *npl*
(Re) basic rights
– fundamental personal rights
(ie, rights of individuals legally protected against violation by government)
Grundrechtsgarantie *f* (Re) constitutional safeguard of basic rights
Grundrechtskatalog *m* (Re) Bill of Rights
(ie, in the Bonn Basic Law specifies an extensive list of political, civil, economic, and social rights)
Grundrendite *f* (Fin) basic yield

Grundrente *f* (Vw) ground rent
Grundrichtpreis *m* (EG) basic target price
Grundsachverhalt *m*
(com) basic facts
– basics
Grundsatzabkommen *n*
(Re) basic
– framework
– skeleton ... agreement *(syn, Rahmenabkommen)*
Grundsatz *m* **der Ausfuhrfreiheit** (AuW) principle of freedom of export
Grundsatz *m* **der Einzelbewertung** (ReW) rule of individual *(or unit)* valuation
Grundsatz *m* **der Gesamtbewertung** (StR) principle of appraising each economic unit by itself, § 2 I BewG
Grundsatz *m* **der Maßgeblichkeit der Handelsbilanz** (StR) principle of dependency of the tax balance sheet on the commercial balance sheet
Grundsatz *m* **der materiellen Bilanzkontinuität** (ReW) consistency principle
Grundsatz *m* **der mittleren Prädikation** (Log) fundamental principle of mediate predication *(syn, nota-notae-Prinzip)*
Grundsatz *m* **der Nichtdiskriminierung** (AuW) principle of nondiscrimination
Grundsatz *m* **der Periodenabgrenzung** (ReW) matching-of-revenue-and-cost principle
Grundsatz *m* **der steuerlichen Gleichbehandlung** (StR) principle of the equal treatment of taxpayers
Grundsatz *m* **der steuerlichen Leistungsfähigkeit** (FiW) ability-to-pay principle
– faculty principle of taxation
Grundsatz *m* **der Unmerklichkeit** (FiW) principle of imperceptibly imposing tax burdens
Grundsatz *m* **der Verhältnismäßigkeit** (Re) principle of proportionality
– principle of reasonableness
Grundsatz *m* **der Wesentlichkeit** (ReW) principle of materiality
Grundsatzdiskussion *f* (com) discussion in principle
Grundsätze *mpl* **der Rechnungslegung** (ReW) reporting policies
– accounting policies
Grundsätze *mpl* **der Unternehmensführung** (Bw) business
– company
– corporate ... policies
Grundsätze *mpl* **des Rechnungswesens** (ReW) accounting standards
Grundsätze *mpl* **des Verfahrens** (Re) procedural principles
Grundsatzentscheidung *f*
(Re) leading *(or landmark)* decision
(com) pivotal decision
Grundsätze *mpl* **ordnungsmäßiger Abschlußprüfung** (ReW) generally accepted auditing standards, GAAS
Grundsätze *mpl* **ordnungsmäßiger Buchführung,** GOB
(ReW) principles or proper *(or)* orderly accounting
– body of required accounting principles

– principles of orderly bookkeeping and balance-sheet makeup
– (US) Generally Accepted Accounting Principles
*(ie, may be classified into the following five
categories:*
1. clarity and lucidity
2. completeness;
3. material and formal accounting continuity;
4. veracity;
*5. conservatism (lower of cost or market price,
potential losses, realization rule;*
*GAAP do not have the same significance, be-
cause even detailed valuation principles and financial reporting requirements are prescribed by
German law)*

Grundsätze *mpl* **ordnungsmäßiger Datenverarbeitung,** GoDV
(ReW) principles of proper data processing
*(cf, §§ 238 II, 239 IV, 257 III, 261 HGB;
§§ 140-147 AO)*

Grundsätze *mpl* **ordnungsmäßiger Dokumentation**
(ReW) principles of proper (*or* orderly)
documentation
*(ie, wesentlicher Bestandteil der aus den Zielen
der Rechnungslegungsvorschriften abgeleiteten
GoB:*
1. Belegprinzip;
2. zeitgerechte Erfassung der Geschäftsvorfälle;
3. Zugriffsmöglichkeit;
4. Lesbarkeit der Aufzeichnungen;
5. Beachtung der Aufbewahrungsfristen)

Grundsätze *mpl* **ordnungsmäßiger Prüfung** (ReW)
generally accepted auditing standards

Grundsatzfragen *fpl*
(com) basic
– key
– pivotal ... issues

grundsätzlich
(Re) basically
– in broad principle

grundsätzliche Einigung *f* (Re) agreement in principle

Grundsatzreferat *n* (com) key note speech
– position paper

Grundsatzvertrag *m* (Re) agreement in principle

Grundsatz *m* **von Treu und Glauben** (Re) principle
of equity and fair dealing
*(ie, each party shall act ex aequo et bono = nach
pflichtgemäßem Ermessen, § 242 BGB)*

Grundschaltung *f* (EDV) basic ... circuit/wiring

Grundschuld *f*
(Re) land charge
– encumbrance of real property
*(ie, abstract charge for a money payment, § 1191
BGB; hat größere Bedeutung als Hypothek)*

Grundschuldbrief *m* (Re) land charge certificate

Grundschuldforderung *f* (Re) claim secured by a
land charge

Grundschuldgläubiger *m* (Re) holder of a land
charge

Grundschuldlöschung *f* (Re) cancellation of land
charge

Grundschule *f*
(Pw) grade school

– (GB) elementary school

Grundsicherung *f*
(SozV) basic minimum floor of income
– basic level of protection

Grundsprache-Programm *n* (EDV) basic (*or* low-
level) language program

Grundstellung *f* (EDV) home position

Grundsteuer *f* (StR) real property tax *(ie, levied by
municipalities on land and buildings situated
within their jurisdictions)*

Grundsteuer-Durchführungsverordnung *f* (StR)
Ordinance Regulating the Real Property Tax
Law

Grundsteuergesetz *n* (StR) Real Property Tax Law,
of 7 Aug 1973, as amended

Grundsteuer-Richtlinien *fpl* (StR) Real Property
Tax Regulations, of 9 Dec 1978

Grundstichprobe *f* (Stat) master sample

Grundstoffe *mpl*
(com) basic ... goods/commodities
– basic materials
– primary products

Grundstoffgewerbe *n* (com) basic goods sector

Grundstoffindustrie *f*
(com) primary
– basic
– extractive ... industry

Grundstoffsektor *m* (com) basic goods sector

Grundstoffunternehmen *n* (Bw) natural-resource
company

Grundstoffwirtschaft *f* (Vw) basic industry

Grundstück *n*
(com) plot of land
– parcel of real estate (*or* real property)
– real estate tract
– real estate
(ie, may include buildings)

Grundstück *n* **belasten** (Re) to encumber real property

Grundstücke *npl* (com) real estate
– real property
– landholdings
(ReW) land

Grundstücke *npl* **für den Gemeinbedarf** (StR) land
set aside for public purposes

Grundstücke *npl* **ohne Bauten** (ReW) unimproved
real property

Grundstücke und Bauten *pl* (ReW) land and buildings

Grundstücke *npl* **und grundstücksgleiche Rechte** *npl* (Re) real estate and equivalent titles

Grundstücksarten *fpl* (StR) types of real estate,
§ 75 BewG

Grundstücksauflassung *f* (Re) notarized transfer of
ownership, § 925 BGB

Grundstücksaufwendungen *mpl*
(com) real property expenses

Grundstücksbelastung *f*
(Re) land charge *(eg, by a mortage)*
– encumbrance
– charge

Grundstücksbestandteile *mpl*
(Re) fixtures, § 94 BGB
– things affixed to the soil
– appurtenances

Grundstücksbewertung *f*
(Fin, StR) valuation of real property
– site value appraisal
Grundstückseigentümer *m* (com) real estate owner
Grundstückseinrichtungen *fpl* (com) land improvements
Grundstückserschließung *f* (com) real estate (*or* property) development
Grundstückserschließungsplan *m* (com) land development plan
Grundstücksfonds *m* (Fin) real estate fund
Grundstücksgeschäfte *npl* (com) real estate transactions
Grundstücksgesellschaft *f* (com) real estate company (*ie, engaged in buying and selling*)
grundstücksgleiche Rechte *npl*
(Re) rights equivalent to real property
– leasehold rights
Grundstückskauf *m* (com) purchase of real estate
Grundstückskäufer *m* (com) purchaser of land
Grundstückskaufvertrag *m* (Re) land contract
(*ie, written agreement for sale of land*)
Grundstückskosten *pl* (com) land cost
Grundstücksmakler *m*
(com) real estate broker (*or* agent)
– (GB) estate agent
– (GB) land agent
(*syn, Immobilienmakler*)
Grundstücksmarkt *m*
(com) real estate market
– property market
Grundstücksmiteigentümer *m* (Re) co-owner of real estate
Grundstückspreise *mpl* (com) real estate prices
Grundstücksübertragung *f*
(Re) conveyance
– transfer of land
Grundstücksveräußerung *f* (Re) real estate transfer
Grundstücksveräußerungsrecht *n* (Re) right to convey real estate
Grundstücksverkäufer *m*
(com) real estate operator
– (GB) property dealer
Grundstücksverkehr *m* (Re) real estate transactions
Grundstücksverkehrsgesetz *n* (Re) Law on Real Estate Transactions, of 28 Julky 1961
Grundstücksvermittler *m* (com) = Grundstücksmakler
Grundstücksversicherung *f* (Vers) real property insurance
Grundstücksverwalter *m* (com) real estate manager
Grundstücksverwaltung *f* (com) real estate management
Grundstücksverzeichnis *n* (com) list of real estate holdings
Grundstückswert *m* (com) real estate (*or real property*) value
Grundstückszubehör *n* (Re) accessory to realty fixtures and fittings of the premises
Grundstudium *n* (Pw) basic program
(*ie, first period of study; ends with the compulsory preliminary or intermediate examinations; opp, Hauptstudium*)

Grundtabelle *f* (StR) Basic Tax Table, § 32 a EStG
Grundtarif *m* (Zo) autonomous tariff
Grundteil *n* (IndE) basic part (*syn, Standardteil*)
Grundtendenz *f* (com) underlying trend
Grund *m* **und Boden** *m* (com) real estate (*or* property)
Grund- und Hilfsstoffhandel *m* (com) wholesale trading in basic and auxiliary materials (*ie, branch of domestic wholesaling*)
Gründung *f*
(com) formation (*ie, of any type of business*)
– foundation
– organization
(Bw) incorporation (*ie, of a Kapitalgesellschaft*)
– (GB) promotion (*ie, of a company*)
Gründungsaufwand *m*
(Fin) formation expense, § 26 AktG
– organization expense
Gründungsbericht *m* (Bw) formation report, § 32 AktG
Gründungsbilanz *f* (ReW) commencement balance sheet, § 39 HGB
Gründungseinlage *f* (Fin) original investment
Gründungsfinanzierung *f* (Fin) funding at commencement of a business enterprise
Gründungsfonds *m* (Vers) foundation fund (*ie, serving as a guaranty fund for the benefit of the insured and for the provision of the working expenses*)
Gründungsformalitäten *fpl*
(com) formalities of formation
– technical incorporation requirements
(*ie, to be met in the case of stock corporations*)
Gründungsgesellschaft *f* (com) = Vorgesellschaft, qv
Gründungsjahr *n* (com) year of formation (*or* foundation)
Gründungskapital *n*
(Fin) original capital
– initial capital stock
Gründungskonsortium *n* (Fin) foundation (*or* underlying) syndicate
Gründungskosten *pl*
(ReW) organization expense (*or* cost)
– development (*or* formation) expense
– setup (*or* setting-up) expense
– (GB) preliminary expense
(*ie, in Germany to be expensed when incurred; in U. S. to be capitalized and amortized over several years*)
Gründungskosten *pl* **abschreiben** (ReW) to write off formation expenses
Gründungsmitglied *n*
(com) charter member
– (GB) foundation member
Gründungsprüfer *m* (ReW) auditor of the formation, § 33 II AktG (*ie, appointed by a court to report on the formation process*)
Gründungsprüfung *f* (ReW) examination of company formation, § 33 AktG
Gründungsstock *m* (Vers) = Gründungsfonds
Gründungsurkunde *f*
(Re) organization certificate
– corporate charter
(com, US) articles of incorporation

– (GB) memorandum of association

Gründungsversammlung *f* (com) organization meeting

Grundverband *m* (Bw) basic association *(ie, first level: coordinates the sub-tasks passed on by the members)*

Grundvermögen *n*
(com) property in land
(StR) real property
– real estate, §§ 68–94 BewG

Grundverpackung *f* (com) packaging *(opp, packing = Außenverpackung)*

Grundwehrdienst *m* (StR) basic military service

Grundwert *m*
(com) basic amount *(ie, in commercial calculations)*
(StR) real estate value

Grundwertsteigerung *f* (Fin) real estate appreciation

Grundzahl *f* (Math) base

Grundzeichen *n* (Log) primitive symbol

Grundzeit *f* (IndE) basic time *(ie, Hauptzeiten + Nebenzeiten + ablaufbedingte Wartezeiten)*

grüne Parität *f* (EG) green parity *(cf, agrimonetäres System)*

grüner Ausgang *m* (Zo) green exit

grüner Dollar *m* (EG) green dollar *(ie, unit of account in the EC farm system)*

grüner Durchgang *m* (Zo) green channel

grüne RE *f* (EG) agricultural unit of account, AUA

grüne Rechnungseinheit *f* (EG) agricultural unit of account, AUA

Grüner Plan *m* (Vw) Green Plan *(ie, annual farming plan published by the Federal Government)*

grüner Scheck *m* (Fin) security transfer check *(syn, Effektenscheck)*

Grünes Heft *n* (Vw) Green Booklet *(ie, setting forth Standard Business Conditions of Deutsche Bundesbank)*

grünes Licht *n* **geben** (com) to give the go-ahead *(eg, for final agreement, for an investment project)*

grüne Umrechnungskurse *mpl* (EG) green rates

grüne Währungen *fpl* (EG) green currencies *(ie, used to protect farm prices)*

grüne Wiese *f* (com) greenfield site *(ie, building plot without infrastructure; eg, to build a plant on a greenfield site)*

Gruppe *f*
(com) group
(Math) group
(ie, set that is closed under a binary associative operation, contains an identity element, and has an inverse for every element)

Gruppe *f* **der Einzelfloater** (AuW) group with individually floating currencies

Gruppe *f* **der Vierundzwanzig** (AuW) Group of Twenty-Four *(ie, Intergovernmental Group of 24 on International Monetary Affairs)*

Gruppenabschluß *m*
(ReW) group financial statements
– (GB) group accounts

Gruppenabschreibung *f*
(ReW) composite depreciation
– composite-life method of depreciation

Gruppenadresse *f* (EDV) group address

Gruppenadressierung *f* (EDV) group addressing

Gruppenakkord *m*
(Pw) group piecework
– group scheme

Gruppenakkordkarte *f* (Pw) gang job card

Gruppenakkordlohn *m* (IndE) group piecework rate

Gruppenakkordsatz *m* (Pw) group piece rate

Gruppenanzeige *f*
(EDV) group indication
– first item list

Gruppenarbeit *f* (Pw) group *(or* team) work

Gruppenbegriff *m* (EDV, Cobol) control break item

Gruppenbegriffname *m* (EDV) control data-name *(cf, DIN 66 028, Aug 1985)*

Gruppenbesprechung *f* (Pw) team briefing

Gruppenbeurteilung *f* (Pw) group appraisal

Gruppenbewertung *f*
(ReW) composite method of valuation
– group valuation
– group-of-asset valuation
(ie, Bewertung zum gewogenen Durchschnittswert; syn, Sammel-, Kollektivbewertung)

gruppenbezogene Hierarchie *f* (Bw) group-oriented hierarchy

Gruppenboykott *m*
(Kart) concerted refusal to sell
– group boycott
(ie, per se violation under Sec 1 of the 1890 Sherman Act; syn, abgestimmte Liefersperre)

Gruppencode *m* (EDV) group code

gruppencodierte Aufzeichnung *f* (EDV) group coded recording

Gruppenfertigung *f* (IndE) mixed manufacturing *(or* production)
(ie, halfway between job-shop and flow-line production; syn, Gemischtfertigung)

Gruppenfloating *n* (AuW) block *(or* joint) floating

Gruppenfrachtrate *f* (com) blanket/class . . . rate *(ie, Gruppentarif)*

Gruppenfuß *m* (EDV, Cobol) control footing *(ie, DIN 66 028, Aug 1985)*

Gruppengemeinkosten *pl* (KoR) indirect product group cost

Gruppenhierarchie *f* (EDV) group hierarchy *(cf, DIN 66 028, Aug 1985)*

Gruppenkapazität *f* (Bw) group capacity *(ie, total capacity of a number of comparable plants of the same type, mostly of a branch of industry)*

Gruppenkopf *m* (EDV, Cobol) control heading *(cf, DIN 66 028, Aug 1985)*

Gruppenkosten *pl* (KoR) product group overhead

Gruppenlebensversicherung *f* (Vers) group life insurance

Gruppenleiste *f* (EDV) control group *(cf, DIN 66 028, Aug 1985)*

Gruppenleiter *m*
(Bw) head of organizational group
– group manager

Gruppenlöhne *mpl* (Pw) gang rates
Gruppenmarke *f* (EDV) group mark(er)
Gruppenname *m* (EDV) group name
Gruppenprämiensystem *n* (Pw) group bonus system
Gruppenpreisverfahren *n* (Bw) product group pricing
Gruppenrendite *f* (Fin) group yield
gruppenspezifische Steuerlastquote *f* (FiW) group-based tax ratio
Gruppen-Stabdiagramm *n* (Stat) multiple bar chart
Gruppentarif *m* (com) blanket rate
(syn, Gruppenfrachtrate)
Gruppentrennzeichen *n* (EDV) group separator
Gruppenvergleich *m* (EDV) card-to-card comparing
Gruppenversicherung *f* (Vers) group (*or* collective) insurance
Gruppenversicherung *f* **auf den Todes- und Erlebensfall** (Vers) group endowment policy
Gruppenverteiler *m* (com) group distributor
Gruppenwechsel *m*
(EDV) group control change
(EDV, Cobol) control break
(ie, Stelle e–r Berichtsausgabe, bei der die Angaben in e–r bestimmten Spalte sich ändern = point at which information in a specific column of records differs from that of the previous record; cf, DIN 66 028, Aug 1985)
Gruppenwechselplan *m* (Stat) changeover design (*or* trial)
Gruppenwechselstufe *f* (EDV) control break level
Gruppenziel *n*
(Bw) unit objective
– group goal
Gruppe *f* **von Anbietern** (Vw) industry
GüKG (Re) = Güterkraftverkehrsgesetz
gültig bis auf Widerruf (com) valid until canceled
gültiger Rechtsanspruch *m* (Re) good title
gültiger Verkaufspreis *m* (com) actual selling price
gültiges Patent *n* (Pat) patent in force
gültige Ziffer *f* (Math) significant number
Gültigkeit *f* (Re) validity
Gültigkeitsdauer *f*
(Re) currency *(eg, of a contract)*
– life
– duration
– period of validity
Gültigkeitserklärung *f* (Re) validation certificate
Gültigkeitsprüfung *f* (EDV) validity check
Gummiband-Operation *f* (EDV, CAD) rubber banding
(ie, beim Leiterplattenentwurf, qv; unterstützt Plazierungsänderungen auf dem Bildschirm; syn, Rubber Banding)
günstige Bedingungen *fpl* (com) easy (*or* reasonable) terms
günstiges Angebot *n* (com) attractive (*or* favorable) offer
günstige Zahlungsbedingungen *fpl* (Fin) easy terms of payment
günstigster Arbitragekurs *m* (Fin) arbitrated exchange
Gunstvertrag *m* (Re) third-party beneficiary contract

Gürtel *m* **enger schnallen**
(com, infml) to tighten belt
– to notch belt tighter
Gurtpflicht *f* (com) mandatory seat-belt use *(syn, Anschnallpflicht)*
Gut *n*
(Vw) commodity *(ie, in economic theory)*
– *(sometimes even)* a good
gut abschneiden (Fin) to perform well
Gutachten *n*
(com) expert opinion
– report
– experts report
– appraisal report *(ie, of valuer)*
– (esp GB) expertise
(syn, gutachterliche Stellungnahme)
Gutachten *n* **einholen** (com) to ask for an expert opinion
Gutachten *n* **erstatten** (com) to submit an expert opinion
Gutachter *m* (com) expert
Gutachterausschuß *m* (com) committee of experts
Gutachter *m* **heranziehen** (com) to consult an expert
gutachterliche Stellungnahme *f* (com) = Gutachten, qv
Gutachtertätigkeit *f* (com) expert's advisory services
gut behauptet (Bö) well-maintained
Gutbereich *m* (IndE) accept(ance) region *(syn, Annahmebereich)*
gutbezahlte Stelle *f*
(Pw) well-paid job
– (GB, infml) plum job
Güte *f*
(IndE) quality of conformance
(com) = Qualität, qv
Güteantrag *m* (Re) petition for concilition
Güteaufpreis *m* (com) quality extra
gute Auftragslage *f* (com) strong orders position
Güte *f* **der Anpassung** (Stat) goodness of fit
gute Durchschnittsqualität *f*
(com) fair average quality, faq
(com) good middling
gute Durchschnittsware (com) fair merchantable, f.m.
Güte *f* **e-r Schätzung** (Stat) closeness in estimation
Gütefunktion *f* (Stat) power function
(ie, Hilfsmittel, um die Eigenschaften e–s statistischen Tests zu beurteilen; gibt in Abhängigkeit von der Nullhypothese die Wahrscheinlichkeit ihrer Ablehnung an)
Güteklassen *fpl*
(com) quality categories
(com) grades
Güteklassenbezeichnung *f* (com) grade label
Güteklasseneinteilung *f* (com) grading
Gütemarke *f* (Pat) certification mark
Gütemerkmal *n* (Stat) quality (*or* qualitative characteristic
Gütenorm *f* (com) quality standard
Güteprämie *f* (Pw) quality bonus
Güteprüfung *f* (Stat) inspection test
Güteprüfung *f* **durch den Lieferanten** (Stat) vendor inspection

Güter *npl*
(Vw) goods
– commodities
– resources
(com) commodities
– merchandise
– goods
– freight
Güterabfertigung *f*
(com) dispatching of goods
(com) freight office
– (GB) goods office
Güterabwägung *f*
(Re) weighing of interests
(ie, Methode der Konfliktlösung; bei Kollisionen (clash of interests) erhält das höherrangige Rechtsgut Vorrang vor dem niederrangigen)
Güterannahme *f* (com) freight receiving office
Güterausgabe *f* (com) freight delivery office
Güterbahnhof *m*
(com) freight station (*or* depot)
– (GB) goods station
Güterbeförderung *f* (com) transportation of goods
Güterbeförderung *f* **zur See**
(com) maritime transportation of goods
– (GB) carriage of goods by sea
Güterbündel *n*
(Vw) batch of commodities
(syn, Gütermengenkombination, Warenkorb)
(OR) bill of goods
Güter *npl* **des Anlagevermögens**
(Bw) fixed assets
– fixed capital goods
Güter *npl* **des gehobenen Bedarfs** (com) luxuries and semi-luxuries
Güter *npl* **des täglichen Bedarfs**
(Vw) essential goods
– essentials
– necessaries *(syn, Versorgungsgüter)*
(Mk) convenience goods
Güterexpedition *f* (com) forwarding agency
Güterfernverkehr *m*
(com) long-distance freight transportation
– long-haul trucking
– (GB) long-distance haulage
(ie, Güter werden über die Grenzen der Nahzone hinaus oder außerhalb dieser Grenzen befördert; Sonderform ist der Huckepackverkehr; cf, § 3 I GüKG)
Güterfernverkehrs-Unternehmer *m*
(com) long-haul trucker
– (GB) long-distance road haulier
Gütergemeinschaft *f*
(Re) community of property
– special property system
guter Glaube *m* (Re) good faith *(ie, implies reasonable commercial standards of fair dealing in trade)*
Güter *npl* **in enger Substitutionskonkurrenz** (Vw) close substitutes
Güterkombination *f*
(Vw) commodity combination
Güter *n* **konkretisieren** (Re) to appropriate goods
Güterkraftverkehr *m*
(com) trucking

– (GB) road (*or* freight) haulage
Güterkraftverkehrsgesetz *n* (Re) Law on Road Haulage, as of 10 March 1983
Güterkreislauf *m* (Vw) circular flow of goods and services
Güterlücke *f*
(Vw) goods gap
– inflationary gap in the goods market
Gütermarkt *m* (Vw) commodity (*or* product) market
Gütermengenkombination *f* (Vw) quantity combination
– batch of commodities
(syn, Güterbündel, Warenkorb)
Güternahverkehr *m* (com) short haul transportation
(ie, im 50-km Umkreis um den Ortsmittelpunkt der Gemeinde des Fahrzeugstandorts; opp, Güterfernverkehr)
güterorientierter Ansatz *m* (Mk) commodity approach
Güterpreise *mpl* (Vw) output prices
Güterschuppen *m* (com) freight shed
Güterspediteur *m* (com) freight forwarder
Güterstand *m* (StR) property regime
Güterstrom *m* (VGR) flow of goods and services
Gütertarif *m* (com) freight rates
Gütertausch *m* (Vw) barter
(ie, exchange of goods and services without the use of money)
Gütertransport *m*
(com) freight transportation
– transit of goods
Gütertransportmarkt *m* (com) freight market
Gütertransportversicherung *f*
(Vers) freight insurance
– goods in transit insurance
Güter *npl* **und Dienste** *mpl* (com) goods and services
Güter- und Kapitalverkehr *m* (Vw) goods and capital movement
Güterverkehr *m*
(com) freight (*or* goods) traffic
– freight business
– freight movement
– transportation of freight
Güterverladeanlagen *fpl* (com) freight handling facilities
Güterverladung *f* (com) freight handling
Güterversicherung *f* (Vers) cargo (*or* freight) insurance *(ie, 'cargo' being the marine term in U.S.; syn, Kargoversicherung)*
Güterwagen *m*
(com) freight car
– (GB) goods waggon
güterwirtschaftliche Komponente *f* (Vw) component in real terms
güterwirtschaftliches Gleichgewicht *n*
(Vw) overall equilibrium in real terms
– commodity equilibrium
güterwirtschaftliche Theorie *f* **des internationalen Handels** (AuW) pure theory of international trade
güterwirtschaftliche Überinvestitionstheorie *f* (Vw) nonmonetary overinvestment theory

Güterzug *m*
(com) freight train
– (GB) goods train
Gütesicherung *f* (Stat) quality assurance
gute Sitten *pl* (Re) boni mores *(eg, verstößt gegen die guten Sitten = is contra bonos mores)*
Gütestempel *m* (Stat) compliance stamp
Gütesteuerung *f* (Stat) process control
Gütevorschrift *f* (com) quality standard *(or* classification)
Gütezeichen *n*
(Mk) quality label
– quality mark
– brand name
– collective brand name *(eg, RAL is the brand name of Gütegemeinschaft Deutsche Möbel)*
(Pat) mark of quality
– quality mark
Gütezeichengemeinschaft *f* (Kart) association for marks of quality
Gütezeichenliste *f* (com) register of quality labels *(ie, kept by RAL = Ausschuß für Lieferbedingungen und Gütesicherung)*
gut gehende Produkte *npl* (Mk) well-running lines
Gutglaubenserwerb *m* (Re) bona fide acquisition
Gutglaubensschutz *m* (Re) protection of bona fide purchaser *(cf, §§ 932-936 BGB)*
gutgläubiger Benutzer *m*
(Re) user in good faith
– bona fide user
gutgläubiger Besitz *m* (Re) bona fide possession
gutgläubiger Besitzer *m*
(Re) bona fide possessor
– possessor in good faith
(ie, ignorant that his title is contested)
(WeR) holder in good faith
gutgläubiger Dritter *m*
(Re) innocent third party
– third party acting in good faith
gutgläubiger Eigentümer *m* (Re) bona fide owner, § 932 BGB
gutgläubiger Erwerb *m*
(Re) bona fide purchase
– acquisition/purchase . . . in good faith
(ie, es wird im Vertrauen auf die Verfügung e–s Nichtberechtigten [gutgläubig] erworben; syn, Erwerb vom Nichtberchtigten, qv)
gutgläubiger Erwerber *m*
(Re) innocent/bona fide . . . purchaser
(ie, one buying without notice of any defects in the title of seller; cf, Erwerb vom Nichtberechtigten)
(WeR) bona fide purchaser
– good faith purchaser
(ie, Inhaberpapiere werden wie bewegliche Sachen behandelt, Orderpapiere ähnlich; cf, §§ 932–936 BGB); without notice of any defense or claim to document or property; cf, UCC § 7–501)
gutgläubiger Inhaber *m*
(WeR) bona fide holder
– holder in good faith

gutgläubig erwerben (Re) to acquire in . . . good faith/bona fide
Gutgrenze *f* (Stat) acceptable quality level, AQL *(syn, Annahmezahl, qv)*
Guthaben *n*
(Fin) balance
– credit balance
(Fin) deposits
– funds
Guthaben *npl* **abziehen** (Fin) to withdraw balances
Guthaben *n* **ausweisen** (Fin) to show a balance
Guthabenbewegungen *fpl* (Fin) changes in credit balances
Guthaben *n* **freigeben** (Fin) to unfreeze funds
Guthaben *npl* **Gebietsfremder** (Fin) nonresident holdings
Guthabenklausel *f* (Fin) sufficient-funds proviso
Guthaben *n* **pfänden** (Re) to attach an account
Guthabensaldo *m* (Fin) credit balance
Guthaben *n* **sperren** (Re) to block *(or* to freeze) an account
Guthabenzinsen *mpl* (Fin) credit interest
gut halten, sich
(Bö) (prices) hold steady
– hold up well
gütliche Einigung *f* (Re) amicable/out-of-court . . . settlement
gütlich einigen (Re) to settle amicably *(or* out of court)
gütliche Regelung *f* (Re) amicable settlement
Gut-Schlecht-Prüfung *f*
(Stat) go-and-not-go gage
– good-defective inspection test
– sampling by attributes
gutschreiben (ReW) to credit *(eg, an account with an amount)*
Gutschrift *f*
(com) credit note
(ReW) credit entry
(ReW) credit memo
(Mk) refund credit slip *(ie, in retail trade)*
Gutschriftsanzeige *f*
(Fin) credit memo(randum)
– credit slip
– (GB) credit note
Gutschriftsbeleg *m* (ReW) credit voucher
Gutschriftskondition *f* **verschlechtern** (Fin) to tighten terms for crediting items
gut strukturierte Aufgabe *f* (Bw) well-structured task
gut verkaufen lassen, sich
(com) to sell readily
– to find a ready market
Gutzahl *f* (Stat) acceptance number
GuV
(ReW) = Gewinn- und Verlustrechnung
GuV-Rechnung *f* (ReW) = Gewinn- und Verlustrechnung
G-Wagen *m* (com) = gedeckter Wagen
GWB (Re) = Gesetz gegen Wettbewerbsbeschränkungen
GZT (EG) = Common customs tariff

H

Haager Übereinkommen *n* (Re) Hague Convention
haarsträubender Fehler *m* (com, infml) glaring flaw
Haavelmo-Theorem *n*
(FiW) balanced-budget multiplier theorem
– Haavelmo's proposition
(ie, ausgeglichenes, aber wachsendes Budget hat e–n expansiven Effekt auf das Volkseinkommen Y in Höhe zusätzlicher Ausgabensteuern; zusätzliche Staatsausgaben werden über direkte Steuern finanziert)
Haben *n* (ReW) credit (side) *(ie, of an account)*
Habenbuchung *f* (ReW) credit entry
Habenposten *m* (ReW) credit item
Habensaldo *m* (ReW) credit balance
Habenseite *f*
(ReW) credit side *(ie, of an account)*
– creditor
Habenzinsen *mpl*
(Fin) interest earned
– interest earnings
– credit interest
Habenzinssatz *m* (Fin) creditor (interest) rate
Habilitand *m* (Pw) habilitation candidate
Habilitation *f* (Pw) post-doctoral thesis
(ie, at an advanced academic level which is a procedure of the faculty; qualifies the writer to hold a full-time position at a university)
Habilitationsschrift *f* (Pw) post-doctoral thesis
Hack- und Freßordnung *f* (Pw, infml) pecking order
Hafen *m*
(com) port *(ie, artificial)*
– harbor *(ie, natural or artificial)*
Hafenabgaben und -gebühren *fpl* (com) port dues and charges
Hafenanlagen *fpl* (com) port facilities
Hafen *m* **anlaufen** (com) to call at a port
Hafenarbeiter *m*
(com) dock worker
– docker
– (US) longshoreman
Hafengebühren *fpl* (com) port dues (*or* charges)
Hafengeld *n*
(com) harbor dues
– groundage
Hafenkonnossement *n*
(com) port bill of lading
– port B/L
Hafenordnung *f* (com) part (*or* habor) regulations
haftbar
(Re) (legally) liable (to) (for)
– subject to liability *(eg, for all partnership obligations)*
– responsible (to) (for)
– answerable (to) (for)
– accountable (to) (for)
haftbar machen
(Re) to hold (*or* make) liable in damages
– to hold responsible for
– to hold accountable for
– to saddle with liability

haften
(Re) to be liable (*or* responsible) (to) (for)
– to be liable in *(eg, damages)*
Haftender *m*
(Re) party liable
– obligor
haftendes Eigenkapital *n* (Fin) liable equity capital *(ie, of banks)*, § 10 KWG
haftendes Kapital *n* (Fin) guarantee capital
Haftetikett *n*
(com) self-adhering label
– sticker
Haftpflicht *f* (Re) legal (*or* third party) liability
Haftpflicht *f* **des Versicherten** (Vers) insured's legal liability (towards)
Haftpflichtgeschäft *n* (Vers) liability field (*or* business)
Haftpflichtsumme *f* (Re) uncalled liability *(ie, of a cooperative's member)*
Haftpflichtverband *m* (Vers) liability association
Haftpflichtversicherer *m* (Vers) third party risk insurer
Haftpflichtversicherung *f*
(Vers) liability insurance
– (GB) third-party insurance
(ie, ersetzt Ausgaben des Versicherungsnehmers zur Befriedigung berechtigter Schadenersatzansprüche Dritter; form of coverage whereby insured is protected against injury or damage claims from other parties)
Haftpflichtversicherung *f* **freier Berufe**
(Vers) malpractice insurance
– professional liability insurance
Haftpflichtversicherung *f* **mit Kaskoversicherung** (Vers) automobile personal liability and property damage insurance
Haftpflichtversicherung *f* **mit Vollkaskoversicherung** (Vers) fully comprehensive insurance
Haftsummenverpflichtung *f* (Fin) uncalled liabilities of members *(ie, of a cooperative society)*
Haftung *f* (Re) (legal) liability
Haftung *f* **ablehnen**
(Re) to disclaim
– to refuse
– to refuse to accept . . . liability
Haftung *f* **aus der Bestellung von Sicherheiten für fremde Verbindlich** (ReW) liabilities arising out of collateral put up to secure third parties
Haftung *f* **ausschließen** (Re) to rule out (*or* negative) liability
Haftung *f* **aus unerlaubter Handlung**
(Re) liability for unlawful acts, § 823 BGB
– tort liability
– liability in tort
– delictual (*or* tortious) liability
(ie, in Ländern des kontinentalen Rechtskreises gilt das Verschuldensprinzip = in civil-law countries it is predicated upon proof of fault)
Haftung *f* **aus Vertrag** (Re) contract (*or* contractual) liability
Haftung *f* **bestreiten** (Re) to deny liability

365

Haftung *f* **des Wiederverkäufers** (Re) liability of reseller

Haftung *f* **erweitern**
(Re) to extend scope of liability
– to increase responsibility

Haftung *f* **für fremdes Verschulden** (Re) vicarious liability
(ie, debtor is answerable for any default – Leistungsstörung, Schlechterfüllung – on the part of his assistants as though it had been his own; § 278 BGB)

Haftung *f* **für vertragsgemäßen Gebrauch** (Re) warranty of fitness for contractual use

Haftung *f* **nach dem Verursacherprinzip** (Re) source responsibility

Haftung *f* **ohne Verschulden**
(Re) strict liability
– liability based on causation
– liability without (*or* irrespective of) fault
(ie, verschuldensunabhängige Haftung, Gefährdungshaftung, qv)

Haftungsansprüche *mpl* **Dritter** (Re) third party liability claims

Haftungsausschluß *m* (Re) disclaimer (*or* exclusion) of liability

Haftungsausschlußklausel *f* (Re) disclaimer (*or* non-liability) clause

Haftungsbefreiung *f* (Re) exemption from liability

Haftungsbescheid *m* (StR) notice of liability, §§ 191, 218 AO

Haftungsbeschränkung *f*
(Re) limitation of liability *(ie, usu. in strict liability = Gefährdungshaftung)*
(Re) corporate veil
(ie, actions taken by a corporation are not those of its owners which can therefore not be held responsible; cf, Durchgriffshaftung)

Haftungsbeschränkung *f* **des Transportunternehmens** (com) risk note

Haftungsbeschränkungsklausel *f* (Re) liability exemption clause

Haftungsdauer *f* (Re) indemnity period

Haftungsfonds *m* (Re) liability fund, § 487 HGB

Haftungsfreistellung *f* (Re) release from liability

Haftungsfreistellungsvertrag *m* (Re) contract of indemnity

Haftungsgrenze *f* (Vers) limit of liability *(ie, maximum amount for which insurer is liable)*

Haftungsgrundsätze *mpl* (Re) principles (*or* rules) governing liability

Haftungskapital *n* (Fin) liable equity capital

Haftungsschuldner *m* (StR) person held liable for the payment of the tax of another, § 191 AO *(eg, withholding liability of the employer for wage tax)*

Haftungsstrecke *f*
(Vers) exposure
– layer *(ie, in reinsurance)*

Haftungssumme *f*
(Re) maximum amount of liability
(Vers) liability coverage

Haftungsträger *m* (Re) party liable

Haftungsübernahme *f* (Re) assumption of liability

Haftungsübernahmevertrag *m* (Re) assumption of liability agreement

Haftungsumfang *m* (Re) extent of liability

Haftungsverbund *m* (Fin) joint liability scheme *(ie, operated by the savings banks' guaranty fund and the desposit security reserve of the ‚Landesbanken‘ and ‚Girozentralen‘)*

Haftungsverhältnisse *npl* (ReW) contingencies *(ie, as included in the balance sheet)*

Haftungsverzicht *m* (Re) waiver of liability

Haftungsverzichtsklausel *f* (Re) liability waiver clause

Haftungszusage *f* (Fin) guaranty commitment

Haftung *f* **übernehmen**
(Re) to assume liability
– to make oneself responsible (for)

Hagelversicherung *f* (Vers) hail insurance

Halbaddierer *m*
(EDV) half
– one-digit
– two-input . . . adder

Halbaddierglied *n* (EDV) half adder

halbamtlicher Verkehr *m* (Bö) over-the-counter market

halbautomatisches Lagersystem *n* (MaW) semi-automatic storage system

Halbbelegung *f* (SozV) half-cover *(syn, Halbdeckung)*

Halbduplex *m* (EDV) half duplex

Halbduplexbetrieb *m* (EDV) half duplex operation *(syn, Wechselbetrieb)*

Halbebene *f* (Math) half plane

Halbe-Halbe-Versicherung *f* (Vers) halving agreement *(ie, between two insurers)*

halber Quartilsabstand *m*
(Stat) quartile deviation
– semi-interquartile range

Halberzeugnisse *npl* (com) semi-finished goods (*or* products)

Halbfabrikate *npl* (com) = Halberzeugnisse

halbfertige Erzeugnisse *npl*
(ReW) goods in process
– work in process (*or* progress)
– material in process
(syn, unfertige Erzeugnisse)

halbfette Schrift *f* (EDV) boldface

Halbgerade *f* (Math) half line

Halbgrossist *m* (com) semi-wholesaler *(ie, wholesaler who also engages in retailing)*

Halbgruppe *f* (Math) semi-group
(ie, set closed with respect to a given associative binary operation)

halbieren (com) to cut by half

Halbierungsmethode *f* (Stat) split-half method (*or* technique)

Halbjahresabschluß *m*
(ReW) first-half report
– interim accounts and report
– semi-annual accounts
– half-yearly accounts

Halbjahresbericht *m*
(ReW) interim report *(ie, for the first or second half of . . .)*
– six-months figures
– semi-annual report

Halbjahres-Betriebsergebnis *n*
(ReW) first-half operating profit

– operating profit in the first six months
Halbjahresbilanz f (ReW) semi-annual balance sheet
Halbjahresdividende f (Fin) semi-annual dividend
Halbjahresergebnis n (ReW) first-half result
Halbjahresgewinne mpl (Fin) first-half profits
Halbjahresprämie f (Vers) semi-annual (or half-yearly) premium
Halbjahreszahlung f (Fin) semi-annual payment
Halbjahreszinsen mpl (Fin) semi-annual interest
halbjährlich
(com) semi-annual
– (GB) half-yearly
halbkundenspezifisch
(com, EDV) semi-custom
halbkundenspezifischer Chip m (EDV) semi-custom chip
(ie, IC manufactured much like standard components but customized in the final production step for individual tasks)
Halbleiter m (EDV) semiconductor
(ie, solid crystalline material whose electrical conductivity (elektrische Leitfähigkeit) is between that of a metal and an insulator)
Halbleiterfestwertspeicher m (EDV) semiconductor read only memory
Halbleiterindustrie f (EDV) semiconductor industry
Halbleiterspeicher m (EDV) semiconductor memory
Halbleitertechnik f (EDV) semiconductor technology
halblogarithmische Schreibweise f (EDV) variable-point representation (syn, Gleitpunktschreibweise: floating point representation)
Halbraum m (Math) half space
halbstetige Funktion f (Math) semi-continuous function
Halbtagsbeschäftigung f (Pw) half time work
Halbtagsstelle f (Pw) half-time job
Halbteilungsgrundsatz m (StR) rule of splitting
Halbwaren fpl (com) semi-finished goods
Halbwort n (EDV) half word
Halbzeilenschaltung f (EDV) half-line spacing
Halbzeilenvorschub m (EDV) half-line feed (or motion)
Halbzeug n (com) semi-finished products
Haltbefehl m (EDV) halt (or checkpoint) instruction (syn, Stoppbefehl)
Halteklammer f (com) retaining clip
Halteprämie f (AuW) maintenance bonus (or premium)
Haltepunkt m (EDV) break point
(ie, point in a program where an instruction enables a programmer to interrupt the run by external intervention or by a monitor routine)
Handbetrieb m (IndE) manual operation
Handbuch n (com) manual
Handbuch n **des Rechnungswesens** (ReW) accounting manual (syn, Bilanzierungshandbuch)
Handeingabe f (EDV) keyboard input (or entry)
Handel m
(com) trade
(ie, process of buying, selling, or exchanging commodities)

– commerce (esp on a large scale)
(AuW) trade and commercial dealings (ie, with a particular country)
(com) deal
– bargain
– commercial transaction
(Mk) distributive trade
(Bö) trading
– dealing
(Bö) professional traders (syn, Berufshandel)
Handel m **abschließen** (com) to strike a bargain
Handel m **aussetzen** (Bö) to suspend trading
handelbare Kreditengagements npl (Fin) transferable loan facilities
handelbare Option f (Bö) traded option
Handel m **in Darlehensforderungen** (Fin) asset trading
Handel m **in Festverzinslichen** (Bö) bond trading
Handel m **in Freiverkehrswerten** (Bö) over-the-counter trading in unlisted securites
Handel m **in Wertpapieren** (Bö) trading (or dealing) in securities
Handel m **mit aufgeschobener Erfüllung** (Bö) trading per account
Handel m **mit Bezugsrechten**
(Fin) rights dealings
Handel m **mit eigenen Aktien** (Fin) traffic in (a company's) own shares
Handel m **mit Waren zweiter Hand** (com) trade with second-hand goods (ie, usually revamped prior to resale)
handeln
(com) to buy and sell
– to trade
– to carry on trade
(Bö) to trade (ie, on the stock exchange)
Handel m **nach festgelegten Eigenschaften** (com) dealing by graded description
Handeln n **auf eigene Gefahr** (Re) acting at own risk
handeln für
(com) to act for
– to act in place of
– to deputize for
– to substitute for
handeln für wen es angeht
(com) to act for whom it may concern
– to act ad personam incertam
handeln, im Freiverkehr (Bö) to trade over the counter
handeln, im Telefonverkehr (Bö) to trade in the unofficial market
handeln mit
(com) to deal in (eg, certain commodities)
– to trade in
Handel m **per Erscheinen** (Bö) trading in securities not yet issued
Handel m **per Termin** (Bö) trading for future delivery
Handelsabkommen n (AuW) trade agreement
handelsablenkende Wirkungen fpl (AuW) trade diversion (ie, of a customs union)
Handelsagent m
(com) commercial agent
– trade representative

367

Handelsattaché *m* (AuW) commercial attaché *(ie, of an embassy)*

Handelsbeschränkungen *fpl* (AuW) trade restrictions

Handelsbestand *m* (Fin) trading portfolio *(ie, held by a bank)*

Handelsbetrieb *m* (Mk) business engaged in the distributive trade *(ie, general term covering wholesale and retail establishments)*

Handelsbevollmächtigter *m* (Re) = Handlungsbevollmächtigter

Handelsbezeichnung *f* (Pat) trade name

Handelsbeziehungen *fpl*
(com) trade relations
– trading links

Handelsbeziehungen *fpl* **aufnehmen** (com) to enter into trade relations

Handelsbilanz *f*
(ReW) commercial balance sheet *(opp, Steuerbilanz = tax balance sheet)*
(AuW) balance to trade
– trade balance
– balance on merchandise trade
– merchandise . . . account/balance
(VGR, US) merchandise trade balance
– balance of trade

Handelsbilanzüberschuß *m*
(AuW) trade surplus
– surplus on visible trade

Handelsblöcke *mpl* (AuW) trade (*or* trading) blocs

Handelsbrauch *m*
(com) trade
– business
– commercial
– mercantile . . . usage
– custom of the trade
– mercantile custom
– usage of the . . . market/trade
(cf, § 346 HGB; syn, kaufmännische Verkehrssitte, Usancen, Handelssitte)

Handelsbrief *m* (Re) commercial/business . . . letter *(cf, § 257 II HGB)*

Handelsbücher *npl* (ReW) commercial books of account

Handelsbürgschaft *f* (Re) guaranty in the nature of a commercial transaction, §§ 349, 350 HGB

handelschaffende Wirkungen *fpl* (AuW) trade creation *(ie, of a customs union)*

Handelsdefizit *n* (AuW) trade deficit

Handelseinheit *f*
(Bö) unit of trading
– marketable parcel
– regular lot

Handelsembargo *n*
(AuW) trade embargo
– embargo on trade

Handelserleichterungen *fpl* (AuW) trade concessions

Handelsfachzeitschrift *f* (com) trade journal

handelsfähig
(com) marketable
– merchantable
– tradable
(WeR) negotiable

Handelsfaktura *f* (com) commercial invoice

Handelsfixkauf *m* (Re) executory commercial contract
(ie, performance of one party taking place at a fixed time or within a fixed period, § 376 HGB)

Handelsflagge *f* (com) trading flag

Handelsflotte *f* (com) merchant fleet

Handelsfranc *m*
(Fin) commercial franc, BEC *(ie, offizieller Wechselkurs; opp, free franc)*

Handelsfrau *f* (com) female merchant

Handelsfreiheit *f* (AuW) freedom of trade

Handelsfunktionen *fpl* (Vw) functions of the distributive trade

Handelsgericht *n* (Re) commercial court *(ie, now reduced to ‚Kammer für Handelssachen der Landgerichte‘)*

Handelsgeschäft *n*
(com) trading establishment
(Re) commercial business, §§ 22–28 HGB
(Re) commercial act *(ie, act of a merchant which pertains to the carrying on of his trade or business, § 343 HGB)*

Handelsgesellschaft *f*
(com) trading partnership
– trading company
(Re) ‚commercial company‘ *(ie, the referent of the German term is untranslatable; it covers: OHG, KG, AG, KGaA, GmbH; not included are: stille Gesellschaft, Erwerbs- und Wirtschaftsgenossenschaften)*

Handelsgesetzbuch *n* (Re) German Commercial Code, 10 May 1897

Handelsgewerbe *n* (Re) commercial enterprise *(ie, comprises the legal forms of: Mußkaufmann, Sollkaufmann, Kannkaufmann, Formkaufmann, as defined in §§ 1–6 HGB)*

Handelsgut *n*
(com) merchandise
– merchantable good
(ie, of average description and quality, § 360 HGB)

Handelsgut *n* **mittlerer Art und Güte** (com) fair average quality, faq

Handelshemmnisse *npl*
(AuW) barriers to trade
– trade . . . barriers/restrictions
(syn, Handelsschranken, Handelsrestriktionen)

Handelsindifferenzkurve *f* (AuW) trade indifference curve

Handelskammer *f* (com) Chamber of Commerce

Handelskauf *m* (Re) commercial sale, §§ 373–382 HGB
(ie, Kaufvertrag über Waren und Wertpapiere, der gleichzeitig ein Handelsgeschäft ist; dem Handelskauf stehen Tausch und Werklieferungsvertrag gleich)

Handelskette *f* (Mk) sales (*or* marketing) chain

Handelsklassen *fpl* (com) grades *(ie, quality standards for farm and fishery products)*

Handelsklauseln *fpl* (com) trade terms *(eg, ex works, CIF, FOB)*
(ie, Abkürzungen für bestimmte Vereinbarungen; Einteilung: 1. Zahlungsklauseln; 2. Lieferklauseln; 3. Klauseln über Qualität und Gewährleistung; 4. Freizeichnungsklauseln; siehe dort)

Handelskorrespondenz f (com) business (or commercial) correspondence
Handelskosten pl (Bö) trading costs
Handelskredit m (Fin) trade credit
Handelskreditbrief m (Fin) commercial letter of credit, CLC
(ie, im Verkehr mit angloamerikanischen Ländern: ist nicht an die avisierende Bank, sondern an den Begünstigten direkt gerichtet)
Handelskrieg m
(AuW) economic warfare
– trade war
Handelsliberalisierung f (AuW) trade liberalization
Handelslücke f (AuW) trade gap (ie, Differenz zwischen Importen und Exporten e-s Landes; Ausdruck für Handelsbilanzdefizit
Handelsmakler m
(com) commercial
– mercantile
– merchandise ... broker
– mercantile agent, § 93 HGB
Handelsmarine f (com) merchant marine
Handelsmarke f
(Mk) dealer's brand
– proprietary article
(ie, weist auf den hin, der die Ware vertreibt; syn, Händlermarke; opp, Fabrikmarke, Herstellermarke)
Handelsmarke f e-s Großhändlers (Mk) dealer brand
handelsmäßige Bewertung f (Zo) commercial valuation
handelsmäßige Tatsachen fpl (Zo) commercial facts
Handelsmesse f (com) trade fair
Handelsmißbrauch m (Kart) trade custom violating ‚bonos mores'
Handelsmittler m
(com) trade intermediary
– middleman
Handelsmonopol n (AuW) trading monopoly
(ie, insbes als staatliches Handelsmonopol; cf. Art 37 EWGV)
Handelsname m (Re) name of a firm
(ie, designating a natural or legal person, or the members of a partnership)
Handelsniederlassung f (com) trading establishment
Handelsoptimum n (Vw) exchange optimum (syn, Tauschoptimum)
Handelspapiere npl
(com) commercial documents
(WeR) commercial paper (ie, mainly comprising instruments made out to bearer and to order)
Handelspartner m (com) trading partner
Handelspolitik f (AuW) foreign trade policy
handelspolitisch
(AuW) in terms of
– relating to
– affecting ... foreign trade policy
Handelspräferenzen fpl (AuW) trade preferences
Handelsprivileg n (Vw, historical) trade privilege
Handelsrabatt m (com) trade rebate (ie, final retail price minus ‚Handelsrabatt')
Handelsrechnung f
(com) commercial invoise

– (GB) trading invoice
(ie, seller's bill addressed to buyer)
Handelsrecht n (Re) commercial/business ... law
(ie, das zum Privatrecht gehörende Sonderrecht der Kaufleute; vor allem im HGB geregelt; Nebengesetze insbesondere im Transportrecht; weitere Rechtsquellen: Handelsgewohnheitsrecht und Handelsbrauch)
handelsrechtlich
(Re) in terms of
– relating to
– affecting ... commercial law
handelsrechtliche Bewertung f (StR) commercial valuation (opp, steuerrechtliche Bewertung = tax-based valuation)
handelsrechtliche Buchführungsvorschriften fpl (ReW) commercial accounting standards (see: §§ 38–47 HGB, §§ 148 and 151ff AktG, and §§ 41ff GmbHG, and ministerial ordinance of 11 Nov 1937)
Handelsregister n
(Re) Commercial Register
– (British equivalent) Register of Business Names
(ie, wird beim Amtsgericht (first instance court) als Registergericht geführt; Abteilung A für Einzelkaufleute und Personengesellschaften, Abteilung B für Kapitalgesellschaften; cf, §§ 10, 11 HGB)
Handelsregisterauszug m (Re) certificate of registration
Handelsregistereinsicht f (Re) inspection of Commercial Register
(ie, includes all documents submitted to it, § 9 HGB)
Handelsregistereintragung f (Re) entry on the Commercial Register
Handelsreisender m (com) commercial traveler
Handelsrestriktionen fpl
(AuW) trade restrictions
– barriers to trade
Handelsrichter m (Re) honorary commercial judge
(ie, ehrenamtlicher Richter an der Kammer für Handelssachen; appointed at the suggestion of a chamber of industry and commerce for a term of three years, §§ 107–113 GVG)
Handelssachen fpl (Re) commercial matters in controvery (or dispute)
Handelsschaffung f (AuW) = trade creation effect (syn, Aufschließungseffekt)
Handelsschiff n (com, StR) merchant ship
(ie, Möglichkeit der Sonderabschreibung für neue H.: 40 vH der Anchaffungs- od Herstellungskosten in den ersten 5 Jahren; cf, § 82ff EStDV)
Handelsschiffahrt f (com) commercial shipping
Handelsschranke f
(AuW) barrier to trade
– trade barrier (or restriction)
Handelsschranken fpl (AuW) = Handelshemmnisse, qv
Handelsschranken fpl abbauen (Vw) to dismantle (or reduce) trade barriers
Handelsschranken fpl errichten (Vw) to put up (or erect) trade barriers

Handelssitte *f* (com) = Handelsbrauch, qv
Handelsspanne *f*
(com) margin
– operating
– price
– trade ... margin
(ie, 1. Differenz zwischen Einstands– und Verkaufspreisen im Handelsbetrieb = difference between selling and purchase price; 2. im Umsatzsteuerrecht: Differenz zwischen Warenverkaufspreisen (einschl. MWSt) und eingesetzten Warenmengen, bewertet mit Wareneinstandspreisen (ohne Vorsteuer))
Handelssperre *f* (AuW) trade embargo
Handelssprache *f* (com) commercial jargon
Handelsstatistik *f* (Stat) trade statistics *(ie, covering domestic trade and foreign trade)*
Handelsstrom *m* (AuW) flow of trade
Handelsüberschuß *m* (AuW) trade surplus
handelsüblich
(com) customary in trade or commerce
(ie, was sich nach Auffassung der beteiligten Kreise im Bereich vernünftiger Gepflogenheiten hält, die nicht Handelsbrauch sein müssen; cf. § 25 III HGB)
(com) commercially available
handelsübliche Bezeichnung *f*
(com) commercial description
– customary description *(or* designation)
handelsübliche Brauchbarkeit *f* (com) merchantableness
handelsübliche Dokumente *npl* (com) commercial documents *(eg, warehouse receipt, bill of lading)*
handelsübliche Güte *f* **und Beschaffenheit** *f* (com) good merchantable quality and condition
handelsübliche Mengen *fpl* (com) commercial quantities
handelsübliche Qualität *f* (com) merchantable quality
handelsübliches Risiko *n* (com) customary risk
handelsübliche Vertragsklauseln *fpl* (com) trade terms
handelsüblich verpackt (com) packed to commercial standards
Handels- und Entwicklungskonferenz *f* **der Vereinten Nationen** (Vw) UNCTAD: United Nations Conference on Trade and Development
Handels- und Zahlungsabkommen *n* (AuW) trade and payments agreement
Handelsunternehmen *n* (com) trading firm
Handelsusancen *fpl* (com) = Handelsbrauch
Handelsverbindungen *fpl* (com) trade connections
Handelsvereinbarungen *fpl* (AuW) trade agreements
Handelsverkehr *m* (com) trade and commerce
Handelsvertrag *m* (AuW) trade agreement
Handelsvertreter *m*
(Re) commercial agent *(or* representative), § 84 HGB
(com) traveling salesman
– (GB) commercial traveller
Handelsvertreter *m* **mit delcredere** (com) delcredere agent
Handelsvertretung *f* (com) commercial *(or* sales) agency

handelsverzerrende Maßnahmen *fpl* (AuW) trade distorting policies
Handelsvolumen *n* (AuW) foreign trade volume
Handelswährung *f* (Fin) dealing currency
Handelswaren *fpl*
(com) merchandise
(Bw) merchandise held for resale
Handelswechsel *m*
(Fin) commercial
– trade
– commodity bill
– (infml) business paper
(ie, results from a commercial transaction as compared to the non-commercial bill, such as a banker's bill; syn, Warenwechsel; opp, Finanzwechsel)
Handelsweg *m*
(com) distributive channel
– channel of distribution
Handelswert *m*
(com) commercial *(or* market) value *(ie, subcategory of ‚gemeiner Wert‘)*
(SeeV) common market value
Handelszeichen *n* (Mk) = Handelsmarke
Handelszensus *m* (Stat) trade census
Handelszentrum *n* (com) trade center
Handelszoll *m* (Zo) trading tariff
Handel *m* **unter Maklern** (Bö) trading among brokers
Handgepäck *n* (com, US) carry-on luggage
handhabbar (com) manageable
Handhabung *f* (IndE) handling
Handhabungsgeräte *npl* (IndE) handling equipment
Handhabungskosten *pl* (KoR) handling cost
Handhabungssystem *n* (IndE) handling system *(ie, Systemtyp der Industrieroboter; für Werkzeuge und Werkstücke)*
Handkauf *m* (com) cash sale
(ie, payment being made in full on receipt of goods; syn, Realkauf)
Handlager *n* (MaW) stock of small parts *(ie, held available at job stations)*
Händler *m*
(com) trader *(ie, general term describing wholesaler, retail saler, itinerant trader, etc.)*
(com) distributor
(Bö) dealer or trader in securities
(ie, includes domestic and foreign banks and other credit institutions, domestic and foreign exchange brokers, the Bundesbank, etc., § 21 KVStG)
Händlerarbitrage *f* (AuW) dealer *(or* trader) arbitrage
Händlerdarlehen *n* (Fin) dealer loan
Händlerfinanzierung *f* (Fin) dealer financing
Händlergeschäfte *npl* (Bö) dealer transactions, § 22 KVStG
(ie, transactions among dealers or traders in securities, § 20 KVStG)
Händlergewinn *m* (Bö) turn
Händlerinterview *n* (Mk) dealer interview
Händlerkette *f* (Mk) dealer chain
Händlerlisten-Förderung *f* (Mk) dealer-listed promotion
Händlermarke *f* (Mk) = Handelsmarke, qv

Händlernetz *n* (Mk) dealer network
Händlerorganisation *f*
(Mk) dealership network
– dealer organization
Händlerprovision *f* (Bö) dealer commission
Händlerrabatt *m*
(com) dealer rebate
– distributor discount
Händlerspanne *f* (com) dealer's margin
Händlerzusammenschluß *m* (com) dealer organization
Handleser *m*
(EDV) hand-held reader
– code (*or* data) pen
(*syn, Lesestift, Lesepistole*)
Handlungen *fpl* **und Unterlassungen** *fpl* (Re) acts and forbearances
Handlung *f* od **Unterlassung** *f* (Re) act or failure to act
Handlungsagent *m* (com) = Handelsvertreter
Handlungsalternative *f*
(Bw) alternative course of action
– action alternative
Handlungs-Autoritäts-Struktur *f* (Bw) activity-authority structure
Handlungsbedarf *m* (com) (pressing) need to act
(*ie, usually in the phrase ,es besteht kein Handlungsbedarf'*)
Handlungsbevollmächtigter *m* (Re) (*no counterpart in English*) holder of commercial authority, § 54 HGB (*ie, ranking below ,Prokurist'; cf, S. 594*)
Handlungseinheit *f*
(Bw) operating unit
– actor (*eg, household, company*)
Handlungsfähigkeit *f* (Re, *generic term*) capacity for acts in the law and for unlawful acts
(*ie, Geschäftsfähigkeit + Deliktsfähigkeit*)
Handlungsgehilfe *m*
(Re) commercial clerk, § 59 HGB
– dependent commercial employee
(*ie, term now obsolete*)
Handlungslehrling *m* (com) commercial apprentice
(*ie, §§ 66 ff HGB repealed; current term: Auszubildender, Azubi*)
Handlungsprogramm *n* (Bw) action program
Handlungsrahmen *m* (Bw) universe of actions
Handlungsreisender *m* (com) traveling salesman
Handlungsspielraum *m* (com) room for maneuver
Handlungstheorie *f* (Vw) theory of action
Handlungsunkosten *pl* (KoR, *obsolete term*) overhead expenses
Handlungsvollmacht *f* (Re) „commercial authority" (*ie, limited authority to represent a firm or company, defined in § 54 HGB, narrower than ,Prokura' and not entered in the Commercial Register*)
Handlungsvollzug *m* (Bw) action
Hand-Mund-Kauf *m* (Mk) hand-to-mouth buying
Handsteuerung *f* (EDV) manual control
Handverkauf *m*
(com) open sale
(Bö) over-the-counter sale
Handwerk *n*
(com) craft
– trade

(*ie, trade or occupation requiring prolonged training and special skill; eg, the craft of a mason, the trade of a carpenter*)
(com) craft (*ie, members of trade collectively*)
Handwerker *mpl*
(com) artisans and tradesmen
– hand craftsmen
Handwerkerinnung *f* (com) trade (*or* craft) guild
handwerkliche Ausbildung *f* (Pw) training for a trade
handwerkliche Erzeugnisse *npl* (com) craft products
Handwerksbetrieb *m* (com) craft business (*or* enterprise)
(*ie, formal criterion is the entry into a special register, the ,Handwerksrolle'*)
Handwerkskammer *f* (com) Chamber of Handicrafts
(*ie, self-governing bodies which represent craft interests*)
Handwerkslehre *f* (Pw) craft apprenticeship
Handwerksmeister *m* (com) master craftsman
Handwerksordnung *f* (Re) Crafts Code, of 28 Dec 1965
Handwerksrolle *f* (com) Register of Craftsmen
Handzeichen *n* (com) initials
Handzettel *m*
(Mk) handbill
– broadside
– throwaway
– (GB) broadsheet
Hängeablage *f* (com) suspension file
Hängeordner *n* (com) hanging file
Hängeregistratur *f* (com) lateral suspension file
Hanseatische Wertpapierbörse *f* (Bö) Hamburg Stock Exchange
Hantierungskosten *pl* (com) handling (*or* processing) costs
Hantierungsvorschrift *f* (EDV) handling specification
Hardware *f* (EDV) hardware (*ie, Zentraleinheit, Peripherie, Datenübermittlung, Datenerfassungsgeräte; cf, Software*)
Hardware-Wartung *f* (EDV) hardware maintenance
harmonische Analyse *f* (Math) harmonic analysis
harmonische Folge *f* (Math) harmonic progression
harmonische Funktion *f* (Math) harmonic function
harmonische Reihe *f* (Stat) harmonic series
harmonischer Mittelwert *m* (Stat) harmonic average (*or* mean)
Harmonisierung *f* (Bw, Vw, EG) harmonization
Harrod-neutraler Fortschritt *m* (Vw) Harrod-neutral technical progress
Härtefall *m* (Re) case of hardship
harte Nuß *f* (com, infml) tough nut to crack
harte Währung *f* (AuW) hard currency (*ie, freely convertible and steadily priced at foreign exchange markets*)
Hartgeld *n* (Vw) coins
hartnäckig verhandeln
(com) to bargain about/over
– to dicker over
– to haggle over
Hartwährungsland *n* (AuW) hard currency country

Hartweizen m (com) hard (or durum) wheat
hauchdünne Minderheit f
(Pw) tiny
– thin
– (infml) skinny . . . majority
häufiger Stellenwechsel m (Pw) job hopping
Häufigkeit f (Stat) frequency
Häufigkeitsdichte f (Stat) frequency density
Häufigkeitsfunktion f (Stat) frequency function
Häufigkeitskurve f (Stat) frequency curve
Häufigkeitsmaß n (Stat) measure of frequency
Häufigkeitsmoment n (Stat) frequency moment
Häufigkeitspolygon n (Stat) frequency polygon
(syn, Treppen-Polygon)
Häufigkeitspunkt m **e-r Punktmenge**
(Math) accumulation
– cluster
– limit . . . point
– point of condensation
Häufigkeitssummenkurve f (Stat) Galton ogive
Häufigkeitstabelle f (Stat) frequency table
(ie, zur zahlenmäßigen Darstellung von Häufig-
keitsverteilungenm qv)
Häufigkeitstheorie f **der Wahrscheinlichkeit** (Stat)
frequency theory of probability
Häufigkeitsverteilung f (Stat) frequency distribu-
tion
häufigster Wert m (Stat) mode
Hauptablage f (com) central filing department
Hauptabsatzgebiet n
(Mk) principal market area
– (infml) heartland
Hauptabsatzmarkt m (Mk) main (or prime) market
Hauptabschlußübersicht f
(ReW) condensed tabular statement of balance
sheet figures, § 60 II EStDV
– general ledger trial balance
Hauptabschnittsdeterminante f (Math) principal
minor
Hauptabteilung f (Bw) main (or principal) depart-
ment
Hauptaktionär m
(Fin) principal
– major
– leading . . . shareholder (or stockholder)
hauptamtlicher Richter m (Re) full-time (or per-
manent) judge
Hauptanbieter m (com) main (or principal) bidder
Hauptanmeldung f (Pat) basic (or main) applica-
tion
Hauptanspruch m
(Re) principal claim
(Pat) first (or main) claim
Hauptaufgabenbereich m
(Pw) major job segment
– main operational task
Hauptauftragnehmer m (Bw) prime contractor
Hauptausfall m (IndE) major failure
Hauptband n (EDV) master tape
Hauptbaugruppe f (IndE) major assembly (ie, com-
pleted assembly of component parts ready for
operation)
Hauptbedienungsplatz m (EDV) main console
Hauptbereich m (com) key area
Hauptberuf m (Stat) main occupation

hauptberuflicher Vertreter m (Vers) full-time
agent
Hauptbetrieb m (IndE) principal plant
Hauptbieter m (com) base bidder (ie, in contract
awarding)
Hauptbuch n
(ReW) general ledger
– book of secondary (or final) entry
(ie, in which transactions are posted from books
of original entry)
Hauptbuchhaltung f (ReW) general bookkeeping
department
Hauptbuchkonto n (ReW) general ledger account
(syn, Sachkonto)
Hauptbuchprobe f (ReW) general ledger test (ie,
adding the debit and credit sides of all accounts
must produce identical totals)
Hauptbuchunterlagen fpl (ReW) general records
Hauptbürge m (Re) chief guarantor (eg, for most of
the borrowings of the principal leasing company)
Hauptbüro n (Bw) head office
Hauptdatei f (EDV) master file
Hauptdiagonale f (Math) main (or principal)
diagonal of a matrix
Hauptdimension f (com) key dimension
Hauptentschädigungsberechtigter m (Fin) recipient
of basic compensation (ie, see § 252 III LAG)
Haupterfindung f (Pat) main invention
Hauptergebnisbereich m (Bw) key result area
Haupterwerbsstelle f (com) full-time farm (opp,
Nebenerwerbsstelle = part-time farm)
Haupterzeugnis n
(Bw) main
– major
– chief . . . product
(ie, in joint production; opp, Nebenerzeugnis,
Nebenprodukt = byproduct)
Hauptfach n
(Pw) major
– (GB) main subject
(ie, read by university students; opp, Nebenfach)
Hauptfehler m (IndE) major defect
Hauptfeld n (EDV) major field
Hauptfeststellung f (StR) principal assessment (ie,
regularly occurring determination of assessed val-
ues, § 21 BewG)
Hauptfeststellungszeitpunkt m (StR) principal as-
sessment date, § 21 II BewG
Hauptfeststellungszeitraum m (StR) principal as-
sessment period, § 21 I BewG
Hauptforderung f (Re) principal claim
Hauptfrachtvertrag m (com) head charter
Hauptgemeinschaft f **des deutschen Einzelhandels**
(com) Central Association of German Retail
Traders
Hauptgenossenschaft f (com) central cooperative
(ie, supplying the ‚Raiffeisengenossenschaften‘
with fertilizer, farm machinery, etc.)
Hauptgeschäftsbereich m
(com) core business
– key operating area
Hauptgeschäftsführer m (com) chief manager
Hauptgeschäftsgegend f (com) main business area
Hauptgeschäftssitz m (Re) main (or principal)
place of business

Hauptgeschäftsstelle *f* (com) principal office
Hauptgeschäftszeit *f* (com) peak business hours
Hauptgesellschaft *f* (Bw) principal company, § 319 AktG
Hauptgläubiger *m*
  (Re) main
  – primary
  – principal... creditor
  – principal obligor
Hauptgruppenkontrolle *f* (EDV) intermediate control
Hauptgruppentrennung *f* (EDV) intermediate control change
Hauptgruppentrennzeichen *n* (EDV) file separator
Hauptgruppenwechsel *m* (EDV) intermediate control change
Haupthandelspartner *m* (AuW) major trading partner
Hauptindex *m* (EDV) master index
Hauptindustrieländer *npl* (Vw) key industrial countries
Hauptkapazität *f* (IndE) main capacity
  (*eg, crude steel and rolled products in iron and steel plants*)
Hauptkarte *f* (EDV) master card
Hauptkasse *f* (Fin) main cashier's office
Hauptkassierer *m* (Fin) chief cashier
Hauptkonto *n* (ReW) ledger account
Hauptkontrakt *m* (Bw) prime (*or* system) contract
Hauptkostenstelle *f*
  (KoR) production cost center
  – direct cost center
  – direct department
Hauptkunde *m*
  (com) main (*or* principal) customer
  – key account
Hauptlager *n* (MaW) central store (*or* stockroom)
Hauptlieferant *m* (com) main supplier
Hauptmangel *m* (Re) principal defect
Hauptmarkt *m* (com) primary (*or* principal) market
Hauptmerkmal *n* (com) key (*or* leading) feature
Hauptmerkmal *n* **e-s Begriffs** (Log) earmark of a concept
Hauptminor *m* (Math) principal minor
Hauptniederlassung *f* (com) principal establishment
Hauptorganisationseinheit *f* (Bw) main organizational unit
Hauptpatent *n*
  (Pat) independent
  – main
  – original... patent
Hauptpflichten *fpl* (Re) principal obligations
Hauptplan *m* (Bw) master (*or* major) plan
Hauptplatz *m* (Fin) main center
  (*ie, in foreign exchange trading this is the place where currency must be delivered; eg, Copenhagen, Frankfurt, New York, Montreal; often shown in foreign exchange list of quotations*)
Hauptpolice *f* (Vers) master policy
Hauptpreis *m* (com) leading price
Hauptprodukt *n* (com) main (*or* leading) product
Hauptprogramm *n* (EDV) main program (*or* routine)

Hauptprozeß *m* (EDV) major task
Hauptprüfer *m*
  (ReW) principal (*ie, in a CPA firm*)
  (Pat) examiner-in-chief
  – chief examiner
Hauptpunkt *m*
  (com) main point
  – central issue
  – main business
  (*eg, we now come to the... of the meeting = Hauptpunkt der Tagesordnung*)
Hauptreservewährungsland *n* (AuW) principal reserve currency country
Hauptsache *f* (Re) principal thing, § 97 BGB
Hauptsaison *f* (com) peak season
Hauptsatz *m*
  (Math) central theorem
  (EDV) master record (*syn, Stammeintrag*)
Hauptsatz *m* **der Algebra** (Math) fundamental law (*or* theorem) of algebra
Hauptsatz *m* **der Differential- und Integralrechnung** (Math) fundamental theorem of calculus
Hauptschalter *m* (EDV) master switch
Hauptschiffahrtsweg *m* (com) major shipping lane
Hauptschuldner *m*
  (Re) principal debtor, § 767 BGB
  – principal
  – primary debtor (*or* obligor)
Hauptschule *f* (Pw) non-selective secondary modern school
Hauptsendezeit *f*
  (com, US) prime time (slot)
  – (GB) peak (viewing) time (*ie, between 7.00 p.m. and 9.30 p.m.*)
Hauptsicherheit *f* (Re) primary security
Hauptsitz *m*
  (com) head office
  – headquarters
  (Re) principal (*or* main) place of business
Hauptsparte *f*
  (com) bottom/main... line
  (*ie, of a business, trade, or industry; syn, Grundgeschäft*)
Hauptspediteur *m* (com) principal forwarding agent
Hauptspeicher *m* (EDV) main memory
Hauptspeichererweiterung *f* (EDV) expanded memory
Hauptsteuertermin *m* (StR) big tax date
Hauptstrecke *f* (com) trunk line (*ie, of railroads and air traffic*)
Hauptstudium *n* (Pw) main... course/program (*ie, ends with the final examinations*)
Haupttätigkeit *f* (IndE) core activity
Haupttermin *m* (com) main deadline
Haupttheorem *n* (Log) major theorem
Hauptunternehmer *m* (com) general (*or* prime) contractor
Haupturkunde *f* (WeR) principal instrument
Hauptveranlagung *f* (StR) principal assessment, § 15 VStG, § 16 GrStG
Hauptveranlagungszeitpunkt *m* (StR) date of basic assessment, § 24 VStG
Hauptveranlagungszeitraum *m* (StR) basic assessment period

373

Hauptverantwortungsbereich *m* (Bw) key responsibility center

Hauptverband *m* **der Deutschen Bauindustrie** (com) Main Association of Building Industry and Civil Engineering

Hauptverbindlichkeit *f*
(Re) principal obligation, § 767 BGB
(WR) primary liability

Hauptversammlung *f*
(com) general meeting of . . . shareholders/stockholders
– (GB, *also*) the company in general meeting *(ie, legal organ of ,Aktiengesellschaft' and ,Kommanditgesellschaft auf Aktien', §§ 118–128, 285 AktG; einmal jährlich in den ersten acht Monaten des Geschäftsjahres zur Entlastung von Vorstand und Aufsichtsrat; syn, Jahreshauptversammlung)*

Hauptversammlungsbeschluß *m* (Re) shareholders' (*or* stockholders') resolution

Hauptversicherer *m* (Vers) primary insurer

Hauptversicherung *f* (Vers) direct insurance

Hauptverteiler *m* (EDV) main distribution frame

Hauptvertrag *m* (Re) main (*or* original) contract

Hauptverwaltung *f*
(com) headquarters
– central headquarters
– corporate (*or* company) headquarters
– head office
– main office

Hauptvorstand *m* (com) executive (*or* governing) board

Hauptzahlstelle *f* (Fin) principal paying agent

Hauptzeit *f* (IndE) productive/machining . . . time

Hauptziel *n* (Bw) key/principal/primary . . . goal

Hauptzinstermin *m* (Fin) principal coupon date

Hauptzollamt *n* (Zo) principal custom house, § 13 FVG

Hauptzweigstelle *f* (Fin) principal branch office *(ie, of savings banks, handling inpayments, outpayments, and customers' accounts)*

Hausadresse *f* (EDV) home (*or* track) address

Hausadressesatz *m* (EDV) home record

Hausangestellte *f* (Pw) household employee

Hausbank *f*
(Fin) house bank
(ie, affiliated to a company and acting as principal banker on its behalf)
(FiW) house bank
– principal banker
(ie, affiliated to a governmental unit; eg, Federal Bank operating on behalf of Bund and Länder, savings banks on behalf of municipalities)

Hausbestand *m* (Vw) housing stock

hauseigener Rechner *m* (EDV) in-house computer

Hausgehilfin *f* (StR) domestic help

hausgemachte Inflation *f* (Vw) home-made (*or* internal) inflation

hausgemachter Preisauftrieb *m* (Vw) home-made price increase

Hausgeräteindustrie *f* (com) domestic (*or* home) appliance industry

Haushalt *m*
(Vw, Stat) household
(FiW) budget *(syn, Etat)*

Haushaltsansatz *m* (FiW) budget estimate

Haushaltsausgaben *fpl* (FiW) budget expenditure

Haushaltsausgleich *m*
(FiW) balancing of budget, Art 110 GG
– budget balancing
(eg, Zwangsjacke des jährlichen Haushaltsausgleichs wurde von je als störend empfunden; vgl aber das verdrängte Problem der ,intergeneration equity')

Haushaltsausschuß *m*
(FiW) budget committee
– committee on the budget
– appropriations committee

Haushaltsbelastung *f* (FiW) burden on the budget

Haushaltsbesteuerung *f* (StR) taxation of households *(ie, of spouses and children liable in taxes)*

Haushaltsbewilligung *f* (FiW) appropriation

haushaltsbezogene Dienstleistungen *fpl* (VGR) household-related services

Haushaltsdebatte *f* (FiW) budget debate

Haushaltsdefizit *n* (FiW) budget . . . deficit/shortfall

Haushaltsdefizit *n* **abbauen** (FiW) to reduce (*or* pare down) a budget deficit

Haushaltsdisziplin *f* (FiW) discipline in public spending

Haushaltseinkommen *n* (VGR) income of individual household

Haushaltseinnahmen *fpl* (FiW) budget receipts (*or* revenue)

Haushaltsentwurf *m*
(FiW) draft/proposed . . . budget
– budget bill
– fiscal blueprint

Haushaltsfehlbetrag *m* (FiW) = Haushaltsdefizit

Haushaltsforschung *f* (Mk) household research

Haushaltsfragen *fpl* (FiW) budget matters

Haushaltsfreibetrag *m* (StR) household allowance, EStG 32 III

Haushaltsgebaren *n* (FiW) budgetary behavior

Haushaltsgeld *n* (com) housekeeping money

Haushaltsgelder *npl* (FiW) public money

Haushaltsgeräte *npl* (com) domestic/home . . . appliances

Haushaltsgerätehersteller *m* (com) household appliances manufacturer

Haushaltsgeräteindustrie *f* (com, US) appliance industry

Haushaltsgesetz *n* (FiW) budget law

Haushaltsgrundsätze *mpl* (FiW) basic rules governing budget law *(ie, of Bund and Länder, laid down in law of 19 Aug 1969)*

Haushaltshilfe *f*
(StR) household allowance
(StR) part-time domestic help

Haushaltsjahr *n* (FiW) financial (*or* fiscal) year

Haushaltskonsolidierung *f* (FiW) budget consolidation

Haushaltskontrolle *f* (FiW) budget control

Haushaltskrise *f* (FiW) budget crisis

Haushaltskürzung *f* (FiW) budget . . . cut/slash

Haushaltslage *f* (FiW) budgetary position

Haushaltsliste *f* (Stat) household census form

Haushaltslücke *f* (FiW) budget gap

Haushaltsmittel *pl* (FiW) budget (*or* public) funds

Haushaltsmittel *pl* **beantragen** (FiW) to apply for the appropriation of budget funds

Haushaltsmittel *pl* **bewilligen** (FiW) to approve (*or* grant) the appropriation of budget funds
Haushaltsmittel *pl* **kürzen**
(FiW) to cut
– to pare down
– to trim... budget funds
Haushaltsmittel *pl* **übertragen** (FiW) to transfer budget funds
Haushaltsmittel *pl* **zuteilen** (FiW) to allocate budget funds
Haushaltsnachfrage *f* (Vw) consumer demand
Haushaltsoptimum *n* (Vw) optimum commodity combination of household
Haushaltspackung *f* (Mk) family size package
Haushaltspanel *n* (Mk) household panel
Haushaltsperiode *f* (FiW) budget period
Haushaltsplan *m* (FiW) budget
Haushaltsplan *m* **aufstellen**
(FiW) to draw up
– to draft
– to prepare... a budget
Haushaltsplanung *f* (FiW) budgetary planning
Haushaltsplan *m* **verabschieden** (FiW) to pass a budget
Haushaltspolitik *f* (FiW) budgetary policies
Haushaltsprüfung *f* (FiW) budget/public... audit
Haushaltsrechnung *f* (FiW) receipt-expenditure accounting *(ie, of government units = Gebietskörperschaften)*
Haushalts-Rechnungseinheit *f* (EG) budgetary unit of account
Haushaltsrecht *n* (FiW) budget law
haushaltsrechtliche Beschränkungen *fpl* (FiW) budgetary restrictions
haushaltsrechtliche Bestimmungen *fpl* (FiW) budgetary regulations
Haushaltsreform *f* (FiW) budget reform
Haushaltsrest *m* (FiW) unexpended balance of budgetary appropriation
Haushaltsstichprobe *f* (Stat) household sample
Haushaltsstrukturgesetz *n* (FiW) Budget Structure Law
haushaltstechnisch (FiW) pertaining to budget procedure
Haushaltstheorie *f* (Vw) consumer theory
Haushaltstitel *m* (FiW) budgetary item
Haushaltsüberschreitung *f* (FiW) budget runover
Haushaltsüberschuß *m* (FiW) budget surplus
Haushaltsüberwachungssystem *n* (FiW) budget tracking system
Haushaltsunterschreitung *f*
(FiW) budget underrun
– under budget
Haushaltsvoranschlag *m* (FiW) budget estimate (*or* proposal)
Haushaltsvorlage *f* (FiW, GB) finance bill
Haushaltswaren *fpl* (com) (durable and nondurable) consumer goods
Haushalt *m* **umschichten** (FiW) to revamp a budget
Haushaltungsvorstand *m* (StR) head of household
Haus-Haus-Container *m* (com) full container load
Haus-Haus-Verkehr *m* (com) door-to-door delivery service
Hausierer *m* (com) door-to-door peddler
Hausindustrie *f* (com) domestic industry

Hausjurist *m*
(Re) in-house counsel
– company lawyer
– corporate attorney (*or* counsel)
„Hausmann" *m* (com) househusband
Hausmarke *f* (com) private (*or* house) brand
Hausmitteilung *f* (com) in-house memo(randum)
Hauspost *f* (com) interoffice mail
Hausratversicherung *f* (Vers) household and personal effects insurance
(ie, korrekt: verbundene Hausratversicherung)
Haussatz *m* (EDV) home record *(syn, Mitlesesatz)*
Hausse *f*
(Bö) boom
(Bö) bull market
Hausse-Engagement *n* (Bö) long position
Haussekauf *m* (Bö) bull buying *(ie, buying for a rise)*
Haussemanöver *n* (Bö) bull campaign *(opp, Baissemanöver = bear campaign)*
Haussemarkt *m* (Bö) bull/bullish...market
(ie, a market in which the „primary trend" is upward (Dow theory))
Hausseposition *f*
(Bö) bull account
– long position
Haussesignal *n* (Bö) bullish signal formation
(ie, in der Point & Figure-Analyse)
Haussespekulant *m* (Bö) bull *(syn, Haussier, qv)*
Haussespekulation *f*
(Bö) buying long
– bull... operation/speculation /transaction
Haussetendenz *f* (Bö) bullish tendency
Haussier *m*
(Bö) bull
– bull operator
(ie, believes that prices will rise and buys on that assumption; opp, Baissier = bear)
haussieren (Bö) to rise sharply
Haustürverkauf *m* (Mk) door-to-door selling
Hausvertreter *m* (Vers) home-service insurance man
Hauswirtschaftslehre *f*
(Pw) home economics
– (GB) domestic science
Hauszeitschrift *f* (com) house journal (*or* magazine)
Haus-zu-Haus-Container *m* (com) door-to-door container
Haus-zu-Haus-Lieferung *f* (com) door-to-door service
Hauszustellung *f*
(com) door delivery
– home delivery
– delivery-by-hand service
Havarie *f* (SeeV) average
Havarieagent *m* (SeeV) average agent
Havarieaufmachung *f* (SeeV) settlement of average
Havarieberechnung *f* (SeeV) average assessment
Havariebericht *m* (SeeV) damage report
Havariebeteiligte *mpl* (SeeV) shipowner and the other cargo owners
Havariebond *m* (SeeV) general average bond
Havarie-Dispacheur *m* (SeeV) average adjuster
Havarieeinschuß *m* (SeeV) average contribution

Havarieerklärung *f*
(SeeV) average statement
– ship's protest
Havarieexperte *m* (SeeV) average surveyor
havariefrei (SeeV) free from average
Havariegeld *n* (SeeV) average disbursement
Havariegelder *npl* (SeeV) general average contributions
Havariegenossen *mpl* (SeeV) contributing interests
Havarie *f* **große** (SeeV) general average
Havarie-große-Beitrag *m* (SeeV) general average contribution
Havarie-große-Einschuß *m* (SeeV) general average deposit
Havarie-große-Ereignis *n* (SeeV) general average act
Havarie-große-Klausel *f* (SeeV) general average clause
Havarie-große-Verpflichtungsschein *m* (SeeV) general average bond
Havariegutachten *n* (SeeV) damage survey
Havarie-Kommissar *m*
(SeeV) claims agent
– average adjuster
Havarie *f* **nach Seebrauch** (SeeV) average accustomed
Havarieregelung *f* (SeeV) average adjustment
Havarie-Sachverständiger *m* (SeeV) (general) average adjuster
Havarieschaden *m* (SeeV) loss or damage to a vessel or to its cargo during a voyage
Havarieschäden *mpl* **abwickeln** (SeeV) to adjust average losses
Havarieschein *m* (SeeV) average certificate (*or* bond)
Havarieverteilung *f* (SeeV) average distribution
Havarievertrag *m* (SeeV) average agreement
Havariezertifikat *n* (SeeV) certificate of average
HDE (com) = Hauptgemeinschaft des Deutschen Einzelhandels
Hebegebühr *f* (Vers) premium collection fee
Hebelwirkung *f* (Fin) cf, Leverage
Hebelwirkung *f* **der Finanzstruktur** (Fin) leverage effect (Fin, US) leverage effect *(cf, Leverage)*
Hebesatz *m* (StR) municipal factor (*or* percentage) *(ie, percentage of the basic rate = Steuermeßzahl, established annually by each municipality, § 16 GewStG and §§ 25, 26, 27 II GrStG; applied in determining trade and real property taxes)*
Heckscher-Ohlin-Theorem *n*
(AuW) Heckscher-Ohlin theorem (*or* law)
– factor proportions (endowment) theorem
Hedgegeschäft *n* (Bö) hedge transaction *(ie, in forward commodity business)*
Hedge-Position *f* (Bö) hedge position *(ie, Options- od Terminkontraktposition, die zur Absicherung e–r Grundposition eröffnet wurde)*
Hedger *m* (Bö) hedger *(ie, transfers interest-rate risk by temporarily offsetting a position in a cash market with a related position in a futures market)*
Hedgerate *f* (Bö) hedge rate *(ie, gehaltene Aktien/leerverkaufte bzw. geschriebene Optionen)*
Heftapparat *m* (com) stapler

heftige Kursausschläge *mpl* (Bö) erratic price movements
Heftklammer *f*
(com) staple *(ie, thin wire driven into sheets of paper)*
(com) paper clip *(syn, Büroklammer)*
Heftstreifen *m* (com) insert strips *(ie, in binders and files)*
Heftzwecke *f*
(com) thumbtack
– (GB) drawing pin
– (GB) push pin
Heimarbeit *f* (com) homework on contract
Heimathafen *m* (com) port of registry
Heimfahrten *fpl* (StR) trips home
heimische Industrie *f* (Vw) domestic industry
heimischer Markt *m* (Vw) domestic market
heimisches Gericht *n* (Re) domestic court
heimische Waren *fpl* (Zo) home produced goods
heimische Wirtschaft *f* (Vw) domestic economy (*or* industry)
heimliche Steuererhöhung *f*
(StR) bracket creep
– fiscal drag
(ie, effect of inflation on average or effective tax rates; syn, heimliche Steuerprogression)
heimliche Steuerprogression *f* (StR) = heimliche Steuererhöhung
heiße Emission *f* (Fin) hot issue *(ie, für die von Zeichnungsbeginn an e–e sehr lebhafte Nachfrage besteht)*
heißes Geld *n*
(Fin) hot money
– (GB) footloose funds
(ie, sent around in the attempt to benefit from interest rate differentials; syn, vagabundierende Gelder)
heiß umkämpfter Markt *m*
(com) fiercely competitive market
– hotly (*or* keenly) contested market
Heizkosten *pl* (com) heating expenses
Heizkostenbeihilfe *f* (FiW) heating expenses subsidy
Heizölsteuer *f*
(StR) excise tax on heating oil
– heating oil tax
Heizungskosten *pl* (KoR) heating . . . cost/expenses
helfen (Fin) to bail out *(eg, an unprofitable company by injecting fresh funds)*
Helligkeitsregelung *f* (EDV) brightness control
hemmende Einrede *f* (Re) dilatory exception *(ie, not tending to defeat the action, but only to retard its progress)*
Hemmung *f* **der Verjährung**
(Re) stay of the period of limitation
– suspension of prescriptive period, § 202 BGB
herabgesetzter Preis *m* (com) reduced (*or* cut-rate) price
herabsetzen
(com) to reduce
– to lower
– to cut
– to abate *(eg, prices, taxes)*
(Fin) to reduce *(eg, capital)*

(Bö) to mark down *(ie, prices)*
herabsetzende Feststellung *f* (Re) injurious false-hood
herabsetzende Hinweise *mpl* (Kart) disparaging references *(ie, to a competitor's product)*
herabsetzende Werbung *f* (Mk) disparaging advertising
Herabsetzung *f*
(com) reduction
– abatement *(eg, of prices, taxes)*
(Kart) denigration
– disparagement *(ie, of competitive products in advertising)*
Herabsetzung *f* **der Altersgrenze** (Pw) lowering *(or reduction)* of retirement age
Herabsetzung *f* **des Grundkapitals** (Fin) reduction of capital
Herabsetzung *f* **des Kaufpreises** (com) reduction *(or abatement)* of purchase price
Herabsetzung *f* **des Rentenalters** (SozV) reduction of pensionable age
Herabstufung *f* **von Arbeitsplätzen** (Pw) downgrading *(or de-skilling)* of jobs
heraufsetzen
(com) to increase *(eg, prices)*
(Bö) to mark up *(ie, security prices)*
herausbringen (com) to bring out *(eg, book, article)*
Herausgabeanspruch *m* (Re) right to recover possession
Herausgabeklage *f* (Re) action to recover possession
Herausgabepflicht *f* (Re) obligation to surrender possession
herausgeben (com) to edit
(ie, direct the publication of newspaper, magazine; als Verfasser, Redakteur)
(com) to publish
– to bring out
– to fetch out *(eg, he has fetched out another 800-page book)*
Herausgeber *m* (com) editor
herauslegen
(Fin) to open
– to establish *(eg, a letter of credit)*
(Fin) to put out
– to lend out *(ie, money, funds)*
– to grant *(ie, a credit)*
herauszuholen suchen (com, infml) to hold out *(or stick out)* for *(eg, a higher profit during negotiations)*
Hereinnahme *f* **von Wechseln** (Fin) discounting of bills
hereinnehmen
(Fin) to take on deposit *(ie, funds)*
(Fin) to discount *(ie, a bill)*
Herkunftsbezeichnung *f*
(AuW) mark of origin
(Mk) informative labeling
– origin marking *(eg, of consumer goods)*
Herkunftsland *n* (com) country of origin
Herkunfts- und Verwendungsrechnung *f* (ReW) statement of changes in financial position
Herkunftszeichen *n* (com) mark of origin
Hermesdeckung *f* (AuW) Hermes export credit guaranty

(ie, covers transactions with private firms = Ausfuhrgarantie, and with foreign governments = Ausfuhrbürgschaft)
Hermes-Kreditversicherungs-AG *f* (AuW) West German Government-backed Hermes export credit insurance institution
hermitesche Form *f* (Math) Hermitian form
hermitesche Matrix *f* (Math) Hermitian matrix
Herrenausstatter *m* (com) men's outfitter
herrenlose Sache *f*
(Re) abandoned
– derelict
– unpossessed . . . property
herrenloses Eigentum *m* (Re) abandoned *(or derelict)* property
herrenloses Gut *f* (Re) = herrenlose Sache
herrschender Lohnsatz *m* (Vw) going *(or prevailing)* wage rate
herrschender Preis *m* (com) ruling price
herrschendes Unternehmen *n* (com) controlling *(or dominant)* enterprise, § 17 AktG *(syn, Obergesellschaft)*
herrühren (com) to stem from
– to issue from
– be caused by
herstellen
(IndE) to make
– to manufacture *(esp. in large volume)*
– to produce *(ie, to make from sth)*
– to fabricate *(ie, by putting parts together)*
Hersteller *m*
(IndE) maker
– manufacturer
– producer
herstellereigener Bedarf *m* (com) in-house requirements
Herstellerfinanzierung *f* (Fin) financing of production *(ie, credit line offered by AKA)*
Herstellermarke *f* (Mk) = Fabrikmarke, qv
Herstellerwerbung *f* (Mk) producer advertising
Herstellerwort *n* (EDV) implementor name
Herstellkonto *n*
(ReW) manufacturing account
– work-in-process account
Herstellkosten *pl*
(com) cost of production
(KoR) product cost *(ie, Summe der Einzelkosten; opp, Periodenkosten)*
Herstellung *f*
(IndE) production
– manufacturing
Herstellungsaufwand *m*
(KoR) = Herstellungskosten
(StR) construction expenditure, Abschn. 157 EStR
Herstellungsgemeinkosten *pl* (KoR) productive fixed overhead
(ie, Materialgemeinkosten + Fertigungsgemeinkosten + Verwaltungsgemeinkosten, traceable to the materials and manufacturing sector)
Herstellungskosten *pl*
(ReW) cost of production, § 255 HGB, § 6 EStG
– final manufacturing cost
– mill cost of sales

Herstellungsland *n* (AuW) producer country
Herstellungslizenz *f*
  (Pat) license to manufacture
  – manufacturing license
Herstellungsort *m* (com) place of manufacture
Herstellungswert *m* (ReW) cost of production
herunterhandeln
  (com) to bargain down *(eg, your car dealer)*
  – to beat down *(ie, prices)*
heruntersetzen
  (com) to reduce
  – to scale down
herunterspielen (com) to down-play *(eg, consequences)*
Herunterstufen *n* (Pw) downgrading
hervorheben (com) to highlight
Hessesche Determinante *f* (Math) bordered Hessian determinant
heterogene Güter *npl* (Vw) heterogeneous goods
heterogene Konkurrenz *f* (Vw) heterogeneous competition *(see: Surrogatkonkurrenz)*
heterogenes Oligopol *n* (Vw) imperfect oligopoly
heteroskedastisch (Stat) heteroscedastic *(syn, ungleich in der Streuung; opp, homoskedastisch)*
Heteroskedastizität *f* (Stat) heteroscedasticity
  (ie, die Varianz der Störvariablen ist bei gegebenen $x_{1b} \ldots x_{nt}$ nicht konstant: it has two important consequences for estimation: (1) the least squares estimators of the regression coefficient are no longer efficient or asymptotically efficient; (2) the estimated variance of these estimators are in general biased)
Heuer *f* (com) sailor's pay
heuristische Methode *f* (Bw) heuristic method
heuristische Programmierung *f* (OR) heuristic programming
heuristisches Modell *n* (Bw) heuristic model
hexadezimale Darstellung *f* (EDV) hexadecimal notation
  (ie, hexadezimale Zahlen haben die Ziffern 0 bis 9, A–F; das System hat also die Basis 16)
HGB (Re) = Handelsgesetzbuch
Hicks-arbeitsparender Fortschritt *m* (Vw) Hicks labor saving progress
Hicksches Diagramm *n* (Vw) Hick (IS-LM) diagram
Hierarchiestufen *fpl* (Bw) levels *(or* echelons) of authority
hierarchische Planung *f* (Bw) hierarchical planning
hierarchische Verdichtung *f* (EDV) hierarchical collation
Hifo (ReW) highest in-first out *(ie, method of valuing inventory, not permitted under German tax law)*
Hilfe *f* **bei der Wohnungsbeschaffung** (Pw) assisted housing
Hilfebildschirm *m* (EDV) help screen
Hilfsabteilung *f* (Bw) general service department
Hilfsarbeit *f* (Pw) lowest-grade work
Hilfsarbeiter *m* (Pw) unskilled worker *(or* labor)
Hilfsarbeiterlöhne *mpl* (Pw) wages going to unskilled and semi-skilled employees
  (ie, not to be confused with ,indirect labor' = Hilfslöhne in cost accounting)
Hilfsbetrieb *m* (IndE) auxiliary plant *(ie, such as*

power generation, maintenance, materials handling)
Hilfsbogen *m* (ReW) work sheet
Hilfsbücher *npl* (ReW) subsidiary books of account
  (eg, Kontokorrentbuch, Effektenbücher, Wareneingangs- und -ausgangsbuch)
Hilfsfiskus *m* (FiW) auxiliary fiscal agent *(eg, churches, religious organizations, social insurance carriers, professional organizations, EC, World Bank)*
Hilfsfunktionen *fpl* **des Handels**
  (com) aids/ancillaries . . . to trade
  (ie, advertising, banking, insurance)
Hilfsgeschäfte *npl* (com) auxiliary *(or* subsidiary) transactions
Hilfsgewerbe *n* (Vers) auxiliary sector
Hilfskonto *n* (ReW) subsidiary account
Hilfskostenstelle *f* (KoR) indirect *(or* service) cost center
  (syn, Nebenkostenstelle, sekundäre Kostenstelle)
Hilfskräfte *fpl*
  (Pw) auxiliary personnel
  (Pw) supporting staff
Hilfslager *n* (MaW) standby inventory *(opp, Hauptlager = central store)*
Hilfsleistung *f* (SeeV) marine assistance, §§ 740–753 HGB
Hilfslöhne *mpl* (KoR) indirect *(or* auxiliary) labor
Hilfsmaßzahl *f* (Stat) ancillary statistic
Hilfsmaterial *n* (KoR) indirect material
Hilfsmatrix *f* (Math) auxiliary matrix
Hilfspersonal *n* (Pw) supporting staff
Hilfsprüfer *m* (Pat) assistant examiner
Hilfsregister *n* (EDV) auxiliary register
Hilfssatz *m*
  (Log) corollary
  – helping theorem
  – lemma
  – subsidiary proposition
Hilfsstoffe *mpl*
  (KoR) supplies
  – factory supplies
  – manufacturing supplies
  – auxiliary material
Hilfstheorem *n* (Log) helping theorem *(syn, Hilfssatz)*
Hilfs- und Betriebsstoffe *mpl*
  (ReW) supplies
  – manufacturing supplies
Hilfs- und Nebengeschäfte *npl* (Fin) ancillary credit business *(ie, in the banking industry)*
Hilfsursprung *m* (Stat) arbitrary origin
Hilfsvariable *f* (OR) slack variable
hinaufsetzen
  (com) to raise
  – to mark up
hinausgeworfenes Geld *n* (com, infml) money thrown down the sink
hinauslegen
  (Fin) to open *(ie, a letter of credit)*
  (Fin) to put out *(ie, money)*
  (Fin) to grant
  – to extend *(ie, a loan or credit)*
Hinausschieben *n* **der Fälligkeiten** (Fin) postponement of maturity dates

hindern an (com) to constrain from
(ie, gewaltsam od mit rechtlichen Mitteln: by force or by law)
Hinflug *m* (com) outward flight
Hinfracht *f*
(com) freight outward
– outward cargo (*or* freight)
Hingabe *f* **an Erfüllungs Statt**
(Re) delivery in full discharge
– transfer in lieu of performance
Hingabe *f* **an Zahlungs Statt** (Re) transfer in lieu of payment
Hingabe *f* **von Darlehen** (an) (Fin) lending of credit (to)
hinhalten (com) to play along
hinkende Goldwährung *f* (Vw) limping gold standard
hinkendes Inhaberpapier *n* (WeR) restricted bearer instrument
hinreichende Bedingung *f* (Log) sufficient condition
Hinreise *f* **e-s Schiffes** (com) outward-bound voyage
Hinterbliebene *pl*
(SozV) surviving dependents
– survivors
Hinterbliebenenbezüge *pl*
(SozV) surviving dependents' benefits
– survivors' benefits
Hinterbliebenenrente *f* (SozV) survivors' pension
Hinterbliebenenversicherung *f* (Vers) survivors' insurance
Hinterbliebenenversorgung *f* (SozV) survivors' pension
hintereinander geschaltete Kanäle *mpl* (OR) servers in series (*or* in tandem)
Hintergrunddaten *pl* (Bö) fundamentals
(ie, earnings, dividends, balance sheet data, income account data, management, etc.)
Hintergrundoperation *f* (EDV) background operation
Hintergrundprogramm *n* (EDV) background program
Hintergrundspeicher *m*
(EDV) backing ... storage
– secondary memory
(ie, of larger capacity but generally lower access time)
Hintergrundverarbeitung *f* (EDV) background processing
(ie, handled only when higher priority processing is inactive)
Hintergrundzeitintervall *n* (EDV) backup time interval
hinterherhinken (com) to lag behind
hinterlassen
(com) to leave *(ie, as an estate)*
– (GB, sl) to cut up for *(eg, how much did he cut up for?)*
Hinterleger *m* (Re) bailor
hinterlegte Sache *f* (Re) deposited object
Hinterlegung *f*
(Re) deposit (*or* lodgment) with a public authority, §§ 372ff BGB
– safekeeping
– warehousing

Hinterlegungsbescheinigung *f*
(com) deposit receipt
– certificate of deposit
Hinterlegungsgebühr *f* (com) deposit fee
Hinterlegungsort *m* (Re) place of lodgment, § 374 BGB
Hinterlegungsschein *m* (com) deposit certificate
Hinterlegungsstelle *f*
(Re) depositing agent
– depository
Hinterlegungsvertrag *m*
(Re) contract of deposit
– deposit agreement
Hintermann *m* (com) straw man
Hintersatz *m*
(Log) consequent
– apodosis
(opp, Vordersatz = antecedent, condition)
hinterziehen (StR) to evade *(ie, taxes, customs duties)*
Hinterziehung *f* **von Steuern** (StR) tax evasion
Hin- und Rückflug *m* (com) outward and inward flight
Hin- und Rückfracht *f* (com) freight out and home
Hin- und Rückreise *f* (com) round trip
Hinweisdefinition *f* (Log) ostensive definition
Hinzurechnung *f* (StR) recapture or clawback *(eg, of domestic income)*
Hinzurechnungen *fpl* (StR) additions, §§ 8, 12 II GewStG
Hinzuziehung *f* **von Sachverständigen** (com) employment of outside experts
Histogramm *n*
(Bw) histogram
– bar graph
– bar chart
– column diagram
– frequency bar chart
– rectangular frequency polygon
historische Anschaffungskurse *mpl* (ReW) historical rates of exchange
historische Kosten *pl*
(ReW) historical cost
– (GB *also*) historic cost
historische Kosten *pl,* **auf Tageswert umgerechnet** (KoR) adjusted historical cost
– historical cost translated to current market values
historische Kurse *mpl* (Fin) historical exchange rates
historische Schule *f* (Vw) historical school of economists *(opp, classical school)*
hocharbeiten
(Pw) to work one's way through the ranks
– to work one's way up
hochauflösendes Fernsehen *n* (com) high-definition television, HDTV
Hochbau *m* (com) building construction *(opp, Tiefbau, qv)*
hoch bewertet (Fin, infml) high flying *(eg, dollar)*
hochbieten (com) to bid up
hochentwickelt (com) sophisticated
hochfahren (EDV) to power up
Hochfinanz *f* (Fin) high finance *(ie, dealing with large sums of money)*

379

hochgerechnete Erfolgsrechnung *f* (ReW) extrapolated income statement

hochgestellter Index *m*
(Math) superscript
– upper index

hochgradig (Bö) high-grade *(ie, in Rohstoffnotierungen)*

Hochhaus *n*
(com) high rise building
– (GB) multi-storey building
– (GB) block of flats

hochkarätiges Management *n* (com) high-caliber *(or* top-flight) management

Hochkonjunktur *f*
(Vw) high-level economic activity
– boom
– prosperity

Hochlager *n* (MaW) high bay store

hochlaufen (EDV) to start

Hochleistungs-Chip *m* (EDV) high-capacity memory chip

Hochleistungsrechner *m* (EDV) high performance computer

hochliquide Anlagen *fpl* (Fin) near cash

hochliquide Forderung *f* (Fin) highly liquid claim

hochpreisig
(com) high-priced
– high ticket *(eg, product)*

Hochprozenter *mpl*
(Fin) high-interest-rate bonds

hochqualifizierte Arbeitskräfte *fpl* (Pw) highly qualified manpower

hochrechnen
(Stat) to extrapolate
– to blow up *(ie, a sample)*

Hochrechnung *f*
(Stat) (trend) extrapolation

Hochrechnungsergebnis *n* (Stat) result of extrapolation

Hochrechnungsfaktor *m* (Stat) inflation *(or* raising) factor

Hochregal *n* (MaW) high bay

Hochregallager *n* (MaW) high-bay racking

Hochregallagersteuerung *f* (MaW) high-bay racking control system

Hochregallagerung *f* (MaW) high bay storage

Hochregalsteuerung *f*
(MaW) high-bay racking control
– racking control system

Hochregalsystem *n* (MaW) automatic storage and retrieval system
(ie, very-high-rise steel superstructure of racks; operated by stacker-crane carriers)

hochrentierende Papiere *npl*
(Fin) high yielding securities
– high yielders

hochriskantes Engagement *n* (Fin) high-risk exposure

Hochsaison *f* (com) peak season

hochschleusen (EG) to push up *(ie, prices)*

Hochschreiben *n* **von Devisenbeständen** (AuW) write-up of currency holdings

Hochschulabschluß *m* (Pw) university degree

Hochschulausbildung *f* (Pw) university-type higher education

Hochschule *f*
(Pw) university
(Pw) establishment of higher education

Hochschulreife *f*
(Pw) (attainment of) university entrance level

Hochschutzzollpolitik *f* (AuW) high protectionism

Hochseefischerei *f* (com) deap-sea *(or* deep-water) fishing

Hochseeschiffahrt *f* (com) ocean shipping

Hochseeschlepper *m* (com) ocean tug

Hochspannungsmast *m*
(IndE) high tension tower

hochspekulative Anlage *f* (Fin) aggressive/high-risk ... investment

Höchstabschreibung *f* (ReW) writeoff ceiling

Höchstangebot *n* (com) highest offer *(or* tender)

Höchstarbeitszeit *f*
(Pw) maximum working time
– maximum hours

Höchstbeitrag *m* (SozV) maximum contribution

Höchstbelastungssatz *m* (FiW) psychological breaking point
(eg, of a progressive income tax)

Höchstbetrag *m*
(Fin) maximum *(or* threshold) amount
– ceiling

Höchstbetrag *m* **der Rallonge** (EG) maximum rallonge

Höchstbetragsbürgschaft *f* (Re) guaranty limited in amount
(ie, Bürge haftet für Hauptverbindlichkeit nur bis zu e–m bestimmten Höchstbetrag; cf, Bürgschaft)

Höchstbetragshypothek *f* (Fin) maximum-sum mortgage, § 1190 BGB

Höchstbietender *m* (com) highest bidder

Höchstdauer *f* (com) maximum duration

höchsteffizienter Schätzer *m* (Stat) most efficient estimator

höchstehend (Bö) high priced

höchster Gruppenbegriff *m* (EDV, Cobol) final

Hochsteuerland *n* (AuW) high-tax country

Höchstgebot *n*
(com) highest *(or* best) bid
– highest tender
– closing bid

Höchstgebühren *fpl* (com) fee ceilings

Höchstgehalt *n* (Pw) maximum salary

Höchsthaftungsbetrag *m* (Vers) capacity *(ie, on a single risk)*

Höchsthaftungssumme *f* (Vers) maximum liability cover

Höchstkapazität *f* (Bw) maximum capacity

Höchstkurs *m*
(Bö) highest/peak ... price
– all-time high

Höchstkurs *m* **im EWS** (AuW) upper exchange limit in the EMS

Höchstleistung *f* (Vers) maximum on claims payments

Höchstlohn *m*
(Pw) top *(or* maximum) wage rate
– wage ceiling

Höchstmiete *f* (Re) rent ceiling

höchstpersönliche Rechte *npl* (Re) rights which cannot be transferred

Höchstpreis *m*
(com) maximum price
– ceiling price
– price ceiling
– premium price
– top price
(Mk) price plateau *(ie, as accepted by buyers)*
Höchstqualität *f* (com) top quality
höchstrichterliche Entscheidung *f*
(Re) decision of the highest court
– supreme-court decision
Höchstschaden *m* (Vers) maximum possible loss
(ie, largest probable loss expected for a given risk assuming the most unfortuitous circumstances)
Höchststand *m* (com) high
Höchststeuerland *n* (FiW) high tax country
Höchstsumme *f*
(Vers) maximum limit
– fixed insurance cover
höchstverzinsliche Wertpapiere *npl* (Bö) high yielders
Höchstwert *m*
(ReW) highest value
(eg, under commercial valuation rules: original cost less depreciation for depreciable fixed assets; the lower of cost or market for current assets)
(Bö) high
höchstwertiges Zeichen *n* (EDV) most significant character
Höchstzinssatz *m*
(Fin) interest rate cap
– cap rate
Höchstzinssätze *mpl*
(Fin) inrerest rate cap
– cap rates
Hochtechnologie *f*
(com) high
– advanced
– state-of-the-art . . . technology
– (infml) high tech
(syn, Spitzentechnik, Spitzentechnologie)
Hochtechnologie-Unternehmen *n* (com) high-tech enterprise *(syn, Unternehmen der Spitzentechnologie)*
hochtreiben (com) to drive up *(eg, prices)*
Hoch- und Tiefbau *m* (com) structural and civil engineering
hoch verschuldet (Fin) badly in debt
hochverzinslich (Fin) high interest yielding
hochverzinsliche Anleihe *f* (Fin) high coupon loan
hochverzinsliche Langläufer *mpl* (Fin) high-coupon longs
hochverzinsliche Wertpapiere *npl*
(Fin) high-yield instruments
– high yielders
hochwertige Anlagen *fpl* (IndE) sophisticated equipment
hochwertige Erzeugnisse *npl* (com) high-quality products
hochwertiges Produkt *n* (Mk) high-technology product
Hochzahl *f* (Math) exponent
Hochzinsphase *f* (Fin) period of high interest rates
Hochzinspolitik *f* (Vw) high interest policy
Hochzoll-Land *n* (AuW) high-tariff country

Hochzollpolitik *f* (AuW) high-tariff policy
Hofbefestigungen *fpl* (ReW) yards
Hoffnungsreserven *fpl*
(Vw) potential resources
– speculative reserves
(ie, of mineral and other resources)
hohe Auflösung *f* (EDV) high resolution (*or* definition)
(ie, ability of a video screen to display highly detailed graphics)
hohe Aufwendungen *fpl* (com) heavy spending
Hohe Behörde *f* (EG) High Authority
(ie, of the European Coal and Steel Community = Montanunion; in 1967 merged with the Commissions of the other two Communities)
hohe Bußgelder *npl* (Kart) stiff penalties
Höhe *f* **der Beschäftigung** (Vw) level of employment
Höhe *f* **der Einlage** (Re) amount of (capital) investment
Höhe *f* **des Schadenersatzes** (Re) measure of damages
Hoheitsbetrieb *m* (StR) enterprise vested with public authority
Hoheitsgebiet *n* (Re) territorial area
Hoheitsgewässer *npl* (Re) territorial waters
Hoheitsträger *m* (Re) holder of sovereignty
hohe kurzfristige Verschuldung *f* (Fin) mountain of short-term debt
hoher Auftragsbestand *m*
(com) high level of order backlog
– strong order book
hoher Beschäftigungsstand *m* (Vw) high employment level
Höherbewertung *f* (ReW) upward revaluation
höhere Einkommensgruppen *fpl* (Stat) higher-income brackets
höhere Gewalt *f*
(Re) act of God
– *(civil law)* vis major
(ie, assumed to exist where the nonperformance of an obligation could not have been avoided, even by the exercise of the highest degree of diligence)
– force majeure *(ie, wider meaning than act of God, includes strike, war, etc.)*
höher einstufen
(Pw) to upgrade
– to put into a higher group
höhere Preise *mpl* **verlangen** (com) to charge higher prices
höhere Programmiersprache *f* (EDV) high-level language *(eg, Cobol, PL/1)*
höherer Verwaltungsdienst *m* (Re) higher administrative service
höhere Steuerbelastung *f*
(StR) increased taxation
– heavier tax load (*or* burden)
hoher Gewinn *m* (Fin) high (*or* sizeable) profit
Höhergruppierung *f* (Pw) upgrading *(ie, of a job)*
hoher Nachlaß *m* (com) hefty discount
höher notieren
(Bö) to mark up
– to trade higher
hoher Preis *m* (com) high price (tag)

381

höherstufen (com, Pw) to upgrade
höherverzinslich (Fin) higher-yielding
höherverzinsliche Anlagen *fpl* (Fin) higher-yield investments
hohe Steuern *fpl* **erheben** (FiW) to levy stiff taxes
hohe Stückzahlen *fpl* (IndE) large product numbers
hohe Verschuldung *f* (Fin) heavy debt load
hohe Zinsen *mpl* (Fin) steep interest rates
Holding(-Gesellschaft) *f* (com) holding company
holographisches Testament *n* (Re) holograph testament
holomorphe Funktion *f* (Math) analytic (*or* regular) function
Holschuld *f*
  (Re) obligation where place of performance is debtor's residence or business seat *(ie, creditor must fetch goods or money from debtor)*
Holsystem *n* (MaW) pick-up system
  (ie, operator fetches materials from storeroom; opp, Bringsystem)
Holzbearbeitungsindustrie *f* (com) wood working industry
holzfreies Papier *n* (com) woodfree pulp paper
Holzhandel *m* (com) timber trade
Holzhändler *m* (com) timber merchant
Holzindustrie *f* (com) timber industry
holzverarbeitende Industrie *f* (com) wood processing industry
Holzwolle *f*
  (com) excelsior
  – (GB) wood wool (*or* shavings)
homogene Differentialgleichung *f* (Math) homogeneous differential equation
  (ie, a differential equation where every scalar multiple of a solution is also a solution)
homogene Funktion *f* **vom Grade 1** (Math) homogeneous function of the first degree
homogene Funktion *f* **vom Grade Null** (Math) homogeneous function of zero degree
homogene Gleichung *f* (Math) homogeneous equation
  (ie, an equation that can be rewritten into the form having zero on one side of the equal sign and a homogeneous function of all the variables on the other side)
homogene Güter *npl*
  (Vw) homogeneous goods (*or* products)
  – identical products
homogene kartesische Koordinaten *fpl* (Math) homogeneous coordinates
homogene Markoffsche Kette *f* (Stat) homogeneous Markov chain
homogener Markt *m* (Vw) homogeneous market
homogenes algebraisches Polynom *n* (Math) homogeneous algebraic polynomial
homogenes Gleichungssystem *n* (Math) homogeneous set of equations
homogenes Oligopol *n* (Vw) pure oligopoly
homogenes Polynom *n*
  (Math) homogeneous polynomial
  – quantic
  (ie, a polynomial all of whose terms have the same total degree; equivalently it is a homogeneous function of the variables involved)

Homogenität *f* **e-r Funktion** (Math) homogeneity of a function
Homogenitätsgrad *m* (Math) degree of homogeneity
homograde Größe *f* (Stat) intensive magnitude
homograde Merkmal *n* (Stat) attribute
homograde Statistik *f* (Stat) attribute-based statistics
homologe Algebra *f* (Math) homological algebra
  (ie, studies the structure of modules, esp by means of exact sequences; it has applications to the study of topological space)
homo oeconomicus *m* (Vw) economic man
homoskedastisch (Stat) homoscedastic *(syn, gleichgestreut; opp, heteroskedastisch)*
Homoskedastizität *f* (Stat) homoscedasticity
  (ie, eine der Grundannahmen des klassischen Regressionsmodells: the variance of the regression disturbance is constant for all observations; opp, Heteroskedastizität)
Honorant *m* (WeR) acceptor for honor (*or* supra protest)
Honorar *n*
  (com) fee
  – professional fee
  – fee for professional services
  – remuneration
  – honorarium
  (ie, paid to accountants, auditors, lawyers, doctors)
Honorarfestsetzung *f* (com) fee setting
Honorarrechnung *f*
  (com) bill for professional services
  – bill of costs
  – bill of fees
Honorarumsatz *m* (com) volume of professional fees
Honorarvertrag *m* (com) fee contract
Honorarvorschuß *m* (com) fees (*or* charges) paid in advance
honorieren
  (Fin) to honor
  – to pay
Hörer *m* **abheben** (com) to lift the receiver *(ie, off its hook)*
Hörer *m* **auflegen**
  (com) to put back the receiver
  – (infml) to hang up *(ie, as an unfriendly act)*
horizontale Arbeitsmobilität *f* (Pw) horizontal labor mobility
horizontale Diversifikation *f* (com) horizontal diversification
horizontale Fusion *f* (com) horizontal merger *(ie, von Unternehmen der gleichen Branche)*
horizontale Integration *f*
  (Bw) horizontal integration (*or* merger)
  – horizontal expansion
  – lateral integration
horizontale Konzentration *f* (Bw) horizontal integration
horizontale Kooperation *f* (com) horizontal cooperation
horizontale Mobilität *f* (Vw) horizontal mobility
horizontale Preisbindung *f* (Kart) collective resale price maintenance

horizontaler Finanzausgleich *m*
(FiW) horizontal system of tax revenue
– tax equalization
horizontaler Kommunikationsweg *m* (Bw) horizontal communication channel
horizontaler Zusammenschluß *m*
(Re) horizontal combination
(com) horizontal merger (*or* combination)
(ie, unites side-by-side competitors in the same line of business; opp, vertikaler Zusammenschluß, konglomerater Zusammenschluß)
horizontale Steuergerechtigkeit *f* (FiW) horizontal tax equity
horizontales Wachstum *n* (Bw) horizontal expansion
(ie, expanding a business in the same product line it is producing or selling)
horizontale Wettbewerbsbeschränkungen *fpl* (Kart) horizontal restraints of competition
(ie, comprising cartel agreements and cartel resolutions, §§ 1–14 GWB)
Horizontalkonzern *m* (com) horizontal group *(ie, of affiliated companies)*
Horten *n* (Vw) hoarding of money *(ie, by households and businesses)*
Horten *n* **von Arbeitskräften** (Pw) labor hoarding
Hortung *f*
(Vw) hoarding *(ie, of money)*
(Bw) stockpiling *(ie, of goods and commodities)*
Hortungskäufe *mpl* (Vw) hoarding purchases
Hotelgewerbe *n* (com) hotel industry
Hotelkette *f* (com) hotel chain
Hotelschlüssel *m* (com) hotel booking code
Hotel- und Gaststättengewerbe *n*
(com) hotel and catering industry
– (GB) catering trade
HR (Re) = Handelsregister
Hubschrauber *m*
(IndE) helicopter
– (infml) chopper
(syn, Drehflügler; opp, Starrflügler = fixed-wing aircraft)
Hubschrauber-Landeplatz *n*
(com) heliport
– helipad
Huckepacksystem *n* (com) piggyback export scheme
(ie, Wahrnehmung der Interessen kleiner Firmen durch große Exportfirmen)
Huckepackverkehr *m*
(com) rail trailer shipment
– piggyback traffic
(com) trailer on flatcar, TOFC
Hüllkurve *f* (Math) envelope
Humanisierung *f* **der Arbeit**
(Pw) humanizing of work
– work humanization
Humanisierung *f* **des Arbeitslebens** (Pw) humanization of working life
Humankapital *n* (Vw) human capital (*or* wealth)
(syn, Arbeitsvermögen)
Humankapitalrechnung *f* (VGR) human capital accounting
(ie, volkswirtschaftliches Rechnungswesen, das die gesamtwirtschaftlichen Auswirkungen von

bildungs-, gesundheits- und beschäftigungspolitischen u.a. Maßnahmen ermitteln soll)
Humanökologie *f* (Vw) human ecology
Humanvermögen *n* (ReW) human assets (*or* resources)
Humanvermögensrechnung *f* (ReW) human resource accounting, HRA
(ie, Teilrechnungswesen, das informative Zahlen über die menschlichen Ressourcen e–r Unternehmung liefern soll; i.e.S. sind jedoch nur die Belegschaftsmitglieder zahlenmäßig nach Kosten und Wert abgebildet werden: human resource cost accounting + human resource value accounting)
hundertprozentige Tochtergesellschaft *f* (com) wholly-owned subsidiary
Hundesteuer *f* (StR) dog tax
Hurenkind *n*
(EDV) widow *(ie, in text processing; opp, orphan)*
Hüttenwerk *n* (IndE) iron and steel works
HV (com) = Hauptversammlung
Hybridrechner *m*
(EDV) hybrid computer
– analog-digital computer
Hybridstation *f* (EDV) balanced/combined . . . station
Hygiene-Faktoren *mpl*
(Pw) job context factors
– hygiene factors *(ie, in Herzberg's theory)*
Hyperbel *f* (Math) hyperbola
Hyperbelfunktion *f* (Math) hyperbolic function
Hyperebene *f*
(Math) hyperplane
– hypersurface
hypergeometrisch (Math) hypergeometric
hypergeometrische Reihe *f* (Math) Gaussian series
hypergeometrische Verteilung *f* (Stat) hypergeometric distribution
Hyperinflation *f*
(Vw) hyperinflation
– runaway inflation
Hypotenuse *f* (Math) hypotenuse
Hypothek *f* (Re) mortgage
(ie, gesetzlicher Typ des Grundpfandrechts als Sicherungsrecht an e–m Grundstück; cf, §§ 1113ff BGB; nach Common Law: mortgage operates as a conveyance of the legal title to the mortgagee (= Grundpfandgläubiger); für die USA gilt: „in many states a mortgage is regarded as a mere lien, and not creating a title or estate; cf, Zeigler v. Sawyer, Tex.Civ.App., 16 S.W.2d 894, 896; . . . while others have adopted a hybrid or intermediate theory of mortgage"; sie wird stets als Sicherheit für e–e zugrundeliegende Forderung bestellt)
Hypothek *f* **ablösen** (Re) to redeem a mortgage
hypothekarisch belasten (Re) to mortgage
hypothekarische Belastung *f* (Re) mortgage charge
hypothekarisches Darlehen *n* (Fin) mortgage loan
hypothekarische Sicherheit *f* (Fin) mortgage collateral *(ie, mortgage by real-estate mortgage)*
hypothekarisch gesicherte Forderung *f*
(Fin) mortgage-backed claim
– mortgage debt

hypothekarisch gesicherte Schuldverschreibung *f* (Fin) mortgage bond

Hypothekarkredit *m* (Fin) mortgage loan *(ie, mainly for financing residential construction)*

Hypothek *f* **aufnehmen** (Fin) to take up a mortgage

Hypothek *f* **bestellen** (Re) to create a mortgage

Hypothekenablösung *f* (Fin) redemption of mortgage

Hypothekenbank *f* (Fin) mortgage bank *(ie, there are 39 of them, chiefly engaged in long-term lending against security or public guaranty)*

Hypothekenbankgeschäft *n* (Fin) mortgage banking business

Hypothekenbestellung *f* (Re) creation of a mortgage

Hypothekenbetrag *m* (Fin) mortgage principal

Hypothekenbrief *m* (Re) mortgage certificate, § 1116 BGB

Hypothekendamnum *n* (Fin) mortgage discount

Hypothekendarlehen *n* (Fin) mortgage loan

Hypothekeneintragung *f* (Re) registration of a mortgage

hypothekenfrei (Fin) clear of mortgages

Hypothekengewinnabgabe *f* (StR) levy on profits from the redemption of mortgage loans *(ie, imposed under the Equalization of Burdens Law and ended 10 Nov 1979)*

Hypothekengläubiger *m*
(Re) mortgage creditor
– mortgagee

Hypothekenkredit *m* (Fin) mortgage loan

Hypothekenkreditgeschäft *n* (Fin) mortgage lending business

Hypothekenkredit *m* **mit 100% Auszahlung** (Fin) real-estate mortgage paid out in full

Hypothekenkredit *m* **mit 90% Auszahlung** (Fin) real-estate mortgage, paid out at a discount of 10%

Hypothekenlaufzeit *f* (Fin) term *(or* currency) of a real-estate mortgage

Hypothekenlebensversicherung *f* (Vers) mortgage protection insurance

Hypothekenmarkt *m* (Fin) mortgage market *(ie, long-term loans for house purchases; no such market exists in GB)*

Hypotheken *fpl* **mit Bundesgarantie (Fin, US)** federally guaranteed mortgages

Hypothekenpfandbrief *m* (Fin) mortgage bond

Hypothekenregister *n* (Re) register of real-estate mortgages

Hypothekenschuld *f* (Re) mortgage debt

Hypothekenschuldner *m*
(Re) mortgage debtor
– mortgagor

Hypothekenschuldverschreibung *f* (Fin) collateral mortgage bond

Hypothekentilgung *f* (Re) mortgage redemption

Hypothekentilgungsversicherung *f* (Vers) mortgage redemption life insurance
(syn, Hypothekenversicherung, Tilgungslebensversicherung)

Hypothekenurkunde *f* (Re) mortgage deed *(or* instrument)

Hypothekenvaluta *f* (Fin) mortgage loan money *(or* proceeds)

Hypothekenvermittlungsgebühr *f* (Re) mortgage broker's fee

Hypothekenversicherung *f* (Vers) = Hypothekentilgungsversicherung

Hypothekenzinsen *mpl*
(Fin) mortgage interest
– mortgage rates

Hypothekenzusage *f* (Fin) mortgage loan commitment

Hypothek *f* **löschen** (Re) to cancel a mortgage

Hypothek *f* **tilgen** (Fin) to pay off a mortgage

Hypothese *f* (Log) hypothesis, *pl.* hypotheses

Hypothese *f* **aufstellen**
(Log) to put forward a hypothesis
– to hypothesize

Hypothese *f* **der Fristensynchronisierung** (Fin) hedging pressure hypothesis

Hypothese *f* **kontinuierlicher Konsumgewohnheiten** (Mk) habit persistence hypothesis

Hypothesenprüfung *f* (Stat) test of hypothesis *(or* significance)

Hypothesenwahrscheinlichkeit *f* (Stat) probability of hypotheses

Hypothese *f* **von der Kapitalmarkteffizienz** (Fin) efficient market hypothesis

hypothetische Grundgesamtheit *f* (Stat) hypothetical population

hypothetisches Urteil *n*
(Log) conditional proposition

I

IATA-Sammelladungsagent *m* (com) consolidator

Idealbestand *m* (MaW) model stock *(ie, right stock at the right time in the right quantities at the right price)*

Idealstandardkosten *pl* (KoR) ideal/perfect... standard cost

Idealverein *m* (Re) incorporated society established for non-economic purposes, §§ 21, 55 ff BGB

ideeller Schaden *m*
(Re) immaterial damage
– intangible damage
– damage not resulting in pecuniary loss

Ideen-Ingenieur *m* (com, US, infml) imagineer

Identifikation *f* (com) identification

Identifikationsnummer *f* (EDV) personal identity number, PIN

Identifikationsproblem *n* (Vw) identification problem *(Leontief and Frisch)*

Identifikationstest *m* (Mk) identification test *(ie, in advertising)*

identische Funktion *f* (Math) identical function

(ie, the function of a set to itself which assigns to each element the same element)

identische Gleichung *f* (Math) identical equation

identische Größen *fpl* (Math) identical quantities

identische Matrix *f* (Math) identische Matrix *f*
(ie, the square matrix of all whose entries are zero save along the principal diagonal where they all are 1)

identischer Operator *m* (Math) identity/unit... operator

identische Transformation *f* (Math) identity transformation

identisch falsch (Log) identically false

identisch wahr (Log) identically true

identisch wiederholen (Math) to duplicate

Identität *f*
(Math) identity
(ie, an equation satisfied for all possible choices of values for the variables involved)
(Zo) identity *(ie, of goods)*

Identitätsgleichung *f* (Vw) identity (equation)

Identitätsirrtum *m*
(Re) error in persona
– error in obiecto
(ie, Irrtum über die Identität e–r Person od Sache)

Identitätsprinzip *n* (ReW, Zo) principle of identity

Identkarte *f* (IndE) identity card

idR (com) = in der Regel

IdW (ReW) = Institut der Wirtschaftsprüfer

IFO-Institut *n* **für Wirtschaftsforschung**
(Vw) *(Munich-based)* IFO Economic Research Institute

IFO-Konjunkturtest *m* (Vw) IFO barometer for the business climate

IG Metall *f* (Pw) German engineering workers' union

IHK (com) = Industrie- und Handelskammer

Ikosaeder *m* (Math) icosahedron

IKR (ReW) = Industriekontenrahmen

illegale Beschäftigung *f* (Pw) illegal employment
(ie, Schwarzarbeit + illegale Ausländerbeschäftigung)

illegaler Streik *m*
(Pw) illegal strike
– (infml) snap strike

illiquide
(Fin) insolvent *(ie, unable to meet financial obligations)*

illiquide werden
(Fin, infml) to run out of money *(ie, to pay bills)*

Illiquidität *f*
(Fin) insolvency *(ie, inability of a person or organization to pay its debts as they become due)*
– illiquidity
– insolvency
– shortage of liquid funds

ILO (Vw) = Internationale Arbeitsorganisation

Image-Berater *m* (com) image consultant

Imageforschung *f* (Mk) image research
(eg, durch multidimensionale Skalierung; syn, Einstellungsforschung)

Imagepflege *f* (Bw) image building

imaginärer Gewinn *m*
(ReW) paper profit

(com, Vers) anticipated/imaginary . . . profit *(eg, profit expected upon arrival of the goods at place of destination)*

imaginäre Zahl *f* (Math) imaginary . . . number/quantity
(ie, a complex number of the form a + bi)

Imaginärteil *m* (Math) imaginary part
(ie, for a complex number x +iy, it is the real number x)

im Amt bleiben
(com) to stay in office

im Angebot
(com) on sale
– (GB) on offer *(eg, article is on offer this week)*

im Aufsichtsrat sitzen
(com) to sit on the supervisory board

im Auftrag von
(com) by order of

im Bau
(com) under construction

im Bau befindliche Anlagen *fpl* (ReW) construction in process

im Ergebnis (com) on balance

im Freiverkehr handeln
(Bö) to trade over the counter

im Innenverhältnis (Re) internally

im internationalen Vergleich *m* (com) by international standards

Immaterialgüter *npl* (Re) intangible assets

Immaterialgüterrechte *npl* (Re) rights over immaterial property
(eg, patent rights, trademarks, commercial goodwill)

immaterielle Aktiva *npl*
(ReW) intangible assets
– intangibles

immaterielle Anlagewerte *mpl* (ReW) intangible fixed assets
(ie, patents, licenses, trademarks, goodwill)

immaterielle Bedürfnisse *npl* (Vw) nonmaterial wants

immaterielle Gegenstände *mpl* (Re) incorporeal things

immaterielle Güter *npl* (Vw) intangible/noneconomic . . . goods

immaterielle Güter des Anlagevermögens
(Bw) = immaterielles Anlagevermögen

immaterielle Investitionen *fpl* (Bw) intangible investments
(eg, in advertising, personnel development, organization)

immaterielle Ressourcen *fpl* (Bw) intangible resources
(eg, Fertigungs- und Entwicklungserfahrungen)

immaterieller Schaden *m*
(Re) immaterial *(or* intangible*)* damage
– damage not resulting in pecuniary loss

immaterielles Anlagevermögen *n* (ReW) intangible fixed assets

immaterielles Recht *n*
(Re) intangible right

immaterielle Vermögensgegenstände *mpl* (ReW) intangible assets

immaterielle Werte *mpl* (StR) = immaterielle Wirtschaftsgüter

immaterielle Wirtschaftsgüter *npl* (StR) intangible assets

immerwährende Nutzungen *fpl* **od Leistungen** *fpl* (StR) perpetual payments or other benefits, § 13 II BewG

Immobiliarkredit *m* (Fin) real estate credit

Immobiliarpfandrechte *npl* (Re) = Grundpfandrechte

Immobiliarvermögen *n* (Re) real property

Immobiliarversicherung *f*
(Vers) real estate (*or* real property) insurance
– building insurance

Immobiliarvollstreckung *f* (Re) levy of execution on real property

Immobilien *pl*
(com) real estate
– real property
– property (*also:* properties)

Immobilienabteilung *f* (Fin) real estate department (*ie, of a bank*)

Immobilienanlage *f* (Fin) real estate investment

Immobilienanlagegesellschaft *f* (Fin) real estate investment fund

Immobilienbranche *f* (com) real estate industry

Immobilienfirma *f* (com) real estate firm (*or* venture)

Immobilienfonds *m*
(Fin) real estate investment trust, REIT
– (GB) property fund

Immobilienfondsanteil *m*
(Fin) REIT share
– (GB) property fund unit

Immobiliengesellschaft *f*
(com) real estate company
– property company

Immobilienhandel *m* (com) real estate business (*or* trading)

Immobilien-Investition *f* (Fin) real estate investment

Immobilienkredit *m* (Fin) real estate loan

Immobilienmakler *m*
(com) real estate broker
– (GB) estate (*or* land) agent
(*syn, Grundstücksmakler*)

Immobilienmarkt *m*
(com) property market
– real estate market

Immobilien-Mischfonds *m* (Fin) commingled property fund

Immobilienpreise *mpl* (com) real estate prices

Immobilienunternehmen *n* (com) real estate developer (*or* operator)

Immobilienverkauf *m* (com) sale of real estate (*or* property)

Immobilienversicherung *f* (Vers) = Immobiliarversicherung

Immobilienverwalter *m* (com) property manager

im Original (com) in the original

Imparitätsprinzip *n* (ReW) imparity principle
(*ie, nichtrealisierte Verluste sind auszuweisen, während noch nicht realisierte Gewinne bilanziell noch nicht berücksichtigt werden dürfen; principle of unequal treatment of losses and income: requires unrealized losses to be accrued but prohibits recognition of unrealized profits*)

imperative Anweisung *f* (EDV) executable statement

Implementierung *f*
(EDV) implementation
(Bw) implementation

Implementierungssprache *f* (EDV) implementation (*or* system programming) language

Implikans *n* (Log) antecedent (*ie, in 'if A then B', A is the antecedent*)

Implikat *n* (Log) consequent (*ie, in 'if A then B', B is the consequent*)

Implikation *f*
(Log) implication
– logical conditional
– implicative proposition
(*ie, a binary propositional connective, usually read 'if – then'*)
(EDV) conditional implication operation
– if-then operation
– inclusion operation

implizieren
(Log) to imply
– to entail

implizite Definition *f* (Log) implicit definition

implizite Differentiation *f* (Math) implicit differentiation

implizite Funktion *f* (Math) implicit function
(*ie, function defined by an equation f(x,y) = 0, when x is considered as an independent variable and y called an implicit function of x, as a dependent variable*)

implizite Volatilität *f* (Bö) implicit/implied . . . volatility)

Import *m*
(com) import
– importation

Importabgabe *f* (AuW) import levy

Importabteilung *f* (com) import department

Importakkreditiv *n* (Fin) import letter of credit

Importausgleich *m* (EG) import price adjustment levy

Importbedarf *m* (AuW) import requirements

Importbeschränkungen *fpl* (AuW) = Einfuhrbeschränkungen

Importe *mpl* (com) imports

Importerstfinanzierung *f* (Fin) initial import financing

Importeur *m* (com) importer

Importfinanzierung *f* (Fin) import financing

Importfirma *f*
(com) importer
– importing firm

Importgüter *npl* (com) imported goods (*or* materials)

Importhandel *m*
(com) import (*or* passive) trade

importieren (com) to import

importierte Deflation *f* (Vw) imported deflation

importierte Inflation *f* (Vw) imported inflation

importierte Vorleistungen *fpl* (VGR) imported input

Importkonnossement *n* (com) inward bill of lading

Importkontingent *n* (AuW) import quota

Importkontingentierung *f* (AuW) imposition of import quotas

Importkredit *m* (Fin) import credit
Importlager *n* (com) stock of imported goods
Importland *n* (AuW) importing country
Importlizenz *f* (EG) import license
Importneigung *f* (Vw) propensity to import
Import-Niederlassung *f*
  (com) import branch
  – import branch office (*or* operation)
Importquote *f*
  (AuW) import quota
  (Vw) propensity to import (*ie, ratio of imports to net national product at market prices; equal to ,durchschnittliche Importquote' = average propensity to import; see: marginale Importquote*)
Importrechnung *f* (com) import bill
Importrestriktionen *fpl* (AuW) = Importbeschränkungen, Einfuhrbeschränkungen
Importüberschuß *m* (AuW) import surplus
Importverbot *n* (AuW) ban on imports
Importvolumen *n*
  (AuW) volume of imports
  (AuW) import bill
Importware *f* (com) imported merchandise (*or* goods)
Importwarenabschlag *m* (AuW) reduction of price paid on imported goods
Importwirtschaft *f* (AuW) import trade (*or* business)
Import-Zertifikat *n* (AuW) certificate of import
improvisierende Planung *f* (Bw) intuitive-anticipatory planning
Impulsabfallzeit *f* (EDV) decay time
Impulskauf *m* (Mk) impulse purchase (*syn, Spontankauf*)
im Rahmen der Vertretungsmacht (Re) within the scope of one's authority
im Rahmen des Unternehmens (com) within the scope of the enterprise
im Sinne des Vertrages (Re) as contemplated by the contract
im Telefonverkehr handeln (Bö) to trade in the unofficial market
im voraus zahlen
  (Fin) to pay in advance
  – (infml) to pay up-front
im Werte von (Fin) ad valorem, a.v.
im Wert fallen
  (com) to fall in value
  – to depreciate
  – to lose (*or* fall) (*eg, against another currency*)
im Wert steigen
  (com) to increase in value
  – to appreciate
  – to gain (*or* rise) (*eg, against another currency*)
in Abwicklung
  (Re) in liquidation
  – in process of winding up
inaktive Datenstation *f* (EDV) inactive station
inaktives Geld *n* (Fin) idle money
Inanspruchnahme *f* **der Zentralbank** (Fin) recourse to central bank
Inanspruchnahme *f* **des Geldmarktes** (Fin) borrowing in the money market
Inanspruchnahme *f* **des Kapitalmarktes** (Fin) tapping the capital market

Inanspruchnahme *f* **e-r Garantie** (Re) implementation of a guaranty
Inanspruchnahme *f* **e-s Akkreditivs** (Fin) drawing on a letter of credit
Inanspruchnahme *f* **von Leistungen** (SozV) claiming (*or* utilization) of benefits
in Arbeit (com) = in Bearbeitung
in Arbeit befindliche Aufträge *mpl* (com) active backlog of orders
in Auftrag geben
  (com) to order
  – to commission
in Ausbildung (Pw) being educated for a profession or employment
in bar
  (com) cash down
  – (in) cash
in Baukastenform
  (IndE) modular
  – unitized
in Bausch und Bogen (com) by the bulk
in Bearbeitung
  (com) in process
  – being handled (*or* processed)
  – under way
  (com, infml) in the works
  – (GB) on the stocks (*ie, already started*)
in Betrieb
  (com) in operation
  – on stream (*eg, plant, machinery*)
in Betrieb gehen
  (com) to go into operation
  – to come on stream
  – to be commissioned
Inbetriebnahme *f*
  (com) coming on stream
  – going into operation
  – commissioning
in Betrieb nehmen
  (com) to commission
  – to put into . . . operation/service /action
  – to take into operation
  – to put/bring . . . on stream
  – to start up (*eg, continuous caster*)
  – to fire up (*eg, coke-oven battery*)
in Betrieb setzen (com) to bring on line (*eg, plant, machinery*)
Incoterms *pl*
  (com) Incoterms
  – trade terms
  (= *Internationale Regeln für die Auslegung handelsüblicher Vertragsformeln; z.B. ex works - for/fot - fas - fob - cif*)
in das Privatvermögen pfänden (Re) to attach private assets
in das Vermögen übergehen (Fin) to pass into the assets (of)
Indemnitätsbriefe *mpl* (com) letters of indemnity
in den Aufwand buchen (ReW) to expense
in den Aufwand gebucht (ReW) expensed
in den roten Zahlen stecken
  (com) to operate (*or* stay) in the red
  – to write red figures
in den Ruhestand versetzen
  (Pw) to pension off

in den Streik treten (Pw) to come out on strike
Indentgeschäft *n* (AuW) indent
Indentkunde *m* (Mk, US) resident buyer
in der Fassung von, idF von (Re) as amended *(eg, in 1991)*
Index *m* (Stat) index
Indexanleihe *f* (Fin) index-linked loan
Indexautomatik *f* (Pw) automatic cost-of-living increases
Indexbindung *f*
  (Vw) indexation
  – index-linking
  – indexing
Indexdatenfeld *n* (EDV, Cobol) index data item
Index *m* **der Aktienkurse** (Bö) index of stocks and shares
Index *m* **der Arbeitsproduktivität** (Stat) index of labor productivity
Index *m* **der Einzelhandelspreise** (Stat) retail price index
Index *m* **der Erzeugerpreise industrieller Produkte** (Stat) index of industrial producer prices
Index *m* **der Großhandelspreise** (Stat) wholesale price index
Index *m* **der industriellen Nettoproduktion** (Stat) index of industrial net output
Index *m* **der industriellen Produktion** (Stat) industrial production index
Index *m* **der Lebenshaltungskosten** (Stat) index of retail prices
Index *m* **der Rentenwerte** (Fin) fixed-securities index
Index *m* **der Verbraucherpreise** (Stat) consumer price index
Index *m* **des Außenwertes** (AuW) trade-weighted index
  (ie, zeigt die Außenwertentwicklung e–r Währung gegenüber anderen Währungen; als gewogenes geometrisches Mittel errechnet)
Index *m* **des gesamten Handelsgewinns** (AuW) index of total gain from trade
  (ie, Warenaustauschverhältnis multipliziert mit e–m Außenhandelsvolumenindex: T = C.Q)
Index *m* **des Verbraucherverhaltens** (Stat) index of consumer sentiment
Indexfamilie *f* (Stat) standardized family household
indexiert (Stat) index-linked
indexierte Anleihen *fpl* (Fin, GB) index-linked bonds
Indexierung *f*
  (Vw) indexation
  – index-linking
  – indexing
Indexierung *f* **des Außenwertes** (AuW) trade weighting
  (ie, of a country's exchange rate; weighting applied to arrive at the indexes is based on foreign trade figures [exports + imports])
Indexierungs-Vereinbarung *f* (Vw) indexation arrangements
Indexklausel *f* (Stat) index clause
Indexliste *f* (EDV) index register *(syn, Adreßbuch)*
Indexlohn *m* (Pw) index-linked wage
Indexmethode *f* (EDV) index method
Indexposition *f* (EDV) index *(or* punch) position

Indexpreis *m* (Vw) index-linked price
Indexpunkt *m* (EDV) index point
Indexregister *n* (EDV) index *(or* modifier) register
Indexrente *f* (SozV) index-linked pension *(syn, dynamische Rente)*
Indexsatz *m* (EDV) index record
indexsequentielle Datei *f* (EDV) indexed sequential file
Indexstabilität *f* (Vw) index stability
Indexterminkontrakt *m* (Bö) index futures contract
  (ie, wird auf der Basis unterschiedlicher Indizes abgeschlossen)
Indextheorie *f* (Stat) index theory
Indexverfahren *n* (EDV) indexed sequential access method, ISAM
index-verkettete Speicherung *f* (EDV) chaining
Indexverknüpfung *f* (Stat) index linking
Indexversicherung *f* (Vers) index-linked insurance
Indexwährung *f* (Vw) index-based currency
Indexwort *n* (EDV) index word
Indexzahl *f*
  (Stat) index number
  (Bw) ratio
Indexziffer *f* (Stat) = Indexzahl
in die Höhe treiben
  (com) to force up *(eg, prices)*
  – to baloon
  – to pump up *(eg, stocks)*
in die roten Zahlen geraten (com) to go *(or* plunge) into the red
in die Tagesordnung eintreten (com) to get down to business
Indifferenzbereich *m* (Vw) zone of indifference
Indifferenzebene *f* (Vw) indifference surface
Indifferenzfunktion *f* (Vw) indifference function
Indifferenz-Hyperbene *f* (Vw) indifference hypersurface
Indifferenzkurve *f*
  (Vw) indifference curve
  – iso-utility curve
Indifferenzkurvenanalyse *f* (Vw) indifference analysis
Indifferenzkurvensystem *n* (Vw) indifference map
Indifferenzort *m* (Vw) locus of indifference
Indifferenzpunkt *m*
  (Stat) indifference quality
  – point of control
indikative Planung *f* (Vw) indicative planning
Indikator *m* (Vw) indicator
Indikatorenanalyse *f* (Stat) item analysis
Indikatorenstabilität *f* (Vw) formula flexibility
indirekte Abschreibung *f* (ReW) indirect method of depreciation
  (ie, debit through valuation account, which is treated as ‚Erneuerungskonto')
indirekte Arbitrage *f* (Fin) multiple point *(or* triangular) arbitrage
indirekte Ausfuhr *f* (com) indirect export
indirekte Datenfernverarbeitung *f* (EDV) offline teleprocessing
indirekte Devisenarbitrage *f* (Fin) compound arbitration (of (exchange)
  (syn, Mehrfacharbitrage; opp, direkte Devisenarbitrage = simple arbitration; cf, Devisenarbitrage)

indirekte Einfuhr *f* (com) indirect export

indirekte Erhebung *f* (Mk) desk research

indirekte Investition *f* (Fin) portfolio investment *(cf, Portfolioinvestition)*

indirekte Kosten *pl* (KoR) indirect cost *(or expense)* *(ie, in network planning those costs that can be traced to a specific project only on a lump-sum basis)*

indirekte Parität *f* (Fin) cross rate *(syn, Kreuzparität, qv)*

indirekter Boykott *m* (Pw) secondary boycott

indirekter Export *m* (com) indirect export

indirekter Import *m* (com) indirect import

indirekter Nutzen *m* (Vw) indirect benefit

indirekter Stecker *m* (EDV) on-card type connector *(opp, direkter Stecker)*

indirekter Vertrieb *m* (Mk) indirect selling of industrial products

indirekter Wechselkurs *m* (Fin) cross-rate of exchange

indirekte Stellenkosten *pl*
(KoR) cost center overhead
– departmental overhead
– departmental burden

indirekte Steuer *f* (FiW) indirect tax

indirekte Steueranrechnung *f* (StR) indirect tax credit

indirekte Stichprobennahme *f* (Stat) indirect sampling

Individualbegriff *m* (Log) individual concept

Individualeinkommen *n* (Vw) individual income

Individualentscheidung *f* (Bw) decision of an individual transactor

Individualgüter *npl* (Vw) private goods

Individualhaftung *f* (Re) individual liability

individualisierter Vertragsgegenstand *m* (Re) specified *(or ascertained)* good

Individualpanel *n* (Mk) individual panel

Individualsparen *n* (Fin) individual saving *(opp, Kollektivsparen)*

Individualverkehr *m*
(com) private transportation
– (GB) private transport system

Individualversicherung *f* (Vers) individual *(or private)* insurance *(opp, Sozialversicherung = social insurance)*

Individualvertrag *m* (Re) contract between individuals

individuelle Abschreibung *f*
(ReW) single-unit depreciation
– unit depreciation
(syn, Einzelabschreibung; opp, Pauschal- od Summenabschreibung)

individuelle Artikelnummer *f* (Mk) item code number *(ie, in the UPC Code)*

individuelle Bedürfnisse *npl* (Vw) private wants

individuelle Fahrlässigkeit *f*
(Re) negligence disregarding the care which a person ordinarily gives to his own affairs
– *(civil law)* culpa in concreto
– violation of diligentia quam in suis *(rebus adhibere solet)*

individuelle Nachfragefunktion *f* (Vw) individual demand function

individuelle Nachfragekurve *f* (Vw) individual demand curve

individueller Nutzen *m* (Vw) subjective utility *(or satisfaction)*

individuelles Delkredere *n* (ReW) individual contingency reserve

individuelle Steuerquote *f* (Pw) individual tax ratio *(ie, taxes paid to taxpayer's gross earnings)*

individuelle Wertberichtigung *f*
(ReW) individual value adjustment
– individual allowance

Individuenkonstante *f* (Log) individual constant

Indizienbeweis *m* (Re) circumstantial evidence

indizieren (Stat) to index

indizierte Adresse *f*
(EDV) indexed address
– variable address

indizierte Adressierung *f* (EDV) indexed addressing

indizierte Jahresabschlußrechnung *f* (ReW) price-level-adjusted accounting

indizierter Name *m* (EDV) subscripted name

indizierte Variable *f* (Math) subscripted variable

indiziert sequentielle Datei *f* (EDV) indexed sequential data set

indiziert sequentielle Zugriffsmethode *f* (EDV) index sequential access *(or file)* method

Indizierung *f* (EDV, Cobol) indexing

in Dollar fakturieren (com) to invoice *(or factor)* in dollars

indossabel
(WeR) endorsable
– indorsable *(cf, indossieren)*

indossable Wertpapiere *npl* (WeR) endorsable securities

Indossament *n*
(WeR) endorsement
– indorsement *(cf, indossieren)*
– backing
(ie, signature on the back of an instrument by the payee - Wechselnehmer, Remittent; denotes transfer of instrument = Übertragung der Urkunde; cf, § 364 HGB)

Indossamentschuldner *m* (WeR) debtor by endorsement

Indossamentshaftung *f* (WeR) endorser's liability

Indossamentskette *f* (WeR) chain of endorsements

Indossamentsverbindlichkeiten *fpl*
(ReW) commitments arising from endorsements
– endorsement liabilities

Indossamentsverbindlichkeiten *fpl* **aus weitergegebenen Wechseln**
(Fin) bills sold with the endorsement of the . . . bank

Indossamentsvollmacht *f* (WeR) power to endorse

Indossament *n* **und Übergabe** *f*
(WeR) endorsement and delivery *(ie, Übertragungsform bei Orderpapieren, qv)*

Indossant *m*
(WeR) endorser
– indorser *(cf, indossieren)*
– backer *(syn, Girant; opp, Indossatar)*

Indossatar *m*
(WeR) endorsee
– indorsee *(cf, indossieren)*

indossierbar
(WeR) endorsable
– indorsable *cf, indossieren)*
indossieren
(WeR, GB) to endorse
– (US) to endorse *(ie, commonly used in business)*
– (US) to indorse *(ie, this spelling is used by the UCC)*
– (infml) to back
indossierter Fremdwechsel *m* (Fin) bill discounted
Induktionslogik *f* (Log) inductive logic
Induktionsschluß *m* (Log) inductive inference
induktive Definition *f* (Log) inductive definition
induktive Logik *f* (Log) inductive logic
induktiver Schluß *m* (Log) inductive inference
induktive Statistik *f* (Stat) inferential statistics *(syn, Inferenz-Statistik, analytische, beurteilende, schließende Statistik)*
Industrial Engineering *n* (IndE) industrial (*or* management) engineering
(ie, concerned with the design, improvement, and installation of integrated systems of people, materials, and equipment)
industrialisieren (Vw) to industrialize
Industrialisierung *f* (Vw) industrialization
Industrie *f* (com) industry
(ie, a particular branch of industry or industry as a whole)
Industrieabgabepreis *m* (com) industrial selling price
Industrieaktien *fpl* (Fin) industrial shares (*or* equities)
(opp, Bank-, Versicherungs-, Verkehrs-, Dienstleistungsaktien)
Industrieanlage *f* (IndE) industrial plant
Industrieanlagen *fpl*
(IndE) industrial plant and equipment
– industrial facilities
Industrieanlagenbau *m*
(Bw) plant building division
– project construction division
– plant engineering (and construction)
– systems engineering
(ie, part of a conglomerate company; Einrichtung und Betrieb industrieller Anlagen)
Industrieanleihe *f* (Fin) industrial (*or* corporate) loan
Industrieansiedlung *f* (Vw) settlement (*or* establishment) of industries
Industriearbeiter *m* (Pw) industrial worker
Industriebauten *mpl* (com) industrial buildings
Industriebeteiligung *f*
(Fin) industrial (equity) holding
– industrial equities
– equity stakes which banks hold in industry
Industriebetrieb *m* (Bw) industrial undertaking
Industriebetriebslehre *f* (Bw) industrial management
Industriebörse *f* (Bö) industrial exchange
(ie, on which fungible products, esp. textiles, are traded; eg, Stuttgart, Manchester, Tourcoing)
Industrieerzeugnis *n* (com) industrial product
Industriefahrzeuge *npl* (com) industrial vehicles
Industrieförderung *f* (Vw) promotion of industry

Industriegebiet *n* (Vw) industrial area (*or* region)
Industriegelände *n* (com) industrial site (*or* area)
Industriegesellschaft *f* (Vw) industrial society
Industriegewerkschaft *f*
(Pw) industry-wide union
Industriegruppen *fpl* (Stat) groups of industry
Industriegüter *npl* (com) industrial goods *(syn, industrielle Güter)*
Industriegüterausrüster *m* (com) heavy equipment maker
Industriegütermarketing *n* (Mk) industrial marketing
Industriegüterwerbung *f* (Mk) industrial (goods) advertising
Industriehypothek *f* (Fin) mortgage on industrial sites
Industriekartell *n* (Kart) industrial cartel
Industriekaufmann *m* (Pw, appr) industrial clerk
(ie, ex-apprentice in areas like Finance, Sales, Personnel, etc.)
Industriekontenrahmen, IKR *m* (ReW) uniform classification of accounts for industrial enterprises
(ie, 1971 vom BDI vorgeschlagen; basiert auf dem Abschlußgliederungsprinzip und dem Zweikreissystem)
Industriekredit *m* (Fin) industrial loan
Industriekreditbank *f* (Fin) industrial credit bank
Industriekreditgeschäft *n* (Fin) corporate loan business
Industrieland *n*
(Vw) industrial country
(StR) land suitable for industrial construction, § 69 I BewG
industrielle Beteiligung *f* (Fin) industrial participation (*or* holding)
industrielle Datenverarbeitung *f* (EDV) industrial data processing
industrielle Entwicklung *f* (Vw) industrial development
industrielle Formgebung *f*
(IndE) industrial design
– styling
industrielle Konzentration *f* (Kart) industrial concentration
industrielle Kostenstruktur *f* (KoR) cost structure in industrial enterprises
industrielle Produktion *f* (Stat) industrial output (*or* production)
industrielle Produzentenrente *f* (Vw) quasi rent *(A. Marshall)*
industrielle Revolution *f* (Vw) industrial revolution
industrielles Rechnungswesen *n* (ReW) industry accounting
(ie, financial and cost accounting, statistics, planning)
Industriemarketing *n* (Mk) industrial marketing
Industriemesse *f* (com) industrial fair
Industriemüll *m*
(IndE) industrial waste
– manufacturing and processing waste
(ie, remaining from industrial operations)
Industrienorm *f* (IndE) industry standard
Industrieobligation *f* (Fin) corporate (*or* industrial) bond

Inflationsneutrale Rechnungslegung

Industrieökonomik f (Vw) industrial organization (or economics)
(ie, strebt empirische Klärung der Beziehungen zwischen Marktstruktur, Marktverhalten und Marktergebnis an; cf, funktionsfähiger Wettbewerb)
Industriepark m (com) industrial park (or estate)
– (GB) trading estate
Industriepolitik f (Vw) industrial policy
Industrieproduktion f (Stat) industrial production (or output)
Industrieroboter m (IndE) industrial robot
– universal transfer device, UTD
(ie, programmable micro-processor controlled machine tool)
Industrieroboter m **der zweiten Generation** (IndE) intelligent industrial robot
(ie, equipped with sensing and feeling functions and controllable by optical signals)
Industrieschuldverschreibung f (Fin) corporate (or industrial) bond
Industriespion m (Bw) industrial spy
Industriespionage f (Bw) industrial espionage
Industriestaat m (Vw) industrial nation
Industriestandort m (Bw) industry location
Industriestatistik f (Stat) industrial statistics
Industrie- und Handelskammern fpl (com) (German) Chambers of Industry and Commerce
(ie, regional associations of industrial, commercial, banking, insurance, transport firms; their tasks: rationalization, foreign trade, professional training, credit, pricing, legal and tax questions, economic surveys and statistics)
Industrieunternehmen n (com) industrial undertaking
Industrieverlagerung f (Vw) relocation of industries
Industriewaren fpl (com) manufactured goods
Industriewerbung f (Mk) industrial advertising
Industriewerte npl (Bö) industrial equities
– industrials
Industriezensus m (Stat) industry census
Industriezweig m (com) branch (or segment) of industry
induzierte Größe f (Vw) induced variable
induzierte Investitionen fpl (Vw) induced investment
induzierter technischer Fortschritt m (Vw) induced technical progress
induzierte Transaktionen fpl (AuW) accommodating... movements /transactions
– settling transactions
(syn, Anpassungstransaktionen, Ausgleichstransaktionen)
induzierte Variable f (Vw) induced variable
ineffiziente Maßzahl f (Stat) inefficient statistic
in eigenem Namen (com) in one's own name
in eigenem Namen abschließen (com) to contract in one's own name
ineinandergeschachtelte Intervalle npl (Math) nested intervals

ineinandergreifende Stichprobe f (Stat) interpenetrating sample
– network of samples
in ein Zollager bringen (Zo) to place in a bonded warehouse
Inferenz f (Stat) inference
(ie, passing from sample data to generalizations, usually with calculated degree of certainty)
Inferenzstatistik f (Stat) inferential statistics (ie, deals with inferences from samples to populations)
inferiore Güter npl (Vw) inferior goods
Infimum n (Math) infimum
(cf, größte untere Schranke)
Infinitesimalrechnung f (Math) calculus
– infinitesimal... calculus/analysis
(ie, Oberbegriff für Differential- und Integralrechnung)
Inflation f (Vw) inflation
(ie, fall in the value of money, rise in the general price level, due to an increased volume of money and credit, relative to available goods)
Inflation f **anheizen** (Vw) to stoke up inflation
Inflation f **bekämpfen** (Vw) to fight
– to combat
– to counter
– to battle... inflation
Inflation f **durch fahrlässiges Finanzgebaren des Staates** (FiW) government inflation
Inflationsantizipation f (Vw) anticipated inflation
Inflationsausgleich m (StR) inflation relief
– compensating for inflation
Inflationsauslöser m (Vw) inflation trigger
inflationsbedingte Lohnerhöhung f (Pw) inflation-triggered pay rise
Inflationsbekämpfung f (Vw) containment of inflation
– fighting inflation
– fight against inflation
inflationsbereinigt (ReW) inflation-adjusted
– adjusted for inflation
inflationsbewußt (Fin) inflation-conscious
Inflationsdruck m (Vw) inflationary pressure
Inflationserwartungen fpl (Vw) inflationary expectations
inflationsfreies Wachstum n (Vw) non-inflationary growth
Inflationsgefahr f (Vw) risk of inflation
Inflationsgefälle n (Vw) inflation differential
– inflation rate differential
– differences in countries' inflation rates
Inflationsgeleitzug m (Vw) inflation league
Inflationsgewinn m (Vw) inflation gain
Inflationsindex m (Stat) inflation index
Inflationsklima n (Vw) inflationary climate (ie, unduly depresses personal savings)
Inflationslücke f (Vw) inflationary gap
Inflationsmentalität f (Vw) inflation mentality
inflationsneutrale Rechnungslegung f (ReW) inflation accounting

Inflationsrate *f* (Vw) rate of inflation
Inflationsschub *m* (Vw) inflationary push
Inflationsschutz *m* (Pw) inflation protection
Inflationssicherung *f* (Fin) hedge against inflation
Inflationsspirale *f*
  (Vw) inflationary spiral
  – spiralling inflation
Inflationsstoß *m*
  (Vw) upsurge in inflation
  – bout of inflation
Inflationstheorie *f* (Vw) theory of inflation
Inflationsursachen *fpl* (Vw) roots of inflation
Inflationsverlangsamung *f* (Vw) deceleration of inflation
Inflationswirkungen *fpl* (Vw) effects of inflation
  (ie, Diskrepanz zwischen monetärer Gesamtnachfrage und güterwirtschaftlichem Gesamtangebot auf Güter- und Faktormärkten, qv)
Inflationszuschlag *m* (ReW) inflation charge
inflatorische Lücke *f* (Vw) inflationary gap
inflatorischer Gewinnstoß *m* (Vw) inflationary profit push
inflatorisches Gleichgewicht *n* (Vw) steady-state inflation *(cf, antizipierte Inflation)*
informaler Kommunikationsweg *m* (Bw) informal communication channel
Informand *m* (Pw) trainee
Informatik *f*
  (EDV) computer science
  – information science
  – informatics
  – information processing science
Informatiker *m* (EDV) information scientist
Informationen *fpl* (Bw) intelligence *(eg, on developments in the field of mergers and acquisitions)*
Informationsabsprache *f* (Kart) information reporting agreement *(ie, related to prices and other conditions)*
informationsaktiver Verbraucher *m* (Mk) information seeker, IS
Informationsanordnung *f* (EDV) information format
Informationsarten *fpl* (Log) types of information *(ie, 1. nach ihrer Aussageform: normative (Soll), konjunktive (Kann), faktische (Ist), prognostische (Wird), logische (Muß), explanatorische (Warum) Aussagen; 1. nach ihrem Gehalt: vollkommene/unvollkommene Aussagen; 2. nach ihrer Exaktheit: harte/weiche Informationen)*
Informationsaustausch *m* (EDV) information exchange
Informationsbank *f* (EDV) data bank
Informationsbarriere *f* (Bw) Chinese wall *(ie, between parts of an organization to avoid leaking confidential information)*
Informationsbeschaffung *f*
  (Bw) intelligence activity
  (EDV) information search
Informationsbeschaffungsphase *f* (Bw) phase of information search
Informationsbit *n* (EDV) information bit
Informationsbrief *m* (com) news letter
Informationsbroschüre *f* (com) explanatory booklet

Informationsdarstellung *f* (EDV) data representation
Informationseingabe *f* (EDV) information input
Informationseinheit *f* (EDV) information unit
Informationsfluß *m* (EDV) information flow
Informationsflußanalyse *f* (EDV) information flow analysis
Informationsgehalt *m* (EDV) information content *(ie, numerical measure of the information generated in selecting a specific symbol (or message), equal to the negative logarithm of the probability of the symbol (or message) selected; syn, negentropy)*
Informationsindustrie *f* (Bw) knowledge industry *(ie, covers the educational system, the media, libraries, research institutes, etc)*
Informationskartell *n* (Kart) price-reporting cartel
Informationskette *f* (EDV) information-transmitting chain
Informationskosten *pl* (Bw) cost of collecting information
Informationsloch *n* (EDV) code hole
Informationsmanagement *n* (Bw) information resource management
Informationspflicht *f* (Bw) duty to inform
Informationsprozeß *m* (Bw) information process
Informationsquelle *f* (Bw) source of information
Informationsrecht *n* (Bw) right to be given information
Informationsregulator *m* (EDV) gatekeeper
Informationsrückfluß *m* (EDV) feedback
Informationsspeicherung *f* (EDV) information storage
Informationsspur *f* (EDV) information track
Informationssteuer *f* (FiW) information tax *(ie, levied on imported information to protect domestic information industries)*
Informationssucher *m*
  (Mk) information seeker, IS
Informationssystem *n* (EDV) information system
Informationssystem-Management *n* (EDV) management of information systems
Informationstafel *f* (Mk) information display matrix
Informationstechnologie *f* (Bw) information technology
Informationstheorie *f*
  (EDV) information theory
  – theory of communication
  (syn, Kommunikationstheorie)
Informationsträger *m* (EDV) information carrier
Informationstransformation *f* (EDV) storage, transmission, and processing of information
Informationstrennzeichen *n* (EDV) information separator
Informationsüberlastung *f* (Mk) information overload
Informationsübermittlung *f* (EDV) transmission of information
Informationsüberschuß *m* (EDV) information overload
informationsverarbeitende Maschine *f* (EDV) information processing machine
Informationsverarbeitung *f* (EDV) information (or data) processing

Informationsvermittler *m* (EDV) information broker

Informationsweg *m* (Bw) channel of information

Informationswiedergewinnung *f* (EDV) information (*or* data) retrieval

Informationswirtschaft *f* (Vw) information economy
(ie, ‚primary sector': made up of direct producers and the distribution of information in the marketplace; ‚secondary sector': consists of the private and public bureaucracies that manage or regulate the economy)

Information *f* **von oben nach unten** (Bw) top-down information

Information *f* **von unten nach oben** (Bw) bottom-up information

informative Werbung *f* (Mk) information-based advertising *(opp, Suggestivwerbung)*

informelles Kommunikationssystem *n* (Bw) informal communications system *(ie, mostly oral; information transmitted is often called „scuttlebutt")*

informelle Untersuchung *f* (Mk) informal survey

informieren
(com) to inform
– to brief *(ie, to give essential information)*
– to give a briefing

informierende Werbung *f*
(Mk) informational advertising
– information-based advertising
(ie, used to introduce new products and services, or to remind people of existing products or services; opp, Suggestivwerbung = suggestive advertising)

Infrakosten *pl* (Vw) social costs

Infrastruktur *f* (com) infrastructure

Infrastrukturinvestition *f* (FiW) government investment in infrastructure

Infrastrukturkredit *m* (Fin) infrastructure loan

Ingangsetzung *f* (Bw) start-up *(eg, of a plant)*

Ingangsetzungskosten *pl* (ReW) startup costs, § 153 IV AktG *(syn, Anlaufkosten)*

Ingenieurbüro *n* (com) firm of consulting engineers

Ingenieurhonorar *n* (com) engineering fee

in Güteklassen einteilen
(com) to grade
– to gate into quality categories

Inhaber *m*
(com) occupant *(ie, person occupying position)*
(Re) proprietor *(eg, of a business)*
(WeR) bearer
– holder *(ie, of a negotiable instrument)*

Inhaberaktie *f* (WeR) bearer ... share/stock

Inhabergrundschuld *f* (Re) bearer land charge, § 1195 BGB

Inhaberhypothek *f* (Re) bearer-type mortgage *(ie, mortgage securing a claim under a bearer security, such as bond, bill of exchange, §§ 1187–1189 BGB)*

Inhaberindossament *n* (WeR) indorsement to bearer *(ie, treated as a blank indorsement, Art. 12 WG)*

Inhaberklausel *f* (WeR) bearer clause *(ie, entitling the holder of a security to require payment)*

Inhaberkonnossement *n*
(WeR) bill of lading made out to bearer
– bearer bill of lading *(or B/L)*

Inhaberkreditbrief *m* (Fin) open letter of credit

Inhaberlagerschein *m* (WeR) negotiable warehouse receipt made out to bearer

Inhaber- od Orderkonnossement *n* (WeR) negotiable bill of lading

Inhaberpapier *n*
(WeR) bearer paper
– bearer/made-to-bearer ... instrument
(ie, der bloße Besitz des Papiers legitimiert den Inhaber als Berechtigten; Übertragung des verbrieften Rechts nach § 929 BGB durch Übereignung des Papiers: ‚Das Recht aus dem Papier folgt dem Recht am Papier'; Arten:
1. Inhaberaktie = bearer share;
2. Inhaberschuldverschreibung = bearer bond;
3. Pfandbrief = mortgage bond;
4. Inhaberscheck = bearer check;
5. Zinsschein = interest coupon;
6. Inhaberinvestmentanteil = bearer investment share (or unit);
opp, Orderpapier = order paper/instrument)

Inhaberpolice *f*
(Vers) (insurance) policy made out to bearer
– bearer policy

Inhaberscheck *m*
(WeR) bearer check
– check to bearer

Inhaberschuldverschreibung *f* (WeR) bearer bond, §§ 793–806 BGB
(ie, where no one knows who the owner is, and interest is paid to whoever hands the coupon cut off the bond to the paying agent = Zahlstelle; opp, Namensschuldverschreibung = registered bond)

Inhaberwechsel *m* (WeR) bill payable to bearer

inhaltadressierbarer Speicher *m* (EDV) content addressable memory, CAM

Inhalt *m* **des Geschäftsberichts** (ReW) contents of the annual report, § 160 AktG

inhaltsadressierbarer Speicher *m*
(EDV) content addressable memory, CAM
– associative memory *(syn, Assoziativspeicher)*

inhaltsadressierter Speicher *m* (EDV) content-addressed (*or* associative) memory

Inhaltsanalyse *f* (Mk) content analysis

Inhaltsnormen *fpl* (Pw) content norms *(eg, deal with pay levels and holiday entitlement)*

Inhalts-Validität *f* (Mk) content validity

Inhaltsverzeichnis *n*
(com) table of contents
(com) directory
(EDV) directory *(ie, short: dir)*

in Höhe von (com) in the amount of

Initialwerbung *f* (Mk) pioneering advertising

Initialzündung *f* (Vw) pump priming

in jeweiligen Preisen (Stat) at current prices

Inkasso *n*
(Fin) collection *(ie, by commercial agents or banks)*
(Fin) collection procedure
(AuW) cash against documents

Inkassoabtretung *f* (Re) assignment of receivables for collection

Inkassoakzept *n* (Fin) acceptance for collection
Inkassoanweisungen *fpl* (Fin) collection instructions
Inkassoanzeige *f* (Fin) advice of collection
Inkassoauftrag *m*
  (Fin) collection order
  – letter of instruction (*or* transmittal)
Inkassobank *f* (Fin) collecting bank
inkassobevollmächtigt
  (Fin) authorized to collect
Inkassobüro *n*
  (Fin) collection agency
  – debt collecting agency
  – debt collector
Inkassoerlös *m* (Fin) collection proceeds
Inkassoermächtigung *f* (Fin) collection authority
inkassofähig (Fin) collectible
Inkassoforderungen *fpl* (ReW) uncollected cash items
Inkassogebühr *f* (Fin) collection charge (*or* fee)
Inkassogebühren *fpl* (com) collecting charges
Inkassogegenwert *m* (Fin) collection proceeds
Inkassogeschäft *n*
  (Fin) collection business (*ie, of banks*)
  – debt recovery service
Inkassoindossament *n* (WeR) indorsement ‚for collection‘
  (*ie, instructing a bank to collect amount of bill or draft*)
Inkassopapiere *npl* (Fin) paper for collection
Inkassoprovision *f* (Fin, Vers) collection commission
Inkassorisiko *n* (Fin) collection risk
Inkassospesen *pl*
  (Fin) collecting charges
  – collection charges
  – collection commission
  – encashment charges
Inkassostelle *f* (Fin) collecting (*or* collection) agency
Inkassovereinbarungen *fpl* (Fin) collection arrangements
Inkassovertreter *m* (Fin, Vers) collecting agent
Inkassovollmacht *f*
  (Fin) authority to collect (*ie, third-party or assigned receivables, § 55 HGB*)
  – collection authority
Inkassowechsel *m*
  (Fin) bill for collection
  – collection draft
Inkassozession *f* (Re) assignment of receivables for collection
Inklusion *f* (Math, Log) inclusion
Inklusionsbeziehung *f* (Math) inclusive relation (*ie, of sets*)
inklusives ODER-Glied *n* (EDV) inclusive-OR element (*or* circuit)
  (*syn, Disjunktionsglied, Mischgatter, Odergatter, Oderglied*)
inkommensurable Zahlen *fpl* (Math) incommensurable numbers
in Kommission (com) on consignment
in Kommission geben (com) to consign
Inkompatibilität *f* (Vw) incompatibility (*eg, of economic policy targets*)

Inkompatibilitätsprinzip *n* (Re) principle of incompatible offices
inkongruente Darlehen *npl* (Fin) mismatched loans (*ie, fixed-term loans financed with more expensive floating-rate funds*)
in Konkurs geraten (Re) to become (*or* go) bankrupt
in Konsignation (com) on consignment
in Konsignation geben (com) to consign
in Kost geben
  (Bö) to carry over
  – to defer payment
in Kost nehmen (Fin) to take in (*ie, securities*)
in Kraft
  (Re) legally effective
  – in force
in Kraft setzen (Re) to put into force
in Kraft treten
  (Re) to come/enter . . . into force
  – to take effect
Inkreis *m* (Math) incircle
Inkreismittelpunkt *m* (Math) incenter
inkrementale Ausfallwahrscheinlichkeit *f* (OR) incremental probability of failure
inkrementale Darstellung *f* (EDV) incremental representation
inkrementaler Digitalplotter *m* (EDV) digital incremental plotter
Inkrement *n* **e–r Funktion** (Math) increment of a function
Inkrementgröße *f*
  (EDV) increment size
  – plotter step size (*ie, in graphics*)
inkulant
  (com) unaccommodating
  – petty
  – picayune
Inländer *m* (AuW) resident (individual)
Inländerkonvertibilität *f*
  (Fin) internal/resident . . . convertibility
  – convertibility for national residents
Inländerkonzept *n* (VGR) method of determining ‚value added‘ – *Wertschöpfung* – on the basis of resident status, irrespective of place of performance (*opp, Inlandskonzept*)
inländische Abgaben *fpl* (FiW) internal duties and taxes
inländische Beförderungskosten *pl* (com) inland carriage
inländische Betriebsstätte *f* (StR) domestic permanent establishment
inländische DM-Anleihe *f* (Fin) German domestic bond
inländische Einkünfte *pl* (StR) domestic income
inländische Emittenten *mpl*
  (Bö) domestic issuers
inländische Güternachfrage *f* (Vw) = Absorption
inländische Güterverwendung *f* (Vw) domestic consumption of goods
inländische Konkurrenz *f* (com) domestic rivals (*or* competitors)
inländische Kreditausweitung *f* (Vw) domestic credit expansion
inländische Nichtbanken *fpl* (Fin) domestic nonbanks

inländischer Arbeitnehmer *m* (Pw) domestic (*or* indigenous) worker
inländischer Arbeitsmarkt *m* (Vw) domestic labor market
inländischer Emittent *m*
(Fin) domestic issuer
– resident
inländische Rentenwerte *mpl* (Fin) domestic bonds
inländischer Erzeuger *m* (com) domestic producer
inländischer Marktanteil *m* (com) domestic market share
inländischer Produzent *m* (Vw) domestic producer
inländischer Schiedsspruch *m* (Re) domestic arbitral award
inländischer Steuerpflichtiger *m* (StR) resident taxpayer
inländischer Verkaufspreis *m* (com) domestic selling price
inländischer Wirtschaftszweig *m* (com) domestic industry
inländisches Fabrikat *n* (com) domestic product
inländisches Kreditinstitut *n* (Fin) domestic bank (*or* banking institution)
inländisches land- und forstwirtschaftliches Vermögen *n* (StR) property appropriated to the use of a domestic agricultural establishment, § 121 II 1 BewG
inländisches Vermögen *n* (StR) = Inlandsvermögen
inländische Währung *f* (Fin) local (*or* domestic) currency
inländische Wertpapiere *npl* (Fin) domestic securites (*ie, made out by a national resident*)
Inlandsabsatz *m* (com) domestic sales
Inlandsanleihe *f* (Fin) internal (*or* domestic) loan (*ie, issued by a country payable in its own currency*)
Inlandsanmeldung *f* (Pat) application in home country
Inlandsauftrag *m* (com) domestic (*or* home) order
Inlandsbestellung *f* (com) = Inlandsauftrag
Inlandsbeteiligung *f*
(Fin) domestic participation
– (GB) domestic trade investment
Inlandsemission *f* (Fin) domestic issue
Inlandsflug *m*
(com) domestic flight
– (GB) internal flight
Inlandsgeschäft *n*
(com) inland (*or* domestic) sale
– inland transaction
(com) domestic business
Inlandshafen *m* (com) domestic port
Inlandsinvestitionen *fpl* (Vw) domestic investment
Inlandskapital *n* (Fin) domestic capital
Inlandskonjunktur *f* (Vw) domestic economic activity
Inlandskonzept *n* (VGR) domestic concept (*ie, method of determining value added – Wertschöpfung – of an economic area, irrespective of whether the goods and services were produced by residents or not; opp, Inländerkonzept*)
Inlandsmarkt *m*
(com) domestic (*or* home) market (*syn, Binnenmarkt*)
(EG) internal market

Inlandsmonopol *n*
(Vw) domestic monopoly
– (GB) sheltered trade
(*ie, business getting no competition from abroad*)
Inlandsnachfrage *f* (com) domestic (*or* internal) demand
Inlandspatent *n* (Pat) domestic patent
Inlandsprodukt *n* (VGR) domestic product
Inlandsumsatz *m* (ReW) domestic sales
Inlandsverbrauch *m* (Vw) domestic consumption
Inlandsvermögen *n* (StR) domestic property
(*ie, of nonresident taxpayers = beschränkt Steuerpflichtige, § 121 BewG; certain property has a situs in the territory of the Federal Republic*)
Inlandsvertreter *m* (com) resident agent
Inlandswährung *f* (Fin) domestic (*or* local) currency
Inlandswechsel *m* (Fin) domestic bill of exchange
Inlandswerte *mpl* (Bö) domestic securities
in Liquidation
(Re) in liquidation
– in process of winding up
Innenauftrag *m*
(Bw) internal order
(*ie, issued by a plant division, not by a customer: 1. Vorratsauftrag zur Lagerergänzung = make-to-stock order to replenish inventory; 2. Auftrag zur Erstellung innerbetrieblicher Leistungen = intraplant order for products or services*)
Innenauftragsabrechnung *f* (ReW) internal-order accounting
Innenausstatter *m* (com) interior designer
Innenfinanzierung *f* (Fin) internal finance (*or* financing)
Innenfinanzierungsmittel *pl* (Fin) internal financing resources
Innenfinanzierungsquote *f* (Fin) internal financing ratio
Innengeld *n* (Vw) inside money
Innengemeinschaft *f* (Bw) association not dealing as such with the outside world
Innengesellschaft *f* (Re) internal partnership (*ie, civil-law partnership doing no business with the outside world*)
Innenkonsolidierung *f* (ReW) intra-group consolidation
Innenrevision *f*
(ReW) internal
– administrative
– operational . . . audit
Innenrevisor *m* (ReW) internal auditor
Innentransport *m* (Bw) internal handling
Innenumsätze *mpl*
(ReW) intercompany sales
– internal deliveries (*or* turnover)
– intra-group sales
Innenumsatzerlöse *mpl*
(ReW) internal sales (revenues) (*ie, of an affiliated group of companies*)
– proceeds from intercompany sales
Innenverhältnis *n* (Re) internal relationship (*cf, im Innenverhältnis*)
Innenverpackung *f* (com) packaging
(*eg, Flaschen, Dosen, Milchtüten, Gläser, Folien; opp, Außenverpackung = packing*)

innerbetrieblich
(com) internal
- in-company (*or* intra-company)
- in-plant (*or* intra-plant)
- interoffice

innerbetriebliche Ausbildung *f*
(Pw) in-company
- in-plant
- in-service
- shop ... training

innerbetriebliche Kommunikationswege *mpl* (Bw) internal lines of communication

innerbetriebliche Leistungen *fpl*
(Bw) internal services
(KoR) intra-plant service output
- auxiliary plant services
- non-market plant output
(ie, Leistungen, die der Betrieb erstellt und selbst wieder verbraucht = rechanneled into the input flow)

innerbetriebliche Leistungsverrechnung *f* (KoR) intra-plant cost allocation
(ie, the problem is one of tracing costs from service cost centers to production cost centers)

innerbetriebliche Lieferung *f* (KoR) internal delivery

innerbetriebliche Mitteilung *f* (com) inter-office memo

innerbetriebliche Mobilität *f* (Pw) intra-plant mobility

innerbetriebliche Preisverrechnung *f* (KoR) cross-charging of prices

innerbetrieblicher Arbeitsablauf *m* (IndE) in-plant flow of operations

innerbetrieblicher Arbeitsmarkt *m*
(Pw) in-house labor market
- intra-company job market
(ie, innerbetrieblicher Arbeitsplatzwechsel)

innerbetrieblicher Aufstieg *m* (Pw) advancement within the organization pyramid

innerbetrieblicher Materialtransport *m* (MaW) in-plant materials movement

innerbetrieblicher Prüfer *m* (ReW) internal (*or* staff) auditor

innerbetrieblicher Transportauftrag *m*
(IndE) move card
- move order
- move ticket

innerbetrieblicher Vergleich *m* (Bw) intrafirm comparison

innerbetrieblicher Verrechnungspreis *m*
(ReW) shadow price
- internal (*or* intracompany) transfer price

innerbetriebliches System *n* (EDV) in-plant system

innerbetriebliches Transport- und Lagerwesen *n* (IndE) in-plant materials handling

innerbetriebliche Transportplanung *f* (IndE) planning of intra-plant handling

innerbetriebliche Umsetzungen *fpl* (Pw) intra-company transfers

innerbetriebliche Weiterbildung *f* (Pw) in-service training

innerbetriebliche Werbung *f* (Pw) in-plant advertising *(opp, Verkaufswerbung als außerbetriebliche Werbung)*

innere Konvertibilität *f* (AuW) internal convertibility

innerer Fehler *m* (Re) inherent defect (*or* vice)

innerer Punkt *m* **e–r Menge** (Math) point interior to a set

innerer Verderb *m* (com) intrinsic decay

innerer Wert *m* (Fin) intrinsic value
(ie, of a share of stock, determined by dividing the net worth of the issuing company by the number of shares)

inneres Produkt *n*
(Math) inner
- dot
- scalar ... product

innere Staatsverschuldung *f* (FiW) domestic borrowing

innere Unruhen *fpl* (com) civil commotion

innergemeinschaftlich (EG) intra-Community

innergemeinschaftlicher Saldenausgleich *m* (EG) intra-Community settlements

innergemeinschaftlicher Warenverkehr *m* (EG) intra-Community trade

innerstaatliche Beförderung *f* (Zo) domestic transport operation

Innovation *f* (Bw) innovation
(eg, realization of new products, and new methods in production, management, and organization)

innovationsbewußt (Bw) receptive to innovation

Innovationsförderung *f* (Vw) promotion of original innovation

Innovationsforschung *f* (Bw) innovation research

Innovationspotential *n* (Bw) innovation capabilities (*or* potential)

Innovationsschranken *fpl* (Bw) barriers to innovation *(eg, huge bureaucracies)*

Innovationsstruktur *f* (Bw) innovative structure

innovative Unternehmensgründung *f* (Bw) innovative business start-up

Innung *f* (com) guild
(ie, regional association for registered, self-employed craftsmen practicing a particular craft)

in Pension geben (Fin) to park *(eg, shares with a bank for sale later to the public)*

in Pension gehen (Pw, infml) to retire

Inpfandnahme *f* (Re) receipt as security *(eg, by third parties)*

Inputkoeffizient *m* (Vw) production (*or* technical) coefficient *(syn, Produktions- od Faktorkoeffizient)*

inputorientierte Budgetaufstellung *f* (FiW) input-oriented budgeting

Input-Output-Analyse *f* (Vw) input-output (*or* interindustry) analysis

Input-Output-Koeffizient *m* (Vw) input-output coefficient

Input-Output-Tabelle *f* (Vw) input-output table

in Raten (Fin) in (*or* by) installments

in Rente gehen (Pw, infml) to retire

Insassen-Unfallversicherung *f* (Vers) passenger accident insurance

Insassenversicherung *f* (Vers) motor car passenger insurance

Insellösung *f* (Bw) group-constrained solution *(ie, less than fully integrated approach)*

inseparables Polynom *n* (Math) inseparable polynomial *(syn, Polynom 2. Art)*
Inserat *n*
  (Mk) advertisement
  – ad
Inserat *n* **aufgeben** (Mk) to advertise
Inserent *m* (Mk) advertiser
in Serie geschaltete Kanten *fpl* (OR) branches in series
inserieren (Mk) to insert an advertisement
Insertion *f* (Mk) insertion of an advertisement
ins Haus stehen
  (com) forthcoming
  – upcoming
  – approaching
  – nearing
Insichgeschäft *n*
  (Re) self-contracting
  – self-dealing
  (ie, an agent cannot as such conclude a transaction between the principal and himself or another party represented by himself, except if he has been granted express authority to do so, § 181 BGB)
Insider-Geschäfte *npl* (Bö) insider dealing
insolvent
  (Fin) insolvent
  – unable to pay one's debts
Insolvenz *f*
  (Fin) inability to pay
  – insolvency
  (syn, Zahlungsunfähigkeit; opp, Zahlungsfähigkeit, Solvenz)
Insolvenzen *fpl* (Bw) business/commercial... failures
Insolvenzniveau *n* (Fin) volume of insolvencies
Insolvenzquote *f*
  (Bw) rate of (business) failures
  – insolvency rate
Insolvenzsicherung *f* (Pw) insolvency insurance, § 3 No. 65 EStG
  (ie, taken out by an employer to protect his employees in the event of a business failure; carrier is the ‚Pensions-Sicherungs-Verein a. G.')
Inspektionszertifikat *n* (com) certificate of inspection
instabiler Wachstumspfad *m* (Vw) knife-edge equilibrium
Installation *f* (com) installation *(eg, of plant and machinery)*
Installationsdiskette *f* (EDV) installation disk
Installationskosten *pl* (ReW) cost of installation
installieren
  (com) to install
  – to set up
Instandhaltbarkeit *f* (IndE) maintainability
Instandhaltung *f* (IndE) maintenance
  – maintenance and repair
  – upkeep
Instandhaltung *f* **betrieblicher Räume**
  (ReW) maintenance of office space
Instandhaltungsintervall *n* (IndE) maintenance interval
Instandhaltungskosten *pl*
  (KoR) maintenance charges (*or* expense)
  – cost of upkeep

Instandhaltungsrückstellung *f* (ReW) provision for deferred repairs
Instandhaltungs- und Reparaturplanung *f* (IndE) planning of maintenance and repair
Instandsetzung *f*
  (com) repair
  (IndE) corrective maintenance
  (IndE) complete overhaul
  (ie, of fixed assets in order to restore them to full operating condition)
Instandsetzungsauftrag *m* (IndE) repair order
Instandsetzungsdauer *f* (IndE) active repair time
Instandsetzungskosten *pl* (KoR) cost of repair
Instanz *f*
  (Bw) management/managerial... unit
  – organizational unit
  – unit of supervision
  – level of authority
  – agency
  (ie, vested with rights of decision, directing, and control)
Instanzen *fpl* (Bw) organizational lines
Instanzenaufbau *m* (Bw) pyramid of authority
Instanzenzug *m* (Bw) hierarchy of organizational units
Institut *n* **der Wirtschaftsprüfer** (ReW) Institute of German Certified Public Accountants
Institut *n* **für Wirtschaftsforschung** (Vw) Economic Research Institute
institutionell bedingte Arbeitslosigkeit *f* (Vw) institutional unemployment
institutionelle Bedingungen *fpl* (Vw) institutional constraints
institutionelle Gleichung *f* (Vw) institutional equation
institutionelle Kommunikation *f* (Bw) corporate communication
institutioneller Aktionär *m* (Fin) institutional shareholder
institutioneller Anleger *m* (Fin) institutional investor (*or* buyer) *(syn, Kapitalsammelstelle)*
Institutionenlehre *f* (Bw) theory of business structures
Institutsgruppen *fpl* (Fin) banking groups
Instruktionsadresse *f* (EDV) instruction address
Instruktionslänge *f* (EDV) instruction length
instrumentale Wissenschaft *f* (Log) formal science
Instrumentalvariable *f* (Bw) = Instrumentvariable
Instrumentarium *n* (Log) tool kit
Instrumentarium *n* **der Wirtschaftspolitik** (Vw) economic policy instruments
Instrumentvariable *f*
  (Vw) instrument variable
  – policy instrument (*or* variable)
  (Bw) decision variable
in Stücken von (Fin) in denominations of
Insular-Philosophie *f* (EDV) insular philosophy *(ie, expensive side-by-side operation of data and text processing systems)*
Integral *n* (Math) integral
Integralfranchise *f* (Vers) free from average under... pct.
Integralgleichung *f* (Math) integral equation
  (ie, where the unknown function occurs under an integral sign)

Integralrechnung f (Math) integral calculus
(ie, the study of integration and its application to finding areas, volumes, or solutions of differential equations; opp, Differentialrechnung = differential calculus)
Integraltafel f (Math) integrable table
Integralzeichen n (Math) integral sign
Integrand m (Math) integrand *(ie, expression to be integrated)*
Integration f
(Math) integration
(com) integration
(Bw) relatedness
(ie, Integration, die sich auf gemeinsamen technologischen Kern und Nutzung gleicher Vertriebskanäle stützt; cf, Rumelt 1982)
Integrationsbereich m (Math) integral domain
Integrationsgebäude n (Vw) integrating economic structure
Integrationskonstante f
(Math) constant of integration
– integration constant
Integrationsmuster n (Vw) pattern of economic integration
Integrationsweg m (Math) path of integration
integrative Prozeßstrukturierung f (Bw) structuring of operations *(syn, Ablauforganisation)*
integrierbare Funktion f (Math) integrable function
integrieren (Math, Vw, Bw) to integrate
integrierte Datenverarbeitung f (EDV) integrated data processing, IDP
(ie, intermediate outputs serve as inputs for subsequent processing with no human copying required)
integrierte Finanzplanung f (Fin) integrated financial planning
integrierte Planung f (Bw) integrated planning
integrierter Schaltkreis m (EDV) integrated circuit
integrierter Swap m (Fin) currency coupon swap *(ie, Zins- und Währungsswap)*
integrierte Schaltung f (EDV) integrated circuit, IC
integriertes Hüttenwerk n (IndE) integrated iron and steel works
integriertes Planungssystem n (Bw) integrated planning system
integriertes Rechnungswesen n (ReW) integrated accounting system *(ie, interconnected through an information system)*
integrierte Swaps mpl (Fin) cross currency swaps
integrierte Unternehmensplanung f (Bw) integrated corporate planning
Integritätsbereich m (Math) integral domain
intelligente Datenstation f (EDV) intelligent data terminal
intelligentes Terminal n (EDV) intelligent (or programmable) terminal
Intelligenz- und Begabungstest m (Pw) intelligence test
Intension f
(Log) intension *(ie, of a concept)*
– connotation
– comprehension
(ie, in contemporary logical works this has come to be synonymous with 'sense')
intensionale Logik f (Log) intensional logic

intensionaler Junktor m (Log) intensional connective
intensionale Semantik f (Log) theory of meaning
(ie, studies the sense or connotation of symbols; opp, extensionale Semantik)
Intensität f
(IndE) efficiency
– effectiveness
(ie, measure of technical performance of a machine, defined as: number of output units divided by unit of time; eg, 4 units/hr)
Intensitätsabweichung f
(KoR) efficiency variance
– machine effectiveness variation
(syn, Leistungsabweichung)
Intensitätsgrad m (IndE) degree of utilization *(ie, ratio of actual output per time unit to planned output per time unit)*
intensitätsmäßige Anpassung f (IndE) variation of efficiency
(ie, in order to increase or reduce output while keeping operating time constant)
Intensitätsnachteil m (Fin) operating inferiority *(Terborgh)*
Intensivanzeige f
(EDV) highlighting
– high intensity display
Intensivberatung f (com) intensive counseling (or consulting)
intensive Ausbildung f (Pw, infml) hands-on training *(eg, on computers)*
intensive Auswahl f (Stat) intensive sampling
Intensivinterview n (Mk) depth (or qualitative) interview
Intensivwerbung f
(Mk) intensive coverage *(ie, frequent, large-scale advertising in a market)*
– (infml) heavy drumbeating *(eg, in print and on TV)*
intentionale Supposition f (Log) logical supposition
Interaktionsanalyse f (Bw) cross impact analysis
Interaktionshäufigkeit f (Bw) frequency of interaction *(ie, in organizations)*
Interaktionsmatrix f (Bw) interaction matrix
Interaktionstheorie f (Bw) theory of interaction *(ie, branch of organizational theory)*
interaktive Anzeige f (EDV) interactive display *(syn, interaktive Datendarstellung)*
interaktive Arbeitsweise f (EDV) interactive mode
interaktiver Arbeitsplatz m (EDV) interactive workstation
interaktives Programmieren n (EDV) conversational-mode programming
Interamerikanische Entwicklungsbank f (Vw) Inter-American-Development Bank, IDB
Interbankaktiva npl (Fin) interbank assets
Interbankeneinlagen fpl (Fin) interbank deposits
Interbanken-Fazilität f (Fin) interbank facility
Interbankengeldmarkt m (Fin) interbank money market
Interbankenhandel m (Fin) interbank dealings (or operations)
Interbankenmarkt m (Fin) interbank market
Interbankgeschäft n
(Fin) interbank business

(Fin) interbank operation (*or* transaction)

Interbankrate *f* (Fin) interbank rate

Inter-Branchen-Konkurrenz *f* (Vw) interindustry competition

interdisziplinäre Arbeitsgruppe *f* (Pw) cross-skilled team

interdisziplinärer Ansatz *m* (Log) interdisciplinary (*or* cross-skilled) approach

Interessenabwägung *f* (Re) weighing of interests

Interessenausgleich *m* (Re) accommodation of conflicting interests

Interessengemeinschaft *f*
(Re) community of interests *(ie, any civil-law partnership, § 705 BGB)*
(Bw) community of interests
(ie, 1. contractual pooling of interests, with contributors remaining legally independent; 2. pooling of profits and losses) (Note: in German literature ‚IG' and ‚pool' are not identical)

Interessengruppen *fpl* (com) stakeholders *(eg, stakeholders pitted against shareholders)*

Interessenkäufe *mpl* (Bö) special-purpose buying *(eg, to acquire a majority stake or a blocking minority)*

Interessenkollision *f* (Re) = Interessenkonflikt

Interessenkonflikt *m*
(Re) conflict of interests
– conflicting interests
– clash of interests

Interessent *m*
(com) prospective buyer (*or* customer)
– potential buyer
– prospect
(Re) interested party
(Fin) potential acquiree *(ie, in merger or acquisition)*

Interessentheorie *f* (ReW) parent company point of view
(ie, der Konzernabschluß ist erweiterter Abschluß der Obergesellschaft)

Interessen- und Neigungstest *m* (Pw) interest inventory

Interessenverband *m* (Re) pressure group

Interessenvereinigung *f* (Bw) pooling of interests *(syn, Interessengemeinschaft)*

Interessen *npl* **wahrnehmen**
(Re) to promote/safeguard ... interests
– to attend to interests

Interessenwahrnehmung *f*
(Re) promotion
– protection
– safeguarding ... of interests

Interessenwahrung *f* (Re) = Interessenwahrnehmung

interessewahrender Auftrag *m*
(Bö, US) discretionary order
– not-held order

Interimsausschuß *m* (com) interim committee

Interimsbilanz *f* (ReW) interim balance sheet *(syn, Zwischenbilanz)*

Interimsdividende *f* (Fin) interim dividend *(syn, Zwischendividende)*

Interimskonto *n* (ReW) transitory account

Interimsschein *m* (WeR) interim certificate, § 10 AktG

(ie, obsolete term replaced by ‚Zwischenschein')

interindustrielle Neuverschuldung *f* (Fin) inter-industrial incurrence of liabilities

Inter-Market-Spread *m* (Fin) intermarket spread
(ie, when price differences are out of line between commodities trading in two cities)

intermediäre Finanzgewalt *f*
(FiW) intermediate fiscal power
– auxiliary fiscal agent
(syn, Hilfsfiskus, Parafiskus, Nebenfiskus)

intermediäres Finanzinstitut *n*
(Fin) financial intermediary
– nonbank financial institution

Internalisierung *f* **sozialer Kosten** (Vw) allocation of social costs

international ausschreiben (com) to put up to international tender

Internationale Arbeitgeberorganisation *f* (com) International Organization of Employers, IOE

Internationale Arbeitsorganisation *f* (Pw) International Labour Organization, ILO

internationale Arbeitsteilung *f* (AuW) international division of labor

Internationale Arbitrage *f* (AuW) international arbitrage activity

Internationale Bank *f* **für Wiederaufbau und Entwicklung**
(Fin) International Bank for Reconstruction and Development
– World Bank

internationale Bürgschaftskette *f* (Zo) international guaranty chain

internationale Devisenspekulation *f* (AuW) international currency speculation

Internationale Energieagentur *f* (AuW) International Energy Agency, IEA

Internationale Entwicklungsorganisation *f* (AuW) International Development Association, IDA

Internationale Finanzierungsgesellschaft *f* (AuW) International Finance Corporation, IFC

internationale Garantiekette *f* (Zo) international chain of customs guarantees

internationale Güter *npl* (AuW) international commodities *(opp, Binnenhandelsgüter)*

Internationale Handelskammer *f* (com) International Chamber of Commerce, ICC

internationale Handelspolitik *f* (AuW) international trade policy

internationale Kapitalbewegungen *fpl* (AuW) international capital movements

internationale Kapitalverflechtung *f* (Fin) international capital links

Internationale Klassifikation *f* (Pat) International Patent Classification

internationale Kreditmärkte *mpl* (Fin) international credit markets

internationale Liquidität *f* (AuW) international liquidity

internationale Messe *f* (com) international fair

Internationale Organisation *f* **für Normung** (com) International Standards Organization, ISO

internationaler Anleihemarkt *m* (Fin) international bond market

Internationaler Antwortschein *m* (com) international reply coupon

internationaler Behälterverkehr *m* (com) international container transport

internationale Recheneinheit *f* (AuW) international unit of account

internationale Reservewährung *f* (AuW) international reserve currency

internationaler Expressgutschein *m* (com) international express parcels consignment note

internationaler Frachtbrief *m* (com) international consignment note

internationaler Geldhandel *m* (Fin) international money trade

internationaler Handel *m* (AuW) international trade

internationaler Kapitalverkehr *m* (AuW) international capital movements

internationaler Konzernabschluß *m* (ReW) = Weltabschluß

internationaler Kreditverkehr *m* (Fin) international lending

Internationaler Normen-Ausschuß *m* (com) International Organization for Standardization

internationale Rohölbörse *f* (Bö, GB) International Petroleum Exchange, IPE
(ie, Terminbörse für Rohölkontrakte; Sitz in London; Handelsobjekt ist das Nordseeöl)

internationaler Preiszusammenhang *m* (AuW) international price system

Internationaler Transportversicherungs-Verband *m* (Vers) International Union of Marine Insurance

Internationaler Verband *m* **für die Veröffentlichung der Zolltarife** (Zo) International Union for the Publication of Customs Tariffs

Internationaler Verband *m* **zum Schutz des gewerblichen Eigentums** (Pat) International Union for the Protection of Industrial Property

Internationaler Währungsfonds *m* (AuW) International Monetary Fund, IMF
(ie, set up in 1944 to promote stability in international currency exchange; headquartered in Washington, D. C.; syn, Weltwährungsfonds)

Internationaler Weizenrat *m* (AuW) International Wheat Council

internationaler Zahlungsauftrag *m* (Fin) international payment order
(ie, im Auftrag und zugunsten Dritter = by order and for the account of a third party)

internationaler Zahlungsverkehr *m* (AuW) international payments

Internationaler Zinnrat *m* (AuW) International Tin Council

Internationaler Zuckerrat *m* (AuW) International Sugar Council

internationales Abkommen *n* (Re) *(zweiseitig:)* international agreement; *(mehrseitig:)* international convention

internationales Anlagepublikum *n* (Fin) international investing public

Internationales Arbeitsamt *n* (Pw) (Geneva-based) International Labor Office, ILO

internationales Bankgeschäft *n* (Fin) international banking

internationale Schiedsklauseln *fpl* (Re) international clauses of arbitration

Internationales Freibord-Abkommen *n* (Re) loadline convention

internationales Freibordzeugnis *n* (com) international loadline certificate

internationales Gewohnheitsrecht *n* (Re) customary international law

Internationales Institut *n* **der Sparkassen** (Fin) *(Geneva-based)* International Savings Banks Institute

internationales Konzernclearing *n* (Fin) = konzerninternes Clearing, qv

internationales Patent *n* (Pat) international patent

internationale Spedition *f* (com) international forwarders *(or* transport company)

internationales Privatrecht *n*
(Re) Conflict of laws
– *(less commonly called)* private international law

internationales Rechnungswesen *n* (ReW) international accounting

internationales Rohstoffabkommen *n* (AuW) international commodity agreement

internationales Spediteur(durch)konnossement *n* (com) Forwarding Agent's Certificate of Receipt

internationales Steuerabkommen *n* (StR) international tax treaty

internationales Steuerrecht *n* (StR) international law of taxation

Internationale Standardklassifikation *f* **der Berufe** (Pw) International Standard Classification of Occupation, ISCO

Internationale Standard-Organisation *f* (IndE) International Standards Organization, ISO
(ie, headquartered in Geneva; angeschlossen sind nationale Normenausschüsse, wie DIN (Deutschland), ANSI (USA), AFNOR (Frankreich))

internationales Vertragsrecht *n* (Re) conventional international law

internationales Währungssystem *n* (AuW) international monetary system

Internationales Warenverzeichnis *n* **für den Außenhandel** (com) Standard International Trade Classification

internationales Zahlungsabkommen *n* (AuW) international payments agreement

internationale Übereinkunft *f* (Re) international agreement

internationale Unternehmung *f*
(Bw) multinational
– international
– supranational... enterprise *(or* corporation)

Internationale Vereinigung *f* **der Optionsbörsen** (Bö) International Association of Options Exchange and Clearing Houses, IAOECH

Internationale Vereinigung *f* **der Seeversicherer** (Vers) International Union of Marine Insurance

Internationale Vereinigung *f* **zur Erforschung des Volkseinkommens** (Vw) International Association for Research in Income and Wealth, ARIW

internationale Verflechtungen *fpl* (StR) international interrelations

internationale Verschuldung *f* (Fin) international indebtedness
(ie, Netto-Schuldenposition von Ländern gegenüber internationalen Geschäftsbanken)

internationale Vertriebskosten *pl* (Mk) international marketing cost (*or* expenses)
internationale Währungsbeziehungen *fpl* (AuW) international monetary relations
internationale Währungskrise *f* (AuW) international monetary crisis
internationale Währungsordnung *f* (AuW) international monetary system
internationale Währungsreserven *fpl* (AuW) international currency reserves
Internationale Warenterminbörse *f* (Bö) International Futures Exchange, INTEX
internationale Waren- und Güterverzeichnisse *npl* (AuW) international classifications of goods and services
internationale Warenverzeichnisse *npl* (AuW) standard international trade classification
internationale Wettbewerbsfähigkeit *f* (AuW) international competitiveness
internationale Wirtschaftspolitik *f* (Vw) international economic policy
internationale Wirtschaftsprüfungsgesellschaft *f* (ReW) international accounting group
(eg, Arthur Anderson, Touche Ross, Price Waterhouse)
internationale Zahlungen *fpl* (AuW) international payments (*or* settlements)
internationale Zusammenarbeit *f* (com) international cooperation
– cross-border link
international gebräuchlich (com) internationally recognized
intern beschaffen (Bw) to get *(eg, raw materials)* in-house
interne Annullierung *f* **von Aufträgen** (com) internal cancellation of orders
interne Auseinandersetzungen *fpl* (Pw) internal feuding
interne Beteiligung *f* (Fin) intercompany participation
interne Buchungsfälle *mpl* (ReW) accounting transactions
(ie, depreciation, cost allocations, valuation accounts = Wertberichtigungen)
interne Fernsehanlage *f* (EDV) closed circuit TV
interne Informationsquelle *f* (Bw) internal source of information
interne Konten *npl* (ReW) inter-company accounts
interne Kontrolle *f* (EDV) internal check
interne Kostendegression *f* (Bw) internal economies of scale
interne Leistungen *fpl* (Bw) internal services (*or* performance)
interne Machtkämpfe *mpl* (com) internal feuding
interne Nachfrage *f* (Vw) domestic demand
interner Bilanzvergleich *m* (ReW) internal balance-sheet comparison
(ie, covering several successive fiscal years)
interner Buchungsfall *m* (ReW) accounting transaction
(eg, Abschreibung, Kostenverrechnung, Wertberichtigung = depreciation, cost allocation, valuation accounts)
interne Revision *f*
(ReW) internal

– administrative
– operational . . . audit
(ie, in US Teil des Internal Controlling; syn, Innenrevision)
interner gemeinschaftlicher Versandschein *m* (EG) internal Community transit document
interner Kostenausgleich *m* (Bw) internal cost-equalizing process
interner Speicher *m* (EDV) internal memory (*or* storage)
(ie, in the sense of ‚Arbeitsspeicher‘)
interner Umsatz *m*
(ReW) intercompany sales
– internal deliveries (*or* turnover)
– intra-group sales
interner Verrechnungspreis *m* (ReW) intercompany billing price
interner Zinsfuß *m*
(Fin) internal rate of return
– dcf rate of return
– time-adjusted rate of return
– actuarial return
(ie, found by determining the discount rate that, when applied to the future cash flows, causes the present value of those cash flows to equal the investment; problems must be solved by iteration)
(Fin) yield to maturity
(Vw) marginal efficiency of . . . capital /investment)
– marginal rate of return (over cost)
– marginal productivity of investment
internes Berichtswesen *n* (com) internal reporting
internes gemeinschaftliches Versandpapier *n* (EG) internal Community transit document
internes gemeinschaftliches Versandverfahren *n* (EG) Community transit operation
internes Kontrollsystem *n*
(ReW) system of internal audits
– internal audits
interne Sortierung *f* (EDV) online sorting
internes Rechnungswesen *n* (ReW) internal accounting
interne Staatsverschuldung *f* (FiW) domestic borrowing
interne Stellenausschreibung *f* (Pw) in-house job posting *(ie, publication of openings within a company)*
interne Steuerung *f* (EDV) internal control
interne Ströme *mpl* (VGR) internal flows
internes Wachstum *n* (Bw) internal growth
(ie, Unternehmen wächst durch Erstellen neuer Kapazitäten; syn, endogenes/natürliches Wachstum)
interne Umwelt *f* (Bw) internal environment
interne Verarbeitung *f* (EDV) internal processing
interne Zinsen *mpl* (Fin) internal interest
Interne-Zinsfußmethode *f*
(Fin) internal rate of return method
– IRR method of analysis
– discounted cash flow method
– (GB) yield method
(ie, of preinvestment analysis)
interne Zinsrechnung *f* (Fin) internal-interest accounting
interne Zulieferungen *fpl* (Bw) internal supplies

interpersoneller Nutzenvergleich *m* (Vw) interpersonal comparison of utility
Interpolation *f* (Math) interpolation
interpretierendes Programm *n*
(EDV) interpretive program
– interpreter
interpretierendes Protokollprogramm *n* (EDV) interpretive trace program
Interpretierprogramm *n* (EDV) interpretive program
intersektorale Kreditströme *mpl* (Fin) intra-sectoral credit flows
intertemporale Grenzrate *f* **der Substitution** (Vw) intertemporal marginal rate of substitution *(syn, Grenzrate der Zeitpräferenz)*
intertemporale Nutzenfunktion *f* (Vw) intertemporal utility function
Intervall *n* (Stat) class interval
intervallfixe Kosten *pl*
(KoR) step variable cost
– fixed cost rising in steps = sprungfixe Kosten, qv
Intervallschachtelung *f* (Math) nested intervals
Intervallschachtelungs-Axiom *n* (Math) nested interval theorem
Intervallschätzung *f* (Stat) interval estimation
Intervallzeitgeber *m* (EDV) interval time clocker
intervalutarischer Devisenhandel *m* (Bö) cross-exchange dealings
intervenieren
(com) to interfere
(Bö) to intervene *(ie, if prices fluctuate erratically)*
intervenierende Variable *f* (Log) intervening variable
Intervention *f* (Bö) intervention
Intervention *f* **am freien Markt** (com) intervention in the open market
Intervention *f* **an den Devisenmärkten** (Fin) intervention in foreign exchange markets
Intervention *f* **der Zentralbank** (Fin) central-bank intervention
Interventionismus *m* (Vw) interventionism
interventionistische Finanzpolitik *f* (FiW) monetary-fiscal policy
interventionistische Marktwirtschaft *f* (Vw) economics of control
interventionistische Wirtschaftspolitik *f* (Vw) interventionist (or infml: hands-on) economic policy
interventionsfreie Wirtschaftspolitik *f* (Vw) non-interventionist (or infml: hands-off) economic policy
Interventionskäufe *mpl* (Vw) support purchases (or buying)
Interventionsklage *f* (Re) action of third party opposition
Interventionskurs *m* (AuW) support price
Interventionskurs *m* **im EWS** (Fin) intervention rate
Interventionsmechanismus *m* (EG) intervention mechanism
Interventionspolitik *f* (Vw) intervention policy *(ie, of a central bank)*
Interventionspreis *m* (EG) intervention price *(ie, minimum prices in EEC farm policy)*

Interventionspunkte *mpl*
(Fin) dealing limits
– bank's upper and lower limits
– peg points
– support points
(ie, in foreign exchange trading)
Interventionsregeln *fpl* (EG) intervention rules
Interventionsschwelle *f* (EG) intervention threshold
Interventionswährung *f* (Fin) intervention currency
intramarginale Intervention *f* (AuW) intramarginal intervention
intuitionistische Aussagenlogik *f* (Log) intuitionistic propositional calculus
in Übereinstimmung mit
(com) in accordance with
– in agreement (*or* conformity) with
– in keeping with
– conformably to
Invalidenrente *f* (SozV) disability pension *(now: Rente wegen Berufsunfähigkeit od Erwerbsunfähigkeit)*
Invalidenversicherung *f* (SozV) workers' disability insurance
(now: Arbeiterrentenversicherung)
Invalidität *f* (SozV) disablement *(ie, permanent total or partial disability to work)*
Inventar *n*
(ReW) inventory
– list of assets and liabilities *(syn, Inventarliste)*
Inventar *n* **aufstellen** (ReW) to prepare (*or* take) an inventory, § 39 II HGB
inventarisierbar (ReW) inventoriable
inventarisieren
(ReW) to take inventory (*or* stock)
– to inventory
Inventarnummer *f* (MaW) inventory number
Inventarwert *m* **e–s Fondsanteils** (Fin) net asset value per share
(ie, total assets minus total liabilities divided by total shares outstanding)
Inventarwert *m* **je Anteil** (Fin) net asset value per share *(ie, e-s Fondsanteils)*
Inventur *f*
(ReW) inventory
– physical inventory
– stocktaking
Inventurabstimmliste *f* (ReW) inventory reconciliation list
Inventuraufnahmeliste *f* (ReW) inventory sheet
Inventurausverkauf *m* (com) pre-inventory sale
Inventurbewertung *f* (MaW) inventory valuation
Inventurbuch *n* (ReW) inventory register
Inventurdifferenzen *fpl* (ReW) inventory discrepancies
Inventur *f* **machen** (ReW) to take inventory (*or* stock)
Inventurprüfung *f* (ReW) inventory audit *(ie, part of annual balance-sheet audit)*
Inventurrichtlinien *fpl*
(ReW) inventory rules
– (GB) stocktaking rules
Inventurstichtag *m* (ReW) inventory date
Inventurverkauf *m* (com) inventory sale *(ie, permitted only as seasonal sale)*

Inventurvorbereitungsliste *f* (ReW) physical inventory list
Inventurzählkarten *fpl* (ReW) physical inventory cards
Inverse *f* (Math) inverse
inverse Angebotskurve *f* (Vw) regressive supply curve
inverse Auswahl *f* (Stat) inverse sampling
Inverse *f* **der Matrix** (Math) resolvent of a matrix
inverse Funktion *f* (Math) inverse function
inverse Matrix *f* (Math) inverse (*or* reciprocal) matrix
inverses Renditegefälle *n* (Fin) reverse yield gap
  (ie, theoretical amount lost in income terms when an investment in shares or property falls short of the amount that could be earned by putting the same amount in deposit account or a fixed-income security)
inverse Tangente *f* (Math) arc (*or* inverse) tangent
inverse Zinsstruktur *f* (Vw) inverse interest rate structure
in Vertretung (com) (*to sign*) for and on behalf of
in Verzug
  (com) defaulting
  (Fin) in arrears
in Verzug geraten
  (com) to default on . . . payment/performance
  (Fin) to become in arrears *(eg, mit der Rückzahlung)*
in Verzug setzen (Re) to give notice of default
investieren
  (Fin) to invest (into)
  – (infml) to sink *(eg, $50m into an enterprise)*
investiertes Kapital *n*
  (Fin) invested capital *(ie, current assets and fixed assets)*
  – capital employed
Investition *f*
  (Vw) investment
  (Bw) investment
  – capital spending (*or* expenditure)
  – capital outlay
Investition *f* **auf nachgelagerter Wirtschaftsstufe** (Vw) downstream investment
Investition *f* **auf vorgelagerter Wirtschaftsstufe** (Vw) upstream investment
Investitionen *fpl* **der gewerblichen Wirtschaft** (VGR) business investment spending
Investitionen *fpl* **der heimischen Wirtschaft** (Vw) domestic capital formation
Investitionen *fpl* **genehmigen** (Fin) to authorize investments
Investitionen *fpl* **im Dienstleistungssektor** (Fin) service investment
Investitionen *fpl* **kürzen** (Fin) to cut (*or* slash) spending for capital investment
Investitionsabgabe *f* (FiW) investment tax
Investitionsanreiz *m*
  (Bw) investment incentive
  – incentive to invest
Investitionsantrag *m*
  (Fin) capital spending requisition
  – appropriation request
  – project appropriation request, PAR
  (ie, by division, department, subsidiary, etc.)

Investitionsaufwand *m*
  (Fin) capital expenditure
  – capital outlay
  – capital spending
  – investment expenditure
Investitionsaufwendungen *pl* (Fin) = Investitionsaufwand
Investitionsausgaben *fpl* (Fin) = Investitionsaufwand
Investitionsbedarf *m*
  (Vw) capital investment needs *(eg, of the economy)*
  (Bw) capital expenditure requirements
Investitionsbelebung *f* (Vw) pickup in capital spending
Investitionsbereitschaft *f*
  (Vw) propensity to invest
  (ie, standard term in economics: Investitionsquote, I/Y)
  (Bw) willingness to invest
  – investment confidence *(eg, has been remarkably strong)*
Investitionsbewilligung *f* (Fin) capital appropriation
Investitionsbilanz *f* (ReW) capital-flow balance sheet
Investitionsboom *m* (Vw) boom in capital investment
Investitionsbudget *n*
  (FiW) capital budget
  (Fin) capital expenditure budget
Investitionsdarlehen *n* (Fin) loan to fund investment project
Investitionseinnahmen *fpl* (Fin) investment receipts
Investitionsentscheidung *f* (Fin) capital spending decision
Investitionsfinanzierung *f*
  (Fin) (capital) investment financing
  – financing of capital projects
Investitionsförderung *f*
  (Vw) investment assistance
  – promotion of capital spending activity
Investitionsfreudigkeit *f* (Bw) inclination to invest
Investitionsfunktion *f* (Vw) investment function
investitionsgebundener technischer Fortschritt *m* (Vw) embodied technical progress
Investitionsgenehmigung *f*
  (Fin) capital spending authorization
  – appropriation
Investitionsgüter *npl*
  (com) capital
  – investment
  – industrial
  – equipment . . . goods
  (ie, more precise: Anlageinvestitionsgüter)
Investitionsgütergewerbe *n* (com) capital goods sector
Investitionsgütergruppe *f* (com) group of capital goods producers
Investitionsgüterhersteller *m* (com) capital goods manufacturer
Investitionsgüterindex *m* (Stat) capital goods index
  (ie, a special production index used in official statistics: determines the salable output of the capital goods industry)

Investitionsgüterindustrie f (com) capital goods industry

Investitionsgüter-Leasing n (Fin) equipment leasing

Investitionsgütermarketing n (Mk) industrial marketing
(ie, industrial goods comprising physical products, services, rights, nominal goods; opp, Konsumgütermarketing)

Investitionsgütermarkt m
(Mk) capital goods market
– industrial goods market

Investitionsgütermesse f (Mk) exhibition of capital goods

Investitionsgüterproduktion f (Bw) production of capital goods

Investitionsgüterwerbung f (Mk) industrial advertising

Investitionshaushalt m (FiW) capital budget

Investitionshemmnisse npl (Bw) barriers to investment

Investitionshilfe f (Vw) investment aid
(ie, one-off contribution of DM 1bn by the ‚gewerbliche Wirtschaft‘ designed to pump-prime investments in industrial bottleneck sectors; statutory basis was the ‚Investitionshilfegesetz‘ of 7 Jan 1952)

Investitionshilfeabgabe f
(FiW) investment aid deduction
– (infml) mandatory loan
(ie, interest-free, refundable loan by high-income earners to the government, equal to 5% of income tax burden, to help encourage a general economic upswing; syn, Zwangsanleihe)

investitionsinduziertes Wachstum n (Vw) investmend-led expansion

Investitionskalkül n (Fin) investment analysis

Investitionskapital n (Fin) investment capital

Investitionskette f (Fin) stream of investment

Investitionsklima n
(Vw) investment climate
– climate for investment

Investitionskonjunktur f (Vw) investment activity

Investitionskontrolle f
(Vw) investment . . . control/steering
(Bw) capital spending control
(ie, comparison of budgeted and actual figures to determine budget variances)

Investitionskosten pl
(Fin) capital outlay cost
– investment cost
– up-front costs

Investitionskredit m (Fin) investment credit *(ie, long-term borrowed capital used for financing production plant; syn, Anlagenkredit)*

Investitionskreditversicherung f (Vers) investment credit insurance

Investitionskürzungen fpl (Fin) cuts in capital spending

Investitionsleistung f (Bw) capital spending volume

Investitionslenkung f (Vw) = Investitionskontrolle

Investitionslücke f (Vw) investment deficit (or gap)

Investitionsmaßnahme f (Fin) investment

Investitionsmöglichkeiten fpl (Fin) investment opportunities (or outlets)

Investitionsmöglichkeitskurve f (Vw) investment opportunity line

Investitionsmultiplikator m (Vw) investment multiplier *(ie, reciprocal of marginal propensity to save)*

Investitionsnachfrage f (Vw) investment demand *(ie, demand for capital goods*

Investitionsnachfrage f **der Unternehmen**
(Vw) enterprises' demand for capital goods

Investitions-Nachtragshaushalt m (FiW) additional investment budget

Investitionsneigung f
(Vw) propensity to invest
(Bw) = Investitionsbereitschaft

Investitionsobjekt n
(Fin) capital spending project
– capital investment project
– capital project
– investment . . . project/object/proposal

Investitionsperiode f (Fin) investment period *(ie, during which the sum of outpayments is greater than the sum of receipts)*

Investitionsplan m
(Bw) capital spending plan
– capital budget
(opp, operativer Rahmenplan = operating budget)

Investitionsplanung f
(Fin) capital expenditure planning
– capital budgeting
– capital investment planning

Investitionspolitik f (Bw) capital spending policy

Investitionspolitik f **des Unternehmens** (Bw) capital spending policy *(ie, based on preinvestment analysis = Investitionsrechnung, and on planning procedures)*

Investitionsprogramm n
(Fin) capital (spending) program
– capital expenditure program

Investitionsprojekt n (Fin) capital project *(cf, Investitionsobjekt)*

Investitionsquote f (Vw) propensity to invest, I/Y *(ie, durchschnittliche I. = average propensity to invest I/C; marginale I. = marginal propensity to invest dI/dY)*

Investitionsrate f
(VGR) ratio of gross investment to gnp at market prices
– investment-income ratio

Investitionsrechnung f
(Fin) capital budgeting
– preinvestment analysis
– investment . . . appraisal/analysis
– estimate of investment profitability
(ie, method of comparing the profitability of alternative investment projects; or: technique of capital expenditure evaluation)

Investitionsrisiko n
(Fin) investment risk
– risk of capital spending

Investitionsrückgang m (Vw) decline in capital spending

Investitionsschub m (Bw) investment surge

Investitions-Spar-Kurve f
(Vw) investment-spending curve

– IS (investment-saving) curve

Investitionsstau *m*
(Fin) pile-up/backlog ... of investment projects
– piles of investment projects waiting to be started

Investitionssteuer *f*
(FiW) capital investment tax

Investitionsstoß *m*
(Fin) investment shock
– single injection of capital spending

Investitionsstrom *m* (Vw) investment flow

Investitionssumme *f* (Fin) amount to be invested

Investitionstätigkeit *f*
(Fin) capital spending
– investment activity

Investitionstätigkeit *f* **der Unternehmer** (Vw) business purchases of capital goods

investitionsunabhängiger technischer Fortschritt *m*
(Vw) disembodied technical progress

Investitionsverbot *n* (Vw) investment ban

Investitionsverhalten *n* (Fin) investment behavior

Investitionsvorgang *m* (Fin) investment process

Investitionsvorhaben *n*
(Fin) capital spending plan
– (capital) investment project

Investitionsvorhaben *n* **zurückstellen** (Fin) to shelve spending plan (*or* investment project)

Investitionszulage *f*
(FiW) capital investment bonus
– government premium to aid investment
– investmend subsidy (*or* grant)
(ie, to stimulate lagging expenditure on plant and equipment)

Investitionszulagengesetz *n* (Re) Investment Subsidy Law, 2 Jan 1979, as amended

Investitionszuweisung *f* (FiW) investment grant, *(ie, made to local authorities)*

investive Ausgaben *fpl* (FiW) investment spending (*or* expenditure)

investive Verflechtung *f* (Vw) cross investment

Investmentanteil *m*
(Fin) share
– (GB) unit

Investmentfonds *m*
(Fin) investment fund
– (US) mutual fund
– (GB) unit trust

Investmentfonds *m* **mit auswechselbarem Portefeuille** (Fin) flexible (*or* managed) fund

Investmentfonds *m* **mit begrenzter Emissionshöhe** (Fin) closed end fund

Investmentfonds *m* **mit Sitz in e-r Steueroase** (Fin) offshore fund

Investmentfonds *m* **mit unbeschränkter Anteilsemission** (Fin) open end fund

Investmentgeschäft *n* (Fin) investment business

Investmentgeschäfte *npl* (Fin) operations of investment companies

Investmentgesellschaft *f* (Fin) investment company

Investmentgesellschaft *f* **mit gesetzlicher Risikoverteilung** (Fin) diversified company

Investmentgesellschaft *f* **mit konstantem Anlagekapital** (Fin) closed end investment trust

Investmentgesellschaft *f* **ohne gesetzliche Anlagestreuung** (Fin) non-diversified company

Investmentrückfluß *m* (Fin) reflux of investment units

Investmentsparen *n* (Fin) saving through investment companies

Investmentzertifikat *n*
(Fin) investment fund certificate
– (GB) investment fund unit

Investor *m* (Fin) investor

in voller Höhe abzugsfähig (StR) fully tax deductible

in Vorlage treten (Fin) to advance funds

in Zahlung geben
(com) to trade in
– to turn in
– (GB) to give in part exchange *(eg, old car, TV set)*

in Zahlung nehmen (com) to receive (*or* take) in payment

Inzidenz *f* (FiW) incidence *(ie, of taxes)*

Inzidenz *f* **des Steueranstoßes** (FiW) impact incidence

Inzidenzmatrix *f* (Math) incidence matrix

irrationale Zahl *f*
(Math) irrational number
– *(pl oft)* irrationals

irrealer Bedingungssatz *m*
(Log) contrary-to-fact (*or* counterfactual) conditional
– counterfactual

irreduzibles Polynom *n* (Math) irreducible (*or* prime) polynomial

irreduzible Wurzel *f* (Math) irreducible radical

irreführende Angaben *fpl* (Kart) misleading (*or* deceptive) representations

irreführende Kennzeichen *npl* (Kart) deceptive marks

irreführende Kennzeichnung *f*
(com) false
– misleading ... labeling
– misbranding

irreführende Markierung *f* (Mk) mislabeling *(eg, of shipments)*

irreführende Praktiken *pl* (Kart) deceptive practices

irreführende Reklame *f* (Mk) = irreführende Werbung

irreführende Warenkennzeichnung *f*
(Mk) misbranding
– misleading labeling

irreführende Warenzeichen *npl* (Pat) deceptive marks

irreführende Werbung *f* (Mk) deceptive advertising

Irreführung *f* (Re) misrepresentation *(syn, unrichtige Angaben)*

irrelevante Information *f*
(Log) prevarication
(com) irrelevant information

Irrelevanz *f*
(Log) irrelevance
– prevarication

Irrläufer *m* (com) mis-sent item *(ie, sent in error to another recipient)*

Irrtum *m* (Re) mistake
(ie, gilt als Willensmangel; cf, § 119 BGB)

Irrtum *m* **im Beweggrund** (Re) mistake as to formation of intention, § 119 II BGB
Irrtumsanfechtung *f* (Re) avoidance on account of mistake
Irrtumswahrscheinlichkeit *f*
(Stat) level of significance
– significance level
(ie, probabiliy of false rejection of the null hypothesis)
Irrtum *m* **über den Vertragsgegenstand** (Re) mistake as to subject matter of contract
Irrtum *m* **vorbehalten** (Re) errors and omissions excepted, E&OE
Irrungszeichen *n* (EDV) error character
IS-Kurve *f* (Vw) IS (investment-saving) curve
ISO Code (Fin) Iso Code *m*
(ie, enthält international übliche Abkürzungen für Währungsbezeichnungen; besteht aus drei Buchstaben: die ersten beiden Stellen bezeichnen das Land, die dritte die Währung; zum Beispiel: USD = US-Dollar, GBP = Pfund Sterling)
isoelastische Funktionen *fpl* (Vw) isoelastic functions
isoelastische Nachfragekurve *f* (Vw) isoelastic demand curve
Isogewinngerade *f* (Vw) isorevenue line
Isogewinnkurve *f* (Vw) isorevenue curve
Isokosten *pl* (Vw) isocost
Isokostengerade *f* (Vw) isocost line
Isokostenkurve *f* (Vw) iso-outlay curve
Isokostenlinie *f* (Vw) outlay contour
isolierte Menge *f* (Math) isolated set
Isolinie *f* (Math) contour line
isometrisches Schaubild *n* (Stat) isometric chart (*or* plot)
Isophoren *fpl* (Vw) isophores *(syn, Isoquanten, Indifferenzkurven)*
Isoproduktkurve *f* (Vw) product contour
Isoquante *f*
(Vw) isoquant
– product indifference curve
– equal products/iso-product . . . curve
Isoquant-Ebene *f* (Vw) isoquant plane
Isoquantenanalyse *f* (Vw) isoquant analysis
ISO-Referenzmodell *n* (EDV) ISO reference model
(ie, aufgeteilt in sieben funktionale Schichten:
1. Anwendungsschicht = application layer (responsible for providing communication services to user programs)
2. Anpassungsschicht = presentation layer;
3. Verbindungsschicht = session layer (currently specified as ISO session kernel);
4. Transportschicht = transport layer (ISO transport protocol);
5. Netzwerkschicht = network layer (ISO connectionless network services, CLNS)
6. Streckenschicht = data link;
7. Physikalische Schicht = physical layer (may be token-bus broadband = Token-Bus-Breitband)
Ist-Ausbringung *f* (Bw) actual output
Istausgaben *fpl*
(Fin) actual . . . outlay/expenditure

Istbestand *m*
(com) actual stock
(ReW) actual balance
(MaW) stock on hand
Istbetrag *m* (Fin) actual amount *(ie, of outlay or expenditure)*
Isteindeckungszeit *f* (MaW) ratio of existing inventory to daily requirements
Isteinnahmen *fpl* (com) actual receipts
Ist-Ist-Vergleich *m* (Bw) comparison of actual performances
Istkapazität *f* (IndE) actual capacity
Istkosten *pl* (KoR) actual
– effective
– outlay . . . cost
(opp, kalkulatorische Kosten = implicit cost und Opportunitätskosten = opportunity cost)
Istkosten *pl* **der Gegenwart** (KoR) current-outlay cost
Istkosten *pl* **der Vergangenheit** (KoR) historical cost
Istkostenrechnung *f*
(ReW) historical cost accounting
(KoR) actual cost system
(ie, verrechnet von den Kostenarten über die Kostenstellen bis zur Kostenträgerrechnung die tatsächlichen Kosten der Periode)
Istleistung *f*
(Bw) actual . . . output/performance
– out-turn *(opp, estimate)*
(Pw) actual attainment
Ist-Prämie *f* (Vers) actual premium
Ist-Reserve *f* (Vw) actual reserve *(ie, average monthly balance of a bank with the Deutsche Bundesbank)*
Ist-Satz *m* (Log) Is Statement *(opp, Sollsatz = Ought Statement)*
Ist-Spanne *f* (ReW) ratio of gross margin to sales
Ist-Stunden *fpl* (Pw) actual manhours
Ist-System *n* **der Rechnungslegung** (ReW) cash accounting
Istversteuerung *f* (StR) actual payment of turnover taxes
Ist-Wert *m*
(com) actual value
(IndE) instantaneous value *(ie, in process control)*
Ist-Zeit *f* (IndE) actual/clock . . . time
Istzeitmeldung *f* (IndE) time card *(syn, Zeitkarte)*
Iteration *f* (Math) iteration
Iterationstest *m* (Stat) iteration test
Iterationsverfahren *n* (EDV) iterative procedure
iterative Operation *f* (EDV) iterative process
iterieren (Math) to iterate
I-Urteil *n*
(Log) I-proposition
– particular affirmative categorical proposition
(eg, some companies have a high RoI)
IWF (IWF) = Internationaler Währungsfonds
IWF-Quote *f*
(AuW) IMF quota
– quota in the IMF

J

Jacobische Determinante *f* (Math) Jacobian determinant

Jagdsteuer *f* (StR) hunting tax

Jahresabgrenzung *f* (ReW) (year-end) accruals and deferrals

Jahresabonnement *n* (com) annual subscription

Jahresabrechnung *f*
(com) annual/yearly... settlement
(ReW) annual statement of accounts

Jahresabschluß *m*
(ReW) annual/year-end... financial statements
– year-end results
– (GB) annual accounts
– (GB) year-end accounts
(ie, umfaßt Handelsbilanz, Gewinn- und Verlustrechnung sowie Anhang; bei Kapitalgesellschaften (§ 264 I HGB) außerdem Lagebericht und Prüfungsbericht des Abschlußprüfers: commercial balance sheet, income statement [GB: profit and loss account], notes [to the financial statements]; annual report and audit report)

Jahresabschlußanalyse *f* (ReW) financial statement analysis

Jahresabschluß *m* **aufstellen**
(ReW) to prepare annual financial statements
– (GB) to draw up the annual accounts

Jahresabschlußbuchungen *fpl*
(ReW) entries made at annual closing of accounts
– year-end closing entries

Jahresabschluß *m* **feststellen**
(ReW) to establish the annual financial statements
– to approve the year-end financial statements
– (GB) to adopt the annual accounts

Jahresabschlußprüfung *f* (ReW) annual/year-end... audit

Jahresabschlußunterlagen *fpl* (ReW) financial statements and related documents

Jahresabschlußzahlungen *fpl* (Fin) end-of-year payments

Jahresabschreibung *f*
(ReW) annual/periodical... depreciation expense
– depreciation per period

Jahresarbeitslohn *m* (Pw) annual wage

Jahresarbeitsverdienst *m* (SoZV) annual earnings

Jahresarbeitsverdienstgrenze *f* (SozV) taxable wage base
(ie, monthly earnings ceiling for the assessment of social insurance contributions; syn, Versicherungspflichtgrenze)

Jahresausgleich *m* (StR) = Lohnsteuerjahresausgleich

Jahresbedarf *m* (com) annual... demand/requirements

Jahresbeitrag *m* (com) annual membership fee

Jahresbericht *m* (ReW, StR) annual report

Jahresbilanz *f* (ReW) annual balance sheet

Jahresbonus *m* (com) annual quantity discount

Jahresbruttolohn *m* (StR) gross annual earnings

Jahreseinkommen *n* (Pw) annual... income/earnings

Jahreserfolg *m* (ReW) profit/results... for the year

Jahresergebnis *n* (ReW) = Jahreserfolg

Jahresfehlbetrag *m*
(ReW) net loss for the year, §§ 266, 275 HGB
(Fin) annual... deficit/shortfall

Jahresfreibetrag *m* (StR) annual allowance

Jahresfrist *f* (com) one-year period

Jahresgebühr *f* (com) annual fee

Jahresgehalt *n* (Pw) annual/yearly... salary

Jahresgewinn *m*
(ReW) net profit for the year
(Fin) annual net cash inflow *(ie, determined in preinvestment analysis)*

Jahreshauptversammlung *f*
(com) annual meeting of... shareholders /stockholders)
– shareholders/stockholders' meeting
– (GB) annual general meeting, AGM
(syn, Hauptversammlung, HV)

Jahreshöchstkurs *m* (Bö) yearly high

Jahresinventur *f* (ReW) annual/year-end... inventory

Jahreslohnrunde *f* (Pw) annual round of wage bargaining

Jahresprojektion *f* (Vw) annual projection of economic activity

Jahresrate *f*
(com) annual rate *(eg, construction costs rise at an... of 13%)*
(Fin) annual installment

Jahresreingewinn *m* (ReW) net profit for the year

Jahresrendite *f* (Fin) annual yield

Jahresrohmiete *f* (StR) gross annual rental *(ie, total annual consideration payable for the use of property; based on net rentals which, for the purpose of administrative simplification, are converted into gross rentals, § 79 BewG)*

Jahrestiefstkurs *m* (Bö) yearly low

Jahresüberschadenrückversicherung *f* (Vers) aggregate excess of loss reinsurance

Jahresüberschuß *m*
(ReW) profit for the year
– annual net profit *(ie, cf, §§ 266, 275 HGB)*

Jahresüberschuß *m* **vor Steuern** (ReW) pre-tax profit for the year

Jahresübersicht *f* (com) annual review

Jahresultimo *m* (com) end of year

Jahresumsatz *m*
(ReW) annual sales
– (GB) annual turnover

Jahresurlaub *m* (Pw) annual vacation

Jahresverdienst *m* (Pw) annual earnings

Jahresversammlung *f* (com) annual general meeting

Jahresvertrag *m* (Re) one-year... contract/agreement

Jahreswert *m* **von Nutzungen** (StR) annual value of benefits, §§ 15, 16 BewG *(ie, fruits or proceeds of property)*

Jahreswirtschaftsbericht *m* (Vw) Annual Economic Report *(ie, submitted by the Federal Government)*

jahreszeitliche Schwankungen *fpl* (Stat) seasonal variations

Jahreszins *m*
(Fin) annual rate of interest
(Fin) annual interest charges
(Fin, GB) annualised percentage rate

Jahreszinsen *mpl* (Fin) annual interest

Jahreszins *m* **Festverzinslicher** (Fin) coupon yield

jährliche Abschreibung *f* (ReW) = Jahresabschreibung

jährliche Änderungsrate *f* (com) annualized rate of change

jährliche Anpassung *f*
(com) annual adjustment
– yearly uprating *(eg, in line with inflation)*

jährliche Effektivverzinsung *fpl*
(Fin) effective annual yield
(ie, yield on an investment, taking into effect compounding, but expressed as the equivalent simple interest rate)

jährliche Einkommensteuererklärung *f* (StR) annual income tax return

jährliche Gesamtbelastung *f* (Fin) annual percentage rate

jährlicher Abschreibungsaufwand *m* (ReW) annual depreciation expense

jährlicher Einnahmeüberschuß *m* (Fin) annual cash flow

jährliche Rendite *f* (Fin) annual return

jährlicher Lagerabgang *m* (MaW) annual usage

jederzeit (Re) at all reasonable times

jederzeit kündbar (Fin) terminable at call

jedes Kollo eine Taxe (com) each package separately insured

je Stück (com) apiece *(eg, price is . . . apiece)*

jeweilig
(com) currrent
– obtaining
– prevailing
– in effect

jeweiliger (Re) . . . for the time being *(eg, holder, owner, president for the time being)*

Job *m*
(Pw) job
– position
– slot
(EDV) job *(opp, task)*

Jobdisponent *m* (EDV) job scheduler

Jobende *n* (EDV) end of . . . job/run

Jobmanagement *n* (EDV) job management *(ie, general term that describes the functions of job scheduler and high-level scheduler)*

Journal *n*
(ReW) journal
– daybook
– book of original entry
(syn, Tagebuch, Memorial, Grundbuch, Primanota)

Journalbeleg *m* (ReW) journal voucher

Journalbuchung *f* (ReW) journal entry

Jubiläumsgeschenk *n* (StR) employee anniversary reward *(cf, § 4 LStDV)*

Jubiläumsrückstellung *f*
(StR) reserve for employee's anniversary gifts or awards
– reserve for anniversary bonuses
(ie, the new law allows the establishment of such reserves for ten years of service, provided the commitment to pay is put in writing)

Jubiläumszusage *f*
(Pw) bonus commitment
(ie, reserves may be formed to back up such commitments for which an employees acquires contingency rights after 31 Dec 1992)

Jubiläumszuwendung *f*
(Pw) (employee) anniversary gift or award
– anniversary award granted to employees

Judikative *f* (Re) judiciary
(ie, collective term for courts and judges; cf, Legislative, Exekutive)

Jugendarbeitslosigkeit *f* (Vw) youth unemployment

Jugendarbeitsschutzgesetz *n* (Re) Youth Employment Protection Law, of 12 Apr 1976

Jumbo-Ehe *f*
(com) giant merger

Jumbo-Rat *m* (EG) jumbo council

junge Aktie *f* (Fin) new share *(syn, neue Aktie)*

jüngere Anmeldung *f* (Pat) subsequent application

jüngeres Patent *n* (Pat) subsequent patent

junger Wirtschaftszweig *m* (Vw) infant industry

Junktimgeschäft *n*
(AuW) reverse countertrade
– precompensation
(ie, in umgekehrter Reihenfolge wie beim Parallelgeschäft, qv)

Junktimklausel *f* (Re) package-deal clause

Junktor *m* (Log) propositional/sentential . . . connective

Junktor *m* **der Aussagenlogik** (Log) connective of propositional logic

Junktorenlogik *f* (Log) propositional/sentential . . . logic

Jurastudent *m* (Re) law student

Jura studieren
(Re) to study for the bar
– (GB) to read law
– (GB, infml) to eat one's dinners

Jurist *m* (Re) lawyer
(ie, any person learned in the law; not ‚jurist‘: a term that is preferably used to describe a ‚Rechtsgelehrter‘)

Juristenlatein *n* (Re) law latin

juristische Fakultät *f*
(Re) law school
– (GB) law faculty

juristische Fiktion *f*
(Re) legal fiction
– (GB *also*) legal figment

juristische Handlung *f* (Re) legal/juristic . . . act
(ie, act of a private individual directed to the origin, termination, or alteration of a right)

juristische Person *f*
(Re) legal person
Also:
– legal entity
– artificial/juristic . . . person
– juridical personality

– body corporate
– corporate body
juristische Person f des öffentlichen Rechts
(Re) legal person under public law
– public law body
juristische Person f des privaten Rechts (Re) legal person under private law
juristischer Berater m (Re) legal adviser
juristischer Fachausdruck m
(Re) legal term

– term of legal parlance
juristisches Kleid n (Re) legal shell *(cf, Firmenmantel = corporate shell)*
Jurist m **werden wollen** (Pw) to seek a career as a lawyer
justitiabel (Re) justiciable *(ie, capable of being settled by law or in court)*
Justitiar m
(Re) corporate ... attorney/counsel
– in-house counsel

K

Kabelauszahlungen fpl (Fin) cable transfers, C. T.
(ie, no longer quoted in German foreign exchange markets)
Kabelbuch n (Re) Ocean Cable Register
(ie, kept by the ‚Kabelbuchamt‘ at the Amtsgericht Berlin-Schöneberg)
Kabelfernsehen n (com) cable television
Kabeljaukrieg m (EG) Cod War
Kabelkurs m (Fin) cable rate
(ie, rate quoted for cable transfer, in foreign exchange dealing)
Kabotage f
(com) cabotage
(ie, Staat behält sich das Recht vor, im Falle des von ausländischen Verkehrsunternehmen durchgeführten Verkehrs zwischen zwei Orten des gleichen Staatsgebiets [Binnenverkehr] diesen Verkehr auszuschließen)
(com) cabotage *(ie, coasting trade)*
kaduzierte Aktie f (Fin) forfeited share
Kaduzierung f
(Re) exclusion of defaulting shareholder
(ie, Zwangsausschluß von Mitgliedern der AG oder GmbH, die mit ihren Zahlungen auf Aktien bzw Stammeinlagen in Verzug geraten sind; companies normally provide for forfeiture of shares for non-payment of calls thereon; cf, § 64 AktG, § 21 GmbHG)
Kaffeepause f (Pw) coffee break
Kaffeesteuer f (StR) coffee tax
Kaffeeterminbörse f
(Bö) forward coffee exchange
– trading in coffee futures
Kahlpfändung f (Re) attachment and sale of all assets of a debtor
(ie, Pfändung und Verwertung aller Vermögensgegenstände e–s Schuldners; § 811 ZPO)
Kaiablieferungsschein m (com) wharf's receipt
Kaianschlußgleis n (com) dock siding
Kaiempfangsschein m
(com) dock receipt
– wharfinger's note
Kaigebühren fpl
(com) dockage
– dock charges *(or dues)*
– wharfage charges
– quayage *(or quay dues)*
Kaigeld n (com) pierage
Kai-Lagerschein m (com) dock warrant

Kai-Receipt n (com) quay receipt
Kaldor-Hicks-Kriterium n (Vw) Kaldor-Hicks criterion
Kalenderabweichung f (Stat) calendar variation
kalenderbereinigt (com) after adjustment for working-day variations
Kalendereinflüsse mpl (Stat) working-day variations
Kalenderjahr n (com) calendar year *(opp, Wirtschaftsjahr, Rumpfjahr)*
Kalender-Spread m (Bö) calendar spread
(ie, gleichzeitiger Kauf und Verkauf von Optionen gleichen Typs, aber mit unterschiedlichen Verfalldaten)
Kalendervierteljahr n (com) calendar quarter
Kalenderzeitanalyse f (Bw) clock time analysis *(ie, developed by McDongall and Neal; Versuch e–r echten zeitlichen Differenzierung in Planung und Kostenrechnung)*
Kalkül n
(com) estimate
– consideration
(Bw) analysis
(Log, Math) calculus
(ie, the two most important types of logical calculi are ‚propositional‘ or ‚sentential‘ and ‚predicate‘ or ‚functional‘, respectively = Aussagen- und Prädikatenkalkül)
Kalkulation f
(KoR) cost estimating
– costing *(ie, activity; syn, Selbstkostenrechnung)*
(KoR) cost estimate *(ie, result)*
(KoR) cost estimate system
(ie, part of cost accounting system; i.e.S. Teil der Kostenträgerrechnung = unit-of-output costing)
Kalkulationsabschlag m (Mk) markdown
Kalkulationsabteilung f
(KoR) cost estimating department
– costing department
Kalkulationsaufschlag m (Mk) markup
(ie, Erhöhung des Wareneinstandspreises um e–n prozentualen Aufschlag; syn, Handelsaufschlag)
Kalkulationsdaten pl
(KoR) cost estimate data
– costing data
Kalkulationsfaktor m (com) markup factor
(ie, Aufschlag auf Bezugspreis, bezogen auf e–e DM)

Kalkulationskarte *f* (KoR) product cost card
Kalkulationskartell *n* (Kart) cost estimating cartel
(ie, prices are fixed on the basis of a unified cost calculating system = aufgrund e–r einheitlichen Selbstkostenrechnung; vor allem bei Vergabe öffentlicher Großaufträge)
Kalkulationsleitfaden *m* (KoR) cost accounting guide
Kalkulationsschema *n* (KoR) cost estimate sheet
Kalkulationsspanne *f* (Mk) pricing margin
Kalkulationsstichtag *m* (KoR) costing reference date
Kalkulationstabelle *f* (EDV) spread sheet
Kalkulationsunterlagen *fpl*
(KoR) costing data
– cost estimate data
Kalkulationsverfahren *n* (KoR) costing technique
Kalkulationszinsfuß *m*
(Fin) internal rate of discount
– proper discount rate
– required rate of return *(ie, applied in preinvestment analysis = Investitionsrechnung)*
Also:
– adequate target rate
– minimum acceptable rate
– conventional/prevailing/stipulated... interest rate
Kalkulationszuschlag *m* (KoR) costing rate
Kalkulation *f* **verbundener Produkte** (KoR) cost estimating procedure for joint production
Kalkulator *m*
(KoR) cost estimator
– costing clerk
kalkulatorisch
(ReW) imputed
– implicit
– as if
– fictitious
kalkulatorische Abschreibung *f*
(ReW) imputed (*or* implicit) depreciation allowance
– cost-accounting depreciation allowance
kalkulatorische Afa *f* (ReW) imputed depreciation of capital assets
kalkulatorische Bewertung *f* (KoR) pricing of input factors *(ie, for cost accounting purposes)*
kalkulatorische Kosten *pl*
(ReW) imputed costs
– implicit costs
kalkulatorische Kostenarten *fpl* (ReW) imputed (*or* implicit) cost categories
kalkulatorische Miete *f* (ReW) imputed rent
kalkulatorischer Faktorertrag *m* (Vw) implicit factor return
kalkulatorischer Gewinn *m* (ReW) imputed profit
(ie, based on the ,Leitsätze für die Preisermittlung auf Grund von Selbstkosten', LSP; covering a general entrepreneurial risk = allgemeines Unternehmerwagnis)
kalkulatorische Risiken *npl* (KoR) = kalkulatorische Wagnisse
kalkulatorischer Restwert *m* (KoR) calculated residual value
kalkulatorischer Unternehmerlohn *m*
(ReW) imputed owner's salary

(ie, fictitious compensation for owner's services)
kalkulatorische Wagnisse *npl*
(KoR) imputed business risks
– imputed risk premium
kalkulatorische Zinsen *mpl*
(ReW) imputed
– implicit
– fictitious... interest
(ie, on owner's investment)
kalkulierbare Risiken *npl* (Bw) insurable and imputed risks
(ie, special risks are fire, theft, mining subsidence damage = Bergschäden; opp, Unternehmerrisiko)
kalkulieren
(KoR) to estimate costs
– to cost
kalkulierte Auftragskosten *pl* (KoR) estimated job order costs
kalkulierter Wert *m* (com) estimated value
kalkuliertes Risiko *n* (Bw) calculated risk
(ie, with alternatives carefully studied in order to select the course with the highest probabilities of success)
kalligrafischer Bildschirm *m*
(EDV) calligraphic display
– directed-beam display
(syn, Vektorbildschirm mit Bildwiederholung)
kalte Steuerprogression *f* (FiW) „cold" tax progression
(ie, gesetzlich nicht sanktionierte Progression der realen Steuerlast bei Inflation)
Kaltmiete *f* (com) rent exclusive of heating expenses *(ie, Gesamtmiete minus Heizungs- und Wasserkosten)*
Kaltstart *m* (EDV) cold start
(ie, initial program loading; opp, Warmstart = warm start, system restart)
Kameralismus *m* (Vw) cameralism
(ie, variety of mercantilism in Germany and Austria in the 17th and 18th centuries)
Kameralistik *f* (FiW) cameralistics
(ie, science of public finance, esp. its peculiar style of accountancy)
kameralistische Buchführung *f* (FiW) governmental accounting
(ie, cash receipts-expenditure accounting, not accrual accounting)
Kameralwissenschaft *f* (Vw) = Kameralismus
Kammer *f*
(com) chamber
(ie, statutory association organized to promote the interests of a particular trade or commerce; eg, Industrie- und Handelskammer, Handwerkskammer)
(Re) court division *(eg, dealing with commercial matters = Kammer für Handelssachen)*
Kammerbörsen *fpl* (Bö) securities exchanges set up and maintained by local chambers of commerce and industry, which act as institutional carriers: Berlin, Hamburg, Frankfurt; opp, Vereinsbörsen
Kammer *f* **für Handelssachen** (Re) court division handling commercial matters
Kammergericht *n* (Kart) Court of Appeals

(ie, in Berlin, competent to decide appeals taken against decisions of the Federal Cartel Office = Bundeskartellamt)
Kammlinie *f* (Vw) ridge line
Kampagnebetrieb *m* (com) crop season enterprise
(eg, based on sugar beet harvesting)
Kampfabstimmung *f*
(Pw) divisive voting *(eg, on the supervisory board)*
– vote on a controversial issue
Kampfbereitschaft *f* (Pw) willingness *(ie, of labor unions)* to embark upon industrial action
kämpfen um
(com) to battle for
– to fight for
(eg, a share in the market; survival)
Kampfmaßnahmen *fpl* (Pw) industrial action
Kampfparität *f* (Pw) parity of weapons in industrial disputes *(ie, strike v. lockout)*
Kampfpreis *m* (com) cut-rate price
Kampfstrategie *f* (Vw) strategy of economic warfare
(ie, boycott, strike, lockout, cutthroat undercutting, economic duress)
Kampf *m* **um Marktanteile** (com) contest for market shares
Kampf *m* **um Weltmärkte** (com) battle for world markets
Kampfzoll *m* (AuW) retaliatory duty *(or* tariff)
Kanal *m*
(EDV) channel
– trunk
KANBAN-System *n* (IndE) canban system
(ie, in Japan entwickeltes Intrument zur kostenminimalen Fertigung: Grundlagen sind die Aspekte Produktion-auf-Abruf und Automation; Materialfluß nach dem HOL-Prinzip)
Kandidat *m* (Pw) candidate
Kandidatur *f*
(Pw) candidacy
– (GB) candidature
Kandidatur *f* **zurückziehen** (com) to withdraw one's candidacy
kandidieren (com) to stand as a candidate
Kannkaufmann *m* (Re) undertaking entitled, but not obliged, to be entered on the Commercial Register, § 3 HGB
Kann-Knoten *m* (OR) may-follow node
Kannleistungen *fpl* (SozV) discretionary benefits
(ie, not based on legal claims)
Kannvorschrift *f* (Re) facultative provision
(ie, one operating at the will of the party or parties concerned)
kanonische Analyse *f* (Stat) canonical analysis
(ie, establishing a simultaneous prognosis of several dependent variables)
kanonische Form *f* **der Matrix** (Math) canonical *(or* normal) form of matrix
kanonische Koeffizienten *mpl* (Stat) canonical coefficients
(ie, the end result of canonical analysis)
kanonische Korrelation *f* (Stat) canonical correlation
kanonische Studentverteilung *f* (Stat) canonical Student distribution

kanonische Zufallsvariable *f* (Stat) canonical variate
Kante *f*
(OR) branch
– edge
Kantenfluß *m* (OR) arc flow
Kantenprogression *f* (OR) chain *(or* edge) progression
Kanzlei *f* (Re) cf, Anwaltskanzlei
Kapazität *f* (Bw) capacity *(ie, potential output of a plant per period)*
Kapazität *f* **ausfahren**
(IndE) to produce to maximum potential
– to operate
– to run
– to work . . . to capacity
Kapazitäten *fpl* **abbauen** (Bw) to close manufacturing facilities
Kapazitäten *fpl* **einmotten** (Bw, infml) to mothball capacities
Kapazitäten *fpl* **stillegen** (Bw) to close down plant facilities
Kapazität *f* **erweitern**
(Bw) to expand plant capacity
– to extend operations
Kapazität *f* **e-s Betriebes** (Bw) plant capacity
Kapazität *f* **e-s Marktes**
(Mk) absorptive capacity of a market
– market potential
Kapazität *f* **e-s Schnittes** (Math) capacity of a cut
Kapazität *f* **reduzieren** (Bw) to cut (back) capacity
Kapazitätsabbau *m*
(Bw) cut in production capacity
– cutback/reduction . . . in capacity
– shutting capacity
Kapazitätsabweichung *f* (KoR) capacity variance
Kapazitätsanpassung *f* (Bw) capacity adjustment
Kapazitätsauslastung *f* (Bw) = Kapazitätsausnutzung
Kapazitätsausnutzung *f*
(Bw) capacity utilization *(eg, is down to 75%, or: is at a healthy 90%)*
– plant utilization
– capacity working
Kapazitätsausnutzungsgrad *m*
(Bw) degree *(or* level) of capacity utilization
– (capacity) utilization rate
– operating rate
– plant utilization rate
(ie, ratio of actual utilization to attainable capacity working; syn, Beschäftigungsgrad)
Kapazitätsausweitung *f* (Bw) = Kapazitätserweiterung
Kapazitätsbedarf *m* (OR) amount of work (RAMPS)
Kapazitätsbedarf *m* **ausgleichen** (Bw) to level capacity requirements
Kapazitätsbedarfsermittlung *f* (OR) resource allocation
Kapazitätsbelastungsplanung *f* (IndE) planning of machine operating rates
Kapazitätsbeschränkungen *fpl* (IndE) capacity constraints *(or* limitations)
Kapazitätseffekt *m* (Vw) capacity-increasing effect of investments

411

(ie, measured with the aid of the capital-output ratio = Kapitalkoeffizient)

Kapazitätsengpaß *m*
(Bw) production bottleneck
– capacity constraint

Kapazitätserweiterung *f*
(Vw) expansion of capital stock
(Bw) addition to capacity
– increase in capacity
– expansion of plant facilities
(ie, expansion, purchase, and construction of plants)

Kapazitätserweiterungseffekt *m* (Bw) capacity increasing effect
(syn, Lohmann-Ruchti-Effekt: depreciation through use as a potential source of new investments)

Kapazitätsfaktor *m* (Bw) capacity (*or* load) factor
(ie, ratio of utilized capacity to installed capacity)

Kapazitätsfeinplanung *f* (Bw) finite capacity planning

Kapazitätsgrenze *f*
(Bw) capacity... barrier/limit
– limit of plant capacity
(eg, to bump up against capacity limits)

Kapazitätskosten *pl*
(KoR) capacity cost *(ie, when operating at full capacity)*
(KoR) fixed cost *(ie, to the extent that it is a function of capacity, fixed cost often varies with the size of a plant)*

Kapazitätslinie *f*
(Vw) capacity frontier (*or* line)
– transformation curve

Kapazitätslücke *f* (Bw) capacity gap

Kapazitätsoptimum *n* (Bw) ideal capacity

Kapazitätsplanung *f* (Bw) capacity planning

Kapazitätspolitik *f* (Bw) capacity policy

Kapazitätsquerschnitt *m* (IndE) capacity cross-section

Kapazitätsreserve *f* (Bw) idle (*or* unused) capacity

Kapazitätsüberhang *m* (Bw) excess (*or* unused) capacity

Kapazitätsverminderung *f* (Bw) capacity decrease

Kaperbrief *m* (SeeV) letter of mart

KapErtrSt (StR) = Kapitalertragsteuer

Kapital *n*
(Math) principal *(ie, basic amount without interest)*
(Vw) capital *(ie, one of the factors of production)*
– capital *(ie, funds for capital spending purposes)*
(Bw) capital of a business undertaking *(ie, total assets of a firm)*
(Fin) capital *(ie, funds employed in a business firm)*

Kapitalabfindung *f* (Re, SozV) lump-sump compensation (*or* payment)

Kapitalabfluß *m*
(Vw) capital drain
(AuW) capital outflow

Kapitalablösung *f* (Fin) redemption (*or* substitution) of capital

Kapitalabwanderung *f*
(Vw) capital drain

– exodus of capital

Kapitalakkumulation *f* (Vw) capital accumulation

Kapitalanlage *f*
(Fin) investment
– capital/financial... investment
– employment of... capital/funds

Kapitalanlagegesellschaft *f* (Fin) investment company
(cf, Gesetz über Kapitalanlagegesellschaften vom 16.4.1957 in der Neufassung vom 14.1.1970 = Investment Companies Act of 16 Apr 1967, as amended up to 14 Jan 1970)

Kapitalanlagen *fpl* **von Gebietsfremden** (Fin) non-resident capital investments

Kapitalanleger *m* (Fin) investor

Kapitalanlegerschutzverband *m* (Fin) investors' protection society

Kapitalanpassungs-Intervall *n* (Vw) capital adjustment period

Kapitalanspannung *f* (Fin) = Verschuldungsgrad

Kapitalanteil *m* (Fin) capital share *(ie, in a partnership)*

Kapitalaufbau *m* (Fin) capital structure

Kapital *n* **aufbringen** (Fin) to put up (*or* to raise) capital

Kapitalaufbringung *f* (Fin) putting up (*or* raising) capital

Kapitalaufnahme *f*
(Fin) long-term borrowing
– raising of capital
(Fin) procurement of equity
– equity borrowing

Kapital *n* **aufnehmen** (Fin) to take up capital

Kapital *n* **aufstocken** (Fin) to inject fresh capital *(eg, into a company)*

Kapitalaufstockung *f*
(Fin) stocking-up of funds
– capital increase *(syn, Kapitalerhöhung)*
(Fin) cash injection *(eg, an extra DM30m are pumped into the company)*

Kapitalaufwand *m* (Fin) capital expenditure (*or* spending)

Kapitalausfallrisiko *n* (Fin) loan loss risk

Kapitalausfuhr *f* (AuW) export of capital

Kapitalausfuhrland *n* (AuW) capital exporting country

Kapitalausstattung *f*
(Vw) capital stock *(cf, Kapitalstock)*
(Fin) capitalization
– capital resources *(ie, nach Art und Höhe)*

Kapitalbasis *f*
(Fin) capital base
– equity base

Kapitalbedarf *m*
(Fin) capital requirements
– funding needs

Kapitalbedarfsplan *m* (Fin) incoming and outgoing payments plan *(ie, part of long-term financial planning)*

Kapitalbedarfsrechnung *f*
(Fin) capital budget
(Fin) capital budgeting

Kapitalbereitstellung *f* (Fin) provision of funds

Kapitalbereitstellungskosten *pl* (Fin) loan commitment charges

Kapitalberichtigung *f* (Fin) capital adjustment
Kapitalberichtigungsaktie *f* (Fin) bonus share *(ie, issued for the adjustment of capital)*
Kapital *n* **beschaffen**
(Fin) to procure capital
– to raise funds
Kapitalbeschaffung *f*
(Fin) procurement of capital
– capital procurement
– raising of funds
Kapitalbeschaffungskosten *pl*
(Fin) capital procurement cost
– cost of funds
Kapitalbestand *m* (Vw) total capital
Kapitalbeteiligung *f*
(Fin) capital interest
– equity participation
(Pw) capital sharing *(ie, as a form of worker control in industry)*
Kapitalbeteiligung *f* **des Arbeiters** (Pw) worker participation in the capital of a company
Kapitalbeteiligungsdividende *f* (Fin) = Kapitaldividende
Kapitalbeteiligungsgesellschaft *f* (Fin) equity investment company
(ie, Ziel: Zuführung von Eigenkapital an mittelständische, nicht emissionsfähige Unternehmen, deren Eigenkapitaldecke zu kurz ist und die nicht über bankmäßige Sicherheiten verfügen; invests its funds in enterprises unable to issue securities and lacking adequate collateral; syn, Beteiligungsgesellschaft, Unternehmensbeteiligungsgesellschaft, Finanzierungsgesellschaft)
Kapitalbetrag *m* (Fin) capital sum
Kapitalbewegungen *fpl* (AuW) capital movements *(or flow)*
Kapitalbilanz *f*
(AuW) capital account
– balance on capital account
– balance of capital . . . movements /transactions
(ie, subclassification of balance of payments; syn, Kapitalverkehrsbilanz)
Kapitalbildung *f*
(Vw) formation *(or accumulation)* of capital
– capital formation
Kapital *n* **binden**
(Fin) to tie up *(or lock up)* capital
(eg, in raw materials and supplies)
Kapitalbindung *f* (Fin) capital . . . lockup/tie-up
Kapitalbindungsdauer *f* (Fin) duration of capital tie-up
Kapitalbindungsfrist *f* (Fin) period of capital tie-up
Kapitalbudget *n* (Fin) capital budget
Kapitaldecke *f*
(Fin) capital resources
– equity . . . basis/position *(eg, dünn = thin)*
Kapitaldeckungsplan *m*
(Fin) capital coverage plan *(ie, part of long-term financial planning)*
Kapitaldeckungsstock *m* (Vers) capital cover fund
Kapitaldeckungsverfahren *n* (SozV) funding principle
(ie, social insurance on a fully funded or invested basis; opp, Umlageververfahren = pay-as-you-go basis)

Kapitaldienst *m*
(Fin) debt service
– cost of servicing loans
(ie, payment of matured interest and principal on borrowed funds)
Kapitaldienstfaktor *m* (Fin) capital recovery factor
(syn, Wiedergewinnungsfaktor, Annuitätsfaktor)
Kapitaldividende *f* (Fin) capital dividend
(ie, deemed to be paid from paid-in capital)
Kapitaleigner *m*
(Fin) proprietor
(Fin) shareholder *(eg, of a corporation)*
– stockholder
Kapital *n* **einbringen** (Fin) to bring/contribute . . . capital to . . .
Kapitaleinbringung *f* (Fin) contribution of capital
Kapitaleinfuhr *f* (AuW) import of capital
Kapitaleinfuhrland *n* (AuW) capital importing country
Kapitaleinlage *f* (Fin) capital/equity . . . contribution
Kapitaleinlagen-Verhältnis *n* (Fin) capital-deposit ratio *(ie, in banking)*
Kapitaleinsatz *m* (Fin) (amount of) capital employed *(or invested)*
Kapitaleinsatz *m* **pro Beschäftigtem** (Vw) capital labor ratio
Kapitalembargo *n*
(AuW) capital embargo
– ban on capital exports
Kapitalentnahme *f* (Fin) withdrawal of capital
Kapital *n* **entnehmen** (Fin) to withdraw capital
Kapitalerhaltung *f*
(Bw) capital maintenance
– maintenance of capital
– preservation of corporate assets
Kapital *n* **erhöhen** (Fin) to increase capital
Kapitalerhöhung *f*
(Fin) capital . . . increase/raising
– increase of . . . share capital/capital stock
(ie, through self-financing or additional capital contributions by old or new members; eg, injection of DM200m of new funds; syn, Kapitalaufstockung)
Kapitalerhöhung *f* **aus Gesellschaftsmitteln** (Fin) capital increase out of retained earnings, §§ 207 ff AktG *(ie, Kapitalrücklage und/od Gewinnrücklagen werden in Grundkapital umgewandelt)*
Kapitalertrag *m*
(Vw) return to capital
(ReW) income from investments
(Fin) capital yield
– income on investment
(StR) investment income
(Vers) investment earnings on funds
Kapitalertragsbilanz *f* (AuW) investment income account
Kapitalertragsteuer *f*
(StR) capital gains tax
(ie, in der steuerlichen Praxis und in Doppelbesteuerungsabkommen üblich; trotz unterschiedlicher Legaldefinition in § 43 I EStG)
Also:
– capital yields tax

413

– investment income tax
– tax on income from capital
– withholding tax on capital
Kapitalertragsteuer-Durchführungsverordnung *f*
(StR) Ordinance Regulating the Withholding
Tax on Income from Capital
Kapital *n* **e-s Fonds** (Fin) corpus
Kapitalexporte *mpl*
(AuW) capital exports
– export of capital
Kapitalfehlleitung *f* (Vw) misallocation of capital
(ie, channeling financial resources into subop-
timum uses, often resulting in excess capacities)
Kapital *n* **festlegen** (Fin) to tie up (*or* lock up) cap-
ital
Kapitalfestlegung *f* (Fin) tying up capital
Kapitalflucht *f*
(AuW) capital flight
– flight of capital
Kapitalfluß *m* (Fin) flow of funds
Kapitalflußrechnung *f*
(Fin) flow/funds . . . statement
– flow of funds analysis
– statement of application of funds
– statement of sources and application of funds
– statement of changes in financial position
– sources-and-uses statement
– (infml) Where-Got-Where-Gone Statement
(syn, Bewegungsbilanz; zur Systematik siehe
Anhang)
Kapitalfonds *m* (Fin) capital fund
(ie, sum of long-term borrowing and capital re-
payments; E. Gutenberg)
Kapitalforderung *f* (Fin) money claim
(opp, Forderung auf andere Leistungen, such as
goods, services, securities)
Kapital *n* **freisetzen** (Fin) to free up capital
Kapitalfreisetzungseffekt *m* (Bw) = Lohmann-
Ruchti-Effekt
Kapitalgeber *m*
(Fin) lender
(Fin) investor
Kapitalgesellschaft *f*
(Re) *(roughly)* corporation
– incorporated firm
– firm organized in a corporate form
(ie, general category comprising AG, GmbH,
KGaA, bergrechtliche Gewerkschaft; opp, Per-
sonengesellschaft)
Kapitalgüter *npl*
(Vw) capital
– investment
– instrumental . . . goods
Kapital *n* **herabsetzen** (Fin) to reduce capital
Kapitalherabsetzung *f*
(Fin) capital reduction, §§ 222 ff AktG, § 58
GmbHG
– reduction of share capital
– write-down of corporate capital *(eg, in the*
ratio of 6:1)
(see: ordentliche K. and vereinfachte K.)
Kapitalherabsetzung *f* **durch Einziehung von Ak-**
tien (Fin) reduction of capital by redemption of
shares
Kapitalherkunft *f* (Fin) sources of finance

Kapitalhilfe *f* (AuW) financial assistance
Kapitalhilfe *f* **ohne politische Auflagen** (AuW) capital aid with no strings attached
Kapitalimporte *mpl* (AuW) capital imports
Kapitalintensität *f*
(Vw) capital-labor ratio *(ie, of production)*
– capital intensity
(ie, ratio of capital stock C to labor input L =
main determinant of labor productivity)
kapitalintensiv (Bw) capital intensive
kapitalintensive Betriebe *mpl* (Bw) capital intensive
companies (*or* enterprises)
kapitalintensive Produktion *f* (Bw) capital-inten-
sive production
kapitalintensive Wirtschaftszweige *mpl* (Bw) capital intensive industries
kapitalisierbar (Fin) capitalizable
kapitalisieren
(ReW) to capitalize
(ie, to carry as asset; opp, to expense = als Auf-
wand – der Periode – verbuchen; syn, aktivieren)
(Fin) to capitalize
(ie, to discount the present value of future earn-
ings)
kapitalisierte Aufwendungen *pl* (ReW) capitalized
expense
kapitalisierte Zinsen *mpl* (Fin) capitalized interest
Kapitalisierung *f* (Fin) capitalization
Kapitalisierungsfaktor *m* (Fin) capitalization . . .
factor/rate
(ie, at which an expected income stream is dis-
counted to present worth)
Kapitalisierungsformel *f*
(Bw) earning capacity standard
(ie, used in the valuation of enterprises as a whole
= Unternehmensbewertung)
(Fin) capitalized value standard
Kapitalisierung *f* **von Rücklagen** (Fin) capitalization of reserves
(ie, Emission von Gratisaktien aus offenen Rück-
lagen; cf, Ausgabe von Gratisaktien = capitaliza-
tion issue)
Kapitalismus *m* (Vw) capitalism
Kapitalist *m* (Vw) capitalist
kapitalistisch
(Vw) capitalist
– capitalistic
kapitalistische Wirtschaft *f* (Vw) capitalist
economy
Kapitalknappheit *f* (Fin) shortage of capital
Kapitalkoeffizient *m*
(Vw) capital-output ratio
– capital coefficient
(ie, book value of plant and equipment to gross
value of output)
Kapitalkonsolidierung *f*
(ReW) capital consolidation, § 301 BGB
(cf, Erstkonsolidierung, Zwischenergebniskon-
solidierung)
(Fin) consolidation of investment
Kapitalkonto *n*
(ReW) proprietary/proprietorship . . . account
(ie, in the case of sole proprietorships and part-
nerships)
(ReW) capital account

(ie, showing the fixed amount of capital stock of incorporated entities)
Kapitalkontrolle *f* (AuW) capital control
Kapital-Konvertibilität *f* (AuW) capital-account convertibility *(ie, allowing unrestricted convertibility in capital transactions)*
Kapitalkonzentration *f* (Bw) capital concentration
Kapitalkosten *pl*
(Fin) cost of capital
– cost of borrowed funds
(Fin) capital charges *(ie, interest, depreciation, repayment)*
Kapitalkosten *pl* **je Leistungseinheit** (Fin) capital cost compound
Kapitalkosten *pl* **je Produkteinheit** (Vw) capital cost per unit of output
Kapitalkraft *f*
(Fin) strength of capital resources
– financial strength
kapitalkräftig
(Fin) well-funded
– financially powerful
Kapitallebensversicherung *f*
(Vers) capital sum life insurance
– endowment insurance
Kapitallenkung *f* (Vw) capital *(or* investment) control
Kapitallücke *f* (Fin) capital gap
Kapitalmangel *m* (Fin) lack of capital
Kapitalmarkt *m* (Fin) capital market
(ie, Markt für mittel- und längerfristige Finanzierungsmittel; im weitesten Sinne wird auf ihm Geld für langfristige Verschuldungen angeboten; Teil des Kreditmarktes; man unterscheidet:
1. organisiert (Wertpapierbörsen) = organized (securities exchanges)
– Primärmarkt (Neuemissionen) = primary market (new issues)
– (a) Aktien (shares/stock); (b) Anleihen (bonds)
– Sekundärmarkt = secondary market
(a) Aktien (shares/stock); (b) Anleihen (bonds)
2. nichtorganisiert = non-organized, Darlehen, Beteiligungen, Hypotheken = loans, equity interests, real-estate mortgages)
Kapitalmarkt *m* **anzapfen** (Fin) to tap the capital market
Kapitalmarktausschuß *m* (Fin) German Capital Market Subcommittee
Kapitalmarkteffizienz *f* (Fin) capital market efficiency *(ie, hypothesis trying to explain stock price movements)*
Kapitalmarktforschung *f* (Bw) capital market research
Kapitalmarkt-Gesellschaft *f* (Fin) publicly quoted company *(or* corporation)
Kapitalmarkt *m* **in Anspruch nehmen** (Fin) to go to *(or* draw on) the capital market
Kapitalmarktinstitute *npl* (Fin) banking institutions operating in the capital market *(ie, commercial banks, savings banks, credit cooperatives, but not ‚Bausparkassen')*
Kapitalmarktintervention *f* (Fin) intervention in the capital market

Kapitalmarktklima *n*
(Fin) capital market conditions
– sentiment in the capital market
Kapitalmarktlinie *f* (Fin) capital market line *(ie, Element des capital asset pricing model)*
Kapitalmarktpapiere *npl* (Fin) capital market paper
Kapitalmarktpflege *f* (Fin) supporting the capital market
Kapitalmarktstatistik *f* (Fin) capital market statistics *(ie, prepared by Deutsche Bundesbank)*
Kapitalmarktsteuerung *f* (Fin) capital market control
Kapitalmarktteilnehmer *m* (Fin) capital market operator
Kapitalmarktzins *m* (Fin) capital-market interest rate
kapitalmäßige Bindung *f* (Fin) capital linkage *(or* tie-in)
kapitalmäßige Verflechtung *f* (Fin) capital tie-up
Kapitalmehrheit *f*
(Fin) equity majority
majority shareholding
Kapitalnachfrage *f* (Fin) demand for capital
Kapitalnutzung *f* (Fin) capital utilization
Kapitalnutzungsentschädigung *f* (Fin) service charge for the use of money
Kapitalnutzungskosten *pl* (Fin) capital user cost
Kapitalpolster *n* (Fin) equity cushion
Kapitalproduktivität *f* (Vw) output-capital ratio *(ie, reciprocal of ‚Kapitalkoeffizient')*
Kapitalquellen *fpl* (Fin) sources of capital
Kapitalrendite *f* (Fin) (rate of) return on investment, RoI
(Fin) equity return
Kapitalrentabilität *f*
(Fin) return on capital employed
– return on investment
(Fin) earning power of capital employed
Kapitalrente *f*
(Vw) capital rent
(Fin) annuity
– pension from capital yield
Kapital-Restriktionen *fpl* (Fin) capital constraints
Kapitalrückfluß *m* (Fin) capital recovery
Kapitalrückflußdauer *f* (Fin) payback period
Kapitalrückflußmethode *f* (Fin) payback *(or* payoff) analysis *(ie, in evaluating investment projects)*
Kapitalrückflußrate *f* (Fin) capital recapture rate
Kapitalrückflußrechnung *f* (Fin) = Amortisationsrechnung, qv)
Kapitalrückführung *f* (Fin) repatriation of capital
Kapitalrückgewinnung *f* (Fin) capital recovery
Kapitalrücklage *f* (ReW) capital reserves
(ie, wird im Gegensatz zu den Gewinnrücklagen nicht durch Zuführungen aus dem erwirtschafteten Ergebnis gespeist, sondern durch Zuführungen von außen; eg, Agios und Zuzahlungen = share premiums and shareholder contributions; cf, § 272 II HGB)
Kapitalrückzahlung *f* (Fin) repayment of capital
Kapitalsammelstelle *f* (Fin) institutional investor *(or* buyer)

415

(ie, banks, insurance companies, pension funds, etc.; syn, institutioneller Anleger)

Kapitalschnitt *m*
(Fin) capital writedown
- (sharp) writedown of capital
- decapitalization
(eg, stockholders get one share for a larger number of shares)

Kapitalspritze *f*
(Fin) injection of capital
- equity injection
- cash injection

Kapitalstau *m* (Fin) piling up of investment capital

Kapitalstock *m*
(Vw) capital stock
- stock of capital
(ie, Summe der produzierten Produktionsmittel für Produktionszwecke; syn, Kapitalausstattung)

Kapitalstockanpassungsprinzip *n* (Vw) principle of capital-stock adjustment
(ie, modifies the accelerator principle)

Kapitalstrom *m* (AuW) capital flow

Kapitalstruktur *f*
(Fin) capital/financial . . . structure
- financing mix

Kapitalstrukturpolitik *f* (Bw) capital structure policy

Kapitalsubstanz *f* (Fin) real capital

Kapitalsumme *f*
(Fin) principal *(ie, basic amount without interest)*
(Vers) capital sum *(ie, payable to the insured)*

Kapitaltransfer *m* (Fin) transfer of capital

Kapitalüberweisungen *fpl* (Fin) capital transfers

Kapitalumschichtung *f* (Fin) switching of capital

Kapitalumschlag *m*
(Fin) capital/equity . . . turnover
- (GB) turnover to average total assets
(ie, one of the components of the RoI ratio system; opp, Umsatzrentabilität, qv)

Kapitalumschlaghäufigkeit *f* (Fin) = Kapitalumschlag

Kapitalumstellung *f* (Fin) capital reorganization

Kapital *n* **und Rücklagen** *fpl* (ReW) capital and retained earnings

Kapital *n* **und Zinsen** *mpl* (Fin) principal and interest

Kapitalverflechtung *f*
(Fin) financial . . . locking/interrelation
- interlocking capital arrangements
- capital links
(Fin) = Eigenkapitalverflechtung = equity link

Kapitalverkehr *m*
(AuW) movements of capital
- capital movements
- capital transactions

Kapitalverkehrsbilanz *f* (AuW) = Kapitalbilanz

Kapitalverkehrskontrolle *f*
(AuW) control on the movement of capital
- capital controls
(ie, restricting international currency transactions)

Kapitalverkehrsteuer *f*
(StR) capital transfer tax
- (GB) transfer duty
(ie, includes Gesellschaftsteuer = capital duty,

and *Börsenumsatzsteuer* = exchange turnover tax)

Kapitalverkehrsteuer-Durchführungsverordnung *f* (StR) Ordinance Regulating the Capital Transfer Tax Law

Kapitalverkehrsteuergesetz *n* (StR) Capital Transfer Tax Law, of 17 Nov 1972

Kapitalverminderung *f*
(Fin) capital writedown
- reduction in capital

Kapitalvernichtung *f* (Vw) destruction of capital

Kapitalverschleiß *m*
(VGR) capital (asset) consumption
- capital consumption allowance

Kapitalversicherung *f* (Vers) endowment insurance

Kapitalvertiefung *f* (Vw) capital deepening

Kapitalvertreter *pl* (Fin) stockholders' side

Kapitalverwaltungsgesellschaft (Fin) investment management company

Kapitalverwässerung *f*
(Fin) capital dilution
- dilution of equity
- stock watering

Kapitalverwendung *f* (Fin) employment of capital *(or* funds)

Kapitalverzinsung *f*
(Fin) interest on principal
(Fin) = Kapitalrendite

Kapitalwert *m*
(Fin) net present
- capital
- capitalized . . . value
(eg, of an annuity or right of use)
(Vers) cash value *(ie, of policy)*

Kapitalwertmethode *f* (Fin) net present value *(or* NPV) method
(ie, used in investment analysis)

Kapitalzins *m*
(Fin) long-term interest rate
(Fin) = Kapitalverzinsung
(Fin) rate of return on investment *(or* on capital employed)

Kapitalzufluß *m*
(AuW) capital inflow
- influx of capital
(Fin) inflow of funds

Kapitalzuführung *f*
(Fin) new capital injection
- injection of fresh funds *(or* new capital)

Kapitalzusammenlegung *f* (Fin) capital reduction *(or* merger)

Kapitalzuwachs *m* (Fin) capital accretion

Kapitalzuwachs *m* **aus Höherbewertung von Vermögensteilen** (ReW) revaluation reserve *(or* excess *or* surplus)

Kapitel *n* (EDV, Cobol) section

Kapitel *n* **binden**
(Fin) to lock up
- to tie up
- to absorb . . . capital/funds

Kapitellisten *fpl* (EDV, Cobol) report sections

Kapitelname *m* (EDV) section name

Kapitelüberschrift *f* (EDV, Cobol) section header

KapStDV (StR) = Kapitalertragsteuer-Durchführungsverordnung

kardinale Nutzentheorie *f* (Vw) theory of cardinal utility
kardinaler Nutzen *m* (Vw) cardinal utility *(opp, ordinaler Nutzen = ordinal utility)*
kardinales Meßkonzept *n* (Vw) cardinal utility approach
kardinales Nutzenmaß *n* (Vw) cardinal utility measure
Kardinalzahl *f* (Math) cardinal number
  (ie, number of members of a set; opp, Ordinalzahl)
Karenzentschädigung *f* (Re) compensation paid for the period of prohibition of competition, § 74 II HGB
Karenzklausel *f* (Kart) restraint of competition clause
Karenzzeit *f*
  (com) cooling period
  (Vers) qualifying (*or* waiting) period
Kargo *m* (com) cargo, *pl.* cargoes, cargos *(ie, freight carried by ship, plane, or vehicle)*
Kargoversicherung *f* (Vers) cargo insurance
  (ie, insurance against loss to cargo carried in ships or by other means of transportation, such as trucks, planes; opp, Kaskoversicherung = hull coverage)
Karriere *f* (Pw) career
Karrierefrau *f* (Pw) career woman
Karriere *f* **machen** (Pw) to make a fast career
Karrieremacher *m* (Pw) careerist *(ie, perhaps willing to act unfairly to advance up the organization pyramid)*
Karriere *f* **planen** (Pw) to plan one's own career
Karriereplanung *f* (Pw) career planning
Karriereplanungs-Seminar *n* (Pw) career planning workshop
Karrierismus *m* (Pw) careerism
Karrierist *m* (Pw) = Karrieremacher
Kartei *f* (com) card file
Karteiauswahl *f* (Stat) file sampling
Karteibuchführung *f* (ReW) card accounting
Karteikarte *f*
  (com) index card
  – (GB) record card
karteimäßige Bestandsaufnahme *f* (MaW) card-file monitoring inventory
Kartell *n* (Kart) cartel
  (ie, Form der horizontalen Wettbewerbsbeschränkung = restraint of trade; entsteht durch Vertrag od Beschluß von Unternehmen, die auf dem gleichen relevanten Markt tätig sind; Anreiz bei geringer Preiselastizität und Einkommenselastizität der Nachfrage; the English word is the anglicized version of the German term)
Kartellabsprache *f* (Kart) cartel agreement
Kartellamt *n*
  (Kart) *(Berlin-based)* Federal Cartel Office
  – Anti-Trust Office
Kartellanmeldung *f* (Kart) filing a cartel agreement
Kartell *n* **auflösen** (Kart) to break up a cartel
Kartellbehörde *f*
  (Kart) cartel authority
  – (US) antitrust enforcement agency
  (ie, Department of Justice and Federal Trade Commission)

Kartellbeschluß *m* (Kart) cartel decision
Kartellbeteiligung *f* (Kart) cartel participation
Kartelle *npl* **bekämpfen** (Kart) to combat cartels
Kartellgesetz *n* (Kart) German Antitrust Law
  (ie, is regarded as the legal cornerstone of the German economy; syn, Gesetz gegen Wettbewerbsbeschränkungen, GWB = Law Against Restraint of Competition; passed on July 27, 1957
Kartellhürde *f* **nehmen** (Kart) to clear the antitrust hurdle
Kartellhüter *mpl* (Kart, infml) cartel watchdogs
kartellieren (Kart) to cartelize
Kartellierung *f* (Kart) cartelization
Kartelljurist *m* (Kart, EG) antitrust lawyer
Kartellnovelle *f* (Kart) amendment of the cartel law
Kartellpolitik *f* (Kart) cartel policy
Kartellquote *f* (Kart) pool quota
Kartellrecht *n*
  (Kart) cartel law
  – (oft auch:) antitrust law
kartellrechtliche Bestimmungen *fpl* (Kart) antitrust regulations *(eg, of the EEC)*
kartellrechtliche Hürde *f*
  (Kart, EG) antitrust hurdle
  – obstacle on antitrust grounds
kartellrechtlicher Grundsatz *m* (Kart) antitrust principle (*or* standard)
Kartellregister *n* (Kart) Federal Cartel Register
  (ie, kept at the Federal Cartel Office, § 9 I GWB)
Kartellverbot *n* (Kart) general ban on cartels
Kartellvereinbarung *f* (Kart) cartel agreement
Kartellverfahren *n*
  (Kart) antitrust proceeding
  – competition proceedings
  (ie, against a large machine tool maker)
Kartellvertrag *m* (Kart) cartel agreement
Kartellvertreter *m* (Kart) cartel representative
kartengesteuertes Zahlungssystem *n* (Fin) card-controlled payments system
  (eg, Euroscheckkarte, Geldautomat, POS Banking, Chipkarte)
kartesisches Koordinatensystem *n* (Math) rectangular Cartesian coordinates
kartesisches Produkt *n* **von Mengen** (Math) Cartesian (*or* direct) product of sets
Kaskadenbesteuerung *f* (FiW) cascade (*or* pyramiding) type of taxation
  (ie, imposed at every stage of the economic process)
Kaskaden-Netzwerk *n* (OR) cascaded network
Kaskadensteuer *f*
  (FiW) cascade tax
  – cumulative all-stage turnover tax
  (ie, turnover tax levied on each sale in the distributive chain; syn, Lawinensteuer, Brutto-Allphasen-Umsatzsteuer)
Kaskadensteuerung *f* (EDV) cascade control
Kasko *m*
  (com) means of transportation = Transportmittel
  (Vers) = Kaskoversicherung
Kaskoversicherer *m* (Vers) hull underwriter
Kaskoversicherung *f*
  (Vers) collision damage insurance

– insurance against damage to one's own automobile

(Vers) hull . . . insurance/coverage

(ie, ocean marine or aviation insurance covering the ship or plane itself)

Kassabuch *n* (ReW) cash book

Kassadevisen *pl* (Bö) spot exchange

Kassadollar *mpl* (Fin) spot dollars

Kassa *f* **gegen Dokumente** (com) documents against payment, D/P, d/p

(ie, Importeur erhält Dokumente erst nach Zahlung der Vertragssumme auf e–m Konto der Exporteurbank)

Kassageschäft *n*

(Bö) cash . . . sale/operation/transaction

– spot . . . sale/deal/transaction

– cash bargain

(opp, Termingeschäft = forward transaction)

Kassageschäfte *npl*

(Bö) dealings for cash

– cash . . . bargains/dealings/trade

– spot trading

Kassahandel *m*

(Bö) spot trading

– dealings for cash

Kassakauf *m*

(Bö) cash purchase

– buying outright

Kassakonto *n* (ReW) cash account

Kassakurs *m*

(Bö) spot rate *(or* price) *(ie, of foreign exchange)*

– cash price

(Bö) daily quotation

Kassalieferung *f* (Bö) spot delivery

Kassamarkt *m*

(Bö) cash

– physical

– spot . . . market

(ie, in commodity trading)

Kassanotierung *f* (Bö) spot quotation

Kassapapiere *npl* (Fin) securities traded for cash

Kassaware *f* (Bö) cash *(or* spot) commodity

Kasse *f*

(ReW, Fin) cash on hand

(com) cash register

– POS (point of sale) terminal

(Fin) cash/cashier's . . . office

(Fin) cash payments handling department *(of a bank)*

Kasse *f* **gegen Dokumente** (com) cash against documents, c. a. d.

Kasse *f* **machen** (Fin, infml) to cash up

Kassenabstimmung *f* (ReW) reconciliation of cash

Kassenanweisung *f* (ReW) disbursement instruction

Kassenarzt *m* (SozV) panel doctor

Kassenärztliche Bundesvereinigung *f* (SozV) Federal Association of Panel Doctors

Kassenausgaben *fpl* (FiW) cash expenditure

Kassenausgänge *mpl* (Fin) cash disbursements

Kassenausgangsbuch *n* (ReW) cash disbursement journal

Kassenbeleg *m* (Rew) cash . . . voucher/record

Kassenbericht *m* (ReW) cash report *(or* statement)

Kassenbestand *m*

(ReW) cash

– cash in hand

– cash balance

– cash holding

Kassenbestandsdifferenz *f* (ReW) over and short account

Kassenbestandsnachweis *m* (Fin) records of cash totals

Kassenbestand *m* **und Guthaben** *npl* **bei Kreditinstituten** (ReW) cash and due from banks

Kassenbon *m*

(com) sales slip

– cash receipt

Kassenbuch *n*

(ReW) cashbook

– cash journal

Kassenbuchkonto *n* (ReW) cashbook account

Kassenbuchung *f* (ReW) cash entry

Kassenbudget *n* (FiW) cash budget

Kassendefizit *n*

(Fin) cash deficit *(or* shortfall)

– shorts

Kassendifferenz *f* (Fin) cash over or short

Kassendisposition *f* (Fin) cash management plan

Kassendispositionen *fpl* (Fin, FiW) cash arrangements *(or* transactions)

Kasseneingänge *mpl* (ReW) = Kasseneinnahmen

Kasseneinnahmen *fpl*

(ReW) cash receipts

– takings

Kassenentwicklung *f* (Fin) cash trends

Kassenfehlbetrag *m*

(Fin) cash deficit *(or* shortfall)

– (cash) shorts

Kassenführung *f* (Fin) cash management

Kassenguthaben *n*

(ReW) cash in hand

– cash balance

Kassenhaltung *f*

(Vw) money holding

(Fin) cash management

(Fin) cash balances

(Fin) till money *(ie, of a bank)*

Kassenhaltungseffekt *m* (Vw) cash balance effect *(M. Friedman)*

Kassenhaltungsgleichung *f* (Vw) cash balance equation *(M = k. Y)*

Kassenhaltungsplan *m* (Fin) estimate of cash requirements

Kassenhaltungspolitik *f* (Fin) policy of optimum cash holdings

Kassenhaltungstheorie *f* (Vw) cash balance theory

Kassenkredit *m*

(FiW) cash advance

– central bank advance *(ie, to government agencies)*

– (GB) ways and means advance

Kassenkredite *mpl* (FiW) short-term lending *(ie, to governmental units)*

Kassenkreditzusage *f* (Fin) cash advance facility

Kassenlage *f* (Fin) cash position

Kassenmanko *n* (Fin) cash shortfall

(ie, determined through cash audit)

kassenmäßige Abgrenzung *f* (FiW) in cash terms

kassenmäßige Entwicklung *f* (FiW) movement in cash position

Kassenmittel *pl*
(Fin) cash
– cash resources
Kassenobligationen *fpl*
(Fin) medium-term fixed-rate notes *(ie, issued by Federal Government, Bundesbahn, Bundespost, and a number of banks)*
– Treasury notes
– (US) DM-nominated bearer treasury notes
– *(Austria)* cash bonds
Kassenprüfung *f*
(ReW) cash audit
– spot check
Kassenquittung *f* (Fin) receipt evidencing payment for securities not yet issued
Kassenrevision *f* (ReW) cash audit
Kassensaldo *m* (ReW) cash balance
Kassenscheck *m* (Fin) open check
Kassenschlager *m* (com, infml) money-spinner
Kassenskonto *m/n* (Fin) cash discount
Kassenstreifen *m*
(com) cash register tape
– till receipt *(ie, the one you get in a supermarket)*
Kassensturz *m* (Fin) making the cash
Kassensturz *m* **machen** (Fin, infml) to make the cash
Kassensystem *n* (Mk) checkout facility
Kassensystem *n* **auf Festbestand** (ReW) cash fund on imprest basis
Kassenterminal *n*
(Mk) point-of-sale (POS) terminal
– POS system
(ie, microprocessor-controlled DP system used to register cash and credit sales)
Kassentransaktion *f* (Fin) cash transaction
Kassenverein *m* (Fin) = Wertpapiersammelbank, qv
Kassenzettel *m*
(com) sales check
– (GB) sales slip
Kassettenfarbband *n* (EDV) cassette ribbon
kassieren
(com) to cash
– to collect
Kassierer *m*
(Fin) teller
– (GB) cashier
Kassiererin *f* (com) checkout cashier
Kastendiagramm *n* (Stat) box diagram
Katallaktik *f* (Vw) catallactics
(ie, artificial term that has never won wide acceptance: political economy as the science of exchanges = politische Ökonomie als Tauschwirtschaft)
katalogisiertes Verfahren *n* (EDV) cataloged procedure
Katalogpreis *m* (com) catalog price
Katalogschauraum *m* (Mk) catalog showroom
(ie, verbindet Versandhauswerbung mit offener Verkaufsstelle)
Katalysator *m* (com) catalytic converter
Kataster *m/n* (Re) cadastre
(ie, official inventory of real property, kept by the ,Vermessungsamt' = land surveying office)

Katastrophenrisiko *n* (Vers) catastrophe hazard (*or* risk)
Katastrophen-Rückversicherung *f* (Vers) catastrophe reinsurance
Katastrophenverlust *m* (Vers) catastrophe loss
Katastrophenverschleiß *m* (ReW) depreciation (*or* loss of utility) through catastrophic events
(eg, fire, explosion, inundation)
Katastrophenversicherung *f* (Vers) catastrophal hazard insurance
Katastrophenwagnis *n* (Bw) catastrophal hazard
(ie, included in the general entrepreneurial risk)
kategorematisches Zeichen *n* (Log) categorematic symbol
(ie, one having independent meaning; opp, synkategorematisches Zeichen)
kategorischer Syllogismus *m* (Log) categorical syllogism
kategorisches Urteil *n* (Log) categorical (*or* subject-predicate) proposition
(ie, affirms or denies that something has a property or is a member of a class)
kategorisieren (Log) to categorize
Kathedersozialisten *mpl* (Vw) „socialists of the professorial chair"
(ie, group of political economists and law professors belonging to what in the history of economics is known as the ,historical school'; dominated German universities during the last third of the 19th century and set the stage for Bismarck's social legislation)
ˈKauf *m*
(com) purchase
(Re) sale
Kaufabrechnung *f* (Bö) bought note
Kauf *m* **abschließen**
(com) to conclude a sale
– to conclude a contract of sale
– (infml) to make a deal (*or* bargain)
Kaufabsicht *f* (Mk) buying intention
Kaufangebot *n*
(com) offer to buy
– bid
Kaufanreiz *m* (Mk) buying incentive
Kauf *m* **auf Abruf** (com) call purchase
Kauf *m* **auf Hausse**
(Bö) buying for a rise
– bull buying
Kauf *m* **auf Probe** (com) sale on approval *(ie, goods may be returned though they conform to the contract)*
Kauf *m* **auf Raten**
(com) installment purchase
– (infml) buying on time
Kaufauftrag *m* (Bö) buy order
Kaufauftrag *m* **billigst** (Bö) buy order at market
Kauf *m* **auf Umtausch** (com) sale or exchange *(eg, a store allows purchasers to exchange goods)*
Kauf *m* **auf Ziel** (com) credit sale
Kauf *m* **aus e–r Hand**
(Mk) one-stop shopping
Kaufbereitschaft *f* (Mk) willingness to buy
Kaufempfehlung *f* (Bö) buy recommendation
Kaufentscheidung *f* (Mk) purchase decision
Kaufentschlußanalyse *f* (Mk) activation research

Käufer *m*
  (com) buyer
  – purchaser
  – (fml) vendee
Käuferabruf *m* (Bö) buyer's call
Käuferandrang *m* (Mk) run (*or* rush) of customers
Käufer *m* **e–r Option** (Bö) option buyer
Käufer *m* **e–r Verkaufsoption** (Bö) buyer of a put option
  (ie, darf gegen Zahlung des Optionspreises das Wertpapier innerhalb der Laufzeit der Option zum Basispreis liefern)
Käuferforschung *f* (Mk) psychological buyer research
  (ie, emphasis on buying motives, impulse buying, brand change and loyalty, etc.)
Käufergewohnheiten *fpl* (Mk) buying habits (*or* pattern)
Käufergruppe *f* (com) group of buyers
Käuferinteresse *n* (Bö) buying interest
Käuferkredit *m* (Fin) buyer credit *(eg, granted by a consortium led by Deutsche Bank)*
Käuferkreis *m* (com) category of buyers
Käuferland *n* (AuW) buyer country
Käufermangel *m* (Bö) lack of buying orders
Käufermarkt *m* (Mk) buyer's market *(opp, Verkäufermarkt = seller's market)*
Käuferpflichten *fpl* (Re) buyer's duties
Käuferprämie *f*
  (EG) buyer's premium
  (ie, government payment to EC purchaser of Community products)
Käuferschicht *f* (Mk) category (*or* stratum) of buyers
Käufersouveränität *f* (Mk) consumer sovereignty *(preferred syn: Konsumentensouveränität)*
Käuferstrukturanalyse *f* (Mk) category analysis
Käufer *mpl* **suchen** (com) to seek purchasers
Käuferzielgruppe *f* (Mk) market target
  (ie, group of customers who are the target of a firm's marketing effort)
Kauffahrteischiff *n* (com) trading vessel
Kauffahrteischiffahrt *f* (com) commercial navigation
Kaufgegenstand *m* (com) object sold
Kaufgeldforderung *f* (com) claim for purchase price
Kaufgewohnheiten *fpl* (Mk) buying habits
Kaufhaus *n*
  (Mk) *(inexpensive)* department store
  – (GB) departmental store
Kaufhausgruppe *f* (Mk) department stores group
Kaufhauskonzern *m* (com) retail stores group
Kaufhauswerte *pl* (Bö) stores
Kauf *m* **in Bausch und Bogen**
  (com) bulk sale
  – purchase in bulk
  (Re, *civil law*) sale per aversionem
  (ie, where goods are taken in bulk, not by weight or measure, and for a single price, usu. limited to sale of immovable property)
Kaufinteresse *n* (Bö) buying interest
Kaufinteressent *m*
  (com) prospective (*or* potential) buyer
  – prospect *(syn, Interessent)*

Kaufkosten *pl* (MaW) cost of acquisition
  (eg, telephone, telex, postage, commissions, brokerage)
Kaufkraft *f* (Mk) purchasing/spending . . . power
Kaufkraft *f* **abschöpfen** (FiW) to skim off (*or* siphon off) purchasing power
Kaufkraftabschöpfung *f* (FiW) absorption of excess purchasing power
Kaufkraft *f* **entziehen** (FiW) to drain off purchasing power
Kaufkraftentzug *m* (FiW) drain on purchasing power
Kaufkrafterhöhung *f* (Vw) increase of purchasing power
Kaufkraftforschung *f* (Mk) purchasing power research
  (ie, part of consumer analysis)
kaufkräftige Nachfrage *f* (Vw) effective demand
Kaufkraft *f* **in die Wirtschaft pumpen** (Vw) to pump purchasing power into the economy
kaufkraftindizierte Rechnungslegung *f*
  (ReW) general price level accounting
  – (US) general purchasing power accounting
Kaufkraftkennzahlen *fpl* (Mk) purchasing power indices (*or* indexes)
Kaufkraftminderung *f* (Vw) loss of purchasing power
Kaufkraftparität *f* (AuW) purchasing-power parity
Kaufkraftparitätentheorie *f* (Vw) purchasing-power parity theory
Kaufkraftrisiko *n* (Fin) purchasing power (*or* inflation) risk *(syn, Inflationsrisiko)*
Kaufkraftschöpfung *f* (Vw) creation of purchasing power
Kaufkraftstabilität *f* (Vw) stability of purchasing power
Kaufkraftüberhang *m*
  (Vw) excess money supply
  – excess of purchasing power
Kaufkraftvergleich *m* (Stat) comparison of purchasing power *(ie, made by OECD)*
Kaufkraftverteilung *f* (Mk) spatial pattern of purchasing power
Kaufkraftwährung *f* (Vw) index-linked currency
Kaufkredit *m* (Fin) loan to finance purchases
  (ie, mostly of durable goods)
Kaufkurs *m* (Bö) buying rate
Kaufleasing *n* (Bw) lease with a purchase option
käuflich erwerben
  (com) to acquire by purchase
  – to buy
Kaufmann *m*
  (com) businessman
  Also:
  – trader
  – dealer
  – merchant
kaufmännisch buchen (ReW) to keep commercial accounts
kaufmännische Anweisung *f* (WeR) bill of exchange drawn on a merchant
kaufmännische Buchführung *f* (ReW) commercial bookkeeping
kaufmännische Buchhaltung *f* (ReW) financial (*or* general) accounting

kaufmännische Datenverarbeitung *f* (EDV) business data processing

kaufmännisch eingerichteter Betrieb *m* (com) commercial enterprise

kaufmännische Lehre *f* (Pw) commercial apprenticeship

kaufmännische Orderpapiere *npl* (WeR) commercial negotiable instruments, § 363 HGB

kaufmännischer Geschäftsbetrieb *m* (com) commercially organized business operation

kaufmännischer Kurs *m* (Fin) commercial rate *(ie, Kursart im Devisenhandel)*

kaufmännischer Verpflichtungsschein *m* (WeR) certificate of obligation drawn up by a merchant

kaufmännisches Rechnen *n* (com) business/commercial... arithmetic
(syn, Wirtschaftsrechnen)

kaufmännisches Zurückbehaltungsrecht *n* (Re) mercantile lien
(ie, right to retain possession until claim is satisfied, but including the right of sale, § 369 HGB)

kaufmännische Urkunde *f* (WeR) commercial document
(eg, warehouse receipt, bill of lading, § 363 HGB)

Kauf *m* **mit Preisoption** (com) call purchase *(ie, within stated range of the present price; opp, Verkauf mit Preisoption, qv)*

Kauf *m* **mit Rückgaberecht** (com) sale or return

Kaufmotiv *n* (Mk) buying motive

Kaufnachlaß *m* (com) buying allowance

Kauf *m* **nach Muster** (com) = Kauf nach Probe

Kauf *m* **nach Probe**
(com) sale by sample, § 494 BGB
– purchase on sample

Kauf *m* **nach Warenbeschreibung** (com) sale by description

Kaufneigung *f*
(Mk) inclination to buy
– deal proneness

Kaufoption *f*
(com) buyer's/purchase... option
(Bö) call (option)
– option to buy *(ie, im Rahmen e–s Festgeschäfts)*

Kaufoptionskontrakt *m* (Fin) call contract

Kauforder *f* (Bö) buying order

Kaufortinterview *n* (Mk) point-of-purchase interview

Kaufpreis *m* (com) purchase (*or* contract) price, § 433 II BGB

Kaufpreis *m* **erstatten** (com) to refund the purchase price

Kaufpreisforderung *f* (com) purchase money claim

Kaufpreishypothek *f* (Re) purchase money mortgage

Kaufpreisminderung *f* (com) reduction in price

Kaufpreis *m* **überweisen** (com) to remit the purchase price

Kauf *m* **rückgängig machen**
(Re) to cancel
– to rescind
– to set aside... a sale

Kauf *m* **unter Eigentumsvorbehalt** (Re) conditional sales contract

(ie, where seller reserves title until buyer pays for the goods)

Kaufverhalten *n* (Mk) buying/purchasing... pattern

Kaufverhandlungen *fpl* (com) sales negotiations

Kaufvertrag *m*
(Re) contract for sale
– purchase contract
(Note that transfer of ownership requires transfer of possession, whereas in English law mere sale as a rule transfers title to the goods, § 433 BGB)

Kaufvertrag *m* **abschließen** (com) to conclude a purchase order contract

Kaufvertrag *m* **mit Rücktrittsrecht** (Re) sales contract that is cancellable

Kaufvertragsrecht *n* (Re) law of sales

Kauf *m* **von Anteilen**
(com) purchase of shares *(opp, Kauf von Wirtschaftsgütern = purchase of assets)*

Kauf *m* **von Wertpapieren zur sofortigen Lieferung** (Bö) cash buying

Kauf *m* **von Wirtschaftsgütern**
(com) purchase of assets
– asset... purchase/deal
(opp, Kauf von Anteilen = purchase of shares)

Kaufwelle *f* (Bö) buying surge

Kaufwert *m*
(com) contract price
– purchase price (*or* value)

Kaufwiderstand *m* (Mk) buyer's/buying... resistance

Kauf *m* **zur sofortigen Lieferung**
(Bö) cash buying
– buying outright
(ie, paying cash for immediate delivery)

Kauf *m* **zur späteren Auslieferung** (com) forward purchase

Kaufzwang *m* (Mk) obligation to buy

Kausalanalyse *f* (Bw) causal analysis

kausaler Schluß *m* (Log) causal inference

Kausalgesetz *n* (Log) law of causation

Kausalhaftung *f* (Re) liability based on causation
(ie, irrespective of fault; opp, Verschuldenshaftung = liability based on fault)

Kausalitätsprinzip *n*
(Log) principle of causation (*or* causality)
– cause-effect principle

Kausalkette *f* (Log) chain of causation

Kausalkette *f* **der Beziehungen** (Stat) causal ordering

Kausalzusammenhang *m*
(Log) chain of causation
– causal... chain/concatenation/connection/nexus

Kaution *f* (Fin) security deposit

Kaution *f* **leisten** (Re) to put up bail (for)

Kautionseffekten *pl* (Fin) deposited securities *(ie, of a bank)*

Kautionskredit *m* (Fin) credit as security for a contingent liability *(opp, Avalkreditgeschäft)*

Kautionsversicherung *f*
(Vers) guaranty (*or* surety) insurance
– fidelity bond

Kautionsversicherungs-Gesellschaft *f* (Vers) guaranty association

Kautionswechsel *m* (Fin) bill of exchange deposited
as a guaranty
Kegelschnitt *m* (Math) conic section (*or* conic)
Kegelstumpf *m* (Math) frustrum of a cone
Kehrmatrix *f* (Math) inverse (*or* reciprocal) matrix
Kehrtwendung *f* (Vw) reversal *(eg, in central bank
policy)*
kein Anschluß unter dieser Nummer (com) „no sub-
scriber at this number"
Kellerspeicher *m*
(EDV) cellar
– push-down store *(syn, Stapelspeicher)*
Kellerwechsel *m*
(WeR) fictitious bill
– kite
– windmill
Kennbegriff *m* (EDV) key *(ie, data item that serves
to uniquely identify a data record)*
Kennbegriffsfeld *n* (EDV) key field
Kennbit *n* (EDV) marker (*or* flag) bit
Kennbuchstabe *m* (com) identification letter
Kennedy-Runde *f* (AuW) Kennedy Round *(ie, of
negotiations in 1967 seeking to reduce tariff levels
on industrial products by about one-third)*
Kennlinie *f* (Math) characteristic
Kenn-Nummer *f*
(com) identification number
(ReW) account number
Kennsatz *m* (EDV, Cobol) label (record)
Kennschild *n* (com) label
Kennung *f*
(EDV) answerback code
– station identification *(syn, Stationskennung)*
Kennungsgeber *m* (EDV) answerback unit
Kennwort *n*
(EDV) password
– call word
Kennzahl *f*
(com) code number
– reference number
– operating number
(Bw) ratio
*(ie, betriebliche Kennziffer; eg, Wirtschaftlich-
keit, Rentabilität, Umschlaghäufigkeit; syn,
Kennziffer)*
Kennzahlenanalyse *f* (Bw) ratio analysis
Kennzahlenhierarchie *f* (Fin) ratio pyramid
*(eg, RoI system of E. I. du Pont de Nemours,
ZVEI-Kennzahlensystem; cf, Systematik im
Anhang)*
Kennzeichen *n*
(EDV) flag
(EDV) identifier *(syn, Kennzeichnung)*
(com) automobile identification number
kennzeichnen
(com) to identify
– to label
– to mark
Kennzeichner *m* (EDV, Cobol) qualifier
Kennzeichnung *f*
(com) labeling
– marking
(EDV) identifier *(syn, Kennzeichen)*
Kennzeichnungsbestimmungen *fpl* (Mk) labeling
provisions

Kennzeichnungsoperator *m* (EDV) description (*or*
iota) operator
Kennzeichnungssystem *n* (com) certification system
(cf, DIN 820)
Kennzeichnungsvorschriften *fpl* (com) labeling (*or*
marking) requirements
Kennziffer *f*
(ReW) code number *(ie, used to identify ac-
counting items)*
(Bw) = Kennzahl, qv
Kennziffer-Anzeige *f* (Pw) blind ad
*(ie, one that does not identify the employer; a box
number is provided for responses)*
Kennziffernanalyse *f* (Bw) ratio analysis
Kernarbeitszeit *f* (Pw) = Kernzeit, qv
Kernbegriff *m* (Log) core concept
Kernbereich *m* (Bw) core . . . business/operations
Kerndatei *f* (EDV) core file
Kern *m* **e-r Erfindung** (Pat) pith and marrow of an
invention
Kernfamilie *f* (Stat) core family *(opp, Vollfamilie)*
Kernfunktion *f* (Bw) key/basic . . . function
Kerngeschäft *n*
(com) bottom line
– (infml) staple diet
(syn, Grundgeschäft, Massengeschäft)
Kerngesellschaft *f* (Bw) central company
Kerninhalt *m* **e-s Begriffs** (Log) core intension
Kernproblem *n* (com) focal (*or* key) problem
Kernzeit *f* (Pw) core time
*(ie, period during the day when employees arc
required to be present at work; the rest is flextime
= Gleitzeit; usually from midmorning to midaf-
ternoon)*
Kessel- und Maschinenversicherung *f*
(Vers) boiler and machinery insurance
– use and occupancy insurance
Kette *f*
(Mk) chain store
(EDV) chain
– catena
(ie, series of data linked together)
Kette *f* **e-s Graphen** (Math) chain of a graph
ketten
(EDV) to chain
– to concatenate
Kettenabschluß *m* (Bö) chain transaction *(ie, in for-
ward commodity trading)*
Kettenarbeitsvertrag *m* (Pw) = Kettenvertrag
Kettenbanksystem *n* (Fin) chain banking
Kettenbruch *m* (Math) continued fraction
Kettencode *m* (EDV) chain code
Kettendrucker *m* (EDV) chain printer
*(ie, high-speed printer in which the type slugs are
carried by the links of a revolving chain)*
Kettenhandel *m* (Mk) chain trade
Kettenindex *m* (Stat) chain relative
Kettenläden *mpl* (Mk) chain stores
Kettenlaufzeit *f* (IndE) composite lead time
Kettenpufferzeit *f* (IndE) chain buffer time
Kettenregel *f*
(Math) chain rule
– composite-function rule
– function-of-a-function rule
Kettenziffern *fpl* (Stat) chain relatives

Keynessche Theorie *f* (Vw) Keynesian theory
KfW (Fin) = Kreditanstalt für Wiederaufbau
Kfz-Betriebskosten *pl*
(com) automobile operating costs
Kfz-Finanzierung *f*
(com) auto financing
– financing auto purchase
Kfz-Gewerbe *n* (com, US) auto repair trade
Kfz-Haftpflichtversicherung *f*
(Vers) third-party motor insurance
– motor vehicle liability insurance
Kfz-Kennzeichen *n* (com) automobile identification number
Kfz-Versicherung *f* (Vers) automobile insurance
Kfz-Werkstätte *f* (com) automotive repair shop
Kfz-Zulassung *f* (com) car registration
KG (com) = Kommdanditgesellschaft
KGaA (com) = Kommanditgesellschaft auf Aktien
KGV (Fin) = Kurs-Gewinn-Verhältnis
Kilometergeld *n* (com) mileage allowance
Kilometerpauschale *f* (StR) blanket amount per km
Kinderfreibetrag *m* (StR) allowance for dependent children
Kindergeld *n*
(SozV) support payment for dependent children
(ie, under the ,Bundeskindergeldgesetz')
(StR) children's (*or* family) allowance
Kinderkrankheiten *fpl* (IndE, infml) teething troubles
Kinderkrippe *f*
(Pw) crib
– (GB) crèche
– day nursery
Kinderzuschuß *m* (SozV) children's grant
kinetische Gewinne *mpl* (Vw) windfall profits
Kipper *m* (com) dump truck
Kippvorrichtung *f* (EDV) tilt adjustment
(eg, a PC keyboard or a monitor may have one)
Kirchensteuer *f* (StR) church tax
(ie, an addition to the income tax which the Federal states collect on behalf of the established religious bodies)
Kirchtumspolitik *f* (com) parish-pump (*or* parochial) politics
(ie, putting narrow sectoral interests ahead of the common good or any other overarching goal)
Kladde *f*
(ReW) daybook
– (GB waste book
(ie, in which the transactions of the day are entered in the order of their occurrence; syn, Vorbuch, Strazze)
klagbar (Re) actionable
Klagbarkeit *f*
(Re) actionability
(ie, Zulässigkeitsvoraussetzung der Klage; in der Regel bei Vorliegen e–s Anspruchs; es muß sich in US zum Beispiel um e–e ,judicial controversy' handeln: one in which a claim of right is asserted against one who has an interest in contesting it)
Klage *f*
(Re) action *(ie, in a civil court)*
– lawsuit *(ie, vernacular term)*
– legal proceedings *(ie, in a civil court)*
– suit *(ie, at law or in equity)*

– process in law *(ie, instituted by one party to compel the other to do him justice)*
(StR) complaint, §§ 40 ff FGO
Klage *f* **abweisen** (Re) to dismiss a case
Klageabweisung *f* (Re) dismissal of action
Klageänderung *f* (Re) amendment of action, §§ 263 ff ZPO
Klage *f* **anhängig machen**
(Re) to bring ... action/suit
– to file/lodge ... a suit
– to bring/institute ... legal proceedings
– to proceed against
Klage *f* **auf Aufhebung e-s Vertrages** (Re) action for cancellation of contract
Klage *f* **auf Herausgabe** (Re) action for restitution
Klage *f* **auf Schadenersatz**
(Re) action for damages
– action to recover damages
Klage *f* **auf Wandlung**
(Re) action for cancellation of sales contract
– *(civil law)* redhibitory action
(ie, action to avoid a sale on account of some defect in the thing sold)
Klage *f* **aus Geschäftsführung ohne Auftrag** (Re) action on the grounds of ,negotiorum gestio'
Klage *f* **aus schuldrechtlichem Vertrag** (Re) action ,ex contractu' *(ie, arising out of a contract)*
Klage *f* **aus unerlaubter Handlung** (Re) action ,ex delictu' (*or* in tort)
Klage *f* **aus ungerechtfertigter Bereicherung** (Re) action to remedy unjustified unrichment
Klage *f* **aus Vertrag** (Re) action ,ex contractu' (*or* based on contract)
Klagebegehren *n* **entsprechen** (Re) to permit relief
Klage *f* **einreichen** (Re) = Klage anhängig machen
Klage *f* **erheben** (Re) = Klage anhängig machen
Klageerhebung *f*
(Re) bringing action (*or* suit)
(Kart, GB) notice of reference
Klageerwiderung *f* (Re) answer
Klagegrund *m* (Re) cause of action
(ie, grounds for which a judicial proceeding may be brought)
Klage *f* **ist nicht gegeben** (Re) no action will lie
klagen
(Re) to bring action (*or* suit)
– to sue (for)
– to go to court
– to take legal action
Klagenhäufung *f* (Re) = Klägerhäufung
Klagenschema *n* (StR) types of action, §§ 40, 41 FGO
Klagenverbindung *f*
(Re) = Klägerhäufung
Kläger *m* (Re) plaintiff *(ie, party bringing an action or suing in a civil action)*
Klagerecht *n*
(Re) right of action
– right to bring suit
Klägerhäufung *f*
(Re) consolidation of actions
– consolidation of cases
(ie, mehrere natürliche und/oder juristische Personen klagen gemeinschaftlich; Vereinigung mehrerer Einzelverfahren zu e–m einzigen Ver-

*fahren; syn, subjektive Klagenhäufung, Klagen-
verbindung)*
Klagerücknahme *f*
(Re) abandonment (or withdrawal) of action *(ie,
voluntary discontinuance of legal proceedings; cf,
§ 269 ZPO)*
Kläger *m* **und Beklagter** *m*
(Re) plaintiff and defendant
*(ie, Hauptbeteiligte in den zivil-, sozial-, verwal-
tungs- und finanzgerichtlichen Verfahren; auch
Prozeßparteien oder nur Parteien genannt)*
Klageschrift *f*
(Re) statement of claim, § 253 ZPO
– complaint
Klage *f* **stattgeben**
(Re) to entertain an action
– to allow an action to be brought against
Klageverjährung *f* (Re) limitation of action
Klammer auf (com) left parenthesis
Klammerausdruck *m* (Math) parenthesized expres-
sion
klammerfreie Schreibweise *f*
(EDV) parenthesis-free
– Polish
– prefix ... notation
(syn, polnische od Präfixschreibweise)
Klammer *f zu* (com) right parenthesis
Klarschriftleser *m* (EDV) optical character reader,
OCR *(syn, optischer Belegleser)*
Klarsichtpackung *f* (com) see-through pack
Klartextbelegleser *m* (EDV) optical character read-
er *(syn, Klarschriftleser)*
Klasse *f*
(Log, Math) class
– category
– classification
(Stat) class
– cell
Klassenanzahl *f* (Stat) number of classes (*or* cells)
Klassenbesetzung *f* (Stat) number of variates of a
class
Klassenbildung *f* (Stat) grouping into classes
Klassenbreite *f* (Stat) class interval
Klasseneinteilung *f* (Math) partition of a set
Klassengrenze *f* (Stat) class boundary (*or* limit)
Klassenhäufigkeit *f* (Stat) class (*or* cell) frequency
Klassenintervall *n* (Bw) class interval
Klassenkalkül *n* (Log) calculus of classes
Klassenlogik *f* (Log) logic of classes
Klassenmitte *f*
(Stat) class midpoint
– class mark
– mid-value of class interval
Klassenpunkt *m* (Math) class mark
Klassensumme *f* (Math) class sum
Klassensymbol *n* (Stat) class symbol
Klassifikation *f*
(Stat, Log) classification
(ie, process of grouping individuals into classes)
(com) classification
*(ie, of ships, by classification societies, such as
Germanischer Lloyd, Norske Veritas)*
Klassifikationsattest *n* (com) certificate of classifi-
cation *(ie, issued by a classification society, such
as Germanischer Lloyd)*

Klassifikationsgesellschaft *f* (com) classification
society
*(eg, Lloyd's Register of Shipping, American
Bureau of Shipping, Bureau Veritas, Norske
Veritas, Germanischer Lloyd)*
Klassifikationsschema *n* (Log) classification
scheme (*or* approach)
klassifizieren
(com) to classify
– to categorize
– to grade
Klassifizierungsmaßzahl *f* (Stat) classification
statistic
Klassiker *mpl* (Vw) classical economists *(eg, D.
Hume, A. Smith, D. Ricardo, J. St. Mill)*
klassische Festzinsanleihe (Fin) straight bond
*(ie, neben ihr gibt es Zwischenformen der Eigen-
und Fremdfinanzierung: Wandelanleihe, Bezugsrechtsobligation als Form der Optionsanleihe,
Gewinnobligation und Genußschein)*
klassische Junktorenlogik *f* (Log) traditional (two-
valued) propositional logic
klassischer Barter *m*
(AuW) barter transaction
– straight (*or* pure *or* simple *or* individual)
barter
– pure swap
*(ie, a straight exchange of goods having offsetting
values without any flow of cash)*
klassischer Zinsswap *m* (Fin, infml) plain vanilla
swap
klassische Urteilslogik *f* (Log) logic of propositions
Klausel *f*
(Re) clause
(EDV) clause
*(ie, ordered set of consecutive character strings;
cf, DIN 66 028, Aug 1985)*
Klausel *f* „**beiderseitiges Verschulden**" (com) „both
to blame" collision clause
Klausel *f* „**frei von Bruch außer im Strandungsfall**"
(com) „free from wreck except in case of strand-
ing" clause, § 852 HGB
Klausel *f* „**für behaltene Ankunft**" (com) „safe
arrival" clause, § 850 HGB
Klausel *f* „**ohne Franchise**" (Vers) irrespective of
percentage clause
Klausel *f* **über Schadenabwendung und Schaden-
minderung** (SeeV) sue and labor clause
Klebeeinrichtung *f* (EDV) splicer
Klebestreifen *m* (com) = Klebstreifen
Klebezettel *m* (com) self-adhering label
Klebstreifen *m* (com) adhesive (*or*) glue strip
„**Kleckerkonten**" *npl* (Fin, infml) mini-volume cus-
tomer accounts
Kleinaktie *f*
(Fin) small
– micro
– midget ... stock
*(ie, stock with a minimum par value of DM50,
§ 8 AktG)*
Kleinaktionär *m* (Fin) small shareholder
Kleinanleger *m* (Fin) small investor
Kleinanzeige *f*
(Mk) classified advertisement
– classified ad

– want ad
(ie, dealing with offers or requests for jobs, used cars, apartments, etc.)
Kleinanzeigenwerbung *f* (Mk) classified (or small space) advertising
Kleinbetrieb *m* (com) small business
kleine Freihandelszone *f* (AuW) European Free Trade Area, EFTA
kleine Havarie *f* (SeeV) petty average, § 621 HGB
kleine Kasse *f*
(Fin) petty cash fund
– (GB) float
(com, infml) kitty
kleine Kontroll- od Leitungsspanne *f* (Bw) narrow span of control
kleine Kontrollspanne *f*
(Bw) narrow span of control
(opp, große Kontrollspanne = broad/shallow ... span of control)
kleine Stückelung *f* (Fin) small denomination *(ie, of securities)*
kleine und mittlere Betriebe *mpl* (com) small and medium-sized businesses
kleine Vollkonsolidierung *f* (ReW) equity accounting *(cf, Equity-Methode)*
Kleingedrucktes *n* (com) small print
Kleingeld *n* (com) small change
Kleingeschäft *n* **der Banken** (Fin) retail banking
Kleingruppenforschung *f* (Mk) small-group research
Kleinkredit *m* (Fin) loan for personal (non-business) use
Kleinleben
(Vers) industrial branch business
– industrial life insurance
– (GB) industrial assurance
(Vers, GB) industrial branch
(opp, Großleben = ordinary branch; Nicht-Leben = general branch)
Kleinlebensversicherung *f*
(Vers) industrial life insurance
– (GB) industrial assurance
(opp, Großlebensversicherung = ordinary life insurance; Nicht-Lebensversicherung = general life insurance)
kleinlich (com) narrow-minded
Kleinmaterial *n* (MaW) sundry supplies *(ie, nails, screws, etc.)*
Kleinpreisgeschäft *n* (Mk) low-price store
Kleinserie *f* (IndE) small batch (or lot)
Kleinserienfertigung *f* (IndE) small batch production
Kleinserienprogramm *n* (IndE) (automated) small batch program
Kleinstbewegung *f* (IndE) elemental movement
kleinste obere Schranke *f*
(Math) least upper bound
– supremum
(ie, ... of a subset A of a set S with ordering < is the smallest element of S which is greater than or equal to every element of A)
Kleinste-Quadrate-Methode *f* (Stat) least squares method
(ie, technique of fitting a curve close to some given points which minimizes the sum of the

squares of the deviations of the given points from the curve; syn, Methode der kleinsten Quadrate; cf, Regressionsanalyse)*
kleinster gemeinamer Nenner *m* (Math) least/lowest ... common denominator
kleinstes gemeinsames Vielfaches *n* (Math) least/lowest ... common multiple
kleinstes Glied *n* (Math) least term
kleinste Untersuchungseinheit *f* (Stat) elementary unit
Kleinstquadrate-Schätzer *m* (Stat) least-squares estimator
Klein- und Mittelunternehmen *npl* (com) small and medium-sized businesses
Kleinunternehmen *n*
(com) one-man business
– entrepreneurial firm
Kleinunternehmer *m*
(com, infml) small fry operator
(StR) small trader (or entrepreneur), § 19 UStG
Kleinverkaufspreis *m* (com) retail price
Kleinverkehr *m* (com) trading of goods in retail, § 104 HGB
Klient *m* (com) client
Klimaanlage *f*
(com) air conditioning equipment
– cooling plant
– refrigeration system
Klimasteuer *f* (FiW) climate improvement tax
(ie, planned to reduce the overall volume of CO_2 emissions)
Klinken *fpl* **putzen**
(com, sl) to work from door to door
– (GB) to work on the knocker
Klumpen *m* (Stat) cluster
Klumpenauswahl *f* (Stat) cluster sampling
Klumpenauswahlverfahren *n* (Stat) nested sampling
Klumpeneffekt *m* (Stat) cluster effect
Klumpenstichprobe *f* (Stat) cluster sample
Km-Geld-Erstattung *f*
(com) mileage allowance
knapp (Vw) scarce
knapp behauptet (Bö) barely steady
knapp bei Kasse
(com, infml) short of funds
(com, sl) hard up
knappe Akkord-Vorgabezeit *f* (IndE) tight rate
knappe Liquiditätsausstattung *f* (Vw) shortage of liquid funds
knappe Mehrheit *f*
(com) bare
– narrow
– thin ... majority
knappe Mittel *pl* (Vw) scarce resources
knapper Termin *m* (com) tight deadline
knappes Geld *n* (Vw) tight money
knappe Verfassung *f* **des Marktes** (Vw) tightness of the market
Knappheit *f*
(Vw) scarcity
(com) scarcity
– (infml) crunch
Knappheitsgewinne *mpl* (Vw) scarcity-induced profits

Knappschaft *f* (SozV) social miners' and mine-employees' insurance

knappschaftliche Rentenversicherung *f* (SozV) miners' pension insurance *(ie, branch of ‚Knappschaftsversicherung')*

Knappschaftsrente *f* (SozV) miner's pension

Knappschaftsruhegeld *n* (SozV) miner's pension on early retirement

Knappschaftsversicherung *f* (SozV) miners' social insurance system

Knapsack-Problem *n* (OR) knapsack problem

Knebelungsvertrag *m*
(Re) adhesion contract
– oppressive contract
(ie, meist wegen Sittenwidrigkeit nach § 138 BGB nichtig; eg, Belieferungsvertrag auf mehr als 20 Jahre; weaker party has no realistic choice as to its terms and usually loses its economic independence in favor of another person)

Knoten *m*
(OR) node
– vertex *(ie, of a graph)*

knoten-beschränktes Netzwerk *n* (OR) node-constraint network

knotendisjunkt (OR) node disjoint

Knotenereignis *n* (OR) node event

Knotenpunkt *m* (EDV) nodal point

Knotenpunkt *m* **einer Kurve** (Math) node of a curve

Knowhow *n*
(com) know-how
– (infml) savvy *(eg, marketing...)*

Know-how-Vertrag *m* (Re) know-how agreement

KO (Re) = Konkursordnung

Koalition *f* (Bw) coalition
(ie, expansion of a core group by one or several satellite groups)

Koalitionsfreiheit *f* (Pw) freedom of association

Koalitionsrecht *n* (Pw) right of association

Kodierung *f* (EDV) coding

Kodifikation *f* (Re) codification *(ie, arranging a variety of legal provisions or laws into a single code*

Koeffizient *m* (Math, Stat) coefficient

Koeffizient *m* **der Asymmetrie** (Stat) skewness

Koeffizient *m* **der Kreuzelastizität** (Vw) coefficient of cross-elasticity

Koeffizienten-Matrix *f* (Math) matrix of coefficients

Kofaktor *m* (Math) cofactor

Kofaktor *m* **der Elemente e-r anderen Matrizenzeile** (Math) alien factor

Kofinanzierung *f* (Fin) co-financing
(eg, Eurodollarkredit e–s Bankenkonsortiums + langfristiger Projektkredit der Weltbank; syn, Mitfinanzierung)

Kohleausfuhr *f* (com) coal exports

Kohlebergbau *m*
(IndE) coal mining
(com) coal mining industry

Kohlehalden *fpl* (com) mountains of unsold coal

Kohlekraftwerk *n* (com) coal-fired power station

Kohlendioxydsteuer *f* (FiW) carbondioxide tax
(ie, the EEC commission is considering a scheme that would tax emissions)

Kohlenwertstoffindustrie *f*
(com) coal chemicals industry
– coal derivative industry
(ie, industry related to the recovery of coal chemicals)

Kohlepapier *n* (com) carbon paper

Kohlepfennig *m* (FiW) additional amount charged on every unit of gas and electricity
(ie, a hidden tax used to subsidize building of coal-fueled power stations and cheapen German coal to power industry)

Kohleveredelung *f* (IndE) coal conversion (or transformation)
(ie, includes gasification and liquefaction)

Kohleveredelungsanlage *f* (IndE) coal conversion plant

Kohleveredelungsprogramm *n* (Vw) coal transformation program

Kohorte *f* (Stat) age cohort

Kohortenanalyse *f* (Stat) age cohort analysis *(ie, in population statistics)*

Koinzidenz *f* (Stat) coincidence

Kokskohlebeihilfe *f* (FiW) coaking coal equalization grant *(ie, supposed to make up the difference between imported and domestic coal prices)*

kollationieren
(com) to compare
– to collate
– to reconcile

Kollegialsystem *n* (Bw) collegial system of top management

Kollektion *f*
(Mk) collection
– set of samples

Kollektiv *n*
(Stat) parent population
– *(obsolete)* universe

Kollektivabschreibung *f* (ReW) lump-sum depreciation
(ie, a form of valuation adjustment of fixed assets in small and medium-sized businesses)

Kollektivanzeige *f* (Mk) composite advertisment

Kollektivbedürfnisse *npl*
(Vw) collective needs
– public wants
– social wants

Kollektivbewertung *f* (ReW) = Gruppenbewertung, qv

Kollektiventscheidung *f* (Bw) collective decision

kollektive Preispolitik *f* (Bw) collective pricing policy

Kollektivgüter *npl*
(Vw) public goods
– collective goods

Kollektivismus *m* (Vw) collectivism *(ie, catch-all label for all socialist economic orientations)*

Kollektivklage *f* (Re) = Verbandsklage, qv

Kollektivmarke *f* (Mk, Pat) collective mark

Kollektivmonopol *n* (Vw) collective monopoly
(ie, special type of cartel set up to avoid oligopolistic pricing and cut-throat competition)

Kollektivsparen *n* (Fin) collective saving
(opp, Individualsparen Einzelsparen)

Kollektivversicherung *f* (Vers) group (or blanket) insurance

Kollektivvertretung f (Re) collective representation *(syn, Gesamtvertretung)*

Kollektivwerbung f (Mk) collective advertising *(ie, of a group of firms to promote joint objectives)*

Kollektivzeichen n (Pat) collective trade mark

kollidieren
(Re) to conflict *(eg, interests)*
– to clash
(Pat) to interfere

kollidierende Erfindung f (Pat) interfering invention

kollidierende Interessen npl (com) conflicting (or clashing) interests

kollidierender Anspruch m (Pat) interfering claim

kollidierendes Patent n (Pat) interfering patent

Kollinearität f (Stat) collinearity

Kollision f
(Re) conflict *(eg, of interests)*
(Pat) interference *(ie, of one claim with another)*
(Vers) collision

Kollisionsklausel f
(SeeV) collision clause
– running-down clause

Kollisionsklausel f **bei beiderseitigem Verschulden**
(SeeV) both-to-blame-collision clause

Kollisionsnormen fpl (Re) choice-of-law rules *(ie, im internationalen Privatrecht = in private international law)*

Kollisionspatent n (Pat) interfering patent

Kollisionsschaden m (SeeV) damage due to collision

Kollisionsversicherung f (SeeV) collision insurance

Kollo n, pl. **Kolli**
(com) unit of freight
– package

Kollusion f (Vw) collusion

Kolonnenaddition f (Pw) footing of gross to net pay *(ie, in processing payrolls)*

Kombination f (Math) combination *(ie, in combinatorial mathematics)*

Kombinationsgüterverkehr m (com) combined-transport freight traffic

Kombinationspatent n (Pat) combination patent

Kombinationstransport-Unternehmen m (com) combined transport operator, CTO *(ie, engaged in multi-modal transport; eg, partly road, partly rail; issues a combined transport document)*

Kombinationswerbung f (Mk) tie-in advertising

Kombinatorik f (Math) combinatorial analysis (or mathematics)

kombinatorisches Schaltwerk n (EDV) = Schaltnetz, qv

kombinatorische Topologie f (Math) combinatorial topology

kombinierte Police f (Vers) mixed policy

kombinierter Abschluß m (ReW) combined financial statements *(ie, e-r Unternehmensgruppe mit gemeinsamer Leitung; keine Mutter-Tochter-Beziehung)*

kombinierter Anzeigentarif m (Mk) combination rate

kombinierter Diffusionsindex m (Stat) cumulative diffusion index

kombinierter Index m (Stat) aggregative index number

kombinierter Sprung m (EDV) combined branch

kombinierter Verkehr m
(com) multi-modal transportation
– intermodal traffic (eg, road and rail)
(ie, Beförderung e-s Ladegutes durch mehrere Verkehrsmittel ohne Wechsel des Transportverkehrs; durch multimodale Transportketten)

kombinierte Schaltungsplatte f (EDV) combination board

kombiniertes Transportdokument n (com) combined transport document *(ie, may be negotiable or nonnegotiable; replaces the bill of lading)*

kombiniertes Transportkonnossement n (com) combined transport bill of lading, CT-BL

kombinierte Versicherung f (Vers) multiple risk insurance

kombinierte Währungsklausel f (Vw) combined currency clause

Kommanditaktionär m (com) shareholder in a KGaG

Kommanditanteil m (com) limited partner's share

Kommanditbeteiligung f (com) participation in a limited partnership

Kommanditeinlage f (Fin) limited partner's contribution (or holding)

Kommanditgesellschaft f (com) limited commercial partnership

Kommanditgesellschaft f **auf Aktien** (com) commercial partnership limited by shares *(ie, no equivalent in US and GB)*

Kommanditist m (com) limited (or special) partner *(ie, not liable beyond the funds brought into the partnership; syn, Teilhafter; opp, Komplementär, Vollhafter = general partner)*

Kommanditkapital n (Fin) limited liability capital

Kommanditvertrag m (Re) agreement setting up a limited commercial partnership

Kommandoprozedur f (EDV) command/catalogued . . . procedure

Kommentareintrag f (EDV, Cobol) comment entry *(ie, entry in the Identification Division; cf, DIN 66 028, Aug 1985)*

Kommentarzeile f (EDV) comment line *(ie, a source program line; cf, DIN 66 028, Aug 1985)*

kommerzialisieren (com) to commercialize

Kommerzialisierung f (com) commercialization

kommerziell (com) commercial

kommerzielle Datenverarbeitung f (EDV) business data processing

kommerzielle Einfuhren fpl (AuW) commercial importations

kommerzielle Konvertibilität f (AuW) current-account convertibility

kommerzieller Außenhandel m (AuW) commercial trade

kommerzieller Kurs m (Fin) commercial rate *(ie, Kursart im Devisenhandel)*

kommerzielle Warensendung f (com) commercial consignment

Kommission f
(com) consignment

– production order
(com) committee
(EG) Commission
Kommissionär *m*
(Re) commission agent
– commission merchant
– mercantile agent
*(ie, person professionally undertaking to buy or
sell goods or securities in his own name for the
account of another, § 383 HGB)*
Kommission *f* **der Europäischen Gemeinschaften**
(EG) Commission of the European Com-
munities
Kommission *f* **einsetzen** (Re) to appoint (*or* set up)
a commission
kommissionieren (com) to make out a production
order
*(ie, based on specifications of customer purchase
order)*
Kommissionsagent *m* (com) commission agent
(syn, Kommissionsvertreter)
Kommissionsbuch *n*
(com) order book
Kommissionsgeschäft *n*
(Re) commission agency, §§ 383–406 HGB *(ie,
based on a reciprocal contract, § 675 BGB)*
(com) commission business
(ie, dealing in commodities and securities)
Kommissionsgut *n* (com) goods consigned (*or* on
consignment)
Kommissionshandel *m* (com) commission trade
(opp, Agenturhandel und Eigenhandel)
Kommissionskonto *n* (ReW) consignment account
Kommissionslager *n*
(com) consignment stock
– stock on commission
Kommissionsprovision *f* (com) consignment commission
Kommissionsrechnung *f* (com) consignment invoice
Kommissionstratte *f* (com) bill of exchange drawn
for account of a third party, Art. 3 WG
Kommissionsverkauf *m* (com) sale on commission
Kommissionsverkauf *m* **mit Selbsteintrittsrecht**
(com) sale with self-contracting right
Kommissionsvertrag *m* (com) consignment agreement
Kommissionsvertreter *m* (com) = Kommissionsagent
Kommissionsware *f*
(com) goods in consignment
– consignment goods
– consigned goods
– goods on commission
(syn, Konsignationsware)
Kommissionswechsel *m* (com) = Kommissionstratte
kommissionsweise (com) on commission
Kommittent *m*
(Re) principal, § 383 HGB
(com) consignor
Kommunalabgaben *fpl* (FiW) municipal charges
Kommunalanleihe *f* (FiW) municipal loan
Kommunalbetrieb *m* (FiW) municipal enterprise
Kommunaldarlehen *n* (FiW) municipal loan

kommunaler Eigenbetrieb *m* (FiW) municipal en-
terprise
kommunaler Zweckverband *m* (FiW) municipal
special-purpose association
Kommunalkredit *m* (FiW) municipal loan
Kommunalobligationen *fpl* (FiW) municipal bonds
Kommunalsteuern *fpl* (FiW) municipal taxes *(syn,
Gemeindesteuern)*
Kommunalverband *m* (FiW) municipal organiza-
tion
kommunalverbürgt (Fin) guaranteed by local authorities
Kommune *f* (FiW) municipality *(syn, Gemeinde)*
Kommunikationsanschluß *m* (EDV) communication port
Kommunikationsbefehl *m* (EDV) access instruc-
tion
Kommunikationsbeschreibung *f* (EDV) communi-
cation description *(cf, DIN 66 028, Aug 1985)*
Kommunikationslücke *f* (EDV) communication
gap
Kommunikationsnetz *n* (Bw) communications net-
work
Kommunikationsprozeß *m* (Bw) communications
process
Kommunikationsrechner *m* (EDV) front-end pro-
cessor
Kommunikationsstörung *f*
(Bw) communications breakdown
– distortion in communications
(ie, a distorted version of the message is received)
Kommunikationsstruktur *f* (Bw) lines of information
Kommunikationssystem *n* (Bw) communications
system
Kommunikationstechnik *f* (Bw) communications
techniques (*or* methods)
Kommunikationstheorie *f*
(EDV) information theory
– theory of communication
(syn, Informationstheorie)
Kommunikationsweg *m* (Bw) communication channel *(ie, oral or written, formal or informal, one-
to-one, one-to-many)*
kommutative Gruppe *f* (Math) commutative (*or*
abelian) group *(syn, abelsche Gruppe, qv)*
kommutativer Körper *m* (Math) commutative field
kommutatives Gesetz *n* (Math) commutative law
Kompaktbauweise *f* (EDV) compact design
kompakte Menge *f* (Math) compact set
komparative Dynamik *f* (Vw) comparative dynamics
komparative Kosten *pl* (AuW) comparative cost
(D. Ricardo)
komparativer Vorteil *m* (AuW) comparative advantage
komparative Statik *f* (Vw) comparative statics
Komparativreklame *f* (Kart) comparative advertising
komparativ-statische Analyse *f* (Vw) comparative-
static analysis
Kompatibilität *f*
(Vw) compatibility *(eg, of goals)*
(EDV) compatibility *(syn, Verträglichkeit technischer Einrichtungen)*

Kompensation *f*
(Re) compensation
– set off
(AuW) compensation *(ie, zentraler GATT-Grundsatz)*
Kompensationsabkommen *n* (AuW) offsetting a-greement
Kompensationsbetrieb *m* (com) compensatory type enterprise
(ie, single-product firm trying to bridge seasonal or cyclical downtimes by extending production program)
Kompensationsgeschäft *n*
(AuW) barter transaction
– compensation trading deal
(AuW) compensatory deal
(ie, im engeren Sinne: Verkäufer verpflichtet sich, neben der Bezahlung im Gegenzug für die von ihm gelieferten Produkte Waren vom Käufer ab-zunehmen; Lieferung und Gegenlieferung wer-den in e–m Vertrag geregelt; Form der Verbund-geschäfte)
(Bö) interbank transaction bypassing the stock cxchangc
Kompensationskalkulation *f* (com) = Ausgleichs-kalkulation, qv
Kompensationskriterien *npl* (Vw) tradeoff criteria
(ie, in welfare economics; developed by Kaldor, Hicks, Scitovsky, and Little)
Kompensationskriterium *n* (Vw) compensation principle *(ie, zur Messung von Wohlfahrtsgewin-nen od -verlusten)*
Kompensationskurs *m* (Bö) settlement price in for-ward operations *(syn, Liquidationskurs)*
Kompensationslösungen *fpl*
(Vw) emissions trading
(ie, führen zur Flexibilisierung der starren Um-weltauflagen; Maßnahmen: Ausgleichspolitik, Glockenpolitik, Befreiung von Zulassungs-vorschriften durch ,netting out', Emissionsmin-derungsbanken)
Kompensationsmarkt *m* (Fin) compensation market
Kompensationspunkt *n* (Bö, US) breakeven point
(ie, oberhalb dieses Punktes wird die Options-prämie durch die günstige Kursentwicklung über-kompensiert)
kompensatorische Finanzierung *f* (AuW) compen-satory finance *(ie, Form der Entwicklungshilfe)*
kompensatorische Fiskalpolitik *f* (FiW) compensa-tory fiscal policy
kompensatorische Kosten *pl* (KoR) offsetting costs
kompensatorisches Budget *n* (FiW) compensatory budgeting
kompensatorische Transaktionen *fpl* (AuW) settl-ing transactions
kompensieren
(com) to compensate
– to counterbalance
– to offset
Kompetenz *f* (Bw) authority
Kompetenzabgrenzung *f* (Bw) delineation of powers
Kompetenzbereich *m* (com) area of ... authority/discretion

(syn, Verantwortungsbereich)
Kompetenzdelegation *f* (Bw) delegation of authori-ty *(or responsibility)*
Kompetenz *f* **delegieren** (Bw) to delegate authority *(or responsibility)*
Kompetenzspielraum *m* (Bw) room for competence *(to decide)*
Kompetenzstreitigkeiten *fpl*
(Re) jurisdictional disputes
(Bw) conflicting lines of authority
– conflicts over competence to decide
– jurisdictional disputes
– (GB) demarcation disputes
(ie, between different departments in any organi-zation)
Kompetenzsysteme *npl* (Bw) forms of organization structure
Kompetenzüberschneidungen *fpl*
(Bw) confusion of lines of authority
– instances of plural executives
– multiple command
(ie, leading to multiple subordination)
Kompilieranweisung *f*
(EDV, Cobol) compiler directing statement
– compiler directive
(ie, COPY, ENTER, REPLACE, and USE state-ments; cf, DIN 66 028, Aug 1985)
kompilieren (EDV) to compile
(ie, to create an object program from a source language program by means of a compiler/com-piling routine)
Kompilieren *n* (EDV) compilation
Kompilierer *m*
(EDV) compiler
– compiling program *(or routine)*
Kompilierungsanlage *f* (EDV) source computer
(opp, object computer)
Kompilierzeit *f* (EDV) compile time
Komplement *n*
(Math) absolute complement
(EDV) complement *(syn, Zahlenkomplement)*
Komplementär *m*
(com) general
– unlimited
– full ... partner
(ie, personally liable for all debts of a partner-ship; syn, Vollhafter; opp, Kommanditist, Teilhafter = limited partner)
komplementäre Diversifikation *f* (Bw) complemen-tary diversification
komplementäre Güter *npl*
(Vw) complementary goods
– complements
– joint goods
komplementäre Nachfrage *f* (Vw) joint demand
Komplementärgüter *npl* (Vw) = komplementäre Güter
Komplementärinvestition *f* (Fin) complementary investment
(ie, in preinvestment analysis; syn, Differenzin-vestition, Supplementinvestition)
Komplementarität *f* (Vw) complementarity *(ie, of two goods)*
Komplementärmenge *f* **e-r Punktmenge** (Math) complementary set

Komplement *n* **e-r Menge** (Math) complement of a set
Komplementmenge *f* (Math) complement
(ie, complement of a number A is another number such that the sume A + B will produce a specified result)
komplexe Bedingung *n* (EDV) complex condition
komplexe Kapitalstruktur *f* (Fin) complex capital structure
(ie, comprises both common stock and common stock equivalents or other potentially dilutive securities; cf, dilution)
komplexe Kosten *pl* (KoR) compound (*or* composite) costs
komplexe Zahl *f* (Math) complex number
komplexwertige Funktion *f* (Math) complex-valued function
Komponentenschreibweise *f* (Math) component form
Kompositversicherer *m*
(Vers) composite insurance company
– (infml) pup company
(ie, operating several types of insurance business)
Kompromißvorschlag *m* (com) compromise proposal
Kondiktion *f* (Re, *civil law*) claim to regaining unlawful enrichment
Konditional *n*
(Log) conditional
– material implication
– ‚if-then‘ proposition
konditionale Aussage *f* (Log) hypothetical
Konditionalsatz *m* (Log) conditional statement
Konditionen *fpl*
(com) terms and conditions
(Fin) terms *(eg, of a loan or credit)*
Konditionenanpassung *f* (Fin) adjustment of terms
Konditionenbindung *f* (Fin) commitment to fixed terms
Konditionengestaltung *f* (Fin) arrangement of terms
Konditionenkartell *n* (Kart) condition cartel, § 2 GWB
(ie, involving uniform application of trade terms, terms of delivery or payment, including cash discounts)
Konditionenpolitik *f* (Fin) terms policy
Konditionen *fpl* **ziehen an** (Fin) interest rates go up
Kondratieff-Zyklus *m*
(Vw) Kondratieff cycle
– long-wave business cycle *(ie, 54 to 60 years)*
Konfektion *f*
(com) off the rack
– ready-to-wear
– (GB) off the peg . . . clothes
Konferenz *f*
(com) conference
– meeting
– (infml) get-together
Konferenzabkommen *n* (com) conference agreement *(ie, among ocean carriers as to rates, charges, delivery, etc)*
Konferenz *f* **der Vereinten Nationen für Handel und Entwicklung** (AuW) United Nations Conference on Trade and Development, UNCTAD

Konferenzfrachten *fpl* (com) conference (freight) rates *(ie, in ocean shipping)*
Konferenzgespräch *n* (com) conference call
(ie, by telephones linked by a central switching unit)
Konferenzlinien *fpl* (com) conference lines *(ie, shipping lines linked up by a shipping conference)*
Konferenzraten *fpl* (com) = Konferenzfrachten
Konferenzschaltung *f* (com) conference service
Konferenzteilnehmer *m*
(com) conference participant
– conferee
Konferenzverbindung *n* (com) conference call
(ie, by telephones linked by a central switching unit)
Konferenzzentrum *n* (com) conference center
Konfidenz *f*
(Stat) confidence
– significance
Konfidenzbereich *m* (Stat) confidence belt (*or* interval *or* range *or* region) *(syn, Vertrauensbereich)*
Konfidenzgrenze *f* (Stat) confidence limit
Konfidenzintervall *n* (Stat) = Konfidenzbereich
Konfidenzkoeffizient *m* (Stat) confidence coefficient
Konfidenzniveau *n* (Stat) confidence (*or* significance) level
(ie, probability in acceptance sampling that the quality of accepted lots manufactured will be better than the rejectable quality level; syn, Vertrauensniveau)
Konfidenzstreifen *m* (Stat) = Konfidenzbereich
Konfiguration *f* (EDV) configuration
konfigurieren (EDV) to configure
konfiskatorische Steuer *f* (FiW) confiscatory tax *(ie, enteignungsgleich)*
konfliktinduzierte Inflation *f* (Vw) struggle-for-income inflation
Konfliktkurve *f* (Vw) contract curve
Konflikt *m* **regeln** (com) to settle a conflict
konforme Abbildung *f* (Math) conformal mapping
Konfusion *f*
(Re) confusion of rights
(ie, union of the qualities of debtor and creditor in the same person)
Konglomerat *n*
(Bw) conglomerate company (*or* group)
– conglomerate
(ie, heterogeneous group of affiliated companies; syn, Mischkonzern)
konglomerater Zusammenschluß *m* (Kart, US) conglomerate merger
(ie, of firms which formerly were neither customers, suppliers, nor direct competitors of one another; cf, vertikaler und horizontaler Zusammenschluß; there are three forms: 1. pure; 2. product extension; 3. market extension, qv)
kongruente Abbildung *f* (Math) congruent transformation
konjekturale Anpassung *f* (Vw) conjectural adjustment
(ie, of sales quantity to ‚expected‘ price, or of prices to expected sales quantity)

konjekturale Preis-Absatz-Funktion *f* (Vw) expected price-sales function
konjekturale Prognosemethode *f* (Bw) conjectural forecasting technique
(ie, Expertise von Sachverständigen wird zur Erstellung nutzbar gemacht
Konjugate *f* (Math) conjugate
Konjunktion *f*
   (Log) conjunction
   (ie, a binary propositional connective, usu. read ,and')
   (EDV) AND operation *(syn, UND-Funktion, UND-Verknüpfung)*
konjunktive Normalform *f* (Log) conjunction normal form
Konjunktur *f*
   (com) level of business activity
   – level of economic activity
   – business *(or* economic) activity
   – economic situation
konjunkturabhängig (Vw) cyclical
konjunkturabhängige Erzeugnisse *npl* (Bw) cyclical products
konjunkturabhängiger Wirtschaftszweig *m* (Bw) cyclical industry
Konjunkturabhängigkeit *f* (Vw) cyclicality
Konjunkturabkühlung *f* (Vw) economic decline
Konjunkturabschwächung *f*
   (Vw) slowing down in/of the economy
   – weakening in the economy
   – slackening *(or* weakening) of economic activity
   – tail-off in the pace of economic activity
Konjunkturabschwung *m*
   (Vw) cyclical downturn
   – cyclical downswing
   – contraction
   – decline in economic activity
   – slump
Konjunkturanalyse *f* (Vw) analysis of economic trends
konjunkturanfällig (Vw) sensitive to cyclical influences
Konjunkturaufschwung *m*
   (Vw) business . . . expansion/upturn
   – business upswing
   – cyclical . . . expansion/recovery/upswing /upturn/uptick
   – economic . . . upswing/upturn
   – revival of economic activity
Konjunkturauftrieb *m*
   (Vw) economic upswing
   – further expansion of economic activity
Konjunkturausgleichsrücklage *f*
   (FiW) anticyclical reserve
   – business cycle reserve
   – business cycle equalization reserve
   – counter-cyclical funds
Konjunkturaussichten *fpl* (Vw) economic outlook
Konjunkturbarometer *n* (Vw) business barometer
konjunkturbedingt (Vw) cyclical
konjunkturbedingter Vor- und Nachlauf *m* (Vw) cyclical leads and lags
Konjunkturbelebung *f*
   (Vw) pickup in economic activity

   – business revival
   – rise of economic activity
Konjunkturbelebungsprogramm *n* (Vw) economic stimulation program
Konjunkturberuhigung *f* (Vw) easing of cyclical strains
Konjunkturbewegung *f* (Vw) cyclical movement
Konjunkturbild *n* (Vw) economic situation
Konjunkturdebatte *f* (Vw) economic policy debate
Konjunktureinbruch *m*
   (Vw) setback in economic activity
   – steep downturn
konjunkturell bedingte Zunahme *f* (Vw) cyclical increase
konjunkturelle Abkühlung *f* (Vw) economic slowdown
konjunkturelle Arbeitslosigkeit *f*
   (Vw) cyclical unemployment
   – *(frequently also)* deficiency-of-demand unemployment
konjunkturelle Entwicklung *f*
   (Vw) development of business activity
   – cyclical movement *(or* trend)
konjunkturelle Flaute *f* (Vw) economic slowdown
konjunkturelle Gegensteuerung *f* (Vw) countercyclical response
konjunkturelle Instabilität *f* (Vw) cyclical instability
konjunkturelle Preisschwankungen *fpl* (Vw) cyclical price swings
konjunktureller Abschwung *m*
   (Vw) slide *(or* decline) in economic activity
   – cyclical downturn
konjunktureller Aufschwung *m*
   (Vw) improvement in general economic situation
   – cyclical upturn
   – economic recovery
konjunktureller Wendepunkt *m* (Vw) turning point in economic activity
konjunkturelle Schwankungen *fpl* (Vw) cyclical fluctuations
konjunkturelle Talsohle *f* (Vw) bottom of economic activity
konjunkturelle Talsohle *f* **verlassen** (Vw) to bottom out
konjunkturempfindlich (Vw) cyclically sensitive
Konjunkturempfindlichkeit *f* (Vw) cyclical sensitivity
Konjunkturentwicklung *f* (Vw) economic trend
Konjunkturerwartungen *fpl* (Vw) expected future business conditions
Konjunkturfaktor *m* (Vw) cyclical factor
Konjunkturförderung *f*
   (Vw) cyclical stimulation
   – promotion of economic activity
Konjunkturförderungsprogramm *n* (Vw) government spending program to boost economic activity
Konjunkturforscher *m* (Vw) business cycle analyst
Konjunkturforschung *f* (Vw) business cycle research
Konjunkturforschungsinstitut *n*
   (Vw) economic research institute
   – institute for economic research

431

– (US) business research institute
– *(rarely used)* conjuncture institute

Konjunkturgeschichte *f* (Vw) history of business
cycles

Konjunkturgewinne *mpl* (Vw) cyclical (*or* boom)
profits

Konjunkturhilfeprogramm *n* (Vw) counter-cycle
aid program

Konjunkturindikator *m*
(Vw) business (cycle) indicator
– cyclical indicator
– economic indicator

Konjunkturinstitut *n* (Vw) economic research institute

Konjunkturkartell *n* (Kart) business cycle cartel

Konjunkturklima *n* (Vw) business (*or* economic)
climate

Konjunkturlage *f*
(Vw) economic condition
– business cycle situation

Konjunkturmodell *n* (Vw) business cycle model

konjunkturneutral (Vw) cyclically neutral

konjunkturneutraler Haushalt *m* (FiW) cyclically
balanced budget

Konjunkturphase *f*
(Vw) phase of a business cycle
– business cycle
– (GB) trade cycle

Konjunkturpolitik *f*
(Vw) business cycle policy
– (GB) trade cycle policy
– countercyclical policy
– economic stabilization policy

konjunkturpolitisch (Vw) relating to cyclical policy
– business cycle . . .

konjunkturpolitisches Instrumentarium *n* (Vw)
economic policy tools

konjunkturpolitisch motivierte Steuern *fpl* (FiW)
special anticyclical taxes

Konjunkturprognose *f*
(Bw) business forecast
– business scenario
– (GB) economic forecast

Konjunkturprogramm *n*
(Vw) anticyclical program
– economic policy program
– stimulus program
(eg, Germany should not adopt a . . .)

Konjunkturrat *m* (Vw) Business Cycle Council,
§ 18 StabG

konjunkturreagibel (Vw) responsive to cyclical
trends

konjunkturreagible Steuer *f* (FiW) tax sensitive to
economic trends

Konjunkturrückgang *m*
(Vw) decline in economic activity
– falling economic activity
– economic slowdown
– slowdown in the economy
– tail-off in the pace of economic activity

Konjunkturschwäche *f* (Vw) weakness of economic
activity

Konjunkturschwankungen *fpl*
(Vw) business (*or* cyclical) fluctuations
– cyclical swings in economic activity

– swings in the economic cycle

konjunktursicherer Bereich *m* (Vw) recession-
proof industry

Konjunkturspritze *f*
(Vw) injection of public funds to support
economic activity
– (US, infml) hypo

Konjunkturstabilisator *m* (Vw) economic stabilizer

Konjunkturstabilisierung *f* (Vw) stabilization of
the economy

Konjunkturtest *m* (Stat) business opinion poll

Konjunkturtheoretiker *m* (Vw) business cycle
theorist

Konjunkturtheorie *f*
(Vw) business cycle theory
– (GB) trade cycle theory

Konjunkturtief *n*
(Vw) economic low
– bottom (of economic activity)
– trough

Konjunkturüberhitzung *f*
(Vw) cyclical overstrain
– overheating of the economy

Konjunkturumschwung *m* (Vw) turnaround in
economic activity

Konjunkturverlauf *m*
(Vw) cyclical course (*or* trend)
– economic course (*or* trend)
– course (*or* trend *or* thrust) of economic activity
– run of business
– path of the economy
– economic development

Konjunkturwende *f* (Vw) turnaround of the
economy

Konjunkturzuschlag *m* (FiW) anticyclical surcharge *(ie, on income taxes)*

Konjunkturzyklus *m*
(Vw) business (*or* economic) cycle
– (GB) trade cycle

konkave Kostenfunktion *f* (Bw) concave cost function

konkave Programmierung *f* (OR) concave programming

konkludente Handlung *f*
(Re) intention declared by conduct
– action implying legal intent
– passive manifestation of will
*(eg, contract may be implied from the conduct of
the parties, such as silence, deliberate acquiescence)*

Konklusion *f* (Log) conclusion *(ie, statement infer-
red from the premises of a given argument)*

konkordante Stichprobe *f* (Stat) concordant sample

Konkordanzkoeffizient *m* (Stat) coefficient of a-
greement

konkrete Fahrlässigkeit *f*
(Re) ordinary negligence
– *(civil law)* culpa in concreto
*(ie, failure to use such care as a man of common
prudence takes of his own concerns, responsibility being confined to ‚Sorgfalt in eigenen
Angelegenheiten‘ = diligentia quam in suis (rebus
adhibere solet), § 277 BGB)*

konkrete Güter *npl* (Re) specific goods

konkreter Fall *m* (com) case in point

konkretisieren (Re) to appropriate (*or* identify) goods to a contract

konkretisierte Gattungsschuld *f* (Re) particular goods identified

konkretisierter Vertragsgegenstand *m* (Re) specified (*or* ascertained) goods

Konkretisierung *f*
(Re) appropriation (of goods) to a contract
– ascertainment of goods

Konkurrent *m*
(com) competitor
– rival
– contender *(eg, top contenders in a faltering market)*

Konkurrenz *f*
(com) the competition
– (GB, infml) the opposition
(ie, competing firms in one's business or profession; syn, Wettbewerb)

Konkurrenz *f* **abhängen**
(com, infml) to outdistance competitors
– to leapfrog rivals

Konkurrenzangebot *n*
(com) rival offer (*or* bid)
(Mk) rival supply

Konkurrenz-Aufwertung *f* (Vw) competitive appreciation

Konkurrenz *f* **aus dem Felde schlagen** (com) to outdistance rivals

Konkurrenz *f* **ausschalten**
(com) to defeat
– to eliminate
– outbid . . . one's competitors

Konkurrenz *f* **besänftigen** (com) to mollify competitors *(eg, by orderly marketing agreements)*

Konkurrenzbetrieb *m*
(com) rival firm
– competitor

Konkurrenzdruck *m* (com) competitive pressure

Konkurrenzerzeugnis *n* (com) competing product

Konkurrenzfähigkeit *f*
(com) competitiveness
– competitive edge (*or* position)

Konkurrenzkampf *m* (com) competitive struggle

Konkurrenzklausel *f*
(Re) stipulation/covenant . . . in restraint of trade
– ancillary covenant against competition
– restraining clause
– restrictive covenant
(Pw) non-competition clause *(syn, Wettbewerbsklausel)*

konkurrenzlose Preise *mpl* (com) unmatched prices, §§ 3, 4 UWG

Konkurrenzmodell *n* (Vw) competitive model

Konkurrenzpreis *m* (com) competitive price

Konkurrenzprodukt *n* (com) rival product

Konkurrenzreaktion *f* (Vw) response of rival firms

Konkurrenzspiel *n* (OR) competitive game

Konkurrenzunternehmen *n*
(com) rival firm
– competitor

Konkurrenzverbot *n* (Re) prohibition to compete
(ie, applies to commercial clerks, voluntary ap-

prentices, personally liable partners of OHG and KG, and managing board members, §§ 60, 82 a, 112 HGB, § 88 AktG; syn, Wettbewerbsverbot)*

Konkurrenz *f* **verdrängen**
(com) to cut out
– to wipe out . . . rivals (*or* competitors)
– to put rivals out of the market

konkurrieren (com) to compete (with) *(eg, in a foreign market)*

konkurrierende Einzelwerbung *f* (Mk) competitive advertising

konkurrierende Gesetzgebung *f* (Re) concurrent legislation

konkurrierende Nachfrage *f*
(Vw) alternate
– competing
– rival . . . demand

konkurrierende Ziele *npl* (Bw) conflicting goals

konkurrierende Zuständigkeit *f* (Re) concurrent jurisdiction *(ie, proceeding can be brought in any one of several courts; opp, ausschließliche Z.)*

konkurrieren gegen
(com) to compete against/with
– to contend
– to contest against

konkurrieren mit (com) to compete with

Konkurs *m*
(Re) bankruptcy
– (GB) compulsory winding-up *(according to the Companies Act)*
(Re, US) straight/ordinary . . . bankruptcy
(ie, im Sinne von Zahlungsunfähigkeit bzw. Überschuldung; intended to liquidate the assets of the debtor rather than reorganization; cf, bankruptcy)

Konkurs *m* **abwenden**
(Re) to avoid
– to avert
– to stave off . . . bankruptcy

Konkurs *m* **abwickeln** (Re) to administer a bankrupt's estate
(ie, to reduce to money the property of the estate)

Konkursabwicklung *f* (Re) administration of the property of the bankrupt

Konkursanfechtung *f* (Re) avoidance (*or* contestation) of bankruptcy, §§ 29–42 KO

Konkurs *m* **anmelden** (Re) to file a petition in bankruptcy

Konkursantrag *m*
(Re) petition in bankrupty
– application for bankruptcy, § 103 KO

Konkursantrag *m* **stellen**
(Re) to file a petition in bankruptcy
– to file for bankruptcy

Konkursanwalt *m* (Re) bankruptcy lawyer

Konkursausfallgeld *n* (Pw) payment of net earnings over three months before bankruptcy proceedings are opened
(ie, financed through employers' contributions levied by ‚Berufsgenossenschaften')

Konkurs *m* **beantragen** (Re) to apply for commencement of bankruptcy proceedings

Konkursbilanz *f* (Re) statement of bankrupt's assets and liabilities, § 124 KO *(syn, Konkursstatus)*

Konkursdelikte *npl* (Re) = Konkursstraftaten
Konkursdividende *f*
(Re) dividend in bankruptcy
– percentage of recovery
(ie, in bankruptcy proceedings; syn, Konkurs-
quote)
Konkurs *m* **einstellen** (Re) to suspend bankruptcy
proceedings
Konkurseinstellung *f* (Re) suspension of bankruptcy proceedings
Konkurs *m* **eröffnen** (Re) to open (*or* institute)
bankruptcy proceedings (against)
Konkurseröffnung *f* (Re) commencement of bankruptcy proceedings
Konkurseröffnung *f* **beantragen** (Re) to file a petition in bankruptcy
Konkursforderung *f* (Re) claim against a bankrupt
estate
(opp, Anspruch auf Aussonderung, Abson-
derung und Masseanspruch)
konkursgefährdet (com, infml) cliffhanging *(eg,*
company)
Konkursgericht *n* (Re) bankruptcy court
Konkursgläubiger *m*
(Re) bankrupt's creditor
– creditor in bankruptcy
– creditor to a bankrupt
Konkursgrund *m* (Re) act of bankruptcy
Konkurs *m* **machen**
(Re) to go bankrupt
(com, infml) to go bust
– to go to the wall
Konkursmasse *f*
(Re) bankrupt/bankruptcy . . . estate
– debtor's assets
– estate in bankruptcy
– insolvent assets
Konkursordnung *f* (Re) Bankruptcy Law, as of 1
Jan 1900, variously amended
Konkursquote *f* (Re) = Konkursdividende
Konkursrecht *n* (Re) bankruptcy law
Konkursrichter *m*
(Re) judge in bankruptcy
– judge in charge of bankruptcy proceedings
Konkursschuldner *m*
(Re) bankrupt
– debtor in bankruptcy
– (US) common debtor *(syn, Gemeinschuldner)*
Konkursschuldnerverzeichnis *n* (Re) list of adjudi-
cated bankrupts
Konkursstatus *m* (Re) = Konkursbilanz
Konkursstraftaten *fpl* (Re) bankruptcy offenses,
§§ 283–283 d StGB
(eg, Konkurs, Schuldnerbegünstigung)
Konkurstabelle *f* (Re) bankruptcy schedule *(ie, list-*
ing bankrupt's assets, liabilities, and all unsecured
creditors, § 145 KO)
Konkursverfahren *n* (Re) bankruptcy proceedings
Konkursverfahren *n* **eröffnen** (Re) to open bankruptcy proceedings
Konkursverfahren *n* **mangels Masse einstellen** (Re)
to dismiss petition in bankruptcy for insufficiency of assets
Konkursvergleich *m* (Re) composition in bankruptcy

Konkursverlust *m* (Re) loss due to bankruptcy
Konkursverwalter *m* (Re) bankruptcy trustee *(ie,*
appointed by court to take charge of bankrupt
estate)
Konkursverwaltung *f* (Re) administration of bank-
rupt estate
Konkursvorrecht *n* (Re) priority rights in bank-
ruptcy proceedings *(see: bevorrechtiger*
Gläubiger)
Konkurswelle *f* (Re) wave of bankruptcies
Konnossement *n* (com) bill of lading
(ie, Urkunde des Seefrachtvertrages, welche die
Rechtsverhältnisse zwischen Verlader, Verfrach-
ter und Empfänger regelt; §§ 642 ff HGB)
Konnossement *n* **ausstellen** (com) to make out a bill
of lading
Konnossement *n* **gegen Kasse** (Fin) cash against bill
of lading
Konnossement *n* **mit einschränkendem Vermerk**
(com) unclean bill of lading (*or* B/L)
Konnossementsanteilsschein *m* (com) delivery order, D/O
Konnossementsgarantie *f*
(com) bill of lading guarantee
– letter of indemnity
(ie, beläuft sich idR auf 150% des Warenwerts;
finanzielle Absicherung der Reederei bei Aushän-
digung der Ware ohne Original-Konnossement)
Konnossementsklauseln *fpl* (com) bill of lading
clauses
Konnossements-Teilschein *m* (com) delivery note
Konnotation *f*
(Log) connotation *(ie, of a concept)*
– intension
– comprehension
(opp, Denotation)
Konsens-orientiertes Planungssystem *n* (Bw) consensus system of planning
Konsequens *n*
(Log) consequent
– apodosis
(ie, clause expressing the consequence in a condi-
tional sentence; opp. Antezedens = antecedent,
protasis)
Konsignant *m* (com) consignor *(ie, shipper of con-*
signed goods)
Konsignatar *m* (com) consignee
(ie, party receiving goods on consignment; usu.
commission merchant acting as selling agent for a
commission fee or factorage; opp, Konsignant =
consignor)
Konsignation *f* (com) consignment
Konsignationsbeschaffung *f* (com) consignment
purchasing
(ie, vendor maintains a merchandise inventory on
buyer's premises to which title passes when mate-
rials are used)
Konsignationsgeschäft *n*
(com) sale on consignment
– consignment sale (*or* transaction)
Konsignationshandel *m* (com) consignation selling
(ie, im Welthandel übliche Form des Kommis-
sionsgeschäfts: type of export selling in which
consignee does not take title to the goods which
passes upon sale to final buyer)

Konsignationskonto *n* (com) consignment account
Konsignationslager *n* (com) consignment stock *(ie, carried by commission merchant)*
Konsignationsverkauf *m* (com) consignment sale
Konsignationsvertrag *m* (com, MaW) consignment contract
Konsignationsware *f*
(com, MaW) consigned goods
– consignment merchandise
– goods out on consignment
konsignieren (com) to ship goods on consignment
konsistente Schätzfunktion *f* (Stat) consistent estimator
Konsistenz *f* (Stat) consistence
Konsistenzkoeffizient *m* (Stat) coefficient of consistence
Konsistenzmodell *n* (Vw) fixed-target policy model
Konsole *f* (EDV) operator console *(ie, meist Bildschirm mit Tastatur = screen + keyboard)*
Konsolidation *f*
(Fin) consolidation
– funding
konsolidieren
(Fin) to consolidate
– to fund a debt
konsolidierte Anleihe *f*
(Fin) consolidated (*or* consolidation) bond
– unified bond
– unifying bond
konsolidierte Bilanz *f*
(ReW) consolidated balance sheet
– (GB) consolidated accounts
– (GB) group balance sheet
konsolidierte Gewinn- und Verlustrechnung *f*
(ReW) consolidated income statement
– (GB) consolidated profit and loss account
– group income statement
konsolidierte Konzernbilanz *f* (ReW) group consolidated balance sheet
konsolidierte Konzerngewinn- und Verlustrechnung *f* (ReW) group consolidated profit and loss account
konsolidierte Kredite *mpl* (FiW) funded debt
konsolidierter Abschluß *m*
(ReW) consolidated financial statement (*or* set of accounts)
– group financial statement
– (GB) group assounts
konsolidierter Firmenwert *m* (ReW) consolidated goodwill
(ie, e–r Tochtergesellschaft, den die Mutter oder Holding bei Übernahme erwirbt)
konsolidierter Sonderabschluß *m* (ReW) special consolidated accounts
konsolidierter Teilkonzernabschluß *m* (ReW) consolidated subgroup accounts
konsolidierte Schuld *f* (FiW) consolidated (*or* permanent) debt
konsolidierte Sektorenkonten *npl* (VGR) consolidated sector accounts
konsolidierte Staatsschuld *f* (FiW) consolidated (*or* long-term) public debt
konsolidierte Tochtergesellschaft *f* (Re) consolidated subsidiary
konsolidierte Unternehmensgruppe *f*

(Bw) consolidated group of enterprises
– consolidation
(ie, combination of two or more enterprises, with transfer of net assets to a new corporation organized for the purpose)
Konsolidierung *f*
(ReW) consolidation
(Fin) consolidation
– funding
Konsolidierungsanleihe *f*
(Fin) debt-consolidating loan
– funding loan
Konsolidierungsausgleichsposten *m* (ReW) consolidation excess
Konsolidierungsbuchung *f* (ReW) consolidating entry
Konsolidierung *f* **schwebender Schulden** (Fin) funding of floating debts
Konsolidierungskreis *m*
(ReW) consolidated group (*or* entity)
– reporting entity
(ie, Gesamtheit der Konzernunternehmen, die in den konsolidierten Abschluß einbezogen werden; cf, § 329 II AktG; §§ 290, 294 HGB)
Konsolidierungsstufe *f* (ReW) level of consolidation
Konsolidierungsvorschriften *fpl* (ReW) consolidation rules
Konsorte *m*
(Fin) syndicate member
– underwriter
Konsortialabteilung *f* (Fin) new issues (*or* underwriting) department
Konsortialanteil *m* (Fin) share in a syndicate
Konsortialbank *f* (Fin) consortium bank
Konsortialbeteiligung *f* (Fin) participation in a syndicate
konsortialführende Bank *f* (Fin) = Konsortialführerin
Konsortialführerin *f*
(Fin) (lead) manager
– managing . . . bank/underwriter
– prime underwriter
– principal manager
– syndicate . . . leader/manager
– consortium leader
Konsortialführung *f* (Fin) lead management
Konsortialgebühr *f* (Fin) management charge (*or* fee)
Konsortialgeschäft *n*
(Fin) syndicate (*or* underwriting) transaction
(Fin) underwriting business
Konsortialkredit *m* (Fin) syndicated . . . loan/credit
Konsortialkredite *mpl* (Fin) loan syndications
Konsortialmarge *f* (Fin) issuing banks' commission
Konsortialmitglied *n*
(Fin) syndicate member
– underwriter
Konsortialnutzen *m* (Fin) underwriting commission
(ie, als Teil der Emissionsvergütung; syn, Übernahmeprovision)
Konsortialprovision *f*
(Fin) underwriter's commission
– spread
– management fee

28*

(ie, vom Kreditnehmer an die Konsortialbank als Summenentgelt [flat = einmalig] gezahlt)

Konsortialquote *f* (Fin) underwriting *(or* issuing) share

Konsortialrechnung *f* (Fin) syndicate accounting

Konsortialspanne *f*
(Fin) overriding commission
– spread

Konsortialsystem *n* (Vers) syndicate system

Konsortialverbindlichkeiten *fpl* (Fin) syndicated loans

Konsortialvertrag *m*
(Fin) consortium *(or* underwriting) agreement
(Fin, US) syndicate agreement, qv

Konsortium *n*
(Bw) consortium *(pl.* consortia)
(ie, Gesellschaft des bürgerlichen Rechts, nach außen regelmäßig Gelegenheitsgesellschaft; cf, Industriekonsortium)
(Fin) management group
– financial syndicate
– syndicate of security underwriters
(syn, Bankenkonsortium; civil-law partnership formed by banks to carry on underwriting business)

Konsortium *n* **führen**
(Fin) to lead manager
– to lead *(eg, an underwriting syndicate)*

Konstante *f* (Math) absolute/constant . . . term

konstante Absatzgeschwindigkeit *f* (Mk) constant rate of selling

konstante Differenz *f* (Math) common difference
(ie, of an arithmetic progression or series)

konstante Kosten *pl*
(KoR) fixed total cost *(ie, constant over a period)*
(KoR) fixed average production cost *(ie, constant per unit of output)*

konstante Lohnquote *f* (Vw) constant wage share

konstante Preise *mpl*
(Vw) constant/base-period . . . prices

konstanter Abschreibungssatz *m* (ReW) constant *(or* fixed) rate of depreciation

konstanter Produktionskoeffizient *m* (Vw) fixed coefficient of production

konstanter Prozentsatz *m* (com) fixed percentage

konstanter Schuldendienst *m*
(Fin, US) level debt service
– mortgage amortization
(ie, combined payments of principal and interest (Kapital und Zinsen) on all payments are equal)

konstanter Skalenertrag *m* (Vw) constant returns to scale

konstantes Kapitalkonto *n* (ReW) constant capital account

konstante Substitutionselastizität *f* (Vw) constant elasticity of substitution

konstante Zusatz- od Grenzkosten *pl* (Vw) constant relative costs

Konstanz *f* **der Lohnquote** (Vw) constancy of labor's share

Konstellation *f* (com) combination of circumstances

konstruieren
(IndE) to design
– to engineer

Konstrukteur *m* (IndE) design engineer

Konstruktion *f* (IndE) design

Konstruktionsarbeitsplatz *m* (EDV, CAD) engineering workstation

konstruktionsbegleitende Kostenplanung *f* (KoR) cost planning tied in with design and development

konstruktionsbegleitende Kostenrechnung *f* (KoR) design-and-development-related cost accounting

Konstruktionsfehler *m*
(IndE) faulty design
– design . . . flaw/weakness

Konstruktionsgemeinkosten *pl*
(KoR) indirect design costs
– engineering overhead

Konstruktionskosten *pl*
(ReW) engineering costs
(KoR) design costs

Konstruktionsprinzipien *npl* (IndE) design philosophy

Konstruktionsstand *m* (IndE) engineering level

Konstruktionsstellen *fpl* (KoR) design departments

Konstruktions-Stückliste *f* (IndE) engineering bill of materials

Konstruktionstechnik *f* (IndE) design engineering

Konstruktionsunterlagen *fpl* (IndE) design data

Konstruktionszeichnung *f* (IndE) working drawing

konstruktives Mißtrauensvotum *n* (com) constructive vote of nonconfidence

Konstrukt-Validität *f* (Mk) construct validity

Konsularfaktura *f* (com) = Konsulatsfaktura

Konsulargebühren *fpl* (com) consular fees *(or* charges)

Konsulargut *n* (Zo) consular goods, § 68 AZO

konsularische Amtshandlung *f* (Re) consular transaction

Konsulat *n* (com) consulate

Konsulatsfaktura *f* *(pl.-fakturen)* (com) consular invoice

Konsulatsgebühren *fpl* (com) consular fees

Konsum *m* (com) consumption *(syn, Verbrauch)*

Konsumaufwand *m* (Vw) = Konsumausgaben

Konsumausgaben *fpl* (Vw) consumption expenditure

Konsumebene *f* (Vw) consumption surface

Konsumeinheit *f* (Mk) spending unit

Konsumelektronik *f* (com) consumer electronics

Konsument *m* (com) consumer *(syn, Verbraucher)*

Konsumentenanalyse *f* (Mk) consumer analysis

Konsumentengeschäft *n* (Fin) consumer lending

Konsumentengesellschaft *f* (Vw) consumer society

Konsumentengewohnheiten *fpl* (Mk) consumer habits

Konsumentenhandel *m*
(com) consumer buying
(com) special forms of retail trading, such as consumer cooperatives

Konsumentenkäufe *mpl* (com) consumer sales

Konsumentenkredit *m* (Fin) = Konsumkredit

Konsumentennachfrage *f* (Vw) consumer demand

Konsumentenrente *f* (Vw) consumer's *(or* buyer's) surplus
(ie, a buyer's payment lower than the maximum amount he would have been willing to pay)

Konsumentenrisiko *n* (IndE) consumer's risk
(ie, probability that a lot whose quality equals the

poorest quality that a consumer is willing to tolerate in an individual lot will be accepted by a sampling plan; opp, Produzentenrisiko = producer's risk)

Konsumentensouveränität *f* (Vw) consumer sovereignty

Konsumententreue *f* (Mk) consumer loyalty

Konsumentenverband *m* (Vw) consumers' association

Konsumentenverhalten *n* (Mk) consumer behavior *(syn, Verbraucherverhalten, Käuferverhalten)*

Konsumentenverhaltensmodell *n* (Mk) consumer behavior model
(ie, Strukturmodell, stochastisches Modell, Simulationsmodell, qv)

Konsumentenwerbung *f* (Mk) consumer advertising

Konsumerismus *m* (Vw) consumerism

Konsumfinanzierung *f*
(Fin) consumer credit
– financing of installment sales

Konsumforschung *f* (Mk) consumer research

Konsumfreiheit *f*
(Vw) consumer's freedom to dispose
– freedom of choice by consumers

Konsumfunktion *f* (Vw) consumption function
(ie, relationship between consumption and income; the assumption is that the level of income will determine the level of consumption)

Konsumgenossenschaft *f* (Bw) consumers' cooperative

Konsumgesellschaft *f* (Vw) mass consumption society

Konsumgewohnheiten *fpl*
(Mk) habits of consumption
– consumption patterns

Konsumgüter *npl*
(com) consumer/consumption ... goods *(ie, identical with 'Verbrauchsgüter')*
– consumer nondurables

Konsumgüterhersteller *m* (com) consumer goods maker

Konsumgüterindustrie *f* (com) consumer goods industry

Konsumgütermarketing *n* (Mk) consumer goods marketing

Konsumgütermarkt *m* (Mk) consumer market

Konsumgütermärkte *mpl* (Mk) consumer goods markets

Konsumgütermesse *f* (Mk) trade fair for consumer goods

Konsumgüternachfrage *f* (Mk) consumption demand

konsumieren (com) to consume

Konsumklima *n*
(Mk) consumer sentiment
– buyer confidence

Konsumkredit *m* Fin) consumer credit

Konsumkreditgenossenschaft *f* (Bw) consumer credit co-operative

Konsumlinie *f* (Vw) consumption line

Konsumneigung *f* (Vw) propensity to consume
(ie, functional relationship between a given level of income and consumption spending out of that income; syn, Konsumquote)

Konsumplan *m* (Vw) consumption plan

Konsumquote *f* (Vw) propensity to consume, C/Y
(ie, durchschnittliche K. = average propensity to consume C/Y; marginale K. = marginal propensity to consume dC/dY)

Konsumtabelle *f* (Vw) consumption schedule

Konsumtion *f* (Vw) = Konsum

konsumtive Ausgaben *fpl* (Vw) consumption expenditure

Konsumtivkredit *m* (Fin) = Konsumkredit

Konsumvereine *mpl* (Bw) = Konsumgenossenschaften

Konsumverhalten *n* (Vw) consumption pattern

Konsumwaren *fpl* (com) (durable and nondurable) consumer goods

Konsumwerbung *f* (Mk) consumer product advertising

Konsumzeit *f* (Vw) time needed for consumption

Kontaktbildschirm *m* (EDV) touch screen
(ie, wird durch bloßes Antippen über ein vorgeschaltetes Gitter von Infrarotstrahlen aktiviert; syn, berührungssensitiver Bildschirm)

Kontakter *m*
(Mk) account executive
– account ... manager/supervisor

Kontaktmann *m* (Mk) = Kontakter

Kontaktpflege *f* (Bw) human relations

Kontaktstelle *f* (com) contact (point)

Kontenabbuchung *f* (Fin) automatic debit transfer

Kontenabgleichung *f* (ReW) balancing of accounts

Konten *npl* **abstimmen** (ReW) to reconcile accounts

Kontenabstimmung *f* (ReW) reconciliation of accounts

Kontenanalyse *f* (Fin) account analysis
(ie, to determine the profit or loss incurred by a bank for servicing the account)

Kontenanruf *m* (ReW) entry formula

Kontenauflösung *f* (ReW) fanout (into several other accounts)

Kontenaufteilung *f* (ReW) accounts specification
(eg, according to cost center, product group)

Konten *npl* **ausgleichen** (ReW) to square accounts

Kontenbezeichnung *f* (ReW) account title

Kontenblatt *n* (ReW) account form

Kontenführer *m* (ReW) person in charge of an account

Kontenführung *f* (ReW) account keeping

Kontenglattstellung *f* (ReW) squaring (or adjustment) of accounts

Kontengliederung *f* (ReW) account classification

Kontengruppe *f* (ReW) group of accounts

Kontengruppenbezeichnung *f* (ReW) account group title

Kontenkarte *f* (ReW) account card

Kontenklasse *f* (ReW) account class

Konten *npl (sg. Konto)* (ReW) accounts

Kontenkontrolle *f* (ReW) account control

kontenlose Buchführung *f*
(ReW) ledgerless accounting
– open item system
(ie, Weiterentwicklung der Offene-Posten-Buchführung)

kontenmäßige Darstellung *f* (ReW) account-type presentation

437

Kontenplan *m*
(ReW) chart of accounts
– classification of accounts
Kontenrahmen *m*
(ReW) standard chart of accounts
– uniform system of accounts
(eg, first developed by Schmalenbach in 1927)
Kontenspalte *f* (ReW) account column
Kontensparen *n*
(Fin) deposit account saving
– savings through accounts
Kontenstammdatei *f* (ReW) master account file
Kontenstammsatz *m* (ReW) master account record
Kontenstand *m*
(ReW) balance of an account
– state of an account
Kontensystem *n* (ReW) accounting system
Kontenüberziehung *f* (Fin) bank overdraft
Kontenumschreibung *f* (ReW) transfer from one account to another
Kontenzusammenlegung *f* (ReW) pooling of accounts
Konterbande *f* (Zo) contra band goods
Kontereffekt *m* (Vw) backwash effects
(ie, negativer Entwicklungseffekt, der von der volkswirtschaftlichen Expansion e–r Volkswirtschaft in e–r anderen hervorgerufen wird; concept introduced by G. Myrdal)
Kontermine *mpl* (Bö) group of bull operators
Kontextdefinition *f* (Log) contextual definition
kontextuale Definition *f* (Log) = Kontextdefinition
Kontiarbeiter *m* (IndE) all-shift worker
(ie, working early, late, and night shifts: on workdays, Sundays and holidays; opp, Ein-, Zwei- und Dreischichtler)
kontieren
(ReW) to allocate
– to assign
– to code . . . accounts
Kontierung *f*
(ReW) allocation to an account
– account coding
Kontierungsliste *n* (ReW) accounts code list
Kontinentalsockel *m* (Re) continental shelf
Kontingent *n* (com) quota
Kontingentbeschränkungen *fpl* (com) quota limitations
Kontingent *n* **erschöpfen** (com) to exhaust a quota
kontingentieren (com) to fix a quota
Kontingentierung *f*
(Vw) rationing
(com) quota setting
(Kart) output limitation *(ie, in a ‚Quotenkartell')*
Kontingentierungskartell *n* (Bw) quota-allocation cartel
(ie, restriction of production by allocating quotas to the individual members)
Kontingent *n* **überziehen** (com) to exceed a quota
Kontingenz *f* (Stat) contingency
Kontingenzkoeffizient *m* (Stat) coefficient of contingency
Kontingenztafel *f* (Stat) contingency table
Kontinuante *f* (Math) continuant
kontinuierliche Arbeitszeit *f* (Pw) fluctating workweek

(ie, the day off must no longer be a Sunday; practiced in steelworks and other continuous flow-process plants; syn, gleitende Arbeitswoche)
kontinuierlicher Stichprobenplan *m* (Stat) continuous sampling plan, CSP
kontinuierliches Verfahren *n* (IndE) flow process
kontinuierliche Verzinsung *f* (Fin) continuous convertible interest
kontinuierliche Zeitreihe *f* (Bw) continuous time series
(ie, Beobachtungswerte können zu jedem Zeitpunkt auftreten)
Kontinuumshypothese *f* (Math) continuum hypothesis
Konto *n* (ReW) account
Konto *n* **abgeschlossen** (Fin) account closed
Konto *n* **abschließen**
(ReW) to balance
– to close
– to close out
– to make up
– (infml) to tot up . . . an account
(ReW) to rule off an account
Kontoabschluß *m* (ReW) balancing of an account
Kontoabstimmung *f* (Fin) account reconciliation
Konto *n* **anlegen** (ReW) to open an account
Konto *n* **ausgleichen** (ReW) to balance an account
Kontoauszug *m*
(Fin) statement of account
– bank statement
– abstract of account
Konto *n* **belasten** (ReW) to charge (*or* debit) an account
Kontobewegungen *fpl* (Fin) account movements *(eg, debits, credits, holds)*
Konto *n* **der Sonderziehungsrechte** (AuW) Special Drawing Account
Konto *n* **der übrigen Welt** (VGR) rest-of-the world account *(syn, Auslandskonto)*
Konto *n* **einrichten** (ReW) to set up an account
Kontoeinzahlung *f* (Fin) payment into an account
Konto *n* **erkennen** (ReW) to credit an account (with)
Konto *n* **eröffnen** (Fin) to open (*or* set up) an account (with/at a bank)
Kontoeröffnung *f* (Fin) opening of an account
Kontoform *f*
(ReW) account form
– two-sided form
(ie, der GuV-Rechnung = of income statement; opp, Staffelform = report form)
Kontoform *f* **der Bilanz** (ReW) account form of a balance sheet
Konto *n* **führen**
(ReW) to keep an account
(Fin) to administer an account
kontoführende Bank *f* (Fin) bank in charge of an account
Kontoführung *f*
(Fin) account maintenance
– account management
Kontoführungsgebühr *f*
(Fin) account management/service . . . charge
– account maintenance charge
Konto *n* **glattstellen**

(ReW) to adjust
– to settle
– to square ... an account
Kontoinhaber *m* (Fin) account holder
Kontokarte *f* (ReW) account card
Kontokorrent *n*
(Fin) account current
– current account
– open account
Kontokorrentauszug *m*
(Fin) statement of account
– account current
Kontokorrentbuch *n* (ReW) accounts receivable
(*or* accounts payable) ledger
Kontokorrenteinlagen *fpl* (Fin) current deposits
Kontokorrentgeschäft *n* (Fin) overdraft business
Kontokorrentguthaben *n* (Fin) balance on current
account
Kontokorrentkonto *n*
(Fin) current account
– cash account
– operating account
– (US) checking account
Kontokorrentkredit *m*
(Fin) credit in current account
– advance in current account
– (GB) overdraft facility
Kontokorrentverbindlichkeiten *fpl* (ReW) liabili-
ties on current account
Kontokorrentvertrag *m* (Fin) open account agree-
ment
Kontokorrentvorbehalt *m* (Fin) current account re-
servation
Kontokorrentzinsen *mpl*
(Fin) interest on current account
– current account rates
Konto *n* **mit laufenden Umsätzen** (ReW) active ac-
count
Konto n mit allgemeiner Funktion (ReW) account
with general function
Kontonummer *f* (ReW) account number
Konto *n* **ohne Bewegung** (ReW) inactive account
Konto *n* **pro Diverse, cpd** (Fin) collective suspense
account
Konto *n* **prüfen**
(Fin) to verify an account
Konto *n* **sperren** (Fin) to block an account
Kontospesen *pl* (Fin) account carrying charges
Kontostand *m*
(ReW) balance of an account
– account ... balance/status
– state of an account
Konto *n* **stillegen** (ReW) to flag an account *(ie, tem-
porarily)*
Kontoüberziehung *f* (Fin) overdrawing of an ac-
count
Kontoumsatz *m* (Fin) account turnover
Konto *n* **unterhalten** (Fin) to have an account (with/
at a bank)
Kontounterlagen *fpl* (ReW) account files
Kontovollmacht *f* (Fin) power to draw on an ac-
count
kontradiktorischer Gegensatz *m* (Log) contradic-
tory opposition
Kontrahent *m*

(Re) contracting party
– ctrparty
kontrahieren
(com) to contract
(Re) to agree
– to conclude an agreement (*or* contract)
Kontrahierungsmix *m* (Mk) contract mix
Kontrahierungszwang *m*
(Re) legal obligation to accept contracts, § 453
HGB
– obligation to furnish services to all who apply
Kontrakt *m* (com) contract
kontraktbestimmtes Einkommen *n*
(Vw) contractual income
– income paid under contract
Kontrakteinkommen *n* (Vw) = kontraktbestimmtes Einkommen
Kontraktforschung *f* (Bw) contract research
*(ie, awarded to research institutes, universities, or
other firms)*
Kontraktfrachten *fpl* (com) contract (freight) rates
(ie, in ocean shipping)
kontraktgebundene Sparformen *fpl* (Pw) contractual forms of saving
Kontraktgerade *f* (Vw) contract line
kontraktive Geldpolitik *f* (Fin) tight money policy
kontraktive Maßnahmen *fpl* (Vw) restrictive
measures
kontraktive Offenmarktpolitik *f* (Vw) restrictive
open market policy
kontraktiver Prozeß *m*
(Vw) contractionary process
– business cycle contraction
Kontraktkurve *f* (Vw) contract curve *(syn, Konfliktkurve)*
Kontraktmarketing *n* (Mk) contract marketing
*(ie, vertraglich dauerhafte Gestaltung horizonta-
ler und/oder vertikaler Kooperationen zwischen
Unternehmen e–s Absatzkanals; syn, Kontaktver-
trieb)*
Kontraktspezifikation *f* (Bö) contract specification
*(eg, Basispreis, Verfallsdatum usw. bei Options-
geschäften auf Terminkontrakte)*
Kontraktvertrieb *m* (Mk) = Kontraktmarketing
Kontramarketing *n* (Mk) counter marketing
Kontraposition *f* (Log) contraposition
konträrer Gegensatz *m* (Log) contrary opposition
Kontrastverhältnis *n* (EDV) print-contrast ratio
Kontravalenz *f*
(Log) exclusive disjunction
– alternation
*(ie, kontradiktorischer Gegensatz der klassischen
Logik)*
(EDV) exclusive-OR operation
– non-equivalence operation
– anti-coincidence operation
(syn, Antivalenz, ausschließendes ODER)
Kontrollabschnitt *m*
(Fin) stub
– (GB) counterfoil
Kontrollbit *n* (EDV) control bit *(opp, Datenbit =
information bit)*
Kontrollbudget *n* (FiW) accounting-control budget
Kontrolle *f* **von Einnahmen und Ausgaben** (ReW)
monitoring of receipts and outlays

Kontrollfeld n (EDV) control field *(syn, Steuerfeld)*

Kontrollgrenze f (IndE) control limit
(ie, limit of acceptability in quality control; syn, Regelgrenze)

kontrollierter Kurs m (Fin) controlled rate *(ie, Kursart des Devisenhandels)*

Kontrollinformation f (EDV) check(ing) information

Kontrollinterview n
(Stat) check interview
(Mk) callback

Kontrolliste f (com) check list

Kontrollkarte f
(IndE) control chart
(ie, statistisches Instrument der Produktionskontrolle; a chart in which quantities of data are plotted and used to determine the variation in the process; syn, Qualitätsregelkarte)
(IndE) schedule chart

Kontrollkarte f **für kumulierte Werte**
(IndE) cusum chart
– cumulative sum chart

Kontrollkartentechnik f (IndE) control chart technique

Kontrollkonto n (ReW) check account

Kontrollmitteilung f (StR) tax-audit tracer note
(ie, sent by tax auditors to local tax office of income recipient; cf, § 8 BpO-St, § 194 III AO)

Kontrollmuster n (com) countersample

Kontrollprogramm n (EDV) executive routine

Kontrollpunkt m
(Stat) indifference quality
– point of control
(EDV) checkpoint

Kontrollspanne f
(Bw) span of control
– span of command
– span of management
– span of supervision
– span of responsibility
– chain of command
(syn, Leitungsspanne, Subordinationsquote)

Kontrollsteuer f (FiW) controlling tax *(eg, turnover tax v. income tax, inheritance tax v. net worth tax)*

Kontrollsumme f
(EDV) check
– control
– proof
– hash
– gibberish... total
– check sum

Kontrolluhr f (com) time clock

Kontrollwaage f (IndE) checkweigher

Kontrollwort n (EDV) check word

Kontrollzeitstudie f (IndE) check study

Kontrollziffer f (EDV) check digit

Konventionalstrafe f (Re) = Vertragsstrafe, qv

Konventional-Zolltarif m (Zo) contractual *(or conventional)* tariff

konventioneller Linienfrachter m (com) general cargo ship *(or liner)*

konventionelles Budget n (Fin) administrative budget

konvergente Reihe f (Math) convergent series

Konvergenz f (Math) convergence

Konvergenzaxiom n (Math) axiom of convergence

Konvergenzhypothese f (Vw) theory of convergence
(ie, positing gradual assimilation of economic systems in West and East)

Konvergenzsatz m (Stat) convergence theorem

konverser Begriff m (Log) converse concept

Konversion f
(Re) conversion of legal transaction, § 140 BGB
(ie, if transaction is void but requirements for the validity of another transaction which has the same effect are complied with, such other transaction will be allowed to take the place of the intended transaction)

Konversion f **e-r Anleihe** (Fin) bond conversion

Konversionsanleihe f (Fin) conversion loan

Konversionsguthaben n (Fin) conversion balance

Konversionskurs m (Fin) conversion price

Konversionsmarketing n (Mk) conversional marketing

konvertibel (Vw) convertible

Konvertibilität f (AuW) = Konvertierbarkeit

Konvertibilität f **in laufender Rechnung** (AuW) current-account convertibility

Konvertibilität f **in primäre Reserve-Aktiva** (AuW) reserve-asset convertibility

Konvertibilität f **zwischen den Gemeinschaftswährungen** (EG) convertibility of Community currencies against each other

konvertierbar (Vw) convertible

konvertierbare Währung f (Vw) convertible currency

Konvertierbarkeit f (AuW) (market) convertibility
(ie, to ensure freedom of international payments and capital transactions)

Konvertierbarkeit f **im Rahmen der Leistungsbilanz** (AuW) current account convertibility

konvertieren
(Fin, EDV) to convert

Konvertierung f conversion

Konvertierungsangebot n (Fin) conversion offer

Konvertierungsanleihe f (FiW) conversion issue

Konvertierungsrisiko n (Fin) exchange transfer risk

konvexe Kostenfunktion f (Bw) convex cost function

konvexe Linearkombination f (Math) convex linear combination

konvexe Menge f (Math) convex set

konvexe Programmierung f (OR) convex programming

Konzentration f (Bw) concentration

Konzentrationsanalyse f (Stat) concentration analysis

Konzentrationsauswahl f (ReW) = Cuttoff-Verfahren, qv

Konzentrationsbewegung f (Kart) concentration movement

Konzentrationsindex m (Vw) index of concentration

Konzentrationsmaß n
(Vw) concentration ratio
(ie, e-s Wirtschaftszweiges = of an industry; percentage control that the largest firms in an industry have of that industry's assets, sales, or profits)
(Stat) concentration ratio

– measure of concentration

Konzentration *f* **wirtschaftlicher Macht** (Vw) concentration of economic power

Konzentrator *m* (EDV) concentrator *(ie, device having several input channels and a smaller number of output channels)*

konzentrieren auf, sich
(com) to concentrate on
– to center in/on/upon *(eg, activity, field of attention)*

konzentrierte Modellfunktion *f* (Stat) concentrated likelihood function

Konzept *n* **der einheitlichen Leitung** (Bw) unity of direction

konzeptualisieren (Log) to conceptualize

konzeptueller Bezugsrahmen *m* (Log) conceptual frame of reference (*or* framework)

Konzern *m*
(com) group of affiliated companies
– *(usu. shortened to)* group
– companies under common control
– corporate group
(ie, Zusammenfassung von mindestens zwei rechtlich selbständig bleibenden Unternehmen unter einheitlicher Leitung; cf, § 18 AktG; it is under the common centralized management of the controlling enterprise
(Note that English law has not developed a distinct body of law governing the relationship between holding companies and subsidiaries, and between companies which have substantial shareholdings in other companies not conferring legal powers of control and those of other companies. In this respect English law is less advanced than the German legislation governing public companies, §§ 15–21 and §§ 291–338 AktG)

Konzernabschluß *m*
(ReW) consolidated financial statement, § 290 HGB
– consolidated accounts
(ReW, GB) group financial statements
– group accounts
(ie, need not necessarily be consolidated; cf, British Companies Act 1985, sec. 229)

Konzernabschlußprüfung *f* (ReW) (statutory) group audit
(ie, Pflichtprüfung für Konzerne und Teilkonzerne; cf, § 326 II HGB)

Konzernanhang *m* (ReW) notes to group financial statements
(ie, Ersatz des Erläuterungsteiles des Konzerngeschäftsberichts)

Konzern-Auftragseingang *m* (com) group order intake

Konzernausgleich *m* (ReW) inter-company squaring

Konzernaußenumsatz *m*
(ReW) group external sales
– (GB) group external turnover

Konzernbereich *m* (Bw) group division

Konzernberichtswesen *n* (ReW) group reporting

Konzernbeteiligungen *fpl* (ReW) securities of affiliates

Konzernbetriebsrat *m* (Pw) corporate works council

Konzernbilanz *f* (ReW) consolidated balance sheet

Konzernbilanzgewinn *m* (ReW) consolidated net earnings *(ie, after reserve transfers)*

Konzernbilanz-Summe *f* (ReW) group balance-sheet total

Konzernbuchgewinn *m* (ReW) inter-company (*or* consolidated) profit

Konzernchef *m*
(Bw) chairman of the group
– group's chief executive

Konzernclearing *n* (Fin) group clearing
(ie, Liquiditätsausgleich zwischen einzelnen Konzerngesellschaften)

konzerneigene Anteile *mpl* (Fin) group's own shares

konzerneigene Finanzierungsgesellschaft *f* (Fin) captive finance company

konzerneigene Handelsgesellschaft *f* (com) trading subsidiary

Konzernerfolgsrechnung *f*
(ReW) consolidated income statement

Konzernergebnis *n*
(ReW) consolidated earnings/income/result
– group result

konzernfremde Interessen *npl* (Fin) interests held by parties outside a group (of companies)

Konzernfremder *m* (Fin) outsider to a group

Konzerngeschäfte *npl* (com) intra-group transactions

Konzerngeschäftsbericht *m* (ReW) consolidated annual report, § 334 AktG aF
(ie, wird nach dem Bilanzrichtliniengesetz (Accounting Directives Law) durch den Konzernanhang (§ 314 HGB) und den Konzernlagebericht (§ 315 HGB) ersetzt)

Konzerngesellschaft *f*
(com) group company
– company belonging to a group
– constituent company

Konzerngewinn *m*
(ReW) consolidated (*or* group) profits
– consolidated net income

Konzern-Gewinn und Verlustrechnung *f* (ReW) consolidated statement of income

Konzerngewinn *m* **vor Steuern** (ReW) group pre-tax profits

Konzern-GuV *f*
(ReW) consolidated income statement
– consolidated profit and loss account

konzernintern
(com) intercompany
– intragroup
– within the group

konzerninterne Finanzierung *f* (Fin) intragroup (*or* intercompany) financing

konzerninterne Forderungen *fpl* (ReW) intercompany receivables

konzerninterne Fusion *f* (com) group internal merger

konzerninterne Geschäfte *npl* (com) intragroup transactions

konzerninterne Kapitalströme *mpl* (Fin) intragroup capital flows

konzerninterner Lieferungs- und Leistungsverkehr *m* (com) intragroup shipments (*or* supplies)

441

konzerninternes Clearing *n* (Fin) payments netting *(ie, Aufrechnen weltweiter konzerninterner Forderungen und Verbindlichkeiten; der Clearing-Vertrag, der das Verfahren regelt, entspricht e–m Aufrechnungs-Vorvertrag nach § 355 HGB; Einsparung von Kosten und Zinsen durch Rückgang der Anzahl der Transaktionen und Abbau des Float; syn, internationales Konzernclearing, auch: Netting)*

konzerninterne Umsätze *mpl* (ReW) intercompany sales

konzerninterne Vereinbarung *f* (Re) intercompany agreement

konzerninterne Zinsen *mpl* (Fin) intercompany interest

konzerninterne Zwischengewinne *mpl* (ReW) intragroup intermediate profits

Konzerninvestitionen *fpl* (Fin) group capital investment

Konzernkapitalflußrechnung *f* (Fin) group cash flow statement

Konzernlagebericht *m* (ReW) group management report *(ie, Geschäftsverlauf – development of the business – und Lage des Konzerns – situation of the group – sind so darzustellen, daß ein den tatsächlichen Verhältnissen entsprechendes Bild vermittelt wird: so as to provide a true and fair view; cf, §§ 291 II 3, 315 HGB)*

Konzernleitung *f* (com) central management of a group

Konzernlieferung *f* (com) intragroup delivery

Konzern-Probebilanz *f* (ReW) consolidating financial statement

Konzernprüfung *f* (StR) group tax audit *(ie, made if external group sales are DM50m annually and over)*

Konzernrechnungslegung *f* (ReW) consolidated/group . . . accounting

Konzernrecht *n*
(Re) law relating to groups of affiliated companies
– group law

Konzernrentabilität *f* (ReW) group profitability

Konzernrücklagen *fpl* (ReW) consolidated reserves

Konzernspitze *f*
(com) principal company of a group
(com) = Konzernleitung

Konzern *m* **steuern** (Bw) to steer (*or* direct) a group

Konzernsyndikus *m* (Re) corporate lawyer

Konzerntochter *f* (com) consolidated subsidiary

Konzernüberschuß *m* (ReW) consolidated surplus

Konzernumsatz *m*
(ReW) consolidated sales
– group deliveries
– group sales
– group's business volume
– intercompany sales
– internal deliveries

Konzernunternehmen *n*
(com) group company
(ie, enterprise under common control, § 18 I AktG
Also:

– member of an affiliated group of companies
– affiliate
– allied/associated . . . company

Konzernverbindlichkeiten *fpl*
(ReW) group indebtedness
– intragroup liabilities

Konzernverflechtung *f* (Bw) group integration

Konzernverrechnung *f* (ReW) intercompany pricing

Konzernverrechnungspreise *mpl* (ReW) intercompany prices

Konzernverwaltung *f* (com) group headquarters

Konzernvorbehalt *m* (Re) extended reservation of ownership *(ie, title is reserved until all claims of group affiliates are satisfied)*

Konzernvorstand *m* (com) group executive board

Konzernweltbilanz *f* (ReW) global consolidated accounts

Konzernzwischengewinn *m* (ReW) intergroup profit

konzertierte Aktion *f* (Vw) „concerted action" *(ie, procedure by which the economics minister meets at regular intervals with employer and union representatives to discuss the state of the economy – ended in 1977 after a row about the employers' attitude about codetermination)*

konzertierte Reservenpolitik *f* (EG) concerted policy on reserves

Konzertzeichner *m* (Bö) stag

Konzertzeichnung *f* (Bö) stagging

Konzession *f*
(Re) franchise
– license
– concession

Konzession *f* **beantragen** (Re) to apply for a license

Konzession *f* **entziehen** (Re) to disfranchise

Konzession *f* **erteilen** (Re) to grant a license

konzessionieren
(Re) to license
– to grant a license
– to franchise
– to enfranchise
– (US) to grant a concession

konzessioniert (com) certified

Konzessionsentzug *m* (Re) withdrawing of a license

Konzessionserteiler *m*
(Re) licensor
– franchiser

Konzessionserteilung *f* (Re) issue of a license

Konzessionsgebühr *f*
(Re) license (*or* concession) fee
– royalty

Konzessionsinhaber *m*
(Re) holder of a license
– franchisee
– concessionaire

Konzessionsvertrag *m* (com) franchise agreement

Kooperation *f*
(com) cooperative deal
– (technical) cooperation link-up (with)
(Bw, Kart) cooperation

Kooperationsfibel *f* (Kart) Cooperation Guide *(ie, put out by the Federal Economics Ministry, indicating areas of cooperation between enter-*

prises which should not normally be regarded as coming within the terms of § 1 GWB)

Kooperationskartell *n* (Kart) cooperation cartel

Kooperationsvertrag *m*
(Bw) cooperation agreement
– cooperative deal
(eg, signed between . . .)

kooperativer Führungsstil *m*
(Bw) cooperative style of leadership
– supportive pattern of leadership

kooperatives Oligopol *n* (Vw) cooperative oligopoly

kooperatives Spiel *n* (OR) cooperative game

Kooperator *m* (Mk, retailing) cooperator *(ie, Leiter Information und meist auch Finanzen)*

Koordinate *f* (Math) coordinate

Koordinatenanfang *m* (Math) origin of Cartesian coordinates

Koordinatenebene *f* (Math) coordinate plane

Koordinatenspeicher *m* (EDV) coordinate *(or* matrix) store *(syn, Matrixspeicher, Matrizenspeicher)*

Koordinatentransformation *f*
(Math) coordinate transformation
– transformation of coordinates

Koordination *f* (Bw) coordination *(eg, of corporate activities)*

Koordinationskonzern *m* (Bw) coordinated group of affiliated companies *(opp, Subordinationskonzern)*

Koordinator *m* **der Produktionsplanung** (IndE) production scheduler

Kopfbogen *m* (com) letter head

Kopfetikett *n* (EDV) header (label)

Kopffiliale *f* (Fin) head office *(ie, of banks)*

„Kopfjäger" *m*
(Pw) executive search consultant
– (infml) headhunter

Kopfrechnen *n* (com) mental arithmetic *(eg, to do . . .)*

Kopfsteuer *f*
(FiW) capitation
– head
– (GB) poll . . . tax
(ie, recently relivened by the Conservative British Government)

Kopie *f*
(com) copy
– duplicate

Kopieranweisung *f* (EDV, Cobol) copy statement

Kopiergerät *n* (com) copier

Kopiergerätemarkt *m* (com) copier market

Kopplungsgeschäft *n*
(com) package deal
– linked transaction
(Kart) tie-in sale
(ie, one product cannot be bought without another)

Kopplungskauf *m* (com) block booking

Kopplungsklausel *f* (Re) tie-in clause

Kopplungsvereinbarung *f* (Kart) tying agreement

Korbflasche *f* (com) demijohn
(ie, large bottle encased in wickerwork, frequently used in export trade for transporting chemicals)

Korbwährung *f* (Fin) basket currency

(ie, zwei Unterarten: 1. Warenreservewährung; 2. Währungskorbwährung; cf, Währungskorb)

Körper *m*
(Math) number field *(or* domain)
– domain of rationality
– commutative field
(syn, Rationalitätsbereich)

körperbehindert (Pw) physically handicapped

Körperbehindertenpauschale *f* (StR) lump sum tax benefit for handicapped persons

Körperbehinderter *m* (SozV) handicapped person

Körperdiagramm *n* (Stat) three-dimensional diagram

Körpererweiterung *f* (Math) extension of a field *(syn, Erweiterungskörper, Oberkörper)*

Körpererweiterung *f* **1. Art** (Math) separable *(or* algebraic) extension of a field
(syn, separable od algebraische Körpererweiterung)

Körpergrad *m* (Math) finite extension of a field *(syn, endliche Körpererweiterung)*

körperliche Bestandsaufnahme *f*
(MaW) phyiscal inventory
– physical stocktaking
– physical count

körperliche Eigenschaften *fpl* **der Waren** (com) physical characteristics of the goods

körperliche Erfassung *f* (MaW) physical count

körperliche Gegenstände *mpl* (Re) corporeal objects

körperliche Inventur *f* (ReW) = körperliche Bestandsaufnahme

Körperschaden *m* (Re) bodily *(or* physical) injury

Körperschaft *f*
(Re) statutory corporation
– corporate body
– body corporate
(ie, legal persons organized under public and private law, represented by their own statutory agents)

Körperschaftbesteuerung *f* (StR) taxation of corporations

Körperschaft *f* **des öffentlichen Rechts**
(Re) corporation under public law
– public body
– public corporation
– public-law corporation
– entity of the public law

Körperschaft *f* **des privaten Rechts** (Re) corporation under private law

Körperschaftsteuer *f* (StR) corporation *(or* corporate) income tax

Körperschaftsteuer-Befreiung *f* (StR) exemption from corporation tax

Körperschaftsteuer-Durchführungsverordnung *f* (StR) Ordinance Regulating the Corporation Income Tax Law

Körperschaftsteuererklärung *f* (StR) corporation income tax return

Körperschaftsteuergesetz *n* (StR) Corporation Income Tax Law, of 31 Aug 1976

körperschaftsteuerliches Anrechnungsverfahren *n* (StR) corporate tax imputation procedure

körperschaftsteuerpflichtig (StR) liable in corporate income taxes

Körperschaftsteuer-Reform f (StR) corporate tax reform

Körperschaftsteuerreformgesetz n (StR) corporation tax reform law

Körperschaftsteuer-Richtlinien fpl (StR) Corporation Income Tax Regulations

Körperschaftsteuer-Vorauszahlung f (StR) prepayment of estimated corporation income tax, § 48 KStG
– advance corporation tax, ACT

Körperverletzung f
(Re) bodily injury
– (US also) personal injury

Korrektionsfaktor m (Stat) correction factor

korrektive Mißbrauchsaufsicht f (Kart) = Mißbrauchsaufsicht, qv

Korrektivposten m (ReW) = Korrekturposten

Korrektur f (com) adjustment

Korrekturbuchungen fpl (ReW) adjustment entries
(ie, to correct errors during an audit)

Korrektur f **endlicher Grundgesamtheiten** (Stat) finite sampling correction

Korrekturkarte f (EDV) patch card (syn, Änderungskarte, Patch-Karte)

Korrekturleser m (com) copyreader

Korrekturmaßnahmen fpl (IndE) corrective action
(ie, taken to handle and resolve problems of nonconformance; syn, Abhilfemaßnahmen)

Korrektur f **nach oben**
(com) upward revision
– scaling up

Korrektur f **nach unten**
(com) downward revision
– scaling down

Korrekturposten m
(ReW) correcting entry
– offsetting item

Korrekturroutine f (EDV) patch

Korrekturschlüssel m (EDV) key for corrections

Korrektur f **überhöhter Preise** (Mk) disappreciation

Korrekturzeit f (EDV) corrction/settling ... time
(ie, time required for the controlled variable
– Regelgröße – to reach and stay within a predetermined band about the control point following any change of the independent variable or operating condition – Regelstrecke – in a control system)

Korrelation f (Stat) correlation
(ie, interdependence between measurable variates
= Zufallsvariable; may be extended to one or more of them)

Korrelationsanalyse f (Stat) correlational analysis
(ie, Verfahren der multivariaten Analyse zur Bestimmung des Zusammenhangs zwischen zwei od mehreren statistischen Variablen)

Korrelationsdiagramm n (Stat) correlation diagram

Korrelationsfläche f (Stat) correlation surface

Korrelationsindex m (Stat) correlation index

Korrelationskoeffizient m
(Stat) correlation coefficient
– coefficient of correlation
(ie, a number ranging von −1 to +1 indicating how well an assumed distribution (usually linear) describes the relationship between random var-

iables (usually two); zeros indicate no relationship)

Korrelationsmaße npl (Stat) measures of correlation

Korrelationsmatrix f (Stat) correlation matrix

Korrelationsparameter m (Stat) correlation parameter

Korrelationsquotient m (Stat) correlation ratio

Korrelationstabelle f
(Stat) correlation table
– bivariate table

Korrelogramm n (Stat) correlogram
(ie, graph of serial correlation in time series analysis = Zeitreihenanalyse)

Korrespondent m
(com) correspondence clerk (ie, person handling commercial correspondence)
(Fin) correspondent bank

Korrespondentreeder m (com) managing owner (ie, of a ship)

Korrespondenzabteilung f (com) correspondence department

Korrespondenzbank f
(Fin) correspondent bank
– foreign correspondent
(ie, foreign bank with which a domestic bank is doing business on a continuous basis)

Korrespondenzspediteur m (com) correspondent forwarder

Korrespondenzversicherung f (Vers) home-foreign insurance

korrespondierende Buchhaltung f (ReW) corresponding accounting unit

korrespondierende Reihe f (Math) coincident series

korrigierbarer Code m (EDV) error correcting code

korrigieren
(com) to correct
– to rectify
– to remedy
– to set to rights
– to straighten out
(com) to blue-pencil (ie, to revise written material)

Kosinusfunktion f (Math) cosine function

Kosinussatz m (Math) law of cosine

Kosten pl
(com) cost(s)
– charges
– expense(s)
– expenditure
– outlay

Kostenabweichung f (KoR) cost variance (ie, between actual and standard cost)

Kostenabweichungsanalyse f
(KoR) cost variance analysis
– analysis of cost variance

Kostenanalyse f (KoR) cost analysis

Kostenanschlag m
(com) cost estimate
(com) bid
– quotation

Kostenanstieg m (com) increase (or rise) in costs

Kostenarten fpl (KoR) cost types

Kostenartenkonto n (KoR) cost account

444

Kostenartenrechnung *f* (KoR) cost type accounting
(ie, costs are classified according to type of goods or services consumed)
Kostenartenverteilung *f* (KoR) allocation of cost types
(ie, to cost centers and costing units = Kostenstellen und Kostenträger)
Kostenaufbau *m* (KoR) cost structure *(ie, of a unit of output, may be wage intensive, materials intensive, etc.)*
Kosten *pl* auffangen (com) to absorb costs
Kosten *pl* aufgliedern (com) to itemize costs
˄ Kostenaufgliederung *f* (KoR) cost... breakdown/splitup
Kostenauflösung *f* (KoR) breakdown of total costs
(ie, Zuordnung der Gesamtkosten in fixe und variable Kosten; into fixed and proportional elements; Verfahren: buchtechnische, mathematische und statistische Kostenauflösung; ferner planmäßige Kostenauflösung; syn, Kostenteilung, Kostenzerlegung
Kosten *pl* aufschlüsseln (com) to break down expenses
Kostenaufteilung *f* (KoR) allocation of costs
Kostenbelastung *f* (KoR) cost burden
Kostenbeschränkung *f* (Vw) cost constraint
Kostenbestandteile *mpl* (KoR) cost... components/elements
Kostenbestimmungsfaktoren *mpl* (KoR) cost determinants
Kosten *pl* bestreiten (com) to defray costs
Kostenbeteiligung *f*
(com) cost sharing
– assuming a share of costs
(com) shared cost
Kosten *pl* bewerten (KoR) to cost
Kostenbewertung *f* (KoR) costing
Kostenbewertung *f* von Vorräten (ReW) inventory costing
kostenbewußt (Bw) cost conscious
Kosten *pl* bis dahin (KoR) final manufacturing cost
Kosten *pl* bis zum Löschen (com) landed cost *(ie, includes cif and other charges and insurance)*
Kostenblock *m* (KoR) pool of costs *(eg, total pool of manufacturing cost)*
Kostendämmung *f*
(com) cost cutting
– curbing costs
– cost containment
Kostendämpfungsgesetz *n* (SozV) Law to Curb the Cost Expansion (of Health Insurance)
Kosten *pl* decken
(com) to cover/recover... costs
– to break even
– to clear costs
– to recoup costs
kostendeckende Prämie *f* (Vers) net premium
kostendeckender Betrieb *m* (Bw) self-supporting enterprise
kostendeckender Preis *m* (com) cost covering price
Kostendeckung *f* (com) cost coverage (*or* recovery)
(eg, was not achieved)
Kostendeckungsbeitrag *m*
(KoR) contribution margin
– marginal income

(ie, sales minus variable expenses)
Kostendeckungspunkt *m* (KoR) breakeven point
(syn, Gewinnschwelle, Nutzschwelle, toter Punkt)
Kostendegression *f* (Bw) decline of marginal unit cost *(ie, one phase of the cost behavior pattern)*
Kostendenken *n* (KoR) cost conciousness
Kosten *pl* der Aktienausgabe
(Fin) expense of issuing shares
– expense incurred in connection with the issuance of shares
Kosten *pl* der allgemeinen Geschäftsführung (KoR) general management cost
Kosten *pl* der Auftragsabwicklung (com) order filling costs
Kosten *pl* der Auftragsbeschaffung (com) order getting costs
Kosten *pl* der Außerbetriebnahme (KoR) decommissioning cost
Kosten *pl* der Betriebsbereitschaft
(KoR) cost of (keeping plant in) readiness
– ready-to-serve cost
– standby cost
– capacity cost
Kosten *pl* der Eigenkapitalfinanzierung (Fin) cost of equity finance
Kosten *pl* der fehlenden Lieferbereitschaft (KoR) out-of-stock costs
Kosten *pl* der Kapitalbeschaffung (Fin) capital procurement cost
Kosten *pl* der Kuppelprodukte (KoR) joint-product cost
(ie, total costs incurred up to the point of separation of the different products = Gabelungspunkt)
Kosten *pl* der Kuppelproduktion
(KoR) joint
– common
– related... cost
Kosten *pl* der Lagerhaltung
(KoR) carrying... cost/charges
– cost of carrying
– holding cost
Kosten *pl* der Nacharbeit (com, KoR) cost of rework
Kosten *pl* der Nichtverfügbarkeit (KoR) outage cost
Kosten *pl* der Rechtsverfolgung
(Re) cost of litigation
– cost of seeking judicial remedy
Kosten *pl* der Umrüstung (KoR) change-over cost
Kosten *pl* der verkauften Erzeugnisse
(ReW) cost of goods sold
– cost of sales
Kosten *pl* der verkauften Erzeugnisse und Leistungen (ReW) cost of goods and services sold
Kosten *pl* der Werbemaßnahmen (KoR) media advertising and public relations cost
Kostendruck *m*
(com) upward pressure on costs
– cost pressure
(Vw) cost push
(ie, als Form des Angebotsdrucks diskutierte Inflationsursache: Kostensteigerungen können nicht durch Produktivitätssteigerungen aufgefangen werden)
Kostendruckinflation *f* (Vw) cost-push inflation

Kosteneffizienz *f* (Bw) engineering efficiency
(ie, relation between volume output and costed input = Verhältnis zwischen Mengenausbringung und bewertetem Input)
Kosteneinflußgrößen *fpl* (KoR) cost determinants
Kosteneinsparung *f*
(com) cost cutting
– cost saving
– (infml) rampage on expenses
Kostenelement *n* (KoR) cost component (*or* element)
Kostenerfassung *f*
(KoR) cost finding
– cost accumulation
– cost recording
Kosten *pl* **ermitteln** (com) to determine costs
Kostenermittlung *f* (KoR) cost finding
(ie, determining the cost of a product by allocation of direct cost and proration – anteilmäßige Verrechnung – of some or all indirect cost)
Kosten *pl* **ersetzen** (com) to refund/reimburse ... costs
Kostenersparnis *f* (com) cost saving
Kosten *pl* **erstatten** (com) to reimburse/refund ... expenses
Kostenerstattung *f*
(com) reimbursement of expenses
– refund of costs
Kostenexplosion *f*
(com) cost explosion
– runaway costs
Kostenfluß *m* (KoR) cost flow
Kostenflußnachweis *m* (KoR) cost flow statement
Kostenführer *m* (com) cost leader
Kostenführerschaft *f* (com) cost leadership
Kostenfunktion *f* (Bw) cost function
Kosten *pl* **für Leichterung und Handhabung** (com) lightering and handling charges
kostengünstige Alternative *f* (com) cost effective alternative
Kosten *pl* **hereinholen** (com) to recapture/recover ... costs
kosteninduzierte Inflation *f* (Vw) cost-push inflation
Kostenkategorien *fpl*
(KoR) types of cost *(E. Schmalenbach)*
– cost categories
Kostenkennzahlen *fpl* (KoR) cost ratios
Kostenkoeffizient *m* (IndE) cost coefficient
Kostenkonten *npl* (KoR) cost accounts
Kostenkontrolle *f*
(KoR) cost/expense ... control
– cost monitoring
Kostenkontrolle *f* **im Fertigungsbereich** (KoR) industrial cost control
(ie, system or process used to keep manufacturing cost in line)
Kosten-Leistungs-Verhältnis *n* (IndE) cost-to-performance ratio
kostenlos
(com) at no charge
– free of charge
– without charge
kostenlose Ersatzlieferung *f* (com) replacement free of charge

kostenlose Lieferung *f* (com) delivery free of charge
Kostenmanagement-System *n* (KoR) cost management system
(ie, als Grundlage rechnergestützter Fertigung)
Kostenmatrix *f* (OR) cost matrix
Kostenmiete *f* (Re) cost-covering rent
(ie, der Mietpreis e–r Sozialwohnung darf den zur Deckung der laufenden Aufwendungen erforderlichen Betrag nicht übersteigen; cf, § 8 WoBinG)
kostenminimaler Fluß *m* (OR) minimal cost flow
Kosten *pl* **minimieren** (Bw) to minimize cost
Kostenminimierung *f* (Bw) cost minimization
Kostenminimum *n* (Bw) cost minimum *(ie, level of activity at which unit costs are minimized)*
Kostenmodell *n* (Bw) cost model *(eg, of a multiproduct firm)*
Kosten *pl* **niedrig halten** (com) to hold down cost
Kosten-Nutzen-Analyse *f* (Vw, Bw) cost-benefit analysis
Kosten-Nutzen-Verhältnis *n* (Vw, Bw) cost-benefit ratio
kostenoptimale Allokation *f* (Vw) least-cost combination
kostenoptimale Eindeckung *f* (MaW) least-cost replenishment of inventories
Kostenoptimum *n* (Bw) cost optimum
(ie, at which the ratio of total cost to number of units of output is lowest; average cost and marginal cost are equal at this intersection)
Kostenpaket *n* (OR) cost package
kostenpflichtig abweisen (Re) to dismiss (a case) with cost
Kostenplan *m* (KoR) cost ... plan/budget
Kostenplanung *f*
(KoR) cost planning
– expense budgeting
Kostenplatz *m* (KoR) workplace
Kostenpreis *m* (Bw) cost price
(ie, based on cost + percentage of cost as profit and risk element)
Kosten-Preis-Schere *f* (Vw) cost-and-price scissors
Kostenprinzip *n* (Bw) full-recovery principle of costing *(ie, cost price + profit markup)*
Kostenrechner *m* (KoR) cost accountant
Kostenrechnung *f* (KoR) cost accounting
(ie, zentrales Teilgebiet des internen Rechnungswesens)
Kostenrechnung *f* **nach Verantwortungsbereichen** (KoR) responsibility accounting
Kostenrechnungssystem *n* (KoR) cost/costing ... system
(ie, nach dem Zeitbezug der verrechneten Kosten wird unterschieden:
1. Istkostenrechnung;
2. Normalkostenrechnung;
3. Plankostenrechnung;
nach dem Sachumfang der verrechneten Kosten: Voll- und Teilkostenrechnung, qv)
Kostenremanenz *f* (KoR) lagged adjustment of variable costs
(ie, to changes in activity volume; kurzfristige bewegliche Kosten passen sich an Änderungen des Beschäftigungsgrades erst mit zeitlicher Verzögerung an)
Kostensammelblatt *n*

(KoR) job cost sheet
– job order cost sheet
Kostensammelkarte *f*
(KoR) job card
– cost... card/sheet
(ie, on which the detailed costs of an order are recorded)
Kostensammelkonten *npl* (KoR) collective cost accounts
Kostensatz *m* (KoR) cost unit rate
Kostenschaukel *f* (com, infml) cost jig-saw
Kostenschlüssel *m* (KoR) cost allocation base
Kosten *pl* **senken**
(com) to cut
– to reduce
– to trim
– to improve... costs
Kostensenkung *f*
(com) cost... cutting/reduction
– cost improvement
Kostensenkungsaktion *f*
(com) cost cutting campaign
– economy campaign
Kostensenkungsprogramm *n* (com) cost-cutting program
Kosten *pl* **sparen** (com) to save... costs/charges
kostensparende Maßnahmen *fpl* (com) cost-reducing improvements
Kosten *pl* **spezifizieren** (com) to itemize costs
Kostenspielraum *m* (KoR) cost latitude
Kostenspirale *f* (Bw) cost spiral
Kostenstatistik *f* (KoR) cost statistics
Kosten *pl* **steigen** (com) costs... increase/rise/go up
Kostenstelle *f*
(KoR) cost center
– costing point
– expense center
– unit of activity
(ie, area of responsibility within a plant where costs are budgeted, authorized and controlled)
Kostenstellenausgleichsverfahren *n* (KoR) cost center squaring
Kostenstellenblatt *n* (KoR) cost center summary sheet
Kostenstellengemeinkosten *pl* (KoR) cost center overheads
Kostenstellen-Gemeinkostenzuschlag *m* (KoR) cost center overhead rate
Kostenstellengliederung *f*
(KoR) functional expense classification
– departmentalization
(KoR) cost center structure
Kostenstellengruppe *f* (KoR) cost center group
Kostenstellenkonten *npl* (ReW) cost center accounts
Kostenstellenkosten *pl* (KoR) cost center cost
Kostenstellenlagebericht *m* (Bw) operating unit status report
Kostenstellenplan *m* (ReW) chart of functional accounts
Kostenstellenrechnung *f*
(KoR) cost center accounting
– departmental costing
(ie, in which the cost unit overheads occurring

during the accounting period are planned, recorded, accounted for and checked)
Kostenstellenüberdeckung *f* (KoR) cost center surplus
Kostenstellenumlage *f* (KoR) cost center charge transfer
Kostenstellenumlageverfahren *n* (KoR) step ladder method
Kostenstellenunterdeckung *f* (KoR) cost center deficit
Kostenstellenvergleich *m* (KoR) cost center comparison
Kostenstellenverrechnung *f* (KoR) cost center charge transfer
Kostensteuern *fpl* (StR) taxes chargeable as expenses
Kostenteilung *f* (KoR) = Kostenauflösung
Kosten *pl* **tragen** (com) to absorb/bear/take over... costs
Kostenträger *m*
(KoR) cost objective
– (costed) unit of output
(ie, Zurechnungsbasis für die Ist-, Normal- od Plankosten)
Kostenträgererfolgsrechnung *f* (KoR) cost-unit statement of income
(ie, in der kurzfristigen Erfolgsrechnung)
Kostenträgergemeinkosten *pl* (KoR) cost unit overheads
Kostenträgergruppe *f* (KoR) cost unit group
Kostenträgerrechnung *f*
(KoR) job order cost accounting
(ie, letzter Schritt zur Aufteilung der Produktionskosten auf die Leistungen des Abrechnungszeitraums; besteht aus Kostenträgerzeitrechnung und Kostenträgerstückrechnung)
Kostenträgerstückrechnung *f* (KoR) cost unit accounting
(ie, in ihr werden die Kosten der einzelnen Leistungen kalkuliert)
Kostenträgerzeitrechnung *f* (KoR) cost unit period accounting
(ie, die nach Arten und Gruppen gegliederten Leistungen der Periode)
Kostenüberdeckung *f* (KoR) cost surplus
Kosten *pl* **übernehmen** (com) to absorb/bear/take over... costs
Kostenüberschreitung *f* (com) cost overrun
Kostenübertragung *f* (KoR) cost transfer
Kostenüberwachung *f* (KoR) expense control
Kostenumlage *f*
(KoR) cost allocation
– cost distribution
– cost apportionment
– cost assignment
Kosten- und Ertragslage *f* (Bw) cost-earnings situation
Kosten- und Leistungsrechnung *f* (KoR) cost accounting and results accounts
Kosten- und Produktionsmittel-Revision *f* (OR) cost and resources updating worksheet
Kosten- und Terminbilanz *f* (OR) cost of work report
Kosten *pl* **ungenutzter Kapazität** (KoR) idle capacity cost

Kosten *pl* **verbundener Produktion** (KoR) common cost

Kostenvergleich *m* (KoR) cost comparison

Kostenvergleichsrechnung *f* (Fin) cost comparison method *(ie, in preinvestment analysis)*

Kostenverhalten *n* (KoR) cost behavior

Kostenverlauf *m*
(KoR) pattern of cost behavior
– cost behavior pattern

Kosten *pl* **verrechnen**
(KoR) to allocate costs
– (infml) to parcel out costs

Kostenverrechnung *f*
(KoR) cost allocation
– cost apportionment
– cost/expense . . . distribution

Kosten *pl* **verteilen** (ReW) to spread cost *(eg, over some years)*

Kostenverteilung *f* (KoR) = Kostenverrechnung

Kostenverteilungsbogen *m* (KoR) cost allocation sheet

Kosten *pl* **verursachen** (com) to run up costs

Kostenverursachungsprinzip *n* (KoR) principle of allocation by which variable costs must be traced to cost centers and costing units where such costs originated

Kostenvoranschlag *m*
(com) cost estimate
– preliminary estimate
– (GB) bill of quantity *(ie, in the building contracting business)*
(com) bid
– quotation

Kostenvorgabe *f* (KoR) cost objective

Kostenvorlauf *m* (KoR) cost anticipation

Kostenvorschau *f* (KoR) cost-outlook report

Kostenvorschuß *m* (Re) advance on the costs

kostenwirksame Ausgaben *fpl* (KoR) cost-related outlay

Kostenwirksamkeit *f* (Bw) cost effectiveness

Kostenwirksamkeitsanalyse *f* (FiW) cost effectiveness analysis
(ie, vergleichende Bewertung von Objekten oder Handlungsalternativen)

Kostenzange *f* (com) cost squeeze

Kostenzerlegung *f* (KoR) = Kostenauflösung

Kostenziel *n* (KoR) cost objective

Kostenzurechnung *f* (KoR) = Kostenverrechnung

Kostenzusammenstellung *f* (KoR) cost sheet

Kostgeschäft *n* (Fin) take-in transaction

Kotieren *n* (Bö) official listing of a security

kovariante Komponente *f* (Math) covariant component

Kovarianz *f* (Stat) covariance
(ie, Maß für die Stärke des Zusammenhangs zwischen Variablen)

Kovarianzanalyse *f* (Stat) analysis of covariance

Kovarianz *f* **der Grundgesamtheit** (Stat) parent covariance

Kovarianzmatrix *f* (Stat) covariance matrix

Kraftfahrtversicherung *f*
(Vers) automobile insurance
– (GB) motor insurance
(ie, Gliederung: Kraftfahrzeug-Haftpflichtversicherung, Kaskoversicherung, Kraftfahrt-Unfall-

versicherung, Gepäckversicherung, qv; syn, Kraftverkehrversicherung, Autoversicherung, qv)

Kraftfahrzeug *n*
(com) motor vehicle
– automobile

Kraftfahrzeugbrief *m*
(com, US, appr) manufacturer's statement of origin
(ie, identifies vehicle, its serial number, and its owner)
(com, GB) registration book

Kraftfahrzeughaftpflichtversicherung *f*
(Vers) third-party automobile insurance
– (GB) motor insurance

Kraftfahrzeugindustrie *f*
(com) automobile (*or* automotive) industry
– (GB) motor (vehicle) industry

Kraftfahrzeugsteuer *f*
(StR) motor vehicles tax
– (GB) vehicle license tax

Kraftfahrzeugversicherer *m* (Vers, GB) motor insurer

Kraftfahrzeugversicherung *f*
(Vers) automobile insurance
– (GB) motor insurance

kraft Gesetzes (Re) by operation of the law
– by act of law

kräftig anziehen (Bö) to advance strongly

kräftig senken
(com) to slash
– to reduce steeply

Kraftloserklärung *f*
(Re) invalidation
– forfeiture
– cancellation

Kraftpapier *n* (com) kraft paper
(ie, strong, usu. brown paper made from pulp and used for wrapping)

Kraftverkehrspedition *f*
(com) trucking company
– (GB) haulage contractor

Kraftverkehrsversicherung *f* (Vers) = Kraftfahrtversicherung

Kraftwagenkosten *pl* (StR) automobile expenses

Krankengeld *n* (SozV) sickness benefit (*or* pay)

Krankengeldversicherung *f* (Vers) temporary disability insurance

Krankengeldzuschuß *m*
(Pw) sickness contribution

Krankenhauskosten *pl* (Vers) hospital charges

Krankenhauskostenversicherung *f* (Vers) = Krankenhausversicherung

Krankenhauspflegesatz *m* (SozV) hospital per-diem charge

Krankenhausversicherung *f*
(SozV) hospitalization insurance
– hospital expense insurance
(ie, provides reimbursement within contractual limits for hospital and specific related expenses)

Krankenkasse *f* (SozV) health insurance fund (*or* scheme)

Krankenkassenbeiträge *mpl* **des Arbeitgebers** (SozV) employer's contribution to health insurance fund

Krankenschein *m* (SozV) health insurance ticket

(ie, serves as a voucher to pay both routine visits to doctors and dentists and major medical treatment)

Krankentagegeldversicherung *f* (Vers) daily benefits insurance

Krankenversicherung *f*
(SozV) compulsory health insurance
(Vers) health insurance

Krankenversicherungsbeitrag *m*
(SozV) health insurance contribution
(Vers) health insurance premium

Krankenversicherungsgesetz *n* (SozV) Sickness Insurance Act of 1883

Krankenversicherungsträger *m* (SozV) health insurance carrier

krankfeiern
(Pw) to go sick *(ie, often for trivial reasons)*
– (infml) to take a holiday pretending sickness

krankhafte Störung *f* **der Geistestätigkeit** (Re) morbid disturbance of mind, § 104 BGB

krankheitsbedingtes Fehlen *n*
(Pw) absence due to illness
– sickness absenteeism

Krankheitshäufigkeitsziffer *f* (Pw) illness frequency rate

krankmelden
(Pw) to book off sick
– to call in sick

krankschreiben lassen (Pw) to get oneself certified unfit for work

Krankwert *m* (SeeV) damaged value

Kredit *m*
(Fin) credit
– loan
– advance
(ie, types of credit: Kontokorrentkredit, Diskontkredit, Lombardkredit, Akzeptkredit, Akkreditiv)

Kreditabbau *m* (Fin) loan repayment

Kreditabschnitte *mpl* (Fin) loans

Kreditabsicherung *f* (Fin) credit security arrangements

Kreditabteilung *f* (Fin) loan department

Kredit *m* **abwickeln** (Fin) to process a loan

Kreditabwicklung *f* (Fin) loan processing

Kreditakte *f* (Fin) borrower's file *(ie, kept by bank)*

Kreditakzept *n* (Fin) financial acceptance *(ie, accepted finance bill)*

Kreditanalyse *f* (Fin) = Kreditprüfung, qv

Kreditangebotsfunktion *f* (Vw) credit supply function

Kreditanspannung *f* (Fin) tight credit situation

Kreditanstalt *f* **des öffentlichen Rechts** (Fin) credit institution of the public law

Kreditanstalt *f* **für Wiederaufbau** (Fin) Reconstruction Loan Corporation, KfW, KW
(ie, Frankfurt-based, channel for public aid to developing countries)

Kreditantrag *m*
(Fin) loan application
– request for a loan

Kreditantragsteller *m* (Fin) loan applicant

Kreditapparat *m* (Fin) banking system

Kreditaufnahme *f*
(Fin, FiW) credit intake

– borrowing
– raising ... credits/loans
– taking up/on credits

Kreditaufnahme *f* **der öffentlichen Hand** (FiW) government *(or* public sector) borrowing

Kreditaufnahme *f* **im Ausland** (Fin) borrowing abroad

Kreditaufnahmevollmacht *f* (Fin) borrowing authority

Kreditaufnahme *f* **von Unternehmen** (Fin) corporate borrowing
(opp, öffentliche Kreditaufnahme = government/ public sector ... borrowing)

Kredit *m* **aufnehmen**
(Fin) to borrow
– to raise a loan
– to take on/up a credit

Kredit *m* **aufstocken** (Fin) to top up an loan

Kreditaufstockung *f* (Fin) topping up a loan

Kreditauftrag *m* (Re) credit-extending instruction, § 778 BGB

Kreditausfall *m* (Fin) loan loss

Kreditausfallquote *f* (Fin) loan loss ratio

Kredit *m* **aushandeln**
(Fin) to arrange a loan
– to negotiate the terms of a credit

Kreditauskunft *f*
(Fin) credit ... information/report
– (GB) banker's reference

Kreditauskunftei *f*
(Fin) credit reporting agency
– (GB) credit reference agency

Kreditauslese *f* (Fin) credit selection

Kreditausschuß *m* (Fin) credit *(or* loan) committee

Kreditausweitung *f* (Vw) expansion of credit volume

Kreditauszahlung *f* (Fin) loan payout

Kreditbank *f* (Fin) bank

Kredit *m* **bearbeiten**
(Fin) to process a credit application
– to handle *(or* manage) a credit

Kreditbearbeitung *f*
(Fin) processing of credit applications
– loan processing
– credit management

Kreditbearbeitungsprovision *f* (Fin) loan processing charge

Kreditbedarf *m* (Fin) borrowing ... needs/requirements

Kreditbedarf *m* **der öffentlichen Hand** (FiW) public sector borrowing requirements, PSBR

Kreditbedarfsplan *m* (Fin) credit requirements plan

Kreditbedingungen *fpl*
(Fin) terms of credit
(Fin) lending terms *(ie, of a bank)*

Kreditberatung *f* (Fin) credit counseling

Kreditbereitschaft *f* (Fin) readiness to grant a credit

Kreditbereitstellung *f*
(Fin) allocation of loan funds
(Fin) extension of a loan *(ie, by a bank)*

Kreditbeschaffung *f* (Fin) borrowing

Kreditbeschaffungsprovision *f* (Fin) credit procurement fee

Kreditbeschränkungen *fpl* (Fin) lending restrictions

Kredit *m* **besichern** (Fin) to collateralize a loan

Kreditbetrag *m*
(Fin) capital sum
– loan amount

Kredit *m* **bewilligen** (Fin) to approve a loan

Kreditbeziehung *f* (Fin) relationship involving credit

Kreditbilanz *f* (Fin) = Kreditstatus

Kreditbremse *f*
(Fin) credit (*or* monetary) brake
– restraint on credit

Kreditbremse *f* **ziehen**
(Vw, infml) to clamp down on credits
– (sl) to jam on the credit brake

Kreditbrief *m* (Fin) letter of credit

Kreditbürgschaft *f* (Fin) credit guaranty
(Fin, GB) loan guarantee (*eg, granted by the government*)

Kreditbüro *n* (Fin) credit sales agency

Kredite *mpl* **aufnehmen** (Fin) to borrow funds (from)

Kredite *mpl* **der Kreditinstitute** (Vw) lending by banks

Kredit-Einlagen-Relation *f* (Fin) loan-deposit ratio

Kredit *m* **einräumen** (Fin) to grant a credit

Krediteinschränkung *f* (Fin) credit restriction

Krediterleichterungen *fpl* (Vw) easing of credit policy

Kredit *m* **erneuern**
(Fin) to renew a loan
– to refresh an expiring loan

Kredit *m* **eröffnen** (Fin) to open a credit

krediteröffnende Bank *f* (Fin) issuing (*or* opening) bank

Krediteröffnung *f* (Fin) opening of a credit

Krediteröffnungsvertrag *m* (Fin) credit agreement

Kreditexpansion *f*
(Vw) credit expansion
(Fin) growth of lending

Kreditfachmann *m* (Fin) credit expert

Kreditfähigkeit *f*
(Fin) borrowing ... power/potential
– financial standing

Kreditfazilitäten *fpl* (Fin) borrowing facilities

Kreditfenster *n* (Fin) loan window

kreditfinanzierte Ausgaben *fpl* (FiW) credit-financed public expenditure

Kreditfinanzierung *f*
(Fin) loan financing
– borrowing
(*ie, i.w.S. alle Formen der Fremdfinanzierung; i.e.S. die Finanzierung in Gestalt von Bankkrediten*)

Kreditgarantie *f* (Fin) loan guaranty

Kreditgarantiegemeinschaften *fpl* (Fin) credit guaranty associations (*ie, set up in the legal form of GmbH*)

Kreditgebäude *n* (Fin) credit structure

kreditgebende Bank *f* (Fin) lending bank

Kreditgeber *m* (Fin) lender

Kreditgebühren *fpl* (Fin) loan charges

Kreditgefährdung *f* (Re) disparagement of another's credit standing, § 824 BGB

Kreditgeld *n* (Vw) credit money

Kreditgenossenschaft *f* (Fin) credit cooperative

Kreditgeschäft *n*
(Fin) credit/loan ... transaction
(Fin) lending business
(*ie, Gewährung von Gelddarlehen und Akzeptkrediten; extension of money loans and acceptance creits*)

Kreditgeschäft *n* **der Banken** (Fin) bank lending

Kredit *m* **gewähren**
(Fin) to extend a credit
– to make a loan

Kreditgewährung *f*
(Fin) credit extension
– extension of credits and loans
– lending
– loan grant

Kreditgewährung *f* **der Banken** (Fin) bank lending

Kreditgewerbe *n* (Fin) banking industry

Kreditgewinnabgabe *f* (StR) levy on gains from the conversion of Reichsmark liabilities under § 211 I LAG

Kreditgrenze *f* (Fin) credit ceiling

Kredithahn *m* **zudrehen** (Fin, infml) to cut off credit (to)

Kredithai *m* (Fin, infml) loan shark

kreditieren (Fin) to credit

Kreditierung *f* (Fin) crediting

Kredit *m* **in Anspruch nehmen**
(Fin) to draw upon
– to make use of
– to utilize ... a credit

Kreditinflation *f* (Vw) inflation induced by disproportionate expansion of credit volume

Kredit *m* **in laufender Rechnung**
(Fin) credit on current account
– open account credit

Kreditinstitut *n* (Fin) bank

Kreditinstitut *n* **mit Sonderaufgaben**
(Fin) specialized credit institution
– credit institution with special functions
(*eg, Kreditanstalt für Wiederaufbau, Lastenausgleichsbank, etc.*)

Kreditinstitut *n* **mit Warengeschäft** (Fin) banking institution trading in goods

Kreditinstrument *n* (Fin) credit instrument

Kredit *m* **in unbeschränkter Höhe** (Fin) unlimited credit line

Kreditkapazität *f* (Fin) lending capacity
(*ie, maximal mögliches Finanzierungsvolumen (Kreditangebot) e–s Bankbetriebes*)

Kreditkarte *f* (com) credit card

Kreditkartengeschäft *n* (Fin) credit card business

Kreditkarten-Verkäufe *mpl* (com) card sales

Kreditkauf *m*
(com) credit sale
(*ie, as ‚Zielkauf if agreed upon between merchants under stipulated terms of payment and delivery*)
(com) consumer credit sale
(*ie, identical to Teilzahlungs- od Abzahlungsgeschäft*)

Kreditkauf *m* **von Effekten od Waren** (Bö) trading on margin

Kreditkette *f* (Fin) credit chain

Kreditklemme *f* (Fin) credit squeeze
Kreditknappheit *f*
(Fin) credit crunch
– credit stringency
– tight credit
Kreditkonsortium *n* (Fin) loan syndicate
Kreditkonto *n* (Fin) credit (*or* loan) account
Kreditkontrolle *f* (Fin) credit control
Kreditkosten *pl*
(Fin) borrowing . . . cost/fees
– cost of borrowing
– credit cost
Kreditkostenfinanzierung *f* (Fin) financing of borrowing costs
Kreditkunde *m* (Fin) borrowing/credit . . . customer
Kreditkundschaft *f* (Fin) borrower customers (*ie, of a bank*)
Kreditlaufzeit *f*
(Fin) credit period
– period of credit extension
– time span for which credit is granted
Kreditlaufzeiten *fpl* (Fin) loan maturities
Kreditleihe *f* (Fin) credit commitment
(*ie, bank does not grant a money credit, but its credit standing in the form of guaranty, acceptance credit*)
Kreditlimit *n* (Fin) borrowing limit
Kreditlinie *f*
(Fin) credit line
– line of credit
– lending . . . line/ceiling
(*ie, the nearest British equivalent is the ‚overdraft‘*)
(Fin) credit line (*ie, in bilateral and multilateral clearing agreements*)
Kreditlinie *f* vereinbaren (Fin) to arrange a line of credit
Kreditliste *f* (Fin) black list of borrowers with low credit standing
Kreditlücke *f* (Fin) credit gap
Kreditmakler *m* (Fin) money broker
Kreditmarkt *m* (Fin) credit market (*ie, includes money market and capital market*)
Kreditmärkte *mpl* (Fin) financial markets
Kreditmarktschulden *fpl* (FiW) credit market debt (*or* indebtedness)
Kreditmarktverschuldung *f* (Fin) market indebtedness
Kreditmechanismus *m* (Fin) credit mechanism
Kredit *m* mit Ablöseautomatik (Fin) droplock credit agreement
Kredit *m* mit fester Laufzeit
(Fin) time loan
– fixed term loan
Kredit *m* mit gleichbleibendem Zinssatz (Fin) straight loan
Kreditmittel *pl* (Fin) borrowed funds
Kredit *m* mit variabler Verzinsung
(Fin) variable interest loan
– floating rate loan
Kredit *m* mit Warenbindung (Fin) tied loan
Kreditnachfrage *f*
(Fin) credit demand
(Fin) volume of credit demand

Kreditnachfrage *f* der gewerblichen Wirtschaft (Fin) business loan demand
Kreditnachfragefunktion *f* (Vw) credit demand function
Kreditnehmer *m* (Fin) borrower
Kreditobergrenze *f* (Fin) credit limit
Kreditobligo *n* (Fin) loan commitments
Kreditoren *mpl*
(ReW) accounts payable
– payables
– creditors
Kreditorenbuch *n* (ReW) creditor’s ledger
Kreditorenbuchhaltung *f*
(ReW) accounts payable accounting
(ReW) accounts payable department
Kreditorenbuchung *f* (ReW) accounts payable entry
Kreditorenjournal *n* (ReW) invoice journal
Kreditorenkonto *n* (ReW) accounts payable account
Kreditorenliste *f* (ReW) payables list
Kreditorenumschlag *m* (ReW) payables turnover
Kreditorenumschlaghäufigkeit *f* (ReW) payables turnover (rate)
(*ie, Wareneinsatz/durchschnittlicher Bestand an Lieferantenverbindlichkeiten*)
Kreditpapiere *npl* des Bundes (FiW, US) federal instruments
Kreditplafond *m* (FiW) loan ceiling
(*ie, extended to a public debtor, usu. on a statutory basis*)
Kreditplan *m* (Fin) credit budget
Kreditpolitik *f* (Fin) lending (*or* credit) policy
kreditpolitische Maßnahmen *fpl* (Vw) credit policies
kreditpolitischer Kurs *m* (Vw) monetary policy
kreditpolitische Schocktherapie *f* (Vw) monetary shock therapy
kreditpolitisches Instrumentarium *n* (Vw) instruments of credit control
Kreditportefeuille *n* (Fin) total lendings
Kreditpotential *n*
(Fin) lending capacity
– credit position
Kreditprolongation *f* (Fin) renewal of a loan
Kreditprovision *f*
(Fin) credit fee
(*ie, equal to credit risk premium*)
(Fin) loan commitment fee (*ie, the older term is ‚Bereitstellungsprovision‘*)
Kreditprüfung *f*
(ReW) audit for credit purposes
(Fin) credit investigation (*or* evaluation)
(*ie, Prüfung e-s Kreditantrages; syn, Kreditwürdigkeitsprüfung, Kreditanalyse, Schuldneranalyse*)
Kreditpyramide *f* bei der Geldschöpfung (Vw) pyramid of credit
Kreditrahmen *m*
(Fin) framework of credit
– credit line
Kreditrahmenkontingent *n* (Fin) general credit line
Kreditreserve *f* (Fin) credit reserve
Kreditrestriktion *f* (Vw) credit restriction (*or* squeeze)

Kreditrisiko *n*
(Fin) business
  – credit
  – financial... risk *(ie, chief test is to produce profits)*
  – risk exposure
Kreditrisiko *n* **übernehmen**
(Fin) to take a credit risk upon oneself
  – to assume a credit risk
Kreditrisikoversicherung *f* (Vers) credit risk insurance
Kreditrückflüsse *mpl* (Fin) loan repayments
Kreditrückzahlung *f* (Fin) repayment of a loan
Kreditsachbearbeiter *m*
(Fin) bank clerk handling loan applications
  – credit officer
Kreditsaldo *m* (Fin) credit balance
Kreditschöpfung *f*
(Vw) credit... creation/expansion /formation
Kreditschöpfungsmultiplikator *m*
(Vw) credit *(or* deposit) multiplier
  – credit expansion multiplier
Kreditschraube *f* (Fin) credit screw
Kreditschraube *f* **anziehen** (Fin) to tighten up on credit
Kreditschutz *m* (Fin) credit protection
Kreditseite *f*
(ReW) credit side (of an account)
  – creditor
Kreditselektion *f* (Fin) credit selection
Kreditsicherheit *f* (Fin) collateral for secured loan
Kreditsicherung *f*
(Fin) securing a loan
  – collateralization of loan
Kreditsonderkonto *n* (Fin) special loan account
Kreditsperre *f*
(Fin) stoppage of credit
  – credit freeze
Kredit *m* **sperren** (Fin) to block *(or* freeze) a credit
Kreditspielraum *m* (Fin) lending potential *(of a bank)*
Kreditstatistik *f* (Fin) bank lending statistics
Kreditstatus *m* (Fin) statement of credit position *(ie, prepared to determine net worth and liquidity of borrower)*
Kreditstreuung *f* (Fin) loan diversification
Kreditsumme *f* (Fin) loan amount
Kredittechnik *f* (Fin) lending approach *(ie of banks)*
Kredittranche *f* (IWF) credit tranche
Kreditüberwachung *f* (Fin) credit surveillance
Kredit *m* **überziehen** (Fin) to overdraw one's account
Kreditüberziehung *f* (Fin) overdraft
Kredit *m* **umschulden** (Fin) to renegotiate a loan
Kreditumschuldung *f* (Fin) rescheduling of a loan
Kreditunterlagen *fpl* (Fin) information required for credits
Kreditunternehmen *n* (Fin) credit institution
Kreditvaluta *f* (Fin) loan moneys
Kreditverbilligung *f* (Fin) easier credit terms
Kreditvereinbarung *f* (Fin) credit agreement *(or* arrangement)
Kreditverflechtung *f* (Fin) credit links *(or* ties) *(eg, among business enterprises)*

Kreditvergabepolitik *f* (Fin) lending policy
Kreditvergünstigungen *fpl* (Fin) credit concessions
Kreditverkauf *m*
(com) credit sale
  – sale on credit
Kreditverkehr *m* (Fin) credit transactions
Kredit *m* **verlängern** (Fin) to renew a credit
Kreditverlängerung *f* (Fin) credit renewal
Kreditvermittler *m* (Fin) credit broker
Kreditvermittlung *f* (Fin) credit brokerage
Kreditversicherer *m* (Vers) credit insurer
Kreditversicherung *f* (Vers) lending *(or* loan) insurance
Kreditversicherungspolice *f* (Vers) credit insurance policy
Kreditvertrag *m*
(Fin) credit... agreement/contract
  – borrowing agreement
  (ie, made between lender and borrower)
Kreditvertrag *m* **abschließen** (Fin) to conclude a loan agreement
Kreditverträge *mpl* (Fin) borrowing and lending agreements
Kreditverwaltung *f* (Fin) credit management
Kreditverwendung *f* (Fin) utilization of loan funds
Kreditvolumen *n*
(Fin) lending volume *(ie, of a bank)*
  – volume of credits
  – outstanding credits
Kreditvolumen *n* **steuern** (Vw) to control *(or* regulate) the volume of credit
Kreditwesengesetz *n* (Fin) German Banking Law, KWG
Kreditwirtschaft *f* (Fin) banking industry
Kreditwucher *m* (Re) lending at usurious interest rates, § 302a StGB
kreditwürdig (Fin) creditworthy
Kreditwürdigkeit *f*
(Fin) credit worthiness
  – credit rating
  – credit standing *(syn, Bonität)*
Kreditwürdigkeit *f* **bestätigen** (Fin) to approve credit
Kreditwürdigkeit *f* **prüfen** (Fin) to test the credit standing
Kreditwürdigkeitsprüfung *f* (Fin) credit investigation *(or* review) *(syn, Kreditprüfung, qv)*
Kreditzins *m* (Fin) lending/loan... rate
Kreditzinsen *mpl*
(Fin) interest on borrowings
(Fin) loan interest
(Fin) lending margin
Kredit *m* **zu günstigen Bedingungen** (Fin) soft loan
Kredit *m* **zurückzahlen**
(Fin) to pay back
  – to repay
  – to retire... a loan
Kreditzusage *f*
(Fin) lending *(or* loan) commitment
(IWF) standby arrangement
Kreisdiagramm *n*
(Stat) pie chart
  – circular chart *(or* diagram)
  – wheel diagram
Kreislauf *m* (Vw) circular flow

Kreislaufmaterial *n* (IndE) recycled auxiliary material
Kreislaufschema *n* (Vw) circular-flow scheme
Kreislauftheorie *f* (Vw) circular-flow theory
Kreisverkehr *m*
  (com) traffic circle
  – (GB) roundabout
Kreisverkehrsbeleg *m* (EDV) turnaround document
Kreuzelastizität *f* (Vw) cross elasticity
Kreuzelastizität *f* **der Nachfrage** (Vw) cross-elasticity of demand
Kreuzelastizität *f* **des Angebots** (Vw) cross-elasticity of supply
Kreuzkurse *mpl* (Fin) cross rates
Kreuzmenge *f* (Math) cross set
Kreuzparität *f*
  (Fin) cross rate
  – (US) cross exchange
  – (GB) indirect parity
  (ie, exchange rate between a foreign currency and the domestic currency; syn, indirekte Parität)
Kreuzpreiselastizität *f* (Vw) cross price elasticity
Kreuzprodukt *n* (Math) cross (*or* vector) product
Kreuzsicherung *f* (EDV) cross checking *(syn, Blocksicherung)*
Kreuzungspunkt *m*
  (Math) saddle point
  – point of stagnation
Kreuzwechselkurs *m* (Fin) cross-rate of exchange
Kriegsopferversorgung *f* (SozV) war victim's support
Kriegsrisikoklausel *f* (Vers) war risk clause
Krisenfrachtzuschlag *m* (com) emergency freight surcharge
krisengeschüttelte Branchen *fpl* (Bw) crisis-ridden sectors *(eg, steel, shipbuilding, automobiles)*
Krisenkartell *n* (Kart) anti-crisis cartel
Krisenmanagement *n* (Bw) crisis management
Krisenvorräte *mpl* (Vw) emergency stockpiles
Kriterien-Validität *f* (Mk) criterion validity
Kriterium *n*
  (com) criterion
  – test
  – yardstick
Kriterium *n* **der Effizienz** (Stat) efficiency criterion
Kriterium *n* **der Minimalstreuung** (Stat) efficiency criterion
Kriterium *n* **der Nichtausschließbarkeit** (FiW) principle of non-exclusion
kritische Aktivität *f* (OR) critical activity
kritische Einheit *f* (IndE) = kritische Kenngröße, qv
kritische Kenngröße *f* (IndE) critical item
  (ie, in quality assurance; syn, kritische Einheit)
kritische Menge *f* (Bw) critical output
  (ie, intersection of total cost curves of production methods I and II)
kritischer Ausfall *m* (Stat) critical failure
kritischer Bereich *m* (Stat) critical (*or* rejection) region
kritischer Fehler *m* (Stat) critical defect
kritischer Lagerbestand *m*
  (MaW) order point
  – reorder point

  – reordering quantity
kritischer Quotient *m* (Stat) critical ratio
kritischer Vorgang *m* (OR) critical activity
kritischer Weg *m* (OR) critical path
kritischer Wert *m* (Fin) critical variable
kritisieren
  (com) to criticize
  – (sl) to bump-rap *(eg, on several grounds)*
Kritizität *f* (Stat) criticality
KSchG (Re) = Kündigungsschutzgesetz
KSt (StR) = Körperschaftsteuer
KStDV (StR) = Verordnung zur Durchführung des Körperschaftsteuergesetzes
KStG (StR) = Körperschaftsteuergesetz
KStR (StR) = Körperschaftsteuer-Richtlinien
KSt-Tarif *m* (StR) corporate income tax rate scale
KT-Risiko *n* (Fin) conversion and transfer risk
Kubikwurzel *f* (Math) cube root
kubische Gleichung *f*
  (Math) cubic equation
  – equation of third degree
Kugelkoordinaten *fpl* (Math) spherical coordinates
Kugelkopf *m* (EDV) print element
Kugellagerindustrie *f* (com) ball-bearing industry
Kugelschreiber *m*
  (com) ball point pen
  – (GB) biro *(ie, generic use of trademark)*
Kuhhandel *m* (com, infml) horse trading
Kühlanlage *f* (com) cold storage plant
Kühlgüterversicherung *f* (Vers) cold storage insurance
  (ie, designed to protect operators from risks during on-and-off transport and actual storage)
Kühlhaus *n*
  (com) cold store
  – refrigerated warehouse
Kühlladung *f* (com) refrigerated cargo
Kühlschiff *n* (com) refrigerator ship
Kühltheke *f* (Mk) chilled distribution depot
Kühlwagen *m*
  (com) refrigerator car
  (com) refrigerated truck
Kuhnsche Methode *f* (OR) Hungarian method
kulant (com) accommodating
Kulanz *f* (com) good will
Kulanzregelung *f* (com) broad-minded, liberal settlement of customer's complaint
Kulisse *f* (Bö) unofficial market
  (ie, non-official stock market + group of professional traders doing business on their own account; opp, Parkett: offizieller Börsenverkehr in amtlich notierten Werten durch Kursmakler)
Kumul *m* (Vers) loss accumulation
  (ie, mehrere Personen und/oder Risiken werden von ein und demselben Schadensereignis betroffen)
Kumulationswirkung *f* (StR) cumulative effect
kumulative Allphasensteuer *f* (FiW) cumulative all-stage turnover tax
kumulative Dividende *f* (Fin) cumulative dividend
kumulative Effekte *mpl* (Vw) aggregative effects
kumulative Häufigkeitskurve *f* (Stat) cumulative frequency curve
kumulative Häufigkeitsverteilung *f* (Stat) cumulative frequency distribution

kumulative Kausalreihe *f* (Log) cumulative causation

kumulative Mehrphasensteuer *f* (StR) cumulative multi-stage tax

kumulativer Multiplikator *m* (Vw) truncated multiplier

kumulativer Summenzuwachs *m* (Vers) compound reversionary bonus system

kumulativer Ursprung *m* (Zo) cumulative origin

kumulatives Banddiagramm *n*
(Stat) band curve chart
– cumulative band chart
– surface chart

kumulative Schuldübernahme *f* (Re) cumulative assumption of debt
(ie, no equivalent in English = person acquiring all the assets of another thereby automatically becomes liable to this persons's creditors for all his debts, the old debtor remaining liable in addition to the new debtor, § 305 BGB)

kumulative Umsatzsteuer *f* (StR) cumulative turnover tax

kumulative Verteilung *f* (Stat) cumulative distribution

kumulative Zuschlagskalkulation *f* (KoR) cumulative/business . . . process costing
(ie, costs are not broken down according to cost centers or production stages but appear in cumulative form)

kumulgefährdet (Vers) susceptible (*or* open) to risk accumulation
(ie, Sachsparten sind naturkatastrophenanfällig und damit kumulgefährdet)

kumulierte Abweichung *f* (Stat) accumulated deviation

kumulierter Jahresgewinn *m* (Fin) cumulative annual net cash savings *(ie, determined in preinvestment analysis)*

Kumulrisiko *n* (Vers) accumulation risk *(ie, in reinsurance)*

kündbar
(Fin) callable
– redeemable

kündbare Einlagen *fpl* (Fin) deposits at notice

kündbare Obligationen *fpl* (Fin) redeemable bonds

kündbare Rente *f* (Fin) redeemable (*or* terminable) annuity

kündbarer Swap *m* (Fin) callable swap

kündbare Schuldverschreibungen *fpl* (Fin) redeemable bonds

kündbares Darlehen *n* (Fin) callable loan

Kündbarkeit *f* (Fin) terminability

Kunde *m*
(com) customer
– client
– (GB) custom
(com) account
(Fin) (account) debtor
– customer *(ie, in factoring)*

Kunden *mpl* **abfertigen**
(com) to serve customers
(OR) to process customers

Kundenabrechnung *f* (ReW) customer accounting

Kunden *mpl* **abwerben**
(com) to entice away

– to poach
– to contract away . . . customers

Kundenabwerbung *f* (com) enticing away (*or* poaching) customers

Kundenakquisition *f* (com) account development

Kundenanzahlung *f*
(Fin) advance/down . . . payment
– customer's deposit
– (customer) prepayment)
(ie, spezielle Form des Handelskredits; vor allem im Großanlagengeschäft, im Flugzeugbau, in der Maschinenbauindustrie, bei umfangreichen Sachverständigengutachten; syn, Abnehmerkredit, Anzahlung, Vorauszahlungskredit)

Kunden *m* **aufsuchen** (com) to call on a customer

Kundenauftrag *m*
(com) customer order
(IndE) production order *(ie, based on a customer order)*

Kundenauftragsfertigung *f*
(IndE) custom manufacturing
– make-to-order production
– job order production
– production to order
(opp, Lagerfertigung = make-to-stock production)

Kunden *mpl* **ausspannen** (com) = Kunden abwerben

Kundenbankkunde *m* (Fin) nonbank customer

Kundenberater *m*
(com) consultant
(Fin) financial consultant

Kundenbestand *m* (com) customer base

Kundenbetreuer *m*
(com) account . . . representative/executive
(Fin) account manager

Kundenbetreuung *f*
(com) customer . . . service/servicing
– customer support
(Fin) account management

Kundenbuchführung *f* (ReW) customer accounting

Kundenbuchhalter *m* (ReW) accounts receivable accountant

Kundenbuchhaltung *f* (ReW) accounts receivable department

Kundendepot *n* (Fin) third-party securities account

Kundendienst *m*
(com) customer service

Kundendienstabteilung *f* (com) service department

Kundendienstorganisation *f* (com) customer service organization

Kundeneinlagen *fpl* (Fin) customer deposits

Kundenentnahmen *fpl* (Fin) customers' drawings

Kundenetat *m* (Mk) (advertising) account

Kundenfinanzierung *f*
(Fin) customer financing
– financing of customers
(syn, Absatzfinanzierung, qv)

Kundenfreigabe *f* (com) customer approval

Kundengeschäft *n*
(Fin) customer business *(ie, of banks; opp, Geschäft für eigene Rechnung)*
(StR) transaction in which one of the parties is a resident dealer or trader in securities, § 20 KVStG

Kundengruppe f (com) group of customers
Kundengruppenmanagement n (Mk) account management
(ie, für verschiedene Kunden werden spezifische Marketingprogramme entwickelt)
Kundenkartei f (com) customer file
Kundenkredit m
(Fin) credit extended to customer
(Fin) credit extended by customer to supplier
(ie, as advance financing of high-value projects)
Kundenkreditbank f (Fin) sales finance company
Kundenkreditvolumen n (Fin) lendings to customers
Kundenkreis m
(com) customers
– clientele
Kundenmanagement n (com) account management
Kundennummer f
(com) client reference number
– customer account number
Kundenpreis m (com) customer price
Kundenproduktion f
(Vw) custom manufacturing *(opp, Marktproduktion)*
(IndE) make-to-order production *(syn, Kundenauftragsfertigung, qv)*
Kundenrabatt m (com) patronage refund
Kundenreservoir n (OR) source population *(ie, in waiting-line models)*
Kundenschutz m (com) protection of patronage
(ie, if a certain district or a certain group of customers is assigned to the commercial agent, he is entitled to receive a commission also for business concluded without his participation, § 87 II HGB)
Kunden-Segmentierung f (Mk) customer segmentation
Kundenskonto m/n
(com) discount allowed
– cash discount paid
kundenspezifisch
(com) customized
– custom
– tailored
– made-to-order *(eg, circuits)*
kundenspezifische Anpassung f (EDV) customization
kundenspezifische Produkte npl (IndE) tailor-made products *(ie, aus der Einzelfertigung)*
Kundenstamm m
(com) regular customers
– established clientele
Kundensuche f
(Mk) search for customers
– soliciting *(or locating)* customers
Kundentreue f (Mk) consumer loyalty
Kundenüberweisung f (Fin) customer transfer
Kundenunterstützung f (com) customer support
Kundenverkehr m (com) business with customers
Kundenverlust m (com) loss of custom
Kundenwechsel m
(Fin) customer's acceptance
– bill receivable
Kunden mpl **werben** (Mk) to canvass/solicit . . . customers

Kundenwerbung f (Mk) canvassing *(or soliciting)* customers
kündigen
(Re) to give notice to terminate *(eg, contract, lease)*
(Pw, *by employee*) to give notice to quit
(Pw, *by employer*) to give notice to terminate
(Pw, *collective agreement*) to abrogate
(Fin) to call in *(eg, a loan)*
Kündigung f
(Re) notice
(Pw, *general term*) separation *or* termination
(Pw, *by employee*) notice to quit
(Pw, *by employer*) notice to terminate
– notice of dismissal
(Pw, *collective agreement*) abrogation
(Fin) calling in
(Fin) call *(ie, of bonds, debentures, or preferred stock)*
Kündigung f **einreichen** (Pw) to submit *(or* hand in*)* notice to quit
Kündigung f **e–r Anleihe** (Fin) redemption of loan
Kündigung f **e–s Guthabens** (Fin) notice of withdrawal
Kündigung f **e–s Vertrages** (Re) notice to terminate a contract
Kündigungsfrist f
(Re) period of notice
– notice term
– period to terminate
(Pw) dismissal notice period
Kündigungsgeld n (Fin) deposits at notice
Kündigungsgrund m (Re) reason for termination
Kündigungsgrundschuld f (Fin) mortgage with a call-in provision
Kündigungsklausel f
(Re) notice clause
– contractual clause on unilateral termination
(Fin) call(-in) provision
Kündigungsrecht n
(Re) right of . . . notice/termination)
– right of cancellation
(Fin) call privilege
(ie, of a creditor)
– right to call for repayment
(Pw) right to terminate an employment contract
Kündigungsschreiben n
(Re) notice of termination
(Pw) dismissal notice
– letter of dismissal
– notice to terminate
– termination notice
Kündigungsschutz m
(Pw) dismissal protection
– security against dismissal
(ie, protection from unjustified termination)
Kündigungsschutzgesetz n (Pw) dismissals protection law
Kündigungsschutzklage f (Re) dismissals protection suit
Kündigungsschutzvorschriften fpl (Pw) dismissal protection regulations
Kündigungssperrfrist f
(Fin) period during which redemption is barred
– non-calling period

455

Kündigungstermin *m*
(Fin) call-in date
(Fin) withdrawal date
Kündigung *f* **von Einlagen** (Fin) notice of withdrawal of funds
Kündigung *f* **von Wertpapieren** (Fin) notice of redemption
Kündigung *f* **zum Quartalsende** (Re) quarter notice
Kundschaft *f*
(com) customers
– clients
– clientele
– (business) patronage
– (GB) custom
Kundschaft *f* **aufbauen** (com) to develop a clientele
Kunstgewerbetreibender *m* (com) commercial (*or* industrial) artist
künstliche Basis *f* (OR) artificial basis
künstliche Intelligenz *f* (EDV) artificial intelligence
(*ie, Zweig der Informatik; vor allem Entwicklung und Programmierung von Industrierobotern*)
künstlicher Nullpunkt *m* (Stat) arbitrary origin
künstliche Variable *f* (OR) artificial variable
Kunstökonomie *f* (Vw) cultural economics
Kunststoffindustrie *f* (com) plastics industry
kunststoffverarbeitende Industrie *f* (com) plastics processing industry
Kupferschrottmarkt *m* (Bö) copper scrap market
Kupon *m*
(Fin) coupon
– dividend coupon
– interest coupon
(*ie, Sammelbezeichnung für die zu e–m Wertpapier gehörden Ertragscheine, Dividendenscheine oder Zinsscheine; bilden zusammen mit dem Erneuerungsschein den Bogen*)
Kuponarbitrage *f* (Fin) coupon arbitrage
Kuponbogen *m*
(Fin) coupon sheet (*cf, Bogen*)
Kuponeinlösung *f* (Fin) collection of coupons
Kuponinhaber *m* (Fin) coupon holder
Kuponkurs *m* (Fin) price of matured coupons of foreign securities
Kuponmarkt *m* (Fin) coupon market (*ie, für fällige Kupons ausländischer Wertpapiere*)
Kuponsammelstelle *f* (Fin) coupon collection department (*ie, of a large bank*)
Kuponsteuer *f* (StR) coupon tax
(*ie, imposed on fixed-interest bearing industrial or government bonds; collected through withholding at the source; für Gebietsfremde 1965 eingeführte spezielle KESt*)
Kupontermin *m* (Fin) coupon date
(*ie, frequent dates are 2 Jan and 1 July – J/J – and 1 Apr and 1 Oct – A/O*)
Kuppelkalkulation *f* (KoR) joint-product costing
(*ie, umfaßt die Marktwertmethdeo, die Restwertmethode und die Kostenverteilungsmethode*)
Kuppelprodukte *npl* (IndE) joint (*or* complementary) products
Kuppelproduktion *f* (IndE) joint-product production (*syn, Koppelproduktion, Verbundproduktion*)
Kuppelproduktkalkulation *f* (KoR) joint product costing

Kurantgeld *n* (Vw) current money
(*ie, treated as legal tender in unlimited amounts; previously gold coins, now bank notes; opp. Scheidemünzen = low-value coin*)
Kurantmünze *f* (Vw) full-bodied coin
Kurs *m*
(com) rate
(Bö) price
– market . . . price/rate
– quotation
(Fin) exchange rate (*ie, Devisenkurs*)
(Vw) policy
– thrust/direction . . . of policy
Kursabbröckelung *f* (Bö) slight drop in market prices
Kursabschlag *m*
(Bö) price reduction
– markdown
– (US) downtick
Kursabschwächung *f* (Bö) easing of market prices
Kurs *m* **alte Aktien** (Fin) market price
Kursangleichung *f* (Bö) adjustment of rates
Kursanstieg *m*
(Bö) rise in market prices
– market advance
– upturn in prices
Kursanstieg *m* **auf breiter Front** (Bö) price rises across the board
Kursanzeigetafel *f* (Bö) marking (*or* quotations) board
Kursaufschlag *m* (Bö) markup
Kursaufschwung *m* (Bö) upturn in prices
Kursausschläge *mpl*
(AuW) movements (*eg, of $, £, DM*)
– exchange rate movements
(Bö) price fluctuations
Kurs *m* **aussetzen** (Bö) to suspend a quotation
Kursaussetzung *f* (Bö) suspension of a quotation
Kursbefestigung *f*
(Bö) firming up of prices
– advance
Kursbericht *m* (Bö) = Kurszettel
Kursbewegung *f* (Bö) movement in prices
Kursbildung *f* (Bö) formation of rates
Kursbindung *f* (Fin) pegging of exchange rates
Kursblatt *n*
(Bö) daily official list
– list of quotations
– stock market report (*syn, Kurszettel*)
Kursdebakel *n* (Bö) price debacle (*eg, an den internationalen Aktienbörsen*)
Kursdiagramm *n* (Fin) chart
Kursdifferenz *f* (AuW) exchange difference
Kursdruck *m* (Bö) downward pressure on prices
Kurs *m* **drücken** (Bö) to pull down prices
Kurse *mpl* **auf breiter Front zurücknehmen** (Bö) to reduce prices across the board
Kurseinbruch *m* (Bö) sudden price fall
Kurseinbußen *fpl*
(Fin) losses on exchange
(Bö) price losses
Kursentwicklung *f* (Bö) price . . . movement/performance
Kursentwicklung *f* **nach Emission** (Bö) aftermarket performance

(ie, price action of a stock after it has been issued)
Kurserholung f (Bö) rally (*or* recovery) in prices
Kurse mpl **stützen** (Bö) to peg quotations
Kurs m **ex Dividende** (Bö) ex-dividend price
Kurse mpl **zurücknehmen** (Bö) to mark down prices
Kursfeststellung f
(Fin) fixing of official exchange rate
(Bö) determination of prices
Kurs m **Festverzinslicher**
(Bö) bond price
– price of bonds
Kursfixierung f (AuW) official pegging *(ie, by central banks)*
Kursgefälle n
(AuW) exchange-rate differential
(Bö) price differential
Kursgefüge n
(Bö) price structure
– structure of market rates
kursgesichert (Fin) covered forward
kursgesicherte Devisen pl (Fin) rate-hedged foreign exchange
Kurs gestrichen
(Bö) no dealings
– non-quoted
Kursgewinn m
(Bö) stock price gain
– market profit
(Fin) exchange gain (*or* profit)
(Fin) takeout *(ie, realized in swapping blocks of shares)*
Kursgewinn-Chancen fpl (Bö) upside price potential
Kursgewinne mpl **auf breiter Front** (Bö) price gains across the board
Kurs-Gewinn-Verhältnis, KGV n
(Fin) price-earnings ratio, PER
– p/e ratio
– price-earnings multiple
– times earnings
(ie, Gesamtgewinn e–s Unternehmens (verteilte Dividende plus Zuweisung zu offenen Rücklagen und stillen Reserven) bezogen auf e–e Aktie und zum Börsenkurs dieser Aktie in Relation gesetzt; gelegentlich wird – seit der KSt-Reform von 1977 – eine Steuergutschrift mit einbezogen)
kursglättende Interventionen fpl (AuW) interventions to smooth out exchange rate fluctuations
Kursgraphik f (Fin) stock chart
Kurshöhe f (Bö) price level
Kurs m **im Freiverkehr** (Fin) dealer (*or* inside) price
Kursindex m
(Bö) stock index
– (GB) share price index
(syn, Aktienindex, qv)
Kursinformationssystem n
(Bö) stock price information system
Kursintervention f
(Fin) exchange intervention
(Fin) price intervention
Kursklausel f (Fin) exchange clause *(ie, now obsolete)*
Kurskorrektur f (Bö) corrective price adjustment

Kurskorrektur f **nach oben** (Bö) upward price adjustment
Kurskorrektur f **nach unten** (Bö) downward price adjustment
Kurslimit n
(Bö) price limit
– stop price
Kursmakler m (Bö) official broker
Kursmanipulation f
(Bö) market rigging
– rigging the market
Kursmaterial n (Pw) course/back-up... material *(eg, text-books, records)*
Kursniveau n (Bö) price level
Kursnotierung f
(Bö) market (*or* price) quotation
– quoted price
– stock quotation
– (GB) share quotation
Kursnotierung f **aussetzen** (Bö) to stop (*or* suspend) a quotation
(syn, aus der Notiz nehmen)
Kursnotierung f **ohne Zinsen** (Bö) flat quotation
Kursnotizen fpl **aussetzen** (Bö) to suspend price quotations
Kursparität f (AuW) parity of foreign exchange rates
Kurspflege f
(Fin) price management (*or* support)
– market regulation
(FiW) pegging of public debt
Kurspflegebestand m (Fin) bonds held for market regulation purposes
Kurspflege-Operationen fpl (Fin) price support operations
Kurspflegeverkäufe mpl (Fin) market regulation sales
Kursrechnung f (Fin) bond valuation
Kursregulierung f
(Fin) regulation of the market
– price support
Kursregulierungs-Konsortium n (Bö) price support syndicate
Kursrelationen fpl (AuW) exchange rate relations
Kursrisiko n
(Fin) exchange risk
(Bö) price risk
Kursrückgang m (Bö) decline in prices
Kursrückgänge mpl **auf breiter Front** (Bö) fall in prices across the board
Kursrücklage f (Vers) investment reserve
Kursrücknahme f (Bö) price markdown
Kursschnitt m (Bö) price fraud *(ie, by a commission agent)*
Kursschwäche f (AuW) weakness *(eg, of $, £, DM)*
Kursschwankungen fpl
(Bö) price fluctuations (*or* variations)
– fluctuations of the market
– ups and downs of the market
– price swings
kurssichernde Interventionen fpl (AuW) rate supporting interventions
Kurssicherung f
(Fin) rate support (*or* hedging)
(Fin) covering

457

Kurssicherung *f* **am Devisenmarkt** (AuW) forward exchange cover
Kurssicherungsabschlüsse *mpl* (AuW) commercial covering
Kurssicherungsgeschäft *n* (Fin) hedging transaction
Kurssicherungsklausel *f* (AuW) exchange-rate-fluctuation clause
Kurssicherungskosten *pl*
  (Fin) cost of exchange cover
  (Fin) cost of forward exchange cover
  (Bö) hedging cost
Kurssicherungsmaßnahmen *fpl* (Fin) currency risk management
Kursspanne *f*
  (Bö) difference in quotations
  – spread
Kurssprünge *mpl* (Bö) jumps in prices
Kursstabilisierungsmaßnahmen *fpl* (AuW) official support
Kurssteigerung *f* (Bö) price advance
Kurssturz *m*
  (Bö) sharp tumble in stock/bond prices
  – plunge of prices
kursstützende Intervention *f* (AuW) intervention in support of exchange rate
Kursstützung *f*
  (AuW) pegging of exchange rates
  (Bö) price maintenance
  – price stabilization
  – price support
Kursstützungskäufe *mpl* (Fin) price supporting purchases
Kurstabelle *f*
  (Bö) quotation record
  – stock market table
Kurstafel *f* (Bö) marking (*or* quotations) board
Kurstreiberei *f*
  (Bö) rigging the market
  – share pushing
  – balooning *(ie, to unrereasonably high levels)*
Kursumrechnung *f* (ReW) translation of foreign currency items; § 284 I 2 HGB
Kurs *m* **unter Nennwert** (Bö) price below par
Kursverbesserung *f* (Bö) improvement in market rates
Kursverfall *m*
  (Bö) substantial decline in prices
  – price collapse
Kursverlust *m*
  (Fin) exchange loss
  – loss on fluctuations of the rate of exchange
  (Bö) price loss
Kursverwässerung *f* (Bö) watering of stock exchange prices
Kursverzerrung *f* (Bö) price distortion
Kurswert *m*
  (Bö) market value
  – list price
  (StR) official price
  (ie, of securities traded on a domestic stock exchange, § 11 I BewG)
Kurswertberichtigung *f* **von Wertpapierbeständen** (Bö) writedown of securities portfolio
Kurswert *m* **ohne Dividende** (Bö) ex dividend (*or* ex-d)

Kurswertreserven *fpl* (Fin) gains arising from the increase in security prices
Kurszettel *m* (Bö) = Kursblatt, qv
Kursziel *n* (Bö) upside target
Kurszuschlag *m*
  (Bö) continuation rate
  – carrying-over rate
Kurtage *f* (Fin) courtage
Kurtaxe *f* (FiW) health resort tax
Kurve *f* (Math) graph
Kurve *f* **ausziehen** (Math) to trace out a curve
Kurve *f* **der monetären Nachfrage** (Vw) outlay curve
Kurve *f* **der Verteilungsfunktion** (Stat) distribution curve
Kurve *f* **des mittleren Stichprobenumfangs** (Stat) average sample number curve
Kurve *f* **gleicher Produktion** (Vw) product indifference curve
Kurve *f* **gleicher Trennschärfe** (Stat) curve of equidetectability
Kurve *f* **gleicher Wahrscheinlichkeit** (Stat) equiprobability curve
Kurvenabschnitt *m* (Math) reach of a curve
Kurvenanpassung *f* (Math) curve fitting
Kurvenanpassung *f* **an den Trend** (Stat) trend fitting
Kurvenblatt *n* (Stat) graph
Kurvengenerator *m* (EDV) curve generator *(ie, in Computergrafik)*
Kurvenintegral *n* (Math) line integral
Kurvenknick *m* (Math) kink of a curve
Kurvenschar *f*
  (Math) family of curves
  – set of curves
  – array of curves
Kurvenschreiber *m*
  (EDV) graph plotter
  – plotter *(syn, Plotter, qv)*
Kurvenstück *n* (Math) branch of a curve
Kurvenverlauf *m* (Math) curve shape
Kurzanschrift *f* (com) abbreviated address
Kurzarbeit *f* (Pw) short-time working
kurzarbeiten
  (Bw) to operate short-time working
  (Pw) to work short time
Kurzarbeiter *m*
  (Pw) short-time worker
  – worker (put) on short time
  – *(pl)* people on short-time working
Kurzarbeitergeld *n* (Pw) short-time allowance (*or* money)
Kurzarbeitsunterstützung *f* (SozV) short-time working benefits
Kurzbericht *m*
  (com) brief
  – summary/condensed . . . report
Kurzbrief (com) quick note
Kurzdarstellung *f* (com) abstract
kurze Arbeitsniederlegung *f*
  (Pw, infml) downer
  – quickie strike
kürzen
  (com) to shorten
  – to abbreviate

- to abridge
(com) to cut
- to cut back
- to pare down
- to reduce
- to trim
kurzer Bereich *m* (Fin) short end of the market
kurzer Warnstreik *m* (Pw) hit-and-run strike
kürzestes Konfidenz-Intervall *n* (Stat) shortest confidence interval
Kurzfassung *f*
(com) abbreviated
- shortened
- boiled-down ... version
(com) abstract
Kurzfassung *f* e–s **Patents** (Pat) title of a patent
kurzfristig (com) over the short term
kurzfristig anlegen (Fin) to invest short term
kurzfristig ausleihen (Fin) to lend short term
kurzfristig beschäftigte Arbeitnehmer *mpl* (Pw) part-time employees
kurzfristige Analyse *f* (Vw) short-run analysis
kurzfristige Ausleihungen *fpl* (Fin) short-term lendings
kurzfristige Einlagen *fpl*
(Fin) short-term deposits
- (GB) deposits at short notice
kurzfristige Erfolgsrechnung *f* (ReW) short-term operational accounting
(ie, covers period of less than 12 months)
kurzfristige Finanzanlage *f* (Fin) cash fund
kurzfristige Finanzierung *f* (Fin) short-term financing
kurzfristige Finanzplanung *f* (Fin) short-term financial planning
kurzfristige Geldmarktpapiere *npl* (Fin) short-term paper
kurzfristige Kapitalanlage *f* (Fin) short-dated (*or* temporary) investment of funds
kurzfristige Kapitalbewegungen *fpl* (AuW) short-term capital movements
kurzfristige Kapitalbilanz *f* (VGR) short-term capital account
kurzfristige Kapitaleinfuhr *f* (AuW) short-term capital imports
kurzfristige Konjunkturprognose *f* (Vw) short-term forecast
kurzfristige Konsumfunktion *f* (Vw) short-period consumption function
kurzfristige Kreditaufnahme *f* (Fin) short-term borrowing
kurzfristige Kredite *mpl* (Fin) short-term lending
(ie, by banks)
kurzfristige Kreditnachfrage *f* (Fin) short-term loan demand
kurzfristige Lieferung *f* (com) delivery at short notice
kurzfristige Mittel *pl* (Fin) short-term funds (*or* money)
kurzfristige Nettoverbindlichkeiten *fpl* (ReW) net current liabilities
kurzfristige Obligationen *fpl* (Fin) short-term bonds
kurzfristige Passivgelder *npl* (Fin) short-term liabilities

kurzfristige Planung *f* (Bw) short-term planning
kurzfristiger Erfolgszwang *m* (Bw) pressure to make short-term profits
kurzfristiger Kapitalverkehr *m* (VGR) short-term capital movements (*or* transactions)
kurzfristiger Kredit *m* (Fin) short-term credit (*or* loan)
kurzfristiger Kreditbedarf *m* (FiW, Fin) short-term borrowing requirements
kurzfristiger Planabschnitt *m* (Fin) short-range budget period
kurzfristiger Schuldschein *m* (Fin) short note
kurzfristiger Verlust *m* (Bw) short-term loss
kurzfristiger Währungsbeistand *m* (EG) short-term monetary support
kurzfristiger Warenkredit *m* (Fin) commercial credit
kurzfristiger Wechsel *m* (WeR) short-dated bill
kurzfristige Schuldverschreibungen *fpl* (Fin) short-dated bonds
kurzfristiges Darlehen *n* (Fin) short-term loan
kurzfristiges Dumping *n* (AuW) short-run dumping
kurzfristiges Gleichgewicht *n* (Vw) short-run (*or* shifting) equilibrium
kurzfristiges Ziel *n* (Bw) short-run (*or* tactical) goal
(ie, lying ahead typically one year or less)
kurzfristige Verbindlichkeiten *fpl*
(ReW) current liabilities
- short-term liabilities
- current debt
kurzfristig lieferbar (com) available ... for prompt delivery/at short notice
Kurzfristplan *m* (Bw) short-term plan
kurzlaufende Bankschuldverschreibungen *fpl* (Fin) short-dated bank bonds
Kurzläufer *mpl*
(Fin) short-dated bonds
- shorts
Kurzläufer-Rendite *f* (Fin) yield on shorts
kurzlebige Konsumgüter *npl* (Bw) consumer disposables
Kurzperiodenanalyse *f* (Vw) short-period analysis
(A. Marshall)
Kurzprospekt *m* (Bö) offering circular
Kurzschrift *f* (com) shorthand
Kurzspeicher *m* (EDV) short-time storage
Kurzstreckenflugzeug *n*
(com) short-haul airliner
- commuter plane (*or* aircraft)
Kurzstreckenfracht *f* (com) shorthaul
Kürzung *f*
(com) cut
- cutback
- reduction
- deduction
- curtailment
Kürzung *f* **von Sozialleistungen** (SozV) cuts in social benefits
Kurzwaren *pl*
(com) notions
- (GB) haberdashery
Kurzzeitversuch *m* (IndE) accelerated test
Küstenfischerei *f*
(com) coastal fisheries
- inshore fishing

459

Küstengewässer *npl* (Re) coastal waters
Küstenhandel *m* (com) inter-coastal trade
Küstenmeer *n* (Re) territorial sea
Küstenschiffahrt *f* (com) coastal shipping
Küstenstaat *m* (Re, Sea Law) littoral state
Kux *m (pl. Kuxe)*
   (WeR) quota of a mining company
   – registered mining share
   (ie, Rektapapier, no par value, subject to con-
   tributions by members; syn, Bergwerksanteil)
KVSt (StR) = Kapitalverkehrsteuer

KVStDV (StR) = Kapitalverkehrsteuer-Durchführungsverordnung
KVStG (StR) = Kapitalverkehrsteuergesetz
KWG (Fin) = Kreditwesengesetz
Kybernetik *f*
   (EDV) cybernetics
   (ie, Steuerung und Regelung natürlicher und
   künstlicher Systeme; theoretisch: mathematisch-
   logische Analyse von Strukturen in Systemen;
   praktisch: Regelvorgänge in Systemen eines
   Fachgebietes, wie Lagerhaltung)

L

Laborexperiment *n* (com) lab(oratory) experiment
ladbare Schriftart *f*
   (EDV) soft font
   – downloadable font
Ladeadresse *f* (EDV) load address (*or* point)
Ladeanweisung *f* (EDV) load instruction
Ladebaum *m* (com) derrick
Ladebefehl *m* (EDV) = Ladeanweisung
Ladeeinheit *f* (com) loading unit
   (eg, Kiste, Faß, Container, Palette)
ladefähiges Programm *n* (EDV) loadable (*or* executable) program
Ladefähigkeit *f*
   (com) cargo
   – carrying
   – load . . . capacity
   com) (gewichtsmäßige L. =) deadweight capaci-
   ty *(ie, of ocean-going ships)*
   – (räumliche L. =) bulk capacity
   (com) payload capacity *(ie, of planes)*
Ladefaktor *f* (com) loading factor *(ie, genutzte zu*
   angebotener Transportkapazität)
Ladefläche *f* (com) loading (*or* cargo) area
Ladefristen *fpl* (com) loading days
Ladegebühr *f* (com) (railroad) loading charges
Ladegeld *n* (com) = Ladegebühr
Ladegeschäft *n* (com) loading and unloading busi-
   ness
Ladegeschirr *n* (com) ship's loading . . . gear/tackle
Ladegewicht *n* (com) shipping weight
Ladegut *n*
   (com) cargo
   – freight
   – (US) cargo *(ie, as a marine term)*
Ladeinstruktion *f* (EDV) = Ladeanweisung
Ladekai *m* (com) cargo dock
Ladekapazität *f* (com) loading (*or* carrying)
   capacity
Ladekosten *pl*
   (com) loading (*or* handling) charges
   – *(ships also)* lading charges
Ladelinie *f* (com) = Lademarke
Ladeliste *f*
   (com) freight list
   (com) manifest *(ie, list of cargo carried by vessel*
   or plane)
Ladeluke *f* (com) cargo hatch
Lademakler *m*

   (com) loading broker
   – chartering agent *(ie, broker engaged in finding*
   cargo space; Vertreter des Frachtführers im
   Seefrachtgeschäft)
Lademarke *f*
   (com) loadline
   – loadline mark
   – Plimsoll line (*or* mark) *(syn, Ladelinie)*
Lademodul *n* (EDV) load module
Lademodus *m* (EDV) load mode *(ie, delimiters be-*
   ing moved with the data; opp, Übertragungs-
   modus)
laden
   (com) to load
   – to put (cargo) on/in
   (EDV) to load
Laden *m*
   (com) store
   – (GB) shop
   (Mk) retail store
Ladenaufsicht *f*
   (com) floorwalker
   – shopwalker
Ladenausrüstung *f*
   (com) store fixtures
   – (GB) shop fittings
Ladenbau *m*
   (com) shop fitting (*or* design)
Laden *n* des Systems (EDV) systems loading
Ladendieb *m* (Re) shoplifter
Ladendiebstahl *m* (Re) shoplifting
Ladeneinrichtung *f*
   (com) (store) fixtures
   – (GB) shop fittings
Ladeneinzelhandel *m* (Mk) retail selling
Ladengeschäft *n*
   (com) retail store
   – (GB) retail shop
Ladenhüter *m*
   (com) non-moving item
   – unsalable article
   – (infml) cats and dogs
   – (infml) drug on the market
   – (infml) shelf warmer
   – (infml) slicker
Ladeninhaber *m*
   (com) store owner
   – (GB) shopkeeper

Ladenkasse *f*
(com) cash box
– (GB) till
Ladenkette *f*
(com) retailing chain
– chain of retail stores
Ladenlayout *m* (Mk) store layout *(ie, Ladengestaltung und Warenpräsentation)*
Laden *m* **mit Fremdbedienung** (com) over-the-counter store *(or* shop)
Ladenöffnungszeiten *fpl* (com) shop hours
Ladenpreis *m* (com) retail price
Ladenregal *n* (com) shelf
Ladenschluß *m* (com) closing time
Ladenschlußgesetz *n* (ReW) Shop Closing Hours Law, of 28 Nov 1956
Ladenschlußzeiten *fpl* (com) shop closing hours
LADEN-Taste *f* (EDV) load key
Ladentisch *m*
(com) counter
– display *(or* sales) counter
Ladentreue *f* (Mk) shop loyalty
(ie, Trend der Konsumenten, Stammgeschäfte zu bevorzugen)
Ladenverkauf *m* (com) retail selling
Ladenverschleiß *m* (Mk) store erosion *(ie, langsames Veralten von Läden)*
Ladenwerbung *f* (Mk) in-store advertising *(ie, by mass display of goods)*
Ladepapiere *npl* (com) shipping documents *(or* papers)
Ladeparameter *m* (EDV) load parameter
Ladeplatz *m*
(com) loading berth *(or* wharf)
– place of shipment
Ladeprogramm *n* (EDV) = Lader
Ladeprovision *f* (com) address commission
(ie, paid for arranging the loading of a vessel)
Ladepunkt *m* (EDV) load point
Lader *m* (EDV) loader
(ie, integriertes Dienstprogramm)
Laderampe *f* (com) loading *(or* shipping) ramp
Laderaum *m*
(com) loading space
(com, *ships*) cargo hold
Laderost *m* (com) pallet *(syn, Palette)*
Laderoutine *f* (EDV) routine used to load programs into memory
Ladeschein *m*
(WeR) shipping note, §§ 444–450 HGB
– inland waterway bill of lading, § 72 BinnSchG = Flußkonnossement
(com) carrier's receipt
Ladestelle *f* (com) loading berth
Ladetätigkeit *f*
(com) handling
– loading and unloading
Ladetonnage *f* (com) load displacement
Ladeverzeichnis *n* (com) = Ladeliste
Ladevorrichtungen *fpl* (com) ship's loading gear *(or* tackle)
Ladezeit *f* (com) loading time
Ladung *f*
(com) loading
(com) cargo

– freight
– consignment
– load
– shipment
Ladung *f* **löschen** (com) to unload *(or* discharge) cargo
Ladungsaufseher *m* (com) supercargo
Ladungsbeteiligte *mpl*
(com) parties interested in the cargo, § 485 HGB
– cargo owners
Ladungsbuchung *f* (com) booking of cargo
Ladungsempfänger *m* (com) consignee
Ladungskontrolleur *m* (com) tallyman
Ladungsmanifest *n* (com) manifest of cargo *(ie, list of cargo carried by vessel or plane)*
Ladungsproblem *n* (Bw) Knapsack problem *(ie, logistisches Optimierungsproblem)*
Ladungsschäden *mpl* **durch Seewurf** (SeeV) damage to cargo by jettison
Ladungstüchtigkeit *f* (com) fitness for storage
Ladung *f* **über Bord werfen** (SeeV) to jettison a cargo
Ladung *f* **übernehmen** (com) to take up cargo
Ladung *f* **zustellen** (Re) to serve a citation *(or* summon) (upon)
Lafferkurve *f* (Vw) Laffer curve *(ie, stellt Abhängigkeit des Steueraufkommens von der Höhe des Durchschnitts- od Grenzsteuersatzes dar)*
Lage *f* (EDV) layer
(ie, beim Leiterplattenentwurf; syn, Ebene)
Lagebericht *m*
(com) status report
(ReW) annual report
(ie, nach § 264 I 1 HGB haben alle KapGes e–n Lagebericht aufzustellen, in dem mindestens der Geschäftsverlauf und die Lage der Ges so darzustellen sind, daß ein den tatsächlichen Verhältnissen entsprechendes Bild vermittelt wird; der Begriff wurde im AktG aF zwar nicht verwendet, war aber in Literatur und Praxis üblich; cf, Art. 46 der 4. EG-Richtlinie; cf, Geschäftsbericht)
Lagebesprechung *f* (com) discussion of current situation
Lagefinanzamt *n* (StR) local finance office where taxable property is situated, § 18 AO *(syn, Belegenheitsfinanzamt)*
Lagemaßzahl *f*
(Stat) measure of central tendency
– measure of central location
– measure of central position
– parameter of location
Lageparameter *m* (Stat) = Lagemaßzahl
Lageplan *m*
(com) layout plan
(com) site plan
Lager *n*
(com) stock of goods *(or* merchandise)
(MaW) inventory held in storage
(MaW) store
– storeroom
– stockroom
– storage area
– warehouse

Lagerabbau *m*
(MaW) liquidation
– reduction
– drawdown
– runoff . . . of inventories
– destocking
– inventory cutting (*or* decline *or* workoff)
– stock reduction
Lager *npl* **abbauen**
(MaW) to cut
– to run down
– to trim
– to work off
– to reduce
– to liquidate . . . inventories (*or* stock)
– to destock
– to pare down inventory levels (*eg, to the bone*)
Lagerabgangsrate *f* (MaW) rate of usage
Lageranordnung *f* (MaW) layout of storage area
Lageranteil *m* (MaW) ratio of inventory level to total assets of firm
Lagerarbeiter *m* (MaW) stockroom worker
Lager *npl* **auffüllen**
(MaW) to rebuild
– to fill up
– to refill
– to replenish . . . inventories
– to restock
– (infml) to load the pipelines
Lagerauffüllung *f*
(MaW) inventory . . . buildup/rebuilding
– inventory accumulation
– inventory replenishment
– refilling of inventories
– replenishment of stocks
Lageraufnahme *f*
(MaW) physical inventory
– stocktaking
Lageraufseher *m* (MaW) stockroom supervisor
Lager *npl* **aufstocken** (MaW) = Lager auffüllen
Lageraufstockung *f* (MaW) = Lagerauffüllung
Lagerauftrag *m* (Bw) stock order (*ie, Vorratsauftrag*)
Lagerauslastung *f* (MaW) utilization of storage capacity
Lagerautomatisierung *f* (MaW) automation of inventory processes
(*ie, auf der Grundlage von EDV-gestützten Informationssystemen*)
Lagerbehälter *m*
(MaW) storage bin
– storage container (*eg, Flaschen, Kübel, Tanks; Boxen, Kisten, Kartons*)
Lagerbehandlung *f* (MaW) handling of goods in storage (*eg, refilling, drying, etc.*)
Lagerbestand *m*
(com) goods on hand (*or* in stock)
– inventory level
– stock
– stock on hand
– stores
Lagerbestände *mpl* **aufnehmen** (MaW) to compile inventory
Lagerbestände *mpl* **des Einzelhandels** (com) retail inventories

Lagerbestandsaufnahme *f* (ReW) stock taking
Lagerbestandsaufstellung *f* (MaW) inventory status report
Lagerbestandsbericht *m* (MaW) stock status report
Lagerbestandsbewertung *f* (ReW) inventory valuation (*syn, Vorratsbewertung, Lagerbewertung*)
Lagerbestandsfortschreibung *f* (MaW) updating of inventory
Lagerbestandsführung *f*
(MaW) inventory (*or* stock) accounting
– inventory control
Lagerbestandskarte *f* (ReW) stock record card
Lagerbestandsliste *f* (MaW) = Lagerbestandsverzeichnis
Lagerbestandsvergleich *m* (MaW) comparison of inventory movements
(*ie, by preparing statistics over a number of periods*)
Lagerbestandsverzeichnis *n*
(MaW) inventory
– inventory status report
Lagerbetrieb *m* (com) warehousing business, §§ 416–424 HGB
Lagerbewegungen *fpl* (MaW) inventory (*or* stock) movements
Lagerbewertung *f* (ReW) inventory valuation (*or* costing)
Lagerbuch *n* (MaW) stock (*or* stores) ledger
Lagerbuchführung *f*
(MaW) inventory accounting
(MaW) inventory records file
– stockroom record system
– stockroom records
(*ie, keeping track of all items on inventory and on order*)
Lagerbuchhaltung *f* (ReW) inventory accounting department
(*Note: In commercial jargon, the terms 'Lagerbuchführung' and 'Lagerbuchhaltung' are often used interchangeably*)
Lagerdaten *pl* (MaW) inventory data (*or* figures)
Lagerdauer *f*
(MaW) period of storage
– days of inventories (*syn, Lagerfrist*)
Lagerdisposition *f*
(MaW) stockbuilding (activity)
– stock ordering
Lagerdispositionen *fpl* (MaW) storage dispositions
Lagerempfangsschein *m* (WeR) warehouse receipt
Lagerente *f* (Bw) rent due to favorable location
Lagerentnahme *f* (MaW) withdrawal from stock
Lagerergänzung *f* (MaW) = Lagerauffüllung
Lagerfach *n* (MaW) storage bin (*or* slot)
Lagerfachkarte *f* (MaW) bin card
lagerfähig (com) fit for storage
Lagerfähigkeit *f* (MaW) storage (*or* shelf) life
Lagerfertigung *f*
(IndE) make-to-stock production
– production to stock
Lagerfinanzierung *f* (Fin) inventory financing
Lagerfrist *f* (MaW) = Lagerdauer
Lagerfunktion *f* (MaW) inventory (carrying) function
Lagergebäude *n*
(MaW) storehouse

– storage building
Lagergebühren *fpl* (com) = Lagergeld
Lagergeld *n* (com) warehouse (*or* storage) charges
Lagergeschäft *n*
(com) warehousing business, §§ 416–424 HGB
(Mk) procurement to stock up inventory *(opp, Streckengeschäft)*
Lagergewinne *mpl* (ReW) inventory profits
Lagergröße *f*
(MaW) inventory level
– stock level
– size of inventory
Lagergut *n*
(com) goods fit for storage
(Zo) = Zollagergut
Lagerhalle *f* (MaW) storage building
Lagerhallenkonnossement *n* (com) custody bill of lading
Lagerhalter *m*
(com) warehouse keeper
– warehouseman
(ie, person undertaking the storage and custody of goods, § 416 HGB)
Lagerhalterkonnossement *n* (com) custody bill of lading
Lagerhaltung *f*
(MaW) = Lagerwirtschaft
(MaW) stockkeeping
– warehousing
Lagerhaltung *f* **mit konstanten Beständen** (MaW) constant-cycle system of inventory control
Lagerhaltung *f* **mit konstanten Bestellintervallen** (MaW) periodic ordering
Lagerhaltung *f* **nach ABC-Klassifikation** (MaW) ABC inventory control
– split inventory method
Lagerhaltungsanalyse *f* (OR) inventory analysis
Lagerhaltungskosten *pl*
(KoR) inventory carrying (*or* holding) costs
– expenses of carrying inventories
Lagerhaltungsmodell *n* (OR) inventory model
Lagerhaltungsplanung *f* (MaW) inventory scheduling
Lagerhaltungspolitik *f* (MaW) inventory policy
(syn, Vorratspolitik)
Lagerhaltungsrezession *f* (Vw) inventory recession
Lagerhaltungsschwankungen *fpl* (MaW) inventory fluctuations
Lagerhaltungssystem *n* (MaW) inventory control system
Lagerhaltungszyklus *m* (Vw) inventory cycle
(ie, folgt aus der Anpassung von tatsächlicher an gewünschte Lagerhaltung gemäß dem Akzeleratorprinzip)
Lagerhaus *n* (MaW) warehouse
Lagerhüter *m* (MaW) inactive inventory item
Lagerinvestitionen *fpl*
(VGR) net changes in business inventory
– inventory changes (*or* investment)
– investment in inventories of goods
(MaW) inventory investment
Lagerist *m*
(MaW) stock clerk
– stockkeeper
– stockroom clerk

– storekeeper
(syn, Lagerverwalter)
Lagerjournal *n* (MaW) inventory journal
Lagerkapazität *f* (MaW) storage capacity
Lagerkarte *f*
(MaW) inventory card
– stock record card
Lagerkartei *f*
(MaW) inventory records
– stock file
Lagerkennzahlen *fpl* (MaW) inventory turnover ratios
Lager *n* **klein halten** (MaW) to keep stocks trim
Lagerkonto *n* (ReW) inventory (asset) account
Lagerkontrolle *f* (MaW) inventory audit
Lagerkosten *pl*
(ReW) inventory cost
– inventory carrying cost
– holding cost
– storage cost (*or* expenses)
(ie, Teil der Materialgemeinkosten, die in der Lagerwirtschaft anfallen)
(com) warehouse charges
(Fin) cost of carry *(ie, e–s Zinspapieres)*
Lagerkostenabgabe *f* (EG) levy on storage
Lagerleistungen *fpl* (Bw) make-to-stock output *(ie, to replenish inventory)*
lagerlose Fertigung *f* (IndE) stockless production
(ie, based on hand-to-mouth buying of input materials)
Lagermaterial *n* (MaW) regular stock on hand
(opp, Auftragsmaterial)
Lagermiete *f* (KoR) storage rental fee
Lagermodell *n* (MaW) procurement inventory model
lagern
(MaW) to stock
– to store
Lagerort *m* (MaW) stock location
Lagerortkarte *f* (MaW) bin tag
Lagerpersonal *n* (MaW) inventory clerks
Lagerplan *m* (Bw) inventory budget
Lagerplanung *f*
(MaW) materials requirements planning
– inventory planning
Lagerplanungsmodell *n* (OR) inventory planning model
Lagerpolitik *f* (MaW) inventory policy
Lagerraum *m*
(MaW) storage area
– stockroom
Lagerraum *m* **bereitstellen** (MaW) to provide storage space
Lager *n* **räumen**
(com) to clear stocks
– (infml) to offload stocks
Lagerräumung *f*
(com) clearance of stocks
– clear out of inventories of unsold goods
Lagerrisiko *n* (com) storage risk
Lagerschein *m* (WeR) warehouse receipt (*or* certificate)
Lagerspesen *pl* (MaW) storage charges
Lagerstatistik *f* (MaW) inventory statistics
Lagerstelle *f* (Fin) depositary

463

Lagerüberwachung *f*
(MaW) stockchasing
– monitoring the status of inventory
Lagerumsatz *m* (MaW) = Lagerumschlag
Lagerumschlag *m*
(MaW) inventory-sales ratio
– rate of inventory turnover
– turnover of inventories
– merchandise (*or* stock) turnover
– (US) momentum of sales (*ie, arrived at by dividing annual net sales by average inventory*)
Lagerung *f*
(MaW) storage
– keeping in stock
Lagerungskosten *pl* (MaW) storage costs
Lagerverkehr *m* (com) warehouse transactions
Lagerverluste *mpl* (MaW) inventory losses
Lagerversicherung *f* (Vers) storage insurance
Lagervertrag *m* (com) warehousing contract
Lagerverwalter *m*
(com) warehouse keeper (*or* manager)
(MaW) stock clerk
– stockkeeper
– stockroom clerk
– storekeeper
Lagerverwaltung *f* (MaW) inventory management
Lagervorrat *m*
(MaW) stock
– supply
Lagerwirtschaft *f*
(MaW) inventory . . . management/control
– administration of inventory
– stock control
Lagerzeit *f* (MaW) period of storage
Lagerzins *m*
(MaW) implicit interest charges for average inventory period
(*ie, equal to opportunity cost of capital tied in inventories*)
Lagerzugang *m* (MaW) addition to stocks
Lagerzugänge *mpl* (MaW) inventory receipts
Lagerzugangsliste *f* (MaW) stock receipts register
Lagerzyklus *m*
(Vw) inventory cycle
– inventory investment cycle
– (GB) stock cycle
lagetypischer Wert *m*
(Stat) = Lagemaßzahl, qv
Lagrangescher Multiplikator *m* (Math) Lagrange (*or* Lagrangian) multiplier
(*ie, technique whereby potential extrema of functions of serveral variables are obtained; cf, Extrema mit Nebenbedingungen = constrained extrema of functions*)
Lagrangesches Restglied *n* (Math) Lagrange's form of remainder
Landarbeiter *m*
(Pw) farmhand
– (GB) agricultural labourer
Land *n* **des steuerlichen Wohnsitzes** (StR) country of fiscal domicile
Landegebühr *f* (com) landing charge
Länderbericht *m* (com) country report
Länder *npl* **der Andengruppe** (AuW) Andean Group countries

Länderfinanzausgleichsgesetz *n* (FiW) Law on Fiscal Equaliziation among the States, of 28 Aug 1969, as amended
Länderfinanzverwaltungen *fpl* (FiW) Länder taxation authorities
Ländergruppe *f* (AuW) group of countries
Länderhaushalte *mpl* (FiW) Länder budgets
Länderkontingent *n*
(AuW) quota accorded to an individual country
– negotiated quota
Länderlimit *n* (Fin) country limit
Länderquoten *fpl* (AuW) country-by-country quotas
Länderreferent *m* (Vw) country economist
Länderrisiko *n*
(Fin) country risk
– (i. e. S.) sovereign risk = Staatsrisiko
(*ie, Risiko e–s Verlustes bei e–r Auslandsinvestition, e–m Auslandskredit od e–m Exportverkauf aufgrund der wirtschaftlichen und politischen Bedingungen im Empfängerland; drei Ausprägungen:*
1. Liquiditätsrisiko;
2. Zinsausfallrisiko;
3. Totalausfallrisiko = endgültige Zahlungsverweigerung e–s Staates;
risk that changes in economic and/or political conditions in a country may lead to delayed payments, refusal to pay, or controls on outflow of funds)
(AuW) jurisdiction risk (*ie, legal officials may not be impartial*)
Länderrisikoanalyse *f* (Fin) country rating
Länderrisiko-Bewertung *f* (Fin) country-risk assessment
(*ie, task is to analyze country-related conditions and to ensure that returns are adequate to compensate companies, banks, insurers for the risks involved; effective assessment ideally requires the employment of a true „Renaissance person" – exceedingly intelligent, a holder of doctorates from respectable institutions in economics, political science, sociology, psychology, and perhaps a few other fields as well, totally objective, with a great deal of common sense; well-traveled, up to date on developments in all countries of interest to the bank, and personally acquainted with key policy makers*)
Landesarbeitsgemeinschaft *f* **der Verbraucherverbände** (com) Federal State Working Party of Consumers' Associations
Landesarbeitsgericht *n* (Re) appellate labor court
(*ie, 2. Instanz der Arbeitsgerichtsbarkeit*)
Landesbank *f* (Fin) regional bank (*ie, central giro institution of a Federal state*)
Landesbodenkreditanstalt *f* (Fin) Land mortgage bank
Landesfinanzamt *n* (StR) Land tax office
Landesfinanzminister *m* (StR) state minister of finance
Landesfinanzministerium *n* (StR) state ministry of finance
Landesjustizverwaltung *f* (Re) state justice administration
Landeskartellbehörde *f* (Kart) State Cartel Office

Landeskreditanstalt *f* (Fin) semi-public bank in a German state
Landesplanung *f* (Vw) regional planning
Landesplanungsgesetz *n* (Re) Land Planning Law
Landesrentenbank *f* (Fin) Land mortgage bank
Landessozialgericht *n* (Re) Appellate Court for Social Security and Related Matters
Landessteuern *fpl*
(FiW) taxes levied by the German Laender (*or* provincial states)
– state taxes
landesüblicher Zinsfuß *m* (Fin) current effective rate (of government bonds)
(ie, Effektivzinssatz für Staatsanleihen am Kapitalmarkt; dient zu Rentabilitätsvergleichen)
landesüblicher Zinssatz *m* (Fin) current (*or* prevailing) rate of interest
Landesversicherungsanstalt *f* (SozV) Land social insurance office *(ie, for workers)*
Landesverwaltungsgericht *n* (Re) Land administrative tribunal
Landeswährung *f* (Vw) domestic (*or* local) currency
Landeszentralbank *f* (Fin) land central bank *(ie, regional central bank branch)*
Landeszinsfuß *m* (Fin) = landesüblicher Zinsfuß, qv
Landfracht *f* (com) land-borne freight
Landfrachtgeschäfte *npl*
(com) land-borne freight
– (GB) land carriage
Land *n* **für Verkehrszwecke** (StR) land suitable for the building of highways or airports, § 69 I BewG
Landgericht *n*
(Re) regional court
– first-instance district court
(ie, normal superior court having both first instance jurisdiction in civil and commercial matters and appellate jurisdiction from ‚Amtsgericht')
ländliche Kreditgenossenschaft *f*
(Fin) agricultural credit cooperative
– rural credit association
(ie, Spar- und Darlehnskassen od Raiffeisenkassen)
Landmaschinen *fpl* (com) agricultural (*or* farm) machinery
Landmaschinenbranche *f* (com) farm equipment industry
land- od forstwirtschaftliches Vermögen *n* (StR) agricultural property
Landschaftsgestalter *m* (com) landscape engineer
(ie, planning, design, and construction of natural scenery on a tract of land)
Landschaftsgestaltung *f* (com) landscape architecture
(ie, arranging and fitting land for human use and enjoyment)
Landtransport *m*
(com) carriage by land
– land carriage
Landtransportrisiko *n* (Vers) land risk
Landtransportversicherung *f* (Vers) insurance of goods in transit by land

Land- und Forstwirtschaft *f* (Vw) agriculture and forestry
land- und forstwirtschaftlicher Nebenbetrieb *m*
(StR) business
– enterprise
– establishment ... incident to agriculture and forestry, § 15 I 1 EStG
land- und forstwirtschaftliches Einkommen *n* (StR) agricultural and forestry income
land- und forstwirtschaftliches Vermögen *n* (StR) property used in agriculture or forestry, §§ 33–67 BewG
Landwirtschaft *f*
(com) agriculture
– farming
(com) agricultural industry
– agri-business
landwirtschaftliche Arbeit *f* (Stat) farm work
landwirtschaftliche Ausstellung *f*
(com) state *or* county fair
– (GB) agricultural show
landwirtschaftliche Buchführung *f* (ReW) accounting of farm and forestry establishments
landwirtschaftliche Erzeugnisse *npl*
(com) farm products
– agricultural products
– produce
(ie, farm products collectively)
landwirtschaftliche Genossenschaft *f* (com) agricultural cooperative
landwirtschaftliche Marktordnung *f* (EG) farming market regime
landwirtschaftliche Produkte *npl* (com) = landwirtschaftliche Erzeugnisse
landwirtschaftliche Produktivität *f* (Vw) agricultural productivity
(ie, input yield of labor and capital for a given unit of land)
landwirtschaftlicher Betrieb *m* (com) agricultural undertaking
landwirtschaftlicher Grenzbetrieb *m* (com) marginal farmer
(ie, one that covers only cost of production at given market prices)
landwirtschaftlicher Hypothekarkredit *m* (Fin) agricultural real estate loan
landwirtschaftlicher Marktordnungswechsel *m* (FiW) agricultural market organization bill
landwirtschaftlicher Nebenerwerb *m* (com) part-time farm
landwirtschaftliches Einkommen *n* (EG) farmer's (*or* farm) income
landwirtschaftliches Stützungsniveau *n* (EG) farm support level
landwirtschaftliche Überschußproduktion *f*
(EG) farm overproduction
(EG) farm surplus
Landwirtschaftskammer *f* (com) agricultural chamber
Landwirtschaftsschau *f*
(com) state (*or* country) fair
– (GB) agricultural show
längerfristige Finanzierung *f*
(Fin) longer-term financing
– provision of longer-period finance

langes Ende *n* **des Kapitalmarktes** (Fin) long end of the capital market
langfristig anlegen (Fin) to invest long term
langfristig ausleihen (Fin) to lend long term
langfristig disponieren (Fin) to invest long term
langfristige Anlage *f* (Fin) long-dated (*or* permanent) investment
langfristige Anleihe *f* (Fin) long-term bond
langfristige Ausleihungen *fpl*
(Fin) money loaned long-term
– long-term lendings
langfristige Bankkredite *mpl* (Fin) long-term bank credits
langfristige Durchschnittskosten *pl* (Vw) long-run average cost
langfristige Emission *f* (Fin) long-dated issue
langfristige Erfolgsplanung *f* (Bw) long-term profit planning
langfristige Finanzanlagen *fpl* (ReW) long-term investments
langfristige Finanzierung *f* (Fin) long-term financing
langfristige Finanzierungsmittel *pl* (Fin) long-term financial resources (*or* funds)
langfristige Forderung *f* (ReW) long-term receivable
langfristige Grundsatzplanung *f* (Bw) long-range corporate planning
langfristige Kapitalanlage *f*
(Fin) long-term
– fixed
– permanent... investment
langfristige Kapitalbewegungen *fpl* (VGR) long-term capital movements
langfristige Kapitalbilanz *f* (VGR) long-term capital account
langfristige Konsumfunktion *f* (Vw) long-period consumption function
langfristige Kredite *mpl* (Fin) long-term indebtedness
langfristige Kreditgeschäfte *npl* (Fin) long-term lending
langfristige Kreditlücke *f* (Fin) long-term credit gap
langfristige Materialbeschaffung *f* (MaW) broad load
langfristige Planung *f* (Bw) long-range (*or* long-term) planning
langfristige Produktion *f* (Bw) long-term production (*eg, im Groß- und Werksanlagenbau*)
langfristiger Abschluß *m* (com) long-term contract
langfristige Rentabilität *f* (Fin) long-term profitability
langfristiger Kapitalverkehr *m* (AuW) long-term capital transactions (*or* movements)
langfristiger Kredit *m*
(Fin) long-term credit (*or* loan)
(FiW) funded debt
langfristiger Liefervertrag *m* (com) long-term supply agreement (*or* contract)
langfristiger Planabschnitt *m* (Fin) long-range budget period
langfristiger Vertrag *m* (Re) long-term contract (*eg, in the production of heavy equipment*)
langfristiger Wechsel *m*
(WeR) long-dated bill

– long bill
langfristiges Anlagevermögen *n* (Bw) long-term fixed assets
langfristiges Darlehen *n* (Fin) long-term (*or* fixed) loan
langfristiges Gleichgewicht *n* (Vw) long-period equilibrium
langfristiges Kapital *n* (Fin) long-term capital
langfristiges Kreditgeschäft *n* (Fin) long-term loan business
langfristige Staatsschuld *f* (FiW) long-term public debt
langfristiges Ziel *n* (Bw) long-run (*or* strategic) goal (*ie, typically over 3 years*)
langfristige Unternehmenspolitik *f*
(Bw) long-term company (*or* corporate) policy
– long-term lines of approach
langfristige Unternehmenstrategie *f* (Bw) long-term corporate strategy
langfristige Verbindlichkeiten *fpl*
(ReW) long-term liabilities
– long-term debt (*or* indebtedness)
– noncurrent liabilities
langfristige Verlaufsrichtung *f* (Stat) secular trend
langfristig investieren (Bw) to invest (for the) long term
Langfristplanung *f* (Bw) long-term (*or* long-range) planning
langlaufende Terminkonten *npl* (Fin) long-term time accounts
Langläufer *mpl*
(Fin) long-dated securities
– long maturities
– longs
Langläufer-Rendite *f*
(Fin) long-term yield on bonds
– yield on longs
langlebige Konsumgüter *npl* (Mk) durable consumer goods
langlebige Wirtschaftsgüter *npl* (Bw) long-lived assets
langsamer Speicher *m* (EDV) slow access storage
Längsparitätskontrolle *f* (EDV) = Längssummenprüfung
Längsprüfzeichen *n* (EDV) horizontal parity bit
Längsseit-Konnossement *n* (com) alongside bill of lading
Längsseitlieferung *f* (com) delivery alongside ship
längsseit Schiff (com) alongside ship
Längssummenprüfung *f* (EDV) longitudinal (redundancy) check (*syn, Blockprüfung*)
Langstreckenflug *m* (com) long-haul flight
Langzeitarbeitsloser *m* (Pw) long-term unemployed
Langzeitlagerung *f* (MaW) long-term storage
Langzeitplan *m* (Bw) long-range plan
Langzeitplanung *f* (Bw) long-range (*or* long-term) planning
Langzeitprognose *f* (Bw) long-term (*or* long-range) forecast
Langzeitschäden *mpl* (Vers) long-tail claims
Langzeiturlaubskonto *n* (Pw) long-term vacation account
(*ie, Überstunden und Urlaubsreste werden dem L. angerechnet*)

Laplacesche Differentialgleichung *f* (Math) Laplace's equation
(ie, partial differential equation stating that the sum of all nonmixed second partial derivatives equals zero)

Laplacescher Grenzwertsatz *m* (Math) Laplace's theorem

Laplacescher Operator *m* (Math) Laplacian operator

Laplace-Transformation *f* (Math) Laplace transform
(ie, e-e Integraltransformation vor allem zur Lösung linearer Integro-Differentialgleichungen; sie eignet sich zur Darstellung diskontinuierlicher Funktionen; used to reduce the solution of linear differential equation with constant coefficients to the solution of a polynomial equation; one of the simplest discontinuous functions is the unit function = Einheitssprung u(t); Eigenschaften: 1. Superpositionssatz = linearity/superposition theorem; 2. Verschiebungssatz = translation theorem; 3. Anfangswertsatz = initial value theorem; 4. Endwertsatz = final value theorem; 5. Faltungssatz = convolution theorem)

Lärmbelästigung *f* (IndE) noise pollution *(ie, includes vibration)*

Lärmbelastung *f* (IndE) exposure to noise

Lärmschutz *m* (IndE) noise protection

Laserdrucker *m* (EDV) laser printer

Laserkasse *f*
(Mk) laser-scanning checkout
– laser-scan till

Lash-Schiff *n* (com) lighter-aboard ship
(ie, type of intermodal transportation: it lies off shore and receives a cargo of barges)

Lash-Verfahren *n* (com) lighter-aboard-ship method

Last *f* **der öffentlichen Schuld** (FiW) burden of the public debt

Lastenausgleich *m* (FiW) equalization of burdens

lastenfrei
(Re) free from encumbrances
– unencumbered

lastenfreies Eigentum *n* (Re) unencumbered property

Lastenheft *n*
(com) tender specifications
– specification
– cahier des charges
(ie, enthält Einzelheiten e–r Ausschreibung)

lästige Bedingung *f* (Re) onerous clause

lästiger Parameter *m* (Stat) nuisance parameter

Lastkraftwagen *m*
(com) truck
– (GB) lorry

Lastschrift *f*
(com) debit note
(ReW) debit entry
(ReW) debit memo
(Fin) direct debit *(ie, im Lastschriftverfahren)*

Lastschriftanzeige *f*
(Fin) charge slip
– debit . . . advice/memo/note
– advice of debit

Lastschriftbeleg *m* (ReW) debit voucher

Lastschriftverfahren *n* (Fin) = Einzugsverfahren

Lastschriftverkehr *m* (Fin) direct debiting transactions

Lastschriftzettel *m* (Fin) direct debit slip

Lastspiel *n* (IndE) operating cycle

Last- und Gutschriften *fpl* (ReW) debit and credit entries

Lastverbund *m*
(EDV) load link
(EDV) load-sharing computer network

Lastverteilung *f* (FiW) distribution of tax burden
(ie, structural criteria are: functional, personal, sociological, sectoral, regional, temporal)

Last-Zeit-Funktion *f*
(IndE) history of loading
– service-loading history

lateinisches Quadrat *n* (Stat) Latin square

lateinisches Rechteck *n* (Stat) Latin rectangle

lateinisches Standardquadrat *n* (Stat) standard Latin square

latent-deterministischer Prozeß *m* (Stat) crypto-deterministic process

latente Konkurrenz *f* (Vw) latent competition *(ie, by potential suppliers)*

latenter Bedarf *m* (Mk) latent demand

latente Steuern *fpl* (ReW) deferred . . . taxes/taxation
(ie, keine besondere Steuerart, sondern Posten im handelsrechtlichen Abschluß zur richtigen Periodenabgrenzung des Steueraufwandes: Differenz zwischen der fiktiven Steuer auf den handelsrechtlichen Gewinn und den tatsächlichen Steuern auf den Steuerbilanzgewinn; durch die unterschiedlichen Bilanzansätze ergeben sich unterschiedliche Gewinnausweise in Handels- und Steuerbilanz, die passivisch zu Rückstellungen und aktivisch zu Abgrenzungsposten führen; soweit sie sich aus der Konsolidierung ergeben, sind sie zu passivieren und zu aktivieren = accumulated tax payments; cf, § 274 HGB)

latente Variable *f* (Stat) latent variable

Latenzinformation *f* (Mk) latent information

Lattenkiste *f* (com) crate

Lauf *m* (IndE, EDV) run

Laufbahn *f* (Pw) career (path)

Laufbahnplanung *f*
(Pw) career planning
(Pw) in-house career path planning

laufende Aufwendungen *fpl* (ReW) current expenditure

laufende Auswertung *f* (Bw) periodic evaluation and reporting

laufende Bestandsaufnahme *f* (MaW) perpetual inventory

laufende Bestandskartei *f* (MaW) perpetual inventory file (*or* records)

laufende Buchungsnummer *f* (ReW) journal number

laufende Dividende *f* (Fin) regular dividend

laufende Emission *f* (Fin) tap issue

laufende Erträge *mpl* (Fin) current income *(eg, from bonds)*

laufende Instandhaltung *f* (com) current maintenance

laufende Inventur *f* (MaW) perpetual inventory

laufende Kontenabrechnung *f* (Fin) demand deposit accounting
laufende Leistungen *fpl* (SozV) current benefits
laufende Lohnrunde *f* (Pw) on-going wage round
laufende Numerierung *f* (com) consecutive numbering
laufende Pensionszahlungen *fpl* (Pw) current pension payments
laufende Planung *f* (Bw) current planning
laufende Police *f*
  (Vers) floating policy
  – open cover (*or* slip)
laufende Prämie *f* (Vers) regular premium
laufender Betrieb *m* (com) day-to-day business
laufende Rechnung *f*
  (com) account current
  – current account
  (com) = offene Rechnung, qv
laufende Rendite *f* (Fin) flat yield (*syn,* Umlaufrendite, *qv*)
laufender Faktoreinsatz *m* (Vw) current input
laufender Geschäftsbetrieb *m*
  (com) day-to-day business
  – running operations
laufender Kurvenzug *m* (Math) smooth curve
laufender Zins *m* (Fin) interest accrued
laufendes Budget *n* (FiW) current budget
laufendes Geschäftsjahr *n* (com) current financial year
laufendes Konto *n*
  (Fin) checking account
  – (GB) current account
laufendes Patent *n* (Pat) pending patent
laufendes Programm *n* (EDV) active program
laufendes Steuerjahr *n* (StR) current taxable year
laufende Summe *f* (EDV) running total
laufendes Unternehmen *n* (Bw) going concern
laufende Überwachung *f* (Bw) operational control (*ie, over the daily performance of a firm*)
laufende Verbindlichkeiten *fpl* (ReW) current liabilities
laufende Versicherung *f*
  (Vers) floater policy
  – open policy
  (*ie, esp. in transport insurance; more properly called ,open certificate'*)
laufende Wartung *f* (EDV) maintenance routine
laufende Wirtschaftsperiode *f* (Vw) market (*or* instantaneous) period
laufend numerieren (com) to number consecutively
laufend senken (com) to lower progressively
laufend veranlagte Steuern *fpl* (StR) currently assessed taxes
lauffähiges Programm *n*
  (EDV) loadable (*or* executable) programm (*syn,* ladefähiges Programm)
Laufkarte *f*
  (IndE) job/move . . . ticket
  – travel/batch . . . card
Laufkunde *m*
  (com) casual customer
  – (infml) off-the-street customer
  (*opp,* Stammkunde)
Laufkundschaft *f* (com) occasional customers

Laufwerk *n* (EDV) magnetic tape unit (*or* station *or* deck) (*syn,* Magnetbandgerät)
Laufzahl *f* (Math) number of terms (*ie, in a progression*)
Laufzeit *f*
  (Re) term
  – continuance
  – currency (*eg, during the . . . of the contract*)
  (Fin) life
  – life span
  – maturity period
  – time to maturity (*eg, of bond issue*)
  – length of time to maturity (*eg, 5 years to maturity*)
  (EDV) run
  – running
  – object . . . time
Laufzeit *f* **der Verzinsung** (Math) number of terms
Laufzeitenstruktur *f* (Fin) maturity pattern
Laufzeit *f* **e–r Anleihe**
  (Fin) duration
  – length
  – period . . . of a loan
  – repayment period
  (IndE) operating (*or* running) time
Laufzeit *f* **e–r Police** (Vers) life of a policy
Laufzeit *f* **e–s Patents** (Pat) term of a patent (*ie, Schutzdauer derzeit 20 Jahre*)
Laufzeit *f* **e–s Wechsels** (WeR) term of a bill
Laufzeitglied *n* (EDV) transport delay unit (*ie, in analog computers*)
laufzeitkongruent (Fin) of/with identical maturity
Laufzeitkongruenz *f* (Fin) identity (*or* matching) of maturities
Laufzeitregister *n* (EDV) delay line register
Laufzeitspeicher *m* (EDV) delay-line memory (*or* storage)
Laufzeitverlängerung *f* (Fin) maturity extension
Laufzettel *m*
  (com) routing slip
  – buck slip
lauten auf (Fin) denominated (*or* issued) in (*eg, DM, £, $*)
lauterer Wettbewerb *m* (Kart) fair competition
Lawinensteuer *f* (FiW) = Kaskadensteuer, qv
Layouter *m* (Mk) layout man
Leasing *n* (com) leasing
  (*ie, e–e genaue Begriffsbestimmung existiert nicht; kann ausgelegt werden als: Mietvertrag, Teilzahlungsvertrag, Geschäftsbesorgungsvertrag, Treuhandverhältnis, Vertrag eigener Art; Bilanzierung von Leasing-Verträgen umstritten*)
Leasinggeber *m* (Fin) lessor
Leasingnehmer *m* (Fin) lessee
Leasing-Vertrag *m* (Re) leasing agreement (*cf,* Leasing)
Leasing *n* **von Wagenparks** (Fin) fleet leasing
lebendes Inventar *n*
  (com) livestock
  (*opp, totes Inventar; eg, farm machinery and implements*)
Lebensarbeitszeit *f*
  (Pw) life hours of work
  – (*in certain contexts*) lifetime resources
  – working life

(ie, number of years spent in the labor force)
Lebensdauer *f*
(SozV) life expectancy
(Bw) physical life
– life (span)
(eg, fixed asset, investment project)
Lebensdauer *f* **e–s Investitionsobjektes** (Bw) project
life
Lebensdauer *f* **nach der Pensionierung** (Vw) retirement span
Lebenseinkommen *n* (Vw) lifetime income
Lebenserhaltung *f* (SozV) life conservation
Lebenserhaltungssystem *n*
(IndE) life support system
– environmental control system
*(ie, provides atmospheric control and monitoring
in spacecrafts and in submarines)*
Lebenserwartung *f*
(Bw) life
(Vers) life expectancy *(ie, number of years remaining for a person)*
Lebensfallversicherung *f* (Vers) endowment insurance *(ie, more frequent term: Erlebensfall-Versicherung)*
Lebensgefährten *m/fpl* (SozV) partners
(ns) significant other
*(ie, people sharing bed and board without bothering about a marriage certificate or old-fashioned
wedding; usually for a brief span of their adult
lifetime; eg, she could simply say ‚my partner' =
mein Lebensgefährte)*
Lebenshaltungsindex *m* (Stat) = Lebenshaltungskostenindex
Lebenshaltungskosten *pl*
(Stat) cost of living
Lebenshaltungskostenindex *m* (Stat) cost of living
index
lebenslange Anstellung *f* (Pw) lifelong tenure
lebenslanges Lernen *n* (Pw) lifelong learning
lebenslängliche Nutzungen *fpl* **und Leistungen** *fpl*
(StR) payments and other benefits limited by the
life of a person, § 14 BewG
lebenslängliche Rente *f* (Fin) life annuity
lebenslänglich laufende Leistungen *fpl* (Vers) current benefits for the lifetime of the beneficiaries
Lebenslauf *m*
(Pw) curriculum vitae
– personal history (*or* record)
(IndE) history of a machine
Lebensmittelbranche *f* (com) food trade (*or* business)
Lebensmitteleinzelhandel *m*
(Mk) grocery retailing
(Mk) grocery retailing industry
Lebensmittelgeschäft *n* (com) food store
Lebensmittelgroßhandel *m* (Mk) food trade
Lebensmittelhandel *m* (Mk) grocery trade
Lebensmittelindustrie *f* (com) food processing industry
Lebensmittelkennzeichnung *f* (Mk) food labeling
Lebensmittelkette *f*
(Mk) food store chain
– multiple food retailers
Lebensmittelrecht *n* (Re) law relating to food processing and distribution

Lebensqualität *f* (Vw) quality of life
Lebensstandard *m* (Vw) standard of living
*(ie, Ausstattungsgrad mit materiellen und immateriellen Versorgungsgütern; weiter gefaßt sind
Lebensqualität und Lebensstil)*
Lebensstellung *f*
(Pw) tenured position
– life tenure *(syn, Anstellung auf Lebenszeit)*
Lebensversicherer *m*
(Vers) life insurer
– life office
Lebensversicherung *f*
(Vers) life insurance
– (GB) life assurance
(ie, die wichtigsten Formen sind:
1. gemischte Lebensversicherung;
2. Risikolebensversicherung (kurze Todesfallversicherung);
3. lebenslängliche Todesfallversicherung;
4. Lebensversicherung mit festem Auszahlungstermin (Term-fix-Versicherung);
5. Aussteuerversicherung;
6. Leibrentenversicherung;
7. Pflegerentenversicherung;
nach der Höhe der Versicherungssume wird unterschieden: Kleinleben und Großleben)
Lebensversicherung *f* **abschließen**
(Vers) to take out a life insurance policy
– to buy life insurance
Lebensversicherung *f* **auf den Erlebensfall**
(Vers) endowment insurance
– (GB) endowment assurance
Lebensversicherung *f* **auf den Todesfall**
(Vers) ordinary life insurance
– whole life assurance
Lebensversicherung *f* **gegen Einmalprämie** (Vers)
single premium insurance
Lebensversicherung *f* **mit abgekürzter Prämienzahlung** (Vers) limited payment life policy
Lebensversicherung *f* **mit gestaffelten Prämienzahlungen** (Vers) graded premium policy
Lebensversicherung *f* **mit Gewinnbeteiligung**
(Vers) life insurance with profits
– participating life policy
Lebensversicherung *f* **ohne Gewinnbeteiligung**
(Vers) non-participating insurance
– without-profits insurance
Lebensversicherung *f* **ohne Rückkaufswert** (Vers)
term policy
(preferred term: Risikoversicherung)
Lebensversicherungsabschlüsse *mpl* **machen**
(Vers) to write life insurance
Lebensversicherungsgesellschaft *f*
(Vers) life insurance company
– (GB) life assurance company
Lebensversicherungspolice *f* (Vers) life insurance
policy
Lebensversicherungsprämie *f* (Vers) life insurance
premium
Lebensversicherungsunternehmen *n* (Vers) life insurance company
Lebensversicherungsverein *m* **auf Gegenseitigkeit**
(Vers) mutual life insurance company
Lebensversicherungsvertrag *m* (Vers) life insurance contract

469

Lebensversicherungsvertreter *m*
(Vers) life insurance agent
– life salesman
lebenswichtiger Bedarf *m*
(Vw) essential supplies
– necessities of life
Lebenszeitanstellung *f* (Pw) life-time employment
Lebenszeitbeamter *m* (Pw) public servant (*or* GB: civil servant) appointed for life
Lebenszeithypothese *f* (Vw) life cycle hypothesis
(*ie, planning of consumption expenditure over a whole life span*)
Lebenszeitplanung *f* (Vw) lifetime planning
Lebenszyklus *m* (IndE) life cycle (*ie, of an industrial product*)
lebhafte Börse *f* (Bö) brisk market
lebhafte Käufer *mpl* (Bö) active buyers
lebhafte Nachfrage *f* (com) brisk demand
lebhafter Handel *m*
(Bö) active ... trading/dealings
– brisk trading
– broad market
lebhafter Markt *m* (Bö) brisk/active ... market
lebhafte Umsätze *mpl*
(Bö) active ... market/trading
– brisk trading
– broad/heavy ... market
lebhaft gehandelt
(Bö) actively traded
– high volume
lebhaft gehandelte Werte *mpl*
(Bö) active
– actively traded
– high-volume ... shares or stocks
lebhaft handeln (Bö) to trade briskly
lebhaft nachgefragt (Bö) bright
Leckage *f* (com) leakage
Leckage-Klausel *f* (com) leakage clause
Lederindustrie *f* (com) leather industry
Lederwarenmesse *f* (com) leather goods fair
Leerabgabe *f* (Bö) short selling
Leeraktie *f* (Fin) corporate share not fully paid up, § 60 AktG
Leeranweisung *f* (EDV, Cobol) exit statement
Leeraussage *f* (Log) empty statement (*or* proposition)
Leerbeleg *m* (EDV) blank document
leere Anleihestücke *npl*
(Fin, US) stripped bonds
– stripper bonds
– strips
leere Menge *f*
(Math) empty
– null
– void ... set
(*ie, set with no elements; syn, Nullmenge*)
leerer Begriff *m* (Log) empty (*or* insignificant) term
leererfüllt (Log) vacuously satisfied
leeres Wartesystem *n* (OR) empty waiting-line system
leere Zeichenkette *f* (EDV) null string
Leerformel *f*
(Log) empty phrase
– vacuous expression (*or* phrase)
– insignificant term

470

Leerfracht *f* (com) dead freight
(*ie, payable by charterer for such part of the carrying capacity of a ship he does not in fact use: it is damages for loss of freight; § 580 HGB; syn, Fautfracht*)
Leergut *n* (com) empties
Leerkauf *m* (Bö) uncovered sale
Leerkosten *pl* (Bw) idle capacity cost (*ie, Kosten der Unterauslastung*)
Leerkostenanalyse *f* (Bw) idle-capacity-cost analysis
Leerkostenfunktion *f* (Bw) idle-capacity-cost function
(*ie, [maximum output – actual output] × [fixed cost/maximum output]*)
Leerkostenprozentsätze *mpl* (Bw) idle-capacity-cost percentages
Leerlauf *m* (Bw) organizational slack
Leerlaufvariable *f* (OR) slack variable (*syn, Hilfsvariable, Schlupfvariable*)
Leerpackung *f* (com) empty package
Leerposten *m* (ReW) empty heading
leerstehendes Mietobjekt *n* (com) rental vacancy
Leerstelle *f*
(Log) argument place
(EDV) blank (character)
Leertabelle *f* (Stat) dummy table
Leertaste *f* (EDV) space bar (*or* key)
Leerübertragung *f* **der Firma** (Re) transfer of firm name
(*ie, independently of the commercial business for which it is employed, § 23 HGB; in the case of stock corporations this is achieved through sale of the corporate shell = Mantel*)
Leerverkauf *m*
(Bö) bear sale
– short sale
– short
(*syn, Baisseverkauf, Verkauf auf Baisse*)
Leerverkäufe *mpl* **abschließen** (Bö) to sell short
Leerverkäufe *mpl* **als Baissemanöver** (Bö) bear raiding
leerverkaufen
(Bö) to sell short
– to bear the market (*syn, fixen*)
Leerverkäufer *m*
(Bö) bear/short ... seller
– short (*syn, Fixer*)
Leerverkaufsposition *f* (Bö) short position
leerverkaufte Aktien *fpl* (Bö) shorts
Leerzeichen *n*
(EDV) blank
– space (*syn, Füllzeichen*)
Leerzeile *f* (EDV) blank line
Leerzeit *f* (IndE) idle time
(*ie, unproductive time caused by machine breakdowns, material shortages, sloppy production scheduling*)
Legaldefinition *f* (Re) statutory definition
legalisieren (com) to legalize (*eg, a consular invoice*)
Legalzession *f* (Re) assignment by operation of law
Legislative *f* (Re) legislative
(*ie, one of the three branches of democratic government systems; cf, Exekutive, Judikative*)

legitim (com, Re) legitimate
Legitimationsaktionär *m* (Re) proxy shareholder
Legitimationsübertragung *f* (Re) transfer of right to vote
legitimieren
  (Re) to authorize
  – to legitimate
  – to legitimatise
  – to legitimise
legitimiert (Re) authorized
legitimierte Privilegien *npl* (com) vested... interests/rights
legitimierter Inhaber *m* (WeR) holder in due course *(syn, rechtmäßiger Inhaber, qv)*
Lehre *f* **machen** (Pw) be apprenticed to a trade
Lehrenprüfung *f* (Stat) go-and-not-go gage
Lehrer *m*
  (Pw) teacher
  – educator
  – (chiefly GB) professional educator
Lehrgang *m* (Pw) course
Lehrkräfte *fpl* (Pw) teaching staff
Lehrling *m*
  (Pw) apprentice *(ie, this term was officially changed to ‚Auszubildender' – Azubi –)*
  – trainee
Lehrlingsausbildung *f* (Pw) apprenticeship training
Lehrmittel *n* (Pw) teaching resource
Lehrpersonal *n* (Pw) = Lehrkräfte
Lehrsatz *m* (Log, Math) theorem
Lehrstelle *f* (Pw) apprenticeship (*or* trainee) place
Lehrstelle *f* **besetzen** (Pw) to fill an apprenticeship
Lehrstuhlinhaber *m*
  (Pw) occupant of a professorship
  – holder of a chair
Lehrverhältnis *n* (Pw) apprenticeship
Lehrvertrag *m* (Pw) apprenticeship contract
Lehrwerkstätte *f*
  (Pw) apprentice
  – training
  – trainee... workshop
Leibrente *f* (Fin) life annuity
  (ie, a stated income for life, paid annually or at more frequent intervals)
Leibrentenempfänger *m* (Fin) annuitant
Leibrentenversicherung *f* (Vers) annuity life insurance
  (ie, Verrentung e–s Kapitalbetrages zu e–r lebenslangen Rente; provides for payment of an annuity only during life)
leicht abgeschwächt (Bö) slightly lower
leichte Beschaffung *f* **von Fremdkapital** (Fin) ease of borrowing money
leichte Erholung *f* (Bö) slight rally (*or* recovery)
leichte Fahrlässigkeit *f*
  (Re) ordinary negligence, § 276 BGB
  – slight (*or* culpable) negligence
  (ie, omission to use ordinary care, or failure to exercise such care as is reasonably necessary, usu. referred to as ‚culpa levis')
leichte Finanzierung *f* (Fin) ease of raising capital
leichte Inflation *f* (Vw) moderate inflation
leichte Papiere *npl* (Bö) low-priced securities
Leichter *m*
  (com) barge

– lighter
  (ie, used in loading and unloading ship)
leichter eröffnen (Bö) to open lower *(ie, at the start of trading)*
Leichtergebühr *f* (com) lighterage *(ie, fee paid for loading and unloading a ship)*
Leichtergefahr *f* (com) lighter risk
leicht erholen (Bö) to manage a slim gain
leicht erholt (Bö) slightly higher
Leichterklausel *f* (SeeV) craft etc. clause
Leichtern *n*
  (com) lightering
  – lighterage
leichter nach anfänglichen Kursgewinnen (Bö) easier after early gains
leichter nach Glattstellungen durch den Berufshandel (Bö) lower on professional liquidation
leichter schließen (Bö) to close lower
leichter tendieren (Bö) to turn lower
Leichtindustrie *f* (com) lighter manufacturing
Leichtlohn *m* (Pw) bottom wage
Leichtlohngruppe *f* (Pw) bottom wage group
Leichtmetallindustrie *f* (com) light metals industry
  (ie, also called ‚Aluminiumindustrie')
leicht nachgeben (Bö) to turn a shade easier
leicht nachgebend (Bö) slightly easier
leicht verderbliche Güter *npl* (com) perishable goods
Leiharbeit *f* (Pw) loan employment
Leiharbeiter *m* (Pw) loan worker
Leiharbeitsfirma *f* (Pw) loan-employment agency
Leiharbeitskräfte *fpl* (Pw) loaned employees
Leiharbeitsverhältnis *n* (Pw) loan employment
Leihbibliothek *f*
  (com, US) lending (*or* rental) library
  – (GB) subscription library
Leihdevisen *pl* (Fin) short-term currency borrowings
Leihe *f* (Re) gratuitous loan of a chattel, §§ 598–606 BGB
  (opp, entgeltliche Gebrauchsüberlassung, wie Miete)
Leihemballagen *fpl* (com) loan containers
leihen
  (Fin) to lend
  (Fin) to borrow
  – to raise
  – to take up... funds/money
Leihgebühr *f* (com) rental rate
Leihkapital *n* (Fin) loan capital *(ie, obsolete term for ‚Fremdkapital')*
Leihschein *m* (com) call... slip/card
  (ie, filled out by a library patron = Büchereibenutzer)
Leihwagenfirma *f* (com) car rental company
Leihwagengeschäft *n* (com) car rental business
Leihwagenkunde *m*
  (com) car renter
  – rental customer
Leihwagenmarkt *m* (com) car rental market
Leihwaren *fpl* (com) equipment loaned to customers
leihweise (com) on loan
Leiste *f* (Fin) renewal coupon *(syn, Erneuerungsschein)*

leisten
(Re) to perform
- to tender performance

Leistung *f*
(Bw) output
- performance
- result
(ie, das Ergebnis des weit gefaßten Produktions-prozesses in e–r Unternehmung)
(Re) performance *(ie, act or forbearance, § 241 BGB; cf, geschuldete Leistung)*
(Pw) performance
- achievement
(StR) performance
(ie, umbrella term of German turnover tax law denoting every activity or nonperformance of an activity which can be the object of an agreement or which is otherwise legally relevant: sales, with-drawals and other ‚performances')
(SozV) benefits
- payments
(Vers) benefits
claims payments
- *(also)* liability *(see: Leistungspflicht)*
- indemnity
(ie, not recommended; the term is constantly mis-used even in the U.S. insurance industry)

Leistung *f* **anbieten** (Re) to tender performance, § 298 BGB
Leistung *f* **an Erfüllungs Statt** (Re) performance in full discharge of an obligation, § 364 I BGB
Leistung *f* **an Zahlungs Statt**
(Re) performance in lieu of payment
- *(civil law)* dation in payment
Leistung *f* **des Geschuldeten** (Re) specific perform-ance
Leistung *f* **durch Dritte** (Re) performance by a third party, § 267 BGB
Leistungen *fpl* **abrechnen** (com) to invoice sales (and/or services)
Leistungen *fpl* **aus der Sozialversicherung** (SozV) social insurance benefits
Leistungen *fpl* **aus der Sterbeversicherung** (Vers) death benefits
(ie, amounts paid under insurance policy on death of insured)
Leistungen *fpl* **erbringen**
(com) to perform
- to render services
- *(infml)* to deliver the goods
(Vers) to pay benefits
Leistungen *fpl* **für ausländischen Auftraggeber** (StR) services rendered to a foreign customer
Leistungen *fpl* **kürzen** (SozV) to cut back benefits
Leistungen *fpl* **umsetzen** (StR) to sell goods and services
Leistungen *fpl* **zur beruflichen Förderung** (Pw) voc-ational assistance measures
Leistung *f* **erbringen** (Re) to perform an obligation
Leistung *f* **erfüllungshalber** (Re) = Leistung an Er-füllungs Statt
Leistung *f* **e–r Nichtschuld**
(Re) payment of a non-existent debt, § 813 BGB
- *(civil law)* condictio indebiti

Leistungsabfall *m* (com) drop in performance
Leistungsabgabe *f* (IndE) output
leistungsabhängige Abschreibung *f* (ReW) = lei-stungsbezogene Abschreibung
leistungsabhängige Kosten *pl* (KoR) output-related costs
leistungsabhängiges Honorar *n* (com) fee per unit of services rendered
Leistungsabstimmung *f* (IndE) work balancing *(ie, at the assembly line)*
Leistungsabweichung *f*
(KoR) efficiency variance
- machine effectiveness variance
- physical variance *(syn, Intensitätsabweichung)*
Leistungs-Afa *f* (StR) unit-of-product method of tax depreciation, § 7 I 3 EStG
Leistungsangabe *f* (Bw) performance specification
Leistungsangaben *fpl* (com) performance figures
Leistungsangebot *n*
(Re) offer to perform
(Vers) benefits offered
Leistungsanreiz *m*
(Pw) incentive
- inducement
Leistungsanspruch *m*
(SozV) right *(or* entitlement*)* to benefits
(Vers) insurance claim *(syn, Schadensanspruch)*
Leistungsanwärter *m* (Vers, Pw) potential *(or* qualifying*)* beneficiary
Leistungsaustausch *m* (StR, VAT) exchange of performance, § 1 No. 1 UStG
leistungsbedingte Abschreibung *f* (ReW) = lei-stungsbezogene Abschreibung
Leistungsberechtigter *m* (SozV) person entitled to *(or* eligible for*)* benefits
Leistungsberechtigung *f* (SozV) = Leistungsan-spruch
Leistungsbereitschaft *f*
(IndE) readiness to operate
(Pw) willingness to achieve
Leistungsbeschreibung *f* (Pw) performance descrip-tion
Leistungsbeurteilung *f*
(Pw) performance appraisal
Also:
- performance evaluation *(or* review*)*
- employee evaluation *(or* rating*)*
- personnel rating
- efficiency rating
- merit rating
- service rating
- results appraisal
(Bw) output evaluation
Leistungsbeurteilungssystem *n* (Pw) performance appraisal plan
Leistungsbewertung *f* (Pw) appraisal of results
(cf, Leistungsbeurteilung)
Leistungsbewertung *f* **nach Einzelfaktoren** (Pw) factor rating
leistungsbezogene Abschreibung *f*
(ReW) production-method of depreciation
- unit-of-production method
- production-unit-basis method
- service output *(or* yield*)* method
(ie, original price minus scrap value divided by

total volume output; syn, verbrauchsbedingte od technische od Mengenabschreibung)

leistungsbezogene Gehaltssteigerung *f* (Pw) merit increase

leistungsbezogene Tantieme *f* (Pw) performance-related profit-sharing bonus

Leistungsbilanz *f*
(VGR) balance on current account
– balance of payments on current account
– current account balance of payments
– balance on goods, services, and unilateral transfers
(ie, Summe Außenhandel, Dienstleistungsverkehr und Übertragungen; note that ‚unilateral transfers' = unentgeltliche Leistungen are included in the Bundesbank's definition of Leistungsbilanz, while the Federal Statistical Office and part of the technical literature on the subject limit their definition to the exchange of goods and services)

Leistungsbilanzdefizit *n*
(AuW) current account deficit
– deficit on current account
– deficit on external account
– shortfall in the balance of payments on current account

Leistungsbilanzmultiplikator *m* (AuW) balance of payments multiplier *(ie, the usual term is ‚Zahlungsbilanzmultiplikator')*

Leistungsbilanzsaldo *m*
(AuW) balance on current account
– current account balance

Leistungsbilanzüberschuß *m*
(AuW) current account surplus
– surplus on current account
– balance-of-payments surplus on current account
– external surplus on current account

Leistungsbudget *n* (FiW) performance budget

Leistungsdaten *pl* (IndE) performance figures

Leistungsdauer *f* (Vers) benefit period

Leistungsdefizit *n* (Pw) performance deficit

Leistungs-Dschungel *m* (SozV, infml) benefits maze

Leistungseinheit *f*
(IndE) unit of output
– output unit
– service unit

Leistungseinkomen *n* (Vw) factor income

Leistungsempfänger *m*
(Re) beneficiary
(StR, VAT) recipient of performance
(Vers, SozV) beneficiary
– recipient of benefits

Leistungsentgelt *n*
(Re) consideration
– compensation
– quid pro quo
(Kart) compensation for services rendered, § 3 I GWB
(StR, VAT) consideration for a performance

Leistungsentgelte *npl* **der öffentlichen Hand** (FiW) nontransfer expenditures

Leistungsentlohnung *f* (Pw) incentive wage

Leistungserfüllung *f* (Re) performance of engagement

Leistungsergebnis *n*
(Bw) operating result
(Pw) work results

Leistungsergebnisgrad *m* (IndE) operator performance

Leistungsergebnisgrad *m* **e–r Abteilung** (IndE) departmental performance

Leistungserstellung *f* (Bw) production *(or creation or output)* of goods and services

Leistungserwartungen *fpl* (Pw) specific performance expectations

leistungsfähig (Pw) capable of achievement

Leistungsfähigkeit *f*
(Bw) operative capability
– efficiency
– productive capacity
(Pw) achievement potential
– efficiency
– capability

Leistungsfähigkeitsprinzip *n* (FiW) ability-to-pay principle *(ie, of taxation)*

Leistungsfaktoren *mpl*
(Bw) factors of production
– productive factors
– productive resources
– inputs

Leistungsfall *m* (SozV) benefit case

Leistungsfrist *f* (Re) time for performance

Leistungsgarantie *f*
(Re) performance bond *(or guaranty)*
– bank bond
– cash bond
– contract bond
– guaranty deposit
– guaranty against defective material and workmanship
– maintenance guaranty

leistungsgerechter Wettbewerb *m* (Kart) competition based on efficiency

Leistungsgesellschaft *f* (Vw) achievement-oriented society

Leistungsgewinn *m* (Bw) = Leistungsergebnis

Leistungsgrad *m*
(Bw) performance level
– performance index
– performance efficiency
(IndE) rate of working

Leistungsgradabweichung *f* (IndE) off-standard performance

Leistungsgradschätzen *n* (IndE) performance rating

Leistungsgradstandard *m* (Bw) standard performance

Leistungsgradüberschreitung *f* (IndE) = Leistungsgradabweichung

Leistungsgrenze *f*
(Bw) limit of performance
– output maximum

leistungshemmender Einfluß *m* (Pw) disincentive

Leistungsindex *m* (IndE) level-of-performance index

Leistungsklage *f* (StR) action for the performance *(ie, of an act other than the issuance of an administrative decision, § 40 I FGO; eg, refund of an overpaid tax)*

Leistungskonten *npl* (Rew) sales accounts
Leistungskontrolle *f* (Bw) performance control
Leistungskontroll-Schaubild *n*
(IndE) Gantt chart
– daily balance chart
Leistungskurve *f* (IndE) performance (*or* work)
curve
Leistungslohn *m*
(Pw) payment by results
– performance-linked pay
– incentive wage
Leistungslohnausgleich *m* (IndE) lieu bonus
Leistungslohnsystem *n* (Pw) wage incentive system
Leistungsmaßstab *m*
(Pw) standard of performance
– performance objective
Leistungsmerkmal *m* (EDV) capability charac-
teristic
Leistungsmessung *f*
(Bw) performance measurement
(EDV) tuning
Leistungsmotivation *f* (Pw) achievement motiva-
tion
Leistungsniveau *n* (Bw) performance (level)
leistungsorientiert (Pw) achievement (*or* perform-
ance) oriented
leistungsorientierter Wettbewerb *m* (Bw) efficien-
cy-oriented competition
leistungsorientiertes Budget *n* (Bw, FiW) output-
oriented budget
Leistungsort *m* (Re) place of performance, § 269
BGB
Leistungsparameter *m* (IndE) performance (*or*
production) parameter
(*ie, produzierte Einheiten, Produktionszeiten,*
verbrauchsabhängige Größen, Qualität)
Leistungspflicht *f*
(Re) obligation
– obligation (*or* duty) to perform
– duty of performance
– (Vers) liability
(*ie, to pay for a loss coming under the terms of an*
insurance contract)
(*Note: In common insurance usage the term 'lia-*
bility' also specifies the amount for which the in-
surer is obligated by law)
Leistungspflichtiger *m* (Re) person liable to perform
Leistungspotential *n*
(Bw) capability (*eg, of a company*)
(Pw) performance/achievement ... potential
Leistungsprämie *f*
(Pw) incentive (*or* production) bonus
– efficiency premium
(Fin) performance fee (*ie, bei Investment-*
gesellschaften)
Leistungsprämiensystem *n* (Pw) efficiency bonus
plan
Leistungsprinzip *n* (com) achievement principle
Leistungsprofil *n* (Bw) capability profile
(*ie, based on an appraisal of assets and liabilities;*
part of a situation audit for strategic planning
purposes)
leistungsproportionale Abschreibung *f* (ReW) =
leistungsbezogene Abschreibung

Leistungsrechnung *f* (ReW) results accounting
Leistungsreihe *f*
(ReW) sales-purchases accounts
Leistungsrestriktion *f* (Bw) restricted performance
(*eg, work to rule*)
Leistungsschau *f* (Mk) trade exhibition
Leistungssoll *n* (IndE) production target
Leistungsstand *m* (com) level of performance
Leistungsstandards *mpl*
(Pw) performance standards
– standards of performance
Leistungssteigerung *f*
(Bw) increase in efficiency (*or* performance)
(Bw) improved performance
Leistungsstörung *f*
(Re) default in performance
– defective performance
(*ie, Fallgruppen sind:*
1. Unmöglichkeit = impossibility of perform-
ance;
2. Lieferverzug = delayed delivery;
3. Annahmeverzug = delayed acceptance;
4. Schlechterfüllung = defective performance;
5. positive Forderungsverletzung = default)
Leistungsstrom *m* (AuW) flow of goods and ser-
vices
Leistungsstruktur *f* (SozV) benefit structure
Leistungsstudien *fpl* (Pw) achievement studies (*ie,*
in work psychology)
Leistungstest *m*
(Pw) achievement (*or* performance) test
(EDV) benchmark test
Leistungstoleranz *f* (Pw) performance tolerance
Leistungsträger *m*
(Pw) high (*or* top) performer
– high contributor
– (infml) topnotcher
– (pl, infml) the tops
Leistungsübersicht *f*
(Bw) statement of performance (*or* operations)
– operational statement
Leistungs- und Erlöskonten *npl* (ReW) sales and in-
come accounts
Leistungsverbesserung *f*
(com) improved performance
(Vers) improvement of benefits
Leistungsverhalten *n*
(Pw) job
– performance
– work ... behavior
Leistungsverkehr *m* (AuW) current transactions
(*ie, with other countries*)
Leistungsvermögen *n* (Bw, Pw) = Leistungsfähig-
keit
Leistungsverrechnungen *fpl* (ReW) charges result-
ing from services
Leistungsversprechen *n* (Re) promise to perform
Leistungsverweigerung *f* (Re) refusal of perform-
ance
Leistungsverweigerungsrecht *n* (Re) right to refuse
performance
Leistungsverzeichnis *n*
(com) specification and schedule of prices
(com) bill of quantities
Leistungsverzögerung *f* (Re) delay in performance

Leistungsverzug *m* (Re) statutory delay in performance, §§ 284–286 BGB *(syn, Schuldnerverzug)*
Leistungsvolumen *n*
(Bw) volume of output
(SozV) volume of benefits
Leistungsvoraussetzungen *fpl* (SozV) requirements for entitlement to benefits
Leistungsvorgabe *f* (Pw) standard of performance
Leistungswettbewerb *m* (Bw) competition in efficiency *(opp, Behinderungswettbewerb)*
Leistungswille *m* (Pw) will to achieve
Leistungswucher *m* (Re) transaction where financial advantages are strikingly out of proportion to performance rendered, § 302 a I 3 StGB
Leistungszeit *f* (Re) time of performance, § 271 BGB
Leistungsziel *n* (Pw) performance objective
Leistungszulage *f* (Pw) efficiency *(or* incentive) bonus
Leistung *f* **und Gegenleistung** *f* (Re) performance and counter performance
Leistung *f* **verweigern** (Re) to refuse performance
Leistung *f* **Zug um Zug** (Re) contemporaneous performance
Leitartikel *m* (com) editorial
Leitartikler *m* (com) editorialist
Leitbegriff *m* (Log) key concept
Leitbörse *f* (Bö) central stock exchange *(ie, Frankfurt Bourse)*
Leitemission *f* (Fin) signpost/bellwether... issue *(ie, spiegelt die allgemeine Marktlage wider)*
leiten
(Bw) to be in charge of
– to head *(eg, the finance department)*
– to manage
leitender Angestellter *m*
(Pw, roughly) executive employee
– managament/managerial... employee
(ie, Arbeitnehmer mit erheblichem eigenem Entscheidungsbereich; wichtigste Abgrenzung des Kreises der L.A. durch die Sonderbestimmung des § 5 III BetrVG; wegen s–r Arbeitnehmereigenschaft ist er nicht executive od executive officer)
leitende Stellung *f* (Pw) senior position
Leitentscheidung *f* (Re) landmark decision
Leiterbahn *f*
(EDV) conducting path
(EDV, CAD) (copper) track
– trace
(ie, Kupferbahn, die auf die Trägerplatte mittels Fotolackverfahren aufgedruckt wird; beim Leiterplattenentwurf, qv)
Leiterbahndichte *f* (EDV) spacing
(ie, beim Leiterplattenentwurf)
Leiterbahn *f* **ziehen** (EDV, CAD) to route track
(ie, beim Leiterplattenentwurf)
Leiter *m* **der Einkaufsabteilung** (com) head of purchasing department
Leiter *m* **der Exportabteilung** (com) export manager
Leiter *m* **der Finanzabteilung** (Fin) finance director
Leiter *m* **der Verkaufsabteilung** (com) sales manager
Leiter *m* **des Beschaffungswesens** (MaW) procurement manager

Leiter *m* **e–r Kontaktgruppe** (Mk) group head
Leiter *m* **Finanzen**
(Fin) head of finance
– finance director
Leiterplatte *f* (EDV, CAD) circuit board
Leiterplattenentwurf *m* (EDV, CAD) (circuit) board design
Leiterplatten-Nullpunkt *m* (EDV, CAD) board origin
Leiter *m* **Vermögensverwaltung** (Fin) chief investment manager
Leiter *m* **Wareneingang**
(MaW) traffic manager
– accelerator
Leitkarte *f* (com) master card
Leitkasse *f* (Mk) master system
Leitkurs *m* (Fin) central rate
Leitkursraster *m* (Fin) grid of central rates
Leitlinien *fpl*
(com) quidelines
– guideposts
Leitprodukt *n* (IndE) main product *(opp, Koprodukt)*
Leitrechnersteuerung *f* (IndE) distributed numerical control, DNC
Leitsätze *mpl* (Re) non-statutory guidelines
(eg, für öffentliche Kauf- und Umtauschangebote = covering public takeover bids)
Leitsätze *mpl* **für öffentliche Kaufangebote** (com) = LSÜbernahmeangebote
Leitstand *m* (IndE) central control... room/station
Leitstation *f* (EDV) control station *(or* terminal)
Leitstrahl *m* (Math) radius vector *(ie, in the polar coordinate system)*
Leitstudie *f*
(com) pilot
– exploratory
– preliminary... study
Leitung *f*
(Bw) *(als Führungsfunktion:)* directing
– leading
(Bw) management
Leitung *f* **der Geschäftsbereiche** (Bw) operational management
Leitungsausschuß *m* (com) executive committee
Leitungsbeauftragter *m* (Bw) executive
Leitungsbefugnis *f*
(Bw) power of direction
– decision-making powers
Leitungsbündel *n* (EDV) line group *(ie, catering for terminals with similar characteristics)*
Leitungsebene *f* (Bw) level of management
Leitungs-Effizienz *f* (Bw) management efficiency
Leitungsfunktion *f* (Bw) executive function *(ie, of running a business)*
Leitungskosten *pl* (KoR) managerial costs
(ie, needing separate treatment as services; are not quantifiable)
Leitungskostenstelle *f* (KoR) managerial cost center
Leitungsmacht *f* **ausüben** (Pw) to exercise the power of direction
Leitungsorgane *npl* **e–r AG** (Bw) administrative organs of a corporation

Leitungsprozedur *f* (EDV) link procedure (*or* protocol) *(ie, in data transmission; syn, Übermittlungsvorschrift)*
Leitungspuffer *m* (EDV) line buffer
Leitungsspanne *f*
　(Bw) span of control
　– span of command
　– span of management
　– span of supervision
　– span of responsibility
　(syn, Kontrollspanne, Subordinationsquote)
Leitungsstruktur *f*
　(Bw) management (*or* managerial) structure
　– management and control structure
　– lines of authority
　– lines of command
Leitungssystem *n*
　(Bw) directional system
　– form of organization structure
　– regular management chain of command
　– system of command
Leitungsvermittlung *f* (EDV) line (*or* circuit) switching *(syn, Durchschalte-Vermittlung)*
Leitungswasserversicherung *f* (Vers) pipe water damage insurance
Leitvariable *f* (Bw) leading variable
Leitwährung *f*
　(Fin) key currency
　(Fin) reserve currency *(ie, wider term covering gold and key reserve currencies)*
Leitwährungsland *n*
　(Fin) key currency country
　– center country
Leitwerk *n* (EDV) control unit *(syn, Steuerwerk, Kommandowerk)*
Leitzins *m*
　(Fin) central bank discount rate
　– key rate
　– key interest rate
　(Fin) basic interest rate for savings at statutory notice *(syn, Spareckzins)*
Lemma *n*
　(Log) lemma
　– helping theorem
　– subsidiary proposition
　(ie, auxiliary proposition used in demonstrating another proposition; syn, Hilfssatz)
　(Log) lemma *(ie, a glossed word or phrase; pl, Lemmata)*
Lenkungsausschuß *m* (Bw) steering committee (*or* group)
Leontief-Funktionen *fpl* (Vw) Leontief functions
Leontief-Paradoxon *n* (Vw) Leontief paradox
Lernberufe *mpl* (Pw) occupations for which an officially recognized apprenticeship exists
Lerner-Effekt *m* (FiW) Lerner effect
Lernfunktion *f* (Bw) learning function
Lernkurve *f* (Bw) learning curve
Lernprozeß *m* (com) learning process
　(ie, taking place between a system and its environment)
Lernziel *n* (Pw) objective
Leseanweisung *f* (EDV, Cobol) read statement
Lesebefehl *m* (EDV) read instruction
Lesefehler *m* (EDV) read error

Lesegerät *n* (EDV) reader
Lesegeschwindigkeit *f* (EDV) read rate
Leseimpuls *m* (EDV) read pulse
Lesekopf *m* (EDV) read head
Lesepistole *f*
　(EDV) code (*or* data) pen *(syn, Handleser, Lesestift)*
　– wand reader
Leseprogramm *n* (EDV) input program
Leseranalyse *f*
　(Mk) audience analysis
　– reader survey
Leserforschung *f* (Mk) reader research
Leserschaft *f*
　(Mk) readership
　– print media audience
Leserschaftanalyse *f* (Mk) readership survey
Leseschreibkopf *m*
　(EDV) combined head
　– read/write head
Lesestation *f* (EDV) reading station
Lesestift *f* (EDV) = Lesepistole
Letztangebot *n* (com) last offer
Letztbegünstigter *m* (Re) ultimate beneficiary
Letztbietender *m* (com) last and highest bidder
letzte Auswahleinheit *f* (Stat) ultimate sampling unit
letzte Bestimmungszollstelle *f* (Zo) office of final destination
letzte Börsennotiz *m* (Bö) last price (*or* quotation)
letzte Mahnung *f* (com) final reminder
letzte Ratenzahlung *f* (Fin) terminal payment
letzter Kurs *m* (Bö) closing price
letzter Verbrauch *m* (Vw) final (*or* ultimate) consumption
letztes Gebot *n* (com) last bid
letztes Wort *n* (com, infml) parting shot *(ie, in an argument)*
letztes Zahlungsdatum *n* (Fin) final date of payment
letztinstanzlicher Kreditgeber *m* (Fin) lender of last resort
　(ie, the central bank; syn, letzte Quelle liquider Mittel)
Letztkäufer *m*
　(Mk) final purchaser
　– ultimate buyer
Letztverbrauch *m*
　(com) end use
　– ultimate consumption
Letztverbraucher *m*
　(com) ultimate (*or* final) consumer
　(Bw) end user
　(Mk) retail consumer
Letztverwender *m* (com) ultimate user
letztwillige Verfügung *f* (Re) testamentary disposition
letztwillige Zuwendung *f* (Re) legacy *(ie, a gift by will, esp. of money or personal property)*
Leuchtanzeige *f* (EDV) illuminated display
Leuchtmittelsteuer *f* (StR) tax on electric bulbs and fluorescent fittings
Leuchtröhrenversicherung *f* (Vers) insurance of fluorescent fittings *(ie, part of glass insurance)*
Leuchtwerbung *f* (Mk) illuminated advertising

Leverage *n*
(Fin, US) leverage
– capitalization leverage
– (GB) gearing
(ie, Verhältnis zwischen Schuldverschreibungen Vorzugsaktien und Stammaktien; the use of debt capital (Fremdkapital) increases the effectiveness and risk of equity capital (Eigenkapital); syn, Hebelwirkung)

Leveraged Buyout, LBO *m*
(Fin, US) leveraged buyout, LBO
(ie, Unternehmenserwerb unter Ausnutzung des Leverage-Effekts; the operating management and an investor group put up a small portion of equity, while institutional investors provide additional equity and the remainder of cash in the form of debt; the debt-ratio (Verschuldungsgrad) is high; the deal is then described as highly levered or geared)

Leverage-Effekt *m* (Fin) leverage effect
(ie, Erhöhung der Eigenkapitalrentabilität (equity return) infolge e–r über dem Fremdkapitalzins liegenden Gesamtkapitalrentabilität (total equity return); die zunehmende Verschuldung übt e–e „Hebelwirkung" auf die Eigenkapitalrentabilität aus)

Leveragefaktor *m* (Fin) leverage factor
(ie, Eigenkapitalrendite zu Gesamtkapitalrendite × 100)

liberale Schule *f* (Vw) liberal school of economic thought

liberalisieren (AuW) to liberalize foreign trade

liberalisierte Einfuhr *f*
(AuW) liberalized imports
(ie, unrestricted in terms of volume and money)

Liberalisierung *f* (AuW) liberalization of foreign trade

Liberalisierung *f* **der Zollpolitik** (AuW) tariff liberalization

Liberalisierungsliste *f* (AuW) free list

Liberalismus *m* (Vw) liberalism

liberalistischer Führungsstil *m* (Bw) liberal style of leadership

libertäre Schule *f* (Vw) libertarian economics
(ie, main proponents are v. Hayek and L. v. Mises; syn, New Austrian School)

LIBOR-Zuschlag *m* (Fin) spread

Lichtbalken *m* (EDV) highlighted bar

Lichtgriffel *m* (EDV) light gun *(or* pen) *(ie, light pen mounted in a gun-type housing; syn, Lichtstift)*

Lichtpunktabtastung *f* (EDV) flying spot scan

Lichtsatz *m* (Mk) phototyping

Lichtstift *m* (EDV) light pen

Lichtverfolgung *f* (EDV) pen tracking *(ie, in Computergrafik)*

Liebhaberpreis *m* (com) fancy price

Lieferangebot *n*
(com) tender of delivery
– offer to supply goods

Lieferant *m*
(com) supplier
– seller
– vendor
(syn, Lieferfirma, Lieferer)

Lieferantenauswahl *f*
(MaW) selection of suppliers
– supplier selection

Lieferantenbeurteilung *f*
(MaW) vendor appraisal *(ie, vor Auftragserteilung)*
(MaW) vendor rating
– supplier evaluation
(ie, laufende Bewertung)

Lieferantenbuch *n* (ReW) accounts payable ledger

Lieferantenbuchhaltung *f* (ReW) accounts payable accounting

Lieferantenkartei *f* (ReW) vendor card file

Lieferantenkonto *n* (ReW) supplier account

Lieferantenkontokorrent *n* (ReW) supplier current account

Lieferantenkredit *m* (Fin) trade/supplier . . . credit

Lieferantennummer *f* (com) vendor number

Lieferantenrechnung *f* (com) supplier's invoice

Lieferantenrisiko *n* (IndE) producer's risk
(syn, Produzentenrisko, qv)

Lieferantenskonti *pl* (Fin) cash discount received

Lieferantenwechsel *m* (Fin) supplier's . . . bill/note

Lieferanweisung *f* (com) instructions for delivery

Lieferanzeige *f*
(com) advice note
– delivery note
– letter of advice

Lieferauftrag *m* (com) purchase order

lieferbar
(com) available
– in stock
(com) ready for delivery

lieferbare Mengen *fpl*
(com) quantities to be supplied
(com) quantities available

lieferbares Stück *n* (Bö) good-delivery security *(ie, one without external defects)*

Lieferbarkeit *f* (com) availability

Lieferbarkeitsbescheinigung *f*
(Bö) validation certificate
– good delivery certificate

Lieferbarkeitsgrad *m* (com) level of customer service

Lieferbedingungen *fpl*
(com) terms and conditions of sale
– terms of delivery

Lieferbereitschaft *f* (com) readiness to deliver

Lieferbereitschaftsgrad *m* (MaW) service . . . degree/level
(ie, ratio indicating supply capability of a stock in inventory; syn, Servicegrad; see: optimaler L.)

Lieferbindung *f* (AuW) aid tying
(ie, Auflage zur Verwendung öffentlicher Kapitalhilfe zwecks Kauf von Waren und Dienstleistungen aus dem Geberland)

Lieferdatum *n*
(com) date shipped
– delivery date

Lieferengpaß *m* (com) supply shortage

Lieferer *m*
(com) supplier
– seller
– vendor

Lieferer-Skonto *m/n* (com) discount earned

477

Lieferfähigkeit *f* (com) supply capability

Lieferfirma *f*
(com) supplying firm
– supplier

Lieferfrist *f*
(com) time of delivery
– delivery deadline
– period of delivery

Lieferfristüberschreitung *f* (com) failure to keep the delivery date

Liefergarantie *f* (Re) trade guarantee
(ie, that products supplied are suitable for the intended purpose)

Liefergegenstand *m* (com) delivery item

Liefergeschäft *n*
(com) delivery transaction
(com) series-produced products business *(opp, Anlagengeschäft)*

Lieferklauseln *fpl*
(com) (international) commercial terms
(ie, regeln Weg der Ware, Gefahrübergang und Ort der Übergabe; eg, ab Werk, frachtfrei, ab Schiff, ab Kai, c&f, cif; cf, Handelsklauseln)

Lieferkosten *pl* (com) delivery charges

Lieferland *n* (AuW) supplier country

Liefermonat *m* (Bö) delivery month

Liefermuster *n* (IndE) final sample

Lieferort *m*
(Re) place of delivery *(or performance)*
(StR) place of delivery
(Bö) delivery point
– place of delivery

Lieferposten *m*
(com) lot
– supply item

Lieferpreis *m*
(com) contract price
– price of delivery
– supply price

Lieferprogramm *n*
(com) program of delivery
(Mk) line

Lieferquelle *f* (com) source of supply

Lieferrückstand *m*
(com) back order *(ie, portion of undelivered order)*
– order backlog

Lieferschein *m*
(com) delivery note
– delivery ticket
– bill of sale
– receiving slip *(or ticket)*

Liefersperre *f*
(com) halt of deliveries
(Kart) refusal to sell

Liefertag *m* (Bö) delivery day

Liefertermin *m*
(com) date of delivery
– delivery date
– time of delivery
– target date
(Bö) term of maturity
– contract horizon
(ie, date or range of dates during which the commodity must be delivered)

Liefertermin *m* **einhalten**
(com) to meet a delivery date *(eg, set by a buyer)*

Lieferung *f*
(com) supply
(com) delivery

Lieferung *f* **auf Abruf** (com) delivery on call

Lieferung *f* **durchführen** (com) to effect *(or execute)* delivery

Lieferung *f* **effektiver Stücke** (Bö) delivery of actual securities

Lieferungen *fpl* (StR) deliveries, § 3 I UStG
(ie, essentially sales: performance by which an entrepreneur puts the recipient in a position to dispose of property in his own name)

Lieferungen *fpl* **ins Ausland** (StR) export deliveries

Lieferungen *fpl* **kürzen** (com) to cut *(or slash)* supplies

Lieferungen *fpl* **und sonstige Leistungen** *fpl* (StR, VAT) deliveries and other ‚performances'

Lieferung *f* **frei Bestimmungsort** (com) free delivery

Lieferung *f* **frei Haus**
(com) delivery free domicile
– store/door delivery

Lieferung *f* **gegen Barzahlung** (com) cash on delivery

Lieferung *f* **gegen Nachnahme** (com) cash basis delivery

Lieferung *f* **nach Eingang der Bestellung** (com) ready delivery

Lieferungsbedingungen *fpl* (com) = Lieferbedingungen

Lieferungsort *m* (Re, StR) = Lieferort

Lieferungssperre *f* (Bö) blocking period
(ie, subscriber to securities undertakes not to sell the paper before expiry of such blocking period)

Lieferungs- und Zahlungsbedingungen *fpl* (com) terms of payment and delivery

Lieferungsvertrag *m* (com) supply agreement *(or contract)*

Lieferungsverzug *m* (Re) delayed delivery

Lieferung *f* **und Zahlung** *f* **am Abschlußtag** (Bö) cash delivery

Lieferung *f* **von Haus zu Haus** (com) door-to-door delivery

Lieferverpflichtung *f* (com) supply commitment

Liefervertrag *m* (com) supply agreement *(or contract)*

Liefervertrag *m* **mit Ausschließlichkeitsbindung** (Re) requirements contract

Lieferverzögerung *f* (com) delay in delivery

Lieferverzug *m* (Re) default of delivery

Liefervorschriften *fpl* (com) delivery instructions

Lieferzeit *f*
(com) period of delivery
(MaW) purchasing lead time

Lieferzeit *f* **einhalten**
(com) to meet the delivery deadline
– to deliver on time

Lieferzeitpunkt *m* (com) delivery date

Lieferzusage *f* (com) delivery promise

Liegegebühren *fpl* (com) anchorage dues *(ie, charge for anchoring a vessel)*

Liegegeld *n* (com) demurrage (charge)
(ie, charterer's contractual obligation under a

charterparty to pay a certain sum to the ship-owner if he fails to discharge the chartered vessel within the lay-time stipulated)

Liegenschaften *pl* (Re) real property

Liegenschaftsrecht *n* (Re) law of real property

Liegeplatz *m* (com) berth *(ie, of a ship at port)*

Liegezeit *f* (com) lay-days *(ie, needed for unloading and loading of cargo)*

Lifo-Methode *f* (ReW) last in, first out (method of inventory valuation)

Likelihoodfunktion *f* (Stat) likelihood function

Likelihood-Quotient *m* (Stat) likelihood ratio

Limes *m* (Math) limiting value

Limit *n*
(com) price limit
– margin

limitationale Faktoreinsatzmengen *fpl* (Vw) fixed factor inputs

limitationale Produktionsfaktoren *mpl* (Vw) fixed *(or* limitational) factors of production

limitationale Produktionsfunktion *f* (Vw) fixed *(or* limitational) production function

Limitationalität *f* (Vw) fixed technological relationship *(ie, of input resources)*

Limitauftrag *m*
(Bö) limited *(or* stop) order
– limited (price) order
– order at limit
(syn, limitierter Auftrag)

Limit *n* **einhalten** (com) to remain within a limit

limitieren (com) to limit

limitierte Order *f* (Bö) = Limitauftrag

limitierter Auftrag *m* **bis auf Widerruf** (Bö) open order

limitierter Kaufauftrag *m*
(Bö) stop loss order
– limited price order

limitierter Kurs *m* (Bö) limited price

limitierter Verkaufsauftrag *m* (Bö) selling order at limit

limitierte Stufenflexibilität *f* (Vw) adjustable peg system

Limitpreis *m*
(Vw) limit price
(com) price set for commission agent, § 386 HGB
(Bö) limit price

Limit *n* **überschreiten** (com) to overshoot a limit *(eg, of external finance)*

linear
(Math) linear
(com) across-the-board *(syn, pauschal)*

lineare Abbildung *f* (Math) linear mapping

lineare Abhängigkeit *f* (Math) linear dependence

lineare Abschreibung *f*
(ReW) straight-line method of depreciation
(ReW, GB) equal-installment depreciation
(ie, Anschaffungs- od Herstellungskosten werden in jeweils gleichen Beträgen über die Nutzungs-dauer verteilt; Schrottwert ist vorweg abzusetzen)

lineare Afa *f* (StR) straight-line tax depreciation, § 7 EStG

lineare Algebra *f* (Math) linear algebra

lineare algebraische Gleichung *f* (Math) linear algebraic equation

lineare Anhebung *f* (com) across-the-board rise

lineare Approximation *f* (Math) linear approximation

lineare Beziehung *f* (Math) linear relationship *(ie, such as y = a + bx)*

lineare Funktion *f* (Math) linear function (or transformation)

lineare Gleichung *f* (Math) linear equation

lineare Homogenität *f* (Math) linear homogeneity *(ie, of a function)*

lineare Hypothese *f* (Stat) linear hypothesis

lineare Interpolation *f* (Math) linear (or straight-line) interpolation

lineare Kausalität *f*
(Log) multiple causation
– one-to-one causation

lineare Lohnerhöhung *f* (Pw) across-the-board pay rise

lineare Mehrfachregression *f* (Stat) multiple linear regression

lineare Nachfragekurve *f* (Vw) straight-line demand curve

lineare Nebenbedingung *f* (Math) linear constraint

lineare Optimierung *f* (OR) = lineare Programmierung

lineare Planungsrechnung *f* (OR) = lineare Programmierung

lineare Programmierung *f* (OR) linear programming
(ie, bestimmt wird der Extremwert e–r linearen Zielfunktion unter Beachtung linearer Neben-bedingungen (linear constraints) mit nichtnegati-ven Variablen (nonnegative variables) sowie Konstanten; study of maximizing or minimizing a linear function $f(x_1, \ldots, x_n)$ subject to given constraints which are linear inequalities)

linearer Akkord *m* (Pw) straight piecework

lineare Regression *f* (Stat) linear regression

linearer Filter *m* (Stat) linear filtering

linearer Kostenverlauf *m* (Bw) linear pattern of cost behavior *(ie, Grenzkosten sind konstant)*

linearer Trend *m* (Stat) linear trend
(ie, for which the value is a linear function of the time variable; eg, $u(t) = a + bt$ where a und b are constants)

lineare Schätzfunktion *f* (Stat) linear estimator

lineare Schätzung *f* (Stat) linear estimate

lineares Feld *n* (EDV) one-dimensioned array *(ie, lineare Liste e–r definierten Länge)*

lineares Modell *n* (Stat) linear model

lineare Steuersenkung *f* (FiW) across-the-board tax cut
(opp, targeted tax breaks benefiting specific groups or strata)

lineare Transformation *f* (Math) collineation

lineare Trennfunktion *f* (Math) linear discriminant function

lineare Überlagerung *f* (Math) linear superposition

lineare Ungleichungen *fpl* (Math) linear inequalities

lineare Zollsenkung *f* (AuW) linear tariff cut

linear gebrochene Form *f* (Math) linear fractional form

linear geordnete Menge *f*
(Math) linearly ordered set

479

– serially ordered set
– chain
linear homogene Produktionsfunktion *f* (Vw)
linearly homogeneous production function
Linearitätsannahme *f* (Math) linear assumption
Linearkombination *f* (Math) linear combination
(ie, in vielen Modellen der multivariaten Analyse)
linear limitationale Produktionsfunktion *f* (Vw)
linearly limitational production function
Linie *f*
(Bw) line *(opp, Stab)*
(Vers) line
(ie, in reinsurance: the amount a reinsurer accepts under a surplus treaty)
Linienagent *m* (com) shipping line agent
Liniencharts *npl* (Fin) line charts
(ie, in der Chartanalyse: es werden die täglichen Einheitskurse miteinander verbunden, so daß eine Kurskurve entsteht; Kurshöhe auf der y-Achse, Zeit auf der x-Achse; cf, Balkencharts und Points-and-Figure-Charts
Liniendiagramm *n* (Stat) line diagram
Liniendienst *m* (com) regularly scheduled service
Linienfertigung *f* (IndE) line production
Linienflugzeug *n* (com) airliner *(ie, used on regular routes)*
linienförmige Quellenverteilung *f* (Math) filamental source distribution
Linienfrachten *fpl* (com) (cargo) liner rates
Linienfrachter *m* (com) cargo liner
Linienfrachtraten *fpl* (com) liner rates
Linienfunktion *f* (Bw) line function
(ie, has direct authority and responsibility; eg, purchasing, production, marketing; opp, Stabsfunktion = staff function)
Liniengrafik *f* (EDV) line *(or* coordinate) graphics
Liniengraph *m* (Math) line graph
Linienintegral *n* (Math) line integral
Linien-Konnossementsbedingungen *fpl* (com) shipping-line bill-of-lading terms
Linienkräfte *fpl*
(Pw) the line
– line staff
Linienmanager *m* (Bw) line manager
Linienorganisation *f* (Bw) line organization
Linienschiff *n* (com) liner
Linienschiffahrt *f* (com) shipping line service *(opp, Trampschiffahrt)*
Linienstelle *f* (Bw) line position
Linienstichprobenverfahren *n* (Stat) line sampling
Linientätigkeit *f* (Bw) line activity
Linienverkehr *m* (EDV) party line technique
Linienverteilung *f* (Math) filamental distribution
Link *m* (AuW) link
(ie, Kopplung von Sonderziehungsrechten und Entwicklungshilfe)
linken
(EDV) to link edit
– to compose
– to consolidate
(ie, to combine several separately compiled modules into one, resolving internal differences between them)
Linksasymmetrie *f* (Stat) positive skewness
linksbündig (EDV) left justified *(or* blocked)

linksbündig machen (EDV) to left-justify
(ie, arrange characters horizontally, so that the leftmost character of a string is in a specified position)
Linksmultiplikation *f* (Math) premultiplication
Linksschrauben-Regel *f* (Math) left-hand screw rule
Linksverschiebung *f*
(Vw) leftward shifting *(ie, of demand and supply curves)*
(EDV) left shift
Lippenbekenntnis *n*
(com) lip service *(ie, to pay . . .)*
– pious pledge *(eg, to make . . .)*
Liquidationswert *m* (Bö) break-up point
(ie, indicates the actual value of net assets per share)
liquid
(Fin) liquid
– solvent
Liquidation *f*
(com) note *(or* bill) of fees
(Re) realization
(Re) liquidation *(ie, of a company; not ‚dissolution'!)*
– (GB) winding up
(Bö) settlement
(Bö) clearance
Liquidationsbeschluß *m* (Re) winding-up resolution
Liquidationsbilanz *f*
(ReW) liquidation balance sheet
– (GB) winding-up balance sheet
(ie, statement of assets and liabilities of a company in liquidation)
Liquidationsdividende *f*
(Bw) dividend in liquidation
– liquidating dividend
Liquidationserlös *m* (Fin) liquidation proceeds
Liquidationsgesellschaft *f* (com) company in liquidation
Liquidationsgewinn *m* (Fin) winding-up profit
Liquidationsguthaben *n* (Fin) clearing balance
Liquidationskasse *f* (Fin, US) clearing house
Liquidationskosten *pl* (Fin) liquidation costs
Liquidationskurs *m*
(Bö) making-up price
(Bö) settlement price in forward trading *(syn, Kompensationskurs)*
Liquidationsquote *f* (Re) liquidating dividend
Liquidationsrate *f* (ReW) installment of liquidation proceeds
Liquidationstermin *m* (Bö) pay day
Liquidationsvergleich *m* (Re) „liquidation-type" composition
(ie, debtor hands over to creditors part or all of his property for sale, § 7 IV VerglO)
Liquidationsverkauf *m*
(Re) liquidation sale
– (GB) winding-up sale
Liquidationswert *m* (ReW) liquidation/realization . . . value
(Re) sum total of liquidation *(or* winding-up) proceeds
(Fin) break-up value *(opp, going concern value)*

(Fin) net asset value *(ie, determined by investment trusts)*
Liquidationszeitraum *m* (Re) liquidation period
Liquidator *m* (Re) liquidator
liquide
  (Fin) liquid
  – (infml) flush with cash
liquide bleiben (Fin) to stay solvent
liquide Mittel *pl*
  (Fin) liquid funds *(ie, cash, short-term claims, and marketable securities)*
  – cash and cash items
  – cash (assets)
liquide Mittel *pl* **ersten Grades** (Fin) unrestricted cash
liquide Mittel *pl* **zweiten und dritten Grades** (Fin) assets held for conversion within a relatively short time
liquide Titel *mpl* **höchster Ordnung** (Fin) liquidity of last resort
liquidieren
  (com) to charge *(ie, for services rendered)*
  (Re) to realize
  (Re) to liquidate *(ie, a company)*
  – (GB) to wind up
  (Bö) to sell off
  (Bö) to settle
Liquidität *f*
  (Fin) liquidity
  – ability to pay
  – financial solvency
  (Fin) availability of financial resources
  (Fin) liquid . . . funds/assets
  – cash resources
  – current funds
  (ie, hochliquide Mittel, kurzfristige Forderungen, marktfähige Wertpapiere = cash, short-term claims, marketable securities)
Liquidität *f* **dritten Grades** (Fin) current ratio *(ie, total current assets to current liabilities)*
Liquidität *f* **ersten Grades**
  (Fin) cash ratio
  – (absolute) liquid ratio
  (ie, cash + short-term receivables to current liabilities)
  – (US) acid-test ratio
  (ie, total cash + trade receivables + marketable securities to current liabilities)
Liquiditätsabfluß *m* (Vw) outflow of liquidity
liquiditätsabschöpfende Maßnahmen *fpl* (Vw) measures designed to skim off liquidity
Liquiditätsanspannung *f* (Fin) strain on liquidity
Liquiditätsausstattung *f* (Fin) availability of liquid funds
Liquiditätsausweitung *f* (Fin) expansion of liquidity
Liquiditätsbedarf *m* (Fin) liquidity requirements
Liquiditätsbereitstellung *f* (Fin) supply of liquidity
Liquiditätsbeschaffung *f* (Fin) procurement of liquidity
Liquiditätsbilanz *f*
  (AuW) net liquidity balance
  (ReW) financial statement
  (ie, submitted by borrowers to banks, with items arranged in decreasing order of liquidity, § 16 KWG)

Liquiditätsbudget *n* (Fin) cash budget *(ie, itemizing receipts and disbursements)*
Liquiditätsdecke *f* (Fin) extent of liquidity
Liquiditätsdefizit *n* (Fin) shortfall of liquidity
Liquiditätsdisposition *f* (Fin) liquidity management
Liquiditätseffekt *m* (Vw) availability effect
Liquiditätsengpaß *m* (Fin) liquidity squeeze
Liquiditätsentzug *m* (Fin) liquidity drain
Liquiditätserhaltung *f* (Fin) maintenance of liquidity
Liquiditätsfalle *f* (Vw) liquidity trap
Liquiditätsgarantie *f* (Fin) debt service guaranty
liquiditätsgebende Aktiva *pl* (Fin) assets conferring liquidity
Liquiditätsgefälle *n* (Fin) different levels of liquidity
Liquiditätsgrad *m* (Fin) liquidity ratio
  (syn, Deckungsgrad; see: Liquidität ersten, zweiten und dritten Grades)
Liquiditätsgrundsätze *mpl* (Fin) liquidity directives
  (ie, issued by the ‚Bundesaufsichtsamt für das Kreditgewerbe = Banking Supervisory Authority‘)
Liquiditätshilfe *f*
  (Vw) temporary release of extra reserves to the banks
  – temporary injection of new liquidity into the money market by the central bank
Liquiditätskennzahlen *fpl* (Fin) liquid asset ratios
Liquiditätsklemme *f*
  (Fin) liquidity squeeze
  – cash bind
  – cash crunch
  – cash squeeze
Liquiditätsknappheit *f*
  (Fin) lack of cash
  – cash shortage
Liquiditäts-Koeffizient *m* (ReW) (net) working capital ratio *(ie, current assets minus current liabilities)*
Liquiditäts-Konsortialbank *f* (Fin) liquidity bank
Liquiditätskosten *pl* (Fin) cost of liquidity
  (ie, opportunity cost of cash holdings + interest payable on borrowed capital)
Liquiditätskredit *m* (Fin) loan to maintain liquidity
Liquiditätskrise *f* (Fin) liquidity crisis
Liquiditätslage *f* (Fin) cash/liquidity . . . position
Liquiditätslücke *f* (Fin) liquidity gap
Liquiditätsmanagement *n* (Fin) liquidity management *(cf, S. 482)*
Liquiditätsmarge *f* (Vers) solvency margin
Liquiditätsmechanismus *m* (Vw) liquidity mechanism *(ie, concept of liquidity theory of money)*
Liquiditätsneigung *f* (Vw) = Liquiditätspräferenz
Liquiditätspapier *n* (FiW) liquidity paper
  (ie, unverzinsliche Schatzanweisungen + Schatzwechsel
Liquiditätsplanung *f*
  (Fin) liquidity planning
  – cash planning
Liquiditätspolitik *f* (Fin) liquidity policy
Liquiditätspräferenz *f* (Vw) liquidity preference
  (ie, demand-schedule for money, motivated by transactions, precautionary, and speculative motives)

Liquiditätspräferenztheorie *f* (Vw) liquidity preference theory *(J. M. Keynes)*
Liquiditätsprämie *f* (Fin) liquidity premium
Liquiditätsprisma *n* (Fin) liquidity grid
Liquiditätsprüfung *f* (Fin) liquidity audit
Liquiditätsquote *f* (Fin) liquidity ratio
(ie, ratio of free liquidity reserves of commercial banks to deposit volume held by nonbanks and foreign banks)
Liquiditätsrahmen *m* (Fin) ceiling for new injections of liquidity *(ie, by the Bundesbank)*
Liquiditätsreserve *f* (Fin) cash reserve
(ie, Barreserve + Überschußreserve = 100% Sichteinlagen der Kreditinstitute; syn, Barreserve)
Liquiditätsreservehaltung *f* (Fin) liquidity reserve management
Liquiditätsreserven *fpl* (Fin) liquid reserves
Liquiditätssaldo *m* (Vw) liquidity balance
(ie, indicator of monetary policy: sum of minimum reserves and free liquidity reserves of banks)
Liquiditätsschraube *f* (Fin) liquidity screw
Liquiditätsschwierigkeiten *fpl*
(Fin) cash pressures (*or* problems)
– (infml) financial hot water

Liquiditätssicherung *f* (Fin) measures safeguarding liquidity
Liquiditätsspritze *f*
(Fin) cash injection
– injection of fresh funds
Liquiditätssteuerung *f* (Fin) cash management
Liquiditätstheorie *f* (Vw) liquidity preference theory
Liquiditätsüberhang *m* (Fin) excess liquidity
Liquiditätsüberschuß *m*
(Fin) cash surplus
– surplus cash resources
– surplus funds
Liquiditätsumschichtung *f* (Fin) transfer (*or* switch) of liquidity
Liquiditätsumschlag *m* (Fin) cash turnover ratio
(ie, net sales divided by the sum of cash plus marketable securities)
Liquiditätsverknappung *f* (Vw) shortage of liquidity
Liquidität *f* **zweiten Grades** (Fin) ratio of financial current assets to current liabilities
Liste *f*
(com) list
(EDV, Cobal) report

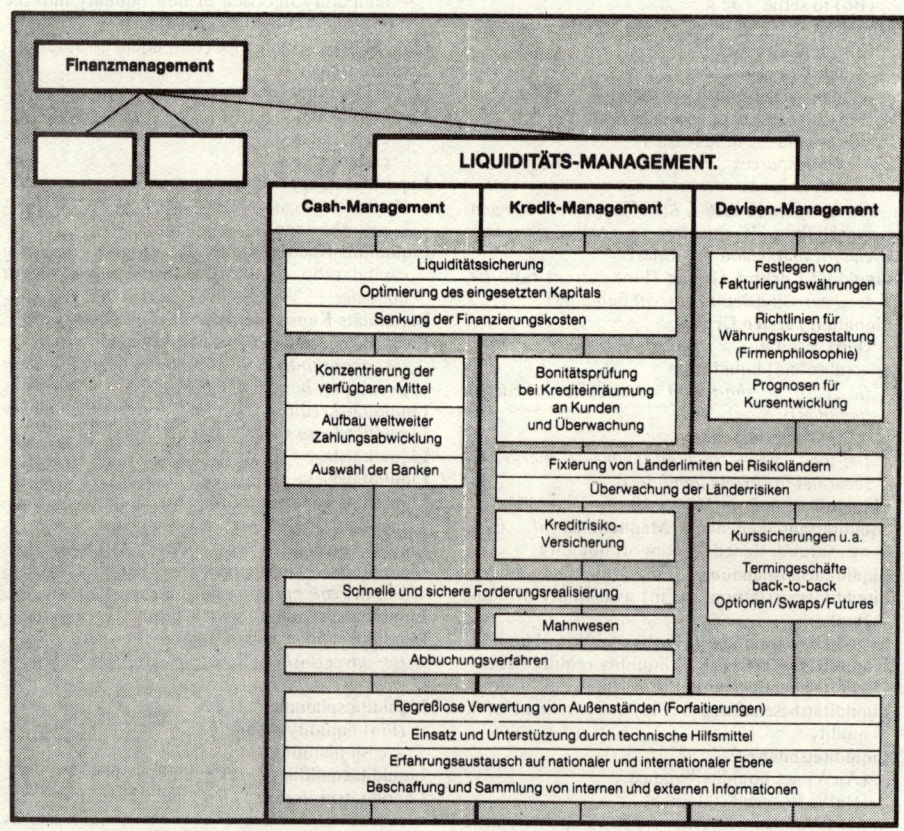

Quelle: Handelsblatt, 24. 4. 1986, B 31

Liste *f* **aufstellen**
(com) to draw up (*or* compile) a list
Liste *f* **der gelöschten Ladungsmengen** (com) statement of outturn
Listenbearbeitung *f* (EDV) list processing
(ie, programming technique for dealing with data structures that consist of similar items linked by pointers; opp, plex processing)
Listengenerator *m* (EDV) list generator
Listengrundpreis *m* (com) basic list price
Listenpreis *m*
(com) list price
(com) sticker price *(eg, of cars)*
(AuW) posted price *(ie, of crude oil)*
Listenpreis *m* **zahlen**
(com) to pay the list price
– (infml) to pay list
Listenprogramm *n* (EDV) report program
Listenprogrammgenerator *m* (EDV) report program generator, RPG
Listenschreiben *n*
(EDV) listing
– printout
Listenverarbeitung *f* (EDV) list processing
Literal *n* (EDV, Cobol) literal
Litfaßsäule *f* (Mk) advertising pillar (*or* post)
lizensieren (Pat) to license
Lizensierung *f* (Pat) licensing
Lizenz *f*
(Re) permit
(Pat) license
Lizenzabgabe *f*
(Pat) license fee
– royalty
Lizenzabkommen *n* (Pat) license agreement
Lizenzabkommen *n* **auf Gegenseitigkeit** (Pat) cross-license agreement
Lizenzabrechnung *f* (Pat) royalty statement
Lizenzaustausch *m* (Pat) cross-licensing
Lizenzaustauschvertrag *m* (Pat) cross-license agreement
Lizenzbau *m* (com) licensed construction
Lizenzdauer *f* (Pat) term of a license
Lizenzeinnahmen *fpl*
(ReW) income under license agreements
– income from royalties
Lizenzeinräumung *f* (Pat) licensing
Lizenz *f* **erteilen**
(Pat) to grant a license
– to license a patent
Lizenzerteilung *f* (Pat) issue of a license
Lizenzfertigung *f*
(com) licensed production
– production under license
Lizenzgeber *m*
(Pat) licensor
– grantor of a license
Lizenzgebühren *fpl*
(Pat) license fees
,   – royalties
Lizenzgewährung *f* (Pat) licensing
Lizenzinhaber *m*
(Pat) license holder
– licensee
Lizenzkosten *pl* (ReW) cost of license agreements

Lizenz *f* **nehmen** (Pat) to take out a license
Lizenznehmer *m*
(Pat) license holder
– licensee
lizenzpflichtiges Produkt *n* (Pat) licensed product
Lizenzpolitik *f* (Bw) licensing policy
Lizenzrechte *npl* (Pat) rights of licensee under a patent
Lizenzsucher *m*
(Pat) licensee
– party seeking license
Lizenzträger *m* (Pat) licensee
Lizenzverbund *m* (Pat) network of licenses
Lizenzvereinbarung *f* (Pat) license agreement
Lizenzvergabegesellschaft *f* (Pat) franchise company
Lizenzverlängerung *f* (Pat) renewal of a license
Lizenzvertrag *m* (Pat) license agreement
(ie, Einteilung:
1. ausschließlicher Lizenzvertrag;
2. nicht-ausschließlicher od einfacher Lizenzvertrag; cf, § 15 II PatG vom 1. 1. 1981)
Lizenzverwertung *f* (Pat) exploitation of a license
Lizenzzahlung *f* (Pat) payment of royalties
Lkw *m*
(com) truck
– (GB) lorry
Lkw-Anhänger *m* (com) truck trailer
Lkw-Fahrer *m*
(com) truck driver
– (infml) teamster
– (GB) lorry driver
Lkw-Fracht *f* (com) truck freight
Lkw-Ladung *f* (com) truck load
Lkw-Produktion *f* (com) truck production
Lkw-Transportunternehmen *n*
(com) trucking company
– (GB) haulage contractor
LM-Kurve *f* (Vw) LM (liquidity-money) curve
LMS-System *n* (IndE) leveling system
(ie, of performance rating = Leistungsgradschätzen; syn, Nivellierungsmethode, Westinghouse-System)
Lockangebot *n*
(Mk) = Lockvogelangebot
Lockartikel *m*
(Mk) bait
– leader
– leading article
– loss leader
– (infml) lure
– (infml) lowball
Locke *f* (OR) self loop
Lockerung *f*
(com) easing
– loosening
– relaxation
– relieving
Lockerung *f* **am Geldmarkt** (Vw) relieving tightness in the money market
Lockerung *f* **der Geldpolitik**
(Vw) easing/relaxation... of monetary policy
– loosening the monetary reins
Lockerung *f* **der Hochzinspolitik** (Vw) slackening of current high interest rates

Lockerung *f* **der restriktiven Geldpolitik** (Vw) let-up in monetary restraint

Lockerung *f* **von Preiskontrollen** (Vw) relaxation of price controls

Lockvogel *m* (Mk) = Lockartikel

Lockvogelangebot *n* (Mk) advertising unavailable goods at reduced prices, § 3 UWG

Lockvogelwerbung *f*
(Mk) loss-leader sales promotion
– loss-leader selling
– advertising by enticement
– bait-and-switch advertising
– bait-type advertising

Logarithmand *m* (Math) inverse logarithm

Logarithmentafel *f* (Math) log table

logarithmieren (Math) to logarithm

logarithmische Darstellung *f* (Math) logarithmic chart

logarithmische Gleichung *f* (Math) logarithmic equation

logarithmische Normalverteilung *f* (Stat) lognormal distribution

logarithmisches Papier *n* (Math) log paper

Logarithmus *m* (Math) logarithm

Logging *n* (EDV) logging *(ie, Protokollieren von Vorgängen in e–m EDV-System)*

Logik *f* **der Widerspruchslosigkeit** (Log) consistency logic

logische Adresse *f* (EDV) logical address

logische Datei *f* (EDV) logical file

logische Ebene *f* (EDV) logical level

logische Elemente *npl* (EDV) logical components *(or* elements)

logische Entscheidung *f* (EDV) logical decision

logische Konzeption *f* (EDV) logic(al) design

logische Matrix *f* (Log) truth table

logische Nähe *f* (Log) logical proximity

logische Operation *f* (EDV) logical operation

logische Partikel *mpl* (Log) connectives

logischer Befehl *m* (EDV) logical instruction

logischer Funktor *m* (Log) logical functor *(or* operator)

logischer Identitätsvergleich *m* (EDV) logical comparison *(ie, between two operands)*

logischer Knoten *m* (Log) logical node

logischer Operator *m* (Log) logical operator *(or* functor)

logischer Plan *m* (EDV) logical diagram

logischer Satz *m* (EDV) logical record *(opp, physical record)*

logischer Vergleich *m* (EDV) logical comparison

logische Schaltung *f* (EDV) logical circuit

logisches Diagramm *n*
(EDV) logic chart *(or* flowchart)
– logical diagram

logisches Prinzip *n* **vom Widerspruch** (Log) law of contradiction

logisches Produkt *n* (Log) conjunction

logisches Quadrat *n* (Log) square of opposition

logisches Schaltelement *n*
(EDV) logic element
– gate

logische Summe *f* (Log) inclusive disjunction

logische Supposition *f* (Log) logical supposition

logisches Verschieben *n*

(EDV) logical *(or* end around) shift
– non-arithmetic shift

logische Verknüpfung *f* (EDV) logical operation

Logistik *f*
(Log) propositional calculus
(ie, Grundlage ist die Boole-Schroedersche Algebra; Vertreter: Frege, Hilbert, Russell; syn, mathematische/symbolische Logik; heute meist: formale Logik)
(Bw) business logistics
Auch:
– industrial/market logistics
– physical distribution
– materials management
(ie, sämtliche Transport-, Lager- und Umschlagsvorgänge im Realgüterbereich)

logistische Funktion *f* (Math) logistic function
(ie, häufig benutzte Prognosefunktion für langfristige Prognosen)

logistische Kurve *f* (Stat) logistic curve

logistischer Trend *m* (Stat) logistic trend

logistisches System *n* **von Betriebswirtschaften**
(Bw) business logistics
– logistics of the firm

logistische Systeme *npl* (Bw) industrial logistics

logistische Wachstumskurve *f* (Stat) logistic *(or* autocatalytic) growth curve

Log-Normalverteilung *f*
(Stat) lognormal
– logarithmic-normal
– Gibrat ... Verteilung

Logo *n*
(com) logo
– logograph
(ie, sign or picture used as trademark; also on letterhead, business cards; etc; syn, Signum)

Lohmann-Ruchti-Effekt *m* (Bw) capacity increasing effect
(syn, Kapazitätserweiterungseffekt: depreciation through use as a source of new investments)

Lohn *m*
(Pw) wage
– pay

lohnabhängige Gemeinkosten *pl* (KoR) wage- related overhead

Lohnabrechnung *f*
(ReW) payroll *(or* wage) accounting
(ReW) payroll accounts department
(Pw) pay slip

Lohnabschlagszahlung *f* (Pw) wage advance payment *(ie, at short intervals; eg, one week, 10 days)*

Lohnabschluß *m*
(Pw) pay *(or* wage *or* labor) settlement
– wage agreement

Lohnabtretung *f* (Re) assignment of wages

Lohnabzüge *mpl*
(Pw) pay deductions
– employee payroll deductions

Lohnabzugsverfahren *n* (ReW) withholding of taxes and social security contributions from wages and salaries

Lohn-Angebots-Kurve *f* (Vw) wage supply curve

Lohnarbeitsrechenzentrum *n* (EDV) job shop computer center

Lohnauftrag *m*
(com) farming-out contract
– commission order
Lohnaufträge *mpl* **vergeben** (com) to farm out work to sub-contractors
Lohnausfall *m* (Pw) loss of pay
Lohnausgleich *m* (Pw) pay compensation
(ie, reduction of weekly working hours to 40 or less without pay cuts)
Lohnbeihilfe *f* (AuW) employment subsidy
Lohnbeleg *m* (Re) pay slip, § 134 II GewO
Lohnbezieher *m* (Pw) = Lohnempfänger
Lohnbuchführung *f* (ReW) payroll (*or* wage) accounting
Lohnbuchhalter *m* (Pw) payroll clerk
Lohnbuchhaltung *f* (ReW) payroll department
Lohnbüro *n*
(ReW) pay (*or* payroll) office
– payroll bureau
Lohndrift *f*
(Vw) wage (*or* earnings) drift
– wage gap
(ie, periodenbezogene Differenz zwischen Änderungsraten von Tariflohnsätzen und Effektivlohnsätzen; dies ist die Bruttodrift; die echte Nettodrift ist die nicht tarifvertraglich fundierte Drift; statistisch nicht berechenbar)
Lohndruckinflation *f* (Vw) wage-push inflation
Löhne *mpl* **für Ausfallstunden und Ausbildung** (Pw) wages paid for hours not worked and for training
Lohneinzelkosten *pl* (KoR) direct labor (cost)
Löhne *mpl* **künstlich niedrig halten** (Vw) to keep wages artificially low
Lohnempfänger *m* (Pw) wage earner (*or* recipient)
Lohnentwicklung *f* (Pw) development/behavior . . . of wages
Lohnerhöhung *f*
(Pw) wage increase
– pay rise
– (US) pay raise
– (US) wage hike
Lohnerhöhungsspielraum *m* (Vw) margin available for wage increases
Löhne *mpl* **und Gehälter** *npl* (ReW) wages and salaries
Löhne *mpl* **während der Abwesenheit** (ReW) wages paid during absence from work
Lohnexplosion *f* (Vw) wage explosion
Lohnfonds *m* (Vw) wage(s) fund
Lohnfondstheorie *f* (Vw) wage(s) fund theory
(cf, Verteilungstheorie D. Ricardos)
Lohnforderungen *fpl*
(Pw) wage demands
– demands for higher wages
Lohnformen *fpl*
(Pw) payments system *(syn, Entlohnungsverfahren)*
Lohnfortzahlung *f* (Pw) continued pay *(ie, in case of sickness, generally for six weeks)*
Lohnfortzahlungsgesetz *n* (Re) Continuation of Wage Payments Law, of 27 July 1969, as amended
Lohngefälle *n*
(Pw) earnings gap

– pay differential
Lohngefüge *n* (Pw) wage structure
Lohngemeinkosten *pl* (KoR) payroll overhead
Lohngruppe *f* (Pw) wage bracket
Lohngruppenkatalog *m* (Pw) wage bracket catalog
Lohngruppenverfahren *n* (IndE) job classification method
Lohnhöhe *f* (Pw) wage level
Lohnindexbindung *f* (Vw) wage indexation
lohninduzierte Arbeitslosigkeit *f* (Vw) wage-induced unemployment *(syn, stabilisierte Arbeitslosigkeit)*
lohninduzierte Inflation *f* (Vw) wage-induced inflation
Lohninflation *f* (Pw) wage cost inflation
Lohnintensität *f* (Pw) payload ratio *(ie, proportion of wages to costs)*
lohnintensiv (Bw) wage (*or* manpower) intensive
Lohnjournal *n* (ReW) = Lohnliste
Lohnkarte *f* (ReW) payroll card
Lohnklasse *f* (Pw) wage group
Lohnkonto *n* (ReW) payroll account
(ie, to be kept for every employee)
Lohnkosten *pl*
(KoR) labor costs
– payload
– costs incurred in wages
lohnkosteninduzierte Inflation *f* (Vw) cost-induced inflation
Lohnkosten *pl* **je Ausbringungseinheit** (Vw) labor cost per unit of output
Lohnkosten *pl* **je Produkteinheit** (KoR) unit labor cost
Lohnkurve *f* (Pw) wage curve
Lohnkürzungen *fpl* **hinnehmen** (Pw) to take pay cuts
Lohnleitlinien *fpl* (Vw) wage guidelines
Lohnliste *f*
(ReW) payroll register
– (GB) wages sheet
Lohnnachschlag *m* (Pw) supplementary wage rise *(eg, to compensate for effects of oil price increases)*
Lohnnachzahlung *f* (Pw) back pay
Lohnnebenkosten *pl*
(KoR) incidental wage costs
– associated employer outlay
– nonwage labor costs
(syn, Lohnzusatzkosten)
Lohnnebenleistungen *fpl*
(Pw) ancillary pay
– fringe benefits
Lohnniveau *n* (Vw) wage level
Lohnpause *f*
(Pw) pay pause
– temporary wage freeze
Lohn *m* **pfänden** (Re) to attach (wages) by garnishment
Lohnpfändung *f* (Re) attachment/garnishment . . . of wages, §§ 850-850k ZPO
Lohnpfändungstabelle *f* (Re) permissible wage garnishment scale
Lohnpolitik *f* (Vw) pay/wages . . . policy
Lohnprämie *f* (Pw) earmarked wage bonus *(ie, on quality, economizing, accident prevention, etc.)*

Lohn-Preis-Leitlinien *fpl* (Vw) wage-price guide posts

Lohn-Preis-Spirale *f* (Vw) wage-price spiral

Lohn-Preis-Struktur *f* (Vw) wage-price structure

Lohnquote *f* (Vw) labor's share in national income *(ie, ratio of total wage bill to national income or of average real wage rate to labor productivity)*

Lohnrückmeldeschein *m* (IndE) labor ticket

Lohnrückstände *mpl* (Pw) wage arrears

Lohnrunde *f*
(Pw) pay round
– wage(s) round
– round of pay bargaining

Lohnrunde *f* **einläuten** (Pw, infml) to kick off a wage round

Lohnsatz *m*
(Vw) wage rate
(Pw) rate of pay

Lohnsatzabweichung *f* (KoR) rate variance

Lohnsatzmischungsabweichung *f*
(KoR) labor mix variance
– mixture subvariance for labor

Lohnsatzvorgabe *f* (KoR) labor rate standard

Lohnschein *m* (IndE) piecework slip *(syn, Lohnzettel, Akkordzettel)*

Lohnskala *f* (Pw) wage scale

Lohnspanne *f* (Vw) wage spread

Lohnstatistik *f* (Stat) wage statistics

Lohnsteuer *f*
(StR) wage(s) tax
– income tax on wages and salaries

Lohnsteuerabzug *m* (ReW) wage tax withholding

Lohnsteueranmeldung *f* (StR) wage debt return, § 41 a EStG

Lohnsteueraußenprüfung *f* (StR) external wage tax audit

Lohnsteuerbescheinigung *f* (StR) certificate of wage-tax deduction

Lohnsteuer-Durchführungsverordnung *f* (StR) Wage Tax Ordinance

Lohnsteuer-Ermäßigungsverfahren *n* (StR) wage tax reduction method *(ie, tax-free amount is entered on wage tax card)*

Lohnsteuerfreibetrag *m* (StR) wage earners' tax allowance

Lohnsteuer *f* **für Aushilfen**
(StR) taxes on part-time salaries

Lohnsteuerjahresausgleich *m* (StR) annual wage tax recomputation *(ie, if not employed on a regular basis, taxpayers get back most or all of their income tax withheld by their employers if they file an application to their local tax office, §§ 42–42 b EStG)*

Lohnsteuerjahresausgleich-Bescheid *m* (StR) annual recomputation of wage tax decision

Lohnsteuerkarte *f* (StR) wage tax card

Lohnsteuerpflicht *f* (StR) wage tax liability

lohnsteuerpflichtig
(StR) subject to wage tax
– liable in wage tax
– *(or simply)* taxable

lohnsteuerpflichtige Beschäftigung *f* (StR) employment subject to wage tax

lohnsteuerpflichtige Einkünfte *pl* (StR) earnings subject to wage tax

Lohnsteuerprüfung *f* (StR) = Lohnsteueraußenprüfung

Lohnsteuerquote *f* (StR) wage tax ratio *(ie, wage tax revenue to gross wage/salary income)*

Lohnsteuer-Richtlinien *fpl* (StR) Wage Tax Regulations

Lohnsteuerrückvergütung *f* (StR) wage tax refund

Lohnsteuertabellen *fpl* (StR) wage tax withholding tables

Lohnstopp *m*
(Pw) wage . . . control/freeze
– (GB) wage restraint

Lohnstreifen *m* (Pw) pay slip

Lohnstruktur *f*
(Pw) pay/wage . . . structure
– pay pattern

Lohnstückkosten *pl* (KoR) unit/unitized . . . labor cost

Lohnstundensatz *m*
(Pw) hourly wage rate
(KoR) direct labor hour rate

Lohnsumme *f*
(Pw) (total) payroll
– wage bill
(ie, sum total of wages and salaries paid)

Lohnsummensteuer *f*
(StR) municipal tax on total wages paid
– municipal payroll tax *(ie, abolished in 1979)*

Lohnsystem *n*
(Pw) payments system
– worker's compensation system

Lohntarifvertrag *m* (Pw) rates of pay agreement *(cf, Manteltarifvertrag)*

Lohntheorie *f* (Vw) wage theory

Lohntüte *f*
(Pw) pay envelope
– (GB) pay packet

Lohn- und Gehaltsabrechnung *f* (ReW) payroll accounting

Lohn- und Gehaltseinzelkosten *pl* (KoR) direct wages and salaries

Lohn- und Gehaltskonten *npl* (Fin) wage and salary accounts *(ie, kept by banks and receiving cashless payments by employers)*

Lohn- und Gehaltskürzungen *fpl* (Pw) pay cuts

Lohn- und Gehaltspolitik *f* (Pw) compensation policy

Lohn- und Gehaltsverbindlichkeiten *fpl* (ReW) wages and salaries accrued

Lohn- und Gehaltsvorschüsse *mpl* (ReW) wage and salary advances

Lohn- und Preisleitlinien *fpl* (Vw) wage and price guidelines *(ie, originally presented in the 1962 Report of the Council of Economic Advisers)*

Lohnunterschiede *mpl* (Pw) pay differentials

Lohnveredelung *f*
(com) (cross-border) commission processing
– contract processing
– job processing
(StR) conversion, processing, or improvement of property, § 7 UStG

Lohnveredelungsverkehr *m* (com) commission processing transactions

Lohnvereinbarung *f* (Pw) = Lohnabschluß
Lohnverhandlungen *fpl*
  (Pw) pay negotiations
  – pay talks
  – wage... bargaining/negotiations
Lohnverrechnungskonto *n* (ReW) payroll transitory account
Lohnverzicht *m* (Pw, US) wage concession
Lohnvorschuß *m*
  (Pw) advance wage
  – advance against/on wages
  – pay advance
Lohnzugeständnisse *npl* (Pw) wage concessions
Lohnzulage *f*
  (Pw) premium pay
  – bonus
Lohnzusatzkosten *pl* (KoR) = Lohnzusatzleistungen, qv
Lohnzusatzleistungen *fpl*
  (KoR) ancillary pay
  – fringe benefits
  – (US) associated employer outlay
  – nonwage labor costs
Lohnzuschlag *m* (Pw) premium... pay/payment
  (ie, for overtime, etc.)
lokales Netz *n* (EDV) local area network, LAN
lokales Netzwerk *n* (EDV) local area network, LAN
  (ie, generally provide high-speed (100K bps to 100M bps) data communication services to directly connected computers; gateways are used to connect local networks to each other, or to longer-distance communication networks; can utilize simplified data communications protocols; opp, wide-area network)
lokale Werte *mpl* (Bö) securities traded on regional stock exchanges
Lokalisationsparameter *m*
  (Stat) measure of central tendency
  – parameter of location
Lokalkostenkredit *m* (Fin) credit to finance local cost
  (ie, bei internationaler Auftragsfinanzierung)
Lokalmarkt *m* (Bö) local stocks
Lokalpapier *n* (Bö) security traded on local exchange only
Lokalverarbeitung *f* (EDV) home loop operation
Lokogeschäft *n* (Bö) spot transaction (*or* bargain)
  (ie, made on commodity exchanges)
Lokohandel *m* (Bö) spot trading
Loko-Kauf *m* (Bö) spot purchase
Loko-Kurs *m* (Bö) spot price
Loko-Markt *m* (Bö) spot market
Loko-Preis *m* (Bö) spot price
loko verkaufen (com) to sell for spot delivery
Lokowaren *fpl*
  (Bö) spot commodities
  – spots
Lombardbestand *m* (Fin) collateral holdings
Lombarddarlehen *n* (Fin) collateralized loan
Lombardeffekten *pl* (Fin) pledged securities *(syn, Pfandeffekten)*
lombardfähige Wertpapiere *npl* (Fin) securities eligible as collateral for borrowings from Deutsche Bundesbank

Lombardfenster *n* (Fin) Lombard facility (*or* window)
  (Fin, US) federal discount window *(ie, of the Federal Reserve Bank)*
Lombardforderungen *fpl* (Fin) Lombard loans
Lombardgeschäfte *npl* (Fin) advances on securities
lombardieren (Fin) to accept collateral for a loan
lombardierte Wertpapiere *npl*
  (Fin) collateral securities
  – securities pledged as security for a loan
Lombardierung *f* (Fin) borrowing from the central bank against securities
Lombardkredit *m*
  (Vw) Lombard loan
  – central-bank advance against security
  Fin) collateral loan
  – advance against security
  (ie, wird durch Verpfändung od Sicherungsübereignung bzw Sicherungszession beweglicher Sachen od Rechte gesichert)
Lombardlinien *fpl* (Fin) ceilings on lombard credit
Lombardpolitik *f* (Vw) Lombard policy
  (ie, der Deutschen Bundesbank; Teil der Geldpolitik)
Lombardsatz *m* (Fin) Lombard rate
  (ie, wird berechnet für die Darlehensaufnahme gegen Pfand von Kreditinstituten bei der Notenbank = German term for the rate of interest charged for a loan against the security of pledged paper; may be up to 1.5% above the Bundesbank 's discount rate)
Lombardverzeichnis *n* (Fin) Lombard list
  (ie, list of securities eligible as collateral against central-bank advances, kept by the Deutsche Bundesbank)
Lombardwechsel *m* (Fin) collateralized bill (*or* note)
Lombardzinssatz *m* (Fin) Lombard lending rate
Londoner Finanzwechsel *m* (Fin) international trade bill
Londoner Interbanken-Angebotssatz *m*
  (Fin) London Interbank Offered Rate
  – libor, LIBOR *(cf, Vol I³, 417)*
Londoner Metallbörse *f* (Bö) London Metal Exchange
Londoner Parität *f* (AuW) London equivalent *(ie, in foreign exchange quotations)*
Loroeffekten *pl* (Fin) securities held by one bank for the account of another bank
Loroguthaben *n* (Fin) credit balance on loro account
Lorokonto *n* (Fin) loro account
  (ie, Konto bei e-m Kreditinstitut, das auf Initiative e-s anderen Kreditinstituts eingerichtet wurde; used in foreign exchange bookkeeping: by a depository bank to describe an account maintained with it by a bank in a foreign county)
Los *n*
  (MaW) lot
  (IndE) lot
  – batch
  syn, Auflage, Partie, Serie)
Losanleihe *f* (Fin) lottery loan
Losbegleitkarte *f* (IndE) batch card
löschbarer Speicher *m* (EDV) erasable storage

löschbares PROM *n* (EDV) erasable-programm-able-read-only memory
Löschbescheinigung *f* (com) landing certificate
Löschdatum *n* (EDV) purge date
löschen
  (com) to discharge . . . goods/cargo
  – to unload
  (Re) to cancel
  – to delete
  (EDV) to delete
  – to erase
  (ie, change all the binary digits in a memory to binary zeros)
  (EDV) to blank
  (EDV) = rückstellen
löschendes Lesen *n*
  (EDV) destructive read(ing)
  – destructive readout
Löschen *n* e–r Ladung (com) discharge of cargo
Löschhafen *m* (com) port of discharge (*or* delivery)
Löschkopf *m* (EDV) erase head
Löschkosten *pl* (com) unloading charges
Löschplatz *m*
  (com) place of discharge
  – unloading berth
Löschschlüssel *m* (EDV) key for deletions
Löschtaste *f* (EDV) cancel key
Löschung *f* e–r Eintragung (Re) cancellation of an entry
Löschung *f* e–r Hypothek (Re) extinction of a mortgage in the land register
Löschung *f* e–r Ladung
  (com) discharge of cargo
  – unloading
Löschung *f* e–s Warenzeichens (Pat) cancellation of a trademark
Löschungskosten *pl* (com) landing charges
Löschzeichen *n*
  (EDV) delete
  – erase
  – ignore
  – rub-out . . . character
Loseblattausgabe *f* (com) loose-leaf edition
Loseblattbuchführung *f* (ReW) loose-leaf system of bookkeeping
Loseblattsystem *n* (com, ReW) loose-leaf system
loser Zusammenschluß *m* (Kart) loose combination
Losfüller *m* (IndE) float *(ie, when standard lot sizes are worked)*
Losgröße *f*
  (Stat) lot size
  (IndE) batch size *(syn, Seriengröße)*
Losgrößenbestimmung *f* (Bw) lot-size calculation
Losgrößenbildung *f* (IndE) batch sizing
Losung *f* (com, *obsolete*) daily cash receipts *(ie, in retailing)*
Lösungsansatz *m* (com) approach to problem-solving
Lösungsmenge *f*
  (Math) set of solutions
  – solution set
Lösungsraum *m* (Math) solution space
losweise Prüfung *f* (IndE) lot-by-lot inspection
Lotsengeld *n* (com) pilotage fee
Lotterieanleihe *f* (Fin) = Losanleihe

Lotterieauswahl *f* (Stat) lottery sampling
Lotterieeinnehmer *m* (com) lottery collector
Lotteriemethode *f* (OR) wagering technique *(Neumann-Morgenstern)*
Lotteriesteuer *f* (StR) tax on lotteries
Lotteriestichprobe *f* (Stat) lottery sample
LRC-Prüfzeichen *n* (EDV) longitudinal redundancy check character
LStDV (StR) = Lohnsteuer-Durchführungsverordnung
LStR (StR) = Lohnsteuer-Richtlinien
LSÜbernahmeangebote *npl* (com) Joint Guidelines of the Stock Exchange and Federal Ministry of Finance
  (ie, specifying formal rules regulating the conduct of public offers; issued in Jan 1979)
Lücke *f* in der Gesamtnachfrage (Vw) aggregate deficiency in demand
Lückenbüßer *m* (com) stopgap *(eg, act as a stopgap, stopgap arrangement)*
Lückenbüßertheorem *n* (Vw) stop-gap theorem *(ie, discussed in connection with problems of ,Gemeinwirtschaft')*
lückenlose Prüfung *f* (ReW) detail test
lückenlose Prüfung *f* e–r Beleggruppe (ReW) block vouching test
Lücke *f* schließen (com) to plug a gap
„Luft" *f* (com) water *(eg, some water in the mill order books)*
luftdicht (com) airtight *(eg, container)*
Luftexpreßfracht *f* (com) air express
Luftexpreßtarif *m* (com) air express tariff
Luftfahrt *f* (com) aviation
Luftfahrtindustrie *f* (com) airline industry
Luftfahrtversicherung *f* (Vers) aviation insurance *(ie, general term covering accident, cargo, liability risks)*
Luftfahrtwerte *mpl*
  (Bö) aircrafts
  – aviation stocks
Luftflotte *f* (com) aircraft fleet
Luftfracht *f* (com) air . . . cargo/freight
Luftfrachtbranche *f* (com) air-freight industry
Luftfrachtbrief *m*
  (com) air waybill
  – airbill
  – (GB) air consignment note
Luftfrachtbüro *n* (com) cargo office
Luftfrachtführer *m*
  (com) air carrier
  – air freight forwarder
Luftfrachtgeschäft *n* (com) airfreight forwarding
Luftfrachtkosten *pl* (com) air freight charges
Luftfrachtraum *m* (com) air freight space
Luftfrachtsendung *f* (com) air cargo shipment
Luftfrachtspedition *f* (com) air freight forwarding
Luftfrachttarif *m* (com) air cargo rate
Luftfrachtverkehr *m*
  (com) air freight service
  – air cargo traffic
Luftgüterversicherung *f* (Vers) air cargo insurance
Lufthansa *f* (com) German LH Airlines
Luft *f* herauslassen (com, infml) to knock the stuffing out of *(eg, assets traded, such as stocks, bonds, commodities)*

Luftkaskoversicherung *f*
(Vers) hull coverage
– aviation insurance policy *(ie, coverage against loss to an aircraft or its machinery or equipment)*
Luftkissenboot *n*
(com) air cushion vehicle
– (GB) hovercraft
Luftpost *f* (com) airmail
Luftpostbeförderung *f* (com) carriage of airmail
Luftpostbrief *m* (com) airmail(ed) letter
Luftpostdienst *m* (com) airmail service
Luftpostleichtbrief *m*
(com) air letter
– aerogramme
Luftpostpäckchen *n*
(com) airmail packet
– small air packet
Luftpostpaket *n* (com) air parcel
Luftposttarif *m* (com) airmail rate
Luftpostzuschlag *m* (com) air surcharge
Lufttaxi *n* (com) air taxi
Lufttransportgewerbe *n* (com) air cargo industry
Lufttransportspediteur *m* (com) air carrier
Luft- und Raumfahrt-Gruppe *f* (com) aerospace group
(eg, comprising McDonnel Douglas, General Electric, Rolls Royce, MTU, Snecma, Aeritalia)
Luft- und Raumfahrtindustrie *f* (com) aerospace industry
Luft- und Raumfahrtkonzern *m* (com) aerospace group
Luft- und Raumfahrtunternehmen *n* (com) aerospace company
Luftunfallversicherung *f* (Vers) air travel insurance
Luftverkehr *m* (com) air transport
Luftverkehrsgesellschaft *f*
(com) airline

– air carrier
– carrier
Luftverschmutzung *f* (com) air pollution
Luftversicherung *f* (Vers) air-risk insurance
Luftverunreinigung *f* (com) = Luftverschmutzung
lukratives Geschäft *n* (com) high-margin business
Lumpensammler *m*
(com, infml) junkman
– (GB) rag-and-bone man
lustlos
(Bö) dull
– flat
– inactive
– listless
– sluggish
– stale
lustlose Börse *f* (Bö) = lustloser Markt
lustloser Beginn *m* (Bö) dull start
lustloser Markt *m*
(Bö) dull
– flat
– inactive ... market
lustloses Geschäft *n* (Bö) dull trading
Luxusartikel *m*
(Mk) fancy article
– luxury article
Luxusgüter *npl*
(Mk) luxury goods
– luxuries
– prestige goods
Luxussteuer *f*
(FiW) luxury tax
– sumptuary excise
(ie, imposed on items which are not necessaries; eg, liquor, tobacco products)
Luxusware *f* (com) highest (*or* quality) goods
LZB (Fin) = Landeszentralbank

M

Macht *f* (Bw) cf, Marktmacht
Macht *f* **brechen** (com) to break the grip
(eg, industry's grip on the oil market)
Macht *f* **durch Legitimation** (Bw) legitimate power *(ie, in leadership behavior)*
Macht *f* **durch Persönlichkeitswirkung** (Bw) referent power *(ie, in leadership behavior)*
Macht *f* **durch Wissen und Fähigkeiten** (Bw) expert power *(ie, in leadership behavior)*
Macht *f* **durch Zwang** (Bw) coercive power *(ie, in leadership behavior)*
Macht *f* **e–s Tests** (Stat) power of a test *(syn, Gütefunktion, Powerfunktion)*
Mächtigkeit *f* **der Mengen der natürlichen Zahlen** (Math) aleph-null (*or* aleph-zero)
Mächtigkeit *f* **e–r Menge**
(Math) cardinality
– power (*or* potency)
– manyness
– cardinal number ... of a given set
Mächtigkeitszahl *f* **e–r Menge** (Math) cardinal number of a set

mächtigster biasfreier Test *m* (Stat) most powerful unbiased test
Machtkonzentration *f* (Bw) concentration of market power
Machtmißbrauch *m* (Re) abuse of discretionary power
Machtpolitik *f* **der Gewerkschaften** (Pw) union power politics
Machttheorie *f* (Vw) theory of economic power
Machtverteilung *f* (Vw) distribution of power
Mafo-Daten *pl* (Mk) = Marktforschungsdaten
Magazin *n*
(MaW, obsolete) = Lager
(EDV) magazine
Magazinbuchhaltung *f* (MaW) = Lagerbuchhaltung
Magazinverwalter *m* (MaW) = Lagerverwalter
magisches Dreieck *n* (Vw) uneasy triangle (of economic policy)
(ie, refers to three policy objectives which cannot be achieved simultaneously: (1) full employment, (2) stable prices, and (3) external balance; the

489

original British concept stresses free collective collective bargaining instead of external equilibrium)

magisches Fünfeck *n* (Vw) magic pentagon
(ie, the five principal economic goals: economic growth, full employment, price stability, external economic equilibrium, equitable distribution of wealth)

magisches Sechseck *n* (Vw) uneasy hexagon (*or* polygon of six sides)
(ie, reference to the six-cornered incompatibility between economic policy objectives: (1) full employment, (2) stable price level, (3) external equilibrium, (4) sustained growth, (5) reasonably balanced sizes of private and public sectors of the economy, and (6) equitable distribution of incomes and wealth; neither theoretically nor in practice is it possible to have all six at the same time)

magisches Vieleck *n* (Vw) uneasy polygon (of economic policy)
(ie, reference to a set of policy objectives which are in part mutually exclusive; eg, full employment at the expense of a higher rate of inflation)

magisches Viereck *n* (Vw) uneasy quadrangle (of economic policy)
(ie, set of four incompatible policy objectives: (1) full employment, (2) stable prices, (3) steady growth, and (4) external equilibrium; see ‚German Stabilization Law‘, StabG, § 1)

Magnetband *n* (EDV) magnetic tape
Magnetbandaufzeichnung *f* (EDV) tape recording
Magnetbanddatei *f* (EDV) magnetic tape file
Magnetbandeinheit *f* (EDV) magnetic tape unit (*or* deck)
Magnetbandetikett *n* (EDV) tape label
Magnetbandgerät *n* (EDV) magnetic tape unit (*or* deck *or* station)
Magnetbandkassette *f* (EDV) tape cassette
Magnetband-Kassettenlaufwerk *n* (EDV) = Streamer, qv
Magnetbandlaufwerk *n*
(EDV) magnetic tape drive
– tape transport
Magnetbandprüfung *f* (EDV) magnetic tape check
Magnetbandsicherungssystem *n* (EDV) tape protection system
Magnetband-Sortierprogramm *n* (EDV) tape sort
Magnetbandspeicher *m* (EDV) magnetic tape storage
magnetische Abtastung *f* (EDV) magnetic reading
(opp, elektrische und optische Abtastung)
magnetische Aufzeichnung *f* (EDV) magnetic recording
magnetischer Speicher *m* (EDV) magnetic storage
Magnetkarte *f* (EDV) magnetic card
Magnetkartenmagazin *n* (EDV) magnetic card magazine
Magnetkartenspeicher *m* (EDV) magnetic card storage
Magnetkartenspeicherdatei *f* (EDV) magnetic card file
Magnetkonten-Automat *m* (EDV) magnetic ledger card computer
(ie, vom Personal Computer verdrängt)

Magnetkontokarte *f* (EDV) magnetic account card
Magnetplatte *f* (EDV) magnetic disk
Magnetplattendatei *f* (EDV) disk file
Magnetplattenkassette *f*
(EDV) magnetic disk cartridge (*or* pack)
– disk cartridge
Magnetplattenspeicher *m* (EDV) magnetic disk storage
(ie, provides very large storage capabilities with moderate operating speed; subterms: Festplattenspeicher + Wechselplattenspeicher)
Magnetprüfverfahren *n* (IndE) magnetic testing
(ie, Magnetpulververfahren, magnetisches Abtasten)
Magnetschichtspeicher *m* (EDV) magnetic layer storage
Magnetschriftleser *m* (EDV) magnetic ink character reader, MICR
Magnetschriftzeichenerkennung *f* (EDV) magnetic ink character recognition, MICR
Magnetschwebebahn *f* (IndE) maglev transit system
(ie, uses frictionless magnetic suspension instead of wheels; maglev = magnetic levitation)
Mahnbescheid *m* (Re) summory court notice to pay a debt, §§ 688–703 d ZPO
mahnen (com) to dun *(ie, demand payment of a debt)*
Mahngebühr *f* (com) dunning charge
Mahnschreiben *n*
(com) letter of reminder
– dunning letter
(ie, pressing for payment of a debt)
Mahnung *f* (com) dunning notice
Mahnung *f* **vor Fälligkeit der neuen Prämie** (Vers) renewal notice
Majorante *f*
(Math) dominant
– majorant
majorisieren (Math) to dominate
Majoritätsbeteiligung *f* (com) = Mehrheitsbeteiligung
Majoritätskäufe *mpl* (Bö) stock purchases designed to acquire a majority stake
Makler *m* (com) broker
(ie, intermediary who brings together buyers and sellers of the same commodity or security and executes their orders, receiving a commission or brokerage; note that in US and GB the relationship between customer and broker is that of principal and agent; for details see law of agency; cf, §652 BGB and §§ 93–104 HGB)
Maklerabrechnung *f* (Fin) broker's statement
Maklerbuch *n* (Bö) broker's journal *(ie, registering all buy and sell orders and security prices)*
Maklercourtage *f*
(com) broker's commission
– brokerage
Maklerfirma *f*
(com) brokerage firm
– (GB) broking firm
Maklergebühr *f*
(com) brokerage
– brokerage commission
– broker's commission

Maklergeschäft *n*
(com) brokerage
(com) brokerage (operation)
Maklerkammer *f* (Bö) brokers' association *(ie, now ‚Kursmaklerkammer')*
Maklerordnung *f* (Bö) brokers' code of conduct
Maklerprovision *f* (com) broker's commission
Maklertafel *f* (Bö) marking board
Maklervertrag *m* (com) brokerage contract
Makroaufruf *m*
(EDV) macro call *(ie, instance of a macro name)*
– macro invocation *(ie, in UNIX)*
Makrobefehl *m*
(EDV) macro (instruction) *(ie, in a higher-level language)*
Makrobibliothek *f*
(EDV) macro library
– macro package *(eg, in UNIX)*
– (infml) packaged requests
Makrobücherei *f* (EDV) = Makrobibliothek
makrodynamische Analyse *f*
(Vw) macrodynamics
– macrodynamic analysis
Makroerklärung *f* (EDV) macro definition
Makroinstruktion *f* (EDV) macro instruction
Makroökonomie *f*
(Vw) macroeconomics
– macroeconomic analysis
– economics of aggregates
makroökonomisch (Vw) macroeconomic
makroökonomische Größen *fpl* (Vw) economic aggregates
makroökonomische Politik *f* (Vw) macroeconomic policy
makroökonomischer Kapitalkoeffizient *m* (Vw) gross incremental capital-output ratio
makroökonomisches Modell *n* (Vw) macro-economic (*or* aggregative) model
makroökonomische Theorie *f*
(Vw) macroeconomic theory
– macroeconomics
– aggregative theory
Makroprogrammierung *f*
(EDV) macro programming
– programming-in-the-large
Makrosprache *f* (EDV) macro language
Makrotheorie *f* (Vw) macroeconomic (*or* aggregative) theory
Makrovariable *f* (EDV) macro variable
Malrabatt *m* (Mk) rebate granted for repeat advertising *(syn, Wiederholungsrabatt)*
Malus *m* (Vers) extra premium
(ie, extra amount added to the basic premium on account of bad risk experience)
Mammutfusion *f*
(com) giant merger
– (US) megabuck merger
Mammutgesellschaft *f* (Bw) mammoth (*or* giant) company
Management *n* (com) management
(ie, die Ausdrücke Management und Unternehmensführung werden weitgehend synonym verwendet; Ebenen sind:
1. Top Management: oberste Führungsebene, zB Vorstand, Geschäftsführung;

2. Middle Management: mittlere Führungsebene, zB Abteilungsdirektoren, Werksleiter;
3. Lower Management: unterste Führungsebene, zB Büroleiter, Werkmeister;
in bestimmten Organisationen (zB Banken) hat diese Dreiteilung die funktionale Abstufung: a) Dezernat (auf Vorstandsebene); b) Ressort (mehrere Abteilungen); c) Abteilung)
Management-Ausbildung *f* (Bw) management education
Managementberatung *f* (Bw) management consulting
Management-Development *n* (Bw) management development
(ie, Bereitstellung des notwendigen Leitungspersonals innerhalb des Unternehmens)
management efficiency (Bw) Leitungs-Effizienz *f*
Management-Funktionen *fpl* (Bw) = Führungsfunktionen, qv
Management-Informationsystem *n* (Bw) management information system
(syn, computergestütztes Informationssystem, integriertes Management-Informations- und Kontrollsystem)
Management-Karussell *n*
(com, infml) management turntable
– management carousel
– (GB) management roundabout
Managementprozeß *m* (Bw) management process
Managementschwelle *f* (Pw) management threshold
(ie, phase marking transition on career ladder from specialist to generalist function)
Management-Unternehmen *n* (Bw) management company
Manager-Krankheit *f* (Bw) manager sickness
(ie, physical wear and tear of high achievers; chief symptoms are heart trouble and circulatory failure)
Mandant *m* (Re) client *(e–s Anwalts oder Wirtschaftsprüfers)*
Mandantenprogramm *n* (EDV) client program
Mandantenverhältnis *n* (Re) attorney-client relationship
Mandat *n*
(com) assignment
(Re) retainer
(ie, contract between attorney and client stating the nature of the services to be rendered and the cost of the services)
Manganknollen *pl* (com) manganese (*or* deep-sea) nodules
Mangel *m*
(com) deficiency
– weakness
(Re) physical defect
(Re) deficiency in title
Mängelanzeige *f* (com) notice of defects, § 478 BGB
Mangel *m* **beheben**
(com) to remedy (*or* rectify) a defect
(Re) to remedy a deficiency
Mängelbeseitigung *f* (Re) correction of faults
Mängeleinrede *f* (Re) defense based on warranty for defects

Mangel *m* **feststellen** (com) to discover a defect
Mängelgewähr *f* (Re) warranty for defects
mangelhafte Erfüllung *f* (Re) defective performance
mangelhafte Lieferung *f* (com) defective delivery
mangelhaftes Patent *n* (Pat) defective patent
mangelhafte Verpackung *f* (com) defective packing
Mängelhaftung *f*
  (com) warranty
  (Re) liability for defects, § 478 BGB
Mangel *m* **im Recht** (Re) defect in title
mangelnde Erfindungshöhe *f* (Pat) lack of inventiveness
mangelnde Neuheit *f* (Pat) want of novelty
mangelnde Patentfähigkeit *f* (Pat) lack of patentability
mangelnde Vertragserfüllung *f* (Re) defective performance
Mängelrüge *f*
  (com) customer's complaint, § 377 HGB
  – notice of defects
  – letter of complaint
  – claim letter
  (Re) formal complaint *(ie, Mängelanzeige des Käufers; cf, §§ 377 HGB; eg, M. einreichen = to lodge a . . .)*
Mängelrüge *f* **geltend machen** (com) to make (*or* lodge) a complaint
mangels
  (Re) in the absence of
  – unless otherwise . . .
  (Examples:
  – *in the absence of specific provision to the contrary*
  – *in the absence of express agreement*
  – *unless the agreement specifically provides otherwise*
  – *in default of a contrary provision in the agreement)*
mangels Annahme (WeR) for lack of acceptance
mangels ausdrücklicher Vereinbarung
  (Re) in the absence of any express agreement
  – if the parties fail to make express arrangements
mangels gegenteiliger Vereinbarungen
  (Re) in the absence of stipulations to the contrary
  – unless otherwise agreed upon
mangels Masse (Re) for insufficiency of assets
mangels Zahlung (WeR) in default of payment
Mangelware *f*
  (com) goods in short supply
  – scarce articles
Manipulation *f* (Mk) handling of merchandise to suit it to consumer tastes and preferences *(ie, sorting, cleaning, mixing, repacking, or processing)*
manipulieren
  (com) to manage
  (Bö) to rig the market
manipulierte Währung *f* (Vw) managed currency
Manko *n* (Fin) cash shorts
Mankogeld *n* (com) cashier's allowance for shortages
Mannmonate *mpl* (com) man months

Mantel *m*
  (Fin) share certificate *(opp, coupons)*
  (Re) corporate shell *(ie, without significant assets or active business operations of its own; syn, Firmenmantel, qv)*
Mantelabtretungsvertrag *m* (Re) blanket assignment
Mantelform *f* **e–r Funktion** (Math) portmanteau formula
Mantelgründung *f* (com) formation of a shell company
  (ie, either as AG or GmbH, with no intention of carrying on business, regarded as violating § 134 BGB)
Mantelkauf *m*
  (com) purchase of a corporate shell (*or* shell company)
Mantelpolice *f* (Vers) global policy
Manteltarif *m* (Pw) industry-wide collective agreement
  (ie, union agreement regulating work week, vacation, and time off)
Manteltarifvertrag *m* (Pw) umbrella agreement *(cf, Lohntarifvertrag)*
Mantelvertrag *m*
  (Re) framework (*or* skeleton) agreement
  – master contract *(syn, Rahmenvertrag, qv)*
Mantelzession *f* (Re) blanket assignment of receivables *(ie, used esp to secure bank credits)*
Mantisse *f*
  (Math) mantissa *(ie, of logarithm)*
  (EDV) coefficient
  – fixed point part
  – mantissa
manuelle Buchung *f* (ReW) manual posting
manuelle Dateneingabe *f* (EDV) manual input
manuelle Eingabe *f* (EDV) keyboard entry
manuelle Fertigung *f* (IndE) manual (*or* hand) assembly
manueller Betrieb *m* (EDV) manual operation
MAP *n* (EDV) = Manufacturing Automation Protocol, qv
MAP-Implementierung *f* (EDV) MAP implementation
  (ie, the Manufacturing Automation Protocol links islands of automation, for instance, through a 7-layered communications model developed by ISO: International Standards Organization; cf, ISO-Referenzmodell)
Marathonläufer *mpl* (Fin) securities running to extremely long maturities
Marathon-Sitzung *f* (com) „jumbo" meeting
Marge *f*
  (Mk) gross margin
  (com) spread
  (ie, between buying and selling price, debtor and creditor interest rates, etc.)
  (Bö) margin
  (ie, cash put up by a client in part payment of stock buying under a forward contract = Termingeschäft; syn, Einschuß)
Marginalanalyse *f* (Vw) marginal analysis (*or* theory)
marginale Ausgabeneigung *f* (Vw) marginal propensity to spend

marginale Böden *mpl* (Vw) marginal soils
marginale Gewinnerzielung *f* (Bö) margin convenience yield
(ie, in the futures market, at spot availability of a commodity)
marginale Importquote *f* (Vw) marginal propensity to import
(ie, change of imports to infinitesimal change of NNP at market prices)
marginale interne Ertragsquote *f* (Fin) marginal internal rate of return
marginale Investitionsquote *f* (Vw) marginal propensity to invest
marginale Konsumquote *f* (Vw) marginal propensity to consume, dC/dY
marginale Produktivität *f* **der Investition** (Vw) marginal productivity of investment
marginaler Anbieter *m* (Vw) marginal supplier
marginale Refinanzierungskosten *pl* (Fin) marginal cost of funds
marginaler Kapitalkoeffizient *m* (Vw) marginal capital-output ratio
marginale Sickerquote *f* (Vw) marginal leakage
marginale Sparquote *f* (Vw) marginal propensity to save, dS/dY
Marke *f*
(com) brand
(Pat) trademark
(Pat) proprietary name
Markenabkommen *n* (Pat) trademark convention
Markenakzeptanz *f* (Mk) brand acceptance
Markenanmeldung *f* (Pat) filing a trademark registration
Markenartikel *m*
(com) brand *(eg, the best brand of coffee)*
– branded... article/product/good
(Mk) proprietary article
– trademarked article
Markenartikelwerbung *f* (Mk) brand advertising
Markenbetreuer *m* (Mk) brand manager
Markenbevorzugung *f* (Mk) brand preference
Markenbewußtsein *n* (Mk) brand... perception/recognition
Markenbild *n* (Mk) brand image
Markenerweiterung *f* (Mk) brand extension *(ie, to bring out a new product under a successful brand)*
Markenerzeugnis *n* (Mk) branded article
Markenetikett *n* (Mk) brand label
Markenfamilie *f* (Mk) brand family
markenfreie Produkte *npl* (Mk) no-name products
(ie, unbranded lower-cost items found in supermarkets)
Markenführer *m* (Mk) brand leader
Markenidentität *f* (Mk) brand identification
Markenimage *n* (Mk) brand image
Markenindex *m* (Mk) brand trend survey
markenlose Produkte *npl*
(com, US) generics
(ie, not trademarked, having a nonproprietary name)
Markenname *m*
(Mk) proprietary... name/label
(Mk) brand name
Markenpirat *m* (Mk) copycat

Markenpiraterie *f*
(Mk) trademark piracy
– brand piracy
(ie, widerrechtliche Nachahmung bekannter Markenartikel)
Markenpolitik *f* (Mk) brand policy
Markenpräferenz *f* (Mk) brand preference
Markenprofil *n* (Mk) brand image
Markenrecht *n*
(Pat) trademark law
(Pat) right in a trademark
– trademark right
(Pat) proprietary right
Markenschutz *m* (Pat) protection of proprietary rights
Markenschutzrecht *n* (Pat) proprietary right
markenspezifischer Wettbewerb *m* (Mk) intra-brand competition
Markentreue *f* (Mk) brand (name) loyalty
Markenvergleich *m* (Mk) brand comparison
Markenwahl *f* (Mk) brand selection
Markenware *f* (Mk) = Markenartikel
Markenwerbung *f* (Mk) brand advertising
Markenwettbewerb *m* (Mk) brand competition
Markenwiedererkennung *f*
(Mk) brand recognition
Markenzeichen *n* (Mk) brand figure
Marketing-Abteilung *f* (Mk) marketing... department/division
Marketing-Berater *m* (Mk) marketing consultant
Marketing-Fachmann *m* (Mk) marketing... man/specialist
Marketing-Gag *m* (Mk) marketing ploy
Marketing-Informationssystem, MIS *n* (Mk) marketing information system, MIS
(ie, provides a framework for day-to-day managing and structuring of information gathered on a regular basis from sources both inside and outside an organization)
Marketing-Instrumentarium *n* (Mk) mix of marketing tools
Marketing-Konzept *n* (Mk) marketing concept
Marketing-Kosten *pl* (ReW) marketing costs
Marketing-Logistik *f* (Mk) marketing logistics
Marketing-Management *n* (Mk) marketing management
(ie, process of planning, organizing, implementing, and controlling marketing activities in order to expedite changes effectively and efficiently; effectively = bezieht sich auf den Zielerreichungsgrad; efficiently = bezieht sich auf die Wirtschaftlichkeit der Marketing-Bemühungen, that is, the minimization of resources an organization must spend in order to achieve a specific level of desired changes)
Marketing-Manager *m* (Mk) marketing... director/manager
Marketing-Methoden *fpl* (Mk) marketing techniques
Marketing-Mix *n* (Mk) marketing mix
Marketing-Modell *n* (Mk) marketing model
Marketing-Philosophie *f* (Mk) marketing philosophy
Marketing-Plan *m* (Mk) marketing plan
Marketing-Spezialist *m* (Mk) marketing specialist

Marketing-Strategie *f*
(Mk) marketing strategy
– market/sales ... strategy

Marketingumfeld *n* (Mk) marketing environment
(ie, includes political, legal and regulatory, societal consumer movement, economic, and technological forces)

Marketingumwelt *f* (Mk) = Marketingumfeld

Marketing-Ziel *n* (Mk) marketing ... goal/objective

Marketing-Zyklus *m* (Mk) marketing cycle *(ie, comprising planning, performance, and control)*

Markierung *f*
(com) marking
– labeling
(EDV) mark

Markierungsbalken *m* (EDV) emphasis bar

Markierungsbeleg *m* (EDV) mark sheet

Markierungsbelegleser *m* (EDV) mark sheet reader

Markierungslesen *n*
(EDV) optical bar-code reading
– mark ... reading/sensing/scanning

Markierungsleser *m*
(EDV) optical bar mark ... reader/scanner
– mark reader

Markierungsparameter *m*
(EDV) flag directive

Markierungspunkt *m* (EDV) program flag

Markierungsverfahren *n* (OR) labeling method *(ie, for getting maximum flow)*

Markierungsvorschriften *fpl* (com) marking/labeling ... instructions

Markierungszeichen *npl* (com) shipping marks

Markov-Algorithmus *m* (Stat) Markoff algorithm

Markov-Kette *f* (Stat) Markoff chain

Markov-Prozeß *m* (Stat) Markoff process

Markov-Schätzwert *m* (Stat) Markoff estimate

Markov-Theorem *n* (Stat) Markoff theorem

Markov-Ungleichung *f* (Stat) Markoff inequality

Markt *m*
(com) market
– marketplace

Marktabgrenzungsabkommen *n* (Mk) interpenetration agreement
(eg, French and German companies limit volume of steel exported into one another's home markets)

Marktabschwächung *f*
(com) sagging market
– weakening of the market

Marktabsprache *f* (Mk) informal marketing agreement

Markt *m* **abtasten** (com) to explore/sound out ... a market

Marktanalyse *f* (Mk) market analysis

Marktangebot *n* (com) market ... offering/supply

Marktangebotskurve *f* (Vw) market supply curve

Marktanpassung *f* (Vw) market adjustment *(ie, over time)*

Marktanspannung *f* (Mk) tightness of a market

Marktanteil *m*
(com) market share
– share of the market
– market coverage

Marktanteile *mpl* **aufbauen** (Mk) to build market shares

Marktanteil *m* **erobern**
(com) to conquer a share of the market
– (infml) to grab a chunk of the market

Marktanteil *m* **halten** (com) to maintain a share of the market

Marktanteil *m* **zurückerobern** (com) to win back a market share

Markt *m* **aufteilen**
(com) to divide up
– to fragment
– to carve up
– to partition ... a market

Marktaufteilung *f*
(Kart) market ... allocation/division/sharing
– allocation of sales territories *(eg, by a pricing cartel)*

Marktaufteilungsabkommen *n* (Kart) market sharing ... agreement/pact)

Marktausgleichslager *n* (Vw) buffer stock

Marktaussichten *fpl* (Mk) market outlook

Marktaustrittsschranken *fpl* (Vw) barriers to exit
(syn, Marktaustrittsbarrieren, Marktaustrittshemmnisse)

Marktautomatik *f* (Vw) automatic market adjustment
(ie, matching of supply and demand in the open market)

Marktbedingungen *fpl*
(Mk) market conditions
– circumstances of the market

Marktbefestigung *f*
(Mk) consolidation of a market
(Bö) market stabilization

Markt *m* **beherrschen**
(com) to lead a market
(com) to dominate a market

marktbeherrschende Stellung *f*
(com) dominant market position
– market dominant role

marktbeherrschendes Unternehmen *n*
(com) dominant firm
– market dominating company (*or* enterprise), § 22 I GWB

Marktbeherrschung *f* (com) market ... control/domination/dominance

Marktbeherrschungs-Vermutung *f* (Kart) presumption of market domination

Markt *m* **beobachten** (com) to watch/investigate/monitor ... a market

Marktbeobachter *m* (Fin) market observer

Marktbeobachtung *f*
(Mk) market investigation/surveillance
– watching the market

Marktberichte *mpl* (Mk) market reports

Marktbeteiligte *mpl* (Kart) participants in the market, § 3 III GWB

Marktbewegungen *fpl* (Mk) movements of a market
(eg, seasonal, cyclical)

Marktchancen *fpl* (com) marketing (*or* sales) opportunities

Marktdaten *pl* (Mk) market data (*or* information)

marktdeterminierte Preise *mpl* (Vw) flexible prices

Markt-Diversifizierung f (Mk) market diversification

Marktdurchdringung f (Mk) market penetration *(ie, extent to which a firm shares the sales in a given market territory)*

Markt m **eindringen, in e–n** (com) to penetrate a market

Markteinfluß m (com) influence on the market

Markteinschätzung f (Mk) market assessment

Markteintrittsschranken fpl (Vw) = Marktzutrittsschranken, qv

Marktelastizität f (com) market flexibility

Marktenge f (Bö) tightness of a market

Marktentwicklung f
(Mk) development of a market
– market trend

Marktergebnis n (Vw) market performance *(or* result
(ie, e–r der Maßstäbe des funktionsfähigen Wettbewerbs, qv; one of the structural criteria of the workable competition approach; cf, Marktstruktur, Marktverhalten)

Markterholung f (Bö) market recovery

Markt m **erkunden** (com) to explore
– to probe
– to study ... a market

Markterkundung f
(Mk) (occasional) probing of a market
– market reconnaissance
(opp, marketing research)

Markt m **erobern** (com) to conquer/capture ... a market

Markteroberungsstrategie f (Mk) strategy for conquering markets

Markt m **erschließen** (com) to tap *(or* open up) a market

Markterschließung f (com) opening up *(or* tapping) new markets

Markterwartungen fpl (Mk) market anticipations

Markterweiterungs-Zusammenschluß m   (Kart) market extension merger
(ie, Form e–s konglomeraten Zusammenschlusses, bei dem Unternehmen entweder gleichartige Produkte für räumlich getrennte Märkte herstellen (market extension merger) od verschiedene Erzeugnisse für denselben räumlich relevanten Markt produzieren (product extension merger, qv))

marktfähig
(com) marketable
– salable

marktfähige Papiere npl (Fin) = marktfähige Wertpapiere

marktfähiges Erzeugnis n (com) salable product

marktfähige Wertpapiere npl (Fin) marketable securities

Marktfinanzierung f
(Fin) external financing
– outside financing
(syn, Außenfinanzierung, exogene Finanzierung)

Marktform f (Vw) market form
(ie, one, few, many demanders or suppliers; combinations result in various forms of monopoly, oligopoly, polypoly, etc)

Marktformenlehre f (Vw) theory of market forms

Marktforscher m (Mk) market researcher

Marktforschung f
(Mk) market research
– (US) marketing research

Marktforschung f **für Investitionsgüter** (Mk) industrial market research

Marktforschungsabteilung f (Mk) research department

Marktforschungsdaten pl (Mk) market research data

Marktforschungsgesellschaft f (Mk) marketing research company

Marktforschungsinstitut n (Mk) marketing research institute

Marktführer m
(Bw) market leader
(Bö) leading security

Markt m **für Festverzinsliche**
(Fin) bond market
– fixed-interest market
(syn, Rentenmarkt, Bondmarkt, qv)

Markt m **für hochwertige Güter**
(com) class
– upend
– upscale ... market *(opp, mass market)*

Markt m **für Kurzläufer** (Bö) short end of the market

Markt m **für Langläufer** (Bö) long end of the market

Markt m **für Neuemissionen** (Fin) primary market

Markt m **für öffentliche Güter** (Vw) political market

Markt m **für unnotierte Werte** (Bö) unlisted securities market

marktgängig
(com) marketable
– merchantable

marktgängige Größe f (com) commercial size

marktgängige Währung f (AuW) negotiable currency

Marktgebiet n (Mk) marketing ... area/territory

Marktgefüge n (com) pattern *(or* structure) of a market

marktgemäße Verzinsung f (Fin) interest in line with market conditions

marktgerechter Preis m (com) fair market price

marktgerechtes Verhalten n (Kart) action in conformity with market trends

marktgerechte Zinsen mpl (Fin) interest rates in line with market conditions

Marktgleichgewicht n (Vw) market equilibrium

Marktgröße f **der eigenen Branche** (Mk) branch potential

Marktkanal m (Mk) = Absatzweg, qv

Marktklima n (com) market conditions

Marktkonfiguration f (Mk) current condition of a market

marktkonforme Mittel pl (Vw) market-conforming policies
(ie, economic policies that do not unduly interfere with the price mechanism and self-regulating forces of the market; concept developed by German neoliberals)

Marktkonstellation f (Mk) = Marktkonfiguration

Marktkonzentration f (Kart) concentration of the

market *(ie, e–s Wirtschaftszweiges = of an industry)*

Marktkräfte *fpl*
(com) forces of the market
– market forces

Marktkurs *m* (Fin) market exchange rate

Marktlage *f* (com) market situation *(or* status*)*

Marktlagengewinne *mpl* (Vw) windfall gains *(syn, Quasimonopolgewinne, Q-Gewinne)*

Marktlohn *m* (Vw) wage determined by market forces

Marktlücke *f*
(com) gap in the market
– untapped market

Marktlücken-Analyse *f* (Mk) gap analysis

Marktlücke *f* **schließen** (com) to bridge a gap in the market

Marktmacher *m*
(Bö) market maker
– market making firm
(eg, Warburg Securities London; ie, stets bereit, vor allem Effekten auf Anfrage zu e–m von ihm genannten Kurs zu kaufen/verkaufen; den gleichzeitig genannten Geld- und Briefkurs (ask bid) für e–e Schlußeinheit nennt man Spanne od Spannungskurs (quote) des Marktmachers; Prinzip börslicher Kursermittlung; vor allem im amerikanischen OTC-Markt)

Marktmacht *f* (Bw) market power
(ie, ability of a company to control competitor's access to the marketplace and to sustain prices above market levels in a profitable way)

Marktmechanismus *m* (Vw) price mechanism

Markt *m* **mit amtlicher Notierung** (Bö) official market

Markt *m* **mit stabiler Preisentwicklung** (com) firm market

Markt *m* **mit starken Schwankungen** (com) jumpy market

Marktnachfrage *f* (Vw) market demand

Marktnachfragekurve *f* (Vw) market demand curve

marktnahe (Mk) close to the market

Marktnähe *f* (Mk) market proximity

Marktnische *f* (com) market niche

Marktnische *f* **erobern** (com) to carve out a market niche

Marktordnung *f*
(Vw) market regime
– market regulations

Marktordnungsabkommen *n* (AuW) orderly market agreement

Marktordnungspreise *mpl* (EG) Common support prices

Marktordnungsstelle *f* (EG) market regulating agency

Marktorientierung *f* (Mk) market orientation

Marktpflege *f*
(Mk) cultivation of a market
(Fin) market support

Marktpflegekäufe *mpl* (Fin) market regulation purchases

Markt *m* **pflegen** (com) to cultivate a market

Marktphase *f* (Mk) market phase

Marktpolitik *f* (Vw) market policy

Marktportefeuille *n* (Fin) market portfolio

Marktposition *f* **ausbauen** (com) to build up a market position

Marktposition *f* **stärken** (com) to reinforce/strengthen ... market position

Marktpotential *n* (Mk) market potential

Marktpreis *m*
(com) going/ruling ... price
(Bw) market price
(ReW) current price

Marktpreisbildung *f* (Vw) formation of market prices

Marktpreise *mpl* (VGR) market prices *(ie, factor cost + indirect taxes – subsidies)*

Marktpreismechanismus *m* (Vw) price mechanism

Marktproduktion *f* (com) production for the market *(opp, Kundenproduktion, Vorratsproduktion)*

Marktprofil *n* (Mk) market profile

Marktprognose *f* (Mk) market forecast

marktreagibel (com) sensitive to the market

Marktregulierung *f* (com) market regulating arrangements

marktreif
(com) ready for the market
– fully developed
– market ripe

Marktreife *f* (com) market maturity *(ie, of a product)*

Marktrenner *m* (com) blockbuster product

Marktrichtsatz *m* (Fin) key interest rate *(syn, Leitzins)*

Marktrisiko *n* (com) market risk *(ie, combines financial risk, interest-rate risk, and purchasing-power risk)*

Marktsättigung *f* (Mk) market saturation

Marktschwäche *f* (Bö) market weakness

Marktschwankungen *fpl* (Mk) market fluctuations *(ie, seasonal and cylical)*

Marktsegment *n* (Mk) market segment

Markt *m* **segmentieren** (Mk) to segment a market

Marktsegmentierung *f* (Mk) market segmentation

Marktsegmentierungs-Ansatz *m* (Mk) market segmentation approach *(ie, there are two ways to accomplish it: a concentrated segmentation strategy or a multisegment strategy)*

Marktsituation *f* (com) market situation

Marktspaltung *f* (Bw) division of a market into several submarkets *(ie, through price differentials, dumping, most-favored-nation clause, etc.)*

Marktstellung *f* (com) market position

Marktstimmung *f*
(Bö) undertone
– underlying tendency of market prices
(ie, may be weak, steady, or strong)

Marktstörungen *fpl* (Fin) disturbances of a market

Marktstörungsklausel *f* (Fin) = Verfügbarkeitsklausel, qv

Marktstrategie *f* (Mk) market strategy

Marktstruktur *f* (Vw) market structure *(ie, one of the structural criteria of the workable competition approach; cf, Marktverhalten, Marktergebnis)*

Marktstrukturanalyse *f* (Mk) market structure analysis
Marktstudie *f*
  (Mk) market study
  – customer survey
Marktstützung *f* (com) market support
markttechnische Erholung *f* (Bö) technical rally
markttechnische Position *f* (Bö) technical position
  (ie, of a market; set of conditions or forces operating within the market itself; opp, external factors)
markttechnischer Kursrückgang *m* (Bö) technical decline
Marktteilnehmer *m*
  (Mk) market participant
  (Bö) market/stock exchange ... operator
Markttendenzen *fpl*
  (Mk) market trends
  – tendencies of a market
Markttest *m*
  (Mk) acceptance test
  – market testing
  – pretest
  – product placement test
Markttransparenz *f* (Vw) transparency of the market
  (ie, perfect knowledge of all conditions surrounding the market)
Marktübersättigung *f* (Mk) market saturation
Markt *m* **überschwemmen** (com) to flood a market
  (eg, with high-quality equipment)
Marktübersicht *f* (Mk) market survey *(or* study)
Marktüberwachung *f* (Fin) market scrutiny *(eg, supported by German banks)*
marktüblicher Zins *m* (Fin) market interest rate
  (ie, for first-class capital investments; often equal to the interest rate charged for senior mortgages)
Marktumfang *m* (Mk) market volume *(or* size)
Marktumschwung *m*
  (Bö) turnabout of the market
  – turn in the market
Markt- und Meinungsforschung *f* (Mk) market and opinion research
Markt- und Preisstützung *f* (com) supporting the market
Marktuntersuchung *f* (Mk) market analysis *(or* audit)
Marktverfassung *f* (com) state of the market
Marktverflechtung *f* (Bw) integration *(or* interpenetration) of markets
Marktverhalten *n*
  (Vw) market behavior
  – market conduct
  – market performance
  (ie, Kriterium im wettbewerbstheoretischen Ansatz des funktionsfähigen Wettbewerbs, qv)
Marktverhältnisse *npl* (com) market conditions
Marktverkettungszusammenschluß *m* (Bw) reciprocal dealings
  (ie, Form e–s konglomeraten Zusammenschlusses)
Marktversagen *n* (Vw) market failure
  (ie, Fälle, in denen der Markt nicht zur optimalen Allokation führt)
Marktversteifung *f* (com) stiffening of the market

Marktverzerrung *f* (Bw) distortion of a market
Marktvolumen *n*
  (Mk) size of the market
  – market volume
Marktwende *f* (Bö) = Marktumschwung
Marktwert *m*
  (com) commercial value
  (ReW) current value
  – current/fair ... market value
  – market price *(or* value) *(syn, Tageswert, qv)*
Marktwiderstand *m* (Mk) market resistence
Marktwirtschaft *f* (Vw) market (directed) economy
marktwirtschaftliche Ordnung *f* (Vw) free market system
marktwirtschaftlicher Koordinationsmechanismus *m* (Vw) free-market coordinating mechanism
marktwirtschaftliches Gleichgewicht *n* (Vw) free market equilibrium
Marktzerrüttung *f*
  (AuW) market disruption
  (Mk) dislocation of markets
Marktzersplitterung *f* (Bö) market fragmentation
Marktzins *m*
  (Vw) average market rate of interest
  – current interest rate
  (ie, prevailing on the money and capital markets of an economy during a given period)
Markt *m* **zurückerobern** (com) to reconquer a market
Marktzutritt *m* (Vw) entry into a market
Marktzutrittsbedingungen *fpl* (Vw) entry conditions
Marktzutrittsschranken *fpl*
  (Vw) barriers to entry
  – barriers to new competition
  (eg, product differentiation, scale economies, patents; syn, Markteintrittsschranken, Zugangsbeschränkungen)
Marktzwänge *mpl* (Mk) market compulsions
marodes Unternehmen *n* (com) moribund company *(or* undertaking)
marode Wirtschaft *f* (com) ailing economy
Maschenfläche *f*
  (EDV, CAD) mesh surface
  – B-sline surface
Maschennetz *n* (EDV) intermeshed network
maschinelle Anlagen *fpl*
  (ReW) plant and equipment
  – machining equipment
maschinelle Lagerbuchhaltung *f* (ReW) mechanical storage records
maschinelle Prüfanlagen *fpl* (IndE) mechanical testing facilities
maschinell lesbar (EDV) machine readable
Maschinenadresse *f* (EDV) = absolute Adresse
Maschinenaufstellung *f* (IndE) installation of machinery
Maschinenausfall *m* (IndE) machine breakdown *(or* failure)
Maschinenausfallzeit *f* (IndE) machine idle time
Maschinenauslastung *f* (IndE) machine utilization
Maschinenbau *m* (com) mechanical engineering
  (ie, deals with the generation, transmission, and

utilization of mechanical power and heat, and with the production of tools, machines, and their products)

Maschinenbaugruppe *f* (com) mechanical engineering group

Maschinenbauindustrie *f* (com) mechanical engineering industry

Maschinenbauunternehmen *n* (com) mechanical engineering company

Maschinenbauwerte *mpl* (Bö) engineerings

Maschinenbediener *m*
(IndE) operator
– machine operator
– operative

maschinenbedingte Ausfallzeit *f* (EDV) machine-spoilt processing time

Maschinenbefehl *m* (EDV) computer (*or* machine) instruction

Maschinenbefehlscode *m*
(EDV) machine (*or* computer) instruction code
– machine code

Maschinenbelastung *f* (EDV) machine load

Maschinenbelastung *f* **mit Kapazitätsgrenze** (IndE) finite capacity loading

Maschinenbelegung *f*
(IndE) machine loading and scheduling
– job shop sequencing

Maschinenbelegungsplan *m* (IndE) job shop schedule

Maschinenbelegungsplanung *f*
(IndE) job shop scheduling
– machine loading
(ie, kombinatorisches Optimierungsproblem aus der Fertigungsplanung bei Werkstattfertigung; es geht um die Terminplanung der Produktion)

Maschinenbelegungsübersicht *f* (IndE) loading board

Maschinenbesetzungsplan *m* (IndE) = Maschinenbelegungsplan

Maschinenbetriebsversicherung *f* (Vers) machinery breakdown insurance

Maschinenbuchführung *f* (ReW) machine accounting

Maschinenbuchhaltung *f* (ReW) = Maschinenbuchführung

Maschinencode *m*
(EDV) computer code *(syn, Rechnercode)*

Maschinencodierung *f* (EDV) absolute (*or* specific) coding
(syn, maschinen- od anlageninterne Codierung)

Maschinenerneuerungskonto *n* (ReW) machine renewal account
(ie, receives depreciation in excess of the original cost of a machine and is therefore part of taxable income)

Maschinenfähigkeit *f* (IndE) machine capability
(ie, Maß für die e–r Maschine vorzugebende Toleranzforderung)

Maschinenfehler *m* (EDV) machine error

Maschinen-Garantieversicherung *f* (Vers) machine guaranty insurance

maschinengebundene Werkzeuge *npl* (ReW) machine tools

maschinengeschriebenes Schriftstück *n*
(com) typewritten document

– typescript

Maschinengruppe *f* (IndE) machine group

maschineninterne Codierung *f* (EDV) = Maschinencodierung

Maschinenjahrgang *m* (Bw) vintage

Maschinenkosten *pl* (ReW) cost of plant and machinery

Maschinenkostensatz *m* (KoR) machine overhead rate

Maschinenlauf *m*
(IndE) run
(EDV) machine run

Maschinenlaufzeit *f*
(IndE) machine time
– running time
– machine run time

maschinenlesbar (EDV) machine readable

maschinenlesbare Kreditkarte *f* (Fin) chip card

maschinenlesbarer Datenträger *m* (EDV) machine readable medium

Maschinenlieferant *m* (com) supplier of machinery

Maschinenlochkarte *f* (EDV) machine-operated punched card

maschinennahe Programmiersprache *f* (EDV) machine oriented (*or* low-level) language

Maschinennummer *f* (IndE) machine serial number

Maschinenoperation *f* (EDV) computer (*or* machine) operation

maschinenorientierte Programmiersprache *f*
(EDV) computer-oriented (*or* low-level) language
– autocode

maschinenorientierte Sprache *f* (EDV) machine-oriented language

Maschinenprogramm *n*
(EDV) machine program
– object routine
(ie, prepared by an assembler or compiler)

Maschinenprogrammcode *m* (EDV) object code

Maschinenring *m*
(com) „ring" system for sharing machinery
– farm machinery cooperative
(ie, organization for the joint use of farm equipment)

Maschinensprache *f* (EDV) computer (*or* machine) language

Maschinenstillstandszeit *f* (IndE) machine down time

Maschinenstörung *f*
(IndE) machine failure (*or* malfunctioning)
(EDV) machine fault
– hardware failure

Maschinenstunde *f* (IndE) machine hour
(ie, representing the operating of one machine for one hour)

Maschinenstundenrechnung *f* (KoR) machine hour accounting

Maschinenstundensatz *m* (KoR) machine hour rate

Maschinenüberwachungszeit *f*
(IndE) machine attention time
(ie, time during which an operator must observe the machine's functioning, while not actually servicing the machine)

maschinenunabhängig (EDV) machine independent

Maschinen und maschinelle Anlagen *pl* (ReW)
plant and machinery
maschinenunterstützte Programmierung *f*
(EDV) automatic (*or* machine-aided) programming
– automatic coding
(syn, automatische Programmierung, auto-
matische Codierung)
Maschinenversicherung *f* (Vers) machinery insurance
Maschinenwerte *mpl*
(Bö) mechanical engineering shares
– engineerings
Maschinenwort *n* (EDV) machine (*or* computer)
word
Maschinenzeit *f* (EDV) machine (*or* computer)
time
maschineschreiben (com) to type
Maske *f*
(EDV) mask
– extractor
(ie, Zeichenmuster – pattern of characters – das
zur Auswahl od zum Ausblenden von Teilen e–s
Bildes od e–r Zeichenfolge dient = used to con-
trol the retention or elimination of portions of
another pattern of characters)
Maskengenerator *m* (EDV) mask generator
Maskenprogrammierung *f* (EDV) mask programming
Maskenregister *n* (EDV) mask register
maskieren (EDV) to mask
Maskierung *f* (EDV) masking
Maslow'sche Bedürfnishierarchie *f* (Bw) Maslow's
hierarchy of needs
Maß *n* **der Glättungsfähigkeit** (Stat) error reducing
power
Maß *n* **der Zentraltendenz** (Stat) central tendency
(eg, arithmetic mean, mode, median)
Masse *f*
(Re) bankrupt estate
– insolvent assets
Masseansprüche *mpl* (Re) preferred claims, §§ 57–
60 KO
(ie, Massekosten + Masseschulden; to be satis-
fied direct from the bankrupt estate)
Massebestand *m* (Re) = Masse
Masseforderung *f*
(Re) claim to bankrupt estate
Massegläubiger *m*
(Re) creditor of bankrupt's estate
– nonprivileged creditor
– ordinary creditor
Massekosten *pl* (Re) cost of bankruptcy
Massenarbeitslosigkeit *f*
(Vw) mass (*or* large-scale) unemployment
– (infml) wholesale unemployment
Massenartikel *m*
(com) high-volume product
– mass-produced article
Massenblatt *n* (com) mass-circulation tabloid *(eg,*
BILD)
Massendatenverarbeitung, MDV *f* (EDV) high-
volume data processing
Masseneinkommen *n* (Vw) mass income
Massenentlassungen *fpl* (Pw) mass dismissals

Massenfertigung *f*
(IndE) mass
– high-volume
– large-scale . . . production
– production in bulk *(syn, Massenproduktion)*
Massenfilialbetrieb *m* (Mk) large-scale chain operation
Massenfrachtgut *n* (com) bulk cargo
Massengeschäft *n*
(Mk) bottom lines
– bulk business
(Fin) retail banking
– bulk business
(ie, banking services for everyone)
Massengut *n* (com) bulk commodity
Massengüter *npl*
(com) bulk goods
– commodities
Massengütertransport *m* (com) bulk goods trans-
port
Massengüterverkehr *m* (com) = Massengütertrans-
port
Massengutfrachter *m* (com) bulk carrier
(ie, vessel designed to transport dry or liquid bulk
cargo, such as coal, ore, grain)
Massengutladung *f* (com) bulk cargo
Massengutschiff *n* (com) bulk freighter
Massengutspeicherung *f* (com) bulk storage
Massenherstellung *f* (IndE) mass production
Massenkaufkraft *f* (Vw) mass (*or* households') pur-
chasing power
Massenkommunikationsmittel *npl* (Mk) mass com-
munication media
Massenkonsum *m* (Mk) mass consumption
Massenlieferung *f* (com) bulk consignment
Massenmarkt *m* (Mk) mass market
Massenprodukt *n* (com) mass product
Massenproduktion *f* (IndE) = Massenfertigung
Massenproduktionsvorteile *mpl* (Bw) economies of
scale
Massenspeicher *m* (EDV) mass/bulk . . . storage
Massenstahl *m* (IndE) tonnage steel
Massensteuer *f* (FiW) mass (*or* broad-based) tax
(eg, income tax, turnover tax)
Massentourismus *m* (com) mass tourism
Massenüberweisungen *fpl* (Fin) bulk credit trans-
fers
Massenverkauf *m* (Mk) mass selling
Massenverkauf *m* **von Wertpapieren** (Fin) large-
scale selling (*or* unloading) of equities
Massenverkehrsmittel *npl* (com) mass transporta-
tion facilities
Massenverteilung *f* (Re) liquidating distribution
Massenvertrieb *m* (Mk) mass selling
Massenverzeichnis *n* (com) schedule of quantities
(ie, in a tender or building contract)
Massenwahrscheinlichkeit *f* (Stat) a posteriori
probability
Massenwerbung *f* (Mk) mass (*or* large-scale) adver-
tising)
Masseschulden *fpl* (Re) debt of the estate
Maße *npl* **und Gewichte** *npl* (com) weights and
measures
Masseverwalter *m* (Re) administrator of a bank-
rupt's estate

Masseverwaltung *f* (Re) administration of bankrupt's estate

Masseverzeichnis *n* (Re) list of assets

Maßfracht *f* (com) freighting on measurement

maßgebender Marktanteil *m* (Kart) qualifying market share

maßgebliche Beteiligung *f*
(com) controlling (*or* substantial) interest
– material interest *(syn, wesentliche Beteiligung)*

maßgeblicher Hersteller *m* (com) leading producer

maßgeblicher Indikator *m* (Stat) key indicator

Maßgeblichkeit *f* **der Handelsbilanz** (ReW) principle that the commercial accounts should be identical with the tax accounts

Maßgeblichkeitsprinzip *n* (ReW) authoritative principle
(ie, die handelsrechtlichen Rechnungslegungsvorschriften sind auch für den Ansatz des Betriebsvermögens zum Zwecke der Besteuerung maßgebend; cf, § 243 HGB; the commercial financial statements are the authoritative basis for the tax accounts; this principle is almost unknown in other countries)

maßgeschneidert
(com, EDV) tailor-made
– custom(ized)

maßgeschneidertes Bauteil *n* (EDV) tailor-made component (*or* element)

maßgeschneidertes System *n* (com) tailored system

Maßgröße *f* (Math) quantity

Maßgröße *f* **der Produktion** (KoR) measure of production

Maßhalteappelle *mpl* (Vw) moral suasion

mäßige Umsätze *mpl* (Bö) moderate trading

massive Abgaben *fpl* (Bö) heavy selling

massiver Auftragsrückgang *m* (com) massive (*or* marked) fall in orders

Maßkleidung *f* (com) customized clothes

Maßkosten *pl* (KoR) basic standard cost *(syn, Messungskosten)*

Maßnahmebündel *n* (com) package

Maßnahmebündel *n* **der Geld- und Fiskalpolitik** (Vw) fiscal monetary mix

Maßnahmen *fpl* **der Ausgabendämpfung** (FiW) expenditure dampening policies

Maßnahmen *fpl* **der Ausgabenumschichtung** (FiW) expenditure switching policies

Maßnahmen *fpl* **ergreifen** (com) to take measures

Maßnahmen *fpl* **zur Änderung der relativen Preise** (AuW) switching policy
(ie, measures designed to change the ratio of import prices to domestic prices, and thus improve the balance-of-payments situation)

Maßnahmen *fpl* **zur beruflichen Förderung** (Pw) vocational assistance measures
(ie, vocational training, vocational rehabilitation, and job-creating schemes)

Maßnahmeplanung *f* (Mk) action plan *(ie, to promote sales)*

Maßstab *m*
(com) criterion
– yardstick

maßvolle Politik *f*
(Vw) moderate policy
– (infml) middle-of-the-road policy

maßvoller Lohnabschluß *m* (Pw) moderate pay settlement

Maßzahl *f* (Stat) statistical parameter

Master-Scheduler *m* (EDV) master (*or* high-level) scheduler

Material *n*
(IndE) materials
(ie, raw materials and supplies, small parts, bought-out standard parts, etc.)
(Bö) securities

Materialabfall *m*
(IndE) spoilage *(ie, junked and sold for disposal value)*
(IndE) scrap
(ie, measurable but of relatively minor recovery value; eg, shavings, filings, turnings; may be sold or reused)
(IndE) waste
(ie, no measurable recovery value or lost in the process; eg, dust, smoke)

Materialabgaben *fpl* (Bö) selling of securities

Materialabgang *m* (MaW) material withdrawal

Materialabrechnung *f* (KoR) materials accounting

Materialanforderung *f*
(IndE) materials requisition
– stores issue order
– stores materials requisition

Materialannahme *f* (MaW) materials receiving

Materialannahmeschein *m* (MaW) receiving slip

Materialannahmestelle *f* (MaW) point of receipt

Materialaufwand *m*
(ReW, EG) raw materials and consumables
(IndE) material input
(KoR) cost of materials

Materialausbeute *f* (IndE) material yield

Materialausgabe *f*
(MaW) issue
– issuance
– issuing . . . of materials
(MaW) materials issue counter

Materialausgang *m* (MaW) materials issue

Materialbedarf *m* (MaW) material requirements
(ie, nach Art, Qualität, Menge)

Materialbedarfsermittlung *f* (MaW) = Materialbedarfsplanung

Materialbedarfsplanung *f*
(MaW) materials requirements planning, MRP
– requirements planning
(ie, computerized method of production scheduling)

Materialbedarfsrechnung *f* (MaW) assessment of materials requirements

Materialbedarfsvorhersagen *fpl*
(MaW) (statistical) forecasting of materials requirements

Materialbegleitkarte *f*
(IndE) shop traveler
– traveler

Material *n* **beistellen** (MaW) to supply (*or* provide) materials

Materialbeistellung *f* (MaW) supply (*or* provision) of materials

Materialbelege *f* (MaW) materials records

Materialbereich *m* (MaW) materials management function (*or* area)

Materialbereitstellungsplan *m* (MaW) supply-of-materials plan

Materialbeschaffenheit *f* (MaW) quality of materials

Materialbeschaffung *f*
(MaW) materials purchasing
– procurement of materials

Materialbeschaffungsplan *m* (MaW) materials purchase budget

Materialbeschaffungspolitik *f* (MaW) materials purchasing policy

Materialbestand *m* (MaW) stock of materials

Materialbestandskarte *f* (MaW) bin card *(syn, Lagerfachkarte)*

Materialbestandskonten *npl* (ReW) material accounts

Materialbestandsrechnung *f* (MaW) materials status evaluation

Materialbestimmungskarte *f* (IndE) order bill of materials

Materialbezüge *mpl* (ReW) intercompany material purchases

Materialbilanz *f* (IndE) materials input-output statement

Materialbuchführung *f* (MaW) = Lagerbuchführung

Materialbudget *n* (MaW) materials budget

materiale Implikation *f*
(Log) material implication
– conditional
– universal affirmation
(ie, „If A then B" is true in all cases except when A is true and B is false; opp, strict implication = strikte od strenge Implikation)

Materialeingang *m*
(MaW) receiving materials
– inventory additions

Materialeinkauf *m* (MaW) materials purchasing

Materialeinsatz *m*
(KoR) spending on materials
– materials usage

Materialeinsparung *f*
(MaW) materials saving
– economizing on materials

Materialeinzelkosten *pl*
(KoR) cost of direct material
– direct material

Materialempfangsbescheinigung *f* (MaW) materials receiving report

Materialentnahme *f*
(MaW) materials requisition
– issue *(or* withdrawal) of material

Materialentnahmeschein *m* (MaW) materials order

Materialersparnis *f* (IndE) saving of material

materiale Supposition *f*
(Log) material supposition
– mention of a term
(ie, possessed of a term that stands for an expression; opp, formale Supposition)

Materialfehler *m* (MaW) defect in material

Materialfluß *m* (IndE) material flow
(ie, through the various stages of manufacturing)

Materialflußgestaltung *f* (MaW) materials flow layout

Materialflußkontrolle *f* (MaW) materials flow control

Materialflußkosten *pl* (MaW) cost of materials flow

Materialflußmatrix *f* (MaW) materials flow matrix

Materialflußoptimierung *f*
(MaW) materials flow optimization
– optimization of materials flow system

Materialflußsystem *n* (MaW) materials flow system

Materialflußtechnik *f* (MaW) materials flow methods

Materialgemeinkosten *pl*
(KoR) materials handling overhead
– indirect material

Materialgemeinkostenzuschlag *m* (KoR) materials overhead rate

Material(hilfs)stellen *fpl* (KoR) indirect materials center

materialintensive Industrien *fpl* (Bw) materials intensive industries

Materialkäufe *mpl* (MaW) materials purchasing

Materialknappheit *f* (MaW) material shortage

Materialkosten *pl* (KoR) cost of materials
(ie, Summe Einzelkosten für Einzelmaterial + Materialgemeinkosten = direct and indirect materials)

Materialkostenermittlung *f* (KoR) materials costing

Materialkostenplan *m* (KoR) materials used budget

Materialkostenstelle *f* (KoR) materials cost center

Materiallager *n* (MaW) store of materials and supplies

Materiallagerung *f* (MaW) storage of materials and supplies

Materialliste *f*
(MaW) materials list
– takeoff
(ie, list used primarily for purchasing and costing purposes: the most simple type of bill of materials = Stückliste)

Materialmangel *m*
(com) shortage of materials
(Bö) shortage of securities on offer
(or of offerings)

Materialmengenabweichung *f* (KoR) materials quantity variance

Materialmischung *f* (MaW) materials mix

Materialplanung *f* (MaW) materials planning

Materialpreis *m* (KoR) materials price

Materialpreisabweichung *f* (KoR) materials price variance

Materialprüfung *f*
(MaW) inspection of incoming materials
(Stat) testing of materials

Materialprüfungskosten *pl* (MaW) expense of materials inspection

Materialqualität *f* (MaW) quality of materials

Materialrechnung *f* (MaW) materials accounting

Materialrückgabeschein *m* (MaW) materials return record

Materialstelle *f* (KoR) materials cost center
(ie, Beschaffung, Prüfung, Lagerung der Roh-, Hilfs- und Betriebsstoffe)

Materialsteuerung *f* (MaW) materials control

Materialtransport *m* (MaW) material handling

Materialumarbeitung *f* (IndE) reprocessing of materials

501

Material- und Herstellungsfehler *mpl* (com) defective (*or* faulty) material and workmanship

Materialverarbeitung *f* (IndE) processing of materials

Materialverbrauch *m* (KoR) materials usage

Materialverbrauchsabweichung *f* (KoR) materials quantity (*or* usage) variance

Materialveredelung *f* (IndE) improvement of materials

Materialverfügbarkeit *f* (MaW) availability of materials

Materialverkauf *m* (com) sale of materials

Materialverlust *m* (com) loss of materials

Materialversorgung *f* (MaW) supply of materials

Materialverteuerung *f* (MaW) increased cost of materials

Materialverwaltung *f* (MaW) inventory (*or* materials) management

Materialverwertung *f* (MaW) utilization of materials

Materialverzeichnis *n* (MaW) list of materials

Materialwert *m* (KoR) value of raw materials and supplies
(ie, based on average purchase price)

Materialwirtschaft *f* (MaW) materials management and control
(ie, procurement, stockkeeping, production, shipment; Steuerung des Materialdurchflusses)

Materialzugang *m* (MaW) inventory additions

Materialzuschlag *m* (KoR) materials overhead rate

Materialzwischenlager *n* (MaW) valve inventory, qv

materielle abnutzbare Anlagegüter *npl* (ReW) depreciable fixed (*or* tangible) assets
(ie, any capital asset other than intangible)

materielle Bedürfnisse *npl* (Vw) material needs

materielle Besserstellung *f* (Vw) material advancement

materielle Buchführungsmängel *mpl* (ReW) substantive accounting deficiencies

materielle Güter *npl*
(com) physical assets
– tangible goods

materielle Implikation *f* (Log) = materiale Implikation

materielle Lebenslage *f*
(Vw) economic well-being
– material condition of life

materielle Prüfung *f* (Pat) substantive examination, § 28b PatG

materielle Rechtsvorschrift *f* (Re) substantive rule of law *(eg, this rule is one of substance)*

materieller Mangel *m* (StR) substantive defect (*or* mistake), Abschn. 29 II No. 6 EStR

materielles Anlagevermögen *n* (ReW) tangible fixed assets

materielles Eigentumsrecht *n* (Re) beneficial ownership

materielles Patentrecht *n* (Pat) substantive patent law

materielles Recht *n* (Re) substantive law *(opp, formelles od Verfahrensrecht = adjective/procedural law)*

materielles Schadenersatzrecht *n* (Re) substantive tort law

materielle Vermögenswerte *mpl* (Bw) tangible assets

materielle Ware *f* (EDV) hardware

materielle Wirtschaftsgüter *npl* (Bw) physical assets

materielle Zuständigkeit *f*
(Re) legislative jurisdiction
– (US) subject-matter jurisdiction
(ie, power of a state to prescribe or lay down rights and duties; opp, vollstreckende Zuständigkeit = executory jurisdiction)

materiell-rechtlich (Re) substantive

materiell-rechtliche Bedeutung *f* (Re) import in substantive law

materiell-rechtliche Vorschriften *fpl* (Re) substantive provisions

Mathematik *f* (Math) mathematics
(ie, deductive study of shape, quantity, and dependence; the two main areas are applied mathematics and pure mathematics; the former arising from the study of physical phenomena, the latter the intrinsic study of mathematical structures)

Mathematiker *m* **für Anlagenrechnung** (Bw) actuary

mathematische Erwartung *f* (Stat) mathematical expectation

mathematische Kostenauflösung *f* (KoR) high-low-points method

mathematische Logik *f* (Log) mathematical logic
(ie, studies theories from the standpoint of model theory, recursive function theory, proof theory, and set theory)

mathematische Programmierung *f* (OR) mathematical programming
(ie, used to decide on the one specific solution in a defined set of possible alternatives that will best satisfy a selected criterion; includes linear/nonlinear/stochastic… programming, and control theory)

mathematischer Erwartungswert *m* (Stat) expectation value

mathematisches Modell *n* (Vw) mathematical model

mathematisches Stichprobenverfahren *n* (Stat) statistical sampling

mathematisches Unterprogramm *n* (EDV) mathematical subroutine
(ie, a well-defined mathematical function, such as exponential, logarithm, or sine; relates input to output)

Math-Modell *n* (Vw) = micro-analysis of transfers to households

Matrikularbeiträge *mpl* (FiW) contributions of the states to the German Reich *(ie, discontinued in 1918)*

Matrixaddierer *m* (EDV) matrix adder

Matrixbilanz *f* (KoR) articulation statement

Matrixdaten *pl* (Math) matrix data

Matrix *f* **der Schnittmenge** (Math) cut-set matrix

Matrix *f* **der Übergangswahrscheinlichkeit** (OR) transition probability matrix

Matrix *f* **des geschlossenen Kantenzuges** (Math) circuit matrix

Matrixdrucker *m* (EDV) matrix printer

Matrix-Inversion *f* (Math) matrix inversion
Matrix-Korrelation *f* (Stat) matrix correlation
Matrixmanagement *n* (Bw) = Matrixorganisation
Matrix *f (pl, Matrizen)*
   (Math, EDV) matrix *(pl, matrices)*
   – array
Matrixorganisation *f* (Bw) matrix organization
Matrixprinzip *n* (Bw) matrix principle
Matrixspeicher *m* (EDV) coordinate (*or* matrix) store *(syn, Koordinatenspeicher)*
Matrixspiel *n* (OR) rectangular game
Matrixspiele *npl* (Math) matrix games
Matrixstruktur *f* (Bw) matrix structure
Matrixtabelle *f* (Math) matrix table
Matrixvariable *f* (Math) array variable
Matrizenalgebra *f* (Math) algebra of matrices
Matrizengleichung *f* (Math) matrix equation
Matrizeninversion *f* (Math) matrix inversion
Matrizen-Multiplikator *m* (Vw) matrix multiplier
Matrizenrechnung *f* (Math) matrix calculus
Matrizenschreibweise *f* (Math) matrix notation
Matrizenspalte *f* (Math) matrix column
Matrizenspeicher *m* (EDV) = Matrixspeicher
Matrizentheorie *f* (Math) matrix theory
Matrizenzeile *f* (Math) matrix row
maximale Abweichungsspanne *f* (EG) maximum spread of divergence
Maximaleindeckung *f* (MaW) maximum inventory level
maximale Kapazität *f* (Bw) ideal capacity *(ie, of plant and equipment)*
maximale Kapazitätsauslastung *f* (Bw) peak operating rate
maximale Maschinen-Nutzungszeit *f* (IndE) machine maximum time
maximale Pufferzeit *f* (OR) total float
maximaler aufspannender Baum *m* (OR) maximum spanning tree
maximaler Bestand *m* (MaW) maximum inventory
maximaler Griffbereich *m* (IndE) maximum working area
Maximalerlöskombination *f* (Bw) maximum-revenue product mix
maximale Schadenersatzleistung *f* (Vers) aggregate indemnity
Maximalkapazität *f* (Bw) theoretical capacity
Maximalzoll *m* (Zo) maximum revenue tariff
Maximax-Regel *f* (Bw) maximax rule
maximieren (Math) to maximize
Maximierung *f* **ohne Nebenbedingung** (Math) unconstrained maximization
Maximierung *f* **unter Nebenbedingungen** (Math) constrained maximization
Maximin-Kriterium *n* (OR) maximin criterion
Maximum-Likelihood-Methode *f* (Stat) maximum likelihood method
Maximumprinzip *n* (Bw) maximality principle
   (ie, to achieve the maximum possible result with a given resource; opp, Minimuprinzip)
Maximum *n* **unter Nebenbedingungen** (Math) constrained maximum
mechanische Abtastung *f* (EDV) mechanical sensing
mechanischer Drucker *m* (EDV) impact printer
Mechanisierung *f* (Bw) mechanization

Mechanismus *m* **der relativen Preise** (Fin) mechanism of relative prices *(ie, in portfolio selection)*
Mechanismus *m* **für den mittelfristigen finanziellen Beistand** (EG) mechanism for medium-term financial assistance
Mechatronik *f* (IndE) mechatronics *(ie, linking mechanics with electronics: application of advanced technologies, computers, microprocessors, and integrated circuits to achieve greater efficiency in the design, production, and operation of machinery)*
Media *npl* (Mk) advertising media
Media-Abteilung *f* (Mk) media department
Media-Auswahl *f* (Mk) advertising media selection
Media-Fachmann *m* (Mk) media specialist
Media-Feldzug *m* (Mk) media campaign
Media-Forschung *f* (Mk) media research
Media-Mix-Planung *f* (Mk) media mix planning
Median *m* (Stat) median
   (ie, value of the variate which divides the total frequency into two halves; syn, Zentralwert)
Mediankarte *f* (IndE) median control chart *(syn, Zentralwertkarte)*
Medianwerte *m* **e–r Stichprobe** (IndE) sample median
Media-Planer *m* (Mk) media mix planner
Mediaselektion *f* (Mk) media selection
Media-Zielgruppe *f* (Mk) media target group
Medien *npl* **der Außenwerbung** (Mk) outdoor media
Medienmakler *m* (Mk) media broker
Medienplanung *f* (Mk) account/advertising/media ... planning
Medienrabatt *m* (Mk) media discount
Medienreichweite *f* (Mk) media reach
Medio-Abrechnung *f* (Fin) mid-month settlement
Medio-Ausweis *m* (Fin) mid-monthly statement
Mediogelder *npl* (Bö) funds or bills repayable at mid-month
Mediogeschäft *n* (Fin) transaction for mid-month settlement
Medioliquidation *f* (Bö) mid-month settlement
Medio-Wechsel *m* (Fin) fortnightly bill
Medium *n* (Mk) medium, *pl.* media
medizinische Informatik *f* (EDV) medical computer science
medizinische Versorgung *f* (SozV) medical care
Meeresbergbau *m* (com) deep-sea mining
Meeresboden-Grundsatzerklärung *f* (Re) Declaration of Principles Governing the Sea-Bed and Ocean Floor
Meeresbodenschätze *mpl*
   (com) marine mineral resources
   – mineral resources of the sea bed
Meeresnutzung *f* (Re) use of the seas
Meeresnutzung *f* **auf Wettbewerbsbasis** (Vw) competing use of the oceans
Meeresschätze *mpl* **im Eigentum der Völkergemeinschaft** (Re) common property resources
Meeresuntergrund *m* (com) subsoil of sea-bed
Megabit-Chip *m* (EDV) megabit memory chip *(ie, stores more than one million bits of data)*
Mehrabschreibung *f* (ReW) additional depreciation allowance

503

(ie, amounts beyond budgeted depreciation allowances)

Mehradreßbefehl *m* (EDV) multi-address (*or* multiple) instruction

Mehradreßmaschine *f* (EDV) multiple address computer

Mehradreßsystem *n* (EDV) multiple address system

Mehrarbeit *f* (Pw) additional (*or* extra) work

Mehrarbeitsvergütung *f* (Pw) extra-work pay

Mehrarbeitszuschlag *m* (Pw) bonus paid for extra work

Mehraufwand *m* (com) additional expenditure (*or* outlay)

Mehraufwendungen *mpl* **für doppelte Haushaltsführung** (StR) additional expenses of maintaining two households

Mehraufwendungen *mpl* **für Verpflegung** (StR) additional expenses for board

Mehrausgabe *f* (com) extra expense

Mehrbankensystem *n*
(Vw) system of several banks
(Vw) multi-bank system

Mehrbedarf *m* (com) additional requirements

Mehrbelastung *f* (com) additional charge

Mehrbenutzerbetrieb *m* (EDV) multiuser operation

Mehrbenutzersystem *n* (EDV) multi-user system
(ie, mostly time sharing operation)

Mehrbetrag *m* (com) additional amount

Mehrbietender *m* (com) outbidder

mehrdeutig
(Log) ambiguous
– equivocal

mehrdeutig determiniertes Gleichgewicht *n* (Vw) multiple equilibrium

mehrdeutige Bezugnahme *f* (Log) ambiguous reference

mehrdeutige Funktion *f* (Math) relation

mehrdeutiger Dateiname *m* (EDV) ambiguous filename

Mehrdeutigkeit *f* (Log) ambiguity
(ie, capability of being understood in two or more ways)

mehrdimensionale Analyse *f* (Stat) multi-variate analysis

mehrdimensionale Inhaltsanalyse *f* (Mk) multi-dimensional content analysis

mehrdimensionale polynomische Verteilung *f* (Stat) multi-variate multi-nominal distribution

mehrdimensionaler Ansatz *m* (Log) multi-faceted approach

Mehrdurchlauf-Router *m* (EDV, CAD) re-entrant router *(ie, beim Leiterplattenentwurf, qv)*

mehreindeutige Relation *f* (Log) many-one correspondence

Mehreinnahmen *fpl* (com) additional receipts

Mehrerlös *m*
(com) additional proceeds
(ReW) excess sales revenue
(ie, difference between the admissible and the actual price)

Mehrerlösabschöpfung *f* (Kart) elimination of additional revenues

Mehrertrag *m* (com) extra proceeds

Mehrfachadresse *f*
(EDV) multi-address
– multiple address

Mehrfachadressierung *f* (EDV) multi-addressing

Mehrfachadreßnachricht *f* (EDV) multiple-address message

Mehrfacharbitrage *f*
(Fin) compound (*or* indirect) arbitrage
– compound arbitration (of exchange)
(cf, arbitration of exchange; opp, Einfacharbitrage = simple a.)

Mehrfachbeleg *m* (ReW) multipart form

Mehrfachbelegung *f* **des haftenden Eigenkapitals** (Fin) multiple use of liable capital

Mehrfachbeschäftigte *mpl* (Pw) = Teilbeschäftigte

Mehrfachbeschäftigung *f* (Pw) multiple employment

Mehrfachbesteuerung *f*
(StR) multiple (*or* recurrent) taxation
– tax overlapping

Mehrfachbetrieb *m* (EDV) multi-job operation

Mehrfachbeurteilung *f* (Pw) multiple rating

Mehrfachbezieher *m* (SozV) recipient of several types of benefits

Mehrfachbuchung *f* (ReW) multiple posting

Mehrfach-Bus-System *n* (EDV) multiple common-data-bus system

mehrfache Eigenwerte *mpl* (Math) repeated latent roots

mehrfache Integration *f* (Math) multiple integration

Mehrfacheinteilung *f* (Stat) manifold classification

mehrfache Versicherung *f* (Vers) multiple identical-risk coverage by several insurers

mehrfache Wechselkurse *mpl* (Fin) multiple exchange rates

mehrfache Wortlänge *f* (EDV) multiple precision

mehrfache Wurzel *f* **e–r Gleichung**
(Math) multiple root of an equation
– repeated root

Mehrfachfertigung *f* (IndE) multiple-process production

mehrfach gegliederte Tafel *f* (Stat) complex table

Mehrfachintegral *n* (Math) multiple (*or* iterated) integral

Mehrfachklassifikation *f* (Stat) multiple classification

Mehrfachkonten *npl* (ReW) multiple accounts

Mehrfachkopie *f* (com) multiple copy

Mehrfachkorrelation *f* (Stat) = multiple Korrelation, qv

Mehrfachlösung *f* (OR) multiple solution

Mehrfachregelungskreis *m* (EDV) multiple control circuit

Mehrfachregelungssystem *n* (EDV) multiple control system

Mehrfachregression *f* (Stat) multiple regression

Mehrfachsatz *m* (com) multipart form

Mehrfachsäulendiagramm *n* (Stat) multiple bar chart
(syn, mehrfaches Stabdiagramm, Gruppen-Stabdiagramm)

Mehrfachschichtung *f* (Stat) multiple stratification

Mehrfachstichprobenprüfplan *m* (Stat) multiple sampling plan

Mehrfachstichprobenprüfung *f* (Stat) multiple sampling inspection

Mehrfachunterstellung *f* (Bw) multiple command (*or* subordination)

Mehrfachversicherung *f* (Vers) multiple-line insurance

Mehrfachzoll *m* (Zo) multiple tariff

Mehrfachzugriffsprotokoll *n* (EDV) multi-access protocol

mehrfach zusammenhängender Bereich *m* (Math) multiply connected region

mehrfaktorieller Versuchsplan *m* (Stat) multi-factorial design

Mehrfamilienhaus *n*
(com) multiple dwelling unit
– multi-family unit

Mehrfunktionskarteneinheit *f* (EDV) multi-function card machine

Mehrgebot *n* (com) higher bid

mehrgemeindliche Betriebsstätte *f* (StR) establishment extending over more than one municipality, § 30 GewStG

mehrgipfelige Verteilung *f* (Stat) multi-modal distribution

Mehrgipfeligkeit *f* (Stat) multimodality

Mehrheit *f*
(com) plurality *(ie, a voting term)*
– (GB) majority *(ie, more than 50% = clear majority)*
(Fin) majority *(or* controlling) interest

Mehrheit *f* **erwerben** (com) to win control (of)

Mehrheitsaktionär *m*
(com) majority . . . shareholder/stockholder
– controlling shareholder

Mehrheitsbeschluß *m*
(com) majority vote
– resolution adopted by a majority of votes

Mehrheitsbeteiligung *f*
(com) majority . . . interest/holding/stake
– controlling interest
(ie, Mehrheit von Vermögensanteilen od Stimmrechten; idR einfache Mehrheit, die mindestens 50,01% betragen muß; cf, qualifizierte Mehrheit)
(com) majority-owned subsidiary

Mehrheitsgesellschafter *m* (com) majority . . . shareholder/stockholder

Mehrheitsglied *n* (EDV) majority element

Mehrheitsvotum *n* (Re) majority opinion *(opp, Minderheitsvotum = dissenting/minority . . . opinion)*

Mehrheit *f* **von Forderungen** (Re) several co-existing obligations, § 396 BGB

Mehrheit *f* **von Schuldner und Gläubigern** (Re) plurality of debtor and creditors, § 420 BGB

Mehrkanal-Kabelfernsehen *n* (com) multi-channel cable television

Mehrkanalmodell *n*
(OR) multi-channel model
– multi-station model

Mehrkanalschalter *m*
(EDV) multi-channel switch

Mehrkosten *pl*
(com) extra cost
(Bw) cost overrun
(KoR) additional expense *(or* charges)

Mehrkostenwagnis *n* (KoR) risk of unanticipated
· extra cost

mehrlagige Leiterplatte *f* (EDV, CAD) multilayer board

mehrlagiges Papier *n* (com) multi-part paper

Mehrleistung *f*
(Bw) extra output
(Bw) productivity gain
(com) additional payment
(SozV) additional benefit

Mehrleistungszulage *f* (Pw) production bonus

Mehrliniensystem *n* (Bw) multiple-line system

Mehrmaschinenbedienung *f* (IndE) = Mehrstellenarbeit

mehrmehrdeutige Relation *f* (Log) many-many correspondence

Mehrparteiensystem *n* (com) multiparty system

Mehrperioden-Analyse *f* (Vw) multi-period analysis

mehrperiodige Prognose *f* (Bw) trace forecast *(opp, einperiodige Prognose = point forecast)*

mehrperiodiges Totalmodell *n* (Bw) multi-period comprehensive model

Mehr-Personen-Nullsummenspiel *n* (OR) n-person zero sum game

Mehrphasenauswahl *f* (Stat) multiphase sampling

Mehrphasen-Lagerhaltungsproblem *n* (MaW) multi-echelon inventory problem

Mehrphasensteuer *f* (StR) multi-stage tax

Mehrphasen-Stichprobenverfahren *n* (Stat) multiphase sampling

Mehrphasenumsatzsteuer *f* (FiW) multi-stage turn-over tax

Mehrplatzsystem *n* (EDV) shared resource system

Mehrproduktbetrieb *m* (Bw) multi-product firm

Mehrproduktpackung *f* (com) multipack

Mehrprogrammbetrieb *m* (EDV) multiprogramming (operation)
(ie, mehrere Programme im Hauptspeicher, von denen aber jeweils nur eines bearbeitet wird; opp, multiprocessing, qv)

Mehrprogrammsystem *n* (EDV) multiuser programming system

Mehrprogrammverarbeitung *f* (EDV) multi-programming

Mehrprozessorbetrieb *m* (EDV) multiprocessing

Mehrpunktnetz *n* (EDV) party line
(syn, Liniennetz, Mehrpunktverbindung, Multipointverbindung, Kettennetz, Gruppenverbindung)

Mehrpunktschaltung *f* (EDV) multi-drop circuit

Mehrrechnersystem *n* (EDV) multiprocessor *(or* multiprocessing) system

Mehrschichtbetrieb *m* (Bw) multiple shift operation

mehrschichtiges Lagerhaltungsproblem *n* (MaW) multi-level inventory problem

Mehrschichtkosten *pl* (KoR) multiple shift cost

mehrseitiger Vertrag *m* (Re) multilateral contract

Mehrspaltenjournal *n* (ReW) multi-column journal

Mehrsparten-Geschäft (Vers) multiple-line insurance

mehrspartige Unternehmensgruppe *f* (Bw) multi-division group

Mehrstellenarbeit *f* (IndE) multiple-machine work

505

mehrstellig (Log) many-place

mehrstellige Zahl *f* (Math) multi-digit number

Mehrstimmrechte *npl* (com) multiple voting rights, § 12 II 1 AktG
(ie, bedürfen der Genehmigung der obersten Landesbehörde; cf, aber: stimmrechtslose Vorzugsaktien und Höchststimmrecht)

Mehrstimmrechtsaktien *fpl*
(Fin) multiple-voting shares (*or* stock)

Mehrstückpackung *f*
(com) multipack
– banded pack

Mehrstufenbefragung *f* (Mk) multistage interview

Mehrstufen-Stichproben-Verfahren *n* (Mk) multi-stage sampling

mehrstufige Auswahl *f* (Mk) nested sampling

mehrstufige Divisionskalkulation *f* (KoR) multi-stage process costing
(ie, differenziert die Kostenstellenrechnung nach den einzelnen Fertigungsstufen: Herstellungskosten je Stufe werden durch die erzeuge Menge dividiert; cf, Divisionskalkulation)

mehrstufige Entscheidung *f* (Bw) multi-phase decision
(ie, breaking down a decision into a temporal sequence of subdecisions)

mehrstufige Flächenschichtung *f* (Stat) area sub-stratification

mehrstufige Probenahme *f* (Stat) multi-stage sampling

mehrstufiger Betrieb *m* (IndE) multi-stage plant
(ie, in which a sequence of operational stages with salable intermediate products is combined)

mehrstufiger Konzern *m* (com) multi-level group of companies

mehrstufiges Lagerhaltungsmodell *n* (OR) multiechelon inventory model

mehrstufiges Stichprobensystem *n* (Stat) multiple sampling

mehrstufige Stichprobe *f*
(Stat) multiple/multi-stage/nested . . . sample
– network of samples

mehrstufiges Unternehmen *n* (Bw) multi-stage business

mehrstufiges Zufallsstichproben-Verfahren *n* (Stat) multiple sampling (procedure)

mehrteiliges Etikett *n* (com) multiple label (*or* tag)

Mehrthemen-Befragung *f*
(Mk) multi-purpose (*or* multi-client) survey
– omnibus survey

Mehrverbrauch *m* (com) additional consumption

Mehrwegpackung *f* (Mk) two-way package

Mehrwert *m* (Vw) surplus value

mehrwertige Entscheidung *f* (Stat) multi-valued decision

mehrwertige Funktion *f* (Math) multi-valued function

mehrwertige Logik *f* (Log) many-valued logic (*or* calculus)

Mehrwertigkeit *f* (Log) polyvalence

Mehrwertsteuer *f* (StR) value-added tax, VAT
(ie, die geltende Umsatzsteuer ist e–e Allphasen-Netto-Umsatzsteuer: sales tax or turnover tax of the multiple-stage type, but imposed on the increments of value added at each stage: gross receipts

(Verkaufsumsätze) minus the cost of intermediate goods and services (Kosten der Vorleistungen); cf, also: 6th EEC Directive relating to the harmonization of turnover taxes, effective as of Jan 1, 1980 in all EEC countries)

Mehrwertsteuer *f* **ausweisen** (StR) to indicate VAT on an invoice

Mehrwertsteuerbefreiung *f*
(StR) exemption from VAT
– (GB) zero rating

Mehrwertsteuer *f* **erhöhen** (FiW) to put up value-added tax

Mehrwertsteuer-Gesamtbelastung *f* (StR) total amount of VAT

Mehrwertsteuer-Überschuß *m* (StR) unabsorbed balance of VAT, § 18 II UStG

Mehrwertsteuer-Vorbelastung *f* (StR) prior VAT charges

Mehrwertversicherung *f* (Vers) increased-value insurance *(ie, taken out by importers)*

Mehrzweckflugzeug *n* (IndE) multi-role aircraft

Mehrzweckhubschrauber *m* (IndE) utility helicopter

Mehrzweckrechner *m* (EDV) multi-purpose computer

Mehrzweckstichprobe *f* (Stat) all-purpose sample

Mehrzweckzeiten *fpl* (IndE) multi-purpose times

Meilensteinbericht *m* (OR) milestone report

Meilenstein-Druckausgaben *fpl* (EDV) milestone printouts

Meinungsaustausch *m* (com) exchange of views

Meinungsbefragung *f* (Mk) opinion survey (*or* poll)

Meinungsforschung *f* (Mk) public opinion research

Meinungsfreiheit *f*
(Re) free expression of opinion
– freedom of discussion

Meinungsführermodell *n* (Mk) opinion leader model

Meinungskauf *m* (Bö) speculative buying

Meinungstest *m* (Mk) opinion test

Meinungsumfrage *f* (Mk) public opinion poll (*or* survey)

Meinungsumfrage *f* **durchführen** (Mk) to conduct a public opinion survey

Meinungsumfrage *f* **in Auftrag geben** (Mk) to commission a public opinion survey

Meinungsverkauf *m* (Bö) speculative selling

Meinungsverschiedenheit *f*
(Re) difference
– disagreement

Meistbegünstigung *f* (AuW) most-favored-nation treatment

Meistbegünstigungsklausel *f* (AuW) most-favored-nation clause

Meistbegünstigungsprinzip *n* (AuW) most-favored-nation principle

Meistbegünstigungssatz *m* (AuW) most-favored-nation rate

meistbietend (com) highest bidding

Meistbietender *m* (com) highest (*or* best) bidder

meistbietend verkaufen (com) to sell to the highest bidder

meistbietend versteigern (com) to auction off to the highest bidder

Meister *m* (Pw) foreman

Meisterbrief *m* (Pw) foreman's certificate *(ie, of qualificational ability to become a foreman)*
Meisterprüfung *f* (Pw) foreman's qualifying examination
Meistgebot *n* (com) last and highest bid
meist gehandelte Aktie *f* (Bö) volume leader
meist gehandelte Werte *mpl* (Bö) most active issues
Meldebestand *m*
(MaW) reordering quantity
– reorder point
– protective inventory
Meldemenge *f* (MaW) = Meldebestand
melden
(com) to notify
– to report
Meldepflicht *f* (com) duty to report
meldepflichtig (com) subject to reporting requirements
Meldeschluß *m* (com) deadline set for receiving applications
Meldetermin *m*
(com) reporting deadline
(com) notification date *(eg, im Konzernclearing)*
Meldewesen *n* (com) reporting
Menge *f*
(Math) set
– aggregate
– assemblage
– complex *(ie, of elements)*
Menge *f* **aller äußeren Punkte e-r Punktmenge** (Math) exterior
Menge *f* **mit genau zwei Elementen** (Math) pair set
Mengenabnahme *f* (com) bulk purchasing
Mengenabsatz *m* (com) quantity *(or* volume) sale
Mengenabschreibung *f*
(ReW) production-method of depreciation
– unit-of-production method
– production-unit-basis method
– service output *(or* yield) method
(ie, original price minus scrap value divided by total volume output; syn, leistungsbezogene od verbrauchsbedingte od technische Abschreibung)
Mengenabweichung *f* (KoR) quantity *(or* usage) variance
Mengenalgebra *f* (Math) algebra of sets
Mengenanpasser *m*
(Vw) quantity adjuster
– price taker
Mengenanpassermarkt *m* (Vw) price taker market *(ie, sellers have no say in the matter of selling price)*
Mengenanpassung *f* (Mk) quantity adjustment
Mengenbeschränkung *f* (AuW) quota restriction
Mengenbudget *n* (KoR) physical budget
Mengeneffekt *m* (Vw) quantity effect *(eg, of open-market operations)*
Mengeneinkauf *m* (MaW) bulk buying
Mengenfixierung *f* (Vw) quantity *(or* volume) fixing
Mengengerüst *n* **der Kosten** (KoR) quantity structure of costs
Mengengeschäft *n* (Fin) = Massengeschäft
Mengenindex *m* (Stat) quantity index
Mengenindex *m* **mit fester Basis** (Stat) fixed base index

Mengenkombination *f*
(Vw) combination of . . . goods/commodities
– commodity combination
– bundle of goods
Mengenkonjunktur *f*
(Bw) effective-demand boom
– expansion of output
(ie, fallende Preise und steigende Erlöse = with prices falling and revenues rising)
Mengenlehre *f* (Math) theory of sets
Mengenleistungsprämie *f* (IndE) quantity bonus *(ie, mixed system of time and piece-rate wages)*
mengenmäßig
(com) by volume *(eg, imports dropped 2% by volume)*
– in terms of . . . volume/quantity
mengenmäßige Ausfuhrbeschränkung *f* (AuW) quantitative restriction on exportation
mengenmäßige Beschränkung *f* (com) quantitative restriction
mengenmäßige Einfuhrbeschränkung *f* (AuW) quantitative restriction on importation
mengenmäßige Lageraufzeichnungen *fpl* (MaW) stockroom quantity records
mengenmäßige Nachfrage *f*
(Vw) quantity demanded
– demand in physical terms
– physical demand
mengenmäßiger Zuwachs *m* (com) rise in volume terms
mengenmäßiges Ausfuhrkontingent *n* (AuW) quantitative export quota
mengenmäßige Veränderungen *fpl* (Vw) quantum changes
Mengenmeßziffer *f* (Stat) quantity relative
Mengennachlaß *m* (com) = Mengenrabatt
Mengennotierung *f*
(Fin) indirect quotation
– indirect method of quoting foreign exchange *(eg, price of $ in DM; ie, number of units of foreign currency that will buy a unit of domestic currency; opp, Preisnotierung)*
Mengenoperationen *fpl*
(Math) operations on sets
– set operations
Mengenpreis *m* (com) bulk price
Mengenproduktion *f* (Bw) quantity production
Mengenrabatt *m*
(com) volume/bulk . . . discount
– quantity rebate
Mengenrechnung *f* (MaW) volume accounting
Mengenrelationen *fpl* (IndE) output ratio *(ie, in joint production = Kuppelproduktion)*
Mengenrisiko *n* (Bw) quantitative *(or* volume) risk
Mengenschreibweise *f* (Math) set notation
Mengenspesen *pl* (com) volume-related expenses
Mengenstaffel *f* (com) volume-based scale of prices
Mengenstandard *m* (KoR) volume standard
Mengensteuern *fpl* (FiW) quantitative taxes *(syn, spezifische od Stücksteuern)*
Mengensystem *n*
(Math) system of sets
– family of sets
– collection of sets
Mengentarif *m* (com) bulk supply tariff

507

mengentheoretisch (Math) set theoretic

mengentheoretische Topologie *f* (Math) set-theoretic topology

Mengenumsatz *m*
(com) volume sales
– sales in terms of volume

Mengenverluste *mpl* (KoR) volume losses
(ie, difference between input and output volumes; eg, in steelmaking and chemicals processing)

Mengenvorgabe *f* (KoR) quantity standard

Mengenwachstum *n* (Mk) volume growth

Menge *f* **von Handlungsalternativen** (Bw) set of action alternatives

menschbezogen (Pw) people oriented

menschliche Arbeitsleistung *f* (Vw) human labor

menschliches Kapital *n* (Vw) human capital

Mensch-Maschine-Dialog *m* (EDV) man-machine dialog

Mensch-Maschine-Schnittfläche *f* (EDV) man-machine interface

Menü *n* (EDV) menu
(ie, list of operations a computer can perform, from which the user can choose)

Menüfeld *n* (EDV) menu field

menügesteuert (EDV) menu driven

Menüleiste *f*
(EDV) menu bar
– strip menu

Merchandiser *m* (Mk, retailing) merchandiser *(ie, Leiter der Warenwirtschaft)*

Merchandising *n* (Mk) merchandising
(ie, 1. optimale Warenpräsentation und Kommunikation am Verkaufspunkt; 2. Verwirklichung von Angebots- und Akquisitionsideen)

meritorische Bedürfnisse *npl* (FiW) merit wants

meritorische Güter *npl* (FiW) merit goods

meritorisches Gut *n* (FiW) merit good
(ie, Gut, bei dem die Nachfrage der Privaten hinter dem „gesellschaftlich erwünschten" Ausmaß zurückbleibt; zur Korrektur werden staatliche Eingriffe für notwendig gehalten; die Güter werden „meritorisiert"; soll das Angebot reduziert werden, spricht man von demeritorischen Gütern, zB Alkohol, Drogen; external utility is in excess of private utility; opp, demerit good)

merkantiler Minderwert *m*
(com) reduced market value
– loss in value upon resale
(ie, of damaged automobile, due to hidden defects supposed to remain after repair)

Merker *m* (EDV) marker *(eg, *; syn, Markierungszeichen)*

Merkmal *n*
(com) characteristic
– criterion
– feature
(Log) property
(Stat) attribute

Merkmale *npl* **der Leistungsbeurteilung** (Pw) merit factors

Merkmalsfolge *f* (Stat) sequence of properties

Merkmalsklasse *f* (Stat) property class

Merkmalsraum *m* (Stat) variable space

Merkmalsträger *m* (Stat) statistical unit *(syn, statistische Einheit)*

Merkmalsvergleich *m* (IndE) factor comparison *(ie, made in job evaluation)*

Merkmalswahrscheinlichkeit *f* (Stat) a priori probability

Merkname *m* (EDV) mnemonic *(syn, mnemonisches Symbol)*

Merkposten *m* (ReW) pro mem(oria) item

Merkzeichen *n*
(Mk) distinctive marking, § 445 HGB
– identification mark

meßbares Leistungsergebnis *n* (Pw) measurable performance

Messe *f*
(com) fair
– trade fair
– show
– exhibition

Messeamt *n* (com) fair office

Messeausweis *m* (com) fair pass

Messe *f* **beschicken** (com) to participate in a fair

Messe *f* **besuchen** (com) to visit a fair

Messebesucher *m* (com) visitor of a fair

Messebeteiligung *f* (com) number of exhibitors

Messe *f* **eröffnen** (com) to open a fair

Messegelände *n* (com) exhibition site *(or* grounds)

Messekatalog *m* (com) fair catalog

Messeleitung *f* (com) trade fair management

Messestand *m* (com) exhibition stand

Messeteilnehmer *m* (com) participant in a fair

Messe- und Ausstellungsversicherung *f* (Vers) exhibitions insurance

Messe *f* **veranstalten** (com) to organize a fair

Messeveranstalter *m* (com) organizer of a fair

Messewerbung *f* (com) exhibition advertising

Meßfehler *m* (Stat) error of measurement

Meßfühler *m* (EDV) primary element

Meßglied *n* (EDV) measuring means

Meßgrundlage *f* (EDV) measurement base

Meßleitung *f* (EDV) control line *(or* tubing)

Meßort *m* (EDV) measuring point

Meßschleife *f* (EDV) loop

Meßstelle *f* (EDV) measuring point

Messungskosten *pl* (KoR) basic standard cost

Meßverstärker *m* (EDV) booster unit

Meßwert *m* (EDV) process variable

Meßwertwandler *m*
(EDV) transmitter
– transducer

Meßzahl *f* (Stat) index number

Meßzahl *f* **mit fester Basis** (Stat) fixed base relative

Meßzahl *f* **mit wechselnder Basis** (Stat) chain relative

Meßziffer *f* (Stat) relative

Metaentscheidung *f* (Bw) metadecision

Metageschäft *n* (com) transaction on joint account
(ie, Form der Partizipation: Einzelgeschäft wird von zwei Gesellschaftern über Metakonto abgewickelt; syn, Konto a metà)

Metakonto *n* (Fin) joint account

Metakredit *m* (Fin) loan on joint account *(ie, extended on equal terms with another bank)*

Metallarbeiterstreik *m* (Pw) engineering strike

Metallbearbeitungsmaschinen *fpl* (IndE) metalworking machinery

Metallbörse *f* (Bö) metal exchange

(ie, on which nonferrous metals are traded; the leading exchanges are New York and London)
Metallhandel *m* (com) metal trading
Metallindustrie *f*
(com) metal industry
– non-ferrous metals industry
Metallismus *m* (Vw) metalism
Metallnotierungen *fpl* (Bö) metal prices
metallverarbeitende Industrie *f* (com) metal-working industry
metallverarbeitendes Gewerbe *n* (com) = metall-verarbeitende Industrie
Metallwährung *f* (Vw) metallic standard *(or* currency*)*
Metamarketing *n* (Mk) meta-marketing
(ie, bezieht sich auf nicht-erwerbswirtschaftliche Unternehmen, Organisationen od Personen unter Einbeziehung sozialer od ethischer Normen)
Metasprache *f* (Log) metalanguage
Meterware *f* (com) yard goods
Methode *f*
(Log) method
– approach
– technique
Methode *f* **der gleitenden Mittelwerte** (Stat) moving-average method
Methode *f* **der größten Dichte** (Stat) maximum likelihood method
Methode *f* **der kleinsten Quadrate**
(Stat) method of least squares
– least squares method
(syn, Kleinst-Quadrate-Methode, qv)
Methode *f* **der Zahlungsbereitschaft** (Vw) willingness-to-pay method *(ie, used in dealing with shadow prices)*
Methodenbank *f*
(EDV) methods storage bank
– methods base
(ie, zusammen mit Datenbank erleichtert sie die Steuerung und Regelung e–s Systems)
Methodenstreit *m* (Vw) clash over economic methods
(ie, between Menger's Austrian School and Schmoller's German Historical School)
Methode *f* **zur Bestimmung der Saisonbereinigung** (Stat) ratio-to-moving average method of seasonal adjustment
Metist *m* (com) party to a joint transaction
metrische Packung *f* (com) metric pack
metrisches System *n* (com) metric system *(ie, of weights and measures)*
Middleware *f* (EDV) middleware *(ie, software tailored to the needs of a particular installation)*
Mietablösung *f* (com) compensation to outgoing tenant
Mietanlagen *fpl* (ReW) rental equipment
Mietanlagengeschäft *n* (Bw) leasing activities
Mietaufwand *m* (ReW) rental expense
Mietausfallversicherung *f* (Vers) insurance against loss of rent
Mietbeihilfe *f* (Re) rent subsidy
Mietdauer *f* (Re) life *(or* term*)* of a lease
Miete *f*
(Re) = Mietvertrag, qv
(com) rent

(ie, Preis für die Gebrauchsüberlassung von Wohn- und Geschäftsräumen; syn, Mietzins)
(com) hire charge *(eg, for renting a car)*
(ReW) rentals
Miete *f* **erhöhen**
(com) to raise rent
– (GB) to put up rent
Miete *f* **mit Kaufoption** (Re) lease with purchase option
mieten
(Re) to rent *(eg, house, building)*
– to lease
– to hire
Mietenverzerrung *f* (Vw) rent distortion *(ie, Mietdifferenzen im sozialen Wohnungsbau übersteigen die Wohnwertdifferenzen)*
Mieter *m*
(Re) tenant
– lessee
– hirer
Mieterschutz *m* (Re) legal protection of tenants
Mieterschutzgesetz *n* (Re) Tenants' Protection Law
Mietertrag *m* (ReW) rental income
Mietervereinigung *f* (Re) tenants' association
Miete *f* **und Pacht** *f* (Re) tenancy
(ie, of movables and immovables; note that nothing in German law is comparable to the estate of leasehold under English law, §§ 535 ff BGB)
Mietfläche *f* (com) rented floor space
Mietgebühr *f* (com) rental fee
Mietgrundstück *n* (com) tenancy property
Miethaus *n* (com) tenant-occupied house *(or* dwelling*)*
Mietkauf *m* (com) lease-purchase agreement
(ie, Mieter hat das Recht, die Mietsache innerhalb e–r bestimmten Frist zu e–m festgelegten Preis zu kaufen; gezahlte Miete wird ganz oder teilweise auf den Kaufpreis angerechnet; ie, a special type of leasing in which the lessee may negotiate a purchase at the end of the basic lease term, may renew the lease for stated periods, or may return the leased asset to the lessor.
Note that ‚Mietkauf' has little in common with the British practice of ,hire-purchase agreements' for which there is no equivalent in German.)
Mietkaution *f* (com) rent deposit
Mietkosten *pl*
(KoR) rental cost
– rentals
Mietleasing *n*
(com) leasing
Mietnebenkosten *pl* (KoR) incidental rental expenses
Mietobjekt *n* (com) rented property
Mietpreisbildung *f* (Vw) rent formation *(ie, am Wohnungsmarkt = on the residential property or housing market)*
Mietpreisbindung *f* (Re) rent control
Mietpreisfreigabe *f* (Re) decontrol of rents
Mietrecht *n* (Re) law of tenancy
Mietrückstände *mpl* (com) rent arrears *(eg, due to increasing unemployment)*
Mietspiegel *m* (com) representative list of rents
Miet- und Pachteinnahmen *fpl* (ReW) rentals

509

Miet- und Pachtrechte *npl* (Re) leaseholds

Mietvereinbarung *f* (Re) tenancy agreement

Mietverhältnis *n* (Re) tenancy

Mietverlängerung *f* (Re) extension (*or* renewal) of tenancy

Mietverlust-Versicherung *f* (Vers) rental value insurance

Mietvertrag *m* (Re) tenancy agreement
(ie, schuldrechtlicher Vertrag nach § 535 BGB: Gegenstand ist die zeitweilige Überlassung e–r beweglichen od unbeweglichen Sache zum Gebrauch gegen Entgelt; the term ‚tenancy‘ denotes a wider concept in English law)

Mietvorauszahlung *f*
(com) prepayment of rent
(com) rent paid in advance

Mietwagen-Unternehmen *n* (com) car rental company

Mietwert *m* **der selbstgenutzten Wohnung** (StR) rental value of appartment used by taxpayer

Mietwohngrundstück *n* (com) rental/residential . . . property

Mietwohnungsbau *m* (com) construction of rental housing

Mietwohnungsgrundstücke *npl* (StR) rental (residential) property, § 75 I BewG

Mietwucher *m* (Re, GB) rackrenting *(see: Wuchermiete)*

Mietzins *m* (com) = Miete, qv

Mietzuschuß *m*
(Re) rent . . . allowance/supplement
– housing . . . allowance/benefit
– accommodation allowance

mifrifi (FiW) medium-term fiscal planning *(acronym: mittelfristige Finanzplanung)*

Migration *f*
(Stat) = Wanderung
(EDV) migration

Mikroanalyse *f* (Vw) micro-analysis
(ie, untersucht Verhalten von Personen, Haushalten, Unternehmen)

mikroanalytisches Modell *n* (Vw) micro-analytic model *(ie, hochkomplexes, modulares Modell des Haushalts- od Unternehmenssektors)*

Mikrobaustein *m* (EDV) chip

Mikrobefehl *m* (EDV) micro instruction

Mikrobefehlscode *m* (EDV) micro code (*or* instruction)

Mikrobewegungsanalyse *f* (IndE) micromotion analysis

Mikrochip-Sensor *m* (EDV) micro-based sensor

Mikrocode *m* (EDV) micro code

Mikrocomputer *m* (EDV) microcomputer

Mikroelektronik *f* (EDV) microelectronics

Mikrofilmausgabe *f* (EDV) computer output to microfilm, COM

Mikrofilmeingabe *f* (EDV) computer input from microfilm, CIM

Mikrofilmlesegerät *n* (EDV) microfilm reader

Mikrogröße *f* (Vw) microeconomic magnitude (*or* quantity)

Mikromodul *m* (EDV) micromodule

Mikroökonomie *f* (Vw) microeconomics
(ie, deals with individuals, households, firms; opposed to aggregate forms)

mikroökonomisch (Vw) microeconomic

mikroökonomische Theorie *f*
(Vw) microeconomic theory
– microeconomics
(ie, deals with individuals, households, firms; opp, mikroökonomische Theorie)

Mikroplättchen *n* (EDV) (silicon) wafer

Mikroprogramm *n* (EDV) microprogram

mikroprogrammierte Kontrolleinheit *f* (EDV) microprogrammed controller

Mikroprogrammspeicher *m* (EDV) control memory

Mikroprozessor *m* (EDV) microprocessor *(ie, mit interner Verarbeitungsbreite von 8, 16 od 32 bit)*

Mikroschaltung *f* (EDV) microcircuit

Mikrotheorie *f*
(Vw) microeconomics
– microeconomic theory

Mikroverfilmung *f* (EDV) micofilming

Mikrozensus *m* (Stat) micro (*or* sample) census *(ie, 1 percent annually)*

Milchmädchenrechnung *f* (com, infml) ’milkmaid’s calculation *(ie, speculation based on false reasoning)*

Milchwirtschaft *f* (com) dairy farming (*or* industry)

mildernde Umstände *mpl* (com) mitigating (*or* alleviating) circumstances *(opp, erschwerende Umstände = aggravating c.)*

mildtätige Einrichtung *f* (com) charitable institution

mildtätiger Zweck *m* (StR) charitable purpose

militante Gewerkschaft *f* (Pw) militant union

militärisch-industrieller Komplex *m* (Vw) military-industrial complex *(ie, analytisch unbrauchbar)*

Millimeterpapier *n*
(com) cross-section
– plotting
– ruled
– squared . . . paper

Millionenkredit *m* (Fin) credit of DM 1 million or more, § 14 I KWG

Minderausgabe *f* (com) reduction of expenditure

Mindereinnahmen *fpl* (com) shortfall in receipts

Mindererlös *m* (com) deficiency in proceeds

Mindererlös *m* **aus Anlageverkäufen** (ReW) loss on disposal of fixed assets

Mindererlös *m* **aus Finanzanlagen** (ReW) loss on disposal of financial assets

Mindergewicht *n*
(com) short weight
– underweight
– reduced weight

Minderheitsaktionär *m*
(com) minority shareholder (*or* stockowner)
– (GB) outside shareholder
– (GB) outside shareholders’s interest

Minderheitsbeteiligung *f* (com) minority . . . interest/holding/stake /participation
(opp, Mehrheitsbeteiligung, qv)

Minderheitspaket *n* (com) minority holding

Minderheitsrechte *npl* (com) minority rights, §§ 147, 122 I AktG
(syn, Minoritätsrechte)

Minderheitsvotum *n* (Re) dissenting/minority . . . opinion

Minderjähriger *m*
(Re) minor
– person of non-age
Minderjährigkeit *f*
(Re) non-age (*or* nonage)
– under age *(ie, lack of requisite legal age)*
Minderkaufmann *m* (Re) small merchant, § 4 HGB
(ie, artisan or person engaged in a smaller trade; provisions relating to firm name, commercial books and records, and ‚Prokura' do not apply)
Minderkonditionen *fpl* (Fin) highly favorable loan terms
Minderleistung *f*
(com) short-fall in output
– loss of efficiency
Minderlieferung *f* (com) short shipment
Mindermengenzuschlag *m* (com) markup for small-volume purchases
mindern (Re) to demand a reduction of purchase price
Minderung *f*
(Re) reduction (*or* abatement) of purchase price, § 472 BGB *(ie, by an amount equal to the deficiency in value)*
(SeeV) deterioration
Minderung *f* **der Erwerbsfähigkeit** (SozV) impairment of earning capacity
Minderung *f* **liquider Mittel** (Fin) decrease in net funds
Minderungsklage *f* (Re) action for reduction of purchase price
Minderwertigkeitskomplex *m* (Pw) inferiority complex
Mindestabnahme *f* (com) minimum purchasing quantity
Mindestabschlußbetrag *m* (Bö) minimum dealing quota
Mindestakkordsatz *m* (Pw) minimum piece rate
Mindestanforderungen *f* (com) minimum requirements
Mindestangebot *n* (com) lowest bid
Mindestanlage *f* (Fin) minimum investment
Mindestannahmefrist *f* (Bw) minimum period for acceptance
Mindestarbeitsbedingungen *fpl* (Pw) minimum employment standards
Mindestarbeitszeit *f* (Pw) minimum working hours
(ie, may be identical with ‚core time')
Mindestauflage *f* (com) minimum circulation
Mindestbargebot *n* (Re) minimum cash bid, § 49 ZVG *(ie, in forced sales: difference between lowest and highest bid + cost of auction)*
Mindestbestand *m*
(MaW) inventory reserve
– inventory safety stock
– minimum inventory level
– reserve stock
– protective inventory
– safety level
Mindestbesteuerung *f* (StR) minimum taxation
Mindestbewertung *f* (StR) minimum valuation *(eg, of fixed and current assets)*
Mindestbietkurs *m* (Bö) minimum bidding price
Mindesteindeckung *f* (MaW) = Mindestbestand

Mindesteinkommen *n* (Vw) minimum income
Mindesteinlage *f*
(Fin) minimum contribution, § 7 I GenG
(Fin) minimum deposit *(ie, 1DM on savings accounts, 5DM on postal check accounts)*
Mindesteinschuß *m*
(Bö) minimum margin requirements
(Bö) minimum contract
Mindesterfordernisse *npl* (Re) minimum requirements
Mindesterzeugerpreis *m* (EG) minimum producer price
Mindestfracht *f* (com) minimum freight rate
Mindestfreibetrag *m* (StR) minimum standard deduction
Mindestgebot *n*
(com) lowest bid
(com, infml) knocked-down bid
Mindestgewinnspanne *f*
(com) minimum margin
(Bö) bottom-line profit margin
Mindestguthaben *n* (Fin) minimum balance
Mindestkapazität *f* (IndE) minimum operating rate
Mindestkapital *n* (Fin) minimum capital
(ie, zwingende Mindestkapitalsumme: Mindestgrundkapital bei der AG = DM 100000; Mindeststammkapital bei der GmbH = DM 50000 seit der Gesetzesnovelle von 1980; dieses Mindesterfordernis gilt nicht für Einzelunternehmen und Personengesellschaften)
Mindestkurs *m* (Bö) floor price
Mindestlohn *m* (Pw) minimum wage
(ie, durch Gesetz od Tarifvertrag festgesetzter Lohn, der nicht unterschritten werden darf)
Mindestlohnarbeitslosigkeit *f* (Vw) unemployment due to minimum wage arrangements
Mindestmenge *f*
(Bö) contract unit
– unit of trading
Mindestmengenaufpreis *m* (com) low-quantity extra
Mindestnennbetrag *m* (Fin) minimum par value of shares
(ie, gesetzlich vorgegebene Mindestgrenzen betragen für das Grundkapital der AG DM 100000, für e–e Aktie DM 50, für das Stammkapital der GmbH DM 50000, für e–e Stammeinlage DM 500)
Mindestprämie *f* **für bestimmte Gruppen von Risiken** (Vers) class rate
Mindestpreis *m*
(com) knocked-down (*or* minimum) price
– price floor
(EG) floor (*or* reference) price
(Mk) fall-back price
– reserve price
– upset price
(Vw) floor price
(ie, staatlich festgesetzte Preisuntergrenze, Form der Preisregulierung)
Mindestpreismechanismus *m* (AuW) trigger price mechanism *(ie, to reduce U. S. steel imports)*
Mindestprüfstoff *m* (Pat) minimum documentation
Mindestqualität *f* (com) minimum acceptable quality

511

Mindestrendite *f* (Fin) minimum yield
(ie, in der Praxis meist als Kalkulationszinsfuß bezeichnet)
Mindestrente *f* (SozV, infml) minimum pension
(ie, Rente nach Mindesteinkommen)
Mindestreservedispositionen *fpl* (Fin) arrangements to maintain minimum reserves
Mindestreserveeinlagen *fpl* (Fin) minimum reserve deposits
Mindestreserveerhöhung *f* (Fin) increase in minimum reserves
Mindestreserveguthaben *npl* (Fin) minimum reserve balances
Mindestreserven *fpl*
(Vw) minimum reserve requirements
– minimum reserves
(ie, minimum amounts which legally have to be kept on deposit with central bank)
mindestreservepflichtige Einlagen *fpl*
(Fin) deposits subject to minimum reserve requirements
– (GB) eligible liabilities
mindestreservepflichtige **Verbindlichkeiten** *fpl*
(Fin) reserve-carrying liabilities
Mindestreservepolitik *f* (Vw) minimum reserve policy
(ie, Teil der Geldpolitik; cf, Diskontpolitik, Offenmarktpolitik)
Mindestreserveprüfung *f* (Fin) minimum reserve audit
Mindestreservesatz *m*
(Fin) minimum reserve ratio
– (GB) reserve assets ratio
(ie, prozentualer Anteil am Volumen der Sicht-, Termin- und Sparguthaben, der von den Geschäftsbanken in Zentralbankgeld mindestens gehalten werden muß; zinsloses Konto bei der Deutschen Bundesbank)
Mindestreservesenkung *f* (Fin) lowering of minimum reserve ratios
Mindestreservesoll *n* (Fin) minimum reserve requirements
Mindestreservevorschriften *fpl* (Vw) minimum reserve rules
Mindestschluß *m* (Bö) minimum lot
Mindestsicherung *f* (SozV) floor of protection
Mindeststundenlohn *m* (Pw) minimum time rate
Mindestumsatz *m*
(com) minimum sales
– (GB) minimum turnover
Mindestverkaufspreis *m* (Mk) fixed resale price
Mindestversicherungszeit *f* (SozV) minimum period of coverage
Mindestverzinsung *f*
(Fin) minimum rate of return
– cutoff rate (*or* point)
(ie, minimum acceptable rate of return expected of investment projects)
Mindestzeichnung *f* (Bö) minimum subscription
Mindestzinssätze *mpl* (AuW) consensus rates *(ie, nach dem OECD-Übereinkommen vom 15. 10. 1983)*
Mineralgewinnungsrechte *npl* (StR) mining rights, §§ 19, 100 BewG
Mineralölindustrie *f* (com) mineral oil industry

Mineralölstatistik *f* (Stat) mineral oil statistics
Mineralölsteuer *f* (StR) mineral oil tax
(ie, größte dem Bund zufließende spezielle Verbrauchsteuer; in 1985: DM 24,5 Mrd)
Mineralölsteuergesetz *n* (StR) Law on Excise Tax on Oil and Oil Products
Mineralölverarbeitung *f* (IndE) mineral oil processing
Mineralölwirtschaft *f* (com) mineral oil industry
(ie, Förderung von Rohöl, Handel mit Rohöl, Mineralölverarbeitung und Vertrieb von Mineralölprodukten)
Miniaturmodell *n* (IndE) lilliputian model
Minicomputer *m* (EDV) minicomputer *(ie, der mittleren Datentechnik, MDT)*
Minimal-Bodenbearbeitung *f* (com, US) minimum tillage
Minimaldauer *f* (OR) crash duration
minimale Losgröße *f* (Bw) minimum manufacturing quantity
minimaler aufspannender Baum *m* (OR) minimum spanning tree
minimale Schnittmenge *f* (OR) minimum cut
Minimalfracht *f* (com) minimum freight rate
(ie, in ocean and inland waterway transport: charged to cover carriage between loading and unloading port)
Minimalkosten *pl* (Bw) minimum cost *(ie, lowest average or total cost for optimum capacity working)*
Minimalkostenkombination *f*
(Bw) least cost combination
– minimum cost combination
Minimalschätzung *f* (Stat) minimum variance estimate
Minimalzoll *m* (Zo) minimum tariff
Minimax-Entscheidungsfunktion *f* (Stat) minimax decision function
Mini-Max-Prinzip *n* (Bw) minimax principle
(ie, Entscheidungsregel der präskriptiven Entscheidungstheorie und der Spieltheorie; syn, Wald-Prinzip, Maxi-Mini-Prinzip)
Minimax-Regel *f* (Bw) minimax rule *(syn, Wald-Regel)*
Minimax-Schätzung *f* (Stat) minimax estimation
Minimax-Theorem *n* (OR) minimax theorem
Minimierung *f* **unter Nebenbedingungen** (Math) constrained minimization
Minimumprinzip *n* (Bw) minimality principle
(ie, to achieve a given result with the minimum possible resources; opp, Maximumprinzip)
Minimumsektor *m* (Bw) bottleneck segment *(ie, in operative planning)*
Minirezession *f* (Vw) mini (*or* near) recession
Ministahlwerk *n* (IndE) minimill
(ie, melts scrap in electric furnaces and uses continuous casters = Stranggußanlagen)
Ministerkartell *n* (Kart) „ministerial" cartel
(ie, one to which the Federal economics minister puts his stamp of approval because it is deemed to be justified by overriding considerations of the public interest; cf, § 24 GWB)
Ministerpräsident *m*
(com) prime minister
– (US) governor *(eg, the Bavarin governor)*

Ministerrat *m* (EG) Council of Ministers
Ministerratssitzung *f* (EG) EC council meeting
Mini-Testmarkt *m* (Mk) mini market test *(ie, Testverfahren zur Prüfung der Marktchancen neuer Produkte)*
Min-Max-System *n* (MaW) min-max system of inventory control
Minor *m*
   (Math) minor
   – cofactor
   – complementary minor
   (ie, the minor of an entry of a matrix is the determinant of the matrix obtained by removing the row and column containing the entry; cf, Laplace Determinantensatz)
Minorante *f*
   (Math) minorant
   – lower bound
Minor *m* **erster Ordnung** (Math) first minor
Minoritätsbeteiligung *f* (com) = Minderheitsbeteiligung
Minoritätsrechte *npl* (com) = Minderheitsrechte
Minor *m* **zweiter Ordnung** (Math) second minor
Minusankündlgung *f* (Bö) sharp markdown
Minusbetriebsvermögen *n* (StR) negative value of business assets
   (ie, form of tax valuation of businesses with a debt overload, § 12 GewStG)
Minuskorrektur *f*
   (Bö) markdown
   – downward adjustment
Minusposition *f* (Bö) shortage of cover
Minuszeichen *n*
   (Math) negative sign
   (Bö) markdown
Mischarbeitsplatz *m* (EDV) work station handling data and text processing
Mischbauart *f* (EDV) hybrid design
Mischbetrieb *m* (EDV) asynchronous balanced mode, ABM
Mischdurchlauf *m* (EDV) merge run
mischen
   (EDV) to merge
   – to collate
Mischer *m*
   (EDV) collator
   – interpolator
Mischfinanzierung *f*
   (Fin) mixed financing
   – hybrid financing
   (ie, combination of several funding sources)
   (FiW) joint financing
   (eg, put up by Federal and state governments)
Mischfolge *f* (EDV) collating *(or* collation*)* sequence *(syn, Sortierfolge)*
Mischgatter *n* (EDV) inclusive-OR element *(or* circuit*)*
   (syn, inklusives ODER-Glied, Odergatter, Oderglied)
Mischgeldsystem *n* (Vw) mixed money system
Mischgüter *npl* (Vw) mixed goods
Mischkalkulation *f* (com) = Ausgleichskalkulation, qv
Mischkommunikation *f* (EDV) multiple service communication

Mischkonzern *m*
   (com) conglomerate company *(or* group*)*
   – conglomerate
   (ie, multi-industry or multi-market company: heterogeneous group of affiliated companies; syn, Konglomerat)
Mischkosten *pl* (KoR) mixed cost *(ie, composed of fixed and variable elements)*
Mischkredit *m* (Fin) mixed *(or* blended*)* credit
Mischlauf *m* (EDV) merge run
Mischpreis *m* (com) composite *(or* mixed*)* price
Mischproblem *n*
   (OR) product mix problem
   (OR) blending problem
Mischprogramm *n* (EDV) merge program
Mischsortieren *n* (EDV) merge *(or* classical*)* sorting
Mischtätigkeit *f* (Pw) work mix comprising ordinary office work + video station work *(see: entmischte Tätigkeit)*
Mischungsabweichung *f* (KoR) mix variance
Mischungsoptimierung *f* (OR) optimized blending
   (ie, Form der Produktionsprogramm-Optimierung in Mineralöl-, Stahl-, Chemie- und Nahrungsmittelindustrie usw)
Mischungsproblem *n* (OR) blending problem
Mischungsrechnung *f*
   (com) alligation
   – alligation alternate
   – alligation medial
   (ie, der Mittelpreis ist bei Mischung gleicher Teile zu verschiedenen Preisen gleich der Summe der Einzelpreise dividiert durch die Anzahl der Sorten)
Mischzinssatz *m* (Fin) composite interest rate
Mischzoll *m*
   (Zo) compound duty *(or* tariff*)*
   – mixed tariff
Mißbrauch *m* **abstellen** (Kart) to desist from an abuse *(ie, of market power)*
Mißbrauch *m* **des Ermessens** (Re) abuse of discretion
   (syn, Ermessensmißbrauch)
Mißbrauch *m* **eindämmen** (com) to curb an abuse *(eg, of tax relief provisions)*
mißbräuchliche Patentnutzung *f* (Pat) abuse of patent
Mißbrauchsaufsicht *f* (Kart) control of abusive practices
   (ie, Unternehmen mit marktbeherrschender Stellung sollen gehindert werden, Lieferanten Abnehmer auszubeuten od Wettbewerber zu behindern; syn, Mißbrauchskontrolle, korrektive Mißbrauchsaufsicht; see also: Ausbeutungsmißbrauch, Behinderungsmißbrauch)
Mißbrauchskontrolle *f* (Kart) = Mißbrauchsaufsicht, qv
Mißbrauchsprinzip *n* (Kart) principle of abuse
Mißbrauchsverfahren *n* (Kart) abuse proceedings
Mißbrauch *m* **von Marktmacht** (Kart) abuse of market power
Mißtrauensantrag *m* **stellen** (Pw) to propose a vote of no confidence
Mißtrauensvotum *n* (com) no-confidence vote
mit 100%-iger Auszahlung (Fin) paid out in full

mit 90%-iger Auszahlung (Fin) paid out at a discount of 10%

Mitaktionär *m* (com) joint shareholder (*or* stockholder)

mit allen Einreden (Re) subject to equities

Mitanmelder *m*
(Pat) coapplicant
– joint applicant

Mitanmelder *mpl* **e-s Patents** (Pat) joint applicants for a patent

Mitarbeit *m*
(com) cooperation
– collaboration
– assistance

Mitarbeiter *m*
(Pw) employee
– subordinate
(com) collaborator
– co-worker

Mitarbeiteranalyse *f* (Pw) manpower analysis

Mitarbeiterbefragung *f* (Pw) staff opionion survey

Mitarbeiterbeurteilung *f* (Pw) performance appraisal (*cf, Leistungsbeurteilung*)

mitarbeiterbezogener Führungsstil *m* (Bw) employee-oriented style of leadership

Mitarbeiterdarlehen *n* (Pw) staff loan
(*ie, Form der Kapitalbeteiligung der Arbeitnehmer; die Mittel aus Gewinnbeteiligung od Investivlohn werden als Darlehen des Arbeitnehmers wieder im Unternehmen angelegt*)

Mitarbeiter *mpl* **einstellen**
(Pw) to hire employees
– to take on (new) workers

Mitarbeiterförderung *f* (Pw) personnel development

Mitarbeiter *mpl* **im Außendienst** (com) field staff

Mitarbeiter *mpl* **im Innendienst**
(com) indoor staff
– in-house staff

Mitarbeiter *m* **in der Linie** (Pw) line subordinate

Mitarbeiterinterview *n* (Pw) interviewing of personnel

Mitarbeiterorientierung *f* (Bw) employee-oriented style of leadership

Mitarbeiterstab *m*
(com) staff
– team of subordinates

MIT-Auftrag *m* (Bö) „market if touched"–Order
(*ie, Kombination aus Bestens–Auftrag und limitiertem Auftrag*)

Mitbegünstigter *m* (Re) co-beneficiary

Mitbenutzungsrecht *n* (Re) right of joint use

mit besonderer Havarie (SeeV) with particular average, wpa

mitbestimmtes Unternehmen *n* (Bw) co-determined business enterprise

Mitbestimmung *f* (Pw) codetermination
(*ie, worker participation in management decisions that is required by law in West German private industry; takes place at two levels: (1) on the shop floor; (2) on the supervisory boards and management boards; it is an important form of industrial democracy in Germany*)

Mitbestimmungsergänzungsgesetz *n* (Pw) Amendment to Codetermination Law, of 27 Apr 1967

Mitbestimmungsgesetz *n* (Pw) Law on Codetermination, of 4 May 1976

Mitbestimmungsrecht *n* (Pw) codetermination right
(*ie, right of Works Council to give its consent on certain matters*)

Mitbeteiligung *f*
(com) co-partnership
– joint interest
– participation

Mitbewerber *m*
(com) competitor
– rival (*syn, Konkurrent*)

mit Bezugsrecht (Fin) cum rights

Mitbürge *m* (Re) joint guarantor

Mitbürgschaft *f*
(Re) joint guaranty
– co-suretyship (*ie, mehrere Bürgen verbürgen sich für dieselbe Verbindlichkeit, § 769 BGB; cf, Bürgschaft*)

mit dem Außenhandelsvolumen gewichtet (AuW) trade-weighted

mit Dividende (Fin) cum dividend

Miteigentum *n*
(Re) joint ownership, §§ 1008–1011 BGB
(Pw) joint employee ownership

Miteigentum *n* **an Grundstücken** (Re) co-ownership in land

Miteigentümer *m*
(Re) co-owner
– joint owner

Miteigentümer *m* **nach Bruchteilen** (Re) fractional co-owner

Miteigentum *n* **nach Bruchteilen** (Re) co-ownership by fractional shares

mit einem Durchschlag (com) (*letter*) in duplicate

Miterbe *m*
(Re) co-heir
– joint heir

Miterbengemeinschaft *f* (Re) community subsisting between co-heirs

Miterfinder *m* (Pat) co-inventor

mitfinanzieren (Fin) to join in the financing of . . .

Mitführung *f*
(Fin) co-management
– joint lead management (*ie, of loan issue*)

Mitgesellschafter *m* (com) co-partner

mit Gewähr (Re) with recourse

mit Gewinn arbeiten
(com) to operate in the black

Mitgläubiger *m*
(Re) co-creditor
– joint creditor

mit gleicher Post (com) under separate cover

Mitglied *n* **der Geschäftsleitung**
(Bw) member of the top management team
– top executive

Mitglieder *npl* **abjagen** (com) to siphon off membership

Mitgliederversammlung *f* (com) meeting of members

Mitgliedsbeiträge *mpl* (com) membership dues

Mitgliedschaftspapiere *npl* (WeR) securities evidencing membership (*eg, corporates shares = Aktien*)

Mitgliedschaftsurkunde *f* (WeR) evidence of ownership *(eg, Aktie)*
Mitgliedsland *n* (EG) member state *(or* country)
Mitgliedsstaat *m* (EG) = Mitgliedsland
Mitgliedsunternehmen *n* (Kart) member
Mithaftung *f* (Re) secondary liability
mithelfende Familienangehörige *mpl* (StR) assisting family members
Mitinhaber *m* **e-r Lizenz** (Pat) joint licensee
Mitinhaber *m* **e-s Patents** (Pat) joint patentee
mit Kupon (Fin) cum coupon
mitlaufende Cursoranzeige *f* (EDV) cursor coordinate display readout *(ie, in CAD)*
mit (laufenden) Zinsen (Bö) cum interest
Mitläufereffekt *m* (Vw) bandwagon effect *(syn, Nachahmereffekt)*
mit Leerzeichen überschreiben (EDV) to clear to spaces
mit nächster Post (com) in the next outgoing mail
Mitnahme *f* (Bö) profit taking
mitnehmen
  (Bö) to take profits
  – to cash in on profits
Mitreeder *m*
  (com) co-owner of a ship, § 490 HGB
  – joint shipowner
mitschneiden (EDV) to tape *(eg, a telephone conversation)*
mitschreiben (com) to take notes *(syn, Notizen machen)*
Mitschuldner *m* (Re) co-debtor
mit sofortiger Wirkung (Re) effective immediately
mit Sonderdividende (Bö) cum bonus
mit späteren Änderungen (Re) as amended
Mittagsschicht *f*
  (Pw) late shift
  – (GB) back shift
mitteilen
  (com) to inform
  – to give notice
  (fml) to notify
  – to advise
mitteilende Partei *f* (Re) notifying party
Mitteilung *f* (com) notification
Mitteilungsfeld *n* (EDV) communication region
Mitteilungspatent *n* (Pat, GB) communicated patent
Mitteilungspflicht *f* (com) duty to notify
Mitteilungspflichten *fpl* (Re) disclosure requirements, § 20 AktG
mitteilungspflichtig (Re) subject to disclosure requirements
Mittel *pl* (Fin) funds
  – resources
Mittelabfluß *m* (Fin) outflow of funds
Mittel *pl* **aufbringen** (com) to raise money *(or funds)*
Mittelaufbringung *f*
  (Fin) raising of funds *(or money)*
  – fund raising
Mittelaufkommen *n*
  (Fin) funds raised
  – inflow of funds
  (Fin) sales receipts *(ie, of investment funds)*
  (FiW) yield of revenue

Mittelaufkommen *n* **und Mittelverwendung** *f* (ReW) sources and uses of funds
Mittelaufnahme *f* (Fin) borrowing
Mittelaufnahme *f* **am Geldmarkt** (Fin) borrowing in the money market
Mittelaufnahme *f* **am Kapitalmarkt** (Fin) borrowing in the capital market
Mittel *pl* **aus Innenfinanzierung** (Fin) internally generated funds
Mittelausstattung *f* (Fin) financial resources
mittelbare Arbeiten *fpl* (IndE) auxiliary work
mittelbare Ausfuhr *f* (AuW) indirect export
mittelbare Beteiligung *f* (StR) indirect holdings of securities
  (eg, through a domestic or foreign holding company)
mittelbare Patentverletzung *f* (Pat) contributory infringement of patent
mittelbarer Besitz *m*
  (Re) constructive possession, § 868 BGB
  – indirect possession
mittelbarer Besitzer *m* (Re) indirect possessor
mittelbarer Boykott-Streik *m* (Pw) secondary boycott strike
mittelbarer Schaden *m*
  (Re) consequential damage *(or loss)*
  – indirect damage
  (syn, Folgeschaden, cf, § 249 BGB; § 53 VVG)
mittelbares Arbeitsverhältnis *n* (Pw) indirect employment
mittelbares Interesse *n* (Log) indirect *(or* proximate) interest *(opp, ultimate interest)*
mittelbares Verhalten *n* (Re) passive manifestation of will
mittelbare Ursache *f* (Re) remote cause
Mittelbegriff *m* (Log) middle term *(ie, occurring in both premises but not in the conclusion of a categorical syllogism)*
Mittel *pl* **beschaffen** (Fin) to raise cash *(or* funds)
Mittelbeschaffung *f*
  (Fin) borrowing
  – procurement of capital
  – raising of funds
Mittelbetrieb *m* (Bw) medium-sized business
Mittel *pl* **binden** (Fin) to tie up *(or* lock up) funds *(eg, in receivables or inventories)*
Mittelbindung *f*
  (Fin) commitment of
  – tying up
  – locking up ... funds
Mittel *npl* **der Einflußnahme** (Bw) control devices
Mittel *n* **der Flügelwerte** (Stat) class midpoint
Mittel *n* **der Grundgesamtheit** (Stat) parent mean
Mittelentzug *m* (Fin) withdrawal of funds
Mittel *pl* **freigeben** (Fin) to release funds
mittelfristig (com) intermediate term
mittelfristige Anleihen *fpl*
  (Fin) medium-term bonds
  – mediums
mittelfristige Ausleihungen *fpl* (Fin) term lendings
mittelfristige Finanzplanung *f*
  (Fin) intermediate financing
  (FiW) medium-term fiscal planning
mittelfristige Optionsanleihe *f* (Fin) convertible notes

33*

mittelfristige Papiere npl (Fin) medium-term securities

mittelfristige Prognose f (Vw) medium-term (or intermediate-range) forecast

mittelfristiger Bankkredit m
(Fin) bank term credit
– medium-term bank credit

mittelfristiger Beistand m (EG) medium-term assistance

mittelfristiger finanzieller Beistand m (EG) medium-term financial assistance

mittelfristiger Kredit m
(Fin) medium-term loan
– intermediate credit

mittelfristiger Zinssatz m (Fin) medium-term rate

mittelfristige Schatzanweisungen fpl (Fin) medium-term Treasury bonds

mittelfristiges Ziel n
(Bw) medium-range target
– midrange goal
– intermediate goal
(ie, typically two or three years)

mittelfristig garantierter Paritätsanstieg m (AuW) crawling peg

Mittelfristplan m (Bw) medium-term plan

mittelgroßes Unternehmen n (Bw) midsize company

Mittelherkunft f (Fin) sources of funds

Mittelherkunft f **und -verwendung** f (Fin) sources and application of funds

Mittelkurs m
(Fin) mean (or middle) rate
(ie, arithmetic mean of buying and selling price of foreign exchange)
(Bö) middle market price

Mittel pl **kürzen** (Fin) to cut/slash . . . funds

Mittel pl **mobilisieren** (FiW) to mobilize funds

Mittelpreis m **des Verbrauchsorts** (StR) average retail price at the place where non-monetary benefits are appraised, § 15 II BewG

Mittelrückfluß m (Fin) return flow of funds

Mittelsmann m
(com) go-between
– (GB) link

Mittelsorte f
(com) medium quality
– middling

Mittelstand m (com) small and medium-sized businesses

mittelständischer Kredit m (Fin) loan to small and medium-sized enterprises

mittelständische Unternehmen npl (com) small to medium-sized businesses

mittelständische Wirtschaft f (com) small and medium-scale sector of the economy

Mittelständler mpl (com) small and medium-sized businessmen

Mittelstandskartell n (Kart) cartel relating to cooperation (other than rationalization) between small and medium-sized businesses to increase their productivity

Mittelstandskredit m (Fin) loan to small or medium-sized business

Mittelstandspolitik f (Vw) small and medium-sized firm policy

Mittelstrecke f (com) medium-haul route

Mittelstreckenflugzeug n (com) medium-haul airliner

mittel- und langfristige Bilanzposten mpl (ReW) noncurrent items

mittel- und langfristiges Leasing n (Fin) financial leasing

Mittelvaluta f (Fin) mean value date

Mittelverwendung f
(Vw) allocation of resources
(Fin) application/uses . . . of funds

Mittel pl **weitergeben** (Fin) to relend funds (to)

Mittelwert m
(Stat) average (value)
– mean
– mathematical expectation
(ie, die gebräuchlichsten M. sind: arithmetisches Mittel, geometrisches Mittel, Median und Modus, qv)

Mittelwert m **bilden aus** (Stat) to average over

Mittelwert m **der Abweichungsquadrate** (Stat) mean square

Mittelwertkarte f (IndE) average (or x-bar) chart
(ie, in quality control)

Mittelwertsatz m
(Stat) mean value theorem
– first law of the mean

Mittelwert-Spannweiten-Karte f
(IndE) average and range control chart
– X-R chart (syn, x-r-Karte)

Mittelwert-Streuungs-Karte f
(IndE) average and spread control chart
– X-S chart (syn, x-s-Karte)

Mittelwertverfahren n (Bw) average value method
(ie, a firm's value [Unternehmenswert] is derived from the average of its net assets and (higher) capitalized earnings values; dominates German practice; opp, Übergewinnverfahren)

Mittelzuführung f (Fin) injection of new funds

Mittelzuweisung f (FiW) apportionment of funds
(eg, to government agency, project, etc.)

Mittler m
(Re) go-between
– middleman
– intermediary

mittlere Abfertigungsrate f (OR) mean service rate

mittlere absolute Abweichung f (Stat) mean absolute deviation, MAD
(ie, Streuungsmaß für metrisch skalierte Merkmale)

mittlere Abweichung f (Stat) average (or mean) deviation

mittlere Ankunftsrate f (OR) mean arrival rate

mittlere Bedienungszeit f (OR) mean service time

mittlere Beschleunigungskosten pl (OR) average variable cost

mittlere Datentechnik f (EDV) office computers

mittlere Fertigungsgüte f (Stat) process average quality

mittlere Führungskraft f (Bw) middle-level executive

mittlere Führungsspitze f (Pw) middle management

mittlere Lebenserwartung f (Stat) average life expectancy
(syn, fernere mittlere Lebensdauer)

mittlere Leitungsebene *f* (Bw) middle management
mittlere Nutzungsdauer *f* (Bw) average life
mittlere quadratische Abweichung *f* (Stat) standard
deviation σ
*(ie, positive square root of the variance; syn,
Standardabweichung)*
mittlere quadratische Kontingenz *f* (Stat) mean-
square contingency
mittlere Qualität *f* (com) medium quality
mittlere Qualitätslage *f* **der Fertigung** (IndE) process average
mittlerer Anteil *m* **voll geprüfter Lose** (IndE) average total inspection
mittlerer Ausfallabstand *m* (IndE) mean time between failures, MTBF
mittlerer Ausschußanteil *m* **in der Fertigung** (IndE)
process average fraction defective
mittlerer Betrieb *m*
(Bw) medium-sized business
(Mk) medium account
mittlerer Börsenpreis *m* (Bö) average list price
mittlerer Durchschlupf *m* (IndE) average outgoing
quality, AOQ
(ie, defective items are replaced)
mittlere Reife *f* (Pw) examination taken at 16 and
approximating to ‚0' level in England
mittlerer Fälligkeitstermin *m*
(Fin) average/average due ... date
– equated time
*(ie, when several payments with different due
dates are combined)*
mittlerer Fehler *m* (Stat) mean deviation
mittlerer Informationsgehalt *m*
(EDV) average information content
– entropy
mittlerer Kapitalkoeffizient *m* (Vw) average capital-output ratio
mittlerer Lagerbestand *m* (MaW) average inventory on hand
mittlerer Prüfumfang *m* (IndE) average amount of
inspection
mittlerer quadratischer Fehler *m*
(Stat) root-mean-square error
– standard error (of the mean)
mittlerer Stichprobenumfang *m* (Stat) average
sample number function
mittlerer Verfalltag *m* (Fin) mean due date *(ie, of
bills of exchange)*
mittleres Abweichungsquadrat *n* (Stat) mean
square
mittleres Fehlerquadrat *n*
(Stat) error mean square
– mean-square error
mittleres Management *n* (Bw) middle management
mittlere Spannweite *f* (Stat) mean range
mittleres Unternehmen *n* (Bw) medium-sized business
mittlere Transportentfernung *f* (com) average haul
distance
mittlere Verfallzeit *f* (Fin) = mittlerer Verfalltag
mittlere Zahl *f* **der Prüfstücke** (IndE) average article run length
*(ie, average number of items sampled before ac-
tion is taken)*
Mittreuhänder *m* (Re) co-trustee

Mitunternehmer *m*
(Re) co-partner
– joint contractor
(StR) co-entrepreneur
Mitunternehmeranteil *m* (Re) partnership share
Mitunterzeichner *m*
(com) co-signer
(WeR) co-maker
Mitverantwortungsabgabe *f* (EG) co-responsibility
levy *(ie, la taxe de la coresponsabilité; eg, on farm
overproduction)*
mit Verlust abschließen
(ReW) to report a loss
– to close at a loss
Mitverschulden *n* (Re) contributory default *(or
negligence)*, § 254 BGB
Mitversicherer *m*
(Vers) co-insurer
(Vers) additional insured
Mitversicherung *f* (Vers) co-insurance
mitwirkendes Verschulden *n* (Re) = Mitverschulden
Mitwirkung *f* (com) intermediation *(eg, unter M.
von = through the ... of)*
Mitwirkungspflicht *f* (StR) duty (of taxpayer) to
cooperate
Mitwirkungsrecht *n*
(Pw) participatory right
– right of participation *(eg, of the works council)*
mit Wirkung vom
(Re, US) as of *(ie, such-and-such a date)*
– (GB) as from
– effective *(eg, 11 July 1992)*
mnemonisches Symbol *n* (EDV) mnemonic
(symbol)
mnemotechnischer Code *m* (EDV) mnemonic code
Möbelwagen *m*
(com) moving van
– (GB) pantechnicon *(ie, becoming rare)*
– (GB) removal van
mobile Einsatzgruppe *f* (Bw) flying crew *(or* squad)
(ie, to handle urgent situations)
mobiles Datenerfassungsgerät *n* (EDV) hand-held
data entry unit
mobiles Telefon *n* (com) cellular telephone
Mobiliarkredit *m* (Fin) credit secured by personal
property or securities *(ie, term no longer in current usage)*
Mobiliarvollstreckung *f* (Re) seizure and sale of
movable property
Mobilien *pl* (Re) movable property
mobilisieren (Fin) to mobilize *(ie, put into circulation)*
Mobilisierungspapiere *npl* (Fin) mobilisation paper
(or instruments)
*(ie, sold by Deutsche Bundesbank to the banking
industry)*
Mobilität *f* **der Arbeitnehmer** (Pw) labor mobility
Mobilitätshilfe *f* (Vw) mobility allowance *(or assistance)*
Mobilitätspolitik *f* (Vw) mobility promotion
policies
*(ie, Maßnahmen zur Beschleunigung der Struk-
turanpassung und Strukturflexibilität durch
erhöhte Arbeitskräfte- und Kapitalmobilität)*

517

Mobilitätsziffer *f* (Stat) mobility ratio *(ie, total number of migrations, related to 1,000 s of resident population)*
Modalitäten *fpl*
(com, Fin) arrangements
– features
– terms
Modalwert *m* (Stat) mode
Modeartikel *m*
(com) style item
– fashionable article
Modeberuf *m* (Pw) trendy job *(eg, car mechanic)*
Modegag *m* (com) the latest rag *(or thing)*
Modell *n* (Math) model
Modellbildung *f* (Log) model building
Modellbildung *f* **industrieller Prozesse** (IndE) modeling of industrial processes
Modell *m* **entwickeln** (Vw, Bw) to develop *(or build)* a model
Modellhaus *n*
(com) model home
– (GB) show house
Modell *n* **in Originalgröße** (IndE) mockup *(ie, full size and constructed of inexpensive material, to study construction and use of a product*
Modell *n* **mit Lagerhaltung** (Vw) model with stocks
Modell *n* **mit Zufallsstörungen** (Stat) shock model
Modellrechnung *f* (com) model calculation
Modellregelkreis *m* (EDV) automatic control system model
Modellreihe *f* (com) model range *(eg, of cars)*
Modellwechsel *m* (com) model changeover
Modem *n*
(EDV) modem
– modulator/demodulator *(ie, Brücke zwischen digitalen und analogen Geräten, zB Computer und Fernsprechnetz)*
Modenschau *f*
(com) fashion show
– (GB) dress show
Moderator *m* (com) anchorman *(syn, Redakteur im Studio)*
Moderatorin *f* (com) anchorlady
moderne Anlagen *fpl* (IndE) up-to-date equipment *(ie, durch mehrere Unternehmen auf dem Erstversicherungsmarkt)*
moderne Fertigungstechnologie *f* (IndE) advanced manufacturing technology, AMT
moderne Technologie *f*
(IndE) advanced *(or state-of-the-art)* technology
– high technology
(syn, Hochtechnologie, Spitzentechnik, Spitzentechnologie)
modernisieren (com) to modernize
Modernisierung *f* (com) modernization
Modernisierungsbeihilfe *f* (StR) modernization aid
Modernisierungsdarlehen *n* (Fin) home improvement loan
Modernisierungs- und Energieeinsparungsgesetz *n* (Re) Modernization and Energy Conservation Law
Modeschau *f*
(com, US) fashion show
– (GB) dress show
Modifizierfaktor *m* (EDV) modifier

modifizierte Adjazenz-Matrix *f* (OR) modified adjacency matrix
modifizierte Ausfallbürgschaft *f* (Re) modified guaranty of collection
modifizierter Mittelwert *m* (Stat) modified mean
Modul *m*
(Math) module
– absolute value
(syn, Absolutwert e-r komplexen Zahl)
(EDV) module *(syn, Systembaustein)*
modulare Fertigung *f* (IndE) modular manufacturing
modulares Programmieren *n* (EDV) modular programming
modulare Struktur *f* (IndE) modular structure
modulare Stückliste *f* (IndE) modular bill of materials
Modularsystem *n* (EDV) modular system
Modulbauweise *f*
(IndE) modular construction *(or design)*
Modulbibliothek *f* (EDV) relocatable library
Modulbinder *m* (EDV) linkage editor *(syn, Binder)*
Modulo-N-Prüfung *f*
(EDV) modulo n check
– residue check
Modulstruktur *f* (IndE) = modulare Struktur, qv
Modul-Werbung *f* (Mk) modular advertising
Modus *m* (Log) mode
Modus-Ponens-Regel *f* (Log) = Abtrennungsregel, qv
Mogelpackung *f*
(Mk) deceptive packing *(or packaging)*
– deception packaging
– dummy package
Möglichkeit *f* **ausschließen** (com) to rule out a possibility *(eg, of a cut in interest rates)*
Möglichkeiten *fpl* **erkunden** (com) to explore possibilities
Möglichkeiten *fpl* **nutzen** (com) to exploit (business) opportunities
(eg, presented by . . .)
Molekularsatz *m* (Log) molecular statement
Molkereigenossenschaft *f* (com) cooperative processing and distributing dairy products
Moment *n* (Stat) moment (about)
Momentanverzinsung *f* (Math) continuous convertible interest
momentenerzeugende Funktion *f* (Stat) moment generating function
Momentenmatrix *f* (Math) moment matrix
Momentenmethode *f* (Stat) method of moments
Moment *n* **erster Ordnung** (Stat) first order moment
Moment *n* **e-r Stichprobenverteilung** (Stat) sampling moment
Moment *n* **zweiter Ordnung** (Stat) second order moment
monadischer Wahrheitswertfunktor *m* (Log) singular connective
monatliche Erfolgsrechnung *f* (ReW) monthly income statement
monatliches Abrechnungssystem *n* (ReW) monthly accounting *(or reporting)* system
monatliche Zahlung *f* (Fin) monthly payment *(or installment)*

Monatsabgrenzung *f* (ReW) budgetary equalization – month end

Monatsabschluß *m* (ReW) monthly balance (*or* settlement)

Monatsausweis *m* (ReW) monthly return

Monatsbeitrag *m* (com) monthly contribution

Monatsbericht *m* (com) monthly report

Monatsbilanz *f*
(ReW) monthly balance sheet
– month-end accounts

Monatsergebnis *n* (ReW) monthly result

Monatsgehalt *n* (Pw) monthly salary

Monatsgeld *n* (Fin) one-month money (*or* loans)

Monatszahlung *f* (Fin) monthly payment (*or* installment)

Mondscheingeschäft *n*
(Bö) moonlight deal
(*ie, Kauf von Aktien wird zu dem Termin abgeschlossen, zu dem auch der Verkauf geplant ist; erscheint nie in der Bilanz und ist nur in e–r logischen Sekunde um Mitternacht, bei Mondschein, im Bestand*)

Monemetallismus *m*
(Vw) monometallism
– single standard

monetäre Aggregate *npl* (Vw) monetary aggregates

monetäre Basis *f* (Vw) monetary base
(*ie, central bank money + demand deposits with central bank; syn, Geldbasis, Primärgeld, exogenes Geld*)

monetäre Bremsen *fpl* **lockern** (Vw) to ease (*or* relax) monetary restrictions

monetäre Expansion *f* (Vw) expansion of money supply

monetäre Gesamtgrößen *fpl* (Vw) monetary aggregates

monetäre Gesamtnachfrage *f* (Vw) total monetary demand

monetäre Grenzproduktivität *f* (Vw) marginal revenue productivity

monetäre Größen *fpl* (Vw) monetary aggregates

monetäre Instabilität *f* (Vw) monetary instability

monetäre Integration *f* (AuW) monetary integration

monetäre Komponente *f* (Vw) monetary component

monetäre Konjunkturtheorie *f* (Vw) monetary business cycle theory

monetäre Koordinierung *f* (AuW) monetary coordination

monetäre Kosten *pl* (Bw) money cost of factor input

monetäre Kostenkurve *f* (Bw) monetary cost curve

monetäre Märkte *mpl* (Fin) financial markets

monetäre Nachfrage *f* (Vw) monetary (*or* effective) demand

monetäre Nachfragefunktion *f* (Vw) monetary demand function

monetärer externer Effekt *m* (Vw) pecuniary spillover

monetärer Gegenwert *m*
(ReW) money equivalent
– money's worth

monetärer Konsum *m*
(Vw) money consumption

– consumption in monetary terms

monetäres Gleichgewicht *n* (Vw) monetary equilibrium

monetäres Umlaufvermögen *n* (ReW) current financial assets

monetäre Überinvestitionstheorie *f* (Vw) monetary overinvestment theory

monetäre Zusammenarbeit *f* (AuW) monetary cooperation

Monetarismus *m* (Vw) monetarism
(*ie, Richtung der Makroökonomik, die grundsätzlich auf der Quantitätstheorie basiert; cf, M. Friedman, K. Brunner, A. H. Meltzer*)

Monetarist *m* (Vw) monetarist

Monetärkredit *m* (Fin) monetary credit

monetisieren (Vw) to monetize (*ie, to give character of money; eg, to bonds*)

Monetisierung *f* **der Staatschuld** (FiW) monetization of public debt

monistisches System *n* **der Kostenrechnung** (KoR) tied-in cost system

Monitorprogramm *n* (EDV) monitor (routine)

monoindustrielle Agglomeration *f* (Vw) single-industry agglomeration

Monokausalität *f* (Log) one-to-one causation

Monokultur *f*
(com) monoculture
(Vw) one-product economy

monolithischer Speicher *m* (EDV) monolithic storage (*syn, Halbleiterspeicher*)

monolithisch integrierte Schaltung *f* (EDV) monolithic integrated circuit

Monolith-Technik *f* (EDV) solid-state circuitry

Monopol *n* (Vw, Kart) monopoly
(*ie, power to control market prices and to exclude competition*)

Monopolgesetzgebung *f* (Kart) monopoly legislation

Monopolgewinne *mpl* (Vw) monopoly profits

Monopolgrad *m* (Vw) Lerner's degree of monopoly

monopolisieren (Kart) to monopolize

Monopolisierung *f* (Vw) monopolization
(*ie, few firms produce and sell products that are different from those of competitors; cf, E. Chamberlain*)

Monopolist *m* (Vw) monopolist

monopolistische Angebotsbeschränkung *f* (Vw) monopolistic supply restriction

monopolistische Konkurrenz *f* (Vw) monopolistic competition (*E. Chamberlain*)

monopolistische Preisdifferenzierung *f* (Vw) price discrimination

monopolistischer Markt *m* (Vw) monopolistic market

Monopolkommission *f* (Kart) monopolies commission, § 24b GWB
(*ie, independent five-man body set up in 1973 to evaluate competition policy*)

Monopolpreis *m* (Vw) monopoly price

Monopolunternehmen *n* (Vw) monopolistic firm

Monopolverwaltung *f* **des Bundes** (FiW) federal monopoly administration

Monopson *n* (Vw) monopsony

monoton abnehmende Funktion *f* (Math) monotone decreasing function

monotone Funktion *f* (Math) monotonic function
monotone Transformation *f* (Math) monotonous (*or* monotonic) transformation
monoton fallend (Math) monotonically decreasing
monoton wachsend (Vw) monotonically increasing
Montage *f*
  (com) assembly
  – fitting
  – installation
  (IndE) assembly work (*or* operations)
Montageabteilung *f* (IndE) assembly department
Montagearbeit *f* (IndE) field-assembly work (*or* operations)
Montagearbeiter *m* (Pw) assemblyman
Montageband *n* (IndE) assembly line
Montagebetrieb *m* (IndE) assembly plant
Montageboden *m* (EDV) false floor (*ie, of computer center; syn, Doppelboden*)
Montagefirma *f* (com) assembler
Montagegehälter *npl* (Pw) installation salaries
Montagekosten *pl* (com) installation charges
Montagelöhne *mpl* (Pw) installation wages
Montageplan *m* (IndE) assembly schedule
Montageroboter *m* (IndE) assembly robot
Montageversicherung *f* (Vers) installation insurance
Montagewerk *n* (IndE) assembly plant
Montagewerkstatt *f* (IndE) assembly shop
Montagezeichnung *f* (IndE) assembly drawing
Montanaktien *fpl* (Fin) shares of the coal, iron, and steel industries
Montanbereich *m* (com) coal, iron, and steel sector
Montangesellschaften *fpl* (com) coal, iron, and steel companies
Montanindustrie *f* (com) coal, iron, and steel industry
Montanmitbestimmung *f* (Pw) codetermination in the coal, iron and steel industry
Montan-Mitbestimmungsgesetz *n* (Pw) Iron and Steel Codetermination Law, of 21 May 1951
Montanumlage *f* (EG) ECSC levy
Montanunion *f*
  (EG) European Coal and Steel Community, ECSC
Montanwerte *mpl* (Bö) mining and steel shares
montäre Konjunkturpolitik *f* (Vw) monetary business cycle policy
Monte-Carlo-Methode *f* (OR) random walk process
Monteur *m*
  (Pw) assemblyman
  – assembly operator
  – assembler
  – fitter
moralisches Wagnis *n* (Vers) moral hazard
  (*ie, tritt immer dann auf, wenn bestimmte Risiken von e-m Kollektiv abgedeckt werden; zB, im Wohlfahrtsstaat, in der Gesundheitsökonomik*)
Moratorium *n*
  (Re) standstill agreement
  (Fin) debt deferral
  – deferral (*or* suspension) of debt repayment
  – moratorium
Morgenschicht *f* (Pw) morning shift
morphologische Forschung *f* (Mk) morphological research (*ie, in product design*)

Mortalität *f* (Stat) mortality
MOS-FET-Technologie *f* (EDV) mosfet technology (*ie, field effect transistor utilizing metal oxide semiconductor, MOS*)
MOS-Schaltkreis *m*
  (EDV) metal-oxide semiconductor circuit
  – MOS circuit
Motivatoren *mpl*
  (Pw) motivators
  – job content factors
Motivforschung *f* (Mk) motivation(al) research
Motivirrtum *m* (Re) mistake as to formation of intention, § 119 II BGB
Motorenwerte *mpl* (Bö) motors
Motorleistung *f* (IndE) engine efficiency (*ie, ratio between energy supplied to an engine to the energy output of the engine*)
MTM-Verfahren *n* (IndE) methods time measurement
MTS-Verfahren *n* (IndE) methods time sharing
Müllabfuhr *f*
  (com garbage collection
  – (GB) refuse collection
Mülldeponie *f*
  (com) garbage/waste . . . dump
  – (GB) refuse tip
Müllfahrzeug *n* (com) refuse collection vehicle
Müllkunde *f* (Mk) garbology
Müllsack *m* (com) garbage bag
Mülltonne *f*
  (com) garbage can
  – (GB) dustbin
Müllwagen *m*
  (com) garbage truck
  – (GB) dustcart
Müllwerker *m*
  (com) garbage collector
  – (GB) dustbinman
  (*earlier Briticism: dustman*)
Multidevisenstandard *m* (AuW) multiple foreign exchange currency
Multifaserabkommen *n* (AuW) multifiber agreement, MFA
  (*ie, seit 1973, bestehende Rahmenvereinbarung über den internationalen Handel mit Textilien; syn, Welttextilabkommen*)
multifunktionale Geräte *npl* (EDV) multifunctionals
Multikausalität *f* (Log) multiple causation
Multikollinearität *f* (Stat) multi-collinearity
multilateraler Handel *m* (AuW) multilateral trade
multilateraler Saldenausgleich *m* (AuW) multilateral settlement
multilateraler Zahlungsverkehr *m* (AuW) multilateral settlements
multilaterales Clearing *n* (AuW) multilateral clearing
multilaterales Länderkontingent *n* (AuW) negotiated multilateral quota
multilaterales Wechselkurs-Modell *n* (AuW) multilateral exchange-rate model
multilaterale Überwachung *f* (AuW) multilateral surveillance
  (*ie, by the BIS in financing balance-of-payments deficits*)

multilaterale Verrechnung f (Fin) multilateral compensation (or settlement)

Multilateralisierung f **des innergemeinschaftlichen Saldenausgleichs** (EG) multilateralization of intra-Community settlements

Multilateralismus m (AuW) multilateralism
(ie, die Merkmale: freie Währungs-Konvertibilität, Prinzip der Meistbegünstigung, Abwesenheit mengenmäßiger Beschränkungen, qv)

Multimomentaufnahme f **mit Leistungsgradschätzen** (IndE) rated-activity sampling

Multimomentverfahren n
(IndE) observation ratio method
– ratio delay method

multinationales Unternehmen n
(com) multinational corporation (or company)
– transnational company
(ie, Phasen der Internationalisierung sind:
1. Import von Produktionsfaktoren = import of input resources;
2. Export von Überschüssen durch eigene Vertriebsorganisationen = export of surplus output through independent sales organizations;
3. Errichtung von Tochtergesellschaften = formation of subsidiaries
4. autonome Produktion der Tochter = self-managed production by subsidiaries;
5. Kooperation der Töchter mit Drittland-Unternehmen = cooperation of subsidiaries with third-country enterprises;
6. grenzüberschreitende Fusionen = cross-frontier mergers;
7. Bildung multinationaler Konzerne = creating multinational groups worldwide)

multiple Erweiterung f (Bw) multiple plant expansion

multiple Giralgeldschöpfung f
(Vw) multiple bank deposit creation
– multiple expansion of commercial bank money (or credit or deposits)

multiple Korrelation f (Stat) multiple correlation

multiple nichtlineare Korrelation f (Stat) multiple curvilinear correlation

multiple Regression f (Stat) multiple regression

multiple Regressionsanalyse f (Stat) multiple regression analysis
(ie, Erklärung des Verhaltens der zu prognostizierenden Zeitreihe durch das Verhalten anderer Zeitreihen; die beeinflussenden Größen sind die unabhängigen od exogenen Variablen, die zu prognostizierende Zeitreihe die abhängigen od endogenen Variablen, qv)

multipler Korrelationskoeffizient m (Stat) coefficient of multiple correlation

multipler Wechselkurs m (Fin) multiple (or split) exchange rate *(syn, gespaltener od differenzierter Wechselkurs)*

multiples Gleichgewicht n (Vw) nonunique equilibrium

Multiplexbetrieb m
(EDV) multiplex mode (or operation)
– multiplexing

multiplexen EDV) to multiplex
(ie, to carry out two or more functions in a computer essentially simultaneously)

Multiplexer m (EDV) multiplexer
(ie, merges information to single output channel)

Multiplexkanal m (EDV) multiplexer channel

Multiplikationsanweisung f (EDV) multiply statement

Multiplikationsbefehl m (EDV) multiply instruction

Multiplikationseinrichtung f (EDV) multiplier

Multiplikationssatz m (Stat) multiplication rule *(of probability)*

Multiplikation f **von Matrizen** (Math) matrix multiplication

Multiplikator m
(Math) multiplier *(ie, in x.y, y is called the multiplier)*
(Vw) multiplier *(eg, 1-DC/DY)*

Multiplikator-Akzelerator-Modell n (Vw) multiplier-accelerator model

Multiplikator m **für die Ausgaben der öffentlichen Hand** (FiW) government expenditure multiplier

Multiplikatorwirkung f **e-s ausgeglichenen öffentlichen Haushalts** (Vw) balanced-budget multiplier

Multiplizitätseigenschaft f **der Prozesse** (OR) infinite divisibility of activities

Multipointverbindung f (EDV) multipoint line *(syn, Netzkonfiguration)*

Multiprogrammverarbeitung f (EDV) multiprogramming

Multiprozessorbetrieb m (EDV) multiprocessing

Multis pl (Bw) multinational corporations

Multisektoren-Multiplikator m (Vw) multi-sector multiplier

Multitasking n (EDV) multitasking

multivariate Analyse f (Mk) multivariate analysis, MVA
(ie, Methoden sind:
1. Regressionsanalyse;
2. Korrelationsanalyse;
3. Clusteranalyse;
4. Diskriminanzanalyse;
5. Varianz- und Kovarianzanalyse;
6. mehrdimensionale Skalierung;
7. kanonische Analyse)

Multiwährungsintervention f (AuW) multiple currency intervention

Münchener Patentübereinkommen n (Pat) Munich Patent Convention

mündelsicher (Fin) eligible for trusts

mündelsichere Kapitalanlage f (Fin) eligible investment

mündelsichere Papiere npl
(Fin) trustee securities, § 1807 I BGB
– eligible securities
– legal investment
(ie, class of securities in which investors – trustees, savings banks – may legally invest)

mündliche Abmachung f (Re) = mündliche Vereinbarung

mündliche Bestellung f (com) oral purchase order

mündliche Kommunikation f (Bw) oral (or verbal) communication

mündliche Prüfung f
(Pw) oral examination
– (GB also) viva voce

mündliche Vereinbarung *f*
　　(Re) verbal agreement (*or* arrangement)
　　– oral agreement
Mündlichkeitsprinzip *n* (Re) principle of oral pre-
　　sentation
Mundwerbung *f* (Mk) word-of-mouth advertising
Münzeinnahmen *fpl* (FiW) seigniorage
Münzen *fpl* (Vw) coin(s)
Münzfernsprecher *m*
　　(com) pay station
　　– (GB) pay telephone
Münzgeld *n* (Vw) specie
Münzgewinn *m* (Vw) profit from coinage
Münzgutschrift *f* (FiW) credit to government on
　　account of coinage
Münzhoheit *f* (FiW) right of coinage
Münzparität *f*
　　(FiW) mint parity
　　– mint par of exchange
　　– mint rate
Münzregal *n* (FiW) right of coinage
Münzumlauf *m* (Vw) coin circulation
Münz- und Barrengold *n* (Vw) gold coin and bul-
　　lion
Münzverschlechterung *f*
　　(FiW) debasement
　　– adulteration of coinage
Münzverschleiß *m* (FiW) abrasion of coin
Mußbestimmung *f* (Re) mandatory provision
Mußkaufmann *m*
　　(Re) enterprise commercial by its nature, § 1 II
　　HGB
　　– merchant by nature of type of business
Muß-Knoten *m* (OR) must-follow node
Mußvorschrift *f* (Re) obligatory disposition
Muster *n*
　　(com) sample *(ie, physical specimen)*
　　(IndE) specimen *(in quality assurance)*
Musterarbeitsvertrag *m* (Pw) model employment
　　contract

Musterbeispiel *n* (com) object lesson *(eg, in single-
　　minded determination)*
Mustererkennung *f* (EDV) pattern recognition
Musterkollektion *f*
　　(com) sample collection
　　– stock of samples
Musterlager *n* (com) display of samples
Musterlos *n* (IndE) pilot lot
Mustermesse *f* (com) samples fair
Muster *n* **ohne Wert** (com) sample without value
Musterprozeß *m*
　　(Re) model suit
　　– test case litigation
　　*(ie, lawsuit initiated to assess the constitutionality
　　or application of a legislative or executive act;
　　term also refers to any landmark case that is the
　　first test of a major piece of legislation)*
Musterrabatt *m* (com) sample rebate
　　*(ie, granted to import firm abroad for small quan-
　　tities of merchandise which were to be used as
　　sales samples)*
Mustersatzung *f* (Re) model articles of association
Musterschutz *m*
　　(Pat) protection of registered design
　　– (GB) copyright in design
Mustersendung *f* (com) sample consignment
Mustervertrag *m* (Re) specimen contract (*or* agree-
　　ment)
Muster *npl* **ziehen** (com) to take samples
mutmaßlicher Parteiwille *m* (Re) implied terms
Muttergesellschaft *f* (com) parent company
　　(ie, meist Synonym für ‚Obergesellschaft‘)
Mutterpause *f* (com) reproducible copy
Mutterschaftsgeld *n* (SozV) maternity allowance
Mutterschaftshilfe *f* (SozV) maternity aid
Mutterschaftsurlaub *m* (Pw) maternity leave
Mutterschutz *m* (Pw) maternity protection
Mutterschutzgesetz *n* (SozV) Maternity Protection
　　Law, of 18 Apr 1968
Mutter *f* **und Tochter** *f* (com) parent and offspring

N

nachaddieren (com) to refoot
Nachahmereffekt *m* (Vw) bandwagon effect *(syn,
　　Mitläufereffekt)*
nachaktivieren (ReW) to post-capitalize
Nachaktivierung *f* (ReW) post-capitalization
Nachanmelder *m* (Pat) subsequent applicant
Nachanmeldung *f* (Pat) supplementary application
Nacharbeit *f*
　　(com) rework
　　(Pw) hours worked to make up for …
nacharbeiten
　　(com) to rework
　　(Pw) to make up for …
Nacharbeitskosten *pl*
　　(com, KoR) cost of rework
　　(KoR, *sometimes*) cost beyond normal
Nachbardisziplin *f* (Log) neighboring discipline
Nachbarkanten *fpl* (OR) neighboring arcs (*or* cuts)
Nachbarschaftseffekt *m* (FiW) neighborhood effect
　　(ie, all positive and negative effects of an action

　　*upon third parties; in a more restricted sense: re-
　　gional cost-benefit overlapping)*
Nachbarschaftsladen *m*
　　(com) neighborhood shop
　　– convenience store
　　*(ie, führt begrenztes Sortiment von Nahrungs-
　　und Genußmitteln sowie Haushaltsbedarf)*
Nachbau *m* (Pat) construction under license
nachbearbeiten
　　(com) to rework
　　– to post-edit
Nachbearbeitung *f*
　　(com) reworking
　　– post-editing
Nachbearbeitungsauftrag *m* (IndE) rework order
nach Bedarf (com) call off as required
nachbelasten (ReW) to charge subsequently
Nachbelastung *f*
　　(ReW) additional charge
　　– subsequent debit

nachbessern
(com) to rework
- to rectify faults (or defects)

Nachbesserung f
(com) rework
- rectification of defects (or faults)
- to improve (upon)

Nachbesserungskosten pl
(ReW) rework expenses
- cost of rework
(syn, Nachbearbeitungskosten)

Nachbesserungspflicht f (Re) obligation to remedy defects, §§ 633, 634 BGB

nachbestellen
(com) to reorder
- to place a repeat order (for)
(syn, nachordern)

Nachbestellung f
(com) reorder
- repeat order
(MaW) replenishment order

nach Bestellung angefertigt
(com) custom-made
- customized
- made to order

Nachbesteuerung f (StR) supplementary taxation

Nachbewilligung f (FiW) supplementary grant

Nachbezugsrecht n (Fin) right to prior-year dividends
(ie, on preferred stock, §§ 139ff AktG)

nach billigem Ermessen (Re) at reasonable discretion

Nachbörse f (Bö) after-hours...dealing/trading /market)
(ie, Handel nach der Börsenzeit per Telefon unter Börsenmitgliedern)

nachbörsliche Kurse mpl (Bö) after-hours prices

nachbörslich fest (Bö) strong in after-hours trading

Nachbuchung f (ReW) completing entry

Nachbürge m (Re) collateral (or secondary) guarantor

Nachbürgschaft f
(Re) collateral/secondary... guaranty
(ie, Nachbürge verpflichtet sich dem Gläubiger gegenüber, daß der Bürger s–e Verpflichtungen erfüllt; contract by which the guarantor (Bürge) undertakes to pay damages if principal fails to do what he has promised; cf, Bürgschaft)

nachdatieren (com) to antedate
(ie, to write a date preceding today's date; opp, vordatieren = to postdate)

nach Diktat verreist (com) dictated by... signed in his absence

Nachdruck m (com) reprint

Nachemission f (Bö) follow-up issue

nachentrichten (SozV) to pay retrospective social insurance contributions

Nachentrichtung f (SozV) retrospective payment of contributions

Nacherbe m (StR) second heir, § 6 ErbStG

Nacherhebung f (Zo) post clearance

Nachfakturierung f (ReW) post-delivery invoicing

Nachfaßaktion f (Mk) follow-up procedure

Nachfaßbesuch m (Mk) follow-up call

Nachfaßbrief m (com) follow-up letter

nachfassen (Mk) to follow up

nachfassende Untersuchung f (Stat) follow-up

Nachfaßinterview n
(Mk) callback
- follow-up interview

Nachfaßwerbung f (Mk) follow-up advertising

Nachfeststellung f
(StR) subsequent assessment
- subsequent determination of assessed value, § 23 BewG

Nachfeststellungszeitpunkt m (StR) time of subsequent assessment

Nachfinanzierung f (Fin) supplementary financing

Nachfolgebank f (Fin) successor bank

Nachfolgegesellschaft f (com) successor company

Nachfolgekonferenz f
(com) follow-up conference (or meeting)

nachfolgendes Ereignis n (OR) successor event

nachfolgende Unmöglichkeit f (Re) subsequent (or supervening) impossibility (ie, impossibility after a contract is made)

Nachfolgeorganisation f (com) successor organization

Nachfolgeprogramm n (EDV) successor program

Nachfolgerin f (com) = Nachtolgegesellschaft

nachfordern (com) to make a further claim

Nachforderung f
(com) subsequent (or supplementary) claim
(Bö) margin call

Nachfrage f (Vw) demand

Nachfrageanalyse f (Vw) demand analysis

Nachfrageänderung f
(com) change in demand
(Vw) shift in demand

Nachfrageausfall m (Vw) demand shortfall

Nachfrage f **befriedigen**
(com) to accommodate
- to meet
- to satisfy... demand

Nachfrage f **beleben** (com) to revive (or revitalize) demand

Nachfragebelebung f
(com) revival of demand
- revitalization of demand
- upswing (or upturn) in demand

Nachfragebeweglichkeit f (Vw) flexibility of demand

Nachfrageboom m (com) boom in (or surge of) demand

Nachfrage f **decken** (com) to meet (or supply) a demand

Nachfrageelastizität f
(Vw) demand elasticity
- elasticity of demand

Nachfrageentwicklung f (Vw) demand trend

nachfrageerhöhende Maßnahme f (Vw) demand-boosting measure

Nachfragefunktion f (Vw) demand function

Nachfragegesetz n (Vw) law of demand
(ie, the lower the price, the greater the quantity demanded; based on the analysis of the ,income effect' and the ,substitution effect' of price changes)

Nachfragegleichung f (Vw) demand equation

Nachfrageinflation f (Vw) demand inflation

– demand-pull/demand-shift . . . inflation
– buyers' inflation
Nachfrageinflationsmodell *n* (Vw) demand-inflation model
Nachfrageintensität *f* (com) strength of demand
Nachfragekomponente *f* (Vw) demand component *(eg, des realen BSP = of real gnp)*
Nachfragekurve *f* (Vw) demand curve
Nachfragekurve *f* **des Haushalts** (Vw) individual demand curve
Nachfragekurve *f* **mit konstanter Elastizität** (Vw) isoelastic demand curve
Nachfragekurve *f* **ohne Alternative** (Vw) all-or-nothing demand curve
Nachfragelücke *f* (Vw) deflationary gap
Nachfragemacht *f* (Vw) buyer concentration of power
Nachfragemenge *f* (Vw) quantity demanded
Nachfragemonopol *n* (Vw) monopsony *(syn, Monopson)*
Nachfragemonopolist *m* (Vw) monopsonist
Nachfrage *f* **nach Arbeitskräften** (com) demand for labor
Nachfrage *f* **nach Liquidität** (Vw) demand for cash balances
Nachfrage *f* **nach Produktionsfaktoren** (Vw) factor demand
Nachfrageoligopol *n* (Vw) demand oligopoly
nachfrageorientiert (Vw) demand-oriented *(eg, economic policy)*
Nachfrageprognose *f* (Mk) forecast of volume demand *(ie, Teil der Absatzprognose)*
Nachfrager *m* (Vw) demander
Nachfragerate *f* (OR) demand rate
Nachfragerückgang *m* (com) drop *(or* fall) in demand
Nachfrage *f* **schaffen** (com) to create demand (for)
Nachfrageschwäche *f* (com) weak demand
Nachfragesog *m* (Vw) demand pull
(ie, die normale Güternachfrage expandiert stärker als das reale Güterangebot; Keynesianischer Ansatz geht vom Gütermarkt, neoklassischer Ansatz vom Geldmarkt aus)
Nachfragesog-Inflation *f* (Vw) demand-pull inflation
Nachfragesog-Inflationsmodell *n* (Vw) demand-pull model of inflation
Nachfragesteuerung *f* (Vw) aggregative demand management
Nachfragestruktur *f* (Vw) demand structure
Nachfragetabelle *f* (Vw) demand schedule
Nachfrageüberhang *m* (Vw, Bö) = Nachfrageüberschuß
Nachfrageüberschuß *m*
(Vw) excess (in) demand
– excess of demand over supply
– surplus demand
Nachfrageverfall *m* (com) substantial drop in demand
Nachfrageverschiebung *f*
(Vw) shift in demand
– demand shift
Nachfrageverschiebungs-Inflation *m* (Vw) demand shift inflation
Nachfrageverteilung *f* (Vw) demand distribution

Nachfragewandel *m* (Mk) change in demand
Nachfrist *f*
(com) period of grace
– grace period
– extension of time
– days/term . . . of grace
– additional period of time
– respite
Nachfrist *f* **gewähren** (Re) to extend the original term
Nachfrist *f* **setzen** (Re) to allot a reasonable period within which to make performance
(ie, stating that it would not be accepted after the expiration of this period)
Nachführen *n* (EDV) tracking *(ie, in der Computergrafik)*
nachgeben
(com) to dip *(ie, prices, market)*
– to flag
– to sag
– to slip
– to soften
– to weaken
(com) to back down *(ie, in an argument)*
(Bö) to ease off
– to edge down
– to drift down
– to shade
– to slip back
nachgebend
(com) dipping *(ie, prices, market)*
– flagging
– sagging
– slipping
– softening
– weakening
nachgebende Kurse *mpl* (Bö) easing *(or* shading) prices
Nachgeben *n* **der Kurse** (Bö) slide in prices
Nachgeben *n* **der Zinsen** (Fin) easing of rates
Nachgebühr *f* (com) additional charge *(ie, postage or insufficient postage payable by addressee)*
nachgeholte Abschreibung *f* (ReW) backlog depreciation
nachgelagerte Absatzstufe *f* (Mk) downstream stage of distribution
nachgelagerte Industriezweige *mpl* (Bw) downstream industries
nach geltendem Recht
(Re) as the law stands
– under existing law
– under the law as it now exists
nachgeordnet (Bw) down the line
nachgeordnete Ebenen *fpl* (Bw) lower levels of organization
nachgeordnete Gebietskörperschaften *fpl*
(FiW) subordinate units of government
– state and local units
nachgeordnete Management-Ebene *f* (Bw) subordinate management level
nachgeordneter Linien-Manager *m* (Bw) subordinate line manager
nachgeordnetes Darlehen *n* (Fin) subordinated loan
nachgeschaltete Gesellschaft *f* (com) second-tier company

nachgewiesene Reserven *fpl* (Vw) = sichere Vorräte
nachgiebiges Recht *n*
(Re) flexible law
– *(civil law)* jus dispositivum
*(ie, legal obligations which can be excluded by
agreement; opp, zwingendes Recht = binding
law)*
nachgiebige Vorschriften *fpl* (Re) non-compulsory
provisions
Nachgirant *m* (WeR) post-maturity indorser
Nachgründung *f* (com) post-formation acquisition,
§ 52 AktG
*(ie, Gesellschaft schließt in den ersten 2 Jahren
seit Eintragung e–n Vertrag über den Erwerb von
Vermögensgegenständen für e–e 10 des Grundkapitals übersteigende Vergütung)*
Nachgründungsbericht *m* (com) post-formation report, § 52 III AktG
Nachgründungsprüfung *f* (com) post-formation audit, § 52 IV AktG
Nachgründungsvertrag *m* (Re) post-formation a-
greement, § 52 I 1 AktG
Nachhaftung *f* (Re) secondary liability
nachhaltige Erholung *f* (Vw) sustained pickup *(ie,
in economic activity)*
nachhaltige Tätigkeit *f* (StR) sustained (*or* continuous) activity for the purpose of realizing receipts,
§ 2 UStG
nachhaltige Wiederbelebung *f* (Vw) steady recovery
Nachhaltigkeit *f* (StR) = nachhaltige Tätigkeit
Nachholarbeit *f* (Pw) catch-up work *(ie, after a
strike)*
Nachholbedarf *m*
(com) catch-up
– backlog
– pent-up… demand
Nachholwirkung *f* (StR) recapture effect of VAT
*(ie, the entrepreneur who buys exempt goods
would pay a higher tax because the amount of
prior turnover tax he can deduct is reduced by the
tax not paid at the preceding stage)*
Nachindossament *n* (WeR) post-maturity indorsement
Nachindossant *m* (WeR) post-maturity indorser
nachindustrielle Gesellschaft *f* (Vw) post-industrial
society
*(ie, change from goods-producing to service
economy; preeminence of professional and technical class)*
Nachkalkulation *f*
(KoR) statistical cost accounting
– actual costing
Nachkosten *pl* (com, KoR) = Nacharbeitskosten
Nachkur *f* (SozV) post-cure rest period
Nachlaß *m*
(com) discount
– allowance
– deduction
– reduction
(Re) decedent's estate
(StR) abatement *(eg, of assessed taxes)*
Nachlaß *m* **an Kreditkartengesellschaften** (com)
merchant discount

*(ie, paid by retail and service establishments to
credit card companies on card sales)*
Nachlaß *m* **bei Barzahlung**
(com) cash discount
Nachlässe *mpl* (ReW) discounts and price reductions
nachlassen
(com) to reduce
– to abate *(eg, prices, taxes)*
– (infml) to knock off *(eg, I'll knock $10 off the
retail price)*
nachlassende Konjunktur *f*
(Vw) economy stops expanding
– economy slipping into recessionary waters
nachlassender Auftragseingang *m*
(com) flagging (*or* slackening) orders
– fewer new orders
Nachlassen *n* **der Hochkonjunktur** (Vw) unwinding
of boom
Nachlassen *n* **des Inflationsdrucks** (Vw) slackening
of inflationary pressures
nachlassende Wirtschaftstätigkeit *f* (Vw) slackening economic activity
Nachlaßgegenstand *m* (Re) asset
Nachlaßkonkurs *m* (Re) bankruptcy of a decedent's estate, §§ 214 ff KO
Nachlaßpfleger *m* (Re) curator of the estate
*(ie, appointment is intended to bridge over the
period during which it is not yet known who is
going to be the heir, §§ 1960ff BGB)*
Nachlaßschulden *fpl* (Re) debt of the estate
Nachlaßsteuer *f* (FiW) estate tax
*(ie, tax levied on the decedent's estate and not on
the heir receiving the property; the German ErbSt
is an ,Erbanfallsteuer' = inheritance tax)*
Nachlaßverbindlichkeiten *fpl* (Re) debt of decedent's estate
Nachlaß *m* **verwalten** (Re) to administrate a decedent's estate
Nachlaßverwalter *m* (Re) administrator of a decedent's estate
Nachlaßverwalterin *f* (Re) administratrix
Nachlaßverwaltung *f* (Re) administration of a decedent's estate, §§ 1975 ff BGB)
*(ie, management of the estate of an intestate or of
a testator who has no executor, performed under
the supervision of a court)*
Nachlaß *m* **vom Listenpreis** (com) off list
Nachlauf *m*
(com) post-carriage
– off-carriage
(ie, in container traffic: to final place of arrival)
nachlaufende Reihe *f* (Vw) lagging series *(syn, spätzyklische Reihe)*
nachlaufender Indikator *m* (Vw) = Spätindikator,
qv
Nachlaufkosten *pl* (com) follow-up costs
Nachlieferung *f*
(com) additional supply
– subsequent delivery
nachmachen
(com) to counterfeit
– to fake *(eg, documents, bank notes, products)*
Nachmann *m* (WeR) subsequent endorser (*or*
holder)

Nachmärkte *mpl* (Mk) downstream markets *(ie, dem Absatzmarkt nachgelagerte Märkte)*
Nachmittagsbörse *f* (Bö) = Abendbörse
Nachnahme *f*
(com) cash on delivery, c. o. d., cod
– (US) collect on delivery
Nachnahmebrief *m* (com) c. o. d. letter
Nachnahmekosten *pl* (ReW) c. o. d. expenses
Nachnahmesendung *f* (com) registered c. o. d. consignment
Nachorder *f*
(com) repeat order
– reorder
(MaW) replenishment order
nachordern (com) = nachbestellen
Nachpatent *n* (Pat) subsequent patent
nach pflichtgemäßen Ermessen (Re) as in duty bound
Nachporto *n* (com) additional postage
nachprüfen (com, infml) to check up on *(eg, a claim)*
Nachprüfungsverfahren *n* (Pat, US) reexamination procedure
(ie, im Gegensatz zum ‚reissue procedure‘ können auch Dritte die Patentnachprüfung beantragen; möglich seit 1980)
Nachrangdarlehen *n* (Fin, US) subordinated ... loan/debenture
(ie, Darlehensgläubiger verpflichtet sich, mit seinen Forderungen hinter die Forderungen aller anderen Gläubiger zurückzutreten; im angelsächsischen Bereich beliebt, in den letzten Jahren hat Bedeutung auch in Dt zugenommen)
nachrangige Anleihe *f* (Fin) secondary loan
nachrangige Hypothek *f*
(Re) subordinated
– subsequent
– junior ... mortgage
nachrangiger Gläubiger *m* (Re) secondary *(or* deferred) creditor
nachrangige Sicherheit *f* (Fin) junior security *(ie, bond or mortgage secured by one or more senior issues)*
nachrangiges Pfandrecht *n* (Re) junior lien
nachrechnen
(com) to check a calculation
– to recalculate
Nachrechner *m* (EDV) back-end computer
Nachricht *f* (EDV) message
Nachrichtenfluß *m*
(EDV) message
– package
– traffic ... flow
– packet rate *(ie, in distributed systems = in verteilten Systemen)*
Nachrichten-Speichervermittlung *f* (EDV) message switching
Nachrichtensperre *f* (com) black-out on information
Nachrichtenverarbeitung *f* (EDV) message processing
Nachrichtenvermittlung *f* (EDV) message switching *(ie, data are routed through central point within a network)*
nachrichtlich (com) memorandum item

Nachruf *m* (com) obituary
nachrüsten
(IndE) to retrofit
– to upgrade
Nachrüstsatz *m* (EDV) retrofitting kit
Nachsaison *f* (com) post-season
Nachsatz *m*
(EDV) end-of-file label
(EDV) trailer record
Nachschaltrechner *m* (EDV) back-end computer
(opp, front-end computer; syn, Nachrechner)
nachschießen
(Fin) to make a further contribution
(Bö) to remargin
Nachschlageinformationen *fpl* (com) reference information
Nachschlagewerk *n* (com) reference work
Nachschuß *m*
(Fin) supplementary contribution, § 26 I GmbHG
(Fin) additional payment
(Bö) further margin
Nachschußforderung *f* (Bö) margin call
(ie, Anforderung an den Kunden, die Mindestdeckung e–s Effektenkredits zu erhöhen = to up additional cash in a margin account)
nachschußfreie Aktien *fpl* (Fin) non-assessable corporate shares
nachschüssige Rente *f*
(Fin) ordinary annuity
– annuity immediate
Nachschußpflicht *f*
(Fin) obligation to make further contributions *(eg, § 26 GmbHG)*
(Vers) assessment to cover unexpected losses
nachschußpflichtig
(Fin) liable to make further contributions
– assessable
(ie, liable to pay extra)
nachschußpflichtige Aktien *fpl* (Fin) assessable corporate shares
nachschußpflichtiger Gesellschafter *m* (Fin) contributory partner
Nachschußzahlung *f*
(Fin) additional cover *(or* payment)
(Bö) further margin
Nachsendeadresse *f*
(com, US) temporary mailing address
– (GB) accommodation/forwarding ... address
Nachsendeanschrift *f*
(com) temporary mailing address
– (GB) accommodation address
Nachsendeantrag *m* (com) re-routing request *(ie, made to Post Office)*
nachsenden
(com) to send on
– to forward mail *(ie, to changed address)*
Nachsendung *f* (com) forwarding of mail
Nachsicht-Akkreditiv *n*
(Fin) documentary acceptance credit
– term credit
Nachsichttratte *f* (WeR) usance draft
Nachsichtwechsel *m* (WeR) after-sight bill
(ie, payable at fixed period after sight; syn, Zeitsichtwechsel)

nachstellige Hypothek *f* (Re) = nachrangige Hypothek

nachstelliges Grundpfandrecht *n* (Re) junior mortgage

Nachsteuer *f* (StR) supplementary tax

nächsthöherer Vorgesetzter *m* (Pw) supervisor's supervisor

Nachsynchronisation *f* (Mk) redubbing

Nachtarbeit *f* (Pw) night work

Nachtarbeitsverbot *n* (Pw) prohibition of nightwork

Nachteil *m* (Re) injury

nachteiliger Vertrag *m* (Re) deleterious contract

nachteilige Wirkung *f* (StR) baneful effect *(eg, of regressive tax)*

Nachtrag *m*
(com) postscript *(ie, to letter, report, etc.)*
(com) addendum

nachträgliche Buchung *f*
(ReW) subsequent posting
(ReW) subsequent entry

nachträgliche Genehmigung *f* (Re) subsequent approval

nachträglicher Einbau *m* (IndE) retrofit

nachträglicher Einspruch *m* (Pat) belated opposition

nachträgliche Schichtung *f* (Stat) stratification after sampling

nachträgliche Unmöglichkeit *f*
(Re) subsequent *(or* supervening) impossibility of performance
– subsequent frustration

Nachtragsbewilligung *f* (FiW) supplementary appropriation

Nachtragsbuchung *f* (ReW) subsequent entry

Nachtragshaushalt *m*
(FiW) supplementary budget
– (US) deficiency bill
– (GB) deficiency supply bill

Nachtragspolice *f* (Vers) additional policy

Nachtrag *m* **zur Police** (Vers) indorsement *(ie, provision added to a policy, usu. by being written on the printed page, but also in the form of a rider)*

Nachtschicht *f* (Pw) night shift

Nachttresor *m* (Fin) bank's night safe-deposit box

„Nachtwächterstaat" *m*
(Vw) nightwatchman state
– minimal state

Nachunternehmer *m* (com) subordinate contractor *(ie, employed by general contractor)*

Nachvaluta *f* (Fin) arrear value date

Nachvaluten *pl* (Fin) back values

Nachveranlagung *f* (StR) supplementary assessment, § 17 VStG, §§ 18, 21 GrStG

Nachversicherung *f*
(SozV) payment of retrospective contributions
(Vers) supplementary insurance

Nachversicherungszeiten *fpl* (SozV) periods for which retrospective contributions are made

Nachversteuerung *f* (StR) supplementary taxation, § 10 VI EStG

nachverzollen (Zo) to pay subsequent duty

Nachverzollung *f*
(Zo) post entry
– subsequent payment of customs duties

nach Wahl des Käufers (com) at buyer's option

nach Wahl des Verkäufers (com) at seller's option

Nachweis *m* **behaupteter Eigenschaften** (Mk) advertising substantiation

Nachweis *m* **der Nettobohrkosten** (ReW) statement of exploration results

nachweisen
(StR) to make a showing
(com) to prove
– to furnish proof
– to give a record of
– to produce evidence
– to show by submitting suitable documents

Nachweis *m* **von Vorsatz od grober Fahrlässigkeit** (Re) proof of intent or gross negligence

Nachwuchs *m* (Pw, infml) young blood

Nachwuchskräfte *fpl* (Pw) junior staff in training

Nachwuchsmanager *m* (Pw) junior manager

Nachwuchsmann *m*
(Pw) junior manager
– (sl) comer *(ie, with potential of assuming top responsibilities)*

nachzahlen (com) to pay retrospectively

Nachzahlung *f*
(com) back payment
(StR) deficiency in current tax payments
(Pw) backpay

Nachzahlungsaufforderung *f* (Fin) call *(ie, to shareholders for further contributions)*

Nachzahlung *f* **von Steuern aus Vorjahren** (ReW) payment of taxes for prior years

nachziehen
(com, infml) to follow suit
– to play catch-up

nachziehende Lohnerhöhung *f*
(Pw) catch-up increase of wages
– equalizing pay increase

Nachzugsaktien *fpl* (Fin) deferred shares *(or* stock)

nachzuversteuernder Betrag *m* (StR) taxable amount from previous years, § 10a EStG

Nadeldrucker *m* (EDV) wire printer *(cf, also dot matrix printer)*

Nagelprobe *f* (com, infml) litmus *(or* acid) test

Näherungsfehler *m* (Math) approximation error

Näherungsrechnung *f* (Math) approximate computation

Näherungsvariable *f* (Vw) proxy variable

Näherungswert *m* (Math) approximate(d) value

nahestehende Gesellschaft *f*
(com) affiliated company
– affiliate

Nahfischerei *f* (com) local fishing

Nahrungsmittelindustrie *f* (com) food (processing) industry

Nahrungsmittelkette *f* (com) food chain

Nahrungs- und Genußmittel *npl* (com) food and kindred products

Nahrungs- und Genußmittelindustrie *f* (com) food, beverages, and tobacco industry

Nahtstelle *f*
(Bw) linkage point
– interface

Nahverkehr *m*
(com) short-distance traffic
(com) short haulage

naive Mengenlehre f (Math) intuitive set theory

naive Quantitätstheorie f (Vw) crude quantity theory

Namenliste f (EDV) identifier list

namenlose Artikel mpl (Mk) no-names

namenlose Handelsmarke f (Mk) no-name brand

Namensaktie f (WeR) registered share (or stock)

Namenskonnossement n
(com) straight bill of lading (or B/L)
– nonnegotiable B/L

Namenslagerschein m (WeR) registered warehouse receipt

Namenspapier n
(WeR) registered instrument
– nonnegotiable document
(ie, kein Wertpapier i.e.S., nur schlichtes, schuld-rechtliches Wertpapier ohne Gutglaubensschutz, deshalb nur 'transferable'; opp, Inhaber- und Or-derpapiere = negotiable instruments)

Namenspfandbrief m (WeR) registered mortgage bond

Namensrecht n (Re) right to a name, § 12 BGB

Namensscheck m (WeR) registered check

Namensschuldverschreibung f (WeR) registered bond

namhafter Betrag m (com) substantial amount

Nämlichkeit f (Zo) identity of goods

Nämlichkeitsbescheinigung f (Zo) certificate of identity

Nämlichkeitsnachweis m (Zo) proof of unaltered character of temporarily imported goods

Nämlichkeitsschein m (Zo) = Nämlichkeitsbeschei-nigung

Nämlichkeitssicherung f (Zo) arrangements to prove identity of temporarily imported goods

Nämlichkeitszeichen n (Zo) identification mark

Nämlichkeitszeugnis n (Zo) = Nämlichkeitsbe-scheinigung

NAND-Funktion f
(EDV) NAND operation
– non-conjunction
– alternative denial
– dispersion

NAND-Schaltung f (EDV) NAND circuit (or element or gate)

NAND-Verknüpfung f (EDV) = NAND-Funktion

nasse Stücke npl (Fin) mortgage bonds issued but not yet outstanding

Naßgewicht n (com) weight in wet condition (ie, standard allowance 2 percent)

Naßzelle f (com) wet area

Nationalbudget n
(FiW) national budget
– national income estimate

nationale Buchführung f (VGR) national ac-counting

nationale Handelsbräuche mpl (com) national trade usages

Nationaleinkommen n (VGR) national income (syn, Volkseinkommen)

nationaler Markt m (com) national market

nationales Patent n (Pat) national patent

Nationalökonomie f (Vw) economics (ie, obsoles-cent term, being superseded by ‚Volkswirtschafts-lehre')

Nationalprodukt n (VGR) national product

Naturalerfüllung f (Re) performance in kind

Naturalherstellung f
(Re) restitution in kind, § 249 BGB
– restoration to the previous condition
– (civil law) restitutio in integrum

Naturalleistungen fpl (Pw) payment in kind

Naturallohn m (Pw) wages (or compensation) in kind (syn, Sachlohn)

Naturalobligation f
(Re) imperfect obligation
– „natural claim“
(ie, not enforceable in courts of law; eg, gambling debts, § 762 BGB)

Naturalrabatt m (com) rebate in kind

Naturalrestitution f (Re) = Naturalherstellung

Naturaltausch m (Vw) barter
(ie, exchance of goods and services without the use of money)

Naturaltilgung f (Fin) repayment of mortgage loan to real-property bank by means of mortgage bonds (if below par) instead of cash

Naturalwirtschaft f
(Vw) barter
– moneyless
– nonmonetary . . . economy

Naturalzins m (Vw) interest in kind (opp, Geldzins = money interest)

natürliche Absicherung f (Fin) natural hedge

natürliche Arbeitslosigkeit f (Vw) natural unem-ployment
(ie, average unemployment rate that prevails in the economy, depending on the average rate of job separation and job findings; cf, M. Friedman)

natürliche Kostenarten fpl (KoR) primary cost types
(syn, ursprüngliche od reine Kostenarten; opp, zusammengesetzte sekundäre Kostenarten)

natürliche Person f (Re) natural person

natürlicher Abgang m
(Pw) natural wastage
– attrition
(Vers) natural wastage

natürlicher Arbeitskräfteabgang m
(Pw) natural waste
– attrition (eg, death, retirement)

natürliche Rate f **der Arbeitslosigkeit** (Vw) natural unemployment rate

natürliche Ressourcen pl (Vw) natural resources

natürlicher Fehler m (Re) inherent defect (or vice)

natürlicher Griffbereich m (IndE) normal working area

natürlicher Logarithmus m
(Math) natural logarithm
– Napierian logarithm
– hyperbolic logarithm

natürlicher Preis m (Vw) natural price (opp, Marktpreis)

natürlicher Verschleiß m
(Bw) disuse
– natural wear and tear
(ie, as a factor of depreciation = Abschreibungs-ursache)

natürlicher Zins m (Vw) natural interest rate (Wicksell)

natürliches Monopol *n* (Vw) natural monopoly
(ie, Unternehmen, das durch steigende Skalener-träge (qv) den gesamten Output mit minimalen Stückkosten herstellen kann; enjoys economies of scale over a wide range of outputs; examples are public utilities)
natürliches Recht *n* (Re) natural *(or* inherent) right
natürliche Wachstumsrate *f* (Vw) natural rate of growth
natürliche Zahl *f* (Math) natural number *(ie, one of the integers 1, 2, 3, . . ., n)*
Naturrecht *n* (Re) natural law
Nebenabrede *f*
(Re) ancillary
– collateral
– side
– subsidiary . . . agreement
Nebenanschluß *m* (com) (telephone) extension
Nebenanspruch *m*
(Re) accessory
– additional
– collateral
– secondary
– subsidiary . . . claim
Nebenapparat *m* (com) = Nebenanschluß
Nebenartikel *m* (com) side-line article
Nebenausfall *m* (Stat) minor failure
Nebenausgaben *fpl* (com) incidental expenses
Nebenbedienungsplatz *m* (EDV) subconsole
Nebenbedingung *f*
(Math) constraint
– restriction
– auxiliary condition
– side condition
Nebenberuf *m* (Pw) secondary *(or* side-line) occu-pation
nebenberuflicher Vertreter *m* (Vers) part-time agent
Nebenbeschäftigung *f* (SozV) low-paid or side-line employment
(eg, 15 hours per week, DM 390 per month, or one sixth of total income)
Nebenbetrieb *m*
(IndE) auxiliary plant
(StR) auxiliary enterprise, §§ 34, 42 BewG
Nebenbezüge *pl*
(Pw) fringe benefits
– perquisites
– perks
Nebenbörse *f* (Bö) side-line *(or* secondary) market
Nebenbücher *npl* (ReW) subsidiary books of ac-count
(eg, Kontokorrentbuchhaltung, Kassenbuchhal-tung, Wechselbuchhaltung, Lohn- und Gehalts-buchhaltung, Anlagenbuchhaltung)
Nebenbuchhaltung *f* (ReW) contributory account-ing unit
(eg, fixed asset, inventory, and payroll ac-counting)
Nebenbuchung *f* (ReW) entry into subsidiary books of account
Nebenbürge *m* (Re) collateral guarantor
Nebenbürgschaft *f* (Re) collateral *(or* secondary) guaranty
Nebendiagonale *f* (Math) conjugate diagonal

Nebendiagonale *f* **e-r Matrix** (Math) secondary diagonal
Nebeneinkünfte *pl*
(Pw) additional *(or* extra) income
(StR) nonemployment income
– income from sources other than employment
(ie, disregarded in computing assessed tax if gross amount does not exceed DM800 in the taxable year, § 46 III EStG)
Nebeneinnahmen *fpl* (Pw) extra income
Nebenertrag *m* (ReW) revenue from disposal of waste, spoilage, and scrap
Nebenerwerbslandwirt *m* (com) part-time farmer
Nebenerwerbsstelle *f* (com) part-time farm *(opp, Haupterwerbsstelle = full-time farm)*
Nebenerwerbstätigkeit *f* (StR) subsidiary gainful activity
Nebenerzeugnis *n*
(IndE) byproduct
– co-product
– residual product
– subsidiary product
– spinoff
(ie, in joint production; syn, Nebenprodukt; opp, Haupterzeugnis)
Nebenfach *n*
(Pw) minor
– (GB) secondary subject
(ie, complementary to a major field of attention; in Britain a student reads his main subject, and elects a secondary subject; opp, Hauptfach)
Nebenfehler *m* (Stat) minor defect
Nebenfiskus *m* (FiW) auxiliary fiscal agent
Nebenforderung *f* (Re) subsidiary claim
Nebengebühren *fpl* (com) extra charges
Nebengewerbe *n* (com) ancillary part of a business
Nebengleis *n*
(IndE) siding
– sidetrack
(ie, opening onto the main track at both ends)
Nebenkapazität *f* (IndE) side-product capacity *(eg, gas output in a steel plant)*
Nebenkasse *f*
(Fin) petty cash fund
(Fin) secondary cash office
Nebenklage *f* (Re) incidental action
Nebenkläger *m*
(Re) co-plaintiff
– intervening party
Nebenklausel *f* (Fin) negative pledge clause
Nebenkosten *pl*
(com) incidental . . . expenses/charges
– incidentals
– attendant expenses
– charges
(involved in execution of a shipment of goods, such as commission, interest, insurance freight)
(ie, minor items that are not particularized)
(MaW) expenses incidental to acquisition
(Fin) incidental bank charges
Nebenkosten *pl* **des Geldverkehrs** (Fin) expenses in-cidental to monetary transactions
Nebenkostenstelle *f* (KoR) indirect *(or* nonproduc-tive) center
(syn, Hilfskostenstelle, sekundäre Kostenstelle)

Nebenleistungen *fpl*
(com) supplementary payments
(Re) collateral (*or* ancillary) performances
(Pw) additional compensation
– fringe benefits
(StR) auxiliary (*or* ancillary) services, § 8 I No. 8
UStG
Nebenleistungen *fpl* **in Sachform** (Pw) allowance in
kind
Nebenleistungspflichten *fpl* (Re) subsidiary obliga-
tions
Nebenmarkt *m* (Bö) secondary market
(cf, Parallelmarkt)
Nebenparameter *m* (Stat) incidental parameter
Nebenpatent *n* (Pat) collateral (*or* subordinated)
patent
Nebenpflichten *fpl*
(Re) accessory
– secondary
– subsidiary . . . duties (*or* obligations)
Nebenplan *m* (Bw) alternative plan
Nebenplatz *m* (Fin) out-of-town place
Nebenprodukt *n* (IndE) = Nebenerzeugnis
Nebenprogramm *n*
(EDV) secondary
– side
– subordinate . . . program
Nebenrechnung *f* (Math) auxiliary calculation
Nebenrolle *f* (com) supporting role
nebensächlicher Fehler *m* (Stat) incidental defect
Nebenstelle *f* (com) (telephone) extension
Nebenstellenanlage *f* (EDV) private automatic
branch exchange, PBAX
Nebentätigkeit *f* (Pw) = Nebenberuf
Nebenunternehmer *m* (com) = Nachunternehmer
Nebenverdienst *m* (Pw) = Nebeneinkünfte
Nebenvereinbarungen *fpl* (Re) supplementary
stipulations
Nebenverpflichtungen *fpl* (Re) subsidiary duties
(ie, of stockholders), §§ 55, 180 AktG
Nebenversicherung *f* (Vers) additional insurance
Nebenvertrag *m* (Re) accessory (*or* secondary)
contract
Nebenwerte *mpl* (Bö) second-line stocks
Nebenwirkungen *fpl* (com) side effects
Nebenzeit *f*
(IndE) auxiliary process time
– machine ancillary time
– nonproductive time
Nebenzweigstelle *f* (Fin) subsidiary branch office
*(ie, of savings banks, handling inpayments and
outpayments, but no customers' accounts)*
Negation *f*
(Log) negation
(EDV) negation
– NOT operation
– Boolean complementation
(syn, boolesche Komplementierung)
Negationsschaltung *f* (EDV) NOT circuit (*or* ele-
ment)
Negationsverknüpfung *f* (EDV) NOT operation
Negativattest *n* (Kart) negative clearance
negative Einkommensteuer *f* (FiW) negative in-
come tax
negative Ersparnisse *fpl* (Vw) dissaving

negative Externalitäten *fpl*
(Vw) external diseconomies
– negative externalities
negative externe Effekte *mpl* (Vw) = negative Externalitäten
negative externe Ersparnisse *fpl* (Vw) external diseconomies
negative ganze Zahl *f* (Math) negative integer
negative interne Ersparnisse *fpl* (Vw) internal diseconomies
negative Intervention *f* (AuW) negative intervention
(ie, in foreign exchange markets)
negative Korrelation *f* (Stat) negative correlation
negative Leistungsbilanz *f*
(VGR) negative balance on services
– service deficit
negative Orderklausel *f*
(WeR) negative order clause
– „not to order" clause
negative Publizität *f* (Re) notice as against third
parties, § 68 BGB
negative Quittung *f* (EDV) negative acknowledge,
NAK
negativer Bericht *m* (Re) adverse/negative report
negativer Bestätigungsvermerk *m* (ReW) adverse
audit opinion
negativer Betrag *m* (ReW) negative amount
negativer Firmenwert *m* (ReW) bad will
Negativerklärung *f* (Fin) = Negativklausel, qv
negativer Koeffizient *m* (Math) minus coefficient
negativer Mehrwert *m* (Vw) negative valued added
negativer Nutzen *m* (Vw) negative utility
negativer Personalnettobedarf *m* (Pw) number of
layoffs
negativer Preis *m* (Vw) negative price
negativer Prüfungsvermerk *m* (ReW) negative audit report (*or* certificate)
*(ie, „nothing came to our attention which would
indicate that these statements are not fairly presented")*
negativer Realzins *m* (Vw) negative real interest
rate *(ie, less than rate of inflation)*
negatives Dumping *n* (AuW) reverse dumping
negatives Gut *n*
(Vw) discommodity
– disgood
negatives Interesse *n* (Re) negative interest, § 122
BGB
*(ie, damage resulting from bona fide reliance on
validity of contract; syn, Vertrauensinteresse;
opp, Erfüllungsinteresse, positives Interesse)*
negatives Kapital *n* (ReW) negative capital *(ie, excess of liabilities over assets)*
negatives Kapitalkonto *n* (ReW) negative capital
account *(ie, recorded on the assets side of a balance sheet)*
negatives Schuldanerkenntnis *n* (Re) agreement by
which creditor acknowledges that there is no obligatory relation between him and his debtor,
§ 397 II BGB
negative Steuern *fpl* (FiW) negative taxes *(ie, publicly financed transfer payments)*
negatives Wachstum *n* (Vw) minus (*or* negative)
growth

negative Vorratsinvestitionen *f* (Vw) inventory disinvestment

negative Währungsausgleichsbeträge *mpl* (EG) negative monetary compensatory amounts

negative Wirtschaftsgüter *npl* (ReW) negative assets

negative Zahl *f* (Math) negative number

Negativklausel *f* (Fin) negative pledge clause
(ie, Erklärung, unbelastete Vermögensteile auch künftig nicht zugunsten anderer Kreditnehmer zu belasten; syn, Negativerklärung, Negativrevers)

Negativliste *f* (AuW) list of nonliberalized goods

Negativrevers *m* (Fin) = Negativklausel, qv

Negativzins *m* (Fin) negative (*or* penal) interest

Negentropie *f* (EDV) = Informationsgehalt, qv

Negotiation *f*
(AuW) discounting of documentary draft
(Fin) issue of public loan *(ie, esp. by selling to bank or banking syndicate)*

Negotiationskredit *m* (Fin) cf, Ziehungsermächtigung

negotiierbares Akkreditiv *n* (Fin) negotiable credit

Negotiierbarkeit *f* (WeR) negotiability

negotiierende Bank *f* (Fin) negotiating bank

Negotiierungsanzeige *f* (Fin) advice of negotiation

Negotiierungsauftrag *m* (Fin) order to negotiate

negoziierbar (WeR) negotiable
(ie, legally capable of being transferred by indorsement and delivery = übertragbar durch Indossament und Übergabe)

Negoziierungskredit *m*
(Fin) drawing authorization
– authority to negotiate
(ie, based on letter of credit and shipping documents)

nehmen, was der Markt hergibt (com) to charge 'what the traffic will bear'

Neigung *f* **zur Monopolbildung** (Vw) propensity to monopolize
(ie, ratio of supply elasticity to demand elasticity)

Nennbetrag *m* (Fin) = Nennwert

Nennbetrag *m* **je Aktie** (Fin) par value per share

nennenswerter Wettbewerb *m* (Kart) reasonable degree of competition

Nennkapital *n* (Fin) = Nominalkapital

Nennmaß *n* (Stat) basic size *(ie, in quality control)*

Nennwert *m*
(Fin) face ... value/amount
– nominal ... value/amount
– par value *(syn, Nennbetrag, Nominalwert)*

Nennwertaktie *f*
(Fin) par-value share
– face value share
– nominal value share
(ie, Summenaktie auf e–n bestimmten Betrag; / 6 AktG; Grundkapital ist gleich der Summe aller Nennwerte; opp, Quotenaktie)

nennwertlose Aktie *f*
(Fin) = Quotenaktie, qv

Nennwert *m* **von Münzen** (Fin) denominational value of coins

Neoliberalismus *m*
(Vw) principle of maintaining both 'order'
(by necessary and sufficient government interven-

tion) and 'competition' in a social free market economy
(ie, the term defies precise translation; it is a tag attached to West Germany's peculiar post-war brand of neoliberalism, developed by the Freiburg school of economists; syn, Ordoliberalismus)

Neoquantitätstheorie *f* (Vw) neo-quantity theory of money

Neoricardianische Theorie *f* (Vw) neo-Ricardian theory
(ie, seeks to determine product prices in a multisectoral system with highest production coefficients by means of linear equations)

Netting *n* (Fin) = konzerninternes Clearing, qv

Netting-System *n* (Fin) netting system
(ie, im Auslandszahlungsverkehr werden Clearingeinrichtungen geschaffen, in denen Forderungen und Verbindlichkeiten gegeneinander aufgerechnet und nur die Nettobeträge durch tatsächliche Geldbewegungen ausgeglichen werden)

netto (com) net(t)

Nettoabrechnung *f*
(Fin) net price settlement

Nettoabsatz *m* (Fin) net security sales

Nettoabsatzwert *m* (ReW) sales value *(ie, in inventory valuation)*

Nettoanlageinvestitionen *fpl*
(VGR) net investment in fixed assets
– net fixed capital formation

Nettoanlagevermögen *n* (Bw) net fixed assets

Nettoauftragseingang *m* (com) net sales

Nettoauslandsaktiva *npl* (AuW) net external assets
(ie, Differenz zwischen den Bruttoauslandsforderungen der Zentralbank und ihren Auslandsverbindlichkeiten; meist identisch mit der Devisenbilanz, qv)

Nettoauslandsforderungen *fpl*
(AuW) net external assets

Nettoauslandsinvestitionen *fpl* (AuW) net foreign investment

Nettoauslandsposition *f* (AuW) net external position

Nettoauslandsverschuldung *f* (AuW) net external indebtedness

Nettoausschüttung *f* (Fin) net payment (*or* payout)

Nettoaustauschverhältnis *n* (AuW) net barter terms of trade

Nettoausweis *m*
(ReW) net statement
(ie, of fixed assets after deducting accumulated depreciation)
(ReW) net presentation

Nettoauszahlung *f* (Fin) net cash investment *(ie, in investment analysis)*

Nettobedarfsermittlung *f* (MaW) assessment of net material requirements

Nettobestand *m* (Bö) net position (*or* holdings)

Nettobetrag *m* (com) net amount

Nettobetriebsgewinn *m*
(ReW) net operating profit
– (GB) net trading profit

Nettobetriebsverlust *m*
(ReW) net operating loss
– (GB) net trading loss

Nettobilanz *f* **der unsichtbaren Leistungen** (VGR)
invisible net balance

Nettobuchwert *m*
(ReW) net book value
– amortized/depreciated . . . cost
– residual cost value
(syn, Restbuchwert, fortgeführter Anschaffungs-
wert)

Netto-Cashflow *m* (Fin) net cash flow *(ie, aftertax*
profits + dividends + depreciation)

Nettodevisenabfluß *m* (AuW) net currency outflow

Nettodevisenposition *f* (AuW) net reserve position

Nettodevisenzufluß *m* (AuW) net currency inflow

Nettodividende *f* (Fin) net dividend *(ie, nach KSt*
und KapErtrSt)

Nettoeinkaufspreis *m* (ReW) net purchase price
(ie, invoice price + cost of acquisition – deduc-
tions)

Nettoeinkaufswert *m* (ReW) net purchases
(ie, cost + freight inward – returns, allowances
and discounts)

Nettoeinkommen *n*
(Pw) net income *(or* earnings)
– earnings net of tax *(syn, Reineinkommen)*

Nettoeinkünfte *pl* (Pw) net earnings

Nettoeinnahmen *fpl* (com) net receipts

Nettoerfolgsrechnung *f* (ReW) netted income statement
(opp, Bruttoerfolgsrechnung = grossed income
statement)

Nettoergebnis *n* (ReW) net earnings *(or* result)

Nettoerlös *m* (ReW) net revenue *(or* proceeds)

Nettoerlös *m* **e–s diskontierten Wechsels** (Fin) net
avails

Nettoersparnis *f* **der privaten Haushalte** (VGR) net
personal savings

Nettoertrag *m* (Fin) net earnings *(or* return)

Nettoertrag *m* **aus Wertpapieren** (Fin) net security
gain

Nettoetat *m* (FiW) net budget *(ie, showing only re-*
ceipt or expenditure surplus; opp, Bruttoetat)

Nettoforderungen *fpl* **der Kreditinstitute** (Vw) net
external assets of banks

Nettoforderungsausfall *m* (Fin) net loan charge-offs

Nettofremdmittelbedarf *m* (FiW) net funding needs

Nettogehalt *n* (Pw) net salary

Nettogesamtvermögen *n* (Fin) capital employed *(or*
invested)
(ie, fixed assets + current assets – current
liabilities)

Nettogeschäfte *npl* (Bö) net price transactions
(ie, commission, handling charges etc are in-
cluded in the security price)

Nettogewicht *n* (com) net(t) weight

Nettogewinn *m*
(Fin) net earnings
(Fin) positive carry
(ie, aus dem Halten e–r Kassaposition im Termin-
kontrakthandel)
(KoR) net profit (or income) *(ie, revenue minus*
total cost [= fixed + variable cost])

Nettogewinne *mpl* **aus Devisentermingeschäften**
(Fin) net gains on forward exchange transactions

Nettogewinn *m* **nach Steuern** (ReW) net profit after
taxes

Nettogewinn *m* **vor Steuern** (ReW) net profit before taxes

Nettogewinnzuschlag *m* (com) net profit markup

Nettogläubigerposition *f* (AuW) net creditor position

Nettoguthaben *n* **bei der Zentralbank** (Fin) net balance with the central bank

Nettoinländerprodukt *n* (VGR) = Nettosozialprodukt, qv

Nettoinlandsinvestitionen *fpl* **ohne Staat** (VGR) net
private domestic investment

Nettoinlandsprodukt *n* (VGR) net domestic product
(ie, Wertsumme aus privatem Verbrauch, Staats-
verbrauch, Nettoinvestitionen und Außenbeitrag,
qv)

Nettoinventarwert *m* (Fin) net asset value

Nettoinvestition *f* (Fin) net investment
(ie, Bruttoinvestition – Ersatzinvestition = gross
investment minus replacement investment)

Nettoinvestitionen *fpl* (VGR) net private domestic
investment

Nettoinvestitionsquote *f* (VGR) net investment
ratio

Nettokapitalabfluß *m* (AuW) net outflow of capital

Nettokapitalbildung *f* (Vw) net capital formation

Nettokapitalimporte *mpl* (AuW) net capital imports

Nettokapitalproduktivität *f* (Vw) net capital productivity

Nettokapitalzustrom *m* (AuW) net inflow of capital

netto Kasse ohne Abzug (com) net cash

Nettokreditaufnahme *f*
(FiW) net borrowing
– net credit intake
(syn, Nettoneuverschuldung)

Nettokreditgewährungen *fpl* (Fin) net lendings

Nettokurs *m* (Bö) net price

Nettoliquidität *f* (Fin) net liquid assets
(ie, total of liquid assets – total of current
liabilities)

Nettoliquiditätszufluß *m* (Fin) net liquidity inflow

Nettolohn *m*
(Pw) net wages
– disposable earnings
– take-home pay

Nettomarktposition *f* (Bw) net market position

Nettoneuverschuldung *f* (FiW) = Nettokreditaufnahme, qv

Nettoposition *f* (AuW) net position

Nettoprämie *f* (Vers) net premium *(or* rate)

Nettopreis *m* (com) net price

Nettoproduktion *f* (VGR) net output
(ie, gross output minus purchased materials and
services)

Nettoproduktionsindex *m* (Stat) net production
index

Nettoproduktionswert *m* (VGR) net output
(ie, Bruttoproduktionswert minus Vorleistungen
= gross output minus purchased materials and
services; oder: Summe aus Abschreibungen, indi-
rekten Steuern (abzüglich Subventionen) und
Wertschöpfung)

Nettoproduktionsziffer *f* (Stat) net reproduction
rate, NNR

Nettoquote *f* (VGR) net-output/gross-output ratio
Nettorealisationswert *m* (ReW) net realizable value
  (ie, of inventory)
Nettorechnung *f* (ReW) = Nettoerfolgsrechnung
Nettorendite *f* (Fin) net yield
Nettorentenniveau *n* (SozV) level of net pensions
Nettoschuldnerposition *f* (AuW) net debtor position
Nettosozialprodukt *n* (VGR) net national product, NNP, nnp
Nettosozialprodukt *n* **zu Faktorkosten** (VGR) net national product (NNP) at factor cost
Nettosozialprodukt *n* **zu Marktpreisen** (VGR) net national product (NNP) at market prices
Nettosteuerbetrag *m* (com) net tax amount
Nettotara *f* (com) net tare
Nettoumlaufvermögen *n* (ReW) (net) working capital
  (ie, excess of current assets over current liabilities)
Nettoumsatz *m*
  (ReW) net sales
  – (GB) net turnover
  (ie, Umsatz abzüglich Umsatzsteuer, Erlösschmälerungen, Nachlässen = gross sales less turnover tax, deductions, allowances; syn, Reinumsatz; die Umsatzerlöse der GuV-Rechnung sind als N. definiert: cf, §§ 275, 277 I HGB)
Nettoumsatzerlöse *mpl*
  (ReW) net sales (revenues)
  (ReW, EG) net turnover
Nettoumsatzrendite *f* (Fin) net earnings as percentage of sales
Nettoumsatzsteuer *f* (StR) net turnover tax
  (ie, Mehrwertsteuer: nur die eigene Wertschöpfung (value added) soll besteuert werden = Bruttoumsatz minus Vorleistungen, qv; opp, Bruttoumsatzsteuer)
netto verdienen (Pw) to net
Nettoverdienst *m*
  (Pw) net income (*or* earnings)
  – take-home pay
Nettoverkaufserlöse *mpl* (ReW) = Nettoumsatzerlöse
Nettoverkaufspreis *m* (com) net sales price
  (ie, cash price ex stock, not including seller's transport charges and taxes)
Nettovermögen *n* (Fin) net assets (*or* worth)
  (ie, Saldo aus Gesamtvermögen und Verbindlichkeiten; syn, Reinvermögen)
Nettoverschuldung *f*
  (FiW) net national debt
  – net indebtedness
Nettoverzinsung *f* (Fin) net return
Nettovolkseinkommen *n* (VGR) net national income, NNI
Nettowährungsreserven *fpl* (AuW) net official monetary assets
Nettowarenwert *m* (com) net value of merchandise
Nettowertschöpfung *f* (VGR) net value added
  (ie, net output less depreciation = Nettoproduktionswert abzüglich Abschreibungen; or: sum of wages, salaries, interest, distributed and undistributed profit)
Nettowertzuwachs *m* (Fin) net appreciation

Nettowohlfahrtsverluste *mpl*
  (Vw) deadweight losses
  – factor excess burden
  – excess burden
Nettozahlungen *fpl* (Fin) net cash inflows
  (ie, Rückflüsse e–r Investition; term used in preinvestment analysis, qv)
Nettozins *m* (Fin) pure interest
Nettozinsaufwand *m* (ReW) interest paid – net
Nettozinsbelastung *f* (Fin) net interest burden
Nettozinsdifferenz *f* (Bö) covered interest-rate differential
Nettozinsklausel *f* (Fin) net interest clause
Nettozinsspanne *f* (Fin) net interest margin
Netzausfall *m*
  (EDV) power outage
  – AC dump
Netzbetreiber *m*
  (EDV) carrier
  – network operator
Netzbetriebssystem *n* (EDV) network operating system
Netze *npl* **kürzester Ketten** (OR) multi-terminal shortest chains
Netze *npl* **von Flüssen** (OR) multi-terminal flows
Netz *n* **gegenseitiger Kreditlinien** (Fin) swap network
Netzkonfiguration *f* (EDV) multipoint line *(syn, Multipointverbindung)*
Netz *n* **mit Kapazitätsangaben** (Bw) capacitated network
Netzmodell *n* (EDV) network analog
Netzplan *m*
  (Bw) network
  – network diagram
  (ie, Typen: Vorgangsknoten-Netzplan, Ereignisknoten-Netzplan, Vorgangsknoten-Netzplan)
Netzplan *m* **mit Entscheidungsereignissen**
  (Bw) generalized network
  – db network
Netzplan *m* **mit Entscheidungsknoten** (Bw) decision box network
Netzplantechnik *f* (OR) network planning technique
  (ie, stellt Methoden zur Analyse von Projekten auf der Grundlage der Graphentheorie zur Verfügung; deterministische N.: CPM, MPM; stochastische N.: PERT)
Netzwerk *n* (EDV) network *(syn, Datennetz, Netz)*
Netzwerkanalysator *m* (EDV) network analyzer
Netzwerkbetrieb *m* (EDV) networking
Netzwerkkatalog *m*
  (EDV) network catalog
  – catalog system
Netzwerk *n* **mit Entscheidungsereignissen** (OR) activity network
Netzwerkmodell *n* (EDV) network model
Netzwerksteuerung *f* (EDV) network management
Netzwerktechnik *f* (EDV) network technology
Netzwerktheorie *f* (OR) network flow theory
Netzwerkverwaltung *f* (EDV) network management
neu (Pat) novel
Neuabschlüsse *mpl*
  (com) fresh business

– new orders booked
– new order bookings
Neuakquisition *f* (Mk) canvassing of new orders and customers
Neuanschaffung *f* (ReW) new acquisition
neuartig
(com) novel
– unique
Neubautätigkeit *f* (com) new-construction activity
Neubauten *mpl* (StR) new buildings, § 31 GrStDV
(ie, those ready for moving in after 31 Mar 1924)
Neubegebung *f* (Fin) new issue
Neuberechnung *f*
(com) recalculation
– updating
Neubewertung *f*
(ReW) revaluation
(com) reappraisal
– reassessment
– re-rating
Neubewertung *f* **des Vorratsvermögens** (ReW) inventory revaluation
Neubewertungsmethode *f* (ReW) purchase method of accounting
(ie, stille Reserven werden voll aufgedeckt = hidden reserves are fully disclosed; opp, Buchwertmethode = book value method, qv)
Neubewertungsrücklage *f* (ReW, EG) revaluation reserve
(ie, set up to earmark the difference between original cost and replacement cost)
neue Abschlüsse *mpl* (com) = Neuabschlüsse
neue Aktie *f* (Fin) new share
(syn, junge Aktie)
Neueinstellungen *fpl*
(Pw) new hirings (*or* hires)
– taking on new labor
– accession (*or* hiring) rate
neu einstufen (com) to reclassify
neue Märkte *mpl* **erschließen** (Mk) to open up (*or* develop) new markets
Neuemission *f*
(Bö) new (*or* fresh) issue
(Bö) primary distribution (*or* offering)
Neuemissionsmarkt *m* (Bö) new issue market
Neuengagements *npl*
(Fin) new loan commitments
(Bö) new buying
Neue Politische Ökonomie *f* (Vw) New Political Economy
(syn, Ökonomische Theorie der Politik, Nichtmarktliche Entscheidungstheorie)
Neue Weltwirtschaftsordnung *f* (Vw) New World Economic Order
neu festlegen
(com) to redetermine
– to reset
neu festsetzen (com) to redetermine
Neufestsetzung *f* **der Leitkurse** (AuW) realignment of central exchange rates
Neufestsetzung *f* **der Steuer** (StR) reassessment of a tax
Neufestsetzung *f* **der Währungsparitäten**
(AuW) parity realignment
– realignment of parities

Neufestsetzung *f* **der Wechselkurse** (AuW) currency realignment
Neufinanzierung *f* (Fin) original financing
(ie, provision of fresh funds for capital spending; opp, Umfinanzierung)
Neugeschäft *n* (com) new business
Neugestaltung *f*
(com) redesign *(eg, radical . . .)*
– recast *(eg, a system)*
Neugläubiger *m* (Re) assignee *(syn, Abtretungsempfänger, Zessionar)*
Neugründungen *fpl*
(Bw) new businesses
– new business starts
Neuheit *f* (Pat) novelty
Neuheit *f* **der Erfindung** (Pat) novelty of an invention
Neuheitsmangel *m* (Pat) lack (*or* want) of novelty
Neuheitsprüfung *f* (Pat) search for novelty
Neuheitsrest *m* (Pat) inventive difference
neuheitsschädlich
(Pat) detrimental/prejudicial . . . to novelty
neuheitsschädliche Vorwegnahme *f* **e-r Erfindung** (Pat) anticipation of an invention
Neuheitsschädlichkeit *f* (Pat) bar to novelty
Neuinvestitionen *fpl*
(Bw) investment in new plant and equipment
– new plant and equipment expenditure
(VGR) business outlay for new plant and equipment
Neukredite *mpl* (Fin) new credits
Neukreditgeschäft *n* (Fin) new lendings
Neulieferung *f* (com) replacement
Neuling *m* (com) beginner
(Pw, infml) green hand
Neunersprung *m*
(EDV) standing-on-nines carry
– high speed carry
Neuordnung *f* (com) reorganization and restructuring measures
Neuordnung *f* **der Kapitalverhältnisse** (Fin) equity reorganization
Neuordnung *f* **der Währungsparitäten** (AuW) currency realignment
Neuordnung *f* **der Wechselkurse** (AuW) currency realignment
Neuordnungsplan *m* (com) rationalization program
Neuorganisation *f*
(com) fundamental reorganization *(eg, of a plant division)*
– streamlining operations
Neuorientierung *f*
(com) reorientation
– new departure
Neuorientierung *f* **der Wechselkurse** (AuW) currency realignment
Neuregelung *f* (com) new arrangements
Neustrukturierung *f*
(com) = Umstrukturierung, qv
neutrale Aufwendungen *mpl* (ReW) = neutraler Aufwand
neutrale Erträge *mpl* (ReW) nonoperating revenue
neutrale Güter *npl* (AuW) neutral goods
(ie, not subject to international commodity exchange)

neutraler Aufwand *m* (ReW) nonoperating expense

neutraler Erfolg *m* (ReW) nonoperating income *(ie, nonoperating revenue – nonoperating expense)*

neutraler Gewinn *m* (ReW) nonoperating profit (*or* income) *(ie, total profit – operating profit)*

neutraler technischer Fortschritt *m* (Vw) neutral technical progress

neutraler Zins *m* (Vw) neutral rate of interest *(ie, during full employment)*

neutrales Ergebnis *n* (ReW) nonoperating result *(opp, Betriebsergebnis = operating result; GB, trading result)*

neutrales Geld *n* (Vw) neutral money

neutrales Gleichgewicht *n* (Vw) neutral (*or* metastable) equilibrium

neutrale Steuer *f* (FiW) neutral tax

neutrale Transaktionen *fpl* (EG) blank tranactions

neutralisieren (Fin) to neutralize *(eg, money)*

Neutralität *f* **der Besteuerung** (FiW) neutrality of taxation
(ie, refers to feature of certain taxes not to trigger off unintended substitution effects)

Neutralität *f* **des Geldes** (Vw) neutrality of money
(ie, the assumption that money, serving only as a medium of exchange, is indifferent to real quantities, such as real national income, production, level of employment, relative prices)

Neuveranlagung *f* (StR) new assessment
(ie, made if material changes occur in taxpayer's conditions, § 16 VStG, §§ 17, 21 GrStG)

neu verschulden, sich (Fin) to take on new debt

Neuverschuldung *f*
(Fin) new borrowings
– new indebtedness
– taking on new debt

Neuverteilung *f* **des Steueraufkommens** (FiW) restructuring of the income from the two major sources – income tax and value-added tax

Neuwert *m* (Vers) reinstatement value

Neuwertversicherung *f* (Vers) insurance reinstatement policy

Neuzulassungen *fpl* (com) new car registrations

Neuzusage *f* (Fin) new credit commitment

NE-Werte *mpl* (Bö) nonferrous metals stock

nicht abgehobene Dividende *f* (Fin) unclaimed dividends

nicht abgeholt
(com) unclaimed
– abandoned (eg, mail, parcel)

nicht abgerechnete Leistungen *fpl* (com) uninvoiced sales

nicht abgeschriebene Agiobeträge *mpl* (Fin) unamortized premiums

nicht abgeschriebener Rest *m* (ReW) unamortized balance

nicht abgeschriebenes Damnum *n* (ReW) unamortized debt (*or* bond) discount

nicht abgeschriebenes Disagio *n* (ReW) = nicht abgeschriebenes Damnum

Nichtabnahme *f*
(com) nonacceptance
(Re) failure (of buyer) to take delivery of goods
– failure to take up the goods

Nichtabrechnungsteilnehmer *m* (Fin) institutions not participating in the clearing procedure

nicht abzählbar (Math) nondenumerable

nicht abzugsfähige Ausgaben *fpl* (StR) nondeductible expenses, § 12 EStG

nichtabzugsfähige Betriebsausgaben *fpl* (StR) nondeductible operating expenses, § 4 EStG

nichtabzugsfähige Steuern *fpl* (StR) nondeductible taxes
(ie, ESt, KSt, VSt, ErbSt sowie Umsatzsteuer für Eigenverbrauch und Entnahmen, qv)

Nichtabzugsfähigkeit *f* **langfristiger Verbindlichkeiten** (StR) nondeductibility of long-term debt
(ie, for purposes of the trade tax)

nicht-additive Schockvariable *f* (Stat) nonadditive disturbance

nicht aktivierungspflichtige Gemeinkosten *pl* (ReW) noncapitalized overhead

nicht-akzeptable Tratte *f* (WeR) nonacceptable draft

nicht akzeptierter Wechsel *m* (WeR) unaccepted bill

nicht am Lager (com) out of stock

nichtamtlicher Handel *m* (Bö) unofficial trading

nichtamtlicher Markt *m* (Bö) unofficial market

Nichtannahme *f*
(com) non-acceptance
– abandonment
(ie, e–r Sendung wegen Beschädigung = of a defective consignment)
(Re) non-acceptance *(ie, e–s Vertragsangebots = of an offer to contract)*

nicht an Order (WeR) not to order

Nichtanpassung *f* *(an)* (IndE) nonconformance (to)

nichtanrechenbare ausländische Einkommensteuer *f* (StR) noncreditable foreign income tax

nicht anrechenbare Vorsteuer *f*
(StR) non-recoverable input tax

nicht anrechnungsberechtigter Anteilseigner *m* (StR) shareholder not entitled to an imputation credit

Nichtanzeige *f*
(Re) non-disclosure
– non-notification

Nichtarbeitnehmer *m* (SozV) non-employee

nicht aufgabenorientierte Variable *f* (Mk) nontask variable

nicht ausgeglichener Haushalt *m* (FiW) unbalanced budget

nicht ausgeschüttete Gewinne *mpl*
(Fin) retained earnings
– profit retentions
– undistributed profits
– (GB) ploughed-back profits
(syn, einbehaltene od thesaurierte Gewinne)

nicht ausgetaktetes Montageband *n* (IndE) unbalanced line

nicht ausgewiesene Rücklagen *fpl* (ReW) off balance sheet reserves

Nichtausnutzung *f* **der Kapazität** (IndE) underutilization of capacity

nicht-ausschließlicher Lizenzvertrag *m* (Pat) nonexclusive license agreement
(ie, gestattet mehreren Lizenznehmern die Nutzung desselben Patents gleichzeitig; syn, einfacher

Lizenzvertrag; opp, ausschließlicher Lizenzvertrag)

nicht ausschüttungsfähiger Gewinnvortrag *m* (ReW) restricted retained earnings

nicht ausüben (Bö) to abandon *(eg, an option)*

Nichtausübung *f* e–r **Tätigkeit** (StR) nonexercise of a taxable activity, § 24 I b EStG

Nichtausübung *f* e–s **Patents** (Pat) non-working of a patent

Nichtausübung *f* e–s **Rechts** (Re) nonexercise of a right

Nichtausübungsklausel *f* (Fin) no-action clause

nichtautomatische Rallonge *f* (AuW) non-automatic rallonge

nicht-autonome Nachfrage *f* (Vw) derived demand

Nichtbank *f* (Fin) non-bank

Nichtbankengeldmarkt *m* (Fin) intercompany money market *(ie, money dealings between corporate firms)*

Nichtbankenkundschaft *f* (Fin) nonbank customers

Nichtbankensektor *m* (Vw) nonbanking sector *(ie, private and government sectors)*

nicht bankfähig (Fin) unbankable

Nichtbankplatz *m* (Fin) nonbank place

Nichtbeachtung *f* (Re) noncompliance (with)

Nichtbeantwortung *f* (Mk) non-response

nicht beeinflußbare Kosten *pl* (KoR) uncontrollable cost

nicht befriedigter Gläubiger *m* (Re) unsatisfied creditor

nicht begebbarer Lagerschein *m* (WeR) nonnegotiable warehouse receipt *(ie, made out to a specified person)*

nichtbeherrschte Fertigung *f* (IndE) process out of control

nicht beobachtbare Grundvariable *f* (Stat) latent variable

nicht berichtigtes Moment *n* (Stat) crude moment

nicht besetzt (com) unattended

Nichtbesicherungsklausel *f* (Fin) negative pledge clause *(ie, Verpflichtung zur Gleichbehandlung aller Gläubiger)*

nichtbestimmberechtigte Vorzugsaktie *f* (Fin) nonvoting preferred stock

nicht bestreikt
(Pw) not strike-bound
– nonstruck *(eg, steel mills)*

nicht bevorrechtigte Forderung *f* (Re) ordinary debt

nicht bevorrechtigte Konkursforderungen *fpl* (Re) unsecured debt

nicht bevorrechtigter Gläubiger *m*
(Re) ordinary
– general
– nonpreferred
– unsecured . . . creditor

nichtbörsenfähig (Bö) nonmarketable *(eg, capital market paper)*

nicht börsenfähige Werte *mpl* (Bö) nonmarketable securities

nicht börsengängige Wertpapiere *n* (Bö) nonmarketable securities

nichtbuchführungspflichtige Landwirte *mpl* (StR) nonbookkeeping farmers, § 13a EStG

nichtdauerhafte Güter *npl* (Vw) nondurable goods

nichtdauerhafte Produktionsmittel *npl* (Vw) nondurable means of production

nichtdeutsche Arbeitnehmer *mpl* (Pw) foreign employees

nichtdichte Menge *f* (Math) nondense set

nicht diskontfähiger Wechsel *m* (Fin) unbankable paper

nicht diskriminierender Zoll *m* (Zo) nondiscriminatory tariff

nichtdokumentäres Akkreditiv *n* (Fin) clean *(or* open) credit

nichtdruckende Funktion *f* (EDV) non-print function

nichteheliche Kinder *npl* (StR) illegitimate children

nicht eingefordertes Kapital *n* (Fin) uncalled capital

nicht eingelöste Police *f* (Vers) policy not taken up

nicht eingelöster Scheck *m* (Fin) unpaid check

nicht eingelöster Wechsel *m* (WeR) dishonored bill

nicht eingetragener Verein *m* (Re) unincorporated association

nicht eingezahlte Einnahmen *fpl* (Fin) undeposited receipts

Nichteinhaltung *f* (Re) noncompliance

Nichteinhaltung *f* **vertraglicher Vereinbarungen** (Re) nonfulfillment of contract stipulations

Nichteinlösung *f* (WeR) nonpayment

Nichteinlösung *f* e–s **Schecks** (Fin) dishonor of a check

Nichteintritt *m* e–r **Bedingung** (Re) failure of a condition *(eg, precedent or subsequent = aufschiebend od auflösend)*

Nichteisenmetalle *npl* (com) nonferrous metals

nicht empfangsbedürftig (Re) effective without communication

nichtendliche Menge *f* (Math) nonfinite set

nichtentartete Basislösung *f* (OR) nondegenerate basic solution

nichtentartete Lösung *f* (OR) nondegenerate solution

nicht entlasteter Gemeinschuldner *m* (Re) undischarged debtor *(or* bankrupt)

nicht entnommene Gewinne *mpl* (ReW) = nicht ausgeschüttete Gewinne

nicht entziehbare Betriebsmittel *pl* (EDV) nonpreemptive resources

nicht erfaßt (com) unrecorded

nicht erfaßte Kosten *pl* (KoR) imputed cost *(syn, unterstellte Kosten, kalkulatorische Kosten)*

nicht erfolgwirksame Kosten *pl* (KoR) unexpired cost

nicht erfüllender Verkäufer *m* (Re) nonperforming seller

Nichterfüllung *f*
(Re) failure of performance *(or* to perform)
– nonfulfillment
– nonperformance

Nichterfüllung *f* e–s **Kaufvertrages** (Re) nonperformance of a sales contract

Nichterwartungstreue *f* (Stat) bias

nicht erwartungstreue Schätzfunktion *f* (Stat) biased estimator

Nicht-Erwerbspersonen *fpl*
(Vw) persons outside the labor force

– non-active population

nichtfiskalische Abgaben *fpl* (FiW) non-revenue regulatory taxes

nichtfiskalische Besteuerung *f* (FiW) nonrevenue regulatory taxation
(ie, employed as an instrument of implementing economic policies)

nichtflüchtiger Speicher *m* (EDV) non-volatile (*or* permanent) memory

nichtformales Modell *n* (Vw) naive (*or* nonformal) model

Nichtgemeinschaftsländer *npl* (EG) non-Community countries

nicht genehmigter Streik *m* (Pw) unofficial strike

nichtgewerbliche Einfuhr *f* (AuW) non-commercial imports

nichtgewerbliche Investitionen *fpl* (VGR) capital expenditure outside the enterprise sector
(ie, primarily public building and private housing)

nicht gewinnberechtigte Police *f* (Vers) non-participating policy

nichthomogene Flüsse *mpl* (OR) multi-commodity flows

Nichtidentifizierbarkeit *f* (Stat) incomplete identification

nichtig
(Re) void
– null and void
– ineffectual
– having no legal force (*or* binding effect)
– nugatory
– without legal efficacy

Nichtigkeit *f* (Re) nullity *(eg, of legal transaction)*
– invalidity

Nichtigkeitseinrede *f* (Re) defense of nullity

Nichtigkeitserklärung *f* (Re) declaration of nullity

Nichtigkeitsgrund *m* (Re) ground of nullity

Nichtigkeitsgründe *mpl* (Pat) grants for revocation

Nichtigkeitsklage *f* (Re) nullity suit

Nichtigkeitsverfahren *n* (Pat) revocation of patent by court

nicht in Anspruch genommene Nachlässe *mpl* (com) discounts lost

nicht in Anspruch genommener Kredit *m* (Fin) undrawn loan facilities

nichtinflationäres Wachstum *n* (Vw) noninflationary (*or* inflation-free) growth

Nichtkaufmann *m* (Re) nonmerchant

nichtkommerzielle Einfuhren *fpl* (AuW) non-commercial importations

nichtkommutativer Körper *m* (Math) noncommutative field

nicht konkurrierende Gruppen *fpl* (Vw) noncompeting groups *(Cairnes)*

nichtkonsistente Schätzfunktion *f* (Stat) inconsistent estimator

nicht konsolidierter Abschluß *m* (ReW) deconsolidated statement

nicht konsolidierte Schuld *f* (FiW) floating (*or* unconsolidated) debt

nichtkonvertible Währung *f* (AuW) nonconvertible currency

nichtkooperatives Spiel *n* (OR) noncooperative game

nicht kostendeckend (com) submargin

nicht laufend veranlagte Steuern *fpl* (StR) nonrecurring taxes
(eg, capital transfer tax, inheritance tax)

nichtleere Menge *f* (Math) nonnull set
(opp, leere Menge = empty set)

nichtleere Teilmenge *f* (Math) nonnull subset

Nichtlieferung *f* (com) nondelivery

nichtlineare Beschränkung *f* (Math) nonlinear constraint (*or* restriction)

nichtlineare Beziehung *f* (Math) curvilinear relationship

nichtlineare Korrelation *f* (Stat) curvilinear correlation

nichtlineare Programmierung *f* (OR) nonlinear programming

nichtlineare Regression *f* (Stat) curvilinear (*or* nonlinear) regression

nichtlinearer Kostenverlauf *m* (Bw) nonlinear shape of cost behavior

nichtlinearer Trend *m* (Stat) curvilinear trend

nicht lösbare Gleichung *f* (Math) inconsistent equation

nichtmarktliche Entscheidungstheorie *f* (Vw) nonmarket decision theory
– New Political Economy
(syn, Ökonomische Theorie der Politik, Neue Politische Ökonomie)

nichtmarktwirtschaftliche Aktivität *f* (Vw) non-market-directed activity
(eg, output of numerous farm products which is determined by government-decreed price supports)

nichtmaterielle Investition *f* (Bw) intangible investment

nichtmonetäre Transaktion *f* (AuW) non-monetary transaction

nichtmonetäre Überinvestitionstheorie *f* (Vw) nonmonetary overinvestment theory

Nichtnegativitäts-Bedingung *f* (OR) nonnegativity condition (*or* requirement *or* restriction)

nicht normal verteilte Grundgesamtheit *f* (Stat) nonnormal population

nicht normal verteilte Stichprobe *f* (Stat) nonnormal sample

nicht notierte Aktien *fpl* (Bö) unlisted stock

nichtnotierte Aktien *fpl* und *Anteile* *mpl* (Bö) unlisted shares

nichtnotierte Anteile *mpl* **an Kapitalgesellschaften** (StR) unlisted investments
(eg, in limited liability companies and in closely held corporations)

nichtnotiertes Unternehmen *n* (Bö) unquoted company

nichtnotiertes Wertpapier *n*
(Bö) unlisted
– unquoted
– off-board . . . security

nicht notifiziertes Factoring *n* (Fin) nonnotification factoring *(syn, stilles Factoring, qv)*

Nicht-Notwendigkeitsgüter *npl*
(Vw) nonessential goods
– luxuries
(ie, income elasticity less than unity)

Nichtnullsummenspiel *n* (OR) nonzero sum game

nichtöffentliche Stiftung *f* (Re) private endowment

nicht ordnungsgemäße Erfüllung *f* (Re) incomplete performance

nicht organisiert (Pw) non-unionized

nichtorganisierte Arbeitnehmer *mpl*
(Pw) unorganized
– non-union
– non-unionized ... employees

nichtparametrischer Test *m* (Stat)˙ nonparametric test

nichtperiodischer Dezimalbruch *m* (Math) non-periodic (*or* nonrepeating) decimal

nichtprogrammierte Entscheidungen *fpl* (Bw) non-programmed decisions
(ie, novel, singular, ill-structured political decisions that can be addressed only by general problem-solving approaches)

nicht programmierter Sprung *m* (EDV) trap

nicht programmierter Stopp *m*
(EDV) hangup
– unexpected halt

Nichtraucher-Bereich *m* (Pw) tobacco-free work area

nicht realisierte Gewinne *mpl* (ReW) unrealized profits (*or* gains)

nicht realisierte Kursverluste *mpl* (Bö) paper losses

nicht realisierter Kursgewinn *m* (Bö) paper profit

nicht realisierter Wertverlust *m* (ReW) unrealized depreciation

nicht realisierter Wertzuwachs *m* (ReW) unrealized appreciation

nicht realisierte Verluste *mpl* (ReW) unrealized losses

nicht realisierte Wertsteigerung *f* (ReW) valuation excess

nichtrechtsfähige Personenvereinigung *f* (Re) unincorporated association

nichtrechtsfähiger Verein *m* (Re) unincorporated society
(ie, association without independent legal existence, § 54 BGB)

nichtrelevante Kosten *pl*
(KoR) nonrelevant costs
– sunk costs

Nichttrivialität *f* **im Verbrauch** (Vw) jointness of consumption *(ie, refers to market failure in infrastructure areas)*

NICHT-Schaltung *f*
(EDV) NOT circuit (*or* element)
– inverter

nichtselbständige Arbeit *f* (StR) dependent employment

nichtsinguläre Verteilung *f* (Stat) nonsingular distribution

Nichtstandardkennsatz *m* (EDV) non-standard labels

nichtstationäre Wirtschaft *f* (Vw) nonstationary economy

nichtsteuerbare Umsätze *mpl* (StR, VAT) nontaxable (*or* non-qualifying) turnovers, § 1 Nos. 1 and 2 UStG

nichtsteuerliche Einnahmen *fpl* (FiW) non-tax receipts

nicht stimmberechtigte Aktie *f* (Fin) non-voting share

nicht streuungsfähiges Risiko *n* (Fin) nondiversifiable risk *(ie, in portfolio analysis)*

nicht strukturierte Aufgabe *f* (Pw) nonstructured task

nichttarifäre Handelshemmnisse *npl* (AuW) non-tariff barriers to trade

nicht testierter Abschluß *m* (ReW) unaudited financial statement

nicht übereinstimmen
(com) to disagree
– not to be in conformity with
(eg, the two accounts disagree)

nicht übertragbar
(Re) nontransferable
– unassignable

nicht übertragbares Recht *n* (Re) unalienable right

nicht unmittelbar zurechenbare Schadensregulierungskosten *pl* (Vers) unallocated loss adjustment expenses

Nichtunternehmer *m* (Vw) nonfirm

nicht unterscheidungsfähige Warenzeichen *npl* (Pat) nondistinctive marks

nicht veranlagte Steuern *fpl* **vom Ertrag** (StR) non-assessed taxes on earnings

Nichtveranlagungsbescheinigung *f*
(Fin) non-assessment note
– certificate confirming an exemption
(ie, Aktionäre, die ihrer depotführenden Stelle eine N. ihres Wohnsitzfinanzamtes vorlegen, daß sie nicht zur ESt veranlagt [assessed] werden, erhalten Bardividende und Steuerguthaben sofort auf ihrem Konto gutgeschrieben; höchstens drei Jahre gültig)

nicht verdiente Prämie *f* (Vers) unearned premium

Nichtverfügbarkeiten *fpl* (AuW) nonavailabilities *(ie, lack of supply opportunities in importing countries)*

NICHT-Verknüpfung *f*
(EDV) NOT operation
– negation
– inversion

nicht vermittelbar (Pw) unemployable *(ie, too sick, too young, too old, too lazy, or criminal)*

Nichtvermögensschaden *m* (Re) damage not resulting in pecuniary loss

nicht vermögenswirksame Subvention *f* (FiW) non-asset-creating subsidy

nicht verrechnete Gemeinkosten *pl* (KoR) unabsorbed overhead

nicht verschwindender Wert *m* (Math) nonzero value

nicht versicherbares Risiko *n* (Vers) noninsurable risk

nicht versicherter Schaden *m* (Vers) uninsured loss

nichtversicherungspflichtige Beschäftigung *f* (SozV) noninsurable occupation

nicht vertragsgemäße Waren *fpl* (Re) nonconforming goods

nichtverzerrende Schätzgleichung *f* (Stat) unbiased estimating equation

nicht verzögerte Investitionsfunktion *f* (Vw) unlagged investment function

nicht voll eingezahlte Aktie *f* (Fin) partly paid share

nicht vorhersehbarer Schaden *m* (com) unforeseeable damage

nicht weisungsgebunden (com) independent of instructions
(eg, from the government, such as Deutsche Bundesbank)

nichtwirtschaftliche Güter *npl* (Vw) noneconomic goods *(ie, ohne Wirtschaftswert)*

nichtwirtschaftlicher Verein *m* (Re) association not for profit, §§ 21, 55 BGB

Nichtwohngebäude *npl* (com) non-residential buildings

Nichtzahlung *f*
(Fin) nonpayment
– failure to pay

nichtzinstragende Kassenbestände *mpl* (Fin) noninterest-bearing cash balances *(ie, currency and sight deposits)*

nicht zolltarifliche Handelshemmnisse *npl* (AuW) nontariff barriers

nichtzufällige Auswahl *f* (Stat) non-random sampling *(syn, bewußte Auswahl)*

nichtzufällige Stichprobe *f* (Stat) non-random sample

nicht zugegangene Willenserklärung *f* (Re) uncommunicated intent

nicht zugelassene Wertpapiere *npl* (Bö) unlisted securities

nicht zugeschriebene Disagiobeträge *mpl* (ReW) unamortized discounts

nicht zugriffsfähige Gegenstände *mpl* (Re) exempt assets
(ie, of the debtor; alle persönlichen Rechte; außerdem die Gegenstände, für die ein Pfändungsverbot besteht)

nichtzusammenhängende Mengen *fpl* (Math) disconnecting sets

nichtzusammenhängender Graph *m* (Math) disconnected graph

nicht zu vertreten haben
(Re) beyond one's control
(eg, for reasons beyond our control = aus von uns nicht zu vertretenden Gründen)
– not to be responsible for

nicht zweckgebundene Ausleihungen *fpl* (Fin) uncommitted lendings

nicht zweckgebundenes Kapital *n* (Fin) nonspecific capital

nicht zweckgebundene Zuweisung *f* (FiW) nonspecific contribution
(ie, to subordinate government units = nachgeordnete Gebietskörperschaften)

Niedergangsphase *f* (Mk) abandonment stage *(ie, in product life cycle)*

niederlassen, sich
(com) to establish *(or* set up) business
(SozV) to settle
– to locate *(eg, physicians or specialists, in big cities or unserved areas)*

Niederlassung *f*
(com) branch
– branch operation *(or* establishment)
– branch office
– field organization

Niederlassung *f* **im Ausland** (com) foreign branch

Niederlassungsfreiheit *f* (EG) freedom of establishment

Niederlassungsrecht *n*
(Re) law of establishment
(Re) right of establishment

Niedersächsische Börse *f*
(Bö) Hanover Stock Exchange
– Lower Saxony Exchange

Niederschlagung *f* (StR) temporary tax waiver
(ie, issued if cost of assessing and collecting a tax would be out of proportion to amount that could be assessed, §§ 156 II, 261 AO)

Niederschrift *f* **in der Hauptversammlung** (com) minutes of the shareholders' meeting, § 130 AktG

Niederstwert *m*
(ReW) lower of cost or market
– cost or market whichever is lower

Niederstwertkurs *m* (AuW) lower value rate

Niederstwertprinzip *n*
(ReW) principle *(or* rule) of the lower of cost or market, § 155 AktG; § 253 HGB

niedrigbesteuernde Gebiete *npl* (StR) low-tax territories

niedrig besteuernde Länder *npl* (StR) low-tax countries

niedrig bewertete Aktien *fpl* (Fin) low-priced shares *(or* stocks)

niedrig bezahlte Arbeitsplätze *mpl* (Pw) low-paying jobs

niedrige Anfangsbelastung *f* (Fin) low initial debt service

niedrige Qualität *f* (com) low quality

niedriger Abschluß *m* (Pw) low (pay) settlement

niedriger einstufen
(com) to downgrade
– to put into lower group

niedrigerer Beitrag *m* (EG) abated contribution
(ie, of Great Britain toward the Community's financial resources)

niedriger notieren (Bö) to trade lower

niedriger Preis *m* (com) low *(or* soft) price

niedriges Angebot *n* (com) low bid *(or* price) offer

Niedriglohnland *n* (AuW) low-wage country

Niedrigpreis *m (com) cut price*
– *thrift price*

Niedrigpreisgeschäft *n* (com) cut-price store

Niedrigpreis-Waren *fpl* (com) bargain goods

niedrigster Kurs *m* (Bö) bottom price

niedrigster Preis *m*
(com) lowest
– bottom
– knock-down
– rockbottom ... price

Niedrigsteuerland *n*
(StR) low-tax country
– tax haven
(syn, Steueroase; ie, im deutschen Außensteuerrecht Bezeichnung für Gebiete mit ESt-Sätzen unter 31,2%; drei Haupttypen:
1. Nulloasen = tax paradises;
2. Niedrigsteuerländer = tax shelters;
3. Länder mit speziellen Steuervergünstigungen = tax resorts)

Niedrigstkurs *m* (Bö) bottom price
Niedrigstkurs *m* **im EWS** (AuW) lower exchange
limit in the EMS
niedrigstwertiges Zeichen *n* (EDV) least significant
character
(ie, the character in the rightmost position in a
number or word)
niedrigverzinslich
(Fin) carrying a low interest rate
– low-interest yielding
- low-interest-rate *(eg, bonds)*
Niedrigverzinsliche *pl* (Fin) = niedrigverzinsliche
Wertpapiere
niedrigverzinsliche Kurzläufer *mpl* (Fin) low-
coupon shorts
niedrigverzinslicher Kredit *m* (Fin) low-interest
loan
niedrigverzinsliche Wertpapiere *npl*
(Fin) low-yield securities
– low-coupon securities
– low yielders
Niedrigzinspolitik *f*
(Vw) policy of low interest rates
– easy money policy
Nießbrauch *m*
(Re) lifelong right of use
– usufruct
– usufructuary right
(ie, right to use another's property and to appro-
priate the proceeds thereof, §§ 1030–1089 BGB)
Nießbraucher *m*
(Re) lifelong user of property
– usufructuary
Niveauänderung *f* **des Produktionsprozesses** (Vw)
change in the level of activity
Niveau *n* **des Produktionsprozesses** (Vw) level of
activity
Niveau *n* **des Tests** (Stat) level of significance
Niveauelastizität *f* (Vw) scale elasticity *(ie, of a pro-*
cess)
Niveaugrenzerträge *mpl* (Vw) returns to scale
Niveaugrenzprodukt *n*
(Vw) returns to scale
– marginal returns to scale
(syn, Skalenertrag)
Niveauverschiebungseffekt *m* (FiW) displacement
effect *(A. T. Peacock/J. Wiseman, 1967)*
Nivellierungsmethode *f* (IndE) leveling system
(ie, of performance rating = Leistungsgradschät-
zen; syn, LMS-Verfahren, Westinghouse-
System)
n-Nachwirkungsfreiheit *f* (Stat) n-freedom
Nochgeschäft *n*
(Bö) call of more
– put of more
– option to double
noch nicht verjährter Anspruch *m* (Re) claim not
yet barred
(ie, by the Statute of Limitations)
noch nicht verrechnete Schecks *mpl* (Fin) uncleared
items
Nochstücke *npl* (Bö) securities requested under a
'call of more'
Nomenklatur *f* (Zo) customs nomenclature *(syn,*
Zolltarifschema)

Nomenklaturausschuß *m* (EG) Nomenclature
Committee
Nomenklatur *f* **für den Kapitalverkehr** (Fin)
nomenclature of capital movements
Nominaldefinition *f* (Log) nominal (*or* syntactical)
definition
(ie, a convention providing that a certain symbol
or expression shall stand as substitutes for a par-
ticular formula of a system; opp, Realdefinition)
Nominaleinkommen *n* (Vw) nominal income *(opp,*
real income)
Nominaleinkommen *n* **des Haushalts** (Vw) consumer's money income
nominale Löhne *mpl* (Vw) money wages
nominale Parität *f* (AuW) nominal parity
Nominalertrag *m* (Fin) = Nominalverzinsung
nominales BIP *n* (VGR) GDP *(gross domestic pro-*
duct) in money terms
nominales Einkommen *n*
(Vw) nominal (*or* money) income
(Vw) money (*or* nominal) wage rate
nominales Sozialprodukt *n*
(VGR) nominal social product
– national product in money terms
Nominalismus *m* (Vw) nominalism *(opp, metallism)*
Nominalkapital *n* (Fin) nominal capital
(ie, konstanter Teil des Eigenkapitals von AG,
KGaA, GmbH; bei e–r GmbH heißt es ,Stamm-
kapital', bei e–r AG oder KGaA ,Grundkapital':
share capital of GmbH and capital stock of AG
and KGaA as shown in the balance sheet; US: the
capital of a corporation as determined by the par
or stated value of its total outstanding shares; syn,
nominelles Eigenkapital)
Nominallohn *m* (Pw) nominal (*or* money) wage
(opp, Reallohn)
Nominallohnsatz *m* (Pw) nominal wage rate
Nominalverzinsung *f*
(Fin) nominal interest rate
– cash rate
– coupon rate
(ie, Zinssatz bei langfristiger Fremdfinanzierung,
der im Finanzierungsvertrag vereinbart wird; ef-
fektive Verzinsung weicht regelmäßig hiervon ab)
Nominalwert *m*
(Fin) face value (*or* amount)
– nominal value (*or* amount)
– par value *(syn, Nennbetrag, Nennwert)*
Nominalwertprinzip *n* (Vw, Bw) nominal-value
principle
(ie, DM = DM: the value of money is regarded
as independent of its real purchasing power; in
business accounting, the difference between his-
torical and current costs results in paper profits
and thus – via inflation and taxation – in asset
erosion = Substanzverlust)
Nominalwertrechnung *f* (Fin) par value accounting
Nominalzins *m* (Fin) = Nominalverzinsung
Nominalzoll *m* (Zo) nominal tariff
nominell (com) in money terms *(opp, real = in real*
terms)
nominelle Entschädigung *f* (Fin) token amount of
indemnity
nominelle Kapitalerhaltung *f*
(Fin) nominal maintenance of capital

– preservation of corporate assets in money terms
– recovery of original cost
(ie, during operating or service life; opp, substantielle Kapitalerhaltung = in real terms)
nomineller Lohnsatz *m* (Pw) money wage rate
nominelles BSP *n*
(VGR) nominal gnp
– gnp in money terms *(ie, not at constant prices)*
Nomogramm *n*
(Math) alignment chart
– nomogram
Nonaffektationsprinzip *n* (FiW) principle of nonappropriation of public funds to specific purposes, § 8 BHO
Nonsense-Korrelation *f* (Stat) nonsense correlation
Nonvaleurs *mpl* (Bö) securities of little or no value
NOP-Befehl *m*
(EDV) no-operation *(or* no-op*)*
– blank
– dummy
– skip . . . instruction
(syn, Nulloperationsbefehl, Übersprungbefehl)
Nord-Süd-Dialog *m* (Vw) North-South dialog
Nord-Süd-Gefälle *n*
(com) North-South divide
Nordwesteckenregel *f* (OR) northwest corner rule
NOR-Funktion *f* (EDV) = NOR-Verknüpfung
NOR-Glied *n* (EDV) NOR circuit *(or* element*)*
Norm *f* (IndE) standard specification
Normalableitung *f* (Math) normal derivative
Normalabschreibung *f* (ReW) ordinary *(or* standard*)* depreciation
(ie, as shown in financial statement)
Normalarbeitstag *m* (Pw) basic/standard . . . workday *(ie, number of hours in a normal workday)*
Normalarbeitsvertrag *m* (Pw) standard contract of employment
Normalarbeitszeit *f* (Pw) standard work(ing) hours
(cf, § 3 AZO; currently 8 hours in Germany)
Normalauslastung *f* (Bw) standard utilization
Normalbeschäftigung *f*
(Bw) normal level of capacity utilization
(KoR) normal activity *(or* volume*)*
– standard activity *(or* capacity*)*
Normalbrief *m* (com) standard letter
Normaldauer *f* (OR) most probable duration
normale Abweichungsstreuung *f* (Stat) normal error dispersion
normale Arbeitszeit *f* (Pw) standard time
normale Fahrlässigkeit *f*
(Re) ordinary negligence, § 276 BGB
– *(civil law)* culpa levis
normale Fehlerkurve *f* (Stat) normal curve of error
normale Geschäftstätigkeit *f* (ReW, EG) ordinary activities
normale Grundzeit *f*
(IndE) normal elemental time
– leveled elemental time
– base time
(ie, the selected or average elemental time adjusted to obtain the elemental time used by an average qualified operator)
normale Kapazität *f* (Bw) normal sustainable capacity

normale Leiterbahn *f* (EDV, CAD) normal trace
normale Offenmarktgeschäfte *npl* (Vw) outright transactions
normale Prüfung *f* (IndE) normal inspection
normaler Handelsverkehr *m* (com) ordinary course of trade
normaler Weg *m* (EDV) primary route *(syn, Direktweg; opp, Alternativweg)*
normales Akkreditiv *n* (Fin) straight credit
Normalform *f* (Log) normal *(or* standard*)* form *(ie, of propositional logic = Aussagenlogik)*
Normalfracht *f* (com) ordinary cargo
Normalgewinn *m* (Vw) normal profit
Normalgrundzeit *f*
(IndE) base time
– normal elemental time
– leveled elemental time
Normalkapazität *f* (Bw) normal *(or* standard plant*)* capacity
Normalkonditionen *fpl* (com) standard terms and conditions
Normalkosten *pl* (KoR) normal cost *(ie, including an average or normalized chunk of overhead)*
Normalkostenrechnung *f*
(KoR) normal costing
– normal cost system
(ie, auf der Grundlage von Normalkosten, die sich als Durchschnitt der Istkosten vergangener Perioden ergeben)
Normalkostensatz *m* (KoR) normal cost rate
Normallaufzeit *f* (com) original term
Normalleistung *f*
(IndE) normal output
– target performance
Normallohn *m* (Pw) standard wage
Normalpolice *f* (Vers) standard policy
Normalpreis *m* (KoR) normal *(or* standard*)* price
Normalrendite *f* (Fin) normal return
Normalsteuersatz *m* (StR) regular rate, § 12 UStG
Normalstreuung *f* (Stat) normal dispersion
Normaltarif *m* (com) standard rates *(ie, in rail transportation)*
Normalverbraucher *m* (com) average consumer
Normalverdienst *m* (Pw) straight-time earnings
Normalverteilung *f* (Stat) normal *(or* Gaussian*)* distribution
(ie, Verteilung e–r stetigen Variablen X mit e–r bestimmten Dichtefunktion; die wichtigste statistische Verteilung überhaupt; ihre Form wird bestimmt durch die beiden Parameter m und σ^2, die sich als arithmetisches Mittel bzw. als Varianz der Verteilung interpretieren lassen; syn, Gauß-Verteilung, Gaußsche Glockenkurve)
Normalverzinsung *f* (Fin) nominal yield
Normalwerte *mpl* (KoR) normal quantities *(ie, costed at fixed prices)*
Normalzeit *f* (IndE) normal/leveled . . . time
(ie, total of all the normal elemental time constituting a cycle or operation)
Normalzoll *m* (Zo) general tariff
Normalzuschlag *m* (KoR) normal percentage rate
(ie, applied to direct cost as derived from past periods)
normativer Satz *m* (Log) normative statement
normative Wirtschaftswissenschaft *f* (Vw) norma-

541

tive economics *(opp, positive W. = positive economics)*

normen (IndE) to standardize

Normenkontrollklage *f* (Re) legal proceedings brought to ask for judicial review
(ie, by the Federal Constitutional Court; note that the original US notion of ‚judicial review' as developed since 1803 is differently defined and handled by the US judiciary)

Normen- und Typenkartell *n* (Kart) standardization cartel
(ie, relating to uniform methods for the specification of goods and services)

normieren (Math) to normalize *(eg, vector)*

normierte Programmierung *f* (EDV) standardized programming

normierte Zufallsabweichung *f* (Stat) deviate

Normierungsfaktor *m* (EDV) scale *(or* scaling) factor

Normkosten *pl* (KoR) ideal standard cost

Norm-Rediskont-Kontingent *n* (Vw) standard rediscount quota

Normung *f* (IndE) standardization
(ie, erstreckt sich im Gegensatz zur Typung auf einzelne Fertigungsmaterialien, Einzelteile, Stoffe, Werkstoffe)

Normungsvorhaben *n* (Kart) standardization project, § 5 I GWB

normunterschreitende Qualität *f* (Stat) substandard quality

Normwerte *mpl* (Bw) standards
(ie, mostly long-standing average values, suited to the special conditions of a plant)

NOR-Schaltung *f* (EDV) NOR circuit *(or* element *or* gate)

NOR-Verknüpfung *f*
(EDV) NOR operation
– nondisjunction
– joint denial
– Peirce function

Nostroeffekten *pl*
(Fin) nostro securities
– securities owned by a bank

Nostrogeschäft *n* (Fin) business for own account

Nostroguthaben *n*
(Fin) credit balance on nostro account
– nostro balance *(or* account)
(ie, account kept by one commercial bank with another)

Nostrokonten *npl* (Fin) nostro accounts *(ie, liquid balances on deposit with other credit institutions)*

Nostroverbindlichkeit *f*
(Fin) nostro liability
– due to banks

Nostroverpflichtungen *fpl* (Fin) nostro commitments

Notadresse *f* (WeR) referee in case of need

Notakzept *n* (WeR) acceptance in case of need

Notanzeige *f* (WeR) notice of dishonor

Notar *m*
(Re) notary public
– (GB) Commissioner for Oaths
(ie, lawyer, free professional, qualified as a judge, officially appointed; no equivalent in British and American law)

Notar-Anderkonto *n* (Fin) banking account kept by a notary public in his own name for a third party on a trust basis

Notariatsgebühr *f* (Re) notarial fee

Notariatskosten *pl* (Re) notarial charges

notariell beglaubigen
(Re) to notarize
– to record in notarial form
– to acknowledge

notariell beglaubigt (Re) notarially authenticated

notariell beurkundetes Rechtsgeschäft *n* (Re) notarized legal transaction

notarielle Beglaubigung *f*
(Re) notarial authentication
– acknowledgement

notarielle Bescheinigung *f* (Re) notarial certificate *(or* attestation)

notarielle Beurkundung *f*
(Re) notarial record
– recording by a notary
– authentication by public act

notarieller Vertrag *m* (Re) notarized agreement *(or* contract)

notarielle Urkunde *f* (Re) notarial act *(or* instrument)

Notbestellung *f* (Re) emergency appointment, § 29 BGB

Notbetrieb *m*
(IndE) emergency operation
– plant operation on a care and maintenance basis

Notenausgabe *f* (Vw) issue of bank notes

Notenausgaberecht *n*
(Vw) authority to issue notes
– note-issuing privilege

Notenbank *f*
(Vw) bank of issue
– issue bank
(ie, das Notenprivileg hat heute idR nur e–e Bank, die Zentralnotenbank)

Notenbankausweis *m* (Fin) central bank return

Notenbankdiskont *m* (Vw) discount rate

notenbankfähig (Vw) eligible for rediscount with the central bank

Notenbankguthaben *npl* (Fin) central bank balances

Notenbank-Intervention *f* **beim Blockfloaten** (AuW) multiple currency intervention

Notenbankkredit *m* (Fin) central bank loan

Notenbankpräsident *m* (Vw) central bank governor

Notenbankprivileg *n* (Vw) note-issuing privilege

Notenbankzinssätze *mpl*
(Fin) official interest rates

Notendeckung *f* (Vw) cover of notes in circulation

Notenemission *f* (Vw) bank note issue

Notenrückfluß *m* (Vw) reflux of bank notes

Notenstückelung *f* (Vw) denomination of notes

Notenumlauf *m* (Vw) notes in circulation

Nothafen *m*
(com) port of distress
– port of necessity
– port of refuge

notieren
(Bö) to list *(ie, on the stock exchange)*
– to quote

notiert
(Bö) listed
– quoted
notierte Aktien *fpl* (Bö) quoted equities
notierter Kurs *m* (Bö) quoted price
notierte Währung *f* (Fin) currency quoted
(ie, on the official foreign exchange markets)
notierte Wertpapiere *npl* (Bö) listed (*or* quoted) securities
Notierungen *fpl* **an der Börse** (Bö) official prices (*or* quotations)
Notierung *f* **im Freiverkehr** (Bö) over-the-counter (*or* unofficial) quotation
Notierung *f* **im Telefonverkehr** *m* (Bö) off-board quotation
Notierungsmethode *f* (Bö) quotation technique
Notifikation *f* (Fin) notification
notifizieren (com) to notify
notifiziertes Factoring *n* (Fin) notification factoring *(syn, offenes Factoring, qv)*
Notifizierung *f* (com) notification
Nötigung *f* (Re) duress, § 240 StGB
Notiz *f* (Bö) quotation
Notizblock *m*
(com) scratch pad
– (GB) scribbling block (*or* pad)
Notizblockspeicher *m* (EDV) scratch-pad memory *(syn, Schnellspeicher)*
Notizen *fpl* **machen** (com) to take notes *(syn, mitschreiben)*
Notiz *f* **ohne Umsätze** (Bö) nominal quotation
notleidend
(Fin) defaulting
– in default
notleidende Aktiva *npl* (Fin) nonperforming assets
notleidende Bank *f* (Fin) ailing bank *(eg, to rescue an...)*
notleidende Branche *f* (com) ailing industry
notleidende Kredite *mpl*
(Fin) nonperforming loans
– loan deliquencies
– bad loans
notleidender Kredit *m* (Fin) delinquent/nonperforming... loan
notleidender Wechsel *m*
(Fin) bill overdue
– dishonored bill
notleidendes Engagement *n* (Fin) default on a loan
notleidende Wirtschaftszweige *mpl* (com) ailing industries
notleidend werden (Fin) to go into default *(eg, loans)*
Notstand *m* (Re) self-defense (*or* self-help) against things, § 228 BGB
Notstandsarbeiten *fpl* (Vw) public relief work *(ie, not ,public work‘ which is = öffentliche Arbeiten)*
Notstandskartell *n* (Kart) emergency cartel
Notstandspaket *n* (Vw) emergency package
Notstandsplan *m* (Vw) emergency plan
Notstromaggregat *n* (EDV) emergency/backup... power supply
(ie, becomes available, usually automatically, when normal power line service fails)
Notstromversorgung *f* (EDV) backup power system

(ie, standby system that can detect an electrical dip and instantly switch to backup battery power)
Notverkauf *m*
(com) distress
– emergency
– panic... sale
– bail out
(Re) emergency sale
(ie, Käufer kann nach § 379 I HGB e–n Notverkauf vornehmen)
Notverkäufe *mpl*
(Bö) distress selling
– forced liquidation
(ie, happen when stocks owned on margin are sold because declining prices have impaired or exhausted equities)
Notwartung *f* (IndE) emergency maintenance
notwendige Bedingung *f*
(Log) necessary condition
notwendiges Betriebsvermögen *n* (StR) necessary business property
(ie, assets whose use is necessarily limited to business purposes)
notwendiges Privatvermögen *n* (StR) necessary private property
(ie, assets usually not appropriated to business purposes)
notwendige und hinreichende Bedingung *f* (Log) necessary and sufficient condition
Notwendigkeitsgüter *npl*
(Vw) essential goods
– essentials
– necessities *(ie, income elasticity less than unity)*
Novation *f* (Re) novation, § 364 II BGB
(ie, substitution of a new contract or obligation for an existing one: originally a term of the civil law, but now also in general use in US and GB; syn, Schuldumwandlung)
Novationsvertrag *m* (Re) substituted contract
Novelle *f* (Re) amending statute
Novelle *f* **einbringen** (Re) to introduce an amendment
Novelle *f* **verabschieden** (Re) to pass an amendment
novellieren (Re) to amend
Novellierung *f* (Re) amendment
NRZ/C-Schreibverfahren *n* (EDV) non-return-to-zero change recording
NRZ/M-Schreibverfahren *n* (EDV) non-return-to-zero mark recording
NRZ-Schreibverfahren *n* (EDV) non-return-to-zero recording
n-stellig
(Log, Math) n-place
– polyadic
n-stelliger Junktor *m* (Log) n-ary connective
n-tes Glied *n* (Math) last term *(ie, of a sequence or series)*
Nuklearversicherung *f* (Vers) nuclear-risk insurance
(ie, betrieben von der Deutschen Kernreaktor-Versicherungsgemeinschaft)
Null *f*
(com) zero *(ie, in GB ,nought, nil, oh‘ are often preferred)*

(Math) zero *(ie, formally expressed it is the additive identity of an algebraic system)*
Nullachse *f* (Math) polar axis
Null-Basis-Budgetierung *f* (FiW) zero-based budgeting
(ie, Vorjahresansätze werden nicht berücksichtigt = forget all past experience and start in total ignorance; syn, ZBB-Planung)
Nullbestandspolitik *f*
(MaW) stockless buying
– systems contracting
Nullelemente *npl* (Math) zeros
Nullfehlerprogramm *n* (IndE) zero defects program *(ie, in quality control)*
Nullhypothese *f* (Stat) null *(or zero)* hypothesis
Nullklasse *f* (Log) null class *(ie, extension of empty concepts)*
Nullkorrelation *f* (Stat) zero order correlation
Nullkuponanleihe *f* (Fin) zero coupon bonds *(syn, Zero Bonds, Nullprozenter)*
Nullkupon-Emission (Fin) zero bond issue
Null-Lohnrunde *f* (Pw) zero pay round *(ie, no increase beyond inflation)*
Nullmatrix *f* (Math) null matrix
Nullmenge *f*
(Math) empty
– null
– void ... set *(syn, leere Menge)*
Nullnorm *f* (com) zero/nil ... norm
(ie, applies to wages and prices)
Nulloperation *f* (EDV) no operation, NOP, no-op
Nulloperationsbefehl *m* (EDV) no-operation
– no-op
– blank
– dummy
– skip ... instruction
(syn, NOP-Befehl, Übersprungbefehl)
Nullprozenter *m* (Fin) = Nullkupon-Anleihe, qv
Nullpunkt *m* (Math) pole *(ie, in the polar coordinate system)*
Nullpunkt *m* **des Kartesischen Koordinatensystems** (Math) origin of Cartesian coordinates
Nullsaldo *m* (ReW) zero balance
Nullserie *f* (Stat) pilot lot
Nullstellen *fpl* (Math) zeros
Nullsummen-Gesellschaft *f* (Vw) zero-sum society *(ie, phrase coined by L. Thurow)*
Nullsummenspiel *n* (OR) zero sum game
(ie, die Gewinne aller Spieler sind gleich = sum of the payoffs to the two players is zero for each move)
Nulltarif *m*
(com) fare-free transport
(Zo) nil tariff
null und nichtig (Re) null and void
Nullunterdrückung *f* (EDV) zero suppression *(eg, in the UPC Code)*
Nullwachstum *n* (Vw) zero growth
Nullzone *f* (FiW) zero bracket amount
Nullzustand *m* (EDV) zero condition *(or state)*
numéraire (AuW) numéraire
(ie, denominator for the exchange rate mechanism)
numerische Analyse *f* (EDV) numerical analysis
numerische Daten *pl* (EDV) numeric data

numerische Direktsteuerung *f* (EDV) direct numerical control, DNC
numerische Größe *f* (Math) numerical quantity
numerischer Code *m* (EDV) numeric (data) code
numerisches Literal *n* (EDV, Cobol) numerical literal
numerisches Register *n* (EDV) numerical register
(ie, in Unix; syn, numerische Variable)
numerische Steuerung *f* (IndE) numerical control, NC
numerisches Wort *n* (EDV) numeric word
numerisches Zeichen *n*
(EDV) numeric character
– digit
numerische Ziele *npl* (Bw) numberized *(or* targeted) goals
numerisch gesteuerte Fertigung *f* (IndE) numerically controlled manufacturing
numerisch gesteuerte Maschinen *fpl* (IndE) numerically controlled (NC) machines
Numerus *m*
(Math) antilogarithm
– inverse logarithm
Numerus clausus *m* (Pw) restricted entry *(ie, to university for overcrowded subjects)*
Nummernkonto *n* (Fin) number *(or* numbered) account
(ie, account to be kept secret from tax and currency control authorities)
Nummernschild *n*
(com) license plate
– (GB) number plate
Nummernschlüssel *m* (EDV) numeric(al) code
Nummernverzeichnis *n* (Fin) list of securities deposited
nur zur Verrechnung (Fin) account payee only *(ie, phrase put on a check)*
nutzbare Maschinenzeit *f* (EDV) available (machine) time *(syn, verfügbare Benutzerzeit)*
Nutzbarkeit *f* (EDV) serviceability
Nutzeffekt *m* (com) efficacy *(ie, power to produce an effect)*
nutzen
(com, fml) to avail oneself of *(eg, offer, proposal, opportunity)*
– to make use of
– to capitalize on
Nutzen *m*
(com) benefit
(Vw) utility
– satisfaction
Nutzen *m* **aus der Formveränderung e–s Gutes** (Vw) form utility
Nutzenaustauschverhältnis *n* (AuW) utility terms of trade
Nutzeneinheit *f* (Vw) util
Nutzenentgang *m* (Vw) negative utility
Nutzen *m* **e–r Erfindung** (Pat) utility of an invention
Nutzenfunktion *f* (Vw) utility function
(ie, funktionale Beziehung zwischen Nutzen U und Menge e–s Gutes X; syn, Nutzenindexfunktion)
Nutzengebirge *n* (Vw) utility surface
Nutzenindexfunktion *f* (Vw) = Nutzenfunktion

Nutzen-Kosten-Analyse *f* (com) cost-benefit analysis
Nutzen-Kosten-Kennziffer *f* (FiW) cost-benefit ratio
Nutzenmatrix *f* (Bw) payoff matrix
Nutzenmaximierung *f* (Vw) utility maximization
Nutzenmaximierungsannahme *f* (Vw) utility maximizing rule
Nutzenmaximum *n* (Vw) maximum utility
Nutzenmessung *f* (Vw) measurement of utilities
Nutzenmöglichkeitskurve *f*
(Vw) utility frontier
– utility possibility curve in the point sense
Nutzenniveau *n* (Vw) level of satisfaction (*or* utility)
Nutzenprinzip *n*
(FiW) benefit principle
– benefits received principle
Nutzentheorie *f* (Vw) utility theory
Nutzenzweigfunktion *f* (Vw) branch utility function
Nutzfahrzeuge *npl* (com) commercial vehicles
Nutzfahrzeugmarkt *m* (com) commercial vehicles market
Nutzkosten *pl* (KoR) used-capacity cost
(ie, Teil der Fixkosten, der für die Nutzung bereitgestellter Kapazitäten in Ansatz gebracht wird; opp, Leerkosten = idle-capacity cost)
Nutzlast *f* (com) pay load
Nutzlastexperte *m* (com) payload expert
Nützlichkeit *f*
(Pat) usefulness
– utility
Nutznießer *m*
(Re) usufructuary
(Re) beneficiary
Nutzschwelle *f* (KoR) breakeven point *(syn, Gewinnschwelle, Kostendeckungspunkt, toter Punkt)*
Nutzung *f*
(Re) use
– enjoyment
(ie, Früchte e–r Sache od e–s Rechts sowie der Gebrauchsvorteil; cf, 446 I 2, 581, 953 et seq BGB)
Nutzung *f* **der Meere** (Re) use of the seas

Nutzungsausfall *m* (Re) loss of use
Nutzungsausfall-Versicherung *f* (Vers) use and occupancy insurance
nutzungsbedingte Abschreibung *f* (ReW) depreciation through use
Nutzungsberechtigter *m* (Re) beneficiary
Nutzungsdauer *f*
(Bw) effective life
– operating life
– service/serviceable ... life
– useful economic life
– working life
(ie, Grundlage der Bemessung der Absetzung für Abnutzung, Afa)
Nutzungsentgang *m* (Bw) loss of use
Nutzungsentschädigung *f* (Vers) compensation for loss of use
Nutzungsgebühr *f*
(com) royalty *(ie, compensation for the use of property)*
(FiW) user fee
Nutzungsgüter *npl* (ReW) assets subject to depreciation
Nutzungshauptzeit *f* (IndE) controlled machine time
Nutzungspotential *n*
(Bw) service capacity
– bundle of potential services
Nutzungsrecht *n* (Re) right of use
(ie, im Sprachgebrauch oft als Lizenz bezeichnet; syn, Urheberrecht)
Nutzungsvertrag *m* (Re) contract for the transfer of use and enjoyment
Nutzungsvorrat *m* (Bw) bundle of services
Nutzungswert *m* **e–r Wohnung** (StR) rental value of appartment
Nutzungswert *m* **von Wohnungen im eigenen Haus** (StR) rental value of taxpayer's own home, § 21 a EStG
Nutzwert *m* (Vw) utility value
Nutzwertanalyse *f* (Vw, Bw) benefit analysis
(ie, analysis of a set of complex action alternatives)
NV-Bescheinigung *f* (Fin) = Nichtveranlagungsbescheinigung, qv

O

Oasenländer *npl* (StR) tax havens
(ie, tiny low-tax countries refusing to conclude double taxation treaties; syn, Steueroasen)
Oberbegriff *m*
(Log) general
– generic
– comprehensive
– overall
– umbrella ... term
– nomen generalissimum
(Log) major term *(ie, the predicate of the conclusion in a categorical syllogism)*
obere Entscheidungsgrenze *f* (Stat) upper control limit

obere Grenze *f* (Math) least upper bound
obere Kontrollgrenze *f* (IndE) upper control limit
obere Leitungsebene *f* (Bw) upper echelon of management
obere Prüfgrenze *f* (Stat) = obere Kontrollgrenze
oberer Goldpunkt *m* (AuW) gold export point
oberer Grenzwert *m* (Math) upper limit
oberer Interventionspunkt *m*
(Fin) upper support (*or* buying) point
– upper intervention rate
oberer Rand *m* **der Schlange** (AuW) the snake's upper limit
oberer Rand *m* **des Zielkorridors** (Vw) top (*or* upper end) of target range

obere Schranke *f* **e–r Punktmenge** (Math) majorant

obere Zinsgrenze *f* (Fin) interest rate ceiling

Oberfinanzbezirk *m* (StR) regional revenue district

Oberfinanzdirektion *f* (StR) Regional Finance Office
(ie, tax administration on the intermediate level, being both federal and state authority, § 8 I FVG)

Oberfinanzpräsident *m* (StR) head of a Regional Finance Office, § 9 I FVG

Oberflächenintegral *n* (Math) surface integral

oberflächenmontiertes Bauelement *n* (EDV, CAD) surface mounted device, SMD

Obergesellschaft *f*
(com) common parent company, § 329 AktG
– controlling company
– umbrella company
(syn, herrschendes Unternehmen)

Obergraph *m* (OR) supergraph

Obergutachten *n* (com) decisive expert opinion

Oberkörper *m* (Math) extension of a field *(syn, Erweiterungskörper, Körpererweiterung)*

Oberlandesgericht *n* (Re) Intermediate Court of Appeals
(ie, deciding on questions of fact and of law, §§ 115–122 GVG)

Obermeister *m* (Pw) general *(or* senior) foreman

Obermenge *f* (Math) set including subsets

Oberprüfer *m* (Pat) chief examiner

Obersatz *m* (Log) major premise *(or* premiss)
(ie, containing the major term in a categorical syllogism)

Oberschiedsrichter *m* (Re) umpire *(ie, third party selected to arbitrate)*

oberste Führungskraft *f* (Bw) top executive

oberste Geschäftsleitung *f* (Bw) top management

oberste Leitungsinstanz *f* (Bw) top management

oberster Koordinator *m* (Bw) peak coordinator

oberste Unternehmensleitung *f* (Bw) top management

oberste Unternehmensziele *npl* (Bw) top corporate goals *(or* objectives)

Oberverband *m* (Bw) main association
(ie, carries out tasks delegated to them by the basic associations)

Oberverwaltungsgericht *n* (Re) appellate administrative court *(ie, sometimes called ‚Verwaltungsgerichtshof')*

Oberziel *n* (Bw) top objective

Objekt *n* (com) item of property

Objektanalyse *f* (Bw) task-oriented analysis

Objektbesteuerung *f* (FiW) taxation of specific property *(syn, Real- od Sachbesteuerung)*

objektbezogene Steuern *fpl* (FiW) in rem taxes

objektgebundene Kreditgewährung *f* (Fin) earmarked lending

Objektgliederung *f* (Bw) task structuring *(syn, Aufgabengliederung)*

objektive Entscheidung *f* (Re) disinterested *(or* objective) decision

objektive Kosten *pl* (Bw) objective costs
(ie, all relevant costs when factors of production are freely available = all non-opportunity-costs)

objektives Urteil *n* (com) unbiased judgment

objektive Unmöglichkeit *f* (Re) impossibility of performance

(ie, total inability of party to perform for objective reasons, § 306 BGB)

Objektkoordinatensystem *n* (EDV, CAD) model space

Objektkredit *m* (Fin) loan tied to specific property

Objektmodul *m* (EDV) object module

Objektprogramm *n* (EDV) object program
(ie, Ergebnis der Übersetzung e–s Quellprogramms, ready to be loaded into a computer)

Objektsprache *f* (Log) object language

Objektsteuer *f*
(FiW) impersonal tax
– tax levied on specific property
(eg, Gewerbesteuer, Grundsteuer; syn, Realsteuer, Sachsteuer)

Obligation *f*
(Re) obligation *(ie, an undertaking to perform)*
(Fin) = Anleihe, Schuldverschreibung, qv

Obligationär *m*
(Fin) bondholder
– (GB) debenture holder

Obligation *f* **einlösen** (Fin) to redeem a bond

Obligationenagio *n* (Fin) bond premium

Obligationen *fpl* **der öffentlichen Hand** (FiW) public bonds

Obligationendisagio *n* (Fin) bond discount

Obligation *f* **mit Tilgungsplan** (Fin) sinking fund bond

Obligationsanleihe *f*
(Fin) bond loan
– (GB) debenture loan

Obligationsausgabe *f* (Fin) bond issue

Obligationsgläubiger *m* (Fin) bondholder

Obligationsinhaber *m* (Fin) bondholder

Obligationsschuldner *m*
(Fin) obligor
– bond issuer

Obligationstilgungsfonds *m* (Fin) bond sinking *(or* redemption) fund

obligatorisch
(Re) mandatory
– obligatory
– binding

obligatorische Rückversicherung *f* (Vers) automatic *(or* obligatory) treaty

obligatorischer Vertrag *m*
(Re) contract
– obligatory agreement
(ie, creating an obligation at least on one side)

obligatorisches Recht *n* (Re) obligatory right
(ie, right to have claims satisfied; opp, absolutes Recht = absolute right)

obligatorisches Streitschlichtungsverfahren *n* (Re) compulsory settlement of disputes

obligatorische Versicherung *f* (Vers, SozV) compulsory insurance

Obligo *n*
(Fin) commitment
– guaranty
– liability

Obligobuch *n* (Fin) commitment ledger *(ie, kept by bills department of a bank)*

Obligomeldung *f* (Fin) notification of liability

Obligoübernahme *f* (Fin) assumption of commitment *(or* liability)

Obmann *m* (Re) = Oberschiedsrichter
Obsoleszenz *f* (Bw) = geplante Obsoleszenz, qv
OC-Funktion *f* **des Prüfplans** (Stat) operating characteristic
OC-Kurve *f* (Stat) operating characteristic curve
ODER-Funktion *f*
(EDV) inclusive-OR operation
– disjunction
– logical add
Odergatter *n* (EDV) inclusive-OR element (*or* circuit)
(syn, Disjunktionsglied, Mischgatter, Oderglied)
ODER-Glied *n*
(EDV) exclusive-OR element
– except gate
– non-equivalence element
(syn, Antivalenzglied)
Oder-Konto *n* (Fin) joint account
(ie, with the instruction „either to sign"; opp, Und-Konto)
ODER-Schaltung *f*
(EDV) OR circuit (*or* element)
– inclusive-OR circuit
ODER-Verknüpfung *f*
(EDV) inclusive-OR operation
– disjunction
– logical add
ODER-Zeichen *n* (EDV) OR operator
OECD-Konsensus *m* (AuW) OECD Consensus
(ie, Übereinkommen über Leitlinien für öffentlich unterstützte Exportkredite = Arrangement of Guidelines for Officially Supported Export Credits)
OEM-Bausteine *mpl* (EDV) OEM components
OFD (StR) = Oberfinanzdirektion
Off-Budget-Prinzip *n* (FiW) off budget principle
(ie, Verbuchen von Einnahmen und Ausgaben in Sonderhaushalten: „Flucht aus dem Budget")
offenbare Mängel *mpl* (Re) patent defects
offenbarte Präferenzen *fpl* (Vw) revealed preferences *(syn, bekundete Präferenzen)*
Offenbarung *f* **e–r Erfindung** (Pat) disclosure of an invention
Offenbarungseid *m* (Re) oath of disclosure (*or* manifestation)
offene Ausfuhrprämie *f* (AuW) open export bounty
offene Bestellungen *fpl* (com) outstanding purchasing orders
offene Darlehenszusagen *fpl* (Fin) outstanding loan commitments
offene Deflation *f* (Vw) undisguised (*or* open) deflation
offene Frage *f*
(com) open question
– matter still in dispute
(Stat) open-ended question
offene Gruppe *f* (Stat) open-ended class
offene Handelsgesellschaft *f* (Re) general commercial partnership, §§ 105 ff HGB
(ie, leading feature is the unrestricted liability of its partners for debt)
offene Inflation *f* (Vw) undisguised (*or* open) inflation
offene Investmentgesellschaft *f* (Fin, US) open-end investment . . . company/fund

(ie, fortlaufende Ausgabe neuer Anteile und Pflicht zu jederzeitigem Rückkauf)
offene Kreditlinie *f* (Fin) open line of credit *(syn, ungedeckte Kreditlinie)*
offene Linie *f* (Fin) unutilized credit line
offene Personalanzeige *f* (Pw) open (*or* signed) ad *(see: Personalanzeige)*
offene Police *f*
(Vers) floating policy
– floater
– declaration policy
– general policy
– unvalued policy
(SeeV) open cover
offene Position *f* (Fin) exposure *(syn, Engagement)*
offene Positionen *fpl* (Bö) open commitments (*or* contracts)
Offene-Posten-Buchführung *f*
(ReW) open item system
– ledgerless accounting
(syn, kontenlose od kontoblattlose Buchführung)
offene Punktmenge *f* (Math) open set of points
offener Auftragsbestand *m* (com) open orders
offener Betrag *m* (ReW) amount outstanding
offener Buchkredit *m*
(Fin) open book account
– charge account
– open-account financing
– sales on open-account basis
– advance account
(ie, Bar-, Akzept- od Diskontkredit)
offener Dissens *m*
(Re) patent ambiguity
– open lack of agreement
offene Rechnung *f*
(com) open (*or* outstanding) account
– open-book account
(ie, Zahlung gegen einfache Rechnung: clean payment)
offener Fonds *m* (Fin) open-ended fund
offener Halbraum *m* (Math) open halfspace
offener Immobilienfonds *m* (Fin) open-ended real estate fund
offener Investmentfonds *m* (Fin) mutual (*or* open-ended) fund *(ie, no fixed capital)*
offener Kredit *m* (Fin) unsecured (*or* open) credit
offener Mangel *m* (Re) patent defect
offener Markt *m* (com) open market
offener Posten *m* (ReW) open item
offener Regelkreis *m* (EDV) open loop control system
(ie, system outputs are controlled by system inputs only, and no account is taken of actual system output)
offener Saldo *m* (ReW) balance due
offene Rücklage *f*
(ReW) open
– disclosed
– general . . . reserve
(ie, Terminus ersetzt durch ‚Gewinnrücklage'; cf, § 272 III HGB)
offener Wagen *m*
(com) open goods waggon
– (GB) gondola car
– (GB, infml) truck *(syn, O-Wagen)*

offenes Angebot *n* (com) open bid *(ie, one allowing price reductions)*

offenes Depot *n* (Fin) open deposit

offenes Entscheidungsmodell *n* (Bw) open decision model

offenes Factoring *n* (Fin) notification factoring *(ie, Rechnungen enthalten den Hinweis, daß die Forderung im Rahmen e–s Factoring-Vertrages abgetreten wird; syn, notifiziertes Factoring; opp, stilles Factoring, qv)*

offenes Interview *n* (Mk) depth *(or* qualitative) interview

offenes Kommunikationssystem *n* (EDV) open systems interconnections, OSI *(syn, offenes Datenübertragungssystem, OSI-Architekturmodell; cf, OSI-Referenzmodell)*

offenes Konto *n* (Fin) open *(or* current) account

offenes Leasing *n* (Fin) open-end lease *(ie, lessee pays the lessor at the end of the lease term the difference, if any, between a specified amount and the value of the leased property when it is returned to the lessor; so risk of fall in value if on lessee; opp, geschlossenes Leasing = closed-end lease)*

offenes System *n*
(EDV) open-loop system
(EDV) open-ended system

offene Stelle *f*
(com) job opening *(or* vacancy)
– opening
– unfilled job *(or* vacancy)
– vacant job
– vacancy

offene Steuerung *f* (EDV) feedforward

offene Subvention *f* (Vw) overt subsidy

offenes Unterprogramm *n* (EDV) open subroutine

offenes Warenlager *n* (com) public warehouse, § 56 HGB

offenes Welthandelssystem *n* (AuW) open world trading system *(ie, with the undiluted free trade idea as its undisputed centerpiece)*

offenes Wertpapierdepot *n* (Fin) ordinary deposit of securities

offenes Zahlungsziel *n* (Fin) open terms of payment

offene Terminposition *f* (Fin) open forward position

offene Volkswirtschaft *f* (Vw) open economy

offene Werbung *f* (Mk) overt advertising

offenlegen
(com) to disclose
– to reveal

Offenlegung *f* (ReW) disclosure, § 325 HGB

Offenlegung *f* **e–r Erfindung** (Pat) disclosure of an invention

Offenlegungspflicht *f* (ReW) duty of disclosure, § 18 KWG

Offenlegungspflichten *fpl*
(ReW) disclosure obligations
– reporting requirements

Offenlegungsschrift *f* (Pat) patent application open to public inspection *(ie, enthält die nach § 31 II PatG jedermann zur Einsicht freistehenden Unterlagen der Patentanmeldung)*

Offenlegungsvertrag *m* (Re) disclosure agreement

Offenlegungsvorschriften *fpl* (ReW) disclosure requirements *(or* rules)

Offenmarktgeschäfte *npl* (Vw) open market operations

Offenmarktkäufe *mpl* (Fin) purchases in the open-market

Offenmarktoperationen *fpl* (Vw) = Offenmarktgeschäfte

Offenmarktpapiere *npl* (Fin) open market paper *(or* securities)

Offenmarktpolitik *f* (Vw) open market policy *(ie, Teil der Geldpolitik: Deutsche Bundesbank kauft und verkauft auf eigene Rechnung Wertpapiere gegen Zentralbankgeld am offenen Markt, d. h. von den an die Geschäftsbanken)*

Offenmarkttitel *mpl* (Fin) = Offenmarktpapiere

offen od stillschweigend (Re) overtly or tacitly

offen prozeßgekoppelter Betrieb *m* (EDV) open-loop operation

offensichtlicher Mangel *m* (Re) apparent defect

offenstehende Beträge *mpl* (com) open items

öffentlich anbieten (Bö) to offer for public subscription

öffentlich beglaubigen
(Re) to authenticate officially *(or* by notarial act)

öffentlich beglaubigt
(Re) publicly attested
– officially authenticated

öffentlich beglaubigte Abschrift *f* (Re) notarized copy

öffentlich beglaubigte Urkunde *f* (Re) officially authenticated document

öffentlich bestellter Sachverständiger *m* (com) publicly appointed expert

öffentliche Abgaben *fpl*
(StR) fiscal charges
– public charges *(or* contributions)

öffentliche Abgaben *fpl* **entrichten** (StR) to pay taxes and other public charges

öffentliche Ankündigung *f* **von Preiswirkungen** (Kart) price signaling

öffentliche Anleihe *f* (Fin) public bond

öffentliche Arbeiten *fpl* (Vw) public works *(ie, not ‚public relief work‘ which is = Notstandsarbeiten)*

öffentliche Auflegung *f*
(Bö) public offering
– invitation for general subscription

öffentliche Aufträge *mpl* (FiW) government contracts

öffentliche Auftragsvergabe *f*
(FiW) public purchasing
– purchasing by governmental agencies

öffentliche Ausschreibung *f*
(com) public invitation to tender
– advertised bidding

öffentliche Ausgaben *fpl*
(FiW) government expenditure
– governmental spending
– public (sector) spending

öffentliche Ausschreibung *f*
(com) public invitation to bid
– advertised bidding

öffentliche Bausparkasse *f* (com) public building society
öffentliche Bautätigkeit *f* (com) public construction activity
öffentliche Bedienstete *mpl*
(Pw) public-sector employees
– (US) government employees
– (GB) civil servants
öffentliche Bedürfnisse *npl* (Vw) public wants
öffentliche Beglaubigung *f*
(Re) public certification of signature, § 129 BGB
– official authentication
öffentliche Bekanntmachung *f* (Re) public disclosure
öffentliche Benutzung *f* (Re) public use
öffentliche Beschaffung *f*
(FiW) public purchasing
– purchasing by governmental agencies
(syn, öffentliche Auftragsvergabe, Staats- od Behördeneinkauf)
öffentliche Beschaffungsstelle *f* (FiW) public purchasing agency
öffentliche Betriebe *mpl* (FiW) public enterprises
öffentliche Beurkundung *f* (Re) public authentication
öffentliche Druckschrift *f*
(Pat) printed patent specification
– printed publication
öffentliche Eingriffe *mpl* (Vw) government interference (*or* intervention)
öffentliche Einnahmen *fpl* (FiW) public revenue
öffentliche Emission *f* (Fin) public issue (offer) by prospectus
öffentliche Finanzen *pl* (FiW) public finances
öffentliche Finanzwirtschaft *f*
(FiW) public sector economy *(syn, öffentliche Wirtschaft, Staatswirtschaft)*
(FiW) public finance *(cf, Finanzwissenschaft)*
– public sector economics
öffentliche Güter *npl*
(Vw) collective
– public
– social... goods
(ie, goods which the market provides inadequately or not at all; include what previously were called ‚free goods‘, such as air, water)
öffentliche Hand *f*
(FiW) public authorities
– (US) public fisc
öffentliche Haushalte *mpl* (FiW) public authorities
öffentliche Investitionen *fpl*
(VGR) public (sector) investment
– government capital expenditure
öffentliche Körperschaft *f* (Re) public-law corporation
öffentliche Kreditaufnahme *f* (FiW) government (*or* public) borrowing
öffentliche Kredite *mpl*
(FiW) loans extended by public-law corporations
(FiW) public-sector borrowing
öffentliche Kreditnachfrage *f* (FiW) public borrowing demand
öffentliche Kreditwirtschaft *f* (Fin) public banking industry

öffentliche Lasten *fpl* (FiW) public charges
öffentliche Meinungsumfrage *f* (Mk) public opinion poll
öffentliche Mittel *pl* (FiW) public funds
öffentliche Nachfrage *f* (Vw) public demand
öffentliche Plazierung *f*
(Fin) public placement (*or* placing)
– market flotation
öffentlicher Auftrag *m* (com) government contract
öffentlicher Bereich *m* (Re) public sector
öffentlicher Betrieb *m* (Bw) public enterprise
öffentlicher Dienst *m*
(Re) public service
– (GB) civil service
(Pw) public-sector labor force *(ie, comprising all public employees)*
öffentlicher Emittent *m* (FiW) public issuer
öffentlicher Fernsprecher *m* (com) public telephone booth
öffentlicher Haushalt *m*
(FiW) government budget *(syn, Budget, Etat)*
(FiW) public authority
öffentlicher Hochbau *m* (com) public construction
öffentlicher Kredit *m* (FiW) government lending and borrowing
(ie, Aktivkredit und Passivkredit; der Passivkredit (borrowing) überwiegt heute bei weitem; nach Höhe der Tilgung wird unterschieden zwischen Nettokreditaufnahme (auch: Nettoneuverschuldung) und Bruttokreditaufnahme, qv)
öffentlicher Markt *m* (Bö) official market *(syn, amtlicher Markt)*
öffentlicher Schlachthof *m* (FiW) publicly-owned abattoir
öffentlicher Sektor *m* (FiW) public (*or* government) sector
öffentlicher Verbrauch *m* (VGR) public expenditure on goods and services *(syn, Staatsverbrauch)*
öffentlicher Wohnungsbau *m* (com) public (*or* government) housing
öffentliches Beschaffungswesen *n*
(FiW) public procurement
– state purchasing
öffentliche Schulden *fpl* (FiW) public (*or* national) debt
öffentliche Schuldverschreibungen *fpl* (FiW) public bonds
öffentliches Fernsprechnetz *n* (EDV) public telephone network
öffentliches Finanzwesen *n* (FiW) public finance
öffentliches Interesse *n* (Re) public interest
(ie, highly elusive term: it implies a moral imperative which rests on the assumption that there must be an overriding community good)
öffentliches Kaufangebot *n* (com) public offer
(cf, Leitsätze für öffentliche freiwillige Kauf- und Umtauschangebote [LSÜbernahmeangebote] vom Jan 1979; public offers are not extensively used in Germany as a method of acquisition; cf, Übernahmeangebot)
öffentliches Lagerhaus *n* (com) public warehouse
öffentliche Sparkasse *f* (Fin) public savings bank
öffentliches Recht *n* (Re) public law
öffentliche Stellen *fpl* (Re) public bodies

549

öffentliche Stromversorgung *f* (com) public power supply

öffentliches Übernahmeangebot *n* (com) public offer *(cf, LSÜbernahmeangebote vom Januar 1979)*

öffentliches Unternehmen *n*
(Bw) public enterprise
– public sector company
– public corporation

öffentliches Vermögen *n* (FiW) public wealth *(or assets)*

öffentliches Versorgungsunternehmen *n*
(Bw) public utility company
– public service company
– public utility

öffentliches Zeichnungsangebot *n*
(Fin) public offering
– public issue by prospectus

öffentliches Zollager *n* (Zo) public warehouse

öffentliche Übernahmen *fpl* (com) public takeover activity

öffentliche Übertragungen *fpl* (VGR) official transfers

öffentliche Urkunde *f* (Re) public document, § 415 ZPO

öffentliche Verkehrsmittel *npl* (com) public transportation

öffentliche Verkehrsunternehmen *npl* (Bw) public transportation enterprises
(ie, öffentlicher Personennahverkehr, Eisenbahn- und Luftverkehr, Binnenhäfen, qv)

öffentliche Verschuldung *f*
(FiW) public debt
– public sector indebtedness

öffentliche Verschuldung *f* ohne Auslandsverbindlichkeiten
(FiW) internal public debt

öffentliche Verschwendung *f* (FiW) waste of public funds

öffentliche Versorgungsunternehmen *npl* (Bw) public utilities
(ie, Elektrizität, Gas, Fernwärme, Wasser)

öffentliche Versteigerung *f* (com) sale by public auction

öffentliche Verwaltung *f*
(Re) public administration
– (GB) civil service

öffentliche Wirtschaftsbetriebe *mpl* (Bw) public enterprises

öffentliche Zeichnung *f* (Fin) general subscription

öffentliche Zusatzversorgungseinrichtungen *fpl* (SozV) supplementary pension funds for public employees

öffentliche Zustellung *f* (Re) public notice of service, §§ 203ff ZPO

öffentlich gebundene Unternehmen *npl* (Bw) regulated industries

Öffentlichkeit *f*
(com) public
– general public
– public at large

Öffentlichkeitsarbeit *f* (Mk) public relations work

öffentlich-rechtlich (Re) public-law . . .

öffentlich-rechtliche Forderung *f* (FiW) debt due to a federal, state, or communal authority

öffentlich-rechtliche Grundkreditanstalt *f* (Fin) public mortgage bank

öffentlich-rechtliche Körperschaft *f* (Re) public body *(or corporation)*

öffentlich-rechtliche Kreditanstalt *f* (Fin) public credit institution

öffentlich-rechtlicher Zweckverband *m* (Re) public special-purpose association

öffentlich-rechtliches Unternehmen *n* (Bw) public enterprise

öffentlich versteigern
(com) to auction
– to sell by public auction

Offenwerbung *f* (Mk) open advertising *(opp, Schleichwerbung, Tarnwerbung, Schmuggelwerbung)*

Offerent *m* (com) offeror

offerieren
(com) to offer
– to tender

Offerte *f*
(com) offer
– bid
– quotation
– tender

Offerte *f* machen (com) to make an offer

Offerte *f* widerrufen (com) to revoke an offer

offizieller Devisenmarkt *m* (Fin) official *(or regulated)* market

offizielle Reservemittel *npl* (AuW) official reserve assets

offizielle Stellungnahme *f* (com) formal statement *(eg, by a company spokesman)*

Offline-Verarbeitung *f*
(EDV) off-line processing *(or working)*
– offlining
– (ICL) spooling *(syn, indirekte Verarbeitung)*

Öffnungszeit *f* (com) opening time

Offshore-Auftrag *m* (com, US) offshore purchase order

Offshore-Bankplatz *m* (Fin) offshore center *(ie, place with a lot of foreign banks – and a beach)*

Offshore-Steuerabkommen *n* (StR) Offshore Tax Agreement

Offshore-Steuergesetz *n* (StR) Offshore Tax Law

Offshore-Zweigstelle *f*
(Fin) booking center
– shell branch

Ogive *f* (Stat) ogive

ohne Berechnung
(com) free of charge
– at no charge

ohne Berührung des Zollgebiets (Zo) without crossing the customs territory

ohne Bezugsrecht (Fin) ex rights

ohne Dividende
(Fin) ex dividend
– dividend off

ohne eigenes Verschulden (Re) through no fault of one's own

ohne Einwendungsausschluß (Re) subject to any defenses connected with the origin of a contract

ohne Gewähr
(com) without engagement

(WeR) without recourse *(ie, if prior indorser signs..., he exempts himself from liability for payment)*

ohne Gratisaktien (Bö) ex bonus

ohne Kosten (WeR) no protest, Art. 46, 25 II WG

ohne Kupon (Fin) ex coupon

ohne Mängelgewähr (Re) with all faults

ohne Notiz (Bö) no quotation

ohne Obligo (com) without engagement

ohne Prämie (Bö) ex bonus

ohne Protest (WeR) = ohne Kosten

ohne Rabatt
(com) without discount
– straight

Ohne-Rechnung-Geschäft *n* (com, StR) no-invoice deal *(or* transaction)

ohne rechtlichen Grund (Re) without legal justification, § 812 BGB

ohne Regreß (WeR) = ohne Rückgriff

ohne Rückgriff (WeR) without recourse, Art. 9 II WG

ohne Stückzinsen (Bö) ex interest

ohne Umsatz (Bö) no sales

ohne Verlust arbeiten (com) to break even

ohne Verschulden (Re) through no fault of one's own

ohne Ziehung (Bö) ex drawing

ohne Zinsen notiert (Bö) quoted flat

ohne zureichenden Grund (Re) without cause

Ökologie *f* (Vw) ecology

ökologisch (Vw) ecological

Ökonometrie *f* (Vw) econometrics

ökonometrische Methodenlehre *f* (Vw) econometrics

ökonometrische Schätzmethoden *fpl* (Math) econometric methods of estimation
(ie, zur Ermittlung der Regressionskoeffizienten von Ein- bzw Mehrgleichungsmodellen; eg, Methode der kleinsten Quadrate, Maximum-Likelihood-Methode und die verallgemeinerte Kleinst-Quadrate-Methode (Aitken-Schätzung); cf, Einzelgleichungsschätzverfahren und Systemschätzverfahren)

ökonometrisches Modell *n* (Vw) econometric model

ökonomische Aktivität *f* (Vw) economic activity
(ie, production and distribution of goods and services)

ökonomische Analyse *f* (Vw) economic analysis

ökonomische Aspekte *mpl*
(Vw) economic factors *(or* aspects)
– economics (!)

ökonomische Effizienz *f* (Vw) economic efficiency

ökonomische Güter *npl* (Vw) economic goods

ökonomische Interdependenz *f* (Vw) economic interdependence

ökonomische Rente *f* (Vw) rent

ökonomischer Erfolg *m* (Vw) economic performance

ökonomische Ressourcen *pl* (Vw) economic resources

ökonomischer Horizont *m* (Bw) economic horizon *(J. Tinbergen)*

ökonomischer Sachverstand *m* (Bw) economic expertise

ökonomischer Wert *m* (ReW) economic value

ökonomisches Gesetz *n* (Vw) economic law

ökonomisches Modell *n* (Vw) economic model

ökonomisches Prinzip *n* (Bw) efficiency rule
(ie, to produce at a given rate with lowest cost; or to produce at the highest rate with the same cost; syn, Wirtschaftlichkeitsprinzip, Rationalprinzip)

ökonomisches Verhalten *n* (Vw) economic behavior

Ökonomische Theorie *f* **der Politik** (Vw) New Political Economy
(syn, Neue Politische Ökonomie, Nichtmarktliche Entscheidungstheorie)

ökonomische Transaktion *f* (Vw) economic transaction

ökonomische Variable *f* (Vw) economic variable

ökonomische Zeitreihe *f* (Bw) economic time series
(ie, betrifft sequentiell geordnete Vorgänge od Zustände, die Ergebnis wirtschaftlicher Prozesse sind)

Ökonomisierung *f* **der Kassenhaltung** (Fin) efficient employment of money holdings

Ökosystem *n* (Vw) ecosystem

Öleinfuhren *fpl* (com) imports of crude oil

Ölfazilität *f* (IWF) oil facility

Ölförderland *n* (com) oil producing country

OLG (Re) = Oberlandesgericht

Oligopol *n* (Vw) oligopoly
(ie, sale by a few: a small number of persons or firms account for a large proportion of output, employment, etc)

Oligopolist *m* (Vw) oligopolist

oligopolistische Interdependenz *f* (Vw) oligopolistic interdependence

oligopolistischer Markt *m* (Vw) oligopolistic market

Oligopoltheorie *f* (Vw) theory of oligopoly

Oligopson *n* (Vw) oligopsony

Ölpreisexplosion *f* (com) oil price explosion

Ölpreisschock *m* (com) oil price shock

Ölpreisschub *m*
(com) oil shock
– surge in oil prices

Ölschwemme *f*
(Vw) glut of oil *(eg, worldwide)*
– oil glut

Ölunfall *m* (com) (accidental) oil spill

Omnibusbefragung *f* (Mk) omnibus survey

Online-Verarbeitung *f* (EDV) on-line processing *(or* working) *(syn, direkte Verarbeitung)*

Operand *m* (EDV, Cobol) operand

Operandenadresse *f* (EDV) operand address

Operandenregister *n* (EDV) arithmetic register
(syn, arithmetisches Register, Rechenregister)

Operandenteil *m* (EDV) operand part

Operandenübertragung *f* (EDV) operand fetch *(ie, in pipelining)*

Operateur *m* (EDV) operator

Operation *f* (Bw) job

operationale Definition *f* (Log) operational definition
(ie, terms and concepts are defined as identifiable and repeatable operations; limited to the natural sciences, but - unjustifiably - adopted also by the humanities; first formulated in 1927 by P.W. Bridgeman, an American physicist and Nobel

laureate, in his book 'The logic of modern physics', qv)

operationales Ziel *n* (Bw) operational goal
(ie, one stated in measurable, verifiable, specific terms of quantity, quality, time, and cost)

operationalisieren (Log) to operationalize

Operationalismus *m* (Log) operationalism

Operationalität *f*
(Log) operationality
– degree of specificity

Operationscharakteristik *f* (Stat) operating (*or* performance) characteristic

Operationscode *m* (EDV) operation (*or* instruction) code

Operationsfeld *n* (Bw) business area

Operationsgeschwindigkeit *f* (EDV) calculating (*or* computing) speed *(syn, Rechengeschwindigkeit)*

Operationsplanung *f* (Bw) operations planning

Operations Research *n*
(OR) operations research
– (GB) operational research
(ie, a frequent US substitute is ‚management science')

Operationsschlüssel *m* (EDV) operation (*or* OP) code

Operationsteil *m* (EDV) operation part

Operationsumwandler *m* (EDV) operation decoder

Operationszeit *f*
(EDV) operation time
(EDV) execution time

operative Planung *f* (Bw) operational (*or* operative) planning

operativer Kern *m* (Bw) operational heart

operativer Plan *m* (Bw) operational plan

operativer Rahmenplan *m* (Bw) operating budget
(ie, short-term plan for managing the resources needed to carry out a program; opp, Investitionsplan = capital budget)

operatives Management *n* (Bw) operative management

operative Ziele *npl* (Bw) operative goals

Operator *m*
Log) operator
(ie, universal and existential quantifiers – Allquantor und Existenzquantor – are the most common examples)
(EDV) operator
(Mk, retailing) operator
(ie, leitet Bereiche Anlagen und Sachmittel, Lager und meist auch Personal; cf, Merchandiser, Koordinator)

Operatorbefehl *m* (EDV) operator command

Operatormeldung *f* (EDV) operator message

Ophelimität *f* (Vw) ophelimity
(ie, introduced by V. Pareto; the term roughly equivalent is ‚utility')

Ophelimitätsindex *m* (Vw) index of ophelimity

Opportunitätskosten *pl*
(com) opportunity/alternative . . . cost
(ie, entgangener Nutzen, der sich bei der nächstbesten Verwendung e–s Gutes od Produktionsfaktors ergäbe; sie bilden die volkswirtschaftlichen Kosten (Schattenpreise, qv); cf, Theorie der komparativen Kosten)

Opportunitätskostenmatrix *f* (Bw) matrix of opportunity costs *(ie, derived from a decision matrix)*

Opportunitätskosten *pl* **pro Einheit der Engpaßbelastung** (KoR) marginal profit opportunity by machine-hour

optieren (Bö) to make use of an option

Optimalbeschäftigung *f* (KoR) optimum level of activity *(syn, Bestbeschäftigung)*

optimale Auflegungszahl *f* (Bw) optimum lot number

optimale Auftragsgröße *f* (Bw) optimum order size

optimale Bedingungen *fpl* (Bw) optimum conditions

optimale Beschäftigung *f*
(Bw) optimum output
(KoR) optimum level of activity

optimale Bestellmenge *f*
(MaW) economic order(ing) quantity, EOQ
– economic purchasing quantity, EPQ
– optimum lot quantity
– optimum order quantity
(ie, bei ihr ist die Summe der bestellmengenabhängigen Kosten minimal)

optimale Besteuerung *f* (FiW) optimal taxation

optimale Betriebsgröße *f* (Bw) optimum size (*or* scale) of a plant

optimale Codierung *f* (EDV) optimum coding

optimale Depotzusammensetzung *f* (Fin) portfolio selection

optimale Einkommensverteilung *f* (Vw) optimum income distribution

optimale Faktorkombination *f* (Vw) optimum input combination

optimale Fertigungsmenge *f* (IndE) economic manufacturing quantity

optimale Fließbandbelegung *f* (IndE) assembly line balancing

optimale Geltungszahl *f* (Bw) optimum internal price
(ie, used by E. Schmalenbach to arrive at most efficient uses of plant resources)

optimale Kapazität *f* (Bw) practical plant capacity

optimale Kapazitätsauslastung *f* (Bw) preferred operating rate

optimale Kapitalstruktur *f* (Fin) optimum capital structure (*or* financing mix)

optimale Lebensdauer *f* (Bw) optimum life

optimale Leistung *f* (Bw) optimum performance

optimale Losgröße *f*
(Bw) economic lot (*or* batch) size
– optimum lot size
– standard run quantity
(ie, Problem tritt nur bei Serienfertigung und Sortenfertigung auf)

optimale Losgrößenformel *f* (Bw) EOQ (economic order quantity) formula

optimale Lösung *f* (Bw) optimal/best . . . solution

optimale Maschinenbelegung *f* (IndE) optimum machine loading and scheduling

optimale Maschinengröße *f* (IndE) optimum size of major plant
(eg, which for modern blast furnaces is abt 1,200 tons of pig iron per day)

optimale Nutzung *f* **der Produktionsfaktoren** (Vw) optimum allocation of resources

optimale Nutzung f **der verfügbaren Zeit** (OR) most profitable loading of available time

optimale Nutzungsdauer f (Bw) optimum economic life

optimale Produktionsmenge f (Vw) profit maximization output

optimaler Bestand m (MaW) optimum size of inventory
(ie, leading to minimum relevant total costs: inventory carrying cost + cost of acquisition)

optimaler Datendurchsatz m (EDV) optimum throughput

optimaler Entscheidungszeitpunkt m (Bw) optimum time of decision making

optimale Restlebensdauer f (Bw) optimum remaining life
(ie, e–r vorhandenen Anlage, für die der Kapitalwert sein Maximum annimmt)

optimaler Griffbereich m (IndE) normal working area

optimaler Kostenpunkt m (Bw) locus of minimum cost per unit
(ie, intersection of marginal and average cost curves)

optimaler Lagerbestand m (MaW) – optimaler Bestand

optimaler Lieferbereitschaftsgrad m (MaW) optimum service degree
(ie, of a stock of inventory; depends on optimum mix of holding cost and stockout cost)

optimaler Preis m (com) optimum (*or* highest possible) price

optimaler Verbrauchsplan m (Vw) optimum consumption plan

optimaler Währungsraum m (AuW) optimum currency area

optimales Angebot n (com) optimum offer

optimales Budget n (FiW) optimum budget
(ie, seeking to determine optimum resource allocation between private and public sectors and within the public sector itself)

optimales Programmieren n (EDV) optimum programming

optimales Wachstum n (Vw) optimum growth
(ie, is achieved if utility of present and future consumption is at a maximum)

optimale Wettbewerbsintensität f (Vw) optimum intensity of competition *(cf, Wettbewerbsintensität)*

Optimalitätskriterium n (OR) criterion of optimality

Optimalitätsprinzip n (OR) optimality principle

Optimalstandardkosten pl (KoR) ideal (*or* perfection) standard cost

Optimalzoll m (Zo) optimum tariff

optimieren (Bw) to optimize

optimierte Produktionstechnik f (IndE) optimized production technology, OPT

Optimierung f (Bw) optimization

Optimierungskriterien npl (Bw) optimization criteria
(eg, Extremierung, Satisfizierung, Fixierung)

Optimierungsmodelle npl (OR) models of optimization
(ie, e–r von zwei Typen von Planungsmodellen

des OR, im Gegensatz zu Bewertungsmodellen; zu ihnen gehören:
1. lineare Optimierung, LP;
2. ganzzahlige Optimierung;
3. kombinatorische Optimierung;
4. dynamische Optimierung;
5. Graphentheorie;
6. Spieltheorie, etc.)

optimistische Erwartungen fpl (com) buoyant expectations

optimistische Zeit f (OR) optimistic time estimate

Option f
(com) right of first refusal
– right of choice
(Bö) option *(cf, Übersicht S. 554)*
(StR, VAT) right of entrepreneur to opt for regular turnover taxation

Option f **auf Indexterminkontrakte** (Bö) option on index futures

Option f **auf Kassakontrakte** (Bö) option on actuals
(ie, vor allem im Wertpapiersektor)

Option f **auf Swaps** (Bö) swapoption
(ie, Vereinbarung, die dem Käuer das Recht gibt, zu e-m Zeitpunkt in der Zukunft in e-n Swap einzutreten, dessen Konditionen beim Kauf der Option festgelegt werden)

Option f **auf Terminkontrakte** (Bö) option on futures *(ie, „Papieranspruch auf Papieransprüche")*

Option f **ausüben**
(Bö) to exercise an option
– to take up an option

Option f **einräumen** (Bö) to grant an option

Optionsanleihe f
(Fin) (equity) warrant issue
– warrant bond
– bond with warrants attached
– (GB) convertible debenture stock
(ie, Anleihe mit Optionsschein (cum); verbriefen dem Inhaber das Recht auf den Bezug von Aktien der Emittentin (equity-linked issue);
Unterschied zur Wandelschuldverschreibung: Aktie tritt nicht an die Stelle der Wandelschuldverschreibung, sondern tritt zusätzlich hinzu; cf, Wandelschuldverschreibungen)

Optionsaufgabe f (Bö) abandonment of option

Optionsberechtigter m (Bö) option holder

Optionsbörse f
(Bö) options exchange
– traded options market

Optionsdarlehen n (Fin) optional loan

Optionsdauer f
(Bö) option period
(Fin) exercise period

Optionsempfänger m (Bö) grantee of an option

Optionsfrist f (Bö) = Optionslaufzeit

Optionsgeber m (Bö) giver of an option

Optionsgeschäft n
(Bö) options . . . trading/dealings
(Bö) option bargain

Optionsgeschäft n **mit Termindevisen** (Bö) option forward

Optionshandel m
(Bö) trading in options
– options business (*or* trading)

Optionshändler *m* (Bö) option . . . dealer/trader
Optionsinhaber *m* (Bö) option holder
Optionskäufer *m* (Bö) option buyer
Optionsklausel *f*
(com) option clause
– first refusal clause
Optionskontrakt *m* (Bö) option . . . contract/deal
Optionslaufzeit *f*
(Bö) life of an option
– option period *(syn, Optionsfrist)*
Optionsnehmer *m* (Bö) taker of an option
Optionspreis *m*
(Fin) warrant exercise price
(ie, Preis, zu dem Aktien bei Optionsanleihen er-
worben werden können)
(Bö) price of an option *(syn, Prämie)*
(Bö) exercise/strike/striking . . . price
(ie, Preis für Kauf- und Verkaufsoption, der vom
Käufer der Option beim Abschluß zu zahlen ist;
syn, Basispreis, Ausübungspreis)
Optionsrecht *n*
(Bö) option right

(Bö) stock purchase warrant *(ie, when traded on*
the stock exchange)
Optionsschein *m* (Fin) warrant
(ie, Recht auf Ausübung der Option ist in ge-
trennten Optionsscheinen verbrieft; wird an der
Börse gehandelt)
Options-Swap *m*
(Fin) contingent swap
– contingent interest rate swap
(ie, Konditionen e–r künftigen Zins-Swapverein-
barung werden ex ante fixiert; kombinierte An-
wendung der Options- und Swaptechnik)
Optionsverkäufer *m* (Bö) writer of the option
Option *f* **verfallen lassen** (Bö) to allow an option to
lapse
Option *f* **verkaufen** (Bö) to write an option
optische Abtastung *f* (EDV) optical scanning *(opp,*
elektrische und magnetische Abtastung)
optische Datenverarbeitung *f* (EDV) optical data
processing
optische Platte *f* (EDV) optical disk, OD
optischer Abtaster *m* (EDV) optical scanner

Optionen

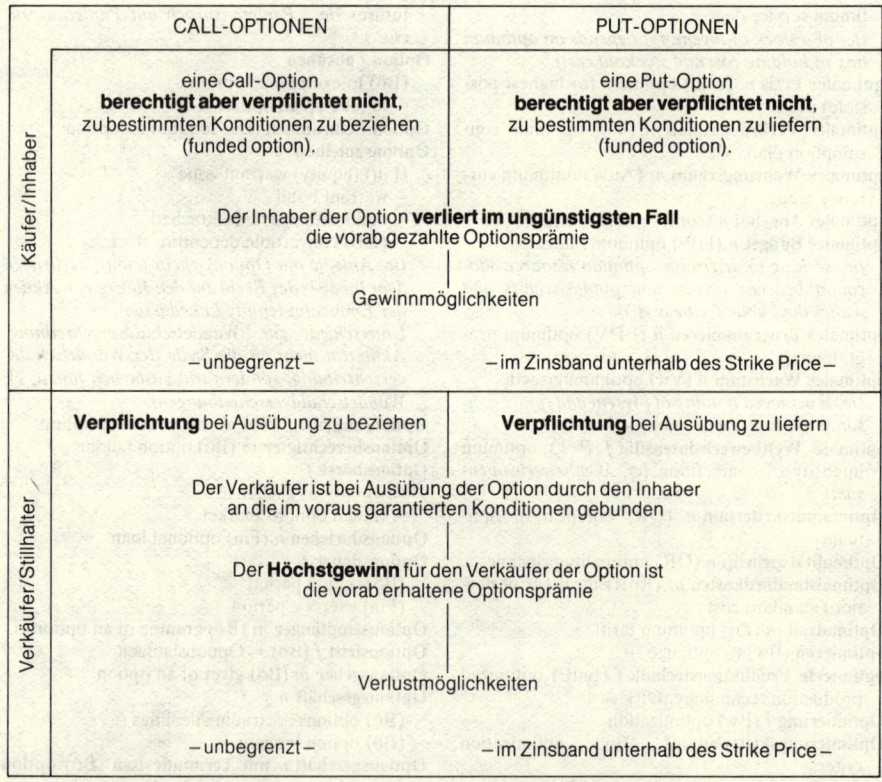

Quelle: Handelsblatt, 23. .4. 1987, S. B 3.

optischer Belegleser *m* (EDV) optical character reader *(syn, Klarschriftleser)*

optischer Leser *m* (EDV) optical (character) reader *(syn, optischer Abtaster)*

optischer Markierungsleser *m* (EDV) optical mark reader

optisches Anzeigegerät *n* (EDV) visual display unit (*or* device)

optische Zeichenerkennung *f* (EDV) optical character recognition, OCR

optisch lesen
(EDV) to wand
– to scan

ordentliche Abschreibung *f* (ReW) ordinary depreciation
(ie, traced into cost accounting; opp, außerordentliche (Sonder-)Abschreibung)

ordentliche Ausgaben *fpl* (FiW) ordinary expenditure

ordentliche Deckungsmittel *pl* (FiW) ordinary budget receipts

ordentliche Einnahmen *fpl* (FiW) ordinary receipts (*or* revenue)

ordentliche Hauptversammlung *f*
(com) ordinary shareholders' meeting, § 175 AktG
– (GB) annual general meeting, AGM

ordentliche Kapitalherabsetzung *f* (Fin) ordinary capital reduction
(ie, Verminderung des Haftungskapitals; reduction of nominal value of shares and repayment to shareholders, § 224 AktG)

ordentliche Kündigung *f* (Pw) statutory or contractual notice of termination
(opp, außerordentliche, meist fristlose Kündigung aus wichtigem Grund)

ordentlicher Haushalt *m* (FiW) ordinary budget

ordentlicher Kaufmann *m* (Re) prudent business man, § 347 HGB

ordentliches Betriebsergebnis *n*
(ReW) operating result
– (GB) ordinary trading profit

Orderklausel *f* (WeR) pay-to-order clause

Orderkonnossement *n*
(com) order bill of lading
– bill of lading (made out) to order

Orderladeschein *m* (WeR) shipping note made out to order, § 363 II HGB

Orderlagerschein *m*
(WeR) negotiable warehouse receipt
– warehouse receipt made out to order

Ordermangel *m* (Bö) shortage of buying orders

Orderpapier *n*
(WeR) order paper
– instrument to order
– instrument made out to order
ie, Übertragung durch Indossament und Übergabe: wertpapierrechtliche Übertragungserklärung wird auf die Rückseite des Papiers (in dosso) gesetzt und unterzeichnet; Folge: Weitgehender Ausschluß von Einwendungen aus dem Grundgeschäft; damit starke Stellung des Erwerbers; Typen: Namensaktie, Namensscheck, Wechsel, Zwischenschein sowie die ‚gekorenen Papiere' des § 363 HGB)

Orderpolice *f* (Vers) policy made out to order

Orderscheck *m*
(WeR) check to order
– order check

Orderschuldverschreibung *f*
(WeR) order bond
– registered bond made out to order

Order- und Inhaberpapiere *npl*
(WeR) negotiable instruments
(ie, payable to order or bearer; syn, Wertpapiere i. e. S.)

Ordervermerk *m* (WeR) order clause

Ordervolumen *n* (Bö) total (*or* volume of) buying orders

ordinale Größe *f* (Math) magnitude

ordinale Nutzenfunktion *f* (Vw) ordinal utility function

ordinale Nutzenmessung *f* (Vw) measurement of ordinal utility

ordinaler Nutzen *m*
(Vw) ordinal utility

ordinales Meßkonzept *n* (Vw) ordinal utility approach

ordinales Nutzenmaß *n* (Vw) ordinal utility measure

Ordinalzahl *f* (Math) ordinal number

Ordinate *f* (Math) ordinate
(ie, Cartesian coordinate obtained by measuring parallel to the y-axis = vertikale Koordinate; opp, Abszisse, qv)

Ordinatendifferenz *f* **zweier Punkte** (Math) rise

Ordner *m* (com) standing file

Ordnung *f*
(com) order
– sequence
(Math) ordering
– order relation
– partial ordering
(ie, a binary relation ≤ among the elements of a set such that a ≤ b and b ≤ c implies a ≤ c, and a ≤ b, b ≤ a implies a = b; it need not be the case that either a ≤ b or b ≤ a)

Ordnung *f* **e-r Matrix** (Math) dimension (*or* order) of a matrix

Ordnungsbegriff *m* (EDV) defining argument

Ordnungsgeld *n* (Re) fine

ordnungsgemäß
(com) due
– proper
– orderly
– adequate

ordnungsgemäß bevollmächtigt (Re) duly authorized

ordnungsgemäß einberufene Sitzung *f* (com) regularly/properly constituted meeting

ordnungsgemäß einberufene Versammlung *f* (com) duly convened meeting

ordnungsgemäße Zahlung *f* (Fin) payment in due course

ordnungsgemäß zugestellt (com) duly served

Ordnungsgütemaß *n*
(EDV) ordering bias

ordnungsmäßige Buchführung *f* (ReW) adequate and orderly accounting
(ie, this basic tenet of German accounting practice

555

is untranslatable; it has statutory and commercial sources)

ordnungsmäßig einberufene Sitzung *f* (com) duly convened meeting

Ordnungsmäßigkeit *f* **der Buchführung** (ReW) adequacy of accounting
(ie, see §§ 38–47 b HGB, § 149 AktG, §§ 140–148 AO, etc.)

Ordnungsmuster *n* (Vw) general pattern

Ordnungspolitik *f* (Vw) *(no conceptual equivalent outside West Germany:)* Economic policy proceeding from, and taking as its yardstick of performance, an ideal-type free market system; it is subordinated to the requirements, as the case may be, of the economic framework or ‚Ordnung‘; concept goes back to W. Eucken; opp, Prozeßpolitik

Ordnungsrelation *f* (Math) = order, qv

Ordnungssteuer *f* (FiW) nonrevenue regulatory tax
(ie, as an instrument of policy; syn, Zwecksteuer)

Ordnungswidrigkeit *f*
(Re) non-criminal offense
(Kart) administrative offense

Ordoliberalismus *m* (Vw) *(no conceptual equivalent outside West Germany:)* Neoliberal economic order as conceived by the Freiburg school of economists (Eucken, Böhm). Seeks to uphold individual freedom, protect private ownership of productive capital and reasonably free competition in all markets, and provide a basic ‚order‘ in the country's economic affairs. A middle position between collectivism and unbridled liberalism. Practical result is a „socially tempered market economy". Syn, Neoliberalismus.

Organ *n* (Bw) executive body (*or* organ)

Organe *npl* **e-r Gesellschaft**
(Bw) organs of a company
– corporate agents
– agents of a corporation
– properly constituted agents
– *(phrase coined by the American Law Institute):* high managerial agents
(ie, bei juristischen Personen handeln Geschäftsführer und Vorstand rechtsgeschäftlich; im Gegensatz zu dieser Fremdorganschaft bei Kapitalgesellschaften gilt für Personengesellschaften der Grundsatz der Selbstorganschaft: nur Mitgesellschafter haben organschaftliche Pflichten und Rechte)

Organertrag *m* (ReW) income from subsidiaries

Organgemeinschaft *f* (StR) group of integrated companies

Organgesellschaft *f*
(StR) dependent enterprise
– controlled subsidiary company
(ie, financial, economic, and organizational dependency on another enterprise; may have the form of AG, GmbH, KGaA)

Organhaftung *f* (Re) liability of a legal person for its executive organs, §§ 31, 89 BGB

Organisation *f*
(Bw) *(Führungsfunktion:)* organizing
– *(Gebilde:)* organization
(Vers) field organization
– agency plant

(ie, total force of agents representing an insurer)

Organisation *f* **der Vereinten Nationen für industrielle Entwicklung** (AuW) *(Vienna-based)* United Nationals Industrial Development Organization, UNIDO

Organisation *f* **erdölexportierender Länder** (AuW) *(Vienna-based)* Organization of the Petroleum Exporting Countries, OPEC

Organisation *f* **für wirtschaftliche Zusammenarbeit und Entwicklung** (AuW) (Paris-based) Organization for Economic Cooperation and Development, OECD

Organisation *f* **mit großer Leitungsspanne** (Bw) shallow (*or* flat) organization

Organisation *f* **mit kleiner Leitungsspanne** (Bw) narrow (*or* deep) organization

Organisation *f* **ohne Erwerbscharakter** (Re) nonprofit organization

Organisationsabteilung *f* (Bw) organization department

Organisationsanalyse *f* (Bw) organizational analysis

Organisationsberater *m* (Bw) organizational consultant

Organisationseinheit *f* (Bw) unit of organization
(syn, Instanz, Stelle)

Organisationsentwicklung *f* (Bw) organization development

Organisationsformen *fpl* (Bw) forms of organization

Organisationsgestaltung *f* (Bw) organizational design

Organisationsgrad *m*
(Bw) level of organization
(Pw) degree of unionization

Organisationshandbuch *n* (Bw) organization manual

Organisationsinvestition *f* (Bw) capital spending on setting up or improving the organization structure

Organisationsklausel *f* (Pw) clause concerning union membership

Organisationskosten *pl*
(ReW) organization expense
– startup expense
– (GB) preliminary expense
(syn, Gründungskosten, qv)

Organisationskultur *f* (Bw) corporate culture

organisationsmäßig (Bw) in matters of organization

Organisationsmitglieder *npl* (Bw) members of an organization

Organisationsmodell *n* (Bw) organization model
(eg, functional, divisionalized, matrix)

Organisationsplan *m* (Bw) organization(al) chart (*or* tree)

Organisationsprogramm *n*
(EDV) master program
– supervisory program
– supervisor
syn, Systemkern, qv)

Organisationsprogrammierer *m* (EDV) application programmer

Organisationsregeln *fpl* (Bw) rules of organization

Organisationsschaubild *n* (Bw) organization chart (*or* tree)

Organisationssoziologie *f* (Bw) sociology of organization

Organisationsstelle *f* (Bw) ultimate unit of responsibility

Organisationsstruktur *f* (Bw) organization(al) structure

Organisationstalent *n* (Pw) organizational ability (*or* skills)

Organisationstheorie *f* (Bw) theory of organization

Organisationstypen *mpl* **der Fertigung** (IndE) typology of manufacturing processes (*cf, Fließfertigung, Werkstattfließfertigung, Fließinselfertigung, Werkstattfertigung; see also: Werkbankfertigung, Baustellenfertigung*)

Organisations- und Geschäftsführungsprüfung *f* (ReW) management audit

Organisationsziele *npl* (Bw) organizational (*or* system-wide) goals

Organisator *m* (EDV) systems analyst

organisatorisch (Bw) organizational

organisatorische Eingliederung *f* (StR) organizational integration

organisatorische Operation *f* (EDV) bookkeeping (*or* red-tape) operation

organisatorischer Befehl *m* (EDV) bookkeeping (*or* red-tape) instruction

organisatorisches Dilemma *n* (Bw) organizational dilemma *(H. Steinmann)* (*ie, the amount of failure, conflict, and frustration increases from top to bottom, and is larger in a tall than in a flat organizational structure*)

organisatorisches Umfeld *n* (Bw) organizational environment

organisatorische Umstellung *f* (Bw) organizational shakeup

organischer Bestandteil *m* (com) integral part

organische Rohstoffe *mpl* (com) organic raw materials

organisiert (Pw) unionized

organisierte Arbeitnehmer *mpl* (Pw) unionized employees

organisierter Markt *m*
(Vw) market overt
(Bw) regular market

organisierter Streik *m* (Pw) official strike

Organkredit *m* (Fin) loan (granted) to company officers and related persons, § 15 KWG

Organmitglied *n* (Re) officer

Organogramm *n* *(pl. Organigramme)*
(Bw) organization(al) chart
– organization tree

Organschaft *f*
(StR) [tax device of] „integration"
– integrated inter-company relation
– fiscal unit
– integrated group of companies
(*ie, besonders enge Verflechtung e–r oder mehrerer KapGes [Organgesellschaft, Organgesellschaften] mit ihrem Trägerunternehmen [Organträger]; Voraussetzung: finanzielle, wirtschaftliche und organisatorische Eingliederung; developed by the Federal Fiscal Court for purposes of both income tax and turnover tax*)

Organschaftsabrechnung *f* (ReW) accounting settlement between integrated companies

organschaftsähnliches Verhältnis *n* (StR) quasi-integration relationship
(*ie, combinations of enterprises that do not fully meet the conditions for recognition as an „integration"*)

Organschaftsverhältnis *n*
(StR) integrated inter-company relationship
– single-entity relationship

Organschaftsverrechnung *f*
(ReW) settlement between integrated companies

Organschaftsvertrag *m* (Re) contract relating to the integration of a subsidiary
(*ie, Beherrschungsvertrag wird mit e–m Gewinnabführungsvertrag verbunden; Abschluß ist Voraussetzung für die körperschaftsteuerliche Organschaft; cf, § 14 KStG*)

Organträger *m*
(StR) dominant enterprise
– controlling company
(*ie, any enterprise within the meaning of § 2 I UStG: natural and legal persons, unincorporated partnerships and associations*)

Organverhältnis *n* (StR) integrated relationship with a subsidiary

Organverlust *m* (ReW) loss posted by a subsidiary

OR-Geschäft *m* (com, StR) = Ohne-Rechnung-Geschäft

Orientierungsdaten *pl* (Vw) guideline data, § 3 StabG

Orientierungspreis *m*
(com) introductory (*or* informative) price
(EG) guide (*or* target) price
(*ie, für Rindfleisch und Wein; ist unverbindlich, hat Zielpreischarakter und soll Preisverhalten beeinflussen*)

Orientierungsrahmen *m*
(com) guide lines
– long-term program

Orientierungswert *m* (com) rule-of-thumb value

Original *n* (com) original (*ie, of any document, letter, etc.*)

Originalausfertigung *f* (com) original document

Originalbeleg *m* (ReW) original (*or* source) document *(syn, Urbeleg)*

Originaldaten *pl* (com) raw data *(syn, Rohdaten)*

Originaldiskette *f* (EDV) distribution diskette

Originaldokument *n* (com) source document

Originalfaktura *f* (com) original invoice

Originalfracht *f* (com) original freight

Originalpolice *f* (Vers) original policy

Originalrechnung *f* (com) original invoice

Originalverpackung *f* (com) original package (*or* wrapping)

Originalvorlage *f* (EDV, CAD) original artwork (*cf, Vorlage*)

Originalwechsel *m* (WeR) original bill of exchange

originäre Kostenarten *fpl* (KoR) primary cost categories

originäre Produktionsfaktoren *mpl* (Vw) natural resources

originärer Firmenwert *m*
(ReW) self-generated goodwill
– unpurchased goodwill
– company-developed goodwill

– goodwill developed by the business
(ie, not considered for balance sheet and tax purposes; opp, derivativer Firmenwert = acquired goodwill, qv)

originelle Werbung *f* (Mk) original way of advertising

Ort *m* **der Geschäftsleitung** (Bw) place of management

Ort *m* **der Leistung** (Re) place of performance

Ort *m* **der Niederlassung** (Bw) place of establishment

Ort *m* **der tatsächlichen Geschäftsleitung** (Bw) place of actual management

Ort *m* **des steuerbaren Umsatzes** (StR) place of taxable transaction

Ort *m* **des Verbringens** (AuW) place (*or* point) of introduction

Ort *m* **des Vertragsabschlusses** (Re) place of contract

orthogonale Funktion *f* (Math) orthogonal function

orthogonale Koordinaten *fpl* (Math) orthogonal coordinates

orthogonale Matrix *f* (Math) orthogonal matrix

orthogonale Transformation *f* (Math) orthogonal transformation

Orthogonalitätsbedingung *f* (Math) orthogonality restriction

örtlich begrenzter Streik *m*
(Pw) localized strike

örtliche Behörde *f* (Re) local authority

örtliche Gebietskörperschaft *f*
(FiW) municipal government
– municipality
– local government (unit)
– locality
– unit of local government
– general-purpose local government
– (GB) municipality *(opp, central government; in U.S. this is ‚städtische Gemeinde‘ as opposed to a township)*

örtliche Gewohnheit *f* (StR) local practices, § 2 BewG

örtlicher Markt *m* (com) local market
(ie, which may also be ‚Binnenmarkt‘ or ‚Inlandsmarkt‘)

örtliche Zuständigkeit *f* (StR) place for filing returns, § 17 AO

Ortsbrief *m* (com) local letter

Ortsgespräch *n* (com) local call

Ortskraft *f* (Pw) local employee

Ortskrankenkasse *f* (SozV) local health insurance office

ortskundig (com) having local knowledge

Ortsstapelverarbeitung *f* (EDV) local batch processing

Ortsteilnehmer *m* (com) local subscriber

ortsübliche Miete *f* (com) local rent

ortsunabhängig (EDV) remote

Ortszulage *f*
(Pw) local bonus
– residential allowance
– local cost of living allowance

Ort *m* **und Tag** *m* **der Ausstellung** (com) place and date of issuance *(or* issue*)*

OSI-Bewegung *f* (IndE) OSI movement *(ie, open systems interconnection)*

Österreichische Schule *f* (Vw) Austrian school of economists
(ie, led by K. Menger, F. v. Wieser, and E. v. Böhm-Bawerk; J. A. Schumpeter, L. v. Mises, F. A. v. Hayek)

Osthandel *m* (AuW) East-West trade *(syn, Ost-West-Handel)*

Ost-West-Handel *m* (AuW) = Osthandel

oszillierende Reihe *f* (Math) oscillating series

Otto Normalsteuerzahler *m* (com, infml) John Citizen, the taxpayer *(ie, the average taxpayer left without the benefit of tax loopholes)*

Otto Normalverbraucher *m*
(com, infml) John Doe
– John Citizen
– (GB) Mr. A. N. Onymous
(ie, the average, anonymous man)

ÖTV (Pw) = Gewerkschaft Öffentliche Dienste, Transport und Verkehr

O-Urteil *n*
(Log) O-proposition
– particular negative

Output *m* **je Arbeitsstunde**
(Vw) man-hour output
– output per man-hour

output-orientiertes Budget *n*
(FiW) planning, programming, budgeting system
– PPBS system
– output-oriented budget

Outright-Termingeschäfte *npl* (Bö) outright forward transactions

Outright-Terminkurs *m* (Bö) outright price

O-Wagen *m* (com) = offener Wagen

P

Paarkorrelation *f* (Stat) intra-class correlation

Paarmenge *f* (Math) pair set

Paarvergleich *m* (Mk) paired comparison

paarweise disjunkt (Math) pairwise disjoint

paarweise Zuordnung *f* **von Elementen** (Math) pairing of elements

Paasche-Index *m* (Stat) Paasche index number

Paasche-Preisindex *m* (Stat) Paasche price index-number

(ie, prices being weighted by the quantities of the given period)

Pacht *f*
(com) lease
(Re) lease
(ie, contract by which the right to possess, use and enjoy a thing, as defined in § 90 BGB, and of its fruit, as defined in § 99 BGB, is granted in exchange for payment of a stipulated price, called

,rent', §§ 581–597 BGB. Note that *,Miete'* is identical except that the enjoyment of fruit is excluded.)
(ReW) leases
Pachtbedingungen *fpl* (Re) terms of a lease
Pachtbesitz *m* (Re) leasehold property
Pachtdauer *f* (Re) term (*or* life) of a lease
pachten
(com) to lease (*ie, land or building*)
– to take on lease
(Note that ,to lease' also means ,verpachten' in the sense of ,to let on lease')
Pächterpfandrecht *n* (Re) statutory lien of lessee, § 590 BGB
Pachtertrag *m* (Re) rentals
Pächter *m* **und Verpächter** *m* (Re) lessee (*ie, person to whom conveyed*) and lessor (*ie, person who conveys*)
Pachtgrundstück *n* (Re) leased property
Pachtkosten *pl* (KoR) rentals paid
Pachtvertrag *m*
(Re) lease
– lease agreement
Pachtwert *m* (com) rental value
Pachtzins *m*
(Re) rent
– rental
(ie, paid for use of property)
Päckchen *n*
(com) small parcel
– petit paquet (*ie, up to 2 kg, but 1 kg if sent abroad*)
packen
(com) to pack (*eg, into boxes, cases*)
(EDV) to pack
Packerei *f* (com) packing department
Packkiste *f* (com) packing box
Packliste *f* (com) packing list
Packmaterial *n*
(com) packing
– packing material
(com) dunnage
(ie, other than packaging)
Packpapier *n* (com) wrapping paper
Packstück *n*
(com) package
– parcel
Packung *f*
(com) pack (*ie, any size*)
– (GB) packet
(Mk) package
Packungsbeilage *f* (Mk) package insert (*eg, small advertising folder, sample, etc.*)
Packungsgestaltung *f* (com) packaging
Packzettel *m* (com) packing (*or* shipping) slip
Pädagoge *m*
(Pw) teacher
– educator
Pädagogik *f* (Pw) educational theory
pagatorische Buchhaltung *f* (ReW) financial (*or* general) accounting
pagatorische Kosten *pl* (Bw) cash-outlay cost
pagatorische Rechnung *f* (ReW) cash basis of accounting
paginieren (com) to number pages

Paginiermaschine *f* (com) (page) numbering machine
Paket *n*
(com) parcel
– (US, *also*) package
(com) package deal (*or* offer)
(Fin) block (*or* parcel) of shares
Paketabholstelle *f* (com) parcel pickup station
Paketabschlag *m*
(Fin) share block discount
– blockage discount
(ie, reduction in the price of a large block or parcel of stock)
Paketanbieter *m* (EDV) package vendor
Paketangebot *n* (Bw) bundle bidding (*ie, R & D + production*)
Paketbesitz *m* (Fin) 25-percent block of shares
Paketempfangsschein *m* (com) parcel receipt (*ie, made out by a shipping company*)
Pakethandel *m*
(Bö) block trading
– large-lot dealing
(ie, Handel mit Aktienpaketen, meist außerhalb der Börse)
(Pat) package licensing
Paketkarte *f*
(com) parcel dispatch slip
– parcel mailing form
Paketlizensierung *f* (Pat) block booking of patents *(ie, licensee must accept an entire package of patents even if he needs only one)*
Paketlizenz *f* (Pat, Kart) package license *(ie, combined licensing of several blocking or complimentary patents; permitted if entered without coercion)*
Paketlösung *f* (com) package solution (*ie, detailed treatment of problems*)
Paketmakler *m* (Bö) block trader
Paketpolice *f* (Vers) package policy
Paketpost *f* (com) parcel post
Paketsendung *f*
(com) parcel
– (US) package
Paketumschlagstelle *f* (com) parcel rerouting center
Paketverkaufsgewinn *m* (Fin) gain on disposal of block of shares
Paketvermittlung *f* (EDV) packet switching *(ie, small packages of data are sent in pulses along wires)*
Paketzuschlag *m*
(Bö) share block premium
– extra price on block of shares (*ie, percentage × share price*)
– pay-up (*ie, premium paid on block of shares*)
(StR) addition to the combined list price or fair market value of shares or membership rights, § 11 BewG
Paketzustellung *f* (com) parcel delivery
Palette *f* (com) pallet
(ie, portable platform used in conjunction with fork-lift truck – Gabelstapler – or pallet truck for lifting and moving materials)
Palettenbanking *n* (Fin) multi-product banking
Palettenladung *f* (com) palette load
palettieren (com) to palletize

palettierte Güter *npl* (com) palletized goods
Panelerhebung *f* (Mk) panel interview
Panelsterblichkeit *f* (Mk) panel mortality
Panikkäufe *mpl* (com) panic (*or* scare) buying
Panikverkäufe *mpl* (Bö) panic selling
Papiere *npl*
  (Fin) securities
  (Pw, infml) walking papers
  – (GB) marching papers (*or* orders)
Papiere *npl* **aus dem Altgeschäft** (Fin) pre-currency-reform securities
Papier *n* **einspannen** (com, EDV) to load paper *(eg, into typewriter, printer)*
Papierfabrik *f* (IndE) paper mill
Papiergeld *n* (Vw) paper currency (*or* money)
Papiergeld *n* **mit Edelmetalldeckung** (Vw) representative money
Papiergold *n* (AuW) „paper gold" *(ie, special drawing rights, SDRs)*
Papierhersteller *m* (com) paper maker
Papierindustrie *f* (com) paper industry
Papierkorb *m*
  (com) waste basket
  – (GB) waste paper basket
Papierkorb-Post *f* (com) junk mail
papierlose Ablage *f* (EDV) paperless filing
Papier *n* **mit Maßeinteilung** (com) scaled paper
Papier *n* **ohne Maßeinteilung** (com) non-scale paper
Papiersack *m* (com) paper bag
Papiertransport *m* (EDV) paper transport
papierverarbeitende Industrie *f* (com) paper converting industry
Papierverarbeiter *m* (com) paper converter
Papiervorschub *m* (EDV) paper feed
Papierwährung *f* (Vw) paper currency
Pappe *f*
  (com) paperboard
  – cardboard *(ie, nontechnical term)*
Parabel *f* (Math) parabola
parabolische Beschränkungen *fpl* (OR) parabolic constraints
parabolische Funktion *f* (Math) parabolic function
Parafiskus *m*
  (FiW) intermediate fiscal power
  – auxiliary fiscal agent
  (eg, churches, social insurance carriers, EC, World Bank; syn, Hilfsfiskus, Nebenfiskus)
Parallelabfragespeicher *m* (EDV) parallel search memory
Parallelanleihen *fpl*
  (Fin) parallel loans
  – back-to-back loans
  (ie, two firms in separate countries borrow each other's currency for a specified period of time; such a swap creates a covered hedge against exchange loss since each company, on its own books, borrows the same currency it repays)
Parallelaufträge *mpl* (Bö) matched orders
Parallelbetrieb *m* (EDV) parallel operation
Parallel-Devisenmarkt *m* (AuW) parallel market
Paralleldrucker *m*
  (EDV) line printer
  – line at a time printer *(syn, Zeilendrucker)*
parallele Abarbeitung *f* (EDV) pipelining

parallele Eigenerzeugung *f* (IndE) cogeneration of electricity
  (ie, power generated within a company's own plant, aside from power supplied by a public utility)
parallele Kanten *fpl* (OR) parallel edges
parallele Massenfertigung *f* (IndE) parallel mass production
  (opp, wechselnde Massenfertigung)
Parallelenschar *f* (Math) family of parallel lines
paralleler Ablauf *m* (OR) parallel mode of operation
parallele Schnittstelle *f* (EDV) parallel interface (*or* port)
Parallelgeschäft *n* (AuW) parallel transaction
  (ie, im Basisvertrag wird der Export zu üblichen Zahlungsbedingungen vereinbart; im Gegenlieferungsvertrag wird die Abnahme von Gegenlieferungsgütern in vereinbarter Höhe festgelegt; wirtschaftlich zusammenhängende, juristisch aber selbständige Verträge; fällt unter den Oberbegriff des ‚countertrade', qv)
parallel geschaltete Kanäle *mpl* (OR) servers arranged in parallel
parallel geschaltete Kanten *fpl* (OR) branches in parallel
Parallellauf *m* (EDV) parallel operation
parallel laufendes Patent *n* (Pat) collateral patent
Parallelmarkt *m*
  (Bö) parallel (foreign exchange) market
  (ie, gebräuchlich besonders für e–n inoffiziellen Devisenmarkt, der im Gegensatz zum schwarzen Markt geduldet wird)
  (Bö) parallel stock market
  (ie, die beiden unteren vertikalen Marktsegmente der Amsterdamer Börse, 1982 eingerichtet; auch in Deutschland für untere Segmente verwendet)
Parallelmodem *n* (EDV) parallel modem
Parallelpolitik *f* (FiW) procyclical fiscal policy
Parallelproduktion *f* (IndE) parallel manufacturing
  (ie, Methode der Durchlaufzeitenminimierung in PPS-Systemen)
Parallelspeicher *m* (EDV) parallel memory (*or* storage)
Parallelstichprobe *f* (Stat) duplicate sample
Parallelverarbeitung *f* (EDV) parallel processing
Parallelverhalten *n* (Kart) concerted action (*or* behavior) *(syn, abgestimmtes Verhalten)*
Parallelverschiebung *f* (Math) parallel shift (*or* displacement)
Parallelversuch *m* (Stat) replication
Parallelvorschrift *f* (Re) sister provision
Parallelwährung *f* (Vw) parallel currency
Parallelzugriff *m* (EDV) parallel (*or* simultaneous) access
Paralogismus *m* (Log) paralogism *(ie, any fallacious reasoning)*
Parameter *m*
  (Math) parameter *(ie, an arbitrary constant or variable)*
  (Stat) parameter *(ie, a constant which most usually occurs in expressions defining frequency distributions, such as population parameters, or in models describing a stochastic situation, such as regression parameters)*

Parameter _m_ der Grundgesamtheit (Stat) population parameter
parameterfreie Statistik _f_ (Stat) nonparametric statistics
parametergesteuert (EDV) parameter-controlled
parametergesteuerte Reihenfolgeoptimierung _f_ (IndE) parameter-controlled sequencing
Parametergleichung _f_ (Math) parametric equation
Parameterkarte _f_ (EDV) parameter (_or_ control) card
Parametermatrix _f_ (Math) parameter matrix
Parameterraum _m_ (Stat) parameter space
Parameterschätzung _f_ (Stat) estimation of parameters
Parametertest _m_ (Stat) parametric test
(ie, zur Überprüfung von Hypothesen über unbekannte Parameter von Grundgesamtheiten mit Hilfe von Zufallsstichproben)
parametrische Programmierung _f_ (OR) parametric programming
parametrischer Test _m_ (Stat) parametric test
parametrische Statistik _f_ (Stat) parametric statistics
parametrisieren (Stat) to parameterize
paramonetäre Finanzierungsinstitute _npl_ (Fin) nonfinancial (_or_ nonmonetary) intermediaries _(syn, sekundäre F.)_
Paraphe _f_ (com) initials
paraphieren (com) to initial _(eg, a contract)_
pareto-optimal (Vw) Pareto optimal
Pareto-Optimalität _f_ (Vw) Pareto optimality condition
Pareto-Optimum _n_ (Vw) Pareto optimum
(ie, es wird nach den Bedingungen des Wohlfahrtsoptimums gefragt:
1. Grenzraten der Substitution müssen übereinstimmen;
2. Grenzraten der Faktorsubstitution müssen in allen Unternehmen gleich sein;
3. die Grenzraten der Transformation müssen den kollektiven Grenzraten der Gütersubstitution entsprechen)
Pareto-Verteilung _f_ (Vw) Pareto distribution
(ie, Gesetzmäßigkeit der personellen Einkommensverteilung)
Pari-Bezugsrecht _n_ (Bö) par rights issue
Pari-Emission _f_
(Bö) issue at par
– par issue
Parikurs _m_
(Fin) par of exchange
– par rate
(Bö) par price
pari notieren (Bö) to quote at par
Pari-Passu-Klausel _f_ (Fin) = Gleichbesicherungsklausel
Parirückzahlung _f_ (Fin) redemption at par
Pariser Club _m_
(Vw) Paris Club
– Group of Ten
Pariser Verband _m_ (Pat) Paris Union
Pariser Verbandsübereinkunft _f_ (**zum Schutz des gewerblichen Eigentum** (Pat) Union (_or_ Paris) Convention
(ie, full title: International Convention for the Protection of Industrial Property; concluded in

1883 and frequently revised, most recently at Stockholm in 1967)
Parität _f_ (Fin) parity
(ie, offizielles Austauschverhältnis nationaler Währungen, bezogen auf gemeinsamen Nenner; statt Parität spricht man heute von ‚Leitkurs‘, wenn es sich um amtlich fixierte Wechselkursrelation handelt)
Paritätengitter _n_ (Fin) = Paritätenraster
Paritätenraster _m_ (Fin) parity grid
(ie, matrix of bilateral par values for the currencies of members of the European Monetary System; it establishes the intervention prices between each member government is obliged to maintain exchange value of currency in terms of every other group currency; die in Form e–r Matrix (Gitter) aufgezeichneten bilateralen Leitkurse der EWS-Währungen, Paritätengitter, syn, Gitter bilateraler Leitkurse)
paritätische Mitbestimmung _f_
(Pw) parity
– equal
– 50 : 50 … codetermination
paritätische Vertretung _f_ (Re) parity representation
Paritätsänderung _f_ (Fin) parity change
Paritätsbit _n_ (EDV) parity (_or_ check) bit
Paritätsfehler _m_ (EDV) parity error
Paritätsklausel _f_ (Fin) parity clause
Paritätskurs _m_ (Fin) parity price
Paritätspreis _m_ (EG) parity price _(ie, in farming)_
Paritätsprüfung _f_ (EDV) parity (_or_ odd-even) check
(ie, an extra bit is set to zero or one so that the total number of zeros or ones in each word is always made even or always made odd)
Paritätssystem _n_ (IWF) par value system
Paritätstabellen _fpl_ (Bö) parity tables
Paritätsziffer _f_ (EDV) parity digit
parken (Fin) to invest temporarily
Parkett _n_
(Bö) floor
– official market _(opp, Kulisse)_
Parkhochhaus _n_ (com) multi-story car park
Parkplatz _m_
(com) car park(ing facilities)
– (GB) car parking lot
(com) parking space
– (GB) parking bay
(Fin) temporary investment
Parteien _fpl_ (Re) = Prozeßparteien
Parteienanträge _mpl_ (Re) motions
Parteien _fpl_ **e–s Rechtsstreits** (Re) parties to a dispute _(syn, streitende Parteien)_
Parteienvereinbarung _f_
(Re) contractual stipulation
– agreement by the parties
Partei _f_ **ergreifen** (com) to side (with/against)
Parteifähigkeit _f_ (Re) capacity to sue and be sued, § 50 ZPO
Parteispenden _fpl_ (StR) donation to political parties
Parteiwille _m_ (Re) intention of the parties to a contract
Parteninhaber _m_ (com) part owner of a ship

Partenreederei f (com) shipowning partnership, § 489 HGB
Partialanalyse f (Vw) partial analysis
Partialbruch m (Math) partial fraction
partiarischer Darlehensgeber m (Fin) lender with participation in debtor's profits
partiarisches Darlehen n
(Fin) loan which entitles the creditor to a profit participation
– loan with profit participation
(ie, Verzinsung abhängig vom Gewinn oder Ergebnis des Unternehmens; meist deshalb ergebnisunabhängige Mindestverzinsung; selten)
Partie f
(com) consignment
(Bö) parcel
– lot
(IndE) lot
– batch *(syn, Auflage, Los, Serie)*
(Pw) gang of workers
Partiehandel m (Bö) spot business
Partiekauf m (com) sale by lot
partielle Ableitung f (Math) partial derivative
(ie, derivative of function of several variables taken with respect to one variable holding the others fixed)
partielle Aussagenlogik f (Log) partial propositional calculus
partielle Differentialgleichung f (Math) partial differential equation
partielle Faktorproduktivität f (Vw) partial factor productivity
(ie, reciprocal of input/output ratio = Produktionskoeffizient)
partielle Gleichgewichtsanalyse f (Vw) partial equilibrium analysis
partielle Integration f (Math) integration by parts
partielle Korrelation f (Stat) partial correlation
partielle Korrelationsanalyse f (Stat) partial correlation analysis
partielle Produktionselastizität f (Bw) partial elasticity of production
partielle Rangkorrelation f (Stat) partial rank correlation
partielle Regression f (Stat) partial regression
partieller Grenzertrag m (Vw) partial marginal return
partielles Gleichgewicht n (Vw) partial equilibrium
partiell geordnete Menge f
(Math) partially ordered set
– poset
Partienstreuung f (IndE) batch variation
Partieware f
(com) job *(or* substandard) goods
– job lot
partikulär-bejahendes Urteil n
(Log) particular affirmative
– I-proposition
partikuläres Urteil n
(Log) particular (proposition)
Partikularisator m (Log) particular *(or* existential) quantifier
partikulär-verneinendes Urteil n
(Log) particular negative
– O-proposition

Partikulier m (com) independent barge-owner
Partikulierschiffahrt f (com) private inland waterway shipping
Partizipationsgeschäft n (com, Fin) joint transaction
Partizipationsgrad m (Bw) degree of employee *(or* subordinate) participation
Partizipationskonto n (Fin) joint account
Partizipationsmodell n (Bw) linking pin model *(ie, developed by R. Likert)*
Partizipationsplanung f (Vw) participatory planning *(ie, in regional economics)*
Partizipationsschein m (Fin) participating receipt
Partner m
(Re) partner
– co-partner
Partnerwährung f (Fin) partner currency
Pascal-Verteilung f (Stat) Pascal distribution
Passiva npl (ReW) total equity and liabilities
passive Abschreibung f (ReW) indirect method of depreciation
(ie, debited through separate valuation account; syn, indirekte Abschreibung)
passive Bestechung f (com) taking bribes
passive Handelsbilanz f (VGR) unfavorable *(or* adverse) balance of trade
passive Kreditbereitschaft f (Fin) readiness to borrow
passive Kreditgeschäfte npl (Fin) = Passivgeschäfte
passive Lohnveredelung f (AuW) processing of goods abroad for domestic account
passive Rechnungsabgrenzung f
(ReW) accrued expense
– deferred income
passiver Transithandel m (AuW) passive transit trade
passiver Veredelungsverkehr m (Zo) outward processing
passiver Verrechnungssaldo m (Fin) debit balance on inter-branch account, § 53 KWG
passives Bauelement n (EDV) passive element
passive Vertretung f (Re) passive agency
(ie, agent receives a declaration of intent addressed to the principal through his agency)
passive Zahlungsbilanz f (VGR) unfavorable *(or* adverse) balance of payments
Passivfinanzierung f (Fin) liabilities-side financing
(ie, financing transaction expanding the volume of equity and outside capital; opp, Aktivfinanzierung)
Passivgelder npl (Fin) borrowings
Passivgeschäft n (Fin) deposit business
(ReW) transaction creating a liability
(Fin) borrowing transaction *(ie, of banks)*
Passivhandel m
(AuW) external trade handled by nonresidents
(AuW) passive trade *(ie, imports exceeding exports)*
passivieren
(ReW) to carry as liability
– to accrue *(eg, pension obligations)*
Passivierung f
(AuW) pushing into definit
– moving *(or* heading) into deficit
(ie, said of balanc of payments; opp, Aktivierung)

Passivierungsgebot *n* (ReW) = Passivierungspflicht
Passivierungspflicht *f*
(ReW) requirement to accrue in full
– obligation to carry as liability on the balance sheet
Passivierungsrecht *n* (ReW) right to carry as liability on the balance sheet
Passivierungsverbot *n* (ReW) prohibition to carry as liability on the balance sheet
Passivierungswahlrecht *n*
(ReW) option to show or not to show items on the liabilities side
– option to accrue *(eg, repairs and renewals)*
Passivkonto *n* (ReW) liability account
Passivkredit *m* (Fin) borrowing *(ie, by a bank)*
Passivlegitimation *f* (Re) capacity to be sued
passiv legitimiert
(Re) capable of being sued, § 50 ZPO
– having capacity to be sued
Passivposten *m*
(ReW) liability *(or* debit) item
(AuW) debit item
Passivsaldo *m*
(ReW) debit *(or* adverse) balance
– deficit
Passivsaldo *m* **der Zahlungsbilanz** (AuW) balance of payments deficit
Passivseite *f*
(ReW) liabilities side *(ie, of a balance sheet)*
– liabilities and shareholders' equity
Passivstruktur *f* (Fin) structure of liabilities
Passivtausch *m* (ReW) accounting exchange on the liabilities side *(ie, of financial statements)*
Passivwechsel *m* (Fin) bill payable
Passivzinsen *mpl*
(Fin) deposit interest rates
– interest on deposits
Passwort *n* (EDV) pass word *(ie, also spelled ‚Paß-wort')*
Patent *n*
(Pat) patent
– letters patent
Patentabteilung *f* (Pat) patent division
Patent *n* **abtreten** (Pat) to assign a patent
Patentabtretung *f* (Pat) patent assignment
Patentamt *n* (Pat) Patent Office
(eg, Deutsches Patentamt, Europäisches Patentamt)
Patentamtsentscheidung *f* (Pat) ruling of the Patent Office
Patent *n* **anfechten** (Pat) to challenge a patent
Patentanfechter *m* (Pat) patent challenger
Patent *n* **angemeldet** (Pat) patent applied for
Patent *n* **anmelden**
(Pat) to apply for a patent
– to file an application for a patent
Patentanmelder *m* (Pat) patent applicant
Patentanmeldung *f*
(Pat) patent application
(Pat) filing of a patent application
(cf, Übersicht S. 564)
Patentanmeldung *f* **bearbeiten** (Pat) to process a patent application
Patentanmeldung *f* **einreichen** (Pat) to file a patent application

Patentanmeldung *f* **im Ausland einreichen** (Pat) to file a patent application abroad
Patentanmeldung *f* **zurücknehmen** (Pat) to withdraw a patent application
Patentanmeldung *f* **zurückweisen** (Pat) to refuse a patent application
Patentanspruch *m* (Pat) patent claim *(ie, defines an invention succintly and serves to delimit the scope of the rights requested)*
Patentanwalt *m*
(Pat) patent lawyer
– (US) patent attorney
– (GB) patent agent
Patentaufgabe *f* (Pat) abandonment of patent *(ie, inventor dedicates patent to public use)*
Patent *n* **aufrechterhalten** (Pat) to maintain a patent
Patentaustausch *m*
(Pat) cross-licensing of patents
– exchange of patents
Patentaustauschvertrag *m*
(Pat) cross-license agreement
– patent exchange agreement
Patentausübung *f*
(Pat) patent exploitation
– use *(or* working) of a patent
Patent *n* **auswerten** (Pat) to exploit *(or* work) a patent
Patentauswertung *f* (Pat) exploitation *(or* working) of a patent
patentbegründend (Pat) substantiating a patent claim
Patentberichterstatter *m* (Pat) patent investigator
Patentberichtigung *f* (Pat) patent amendment
Patentberühmung *f* (Pat) patent advertising *(or* marking), § 146 PatG
Patentbeschreibung *f* (Pat) patent specification
Patentblatt *n* (Pat) Patent Office Journal
Patentbüro *n* (Pat) patent law firm
Patentdauer *f* (Pat) term of a patent
Patenteinspruch *m* (Pat) opposition to a patent
Patenteinspruchsverfahren *n* (Pat) opposition proceeding
Patententziehung *f* (Pat) revocation of a patent
Patent *n* **erlischt** (Pat) patent expires *(or* lapses)
Patent *n* **erteilen** (Pat) to grant *(or* issue) a patent
Patenterteilung *f* (Pat) issue *(or* grant) of a patent
patentfähig (Pat) patentable
patentfähige Erfindung *f* (Pat) patentable invention
patentfähiger Teil *m* (Pat) patentable part
patentfähiges Verfahren *n* (Pat) patentable process
patentfähige Verbesserung *f* (Pat) patentable improvement
Patentfähigkeit *f* (Pat) patentability
Patentfähigkeitserfordernis *n* (Pat) patentability requirement
Patentgebühr *f*
(Pat) patent fee
– royalty charge
Patentgemeinschaft *f* (Pat) patent pool
Patentgericht *n* (Pat) patent court
Patentgerichtsverfahren *n* (Pat) patent court proceeding
Patentgesetz *n* (Pat) Patents Law
Patentgesetzgebung *f* (Pat) patent legislation

Patentanmeldung

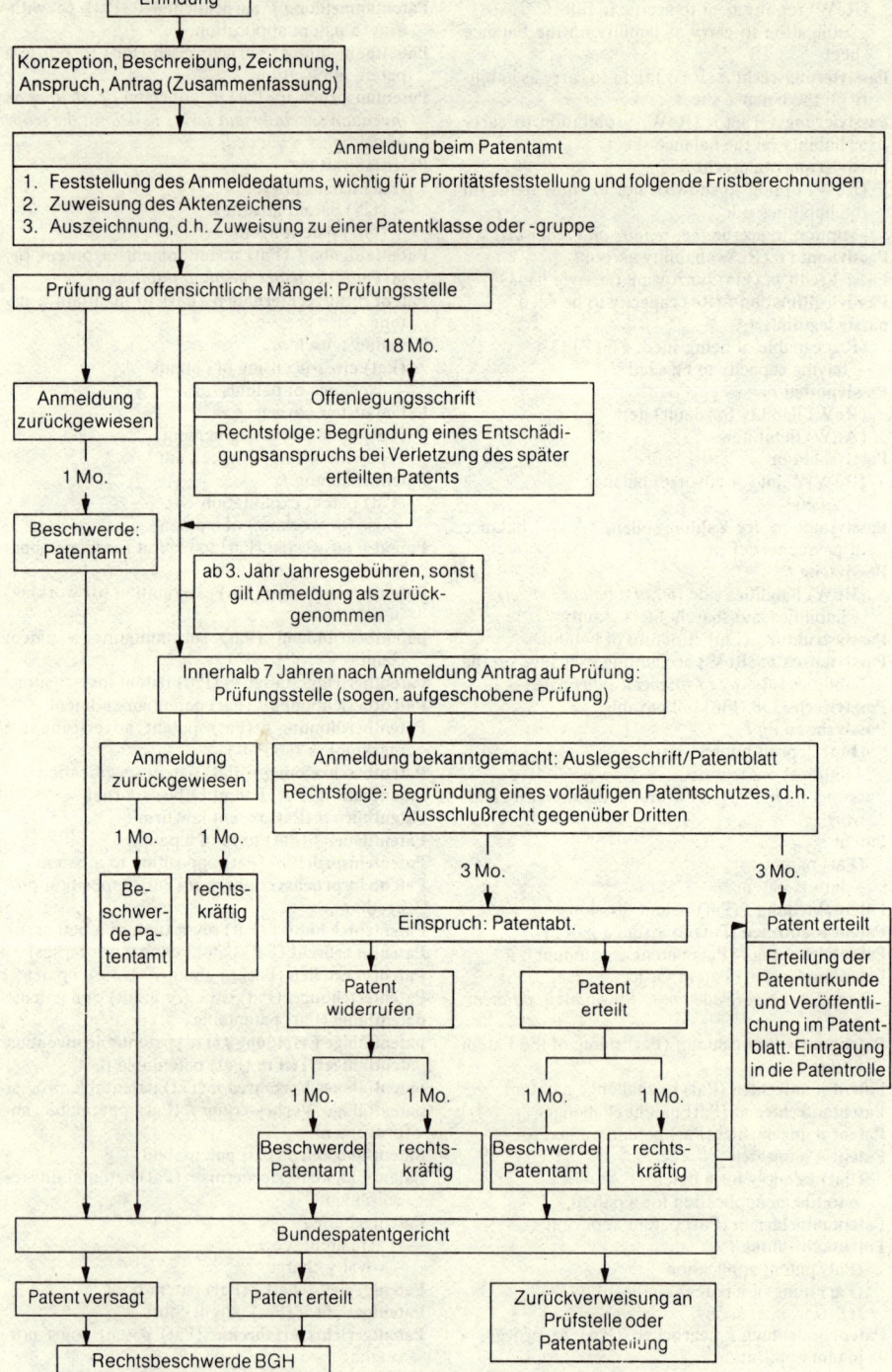

Quelle: Dichtl/Issing, Vahlens Großes Wirtschaftslexikon, Bd. 2, München 1987, 294.

Patenthindernis *n* (Pat) bar to patentability
Patent-Holdingsgesellschaft *f* (Pat) patent pool
patentierbar (Pat) patentable
Patentierbarkeit *f* (Pat) patentability
patentieren (Pat) to grant a patent
patentieren lassen
  (Pat) to take out a patent (for)
  – to obtain a patent
  – to patent
patentierte Erfindung *f* (Pat) patented invention
patentiertes Verfahren *n* (Pat) patented process
Patentierung *f* (Pat) issue of a patent
Patentinhaber *m*
  (Pat) holder of a patent
  – owner (*or* proprietor) of a patent
  – patentee
Patentkartell *n* (Pat) patent cartel
Patentkategorie *f* (Pat) patent category
  (ie, Patentgsetz unterscheidet zwischen Erzeugnispatenten und Verfahrenspatenten; cf, § 9 PatG)
Patentklage *f* (Pat) patent proceedings
Patentklasse *f* (Pat) patent class (*or* category)
Patentklassifikation *f* (Pat) patent classification
Patentkosten *pl*
  (ReW) cost of acquiring a patent *(ie, price to be capitalized and written off)*
  (ReW) research expenditure on patents
  (ReW) royalties
  – patent charges
Patentlaufzeit *f* (Pat) term of patent
Patentlizenz *f* (Pat) patent license
Patentlizenzabgabe *f* (Pat) royalty
Patentlizenzvertrag *m* (Pat) patent license agreement
Patent *n* **löschen** (Pat) to cancel a patent
Patentlöschung *f* (Pat) cancellation of a patent
Patentlösung *f* (com) patent answer
  – canned scheme
Patentmißbrauch *m* (Pat) misuse of a patent
Patentmonopol *n* (Pat) patent monopoly
Patentnichtigkeitsverfahren *n* (Pat) proceedings for nullification of a patent
Patent *n* **nutzen**
  (Pat) to exploit
  – to utilize
  – to work . . . a patent
Patentpool *m* (Pat) patent holding (*or* pool)
Patentprozeß *m* (Pat) patent litigation
Patentprüfer *m* (Pat) patent examiner
Patentrecht *n* (Pat) patent law
patentrechtlich geschützt (Pat) protected by patent
patentrechtlich geschützter Gegenstand *m* (Pat) patented article
patentrechtlich schützen (Pat) to patent
Patentrezept *n* (com) = Patentlösung, qv
Patentrolle *f*
  (Pat) patent register
  – (GB) patent rolls
Patentsachen *fpl* (Pat) patent cases
Patentschrift *f* (Pat) printed patent specification
  (ie, enthält die Patentansprüche, die Beschreibung und die Zeichnungen; vom Patentamt veröffentlicht)
Patentschutz *m* (Pat) patent protection

Patent *n* **übertragen** (Pat) to assign a patent
Patentübertragung *f* (Pat) assignment of patent
Patent- und Lizenzbilanz *f* (VGR) patent and licenses account *(ie, of a balance of payments)*
Patent- und Lizenzverkehr *m* (AuW) patent and license trade
Patentunteranspruch *m* (Pat) sub-claim of a patent
Patenturkunde *f*
  (Pat) letters patent
  – patent document
Patentverbesserung *f* (Pat) improvement of a patent
Patentverfahren *n* (Pat) patent procedure
Patent *n* **verfallen lassen** (Pat) to abandon a patent
Patent *n* **vergeben** (Pat) to license/franchise . . . a patent
Patent *n* **verlängern** (Pat) to extend the term of a patent
Patentverlängerung *f* (Pat) extension of a patent
Patent *n* **verletzen** (Pat) to infringe a patent
Patentverletzung *f*
  (Pat) patent infringement
  – third-party infringement
Patentverletzungsklage *f*
  (Pat) suit for infringement
  – infringement suit
Patentverletzungsverfahren *n* (Pat) patent infringement proceedings
Patent *n* **versagen** (Pat) to refuse a patent
Patentversagung *f* (Pat) refusal of a patent
Patentvertrag *m* (Pat) patent agreement
Patentverweigerung *f* (Pat) refusal to issue a patent
Patent *n* **verwerten**
  (Pat) to exploit
  – to utilize
  – to work . . . a patent
Patentverwertung *f* (Pat) patent exploitation
Patentverwertungsgesellschaft *f* (Pat) patent utilization company or partnership
Patentverwertungsvertrag *m* (Pat) patent exploitation agreement
Patentverzicht *m* (Pat) abandonment of patent
Patentvorwegnahme *f* (Pat) anticipatory reference
Patentwesen *n* (Pat) patent system
Patent *n* **wird versagt** (Pat) patent is denied
Patentzeichnung *f* (Pat) patent drawing
Patentzusammenarbeitsvertrag *m* (Pat) Patent Cooperation Treaty, PCI
  (ie, full title: Vertrag über die internationale Zusammenarbeit auf dem Gebiet des Patentwesens)
Patentzusammenfassung *f* (Pat) patent consolidation
PatG (Pat) = Patentgesetz
Patron *m* (Fin) issuer of a letter of comfort
Patronatserklärung *f*
  (Fin) letter of comfort
  – letter of awareness
  – letter of intent
  – letter of responsibility
  (ie, im Anleihe- od Kreditgeschäft: Erklärung e–r Konzernmutter, durch die e–m Kreditgeber e–r Tochtergesellschaft ein Verhalten in Aussicht gestellt wird, durch das sich die Befriedigungsaussichten des Kreditgebers verbessern; kein unmit-

telbarer Zahlungsanspruch gegen die Mutter; weder Bürgschaft noch Garantievertrag; Mutter muß der Tochter jedoch die notwendigen Mittel zuführen; andernfalls schadenersatzpflichtig; die juristische Bandbreite kann von weichen kaufmännischen Wohlwollenserklärungen bis zu harten Verpflichtungen mit garantieähnlichem Inhalt reichen: cf, Staudinger-Horn: BGB, 12. Aufl. 1982, Vorbem. zu §§ 765-778)

Pattsituation *f*
  (Pw) deadlock
  – stalemate situation
  (eg, in trying to reach a decision under the terms of the codetermination law)

pauschal
  (com) flat *(eg, amount, rate)*
  – across-the-board *(eg, pay rise)*
  – lump-sum

Pauschalabfindung *f* (com) lump-sum settlement *(or* compensation)

Pauschalabschreibung *f*
  (ReW) group depreciation
  – composite-life method of depreciation
  (ie, applying a single rate to a group of assets of the same general class = Gruppe gleichartiger Wirtschaftsgüter; syn, Sammelabschreibung)

Pauschalabzug *m* (StR) fixed-amount *(or* flat-rate) tax deduction

Pauschalangebot *n* (com) package offer *(or* deal)

Pauschalbeitrag *m* (com) lump-sum contribution

Pauschalbesteuerung *f* (StR) = Pauschbesteuerung

Pauschalbetrag *m* (com) lump sum

Pauschalbewertung *f* (ReW) group valuation
  (ie, of items similar in kind and price; syn, Sammelbewertung)

Pauschaldeckung *f* (Vers) blanket coverage

Pauschaldelkredere *n* (ReW) receivables contingency reserve
  (ie, set up to provide against contingent receivables losses; syn, Sammelwertberichtigung; opp, Einzelwertberichtigung)

Pauschale *f*
  (com) lump sum
  – standard allowance
  – flat charge

pauschale Absatzprovision *f*
  (Mk) flat-rate sales commission
  – (US) override

pauschale Kürzung *f* (FiW) overall *(or* across-the-board) cut

pauschale Lohnerhöhung *f* (Pw) package *(or* a-cross-the-board) wage increase

Pauschalentschädigung *f* (com) lump-sum compensation

pauschaler Ausbeutesatz *m* (Bw) standard rate of yield

pauschaler Beitrag *m* (com) flat-rate contribution

pauschale Regulierung *f* (Vers) lump-sum settlement

pauschales Delkredere *n* (ReW) = Pauschaldelkredere

Pauschalfracht *f* (com) flat-rate freight

Pauschalfreibetrag *m*
  (StR) standard tax deduction
  – flat-rate exemption

Pauschalgebühr *f* (com) flat charge *(or* fee)

Pauschalhonorar *n*
  (com) flat (rate) fee
  – lump-sum payment for professional services

pauschalieren (com) to set down as a lump-sum

pauschalierte Kosten *pl* (KoR) bunched cost

pauschalierte Sonderausgabe *f* (StR) lump-sum allowance for special expenditure

Pauschalierung *f*
  (com) consolidation into a lump sum
  (StR) taxation at a flat rate
  (StR) assessment of a tax in a blanket amount
  (eg, § 87 GewStR)

Pauschalkauf *m* (com) basket purchase *(ie, mostly ‚Investitionsgüter' = capital goods)*

Pauschallizenz *f* (Pat) block license

Pauschalpolice *f*
  (Vers) blank *(or* blanket) policy
  – declaration policy
  – floater policy

Pauschalprämie *f*
  (Vers) all-inclusive premium
  – flat-rate premium

Pauschalpreis *m*
  (com) all-inclusive
  – flat-rate
  – lump-sum . . . price

Pauschalregulierung *f* (Vers) lump-sum settlement

Pauschalreise *f* (com) package tour *(ie, all-expense tour)*

Pauschalreisender *m* (com) package tourist

Pauschalrückstellung *f* (ReW) = Pauschalwertberichtigung

Pauschalsachversicherung *f* (Vers) block policy

Pauschalsatz *m* (com) all-in/flat . . . rate

Pauschalsteuer *f* (StR) lump-sum tax

Pauschalvergütung *f* (com) fixed allowance

Pauschalversicherung *f* (Vers) blanket *(or* package) insurance *(ie, covering several risks)*

Pauschalversicherungspolice *f* (Vers) blanket cover insurance

Pauschalvertrag *m* (Re) blanket agreement

Pauschalwert *m*
  (com) global value
  – overall value

Pauschalwertberichtigung *f*
  (ReW) general bad-debt provision
  – general allowance
  (opp, Einzelabschreibung, Delkredere-Rückstellung für e–e Einzelforderung)

Pauschalwertberichtigung *f* **zu Forderungen** (ReW) lump-sum valuation adjustment *(or* reserve) on receivables

Pauschalzuweisung *f* (FiW) lump-sum appropriation

Pauschbesteuerung *f*
  (StR) blanket
  – flat-rate
  – lump-sum . . . taxation
  – taxation at a special flat rate
  – blanket assessment
  (eg, covering taxpayers who establish residence in Germany, § 31 EStG; see also: § 34c EStG, § 26 KStG, § 13 VStG)

Pauschbetrag *m*

(com) flat amount
– lump sum
(StR, US) zero bracket amount *(ie, substituted for the old term ‚standard deduction')*
Pauschbeträge *mpl* **für Werbungskosten** (StR) blanket deductions for income-related expenses, § 9 a EStG
Pauschbetrag *m* **für Sonderausgaben** (StR) blanket deduction for special expenditures
Pauschfestsetzung *f* (StR) blanket assessment, § 15 GewStG
Pauschgebühren *fpl* (com) lump-sum fees
Pauschsatz *m* (com) lump-sum charge
Pauschsätze *mpl* **für Berufsgruppen** (StR) flat rates for professional groups
Pauschsteuer *f* (StR) special tax on distributions
Pauschvergütung *f* (com) flat-rate compensation
Pause *f* (com) break *(eg, coffee/tea break)*
Pause *f* **einlegen** (com) to break off
Pendelbestellkarte *f* (IndE) traveling requisition
Pendelkartensystem *n* (MaW) shuttle inventory card system *(ie, mostly computer controlled)*
pendeln (com) to commute *(ie, between home and work)*
Pendelverkehr *m* (com) local commuter travel *(eg, as a major source of Bundesbahn losses)*
Pendler *m* (com) commuter
Penetrationspreispolitik *f* (Mk) penetration pricing *(ie, adoption of a lower price strategy in order to secure rapid wide penetration of a market)*
Penner *m* (com, infml) = Ladenhüter, qv
Pension *f*
(SozV) retirement pension *(or benefit)*
– retired pay *(ie, paid to ‚Beamte')*
(Pw) retirement pay
– employee pension *(ie, paid to employees)*
Pensionär *m*
(Pw) retired employee
– retiree
pensionieren
(SozV) to pension off
– to retire
pensionieren lassen, sich (SozV) to retire *(on a pension) (eg, at the age of 65)*
pensioniert
(Pw) pensioned off
– retired
pensioniert werden (SozV) to be retired
Pensionierung *f* (Pw) retirement
Pensionsalter *n* (Pw) pensionable *(or retirement)* age
Pensionsanspruch *m* (SozV) entitlement to a pension
Pensionsanwartschaft *f*
(SozV) pension expectancy
– expectancy of future pension benefits
– vested right to future pension payments
(GB) accrued benefits, qv
pensionsberechtigt
(SozV) eligible for a pension
– entitled to a pension
– pensionable
Pensionsberechtigung *f* (SozV) entitlement to a pension
Pensionsdienstalter *n* (SozV) pensionable age

Pensionsfonds *m*
(Fin) retirement fund
(Pw) pension fund
Pensionsgeschäft *n*
(Fin) security pension transaction
– repurchase operation
– repos
– buy-back
(ie, sale and repurchase scheme by which banks sell securities to the central bank for a limited period; syn, Wertpapierpensionsgeschäft)
Pensionskasse *f* (Pw) pension fund *(ie, gives beneficiaries a legal right to future benefits; eg, § 4c EStG)*
Pensionsnehmer *m* (Fin) lender
Pensionsofferte *f* (Fin) tender from banks for a credit against securities
Pensionsplan *m*
(Pw) pension plan *(or scheme)*
– retirement plan
Pensionsrückstellungen *fpl* (ReW) pension accruals
– company pension reserves, § 6 EStG
Pensions-Sicherungs-Verein *m* (Pw) Mutual Benefit Association for Pension Security
Pensionsverpflichtung *f* (Pw) pension obligation, § 6a I EStG
Pensionsversicherungsverein *m* (Bw) Pension Guaranty Association
Pensionswechsel *m* (Fin) bill pledged *(ie, bill of exchange deposited with a bank as security for a loan)*
Pensionszusage *f* (Pw) employer's pension commitment
per Aval (Fin) ‚as guarantor' *(ie, of bill of exchange)*
peremptorische Einrede *f* (Re) peremptory defense *(or exception) (syn, rechtszerstörende Einrede)*
per Erscheinen (Fin) when issued
Periode *f* **erhöhter Gefahr** (Vers) apprehensive period
Periodenabgrenzung *f*
(ReW) *(als Grundsatz:)* accruals concept
– matching principle
(ReW) tracing revenue and expense to applicable accounting period
– matching of revenue and cost
Periodenabgrenzung *f* **vornehmen** (ReW, infml) to pinpoint expenses accurately for a period
Periodenanalyse *f* (Vw) period analysis
periodenbezogene Aufwendungen *mpl* (ReW) expense revenue
periodenbezogene Kosten *pl*
(KoR) expense
– expired cost
Periodenbruchteil *m* (Math) fractional part of a period
Periodenerfolg *m* (ReW) net income of a given period
Periodenertrag *m* (ReW) current income
periodenfremd (ReW) unrelated to accounting period
periodenfremde Aufwendungen *mpl* (ReW) expenses unrelated to accounting period
periodenfremde Aufwendungen *mpl* **und Erträge** *mpl* (ReW) below-the-line items

periodenfremder Gewinn *m* **und Verlust** *m* (ReW) profit and loss unrelated to accounting period

periodengerechte Buchführung *f* (ReW) accounting on an accrual basis
(ie, mit Rechnungsabgrenzung; opp, Einnahmen-Ausgaben-Rechnung)

periodengerechte Rechnungslegung *f* (ReW) accounting on an accrual basis
(ie, mit Rechnungsabgrenzung; opp, Einnahmen-Ausgaben-Rechnung = accounting on a cash basis)

periodengerechter Jahreserfolg *m* (ReW) annual profit on accrual basis

Periodeninventur *f* (ReW) cyclical inventory count

Periodenkosten *pl*
(KoR) period cost (*or* expense *or* charge)
– time cost
(ie, proportional to calendar time)

Periodenleistung *f* (Bw) period output

Periodenrechnung *f* (ReW) accruals . . . accounting/system
(cf, Prinzip der Periodenabgrenzung)

Periodenvergleich *m* (com) period-to-period comparison

periodische Abschreibungen *fpl* (ReW) periodic depreciation charges

periodische Bestandsaufnahme *f* (ReW) cycle count

periodisch entnommene Stichprobe *f* (Stat) periodic sample

periodische Prüfung *f* (ReW) repeating audit

periodischer Dezimalbruch *m* (Math) repeating (*or* periodic) decimal

periodische Rückzahlung *f* **von Schulden**
(Fin) periodic repayment of debt
– amortization of debt

periodisiertes Modell *n* (Vw) period model

periphere Einheit *f*
(EDV) peripheral unit *(syn, Anschlußgerät)*

peripherer Speicher *m* (EDV) peripheral storage

peripheres Gerät *n* (EDV) peripheral equipment (*or* unit)

peripheres Steuerwerk *n*
(EDV) peripherical control unit
– control unit

periphere Substitution *f* (Vw) peripheral substitution

periphere Übertragung *f* (EDV) peripheral transfer

Peripheriegerät *n* (EDV) peripheral (unit)

Peripheriewinkel *m* (Math) circumferential angle

per Kasse (Bö) cash

per Kasse kaufen (Bö) to buy spot

per Kasse verkaufen (Bö) to sell spot

permanente Einkommens-Hypothese *f* (Vw) permanent-income hypothesis

permanente Inventur *f*
(MaW) continuous
– perpetual
– running . . . inventory
(ie, kept in continuous agreement with stock in hand)

permanente Prüfung *f* (ReW) continuous audit

permanenter Gerätefehler *m* (EDV) permanent (device) error

Permanentspeicher *m* (EDV) permanent (*or* fixed) storage *(syn, Festwertspeicher, Dauerspeicher)*

permissive Gesellschaft *f* (Vw) permissive society

Permutation *f* (Math) permutation

Permutationsgruppe *f* (Math) permutation group

Permutationsmatrix *f* (Math) permutation matrix

per Nachnahme (com) charges collect (*or* forward)

per Saldo (ReW) on balance

Person *f* (Re) person
– individual

Personal *n*
(com) personnel
– employees
– staff

Personalabbau *m*
(com) cut (*or* cutback) in employment (*or* staff)
– manpower reduction
– paring workforce
– reduction in personnel (*or* in workforce)
– slimming of workforce (*or* manning levels)
– staff reduction

Personalabbau *m* **durch natürlichen Abgang** (Pw) reduction of workforce through natural wastage

Personal *n* **abbauen**
(com) to slim
– to pare
– to trim . . . workforce
– to reduce personnel
– to cut staff

Personalabgang *m* (Pw) attrition of workforce *(ie, number of employees dismissed or retired)*

Personalabteilung *f*
(Pw) personnel
– employee relation
– staff
– human resources . . . department
– (US *also*) industrial relations department

Personalakte *f*
(Pw) personnel file
– personnel folder
– personnel records
– personnel dossier
– employee records

Personalanweisungsproblem *n* (IndE) manpower assignment problem

Personalanzeige *f* (Pw) employment ad
(ie, advertising a job opening in a newspaper or trade journal; ads may be open or blind = offene P. or Kennzifferanzeige; syn, Stellenanzeige)

Personalaufwand *m*
(ReW, EG) staff costs
– payroll costs (KoR) employment costs
– personnel costs
– staff costs

Personalauswahl *f* (Pw) employee selection

Personalausweis *m*
(com) identification (*or* identity) card
– ID card

Personalbedarf *m* (Pw) personnel (*or* manpower) requirements

Personalbedarfsdeckung *f* (Pw) meeting of manpower requirements

Personalbedarfsplanung *f* (Pw) manpower planing

Personalberater *m* (Pw) personnel (appointment) consultant

Personalbereich *m*
(Pw) „personnel"

– personnel administration
– personnel function
– human resources function
Personalberichtswesen *n* (Pw) personnel reporting
Personalbeschaffung *f*
(Pw) recruiting
– recruitment
– personnel recruiting (*or* recruitment)
– personnel procurement
Personalbeschaffungspolitik *f* (Pw) recruiting
policy
Personalbestand *m*
(Pw) number of persons employed
– manning
– labor force
– workforce
– staff
– staff size
Personalbestand *m* **verringern** (Pw) = Personal ab-
bauen
Personalbeurteilung *f* (Pw) performance appraisal
(syn, Leistungsbeurteilung, qv)
Personalbogen *m* (Pw) personnel record sheet
Personalbuchhaltung *f*
(Pw) personnel accounting
Personalbudget *n* (Pw) personnel budget
Personalbüro *n* (Pw) personnel office
Personalchef *m* (Pw) personnel manager
Personaleinsatz *m*
(Pw) personnel placement
– manpower assignment
Personal-Einstellungs-Maßnahmen *fpl* (Pw) hiring
procedures
Personalentwicklung *f*
(Pw) personnel development
– human resources development
Personalentwicklungssystem *n* (Pw) system of man-
agement development
personaler Entscheidungsträger *m* (Bw) decision
maker
Personaletat *m* (Pw) manpower budget
Personalfluktuation *f* (Pw) employee/staff . . . turn-
over
Personalförderungspolitik *f* (Pw) staff promotion
policy
Personalförderungssystem *n* (Pw) system of man-
agement development
Personalfortbildung *f*
(Pw) personnel training
– *(longer-term)* personnel development
Personalfragebogen *m* (Pw) personal history form
Personalfreisetzung *f*
(Pw) personnel layoff
– reduction-in-force
Personalfreisetzungs-Volumen *n* (Pw) number of
layoffs
Personalführung *f*
(Pw) personnel management
– staffing
Personalgemeinkosten *pl* (KoR) employment over-
head
Personalgesellschaft *f* (Re) = Personengesellschaft
Personal *n* **im Außendienst** (com) field staff
personalintensiv (Pw) requiring large numbers of
staff

Personal-Istbestand *m* (Pw) actual number of personnel
Personalkartei *f* (Pw) personnel card file
Personalknappheit *f*
(Pw) shortage of manpower
– personnel shortage
Personalkosten *pl*
(KoR) employment/labor/payroll/staffing . . .
costs
– personnel . . . expenses/costs
– payroll/staffing . . . costs
*(ie, Löhne, Gehälter, gesetzliche und freiwillige
Sozialkosten, sonstige Personalkosten)*
Personalkosten *pl* **der Lagerverwaltung** (MaW)
cost of storekeeping personnel
Personalkostensteigerung *f* (Pw) increase in em-
ployment (*or* labor) costs
Personalkredit *m* (Fin) personal loan (*or* credit) *(ie,
extended by bank on personal security only)*
Personal-Leasing *n* (Pw) personnel (*or* manpower)
leasing
Personalleiter *m* (Pw) employment (*or* personnel)
manager
Personallücke *f* (Pw) manpower deficit
Personal-Management *n*
(Pw) personnel management
– human resources management
Personalmangel *m* (Pw) manpower shortage
Personalmarketing *n* (Pw) personnel marketing
*(ie, zielt auf Optimierung des Leistungsbeitrags
von Mitarbeitern im eigenen Unternehmen)*
Personalnebenkosten *pl*
(KoR) additional
– ancillary
– supplementary . . . staff costs
(syn, Personalzusatzkosten)
Personalorganisation *f*
(Pw) task allocation
– task assignment
– work organization
Personalplanung *f*
(Pw) personnel planning
– manpower planning
– human resources planning
– forecasting of manpower requirements
Personalpolitik *f*
(Pw) personnel
– employment
– human resources . . . policy
Personalqualität *f* (Pw) quality of personnel
Personalrat *m* (Pw) personnel committee
Personalreduzierung *f*
(Pw) personnel reduction
– reduction-in-force
Personalressourcen *pl* (Pw) human resources
Personalsektor *m*
(Pw) personnel function
– personnel administration
– human resources function
Personalsicherheit *f*
(Re) personal security
– direct security
*(ie, gewährt nur schuldrechtliche Ansprüche ge-
gen Dritte; Einteilung: 1. Bürgschaft (§§ 765-777
BGB). 2. Kreditauftrag (§ 778 BGB), 3. Haftung*

als Gesamtschuldner (§§ 421 ff BGB) sowie Garantie, Patronatserklärung, Organschaftserklärung, qv; obligation to repay a debt; opp, Sachsicherheit = collateral security)

Personalsollbestand *m* (Pw) budgeted manpower

Personalsteuern *fpl* (FiW) personal taxes *(ie, income + wages tax, net wealth tax, inheritance tax, gift tax)*

Personal- und Sachausgaben *fpl* **des Staates** (FiW) nontransfer expenditures

Personalvermögensrechnung *f* (Pw) human resource accounting, HRA

Personalversammlung *f* (Pw) staff meeting

Personalvertretung *f* (Pw) staff representation

Personalvertretungsgesetz *n* (Pw) Personnel Representation Law, 1955 *(ie, established a quasi-shop steward system for public service employees)*

Personalverwaltung *f* (Pw) personnel *(or* manpower) management

Personalvorschüsse *mpl* (ReW) advances to personnel

Personalwerbung *f* (Pw) recruitment

Personalwesen *n* (Pw) = Personalwirtschaft

Personalwirtschaft *f*
(Pw) personnel management *(or* administration)
– (infml) man management
– *(chiefly US)* human resources management

Personalzugang *m* (Pw) additions to workforce

Personalzusatzkosten *pl* (Pw) = Personalnebenkosten, qv

Person *f* **des öffentlichen Rechts** (Re) legal entity under public law

personell differenzierte Exportförderung *f* (AuW) export promotion restricted to a specified number of exporters

personelle Betriebsorganisation *f* (Bw) person-centered organization
(ie, dominated by a strong personality cutting across functional lines of authority)

personelle Einkommensverteilung *f* (Vw) personal income distribution *(ie, benefiting individual income recipients)*

personell überbesetzt (Pw) overstaffed

Personenbeförderung *f* (com) passenger transport(ation)

personenbezogene Daten *pl* (EDV) personal data

Personendepot *n* (Fin) register of security deposit holders
(syn, persönliches Depotbuch, Verwahrungsbuch, [obsolete:] lebendes Depot; opp, Sachdepot)

Personen-Fernverkehr *m* (com) long-distance passenger traffic

Personenfirma *f* (com) family-name firm
(ie, firm name of sole proprietorship, general commercial or limited partnership, §§ 18 ff HGB; opp, Sachfirma)

Personengarantie-Versicherung *f* (Vers) suretyship insurance

Personengesamtheit *f*
(Re) aggregate
– collection
– collectivity
– combination . . . of persons

Personengesellschaft *f*
(com) association without independent legal existence
– unincorporated firm
– *(roughly)* partnership
(ie, general category comprising OHG, KG, stille Gesellschaft, and BGB-Gesellschaft; opp, Kapitalgesellschaft)

Personenhandelsgesellschaft *f* (Re) commercial partnership *(ie, term covering both OHG and KG)*

Personen-Kautionsversicherung *f* (Vers) fidelity bond insurance
(ie, taken out by the employee who deposits the insurance policy with his employer)

Personenkonto *n* (ReW) personal account *(opp, Sachkonto = non-personal account)*

Personennahverkehr *m* (com) short-distance passenger traffic

Personenrecht *n* (Re) law of persons, §§ 1–89 BGB

Personenrechte *npl* (Re) personal rights *(opp, Vermögensrechte)*

Personenschaden *m*
(Re) personal injury
– physical injury
– injury to person
– personal damage

Personenstandsstatistik *f* (Stat) vital statistics *(eg, births, marriages, deaths)*

Personensteuern *fpl*
(FiW) taxes deemed to be imposed on a person
– taxes imposed on the person of the taxpayer
(eg, income tax, net wealth tax, corporate income tax, church tax)

Personentarif *m*
(com) passenger tariff
– rate scale for rail passengers

Personenvereinigung *f* (Re) association (of persons)

Personenverkehr *m*
(com) passenger traffic
– transportation of passengers

Personenversicherung *f* (Vers) personal insurance

persönlich
(com) personal
– (GB) private
(ie, on envelopes: nobody but the addressee is to open)

persönliche Befreiung *f* (StR) personal exemption

persönliche Bemessungsgrundlage *f* (SozV) insured person's basis of assessment

persönliche Beteiligung *f* (Fin) personal investment *(or* participation)

persönliche Dienstbarkeit *f* (Re) personal servitude

persönliche Einrede *f* (WeR) personal defense
(ie, not good against a holder in due course, but against certain parties: all defenses not real or absolute)

persönliche Gegenstände *mpl* (com) personal-use items

persönliche Haftung *f* (Re) personal *(or* individual) liability
(ie, exposing the personal assets of the responsible person to payment)

persönlicher Arrest *m* (Re) arrest of debtor, §§ 918, 933 ZPO

persönlicher Barkredit *m* (Fin) personal loan

persönlicher Dispositionskredit *m* (Fin) personal drawing credit
(cf, Dispositionskredit)

persönlicher Freibetrag *m* (StR) personal tax exemption

persönlicher Gebrauch *m* (com) personal use

persönlicher Kleinkredit *m* (Fin) loan for personal (non-business) use

persönlicher Verkauf *m*
(Mk) personal selling
(ie, mittels Verkaufsgespräch; zwei Haupttypen: 1. direkter persönlicher Verkauf; 2. Telefonverkauf, qv)
– (infml) face-to-face selling
– (sl) belly-to-belly selling

persönliches Anschaffungsdarlehen *n* (Fin) personal loan
(ie, medium-term installment credit of DM2,000–25,000, extended to individuals and small businesses)

persönliches Depotbuch *n* (Fin) = Personendepot

persönliches Einkommen *n* (VGR) personal income

persönliches Engagement *n*
(com) personal commitment
(Pw) ego involvement

persönliches Gespräch *n* (com, infml) head-to-head talk

persönliche Sicherheit *f* (Fin) personal security
(ie, guaranty for another person whose credit standing is insufficient to justify credit on his single name; there is simply the signature of some other person assuming financial responsibility, such as endorsement, guaranty, or surety; opp, dingliche Sicherheit = collateral security)

persönliches Kontrollbuch *n* (com) truck driver's logger

persönliche Supposition *f* (Log) personal supposition

persönliche Verteilzeit *f* (IndE) personal (need) allowance

persönliche Werbung *f* (Mk) canvassing *(ie, generally regarded as an act of unfair competition)*

persönlich haftender Gesellschafter *m*
(com) full
– general
– unlimited ... partner
– personally liable partner
(ie, fully participating in the profits, losses and management of the partnership and fully liable for its debts)

Persönlichkeitsrechte *npl* (Re) rights of personality

persönlich verfügbares Einkommen *n* (VGR) personal disposable income
(ie, net national product at factor cost + transfer payments – direct cost and undistributed profits)

Person *f* **mit Doppelmitgliedschaft** (Bw) linking pin
(ie, formal element in business organizations)

Person *f* **mit Informationsfiltereigenschaft** (Bw) gatekeeper

persuasiver Direktverkauf *m* (Mk) forced selling

per Termin handeln (Bö) to trade for future delivery

per Termin kaufen (Bö) to buy forward

Perzentil *n* (Stat) percentile

pessimistische Dauer *f* (OR) pessimistic time

pessimistische Zeit *f* (OR) pessimistic time estimate

Petition *f* (Re) written request or complaint
(ie, addressed to competent authorities or to popular representative bodies)

Petroleum *n*
(com) kerosene
– (GB) paraffin (oil)

Petrowährung *f* (Vw) petrocurrency

Pfad *m*
(EDV) bus
– highway
– trunk *(syn, Bus, Sammelweg)*

Pfadname *m* (EDV) directory prefix

Pfand *n*
(Re) collateral
– pledge

pfändbar (Re) attachable

pfändbare Bezüge *pl* (Pw) attachable earnings

Pfändbarkeit *f* (Re) attachability

Pfandbesitzer *m* (Re) holder of a pledge

Pfandbesteller *m*
(Re) pledgor
– pawnor
– pledging party

Pfandbestellung *f*
(Re) pledging
– pawning

Pfandbrief *m* (Fin) mortgage bond
(ie, festverzinsliche, unkündbare Schuldverschreibung e–s Kreditinstituts (Pfandbriefanstalt) zur Finanzierung von Hypothekarkrediten; gängige Laufzeiten 15–25 Jahre; heute auch schon ,Kurzläufer' mit 10-jähriger Laufzeit; lombardfähig, mündelsicher und deckungsstockfähig; German mortgage bonds are backed by a pool of mortgages on German real estate; mortgage bank has a claim not only on the mortgaged properties but also on the other unpledged assets of the borrower himself; note that defaults or rescheduling of public sector domestic loans are a totally unknown phenomenon in Germany)

Pfandbriefabsatz *m* (Fin) sale of mortgage bonds

Pfandbriefanleihe *f* (Fin) mortgage-bond issue

Pfandbriefanstalt *f* (Fin) special mortgage bank (*or* institution)
(ie, arranges the issue of mortgage bonds and lends the money raised to house buyers, mostly organized under public law)

Pfandbriefausstattung *f* (Fin) terms of mortgage bonds

Pfandbriefdisagio *n* (Fin) mortgage bond discount

Pfandbriefemission *f* (Fin) mortgage bond issue

Pfandbriefgläubiger *m* (Re) mortgage bondholder

Pfandbriefhypothek *f* (Re) mortgage serving as collateral for mortgage bonds

Pfandbriefmarkt *m* (Bö) mortgage bond market
(ie, part of fixed-interest securities market: key indicator of capital market situation)

Pfandbriefumlauf *m* (Fin) mortgage bonds outstanding

Pfanddepot *n*
(Fin) pledged-securities depot *(syn, Depot C)*
– pledged account

Pfandeffekten *pl* (Fin) pledged securities *(syn, Lombardeffekten)*

pfänden
(Re) to attach
– to seize
– to levy execution on
– to take in execution

Pfandfreigabe *f* (Re) release of a pledge

Pfandgeber *m* (Re) = Pfandbesteller

Pfandgegenstand *m* (Re) pledged *(or* pawned) item

Pfandgläubiger *m*
(Re) lien creditor
– pledgee
(ie, whose claim is secured by a lien on particular property)

Pfandhaus *n* (com) pawnshop

Pfandindossament *n* (WeR) pledging endorsement *(ie, made to deliver securities in pledge, esp instruments made out to order, Art. 19 WG)*

Pfandinhaber *m*
(Re) holder of a pledge
– pledgee
– pawnee

Pfandkehr *f* (Re) disregard of security arrangements, § 289 StGB

Pfandleihe *f* (com) pawn broking, § 34 GewO *(syn, Versatzgeschäft)*

Pfandleiher *m* (Fin) pawnbroker
(ie, lending money, usu in small sums, on security of personal property left in pawn)

Pfand *n* **nehmen** (Re) to take in pledge

Pfandnehmer *m* (Re) = Pfandinhaber

Pfandrecht *n* (Re) right of lien
(ie, right in rem to movable property providing security for the payment of debt, §§ 1204 ff BGB)

Pfandrecht *n* **an beweglichen Sachen** (Re) chattel mortgage
(ie, transfer of legal right in property)

Pfändung *f*
(Re) attachment
– levy of execution

Pfändungsanordnung *f* (Re) order of attachment

Pfändungsbeschluß *m*
(Re) order of attachment
– distraint order

Pfändungspfandrecht *n* (Re) execution lien

Pfändungsschuldner *m* (Re) debtor under a levy of execution

Pfändungsschutz *m* (Re) exemption from attachment

Pfändungs- und Überweisungsbeschluß *m* (Re) garnishment order

Pfändungsverfügung *f* (StR) garnishment order *(ie, issued by the local tax office, §§ 309 ff AO)*

Pfändung *f* **von Forderungen** (Re) attachment of claims, §§ 828 ff ZPO

Pfändung *f* **von Sachen** (Re) attachment of (debtor's) property, §§ 808 ff ZPO

Pfandverkauf *m* (Re) sale of pledge *(or* pledged article)

Pfandvertrag *m* (Re) contract of lien *(or* pledge) *(ie, to secure satisfaction of debt)*

Pfandverwahrung *f*
(Re) custody of pledged goods, § 1215 BGB
(Fin) pledging of securities to a ‚merchant‘ *(ie,*

who, upon becoming the lien creditor, has the rights and duties of a depositary, § 17 DepG)*

Pfandverwertung *f* (Re) sale or other disposition of pledge *(eg, § 1234 I BGB)*

Pfeil *m* (OR) branch *(ie, of a graph)*

Pfeil *m* **außerhalb von Rückkopplungskreisen** (OR) nonfeed branch

Pfeil *m* **e–s Graphen** (OR) branch

Pfeil *m* **im Rückkopplungskreis** (OR) feedback branch

Pfeilschema *n* (Math) arrow diagram

Pflegeberufe *mpl* (Pw) caring professions

Pflegeeltern *pl* (Re) foster parents

Pflegegeld *n* (SozV) nursing allowance

Pflegeheim *n* (SozV) foster home

Pflegekinder *npl* (StR) foster children, § 32 EStG

Pflegekosten *pl* (SozV) nursing expenses

Pfleger *m* (Re) curator, §§ 1909 ff BGB *(ie, appointed by the court to care for the person or property of a minor, incompetent, etc.)*

Pflegesatz *m* (SozV) operating cost rate *(ie, in hospital)*

Pflegschaft *f* (Re) curatorship

Pflichtaktie *f* (Fin) qualifying share

Pflichtbeitrag *m* (SozV) compulsory contribution

Pflichtbekanntmachung *f* (Bö) obligatory stock exchange notice

Pflichtblatt *n* (Re) official journal for company announcement

Pflichteifer *m* (Pw) devotion to duty

Pflichteinlage *f* (Fin) compulsory contribution to capital *(ie, payable by limited partner of KG)*

Pflichten *fpl* **des Käufers** (Re) obligations/duties . . . of buyer

Pflichten *fpl* **des Treuhänders** (Re) fiduciary duties

Pflichtenheft *n* (EDV) software *(or* program) specifications

Pflichtenkollision *f* (Re) conflicting duties

Pflichterfüllung *f* (Pw) discharge of duties

Pflichtfach *n* (Pw) compulsory subject

pflichtgemäß entscheiden (Re) to consider and decide as in duty bound

Pflichthaftpflichtversicherung *f* (Vers) compulsory third-party liability insurance

Pflichtleistungen *fpl* (SozV) standard insurance benefits

Pflichtmitgliedschaft *f* (com) compulsory membership

Pflichtprüfung *f*
(ReW) statutory audit
(Vers) compulsory audit
(ie, Hauptform ist die Jahresabschlußprüfung, weiter die Geschäftsprüfung und die Depotprüfung)

Pflichtreserven *fpl* (ReW) legal *(or* statutory) reserves *(syn, gesetzliche Rücklagen)*

Pflichtreservesatz *m* (Fin) statutory reserve ratio

Pflichtteil *m*
(Re) legal *(or* statutory) portion of an inheritance
– compulsory portion
– *(civil law)* portio legitima

Pflichtteilsanspruch *m* (Re) claim of disinherited heir to his legal portion of the inheritance, §§ 2303 ff. BGB, § 3 ErbStG

Pflichtverletzung *f*
(ReW) violation of professional ethics, § 67 WPO
(Re) violation/dereliction... of duties
– (infml) breach of trust
Pflichtversicherter *m*
(SozV) compulsorily insured
– employed contributor
Pflichtversicherung *f* (SozV) compulsory insurance *(syn, Zwangsversicherung)*
Pflichtwahlfach *n* (Pw) compulsory elective
Pflicht *f* **zur schadenverhütenden Konstruktion** (Re) duty to design
Phantasiepreis *m* (com) fancy price
Phantasiepreise *mpl* **verlangen** (com) to charge fancy prices
Phantasiewerte *mpl*
(Bö) bazaar securities
– cats and dogs *(ie, highly speculative stocks)*
Phantasiewort *n* (Pat) fancy word *(ie, in connection with trademarks)*
Phantomfracht *f* (com) phantom freight
Phantom-Stückliste *f* (IndE) blow-through
Pharmaindustrie *f* (com) = pharmazeutische Industrie
Pharmaunternehmen *n* (com) drug company
pharmazeutische Industrie *f*
(com) pharmaceuticals/drug... industry
Phasenfunktion *f* (Math) angle function
Phillipskurve *f* (Vw) Phillips curve
(ie, defines the relationship between jobless rate and percentage changes of nominal wages)
Phonotypistin *f* (com) audio-typist
photographischer Speicher *m* (EDV) photographic storage
PHV (IndE) = Produkthaftpflicht-Vorbeugung
physikalische Adresse *f* (EDV) physical address
physische Distribution *f* (Mk) physical distribution
(ie, Transport der Fertigprodukte vom Hersteller zum Einzelhandel; häufig synonym mit Marketinglogistik, qv)
physische Grenzproduktivität *f* (Vw) marginal physical productivity
physischer Aufbau *m* (EDV, Cobol) physical structure
physischer Satz *m* (EDV) physical record
physischer Wirkungsgrad *m* (IndE) technical efficiency
physisches Datenendgerät *n* (EDV) data terminal
physisches Grenzprodukt *n* (Vw) marginal physical product
physische Ware *f* (Bö) actuals *(syn, effektive Ware, qv)*
Pigou-Effekt *m*
(Vw) Pigou(vian) effect
– real balance effect
– wealth effect
Pille *f*
(SozV) birth control pill
– (infml) the pill
(ie, an oral contraceptive)
Pilotanlage *f* (IndE) pilot *(or* demonstration) processing plant
Pilotbefragung *f* (Mk) pilot *(or* throw-away) interview

Pilotfertigung *f*
(IndE) pilot plant scale production
– bench scale production
(opp, großtechnische Fertigung = commercial production)
Pilotinterview *n* (Mk) = Pilotbefragung
Pilotkunde *m* (com) launch customer *(syn, Erstbesteller, qv)*
Pilotprojekt *n* (com) pilot project
PIMSD-Modell *n* (Bw) = profit impact of market strategies model
Pioniergewinn *m* (Vw) innovational profit
Pionierprodukt *n* (Mk) pioneer product
Pionierunternehmer *m* (Vw) innovating entrepreneur *(A. Schumpeter)*
Pipeline-Rechner *m* (EDV) pipeline computer
Pipeline-Verarbeitung *f*
(EDV) pipelining
– pipeline processing
Pivot-Operation *f* (Math) pivot operation *(ie, in matrix calculus = Matrizenrechnung)*
Pivotzeile *f* (Math) pivot row
Placierung *f* (Fin) = Plazierung
Plafond *m*
(com) ceiling
– limit
plafondieren (Fin) to set a limit
Plafondierung *f*
(Fin) setting a limit
– ceiling control
Plagiat *n* **begehen**
(com) to plagiarize
– to lift
(eg, violate copyrights, as a copycat; eg, from a leading book on the subject, from this dictionary, etc; syn, plagiieren)
Plakat *n*
(Mk) bill
– poster
Plakatwerbung *f* (Mk) poster advertising
Plan *m*
(com) plan
– program
– budget
– scheme
Planabschnitt *m* (Fin) budget period
Planabweichung *f* (Bw) budget variance
Planansatz *m*
(FiW) budget estimate
(Bw) target
planarer Graph *m* (OR) planar graph
Plan *m* **aufschieben** (com) to suspend *(or* shelve) a plan
Plan *m* **bekanntgeben** (com, infml) to unveil a blueprint (for)
Planbeschäftigung *f* (KoR) activity base
Planbilanz *f* (Fin) budgeted balance sheet
Planbudget *n* (Bw) forecast budget
Plandurchführung *f* (Bw) implementation of plan *(or* budget)
planen
(com) to plan
– (infml) to figure ahead
Plangröße *f* (Bw) planned magnitude
Plan-Istabweichung *f* (Bw) out-of-line situation

573

Plankontrolle *f* (Bw) budget control
Plankosten *pl*
  (KoR) budget
  – current standard
  – scheduled
  – target . . . cost
Plankostenrechnung *f* (KoR) standard costing
  (ie, geht für das Mengen- oder Zeitgerüst und für
  die Wertansätze von geplanten Größen aus)
Plankostenrechnungsbogen *m* (KoR) budget cost
  estimate sheet
planlose Stichprobenentnahme *f* (Stat) chunk
  sampling
planmäßig
  (com) on schedule *(eg, project goes ahead on*
  schedule)
  – according to plan
planmäßige Abschreibung *f* (ReW) regular (*or*
  scheduled *or* systematic) depreciation, § 253 II
  HGB
  (ie, used to allocate cost of fixed assets over esti-
  mated useful life; opp, außerplanmäßige
  Abschreibung)
planmäßiges Handeln *n* (Bw) planned action
planmäßige Tilgungen *fpl* (Fin) scheduled repayments
planmäßige Wartung *f* (IndE) scheduled (*or*
  routine) maintenance
Plannutzenkennziffer *f* (KoR) marginal income per
  scarce factor
Plannutzenziffer *f* (KoR) speed factor
  (ie, speed factor × contribution margin = gross
  income per unit of scarce factor)
Planperiode *f*
  (Bw) planning period
  – budgeted period
Planrevision *f*
  (Bw) revision of plan
  – replanning
  – budget review
Planspiel *n*
  (Bw) management business game
  – experimental gaming
Planspiel *n* **über alle Unternehmensbereiche** (Bw)
  general management game
Plantiefe *f* (Bw) level of detail *(ie, overall/detail)*
Planüberholung *f* (Bw) budget review (*or* revision)
Planüberwachung *f* (Bw) budget control
Planumsatz *m* (Bw) sales projections
Planung *f*
  (Bw) planning
  – budgeting *(ie, preparing statements of plans*
  and expected results in numerical terms)
  – (US, *also*) master minding *(eg, company poli-*
  cy, in detail and cleverly)
Planung *f* **des Werbebudgets** (Mk) advertising
  budgeting
Planung *f* **im Gegenstromverfahren**
  (Bw) mixed top-down/bottom-up planning
Planung *f* **optimaler Kassenhaltung** (Fin) cash pro-
  jection
Planungsabteilung *f* (Bw) planning department
Planungsabweichung *f* (Bw) planning variance *(eg,*
  between ‚Planzustand‘ and ‚Istzustand‘ = Ist –
  Sollvorgabe)

Planungsansatz *m* (Bw) planning approach
Planungsausschuß *m* (Bw) planning committee
Planungsdaten *pl* (Bw, Mk) anticipations data
Planungsdeterminanten *fpl* (Bw) planning deter-
  minants (*or* factors)
Planungsebene *f* (Bw) planning level
Planungsforschung *f* (OR) = Operations Research
Planungsgrundlage *f* (Bw) planning base
Planungshorizont *m*
  (Bw) time horizon
  – time shape
  – level of time
  – planning horizon
  (ie, distance into the future to which a planner
  looks in seeking to evaluate the consequences of a
  proposed action)
Planungskonzept *n* (Bw) planning concept
Planungsperiode *f* (Bw) planning period *(syn,*
  Planungszeitraum)
Planungsphase *f*
  (Bw) planning stage
  (OR) precontractual phase
Planungsprozeß *m* (Bw) planning process
Planungsrechnung *f*
  (ReW) accounting for planning and control
  (Bw) performance measurement and matching
  subplans in specified planning periods
  (Bw) finding optimum solution from among a set
  of alternative actions
  (OR) = programming
  (OR) decision models
Planungsrisiko *n* (Bw) planning risk
Planungssystem *n* (Bw) planning system
Planungstechnik *f* (IndE) operations engineering
Planungstechnologie *f* (Bw) planning technology
Planungswiderstand *m*
  (Bw) resistence to planning
  – antiplanning biases
Planungszeitraum *m*
  (Bw) planning . . . period/horizon
  (KoR) budget span
Planung *f* **von oben nach unten** (Bw) top-down
  planning
Planung *f* **vorbeugender Wartung** (IndE) evaluated
  maintenance programming
Planwirtschaft *f* (Vw) planned (*or* controlled)
  economy
  (syn,   *Befehlswirtschaft,*   *zentralgeleitete*
  Wirtschaft, Einplanwirtschaft)
Planwirtschaftlichkeitsgrad *m* (KoR) tightness
Planzahl *f* (Bw) targeted goal *(ie, mandated for a*
  specified planning period)
Planziel *n*
  (Bw) planned (*or* operational) target
  – targeted objective (*or* goal)
Platte *f* (EDV) (magnetic) disk
Plattenkennsatz *m* (EDV) disk label
Plattenlaufwerk *n* (EDV) hard disk drive *(opp,*
  Diskettenlaufwerk = floppy disk drive)
Platzagent *m* (com) = Platzvertreter
Platzakzept *n* (Fin) local acceptance
Platzarbeiter *m* (Pw) yardman
Platzbedingungen *fpl* (com) berth terms
platzen (Fin, sl) to bounce *(ie, check)*
platzen lassen (WeR) to dishonor *(ie, bill or check)*

Platzgeschäft n
(com) local transaction
– spot contract
Platzhalterzeichen n (EDV) wildcard *(ie, * od ?)*
Platzhandel m
(com) local trade
– spot business
Platzkarte f (com) seat reservation ticket
Platzkosten pl (KoR) workcenter cost
Platzkostenrechnung f (KoR) workcenter costing
Platzkostensatz m (KoR) workcenter rate
Platzkurs m
(com) spot rate
– spot market price
Platzmakler m (com) spot broker
Platzmeister m (Pw) yard boss
Platzprotest m (WeR) protest for absence (of drawer) *(syn, Abwesenheitsprotest)*
Platzscheck m (Fin) local check
platzüberschreitender Effektenverkehr m (Bö) non-local securities transactions
Platzüberweisung f (Fin) local credit transfer
Platzüberweisungsverfahren n (Fin) local transfer procedure
Platzusancen pl (Fin) local practice
Platzverkauf m (com) sale on the spot
Platzvertreter m
(com) local agent
– town traveller
Platzwechsel m (Fin) local bill *(opp, Distanzwechsel)*
Platzzahlungsverkehr m (Fin) local payments *(ie, between banks in towns with a Federal Bank office)*
plazieren
(com) to place *(ie, a product on the market)*
(Fin) to place *(ie, new securities: selling them to the public at large)*
Plazierung f
(com) placing *(ie, a product on the market)*
(Fin) placement *(ie, of securities in the market)*
(EDV, CAD) placement *(ie, beim Leiterplattenentwurf = in circuit board design)*
Plazierung f **durch Konsortium** (Fin) syndication
Plazierung f **e–r Anleihe** (Fin) placement *(or* issue) of a loan
Plazierung f **e–r Emission** (Fin) placement of an issue
Plazierungsgeschäft n (Fin) security placing business
Plazierungskonsortium n
(Fin) issuing group *(syn, Begebungskonsortium, Verkaufsgruppe)*
– issuing syndicate
– selling ... group/syndicate
Plazierungskurs m (Fin) placing price
Plazierungsprovision f (Fin) selling commission
Plazierungsvertrag m (Fin) placing agreement
pleite (com) = bankrott, qv
Pleite f
(com) bankruptcy
– business failure
(com, infml) flop
– falling by the wayside
– going to the wall

pleite gehen (com, infml) to go bust
– to go to the wall
– to cave in
Pleite f **machen**
(com, infml) to go bust
– to fall by the wayside
– to go to the wall
Plenumsdiskussion f (com) floor discussion
Plotter m (EDV) curve plotter *(ie, in Computergrafik; syn, Kurvenschreiber)*
Plunderpapiere npl (Fin, infml) junk bonds
Plusankündigung f (Bö) share price markup
Pluskorrektur f (Bö) upward adjustment
Pluskorrekturen fpl **überwogen** (Bö) markups dominated
plus Stückzinsen (Fin) and interest
Pluswert m **der Schiefe** (Stat) positive skewness
Podiumsdiskussion f (com) panel discussion
Point & Figure Chart m (Bö) point & figure chart *(ie, Instrument der technischen Aktienanalyse; dient der Darstellung der Kursentwicklung und als Prognoseinstrument)*
Poisson-Streuung f (Stat) Poisson variation
Poisson-verteilte Ankünfte fpl (OR) Poisson arrivals
Poisson-Verteilung f (Stat) Poisson (probability) distribution
Pol m (Math) pole *(ie, in the polar coordinate system)*
Polarachse f (Math) polar axis
Polaritätsprofil n (Mk) semantic differential
Polarkoordinatenpapier n (Math) polar coordinate paper
Polarwinkel m
(Math) polar angle
– amplitude
– anomaly
– azimuth
Police f (Vers) insurance policy *(syn, Versicherungsschein)*
Police f ausstellen (Vers) to issue a police
Policedarlehen n (Vers) policy loan *(ie, prepayment of sum insured up to the amount of cash surrender value*
Police f **mit versicherbarem Interesse** (SeeV) interest policy
Police f **mit Wertangabe** (Vers) valued policy
Policenformular n (Vers) blank policy
Policeninhaber m (Vers) policy holder
Police f **ohne versicherbares Interesse**
(Vers) PPI policy
– wager policy
Police f **ohne Wertangabe** (Vers) unvalued policy
Politesse f
(com, US) traffic officer
– (GB) traffic warden *(syn, Verkehrshilfspolizist)*
Politik f **der Nachfragebelebung** (Vw) policies of spurring demand
Politik f **des billigen Geldes**
(Vw) easy
– cheap
– loose ... money policy
Politik f **des teuren Geldes** (Vw) dear *(or* tight) money policy

politische Ökonomie *f* (Vw) political economy
politischer Streik *m* (Pw) political strike
politisches Risiko *n* (Fin, Vers) political risk
polnische Schreibweise *f*
(EDV) Polish
– parenthesis-free
– prefix ... notation
(syn, klammerfreie od Präfixschreibweise)
Polygon *n* (Math) polygon
*(ie, figure consisting of n points and of the line
segments p_n p_1)*
Polynom *n* (Math) polynomial
Polynom *n* **1. Art** (Math) separable polynomial
Polynom *n* **2. Art** (Math) inseparable polynomial
Polynomial-Verteilung *f* (Stat) multinomial distribution
Polypol *n* (Vw) polypoly *(ie, competition in a market of very many sellers)*
Polypolist *m* (Vw) polypolist
polypolistische Konkurrenz *f* (Vw) atomistic competition
*(ie, in an imperfect market; syn, monopolistische
Konkurrenz)*
polypolistischer Markt *m* (Vw) polypolistic market
polypolistisch-heterogene Konkurrenz *f* (Vw) imperfect (*or* monopolistic) competition
polypolistisch-homogene Konkurrenz *f* (Vw) perfect (*or* pure) competition *(syn, vollständige
Konkurrenz)*
Polyprozessor-System *n* (EDV) polyprocessor
system
*(eg, consisting of up to several hundreds of 16/
32-bit microprocessors)*
Pool *m*
(Kart) pool
*(ie, higher-order cartel, with pro-rata distribution
of centrally reported profits)*
(Fin) pooling of security-holdings
(Vers) insurers' pool *(ie, organized to spread
heavy risks)*
Poolkonsortium *n*
(Fin) pool syndicate
– pool management group
Popper-Kriterium *n* (Log) Popper's criterion *(ie, of
falsifiable hypotheses in empirical sciences)*
Population *f*
(Stat) population
– universe
POP-Werbung *f* (Mk) point-of-purchase adver-
tising
Portefeuille *n*
(Fin) portfolio
– holdings
Portefeuille-Analyse *f* (Fin) portfolio analysis
*(ie, bezieht auch die Planung e–s Programms von
Realinvestitionen unter Unsicherheit ein)*
Portefeuille-Bewertung *f* (Fin) portfolio valuation
Portefeuille-Effekten *pl* (Fin) portfolio securities
Portefeuille-Prämienreserve *f* (Vers) portfolio pre-
mium reserve
Portefeuille-Strukturierung *f* (Fin) asset allocation
*(ie, Phase der Portefeuille-Analyse: berücksich-
tigt neben Ertragserwartungen auch das Risiko)*
Portefeuille-Umschichtung *f* (Fin) portfolio (*or* in-
vestment) switching

Portefeuille-Umschichtung *f* **auf höherverzinsliche
Anleihen** (Fin) coupon switching
Portefeuille-Wechsel *m* (Fin) portfolio bill
Portfolioanalyse *f* (Bw) portfolio analysis
*(ie, Instrument der strategischen Planung: zu er-
wartende Ressourcen sollen in Geschäftsfelder
(operating areas) gelenkt werden, in denen die
Marktaussichten günstig sind und relative Wett-
bewerbsvorteile genutzt werden können)*
Portfolioinvestition *f* (Fin) portfolio investment
*(ie, Erwerb ausländischer Wertpapiere und von
Beteiligungstiteln an Unternehmen; bestimmend
sind Renditeüberlegungen, nicht Einfluß auf die
Geschäftätigkeit; opp, Direktinvestition)*
Portfolio-Management *n* (Bw) portfolio management
Portfolio-Matrix *f* (Bw) portfolio matrix
Portfolio-Planung *f* (Bw) = Portfolio-Analyse
Portfoliotheorie *f* (Vw) theory of portfolio selection
*(ie, wichtiger Baustein der postkeynesianischen
und der monetaristischen Geldnachfragetheorie;
auf ihr beruht die Theorie der relativen Preise)*
Portfolio-Versicherung *f* (Fin) portfolio insurance
*(ie, verschiedene Formen von Hedging-Strate-
gien, um große Portfolios vor Kursverlusten zu
schützen; im Rahmen des Programmhandels
durch Optionen und Financial Futures)*
Porto *n* (com) postage
portofrei
(com) postpaid
– (GB) post-free
Portogebühren *fpl* (com) postage charges (*or* fees)
Portokasse *f*
(com) imprest fund
– petty cash
Porto *n* **und Verpackung** *f* (com) postage and
packing
Portozuschlag *m* (com) extra postage
Position *f*
(Pw) position
– post
– job *(eg, er hat eine gute P. = he's got a plum
job)*
(Fin) position *(syn, Wertpapierposition)*
(Bö) position *(ie, month in which futures contracts mature; eg, December position)*
Positionen *fpl* **des Zolltarifs** (Zo) headings in the
customs tariff
Position *f* **glattstellen**
(Bö) to liquidate a position
– to close out a long position
*(opp, Deckungskauf = covering, to close out a
short position)*
Positionieren *n* (EDV) positioning
Positionierer *m* (EDV) locator *(ie, in Computer-
grafik)*
Positionierung *f* (Mk) positioning
*(ie, Plazierung von Vermarktungsobjekten in
e–m mehrdimensionalen Marktmodell)*
Positionierungszeit *f* (EDV) seek time
Positionsanforderungen *fpl* (Pw) job requirements
Positionsauflösung *f* (Fin) liquidation of commit-
ments
Positionsbereinigung *f* (Bö) position squaring
Positionspapier *n* (com) position paper

positive Aussagenlogik *f* (Log) positive propositional calculus *(D. Hilbert)*
positive Externalitäten *fpl*
  (Vw) positive externalities
  – external benefits *(or* economies)
positive externe Effekte *mpl* (Vw) = positive Externalitäten
positive externe Ersparnisse *fpl* (Vw) = positive Externalitäten
positive Forderungsverletzung *f* (Re) = positive Vertragsverletzung
positive ganze Zahl *f*
  (Math) positive integer
  – nonnegative integer
positive interne Ersparnisse *fpl* (Vw) internal economies
positive Korrelation *f* (Stat) direct *(or* positive) correlation
positive Ökonomie *f* (Vw) positive economics *(opp, normative Ökonomik)*
positive Risikoauslese *f*
  (Vers) market creaming
  (ie, employing methods of unfair competition)
positives Interesse *n* (Re) positive interest
  (ie, claim to indemnity for breach at an amount equal to the full performance of the contract; syn, Erfüllungsinteresse; opp, negatives Interesse, Vertrauensinteresse)
positive Vertragsverletzung *f*
  (Re) positive violation of contractual duties
  – positive breach of contract
  – defective performance
  (ie, breach of contract other than delay or impossibility = Verzug od Unmöglichkeit; im Dt nicht gesetzlich geregelt)
positive Wirtschaftswissenschaft *f* (Vw) positive economics *(opp, normative Wirtschaftswissenschaft)*
POS-System *n* (Mk) point-of-sales system
Post *f*
  (com) postal service
  – (GB) Post Office
  (com) mail
  – (GB) post
Postabholer *m* (com) caller for mail
Postabholung *f* (com) collection of mail
Postanschrift *f*
  (com) mailing address
  – (GB) postal address
Postantwortschein *m* (com) international reply coupon
Postanweisung *f* (Fin) postal remittance
Postausgang *m* (com) outgoing mail
Postbarscheck *m* (Fin) postal check
Postbote *m*
  (com) mailman
  – (GB) postman
Posteingang *m* (com) incoming mail
Posteinlieferungsschein *m* (com) post-office receipt
Postempfänger *m* (Re) mailing agent
Posten *m*
  (com) item
  – entry
  – lot
  (Pw) post

  – position
  – job
Posten *m* **aktivieren** (ReW) to charge an account (with an item)
Posten *mpl* **der Jahresabgrenzung** (ReW) (year-end) accruals and deferrals
Posten *mpl* **der Rechnungsabgrenzung** (ReW) accruals and deferrals
Posten *mpl* **des ordentlichen Haushalts** (FiW) above-the-line items
Postengebühr *f*
  (Fin) item-per-item charge
  – entry fee
Posten *m* **gutschreiben** (ReW) to credit an item
Posten *m* **passivieren** (ReW) to credit an account (with an item)
Posten *m* **verbuchen** (ReW) to pass an entry to an account
Postfach *n*
  (com) post office box
  – P. O. Box
Postfreistempler *m* (com) franking machine
Postgebühren *fpl*
  (com) mailing charges
  – (GB) postal charges
Postgeheimnis *n* (com) postal secrecy
Postgewerkschaft *f* (Pw) postal workers' union
Post-Giro *n* (com) postal giro transfer *(ie, new term for ‚Postscheckverkehr')*
Postkosten *pl* (KoR) postal expense
postlagernd
  (com) general delivery
  – (GB) poste restante
postlagernder Brief *m* (com) letter to be called for
postlagernde Sendung *f* (com) poste restante mail
Postlaufkredit *m*
  (Fin) mail credit
  – mailing time credit
Postleitzahl *f*
  (com) postal district code number
  – (US) zip code *(ie, acronym for Zone Improvement Plan)*
  – (GB) post-code
Postleitzahlverzeichnis *n* (com) zip code *(or* post-code) register
Post-Mortem-Programm *n* (EDV) postmortem program
Post-Nachsendung *f* (com) mail rerouting
  (ie, to temporary address or to changed domicile)
postnumerando (Fin) at the end of the period
postnumerando-Rente *f* (Fin) ordinary annuity
Postpaket *n*
  (com) package
  – (GB) packet
Postprozessor *m* (EDV) postprocessor
Postscheck *m*
  (Fin) postal transfer check
  – (GB) National Giro Transfer Form
Postscheckamt *n*
  (Fin) Postal Giro and Savings Office
  – (GB) National Giro Centre
Postscheckdienst *m* (Fin) = Postscheckverkehr
Postscheckguthaben *n*
  (Fin) postal giro account balance
  – deposit in postal checking account

Postscheckkonto *n*
(Fin) postal check account
– (GB) national giro account
Postscheckteilnehmer *m* (Fin) postal check account holder
Postscheckverkehr *m* (Fin) postal giro transfer system *(syn, Postscheckdienst; new term: Post-Giro)*
Postsendungen *fpl* (com) postal consignments
Postspardienst *m* (Fin) postal savings scheme
Postsparkasse *f* (Fin) postal savings bank
Postsparkassendienst *m* (Fin) postal savings bank service
Poststempel *m*
(com) date stamp
– postmark
Postübersendung *f* (com) transmission by mail (*or* post), § 375 BGB
Postüberweisung *f* (Fin) postal remittance (*or* giro transfer)
Postulationsfähigkeit *f* (Re) right of audience
(ie, Fähigkeit, vor e-m bestimmten Gericht selbst auftreten und schriftlich od mündlich Prozeßhandlungen vornehmen zu können; cf, §§ 78, 79 ZPO; right of properly qualified advocates to appear for clients in specified levels of court and in appropriate tribunals)
Postversand *m* (com) postal dispatch
Postversandauftrag *m* (com) mail order
Postversandkatalog *m* (com) mail order catalog
Postverteilung *f* (com) routing of incoming mail
Postwagen *m*
(com) mail car
– (GB) postal van
postwendend
(com) by return mail
– (GB) by return post
Postwerbung *f* (Mk) postal advertising
Postwertzeichen *n* (com) postage stamp
Postwurfsendung *f*
(com) direct mail advertising
– unaddressed mailing
– bulk mail
Postzahlungsverkehr *m* (Fin) postal money transfer system
Postzustellbezirk *m* (com) postal delivery zone
Postzustellung *f* (com) postal delivery
Potential *n* (Pw) potential
– capacity
Potentialbeurteilung *f* (Pw) capability assessment (*or* rating)
Potentialfaktoren *mpl* (Bw) potential factors of production
(ie, providing a steady, unalterable stream of services, such as plant and machinery; opp, Repetierfaktoren)
Potentialfunktion *f* (Math) potential (*or* harmonic) function
potentialorientierte Geldpolitik *f* (Vw) potential-oriented monetary policy *(ie, based on the production potential)*
potentialorientierte Richtgröße *f* (Vw) potential-oriented target
potentialorientiertes Geldmengenwachstum *n* (Vw) potential-GNP-oriented monetary growth

potentielle Nachfrage *f* (Vw) potential demand
potentieller Geldgeber *m* (com) prospective lender
potentieller Käufer *m*
(com) prospective buyer
– prospect
potentieller Kreditgeber *m* (Fin) potential lender
potentieller Markt *m* (Mk) potential market
potentieller Marktteilnehmer *m* (Mk) potential marketer
potentielles gesamtwirtschaftliches Angebot *n* (Vw) potential aggregate supply *(ie, equal to the overall production potential)*
Potenz *f* (Math) power
Potenzfunktion *f* (Math) potential function
Potenzieren *n* (Math) raising a number (*or* quantity) to a power *(eg, $a^n = a$ to the power of n)*
Potenzmenge *f* (Math) set of all subsets
Potestativbedingung *f* (Re) potestative condition
(ie, one which makes the execution of a contract dependent on an event which it is in the power of the contracting party to bring about)
Powerfunktion *f*
(Stat) power function *(ie, of a test)*
PPS (IndE) = Produktionsplanung und -steuerung
prädeterminierte Variable *f* (Stat) predetermined variable
Prädikat *n* (Log) predicate *(ie, in categorical propositions)*
Prädikatenkalkül *n* (Log) predicate (*or* functional) calculus
Prädikatenkalkül *n* **erster Stufe** (Log) first-order predicate calculus
Prädikatenlogik *f*
(Log) predicate logic
– logic of functional calculus
– logic of quantification
Prädikatenlogik *f* **zweiter Stufe**
(Log) second-order predicate logic
– second-order logic
praenumerando (Fin) in advance
praenumerando-Rente *f* (Fin) annuity due
praenumerando-Zahlung *f* (Fin) payment beforehand
praesumptio iuris et de iure (Re) irrebuttable presumption
präferentieller Handelsvertrag *m* (AuW) preferential trade agreement
Präferenz *f* (Vw, AuW) preference
präferenzbegünstigte Einfuhren *fpl* (AuW) imports eligible for preferential treatment
präferenzbegünstigtes Land *n* (AuW) country enjoying tariff preferences
präferenzberechtigter Ursprung *m* (Zo) preferential origin
Präferenzbereich *m* (Vw) zone of preference
Präferenzgut *n* (Mk) preference item
(ie, customer sticks to it even when similar items are less expensive)
Präferenzordnung *f*
(Bw) order
– scale
– set ... of preferences
– hierarchy of needs
(syn, Präferenzstruktur)
Präferenzraum *m* (AuW) preference area

Präferenzregelung *f* (AuW) preferential arrangement
Präferenzsatz *m* (Zo) preferential rate
Präferenz-Seefrachtraten *fpl* (com) preferential rates
Präferenzskala *f* (Vw) preference scale
Präferenzspanne *f* (Zo) margin of preference
(ie, difference between preferential tariff and higher general tariff)
Präferenzstruktur *f* (Vw) = Präferenzordnung
Präferenzsystem *n* (AuW) preferential system
Präferenzzoll *m* (Zo) preferential duty *(or tariff) (syn, Vorzugszoll)*
Präferenzzollsatz *m*
(Zo) preferential rate of duty
– preferential tariff rate
Präfixschreibweise *f*
(EDV) prefix
– Polish
– parenthesis-free ... notation *(syn, polnische od klammerfreie Schreibweise)*
Prägegebühr *f* (FiW) brassage
Prägegewinn *m* (FiW) seigniorage
präjudizieren (Re) to set a precedent (for)
Praktiker *m* (com) practical man
Praktikum *n* (com) traineeship
(ie, 6-month period served in industry as part of an undergraduate course)
praktisch anwendbare Ergebnisse *npl* (Log) implementable results
praktische Bedürfnisse *npl* **des Steuerrechts** (StR) practical exigencies of taxation
praktische Erfahrung *f* (Pw) practical experience
(eg, candidate must have had at least 5 years of...)
praktische Zweckmäßigkeit *f* (com) practical expediency
praktisch realisierbare Kapazität *f*
(Bw) practical capacity
– practical attainable capacity
(ie, the maximum level at which a plant can operate efficiently)
praktizieren (com) to practice *(ie, a profession: doctors and lawyers)*
praktizierender Anwalt *m* (Re) practicing lawyer
Prämie *f*
(AuW) bounty
(Pw) bonus
(Vers) premium
(Bö) option money
(EG) bonus
Prämie *f* **für Pauschalpolice** (Vers) blanket rate
Prämie *f* **für Verbesserungsvorschlag** (Pw) suggestion bonus
(ie, usu. a cash bonus for suggestions considered meritorious; tax-free up to DM 200)
Prämienanleihe *f* (Fin) premium bond *(syn, Agioanleihe, qv)*
Prämienaufgabe *f* (Bö) abandonment
Prämienaufkommen *n*
(Vers) premium income
– premiums received
Prämienaußenstände *pl* (Vers) outstanding premiums
Prämienbefreiung *f* (Vers) waiver of premium

prämienbegünstigter Sparvertrag *m* (StR) premium-aided savings agreement
prämienbegünstigtes Sparen *n* (StR) premium-aided saving
Prämienbrief *m* (Bö) option contract
Prämiendiskriminierung *f* (Vers) rate discrimination
(ie, different rates for insureds or risks of small class)
Prämieneinziehung *f* (Vers) collection of premiums
Prämien *fpl* **erhöhen**
(Vers) to increase
– to raise
– to up ... rates *(or* premiums)
Prämienerklärung *f*
(Bö) declaration of options
Prämienerklärungstag *m* (Bö) option day
Prämienfestsetzung *f*
(Vers) rate making
– rate setting
– rating
Prämienfestsetzung *f* **nach individuellem Schadensverlauf**
(Vers) experience rating
– manual rating
– merit rating
prämienfreie Police *f* (Vers) free *(or* paid-up) policy
prämienfreie Versicherung *f*
(Vers) fully paid-up policy
– paid-for insurance
Prämiengeschäft *n*
(Bö) dealing in options
– option dealing
– stock exchange options
(ie, Form des bedingten Termingeschäfts zur Risikominderung von Termingeschäften; Möglichkeit, zum Prämienkurs zu erfüllen od gegen Entrichtung der Prämie zurückzutreten; buyer or seller can withdraw from concluding the transaction by paying a premium agreed upon in advance)
(Bö) option bargain
Prämienhändler *m* (Bö) option dealer
Prämienkäufer *m* (Bö) option buyer
Prämienkrieg *m* (Vers) premium rate war
Prämienkurs *m* (Bö) option price *(or* rate)
Prämienlohn *m* (Pw) time rate plus premium wage
Prämienlohnsystem *n*
(Pw) premium bonus wage system
– premium system
– bonus scheme
Prämiennehmer *m* (Bö) taker of option money
Prämienrechnung *f*
(Vers) premium note
– renewal notice
Prämienregelung *f* (EG) bonus scheme
Prämienreserve *f*
(Vers) premium reserve
– unearned premium reserve
– mathematical reserve
(syn, Deckungsrücklage)
Prämienreservefonds *m* (Vers) premium reserve fund
Prämienrückvergütung *f* (Vers) return of premium

Prämienrückvergütung *f* **bei schadenfreiem Verlauf** (Vers) „no claim" bonus

Prämiensatz *m*
(Bö) option rate (*or* price)
(Vers) rate of premium

Prämienschuldverschreibung *f* (Fin) premium bond

Prämienspareinlagen *fpl* (StR) premium-aided savings deposits

Prämiensparen *n* (StR) premium-aided saving

Prämienstorno *m* (Vers) cancellation of premium

Prämienstücklohn *m* (Pw) piece incentive rate

Prämienstundung *f* (Vers) deferment of premium payment

Prämientarif *m* (Vers) premium scale

Prämienüberschuß *m* (Vers) net premium income

Prämienüberträge *mpl* (Vers) premiums unearned on balance sheet date, § 14 VAG

Prämienverkäufer *m* (Bö) taker of an option

Prämienversicherung *f* (Vers) proprietary insurance

Prämienvolumen *n* (Vers) total of premiums collected

Prämienvorauszahlung *f* (Vers) advance premium

Prämienwerte *mpl* (Bö) option stock

Prämienzahler *m* (Bö) giver of the rate

Prämienzahlung *f* (Vers) payment of premium

Prämienzuschlag *m* (Vers) additional premium

Prämisse *f*
(Log) premise
– premiss
(ie, Vordersatz e–s Schlusses)
(Log) assumption *(ie, im Sinne von Voraussetzung od Annahme)*

Präsens-Indikator *m*
(Vw) coincident indicator
– coincident
(eg, employment, sales, industrial production; syn, synchroner Konjunkturindikator; opp, Frühindikator, Spätindikator, qv)

Präsentation *f* (Mk) presentation

Präsentationsfrist *f* (WeR) time for (*or* of) presentment *(syn, Vorlegungsfrist)*

Präsentieren *n* (WeR) presentment of bill of exchange *(ie, for acceptance or payment)*

Präventionsmaßnahmen *fpl* (SozV) preventive measures

praxisbezogen (com) practical

praxisfremd
(Pw) academic
– not belonging to a ‚practical man'

Praxisschock *m* (Pw) reality shock

Praxiswert *m* (ReW) goodwill of free professional *(ie, acquired goodwill depreciable)*

Präzedenzfall *m*
(Re) precedent
– leading case

Präzision *f* (com) precision
(IndE) precision *(ie, Übereinstimmung zwischen Ergebnissen bei wiederholter Anwendung e–s Ermittlungsverfahrens; früher: Wiederholgenauigkeit; cf, DIN 55 350.T11)*

PR-Berater *m* (Mk) outside PR counsel

PR-Diagramm *n* (Bw) prediction-realization diagram *(ie, grafische Auswertungsmethode von Prognosen)*

Preis *m*
(com) price
– charge
– rate
– (infml) tab

Preis *m* **ab Erzeuger** (com) factory price

Preisabrede *f* (Kart) price agreement, § 5 III GWB

Preisabrufverfahren *n* (Mk) price look-up procedure
(ie, Preisregistrierung durch Kassenterminals im Einzelhandel)

Preisabsatzfunktion *f* (Vw) price-demand function

Preisabsatzkurve *f* (Vw) price-demand curve

Preisabschöpfung *f* (EG) price adjustment levy

Preisabsprache *f*
(com) common pricing
– collusive tendering
(ie, by contractors in tendering for contracts)
(Kart) price fixing (*or* rigging)
– common pricing

Preisabweichung *f* (KoR) price (*or* value) variance

Preis *m* **ab Werk**
(com) factory price
– ex factory price
– price ex works
– factory gate price

preisaggressives Vorgehen *n* (Mk) aggressive pricing policy

Preisänderungen *fpl* **vorbehalten** (com) prices subject to change without notice

Preisänderungsrücklage *f* (ReW) = Preissteigerungsrücklage

Preisanfrage *f* (com) price inquiry

Preisangabe *f*
(com) price
(com) quotation

Preis *m* **angeben** (com) to quote a price

Preisangebot *n*
(com) price quotation
– quotation
– quoted price
– quote

Preisanhebung *f* (com) price rise (*or* increase)

Preisanstieg *m*
(com) price increase
– upturn in prices

Preisaufschlag *m*
(com) extra price
(Mk) markup

Preisauftrieb *m*
(com) upward trend of prices
– upsurge of prices

Preisausgleichsprinzip *n* (Bw) principle of price equalization
(ie, between domestic and export prices, between various plant divisions, etc.)

Preis *m* **aushandeln** (com) to negotiate a price

Preisausschläge *mpl* (com) price fluctuations

Preisausschreiben *n* (Mk) sales promotion competition *(ie, correct solutions fetch a prize)*

Preisauszeichnung *f*
(com) price marking
– labeling

Preisauszeichnungspflicht *f* (Re) obligation to mark goods with prices

Preisband *n* (Mk) spread of competitive prices
Preisbasis *f* (com) basis of quotation
Preis *m* **beeinflussen** (com) to affect a price
Preis *m* **bei Anlieferung** (com) landed price
Preis *m* **bei Barzahlung** (com) cash price
Preis *m* **bei Ratenzahlung**
  (com) deferred payment price
  – (GB) hire purchase price
Preis *m* **bei sofortiger Lieferung** (com) spot price
Preis *m* **berechnen** (com) to charge a price
preisbereinigt
  (Stat) after adjustment for price rises
  – corrected to eliminate the effects of price inflation
  – in real terms
preisbereinigter Umsatz *m* **je geleistete Arbeitsstunde** (Bw) price-adjusted sales per man-hour
Preisbereitschaftsfunktion *f* (Mk) buy response function
Preis *m* **berichtigen** (com) to adjust a price
Preisberuhigung *f* (com) steadying of prices
Preisbeschluß *m* **fassen**
  (com) to take a decision to raise or lower prices
Preisbewegung *f* (com) price tendency
Preisbildung *f*
  (com) pricing
  – setting of prices
  (Vw) price formation
Preisbildung *f* **auf Durchschnittskostenbasis** (Bw) average cost pricing
Preisbildung *f* **aufgrund der Nettoprämie** (Vers) pure premium method
  (ie, leaving out of account the cost and expense of the insurer's operation)
Preisbildung *f* **nach der Lernkurve** (Mk) learning-curve pricing *(cf, Vol I³, 398)*
Preisbildungsfaktoren *mpl* (com) price determinants
Preisbindung *f* **zweiter Hand** (Kart) resale price maintenance *(syn, vertikale Preisbindung)*
Preis *m* **Bohrturm** (com) wellhead price *(ie, price less transportation)*
Preisbrecher *m*
  (com) price cutter
  (com) price cutting article
Preisdeflator *m* (Vw) price deflator
Preisdifferenz *f* (com) price difference (*or* differential)
Preisdifferenzierung *f* (Mk) price differentiation (*or* discrimination)
  (ie, Verkauf des gleichen Gutes an verschiedene Käufergruppen zu unterschiedlichen Preisen; Unterbegriffe: persönliche, räumliche, zeitliche, qualitative, quantitative; deglomerative, agglomerative ... Preisdifferenzierung; sale of identical goods at different prices to different buyers; syn, Preisdiskriminierung, qv)
Preisdifferenzkonto *n* (ReW) price variance account
  (ie, at year end traced to income statement)
Preisdifferenzrücklage *f* (ReW) = *(obsolete form of:)* Preissteigerungsrücklage
Preisdiskriminierung *f*
  (Vw) = Preisdifferenzierung
  (Kart, US) price (*or* rate) discrimination

(ie, Verbotskriterium nach Antitrust-Recht ist die Eignung zur Wettbewerbsbeschränkung (restraint of trade); hierbei wird unterschieden:
  1. first-line competition: Auswirkung auf dem Markt des differenzierenden Anbieters;
  2. second-line competition: Auswirkung auf dem Markt des bevorzugten od benachteiligten Unternehmens;
  3. third-line competition: Auswirkung auf dem Markt der unterschiedlich behandelten Abnehmer)
Preis-Dividenden-Rate *f* (Fin) price-dividend ratio
Preisdruck *m* (com) pricing pressure *(eg, imposed by exporters)*
Preisdumping *n* (AuW) price dumping *(ie, prices are cut below marginal cost through government export schemes)*
Preise *mpl* **anheben**
  (com) to increase
  – to raise
  – to lift ... prices
Preise *mpl* **auszeichnen** (com) to mark articles with prices
Preise *mpl* **der Basisperiode** (Vw) base-period prices
Preise *mpl* **diktieren** (Kart) to dictate prices
Preise *mpl* **drücken**
  (com) to run down prices
  – (infml) to shave prices
Preise *mpl* **erhöhen**
  (com) to increase
  – to raise
  – to lift
  – to up
  – to send up ... prices
Preise *mpl* **explodieren**
  (com) prices hit the roof
  – prices go through the ceiling
Preise *mpl* **geben nach** (com) prices ease (*or* soften)
Preise *mpl* **gelten für** (com) prices are for ...
Preise *mpl* **herabsetzen** (com) to take markdowns
Preise *mpl* **hochschleusen** (com) to push up prices
Preise *mpl* **hochtreiben**
  (com) to push up prices
  (com) to bid up prices
Preiseinbruch *m*
  (com) sharp dip in prices
  – steep fall in prices
  – steep slide of prices *(ie, prices take a tumble)*
  – break in the market
preiselastisch (Vw) price sensitive
Preiselastizität *f* **der Nachfrage** (Vw) price elasticity of demand
Preiselastizität *f* **des Angebots** (Vw) price elasticity of supply
Preisempfehlung *f* (com) price recommendation
preisempfindlicher Markt *m* (com) price-sensitive market
Preise *mpl* **niedrig halten** (com) to keep down prices
Preisentwicklung *f* (com) movement (*or* trend) in prices
Preiserhöhung *f*
  (com) price increase
  – price rise

– price advance
– (infml) price hike
Preiserhöhung *f* **durchsetzen** (com) to force/put . . .
through a price rise
Preiserhöhungsrücklage *f* (ReW) reserve for price
rises on raw materials
Preiserhöhungsspielraum *m*
(com) scope for raising prices
(Vw) money-goods gap
Preiserholung *f* (com) price recovery
Preisermittlung *f* (com) pricing
Preisermittlung *f* **auf der Grundlage der angestrebten Kapitalverzinsu** (Vw) target pricing
Preiserwartungen *fpl* (Vw) price anticipations
Preise *mpl* **senken**
(com) to decrease
– to cut
– to cut down
– to trim
– to pare down
– to reduce
– to slash . . . prices
Preise *mpl* **überwälzen** (com) to pass prices on to
customers
Preise *mpl* **verfallen** (com) prices tumble precipi-
tously
Preisexplosion *f*
(com) price explosion
– price jump
– (infml) fly-up of prices *(eg, to meet the much
higher market clearance level)*
Preise *mpl* **ziehen an**
(com) prices rise
. . . improve
. . . look up
Preise *mpl* **zurücknehmen** (com) to roll back prices
(ie, in order to cancel an earlier price hike)
Preis-Faktor-Kurve *f* (Bw) price-factor curve *(ie,
shows factor demand in relation to its price)*
Preis *m* **festsetzen**
(com) to fix
– to determine
– to set/cost . . . a price
Preisfestsetzung *f*
(com) price setting
– pricing
Preisfestsetzung *f* **unter Berücksichtigung e–r
angemessenen Rendite** (Bw) rate-of-return
pricing
Preisfixierer *m* (Vw) price maker
Preisfixierung *f* (Vw) price setting
Preisflexibilität *f* (Vw) price flexibility *(ie, reciprocal of price elasticity)*
Preis *m* **frei Bestimmungshafen** (com) landed price
Preis *m* **freibleibend**
(com) price subject to change without notice
– price without engagement
Preis *m* **frei Haus**
(com) door-to-door price
– delivered price
*(ie, includes all costs incurred in getting the goods
to the buyer's premises)*
Preisführer *m* (Vw) price leader
Preisführerschaft *f* (Vw) price leadership
(ie, rival sellers adopt the price fixed by one or

*more other members of the industry; usually this
role is played by the largest or dominant firm;
competition is shifted to nonprice elements, capital formation may be dislocated, expansion of
efficient firms may be discouraged)*
Preisfunktionen *fpl* (Vw) functions of price *(ie,
matching, distribution, allocation, announcement, etc.)*
Preisgaberecht *n* (SeeV) right to abandon
Preisgarantie *f* (EG) price guarantee
Preisgebot *n* (com) bidding
preisgebundene Waren *fpl* (Kart) price-maintained
goods
Preisgefälle *n* (com) price differential
Preisgefüge *n* (Mk) price structure
Preisgestaltung *f* (com) pricing
Preis-Gewinn-Rate *f* (Fin) price-earnings ratio
Preisgleitklausel *f*
(com) price escalator (*or* escalation) clause
– escalator clause
– price redetermination clause
– rise-and-fall clause
Preisgrenze *f* (com) price limit (*or* barrier)
preisgünstig
(com) reasonably priced
– low-priced
preisgünstigster Anbieter *m* (com) lowest bidder
preisgünstigstes Angebot *n* (com) lowest bid
Preisindex *m* (Stat) price index
Preisindex *m* **für die Lebenshaltung** (Stat) cost-of-
living index
Preisinflation *f* (Vw) price inflation
Preisinformationsabsprache *f*
(Kart) information
– open price
– price reporting . . . agreement
Preisinformationssystem *n* (Kart) open price
system
Preis *m* **je Einheit**
(com) unit price
– price per unit
Preiskalkulation *f* (Bw) cost-based pricing
*(ie, seeking to cover all fixed and proportional
costs + a reasonable profit in the long run)*
Preiskampf *m* (com) price war
Preiskartell *n*
(Kart) prices cartel
– price fixing cartel
Preisklausel *f* (com) price clause
Preisklima *n* (com) price climate
Preiskonjunktur *f* (Vw) price-led boom *(ie, situa-
tion of soaring prices and quickly rising profits)*
Preis-Konsum-Funktion *f* (Vw) price-consumption
function *(syn, Nachfragefunktion = demand
function)*
Preis-Konsumkurve *f* (Vw) price consumption
curve
Preiskontrolle *f* (Vw) price control
*(ie, government regulation of prices of goods and
services designed to reduce increases in the cost of
living)*
Preis-Kosten-Erwartungen *fpl* (Vw) price-cost expectations
Preis-Kosten-Schere *f* (com) price-cost gap
Preiskreuzelastizität *f* (Vw) cross-price elasticity

Preiskrieg *m*
(com) price cutting war
– prices war
– (US, infml) no-holds-barred price cutting
Preislage *f*
(com) price range
(com, infml) (something) at about the same
price
Preislenkung *f* (Vw) regulation of prices
preislich konkurrieren (com) to compete on price
Preisliste *f* (com) price list
– scale of charges
Preismaßstäbe *mpl* (Mk) price-performance standards
Preismechanismus *m* (Vw) pricing mechanism
Preismeldestelle *f*
(Bw) open price association
– central agency
(ie, collating and distributing price information)
Preismeldeverband *m* (Bw) open price system
Preismeßziffer *f* (Stat) price relative
Preis *m* **mit Gleitklausel** (com) escalation price
Preis-Nachfrage-Funktion *f* (Vw) price demand
function
Preisnachlaß *m*
(com) price reduction
– discount
– allowance
– (infml) rake-off
Preisnachlaß *m* **gewähren**
(com) to grant a price reduction
– (infml) to knock off *(eg, from total invoice
amount)*
Preisniveau *n* (Vw) price level
Preisniveaustabilität *f* (Vw) stability of the overall
price level
Preisnotierung *f*
(com) quotation of price
(Fin) direct quotation
*(ie, direct method of quoting foreign exchange:
amount of domestic currency payable for 100 u-
nits of foreign currency; opp, Mengennotierung
= indirect quotation)*
Preisobergrenze *f*
(com) highest price
– ceiling price
– price ceiling
Preispolitik *f*
(Vw) price policy
(Bw) pricing policy
Preisproblem *n* (com) price issue
Preisprüfung *f* (com) price auditing
Preisrisiko *n* (com) price risk
Preisrückgang *m*
(com) decline
– drop
– fall ... in prices
Preisrückvergütung *f* (com) refunding of price
Preisschere *f* (com) price gap
Preisschild *n*
(com) price label
– price tag *(or ticket)*
Preisschleuderei *f*
(Kart) reckless price cutting *(ie, without any re-
gard to costs)*

– price slashing
Preisschub *m*
(com) jump in prices
– very sharp price rise
– price surge
– surge in prices
– price boost
Preisschwäche *f* (com) weak prices
Preisschwankungen *fpl*
(com) fluctuation in prices
– price fluctuations
Preissenkung *f*
(com) price cut
– price reduction
– reduction in price
– markdown
Preisspanne *f* (com) price margin
Preisspannenverordnung *f* (Bw) price margin ordinance
Preisspirale *f*
(com) spiral of rising prices
– upward spiral of prices
Preisstabilisierung *f* (Vw) price stabilization *(ie,
keeping prices at a stated level)*
Preisstabilität *f*
(Vw) stable prices
– price stability
Preisstaffel *f* (com) graduated price range
Preisstarrheit *f* (Bw) price rigidity
Preisstarrheit *f* **nach unten** (Bw) downward inflexi-
bility of prices
Preisstatistik *f* (Stat) price statistics
Preissteigerung *f* (com) price increase
Preissteigerungsrate *f* (Vw) rate of price increases
Preissteigerungsrücklage *f* (ReW) reserve for price
increases
*(ie, of inventory items whose replacement cost has
become substantially greater in the course of the
taxable year, § 51 I EStG, § 74 EStDV)*
Preisstellung *f*
(com) pricing
– quotation
Preisstellung *f* **frei Haus** (com) delivered pricing
Preisstopp *m* (Vw) price freeze *(or stop)*
Preisstrategie *f* **mit vorweggenommener Inflations-
komponente** (Bw) anticipatory *(or hedge)*
pricing
Preisstruktur *f* (Bw) price structure
Preissturz *m*
(com) sharp drop-off *(or tumble)* in prices
– slump in prices
Preisstützung *f*
(com) pegging of prices
– price maintenance
– price support
Preistaxen *fpl* (Vw) = administrierte Preise
Preistendenz *f*
(Bö) market trend
– trend in prices
Preistheorie *f*
(Vw) price theory
– theory of prices
*(ie, analyzes the way in which prices are deter-
mined in a free market economy and the role they
play in solving the problems of resource alloca-*

*tion; the various states of the environment are
monopoly, oligopoly, perfect competition, and
monopolistic competition)*
Preistreiber *m* (com) price booster
Preistreiberei *f* (com) profiteering *(ie, deliberate
overcharging)*
Preisüberwachung *f* (Vw) price surveillance *(ie,
form of government price control)*
Preisunterbieter *m* (com) price cutter
Preisunterbietung *f*
(com) undercutting
– underselling
Preisuntergrenze *f*
(Bw) lowest-price limit
– bottom price
Preisvektor *m* (OR) price vector
Preisvereinbarung *f* (Kart) price fixing agreement
Preisverfall *m*
(com) collapse of prices
– deep plunge of prices
– dramatic drop in prices
– large-scale (*or* steep) slide of prices
– shakedown in prices
– tumbling down of prices
– crumbling of prices
Preisvergleichskarte *f* (ReW) comparative price
card
Preisvergleichsmethode *f* (StR) comparable uncontrolled price method *(see: Fremdvergleich)*
Preisverzeichnis *n*
(com) schedule of prices
– scale of charges
Preisverzerrung *f* (com) price distortion
Preiswelle *f* (com) wave of price increases
Preiswettbewerb *m* (Vw) price competition
Preiszugeständnis *n* (com) price concession
Preis *m* **zurücknehmen**
(com) to mark down
– to pull back . . . a price
Pressemappe *f* (com) press kit
Pressemitteilung *f*
(com) press release
– press memo
– handout
Pressestelle *f* (Bw) public information office
Prestigeartikel *m* (Mk) prestige item
Prestige-Gut *n* (Vw) prestige good (*or* merchan-
dise)
Prestigewerbung *f* (Mk) prestige advertising
Prestigewert *m* (Mk) prestige value
Prestige-Wirtschaft *f* (Vw) prestige economy
prima Bankakzept *n* (Fin) prime bankers' acceptance
Primadiskonten *pl* (Fin) = Privatdiskonten
Prima-facie-Beweis *m* (Re) prima facie evidence
(syn, Beweis des ersten Anscheins)
primaler Pivotschritt *m* (OR) primal pivot step
primaler zulässiger Vektor *m* (OR) primal feasible
vector
primale Variable *f* (OR) primal variable
primale Zielfunktion *f* (OR) primal objective function
primal-ganzzahlige Programmierung *f* (OR) primal
integer programming
Primalproblem *n* (OR) primal problem

Primanota *f*
(ReW) journal
– daybook
(syn, Grundbuch, Journal, Memorial, Tagebuch)
Primapapiere *npl* (Fin) first-class money market
paper *(esp. Privatdiskonten = prime acceptances)*
Primäranweisung *f* (EDV) source statement
Primäraufwand *m* (Vw) primary input *(ie, in input-
output analysis)*
Primärdaten *pl* (Stat) primary data
Primärdatenerfassung *f* (EDV) source data acquisition
primäre Aktiva *pl* (Vw) primary assets
*(ie, gold, foreign exchange and fixed-interest se-
curities sold by the central bank under its open
market policy)*
primäre Einkommensverteilung *f* (Vw) primary income distribution *(ie, resulting from market processes)*
primäre Gemeinkosten *pl* (KoR) primary overhead
primäre Indikatoren *mpl* (Stat) key indicators
Primäreinkommen *n* (Vw) primary income
primäre internationale Liquidität *f* (Vw) currency
reserves held by central banks
primäre Kennziffer *f* (Bw) elementary (*or* primary)
ratio
primäre Kosten *pl* (KoR) primary costs *(syn, ursprüngliche od einfache Kosten)*
primäre Kostenarten *fpl* (KoR) primary cost types
*(ie, relating to costs which are based on market
prices, such as material cost, personnel cost; syn,
originäre Kostenarten; opp, zusammengesetzte
sekundäre Kostenarten)*
primäre Kostenstelle *f* (KoR) primary cost center
(syn, Fertigungshautpkostenstelle)
primäre Marktforschung *f* (Mk) field research
Primärenergie *f* (com) primary energy
primärer Sektor *m* (Vw) primary sector of the
economy
Primärforschung *f* (Log) first-hand (*or* field) research
Primärgeld *n*
(Vw) primary money
– monetary base
*(ie, central bank money + demand deposits with
central bank; syn, Geldbasis, monetäre Basis,
exogenes Geld)*
Primärgeschäft *n* (Bö) new issue business
Primärliquidität *f* (Vw) primary liquidity *(ie, equal
to central bank money)*
Primärmarkt *m*
(Bö) primary market
– new issue market
*(ie, Markt für Erstabsatz e–s neu emittierten
Wertpapiers; opp, Sekundärmarkt, dritter Markt)*
(Mk) primary market *(ie, located in a center of
consumption)*
Primärmaterial *n* (Stat) raw (*or* source) data
Primärmetalle *npl* (com) primary (*or* virgin) metals
*(ie, metals obtained directly from the ore, and not
previously used; opp, Sekundärmetalle)*
Primärplan *m* (IndE) master schedule *(ie, a
schedule by date and quantity of top-level or
planning bills of materials)*

Primärprogramm *n*
(IndE) master production schedule
(EDV) source program *(syn, Quellprogramm)*
Primärspeicher *m* (EDV) primary (*or* main)
storage
Primärsprache *f* (EDV) source language
Primärstatistik *f* (Stat) primary statistics
Primärverteilung *f* (Vw) = primäre Einkommens-
verteilung
Primärziel *n* (Bw) basic/primary ... objective
Primawechsel *m* (WeR) first of exchange
Primfaktor *m* (Math) prime factor
primitive Einheitswurzel *f* (Math) primitive nth
root of unity
primitives Polynom *n* (Math) primitive polynomial
(syn, Einheitsform)
Primpolynom *n* (Math) prime (*or* irreducible) poly-
nomial
*(ie, a polynomial whose only factors are itself and
constants)*
Primzahl *f*
(Math) prime
– prime number
Primzahlsatz *m* (Math) prime number theorem
Primzahlzwillinge *pl* (Math) twin primes
Printmedien *npl* (Mk) print media
Prinzip *n* **der Bilanzkontinuität**
(ReW) principle of the continuity of balance
sheets
– (US) consistency concept
*(ie, year-to-year effects of different procedures
are minimized by requiring that the same alterna-
tive be selected each period)*
Prinzip *n* **der Denkökonomie**
(Log) principle of parsimony
– Occam's razor
Prinzip *n* **der Fertigung durch autonome Arbeits-**
gruppen (IndE) group technology
Prinzip *n* **der Periodenabgrenzung** (ReW) accruals
basis of accounting
Prinzip *n* **der Preisunterschiedslosigkeit** (Vw) law
of indifference *(W. St. Jevons)*
Prinzip *n* **der Rechtsstaatlichkeit**
(Re) principle of the rule of law
– rule-of-law principle
(Re, US, also) due process
*(ie, the 5th and 14th amendment of the Constitu-
tion set a limit on arbitrary and unreasonable ac-
tions by the federal government; the Supreme
Court is thereby provided an ongoing opportunity
to consider and define the legal contours of fair-
ness)*
Prinzip *n* **der reduzierten Durchschnittskosten**
(ReW) cost averaging effect
Prinzip *n* **des kürzesten Weges** (Bw) principle of
shortest channel
Prinzip *n* **des minimalen Streuungsverhältnisses**
(Stat) least variance ratio
Prinzip *n* **vom Maximum des Betrages** (Math) prin-
ciple of maximum modulus
Priorität *f* (com) priority
Priorität *f* **beanspruchen** (Pat) to claim priority for
an application
Prioritäten *fpl* (Fin) = Prioritätsobligationen
Prioritäten *fpl* **ändern** (Bw) to reorder priorities

Prioritäten *fpl* **festlegen** (Bw) to assign priorities
(to)
Prioritätsaktien *fpl*
(Fin) preferred stock
– (GB) preference shares *(syn, Vorzugsaktien)*
Prioritätsanspruch *m* (Pat) prior (*or* priority) claim
Prioritätsanzeiger *m* (EDV) priority indicator
Prioritätsdatum *n* (Pat) priority date
Prioritätsjobdisponent *m* (EDV) priority scheduler
Prioritätsobligationen *fpl*
(Fin) preferred bonds
– (GB) preference bonds
Prioritätsstreitverfahren *n* (Pat) interference pro-
ceedings
Prioritätsverarbeitung *f* (EDV) priority processing
Privatangelegenheiten *fpl* (com) private (*or* person-
al) affairs
Privatanleger *m* (Fin) private investor *(syn,
Privatinvestor)*
Privatanschluß *m*
(com) private (telephone) extension
– (infml) home phone
(com) private railroad siding
Privatbahn *f* (com) private railroad
Privatbank *f* (Fin) private bank *(ie, organized
under commercial law, as single proprietor,
OHG, KG, GmbH, AG, etc.; opp, öffentliche
Bank)*
Privatbankier *m* (Fin) private banker *(ie, mostly
run as single proprietor, OHG, KG)*
Privatbilanz *f* (ReW) nonstatutory balance sheet
Privatbörse *f* (com) private exchange *(ie, an ex-
change-like gathering of private individuals)*
Privatdarlehen *n* (Fin) personal loan
Privatdetektiv *m*
(com) private detective (*or* investigator)
– (infml) private eye
Privatdiskont *m* (Fin) = Privatdiskontsatz
Privatdiskonten *pl*
(Fin) prime (bankers') acceptances
– private paper
privatdiskontfähig (Fin) qualifying as prime acceptance
privatdiskontfähige Bankakzepte *npl* (Fin) acceptances qualifying as prime paper
Privatdiskontmarkt *m* (Fin) prime acceptances
market
Privatdiskontsatz *m* (Fin) prime acceptance rate
private Bautätigkeit *f* (com) private construction
private Bruttoinlandsinvestitionen *fpl* (VGR) gross
private domestic investment
private Einkommensübertragungen *fpl* (VGR) personal transfer payments
private Ersparnisbildung *f* (VGR) private savings
private Fluggesellschaft *f* (com) private-sector airline
private Geschäftsbanken *fpl* (Fin) private commercial banks
private Güter *npl* (Vw) private goods
private Haftpflichtversicherung *f* (Vers) private liability insurance
private Hypothekenbank *f* (Fin) private mortgage
bank
Privateigentum *n*
(Re) private ownership *or* property

Privateinlagen *fpl* (ReW) private-asset contributions

private Investitionen *fpl* (VGR) private investment

private Kosten *pl* (Vw) private costs
(opp, volkswirtschaftliche Kosten = social costs)

private Krankenversicherung *f* (Vers) private sickness insurance
(ie, Schutz gegen Krankheitskosten, Verdienstausfall, Krankenhaustagegeld, Zusatzleistungen bei stationärer Heilbehandlung; ferner als Reise- und Pflegekrankenversicherung)

private Kreditnachfrage *f*
(Fin) private credit demand
(Vw) private-sector loan demand

private Nachfrage *f* (Vw) private demand

Privatentnahmen *fpl*
(ReW) (private) withdrawals
– (private) drawings *(eg, to take...)*
– entrepreurial withdrawals

private Organisationen *fpl* **ohne Erwerbscharakter** (VGR) private no-gain organizations
(ie, Finanzierung durch freiwillige Zahlungen, keine Gewinnerzielung, keine öffentlichen Haushalte; eg, Kirchen, Gewerkschaften, Sportvereine)

private Plazierung *f* (Fin) private placement

privater Anleger (Fin) private investor *(syn, Privatanleger, Privatinvestor)*

privater Frachtführer *m* (com) private carrier

privater Haushalt *m* (VGR) = Privathaushalt

privater Kapitalverkehr *m* (VGR) private capital flows

privater Sektor *m* (Vw) private sector of the economy

privater Verbrauch *m*
(Vw) private consumption
(VGR) personal consumption expenditure

privates Anlegerpublikum *n* (Fin) private investors

privates Bankgewerbe *n* (Fin) private banking industry

private Schuldübernahme *f* (Re) assumption of debt (*or* liability) in discharge of old debtor *(syn, befreiende Schuldübernahme)*

private Sparquote *f* (Vw) personal savings ratio

privates Wirtschaftssubjekt *n* (Vw) private economic unit (*or* subject)

privates Zollager *n* (Zo) private customs warehouse

private Titel *mpl* (Fin) private paper

private Unfallversicherung *f* (Vers) private accident insurance
(ie, ergänzt die gesetzliche U., die bei Arbeits- und Wegeunfällen eintritt)

private Verbrauchsnachfrage *f* (Vw) private consumer demand

private Wettbewerbsbeschränkungen *fpl* (Kart) private restraints of trade

private Wirtschaft *f* (Vw) private sector of the economy

privat gebuchter Kostenanteil *m* (StR) private portion of costs recorded

Privatgeschäfte *npl* (StR) transactions in which neither party is a dealer or trader in securities, § 20 III KVStG

Privatgläubiger *m* (Re) private creditor *(ie, of a partner, § 135 HGB)*

Privatgleisanschluß *m* (com) private (railway) siding

Privatgrundstück *n* (com) private property

Privatgüterwagen *m*
(com) private freight car
– (GB) private goods waggon

Privathaftpflichtversicherung *f* (Vers) personal liability insurance

Privathaushalt *m* (VGR) private household
(ie, umfaßt alle Ein- und Mehrpersonenhaushalte, einschl. Anstaltsbevölkerung und private Organisationen ohne Erwerbscharakter, wie Kirchen, Parteien, Gewerkschaften)

Privatindustrie *f* (com) private industry

Privatinteresse *n* (Re) private interest

Privatinvestitionen *fpl* (VGR) private sector investment

Privatinvestor *m* (Fin) private investor *(syn, Privatanleger)*

privatisieren
(Vw) to privatize
– (GB) to denationalize
– to return to private ownership

Privatisierung *f*
(Vw) privatization of public enterprises
– (GB) denationalization
– return to private ownership

Privatisierung *f* **der Staatsschuld** (FiW) privatization of public debt

Privatkapital *n* (Fin) private (equity) capital

Privatklage *f* (Re) private prosecution, §§ 374–394 StPO

Privatkläger *m* (Re) private prosecutor

Privatkonto *n*
(ReW) private account *(ie, subaccount of capital account)*
(Fin) personal account

Privatkunde *m* (com) private customer

Privatkundenbetreuung *f* (Fin) servicing of private customers

Privatkundengeschäft *n* (Fin) retail banking *(opp, Firmenkundengeschäft = wholesale/corporate... banking)*

Privatkundenkredit *m* (Fin) retail loan

Privatkundschaft *f* (com) private customers

Privatmakler *m* (Bö) unofficial (*or* private) broker

Privatperson *f* (Re) private individual

Privatpfändung *f* (Re) levy of execution by private creditor

Privatplacements *npl* (Fin) notes
(ie, issued by public-law institutions or industrial undertakings; minimum amount DM 50,000)

Privatplazierung *f* (Fin) = private Plazierung

Privatpublikum *n* (Fin) private investors

Privatrecht *n* (Re) private law *(opp, public law)*

privatrechtlich
(Re) private-law
– under private law

privatrechtliche Körperschaft *f* (Re) private law corporation

privatrechtlicher Vertreter *m* (Re) attorney-in-fact, § 164 BGB

Privatschulden *fpl* (Fin) personal debts *(ie, of a partner)*
Privatsekretärin *f* (com) private secretary
Privatsphäre *f* **des Einzelnen** (Re) privacy of an individual person
privat unterbringen (Fin) to place privately
Privatunternehmen *n* (com) private firm *(or* undertaking)
Privaturkunde *f* (Re) private instrument *(opp, öffentliche Urkunde, § 416 ZPO)*
Privatverbrauch *m* (Vw) private consumption
Privatvermögen *n* (Bw) personal *(or* private) assets
Privatversicherer *m* (Vers) private insurer
Privatversicherung *f* (Vers) private *(or* commercial) insurance
(syn, IndividualV, VertragsV; opp, SozialV; unterteilbar nach:
1. *ErstV = direct/original/primary ... insurance;*
1.1 *LebensV = life insurance/assurance;*
1.2 *KrankenV = sickness insurance*
1.3 *SchadenV und UnfallV = casualty and accident insurance;*
1.31 *FeuerV = fire insurance;*
1.32 *HausratV = household and personal effects insurance;*
1.33 *GebäudeV = building insurance;*
1.34 *HaftpflichtV = liability/third-party ... insurance;*
1.35 *UnfallV = accident insurance;*
1.36 *KraftverkehrsV = automobile/motor ... insurance;*
1.37 *TransportV = transport insurance*
2. *RückV = reinsurance)*
Privatwirtschaft *f*
(VGR) private sector of the economy
(Vw) private enterprise
privatwirtschaftliche Lösung *f* (Bw) private-enterprise solution *(eg, of keeping a company alive)*
privatwirtschaftliches Dumping *n* (AuW) privately motivated dumping
Privilegien *npl*
(com) privileges
– vested ... interests/rights
(syn, legitimierte Privilegien, Besitzstand)
privilegierter Befehl *m* (EDV) privileged instruction
Proband *m*
(Pw, Mk) interviewee
– participant
– respondent
Probe *f*
(com) sample
– specimen
(IndE) test piece *(ie, to be prepared for testing)*
– test specimen *(ie, as finally prepared for testing)*
Probeabonnement *n* (com) trial subscription *(eg, start a ...)*
Probeabschluß *m* (ReW) trial balance sheet *(ie, statement of credit and debit sums of all accounts; syn, Summenbilanz, Umsatzbilanz)*
Probeabstimmung *f* (Pw) test ballot
Probeanstellung *f* (Pw) probationary employment
Probearbeitsverhältnis *n* (Pw) = Probeanstellung

Probeauftrag *m* (com) trial order
Probebefragung *f* (Mk) pilot survey
Probebetrieb *m*
(IndE) pilot plant scale production
– trial operation *(syn, Versuchsbetrieb)*
Probebilanz *f*
(ReW) proforma
– preliminary
– tentative ... balance sheet
– trial balance
(syn, Summenbilanz, Umsatzbilanz)
Probedruck *m* (com) test print *(syn, Andruck)*
Probeerhebung *f* (Stat) exploratory *(or* pilot) survey
Probefahrt *f* (com) test/trial ... drive, § 28 StVZO
Probeinterview *n* (Mk) pretest interview
Probekauf *m*
(com) sale on approval
– sale by sample
Probekäufer *m* (com) trial buyer
Probelauf *m*
(IndE) trial
– dry
– pilot ... run
(EDV) test run
Probelieferung *f* (com) trial shipment
Probenahme *f*
(com) sampling
– taking of samples
Probenahme *f* **mit Rückstellung** (Stat) sampling with replacement
Proben *fpl* **nehmen** (com) to take samples
Probenteilung *f* (Stat) sample division
Probenummer *f* (com) specimen copy
Probenverkleinerung *f* (Stat) sample reduction
Probepackung *f* (Mk) test package
Probepartie *f* (Stat) pilot lot
Probesaldenbilanz *f* (ReW) closing trial balance
Probeverkauf *m* (Mk) store test
Probeverzollung *f* (Zo) test *(or* trial) shipment
probeweise Beschäftigung *f* (Pw) probationary employment
Probezeit *f*
(Pw) probation(ary) period
– trial period
problematische Aussage *f* (Log) problematic statement *(ie, asserting that something may be the case; opp, assertorische und apodiktische Aussage)*
problematisches Urteil *n* (Log) problematic proposition
Problembereich *m* (Bw) problem *(or* issue) area
Problembeschreibung *f* (EDV) problem description *(or* definition)
Problemdarlehen *n* (Fin) problem loan *(ie, saddled with high risk: may turn out to be nonperforming)*
Problemdarstellung *f* (EDV) problem definition *(or* description)
Problem *n* **der optimalen Sortenschaltung** (IndE) batch sequencing problem *(syn, Seriensequenzproblem)*
Problem *n* **des Handlungsreisenden**
(OR) traveling salesman problem
– shortest route problem

Problem *n* **des Schwarzfahrers** (Vw) free rider
problem
Problemkredit *m* (Fin) troubled loan
Problemkreis *m*
(Log) problem system (*or* cluster)
– family of problems
– set of problems
Problemländer *npl* (AuW) problem countries
Problemlösungspotential *n* (Bw) problem-solving
potential
Problem *n* **mehrfacher Entscheidung** (Stat) multi-
decision problem
Problem *n* **ohne Nebenbedingungen** (OR) uncon-
strained problem
problemorientierte Programmiersprache *f* (EDV)
problem oriented language
Problemprogramm *n* (EDV) problem program
Problemstatus (Log) status quaestionis
(EDV) problem state
Produkt *n* (com) product *(syn, Erzeugnis)*
Produktanalyse *f* (Mk) product analysis
Produktangebot *n*
(Mk) range of products
– product assortment
Produktarten *fpl* (Bw) types of products
Produktauswahl *f* (Mk) product selection
Produktbeschreibung *f* (Mk) product specification
produktbezogene   Deckungsbeitragsrechnung *f*
(KoR)   product-based   contribution   margin
method
Produktbündelrechnung *f* (KoR) batch costing *(ie,
in joint production = Kuppelproduktion)*
Produktdatenbank *f* (IndE) product database
Produktdifferenzierung *f* (Mk) product differentia-
tion *(ie, horizontal, vertical, over time)*
Produkt-Diversifikation *f* (*od* *-diversifizierung f*)
(Mk) product diversification
Produkte *npl* (com) produce *(ie, agricultural prod-
ucts collectively)*
Produkte *npl* **eliminieren** (Mk) to abandon prod-
ucts
Produkteinführung *f*
(Mk) launch of a product
– product launch
Produktelimination *f* (Mk) product elimination
Produkte *npl* **mit hohem Absatz** (Mk) high volume
items
Produktenbörse *f*
(Bö) produce exchange
– (GB) mercantile exchange
*(ie, a market in which future agricultural con-
tracts are bought and sold; in Deutschland e–e
Warenbörse, an der nur Effektivgeschäfte (Kas-
sageschäfte) abgeschlossen werden)*
Produktenhandel *m* (com) produce trade
Produktenmarkt *m* (com) produce market
Produktentwicklung *f* (Bw) product development
Produkterweiterungs-Zusammenschluß *m*   (Kart,
US) product extension merger
*(ie, may be attacked on antitrust grounds because
of the elimination of potential competition; cf,
Markterweiterungs-Zusammenschluß = market
extension merger, qv)*
Produktfeld *n* (Mk) product field
Produktfeldplanung *f* (Mk) product field planning

Produktfluß *m* (IndE) product flow
Produktforschung *f* (IndE) product research
*(ie, sucht im Ggs zur Verfahrensforschung nach
neuen od verbesserten Produkten)*
Produkt *n* **führen** (com) to carry a product
Produktführer *m* (Mk) product leader
Produktführung *f* (Mk) product leadership
Produktfunktion *f* (Bw) output function
Produktgestalter *m* (Mk) product designer
Produktgestaltung *f*
(Mk) product design
– product layout
Produktgruppe *f*
(Mk) product line
– product group (*or* grouping *or* category)
Produktgruppen-Manager *m*   (Mk)   product-line
manager
Produktgruppen-Werbung *f* (Mk) institutional ad-
vertising
Produkthaftpflicht (Re) product liability
Produkthaftpflichtversicherung *f*   (Vers)   product
liability insurance
Produkthaftpflicht-Vorbeugung *f* (IndE)   product
liability prevention
Produkthaftung *f*
(Re) = Produzentenhaftung, qv
Produktimage *n* (Mk) product image
Produktimitation *f* (Mk, infml) me-too-product
Produktinformation *f* (Mk) product information
Produktinnovation *f* (IndE) product innovation
Produktion *f*
(Bw) production *(ie, creation of goods and ser-
vices)*
(Bw) output
– production
(ie, total number or quantity turned out)
Produktion *f* **aufnehmen** (IndE) to start production
Produktion *f* **auf vorliegende Bestellungen** (IndE)
make-to-order production
Produktion-Einkommen-Lag *m*   (Vw)   output-in-
come lag
Produktion *f* **einstellen** (IndE) to close down pro-
duction
Produktions... (IndE) = (auch:) Fertigungs...
Produktionsabgabe *f* (EG) levy on production
Produktionsablauf *m* (IndE) production sequence
Produktionsablaufplan *m* (IndE) = Fertigungsab-
laufplan
Produktionsablaufplanung *f* (IndE) production se-
quencing
Produktionsabteilung *f*
(IndE) production department
– product (*or* production) division
Produktionsänderungskosten *pl* (IndE) = Produk-
tionswechselkosten
Produktionsanlagen *fpl*
(IndE) production equipment
– production facilities
– production plant
– production unit
Produktionsapparat *m* (IndE) = Produktionsan-
lagen
Produktionsaufgabe *f* (IndE) production task
Produktionsauftrag *m* (IndE) production order (*or*
release)

Produktionsauftragsplanung *f* (IndE) overall production planning
Produktionsausdehnung *f* (Bw) increased output (*or* production)
Produktionsausfall *m* (IndE) loss of output (*or* production)
Produktionsausweitung *f* (IndE) expansion of production
Produktionsbereich *m* (IndE) branch of production
Produktionsbericht *m* (Bw) production statement
Produktionsbeschränkung *f*
(Vw) output constraint
(Kart) output limitation *(ie, in quota cartels = Quotenkartelle)*
produktionsbezogener Führungsstil *m* (Bw) production-oriented style of leadership *(R. Likert)*
Produktionsbreite *f* (Bw) product diversification
Produktionsbudget *n* (Bw) operational budget
Produktionsdatenverarbeitung *f* (EDV) production data processing
Produktionsdrosselung *f* (Bw) production cutback
Produktionseinheit *f*
(IndE) unit of output
– unit of production
– work unit
Produktionseinrichtung *f* (IndE) production (or manufacturing) facility
Produktionseinschränkung *f*
(IndE) cutback in production
– cut in production
– production cutback
– reduction in output
Produktionseinstellung *f* (IndE) production stop
Produktionseinzelplanung *f* (IndE) production scheduling
Produktionselastizität *f* (Vw) output elasticity
Produktionsengpaß *m* (IndE) production bottleneck
Produktionserfahrung *f* (IndE) manufacturing know-how
Produktionsergebnis *n* (IndE) output
Produktionserhebung *f* (Stat) quarterly production survey
Produktionsertrag *m* (Bw) production by value *(ie, sales revenue + additions to inventory)*
Produktions-Expansionspfad *m* (Vw) output expansion path
Produktionsfaktoren *mpl*
(Bw) factors of production
– productive factors
– productive resources
– inputs
(syn, Einsatzgüter, Produktoren)
Produktionsfaktoren *mpl* **mit konstantem Einsatzverhältnis** (Vw) fixed inputs
Produktionsfaktoren *mpl* **mit variablem Einsatzverhältnis** (Vw) variable inputs
Produktionsfaktorenplanung *f* (MaW) manufacturing resources planning, MRP II
Produktionsfaktorqualität *f* (Bw) input quality
Produktionsfaktorsystem *n* (Bw) input system
Produktionsfaktor-Wanderungen *fpl* (Vw) factor movements
Produktionsfortschrittskontrolle *f* (IndE) production progress control

Produktionsfunktion *f* (Vw, Bw) production function
Produktionsgebirge *n* (Vw) (physical) production surface *(syn, Ertragsgebirge)*
Produktionsgenossenschaft *f* (Vw) producer cooperative
Produktionsgeschwindigkeit *f* (Bw) rate (or intensity) of production
(ie, Verhältnis der Ausbringung zu der für die Erzeugung notwendigen Arbeitszeit; syn, Fertigungsintensität)
Produktionsglättung *f* (OR) production smoothing
Produktionsglättungs-Modell *n* (OR) production smoothing model
Produktionsgleichung *f* (Bw) production equation
(syn, implizite Produktionsfunktion, Transformationsfunktion)
Produktionsgruppe *f* (IndE) production group
Produktionsgüter *npl* (Bw) (intermediate) producer goods
(ie, raw materials and semi-finished goods used in the production of capital and consumer goods; classification in business statistics: primary and general producer goods, capital goods, consumer goods)
Produktionsgüterindustrie *f*
(Bw) capital equipment industry
– producer goods industry
Produktionshilfssystem *n* (IndE) production support system
Produktionsindex *m* (Stat) production index
Produktionskapazität *f*
(IndE) production (or productive) capacity
– output capacity
Produktionskartell *n* (Kart) production cartel *(ie, under output restriction agreement or quota agreement)*
Produktionskennziffer *f* (Bw) production index
Produktionskoeffizient *m* (Bw) production (or technical) coefficient
(ie, ratio of factor input to volume of output; syn, Inputkoeffizient, Faktorkoeffizient)
Produktionskonferenz *f* (IndE) production planning conference
Produktionskonto *n* (VGR) product account
Produktionskontrolle *f* (IndE) production control
(syn, Fertigungsüberwachung)
Produktionskosten *pl*
(KoR) cost of production
– production cost
– process cost
– output cost
Produktionskostentheorie *f* (Vw) theory of production cost
Produktionskürzung *f* (IndE) production cutback
Produktionsleistung *f* (Bw) output
Produktionsleistung *f* **je Arbeitsstunde**
(Vw) man-hour output
– output per man-hour
Produktionsleitstand *m* (IndE) production control center
Produktionsleitung *f* (IndE) manufacturing management
Produktionslenkung *f* (IndE) production control
(syn, Produktionskontrolle)

Produktionsmanagement *n* (IndE) production management

Produktionsmaschinen *fpl* (IndE) production machinery

Produktionsmenge *f* (Bw) output *(syn, Ausbringung, Ausstoß)*

Produktionsmengeneinheit *f* (Bw) physical unit of output

Produktionsmittel *npl* (Vw) means of production

Produktionsmittelabweichung *f* (Bw) plant mix variance

Produktionsmittel-Kombination *f* (IndE) production setup

Produktionsmodell *n* (Bw) production model

Produktionsmöglichkeiten *fpl*
(Vw) production possibilities
– potential production

Produktionsmöglichkeitskurve *f*
(Vw) production frontier
– production possibility boundary *(or* curve *or* frontier)
– product transformation curve
– transformation curve

Produktionsniveau *n*
(Vw) level of production
– scale of operations
– scale of productive process

Produktionsphase *f* (IndE) stage of production

Produktionsplan *m* (IndE) production plan *(or* budget)

Produktionsplanung *f*
(IndE) production planning and scheduling
– production planning
– output budgeting
(Unterbegriffe: Fertigungsprogrammplanung und Fertigungsvollzugsplanung)

Produktionsplanung *f* **und -steuerung** *f,* PPS (IndE) production planning and control

Produktionspolitik *f* (Bw) production policy

Produktionspotential *n*
(Vw) production potential
– productive capacity
(ie, attainable net output – Nettoproduktionswert – at constant prices)

Produktionsprogramm *n* (Bw) production program *(syn, Fertigungsprogramm)*

Produktionsprogramm *n* **bereinigen** (Mk) to streamline a production program

Produktionsprozeß *m* (IndE) production process
(ie, turnout of goods and services through operations which may be mechanical, chemical, assembly, movement, treatment)

Produktionspyramide *f* (IndE) production pyramid *(or* tree)

Produktionsquote *f* (Bw) output quota

produktionsreif
(Mk) ready to go into production
– ready for production

Produktionsreserven *fpl* (IndE) capacity reserves

Produktionsrisiken *npl* (IndE) production risks

Produktionsrückgang *m* (Bw) drop in output

Produktionssparte *f* (IndE) area of production

Produktionsstatistik *f* (Stat) census of production

Produktionsstätte *f*
(IndE) production plant *(or* facility)

– factory
– plant
– manufacturing operation
(ie, place where goods and services are produced)

Produktionssteuer *f* (FiW) production tax *(syn, Fabrikationssteuer)*

Produktionssteuerung *f* (IndE) production/operations management, POM
(ie, applicable to any type of productive system)

Produktionsstruktur *f* (IndE) pattern of production

Produktionsstufen *fpl* (IndE) stages of production

produktionssynchrone Anlieferung *f* (MaW) just in time, JIT

Produktionssysteme *npl* (IndE) systems of production

Produktionstechnik *f* (IndE) production engineering *(or* techniques)

Produktionstheorie *f*
(Vw) production theory
– theory of production

Produktionstiefe *f* (Bw) production depth

Produktionsumstellung *f* (IndE) production change-over

Produktionsumweg *m* (Vw) circuitous route of production
(ie, term to describe a concept of the Austrian school of marginalists)

Produktionsunterbrechung *f* (IndE) disruption of production

Produktionsunternehmen *n* (Vw) business undertaking engaged in the production of goods and services

Produktionsverbund *m* (IndE) interrelated production *(syn, Verbundproduktion, Produktionsverbundenheit, verbundene Produktion)*

Produktionsverfahren *n* (IndE) production process

Produktionsverlagerung *f* (Bw) relocation of production facilities

Produktionsvollzugsplanung *f* (IndE) = Ablaufplanung

Produktionsvolumen *n* (Bw) volume of output

Produktionsvorplanung *f*
(IndE) pre-planning of production
– advance production planning

Produktionswechselkosten *pl* (IndE) production change-over cost *(also: Produktionsänderungskosten)*

Produktionswert *m*
(VGR) gross output *(syn, Bruttoproduktionswert)*
(KoR) value of production *(ie, sum total of production cost accrued during a specified accounting period)*

Produktionswirtschaft *f*
(Bw) production
(Bw) production economics *(syn, Produktionswirtschaftslehre)*

produktionswirtschaftliche Forschung *f* (Bw) research in production economics

Produktionswirtschaftslehre *f* (Bw) production economics

Produktionszahlen *fpl* (Bw) output figures

Produktionszensus *m* (Stat) census of production
(ie, taken at intervals of several years)

Produktionsziel *n* (Bw) production target

Produktionsziffern *fpl*
(Stat) output figures
Produktionszweig *m*
(Bw) industry
(IndE) line of production
Produktion *f* **von Gütern** (Vw) production of goods
Produktivbetriebe *mpl* (Bw) productive establishments
(ie, Sachleistungsbetriebe + Dienstleistungsbetriebe; opp, Haushaltungen)
produktive Aktiva *npl* (ReW) active assets
(ie, which generate sales, revenues, profits; opp, dead assets)
produktive Arbeit *f* (IndE) direct work
produktive Faktoren *mpl*
(Bw) factors of production
– productive factors
produktive Löhne *mpl* (KoR) direct wages
Produktivgenossenschaft *f* (com) producer cooperative
Produktivität *f*
(Bw) productivity
(Auch:)
– physical/production/technological... efficiency
– efficiency
(ie, Verhältnis der gesamten Produktionsmenge zu der für die Erzeugung verbrauchten Einsatzmenge; ratio of some measure of output to some index of input use; reziproker Wert ist der entsprechende Produktionskoffizient; qv; syn, technische Ergiebigkeit, Technizität)
Produktivität *f* **der Investition** (Bw) productivity of capital stock
(ie, output per unit of capital stock)
Produktivität *f* **der Maschinenarbeit** (IndE) machine efficiency
Produktivitäts-Anreiz-System *n* (Pw) productivity incentive system
Produktivitätsengpaß *m* (IndE) productivity constraint
Produktivitätsfortschritt *m*
(Vw) productivity gain
– growth of productivity
– improvement in productivity
Produktivitätsgefälle *n* (Vw) productivity gap
Produktivitätskennzahl *f* (Bw) productivity ratio
(ie, volume output to volume input)
Produktivitätsklausel *f* (Pw) productivity clause
(ie, tying wage rises to long-term productivity gains)
produktivitätsorientierte Lohnpolitik *f* (Vw) output-related wages policy
Produktivitätsrente *f* (SozV) retirement pension tied to productivity gains
Produktivitätsreserve *f* (IndE) productivity reserve
Produktivitätsrückgang *m* (Bw) productivity slowdown
Produktivitätssteigerung *f* (Bw) gain in productivity
Produktivitätstheorie *f* (Vw) productivity theory of income distribution
Produktivitättrend *m* (Vw) trend in productivity
Produktivitätsvorsprung *m* (Bw) edge in productivity

Produktivitätsziel *n* (Bw) productivity goal (*or* target)
Produktivitätszuwachsrate *f* (Vw) rate of gain in productivity
Produktivvermögen *n* (VGR) productive wealth
(ie, in der Vermögensrechnung und vermögenspolitischen Diskussion verwendet)
Produktkonzeption *f* (Mk) product conception
Produktkopplung *f* (IndE) product link *(ie, in joint production = Kuppelproduktion)*
Produktlebensdauer *f* (Mk) product life
Produktlebenszyklus *m* (Mk) product life cycle *(ie, based on the assumption that a product starts, grows, stabilizes, tends to decline, and finally disappears; it comprises five market acceptance stages:*
1. Einführungsphase = pioneering stage;
2. Wachstumsphase = growth stage;
3. Reifephase = maturity stage;
4. Sättigungsphase = saturation stage;
5. Degenerationsphase = decline stage)
Produktlinie *f* (Mk) product line
Produktlinie *f* **erweitern** (Mk) to stretch a product line *(ie, to reach a wider market segment)*
Produktlinienplanung *f* (Bw) product line planning
Produktlinien *fpl* **zusammenlegen** (Bw) to trim back product lines
Produkt-Management *n* (Bw) product management
Produktmanager *m* (Mk) product/brand... manager
(ie, Vertriebsleiter für e–n bestimmten Markenartikel)
Produktmärkte *mpl* (Mk) product markets
Produkt/Markt-Mix *m* (Mk) product/market mix
Produktmenge *f* (Vw, Bw) output
Produktmix *m* (Mk) product mix *(ie, composite of products offered for sale)*
Produktmodell *n* (IndE) preproduction model
Produktmodifikation *f* (Mk) product modification
Produktmoment *n*
(Stat) multi-variate moment
– product moment
Produktmuster *n* (IndE) product sample
Produktor *m*
(Bw) input
– factor of production
(syn, Produktionsfaktor)
Produktorfunktion *f* (Bw) input function *(syn, Faktorfunktion)*
Produktorganisation *f* (Bw) product-oriented organizational structure
produktorientierte Fertigung *f* (IndE) dedicated production
produktorientierte Struktur *f* (Bw) product-oriented structure
Produktpalette *f*
(Mk) range of products
– product... range/spectrum
Produktpalette *f* **erweitern** (com) to broaden product base
Produktpalette *f* **verkleinern** (Mk) to trim back a range of products
Produktplanung *f* (Bw) product planning *(syn, Erzeugnisplanung)*
Produktpolitik *f* (Mk) product policy

Produktprofil *n* (Mk) product personality

Produktprogramm *n* (Bw) = Produktionsprogramm

Produktqualität *f* (Bw) product quality

Produktsicherheit *f* (IndE) product safety

Produktsparte *f* (Bw) product . . . department/divi-
sion

Produktspezialisierung *f* (Bw) product specialization

Produktstammbaum *m* (IndE) product tree

Produktstruktur *f* (Bw) product structure

Produktsystem *n* (Bw) product system

Produkttest *m* (Mk) product test

Produkttyp *m* (Bw) product type

Produktverbesserung *f* (Bw) product improvement

Produktvereinfachung *f* (Bw) product simplification

Produktvielfalt *f*

(Mk) broad product line

– product diversity

Produkt *n* **vorstellen** (Mk, infml) to unleash a product *(eg, at an office automation show)*

Produktwechsel *m* (Bw) product change

Produktwerbung *f* (Mk) product (*or* competitive)
advertising

Produktziel *n* (Bw) product goal
*(ie, output of specified products in specified vol-
ume and quality at predetermined times)*

Produkt-Zuverlässigkeit *f* (Mk) product reliability

Produzent *m* (com) producer

Produzentenhaftung *f* (Re) product liability
*(ie, Haftung des Herstellers für Folgeschäden
[consequential damage] aus der Benutzung s–r
Produkte, die beim bestimmungsgemäßen Gebrauch (intended use) eintreten wegen e–s:*
1. Konstruktionsfehlers = design defect;
2. Produktionsfehlers = manufacturing defect;
3. Instruktionsfehlers = failure to warn;
*4. Entwicklungsfehler = development risk; wird
als Haftung aus unerlaubter Handlung nach
§ 823 BGB eingestuft; cf aber, Gefährdungshaftung)*

Produzentenpreis *m* (com) producer-fixed price
(eg, set by a price leader)

Produzentenrente *f* (Vw) producer's surplus *(Marshall)*

Produzentenrisiko *n* (IndE) producer's risk
*(ie, implies that a lot of goods will be rejected by a
sampling plan even though it is a good lot; syn,
Lieferantenrisiko)*

Produzentenwerbung *f* (Mk) dealer aid advertising
(ie, zur Unterstützung von Händlern)

produzierendes Gewerbe *n* (com) producing sector
*(ie, core of the nonfarming sector of the
economy)*

Profilabgleich *m* (Pw) matching *(ie, Vergleich der
Anforderungen e–s Arbeitsplatzes mit dem Profil
individueller Fähigkeiten)*

Profit *m* **i. e. S.** (Vw) pure profit

Profitrate *f* (Vw) rate of profit

Proformarechnung *f* (com) pro forma invoice

Prognose *f* (Bw) forecast
*(ie, defined as a projection, an estimate or a pre-
diction of some part of the future)*

Prognosebeurteilung *f* (Bw) evaluation of forecasts

Prognose *f* **erster Ordnung** (Bw) first-order forecast

Prognosefähigkeit *f* (Bw) predictive power

Prognosefehler *m* (Bw) forecast error

Prognosegleichung *f* (Bw) forecast equation

Prognosegültigkeit *f* (Bw) predictive validity

Prognosegüte *f* (Bw) power of forecast
*(ie, Maß der Übereinstimmung zwischen pro-
gnostizierten und realisierten Werten e–r sozio-
ökonomischen Variablen)*

Prognosehorizont *m* (Bw) period of prediction

Prognoseinstitut *n* (Vw) forecasting institute

Prognosekorridor *m* (Bw) prediction interval

Prognosequalität *f* (Bw) predictive power

Prognoseverfahren *n* **höherer Ordnung** (Bw) higher-order forecasting procedures

Prognostik *f* (Bw) forecasting *(ie, systematische
Erarbeitung von Prognosen)*

Prognostiker *m*

(Bw) forecaster

– prognosticator

prognostische Effizienz *f* (Bw) predictive record
(eg, of an econometric model)

Prognostizierbarkeit *f* (Bw) predictability

Programm *n* (EDV) computer program

programmabhängiger Fehler *m* (EDV) program
sensitive fault

Programmablauf *m* (EDV) program run (*or* execution *or* flow)

Programmablaufplan *m* (EDV) program flowchart

Programmablaufrechner *m* (EDV) target (*or* object) computer

Programmabschnitt *m* (EDV) control section

Programmänderung *f* (EDV) program modification

Programmausführungsanlage *f* (EDV, Cobol) object computer

Programm *n* **austesten** (EDV) to debug a program

Programmband *n* (EDV) program tape

Programmbaustein *m* (EDV) program module

Programmbefehl *m* (EDV) program instruction

Programmbereich *m*

(EDV) program area

(EDV) partition *(ie, subdivision of storage area)*

Programmbeschreibung *f* (EDV) program description

Programmbibliothek *f* (EDV) program library

Programmbudget *n*

(FiW) program budget

– PPB (planning, programming, budgeting)
system

*(ie, projection for the budget period; syn, per-
formance budget)*

Programmdatei *f* (EDV) non-document file

Programmdokumentation *f* (EDV) program
documentation

Programmdurchlauf *m* (EDV) program run

Programm *n* **einlesen** (EDV) to load a program

Programm *n* **erstellen** (EDV) to generate a
program

Programmfehler *m*

(EDV) program error

– bug

*(ie, defect in a program code or in designing a
routine)*

Programmformular *n* (EDV) coding sheet

Programmgang m (EDV) program cycle
programmgebundene Bedarfsmengenplanung f (MaW) program-based materials budgeting
Programmgenerator m (EDV) program generator
programmgesteuerte Rechenanlage f (EDV) program-controlled computer
Programmhandel m (Fin) program trading *(ie, Handel mit großen Index-Portefeuilles; vor allem von institutionellen Großanlegern betrieben; Anwendung computergestützter Marktanalyseprogramme zur Vorbereitung von Kauf- od Verkaufsentscheidungen)*
Programmidentifikation f (EDV) program identification
programmierbare Datenstation f (EDV) programmable terminal
programmierbarer Festspeicher m (EDV) programmable read only memory, PROM
programmieren (EDV) to program
Programmierer m (EDV) programmer
Programmierfehler m (EDV) bug – programming error
Programmierhilfen fpl (EDV) programming aids
Programmiersprache f (EDV) program *(or* programming) language
Programmiersystem n (EDV) programming system
programmierte Unterweisung f (Pw) programmed instruction
Programmierung f (OR) programming
Programmierwort n (EDV, Cobol) user defined word
Programm-Kompatibilität f (EDV) program compatibility
Programmlader m (EDV) = Lader
Programmlauf m (EDV) program run
Programmliste f (EDV) program list
Programm n **mit Minimaldauer** (OR) crashed program
Programmname m (EDV, Cobol) program name
Programmodul m (EDV) program module
Programmpaket n (EDV) program package
Programmparameter m (EDV) program parameter
Programmpflege f (EDV) program maintenance
Programmprotokoll n (EDV) program listing *(or* record)
Programmprüfung f (EDV) program testing
Programmprüfzeit f (EDV) program development time
Programmschalter m (EDV) program switch
Programmschemata npl (EDV) generic program units
Programmschleife f (EDV) program loop
Programmschritt m (EDV) program step
Programmsegment n (EDV) program segment
Programmspeicher m (EDV) program memory
Programmsprung m (EDV) program branch
Programmstatuswort n (EDV) program status word, PSW
Programmsteuerung f (EDV) sequential control *(syn, Ablaufsteuerung, Taktsteuerung)*
Programmstop m **durch Dauerschleife** (EDV) loop stop *(ie, loop used to stall execution of program)*

Programmstraffung f (IndE) streamlining of production program
Programmstreifen m (EDV) program tape
Programmstufe f (EDV) level of a program
Programmtesten n (EDV) program checkout
Programmübersetzung f (EDV) program translation (EDV) compilation
Programmumwandlung f (EDV) program conversion
Programmunterbrechung f (EDV) program interrupt
Programmverknüpfung f (EDV) program linkage
Programmverwaltung f (EDV) program management
Programmvordruck m (EDV) coding sheet
Programmwartung f (EDV) program maintenance
Programmweiche f (EDV) program switch
Progression f (StR) progression – progressive scale
Progressionssatz m (StR) rate of progression
Progressionsvorbehalt m (StR) „exemption with progression" rule *(ie, incorporated in all German income tax conventions: each country reserves the right to compute its tax on the portion of the decedent's property over which it has jurisdiction at the rate which would apply to the entire transfer)*
progressive Abschreibung f (ReW) increasing balance (method of depreciation)
progressive Einkommensteuer f (StR) progressive income tax
progressive Kalkulation f (KoR) progressive cost estimate *(ie, cost-based method of determining product prices; opp, retrograde Kalkulation)*
progressive Kosten pl (Bw) progressive costs *(ie, rising average, unit or total cost for a given level of activity)*
progressive Leistungsprämie f (Pw) accelerated premium
progressive Planung f (Bw) bottom-up planning
progressiver Leistungslohn m (Pw) accelerated incentive
progressive Steuer f (FiW) progressive tax *(ie, levied at a rate that incrases as the quantity subject to taxation [tax base = Bemessungsgrundlage] increases; supposed to reflect the ability-to-pay principle: Grundsatz der steuerlichen Leistungsfähigkeit; opp, regressive Steuer = regressive tax)*
progressive Steuer f **mit Stufentarif** (StR) graduated tax
progressive Verkaufskalkulation f (com) progressive method of determining sales price *(ie, standard method in retailing: cost price + selling and administrative expenses + profit markup = sales price; opp, retrograde Verkaufskalkulation)*
Progressivität f **der Einkommensteuer** (StR) progressive rate structure of the income tax
Progressivlohn m (Pw) progressive wage rate
prohibitive Steuer f (FiW) penalty tax
prohibitive Zinsen mpl (Fin) inhibitory interest rates

Prohibitivpreis *m* (Mk) prohibitive price
Prohibitivzoll *m* (Zo) prohibitive duty (*or* tariff)
Projekt *n*
  (com) project
  – scheme
Projekt *n* **ablehnen** (com) to turn down a project
Projektbindung *f* (AuW) project tying (*ie, in granting economic aid*)
Projekt *n* **durchführen** (com) to implement a project
Projekt *n* **entwickeln** (com) to develop a project
Projekt *n* **erweitern** (com) to expand a project
Projektevaluierung *f* (com) project evaluation (*ie, gesamtwirtschaftliche Bewertung von Investitionsvorhaben*)
Projekt *n* **fallen lassen** (com) to abandon (*or* discard) a project
Projekt *n* **finanzieren**
  (Fin) to fund a project
  – to arrange funding for a project
Projektfinanzierung *f*
  (Fin) project financing (*or* funding)
  – production payment financing
  (*opp, general-purpose loans*)
projektgebundene Ausleihungen *fpl* (Fin) project-linked (*or* project-tied) lendings

projektgebundene Investitionsfinanzierung *f* (Fin) project-tied investment funding
projektgebundenes Darlehen *n* (Fin) nonrecourse loan
  (*ie, tying repayment strictly to the revenues of a particular project*)
Projekt *n* **geht schief** (com) project goes awry
Projektgruppe *f* (com) project team
Projekthilfe *f* (AuW) project aid (*ie, Form der öffentlichen Kapitalhilfe*)
Projektierungskosten *pl* (KoR) planning cost
Projekt *n* **in Gang setzen** (com) to launch a project
Projektion *f* (Vw) projection (*ie, working out estimates based on a specified set of hypotheses*)
projektive Eigenschaft *f* (Math) projective property
Projekt *n* **konzipieren** (com) to formulate a project
Projektkooperation *f* (com) contractual joint venture
  (*ie, vorübergehende Kooperation in der Investitionsgüterindustrie: Konsortium, Arbeitsgemeinschaft, Projektgemeinschaft; syn, Ad-hoc-Kooperation*)
Projektkosten *pl* (Bw) project cost
Projektkreditlinie *f* (Fin) project line (*ie, used in export credit financing*)
Projektlagebericht *m* (com) project status report

Vergleich Prokura / Handlungsvollmacht

Sachkomplex	Prokura	Handlungsvollmacht
Vollmachtgeber	nur Vollkaufleute	auch Minderkaufleute
Erteilung	ausdrücklich	auch konkludent
Handelsregister	Eintragung erforderlich	keine Eintragung erforderlich
Umfang positiv negativ	alle gerichtlichen und außergerichtlichen Geschäfte und Rechtshandlungen, die der Betrieb eines Handelsgewerbes mit sich bringt • Veräußerung und Belastung von Grundstücken (außer bei besonderer Erteilung dieser Befugnis) • Veräußerung und Einstellung des Geschäfts als solchem • Prokurabestellung • Bilanzunterzeichnung	alle Geschäfte und Rechtshandlungen, die die Ermächtigung zum Betrieb eines Handelsgewerbes oder zu einer bestimmten Art von Geschäften oder zu einzelnen Geschäften gewöhnlich mit sich bringt außer bei Erteilung einer besonderen Befugnis: • Veräußerung und Belastung von Grundstücken • Eingehung von Wechselverbindlichkeiten • Aufnahme von Darlehen • Prozeßführung
Beschränkbarkeit Innenverhältnis Außenverhältnis	ja nein	ja ja, wirkt gegen Dritte aber nur, wenn diese die Beschränkung kannten oder kennen mußten
Zeichnung	ppa	i.V. oder ähnlich

Quelle: Klunzinger, E., Grundzüge des Handelsrechts, 3. Aufl., München 1985.

Projektleiter *m* (Bw) project manager

Projektleitung *f* (Bw) project (*or* operative) management

Projekt *n* **macht Fortschritte** (com) project is taking shape

Projektmanagement *n* (Bw) project management

Projektmanagement-System *n* (Bw) project management system

Projektmanager *m* (Bw) project manager

Projektorganisation *f* (Bw) project-type organization (*ie, of a company*)

projektorientiert (Bw) project (*or* job) oriented

Projektplanung *f* (Bw) project scheduling

Projektreife *f* (com) preimplementation stage of a project

Projektstudie *f* (com) feasibility study

Projektträger *m* (Fin) project sponsor

Projektüberwachungssystem *n* (Bw) project control system

Projektvorschlag *m* **vorlegen** (com) to submit a project proposal

Projekt *n* **zurückstellen** (com) to shelve a project

Pro-Kopf-Bedarf *m* (Vw) per-capita demand

Pro-Kopf-Einkommen *n* (Stat) per capita income

Pro-Kopf-Leistung *f* (Bw) per capita output

Pro-Kopf-Verbrauch *m* (Stat) per capita consumption

Prokura *f*
(Re, *no equivalent*) ‚Prokura', §§ 48ff HGB
– power of procuration (*abbreviation ‚p. p.' preceding signature of holder*)
– general commercial power of attorney (*or representation*)
(*ie, under commercial law, it is a far-reaching, almost unrestricted authority defined by law and entered in the Commercial Register; cf, S. 594*)

Prokura *f* **entziehen** (Re) to withdraw power of procuration

Prokura *f* **erteilen** (Re) to grant power of procuration

Prokuraindossament *n* (WeR) collection- indorsement

Prokurist *m*
(Re, *no equivalent*) ‚Prokurist', § 51 HGB
– holder of a general commercial power of attorney

Prolongation *f*
(com) extension
(WeR) renewal
(*ie, idR durch Hingabe e–s Wechsels mit späterer Verfallzeit; cf, Prolongationswechsel*)
(Bö) carryover (*ie, in forward deals*)

Prolongation *f* **e–s Wechsels** (WeR) renewal of a bill

Prolongationsfaktor *m* (Math) accumulation factor, $(1 + i)^n$

Prolongationsgebühr *f* (WeR) renewal charge

Prolongationssatz *m* (Bö) carryover rate

Prolongationswechsel *m* (WeR) renewal bill (*or* note)

prolongierbarer Swap *m* (Fin) extendable swap (*opp, retractable swap*)

prolongieren
(com) to extend
(WeR) to renew a bill

(Bö) to carry over (*ie, from one settlement day to the next*)

prolongierte Police *f* (Vers) extended policy

pro Mengeneinheit (com) per volume unit

promoviert werden (Pw) to be awarded a doctor's degree

prompte Ware *f* (Bö) prompts

prompte Zahlung *f* (com) prompt payment (*ie, without delay; in US within 10 working days*)

Promptgeschäft *n* (Bö) sale for quick delivery (*opp, Lieferungsgeschäft*)

Propergeschäft *n* (Fin) trade for one's own account

proportionale Kosten *pl* (KoR) proportional cost (*ie, part of variable total cost changing in step with volume of output*)

proportionaler Steuertarif *m* (StR) proportional tax-rate table (*ie, in Deutschland für die meisten Verbrauchsteuern*)

proportionale Stichprobennahme *f* (Stat) proportional sampling

Proportionalitätsfaktor *m*
(Math) constant (*or* factor) of proportionality
– slope

Proportionalitätsmethode *f* (KoR) method of allocating joint-product cost (*ie, spreading costs in proportion to specified bases: physical units produced, revenue-generating power of products, etc.; syn, Verteilungsmethode*)

Proportionalregel *f* (Vers) condition of average clause

Proportionalsatz *m* (StR) flat rate

Proportionalsteuer *f* (StR) proportional tax

Prorata-Klausel *f* (Vers) average clause

Prospekt *m*
(com) prospectus
– leaflet
– folder

Prospekthaftung *f* (Fin) liability extending to statements made in issuing prospectus

prospektiver Kunde *m* (com) potential customer

Prospektmaterial *n* (Mk) descriptive material

Prospektzwang *m* (Fin) duty to publish an issuing prospectus

Prosperität *f* (Vw) prosperity

Protektionismus *m* (Vw) protectionism (*siehe Übersicht S. 596*)

protektionistische Maßnahmen *fpl* (AuW) protectionist measures

protektionistisches Instrumentarium *n* (Vw) protectionist tool kit

Protest *m* (WeR) act of protest, Art. 44, 79 WG

Protestanzeige *f* (WeR) notice of dishonor

Protestfrist *f* (WeR) statutory period for noting and protesting a bill

Protestgebühr *f* (WeR) protest fee

Protestkosten *pl* (WeR) protest charges

Protest *m* **mangels Annahme** (WeR) protest for non-acceptance

Protest *m* **mangels Zahlung** (WeR) protest for refusal of payment

Proteststreik *m* (Pw) protest strike

Protesturkunde *f* (WeR) certificate of dishonor

Protestverzicht *m* (WeR) waiver of protest

Formen des Protektionismus

- tarifärer Protektionismus
  (→ Zollpolitik, → Zollarten)
  − Importzölle/Exportzölle
  − spezifischer Zoll/Wertzoll
  − Abschöpfung (Gleitzoll)

- nicht-tarifärer Protektionismus
  (→ nicht-tarifäre Handelshemmnisse)
  − Außenhandelssubventionen
    (→ Exportsubvention)
    − Produktsubvention
    − Kreditsubvention
  − steuerpolitischer Protektionismus
    − Steuerrückvergütung bei Ausfuhr
    − Steuerausgleichsabgabe bei Einfuhr
  − Außenhandelsverbote (→ Embargo)
  − Außenhandelskontingente
    − → Einfuhrkontingent
    − → Ausfuhrkontingent
    − → Selbstbeschränkungsabkommen
  − administrativer Protektionismus
    − staatliche Beschaffungspolitik
    − Qualitätsvorschriften
    − Normen

Quelle: Dichtl/Issing, Vahlens Großes Wirtschaftslexikon, München 1987, Bd. 1, 412.

Protestwechsel *m* (WeR) protested bill
Protokoll *n*
   (com) minutes *(eg, of a meeting)*
   (EDV) log
   − listing
Protokoll *n* **e–r mündlichen Verhandlung** (Re)
   transcript of proceedings
Protokoll *n* **führen** (com) to take minutes
Protokollführer *m* (com) person taking minutes
Protokoll *n* **für Verwaltungsnetzwerke** (EDV) tech-
   nical office protocol, TOP
protokollieren
   (com) to take minutes *(eg, of a meeting)*
   − to keep the minutes
   (EDV) to log
Protokollprogramm *n* (EDV) trace program
Protokoll *n* **verlesen** (com) to read out the minutes
   (eg, of the last meeting)
Provenienz-Zertifikat *n* (com) certificate of origin
   *(ie, evidencing origin or quality, esp of bulk com-
   modities in world trade)*
Provinzbörse *f* (Bö) regional exchange
Provision *f*
   (com) commission
   − brokerage
   − fee
Provisionsagent *m* (com) = Provisionsvertreter
Provisionsaufwendungen *mpl* (Fin) commissions
   paid
Provisionseinnahmen *fpl* (Fin) commissions received
Provisionserträge *mpl* (Fin) commission earnings
   (or earned)
Provisionsforderungen *fpl* (Fin) commissions receivable

provisionsfrei (com) free of commission
Provisionsgeschäft *n* (com) business on a commission basis
provisionspflichtig (Fin) liable to pay commission
Provisionsschneiderei *f* (Bö) churning
   *(ie, make account of a client excessively active by
   frequent purchases and sales in order to generate
   commissions)*
Provisionsüberschuß *m* (Fin) net commissions received
Provisionsversicherung *f* (SeeV) commission insurance
Provisionsvertreter *m* (com) commission agent
provisorische Regierung *f* (com) caretaker government
provisorischer Mittelwert *m* (Stat) assumed (*or*
   working) mean
Prozedur *f* (EDV) procedure
Prozeduranweisung *f* (EDV) procedure statement
Prozedurteil *m* (EDV, Cobol) procedure division
   (ie, mostly left untranslated)
Prozedurvereinbarung *f* (EDV) procedure declara-
   tion
Prozedurvereinbarungen *fpl* (EDV) declaratives
   (cf, DIN 66 028, Aug 1985)
Prozent *n*
   (Math) percent
   − (GB) per cent
Prozentkurs *m* (Bö) percentage quotation
   *(ie, Preis e–r Aktie od Anleihe in % des Nenn-
   wertes od Nominalwertes; syn, Stückkurs)*
Prozentnotierung *f* (Bö) percentage quotation
Prozentrechnung *f* (com) percentage arithmetic
   *(ie, problem of finding: Prozent vom Hundert,
   auf Hundert, im Hundert)*
Prozentsatz *m* (Math) percentage
Prozentsatz *m* **berechnen** (Math) to get the percentage
Prozentsatz *m* **fehlerhafter Stücke** (Stat) percentage defective
Prozentspanne *f* (com) percentage margin
prozentuale Mengenänderung *f* (Vw) percentage
   change in quantity
prozentuale mittlere Abweichung *f* (Stat) percentage standard deviation
prozentuale Preisänderung *f* (com) percentage
   change in price
prozentuelle Zunahme *f* **od Abnahme** *f* (Math) percent increase or decrease
Prozentzeichen *n* (com) percent sign
Prozeß *m*
   (Bw) production process implying constant technical coefficients
   (Re) lawsuit
   − legal proceedings
   − action
   (syn, Rechtsstreit, Verfahren)
   (EDV) task
   (ie, Jobs werden in tasks zerlegt)
Prozeßanalyse *f* (OR) activity analysis
Prozeßautomatisierung *f* (EDV) industrial (*or* process) automation
   (syn, Prozeßdatenverarbeitung)
Prozeß *m* **beenden** (Re) to terminate a suit
Prozeßbeender *m* (EDV) terminator

Prozeßberichterstattung f (EDV) logging *(syn, Aufzeichnung)*
Prozeßdaten pl (EDV) process variables *(syn, Prozeßvariable)*
Prozeß m **der Zielbildung** (Bw) goal (*or* objective) setting process
prozeß-determinierter Wirtschaftszweig m (Vw) process-determined industry *(eg, coal, steel)*
Prozeßfähigkeit f
    (Re) capacity to sue and be sued, § 51 ZPO
    (IndE) = Fertigungspräzision, qv
Prozeß m **führen** (Re) to conduct litigation
Prozeßgerade f (OR) activity ray *(syn, Prozeßstrahl)*
Prozeßkosten pl
    (Re) cost of litigation
    – litigation expenses
    – expense of a lawsuit
Prozeßkostenhilfe f (Re) legal aid
Prozeßkostenversicherung f (Vers) policy covering cost of litigation
Prozeßlawine f (Re) spate of lawsuits
Prozeßlawine f **auslösen** (Re) to touch off a tangle of lawsuits
Prozeßleitung f (EDV) process control *(opp, numerical control)*
Prozeßmaximen fpl (Re) procedural principles
Prozeßmißbrauch m
    (Re) abuse of process
    – frivolous/vexatious ... action
    (ie, unfair use of legal process)
Prozeßniveau n
    (OR) activity level
    – level of activity (*or* process)
Prozessor m (EDV) data processor
Prozeßparteien fpl
    (Re) contending
    – litigant
    – opposing ... parties
    – parties to a lawsuit
    – litigants
    – plaintiff and defendant (syn, Parteien)
Prozeßpolitik f (Vw) technical policy issues *(W. Eucken)*
    (eg, relating to questions of monetary versus fiscal policy, or employment policy; opp, Ordnungspolitik)
Prozeßpräzision f (IndE) = Fertigungspräzision, qv
Prozeßprüfung f (IndE) in-process inspection
    (ie, Qualitätsprüfung anhand e–s Merkmals des Prozesses selbst; cf, DIN 55 350.T11; syn, contrôle de la fabrication)
Prozeßrechner m (EDV) process control computer
Prozeßstarter m (EDV) initiator
Prozeßsteuerung f
    (IndE) process control
    (EDV) task management
    – process managment
    – dispatcher
Prozeßstrahl m (OR) = Prozeßgerade
Prozeßtoleranz f (IndE) process tolerance *(cf, DIN 55 250.T11)*
prozessuale Einrede f (Re) defense to an action
prozessuales Problem n (Bw) functional issue

Prozeßüberwachung f (IndE) process supervision
Prozeßunfähigkeit f (Re) disability to sue and be sued
Prozeßvariable fpl (EDV) process variables *(syn, Prozeßdaten)*
Prozeßvariation f (Vw) scale variation *(syn, Niveauvariation)*
Prozeßverwaltung f (EDV) task management
prozyklische Wirtschaftspolitik f (Vw) pro-cyclical economic policy
Prüfablaufplan m
    (IndE) inspection and test plan, DIN 55 350.T11
    – inspection and test schedule
    – test flow chart
Prüfanweisung f (IndE) inspection (*or* test) instruction
Prüfanzeiger m (EDV) check indicator
Prüfassistent m (ReW) assistant auditor
Prüfattest n (com) certificate of inspection
Prüfaufgabe f (EDV) check problem
Prüfaufzeichnungen fpl (IndE) inspection and test records
prüfbare Theorie f (Log) testable theory
Prüfbericht m (IndE) test report *(syn, Prüfprotokoll)*
Prüfbit n (EDV) check bit
Prüfcheckliste f (IndE) inspection checklist
Prüfdaten pl (Stat) test data
Prüfdiagramm n (Stat) inspection diagram
prüfen
    (com) to examine
    – to check
    – to inspect
    – to scrutinize *(eg, projects)*
    (ReW) to audit
Prüfer m
    (ReW) auditor
    (EDV) verifier
    (Pat) official examiner
Prüferbilanz f (StR) tax auditors' balance sheet
    (ie, part of tax auditors' report; syn, Prüfungsbilanz, Betriebsprüferbilanz)
Prüferqualifikation f (ReW) auditor qualification
Prüfexemplar n (com) checking copy
Prüffolgeliste f (IndE) test sequence schedule
Prüffunktion f (Stat) test function
Prüfgebühr f (Pat) examination fee
Prüfgegenstand m (Stat) test item (*or* unit)
Prüfgröße f (Stat) test statistic
Prüfkanal m (EDV) test channel
Prüfkopie f (EDV) audit copy
Prüfkosten pl
    (MaW) cost of inspecting incoming materials
    (IndE) cost of inspecting work-in-process
Prüfling m (Stat) test piece
Prüfliste f (ReW) audit trail
    (EDV) check list
Prüflos n (Stat) inspection lot
Prüfmaß n (Stat) test statistic
Prüfmerkmal n (IndE) inspection characteristic
Prüfmittel pl (IndE) test equipment
Prüfmuster n (IndE) test specimen
Prüfnormen fpl (Stat) inspection standards
Prüfpanel n (Mk) control panel

597

Prüfplan *m*
(Stat) sampling plan
(IndE) = Prüfablaufplan, qv
Prüfplan *m* **für kontinuierliche Stichproben** (Stat)
continuous sampling plan
Prüfplanung *f* (IndE) inspection planning
(ie, ist nicht Bestandteil der Qualitätsplanung;
DIN 55 350. T11)
Prüfposten *m* (Stat) inspection lot
Prüfprogramm *n*
(ReW) audit program
(EDV) test/ckeckout . . . program
Prüfprotokoll *n* (IndE) = Prüfbericht
Prüfpunkt *m* (EDV) checkpoint
Prüfpunktwiederanlauf *m* (EDV) checkpoint re-
start
Prüfregister *n* (EDV) check register
Prüfschaltung *f* (EDV) test circuit
Prüfschärfe *f* (IndE) severity of test *(ie, normal,*
tightened, reduced)
Prüfschein *m* (IndE) test certificate
Prüfspezifikation *f* (IndE) inspection (*or* test)
specification
(ie, Festlegung der Prüfmerkmale und evtl der
Prüfverfahren für e–e Qualitätsprüfung; kann
Bestandteil technischer Spezifikationen sein;
früher: Prüfvorschrift)
Prüfspur *f* (EDV) parity test track
Prüfstation *f* (IndE) inspection point
Prüfstelle *f* (IndE) testing agency (*or* laboratory)
Prüfstück *n* (Stat) test piece
Prüfstufe *f* (IndE) inspection level
Prüfsystem *n* (Pat) pre-examination system
(ie, this is opposed to the German ‚Anmeldeprin-
zip‘ = ‚registration system‘)
Prüfumfang *m* (IndE) amount of inspection
Prüf- und Regelgeräte *npl* (IndE) test and measure-
ment instruments
Prüfung *f*
(com) inspection
(Pw) examination
Prüfung *f* **ablegen**
(Pw) to take an examination
– (GB) to sit (for) an examination
Prüfung *f* **der Beschaffenheit** (Kart) qualitative ex-
amination, § 5 IV GWB
Prüfung *f* **der Bücher** (ReW) audit of financial re-
cords
Prüfung *f* **der Neuheit** (Pat) novelty search
Prüfung *f* **des Erfindungsanspruchs** (Pat) examina-
tion of invention
Prüfung *f* **des Jahresabschlusses** (ReW) annual
audit
Prüfung *f* **des Rechnungswesens** (ReW) financial
audit
Prüfungsaufsicht *f*
(Pw) proctor at school examinations
– (GB) invigilator
Prüfungsauftrag *m* (ReW) audit assignment
Prüfungsausschuß *m* (ReW) audit committee *(cf,*
§ 107 AktG)
Prüfungsbericht *m*
(ReW) audit report
– auditors' (examination) report
– accountant's report

(ReW) long-form audit report, § 321 I HGB
– (US) long-form auditors' report
Prüfungsbescheinigung *f* (com) test certificate
Prüfungsbeurteilung *f* (ReW) post-audit review
Prüfungsbilanz *f* (StR) = Prüferbilanz
Prüfungsergebnis *n* (ReW) audit result
Prüfungsgesellschaft *f*
(ReW) firm of auditors
– auditing company (*or* firm)
Prüfungsgrundsatz *m* (ReW) auditing standard
Prüfungsgrundsätze *mpl* (ReW) audit(ing) stan-
dards
(ie, Grundsätze ordnungsmäßiger Durchführung
von Abschlußprüfungen, GoA; nicht wie die
GoB im Gesetz erwähnt; siehe aber etwa: Fach-
gutachten 1 1977, WPg 1977, 210–214)
Prüfungshonorar *n* (ReW) audit fee
Prüfungskosten *pl*
(ReW) audit fees
– auditing costs
Prüfungsnormen *fpl* (ReW) auditing standards
Prüfungspfad *m* (ReW) audit trail
(ie, System von Verweisungen im Rechnungswe-
sen; cross reference from a bookkeeping record
– Beleg – to its source; im Dt keine Entsprechung
zum U. S. Revenue Procedure Act, Art 4 Abs 2
Nr 2; syn, Prüfspur, Prüfkette)
Prüfungspflicht *f*
(ReW) statutory audit
(eg, müssen geprüft werden/sind von der . . . be-
freit = subject to /exempt from . . .)
(ReW) audit requirements
prüfungspflichtig (ReW) subject to statutory audit
prüfungspflichtige Tatbestände *mpl* (Kart) transac-
tions subject to investigation
Prüfungsprogramm *n* (ReW) audit program
Prüfungspunkt *m*
(Stat) point of control
– indifference quality
Prüfungsqualitätskontrolle *f* (ReW) quality control
(ie, in der internationalen Prüfungspraxis)
Prüfungsrichtlinien *fpl* (ReW) auditing standards
Prüfungsstelle *f* (ReW) auditing agency
Prüfungstätigkeit *f* (ReW) auditor function
Prüfungstests *mpl* (ReW) audit tests *eg, test of*
compliance, substantive test)
Prüfungsumfang *m* (ReW) scope of audit
Prüfungsverband *m* (ReW) auditing association
Prüfungsverfahren *n* (Pat) examination procedure
Prüfungsvermerk *m* (ReW) audit report
(ie, das zusammenfassende Urteil e–r freien
Prüfung; vergleichbar dem Bestätigungsvermerk)
Prüfungsvorschriften *fpl* (ReW) audit regulations,
§§ 316ff HGB
Prüfungswesen *n* (ReW) auditing
Prüfungszeitraum *m* (ReW) period under review
Prüfungszulassung *f*
(com) admission to an examination
Prüfung *f* **von Angeboten** (com) analysis of bids
Prüfung *f* **vor Inbetriebnahme** (IndE) pre-opera-
tion inspection
Prüfverfahren *n* (Bw) screening process
(Stat) testing procedure
Prüfvorschrift *f* (IndE) = Prüfspezifikation, qv
Prüfvorschriften *fpl* (Stat) test requirements

Prüfzahl *f* (ReW) check figure
Prüfzeichen *n* (EDV) check character
Prüfzertifikat *n* (IndE) test certificate
Prüfzettel *m* (Stat) inspection ticket
Prüfziffer *f* (EDV) check digit (*or* number)
Prüfzustand *m* (InE) inspection status
Prüfzyklus *m* (IndE) cycle test
PS (IndE) = Produktsicherheit
Pseudoabschnitt *m* (EDV) dummy section
Pseudoadresse *f* (EDV) pseudo address
Pseudobefehl *m* (EDV) pseudo (*or* quasi) instruction
Pseudocode *m* (EDV) pseudo code
Pseudosatz *m* (EDV) dummy record
psychologische Konjunkturtheorie *f* (Vw) psychological business-cycle theory
PublG (ReW) = Publizitätsgesetz
Public Relations-Mann *m*
  (Mk) PR man
  – (GB) P.R.O. (= *public relations officer*)
Publikationspflicht *f* (ReW) duty to publish the audited year-end financial statements
Publikum *n* (Vw) private sector (*ie, consisting of households and firms*)
Publikumsfonds *m*
  (Fin) investment fund open to the general public
  – retail fund
Publikumsgeschäft *n* (Fin) retail banking
Publikumsgesellschaft *f*
  (com) public corporation
  – publicly held corporation
  – (GB) public company
Publikumskäufe *mpl* (Bö) public buying
Publikumspapier *n* (Fin) bond offered for general subscription
Publikumsverkehr *m* (com) personal callers (*ie, contacting administrative offices*)
Publikumswerbung *f* (Mk) advertisement to the public
Publikumswerte *mpl* (Bö) leading shares (*syn, führende Werte, Spitzenwerte*)
Publizitätserfordernisse *npl* (Re) disclosure requirements
Publizitätsgesetz *n*
  (Re) Disclosure Law, 15 Aug 1969
  – Publicity Law
Publizitätspflicht *f* (ReW) compulsory disclosure
Publizitätsprinzip *n* (ReW) principle of public disclosure
Publizitätsvorschriften *fpl* (ReW) (statutory) disclosure requirements
Puffer *m* (EDV) buffer (*ie, intermediate storage location*)
Pufferbestand *m* (MaW) buffer stock (*syn, Sicherheitslager*)
Pufferbestände *mpl* (AuW) buffer stock
Pufferbetrieb *m* (EDV) buffered mode
Pufferlager *n* (IndE) buffer inventory
  (*ie, um kurzzeitige Ausfälle od schwankende Arbeitsgeschwindigkeit aufzufangen*)

Puffermodus *m* (EDV) buffered mode
puffern (EDV) to buffer
Pufferrolle *f* (com) buffering role (*eg, played by international oil companies*)
Pufferspeicher *m*
  (IndE) buffer... store/storage
  (EDV) buffer memory
  (*ie, computation continues while transfer takes place between buffer memory and the secondary or internal storage*)
  (EDV) cache memory
  (*ie, a small, fast storage buffer integrated in the CPU of some large computers; syn, Cachespeicher*)
Pufferzeit *f*
  (OR) float time
  (EDV) buffer time
Pufferzone *f* (IndE) buffer zone
Punkt *m* **der Minimaldauer** (OR) crash point
Punkt *m* **der Tagesordnung** (com) item on the agenda
Punktdipol *n* (Math) doublet
Punktelastizität *f* (Vw) point elasticity
Punktesystem *n*
  (com) point system
  – (GB) totting-up procedure
  (*ie, total driving demerits may result in temporary suspension of driving license*)
Punktewolke *f* (Stat) cluster of points
  (*ie, bei Anwendung der Kleinst-Quadrate-Methode*)
punktfremde Mengen *fpl* (Math) disjoint sets
Punktgebilde *n* (Math) configuration of points
pünktliche Lieferung *f* (com) on-time delivery
pünktliche Zahlung *f* (Fin) prompt payment
pünktlich liefern (com) to deliver on time
pünktlich zahlen (Fin) to pay promptly
Punktmatrix *f* (EDV) dot matrix
Punktmenge *f*
  (Math) point set
  – collection of points
Punktprodukt *n*
  (Math) dot
  – inner...
  – scalar product
Punktprognose *f* (Stat) point forecast
Punktschätzung *f* (Stat) point estimate
Punktstichprobenverfahren *n*
  (Stat) point sampling
Punktumkehr *f* (Fin) box reversal
  (*ie, in Point & Figure Charts; cf. Drei-Punkt-Umkehr*)
Punkt-zu-Punkt-Verbindung *f* (EDV) point-to-point circuit
Pupillentechnik *f* (Mk) pupil technique
Pupillometrie *f* (Mk) pupillometrics
pyramidenförmiges Kennzahlensystem *n* (Bw) pyramid structure of ratios
  (*ie, developed by British Institute of Management, 1956*)

Q

Q-Gewinn *m* (Vw) windfall profit *(syn, dynamischer Marktlagengewinn)*
QS-Datenbank *f* (IndE) quality assurance database
quadratische Ergänzung *f* (Math) completing the square
quadratische Fläche *f* (Math) quadratic surface
quadratische Form *f* (Math) quadratic form
(ie, Bilinearform, bei der als Skalarbereich der Körper der reellen Zahlen dient: a second-degree, homogeneous polynomial)
quadratische Gleichung *f*
(Math) quadratic equation
– equation of second degree
(ie, a second-degree polynomial equation)
quadratische Matrix *f* (Math) square matrix
quadratische mittlere Abweichung *f* (Stat) standard deviation
quadratische Programmierung *f* (OR) quadratic programming
quadratische Schätzfunktion *f* (Stat) quadratic estimator
quadratisches Schema *n* (Math) square array
Quadratwurzel *f* (Math) square root
Quadratzahl *f* (Math) square number
Qualifikation *f*
(Pw) qualification
– level of ability
Qualifikationsmerkmal *n* (Pw) performance ability
Qualifikationsprofil *n* (Pw) qualification profile
Qualifikationsstruktur *f* (Pw) qualification pattern
qualifizieren, sich (Pw) to qualify (for)
qualifiziert
(Pw) qualified
– skilled
qualifizierte Arbeitskraft *f* (Pw) qualified employee
qualifizierte Mehrheit *f* (com) qualified majority
(ie, erforderlich zur Fassung insbes satzungsändernder Beschlüsse; 75%-Marke muß gerade erreicht sein)
qualifizierte Minderheit *f* (com) qualified minority
(ie, representing at least 25% of the equity capital)
qualifiziertes Inhaberpapier *n* (WeR) restricted bearer instrument
Qualität *f* (IndE) quality
(ie, Gesamtheit von Eigenschaften und Merkmalen e-s Produktes od e-r Tätigkeit, die sich auf deren Eignung zur Erfüllung gegebener Erfordernisse beziehen; (EOQC:) the totality of features and characteristics of a product or service that bear on its ability to satisfy a given need)
Qualität *f* **der Übereinstimmung** (IndE) quality of conformance
(ie, Frage nach zulässiger Abweichung zwischen Soll- und Ist-Produkt)
qualitative Arbeitsplatzbewertung *f* (Pw) qualitative job evaluation
qualitativer Personalbedarf *m* (Pw) qualitative personnel requirements
qualitatives Merkmal *n*
(Stat) attribute
– qualitative characteristic
qualitative Untersuchung *f* (com) qualitative analysis
Qualitätsabweichung *f*
(com) off standard
– variation in quality
Qualitätsanforderungen *fpl* (IndE) quality requirements
Qualitätsarbeit *f*
(IndE) quality work
– superior workman ship
Qualitätsaudit *m*
(IndE) quality audit
(ie, Begutachtung der Wirksamkeit des Qualitätssicherungssystems od s-r Teile; syn, Qualitätsrevision; Unterbegriffe: Systemaudit, Verfahrensaudit, Produktaudit; syn, surveillance des niveau de qualité; cf, DIN 55 350.T11)
Qualitätsauflagen *fpl* (IndE) quality assurance requirements
Qualitätsaufzeichnungen *fpl* (IndE) quality records *(cf, CSA Z 299)*
Qualitätsausbildung *f* (IndE) quality training
(ie, includes new employee orientation, executive training, quality engineering techniques, and company-wide quality improvement programs)
Qualitätsbeanstandung *f*
(IndE) nonconformance report *(cf, CSA Z 299)*
– defect report *(or note)*
Qualitätsbeauftragter *m*
(IndE) quality assurance representative, QAR
– QA representative
Qualitätsberichterstattung *f* (IndE) quality records *(cf, CSA Z 299)*
Qualitätsbeurteilung *f* (IndE) quality assessment
Qualitätsbewußtsein *n* (IndE) quality awareness
Qualitätseinbuße *f* (IndE) impairment of quality
Qualitätserzeugnis *n* (com) high-quality product
Qualitätsfähigkeit *f* (IndE) quality capability
(ie, bezieht sich auf Produkte od Tätigkeiten; cf, DIN 55 350.T11)
Qualitätsfähigkeitsbestätigung *f* (IndE) quality verification
Qualitätsförderungsprogramm *n* (IndE) quality improvement program
Qualitätsgruppe *f* (IndE) = Qualitätszirkel
Qualitätsingenieur *m* (IndE) quality assurance engineer
Qualitätskonkurrenz *f* (com) = Qualitätswettbewerb
Qualitätskontrollbeobachtung *f*
(IndE) quality control surveillance
– quality assurance surveillance
Qualitätskontrolle *f*
(IndE) (statistical) quality control
(ie, wichtiger Teil der Qualitätssicherung; syn, Qualitätslenkung)
Qualitätskontrollstelle *f* (IndE) quality control department
Qualitätskosten *pl* (IndE) cost of quality
(cf, DIN 55 350.T11; ie, expenses involved in measuring product or service performance, pre-

venting error, and dealing with failures; includes inspection, test, quality engineering; scrap, rework, service after service, warranty, qualification testing, audits, etc)

Qualitätskreis *m* (IndE) quality loop
(cf, DIN 55 350.T11; ie, geschlossene Folge qualitätswirksamer Maßnahmen und Ergebnisse; jeder Phase läßt sich ein Qualitätsanteil zuordnen)

Qualitätslage *f* (IndE) quality level *(syn, Qualitätsniveau)*

Qualitätsleiter *m* (IndE) quality manager

Qualitätslenkung *f* (IndE) quality control
(cf, DIN 55 350.T11; EOQC; ie, von der Benutzung des mißverständlichen ‚Qualitätskontrolle‘ wird abgeraten; früher auch: Qualitätssteuerung, Qualitätsregelung)

Qualitätslenkung *f* **bei mehreren Merkmalen (IndE) multi-variate quality control**

Qualitätslenkung *f* **in der Fertigung**
(IndE) in-process quality control
– process control

Qualitätsmanagement *n*
(IndE) quality management *(syn, Qualitätssicherung, Qualitätswesen)*

Qualitätsmangel *m* (IndE) quality . . . defect/failure

Qualitätsmarkt *m* (Mk) quality market

Qualitätsmerkmal *n*
(IndE) quality characteristic *(or* criterion*) (cf, DIN 55 350.T11)*
– qualifier

Qualitätsminderung *f* (IndE) impairment of quality

Qualitätsnetz *n* (IndE) quality map

Qualitätsniveau *n* (IndE) = Qualitätslage

Qualitätsnorm *f* (IndE) quality standard

Qualitätsordnung *f* (IndE) quality principles

Qualitätsplanung *f*
(IndE) quality planning, DIN 55 350.T11
– Q planning *(syn, Q-Planung)*

Qualitätsprämie *f* (IndE) quality bonus *(syn, Güteprämie)*

Qualitätsprüfstelle *f* (IndE) quality inspection and test facility

Qualitätsprüfung *f* (IndE) quality inspection
(ie, kann in jeder Phase e–s Qualitätskreises stattfinden)

Qualitätsregelkarte *f* (IndE) quality control chart
(ie, Formblatt zur graphischen Darstellung von Werten, die bei Stichprobenprüfungen ermittelt werden; bei der Prüfung meßbarer Größen erfaßt man 1. Mittelwert, 2. Spannweite, 3. Standardabweichung; üblich sind:
(a) Mittelwertkarte;
(b) Mittelwert-Streuungs-Karte;
(c) Mittelwert-Spannweiten-Karte;
erlaubt die Trennung der systematischen von zufälligen Störgrößen, die auf e–n Fertigungsprozeß wirken; syn, Regelkarte, qv)

Qualitätsregelung *f* (IndE) = Qualitätslenkung, qv

Qualitätsrevision *f* (IndE) = Qualitätsaudit, qv

Qualitätsrisiko *n* (com) quality risk

Qualitätssicherung *f*
(IndE) quality assurance, QA *(cf, DIN 55 350.T11)*
(MaW) quality protection

Qualitätssicherung *f* **in Entwurf und Konstruktion**
(IndE) design assurance *(cf, CSA Z 299)*

Qualitätssicherungsabteilung *f* (IndE) quality assurance department

Qualitätssicherungs-Handbuch *n*
(IndE) quality assurance manual
– QA manual *(syn, QS-Handbuch)*

Qualitätssicherungsplan *m* (IndE) quality plan

Qualitätssicherungssystem *n* (IndE) quality assurance system *(cf, DIN 55 350.T11)*

Qualitätsstand *m* (IndE) quality status

Qualitätsstandard *m* (IndE) quality level *(syn, Qualitätslage, Qualitätsniveau)*

Qualitätssteuerung *f* (IndE) = Qualitätslenkung, qv

Qualitätsstrategie *f* (Mk) quality-based strategy

Qualitätstechnik *f* (IndE) quality engineering *(ie, wissenschaftliche und technische Kenntnisse sowie spezielle Führungstechniken, die für die Qualitätssicherung angewandt werden; cf, DIN 55 350.T11)*

Qualitätstypen *mpl* (com) commodity grades *(eg, middling fair, good middling, etc)*

Qualitätsüberwachung *f* (IndE) quality surveillance *(or* monitoring*)*
(ie, erfaßt Abweichungen zwischen Ist- und Soll-Ausprägungen der Qualitätsmerkmale)

Qualitätsverbesserung *f* (IndE) quality improvement

Qualitätsvorschrift *f* (com) quality specification

Qualitätsvorsprung *m* (Mk) qualitative edge (over)
(ie, one’s competitors or rivals)

Qualitätsware *f*
(com) high-quality products
(Mk) choice articles

Qualitätswettbewerb *m*
(com) quality competition
– competition on quality
– competition in terms of quality *(eg, not in terms of price = Preiswettbewerb)*

Qualitätszeichen *n* (Mk) = Gütezeichen

Qualitätszeugnis *n* (com) certificate of quality

Qualitätsziel *n* (IndE) quality target

Qualitätszirkel *m* (Bw) quality circle
(ie, group of 5 to 12 people who normally work as a unit for the purpose of seeking and overcoming problems concerning the quality of items produced, process capability, or process control; syn, Qualitätsgruppe, Werkstattkreis)

Quantifikator *m* (Log) quantifier

Quantifizierung *f* (Log) quantification

Quantil *n*
(Stat) quantile
– position average
(ie, ein Lageparameter; gebräuchlich sind Median [Zentralwert], Quartil und Dezil)

quantisieren (EDV) to quantize

quantitative Daten *pl* (Stat) quantitative data

quantitative Kreditkontrolle *f* (Vw) quantitative credit control

quantitativer Faktor *m* (Stat) quantitative factor

quantitatives geldpolitisches Ziel *n* (Vw) monetary growth target

quantitatives Merkmal *n* (Stat) quantitative characteristic

quantitatives Verfahren *n* (Bw) quantitative technique
quantitative Zielvorgabe *f* (Vw) quantitative target
Quantitätsgleichung *f*
(Vw) quantity equation (of exchange)
– equation of exchange
– monetary/transactions... equation
(ie, MV x QP; syn, Verkehrsgleichung)
Quantitätsnotierung *f* (Bö) = Mengennotierung
Quantitätsprämie *f* (IndE) quantity bonus *(ie, mixed system of time and piece-rate wages)*
Quantitätstheorie *f* (Vw) quantity theory of money
Quantitätszusatzprämie *f* (IndE) production bonus
Quantor *m* (Log) quantifier
Quantorenlogik *f* (Log) logic of quantification
Quartalsabschluß *m* (ReW) quarterly balance sheet
Quartalsdividende *f* (Fin) quarterly dividend
Quartil *n* (Stat) quartile
Quartilsabstand *m* (Stat) interquartile range *(syn, Quartildispersions-Koeffizient)*
Quasiaufwertung *f*
(Vw) quasi-revaluation
– backdoor revaluation
Quasi-Geld *n*
(Vw) near money
– quasi money
quasigeordnete Menge *f* (Math) quasi ordered set
Quasi-Größte-Dichte-Schätzung *f* (Stat) quasi-maximum-likelihood estimate
Quasi-Monopol *n* (Vw) quasi monopoly
Quasimonopolgewinne *mpl* (Vw) windfall gains *(syn, Marktlagengewinne, Q-Gewinne)*
quasi-öffentliche Güter *npl* (Vw) quasi-collective goods
Quasiordnung *f* (Math) quasi ordering
Quasirente *f* (Vw) quasi rent
Quaternion *n*
(Math) quaternion
– hypercomplex number
(ie, the division algebra over the real numbers generated by elements)
Quaternionengruppe *f* (Math) quaternion group
(ie, Gruppe der Ordnung 8, die von zwei Elementen a, b erzeugt wird)
Quecksilberspeicher *m* (EDV) mercury storage
Quellcode *m* (EDV) source code (*or* language)
Quellenabzug *m*
(StR) pay-as-you-go system
– (GB) P.A.Y.E. (pay as you earn) system
(ie, providing for the withholding of income tax by employers)
(FiW) deduction
– stoppage
– withholding... at source
Quellenangabe *f* (com) reference
quellenbesteuertes Einkommen *n* (StR) income taxed by withholding at the source
Quellenbesteuerung *f*
(StR) taxation
– deduction
– stoppage
– withholding... at source
(StR) source taxation *(opp, Wohnsitzbesteuerung)*

Quellenforschung *f* (Log) study of source material
Quellenlandprinzip *n* (StR) = Quellenprinzip
Quellenprinzip *n* (FiW) source principle
Quell(en)sprache *f* (EDV) source language
Quellenstaat *m*
(StR) source state
– country of (income) source
Quellensteuer *f*
(StR) withholding tax
– tax collected at the source
(eg, Lohnsteuer, Kapitalertragsteuer)
quellensteuerfreie Rendite *f* (Fin) no-withholding-tax yield
Quellprogramm *n* (EDV) source program
Queraddition *f*
(Math) cross adding
– cross casting
Quereinsteiger *m* (Pw) lateral entry
Querklassifikation *f* (Stat) cross classification
Querparität *f* (EDV) character (or vertical) parity *(syn, Zeichenparität)*
Querparitätsprüfung *f* (EDV) vertical redundancy check
Querprüfbit *n* (EDV) odd parity bit
querrechnen (EDV) to crossfoot
Querrechnen *n* (EDV) crossfooting
Querschnittsanalyse *f* (Vw) cross-section analysis
Querschnittsdaten *pl* (Bw) cross-sectional data
Querschnittsuntersuchung *f* (Stat) cross-section study
querschreiben (WeR) to accept a bill of exchange
quersubventionieren (Bw) to cross-subsidize
Quersubventionieren *n* (Bw) cross subsidization *(ie, between subsidiaries of the same group; syn, Verlustausgleich)*
Quersumme *f*
(Math) sum of digits
(EDV) horizontal checksum
Querverbundunternehmen *n* (Bw) combination utility
Querverweis *m* (com) cross-reference
Quibinärcode *m* (EDV) quibinary code
Quick-Pick *m* (com) quick service buffet car
quittieren (com) to receipt
quittiert (com) receipted
quittierte Rechnung *f* (com) receipted invoice
Quittung *f*
(com) receipt
(Re) written acknowledgment of performance, § 368 BGB
Quittung *f* **ausstellen** (com) to write out a receipt
Quittungsbetrieb *m* (EDV) handshaking
Quorum *n* (com) quorum *(syn, beschlußfähige Anzahl, qv)*
Quotation *f* (Bö) = Notierung
Quote *f*
(IWF) quota
(com, AuW) quota
(Fin) underwriting share
Quote *f* **der Innenfinanzierung** (Fin) internal financing ratio
Quote *f* **einhalten** (Bw) to keep within a fixed quota
Quotenaktie *f* (Fin) no-par-value share
– no-par stock
– (GB) nonpar share

(ie, lautet auf e–n bestimmten Anteil am Reinvermögen der Gesellschaft; eg, 1/10000; cf, § 8 AktG; in USA der Normaltyp; syn, Anteilsaktie, nennwertlose Aktie)

Quotenauswahl *f* (Stat) quota sampling

Quoten *fpl* **e–s Kontingents ausschöpfen** (AuW) to exhaust the shares of a quota

Quoten-Exzedentenvertrag *m* (Vers) quota surplus reinsurance agreement

Quotenkartell *n*
(Kart) quota cartel
– (US) commodity restriction scheme

Quotenkonsolidierung *f* (Bw) pro rata (*or* quota) consolidation *(cf, § 310 HGB)*

Quotenkonsolidierungsverfahren *n* (Fin) pro rata consolidation procedure

quotenmäßige Befriedigung *f* (Re) pro rata payment

quotenmäßiges Miteigentum *n* (Re) proportionate share in ownership

Quotenregelung *f* (EG) quota regime *(eg, of steel output)*

Quotenrückversicherung *f* (Vers) quota share reinsurance

Quotenstichprobe *f* (Stat) quota sample

Quotenvertrag *m*
(Vers) quota share insurance

Quotient *m* (Math) quotient

Quotientenkörper *m* (Math) quotient field

Quotientenkriterium *n* (Math) ratio set
(ie, mit ihm läßt sich die Konvergenz von Reihen feststellen)

Quotientenmenge *f* (Math) quotient set

Quotientenprogrammierung *f* (OR) fractional programming

Quotientenraum *m* (Math) quotient space

Quotientenregel *f* (Math) quotient rule
(ie, in der Differentialrechnung und in der Kombinatorik)

Quotientenregister *n* (EDV) quotient register

Quotientenring *m* (Math) quotient ring

Quotient *m* **e–r Reihe** (Math) common ratio

quotieren (Bö) to be listed (*or* quoted)

Quotierung *f* (Bö) = Notierung

R

Rabatt *m*
(com) rebate
– discount
– allowance
– deduction
– reduction
(Unterbegriffe:
1. Barzahlungsnachlaß bis zu 3% [Diskont] = cash discount;
2. (handelsüblicher) Mengenrabatt (als Waren- od Preisrabatt) = bulk or quantity or volume discount;
3. Sondernachlaß = special rebate or discount;
4. Treuerabatt (Treuevergütung) = loyalty rebate, esp for branded goods)

Rabattabweichung *f* (KoR) quantity rebate variance

Rabatt *m* **bei Mengenabnahme** (com) quantity (*or* volume) discount *(syn, Mengenrabatt)*

Rabatt *m* **für Barzahlung** (com) cash discount

Rabattgesetz *n* (Re) Rebates Law, of 25 Nov 1933 and amendments

Rabatt *m* **gewähren** (com) to grant a rebate (*or* discount)

Rabattgewährung *f* (com) granting of rebate

Rabattkartell *n* (Kart) rebate cartel
(ie, on rebates which represent genuine competition for goods delivered)

Rabattmarke *f* (com) trading stamp

Rabattregelung *f* (Kart) rebate regulation, § 3 II GWB

Rabattsparmarke *f* (com) = Rabattmarke

Rabattsparverein *m* (com) retailers' association pursuing a common discount policy *(ie, subject to independent annual audit, § 4 II RabattG)*

Rabattstaffel *f*
(com) graduated discount scale
– discount schedule

Rabattvereinbarung *f* (com) rebate agreement

radialer Transfer *m* (EDV) radial transfer *(ie, an input or output process)*

Radiergummi *m*
(com) eraser
– (GB) rubber

Radikal *n* (Math) radical

radikale Buchwertabschreibung *f* (ReW) = geometrisch-degressive Abschreibung

Radikand *m* (Math) radicand *(ie, quantity under a radical sign; eg, $a\sqrt{2}$)*

Radiusvektor *m* (Math) radius vector *(ie, in the polar coordinate system)*

Radixschreibweise *f* (EDV) radix (*or* base) notation

Radixschreibweise *f* **mit fester Basis** (EDV) fixed radix notation

Radizieren *n*
(Math) extracting
– finding
– computing ... a root of a number *(syn, Wurzelziehen, Ausziehen e–r Wurzel)*

Rahmenabkommen *n*
(Re) framework
– skeleton
– umbrella ... agreement *(see: ‚Abkommen')*

Rahmenadresse *f* (EDV) frame address

Rahmenbedingungen *fpl*
(com) general framework (*or* setting)
(Vw) general economic setting
– *(sometimes also, depending on context:)* public policy

Rahmen *m* **e–s Vertrages** (Re) scope of a contract

Rahmengesetz *n* (Re) framework law

Rahmengesetzgebung *f* (Re) framework legislation

Rahmenkredit *m* (Fin) framework (*or* global) credit

Rahmenplan *m* (Vw) overall economic plan

Rahmenplanung f (Bw) overall planning
Rahmenpolice f (Vers) master policy
Rahmentarifvertrag m (Pw) overall wage agreement
Rahmenversicherungsvertrag m (Vers) general insurance contract
Rahmenvertrag m
  (Re) basic agreement (*or* contract)
  – framework
  – overall
  – outline
  – skeleton . . . agreement
Rahmenvorschriften fpl (Re) skeleton laws
  (ie, the Federation provides the legal framework and the Laender fill in the statutory details)
  (Re) general regulations
Raiffeisenbanken fpl (Fin) rural credit cooperatives
Rallonge f **im EWS** (AuW) rallonge
Ramschladen m (com) junk shop
Ramschverkauf m
  (com) rummage sale
  – (GB) jumble sale
Ramschware f
  (com) job goods
  – odds and ends
  – (GB, sl) odds and sods
Rand m (com) margin
  (Math) edge
  – boundary
  – frontier
Randbedingung f (Math) boundary condition
Randbedingungen fpl
  (Log) initial conditions
  (Math) boundary conditions
Randeinstellung f (EDV) margin position
Randeinteilung f (Stat) marginal classification
Ränder mpl **des Bereichs** (Math) barriers of the region
Rand m **e–r Menge** (Math) boundary (*or* frontier) of a set
Randklasse f (Stat) marginal category
Randkurve f (Math) contour
Random-Buchführung f (ReW) random accounting
Randomisierung f (Stat) randomization
Randomspeicher m (EDV) random (*or* direct) access storage *(syn, Direktzugriffsspeicher)*
Randomtafel f (Stat) random table
Random-Walk-Hypothese f (Fin) random walk hypothesis
Randpunkt m (Math) boundary point *(eg, of a set)*
Randquadrat n (Math) boundary square
Randsegment n (Mk) marginal segment
Randverteilung f
  (Math) boundary
  – initial
  – marginal . . . distribution
Randwerbung f (Mk) accessory advertising *(syn, flankierende od unterstützende Werbung)*
Randwertproblem n (Math) boundary value problem
Rang m
  (Re) rank
  – preference
  – priority
Rangänderung f (Re) change of priority, § 880 BGB

Rang m **e–r Matrix** (Math) rank of a matrix
Rang m **e–s Vektorraumes** (Math) rank of a vector space *(syn, Dimension e–s Vektorraumes)*
Rangfolge f **der Gläubiger** (Re) ranking of creditors, § 879 BGB
Rangfolgekriterium n (Bw) rank criterion
Rangfolgeverfahren n (IndE) job ranking method
Rangierbahnhof m
  (com) switchyard
  – marshalling yard
  – (GB) shunting yard
  (syn, Verschiebebahnhof)
Rangkorrelation f (Stat) rank correlation
Rangkorrelationskoeffizient m (Stat) coefficient of rank correlation
Rangkriterium n (Stat) rank criterion
rangmäßige Bewertung f **von Gütern** (Vw) ranking of commodities
Rangordnung f
  (Stat) grade
  (Vw) preference scale *(ie, of alternative choices)*
  (Re) order of priorities
  – ranking order
Rangordnung f **von Pfandrechten** (Re) ranking of liens
Rangordnung f **von Zielen**
  (Bw) hierarchy of goals
  – goal ranking
Rangreduktion f (Stat) reduction in rank
Rangreihenverfahren n (IndE) ranking method
Rangrücktrittsvereinbarung f (Fin, US) subordination agreement *(cf, Nachrangdarlehen)*
Rangstelle f (Re) rank
Rangstufenprinzip n (Log) ranking method
Rangtest m (Stat) ranking test
Rangverhältnis n (Re) order of preference, § 879 BGB
Rangvermerk m (Re) priority entry *(ie, in land register, § 879 III BGB)*
Rangvorbehalt m (Re) reservation of priority, § 881 BGB
rasante Talfahrt f (com) rapid downslide
rasche Lösung f (com) quick fix *(eg, is impossible)*
rascher Kursanstieg m (Bö) bulge
  (ie, small and sudden, but unsustained, advance in security prices)
rasches Wachstum n (com) rapid (*or* accelerated) growth
Raster m
  (com) grid
  (Math) filter *(ie, family of nonempty subsets of a set; syn, Filterbasis)*
Rasterabstände mpl (EDV, CAD) grid spacing
Rasterbildschirm m (EDV) raster display
Rasterfehler m (EDV) timing error
Rasterfeld n (EDV, CAD) grid
Rastergrafik f (EDV) raster graphics
rasterloser Router m (EDV, CAD) gridless router *(ie, beim Leiterplattenentwurf = in circuit board design)*
Rastermatrix f (EDV, CAD) dot grid
Ratchet-Effekt m
  (Vw) bottom stop
  – ratchet effect
  (syn, Sperrklinkeneffekt)

Rate *f*
(com) rate *(ie, in inland waterway shipping)*
(Fin) installment
– (GB) instalment
– part payment
(ie, part of payment spread over a period of time)
Rate *f* **der Produkttransformation** (Vw) rate of product transformation
Ratenanleihe *f* (Fin) installment loan
Ratenhypothek *f* (Fin) installment mortgage *(ie, equal annual redemptions and falling interest payments)*
Ratenkauf *m* (com) installment sale
(syn, Abzahlungskauf, Teilzahlungskauf; see: Abzahlungsgeschäft)
Ratenkredit *m* (Fin) installment credit
(ie, Teilzahlungskredit im weiteren Sinne: extended to consumers and small businesses, repaid in fixed installments)
Ratenwechsel *m* (WeR) multi-maturity bill of exchange
(ie, one traveling with a sequence of maturity dates; not allowed under German law, Art. 33 II WG; German term sometimes used to describe ‚Abzahlungswechsel')
Ratenzahlung *f*
(Fin) payment by installments
(Fin) time payment
Ratenzahlungskredit *m* (Fin) = Teilzahlungskredit
ratierlich ansammeln (Fin) to accrue ratably *(eg, a reserve over a period of time)*

RATINGS OF COMMON STOCK

A+	Highest
A	High
A–	Above Average
B+	Average
B	Below Average
B–	Low
C	Lowest

RATINGS OF PREFERRED STOCK

AAA	Prime
AA	High Grade
A	Sound
BBB	Medium Grade
BB	Lower Grade
B	Speculative
C	Submarginal

Quelle: Standard & Poor's Corporation

Ratings *pl* (Fin, US) ratings *(cf, Übersicht)*
rationaler Bruch *m* (Math) rational fraction
rationaler Lag *m* (Vw) rational lag
rationale Zahl *f*
(Math) rational number
– *(pl oft)* rationals
rationalisieren
(Bw) to rationalize
– to modernize

Bond Ratings	
Standard & Poor's	
AAA	Highest grade – ultimate protection of principal and interest.
AA	High grade – differ only in a small degree from AAA bonds.
A	Upper medium grade – principal and investment are safe, and they have considerable investment strength.
BBB	Medium grade – borderline between definitely sound obligation and those where the speculative element begins to dominate; lowest qualifying bonds for commercial bank investment.
BB	Lower medium grade – only minor investment characteristics.
B	Speculative – payment of interest not assured under difficult economic conditions.
CCC-CC	Outright speculation – continuation of interest payments is questionable under poor trade conditions.
C	Income bonds on which no interest is being paid.
DDD-DD-D	In default, with rating indicating relative salvage value.
Moody's	
Aaa	Best quality – smallest degree of investment risk.
Aa	High quality – as judged by all standards.
A	Upper medium grade – possess many favorable investment attributes.
Baa	Medium grade – neither highly protected, nor poorly secured.
Ba	Possess speculative elements – future cannot be considered as well assured.
B	Generally lacking in characteristics of desirable investments.
Caa	Of poor standing – may be in default or in danger of default.
Ca	Obligations speculative in a high degree – often in default.
C	Lowest rated – expremely poor prospects of ever attaining any real investment standing.
Quelle: Moody's Bond Record und Poor's Bond Guide.	

– to streamline

Rationalisierung f (Bw) rationalization measures *(ie, productivity improvements through replacing manpower by machinery)*

Rationalisierungserfolg m (Kart) rationalization effect, § 5 II GWB

Rationalisierungsfachmann m (IndE) efficiency engineer *(or expert)* *(ie, replaced by the following term)*
– management and systems analyst

Rationalisierungsinvestition f (Bw) rationalization investment
– investment for plant modernization
– modernization investment

Rationalisierungskartell n (Kart) rationalization cartel *(ie, relating to rationalization of economic processes through specialization)*

Rationalisierungskuratorium n der Deutschen Wirtschaft (Bw) German Productivity Center - RKW

Rationalisierungsreserven fpl (Bw) potential for rationalization

Rationalisierungsverband m (Kart) rationalization association, § 5 GWB

Rationalitätsbereich m (Math) domain of rationality
– number field *(or* domain)
– commutative field *(syn, Körper)*

Rationalprinzip n (Bw) efficiency rule
– universal rule of efficiency *(ie, prescribes to produce at a given rate with lowest cost; or to produce at the highest rate with the same cost; syn, ökonomisches Prinzip, Wirtschaftlichkeitsprinzip)*

Rationalverhalten n (Bw) rational behavior

rationell (com) efficient

rationieren (Vw) to ration

Rationierung f (Vw) rationing

Raub m (Re) robbery, § 249 StGB

Raubbau m (Vw) destructive exploitation of resources

räuberische Erpressung f (Re) extortionary robbery, § 255 StGB

räuberische Preisunterbietung f (Kart) predatory price cutting

räuberischer Diebstahl m (Re) theft in the nature of robbery, § 252 StGB

räuberisches Dumping n (AuW) predatory dumping *(ie, after freezing rivals out of the market, the price is raised to its previous level)*

Rauchen n aufgeben (com) to give up smoking
– (infml) to kick the smoking habit

Rauchwaren-Einheitsversicherung f (Vers) all-inclusive fur policy

Raumarbitrage f (Fin) arbitrage in space *ie, Unterbegriffe: Differenz– und Ausgleichsarbitrage)*

Raumbedarf m (com) space requirements

Raumcharter f (com) tonnage affreightment

Raumeinheiten fpl (Vw) spatial units

räumen

(Re) to vacate rented property
– to cease occupancy

Raumfahrt f (com) space travel

Raumfahrtindustrie f
(com) aerospace industry
– space industry

Raumfracht f (com) freight on measurement basis

Raumkoordinaten fpl (Math) space coordinates

Raumkosten pl
(ReW) cost of office and workshop space
– expenses for office space

räumlich abgegrenzter Teil m (StR) physically separated part *(ie, of a property, § 8 GrStG)*

räumliche Konsumentenanalyse f (Mk) spatial consumer analysis

räumliche Mobilität f (Vw) geographic *(or* spatial) mobility

räumlicher Vektor m (Math) space vector

räumliche Strukturierung f (Vw) spatial patterning

Raummiete f (KoR) rental

Raumordnungspolitik f (Vw) urban and regional policy

Raumplanung f
(Vw) regional planning
(com) space planning
(IndE) intra-plant layout

Raumpunkt m (Math) point in space

Raumtarif m (com) bulk freight tariff *(opp, Stück- und Gewichtstarif)*

Raumtransport m
(IndE) aerospace transportation
(IndE) orbital freight hauling *(ie, by space shuttles)*

Räumung f des Lagers (Bw) inventory clearance

Räumungsfrist f
(Re) time set for vacating rented property, §§ 721, 794 a ZPO
– time for moving out

Räumungsverkauf m
(com) liquidation sale
– (GB) closing-down sale

Raumwinkel m (Math) solid angle

Raum-Zeit-Koordinaten fpl (Log) spatio-temporal coordinates

Rayonchef m (com, rare) head of department

Reaktionsbereich m (Bw) domain of response

Reaktionsbereitschaft f (Bw) responsiveness

Reaktionsfunktion f (Vw) response function

Reaktionsgeschwindigkeit f (Vw) speed of response

Reaktionsgleichung f (Vw) behavioral equation

Reaktionskoeffizient m (Vw) coefficient of reaction

Reaktionsverbundenheit f (Vw) oligopolistic interdependence *(ie, Markterfolg e–s Unternehmens hängt auch von den Aktivitäten s–r Konkurrenten ab)*

Reaktionszeit f (Vw) period of adjustment

real
(com) real
– in real terms
– in terms of real value *(opp, nominell = in money terms)*

Realbesteuerung f (FiW) taxation of specific property *(syn, Objekt- od Sachbesteuerung)*

Realdefinition f (Log) real definition *(ie, not a mere convention for introducing new* *symbols or notations, but a proposition of equivalence between ‚definiendum' and ‚definiens' where the latter embodies the „essential nature" of the definiendum; opp, Nominaldefinition)*

reale Adresse *f* (EDV) real address *(opp, virtual address)*

reale Einkommenseinbußen *fpl* (Vw) real income losses

reale Güter *npl* (Vw) = Realwerte

Realeinkommen *n* (Vw) real income *(or earnings)*

Realeinkommenslücke *f* (Vw) real income gap

Realeinkommensvergleich *m* (Vw) real income comparison

reale Kapitalerhaltung *f* (Fin) maintenance of equity
(ie, preservation of corporate assets in real terms)

reale Kassenhaltung *f* (Vw) real cash balance

reale Löhne *mpl* (Pw) = Reallohn

reale Nettorendite *f* (Fin) after-tax real rate of return *(ie, real = nach Abzug der Inflationsrate)*

reale Produktivkräfte *fpl* (Vw) real resources

realer Außenhandelsüberschuß *m* (AuW) real trade surplus

realer Einkommensverlust *m* (Pw) real wage cut

realer Kasseneffekt *m* (Vw) real balance effect

Realertrag *m* (Fin) = Realverzinsung

realer Zinsfuß *m* (Vw) real rate of interest

reales Austauschverhältnis *n* (AuW) terms of trade
(ie, Quotient aus Exportpreisindex und Importpreisindex; cf, net barter terms of trade, commodity terms of trade)

reales BIP *n* (VGR) real gdp *(or gross domestic product)*

reales Bruttosozialprodukt *n*
(VGR) real gross national product
– real GNP *(or gnp)*

reales Nettosozialprodukt *n* (VGR) real net national product *(or NNP)*

reales Sozialprodukt *n*
(VGR) real national product
– national product in real terms

reale Supposition *f* (Log) real supposition

reales Volkseinkommen *n* (VGR) real national income

reales Wachstum *n*
(Vw) real growth
– growth in unit volume

reale Überinvestitionstheorie *f* (Vw) nonmonetary overinvestment theory

reale Verbrauchsausgaben *fpl* (Vw) real consumer spending

Realgemeinde *f* (StR) real property organization *(see: § 3 II KStG)*

Realgüterprozeß *m* (Bw) logistic process

Realignment *n*
(AuW) realignment of parities
– parity realignment
– exchange rate adjustment

Realinvestition *f* (Bw) fixed *(or real)* investment

Realisationsgewinn *m* (ReW) gain realized by a sale

Realisationsprinzip *n* (ReW) realization rule *(or principle)*
(ie, valuation rule: prospective future gains and losses remain unrecorded in the accounts)

Realisationsverkauf *m* (com) liquidating sale

Realisationswert *m* (ReW) value on realization *(ie, used in ‚Liquidationsbilanz'; syn, Veräußerungswert)*

realisierbare Aktiva *npl* (Fin) realizable assets

Realisierbarkeit *f* (com) feasibility

realisieren
(com) to implement *(eg, plan, project)*
– to carry out
(Fin) to realize
– to liquidate
– to sell
– to convert into money
(Bö) to take profits

realisierte Gewinne *mpl*
(ReW) realized profits *(or gains)*
– earned income
(Bö) realized price gains

realisierter Arbeitsplatzwechsel *m*
(Vw) fluctuation
– labor turnover

realisierter Ertrag *m* (ReW) realized earnings

realisierter Gewinn *m* (ReW) realized profit

realisierte Wertsteigerung *f* (ReW) realized appreciation

Realisierung *f*
(com) implementation
– carrying out *(eg, of a project)*
(Fin) realization
– liquidation
– sale
(Bö) profit taking
(EDV) implementation

Realisierungszeit *f* (OR) time of realization

Realisierung *f* **wirtschaftspolitischer Ziele**
(Vw) economic performance
– implementation of economic targets

Realkapital *n*
(Vw) real *(or nonmonetary)* capital *(syn, Sachkapital)*
(Bw) tangible fixed assets

Realkapitalbildung *f*
(Vw) productive investment
(ie, investment in fixed assets and inventories; opp, financial investment)

Realkasseneffekt *m* (Vw) wealth effect

Realkassenhaltungseffekt *m* (Vw) real balance effect

Realkauf *m* (com) cash sale
(ie, payment being made in full on receipt of goods; syn, Handkauf)

Realkonsum *m* (Vw) real consumption

Realkosten *pl*
(Vw) real cost
– cost in real terms

Realkostenaustauschverhältnis *n* (AuW) real cost terms of trade

Realkredit *m*
(Fin) collateral loan *(syn, Sachkredit)*
(Fin) real estate loan

Realkreditgeschäft *n* (Fin) real estate loan business

Realkreditinstitut *n* (Fin) mortgage bank

Reallohn *m* (Pw) real wage *(ie, nominal wage divided by a price index)*

Reallohnsumme *f* (Vw) aggregate real wage

Realprodukt *n* (VGR) real product *(opp, national product at current prices)*

Realsteuer *f*
(FiW) impersonal (*or* nonpersonal) tax
– tax levied on specific property *(syn, Objektsteuer,* Sachsteuer)

Realsteuerbescheid *m* (StR) municipal assessment notice

Realtausch *m* (Vw) barter
(ie, exchange of goods and services withouth the use of money)

Realteil *m* (Math) real part *(ie, e–r komplexen Zahl)*

Realtransfer *m* (VGR) real transfer

Realvermögen *n* (Vw) real wealth *(eg, of a household)*

Realverzinsung *f* (Fin) real yield

Realwerte *mpl*
(Vw) real assets
– *(assets)* in real terms
– in terms of real value
– in terms of money at constant prices

Realwissenschaft *f* (Log) factual science

Realzeitausgabe *f* (EDV) real time output

Realzeitbetrieb *m* (EDV) real time operation

Realzeiteingabe *f* (EDV) real time input

Realzeitprogrammiersprache *f* (EDV) real time language

Realzeituhr *f* (EDV) real time clock

Realzeitverfahren *n* (EDV) real time processing

Realzins *m*
(Fin) real rate of interest
– interest rate in real terms
(eg, derived from Umlaufrendite für Festverzinsliche + Veränderung des Preisindex für den privaten Verbrauch)

Reassekuranz *f* (Vers) reinsurance

Rechenanlage *f* (EDV) data processing (*or* dp) equipment

Rechenautomat *m* (EDV) = Rechner

Rechenbedarf *m* (EDV) computational requirements

Rechenbefehl *m* (EDV) arithmetic instruction

Rechendezimalpunkt *m* (EDV, Cobol) assumed decimal point
(ie, has no logical meaning with no physical representation; cf, DIn 66 028, Aug 1985)

Recheneinheit *f*
(Vw) unit of account
(EDV) = Rechenwerk

Rechengeschwindigkeit *f* (EDV) calculating (*or* computing) speed *(syn, Operationsgeschwindigkeit)*

Rechenhaftigkeit *f*
(Vw) norms of calculability

Rechenkapazität *f* (EDV) computing capacity

Rechenoperation *f* (EDV) arithmetic (*or* calculating) operation

Rechenprüfung *f* (EDV) arithmetic check

Rechenregister *n* (EDV) arithmetic register *(syn, arithmetisches Register, Operandenregister)*

Rechenschaftsbericht *m*
(com) report
– accounting *(eg, to give an …)*
(ReW) statement of account

Rechenschaftspflicht *f* (com) accountability *(syn, Verantwortlichkeit)*

rechenschaftspflichtig (com) accountable

Rechensystem *n* (EDV) data processing system

Rechenverstärker *m* (EDV) computing amplifier

Rechenwerk *n*
(com) set of figures
(ReW) set of accounting figures *(eg, financial statement, marginal costing, etc)*
(EDV) arithmetic unit (*or* element *or* section) Rechenzeit *f*
(EDV) calculating
– computer
– machine … time *(syn, Maschinenzeit)*

Rechenzeit *f* (EDV) computer time

Rechenzentrum *n*
(EDV) computer/computing … center
– DP center
– data center
(EDV) computer bureau
– bureau services

Recherche *f* (Pat) official search *(ie, for prior patent specifications, § 28 a PatG)*

rechnen
(com) to calculate
– to compute
(com) to bank on *(ie, rechnen mit)*
– to expect

rechnerabhängiger Speicher *m* (EDV) on-line storage

Rechnerarchitektur *f* (EDV) computer architecture

Rechnercode *m*
(EDV) absolute
– actual
– specific … code *(syn, Maschinencode)*

Rechner *m* **der dritten Generation** (EDV) third-generation computer

Rechner *m* **der zweiten Generation** (EDV) second-generation computer *(ie, utilizing solid state components)*

Rechnerentwicklung *f* (EDV) computer development
(1. Generation = vacuum tubes;
2. Generation = transistors;
3. Generation = integrated circuits, ICs;
4. Generation = very large scale integration, VLSI;
5. Generation = large number of VLSI chips in parallel)

Rechnerfamilie *f* (EDV) computer family

rechnergesteuert (EDV) computer controlled

rechnergestützt
(EDV) computer-aided (*or*-based)
– computerized
(syn, computergestützt, computerunterstützt, computerisiert)

rechnergestützte Entwicklung *f* (IndE) computer-aided engineering, CAE

rechnergestützte Fertigung *f* (IndE) computer-aided manufacturing, CAM

rechnergestützte Fertigungssteuerung *f* (IndE) computer-aided scheduling and control, CAPSC

rechnergestützte Planung *f* (IndE) computer-aided planning, CAP

rechnergestützte Produktionsplanung *f* (IndE) computer-aided production planning, CAPP

rechnergestützte Qualitätssicherung *f* (IndE) computer-aided quality assurance, CAQ

rechnergestütztes Auftragsannahmesystem *n* (IndE) computerized order entry system

rechnergestütztes Handelssystem *n* (Bö) computer-assisted trading system

rechnergestütztes Konstruieren *n* (IndE) computer-aided design, CAD

rechnerintegrierte Fertigung *f* (IndE) computer-integrated manufacturing, CIM

rechnerische Parität *f* (AuW) calculated parity

rechnerische Rendite *f*
(Fin) accounting/approximated/book-value /unadjusted ... rate of return
(ie, increase in expected future average annual stated net income to initial increase in required investment)
(Fin) calculated yield

rechnerische Restlaufzeit *f* (Fin) computed remaining maturity

rechnerischer Gewinn *m*
(ReW) accounting
– book
– paper ... profit

rechnerischer Wert *m* **von Aktien** (ReW, EG) accounting par value of shares

rechnerische Vereinfachung *f* (Math) computational simplification

Rechnerkapazität *f* (EDV) computer power

Rechneroperation *f* (EDV) computer (*or* machine) operation

Rechnerprogramm *n* (EDV) computer program

Rechnerschaltplan *m* (EDV) set-up diagram

Rechnersprache *f* (EDV) computer langnage

Rechnersteuerung *f*
(EDV) computer control
(EDV) computer forward control *(ie, in process automation; syn, digitale Steuerung)*

Rechnersystem *n* (EDV) computer system

rechnerunabhängiger Speicher *m* (EDV) off-line storage

Rechnerverbund *m* (EDV) computer network

Rechnerverbundbetrieb *m* (EDV) multiprocessing

Rechnerverbundnetz *n* (EDV) distributed processing system

Rechnerverbundsystem *n* (EDV) multiprocessing system

Rechnung *f*
(ReW) invoice
– bill
– sales bill
(com) check *(ie, in a restaurant)*
– (GB) bill

Rechnung *f* **ausstellen**
(com) to make out an invoice
– to invoice
– to bill *(eg, send now and bill me later)*

Rechnung *f* **bearbeiten** (com) to process an invoice

Rechnung *f* **begleichen**
(com) to pay
– to settle
– (infml) to foot ... a bill

Rechnung *f* **prüfen** (com) to check an invoice

Rechnung *f* **quittieren** (com) to receipt a bill

Rechnungsabgrenzung *f*
(ReW) end-of-year adjustments
– year-end adjustments
(ReW) accruals and deferrals
(ie, year-end adjustment to allocate revenue and expenditure items to proper accounting periods)

Rechnungsabgrenzungsposten *mpl*
(ReW) accruals and deferrals
– accrued items
– prepaid and deferred items
(ReW, EG) *(Aktivseite)* prepayments and accrued income
(ReW, EG) *(Passivseite)* accruals and deferred income
(ie, durch den Ansatz aktiver oder passiver Rechnungsabgenzungsposten in der Handelsbilanz wird ein periodengerechter Erfolg ermittelt; nach dem neuen § 250 HGB dürfen nur transitorische Posten ausgewiesen werden; antizipative Vorgänge werden als sonstige Forderungen bzw Verbindlichkeiten od unter den sonstigen Verbindlichkeiten bzw Rückstellungen ausgewiesen; these items reflect the lack of coincidence of the accounting period and the benefit period)

Rechnungsabschrift *f* (com) copy of an invoice

Rechnungsabteilung *f*
(ReW) invoicing department
– (US) billing department

Rechnungsausstellung *f*
(com) invoicing
– billing

Rechnungsauszug *m* (Fin) statement of account *(syn, Kontoauszug)*

Rechnungsbeleg *m*
(com) charge (*or* sales) slip
– billing form
(ie, signed by credit card holder)

Rechnungsbelege *mpl*
(ReW) vouchers
– documentary evidence (*or* support)
– accounting records

Rechnungsbetrag *m*
(com) invoice amount
– amount appearing on an invoice

Rechnungsdatei *f* (com) billing file

Rechnungsdaten *pl* (com) billing data

Rechnungsdatum *n*
(com) date of invoice
– billing date

Rechnungsdoppel *n* (com) duplicate invoice

Rechnungseinheit *f*
(Fin) accounting unit
– unit of account, UA

Rechnungseinzugsverfahren *n*
(Fin) direct debiting *(ie, by banks for trade accounts receivable)*

Rechnungserteilung *f* (com) invoicing

Rechnungsformular *n* (com) billhead

Rechnungshof *m*
(FiW) = Bundesrechnungshof, qv
(EG) Court of Auditors
(FiW, US) General Accounting Office, GAO
(ie, headed by the Controller General; major functions:

1. prescribes accounting systems for federal agencies;
2. authorizes federal agencies to make specific expenditures by way of a preaudit;
3. makes extensive investigations to determine the validity of the receipt and disbursement of public funds by way of a postaudit; the GAO acts as an agent of Congress)

Rechnungsjahr *n*
(ReW) accounting/fiscal . . . year
(FiW) financial/fiscal/tax . . . year
– fiscal

Rechnungskopie *f*
(com) copy of an invoice
– copy invoice

Rechnungslegung *f*
(Re) rendering of accounts
(ie, preparing statement of receipts and expenditures, § 259 BGB)
(ReW) reporting
– preparing and publishing annual financial statements, §§ 148 ff AktG

Rechnungslegung *f* **im Konzern** (ReW) group accounting

Rechnungslegungsgrundsätze *mpl* (ReW) accounting rules

Rechnungslegungsvorschriften *fpl* (ReW) statutory accounting requirements

Rechnungslegung *f* **zu Wiederbeschaffungskosten** (ReW) replacement cost accounting

Rechnungsnummer *f* (com) invoice number

Rechnungsperiode *f* (ReW) accounting (*or* fiscal) period

Rechnungspreis *m* (com) invoice price

Rechnungspreis *m* **des Lieferanten** (com) vendor's invoice price

Rechnungsprüfer *m* (ReW) auditor

Rechnungsprüfung *f*
(com) checking and audit of invoices
(ReW) auditing of accounts
– accounting control

Rechnungssaldo *m* (com) balance of invoice

Rechnungsüberschuß (ReW) accounting surplus

Rechnungsvordruck *m* (com) billhead

Rechnungsvorlage *f* (com) presentation of an invoice

Rechnungswert *m* (com) invoice value

Rechnungswesen *n*
(VGR) national accounting
(ReW) accounting
– accountancy

Rechnungswesen *n* **der Unternehmung** (ReW) business accounting

Rechnungszinsfuß *m*
(ReW) interest rate for accounting purposes
(Vers) assumed rate of interest

Rechnung *f* **über e–e Sendung** (com) invoice on a shipment

Rechnung *f* **vereinfachen** (com) to simplify computation

Rechnung *f* **verlangen** (com) to call for the bill

Recht *n*
(Re) law *(ie, objektives Recht)*
(Re) right *(ie, subjektives Recht)*

Recht *n* **abtreten** (Re) to assign a right

Recht *n* **anerkennen** (Re) to acknowledge a right

Recht *n* **auf Arbeit** (Re) right to work

Recht *n* **auf Forderungsübertragung** (Re) right of subrogation

Recht *n* **aufgeben** (Re) to abandon
– to give up
– to part with
– to surrender . . . a right

Recht *n* **auf Gewinnbeteiligung** (Fin) right to participation in profits

Recht *n* **auf Leistung** (Re) right to demand contractual performance

Recht *n* **auf Leistungsverweigerung** (Re) right of refusal to perform, § 320 BGB

Recht *n* **auf Prüfung der Bücher** (ReW) right to inspect books and records

Recht *n* **auf Schadenersatz** (Re) right to recover damages

Recht *n* **ausüben** (Re) to exercise a right

Recht *n* **beeinträchtigen**
(Re) to encroach upon a right
– to infringe a right
– to infringe upon (*or* on) a right
– to interfere with a right

Recht *n* **begründen** (Re) to create/establish . . . a right

Recht *n* **beschneiden** (Re) to curtail (*or* impair) a right

Recht *n* **bestreiten**
(Re) to challenge
– to dispute
– to protest . . . a right

Recht *n* **der Erfindereigenschaft** (Pat) right of inventorship

Recht *n* **der Schuldverhältnisse** (Re) law of obligations
(ie, as laid down in the second book of the German Civil Code = BGB)

Recht *n* **der Wettbewerbsbeschränkungen** (Kart) law against restraints of competition

Recht *n* **des Erfüllungsortes** (Re) law of the place of performance

Recht *n* **des unlauteren Wettbewerbs** (Kart) law on unfair competition

Rechte *npl* **aus unerlaubter Handlung od Vertrag** (Re) rights arising from tort or contract

rechteckiges Koordinatensystem *n* (Math) rectangular coordinate system

rechteckige Verteilung *f* (Stat) rectangular distribution

Rechte *npl* **des Käufers** (Re) rights of buyer

Rechte *npl* **Dritter** (Re) third-party rights

rechter Winkel *m* (Math) right angle

Rechte *npl* **und Pflichten** *fpl*
(com) rights and duties
– powers and responsibilities

Rechtfertigungsgründe *mpl*
(Re) legal justification
– grounds of justification
(Kart) gateways

Recht *n* **geht über auf** (Re) a right passes to

Recht *n* **geltend machen** (Re) to assert a right

Recht *n* **gewähren** (Re) to grant a right

rechtlich
(Re) legal

– in law
– in contemplation of law
– de iure
(ie, the German term implies the substance of law; it denotes compliance with technical or formal rules; see: ‚rechtmäßig')

rechtlich begründet (Re) legally justified

rechtlich bindende Verpflichtung *f* (Re) legal obligation *(ie, one created between the parties)*

rechtliche Bedingung *f* (Re) legal condition

rechtliche Bindung *f* (Re) legal obligation

rechtliche Einheit *f* (Re) separate legal unit

rechtliche Fiktion *f* (Re) legal fiction
– (GB *also*) legal figment

rechtliche Folgerungen *fpl* (Re) conclusions of law

rechtliche Rahmenbedingungen *fpl* (Re) regulatory framework

rechtliche Rahmenvorschriften *fpl* (Re) = rechtliche Rahmenbedingungen

rechtliche Regelung *f* (Re) legal arrangements

rechtlicher Irrtum *m* (Re) mistake in law

rechtliches Gehör *n* (Re) fair hearing

rechtliche Unmöglichkeit *f*
(Rc) legal (*or* juridical) impossibility
– impossibility of law

rechtliche Voraussetzungen *fpl* **erfüllen**
(Re) to meet the requirements of the law
– to satisfy legal equirements

rechtlich selbständiges Unternehmen *n* (Re) legally independent enterprise

rechtlich unzulässige Bedingung *f* (Re) illegal condition

rechtlich vertretbar (Re) legally justifiable

rechtmäßig (Re) lawful
(ie, implies that an act is authorized or not forbidden by law, and it usually imports a moral substance or ethical permissibility; opp, rechtlich)

rechtmäßiger Besitz *m* (Re) lawful possession

rechtmäßiger Besitzer *m*
(com) lawful owner
(Re) lawful possessor (*or* holder)

rechtmäßiger Eigentümer *m*
(Re) rightful owner
– sole and unconditional owner
(ie, not contingent or conditional)

rechtmäßiger Inhaber *m* (WeR) holder in due course, Art. 16 WG *(syn, legitimierter Inhaber)*

rechtmäßiger Vertreter *m* (Re) lawful representative

Rechtsabteilung *f* (Re) (corporate) legal department

Rechtsanspruch *m* (Re) legal claim *(cf, Anspruch)*

Rechtsanwalt *m* ,
(Re) practicing lawyer
– legal counsel
– (US) attorney-at-law
– (US) counselor-at-law
– (GB) barrister at-law *(ie, admitted to plead at the bar; cf, Vol I³, S. 66)*
– (GB) solicitor *(ie, allowed to practice in most minor courts)*

Rechtsanwendung *f*
(Re) administration of law
(Re) *(phrase in contracts:)* „applicable law"
– „law to apply"

Rechtsausrichtung *f* (EDV) right justification

Rechtsausübung *f* (Re) exercise of a right

Rechtsausweis *m* (Re) proof of ownership

Rechtsbedingung *f* (Re) condicio iuris

Rechtsbegriff *m*
(Re) legal concept
– *(loosely also)* legal term

rechtsbegründende Wörter *npl*
(Re) operative words

Rechtsbehelf *m* (Re) legal remedy
– remedy in law
– legal relief
(ie, Berufung, Revision, sofortige Beschwerde; syn, Rechtsmittel)

Rechtsbehelfbelehrung *f* (StR) advising taxpayer of applicable remedies

Rechtsbeistand *m* (Re) legal aid (*or* counsel *or* adviser)
(ie, person officially authorized to provide legal services; although having technical expertise, he is generally not a lawyer, such as attorney, barrister, or advocate, qv)

Rechtsberater *m* (Re) legal counsel

Rechtsberatung *f*
(Re) legal counseling
(Re) legal consulting service

Rechtsbeschwerde *f* (Re) appeal on points of law

Rechtsbestand *m* **e–r Forderung** (Re) legal existence of a claim

Rechtsbeugung *f*
(Re) intentional misconstruction of the law
(ie, to the benefit or detriment of a party, § 336 StGB)
(Re) miscarriage of justice
(ie, failure of a law court to reach a fair and equitable decision)

rechtsbündig (EDV) right justified

Rechtsbündigkeit *f*
(EDV) right justification
– justification of right margin *(syn, Blocksatz)*

rechtsbündig machen (EDV) to right-justify

rechtserheblich (Re) material *(eg, facts, evidence)*

rechtsfähige Gesellschaft *f* (Re) incorporated company

rechtsfähiger Verein *m* (Re) incorporated society
(ie, association with independent legal existence, §§ 21, 22 BGB)

rechtsfähige Stiftung *f* (Re) foundation with independent legal existence, §§ 80ff BGB

Rechtsfähigkeit *f* (Re) capacity to acquire and hold rights and duties, § 1 BGB
(Note: ‚legal capacity' in English law covers the ability to acquire rights + to transact legal business = Rechtsfähigkeit + Geschäftsfähigkeit)

rechtsfähig werden (Re) become capable of rights and duties

Rechtsfolgen *fpl* (Re) legal consequences

Rechtsform *f* (Re) legal form (*or* structure)

Rechtsformen *fpl* **der Unternehmung**
(com) legal forms of business organization
– forms of business entity

Rechtsformwechsel *m* (Re) change of legal form

Rechtsfrage *f*
(Re) question of law
– *(civile law)* quaestio iuris

Rechtsgebiet *n*
(Re) branch
– department
– division
– field . . . of law
Rechtsgelehrter *m*
(Re) legal scholar
– jurist
(ie, fully versed in the law and recognized as such;
generally not ‚Jurist' who is a lawyer)
Rechtsgesamtheit *f* (Re) aggregate of rights
Rechtsgeschäft *n*
(Re) legal transaction
– legal business
– legal act
– (GB) act of the party
– (GB) act in the law
(ie, act having legal consequences in the intention
of the parties, §§ 104–185 BGB)
rechtsgeschäftliche Abtretung *f* (Re) assignment by
act of the parties
rechtsgeschäftliches Schuldverhältnis *n*
(Re) contractual obligation
– obligation under a contract
– *(civil law)* obligatio ex contractu
rechtsgeschäftliches Veräußerungsverbot *n* (Re)
prohibition of alienation by legal transaction,
§ 137 BGB
rechtsgeschäftliche Übertragung *f* (Re) transfer by
act of the party
rechtsgeschäftliche Willenserklärung *f* (Re) legal
act of the party
rechtsgeschäftlich handeln (Re) to transact legal
business
rechtsgeschäftlich übertragen (Re) to transfer title
to property
rechtsgeschäftlich vertreten
(Re) to act for
– to contract on behalf of
– to act in the capacity of an agent
Rechtsgeschäft *n* **unter Lebenden** (Re) transaction
inter vivos
Rechtsgeschäft *n* **von Todes wegen** (Re) transaction
mortis causa
rechtsgestaltender Gesetzesakt *m* (Re) act of law
Rechtsgrundlage *f*
(Re) legal foundation
– statutory source (*or* basis)
(Re) title of a right *(ie, facts or events by reason*
of which the right has become vested in its owner)
Rechtsgrundsatz *m* (Re) principle (*or* rule) of law
rechtsgültig
(Re) legally effective *(eg, contract)*
– valid
– having legal force
Rechtsgültigkeit *f* (Re) legal validity
Rechtsgutachten *n* (Re) legal opinion
Rechtshandlung *f*
(Re) legal act (*or* transaction)
– juristic act
(ie, designed to have a legal effect, directed to the
origin, termination, or alteration of a right)
rechtshängig
(Re) pending *(eg, pending suit)* under judicial
determination

– undetermined
– before a court
– sub judice
Rechtshängigkeit *f*
(Re) pendency of a suit
– pendent suit
– lis pendens
rechtshemmende Einrede *f* (Re) dilatory defense
(*or* exception)
Rechtshilfe *f* (Re) legal cooperation *(ie, between*
agencies and courts)
Rechtshilfeersuchen *n*
(Re) request for judicial assistance
(Re, US) letters rogatory
– letter of request
Rechtsirrtum *m* (Re) error in law
Rechtskosten *pl*
(ReW) cost of litigation
– legal fees and charges *(ie, including attorney*
fees)
Rechtskraft *f*
(Re) legal force (*or* efficacy)
– legal validity *(syn, Rechtsgültigkeit)*
rechtskräftig
(Re) legally effective
– valid
(Re) final
rechtskräftige Entscheidung *f* (Re) final decision
rechtskräftiger Anspruch *m* (Re) legally enforce-
able claim
rechtskräftiges Urteil *m* (Re) final judgment
Rechtskreis *m* (Re) legal system (*or* orbit)
Rechtsmacht *f* (Re) legal power
Rechtsmangel *m*
(Re) legal infirmity *(eg, of a negotiable instru-*
ment)
(Re) deficiency in title
– defect of/in title
Rechtsmangel *m* **beseitigen** (Re) to remove a defi-
ciency in title (*or* defect of title)
Rechtsmängelhaftung *f* (Re) warranty of title
Rechtsmißbrauch *m*
(Re) abuse of right
– abusive exercise of a legal right
Rechtsmittel *n* (Re) legal remedy
Rechtsmittel *n* **einlegen**
(Re) to lodge an appeal
– to appeal a decision to a higher court
– to take an appeal from a decision to a higher
court
– to bring an appeal in court from a decision
Rechtsmittel *npl* **finden nicht statt** (Re) decision is
not subject to further review
Rechtsmittelinstanz *f*
(Re) court of appeal
– appellate court
Rechtsmittelverfahren *n* (Re) appeal procedure
Rechtsmittelverzicht *m* (Re) waiver of legal remedy
Rechtsmultiplikation *f* (Math) postmultiplication
Rechtsnachfolge *f*
(Re) legal succession
– succession in title
(ie, act of the parties, or of the law, by which title
to property = Vermögensrecht is conveyed from
one person to another)

Rechtsnachfolger *m*
(Re) legal successor
– successor in title
– succeeding party
– transferee
– successor and assign
(opp, Rechtsvorgänger = legal predecessor)
Rechtsordnung *f* **für den Tiefseebergbau** (Re) deep
sea-bed mining regime
Rechtspersönlichkeit *f*
(Re) legal person (*or* personality)
– legal entity
– juridic(al) personality
Rechtspflege *f* (Re) administration of justice
Rechtspfleger *m* (Re) judical officer outside the
regular judiciary
Rechtspositivismus *m* (Re) legal positivsm *(ie, does
not admit normative statements)*
Rechtsprechung *f* (Re) court decisions
Rechtsprechung *f* **der Finanzgerichte** (StR) juris-
diction of the fiscal courts
Rechtsquellen *fpl* **des Steuerrechts** (StR) statutory
sources of German tax law
Rechtssatz *m* (Re) legal rule
Rechtsschraubenregel *f* (Math) right-hand screw
rule
Rechtsschutz *m* (Re) legal protection
Rechtsschutzversicherung *f*
(Vers) legal expense insurance
– (GB) legal protection insurance
Rechtssicherheit *f*
(Re) predictability of legal decisions
– legal security
Rechtssprache *f* (Re) legal parlance
Rechtsstaat *m* (Re) state bound by the rule (*or*
supremacy) of law
*(ie, political system based on the concept of rule
of law and justice, or: political community in
which the powers of everyone having public authority are carefully defined and the citizen has a
legal remedy against the abuses of power; as opposed to arbitrary authority)*
rechtsstaatliches Handeln *n* (Re) government action quided by the rule of law
Rechtsstaatlichkeitsprinzip *n* (Re) = Rechtsstaatsprinzip
Rechtsstaatsprinzip *n* (Re) (principle of the) rule of
law
*(ie, principle of the supremacy of law, by which
government administers and courts are bound)*
Rechtsstellung *f* (Re) legal position (*or* status)
Rechtsstreit *m*
(Re) lawsuit
– legal action (*or* proceedings)
– litigation
– suit
Rechtssubjekt *n*
(Re) person in law
– legal entity *(ie, capable of rights and duties)*
Rechtssystem *n* (Re) legal system
Rechtsübertragung *f* (Re) transfer of a right
Rechtsübertragung *f* **kraft Gesetzes** (Re) assignment by operation of law
Rechts- und Beratungskosten *pl* (ReW) legal and
consultanting fees

Rechts- und Sachmängelgewähr *f* (Re) warranty of
title and quality
rechtsunfähig (Re) legally unable to hold rights
Rechtsunfähigkeit *f* (Re) legal incapacity (*or* disability) *(ie, the English term includes ‚Geschäftsunfähigkeit‘)*
rechtsunwirksam
(Re) void
– null and void
– inoperative
– invalid
– ineffectual
– nugatory *(syn, nichtig)*
rechtsverbindlich
(Re) legally binding
– binding in law
rechtsverbindliche Fassung *f* (Re) legally binding
formula
Rechtsverbindlichkeit *f*
(Re) binding effect
– legal force
Rechtsverhältnis *n* (Re) legal relation(ship)
Rechtsverletzung *f*
(Re) infringement of a right
(Re) violation of law
Rechtsverlust *m* (Re) loss (*or* forfeiture) of right
Rechtsvermutung *f* (Re) presumption of law *(opp,
Tatsachenvermutung)*
Rechtsverordnung *f* (Re) ordinance
*(ie, it has the force of law; the empowering Act
must specify the content, purpose and scope of the
authorization conferred)*
Rechtsverweigerung *f*
(Re) outright abdication (by a court)
– denial (*or* refusal) of justice
Rechtsverwirkung *f* (Re) forfeiture *(ie, loss of right
by way of penalty)*
Rechtsverzicht *m*
(Re) disclaimer of right
– waiver of title
Rechtsvorgänger *m*
(Re) legal predecessor
– predecessor in title
– preceding party
– transferor
(opp, Rechtsnachfolger = legal succesor)
Rechtsvorschrift *f* (Re) legal provision
Rechtsvorschriften *fpl* (Re) legal requirements
Rechtsweg *m* **beschreiten** (Re) to have recourse to
law
rechtswidrige Bedingung *f* (Re) illegal condition
rechtswidrige Handlung *f*
(Re) wrong
– wrongful act
rechtswidriger Besitz *m* (Re) unlawful possession
rechtswidriger Vertrag *m* (Re) illegal contract
rechtswirksam
(Re) effective
– (legally) valid
rechtswirksamer Vertrag *m* (Re) valid contract
Rechtswirksamkeit *f*
(Re) legal validity (*or* efficacy)
– operativeness
Rechtswissenschaft *f*
(Re) jurisprudence *(ie, not equal to the German

concept ‚*Rechtsphilosophie'* which has no coun- *terpart in English law)*
– general theory of law
– science of law
– juristic theory
– philosophy of law *(ie, philosophy in its ex- tended meaning of ‚branch of knowledge')*
rechtszerstörende Einrede *f* (Re) peremptory de- fense *(syn, peremptorische Einrede)*
Recht *n* **übertragen** (Re) to confer a right
recht und billig
(Re) fair
– fair and proper
– fair and reasonable
– equitable
– in justice and fairness
– *(civil law)* ex aequo et bono
Recht *n* **verkürzen** (Re) to curtail *(or* impair) a right
Recht *n* **verletzen** (Re) to infringe upon *(or* violate) a right
Recht *n* **verlieren** (Re) to lose a right
Recht *n* **verteidigen** (Re) to defend a right
Recht *n* **verwirken** (Re) to forfeit a right
Recht *n* **vorbehalten** (Re) to reserve a right
Recht *n* **wiederherstellen** (Re) to restore a right
rechtwinkeliges ebenes Koordinatensystem *n* (Math) plane rectangular coordinates
Recht *n* **wird erworben**
(Re) a right is acquired
– a right accrues
rechtzeitige Leistung *f* (Re) punctual performance of an obligation, § 287 BGB
rechtzeitige Lieferung *f* (com) on-time delivery of an order
rechtzeitiger Einspruch *m*
(Re) opposition filed in due time
– opposition entered in time
Recht *n* **zur Beschau der angemeldeten Waren** (Zo) right to examine the goods declared
Redakteur *m* **im Studio**
(com) presenter
– commentator
redaktionelle Vorbearbeitung *f* (EDV) pre-edit
redaktionell vorbearbeiten (EDV) to pre-edit
Rediskont *m* (Fin) rediscount
Rediskonten *pl*
(Fin) rediscounts
– rediscounted paper
rediskontfähig
(Fin) rediscountable
– eligible for rediscount
rediskontfähiger Wechsel *m* (Fin) eligible bill
rediskontfähige Wertpapiere *npl* (Fin, US) eligible paper
(ie, for rediscount at a Federal Reserve Bank; eg, notes, drafts, bills of exchange)
Rediskontfazilität *f* **e–r Zentralbank** (Fin) discount window
rediskontierbar (Fin) = rediskontfähig
rediskontieren (Fin) to rediscount
Rediskontierung *f*
(Fin) rediscounting ((*or* rediscount)
(ie, Weiterverkauf bereits diskontierter Wechsel an die Zentralbank; cf, 19 I 3 BBankG: gute

Handelswechsel, Restlaufzeit bis zu 90 Tagen, drei gute Unterschriften; (US) discounting for a second time of commercial paper [notes, accep- tances, and bills of exchange] by the Federal Bank for a member bank)*
Rediskontkontingent *n* (Fin) rediscount quota
(ie, maximum level of trade bills which commer- cial banks can rediscount at the central bank)
Rediskontkontingente *npl* **festsetzen** (Fin) to set re- discount ceilings
Rediskontkredit *m* (Fin) rediscount credit
Rediskontlinie *f* (Fin) rediscount line
Rediskontobligo *n* (Fin) liability on rediscounts
Rediskontplafond *m* (Fin) rediscount ceiling
Rediskontrahmen *m* (Fin) rediscount line
Rediskontsatz *m* (Fin) rediscount rate
Rediskontstelle *f* (Fin) rediscount agency
Rediskontzusage *f* (Fin) rediscounting promise
redistributive Steuer *f* (FiW) redistributive tax
redlicher Erwerb *m* (Re) = gutgläubiger Erwerb, qv
redlicher Erwerber *m*
(Re) innocent party
– transferee in good faith
Reduktionsmarketing *n* (Mk) demarketing
Reduktion *f* **von Netzplänen** (OR) reduction of net- works
redundanter Code *m* (EDV) redundant code *(syn, Sicherheitscode)*
redundantes Zeichen *n* (EDV) redundant character *(syn, selbstprüfendes Zeichen)*
Redundanzprüfung *f* (EDV) redundancy check
reduzibles Polynom *n* (Math) reducible polynomial
(ie, polynomial relative to some field which can be written as the product of two polynomials of degree at least 1)
reduzierte Gleichung *f* (Math) depressed equation
reduzierte Kreditwürdigkeit *f* (Fin) impaired credit
reduzierte Prüfung *f* (IndE) reduced inspection
reduzierter Gradient *m* (OR) reduced gradient
reduzierte Tara *f* (com) reduced tare
reduzierte Ware *f*
(com) goods offered at reduced prices
– cut-price goods
Reeder *m* (com) shipowner, § 484 HGB
Reederei *f* (com) shipping company, § 489 HGB
Reedereibetrieb *m* (com) shipping business
Reedereivertreter *m* (com) shipping agent
reelle Achse *f* (Math) real number axis
reeller Koeffizient *m* (Math) real coefficient
reelle Zahl *f* (Math) real number
(ie, one of the numbers that have no imaginary parts and comprise the rationals and the irra- tionals)
Re-Export *m* (AuW) reexport
Reexport-Kontrolle *f* (AuW) = Endanwender- Kontrolle, qv
REFA (IndE) cf, Verband für Arbeitsstudien und Betriebsorganisation
REFA-Qualifikation *f* (Pw) certificate in work study
Referentenentwurf *m* (Re) draft statute
Referenz *f* (Pw) reference
(ie, may be either written statement or person sup- plying it)

Referenzarbeitsplatz *m* (Pw) benchmark job
(ie, dient als Vergleichsmaßstab für 'job ranking')
Referenzen *fpl* (com) trade references
Referenzen *fpl* **angeben** (Pw) to furnish (*or* supply) references
Referenzen *fpl* **einholen**
(Pw) to take up references
Referenz-Modell *n* (EDV) = ISO-Referenzmodell, qv
Referenzmuster *n* (IndE) reference sample
Referenzperiode *f* (Stat) reference period
Referenzpreis *m* (EG) reference price
(ie, Bestandteil der EG-Organisation für Getreide, Obst und Gemüse, Wein, Saatgut, Rind- und Schaffleisch)
Referenzschreiben *n* (Pw) letter of appraisal
Referenzzoll *m* (EG) reference tariff
refinanzieren
(Fin) to refinance
– to finance loans
Refinanzierung *f*
(Fin) refinancing
(ie, paying off existing debt with funds secured from new debt)
(Fin) refunding
(ie, replacing outstanding bonds with new issue)
Refinanzierung *f* **des Aktivgeschäfts** (Fin) refinancing of lendings *(ie, by banks)*
Refinanzierungsbasis *f* (Fin) refinancing potential
Refinanzierungsbedarf *m* (Fin) refinancing requirements
Refinanzierungsinstitut *n* **der letzten Instanz** (Fin) lender of last resort *(ie, the central bank)*
Refinanzierungskosten *pl* (Fin) cost of funds *(ie, to a bank; syn, Einstandskosten)*
Refinanzierungskredit *m* (Fin) refinancing (*or* rediscount) loan
Refinanzierungslinie *f* (Fin) rediscount line
Refinanzierungsmittel *pl* (Fin) refinancing funds
Refinanzierungsplafond *m* (Fin) refinancing line
Refinanzierungspolitik *f* (Vw) refinancing policy
Refinanzierungssystem *n* (EG) refinancing arrangements
Refinanzierungszusage *f* (Fin) promise to provide refinancing
Reflation *f* (Vw) reflation
(ie, attempt to stop deflation and induce the opposite course towards a ‚desirable' general price level; marked by tax cuts, increased government spending, and lowered interest rates)
Reflektant *m* (com) prospective buyer
Reform *f* ‚an Haupt und Gliedern" (com) root-and-branch reform
Reformhaus *n* (com) health food store
Reformvorschlag *m* (EG) reform proposal
Refresh-Bildschirm *m* (EDV, CAD) refresh screen
(ie, arbeitet nach dem Vektor-Wiederholprinzip)
Refundierungsanleihe *f* (Fin) refunding loan
refüsieren (com) to refuse acceptance
Regal *n*
(com) shelf
– rack
Regalbasis *f* (Bw) = Wissensbasis, qv
Regalfläche *f* (com) shelf space
Regalförderzug *m* (MaW) stacker-crane carrier

Regalgroßhandel *m* (Mk) rack merchandising *(ie, self-service from racks)*
Regal-Großhändler *m*
(Mk) rack jobber
– service merchandiser *(syn, Regalgrossist)*
rege Investitionstätigkeit *f* (com) high capital spending
Regelabweichung *f* (EDV) deviation
Regelalgorithmus *m* (EDV) control algorithm
Regelanfrage *f* (Pw) automatic vetting *(ie, of applicants for government jobs)*
Regel *f* **der Exportation** (Log) law of exportation *(ie, in propositional logic)*
regelgebundene Maßnahmen *fpl* (Vw) = Formelflexibilität
Regelgerät *n* (EDV) automatic controller
Regelgröße *f*
(EDV) controlled (*or* measured) variable
– controlled condition
(ie, in process automatic control work, the condition of a controlled system – Regelstrecke – that is directly measured or controlled)
Regelkarte *f* (IndE) (quality) control chart
(ie, Urwertkarte, Extremwertkarte; x-bar-Karte; Mediankarte, R-Karte, S-Karte; syn, Qualitätsregelkarte, qv)
Regelkreis *m*
(EDV) feedback control circuit
– control (*or* feedback) loop *(syn, Rückkopplungsschleife)*
Regelleistung *f* (SozV) normal benefit
Regellohn *m* (SozV) regular gross earnings
Regellosigkeitsaxiom *n* (Stat) axiom of randomness
regelmäßig wiederkehrende Lasten *fpl* (Re) periodical outgoings, § 103 BGB
regelmäßig wiederkehrende Zahlungen *fpl* (Fin) periodically recurring payments
Regelmechanismus *m* (Vw) built-in flexibility (*or* stabilizer)
Regelsätze *mpl* (Fin) regular rates *(ie, in standard volume banking)*
Regelstrecke *f*
(EDV) controlled system
– process under control
Regeltechnik *f* (EDV) = Regel- und Steuerungstechnik, qv
Regel- und Steuerungstechnik *f* (EDV) control systems engineering
Regelung *f*
(EDV) automatic/feedback … control
– cycle regulation
(opp, Steuerung = feed forward control)
Regelung *f* **aushandeln** (com) to negotiate a settlement
Regelungstechnik *f* (EDV) control engineering
Regelung *f* **von Rechtsstreitigkeiten** (Re) settlement of disputes
Regelung *f* **von Verbindlichkeiten** (Re) adjustment of debts
Regenversicherung *f* (Vers) rain insurance
Regiearbeit *f* (com) scheduled work
(ie, work for which time and materials are charged)
Regiebetrieb *m*
(FiW) ancillary municipal enterprise

– municipal enterprise operated by an administrative agency
(eg, public slaughterhouses, forestry, farming)
Regiekosten *pl* (KoR) administrative cost
Regierungsauftrag *m* (FiW) government contract
Regierungsumbildung *f* (com) government shake-up
Regiestufe *f* (Bw) level of management
Regionalanalyse *f* (Vw) regional economics
Regionalbank *f* (Fin) regional bank *(opp, Großbanken)*
Regionalbörse *f* (Bö) regional exchange
regional differenzierte Exportförderung *f* (AuW) export promotion restricted to specified importing countries
regionale Börse *f* (Bö) regional stock exchange
regionale Mobilität *f* (Vw) regional *(or* geographical*)* mobility
regionaler Exportbasiskoeffizient *m* (AuW) economic base ratio
Regionalmonopol *n* (Kart) regional monopoly
(ie, enjoyed by public utilities acting as sole suppliers within their region)
Regionalökonomie *f* (Vw) regional economics
Regionalplanung *f* (Vw) regional economic planning
Regionalpolitik *f* (Vw) regional development policy
Regionaltheorie *f* (Vw) regional economics
Regionalverband *m* (Re) regional association
Regionalwissenschaft *f* (Vw) regional economics
Register *n* (com) index *(cf, Daumenregister = thumb index)*
Registerauszug *m* (Re) extract from register
Registerbefehl *m* (EDV) register instruction
Registerblatt *n* (com) index sheet
Registergericht *n* (Re) registration court
Registerlänge *f* (EDV) register length
Registeroperand *m* (EDV) register operand
Registerrichter *m* (Re) judge in charge of the Commercial Register
Registrator *m* (com) filing clerk
Registratur *f* (com) filing department
Registrierbuchungsautomat *m* (ReW) automatic listing and bookkeeping machine
registrieren (com) to record
Registriergerät *n* (EDV) logger
Registrierkasse *f* (com) cash register
registrierte Arbeitsuchende *mpl* (Vw) applicants registered for work
registriertes Gebrauchsmustermodell *n* (Pat) registered model under a utility patent
Regler *m*
(EDV) controller
– feedback/automatic … controller
– regulator
(ie, portion of a feedback control system – geschlossener Regelkreis – that acts on the process being controlled)
Regreß *m*
(Re) recourse
(Re) *(often used to denote)* claim to damages
Regreßanspruch *m* (Re) right of recourse
Regreßforderung *f* (Re) recourse claim
Regression *f* (Stat) regression
(ie, given two stochastically dependent random

variables, regression functions measure the mean expectation of one variable relative to the other)*
Regressionsanalyse *f* (Stat) regression analysis
(ie, Verfahren der multivariaten Analyse)
Regressionsfläche *f* (Stat) regression surface
Regressionsgerade *f*
(Stat) line of regression
– regression line
– best fit line *(cf, beste Anpassung)*
Regressionsgleichung *f*
(Stat) equation of regression
– regression equation
(ie, in which the x's are called independent, predicated variables, predictors, or regressors; y is called dependent variate, predictand, or regressand)
Regressionskoeffizient *m*
(Stat) coefficient of regression
– regression coefficient
(ie, if two variables x and y have such a correlation that yi = my(xy) is the conditional expectation of a given y, then the coefficients in the function my(xy) are called the regression coefficients)
Regressionskonstante *f* (Stat) regression constant
Regressionskurve *f* (Stat) regression curve
Regressionsparameter *m* (Stat) regression parameter
regressive Kosten *pl* (KoR) regressive cost *(or* expense*)*
(ie, falling in absolute terms when level of activity goes up, and vice versa)
regressive Steuer *f* (FiW) regressive tax
(ie, any tax in which the burden falls relatively more heavily upon low-income groups than upon wealthy taxpayers; opp, progressive Steuer)
Regressivität *f* (FiW) regressivity
regreßlose Exportfinanzierung *f* (Fin) nonrecourse export financing *(syn, Forfaitierung)*
Regreß *m* **mangels Annahme** (Re) recourse for nonacceptance
Regreß *m* **mangels Zahlung** (Re) recourse in default of payment
Regreß *m* **nehmen** (WeR) to take recourse (against)
Regressor *m*
(Math) determining variable
(Stat) predicted variable
– predictor
– regressor
(syn, erklärende Variable)
Regreßpflicht *f* (Re) liability to recourse
regreßpflichtig (Re) liable to recourse
Regreßpflichtiger *m* (Re) party liable to recourse
Regreßrecht *n* (Re) right to recourse
Regreßschuldner *m* (Re) person liable to recourse
regulär (com) across the counter *(eg, sale; opp, under the counter)*
reguläre Bankgeschäfte *npl* (Fin) standard banking operations
(ie, lending and deposit business; opp, Finanzierungs- und Gründungstätigkeit, Effekten- und Depotgeschäft, Zahlungsverkehr, Inkassogeschäft)
reguläre Funktion *f* (Math) analytic *(or* regular*)* function
Regularitätsgebiet *n* (Math) region of analyticity

regulieren
(com) to settle
– to pay
regulierende Eingriffe *mpl* (Vw) regulatory restrictions (*or* activity) of government
Regulierung *f*
(com) settlement
– payment
(Vw) = öffentliche Regulierung
Regulierung *f* **e–s Schadens**
(Vers) settlement of a claim
– claim settlement
Regulierungsabkommen *n* (AuW) settlement agreement
Regulierungsbeamter *m* (Vers) claim adjuster
Regulierungsbeauftragter *m*
(Vers) adjuster
– claims representative
Regulierungskosten *pl*
(Vers) claim expense
– cost of claim settlement
(Vw) cost of compliance
(ie, costs imposed on a firm as a result of complying with government regulation)
Regulierungskurs *m* (Bö) settlement price
Rehabilitation *f* (SozV) rehabilitation
Rehabilitationsstätte *f* (SozV) rehabilitation center
(coll, Reha-Center)
reibungslose Koordination *f* (Bw) smooth coordination
Reichsversicherungsordnung *f* (SozV) German Social Insurance Code, as of 1 Jan 1912, variously amended
Reichweite *f*
(Re) scope
– comprehensiveness
(ie, of statutory and administrative rules)
Reifephase *f* (Mk) maturity stage *(ie, of product life cycle)*
Reihe *f* (Math) series
(ie, indicated sum of a finite or infinite sequence of terms; „unendliche Reihe' = infinite series is usually shortened to „series', such as convergent series, Taylor's series, etc)
Reihenabschluß *m* (Bö) chain transaction *(ie, in forward commodity trading)*
Reihenfertigung *f* (IndE) flow shop production
Reihenfolgemodell *n* (OR) sequencing model
Reihenfolgeplanung *f*
(IndE) job shop scheduling (*or* sequencing)
– priority dispatching
– priority routing and scheduling
(syn, Ablaufplanung, Maschinenbelegungsplan)
Reihenfolgeproblem *n* (OR) sequencing problem
Reihengeschäft *n* (StR) chain transaction
(ie, series of deliveries each of which constitutes a taxable turnover)
Reihenhaus *n*
(com, US) row house
– (GB) terracded house
Reihenkorrelation *f* (Stat) serial correlation
(ie, between members of a time series and those members lagging behind or leading by a fixed distance in time; may be the sample value of the parent autocorrelation)

Reihenregreß *m* (WeR) = Reihenrückgriff
Reihenrückgriff *m* (WeR) recourse sequence following chain of indorsers *(opp, Sprungrückgriff)*
Reihenstichprobenprüfplan *m* (Stat) sequential sampling plan
Reihenstichprobenprüfung *f* (Stat) sequential sampling inspection
Reihenuntersuchung *f* (Pw) health screening
Reihe *f* **von Maßnahmen ankündigen** (com) to announce a package of measures
Reindividende *f* (Fin) net dividend
reine Akkordarbeit *f* (Pw) straight piecework
reine Algebra *f* (Math) abstract/pure . . . algebra
reine Arbitrage *f* (Fin) pure arbitrage
reine Außenwirtschaftstheorie *f* (AuW) pure theory of international trade
reine Forschung *f* (Bw) pure research *(syn, basic research)*
reine Goldumlaufwährung *f* (Vw) gold specie standard
reine imaginäre Zahl *f* (Math) pure imaginary number
(ie, a complex number $z = \times + iy$, where $\times = 0$)
Reineinkommen *n* (Pw) net income (*or* earnings) *(syn, Nettoeinkommen)*
Reineinkommen *n* **nach Steuern** (Pw) net income after taxes
reine Mathematik *f* (Math) pure/abstract . . . mathematics
reiner Gedächtnistest *m* (Mk) unaided (*or* pure) recall test
Reinerlös *m* (Fin) net proceeds
reiner Stücklohn *m* (Pw) straight piece rate
Reinertrag *m* (ReW) = Reingewinn
reiner Verrechnungsdollar *m* (Fin) offset dollar
reiner Zahlungsverkehr *m* (Fin) clean payment
(ie, ohne zusätzliche sichernde Dienstleistungen der Zahlungsverkehrsmittler)
reiner Zins *m* (Fin) pure interest
reiner Zufallsfehler *m* (Stat) unbiased error
reines Akkreditiv *n* (Fin) clean credit
(ie, based on the terms „documents against payment")
reines Bordkonnossement *n* (com) clean shipped on board bill
reines Konnossement *n* (com) clean bill of lading (*or* B/L)
(ie, containing no notation that goods received by carrier were defective)
reines Monopol *n*
(Vw) pure
– perfect
– absolute . . . monopoly
(ie, no substitute product; syn, vollkommenes Monopol, echtes Angebotsmonopol)
reine Sterbeziffer *f* (Stat) refined death rate
reine Stücke *npl* (Bö) good delivery securities *(ie, conforming to stock exchange usages)*
reine Termingeschäfte *npl* (Bö) outright transactions
reine Theorie *f* **des internationalen Handels** (AuW) pure theory of international trade
reine Tratte *f* (com) clean draft
reine Verladedokumente *npl* (com) clean documents

617

Reinfall *m* (Bö) plunge
reinganzzahlige Programmierung *f* (OR) pure integer programming
Reingewicht *n* (com) net weight
(ie, gross weight minus tare which is weight of wrapping, etc.)
Reingewinn *m*
(ReW) net profit
– net earnings
– net income
– *(or simply)* net *(eg, net rose by 14%)*
(ie, sum of revenues minus sum of expenditures; opp, Reinverlust)
(ReW) business income
(ie, von Gesellschaften in Handel und Gewerbe)
(com) net margin
Reingewinnermittlung *f* (ReW) net income calculation
Reingewinn *m* **je Aktie** (Fin) net per share
Reingewinn *m* **vor Fusion** (ReW) profit prior to merger
Reingewinnzuschlag *m* (com) net profit markup
Reinigung *f*
(ReW) cleaning expenses
Reinschrift *f* (com) fair copy
Reinüberschuß *m* (Fin) net surplus
Reinumsatz *m*
(ReW) net sales
– (GB) net turnover *(cf, Nettoumsatz)*
Reinverdienst *m* (Pw) net earnings
Reinverlust *m* (ReW) net loss
(ie, sum of expenditures minus sum of revenues; opp, Reingewinn)
Reinvermögen *n*
(ReW) net ... assets/worth
(ie, Aktiva abzüglich Verbindlichkeiten)
(Vw) net ... assets/worth
(ie, Saldo aus Gesamtvermögen und Verbindlichkeiten; syn, Nettovermögen)
reinvestieren
(Fin) to reinvest
– to plow back (GB: plough back) profits into the business
Reinvestition *f*
(Bw) replacement investment
(Fin) reinvestment
– plow back (GB: plough back)
Reinvestitionsrücklage *f* (StR) reserve for reinvestment *(ie, gain on disposal of a certain class of fixed assets)*
Reinvestitionszeitpunkt *m* (Bw) reasonable time for replacing plant and equipment
reinzeichnen (com) to sign a clear bill of lading
Reiseakkreditiv *n* (com) = Reisekreditbrief
Reisebeschränkungen *fpl* (AuW) traveling restrictions
Reisebilanz *f* (VGR) balance on travel
Reisebuchhandel *m* (com) itinerant book trade
Reisebüro *n* (com) travel agency *(or bureau)*
Reisecharter *f* (com) voyage charter
Reiseentschädigung *f* (Pw) travel allowance
Reisefracht *f* (com) voyage freight
Reisegepäck *n*
(com) luggage
– (GB) baggage

Reisegepäckversicherung *f*
(Vers) baggage *(or luggage)* insurance
– (US *also*) personal effects floater
Reisegewerbe *n* (com) itinerant trade *(previous term: Wandergewerbe)*
Reisegewerbekarte *f* (com) itinerant trade license *(ie, valid for domestic trade; see: Gewerbelegitimationskarte)*
Reisegewerbesteuer *f* (StR) itinerant-trade tax, §35a GewStG *(previous term: Wandergewerbesteuer)*
Reisehandel *m* (com) traveling salesman's trade *(ie, door-to-door canvassing of mail orders; syn, Vertreterversandhandel, Detailreisehandel)*
Reisekosten *pl*
(com) travel allowance
(StR) traveling *(or travel)* expenses
Reisekostenerstattung *f* (com) refunding of travel expenses
Reisekostenpauschale *f* (com) travel allowance
Reisekosten-Pauschbeträge *mpl* (StR) blanket amounts of traveling expenses, Abschn. 119 EStR
Reisekostenvergütung *f* (com) reimbursement of travel expenses
Reisekostenzuschuß *m* (com) traveling allowance
Reisekreditbrief *m* (com) traveler's letter of credit
Reiselagerversicherung *f* (Vers) insurance of traveling salesman's merchandise collection
Reisender *m*
(com) traveling salesman
– commercial traveler
(Zo) any traveler
Reisepolice *f* (Vers) voyage policy
Reiseprospekt *m* (com) travel brochure *(or leaflet)*
Reisescheck *m* (com) traveler's *(or circular)* check *(syn, Travellerscheck)*
Reisespesen *pl* (com) travel expenses
Reisespesenabrechnung *f* (com) travel expense statement
Reisespesensatz *m* (com) per diem travel allowance
Reiseunfallversicherung *f* (Vers) traveler's accident insurance
Reiseveranstalter *m* (com) tour operator
Reisevereinbarungen *fpl* (com) arrangements to ease travel
Reiseverkehr *m* (com) tourist travel *(syn, Fremdenverkehr, Tourismus)*
Reiseverkehrsbilanz *f* (VGR) balance of tourist travel
Reiseverkehrsstatistik *f* (Stat) tourist travel statistics
Reiseversicherung *f*
(Vers) travel insurance
– tourist policy
– voyage insurance
Reiseversicherungspolice *f* (Vers) tourist policy
Reisevertrag *m* (com) tourist travel agreement *(ie, between travel agency or tour operator and traveler)*
Reisevertreter *m* (com) = Reisender
Reisewetterversicherung *f* (Vers) tourist weather insurance *(ie, special line of rain insurance)*
Reisezahlungsmittel *npl* (com) tourist's payment media

reißenden Absatz *m* **finden**
(com) to sell briskly
– (infml) to sell like hot cakes
Reißer *m* (EDV) burster
(ie, used to separate individual forms in a set of continuous stationery output)
Reiter *m* (com) tab *(ie, used as an aid in filing)*
Reitwechsel *m*
(Fin) kite
– windmill
Reklamations-Abteilung *f* (com, US) query department
Reklame *f* (Mk) advertising
(Note that the German term has a slight tinge of ballyhoo)
Reklamefeldzug *m* (Mk) advertising campaign
Reklameflächen *fpl*
(Mk) billboards
– (GB) hoardings *(syn, Anschlagflächen)*
Reklamerummel *m* (Mk, infml) pizazz
Rekordergebnis *n* (com) bumper... performance/results
Rekordhöhe *f*
(com) record level *(eg, unemployment and layoffs are at...)*
(com) all-time high *(ie, prices reached an...)*
Rekordzinsen *mpl* (Fin) record interest rates
Rekrutierungspraxis *f* (Pw) recruitment methods
Rektaindossament *n*
(WeR) „not to order" indorsement
– restrictive indorsement
Rektaklausel *f* (WeR) nonnegotiable clause
Rektakonnossement *n* (com) straight bill of lading
(or B/L)
(ie, made out to the name of carrier or captain, § 647 HGB)
Rektalagerschein *m* (WeR) warehouse receipt made out to a specified person
Rektapapier *n* (WeR) nonnegotiable (or registered) instrument
(ie, legitimiert ist nur der im Papier Benannte; direkt an ihn (‚recta') hat der Verpflichtete zu leisten; Übertragung des verbrieften Rechts durch Abtretung nach §§ 398, 413, 1153, 1154 BGB; das Eigentum am Papier geht nach § 952 II BGB auf den Erwerber über; „das Recht am Papier folgt dem Recht aus dem Papier"; der im Papier nicht benannte Erwerber muß sein Recht nachweisen; Form:
1. Hypothekenbrief;
2. Anweisung nach §§ 783 ff BGB;
3. Papiere des § 363 HGB ohne positive Orderklausel;
4. Wechsel und Namensscheck mit negativer Orderklausel;
5. Sparkassenbuch, siehe aber „hinkende Inhaber-" od „qualifizierte Legitimationspapiere")
Rektascheck *m* (WeR) check payable to named payee, Art. 5 I ScheckG
Rektawechsel *m*
(WeR) nonnegotiable bill of exchange, Art. 11 WG
– „not to order" bill
Rektifikationsposten *m* (ReW, rare) = Posten der Wertberichtigung

rektifizieren
(com) to rectify
– to set straight
Rekursionsformel *f* (Math) recursion (*or* recursive) formula
Rekursionsverfahren *n* (Bw) roll-back method
rekursive Definition *f* (Log) recursive definition
rekursive Funktion *f* (Math, Log) recursive function
relationale Datenbank *f* (EDV) relational database
relationaler Operator *m* (EDV) relationaler Operator
(eg, < >, < =, > =; syn, Vergleichsoperator)
relative Abweichung *f* (Stat) relative deviate
relative Adresse *f* (EDV) relative address
relative Adressierung *f* (EDV) relative addressing
(ie, 1. operand address + reference address = absolute address; 2. displacement + base address = absolute address)
relative Ausschußtoleranz *f*
(IndE) lot tolerance per cent defective
– lot tolerance limit
relative Einkommenshypothese *f* (Vw) relative income hypothesis
relative Einzelkostenrechnung *f* (KoR) relative direct costing
relative Gemeinkosten *pl* (KoR) relative overhead
(ie, used in marginal costing by Riebel)
relative Häufigkeit *f*
(Stat) relative frequency
– proportional frequency
relative Inflation *f* (Vw) relative inflation
relative Konstanz *f* **der Lohnquoten** (Vw) constancy of relative shares
relative Kursstärke *f* (Fin) elative price strength
(ie, mißt Aktienkursentwicklung zu der des Gesamtmarktes)
relative Mehrheit *f*
(Re) relative majority
– (US) plurality
relative Meistbegünstigung *f* (AuW) conditional most-favored-nation treatment
relative Preisunterschiede *mpl* (AuW) relative price differences *(ie, equal to 'comparative advantage')*
relative Priorität *f* (OR) nonpreemptive priority
(ie, in waiting-line theory; opp, absolute Priorität)
relative Prioritäten *fpl* (OR) head-of-the-line priorities
relative Programmierung *f* (EDV) relative programming
relativer Ausdruck *m* (EDV) relocatable expression
relativer Fehler *m* (EDV) relative error *(opp, absolute error)*
relativer Preis *m* (Vw) relative price
relativer Vorrang *m* (OR) nonpreemptive priority
relatives Recht *n*
(Re) personal right
– right in personam
(ie, imposing obligation on a definite person)
relatives Risiko *n* (Stat) relative/odds... ratio
(ie, ratio of probability of occurrence of an event to the probability of the event not occurring)

relative Stärke *f* (Fin) relative strength
(ie, in der technischen Aktienanalyse; Branchenindizes werden mit Gesamtindizes verglichen)
relativierbar (EDV) relocatable
Relativierungstabelle *f* (EDV) relocation dictionary
Relativlader *m* (EDV) relocatable program loader
relevante Daten *pl* (Bw) relevant data
relevante Kosten *pl*
(KoR) relevant
– alternative
– current-outlay
– incremental
(ie, die von den Handlungsparametern e–s Entscheidungsproblems abhängigen Kosten [Kilger])
relevanter Bereich *m* (KoR) relevant range
relevanter Markt *m* (Kart) relevant market
(ie, alle Anbieter, die als aktuelle od potentielle Konkurrenten im Wettbewerb miteinander stehen; ist sachlich, räumlich, zeitlich zu bestimmen; area of effective competition; the stress is on reasonable interchangeability, der Austauschbarkeit des Produktes nach Verbrauchermaßstäben; anders ausgedrückt: the narrowest market which is wide enough so that products from adjacent areas or from other producers in the same area cannot compete on substantial parity with those included in the market)
(Mk) evoked set *(syn, relevanter Produktmarkt)*
relevanter Produktmarkt *m* (Mk) = relevanter Markt
relevanter Zinsfuß *m* (Fin) relevant rate
Reliabilität *f* (Bw) reliability
(ie, Genauigkeit des aus e–m psychologischen Test ermittelten Meßwerts)
Rembours *m* (Fin) payments by mean of documentary acceptance credit
Remboursauftrag *m* (Fin) order to open a documentary acceptance credit
Remboursbank *f* (Fin) accepting bank
Remboursermächtigung *f* (Fin) reimbursement authorization *(ie, authority to open a documentary acceptance credit)*
Remboursgeschäft *n* (Fin) financing by documentary acceptance credit
Rembourskredit *m* (Fin) documentary acceptance credit
(ie, besondere Form des Akzeptkredits im Außenhandel; idR mit e–m Akkreditiv gekoppelt; documentary letter of credit under which bills are drawn at a term other than sight)
Rembourslinie *f* (Fin) acceptance credit line
Remboursregreß *m* (WeR) reimbursement recourse
Remboursschuldner *m* (Fin) documentary credit debtor
Remboursstratte *f* (Fin) documentary acceptance *(or* bill*)*
Remboursverbindlichkeit *f* (Fin) indebtedness on documentary acceptance credit
Rembourswechsel *m* (Fin) documentary draft
Remboursszusage *f* (Fin) agreement to reimburse
Remittent *m* (WeR) payee, Art. 1, 75 WG *(syn, Wechselnehmer)*
Remonetisierung *f* (Vw) remonetization

Rendement *n* (com) yield
Rendite *f*
(Fin) yield
(ie, the terms yield and return are often confused: yield is restricted to the net income from a bond if held to maturity, while return denotes current income derived form either an bond or a stock, without reference to maturity)
(Fin) effective yield *(or* rate*) (ie, on bonds)*
(Fin) annual rate of return
(ie, on capital employed, mostly expressed in percentage terms)
Renditeangleichung *f* (Fin) yield adjustment
Rendite *f* **auf die Investition** (Fin) return on investment
Rendite *f* **auf durchschnittliche Laufzeit** (Fin) yield to average life
Rendite *f* **auf Endfälligkeit** (Fin) yield to redemption
Rendite *f* **auf früheste Kündigung** (Fin) yield to early call
Rendite *f* **auf Kündigungstermin** (Fin) yield to call date
Rendite *f* **bei Langläufern**
(Fin) yield on long-dated bonds
– yield on longs
Rendite *f* **der Gewinnvergleichsrechnung** (Fin) accounting rate of return
(ie, average net income/average net book value over project life)
Rendite *f* **entsprechend der Laufzeit** (Fin) yield equivalent to life
Rendite *f* **e–r kündbaren Anleihe** (Fin) yield to call
(ie, on the assumption that the bond is redeemed prior to maturity)
Rendite *f* **e-r langfristigen Anlage** (Fin) maturity yield
Renditehäufigkeit *f* (Fin) yield frequency
Rendite *f* **nach Steuern** (Fin) after-tax yield
Renditengefälle *n* (Fin) yield differential *(or* gap*)*
Renditengefüge *n* (Fin) yield structure
Renditenspanne *f* (Fin) yield spread
Renditenstatistik *f* (Fin) statistics on yields
Renditenstruktur *f* (Fin) yield structure
Renditeobjekt *n* (Fin) income *(or* investment*)* property
(ie, type of property the primary purpose of which is to produce monetary income)
Renditespanne *f* (Fin) yield spread
Renditetabellen *fpl* (Fin) basic books
Renditevorsprung *m* (Fin) yield advantage *(over)*
Rendite *f* **vor Steuern**
(Fin) yield before taxes
– pretax yield
Renegotiationsklausel *f* (com) renegotiation clause
(ie, in offshore transactions: permits buyer to review prices within 3 years)
„Renner" *m*
(Mk) top-selling item *(or* product*)*
– runner
Rennwett- und Lotteriegesetz *n* (StR) Law Regulating the Tax on Bettings and Lotteries, of 8 Apr 1922, as amended
Rennwett- und Lotteriesteuer *f* (StR) tax on bettings and lotteries

Renommee *n* (com) reputation or goodwill *(ie, of a person or company)*
Renovierungskosten *pl* (com) cost of renovation
rentabel (Fin) profitable
Rentabilität *f*
  (Bw) profitability
  (ie, special form of economic efficiency which is designed to show the efficiency of capital input)
  (Bw) rate of return on capital employed
  – rate of profit (*or* profitability)
  – return on investment
  – RoI *(ie, capital turnover × net income percentage of sales = Kapitalumsatz × Umsatzerfolg)*
  – *(in business parlance)* profitable efficiency
  (cf, Systematik im Anhang)
Rentabilität *f* **des Betriebes** (Fin) operating return
  (ie, ratio of operating profit to necessary operating capital = betriebsnotwendiges Kapital)
Rentabilität *f* **des Eigenkapitals** (Fin) equity return
  (ie, ratio of net profit to equity capital)
Rentabilitätsanalyse *f*
  (Fin) return on investment analysis
  – RoI analysis
  – profitability analysis
Rentabilitätsberechnung *f* (com) profitability calculation (*or* estimate)
Rentabilitätsfaktor *m* (com, *in retailing*) profitability factor
  (ie, percentage gross proceeds minus inventory turnover/100)
Rentabilitätsgesichtspunkte *mpl* (com) profitability aspects (*or* considerations)
Rentabilitätsindex *m*
  (Fin) index of profitability
  – benefit-cost ratio
  (ie, ratio of the sum of the present value of future cash flows (künftige Einzahlungen) to the initial cash investment; used in investment analysis = Investitionsrechnung)
Rentabilitätskennzahl *f* (Fin) efficiency ratio
  (eg, Eigenkapital/Gesamtkapital /Umsatz-Rentabilität od -Rendite)
Rentabilitätslücke *f* (Fin) profitability gap
Rentabilitätsprüfung *f* (ReW) profitability audit
Rentabilitätsrechnung *f*
  (Fin) evaluation of investment alternatives
  – investment appraisal
  – preinvestment analysis
  (syn, Wirtschaftlichkeitsrechnung)
  (Fin) average rate of return (RoI) method
  (Fin) mathematics of finance *(ie, dealing with corporation stocks, bonds and other investment)*
Rentabilitätsschwelle *f* (Fin) breakeven point
Rentabilitätsvergleichsmethode *f* (Fin) accounting method
Rentabilitätsvergleichsrechnung *f* (Fin) average return method
  (ie, statische Methode der Investitionsrechnung = preinvestment analysis)
Rentabilitätsverhältnisse *npl* (Fin) profitability
Rentabilitätsziel *n* (Fin) target rate-of-return goal
Rentabilität *f* **von Investitionen** (Fin) return on investments *(ie, over total life of project)*
Rente *f*
  (Vw) economic rent

(StR) annuity *(ie, both civil law and tax law leave the term undefined)*
  (SozV) old-age pension
  – retirement pension
  (Vers) annuity
Rente *f* **ablösen** (Fin) to redeem an annuity
Rente *f* **kapitalisieren** (Fin) to capitalize an annuity
Rente *f* **mit unbestimmter Laufzeit** (Fin) contingent annuity
Renten *pl* (Bö) = Rentenwerte
Rentenablösung *f* (Fin) redemption/commutation... of an annuity
Rentenalter *n* (Pw) pensionable age
Rentenanleihe *f* (Fin) annuity bond
Rentenanpassung *f* (SozV) pension adjustment
Rentenanpassungsgesetz *n* (SozV) Pension Adjustment Law
Rentenanpassungstermin *m* (SozV) pension adjustment date
Rentenanspruch *m* (SozV, Pw) pension claim
Rentenanwartschaft *f* (SozV) expectancy of pension
Rentenaufwand *m* (Pw) annuity cost
Rentenbaisse *f* (Bö) slump in bond prices
Rentenbarwert *m* (Fin) present value of annuity
Rentenbemessungsgrundlage *f* (SozV) pension base
  (ie, 1. allgemeine B.: durchschnittliches Bruttojahresentgelt (gross annual earnings) aller Arbeiter und Angestellten (salaried and nonsalaried workers) im Mittel des dreijährigen Zeitraums vor dem Kalenderjahr, das dem Eintritt des Versicherungsfalles vorausgeht; derzeit ist der Lohnanstieg des jeweiligen Vorjahres maßgebend;
  2. persönliche B.: Verhältnis von Bruttoarbeitsentgelt des einzelnen Versicherten zu Bruttoarbeitsentgelt aller Versicherten)
Rentenberater *m* (Pw) pension consultant
Rentenbescheid *m* (SozV) pension notice
Rentenbestand *m* (Fin) bond holdings
Rentendauer *f* (Fin) term of annuity
Rentendynamik *f* (SozV) = cf, dynamische Rente
Renteneinkommen *n*
  (Vw) unearned income
  (SozV) retirement pensions and other social security pensions
Rentenempfänger *m*
  (Fin) annuitant
  (SozV) pensioner
Rentenendwert *m*
  (Fin) amount of annuity
  – accumulation/accumulated amount... of annuity
  – final value of annuity
rentenfähig (SozV) eligible for retirement
Rentenfinanzen *pl* (SozV) pension funds' finances
Rentenflaute *f* (Bö) sluggish bond market
Rentenfolge *f* (Fin) annuity series
Rentenfonds *m*
  (Fin) annuity fund
  (Fin) bond-based fund
  (ie, mutual fund investing in bonds rather than stocks)
Rentenformel *f* (SozV) pension formula
  (ie, Elemente sind: allgemeine Bemessungsgrund-

621

lage, persönliche Bemessungsgrundlage, Beitragsjahre, Steigerungsrate pro Versicherungsjahr)

Rentengeschäft *n* (Vers) annuity business

Rentenhandel *m* (Fin) bond . . . dealings/trading

Rentenhändler *m* (Fin) bond dealer
(ie, Börsenhändler in Festverzinslichen)

Rentenhausse *f* (Bö) upsurge in bond prices

Rentenkurs *m* (Fin) bond price

Rentenleistungen *fpl*
(Fin) annuity payments
(SozV) pension benefits

Rentenmarkt *m*
(Fin) bond market
– fixed-interest market *(cf, Bondmarkt)*

Rentenmarkt *m* **in Anspruch nehmen** (Bö) to tap the bond market

Rentenmarkt *m* **versperren** (Bö) to close off the bond market
(eg, to most companies, due to high interest)

Renten *fpl* **nach Mindesteinkommen** (SozV) pensions based on minimum incomes

Rentennotierung *f* (Fin) bond . . . price/quotation

Rentennotierungen *fpl* (Bö) bond prices

Rentenpapiere *npl* (Bö) = Rentenwerte

Rentenportefeuille *n* (Fin) bond holdings

Rentenrate *f* (Fin) annuity payment

Rentenrechnung *f* (Math) mathematics of annuities

Rentenrecht *n* (SozV) pension law

Rentenreihe *f* (Fin) annuity series

Rentenschein *m* (Fin) interest coupon *(syn, Zinsschein)*

Rentenschuld *f* (Re) annuity land charge, §§ 1199 ff BGB

Rentenschwäche *f* (Bö) weakness in bond prices

Rentenumlauf *m* (Fin) total bonds outstanding

Rentenumsätze *mpl* (Bö) bond turnover

Renten- und Aktienrendite *f* (Bö) stock market yield

Renten *fpl* **und dauernde Lasten** *fpl* (StR) annuities and permanent burdens
(ie, incurred in connection with the organization or acquisition of a business, § 8 Nr. 2 GewStG, § 52 GewStR)

Rentenverpflichtungen *fpl* (Fin) liabilities for annuity payments

Rentenversicherung *f*
(SozV) pension insurance fund
(Vers) annuity insurance

Rentenversicherung *f* **der Arbeiter und Angestellten** (SozV) wage and salary earners' pension insurance funds

Rentenversicherungsträger *m* (SozV) pension insurance institution *(or carrier)*

Rentenvertrag *m* (Fin) annuity . . . agreement/contract

Rentenwerte *mpl*
(Fin) bonds
– fixed-interest securities
(syn, Festverzinsliche, Bonds)

Rentenzahlung *f*
(SozV) pension payment
(Vers) annuity payment

rentieren (Fin) to pay off

rentierend (Fin) profitable

rentieren, sich (Fin) to be profitable

Rentner *m* (SozV) pensioner

Rentnerhaushalt *m* (Stat) household of a retired couple

Rentnerkrankenversicherung *f* (SozV) pensioners' health insurance

Reorganisation *f*
(Bw) reorganization
– organizational reshuffle
– restructuring of activities

Reorganisationsprogramm *n* (Bw) restructuring plan *(or program)*

reorganisieren
(Bw) to reorganize
– to reconstruct
– to regroup
– to reshape
– to revamp *(eg, manufacturing operations)*

Reparatur *f*
(com) repair (work)

Reparaturauftrag *m* (com) repair order

Reparaturkosten *pl* (KoR) cost of repair and maintenance

Reparaturschicht *f* (IndE) maintenance *(or repair)* shift

repartieren
(Fin) to apportion
– to allot
– to scale down an allotment

Repartierung *f*
(Fin) allotment
– scaling down *(syn, Zuteilung)*

Repatriierung *f* (AuW) repatriation

Repetierfaktoren *mpl* (Bw) consumable factors of production
(ie, raw materials, auxiliary materials, supplies; opp, Potentialfaktoren)

repetitive Arbeit *f* (Pw) repetitive work

Report *m*
(Bö) delayed acceptance penalty
– (GB) contango
(ie, London Stock Exchange term: percentage of the selling price payable by the purchaser of shares for the privilege of postponing acceptance of their delivery; opp, Deport)
(Fin) premium
(ie, Aufschlag e–r Währung auf dem Devisenterminmarkt gegenüber dem Kurs auf dem Devisenkassamarkt; syn, Prämie)

Reportarbitrage *f* (Bö) commodity arbitrage *(syn, Warenarbitrage)*

Reportgenerator *m* (EDV) report generator, RPG

Reportgeschäft *n*
(Bö) carryover business
(ie, continuation of forward transaction: sale and purchase of securities against payment of carryover price; opp, Deportgeschäft)
– contango
– continuation

Reports *pl* (EG) premiums *(ie, monatliche Zuschläge zu Richt-, Schwellen- und Interventionspreisen)*

Reportsatz *m*
(Bö) carryover rate
– contango rate

Reporttag *m* (Bö) contango (*or* continuation) day
Repräsentant *m* (com) representative
Repräsentanz *f* (com) representative office
Repräsentationskosten *pl*
(com) promotional costs
Repräsentationszulage *f* (StR) duty entertainment allowance
repräsentativer Durchschnitt *m* (com) representative cross-section
Repräsentativerhebung *f*
(Stat) representative sampling (*or* survey)
– sample survey
repräsentativer Kurs *m* (EG) representative conversion rate *(syn, grüner Kurs)*
repräsentative Stichprobe *f* (Stat) average/representative ... sample
reprivatisieren (Vw) to denationalize
Reprivatisierung *f*
(Vw) retransfer to private ownership
– (GB) denationalisation
Reproduktionsindex *m* (Stat) reproduction rate
Reproduktionskosten *pl* (ReW) reproduction cost
Reproduktionskostenwert *m* (Bw) reproduction cost value
(ie, sum of current market values of all assets of a business minus liabilities; used in valuation of enterprises as a whole = Unternehmensbewertung)
Reproduktionsrate *f* (Stat) = Reproduktionsindex
Reproduktionswert *m* (Bw) reproduction value
(ie, value of an enterprise as a whole: sum of all assets minus all liabilities, but excluding goodwill; syn, Teilreproduktionswert [preferable term], Sachwert, Substanzwert)
Reproduktionsziffer *f* (Stat) = Reproduktionsindex
reproduzierbare Sachanlagen *fpl* (Bw) reproducible fixed capital
reproduzierbares Realvermögen *n* (Vw) reproducible assets
Reproduzierbarkeit *f* (Stat) reproducibility *(ie, of test results)*
reprofähiger Stromlaufplan *m* (EDV, CAD) artwork quality drawing
(ie, beim Leiterplattenentwurf = in circuit board design)
reprofähige Vorlage *f* (EDV, CAD) reproduction artwork)
Reptilienfonds *m* (FiW) slush fund
(ie, kept by German Federal Chancellor as ,Titel 300' for undisclosed public relations work)
Repudiation *f* (Vw) repudiation
(ie, of money, due to its low purchasing power as a result of inflation, which makes it unsuitable as a medium of exchange)
Reserveaktivum *n* (AuW) reserve asset (*or* instrument)
Reservebanken *fpl* (Vw) reserve banks
(ie, where commercial banks are obligated to keep minimum reserve accounts; eg, Deutsche Bundesbank, US Federal Reserve System)
Reservebetrieb *m* (EDV) backup operation
Reservebildung *f (ReW) amounts set aside for reserves*
Reserveeinheit *f* (IWF) reserve unit
Reservefonds *m*
(Fin) reserve fund *(ie, of a cooperative)*

(ReW, obsolete term) surplus reserve *(syn, Rücklage)*
Reservehaltung *f* (Fin) reserve management
Reservehaltung *f* **in Form von Guthaben** (Vw) compulsory reserve deposits
Reservehaltung *f* **in Form von Wertpapieren** (Vw) compulsory reserves in securities
Reserveinstrument *n* (AuW) reserve instrument
Reservekapazität *f* (IndE) reserve (*or* standby) capacity
Reservemedium *n* (IWF) reserve facility
Reservemeldung *f*
(Fin) reserve statement
– reserve status report
Reservemittel *pl* (IWF) reserve facility
Reserven *fpl* (ReW, Fin) reserves
(ie, nondescriptive general term covering ,Rücklagen', ,Rückstellungen', ,Mindestreserven', qv.)
reservepflichtige Verbindlichkeiten *fpl*
(Fin) liabilites subject to reserve requirements
– reserve-carrying liabilities
Reserveposition *f*
(IWF) Net Fund Position
– reserve position
(ie, difference between subscription or quota and IMF holdings of domestic currency)
Reservesatz *m* (Vw) minimum reserve ratio
Reserve-Soll *n* (Fin) required reserve
(ie, monthly average of a bank's domestic liabilities subject to reserve requirements)
Reservespeicher *m*
(EDV) spare memory
– backup store
Reservesystem *n* (EDV) standby (*or* fall back) system
Reservetransaktion *f* (Vw) reserve transaction
Reserveverluste *mpl* (Vw) reserve losses
Reservewährung *f* (AuW) (international) reserve currency
Reservewährungsguthaben *npl* (AuW) reserve currency balances
Reservewährungsländer *npl* (AuW) reserve currency countries
reservieren
(com) to reserve
– (GB) to book
– (GB, *also*) to reserve
reservierter Liegeplatz *m* (com) accommodation/appropriated ... berth *(ie, of a ship)*
reservierte Wörter *npl* (EDV, Cobol) reserved words
(ie, dürfen nicht zur freien Benennung von Feld- und Paragraphennamen verwendet werden; eg, im voll ausgebauten ANS COBOL: accept, access, actual, add, address, etc)
Reservierung *f*
(com) reservation
– (GB) booking
residualbestimmtes Einkommen *n*
(Vw) residual income
– income determined residually
Residualfaktor *m* (Vw) residual factor
Residualterm *m* (Stat) residual term
Residualtheorie *f* (Vw) residual theory of profit
Residuen *npl* (Stat) residual variables

623

Respekttage *mpl* (WeR) days of grace
*(ie, not recognized under West German law,
Art. 74 WG)*
Ressort *n*
(Bw) decision/organizational unit
*(ie, wird von e–m Mitglied der Unternehmens-
leitung geführt)*
ressortieren (com) to be handled by *(eg, coal li-
quefaction is . . . by the Federal Research
Ministry)*
Ressourcen *pl*
(Vw) resources
(Bw) resources
– capabilities
Ressourcen-Allokation *f*
(Vw) allocation of resources
– resource allocation
Ressourcen-Bereitstellung *f* (Bw) resourcing
Ressourcenbestands-Barriere *f* (Vw) resource-posi-
tion barrier
Ressourcen-Inanspruchnahme *f* **durch den Staat**
(FiW) resource absorption by government
Ressourcen-Planung *f* (Bw) capability/resources . . .
planning
Ressourcen-Transfer *m* (AuW) transfer of re-
sources
Ressourcen *fpl* **verschwenden** (Bw) to waste *(or dis-
sipate) resources*
Rest *m* (com) balance *(eg, of contract price)*
Restanlagenwert *m* (ReW) residual cost *(or value)*
Restant *m*
(com) debtor in arrears
– defaulting debtor
Restanteil *m* (Fin) remaining share of profits
Restanten *mpl*
(com) debtors in default *(or arrears)*
– defaulters
– delinquent debtors
(Fin) securities called back for redemption but
not yet presented
Restarbeitslosigkeit *f* (Vw) = Bodensatzarbeitslosigkeit
Restaurant-Kette *f*
(com) restaurant chain
– (GB) catering group
Restbestand *m* (MaW) leftover stock
Restbetrag *m*
(com) (remaining) balance
– residual amount
Restbruch *m* (Math) fractional part
Restbuchwert *m*
(ReW) net book/residual . . . value
– remaining/depreciated . . . book value
– amortized/unrecovered/balance of asset . . .
cost
*(ie, after deducting previous depreciation provi-
sions; syn, Nettobuchwert*
Restdeckungsbeitrag *m* (KoR) residual contribu-
tion margin
*(ie, differences between contribution margins and
a number of special fixed costs)*
Resteinzahlung *f* (Fin) residual payment
Restfehler *m* (EDV) residual error
Restglied *n* (Math) remainder after n terms
Restgröße *f* (Stat) residual term

Restguthaben *n* (ReW) remaining credit balance
restitutio *f* **in integrum** (Re) restoration *(or restitu-
tion) to the previous condition
Restkapital *n*
(Fin) principal outstanding
– remaining investment
Restkaufgeld *n* (com) balance of purchase price
Restklasse *f* (Log) difference class
Restkosten *pl*
(Bw) cost to complete *(ie, in project management)*
– residual cost
Restkostenrechnung *f* (KoR) = Restwertrechnung
Restkostenwert *m* (KoR) cost value of major or
chief product in joint production *(ie, coke as
against gas)*
Restlaufzeit *f*
(com) remaining . . . life/term
– maturing within . . .
– remainder of the term
– unexpired term
– residual time to maturity
– time/term . . . to maturity
Restlaufzeit *f* **bis zu 1 Jahr** (ReW) due within 1 year
Restlebensdauer *f*
(ReW) remaining life expectancy *(ie, of fixed
asset)*
– remaining useful life
– unexpired life
restliche Sendung *f* (com) remainder of a consignment
restliche Tilgungsschuld *f* (Fin) remaining investment
Restnutzungsdauer *f* (ReW) = Restlebensdauer
Restposten *mpl* **der Zahlungsbilanz**
(AuW) balance of unclassifiable transactions
– accommodating/balancing . . . items
– errors and omissions
*(syn, Saldo der statistisch nicht aufgliederbaren
Transaktionen)*
Restprüfung *f*
(EDV) residue check
– modulo n check
Restriktion *f*
(Math) constraint
– restriction
– side condition
(Fin) = Kreditrestriktion
Restriktionen *fpl* **im Wertpapierverkehr** (Fin) restrictions *(or constraints) on security transactions
Restriktionsgrad *m* (Vw) restrictiveness *(eg, in
quantitative monetary policy)*
Restriktionskurs *m* (Vw) restrictive course
Restriktionsmaßnahmen *fpl* (Vw) restrictive
measures
restriktive Eingriffe *mpl*
(Vw) controls
– government interference
restriktive Geldpolitik *f*
(Vw) restrictive monetary policy
– tight money policy
– monetary restraint
restriktive Geldpolitik *f* **fortführen** (Vw) to adhere
to a tight monetary policy

restriktive Geld- und Kreditpolitik *f* (Vw) restrictive monetary policy
restriktive Kreditpolitik *f*
(Vw) restrictive credit policy
– tight credit policy
– credit control
restriktive Maßnahmen *fpl* (Vw) restraint measures
restriktive Politik *f*
(Vw) restrictive economic policy
– restraint
– tight policy
Restrisiko *n* (Pw) acceptable risk *(ie, in accident prevention)*
Restschlange *f* (AuW) truncated Snake
Restschuld *f*
(com) balance due
(Fin) residual debt
– remaining debt
– unpaid balance in account
Restsumme *f* **der Abweichungsquadrate** (Stat) error sum of squares
Restwert *m*
(ReW) declining balance of the asset account *(ie, balance after deducting preceding depreciation provisions)*
(ReW) residual
– recovery
– salvage
– scrap
– terminal . . . value
Restwertabschreibung *f* (ReW) = geometrisch-degressive Abschreibung
Restwertrechnung *f* (KoR) residual value costing *(ie, method of costing joint products = Kalkulation von Kuppelprodukten; syn, Restkostenrechnung, Subtraktionsmethode)*
Retentionsrecht *n* (Re) right of retention *(ie, right to retain possession until claim is satisfied, § 369 HGB; syn, Zurückbehaltungsrecht)*
Retorsionsmaßnahme *f* (AuW) retaliatory action *(or measure)*
Retorsionszoll *m* (AuW) retaliatory duty *(or tariff)*
Retouren *fpl*
(com) (sales) returns
– returned sales *(or purchases)*
– goods returned
(AuW) returned merchandise *(ie, to exporter as setoff against exported goods)*
(Fin) bills and checks returned unpaid
retrograde Planung *f* (Bw) top-down planning
retrograde Rechenmethode *f* (KoR) inverse method of determining joint-product cost *(ie, sales price of final byproduct less separable cost incurred less profit markup = cost of previous product and so on; end result is the main-product cost)*
retrograde Verkaufskalkulation *f* (com) inverse method of determining purchase price *(ie, sales price less profit markup, selling and administrative expenses, and cost of acquisition; opp, progressive Verkaufskalkulation)*
Retrozedent *m* (Vers) retrocedent *(ie, reinsurer placing a retrocession; syn, Weiterrückversicherungsnehmer)*
retrozedieren (Vers) to retrocede

Retrozession *f* (Vers) retrocession *(ie, cession of reinsurance by one reinsurer to another reinsurer; syn, Folgerückversicherung)*
Retrozessionar *m* (Vers) retrocessionaire *(ie, the reinsurer of a reinsurer; syn, Weiterrückversicherer)*
Reugeld *n* (Re) forfeit money, § 359 BGB
Revalvation *f* (AuW) = Aufwertung
revidiertes Simplexverfahren *n* (OR) revised simplex method
Revision *f*
(ReW) accounting control
(ReW) audit(ing)
(StR) appeal
(ie, carried to the Federal Fiscal Court, § 115 FGO)
(Re) appeal on law *(opp, Berufung = appeal on facts and law)*
Revisionsantrag *m* (Re) appeal to a court of superior jurisdiction
Revisionsattest *n* (com) certificate of classification *(ie, issued by a classification society, such as Germanischer Lloyd; Klassifikationsattest)*
Revisionsbeklagter *m* (Re) appellee
Revisionsbericht *m* (ReW) = Prüfungsbericht
Revisionskläger *m* (Re) appellant
Revisionsklausel *f* (Re) re-opener clause *(ie, in contracts)*
Revisionslehre *f* (ReW) auditing
Revisionsschreiben *n* (IndE) inspection report *(ie, written by factory inspectors)*
Revisionsschrift *f* (StR) appeal brief *(eg, submitted to the Federal Fiscal Court)*
Revisionsverband *m* (ReW) auditing association *(ie, of cooperatives)*
Revision *f* **verwerfen** (StR) to dismiss an appeal, § 126 I FGO
Revisor *m*
(ReW) auditor
(IndE) inspector
Revitalisierungs-Marketing *n* (Mk) remarketing
revolvierende Planung *f* (Bw) revolving planning *(syn, gleitende Planung, qv)*
revolvierender Kredit *m* (Fin) revolving *(or continuous)* credit
revolvierendes Akkreditiv *n* (Fin) revolving letter of credit
revolvierende Swaps *mpl*
(Vw) revolving swaps
Revolving-Akkreditiv *n* (Fin) revolving letter of credit
Rezensent *m* (com) (book) reviewer
rezensieren
(com) to review *(eg, a book)*
– (GB *also*) to notice *(ie, which implies that the review is brief)*
Rezension *f* (com) book review *(syn, Buchbesprechung)*
Rezept *n* (SozV) prescription
rezeptfrei
(SozV) over-the-counter
– nonprescription
rezeptfreie Medikamente *npl* (SozV) nonprescription drugs
Rezeptgebühr *f* (SozV) prescription charge

Rezeption *f*
(com) reception desk
– front desk *(ie, at a hotel)*
– (GB) reception
rezeptpflichtige Medikamente *npl* (SozV) prescription drugs
Rezession *f*
(Vw) recession
– slump
Rezession *f* **bekämpfen** (Vw) to combat (*or* fight) a recession
rezessionsbedingter Nachfragerückgang *m* (Vw) recession-led slump in demand
rezessionsbedingtes Defizit *n* (FiW) recession-swollen budget deficit
rezessionsgeschädigter Wirtschaftszweig *m* (Vw) recession-plagued industry
rezessionssicher (com) recession-resistant *(eg, service business)*
Rezession *f* **überstehen** (com) to weather a recession
rezessive Tendenzen *fpl* (Vw) recessionary trends
reziproke Gleichung *f* (Math) reciprocal equation
reziproke Konten *npl* (ReW) suspense accounts *(syn, Spiegelbildkonten, Übergangskonten)*
reziproke Matrix *f* (Math) reciprocal (*or* inverse) matrix
reziproker Verzug *m* (Fin) cross default *(syn, Drittverzug)*
reziprokes Gleichungssystem *n* (Math) inverse system of equations
reziproke Verzugsklausel *f* (Fin) cross default... clause/provision
(ie, bei Roll-over-Krediten: Möglichkeit der Kündigung, falls der Schuldner gegenüber Dritten in Zahlungsverzug gerät; cf, Verzugsklausel)
Reziprozitäts-Prinzip *n* (AuW) reciprocity principle
R-Gespräch *n*
(com, US) collect call
– (GB) transferred charge call
– (GB, coll) reverse-charge call
R-Gespräch führen (com) to call collect
Rheinisch-Westfälisches Institut *n* **für Wirtschaftsforschung** (Vw) *(Essen-based)* Rhenish-Westphalian Institute for Economic Research
Rhetorikkurs *m* **belegen** (com) to join a public speaking course
Ricambio *m*
(Fin) redrafted bill
– redraft
– re-exchange
(syn, Ricambiowechsel, Rückwechsel)
Richtbestand *m* (MaW) target inventory level
richterliche Auslegung *f*
(Re) court interpretation
– judicial construction
richterliche Entscheidung *f* (Re) (court) ruling *(ie, by a judge)*
richterliche Gewalt *f* (Re) judicial authority
richterlich entscheiden (Re) to hear and determine (a case)
richterliches Ermessen *n* (Re) judicial discretion
richterliches Prüfungsrecht *n* (Re, US) judicial review, qv

richterliche Zuständigkeit *f* (Re) jurisdiction *(eg, court has no . . .)*
Richtigkeit *f*
(com) accuracy
(IndE) accuracy of the mean
(ie, Übereinstimmung zwischen dem wahren Wert und dem Durchschnittswert; früher auch ‚Treffgenauigkeit'; cf, DIN 55 350, T.11)
Richtigkeit *f* **der Abschrift wird beglaubigt** (com) certified to be a true and correct copy of the original
richtigstellen
(com) to rectify
– to straighten out
Richtigstellung *f* (com) rectification
Richtkosten *pl* (KoR, obsolete) = Plankosten
Richtlinie *f*
(com) guideline
(ReW) standard
(EG) Directive *(opp, Verordnung = regulation)*
Richtlinien *fpl* (StR) administrative regulations
Richtlinienentwurf *m* (EG) draft directive
Richtlinien *fpl* **für die Bewertung des Grundvermögens** (StR) Regulations for the Valuation of Real Property, of 19 Sept 1966
Richtlinienkompetenz *f* (Bw) right to set the broad rules of company policy
Richtpreis *m*
(com) recommended (*or* suggested) price
(EG) target price
Richtsätze *mpl*
(Vw) guiding ratios
(eg, ratio of lending to capital reserves, as fixed by central bank)
(StR) comparative data
(ie, experience figures the government collects in tax examinations and from other sources; applied to small businesses not required to keep books and to enterprises whose reported profits are out of line with those of comparable businesses for unexplained reasons)
Richtungsableitung *f* (Math) directional derivative
Richtungskämpfe *mpl*
(com) factional disputes
– factions feud
Richtungskoeffizient *m* (Math) slope
Richtungskosinus *m* (Math) direction cosine
Richtungsparameter *m* (Math) direction parameter
richtungsunabhängiger Balkencode *m* (Mk) omnidirectional code
richtungsweisend (com) trendsetting
Riesenprojekt *n* (com) mega-project *(eg, worth $ 300bn)*
riesige Haushaltsdefizite *npl* (FiW) gargantuan budget deficits
Rigorosum *n* (Pw) final oral examination for a doctorate
Rimesse *f* (Fin) remittance
Rimessenbuch *n*
(Fin) book of remittance
– bill book
Ringbuch *n*
(com) loose-leaf notebook
– (GB) ring binder
Ringgeschäft *n* (com) circular forward transaction

Ringtausch *m* **der Arbeitsplätze** (Pw) job rotation
Rinnverlust *m* (com) leakage
Rippengrafik *f* (Bw) steam-and leaf display
(ie, begrenzte Zahl von Basiswerten wird nur einmal – als Stammwerte –, die übrigen durch Zusatzangaben kompakt dargestellt)
Risiken *npl* **streuen** (Bw) to spread (*or* diversify) risks
Risikenzerlegung *f* (Fin) unbundling of risks
(ie, in e–m Finanzkontrakt werden ursprünglich aggregierte Risiken in ihre Elemente zerlegt)
Risiko *n*
(com) risk
– hazard
Risiko *n* **abdecken**
(Fin) to hedge a risk
(Vers) to cover a risk
Risiko *n* **ablehnen** (Vers) to reject a risk
Risikoanalyse *f* (OR) risk analysis
risikoarme Aktien *fpl* (Fin) defensive/protective . . . stocks
Risikoausgleich *m* (Vers) balancing of portfolio
Risikoauslese *f* (Vers) selection of risks
Risikoausschluß *m*
(Vers) exclusion of risks
– elimination of risks
– policy exclusion (*or* exeption)
– exception
Risikoausschlußklausel *f* (Vers) excepted risks clause
risikobereites Eigenkapital *n* (Fin) risk (*or* venture) capital
Risikobewertung *f*
(Fin) risk assessment (*or* appraisal)
(Vers) risk rating
Risikodeckung *f* (Fin) risk cover
Risiko *n* **des Frachtführers** (com) carrier's risk
Risiko *n* **des Investors** (Fin) exposure
Risiko *n* **eingehen** (com) to run (*or* incur) a risk
Risiko *n* **geht über** (Re) risk passes
Risikohäufung *f* (Vers) accumulation of risk
Risikokapital *n* (Fin) risk (*or* venture) capital
Risikokapital-Finanzierung *f* (Fin) risk (*or* venture) capital financing
Risikoklausel *f* (SeeV) peril clause
Risikolebensversicherung *f*
(Vers) specific rest-life insurance policy
– renewable term
– term insurance *(see Risikoversicherung)*
Risikomanagement *n* (Vers) risk management
Risikomischung *f*
(Fin) risk spreading
(IndE) risk spreading *(ie, over a number of different products)*
(Vers) diversification of risks
Risikomüll *m* (com) hazardous waste
Risikopapier *n* (Bö) risk paper *(ie, shares and stocks)*
Risikopolitik *f* (Vers) risk management
Risikoprämie *f*
(ReW) risk premium *(ie, component of company profit)*
(Vers) net premium (*or* rate)
– expected loss ratio
– risk-absorbed (*or* risk) premium

risikoreiche Adresse *f* (Fin) high-risk borrower
Risikorückstellungen *fpl* (Vers) contingency reserves
Risikoselektion *f* (Vers) risk selection
Risikostreuung *f*
(Bw) difersification of risks
– risk spreading
Risikosumme *f* (Vers) amount at risk
Risiko *n* **tragen** (com) to carry a risk
Risikotransformation *f* (Fin) shift in risk spreading
Risikoübergang *m* (Re) passage of risk *(syn, Gefahrenübergang)*
Risikoübernahme *f* (Re) assumption of risk
Risiko *n* **übernehmen** (Re) to assume a risk
Risikoversicherung *f*
(Vers) term insurance
– renewable term
(ie, bei Tod während der Versicherungsdauer wird die vereinbarte Todesfallsumme fällig; bei Erleben des Ablauftermins wird keine Leistung fällig = for a stipulated time only, beneficiary receives the face value of the policy upon death, but nothing upon survival at completion of term; syn, abgekürzte Todesfallversicherung; opp, Todesfallversicherung = whole life insurance)
Risikoverteilung *f* (Fin) distribution of risk
Risikovertrag *m* (Re) hazardous contract
Risikovorsorge *f*
(com) provision for risks
(Fin) provision for contingent loan losses
Risikozuschlag *m*
(Fin) risk . . . markup/premium
riskieren
(com) to risk
– to run a risk
– to take a chance on *(eg, funds running out)*
Ristornogebühr *f* (Vers) cancellation fee
Ristornoversicherung *f* (Vers) return of premium insurance, § 894 HGB
RKW (Bw) = Rationalisierungskuratorium der Deutschen Wirtschaft
Roboter *m* (IndE) robot
(ie, reprogrammable, multi-functional manipulator; wider definitions include fixed sequence)
Robotereinsatz *m* (IndE) robot (*or* robotic) applications
Robotersteuerung *f*
(IndE) robot control
– robotization *(eg, of machine tools, plants)*
Robotertechnologie *f*
(IndE) robot technology
– robotics
Rohbetriebsvermögen *n* (StR) total gross value (of business property), § 98a BewG
Rohbilanz *f* (ReW) preliminary balance sheet *(syn, Verkehrsbilanz)*
Rohdaten *pl* (com) raw data
Rohergebnis *n* (ReW) gross profit or loss
roher Reproduktionsindex *m* (Stat) gross reproduction rate
Rohertrag *m* (ReW) gross yield
(ie, sales revenue + inventory changes before deductions and total expenditure)
Rohertragswert *m* (StR) gross rental value, § 79 BewG

(ie, standard of value applied to improved properties listed in § 75 I 1–5 BewG)
rohes Moment *n* (Stat) raw moment
Rohgewinn *m*
  (com) gross profit on sales
  – gross margin
  (ie, in trading: net sales less merchandise costs; syn, Warenrohgewinn, Warenbruttogewinn)
Rohgewinnanalyse *f* (ReW) gross profit analysis
Roh-, Hilfs- und Betriebsstoffe *pl* (ReW) raw materials and supplies
Rohmaterialanforderung *f* (MaW) raw materials requisition
Rohmateriallager *n* (MaW) raw materials stores
Rohöl *n* (com) crude oil
Rohprobe *f* (Stat) gross sample
Rohrzuckereinfuhren *fpl* (AuW) cane sugar imports
Rohstahl *m* (com) crude (*or* raw) steel
Rohstahlproduktion *f* (com) crude (*or* raw) steel output
Rohstoffabkommen *n* (AuW) commodity agreement (*or* pact)
Rohstoffe *mpl*
  (com) raw materials
  – primary products
  – (basic) commodities
  (IndE) input (*or* charge) materials
Rohstoffgewinnungsbetrieb *m* (com) extractive enterprise
Rohstoffhändler *m* (com) commodity trader
Rohstoffindustrie *f* (com) natural resources industry
rohstoffintensiv (Bw) raw materials intensive
Rohstoffkartell *n* (Kart) commodities cartel
Rohstoffknappheit *f* (com) raw materials scarcity
Rohstoffland *n* (Vw) primary-producing country
Rohstoffmarkt *m* (com) raw commodity market
Rohstoffmarktforschung *f* (Mk) commodity marketing research
Rohstoffmonopolist *m* (Vw) raw materials monopolist
Rohstoffpreisindex *m* (com) commodity price index
Rohstoffversorgung *f* **sichern** (Vw) to safeguard supplies of raw materials
Rohüberschuß *m* (com) = Rohgewinn
Rohumsatz *m* (ReW) gross sales
  (ie, sales before deductions, returns, allowances due to complaints, etc.)
Rohverlust *m* (ReW) gross loss
Rohvermögen *n* (VGR) gross wealth (*or* assets)
Rohzins *m* (Fin) pure interest
rollende Fracht *f* (com) freight in transit
rollende Ladung *f* (com) freight in transit
rollende Planung *f*
  (Bw) continuous
  – perpetual
  – rolling ... planning
  (syn, gleitende Planung, qv)
rollende Prognose *f* (Bw) rolling forecast
rollender Finanzplan *m* (Fin) moving budget
rollendes Budget *n*
  (Bw) continuous
  – perpetual
  – rolling ... budget

rollende Ware *f* (com) goods in rail or road transit
  (opp, schwimmende und fliegende Ware)
Rollenklischee *n* (com) role cliché (*(or* stereotype)
  (ie, the idea is claimed by its supporters to imply a mind stubbornly unaware of enlightened modern trends and one incapable of critical judgment, while it is just another instance of inadequate reasoning to compelling conclusions)
Rollenstruktur *f* (Bw) structure of roles
Rollentausch *m* (com) role reversal
Rollfuhrdienst *m* (com) cartage (*or* haulage) service
Rollfuhrunternehmer *m* (com) cartage (*or* haulage) contractor
Rollgeld *n*
  (com) cartage
  – (US) drayage
  – (GB) carriage
rollierendes Budget *n* (Bw) = rollendes Budget
roll on/roll off service (com) Huckepackverkehr *m*
  (syn, piggyback traffic, qv)
Rollover-Kredit *m* (Fin) roll over credit
  (ie, der R. des Euromarktes ist im allg langfristig, die häufigsten Laufzeiten liegen zwischen 5 und 10 Jahren; Zinssatz wird von e–r Refinanzierungsperiode zur anderen neu festgelegt)
Rolltreppe *f*
  (com) escalator
  – (GB) moving stairway (*or* staircase) *(syn, Fahrtreppe)*
Römische Verträge *mpl* (EG) Treaty of Rome
römische Zahlen *fpl* (Math) Roman numerals
Roosa-Effekt *m* (Vw) locking-in effect
RoRo-Schiff *n* (com) roll-on-roll-off ship (*or* vessel)
Rostkübel *m* (com, sl) rustbucket *(eg, cars, ships)*
roter Ausgang *m* (Zo) red exit
roter Durchgang *m* (Zo) red channel
rote Zahlen *fpl* **schreiben**
  (com) to operate in the red
  – to write red figures
routinemäßige Fertigungsplanung *f*
  (IndE) routine production planning
  – shop planning
Routingraster *n* (EDV, CAD) routing grid
  (syn, Verdrahtungsdichte, qv)
Ruchti-Effekt *m* (Fin) = Lohmann-Ruchti-Effekt
Rückantwortschein *m* (com) reply coupon
Rückbehaltungsrecht *n* (Re) = Zurückbehaltungsrecht
Rückbelastung *f*
  (ReW) billback
  – reversal
Rückbuchung *f* (ReW) reverse entry *(syn, Stornobuchung)*
Rückbürge *m* (Re) counter surety
Rückbürgschaft *f*
  (Re) back-to-back/counter ... guaranty
  – back bond
  (ie, sichert den Rückgriffsanspruch des Bürgen gegen den Hauptschuldner; § 774 I BGB; cf, Bürgschaft)
rückdatieren
  (com) to backdate
  – to antedate
rückdatierte Police *f* (Vers) antedated policy

rückdatierter Scheck *m* (Fin) antedated check
Rückdatierung *f* (com) backdating
rückdiskontieren (Fin) to rediscount
Rückdiskontierung *f* (Fin) rediscounting
rückerstatten
(Fin) to refund
– to reimburse
Rückerstattung *f*
(Fin) refund
– reimbursement
Rückerstattungsanspruch *m*
(com) claim for reimbursement
– right to refund
Rückerstattungsgarantie *f* (com) money back
guarantee
Rückerstattung *f* **von Steuern auf ausländische Erträge** (StR) overspill relief
Rückfahrkarte *f*
(com) round trip ticket
– (GB) return ticket
Rückflug *m* (com) inward flight *(opp, Hinflug = outward flight)*
Rückfluß *m* **auf das investierte Kapital** (Fin) return on capital employed *(or on investment)*
Rückflüsse *mpl* **e–r Investition** (Fin) net cash flow
(ie, periodische Nettoeinzahlungen: Differenz zwischen den nicht einmaligen Zahlungen und Auszahlungen e–r Teilperiode des Planungszeitraums)
Rückfracht *f*
(com) back freight
– freight . . . home/homeward
– homeward freight
– return . . . cargo/freight
(com, US) backhauling
– return trip carriage of goods
(ie, with what would otherwise have been an empty truck)
Rückfracht *f* **aufnehmen** (com) to pick up back cargo
Rückführung *f* (Pw) repatriation *(ie, of guest workers)*
Rückführung *f* **e-s Kredits** (Fin) repayment of a loan
Rückführung *f* **von Kapital** (AuW) repatriation of capital
Rückgaberecht *n* (com) return privilege
Rückgang *m*
(com) decline
– decrease
– drop
– fall
– falling off
– lowering
– setback *(eg, in prices)*
Rückgang *m* **auf breiter Front** (Bö) widespread decline in prices
Rückgang *m* **der Steuereinnahmen** (FiW) drop-off in tax revenues
Rückgang *m* **des BSP** (Vw) drop in gnp
Rückgang *m* **des Krankenstandes** (Pw) cut in sick leave
Rückgarantie *f* (Re) back-to-back guaranty
Rückgewähranspruch *m* (StR) claim to reimbursement

Rückgewährung *f*
(com) repayment
– return
– refunding
– reimbursement
Rückgewinnung *f* **des investierten Kapitals** (Fin)
cost *(or investment)* recovery
Rückgewinnung *f* **von Rohstoffen** (com) recycling
Rückgriff *m* (com, Re, WeR) recourse (to, against)
(syn, Regreß)
Rückgriff *m* **gegen Dritte** (Re) recourse to/against
third parties
Rückgriff *m* **mangels Annahme** (WeR) recourse for
nonacceptance
Rückgriff *m* **mangels Zahlung** (Re) recourse in default of payment
Rückgriff *m* **nehmen** (Re) to have recourse (to/
against)
Rückgriffsforderung *f*
(Re) claim for indemnification
– right of recourse
Rückgriffshaftung *f* (Re) liability upon recourse
Rückgriffsrecht *n* (Re) right of recourse
Rückgriffsschuldner *m* (Re) recourse debtor
Rückindossament *n* (WeR) indorsement to prior
indorser
Rückkauf *m*
(com) buying back
– repurchase
(Fin) redemption *(ie, of bonds)*
– amortization
– retirement
– callback
(Fin) repurchase *(ie, of stocks)*
(Vers) redemption surrender *(ie, of insurance
policy)*
Rückkaufangebot *n* (Fin) repurchase *(or redemption)* offer
Rückkaufdisagio *n* (Fin) redemption *(or repurchase)* discount
Rückkauf *m* **eigener Aktien** (Fin) repurchase of
own shares
Rückkauffrist *f* (com) period for repurchase
Rückkauffrist-Aufschub *m* (Fin) call provision
(ie, provision wirtten into stock and bond issues)
Rückkaufgeschäft *n* (AuW) buy-back arrangement
*(ie, Sonderform des Kompensationsgeschäfts:
Lieferant von Anlagen verpflichtet sich, Produkte
aus dieser Anlage als Zahlung für s–e Leistung
anzunehmen; Unterart des Verbundgeschäfts, qv;
Laufzeit bis zu 20 Jahren; meist im Ost-West-
Handel)*
Rückkaufgesellschaft *f* (com) repurchase company
Rückkaufgewinn *m* (Vers) surrender profit
Rückkaufklausel *f* (Fin) call provision *(ie, refers to
bonds)*
Rückkaufkurs *m*
(Fin) redemption
– retirement
– call . . . price *(ie, of a bond)*
(Vers) bid price *(ie, fondsgebundene Versicherung)*
Rückkaufprämie *f* (Fin) call premium
(ie, due when a company calls security in for repurchase)

Rückkaufsdisagio *n* (Fin) repurchase discount
(ie, entsteht, wenn Obligationen zwecks Tilgung unter pari zurückgekauft werden: accruing when redeemable bonds must be repurchased below par, § 157 AktG)
Rückkaufsrecht *n* (com) right to repurchase
Rückkaufsvereinbarung *f* (Fin) repurchase agreement
Rückkaufsvertrag *m* (Re) repurchase agreement
Rückkaufswert *m*
  (Fin) redemption value *(ie, of securities)*
  – cash-in value
  (Vers) cash surrender value
  (ie, amount the insurer is obliged to pay to the insured upon premature termination of the insurance contract)
Rückkauf *m* **von Investmentanteilen** (Fin) cash-in
Rückkauf *m* **von Schuldverschreibungen** (Fin) bond redemption *(or call-back)*
Rückkaufzeitpunkt *m* (Fin) date at which bonds are callable
Rückkehradresse *f* (EDV) return address
Rückkehrbefehl *m* (EDV) return instruction
Rückkehr *f* **zu festen Wechselkursen** (AuW) return to fixed parities
Rückklagemöglichkeit *f* (Re, US) clawback remedy
Rückkopplung *f* (EDV) feedback *(ie, return of a portion of the output of a circuit to its input)*
Rückkopplungsschleife *f* (EDV) = Regelkreis, qv
Rückladung *f*
  (com) return load
  – backload
  – back cargo
Rücklage *f*
  (ReW) surplus reserve
  – reserve
  – appropriated retained earnings
  (ie, Reserven, die als Teil des Eigenkapitals auf der Passivseite der Bilanz stehen; appropriation of surplus for use in future years; part of equity capital; Arten:
  1. Kapitalrücklage;
  2. Gewinnrücklage;
  3. gesetzliche Rücklage;
  4. Rücklage für eigene Anteile;
  5. satzungsmäßige Rücklage;
  6. steuerfreie Rücklage;
  7. stille Rücklagen, qv; cf, § 272 HGB)
Rücklage *f* **auflösen**
  (ReW) to dissolve
  – to liquidate
  – to write back
  – to retransfer
  – to reverse ... a reserve
  – to return a reserve to source
Rücklage *f* **bilden**
  (ReW) to establish
  – to form
  – to build up
  – to set up ... a reserve
Rücklage *f* **e-r Bank** (Fin) bank reserve
Rücklage *f* **erfolgswirksam auflösen** (StR) to retransfer a reserve to taxable income
Rücklage *f* **für aufgeschobene Instandhaltung** (ReW) reserve for repairs

Rücklage *f* **für Erneuerung des Anlagevermögens** (ReW) reserve for renewals and replacements
  – reserve for plant extensions
Rücklage *f* **für Ersatzbeschaffung** (ReW) replacement reserve *(or allowance)*
Rücklage *f* **für Preissteigerung** (ReW) reserve for price increases
  (ie, of inventory items whose replacement cost has become substantially greater in the course of the taxable year, § 51 I EStG, § 74 EStDV)
Rücklage *f* **für Reinvestitionen** (StR) reserve for reinvestments
  (ie, gains on disposal of fixed assets may be transferred to the costs of other assets, thereby reducing taxable profit)
Rücklagen *fpl*
  (ReW, EG) reserves
  (ReW) company reserves *(cf, Rücklage)*
  (com, infml) nest egg
  – rainy-day reserves
Rücklagen *fpl* **angreifen** (Fin) to eat into reserves
Rücklagenauflösung *f*
  (ReW) dissolution
  – liquidation
  – retransfer
  – reversal ... a reserve
Rücklagen *fpl* **bilden**
  (ReW) to accumulate
  – to build up ... reserves
Rücklagenbildung *f* (ReW) forming *(or setting up)* a reserve (for)
Rücklagen *fpl* **dotieren** (ReW) to add to *(or transfer to)* reserves
Rücklagendotierung *f* (ReW) = Rücklagenzuweisung
Rücklagen *fpl* **stärken** (ReW) to beef up reserves
Rücklagenzuweisung *f* (ReW) allocation *(or transfer)* to reserves
Rücklage *f* **speisen** (ReW) to fund a reserve
Rücklage *f* **umwandeln** (ReW) to retransfer a reserve
rückläufig
  (com) declining
  – decreasing
  – dropping
  – falling
  – going down
  – lowering *(ie, all general terms)*
  – flagging *(ie, less stiff)*
  – sagging
  – softening
  – weakening
  – dipping *(ie, slightly)*
  – slipping *(ie, smoothly)*
  – plunging *(ie, suddenly)*
  – plummeting *(ie, steeply and suddenly)*
  – tumbling *(ie, rapidly)*
rückläufige Konjunktur *f* (Vw) declining economic activity
rückläufiger Aktienmarkt *m*
  (Bö) shrinking
  – receding
  – soft ... market
rückläufiger Markt *m* (com) receding market
rückläufige Tendenz *f* (com) declining trend

rückläufige Überweisung *f* (Fin) = Einzugsverfahren

rückläufige Umsatzentwicklung *f* (com) falling sales

Rücklaufquote *f*
(Mk) number of responses
– response rate

Rücklaufschrott *m* (IndE) return (*or* home) scrap

Rücklauf *m* **wegen unzureichender Lösungen** (Bw) failure cycles

Rücklieferung *f* (com) return delivery (*or* shipment)

Rücklizenzklausel *f* (Pat, US) license grant-back provision

Rückmeldung *f* (EDV) acknowledgment
(ie, confirming receipt of a message; syn, Bestätigungsmeldung)

Rücknahme *f*
(Fin) redemption
– repurchase

Rücknahme *f* **der Zulassung** (ReW) revocation of license to practice, § 11 WPO

Rücknahmegarantie *f* (Fin) repurchase guaranty

Rücknahmegebühr *f* (Fin) performance fee
(ie, von Investmentgesellschaften; an den Wertzuwachs gebunden)

Rücknahmekurs *m*
(Fin) redemption price
(Fin) cash-in (*or* call) price
(Fin) net asset value *(ie, in investmend funds)*

Rücknahmen *fpl* (Fin) repurchases

Rücknahmepreis *m*
(Fin, GB) bid price
– buying price
(ie, von Anteilen der ‚unit trusts‘)
(Fin) repo rate

Rücknahmesätze *mpl* (Fin) buying rates
(ie, paid by the Bundesbank for money market paper; opp, Abgabesätze)

Rücknahmewert *m* (Bö) bid value

Rückporto *n* (com) return postage

Rückprämie *f*
(Bö) put
– put option
– premium for the put
– put premium

Rückprämie *f* **mit Nachliefern** (Bö) put of more

Rückprämiengeschäft *n*
(Bö) put
(Bö) trading in puts

Rückprämienkurs *m* (Bö) put price

Rückprämie *f* **verkaufen** (Bö) to give for the put

Rückrechnungen *fpl* (Fin) bookings of unpaid checks

Rückrechnungsverfahren *n* (ReW) application of grossing-up procedure

Rückrechnung *f* **von brutto auf netto** (com) netback

Rückreise *f* **e-s Schiffes** (com) return voyage

Rückruf *m*
(com) recall
– callback *(ie, of defective products)*

Rückrufaktion *f* (com) recall action *(eg, automobiles)*

Rückrufanzeige *f* (com) recall notice

rückrufen
(com) to call back *(ie, by phone)*

(com) to call in *(ie, defective parts)*

Rucksackproblem *n* (OR) Knapsack problem

Rückschaltzeichen *n* (EDV) shift-in character, SI

Rückscheck *m* (Fin) returned check *(syn, Retourscheck)*

Rückscheckkonto *n* (Fin) returned checks account

Rückschein *m*
(com) return receipt
– (GB) advice of receipt, A.R.
– advice of delivery

Rückschlag *m* (com) setback

Rückschlag *m* **erleiden** (com) to suffer a setback

Rückschleusung *f* **von Geldern** (Fin) recycling of funds

Rückschlußwahrscheinlichkeit *f* (Stat) inverse probability

Rückseite *f*
(com) „on the reverse side"
– (GB) „overleaf"

Rücksendung *f* (com) return cargo (*or* shipment)

Rücksendungen *fpl*
(com) returns
– sales returns
– returned sales (*or* purchases)
– goods returned

rücksetzen
(EDV) to reset
(EDV) to backspace

Rücksetzen *n*
(EDV) reset
(EDV) backspace

Rücksetzen *n* **um e-n Abschnitt** (EDV) rewind tape mark

Rückspesen *pl* (com) back charges

Rücksprung *m* (EDV) return/backward... jump

Rücksprungadresse *f* (EDV) = Rückkehradresse

Rücksprungstelle *f* (EDV) reentry point

rückspulen (EDV) to rewind

Rückstände *mpl* (Fin) arrears

rückständige Dividende *f* (Fin) dividend in arrears

rückständige Lieferung *f* (com) overdue delivery

rückständige Miete *f* (com) back rent

rückständige Prämie *f* (Vers) overdue premium

rückständige Rate *f* (Fin) back installment

rückständige Steuern *fpl* (StR) delinquent (*or* unpaid) taxes

rückständige Tilgungszahlungen *fpl* (Fin) redemption arrears

rückständige Zinsen *mpl* (Fin) back interest

rückstellen
(ReW) to accrue
(EDV) to reset
– to clear
(ie, restore a memory device to a prescribed state, usually that denoting zero

Rückstellung *f* **auflösen**
(ReW) to dissolve
– to liquidate
– to retransfer
– to reverse... a liability reserve

Rückstellung *f* **bilden**
(ReW) to establish
– to form
– to set up... a liability reserve
– to accrue a reserve

Rückstellungen *fpl*
(ReW) accruals
– accrued liabilities
– liability reserves
– provisions
– operating reserves
– withheld accounts
– reserve for uncertain liabilities and antici-pated losses
(ReW, EG) provision for liabilities and charges
(ie, Rückstellungen sind Passivposten mit dem Zweck, Aufwendungen, deren Existenz od Höhe am Abschlußstichtag noch nicht sicher sind und die erst später zu e–r Auszahlung führen, der

Periode der Verursachung zuzurechnen; § 249 I, III 1 HGB entspricht § 152 VII 1, 3 aF AktG; er anerkennt abschließend fünf Fälle von Rück-stellungen; cf, Übersicht)
Rückstellungen *fpl* **für Wechselhaftung** (ReW) re-serves for liabilities under drafts or bills of ex-change, § 103a BewG
Rückstellung *f* **für Bürgschaftsverpflichtungen** (StR) reserve for guaranties
Rückstellung *f* **für drohende Verluste aus schweben-den Geschäften** (ReW) reserve for anticipated losses related to incomplete contracts
(ie, arising in ventures or in trade abroad, § 249 I HGB)

Rückstellungen

Rückstellungsart (§ 249 HGB)	Voraussetzung	Handels- und steuer-rechtliche Zulässigkeit	Beispiel
Rückstellung für ungewisse Verbindlichkeiten	rechtliche, wirtschaft-liche oder sittliche Ver-pflichtung gegenüber einem Dritten	Passivierungspflicht	Steuer-, Prozeßkosten-, Pensions-, Garantie-, rückstellung
Rückstellung für drohende Verluste aus schwebenden Geschäften	potentieller Verlust aus einem Vertrag, der von beiden Seiten erst in der nächsten Periode zu erfüllen ist	Passivierungspflicht (Ausnahme: Verbot für allgemeine kalkulatori-sche Wagnisse)	Termingeschäfts-rückstellung
Rückstellung für unter-lassene Instandhaltung	im abzurechnenden Ge-schäftsjahr begründet und in den ersten drei Monaten des folgenden Geschäftsjahres nach-zuholen im abzurechnenden Ge-schäftsjahr begründet und im folgenden Ge-schäftsjahr nach dem Dreimonatszeitraum nachzuholen	Passivierungspflicht Passivierungswahlrecht steuerlich: Passivierungsverbot	Instandhaltungsrück-stellung
Rückstellung für Abraumbeseitigung	im abzurechnenden Ge-schäftsjahr begründet und im folgenden Ge-schäftsjahr nachzuholen	Passivierungspflicht	Rückstellung für Gruben- und Schachtversatz
Rückstellung für Gewährleistungen ohne rechtliche Verpflichtung	aufgrund von in der Ver-gangenheit erbrachten Kulanzleistungen muß auch mit Kulanz-leistungen in der Zukunft gerechnet werden	Passivierungspflicht	Kulanzrückstellung
Rückstellung für in ihrer Eigenart genau umschriebene Aufwendungen	dem abzurechnenden oder einem früheren Geschäftsjahr zuzu-ordnender Aufwand ist wahrscheinlich sicher, aber hinsichtlich Höhe und Zeitpunkt unbestimmt	Passivierungswahlrecht steuerlich: Passivierungsverbot	Aufwandsrückstellung

Quelle: Dichtl/Issing, Vahlens Großes Wirtschaftslexikon, München 1987, Bd. 2, 496.

Rückstellung *f* **für Eventualverbindlichkeiten** (ReW) = Rückstellung für ungewisse Verbindlichkeiten

Rückstellung *f* **für Gewährleistungen** (ReW) reserve for warranties, § 249 HGB

Rückstellung *f* **für Haftungsverpflichtungen** (StR) reserve for third-party liability commitments

Rückstellung *f* **für künftig fällige Provisionen** (StR) reserve for accrued commissions

Rückstellung *f* **für Länderrisiko** (Fin) basket provision
(ie, fixed percentage of bank loans to all problem countries together)

Rückstellung *f* **für mögliche Verluste am Vorratsvermögen** (ReW) reserve for possible future losses on inventories

Rückstellung *f* **für Patentverletzungen** (StR) reserve for patent infringements

Rückstellung *f* **für Preisnachlässe** (StR) reserve for price reductions, § 103a BewG

Rückstellung *f* **für Steuerzahlungen** (StR) reserve for accrued taxes *(ie, determined during a future tax audit)*

Rückstellung *f* **für uneinbringliche Forderungen** (ReW) reserve *(or* allowance*)* for bad debts

Rückstellung *f* **für ungewisse Verbindlichkeiten** (ReW) reserve for contingencies, § 249 HGB

Rückstellung *f* **für unterlassene Aufwendungen für Instandhaltung** (ReW) reserve for deferred repairs and maintenance, § 249 HGB

Rückstellung *f* **für verjährte Verbindlichkeiten** (ReW) provision for statute-barred liabilities

Rückstellung *f* **im Kreditgeschäft** (Fin) provision for possible loan losses

Rückstellung *f* **wegen Bergschäden** (StR) reserve for mining damage

rückstufen (com) to downgrade

Rückstufung *f* **von Arbeitsplätzen**
(Pw) downgrading of jobs
– dilution of labor

Rücktaste *f*
(EDV) backspace
– backspacer

Rücktritt *m*
(Re) repudiation (of)
– rescission (of)
– withdrawal (from) . . . contract
(Pw) retirement from office

Rücktrittsberechtigter *m* (Re) rescinding party, § 350 BGB

Rücktrittserklärung *f* (Re) notice of rescission *(or* withdrawal*)*, § 349 BGB

Rücktrittsklausel *f* (Fin) market-out clause
(ie, permitting withdrawal from a management group if there should be a material adverse change in the secondary market)

Rücktrittsrecht *n*
(Re) right to claim rescission of contract
– right to rescind a contract, §§ 346ff BGB
(ie, English law does not provide any close parallel)

Rücktritt *m* **vom Vertrage** (Re) rescission of contract, § 346 BGB

rückübertragen (ReW) to retransfer

Rückübertragung *f*

(ReW) retransfer
(Pat, US) assignment back

Rückumschlag *m* (com) business reply envelope

Rückvalutierung *f* (Fin) backvaluation

rückvergüten
(com) to refund
– to reimburse

Rückvergütung *f*
(com) refund
– reimbursement
(Zo) customs drawback
(Vers) surrender value *(cf, Rückkaufswert)*

rückversetzen (Pw) to transfer back

Rückversicherer *m*
(Vers) reinsurer
– reinsurance company
– accepting company
– (GB) reassurance company
(syn, Zessionar; opp, Erstversicherer, Zedent)

Rückversichererkette *f* (Vers) string of reinsurers

rückversichern
(Vers) to reinsure
– to buy *(or* effect*)* reinsurance
– to cede

Rückversicherung *f*
(Vers) reinsurance
– (GB) reassurance
(ie, ein Versicherer versichert sich bei e–m anderen Versicherer gegen Vermögensschäden; Partner sind:
1. Erstversicherer (Direktversicherer, Zedent);
2. Rückversicherer (Zessionar);
Einteilung nach vertragsrechtlichen Kriterien: proportionale/nichtproportionale Rückversicherung; syn, Reassekuranz; cf, Übersicht S. 634)
(Vers) reinsurance company
– reinsurer

Rückversicherung *f* **mit Selbstbehalt des Erstversicherers**
(Vers) participating
– pro rata
– share . . . reinsurance

Rückversicherungskonsortium *n* (Vers) reinsurance syndicate

Rückversicherungsmakler *m* (Vers) reinsurance broker

Rückversicherungsmarkt *m* (Vers) reinsurance *(or* secondary*)* market

Rückversicherungsnachweis *m* (Vers) certificate of reinsurance

Rückversicherungsoption *f* (Vers) facultative reinsurance

Rückversicherungspolice *f* (Vers) reinsurance policy

Rückversicherungsprämie *f* (Vers) reinsurance premium

Rückversicherungsquote *f* (Vers) reinsurance quota share

Rückversicherungsvertrag *m* (Vers) reinsurance contract

rückwälzen
(FiW) to backshift
– to pass backward *(ie, taxes)*

Rückwälzung *f* (FiW) backshifting *(ie, of taxes; opp, Vorwälzung = forward shifting)*

633

Rückwälzung f **von Steuern** (FiW) backshifting of taxes
Rückwaren *fpl* (com) goods (*or* merchandise) returned
Rückwaren fpl (com) goods returned
Rückwärtsintegration f (Bw) backward integration *(opp, Vorwärtsintegration)*
Rückwärtsrichtung f (EDV) reverse direction flow *(ie, in flowcharting)*
Rückwärtsschrittzeichen n
  (EDV) backspace character, BS
  – back-arrow
Rückwärtssteuerung f (EDV) backward supervision *(ie, control signals sent from slave to master station)*
Rückwärtsterminierung f (IndE) offsetting
Rückwärtsverkettung f (EDV) backward chaining *(ie, zielgesteuerte Inferenz; opp, Vorwärtsverkettung)*
Rückwärtsvorschub m (EDV) reverse feed
Rückwechsel m
  (Fin) redrafted bill
  – redraft
  – re-exchange
  (syn, Ricambio, Ricambiowechsel)
rückwirkend bewilligen (com) to grant with retroactive effect
rückwirkende Lohnerhöhung f
  (Pw) retroactive pay rise
  – (GB) back-dated pay rise
rückwirkendes Gesetz n
  (Re) retrospective
  – retroactive
  – ex post facto... law
rückwirkend in Kraft treten (Re) to take effect retroactively
rückwirkend in Kraft treten lassen (Re) to backdate
rückwirkend vom... (Re) retroactively as of...
Rückwirkung f (Re, StR) retroactive (*or* retrospective) effect *(ie, of legal provisions)*
Rückwirkungsfreiheit f (EDV) absence of reaction

rückzahlbar
  (Fin) refundable
  – repayable
  – redeemable
rückzahlen (com) to pay back
Rückzahlung f
  (com) refund
  – repayment
  (Fin) redemption
  – payoff
  – sinking
  – amortization
Rückzahlung f **aufschieben** (Fin) to defer repayment
Rückzahlung f **bei Endfälligkeit**
  (Fin) final redemption
  – redemption at term
Rückzahlung f **des Kapitals** (Fin) repayment of principal
Rückzahlung f **durch Auslosung** (Fin) drawing
Rückzahlung f **e-r Anleihe** (Fin) repayment (*or* retirement) of a loan
Rückzahlung f **e-r Schuld** (Fin) extinction (*or* repayment) of debt
Rückzahlung f **in e–r Summe** (Fin) bullet repayment *(ie, Rückzahlungsmodus des Rollover-Kredits)*
Rückzahlung f **in gleichen Tilgungsraten** (Fin) straight-line redemption
Rückzahlungsagio n (Fin) redemption premium
Rückzahlungsbetrag m (Fin) amount repayable
Rückzahlungsdisagio n (Fin) redemption discount
Rückzahlungsfrist f (Fin) deadline (*or* time) for repayment
Rückzahlungskurs m (Fin) = Rückkaufkurs
Rückzahlungsoption f (Fin) option of repayment
Rückzahlungsprämie f (Fin) redemption premium
Rückzahlungsprovision f (Fin) redemption commission
Rückzahlungsrendite f (Fin) yield to maturity *(ie, rate of return when investment is retained until maturity; proper calculation of annual return)*

Einteilung der Rückversicherung nach versicherungstechnischen Kriterien

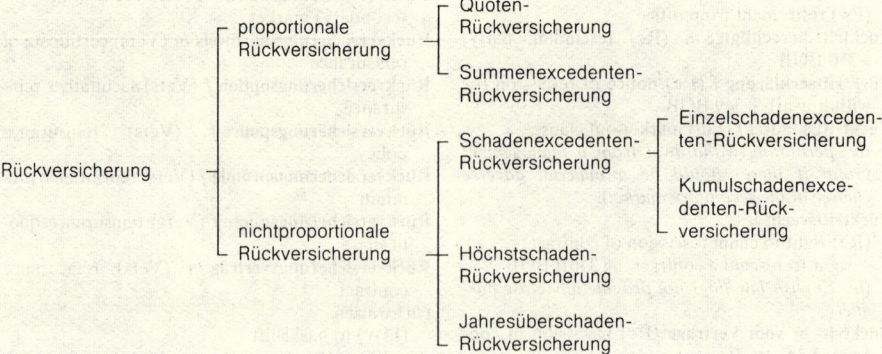

Quelle: Dichtl/Issing, Vahlens Großes Wirtschaftslexikon, München 1987, Bd. 2, 497.

Rückzahlungstermin *m*
(Fin) date of repayment
– date of redemption
– deadline for repaying
– maturity date
Rückzahlungswert *m* (Fin) redemption value
Rückzahlung *f* zum Nennwert (Fin) redemption at
par
Rückzoll *m* (Zo) customs drawback *(ie, on the
duties upon re-exporting)*
Rückzollschein *m* (Zo) customs debenture
Rufanlage *f* (com) paging system
Rufgerät *n*
(com) pager
– (infml) beeper (= Piepser)
Rufnummer *f*
(com) phone number
– dial sequence
Rügefrist *f* (Re) time limit for lodging a complaint
Ruhegehalt *n*
(SozV) public-service pension
– retirement pension (*or* pay)
– retired pay
ruhegehaltsfähige Dienstbezüge *pl* (SozV) pensionable pay
ruhegehaltsfähige Dienstzeit *f* (SozV) length of pensionable public employment (*or* service)
ruhegehaltsfähige Einkünfte *pl* (SozV) pensionable
earnings
Ruhegeld *n*
(SozV) = Altersruhegeld
(Pw) supplementary retirement pay
ruhende Konten *npl* (ReW) inactive accounts
ruhender Verschleiß *m*
(ReW) disuse
– loss of utility through action of the elements
*(ie, as factor of depreciation = Abschreibungsur-
sache)*
Ruheständler *m* (Pw) retired person
Ruhestandsalter *n* (Pw) retirement (*or* retiring) age
ruhiger Verlauf *m*
(Bö) calm
– quiet
– thin ... trading
ruinieren
(com) to ruin
– (infml) to break
ruinöse Konkurrenz *f* (com) cut-throat (*or* destructive) competition
ruinöse Preise *mpl* (com) ruinously low prices

Rumpfbelegschaft *f* (Pw) skeleton staff
*(eg, during the vacation down-close of
businesses)*
Rumpfgeschäftsjahr *n* (com) short fiscal (*or* business) year
Rumpfleiste *f* (EDV) body group
*(ie, generic name for a report group of TYPE
DETAIL, CONTROL HEADING or CON-
TROL FOOTING; cf, DIN 66 028, Aug 1985)*
Rumpfwirtschaftsjahr *n* (StR) short fiscal year
runde Klammern *fpl* (Math) parentheses (sg, -sis)
runderneuern
(IndE) to retread
– to recap
(Pw, infml) to retread
Rundfahrtproblem *n* (OR) traveling salesman
problem
Rundruf *f* (EDV) broadcast
Rundschreiben *n*
(com) circular
– circular letter
– (infml) mail shot
Rund-um-die-Uhr-Handel *m*
(Bö) all day trading
– 24-hour trading ... system/link
Rundungsfehler *m* (Math) rounding error
Rundverfügung *f* (StR) circular issued by federal
and state ministers of finance, and other high
administrative agencies
run in *v* (com, GB) einfahren *(syn, to break in)*
Rüstkosten *pl*
(KoR) preproduction cost
– cost of change-over
Rüstprozesse *mpl* (IndE) preproduction measures
(ie, to prepare tools and machines)
Rüstungsauftrag *m* (com) defense contract
Rüstungsindustrie *f* (com) defense/arms ... industry
Rüstungslieferant *m* (com) defense contractor
Rüstungsunternehmen *n*
(com) arms maker
– armaments manufacturer
– (US) defense contractor
Rüstzeit *f*
(IndE) change-over time
– make-ready time
– setup time
– tear-down time
Rüstzeit *f* nach Arbeitsschluß (IndE) shut-down
time

S

Saatgut *n* (com) seeds
Sabotage *f* (Bw) sabotage *(ie, underhand interfer-
ence with work)*
Sachanlagebuch *n* (ReW) plant (*or* property)
ledger
Sachanlagekonto *n* (ReW) fixed asset account
Sachanlagen *fpl*
(ReW) tangible (fixed) assets
(ReW) property, plant, and equipment

(ReW) plant and equipment
Sachanlagenintensität *f* (Bw) ratio of tangible fixed
assets to total assets
Sachanlageninvestition *f* (Fin) capital expenditure
Sachanlagen *fpl* und immaterielle Anlagewerte *mpl*
(ReW) property, plant, equipment and intan-
gible assets
Sachanlagenzugänge *mpl* (ReW) fixed asset addi-
tions

Sachanlagevermögen *n* (ReW) tangible fixed assets *(ie, all movable and immovable physical assets; opp, immaterielle Güter des Anlagevermögens, Beteiligungen, Finanzanlagen = intangible fixed assets, trade and financial investments)*

Sachaufwand *m*
(Fin) operating expenses
(FiW) operating expenditure

Sachaufwendungen *mpl* (StR) tangible benefits *(ie, granted to employees)*

Sachausschüttung *f* (Fin) distribution in kind

Sach-Bargründung *f* (Re) formation of a company on a combined basis of cash and noncash contributions

Sachbearbeiter *m*
(com) person in charge (of)
– person handling . . .
(Re) official in charge (of)
(ie, this German catch-all term requires a context-linked translation; he or she is found in private businesses no less than in administrative agencies)

Sachbefugnis *f* (Re) accrual of substantive claim to plaintiff
(ie, term is an extension of ‚Aktivlegitimation‘ = capacity to sue, § 50 ZPO; syn, Sachlegitimation)

Sachbeschädigung *f* (Re) damage *(or* injury) to property, § 303 StGB

Sachbesteuerung *f* (FiW) taxation of specific property *(syn, Objekt- od Realbesteuerung)*

sachbezogen (Bw) task oriented

Sachbezüge *pl*
(Pw) remuneration in kind
– nonmonetary compensation

Sachbezugsverordnung *f* (SozV) Ordinance Regulating the Value of Tangible Benefits for the Purposes of Social Security, as of 1978

Sachdepot *n* (Fin) security deposit

Sachdepotbuch *n* (Fin) register of security deposits)

Sachdividende *f*
(Fin) dividend in kind
– asset
– commodity
– property . . . dividend
(opp, Bardividende = cash dividend)

Sache *f* (Re) corporeal thing, § 90 BGB *(ie, includes liquids and gases)*

Sacheinlage *f*
(Bw) capital subscribed in kind
– contribution in kind
– non-cash capital contribution
– contribution other than cash
(syn, Apport, Illation; opp, Geldeinlage = cash contribution)

Sacheinlageaktie *f* (Fin) non-cash share

Sachenmehrheit *f* (Re) plurality of things

Sachenrecht *n* (Re) law of (real and personal) property
(ie, third book of German Civil Code, §§ 854–1296 BGB; must be read in conjunction with the first book of the Code dealing with things, §§ 90 ff BGB)

Sachenrechte *npl* (Re) rights in respect of corporeal things
(eg, property, usufruct, servitudes, etc.; syn, dingliche Rechte)

sachenrechtliche Übertragung *f* (WeR) transfer by agreement and delivery

sachenrechtliche Wertpapiere *npl* (WeR) securities evidencing property rights
(eg, mortgage deed, land charge deed)

Sache *f* **zurückverweisen** (Re) to remand a case

Sachfirma *f* (Re) firm name derived from the object of the enterprise

Sachgebiet *n*
(com) functional area
– (special) field
– sector
(Log) subject area

sachgemäßer Gebrauch *m* (Re) proper use

sachgerechte Bewertung *f* (ReW) proper evaluation

Sachgesamtheit *f*
(Re) conglomeration of property
– aggregate of things
(ReW) group of assets

Sachgesellschaft *f* (Vers) property insurance company *(opp, Lebensversicherer = life insurer)*

Sachgründung *f* (Re) formation of a company on the basis of non-cash contributions or asset acquisition
(ie, zwei Formen: Sacheinlagen und Sachübernahmen; cf, § 27 2 AktG)

Sachgründungsbericht *m* (Re) non-cash contribution report

Sachgüter *npl*
(Bw) nonmonetary assets
– physical assets
– tangible assets

Sachgüterproduktion *f* (Bw) production of physical goods *(ie, Produktion i.e.S.)*

Sachinbegriff *m* (Re) conglomeration of property

Sachinvestition *f*
(Fin) real investment
(FiW) spending *(or* expenditure) on fixed assets
(ie, Investition in das Sachanlage- und Vorratsvermögen; syn, Realinvestition)

Sachkapital *n* (Vw) real *(or* nonmonetary) capital *(syn, Realkapital)*

Sachkapitalerhöhung *f* (Fin) increase of noncash capital, §§ 183, 194, 205 ff AktG

Sachkonto *n*
(ReW) impersonal
– nonpersonal
– general ledger . . . account
(syn, Hauptbuchkonto; opp, Personenkonto = personal account)

Sachkontonummer *f* (ReW) general ledger account number

Sachkosten *pl* (ReW) cost of materials

Sachkredit *m* (Fin) collateral loan *(opp, Personalkredit)*

Sachkunde *f*
(com) competence
– professional expertise
– technical expertise

Sachlegitimation *f* (Re) = Sachbefugnis

Sachleistung *f* (com) allowance/benefit . . . in kind

Sachleistungen *fpl*
(com) payment in kind
(Re) contribution in kind
– non-cash capital contributions

(SozV) benefits in kind
- benefits other than money
- non-cash benefits
- in-kind benefits
Sachleistungsvertrag *m* (Re) contract for the supply of goods and services
sachlich differenzierte Exportförderung *f* (AuW) export promotion restricted to specified range of commodities
sachliche Abgrenzung *f* (ReW) allocation of expense unrelated to the operational purpose
sachliche Befreiung *f* (Re) exemption in relation to a subject matter
sachliche Entscheidung *f* (com) objective decision
sachliche Richtigkeit *f* (com) substantive accuracy (*or* correctness)
sachlicher Irrtum *m* (Re) mistake of fact
sachlicher Verteilzeitzuschlag *m* (IndE) contingency allowance
sachliche Verflechtung *f* (StR) close economic connection
sachliche Zuständigkeit *f* (Re) subject-matter jurisdiction
(*ie, power of a court to hear a particular dispute; opp, personal jurisdiction*)
sachlich gerechtfertigter Grund *m* (Re) justifiable cause
sachlich zuständig (com) functionally competent
Sachlohn *m* (Pw) wages (*or* compensation) in kind (*syn, Naturallohn*)
Sachmangel *m* (Re) redhibitory defect (*or* vice)
(*ie, defect in an article against which the seller is contractually bound to warrant*)
Sachmängelhaftung *f*
(Re) liability for defects, §§ 459 ff BGB
- warranty of quality
Sachmittel *pl* (Bw) physical resources
Sachmittelanalyse *f* (Bw) analysis of physical resources
Sachpatent *n* (Pat) product patent (*syn, Erzeugnispatent, qv*)
Sachrückversicherung *f* (Vers) property reinsurance
Sachschaden *m*
(Re) damage to property
- injury to property
- physical damage
(Vers) loss of property
Sachschäden-Haftpflichtversicherung *f* (Vers) property-damage liability insurance
Sachschadenrisiko *n* (Vers) property risk
Sachschadenversicherung *f* (Vers) property damage insurance
Sachsicherheit *f*
(Re) collateral security
- (old use) real security
(*ie, gewährt das dingliche Recht, sich aus Sachen, Forderungen od sonstigen Rechten, insbes im Konkurs und bei Pfändungen bevorzugt zu befriedigen; Einteilung: 1. Pfandrecht (§§ 1204-1296 BGB), 2. Sicherungsübereignung (§§ 929-936 BGB), 3. Sicherungsabtretung (§§ 398-413 BGB), 4. Grundpfandrechte (§§ 1113-1203 BGB); opp, Personalsicherheit, qv*)
Sachsteuer *f* (FiW) tax imposed on an object

(*eg, on a parcel of real property, or a conglomeration of property, such as a business; syn, Objektsteuer, Realsteuer*)
Sachübernahme *f* (Re) aquisition of assets upon formation, § 27 AktG
Sach- und Dienstleistungskosten *pl* (ReW) cost of materials and services
Sachvergütung *f* (Pw) payment in kind
Sachverhalt *m*
(Re) facts
(Re) factual frame
Sachvermögen *n*
(Vw) fixed capital (*syn, Realvermögen*)
(ReW) non-financial assets
Sachvermögensbildung *f*
(Vw) productive investment
- investment in fixed assets and inventories
- formation of material wealth
(*opp, financial investment*)
Sachversicherer *m* (Vers) property insurance company
Sachversicherung *f*
(Vers) business
- commercial
- non-life
- property . . . insurance
Sachverstand *m*
(com) (analytic) expertise
- expert knowledge
- skill of an expert
Sachverständigenausschuß *m* (com) expert committee
Sachverständigenbeirat *m* (Vw) advisory council of experts
Sachverständigen *m* **bestellen** (com) to appoint an expert
Sachverständigengutachten *n*
(com) expert opinion
- expert's report
- expertise
Sachverständigen *m* **hinzuziehen**
(com) to call in/consult . . . an expert
- to employ the services of an expert
Sachverständigenrat *m* (Vw) German Council of Economic Experts
Sachverständigen-Zeuge *m* (Re) expert witness
Sachverständiger *m*
(com) expert
- outside expert
- special expert
(Vers) appraiser
- valuer
(Pat) person skilled in the art
Sachwalter *m* (Re) trustee of creditors, § 91 VerglO
Sachwert *m*
(com) physical (*or* tangible) asset
(StR) asset value
(*ie, standard of value applied to ,sonstige bebaute Grundstücke' = other improved properties, §§ 83 ff BewG*)
(Fin) intrinsic value
Sachwertanleihe *f* (Fin) commodity-based loan
(*ie, secured by staples like potash, coal, timber, sugar; in Germany between 1922 and 1924*)

Sachwertdividende f (Fin) = Sachdividende

Sachwerte mpl
(Vw) real assets
(Fin) resource-based assets *(eg, investors sought...)*

Sachwertklausel f (com) = Warenpreisklausel

Sachwertschwankungen fpl (ReW) fluctuations in real value

Sachwertverfahren n (StR) asset value method
(ie, aggregate tentative values for land, buildings, and other improvements are corrected to arrive at the fair market value of the entire property, §§ 83 ff BewG)

Sachwortverzeichnisn (EDV) index
(ie, list of centents in a file; eg, in Unix)

Sachwucher m (Re) = Leistungswucher

Sachziel n (Bw) substantive goal *(opp, Formalziel = formal objective)*

sachzielorientiertes Verhalten n (Bw) task-oriented behavior

Sack m (com) bag

Sackgasse f
(com) dead end *(eg, come to a ... in our efforts to reach an agreement)*
– deadlock
– impasse

Safe m/n **mieten** (Fin) to rent a safe deposit box

Safevertrag m (Fin) safe deposit box agreement

saftige Preise mpl (com, sl) fishy prices

Saftladen m (com, sl) dump
(ie, inefficiently run business establishment)

Saisonabweichung f (Stat) = Saisonschwankung

saisonal bereinigen
(Stat) to adjust seasonally
– to deseasonalize

saisonale Arbeitslosigkeit f (Vw) seasonal unemployment

saisonale Auskehrung f (FiW) hurry-up spending
(ie, der öffentlichen Kassen; syn, Kassenfeger, Dezemberfieber)

saisonale Schwankung f (Stat) = Saisonschwankung

Saisonarbeit f (Pw) seasonal work

Saisonarbeiter m (Pw) seasonal worker

Saisonarbeitslosigkeit f (Vw) = saisonale Arbeitslosigkeit

Saisonartikel mpl (com) seasonal goods *(or articles)*

Saisonausverkauf m (com) = Saisonschlußverkauf

saisonbedingter Aufschwung m (Vw) seasonal recovery

saisonbereinigt (Stat) seasonally adjusted

Saisonbereinigung f (Stat) seasonal adjustment
(ie, Methoden zur Eliminierung der Saisonkomponente e–r Zeitreihe)

Saisonbetrieb m (com) seasonal enterprise

Saisonbewegung f (Stat) = Saisonschwankung

Saisonindex m (Stat) seasonal index
(ie, Unterbegriffe: Monatsdurchschnittsverfahren, Gliedziffernverfahren, Verfahren der Saisonnormalen)

Saisonkoeffizient m (Stat) seasonal coefficient

Saisonkorridor m (Stat) high-low graph

Saisonkredit m (Fin) seasonal credit *(ie, granted to farming and fishery establishments, etc.)*

Saisonschlußverkauf m (com) end-of season clearance sale *(ie, at reduced prices)*

Saisonschwankung f (Stat) seasonal variation

Saisonwanderung f (Stat) seasonal migration

Saisonwaren fpl (com) seasonal products

säkulare Inflation f (Vw) secular inflation

säkularer Trend m (Stat) secular trend

säkulare Stagnationstheorie f (Vw) theory of secular stagnation *(J. M. Keynes and A. Hansen)*

Säkulargleichung f (Math) secular equation

Saldenabstimmung f (ReW) balance reconciliation

Saldenaufstellung f (ReW) balance-of account statement

Saldenausgleich m (AuW) settlement of balance

Saldenbestätigung f (ReW) statement of balance

Saldenbilanz f (ReW) list of balances

Saldendatei f
(ReW) open item balance
– balance file

Saldenkarte f (ReW) balance card

Saldenliste f (ReW) list of current account balances

Saldenprüfung f (ReW) balance control

Saldenumbuchung f (ReW) carry forward

Saldenvortrag m (ReW) trial balance brought forward

saldieren
(ReW) to balance (out)
– to net out *(eg, accounts, debits and credits)*

Saldieren n
(ReW) balancing out
– netting out

Saldierungsverbot n (ReW) prohibition to offset accounts payable against accounts receivable

Saldierwerk n (EDV) accumulator *(ie, electronic unit for performing arithmetic)*

Saldo m
(ReW) balance
– account balance
– balance of account *(pl, Salden)*

Saldoanerkenntnis f (Re) confirmation of balance

Saldo m **der amtlichen Verrechnungen** (AuW) official settlements balance

Saldo m **der Kapitalbilanzen** (VGR) balance of capital transactions

Saldo m **der laufenden Posten** (VGR) balance of current transactions

Saldo m **der laufenden Übertragungen** (VGR) net current transfers

Saldo m **der Leistungsbilanz** (VGR) balance on current account

Saldo m **der nicht erfaßten Posten und statistischen Ermittlungsfehler** (VGR) net errors and omissions *(ie, on current and capital accounts)*

Saldo m **der statistisch erfaßten Transaktionen** (VGR) balance of recorded transactions

Saldo m **der statistisch nicht aufgliederbaren Transaktionen**
(VGR) balance of unclassifiable transactions
– accommodating *(or balancing)* items
– errors and omissions
(syn, Restposten der Zahlungsbilanz)

Saldo m **der Zahlungsbilanz**
(AuW) balance of payments surplus *(or deficit, as the case may be)*
– external balance

Saldovortrag *m*
(ReW) balance carried forward
(ReW) balance brought forward
SAL-Pakete *npl* (com) SAL *(surface air lifted)* parcels
salvatorische Klausel *f*
(Re) separability clause
– saving clause
– severability clause
(ie, contract clause providing that if one or more provisions are declared void the balance of the contract remains in force; cf, aber § 139 BGB; syn, Abtrennklausel)
Salzsteuer *f* (StR) excise tax on salt
Sammelabschreibung *f*
(ReW) group depreciation
– composite-life method of depreciation
(ie, applying a single rate to a group of assets of the same general class = Gruppe gleichartiger Wirtschaftsgüter; syn, Pauschalabschreibung)
Sammelaktie *f* (Fin) multiple share certificate
(ie, evidencing large share holding, not widely used in Germany; syn, Globalaktie)
Sammelanleihe *f* (Fin) joint loan issue
(ie, floated by a number of municipalities)
Sammelanschluß *m* (com) private branch exchange
Sammelaufstellung *f* (com) collective list
Sammelauftrag *m* (Fin) bulk order
Sammelbehälter *m*
(MaW) accumulation/assembly . . . bin
(ie, for allocated materials = für auftragsbezogene Teile)
Sammelbeleg *m* (ReW) collective-entry voucher
Sammelbestand *m* (Fin) collective security holding
Sammelbestellung *f*
(com) collective order
(com) multi-copy order *(ie, of books)*
Sammelbewertung *f* (ReW) group valuation
(ie, of items similar in kind and price; syn, Gruppen-, Kollektivbewertung)
Sammelbezeichnung *f* (com) catch-all category
Sammelblatt *n* (ReW) grouping sheet
Sammelbogen *m* (ReW) recapitulation sheet
Sammelbuch *n* *(ReW) general journal (syn, Sammeljournal)*
Sammelbuchung *f* (ReW) compound entry
Sammeldepot *n*
(Fin) collective custody account (Fin) collective safe deposit
Sammeldepotkonto *n* (Fin) collective deposit account
Sammeleinkauf *m* (com) group buying
Sammelfaktura *f* (com) monthly billing
Sammelgang *m* (EDV) group printing *(opp, Einzelgang)*
Sammelgenehmigung *f* (com) collective authorization
Sammelinkasso *n* (Fin) centralized/group . . . collection
Sammeljournal *n* (ReW) = Sammelbuch
Sammelkonnossement *n*
(com) grouped
– omnibus
– collective . . . bill of lading
Sammelkonto *n*

(ReW) summary
– absorption
– assembly
– control(ling)
– intermediate clearing . . . account
Sammelladung *f*
(com) consolidated shipment
– consolidation
– (GB) grouped/collective . . . consignment
– (GB) grouped shipment
– mixed/pooled . . . consignment
– joint cargo
Sammelladungen *fpl* **zerlegen** (com) to break bulk
(ie, said of consolidated shipments)
Sammelladungs-Frachtraten *fpl* (com) groupage rates
Sammelladungs-Konnossement *n* (com) combined (*or* groupage) bill of lading
Sammelladungsspediteur *m* (com) grouped consignment forwarder, § 413 HGB
Sammelladungsspedition *f* (com) grouped consignment forwarding
Sammelladungsverkehr *m* (com) groupage traffic
Sammelladungs-Zustelldienst *m* (com) consolidated package-delivery service
Sammelmappe *f* (com) loose-leaf binder
‚**Sammelpolice** *f*
(Vers) general
– group
– package . . . policy
Sammelposten *m* (ReW) collective item
Sammelrechnung *f* (com) unit billing
Sammelschiene *f* (IndE) bus bar
Sammelsendung *f* (com) combined shipment
Sammelsurium *n* (com, infml) mixed bag
Sammeltarif *m* (com) group rate
Sammeltransport *m* (com) collective transport
Sammelüberweisung *f* (Fin) combined bank transfer
Sammelurkunde *f* (Fin) global certificate
Sammelversicherung *f* (Vers) group (*or* collective) insurance
Sammelversicherungsvertrag *m* (Vers) general (*or* group) policy
Sammelverwahrung *f*
(Fin) collective safekeeping of securities
– (US) bulk segregation
(opp, Streifbandverwahrung, Einzelverwahrung; cf, Wertpapiersammelbank)
Sammelweg *m*
(EDV) bus
– highway
– trunk *(syn, Bus, Pfad)*
Sammelwertberichtigung *f*
(ReW) global value adjustment
– overall contingency reserve
(ie, set up to provide against contingent receivables losses; syn, Pauschaldelkredere; opp, Einzelwertberichtigung)
Sammelwertberichtigung *f* **auf Kredite** (ReW) global loan writeoff provision
Sammlverwahrung *f*
(Fin) collective safekeeping
– (US) bulk segregation
Sandkastenmodell *n* (IndE) lilliputian model

sanieren
(Fin) to reorganize
- (GB) to reconstruct
(com, infml) to refloat
- to reforge
- to reshape
- to revamp
- to revitalize
- to put new life into
saniertes Baugebiet *n* (com) rehabilitated (*or* upgraded) area
Sanierung *f*
(Fin) (capital) reorganization
- (GB) (capital) reconstruction
(com, infml) rescue ... operation/package
(ie, soll die Leistungsfähigkeit e–s Unternehmens wiederherstellen: reestablish the operational and/ or productive capacity of that company; 1. buch-mäßige Sanierung (reine Sanierung) ohne Mittel-zuführung: bookkeeping measures without the injection of new funds; includes the reduction of capital; § 222 et seq AktG and § 58 GmbHG; 2. Sanierung mit Zuführung von Mitteln: measures involving the injection of new funds; cumulative deficit is eliminated by a reduction of capital, and then new capital is injected by the issue of new shares)
Sanierung *f* **der Rentenfinanzen** (SozV) consolidation of pension funds' finances
Sanierungsbilanz *f*
(ReW) (capital) reconstruction statement
- (GB) reconstruction accounts
Sanierungsbündel *n* (Fin) rescue package
Sanierungsdarlehen *n* (Fin) reorganization loan
Sanierungsfusion *f* (Kart, US) failing company merger *(cf, Sec 7 Clayton Act of 1914)*
Sanierungsgewinn *m*
(ReW) recapitalization gains
- reorganization surplus
(ie, from wiping out company debts)
Sanierungskonsortium *n* (Fin) backing/reconstruction ... syndicate *(syn, Auffangkonsortium)*
Sanierungskonzept *n*
(Bw) reconstruction concept
- recovery strategy
- rescue package
Sanierungskredit *m*
(Fin) reorganization loan
- (GB) reconstruction loan
Sanierungsplan *m* (Fin) financial rescue plan
Sanierungsprogramm *n*
(Fin) rescue package (*or* scheme)
- reorganization scheme
Sanierungsübersicht *f* (ReW) reorganization statement
(ie, listing assets and liabilities valued on three different bases: (1) as shown in the accounts; (2) continued operation; (3) discontinuance and disposal)
Sanierungsumgründung *f* (Re) reconstruction and reorganization of a company
Sanierungsvergleich *m* (Re) composition agreement with creditors
Satellitenrechner *m* (EDV) satellite computer *(syn, Vorrechner)*

Satellitensteuer *f* (StR) satellite tax
(ie, levied in connection with another tax; eg, church tax based on income tax)
Satellitensystem *n*
(EDV) remote computing processor
- satellite system
Satisfizierung *f* (Bw) satisficing
satte Gewinne *mpl*
(com, infml) bumper/lush ... profits
Sattelpunkt *m*
(Math) saddle point
- point of stagnation
Sattelpunktsatz *m* (OR) minimax theorem
Sattelzug *m*
(com) trailer truck
- (GB) articulated lorry (*short:* artic)
- (GB, infml) bender
Sättigung *f*
(Mk) saturation of a market
(Mk) rate of public acceptance
Sättigungsgesetz *n* (Vw) law of satiety
Sättigungsgrenze *f* (Mk) absorption point
Sättigungsmenge *f* (Vw) volume of saturation *(ie, at which zero price obtains)*
Sättigungsnachfrage *f* (Vw) saturation demand
Sättigungsphase *f* (Mk) saturation stage *(ie, of product life cycle)*
Sättigungspunkt *m*
(Bö) absorption point
(ie, at which market refuses to accept greater offerings without price concessions)
(Vw) saturation point
(ie, where the demand function intersects the abscissa)
Sättigungswerbung *f* (Mk) saturation advertising
Satz *m*
(com) rate
(Log) statement
(EDV) data record
(EDV) composition
Satzadresse *f* (EDV) record address
Satzadressendatei *f* (EDV) record address file
Satzanzahl *f* (EDV) record count
Satzende *n* (EDV) end of record
Satzendekennzeichen *n* (EDV) end-of-record label
Satzendewort *n* (EDV) end-of-record word
Sätze *mpl* **unter Banken** (Fin) interbank money market rates
Satz *m* **fester Länge** (EDV) fixed length record
Satzfolge *f* (EDV) record sequence
Satzformat *n* (EDV) record format
Satz *m* **für Tagesgeld** (Fin) call (*or* overnight) rate
Satzlänge *f* (EDV) record length
Satzmarke *f* (EDV) record marker
Satzname *m* (EDV, Cobol) data record name
Satzprüfung *f* (EDV) record checking
Satzspiegel *m* (EDV) text field
Satzstruktur *f* (EDV) record layout
Satzung *f*
(Re) charter
(Re) articles of incorporation, § 2 AktG
- corporate articles
- (US) (charter and) bylaws
- statutes
- (GB) memorandum and articles of association

Satzungsänderung *f*
  (Re) alteration of charter
  – changes to the statutes
  (Re) amendment to the articles of incorporation,
  § 119 AktG
satzungsgemäß (Re) in conformity with (*or* conformably to) the charter
satzungsmäßige Befugnisse *fpl* (Re) statutory corporate powers
  (ie, transferred by the articles of incorporation)
satzungsmäßige Benachrichtigung *f* (com) due notice
satzungsmäßige Einberufung *f* (com) = satzungsmäßige Benachrichtigung
satzungsmäßige Ladung *f* (com) = satzungsmäßige Benachrichtigung
satzungsmäßige Mindesteinlage *f* (com) statutory minimum contribution
satzungsmäßige Rücklage *f* (ReW) reserve required by company bylaws
satzungsmäßige Rücklagen *fpl* (ReW, EG) reserves provided for by the articles of association
Satz *m* **variabler Länge** (EDV) variable length record
Satz *m* **Verschiffungspapiere** (com) commercial set
  (ie, invoice, draft, bill of lading, insurance policy)
Satz *m* **vom zureichenden Grunde** (Log) principle of sufficient reason
Satzzählung *f* (EDV) record count
Satzzeichen *n* (EDV) punctuation mark
Satzzwischenraum *m* (EDV) interrecord (*or* record) gap
Säulendarstellung *f* (Stat) = Säulendiagramm
Säulendiagramm *n*
  (Stat) bar ... chart/graph
  – column diagram
  – histogram *(cf, Balkendiagramm)*
säumig
  (com) defaulting
  – in default
säumiger Gesellschafter *m* (com) defaulting shareholder
säumiger Schuldner *m*
  (com) debtor in arrears (*or* in default)
  – defaulting debtor
  – delinquent debtor *(syn, Restant)*
säumiger Zahler *m* (com, infml) tardy payer
säumig sein (com) to default
säumig werden
  (com) to fall (*or* get) behind *(eg, in mortgage payments on a house)*
  (Fin) to default
Säumnisurteil *n* (Re) default judgment
Säumniszuschlag *m*
  (StR) delay penalty *(ie, 1 percent of the delinquent tax, § 240 AO)*
  (Vers) delay penalty
  – delinquency charge
Sauregurkenzeit *f* (com, sl) unhealthy slack period in business
„Saustallquote" *f* (com) rate of inefficiency (*or* muddling through)
Savage-Axiom *n* (Vw) sure-thing principle *(ie, of decision theory)*
Saysches Theorem *n* (Vw) Say's law

sazungsmäßige Einberufung *f* (com) due notice
SB Markt *m* (Mk) self-service market
Scanlon-Plan *m* (Pw) Scanlon plan
  (ie, incentive plan designed to increase efficiency with opportunity for the accrued savings achieved to be distributed among the workers)
Scanner-Kassensystem *n* (Mk) checkout scanner
Schachbrettregel *f* (Math) checkerboard rule
Schachtel *f*
  (com) = Schachtelbeteiligung, qv
  (com) box
  – carton
  – case
  (ie, aus Karton, Voll- od Wellpappe, Blech, Holz od Kunststoffe = made, for instance, of board, solid or corrugated board, sheet metal, wood, or plastics)
Schachtelbeteiligung *f*
  (com) equity stake in an affiliated company *(ie, at least 25%)*
  – qualified minority holding
Schachteldividende *f*
  (Fin) dividend from an interrelated company
  – intercompany dividend
Schachtelgesellschaft *f*
  (Re) interrelated company
  (StR) entity claiming the affiliation privilege, § 102 BewG
schachteln (EDV) to nest
Schachtelprivileg *n*
  (StR) „affiliation privilege", § 26 KStG
  – intercompany (*or* intercorporate) privilege
  (ie, conditional tax exemption for intercompany dividends, the term applying to income, property, net worth, and trade taxation)
Schachtelung *f* (EDV) nesting
Schachtelverünstigung *f* (StR) affiliation privilege
  (ie, exclusion of intercompany holdings from the taxable net worth of the holding company; syn, Schachtelprivileg)
Schaden *m*
  (Re) damage
  – injury
  – loss
  – detriment
  (ie, Einbuße an Rechtsgütern = loss or diminution of what is a man's own, occasioned by the fault of another; difference in asset value before and after the event)
  (Vers) loss
  (ie, basis for a claim for indemnity or damages under the terms of an insurance policy)
Schadenabfindung *f*
  (Re) indemnification
  – claim adjustment
Schadenabteilung *f* (Vers) claims (*or* loss) department
Schadenabwicklung *f*
  (Vers) claims adjustment
  – loss adjustment
  – settlement of claims
Schadenandienung *f* (Vers) = Schadenanzeige
Schadenanfall *m* (Vers) incidence of loss
Schaden *m* **anmelden** (Vers) to give notice of claim
Schadenanspruch *m* (Vers) insurance claim

Schadenanzeige *f* (Vers) notification of damage (*or* loss)

Schadenattest *n*
(SeeV) certificate of damage
– survey report

Schadenaufmachung *f* (SeeV) average adjustment (*or* statement)

Schadenaufstellung *f* (Re) statement of damage

Schadenausgleich *m*
(Vers) compensation for damage
(SeeV) contributions

Schaden *m* **bearbeiten** (Vers) to handle (*or* process) a claim

Schadenbearbeitung *f*
(Vers) claims handling (*or* processing)
(Vers) claims handling department

schadenbegründende Ursache *f* (Vers) proximate cause

Schaden *m* **beheben**
(com) to repair a damage
– to rectify (*or* remedy) a defect

Schadenbetrag *m* (Vers) amount of loss

Schaden *m* **durch inneren Verderb** (com) damage by intrinsic defects

Schadeneintritt *m* (Vers) occurrence of a loss

Schadeneintrittswahrscheinlichkeit *f* (Vers) probability of loss

Schadenereignis *n* (Vers) damaging event

Schadenermittlung *f* (Re) ascertainment of damage

Schadenersatz *m*
(Re) damages
– compensation in damages
(ie, the basic rule of ‚Naturalherstellung‘ is that the person who has suffered loss or injury cannot claim pecuniary compensation, §§ 249–255 BGB)

Schadenersatzanspruch *m* (Re) claim for damages

Schadenersatzansprüche *mpl* **geltend machen** (Re) to claim damages *(ie, gegen = from)*

Schadenersatz *m* **beantragen** (Re) to advance (*or* put in) a claim for damages

Schadenersatz *m* **einklagen** (Re) sue for (*or* collect) damages

Schadenersatz *m* **erwirken** (Re) to collect (*or* recover) damages

Schadenersatz *m* **für Folgeschaden** (Re) consequential damages

Schadenersatz *m* **in Geld**
(Re) compensation in money
– pecuniary damages

Schadenersatzklage *f*
(Re) action to recover damages
– action for damages

Schadenersatz *m* **leisten**
(Re) to pay damages
– to make good

Schadenersatzleistung *f* (Re) payment of damages

Schadenersatzlimit *n* (Vers) aggregate limit

Schadenersatzpflicht *f*
(Re) liability for damages
– obligation to compensate (*or* pay damages)

schadenersatzpflichtig
(Re) liable to pay damages
– liable to pay compensation for damage
– liable in damages

Schadenersatz *m* **wegen Nichterfüllung** (Re) (pecuniary) damages for nonperformance

Schadenersatz *m* **wegen unerlaubter Handlung** (Re) damages in tort

Schadenersatz *m* **zuerkennen** (Re) to award damages

Schadenerwartung *f* (Vers) expectation of loss

Schadenexzedent *m* (Vers) excess of loss

Schadenexzedentdeckung *f* (Vers) loss excess cover

Schadenexzedenten-Rückversicherung *f* (Vers) excess of loss reinsurance

Schaden *m* **festsetzen** (com) to assess a damage

Schadenfeststellung *f* (Vers) ascertainment of damage (*or* loss)

Schadenfeuer *n* (Vers) hostile fire
(syn, Brand; opp, friendly fire: in a place where it is intended to be)

Schadenfreiheitsrabatt *m* (Vers) no-claim bonus

Schadenfrequenz *f* (Vers) = Schadenhäufigkeit

Schadenhaftung *f* (Re) liability for damages

Schadenhäufigkeit *f* (Vers) incidence of loss
(ie, die in e–r Zeiteinheit [meist Kalenderjahr] von e–m Risiko erzeugte Anzahl Schäden)

Schadenhöhe *f*
(com) amount of loss
– extent of damage
(Vers) amount of loss
– claims severity

Schadenmaximum *n* (com) loss limit

Schadenmeldung *f*
(Vers) damage report
– notice of damage

Schadenminderungspflicht *f* (Re) doctrine of avoidable consequences

Schadennachweis *m* (Re) proof of loss

Schadenprüfung *f* (Vers) damage survey

Schadenquote *f*
(Vers) claims percentage
– loss ratio

Schaden *m* **regulieren** (Vers) to adjust a damage (*or* loss)

Schadenregulierer *m*
(Vers) claim adjuster
– claims assessor
– claim inspector
– claim representative
– settling agent
– (GB) assessor
(SeeV) average adjuster

Schadenregulierung *f*
(Vers) claim (*or* loss) adjustment

Schadenregulierungskosten *pl* (Vers) loss adjustment expenses

Schadenreserve *f* (Vers) = Schadenrückstellung

Schadenrückstellung *f* (Vers) loss reserve
(ie, set up for losses reported but not yet paid)

Schadensachbearbeiter *m* (Vers) claim adjuster

Schadensachverständiger *m* (Vers) insurance adjuster

Schadensersatz *m* (Re) = Schadenersatz

Schadensfall *m*
(Vers) claim
– damaging event

Schadensfall *m* **tritt ein** (Vers) insured loss (*or* risk) occurs

Schaden *m* **tragen** (com) to bear a loss
Schadenüberschuß *m* (Vers) excess of loss
Schadenumschichtung *f* (Vers) redistribution of loss
schadenunerhebliche Ursache *f* (Re) remote cause
Schadenursache *f* (Vers) cause of loss
Schadenverhütung *f* (Vers) loss prevention
Schadenverlauf *m* (Vers) loss experience
Schadenverlauf *m* **des einzelnen Versicherers** (Vers) individual experience
Schadenversicherung *f* (Vers) casualty insurance *(opp, Summenversicherung)*
Schaden *m* **verursachen** (com) to cause loss *(or* damage)
Schadenwahrscheinlichkeit *f* (Vers) probability of future losses
Schaden *m* **zufügen** (Re) to inflict injury (on)
schädigende Handlung *f* (Re) harmful *(or* injurious) act
Schädigung *f* **einheimischer Wirtschaftszweige** (AuW) injury to domestic industries *(eg, durch nichttarifäre Handelshemmnisse = by nontariff barriers)*
schädlich
   (com) detrimental
   – harmful
   – deleterious
Schadlosbürge *m* (Re) collection guarantor
Schadlosbürgschaft *f*
   (Re) guaranty of collection
   – (GB) deficiency *(or* deficit) guarantee
   – indemnity bond
schadlos halten
   (Re) to indemnify
   – to save harmless
   (ie, to save a person harmless in respect to dealings, past, present, or contemplated, with some other person)
Schadloshaltung *f*
   (Re) indemnification
   – indemnity
Schadloshaltungsklausel *f* (Re) hold-harmless clause
Schadstoff *m* (com) pollutant
Schadstoffemission *f* (com) harmful emission
Schaffung *f* **neuer Arbeitsplätze** (com) creation of new employment
Schaffung *f* **von Arbeitsplätzen** (com) creation of jobs
Schaffung *f* **von Ausbildungsplätzen** (Pw) creation of training openings
Schaffung *f* **von zusätzlichem Geld** (Vw) creation of additional money
Schaltalgebra *f* (EDV) logic *(or* switching) algebra
Schaltanweisung *f* (EDV, Cobol) alter statement *(syn, ALT-Anweisung)*
Schaltelement *n*
   (EDV) logic element
   – gate
Schalter *m*
   (com) counter
   (OR) channel
   – server
   – service facility
   (syn, Bedienungsstation, Abfertigung, Kanal)

Schalterbeamter *m* (com) cashier
Schaltergeschäft *n* (Fin) counter transactions *(eg, simultaneous purchase and cash payment „at the counter"; syn, Tafelgeschäft)*
Schalterprovision *f* (Fin) selling commission *(ie, paid by a member of an underwriting syndicate to another for selling part of their securities quota to the public)*
Schaltersteuerung *f* (EDV) switch controller
Schalterterminal *n* (EDV) teller *(or* counter) terminal
Schaltfeld *n* (EDV) control panel
Schaltglied *n*
   (EDV) logical element
   – gate
Schaltnetz *n* (EDV) switching *(or* combinatorial) circuit *(syn, kombinatorisches Schaltwerk*
Schaltplan *m* (EDV) switching diagram
Schaltplatte *f* (EDV) plugboard
Schaltschema *n* (EDV) circuit diagram
Schalttafel *f* (EDV) control *(or* patch) panel
Schalttafelsteuerung *f* (EDV) panel control
Schaltungstechnologie *f* (EDV) circuit technology
Schaltvariable *f* (EDV) switching variable
Schaltwerk *n* (EDV) sequential logic system
Schaltzeichen *n* (EDV) gate symbol *(eg, UND, ODER, NAND, NOR)*
Schaltzeit *f* (EDV) switching time
scharf ansteigen
   (com) to soar
   – to leap
   – to shoot up
   – to bounce up
   – to increase sharply
Schärfe *f* **e-s Tests** (Stat) power of a test
scharfe Konkurrenz *f* (com) = scharfer Wettbewerb
scharfe Rezession *f* (com) severe recession
scharfer Kursrückgang *m* (Bö) bottom dropped out *(ie, creates a panicky condition)*
scharfer Wettbewerb *m*
   (com) bitter
   – fierce
   – intense
   – keen
   – severe
   – stiff . . . competition
scharf kalkuliert (com) with a low margin
scharf kalkulierter Preis *m* (com) close *(or* keen) price
Scharparameter *m* (Math) family of straight lines
Schattenpreise *mpl* (Bw) shadow/accounting . . . prices
Schattenspeicher *m*
   (EDV) nonaddressable memory
   – shaded memory
Schattenwirtschaft *f*
   (Vw) underground
   – subterranean
   – shadow
   – hidden
   – informal *(or* irregular)
   – cash
   – moonlight
   – (GB) black

– (sl) „Black & Decker"... economy
(ie, this portion of gnp, being nonreported or under-reported, is not measured by official statistics; facettenreiches volkswirtschaftliches Phänomen; Umgehung des Wirtschaftsrechts, wie Schwarzarbeit, gewerbliche Leistungserbringung ohne Rechnungserstellung, illegale Ausländerbeschäftigung uä)

Schatzanweisungen *fpl* (Fin) Treasury paper
(ie, kurz- und mittelfristige Schuldverschreibungen, von Gebietskörperschaften und Sondervermögen begeben; Laufzeit 6-24 Monate)

Schätze *mpl* (FiW) = Schatzanweisungen

schätzen
(com) to estimate (at)
– to appraise
– to assess (at)
– to put (at) *(eg, putting the rise at 4%)*
– (infml) to guesstimate
(ReW) to tax

Schätzer *m*
(com) appraiser
– valuer
– evaluator
– assessor
(Stat) estimator *(syn, Schätzfunktion, qv)*
(Zo) appraising officer

Schätzfehler *m* (Stat) error of estimation

Schätzfunktion *f* (Stat) estimator
(ie, gibt an, wie aus den Ergebnissen e–r Zufallsstichprobe ein Schätzwert für e–n unbekannten Parameter der Grundgesamtheit zu bestimmen ist; sie sollte die folgenden Eigenschaften haben: 1. Erwartungstreue (Unverzerrtheit); 2. Effizienz; 3. Konsistenz; 4. Suffizienz)

Schätzgleichung *f* (Stat) estimating equation

Schätzklausel *f* (Vers) appraisal clause

Schätzkosten *pl* (com) estimated cost

Schätzmethode *f* (Stat) method of estimation

Schatzpapiere *npl* (Fin) treasury certificates

Schatzscheine *mpl* (Fin) cf, Schatzwechsel, unverzinsliche Schatzanweisungen

Schätzung *f*
(com) estimate
– appraisal
(com) estimation
– appraisement
– valuation
(StR) determination of taxable income by estimate, § 162 I AO

Schätzung *f* **bei beschränkter Information** (Stat) limited information estimate

Schätzung *f* **mit kleinstmöglicher Varianz** (Stat) minimum variance estimate

Schätzung *f* **von Besteuerungsgrundlagen**
(StR) estimate of tax bases, § 162 AO
– estimated assessment

Schätzverfahren *n* (Stat) method of estimation
(ie, sucht die unbekannten Parameter e–r Grundgesamtheit zu schätzen; zwei Arten: 1. Punktschätzung: point estimation; 2. Intervallschätzen: interval estimation)

Schatzwechsel *m* (Fin) Treasury bill
(ie, Solawechsel des Bundes, der Länder und der Sondervermögen; Laufzeit 30-90 Tage; placed by

the Bundesbank with the banks on a tap basis; normally held to maturity, but resold to the Bundesbank if liquidity is short)*

Schatzwechselkredit *m* (FiW) credit based on the purchase of Treasury bills

Schätzwert *m*
(com) estimated value
– estimate
(Stat) estimator

Schaubild *n* (Stat) graph

Schaufenster *n*
(Mk) shop window
– (US) store window

Schaufensterauslage *f* (Mk) window display

Schaufensterwerbung *f* (Mk) shop window advertising

Schaukasten *m* (Mk) display case

Schaumweinsteuer *f*
(StR) champagne tax
– excise tax on champagne

Schaupackung *f* (Mk) display package

Schauwerbegestalter *m* (Mk) display designer

Scheck *m*
(Fin) check
– (GB) cheque

Scheckabrechnungsmaschine *f* (Fin) check processor

Scheckabrechnungsverkehr *m* (Fin) clearance of checks

Scheckabteilung *f* (Fin) check processing and collecting department

Scheck *m* **ausschreiben** (Fin) to write out a check

Scheck *m* **ausstellen** (Fin) = Scheck ausschreiben

Scheck *m* **ausstellen auf** (Fin) to make check payable to

Scheckaussteller *m* (Fin) maker *(or* drawer) of a check

Scheckbetrug *m*
(Fin) check fraud
– (infml) paperhanging

Scheckbetrüger *m* (Fin, infml) paperhanger *(ie, professional passer of bad checks)*

Scheckbuch *n* (Fin) check register

Scheckbürgschaft *f* (Fin) guaranty for checks, Art. 25-27 ScheckG

Scheckdeckungsanfrage *f* (Fin) check authorization *(or* verification)

Scheckdiskontierung *f* (Fin) discounting of checks

Scheckeinlösegebühr *f* (Fin) check encashment charge

Scheck *m* **einlösen**
(Fin) to cash a check
(Fin) to pay a check

Scheckeinlösung *f*
(Fin) encashment of a check
(Fin) payment of a check

Scheck *m* **einreichen** (Fin) to present a check

Scheckeinreichung *f* (Fin) presentation of a check

Scheckeinreichungsformular *n* (Fin) check paying-in slip

Scheckeinreichungsfrist *f* (Fin) time limit for presentation of a check

Scheck *m* **einziehen** (Fin) to collect a check

Scheckeinzug *m* (Fin) check collection *(syn, Scheckinkasso)*

Scheckfähigkeit f (WeR) capacity to draw or indorse checks, Art. 3, 60 ff ScheckG
Scheck m **fälschen** (Fin) to counterfeit a check
Scheckformular n (Fin) check form
ScheckG (WeR) = Scheckgesetz
Scheckheft n (Fin) check book
Scheckinhaber m (WeR) bearer of a check
Scheckinkasso n (Fin) check collection *(syn, Scheckeinzug)*
Scheckkarte f (Fin) check identification card
Scheckklausel f (Fin) check clause
(ie, statutory wording: „Zahlen Sie gegen diesen Scheck")
Schecklaufsystem n (Fin, US) check routing system *(ie, eases the routing of transit items through banks)*
Scheckleiste f
(Fin) counterfoil
– stub
Scheckmißbrauch m (Fin) = Scheckbetrug
Schecknehmer m (Fin) payee of a check
Scheck m **nicht einlösen** (Fin) to dishonor a check
Scheckprozeß m (Re) check proceedings, § 605a ZPO
Scheckrecht n (Re) law relating to checks
Scheckreiterei f (Fin) check kiting
Scheckrückgabe f (Fin) return of an unpaid check
Scheckrückrechnung f (Fin) check return bill
Schecksicherung f (EDV, Cobol) check protect
Schecksortiermaschine f (Fin) check sorter
Schecksperre f
(Fin) stop payment order
– cancellation (or countermand) of a check
Scheck m **sperren** (Fin) to stop a check
Schecksperrung f (Fin) countermand
Scheckumlauf m (Fin) checks in circulation
Scheck-Unterschriftenmaschine f (Fin) = Scheckzeichnungsmaschine
Scheckverkehr m (Fin) check transactions
Scheckverrechnung f (Fin) check clearing
Scheckzahlung f (Fin) payment by check
Scheckzeichnungsmaschine f (Fin) check signer *(syn, Scheck-Unterschriftenmaschine)*
Scheck m **zum Inkasso** (Fin) check for collection
Schedulensteuer f (FiW, GB) schedular taxes
Scheidemünzen fpl (Vw) low-value coin *(opp, Kurantgeld = current money)*
Schein-Aktiva npl (ReW) fictitious assets
Scheinanbieter m (com) by-bidder
(ie, employed to bid at an auction in order to raise the prices for the auctioneer or seller)
Scheinangebot n
(com) level
– collusive
– dummy... tendering *(ie, aufgrund von Anbieterabsprachen)*
Scheinargument n (Log) dummy argument
scheinbare Variable f (Log) bound variable *(syn, gebundene Variable)*
Scheinbieter m (com) by-bidder
(ie, person employed to boost a price at an auction)
Scheinereignis n (OR) dummy event
Scheinfirma f
(com) „paper" company *(ie, used as a training*

ground for apprentices and junior clerks; syn, Übungsfirma)*
(Fin, infml) front name
– nominee
– straw
– street name *(ie, used to hide the real owner)*
Scheingebot n (com) sham *(or* straw) bid
Scheingeschäft n
(Re) fictitious
– dummy
– ostensible
– sham... transaction, § 117 BGB
Scheingesellschaft f (com) ostensible company
(ie, operating under its name, but without charter and bylaws)
Scheingesellschafter m
(com) nominal
– ostensible
– quasi... partner
– (GB) holding-out partner
Scheingewinn m
(ReW) paper
– phantom
– fictitious... profit
– inventory profit *(= aus Vorratsbewertung)*
– (infml) fool's profit
Scheingewinn m **aus Vorratsbewertung**
(ReW) inventory profit
– phantom inventory gain
– fool's profit *(syn, Lagergewinn, Bestandsgewinn)*
Scheingründung f (com) fictitious formation of a corporation
(ie, without business purpose or actual operations; set up to create a corporate shell; syn, Mantelgründung)
Scheinhandelsgesellschaft f (com) = Scheingesellschaft
Scheinkaufmann m (Re) ostensible merchant *(ie, no statutory term: developed in and out of court, see § 5 HGB)*
Scheinkonflikt m (Bw) spurious conflict
Scheinkorrelation f (Stat) illusory (or spurious) correlation
Scheinkurs m (Bö) fictitious security price *(syn, Ausweichkurs)*
Scheinproblem n (Log) pseudo problem
Scheinvariable f (OR) dummy variable
Scheinverlust m (ReW) fictitious loss *(opp, Scheingewinn, qv)*
Scheinvertrag m (Re) fictitious contract
Scheinvorgang m (OR) dummy activity (or job)
Scheitelwert m (Math) vertex
scheitern
(com) to fall flat
– to fall through *(eg, plan, project)*
– to fail
Schema n
(Stat) diagram
– array
Schemabrief m (com) standard letter
(ie, identical wording, but addressed to individual persons or firms)
Schema n **der Elemente** (Math) array of elements
schematisiert (Math, Stat) idealized

Schenker *m* (Re) donor
Schenkung *f*
(Re) gift
(Re) donation
(ie, disposition by which one person from his property enriches another person, provided both parties agree that there should be no compensation, §§ 516–534 BGB)
Schenkungsbilanz *f*
(VGR) balance on transfer account
– (US) unilateral payments
(syn, Transferbilanz, Übertragungsbilanz)
Schenkungsteuer *f* (StR) gift tax
(ie, companion tax to ‚Erbschaftsteuer‘ = inheritance tax)
Schenkung *f* **unter Auflage** (Re) gift subject to burdens, § 525 BGB
Schenkung *f* **unter Lebenden**
(Re) gift inter vivos
(StR) transfer of property inter vivos, § 1 I ErbStG
Schenkung *f* **von Todes wegen**
(Re) gift *(or* donation) mortis causa, § 2301 BGB
(StR) gift in contemplation of death, § 3 I ErbStG
Schere *f* (com) gap *(eg, between receipts and expenditures)*
Scherenbewegung *f* (Stat) scissor movement *(eg, of time series in a business cycle diagram)*
scherzhafte Reklame *f* (Mk) facetious advertising
Schicht *f* (Stat) stratum *(pl strata)*
Schichtarbeit *f* (Pw) shift work
Schichtarbeiter *m* (Pw) shift worker
Schichtband *n* (EDV) ferrous coated tape
Schichtbetrieb *m* (IndE) shift operation
Schichtenbildung *f* (Stat) stratification
Schichtführer *m* (Pw) shift manager *(or* foreman)
Schichtkosten *pl* (KoR) cost of extra shift
Schichtleistung *f* (IndE) output per shift
Schichtplan *m* (IndE) shift schedule
Schichtung *f* (Stat) stratification
Schichtwechsel *m* (IndE) turning of shifts
(eg, in a 7-day backward cycle: night – late – early)
Schichtzulage *f* (Pw) shift premium
Schicksalsgemeinschaft *f* (SeeV) common adventure
Schickschuld *f* (Re) obligation where debtor must send goods or money to creditor
(ie, Hauptanwendungsfälle: Geldschuld (§ 270 BGB) und Versendungskauf (§ 477 BGB»
Schiebebefehl *m* (EDV) shift instruction
Schieberegister *n* (EDV) shift register
Schiebetakt *m* (EDV) shift register clock pulse
Schiedsabkommen *n* (com) arbitration agreement
Schiedsantrag *m* (com) request for arbitration
Schiedsausschuß *m* (com) arbitration committee
Schiedsgericht *n*
(Re) arbitration tribunal
– court of arbitration
Schiedsgericht *n* **anrufen** (com) to refer to arbitration
schiedsgerichtliche Beilegung *f* (com) settlement by way of arbitration

Schiedsgerichtsbarkeit *f*
(com) arbitration
(Re) arbitral jurisdiction
Schiedsgerichtshof *m* (Re) arbitral court
Schiedsgerichtskosten *pl* (com) cost of arbitration
Schiedsgerichtsordnung *f* (com) arbitration code
Schiedsgerichtstermin *m* (com) time appointed for an arbitration hearing
Schiedsgerichtsvereinbarung *f* (com) agreement to arbitrate
Schiedsgerichtsverfahren *n* (com) arbitration proceedings
Schiedshof *m* (Re) court of arbitration
Schiedsinstanz *f* (com) arbitral authority *(or* body)
Schiedsklausel *f*
(com) clause of arbitration
(Pw) mediation clause
Schiedskommission *f* (com) arbitration committee
Schiedsobmann *m* (com) umpire
Schiedsordnung *f* (com) rules of arbitration *(ie, ‚Vergleichs- und Schiedsordnung der Internationalen Handelskammer‘, ‚Rules of American Arbitration‘, etc.)*
Schiedsort *m* (com) place of arbitration
Schiedsparteien *fpl* (com) parties to arbitration
Schiedsrichter *m* (com) arbitrator
schiedsrichterliche Beilegung *f* (com) arbitrational settlement
schiedsrichterlich entscheiden (com) to arbitrate
Schiedsspruch *m*
(com) arbitration award
– arbitral award
– arbitrator's award
Schiedsspruch *m* **fällen** (com) to render an award
Schiedsspruchwert *m* (Bw) value of an enterprise as a whole *(ie, as determined by an arbitrating expert; syn, Arbitriumwert)*
Schiedsstelle *f* (com) arbitrative board
Schiedsverfahren *n* (com) arbitration proceedings
Schiedsvergleich *m* (com) settlement in arbitration proceedings
Schiedsvertrag *m* (com) arbitration agreement
Schiefe *f* **e–r Verteilung**
(Stat) asymmetry
– skewness
schiefe Verteilung *f* (Stat) asymmetric *(or* skew) distribution
schiefwinkeliges Koordinatensystem *n* (Math) oblique reference system
Schienenverkehr *m* (com) rail traffic
Schiene/Straße-Güterverkehr *m* (com) „combined transport" freight traffic
(ie, going partly by rail and partly by road)
Schiffahrt *f* (com) shipping
Schiffahrtsabgaben *fpl* (com) navigation charges, § 754 HGB
Schiffahrtsabkommen *n* (Re) shipping *(or* navigation) agreement
Schiffahrtsagent *m* (com) shipping agent
Schiffahrtsgesellschaft *f* (com) shipping company
Schiffahrtskonferenz *f*
(com) freight conference
(com) shipping conference
(ie, kartellähnlicher Zusammenschluß mehrerer Linienreedereien in der Seeschiffahrt für be-

stimmte Gebiete od Routen; syn, Linienkonferenz)
Schiffahrtskonferenz *f* **der Trampschiffahrt** (com)
  Baltic and International Maritime Conference
Schiffahrtslinie *f* (com) shipping line
Schiffahrtsrecht *n* (Re) shipping law
Schiffahrtswege *mpl* (com) ocean routes
schiffbare Gewässer *npl* (com) navigable waters
Schiffbauindustrie *f* (com) shipbuilding industry
Schiffbausubvention *f* (Vw) shipbuilding subsidy
Schiffbruch *m* (SeeV) shipwreck
Schiff *n* **chartern** (com) to charter (*or* freight) a
  ship
Schiffer *m*
  (com) master, §§ 511–555 HGB
  – carrier *(syn, Kapitän)*
Schifferbörse *f* (com) shipping exchange
Schiffsabfahrtsliste *f* (com) sailing list
Schiffsabgaben *fpl* (com) ship's charges
Schiffsagent *m* (com) shipping agent
Schiffsankunftsavis *n* (com) arrival note
Schiffsanteil *m* (com) share in a ship, § 491 HGB
Schiffsbank *f* (Fin) ship mortgage bank
Schiffsdisponent *m* (com) shipping manager, § 492
  HGB
Schiffseigentümer *m* (com) shipowner *(ie, in ocean
  shipping)*
Schiffseigner *m* (com) shipowner *(ie, in inland
  waterway shipping)*
Schiffsfracht *f*
  (com) freight
  – cargo
Schiffsfrachten *fpl* (VGR) shipping services
Schiffsgläubiger *m* (Re) maritime lien holder,
  §§ 754 ff HGB
Schiffshypothekenbank *f* (Fin) = Schiffspfandbrief-
  bank
Schiffskaskoversicherer *m* (Vers) hull underwriter
Schiffskaskoversicherung *f* (Vers) hull coverage –
  marine insurance policy
  *(ie, coverage against loss to a vessel or its machin-
  ery or equipment)*
Schiffsklasseattest *n* (Re) classification certificate
Schiffsladung *f* (com) shipment
Schiffsliegeplatz *m* (com) loading berth (*or* wharf)
Schiffsliste *f* (com) sailing list
Schiffsmakler *m*
  (com) shipping agent
  – ship broker
Schiffsmanifest *n* (com) ship's manifest
Schiffsmeßbrief *m* (com) tonnage certificate
Schiffspart *m* (com) share in a ship *(ie, one of the
  shares of joint shipowners = Mitreeder)*
Schiffspfandbriefbank *f* (Fin) ship mortgage bank
Schiffspfandrecht *n* (Re) ship's mortgage
Schiffsraum *m* (com) hold
Schiffsunfälle *mpl* (SeeV) marine casualties
Schiffsverladekosten *pl* (com) lading charges
Schiffszettel *m* (com) shipping note
Schikaneverbot *n* (Re) prohibition of chicanery
  *(ie, exercise of a right which can have no purpose
  except the infliction of injury on another is unlaw-
  ful, § 226 BGB)*
schikanöser Prozeß *m* (Re) frivolous (*or* vexatious)
  action/lawsuit

*(ie, without any color of legal merit, that is, with-
out legal basis)*
Schlafstadt *f*
  (com) commuting town
  – bedroom community
  – (GB) dormitory town
Schlafwagen *m*
  (com) wagon-lit *(pl, wagon-lits)*
  – (GB) sleeping car
Schlagseite *f* (SeeV) list of a ship
Schlagwort *n*
  (Log) keyword
  – subject heading
Schlagzeilen *fpl* **machen** (com) to hit the headlines
schlampig arbeiten
  (com) to do sliphod (*or* shoddy *or* sloppy) work
  – (infml) to quit on the job
Schlange *f* **im Tunnel** (AuW) snake in the tunnel
Schlangenwährungen *fpl* (AuW) snake currencies
schlecht bezahlt (Pw) underpaid
schlechte Adressen *fpl* (Fin) marginal accounts
Schlechterfüllung *f*
  (Re) defective (*or* faulty) performance
  – default
schlechter Kauf *m* (com) bad buy
schlechtes Risiko *n* (Vers) substandard risk
schlechte Stücke *npl* (Stat) spotty quality
schlecht strukturiertes Problem *n* (Log) ill-structured problem
Schlechtstücke *npl*
  (Stat) defective items (*or* units)
  – rejects
Schlechtwettergeld *n* (Pw) bad-weather compensation
  *(ie, paid to reduce recorded seasonal unemploy-
  ment in the German construction industry)*
Schlechtwetterzulage *f* (Pw) hard-weather allowance
Schlechtzahl *f* (IndE) rejection number
schleichende Inflation *f* (Vw) creeping inflation
schleichende Steuerprogression *f* (StR) bracket
  creep
schleichende Übernahme *f* (com) creeping takeover
Schleichhandel *m* (com) black trading *(syn,
  Schwarzhandel)*
Schleichwerbung *f*
  (Mk) camouflaged advertising *(syn, Schmuggelwerbung)*
  (Mk) product placement *(eg, in TV and cinemas)*
Schleife *f* (OR) loop
Schleife *f* **erster Ordnung** (OR) first order loop
schleifenloses Netzwerk *n* (OR) loopless network
Schleife *f* **n–ter Ordnung** (OR) loop of order n
Schleife *f* **ohne gemeinsame Knoten** (OR) disjoint
  loop
schleppende Nachfrage *f* (com) sagging demand
schleppender Absatz *m* (com) poor market
schleppender Zahlungseingang *m* (Fin) stretching
  out of accounts receivable
  (ie, customers pay more slowly)
Schlepper *m*
  (com) tugboat
  – *(auch:)* tug
Schleppkahn *m* (com) barge

Schlepplohn *m*
(com) towage
– tug charge
Schleppschiffahrt *f*
(com) tugging
– towage
Schleppschiffahrtsunternehmer *m* (com) towing
barges contractor, § 742 HGB
Schleppzug *m* (com) barge train
Schleuderpreis *m*
(com) give-away
– knock-out
– slaughtered . . . price
Schleudersitz *m* (com, infml) ejector seat
Schleuderverkauf *m* (com) selling at knock-out
prices
schlichte Ebene *f* (Math) simple complex plane
schlichten
(Re) to mediate *(ie, general term)*
– to conciliate *(ie, in court and in labor disputes)*
– to settle amicably *(ie, out of court)*
Schlichter *m*
(Re) mediator
– conciliator
Schlichtung *f*
(Re) arbitration
– conciliation
– mediation
– settlement
Schlichtung *f* in Arbeitskämpfen (Pw) labor arbitra-
tion
Schlichtungsabkommen *n* (Re) conciliation agreement
Schlichtungsausschuß *m* (Re) conciliation committee
Schlichtungsbestimmungen *fpl* (Pw) mediation provisions
Schlichtungskommission *f* (Pw) mediation commission *(or* committee)
Schlichtungsstelle *f* (Re) conciliation board
Schlichtungsverfahren *n* (Pw) conciliation procedure *(ie, in collective bargaining)*
Schlichtungsvorschlag *m*
(Pw) mediation proposal
– offer of conciliation
Schlichtungswesen *n* (Pw) industrial conciliation
schließen
(com) to close down
– to shut down
– to discontinue
– (infml) to board up *(ie, unprofitable store)*
(Log) to infer *(ie, deductively or inductively)*
– to conclude
*(ie, process of arriving at a logically necessary
inference at the end of a chain of reasoning)*
schließende Statistik *f* (Stat) inferential statistics
(syn, Inferenz-Statistik, analytische Statistik)
Schließfach *n*
(com) P.O. box
– post office box
(Fin) safe deposit box
– *(also)* safety deposit box
Schließfachmiete *f* (com) safe deposit box rental
Schließfachversicherung *f* (Vers) safe deposit box
insurance

Schließung *f* (Bw) closure *(eg, of plant)*
schlucken (com, infml) to gobble up
Schlupf *m* (OR) slack *(syn, Ereignispuffer)*
Schlupfvariable *f* (OR) slack variable
Schlupfzeit *f* (OR) slack time
Schluß *m*
(Log) inference *(ie, deductive or inductive)*
– conclusion
(Bö) contract note
(Bö) unit of trading
Schlußabnahme *f* (com) final acceptance
Schlußabrechnung *f*
(com) final account
– final billing
Schlußabstimmung *f* (com) final vote
Schlußbericht *m*
(com) final report
(com) exit presentation *(eg, submitted by outside
expert)*
Schlußbesprechung *f* (StR) final conference *(eg,
terminates a tax examination, § 201 AO)*
Schlußbestand *m*
(ReW) ending inventory
– end-of-period inventory
– closing stock
Schlußbestimmung *f* (Re) final provision
Schlußbilanz *f*
(ReW) end-of-period
– final
– closing . . . balance sheet
Schlußbilanzkonto *n* (ReW) closing-balance ac-
count
Schlußbrief *m*
(com) commodity contract
(Bö, *commodity trading, US*) purchase and sale
memorandum
(com) fixing letter *(ie, in chartering)*
Schlußbuchung *f* (ReW) closing entry
Schlußdividende *f*
(Fin) final dividend
(Vers) terminal bonus
Schlüssel *m*
(KoR) = Schlüsselgrößen
(EDV) code
Schlüsselarbeiten *fpl* (IndE) reference operations
Schlüsselbegriff *m* (Log) key/core . . . concept
Schlüsselbranche *f* (com) = Schlüsselindustrie
schlüsselfertige Anlage *f* (IndE) turn-key plant
Schlüsselfrage *f* (com) key question
Schlüsselgrößen *fpl*
(KoR) bases of distribution
. – allocation bases *(or* keys)
Schlüsselindustrie *f*
(com) key industry
– (infml, US) bellwether industry
*(eg, autos, chemicals, steel, food, information
processing, machinery, oil, paper)*
Schlüsselinformation *f* (Mk) information chunk
Schlüsselkosten *pl* (KoR) spread-type cost
*(ie, traceable to cost centers by applying alloca-
tion bases)*
Schlüsselkraft *f*
(Pw) key employee
– key man
Schlüssellohnsatz *m* (Pw) key job rate

Schlüsselpositionen *fpl*
(Pw) key positions
– (infml) key slots *(eg, to bring fresh faces into key slots)*
Schlüsselrohstoffe *mpl*
(AuW) core commodities *(ie, UNCTAD term)*
– key commodities *(eg, crude oil, copper, wheat)*
Schlüsseltätigkeit *f* (Pw) key job
Schlüsseltechnologie *f* (IndE) key technology *(eg, based on ICs and microprocessors)*
Schlüsselvariable *f* (Vw) key variable
Schlüsselverzeichnis *n* (Log) scoring manual
Schlüsselwährung *f* (AuW) key currency
Schlüsselwährungsland *n* (AuW) reserve center
Schlüsselwort *n* (EDV, Cobol) keyword
Schlüssel *m* **zur Arbeitsplatzbewertung** (Pw) job evaluation scale
Schlüsselzuweisungen *fpl* (FiW) quota allocations of funds
(ie, based on Ausgangsmeßzahl and Steuerkraftmeßzahl)
schlußfolgerndes Denken *n* (Log) deductive reasoning
Schlußformel *f* (com) complimentary close *(ie, in business letters)*
schlüssige Begründung *f*
(Log) cogent argument
– compelling evidence
schlüssiges Verhalten *n* (Re) passive manifestation of will
Schlußinventar *n* (ReW) closing inventory
Schlußkurs *m*
(Bö) closing price
– closing/final/last . . . quotation
– the last
Schlußkurs *m* **des Vortrages**
(Bö) previous-day closing price
– previous quotation
Schlußnote *f*
(Bö) bought and sold note – (broker's) contract note, §§ 94, 102 HGB
– *(security trading, US)* confirmation slip
– *(commodity trading, US)* purchase and sale memorandum
(syn, Schlußschein)
Schlußnotierung *f*
(com) closing price *(or quotation)*
(Bö) = Schlußkurs
Schlußplädoyer *n* (Re) closing statement *(or arguments)*
(ie, Eröffnungsplädoyer = opening statement)
Schlußprüfung *f* (Stat) final inspection
Schlußquote *f* (Re) liquidation dividend
Schlußquote *f* **im Konkurs** (Re) final dividend
Schlußrechnung *f* (Re) final account *(ie, submitted to creditors' meeting, § 86 KO)*
Schlußregel *f* (Log) rule of inference *(syn, Ableitungsregel, qv)*
Schlußschein *m*
(Bö) bought/contract . . . note
– (US) confirmation slip
Schlußtendenz *f* (Bö) final tone
Schlußtermin *m*
(com) final date
– time limit

Schlußverkauf *m* (com) end-of-season sale *(syn, Saisonschlußverkauf)*
Schlußverteilung *f* (Re) final distribution, § 161 KO
Schlußvorschriften *fpl* (Re) final provisions
Schlußzahlung *f*
(Fin) final payment
– terminal payment
Schmerzensgeld *n* (Re) damages for pain and suffering
(ie, Schadensersatzart für immaterielle Schäden)
Schmerzgrenze *f* (com) pain threshold *(eg, inflationary)*
schmieren (com) = bestechen, qv
Schmiergeld *n*
(com) bribe money
– graft
– payoff
– (infml) kickback
– (sl) slush money
– (sl) boodle
Schmierpapier *n* (com, infml) scratch paper
Schmuggel *m* (StR) smuggling, § 373 AO
Schmuggelwerbung *f* (Mk) camouflaged advertising *(syn, Schleichwerbung)*
schmutziges Floaten *n*
(AuW) dirty float
– filthy float
– controlled *(or* managed) floating
Schmutzzulage *f* (Pw) dirty work bonus *(or* pay)
Schneeballsystem *n* (Mk) snowball sales system *(ie, is against bonos mores)*
Schneeballvertriebssystem *n* (Mk) pyramid selling
(ie, manufacturer sells rights of sale to other marketers, who may in turn pass them on to further sellers)
Schnellbahn *f* (com) fast-rail system *(or* service)
Schnellbericht *m* (com) flash report
Schnelldreher *m*
(Mk, sl) money spinner
– (infml) fast selling merchandise
(ie, walks off the shelves at a fast clip)
Schnelldrucker *m*
(EDV) high-speed printer
– line printer
schnelle Abfertigung *f* (com) prompt *(or* speedy) dispatch
schneller Papiervorschub *m* (EDV) paper throw
schneller Zugriff *m* (EDV) fast *(or* immediate) access
Schnellhefter *m*
(com) flat file
Schnellspeicher *m*
(EDV) high speed memory
– fast *(or* rapid) access storage
– zero access storage *(ie, inaccurate term)*
(EDV) scratch-pad memory *(syn, Notizblockspeicher)*
Schnelltrennsatz *m* (com) snap-out form
Schnellzugriffsspeicher *m* (EDV) = Schnellspeicher
Schnellzugriffsspur *f* (EDV) rapid access loop
Schnitt *m*
(IndE) section
– sectional drawing

Schnittebene *f* (Math) cutting plane

Schnittebenen-Algorithmus *m* (OR) cutting-plane algorithm

Schnittebenenverfahren *n* (OR) cutting plane technique
(ie, der ganzzahligen Optimierung, meist als Erweiterung des Simplexverfahrens der linearen Optimierung)

Schnittkurve *f* (Math) intersecting curve

Schnittmenge *f*
(Math) intersection (*or* meet) of sets
– logical product of sets
(syn, Durchschnittsmenge; opp, Vereinigungsmenge = union/join/sum . . . of sets)

Schnittpunkt *m*
(Math) intersection
– point of intersection

Schnittstelle *f* (com) interface
(ie, place at which two different systems or subsystems meet and interact with each other)

Schnittstellenleitung *f* (EDV) interface circuit

Schnittstellenvervielfacher *m* (EDV) interface expander

Schnittware *f* (com) yard goods

Schnittzeichnung *f* (com) sectional drawing

Schnittzeile *f* (OR) cut row

Schockgefrieren *n* (com) quick freeze *(ie, method used in food processing)*

Schockvariable *f*
(Stat) disturbance
– random disturbance (*or* perturbation)
– shock

Schonfrist *f* (Pat) period of grace *(ie, extended to applicants)*

Schönschrift *f* (EDV) near-letter quality

schöpferische Tätigkeit *f* (StR) creative activity, § 96 BewG

schraffieren
(Math) to shade
– to hatch

schraffierte Fläche *f* (Math) shaded area

schraffierte Grafik *f* (Math) hatched graph

Schrägstrich *m*
(EDV) slash
(opp, umgekehrter Schrägstrich = backslash)
(Math) solidus

Schranken *fpl* **für den Marktzutritt** (Vw) barriers to entry into the market

Schreibanweisung *f* (EDV, Cobol) write statement

Schreibautomat *m* (EDV) automatic typewriter

Schreibbefehl *m* (EDV) write instruction

Schreibblock *m* (com) writing pad

Schreibdichte *f* (EDV) record density

Schreibfehler *m*
(com) clerical error
(com) typing mistake

Schreibkopf *m*
(EDV) write (*or* record) head
– print element *(syn, Kugelkopf, Typenkopf)*

Schreibkopfrücklauf *m* (EDV) carrier return

Schreib-Lese-Einrichtung *f* (EDV) write-read unit

Schreib-Lesekopf *m*
(EDV) read-write head
– head combined

Schreibmaschine *f* (com) typewriter

Schreibschutz *m* (EDV) write protection *(ie, diskettes are protected by using removable tiny tabs)*

Schreibstelle *f* (EDV) print position

Schreibtischforschung *f* (Mk) desk research

Schreibtischtest *m*
(EDV) desk (*or* dry) check
– dry run

Schreibverfahren *n* (EDV) recording mode

Schreibverfahren *n* **ohne Rückkehr zum Bezugspunkt** (EDV) non-return-to-reference (*or* zero) recording

Schreibweise *f* (Log, Math) system of notation

Schrift *f* (com) publication

Schriftart *f*
(EDV) font
– (GB) fount

Schriftenreihe *f* (com) publication series

Schriftform *f*
(com) in writing
– reduced to a writing
(Re) in writing
– written form
(eg, agreement must be in writing; no writing is required)

Schriftführer *m* (com) keeper of the minutes

Schriftgut *n* (com) documents and records

schriftlich (com) in writing

schriftlich einreichen (com) to submit in writing

schriftlicher Vertrag *m*
(Re) written agreement (*or* contract)
– agreement in writing

schriftliches Einverständnis *n* (Re) written consent

schriftliche Stellungnahme *f* (com) comments in writing

schriftliche Vollmacht *f* (Re) written power of attorney

schriftliche Zollanmeldung *f* (Zo) entry in writing

schriftlich fixieren
(com) to put in writing
– (fml) to reduce to writing

Schriftlichkeitsprinzip *n* (Re) principle of documentation
(ie, wer schreibt, der bleibt = quod non in actis, non est in mundo)

Schriftsatz *m*
(Re) brief
(Re, US) pleading
(ie, hierunter fallen im Zivilprozeß:
1. Klageschrift = complaint;
2. Klageerwiderung = answer;
3. Anträge auf Klageabweisung aus Rechtsgründen = motions to dismiss;
4. Widerklagen = counter and cross claims;
5. Streitwertverkündung = third-party complaint)

Schriftstück *n*
(com) document
– paper

Schriftträger *mpl* (com) written records

Schriftverkehr *m* (com) correspondence

Schriftwechsel *m*
(com) correspondence
– exchange of letters

Schriftzeichenfolge *f* (EDV) character string

Schritt *m* (EDV) signal element

Schrittmacher *m*
(com, infml) pacemaker
– pacer
(ie, anything that has influence on the rate of a process or a reaction)
schrittweise Beseitigung *f* **der Zölle** (Zo) progressive abolition (*or* elimination) of customs duties
schrittweise Einführung *f* **des Gemeinsamen Zolltarifs** (Zo) progressive introduction of the Common Customs Tariff
schrittweise Wechselkursänderung *f*
(AuW) sliding peg
– gliding parity
Schrittzähler *m* (EDV) step counter
schröpfen (com) to bleed *ie, sb for)*
Schrott *m* (com) scrap
Schrotterlös *m* (KoR) proceeds from sale of scrap
Schrotthandel *m* (com) scrap trade (*or* business)
Schrotthändler *m* (com) scrap merchant
Schrottplatz *m* (com) junkyard
Schrottrücklauf *m* (IndE) return of scrap
Schrottverarbeiter *m* (IndE) scrap metal processor
Schrottverkauf *m* (KoR) sale of scrap
Schrottwert *m*
(ReW) scrap
– salvage
– recovery
– residual
– disposal
– junk . . . value
Schrottzettel *m* (IndE) scrap ticket
schrumpfende Gewinne *mpl* (com) shrinking profits
Schrumpfung *f* (Bw) deconglomeration
(ie, abandon low-return assets to maximize long-term returns of remaining assets)
Schrumpfung *f* **der Auftragsbestände**
(com) reduction of orders on hand
– falling orders
Schub *m*
(com) jump
– wave *(eg, of prices, interest rates)*
Schubladenpatent *n* (Pat) blocking/defensive . . . patent *(syn, Sperrpatent)*
Schubladenplan *m* (Bw, FiW) contingency plan
Schubladenplanung *m* (com) contingency/alternative . . . planning
(syn, Alternativplanung)
Schubverarbeitung *f* (EDV) batch processing *(syn, Stapelverarbeitung)*
schubweise Ankunft *f* (OR) bulk arrival
Schufa *f* (Fin) = Schutzgemeinschaft für allgemeine Kreditsicherung, qv
Schuhindustrie *f* (com) footwear industry
Schulabgangsalter *n* (Pw) school leaving age
Schulabgangszeugnis *n* (Pw) school leaving certificate
Schulausbildung *f* (Pw) school education
Schulbesuch *m* (Pw) school attendance
Schulbildung *f* (Pw) school education
Schuld *f*
(Re) obligation
(Re) debt
– indebtedness
Schuldabänderung *f* (Re) change of obligation, § 305 BGB

Schuldanerkenntnis *n* (Re) acknowledgment of debt
(ie, takes debtor's case outside the Statute of Limitations = unterbricht die Verjährung, § 208 BGB)
schuldbefreiende Wirkung *f*
(Re) effect of discharging the contract
– in full satisfaction of debt
– with full discharge of debtor
Schuldbefreiung *f* (Fin) discharge of debt
Schuld *f* **begleichen**
(Fin) to pay
– to discharge
– to settle . . . a debt
Schuldbuch *n* (FiW) Debt Register
Schuldbuchforderungen *fpl* (Fin) Debt Register claims
(ie, Federal Government loans are listed on the stock exchange)
Schuldbuchgiroverkehr *m* (FiW) transfers of the Federal Debt Register
Schuld *f* **eingehen**
(Fin) to contract a debt
– to incur a liability
Schulden *fpl*
(com) debts
– indebtedness
(ReW) liabilities
Schulden *fpl* **abtragen** (com) to pay off debts
Schulden *fpl* **abzahlen** (com) to pay off debts
Schuldenaufnahme *f* (FiW, Fin) borrowing
Schuldenberg *m* (Fin) mountain of debt
Schuldenbombe *f* (Fin, infml) debt bomb
(ie, potential explosive repercussions of a default by a major international debtor on the Western financial system)
Schuldendeckel *m* (FiW) debt limitation
(ie, ceiling placed on amount of borrowings by governments)
Schuldendienst *m*
(Fin) debt service (*or* servicing)
– debt service bill
– debt servicing charges
– repayment and service of existing debt
(ie, interest and principal repayments)
Schuldendienstquote *f*
(Fin) debt-service ratio
(ie, interest outlay to sum total of public spending)
(AuW) debt-service ratio
(ie, ratio of a country's debt service payments to exports; used to assess its creditworthiness)
Schuldenerlaß *m*
(Fin) debt forgiveness
(Re) release (*or* remission) of debt
(AuW) debt relief *(ie, release of obligation of LDCs to replay loans)*
Schulden *fpl* **erlassen** (Fin) to waive debt repayment
schuldenfrei
(com) free from debt (*or* obligation)
(com) clear
– free and clear *(eg, house is clear of mortgages)*
Schulden *fpl* **konsolidieren** (Fin) to consolidate debt

651

Schuldenkonsolidierung *f*
(ReW) offsetting of receivables and payables in
the consolidated financial statements
(ie, Aufrechnung konzerninterner Schuldverhält-
nisse; cf, § 331 I 4 AktG; ab 1990: § 303 HGB)
(Fin) consolidation of debt
Schuldenkrise *f* (AuW) international debt crisis
Schulden *fpl* **machen**
(com, infml) to load up with debt
– to contract debts
Schuldenmoratorium *n* (Fin) deferral of debt re-
payment
Schuldenpolitik *f* (FiW) debt management
Schuldenquote *f* (FiW) debt ratio
(ie, public indebtedness to gross national product
at market prices)
Schuldenquotient *m* (Fin) debt-gross assets ratio
Schuldenrahmen *m* (Fin) borrowing ceiling *(syn,*
Verschuldungsgrenze)
Schuldenrückzahlung *f*
(Fin) debt repayment
– debt redemption
– debt retirement
Schuldenstrukturpolitik *f* (FiW) debt management
Schuldenswap *m* (Fin) debt-for-equity swap
(ie, Umschuldungstechnik: Forderungen von
Kreditinstituten an problematische Schuldnerlän-
der werden in Beteiligungskapital umgewandelt)
Schulden *fpl* **tilgen** (Fin) to repay debt
Schuldentilgung *f* (Fin) repayment of debt
Schuldentilgungs-Fähigkeit *f* (Fin) debt repaying
capability
Schuldentilgungsfonds *m* (Fin) sinking fund
Schuldenüberhang *m* (Fin) excess of debt over as-
sets
Schulden *fpl* **übernehmen** (Fin) to assume debt
Schulden *fpl* **zurückzahlen** (Fin) to pay off debt
Schuld *f* **erfüllen**
(Re) to perform an obligation
– to satisfy a debt
Schulderlaß *m*
(Re) remission *(or* release) of debt
– waiver by creditor of his right to the perform-
ance of a contract, § 397 BGB
Schuld *f* **erlassen** (Re) to remit a debt
Schuldformen *fpl* (Fin, FiW) types of borrowing
(eg, interne/externe Verschuldung)
schuldhaft (Re) culpably *(eg, to cause damage to*
third party . . .)
schuldhaftes Zögern *n* (Re) culpable delay, § 121
BGB
Schuldhaftigkeit *f* (Re) culpability *(ie, of the person*
responsible)
Schuldmitübernahme *f* (Re) = kumulative Schuldübernahme
Schuldner *m*
(Re) debtor
– obligor
– *(bei Abtretung auch)* debitor cessus
(ie, anyone liable on a claim, whether due or to
become due)
Schuldneranalyse *f* (Fin) = Kreditprüfung, qv
Schuldnerarbitrage *f* (Fin) debtor arbitrage
Schuldnerbegünstigung *f* (Re) preference of debt-
ors

Schuldnerland *n* (AuW) debtor country *(or* nation)
Schuldnermehrheit *f* (Re) plurality of debtors,
§§ 420, 427, 840 BGB
Schuldnerposition *f* (AuW) debtor position
Schuldnerquote *f* **im EWS** (AuW) debtor quota
Schuldnerverzug *m*
(Re) debtor's delay, § 284 BGB
– *(civil law)* mora solvendi
Schuldnerzentralbank *f* (AuW) debtor central
bank
Schuldrecht *n* (Re) law of obligations
(ie, second book of the German Civil Code,
§§ 241–853 BGB; contains most of the material
which an English lawyer is accustomed to find in
books on the law of contracts, the law of torts,
and in books on special types of legal relations,
such as sale of goods, landlord and tenant, etc.)
schuldrechtliche Beziehungen *fpl* (Re) contractual
relations
schuldrechtlicher Anspruch *m*
(Re) claim in/under a contract
– claim arising from a contract
(syn, Anspruch aus Vertrag)
schuldrechtlicher Vertrag *m* (Re) contract
(cf, agreement, Vol. I³)
schuldrechtliches Wertpapier *n* (WeR) debt instrument
schuldrechtliche Übertragung *f* (WeR) transfer by
assignment and delivery
schuldrechtliche Wertpapiere *npl* (WeR) debt securities
Schuldschein *m*
(Re) certificate of indebtedness, §§ 371, 952
BGB
– memorandum of debt
– I.O.U.
(Fin) note
– DM-denominated promissory note
(ie, qualifies as security but not as evidence of
claim; issued in large denominations of not less
than DM500,000; issued by public or private
borrowers of top-rate standing; purchase or sale
by assignment)
Schuldscheindarlehen *n*
(Fin) (borrowers') note loan
(ie, Kredite von Kapitalsammelstellen, die durch
Vermittlung e–s Finanzmaklers od e–r Bank zu-
standekommen, von dieser bei Großanlegern
plaziert werden und idR besonders besichert sind;
long-term direct credit where lender is entitled to
fixed interest till maturity and to repayment.
Transfer of title by written assignment. Notes not
being deemed securities, interest is paid without
deduction of 25 percent withholding tax.)
Schuldtitel *m*
(Re) enforceable legal document
(ie, judgment, attachment order, arbitration
award, temporary injunction, etc; syn, Vollstrek-
kungstitel)
(Fin) debt issue
– note *(cf, Note Issuance Facility)*
Schuldübernahme *f*
(Re) assumption of debt *(or* indebtedness),
§§ 414–419 BGB
– transfer of liability

Schuldumwandlung *f*
(Re) novation *(ie, substitution of a new debt or obligation for an existing one, § 305 BGB; syn, Novation)*
(Fin) conversion of debt
Schuldurkunde *f*
(Re) debt instrument
– instrument (*or* certificate) of indebtedness
Schuldverhältnis *n*
(Re) obligation
– obligatory relation
(ie, relation between two persons which entitles one of them to claim from the other some act or omission recognized as capable of producing a legal effect)
Schuldverhältnis *n* **aus ungerechtfertigter Bereicherung**
(Re) obligation created by the receipt of unjustified benefits, §§ 812 ff BGB
– *(civil law)* condictio sine justa causa
Schuldverhältnis *n* **aus unterlaubter Handlung**
(Re) delictual obligation, §§ 823 ff BGB
– *(civil law)* obligatio ex delictu
Schuldverhältnisse *npl* (ReW) liabilities *(eg, loans)*
Schuldverschreibung *f* (Fin) bond
(syn, Anleihe, Obligation; ie, im engeren Sinne Teilschuldverschreibungen von Betrieben; Sonderformen:
1. Gewinnschuldverschreibung = income bond, qv;
2. Wandelschuldverschreibung = convertible bond, qv;
3. Optionsschuldverschreibung = bond with warrant, qv;
ie, security evidencing an interest-bearing debt, if the instrument is (1) made out to bearer, (2) transferable by indorsement, (3) made out in serial form, or (4) equipped with interest coupons, § 12 KVStG)
Schuldverschreibung *f* **auf den Inhaber** (Fin) bearer bond
Schuldverschreibung *f* **mit variabler Rendite** (Fin) variable yield bond
Schuldversprechen *n*
(Re) (abstract) promise to perform an agreement
– promise to pay a debt
Schuldvertrag *m* (Re) contract *(ie, only one type of the wider species of agreements)*
Schuldwechsel *mpl* (ReW) notes payable
Schuldwechsel *m* **gegenüber Fremden** (ReW) notes payable to third parties
Schuldzinsen *mpl*
(Fin) debt interest
– interest on debt (*or* indebtedness)
– interest on borrowing
(Vers) fixed charges
schulische Ausbildung *f* (Pw) schooling
schulpflichtiges Alter *n* (Pw) compulsory school age
Schulung *f*
(com) training
– education
Schulungsmaterial (com) instruction material
Schulungsprogramm *n* (com) training program
Schulungszentrum *n* (com) training center

Schund *m* (com, infml) inferior merchandise
Schürfrechte *npl* (Re) mining rights
Schusterjunge *m*
(EDV) orphan *(ie, in text processing; opp, Hurenkind)*
Schütt-aus-Hol-zurück-Politik *f* (Fin) pay out/take back policy
Schüttgüter *npl*
(com) bulk/loose . . . material
– material in bulk
Schutzdauer *f* (Pat) time of protection, § 9 WZG
schutzfähig (Pat) patentable
Schutzfähigkeit *f*
(Pat) eligibility for protection
– patentability
Schutzfrist *f*
(Pat) period of protection
(Pat) life (*or* term) of a patent, § 10 PatG
Schutzgebühr *f* (com) nominal charge (*or* fee)
Schutzklausel *f*
(ReW) protection of interest clause, § 313 II HGB
(AuW, GATT) escape/safeguard . . . clause
(ie, provision in a bilateral or multilateral agreement permitting a signatory nation to suspend tariff or other concessions when imports threaten serious harm to the producers of competitive domestic goods; cf, GATT Article XIX, and Sec 201 U. S. Trade Act of 1974)
(Re) hedge clause *(ie, mit Garantieausschluß für Angaben über Wertpapiere)*
Schutzmarke *f* (Pat) trademark
Schutzrecht *n* **angreifen** (Pat) to contest the validity of a protected right
Schutzrechte *npl* (Pat, *comprehensive term*) industrial property rights
Schutzrechtkosten *pl* (KoR) royalties
Schutzrechtsinhaber *m* (Pat) holder of an industrial property right
Schutzrechtsverletzung *f* (Pat) infringement of an industrial property right
Schutzrechtsverwertungsgesellschaft *f* (Pat) company or partnership commercially utilizing property rights
Schutzumfang *m* (Pat) scope of protection
Schutz *m* **von Minderheitsaktionären** (Fin) protection for minority shareholders
schutzwürdige Eigentumsrechte *npl* (Re) protectable types of ownership rights
Schutzzoll *m* (AuW) protective duty (*or* tariff)
Schutzzollpolitik *f* (AuW) protectionism
schwach beginnen (Bö) to get off to a sluggish start
Schwächeanfall *m* (com) bout of weakness *(eg, of $ or DM)*
Schwäche *f* **der Binnenwirtschaft** (Vw) weakness of the domestic economy
schwache Konjunktur *f* (Vw) weakness of economic activity
schwache Konvergenz *f* (Math) weak convergence
schwache Nachfrage *f*
(Mk) weak
– lagging
– sluggish . . . demand
schwächer bewertete Währung *f* (AuW) depreciated currency

schwächerer Auftragseingang *m* (com) thinner order books

schwache Umsätze *mpl*
(Bö) low level of trading activity
– light trading

schwache Währung *f* (AuW) weak currency

Schwachstelle *f*
(com) potential trouble spot
– weak point
– danger point (*or* spot)

Schwangerschaftsurlaub *m* (Pw) pregnancy (*or* prenatal) leave

schwankender Zins *m* (Fin) floating interest rate

schwankende Wechselkurse *mpl* (AuW) fluctuating exchange rates

Schwankung *f* **der Chargen** (IndE) batch variation

Schwankung *f* **e–r Funktion** (Math) oscillation of a function

Schwankungsbreite *f*
(Stat) range (of data)
(*syn, Spannweite, Variationsbreite*)
(AuW) fluctuation margin (*ie, of foreign exchange rates*)

Schwankungsgrenze *f* (AuW) limit of fluctuations

Schwankungsmarkt *m* (Bö) variable-price market
(*syn, variabler Markt; opp, Einheitsmarkt*)

Schwankungsreserven *fpl* (Vers) = Schwankungsrückstellungen

Schwankungsrückstellungen *fpl*
(ReW) provision for exchange rate fluctuations
(Vers) claims equalization reserve

Schwankungswerte *mpl* (Bö) variable-price securities

Schwänze *f* (Bö) corner
(*ie, in forward transactions; möglichst restloser Aufkauf e-r bestimmten Warengattung; eg, make a fortune from a corner in wheat*)

schwänzen (Bö) to corner

Schwanzfläche *f* (Stat) tail area (*ie, of a distribution*)

Schwarzarbeit *f*
(com) unrecorded employment
– employment off the books
– double (*or* multiple) jobbing
– moonlighting
(*ie, type of clandestine work; performed illegally and going undeclared and untaxed*)

schwarzarbeiten
(com, infml) to work off the books
– to go black

Schwarzarbeiter *m*
(com) moonlighter
– (infml) fly-by-night worker

schwarz beschäftigen (Pw) to employ off the books

schwarze Liste *f*
(com) black list
– denied list (*ie, companies are put on the . . .*)

schwarzes Brett *n* (com) notice/bulletin . . . board
(*eg, to put sth up on the . . .; syn, Anschlagtafel*)

schwarze Zahlen *fpl* **schreiben**
(Fin) to write black figures
– to operate in the black

Schwarzfahrer *m*
(com) free rider (*ie, person dodging fares in public transport*)

(Re) unauthorized user of vehicles, § 248b StGB

Schwarzfahrt *f* (Re) unauthorized use of motor vehicles

Schwarzhandel *m* (com) black trading (*syn, Schleichhandel*)

Schwarzmarkt *m* (com) black market

schwebende Belastung *f* (Re) floating charge

schwebende Geschäfte *npl*
(ReW) pending transactions (*or* business)
(ReW) pending projects

schwebende Patentanmeldung *f* (Pat) patent pending

schwebende Schulden *fpl*
(FiW) floating
– unfunded
– short-term . . . public debt

schwebende Verrechnungen *fpl* (Fin) items in course of settlement

schwebend unwirksam (Re) provisionally ineffective (*or* invalid)

Schwebezeit *f* (Re) period of suspense
(*ie, used to indicate the period of time during which it is uncertain whether a condition will be fulfilled or not*)

Schweigepflicht *f*
(Re) duty of discretion
(Pw) duty of secrecy

Schweinezyklus *m* (Vw) hog (*or* pig) cycle (*ie, illustrating the cobweb theorem*)

Schwellenland *n*
(Vw) newly industrializing country, NIC
– (rarely) threshold country
(*ie, one still below the development level of highly industrialized countries, such as Brazil, Spain, Mexico, Argentina*)

Schwellenpreis *m* (EG) threshold price
(*ie, fixed for imported grain, rice, sugar, milk, dairy products, and fats*)

Schwellenwert *m*
(IndE) critical value
(Stat) cutoff

Schwellwert *m* (com) threshold (value)

Schwemme *f* (com) glut in supplies

schwer absetzbare Ware *f* (com) slow moving merchandise

schwer absetzbare Wertpapiere *npl* (Fin) deadweights

Schwerbehindertenausweis *m* (SozV) severely handicapped person's identity card

Schwerbehindertengesetz *n* (SozV) Law Relating to the Severely Handicapped, of 29 Apr 1974, as amended

Schwerbehinderter *m* (SozV) severely handicapped person

Schwerbeschädigte *mpl* (SozV) = (now) Schwerbehinderte

schwere Papiere *npl* (Bö) heavy-priced shares

schwerer Kursverlust *m* (Bö, infml) falling out of bed
(*ie, refers to a stock that suffers sudden and serious decline*)

schweres Rohöl *n*
(IndE) heavy crude (oil) (*ie, term refers to specific gravity*)

– sour crude *(ie, term refers to sulfur content)*
Schwerfahrzeug *n* (com) heavy duty vehicle
Schwergut *n* (com) heavy/deadweight . . . cargo *(ie, charged by weight)*
Schwergutladefähigkeit *f* (com) deadweight cargo capacity
Schwergutschiff *n* (com) heavy-lift ship
Schwergut-Transportunternehmer *m* (com) heavy hauler
Schwerindustrie *f*
(com) heavy industry
(com) heavy capital goods industry
Schwerkriegsbeschädigte *mpl* (SozV) severely handicapped veterans
Schwermaschinenbau *m* (com) construction of heavy machinery
Schwermetalle *npl* (com) heavy metals
Schwerpunktstreik *m* (Pw) selective *(or* key) strike
Schwerpunkt *m* **verlagern** (com) to shift the focus of activities towards
schwer verkaufen, sich (com) to sell hard
schwer verkäufliche Ware *f* (com) slow selling merchandise
schwer vermittelbar (Pw) difficult to place
schwer versicherbares Großrisiko *n* (Vers) target risk
schwerwiegender Fehler *m* (EDV) unrecoverable error
Schwesterbank *f* (Fin) sister institution
Schwestergesellschaft *f*
(Bw) fellow subsidiary
– sister company
Schwesterinstitut *n* (com) affiliated organization
schwierige Geschäftslage *f* (Fin) difficult banking conditions
Schwierigkeiten *fpl* (com, infml) troubled waters
schwimmende Ware *f*
(com) goods afloat
– afloats
Schwindelfirma *f* (com) bogus company *(or* firm)
Schwindelgeschäft *n* (com) fraudulent transaction
Schwindelunternehmen *n* (com) bogus firm
Schwund *m*
(com) shrinkage
– leakage
– ullage
(MaW) inventory shrinkage
Schwundsatz *m* (com) rate of shrinkage *(or* waste)
Sechseck *n*
(Math) hexagon
– polygon of six sides
Sechsmonatsgeld *n* (Fin) six-month money
Sedes materiae *f*
(Re) source of law
– source of legal provision
seefahrende Nationen *fpl* (AuW) maritime nations
Seefracht *f* (com) ocean freight
Seefrachtbrief *m* (com) ocean bill of lading
Seefrachtgeschäft *n*
(com) ocean shipping trade, §§ 556–663 HGB
– affreightment
– carriage of goods by sea
Seefrachtrate *f* (com) shipping rate
Seefrachtversicherung *f* (Vers, US) cargo insurance
Seefrachtvertrag *m* (com) contract of affreightment

Seefunkverkehr *m* (com) marine radio service
Seegebiet *n* (com) waters
Seegefahr *f*
(com) marine risk
– maritime peril
Seegüterversicherung *f* (Vers) marine cargo insurance
Seehafen *m* (com) maritime *(or* sea) port
Seehafenbetrieb *m* (com) seaport operator
Seehafenplatz *m* (com) seaport town
Seehafenspediteur *m*
(com) shipping agent
– (GB) land agent
Seehaftpflichtversicherung *f* (SeeV) marine liability insurance
Seehandel *m*
(com) maritime *(or* sea) trade
– ocean commerce
Seehandelskredit *m* (Fin) maritime commerce credit
Seehandelsrecht *n* (Re) maritime law *(ie, laid down in the 4th book of the German Commercial Code, HGB)*
Seekargoversicherung *f* (Vers) marine cargo insurance
Seekaskoversicherung *f* (Vers) maritime hull insurance
Seekasse *f* (SozV) sailors' compulsory health insurance scheme *(syn, Seekrankenkasse)*
Seekrankenkasse *f* (SozV) = Seekasse
Seeladeschein *m* (com) ocean bill of lading *(syn, Konnossement)*
Seelenmassage *f* (Vw) moral suasion
seemäßige Verpackung *f*
(com) seaworthy/ocean . . . packing
– cargopack
seemäßig verpackt (com) packed for ocean shipment
Seemeile *f* (com) nautical mile *(ie, 1,853 km)*
Seeprotest *m* (com) captain's protest, §§ 522 ff HGB *(syn, Verklarung)*
Seerechtsabkommen *n* (Re) Law of the Sea Convention
Seerechtsgericht *n* (Re) Law of the Sea Tribunal
Seerechtskonferenz *f* (Re) Conference on the Law of the Sea
Seerechtsvertrag *m* (Re) treaty on the law of the sea
Seeschaden *m* (SeeV) average *(ie, partial loss or damage to ship or cargo)*
Seeschadenberechnung *f* (SeeV) adjustment of average
Seeschiedsgericht *n* (Re) marine arbitral tribunal
Seeschiff *n* (com) ocean going vessel
Seeschiffahrt *f* (com) ocean shipping industry
Seeschiffsverkehr *m* (com) ocean going traffic
Seetransport *m* (com) ocean *(or* marine) transport
Seetransportgeschäft *n*
(com) shipping trade
– marine transport
Seetransportversicherer *m* (Vers) marine underwriter
seetüchtiges Schiff *n* (com) seaworthy vessel
Seeverpackung *f* (com) seaworthy packing

Seeversicherer *m* (SeeV) marine insurer (*or* underwriter)

Seeversicherung *f* (Vers) ocean marine insurance

Seeversicherungsmakler *m* (Vers) marine insurance broker

Seeversicherungsmarkt *m* (Vers) marine insurance market

Seeversicherungspolice *f* (Vers) marine insurance policy, M.I.P.

Seeversicherungsrecht *n* (Re) marine insurance law

Seeversicherungsvertrag *m* (Vers) marine insurance contract

Seevölkerrechtsabkommen *n* (Re) treaty on the law of the sea

Seewarentransport *m* (com) carriage of goods by sea

Seewurf *m* (SeeV) jettison

Segmentationstheorie *f* (Fin) segmentation theory *(ie, tries to explain the interest rate structure)*

Segmente *npl* **verschieben** (EDV, CAD) to move segments

Segmentierung *f* (EDV, Cobol) segmentation

Segmentierung *f* **des Marktes** (Mk) market segmentation *(syn, Marktsegmentierung)*

Segmentmarke *f* (EDV) segment (*or* tape) mark

Sehne *f* (Math) chord

sehr kurzfristige Fazilität *f* (EG) Very Short Term Facility

Seitenansicht *f* (com) end/side . . . view

Seitenaufriß *m* (com) end elevation

Seitenaustauschverfahren *n* (EDV) demand paging
– paging algorithm

Seitenbegrenzung *f* (EDV) page limit

Seitendrucker *m* (EDV) page printer

Seiteneinzug *m* (EDV) page offset *(eg, in Unix)*

Seitenfalle *f* (EDV) page trap *(ie, in Unix; may be set within a page; when the vertical position is reached the specified request is executed)*

Seitenlänge *f* (EDV) page length (*or* size)

Seitenoberkante *f* (EDV) start of page

Seitenumbruch *m* (EDV) page make-up (*or* layout *or* break)
– pagination

Seitenverfahren *n* (EDV) page replacement algorithm *(syn, Ersetzungsalgorithmus)*

Seitenwechsel *m* (EDV) paging *(syn, Bildschirmblättern)*

Seitenwechselspeicher *m* (EDV) paging device

Seitenzähler *m* (EDV) page counter

Seitenzuführung *f* (EDV) sideways (*or* parallel) feed

Sekretärin *f* (Pw) secretary

Sektor *m* (EDV) sector of disk track

Sektoradresse *f* (EDV) sector address

sektorale Arbeitslosigkeit *f* (Vw) sectoral unemployment

sektorale (Engpaß-)Inflation *f* (Vw) sectoral inflation

sektorale Verschiebungen *fpl* (Vw) sectoral shifts *(ie, from agriculture to manufacturing to services)*

Sektor *m* **Ausland** (VGR) sector rest-of-the world

Sektor *m* **öffentliche Haushalte** (VGR) government sector

Sektor *m* **private Haushalte** (VGR) consumer (*or* household) sector

Sektor *m* **Staat** (VGR) public sector

Sektor *m* **Unternehmen** (VGR) business sector

Sektsteuer *f* (StR) tax on sparkling wine

Sekundärbedarf *m* (Bw) secondary requirements *(ie, of raw materials and work-in-process)*

Sekundärdaten *pl* (Stat) secondary data

sekundäre Aktiva *npl* (Vw) secondary assets

sekundäre Einkommensverteilung *f* (Vw) secondary income distribution *(ie, government redistribution)*

sekundäre Fixkostenumlage *f* (KoR) secondary fixed-cost allocation

sekundäre Gemeinkosten *pl* (KoR) secondary overhead (expenses)

sekundäre Kennziffer *f*
(Bw) advanced ratio
– (GB) supporting ratio

sekundäre Kosten *pl*
(KoR) secondary
– composite
– mixed . . . costs
(syn, gemischte/zusammengesetzte/abgeleitete . . . Kosten)

sekundäre Kostenstelle *f* (KoR) indirect (*or* service) cost center
(syn, Hilfskostenstelle, Nebenkostenstelle)

sekundärer Sektor *m* **der Volkswirtschaft** (Vw) secondary sector

sekundäres Giralgeld *n* (Vw) derived demand deposit

sekundäre Wirtschaftseinheit *f* (Vw) secondary economic unit

Sekundärforschung *f* (Log) desk research

Sekundärgeschäft *n* (Bö) trading in existing (*or* secondary market) securities

Sekundärliquidität *f* (Vw) secondary liquidity

Sekundärmarkt *m* (Bö) secondary/after . . . market *(ie, Markt für umlaufende, bereits plazierte Wertpapiere: market for transactions in existing securities; opp, Primärmarkt, dritter Markt)*

Sekundärmetalle *npl* (com) secondary metals *(ie, metals recovered from scrap, as distinguished from primary metals, which are obtained direct from the ore)*

Sekundärreserven *fpl* (Vw) secondary reserves

Sekundärstatistik *f* (Stat) derived statistics

Sekundärverteilung *f* (Vw) secondary distribution

Sekundawechsel *m* (Fin) second of exchange

selbstadjungierte Transformation *f* (Math) self-adjoint transformation

selbständig bewertungsfähige Güter *npl* (ReW) assets that can be valued separately

selbständige Arbeit *f* (StR) self-employment, § 18 EStG

selbständige Einrede *f* (Re) independent defense

Selbständiger *m*
(com) self-employed
– independent

selbständiger Unternehmer *m* (com) legally independent contractor
(eg, agents, auditors, lottery collectors)

selbständig Erwerbstätige *pl* (com) self-employed persons

selbständiges Patent *n* (Pat) independent patent
selbständige Sprache *f* (EDV) self-contained language
selbständiges Unternehmen *n* (com) independent enterprise
selbständige Tätigkeit *f* (com) self-employment
selbständige Verpflichtung *f* (Re) independent undertaking
Selbstanfertigung *f* (IndE) self-manufacture
Selbstanlauf *m* (EDV) auto restart
Selbstanzeige *f* (StR) self-accusation of tax evasion reported to the local tax office, § 371 AO
Selbstbedienung *f*
  (Mk) self-service *(ie, in retail stores)*
  – (GB) self-selection
Selbstbedienungsgroßhandel *m* (Mk) cash and carry trade *(syn, Cash-and-carry-Handel)*
Selbstbedienungsladen *m* (com) self-service store *(or* establishment*)*
Selbstbedienungsstation *f* (com) self-service station *(eg, gas, petrol)*
Selbstbehalt *m*
  (Vers) deductible
  (ie, portion of insured loss to be borne by the insured)
  (Vers) rentention
  (ie, amount of liability assumed by the writing company and not reinsured)
selbstbehaltene Risiken *npl* (Vers) retained risks
Selbstbehaltquote *f* (Vers) quota share
Selbstbehaltsklausel *f*
  (Vers) own-risk clause
  – franchise clause
Selbstbeschränkung *f* (AuW) voluntary restraint
Selbstbeschränkungsabkommen *n*
  (AuW) orderly market agreement
  – voluntary restraint agreement
Selbstbeschuldigung *f* (Re) self-incrimination
Selbstbeteiligung *f* (Vers) = Selbstbehalt
Selbstbeteiligungsklausel *f* (Vers) excess coverage
Selbstbeteiligungstarif *m* (Vers) percentage excess policy
selbstduchschreibendes Papier *n* (com) carbonless paper
selbstdurchschreibendes Papier *n* (com) carbonless paper
Selbsteintritt *m*
  (Re) self-dealing *(ie, of a commission agent, § 400 I HGB)*
  (Bö) dealing/trading... for own account *(ie, grundsätzlich untersagt)*
selbsterstellte Anlagen *fpl*
  (ReW) self-constructed assets
  – assets constructed by a company for its own use
selbsterzeugendes Modell *n* (Vw) self-generating model
Selbstfinanzierung *f*
  (Fin) self-financing
  – auto financing
  – internal generation of funds
  (ie, retention of earnings for use in the business; syn, GB, sometimes: auto-financing; rarely: self-financing)
Selbstfinanzierungsmittel *pl*

(Fin) internally generated funds
  – internal equity
  – finance provided out of company's own resources
  (syn, eigenerwirtschaftete Mittel, qv)
Selbstfinanzierungsquote *f*
  (Fin) self-financing ratio
  – retention rate
  – internal financing ratio
  (ie, proportion of cost met from a company's own funds; a more precise term is ‚Innenfinanzierungsquote', covering both ‚Selbstfinanzierung' und ‚Finanzierung aus Abschreibungen'
Selbstheilungskräfte *fpl* **des Marktes** (Vw) self-regulating forces of the market
Selbsthilfeverkauf *m* (Re) self-help sale, § 373 HGB
  (ie, Verkäufer darf bei Annahmeverzug verkaufen; cf, Notverkauf)
selbstindizierende Adressierung *f* (EDV) list sequential addressing
Selbstkontrahent *m* (Re) self-contracting party
selbstkontrahieren (Re) to act as principal and agent
Selbstkontrahieren *n*
  (Re) self-contracting
  – self-dealing
  (ie, an agent cannot as such conclude a transaction between the principal and himself or another party represented by himself, except if he has been granted express authority to do so, § 181 BGB)
selbstkorrigierender Code *m* (EDV) self-correcting code *(syn, Fehlerkorrekturcode)*
Selbstkosten *pl*
  (KoR, *in manufacturing*) total production cost
  (ie, direct materials, direct labor, direct overhead + selling and administrative overhead)
  (KoR, *in trading*) cost of sales
  (ie, cost of goods purchased + storage + selling and administrative expenses)
Selbstkosten *pl* **des Umsatzes** (ReW) total cost of sales
Selbstkostenpreis *m* (Bw) cost price
  (ie, total production cost or cost of sales + profit markup)
Selbstkostenpreismethode *f* (StR) cost-plus method
  (see: Fremdvergleich)
Selbstkostenrechnung *f* (KoR) cost estimating
  (ie, führt als Kostenträger-Stückrechnung die Zurechnung der Kosten auf einzelne Leistungen durch; ermittelt Selbstkosten; syn, Kalkulation)
selbstladendes Programm *n* (EDV) self-loading program
selbstorganisierender Rechner *m* (EDV) self-organizing computer *(ie, able to arrange its internal structure)*
selbstprüfender Code *m*
  (EDV) self-checking code
  – error detecting code
selbstprüfendes Zeichen *n* (EDV) redundant *(or* check*)* character
selbstprüfende Zahl *f* (EDV) self-checking number
Selbstprüfung *f* *(EDV) built-in (or* hardware*)* check
  (EDV) operator control

selbstschuldnerisch (Re) creating a primary liability

selbstschuldnerisch bürgen (Re) to give a guaranty of payment as coprincipal debtor

selbstschuldnerische Bürgschaft *f*
(Re) absolute guaranty
– guaranty of payment
– (GB) absolute suretyship
(ie, Bürge kann nach 773 I 1 BGB auf die Einrede der Vorausklage, qv (= defense of preliminary proceedings against the principal debtor) verzichten; Gläubiger kann sich nach s–r Wahl an den Hauptschuldner od an den Bürgen halten; oft sagt Bürge Zahlung auf erstes Anfordern zu; guarantor (= Bürge) has primary liability, ie, his liability is fixed when the debt is due and principal does not pay; he often promises to pay at creditor's first request)

selbstschuldnerischer Bürge *m* (Re) guarantor primarily liable

selbsttätige Regelung *f* (EDV) automatic control

selbsttragender Aufschwung *m* (Vw) self-feeding *(or* self-sustaining) recovery

Selbstveranlagung *f* (StR) self-assessment
(ie, taxpayer is allowed to decide whether or not he is liable for tax and for which amount income tax liability exists; this practice is excluded in German tax law by § 150 AO)

Selbstverbrauch *m* (StR) appropriation of business property for nonbusiness purposes of the owner, § 30 UStG

Selbstversicherer *m*
(Vers) self-insurer
– co-insurer

Selbstversicherung *f*
(Vers) self-insurance
– co-insurance

Selbstversicherungs-Fonds *m* (Vers) self-insurance fund

Selbstversorgung *f* (Vw) self-sufficiency *(eg, of oil)*

Selbstversorgungsgrad *m* (Vw) degree of self-sufficiency

Selbstversorgungswirtschaft *f* (Vw) self-service economy
(eg, Eigenversorgung der Haushalte, Wertschöpfung durch Selbstorganisationen; opp, Untergrundwirtschaft)

Selbstverstümmelung *f* (Vers) self-inflicted injury

Selbstverwaltungskörperschaft *f* (Re) private-sector regulatory body

Selbstverwirklichung *f* (Pw) self-fulfillment *(eg, at the expense of salary, position, or status)*

Selbstvollzug *m* (Pw) self-constitution

Selbstwählferndienst *m*
(com) direct distance dialing, DDD
– (GB) subscriber trunk dialling

Selbstwählverkehr *m* (comV) subscriber dialing

Selbstwählvermittlungsstelle *f* (EDV) automatic exchange

Selbstzahler *m* (Vers) self-pay patient

Selektion *f* (EDV) outsorting of cards

selektive Kreditkontrolle *f* (Vw) selective credit control

selektive Kreditpolitik *f* (Vw) selective credit policy

selektive Verzerrung *f* (Stat) selective bias

Selektorkanal *m* (EDV) selector channel

seltene Erden *pl* (com) rare earths

seltene Metalle *npl* (com) rare metals

Semantik *f* (Log) semantics
(ie, extensionale Semantik = theory of reference; intensionale Semantik: theory of meaning)

semantische Geschlossenheit *f* (Log) semantical closure

semantische Homogenität *f* (Log) semantical consistency

Semiotik *f* (Log) semiotics *(ie, comprises syntax, semantics, pragmatics)*

Sendeabrufzeichen *n*
(EDV) invitation to send, ITS
– polling character

Sendeknoten *m* (OR) emitter *(or* source) node

senden
(com) to send (off)
– to ship
– to forward
– to address

Sendeteil *m* **e–s Knotens** (OR) emitter

Sendung *f*
(com) consignment
– shipment

Seniorität *f* (Pw) seniority

Senke *f*
(Math) sink
(EDV) well

senken
(com) to decrease
– to reduce
– to bring/level . . . down *(eg, prices)*
– to shave *(eg, costs)*
– to cut out *(eg, the use of copper by 75%)*
– to trim *(eg, discount rate)*
– to slash *(eg, discount rate by a full point)*

Senkrechte *f*
(Math) vertical line
– perpendicular

Senkrechtstart *m* (IndE) liftoff *(ie, takeoff in vertical ascent; eg, spacecraft, aircraft)*

„Senkrechtstarter" *m* (Pw, infml) vertical takeoff tycoon

Senkung *f* **der öffentlichen Ausgaben** (FiW) cuts in government spending

sensible Güter *npl* (AuW) sensitive commodities *(or* goods)

sensible Rohstoffe *mpl* (AuW) sensitive raw materials *(or* commodities) *(eg, manganese, vanadium, cobolt, chromium)*

Sensitivitätsanalyse *f* (Bw) sensitivity analysis
(ie, dient der Prüfung der Empfindlichkeit e–s Rechenergebnisses bei Variation des Dateninputs der Rechnung; ergänzt zB Investitionsrechnungen unter der Annahme sicherer Erwartungen)

Sensitivitäts-Training *n* (Pw) sensitivity training
(ie, fördert gruppendynamische Lernprozesse; syn, Empfindlichkeitsanalyse)

separable Körpererweiterung *f* (Math) separable *(or* algebraic) extension of a field
(syn, algebraische Körpererweiterung, Körpererweiterung 1. Art)

separabler Raum *m* (Math) separable (topological) space

separables Polynom *n* (Math) separable polynomial *(syn, Polynom 1. Art)*
Separationstheorem *n* (Vw) separation theorem *(I. Fischer) (syn, Dezentralisationstheorem, Trennungstheorem)*
Sequentialtest *m* (Stat) sequential test *(eg, in automatisch gesteuerten Lagersystemen als zulässiges Verfahren anerkannt)*
sequentielle Arbeitsweise *f* (EDV) sequential operation
sequentielle Bearbeitung *f* (EDV) stacked job processing
sequentielle Datei *f* (EDV) sequential file *(ie, records (= Sätze) werden nach e–m Primärschlüssel abgelegt; opp, Direktzugriffdatei = random file)*
sequentielle Entscheidung *f* **bei Unsicherheit** (OR) sequential ordering decision
sequentieller Ablauf *m* (OR) sequential mode of operation
sequentieller Fortschritt *m* (OR) sequential progress
sequentieller Prüfplan *m* (Stat) sequential sampling plan
sequentieller Rechner *m* (EDV) sequential computer
sequentieller Stichprobenplan *m* (Stat) sequential sampling plan
sequentieller Versuchsplan *m* (Stat) sequential test plan
sequentieller Zugriff *m* (EDV) sequential (*or* serial) access *(ie, Datei wird von Beginn an gelesen, bis der entsprechende Satz (record) gefunden ist)*
sequentielle Schätzung *f* (Stat) sequential estimation
sequentielles Stichprobenverfahren *n* (Stat) sequential sampling
sequentielle Steuerung *f* (EDV) sequential control
sequentielle Stichprobe *f* (Stat) item-by-item (*or* sequential) sample
sequentielle Verarbeitung *f* (EDV) sequential processing
Sequentiellrechner *m* (EDV) sequential computer
Sequenzanalyse *f* (Stat) sequential analysis (*or* sampling)
Sequenzprüfung *f* (Stat) = Sequenzanalyse
Serie *f* (IndE) lot
– batch *(syn, Auflage, Los, Partie)*
Serie *f* **auflegen** (IndE) to run a production series
serieller Betrieb *m* (EDV) serial operation
serieller Datentransfer *m* (EDV) serial transfer
serieller Rechner *m* (EDV) serial computer *(ie, having a single arithmetic and logic unit)*
serieller Zugriff *m* (EDV) sequential (*or* serial) access
serielle Schnittstelle *f* (EDV) serial port (*or* interface) *(opp, parallele Schnittstelle, qv)*
serielle Verarbeitung *f* (EDV) serial processing
seriell wiederverwendbar (EDV) serially reusable
Serienaddierwerk *n* (EDV) serial adder
Serienanleihe *f* (Fin) serial bonds issue
Serienbetrieb *m* (EDV) serial operation *(opp, parallel operation)*

Seriendrucker *m* (EDV) serial printer
Serienfabrikat *n* (IndE) standard product
Serienfälligkeit *f* (Fin) serial maturity
Serienfertigung *f*
(IndE) serial production
– continuous series-type production
– batch production
(ie, products differ in combination of parts; opp, Sortenfertigung, Einzelfertigung, Massenfertigung
Seriengröße *f* (IndE) batch size *(syn, Losgröße)*
Serienherstellung *f* (IndE) = Serienfertigung
serienmäßig (IndE) standard
Serien-Parallel-Betrieb *m* (EDV) serial parallel operation
Serien-Parallel-Umsetzer *m* (EDV) serial-parallel converter
Serienproduktion *f* (IndE) = Serienfertigung, qv
Seriensequenzproblem *n* (IndE) batch sequencing problem *(syn, Problem der optimalen Sortenschaltung)*
Serienübertragung *f* (EDV) serial transmission
Serienwagen *m* (com) factory-built car
Servicegrad *m* (MaW) service level (*or* degree) *(syn, Lieferbereitschaftsgrad)*
Servituten *pl* (Re) = Dienstbarkeiten
Sheffer-Funktion *f*
(EDV) NAND operation
– non-conjunction *(syn, NAND-Funktion, NAND-Verknüpfung)*
Shefferstrich *m*
(Log) Sheffer stroke
– non-conjunction
sichere Anlage *f* (Fin) sound investment
sichere Mehrheit *f* (com) comfortable majority
sichere Vorräte *mpl*
(Vw) proved
– proven
– identified ... reserves *(ie, of natural resources, such as coal, ore; syn, nachgewiesene Reserven)*
Sicherheit *f*
(Fin) security
(Re) collateral
– collateral security
(Stat) confidence level
Sicherheit *f* **am Arbeitsplatz**
(Pw) job safety
– on-the-job security
– workplace safety *(ie, low accident rate)*
Sicherheit *f* **bieten** (Fin) to offer security (*or* collateral)
Sicherheit *f* **des Arbeitsplatzes**
(Pw) job ... security/safety
– security of employment
Sicherheiten *fpl* **bestellen** (Re) to furnish collateral
Sicherheit *f* **leisten** (Fin) to furnish security
Sicherheitsarrest *m* (Re) arrest of debtor, §§ 918, 933 ZPO *(syn, persönlicher Arrest)*
Sicherheitsbeauftragter *m* (IndE) in-plant safety officer
Sicherheitsbedürfnis *n* (Pw) safety need
Sicherheitsbestand *m*
(MaW) minimum inventory level
– safety level (*or* stock)

– reserve stock
– inventory . . . buffer/cushion/reserve
– inventory reserve stock
– protective inventory
– emergency stock
Sicherheitscode *m* (EDV) redundant code
Sicherheitseinschuß *m* (Fin) margin *(cf, Einschuß)*
Sicherheitsgurt *m* (com) seat belt
Sicherheitskapital *n* (Vers) surplus to policyholders
Sicherheitskoeffizient *m* (KoR) margin of safety
Sicherheitslager *n* (MaW) buffer stock *(syn, Pufferbestand)*
Sicherheitsspanne *f* (Bw) margin of error
Sicherheitswechsel *m* (Fin) collateral bill
Sicherheitszuschlag *m*
(com) margin of safety
(MaW) safety factor *(ie, in inventory management)*
(Vers) safety loading
– loading for contingencies
Sicherhstellung *f* **der Durchschnittsqualität** (IndE) average quality protection
sichern
(com) to hedge *(eg, against rising costs)*
(com) to provide security
(EDV) to back up
Sicherstellung *f* **der Durchschnittsqualität** (IndE) average quality protection
Sicherung *f*
(com) protection
– safeguarding
(com) hedging
Sicherung *f* **der Geldwertstabilität**
(Vw) safeguarding monetary stability
– stabilization policy
Sicherung *f* **der Realeinkommen** (Pw) safeguarding real incomes
Sicherung *f* **des Arbeitsplatzes**
(Pw) job protection
– safeguarding of jobs
Sicherung *f* **gegen Geldwertschwund** (Vw) inflation proofing
Sicherung *f* **gegen Verlust** (com) cover against loss
Sicherungsabtretung *f* (Re) assignment (of a claim) for security
(ie, a type of trustee relationship)
Sicherungsdatei *f* (EDV) backup file
Sicherungsdiskette *f* (EDV) backup diskette
Sicherungseigentum *n* (Re) ownership by way of security
Sicherungseigentümer *m* (Re) owner of collateral security
Sicherungsformen *fpl* (Fin) security arrangements
Sicherungsgeber *m* (StR) transferor of title to property for purposes of security, § 39 II 1 AO
Sicherungsgegenstand *m* (Re) collateral
Sicherungsgeld *n* (StR) penalty
Sicherungsgelder *npl* (Fin) funds pledged as security
Sicherungsgeschäft *n*
(AuW) covering transaction
(Bö) hedge
Sicherungsgrenze *f* (Fin) protection ceiling
Sicherungsgrundschuld *f* (Re) real estate charge securing a loan

Sicherungshypothek *f* (Fin) debt-securing mortgage, § 1184 BGB
(ie, ist streng akzessorisch und wird stets als Buchhypothek begründet)
Sicherungsinstrument *n* (Fin) hedging tool
Sicherungskäufe *mpl* (Bö) hedge buying
Sicherungsklausel *f* (Fin) safeguarding clause
Sicherungskoeffizient *m* (Bö) hedge ratio *(ie, gleich Delta e–r Option)*
Sicherungskopie *f* (EDV) backup (copy)
Sicherungslauf *m* (EDV) backup run
Sicherungsnehmer *m* (Re) secured party
Sicherungspatent *n* (Pat) confirmation patent
Sicherungspfändung *f* (Re, US) prejudgment attachment
Sicherungsreserve *f* (Fin) deposit security reserve *(ie, set up by the Landesbanken and the Central Giro Institutions)*
Sicherungsübereignung *f*
(com) trust receipt
– bill of sale
– transfer of property by way of security
(ie, Übertragung e–r beweglichen Sache auf den Gläubiger zur Sicherung e–r Forderung; Gläubiger wird dadurch zum Treuhänder; movable goods (primarily fixed assets) remain in the possession of the borrower [Schuldner], while ownership is surrendered to the lender [Gläubiger] for the duration of the debt contract)
Sicherungsverfahren *n* (Re) attachment procedure, § 916 ZPO *(syn, Arrestverfahren)*
Sicherungsverkauf *m* (Re) hedge selling
Sicherungsvorkehrungen *fpl* (com) protective measures
Sicherungszession *f* (Re) = Sicherungsabtretung
Sichtakkreditiv *n* (Fin) clean credit *(ie, based on the terms ,documents against payment')*
Sichtanweisung *f* (Fin) cash order, C/O
Sichtanzeige *f* (EDV) visual display
sichtbare Ausfuhr *f* (VGR) visible exports
sichtbare Einfuhr *f* (VGR) visible imports
sichtbare Ein- und Ausfuhren *fpl*
(VGR) visible items *(ie, of international trade)*
– visibles
Sichtdepositen *pl* (Fin) = Sichteinlagen
Sichteinlagen *fpl* (Fin) sight/demand . . . deposits *(syn, Sichtdepositen; opp, Termineinlagen: Kündigungsgelder und feste Gelder)*
Sichteinlagenkonto *n* (Fin) sight deposit account
Sichtgerät *n* (EDV) visual display unit *(syn, Bildschirmgerät)*
Sichtguthaben *n*
(Fin) credit balance payable at call
– call deposit
(ie, repayable by bank at call)
Sichtkartei *f* (EDV) visual file
Sichtkontrolle *f* (EDV) sight check *(ie, of punch pattern)*
Sichtkurs *m* (Fin) sight *(or* demand) rate
(ie, currency rate for short-term means of payments, esp. checks, telegraphic transfers, sight bills)
Sichtpackung *f* (com) blister package
Sichtprüfung *f* (IndE) visual examination *(or* inspection)

Sichttratte *f* (WeR) sight draft, Art. 2 WG
Sichtverbindlichkeiten *fpl* (Fin) demand liabilities
Sichtverkauf *m* (com) display selling
Sichtwechsel *m*
 (WeR) bill on demand, Art. 2 WG
 – bill payable at sight
 – bill payable on demand
Sickerquote *f*
 (Vw) leakage
 – withdrawals *(ie, in multiplier analysis)*
Sickerverluste *mpl* (Vw) = Sickerquote
Siedewasserreaktor *m* (IndE) boiling water nuclear
 reactor, BWR
Siegelbruch *m* (Re) breaking official seals, § 136
 StGB
Sigma-Verfahren *n* (Stat) sigma scoring
Signalausfall *m* (EDV) drop out *(ie, on magnetic
 tapes)*
Signalgeber *m* (EDV) annunciator *(ie, warning de-
 vice to indicate the status of systems or circuits)*
Signalspeicher *m* (EDV) latch *(ie, condition indi-
 cating that current input value is to be stored)*
Signalton *m* (EDV) bell
Signalwirkung *f* (Vw, FiW) announcement effect
Signatarstaat *n* (Re) signatory country
Signatur *f*
 (com) call ... mark/number *(ie, on a library
 book)*
signieren (com) to autograph *(eg, a book)*
signifikante Ziffer *f* (Math) significant digit
Signifikanz *f* (Stat) significance
Signifikanzniveau *n* (Stat) level of significance
Signifikanzprüfung *f* (Stat) test of significance
Signifikanzstufe *f* (Stat) size of the test
Signum *n* (com) Logo, qv
Silberwährung *f* (Vw) silver standard
Silvesterputz *m* (Fin) year-end window dressing
Simplexalgorithmus *m* (OR) simplex algorithm
Simplexbetrieb *m* (EDV) simplex operation
Simplex-Verfahren *n* (OR) simplex method
Simulation *f* (OR) simulation
Simulationsmodell *n* (OR) simulation model *(ie,
 e–e von zwei Arten von Bewertungsmodellen;
 opp, Einsetzungsmodell)*
simultane Gleichung *f* (Math) simultaneous equa-
 tion
simultane lineare Gleichung *f* (Math) simultaneous
 linear equation
Simultangründung *f* (Re) single-step formation (of
 a stock corporation = AG)
 *(ie, incorporation and capital issue at the same
 time; syn, Einheitsgründung; opp, Stufengründung)*
Simultanhaftung *f*
 (Re) simultaneous liability
 – direct and primary liability
Simultanplanung *f* (Bw) simultaneous planning
Simultanrechner *m* (EDV) simultaneous (*or* parallel) computer
Simultanschätzung *f* (OR) simultaneous estimate
Simultan-Software *f*
 (EDV) environment software
 *(ie, screen split into sections or windows; users
 may run different applications software in each
 window)*

Simultanverarbeitung *f*
 (EDV) multiprocessing
 – parallel processing
 – simultaneous processing
Singer-Prebisch-These *f* (Vw) Singer-Prebisch
 theorem *(ie, positing that the terms of trade of the
 developing countries are on an irreversible downslide)*
singuläre Matrix *f* (OR) singular matrix
singuläres Urteil *n* (Log) singular proposition
singuläre Verteilung *f* (Stat) singular distribution
sinken
 (com) to decline
 – to decrease
 – to dip
 – to drop
 – to fall
 – to sag *(eg, prices)*
 (syn, fallen, zurückgehen)
sinkende Gewinne *mpl* (Fin) falling profits (*or* profitability!)
sinkende Industrieproduktion *f* (Vw) falling industrial output
sinkende Rentabilität *f* (Fin) sagging profitability
sinkender Skalenertrag *m* (Vw) decreasing returns
 to scale
sinusförmiger Input-Verlauf *m* (Vw) sinusoidal
 input
Sinuskurve *f*
 (Math) sine curve
 – sinusoid
sittenwidrige Bedingung *f* (Re) condition contra
 bonos mores
sittenwidrige Bereicherung *f* (Re) immoral enrichment
sittenwidriger Vertrag *m*
 (Re) agreement contrary to public policy
 – agreement contra bonos mores
 *(ie, erfüllt den Tatbestand der §§ 138, 826 BGB;
 ist ohne Heilungsmöglichkeit nichtig)*
sittenwidriges Geschäft *n* (Re) transaction contra
 bonos mores
sittenwidriges Rechtsgeschäft *n* (Re) legal transaction violating public policy, § 138 BGB
sittenwidrige Werbung *f* (Mk) unfair advertising
 (ie, against good morals)
Sittenwidrigkeit *f* (Re) violation of accepted moral
 standards
 *(ie, liegt vor, wenn ein Rechtsgeschäft dem An-
 standsgefühl aller billig und gerecht Denkenden
 widerspricht; cf, § 138 BGB)*
Situationsanalyse *f* (Vw) situational analysis *(ie, in
 economic policy)*
Situation *f* **ungleichgewichtigen Wachstums** (Vw)
 unsteady-growth situation
situative Entscheidung *f* (Bw) ad-hoc decision
Sitz *m*
 (com) headquarters *(eg, headquartered or based
 at...)*
 – main office
 (Re) seat
 – statutory (*or* registered) office
 – legal domicile
 – principal place of business
Sitz *m* **des Käufers** (com) buyer's place of business

Sitz *m* **e–r Gesellschaft** (com) corporate seat (*or* domicile), § 5 AktG

Sitzgemeinde *f* (StR) community in which the most valuable part of a property is located, § 24 GrStG

Sitzland *n* (Re) country of incorporation

Sitzstreik *m* (Pw) sitdown (*or* sit-in) strike

Sitzung *f*
(com) meeting
(Bö) session

Sitzung *f* **abbrechen** (com) to break off a meeting

Sitzung *f* **anberaumen** (com) to fix (*or* schedule) a meeting

Sitzung *f* **aufheben**
(com) to close
– to end
– to terminate . . . a meeting

Sitzung *f* **einberufen**
(com) to call a meeting
– (fml) to convene a meeting

Sitzung *f* **leiten** (com) to chair (*or* preside over) a meeting

Sitzungsgeld *n* (com) meeting attendance fee

Sitzungsperiode *f* (com) negotiating session

Sitzungsprotokoll *n* (com) minutes of a meeting

Sitzungsunterlagen *fpl*
(com) meeting documents

Sitzung *f* **vertagen** (com) to adjourn a meeting (*for, till, until*)

Sitzverlegung *f* (Re) transfer of place of business (*or* seat)

skalare Matrix *f* (Math) scalar matrix

skalares Produkt *n* (Math) scalar (*or* dot) product

skalare Variable *f* (Math) scalar variable

Skalarmultiplikation *f* (Math) scalar multiplication

Skaleneffekte *mpl* (Vw) scale economies
(*ie, Kostenersparnisse, die bei steigendem Output durch Spezialisierung, Lernprozesse od Kostengrößenvorteile entstehen; gleichbedeutend mit degressivem Verlauf der langfristigen Durchschnittsko-sten; syn, Größenvorteile, Größendegression*)

Skalenelastizität *f* (Vw) scale elasticity
(*ie, relative change of output to proportional relative change of all inputs; Werte: constant increasing/decreasing . . . returns to scale; syn, Niveauelastizität*)

Skalenertrag *m* (Vw) returns to scale (*syn, Niveaugrenzprodukt*)

Skalenfaktor *m* (Vw) catch-all variable (*ie, in the Cobb-Douglas production function*)

Skalentechnik *f* (Log) scale analysis

Skalenvorteile *mpl* (Vw) economies of scale (*syn, Größenvorteile, Degressionsgewinne*)

skalieren (com) to scale

Skalierungsverfahren *n* (Log) scale analysis

skizzieren
(com) to sketch
– (infml) to chalk out

Skonto *m/n* (Fin) cash discount (*syn, Barzahlungsrabatt*)

Skonto-Aufwendungen *mpl* (ReW) cash discount paid

Skonto-Erträge *mpl* (ReW) cash discount received

Skontofrist *f* (com) discount period

Skonto *m* **in Anspruch nehmen** (Fin) to take a cash discount

Skontoprozentsatz *m* (Fin) cash discount percentage

Skontration *f*
(MaW) perpetual inventory (*syn, Fortschreibung: updating procedure*)
(Fin) clearing

Skontro *n* (ReW, MaW) auxiliary ledger (*ie, to record daily changes of incoming and outgoing items*)

Skriptum *n* (Pw) course-supporting material

Sockelbetrag *m* (Pw) extra award to the lowest paid

sofern nichts anderes festgelegt (Re) unless otherwise stated

sofern nichts anderes vereinbart (Re) unless expressly agreed otherwise

Sofortabbuchung *f* (Fin) online debiting

Sofortabschreibung *f*
(StR) writeoff in full (*or* as incurred)
– immediate writeoff
– immediate chargeoff
(*ie, to current operations: of an expenditure whose beneficial effects are not exhausted in the current year*)

sofort fällige Rente *f* (Fin) immediate annuity

sofortige Beschwerde *f* (Re) immediate complaint, § 793 ZPO

sofortige Lieferung *f*
(com) prompt delivery
(Bö) spot delivery

sofortiger Versicherungsschutz *m* (Vers) immediate cover

sofortige Versicherungsleistung *f* (Vers) immediate benefit

sofortige Zahlung *f* (com) immediate payment

sofort lieferbare Ware *f* (Bö) prompts

Sofort-Liquidität *f* (Fin) spot cash

sofort nach Eröffnung (Bö) within moments of opening

sofort nach Schiffahrtseröffnung (com) first open water chartering, f.o.w.

Sofortprogramm *n* (com) crash program

Sofortreaktion *f* (Bw) crash reaction

sofort verfügbar
(com) immediately available
(Fin) at call

sofort verfügbare Ware *f* (Mk) actuals

Sofortzugriff *m* (EDV) immediate (*or* fast) access

Software *f* (EDV) software
(*ie, Gesamtheit aller Programme für e–e EDV-Anlage; Hauptgruppen:*
1. Systemsoftware, die mit der Hardware die Grundlage für das Funktionieren des EDV-Systems bildet; die Gesamtheit der Systemprogramme ist das Betriebssystem = operating system, OS;
2. Anwendungssoftware (applications software), die im kommerziellen Einsatz von EDV-Anlagen der Lösung betriebswirtschaftlicher Probleme dient)

Softwareanschluß *m* (EDV) software port

Software-Beratung *f* (EDV) software consulting

Software-Engineering *n* (EDV) software engineering

(ie, die Bereitstellung von Softwaresystemen um-
faßt die Phasen:
1. Anforderungsdefinition = requirements defini-
tion;
2. Systementwurf = system design;
3. Modulentwurf = module design;
4. Modulimplementierung = module implemen-
tation;
5. Modultest = module test;
6. Systemintegration = system integration;
7. Systemtest = system test;
8. Installation = installation)
Software-Entwicklung *f* (EDV) software development
Software-Entwicklungsingenieur *m* (EDV) software engineer
Software-Entwicklungspotential *n* (EDV) software
skills
Softwarehaus *n* (EDV) software house *(or* com-
pany) *(syn, Softwarehersteller)*
Softwarehersteller *m* (EDV) = Softwarehaus
Softwarehochrüstung *f* (EDV) software upgrade
Softwarepaket *n* (EDV) software package
Softwarepflege *f* (EDV) software maintenance
Softwareschnittstelle *f* (EDV) software interface
(syn, Programmschnittstelle)
Softwaresystem *n* (EDV) software system *(syn,*
Programmsystem)
Softwareunterstützung *f* (EDV) software support
Softwarewartung *f* (EDV) software maintenance
Softwarewerkzeug *n* (EDV) software tool
Solawechsel *m* (WeR) promissory note *(syn, Eigen-*
wechsel)
Solidarbeitrag *m*
(SozV) social-insurance contribution based on
the idea of solidarity among all employees
Solidarbürgschaft *f* (Re) joint and several guaranty
Solidarhaftung *f* (Re) joint und several liability
Solidaritätsbeitrag *m* (Pw) free-rider contribution
(ie, payable by non-unionized employees into an
equalization fund; demanded by unions, but dis-
puted by employers)
Solidaritätsfonds *m* (AuW) solidarity fund *(ie, set*
up by the Group of Ten with a capital of 20bn
SDRs)
Solidarschuldner *m*
(Re) co-principle debtor
– joint and several debtor
Soll *n* (ReW) debit (side) *(ie, of an account)*
Sollausbringung *f*
(Bw) planned
– predicted
– budgeted ... output
Sollbestand *m* (MaW) target inventory
Solleindeckungszeit *f* (MaW) sum of acquisition
lead time + safety margin *(opp, Isteindeckungs-*
zeit)
Soll-Fertigungszeit *f* (IndE) planned direct labor
hours
Sollgröße *f* (IndE) = Stellgröße, qv
Soll-Ist-Vergleich *m*
(Bw) target-performance comparison
(Bw) performance report
Sollkaufmann *m* (Re) merchant by virtue of regis-
tration, § 2 HGB

Soll-Kennziffern *fpl* (Bw) budgeted standards
Sollkosten *pl*
(KoR) budgeted
– target
– attainable standard
– current standard
– ideal standard ... cost
(syn, Vorgabe- od Budgetkosten)
Sollkostenrechnung *f* (KoR) standard costing *(syn,*
Plankostenrechnung)
Soll-Leistung *f* (Bw) standard/target ... perform-
ance
Sollqualität *f* (Stat) program quality
Sollsaldo *m*
(ReW) debit balance
– balance due
(ie, excess of debit over credit entries)
Sollsatz *m* (Log) ought statement
Sollseite *f*
(ReW) debit side *(ie, of an account)*
– debtor
Sollwert *m*
(EDV) set point
– desired value
Sollwertführung *f*
(EDV) set point control, SPC
(ie, in der Prozeßdatenverarbeitung)
Sollzahlen *fpl* (com) target figures
Sollzeit *f* (KoR, IndE) standard time
Sollzins *m* (Fin) borrowing rate *(opp, Habenzins =*
lending rate)
Sollzinsen *mpl*
(Fin) debtor interest
– debit rate
– interest charges *(or* expenses)
– interest rate charged
Sollzinsen *mpl* **der Banken** (Fin) bank lending rates
Sollzinssatz *m*
(Fin) borrowing rate
– debtor interest rate *(opp, Habenzinssatz =*
creditor interest rate)
Solo-Terminkurs *m* (Bö) outright price
solvent
(Fin) solvent
– liquid
– able to pay one's debt
Solvenz *f*
(Fin) ability/capacity ... to pay
– debt paying ability
– solvency
(syn, Zahlungsfähigkeit; opp, Zahlungsunfähig-
keit, Insolvenz)
Solvenzvorschriften *fpl* (Vers) statutory solvency
regulations
Sommerloch *n*
(com, infml) midsummer sluggishness
– summertime blues *(ie, in business activity; syn,*
Sommerflaute)
Sommerpreise *mpl* (com) graduated summer prices
Sommerschlußverkauf *m* (com) summer sales *(ie,*
at knockdown prices)
Sommerzeit *f* (com) daylight (saving) time
Sonderabgabe *f* (StR) special levy *(or* impost)
Sonderabschreibungen *fpl* (ReW, StR) special de-
preciation allowances

(ie, steuerrechtlich zulässige A. zur Durchsetzung wirtschaftspolitischer Zielsetzungen)
Sonderanfertigung *f* (IndE) item made to order
Sonderangebot *n*
  (com) bargain sale
  – premium offer
  – special bargain
  (Mk) flash item
Sonderaufgabe *f* (Pw) extra duty assignment
Sonderaufgaben *fpl* (Pw) extra-duty assignments
Sonderauftrag *m* (com) special order
Sonderausgaben *fpl* (StR) special expenses, §§ 10, 10 a, 10b EStG
Sonderausgaben-Pauschbetrag *m* (StR) blanket allowance for special expenses, § 10 c I EStG
Sonderausschüttung *f* (Fin) extra distribution
Sonderbelastungen *fpl* (FiW) special burden
Sonderbericht *m* (com) special-purpose report
Sonderbestellung *f* (com) special order
Sonderbestimmung *f* (Re) special provision
Sonderbetriebsmittel *npl* (ReW) beneficially owned third-party assets
Sonderbetriebsvermögen *n* (StR) special business property
  (ie, property owned by a partner but used by a partnership in its business)
Sonderbilanz *f* (ReW) special-purpose balance sheet
  (ie, Anlässe: Gründung, Verschuldung, Sanierung, Fusion, Konkurs, Auseinandersetzung, etc.)
Sonderdarlehen *n* (Fin) special-term loan
Sonderdepot *n* (Fin) special securities deposit
Sonderdividende *f*
  (Fin) extra (*or* special) dividend
  – bonus
Sondereigentum *n* (Re) individual ownership *(ie, in a condominium building)*
Sondereinzelkosten *pl* (KoR) special direct cost
Sondereinzelkosten *pl* **der Fertigung** (KoR) special production costs
Sondereinzelkosten *pl* **des Vertriebs** (KoR) special direct sales cost
Sonderermäßigung *f* (com) special price reduction
Sonderfazilitäten *fpl* (IWF) special facilities
Sonderfreibetrag *m* (StR) special tax-free amount
Sondergebühr *f*
  (com) extra/special... fee
  (Fin) praecipuum
  (ie, portion of a special fee for arranging a syndicated loan; paid by a borrower in a Eurocredit transaction; retained by the lead manager)
Sondergefahren *fpl* (Vers) extraneous perils
Sondergemeinkosten *pl* (KoR) special overhead expenses
Sondergenehmigung *f*
  (Re) specific approval *(eg, of the Minister of Finance)*
Sondergerichtsbarkeit *f* (Re) limited jurisdiction, Art. 101 II GG
sondergesetzliche Grundlage *f* (Re) instituted on a special statutory basis
Sondergutachten *n*
  (com) special expert opinion
  – special report

Sonderhaushalt *m* (FiW) special budget
Sonderkalkulation *f* (KoR) special-purpose cost estimate
Sonderkonjunktur *f* (Vw) special trend of economic activity
Sonderkonkurs *m* (Re) special bankruptcy proceedings, §§ 214ff, 236 ff, 238 KO
Sonderkontingent *n* (AuW) special quota
Sonderkonto *n* (Fin) special account
  (syn, Separat-, Unter-, ,Wegen'-Konto)
Sonderkonto *n* **gutschreiben** (ReW) to credit to a separate account
Sonderkosten *pl* (KoR) special expenses
Sonderkosten *pl* **der Fertigung** (KoR) special production costs
Sonderkredit *m* (Fin) special credit
Sonderkurs *m* (Bö) put-through price
Sonderlombard *m* (Vw) special Lombard facility
  (ie, managed on a day-to-day basis)
Sonderlombardfenster *n* (Vw) special Lombard window
Sonderlombardkredit *m* (Fin) special Lombard loan
Sonderlombardsystem *n* (Vw) special Lombard system
Sondermetalle *npl* (com) special metals *(ie, rare metals such as titanium, chromium, tungsten, molybdenum, etc.)*
Sondernachfolge *f* (Re) individual succession *(opp, Gesamtrechtsnachfolge = universal succession)*
Sondernachlaß *m* (com) special discount (*or* rebate)
  (ie, granted to special groups of final consumers)
Sonderorganisationen *fpl* (AuW) specialized agencies
Sonderpfanddepot *n* (Fin) special pledged-securities deposit *(syn, Depot D)*
Sonderposten *m* (com) off-the-line item
Sonderposten *mpl* **mit Rücklagenanteil**
  (ReW) special item with accrual character
  – special item with an equity portion
  – special account which in part constitutes a reserve
  (ie, nicht versteuerte Rücklagen; Differenz zwischen handelsrechtlichen und steuerlichen Abschreibungen = untaxed reserves; difference between commercial and tax depreciation allowances; cf, § 273 HGB)
Sonderpreis *m*
  (com) special
  – exceptional
  – preferential... price *(ie, granted to special groups of final consumers)*
Sonderprüfer *m* (ReW) special auditor
Sonderprüfung *f* (ReW) special audit, §§ 142–146, 258–261 AktG
Sonderrabatt *m* (com) special rebate *(eg, Personalrabatt, Vereinsrabatt)*
Sonderrechte *npl* (Re) special membership rights *(ie, granted to stockholders or groups of stockholders)*
Sonderrücklage *f*
  (ReW) special-purpose reserve
  – surplus reserve
  (Vers) special contingency reserve

Sonderrückstellungen *fpl* (ReW) special provisions
Sonderschicht *f* (Pw) extra shift
Sondersitzung *f* (com) special meeting
Sondersparte *f* (Vers) special line (of business)
   (eg, medical malpractice, professional indemnity)
Sonderstatistiken *fpl* (Stat) special-purpose statistics
Sondertarif *m*
   (Zo) preferential rate
   – special tariff
Sonderumlage *f* (FiW) special assessment
Sonderumsatzsteuer *f* (StR) export levy
   (ie, on products destined for export, 4%; syn, Exportsteuer, inapplicable as of 11 Oct 1969)
Sonderurlaub *m* (Pw) special leave
Sondervergütung *f* (Pw) extra (*or* premium) pay
Sonderverkauf *m* (Mk) special sales at knockdown prices *(eg, Sonderveranstaltungen, Saisonschluß-verkauf)*
Sondervermögen *n* (FiW) special fund
Sondervermögen *n* **des Bundes** (FiW) special assets of the Federal Government
   (ie, Deutsche Bundespost, Deutsche Bundesbahn, ERP-Sondervermögen, Ausgleichsfonds)
Sonderverwahrung *f* (Fin) individual safe custody of securities, § 2 DepG
   (syn, Streifbanddepot)
Sondervollmacht *f* (Re) special authority
   (ie, to undertake certain transactions or certain kinds of transactions within the scope of joint representation for an OHG, § 125 II 2 HGB)
Sondervorteile *mpl* (Re) special advantages, § 26 AktG
Sondervotum *n* (Re) dissenting opinion
Sonderwertberichtigung *f*
   (ReW) special valuation account
   – special value adjustment
Sonderzahlung *f* (Pw) special payment (ie, may be contractual or voluntary)
Sonderzeichen *n* (EDV) special character
   (ie, computer-representable character that is not alphabetic, numeric, or blank)
Sonderziehungsrechte *npl*
   (IWF) special drawing rights, SDRs
   – (infml) paper gold
Sonderzins *m* (Fin) special interest
Sonderzulage *f* (Pw) special bonus
Sondierungsgespräche *npl* (com) exploratory talks
Sonntagsarbeit *f* (Pw) sunday work
sonstige Aufwendungen *mpl*
   (ReW) miscellaneous
   – other
   – sundry... expense
sonstige Aufwendungen *mpl* **und Erträge** *m* (ReW) other revenue and expense
sonstige Aufzeichnungen *fpl*
   (ReW) supporting records
   – documentation supporting books of accounts
sonstige Ausleihungen *fpl* (ReW, EG) other loans
   (cf, § 266 HGB)
sonstige bebaute Grundstücke *npl* (StR) other improved properties, § 75 I BewG
sonstige betriebliche Aufwendungen *mpl*
   (ReW) other operating expenses
sonstige Bezüge *pl* (StR) other earnings, § 7 LStDV

sonstige Einkünfte *pl* (StR) other income
   (ie, speculative gains, income of a recurrent nature, miscellaneous income, § 2 I No. 7 and § 22 EStG)
sonstige Erträge *mpl*
   (ReW) miscellaneous
   – other
   – sundry... revenue
sonstige Finanzanlagen *fpl* (ReW) other investments
sonstige Forderungen *fpl*
   (ReW) other accounts receivable
   – accounts receivable – other
sonstige immaterielle Werte *mpl* (ReW) other intangibles
sonstige kurzfristige Verbindlichkeiten *fpl* (ReW) other current liabilities
sonstige Leistungen *fpl* (StR, VAT) other performances *(ie, mostly services)*
sonstige Nutzzeit *f* (EDV) incidental time
sonstige Posten *mpl* **des Umlaufvermögens** (ReW) other current assets
sonstiger Betriebsbedarf *m*
   (ReW) other operating expenses
sonstige Rechtseinheiten *fpl* (Re) other legal entities
sonstige Rückstellungen *fpl* (ReW) sundry accruals
sonstiges Recht *n* (Re) right similar to the right of ownership, § 823 BGB
sonstiges Vermögen *n*
   (ReW) other assets
   (StR) other property, §§ 110–113a BewG
sonstige Verbindlichkeiten *fpl*
   (ReW) other accounts payable
   – accounts payable – other
   – other liabilities
   – sundry creditors
sonstige Vermögensgegenstände *mpl* (ReW) miscellaneous other current assets
sonstige Wagnisse *npl* (ReW) miscellaneous risks
sonstige Zinserträge *mpl* (ReW) other interest earned
Sonst-Regel *f* (EDV) else rule
Sorgerecht *n* (Re) right of custody
Sorgfalt *f* **e–s ordentliches Kaufmanns**
   (Re) due care and diligence of a prudent businessman, § 347 HGB
   – diligence of a careful mercantile trader
Sorgfalt *f* **in eigenen Angelegenheiten** (Re) diligentia quam in suis
   (ie, the same degree of care and prudence that men prompted by self-interest generally exercise in their own affairs, § 277 BGB)
Sorgfaltspflicht *f*
   (Re) duty of care
   – duty to take care
Sorte *f*
   (com) grade
   – quality
   – variety
   (com) brand
   – make
Sorten *fpl* (Fin) foreign notes and coin
Sortenabteilung *f* (Fin) foreign currency department

Sortenankaufskurs *m* (Fin) currncy buying rate

Sortenfertigung *f* (IndE) continuous batch production
(ie, related products differing in single features only; eg, dimensions, special additions, etc.; special type of ‚Serienfertigung')

Sortengeschäft *n* (Fin) = Sortenhandel

Sortenhandel *m* (Fin) dealings in foreign notes and coin

Sortenkalkulation *f* (KoR) batch-type costing

Sortenkurs *m* (Bö) exchange rate for foreign notes and coin

Sortenliste *f* (Kart) seed variety catalog

Sortenprogramm *n* (IndE) batch sequencing

Sortenrechnung *f* (KoR) = Sortenkalkulation

Sortenschutz *m* (Pat) plant varieties protection

Sortenschutzrechte *npl* (Pat) industrial property rights in seed varieties

Sortensequenzproblem *n* (IndE) batch sequencing problem *(syn, Seriensequenzproblem)*

Sortenwechselkosten *pl* (KoR) batch changeover cost

Sortierargument *n* (EDV) sort key

sortieren (EDV) to sort

Sortierfach *n*
(com) pigeonhole
(EDV) sorter pocket

Sortierfolge *f* (EDV) collating (*or* collation) sequence

Sortiergenerator *m* (EDV) sort generator

Sortiergerät *n* (EDV) sorter

Sortierkriterium *n* (EDV) sort key

Sortiermaschine *f* (EDV) (card) sorter

Sortiermerkmal *n* (EDV) sort key

Sortier-Misch-Generator *m* (EDV) sort-merge generator

Sortier-Mischprogramm *n* (EDV) sort-merge program

Sortierprüfung *f* (Stat) screening (inspection)

Sortierverfahren *n* (EDV) sorting method

Sortiment *n*
(Mk) product . . . range/assortment
– assortment of goods
– range of goods
– product line
– line of merchandise
– business mix

Sortiment *n* **bereinigen** (Mk) to streamline a product range

Sortimenter *m* (com) retail bookseller

Sortimentsabteilung *f* (com) new book department

Sortimentsbuchhandel *m* (com) retail bookselling

Sortimentsbuchhändler *m* (com) retail bookseller

Sortimentshandel *m*
(com) single-line trade
– wholesale trade

Sortimentstiefe *f* (Mk) product assortment depth

Sortiment *n* **umstellen** (Mk) to change one's business mix

so schnell wie möglich (com) fast as can, f.a.c.

so schnell wie platzüblich (com) fast as can as customary, f.a.c.a.c.

Souvenirladen *m* (com) gift shop

soweit nicht anders vereinbart (Re) = mangels . . .

Sozialabgaben *fpl*

(SozV) social insurance contributions
– (US) social security tax

Sozialaufwand *m* (Pw) social welfare expenditure

sozial bedingte Präferenzen *fpl* (Vw) social preferences

Sozialbeirat *m* (SozV) Social Security Advisory Council

Sozialbeiträge *mpl* (SozV) social insurance contributions

Sozialbeiträge *mpl* **der Arbeitgeber**
(SozV) employers' contributions to social security

Sozialbeiträge *mpl* **der Arbeitnehmer** (SozV) employees' contributions to social security

Sozialbericht *m*
(ReW) socio-economic report *(ie, voluntary or statutory; part of annual report)*
(FiW) social policy report *(ie, prepared by Federal Government)*

Sozialbilanz *f* (ReW) corporate socio-economic accounting
(syn, gesellschaftsbezogene Rechnungslegung)

Sozialbindung *f* (Re) societal restrictions on individual property rights, Art. 14 GG

Sozialbudget *n* (FiW) social welfare budget

Sozialdumping *n* (AuW) = soziales Dumping

soziale Aufwendungen *mpl*
(ReW) social welfare expenditure (*or* charges) *(nicht: soziale Kosten)*
(ReW, EG) social security costs

soziale Einrichtungen *fpl* (Pw) welfare facilities

soziale Erträge *mpl* (Vw) social benefits *(syn, volkswirtschaftliche Erträge)*

soziale Ertragsrate *f* (Vw) social rate of return

soziale Grundrisiken *npl* (Vw) basic social risks

soziale Indikatoren *mpl* (Vw) social indicators *(ie, quantitative indexes to measure the quality of life of individuals and groups)*

Sozialeinkommen *n* (SozV) income from public sources

Sozialeinrichtungen *fpl* (Bw) social/welfare . . . services

soziale Kassen *fpl* (StR) social welfare funds, § 5 I No. 3 KStG 1977

soziale Kosten *pl*
(Vw) social costs
– discommodities
(ie, preferred term in German is ‚externe Kosten')

soziale Krankenversicherung *f* (SozV) social health insurance

soziale Lasten *fpl* (Pw) social charges

soziale Leistungen *fpl* (SozV) = Sozialleistungen

soziale Marktwirtschaft *f*
(Vw) social market economy
– social free market economy
– socially tempered (*or* responsible) market economy
(ie, its main principles are:
1. consumer sovereignty;
2. competition and efficient allocation of resource by the market;
3. redistribution of market performance by means of government social policies and its design of the taxation system;
4. stability of the country's currency;

5. *free collective bargaining;*
6. *codetermination*

sozialer Wohnungsbau *m* (Vw) social welfare housing
(ie, construction of low-rent apartment houses for the benefit of socially disadvantaged families)

soziales Dumping *n* (AuW) social dumping *(syn, Sozial-Dumping)*

soziale Sicherheit *f* (Vw) = soziale Sicherung

soziale Sicherung *f* (Vw) social security

soziales Netz *n* (SozV) network of social services

soziale Wahrnehmungsfähigkeit *f* (Bw) social sensitivity

soziale Wohlfahrtsfunktion *f* (Vw) social welfare function

soziale Zeitpräferenzrate *f* (Vw) social time preference rate

soziale Zusatzkosten *pl*
(Vw) uncompensated (*or* unpaid) costs
– uncharged disservices

Sozialfonds *m* (ReW) = Sozialkapital

Sozialgericht *n* (Re) first-instance administrative court for social security and related matters

Sozialgesetzbuch *n* (Re) Social Security Code
(ie, Kodifizierung des gesamten Sozialrechts der Bundesrepublik Deutschland in e–m einheitlichen Gesetzeswerk; begonnen 1975; wird in 10 Büchern gegliedert sein)

Sozialhilfe *f*
(SozV) public assistance
– supplementary welfare benefits
(obsolete synonyms: Wohlfahrt, Fürsorge)

Sozialinvestitionen *fpl*
(Vw) social capital investments
– socially useful investments

Sozialkapital *n* (ReW) social capital
(ie, Sozialrücklagen und Sozialrückstellungen; between 10 and 15% of total capital)

Sozialkosten *pl* (ReW) social welfare expenditure
(ie, part of total labor cost)

Sozialkunde *f* (Pw, appr) social studies *(ie, not ‚social science’)*

Soziallasten *fpl* (ReW) = Sozialkosten

Sozialleistungen *fpl* (SozV) social security benefits

Sozialleistungen *fpl* **der Arbeitgeber** (SozV) employers’ social security contributions

Sozialleistungsquote *f* (SozV) social expenditure ratio

Sozialleistungsrecht *n* (SozV) law governing social security benefits

Soziallohn *m* (Pw) socially subsidized wage

Sozialökonomik *f* (Vw) economics

Sozialpartner *mpl*
(Bw) corporate economic partners
– mangement and labor
(ie, labor and capital, represented by their umbrella organizations; German term in some quarters treated as an impermissible euphemism that would paper over the ‚logically inherent conflict’ between management and labor; nothing short of all-pervasive plant democracy will satisfy such opponents)

Sozialplan *m* (Pw) social plan
(ie, worked out to mitigate undue hardship resulting from partial or complete plant closure)

Sozialpolitik *f* (Vw) social policy

Sozialprodukt *n*
(VGR) national product
– (infml) economic pie

Sozialprodukt *n* **ohne Budgeteinfluß** (FiW) pure-cycle income

Sozialquote *f* (SozV) = Sozialleistungsquote

Sozialrente *f* (SozV) social insurance pension

Sozialrentner *m* (SozV) social insurance pensioner

Sozialrücklagen *fpl* (ReW) social reserves *(ie, part of Sozialkapital)*

Sozialrückstellungen *fpl* (ReW) provisions for welfare expenditure *(eg, pension funds; part of Sozialkapital)*

sozial ungerechtfertigte Kündigung *f* (Pw) socially unjustified dismissal

Sozialversicherung *f* (SozV) social insurance

Sozialversicherungsbeitrag *m*
(SozV) social security contribution
– (US) federal social security tax
– (GB) national insurance contribution

Sozialversicherungsgrenze *f* (SozV) income limit for social insurance

Sozialversicherungshaushalt *m* (VGR) social insurance sector

Sozialversicherungsleistungen *fpl* (SozV) social insurance benefits

sozialversicherungspflichtig (SozV) subject to social insurance contributions

Sozialversicherungsträger *m* (SozV) social insurance carrier

Sozialversicherungszweig *m* (SozV) sector of social security

Sozialvertrag *m* (Vw) social compact
(ie, between government and autonomous societal groups)

Sozialwissenschaften *fpl* (Vw) social sciences

Sozialwissenschaftler *m* (Vw) social scientist

sozialwissenschaftliche Entscheidungstheorie *f* (Bw) behavioral decision-making theory

Sozialzulage *f* (Pw) social welfare bonus *(eg, Kinderzulage, Alterszulage, Wohnungsgeld)*

Sozietät *f* (Re) professional firm *(ie, lawyers, accountants, physicians)*

Sozius *m* (com) partner

Spalte *f* **e–r Matrix** (Math) column of a matrix

Spaltenaddition *f* (com) cross cast of columns

spaltenbinär (EDV) chinese (*or* column) binary

Spaltenvektor *m* (Math) column vector

spanabhebende Fertigung *f* (IndE) machining operations
(eg, turning, drilling, milling, planing, sawing, filing)

spanende Fertigung *f* (IndE) = spanabhebende Fertigung

spanlose Fertigung *f* (IndE) forming operations

Spanne *f*
(Mk) markup
(Fin) margin
(Bö) spread

Spannenmitte *f* (Stat) = Spannweitenmitte

Spanne *f* **zwischen Ausgabe- und Rücknahmekurs** (Bö) bid-offer spread

Spanne *f* **zwischen Geld und Brief** (Bö) price (*or* bid-ask) spread

spannungsfreies Wachstum *n* (Vw) tension-free growth

Spannungsklausel *f* (Pw) proration clause
(ie, pension benefits are to be prorated in relation to an agreed formula; eg, x % of public sector pay)

Spannungskurs *m* (Bö) quote *(ie, des Marktmachers, qv)*

Spannungspreis *m* (Bö) spread price

Spannweite *f* (Stat) range *(syn, Schwankungsbreite, Variationsbreite)*

Spannweitendarstellung *f* (Stat) high-low points method

Spannweiten-Kontrollkarte *f* (Stat) range chart

Spannweitenmitte *f*
(Stat) center of range
– mid range *(ie, of a sample)*

Spanplatten *fpl* (IndE) particle boards
(ie, made of wood chips and other wood processing residues)

Sparanreiz *m* (Fin) incentive to save

Sparaufkommen *n*
(Fin) total savings
– volume of savings

Sparbetrieb *m* (IndE) economy operation

Sparbildung *f* (Fin) formation of savings

Sparbrief *m*
(Fin) bank savings bond
– savings certificate

Sparbuch *n* (Fin) passbook

Spareckzins *m* (Fin) basic savings rate
(ie, fixed for savings deposits at statutory notice = mit gesetzlicher Kündigungsfrist; syn, Eckzins)

Spareinlagen *fpl* (Fin) savings deposits

Spareinlagen *fpl* **mit gesetzlicher Kündigungsfrist** (Fin) savings deposits at statutory notice

Spareinlagenzuwachs *m* (Fin) growth in savings deposits

sparen
(com) to economize
– to save
(com, infml) to put aside/by
– to put away in savings
– to squirrel away *(eg, for retirement)*

Sparen *n* **der privaten Haushalte** (Vw) consumer savings

Sparer *m* (com) saver

Sparerfreibetrag *m* (StR) savers' tax-free amount, § 20 IV EStG

Sparförderung *f* (Vw) measures designed to promote savings

Sparfunktion *f* (Vw) savings function

Spargelder *npl* (Fin) total volume of savings *(opp, Geldmarktgelder, Kontokorrenteinlagen)*

Spargeschäft *n* (Fin) savings business

Spargiroverkehr *m*
(Fin) transfer of funds via the savings banks
– savings banks' giro system

Sparguthaben *npl* (Fin) savings deposits

Sparhaushalt *m* (Fin, infml) belt-tightening budget

Sparinstitut *n* (Fin) savings institution

Sparkassen *fpl*
(Fin) savings banks
(ie, owned and run by local authorities; huge countrywide network)

– (US) thrift institutions
– (GB) Trustee Savings Banks

Sparkassenbrief *m* (Fin) savings bank certificate *(ie, in denominations of DM1,000, 5,000 and 10,000)*

Sparkassenbuch *n* (Fin) = Sparbuch

Sparkassenprüfung *f* (Fin) statutory audit of savings banks

Sparkassenrevision *f* (Fin) = Sparkassenprüfung

Sparkassenstatistik *f* (Fin) savings bank statistics

Sparkassen- und Giroverband *m* (Fin) savings banks and their clearing association

Sparkonto *n* (Fin) savings account

Sparleistung *f* (Fin) net savings *(ie, new savings deposits less withdrawals)*

Sparmaßnahme *f*
(com) savings measure
(Fin, infml) belt-tigthening measure

Sparneigung *f* (Vw) propensity to save

Sparparadoxon *n* (Vw) paradox of thrift

Sparprämie *f*
(StR) savings premium
– tax premium for savings
(ie, premium for savings deposits, contributions to building and loan associations, investment in shares of investment companies, and purchases of the first issue of securities
(Vers) premium not absorbed by risk

Sparprämiengesetz *n* (Fin) Savings Premium Law *(ie, law on premiums paid by the government on certain savings and investments of resident individuals)*

Sparprogramm *n* (Bw) cost-cutting program

Sparprogramm *n* **der öffentlichen Hand** (FiW) fiscal restraint program

Sparquote *f*
(Vw, *macroeconomics*) propensity to save *(subterms: durchschnittliche und marginale Sp.)*
(VGR) savings-income ratio *(ie, ratio of savings to disposable income)*

Sparquote *f* **der privaten Haushalte** (Vw) personal-savings ratio

Sparquote *f* **steigt** (Vw) savings rate picks up

sparsam
(com) economical
– economizing
– saving
– thrifty
(com) fuel efficient *(ie, jet engines)*

Sparsamkeit *f*
(com) economy
– economizing
– thrift(iness)
– thrifty management

sparsam wirtschaften (com) to economize

Sparschuldverschreibung *f* (Fin) savings bond

Sparschwein *n*
(com) piggybank

Spartätigkeit *f* (Vw) savings activity

Spartätigkeit *f* **anregen** (Vw) to spur savings

Sparte *f*
(com) line of business
(Bw) division
(Vers) line *(ie, general classification of business; eg, life, fire, health, transport)*

Sparte *f* **Fertigung** (IndE) manufacturing division
Spartenleiter *m*
(Bw) divisional manager
(Vers) manager
Spartenorganisation *f* (Bw) divisional organization
Spartenstruktur *f* (Bw) divisional structure *(syn, divisionale Struktur)*
Spar- und Darlehnsbanken *fpl* (Fin) savings and loan banks *(ie, rural credit cooperatives)*
Sparvertrag *m* (Fin) savings agreement
Sparvolumen *n* (Fin) total volume of savings
Sparzinsen *mpl* (Fin) interest on savings deposits
Sparzulage *f* (Pw) savings bonus
spätere Anmeldung *f* (Pat) subsequent application
späterer Erwerber *m* (Re) subsequent transferee
spätestens bis (com) on or before *(ie, a specified date)*
Spätestens-Klausel *f* (com) „not-later-than" clause *(ie, amount payable upon signing the contract or not exceeding a certain date after shipment)*
spätester Endzeitpunkt *m* (OR) latest completion time
Spätindikator *m*
(Vw) lagging indicator
– lagger
– laggard *(eg, unit labor costs, inventories; syn, nachlaufender Indikator; opp, Frühindikator, Präsensindikator, qv)*
Spätkapitalismus *m*
(Vw) late capitalism
– late capitalist regime
Spätschaden *m* (Vers) belated claim
Spätschadenreserve *f* (Vers) reserve (set up) for belated claims
Spätschicht *f* (Pw) late shift
spätzyklische Reihe *f* (Vw) lagging series *(syn, nachlaufende Reihe)*
Spediteur *m*
(com) forwarding agent
– (freight) forwarder
– carrier
– transport company
(ie, acting on instructions of a shipper or consignee, § 407 HGB)
Spediteurbedingungen *fpl* (com) = Allgemeine Deutsche Spediteurbedingungen, ADSp
Spediteurbescheinigung *f* (com) carrier's receipt
Spediteurdokumente *npl* (com) forwarder's documents
Spediteurdurchkonnossement *n* (com) forwarder's through bill of lading *(or B L)*
Spediteurgeschäft *n*
(com) forwarding business
(com) conclusion of a forwarding contract
Spediteurkonnossement *n* (com) house bill *(ie, made out by forwarder: neither document of title [= Traditionspapier] nor a genuine bill of lading)*
Spediteurofferte *f* (com) forwarder's offer
Spediteur-Pfandrecht *n* (Re) forwarder's lien, § 50 ADSp
Spediteurrechnung *f* (com) forwarder's note of charges
Spediteursammelgutverkehr *m* (com) forwarding agents' collective shipment
Spediteur-Übernahmebescheinigung *f*

(com) forwarder's receipt
– *(international:)* Forwarding Certificate of Receipt, FCR
Spedition *f*
(com) forwarding trade
– freight forwarding
(com) = Spediteur
Speditionsagent *m* (com) forwarder's agent
Speditionsauftrag *m* (com) forwarding order *(syn, Speditionsvertrag, Verkehrsauftrag)*
Speditionsbüro *n*
(com) forwarding office
– shipping agency
Speditionsgeschäft *n* (com) forwarding business *(or trade)*
Speditionsgesellschaft *f* (com) forwarding company
Speditionsgewerbe *n* (com) forwarding industry
Speditionskonto *n* (ReW) carrying account *(ie, balance equal to gross forwarding profit = Brutto-Speditionsgewinn)*
Speditionskosten *pl* (ReW) forwarding expenses *(or charges)*
Speditionsprovision *f* (com) forwarding commission
Speditionsunternehmen *n* (com) freight forwarder
Speditionsversicherungsschein *m* (Vers) forwarder's risk insurance policy
Speditionsvertrag *m* (com) forwarding contract *(syn, Speditionsauftrag, Verkehrsauftrag)*
Speicher *m*
(EDV) memory
– storage
Speicherabbild *n* (EDV) memory map
Speicherabzug *m*
(EDV) dump
– memory *(or storage)* dump
(ie, transfer of contents of a memory to a peripheral unit; see: Speicherauszug)
Speicherabzugroutine *f* (EDV) dump routine
Speicheradresse *f* (EDV) memory address
Speicheradreßregister *n* (EDV) memory address register
Speicherausdruck *m* (EDV) memory printout
Speicherauszug *m*
(EDV) selective memory *(or storage)* dump
– snapshot dump
Speicherbank *f* (EDV) memory bank
Speicherbefehle *mpl* (EDV) storage instructions
Speicherbelegung *f* (EDV) assignment of memory space
Speicherbereich *m* (EDV) memory area
Speicherbereichsschutz *m* (EDV) memory protect *(syn, geschützter Speicher, Speicherschreibsperre)*
Speicherbildschirm *m* (EDV, CAD) storage tube display
Speicherblock *m* (EDV) storage block
Speicherbuchführung *f* (ReW) memory-based accounting
(ie, spezielle Form der EDV-Buchführung, bei der der Buchungsstoff auf magnetischen Datenträgern gespeichert wird, ohne daß ausgedruckte Listen der Geschäftsvorfälle und Buchungen nach zeitlicher und kontenmäßiger Reihenfolge vorliegen; cf, hierzu die ‚Grundsätze ordnungsmäßiger Speicherbuchführung', GOS)

Speicherdichte *f* (EDV) packing density

Speicherdruckroutine *f* (EDV) memory print routine

Speicherebene *f* (EDV) digit plane

Speichereinheit *f* (EDV) memory device (*or* unit)

Speicherelement *n* (EDV) memory (*or* storage) cell

Speichererweiterungskarte *f* (EDV) memory expansion card

Speichergerät *n* (EDV) storage device

Speichergröße *f* (EDV) memory size

Speicherinhalt *m* (EDV) memory contents

Speicherkapazität *f*
(EDV) storage (*or* memory) capacity
– capacity

Speicherkern *m* (EDV) memory (*or* magnetic) core

Speicherkonfiguration *f* (EDV) memory configuration

Speicherkosten *pl* (EDV) storage cost

Speichermatrix *f* (EDV) matrix store

Speicher *m* **mit wahlfreiem Zugriff** (EDV) random access memory, RAM

Speichermodul *n* (EDV) memory module

speichern (EDV) to store

Speicherplatz *m*
(EDV) memory (*or* storage) location
– memory space

Speicherplatzbedarf *m*
(EDV) memory requirements
– required storage locations

Speicherplatzzuweisung *f* (EDV) storage allocation

speicherprogrammierter Rechner *m* (EDV) stored program computer

speicherprogrammiertes Rechensystem *n* (EDV) stored program dp system

speicherprogrammierte Steuerung *f* (EDV) stored program control, SPC

Speicherpuffer *m* (EDV) memory buffer (*ie, placed between memory and peripheral units*)

Speicherregister *n* (EDV) storage register

Speicherschlüssel *m* (EDV) storage protection key

Speicherschreibmaschine *f* (com) electronic typewriter

Speicherschreibsperre *f* (EDV) memory protect feature

Speicherschutz *m* (EDV) memory guard (*or* protect)

Speicherschutzschlüssel *m* (EDV) protection key

Speicherstelle *f* (EDV) storage position

Speichervermittlung *f* (EDV) store and forward switching (*syn, Teilstreckenvermittlung*)

Speicherverteilung *f* (EDV) storage allocation

Speicherverwaltung *f* (EDV) memory management

Speicherwerk *n* (EDV) main memory system

Speicherwort *n* (EDV) memory word

Speicherzelle *f* (EDV) storage cell

Speicherzugriff *m* (EDV) memory access

Speicherzuordnung *f* (EDV) memory (*or* storage) allocation

Speicherzyklus *m* (EDV) memory cycle

Speisekarte *f*
(com) menu
– bill of fare

Speisekartenfrage *f*
(Mk) multiple choice question
– cafeteria question

(*syn, Auswahlfrage*)
– precoded question

Speisewagen *m*
(com) dining car
– (GB) restaurant car

Spekulant *m*
(Fin) speculator
(Bö) operator
– stock exchange gambler

Spekulation *f*
(Bö) speculation
– stock exchange gambling

Spekulationsaktien *fpl* (Fin) speculative shares

spekulationsbedinge Kursschwankungen *fpl* (Bö) speculative price swings

spekulationsbedingte Pluskorrekturen *fpl* (Bö) speculative markups

Spekulationsbewegung *f* (Bö) speculative movement

Spekulationsdruck *m* (Bö) speculative pressure

Spekulationsfieber *n* (Bö) speculative frenzy

Spekulationsgelder *npl* (Bö) speculative funds

Spekulationsgeschäft *n*
(com) speculative transaction
(Bö) speculative bargain

Spekulationsgewinne *mpl*
(com) speculative gains (*ie, in German veraltet und wertend*)
(StR) speculative gains
(*ie, Ergebnis kurzfristiger privater Veräußerungsgeschäfte; cf, „Sonstige Einkünfte" nach § 22 Nr 2 und § 23 EStG*)

Spekulationshandel *m* (Bö) speculative trading (*opp, Effektivhandel*)

Spekulationskapital *n* (Fin) venture capital

Spekulationskäufe *mpl* (Bö) speculative buying

Spekulationsklasse *f*
(Vw) idle balances (*or* money)
– speculative balances (*or* holdings)

Spekulationsmotiv *n* (Vw) speculative motive

Spekulationspapiere *npl*
(Bö) speculative securities

Spekulationsteuer *f* (StR) tax on speculative profits, §§ 22, 23 EStG

Spekulationswelle *f* (Bö) speculative surge

Spekulationswert *m* (Fin) = Spekulationsgewinn

Spekulationswerte *mpl* (Bö) hot issues

spekulative Anlage *f* (Fin) speculative investment

spekulative Gewinne *mpl* (Fin) paper profits

spekulative Kapitalbewegungen *fpl* (Fin) speculative capital flows (*or* movements)

spekulative Käufe *mpl* (Bö) speculative buying

spekulative Nachfrage *f* (Bö) speculative demand

spekulativer Bestand *m* (MaW) speculative stock of inventory (*ie, for which price rises are anticipated*)

spekulative Zinsarbitrage *f* (Fin) uncovered arbitrage

spekulieren
(Fin) to speculate
– to gamble
– to play the market

spenden
(com) to make a donation
– to contribute

Spenden *fpl*
(StR) donations
– voluntary contributions
(ie, Kosten der Lebenshaltung; als Sonderausga-
ben für bestimmte gemeinnützige Zwecke (mild-
tätige, kirchliche, religiöse, wissenschaftliche,
staatspolitische) steuerlich absetzbar; Höchst-
grenze i. d. R. 5% des Gesamtbetrages der Ein-
künfte; cf, § 52 AO)
Spendenabzug *m* (StR) deduction from taxable income of donations for charity or public benefits
Spenden *fpl* **an politische Parteien** (StR) contributions to political parties
Spenden *fpl* **für mildtätige Zwecke** (StR) charitable
contributions
Spendenquittung *f* (StR) receipt for donation
Spenden *fpl* **und Schenkungen** *fpl* (ReW) contribu-
tions and donations
Sperrauftrag *m* (Fin) stop order
Sperrdepot *n* (Fin) blocked security deposit
sperren
(Fin) to block
– to countermand
– to freeze
– to stop
Sperren *n* (EDV) word spacing *(ie, in text proces-*
sing)
Sperrfrist *f*
(Re) blocking period, § 28 VerglO
(Fin) qualifying period
Sperrguthaben *n* (Fin) blocked . . . account/deposit
sperrige Güter *npl* (com) bulk/bulky . . . goods
sperrige Ladung *f* (com) bulky cargo
Sperrjahr *n*
(Re) one-year waiting period
(ie, assets of a company in liquidation must not be
distributed until one year has elapsed from the
date of the last of three successive newspaper
notices summoning creditors to register their
claims with the liquidators of the company,
§§ 267, 272 AktG; §§ 65, 73 GmbHG)
(Kart) one-year waiting period, § 7 UWG
Sperrklinkeneffekt *m*
(Vw) ratchet effect
– downward rigidity
– bottom stop
Sperrkonto *n* (Fin) blocked account
Sperrliste *f* (Fin) black list
Sperrminorität *f* (com) blocking . . . minority/stake
(ie, Anzahl von Minderheitsstimmrechten, die die
Fassung satzungsändernder Beschlüsse verhin-
dert; mindestens 25,01%; legal minimum re-
quired to block a change in the statutes of a Ger-
man company)
Sperrpatent *n* (Pat) blocking/defensive . . . patent
(syn, Schubladenpatent)
Sperrstücke *npl* (Fin) blocked securities *(ie, not*
freely disposable)
Sperrung *f*
(Fin) blockage
– stoppage
– freeze
Sperrvermerk *m*
(com) blocking note
(Fin) nonnegotiability clause

(Pw) request to management consultant not to
pass job application to a company or to companies named by applicant *(eg, „List any com-*
pany to whom your applications should not be
sent")
Sperrzeiten *fpl* (SozV) periods of ineligibility for
benefits
Spesen *pl*
(com) expenses
– out-of-pocket expenses
(Fin) bank charges
Spesenabrechnung *f* (com) expense report
spesenfrei (com) free of expense
Spesenkonto *n* (com) expense account
Spesenpauschale *f* (com) expense allowance
Spesenrechnung *f* (Fin) note of expenses
(ie, sent out by bank buying and selling securities
for account of customer; eg, broker's fee, capital
transfer tax, commission)
Spesensatz *m* (com) daily expense allowance
Spezialanfertigung *f* (IndE) special manufacture
Spezialbanken *fpl* (Fin) special-purpose banks
Spezialbilanz *f* (ReW) = Sonderbilanz
Spezialbörse *f* (Bö) special exchange
Spezialerzeugnis *n* (com) specialty product
Spezialfahrzeug *n* (IndE) special-purpose vehicle
Spezialfonds *m* (Fin) specialized fund
(ie, Anteile sind bestimmtem Erwerberkreis vor-
behalten = units reserved for specific group of
purchasers)
Spezialfracht *f* (com) special cargo *(ie, requires spe-*
cial handling or protection)
Spezialgebiet *n*
(com) special field (*or* line)
– speciality
Spezialgeschäft *n*
(Mk) specialty store
– single-line store
– one-line business
Spezialgroßhandlung *f* (com) specialized whole-
saler
Spezialhandel *m* (AuW) special trade
Spezialindex *m* (EDV, Cobol) index
Spezialindizierung *f* (EDV, Cobol) indexing
Spezialisierung *f* (Vw) specialization
Spezialisierungsgrad *m* (Bw) degree of specializa-
tion
Spezialisierungskartell *n* (Kart) specialization
cartel
Spezialist *m*
(com) specialist
– expert
– hotshot *(eg, computer hotshot)*
Spezial-Kohlepapier *n* (com) special carbon paper
Spezialkreditinstitut *n* (Fin) specialized bank
Spezial-Lombard *m* (Vw) special (variable) Lom-
bard rate
Spezialmärkte *mpl* (com) specialized markets
Spezialrechner *m*
(EDV) special-purpose computer
Spezialrückversicherung *f*
(Vers) special risk reinsurance
– facultative reinsurance
Spezialvollmacht *f* (Re) special agency
(ie, authorizing to conduct a single transaction or

a series of transactions, but not continuous service; opp, Generalvollmacht)
Spezialwert *m*
(Bö) special stock
– specialty
spezielle Abgaben *fpl* (FiW) special fiscal charges
(ie, Gebühren und Beiträge)
spezielle Betriebswirtschaftslehre *f* (Bw) special business administration
spezielle Nachfragefunktion *f* (Vw) special demand function
spezielle Steuer *f* (FiW) narrow-based tax
(opp, allgemeine Steuer = general/broad-based . . . tax)
Spezieskauf *m* (Re) sale of ascertained (*or* specific) goods *(syn, Stückkauf; opp, Gattungskauf)*
Speziesschuld *f* (Re) specific (*or* specifically defined) obligation
(syn, Stückschuld; opp, Gattungsschuld)
Spezifikation *f* (com) specification
Spezifikationskauf *m* (Re) sale by description
– sale subject to buyer's specifications
(ie, may be both ,Gattungskauf' or ,Stückkauf'; widespread in the iron and steel, yarn, wood, and paper industries; § 375 I HGB)
Spezifikationspaket *n* (com) specification package
spezifisch-allgemeiner Satz *m* (Log) strictly universal statement
spezifischer Deckungsbeitrag *m* (KoR) marginal income per scarce factor
spezifischer Zoll *m* (Zo) specific duty (*or* tariff)
spezifisch öffentliche Güter *npl*
(FiW) nonrival goods
– social goods proper
(haben zwei Eigenschaften: Nicht-Rivalität im Konsum und Versagen des Ausschlußprinzips, qv)
spezifizieren
(com) to give full particulars
– to itemize
– to particularize
– to specify
Spezifizierung *f*
(com) specification
– itemization
– detailed statement
Spezifizierung *f* **von Patenteinsprüchen** (Pat) notice of objections
sphärische Konkurrenz *f* (Mk) vertical competition
Spiegelbildkonten *npl* (ReW) suspense accounts
(ie, linking cost and financial accounting systems; syn, Übergangskonten)
Spiegelprinzip *n* (Pw) mirror principle
(ie, in employer/employee relations; syn, Wie-du-mir-so-ich-Dir-Prinzip)
Spiegelpunkt *m* **e-s Punktes** (Math) image of a point
Spiegelung *f* **an der Achse** (Math) reflexion in an axis
Spiel *n* (Stat) clearance
Spielbankabgabe *f* (StR) special tax on gambling casinos
(ie, 80% collected from gross gambling proceeds in lieu of all taxes otherwise payable, such as those on income, turnover, net worth)

Spieler-Indifferenz-Feld *n* (OR) gambler's indifference field
Spielgeschäft *n* (Bö) gambling in futures *(syn, Differenzgeschäft)*
Spielkartensteuer *f* (StR) excise tax on playing cards
Spiel *n* **mit Sattelpunkt** (OR) saddle-point game
Spielraum *m*
(com) freedom
– leeway *(eg, each dealer has a few days' . . .)*
– maneuvering (GB: manoeuvring) room
Spielraum *m* **der Geldpolitik** (Vw) room for maneuver with monetary policy
Spielraumtheorie *f* (Stat) theory of range
Spielraum *m* **verlieren** (com) to run out of scope
(eg, for productivity gains)
spieltheoretisch (OR) game theoretic
Spieltheorie *f*
(OR) game theory
– theory of games
(ie, Sammelbegriff für Modelle und Verfahren der Planungsmathematik, des OR und der theoretischen Vwl; Arten:
1. Zwei-Personen- und n-Personen-Spiele;
2. endliche und unendliche Spiele;
3. Spiele mit reinen od gemischten Strategien;
4. kooperative od nicht-kooperative Spiele;
5. Konstant-Summen-Spiele und Spiele mit variabler Summe)
Spiel *n* **und Wette** *f* (Re) gaming and betting, § 762 BGB
Spielwarengeschäft *n* (com) toy store
Spielwarenindustrie *f* (com) toy industry
Spielwarenmesse *f* (com) toy fair
Spinngewebe-Theorem *n* (Vw) cobweb theorem
Spinnwebmodell *n* (Vw) cobweb model
Spitzen *fpl*
(Fin) net claims *(eg, are settled by transfers of central bank money)*
(Bö) fractional shares
– fractions
Spitzenabgabe *f* (IndE) peak sendout *(ie, gas, electricity, etc)*
Spitzenanlage *f* (Fin) first-class investment
Spitzenausgleich *m*
(IndE) peak shaving *(syn, Spitzendeckung)*
(Fin) settlement of balance
– evening-out of the peaks
(FiW) compensatory transfer
Spitzenbedarf *m*
(com) peak demand *(eg, of coal)*
(com) peak requirements
– marginal requirements
Spitzenbelastung *f*
(IndE) peak
– peak . . . consumption/load/power
(ie, maximum instantaneous load or the maximum average load over a designated interval of time)
Spitzenbeträge *mpl* (Fin) residual amounts
Spitzendeckung *f* (IndE) = Spitzenausgleich, qv
Spitzeneinkommen *n* (Pw) top (*or* peak) income
Spitzenfinanzierung *f* (Fin) provision of residual finance
Spitzenführungskraft *f* (Pw) top executive

Spitzengespräch *n*
(com) high-level consultations
– top-level discussions (*or* talks)
Spitzengremium *n* (Bw) top management team
Spitzengruppe *f* (com) top bracket
Spitzeninstitution *f* (com) = Spitzenorganisation
Spitzenkapazität *f* (IndE) peak capacity
Spitzenkennzahl *f* (Bw) key ratio *(eg, RoI)*
Spitzenkräfte *fpl*
(Pw) top people
– top-level personnel
– high achievers
Spitzenlohn *m* (Pw) top wage (rate)
Spitzenmarke *f* (Mk) brand leader
Spitzenmodell *n*
(MK) top-of-the line model
– top model
Spitzennachfrage *f*
(Mk) peak demand
– residual demand
– topout *(ie, reach a peak and retreat from it)*
Spitzenorganisation *f*
(com) umbrella (*or* central) organization
– federation
Spitzenorganisationen *fpl* **der Gewerkschaften**
(Pw) central union organizations
Spitzenpapier *n* (Bö) leading stock
Spitzenposition *f* (Pw) top-level position
Spitzenpreis *m* (com) peak price
Spitzenprodukt *n*
(com) high technology product
– high tech product
(syn, Produkt der Spitzentechnik, spitzentechnisches Produkt)
Spitzenqualität *f*
(com) best
– prime
– top... quality
(Mk) top-quality merchandise
Spitzenregulierung *f* (Bö) settlement of fractions
Spitzenreiter *m* (com, Bö) market leader
Spitzenrendite *f* (Fin) top yield
Spitzenstellung *f* (Pw) top post
Spitzensteuersatz *m* (StR) top rate
Spitzentechnik *f* (com) = Spitzentechnologie
Spitzentechnologie *f*
(com) high
– advanced
– top-flight
– state-of-the-art... technology *(syn, Hochtechnologie)*
Spitzentransfer *m* (FiW) compensatory transfer
Spitzenverband *m*
(Bw) umbrella association
– central organization
(ie, represents a sector/branch of the economy)
Spitzenverkauf *m* (com) peak sales
Spitzenvertreter *m* (com) top-level representative
Spitzenwerte *mpl*
(Bö) leaders
– leading equities (*or* shares)
– high fliers
Spitzenziel *n* (Bw) top management objective
spitzer Winkel *m* (Math) acute angle
Spitzklammern *fpl* (com) angle brackets

Splitting *n* (StR) splitting
(ie, besondere Form der Besteuerung von Ehegatten = special form of taxing spouses)
Sponsor *m*
(Fin) sponsor
– backer
Spontanbetrieb *m* (EDV) asynchronous response mode, ARM *(ie, in data transmission)*
spontane Arbeitsniederlegung *f* (Pw) spontaneous strike
Spontankauf *m* (Mk) impulse buying *(syn, Impulskauf)*
sporadisches Dumping *n* (AuW) intermittent dumping
Spotgeschäft *n* (Bö) spot transaction *(opp, Termingeschäft)*
spottbillig (com, infml) dirt cheap
Spottpreis *m*
(com) very small price
– (infml) song *(eg, ... bought the ailing company for a song)*
Sprachanweisung *f* (EDV) language statement *(ie, coded by a computer user)*
Sprachausgabeeinheit *f* (EDV) audio response unit, ARU
Sprache *f* **der Wirtschaft**
(com) business (*or* industry) parlance
– business jargon
Spracherkennung *f* (EDV) voice recognition
Sprach- und Datenübertragung *f* (EDV) voice and data transmission
Sprachverarbeitung *f* (EDV) voice processing
springen
(EDV) to branch
– to jump
Springer *m* (IndE) standby/swing... man
Springflutklausel *f* (EG) surge clause
(ie, in the multifiber agreement: sprunghaft steigende Einfuhren innerhalb e–r Quote können gestoppt werden)
Sprosse *f* (EDV) row
Sprossenteilung *f* (EDV) row pitch
Sprungadresse *f* (EDV) branch address *(syn, Verzweigungsadresse)*
Sprungbedingung *f* (EDV) branch condition
Sprungbefehl *m*
(EDV) branch
– jump
– skip
– transfer
– conditional transfer... instruction
– unconditional branch
Sprungbrett *n* (com, infml) launching pad
Sprung *m* **e–r Funktion** (Math) saltus of a function
sprungfixe Kosten *pl* (KoR) = Sprungkosten
Sprungfunktion *f* (Math) jump (*or* step) function
sprunghaft ansteigen
(com) to rocket *(eg, prices)*
– to soar
– to scoot up
– to shoot up
– to skyrocket
– to zoom
sprunghafter Preisanstieg *m* (com) steep increase in prices

Sprungklage *f* (StR) immediate litigation brought to reverse an administrative action
(ie, requires the consent of the agency which rendered the contested decision, § 45 I FGO)

Sprungkosten *pl*
(KoR) step (*or* step-variable) cost
– fixed cost rising in steps *(syn, intervallfixe Kosten)*

Sprungregreß *m* (WeR) = Sprungrückgriff

Sprungrevision *f* (StR) leap-frog appeal, § 45 FGO

Sprungrückgriff *m* (WeR) recourse against one of the previous indorsers
(ie, other than the last-preceding one, Art. 47 II WG, Art. 44 II ScheckG; syn, Sprungregreß)

Spur *f* (EDV) track

Spuradresse *f* (EDV) track (*or* home) address

Spur *f* **der Matrix** (Math) trace of matrix

Spurelement *n* (EVD) track element

Staat *m* (VGR) government sector

Staat *m* **der Belegenheit** (StR) state of situs

staatliche Anreize *mpl* (FiW) government incentives

staatliche Beteiligung *f* (com) state shareholding

staatliche Bewirtschaftung *f* (Vw) government control

staatliche Einkommensübertragungen *fpl*
(VGR) government transfer payments
– government transfers

staatliche Enteignung *f* (AuW) government expropriation

staatliche Exportförderung *f* (AuW) state aid to exports

staatliche Exportgarantie *f* (AuW) government export guaranty

staatliche Förderung *f* (FiW) government aid

staatliche Garantie *f* (FiW) government guaranty

staatliche Genehmigung *f* (Re) governmental authorization *(eg, to carry on business)*

staatliche Handelsförderung *f* (Vw) government-supported trade promotion

staatliche Hilfen *fpl* (FiW) state assistance

staatliche Intervention *f* (Vw) government intervention

staatliche Kapitalmarktpolitik *f* (Vw) government capital market policy

staatliche Kreditbürgschaft *f* (Fin) state loan guaranty

staatliche Kreditgarantie *f* (Fin) state (*or* government) loan guaranty

staatliche Maßnahmen *pfl* (Vw) government action (*or* measures)

staatliche Mittel *pl* (FiW) government funds

staatliche Nachfrage *f* (VGR) government demand

staatliche Nettokreditaufnahme *f* (FiW) government net borrowing

staatliche Organisationen *fpl* (FiW) government organizations (*or* agencies)

staatliche Preisfestsetzung *f* (Vw) government price fixing

staatliche Prüfung *f* (Pw) state examination

staatlicher Eingriff *m* (Vw) government intervention

staatlicher Kreditbedarf *m* (FiW) government borrowing requirements

staatliche Rohstoffbevorratung *f* (Vw) government

stockpiling *(ie, of sensitive raw materials: chromium, manganese, cobalt, certain types of asbestos)*

staatlicher Schuldner *m* (Fin) sovereign borrower

staatlicher Stahlkonzern *m* (com) state-owned steel group

staatliches Außenhandelsmonopol *n* (AuW) state-controlled trading monopoly

staatliche Schuldenaufnahme *f* (FiW) government borrowing

staatliches Dumping *n* (AuW) government-supported dumping

staatliches Handeln *n* (Re) government/public ... activity

staatliches Handelsmonopol *n* (AuW) state trading monopoly

staatliches Konjunkturprogramm *n* (Vw) government scheme set up to stimulate economic activity

staatliches Monopol *n*
(Vw) government monopoly

staatliche Subventionen *fpl* (FiW) government subsidies

staatliches Unternehmen *n* (FiW) public enterprise

staatliche Unterstützung *f* (FiW) government (*or* state) aid

staatliche Vorratsstelle *f* (Vw) government storage agency

staatliche Vorschriften *fpl* (Re) government regulations

staatliche Vorschriften *fpl* **einhalten** (Re) to comply with government regulations

staatlich gefördert (FiW) government sponsored

Staatsanleihe *f* (FiW) government bond issue *(ie, sold by Bund, Länder or foreign governments)*

Staatsanwalt *m*
(Re) district attorney
– (GB) public prosecutor
(ie, prosecuting officer of the government)

Staatsaufsicht *f* (Re) state supervision

Staatsausgaben *fpl*
(VGR) government spending (*or* expenditure)
– public spending
– public sector expenditure
(ie, Gebietskörperschaften und Sozialversicherungen: central, regional and local authorities and social security funds combined)

Staatsausgabengleichung *f* (Vw) government spending equation

Staatsausgaben-Multiplikator *m* (FiW) government expenditure multiplier *(ie, in relation to national income)*

Staatsausgabenquote *f*
(FiW) public sector share in gnp
– government activity rate
(ie, Verhältnis von Eigenausgaben von Bund, Ländern und Gemeinden zu Volkseinkommen = ratio of expenditures of all government units to national income; in US and GB this ratio is defined as: government expenditures to gnp; syn, Staatsquote)

Staatsbankrott *m* (Vw) national bankruptcy
(Unterbegriffe: (1) offener St. = repudiation of government indebtedness; (2) verschleierter St. = forced conversion or arbitrary inflation)

Staatsbetrieb *m* (FiW) government-owned enterprise

Staatsbürgerversorgung *f* (SozV) universal social security benefits *(cf, Einheitsversicherung)*

Staatseinkauf *m* (FiW) public purchasing *(syn, Behördeneinkauf, öffentliche Auftragsvergabe)*

Staatseinnahmen *fpl*
(FiW) public revenue
– government receipts *(syn, öffentliche Einnahmen)*

Staatsfinanzen *pl* (FiW) public finances

Staatshaftung *f* (Re) government liability

Staatshandel *m* (com) state trading

Staatshandelsland *n* (com) state-trading country

Staatshaushalt *m* (FiW) government budget *(syn, öffentlicher Haushalt)*

staatsinterne Effizienz *f* (FiW) intra-government efficiency

Staatskapitalismus *m*
(Vw) state capitalism
– state capitalist regime

staatskapitalistisch (Vw) state capitalist

Staatskasse *f* (FiW) treasury

Staatspapiere *npl* (FiW) government securities

Staatsquote *f* (FiW) = Staatsausgabenquote

Staatsschulden *fpl*
(FiW) government (*or* public) debt
– (GB) national debt
(syn, öffentliche Schulden)

Staatsschuldendienst *m* (FiW) servicing of public debts

Staatsschuld *f* **nicht anerkennen** (Re) to repudiate a public debt

Staatsschuldverschreibung *f* (Fin) government bond

Staatsverbrauch *m*
(VGR) public
– government
– collective
– state . . . consumption
– government expenditure on goods and services

Staatsverschuldung *f* (FiW) = Staatsschulden

Staatswirtschaft *f* (FiW) public sector of the economy

staatswirtschaftliche Einnahmen *fpl* (FiW) public revenues

Stab *m* (Bw) staff *(opp, Linie)*

Stabdiagramm *n*
(Stat) bar graph
– bar chart
– column diagram

StabG (Vw) = Stabilitätsgesetz

stabiles Gleichgewicht *n* (Vw) stable equilibrium

stabiles Preisniveau *n* (Vw) stable price level

stabile Währung *f* (Vw) stable currency

stabile Währungszone *f* (EG) zone of monetary stability

stabile Wechselkursrelationen *fpl* (AuW) stable exchange rate relations

stabile Wirtschaftsbeziehungen *fpl* (AuW) stable economic relations

stabilisiertes Handlungssystem *n* (Bw) boundary-maintaining action system

Stabilisierung *f* **der Märkte** (com) stabilization of markets

Stabilisierung *f* **des Preisniveaus** (Vw) stabilization of the overall price level

Stabilisierungsfonds *m* (Fin) stabilization fund

Stabilisierungskrise *f* (Vw) stabilization crisis

Stabilisierungspolitik *f* (Vw) = Stabilitätspolitik

Stabilisierungsreserve *f* (AuW) buffer stock schemes
(ie, of internationally traded commodities; resembles the open market policy of central banks)

Stabilität *f* (Vw) economic stability
(ie, high level of employment, stable prices, and external balance)

Stabilitätsanleihe *f* (FiW) stabilization loan

Stabilitätsbedingungen *fpl* (Vw) convergence conditions

Stabilitätsbonus *m* (AuW) „stability bonus"

Stabilitätsfortschritt *m* (Vw) progress toward stability

Stabilitätsgesetz *n* (Vw) Stabilization Law
(ie, short for: Gesetz zur Förderung der Stabilität des Wachstums der Wirtschaft = Law Promoting Stability and Growth of the Economy, of 8 June 1967)

Stabilitätskrise *f* (Vw) stabilization crisis

Stabilitätskurs *m* (Vw) policy of stabilization

Stabilitätspolitik *f* (Vw) stabilization policy *(syn, Stabilisierungspolitik)*

Stabilitätsprogramm *n*
(Vw) stabilization program
– deflationary program

Stabilitätsvorsprung *m* (Vw) better stability record

Stabilitätszuschlag *m* (StR) temporary stabilization levy *(ie, expired on 31 Dec 1974)*

Stablinienorganisation *f*
(Bw) line and staff authority relationships
– line-staff organization structure

Stabsabteilung *f*
(Bw) staff unit
– staff and service department
– service department
– (infml) palace guard

Stabsassistent *m* (Pw) staff assistant

Stabskräfte *fpl* (Bw) staff

Stabspapier *n* (Bw) staff paper

Stabstätigkeit *f* (Bw) staff activities

Stabstelle *f* (Bw) staff unit (*or* position)

Stadterneuerung *f* (com) urban . . . renewal/renovation

Stadtökonomik *f* (Vw) urban economics

Stadtsparkasse *f* (Fin) savings bank run by a municipality

Stadtstaaten *mpl* (FiW) city state Länder *(eg, Hamburg, Bremen)*

Staffelanleihe *f* (Fin) graduated-interest loan

Staffelform *f*
(ReW) report
– running
– vertical
– columnar
– narrative . . . form
(ie, der Bilanz und GuV = of balance sheet and income statement/profit and loss account; opp, Kontoform = account form)

Staffelgebühren *fpl* (com) differential rates
Staffelmiete *f* (com) graduated rent
(ie, seit 1983, zulässige Form der Mietpreisbildung; syn, gestaffelter Mietzins)
staffeln
(com) to graduate
– to scale
Staffelpreise *mpl* (com) graduated (*or* staggered) prices
Staffelrechnung *f* (ReW) report form
(ie, der GuV-Rechnung = of income statement; opp, Berichtsform = report form)
Staffelskonto *m/n* (com) progressive discount rate
Staffelspannen *fpl* (Mk) graduated markup scheme
(ie, based on quality, sizes, buyer groups, etc.)
Staffelsumme *f* (Math) progressive total
Staffeltarif *m* (com) graduated tariff
Staffelung *f*
(com) differentiation
– graduation
– scaling
Staffelung *f* **der Laufzeiten** (Fin) spacing out terms to maturity
Staffelzinsen *mpl* (Fin) graduated interest
Staffelzinsrechnung *f* (Fin) calculation of interest on a day-today basis
Stagflation *f*
(Vw) stagflation
– stagnation + inflation
Stagnationsthese *f*
(Vw) mature economy thesis
– secular stagnation thesis
– stagnation theory
Stahlaktien *fpl*
(Bö) steel shares
– steels
Stahlbaufirma *f* (com) fabricator
Stahlgroßhändler *m* (com) steel wholesaler
Stahlhandel *m* (com) steel trading
Stahlindustrie *f* (com) steel industry
Stahlkammer *f* (Fin) safe deposit vault *(syn, Tresor, Panzergewölbe)*
Stahlkartell *n* (Kart) steel cartel
Stahlkonzern *m* (com) steel group
Stahlmoderatoren *mpl*
(com) moderators
– (infml) wise men
(ie, three businessmen devising a plan for the shakeup of the ailing German steel industry)
Stahl- und Leichtmetallbau *m* (IndE) steel and light metal construction
Stammabschnitt *m* (Zo) counterfoil *(see: Anweisungsblatt)*
Stammaktie *f*
(Fin, US) common ... stock/share/equity
– share of common stock
(Fin, GB) ordinary share
(ie, Normaltyp der Aktie; in der Regel Inhaberpapier = bearer instrument; opp, Vorzugsaktie = (US) preferred stock, (GB) preference share, qv)
Stammaktien-Äquivalent *n* (Fin, US) common stock equivalent, CSE
(ie, Wertpapier, das zur Berechnung des Gewinns je Aktie – earnings per share, EPS – dieser gleichgesetzt wird; eg, convertible bonds, warrants)

Stammaktionär *m*
(Fin) common stockholder
– (GB) ordinary shareholder
Stammanmeldung *f* (Pat) parent (*or* basic) application
Stammband *n* (EDV) master tape
Stammbelegschaft *f*
(Pw) key workers
– skeleton staff *(syn, Stammpersonal)*
Stammbruch *m* (Math) unit fraction
Stammdatei *f* (EDV) master file
Stammdaten *pl*
(Pw) key data
(EDV) master data
Stammdividende *f*
(Fin, US) common stock dividend
(ie, may be payable in cash or in stock)
– (GB) ordinary dividend
(ie, dividend payable on equity shares)
Stämme *mpl*
(Bö) shares of common stock
– (GB) ordinary shares
– *(syn, Stammaktien)*
Stammeinlage *f*
(Fin) original capital contribution *(ie, paid to a GmbH)*
– participating share
– participation
– part
(Fin) original investment
Stammeintrag *m* (EDV) master record
Stammfirma *f* (Bw) parent firm
Stammfunktion *f* (Math) primary (*or* primitive) function
Stammgesellschaft *f* (com) parent company
Stammhaus *n*
(com) parent company
– company headquarters
Stammkapital *n* *(Fin)* share (*or* nominal) capital of a GmbH
(ie, Nominalkapital der Gesellschaft mit beschränkter Haftung; total value of all 'Stammeinlagen'; minimum DM 50 000; minimum contribution of each member is DM 500; do not confuse with 'Grundkapital' of AG)
Stammkarte *f* (EDV) master card *(syn, Mutterkarte, Matrizenkarte)*
Stammkunde *m*
(com) regular customer
– regular patron
– (infml) regular
Stammkunde *m* **sein** (com) to patronize
Stammkundschaft *f*
(com) regular customers
– established clientele
Stammnummer *f* (Pw) employee pay number
Stammpatent *n* (Pat) original (*or* parent) patent
Stammpersonal *n* (Pw) skeleton staff
Stammprioritäten *fpl* (Fin) = Vorzugsaktien
Stammsitz *m* (com) group headquarters
Stammtisch-Politiker *m*
(com) cracker barrel politician
– (GB) ale-house politician
Stammverzeichnis *n* (EDV) root directory *(syn, Systemverzeichnis)*

Stamm *m* **von Facharbeitern** (Pw) permanent staff of skilled workers
Stand *m*
(ReW) balance *(ie, of an account)*
Standardabweichung *f*
(Stat) standard deviation
– mean square deviation
(ie, positive square root of the variance σ^2 *= positive Wurzel aus der mittleren quadratischen Abweichung)*
Standardabweichung *f* **der Stichprobe** (Stat) standard deviation of the sample
Standardabweichungskarte *f* (IndE) standard deviation chart
Standardanhänger *m* (com, US) van container *(ie, used to carry general cargo)*
Standardanschluß *m* (EDV) standard interface
Standardbauteile *npl* (EDV) standard components
Standardbrief *m* (com) standard letter
Standardfehler *m* (Stat) standard error
Standardfinanzierung *f* (Fin, infml) ready-to-wear financial pattern
Standardformular *n* (com) standard form
Standardgemeinkosten *pl* (KoR) standard overhead
Standardgesamtheit *f* (Stat) standard population
Standardgut *n*
(com) standardized commodity
(Vw) numéraire
standardisieren (Bw) to standardize
standardisierte Zufallsvariable *f* (Stat) normal *(or* standardized) variate
Standardisierung *f* (Bw) standardization
Standardkalkulation *f* (KoR) standard costing
Standardklausel *f* (Re) standard clause
Standardkorb-Technik *f* (IWF) basket technique *(ie, of daily SDR valuation)*
Standardkosten *pl*
(KoR) standard cost
– cost standard
(ie, predetermined cost of direct labor, material, and overhead
Standardkostenkarte *f* (KoR) product cost card
Standardkostenrechnung *f*
(KoR) standard cost accounting
– standard costing
Standardkostensatz *m* (KoR) standard costing rate
Standardlaufwerk *n* (EDV) default drive *(syn, aktuelles Laufwerk)*
Standardleistungsgrad *m* (IndE) standard rating
Standard-Maschinenstunden *fpl* (KoR) standard machine hours
Standardmuster *n* (com) basis grade
Standardnormalverteilung *f* (Stat) standard normal distribution
Standardpreis *m* (KoR) standard price *(syn, fester Verrechnungspreis)*
Standardprodukt *n*
(com) standard product
– (infml) run-of-the-mill product
Standardprogramm *n* (EDV) standard program
Standardqualität *f* (com) standard quality
Standardselbstkosten *pl* (KoR) standard mill cost
Standardsoftware *f*
(EDV) standard software

– (infml) off-the-shelf software
Standardsorte *f* (com) basic *(or* standard) grade
Standardsteuersatz *m* (StR) basic/standard . . . tax rate
Standardteil *n* (IndE) basic part *(syn, Grundteil)*
Standardtransformation *f* (Stat) standard transformation *(ie, of normal Gaussian distribution)*
Standardumsetzprogramm *n* (EDV) standard conversion program
Standardunterprogramm *n* (EDV) standard subroutine
Standardverfahren *n*
(Bw) standard operating procedure
– established method
(ie, followed routinely for the performance of operations)
Standardvertrag *m* (Re) standard-form contract
Standardwerte *mpl* (Bö) leaders
Standardzeit *f* (IndE) standard time
Standby-Abkommen *n* (IWF) standby arrangement
Standby-Kredit *m* (IWF) standby credit *(or* facility)
Stand *m* **der Technik**
(Pat) prior art
– state of the art
– progress of the arts
– best available technology
Standeinrichtung *f* (Mk) display fitment
Standesamt *n*
(Re) marriage clerk's office
– (GB) Register Office
Standespflichten *fpl* (com) professional duties
standesrechtliche Verschwiegenheit *f* (Re) professional confidentiality
Standesvertretung *f* (com) professional representation
Standgeld *n* (com) demurrage
(ie, Tarifgebühr für Inanspruchnahme des Laderaumes e–s Eisenbahnwaggons über die zulässige Zeit hinaus = charge assessed for detaining a freight car beyond the free time stipulated for loading or unloading)
ständige Arbeitskräfte *fpl* (Pw) permanent workers *(or* labor)
ständige Bevölkerungsstichprobe *f* (Stat) current population survey
ständige Einrichtung *f* (com) permanent institution
ständiger Beirat *m* (Vw) permanent advisory council
ständige Rechtsprechung *f* (Re) long-standing decisions *(eg, of a superior court)*
ständiger Vertreter *m* (StR) permanent representative, § 13 AO
ständiger Wohnsitz *m* (Re) permanent residence
ständig wechselnde Einsatzstelle *f* (StR) regularly changing place of employment
ständische Gesellschaft *f* (Vw) corporatist *(or* corporatively structured) society
Standleitung *f* (EDV) leased *(or* dedicated) line *(syn, fest geschaltete Leitung; opp, Wählleitung = dial/switched . . . line)*
Standort *m* (Bw) location
Standortänderung *f* (Bw) relocation
– locational shift
Standortbedingungen *fpl* (Bw) local conditions

Standortbindung f (Bw) locational pull (toward)
Standortfaktoren mpl (Bw) location factors
standortgebundene Subvention f (Vw) location specific subsidy
Standortkonzeption f (Bw) locational concept
Standortlehre f (Vw) economics of location
Standortplanung f (Bw) locational planning
Standortpräferenz f (Bw) locational preference
Standorttheorie f (Bw) location theory
Standortverlagerung f (Bw) = Standortverlegung
Standortverlegung f
 (Bw) change of location
 – locational shift
Standortvorteil m (Bw) locational advantage
Standortwahl f (Bw) choice of location
Standverbindung f (EDV) point-to-point circuit
Stanzstation f (EDV) punching station
Stapel m
 (com) stack
 (EDV) pack
 (EDV) batch
Stapelarbeit f (EDV) = Stapelverarbeitung
Stapelbetrieb m (EDV) = Stapelverarbeitung
Stapelbuchung f (ReW) batch posting
Stapeldatei f (EDV) batch file
Stapelfernverarbeitung f (EDV) remote batch processing (or working)
Stapelgüter npl (com) = Stapelwaren
Stapelspeicher m
 (EDV) cellar
 – push-down store (syn, Kellerspeicher)
Stapelsystem n
 (Fin, US) block/batch ... system
 – batch proof
 (ie, used in clearinghouse departments of banks for sorting checks; a block consists of a group of checks, usually from 100 to 400)
Stapelverarbeitung f (EDV) batch processing (opp, Dialogverarbeitung)
Stapelverarbeitungsdatei f (EDV) batch file
Stapelverkehr m (EDV) batch traffic
Stapelwaren fpl (com) staple commodities
stapelweise verarbeiten (EDV) to batch
starke Auslandsnachfrage f (AuW) strong demand from foreign markets
starke Führung f (Bw) strong (or stand-up) leadership
starke Kursausschläge mpl
 (Bö) wild fluctuations of prices (or rates)
 – gyrations
starke Schwankungen fpl (com, infml) big swings (eg, in traditional manufacturing business)
starke Währung f (AuW) strong currency
stark überbewertet (Bö) strongly overvalued
stark unterbewertet (Bö) strongly undervalued
starre Arbeitszeit f (Pw) fixed schedule (opp, flextime)
starre Budgetierung f (Bw) fixed budgeting
starre Kostenvorgaben fpl (KoR) basic cost standards
starre Plankostenrechnung f (KoR) fixed budget cost accounting
starre Preise mpl (com) inflexible prices
starrer Wechselkurs m (AuW) fixed (or pegged) exchange rate

starres Budget n (KoR) fixed budget (ie, allowing no contingency items)
starre Vollkostenrechnung f (KoR) absorption costing
Starrheit f **der Reallöhne nach unten** (Vw) downward rigidity of real wages
 (ie, due to the ratchet principle = Sperrklinkeneffekt)
Startadresse f (EDV) start address
Startbefehl m (EDV) initial instruction (or order)
Startbit n (EDV) start bit
starten (EDV) to boot
Startereignis n (OR) start event
Starthilfe f (com) launch(ing) aid
Startknoten m (OR) starting node
Startrampe f (com) launching pad
Startroutinespeicher m (EDV) bootstrap memory
 (ie, provids for automatic input of new programs without erasing the basic instructions in the computer)
Startschritt m (EDV) start element
Start-Stop-Betrieb m (EDV) start-stop operation
Start-Stop-Lücke f (EDV) interrecord gap
Start-Stop-Verfahren n (EDV) start-stop system
Startzeit f (EDV) start (or acceleration) time
Statik f
 (Vw) statics
 – static analysis
stationäre Behandlung f (SozV) in-patient treatment
stationärer Iterationszyklus m (OR) stationary cycle
stationärer Kreislauf m (Vw) stationary circular flow
stationärer Punkt m
 (Math) point of stagnation
 – saddle point
stationärer Zustand m (Vw) stationary state
 (ie, die grundlegenden Daten e–r Volkswirtschaft bleiben konstant, zB Technik, Kapitalstock, Präferenzstruktur)
stationäre Verteilung f (Vw) stationary distribution
stationäre Wirtschaft f (Vw) stationary economy
stationäre Zeitreihe f (Stat) stationary time series
Stationskennung f
 (EDV) station identification
 – answerback code (syn, Kennung)
Stationsschwester f
 (Pw) head nurse
 – (GB) charge-nurse
statische Analyse f
 (Vw) static analysis
 – statics
statische Außenhandelsgewinne mpl (AuW) allocative (or static) gains from trade
statische Bedarfselastizität f (Mk) static demand elasticity
statische Bilanz f (ReW) point-in-time balance sheet
 (see § 39 HGB; theory developed by Schär, Nicklisch, le Coutre)
statische Methoden fpl (Fin) static techniques
 (ie, of investment evaluation: Kostenvergleich, Gewinnvergleich, Rentabilitätsrechnung, Amortisationsrechnung)

statischer Speicher *m* (EDV) static storage
statisches Modell *n* (Bw) static model
statische Wirtschaft *f* (Vw) static economy
Statistik *f* (Stat) statistics
  (ie, Unterbegriffe: deskriptive Statistik, induktive/ mathematische Statistik)
Statistiken *fpl* (Stat) statistics
statistische Berechnung *f* (Stat) statistical computation
statistische Daten *pl*
  (Stat) statistical data
  – statistics
statistische Einheit *f* (Stat) statistical (*or* survey) unit *(syn, Merkmalsträger)*
statistische Entscheidungsfunktion *f* (Stat) statistical decision function
statistische Entscheidungstheorie *f* (Stat) statistical decision theory
statistische Erhebung *f* (Stat) statistical recording (*or* survey)
statistische Erklärung *f* (Stat) statistical explanation
statistische Fehlschlüsse *mpl* (Stat) statistical fallacies
statistische Fertigungsüberwachung *f* (IndE) statistical procsess control, SPC
statistische Hypothese *f* (Stat) statistical hypothesis
statistische Kausalforschung *f* (Stat) statistical inference
statistische Masse *f* (Stat) population
  (Unterbegriffe: Grundgesamtheit = parent population; Teilgesamtheit = population sample)
statistische Maßzahl *f* (Stat) statistic
statistische Methodenlehre *f* (Stat) theory of statistics
statistische Qualitätskontrolle *f* (IndE) = statistische Qualitätslenkung
statistische Qualitätslenkung *f* (IndE) statistical quality control
  (cf, quality control)
statistischer Anmeldeschein *m* (Zo) declaration for statistics
statistische Reihe *f* (Stat) statistical series
statistischer Nachweis *m* (ReW) statistical evidence
statistischer Parameter *m* (Stat) statistical parameter
statistischer Wert *m* **der Waren** (Zo) statistical value of goods
Statistisches Bundesamt *n* (Stat) *(Wiesbaden-based)* Federal Statistical Office
statistische Sicherheit *f* (Stat) confidence factor
statistisches Konto *n* (ReW) statistical account
statistische Strategie *f* (Stat) statistical strategy
statistische Testverfahren *npl* (Stat) statistical tests
  (ie, Unterscheidung nach der Art der zu prüfenden Hypothesen: 1. Parametertests; 2. Verteilungstests)
statistische Variable *f* (Stat) statistical variable
statistische Veränderliche *f* (Stat) = statistische Variable
statistische Verteilung *f* (Stat) statistical distribution
statistische Zahlungsbilanz *f* (AuW) account balance of payments
  (ie, Zahungsbilanz ex post)

Stätte *f* **der Geschäftsleitung** (StR) place of management, § 16 II StAnpG
  (ie, not equal to ‚Sitz e-s Unternehmens')
stattgeben
  (com, fml) to accede *(eg, to a request, application)*
  – to grant
Status *m* (ReW) statement of assets and liabilities
  (ie, prepared for various purposes, such as reorganization, bankruptcy, liquidation, etc)
Statusanzeige *f* (EDV) status display
Statusgüter *npl* (Vw) positional goods
Statuswort *n* (EDV) status word
Statut *n*
  (Re) charter
  (Re) articles of incorporation
stauen, sich (com) to back up *(eg, orders are backing up because of a prolonged strike)*
Staugüterkontrolleur *m* (com) tallyman
Staumaterial *n* (com) dunnage *(cf, Abmattung)*
Stauung *f*
  (OR) bunching up
  – congestion
  (SeeV) actual stowage
Stauungskosten *pl* (com) cost of congestion *(ie, im Straßen-, Flug- und Schiffsverkehr)*
Stechkarte *f*
  (Pw) time
  – clock
  – time clock . . . card
Stechuhr *f*
  (Pw) time
  – punching
  – time stamping . . . clock
  – attendance recorder
Steckbaugruppe *f* (EDV) plug-in unit
Stecker *m*
  (IndE) (male) plug
  (EDV) connector
  (ie, direkter St: edge-type connector; indirekter St: on-card type connector; beim Leiterplattenentwurf = in circuit board design)
steckerkompatibel (EDV) plug compatible
steckerkompatible Einrichtungen *fpl* (EDV) PCM equipment *(ie, plug compatible module)*
steckerkompatibler Baustein *m* (EDV) plug compatible module, PCM
Steckkarte *f* (EDV) adapter board *(syn, Erweiterungskarte)*
Steckverbindung *f* (EDV) plug connection
stehende Betriebsmittel *npl* (StR) operating assets, § 33 II BewG
steigen
  (com) to increase
  – to rise
  – to climb
  – to soar
  – to jump
  – to shoot up
  – to surge
Steigen *n* **auf breiter Front** (Bö) broad advance *(eg, broad equity advance)*
steigende Abschreibung *f* (ReW) increasing-balance method of depreciation *(opp, degressive Abschreibung)*

679

steigende Annuität *f* (Fin) rising annuity
steigende Funktion *f* (Math) increasing function
steigende Kosten *pl* (com) rising costs
steigende Lagerbestände *mpl* (MaW) rising inventories
steigende Nachfrage *f* (com) rising demand
Steigen *n* der Aktienkurse auf breiter Front (Bö) broad equity advance
steigende Reihe *f* (Math) ascending series
steigender Lohnsatz *m* (Pw) ascending wage rate
steigende Rohstoffkosten *pl* (com) rising raw materials costs
steigender Skalenertrag *m* (Vw) increasing returns to scale
steigende Tendenz *f* (com) upward tendency
steigende Verteidigungsausgaben *fpl* (FiW) rising defence outlays
steigern
   (com) to increase *(eg, prices, wages)*
   – to raise
   – to advance
   – to lift
   (com, infml) to boost
   – to bump up
   – to hike up
   – to step up *(cf, erhöhen)*
Steigerung *f* (com) run-up *(ie, in interest rates)*
Steigerungsbetrag *m* (com) increment
Steigerungskorridor *m* (Vw) growth bracket *(ie, fixed for money supply growth)*
Steigerungsrate *f* (com) rate of escalation *(eg, in material prices)*
Steigung *f* (Math) slope
Steigungsmaß *n*
   (Math) slope
   – rate of change
Steilablage *f* (com) vertical filing *(syn, Vertikalregistratur)*
steil endende Verteilung *f* (Stat) abrupt distribution
Steine und Erden *pl* (com) rock, stone, and related mineral products
Steinkohleeinheit *f* (IndE) coal equivalent *(eg, primary energy input was 300m tonnes of coal equivalent = mtce)*
Steinkohleförderung *f* (com) hard coal output
Steinkohlekraftwerk *n* (com) hard-coal-based power station
Steinkohlenbergbau *m* (com) hard coal mining
Steinkohlenwirtschaft *f* (com) hard coal mining industry
Stellage *f*
   (Bö) put and call
   – straddle
Stellagegeber *m* (Bö) seller of a spread
Stellagegeschäft *n* (Bö) put and call option
   (ie, der Stellagekäufer hat das Recht, zum oberen Stellagekurs zu beziehen od dieselbe Stückzahl des Wertpapieres zum unteren Stellagekurs zu liefern; Prämienzahlung gibt es nicht; special kind of the option business: buyer obtains the right to demand delivery of securities at a higher price agreed upon when the contract was made, or to deliver them at a specified lower price)
Stellagekurs *m* (Bö) put and call price
Stellagenehmer *m* (Bö) buyer of a spread

Stelle *f*
   (Bw) organizational *(or* administrative) unit
   – unit of responsibility
   (Pw) job
   – post
   – position
   (EDV) digit position
   (EDV) place
Stelle *f* ausschreiben (com) to advertise a job opening *(or* vacancy)
Stelle *f* besetzen (com) to fill a job *(or* vacancy)
Stelle *f* des Fertigungsbereichs (IndE) production department *(or* division)
Stellenabbau *m* (Pw) reduction of staff
Stellenanforderungen *fpl* (Pw) job requirements
Stellenangebot *n*
   (Pw) job offer
   – offer of employment
Stellenangebote *npl* (Pw) vacancies
Stellenanzeige *f*
   (Pw) employment ad
   – job advertisement
Stellenausschreibung *f* (Pw) job advertisement
Stellenausschreibungspflicht *f* (Pw) obligation to advertise vacancies
Stellenaussonderung *f* (Stat) ordinal selection
Stellenbeschreibung *f* (Pw) job description *(or* specification *or* description)
   (ie, detailed description of the essential activities required to perform a task; syn, Arbeitsplatzbeschreibung, Arbeitsplatzanalyse)
Stellenbesetzungsplan *m* (Pw) job cover plan
Stellenbewerber *m* (Pw) job applicant
Stelleneinzelkosten *pl* (KoR) direct cost center costs
Stellengemeinkosten *pl*
   (KoR) cost center overhead
   – departmental overhead
   – departmental burden
Stellengesuch *n* (Pw) job application *(syn, Bewerbung)*
Stellengliederung *f* (KoR) cost center classification *(or* break-down)
Stelleninhaber *m*
   (Pw) jobholder
   – incumbent of a job
Stellenkosten *pl*
   (KoR) cost center cost
   – departmental cost
Stellenleiter *m* (Pw) activity head
Stellenmarkt *m* (Pw) employment market
Stellenmaschine *f* (EDV) character-oriented computer *(or* machine)
Stellenplan *m*
   (Pw) position chart
   – staffing schedule
Stellenschreibweise *f* (EDV) positional notation *(or* representation)
Stellensuche *f*
   (Pw) job search *(or* seeking)
   – (infml) job hunt
Stellensuchende *mpl* (Pw) job seekers
Stellentaktzeit *f* (EDV) digit period *(or* time)
Stellentausch *m* (Pw) job rotation
Stellenumlage *f* (KoR) departmental charge

Stellenvermittlung *f* (Pw) job placement
Stellenvermittlungsmonopol *n*
  (Pw) monopoly of job placement
  (ie, held by the Nürnberg-based Federal Labor Office and its subordinate agencies)
Stellenwechsel *m* (Pw) job switch
Stellenwertebene *f* (EDV) digit plane
Stellenwertverschiebung *f* (EDV) relocation
  (ie, modification of base addresses to compensate for a change in origin of a set of code)
Stellenzahl *f* (Math) number of terms *(ie, in a progression)*
Stellfläche *f* (com) shelve space
Stellgeschäft *n* (Bö) = Stellagegeschäft
Stellglied *n*
  (EDV) final control element
  – correcting element
Stellgröße *f*
  (EDV) manipulated variable
  – regulation variable
  – set point
  (ie, in process automation: variable whose value is altered by the controller – Regler – to produce a change in the controlled system – Regelstrecke; syn, Steuergröße, Sollgröße, Führungsgröße)
Stellkurs *m* (Bö) put and call price
Stellung *m*
  (Pw) position
  – job
  – (infml) berth
  – (infml) billet
  – (infml) slot
Stellungnahme *f* **abgeben**
  (com) to make
  – to issue
  – to submit... comments
Stellungnahme *f* **verweigern** (com) to decline comment
Stellung *f* **ohne Aufstiegsmöglichkeiten** (Pw) terminal job *(or* position*)*
stellvertretend
  (com) acting (for)
  – deputizing
stellvertretender Direktor *m*
  (com) deputy manager
stellvertretender Vorsitzender *m* (com) deputy chairman
stellvertretender Vorstandsvorsitzender *m* (com) deputy chairman of the executive board
stellvertretende Zielvariable *f* (Vw) target variable
Stellvertreter *m*
  (com) deputy
  – substitute
  – standby person
  (Re) attorney-in-fact
  – private attorney
  – agent
  (Note that in English law ‚agent' has a much wider meaning: any person acting for another, directly or indirectly)
  (Fin) proxy
Stellvertretung *f* (Re) agency
  – representation
  (ie, rechtsgeschäftliches Handeln e–s Stellvertreters im Namen und für Rechnung des Vertrete-

nen; cf, §§ 164ff BGB; the legal relationship between a principal and his agent)
  (Fin) proxy
Stempelkissen *n*
  (com) inkpad
  – inking pad
Stempelmarke *f* (StR) fee stamp
Stempelsteuer *f* (StR) stamp tax
Stempeluhr *f* (Pw) attendance recorder
Stempelvorrichtung *f* **für Gütestempel** (Stat) certificate stamping unit
Stenoblock *m*
  (com) steno pad
  – (GB) jotter
Stenografie *f* (com) shorthand
Sterbefallversicherung *f*
  (Vers) life insurance
  – (GB) life assurance
Sterbegeld *n* (SozV) death benefit
  (ie, payment made to beneficiary of deceased person)
Sterbegeldversicherung *f* (Vers) death benefit insurance
Sterbekasse *f* (SozV) fund distributing death benefits
Sterbetafel *f*
  (Vers) graduated life table
  – mortality chart *(or* table*)*
Sterbewahrscheinlichkeit *f* (Vers) expected mortality
Sterbeziffer *f* (Stat) death rate
  (ie, Verhältnis der gestorbenen Personen zur Gesamtzahl des erfaßten Personenkreises: proportion of deaths to a specific number of the population)
Sterblichkeit *f* (Vers) mortality
Sterblichkeitsberechnungen *fpl* (Vers) actuarial projections
  (ie, mathematical estimates of the rate of mortality for a given group of persons)
Sterblichkeitsgewinn *m* (Vers) mortality profit
Sterblichkeitstabelle *f*
  (Vers) life table
  – mortality table
Sterblichkeitsverlauf *m* (Stat) mortality experience
Sterblichkeitsziffer *f* (Vers) mortality *(or* death*)* rate
  (ie, Verhältnis der gestorbenen Personen zur Gesamtzahl des erfaßten Personenkreises: proportion of deaths to a specific number of the population)
Sterling-Auslandsanleihe *f* (Fin, GB) bulldog
Stern *m* *(com)* asterisk (
stetig (Math) continuous *(opp, unstetig = discontinuous, discrete)*
Stetigbahnroboter *m*
  (IndE) continuous path robot
stetige Analyse *f* (Math) continuous analysis
stetige Funktion *f* (Math) continuous function
stetiger Warenfluß *m*
  (com) steady
  – continuous
  – uninterrupted... flow of goods
stetiges Einkommen *n* (Pw) steady income stream
stetiges Modell *n* (Vw) continuous model

stetiges Wachstum *n*
(Vw) steady
– sustained
– sustainable . . . growth
stetige Verteilung *f* (Stat) continuous distribution
stetige Verzinsung *f* (Math) continous conversion of compound interest
stetige Zufallsvariable *f* (Stat) continuous variable (*or* variate)
Stetigkeit *f* **e–r Funktion** (Math) continuity of a function
Stetigkeitsaxiom *n* (Math) axiom of continuity
stets erwartungstreue Schätzfunktion *f* (Stat) absolutely unbiassed estimator
Steuer *f* (StR) tax
(ie, § 3 AO: „Geldleistungen, die nicht e–e Gegenleistung für e–e besondere Leistung darstellen und von e–m öffentlich-rechtlichen Gemeinwesen zur Erzielung von Einnahmen allen auferlegt werden, bei denen der Tatbestand zutrifft, an den das Gesetz die Leistungspflicht knüpft" = current or nonrecurring payments of money collected by a public authority for revenue purposes and imposed by that authority on all those who fulfill the conditions establishing liability for payment)
Steuerabgrenzung *f* (ReW) tax accrual and deferral, § 274 HGB; cf, latente Steuern
Steuerabkommen *n* (Re) tax agreement (*or* treaty)
Steuerabwälzung *f*
(Fin) tax burden transfer clause *(ie, in loan agreements)*
(FiW) = Steuerüberwälzung
Steuerabwehr *f*
(StR) *(comprehensive term to describe:)* all action and attempts to escape or reduce one's tax liability
(Unterbegriffe: Steuerhinterziehung, Steuerausweichung, Steuereinholung, Steuerüberwälzung)
Steuerabzug *m* (StR) tax deduction
Steuerabzugsbetrag *m* (StR) amount of withholding tax
Steuerabzugsverfahren *n* (StR) tax deduction at source
Steuerabzug *m* **vom Kapitalertrag** (StR) withholding tax on capital revenues
Steueramortisation *f* (FiW) tax capitalization *(syn, Steuertilgung)*
Steueränderungsgesetz *n* (StR) Tax Amendment Law
Steueranmeldung *f* (StR) self-assessment *(ie, provisional return containing an assessment made by the taxpayer; cf, § 167 AO)*
Steueranpassungsgesetz *n* (StR) Law for the Adaptation of Taxes, of 16 Oct 1934, as amended
Steueranrechnung *f* (StR) tax credit *(esp, foreign taxes)*
Steueranrechnungsverfahren *n* (StR) tax credit procedure
Steueranspruch *m* (StR) claim under the tax relationship, § 37 I AO
Steueranstoß *m* (FiW) tax impact (point)
Steueranwalt *m* (StR) tax lawyer
Steueranweisung *f* (EDV) (job) control statement
Steuerarrest *m* (StR) attachment for tax debts

Steuer *f* **auf das Gewerbekapital** (StR) trading capital tax
(ie, levied on capital employed)
Steuer *f* **aufheben**
(StR) to abandon a tax
– (infml) to scrap a tax
Steueraufkommen *n*
(FiW) tax receipts
– tax revenue
– tax yield
– tax collections
– (infml) tax take
Steueraufkommenselastizität *f* (FiW) = Aufkommenselastizität, qv
Steueraufschub *m* (StR) deferral of tax payment date
Steuer *f* **auf Selbstverbrauch** (StR) temporary investment tax, § 9b III EStG
Steueraufsicht *f*
(StR) general supervision of tax offices
– general supervisory function of the local tax office
Steueraufwand *m* (ReW) tax expenditure
Steuerausfall *m*
(FiW) shortfall of tax revenue
– tax loss
Steuerausgleichzulage *f* (Pw, US) income tax protection (*or* equalization)
(ie, paid to company staff working in foreign subsidiary)
Steuerausländer *m* (StR) nonresident individual
(ie, person subject to limited tax liability)
Steuerausschuß *m* (FiW) tax committee
Steuerausweichung *f* (StR) tax avoidance
(ie, taking advantage of tax loopholes, which is legal, up to a point; syn, Steuervermeidung; opp, Steuerhinterziehung = tax evasion)
Steuerbanderole *f* (StR) revenue stamp
steuerbare Leistung *f* (StR) taxable performance, § 3 UStG
steuerbares Einkommen *n*
(StR) taxable (*or* chargeable) income
– income liable in taxes
steuerbare Umsätze *mpl*
(StR) qualifying turnovers
– qualifying transactions
– taxable activities, § 1 UStG
Steuerbefehl *m* (EDV) control command
steuerbefreite Kasse *f* (SozV) exempt (*or* qualified) fund, Abschn. 6, 2 KStR
steuerbefreiter Betrieb *m* (StR) tax-exempt enterprise
steuerbefreiter Grundbesitz *m* (StR) exempt real property, § 3 GrStG
steuerbefreite Übernehmerin *f* (StR) tax-exempt transferee
steuerbefreite Wertpapiere *npl* (StR) exempt securities
steuerbefreite Wirtschaftsgüter *npl* (StR) tax-exempt assets, §§ 101, 114 BewG
Steuerbefreiung *f*
(StR) exemption from tax liability
– tax exemption
Steuerbefreiung *f* **bei der Ausfuhr** (StR) exemption of export deliveries

Steuerbefreiung *f* **bei der Einfuhr** (StR) exemption from import tax

Steuerbefreiungen *fpl* (StR) tax concessions and allowances

steuerbegünstigt
(StR) eligible for tax relief
– tax favored
– tax privileged
– tax qualified
– tax sheltered

steuerbegünstigte Aufwendungen *mpl* (StR) expenses subject to preferential tax treatment

steuerbegünstigter nicht entnommener Gewinn *m* (StR) portion of profit not withdrawn and qualifying for tax benefit

steuerbegünstigter Zweck *m* (StR) recognized purpose

steuerbegünstigtes Sparen *n* (StR) tax-favored saving

steuerbegünstigte Umwandlung *f* (StR) tax-privileged reorganization

steuerbegünstigte Wertpapiere *npl* (StR) securities with tax benefits attached to them *(opp, tarifbesteuerte Wertpapiere)*

steuerbegünstigte Zwecke *mpl* (StR) tax-favored purposes, §§ 51–54 AO

Steuerbegünstigung *f*
(StR) tax benefit
– tax concession
– tax privilege
– favorable tax treatment

Steuerbehörde *f* (StR) revenue (*or* tax) authority

Steuerbelastung *f* (StR) tax burden

Steuerbemessungsgrundlage *f*
(StR) tax base
– taxable base
– basis of assessment
(ie, measure on which tax liability is determined)
(StR, VAT) taxable amount

steuerberatende Berufe *mpl*
(StR) tax advising/consulting/counseling . . . professions
– professional tax advisers

Steuerberater *m*
(StR) tax consultant
– tax adviser
– tax counselor

Steuerberatung *f*
(StR) tax consultation
– tax advice
– tax counseling

Steuerberatungsfirma *f*
(StR) tax consulting firm

Steuerberatungsgesellschaft *f* (StR) tax consulting company *(ie, organized as AG, GmbH, KG)*

Steuerberatungsgesetz *n* (StR) Law on Tax Advisers, of 16 Aug 1961, as amended

Steuerberatungskosten *pl* (StR) fees for tax consulting services

Steuerberechnung *f*
(StR) computation of a tax
– tax accounting

Steuerbescheid *m*
(StR) formal assessment note, §§ 155, 218 AO
– tax assessment notice

Steuerbescheid *m* **erlassen** (StR) to make (*or* issue) a tax assessment notice

Steuerbetrug *m* (StR) tax fraud

Steuerbevollmächtigter *m*
(StR) agent in tax matters
(ie, admission closed after 12 Aug 1980)

Steuerbilanz *f* (StR) tax balance sheet

Steuerbilanzgewinn *m* (StR) profit as shown in tax balance sheet

Steuerdaten *pl* (EDV) control data

Steuerdelikt *n* (StR) tax offense

Steuerdestinatar *m* (StR) intended taxpayer *(ie, need not be identical with the ‚Steuerträger‘)*

Steuerdiffusion *f* (FiW) tax diffusion
(ie, distribution of a tax burden throughout the economy as a whole)

Steuerdruck *m* (StR) tax burden

Steuereinheit *f*
(StR) taxable object
(EDV) control unit

Steuereinholung *f* (StR) making up for increased taxes by working even harder

Steuereinkünfte *pl* (FiW) fiscal revenues

Steuereinnahmen *fpl* (StR) = Steueraufkommen

Steuereinziehung *f* (StR) collection of taxes

Steuerentlastung *f*
(StR) tax benefit (*or* break)
– (GB) tax relief

Steuerentlastungsgesetz *n*
(StR) Tax Relief Law
– Law on Tax Relief and Support of Families

Steuerentrichtung *f* (StR) payment of taxes

Steuer *f* **erheben** (StR) to levy a tax

Steuererhebung *f* (StR) tax collection

Steuererhöhung *f*
(StR) tax increase
– rise in taxes

Steuererklärung *f* (StR) tax return, § 149 AO

Steuererklärung *f* **ausfüllen**
(StR) to fill in one's tax return
– (infml) to do one's taxes

Steuererklärungsfrist *f*
(StR) due date for annual income tax return, § 56 EStDV
– filing period for taxpayers

Steuererlaß *m*
(StR) forgiveness of a tax *(ie, which may be complete or partial, § 227 AO)*
– mitigation of tax liability
– equitable relief related to the collection of a tax

Steuererleichterung *f*
(StR) tax benefit
– (GB) tax relief

Steuerermäßigung *f* (StR) tax reduction

Steuerermäßigung *f* **bei Auslandsvermögen** (StR) reduction of net worth for foreign business property, § 12 VStG

Steuerermittlungsverfahren *n* (StR) procedure applying to the examination of a taxpayer with respect to a specific taxable year or number of years, §§ 88, 200 AO

Steuerersparnis *f* (StR) tax saving

Steuererstattung *f* (StR) tax refund

Steuerertrag *m* (FiW) proceeds/yield . . . of a tax

683

Steuerfachmann *m* (StR) tax expert
Steuerfahndung *f* (StR) tax search, § 208 I AO
Steuerfeld *n* (EDV) control panel
Steuerfestsetzungsverfahren *n* (StR) assessment procedure
Steuerfestsetzung *f* **unter Vorbehalt der Nachprüfung** (StR) preliminary assessment of taxpayers subject to tax examination, § 164 AO
Steuerfiskus *m* (StR) tax authorities
Steuerflexibilität *f* (FiW) elasticity of tax revenue *(syn, Aufkommenselastizität)*
Steuerflucht *f* (StR) tax evasion by absconding *(ie, a special case of ‚Steuerausweichung')*
Steuerfolge *f* (EDV) control sequence
Steuerfortwälzung *f* (FiW) passing forward of taxes
steuerfrei
(StR) tax free
– tax exempt
– non-taxable
– (infml) clear of taxes *(eg, bonds return 5%, ...)*
Steuerfreibetrag *m*
(StR) statutory tax exemption
– tax-free ... amount/allowance
steuerfreie Anleihe *f* (Fin) tax-exempt loan issue
steuerfreie Bezüge *pl* (StR) tax-free earnings
steuerfreie Einnahmen *fpl* (StR) non-taxable income, § 3c EStG
steuerfreie Gewinnausschüttung *f* (StR) tax-free distribution of profits
steuerfreie Lieferungen *fpl* (StR) nontaxable turnovers
steuerfreie Obligationen *fpl* (Fin) tax-exempt bonds
steuerfreie Rücklagen *fpl* (ReW) accruals - non taxable
steuerfreies Einkommen *n* (StR) tax-free *(or* nontaxable*)* income
steuerfreie Wertpapiere *npl* (Fin) tax-exempt securities, § 3 Ziff 45, 53, 54 and § 3a EStG
Steuerfreiheit *f*
(StR) tax exemption
– immunity from taxation
Steuerfreijahre *npl* (StR) tax holiday
Steuergefälle *n* (StR) tax differential
Steuergegenstand *m* (StR) taxable event *(or* unit *or* objective)
(eg, income, property; syn, Steuertatbestand)
Steuergeheimnis *n* (StR) tax secrecy
(ie, of tax returns and all other data relevant to the determination of tax liability, § 30 AO)
Steuergelder *npl* (FiW, infml) tax money
Steuergerät *n* (EDV) controller *(syn, Steuerteil)*
Steuergerechtigkeit *f*
(FiW) tax equity
– equality in taxation
– fair tax treatment
Steuergerichte *npl* (StR) fiscal courts
Steuergesetz *n* (StR) tax law *(or* statute*)*
Steuergesetzgebung *f* (StR) fiscal *(or* tax*)* legislation
Steuergläubiger *m* (FiW) tax creditor *(ie, all governmental units)*
Steuergrundgesetz *n* (StR) fundamental law of West German taxation *(ie, Abgabenordnung: Fiscal Code)*

Steuergrundsätze *mpl* (FiW) canons of taxation *(syn, Besteuerungsgrundsätze, qv)*
Steuergutschein *m*
(StR) tax-reserve certificate
– tax anticipation warrant *(or* note*)*
Steuergutschrift *f* (StR) tax credit
Steuerhaftung *f* (StR) tax liability *(eg, attaching to employer for employee wage taxes)*
Steuerharmonisierung *f*
(EG) harmonization of taxes
– tax harmonization
Steuerhäufung *f* (FiW) tax accumulation *(ie, may happen to an individual taxpayer through tax shifting)*
Steuerhebung *f* **nach dem Quellenprinzip** (StR) collection *(or* stoppage*)* at source
Steuerhehler *m* (StR) tax receiver
Steuerhehlerei *f* (StR) tax receiving *(ie, dealing in tax-evaded property, § 374 AO)*
Steuerhinterzieher *m*
(StR) tax evader
– (infml) tax dodger
Steuerhinterziehung *f*
(StR) (illegal) tax evasion, § 370 AO
– tax fraud
– (infml) tax dodging
(ie, illegale Steuerausweichung od Steuervermeidung; cf, § 370 AO; opp, legale Steuerausweichung = tax avoidance)
Steuerhoheit *f*
(FiW) jurisdiction to tax
– power to tax
– power to levy taxes
– taxing power
(ie, comprises Gesetzgebungshoheit, Ertragshoheit, Verwaltungshoheit; divided among the various governmental units)
Steuerillusion *f* (FiW) tax illusion
Steuerinflation *f* (Vw) tax inflation
Steuerinformation *f* (EDV) control information
Steuerinländer *m* (StR) resident taxpayer *(ie, person subject to unlimited tax liability)*
Steuerinzidenz *f*
(FiW) incidence of taxation
– tax incidence
(ie, relates to the final resting place of a tax; note the long string of qualifying adjectives in German: absolute/differentielle/effektive/formale/ökonomische/spezifische/tatsächliche ... Inzidenz)
Steuerjahr *n* (StR) tax *(or* taxable*)* year
Steuerjurist *m* (StR) tax lawyer
Steuerkarte *f*
(StR) wage tax card
EDV) control
– parameter
– job control ... card
Steuerklärung *f* **abgeben** (StR) to file a tax return, § 149 AO
Steuerklasse *f* (StR) tax class
Steuerklassifikation *f* (StR) classification *(or* grouping*)* of taxes
Steuerkraft *f* (StR) taxable capacity
Steuerkraftmeßzahl *f*
(StR) rate of taxable capacity

– adjusted collection figure of a state
(ie, total tax collections of the state for the fiscal year + collections from real property tax and trade tax made by the municipalities located in the state – extraordinary expenditures incurred by the state during the fiscal year)

Steuerkreis *m* (EDV) control circuit *(syn, Steuerschaltung)*

Steuerkurswerte *mpl* (StR) special tax values
(ie, prescribed to determine the assessed value of securities that are business assets, § 113 BewG)

Steuerkürzung *f* (com) tax cut

Steuerlast *f* (StR) tax burden

Steuerlastquote *f* (FiW) = Steuerquote

Steuerlastverteilung *f* (FiW) distribution of tax burden

Steuerlehre *f* (StR) theory of taxation

steuerlich absetzen (StR) to take as a deduction on one's tax return

steuerlich abzugsfähig
(StR) tax deductible
– allowable for tax purposes

steuerlich befreien (StR) to exempt from taxation
(eg, DM800 of interest on private savings accounts)

steuerlich belasten
(FiW) to tax
– to subject to taxation

steuerlich beraten (StR) to render tax advice

steuerliche Abschreibung *f*
(StR) tax (return) depreciation
– tax write-off
(ie, depreciation for income-tax purposes, § 7 EStG, § 9 EStDV; syn, Absetzung für Abnutzung, AfA)

steuerliche Abschreibungsmöglichkeiten *fpl* (StR) tax write-off facilities

steuerliche Absetzung *f* (StR) tax deduction

steuerliche Abzugsmöglichkeiten *fpl* (StR) scope for deducting items from tax liability

steuerliche Anreize *mpl* (StR) (beneficial) tax incentives

steuerliche Aspekte *mpl* (StR) taxation aspects

steuerliche Außenprüfung *f* (StR) tax field audit
(cf, Außenprüfung)

steuerliche Begriffsbestimmungen *fpl* (StR) definitions for tax purposes, §§ 3 ff AO

steuerliche Behandlung *f*
(StR) treatment for tax purposes
– tax treatment

steuerliche Belastung *f*
(StR) tax burden *(or* load)
– taxation
(eg, of profits or earnings)

steuerliche Belastungsgrenze *f* (FiW) taxable capacity

steuerliche Benachteiligung *f* (StR) tax discrimination

steuerliche Bewertungsvorschriften *fpl* (StR) tax valuation rules

steuerliche Bilanzierungsgrundsätze *mpl* (ReW) tax-based accounting principles

steuerliche Diskriminierung *f* (StR) fiscal *(or* tax) discrimination

steuerliche Gesamtbelastung *f* (FiW) total tax burden

steuerliche Gestaltungsfreiheit *f* (StR) freedom (of taxpayers) to shape transactions so as to accomplish the most favorable tax result

steuerliche Gewinnermittlung *f* (StR) determination of taxable income

steuerliche Gleichbehandlung *f* (StR) equal tax treatment

steuerliche Höchstbeträge *mpl* (StR) maximum amounts deductible from tax liability

steuerliche Investitionsanreize *mpl* (StR) tax concessions (to business) to spur new investment

steuerliche Konsequenzen *fpl* (StR) tax consequences

steuerliche Nebenleistungen *fpl* (StR) incidental tax payments
(ie, charges for delayed payment, interest, etc., § 3 AO)

steuerlichen Wohnsitz *m* **begründen** (StR) to establish a tax residence

steuerlicher Anreiz *m* (StR) tax incentive

steuerlicher Grenzausgleich *m* (EG) border tax adjustment
(ie, remission of taxes on exported goods)

steuerlicher Grundstückswert *m* (StR) assessable site value

steuerlicher Nachteil *m* (StR) fiscal disadvantage

steuerlicher Sitz *m* (StR) tax home *(ie, of a company)*

steuerlicher Verlustrücktrag *m* (StR) tax loss carryback

steuerlicher Verlustvortrag *m*
(StR) tax-loss carryforward
– tax-loss credit

steuerlicher Wertansatz *m* (StR) tax valuation

steuerlicher Wohnsitz *m*
(StR) fiscal *(or* tax) domicile
– tax residence

steuerliche Sonderabschreibung *f*
(StR) special depreciation allowance for tax purposes
– fast tax write-off

steuerliches Rechtsinstitut *n* (StR) tax-modifying device *(or* vehicle) *(eg, Organschaft, Schachtelprivileg)*

steuerliche Veranlagung *f* (StR) assessment of taxes

steuerliche Vergünstigung *f* (StR) tax concession *(or* break)

steuerliche Verrechnungspreise *mpl* **in internationalen Konzernen** (StR) international intercompany pricing for tax purposes

steuerliche Vorteile *mpl* (StR) tax benefits

steuerlich geltend machen (StR) to claim as tax exempt

steuerlich manipulieren (StR) to shift income from a high bracket into a lower one

steuerlich maßgebend (StR) for tax purposes

steuerlich motivierte Umschichtung *f* e–s Portefeuilles (Fin) tax switching

steuerlich nicht abzugsfähig (StR) disallowable against tax

steuerlich voll abzugsfähig (StR) fully tax deductible

Steuerliste *f* (FiW) list of tax assessments *(ie, open for public inspection)*

Steuermanagement *n* (Bw) tax management

685

Steuermannsquittung *f* (com) mate's receipt
Steuermarke *f* (StR) tax stamp
Steuermaßstab *m* (StR) tax base
Steuermaximen *fpl* (FiW) tax canons
Steuermeßbetrag *m*
  (StR) tentative tax
  (ie, product of applicable tax rate and taxable business profits)
  (StR) product of assessed value – *Einheitswert* – and basic rate – *Steuermeßzahl*
  (ie, to which the municipal percentage = Hebesatz is applied, § 13 GrStG)
Steuermeßzahl *f* (StR) basic federal rate *(ie, applying to property and business profits)*
Steuermindereinnahmen *fpl*
  (FiW) revenue shortfall
  – shortfall of tax revenues
Steuer *f* **mit negativen Leistungsanreizen** (FiW) repressive tax
Steuermittel *pl*
  (FiW) funds raised by taxation
  – tax revenues
Steuermonopol *n* (FiW) fiscal monopoly
Steuermoral *f* (StR) tax morale
Steuermultiplikator *m* (FiW) tax multiplier
Steuern *n*
  (EDV) feed forward control
  – open loopp control
  – control *(opp, Regeln = feedback control, qv)*
Steuernachlaß *m* (StR) tax rebate *(or* abatement)
Steuernachzahlung *f* (StR) payment of taxes for prior years
Steuern *n* **des Entscheidungsprozesses** (Bw) decision control
Steuern *fpl* **einziehen** (StR) to collect taxes
Steuern *fpl* **entrichten** (StR) to pay taxes
Steuern *fpl* **erheben**
  (FiW) to tax
  – to collect/impose/levy . . . taxes
Steuern *fpl* **erhöhen**
  (StR) to raise
  – to put up . . . tax rates *(or* rates of taxation)
  – to increase taxation
Steuern *fpl* **hinterziehen**
  (StR) to evade taxes
  – (GB, infml) to dodge taxes
Steuern *fpl* **mit örtlichem Geltungsbereich**
  (FiW) taxes applied locally
  – taxes of local application
Steuern *fpl* **senken** (StR) to cut taxes
Steuern *fpl* **umgehen** (StR) to avoid *(or* to dodge) taxes
Steuernummer *f* (StR) taxpayer's account number
Steuern *fpl* **und Abgaben** *fpl* (ReW) taxes and other fiscal charges
Steuern *fpl* **vom Einkommen, Ertrag und Vermögen** (StR) taxes on corporate income, business profits, and net worth
Steuern *fpl* **vom Grundbesitz** (StR) real property taxes, § 9 I No. 2 EStG
Steueroase *f* (FiW) tax haven *(ie, tiny low-country refusing to conclude double-taxation agreement; levies little or no income or death taxes; syn, Oasenland)*
Steuerobjekt *n* (FiW) taxable object

Steuerordnungswidrigkeit *f* (StR) fiscal *(or* tax) violation, § 377 AO
Steuerpaket *n* (FiW) tax package
Steuerpauschalierung *f* (StR) lump-sum taxation
Steuerpfändung *f* (StR) tax foreclosure
Steuerpflicht *f* (StR) liability to pay taxes
steuerpflichtig
  (StR) taxable
  – subject to tax
  – liable in taxes
steuerpflichtige inländische Körperschaft *f* (StR) domestic corporate tax payer
steuerpflichtige Kapitalerträge *mpl* (StR) taxable investment income
steuerpflichtige Leistung *f* (StR, VAT) taxable transaction
Steuerpflichtiger *m* (StR) legal taxpayer, § 33 I AO
steuerpflichtiger Gegenstand *m* (StR) taxable object
steuerpflichtiger Gewinn *m* (StR) taxable gain *(or* profit)
steuerpflichtiger Nachlaß *m* (StR) taxable estate
steuerpflichtiger Umsatz *m* (StR) taxable turnover
steuerpflichtiges Einkommen *n*
  (StR) taxable *(or* chargeable) income
  – income liable in taxes
steuerpflichtiges Vermögen *n* (StR) taxable net worth
Steuerpolitik *f*
  (StR) tax *(or* taxation) policy
  (Bw) (corporate) tax policy
Steuerpostulate *npl* (FiW) tax canons
Steuerpräferenzen *fpl* (StR) tax preferences
Steuerprogramm *n* (EDV) control program *(syn, Systemsteuerprogramm)*
Steuerprogression *f* (StR) tax progression
  (ie, Durchschnittssteuersatz T/X wächst mit steigender Steuerbemessungsgrundlage)
Steuerprüfung *f*
  (StR) tax audit
  – tax examination
  – tax investigation
Steuerpult *n* (EDV) control console
Steuerquelle *f*
  (StR) tax base *(eg, property values are the major . . . of local governments)*
  (FiW) source of revenue
Steuerquote *f*
  (FiW) tax load ratio
  – overall tax ratio
  (ie, total tax collections to gnp at market prices = Steuern/BSP zu Marktpreisen; opp, individuelle Steuerquote, qv)
Steuerrecht *n*
  (StR) law of taxation
  – fiscal law
Steuerrecht *n* **der Unternehmen** (StR) company tax law
steuerrechtliche Behandlung *f* (StR) tax treatment *(eg, of inventories)*
steuerrechtliche Bewertung *f* (StR) tax-based valuation *(opp, handelsrechtliche Bewertung = commercial valuation)*
steuerrechtliche Vorschriften *fpl* (StR) tax law provisions *(or* rules *or* regulations)

Steuerreform *f* (StR) tax reform
Steuerregister *n* (EDV) control register (*or* counter)
Steuerregression *f* (StR) tax regression
Steuerrichtlinien *fpl* (StR) administrative tax regulations
(ie, accompanying federal tax statutes and issued by the Federal Ministry of Finance)
Steuerrückerstattung *f* (StR) refund of overpaid tax, § 36 IV EStG
Steuerrückstände *mpl* (ReW) tax arrears
Steuerrückstellungen *fpl* (ReW, EG) provisions for taxation
Steuerrückvergütung *f*
(StR) refund of taxes
– tax refund
Steuerrückwälzung *f* (FiW) passing backward of taxes
Steuerrückzahlung *f* (StR) tax refund
Steuersatz *m* (StR) tax rate
Steuersäumnisgesetz *n* (StR) Law on Tax Arrears, of 13 July 1961
Steuerschaltung *f* (EDV) control circuit *(syn, Steuerkreis)*
Steuerschätzung *f* (StR) determination of taxable income by estimate, § 162 I AO
Steuerschlupfloch *n* (FiW) tax loophole
Steuerschraube *f* (FiW) tax load
Steuerschraube *f* **anziehen** (FiW) to tighten/turn the tax screw
Steuerschuld *f*
(StR) liability to tax
– tax liability
(StR) tax payable (*or* due)
(StR, VAT) total amount of tax charged on the invoices rendered by the entrepreneur
Steuerschuld *f* **des Rechtsnachfolgers** (StR) transferee liability, § 45 AO
Steuerschuldner *m*
(StR) person subject to a tax
– taxpayer
(ie, meist identisch mit Steuerzahler; Ausnahme bei Quellenbesteuerung; zB Lohnsteuer: Steuerschuldner ist der Arbeitnehmer, Steuerzahler der Arbeitgeber)
Steuerschuldverhältnis *n* (StR) government-taxpayer relationship, § 38 AO
Steuersenkung *f* (StR) tax cut (*or* reduction)
steuerstarkes Land *n* (FiW) country with large tax revenues
Steuerstatistik *f* (StR) tax statistics
Steuerstempel *m* (StR) revenue stamp
Steuersteppen *fpl* (FiW) high-tax countries
Steuerstraftat *f*
(StR) criminal tax violation *(cf, 369 I AO)*
– tax offense
Steuerstrafverfahren *n* (StR) criminal tax proceedings, §§ 385–408 AO
Steuerstufe *f* (StR) tax bracket
Steuerstundung *f* (StR) tax deferral, § 222 AO
Steuersubjekt *n* (StR) taxable entity
Steuersystem *n*
(FiW) revenue raising system
– tax structure
(StR) system of taxation

– tax system
(ie, the German system consists of appr. 40 different individual taxes)
(EDV) control system
steuersystematisch (StR) as defined within the German tax system
Steuersystem *n* **mit Rückkopplung** (EDV) closed-loop control system
Steuertabelle *f* (StR) tax-rate table
Steuertarif *m*
(StR) tax-rate table
– tax scale
Steuertaste *f* (EDV) control key
Steuertatbestand *m*
(StR) taxable event *(syn, Steuergegenstand, qv)*
Steuerteil *n* (EDV) controller *(syn, Steuergerät)*
Steuertermin *m* (StR) tax payment date
Steuertheorie *f* (StR) theory of taxation
Steuertilgung *f* (FiW) tax capitalization *(syn, Steueramortisation)*
Steuerträger *m* (FiW) actual taxpayer *(ie, the final resting place of the tax)*
Steuer *f* **überwälzen** (FiW) to pass on (*or* to shift) a tax
Steuerüberwälzung *f*
(FiW) shifting of taxes
– tax shifting
(Unterbegriffe: Vor-, Rück- und Schrägüberwälzung)
Steuerumgehung *f* (StR) tax avoidance, § 42 AO
Steuerung *f*
(EDV) control
– feed forward control
– open loop control *(syn, Steuern, qv)*
Steuerung *f* **der Geldmenge** (Fin) control of money supply
Steuerung *f* **des Materialdurchlaufs** (MaW) materials management
(ie, procurement, stockkeeping, production, shipping)
Steuerungsablauf *m* (EDV) control sequence
Steuerungsfunktion *f*
(Vw) allocative function
(EDV) control function
Steuerungsrechner *m* (EDV) control computer
(ie, uses inputs from sensor devices and outputs connected to control mechanisms)
Steuerungstechnik *f* (EDV) control engineering
Steuerungsübergabe *f* (EDV) control transfer
Steuerungs- und Regeltechnik *f* (EDV) control engineering
Steuerung *f* **von Produktionsprozessen** (IndE) process control
steuerunschädlich (StR) tax neutral
Steuerunschädlichkeit *f* (StR) tax neutrality
Steuerveranlagung *f* (StR) tax assessment
Steuerverbindlichkeiten *fpl*
(StR) tax liabilities
– tax payable
Steuervergehen *n* (StR) = Steuerstraftat
Steuervergünstigung *f*
(StR) favorable tax treatment
– tax break (*or* credit *or* relief)
– tax concession
– taxation privilege

Steuervergütung *f* (StR) tax refund, § 4a UStG
Steuervergütungsbescheid *m* (StR) notice of a decision on a refund claim, § 348 AO
Steuerverkürzung *f* (StR) tax deficiency, § 378 AO
Steuervermeidung *f* (FiW) = Steuerausweichung
Steuerverpflichtungsgrund *m* (StR) taxable event
Steuerversicherung *f* (Vers) tax insurance
Steuerverwaltung *f* (StR) tax administration
Steuer *f* **von der Steuer** (StR, VAT) tax on tax *(ie, on each subsequent sale)*
Steuervorausschätzung *f* (FiW) tax estimate
Steuervorauszahlung *f*
  (StR) prepayment of taxes
  (ie, estimated tax payment made in advance)
Steuervordruck *m* (StR) tax form
Steuervorteil *m*
  (StR) tax advantage
  – tax break
  – tax preference
Steuerwerk *n* (EDV) control unit
Steuerwiderstand *m* (StR) resistance to taxation
steuerwirksam
  (StR) tax effective *(eg, agreement)*
  – affecting tax liability
Steuerwirkungen *fpl* (FiW) effects of taxation
Steuerwohnsitz *m* (StR) = steuerlicher Wohnsitz
Steuerwort *n* (EDV) control word
Steuerzahler *m* (StR) taxpayer
  (syn, Steuerentrichtungspflichtiger)
Steuerzahllast *f* (StR, VAT) amount of tax payable by the entrepreneur *(ie, Steuerschuld abzüglich Vorsteuer)*
Steuerzahlung *f* (StR) payment of taxes
Steuerzeichen *n*
  (StR) revenue stamp
  (EDV) control character
Steuerzeitschrift *f* (StR) tax journal
StGB (Re) = Strafgesetzbuch
Stichgleis *n* (com) spur *(or* stub*)* track
  (ie, connected to main track at one end only; opp, totes Gleis)
Stichkupon *m* (Fin) renewal coupon
Stichprobe *f*
  (com) spot check
  (Stat) sample
Stichprobe *f* **entnehmen** (Stat) to take a sample
Stichprobe *f* **hochrechnen**
  (com) to extrapolate
  – to blow up
  – to raise . . . a sample
Stichprobe *f* **mit Selbstgewichtung** (Stat) self-weighting sample
Stichprobeneinheit *f* (Stat) sample unit
Stichprobenentnahme *f* **aus der Masse** (Stat) bulk sampling
Stichprobenerhebung *f* (Stat) sample survey
  (ie, relates to only a specified part of the population; ,sample census', sometimes used, is a misnomer)
Stichprobenerhebungsgrundlage *f* (Stat) frame
Stichprobenfehler *m* (Stat) sampling error
stichprobenfremder Fehler *m* (Stat) nonsampling error
Stichprobenfunktion *f* (Stat) sample function *(eg, Gauß-Statistik, Stichprobenvarianz, t-Statistik)*

Stichprobeninventur *f* (ReW) sampling-type inventory
  (ie, mit Hilfe anerkannter mathematisch-statistischer Methoden aufgrund von Stichproben)
Stichprobenkenngröße *f* (Stat) sample statistic
Stichprobenkorrelogramm *n* (Stat) sample correlogram
Stichprobenkosten *pl* (Stat) cost of sample
Stichprobenkostenfunktion *f* (Stat) sample cost function
Stichprobenmaßzahl *f* (Stat) = Stichprobenkenngröße
Stichprobenmethode *f* (Stat) sampling method
Stichprobenmoment *n* (Stat) sample moment
Stichprobennahme *f* **aus der Masse** (Stat) bulk sampling
Stichprobennetz *n* (Stat) network of samples
Stichprobenplan *m* (Stat) sampling plan
Stichprobenpopulation *f* (Stat) sample population
Stichprobenprüfplan *m* (Stat) sampling inspection plan
Stichprobenprüfung *f* (Stat) sampling inspection
Stichprobenpunkt *m* (Stat) sample point
Stichprobenraum *m* (Stat) sample space *(syn, Ereignisraum)*
Stichproben-Standardabweichung *f* (Stat) standard deviation of the sample
Stichprobenstruktur *f* (Stat) sampling structure
Stichprobensystem *n* (Stat) sampling system
Stichprobentechnik *f* (Stat) sampling technique
Stichprobentheorie *f* (Stat) theory of sampling
Stichprobenumfang *m*
  (Stat) sample size
  – range of sample
Stichprobenvariable *f* (Stat) sample value
Stichprobenvarianz *f* (Stat) variance of the sample
Stichprobenverfahren *n*
  (Stat) sampling
  – sampling procedure
Stichprobenverfahren *n* **mit Klumpenauswahl** (Stat) cluster *(or* nested*)* sampling
Stichprobenverfahren *n* **mit Unterauswahl** (Stat) subsampling
Stichprobenverteilung *f* (Stat) sampling distribution
stichprobenweise prüfen (ReW) to testcheck
Stichtag *m*
  (com) key
  – target
  – effective
  – relevant . . . date
  (ReW) reporting/cutoff . . . date
  (Fin) call date
Stichtaginventur *f*
  (ReW) periodical . . . inventory/stocktaking
  – end-of-period inventory
stichtagsbezogene Einzelbewertung *f* (ReW) item-by-item valuation as of the balance sheet date
Stichtagsinventur *f* (ReW) end-of-period inventory
  (ie, Inventuraufnahme am Bilanzstichtag)
Stichtagskurs *m*
  (Bö) current price
  – market price on reporting date
Stichtagsmethode *f* (ReW) current rate method (of foreign exchange translation)

(ie, Umrechnung e–r ausländischen Tochterbilanz in DM zu Stichtagskursen; als Umrechnungskurs wird in der Regel der Mittelkurs des Bilanzstichtags verwendet, so daß keine Strukturveränderungen entstehen; weltweit besteht Tendenz zu dieser Methode; cf, Zeitbezugsmethode = temporal method; Statement of Financial Accounting Standard (SFAS) 52 was introduced in 1981 to supersede SFAS 8; it provides guidance on what exchange rate (current, historical, average) is to be used to translate each individual account and how resulting gains and losses are to be recognized in the financial statements; it permits the use of two different methods, depending on the circumstances)

Stichwahl *f*
(com) decisive
– final
– second . . . ballot
– runoff vote

Stichwort *n* (com) key word

Stichzahl *m* (Fin) test key (*or* number)
(ie, secret code which banks provide to their customers to safeguard against fraudulent telexes)

stiften
(com) to make a contribution
(Re) to donate
– to endow

Stifter *m* (Re) donor

Stiftung *f*
(Re) foundation
– endowment *(ie, unselbständig)*
(ie, foundation is a general term, including endowment which means the particular fund of the institution bestowed for the purpose intended)

Stiftung des öffentlichen Rechts *f* (Re) foundation under public law

Stiftung *f* **des Privatrechts** (Re) private foundation, §§ 80 ff BGB

Stiftung *f* **errichten** (Re) to organize (*or* set up) a foundation

Stiftungslehrstuhl *m* (com) endowed (professorial) chair

Stiftungsvermögen *n*
(Re) endowment fund (*or* property)
– property of foundation

stille Beteiligung *f*
(Fin) dormant equity holding

stille Forderungsabtretung *f* (Re) = stille Zession

stillegen
(Bw) to shut down (*or* close down) a plant
– to decommission

Stillegen *n* **von Goldbeständen** (AuW) gold sterilization

stille Gesellschaft *f* (com) dormant partnership, §§ 230–237 HGB
(U. S. law, for instance, differentiates as follows: (1) silent: no voice in the affairs of the business; (2) secret: undisclosed; (3) dormant: both silent and secret. In German law, the partnership is nothing more than an ‚undisclosed participation‘. The distinguishing feature is that the German ‚dormant partner‘ is in no way liable for the debts of the business)

Stillegung *f* (Bw) plant shutdown (*or* close-down)

Stillegung *f* **e–s Anlagegutes** (ReW) retirement of a fixed asset

Stillegungskosten *pl*
(Bw) cost of closure
– cost of closing down

Stillegung *f* **von Steuereinnahmen** (FiW) immobilization of tax receipts (*or* revenues)

stille Reserven *fpl*
(ReW) secret
– hidden
– undisclosed . . . reserves
(ie, book value is less than the actual realizable value; syn, stille Rücklagen)
(Vw) hidden manpower reserves *(cf, Arbeitsmarktreserve)*

stiller Gesellschafter *m* (com) dormant partner
(see: ‚stille Gesellschaft‘)

stiller Teilhaber *m* (com) = stiller Gesellschafter

stille Rücklagen *fpl* (ReW) = stille Reserven

stilles Factoring *n*
(Fin) non-notification factoring
– confidential factoring
(ie, Kunden zahlen weiterhin an den Lieferanten, der Zahlungen an das Factoring-Institut weiterleitet; syn, nichtnotifiziertes Factoring, opp, offenes Factoring, qv)

stille Zession *f* (Re) undisclosed assignment

Stillhalteabkommen *n*
(Re) standstill agreement
(Fin) standby agreement
(AuW, OECD) trade pledge
(AuW) Basle Agreement
– Reciprocal Currency Agreement
(syn, Basler Abkommen; between 1931 and 1962)

stillhalten
(Fin) to grant a moratorium
– to postpone enforcement of claims

Stillhalter *m* (Bö) = Stillhalter in Geld, Stillhalter in Wertpapieren, qv

Stillhalter *m* **in Geld** (Bö) = Verkäufer e–r Verkaufsoption, qv

Stillhalter *m* **in Wertpapieren** (Bö) = Verkäufer e–r Kaufoption, qv

Stillschweigen *n* (Re) silence
(ie, the silence of a party generally implies his refusal)

stillschweigende Bedingung *f* (Re) implied condition

stillschweigende Einwilligung *f* (Re) acquiescence

stillschweigende Gewährleistung *f* (Re) implied (*or* tacit) warranty

stillschweigende Kooperation *f* (Kart) tacit cooperation
(ie, Form des Unternehmenszusammenschlusses: die Beteiligten arbeiten nur durch ‚konkludentes Handeln‘ (qv) zusammen, vorzugsweise in der Preispolitik)

stillschweigende Mängelhaftung *f* (Re) = stillschweigende Gewährleistung

stillschweigende Mietverlängerung *f* (Re) tacit extension of tenancy

stillschweigendes Einverständnis *n* (Re) connivance

stillschweigende Vereinbarung *f* (Re) tacit agreement (*or* understanding)

stillschweigende Verlängerung *f* (Re) tacit renewal

stillschweigende Voraussetzung *f* (Log) implicit understanding

stillschweigende Willenserklärung *f* (Re) implied manifestation of intent

stillschweigende Zustimmung *f* (Re) implied (*or* tacit) consent

stillschweigend vereinbaren (Re) to stipulate tacitly (*or* by implication)

stillschweigend vereinbarte Leistungspflichten *fpl* (Re) implied obligations

stillschweigend verlängern (com) to extend automatically (*or* by implication)

Stillstandskosten *pl* (KoR) downtime cost

Stillstandszeit *f*
(IndE) downtime
 – dead/idle/lost . . . time
 – downperiod
 – stoppage
(EDV) engineering time
(*ie, nonproductive time of a computer, reserved for maintenance and service*)

stimmberechtigte Aktie *f* (Fin) voting share (*or* stock)

stimmberechtigter Aktionär *m* (Fin) voting shareholder

stimmberechtigtes Kapital *n* (Fin) voting capital

stimmberechtigte Stammaktien *fpl* (Fin) ordinary voting shares

Stimme *f* **abgeben** (com) to cast one's vote

stimmen für (com) to vote for

Stimmengleichheit *f* (com) equality (*or* parity) of votes

Stimmenkauf *m* (Bw) vote buying, § 405 III AktG

Stimmenmehrheit *f*
(com) majority of votes
 – majority vote

Stimmenthaltungen *fpl* (com) abstentions

Stimmrecht *n* (com) voting right, § 12 AktG

Stimmrechtsaktie *f* (Fin) voting stock (*or* share)

Stimmrechtsausübung *f* **durch Vertreter** (com) voting by proxy

Stimmrechtsbevollmächtigter *m* (com) proxy

Stimmrechtsbindung *f* (com) voting commitment

stimmrechtslose Aktie *f* (Fin) nonvoting share

stimmrechtslose Vorzugsaktie *f* (Fin) nonvoting preferred stock (*or* GB: preference share)

Stimmrechtsmißbrauch *m* (Re) abuse of voting rights, § 405 III AktG

Stimmrechtstreuhänder *m* (Re) voting trustee

Stimmrechtsübertragung *f* (com) transfer of voting rights

Stimmrechtsvertreter *m* (com) proxy

Stimmrechtsvollmacht *f* (com) voting proxy
(*ie, written power of attorney to act for another in a stockholder meeting*)

Stimmschein *m* (com) certificate of proxy
(*ie, made out by depositary bank or notary public*)

Stimmung *f* (Bö) tone of the market

Stimmvieh *n* (com, sl) stupid electorate

Stipendiat *m*
(com, US) scholarship student
 – (GB) bursar

Stipendium *n*
(com, US) scholarship
 – (GB) bursary

stochastische Komponente *f* (Stat) random component

stochastische Konvergenz *f* (Stat) convergence in probability

stochastische Programmierung *f* (OR) stochastic programming

stochastischer Prozeß *m* (Stat) random process

stochastische Variable *f* (Stat) chance (*or* random) variable

Stockdividende *f*
(Fin) stock dividend
 – (GB) free issue of new shares

Stoffeinsatz *m* (ReW) expenditure on materials

Stoffkosten *pl* (KoR) = Werkstoffkosten

Stoffpatent *n* (Pat) = Erzeugnispatent, qv

Stoffumwandlung *f*
(IndE) conversion (*ie, general and chemical*)
(Bw) conversion of resources

Stoffwert *m* **des Geldes** (Vw) intrinsic value of money

Stoffwirtschaft *f* (MaW) materials management

Stoffwirtschafts-Ingenieur *m* (MaW) materials (*or* distribution) management engineer

Stop-loss-Order *f*
(Bö) stop loss order
 – cutting limit order
(*ie, instructs a bank or broker to sell securities ,at best' if the price of the security falls below a specified limit*)

Stoppbefehl *m* (EDV) halt (*or* checkpoint) instruction (*syn, Haltbefehl*)

Stoppcode *m*
(EDV) stop code
 – halt instruction

Stopp *m* **der Reallöhne** (Vw) real wage freeze

stoppen
(com) to stop
 – (infml) to choke off (*eg, flow of unwanted imports*)

Stoppkurs *m* (Bö) stop price (*ie, applied between 1942 and 1948*)

Stoppreis *m* (Vw) stop price (*ie, fixed by administrative agencies or cartels*)

Stoppschalter *m* (EDV) breakpoint switch
(*ie, manually operated; controls conditional operations at breakpoints, used primarily in debugging*)

Stopptag *m* (Fin) record date (*ie, set for transfer of registered securities*)

Stoppzeit *f* (EDV) stop (*or* declaration) time

Störanfall-Ablauf-Analyse *f* (IndE) failure mode and effect analysis, DIN 25 419
(*ie, Analyse potentieller Fehler und Folgen*)

störanfällig
(com) susceptible to breakdown
 – breaking down easily
(EDV) bug-ridden

Störanfälligkeit *f*
(com) susceptability to . . . breakdown/failure
(OR) probability of failure
(EDV) error liability

störende Kapitalbewegungen *fpl* (AuW) disruptive capital movements

Störfall *m* (IndE) radioactive leak
  (ie, in a nuclear reactor)
Störgröße *f*
  (Stat) random disturbance (*or* perturbation)
  (EDV) perturbance variable
stornieren
  (com) to cancel *(eg, an order)*
  (ReW) to reverse an entry
Stornierung *f* (ReW) reversal
Stornierung *f* **e–s Auftrages** (com) cancellation of
  an order
Storno *m/n* (ReW) reversal
Stornobuchung *f* (ReW) reversing entry *(syn,
  Rückbuchung)*
Stornogewinn *m* (Vers) lapse (*or* withdrawal) profit
Stornoklausel *f* (Vers) lapse provision
Storno *m* **mit höherer als der zeitanteiligen Prämie**
  (Vers) short-rate cancellation
Storno *m* **mit zeitanteiliger Prämie** (Vers) prorata
  cancellation
Stornorecht *n* (Fin) right *(of bank)* to cancel credit
  entry
Storno *m* **vor Ablauf** (Vers) flat cancellation
Störsicherheit *f* (IndE) reliability
Störterm *m* (Stat) = Störvariable
Störung *f*
  (com) breakdown
  – disturbance
  – failure
  – fault
  – malfunction
  – trouble
  (EDV) bug
Störungsaufzeichnung *f* (EDV) failure logging
störungsbedingte Brachzeit *f* (IndE) machine
  downtime
Störungsbericht *m* (IndE) failure report
Störungsbeseitigung *m*
  (IndE) correction of faults
  – troubleshooting *(ie, find and correct errors
  and faults)*
störungsfreies Wachstum *n*
  (Vw) undisturbed growth
  – disturbance-free growth
Störungsrate *f* (OR) rate of failure
Störungsstelle *f*
  (com) telephone repair department
  – (GB) faults and service difficulties
Störungssuche *f*
  (IndE) trouble-shooting
  – troubleshoot
  – fault locating
Störungszeit *f* (EDV) downtime
Störvariable *f*
  (Stat) random disturbance (*or* perturbation)
  – disturbance
  – disturbance variable
  – shock
strafbare Handlung *f* (Re) criminal offense
strafbarer Eigennutz *m* (Re) punishable self-interest, §§ 284 ff StGB
Strafe *f* **verwirken** (Re) to incur a penalty
straffe Geldpolitik *f* (Vw) tight monetary policy
straffen
  (Bw) to streamline *(eg, an organization)*

  – (infml) to take up the slack
straffe Unternehmensleitung *f* (Bw, infml) hands-
  on management
straff führen (Bw, infml) to run a „tight ship"
Straffung *f* (Bw) streamlining *(eg, of operations se-
  quence)*
Strafgesetzbuch *n* (Re) German Penal Code
Strafrecht *n* (Re) criminal law
strafrechtliche Handlung *f* (Re) criminal offense
Strafrichter *m*
  (Re) criminal court judge
  – (GB) recorder
Strafsteuer *f*
  (StR) penalty tax
  – tax penalty
Straftat *f* (Re) criminal offence
Strafverfahren *n* (Re) criminal proceedings
Strafverfolgung *f* (Re) criminal prosecution
Strafverteidiger *m*
  (Re) counsel for the defense
  – counsel at the criminal bar
Strafzinsen *mpl*
  (Fin) penalty interest
  – penalty rate
  (ie, due to early withdrawal of deposits)
Strafzins *m* **für Rückzahlung vor Fälligkeit** (Fin) re-
  payment with penalty
Strahl *m* (Math) ray
Strammheit *f* **der Korrelation** (Stat) closeness of
  correlation
Strandung *f* **mit Bergung** (SeeV) stranding and sal-
  vage
Straßburger Patentübereinkommen *n* (Pat) Con-
  vention on the Unification of Certain Points of
  Substantive Law on Patent for Invention
Straßenanliegerbeitrag *m* (FiW) frontage assess-
  ment
Straßenbenutzungsgebühr *f* (FiW) road-use tax
Straßenfahrzeug *n* (com) road motor vehicle
Straßenfahrzeugbau *m* (com) road vehicle con-
  struction
Straßenfertigung *f* (IndE) line production *(syn,
  Linienfertigung)*
Straßengütertransport (com) road freight traffic
Straßengüterverkehr *m* (com) road haulage
Straßengüterverkehrsteuer *f* (StR) road haulage
  tax *(ie, levied in Germany between 1968 and
  1972)*
Straßenhandel *m* (com) street marketing
Straßenverkehrsgesetz *n* (Re) Road Traffic Law
Straße-Schiene-Verbund *m* (com) road-rail link
Straße-Schiene-Verkehr *m* (com) surface (*or*
  ground) transportation *(ie, trucking and rail)*
Strategie *f* (Bw) (corporate) strategy
Strategie *f* **ändern** (Bw) to change (*or* rejig) corporate strategy
Strategie *f* **der externen Flexibilität** (Bw) external
  flexibility strategy
Strategie *f* **der niedrigen Preise** (Mk) low-price
  strategy
Strategie *f* **einschlagen** (Bw) to embark on a
  strategy
strategische Anfälligkeit *f* (Bw) strategic vulnera-
  bility
strategische Planung *f* (Bw) strategic planning

strategischer Geschäftsbereich *m* (Bw) strategic business area

strategisches Geschäftsfeld, SGF *n* (Bw) = strategischer Geschäftsbereich

strategisches Management *n* (Bw) strategic management

strategisches Modell *n* (Bw) strategic model

strategische Unternehmensplanung *f* (Bw) strategic managerial planning

strategische Ziele *npl* (Bw) strategic (*or* long-run) goals

Strazze *f*
(ReW) daybook
– (GB) waste book
(ie, in which the transactions of the day are entered in the order of their occurrence; syn, Kladde, Vorbuch)

Streamer *m* (EDV) (cartridge) streamer
(syn, Magnetband-Kassettenlaufwerk, Bandstreamer)

Streamer-Laufwerk *n* (EDV) streamer drive

strecken (Fin) to extend maturity date

Streckenfracht *f* (com) freightage charged for transportation between two railroad stations

Streckengeschäft *n*
(com) transfer orders
(ie, sale where seller agrees to ship the goods to buyer's destination at the latter's risk, § 447 BGB; basis of transaction may be sample, catalog, or indication of standard quality)
(com) drop shipment business

Streckenhandel *m* (com) = Streckengeschäft

Streckung *f* (com) stretch-out
(eg, in the buildup of expenditures)

Streckungsdarlehen *n* (Fin) credit granted to cover the discount deducted from a mortgage loan
(ie, which is paid out 100 percent; redemption of loan does not start until discount has been repaid)

streichen
(com) to cancel
– to cut
– to discontinue
(com) to strike off *(eg, somebody's name)*
– to delete *(eg, a topic from the agenda)*

Streifband *n* (com) postal wrapper

Streifbanddepot *n*
(Fin) individual safe custody of securities, § 2 DepG
– individual securities account
– (US) segregation
(syn, Einzelverwahrung)

Streifbandgebühr *f* (Fin) individual deposit fee

Streifbandverwahrung *f* (Fin) jacket custody
(ie, Einzelverwahrung von Wertpapieren; opp, Girosammelverwahrung; cf, Wertpapiersammelbank)

Streifendiagramm *n* (Stat) band diagram

Streifendoppler *m* (EDV) paper tape reproducer

Streifenende *n* (EDV) trailing end

Streifenleser *m*
(EDV) paper tape reader
– strip reader

Streifenlocher *m* (EDV) paper tape punch

Streifenstanzer *m* (EDV) paper tape punch

Streifensteuer *f* (StR) revenue strip tax

Streifen-Stichprobenverfahren *n* (Stat) zonal sampling

Streik *m* (Pw) strike
(ie, stoppage of work by a body of workers)

Streik *m* **abbrechen** (Pw) to call off a strike

Streikabstimmung *f* (Pw) strike ballot

Streik *m* **abwenden** (Pw) to stave off (*or* avert) a strike

Streik *m* **aufheben** (Pw) to call off a strike

Streikaufruf *m* (Pw) union strike call

Streik *m* **aushalten** (Pw) to ride a strike *(eg, newspaper publishers, Post Office)*

Streik *m* **ausrufen** (Pw) to call a strike

Streikausschuß *m* (Pw) strike committee

Streikbeteiligung *f* (Pw) strike turnout

Streikbrecher *m*
(Pw) strikebreaker
– (sl) scab
– (sl) fink
– (GB, sl) blackleg
– (GB, sl) knob

streiken
(Pw) to strike
– to go on strike

Streikgeld *n* (Pw) strike pay

Streikkasse *f* (Pw) strike fund

Streikleitung *f* (Pw) strike leadership

streiklustig (Pw) strike prone

Streik *m* **organisieren** (Pw) to stage a strike

Streikposten *m* (Pw) picket

Streiktage *mpl*
(Stat) man-days of strike idleness
– lost workdays
– working time lost to strikes

Streikverbot *n* (Pw) ban on strikes

Streikverbotsklausel *f* (Pw) no-strike clause

Streikversicherung *f* (Vers) employer strike insurance

Streikwaffe *f* (Pw) strike weapon

Streikwelle *f* (Pw) wave of strikes

streitende Parteien *fpl*
(Re) contending
– contesting
– litigant
– opposing... parties
– parties to a lawsuit
– litigants

Streitfrage *f* (com) contentious issue

Streitgegenstand *m* (Re) matter in controversy

streitiges Verfahren *n* (Re) adversary proceedings
(ie, with both sides represented; judge is no more than the final decision maker between opposite sides; cf, System des Untersuchungsverfahrens = inquisitorial system)

Streitigkeiten *fpl*
(Re) disputes
(Re) contested matters
– disputed questions

Streitigkeiten *fpl* **austragen** (Re) to settle disputes

Streitigkeiten *fpl* **beilegen** (Re) to dissolve disputes

Streitigkeiten *fpl* **schüren** (Re) to stoke up a controversy

Streitigkeiten *fpl* **vortragen** (Re) to refer disputes to

Streitpatent *n* (Pat) litigious patent

Streitsache *f*
(Re) matter in controversy
– matter in dispute
– matter in issue
– subject-matter
Streitwert *m*
(Re) amount in... controversy/dispute /litigation
– amount involved
– jurisdictional amount
– value of property in litigation
strenge Bestimmungen *fpl* (Re) stringent provisions
strenge Beweisregeln *fpl* (Re) rigorous (procedural and) evidentiary standards
strenge Devisenbestimmungen *fpl* (AuW) stiff exchange regulations
strenge Disjunktion *f* (Log) exclusive disjunction
Strenge *f* **e–s Tests** (Stat) strength of a test
strenge Implikation *f* (Log) strict implication
(ie, developed by C. I. Lewis in 1918; example: If A then B is true only when B is deducible from A; opp, materiale Implikation, qv)
strenge Objektivität *f* (Log) rigorous objectivity
strengster Test *m* (Stat) most stringent test
streng vertraulich
(com) strictly confidential
– in strict confidence
Streubesitz *m* (Fin) widespread shareholdings
Streubreite *f*
(Fin) spread *(eg, of interest rates)*
(Mk) coverage
Streudiagramm *n* (Stat) = Streuungsdiagramm
streuen
(Stat) to scatter
(Fin) to spread
– to diversify
Streugrenzen *fpl* (Stat) limits of variation
Streuung *f*
(Stat) dispersion
– scatter
(ie, usually measured by 'mean deviation', 'standard deviation' etc.
Streuung *f* **der Aktien** (Fin) distribution of shares
Streuung *f* **der Anlagepalette** (Fin) diversification of investments
Streuungsdiagramm *n* (Stat) scatter diagram *(or chart)*
Streuungskoeffizient *m* (Stat) coefficient of variation *(syn, Variationskoeffizient)*
Streuungs-Kovarianz-Matrix *f* (Stat) matrix of variances and covariances
Streuungsmaß *n* (Stat) measure of dispersion
(ie, Typen sind:
1. Spannweite = range;
2. mittlere absolute Abweichung = mean absolute deviation, MAD;
3. Varianz = variance;
4. Standardabweichung = standard deviation;
5. Variationskoeffizient = coefficient of variation;
syn, Streuungsparameter, Variabilitätsmaß, Variationsmaß)
Streuungsmatrix *f* (Stat) dispersion matrix
Streuungsparameter *m* (Stat) parameter of dispersion

Streuungsverhältnis *n* (Stat) variance ratio
Streuung *f* **von Anlagen** (Fin) spreading of investments
Streuwerbung *f* (Mk) nonselective advertising
Strichcode *m (com) bar code (eg, EAN, Universal Product Code; syn, Barcode)*
Strichcode-Kennzeichnung *f* (com) bar code marking
Strichcodeleser *m* (com) bar code scanner
strichcodierte Artikelnummer *f* (com) bar coded identification number
strichcodierter Artikel *m* (com) bar-marked *(or bar-coded)* product item
strichcodiertes Erzeugnis *n* (com) bar coded article
Strichcodierung *f*
(com) EAN bar coding
– bar code marking *(ie, system of product identification)*
Strichelverfahren *n* (Stat) tally-sheet method
Strichkarte *f* (EDV) mark sense card
Strichliste *f* (Stat) tally sheet
Strichmarkierung *f* (com) bar mark
Strichmarkierungsfeld *n* (EDV) mark field
Strichstärke *f* (EDV) stroke width
strikte Implikation *f* (Log) strict implication
(ie, „If A then B" is true only when B is deducible from A; syn, strenge Implikation; opp, material implication)
strittige Angelegenheit *f* (Re) subject in dispute
strittige Forderung *f* (Fin) disputed receivable
strittiger Fall *m* (Re) case *(or matter)* in dispute
strittige Verlustzeit *f* (EDV) debatable time
Strohmann *m*
(com) dummy
– straw man
– man of straw
– prête-nom
Strohmann-Aktienbeteiligung *f* (Fin) nominee shareholding
Stromabschaltung *f* (IndE) power cut
Stromausfall *m* (IndE) power failure
Strombedingungen *fpl* (Vw) flow conditions
Stromgröße *f*
(Vw) flow
– flow variable
– rate of flow
Stromlaufplan *m* (EDV) circuit *(or wiring)* diagram
Strompreis *m* (com) power rate
Stromrechnung *f*
(com) electricity bill
(VGR) statement of flows *(or flow variables)*
Stromtarif *m* (com) = Strompreis
Strömungsgleichgewicht *n* (Vw) shifting equilibrium
Strömungsgröße *f* (Vw) = Stromgröße
Strömungslinien *fpl* (Math) flow lines
Stromversorgung *f*
(com) electricity supply
– power supply
Strom *m* **von Nutzungen** (Vw) flow of services
Strukturanalyse *f* (Vw) structural analysis
Strukturanpassung *f*
(com) structual adjustment
– adjustment to meet fundamental changes

Strukturanpassungsdruck *m* (Vw) structural shift
*(ie, Inflationsursache in der nichtmonetären In-
flationstheorie: geht auf zu geringe Lohn- und
Preisflexibilität in e–r wachsenden offenen
Wirtschaft zurück)*
Strukturbereinigung *f* (Bw) restructuring *(eg, of an
enterprise)*
Struktur *f* **der Weisungsbeziehungen** (Bw) lines of
authority
Strukturdimension *f* (Bw) structural aspect *(or* dimension)
strukturelle Anpassung *f* (Vw) structural adaptation
strukturelle Arbeitslosigkeit *f* (Vw) structural unemployment
*(ie, loss of jobs resulting from changes in the
economic environment, such as consumer tastes,
level of technology, population growth, government policies)*
strukturelle Budgetgrenze *f* (FiW) structural
budget margin
strukturelle Fehlanpassung *f* (Vw) structural
maladjustment
strukturelle Indikatoren *mpl* (Vw) structural indicators
strukturelle Inflation *f* (Vw) structural inflation
strukturelle Investitionen *fpl* (Vw) structural investment
strukturelle Konstante *f* (Math) structural constant
struktureller Freiheitsgrad *m* (Bw) structural degree of freedom
strukturelles Defizit *n* (FiW) structural/built-in . . .
deficit
strukturelles finanzielles Gleichgewicht *n* (Fin)
structural financial equilibrium
strukturelles Problem *n* (Bw) structural issue *(or*
problem)
strukturelles Ungleichgewicht *n* (Vw) structural imbalance
strukturelle Überschüsse *mpl* (EG) structural surpluses *(eg, in farming)*
Strukturgleichung *f* (Math) structural equation
Strukturhilfe *f* (FiW) state restructuring aid
Strukturhilfegesetz *n* (Re) Law Ruling on the Improvement of Regional Economic Structure
(passed in 1969)
strukturierte Adresse *f* (EDV) compound address
(syn, zusammengesetzte Adresse)
strukturierte Aufgabe *f* (Pw) structured task
strukturierte Bilddatei *f* (EDV) structured display
(ie, in Computergrafik)
strukturierte Daten *pl* (EDV) structured data
strukturierte Programmierung *f* (EDV) structured
programming
Strukturierung *f* **von Arbeitsaufgaben** (Pw) job design
Strukturkoeffizient *m* (Stat) structural coefficient
Strukturkonzept *n* (Bw) structual plan *(or* scheme)
Strukturkrisenkartell *n* (Kart) structural-crisis
cartel
strukturmodellgestützte Prognosemethode *f* (Bw)
structural (forecasting) model
*(ie, dient der kompakten Abbildung komplexer
Systeme)*
Strukturparameter *m* (Stat) structural parameter

Strukturpolitik *f*
(Vw) structural policy
– adjustment policy
– (GB) development area policy
Strukturspeicher *m* (EDV) non-erasable storage
(syn, Dauerspeicher)
Strukturstückliste *f* (IndE) structured *(or* in-
dented) bill of materials
Strukturvariable *f* (Stat) structural variable
Strukturverbesserung *f* (Vw) structural improve-
ment
Strukturvorteil *m* (Bw) structural advantage
Strukturwandel *m* (Bw) structural change
Strukturzuschüsse *mpl* (EG) structural grants
Stückaktie *f* (Fin) individual share certificate
Stückdepot *n* (Fin) deposit of fungible securities
(ie, German term replaced by ‚Aberdepot')
Stückdividende *f* (Fin) dividend per share
Stücke *npl*
(Fin) securities
– denominations
Stückekonto *n* (Fin) = Stückedepot
stückeln (Fin) to denominate
stückelose Anleihe *f* (Fin) no-certificate loan
stückelose Lieferung *f* (Fin) delivery of securities
with no transfer of certificates
stückeloser Verkehr *m* (Bö) trading in securities
with no transfer of certificates
Stückelung *f* (Fin) denomination
*(ie, standard of value, esp. of banknotes, stocks,
and bonds)*
Stückemangel *m* (Fin) shortage of offerings
Stückerfolg *m* (ReW) unit profit *(or* loss)
Stückeverzeichnis *n* (Fin) schedule of deposited
securities
Stückezuteilung *f* (Fin) allotment of securities
Stückgebühr *f* (Fin) charge per item
Stückgeld *n* (Vw) notes and coin *(ie, term now obsolete)*
Stückgeldakkord *n* (Pw) money piece rate *(opp,
Stückzeitakkord)*
Stückgewinn *m* (KoR) profit per unit
Stückgut *n*
(com) general/mixed . . . cargo
– less-than-cargo lot, l. c. l. *(opp, Waggon-
ladung)*
Stückgutfracht *f*
(com) breakbulk cargo
*(ie, miscellaneous goods packed in boxes, bales,
crates, bags, cartons, barrels, or drums)*
(com) less than container load, L.C.L.
(com) general cargo
– package freight
– freighting by the case
– LCL *(less than carload)* freight
Stückguttarif *m* (com) LCL rates
Stückgutversand *m* (com) shipment as LCL lot
Stückgutvertrag *m* (com) bill of lading contract
Stückkalkulation *f* (KoR) product costing
Stückkauf *m* (Re) sale of ascertained *(or* specific)
goods *(syn, Spezieskauf; opp, Gattungskauf)*
Stückkosten *pl*
(KoR) unit cost
– per unit cost
– cost per unit of output *(or* volume)

Stückkostenkalkulation *f* (KoR) product costing

Stückkosten *pl* **kalkulieren** (KoR) to build up product cost

Stückkostennachteile *mpl* (Bw) disadvantages of higher cost units

Stückkostenrechnung *f* (KoR) unit costing

Stückkurs *m*
(Bö) unit quotation
– quotation per share
(syn, Stücknotierung; opp, Prozentkurs)

Stückliste *f*
(MaW) bill of materials
(IndE) master bill of materials
– parts list
(ie, für die Materialdispositionen werden folgende fertigungsbezogene Stücklisten benötigt: Mengenübersichtsstücklisten, Strukturstücklisten, Baukastenstücklisten, qv)

Stücklistenauflösung *f*
(IndE) bill explosion
– explosion of bill of material

Stücklistenbaum *m* (IndE) bill of materials tree

Stücklistengenerator *m* (EDV) bill of materials processor

Stücklistenprozessor *m* (IndE) bill of material processor

Stücklistenspeicher *m* (EDV) parts list storage

Stücklistenstruktur *f* (IndE) bill of materials structure

Stücklizenz *f* (Pat) per unit royalty

Stücklohn *m*
(IndE) payment by piece rates
– wage on piecework basis

Stücklohnfaktor *m* (IndE) basic piece rate

Stücklohnsatz *m* (IndE) piece rate

Stücklohnverfahren *n* (IndE) differential piece rate system

Stück *n* **mit kritischem Fehler** (IndE) critical defective

Stücknotierung *f* (Bö) unit quotation *(syn, Stückkurs)*

Stücknummer *f*
(Fin) share certificate number
(Fin) bond certificate number

Stückpreis *m* (com) unit price

Stückrechnung *f* (KoR) product costing

Stückschuld *f* (Re) specific *(or* specifically defined) obligation
(syn, Speziesschuld; opp, Gattungsschuld)

Stückspanne *f* (Mk) item-related profit margin
(ie, difference between purchase and sales prices of a single article)

Stückwerktechnik *f* (Log) piecemeal engineering
(cf, K. Popper)

Stückwertaktie *f*
(Bö) share quoted per unit

Stückzeit *f*
(IndE) job time
– time required per unit of output

Stückzeitakkord *m* (Pw) time-based piece rate
(opp, Stückgeldakkord)

Stückzinsen *mpl* (Fin) accrued interest
(ie, earned but not yet due; accrues on notes, fixed-interest bonds and debentures; syn, aufgelaufene Zinsen)

Stückzinsenberechnung *f* (Fin) calculation of accrued interest

Stückzoll *m* (Zo) duty per article

Student-Verteilung *f* (Stat) Student distribution

studieren
(com) to study
– to examine carefully
(Pw) to study for
– (GB) to read for a university degree

Stufe *f* (EDV, Cobol) level

Stufen *fpl* **der Unternehmensführung** (Bw) levels of management *(ie, top, middle, lower)*

Stufendurchschnittssatztarif *m* (FiW) = Stufentarif

Stufenflexibilität *f*
(AuW) managed flexibility *(ie, of foreign exchange rates)*
– moving parity
– moving peg

Stufenform-Plotter *m* (EDV) incremental plotter

Stufengründung *f* (Re) formation of an AG by incorporators and subscribers
(ie, not permissible under German Stock Corporation law; syn, Sukzessivgründung, Zeichnungsgründung)

Stufenkalkulation *f* (KoR) = mehrstufige Divisionskalkulation

Stufenleiterverfahren *n* (KoR) step-by-step approximation procedure

stufenlos regelbar (IndE) infinitely variable

Stufenplan *m* (EG) plan by stages

Stufenpreise *mpl* (com) staggered prices

Stufenproduktion *f* (IndE) stepwise adjustment of volume output to seasonal sales variations

Stufenrabatt *m* (com) chain discount

Stufentarif *m* (FiW) graduated scale of taxes *(syn, Stufendurchschnittssatztarif)*

Stufenverfahren *n* (IndE) = Stufenwertzahlverfahren

stufenweise Einführung *f* (Mk) rollout marketing *(e–s Produkts)*

stufenweise Fixkostendeckungsrechnung *f* (KoR) multi-stage fixed-cost accounting

stufenweise Planung *f* (Bw) level-by-level planning

stufenweise Verwirklichung *f*
(Bw) attainment
– achievement
– implementation
– realization . . . by stages

Stufenwertzahlverfahren *n* (IndE) points rating method *(or* evaluation)

stümperhafte Arbeit *f* (Pw, GB) prentice piece of work

stumpfer Winkel *m* (Math) obtuse angle

stunden
(Fin) to allow delayed debt repayment
– to defer
– to grant a respite

Stundenlohn *m*
(Pw) hourly rate of pay
– compensation per hour worked

Stundenverdienst *m* (Pw) = Stundenlohn

Stundung *f*
(Re) respite *(ie, agreement between debtor and creditor fixing time or delay for payment, § 509 BGB)*

(Fin) deferral (*or* prolongation) of debt repayment

(StR) extension of time for payment, § 222 AO

Stundung *f* **des Kaufpreises** (com) respite
(ie, delay in the payment of purchase price)

Stundung *f* **gewähren**
(com) to grant delay in payment
– to grant a respite

Stundungsantrag *m* (Fin) request for deferring debt repayment

Stundungsfrist *f* (com) period of deferral (*or* prolongation)

Stundungsgesuch *n*
(Fin) application for a respite
– request for an extension of time

Stundungszinsen *mpl* (StR) interest on delinquent taxes, § 234 AO

Stundung *f* **von Forderungen** (Fin) prolongation of debts

stürmisches Wachstum *n* (Bw) expansion head-on

Sturmschädenversicherung *f* (Vers) storm and tempest insurance

Stuttgarter Verfahren *n* (StR) Stuttgart method
(ie, of computing the fair value of unlisted securities and membership rights, based on net worth and earning capacity; Abschn. 76 ff VStR 1977)

Stützkurs *m* (Bö) supported price

Stützpreis *m* (com) supported price

Stützpunkt *m*
(Math) extreme point
(EDV) restart point

Stutzung *f* (Stat) truncation *(ie, truncated distribution)*

Stützung *f* **des Wechselkurses** (AuW) pegging of exchange rate

Stützungsaktionen *fpl* (Vw) support action (*or* measures)

Stützungsfonds *m* (Fin) deposit guaranty fund *(ie, set up by the German Giro associations)*

Stützungskäufe *mpl*
(Fin) support . . . buying/operations
(Bö) backing

Stützungskonsortium *n* (Fin) backing/support . . . syndicate

Stützungskredit *m*
(Fin) emergency credit
– stand-by credit

Stützungslinie *f* (Fin) backup line *(ie, Verfügbarkeitszusage e–r Bank)*

Stützungsniveau *n* (EG) support level

Stützungspreis *m* (Vw) support price *(ie, a government administered price)*

Stützungssystem *n* (EG) Community support system

Stützungsverpflichtungen *fpl* (Fin) support commitments

Stützung *f* **von Währungen** (AuW) monetary support

subjektiv ausgewählte Stichprobe *f* (Stat) judgment sample

subjektive Bedürfnisbefriedigung *f* (Vw) subjective satisfaction

subjektive Klagenhäufung *f*
(Re) = Klägerhäufung

subjektiver Wert *m* (ReW) subjective value

subjektives Recht *n* (Re) legal right
(opp, objektives Recht, qv)

subjektives Risiko *n* (Vers) subjective risk

subjektive Unmöglichkeit *f* (Re) inability to perform *(syn, Unvermögen)*

subjektive Wahrscheinlichkeit *f* (Stat) expectancy

subjektive Werttheorie *f* (Vw) subjective theory of value

Subjektsteuern *fpl* (FiW) = Personensteuern

Subjunktion *f*
(Log) material implication
– logical conditional

subjunktiver Konditionalsatz *m*
(Log) contrary-to-fact conditional
– counterfactual
– counterfactual conditional
– subjunctive proposition

subkonträre Aussage *f* (Log) subcontrary proposition

subkonträrer Gegensatz *m* (Log) inclusive disjunction *(ie, in traditional logic)*

subkritischer Weg *m* (OR) subcritical path

Submission *f*
(com) invitation to bid (*or* tender)
– requests for bids
(ie, published notice that competitive bids are requested; syn, Ausschreibung)

Submissionsangebot *n*
(com) bid
– tender

Submissionsbedingungen *fpl* (com) tender terms

Submissionsbewerber *m*
(com) bidder
– tenderer

Submissionsgarantie *f*
(com) tender guaranty
– bid bond

Submissionskartell *n* (Kart) bidding cartel

Submissionspreis *m* (com) contract price

Submissionsschluß *m* (com) bid closing date

Submissionstermin *m* (com) opening date

Submissionsverfahren *n*
(com) tender procedure
– competitive bidding procedure
(Fin) public tender

Submissionsvergabe *f* (com) award of contract

Submissionsvertrag *m* (com) tender agreement

Submittent *m*
(com) bidder
– tenderer

suboptimieren (OR) to suboptimize

Subordinationskonzern *m* (Bw) group of subordinated affiliates

Subordinationsquote *f*
(Bw) span of control
– span of command
– span of management
– span of supervision
– span of responsibility
– chain of command

Subrogation *f* (Re) subrogation

subsidiäre Haftung *f* (Re) secondary liability

subsidiär haften (Re) secondarily liable

Subsistenzminimum *n* (Vw) subsistence level

Subskript *n* (Math) subscript
Subskription *f*
  (Fin) subscription to new securities issue
  (IWF) subscriptions
  (ie, capital contributions)
Subskriptionsnachlaß *m*
  (com) pre-publication discount *(ie, off the normal price of a book)*
Subskriptionspreis *m* (com) prepublication price *(ie, of books)*
substantielle Abnutzung *f* (ReW) physical wear and tear *(ie, of fixed assets)*
substantielle Kapitalerhaltung *f*
  (Bw) maintenance *(or* preservation) of real-asset values
  (ie, paper profits and losses being eliminated from results accounting; syn, Substanzerhaltung)
  (Fin) maintenance of equity
  (ReW) recovery of replacement cost *(ie, during service life)*
Substanz *f*
  (com) substance
  – (infml) beef
Substanzaushöhlung *f* (Bw) erosion of assets in real terms
  (ie, through inflation)
Substanzbesteuerung *f* (StR) taxation of property
Substanzbewertung *f* (StR) net assets valuation
  (eg, Einheitswert, Ertragswert, gemeiner Wert, Teilwert)
Substanzerhaltung *f* (Bw, Fin) = substantielle Kapitalerhaltung
Substanzerhaltungsrechnung *f* (ReW) inflation accounting
Substanzerhaltungsrücklage *f* (ReW) inflation reserve
Substanzsteuern *fpl* (FiW) taxes on non-income values
Substanzverlust *m* (Bw) asset erosion
Substanzverringerung *f* (ReW) depletion
Substanzverzehr *m* (ReW) asset erosion
Substanzwert *m*
  (Bw) net asset value
  (ie, value of an enterprise as a whole: sum of all assets – all liabilities at current market values, but excluding goodwill; syn, Teilreproduktionswert)
  (Fin) intrinsic value
Substanzzuwachs *m* (Bw) growth in asset volume
substituierbare Güter *npl* (Vw) substitutable goods
Substitut *m/n*
  (com, *rare term for)* sub-representative
  – sub-agent
  (Vw) substitute good *(or* product)
substitutionale Produktionsfaktoren *mpl* (Vw) substitutional factors of production
substitutionale Produktionsfunktion *f* (Vw) substitutional production function
Substitutionseffekt *m* (Vw) substitution effect *(ie, subcase of what is known as the Ricardo effect)*
Substitutionselastizität *f* (Vw) elasticity of (technical) substitution
Substitutionsgut *n* (Vw) substitute good *(or* product)
Substitutionskoeffizient *m* (Vw) substitution coefficient

Substitutionskonkurrenz *f* (Vw) competition of substitute goods
Substitutionskonto *n* (IWF) substitution account
  (ie, member countries may swap excess dollars for an IMF composite credit)
Substitutionskosten *pl* (Vw) opportunity cost
Substitutionskostentheorie *f* (AuW) theory of substitution cost
Substitutionskredit *m* (Fin) substitution credit *(ie, any form of credit which a bank grants on its own standing; eg, Avalkredit, Akzeptkredit)*
Substitutionskurve *f* (Vw) tradeoff curve
Substitutionslücke *f* (Vw) gap in the chain of substitution
Substitutionsrate *f* (Vw) rate of commodity substitution
Substitutionsstelle *f* (EDV) substitution bit
substitutive Ressource *f* (Vw) backstop resource *(cf, Backstop-Technologie)*
substitutives Gut *n* (Vw) substitute good *(or* product)
Subtraktionsmenge *f* (Math) difference set
Subtraktionsmethode *f* (KoR) residual value costing
  (ie, method of costing joint products = Kalkulation von Kuppelprodukten; syn, Restwert- od Restkostenrechnung)
Subtraktion *f* **von Matrizen** (Math) matrix subtraction
Subunternehmer *m* (com) subcontractor
Subunternehmervertrag *m* (com) subcontract
Subvention *f*
  (Vw) subsidy
  (ie, Transferzahlung an Unternehmung; Wort wird wegen der negativen Beurteilung von ,Subvention' oft ersetzt durch: Unterstützung, Finanzhilfe, Beihilfe, Prämie, Zuwendung, Zuschuß u. a.)
  (AuW) (export) bounty
Subventionen *fpl* **streichen** (Vw) to quash subsidies
subventionieren (Vw) to subsidize
subventionierte Kreditfinanzierung *f* (Fin) subsidized credit financing
subventionierter Preis *m* (Vw) subsidized *(or* pegged) price
Subventionsabbau *m* (EG) reduction of subsidies
Subventionsbetrug *m* (Re) subsidy fraud, § 264 StGB
Subventionskonto *n* (IWF) Subsidy Account
Subventionskürzung *f* (EG) cut in subsidies
Suchargument *n* (EDV) search argument
Suche *f* **nach Alternativen** (Bw) search for alternatives *(or* alternative policies)
Suchfeld *n* (EDV) look-in field
Suchkriterium *n* (EDV) = Suchargument
Suchlauf *m* (EDV) lookup
Suchmodus *m* (EDV) locate mode
Suchphase *f* (Bw) phase of finding alternative solutions *(ie, in decision theory)*
Suchschleife *f* (EDV) search cycle
Suchschlüssel *m* (EDV) search key
Suchverfahren *n* (EDV) search method
Suchzeit *f* (EDV) search *(or* seek) time
Suchzyklus *m* (EDV) search cycle *(syn, Suchschleife)*

697

Suffix *m*
(Math) lower index
– subscript
Suggestivfrage *f* (Mk) leading (*or* loaded) question
Suggestivwerbung *f* (Mk) suggestive advertising *(opp, informative Werbung)*
suggestiv wirkende Voraussage *f* (Log) self-fulfilling prophesy
Sukzession *f* (Re) legal succession
sukzessiver Lagerzugang *m* (MaW) non-instantaneous receipt
Sukzessivgründung *f* (Re) = Stufengründung
Sukzessivlieferungsvertrag *m*
(Re) multiple delivery contract
– continuing sales contract
– open-end contract
– apportioned contract
(ie, extends over a longer period of time; syn, Bezugsvertrag)
Sukzessivplanung *f* (Bw) multi-stage planning
Summandenregister *n* (EDV) addend register *(syn, Addendenregister)*
summarische Arbeitsbewertung *f* (IndE) nonanalytic job evaluation
summarische Beschau *f* (Zo) summary examination
summarisches Arbeitsbewertungsverfahren *n* (IndE) factor comparison method
summarisches Verfahren *n* (Re) summary proceedings *(eg, Wechsel- und Urkundenprozesse)*
summarische Zollanmeldung *f* (Zo) summary customs declaration
summarische Zuschlagskalkulation *f* (KoR) summary job order costing
ie, entweder kumulatives od elektives Verfahren)
Summation *f* (Math) summation
Summationsindex *m* (Math) summation index
Summationszeichen *n* (Math) summation sign
Summe *f* **aller Teilmengen** (Math) space of the investigation
Summe *f* **der Abweichungsquadrate**
(Stat) deviance
– squariance
– sum of squares
Summe *f* **der Einkünfte beider Ehegatten** (StR) combined net income of the spouses, § 56 I 1 b EStDV
Summe *f* **der gesamten Umsätze** (StR) total turnover, Abschn. 113 EStR
(ie, taxable and nontaxable income)
Summe *f* **der unendlichen Reihe** (Math) sum to infinity
Summe *f* **Eigen- und langfristiges Kapital** (Vers) total investable funds
Summe *f* **Einzelkosten** (KoR) product cost *(opp, period cost)*
Summenaktie *f* (Fin) share certificate issued for a fixed amount, § 6 AktG
(syn, Nennwertaktie; opp, Quotenaktie, which is not permissible in West Germany)
Summenausfallhäufigkeit *f* (IndE) cumulative distribution function
Summenbilanz *f* (ReW) statement of account transactions
(ie, listing of credit and debit sums of all accounts; syn, Umsatzbilanz, Probeabschluß)

Summenexzedenten-Rückversicherung *f* (Vers) excess of line reinsurance
Summenhäufigkeit *f* (Stat) cumulative frequency
Summenhäufigkeitspolygon *n* (Stat) cumulative polygon
Summenhäufigkeitsverteilung *f* (Stat) cumulative frequency distribution
Summenkarte *f*
(ReW) asset control account
(EDV) summary card
Summenkontrolle *f* (EDV) summation check
Summenkurve *f*
(Stat) cumulative curve
– ogive
Summenlinie *f* (Stat) cumulative frequency polygon
Summentabelle *f* (com) cumulative table
Summenversicherung *f* (Vers) fixed sum insurance
(opp, Schadenversicherung)
Summenverteilung *f* (Stat) cumulative distribution
Summenverwahrung *f* (Fin) deposit of fungible securities
(ie, bank need only return paper of same description and quantity)
Summenvortragskonto *n*
(ReW) balance of totals brought forward)
Summenwahrscheinlichkeit *f* (Stat) cumulative probability
Summenzuwachs *m* (Vers) reversionary bonus
summierbar (Math) summable
Summierung *f* (Math) summation
Superchip *m* (EDV) superchip *(ie, megabit RAM, which stores more than 1 million bits of data in random access memory)*
Superdividende *f*
(Fin) superdividend
(Fin) surplus dividend *(syn, Überdividende)*
Supergoldtranche *f* (IWF) super gold tranche
superiore Güter *npl* (Vw) superior goods
Superlativ-Werbung *f* (Mk) puff advertising *(syn, übertreibende Werbung)*
Supermarkt *m* (Mk) supermarket
Supermikro *n* (EDV) supermicro *(ie, 32-bit processor)*
Supermultiplikator *m* (Vw) supermultiplier
Superpositionssatz *m* (Math) linearity/superposition . . . theorem *(cf, Laplace-Transformation)*
Superprovision *f* (com) overriding commission
(ie, paid to a general agent for the benefit of his subagents)
Supplementinvestition *f* (Fin) = Differenzinvestition
Supplementwinkel *m* (Math) supplementary angle
Supposition *f* (Log) supposition
supranationale Anleihe *f* (Fin) supranational bond *(eg, World Bank, ECSC, etc.)*
Supremum *n* (Math) supremum
surrogate Produktionsfunktion *f* (Vw) as-if production function
Surrogatsteuer *f* (FiW) tax on a substitute product
Süßwarenindustrie *f* (com) sugar confectionery industry
sustentative Ausgaben *fpl* (FiW) stabilizing public expenditure
Swap *m*
(Fin) swap

(ie, heute zunehmend benutzt, um bereits be-
stehende Forderungen und Verbindlichkeiten
umzustrukturieren; cf, *Zinsswap,*
Währungsswap, integrierter Swap, Basisswap,
Swap der 2. Generation)
(Bö) swap
(ie, selling one issue and buying another)
Swap-Abkommen *n* (AuW) swap arrangement
Swap-Abschluß *m* (AuW) swap transaction
Swap-Fazilitäten *fpl* (IWF) swap facilities
Swap-Finanzierung *f* (Fin) swap financing
Swapgeschäft *n* (Fin) swap transaction *(or* opera-
tion*)*
(ie, Form des Devisentauschgeschäfts, bei dem
ein Partner e–m anderen sofort Devisen zur Ver-
fügung stellt (Kassageschäft) und gleichzeitig
Rückkauf zu festem Termin und Kurs vereinbart
wird (Termingeschäft); abgeschlossen zur Kurs-
sicherung vor allem von Finanzkrediten)
Swapkarussell *n* (AuW) merry-go-round in central-
bank-covered foreign exchange
Swapkonditionen *fpl* (AuW) swap terms
Swapsatz *m*
(AuW) swap rate
– forward margin
(ie, difference between forward and spot price)
Swap-Vereinbarung *f* (AuW) swap agreement between central banks
Swing *m* (AuW) swing *(ie, reciprocal credit lines)*
Switch-Geschäft *n* (AuW) switch
Switch-Prämie *f* (AuW) switch premium
Syllogismus *m* (Log) syllogism *(ie, deductive argu-*
ment having two premises and a conclusion)
Sylvesterputz *m* (ReW) window dressing
symbolische Adresse *f* (EDV) symbolic *(or* floating*)* address *(syn, Distanzadresse; opp, absolute*
Adresse)
symbolische Codierung *f* (EDV) symbolic coding
symbolische Instruktion *f* (EDV) symbolic instruction
symbolische Programmiersprache *f* (EDV) symbolic language
symbolischer Befehl *m* (EDV) symbolic instruction
symbolischer Code *m* (EDV) symbolic code
Symbolsprache *f* (EDV) symbolic programming
language
Symmetrieachse *f* (Math) axis of symmetry
Symmetriebedingung *f* (Math) symmetry requirement
Symmetrietest *m* (Stat) symmetry test *(ie, special*
type of nonparametric testing)
symmetrische Determinante *f* (Math) symmetrical
determinant
symmetrische Differenz *f* (Math) symmetric difference
symmetrische Matrix *f* (Math) symmetrical matrix
symmetrischer Fehler *m* (EDV) balanced error
symmetrische Verteilung *f* (Stat) symmetric distribution
symmetrisch-zweiseitiger Test *m* (Stat) equal-tails
test
Sympathiestreik *m* (Pw) sympathetic *(or* sympathy*)*
strike
synallagmatischer Schuldvertrag *m* (Re) reciprocal
(or synallagmatic*)* contract *(ie, bilateral agree-*

ment intending to create obligations on both
sides)
synchrone Arbeitsweise *f* (EDV) synchronous operation
synchroner Konjunkturindikator *m* (Vw) coincident indicator *(syn, Präsensindikator, qv)*
Synchronisation *f* (Mk) dubbing
Synchronisierzeichen *n* (EDV) idle character
Synchronrechner *m* (EDV) synchronous computer
Synchronübertragung *f* (EDV) synchronous transmission
Synchronverfahren *n* (EDV) synchronous mode
Syndikat *n*
(Kart) centrally managed market sharing cartel,
§ 5 III GWB *(ie, independent legal existence, and*
joint purchasing or selling units)
(Fin) syndicate
– consortium
Syndikatsvertrag *m* (Fin) consortium *(or* underwriting*)* agreement
Syndikus *m*
(Re) legal officer of a company
– staff lawyer
syndizierte Anleihe *f* (Fin) syndicated loan
syndizierte Bankfinanzierung *f* (Fin) syndicated
bank financing
syndizierter Eurowährungskredit *m* (Fin) syndicated Eurocurrency loan
Syndizierung *f* (Fin) syndication
Synergieeffekt *m* (Bw) synergy effect
(ie, Ergebnisänderungen aufgrund des Zusam-
menwirkens von bisher getrennten Objekten)
synkategorematisches Zeichen *n* (Log) syncategorematic sign
(ie, any symbol that has no independent meaning
and acquires its meaning only when joined to
other symbols)
Syntaxprüfung *f* (EDV) syntax checking
synthetische Adresse *f* (EDV) synthetic *(or* generated*)* address
synthetischer Satz *m* (Log) synthetic statement
(ie relating a subject concept with a predicate con-
cept not included within the subject proper; opp,
analytischer Satz)
SYN-Zeichen *n* (EDV) synchronous idle character,
SYN
Systemabgang *m* (OR) system output
Systemablaufdiagramm *n*
(EDV) (systems) flowchart
– data flowchart
Systemabsturz *m*
(EDV) system crash
– abnormal system end *(syn, Systemzusammen-*
bruch)
Systemanalyse *f*
(Bw) system analysis
– feasibility study
Systemanalytiker *m* (Bw) systems analyst
Systemanbieter *m* (com) systems seller
Systemanfrage *f* (EDV) prompt
Systemanfrage-Fenster *n* (EDV) prompt window
Systemansatz *m* (Bw) systems approach
systematische Auswahl *f* (Stat) systematic sampling
systematische Komponente *f* (Stat) systematic com-
ponent *(ie, in time series)*

systematischer Arbeitsplatzwechsel *m* (Pw) job rotation

systematischer Erhebungsfehler *m* (Stat) procedural bias

systematischer Fehler *m*
(Stat) systematic/cumulative ... error
– inherent bias
(ie, Bezeichnung für den Nichtstichprobenfehler; difference between the expected value of the estimator and the true value of the parameter; occurs in estimating the value of a parameter of a probability distribution)

systematischer Fehler *m* **im Ansatz** (Stat) specification bias

systematisches Probieren *n* (Log) trial and error

systematische Stichprobe *f* (Stat) systematic sample

System *n* **aufgeschobenen Prüfung** (Pat) deferred examination system
(ie, adopted in Berne in 1968 and in Tokyo in 1978)

Systemaufruf *m* (EDV) supervisor call

Systemausbau *m* (EDV) system upgrading

Systemausfall *m* (EDV) system failure

Systemausgabeeinheit *f* (EDV) system output device *(or* unit)

Systemband *n* (EDV) system tape

Systembeschreibung *f* (EDV) systems definition *(or* specification)

Systembibliothek *f* (EDV) system library

System *n* **der Ausgleichsfinanzierung** (IWF) facility on compensatory financing

System *n* **der erweiterten reellen Zahlen** (Math) extended real number system

System *n* **der Frachtparitäten** (com) basing-point system

System *n* **der freien Marktwirtschaft** (Vw) free enterprise system

System *n* **der obligatorischen bilateralen Konversion** (AuW) system of obligatory bilateral conversion

System *n* **der Zielzonen** (Vw) target zone system

System *n* **des gespaltenen Steuersatzes** (StR) double rate system

System *n* **des multilateralen Saldenausgleichs durch Reserveaktiva** (AuW) system of multilateral asset settlement

Systemeingabeeinheit *f* (EDV) system input device *(or* unit)

Systemeingabeprogramm *n* (EDV) reader/interpreter

Systemeinrichtungen *fpl* (EDV) facilities

Systementwicklung *f* (EDV) systems design

Systeme *npl* **vorbestimmter Zeiten** (IndE) systems of predetermined times *(eg, MTA, MTM, BMT)*

System *n* **fester Wechselkurse** (AuW) system of fixed exchange rates

Systemforschung *f* (Bw) systems research

Systemführer *m* (com) systems leader *(syn, Generalunternehmer)*

Systemgenerierung *f*
(EDV) system generation
– sysgen

Systemgeschäft *n* (Mk) system(s) selling
(ie, neben Produkt- und Anlagengeschäft Teil des Investitionsgütermarketing: Anlagengeschäft, das

durch ein Softwarepaket ‚investiver Dienstleistungen' zu e–m kompletten Problemlösungssystem erweitert worden ist)

System *n* **gespaltener Wechselkurse**
(Fin) two-tier exchange rate system
– split currency systemy system
(ie, separate rates for commercial and official transactions; eg, the Belgian system of Handelsfranc and Finanzfranc)

System *n* **gleitender Bandbreiten** (AuW) system of crawling *(or* sliding) pegs

System *n* **gleitender Wechselkurse** (AuW) system of floating exchange rates

Systemhaus *n* (EDV) computer retailer

Systemkern *m*
(EDV) supervisor
– executive/master/supervisory ... program
(ie, Funktionen: Lader, Prozeßsteuerung, Hauptspeicherverwaltung, I/O-Steuerung, Übergang von e–m Programm zum anderen, optimale Nutzung des Rechnerkerns und des Hauptspeichers)

Systemkonfiguration *f* (EDV) hardware *(or* system) configuration *(syn, Anlagekonfiguration)*

System *n* **linearer Ungleichungen** (Math) system of linear inequalities

System *n* **multipler Wechselkurse**
(AuW) multiple currency system
– multiple-rate system

System *n* **niederer Ordnung** (IndE) operating unit

System-Organisation *f* (Bw) system-oriented structure

Systempflege *f* (EDV) program maintenance *(syn, Programmpflege)*

Systemplanung *f* (EDV) system engineering

Systemplatte *f* (EDV) system board *(syn, Systemplatine)*

Systemprogramm *n*
(EDV) system program
– operating system routine

Systemprogrammierer *m* (EDV) system programmer

Systemprüfung *f* (EDV) system check

systemresident (EDV) system resident

Systemresidenz *f* (EDV) system residence

Systemschnittstelle *f* (EDV) system interface

Systemsoftware *f* (EDV) system software *(opp, Anwendersoftware = application software)*

Systemsteuerprogramm *n* (EDV) control program

Systemsteuersprache *f* (EDV) job control language, JCL

Systemstörungszeit *f* (EDV) system downtime

Systemtest *m* (EDV) system check

Systemtheorie *f*
(Bw) systems theory *(or* engineering *or* research)
– general systems theory
– system dynamics

System *n* **überlappender Gruppen** (Bw) overlapping group form of structure

Systemverklemmung *f* (EDV) deadlock

Systemverzeichnis *n* (EDV) root directory *(syn, Stammverzeichnis)*

Systemzugang *m* (OR) system input

Systemzusammenbruch *m*
(EDV) abnormal system end

– system crash *(syn, Systemabsturz)*
Systemzwänge *mpl* (Bw) structural constraints

SZR (IWF) = Sonderziehungsrechte
SZR-Korb *m* (IWF) SDR basket

T

Tabakbörse *f* (Bö) tobacco exchange
Tabakernte *f* (com) tobacco crop
Tabakerzeugnisse *npl* (com) tobacco products
Tabakgeschäft *n*
(com) tobacco store
– (GB) tobacconist
Tabakmonopol *n* (FiW) tobacco monopoly
Tabaksteuer *f* (StR) tobacco tax
tabakverarbeitende Industrie *f* (com) tobacco processing industry
Tabakwaren *fpl* (com) = Tabakerzeugnisse
tabellarisch
(Stat) tabular
– in tabular form
tabellarisch darstellen (Stat) to tabulate
tabellarische Darstellung *f*
(Stat) graph
– chart
(Stat) tabulation
tabellarischer Lebenslauf *m*
(Pw) personal data *(or* record sheet)
– resume
(ie, in place of a written-out curriculum vitae)
Tabelle *f*
(Stat, EDV) table
(Re) schedule of debts, § 164 KO
Tabelle *f* **aufstellen** (Stat) to compile a table
Tabellenausdruck *m* (EDV) tabular printout
Tabellenauszug *m* (Re) extract from schedule of debts, § 164 KO
Tabellenbuchführung *f* (ReW) columnar form of accounting
Tabelleneintragung *f* (Stat) table entry
tabellengesteuert (EDV) table-controlled
Tabellenkalkulation *f*
(EDV) spreadsheet analysis
– spreadsheeting
Tabellenlesen *n* (EDV) table look-up
Tabellensuchprogramm *n* (EDV) table lookup program
Tabellenwerk *n* (Math) mathematical tables
Tabellenzeitwert *m* (IndE) synthetic time standard
tabellieren
(com) to tabulate
– to table
– to tab *(ie, arrange data into a table)*
Tabelliermaschine *f* (EDV) tabulator
Tablett *n*
(EDV) tablet
– tables and stylus *(ie, in Computergrafik)*
Tabulator *m* (EDV) tabulator
Tabulatoreinstellung *f* (EDV) tab stop setting
Tabulator *m* **setzen** (EDV) to set tab stops
Tabulatorspeicher *m* (EDV) tab memory
Tabulatorsprung *m* (EDV) tab
Tabulatorstopp *m* (EDV) tabulation stop
Tabulatorzeichen *n*

(EDV) tabulation character, TAB
– tab stops
Tachograph *m*
(com) tachograph
– vehicle performance recorder *(syn, Fahrtschreiber)*
Tacker *m* (com) tacker
Tafeldifferenz *f* (Math) proportional part, p. p.
Tafelgeschäft *n* (Fin) over-the-counter selling
(ie, Leistung und Gegenleistung Zug um Zug; zB Barzahlung od Aushändigung der Wertpapiere; simultaneous purchase and cash payment ‚at the counter‘; syn, Schaltergeschäft)
Tafelglas *n* (com) plate glass *(ie, flat high-quality glass)*
Tafelmethode *f* (Stat) table method
Tag *m* **der Lieferung** (com) date of delivery
Tag *m* **des Geschäftsabschlusses** (com) contract date
Tag *m* **des Inkrafttretens** (Re) effective/operative … date
Tagebau *m*
(IndE) strip mining *(ie, of coal and ore)*
– (US) open-cut/open-pit … mining
– (GB) open-cast mining
(ie, of coal, lignite, and ore; opp, Untertagebau = underground mining)
Tagebuch *n*
(ReW) daybook
– journal
– blotter
– business diary
(syn, Grundbuch, Memorial, Journal, Primanota)
(com) daily journal *(ie, kept by a commercial broker, § 101 HGB)*
Tagebucheintragung *f* (ReW) journal entry
Tagegeld *n*
(com) daily allowance
– per diem allowance
– per diem
Tagegeldversicherung *f* (Vers) daily benefits insurance
Tagelöhner *m* (Pw) daily paid worker
Tagelohnsatz *m* (Pw) daywork rate
tagen (com) to hold a meeting
tagesaktuelles Geschäft *n*
(Bw) day-to-day business
– (infml) nuts and bolts operations
Tagesauftrag *m* (Bö) order valid today
Tagesauszug *m* (Fin) daily statement
Tagesbelastung *f* (IndE) day load
Tagesbericht *m* (com) daily report
Tagesdurchsatz *m* (IndE) daily throughput
Tageseinnahme *f* (com) = Tageskasse
Tagesendliste *f* (Fin) end of day report
Tagesförderung *f* (IndE) daily output

Tagesgeld *n*
(Fin, US) night money
– day-to-day money
– overnight money
(ie, Festgeld mit vereinbarter Laufzeit von e–m Tag: repayable within 24 hours)
(Fin, US) federal funds
– available
– cleared
– collected... funds
(ie, non-interest bearing deposits held by member banks at the Federal Reserve; standard unit of trading among the larger banks is $1 million or more; the straight one-day transaction is unsecured)

Tagesgeldmarkt *m*
(Fin) overnight money market
(Fin, US) federal funds market
– call money market

Tagesgeldsatz *m*
(Fin) overnight rate
(Fin, US) federal funds rate
(ie, currently pegged by the Federal Reserve through open-market operations; Schlüsselrate des Geldmarktes; meist als Alternative zu Libor angesehen)
– (banker's) call rate

Tagesgeld *n* **unter Banken** (Fin) interbank call money

Tagesgeschäft *n*
(Bö) day order
– today only order *(syn, Tageskauf)*

Tagesgeschäfte *npl* **führen**
(Bw) to handle the day-to-day operations
– (infml) to run the show day by day
– (infml) to run the show day by day *(eg, said of a managing director)*

Tageskasse *f*
(com) daily cash receipts
– daily takings

Tageskauf *m* (Bö) = Tagesgeschäft

Tageskurs *m*
(ReW) current market price
(ie, am Bilanzstichtag ermittelter Börsenpreis)
(Fin) current rate of exchange
(Bö) daily quotation
– current *(or* going*)* price
(ie, Kurs des Ausführungstages)

Tagesleistung *f* (IndE) daily output
Tageslosung *f* (com) daily takings
Tagesnotierung *f* (Bö) daily quotation
Tagesordnung *f*
(com) agenda
– order of the day
– business to be transacted

Tagesordnungspunkt *m* (com) item on the agenda
Tagesordnung *f* **vorbereiten** (com) to prepare the agenda
Tagespreis *m* (com) current *(or* ruling*)* price
Tagespreisprinzip *n* (com) current-price principle
(ie, of cooperatives)
Tagesproduktion *f* (IndE) daily output
Tagessatz *m* (com) per diem rate
Tagesschwankungen *fpl* (com, Bö) intraday fluctuations

Tagesspesen *pl* (com) per-diem charges
Tagesumsatz *m*
(com) daily sales
– (GB) daily turnover
(Bö) daily (trading) volume
Tageswechsel *m* (Fin) = Tagwechsel
Tageswert *m* (ReW) current *(or* market*)* value
(ie, identical with ‚gemeiner Wert' in tax law, § 9 BewG, and with ‚Zeitwert' in commercial law, § 40 HGB; syn, Marktwert)
tageweise Verzinsung *f* (Fin) continuous compounding *(ie, on a daily basis)*
tagfertig (ReW) updated *(eg, bookkeeping records)*
täglicher Kassenbericht *m* (ReW) daily cash report
tägliches Geld *n* (Fin) call money
(ie, Kredit darf frühestens e–n Tag nach Vertragschluß gekündigt werden; Laufzeit also mindestens zwei Tage; cf, Tagesgeld)
täglich fällig (Fin) due at call *(or* on demand*)*
täglich fällige Einlagen *fpl*
(Fin) deposits payable on demand
– demand deposits
täglich fällige Forderungen *fpl* (Fin) immediately realizable claims *(eg, against the central bank)*
täglich fällige Gelder *npl* (Fin) deposits at call
täglich fällige Guthaben *npl*
(Fin) current accounts
– demand deposits
(ie, kept with commercial banks)
täglich fällige Verbindlichkeiten *fpl* (Fin) liabilities payable on demand
täglich kündbar (Fin) subject to call
täglich kündbare Kredite *mpl* **aufnehmen** (Fin) to borrow at call
Tagung *f*
(com) meeting
– conference
– (infml) get-together
Tagung *f* **abhalten** (com) to hold a meeting
Tagung *f* **einberufen** (com) to call a meeting
Tagungsbericht *m* (com) proceedings
Tagungsort *m* (com) meeting place
Tagungsteilnehmer *m* (com) participant in a meeting
Tagwechsel *m* (Fin) bill payable at a specified date
(syn, Datumswechsel, Tageswechsel; opp, Sichtwechsel)
Takt *m*
(IndE) cycle
– timed sequence
(EDV) clock pulse
Taktabstand *m* (EDV) clock period
Taktfertigung *f* (IndE) cycle operations
Taktfolge *f* (EDV) clock rate
Taktfrequenz *f* (EDV) clock frequency
Taktgeber *m*
(EDV) clock
– clock generator
– internal clock
taktisch-dispositive Ziele *npl* (Bw) tactical *(or* short-run*)* goals
taktische Führung *f* (Bw) tactical execution
taktische Planung *f* (Bw) tactical planning
(opp, strategische Planung = strategic planning; operative Planung = operative planning)

Taktleitung *f* (EDV) timing line
Taktoperation *f* (EDV) clock operation
Taktsteuerung *f* (EDV) sequential control *(syn, Ablaufsteuerung, Programmsteuerung)*
Taktstraße *f* (IndE) transfer (*or* assembly) line
Taktzeit *f*
  (IndE) cycle time
  – machining time
  – (GB) floor-to-floor time *(ie, Gesamtstückzeit, Zeit pro Stück)*
  (EDV) cycle time
  (ie, zwischen Impulsen des Taktgebers; syn, Zykluszeit, Prozessorzykluszeit)
Tallymann *m* (com) tally clerk
Talon *m*
  (Fin) renewal coupon
  – coupon sheet
  (syn, Erneuerungsschein, Leiste, Leistenschein)
Talsohle *f*
  (Vw) bottom *(ie, of recession)*
  – trough
  – pit of slump
Talsohle *f* **verlassen** (Vw) to bottom out *(ie, before rising again)*
TA Luft *f* (Re) Technical Instructions for Air *(ie, Technische Anleitung zur Reinhaltung der Luft)*
Tandembetrieb *m* (IndE) tandem operation
Tangente *f* (Math) tangent
Tangentenfläche *f* (Math) tangent surface of a space curve
Tangentenkurve *f* (Math) tangent curve
Tangentenlösung *f* (Vw) tangency solution
Tangentensatz *m*
  (Math) tangent law
  – law of tangents
Tangentialebene *f* (Math) tangent plane
Tangentialpunkt *m* (Math) point of tangency
Tanklager *n* (IndE) fuel depot (*or* store)
Tankstelle *f*
  (com) filling station
  – (infml) gas station
  – (GB) petrol station
  – (GB) pump
  (Mk) gasoline retailer
  – (GB) petrol retailer
Tante-Emma-Laden *m*
  (com) mom-and-pop store
  – „ma and pa" corner store
Tantieme *f*
  (Pw) management bonus
  – profit-sharing bonus
  (Pat) author's fee
  – royalty
Tantiemesteuer *f* (StR) = Aufsichtsratsteuer
Tapetenindustrie *f* (com) wallpaper industry
Tara *f* (com) tare *(ie, (weight of container or packaging material)*
Tarif *m*
  (com) scale of charges
  (com) freight tariff (*or* rates) *(ie, in railroad and air traffic)*
  (Pw) pay scale
  (StR) tax scale
  (Zo) customs tariff

  (Vers) rate *(ie, cost of a given unit of insurance: premium is the rate × number of units purchased)*
Tarifabschluß *m*
  (Pw) conclusion of a pay agreement
  (Pw) wage . . . settlement
  – pay (*or* wage) deal
Tarifabschluß *m* **im öffentlichen Dienst** (Pw) pay settlement in the public service
Tarifabschluß *m* **in Höhe des Produktivitätszuwachses** (Pw) productivity deal
Tarifangestellter *m* (Pw) salaried employee covered by collective agreement system
tarifäre Handelshemmnisse *npl* (AuW) tariff barriers
Tarifaufsicht *f* (Vers) insurance rate regulation
Tarifausschuß *m* (Pw) collective settlement committee *(ie, appointed by the Federal Minister of Labor; comprised of three members each of employee and employer umbrella organizations, § 5 Tarifvertragsgesetz)*
Tarifautonomie *f*
  (Pw, *roughly*) autonomous wage bargaining
  – free collective bargaining
  – mutual independence of employers and employees
  (ie, „a sacred cow in Germany": German labor law recognizes and protects the adversary role of management and unions, forbidding all interference with the bargaining process)
Tarifbelastung *f*
  (StR) tariff rate load
  – tax rate burden
  (ie, corporate tax rate that applies to undistributed profits of a certain type; ranging from zero to 56%)
tarifbesteuerte Wertpapiere *npl* (Fin) fully-taxed securities *(opp, steuerfreie od steuerbegünstigte Wertpapiere)*
Tarifbezirk *m* (Pw) tariff area *(ie, wage negotiation occurs at Länder level)*
Tariferhöhung *f* (Pw) increase of standard wage
Tariffähigkeit *f* (Pw) capacity to negotiate pay deals, § 2 Tarifvertragsgesetz
Tariffrachten *fpl* (com) tariff rates
Tariffreibetrag *m* (StR) general allowance
Tariffreiheit *f* (Pw) freedom of collective bargaining
Tarif *m* **für Verträge mit kurzer Laufzeit** (Vers) short rate
Tarifgebundenheit *f* (Pw) commitment to the rules of a collective agreement, § 3 Tarifvertragsgesetz
Tarifgestaltung *f* (StR) rate making (*or* setting)
Tarifgrundlohn *m* (Pw) total job rate
Tarifgruppe *f*
  (StR) tax bracket
  (Pw) wage group
Tarifhoheit *f*
  (com) right to authorized railroad rates
  (Pw) constitutional right to bargain collectively
  – right to free collective bargaining
  (ie, between management and labor, with no outside interference)

Tarifierung f
(Zo) tariff classification of goods
(Vers) setting of insurance rates
Tarifierungsgrundlage f (com) rate base
Tarifkommission f (Pw) union bargaining committee
Tarifkontrollgesetz n (Vers) rate regulatory law
Tarifkreis m (Pw) employees covered by a collective bargaining contract
Tarifkrieg m (com) fares war *(eg, in aviation)*
tarifliche Arbeitszeit f (Pw) hours by collective agreement, negotiated hours
tarifliche Beschaffenheit f (Zo) tariff description
tariflicher Urlaub m (Pw) standard holiday with pay
tarifliche Warenbezeichnung f (Zo) tariff description
Tariflohn m
(Pw) negotiated standard wage rate
– agreed (*or* union) wage rate
Tariflohnerhöhung f (Pw) increase of union wage rate
Tarifnummer f (Zo) tariff heading
Tarifpaket n (Pw) pay package deal
Tarifpartner mpl
(Pw) labor and management
– unions and management
– parties to a pay deal
Tarifpolitik f (Pw) pay rate policy
Tarifpositionen fpl (Zo) tariff headings (*or* items)
Tarifprogression f (StR) progressive increase in tax scales
Tarifrecht n (Re) collective bargaining law
Tarifrunde f
(Pw) round of wage negotiations
– wage bargaining round
– negotiating round
– pay round
– round of wage claims
Tarifsatz m (com) tariff rate *(ie, called ‚Frachtsatz‘ in railroad traffic)*
Tarifsprung m
(StR) jump in the tax scale
(Zo) change of tariff heading
Tarifstaffelung f (com) rate scale
Tarifstatistik f (Zo) tariff statistics
Tarifstelle f (Zo) tariff subheading
Tarifstreit m (Pw) wage dispute
Tarifstufen fpl (StR) tax scale increments
Tarifstundenlohn m (Pw) standard hourly rate
Tarifsystem n (com) tariff rate system *(ie, in railroad freight business)*
Tariftonnenkilometer m (com) ton-kilometer charged
Tarifverband m (Vers) rate making association
Tarifverdienst m (Pw) pay rates
Tarifverhandlungen fpl
(Pw) collective bargaining
(Pw) pay
– wage
– contract ... negotiations
(ie, carried on between trade unions and employers' associations)
Tarifverhandlungen fpl **für gescheitert erklären** (Pw) to break off wage negotiations

Tarifvertrag m (Pw) collective agreement
Tarifvertrag m **aushandeln** (Pw) to bargain collectively
Tarifvertragsgesetz n (Pw) Collective Agreements Law, of 25 Aug 1969, as amended
Tarifwerte mpl (Bö) utilities
Tarifzwang m (Pw) compulsory collective bargaining
Tarnwerbung f (Mk) camouflaged (*or* masked) advertising
Taschengeldparagraph m (Re) provision governing „pocket money contracts“, § 110 BGB
Taschenpfändung f (Re) attachment of debtor's purse
(ie, including all things movable which debtor has about him, § 808 ZPO)
Taschenrechner m (EDV) pocket calculator
Tastatur f (EDV) keyboard
Tastatureingabe f (EDV) (manual) keyboard entry
tastaturgesteuert (EDV) key-controlled
Tastaturpuffer m (EDV) keyboard buffer
Tastatursperre f (EDV) keyboard lockout
Taste f (EDV) key
tastengesteuert (EDV) key driven
Tastentelefon n (EDV) pushbutton (*or* touch-tone) telephone
Tastfehler m (EDV) keying error
Tat f
(Re) act
– offense
Tatbestand m
(com) fact of the matter
(Re) facts
– state (*or* set) of facts
(Re) facts of the case
(Re) statutory definition of an offense
Tatbestand m **feststellen** (Re) to take down the facts of a case
Tatbestandsfeststellungen fpl (Re) findings of fact
Täter m
(Re) offender
– perpetrator
Tatfrage f
(Re) issue (*or* question) of fact *(opp, Rechtsfrage)*
– quaestio facti
tätig
(com) active
– acting
tätige Reue f (StR) active regret *(see ‚Selbstanzeige‘, § 371 AO)*
tätiger Inhaber m (com) active proprietor
tätiger Teilhaber m (com) acting partner
Tätigkeit f
(com) activity
(IndE) activity *(ie, in quality assurance)*
(Bw) operations
Tätigkeit f **des Exportbasissektors** (Vw) base activity
Tätigkeitsablaufplan m (EDV) activity schedule
Tätigkeitsanalyse f (Pw) task analysis
Tätigkeitsbereich m (com) area (*or* field) of operation
Tätigkeitsbericht m (com) activity (*or* progress) report

Tätigkeitsbezeichnung f (Pw) job title
Tätigkeitsgruppe f (Pw) job cluster
Tätigkeitsknoten m (OR) activity point
Tätigkeitsmerkmale npl (Pw) job characteristics
Tätigkeitsnachweis m (Pw) performance record
Tätigkeitsprofil n (Pw) job profile
Tätigkeitsvergütung f (ReW) remuneration for acting partner *(ie, bei Kapitalkontenentwicklung)*
Tätigkeitszeit f (IndE) total activity time
Tatsachenbehauptung f
  (Re) factual statement
  – statement of fact
Tatsachenfeststellung f (Re) conclusion of fact
Tatsachenfrage f (Log) question of fact
Tatsachenirrtum m (Re) error in fact
Tatsachenvermutung f (Re) presumption of fact *(opp, Rechtsvermutung)*
tatsachenwidrige Annahme f (Log) counterfactual assumption
tatsächliche Adresse f (EDV) actual address *(syn, absolute address)*
tatsächliche Arbeitszeit f (Pw) actual hours worked
tatsächliche Ausfuhr f (Zo) actual exportation
tatsächliche Herrschaft f
  (StR) economic property, § 39 II AO *(opp, legal title)*
  (Re) physical control
tatsächliche Nutzungsdauer f (Bw) actual service life of assets
tatsächlicher Steuersatz m (StR) effective tax rate *(opp, nominal tax rate)*
tatsächlicher Ursprung m **von Waren** (Zo) true origin of goods
tatsächliche Unmöglichkeit f
  (Re) absolute impossibility
  – impossibility of fact
Tausch m
  (com) exchange
  – barter
  – swap
Tauschdepot n (Fin) exchangeable securities deposit, §§ 10 ff DepG *(syn, Tauschverwahrung)*
tauschen
  (com) to exchange
  – to barter
  – to swap
Tauschgeschäft n (com) barter transaction
Tauschgewinne mpl (AuW) gains from exchange *(or trade)*
Tauschgleichgewicht n (Vw) equilibrium of exchange
Tauschhandel m (Vw) barter trading *(opp, Kaufhandel)*
Tauschkurve f (AuW) offer curve
Tauschmittel n
  (Vw) medium of exchange
  – circulating medium
Tauschmittelfunktion f **des Geldes**
  (Vw) money as a medium of exchange
  – exchange function of money
Tauschmöglichkeitskurve f (Vw) exchange possibility line
Tauschoperationen fpl (Fin) swap operations
Tauschoptimum n (Vw) exchange optimum *(syn, Handelsoptimum)*

Tauschtransaktion f (Bö) equity switching
Täuschung f (Re) = arglistige Täuschung
Tauschverkehr m (Vw) bartering
Tauschverwahrung f (Fin) = Tauschdepot
Tausch m **von Vermögenswerten** (Fin) asset swap
Tausch m **von Wirtschaftsgütern** (com) exchange of assets
Tauschwert m
  (Vw) value in exchange *(opp, Gebrauchswert = value in use)*
  (Bw) exchange value
Tauschwirtschaft f
  (Vw) barter economy
  (AuW) exchange/nonmonetary . . . economy
Taxator m
  (com) appraiser
  – valuer
Taxe f
  (Vw) government-fixed price
  (com) appraisal fee
  (Vers) agreement on insured value
  (Vers) amount of loss to be paid *(ie, as determined by insurance valuer)*
Taxgewicht n (com) chargeable weight
Taxi n
  (com) cab
  – (GB) taxi
  – (fml) taxicab
Taxi n **bestellen** (com) to call a cab
taxieren
  (com) to appraise
  – to value
taxierte Police f (Vers) valued policy
Taxierung f
  (com) appraisal
  – evaluation
  – valuation
Taxi n **nehmen** (com) to take a cab
Taxistand m
  (com) taxi stand
  – cab stand
  – (GB) taxi rank
Taxkurs m (Bö) estimated price *(or quotation)*
taxonomische Methode f (Bw) taxonomic method
Taxwert m
  (com) appraised value *(ie, generally equal to ‚Verkehrswert‘)*
  (SeeV) valuation
Taylorsche Entwicklung f (Math) Taylor expansion
Taylorsche Reihe f (Math) Taylor series
Taylorscher Satz m (Math) Taylor's theorem
Teamarbeit f (com) team work
Teamtheorie f (Bw) theory of teams
Technik f
  (IndE) technology *(ie, branch of science)*
  – engineering *(ie, practical application)*
  – technique *(ie, method)*
Techniker m
  (com) technical man
  (IndE) engineer
  – technician *(ie, highly skilled worker in industry and science)*
  – operator
Technik f **wissenschaftlichen Arbeitens** (Log) methods of scientific investigation

technisch
(IndE) technological
- technical
- engineering
- industrial

technisch ausgereift (com) sophisticated

technisch bedingte Wertminderung *f* (Bw) wear and tear

technische Abschreibung *f* (ReW) = Mengenabschreibung

technische Aktienanalyse *f* (Bö) technical analysis *(ie, stützt sich auf Kurs- und Umsatzverläufe = prices and volume data; opp, Fundamentalanalyse = fundamental analysis)*

technische Aktientrendanalyse *f* (Bö) technical analysis of stock trends

technische Analyse *f* (Bö) chart analysis *(syn, Chart-Analyse)*

technische Änderungen *fpl* (IndE) engineering changes

technische Anlagen *fpl* **und Maschinen** *fpl*
(ReW, EG) plant and machinery
(ReW) technical equipment and machinery *(ie, alle Anlagen und Maschinen, die der Produktion dienen)*

technische Bedarfsprämie *f*
(Vers) burning cost
- pure burning cost
- pure loss cost
(ie, ratio of reinsurance losses to ceding company's subject premiums)

technische Beratung *f*
(com) technical consulting
- advisory services of a technical nature

technische Beratungsfirma *f* (com) consulting engineers

technische Bewertung *f* (IndE) engineering evaluation

technische Daten *pl* (IndE) engineering data

technische Einzelheiten *fpl*
(com) technical details
- technicalities

technische Entwertung *f* (ReW) physical depreciation of assets

technische Ergiebigkeit *f* (Bw) = Produktivität, qv

technische Grenzen *fpl* (IndE) engineering constraints

technische Güter *npl* (com) technical goods

technische Handelshemmnisse *npl* (AuW) technical barriers to trade

technisch einwandfrei (com) conforming to specification

technische Kapazität *f* (Bw) technical capacity *(ie, irrespective of cost level at different degrees of utilization)*

technische Kundendienstleistungen *fpl* (com) after-installation service

technische Kurserholung *f* (Bö) technical rally *(ie, turnaround in a generally declining market)*

technische Lieferbedingungen *fpl*
(com) engineering specifications
(IndE) technical/engineering... specifications *(ie, detailed description of technical requirements stated in terms suitable to form the basis for the actual design-development and production pro-*

706

cess of an item having the qualities specified in the operational characteristics)

technische Lösung *f* (IndE) engineering solution

technische Nutzungsdauer *f* (Bw) physical life

technische Produktionsplanung *f* **und -steuerung** *f* (IndE) production engineering

technische Aufsichtsbeamter *m* (Bw) technical inspector *(ie, der Berufsgenossenschaften)*

technischer Außendienst *m* (com) customer engineering

technischer Berater *m* (Bw) consulting engineer

technischer Direktor *m*
(com) technical manager
- (US) vicepresident engineering

technische Reaktion *f* (Bö) technical reaction *(ie, geringe Kurssenkung nach größeren Kurssteigerungen)*

technische Relation *f* (Vw) engineering relationship

technische Reserven *fpl* (Vers) technical reserves *(ie, incorrect term covering ,Prämienüberträge' and ,Schadenreserven')*

technischer Fortschritt *m*
(com) technical progress
- technological... progress/advance /improvement)
- engineering progress
(Pat) progress of the arts
- improvement in/upon the arts

technischer Frachtführer *m* (com) actual carrier

technischer Gewinn *m* (Vers) underwriting profit

technischer Kundendienst *m*
(com) customer engineering
- after-installation service
- engineering support
- customer technical support

technischer Redakteur *m* (EDV) technical writer

technischer Sachverständiger *m* (Vers) surveyor

Technischer Überwachungsverein *m* (com) Engineering Control Association

technischer Verschleiß *m* (Bw) ordinary wear and tear

technischer Wandel *m* (com) technological changes

technischer Wirkungsgrad *m* (IndE) physical/engineering... efficiency

technisches Angebot *n* (com) engineering proposal *(ie, price usually excluded)*

technisches Datenblatt *n* (IndE) specification (*or* spec) sheet

technisches Risiko *n* (Bw) technical risk

technische Substitutionsrate *f* (Vw) rate of technical substitution

technische Überholung *f* (Bw) physical obsolescence
(opp, wirtschaftliche Überholung)

technische Unterlagen *fpl* (com) technical documentation

technische Veralterung *f* (Bw) obsolescence

technische Verbrauchsgüter *npl* (Mk) durable consumer goods

technische Versicherungszweige *mpl* (Vers) technical lines (of insurance business) *(ie, umbrella term covering engineering risks)*

technische Zeichnung *f* (com) engineering drawing

technische Zusammenarbeit *f* (com) technical co-operation

technisch führender Hersteller *m* (com) cutting-edge producer

technisch-pragmatische Lösungen *fpl* (Bw) technological fixes

technisch-wirtschaftliches Vorstadium *n* e–s Projektes (com) definition phase

technisch-wirtschaftliche Überholung *f* (Bw) obsolescence

Technizität *f* (Bw) = Produktivität, qv

Technologie *f* (IndE) technology

Technologiebewertung *f* (IndE) = Technologie-Wirkungsanalyse, qv

Technologie-Fenster *n* (Bw) window on technology

Technologiefolgenabschätzung *f* (Bw) technology assessment *(syn, Technologiewirkungsanalyse)*

Technologieinseln *fpl* (IndE) technology groups

Technologiemenge *f* (IndE) set of production outputs

Technologiepolitik *f* (IndE) technology policies

Technologietransfer *m* (Vw) transfer of technology

Technologievertrag *m* (Bw) agreement for general technical exchange

Technologie-Werte *mpl* (Bö) technology equities

Technologiewirkungsanalyse *f* (IndE) technology assessment
(ie, sucht ökonomische und gesellschaftspolitische Konsequenzen technologischer Entwicklungen abzuschätzen; angewendete Prognoseverfahren: Delphi-Methode und Szenario-Technik; syn, Technologiebewertung)

technologische Arbeitslosigkeit *f* (Vw) technological unemployment *(ie, not to be equated with ‚structural unemployment')*

technologische Gleichung *f* (Vw) technological equation

technologische Grenzen *fpl* (Vw) technology constraints *(or* limitations)

technologische Kapazität *f* (IndE) technological capability

technologische Lücke *f* (IndE) technological gap

technologischer Berater *m* (Bw) technology consultant

technologische Relation *f* (Vw) = technische Relation

technologischer externer Effekt *m* (Vw) technical externality

technologische Vorhersagen *fpl* (Bw) technological forecasting

technologische Zwänge *mpl* (Bw) technological compulsions *(or* constraints)

Teesteuer *f* (StR) excise tax on tea

Teil *n*
(IndE) part
– component

Teilabnahme *f* (com) acceptance of part or parts *(eg, of a major project)*

Teilabrechnung *f* (com) partial billing

Teilabschreibung *f* (ReW) writedown
(ie, transfer of portion of asset account balance to profit and loss or to expense account)

Teilabtretung *f* (Re) partial assignment

Teilakzept *n* (WeR) partial acceptance, Art. 26 I WG

Teilamortisationsvertrag *m* (Mk) non full payout leasing contract

Teilanlage *f* (IndE) operating unit

Teilanlieferung *f* (com) part shipment

Teilanmeldung *f* (Pat) divisional application

Teilannahme *f* (WeR) = Teilakzept

Teilarbeitsvorgang *m* (IndE) element *(ie, small logically sequenced subtask for which time is recorded)*

Teilaufgabe *f* (Pw) subtask

Teilausschreibung *f* (com) partial invitation to tender *(or* to bid)

teilautomatisierte Fertigungslinie *f* (IndE) partially automated production line

teilautonome Gruppe *f* (Pw) self-managing team

teilbar (Math) divisible

teilbare Leistung *f* (Re) divisible performance, § 427 BGB

teilbarer Vertrag *m* (Re) divisible contract

teilbares Akkreditiv *n* (Fin) divisible credit

Teilbereich *m* (Math) subdomain

Teilbeschäftigte *pl* (SozV) persons holding several qualifying jobs *(syn, Mehrfachbeschäftigte)*

Teilbetrag *m* (com) partial amount

Teilbetrag *m* **des Eigenkapitals** (Fin) portion of equity

Teilbetrieb *m* (StR) independent division of a business

Teilbetriebsergebnis *n*
(ReW) partial operating result
(Fin) surplus on interest earnings and on commission business *(of a bank)* less administrative expense

teilbewegliche Kosten *pl* (KoR) semi-variable cost

Teilbudget *n*
(Bw) sectional budget
– functional subplan

Teilbudget *n* **des Absatzbereiches** (Bw) sales and marketing budget

Teilbudget *n* **des Fertigungsbereichs** (Bw) manufacturing budget

Teilbudget *n* **des Verwaltungsbereichs** (Bw) office and administration budget

Teilcharter *f* (com) partial charter

Teile *npl* (com) component parts

Teileauflösung *f* (IndE) parts explosion
(ie, drawing that illustrates the relation of parts of assembly to one another)

Teilebedarfsmenge *f* (MaW) component requirements quantity

Teilebedarfsrechnung *f* (IndE) parts requirements planning
(ie, of parts and assemblies [Baugruppen] required for a planning period)

Teilebeschaffung *f* (MaW) parts sourcing

Teilefamilie *f* (IndE) family of parts

Teilefamilienfertigung *f* (IndE) party-family-type of manufacturing
(ie, in Mehrproduktbetrieben mit Einzel- od Kleinserienfertigung; durch höhere Losgrößen werden Rüstzeiten und Rüstkosten eingespart)

Teilefertigung *f*
(IndE) component manufacture
– production of parts and subassemblies *(ie, Teile und U-Gruppen)*

Teilegruppe *f* (IndE) subassembly

Teileigentum *n* (Re) part ownership

teileingezahlte Aktien *fpl* (Fin) partly paid shares (*or* stock)

Teilelager *n* (MaW) parts inventory (*or* stock)

Teileliste *f* (IndE) parts list (*ie, in production planning*)

Teilemission *f* (Fin) partial issue

Teilemontage *f* (IndE) mechanical components assembly

Teilenummer *f* (IndE) part number

Teileprogrammierung *f* (EDV) parts programming

teilerfremd
  (Math) prime
  – aliquant

Teilerfüllung *f* (Re) part performance

Teilerhebung *f*
  (Stat) sample survey
  (syn, Stichprobenerhebung)
  (Stat) incomplete census

Teilestamm *m* (MaW) item master

Teilestammdatei *f*
  (IndE) part (*or* component) master file
  (MaW) material item file

Teilestammsatz *m*
  (IndE) basic set of components
  – component master set

Teilfinanzierung *f* (Fin) part financing

Teilgesamtheit *f*
  (Stat) subpopulation
  – stratum *(pl. strata)*

Teilgewinnabführungsvertrag *m*
  (Re) agreement to transfer part of profits, § 292 I No. 2 AktG
  – partial profit transfer agreement

Teilgruppentrennzeichen *n* (EDV) unit separator character

Teilhaber *m*
  (com) partner
  – co-partner

Teilhaberpapiere *npl* (Fin) variable-income securities *(ie, evidencing membership rights)*

Teilhaberschaft *f* (com) partnership

Teilhafter *m* (com) limited partner
  (syn, Kommanditist; opp, Vollhafter, Komplementär)

Teilindikator *m* (Vw) partial indicator

Teilindossament *n* (WeR) partial indorsement *(ie, legally ineffective, Art. 12 WG)*

Teilintervall *n* (Math) subinterval

Teilkapitel *n* (Zo) subchapter

Teilkaskoversicherung *f* (Vers) part comprehensive cover *(opp, Vollkaskoversicherung)*

Teilklasse *f* (Log, Math) subclass

Teilkompensationsgeschäft *n* (AuW) partial compensation
  (ie, common type of countertrade; qv; it works as follows: exporter agrees to accept cash in partial settlement for the goods supplied and enters into a compensation agreement for the balance; this agreement follows the procedure for full compensation contracts)

Teilkonnossement *n* (com) partial bill of lading (*or* B/L)

Teilkonsolidierung *f* (ReW) partial consolidation, § 330 AktG

Teilkonzern *m* (Bw) subgroup

Teilkonzernabschluß *m*
  (ReW) partially consolidated financial statement, § 330 AktG
  – (GB) subgroup accounts

Teilkonzernlagebericht *m* (ReW) subgroup annual report

Teilkorrelationskoeffizient *m* (Stat) coefficient of partial correlation

Teilkosten *pl* (KoR) portion of overall costs *(opp, Vollkosten)*

Teilkostenrechnung *f*
  (KoR) direct
  – marginal
  – variable . . . costing
  (ie, nur die variablen Kosten werden auf die Kostenträger verteilt; die fixen Kosten (Fixkostenblock) werden auf anderen Wegen in das Betriebsergebnis übertragen; syn, Grenzkostenrechnung, weil bei linearem Gesamtkostenverlauf die variablen/proportionalen Kosten gleich den Grenzkosten sind; opp, Vollkostenrechnung = absorption costing, qv)

Teilladung *f* (com) part shipment

Teilleistungen *fpl* (Re) performance by successive installments, § 266 BGB

Teillieferung *f* (com) part delivery

Teillieferungen *fpl*
  (com) part shipments
  (Re) delivery by installments

Teillieferungsvertrag *m* (Re) installment contract

Teilliquidation *f*
  (Fin) partial withdrawal *(ie, von Investmentanteilen)*
  (Bö) partial settlement

Teillosgröße *f* (Bw) split lot

Teilmarkt *m* (Vw) submarket

Teilmasse *f* (Stat) subpopulation

Teilmatrize *f* (Math) component matrix

Teilmenge *f* (Math) subset

Teilmengen-Symbol *n* (Math) set inclusion symbol

Teilmonopol *n* (Vw) partial monopoly

Teilmontage *f*
  (IndE) subassembly *(ie, Unterbaugruppe)*
  – assembly of subassemblies

Teilnehmer *m*
  (com) participant
  – person taking part
  (ie, Teilnehmer im Sinne von Anwesende: Present: . . .)
  (EDV) subscriber
  – party
  – user

Teilnehmer *m* **am Abrechnungsverkehr** (Fin) participating bank

Teilnehmerbetrieb *m* (EDV) remote computing and time-sharing

Teilnehmersystem *n*
  (EDV) time sharing system
  – time slicing

Teilnichtigkeit *f*
  (Re) partial nullity (*or* invalidity)
  (vgl aber salvatorische Klausel)

Teilpaket *n* **von Werbeleistungen** (Mk) service module

Teilplan *m*

(Bw) subplan
– subbudget
Teilplanung *f* (Bw) functional planning
Teilprogramm *n* (EDV) subroutine
Teilprovision *f* (com) partial commission *(ie, for a partly performed transaction)*
Teilrechnung *f* (com) partial invoice
Teilreproduktionswert *m*
(Bw) net asset value
– reproduction value
(ie, value of an enterprise as a whole: sum of all assets minus all liabilities at current market values, but excluding goodwill; syn, Substanzwert)
Teilrücktritt *m* (Re) partial cancellation (*or* rescission)
Teilschaden *m* (Vers) partial damage (*or* loss)
Teilschäden *mpl* **eingeschlossen** (SeeV) with particular average
Teilschnitt *m* (com) part sectional elevation
Teilschuldverhältnis *n* (Re) fraction of an obligatory debt
Teilschuldverschreibung *f*
(Fin) bond
– (GB) debenture
(ie, einzelnes Stuck e–r Anleihe)
Teilselbstbedienung *f* (Mk) partial self-service
Teilsendung *f* (com) part shipment
Teilstrecken-Vermittlung *f* (EDV) store and forward switching *(syn, Speichervermittlung)*
Teilstreik *m* (Pw) partial strike
Teilsumme *f* (Math) partial sum
Teilübertragung *f* (EDV) partial carry
Teilung *f* **der Patentanmeldung** (Pat) division of a patent
Teilungsmasse *f* (Re) estate to be apportioned, § 107 ZVG
Teilungsplan *m* (Re) scheme of apportionment, §§ 106 ff ZVG
Teilungsversteigerung *f* (Re) compulsory partition by public auction
teilvariable Kosten *pl*
(KoR) semi-variable
– semi-fixed
– mixed
– borderline... costs
Teilvektor *m* (Math) component vector
Teilverlust *m* (SeeV) partial loss
Teilversand *m*
(com) part shipment
– partial mailing
Teilverschiffung *f* (com) = Teilversand
Teilvorgang *m* (IndE) job element
Teilwarteschlange *f* (OR) subqueue
teilweise Abgabenbefreiung *f* (Zo) partial exemption
teilweise Aussetzung *f* **der Zollsätze** (Zo) partial suspension of customs duties
teilweise Befriedigung *f*
(Re) partial payment
– satisfaction in part
– discharge in part
teilweise eingeschränkter Bestätigungsvermerk *m* (ReW) piecemeal audit opinion
teilweise eingezahlte Aktie *f* (Fin) partly paid-up share

teilweise Erfüllung *f* (Re) part performance
teilweise Nichterfüllung *f* (Re) incomplete performance
teilweise Nichtigkeit *f* (Re) partial nullity
teilweise Unmöglichkeit *f* (Re) partial impossibility of performance, § 280 BGB
teilweise zerlegt (IndE) semi-knocked down, SKD
Teilwert *m* (StR) going-concern value
(ie, based on the assumption of the continuation of the business as a whole, not on the existence of a separate and isolated item of property; § 10 BewG, § 6 I 1 EStG)
Teilwertabschreibung *f* (ReW) write-off to the lower going-concern value
(ie, equal to the difference between book value and the going-concern value of the asset)
Teilwertberichtigung *f* **von Anlagegegenständen** (ReW) = Teilabschreibung
Teil-Wiederausfuhr *f* (Zo) split reexportation
Teil-Wiedereinfuhr *f* (Zo) split reimportation
Teilzahlung *f*
(com) part (*or* partial) payment
(Fin) installment
(IndE) progress payment *(ie, in plant engineering and construction)*
Teilzahlungsbank *f* (Fin) installment sales financing institution
Teilzahlungsfinanzierung *f* (Fin) installment financing
Teilzahlungsforderungen *fpl* (Fin) installment debtors
Teilzahlungsgeschäft *n* (Re) installment contract
(ie, seller agrees to deliver goods, while buyer agrees to make initial down payment and to pay balance in installments; type of customer financing; the strictly legal term is ‚Abzahlungsgeschäft')
Teilzahlungskauf *m* (com) installment sale *(syn, Ratenkauf, Abzahlungskauf; see: Abzahlungsgeschäft)*
Teilzahlungskredit *m*
(Fin) = Ratenkredit
(ie, extended by Teilzahlungsbanken, Kreditbanken and Sparkassen)
(Fin) installment loan *(ie, available as A-Geschäft, B-Geschäft, and C-Geschäft)*
Teilzahlungskreditgeschäft *n* (Fin) installment lending
Teilzahlungskreditinstitut *n* (Fin) installment credit institution (*or* organization)
Teilzahlungskreditversicherung *f* (Vers) installment credit insurance
Teilzahlungsplan *m* (Fin) installment plan
Teilzahlungspreis *m* (com) total installment contract price
Teilzahlungsverkauf *m* (com) installment sale
Teilzahlungsvertrag *m* (com) credit sale agreement
Teilzeitarbeit *f* (Pw) part-time job (*or* work *or* employment)
Teilzeitbeschäftigung *f* (Pw) short-time work(ing)
Teilzeitkraft *f*
(Pw) part timer
– pro tem
Teilzeitkräfte *fpl*
(Pw) part-time... employees/timers/workers

Teilziel *n*
(Bw) subgoal
– subobjective

Teilzusammenstellung *f* (IndE) subassembly *(ie, in bills of material)*

Telearbeit *f* (com) telework
(ie, Bürotätigkeiten werden aus dem Betrieb ausgegliedert: Sachbearbeiter, Schreibkräfte, Programmierer, Redakteure; Typen: Heimarbeitsplätze, Nachbarschaftsbüros, Regionalbüros, Satellitenbüros)

Tele-Einkauf *m* (Mk) teleshopping

Telefax *n* (EDV) telefax
(ie, öffentlicher Kommunikationsdienst der Deutschen Bundespost; läuft über Fernsprechnetz (public telephone network); im internationalen Verkehr wird als Verb für ‚fernkopieren' meist ‚to fax' verwendet)

Telefon *n*
(com) telephone
– phone
– (GB, infml) blower

Telefonabsatz *m* (Mk) marketing by telephone

Telefonanruf *m* (com) (telephone) call

Telefonapparat *m* (com) telephone

Telefonbuch *n*
(com) telephone ... directory/book
– (infml) phone book

Telefondienst *m* (com) telephone service

Telefongebühren *fpl* (com) telephone charges

Telefongespräch *n* **aufnehmen** (com) to tape a telephone conversation

Telefonhandel *m* (Bö) = Telefonverkehr

Telefonhörer *m* (com, infml) receiver
(EDV) (telephone) handset

telefonisch (com) by telephone

telefonische Anweisungen *fpl* (com) directives over the telephone

Telefonmarketing *n* (Mk) telephone marketing

Telefonnummer *f* (com) telephone (*or* phone) number

Telefonrechnung *f* (com) telephone bill

Telefonverkauf *m* (Mk) telephone selling *(cf, persönlicher Verkauf)*

Telefonverkehr *m*
(com) telephone traffic
(Bö) interoffice trading (*or* dealings)
(ie, 1. außerbörsliche Geschäfte zwischen Banken in Wertpapieren, auch Handel in unnotierten Werten genannt, trading in unlisted securities); 2. (selten) außerbörslicher Handel per Telefon in Effekten aller Art)

Telefonvermittlung *f* (com) telephone exchange

Telefonzelle *f*
(com) telephone/phone ... booth
– call box
– (GB *also*) telephone kiosk
– telephone/phone ... box

Telefonzentrale *f* (com) telephone exchange

telegrafieren
(com) to telegraph
– to wire

telegrafisch
(com) by telegram
– by wire

telegrafische Auszahlung *f*
(Fin) telegraphic transfer, T.T.
– cable transfer *(ie, of money amounts)*

telegrafische Mitteilung *f* (com) telegraphic message

telegrafisch überweisen
(Fin) to remit by telegraphic transfer
– to cable money

Telegramm *n* (com) telegram

Telegrammadresse *f* (com) telegraphic address

Telegrammannahme *f* (com) telegram reception

Telegrammanschrift *f* (com) cable/telegraphic ... address

Telegramm *n* **aufgeben**
(com) to send off a telegram
– to dispatch a cable

Telegrammformular *n* (com) telegram form

Telegramm *n* **zustellen** (com) to deliver a telegram

Telekommunikation *f* (Bw) telecommunications

Telekonferenz *f* (com) teleconference

Telekopierer *m*
(EDV) telecopier
– facsimile terminal

Telemarketing *m*
(Mk) telemarketing
– teleselling

Teleoperator *m* (IndE) teleoperator *(ie, remote-controlled manipulator without program control)*

Telex *n* **mit Stichzahl** (Fin) tested telex *(cf, Stichzahl)*

Telexvermittlung *f*
(com) telex exchange
– teleprinter exchange service

tel quel
(com) sale as is
– sale with all faults
– run-of-mine
(ie, purchaser must take article for better or worse, unless seller contrives to conceal any fault)

Telquel-Kurs *m* (Bö) tel quel rate *(ie, in foreign exchange trading)*

Tempergießerei *f* (IndE) malleable (cast) iron foundry

temporäre Datei *f*
(com) scratch file
(EDV) temporary file

Tendenz *f*
(com) tendency
– trend
– general thrust of developments

Tendenzbetrieb *m* (Bw) organization concerned with propagating attitudes *(ie, press, politics, churches)*

Tendenz *f* **überzeichnen** (Vw) to overstate a trend

Tendenzwende *f*
(Vw) trend reversal
– drastic reversal
– turnaround

Tendergruppe *f* (Fin) tender panel, TP

Tendertechnik *f* (Fin) offer for sale by tender

Tensor *m* (Math) tensor

Tensoralgebra *f* (Math) tensor algebra (*or* analysis *or* calculus) *(syn, Tensorrechnung)*

Tensoranalyse *f* (Math) tensor analysis

Tensorgleichung *f* (Math) tensor equation

Tensorrechnung *f* (Math) = Tensoralgebra, qv
Tensor *m* **zweiter Stufe** (Math) tensor of valence
two
Teppichboden *m*
(com) wall-to-wall carpeting
– (GB) fitted carpet
Term *m* (Math) term
Terme *mpl* **gruppieren** (Math) to group terms
Termin *m*
(com) appointment
– (infml) time *(eg, let she give you a time to see
me)*
(com) deadline
– time limit
– appointed... day/time
– target date
Terminablage *f* (com) tickler file
Termin *m* **absagen** (com) to cancel an appointment
Terminabschlag *m* (Bö) forward discount
Terminabschluß *m* (Bö) forward contract
Terminal *n*
(EDV) terminal
*(ie, Sammelbegriff, der folgende Geräte umfaßt:
Geräte der dezentralen Datenerfassung, Arbeits-
platzsysteme im Bildschirmdialog, vernetzte
Kleincomputer, Endgeräte von Teletex, Telefax
od Bildschirmtext)*
(EDV) terminal
– video display terminal *(syn, Datensichtgerät)*
Terminalüberwachungssystem *n* (EDV) terminal
monitoring system
Termin *m* **anberaumen** (Re) to fix a hearing
Termin *m* **ansetzen** (Re) to set a case down for
hearing
Terminaufgeld *n* (Bö) forward premium
Terminauftrag *m*
(Mk) wait order *(ie, request to release an adver-
tisement at some time in the future)*
(Bö) forward order
Termin *m* **ausmachen** (com) to arrange an appoint-
ment
(eg, for me with the sales manager)
Terminbestand *m* (Fin) portfolio of forward material
*(ie, dient der kurzfristigen Liquiditätsdisposition;
in der Regel nicht über 24 Monate)*
Terminbörse *f* (Bö) forward exchange *(or* market*)*
Terminbüro *n* (IndE) progress control department
(or office*)*
Termindevisen *pl* (Bö) forward exchange
*(ie, in Deutschland nicht an den Devisenbörsen,
sondern im Telefonverkehr gehandelt)*
Termindollars *mpl* (Fin) forward dollars
Termin *m* **einhalten**
(com) to meet a time target *(or* deadline*)*
– to meet a schedule
– keep a time limit
Termineinlagen *fpl* (Fin) time deposits
*(ie, feste Gelder od Festgelder + Kündigungsgel-
der, ohne Spareinlagen; opp, Sichteinlagen)*
Terminengagements *npl* (Bö) commitments for future delivery
Termin *m* **festlegen**
(com) to fix a deadline
– to set a time limit for

termingebundene Bankguthaben *npl* (Fin) time
balances at banks
Termingeldanlagen *fpl* (Fin) time deposit invest-
ments
Termingelder *npl* **unter 4 Jahren** (Fin) time de-
posits and funds borrowed for less than four
years
Termingeldkonto *n*
(Fin) time deposit account
– term/fixed... account
Termingeldsatz *m* (Fin) time deposit rate
Termingeldzinsen *mpl* (Fin) interest rates on time
deposits
termingemäß (com) on schedule *(eg, plans are go-
ing ahead...)*
termingerecht (com) (completed) on schedule
Termingeschäft *n*
(Bö) dealing in futures
– (GB) dealings for the account
(Bö) forward exchange transaction
(Bö) financial futures
(Bö) commodity futures
Termingeschäfte *npl* **in Aktienindizes** (Fin) stock
index futures trading
*(ie, organized futures contract trading based on
prices of selected stock levels, together with the
usual features of commodity futures trading)*
Termingeschäft *n* **in Aktienindizes** (Bö) stock index
futures trading
*(ie, organized futures contract trading based on
prices of selected stock index levels, together with
the unusual features of commodity futures trading, including contract unit, minimum price
change, daily price change limit (if any), specified
delivery months, minimum customer margins,
speculative limits (if any), and maturing contract
trading termination and settlement)*
Termingespräch *n*
(com) production scheduling meeting
– delivery dates discussion
Terminhandel *m*
(Bö) futures trading
– trading in futures *(ie, mostly in commodities)*
terminieren (com) to fix a date
Terminierung *f* (com) setting a deadline *(or* time
limit*)*
Terminierung *f* **in Zeitblöcken** (IndE) block
scheduling
Terminjäger *m*
(com) expediter
– (infml) progress chaser
– accelerator
Terminkalender *m* (com) appointments diary
Terminkarte *f* (IndE) progress card
Terminkauf *m*
(Bö) forward buying
– purchase for forward delivery
Terminkäufer *m* (Bö) forward buyer
Terminkaufs-Deckungsgeschäft *n* (Bö) long hedge
Terminkauf *m* **tätigen** (Bö) to buy forward
Terminkommissionär *m* (Bö) futures commission
broker
Terminkonten *npl* (Fin) time accounts
Terminkontrakt *m*
(Bö) futures contract

711

– contract for future delivery
– (pl) futures
(ie, geht auf Waren od Finanztitel als Basisgröße; Teilnehmer sind Spekulanten und Hedger)
Terminkontrakt *m* **auf Aktienindizes** (Bö) = Aktienindex-Terminkontrakt, qv
Terminkontrakte *mpl* **auf Börsenindizes** (Bö) stock index futures contract
Terminkontrakthandel *m* (Bö) futures trading
Terminkontrakt *m* **liquidieren** (Bö) to liquidate a futures contract
Terminkontraktmarkt *m* (Bö) futures market
(ie, Typen:
1. Warenterminkontrakte = commodity futures;
2. Finanzterminkontrakte = financial futures;
3. Kontrakte in Devisen = currency futures;
4. Kontrakte in Geldmarktpapieren und Anleihen = interest rate futures;
5. Kontrakte in Aktienindizes = stock index futures;
6. Kontrakte in Edelmetallen = precious metal futures)
Terminkurs *m* (Bö) futures price (*or* rate)
terminlich festlegen (com) to schedule
Terminlieferung *f* (Bö) future delivery
Terminmarkt *m* (Bö) forward (*or* futures) market
Terminmaterial *n* (Bö) forward commodity
Terminnotierung *f*
(Bö) forward (*or* futures) quotation
– quotation for forward delivery
Terminologie *f* (Log) terminology
(ie, Gesamtheit der Fachausdrücke, die in e–m Sachgebiet verwendet werden)
Terminologie-Datenbank *f* *(EDV)* terminology data bank
– term bank
terminologisch (Log) terminological
terminologische Aufbereitung *f* (EDV) terminological editing
Terminpapiere *npl* (Bö) forward securities
Termin-Pfund *n* (Bö) future sterling
Terminplan *m*
(com) time (*or* due date) schedule
(IndE) schedule
Terminplanung *f* (com) time scheduling
Terminposition *f* (Fin) official commitment
(ie, of monetary authorities from intervention in the futures market)
Terminpositionen *fpl* (Bö) forward commitments
Terminpuffer *m* (IndE) time buffer
Terminsicherung *f*
(Bö) futures hedging
– forward cover
– hedging in the forward market
Terminspekulation *f*
(Bö) forward speculation
– speculation in futures
Termintreue *f*
(com) faithfulness to deadlines
– schedule effectiveness
Termin *m* **überschreiten** (com) to miss a deadline
Terminüberwacher *m* (IndE) traffic manager
Terminüberwachung *f*
(com) progress control
(MaW) monitoring of inventory levels

– stockchasing
(IndE) expediting
(Fin) tracing of maturities
Terminüberwachungsliste *f*
(com) deadline control list
(Fin) maturities control list
Terminverbindlichkeiten *fpl* (Fin) time liabilities
Terminverkauf *m*
(Bö) forward sale
– (GB) sale for the account
Terminverkäufer *m* (Bö) forward seller
Terminverkaufs-Deckungsgeschäft *n* (Bö) short hedge
Terminverlagerung *f* (IndE) shifting of target dates
Termin *m* **versäumen** (com) to miss a cut-off date
Terminvorgabe *f* (com) scheduled date
Terminvorschau *f* (com) schedule outlook report
Terminware *f* (Bö) future commodity
Terminwechsel *m* (Fin) = Datenwechsel, qv
Terminzahl *f* (Math) number of terms *(syn, Zinsdauer, Laufzeit der Verzinsung)*
tertiäre Kennziffern *fpl*
(Bw) tertiary ratios
– (GB) explanatory ratios
(ie, combination of several elementary or advanced ratios used to promote corporate decision making)
tertiärer Sektor *m* (Vw) tertiary (*or* service) sector of the economy
Tesafilm *m* (com) transparent adhesive
Test *m* (EDV) test
Testament *n* (Re) last will and testament, §§ 1937 ff BGB
testamentarischer Erbe *m* (Re) testamentary heir
Testamentsvollstrecker *m* (Re) executor *(ie, his authority rests upon the will of the testator)*
Testat *n* (ReW) = Bestätigungsvermerk, qv
Testbefragung *f* (Mk) opinion survey
Testdaten *pl* (EDV) test data
Testdatengenerator *m* (EDV) test data generator
Testfrage *f* (Stat) probe question
Testgebiet *n* (Mk) test area
Testhilfe *f*
(EDV) program diagnostic routine
(EDV) debug
– debugging
Testhilfeprogramm *n*
(EDV) animator
– debugger
Testhypothese *f* (Stat) alternate hypothesis
Testieren *n* (ReW) attestation
testierter Abschluß *m*
(ReW) certified financial statement
– audited accounts
Testinterview *n* (Mk) pre-test interview
Testladen *m* (Mk) audit store
Testlauf *m* (EDV) debugging run
Testmarke *f* (Mk) test brand
Testmarkt *m* (Mk) test market
Testmarktaktion *f* (Mk) sales test
Test *m* **mit minimaximalem Schärfeverlust** (Stat) most stringent test
Testmuster *n* (Mk) test specimen
Testprobe *f* (Stat) test sample
Testprogramm *n*

(EDV) check (or test) program
- debugging program
(EDV) program test routine
Teststärke f (Stat) strength of a test
Testwerbung f (Mk) pilot (or test) advertising
teuer
(com) expensive
- (US) high-priced
- (GB) dear
- (GB, infml) pricy/pricey
Teuerungsrate f (Vw) rate of inflation
Teuerungszulage f (Pw) cost-of-living allowance (or bonus)
(ie, paid to offset expenses arising in high-cost living areas)
Teufelskreis m (com) vicious circle
(ie, Ursache und Wirkung stehen in wechselseitigem Verhältnis: response to one difficulty creates a new problem that aggravates the original difficulty)
Teufelskreis m **dr Unterentwicklung** (Vw) vicious circle of underdevelopment *(ie, due to low rates of capital formation)*
Teufelskreis-Theorem n (Vw) vicious-circle theorem Text m (Mk) copy
teure Konsumgüter npl (Mk) big-ticket items (or goods)
teures Geld n (Fin) dear money
(ie, obtainable only at high interest rates)
Texhilfezeile f (EDV) debugging line *(cf, DIN 66 028, Aug 1985)*
textabhängig (EDV) contextual
Textabteilung f (Mk) copy department
Textanalyse f (Mk) content analysis
Textbearbeitungssystem n (EDV) text-editing system
textbezogene Fachwörterliste f (com) text-oriented glossary
Textblock m
(EDV) text block
(EDV, Unix) display
Textdatei f (EDV) document file
Texten n (Mk) = Werbetexten
Texter m (Mk) copy writer
Texterfassung f (EDV) text entry (or input)
Textformatierer m (EDV) text formatter
(eg, troff und nroff in Unix)
Textgeber m (EDV) string device *(ie, in Computergrafik)*
Textilindustrie f (com) textile industry
Textilmesse f (com) textile goods fair
Textilwerte mpl (Bö) textiles
Textilwirtschaft f (com) textile industry
Textsytem n (EDV) word processing system
Textverarbeitung f (EDV) word processing, WP
(ie, computerized text creation, editing, and printing; there are four kinds of systems:
1. standalone (or dedicated) systems = Einplatzsysteme;
2. shared logic (or resource) systems = Mehrplatzsysteme;
3. distributed logic systems = verteilte Systeme;
4. mainframe-link terminals = Großrechner-Arbeitsplätze, ie, hooked into a large computer)
Textverarbeitungsgerät n (EDV) word processor

Textverarbeitungssystem n (EDV) text (or word) processing system
T-Gruppentraining n (Pw) sensitivity training
Thekenaufsteller m (Mk) counter display
Thekenverkauf m (Mk) over-the-counter selling
Theorem n (Math, Log) theorem
Theorem n **der komparativen Kostenvorteile** (AuW) theorem of comparative cost advantages
theoretische Maximalkapazität f (Bw) theoretical maximum plant capacity
theoretische Optimalkapazität f (Bw) theoretical optimum plant capacity
theoretisches Konstrukt n (Log) theoretical construct
theoretische Statistik f (Stat) theory of statistics
Theorie f **der absoluten Kostenvorteile** (AuW) theory of absolute cost advantages
Theorie f **der administrierten Preise** (Vw) administered price theory
Theorie f **der ausleihbaren Fonds** (Fin) theory of loanable funds
Theorie f **der Außenwirtschaft** (AuW) International Economics)
Theorie f **der Bestimmung von Ersatzinvestitionen** (Bw) replacement theory
- renewal theory
Theorie f **der Eigentumsrechte** (Vw) theory of property rights
(ie, developed by Alchian/Demetz in 1966–73; Thema: Einfluß rechtlicher und institutioneller Regelungen auf das wirtschaftliche Verhalten von Entscheidungsträgern in Unternehmen; Ziel: Aufdecken von Bewertungspräferenzen)
Theorie f **der Einkommensverteilung** (Vw) theory of income distribution
Theorie f **der fallenden Profitrate** (Vw) falling-rate-of-profit theory
Theorie f **der Grenzproduktivität** (Vw) marginal theory of distribution
Theorie f **der großen Stichproben** (Stat) theory of large samples
Theorie f **der kleinen Stichproben** (Stat) theory of small samples
Theorie f **der Lagerhaltung** (OR) stockkeeping theory
Theorie f **der öffentlichen Entscheidung** (Vw) theory of public choice
Theorie f **der öffentlichen Regulierung** (Vw) theory of government regulation of business
Theorie f **der öffentlichen Verschwendung** (FiW) theory of public-sector inefficiency
Theorie f **der rekursiven Funktionen** (Math) recursive function theory
Theorie f **der relativen Preise** (Vw) theory of relative prices
Theorie f **der Schätzung** (Stat) theory of estimation
Theorie f **der Spiele** (Math) theory of games
(syn, Spieltheorie)
Theorie f **der statistischen Inferenz** (Stat) theory of inference
Theorie f **der strategischen Spiele** (Math) theory of strategic games
Theorie f **der Verbraucherpräferenzen** (Vw) theory of consumer preference
Theorie f **der vollständigen materiellen Inzidenz** (FiW) diffusion theory of taxation

713

Theorie *f* **der vollständigen Steuerüberwälzung** (FiW) diffusion theory of taxation

Theorie *f* **der Wahlakte** (Vw) theory (*or* analysis) of choice

Theorie *f* **der Wahrheitsfunktionen** (Log) theory of truth-functions

Theorie *f* **der zeitlichen Zinsstruktur** (Fin) term structure theory of interest rates

Theorie *f* **des allgemeinen Gleichgewichts** (Vw) general equilibrium theory

Theorie *f* **des Haushalts** (Vw) consumer theory

Theorie *f* **des partiellen Gleichgewichts** (Vw) partial equilibrium theory

Theorie *f* **des Rationalverhaltens** (Vw, Bw) theory of rational behavior

Theorie *f* **des Sachbezugs** (Log) theory of reference

Theorie *f* **des Stichprobenverfahrens** (Stat) theory of sampling

Theorie *f* **öffentlicher Güter** (FiW) theory of public goods

Theorie *f* **zentraler Ordnung** (Vw) central place theory

Theory *f* **der quantitativen Wirtschaftspolitik** (Vw) theory of quantitative economic policy
(ie, developed by J. Tinbergen and R. Frisch)

Thermodrucker *m* (EDV) thermal printer

Thermoschreibmaschine *f* (EDV) thermal typewriter

thesaurieren
(ReW) to retain profits (*or* earnings *or* income)
– to reinvest profits
– to plow back profits into the business
– (GB) to plough back profits

thesaurierte Gewinne *mpl*
(Fin) earnings (*or* net income *or* profits) retained for use in the business
– retained earnings
– profit retentions
– undistributed profits
– (GB) ploughed-back profits

Thesaurierung *f*
(ReW) earnings (*or* income *or* profit) retention
– (GB) ploughing back of profits

Thesaurierungsfonds *m*
(Fin) cumulative
– growth
– non-dividend ... fund *(syn, Wachstumsfonds; opp, Einkommensfonds)*

Tiefbau *m* (com) civil engineering
(ie, planning, design, construction, and maintenance of fixed structures and ground facilities; opp, Hochbau = building construction)

Tiefbauprojekte *npl* (com) civil engineering projects

Tiefeninterview *n* (Stat) depth interview

Tiefgang *m*
(com) draft *(of a ship)*
– (GB) draught

Tiefgarage *f* (com) underground car park

tief gegliedert
(com) highly structured

tiefgegliederte Schichtung *f* (Stat) deep stratification

tiefgestaffelte Gehaltsstruktur *f* (Pw) multi-grade salary structure

tiefgestellter Index *m*
(Math) lower index
– subscript

tiefgreifende Änderungen *fpl*
(com) far-reaching
– radical
– profound
– vast
– deep-seated ... changes

Tiefkühlanlage *f* (com) freezer center

tiefkühlen (com) to deep freeze

Tiefkühlkost *f* (com) frozen food

Tiefkühltruhe *f* (com) deep freezer

Tieflader *m* (com) flat-bed trailer

Tiefpunkt *m* **der Rezession** *f* (Vw) bottom of the trough

Tiefseebergbau *m* (com) deep sea (*or* seabed) mining

Tiefseeboden *m* (com) deep ocean floor

Tiefseefischerei *f* (com) deep sea fishery

Tiefstand *m*
(com) bottom
– low

Tiefstand *m* **erreichen** (com) to hit a low

Tiefstkurs *m*
(Bö) lowest price
– all-time low
– low

Tiefstpreise *mpl*
(com) bottom
– lowest
– rock-bottom ... prices

Tiefstpunkt *m* (com) nadir
(ie, lowest point)

Tiefstwert *m* (Bö) low

tilgbar
(Fin) amortizable
– redeemable
– repayable

tilgen
(Fin) to amortize
– to pay back
– to pay off
– to redeem
– to repay
– (infml) to wipe off a debt

Tilgung *f*
(Fin) amortization
– paying back/off
– redemption
– repayment
– sinking

Tilgung *f* **durch jährliche Auslosungen** (Fin) redemption by annual drawings

Tilgung *f* **e-r Anleihe** (Fin) redemption of a loan

Tilgung *f* **e-r Hypothek** (Fin) repayment of a mortgage

Tilgung *f* **in gleichen Raten** (Fin) straight-line redemption

Tilgungsabkommen *n*
(Fin) redemption agreement

Tilgungsaufforderung *f* (Fin) call for redemption

Tilgungsaufgeld *n* (Fin) redemption premium

Tilgungsaufschub *m* (Fin) deferral of redemption payments

Tilgungsaussetzung *f* (Fin) suspension of redemption payments

Tilgungsbedingungen *fpl* (Fin) terms of amortization

Tilgungsdarlehen *n* (Fin) redeemable loan

Tilgungsdauer *f* (Fin) payback period

Tilgungsdienst *m* (Fin) redemption service

Tilgungserlös *m* (Fin) redemption yield

Tilgungsfälligkeit *f* (Fin) date of redemption

Tilgungsfonds *m*
(Fin) redemption
– sinking
– amortization . . . fund
(ie, set aside at regular intervals; syn, Amortisationsfonds)

Tilgungsfondskredit *m* (Fin) sinking fund loan

tilgungsfreie Jahre *npl*
(Fin) redemption-free period
– capital repayment holiday

tilgungsfreie Zeit *f* (Fin) grace period for repayment of principal

Tilgungsgewinn *m* (Fin) gain on redemption

Tilgungsgrundschuld *f* (Re) real estate charge to secure a redemption loan

Tilgungshypothek *f*
(Fin) redemption mortgage
– (US) level-payment mortgage
(ie, mit gleichbleibenden Leistungen: Annuitäten bestehdna aus Tilgung und Zinsen; provides for equal monthly payments covering both principal and interest during the term of the mortgage; part of each payment is applied to interest as earned, and the rest is credited to principal; syn, Annuitätenhypothek, Amortisationshypothek; cf, Verkehrshypothek)

Tilgungskapital *n* (Fin) sinking-fund capital
(ie, long-term borrowed capital repayable through depreciation or self-financing facilities)

Tilgungskredit *m* (Fin) amortizable loan

Tilgungskurs *m* (Fin) redemption price (*or* rate)

Tilgungslebensversicherung *f* (Vers) mortgage redemption life insurance

Tilgungsleistung *f* (Fin) redemption payment

Tilgungsmittel *pl* (Fin) redemption funds

Tilgungsmodalitäten *fpl*
(Fin) terms of redemption
– repayment terms

Tilgungsplan *m* (Fin) call/redemption/amortization . . . schedule

Tilgungsrate *f*
(Fin) redemption
– amortization
– sinking fund . . . installment

Tilgungsrechnung *f* (Math) sinking-fund calculations

Tilgungsrecht *n*
(Fin) call right
– right of redemption

Tilgungsrücklage *f*
(Fin) sinking fund/redemption . . . reserve
(ReW) amortization reserve

Tilgungsstreckung *f* (Fin) repayment deferral

Tilgungsstreckungsantrag *m* (Fin) request for repayment deferral

Tilgungstermin *m* (Fin) repayment date

Tilgungs- und Zinslast *f*
(Fin) debt-servicing burden
– repayment and service of existing debt

Tilgungsvereinbarung *f* (Fin) redemption agreement

Tilgungsverpflichtungen *fpl* (Fin) redemption commitments

Tilgungsvolumen *n* (Fin) total redemptions

Tilgungszahlung *f* (Fin) redemption payment

Tilgungszeit *f* (Fin) payback period

Tilgung *f* **von Verbindlichkeiten** *f* (Fin) payment of debts

Tintenstrahldrucker *m* (EDV) ink jet printer

Tippfehler *m* (com) typing mistake

Tischcomputer *m* (EDV) desk-top computer

Tischdrucker *m* (EDV) table-top printer

Tischkopierer *m* (com) desk-top copier

Tischrechner *m* (EDV) desk calculator

Tochtergesellschaft *f*
(com) (majority-owned) subsidiary
– (infml) offshoot of a company
– daughter company
(StR) (first-tier) subsidiary, § 102 II BewG *(ie, at present the simple ownership of 50% or more of a company is not enough to require it to be treated as a subsidiary. There is also a requirement that the company should come unter the unified financial management of the parent. Under the EEC's 7 th Directive the Germans are more likely to be required to comply with a more rigid ownership criterion.)*

Tochtergesellschaft *f* **100%** (com) wholly-owned subsidiary

Tochtergesellschaft *f* **im Mehrheitsbesitz** (com) majority-owned subsidiary

Tochtergesellschaft *f* **unter 50%**
(com) affiliate
– affiliated company

Tochterinstitut *n* (Fin) banking subsidiary

Todesanzeige *f* (com) death/obituary . . . notice

Todesfallrisiko *n* (Vers) death risk

Todesfallversicherung *f*
(Vers) straight-life/whole-life . . . insurance
– (GB) assurance payable at death

Token-Bus-Prinzip *n* (EDV) token bus principle
(eg, in lokalen Breitbandnetzen; cf, MAP)

Token-Passing-Verfahren *n* (EDV) token passing scheme

Tokio-Runde *f* (AuW) Tokyo Round
(ie, of multilateral trade negotiations; this GATT round started in 1973 and was concluded in 1979; comprehensive effort to eliminate, reduce, or control non-tariff barriers – nichttarifäre Handelshemmnisse – that restrict non-agricultural trade)

Toleranzgrenze *f* (Stat) tolerance limit

Toleranzintervall *n* (Stat) tolerance interval

Toleranzklausel *f* (Kart) minor-merger clause, § 24 VIII GWB

Tonnenfracht *f*
(com) ton freight
– freight charged by the ton

Tonnenkilometer *m* (com) ton kilometer

Top-Mann *m*
(Pw, infml) top man

715

- high achiever
- (sl) heavy hitter

Topologie f
(Math) analysis situs
- topology
(ie, collection of subsets pf a set X, which includes X and the empty set, and has the property that any union of finite intersection of its members is also a member)

topologische Eigenschaft f (Math) topological property
(ie, holds true for any topological space homeomorphic to one possessing the property)

topologische Gleichung f (Math) topological equation

topologische Gruppe f (Math) topological group

topologischer Körper m (Math) topological field

topologischer Raum m (Math) topological space

topologische Skala f (Stat) topological scale

torsionsfreie Gruppe f (Math) torsion-free group

Torsionskurve f (Math) twisted curve

Totalanalyse f (Vw) general (or total) analysis

Totalausverkauf m (com) going-out-of-business sale

totale Ableitung f (Math) total derivative

totale Faktorvariation f (Vw) total factor variation

totale Partnerschafts-Ideologie f (Pw) full partnership ideology

totaler Grenzertrag m (Vw) total marginal return

Totalerhebung f
(Stat) full census
- complete-population survey *(syn, Vollerhebung)*

totales Differential n (Math) total differential

totale Simultanplanung f (Bw) comprehensive simultaneous planning

total geordnet (Math) nested

Totalgewinn m (Bw) total profit
(ie, sum total of profits taken over the entire life of a business)

Totalgleichgewicht n
(Vw) complete
- total
- unique steady-state ... equilibrium

Totalrechnung f (ReW) total-life accounting
(ie, seeking to determine results of a business enterprise for its whole life from startup to discontinuance; opp, Periodenrechnung)

Totalschaden m (Vers) actual total loss

Totalverlust m (SeeV) total loss

toter Punkt m (KoR) breakeven point
(syn, Gewinnschwelle, Nutzschwelle, Kostendeckungspunkt)

tote Saison f (Mk) dead (or off) season

totes Gleis n
(com) siding
- sidetrack
(ie, opening onto main track at both ends; opp, Stichgleis)

totes Inventar n
(Bw) farm equipment and machinery
- (GB) dead stock

totes Kapital n (Fin) idle funds

totes Konto n (ReW) inactive (or dormant) account

totes Papier n (Bö) inactive security

Totzeit f (EDV) dead (or idle) time
(ie, piece of hardware is unused although in good operating condition; syn, ungenutzte Zeit)

Tourenplanung f (OR) vehicle scheduling

Tourismus m (com) tourist travel

Tourismusgewerbe n (com) tourist industry

Touristengepäckversicherung f (Vers) tourist baggage (or luggage) insurance

Touristik f (com) tourist industry

Trabantenstation f (EDV) tributary station *(syn, Unterstation)*

trabende Inflation f (Vw) trotting inflation

traditionelle Kostenrechnung f (KoR) conventional (or traditional) cost accounting
(ie, stützt sich vor allem auf die direkten Arbeitskosten: Kostenkontrolle hierbei etwa: direkte Arbeitskosten 75%, Materialkosten 15%, Gemeinkosten 10%; tatsächlicher Kostenanfall aber etwa im Verhältnis 10% – 55% – 35%)

traditionelles Verfahren n **der Budgetaufstellung** (FiW) traditional budgeting

Traditionspapiere npl (WeR) documents of title *(syn, Dispositionspapiere)*

tragbarer Computer m (EDV) portable computer

tragbares Telefon n (com) cellular (tele)phone

Tragbarkeit f **von Risiken** (Bw) acceptability of risks

träge Organisation f (Bw) sluggish organization

Tragepackung f (com) carry-home container

Träger m
(Re) supporting organization
(Re) supporting public authority
(com) sponsoring agency
(Vers) fund, § 4d EStG
- insurance carrier

Trägerkosten pl (KoR) cost of product, product group, etc.

Trägersprache f (EDV) host language

Träger m **von Rechten und Pflichten** (Re) subject of rights and duties

Tragetasche f
(com) shopping bag
- (GB) carrier bag

Tragfähigkeit f
(com) carrying/cargo ... capacity
- deadweight *(ie, of a ship)*

Trägheitsmoment n (Stat) moment of inertia

Trägheitsverkauf m (Mk) inertia selling
(ie, goods are delivered on a sale-or-return basis without the previous consent of the prospect; recipient need not retain or pay the goods)

Trampgeschäft n
(com) tramping
- tramp shipping

Trampreeder m (com) tramp owner

Trampschiff n (com) tramp (steamer)

Trampschiffahrt f (com) tramp navigation *(syn, Charterschiffahrt)*

Trampverkehr m (com) tramping trade

Tranche f **e–r Anleihe** (Fin) tranche of a bond issue

Tranche f **e–s Kontingents** (AuW) quota share

Transaktion f
(com) transaction
- operation
- deal

Transaktionsanalyse f (Pw) transactional analysis, qv

Transaktionskasse f (Vw) transactions balance (*or* holdings)
(ie, amount of money an economic unit requires to settle its current transactions)

Transaktionskonto n (VGR) transactions account

Transaktionsmonitor m
(EDV) teleprocessing monitor
– TP monitor

Transaktionsmotiv n (Vw) transactions motive

Transaktionsnachfragefunktion f (Vw) transactions demand function

Transaktionsvolumen n (Vw) volume of economic transactions

Transaktionswährung f (AuW) transactions (*or* trading) currency

Transaktionswerte mpl (VGR) transaction values

Transaktionszeit f (Fin) transaction time

Transfer m (Vw) transfer

Transferabkommen n (AuW) transfer agreement

Transferausgaben fpl (FiW) transfer payments (*or* expenditure)

Transferbefehl m (EDV) transfer (*or* branch) instruction

Transferbeschränkungen fpl
(AuW) transfer restrictions
– restrictions on transfers

Transferbilanz f
(VGR) balance on transfer account
– (US) unilateral payments
(syn, Schenkungsbilanz, Übertragungsbilanz)

Transfereinkommen n (Vw) transfer (*or* nonfactor) income

Transfergarantie f (AuW) transfer guaranty

Transfergeschwindigkeit f (EDV) data transfer rate

transferieren (Fin) to transfer

Transferklausel f (AuW) transfer clause

Transferkosten pl (Fin) cost of transfer (*eg, capital, profits*)

Transferleistungen fpl **der Privatwirtschaft** (VGR) private transfers

Transferlockerung f (Fin) relaxation of transfer restrictions

Transfermechanismus m   (AuW)   transfer mechanism
(ie, explains the aggregate effects of autonomous capital exports)

Transfermoratorium n (AuW) suspension of transfers

Transfermultiplikator m (FiW) transfer multiplier

Transferrisiko n (AuW) transfer risk *(syn, Konvertierungs- und Transferrisiko)*

Transferstraße f
(IndE) transfer line (*or* system)
– automated flow line

Transfertheorie f (AuW) theory of transfers

Transferwirtschaft f (FiW) transfer economy

Transferzahlungen fpl
(VGR) transfer payments
– interpersonal transfers
(ie, Zahlungen der öffentlichen Hand an private Haushalte (überwiegend im Rahmen der Sozialversicherungen) oder an Unternehmen (Subventionen) ohne marktliche Gegenleistung)

Transferzahlungen fpl **der Unternehmen** (VGR) business transfer payments

Transferzahlungen fpl **des Staates** (VGR) government transfer payments

transfinite Kardinalzahl f (Math) transfinite cardinal number

transfinite Menge f (Math) infinite set

transfinite Zahl f
(Math) transfinite number
– infinity

Transformation f (Math) transformation
(ie, a function, usually between vector spaces)

Transformationsdeterminante f (Math) determinant of transformation

Transformationsfrist f (ReW) time limit for the adoption *(eg, of the 8th EC Directive)*

Transformationsgleichung f (Math) equation of transformation

Transformationskurve f
(Vw) product frontier
– product transformation curve
– production-possibility boundary (*or* curve *or* frontier)
– tradeoff curve
(syn, Produktionsmöglichkeitenkurve, Produktionsgrenze, effizienter Rand der Produktionsmöglichkeitenmenge)

Transformationsmatrix f (Math) matrix of transformation

Transformationsprogramm n (EDV) transformation and clipping routine
(ie, in Computergrafik)

Transformierte f (Math) transform (*ie, a conjugate of an element of a group*)

transformierte Matrix f (Math) transform of a matrix

Transitabfertigung f (Zo) transit clearance

Transitabgaben fpl (Zo) transit charges

Transitabkommen n (AuW) transit convention

Transitausfuhr f (Zo) transit (*or* third-country) export *(ie, channeled through third countries)*

Transitbescheinigung f (com) transit bond

Transiteinfuhr f (AuW) transit (*or* third-country) imports
(ie, channeled through third countries)

Transiterklärung f (Zo) transit declaration

Transitfracht f (com) through freight

Transitgüter npl
(com) goods in transit
– afloats

Transithafen m
(com) port of transit
– intermediate port

Transithandel m
(AuW) transit
– merchanting
– third-country . . . trade

Transithandelsgeschäfte npl (AuW) merchanting transactions

Transithandelsgüter npl
(AuW) transit goods
– goods in transit

Transithandelsland n (AuW) merchanting country

Transithändler m (AuW) transit (*or* merchanting) trader

717

Transitivitätsbedingung f (Math) transitivity requirement
Transitivitätsgebiet n **e–r Matrix** (Math) transitivity set
Transitkonnossement n (com) transit bill of lading
Transitladung f (com) transit cargo
Transitlager n (com) transit store
Transitland n (AuW) transit country
transitorische Aktiva npl
  (ReW) prepaid ... expense/cost
  – deferred ... charges/cost/expense/debit
  – unexpired expense
  – accounts paid in advance
transitorische Passiva npl
  (ReW) prepaid income
  – deferred ... income/credit/revenue/liability/ assets
  – unearned ... income/revenue
  – accounts received in advance
transitorische Posten mpl (ReW) deferrals
  (ie, der Jahresabgrenzung; eg, deferred charges, deferred income)
transitorische Rechnungsabgrenzung f
  (ReW) deferral
  – deferment
transitorischer Posten m (ReW) deferred item
Transit-Spediteur m (com) transit agent
Transitverkehr m
  (AuW) transit trade (*or* traffic)
  – international transit
Transitversand m (AuW) transit dispatch
Transitwaren fpl (AuW) transit goods
Transitweg m (AuW) transit route
Transitzoll m (Zo) duty on goods in transit
Translationsfläche f **mit gekrümmter Leitlinie (EDV, CAD)** curve driven surface
Translationsfläche f **mit gerader Leitlinie** (EDV, CAD) tabulated cylinder
Translationsrisiko n (Fin) accounting risk
  (ie, bei der Forderungsfinanzierung)
Transmissionskanal m (AuW) link
  (ie, durch den konjunkturelle Impulse übertragen werden; eg, Güteraustausch, Austausch von Schuldtiteln, internationaler Preis- und Lohnzusammenhang, Wanderung von Arbeitskräften und Kapital, Informationsaustausch und Konsultationen)
transnationale Unternehmungen fpl (Bw) transnational corporation *(ie, preferred UN usage)*
transparenter Modus m (EDV) transparent mode
Transparenzrichtlinie f (Kart, EG) anti-raider directive
  (ie, zum Schutz der Anleger und zur Koordinierung der Zulassungsbedingungen zur amtlichen Notierung an e–r Wertpapierbörse)
Transponierte f **e–r Matrix** (Math) transpose of a matrix
transponierte Matrix f (Math) transposed matrix
transponiertes Gleichungssystem n (Math) transposed set of equations
transponiertes Vektorsystem n (Math) transposed vector set
Transport m
  (com, US) transportation
  – (GB) transport

  – carriage
  – conveyance
  – haulage
  – shipping
Transportabteilung f (com) materials handling department
Transportalgorithmus m (OR) transport algorithm
Transportanlagen fpl (ReW) transportation equipment
Transportanweisung f (Bw) transport instruction
Transportarbeit f (Bw) transport operations
Transportart f (com) means of transport (ation)
Transportaufgabe f (Bw) transport assignment
Transportbedingungen fpl
  (com) terms of transportation
  – freight terms
Transportbehälter m (com) container
Transportbeschränkung f (Bw) transport constraint
Transportbilanz f (VGR) net position on transport
Transporteinheit f (Bw) unit of transport
Transportfunktion f
  (Bw) transport function
  – materials handling function
Transportgefährdung f (Re) intentional endangering of public transportation, § 315 StGB
Transportgeschäft n
  (com) transport business
  – shipping trade
Transportgewerbe n
  (com) carrying
  – haulage
  – transport (ation) ... industry (*or* trade)
Transportgut n (com) cargo
Transportgüter npl (com) goods in transit
Transporthaftung f (Re) carrier's liability
Transporthubschrauber m (com) cargo/transport ... helicopter
transportintensive Güter npl (com) transport-intensive goods
Transportkapazität f (com) transport capacity
Transportkette f (Mk) transport chain *(ie, integrated system of commodity transportation)*
Transportkosten pl
  (com) cost of transport
  – carrying charges
  – carriage
Transportleistungen fpl (Vw) transport services
Transportmakler m (com) freight broker
Transportmittel n (com) means of transportation (*or* conveyance)
Transportpapiere npl (com) shipping papers *(eg, Konnossement, Frachtbrief, Ladeschein)*
Transportplanung f (Bw) transport planning
Transportproblem n (OR) transport problem *(syn, Verteilungs- od Distributionsproblem)*
Transportraum m (com) cargo space
Transportrisiko n (com) transport risk
Transportsachverständiger m (com) transportation expert
Transportschaden m
  (com) transport damage (*or* loss)
  – damage in transit
Transportunternehmer m
  (com) carrier

- transport contractor
- haulier

Transportversicherung *f* (Vers) transport(ation) insurance

Transportversicherungspolice *f* **auf den Inhaber** (Vers) transport insurance policy made out to bearer

Transportvertrag *m* (com) contract of carriage

Transportvolumen *n*
(com) total transports
- freight volume

Transport *m* **von Rückfracht** (com, US) backhauling *(ie, return-trip carriage of goods with what would otherwise have been an empty truck)*

Transportvorschriften *fpl* (com) forwarding *(or* shipping) instructions

Transportweg *m* (com) transport route

Transportwesen *n* (com) transportation

Transportzeit *f* (IndE) handling *(or* move) time *(ie, to and from work area)*

Transversalitätsbedingung *f* (Math) transversality condition *(ie, in calculus of variation)*

transzendente Funktion *f* (Math) transcendental function

transzendente Zahl *f* (Math) transcendent number

Trassant *m* (WeR) drawer

Trassat *m* (WeR) drawee *(cf, Akzeptant)*

trassiert-eigener Scheck *m* (WeR) check where the drawer names himself as the drawee, Art. 6 III ScheckG)

trassiert-eigener Wechsel *m* (WeR) bill of exchange where the drawer is identical with the drawee, Art, 3 II WG

Trassierungskredit *m*
(Fin) documentary acceptance credit
- draft credit
- drawing credit
- reimbursement credit

Tratte *f* (WeR) draft

Tratte *f* **ohne Dokumente** (Fin) clean draft

Travellerscheck *m* (com) traveler's *(or* circular) check *(syn, Reisescheck)*

Treffgenauigkeit *f* (Stat) accuracy *(syn, Richtigkeit, qv)*

Treibstoffsteuer *f* (StR) fuel tax *(ie, a special form of the ‚Mineralölsteuer')*

Treibstoffverbrauch *m* (IndE) fuel-burn rate *(ie, of jet engines)*

Trendanalyse *f* (Stat) trend analysis

Trendausschaltung *f* (Stat) trend elimination

trendbereinigte Zeitreihe *f* (Stat) trend-free time series

Trendbereinigung *f* (Stat) trend adjustment

Trendextrapolation *f* (Stat) extrapolating the trend line

Trendhochrechnung *f* (Stat) trend extrapolation

Trendschätzung *f* (Stat) trend estimation
(cf, lineare Trendfunktion, exponentieller Trend, logistische Funktionen, Gompertzfunktionen)

Trendumkehr *f* (Bö) trend reversal *(ie, in der technischen Aktienanalyse)*

Trend *m* **umkehren**
(com) to reverse a trend
- to turn the corner *(ie, reverse the trend of affairs)*

Trend *m* **verdecken** (com) to mask a trend

Trendverlauf *m* (Vw) trend path

Trendwende *f*
(com) trend reversal
- drastic reversal
- turnaround

Trennabschnitt *m* (Zo) voucher *(see: Anweisungsblatt)*

Trennanalyse *f* (Stat) discriminatory analysis

trennbare Präferenzen *fpl* (Vw) separable preferences

trennen
(EDV) to decollate
- to deleave

trennende Supposition *f* (Log) discrete supposition

trennen von, sich (Pw) to part company with *(eg, a chief executive)*

Trennfunktion *f*
(Math) discriminant function
- discriminator

trennscharf (Stat) powerful

Trennschärfe *f* (Stat) power

Trennschärfefunktion *f* (Stat) power function

trennscharfer Konfidenzbereich *m* (Stat) shortest confidence region

trennscharfes Konfidenz-Verfahren *n* (Stat) most accurate *(or* shortest) confidence process

trennschärfster Konfidenzbereich *m* (Stat) most selective confidence interval *(or* region)

trennschärfster kritischer Bereich *m* (Stat) most powerful critical region

trennschärfster Test *m* (Stat) most powerful test

Trennsymbol *n*
(EDV) separator
- delimiter *(syn, Begrenzer)*

Trennung *f* **nach Funktionsmerkmalen** (Bw) functional grouping

Trennungsentschädigung *f*
(Pw) severance pay
- separation *(or* isolation) allowance

Trennzeichen *n*
(EDV, Cobol) delimiter
- separator *(syn, Begrenzer; cf, DIN 66 028, Aug 1985)*

Treppendiagramm *n* (Stat) histogram

treppenförmig ansteigen (Math) to grow in stairlike progression

Treppenfunktion *f* (Math) step function

Treppenkredit *m* (Fin) graduated-interest loan

Treppenkurve *f* (Math) step curve

Treppenpolygon *n* (Stat) frequency polygon

Treppenverfahren *n* (KoR) step ladder method

Tresor *m* (Fin) safe deposit vault *(syn, Stahlkammer)*

Treuevergütung *f* (com) = Treurabatt

Treugeber *m*
(Re) trustor *(ie, party creating a trusteeship)*
- transferor *(ie, in a ‚Treuhand' relationship)*

Treugiroverkehr *m* (Fin) = Treuhandgiroverkehr

Treuhand *f* (Re) = Treuhandgeschäft

Treuhandeigenschaft *f* (Re) fiduciary capacity

Treuhandeigentum *n* (Re) trust property

Treuhänder *m*
(Re) fiduciary
- trustee

719

(ie, charged with the management and preservation of the property which constitutes the trust estate; opp, Treugeber = trustor)

Treuhänderausschuß *m* (Re) committee of trustees

Treuhänder *m* **bestellen** (Re) to appoint a trustee

Treuhänderdepot *n* (Fin) third-party security deposit

Treuhändereigenschaft *f* (Re) fiduciary capacity

treuhänderisch
(Re) fiduciary
– in trust

treuhänderisch besitzen (Re) to hold as a trustee

treuhänderischer Besitz *m* (Re) fiduciary possession

treuhänderischer Besitzer *m* (Re) holder in trust

treuhänderisches Eigentum *n* (Re) trust property

treuhänderische Verwaltung *f* (Re) trust administration

treuhänderisch verwalten (Re) to administer in a fiduciary capacity

Treuhandgelder *npl* (Fin) trust funds *(or deposits or monies)*

Treuhandgeschäft *n* (Re) trust transaction

Treuhandgesellschaft *f* (Re) trust company
(ie, today mostly auditing and tax consulting firms)

Treuhandgiroverkehr *m* (Fin) accounts receivable clearing transactions *(syn, Treugiroverkehr)*

Treuhandkonto *n*
(Fin) escrow/trust... account
– (US) agency account
(ie, held in a bank by a trustee on behalf of third-party assets; nicht jedes Treuhandkonto ist ein Anderkonto)

Treuhandkredite *mpl*
(Fin) loans in transit
– loans for third-party account
– conduit credits *(syn, durchlaufende Kredite)*

Treuhandschaft *f* (Re) trusteeship
(ie, Treuhänder hat nach außen Vermögensrechte als eigene Rechte, übt sie aber nach Treuhandvertrag ganz od teilweise im Interesse des Treugebers aus; mögliche Rechtsstellungen:
1. Vollberechtigung, d. h. Treuhandverhältnis i. e. S.;
2. Ermächtigung nach § 185 BGB;
3. Bevollmächtigung aufgrund e-s Geschäftsbesorgungsvertrages, d. h. Treuhandverhältnis i. w. S.;
the term ‚trust‘ in Anglo-American law has no real counterpart in European Continental law; cf, Vol I³, 750)

Treuhandsonderkonto *n* (Fin) special trust account

Treuhandstelle *f* (Re) trust agency

Treuhandverhältnis *n* (Re) trust relationship

Treuhandvermögen *n*
(Re) trust property
(Fin) trust assets *(or estate or fund or property)*
(Fin) trust fund

Treuhandvertrag *m*
(Re) trust agreement *(or indenture or instrument)*
– deed of trust

Treuhandverwaltung *f* (Re) fiduciary management

Treunehmer *m* (Re) trustee

Treurabatt *m*
(com) loyalty discount *(or rebate)*
– fidelity rebate

Treu und Glauben
(Re) good faith
– bona fide

Trichterinterview *n* (Log) funnel-type interview

Trichtermodell *m* (IndE) funnel model *(ie, belastungsorientierte Auftragsfreigabe)*

Triebfeder *f* (com) driving force *(eg, behind the upswing)*

Triebwerk *n*
(IndE) power plant
– engine *(ie, of aircraft)*

Triebwerksleistung *f* (IndE) engine efficiency *(of aircraft engine)*

triftige Gründe *mpl* (Re) good cause

Trigonometrie *f* (Math) trigonometry

trigonometrische Funktion *f* (Math) trigonometric function

trigonometrische Reihe *f* (Math) trigonometric *(or Fourier)* series

TRIM-Ansatz *m* (Vw) transfer income model approach

Trinkgelder *npl* (StR) tips and gratuities, § 3 No. 51 EStG

Triple-A-Adresse *f* (Fin) triple A
(ie, zweifelsfreie Bonität; according to Standard & Poor's rating)

Trittbrettfahrer *m* (Vw) free rider *(syn, Freifahrer, Schwarzfahrer)*

trockener Wechsel *m* (WeR) promissory note *(syn, eigener Wechsel, Solawechsel)*

trockene Stücke *npl* (Fin) mortgage bonds in circulation

Trockenfracht-Markt *m* (com) dry cargo market *(eg, coal or iron ore trade)*

Trockenschiff *n* (com) dry cargo ship

trübe Aussichten *fpl* (com) bleak outlook

true subset (Math) echte Teilmenge *f (syn, proper subset)*

Trugschluß *m* (Log) fallacy
(ie, any unsound step or process of reasoning: mistake of formal logic, suppression of an unacceptable premise, lack of adaptation of reasoning to its alleged purpose)

Trunkenheit *f* **am Steuer**
(Vers, US) drunk driving
– (GB) drunken driving
– (GB) drunk in charge

Trustfonds *m* (IWF) Trust Fund

Tschebyscheffsche Ungleichung *f* (Stat) Tschebycheff inequality

Tunnelboden *m* (AuW) floor

Tunneldecke *f* (AuW) ceiling

turbulentes Vektorfeld *n* (Math) solenoidal vector field

turbulente Woche *f* (Bö, US) mixed and crazy week

TV-Maschinensteuerung *m* (IndE) machine vision technology
(ie, a sensing technology that uses visual data from TV cameras to inspection, identifying parts, or increase guidance or control in the manufacturing process)

Twen-Markt *m* (Mk) youth market

Typenmuster *n* (com) representative sample
Typenrad *n* (EDV) print (*or* type) wheel
Typenraddrucker *m* (EDV) wheel printer
Typenschild *n* (IndE) identification plate
Typentheorie *f* (Math) theory of types
Typenverminderung *f* (IndE) variety reduction
typischer stiller Gesellschafter *m* (com) typical dormant partner
(opp, atypischer stiller Gesellschafter)

typisch stille Beteiligung *f* (com) typical silent participation
Typprüfung *f* (IndE) type verification and test
Typung *f* (IndE) standardization
Typungskartell *n* (Kart) standardization cartel
Typungsvorhaben *n* (Kart) standardization project, § 5 I GWB
TZ-Buchkredit *m* (Fin) installment book credit
TZ-Wechselkredit *m* (Fin) installment credit backed by promissory notes

U

U-Bahn *f*
(com) subway
– (GB) underground
– (GB, infml) tube
Überabschreibung *f*
(ReW) overprovision of depreciation, § 256 V AktG, § 331 HGB
(ReW) overdepreciation *(ie, writedown beyond the estimated zero value)*
überabzählbar (Math) nondenumerable
über alle Schranken *fpl* **zunehmen**
(Math to grow large (*or* to increase) without bound
– to increase beyond bound (*or* all bounds)
überalterte Bevölkerung *f* (Stat) overaged population
Überangebot *n*
(Vw) excess supply
– oversupply
Überarbeit *f* (Pw) = Mehrarbeit
überarbeiten (com) to rework
Überbau *m* (Re) structure extending over a boundary, § 912 BGB
Überbeschäftigung *f*
(Vw) overemployment
– over-full employment *(opp, Unterbeschäftigung)*
überbesetzt
(Pw) overstaffed
– overmanned
überbesetzter Markt *m* (com) overcrowded market
Überbesetzung *f*
(Pw) overmanning
– overstaffing *(ie, emphasis on white-collar workers)*
– excess staff
Überbestand *m*
(MaW) excessive stock (*or* inventory)
– oversupply
– long position
(StR) excess inventory of current assets, § 33 III BewG
Überbesteuerung *f* (FiW) excessive taxation
überbestimmt
(Math) overidentified
– overspecified
überbetrieblich (Pw) extra-plant
überbetriebliche Ausbildung *f* (Pw) extra-plant training

überbetriebliche Mitbestimmung *f*
(Pw) supra-plant codetermination
– codetermination beyond the enterprise
überbetrieblicher Streikausschuß *m* (Pw) umbrella strike committee
Überbevölkerung *f* (Vw) overpopulation
(ie, Bestände an natürlichen Ressourcen und Kapital reichen nicht aus, um sämtliche Arbeitskräfte effizient einzusetzen)
überbewerten
(ReW) to overvalue
– to overstate
(Bö) to overprice
überbewertete Aktien *fpl* (Bö) overpriced (*or* top-heavy) shares
überbewerteter Dollar *m* (Fin, infml) overblown dollar
überbewertete Währung *f* (Vw) overvalued currency
Überbewertung *f*
(ReW) overstating *(ie, balance sheet items)*
(Bw) overvaluation *(ie, of assets)*
(Bö) overpricing *(ie, of securities)*
(Fin) overvaluation *(ie, of a currency)*
überbieten
(com) to outbid
– to overbid
Überbietung *f*
(com) outbidding
– overbidding
Überbord-Auslieferungsklausel *f* (com) overside-delivery clause
überbringen (com) to deliver acceptance to
Überbringer *m* (WeR) bearer *(cf, Inhaber)*
Überbringerklausel *f* (WeR) bearer clause
Überbringerscheck *m*
(WeR) bearer check
– check to bearer
überbrücken
(com) to bridge
– to tide over
Überbrückungsfinanzierung *f* (Fin) bridging (*or* interim) financing
Überbrückungshilfe *f* (Pw) temporary assistance
Überbrückungskredit *m*
(Fin) bridging/interim/intermediate . . . loan
– (infml) bridge over
Überbrückungsprogramm *n* (EDV) bridge program

überbuchen (com) to overbook
(ie, issue reservations in excess of available space)
Überdeckung *f*
(Fin) excess (*or* surplus) cover
(KoR) overabsorption
Überdenkungsfrist *f* (Re) cooling-off period
(ie, mit Widerrufsrecht auch nach Vertragsschluß)
Überdividende *f*
(Fin) superdividend
(Fin) surplus dividend *(syn, Superdividende)*
überdurchschnittlich
(com) above average
– higher than average
(Pw) better than average
überdurchschnittliche Abgaben *fpl* (Bö) oversold positions
überdurchschnittliches Wachstum *n* (Vw) above-average growth
übereignen
(Re) to transfer ownership
– to pass title to
Übereignung *f*
(Re) transfer of ownership, § 929 BGB
(Re) conveyance, § 873 BGB *(ie, transfer of title to land)*
übereinkommen (Re) to agree
Übereinkunft *f* (Re) agreement *(ie, zweiseitig = between two parties)*
Übereinkunft *f* **mit Gläubigern** (Re) arrangement with creditors
übereinstimmen (mit)
(com) to be in agreement with
– to conform to
– to be conformable to
– to answer to
Übereinstimmung *f*
(com) agreement
– conformity
Übereinstimmungskoeffizient *m* (Stat) coefficient of agreement (*or* concordance)
Übereinstimmungs-Validität *f* (Mk) concurrent validity
Überemission *f*
(Bö) overissue of securities
– undigested securities
überfällig (com) past due
überfällige Aufträge *mpl* (IndE) jobs past due
überfällige Ausfuhrforderung *f* (AuW) export claim overdue (*or* past due)
überfällige Forderungen *fpl*
(Fin, US) delinquent accounts receivables
– (GB) overdue account
– claims past due
(Fin) stretched-out receivables *(ie, customers paying more slowly)*
überfälliger Betrag *m* (Fin) amount overdue
Überfischen *n*
(com) overfishing
– over-exploitation of fish
Überfließlager *n* (MaW) flow-over inventory
Überfracht *f* (com) extra freight
Überfremdung *f* (Bw) excessive foreign control
Übergabe *f* (Re) delivery, § 929 BGB
Übergabebescheinigung *f* (com) receipt of delivery

Übergabebilanz *f* (ReW) premerger balance sheet
Übergabestichtag *m* (Bw) closing
(ie, in Unternehmens- und Beteiligungskaufverträgen: in diesem Zeitpunkt geht Unternehmen mit Nutzungen und Lasten auf den Käufer über)
Übergang *m*
(Re) transition
– transmission
Übergang *m* **der Ersatzansprüche** (Vers) subrogation of claims
(ie, right of insurer to step into the shoes of the party whom it compensates)
Übergang *f* **der Gefahr**
(Re) passage of a risk
Übergang *m* **des Eigentums** (Re) passage of ownership
Übergang *m* **kraft Gesetzes** (Re) assignment (*or* transfer) by operation of law
Übergangsbestimmungen *fpl* (Re) transitional provisions
Übergangsbudget *n* (FiW) transitional budget
Übergangskonten *npl* (ReW) suspense accounts
(ie, linking cost and financial accounting systems; syn, Spiegelbildkonten, reziproke Konten)
Übergangslösung *f*
(com) provisional solution
– temporary arrangement
Übergangsposten *m* (ReW) suspense (*or* transitory) item
Übergangsprüfung *f* (StR) transition/transitory... examination
Übergangsregelung *f* (Re) transitional... arrangements /provisions
Übergangsstelle *f* (EDV) connector *(ie, in flow-charting)*
Übergangsstellung *f* (Pw) staging post *(ie, phase in career development)*
Übergangsstichtag *m* (Bw) closing date
(ie, beim Unternehmens- und Beteiligungskaufvertrag; ‚closing' manchmal auch der Akt des Vertragsschlusses nach Vorlage aller Unterlagen)
Übergangsvorschriften *fpl* (Re) transitional provisions
Übergangswahrscheinlichkeit *f* (Stat) transition probability
Übergangswahrscheinlichkeits-Matrix *f* (Stat) transition probability matrix
Übergangszeit *f* (com) transitional period
übergeben
(com) to deliver
– to turn over
– to hand over
– to transfer
Übergebot *n* (Re) higher bid, § 72 ZVG
übergehen
(Pw) to pass over *(ie, sb in making appointments)*
(EDV) to skip *(ie, to ignore instructions in a sequence)*
übergeordnete Datei *f* (EDV) parent file
übergeordnete Instanz *f*
(Re) court above
– next higher court
übergeordnete Stelle *f* (Bw) superior unit (*or* department)
Übergepäck *n* (com) excess baggage

Übergewicht n (com) overweight *(eg, parcel is 10kg overweight)*

Übergewinnsteuer f (FiW, US, GB) excess profits tax

Übergewinnverfahren n (Bw) surplus profits method *(ie, the value of a limited sequence of expected surplus profits should be added to the net asset value; used in the valuation of a going concern [Unternehmensbewertung]; opp, Mittelwertverfahren)*

Übergruppenwechsel m (EDV) major control break

Überhitzung f
(Vw) overheating *(ie, of the economy)*
(Bö) wave of heavy selling

überhöhte Bestände mpl (MaW) inflated inventory

überhöhter Preis m
(com) excessive
– heavy
– stiff... price

Überholung f
(ReW) obsolescence *(ie, of fixed assets; subterms: wirtschaftliche/technische Überholung)*
(com) overhaul *(ie, through inspection and repair)*

Überholverbot n
(com) No Passing
– (GB) Do not overtake

überidentifiziert
(Math) overidentified
– multiply identified

Überinvestition f (Bw) overinvestment

Überinvestitionstheorie f (Vw) overinvestment theory

Überkapazität f
(Bw) excess
– surplus
– redundant... capacity
– overcapacity
– capacity overshoot

überkapitalisieren (Fin) to overcapitalize

überkapitalisiert
(Fin) overcapitalized
– (infml) top heavy

Überkapitalisierung f (Fin) overcapitalization *(opp, Unterkapitalisierung)*

über Kassakurs (Bö) over spot

Überkreuzmandat n (com) = Überkreuzverflechtung, qv

Überkreuzverflechtung f
(com) interlocking directorate, § 100 AktG
– (corporate) interlock *(syn, Überkreuzmandat)*

Überkreuz-Wiederholungsplan m (Stat) cross-over/switch-back... design

überladen (com) to overload

Überladung f (com) overloading

überlagern
(com) to conceal
– to fog over

überlagerte Häufigkeitsverteilung f (Stat) compound frequency distribution

überlagerte Poisson-Verteilung f (Stat) compound Poisson distribution

überlagerte Stichprobe f (Stat) interpenetrating sample

Überlagerung f
(Math) superposition
(EDV) overlay

Überlagerungsbaum m (EDV) overlay tree

Überlagerungseffekt m (Mk) carry-over effect

überlappende Brachzeit f (IndE) machine interference time

überlappende Planung f (Bw) rolling budget *(syn, gleitende Planung, qv)*

überlappende Schichtarbeit f (IndE) coupling-up

überlappte Auswahleinheiten fpl (Stat) overlapping sampling units

überlappte Fertigung f (IndE) lap phasing

Überlappung f (EDV) overlap

Überlappungsmaß n (Stat) intensity of transvariation

Überlappungssegment n (EDV) overlay segment

Überlassung f **von Wirtschaftsgütern** (StR) transfer of assets or the use thereof, § 15 I No. 3 EStG *(eg, to a partnership)*

Überlauf m (EDV) overflow

Überlaufmarke f (EDV) overflow index

Überlaufregister n (EDV) overflow register

Überlaufsatz m (EDV) overflow record

Überlaufstelle f (EDV) overflow position

überlebender Ehegatte m (StR) surviving spouse

Überlebensrente f (Fin) joint and survivor annuity

Überlebensversicherung f (Vers) survivorship insurance

Überlebenswahrscheinlichkeit f (Vers) survivorship probability

Überleitungsbestimmungen fpl (Re) transitional provisions

überlesen (EDV) to skip *(ie, to ignore instructions in a sequence)*

Überliegegeld n (com) demurrage (charges)

Überliegezeit f (com) extra lay days *(ie, allowed for loading and unloading)*

Überliquidität f (Fin) excess liquidity

Übermittlungsabschnitt m (EDV) communications link

Übermittlungsfehler m
(Re) error in communicating a declaration, § 120 BGB
(EDV) error in transmission

Übermittlungsirrtum m (Re) mistake in communicating a declaration of intent, § 120 BGB

Übernachfrage f (Vw) excess *(or surplus)* demand

Übernachtungsgeld n (Pw) overnight accommodation allowance

Übernachtungskosten pl (com) hotel expense

Übernahme f
(com) takeover
– acquisition
– purchase
– *(also)* merger
– (infml) corporate marriage
– (infml) tie-up
(com) absorption *(eg, cost, freight)*
– payment
(Fin) underwriting *(ie, of a loan)*

Übernahmeangebot n
(com) takeover... bid/solicitation

– corporate takeover proposal
– tender offer
– tender solicitation
(ie, Form des Beteiligungserwerbs außerhalb der Börse: in der Wirtschaftspresse wird ein Angebot zum Aufkauf unterbreitet; opp, öffentliches Abfindungsangebot nach § 305 AktG)
Übernahme *f* **des Ausfallrisikos** (Fin) assumption of credit risk
Übernahmegarantie *f* (Fin) underwriting guaranty
Übernahmegerüchte *npl* (com) takeover rumors
Übernahmegewinn *m*
(Fin) gain on takeover
– take-over profit
Übernahmegründung *f* (Bw) formation of a company where all shares are subscribed by the incorporators
Übernahmekandidat *m*
(com) takeover target
– target *(syn, Zielgesellschaft)*
Übernahmeklage *f* (Re) action brought to take over the business of a partnership, § 142 I HGB
Übernahmekonnossement *n* (com) received (for shipment) bill of lading
(ie, bescheinigt dem Ablader nur den Empfang der Ware durch den Reeder zur Verschiffung; cf, § 642 HGB)
Übernahmekonsortium *n*
(Fin) underwriting...group/syndicate
– purchase group
– purchasing syndicate
Übernahmkriterien *npl* (com) acquisition criteria
Übernahmekurs *m*
(Fin) takeover price
(Fin) underwriting price
Übernahmeofferte *f* (com) = Übernahmeangebot
Übernahmeperiode *f* (Mk, US) takeover time
(ie, Zeitspanne für die Verdrängung e–s älteren Produkts: time for a new and better product to go from 10% to 90% displacement of a predecessor product)
Übernahmepreis *m* (Fin) = Übernahmekurs
Übernahmeprovision *f* (Fin) underwriting commission *(syn, Konsortialnutzen)*
Übernahmeschein *m* (com) dock receipt
Übernahmeschlacht *f*
(comn) take-over...battle/struggle
– bidding war
– bid battle
– merger contest
Übernahmespezialist *m* (com) buy-out specialist
Übernahmestrategie *f* (com) acquisition strategy
Übernahmeverhandlungen *fpl* (com) takeover negotiations
Übernahmeverlust *m* (Fin) loss on takeover
Übernahmeverpflichtungen *fpl*
(Fin) underwriting commitment
Übernahmevertrag *m*
(com) acquisition/takeover...agreement
(Fin) underwriting/subscription...agreement
– purchase contract
(ie, relating to securities issue)
Übernahme *f* **von Verbindlichkeiten**
(Re) assumption of debt
– assumption of liabilities as debtor

Übernahmezeitpunkt *m* (com) date of acquisition
(ie, in the case of a merger)
übernehmende Gesellschaft *f*
(com) acquiring
– purchasing
– absorbing
– transferee...company
(ie, beim Unternehmenskauf = in an M&A (merger & acquisition) transaction; syn, erwerbende Gesellschaft)
übernommene Gesellschaft *f*
(com) acquired
– purchased
– transferor...company
(opp, übernehmende Gesellschaft = acquiring company)
Überorganisation *f* (Bw) overorganization
über pari
(Fin) above par
– at a premium
Überpari-Emission *f* (Fin) issue above par (*or* at a premium)
Überparität *f*
(Pw) supra parity
– union dominance
überparitätische Mitbestimmung *f* (Pw) overparity in representation
Überproduktion *f* (com) overproduction
überproportionale Kosten *pl* (Bw) progressively rising variable cost
überproportionale Produktionskosten *pl* (Bw) convex production cost *(syn, progressive Kosten)*
Überprovision *f* (Vers) overriding commission *(ie, in reinsurance)*
Überprüfung *f*
(com) audit
– check
– review
überragende Marktstellung *f*
(Kart) superior market position
– commanding position over competitors
überragendes Interesse *n* **der Allgemeinheit** (Re) overriding public interest
Überraschungsbesuch *m* (Mk) cold call
Überraschungsgewinne *mpl* (Vw) windfall profits
Überraschungsverluste *mpl* (Vw) windfall losses
überreden
(com) to persuade
– to entice to
– (infml) to talk into *(ie, doing sth)*
– (infml) to argue into *(ie, doing sth)*
überregionale Werbung *f* (Mk) national advertising
Überrollungsbudget *n* (FiW) rollover budget
überschäumende Konjunktur *f* (Vw) runaway boom
Überschlagsrechnung *f* (com) rough estimate
überschreiben (EDV) to overwrite
Überschreiten *n* **der Binnengrenzen** (EG) crossing of internal frontiers
Überschreitung *f* (Fin) overrun
Überschuldung *f* (Fin) debt overload
(ie, financial position where liabilities exceed assets)
Überschuldungsbilanz *f* (ReW) statement of overindebtedness

(ie, for corporate persons equal to Konkurs- od Vergleichsstatus)
Überschuß *m* (FiW) surplus
Überschuß *m* **aus Zinsen und Provisionen** (Fin) net income from interest and commissions
Überschußberg *m* (EG) mountainous surplus *(eg, butter, wheat)*
Überschußbeteiligung *f* (Vers) surplus sharing
Überschuß *m* **der Dienstleistungsbilanz** (AuW) surplus on invisibles
Überschuß *m* **des Kaufpreises e-s Unternehmens über seinen Buchwert** (Fin) acquisition excess
Überschußdividende *f* (Fin) surplus dividend
Überschuß-Dumping *n* (AuW) surplus dumping
Überschußfinanzierung *f* (Fin) cash flow financing
(ie, German term introduced by Hasenack)
Überschußgelder *npl* (Fin) surplus funds
Überschußguthaben *n* (AuW) net accumulation of ECUs
überschüssige Arbeitskräfte *fpl* (Pw) slack labor
überschüssige Kasse *f* (Vw) excessive cash holdings
überschüssige Prämieneinnahmen *fpl* (Vers) surplus premiums
Überschußkasse *f* (Vw) liquidity of a bank
Überschußland *n* (AuW) surplus country
Überschußnachfrage *f* (Vw) excess demand
Überschußnachfrage-Inflation *f* (Vw) excess demand inflation
Überschußproduktion *f* (EG) surplus production
Überschußrechnung *f*
(StR) cash receipts and disbursement method, § 4 III EStG
– net income method
Überschußreserve *f* (Fin) excess reserve
(ie, von den Banken über Mindestreserven hinaus gehaltene Zentralbankguthaben)
Überschuß-Risiko-Kriterium *n* (Fin) excess return risk criterion
Überschußrückstellung *f* (Vers) bonus reserve
Überschußtheorie *f* (AuW) vent for surplus
(ie, progress spreads from industrial countries to LCDs by means of increasing demand for goods)
Überschwemmungsversicherung *f* (Vers) flood insurance
Überseecontainer *m* (com) ISO container *(ie, von der International Standardization Organization genormt)*
Überseehandel *m*
(AuW) overseas trade
– deep sea trade
Überseemärkte *mpl* (AuW) overseas markets
Überseeverpackung *f*
(com) seaworthy packing
– packing for ocean shipment
übersenden
(com) to send
– to transmit
übersendende Bank *f* (Fin) remitting bank
Übersender *m*
(com) sender
– consignor
übersetzen
(com) to translate
(ie, texts from a source language into a target language)

(EDV) to assemble
– to compile
– to translate
Übersetzer *m*
(com) translator
(ie, a new invention is the German term ‚Translator' covering both translator and interpreter)
(EDV) translator (routine)
(ie, Programm, das Anweisungen in der Quellsprache in Anweisungen der Zielsprache umwandelt)
(EDV) translating program
(EDV) processor *(ie, in numerical control)*
Übersetzungsbüro *m* (com) translation bureau *(syn, Übersetzungsdienst)*
Übersetzungsfehler *m* (com) mistranslation
Übersicht *f*
(com) general view
– overview *(ie, he gave us an ... of the company's financial plans)*
übersichtlich
(com) easy-to-follow
– logically arranged
Übersichtszeichnung *f*
(com) general arrangement drawing
– layout plan
– outline drawing
Übersiedler *m*
(Vw) resettler *(eg, from Eastern Europe)*
Überspekulation *f* (Bö) overtrading
überstehen (com, infml) to sail through *(eg, the current recession unscathed)*
übersteigen
(com) to exceed
– to top *(eg, sales will top DM2bn)*
Überstunden *fpl* (Pw) overtime
Überstundenausgleich *m* (Pw) compensatory time
(ie, by taking off instead of overtime pay)
Überstunden *fpl* **kürzen** (Pw) to cut overtime
Überstunden *fpl* **machen** (Pw) to work overtime
Überstundenvergütung *f* (Pw) overtime pay
übertarifliche Leistungszulage *f* (Pw) excess merit bonus
(EDV) add carry
Übertrag *m*
(ReW) carry forward
(ReW) brought forward
Übertrag *m* **auf neue Rechnung** *f* (ReW) brought forward to new account
übertragbar
(Re) assignable
(WeR) transferable
(WeR) negotiable
übertragbares Akkreditiv *n* (Fin) transferable letter of credit
übertragbares Wertpapier *n* (WeR) transferable/ assignable ... instrument
(ie, Rektapapier/Namenspapier; opp, begebbares Wertpapier = negotiable instrument, qv)
Übertragbarkeit *f*
(Re) assignability
(WeR) transferability
(WeR) negotiability *(ie, of order and bearer instruments only)*
(SozV) portability *(ie, of pension benefits)*

725

übertragen
(Re) to transfer
(Re) to assign
(Re) to convey *(ie, title in real estate)*
(WeR) to transfer *(ie, by assignment)*
(WeR) to negotiate *(ie, by consent and delivery)*
(EDV) to transmit
– to communicate
übertragende Gesellschaft *f* (com) predecessor *(or transferor) company (ie, in takeover or merger)*
Übertragender *m* (Re) transferor
übertragende Umwandlung *f* (Bw) transfer conversion
(ie, liquidationslos im Wege der Gesamtrechtsnachfolge; transfer of net worth by universal legal succession; opp, formwechselnde Umwandlung)
Übertragung *f*
(VGR) transfer *(ie, without specific consideration = Gegenleistung)*
(Re) transfer
(ie, in BGB terminology every transfer of a right arising from an obligation to another creditor, no matter whether the transfer is effected by agreement between the parties or takes place automatically by operation of law)
(Re) conveyance *(ie, of title in land)*
(WeR) transfer *(ie, by assignment)*
(WeR) negotiation *(ie, by consent and delivery)*
(OR) transmittance
(EDV) communication
Übertragung *f* **durch Abtretung** (Re) transfer by assignment
Übertragung *f* **durch Begebung** (WeR) transfer by negotiation
Übertragungen *fpl*
(VGR) transfer payments
– (US) unilateral transfers
Übertragungen *fpl* **zwischen Haushalten** (VGR) interpersonal transfers
Übertragung *f* **e-r Forderung** (Re) assignment of a claim
Übertragung *f* **e-r Sachgesamtheit** (Re) bulk transfer
Übertragung *f* **kraft Gesetzes** (Re) assignment by operation of law
Übertragungsanspruch *m* (Re) claim to transfer of property, § 985 BGB
(syn, Herausgabeanspruch)
Übertragungsbilanz *f*
(ReW) transfer balance sheet
(VGR) balance on transfer account
– (US) unilateral payments
(syn, Transferbilanz, Schenkungsbilanz)
Übertragungscode *m* (EDV) transmission code
Übertragungsempfänger *m* (Re) transferee
Übertragungsfunktion *f* (Math) transfer *(or admittance) function*
Übertragungsgewinn *m* (StR) transfer gain
(ie, difference between book value and fair market value – gemeiner Wert – of the assets of a transformed ,Kapitalgesellschaft'; eg, AG, GmbH)
Übertragungskanal *m* (EDV) communications channel

Übertragungsmodus *m* (EDV) move mode *(opp, Lademodus)*
Übertragungsprozedur *f* (EDV) transmission line procedure
Übertragungssicherheit *f* (EDV) transmission reliability
Übertragungsstelle *f* (Fin) transfer agent
Übertragungssteuerzeichen *n* (EDV) transmission control character
Übertragungsurkunde *f* (Re) instrument of transfer
Übertragungsverfahren *n* (EDV) transmission method
Übertragungsvermerk *m* (WeR) indorsement
Übertragungsvertrag *m* (Bw) divestment agreement
(ie, Übergang der Verfügungsmacht e–r ausländischen Tochter auf das Gastland)
Übertragungswirtschaft *f* (Vw) grants economy
(ie, field of study in welfare economics, developed by K. Boulding)
Übertragung *f* **von Gütern** (Re) transfer of goods
Übertragung *f* **von Haushaltsmitteln** (FiW) transfer of budget funds
Übertragung *f* **von Vermögen** (Re) transfer of assets
Übertragung *f* **zu Lebzeiten** (Re) transfer inter vivos
übertreffen
(com) to beat
– to get ahead of
– to leave behind
– to outdistance
– to outperform
– to outstrip
übertreibende Werbung *f*
(Mk) puff advertising
– puffery *(syn, Superlativ-Werbung)*
übertreten
(Re) to infringe
– to transgress
– to violate
Übertretung *f*
(Re) infringement
– transgression
– violation
übertriebene Werbung *f*
(Mk) extravagant advertising
– hype *(eg, media hype)*
überversichert
(Vers) overinsured
– insurance poor
Überversicherung *f*
(Vers) overinsurance
– (infml) insurance poor
(ie, carrying more insurance than is really needed)
Überversorgung *f* (Fin) superabundance *(eg, of international liquidity)*
Übervölkerung *f* (Stat) overpopulation
überwachen
(Bw) to control
– to monitor
– to supervise
Überwacher *m* (EDV) checking program *(or routine)*

Überwachung f
(Bw) control
- follow-up
- monitoring
- supervision
- surveillance
Überwachung f **des Wareneingangs** (MaW) inspection of incoming merchandise
Überwachungsprogramm n (EDV) = Überwacher
Überwachungsrecht n (Re) right of inspection (ie, of limited partner, § 166 HGB; syn, Kontrollrecht)
Überwachungszeit f (IndE) machine attention time
Überwachungszollstelle f (Zo) customs office of surveillance
Überwälzbarkeit f (FiW) shifting potential
überwälzen (auf)
(com, StR) to pass on to
- to pass along to (ie, prices, taxes)
(FiW) to shift (ie, taxes to the ultimate consumer)
Überwälzung f (FiW) shifting of taxes (subterms: Vorwälzung, Rückwälzung)
Überwälzungsspielraum m (Vw) shifting potential
(ie, opportunities to pass price and wage increases on to the ultimate consumer)
überweisen
(Fin) to remit
- to transfer
(com) to refer (eg, a dispute to arbitrators)
Überweisung f
(Fin) remittance
- transfer
(com) referral
Überweisung f **durch Sammelverkehr** (Fin) bank giro
Überweisungen fpl **ausländischer Arbeitskräfte** (VGR) foreign worker remittances
Überweisungsabteilung f (Fin) giro department
Überweisungsauftrag m
(Fin) transfer instruction
- (GB) bank giro credit
Überweisungsbeschluß m (Re) transfer order, § 835 ZPO
Überweisungsempfänger m (Fin) credit transfer remittee
Überweisungsformular n (Fin) credit transfer form
Überweisungsgebühr f (Fin) remittance (or transfer) charge
Überweisungsscheck m (Fin) transfer check
(ie, transfer instruction in Bundesbank transactions; no check in its legal sense)
Überweisungstermin m (Fin) transaction date
(eg, für Überweisung an e–e Clearingzentrale)
Überweisungsträger m (Fin) transfer slip
Überweisungsverkehr m
(Fin) bank/cashless... transfer payments
- giro credit transfers
- money transmission service
(syn, Giroverkehr)
überwiegend schwächer (Bö) predominantly lower
überzahlen (com) to overpay (eg, taxes)
überzähliges Material n (MaW) surplus material
überzahlter Betrag m (StR) balance of tax overpayment, § 36 IV EStG
Überzahlung f (StR) overpayment of taxes

überzeichnen (Bö) to oversubscribe (ie, an issue)
überzeichnete Emission f (Bö) oversubscribed issue
(ie, there are applications for more shares than the total number in the issue)
Überzeichnung f (Bö) oversubscription
überziehen (Fin) to overdraw an account
Überziehung f (Fin) overdraft
Überziehungskredit m (Fin) overdraft facility (or loan)
Überziehungsprovision f (Fin) overdraft commission (or fee)
überzogene Einkommensansprüche mpl (Pw) excessive (or unjustified) claims to income rises
Ubiquität f
(Vw) ubiquity
(ie, räumlich begrenzte Verfügbarkeit von Gütern und Produktionsfaktoren)
(Mk) ubiquity
(ie, Produkt soll überall erhältlich sein)
üble Nachrede f (Re) damaging a person's reputation, § 186 StGB
üblicher Handelswert m (com) common market value
üblicher Wettbewerbspreis m (com) ordinary competitive price
übrige Gegenstände mpl (ReW) other items
Übungsfirma f
(Pw) simulated business enterprise
- „paper" company
(ie, used as a training ground for apprentices and junior clerks; syn, Scheinfirma)
UCIT
(Fin) = Undertaking for Collective Investment in Transferable Securities
Uferstaat m (Re) littoral state (ie, in Sea Law)
U-Gruppe f (IndE) subassembly
Ultimo m (Bö) last trading day of a month
Ultimoabrechnung f (ReW) end-of-month settlement
Ultimoauschläge mpl (Bö) end-of-month fluctuations
Ultimoausgleich m (com) year-end adjustment
Ultimoausschläge mpl (Bö) end-of-month fluctuations
Ultimobedarf m (com) end-of-month requirements
Ultimodifferenz f (Bö) difference between forward and settlement rate
Ultimogeld n (Bö) end-of-month settlement loan
Ultimogeschäft n
(Bö) transaction for end-of-month settlement
(Bö) last-day business
Ultimoglattstellung f (Bö) squaring of end-of-month position
Ultimohandel m (Bö) = Ultimogeschäft
Ultimokurs m (Bö) end-of-month quotation
Ultimoregulierung f (Bö) end-of-month settlement
umadressieren (com) to redirect
Umadressierung f (com) redirection
umarbeiten (com) to rework
Umbasierung f (Stat) rebasing of index numbers
Umbaufinanzierung f (Fin) financing the re-modelling of a property
umbilden
(Bw) to reorganize
- to reshuffle

727

Umbildung *f*
(Bw) reorganisation
– reshuffle
Umbruch *m* (EDV) (page) make-up
umbuchen
(ReW) to transfer to another account
– to reclassify
– to repost
Umbuchung *f*
(ReW) book transfer
– reclassification
– reposting
umcodieren (EDV) to translate
Umcodierung *f* (EDV) code translation
umdefinieren (Log) to redefine
Umdeutung *f* (Re) conversion of a legal transaction
(ie, if transaction is void but requirements for the validity of another transaction of the same effect are complied with, such other transaction will be allowed to take the place of the intended transaction, § 140 BGB)
umdisponieren
(com) to modify arrangements
– to rearrange
Umdisposition *f* (com) rearrangement
Umdruckbogen *m* (IndE) production order master form
Umfang *m* **der Charge** (IndE) batch size
Umfang *m* **der Haftung** (Re) scope of liability
Umfang *m* **der Vertretungsmacht** (Re) scope of power of representation
Umfang *m* **der Vollmacht** (Bw) scope of power of attorney
Umfang *m* **e-r Versicherung** (Vers) coverage of an insurance policy
Umfang *m* **e-s Patents** (Pat) scope of a patent
umfangreiche Abgaben *fpl* (Bö) spate of selling
Umfangsvorteile *mpl* (Vw) economies of scope
(ie, Konzept stellt auf die Breite der Produktionspalette ab; may imply span of production program and depth of production pattern; syn, Verbundvorteile, Diversifikationsvorteile; opp, economies of scale; cf, Skaleneffekte)
Umfangswinkel *m* (Math) circumferential angle
umfassende Erfahrungen *fpl* (com) broadly-based experience
umfassende Menge *f* (Math) inclusive set
umfassende Reform *f* (com) top-to-bottom reform
umfassendes Patent *n* (Pat) broad patent
umfassende Vollmacht (com) broad authority
(eg, ausstatten mit = to invest with...)
Umfeld *n*
(com) environment
– (infml) the outside world
Umfeldverschmutzung *f* (Bw) pollution of environment
umfinanzieren
(Fin) to refinance
– to refund
– to switch funds
Umfinanzierung *f*
(Fin) switch-type financing
(ie, extension, substitution, and transformation of funds; opp, Neufinanzierung)
– refunding

– refinancing
(Fin) = Umschuldung
umfirmieren
(com) to change name of business
– to change corporate name
umformen (Fin) to transform into
umformulieren
(com) to rephrase
– to redraft
Umformulierung *f*
(com) rephrasing
– redrafting
Umformungsregel *f* (Log) transformation rule
Umfrage *f*
(Mk) opinion survey
– public opinion poll
Umfrageergebnisse *npl* (Mk) results of a survey
Umgebungsbasis *f* (Math) base consisting of neighborhoods
Umgebungsremission *f* (EDV) background reflection *(ie, in optical character recognition)*
umgedrehter Wechsel *m* (Fin) = Akzeptantenwechsel, qv
Umgehungsgeschäft *n* (Re) transaction for the purpose of evading a law
umgekehrte Designierung *f* (AuW) reverse designation
umgekehrter Schrägstrich *m* (EDV) backslash
umgekehrtes Dumping *n* (AuW) reverse dumping
umgekehrt proportional (Math) inversely proportional
umgesetzte Leistungen *fpl* (StR) goods and services sold
umgestalten (com) to reorganize *(eg, an accounting system)*
umgliedern
(ReW) to transfer
– to reclassify
(ie, to another account; syn, umbuchen)
Umgliederung *f* (ReW) reclassification
umgründen (Re) to convert to another legal form *(ie, of business organization)*
Umgründung *f* (Re) change of legal form
(ie, das bisherige Unternehmen wird liquidiert und ein neues Unternehmen gegründet; Übertragung durch Einzelrechtsnachfolge; involves liquidation, the re-establishment of the business and single succession)
umgruppieren (Log) to reclassify
Umhüllende *f* (Math) envelope
Umkehranzeige *f* (EDV) reverse video
umkehrbar eindeutige Abbildung *f*
(Math) one-to-one mapping
– bijection *(syn, eindeutige Abbildung, qv)*
umkehrbar eindeutige Relation *f* (Log, Math) one-to-one correspondence
umkehrbarer Akzelerator *m* (Vw) reversible accelerator
Umkehrchart *n* (Bö) reversal chart *(ie, in der Chartanalyse)*
Umkehrfunktion *f* (Math) inverse function
Umkehrkoeffizient *m* (Stat) tilling coefficient
Umkehrmatrix *f* (Math) inverse matrix
Umkehrpunkt *m* (Bö) reversal point *(ie, in der Chartanalyse)*

Umkehrwechsel *m* (Fin) = Akzeptantenwechsel, qv

Umladegebühren *fpl* (com) reloading charges

Umladehafen *m* (com) port of tran(s)shipment

Umladekonnossement *n* (com) trans(s)hipment bill of lading (*or* B/L)

umladen
(com) to reload
– to tran(s)ship

Umladeplatz *m* (com) reloading (*or* transfer) station

Umladestelle *f* (com) trans(s)hipment point

Umladung *f*
(com) reloading
– tran(s)shipment

Umlage *f*
(StR) levy
– contribution
(KoR) allocation
– charge

Umlageprinzip *n* (SozV) principle of adjustable contributions

Umlagesatz *m* (FiW) rate of contribution

Umlageschlüssel *m* (KoR) allocation formula

Umlageverfahren *n*
(SozV) social insurance on a pay-as-you-go basis
(opp, fully-funded basis = Kapitaldeckungsverfahren)
(Vers) current disbursement
(SeeV) proportionate contribution system
(KoR) method of cost allocation

„Umlauf" (com) please circulate

Umlauf *m* **an Anleihen** (Fin) bonds outstanding

umlaufende Aktien *fpl* (Fin) shares outstanding

umlaufende Betriebsmittel *npl* (StR) (normal inventory of) current assets
(ie, required for an orderly conduct of farming, § 33 II BewG)

umlaufende festverzinsliche Wertpapiere *npl* (Fin) bonds outstanding

umlaufende Lager *npl* (MaW) transportation inventories

umlauffähig
(Fin) negotiable
– marketable

umlauffähiges Wertpapier *n* (WeR) negotiable instrument

Umlauffähigkeit *f*
(Fin) marketability
– negotiability

Umlaufgeschwindigkeit *f* (Vw) cash transactions velocity

Umlaufgeschwindigkeit *f* **des Geldes**
(Vw) velocity of circulation
– transactions velocity

Umlaufgrenze *f* (Fin) issuing limit

Umlaufmarkt *m*
(Bö) market for securities outstanding
– secondary market
(ie, Markt der umlaufenden Wertpapiere nach Erstabsatz; opp, Emissionsmarkt, Primärmarkt)

Umlaufrendite *f* (Fin) running (*or* flat) yield
(ie, Rendite Festverzinslicher im Umlauf; coupon payments on a security as a percentage of the security's market price; in many instances the price

should be gross of accrued interest = *Stückzinsen; opp, Emissionsrendite)*

Umlaufrichtung *f* (Math) direction of traversal

Umlaufvermögen *n*
(ReW) current assets
– (GB) floating assets
(opp, Anlagevermögen = fixed assets)

umlegen
(ReW) to allocate
– to distribute
– to apportion
(KoR) = verrechnen, qv

Umlegung *f*
(ReW) allocation
– distribution
– apportionment

Umleitung *f* **e-r Sendung** (com) reconsignment

Umlenkung *f* **der Handelsströme** (AuW) deflection of trade

umorientieren
(com) to reorient
– (infml) to refocus *(eg, one's basic thinking)*

Umrahmung *f* (EDV) box *(syn, Feld)*

umrechnen
(ReW) to translate *(ie, currencies, not. to convert!)*
(Fin) to convert

Umrechnungsfaktor *m* (ReW) translation ratio

Umrechnungsgewinn *m* (Fin) gain on currency translation

Umrechnungsgewinne *mpl* (ReW) translation gains

Umrechnungskurs *m* (Fin) conversion rate
(ie, fester Devisenkurs, zu dem Börsenkurse in eigene Währung umgerechnet werden)

Umrechnungssätze *mpl* (Bö) conversion rates

Umrechnungstabelle *f* (Fin) table of exchange rates

Umrechnungsverhältnis *n*
(AuW) ratio of conversion
– exchange ratio

Umrechnung *f* **von Fremdwährungen** (Fin) foreign currency translation
(ie, term is not synonymous with ‚conversion' which is the physical exchange of one currency for another)

Umrißplanung *f* (Bw) provisional overall planning

Umrißzeichnung *f* (IndE) outline drawing

umrüsten
(IndE) to retool
(IndE) to refit
– to retrofit
(ie, buildings are retrofitted with energy-saving gear)

Umrüsten *n* (IndE) retrofit/retooling

Umrüstzeit *f*
(IndE) tear-down time
– change-over time
(ie, downtime of a machine following a given work order which usually involves removing parts such as jigs and fixtures and which must be completely finished before setting up for the next order)

Umsatz *m*
(com) business
– sales volume
– volume of trade

729

– (GB) turnover
– billings
(ReW) sales revenue
– sales
– revenues
– (GB) turnover
(Bö) activity
– dealings
– turnover
(Bö) trading volume
– volume of trade
(Mk) billings *(ie, of an advertising agency; eg, annual billings in excess of $2m)*
Umsatzanalyse *f* (Bw) sales analysis
Umsatzaufwendungen *fpl* (ReW) = Umsatzkosten, qv
Umsatzausgleichsteuer *f* (StR) turnover equalization tax on imported goods *(ie, superseded by VAT = value added tax)*
Umsatzbelebung *f* (com) increase in turnover
Umsatzbesteuerung *f* (StR) taxation of turnover
umsatzbezogene Kapitalrentabilität *f* (Fin) sales-related return on investment *(ie, pretax operating income to sales)*
Umsatzbilanz *f* (ReW) statement of account transactions
(ie, listing of credit and debit sums of all accounts; syn, Summenbilanz)
Umsatzbonus *m* (com) annual quantity discount *(ie, based on sales volume)*
Umsatzbonussystem *n* (Mk) sales-based bonus system
Umsatz *m* **bringen** (com) to pull in sales *(eg, product pulls in over DM 500 m worth of sales this year)*
Umsätze *mpl*
(com) sales
– (GB) turnover
(Fin) movements
(Bö) trading
Umsatzeinbuße *f* (com) drop in sales
Umsätze *mpl* **in Kurzläufern** (Bö) dealings in shorts
Umsatzergiebigkeit *f* (Fin) = Umsatzrentabilität
Umsatzerlöse *mpl*
(ReW) sales
– sales revenues
– revenues
– (GB) turnover
– gross annual receipts
– gross income from sales and services, § 157 AktG
Umsatzertrag *m* (ReW) sales revenue *(opp, unrealized revenue from inventory additions)*
Umsatz *m* **e-r Werbeagentur** (Mk) billings
Umsätze *mpl* **steigen** (com) sales are perking up
Umsatzgeschäfte *npl* (Re) commercial transactions
Umsatzgeschwindigkeit *f* (Bw) = Umschlagshäufigkeit
Umsatz-Gewinn-Diagramm *n* (KoR) profit-volume chart
Umsatzgewinnrate *f* (Fin) = Umsatzrentabilität
Umsatzgigant *m* (com) sales giant
Umsatzgrößen-Klasse *f* (Bw) turnover-size category
Umsatzhäufigkeit *f* (Bw) = Umschlagshäufigkeit

Umsatzkarte *f* (EDV) accounting detail card
Umsatzkasse *f* (Vw) transactions balances *(or cash or holdings)*
Umsatzkosten *pl*
(ReW) cost of goods sold
– cost of sales
(ie, die gesamten Herstellungskosten, die auf die verkauften Produkte entfallen; in der BRD ist seit langem die Gliederung der GuV nach dem Gesamtkostenverfahren üblich und aktienrechtlich vorgeschrieben; nach § 275 HGB kann zwischen Gesamtkosten– und Umsatzkostenverfahren gewählt werden; international ist das Umsatzkostenverfahren die vorherrschende Ausweisform der Ergebnisrechnung; opp, Gesamtkostenverfahren = expenditure style of presentation)
Umsatzkostenverfahren *n*
(ReW) cost-of-sales accounting format
(opp, Gesamtkostenverfahren = expenditure style of presentation; refers to profit and loss account)
(KoR) cost of sales type of short-term results accounting
(ie, gross sales revenue – sales deductions = net sales revenue – cost of sales = operating result = Betriebsergebnis; based on either full cost or marginal cost; opp, Gesamtkostenverfahren)
Umsatz-Leverage *n* (Fin) operating leverage
umsatzloser Markt *m* (Bö) flat *(or inactive)* market
umsatzloses Konto *n*
(ReW) dead
– dormant
– inactive... account
Umsatzprovision *f*
(com) sales commission
(Fin) account turnover fee
Umsatzrechnung *f* (ReW) = Gewinn- und Verlustrechnung
Umsatzrendite *f* (Fin) = Umsatzrentabilität
Umsatzrentabilität *f*
(Fin) percentage return on sales *(ie, component of RoI ratio system)*
(Auch:)
– net income percentage of sales
– net operating margin
– profit on sales
– profit percentage
– profit margin
– (GB) profit-turnover ratio
(syn, Umsatzrendite, Umsatzgewinnrate, Gewinn in % des Umsatzes)
Umsatzrückgang *m*
(com) decline
– drop
– slump... in sales
– faltering sales
umsatzschwacher Markt *m* (com) inactive market
Umsatzspitzenreiter *m* (Bö) volume leader
umsatzstarker Bereich *m* (Mk) hot-selling area
umsatzstärkstes Produkt *n*
(com) top seller
– top-selling product
Umsatzstatistik *f* (Mk) sales statistics
Umsatz *m* **steigern**
(com) to increase

- to boost
- to lift
- (infml) to beef up ... sales (GB: turnover)
- to expand *(eg, from DM1bn to DM12bn in sales)*

Umsatzsteigerung *f*
(com) increase
- advance
- upswing ... in volume sales
- (GB) turnover growth

Umsatzsteigerung *f* **durch Ein- und Verkauf billiger Waren** (Mk) trading down

Umsatzsteuer *f* (StR) turnover tax

Umsatzsteueranteil *m* (StR) turnover tax component (*or* element) *(ie, of a sales price)*

Umsatzsteuer *f* **auf Anzahlungen** (StR) VAT (value-added) tax on payments on account

Umsatzsteuer *f* **auf den Eigenverbrauch** (StR) turnover tax on appropriation of business property for nonbusiness purposes

Umsatzsteuerbefreiung *f* (StR) exemption from turnover tax

Umsatzsteuerbelastung *f* (StR) turnover tax burden

Umsatzsteuer-Durchführungsverordnung *f* (StR) Ordinance Regulating the Turnover (Value-Added) Tax, of 21 Dec 1979

Umsatzsteuererstattung *f* (StR) rebate of turnover tax

umsatzsteuerfrei
(StR) zero-rated
- nonchargeable

Umsatzsteuerfreiheit *f* (StR) exemption from turnover tax

Umsatzsteuer *f* **für den Eigenverbrauch** (StR) turnover tax on personal use by taxpayer

Umsatzsteuergesetz *n* (StR) Turnover (Value-Added) Tax Law, of 26 Nov 1979, as amended

Umsatzsteuerharmonisierung *f* (EG) harmonization of turnover tax

Umsatzsteuerpflicht *f* (StR) turnover tax liability

umsatzsteuerpflichtig (StR) subject to turnover tax

Umsatzsteuerprüfung *f* (StR) turnover tax audit

Umsatzsteuerrecht *n* (StR) law of the turnover tax

Umsatzsteuerreform *f* (StR) turnover tax reform (1968)
(ie, introducing the value-added tax)

Umsatzsteuerrückvergütung *f* (StR) turnover tax refund

Umsatzsteuerschuld *f* (StR) turnover tax liability

Umsatzsteuerstatistik *f* (FiW) turnover tax statistics

Umsatzsteuervergütung *f* (StR) VAT refund

Umsatzsteuervoranmeldung *f* (StR) advance value-added tax return

Umsatzsteuer-Zahllast *f* (StR) amount of turnover tax payable *(ie, to the tax office)*

Umsatz *m* **stieg** (com) sales posted again

Umsatzstufe *f* (StR) turnover stage

Umsatzträger *m* (Mk) performer *(eg, strong, weak)*

Umsatzüberschuß *m*
(Fin) funds from operations
(ie, item in funds statement = Kapitalflußrechnung)
(Fin) cash flow
(ie, Geldzufluß aus Umsatz, if liquid funds are subtracted)

Umsatzüberschußrechnung *f* (Fin) cash flow statement

Umsatzverhältnis *n* (ReW) turnover ratio

Umsatzvolumen *n*
(com) sales volume
- volume of trade
- (GB) turnover
(Bö) trading volume

Umsatzzahlen *fpl* (Bw) turnover ratios

umschalten
(EDV) to shift
- to switch

Umschalttaste *f* (EDV) (case) shift key

Umschaltzeichen *n*
(EDV) escape character, ESC
- shift-out character, SO

umschichten
(Fin) to shift
- to switch

Umschichtung *f*
(Fin) shifting
- switching

Umschichtung *f* **des Sozialprodukts** (Vw) shifting of national product
(eg, to job-creating investments)

Umschichtungsfinanzierung *f* (Fin) debt restructuring (*or* rescheduling) *(ie, converting short-term into long-term debt)*

Umschichtungshandel *m* (AuW) switch trading
(ie, used in correcting imbalances in long-term bilateral agreements)

Umschichtungstransaktion *f* (AuW) switching transaction *(eg, from $ in DM)*

Umschichtung *f* **von Ressourcen** (Vw) reallocation of resources

Umschichtung *f* **von Verbindlichkeiten** (Fin) liability management
(ie, enables depository institutions to raise additional funds in wholesale markets, when they wish to increase their lending; opp, Vermögensverwaltung = asset management)

Umschlag *m*
(com) trans(s)hipment
(com) envelope

Umschlagdauer *f* **von Forderungen** (Fin) days of receivables *(syn, Debitorenumschlag)*

Umschlagdauer *f* **von Verbindlichkeiten** (Fin) days of payables

umschlagen (com) to trans(s)hip *(ie, from one conveyance to another)*

Umschlaghafen *m* (com) port of trans(s)hipment

Umschlagkennziffer *f* (Bw) = Umschlagshäufigkeit

Umschlagkennziffer *f* **der Debitoren** (Fin) accounts receivable turnover ratio
(ie, average receivables outstanding to average daily net sales)

Umschlagplatz *m* (com) place of trans(s)hipment

Umschlagsgeschwindigkeit *f* (Bw) = Umschlagshäufigkeit

Umschlagshäufigkeit *f*
(Bw) rate of turnover
- turnover rate
(ie, ratio of annual sales to 1. total capital; 2. equity capital; 3. average inventory; syn, Umsatzhäufigkeit)

Umschlagshäufigkeit *f* **des Eigenkapitals**
(Bw) rate of equity turnover
– equity-sales ratio
Umschlagshäufigkeit *f* **des Gesamtkapitals**
(Bw) rate of total capital turnover
– total capital-sales ratio
Umschlagshäufigkeit *f* **des Warenbestandes**
(Bw) rate of merchandise (*or* inventory) tur-
nover
– inventory-sales ratio
Umschlagskennzahlen *fpl* (Bw) turnover ratios
Umschlagspesen *pl* (com) handling charges
Umschlagszeit *f*
(Bw) replacement period
Umschlagzyklus *m* (ReW) accounting cycle
umschreiben
(ReW) to transfer (*ie, to another account*)
(Fin) to transfer (*ie, securities*)
(Re) to convey (*ie, property*)
Umschreibung *f*
(ReW) book transfer
(Fin) transfer (*ie, of securities*)
(Re) conveyance (*ie, of property*)
umschulden
(Fin) to reschedule
– to restructure
– to roll over . . . debt
(Fin) to fund
– to refinance
Umschuldung *f*
(Fin) debt rescheduling (*ie, postponing payments
of future debts*)
(Fin) debt refunding (*or* conversion)
Umschuldungsaktion *f*
(Fin) rescheduling operation
(Fin) funding operation
Umschuldungsanleihe *f* (Fin) refunding bond issue
Umschuldungskredit *m* (Fin) refunding credit
Umschulung *f*
(Pw) job
– occupational
– vocational . . . retraining
Umschulungsbeihilfe *f* (Pw) retraining allowance
Umschulungsmaßnahmen *fpl*   (Pw)   retraining
measures
Umschwung *m* (Vw) turnaround (*ie, in the business
cycle*)
umsetzen (Pw) to reallocate (*eg, people to new jobs*)
Umsetzung *f*
(Pw) transfer
– transferral
(Re) adoption (*eg, of an EC Directive*)
umsonst
(com) gratuitous
– at no charge
– (infml) for nothing
umspeichern (EDV) to restore
Umstände *mpl* **des Einzelfalles** (Re) circumstances
of the case
Umstände *mpl* **liegen vor** (com) circumstances are
present
Umstand *m* **tritt ein** (Re) contingency comes to
pass
Umsteigebahnhof *m* (com) junction (*where lines
meet, cross, or join*)

Umsteigefahrkarte *f* (com) transfer ticket
umsteigen (Fin, com) to switch (*ie, into/out of*)
Umsteigeverbindung *f* (com) transfer connection
Umstellkosten *pl* (KoR) change-over costs
Umstellungsprozeß *m* (Vw) process of readjustment
Umstellungsverluste *mpl* (Bw) readjustment losses
Umstellungszuschlag *m* (IndE) change-over allowance
Umstellzeit *f* (IndE) changeover time
umstempeln (Fin) to restamp (*ie, share certificates;
eg, as worth only DM50*)
Umstempelung *f* (Fin) restamping of share certificates
umstrittene Frage *f* (com) contentious issue
umstrukturieren
(Bw) to restructure
– to reorganize
– to reshape (*eg, one's business in Europe*)
– to reshuffle (*eg, business organization*)
Umstrukturierung *f*
(com) restructuring of operations
– restructuring and adjustment
– structural transformation
– shake-up in the structure (*eg, of the electricity
supply industry*)
– „corporate surgery" (*ie, to eliminate loss-mak-
ing operations*)
Umstrukturierung *f* **der Staatsausgaben** (FiW) restructuring of government expenditures
Umstrukturierung *f* **des Gebührensystems** (Fin) restructuring of service charge pattern
Umstrukturierung *f* **von Anleihen** (Fin) repackaging of bonds
umstufen (com) to reclassify
Umstufung *f*
(com) reclassification
– regrading
Umtausch *m* (Fin) exchange (*ie, of shares*)
Umtauschaktionen *fpl* (Fin) swap transactions
Umtauschangebot *n*
(Fin) exchange
– conversion
– tender . . . offer
umtauschen
(Fin) to change (*eg, money*)
– (more fml) to exchange (*eg, DM for $*)
– (fml) to convert (*ie, foreign currency*)
Umtauschobligationen *fpl* (Fin) refunding bonds
Umtauschoperation *f* (Fin) repurchase operation
Umtauschquittung *f* (com) refund check
Umtauschrecht *n*
(Fin) conversion . . . right/privilege
– option to convert
– right of exchange
(*ie, von Schuldverschreibungen in Aktien*)
(Fin) exchange privilege (*ie, bei Investmentan-
teilen*)
Umtauschverhältnis *n*
(Fin) exchange ratio
(Fin) conversion ratio
Umtauschversicherung *f*
(Vers) versatile policy
– (GB) convertible assurance
umverteilen (Vw) to redistribute

Umverteilung f (Vw) redistribution
(ie, altering the outcome of primary distribution; this is how economists talk about the problem: Allokationseffizienz und Verteilungsgerechtigkeit können so miteinander in Konflikt geraten, daß im Interesse der Verteilungsgerechtigkeit auf Effizienzverbesserungen od wegen Effizienzverlusten auf Distributionsverbesserungen verzichtet wird)
Umverteilungshaushalt m (Vw, EG) redistribution mechanism
Umverteilungs-Multiplikator m (Vw) redistribution multiplier
Umverteilungsvorteile mpl (Vw) redistributional benefits
Umwandlung f
(Bw) transformation
– conversion
(ie, change in legal form without change in identity; eg, from corporation to limited liability company)
Umwandlung f **in e-e andere Vermögensform** (Vw) asset transformation
Umwandlungsbilanz f (ReW) reorganization balance sheet
Umwandlungsgebühr f (Pat) conversion fee
Umwandlungsgeschäft n (Fin) reorganization business
(ie, of banks cooperating in changes of corporate legal forms)
Umwandlungsgesetz n (Re) Conversion Law, as amended on 15 Aug 1969
Umwandlungsgewinn m (StR) reorganization gain
(eg, accruing to a dependent entity which is merged into the dominant enterprise)
Umwandlungsrecht n (Fin) commutation right
Umwandlungsrisiko n (Fin) transaction risk
(ie, bei der Forderungsfinanzierung)
Umwandlungssteuergesetz n
(StR) Tax Reorganization Law
– law governing the taxation of conversions
Umwandlungsverkehr m (EG) processing under customs control
Umwandlung f **von Rücklagen** (StR) transfer of reserves
Umweglenkung f (EDV) alternative routing *(ie, alternative communication path)*
Umwegproduktion f (Vw) indirect (*or* roundabout) production
Umwelt f
(com) environment
– (infml) outside world
Umweltabgabe f (com) environmental levy
Umweltaspekte mpl (com) environmental considerations
Umweltauflage f (com) environmental requirement
Umweltbedingungen fpl (com) environmental forces
umweltbeeinflussende Folgen fpl (com) environmental impact *(eg, of products)*
Umweltbeobachtung f
(com) monitoring/surveillance ... of environment
– external surveillance
Umweltbewegung f
(com) environmentalism

– (infml) greenery *(eg, the base of support for ... has broadened)*
umweltbewußt
(com) eco-sensitive
– (infml) green
– (iron) verdant
Umweltbewußtsein n
(com) environmental awareness
– awareness of environmental issues
umweltbezogene Flexibilität f (Bw) external flexibility
Umweltbundesamt n (Re) Federal Environment Agency
umweltfeindlich (com) ecologically harmful
Umweltforschung f
(com) environmental research
umweltfreundlich
(com) ecologically ... beneficial/acceptable
– environmentally friendly
umweltfreundlicher (com) more environmentally friendly
(eg, when we talk about how best to produce a fast train line from the Chunnel tunnel to London)
Umwelt-Image n (com) environmental image
Umweltindikatoren mpl (com) environmental indicators
(eg, Schadstoffkonzentrationen, Ausmaß der Natur- und Landschaftszerstörung)
Umweltinformationssystem n (com) environmental information system
(ie, betrieblich od überbetrieblich)
Umweltkennzeichnung f (com) environmental labeling
(ie, system to provide consumers with accurate information about the environmental acceptability of products; cf, Umweltzeichen)
Umweltkonstellation f (com) combination of environmental forces
Umweltlizenz f (com) = Umweltzertifikat
Umweltmanagement n (Bw) management of environmental resources
Umweltmedien npl (com) environmental media
(eg, Luft, Gewässer, Boden)
Umweltökonom m (Vw) environmental economist
Umweltökonomie f (Vw) environmental economics
Umweltpolice f (com) environmental policy
(ie, einheitliche Police wird angestrebt; z. Zt. lediglich Produkthaftpflicht und Gewässerschäden; angestrebt wird Gefährdungshaftung für alle Schäden, einschl. Boden- und Luftverseuchungen)
Umweltpolitik f (com) environmental policy
Umweltprobleme npl
(com) environmental ... issues/problems
– (infml) green issues
(ie, their essence is that they involve externalities and public goods, qv)
Umweltprojekt n (com) environmental scheme
(eg, as sponsored by Ökobank of Frankfurt)
Umweltqualität f
(com) environmental quality
– quality of the environment
Umweltrechnungslegung f (ReW) environmental accounting

Umweltrestriktionen *fpl* (com) environmental restrictions
Umweltschäden *mpl*
(com) environmental damage
– damage to the environment
Umwelt *f* **schädigen** (com) to harm the environment
umweltschädliches Produkt *n*
(com) polluting product
– environment-damaging product
umweltschonend (com) environmentally sound *(eg, economic growth)*
Umweltschutz *m*
(com) environmental... protection /conservation
– protection of the environment
Umweltschutzauflagen *fpl* (com) environmental restrictions
Umweltschützer *m*
(com) environmentalist
– defender of the environment
– conservationist
Umweltstatistiken *fpl* (Stat) environmental statistics
Umwelt-Überwachungssystem *n* (com) environment surveillance system
Umweltverhalten *n* (com) environmental performance
Umweltverschmutzer *m* (com) polluter
(ie, someone polluting the environment)
Umweltverschmutzung *f*
(com) environmental pollution
– pollution of the environment
umweltverträglich
(com) economically sound
– (infml) green
(eg, product, such as biodegradable rubbish bag Bio-D)
Umweltverträglichkeit *f* (com) environmental acceptability *(eg, of products)*
Umweltverträglichkeitsprüfung *f* (com) assessment of environmental impact
(ie, systematische und vollständige Ermittlung der ökologischen Folgen e–r umweltbeeinflussenden Maßnahme)
Umweltvorschriften *n* (com) environmental regulations
Umweltwirkungen *fpl* (com) environmental... impact/effects
(eg, genehmigungsbedürftiger Vorhaben)
Umweltzeichen *n* (com) environmental label
(ie, in Deutschland seit 1977: „blauer Umweltengel" der Vereinten Nationen)
Umweltzertifikat *n* (com) environmental permit
(ie, verbrieft und überträgt Rechte zur Emission e–r bestimmten Menge Schadstoff (pollutant); government gives companies permits to discharge a limited amount of pollution and then allows them to trade their permits with each other; syn, Umweltlizenz)
Umweltzustand *m* (com) environmental constellation
(ie, denkbare Konstellation relevanter Umweltfaktoren)
Umworbene *pl*
(Mk) media public

– (GB) ádmass *(ie, especially the TV proletariat, as it were)*
Umzäunungspatent *n* (Pat) fencing-off patent
Umzugsbeihilfe *f*
(Pw) assistance with removal expenses
– relocation assistance *(or allowance)*
Umzugskosten *pl*
(StR) moving
– removal
– relocation ... expenses
Umzugskostenbeihilfe *f* (Pw) = Umzugsbeihilfe
Umzugskosten-Entschädigung *f* (StR) relocation allowance, § 3 No. 16 EStG
Unabdingbarkeit *f* (Re) prohibition to change legal provisions by agreement
unabhängige Banken *fpl* (Fin) independent operators
unabhängige Bedürfnisse *npl* (Vw) independent needs
unabhängige Einrede *f* (Re) independent defense
unabhängige Pufferzeit *f* (OR) independent float
unabhängiger Berater *m* (com) outside consultant
unabhängiger Betrieb *m* (EDV) local mode
unabhängiger Händler *m* (com) independent trader
unabhängiger Prüfer *m* (ReW) external auditor
unabhängiger Schätzer *m* (com) external valuer
unabhängiger Vorgangspuffer *m* (OR) independent float
unabhängiger Wartezustand *m* (EDV) asynchronous disconnected mode, ADM
unabhängiges Ereignis *n* (OR) independent event
unabhängige Variable *f* (Math) independent variable
unabhängige Wirtschaftsprüfungsgesellschaft *f* (ReW) independent accounting firm
Unabhängigkeit *f* **der Bundesbank** (Vw) autonomy of the Deutsche Bundesbank *(ie, its formal independent status)*
unabwendbares Ereignis *n* (Re) inevitable incident *(or accident)*
unanfechtbarer Steuerbescheid *m* (StR) uncontestable tax assessment
unanfechtbare Verfügung *f* (Re) unappealable order *(eg, of the Federal Cartel Office)*
unangemeldeter Besuch *m* **e-s Verkaufsvertreters** (Mk) cold call *(ie, without prior notice)*
unangreifbares Patent *n* (Pat) incontestable patent
unärer Operator *m* (EDV) unary *(or monadic)* operator
unaufgebbare Forderung *f* (com) nonnegotiable demand
unausgeglichener Haushalt *m* (FiW) unbalanced budget
unausgeglichene Zahlungsbilanz *f* (AuW) balance of payments in disequilibrium
unausgenutzte Arbeitskräfte *fpl* (Vw) slack labor
unausgenutzte Kapazität *f* (Bw) capacity reserve
unausweichliche Schlußfolgerung *f* (Log) inescapable *(or compelling)* conclusion *(syn, zwingende Sch.)*
unbare Geschäftsvorfälle *mpl* (ReW) noncash transactions
unbarer Zahlungsverkehr *m* (Fin) cashless money transfers *(or payments)*
unbeabsichtigte negative Handlung *f* (Re) omission

unbearbeiteter Markt *m* (Mk) virgin market
unbebaute Grundstücke *npl*
(ReW) land
– land not built-on
– undeveloped real estate
– vacant land
(StR) unimproved real property *(ie, carrying no building, or any building erected thereon is not ready for use, §§ 72, 73 BewG)*
Unbedenklichkeitsbescheinigung *f* (AuW) certificate of nonobjection
Unbedenklichkeitsbestätigung *f* (com) clean report of findings
(ie, im Exportgeschäft für jede Sendung von unabhängigen Prüfgesellschaften ausgestellt)
unbedingte Annahme *f* (WeR) absolute acceptance
unbedingte Anweisung *f* (EDV, Cobol) imperative statement
unbedingte Meistbegünstigungsklausel *f* (AuW) unconditioned most-favored-nation clause
unbedingter Programmsatz *m* (EDV, Cobol) imperative sentence
unbedingter Sprung *m* (EDV) unconditional jump
unbedingter Sprungbefehl *m* (EDV) unconditional branch (*or* jump) instruction
unbedingtes Indossament *n* (WeR) absolute endorsement
(ie, Indossatar hat nur bei Ausfall der Vormänner zu zahlen)
unbedingtes Urteil *n* (Log) categorical proposition
unbefristete Exportförderung *f* (AuW) export promotion unlimited in time
unbefugter Besitz *m* (Re) unauthorized possession
unbefugter Firmengebrauch *m* (Re) unauthorized use of firm name, §§ 18–24, 30 HGB
unbegründet (Re) without just (*or* sufficient) cause
unbekannter Faktor *m* (Log) factor of disturbance
unbelastetes Grundstück *n* (Re) unencumbered real estate
unbenannte Zahl *f* (Math) absolute/abstract ... number
(syn, absolute od abstrakte Zahl; opp, benannte Zahl, qv)
unbequeme Zinsfüße *mpl* (Math) odd interest rates
unbereinigt (Stat) unadjusted
unbeschadet (Re) without prejudice
(eg, to the provisions of Article 22)
unbeschädigt (com) undamaged
unbeschädigte Ladung *f* (com) sound cargo
unbeschäftigt
(Pw) unemployed
– out of work
unbeschränkt abzugsfähige Sonderausgaben *fpl* (StR) blanket allowance for special expenses
unbeschränkte Einkommensteuerpflicht *f* (StR) residents' income tax liability
unbeschränkte Geschäftsfähigkeit *f*
(Re) full capacity to contract
– full contractual capacity
(opp, beschränkte Geschäftsfähigkeit)
unbeschränkte Haftung *f*
(Re) full
– personal
– unlimited ... liability
– unlimited exposure to liability

unbeschränkte Lizenz *f* (Pat) non-restricted license
unbeschränkte Meistbegünstigung *f* (AuW) unconditional most-favored-nation clause
unbeschränkte Nachschußpflicht *f* (Re) unlimited liability of members to make additional contributions
unbeschränkter Zugang *m* (Vw) unrestricted entry
unbeschränkte Steuerpflicht *f* (StR) unlimited tax liability
unbeschränkte Zuständigkeit *f* (Re) general (*or* full) juristiction
(ie, complete jurisdiction over a given subject-matter or class of actions)
unbeschränkt haftbar (Re) absolutely liable
unbeschränkt konvertierbare Währung *f* (Fin) free currency
unbeschränkt steuerpflichtig (StR) subject to unlimited tax liability
(ie, Steuerinländer = resident individual)
unbeschränkt steuerpflichtige Kapitalgesellschaft *f* (StR) resident corporation
unbeschränkt steuerpflichtige Körperschaft *f* (StR) resident corporate body
unbesetzes Amt *n* (Pw) vacancy
unbesetzter Arbeitsplatz *m*
(Pw) vacant job
– vacancy
– job opening
unbestätigtes Akkreditiv *n* (Fin) unconfirmed letter of credit
unbestätigtes unwiderrufliches Akkreditiv *n* (Fin) unconfirmed irrevocable letter of credit
unbestellte Sendung *f* (com) unsolicited consignment
unbestellte Ware *f* (com) unordered merchandise
unbestimmte Gleichung *f* (Math) indeterminate equation
unbestimmte Lösung *f* (Math) indeterminate solution
unbestimmter Rechtsbegriff *m* (Re) gray legal concept
unbestimmtes Gleichgewicht *n* (Vw) indeterminate equilibrium
unbestimmtes Integral *n*
(Math) antiderivative
– improper/indefinite ... integral
(ie, in which either the integrand becomes unbounded on the domain of integration or the domain is itself unbounded)
Unbestimmtheitsmaß *n* (Stat) coefficient of nondetermination
unbewegliche Güter *npl* (Re) immovable goods
unbewegliche Sache *f* (Re) immovable thing
unbewegliches Vermögen *n* (Re) real property
unbewegtes Konto *n*
(ReW) dead
– dormant
– inactive ... account
unbeweisbarer Ausgangssatz *m* (Log) primitive proposition
unbewiesene Behauptung *f* (com) unproved assertion
unbezahlte Freizeit *f* (Pw) time off without pay
unbezahlte Rechnungen *fpl* (Fin) unpaid bills
unbezahlter Urlaub *m* (Pw) leave without pay

unbillige Härte *f* (Re) undue hardship
unbillig eingeschränkt (Kart) inequitably restrained
Unbilligkeit *f* (StR) inequity *(eg, in assessing a tax, §§ 163, 227 AO)*
undefinierter Grundbegriff *m*
(Log) primitive
(ie, undefined concept or term; serves as a starting point in an effort to avoid circular reasoning; eg, primitives in accounting are transaction, claim, continuity; in the Peano system zero, number, and successor; a term undefined in one system may be defined in another)
UND-Funktion *f*
(EDV) AND operation
– logical conjunction
– logical multiply
– logicial product
– meet *(syn, Konjunktion)*
UND-Gatter *n* (EDV) = UND-Schaltung
UND-Glied *n* (EDV) = UND-Schaltung
UND-Knoten *m* (EDV) AND node
UND-Konto *n* (Fin) joint account *(ie, with the instruction „both or all to sign")*
UND-Schaltung *f*
(EDV) AND circuit *(or element or gate)*
– logical AND circuit
– coincidence gate
undurchsichtige Organisationsstruktur *f*
(Bw) muddled structure
– (infml) higgledy-piggledy organization structure
Undurchsichtigkeit *f* **der Bezeichnungsrelation** (Log) referential opacity
UND-Verbindung *f* (Log) conjunction
UND-Verknüpfung *f* (EDV) = UND-Funktion
unechte Arbeitslosigkeit *f* (Vw) fictitious rate of unemployment
(ie, due to illness, injury, strike)
unechter Bruch *m* (Math) improper fraction
unechter Durchschnitt *m* (Stat) untrue average
unechtes Abladegeschäft *n* (com) import transaction where port of destination is deemed to be the place of performance
unechtes Factoring *n*
(Fin) partial factoring
– recourse factoring
(ie, Nichtübernahme der Delkrederefunktion; opp, echtes Factoring, qv)
uneigentliche Bedingung *f* (Re) unreal condition
(ie, condition in appearance only: whenever it is absolutely certain that the specified event must happen or absolutely certain that it cannot happen)
uneigentliches Integral *n* (Math) infinite integral
uneinbringliche Forderungen *fpl*
(ReW) bad debts, § 40 III HGB
– uncollectibles
– uncollectible accounts *(or receivables)*
– unrecoverable accounts
– irrecoverable debts
uneingeschränkt
(Re) unrestricted
– unqualified
uneingeschränkter Bestätigungsvermerk *m* (ReW) unqualified ... audit certificate /opinion

uneingeschränkter Handel *m* (AuW) unhampered trade
uneingeschränkter Wettbewerb *m*
(Vw) unbridled
– unfettered
– unlimited
– unrestrained
– unrestricted ... competition
uneingeschränktes Akzept *n*
(WeR) general
– unconditional
– unqualified ... acceptance
uneingeschränktes Eigentum *n* (Re) absolute title
(ie, an = to)
uneingeschränktes Recht *n*
(Re) absolute right
– full legal right
uneingeschränkte Zufallsstichprobe *f* (Stat) unrestricted random sample
uneinheitlich (Bö) mixed
uneinheitliche Leistungsgrade *mpl* (IndE) inconsistent ratings
uneinheitlich tendieren (Bö) to tend mixed
uneinklagbarer Anspruch *m* (Re) unenforceable claim
unelastische Nachfrage *f* (Vw) inelastic demand
unelastischer Bereich *m* **der Nachfragekurve** (Vw) inelastic range of demand
unelastisches Angebot *n* (Vw) inelastic supply
unendlich (Math) infinite *(opp, endlich = finite)*
unendliche Abschreibung *f* (ReW) = Restwertabschreibung
unendliche Dezimalzahl *f* (Math) unending decimal fraction
unendliche Elastizität *f* (Vw) perfect elasticity
unendliche Folge *f* (Math) infinite sequence
unendliche Folge *f* **von Gliedern** (Math) infinite set of terms
unendliche Grundgesamtheit *f* (Stat) infinite population
unendliche Menge *f* (Math) infinite set
unendlicher Dezimalbruch *m* (Math) infinite *(or nonterminating)* decimal
unendliche Reihe *f* (Math) infinite series
(ie, one in which the number of terms, n, can increase without limit: written $a_1 + a_2 + a_3 + \ldots$; Unterbegriffe: convergent/nonconvergent ... series, qv)
unendlicher Graph *m* (OR) infinite graph
unendlicher periodischer Dezimalbruch *m*
(Math) repeating decimal
– recurring decimal fraction
unendlicher Regreß *m* (Math) infinite regress
unendliches Produkt *n* (Math) infinite product
unendliches Spiel *n* (OR) infinite game
unendliche Stichprobe *f* (Stat) infinite sample
unendliche Unstetigkeitsstelle *f* (Math) infinite discontinuity
unendliche Zahl *f*
(Math) infinite number
– infinitude
(ie, neither odd nor even; opp, endliche Zahl = finite number)
Unendlichkeit *f* (Math) infinity *(ie, endless extent of space, time, or any series)*

unentdeckte Rohstoffreserven *fpl* (com) undiscovered (*or* untapped) raw materials reserves
unentgeltlich
(com) free
– free of charge
– at no charge
– without payment
(Re) without legal consideration
– gratuitous
unentgeltliche Einfuhren *fpl* (AuW) imports free of payment
unentgeltliche Leistungen *fpl*
(VGR) transfer payments
– unilateral transfers
(StR) gratuitous performances, § 1 UStG
unentgeltliche Lizenz *f* (Pat) royalty-free license
unentgeltlicher Erwerb *m* (Re) gratuitous acquisition
unentgeltlich erwerben (Re) to acquire gratuitously
unentgeltliches Rechtsgeschäft *n* (Re) legal transaction unsupported by quid pro quo
unentgeltliche Übertragung *f* (Re) gratuitous transfer
unentschlossener Kunde *m* (Mk) vacillating customer
unentschuldigtes Fehlen *n* (Pw) unauthorized absence (from work)
unerfahrener Spekulant *m*
(Bö) inexperienced speculator
– (infml) lamb
unerlaubte Handlung *f*
(Re) unlawful act
– tort
– tortious act
(ie, neben dem Schuldvertrag der wichtigste Grund für die Entstehung e–s Schuldverhältnisses; the civil-law term ‚delict‘, either intentional or negligent, as used in § 823 BGB, has a more restricted meaning)
unerlaubter Nachbau *m*
(Pat) unlicensed reproduction
– unlawful imitation
unerlaubter Wettbewerb *m* (Kart) illegal competition
unerlaubte Werbung *f* (Mk) illicit advertising
unerledigte Aufträge *mpl*
(com) active backlog of orders
– unfilled orders
unerledigter Auftrag *m*
(com) back
– open
– outstanding
– unfilled . . . order
unerledigter Fall *m* (Re) unsettled case
unerledigte Tagesordnungspunkte *mpl* (com) unfinished business
unerschlossene Grundstücke *npl* (com) raw (*or* undeveloped) land
unerschlossener Markt *m* (Mk) untapped (*or* virgin) market
unerwarteter Gewinn *m* (com) unexpected (*or* windfall) profit
unerwartetes Ereignis *n*
(Bw) unexpected event
– fallout

unerwünschter Parameter *m* (Stat) nuisance parameter
Unfähigkeit *f* (Bw) incapacity to manage a business in an orderly manner, § 117 HGB
Unfall *m* **außerhalb der Arbeitszeit** (Pw) off-the-job accident
Unfallentschädigung *f*
(SozV) compensation for accidents
– accident benefit (*or* indemnity)
unfallfreies Fahren *n* (com) accident-free driving
unfallgeneigt (Pw) accident prone
Unfallhaftpflicht *f* (Re) accident liability
Unfallhäufigkeitsziffer *f*
(Pw) industrial
– injury
– work . . . accident rate
Unfallmeldung *f* (Pw) work accident notification
Unfallneigung *f* (Pw) accident proneness
Unfallrente *f*
(SozV) = Verletztenrente
(Vers) accident benefits
Unfallrisiko *n* (Pw) accident hazard (*or* risk)
Unfallursachenforschung *f* (Pw) accident analysis
Unfallverhütung *f* (Pw) industrial accident prevention
Unfallverhütungsbericht *m* (Re) annual government report on health and safety
Unfallverhütungsvorschriften *fpl* (Re) accident-prevention rules
Unfallversicherung *f*
(Vers) accident insurance
(SozV) employment injury insurance
– work-related injury insurance
– (US) workmen’s compensation
Unfallversicherungsgesetz *n* (SozV) Industrial Accidents Act of 1884
Unfallversicherungsneuregelungsgesetz *n* (Re) Amended Accident Insurance Regulation Act of 1963
Unfallziffer *f*
(Pw, US) accident frequency rate
unfertige Erzeugnisse *npl*
(ReW, EG) work in process (*cf, § 266 HGB*)
– work in progress
(IndE) in-process items
– partly finished products
– semi-finished products
– unfinished products
unfertige Leistungen *fpl* (ReW, EG) work in process (*cf, § 266 HGB*)
unfrankiert (com) postage unpaid
unfrankierter Brief *m* (com) unpaid letter
unfrei
(com, US) freight collect (*or* forward)
– (GB) carriage forward, C/F
(com) postage not prepaid
unfreiwillige Arbeitslosigkeit *f* (Vw) involuntary unemployment
unfreundliche Übernahme *f* (com) hostile takeover
(ie, unabgestimmter Übernahmeversuch)
unfundierte Schulden *fpl* (Fin, FiW) unconsolidated (*or* floating) debt
unfundiertes Einkommen *n* (Vw) earned income
(opp, fundiertes Einkommen, Renteneinkommen)

ungarisches Lösungsverfahren *n* (OR) Hungarian method

ungebundener technischer Fortschritt *m* (Vw) disembodied technical progress

ungebundener Wechselkurs *m* (Fin) freely fluctuating (*or* flexible) exchange rate

ungedämpfte Cobweb-Oszillation *f* (Vw) undamped cobweb oscillation

ungedeckte Kreditlinie *f* (Fin) open line of credit (*syn, offene Kreditlinie*)

ungedeckte Option *f* (Bö) naked option
(ie, grantor of option does not have the underlying asset or shares in case the option is exercised)

ungedeckter Blankovorschuß *m* (Fin) uncovered advance

ungedeckter Kredit *m* (Fin) open (*or* unsecured) credit

ungedeckter Scheck *m*
(Fin) bad
– uncovered
– (infml) bum
– (infml) rubber . . . check
– (GB, infml) dud cheque

ungedeckter Wechsel *m* (Fin) uncovered bill of exchange

ungedeckte Zinsarbitrage *f* (Fin) uncovered interest arbitrage

ungeeignet
(com) unfit
– unsuitable
– unsuited
– unworkable *(eg, proposal)*

ungehinderter Wettbewerb *m* (Kart) free and unfettered competition

ungeklärte Beträge *mpl*
(AuW) accommodating/balancing . . . items
– balance of unclassifiable transactions
(ie, in balance of payments; syn, Restposten der Zahlungsbilanz, Saldo der statistisch nicht aufgliederbaren Transaktionen)

ungelernter Arbeiter *m*
(Pw) unskilled worker *(ie, lacking technical training)*
– laborer *(ie, mostly heavy work; eg, builder's laborer)*

ungemilderte Steuerpflicht *f* (StR) unreduced tax liability

ungenutzte Kapazität *f*
(Bw) idle
– unused
– unutilized . . . capacity
– margin of spare capacity

ungenutzter Produktionsspielraum *m* (Vw) margin of underutilized capital

ungenutztes Kapital *n* (Fin) dead capital

ungenutzte Taktzeit *f* (IndE) balance time

ungeplante Desinvestition *f* (Vw) unintended disinvestment

ungeplantes Entsparen *n* (Vw) unintended dissaving

ungeplantes Sparen *n* (Vw) unintended saving

ungeprüftes Patent *n* (Pat) patent without examination

ungerade Funktion *f* (Math) odd function

ungerade Parität *f* (EDV) odd parity

ungerade Zahl *f* (Math) odd number
(ie, natural number not divisible by 2; opp, gerade Zahl = even number)

ungerechtfertigte Bereicherung *f*
(Re) unjust (*or* undue) enrichment
– injustified benefit
(ie, the import of this concept of German law, §§ 812ff BGB, is vastly greater than it is in English law; der Bereicherte hat das Erlangte ohne Rechtsgrund [causa] erhalten; Vorbild ist die römisch-rechtliche condictio)

ungerechtfertigte Steuervorteile *mpl* (StR) unjustified tax advantages

ungeregelter Freiverkehr *m* (Bö) offboard trading
(ie, unterstes Börsensegment, das häufig mit Telefonhandel verwechselt wird; Handel findet – entgegen verbreiteter Ansicht – wie der geregelte Freiverkehr an der Börse statt)

ungerichtete Kante *f* (OR) undirected arc

ungerichteter Graph *m*
(OR) undirected graph

ungeschichtete Zufallsstichprobe *f* (Stat) simple random sample

Ungesetzlichkeit *f* **des Vertragszwecks** (Re) illegality of purpose

ungesichert (Fin) unhedged

ungesicherte Anleihe *f* (Fin) plain (*or* unsecured) bond issue

ungesicherter Kredit *m* (Fin) unsecured credit

ungesicherter Schuldschein *m* (Fin) straight note

ungesicherte Schuldverschreibung *f*
(Fin) unsecured bond
– (GB) unsecured (*or* naked) debenture

ungesichertes Darlehen *n* (Fin) unsecured loan

ungesicherte Tratte *f* (Fin) unsecured (*or* clean) draft

ungesicherte Verbindlichkeit *f* (Fin) unsecured liability

ungestörter Besitz *m* (Re) quiet possession

ungetilgte Obligationen *fpl* (Fin) outstanding bonds

ungewaschenes Geld *n* (com, infml) dirty money
(cf, laundered money)

ungewisse Schulden *fpl* (ReW) contingent debt

ungewisse Verbindlichkeiten *fpl* (ReW) contingent liabilities

Ungewißheitsgrad *m* (Bw) state of ignorance

ungewogener geometrischer Mittelwertindex *m* (Stat) simple geometric mean of relatives

ungewogener Index *m* (Stat) unweighted index

ungewogener Mittelwert *m* (Stat) simple average

ungewogener Summenindex *m* (Stat) aggregative relative

ungewollte Lagerbildung *f* (Vw) involuntary inventory buildup

ungezielte Kundenwerbung *f* (Mk) cold canvassing

ungezügelte Inflation *f* (Vw) wild inflation

ungleichartige Stichprobennahme *f* (Stat) mixed sampling

ungleiche Verhandlungsmacht *f* (Re) inequality of bargaining power

Ungleichgewicht *n* (Vw) disequilibrium

Ungleichgewicht *n* **der Leistungsbilanz** (AuW) external imbalance on current account

ungleichgewichtiges Wachstum *n* (Vw) unbalanced growth

Ungleichgewichtsmodell *n* (Vw) disequilibrium model

Ungleichheit *f* **von Matrizen** (Math) inequality of matrices

ungleichmäßige Konvergenz *f* (Math) nonuniform convergence

ungleichnamiger Bruch *m* (Math) dissimilar fraction

Ungleichung *f* (Math) inequality

Ungleichung *f* **von Fréchet** (Stat) information (*or* Cramèr-Rao) inequality

ungünstige Bedingungen *fpl* (com) unfavorable (*or* disadvantageous) terms

ungünstige Wirtschaftsentwicklung *f*
(Vw) weak performance of the economy
– sluggish economy

Unikat *n* (com) unique copy

unimodulare Matrix *f* (Math) unimodular matrix

Unimodularität *f* (Math) unimodular property

Unionspriorität *f* (Pat) Convention priority

unitäre Matrix *f* (Math) unitary matrix

Universalbank *f* (Fin) universal/all-purpose ... bank
(ie, befaßt sich mit allen Zweigen des Bankgeschäfts, außer Notenemission und Hypothekengeschäft; Spezialbankprinzip in GB, USA, Frankreich, Japan: Trennung von commercial banking und investment banking)

Universalbanksystem *n*
(Fin) universal banking system
– unibanking

Universalerbe *m* (Re) sole legatee *(ie, named as such in a last will and testament)*

universales Urteil *n*
(Log) universal proposition
– *(short)* universal

Universalien *pl* (Log) universals

Universalmenge *f*
(Log, Math) universal set (of reference)
– universe

Universalrechner *m* (EDV) all-purpose (*or* general-purpose) computer

Universalsukzession *f* (Re) universal (*or* general) succession, § 1922 BGB

unkenntlich machen (Re) to obliterate *(ie, make impossible to read)*

unklare Verantwortlichkeitsbeziehungen *fpl* (Bw) blurred lines of responsibility

unkontrolliertes Stichprobenverfahren *n* (Stat) accidental (*or* haphazard) sampling

unkonventionelles Problemlösen *n* (Log) lateral thinking
(ie, bypassing disconcerting details; or changing approach; even reformulating the problem or forgetting all about it)

unkörperliche Gegenstände *mpl*
(Re) intangibles
– incorporeal objects

Unkosten *pl*
(com) charges
– expenses
(KoR) (outdated term) = Gemeinkosten

Unkostenzuschlag *m* (Vers) loading *(ie, amount added to the pure insurance cost to cover the cost of operation of the insurer)*

unkündbar
(Fin) non-redeemable
– irredeemable
(Pw) not subject to termination
– tenured

unkündbare Rente *f* (Fin) non-terminable (*or* irredeemable) annuity

unkündbares Darlehen *n* (Fin) uncallable loan

unkündbare Wertpapiere *npl* (Fin) noncallable (*or* uncallable) securities

unlautere Mittel *npl* (Re) improper means

unlauterer Wettbewerb *m*
(Kart) unfair competition
– dishonest trading

unlauteres Geschäftsgebaren *n* (com) dishonest (*or* dubious) business practices

unlautere Wettbewerbshandlungen *fpl*
(Kart) unfair trade practices
– fraudulent trading

unlimitierter Auftrag *m*
(Bö) market order *(ie, executed at the best price available)*
– order at best

unmittelbare Adresse *f* (EDV) immediate (*or* zero-level) address

unmittelbare Ausfuhr *f* (com) direct export

unmittelbare Beteiligung *f* (com) direct participation

unmittelbare Direktinvestition *f* (VGR) primary direct investment

unmittelbare Durchfuhr *f* (Zo) through transit

unmittelbare Folge *f* (Re) proximate consequence

unmittelbare Interessen *npl* (Log) ultimate (*or* direct) interests

unmittelbare Kreditvergabe *f* **an den Kunden** (Fin) straight lending

unmittelbarer Besitz *m* (Re) actual (*or* physical) possession

unmittelbarer Besitzer *m* (Re) actual (*or* direct) holder (*or* possessor)
(opp, mittelbarer Besitzer)

unmittelbarer Bestimmungsgrund *m* (Vw) proximate determinant

unmittelbare Rechtsbeziehung *f* (Re) privity of contract

unmittelbarer Schaden *m* (Re) direct damage (*or* loss)

unmittelbarer Vorgesetzter *m* (Pw) first-line (*or* immediate) supervisor

unmittelbarer Zwang *m* (StR) direct enforcement, § 331 AO

unmittelbare Stichprobennahme *f* (Stat) unitary sampling

unmittelbare Ursache *f*
(Re) proximate cause *(eg, of an injury)*
(Re) immediate cause *(ie, the last of a given chain of causes; not always synonymous with proximate cause)*

unmittelbare Verarbeitung *f*
(EDV) demand processing
– *(sometimes)* in-line processing *(syn, mitlaufende Verarbeitung)*

unmittelbare Ziele *npl* (Log) ultimate goals

Unmittelbarkeitsprinzip *n* (Re) principle of immediate recognition

unmittelbar konkurrierende Waren *fpl* (AuW) directly competitive products

unmodifizierte Wiederkauf-Situationen *fpl* (Mk) straight rebuys *(opp, modifizierte W. = modified buys)*

unmögliche Bedingung *f* (Re) impossible condition

Unmöglichkeit *f* (Re) subsequent impossibility of performance
(ie, for which neither party is responsible; §§ 275 ff, 306 ff, 323 ff BGB)

Unmöglichkeit *f* **der Leistung** (Re) impossibility of performance

unnotierte Werte *mpl* (Bö) unlisted (*or* unquoted) securities

unparteiischer Gutachter *m* (com) nonpartisan expert

unpfändbar
(Re) exempt from execution
– non-leviable
– judgment proof

unpfändbare Bezüge *pl* (Pw) earnings exempt from garnishment

unpfändbare Forderung *f* (Re) claim exempt from judicial attachment, § 394 BGB

unpfändbare Sachen *fpl* (Re) non-attachable items

Unpfändbarkeit *f* (Re) exemption from execution

unplanmäßige Tilgung *f* (Fin) unscheduled redemption

unproduktiv
(com) unproductive
– idle

unproduktive Aktiva *npl* (ReW) dead assets

unproduktive Arbeit *f* (Bw) dead work

unqualifizierte Tätigkeit *f* (Pw) unskilled work

unquittierte Rechnung *f* (com) unreceipted bill (*or* invoice)

unrealisierter Ertrag *m* (ReW) unrealized revenue (from inventory additions) *(opp, Absatzertrag)*

unregelmäßiger Verwahrungsvertrag *m*
(Re) bailment in the nature of a loan, § 700 BGB

unregierbar (Re) ungovernable

unreines Konnossement *n*
(com) foul
– dirty
– claused ... bill of lading (*or* B/L)
(ie, containing notation that goods received by carrier were defective)

unrentabel (com) unprofitable

unrentables Unternehmen *n* (Bw) marginal enterprise

unrentable Tochtergesellschaft *f* (Bw) marginal subsidiary

unrichtige Angaben *fpl*
(com) incorrect statements
(Re) misrepresentation

Unruhe *f* **auf den Geldmärkten** (Fin) volatility in the money markets

unsachgemäße Verwendung *f* (com) misuse

unschädlich (Re) having no detrimental effect

unscharfe Mengen *fpl* (Math) fuzzy sets
(ie, mit weichem Übergang zwischen voller Zugehörigkeit und Nichtzugehörigkeit; Teil der unscharfen Mathematik als Hilfsmittel der Planung unter Unsicherheit)

unschuldiger Dritter *m* (Re) innocent bystander
(ie, in cases of product liability)

unselbständige Stiftung *f* (Re) endowment fund

unselbständiges Zeichen *n* (Log) syncategorematic sign
(ie, having no meaning in isolation)

unselbständige Tätigkeit *f* (Pw) dependent employment

unsichere Sache *f* (com, infml) iffy proposition
(ie, mit wenn und aber)

unsicheres Darlehen *n* (Fin) iffy loan *(eg, to a shaky borrower)*

Unsicherheitsmarge *f* (com) margin of uncertainty

unsichtbare Ausfuhr *f* (VGR) invisible exports

unsichtbare Einfuhr *f* (VGR) invisible imports

unsichtbare Ein- und Ausfuhren *fpl* (VGR) invisibles

unsichtbare Exporte *mpl* (VGR) invisible exports

unsichtbare Hand *f* (Vw) invisible hand
(ie, phrase coined by Adam Smith, basic tenet upheld by all economic liberals)

unsichtbare Importe *mpl* (VGR) invisible imports

unsichtbarer Handel *m* (VGR) invisible trade

unsichtbarer Zoll *m* (AuW) invisible tariff

unsichtbare Transaktionen *fpl* (VGR) invisible transactions

unstabiles Cobweb *n* (Vw) explosive cobweb

unstabiles Gleichgewicht *n* (Vw) unstable equilibrium

unständig Beschäftigte *mpl* (Stat) temporarily employed persons

unständige Beschäftigung *f* (Pw) temporary employment

unstetige Funktion *f* (Math) discontinuous function

Unstetigkeit *f* (Math) discontinuity

Unstetigkeitsstelle *f*
(Math) (point of) discontinuity
– jump
– point break

Untätigkeitsklage *f* (StR) complaint on the ground of excessive delay by the agency concerned
(ie, requires the lapse of six months from the time the administrative procedures were initiated, § 46 FGO)

untaxierte Police *f* (Vers) open (*or* untaxed) policy

unteilbare Leistung *f* (Re) indivisible performance, § 431 BGB

Unteilbarkeit *f* **der Produktionsfaktoren** (Vw) indivisibility of input factors

Unteilbarkeit *f* **von Gütern**
(Vw) indivisibility
– jointness
– nonappropriability ... of goods

Unterabschreibung *f*
(ReW) underdepreciation
– underprovision of depreciation

Unterabteilung *f* (Bw) subdivision

Unterakkreditiv *n* (Fin) back-to-back credit

Unteranspruch *m*
(Re) subclaim
– subordinate claim

Unterauftrag *m* (com) subcontract

Unteraufträge *mpl* **vergeben**
(com) to subcontract
– to farm out work

Unterauslastung *f*
(IndE) underutilization of capacity
– idle capacity
Unterauswahl *f* (Stat) subsample
Unterbaugruppe *f* (IndE) subassembly
Unterbegriff *m*
(Log) subterm
(Log) minor term *(ie, the term that is the subject of the conclusion in a categorical syllogism)*
Unterbeschäftigung *f*
(Vw) underemployment
– less-than-full employment *(opp, Überbeschäftigung)*
(Bw) underutilization
– operating *(or* working) below capacity
Unterbeschäftigungseinkommen *n* (Vw) underemployment income
Unterbesetzung *f*
(Pw) undermanning
– understaffing
Unterbestellung *f* (com) suborder
Unterbeteiligung *f*
(com) subparticipation
– accessory participation
– participation in another's partnership
Unterbeteiligungsvertrag *m* (Fin) subunderwriting agreement *(ie, in a syndicate group)*
Unterbevollmächtigter *m* (com) sub-agent
unterbewerten
(ReW) to undervalue
– to understate
(Bö) to underprice
unterbewertet (ReW) undervalued
Unterbewertung *f*
(ReW) understating *(ie, balance sheet items)*
(Bw) undervaluation *(ie, of assets)*
(Bö) underpricing *(ie, of securities)*
(Fin) undervaluation *(ie, of a currency)*
Unterbezahlung *f* (Pw) underpayment
unterbieten
(com) to undercut
– to undersell
(eg, a producer by unfairly low-priced imports)
(com) to underbid
Unterbietung *f*
(com) undercutting
– underselling
– underbidding
Unterbilanz *f* (ReW) adverse *(or* deficit) balance *(ie, wenn ein Verlust in Höhe der Hälfte des Grundkapitals besteht)*
unterbrechbar (EDV) interruptable
unterbrechen (EDV) to interrupt
Unterbrechung *f* (EDV) interrupt
Unterbrechung *f* **der Verjährung**
(Re) interruption of the Statute of Limitations
– *(civil law)* interruption of prescription
(ie, a new period of limitations begins to run at the end of the interrupting event; § 217 BGB)
Unterbrechungsanforderung *f* (EDV) interrupt request
Unterbrechungsmaske *f* (EDV) interrupt mask *(or* trap)
Unterbrechungsmaskenregister *n* (EDV) interrupt mask register, IMR

Unterbrechungsregister *n* (EDV) interrupt register
Unterbrechungssteuerung *f* (EDV) interrupt control
Unterbrechungssystem *n* (EDV) interrupt system
Unterbrechungstaste *f* (EDV) attention key *(syn, Abruftaste)*
Unterbrechungszustand *m* (EDV) interrupt state
unterbringen (com, Fin) to place *(eg, purchase order, securities issue)*
Unterbringung *f* (com) accommodation *(eg, hotel accommodation)*
Unterbringung *f* **beim Publikum** (Fin) public placement *(or* placing)
Unterbringung *f* **von Aufträgen** (com) placing orders
unterbrochene Rente *f* (Fin) noncontinuous annuity
Unterdeklarierung *f* (com) short entry
unter dem Strich (ReW) below the line
Unterdeterminante *f*
(Math) minor
– subdeterminant
unterdotiert (Fin) insufficiently funded *(eg, company pension plan)*
Unterdrückung *f* **führender Nullen** (EDV) suppression of leading zeros
unterdurchschnittlich
(com) below-average
– lower than average *(eg, growth)*
untere Einkommensgruppen *fpl* (StR) lower income brackets *(or* ranges *or* groups)
untere Entscheidungsgrenze *f* (Stat) lower control limit
untere Gerichte *npl* (Re) inferior *(or* minor) courts
untere Grenze *f*
(Math) greatest lower bound
– limit inferior
Untereinkaufspreisverkäufe *mpl* (Mk) below-cost sales
untere Kontrollgrenze *f* (IndE) lower control limit, LCL
untere Leitungsebene *f* (Bw) lower management
untere Preisklasse *f* (Mk) low end *(eg, low end printer)*
unterer Goldpunkt *m* (AuW) gold import point
unterer Grenzwert *m* (Math) lower limit
unterer Interventionspunkt *m*
(Fin) bottom
– floor
– lower . . . support point
– floor
unterer Rand *m* (EDV) bottom margin
(ie, empty area following the page body; cf, DIN 66 028, Aug 1985)
unterer Rand *m* **der Schlange** (AuW) the snake's lower limit
unterer Rand *m* **des Zielkorridors** (AuW) bottom *(or* lower) end of target range
unterer Wendepunkt *m* (Vw) lower turning point *(ie, in the business cycle)*
untere Schranke *f*
(Math) lower bound
– minorant *(ie, of a point set)*
unteres Preissegment *n* (Mk) lower price segment
Unterfinanzierung *f* (Fin) *(wrongly used instead of = Illiquidität)*

741

Unterfischen *n*
(com) underfishing
– under-exploitation of fish
Unterfrachtvertrag *m*
(com) subcontract of affreightment
– subcharter
– subchartering contract
Untergebene *mpl*
(Pw) subordinates
– (infml) (people) down the line
untergebenenbezogener Führungsstil *m* (Bw) employee-oriented style of leadership *(R. Likert)*
untergeordnete Instanz *f*
(Re) court below
– minor court
– lower-instance court
untergeordnete Stelle *f* (Bw) subordinate unit *(or department)*
Untergesellschaft *f*
(Bw) sub-partnership
(Bw) subsidiary (company)
(Bw) controlled company
untergliederte Datei *f* (EDV) partitioned date file
Untergraph *m* **mit beschränktem Grad** (Math) degree-constrained graph
Untergruppensumme *f* (Math) minor total
Untergruppentrennung *f* (EDV) minor control change
Untergruppen-Trennzeichen *n* (EDV) record separator
Untergruppenwechsel *m* (EDV) minor control break
Unterhalt *m*
(Re, US) maintenance
– support
Unterhalt *m* **leisten**
(Re) to maintain *(eg, pay alimony to a divorced husband)*
– to pay support
unterhaltsberechtigte Person *f* (StR) dependent *(ie, person entitled to support by others)*
Unterhaltsbezüge *mpl* **und Renten** *fpl* (StR) annuities
Unterhaltsgeld *n* (SozV) maintenance allowance
Unterhaltsleistungen *fpl* (StR) support payments *(ie, between spouses, § 10 I No. 1 EStG)*
Unterhaltspflicht *f* (StR) statutory support obligation
Unterhaltssicherungsgesetz *n* (Re) Law Guaranteeing and Securing Support
Unterhaltszahlungen *fpl* (Re) maintenance payments
Unterhaltung *f*
(com) maintenance
– upkeep
Unterhaltungselektronik *f* (com) consumer electronics
Unterhaltungsindustrie *f* (com) entertainment industry
Unterhaltungskosten *pl* (com) maintenance expenses
Unterhaltungsselektronik *f* (com) consumer electronics
Unterholding *f* (com) subholding
Unterkapazität *f* (Bw) capacity shortage

unterkapitalisiert (Fin) undercapitalized
Unterkapitalisierung *f* (Fin) undercapitalization
unter Kassakurs (Bö) under spot
Unterkonsorte *m* (Fin) sub-underwriter
Unterkonsortium *n* (Fin) sub-syndicate
Unterkonsumtionstheorie *f* (Vw) underconsumption theory
Unterkonto *n*
(ReW) adjunct
– auxiliary
– companion
– detail
– subsidiary ... account
– subaccount
Unterlagen *fpl*
(com) documents
– data and information
– papers
– material
Unterlagen *fpl* **einreichen** (com) to file documents
Unterlagenmaterial *n* (OR) book-up material
unterlassen
(Re) to fail to do
– to refrain from doing
– to forbear from doing
– to omit to do/doing
unterlassene Abschreibungen *fpl* (ReW) depreciation shortfall
unterlassene Instandhaltung *f* (ReW) deferred maintenance
unterlassene Patentausübung *f* (Pat) non-use of a patent
unterlassene Wartung *f* **und Instandhaltung** (Bw) deferred repairs and maintenance
Unterlassung *f*
(Re) forbearance, § 241 BGB *(ie, an intentional negative act)*
– omission *(ie, an unintentional negative act)*
– nonperformance of an activity
– failure to do sth
Unterlassungsklage *f*
(Re) action for restraint
– action for restraining the defendant from committing a ‚delict‘
Unterlastung *f* (IndE) derating *(ie, Verringerung der Ausfallwahrscheinlichkeit)*
unter Lebenden (Re) inter vivos
(ie, between living persons; eg, gift inter vivos; opp, mortis causa: von Todes wegen)
Unterlieferant *m* (com) subcontractor
unterliegen (Re) to be subject to
Unterlizenz *f* (Pat) sublicense
Unterlizenzgeber *m* (Pat) sublicensor
Unterlizenznehmer *m* (Pat) sublicensee
Untermakler *m* (com) intermediate broker *(syn, Zwischenmakler)*
Untermatrize *f* (Math) submatrix
Untermenge *f* (Math) subset
Unternachfrage *f*
(Vw) underdemand
(com) shortfall in demand
Unternehmen *n*
(com) business enterprise
– business firm
– business undertaking

- firm
- undertaking
- concern *(ie, any economic unit!)*
- (infml) company
(ie, this informal term does not necessarily connote incorporation in AmE or BrE; it often stands for a partnership or even a sole proprietorship)
(Bw, EG) untertaking
(ie, in EEC jargon used as a general term covering all legal forms of business organization; cf, 4th EEC Directive and others)
Unternehmen *n* **bewerten** (Bw) to price a company
Unternehmen *n* **der gewerblichen Wirtschaft** (com) commercial enterprise
Unternehmen *n* **der Spitzentechnologie** (com) high-tech enterprise *(syn, Hochtechnologie-Unternehmen)*
Unternehmen *n* **gründen**
(com) to form
- to organize
- to create
- to set up
- to establish ... a business
Unternehmen *n* **in Familienbesitz** (com) family-owned business
Unternehmen *n* **mit hohem Fremdkapitalanteil** (Fin) highly levered company
- (GB) highly geared company
Unternehmen *n* **mit hoher Dividendenausschüttung** (Fin) high payout firm
Unternehmen *n* **mit niedriger Gewinnausschüttung** (Fin) low payout firm
Unternehmensansatz *m* (Bw) entity approach *(opp, Eigentümeransatz = proprietary approach)*
Unternehmensberater *m*
(com) management/business ... consultant
- consultant to management
- management/business ... counselor
Unternehmensberatung *f*
(com) mangement ... consulting/consultancy
- business consulting firm
(com) business intelligence consulting
(ie, durch Informationsbeschaffung)
Unternehmensbereich *m*
(Bw) functional area
- operation
- operating group
- division
- group *(eg, inventory control, finance, sales)*
Unternehmensbeteiligungsgesellschaft *f* (Fin) = Kapitalbeteiligungsgesellschaft, qv
Unternehmensbewertung *f*
(Bw) valuation of an enterprise as a whole
- valuation of a going concern
- appraisal of business
Unternehmensbilanz *f* (ReW) corporate balance sheet
Unternehmensebene *f* (Bw) corporate level
unternehmenseigene Gesellschaft *f* **im Ausland** (Vers) offshore captive
Unternehmensergebnis *n* (ReW) overall company result *(ie, operating result + nonoperating result)*
Unternehmenserträge *mpl* (ReW) company earnings

Unternehmensethik *f* (Bw) corporate/business ... ethics
Unternehmensfinanzierung *f*
(Fin) company
- corporate
- enterprise ... finance
- company funding
Unternehmensformen *fpl* (com) forms of business organization
Unternehmensforschung *f*
(OR) operations research
- (GB) operational research
(ie, German operations researchers have meanwhile given up this misleading translation and returned to the original American or British term)
Unternehmensfortführung *f* (ReW) going concern concept, qv
Unternehmensfortführungsprinzip *n* (ReW) going concern principle
Unternehmensführung *f*
(Bw) management
- business administration
Unternehmensgewinn *m* (Fin) business/corporate ... profit
Unternehmensgliederung *f* (Bw) departmental structure
Unternehmensgröße *f* (Bw) = Betriebsgröße, qv
Unternehmensgründung *f* (Bw) business ... start-up/formation *(cf, Unternehmen gründen)*
Unternehmensgruppe *f* (Bw) group (of companies)
Unternehmenshaftung *f* (Re) enterprise liability
Unternehmenshierarchie *f* (Bw) corporate hierarchy
Unternehmens-Image *n* (Bw) corporate image
unternehmensinterne Berichterstattung *f* (Bw) internal reporting
unternehmensinterne Flexibilität *f* (Bw) internal flexibility
unternehmensinterne Konstellation *f* (Bw) internal configuration
Unternehmensinvestitionen *fpl* (Bw) corporate/industrial ... investments
Unternehmenskapital *n* (Fin) total capital *(ie, equity capital + outside capital)*
Unternehmenskauf *m* (com) mergers and acquisitions, M&A
(ie, durch Kauf von Wirtschaftsgütern und Kauf von Anteilen = purchase of assets and purchase of shares)
Unternehmenskaufvertrag *m* (com) acquisition agreement
Unternehmenskonzentration *f* (Kart) corporate concentration
Unternehmenskultur *f* (Bw) corporate culture
Unternehmensleiter *m*
(Bw) business executive
- top manager
- top executive
- leader
(eg, of a large corporation)
Unternehmensleitung *f* (Bw) corporate management
Unternehmensliquidität *f* (Fin) corporate liquidity
Unternehmensmitbestimmung *f* (Pw) codetermination at business enterprise level

Unternehmensmodell *n* (Bw) corporate model
(ie, Planungsmodell, das sich im Gegensatz zu Funktionsbereichsmodellen als Ganzes bezieht)
Unternehmensorganisation *f* (Bw) company organization
Unternehmensplanspiel *n*
(Bw) business
– management decision
– operational
– executive . . . game
Unternehmensplanung *f*
(Bw) business
– corporate
– company
– managerial . . . planning
Unternehmenspolitik *f*
(Bw) business
– company
– corporate . . . policy
Unternehmenssektor *m* (VGR) corporate sector
Unternehmensspitze *f*
(Bw) top management
– (infml) corporate summit *(eg, executives below the . . .)*
Unternehmenssprecher *m* (com) company spokesman *(syn, Firmensprecher)*
Unternehmenssteuerung *f* (Bw) management control
Unternehmensstrategie *f*
(Bw) business
– corporate
– master . . . strategy *(ie, including purposes, objectives, policies)*
Unternehmensstruktur *f* (Bw) corporate structure
Unternehmensteile *mpl* **abstoßen** (Bw) to spin off/hive off . . . operations
unternehmenstypischer Wert *m* (ReW) value to the business
Unternehmensübernahme *f*
(comn) acquisition
– takeover
– merger *(ie, also as a general term)*
– tie-up
Unternehmensumwelt *f* (Bw) business environment
Unternehmensverband *m* (Bw) federation of commercial or industrial enterprises
Unternehmensverfassung *f*
(Bw) corporate legal structure
(ie, term used in discussions of developments marked by ,Betriebsverfassungsgesetz‘, ,Mitbestimmungsgesetz‘ etc.)
(Bw) corporate governance
Unternehmensverflechtung *f*
(Bw) group relationships
– interpenetration of company structures *(eg, in a large diversified group of affiliated companies)*
Unternehmensverschuldung *f* (Fin) corporate indebtedness
Unternehmensvertrag *m*
(Bw) affiliation agreement, §§ 291–307 AktG
(Bw) agreement between enterprises
– inter-company agreement
Unternehmenswachstum *n* (Bw) corporate growth
Unternehmenswerbung *f* (Mk) institutional advertising

Unternehmensziele *npl* (Bw) corporate objectives
Unternehmenszusammenschluß *m*
(com) business combination
– *(as a general term also)* merger
– (infml) tie-up
(ie, je nach Bindungsintensität gibt es:
1. *stillschweigende Kooperation = tacit cooperation;*
2. *Agreement = agreement;*
3. *Konsortium = consortium/syndicate;*
4. *Wirtschaftsverband = trade association;*
5. *Kartell = cartel;*
6. *Gemeinschaftsunternehmen = joint venture;*
7. *Konzern = group of companies;*
8. *Verschmelzung = merger and consolidation)*
Unternehmenszweck *m* (Bw) nature/purpose . . . of a business
Unternehmen *n* **voll ausbauen** (com, infml) to fully-fledge a company
(eg, it took 18 months to raise the capital needed . . .)
Unternehmer *m*
(Vw) entrepreneur
(com) businessman
– contractor
(StR) entrepreneur
(ie, not identical with the general understanding of the term: one who exercises a business, profession, or other continuing activity, independently and with the intent to realize receipts; § 2 I UStG)
Unternehmereinheit *f* (StR) legally independent enterprises owned or controlled by the same interests are treated as an economic unit for turnover tax purposes
(ie, term no longer used in turnover tax law)
Unternehmereinkommen *n*
(VGR) entrepreneurial income
– income of entrepreneuers
– busines income
– earnings from the ownership of the enterprise
unternehmerfeindlich (com) antibusiness
unternehmerfreundlich (Bw) probusiness
Unternehmer *m* **für kombinierte Transporte** (com) combined transport operator
Unternehmergeist *m* (Bw) entrepreneurial spirit
Unternehmergewinn *m* (Bw) (corporate) profit
Unternehmerhaftpflicht *f* (Re) employer's liability
Unternehmerin *f* (com) businesswoman
unternehmerische Dynamik *f* (Vw) entrepreneurial dynamism
unternehmerische Entscheidungen *fpl* **unter Risiko** (Bw) entrepreneurial risk-taking decisions
unternehmerische Entscheidungsgrundsätze *mpl* (Bw) business/corporate/management . . . policies
unternehmerische Gesamtplanung *f* (Bw) corporate planning
unternehmerische Investitionsnachfrage *f* (Vw) investment demand of enterprises
unternehmerisches Potential *n* (Bw) operational capabilities
unternehmerisches Risiko *n* (Bw) business risk
unternehmerisches Wagnis *n* (Bw) business risk
unternehmerische Willensbildung *f* (Bw) managerial decision-making

Unternehmerlohn *m*
(Vw) proprietors' income
– wages of entrepreneurship
(ReW) entrepreneurial
– managerial
– management... wages (*or* income)
– owner's salary
(ie, hypothetical compensation for the services of the owner or owners)
Unternehmertätigkeit *f* (VGR) entrepreneurial activity
Unternehmerverband *m* (com) trade association
Unternehmerwagnis *n* (Bw) entrepreneurial risk
Unternehmerwechsel *m* (StR) business changing hands
(ie, deemed to have been discontinued by the transferor and newly commenced by the transferee, § 5 II GewStG)
Unternehmung *f* (com) = Unternehmen
Unternehmungsaufspaltung *f* (Bw) split of a (unitary) business
(ie, into a property-holding entity and an operating company; see: Betriebsaufspaltung)
Unternehmungsberater *m* (com) = Unternehmensberater
Unternehmungsbewertung *f* (Bw) valuation of an enterprise as a whole
Unternehmungsergebnis *n* (ReW) overall business result
(ie, difference between revenue and expenditure: Betriebserfolg + neutraler Erfolg)
Unternehmungsformen *fpl* (com) forms of business organization
Unternehmungsgewinn *m* (ReW) annual...profit/income *(ie, annual revenues – expenditure)*
Unternehmungsleiter *m* (Bw) enterprise manager *(syn, Unternehmensleiter)*
Unternehmungsmehrwert *m* (Bw) (rare expression for) = Firmenwert
Unternehmungspolitik *f* (Bw) business policy
Unternehmungsrentabilität *f* (Fin) overall return
(ie, ratio of net profit + interest on borrowed capital to total capital employed)
Unternehmungswert *m* (Bw) value of an enterprise as a whole
Unternehmungsziele *npl* (Bw) = Unternehmensziele
Unternehmungszusammenschluß *m* (com) = Unternehmenszusammenschluß
unter Nennwert
(Fin) below par
– at a discount
Unternetzplan *m* (OR) subnetwork
Unterordnungskonzern *m*
(com) group of subordinated affiliates
– vertical group
(ie, unter der Leitung e-s herrschenden Unternehmens; cf, § 18 I AktG; opp, Gleichordnungskonzern)
Unterorganisation *f* (Bw) underorganization
unter pari
(Fin) below par
– at a discount
Unterpari-Emission *f* (Fin) issue below par (*or* at a discount)

Unterprogramm *n*
(EDV) subprogramm
– subroutine
Unterprogrammaufruf *m* (EDV) subroutine call
Unterprogrammbibliothek *f* (EDV) subroutine library
Unterprogramm *n* **weiter Stufe** (EDV) second remove subroutine
unterproportionale Kosten *pl* (KoR) degressively rising variable cost
unterproportionale Produktionskosten *pl* (Bw) concave production cost *(syn, degressive Kosten)*
unterqualifiziertes Personal *n* (Pw) underqualified personnel
Unterraum *m* (Math) subspace
Unterrichtsmaterial *n* (Pw) teaching materials
Untersagungsverfahren *n* (Kart) prohibition proceedings, § 37a GWB
Untersagungsvoraussetzungen *fpl* (Kart) prohibition requirements
Untersatz *m* (Log) minor premise
(ie, containing the minor term in a categorical syllogism)
Unterscheidungsmerkmal *n* (com) distinctive feature
Unterschiede *mpl* **in den Zollsätzen** (AuW) tariff differential
unterschiedliche Preisnachlässe *mpl* (Mk) differential discounts
unterschlagen (Re) to embezzle *(cf, Unterschlagung)*
Unterschlagung *f*
(Re) embezzlement, § 246 StGB
(ie, rechtswidrige Zueignung e-r fremdem beweglichen Sache = intentional and fraudulent appropriation or conversion of another's property or money; cf, § 264 I 1 Alt. StGB)
– defalcation
(ie, usually applied to public officials or officers of corporations)
unterschreiben
(com) to sign
– to undersign
– to subscribe
Unterschreitung *f* (Fin) underrun
Unterschriftsberechtigter *m* (com) person lawfully authorized to sign
Unterschriftsberechtigung *f* (com) authority to sign
Unterschriftsprobe *f* (com) specimen signature
Unterschriftsstempel *m* (com) signature stamp
Unterschriftsverzeichnis *n* (com) list of authorized signatures
Unterschriftsvollmacht *f* (com) authority to sign documents
unterschwellige Werbung *f* (Mk) subliminal advertising
Unterstation *f* (EDV) tributory station
unterste Leitungsebene *f* (Bw) first-line management
unterstellter Mitarbeiter *m* (Pw) subordinate
unterstellte Transaktion *f* (VGR) imputation
unterstellt sein (Pw) to report to
unterstützen
(com) to support
– to throw support behind

unterstützende Werbung *f* (Mk) accessory advertising *(syn, flankierende od Randwerbung)*

Unterstützung *f* (com) support
- backing
- promotion
- patronage
 (com) aid
- assistance

Unterstützungskasse *f* (Pw) relief fund *(ie, does not give the potential beneficiaries a legal right to the benefits distributed by it, § 4d EStG)*

Unterstützungslinie *f* (Bö) support line *(ie, in chart analysis)*

Unterstützungszahlung *f* (com) maintenance payment

untersuchen
 (com) to examine
- to analyze
- to study
- to investigate
- to scrutinize *(ie, examine in detail)*
- to inquire (into)
- to probe (into)
- to search (into)
- (infml) to take a look (at) *(adj: careful, close, good, hard, long)*

Untersuchung *f*
 (com) examination
- analysis
- study
- investigation
- scruting
- inquiry
- search

Untersuchung der Werbewirksamkeit *f* (Mk) impact study

Untersuchungsgegenstand *m*
 (Log) area under investigation
- study topic

Untersuchungsgeheimnisse *npl* (Re) investigatory secrets

Untersuchungshaft *f* (Re) pre-trial detention

Untersuchungspopulation *f* (Stat) survey population

Untersuchungsziel *n* (Log) study objective

Untertasse *f* (Bö) saucer *(ie, in chart analysis)*

Unterteilung *f* **des Wertebereiches** (Stat) quantization of a variable

unter üblichem Vorbehalt (Re) with the usual . . . proviso/reservation

Unterunternehmer *m* (com) subcontractor *(syn, Subunternehmer)*

Untervergabe *f*
 (com) subcontracting
- farming out

Untervermietung *f* (Re) subletting

Unterversicherer *m* (Vers) subunderwriter

unterversichern (Vers) to underinsure

Unterversicherung *f* (Vers) underinsurance

Untervertreter *m* (com) subagent

Untervertretung *f* (com) subagency

Unterverzeichnis *n* (EDV) subdirectory

Untervollmacht *f* (Re) substitute power of attorney

unterwegs befindliche Güter *npl* (com) goods in transit

Unterwerfungsverfahren *n* (StR) voluntary submission to tax penalty proceedings

unterwertige Münze *f* (Fin) minor coin

unter Wert verkaufen (com) to sell below value

unterzeichnen
 (com) to sign
- to subscribe *(ie, one's name to)*
- (infml) to write one's name on the dotted line
- (fml) to affix one's signature to

Unterzeichner *m* (com) signer

Unterzeichnerstaat *m* (EG) signatory state

Unterzeichneter *m* (Re) undersigned

Unterziel *n*
 (Bw) subgoal
- subobjective

Unterziele *npl* (Bw) subgoals

unter zollamtlicher Überwachung befördern (Zo) to transport under customs control

unter Zollaufsicht (Zo) under customs supervision

unter Zollbegleitung befördern (Zo) to transport under customs escort

unter Zollverschluß (Zo) in bond *(opp, duty paid)*

unter Zollverschluß *m* **einlagern** (Zo) to store in bonds

Untreue *f* (Re) breach of public trust, § 266 StGB

unübertragbar (Re) nontransferable

unübertragbarer Rentenanspruch *m* (SozV, Pw) unassignable pension right

Unübertragbarkeit *f* (Re) nontransferability

unverändert fest (Bö) continued firm

unverarbeitete Rohstoffe *mpl* (Vw) primary commodities

unverarbeitetes Rohöl *n*
 (com) virgin crude oil
- straight-run stock

unveräußerliche Rechte *npl* (Re) inalienable rights

unverbindlich
 (com) not binding
- non-committal
- without engagement

unverbindliche Antwort *f* (com) noncommittal . . . answer/reply

unverbindlich empfohlener Preis *m* (Kart) nonbinding recommended price

unverbindliche Preisempfehlung *f* (Kart) nonbinding price recommendation

unveredelte Ware *f* (Zo) goods in the unaltered state

unverfallbar
 (Re) non-forfeitable
- unforfeitable
- vested *(eg, pension rights)*

unverfallbare Rentenanwartschaft *f* (Vers) non-forfeitable *(or* unforfeitable*)* expectancy of a pension

Unverfallbarkeit *f*
 (Re) non-forfeitability
- unforfeitability
- vesting

unverhältnismäßige Kosten *pl* (com) unreasonable expense

unverjährbar (Re) not subject to the Statute of Limitations

unverjährbarer Anspruch *m* (Re) unbarrable claim

unverkäuflich
(com) unsalable
– not for sale
unverkäufliche Aktien *fpl* (Fin) sour stock
unverkäufliche Bestände *mpl* (com) dead stock
unverkäuflicher Artikel *m* (com) unsalable . . . article/item
Unverkäuflichkeit *f* (com) unsalability
unverkettbar (Math) nonconformable
unverkürzte Bilanz *f* (StR) unabbreviated commercial balance sheet
unverkürzte Gewinn- und Verlustrechnung *f*
(ReW) unabbreviated profit and loss statement
– full-size income statement
unverlangt eingesandtes Manuskript *n*
(com) over-the-transom manuscript
– unsolicited manuscrip
unverlangtes Angebot *n* (com) unsolicited offer
unverlangte Sendung *f* (com) unsolicited consignment
unverlangtes Manuskript *n* (com) unsolicited manuscript
unvermeidbares Risiko *n* (Fin) unavoidable (*or* systematic) risk
Unvermögen *n*
(Re) inability to perform
– subjective impossibility
(ie, performance impossible for debtor only; syn, subjektive Unmöglichkeit)
unverrechnete Beistellung *f* (KoR) uncharged provision of materials
unverriegelbar (EDV) non-locking
unverschuldete Verzögerung *f* (Re) excusable delay
unversicherbares Risiko *n* (Vers) prohibited risk
unversicherte Risiken *npl* (Vers) excepted risks
unversteuert (StR) untaxed
unverteilte Gewinne *mpl*
(ReW) retained earnings (*or* income *or* profits)
– retentions
– undistributed profits
unverteilter Reingewinn *m* (ReW) undistributed net income
Unverträglichkeit *f*
(com) incompatibility
(Log) = Exklusion, qv
unverzerrte Beratung *f* (Bw) unbiased counseling (activity) *(H. Steinmann)*
unverzerrte Stichprobe *f* (Stat) unbiased sample
unverzinslich
(Fin) bearing (*or* earning) no interest
– non-interest-bearing
unverzinsliche Einlagen *fpl* (Fin) non-interest-bearing deposits
unverzinsliche Forderungen *fpl* (StR) non-interest-bearing debts § 12 III BewG
unverzinslicher Kredit *m* (Fin) interest-free credit
unverzinsliche Schatzanweisungen *fpl* (Fin) Treasury discount paper
unverzinsliche Schuldverschreibungen *fpl* (Fin) interest-free bonds
unverzinsliches Darlehen *n*
(Fin) interest-free loan
– non-interest bearing loan
unverzögerte endogene Variable *f* (Stat) nonlagged endogenous variable

unverzögerte Funktion *f* (Math) unlagged function
unverzollt (com) duty unpaid
unverzollte Waren *fpl* (com) uncleared goods
unverzüglich (Re) in due course, § 121 BGB
(ie, term only excludes culpable delay = schuldhaftes Verzögern)
unvollkommene Information *f* (Vw) incomplete information
unvollkommener Markt *m* (Vw) imperfect market
(syn, unvollkommene Konkurrenz)
unvollkommenes Recht *n* (Re) imperfect right
unvollkommene Verbindlichkeit *f* (Re) imperfect obligation
unvollkommen zweiseitiger Schuldvertrag *m* (Re) imperfectly reciprocal contract
(ie, primarily intended to create an obligation on one side only, but incidentally resulting in the creation of an obligation on the other side)
unvollständige Angaben *fpl* (com) incomplete statements
unvollständige Buchung *f* (ReW) blind entry *(ie, ohne Beschreibung des Geschäftsvorfalles)*
unvollständige Disjunktion *f* (Log) inclusive disjunction
unvollständige Gamma-Funktion *f* (Math) incomplete gamma function
unvollständige Konkurrenz *f* (Vw) imperfect competition
unvollständige Lieferung *f* (com) short delivery
unvollständiger Wettbewerb *m* (Vw) imperfect competition
(ie, where at least one participant can materially affect the market price)
unvollständige Stichprobe *f* (Stat) defective sample
unwesentliche Beteiligung *f* (com) immaterial holding
unwesentlicher Bestandteil *m* (Re) non-essential component part
unwesentlicher Wettbewerb *m* (Kart) insignificant competition, § 7 I GWB
unwesentliches Spiel *n* (OR) inessential game
unwiderlegliche Konzernvermutung *f* (Bw) irrebuttable/conclusive . . . group presumption
unwiderlegliche Vermutung *f*
(Re) irrebuttable
– conclusive
– absolute . . . presumption
– praesumptio juris et de jure
– presumption of law and of right
(ie, no counter-evidence permitted: keine Widerlegungsmöglichkeit zugelassen; opp, widerlegliche Vermutung = rebuttable/inconclusive/disputable . . . presumption, qv)
unwiderruflich (com) irrevocable
unwiderrufliche Bezugsberechtigung *f* (Vers) irrevocable appointment of beneficiary
unwiderrufliche Refinanzierungszusage *f* (AuW) unqualified agreement to reimburse *(ie, by World Bank)*
unwiderrufliches Akkreditiv *n* (Fin) irrevocable letter of credit
unwiderrufliche Wechselkurse *mpl* (EG) irrevocable parities
unwirksam
(Re) null

- null and void
- invalid
- legally ineffective
- inoperative
- ineffectual
- not binding in law
- having no legal force
- having no binding effect
- nugatory *(eg, legislative act)*

unwirksame Rechtsgeschäfte *npl* (Re) void and voidable transactions, § 41 AO

Unwirksamkeit *f*
(Re) nullity
- invalidity
- inefficacy
- voidness
- inoperativeness
- nugacity

Unwirksamkeitserklärung *f* (Re) declaration of ineffectiveness

unwirtschaftlich
(com) uneconomical
- inefficient

unwirtschaftliche Frachtraten *fpl* (com) uncommercial rates

Unwirtschaftlichkeit *f* (com) inefficiency
(ie, implies wasting scarce resources in all areas of economic activity; syn, Ineffizienz)

unwissentlich falsche Angaben *fpl* (Re) innocent misrepresentation

unzerlegbares Polynom *n* (Math) irreducible polynomial

unzulässige Operation *f* (EDV) illegal operation

unzulässiger Befehl *m* (EDV) illegal instruction

unzulässige Rechtsausübung *f* (Re) inadmissible exercise of a right
(ie, violating the principle of equity and fair dealing; special cases: Verwirkung and Wegfall der Geschäftsgrundlage)

unzulässiges Zeichen *n* (EDV) illegal character

unzumutbare Belastung *f* (Re) undue burden

unzumutbare Beschäftigung *f* (Pw) unacceptable employment

unzumutbare Härte *f* (Re) undue hardship

unzureichende Auslastung *f* (Bw) (plants) working at unsatisfactory levels

unzureichende Deckung *f* (Fin) small/thin/shoe-string ... margin
(ie, narrow or insufficient margin that leaves the speculator's account in a precarious condition if the market declines)

unzustellbar
(com) undeliverable
- undelivered *(eg, if ... return to)*

unzustellbarer Brief *m* (com) dead letter

unzuverlässiger Test *m* (Stat) biased test

unzweideutige Aufforderung *f* **zur Leistung** (Re) unconditional request for performance

UPC-Strichcode *m* (Mk, US) Universal Product Code
(ie, a 10-digit code based on the ratio of printed bars to adjacent space, affixed to package and readable electronically or by laser beam; used by retail stores for inventory control and checkout; cf, EAN-Strichcodierung)

Urabstimmung *f* (Pw) strike vote *(or* ballot)
(ie, requires a three quarter majority of all union members of a single company or district)

Uraufzeichnungen *fpl* (ReW) records of original entry

Urbanistik *f* (Vw) urban economics *(syn, Stadtökonomie)*

Urbeleg *m* (EDV) original *(or* source) document *(syn, Originalbeleg)*

Urerzeuger *m* (Bw) primary producer

Urerzeugung *f* (Bw) primary production

Urheberrecht *n* (Pat) copyright

urheberrechtlich geschützer Bildschirm *m* (EDV) copyright screen

urheberrechtlich geschütztes Werk *n* (Pat) copyrighted publication

urheberrechtlich schützen (Pat) to copyright

Urheberrechtslizenzgebühren *fpl* (Pat) copyright royalties

Urheberrechtsschutz *m* (Pat) protection by copyright

Urheberrechtsschutzgesetz *n* (Pat) copyright law

Urheberrechtsverletzung *f* (Pat) infringement of copyright

Urheberrechtsverwertungsgesellschaft *f* (Pat) copyright association

Urkunde *f*
(Re) (legal) document
- (legal) instrument

Urkunde *f* **des Handelsverkehrs** (Re) commercial instrument

Urkundenbeweis *m* (Re) proof by documentary evidence

Urkundenfälschung *f* (Re) forgery of documents, § 267 StGB

urkundlicher Beweis *m* (Re) proof by documentary evidence

Urkundsbeamter *m* **der Geschäftsstelle** (Re, appr) clerk of court

urladen
(EDV) to boot
- to bootstrap

Urlader *m*
(EDV) initial program loader
- bootstrap loader
(ie, Systemprogramm, in dem Festwertspeicher des Rechners gespeichert ist)

Urlaub *m*
(Pw) vacation
- (GB) holiday *(ie, students in GB speak of ,vacations'; Sommerferien: long vac, or long)*

Urlaubsabsenzen *fpl* (IndE) number of employees on vacation

Urlaubsanspruch *m* (Pw) vacation entitlement

Urlaubsentgelt *n* (ReW) vacation pay – salaries and wages

Urlaubsgeld *n*
(ReW) = Urlaubsentgelt
(Pw) vacation bonus
- (GB) holiday (cash) bonus

Urlaubsplan *m* (Pw) vacation schedule, § 87 I 5 BetrVerfG

Urlaubsplanung *f* (Pw) scheduling vacations

Urlaubsrückstellungen *fpl* (ReW) vacation provisions

Urlaubsvertretung *f* (Pw) vacation replacement
Urmaterial *n* (Stat) primary data
Urnenauswahl *f* (Stat) lottery sampling
Urproduktion *f* (Bw) primary production
Urproduktionsbetriebe *mpl* (Bw) extractive industries *(ie, may include water, gas, and power supply)*
Ursache *f* **e-s Maschinenausfalls** (IndE) force of mortality
Ursache-Wirkungs-Diagramm *n*
(Bw) cause-and-effect diagram
– fishbone diagram
– Ishikawa diagram
(ie, statement of a problem, with a branching diagram leading to the kown potential uses)
ursächliche Variable *f* (Stat) cause variable
Ursprung *m* **des kartesischen Koordinatensystems** (Math) origin of Cartesian coordinates
ursprüngliche Akkumulation *f* (Vw) primary accumulation
ursprüngliche Gemeinschaft *f* (EG) original Community
ursprüngliche Informationsquelle *f* (Bw) original source of information
ursprüngliche Kostenarten *fpl* (KoR) primary cost types *(syn, einfache od primäre Kostenarten)*
ursprünglicher Kapitalbetrag *m* (Math) original principal
ursprünglicher Kapitaleinsatz *m* (Fin) initial investment *(ie, in preinvestment analysis)*
ursprüngliche Unmöglichkeit *f*
(Re) initial (*or* original) impossibility
– impossibility at the time of making
– impossibility ab initio
(Note that the term ‚Unmöglichkeit‘ in German law is reserved for cases where performance is impossible for everybody, not for debtor only)
Ursprungsangabe *f* (com) statement of origin
Ursprungsbescheinigung *f* (com) = Ursprungsangabe
Ursprungsbezeichnung *f*
(com) mark of origin
(Zo) designation (*or* identification) of origin
Ursprungsdaten *pl* (EDV, Stat) raw data
Ursprungsdrittland *n* (Zo) non-member country of origin
Ursprungserklärung *f* (Zo) declaration of origin *(eg, submitted by exporter)*
Ursprungserzeugnisse *npl* (Zo) originating products
Ursprungsfeld *n* (EDV) source field
Ursprungsfinanzierung *f* (Fin) initial finance
Ursprungskapital *n* (Fin) initial capital

Ursprungsland *n* (com) country of origin
Ursprungslandprinzip *n* (StR) origin principle *(opp, Bestimmungslandprinzip)*
Ursprungsnachweis *m* (com) documentary evidence of origin
Ursprungsnachweise *mpl* **anerkennen** (Zo) to accept the documentary evidence of origin
Ursprungspatent *n* (Pat) original patent
Ursprungsprogramm *n* (EDV) source program
Ursprungssprache *f* (EDV) source language *(syn, Quellsprache)*
Ursprungswert *m* (com) original value
Ursprungswerte *mpl* (Stat) unadjusted figures
Ursprungszeugnis *n* (com) certificate of origin
Urstart *m*
(EDV) cold start
– initial start
– initial program loading
(syn, Kaltstart; opp, Warmstart = warm start, system restart)
Urteil *n* **aufheben**
(Re) to set aside
– to rescind
– to quash
– (US) to vacate … a judgment
– to reverse a court ruling
Urteiler *m* (Pw) rater *(ie, in performance appraisal)*
Urteilsfindung *f* (StR) deliberations leading to a court decision, § 16 FGO
Urteilslogik *f* (Log) logic of propositions (*or* judgments)
Urwahl *f* (Pw) direct election *(ie, of the works council)*
Usance *f*
(com) trade
– business
– commercial
– mercantile … usage
– custom of the trade
– mercantile custom
– usage of the market (*or* trade)
(Bö) rules and regulations
Usancenhandel *m* (Bö) cross dealing
Usancenkredit *m* (Fin) usage credit
Usancenkurs *m* (Fin) cross rate
U-Schätze *mpl* (Fin) = unverzinsliche Schatzanweisungen
USt (StR) = Umsatzsteuer
UStG (StR) = Umsatzsteuergesetz
utopisch-holistische Sozialplanung *f* (Vw) holistic social engineering
UWG (Re) = Gesetz gegen Unlauteren Wettbewerb

V

vagabundierende Gelder *npl*
(Fin) hot money
– footlose funds *(eg, marshaled by the oil exporting countries; syn, heißes Geld)*
vage Logik *f* (Log) fuzzy logic
(syn, unscharfe Logik; diskrete Wahrheitswerte

werden durch e–n stetigen Bereich, etwa von 0 bis 1, ersetzt)*
vakant (Pw) vacant
Vakanz *f*
(Pw) vacancy
– vacant post

vakuumverpackt (com) vacuum packed
Vakuumverpackung f (com) vacuum packing
Valenz f (Log) biconditional
Validierung f (Log) validation
Valoren pl (Fin) securities *(ie, including bank notes)*
Valuta f
   (Fin) currency
   (Fin) loan proceeds
   (Fin) value date
Valutaakzept n (Fin) foreign currency acceptance
Valutaanleihe f (Fin) foreign currency loan *(ie, floated by German issuer; syn, Valutabond, Auslandsbond)*
Valutadumping n (AuW) exchange dumping
Valuta-Exporttratte f (Fin) export draft in foreign currency
Valutageschäft n (Fin) foreign currency *(or exchange)* transaction
Valutagewinn m (Fin) gains on foreign exchange
Valutaguthaben n (Fin) foreign currency holding
Valutaklausel f (Fin) foreign currency clause *(syn, Währungsklausel)*
Valutakonto n (Fin) foreign currency account *(syn, Währungskonto)*
Valutakredit m (Fin) foreign currency loan *(syn, Devisenkredit, Währungskredit)*
Valutakupon m (Fin) foreign currency coupon
Valutanotierung f (Fin) quotation of exchange
Valutapapiere npl (Fin) foreign currency securities
Valutarisiko n (Fin) exchange risk
Valutaschuld f (Fin) foreign currency debt, § 244 BGB
Valutatag m (Fin) value date
   (ie, on which bank account entry becomes effective)
Valutatrassierungskredit m (Fin) foreign currency acceptance credit
Valutaversicherung f (Vers) foreign currency insurance
Valutawechsel m (Fin) foreign exchange bill
Valuten pl (Fin) foreign currencies
Valutenarbitrage f (Fin) currency arbitrage
Valutengeschäft n (Fin) dealing in foreign notes and coin
Valutenkonto n (Fin) currency account
valutieren
   (Fin) to fix *(or* state) the value date
   (Fin) to extend a loan
Valutierung f
   (Fin) fixing *(or* stating) the value date
   (Fin) extension of a loan
Valutierungsgewinn m (Fin) = Wertstellungsgewinn, qv
Valutierungstermin m
   (Fin) value date
   (Fin) date of loan extension
variabel verzinslich (Fin) on a floating rate basis
variabel verzinsliche Anleihe f (Fin) floating rate note, FRN
   (ie, medium to long term, evidence by negotiable bearer notes – begebbare Inhaberschuldscheine – in denominations of a least $1,000, and with a coupon consisting of a margin usually over Libor for 3 or 6 months deposits, paid at the end of each

interest period and then adjusted in line with current rates for the next period; market almost entirely by telephone or telex; Zinssatz wird alle 3 od 6 Monate der Rendite kurzfristiger Mittel am Eurogeldmarkt angepaßt; Bezugsgröße ist der Liborsatz, zu dem Termineinlagen unter Banken am Eurogeldmarkt verzinst werden; syn, variable verzinslicher Schuldtitel)
Variabilität f (Stat) variability
Variabilitätskoeffizient m (Stat) = Variationskoeffizient
Variable f (Math) variable
variable Absatzgeschwindigkeit f (Mk) variable rate of selling
variable Arbeitszeit f (Pw) = gleitende Arbeitszeit
variable Bestellmenge f (MaW) variable-order quantity
variable Durchschnittskosten pl (Vw) average variable cost
variable Fertigungsgemeinkosten pl (KoR) variable factory overhead
variable Kosten pl (KoR) variable cost *(or* expenses *or* charges)
   (syn, veränderliche Kosten, beschäftigungsabhängige Kosten; opp, fixe Kosten)
Variable f **mit konstantem Zeitverlauf** (Math) continuous time variable
Variablenkontrolle f (Stat) sampling by variables
variable Notierung f
   (Bö) variable prices
   – floating quotation
Variablenprüfung f
   (IndE) inspection by variable
   – variable gauge
variabler Beschaffungsrhythmus m (MaW) variable cycle
variabler Handel m (Bö) variable-price trading
variabler Markt m (Bö) variable-price market
variables Feld n (EDV) variable (length) field
variable Stückkosten pl (KoR) variable unit costs
variable Substitutionselastizität f (Vw) variable elasticity of substitution
variable Werte mpl (Bö) variable-price securities
variable Zinsen mpl (Fin) variable *(or* floating) rate
Varianz f (Stat) variance σ^2 *(ie, Minimum der mittleren quadratischen Abweichung)*
Varianzanalyse f
   (Stat) variance analysis
   – analysis of variance
   (ie, technique for segregating the causes of variability affecting a set of observations; frequently referred to as ANOVA)
Varianz f **der Grundgesamtheit** (Stat) parent variance
Varianz f **der Stichprobe** (Stat) sampling variance
Varianz f **innerhalb der Gruppen** (Stat) within-group variance
Varianz f **innerhalb der Klassen** (Stat) intra-class variance
Varianzkomponente f (Stat) component of variance
Varianz-Quotiententest m (Stat) variance-ratio test
Variation f **des Produktäußeren** (Mk) face-lifting of a product
Variationsbreite f (Stat) range *(syn, Spannweite, Schwankungsbreite)*

Variationskoeffizient *m* (Stat) coefficient of variation

Variationsrechnung *f* (Math) calculus of variation

Variator *m* (KoR) factor of expense variability *(ie, in one-stage overhead planning)*

Vaterschaftsurlaub *m* (Pw) birth leave *(ie, women necessarily take maternity leave)*

Veblen-Effekt *m* (Vw) conspicuous-consumption effect *(syn, externer Konsumeffekt)*

Veblen-Gut *n* (Vw) prestige good (*or* merchandise)

Vektor *m* (Math) vector

Vektoranalyse *f* (Math) vector analysis

Vektorbildschirm *m* **mit Bildwiederholung** (EDV) = kalligrafischer Bildschirm

Vektorbüschel *n* (Math) cluster of vectors

Vektoren *mpl* **mit gleichem Anfangspunkt** (Math) coterminous vectors

Vektorenrechner *m* (EDV) vector processor

Vektorfeld *n* (Math) vector field

Vektorgrafik *f* (EDV, CAD) vector graphics

vektorielle Schreibweise *f* (Math) vectorial notation

vektorielles Feld *n* (Math) vector field

vektorielles Produkt *n* (Math) vector (*or* cross) product

Vektorkomponente *f* (Math) vector component

Vektoroptimierung *f* (OR) vector optimization

Vektorraum *m* (Math) vector (*or* linear) space *(ie, consists of elements which comprise a commutative group under addition, each of which is left unchanged under multiplication by the multiplicative identity of the field)*

Vektorrechnung *f* (Math) calculus of vectors *(ie, concerned with differentiation and integration of vector-valued functions)*

Vektorschar *f* (Math) cluster of vectors

Vektorsystem *n* (Math) vector set

verabreden (com) to make an appointment

Verabredung *f* (com) appointment *(eg, I have an appointment to see Mr X)*

verallgemeinerter Mittelwertsatz *m* (Math) extended mean value theorem

veraltend (com) obsolescent

Veralten *n* **von Betriebstypen** (Mk) store erosion

veraltet (com) obsolete

veränderbarer Parameter *m* (EDV) tunable parameter

Veränderliche *f* (Math) variable

veränderliche Kosten *pl* (KoR) = variable Kosten

veränderlicher Auswahlsatz *m* (Stat) variable sampling fraction

Veränderung *f* **der Konzernrücklagen** (ReW) change in consolidated reserves

Veränderung *f* **der Rücklagen** (ReW) reserve transfers

Veränderungsrate *f* (com) rate of change

veranlagende Behörde *f* (StR) tax assessing authority

veranlagte Steuern *fpl* (StR) assessed taxes

Veranlagung *f* (StR) tax assessment *(ie, formal procedure by which the tax office determines the amount of income tax or corporate income tax for a particular taxable year, § 25 I EStG, § 49 I KStG)*

Veranlagungsbescheid *m* (StR) tax assessment notice

Veranlagungsgrundlage *f* (StR) basis of assessment

Veranlagungsjahr *n* (StR) year of assessment

Veranlagungssteuern *fpl* (StR) = veranlagte Steuern

Veranlagungsverfahren *n* (StR) assessment procedure

Veranlagungszeitpunkt *m* (StR) effective assessment date

Veranlagungszeitraum *m* (StR) (tax) assessment period

veranlassen (com) to prompt *(eg, management to shut down a subsidiary)*

veranschlagen (com) to estimate

verantwortlicher Außenprüfer *m* (ReW) accountant/field auditor . . . in charge

Verantwortlichkeit *f*
(com) responsibility
– accountability

Verantwortlichkeitsrechnung *f* (ReW) responsibility accounting

Verantwortungsbereich *m* (Pw) area of . . . responsibility /accountability

Verantwortungsbewußtsein *n* (Pw) acceptance of responsibility

verantwortungsorientiertes Rechnungswesen *n* (ReW) responsibility accounting

verantwortungsvolle Aufgabe *f* (Pw) position of broad responsibility

verarbeiten (IndE) to process

verarbeitende Industrie *f* (com) manufacturing (*or* processing) industry

verarbeitendes Gewerbe *n* (com) manufacturing sector

Verarbeiter *m* (IndE) processor

Verarbeitung *f*
(IndE) processing
– conversion *(ie, general and chemical)*

Verarbeitungsart *f* (EDV, Cobol) processing mode

Verarbeitungsbereich *m* (EDV) processing area

Verarbeitungsbetrieb *m* (IndE) processing plant *(opp, Substanzbetrieb)*

Verarbeitungserzeugnisse *npl* (EG) processed (farm) products

Verarbeitungsgeschwindigkeit *f* (EDV) processing speed

Verarbeitungskosten *pl*
(KoR) processing cost
– conversion cost
(ie, covers labor, overhead, and materials outlay incurred in processing sth into intermediate or finished form)

Verarbeitungsprogramm *n* (EDV) processing program

Verarbeitungsschritt *m* (EDV) processing step

Verarbeitungsstufe *f* (Bw) production (*or* processing) stage

Verarbeitungszustand *m* (EDV) processing state

Verarmungswachstum *n* (Vw) immiserizing growth

Verausgabung *f* **von Mitteln** (Fin) disbursement of funds

Veräußerer *m*
(com) seller
– vendor
(Re) transferor *(ie, for a consideration)*
(Re) alienor *(ie, in real property law)*

veräußern
  (com) to sell
  – to dispose of
  (Re) to transfer *(ie, for a consideration)*
  (Re) to alienate *(ie, in real property law)*
veräußert werden (com, infml) to go on the block
  (ie, said of enterprises)
Veräußerung *f*
  (com) sale
  – realization
  – disposal/disposition *(ie, for a consideration)*
  (Re) transfer *(ie, for a consideration)*
  (Re) alienation *(ie, in real property law)*
Veräußerung *f* **e-s Betriebes** (Bw) sale of an entire
  business
Veräußerungsgewinn *m*
  (ReW) gain on disposal *(or* sale) or other trans-
  fer, § 17 EStG
  (StR) capital gain
Veräußerungspreis *m*
  (Bw) current exit value *(ie, Tages- od Markt-*
  wert)
  (StR) disposition *(or* transfer) price
Veräußerungs- und Zahlungsverbot *n* (Fin) order
  prohibiting disposals and payments, § 46a KWG
Veräußerungsverlust *m*
  (ReW) loss on disposal
  (StR) capital loss
Veräußerungswert *m*
  (ReW) recovery
  – residual
  – scrap ... value
  (ReW) value on realization
  – proceeds on disposal
  (ie, used in 'Liquidationsbilanzen'; syn,
  Realisationswert)
Veräußerung *f* **von Anlagen** (ReW) asset disposal
Veräußerung *f* **von Beteiligungen**
  (Fin) sale of share holdings
  – (GB) sale of trade investments
Verband *m*
  (Bw) (trade/professional) association
  (com) federation
  (Math) lattice
  (ie, algebraische Struktur mit zweistelligen inne-
  ren Verknüpfungen; kann als halbgeordnete
  Menge aufgefaßt werden; partially ordered set –
  poset – in which each pair of elements has both a
  greatest lower bound and least upper bound)
Verbandbetrieb *m* (Bw) association headquarters
  (ie, acts as central organization for all members of
  an association)
Verband *m* **der Automobilindustrie e. V.** (com)
  (Frankfurt-based) German Motor Industry Federation
Verband *m* **der Chemischen Industrie** (com) Chem-
  ical Industry Federation
Verband *m* **der Hochschullehrer für Betriebs-**
  wirtschaft (com) Association of University
  Teachers of Business Administration
Verband *m* **für Arbeitsstudien und Betriebsorga-**
  nisation – REFA (Bw) Association for Work
  Studies and Manufacturing Organization
Verbandsanmeldung *f* (Pat) Convention applica-
  tion

Verbandsklage *f* (Re) class action *(syn, Kollektiv-*
  klage)
Verbandsland *n*
  (Pat) Convention country
  – member country of the Paris Convention
Verbandsmarke *f* (Pat) collective *(or* certification)
  mark
Verbandspreis *m* (Kart) price fixed by a cartel or
  syndicate
Verbandspriorität *f* (Pat) Convention priority *(syn,*
  Unionspriorität)
Verbandstheorie *f* (Math) lattice theory
Verbandsübereinkunft *f* **zum Schutz des**
  Gewerblichen Eigentums (Pat) Convention for
  the Protection of Industrial Property
Verbandszeichen *n*
  (Pat) collective mark
  – certification trademark
  (ie, trademark for use by members of a trade as-
  sociation)
Verbandszeitschrift *f* (com) trade journal
Verband *m* **zum Schutz des Gewerblichen Eigen-**
  tums (Pat) Union for the Protection of Industrial
  Property
verbegrifflichen (Log) to conceptualize
Verbegrifflichung *f* (Log) conceptualization
Verbesserung *f* **des Ausbildungsstandes** (Pw) educational upgrading
Verbesserungserfindung *f* (Pat) improvement invention
Verbesserungsinvestition *f* (Vw) capital deepening
Verbesserungsinvestitionen *fpl* (Vw) capital
  deepening
  (ie, zur Steigerung der Kapitalintensität = made
  in order to improve the capital-labor ratio of pro-
  duction; opp, Erweiterungsinvestition = capital
  widening, qv)
Verbesserungspatent *n* (Pat) improvement patent
Verbesserungsvorschläge *mpl* (Bw) suggestions for
  improvement
verbilligter Kredit *m* (Fin) subsidized credit
verbinden
  (EDV) to link(age) edit
  – to compose
  – to consolidate
  (ie, to combine separately produced load or ob-
  ject modules into an executable phase)
verbindende Supposition *f* (Log) common supposition
verbindliche Entscheidung *f* (Re) binding decision
verbindliches Angebot *n* (com) firm/binding ... of-
  fer/tender/bid /proposal
verbindliche Sprachregelung *f*
  (Re) language of contract
  (Re) authentic language
Verbindlichkeit *f*
  (Re) obligation
  (Re) binding force
  – legal validity
Verbindlichkeiten *fpl*
  (ReW) liabilities
  – indebtedness
  – debts
  – due to
  – accounts payable

– payables
(ReW, EG) creditors
Verbindlichkeiten *fpl* **aus Bürgschaften** (ReW)
liabilities on guaranties
Verbindlichkeiten *fpl* **aus der Begebung von Wechseln**
(ReW) contingencies resulting from the issue of
bills
Verbindlichkeiten *fpl* **aus diskontierten Wechseln**
(ReW) liabilities on bills discounted
Verbindlichkeiten *fpl* **aus Einbehaltung** (ReW) accrued withholdings
Verbindlichkeiten *fpl* **aus Gewährleistungsverträgen** (ReW) liabilities under warranties
Verbindlichkeiten *fpl* **aus Lieferungen und Leistungen**
(ReW, EG) trade creditors
(ReW) trade accounts payable
– accounts payable – trade
– accounts payable for goods and services
Verbindlichkeiten *fpl* **aus Pensionsansprüchen**
(ReW) liabilities for pension rights
Verbindlichkeiten *fpl* **aus Währungstermingeschäften** (ReW) liabilities on forward exchange contracts
Verbindlichkeiten *fpl* **aus Wechseln** (ReW, EG)
bills of exchange payable
Verbindlichkeiten *fpl* **eingehen**
(Re) to assume obligations
(Fin) to incur (*or* contract) debts
Verbindlichkeiten *fpl* **erfüllen**
(Re) to discharge obligations
(Fin) to repay debt
Verbindlichkeiten *fpl* **e-r Gesellschaft**
(ReW) partnership debts
(ReW) company debts
Verbindlichkeiten *fpl* **gegenüber Banken** (ReW)
(amounts) due to banks
Verbindlichkeiten *fpl* **gegenüber Beteiligungsgesellschaften** (ReW) due to associated companies
Verbindlichkeiten *fpl* **gegenüber Konzernunternehmen** (ReW) due to affiliated companies
Verbindlichkeiten *fpl* **gegenüber Kreditinstituten**
(ReW, WG) amounts owed to credit institutions
Verbindlichkeiten *fpl* **gegenüber verbundenen Unternehmen** (ReW, EG) amounts owed to affiliated undertakings
Verbindlichkeiten *fpl* **mit unbestimmter Fälligkeit**
(Fin) indeterminate-term liabilities
Verbindlichkeit *f* **mit kurzer Restlaufzeit** (Fin)
maturing liability
Verbindlichkeitserklärung *f* (Re) declaration of
commitment
Verbindung *f*
(EDV) link
– linkage
Verbindung *f* **aufnehmen**
(com) to contact
– to liaise *(ie, to make or keep connection with/
about)*
Verbindungen *fpl* **ziehen** (EDV, CAD) to route
connections *(ie, beim Leiterplattenentwurf = circuit board design)*
Verbindungsabbau *m* (EDV) connection cleardown

Verbindungsabbruch *m*
(EDV) break
– disconnection *(ie, in data transmission)*
Verbindungsaufbau *m* (EDV) connection...
setup/buildup
Verbindungskapazitätsmatrix *f* (OR) branch
capacity matrix
Verbindungsmann *m*
(com) liaison *(eg, to act as... vis-a-vis IBM)*
– contact
Verbindungsprogramm *n* (EDV) subscriber connection program
Verbindungsstecker *m* (EDV) connector *(ie,
mechanical means of connecting one or more
electrical circuits)*
verborgener Mangel *m*
(Re) hidden defect
– inherent vice
Verbot *n* **der Werbung** (com) prohibition to advertise
verbotene Eigenmacht *f* (Re) unlawful interference
with possession *(cf, § 858 BGB)*
verbotene Kombination *f* (EDV) forbidden combination
Verbotsprinzip *n*
(Kart) rule of per se illegality
– per se approach
Verbrauch *m* (com) consumption
verbrauchen
(com) to consume
– to use up
Verbraucher *m*
(Mk) consumer
– final consumer
– ultimate consumer
Verbraucherausgaben *fpl* (Vw) consumer spending
(*or* expenditure)
Verbraucherbedürfnisse *npl* (Vw) consumer wants
Verbraucherberatung *f*
(Vw) consumer counseling
– consumer advisory service
Verbraucherbewegung *f*
(Vw) consumer movement
– consumerism
Verbraucher-Erwartungen *fpl* (Vw) consumer sentiment *(eg, is steadily deteriorating)*
Verbrauchergenossenschaft *f* (Bw) consumer
cooperative
Verbrauchergewohnheiten *fpl* (Vw) consumer
habits
Verbraucherinformation *f* (Mk) consumer information
Verbrauchermarkt *m* (Mk) shopping center
Verbrauchernachfrage *f* (Vw) consumer demand
Verbraucherpanel *n* (Mk) consumer panel
Verbraucherpolitik *f* (Vw) consumer policy
Verbraucherschutz *m* (Vw) consumer protection
Verbraucherverbände *mpl* (com) consumer associations
Verbraucherverhalten *n* (Mk) consumer behavior
Verbraucherwerbung *f* (Mk) consumer advertising
Verbraucherzentrale *f* (com) Consumers' Central
Office
Verbrauch *m* **für zivile Zwecke** (VGR) public consumption for civil purposes

Verbrauchsabweichung *f*
(KoR) budget
– expense
– spending
– usage . . . variance
(syn, Budgetabweichung)
verbrauchsbedingte Abschreibung *f* (ReW) =
Mengenabschreibung
verbrauchsbedingte Wertminderung *f* (ReW) physical depreciation
Verbrauchsfaktor *m* (KoR) power factor
Verbrauchsfläche *f* (Vw) commodity space
verbrauchsgebundene Bedarfsmengenplanung *f*
(MaW) usage-based materials budgeting
Verbrauchsgerade *f* (Vw) consumption line
Verbrauchsgewohnheiten *fpl*
(Mk) consumer habits
– consumption patterns
Verbrauchsgüter *npl* (com) consumer *(or con-sumption)* goods *(ie, either durables or non-durables)*
Verbrauchsgütergewerbe *n* (com) consumer goods
sector
Verbrauchsgüterindustrie *f* (com) consumer goods
industry
Verbrauchsgütermarkt *m* (Mk) consumer market
Verbrauchsgüterpanel *n* (Mk) consumer goods
panel
Verbrauchsland *n* (AuW) country of consumption
Verbrauchsmaterial *n*
(IndE) expendable material
– expendables
Verbrauchsort *m*
(AuW) place of final use
– place of consumption
Verbrauchsrate *f* (Bw) rate of usage
Verbrauchsstruktur *f* (Vw) pattern of consumption
Verbrauchsteuer *f* (StR) general tax on consumption
Verbrauchsteueraufkommen *n*
(FiW) consumer tax revenue
– revenue from excise duties
verbrauchsteuerpflichtig (StR) liable in consumer
taxes
Verbrauchswirtschaftsplan *m* (Vw) purchase plan
verbrauchte Prämie *f* (Vers) earned premium
verbriefen
(WeR) to embody
– to evidence ownership
(ie, Namens-/Rektapapiere = registered instruments; cf, verkörpern)
verbriefter Anteil (Fin) evidenced share
verbrieftes Recht *n* (Re) vested title
Verbriefung *f* **von Kreditbeziehungen** (Fin) securitization
(1. Kreditinstitute vergeben zunehmend ‚Wertpapierkredite' anstelle traditioneller unverbriefter Kredite; sie übernehmen von Nichtbankenschuldnern emittierte Wertpapiere ins eigene Portefeuille;
2. Finanzierungsinstitute werden umgangen: Schuldner ersetzen unverbriefte Bankkredite durch direkte Plazierung von Wertpapieremissionen bei den Nichtbankenanlegern;
3. Wachstum des Verbriefungselements auch im

Passivgeschäft der Banken: über verstärkte Eigenemissionen oder die Schaffung verbriefter Einlageformen)
verbuchen
(ReW) to enter in/on *(cf, buchen)*
– to carry on
– to post to
– to recognize on *(ie, books of account)*
(Bö) to register *(eg, price gains)*
Verbuchung *f*
(ReW) entry
– posting
– accounting treatment
Verbund *m*
(Bw) association
– combination
Verbundabsatz *m* (Mk) cross selling
Verbunddarlehen *n* (Fin) joint loan extension
Verbunddirektorium *n* (Bw) interlocking directorate *(syn, Überkreuzverflechtung)*
verbundene Kosten *pl* (KoR) related cost
verbundene Lebensversicherung *f* (Vers) joint life
policy
(ie, life insurance written on two or more persons: benefits usually payable only at the first death)
verbundene Leistungen *fpl* (KoR) joint products
(syn, Kuppelprodukte)
verbundene Nachfrage *f* (Vw) joint demand
verbundene Produktion *f* (IndE) joint production
verbundene Rechtsgeschäfte *npl* (Re) linked legal
transactions
verbundener Industriezweig *m* (Bw) linked industry
(ie, one with many stages of manufacturing and supplies; eg, aircraft industry)
verbundenes Angebot *n* (Vw) joint supply
verbundene Stichproben *fpl* (Stat) matched
samples
verbundene Unternehmen *npl*
(com) related . . . companies/undertakings
– allied/associated . . . companies
(ie, defined in § 15 AktG; rechtlich selbständige Unternehmen, die sind 1. im Verhältnis zueinander in Mehrheitsbesitz stehende Unternehmen und mit Mehrheit beteiligte Unternehmen (§ 16), 2. abhängige und herrschende Unternehmen (§ 17); 3. Konzernunternehmen (§ 18); 4. wechselseitig beteiligte Unternehmen (§ 19); Vertragsteile e–s Unternehmensvertrages (§§ 291, 292)
verbundene Verteilung *f* (Stat) joint distribution
verbundene Warenzeichen *npl* (Pat) associated
trademarks
Verbundenheitsmatrix *f* (OR) connectedness
matrix
verbunden mit (com) through to *(eg, New York)*
Verbundgeschäft *n* (AuW) linked deal
(ie, Austausch von Gütern und Diensten; gekoppelt sind Absatz und Beschaffung od Lieferung und Gegenlieferung; national od international; drei Hauptgruppen:
1. Barter = Austausch ohne Einbeziehung der jeweiligen Landeswährungen;
2. Countertrade = Absatz und Beschaffung sind verbunden; hierzu gehören:
(a) Kompensationsgeschäfte (Voll- und TeilK);

(b) Dreiecksgeschäfte;
(c) Rückkaufgeschäfte;
(d) Offset-Geschäfte;
(e) Sonderformen: Auflagengeschäfte; Swapge-
schäfte;
3. *Bilaterale Handelsabkommen: Evidenz-Kon-*
ten-Abkommen, bilaterale Clearing-Abkommen)
Verbundkontenkonsolidierung *f* (ReW) consolidation of group accounts
Verbundlieferung *f* (com) intercompany shipment
Verbundmarketing *n* (Mk) physical tie-in
(ie, simultaneous marketing of two or more new,
physically complementary products)
Verbundnetz *n* (EDV) mixed network
Verbundschulden *fpl* (ReW) group liabilities
Verbundverkehr *m* (IndE) intercompany traffic
Verbundvorteile *mpl* (Vw) economies of scope
(syn, Umfangsvorteile, Diversifikationsvorteile;
opp, economies of scale, scale economies, qv)
Verbundwerbung *f* (Mk) association (*or* combined) advertising
(syn, Gemeinschaftswerbung)
Verbundwirtschaft *f* (Bw) vertical integration
Verdacht *m* **des abgestimmten Verhaltens** (Kart) charge of collusion
verdeckte Arbeitslosigkeit *f* (Vw) concealed unemployment
verdeckte Einlage *f* (StR) ‚hidden‘ contribution
(ie, Zuwendung e–s Gesellschafters an s–e
KapGes, die ein Nichtgesellschafter bei Anwen-
dung der Sorgfalt e–s ordentlichen Kaufmanns
der Gesellschaft nicht einräumen würde; zu den
einlagefähigen Gegenständen gehören Sachen
und Rechte)
verdeckte Gewinnausschüttung *f*
(StR) constructive dividend, § 8 III 2 KStG, Abschn. 31 KStR
– disguised profit distribution
verdeckte Inflation *f* (Vw) camouflaged/hidden . . . inflation
verdeckte Kanten *fpl* (EDV, CAD) hidden lines
verdecktes Factoring *n* (Fin) nonnotification factoring
verdecktes Nennkapital *n* (Fin) hidden nominal capital
(ie, Vergütungen hierfür gelten als verdeckte
Gewinnausschüttungen)
verdecktes Rechtsgeschäft *n* (Re) concealed transaction, § 117 BGB
verdeckte Steuer *f* (FiW) hidden tax
verdeckte Verbindlichkeiten *fpl* (Bw) hidden liabilities
(ie, noch nicht anhängig gemachte Schadensfälle
mit nachfolgenden Produkthaftpflichtkosten, un-
terdotierter Pensionsplan, bevorstehender Pro-
duktrückruf, bevorstehende Untersuchung wegen
Steuerhinterziehung usw)
verdichten
(EDV) to collate
– to merge
Verdichten *n* **von Netzplänen** (OR) reduction
Verdichtung *f*
(EDV) collation
– merger
Verdichtungsebene *f* (ReW) level of consolidation

Verdichtungskurve *f* (Vw) wage curve
Verdichtungsprogramm *n* (EDV) condensing routine
verdienen
(com) to earn
– to gain
– (US, infml) to sack up
Verdienst *m* (Pw) earnings
Verdienstausfall *m* (Pw) loss of earnings
Verdienstgrenze *f* (Mk) earnings cap
(ie, maximum earnings level of sales force)
Verdienstmöglichkeit *f* (Pw) potential earnings
Verdienstspanne *f* (com) (profit) margin
verdiente Prämie *f* (Vers) earned premium
verdingen, sich (com) to hire out one's services (to)
Verdingung *f*
(com) invitation to bid (*or* tender)
– request for bids
(ie, published notice that competitive bids are re-
quested)
Verdoppelung *f* **der Lebensversicherungssumme bei**
Unfalltod (Vers) double indemnity
verdrahten (EDV) to wire
Verdrahtung *f*
(EDV) wiring
– wirework *(eg, for new circuitry)*
Verdrahtungsdichte *f* (EDV, CAD) routing grid
(ie, beim Leiterplattenentwurf = circuit board de-
sign)
verdrängen
(com) to drive
– to eliminate
– to squeeze
– (infml) to freeze *(ie, rivals out of the market)*
– to put out of business
(Fin) to crowd out
(Pw) to turn out of office
Verdrängung *f* (FiW) crowding-out *(ie, of private*
borrowers from the credit markets)
Verdrängungswettbewerb *m*
(Kart) destructive (*or* predatory) competition
– predatory price cutting
– predatory pricing policy
– exclusionary conduct
(ie, auf den Ausschluß der Konkurrenz gerich-
tetes Verhalten)
(Fin) crowding-out competition
(ie, on the capital market: between government
and private business)
veredeln (IndE) to process
veredelte Umsatzsteuer *f* (FiW) refined turnover tax
(ie, phrase coined by W. v. Siemens)
veredelte Ware *f* (Zo) processed goods
Veredelung *f*
(IndE) materials improvement
– processing
Veredelungsbetrieb *m* (IndE) processing plant
Veredelungsindustrie *f* (Vw) processing industry
Veredelungskosten *pl* (KoR) cost of materials improvement
Veredelungstechnologie *f*
(IndE) processing
– refining
– transformation . . . technology

48*   755

Veredelungsverkehr *m* (AuW) across the border processing

Veredelungsvorschriften *fpl* (AuW) processing regulations

Veredelungswirtschaft *f* (com) processing industry

vereidigter Buchprüfer *m*
(StR) certified accountant
– sworn auditor
(ie, is now resurrected and has the right to audit medium-sized GmbH's; § 319 I HGB)

vereidigter Buchsachverständiger *m* (ReW) sworn accounting expert

vereidigter Dolmetscher *m* (com) sworn interpreter

vereidigter Makler *m* (com) sworn broker

Verein *m* (Re) nonprofit association
(ie, as a legal person of private law, §§ 21 ff BGB)

vereinbaren
(Re) to agree upon
– to stipulate

vereinbart (Re) mutually agreed upon

vereinbarte Entgelte *npl* (StR) consideration agreed upon
(ie, taxable turnovers reported on the accrual basis: Solleinnahmen; § 20 I UStG; opp, vereinnahmte Entgelte)

vereinbarte Frist *f*
(com) stipulated term (*or* time)
– time agreed upon

vereinbarte Kündigungsfrist *f* (Re) agreed notice

vereinbarte Qualität *f* (com) agreed quality

vereinbarter Güterstand *m* (Re) contractual property system

vereinbarter Preis *m* (com) price agreed upon

vereinbarter Zinssatz *m* (Fin) contract rate of interest

vereinbarte Summe *f* (com) stipulated sum

Vereinbarung *f*
(Re) agreement
– stipulation
– undertaking

Vereinbarungsdarlehen *n* (Fin) contractual loan

Vereinbarung *f* **treffen** (com) to reach (*or* to conclude) an agreement

Vereinbarung *f* **zur Vermeidung der Doppelbesteuerung** (StR) double taxation agreement

Verein *m* **Deutscher Ingenieure, VDI** (com) Association of German Engineers

Verein *m* **Deutscher Maschinenbau-Anstalten** (com) *(Frankfurt-based)* Association of German Machinery Manufacturers, VDMA

Verein *m* **Deutscher Werkzeugmaschinenfabriken** (com) Association of German Machine Tool Makers

vereinfachte Kapitalherabsetzung *f* (Fin) simplified capital reduction *(ie, no repayment to shareholders)*

vereinfachter Scheck- und Lastschrifteinzug *m* (Fin) simplified check and direct debit collection procedure

vereinfachte Übertragung *f* (Re) simplified transfer of ownership

vereinheitlichter EGKS-Tarif *m* (Zo) unified ECSC-tariff

Vereinigungsmenge *f*
(Math) union

– sum
– join... of sets *(opp, Schnittmenge, qv)*

Vereinigung *f* **von Unternehmen** (Kart) association of enterprises

vereinnahmte Entgelte *npl* (StR) consideration collected
(ie, taxable turnovers reported on the cash basis: Isteinnahmen; § 20 I UStG; opp, vereinbarte Entgelte)

vereinnahmte Mieten *fpl* (StR) rental income

Vereinsbörsen *fpl* (Bö) securities exchanges set up and maintained by private-law associations which act as institutional carriers: Bremen, Düsseldorf, Hannover, München, Stuttgart; opp, Kammerbörsen

Vereinsregister *n* (Re) Register of Associations

vereinzelte Kursgewinne *mpl* (Bö) scattered gains

vereiteln
(com) to prevent
– to thwart
– to frustrate
– (US, infml) to zap *(eg, a project)*
(Re) to frustrate

Verengung *f* **des Geldmarktes** (Fin) tight money market

Verfahren *n*
(Re) procedure
(Re) = Klage
(com) method
– technique
– operation
– process

Verfahren *n* **aussetzen** (Re) to stay/stop/suspend... legal proceedings

Verfahren *n* **der gleichen Abstände** (Stat) method of equal appearing intervals

Verfahren *n* **der kritischen Methode** (Stat) critical incident technique

Verfahren *n* **der transferierten Rahmenordnungen** (Stat) ordered metric scales

Verfahren *n* **der Vorratsbewertung** (KoR) costing method of inventories

Verfahren *n* **der zeitlichen Abgrenzung** (Bw) cutoff method

Verfahren *n* **durchführen** (Re) to conduct proceedings

Verfahren *n* **einleiten** (Re) to open legal proceedings (against)

Verfahren *n* **einstellen**
(Re) to discontinue proceedings
– to drop a case
– to dismiss (*or* abate) a (civil) action

Verfahren *n* **eröffnen** (Re) to institute/open... legal proceedings

Verfahrensabweichung *f* (KoR) nonstandard operation variance

Verfahrenskosten *pl* (Re) cost of proceedings

Verfahrensmangel *m* (Re) material defect of legal proceedings

verfahrensorientierte Programmiersprache *f* (EDV) procedure oriented language

Verfahrenspatent *n* (Pat) process patent

Verfahrensrecht *n*
(Re) procedural
– adjective

– remedial... law
(syn, formelles Recht; opp, materielles Recht, qv)
Verfahrenstechnik *f* (IndE) process engineering
verfahrenstechnische Auslegung *f* **von Anlagen**
(IndE) process design
Verfahrenszuschlag *m*
(IndE) process
– controlled cycle
– excess work... allowance
Verfahren *n* **zur Ergänzung fehlender Werte** (Stat)
missing plot technique
Verfahren *n* **zur Feststellung des Prioritätsrechts**
(Pat) interference proceedings
Verfall *m*
(Re) forfeiture *(ie, loss of some right)*
(Fin) maturity
(Vers) lapse
(ie, termination of policy because of failure to pay premium)
verfallbar (Vers) forfeitable *(eg, pension right)*
Verfallbarkeit *f* (Vers) forfeitability
verfallen
(Re) to forfeit
(Re) to expire
– to lapse
(Fin) to mature
– to fall (*or* become) due
(Bö) to collapse
(Vers) to lapse
verfallene Mittel *pl* (FiW) lapsed funds
(ie, ceased to be avilable for obligation because the period has expired for which it was available)
verfallener Scheck *m* (Fin) stale check
verfallenes Patent *n* (Pat) lapsed patent
verfallene Versicherungspolice *f* (Vers) lapsed policy
Verfall *m* **e-s Patents** (Pat) forfeiture of a patent
Verfallklausel *f*
(Re) forfeiture clause
(ie, Schuldner verliert bei nicht ordnungsmäßiger Erfüllung die ihm aus dem Vertrag zustehenden Rechte ganz od teilweise; cf, §§ 339 ff BGB; syn, Verwirkungsklausel)
Fin) expiration clause
(Fin) acceleration clause
(ie, Klausel über die Vorverlegung der Fälligkeit; calls for earlier payment of the entire balance due because of breach of some specified condition; in a loan contract, a note, bond, mortgage)
Verfallmitteilung *f* (Vers) lapse notice
(ie, that insurance contract is terminated)
Verfallmonat *m* (Bö) expiration month
Verfallsdatum *n* (Bö) expiration date *(ie, letztmöglicher Zeitpunkt der Optionsausübung)*
Verfallsklausel *f* (Fin) acceleration clause
(ie, Klausel über Vorverlegung der Fälligkeit)
Verfallstag *m* (Bö) expiry date
Verfallstermin *m* (Bö) expiry date
Verfalltag *m*
(com) date of expiration (*or* expiry)
– cut-off date
– due date
– expiring date
– date of maturity
Verfälschung *f* (com) adulteration *(ie, of a product)*

Verfassung *f* (Bö) tone of the market
(Re) constituent document
(ie, charter, certificate of incorporation)
(Re) constitution
(ie, fundamental law that establishes the rules and institutions of the political system; may be written or unwritten; the English operate under an unwritten constitution that has never been comprehensively gathered in one document; American constitutions are written, but much fundamental law is unwritten and is in the form of custom and usage; the U. S. Constitution has been amended twenty-six times; the Bonn Basic Law (= Grundgesetz), promulgated on May 23, 1949, had in part been modelled upon the U. S. Constitution; cf, Bill of Rights of 1791)
Verfassungsbeschwerde *f* (Re) constitutional complaint *(ie, extraordinary legal remedy)*
verfassungsmäßig berufene Vertreter *mpl*
(Re) properly constituted agents, § 31 BGB
– primary agents
verfassungswidrig (Re) unconstitutional
(ie, violating basic constitutional principles; eg, für... erklären: to rule to be unconstitutional)
Verfassungswidrigkeit *f* (Re) unconstitutionality
verflachen
(Bö) to level off
– to slacken
verflechten
(com) to interlink
– to interlace
– to interpenetrate
Verflechtung *f*
(com) interdependence
– interlacing
– interlinking
– interpenetration
– linkage
– mutual dependence
Verflechtung *f* **der Volkswirtschaften** (AuW) interpenetration of national economies
Verflechtung *f* **mit nachgelagerten Sektoren** (Vw)
forward linkage
Verflechtung *f* **mit vorgelagerten Sektoren** (Vw)
backward linkage
Verflechtungsbilanz *f* (Vw) interlacing balance
Verflechtungskoeffizient *m* (Vw) input-output coefficient
verflüssigen
(Fin) to sell
– to liquidate
– to realize
Verfolgungsrecht *n* (Re) right of stoppage in transit
(ie, right of seller or buying agent to resume possession of goods as long as they are in course of transit, § 44 KO)
verfrachten
(com) to freight (goods)
– to send as freight
Verfrachter *m* (com) ocean carrier
(ie, called ‚Frachtführer‘ in river and land transport)
Verfrachtung *f*
(com) ocean transport
– (GB) carriage of goods by sea

757

Verfrachtungsvertrag *m* (com) contract of affreightment
verfügbare Arbeitskräfte *fpl*
(Vw) manpower resources
– labor resources
verfügbare Benutzerzeit *f* (EDV) available (machine) time *(syn, nutzbare Maschinenzeit)*
verfügbare Betriebszeit *f*
(EDV) available machine time
– uptime
(ie, during which equipment is producing work or is available for productive work)
verfügbare Mittel *pl*
(Fin) available cash
– liquid funds
verfügbare Mittel *pl* **ausgeben** (Fin) to disburse available funds
verfügbares Einkommen *n* (VGR) disposable income
verfügbares Einkommen *n* **der privaten Haushalte** (VGR) personal disposable income
verfügbares Realeinkommen *n* (VGR) real disposable income
Verfügbarkeitsklausel *f* (Fin) availability clause
(ie, Banken schützen sich gegen das Risiko der grundlegenden Marktstörung bei Roll-over-Krediten ex Euromarkt; Kredit wird auf e–r anderen Basis weitergewährt; syn Marktstörungsklausel)
Verfügung *f* (Re) disposition
(ie, transaction by which rights are transferred, altered, encumbered, or terminated)
verfügungsberechtigt (Re) free to dispose
Verfügungsberechtigung *f* (Re) authorization to draw
Verfügungsbeschränkung *f* (Re) restraint on disposal
Verfügungsbetrag *m* (Fin) payout amount *(ie, of a loan: nominal amount less loan discount)*
Verfügungsfähigkeit *f* (Re) disposing capacity *(or power)*
Verfügungsfreiheit *f* (com) discretion
Verfügungsmacht *f* (Re) power of control
Verfügungsrecht *n*
(Re) right of diposition
– right of free disposal
– *(civil law)* jus disponendi
Verfügungsverbot *n* (Re) restraint on disposition
Verfügungsvorbehalt *m* (Re) reservation of right of disposal
Verfügung *f* **unter Lebenden** (Re) disposition inter vivos
Verfügung *f* **von Todes wegen** (Re) disposition mortis causa
Vergabe *f*
(com) award of contract
(com) placing an order
(Fin) extension of a credit
(FiW) allocation of funds
Vergabe im Submissionsweg *f* (com) allocation by tender
Vergeltungsmaßnahmen *fpl*
(AuW) reprisals
– retaliation
– retaliatory measures *(or action) (eg, potential threat of . . . against)*

Vergeltungsmaßnahmen *fpl* **ergreifen**
(AuW) to retaliate (against)
– to take retaliatory action
Vergeltungszoll *m* (AuW) retaliatory duty *(or tariff)*
Vergleich *m*
(com) comparison
(Re) debt composition proceedings
– preventive composition
(ie, procedure aimed at rehabilitation of an insolvent business by scaling down the indebtedness; a company must get agreement from a qualified majority of the creditors to a new plan of the company and pay back 35% of what it owes within 18 months; if creditors cannot agree terms with the company, it then goes bankrupt; affects only the rights of unsecured creditors)
– (US) corporate reorganization
(ie, requires that the whole debt structure be reconstituted; affects also secured creditors)
(Re) compromise
– settlement
(ie, mutual waiver made to put an end to a dispute, § 779 BGB; may be achieved in and out of court)
Vergleich *m* **anmelden**
(Re) to file a voluntary petition in bankruptcy
– (US) to file in court the German equivalent of Chapter 11
(ie, of the U. S. Federal Bankruptcy Law, for the reorganization of a company)
vergleichbar (com) comparable *(ie, with/to)*
vergleichbare Waren *fpl* (com) comparable products
Vergleichbarkeit *f*
(com) comparability *(ie, with/to)*
(IndE) reproducibility *(cf, DIN 55 350. T11)*
Vergleich *m* **beantragen**
(Re) to apply for court protection from creditors
– to go to the courts for „composition" of debts
– to seek court protection from creditors
vergleichen
(com) to compare *(ie, with/to, qv)*
– to collate
– to contrast
– to set side by side
– to set against
(com) to liken
– to equate
– to match
vergleichende Rechtswissenschaft *f* (Re) comparative jurisprudence
vergleichender Warentest *m* (Mk) comparative product test
vergleichende Steuerlehre *f* (StR) comparative tax law
vergleichende Warenprüfung *f* (Mk) comparative shopping
vergleichende Werbung *f* (Mk) comparative advertising
(ie, competitive claims inviting comparison with a group of products or other products in the same field)
Vergleichsabschlüsse *mpl* (ReW) comparative statements

Vergleichsantrag *m*
(Re) petition for the initiation of composition proceedings
– application for court protection from creditors
Vergleichsausschuß *m* (Re) board of conciliation
Vergleichsbasis *f*
(com) basis of comparison
– base-line comparison
Vergleichsbefehl *m* (EDV) compare instruction
Vergleichsbestätigung *f* (Re) court (*or* official) recognition of composition preceedings
Vergleichsbilanz *f* (Re) = Vergleichsstatus
Vergleich *m* **schließen**
(Re) to compromise
– to reach a settlement
Vergleichseröffnung *f* (Re) opening of composition proceedings
Vergleichsgericht *n* (Re) court in charge of composition proceedings
Vergleichsgewinn *m* (ReW) composition gains *(ie, resulting from creditors' waiver of outstanding claims)*
Vergleichsgläubiger *m* (Re) creditor in composition proceedings
Vergleichsgruppenwechsel *m*
(EDV) comparing control change
– control change
Vergleichskalkulation *f* (KoR) comparative costing
Vergleichsmuster *n* (com) reference sample
Vergleichsoperator *m* (EDV) = relationaler Operator, qv
Vergleichsordnung *f* (Re) Court Composition Law, of 26 Feb 1935, as amended
Vergleichsparameter *m* (EDV) comparison parameter
Vergleichsquote *f*
(Re) dividend in composition
– settlement quota
Vergleichsrechnung *f* (KoR) comparative cost accounting
Vergleichsschuldner *m* (Re) debtor in composition proceedings
Vergleichsstatus *m* (Re) statement of affairs *(ie, submitted in court composition proceedings)*
Vergleichstest *m* (Math) comparison test
Vergleichs- und Schiedsordnung *f* (com) Rules of Conciliation and Arbitration
(ie, laid down by the Paris-based International Chamber of Commerce, ICC)
Vergleichsverfahren *n*
(Bw) method of comparison
(Re) court composition proceedings
(Re) conciliation procedure
Vergleichsverwalter *m* (Re) trustee in composition proceedings, §§ 38–43 VerglO
Vergleichsvorschlag *m*
(Re) offer for a settlement
– (GB) scheme of arrangement
Vergleichszahlen *fpl* (Stat) benchmark figures
Vergnügungsteuer *f*
(StR) amusements (*or* entainment) tax
vergriffen
(com) out of stock
– sold out
(com) out of print *(ie, said of books)*

vergrößern
com) to enlarge
– to increase
– to augment
– to add to *(cf, steigern)*
(EDV, CAD) to zoom out
vergüten
(com) to compensate
– to remunerate
(com) to reimburse
– to refund
(com) to indemnify
Vergütung *f*
(com) pay
– fee
– compensation
– remuneration
(com) reimbursement
– refunding
(com) indemnity
Vergütung *f* **für Ausfallzeiten** (Pw) delay compensation
Vergütungsanspruch *m* (Re) right to compensation
Verhaltensanalyse *f* (IndE) failures, modes, effects, and criticality analysis, FMECA
(ie, Ursachen und Folgen e–s Ausfalls werden analysiert und gewichtet)
Verhaltensflexibilität *f* (Bw) action flexibility
Verhaltensgitter *n* (Bw) managerial grid *(Blake/Mouton)*
Verhaltensgleichung *f* (Vw) behavioral equation
Verhaltenshypothese *f* (Bw) behavioral assumption
Verhaltenskodex *m* (AuW) code of conduct
(ie, international instrument that lays down standards of behavior by nation states or multinational corporations deemed desirable by the international community; such as the Antidumping Code)
(Bw) code of ethics
– code of professional guidelines
(EDV) code of fair information practice
– Code of Good Practice
Verhaltensmodell *n* (Bw) behavioral model
verhaltensorientiertes Rechnungswesen *n* (ReW) behavioral accounting
Verhaltensweise *f* (Bw) behavior pattern *(eg, of firms)*
Verhältnis *n* **Geldmenge zu Geldbasis** (Vw) money multiplier
Verhältnis *n* **Gewinn/Dividende** (Fin) times covered, qv
Verhältnisgröße *f* (Vw) ratio variable
verhältnismäßiger Teil *m* (Re) proportionate part
Verhältnis *n* **Nettoumsatz zu Anlagevermögen ohne Abschreibung** (ReW) fixed-assets turnover
Verhältnis *n* **Reingewinn zu Festzinsen und Dividenden** (Fin) fixed interest cover
Verhältnis *n* **Reingewinn zu Nettoerlös** (ReW) net profit ratio
Verhältnisschätzfunktion *f* (Stat) ratio estimator
Verhältnisschätzung *f* (Stat) ratio estimate
Verhältnis *n* **Standard–Lohneinzelkosten zu Istkosten** (KoR) labor-cost ratio
Verhältnis *n* **von Anlagevermögen zu langfristigen Verbindlichkeiten** (Bw) ratio of fixed assets to fixed liabilities

759

Verhältnis *n* **von Bestands- zu Stromgrößen** (Vw)
stock-flow ratio
Verhältnis *n* **von Forderungen zu Einkäufen** (Bw)
ratio of accounts payable to purchases
Verhältnis *n* **von Kapital zu Anlagevermögen** (Bw)
ratio of capital to fixed assets
Verhältnis *n* **von Schuldwechsel zu Forderungen a.**
W. u. L. (Bw) ratio of notes payable to accounts
payable
Verhältnis *n* **Vorräte zur Gesamtproduktion** (Bw)
stock-output ratio
Verhältniszahl *f*
(Math) ratio
(Stat) relative
Verhältnis *n* **zwischen Umsatzerlösen und variablen**
Kosten (Bw) variable cost ratio
verhandeln
(com) to discuss
– to debate
(com) to negotiate (about/on)
– to bargain (for/about)
(Re) to negotiate
(Re) to hear *(ie, a case)*
Verhandlung *f* (Re) hearing *(ie, oral proceeding in*
a law court)
Verhandlung *f* **aussetzen** (Re) to suspend a hearing
(or proceedings)
Verhandlungen *fpl*
(com) discussions
– talks
– bargaining
– negotiations
Verhandlungen *fpl* **abbrechen**
(com) to break off negotiations
Verhandlungen *fpl* **beenden** (com) to terminate
negotiations
Verhandlungen *fpl* **beginnen**
(com) to start
– to commence
– to open . . . negotiations (*or* talks)
Verhandlungen *fpl* **finden statt** (com) negotiations
are under way
Verhandlungen *fpl* **führen** (com) to conduct negotiations
Verhandlungsangebot *n* (com) offer to negotiate
Verhandlungsauftrag *m* (com) negotiating man-
date
Verhandlungsbereich *m* (Bw) bargaining set *(ie,*
term used in decision theory)
Verhandlungsführer *m* (com) (chief) negotiator
Verhandlungsgrundlage *f* (com) negotiating basis
(or platform)
Verhandlungsmacht *f* (com) bargaining power
Verhandlungsmandat *n* (com) authority to
negotiate
Verhandlungsniederschrift *f* (com) minutes of
meeting
Verhandlungspaket *n* (com) package deal
Verhandlungspartner *m* (com) negotiating party
Verhandlungsposition *f* (com) negotiating position
Verhandlungsposition *f* **schwächen** (com) to
weaken someone's bargaining hand
Verhandlungsprotokoll *n* (Pw) bargaining records
Verhandlungsrunde *f* (com) round of negotiations
Verhandlungsspielraum *m*

(com) negotiating range
– room to negotiate
(Pw) bargaining room (*or* range)
Verhandlungsstärke *f*
(com) negotiating strength
(Pw) bargaining power
Verhandlungsstruktur *f* (Pw) bargaining structure
Verhandlungsteam *n* (com) negotiating team
Verhandlungstisch *m* (Pw) bargaining table
Verhandlungsvollmacht *f* (com) authority to
negotiate
verifizierte Tara *f* (com) verified tare
verjähren
(Re) to act as a bar
– to be struck by the statute of limitations
verjährt
(Re) time-barred
– statute-barred *(eg, claim, action)*
verjährte Forderung *f* (Re) statute-barred debt
verjährter Anspruch *m*
(Re) statute-barred debt
– stale claim
verjährte Verbindlichkeiten *fpl* (Re) statute-barred
debt
Verjährung *f*
(Re) statutory limitation
– limitation of liability in time
– limitation on time of bringing suit
– prescription
(ie, a claim left dormant for a certain time ceases
to be enforceable, §§ 194ff BGB)
Verjährung *f* **hemmen** (Re) to suspend the limitation period
Verjährungsfrist *f*
(Re) period of limitation
– limitation period
– *(civil law)* period of prescription
(ie, the period of time the lapse of which acts as a
bar to an action, §§ 194–197 BGB)
Verjährung *f* **unterbrechen** (Re) to interrupt the
limitation period
verkalkulieren (com) to miscalculate
Verkauf *m* (com) sale
Verkauf *m* **auf Abruf** (Bö) buyer's call
Verkauf *m* **auf Balsse**
(Bö) bear/short . . . sale
(syn, Baisseverkauf, Leerverkauf)
Verkauf *m* **aufgrund e-r Ausschreibung** (com) sale
by tender
Verkauf *m* **auf Kreditbasis** (com) credit sale
Verkauf *m* **auf Ziel**
(com) credit sale
– sale for the account
– (US) charge sale
Verkauf *m* **durch Submission** (Fin) sale by tender
Verkäufe *mpl* **an andere Wirtschaftssubjekte**
(VGR) sales to other economic units
verkaufen
(com) to sell
– to vend
– to cash out
Verkäufer *m*
(com) salesclerk
– salesman
– saleslady/saleswoman

(ie, to give equal weight to either sex the term ‚salesperson' is nowadays heard more often than not)
- (GB) (shop) assistant
- (GB, sl) counter jumper

Verkäufer *m* **e–r Kaufoption** (Bö) writer of a call option
(ie, muß das Wertpapier zum Basiskurs liefern, wenn der Käufer die Option ausübt; syn, Stillhalter in Wertpapieren)

Verkäufer *m* **e–r Verkaufsoption** (Bö) writer of a put option
(ie, muß das Wertpapier zum Basispreis abnehmen, wenn der Käufer der Verkaufsoption die Option ausübt; syn, Stillhalter in Geld)

Verkäufer *m* **gedeckter Optionen** (Bö) covered (option) writer
(ie, er besitzt Basisobjekt od hat Gegensicherungsgeschäft abgeschlossen)

Verkäufermarkt *m* (Mk) seller's market *(opp, Käufermarkt = buyer's market)*

Verkäuferoption *f* (Bö) sellers' option

Verkauf *m* **gegen bar** (com) cash sale

Verkauf *m* **in Bausch und Bogen** (com) outright sale

Verkauf *m* **mit Preisoption** (com) call sale *(opp, Kauf mit Preisoption, qv)*

Verkauf *m* **mit Rückkaufsrecht** (com) sale with option to repurchase

Verkaufsabrechnung *f*
(com) sales accounting
(Bö) contract/sold . . . note
(ie, of consignee, broker, etc)

Verkaufsabschluß *m* (com) conclusion of a sale

Verkaufsagentur *f* (com) sales agency

Verkaufsangebot *n*
(com) offer to sell
(Bö) offer for sale *(ie, of new securities)*

Verkaufsauftrag *m* (Bö) order to sell

Verkaufsauftrag *m* **bestens** (Bö) sell order at market

Verkaufsaußendienst *m* (Mk) sales force

Verkaufsautomat *m*
(com) dispensing/vending . . . machine
- (automatic) vendor
- (infml) slot machine

Verkaufsbedingungen *fpl*
(com) terms and conditions
- conditions of sale and delivery

Verkaufsbezirk *m* (Mk) sales district

Verkaufsbüro *n*
(com) sales office
- selling agency

Verkaufsdatenerfassung *f* (Mk) sales data acquisition *(eg, through POS terminals)*

Verkaufserlöse *mpl*
(ReW) sales revenues
(com) sales proceeds

verkaufsfähige Erzeugnisse *npl* (Mk) salable products

Verkaufsfiliale *f* (Mk) branch store

Verkaufsfläche *f* (Mk) selling . . . area/space

Verkaufsförderung *f* (Mk) sales promotion

Verkaufsförderungs-Abteilung *f* (Mk) promotion services department

Verkaufsfrist *f* (Fin) subscription period

Verkaufsgebiet *n* (com) sales territory

Verkaufsgemeinschaft *f* (com) selling association

Verkaufsgenossenschaft *f* (Bw) cooperative selling association

Verkaufsgespräch *n* (com) sales talk

Verkaufsgremium *n* (Mk) selling center *(ie, e–s Unternehmens)*

Verkaufsgruppe *f* (Fin) selling group

Verkaufsgruppenvertrag *m* (Fin) selling group agreement

Verkaufshilfen *fpl* (Mk) dealer aids *(ie, die Hersteller an Einzelhändler liefert)*

Verkaufsjournal *n* (com) sales register

Verkaufskommissionär *m*
(com) factor
- commission agent *(or merchant)*

Verkaufskontor *n* (Bw) independent selling subsidiary *(syn, Werkhandelsgesellschaft)*

Verkaufskraft *f*
(com) sales clerk

Verkaufskurs *m*
(Bö) check rate
(Bö) offering price *(ie, of loan)*
(Fin, US) left-hand side
(ie, at which bank offers to sell foreign currency)

Verkaufsleiter *m* (Mk) sales manager

Verkaufsmethode *f* (Mk) selling technique

Verkaufsmuster *n* (Mk) pattern sample

Verkaufsniederlassung *f* (Mk) sales branch

Verkaufsnota *f* (com) bill of sale

Verkaufsnote *f* (com) sold note

Verkaufsoption *f* (com) selling option
(Bö) put (option)
(ie, contract entitling the holder, at his option, to sell to the maker at any time within the life of the contract, a specified number of shares of a specific stock, at the price fixed in the contract; opp, Kaufoption = call)

Verkaufsorder *f* (Bö) order to sell

Verkaufsorganisation *f* (com) sales organization

Verkaufspersonal *n* (com) sales personnel *(or staff)*

Verkaufsprämie *f*
(com) sales premium
- (infml) push money *(ie, in retail trading)*

Verkaufspreis *m*
(com) selling price
(Fin) dispoal price *(ie, of bonds)*

Verkaufsprospekt *m* (Bö) offering prospectus

Verkaufsprovision *f* (com) sales *(or selling)* commission

Verkaufspunkt *m* (Mk) point of sale, POS

Verkaufsquote *f* (Mk) sales quota

Verkaufsraum *m* (com) sales space

Verkaufsrechnung *f* (com) sales invoice

Verkaufsschlager *m*
(com) hot selling line
- top selling article
- (infml) runner
- (infml) hot number
- (sl) smash hit *(eg, the professional copycat's latest fake is an uncontestable . . .)*

Verkaufsstelle *f*
(Mk) marketing outlet
(Fin) subscription agent

Verkaufssyndikat *n*
(Bw) selling syndicate
(Fin) distributing/selling . . . syndicate
(ie, brokerage firms and investment banks link up to sell a security issue)
Verkaufstage *mpl* (Bw) sales days
Verkaufs- und Lieferbedingungen *fpl* (com) conditions of sale and delivery
Verkaufsvergütung *f* (Fin) selling commission
Verkaufsvertrag *m* (Fin) selling agreement
Verkaufsvertreter *m*
(com) salesman
– saleswoman
– (esp. US) salesperson
– (fml) sales representative
Verkaufswert *m* (com) selling (*or* marketable) value
Verkaufswiderstand *m* (Mk) buying resistance
Verkaufsziffern *fpl* (Bw) sales figures
Verkauf *m* **unter Eigentumsvorbehalt** (Re) conditional sale, § 455 BGB
Verkauf *m* **unter Selbstkosten** (com) sale below cost price
Verkauf *m* **wegen Geschäftsaufgabe**
(com) closing-down sale
– winding-up sale
Verkauf *m* **zur sofortigen Lieferung** (com) sale for immediate delivery
Verkehr *m*
(com) traffic
– (US) transportation
– (GB) transport
(com) commerce
(eg, placing goods in the stream of commerce = Waren in den Verkehr bringen)
– commercial transactions
Verkehr *m* **mit ungebrochener Fracht** (Zo) through traffic
Verkehrsampel *f*
(com) street crossing light
– traffic light
– (GB) Belisha beacon
Verkehrsanalyse *f*
(EDV) analysis of traffic
– performance analysis
Verkehrsauffassung *f* (Re, com) generally accepted (commercial and legal) standards
(ie, siehe auch: Verkehrssitte und Verkehrssitten im Handelsverkehr)
Verkehrsaufkommen *n* (com) volume of traffic
Verkehrsauftrag *m* (com) forwarding order *(syn, Speditionsauftrag, Speditionsvertrag)*
Verkehrsbedürfnisse *npl* (Re) requirements of ordinary intercourse
Verkehrsbilanz *f* (ReW) preliminary balance sheet *(syn, Rohbilanz)*
Verkehrsdichte *f* (OR) traffic intensity
verkehrsfähig
(com) marketable
(WeR) negotiable
Verkehrsfähigkeit *f*
(com) marketability
(WeR) negotiability
Verkehrsflugzeug *n* (com) commercial . . . aircraft/liner

– airliner
Verkehrsgewerbe *n* (com) transport(ation) industry
Verkehrsgleichung *f*
(Vw) = Quantitätsgleichung, qv
Verkehrshypothek *f* (Fin) ordinary mortgage
(ie, nach Art der Rückzahlung wird unterschieden: 1. Tilgungs- bzw. Annuitätenhypothek; 2. Kündigungs- od Fälligkeitshypothek; 3. Abzahlungshypothek; opp, Sicherungshypothek, qv)
Verkehrskreise *mpl* (Re) groups of market participants
(ie, translation depends on the context; may be suppliers, customers, consumers, etc)
Verkehrslage *f* (Bw) location in respect of transport facilities
Verkehrsleistungen *fpl* (com) transportation services
Verkehrsmittelwerbung *f* (Mk) transit advertising
(eg, buses, railway cars)
Verkehrspapier *n* (WeR) negotiable paper
Verkehrspolitik *f* (Vw) transport(ation) policy
Verkehrssitte *f*
(Re) common
– general
– ordinary . . . usage
– local conventions
Verkehrssitten *fpl* **im Handelsverkehr** (Re) customary business practices
Verkehrsstau *m*
(com) traffic jam
– (GB) hold-up
Verkehrsströme *mpl* (com) patterns of traffic movement
Verkehrssystem *n*
(com, US) transit system
– (GB) transport system *(syn, Verkehrswesen)*
Verkehrstechnik *f* (com) transport(ation) engineering
Verkehrsteuern *fpl*
(StR) taxes on transactions
– transactions taxes
(eg, turnover tax, inheritance tax, federal excise taxes)
Verkehrsträger *m* (Vw) traffic carrier *(ie, rail, road, air)*
verkehrsübliche Sorgfalt *f*
(Re) ordinary care
– ordinary diligence
– due diligence
(ie, diligence and care required in ordinary dealings: diligentia quam in suis, § 276 BGB)
Verkehrsunfall *m* (com) road accident
Verkehrsverlagerung *f*
(Zo) deflection of trade
Verkehrswert *m*
(com) current market value
– salable value
Verkehrswertschätzung *f* (com) estimate of current market value
Verkehrswesen *n* (com) = Verkehrssystem, qv
Verkehrswirtschaft *f*
(Vw) exchange economy
(Vw) transportation sector
Verkettbarkeit *f* (Math) conformability

verketten
  (EDV) to chain
  – to concatenate
verkettete Datei *f* (EDV) concatenated data file
verkettete Fertigungslinien *fpl* (IndE) interlinked
  production lines
verkettete Rendite *f* (Fin) linked rate of return
verketteter Index *m* (Stat) chain index
Verkettung *f* (EDV) chaining
verklagen
  (Re) to take (a person) to court
  – to proceed against a person
  – (infml) to bring charges against
  – (GB, infml) to have someone up
  – (GB, infml) to have the law on somebody
Verklarung *f* (com) captain's protest, §§ 522 ff
  HGB *(syn, Seeprotest)*
verkleinern
  (com) to decrease
  – to reduze in size
  – to scale down
  (EDV, CAD) to zoom in
verknüpfte Liste *f* (EDV) chained list
Verknüpfung *f* (EDV) logical operation
Verknupfungsadresse *f* (EDV) linkage address
Verknüpfungsbefehl *m* (EDV) logical instruction
Verknüpfungsfeld *n* (EDV) linkage field
  – linkage data element
Verknüpfungsgleichung *f* (Math) coupling equation
Verknüpfungsglied *n* (EDV) logical element
Verknüpfungsindikator *m* (EDV) link indicator *(ie,
  in information retrieval)*
Verknüpfungszeichen *n*
  (Log) logical connective
  *(ie, symbol linking mathematical statements; rep-
  resents 'and', 'or', 'implication', 'equivalence', or
  'negation'; syn, Junktor)*
  (EDV) Konnektiv
verkörpern
  (WeR) to embody
  – to evidence ownership
  *(ie, Order- und Inhaberpapiere = order and
  bearer instruments; cf, verbriefen)*
verkraften (com) to switch traffic from rail to road
verkrustete Organisation *f* (com) red-tape ridden
  organization
verkürzte Arbeitszeit *f* (Pw) reduced hours
verkürzte quadratische Form *f* (Math) abridged
  quadratic form
verkürzter Block *m* (EDV) short block
Verkürzung *f* **der Arbeitszeit** (Pw) shortening of
  working hours
Verkürzung *f* **von Lieferfristen** (com) shortening of
  delivery periods
Verladeanweisung *f*
  (com) shipping instruction
  – (GB) broker's order
Verladeflughafen *m* (com) airport of dispatch
Verladehafen *m* (com) port of loading
Verladekosten *pl* (com) loading expenses
verladen
  (com) to load
  – to ship
Verladeort *m* (com) place of loading
Verladepapiere *npl* (com) shipping documents

Verlader *m*
  (com) shipper
  – forwarder *(ie, neither exporter nor carrier; syn,
  Ablader)*
  (com, occasionally) freighter *(syn, Befrachter)*
Verladeschein *m* (com) shipping note
Verladung *f* (com) loading
Verladungskosten *pl* (com) loading charges
Verlag *m*
  (com) publishers
  – publishing firm *(or* house)
verlagern (com, EDV) to relocate
verlagerte Investitionen *fpl* (Vw) humped investment
Verlagerung *f* **des Wohnortes** (Pw) change of residence
Verlagerung *f* **von Arbeitsplätzen** (Bw) job relocation
Verlagssystem *n* (Vw) domestic *(or* putting-out)
  system
Verlagswesen *n*
  (com) publishing trade
  – book industry
verlängern
  (com) to extend
  – to renew
verlängerte Einfuhr *f* (StR) extended imports *(ie,
  under the former Turnover Tax Law)*
verlängerter Eigentumsvorbehalt *m* (Re) extended
  reservation of ownership
Verlängerung *f*
  (com) extension
  – renewal
  – prolongation
Verlängerung *f* **der Abgabefrist** (com) filing extension
Verlängerung *f* **der Gültigkeitsdauer** (Re) extension of validity
Verlängerung *f* **der Laufzeit** (Re) stretchout of
  term
Verlängerung *f* **der Lieferfrist** (com) extension of
  delivery period
Verlängerung *f* **e-s Patents** (Pat) renewal of a patent
Verlängerung *f* **e-s Wechsels** (WeR) prolongation
  of a bill of exchange
Verlängerungsanmeldung *f* (Kart) notification of
  extension, § 103 GWB
Verlängerungsgebühr *f* (Pat) renewal fee
Verlängerungspolice *f* (Vers) extension policy
Verlängerungsrecht *n* (Re) right to renew
Verlängerungsvertrag *m* (Fin) extension agreement *(ie, to extend the due date of debts)*
Verlängerung *f* **von Fristen** (StR) extensions of
  time for the filing of returns, § 109 AO
verlangsamen (com) to decelerate *(eg, food and
  housing costs)*
verlangsamtes Wachstum *n* (Vw) slower economic
  (or industrial) growth
Verlangsamung *f* (Vw) slowdown *(eg, in the rate of
  savings)*
verlasten (SozV) to shift
  *(ie, Bundesausgaben auf die sozialen Sicherungs-
  träger = federal expenditure to social security carriers)*

Verlauf *m* (Math) slope
Verlaufsziel *n* (Vw) year-on-year target
Verlautbarung *f* (com) pronouncement *(eg, of accounting associations)*
Verlegung *f* der Geschäftsleitung (Bw) transfer of place of management
Verlegung *f* des Sitzes (Bw) relocation of a registered office *(or* business premises)
Verlegung *f* des Wohnsitzes (StR) transfer of residence
Verlegung *f* lohnintensiver Fertigungen in Niedriglohnländer (AuW) offshore sourcing
verleihen
  (Re) to lend
  – to hire out
Verleiher *m* (Re) lender
verletzen
  (com) to neglect *(eg, one's duties)*
  (Re) to violate
  – to be violative of
  – infringe on/upon
  – to infract
  – to contravene
  – to disregard
Verletzung *f* der Formvorschriften (Re) non-compliance with formal requirements
Verletzung *f* der Sorgfaltspflicht (Re) violation of the duty of care
  (ie, neglect of supervisory duties or obligations, § 276 BGB)
Verletzung *f* des Berufsgeheimnisses (Re) violation of professional secrecy
Verletzung *f* e-s gewerblichen Schutzrechts (Pat) infringement of an industrial property right
Verletzung *f* e-s Patents (Pat) patent infringement
Verletzung *f* wesentlicher Formvorschriften (Re) non-observance of essential formalities
verlockende Anlage *f* (Fin) alluring investment
verlorener Baukostenzuschuß *m* (Re) non-repayable contribution to building costs (by tenant)
verlorener Mietzuschuß *m* (com, GB) key money
  (ie, premium paid by new tenant to the owner of the property before allowed to move in)
verlorene Streiktage *mpl* (Vw) total of working days lost through industrial disputes
Verlust *m* abdecken (com) to cover *(or* to make good) a loss
Verlustabzug *m* (StR) net operating loss carryoyer and carryback, § 10d EStG
Verlustattest *n* (SeeV) certificate of loss
Verlustausgleich *m*
  (Bw) = Quersubventionieren, qv
  (StR) loss compensation, § 2 III EStG
Verlustausweis *m* (ReW) reporting a loss
Verlust *m* ausweisen (ReW) to report a loss
Verlust *m* des Arbeitsplatzes (Pw) loss of job *(or* employment)
Verlust *m* des Geschäftsjahres (ReW, EG) loss for the financial year
Verluste *mpl* abziehen (StR) to offset losses
Verluste *mpl* aus Anlageabgängen (ReW) losses from fixed-asset disposals
Verluste *mpl* ausgleichen (ReW) to balance out losses *(eg, with earnings from other divisions)*
Verlust *m* e-s Rechts (Re) loss of a right

Verlustfunktion *f* (Math) loss function *(ie, in decision theory)*
Verlustgeschäft *n*
  (com) money-losing deal
  – losing bargain
Verlustquote *f* (Fin) charge off rate
Verlustrückstellung *f*
  (ReW) contingency reserve
  (ReW) loss reserve *(ie, set up for losses reported but not yet paid)*
Verlustrücktrag *m*
  (StR) (tax loss) carryback
  (ie, Verluste können mit den Einkünften der vergangenen zwei Jahre kompensiert werden; § 10d EStG, § 8 IV KStG; maximal 10 Mio. DM; in U. S. net operating loss for a given year that may be deducted from the net income of three preceding years)
Verlustübernahme *f* (StR) transfer of losses
Verlustübernahmevertrag *m* (Bw) loss-sharing agreement
Verlustvortrag *m*
  (ReW) accumulated losses brought forward
  (StR) (tax loss) carryover *(or* carryforward)
  (ie, Verluste, die im Jahr des Entstehens nicht mit positiven Einkünften ausgeglichen und auch nicht rückgetragen werden können, sind mit den Einkünften der folgenden fünf Jahre zu kompensieren; im Betrag nicht begrenzt; cf, § 10d EStG, § 8 IV KStG; in the U. S. net operating loss that to the extent not absorbed as a carryback may be deducted from the taxable income of succeeding years)
Verlustvortrag *m* aus dem Vorjahr (ReW) loss carried forward from previous fiscal year
Verlustvortrag *m* nach Verwendung (ReW) appropriated accumulated losses brought forward
Verlustzeit *f* durch Fehlbedienung (EDV) operating delays *(ie, time lost due to mistakes in operating)*
Verlustzone *f* (KoR) loss wedge *(ie, in a breakeven chart)*
Verlustzuweisung *f* (StR) allocation of losses
Vermächtnisnehmer *m* (Re) specific legatee
vermarkten
  (Mk) to market
  – to put on the market
Vermarktungsbestimmungen *fpl* (AuW) marketing provisions
Vermehrungsstufe *f* (Kart) seed multiplication level
vermeidbares Risiko *n* (Fin) avoidable risk
  (cf, streuungsfähiges Risiko)
vermeidbare Verzögerung *f* (IndE) avoidable delay
Vermeidung *f* der Doppelbesteuerung (StR) prevention or mitigation of double taxation
Vermerkposten *m* (ReW) pro mem item
Vermessungsamt *n* (Re) land surveying office
vermieten
  (Re) to let *(eg, a house for payment of regular rent)*
  – to let out *(eg, room or part of building)*
  – (US) to rent out
  – (US) to hire out
  – to lease *(ie, convey to another by lease)*

Vermieter *m* (Re) lessor
vermietete Erzeugnisse *npl* (com) equipment leased
    to customers
Vermietung *f* (Re) lease
Vermietung *f* **und Verpachtung** *f*
    (Re) letting and leasing
    (StR) rentals or royalties, § 2 I 6 EStG
Vermietung *f* **vollständiger Betriebsanlagen** (Fin)
    plant leasing
Vermietung *f* **von Grundstücken** (Re) rental of real
    property
Vermietung *f* **von Investitionsgütern** (com) leasing
    of capital assets
verminderte Erwerbsfähigkeit *f* (Pw) partial disa-
    bility
Vermischung *f* **vertretbarer Sachen** (Re) confusion
    (*or* commingling) of fungible goods, § 948 BGB
vermitteln
    (com) to go between
    – to act as intermediary
    – to bring together
    – to bring to an understanding
    – to use one's good offices
    (Re) to mediate *(eg, in a wages conflict)*
    – to arbitrate
    (eg, between contending parties, workers and em-
    ployers)
    – to intervene
Vermittler *m*
    (com) go between
    – intermediary
    – middleman
    (Re) conciliator
    – mediator
Vermittlerprovision *f* (Vers) production cost
Vermittlung *f*
    (Re) arbitration
    – conciliation
    – mediation
    – good offices
Vermittlung *f* **der Befrachtung** (com) freight
    brokerage
Vermittlungsagent *m*
    (Vers) application
    – survey
    – surveying . . . agent *(opp, Abschlußagent)*
Vermittlungsangebot *n* (Pw) offer of mediation
Vermittlungsausschuß *m* (Re, US) conference
    committee
Vermittlungsgebühr *f* (com) introduction charges
Vermittlungsgehilfe *m* (Re) negotiator of deals,
    § 75 g HGB
Vermittlungsmakler *m* **im Edelmetallhandel** (Fin)
    bullion broker
Vermittlungsperson *f* (com) middleman
Vermittlungsprovision *f*
    (com) commission for business negotiated by
    commercial agent, § 87 HGB
    (Fin) finder's fee
Vermittlungsverfahren *n* (Re) joint committee pro-
    cedure *(ie, for further discussion of proposed*
    legislation)
Vermittlungsvertreter *m* (com) agent appointed to
    negotiate business transactions *(opp, Abschluß-*
    vertreter)

Vermittlungsvorschlag *m* (com) compromise pro-
    posal
vermittlungswillige Arbeitslose *mpl* (Pw) available
    workers
Vermittlung *f* **von Geschäften** (com) negotiation of
    business transactions
    – business negotiation
Vermögen *n*
    (com) assets
    – wealth
    (ReW) net worth (*or* assets)
Vermögen *n* **der Gesellschaft**
    (Fin) partnership assets
    (Fin) corporate assets
Vermögen *n* **des Haushalts** (Vw) household's stock
    of wealth
Vermögen *n* **e-r Unternehmung** (Fin) assets of a
    business (*or* enterprise)
Vermögen *n* **e-r Unterstützungskasse** (Pw) actual
    endowment of a relief fund, § 5 I No. 3 e KStG
Vermögen *n* **juristischer Personen** (Fin) corporate
    assets
Vermögen *n* **natürlicher Personen** (Fin) assets of
    natural persons
Vermögensabgabe *f* (StR) capital levy *(ie, imposed*
    under the Equalization of Burdens Law)
Vermögensarten *fpl* (StR) categories of assets,
    §§ 17 ff BewG
    (ie, 1. land- und forstwirtschaftliches Vermögen;
    2. Grundvermögen; 3. Betriebsvermögen; 4. son-
    stiges Vermögen)
Vermögensaufstellung *f* (StR) statement of net as-
    sets, Abschn. 4 VStR
Vermögensaufstellung *f* **e-s Konkursschuldners**
    (Re) statement of affairs
Vermögensauseinandersetzung *f* (Re) division of
    net assets
Vermögensauskehrungen *fpl* **bei Kapitalherabset-**
    zung od Liquidation (StR) assets paid out in con-
    nection with capital reduction or liquidation
Vermögensausweis *m* (ReW) financial statement
Vermögensbestand *m* (Fin) asset/investment . . .
    base
Vermögensbesteuerung *f* (FiW) capital taxation
    (opp, Einkommensbesteuerung = income taxa-
    tion)
Vermögensbewertung *f* (StR) valuation of net as-
    sets
Vermögensbilanz *f* (ReW) asset and liability state-
    ment
Vermögensbildung *f* (Vw) capital (*or* wealth) for-
    mation
Vermögensbildungsgesetz *n* (Pw) Law Promoting
    Capital Formation by Employees
Vermögensbildungspläne *mpl* (Pw) plans for the re-
    distribution of wealth
Vermögenseinbuße *f*
    (Re) actual loss or damage *(opp, future loss or*
    expectancy)
    – *(civil law)* damnum emergens
    – *(Scotch law)* damnum datum
Vermögenseinkommen *n* (Vw) unearned income
Vermögenseinlage *f*
    (Fin) investment
    (Fin) capital contribution

Vermögenserträge *mpl* (Fin) investment income
Vermögensgegenstand *m*
(Re) item of property
(Bw) asset
Vermögensinteresse *n* (Re) pecuniary interest
Vermögenslage *f*
(com) financial . . . situation/position
(Fin) net worth position
(ie, in einigen gesetzlichen Vorschriften verwendet, ohne exakt definiert zu werden; cf, 238, 264 II, 297 HGB; Einblick gewährt die Bilanz, die Vermögens- und Kapitalaufbau nach Art, Form und Fristigkeit der Vermögenswerte und Schuldteile zeigt)
Vermögensmasse *f* (StR) conglomeration of property, § 138 II AO
Vermögensmehrung *f* (StR) increase in net worth
Vermögensneuanlagen *fpl* (Fin) new investment of funds
Vermögensobjekt *n* (com) asset
Vermögensposition *f* (AuW) external assets
Vermögensrechnung *f*
(VGR) gross saving and investment account
– wealth statement
(ReW) internal balance sheet
Vermögensrecht *n*
(Re) property
– proprietary
– economic . . . right
Vermögensschaden *m* (Vers) economic loss
(ie, including, but not limited to ‚Personenschaden‘ = injury to persons, and ‚Sachschaden‘ = property damage or loss in property)
Vermögensschadenversicherung *f* (Vers) consequential loss insurance
Vermögensstatus *m* (ReW) statement of assets and liabilities as of a specified date
Vermögensstruktur *f* (Fin) assets and liabilities structure
Vermögensteuer *f* (StR) net worth tax
(ie, individuals, partnerships, and companies are chargeable on their total movable and immovable capital situated inside and outside Germany)
Vermögensteuer-Durchführungsverordnung *f*
(StR) Ordinance Regulating the Net Worth Tax Law
Vermögensteuererklärung *f* (StR) net worth tax return, § 19 VStG
Vermögensteuergesetz *n* (StR) Net Worth Tax Law, as amended 27 July 1978
Vermögensteuerpflicht *f* (StR) liability to pay net worth tax
Vermögensteuer-Richtlinien *fpl* (StR) Net Worth Tax Regulations, as of 31 Mar 1977
Vermögensübersicht *f* (ReW) statement of assets and liabilities
Vermögensübertragung *f*
(Re) asset transfer
– assignment of property *(eg, to creditors)*
– transfer of net worth
Vermögensumschichtung *f*
(Fin) restructuring of assets
– asset redeployment
Vermögensumverteilung *f* (Vw) redistribution of wealth

Vermögens- und Ertragslage *f* (ReW) financial and earnings position
Vermögensveränderungskonto *n* (VGR) investment account
Vermögensvergleich *m*
(StR) regular method of net worth comparison, § 5 EStG
(StR) simplified method of net worth comparison, § 4 I EStG *(ie, also called ‚Bestandsvergleich‘)*
Vermögensverhältnisse *npl* (Fin) financial circumstances
Vermögensverteilung *f*
(Vw) distribution of wealth
(Re) division of assets
Vermögensverwalter *m*
(Re) manager (*or* administrator *or* custodian) of an estate
(Re) committee of the estate *(ie, of persons non compos mentis)*
(Fin) investment manager
(Fin) portfolio manager
Vermögensverwaltung *f*
(Re) property administration
– asset management
(Fin) asset/investment/portfolio . . . management
Vermögensverwaltungsgesellschaft *f* (Fin) property-management company
Vermögensvorteil *m*
(Re) financial (*or* pecuniary) benefit
– flow of value
Vermögenswerte *mpl*
(com) assets
(Bw) resources
(Re) property holdings
Vermögenswerte *mpl* **einbringen** (Fin) to bring asets to . . .
vermögenswirksame Ausgaben *fpl* (FiW) asset-creating expenditure
vermögenswirksame Leistungen *fpl*
(Pw) employment benefits to encourage capital formation
– contributions to capital formation
– capital-forming payments
Vermögenszensus *m* (VGR) wealth census
Vermögenszuwachs *m*
(Bw) capital appreciation
(ie, increase in market value: property, shares)
(Fin) accession
– accretion
Vermögen *n* **übertragen** (Re) to transfer assets
vermuten (com) = annehmen, qv
vermuteter Ausfall *m* (ReW) estimated loss of receivables
Vermutung *f* (Re) presumption
(subterms: einfache, widerlegliche, unwiderlegliche Vermutung)
Vermutung *f* **begründen** (Re) to establish a presumption
Vermutungstatbestand *m* (Kart) presumption
verneinendes Urteil *n*
(Log) negative proposition
– negative
vernetzt (EDV) networked
vernetzte Märkte *mpl* (Mk) tightly knit markets

Vernetzung *f* (EDV) networking
Vernichtung *f* **von Arbeitsplätzen**
(Pw) job destruction
– job shedding
– abolition of jobs
veröffentlichter Abschluß *m* (ReW) published (*or* disclosed) accounts
Veröffentlichung *f*
(com) publication
(ReW) disclosure
Veröffentlichungsrechte *npl* (Re) publishing rights .
Verordnung *f* **über den Lohnsteuer-Jahresausgleich** (StR) Ordinance Regulating the Annual Recomputation of the Wage Tax of Employees and Workers
Verordnung *f* **über die einkommensteuerliche Behandlung der freien Berufe** (StR) Ordinance Regulating the Income Tax Treatment of Free Professionals
Verordnung *f* **über die Führung e-s Wareneingangsbuches** (StR) Ordinance Regulating the Maintenance of a Merchandise Receiving Book
Verordnung *f* **zum Steuersäumnisgesetz** (StR) Ordinance Implementing the Law on Tax Arrears
Verordnung *f* **zur Regelung der Krankenhauspflegesätze** (SozV) Ordinance Regulating Hospital Per-Diem Charges
verpachten
(com) to lease (*ie, land or building*)
– to let on lease
– to hire out
(*Note that ,to lease' also means ,pachten' in the sense of ,to take on lease'*)
Verpächter *m* (Re) lessor
Verpachtung *f*
(Re) lease
– leasing
Verpachtung *f* **e-s Patents** (Pat) lease of a patent
Verpachtung *f* **von Grundstücken** (Re) rental of real property
verpacken
(com) to pack
– to package
Verpacken *n* (com) packing
Verpacker *m*
(com) packer
(com) packing agent
Verpackung *f* (com) packing and packaging (*ie, generic term*)
Verpackungsanweisung *f* (com) packing instructions
Verpackungsbetrieb *m* (com) packer
Verpackungsdesign *n* (Mk) package design
Verpackungsgestaltung *f* (IndE) = Verpackungstechnik
Verpackungsgewicht *n* (com) tare
Verpackungsindustrie *f*
(com) packaging industry
Verpackungskiste *f* (com) packing case
Verpackungskosten *pl* (com) packing charges (*or* expenses)
Verpackungsmaschine *f*
(IndE) packaging machine
– wrapping machine
– packer

Verpackungstechnik *f* (IndE) package engineering (*syn, Verpackungsgestaltung*)
Verpackungstest *m* (Mk) pack test
Verpackungs- und Auszeichnungsbestimmungen *fpl* (AuW) packaging and labeling regulations
verpfänden
(Re) to pledge
– to pawn
– (infml) to hock
(*eg, a company's physical assets and receivables, as security on a debt*)
verpfändete Forderung *f*
(Fin) assigned account
– pledged account receivable
Verpfändung *f*
(Re) pledge (*eg, of marketable assets*)
– pledging
Verpflegungsmehraufwand *m*
(StR) additional food expenditures
verpflichten
(Re) to obligate
– to put under an obligation
– to commit
– to bind legally
verpflichten, sich
(Re) to undertake
– to engage
– to promise (*eg, to be answerable for debt*)
Verpflichteter *m* (Re) obligor
(*eg, person bound under a contract*)
Verpflichtung *f*
(Re) commitment
– engagement
– obligation
– promise
– undertaking
Verpflichtung *f* **anfechten** (Re) to dispute an obligation
(*eg, to meet a claim in full*)
Verpflichtung *f* **eingehen**
(Re) to assume (*or* enter into) an obligation
(com, Fin) to take on (new) commitments
Verpflichtung *f* **erfüllen**
(Re) to answer
– to discharge
– to fulfill
– to perform
– to meet
– to satisfy ... an obligation
Verpflichtungserklärung *f*
(Re) formal obligation (*eg, to sign a ...*)
(Zo) bond
Verpflichtungsermächtigung *f*
(Fin) commitment authorization
(EG) appropiation for commitment
Verpflichtungsgeschäft *n* (Re) obligatory contract
(*eg, tax is imposed on the ... rather than on the transfer itself*)
Verpflichtungsklage *f* (StR) action to enforce the issuance of an administrative decision, § 40 I FGO
Verpflichtungsschein *m* (WeR) certificate of obligation
(*ie, drawn up by a merchant in respect of money, securities or other fungible things, § 363 HGB*)

767

Verpflichtung *f* **übernehmen** (Re) to assume an obligation
verrechnen
  (com) to net (with)
  – to set off (against)
  – to offset (against)
  (ReW) to absorb *(ie, spread through allocation)*
  (ReW) to charge *(eg, as an expense)*
  (KoR) to allocate
  – to apportion
  – to assign
  – to charge
  – to distribute
  – to identify
  – to spread
  – to trace (to)
  (syn, verteilen, umlegen, zurechnen)
  (Fin) to clear
  – to settle
verrechnete Abweichungen *fpl* (KoR) allocated variances
verrechnete Gemeinkosten *pl*
  (KoR) absorbed... overhead/burden
  – allocated overhead
  (cf, hierzu Betriebsabrechnungsbogen)
verrechnete Kosten *pl* (KoR) allocated... cost/expense
Verrechnung *f*
  (com) netting (with)
  – setting off (against)
  (ReW) (cost) absorption
  (ReW) charging
  (KoR) allocation
  – apportionment
  – distribution
  (Fin) clearing
  – settlement
Verrechnung *f* **betrieblicher Leistungen** (KoR) distribution of internal services
Verrechnung *f* **konzerninterner Leistungen** (ReW) intercompany *(or intragroup)* pricing
Verrechnungsabkommen *n*
  (AuW) clearing agreement
  (ie, in countertrade business: signed between two countries that agree to purchase specific amounts of each other's products over a period of time, using a designated clearing currency – Verrechnungswährung – in the transaction)
  (Fin) clearing *(or settlement)* agreement
Verrechnungsabweichungen *fpl* (KoR) revisions variance
Verrechnungsdollar *m* (AuW) clearing dollar
Verrechnungseinheit *f* (Fin) unit of account
Verrechnungsgeschäft *n* (com) offsetting transaction
Verrechnungsgrundlage *f* (KoR) allocation base
  (syn, Zuschlagsbasis)
Verrechnungsguthaben *n* (Fin) clearing balance
Verrechnungsklausel *f* (AuW) offset clause
Verrechnungskonto *n*
  (ReW) clearing/offset... account
  (ReW) intercompany clearing account
  (KoR) allocation account
Verrechnungskurs *m* (Fin) settlement price
Verrechnungsposten *m* (ReW) offsetting item

Verrechnungspreis *m* (ReW) transfer *(or internal)* price *(syn, Transferpreis)*
Verrechnungssaldo *m* (Fin) clearing balance
Verrechnungssatz *m* (KoR) cost rate
Verrechnungsscheck *m* (Fin) collection-only check
Verrechnungsspitze *f* (Fin) clearing fraction
Verrechnungsstelle *f* (Fin) clearing office
Verrechnungstage *mpl* (Fin) clearing days
Verrechnungsverkehr *m* (Fin) clearing transactions
Verrechnungswährung *f* (Fin) clearing currency
Verrentung *f* (SozV) retirement
Verrentung *f* **der Steuerschuld** (StR) payment of tax in annual installments
  (ie, comprising amortization installments and interest, § 24 ErbStG)
Verrichtungsgehilfe *m* (Re) vicarious agent *(ie, with respect to tort liability, § 831 BGB)*
verringern
  (com) to cut down
  – to downsize *(ie, economic output)*
verringerter Investitionskoeffizient *m* (Vw) reduced investment coefficient
Verringerung *f* **des Bestandes** (ReW, EG) reduction in stocks
Verringerung *f* **des Spezialisierungsgrades** (IndE) despecialization
versagen
  (com) to fail
  – (infml) to fall down on a job
Versager *m*
  (com, sl) total loss
  – (GB) poor tool *(ie, at an activity)*
Versagung *f* **e-s Patents** (Pat) withholding of a patent
Versand *m*
  (com) dispatch
  – shipment
  – shipping
  – forwarding
  – sending off
Versandabteilung *f* (com) shipping *(or forwarding)* department
Versandanmeldung *f* (Zo) transit declaration
Versandanschrift *f* (com) address for shipments
Versandanweisungen *fpl* (com) forwarding *(or shipping)* instructions
Versandanzeige *f*
  (com) advice
  – delivery
  – dispatch
  – shipping... note
  – forwarding advice
  – letter of advice
  (com) advice of dispatch *(ie, in foreign trade: sent from exporter to buyer)*
Versandauftrag *m* (com) dispatch *(or shipping)* order
Versandausschuß *m* (EG, Zo) Committee on Community Transit
Versandbedingungen *fpl* (com) shipping terms
versandbereit (com) ready for shipment
Versandbereitstellungskredit *m*
  (Fin) packing credit
  – anticipatory credit
  – advance against a documentary credit

(ie, Akkreditivbevorschussung: dem Exporteur wird unter bestimmten Bedingungen Vorauszahlung eingeräumt; syn, Vorschußkredit)

Versandbescheinigung *f* (com) shipping certificate

Versandbestellung *f*
(com) mail order buying
– (GB) postal shopping

Versand *m* **durchführen**
(com) to effect shipment
(syn, versenden = to dispatch, to forward, to send off, to ship)
(com) to mail

Versandgebühr *f* (com) forwarding charge

Versandhafen *m*
(com) port of loading
– shipping port

Versandhandel *m* (Mk) mail order business (*or* selling)

Versandhaus *n*
(com) mail order house
– (GB) catalogue company

Versandhaushandel *m* (com) mail order selling

Versandhauskatalog *m* (Mk) mail order catalog

Versandhauswerbung *f* (Mk) mail order advertising

Versandhauswerte *mpl* (Bö) mail orders

Versandkosten *pl* (com) delivery (*or* shipping) cost
(ie, cost of sending goods by mail, truck, rail or plane; an element of selling expense in cost accounting)

Versandleiter *m* (com) traffic manager

Versandliste *f* (com) packing list

Versandmeister *m* (com) shipping foreman

Versandmeldung *f* (com) ready-for-shipment note

Versandpapier *n* (Zo) movement document

Versandpapiere *npl* (com) shipping documents
(ie, bill of lading, seller's invoice, consular invoice, certificate of analysis, certificate of origin, warehouse receipt, dock receipt)

Versandprobe *f* (Stat) shipping sample

Versandschachtel *f* (com, GB) shipping case

Versandscheck *m* (Fin) out-of-town check

Versandschein *m*
(Zo) transit bond note
(com, EG) transit document
(ie, im Handel zwischen EG-Ländern)

Versandspesen *pl* (com) forwarding (*or* shipping) expense

Versandtag *m* (com) date of dispatch

Versandtasche *f* (com) envelope

Versandtermin *m* (com) date of shipment

Versandverfahren *n* (Zo) transit procedure

Versandvorschriften *fpl* (com) forwarding (*or* shipping) instructions

Versandwechsel *m* (Fin) out-of-town bill

Versandweg *m* (com) shipping route

Versandwert *m* (VGR) value of shipments *(ie, value of all products and services sold)*

Versandzeichen *n* (com) shipping mark

Versatzgeschäft *n* (com) pawn broking, § 34 GewO
(syn, Pfandleihe)

Versäumnisurteil *n* (Re) judgment by default, §§ 330–347 ZPO

Verschachtelungsniveau *n* (EDV) level of nesting

Verschaffung *f* **der Verfügungsmacht** (Re) transfer of power to dispose of an asset

(ie, putting the recipient in a position to deal with a property in the manner of an owner)

verschärfen
(com) to aggravate
– to exacerbate
– (infml) to hot up *(eg, air fare war)*
(com) to sharpen
– to intensify *(eg, competition)*
(Fin) to tighten up *(eg, credit policy)*

verschärfte Prüfung *f* (IndE) tightened inspection

verschärfter Wettbewerb *m* (com) heightened competition
(ie, exerts strong pressure on profit margins)

verschicken (com) to send out *(eg, offers, advertising materials)*

verschiebbar (EDV) relocatable

Verschiebbarkeit *f* **von Programmen** (EDV) program relocatability

Verschiebebahnhof *m* (com) marshalling yard *(syn, Rangierbahnhof, qv)*

Verschiebepraktiken *pl* (SozV) practice of shifting expenditures *(cf, verlasten)*

Verschiebung *f* (EDV) relocation

Verschiebung *f* **der Angebotskurve**
(Vw) shift in supply
– shifting of supply curve

Verschiebung *f* **der Einkommensverteilung** (Vw) distributional shift

Verschiebung *f* **der Nachfragekurve**
(Vw) shift in demand
– shifting of demand curve

Verschiebungsoperator *m* (Vw) shift operator

Verschiebungsparameter *m* (Stat) translation parameter

Verschiebungssatz *m* (Math) translation theorem *(cf, Laplace-Transformation)*

Verschiffung *f* (com) shipment

Verschiffungsauftrag *m* (com) shipping order

Verschiffungs-Bescheinigung *f* (com) certificate of shipment
(ie, substituting a bill of lading)

Verschiffungsdokumente *npl* (com) shipping documents
(cf, Versandpapiere)

Verschiffungsgewicht *n* (com) shipping weight

Verschiffungshafen *m* (com) port of dispatch (*or* shipment)

Verschiffungskonnossement *n* (com) shipped (*or* ocean) bill of lading

Verschiffungspapiere *npl*
(com) shipping documents
– commodity papers

Verschlechterung *f* **der Gewinnsituation** (com) weakening of earnings (*or* profits)

Verschlechterung *f* **der Zahlungsbilanz**
(AuW) deterioration of the balance of payments
– increase in the deficit of the balance of payments
– putting the balance of payments in a deficit position

verschleiertes Dumping *n* (AuW) hidden dumping

Verschleißanlagen *fpl* (Bw) depreciable assets (*or* property)

Verschleiß *m* **des Produktionsapparates** (VGR) capital consumption

verschleißfest
(com) hard-wearing
(IndE) resistant to wear
Verschleißfestigkeit *f* (IndE) resistance to wear
Verschleißfreiheit *f* (IndE) durability
verschleudern (com) to sell at ruinous prices
Verschleuderung *f* (com) selling at dumping (*or* ruinous) prices
Verschlüsselungsmatrix *f* (EDV) coding matrix
verschmelzende Umwandlung *f* (Bw) merging conversion
(*ie, Vermögen wird auf ein bestehendes Unternehmen übertragen; eg, changing a company into an existing firm*)
Verschmelzung *f* **durch Aufnahme** (com) merger
(*ie, durch Übertragung des Vermögens e–r od mehrerer Gesellschaften als ganzes auf eine andere Gesellschaft gegen Gewährung von Aktien dieser Gesellschaft; cf, §§ 340–352c AktG*)
Verschmelzung *f* **durch Neubildung** (com) consolidation (*cf, § 353 AktG*)
Verschmelzungsbilanz *f* (ReW) merger balance sheet
Verschmelzungsmehrwert *m* (ReW) merger surplus
(*ie, ergibt sich durch Übernahme der Bilanzwerte der übertragenden Gesellschaft in die Bilanz der aufnehmenden Gesellschaft; cf, § 348 II 2 HGB*)
verschmutztes politisches Umfeld *n* (Bw) polluted political environment
Verschmutzungsrecht *n*
(com) right to pollute
– pollution right
Verschränkung *f* (EDV) = Speicherverschränkung, qv
verschreibungspflichtiges Medikament *n* (com) prescription drug
verschrotten
(com) to scrap
– to break up
Verschrotten *n* (com, US) junking (*ie, of old machinery*)
Verschulden *n*
(Re) fault
(*ie, der Begriff ist weiter als in der deutschen Systematik: it implies a failure, not necessarily culpable, to reach some standard of perfection; it may be shortcoming, impropriety, blame but also misdemeanor*)
(Re, civil law) fault
(*ie, Vorsatz + Fahrlässigkeit = intention and gross negligence*)
Verschulden *n* **bei Vertragsschluß** (Re) culpa in contrahendo
(*ie, violation of mutual confidence in the preparation of a contract*)
Verschuldenshaftung *f*
(Re) liability based on (proof of) fault
– liability for default
verschulden, sich (Fin) to incur debts
Verschuldensneigung *f* (Fin) propensity to incur debts (*or* liabilities)
verschuldensunabhängige Haftung *f*
(Re) strict liability in tort
– liability without fault

(*syn, Gefährdungshaftung*)
verschuldet
(Fin) indebted
– (infml) saddled by debt
– (infml) stuffed with debt
– (infml) running in the red
– (infml) debt-strapped
verschuldete Verkehrsuntauglichkeit *f* (Re) liability for dangerous chattels
Verschuldung *f*
(Fin) indebtedness
– level of debt
(Fin) contraction of debt
Verschuldung *f* **der öffentlichen Hand** (FiW) public debt
Verschuldungsbereitschaft *f* (Fin) propensity to take up credits
Verschuldungsgrad *m*
(Fin) debt-equity ratio
(Fin, US) leverage
(Fin, GB) gearing
Verschuldungsgrenze *f*
(Fin) debt . . . limitations/limit
– borrowing ceiling
(*ie, ceiling placed on the amount of borrowings by individuals, corporations, or public authorities*)
(Fin) borrowing allocation (*ie, festgelegt vom Vorstand*)
Verschuldungskoeffizient *m* (Fin) = Verschuldungsgrad
Verschuldungspolitik *f* **der öffentlichen Hand** (FiW) debt management
Verschuldungspotential *n* (Fin) borrowing . . . potential/power
Verschuldungsspielraum *m* (Fin) debt margin
Verschweigen *n* **rechtserheblicher Umstände** (Vers) material concealment
Verschweigen *n* **wichtiger Umstände** (Re) material misrepresentation
Verschwendung *f* **von Ressourcen** (Bw) dissipation (*or* wasting) of resources
versenden
(com) to mail
– (GB) to post
(com) to dispatch
– to forward
– to send off
– to ship
– to effect shipment
Versender *m*
(com) sender
– consignor
Versendung *f*
(com) dispatch
– shipment
Versendungskauf *m* (com) sale to destination according to buyer's instructions, § 447 BGB
Versendungskosten *pl* (com) cost of transportation (*or* carriage)
Versendungsort *m*
(com) place of consignment
– shipping point
Versetzung *f*
(Pw) transfer

– transferral
– relocation
Versetzung *f* **ablehnen** (Pw) to turn down a transfer
versicherbar (Vers) insurable
versicherbarer Wert *m* (Vers) insurable value
versicherbares Interesse *n*
(Vers) insurable interest
– (GB) assurable interest
versicherbares Risiko *n* (Vers) insurable risk
Versicherer *m*
(Vers) insurance company
– insurer
– (GB) assurer
– underwriter
(SeeV) abandonee *(ie, als Eigentumsempfänger des abandonnierten Gegenstandes)*
Versicherer-Gruppe *f* (Vers) fleet of companies *(ie, common ownership and management)*
versichern
(Vers) to insure against
– to cover against
– to indemnify against
– (GB) to assure against
– to underwrite
versicherte Gefahren *fpl* (Vers) risks covered
Versichertendividende *f* (Vers) bonus
Versicherter *m*
(Vers) insured (pl. insureds)
– (GB) assured (pl. assureds)
– insured party
– policyholder
versicherter Gegenstand *m* (Vers) subject matter insured
versicherter Wert *m* (Vers) insured value
versichertes Interesse *n* (Vers) interest insured
Versicherung *f*
(Vers) insurance
– (GB) assurance
– underwriting
(cf, Stichwort ‚Privatversicherung')
(Vers) = Versicherungsunternehmen, qv
Versicherung *f* **abschließen** (Vers) to take out *(or* effect) insurance
Versicherung *f* **als Vielschutzpaket** (Vers) all-in *(or* all-risk) insurance
Versicherung *f* **an Eides statt**
(Re) affidavit
– (GB) statutory declaration
(ie, statement in lieu of an oath, signed and affirmed)
Versicherung *f* **auf den Todesfall** (Vers) whole life insurance
(ie, either straight/ordinary, or single-premium, or limited-payment; opp, term insurance)
Versicherung *f* **auf den Todes- und Erlebensfall** (Vers) endowment life insurance
(ie, payable to the insured at the end of contract or covered period or to beneficiary if insured dies prior to maturity date; syn, gemischte Lebensversicherung)
Versicherung *f* **auf Zeit** (Vers) time insurance
Versicherung *f* **für eigene Rechnung** (Vers) insurance for own account
Versicherung *f* **für fremde Rechnung** (Vers) insurance for third party account

Versicherung *f* **für Rechnung, für wen es angeht** (Vers) insurance for account of whom it may concern
Versicherung *f* **gegen außergewöhnliche Risiken** (Vers) contingency risk insurance
Versicherung *f* **läuft ab** (Vers) policy expires *(or* matures)
Versicherung *f* **mit abgekürzter Prämienzahlung** (Vers) **insurance with limited premium**
Versicherung *f* **mit Barausschüttung der Dividende** (Vers) participating insurance
Versicherung *f* **mit Gewinnbeteiligungsgarantie** (Vers) guaranteed dividend policy
Versicherung *f* **mit Selbstbehalt** (Vers) participating insurance
Versicherung *f* **ohne Gewinnbeteiligung** (Vers) insurance without profit
Versicherungsabschluß *m*
(Vers) taking out insurance
(Vers) contract of insurance
Versicherungsagent *m* (Vers) insurance agent
Versicherungsakquisiteur *m* (Vers) insurance canvasser
Versicherungsaktien *fpl* (Bö) insurance stocks
Versicherungsanspruch *m* (Vers) insurance claim
Versicherungsantrag *m* (Vers) application
Versicherungsaufsichtsamt *n* (Vers) Insurance Supervisory Office
Versicherungsaufsichtsbehörde *f* (Vers) Insurance Supervisory Authority
Versicherungsaufsichtsbehörden *fpl* **der Länder** (Vers) State Insurance Supervisory Agencies
Versicherungsaufsichtsgesetz *n* (Vers) Law on the Supervision of Insurance Companies
Versicherungsbedingungen *fpl*
(Vers) insurance conditions
– terms of a policy
Versicherungsbeginn *m* (Vers) commencement of insurance cover
Versicherungsbeitrag *m* (Vers) insurance premium
Versicherungsbestand *m*
(Vers) number of persons insured
– business in force
– insurance portfolio
Versicherungsbestätigung *f* (Vers) confirmation of cover
Versicherungsbetrug *m*
(Re) insurance fraud, § 265 StGB
– (infml) insurance scam
Versicherungsdarlehen *n* (Fin) actuarial loan
Versicherungsdauer *f*
(Vers) period insured
– period of cover
– term of insurance
Versicherungsdeckung *f*
(Vers) insurance cover
– (GB) assurance cover
(ie, indicates the aggregate risks covered by a particular policy)
versicherungsfähig
(Vers) insurable
– eligible for insurance
versicherungsfähige Gefahren *fpl* (Vers) insurable risks
Versicherungsfähigkeit *f* (Vers) insurability

Versicherungsfall *m* (Vers) insured event *(eg, disability, age limit)*

versicherungsfreie Beschäftigung *f* (SozV) insurance-exempt employment

Versicherungsgegenstand *m* (Vers) subject matter of insurance

Versicherungsgeschäft *n*
(Vers) insurance business
– underwriting

Versicherungsgesellschaft *f*
(Vers) insurance company
– carrier
– (US) insurer
(ie, it is desirable to use this term in preference to ‚carrier' or ‚company' since it is a functional word that applies without ambiguity to all types of individuals and organizations performing the insurance function; the word is generally used in statutory law)

Versicherungsgesellschaft *f* **auf Gegenseitigkeit**
(Vers) mutual insurance company

Versicherungsgruppe *f*
(Vers) group of insurance companies
– (infml) fleet of companies

Versicherungsjahr *n* (Vers) year of coverage

Versicherungsjahre *npl* (SozV) years of coverage *(or* insurance)

Versicherungskonsortium *n* (Vers) insurers' syndicate

Versicherungskosten *pl*
(ReW) cost of insurance
– insurance charges *(or* expenses)

Versicherungskunde *m* (Vers) = Versicherter, qv

Versicherungsleistungen *fpl* (Vers) insurance benefits

Versicherungsmakler *m* (Vers) insurance broker

Versicherungsmathematik *f* (Math) actuarial theory
(ie, Grundlage Wahrscheinlichkeitstheorie und Finanzmathematik; syn, „Aktuarwissenschaft")

Versicherungsmathematiker *m* (Vers) actuary

versicherungsmathematisch (Vers) actuarial

versicherungsmathematische Grundlage *f* (Vers) actuarial basis

versicherungsmathematische Kostenermittlung *f* (Vers) actuarial valuation

versicherungsmathematischer Gegenwartswert *mpl* (Vers) present actuarial value

Versicherungsnehmer *m*
(Vers) person taking out insurance
– party contracting insurance
– insured
– policyholder
(syn, Versicherter, Versicherungskunde)

Versicherungsneugeschäft *n* (Vers) new insurance business

Versicherungspflichtgrenze *f* (SozV, US) taxable wage base
(ie, monthly earnings ceiling for the assessment of social insurance contributions; syn, Jahresarbeitsverdienstgrenze)

versicherungspflichtige Beschäftigung *f* (SozV) covered *(or* contributory) employment

versicherungspflichtiger Arbeitnehmer *m* (SozV) covered employee

versicherungspflichtiges Entgelt *n* (SozV) eligible income *(or* earnings)

Versicherungspolice *f* (Vers) insurance policy *(syn, Versicherungsschein)*

Versicherungspraktiker *m* (Vers) insurance practitioner

Versicherungsprämie *f* (Vers) insurance premium

Versicherungsrisiko *n* (Vers) insured risk

Versicherungsrückkauf *m* (Vers) redemption of policy

Versicherungsrückkaufwert *m* (Vers) surrender value

Versicherungsschein *m* (Vers) insurance policy
(ie, Beweisurkunde über den Vertrag; syn, Versicherungspolice)

Versicherungsschutz *m*
(Vers) insurance cover *(or* protection)
– coverage

Versicherungssparen *n* (Vers) saving through insurance companies

Versicherungssparte *f*
(Vers) line of insurance business
– insurance class
(syn, Versicherungszweig)

versicherungsstatistische Tabelle *f* (Vers) actuarial table

Versicherungssumme *f* (Vers) amount *(or* sum) insured

Versicherungstarif *m* (Vers) tariff

versicherungstechnisch (Vers) actuarial

versicherungstechnische Bilanz *f* (Vers) actuarial statement

versicherungstechnische Gewinn- und Verlustrechnung *f* (Vers) revenue account

versicherungstechnische Rückstellungen *fpl* (Vers) technical reserves

versicherungstechnisches Ergebnis *n* (Vers) underwriting result

Versicherungsteuer *f* (StR) insurance tax

Versicherungsteuer-Durchführungsverordnung *f* (Re) Ordinance Regulating the Insurance Tax Law, of 20 Apr 1960

Versicherungsteuergesetz *n* (StR) Insurance Tax Law, as republished on 24 July 1959

Versicherungsträger *m*
(Vers) insurer
– insurance carrier

Versicherungsunterlagen *fpl* (Vers) insurance papers *(or* records)

Versicherungsunternehmen *n*
(Vers) insurance company
– insurer
– underwriter *(syn, Versicherer, Versicherungsbetrieb)*

Versicherungsurkunde *f* (Vers) insurance policy

Versicherungsverhältnis *n* (Vers) insurance relationship

Versicherungsverlängerung *f* (Vers) extension of policy

Versicherungsvermittler *mpl* (Vers) insurance intermediaries
(ie, als Bindeglied auf dem VMarkt; eg, VVertreter, VMakler, qv)

Versicherungsvertrag *m* (Vers) contract of insurance

Versicherungsvertrag *m* **schließen** (Vers) to take out an insurance policy

Versicherungsvertrag *m* **über Einmalbetrag** (Vers) single-premium insurance policy, § 30 EStDV

Versicherungsvertreter *m* (Vers) insurance agent *(ie, employee of the insurance company)*

Versicherungswert *m* (Vers) insurable value

Versicherungswert *m* **der Fracht** (Vers) freight insurance value

Versicherungswerte *mpl* (Bö) insurance stocks
– insurances

Versicherungswirtschaft *f* (Vers) insurance industry
– (infml) insurance fraternity

Versicherungszeit *f* (Vers) term of insurance

Versicherungszertifikat *n* (Vers) certificate of insurance

Versicherungszweig *m* (Vers) line of insurance business (*or* class *or* line) *(syn, Versicherungssparte, Sparte)*

Versichungsverein *m* **auf Gegenseitigkeit** (Vers) mutual insurance society

versilbern (Fin, infml) to convert into money

Versorgungseinrichtung *f* (Pw) pension organization

Versorgungsengpaß *m* (Vw, Bw) supply bottleneck

Versorgungsfall *m* (SozV, Vers) insured event *(ie, in the case of social insurance or pension fund)*

Versorgungsfreibetrag *m* (StR) personal exemption by way of statutory pensions or social security benefits, § 17 I ErbStG

Versorgungsgrad *m* (Vw) level of satisfaction (*or* utility)

Versorgungsgüter *npl* (Vw) essential/convenience . . . goods *(ie, Güter des täglichen Bedarfs)*

Versorgungskasse *f* (Pw) invalidity and survivor's pension plan

Versorgungslage *f* (com) supply situation

Versorgungsunternehmen *n* (Bw) utility
– (US) public service corporation

Versorgungswerk *n* (Pw) company pension system

Versorgungswerte *mpl* (Bö) utilities

Versorgungszusage *f* (Pw) employer's pension commitment

verspätet (com) late
– behind schedule

verspätete Lieferung *f* (com) delayed (*or* late) delivery

verspäteter Einspruch *m* (Pat) late opposition

Verspätungsschaden *m* (Re) damage due to delayed performance

Verspätungszuschlag *m* (StR) delay penalty *(ie, up to 10% of the tax as finally determined or DM10,000 if return is not filed within the prescribed period)*

Versprechen *n* (Re) promise
– engagement
– undertaking

Versprechensempfänger *m* (Re) promisee

Versprechensgeber *m* (Re) promisor

VerSt (Vers) = Versicherungsteuer

verstaatlichen (Re) to nationalize
– to take into public ownership *(eg, the banking or steel industry)*

verstaatliche Wirtschaftszweige *mpl* (Re) nationalized industries

Verstaatlichung *f* (Re) nationalization

verstärkte Absatzbemühungen *fpl* (Mk) intensified marketing efforts

Verstärkung *f* **der eigenen Mittel** (Fin) strenghtening of capital resources

verstauen (com) to stow (away)

versteckte Abwertung *f* (AuW) hidden devaluation

versteckte Arbeitslosigkeit *f* (Vw) disguised
– hidden
– camouflaged
– fictitious . . . unemployment

versteckte Aufwertung *f* (Vw) shadow revaluation

versteckte Ausfuhrprämie *f* (AuW) hidden (*or* undisclosed) export bounty *(eg, duty drawback, tax cuts)*

versteckte Besteuerung *f* (FiW) hidden taxation

versteckte Inflation *f* (Vw) hidden inflation

versteckte Preissenkung *f* (com) covered price cut

versteckter Arbeitskräfteüberschuß *m* (Pw) concealed surplus of labor

versteckter Dissens *m* (Re) latent ambiguity
– hidden disagreement

versteckter Mangel *m* (Re) hidden (*or* latent) defect

versteckter Streik *m* (Pw) hidden/camouflaged . . . strike

versteckte Subvention *f* (Vw) hidden subsidy

versteckte Überwälzung *f* (StR) hidden shifting of a tax

Versteifung *f* **des Geldmarktes** (Fin) tightening of the money market

Versteigerer *m* (com) auctioneer *(ie, at public sales by auction)*

versteigern (com) to auction off *(ie, at public sales; eg, materials, stocks, supplies)*

versteigert (com) sold by public auction

Versteigerung *f* (com) auction
– sale by public auction *(syn, Auktion, Gant, Vergantung)*

Versteigerungsbedingungen *fpl* (Re) terms governing forced sale of real property, § 66 ZVG

Versteigerungserlös *m* (com) proceeds of an auction

Versteigerungsgericht *n* (Re) court in charge of judicial sale

Versteigerungslimit *n* (com) limit for bidding

Versteigerungsort *m* (com) place of auction

Versteigerungstermin *m* (Re) date of judicial sale, § 36 ZVG

Versteigerungsvermerk *m* (Re) entry of judicial sale in real estate register

verstetigen (com) to smooth out *(eg, cash flow, order intake)*

Verstetigung *f* (Vw) increasing steadiness

versteuerbar (StR) taxable
versteuern (StR) to pay tax (on)
versteuert
  (StR) net of tax
  – clear of taxes
  – tax paid
Versteuerung *f* (StR) payment of tax (on)
verstimmen (Bö) to unsettle *(ie, the market)*
Verstoß *m*
  (Re) violation
  – infringement
  – contravention
  – disregard
verstoßen gegen
  (Re) to violate
  – to infringe (on/upon)
  – to contravene
  – to disregard
  – to run afoul (of) *(eg, of competition law)*
Verstoß *m* **gegen die guten Sitten** (Re) violation contra bonos mores
Verstrickung *f* (Re) attachment by execution *(cf, Pfandentstrickung)*
Versuch *m*
  (Re) attempt *(eg, to commit an offense)*
  (IndE) trial
  – test
  – experiment
Versuch *m* **der Steuerhinterziehung** (StR) attempt at tax evasion, § 370 II AO
Versuchsabteilung *f* (Bw) experimental station
Versuchsanlage *f* (IndE) pilot plant
Versuchsanordnung *f* (Stat) experimental layout
Versuchsanstalt *f* (IndE) research department (*or* center)
Versuchsaufbau *m* (EDV) breadboard *(ie, experimental or mock-up model of any device)*
Versuchsauftrag *m* (IndE) experimental order
Versuchsballon *m*
  (Mk) try-on
  – trial baloon
Versuchsbetrieb *m*
  (IndE) trial operation
  – pilot plant scale production *(syn, Probebetrieb)*
Versuchsergebnisse *npl* (IndE) test results
Versuchsperson *f* (Mk) respondent
Versuchsplan *m* (Stat) experimental design
Versuchsplan *m* **mit Gittern** (Stat) lattice design
Versuchsstadium *n* (com) experimental stage
Versuchs- und Entwicklungskosten *pl* (ReW) cost of development and experiments
Versuchswerbung *f* (Mk) test marketing
Versuch *m* **und Irrtum** *m* (com) trial and error
vertagen (com) to adjourn (for/till/until) *(eg, meeting, conference, trial)*
Vertagung *f* (Re) adjournment, § 227 ZPO
Vertagung *f* **auf unbestimmte Zeit** (Re) adjournment sine die
Vertauschung *f* (Math) interchange
Verteidiger *m* (Re) defense counsel
Verteidigungsausgaben *fpl*
  (VGR) public consumption – defense
  (FiW) defense expenditure (*or* outlays *or* spending)

Verteidigungsbeitrag *m* (FiW) defense contribution
Verteidigungsetat *m*
  (FiW) defense budget
  (FiW) defense appropriations
Verteidigungsinvestitionen *fpl* (FiW) capital outlays for defense purposes
verteilbarer Aufwand *m* **für Anlagegüter** (ReW) depreciable (*or* service) cost
verteilen
  (com) to distribute
  – to dole out *(eg, money for export financing)*
  – (infml) to pass out *(eg, free samples of merchandise)*
  (KoR) = verrechnen, qv
Verteiler *m*
  (com) mailing (*or* distribution) list
  (com) share-out key
Verteilerkette *f* (Mk) distribution chain
Verteilerliste *f* (com) = Verteiler
Verteilernetz *n* (Mk) distribution network
Verteilerschlüssel *m* (com) share-out key
Verteilerzuschlag *m* (Vw) distribution markup
verteilte Datenverarbeitung *f* (EDV) distributed data processing
  (ie, Teilaufgaben werden auf mehrere Rechner verteilt, die über ein Netz verbunden sind)
verteilte Kostenabweichungen *fpl* (KoR) redistributed cost
verteiltes Dateisystem *n* (EDV) distributed file system
  (ie, verknüpft Daten zu e–m Datenverbund)
verteiltes Datenbanksystem *n* (EDV) distributed data base system
verteilte zeitliche Verzögerung *f* (Vw) distributed lag
Verteilung *f*
  (Vw, FiW) distribution
  (EG) share-out *(eg, of the EEC's limited fish stocks to member states)*
  (Mk) distribution
  (KoR) allocation
  – assignment
  – distribution
  – apportionment
Verteilung *f* **der Anschaffungs- und Herstellungskosten** (ReW) systematic, periodic allocation of cost *(ie, of limited-life assets)*
Verteilung *f* **des Nachlasses** (Re) distribution of the estate
Verteilung *f* **des Restvermögens** (Bw) distribution of remaining assets *(ie, on liquidating a partnership, § 155 HGB)*
Verteilung *f* **des Volkseinkommens** (VGR) distribution of national income
Verteilungsdichte *f* (Stat) frequency of distribution
verteilungsfrei (Stat) distribution free
verteilungsfreier Test *m* (Stat) distribution-free method
verteilungsfreie Statistik *f* (Stat) nonparametric statistics
verteilungsfreies Testverfahren *n* (Stat) nonparametric testing
Verteilungsfunktion *f* (Stat) distribution function
Verteilungsfunktion *f* **des Preises** (Vw) distribution function of prices

Verteilungskampf *m* (Vw) struggle for income

Verteilungsmaße *npl* (Stat) measures of distribution

Verteilungsmethode *f* (KoR) method of allocating joint product costs *(syn, Proportionalitäts-methode)*

Verteilungsmodus *m* (com) distribution formula

Verteilungspolitik *f* (Vw) distributional policy

Verteilungsproblem *n* (OR) transport problem

Verteilungsquote *f* (Vw) distributive share

Verteilungsrechnung *f* (VGR) incomes received method *(opp, Entstehungsrechnung, Verwendungsrechnung)*

Verteilungsschlüssel *m* (KoR) allocation... base/formula

Verteilungsseite *f* (VGR) earnings side

Verteilungsspielraum *m*
(Vw) distributive margin
– room for distributive policy moves
– scope for income redistribution

Verteilungstheorie *f* (Vw) theory of distribution

Verteilungsverfahren *n* (Re) distribution proceedings, §§ 105 ff ZVG

Verteilung *f* **von Kostenabweichungen** (KoR) circulation of costs

Verteilzeit *f* (IndE) unproductive time

Verteilzeitzuschlag *m* (IndE) delay allowance

verteuern (com) to raise prices

Verteuerung *f* (com) price increase

Vertikale *f* (Math) vertical line

vertikale Arbeitsmobilität *f* (Pw) vertical labor mobility

vertikale Diversifikation *f* (Bw) vertical diversification

vertikale Funktionssäule *f* (Bw) vertical functions

vertikale Gleichheit *f* (FiW) vertical equity *(syn, vertikale Gerechtigkeit)*

vertikale Integration *f* (Bw) vertical (*or* upward) integration

vertikale Konkurrenz *f* (Mk) vertical competition *(syn, sphärische Konkurrenz)*

vertikale Konzentration *f* (Bw) = vertikale Integration

vertikale Mobilität *f* (Vw) vertical (*or* upward) mobility

vertikale Preisbindung *f*
(Kart) resale price maintenance
– vertical price fixing
(ie, agreement between seller and buyer fixing the price at which the buyer may resell the product)

vertikale Prüfung *f* (EDV) vertical redundancy check, VRC

vertikaler Finanzausgleich *m* (FiW) vertical distribution of tax revenue
(ie, operating on the principle of general and special fiscal grants)

vertikaler Kommunikationsweg *m* (Bw) vertical communication channel

vertikaler Zeilenvorschub *m* (EDV) vertical line spacing

vertikaler Zusammenschluß *m* (Be) vertical combination

vertikale Steuergerechtigkeit *f* (FiW) vertical equity

vertikales Wachstum *n* (Bw) vertical growth *(eg, forward or backward integration)*

vertikale Verflechtung *f* (Bw) vertical integration

vertikale Vorwärtsintegration *f* (Bw) forward vertical integration

vertikale Wettbewerbsbeschränkungen *fpl* (Kart) vertical restraints of competition

Vertikalkonzern *m* (Bw) vertical group (of affiliated companies)

Vertikalregistratur *f* (com) vertical filing *(syn, Steilablage)*

Vertikalverbund *m*
(Bw) vertical link
(ie, comprising all stages of production up to the final consumer)

Vertrag *m*
(Re) agreement *(ie, general term)*
(Re) contract *(ie, schuldrechtlicher Vertrag)*
(Re) treaty *(ie, made between countries)*

Vertrag *m* **abschließen** (Re) = Vertrag schließen

Vertrag *m* **ändern** (Re) to reform a contract

Vertrag *m* **anfechten** (Re) to avoid a contract

Vertrag *m* **annehmen** (Re) to accept a contract

Vertrag *m* **annullieren** (Re) = Vertrag aufheben

Vertrag *m* **aufheben**
(Re) to cancel
– to annul
– to nullify
– to revoke
– to rescind
– terminate... a contract

Vertrag *m* **aufkündigen** (Re, infml) to pull out of an agreement

Vertrag *m* **aufsetzen** (Re) to draft/draw up... a contract

Vertrag *m* **aushandeln** (Re) to negotiate an... a-greement/contract

Vertrag *m* **auslegen** (com) to construe/interpret... the terms of a contract
(ie, to analyze it into its essential features)

Vertrag *m* **brechen** (Re) to break/violate... a contract

Vertrag *m* **einhalten**
(Re) to honor an agreement
– to meet the conditions of a contract
– to stand by a contract
– comply with the terms of a contract

Vertrag *m* **erfüllen**
(Re) to perform
– to fulfill
– to discharge... a contract
– to execute
– to perform one's duties under a contract
– to carry out the terms of a contract

Vertrag *m* **kündigen**
(Re) to terminate a contract
– (infml) to pull out of an agreement

Vertrag *m* **läuft ab** (Re) contract expires

vertraglich
(Re) contractual
– by contract
– by agreement

vertraglich binden (Re) to bind by contract

vertragliche Anreize *mpl* (Bw) contractual incentives

vertragliche Beziehungen *fpl* (Re) contractual relations

775

vertragliche Bindung *f* (Re) contractual commitment

vertragliche Einigung *f* (Re) contractual agreement

vertragliche Frist *f* (Re) time specified by a contract

vertragliche Garantie *f* (Re) contractual guaranty

vertragliche Haftung *f* (Re) contractual liability

vertragliche Indexklausel *f* (Re) contractual indexing clause

vertragliche Laufzeit *f*
(Re) contract period
– term of a contract *(cf, Laufzeit)*

vertragliche Lizenz *f* (Pat) contractual license

vertragliche Obliegenheiten *fpl* (Pw) (to carry out) duties as assigned under an agreement

vertragliche Pflichten *fpl*
(Re) contractual obligations
– duties under a contract *(eg, to assume, to carry out)*

vertraglicher Anspruch *m*
(Re) claim under a contract
– contract/contractual . . . claim

vertragliche Rechte *npl* **und Pflichten** *fpl* (Re) contractual rights and duties

vertragliche Regelung *f* (Re) contractual arrangement

vertraglicher Güterstand *m* (Re) matrimonial regime elected by agreement
(ie, refers to marital property)

vertraglicher Haftungsausschluß *m* (Re) contractual exclusion of liability

vertraglicher Unternehmenszusammenschluß *m* (Kart) contract combination

vertraglicher Zinssatz *m* (Fin) contract rate of interest

vertraglicher Zusammenschluß *m* (Re) contractual association

vertragliches Nutzungsrecht *n* (Re) contractual right to use property

vertragliche Vereinbarung *f* (Re) contractual arrangement

vertragliche Verpflichtungen *fpl* **eingehen** (Re) to contract liabilities

vertraglich festgelegt
(Re) contract . . .
– contracted
– stipulated by contract

vertraglich festgelegter Zinssatz *m* (Fin) contract rate of interest

vertraglich festlegen (Re) = vertraglich vereinbaren

vertraglich geschuldete Leistung *f*
(Re) contractual obligation
– contract debt

Verträglichkeit *f* (com) compatibility
(EDV) compatibility
(ie, the ability of one device to accept data handled by another device without conversion of data or modification of code)

vertraglich vereinbaren
(Re) to agree
– to agree/stipulate . . . by contract
– to agree contractually

vertraglich verpflichten, sich (Re) to bind oneself by contract

vertraglich verpflichtet (Re) bound by contract

Vertrag *m* **mit Preisgleitklausel** (Mk) fluctuation price contract

Vertrag *m* **paraphieren** (Re) to initial an agreement

Vertragsablauf *m*
(Re) expiration
– termination . . . of contract

Vertragsabrede *f* (Re) contractual stipulation

Vertragsabschluß *m* (Re) conclusion of a contract

Vertragsänderung *f* (Re) alteration/modification . . . of a contract

Vertragsangebot *n* (Re) offer of a contract *(syn, Offerte)*

Vertragsannahme *f*
(Re) acceptance of a contractual offer
(Vers) acceptance of proposal
(ie, agreement to give insurance cover against payment of premium)

Vertragsanspruch *m* (Re) contractual claim

Vertragsaufhebung *f* (Re) rescission of a contract

Vertragsauflösung *f*
(Re) cancellation
– discharge
– termination . . . of a contract

Vertragsaufsage *f* (Re) anticipatory breach of contract
(ie, serious and final refusal to perform in the future; special case of ‚positive Vertragsverletzung‘)

Vertragsauslegung *f* (Re) interpretation/construction . . . of (the terms of) a contract

Vertragsbedingungen *fpl*
(Re) terms
– conditions
– provisions
– stipulations . . . of a contract

Vertragsbeendigung *f* (Re) termination of a contract

Vertragsbeginn *m* (Re) commencement of a contract

Vertragsbeitritt *m* (Re) accession to a treaty

Vertragsbestand *m* (Vers) total policies outstanding

Vertragsbestandteil *m* (Re) element of a contract

Vertragsbestimmung *f* (Re) contractual . . . provision/stipulation

Vertragsbeteiligter *m* (Re) party to an . . . agreement/contract

Vertragsbeziehungen *fpl* (Re) contractual relations

Vertragsbruch *m* (Re) breach of a contract

vertragsbrüchig werden (Re) to renege on a contract

Vertrag *m* **schließen**
(Re) to conclude
– to contract
– to enter into
– to make
– to sign . . . an agreement

Vertragsdauer *f* (Re) contractual period
(ie, period for which the contract is to run)

Vertragsentwurf *m* (Re) draft . . . contract/agreement

Vertragserfüllung *f*
(Re) completion
– discharge

- fulfillment
- performance ... of a contract
Vertragserfüllung *f* **ablehnen** (Re) to repudiate a contract
Vertragsformeln *fpl* (com) trade terms *(see: Incoterms)*
Vertragsformen *fpl* (Vers) types of cover
Vertragsforschung *f* (Bw) contract research *(ie, awarded to research institutes, universities, or other firms)*
Vertragsfreiheit *f* (Re) freedom of contract
Vertragsgebiet *n* (com) contractual territory
Vertragsgegenstand *m* (Re) subject matter of a contract
Vertragsgegner *m*
(Re) contracting party
- party to an ... agreement/contract
vertragsgemäß
(Re) as per agreement
- conformable to the contract
- contractual
vertragsgemäße Erzeugnisse *npl* (Re) contract products
vertragsgemäße Güter *npl* (Re) conforming goods
vertragsgerechte Funktionstüchtigkeit *f* (Re) performance as stipulated
vertragsgerechte Ware *f* (Re) = vertragsgerechte Güter
Vertragsgrundlage *f*
(Re) basis of ... agreement/contract
- basic terms of a contract
(Re) recitals *(ie, im Vertrag eingeleitet durch ,Whereas')*
Vertragshaftung *f* (Re) contract(ual) liability *(ie, liability founded upon the express or implied terms of a contract)*
Vertragshändler *m*
(com) authorized/franchised ... dealer
- distributor
(ie, rechtlich selbständig, führt nur Produkte des Herstellers; Grundlagen: Ausschließlichkeitsbindung, Vorzugsrechte und Gebietsschutz)
Vertragshändlerschaft *f* (com) authorized dealership
Vertragshändlervertrag *m* (Re) dealer's contract
Vertragskonzern *m* (com) contract-based group (of affiliated companies)
(cf, § 18 I 2 AktG; syn, Unterordnungskonzern, Einordnungskonzern)
Vertragslizenz *f* (Pat) contractual license
vertragsmäßiges Rücktrittsrecht *n* (Re) right of rescission under a contract, § 327 BGB
Vertragsparteien *fpl*
(Re) contracting parties
- parties to an ... agreement/contract
- the parties hereto *(ie, in contract wording)*
Vertragspartner *m* (Re) cf, Vertragsparteien
Vertragspfandrecht *n* (Re) contractual lien
(ie, arising by stipulation of the parties; opp, gesetzliches Pfandrecht)
Vertragspflichten *fpl*
(Re) contractual ... duties/obligations
- duties under a contract
Vertragsprämie *f* (com, US) sign-up bonus
Vertragspreis *m* (com) contract price

Vertragsrecht *n* (Re) law of contracts
Vertragsrechte *npl*
(Re) contractual rights
- rights under a contract
Vertrags-Rückversicherung *f* (Vers) treaty reinsurance
Vertragsschluß *m*
(Re) conclusion
- formation
- making ... of a contract
(ie, entsteht aus Antrag und Annahme, die beide empfangsbedürftige Willenserklärungen sind und mindestens beschränkte Geschäftsfähigkeit voraussetzen)
Vertragssparen *n* (Fin) scheme-linked saving
Vertragssprache *f*
(Re) language of contract
- authentic language
Vertragsstrafe *f*
(Re) contract penalty
- penalty for nonperformance of contract
- time penalty under a contract
- (GB) liquidated damages
(ie, Versprechen, dem Gläubiger bei Nicht- od nicht gehöriger Erfüllung der Verbindlichkeit eine Geldsumme als Strafe zu zahlen; cf, §§ 339-345 BGB; § 348 HGB; promise to pay a stipulated sum of money if work is not completed on schedule; syn, Konventionalstrafe. Note that ,liquidated damages' is a sum fixed as an estimate of the extent of the injury which a breach of contract will cause.)
Vertragstarif *m* (Zo) conventional tariff
Vertragsteil *m* (Re) = Vertragspartner
Vertragstermin *m*
(com) contract deadline
- deadline for performance of contract
vertragstreue Partei *f* (Re) nondefaulting/nonbreaching ... party
Vertragstyp *m* (Re) type of contract
Vertrag *m* **sui generis** (Re) contract sui generis
Vertragsurkunde *f* (Re) contractual document
Vertragsverhältnis *n*
(Re) contractual relationship
- relation ex contractu
Vertragsverlängerung *f* (Re) extension/renewal ... of a contract
Vertragsverletzung *f*
(Re) breach/violation ... of contract
- breach of duty to perform
Vertragsverpflichtung *f* (Re) contractual obligation
Vertragswerk *n* (Re) set of agreements
vertragswidrig
(Re) contrary to
- not conforming to
- not conformable to
- not in keeping with
- in violation of ... a contract
Vertragswidrigkeit *f*
(Re) contractual defect
- lack of conformity with the contract
Vertragswille *m*
(Re) meeting/union ... of minds of the contracting parties
- intention of the parties to a contract

777

Vertragszollsatz *m* (Zo) contractual/convention-al . . . rate of customs duty

Vertrag *m* **über den Zuschlag** (com) purchase award contract

Vertrag *m* **unterzeichnen** (Re) to sign a contract

Vertrag *m* **verlängern** (Re) to renew a contract

Vertrag *m* **verletzen** (Re) to violate a contract

Vertrag *m* **widerrufen** (Re) to repudiate a contract

Vertrag *m* **zugunsten Dritter** (Re) third-party beneficiary contract

Vertrag *n* **zur Gründung der Europäischen Gemeinschaft** (EG) Treaty establishing the European Economic Community

Vertrag *m* **zur Gründung der Europäischen Gemeinschaft für Kohle und Stahl** (EG) Treaty establishing the European Coal and Steel Community

Vertrag *m* **zur Gründung der Europäischen Wirtschaftsgemeinschaft** (EG) Treaty establishing the European Economic Community

Vertrauensarzt *m* (SozV) physician acting as medical referee under social insurance legislation, § 369b RVO

Vertrauensbereich *m* (Stat) confidence . . . belt/interval/range /region *(syn, Konfidenzbereich)*

Vertrauensbruch *m* (Re) breach of . . . faith/confidence

Vertrauensentzug *m* **durch die Hauptversammlung** (com) vote of no-confidence of a shareholders' meeting

Vertrauensgrenze *f* (Stat) confidence limit

Vertrauensinteresse *n* (Re) negative interest, § 122 BGB
(ie, damage resulting from bona fide reliance on validity of contract; syn, negatives Interesse; opp, Erfüllungsinteresse, positives Interesse)

Vertrauensintervall *n* (Stat) = Vertrauensbereich

Vertrauenskoeffizient *m* (Stat) confidence coefficient

Vertrauensmänner *mpl* (Pw) union shop stewards

Vertrauensniveau *n* (Stat) confidence level *(syn, Konfidenzniveau)*

Vertrauensschaden *m* (Re) = Vertrauensinteresse

Vertrauensschaden-Versicherung *f* (Vers) commercial fidelity insurance

Vertrauensstellung *f* (Pw) confidential (*or* fiduciary) position

Vertrauensverhältnis *n* (Re) confidential (*or* fiduciary) relation

Vertrauenswerbung *f* (Mk) institutional advertising

vertraulich
(com) strictly confidential
– in strict confidence

vertraulicher Bericht *m* (com) confidential report

vertrauliches Schriftstück *n* (com) confidential document

vertretbar
(Re) justifiable
– defensible
– reasonable
(com) fungible

vertretbare Sachen *fpl* (Re) fungible goods, § 91 BGB

vertretbare Waren *fpl* (Re) fungible (*or* merchantable) goods

vertretbare Wertpapiere *npl* (Fin) fungible securities

Vertretbarkeit *f*
(Re) justifiability
(com) fungibility

vertreten
(com) to act for (*or* in place of)
– to deputize for
– to substitute for
(Re) to represent *(ie, said of lawyers)*
– (GB) to act for
(Re) to answer for
– to be responsible for

Vertretener *m* (Re) principal
(ie, person for whom someone else acts as a representative, § 70 AO)

Vertreter *m*
(Re) attorney-in-fact, § 164 BGB
– agent
(com) deputy
– substitute
– proxy
(Mk) salesman (saleswoman)
– sales representative
(Mk) traveling salesman
– (GB) commercial traveller
(Vers) insurance agent

Vertreterbericht *m*
(com) agent's report
– call slip

Vertreterbesuch *m* (com) sales call

Vertreterbezirk *m* (com) agent's territory

Vertreterkosten *pl* (KoR) agency expenses

Vertreter *m* **ohne Vertretungsmacht** *f*
(Re) unauthorized agent
– *(civil law)* falsus procurator
(ie, attorney-in-fact without proper authority, § 179 BGB)

Vertreterorganisation *f* (Mk) sales force

Vertreterprovision *f*
(com) agency fee
– agent's commission

Vertreterstab *m* (com) staff of representatives

Vertreterversammlung *f* (Bw) Representatives' Assembly

Vertreterversandhandel *m* (com) traveling salesman's trade *(ie, door-to-door canvassing of mail orders)*

Vertretervertrag *m* (Re) agency agreement

Vertretervollmacht *f* (Vers) commission of authority

Vertretung *f*
(com) substitution
– deputizing
– proxy
(Re) agency, § 164 BGB *(ie, used for cases in which agent is acting openly in the name of principal)*
(com) representation

Vertretung *f* **gemeinsamer Interessen**
(com) promotion (*or* furtherance) of common interests

Vertretungsberechtigter *m*
(Re) person acting for and on/in behalf of
– autorized representative

Vertretungsgrundsatz *m* (Re) principle of representation

Vertretungsmacht *f* (Re) power of representation
(or to represent*)*
(opp, Geschäftsführungsbefugnis)

Vertretungsmacht *f* **überschreiten**
(Re) to act in excess of authority
– to exceed one's instructions as an agent
(ie, to do an act outside the scope of the purpose for which agent has been appointed)

Vertretungsverhältnis *n* (Re) agency

Vertretungsvertrag *m* (Re) contract of agency
(com) representative agreement

Vertretungszwang *m* (Re) mandatory representation *(ie, by lawyer in court)*

Vertrieb *m*
(Mk) distribution
– selling
– marketing
(Mk) marketing department

Vertrieb *m* **nach dem Schneeballprinzip**
(Mk) multi-level distributorship
– pyramid selling

Vertriebsabteilung *f* (Mk) marketing department

Vertriebsaufwendungen *fpl* (ReW) selling expenses

Vertriebsberater *m* (Mk) marketing consultant

Vertriebsbereich *m* (Bw) sales function *(or* sector*)*

Vertriebsbindung *f* (Mk) distributional restraint

Vertriebsbüro *n* (com) selling agency

Vertriebseinrichtung *f* (Kart) selling organization, § 5 III GWB

Vertriebseinrichtungen *fpl* (Mk) distribution facilities

Vertriebsergebnis *n* (Bw) sales results

Vertriebsfunktion *f* (Mk) marketing function

Vertriebsgebiet *n* (Mk) sales territory

Vertriebsgemeinkosten *pl*
(KoR) selling overhead *(or* expense*)*
– (GB) marketing cost
(ie, cost identified with acquiring and maintaining markets for a company's products, and with collecting payments from customers)

Vertriebsgesellschaft *f* (com) selling *(or* marketing*)* company
(ie, preferred form: Vertriebskapitalgesellschaft, either AG or GmbH)

Vertriebskartell *n* (Kart) sales cartel

Vertriebskonsortium *n*
(Fin) selling group
– selling *(or* trading*)* syndicate

Vertriebskosten *pl*
(KoR) distribution *(or* selling*)* expense
– sales cost

Vertriebskostenanalyse *f* (Mk) distribution cost analysis

Vertriebskostenrechnung *f* (Mk) distributive costing

Vertriebskostenstelle *f* (KoR) sales department cost center
(syn, Vertriebsstelle)

Vertriebslager *n* (Mk) sales depot

Vertriebsleiter *m* (Mk) sales *(or* marketing*)* manager

Vertriebsleitung *f* (Mk) sales *(or* marketing*)* management

Vertriebsmittel *npl* (Mk) marketing tools

Vertriebsnetz *n* (Mk) marketing network

Vertriebsorganisation *f* (Mk) marketing organization

Vertriebsplan *m*
(Mk) marketing plan
– sales budget

Vertriebspolitik *f* (Mk) distribution *(or* marketing*)* policy

Vertriebsrecht *n* (Re) right of sale

Vertriebsrisiken *npl* (Mk) general marketing risks

Vertriebsschulung *f* (Mk) marketing training

Vertriebsspanne *f* (Mk) sales margin

Vertriebsstelle *f* (Mk) sales outlet

Vertriebsstrategie *f* (Mk) marketing strategy

Vertriebstochter *f* (Mk) marketing subsidiary

Vertriebs- und Verwaltungsgemeinkosten *pl*
(KoR) selling and administrative expense
– general operating expense

Vertriebswagnis *n* (ReW) accounts receivable risk
(syn, Debitorenwagnis)

Vertriebsweg *m*
(Mk) distributive channel
– channel of distribution

verunglückte Organschaft *f* (StR) invalid integration arrangement
(ie, because one of its indispensable elements [financial, economic, and organizational integration] is missing)

veruntreuen
(Re) to misappropriate
(ie, implies breach of trust; cf, auch „unterschlagen")

Verursacherprinzip *n*
(com) polluter principle
– „polluter-must-pay" principle
(ie, anybody who causes damage to the environment shall be liable for the resulting costs)

Verursachungsprinzip *n* (Vw) principle of causation

verurteilen
(com) to condemn *(ie, say sth is wrong or evil)*
(Re) to condemn *(eg, to spend the rest of his life in prison)*
– to pass judgment on
– to pass sentence on *(eg, judge passed a heavy sentence on her)*

verurteilen (zu) (Re) to hand down a sentence (to)

Verurteilung *f* (Re) conviction *(opp, Freispruch = acquittal)*

vervielfältigen (com) to duplicate

Vervielfältiger *m*
(Math) multiplier
(com) duplicator

vervielfältigte Unterschrift *f* (com) facsimile signature

verwahren (com) to hold in safe custody

verwahrende Bank *f* (Fin) custodian bank

Verwahrer *m* (Re) depositary

Verwahrung *f*
(Re) custody
(Fin) safekeeping *(eg, of securities)*
– (GB) safe custody *(or* storage*)*

Verwahrungsbuch *n* (Fin) custody ledger

Verwahrungsgebühr *f* (Fin) custody fee

Verwahrungsgeschäft *n* (Fin) custody transactions

Verwahrungslager *n* (Zo) temporary store

Verwahrungsstücke *npl* (Fin) custody items

Verwahrungsvertrag *m* (Re) custody agreement
(ie, for the safekeeping of movables, whether for reward or otherwise, § 688 BGB)

verwalten
(Bw) to administer
– to manage

verwaltende Funktionen *fpl* (Bw) administrative (*or* custodial) functions

verwaltetes Vermögen *n* (Fin) agency fund

Verwaltung *f*
(Bw) administration
– management
(Bw) administrative department

Verwaltungsakt *m* (StR) administrative act (*or* decision)

Verwaltungsakt *m* **aufheben** (StR) to vacate an administrative decision

Verwaltungsaktien *fpl* (Fin) management shares
(ie, held in treasury, usu. by an underwriting group on behalf of company's management)

Verwaltungsapparat *m*   (Bw)   administrative machinery

Verwaltungsarbeiten *fpl* (com) administrative work

Verwaltungsausschuß *m* (EG) management committee

Verwaltungsbehörde *f* (Re) administrative agency

Verwaltungsbeirat *m* (Re) advisory council

Verwaltungsbeschwerde *f*   (Re)   appeal   taken against an administrative decision

Verwaltungsentscheidung *f* (Re) administrative decision

Verwaltungsermessen *n* (Re) administrative discretion

Verwaltungsfachmann *m*
(Bw) administrator

Verwaltungsgebäude *n*
(Bw) administrative building
– main office building

Verwaltungsgebühr *f*
(Re) administrative fee (*or* charge)
(Fin) management fee

Verwaltungsgemeinkosten *pl*
(KoR) general and administrative . . . expense/overhead)
– (GB) administration . . . cost/expense
– establishment expense

Verwaltungsgericht *n*
(Re) first-instance administrative court
– administrative court of original jurisdiction

Verwaltungsgerichtsbarkeit *f* (Re) system of administrative jurisdiction

Verwaltungsgerichtshof *m* (Re) appellate administrative court
(ie, term allowed under provincial law for ,Oberverwaltungsgericht')

Verwaltungsgerichtsordnung *f* (Re) Code of Administrative Procedure, of 21 Jan 1960

Verwaltungsgesellschaft *f*
(Fin) management company
– fund manager

Verwaltungsinvestitionen *fpl* (FiW) government capital expenditure

Verwaltungskosten *pl*   (KoR)   administrative expense

Verwaltungskostenanteil *m* (Vers) portion of administrative expense included in premium income

Verwaltungskostenstelle *f*   (KoR)   administration cost center
(ie, dienen der Abrechnung der Kosten der allgemeinen Aufgaben; eg, accounting, management, personnel department)

Verwaltungskostenzuschlag *m* (Vers) (margin of) loading

Verwaltungskredit *m* (Fin) transmitted loan

Verwaltungskredite *mpl*   (FiW)   borrowing   to smooth out budgetary irregularities

Verwaltungsorgan *n* (Re) administrative body

Verwaltungsrat *m*
(com) administrative board
– board of administration
(ie, of public bodies; opp, supervisory board of stock corporations)
(com) administrative board
(ie, nicht selten in der GmbH zu finden: kann überwachende als auch beratende und entscheidende Kompetenzen haben)
(com) board of directors *(ie, of companies outside Germany)*

Verwaltungsrecht *n* (Re) administrative law

Verwaltungsrechtsweg *m*
(Re) recourse to administrative tribunals *(opp, recourse to ordinary courts)*
– administrative remedies

Verwaltungstreuhand *f* (Re) administrative trust

Verwaltungsverfahren *n* (Re) administrative procedural practise

Verwaltungsverfahrensgesetz *n* (Re) Law on Administrative Procedure, of 25 May 1976

Verwaltungsvermögen *n* (Re) assets serving administrative purposes *(ie, schools, hospitals, barracks, etc.)*

Verwaltungsverordnung *f* (Re) administrative decree

Verwaltungsvertrag *m*
(Bw) business management agreement
(Fin) investment contract

Verwaltungsvorschriften *fpl*   (Re)   administrative regulations

Verwaltungszwangsverfahren *n* (Re) administrative execution procedure

verwandte Erfindung *f* (Pat) cognate invention

verwässertes Grundkapital *n* (Fin) diluted capital

Verwässerung *f* **des Aktienkapitals**
(Fin) dilution of equity
– stock watering

Verwässerungseffekt *m* (Fin) share dilution effect

Verwechslungsgefahr *f* (Re) risk of confusion *(ie, of firm names)*

Verwechslung *f* **von Warenzeichen** (Pat) confusion of trade mark

Verweigerung *f* **des Bestätigungsvermerks** (ReW) disclaimer of audit opinion

Verweigerungsliste *f* (AuW, US) denial list

Verweildauer *f* (SozV) length of stay
(ie, patient's stay in hospital; a measure of use of

health facilities; reported as an average number of days spent in a facility per admission (Aufnahme) or discharge (Entlassung))

Verweilzeit *f*
(OR) expected waiting + service time
(EDV) elapsed (*or* job around) time *(syn, Auftragsumlaufzeit)*

Verweis *m* (ReW) censure, § 68 WPO

Verweisadresse *f* (EDV) chaining address

verweisen an (Re) to refer to

Verweisung *f* (Re) referral (an = to)

Verweisung *f* **an ein Schiedsgericht** (Re) reference to arbitration

verwendbares Eigenkapital *n*
(StR) distributable equity capital
– available net equity
(ie, generic term for all balance-sheet items that can be the object of a corporate distribution, § 27 KStG 1977)

Verwender *m* (com) user

Verwendung *f* **des BIP** (VGR) use of GDP (*or* gross domestic product)

Verwendung *f* **des Bruttosozialprodukts** (VGR) expenditure on gross national product

Verwendung *f* **des Reingewinns** (ReW) appropriation of net income

Verwendueion of net income

Verwendungen *fpl* (Re) outlays for the maintenance or improvement of property

Verwendungsdauer *f* (Bw) service life

Verwendungsrechnung *f*
(VGR) consumption-plus-investment method
– (GB) consumption-savings method

Verwendungsschein *m* (EG) document for temporary importation

Verwendungsseite *f* (VGR) expenditure side

Verwendungszwang *m* (AuW) mixing and tying requirements

Verwerfen *n*
(Stat) refusal
– final rejection

Verwerfung *f* **der Buchführung** (StR) rejection of the accounting system *(ie, by tax authorities, Abschn. 29 II No. 6 EStR)*

verwerten
(com) to utilize
(Re) to realize

Verwertung *f*
(com) utilization
(Re) realization *(ie, by judicial sale or otherwise)*

Verwertung *f* **e-s Patents**
(Pat) exploitation
– use
– working . . . of a patent

Verwertungsaktien *fpl* (Fin) = Vorratsaktien

Verwertungsgesellschaft *f* (Bw) company or partnership exploiting third-party rights

Verwertungskonsortium *n* (Fin) selling syndicate

Verwertungsrechte *npl* (Pat) rights of exploitation, §§ 15 ff UrhG

verwirken
(Re) to forfeit
(Re) to incur *(eg, a penalty)*

verwirkte Strafe *f* (Re) forfeited penalty, § 343 BGB

Verwirkung *f* (Re) forfeiture *(eg, of contractual rights, § 360 BGB)*

Verwirkung *f* **des Rücktrittsrechts** (Re) forfeiture of right of rescission

Verwirkungsklausel *f* (Re) = Verfallklausel, qv

verzahnen
(EDV) to interlace
– to interleave

verzahnt ablaufende Verarbeitung *f*
(EDV) concurrent processing
– multi-processing

Verzahnung *f*
(EDV) interlacing
– interleaving

Verzahnung *f* **zwischen System und Struktur** (Bw) crosswalk

verzeichnen
(com) to record
(com) to post *(eg, large increases in orders received)*

Verzeichnis *n* **der Patentklassen** (Pat) class index of patents

verzerrende Schätzfunktion *f* (Stat) biased estimator

verzerrte Auswahl *f* (Stat) selective bias

verzerrte Prüfung *f* (Stat) biased test

verzerrte Stichprobe *f* (Stat) biased sample

Verzerrungen *fpl* **des internationalen Handels** (AuW) nontariff distortions of international trade
(ie, wider than ,nontariff barriers')

Verzerrung *f* **nach oben** (Stat) upward bias

Verzerrung *f* **nach unten** (Stat) downward bias

Verzicht *m*
(Re) disclaimer
– waiver
(Re) release agreement, § 397 I BGB *(syn, Erlaßvertrag, qv)*

Verzicht *m* **auf Ersatzansprüche** (Re) waiver of claims for damages

Verzicht *m* **auf Steuerbefreiungen** (StR) waiver of exemption, § 4 No. 6 ff UStG

Verzicht *m* **auf Stundungszinsen** (StR) waiver of interest on delinquent taxes, § 234 II AO

verzichten auf
(com) to pass up *(eg, cheap prices offered by subcontractors)*
(Re) to disclaim
– to waive

Verzichterklärung *f*
(Re) (notice of) disclaimer
– waiver

verzinsen
(Fin) to pay interest (on)
(Fin) to bear (*or* yield) interest

verzinslich (Fin) bearing interest

verzinsliche Forderung *f* (Fin) interest-bearing debt

verzinsliche Schatzanweisungen *fpl*
(Fin) treasury notes, not discounted

verzinsliches Darlehen *n* (Fin) interest-bearing loan

verzinsliches Guthaben *n* (Fin) money drawing interest *(ie, in a bank account)*

verzinsliches Sonderdarlehen *n* (Fin) special interest-bearing loan

verzinslich mit (Fin) bearing interest at the rate of

781

Verzinsung f
(Fin) rate of interest
(Fin) return
(Fin) interest payment
Verzinsung f **des eingesetzten Kapitals** (Fin) return on capital employed
Verzinsungsverbot n (Vw) ban on interest payments *(ie, in deposits of nonresidents)*
verzögern
(com) to delay
– to retard
– to slow
– (infml) to hold up
– to put back *(eg, decision, production, delivery)*
verzögernde Einrede f (Re) dilatory defense *(or* exception)
(ie, not tending to defeat an action, but only to retard its progress; syn, dilatorische Einrede)
verzögerte Anpassung f (Vw) lagged adjustment
verzögerte Ausstoßvariable f (Vw) lagged output term
verzögerte Auszahlung f **des Akkreditivbetrages** (Fin) deferred payment
verzögerte endogene Variable f (Stat) lagged endogenous variable
verzögerte Funktion f (Vw) lagged function
verzögerte Investitionsfunktion f (Vw) lagged investment function
verzögerte Konsumfunktion f (Vw) lagged consumption function
verzögerte Variable f (Vw) lagged variable
Verzögerung f
(com) delay
– retardation
(OR) slip
– slippage
Verzögerungstaktik f (com) delaying *(or* postponement) tactics
Verzögerungszeit f (EDV) deceleration time
verzollen (Zo) to clear through the customs
verzollt
(com) cleared customs
– duty paid
verzollte Ware f (com) goods out of bond
Verzollung f (Zo) customs clearance
Verzollung f **bei Auslagerung** (Zo) clearance from bonded warehouse
Verzollungsförmlichkeiten fpl (Zo) customs clearance formalities
Verzollungsgebühren fpl (Zo) customs clearance charges
Verzollungskosten pl (Zo) clearance charges
Verzollungsmaßstäbe mpl (Zo) bases of customs duties *(ie, percentages, quantities)*
Verzollungspapiere npl (Zo) clearance papers
Verzollungswert m
(Zo) customs *(or* declared) value
– current domestic value
Verzug m
(Re) delayed performance
– delay in performance
(ie, term unknown in English law; the legal consequences of delayed performance depend on ,whether time is of the essense of the contract or not')

(Fin) default *(eg, on loan agreement)*
Verzugsklausel f (Fin) default clause
(ie, Gläubiger e–s Euromarktkredits hat die Möglichkeit, das Kreditverhältnis im Falle des Zahlungsverzugs des Schuldners zu kündigen; cf, reziproke Verzugsklausel)
Verzugsschaden m (Re) damage caused by delayed performance, § 286 BGB
Verzugsstrafe f (Re) penalty for delayed delivery
Verzugszinsen mpl
(Fin) (penalty) interest on arrears, § 288 BGB
– interest on defaulted payment
verzweigen
(EDV) to branch
– to jump
(ie, to depart from normal sequence of instructions
verzweigte Phasenfolge f (OR) branched-phase sequence
Verzweigung f
(EDV) branch
– jump
Verzweigungsadresse f (EDV) branch address *(syn, Sprungadresse)*
Verzweigungsbefehl m
(EDV) branch instruction
– jump/skip/transfer/conditional ... instruction
– unconditional branch
Verzweigungspunkt m
(Math) branch/winding ... point *(ie, of Rieman surface)*
(EDV) branch(ing) point
Verzweigungsschnitt m (Math) branch cut
Videokonferenz f (EDV) video conference
Video-Recorder m (com) video tape recorder, VTR
vieldeutige Abbildung f (Math) relation
vieldeutige Funktion f (Math) many-valued function
Vieleck n (Math) polygon
Vielfaches n (Math) multiple
Vielfachleitung f
(EDV) highway
– bus
vielflächiger Graph m (Math) polyhedral graph
Vielkanten-Netzplan m (OR) multi-branch network
Vielschutzdeckung f (Vers) multiple-protection insurance
vielseitig (com) versatile
vielseitig ausgebildet (Pw) well-rounded *(ie, with a broad general education)*
Vielseitigkeit f (com) versatility
Vieradreßbefehl m (EDV) three-plus-one address instruction
Vieradreßcode m (EDV) four address code
Vierfeldertafel f (Stat) two-by-two table
Vierschaltungseinheit f (EDV) quad *(ie, four separately insulated conductors twisted together)*
Vier-Sektoren-Wirtschaft f (VGR) four-sector economy
vierstelliger Junktor m (Log) quaternary connective
Vierteljahresbericht m (ReW) quarterly statement
Vierteljahresbeträge mpl (com) quarterly contributions
Vierteljahresdividende f (Fin) quarterly dividend

Vierteljahresgeld *n* (Fin) three-month (money)
Vierteljahresprämie *f* (Vers) quarterly premium
vierteljährliche Kreditnehmer-Statistik *f* (Fin) quarterly summary reports on credits extended to resident borrowers as per the end of each calendar quarter
Vierzig-Stunden-Woche *f* (Pw) forty-hour week
Vinkulationsgeschäft *n* (com) lending on goods in rail transit
vinkulieren (Fin) to restrict transferability
vinkulierte Namensaktie *f* (Fin) registered share not freely transferable
(ie, transfer inter vivos contingent upon the consent of the corporation, § 68 AktG)
Vinkulierung *f* (Fin) restriction of transferability
Virement *n* (FiW) virement
virtuelle Adresse *f* (EDV) virtual address *(syn, real address)*
virtueller Speicher *m* (EDV) virtual memory
virtuelle Verbindung *f* (EDV) virtual circuit
Visitenkarte *f*
(com) visiting
– calling
– business . . . card
visueller Trend *m* (Stat) visual trend
Vitationskonflikt *m* (Bw) minus-minus conflict
Vogel-Strauß-Politik *f* (com) ostrich approach
Volatilität *f* (Bö) volatility
(ie, measures the degree of fluctuation in the share price during the previous 12 months; it is calculated on a standard deviation of the price, which is divided by the mean price, and the result may be translated into a scale from 1 to 20; the higher the value, the higher the volatility of the stock)
volkommene Elastizität *f* (Vw) perfect elasticity
Volksbank *f* (Fin) people's bank
Volkseinkommen *n* (VGR) national income *(ie, net national product at factor cost)*
Volkseinkommensgleichung *f* (Vw) income and expenditure equation
Volkshochschule *f* (Pw, appr) adult evening classes
Volksrente *f*
(SozV) universal pension
– demogrant
(ie, as practiced in Sweden and dreamt of by socialists all over the world)
Volksvermögen *n* (VGR) national wealth
Volksvermögensrechnung *f* (VGR) national balance sheet
Volkswirtschaft *f*
(Vw) economy
– economy as a whole
(Vw) = Volkswirtschaftslehre
Volkswirtschaft *f* **im Gleichgewicht** (Vw) balanced economy
volkswirtschaftlich (Vw) economic
volkswirtschaftliche Erträge *mpl* (Vw) social returns
volkswirtschaftliche Gesamtanalyse *f* (VGR) macroeconomic analsysis
volkswirtschaftliche Gesamtausgaben *fpl* (VGR) national expenditure
volkswirtschaftliche Gesamtgrößen *fpl*
(Vw) aggregates *(ie, of economic activity)*
– broad totals

– economy-wide totals
volkswirtschaftliche Gesamtnachfrage *f* (Vw) aggregate demand
volkswirtschaftliche Gesamtplanung *f*
(Vw) overall economic planning
– ‚planification'
volkswirtschaftliche Gesamtrechnung *f*
(VGR) national accounting (system)
– national accounts
– macroeconomic accounting
volkswirtschaftliche Indifferenzkurve *f* (Vw) community indifference curve
volkswirtschaftliche Indikatoren *mpl* (Vw) social indicators
volkswirtschaftliche Kosten *pl* (Vw) social (*or* external) costs
volkswirtschaftliche Liquiditätsquote *f* (Vw) liquidity ratio of the economy
volkswirtschaftliche Nutzen *mpl* (Vw) social benefits
volkswirtschaftliche Planung *f* (Vw) economic planning
volkswirtschaftliche Rahmenbedingungen *fpl*
(Vw) general economic setting
– regulatory framework
volkswirtschaftlicher Produktionsprozeß *m* (Vw) aggregate production process
volkswirtschaftliche Sparquote *f* (VGR) aggregate savings ratio
volkswirtschaftliches Rechnungswesen *n* (VGR) aggregate economic accounting
volkswirtschaftliche Theorie *f* (Vw) economic theory (*or* analysis)
volkswirtschaftliche Theorie *f* **der Firma** (Vw) theory of the firm
volkswirtschaftliche Verflechtungsmatrix *f* (Vw) input-output table
volkswirtschaftliche Vermögensbildung *f* (Vw) aggregate wealth formation
volkswirtschaftliche Wertschöpfung *f* (VGR) aggregate value added
Volkswirtschaftslehre *f* (Vw) economics
(syn, Wirtschaftswissenschaft, Nationalökonomie, Sozialökonomie, Politische Ökonomie)
Volkswirtschaftspolitik *f* (Vw) = Wirtschaftspolitik
Volkswirtschaftstheorie *f* (Vw) economic analysis
Volkszählung *f* (Stat) population census
Vollabschreibung *f* (ReW) immediate writeoff
voll abzugsfähig (FiW) fully tax deductible
voll abzugsfähige Sonderausgaben *fpl* (StR) fully deductible special expenses
Vollamortisations-Leasing *n* (Mk) full pay-out lease
(ie, sum of the lease rentals and contractual proceeds from disposition of the asset at the end of the lease term amortizes the original acquisition cost of the lessor)
Vollamortisationsvertrag *m* (Mk) full payout leasing contract
Vollanrechnungssystem *n* (StR) full credit system
Vollarbeitskräfte *fpl* (Pw) full-time employees
voll ausgebildet (Pw) fully trained
Vollauslastung *f* (Bw) full capacity operation (*or* use)
Vollauslastung *f* **des Produktionspotentials** (Bw) full capacity use of capital stock

Vollausschüttung f (Fin) full profit distribution
vollautomatisch (IndE) fully automatic
vollautomatische Fabrik f (IndE) fully automatic plant
vollautomatische Fertigung f (IndE) fully automatic assembly
vollautomatischer Betrieb m (IndE) fully automatic operation
vollautomatisches Lagersystem n (MaW) fully automated storage system
Vollautomatisierung f (IndE) full automation
Vollbeendigung f e-r **Gesellschaft** (Re) final acts of liquidation, § 157 I HGB
Vollbeschäftigung f
(Vw) full employment *(ie, full utilization of resources; usu. limited to labor)*
(Bw) full capacity ... utilization/use /operation)
– capacity ... working/output/production
Vollbeschäftigungsbudget n (FiW) full employment budget
Vollbeschäftigungsdefizit n (Vw) full employment deficit
Vollbeschäftigungsgrad m (Vw) full employment ratio
(ie, effective use of labor force to 100% full employment)
Vollbeschäftigungslücke f (Vw) gross national product gap
Vollbeschäftigungs-Output m (Vw) potential gross national product
Vollbeschäftigungspolitik f (Vw) full employment policy
Vollbeschäftigungsüberschuß m (FiW) full employment budget surplus
Vollbeschäftigungsüberschußbudget n (FiW) full employment surplus budget
Vollbeschäftigungswirtschaft f (Vw) full employment economy
Vollbeschäftigungsziel n (Vw) full employment goal
Vollcharter f (com) complete charter
Voll-Containerladung f (com) full container load, F.C.L.
volle Bedingungen (com) full terms, ft.
volle Bildschirmunterstützung f (EDV) full screen mode *(or editing)*
volle Deliktsfähigkeit f (Re) unlimited capacity to commit unlawful acts
volle Haftung f
(Bw) unlimited
– full
– personal ... liability *(syn, unbeschränkte Haftung)*
Volleindeckung f (Fin) unqualified cover
voll eingezahlte Aktien fpl (Fin) fully paid-up shares
voll eingezahltes Kapital n (ReW) fully paid-up capital
voll eingezahlte Versicherung f (Vers) paid-up insurance *(or policy)*
volle Konvertierbarkeit f (AuW) full *(or unrestricted)* convertibility
Vollerhebung f (Stat) full census *(ie, complete-population survey; opp, Teilerhebung)*
voller Lohnausgleich m (Pw) no loss of pay *(eg, when working time is cut)*

voller Satz m (com) full set *(eg, of bills of lading)*
voller Schluß m (Bö) full *(or even)* lot
volles Eigentum n (Re) unrestricted ownership
Vollfamilie f (Stat) full family *(opp, Kernfamilie)*
Vollfinanzierung f (Fin) 100% outside financing
voll gezeichnete Anleihe f (Fin) fully subscribed loan
Vollhafter m (com) general partner *(syn, Komplementär; opp, Teilhafter, Kommanditist)*
völlig neu (com) brand-new
Vollindossament n
(WeR) full indorsement
– indorsement in full *(opp, Blankoindossament)*
Volljährigkeit f
(Re) full *(or legal)* age
– majority *(ie, generally 18 years of age)*
Volljährigkeitserklärung f (Re, US) decree of full emancipation
volljährig werden
(Re) to come of age
– to attain majority *(or full age)*
Volljurist m (Re) fully trained lawyer *(opp, German facetious term: Schmalspurjurist)*
Vollkasko n mit **Selbstbeteiligung** (Vers) deductible clause collision insurance
Vollkaskoversicherung f
(Vers) fully comprehensive cover
– full coverage insurance
– deductible clause collision insurance
Vollkaufmann m (Re) full *(or fully qualified)* merchant
(ie, registered in the Commercial Register and subject to all provisions of the HGB)
vollkommene homogene Konkurrenz f (Vw) pure competition
vollkommene Information f (Vw) complete information
(ie, of relevant events in past, present and future; opp, unvollkommene Information)
vollkommene Konkurrenz f (Vw) = vollständige Konkurrenz
vollkommen elastisch (Vw) perfectly elastic
vollkommener Markt m (Vw) perfect market
vollkommen unelastisch (Vw) perfectly inelastic
Vollkonsolidierung f (Bw) full consolidation, § 329 AktG
Vollkonvertibilität f (AuW) unrestricted convertibility
Vollkonzession f (Fin) unlimited banking license
(ie, issued by the banking supervisory authority)
Vollkosten pl (KoR) full cost *(opp, Teilkosten)*
Vollkostenbasis f (KoR) absorbed/full cost ... basis
Vollkostenkalkulation f
(KoR) full cost pricing
– markup pricing *(ie, average variable cost + markup)*
Vollkostenprinzip n
(KoR) full cost principle
– markup principle
Vollkostenrechnung f
(KoR) absorption/full ... costing
(ie, alle angefallenen Kosten werden auf die Kostenträger verrechnet; no distinction between fixed and variable costs is made in the accounts; opp, Teilkostenrechnung = direct costing, qv)

Vollkostenübernahme *f*
(Vers) comprehensive coverage
– (infml) „first-dollar" coverage
– provision of comprehensive benefits
Vollmacht *f* (Re) power of attorney *(ie, authority to act for and on/in behalf of)*
Vollmacht *f* **ausstellen** (Re) to execute a power of attorney (to)
Vollmachtsaktionär *m* (com) proxy shareholder, § 129 AktG
Vollmachtsformular *n* (comn) form of proxy
Vollmachtsindossament *n* (WeR) collection indorsement
Vollmachtsinhaber *m* (Re) holder of a power of attorney
Vollmachtsstimmrecht *n* (comn) proxy voting right
Vollmachtsurkunde *f*
(Re) power of attorney
– letter of attorney (*or* authorization)
Vollmachtswiderruf *m*
(Re) rescission
– revocation
– withdrawal . . . of a power of attorney
Vollmacht *f* **überschreiten** (Re) to exceed (*or* overstep) one's authority
Vollmitglied *n* (com) full/regular . . . member
voll nutzen (com) to exploit to the fullest practicable extent
Volloperation *f* (EDV) complete operation
Vollprüfung *f*
(IndE) 100% (*or* screening) inspection
(ReW) general
– complete
– detail . . . audit
Vollsortiment *n* (Mk) full range of products
vollständig ausgezahlter Kredit *m* (Fin) fully paid-out loan
vollständig austauschen
(com) to replace completely
– (infml) to replace lock, stock and barrel
vollständige Abgabenbefreiung *f* (Zo) total exemption
vollständige Aussetzung *f* **der Zollsätze** (Zo) total suspension of customs duties
vollständige Disjunktion *f*
(Log) exclusive disjunction
– alternation
(ie, kontradiktorischer Gegensatz der klassischen Logik)
vollständige ganzzahlige Matrix *f* (OR) all-integer matrix
vollständige Induktion *f* (Math) weak (*or* complete) induction
(ie, das 5. Peanosche Axiom heißt auch das Prinzip der vollständigen Induktion: folgt aus der Richtigkeit für e–e natürliche Zahl k stets die Richtigkeit für den Nachfolger k', dann ist die Aussage für alle natürlichen Zahlen richtig; opp, unvollständige Induktion = incomplete induction)
vollständige Invalidität *f* (SozV) complete disablement
vollständige Konkurrenz *f* (Vw) perfect (*or* pure) competition
(syn, vollkommene Konkurrenz)

vollständige Operation *f* (EDV) complete operation
vollständiger Satz *m* (com) = voller Satz
vollständiger Wettbewerb *m* (Vw) = vollständige Konkurrenz
vollständiges Integral *n* (Math) complete integral
(ie, solution of a first-order partial differential equation is a complete integral if it depends on two independent parameters)
vollständiges Monopol *n* (Vw) absolute monopoly
vollständiges System *n* (EDV) turnkey system
(ie, complete as purchased, and ready to run when the boxes are opened)
vollständige Unelastizität *f* (Vw) complete (*or* perfect) inelasticity *(ie, of supply and demand)*
vollständig ganzzahliger Algorithmus *m* (OR) all-integer algorithm
vollständig gezeichnete Anleihe *f* (Fin) fully subscribed loan
vollständig zerlegt (IndE) completely knocked down, CKD
vollstreckbar (Re) enforceable by execution
vollstreckbare Ausfertigung *f* (Re) enforceable proof of indebtedness, § 724 ZPO
vollstreckbare Entscheidung *f*
(Re) decision capable of execution
– enforceable decision
vollstreckbare Forderung *f*
(Re) enforceable claim
– judgment debt
vollstreckbarer Titel *m* (Re) = Vollstreckungstitel
vollstreckbare Urkunde *f* (Re) enforceable instrument
(ie, allowing creditor to have execution levied upon debtor, § 794 I 5 ZPO)
Vollstreckbarkeit *f* (Re) enforceability by execution
vollstrecken (Re) to enforce
vollstreckende Zuständigkeit *f*
(Re) executory jurisdiction
– (US) enforcement of judgment
(ie, power of a state to enforce its laws and judgments; opp, materielle Zuständigkeit = legislative jurisdiction)
Vollstreckung *f*
(Re) judicial enforcement
– execution
Vollstreckung *f* **aussetzen** (Re) to stay execution of decision
Vollstreckungsabwehrklage *f* (Re) = Vollstreckungsgegenklage
Vollstreckungsbefehl *m* (Re) (obsolete) = Vollstreckungsbescheid
Vollstreckungsbehörde *f* (Re) law enforcement authority *(syn, Vollzugsbehörde)*
Vollstreckungsbescheid *m* (Re) judicial order for execution *(ie, für vollstreckbar erklärter Mahnbescheid)*
Vollstreckungsgegenklage *f* (Re) action opposing judicial enforcement, § 767 ZPO *(syn, Vollstreckungsabwehrklage)*
Vollstreckungsgericht *n* (Re) court in charge of enforcement procedures, § 764 ZPO
Vollstreckungsgläubiger *m*
(Re) execution creditor

– judgment creditor *(eg, has obtained a court judgment in respect of a debt)*

Vollstreckungsmaßnahme *f* (StR) forcible tax collection

Vollstreckungsschuldner *m*
(StR) execution debtor, § 253 AO
– judgment debtor

Vollstreckungsschutz *m* (Re) protection against unfair judicial execution, § 765 a ZPO

Vollstreckungstitel *m* (Re) enforceable legal document
(ie, judgement, attachment order, arbitration award, temporary injunction, etc.; syn, Schuldtitel)

Vollstreckungsvereitelung *f* (Re) frustration of a writ of execution, § 288 StGB

Vollstreckungsverfahren *n* (Re) execution proceedings

voll überwälzen (com) to pass *(ie, rising costs)* on fully *(eg, in higher product prices)*

Vollversammlung *f* (com) general assembly *(or meeting)*
(Re) plenary session

Vollversicherung *f* (Vers) = Vollwertversicherung

voll verwässerter Gewinn *m* **je Aktie** (Fin) fully diluted earnings per share

vollwertige Münze *f* (Vw) full-bodied coin

Vollwertversicherung *f* (Vers) insurance at full value *(ie, insured value = insured sum)*

Vollzeitbeschäftigung *f* (Pw) full-time employment *(or* job)

Vollzeitkraft *f* (Pw) full-time employee

vollziehen
(Re) to enforce
– to execute

vollziehende Behörde *f* (Re) executive public agency

vollziehende Funktion *f* (Bw) operating function

Vollziehung *f* **aussetzen** (Re) to suspend enforcement

Vollzugsbehörde *f* (Re) law enforcement authority *(syn, Vollstreckungsbehörde)*

Vollzugsbudget *n* (Bw) operative budget

Vollzugsorgan *n* (Re) law enforcement agency

Volumen *n*
(Bw) volume
(Fin) total lendings
(Bö) turnover
– volume

Volumenbudget *n* (Mk) volume budget *(syn, Absatzbudget)*

Volumenverluste *mpl* (com) losses in business volume

Vomhundertsatz *m* (com) percentage rate

vom Parteiwillen unabhängige Umstände *mpl* (Re) events beyond the reasonable control of the parties

von Amts wegen (Re) ex officio

von Anfang an nichtig (Re) void from the beginning *(or* ab initio)

von der Tagesordnung absetzen (com) to remove from the agenda

von Fall zu Fall (com) on a case-by-case basis

von Haus zu Haus (com) from warehouse to warehouse

von Lehre und Rechtsprechung entwickelt (Re) developed in and out of court

von links multiplizieren (Math) to premultiply

von Null verschiedener Wert *m* (Math) nonzero value

von rechts multiplizieren (Math) to postmultiply

von Rechts wegen (Re) as of right

von Todes wegen (Re) mortis causa
(ie, by reason of death; eg, donation mortis causa: a gift under apprehension of death; opp, inter vivos: unter Lebenden)

Vorabausschüttung *f* (StR) advanced distribution (of profit)

Vorabbericht *m* (ReW) flash report

Vorabdruck *m* (com) advance publication

Vorakten *fpl* (Re) previous files

Voranmelder *m* (Pat) prior applicant

Voranmeldung *f*
(com) advance notice
(StR) monthly prepayment notice (*or* report), § 18 I UStG
(Pat) previous application

Voranmeldungszeitraum *m* (StR) current prepayment period, § 13 UStG

Voranschlag *m*
(com) cost estimate *(syn, Kostenvoranschlag)*
(Fin) preliminary budget *(ie, part of financial planning)*

Voranzeige *f* (com) advance notice

Vorarbeiter *m*
(Pw) assistant *(or* petty) foreman
– subforeman
– (infml) gang *(or* straw) boss
(ie, does not hold any formal qualification)

Vorausabtretung *f* (Re) assignment in advance

Vorausanzeige *f* (Re) advance notice *(eg, to the Ministry of Finance)*

Vorausbestellung *f* (com) advance order

vorausbezahlen (com) to pay in advance

vorausbezahlt (com) prepaid

vorausdisponieren
(com) to make arrangements in advance
(com) to buy ahead

Vorausdispositionen *fpl* (com) advance arrangements

vorauseilender Indikator *m*
(Vw) leader
– leading indicator *(syn, vorlaufender Konjunkturindikator; Frühindikator)*

Vorausentwicklung *f* (Bw) advance development

Vorausfestsetzung *f* (Zo) advance fixing

Vorausfestsetzungsbescheinigung *f* (Zo) advance fixing certificate

vorausgehende Anmeldung *f* (Pat) prior application

vorausgeschätzte Gesamtprojektkosten *pl* (OR) projection of costs to product completion

vorausgeschätzte Kosten *pl* (KoR) formula cost

Vorausinformation *f*
(com) upstream information
– advance feedback
– information obtained in advance

Vorausleistung *f* (com) advance performance

Vorausplazierung *f* (Fin) advance selling *(ie, of a securities issue)*

Vorausprämie *f* (Vers) premium paid in advance

Vorausrechnung *f* (com) advance . . . invoice/bill

Voraussagespanne *f* (Stat) prediction interval

Voraussetzung *f*
(com) assumption
(com) condition *(eg, condition for signing; condition of continued support)*
– prerequisite *(ie, for/of)*

voraussetzungslos (Log) free of preconceptions

voraussichtliche Ausfälle *mpl* (ReW) contingent losses *(eg, on receivables)*

voraussichtliche Entwicklung *f* (ReW) anticipated development *(ie, of a company)*

voraussichtlicher Bedarf *m* (com) anticipated requirements

Vorausveranlagung *f* (StR) advance assessment

Vorauswahl *f*
(Pw) preliminary screening *(ie, of job applicants)*
(Bw) screening *(ie, of certain action alternatives)*

Vorauswertung *f* (com) initial evaluation

Vorauszahlung *f*
(com) advance payment
– payment in advance
– prepayment
– (infml) upfront payment
(ie, against future delivery)
(Fin) cash before delivery, c.b.d.

Vorauszahlungen *fpl* (StR) tax prepayments

Vorauszahlungsbescheid *m*
(StR) notice of current prepayment of tax
– notice of tax prepayment *(ie, issued by local finance office, § 37 III EStG)*

Vorauszahlungsfinanzierung *f* (Fin) financing by customer advances

Vorauszahlungsgeschäft *n* (com) sale against cash in advance

Vorauszahlungskredit *m* (Fin) = Kundenanzahlung

Vorauszahlungsrabatt *m* (com) anticipation rebate

Vorbehalt *m*
(Re) limiting condition
– reservation
– proviso *(ie, with the proviso that . . .)*

Vorbehalt *m* **der Plazierbarkeit** (Fin) best efforts clause
(ie, gilt für den von den Führungsbanken bei Roll-over-Krediten nicht fest übernommenen Kreditbetrag)

vorbehaltlich
(com) subject to
– with the proviso that . . .
– provided that

vorbehaltlose Abtretung *f* (Vers) absolute assignment

Vorbehaltskauf *m* (com) conditional sale

Vorbehaltskäufer *m* (com) conditional purchaser

Vorbehaltsurteil *n* (Re) final judgment issued subject to a proviso, § 219 BGB

vorbeikommen (com) to call by *(ie, in passing)*

Vorbemerkungen *fpl* (Log) preliminary notes

Vorbenutzungsrecht *n* (Pat) right of prior use, § 7 PatG

vorbereitende Arbeiten *fpl* (IndE) make-ready work *(ie, prior to start of production)*

Vorbereitungshandlung *f* (StR) preparatory action

Vorbereitungsphase *f* (com) lead-up

Vorbereitungs- und Prüfzeit *f* (IndE) check time

Vorbescheid *m*
(StR) preliminary decree, § 90 III FGO
(Pat) preliminary ruling

Vorbesitzer *m* (Re) prior holder

Vorbesprechung *f*
(com) preliminary discussion
– preparatory conference

Vorbestellung *f* (com) advance booking

vorbestimmte Zeiten *fpl* (IndE) predetermined times *(ie, in MTA, MTM, BMT)*

vorbeugende Instandhaltung *f* (IndE) preventive maintenance

vorbeugende Prüfung *f* (IndE) preventive inspection

vorbeugende Unterlassungsklage *f* (Pat) prohibitory suit, § 47 I PatG

Vorbildung *f* (Pw) educational background

Vorbörse *f*
(Bö) before-hour dealings
– market before official hours

vorbörslicher Kurs *m* (Bö) pre-market price

Vorbuch *n*
(ReW) daybook
– (GB) waste book
(ie, in which the transactions of the day are entered in the order of their occurrence; syn, Kladde, Strazze)

vordatieren
(com) to postdate
– to date forward
(ie, to write a date following today's date; opp, nachdatieren = to antedate)

vordatierter Scheck *m* (Fin) postdated (or forward-dated) check
(ie, cannot be cashed before the date appearing on its face)

Vordergrundprogramm *n* (EDV) foreground program

Vordersatz *m*
(Log) premise
– premiss
(Log) antecedent
– condition

vorderste Front *f* (com, infml) leading edge *(eg, of technological development)*

Vordividende *f* (Fin) interim (or initial) dividend

Vordruck *m* (com) form

Vordrucksatz *m* (com) multipart form

Vorentwicklung *f* (Bw) advance development

Vorentwurf *m* (com) preliminary draft

Vorerbe *m* (Re) first heir, §§ 2105 ff BGB

Vorerfinder *m* (Pat) prior inventor

Vorerhebung *f* (Stat) exploratory survey

Vorfakturierung *f* (com) prebilling

vor Fälligkeit
(Fin) ahead of schedule *(eg, repayment of loan)*
– prior to . . . maturity/due date

Vorfälligkeitsgebühr *f* (Fin) prepayment/termination . . . fee
(ie, bei Roll-over-Krediten am Euromarkt)

Vorfälligkeitsklausel *f* (Fin) acceleration clause
(ie, calls for earlier payment of the entire balance due because of breach of some specified condition)

Vorfertigung *f* (IndE) parts manufacture

vorfinanzieren (Fin) to provide advance (*or* preliminary) financing

Vorfinanzierung *f* (Fin) advance/preliminary... financing
(ie, by short-term funds, esp in the construction industry)

Vorfinanzierungskredit *m*
(Fin) preliminary loan

Vorfinanzierungszusage *f* (Fin) promise to grant preliminary credit

Vorfracht *f* (com) original freight *(ie, up to a point of trans(s)hipment)*

vorführen (Zo) to produce *(ie, goods to the customs: bei der Zollstelle)*

Vorgabe *f*
(Bw) performance target
– standard
(Mk) checklist *(syn, Standardvorgabe)*

Vorgabeermittlung *f* (KoR) determination of standards

Vorgabekalkulation *f* (IndE) determination of standard time

Vorgabekosten *pl*
(KoR) budgeted
– target
– attainable standard
– current standard
– ideal standard... cost *(syn, Soll- od Budgetkosten)*

Vorgaben *fpl* (com) specifications

Vorgabestunde *f* (IndE) standard hour

Vorgabezeit *f*
(IndE) standard
– standard operation
– all-in
– allowed
– incentive... time

Vorgabezeitkalkulation *f* (IndE) = Vorgabekalkulation

Vorgang *m*
(Bw) operation
(com) job file *(ie, in office organization)*
– job
(OR) activity *(DIN 69 900)*

Vorgänger *m*
(Re) predecessor
(Re) predecessor company

Vorgang *m* **mit Puffer** (OR) floater

Vorgangselement *n* (IndE) job element

Vorgangspuffer *m* (OR) float

vorgegebene Hauptzeit *f* (IndE) standard running time

vorgegebene Variable *f*
(Stat) predictive
– predicated
– determining... variable
– regressor

vorgehen (Re) to rank prior to

vorgelagerte Absatzstufe *f* (Mk) upstream stage of distribution

vorgelagerte Industriezweige *mpl* (Bw) upstream industries

vorgelagerte Preise *mpl* (com) prices charged at earlier stages

vorgeordnet
(Bw) up the line
– upstream

vorgeordnete Buchhaltung *f* (ReW) central accounting unit

vor Gericht bringen
(Re) to bring to trial
– to bring up

vorgesehener Beförderungsweg *m* (Zo) intended route

Vorgesellschaft *f* (com) public limited company [AG] existing prior to registration, § 41 AktG
(ie, besteht in der Phase zwischen Errichtung und Eintragung; syn, Gründungsgesellschaft)

Vorgesetztenbeurteilung *f* (Pw) appraisal by subordinates

Vorgesetztenschulung *f* (Pw) supervisory training

Vorgesetzter *m* (Pw) superior

Vorgespräche *npl* **führen** (com) to hold preliminary (*or* exploratory) talks (with)

Vorgründungsgesellschaft *f* (com) pre-formation company
(ie, entsteht mit notariell beurkundetem Vorvertrag der Gründer, e-e AG zu gründen)

Vorgründungsgewinn *m* (Fin) profit prior to company formation

Vorgründungsvertrag *m* (Re) pre-formation agreement

vorherbestimmte Variable *f* (Stat) predetermined variable

vorhergehendes Glied *n* (Math) next preceding term *(eg, of a progression)*

vorherige Anmeldung *f* (Kart) advanced notice
(eg, of a proposed transaction to the Bundeskartellamt = Federal Cartel Office)

vorherige Mitteilung *f* (com) advance notification

vorherige schriftliche Zustimmung *f* (Re) prior written approval

vorherige Zustimmung *f* (Re) previous consent

Vorhersage *f*
(Bw) forecast
– prediction

Vorhersagefehler *m* (Stat) forecast error

Vorhersage-Validität *f* (Mk) predictive validity

Vorindossant *m* (WeR) previous indorser

Vorinstanz *f* (Re) lower court

Vorjahr *n* (com) previous year

Vorjahresergebnis *n*
(ReW) prior year result
– year-earlier result

Vorjahresgewinn *m* (ReW) prior year earnings (*or* income)

Vorjahresvergleich *m* (com) year-on-year
(eg, mit e-m Wachstum von 3% im Vorjahresvergleich = with a year-on-year growth of 3%)

Vorkalkulation *f*
(KoR) preliminary costing
(KoR) cost estimating department

Vorkalkulationskarten *fpl* (KoR) estimated cost cards

Vorkalkulator *m*
(KoR) cost estimator
– costing clerk

vorkalkulierte Kosten *pl* (KoR) estimated cost

Vorkasse *f* (com) cash in advance

Vorkaufsrecht *n*
(Re) right of preemption
- preemptive right
- right of first refusal *(ie, see §§ 504ff and §§ 1094ff BGB)*
Vorkommenshäufigkeit *f* (com) frequency of occurrence
Vorkommenswahrscheinlichkeit *f* (OR) probability of occurrence
Vorkompilierer *m* (EDV) preprocessor
Vorkonto *n* (ReW) preliminary account
Vorkosten *pl* (com) preliminary expense
Vorkostenstelle *f* (KoR) indirect (*or* service) cost center
(syn, Hilfskostenstelle)
Vorlage *f*
(com) submission
- presentation
(WeR) presentation
- production
(Fin) advance
(EDV) artwork
(ie, für fotografische Verkleinerung von Schaltungen; syn, Druckvorlage, Ätzvorlage)
Vorlage *f* **des Jahresabschlusses** (ReW) presentation of year-end financial statement
Vorlagefrist *f* (com) time limit for submission (*or* presentation)
Vorlagen *fpl* (Zo) manufacturing documents *(ie, plans, drawings, designs, patterns, manuscripts, etc.)*
Vorlage *f* **von Dokumenten** (com) tender of documents
Vorlagezinsen *mpl* (Fin) interest on outpayment of unmatured savings account
(syn, Vorschußzinsen, Zwischenzinsen)
Vorlage *f* **zum Inkasso** (Fin) presentation for collection
Vorlasten *fpl* (Re) prior charges
Vorlauf *m*
(com) pre-carriage
- on-carriage
(ie, in container traffic: to port of dispatch)
(EDV) leader
vorlaufender Konjunkturindikator *m*
(Vw) leader
- leading indicator *(eg, new orders, money supply, stock prices; syn, vorauseilender Indikator; Frühindikator, qv)*
vorläufige Berechnung *f* (com) provisional estimate
vorläufige Bescheinigung *f* (com) interim (*or* provisional) certificate
vorläufige Beschreibung *f* (Pat) provisional specification
vorläufige Bilanz *f* (ReW) trial balance sheet
vorläufige Deckungszusage *f*
(Vers) provisional cover
- cover note
- binder
- slip
vorläufige Ergebnisse *npl* (com) provisional figures
vorläufige Patentschrift *f* (Pat) provisional patent specification
vorläufige Prämie *f* (Vers) provisional rate (*or* premium)

vorläufiger Abschluß *m* (ReW) preliminary financial statement
vorläufiger Bescheid *m* (Re) provisional ruling
vorläufiger Versicherungsschein *m* (Vers) insurance note
vorläufiges Aktienzertifikat *n*
(Fin) temporary stock certificate
- (GB) scrip *(ie, a scrip in US usage is a formal certificate representing a fraction of a share)*
vorläufiges Budget *n* (Bw) tentative (*or* trial) budget
vorläufige Schätzung *f* (com) provisional estimate
vorläufiges Schutzrecht *n* (Pat) right of provisional protection
vorläufige Steuerfestsetzung *f* (StR) preliminary tax assessment, § 165 AO
vorläufige Vereinbarung *f* (Re) interim (*or* provisional) agreement
vorläufige Versicherungspolice *f*
(Vers) binding receipt
- slip
- binder
vorläufige Vorgabezeit *f* (IndE) temporary standard
vorläufige Zielfestsetzung *f* (Bw) preliminary setting of objectives
Vorlaufinformation *f* (com) header information
Vorlaufkosten *pl* (KoR) preproduction cost *(ie, related to individual orders)*
Vorlaufprogramm *n* (EDV) preparatory program
Vorlaufzeit *f*
(Bw) lead time
(MaW) procurement lead time
(Mk) gap between product conception and introduction
Vorlaufzeit *f* **der Fertigung** (IndE) manufacturing lead time
vorlegen
(com) to submit *(eg, application, plan)*
- to put *(eg, plan to shareholders)*
(Re) to produce *(eg, written power of attorney)*
(WeR) to present *(ie, for acceptance or payment)*
(Fin) to advance *(eg, a certain amount of money)*
Vorlegung *f* **e–s Schecks** (WeR) presentation of a check
Vorlegung *f* **e–s Wechsels** (WeR) presentation of a bill
Vorlegungsfrist *f* (WeR) time for (*or* of) presentment
Vorlegungsort *m* (Fin) place of presentation
Vorlegungsverbot *n* (Fin) instruction not to present
Vorlegungsvermerk *m* (WeR) notice of dishonor
Vorlegung *f* **zum Akzept** (WeR) presentation for acceptance
Vorlegung *f* **zur Zahlung** (Fin) presentation for payment
Vorleistung *f* (Vw) intermediate input
Vorleistungen *fpl* (VGR) purchased materials and services
(ie, current purchases of materials and services from other enterprises)
Vorleistungen *fpl* **erbringen** (com) to make advance deliveries or payments
Vorleistungskoeffizient *m* (Vw) input coefficient
Vorlieferant *m* (com) supplier

vorliegender Fall *m* (Re) case at issue (*or* under consideration)

Vorlizenz *f* (Pat) preliminary license

Vormann *m*
(Re) predecessor in interest, § 65 AktG
(WeR) prior indorser

Vormaterial *n*
(IndE) feedstock
– start material

vormerken
(com) to note
– to put down
– to put somebody's name down
(Pw, infml) to pencil in *(eg, for a job, task, advancement)*

Vormerkkonto *n* (Fin) provisional registration account

Vormerkung *f* (Re) provisional entry in the real estate register, §§ 883–888 BGB

Vormund *m*
(Re) guardian
– (US) committée of the person
– (US) committée for incompetent *(ie, individual or trust institution)*

Vormundschaft *f* (Re) guardianship, §§ 1773 ff BGB

Vormundschaftsgericht *n* (Re) guardianship court *(ie, has the legal power to control the person and/or estate of a minor)*

vornumeriert (com) prenumbered

Vorpatent *n* (Pat) prior patent

Vorperiode *f* (ReW) previous period

Vorprämie *f*
(Bö) call
– call option
– premium for the call

Vorprämie *f* **kaufen** (Bö) to give for the call

Vorprämiengeschäft *n* (Bö) trading in calls

Vorprämienkäufer *m* (Bö) giver for the call

Vorprämienkurs *m* (Bö) call price

Vorprämien *f* **verkaufen** (Bö) to take for the call

Vorprodukte *npl*
(com) primary products
(IndE) feedstock
– intermediate products *(ie, used for further processing)*

Vorprojektierung *f* (com) preliminary study

Vorprüfer *m* (Pat) primary examiner

Vorprüfung *f*
(com) feasibility study
(ReW) preaudit
(StR) preliminary tax audit

Vorrangebene *f* (Bw) priority level

vorrangige Belastung *f* (Re) prior charge

vorrangige Hypothek *f* (Re) prior (*or* senior) mortgage

vorrangige Interessen *npl* (com) overriding interests

vorrangiges Pfandrecht *n* (Re) prior lien

vorrangiges Ziel *n* (Bw) prime (*or* priority) goal

vorrangige Verarbeitung *f* (EDV) background processing *(ie, high priority processing which takes precedence over foreground processing)*

Vorrangmatrix *f* (OR) precedence matrix

Vorrangregel *f* (OR) preference rule

Vorrangsteuerung *f* (EDV) priority control

Vorräte *mpl*
(com) inventory
– stock of inventory
– inventory stocks
– goods on hand
– (GB) stock-in-trade
(ReW, EG) stocks

Vorräte *mpl* **abbauen**
(MaW) to cut
– to run down
– to reduce
– to liquidate ... inventories
– to destock

Vorräte *mpl* **aufstocken** (com) to build up inventory

Vorrätekonto *n* (ReW) inventory account

Vorräte-Versicherung *f* (Vers) inventory insurance

vorrätig
(com) in stock
– ready for sale
– (infml) on tap

vorrätig halten
(com) to keep in stock
(com, infml) to keep in
– to have in

Vorratsabbau *m*
(MaW) destocking
– inventory reduction
– reduction in stocks

Vorratsaktien *fpl* (Fin) company's own shares *(ie, held in treasury, § 71 AktG; syn, Verwertungsaktien)*

Vorratsaufstockung *f* (MaW) inventory buildup

Vorratsbewertung *f* (ReW) inventory valuation (*or* pricing)

Vorratsbewertungs-Rückstellung *f* (ReW) stock adjustment reserve

Vorratsgrundstücke *npl* (Bw) nonplant land *(ie, held for speculative purposes or for future plant extensions)*

vorratsintensiv (Bw) inventory-intensive

Vorratsinvestition *f* (VGR) inventory investment

Vorratskäufe *mpl* **auf lange Sicht** (com) long-term stocking up

Vorratskredit *m* (Fin) inventory financing loan

Vorratsplan *m* (MaW) inventory budget

Vorratsproduktion *f*
(IndE) make-to-stock production
– production for inventory

Vorratsstelle *f* (Vw) storage agency

Vorratsstellenwechsel *m*
(Fin) storage agency bill

Vorratsveränderung *f* (MaW) change in inventories (*or* stocks)

Vorratsvermögen *npl*
(ReW) inventories
– stock on hand
– (GB) stock-in-trade

Vorratswirtschaft *f* (MaW) inventory management

Vorrechner *m*
(EDV) host computer
– front-end computer
(ie, upon which depends a specialized computer

that handles the input/output function in real-time systems)
(EDV) satellite computer
Vorrechtsaktien *fpl* (Fin) = Vorzugsaktien
Vorrechtsgläubiger *m* (Re) preferred creditor
Vorrichtungspatent *n* (Pat) device patent
Vorruhestand *m* (Pw) early retirement
Vorruhestandsprogramm *n* (Pw, US) early-out program
Vorruhestandsregelung *f* (Pw) early retirement scheme
Vorsaison *f* (com) early season
Vorsatz *m*
  (Re) intent
  – intention
  (ie, willful or intentional default made by the debtor with the consciousness of the consequences of his conduct)
  (EDV) header record
  – *(sometimes)* leader
  (ie, contains common, constant, or identifying information for records that follow)
vorsätzliche Steuerumgehung *f* (StR) deliberate tax avoidance
vorsätzliche unerlaubte Handlung *f* (Re) intentional tort
Vorsatz und grobe Fahrlässigkeit *f* (Re) intention and gross negligence •
Vorschaltdarlehen *n* (Fin) preliminary loan *(eg, in financing the construction of commercial buildings)*
Vorschaltgesellschaft *f* (Bw) holding company
Vorschaubilanz *f* (ReW) projected balance sheet
Vorschauergebnisrechnung *f* (ReW) projected earnings statement
Vorschaurechnung *f*
  (Bw) forecasting
  (ReW) budgetary accounting
vorschießen (com) to advance *(eg, money)*
Vorschlag *m*
  (com) proposal
  – suggestion
Vorschlag *m* **annehmen** (com) to accept a proposal
Vorschlag *m* **ausarbeiten**
  (com) to draft
  – to prepare
  – to work out ... a proposal
vorschlagen
  (com) to propose
  – to suggest
Vorschlag *m* **machen**
  (com) to bring forward
  – to put forward
  – to put up ... a proposal *(or suggestion)*
Vorschlagsentwurf *m* (com) draft proposal
Vorschlagswesen *n* (Pw) suggestion system
  (ie, company program providing employees the chance to present ideas, methods, or plans for the improvement of the company's products or services)
Vorschlag *m* **unterbreiten** (com) to submit *(or put)* a proposal (to)
Vorschlag *m* **verwerfen** (com) to reject a proposal
Vorschrift *f*
  (Re) provision

– regulation
– rule
Vorschriften *fpl* **des Einkommensteuerrechts** (StR) rules of income-tax law
Vorschriften *fpl* **entsprechen** (Re) to conform to (statutory) regulations
Vorschriften *fpl* **über die Bildung von Rücklagen** (ReW) reserve requirements
Vorschriften *fpl* **über die Kennzeichnung des Ursprungslandes** (Zo) marks of origin prescriptions
Vorschriften *fpl* **verletzen**
  (Re) to violate (legal) rules
  – to breach rules
Vorschrift *f* **e-s Vertrages**
  (Re) provision of a contract
  – contractual provision
Vorschrift *f* **verletzen** (Re) to disobey a rule
Vorschub *m* (EDV) feed
Vorschubbefehl *m* (EDV) feed instruction
Vorschuß *m*
  (com) advance
  (Fin) advance disbursement
  (Pw) wage advance
Vorschußakkreditiv *n* (Fin) = Versandbereitstellungskredit
vorschüssige Rente *f* (Fin) annuity due
  (opp, nachschüssige Rente = ordinary annuity)
Vorschußkredit *n* (Fin) = Versandbereitstellungskredit, qv
Vorschuß *m* **leisten** (com) to make advance payment
Vorschußwechsel *m* (Fin) collateral bill *(syn, Depotwechsel)*
Vorschußzinsen *mpl* (Fin) = Vorlagezinsen
vorsehen für (Pw) to mark out for
  (eg, special training, quick promotion)
Vorserie *f* (IndE) pilot production
vorsichtige Dispositionen *fpl* (com) guarded market activities
vorsichtige Investitionspolitik *f* (Bw) defensive investment policy
  (ie, low-risk policy)
vorsichtiger Kostenansatz *m* (ReW) conservative cost estimate
vorsichtig eröffnen (Bö) to open cautiously
vorsichtiger Optimismus *m* (Bö) guarded optimism
vorsichtige Schätzung *f* (com) conservative estimate
Vorsichtskasse *f* (Vw) precautionary balances *(or holdings)*
Vorsichtsprinzip *n*
  (ReW) principle of caution *(or conservatism)*
  – prudence concept
  (ie, es dürfen nur solche Vermögensgegenstände aktiviert werden, die sich konkretisiert, im Rechtsverkehr e–n feststehenden Inhalt und im Handelsverkehr e–n bestimmten Wert haben; der Betrieb sollte sich nie reicher, sondern ärmer rechnen als er ist; cf, § 252 I Nr. 4 HGB)
Vorsitz *m*
  (com) chair
  – chairmanship
  – presidency
Vorsitzender *m* (com) chairman
  (ie, Americans now generally prefer ‚chairperson'

if the term is understood to include both male and female)

Vorsitzender *m* **des Aufsichtsrats** (Bw) chairman (*or* head) of supervisory board

vorsitzender Richter *m* (StR) presiding judge, § 10 I FGO

Vorsitzer *m* (Bw) chief executive

Vorsitz *m* **führen**
(com) to chair *(eg, a meeting)*
– to be in the chair
– to act as chairman
– to preside over *(eg, a meeting)*

Vorsitz *m* **übernehmen** (com) to take the chair

Vorsorgeaufwendungen *fpl* (StR) expenses of a provident nature
(ie, insurance premiums and payments to business and loan associations, § 10 I Nos. 2, 3 EStG; deductible as blanket allowances)

Vorsorgepauschale *f*
(com) provisional lump sum *(ie, in construction contracts)*
(StR) blanket allowance for expenses incurred to safeguard the future of employee taxpayers, § 10 c III EStG

Vorsorgepauschbetrag *m* (StR) blanket allowance for expenses incurred to safeguard the future of taxpayers other than employees, § 10c II EStG

Vorsorgeuntersuchung *f* (SozV) precautionary checkup

Vorsorgeversicherung *f* (Vers) insurance including future risks

vorsortieren (EDV) to presort

Vorspann *m*
(com) opening paragraph
(com) leader
(EDV) hanging label
(ie, in Unix; eg, indented paragraph with a . . .)

Vorspannband *n* (EDV) tape leader

Vorspanntext *m* (EDV) banner text

Vorspiegelung *f* **falscher Tatsachen**
(Re) misrepresentation
– false pretenses *(eg, to obtain goods by . . .)*

Vorstand *m*
(Bw) managing board, §§ 76–94 AktG
– board of management
– board of executive directors
– (Auch:) executive board
(ie, in charge of day-to-day operations of a company; US equivalent: top management executive committee)

Vorstand *m* **Produktion**
(Bw) production director
– (US) vice president production

Vorstandsaktien *fpl* (Fin) management shares

Vorstandsbericht *m* (Bw) management report

Vorstandsbeschluß *m* (Bw) resolution of managing board

Vorstandsbezüge *pl* (Pw) managing board members' remuneration

Vorstandsdezernent *m* (Bw) member of the managing board in charge of a specified operating area

Vorstandsetage *f* (com) executive floor

Vorstandsfunktion *f* (Bw) top-executive function

Vorstandsmitglied *n* (Bw) member of managing board

Vorstandssprecher *m*
(Bw) spokesman of managing board
– management board spokesman
– company spokesman

Vorstandsvorsitzender *m*
(Bw) chairman of managing board *(ie, chief operating officer)*
– (US) chief executive officer, ceo, CEO
– (US) company president
– (GB) managing director

Vorstand *m* **Technik**
(Bw) technical director
– (US) vice president engineering

Vorstellungsgespräch *n* (Pw) selection interview

Vorstellungskosten *pl* (Pw) applicant's interview expenses

Vorsteuer *f*
(StR, VAT) prior (turnover) tax, § 15 I UStG
– input tax

Vorsteuerabzug *m*
(StR, VAT) input tax *(or prior-tax)* deduction
– deduction of input tax

Vorsteuerverfahren *n* (StR) prior-turnover-tax method
(ie, used in determining the actual amount of VAT to be paid)

Vorstrafe *f* (Re) previous conviction

Vorstudie *f*
(com) pilot
– preliminary
– feasibility . . . study

Vortagesnotierung *f* (Bö) previous quotation

Vorteile *mpl* **der Massenfertigung** (Vw) economies of mass production

vorteilhafte Investition *f* (Fin) profitable investment

Vorteilhaftigkeit *f* (Fin) profitability *(ie, of investment projects)*

Vorteilsausgleichung *f* (Re) adjustment of profit *(ie, compensatio lucri cum damno)*

Vorteilskriterium *n* (Fin) yardstick of profitability *(ie, used in preinvestment analysis)*

Vorteilsprinzip *n* (FiW) benefit *(or* benefits-received) principle

Vorteilsvergleich *m* (Fin) comparison of profitabilities
(ie, made in preinvestment analysis)

Vortest *m* (Mk) pretest

Vortrag *m*
(com) paper *(ie, read a paper)*
– talk *(ie, give a talk)*
(ReW) (amount) carried forward
(ReW) (amount) brought forward

Vortrag *m* **auf neue Rechnung**
(ReW) balance carried forward (to new account)
– brought forward to new account

Vortrag *m* **aus letzter Rechnung** (ReW) balance brought forward

vortragen
(ReW) to carry . . . forward/over
– to bring forward
(ie, auf die nächste Seite = to the top of the next page)

Vortragskonto *n*
(ReW) account brought forward

Vortragsreise *f*
(com) lecture tour
– tour to carry out speaking engagements *(eg, he is off on a...)*
vorübergehend Arbeitsloser *m* (Pw) transient unemployed
vorübergehende Ausfuhr *f* (Zo) temporary exportation
vorübergehende Ausfuhr *f* **zur passiven Veredelung** (Zo) temporary exportation for outward processing
vorübergehende Einfuhr *f*
(AuW) temporary importation
(Zo) temporary admission
vorübergehende Einfuhr *f* **zur aktiven Veredelung** (Zo) temporary admission for inward processing
vorübergehende Einlagerung *f* (Zo) temporary warehousing
vorübergehende Erweiterung *f* **der Bandbreiten** (AuW) temporary widening of the margins of fluctuation
vorübergehende Kapitalanlage *f* (Fin) temporary investment
vorübergehender Fehler *m* (EDV) transient error
vorübergehende Verwahrung *f* (Zo) temporary storage
vorübergehende Verwendung *f* (com) temporary use
vorübergehende Verwendung *f* **bei teilweiser Abgabenerhebung** (EG) temporary importation with partial payment of duty
Vorumsätze *mpl* (StR) prior turnovers (including imports)
Vorumsatzverfahren *n* (StR) prior-turnover method
(ie, gross turnovers less prior turnovers = net turnovers on which applicable VAT rate is payable)
Vor- und Nachsaison *f* (com) off-season
Vor- und Nachteile *mpl* (com) assets and drawbacks *(eg, of a market-oriented economy)*
Vor- und Nachteile *mpl* **abwägen** (com) to add up the benefits and disadvantages *(eg, of a contemplated merger)*
Vorvaluten *pl* (Fin) forward values
Vorverfahren *n* (Re) preliminary proceedings
Vorverhandlungen *fpl* (com) preliminary negotiations
Vorverkauf *m* (com) advance sale
vorverkaufte Schuldverschreibungen *fpl* (Fin) bonds sold prior to issue
Vorverlegung *f* **der Fälligkeit** (Fin) acceleration of maturity
Vorveröffentlichung *f*
(Pat) prior publication
– prior public printed description
vorverrechnete Auftragskosten *pl* (KoR) job order costs billed in advance
Vorversicherung *f* (Vers) previous insurance
Vorvertrag *m*
(com) letter of understanding
(Re) tentative
– preliminary
– provisional... agreement *(syn, vorläufiger Vertrag)*

vorvertragliche Rücklagen *fpl* (StR) reserves set up prior to effective date of agreement
vor Vertragsablauf (Re) prior to the time the contract is due to expire
Vorwahl *f*
(com, US) area code
(com, GB) dialing code
(ie, 3-digit number identifying service area)
Vorwälzung *f* (FiW) forward shifting
(opp, Rückwälzung = backshifting)
vorwärtsdatieren (Math) to compound
Vorwärtsintegration *f* (Bw) forward integration
(opp, Rückwärtsintegration)
vorwärtskommen (Pw) to get ahead *(eg, on the corporate ladder)*
Vorwärtsregelung *f* (IndE) feed forward control
(ie, in process automation)
Vorwärtsstrategie *f* (Mk) forward strategy
Vorwärtsverkettung *f* (Bw) forward chaining
(syn, datengesteuerte Inferenz; opp, Rückwärtsverkettung)
vorwärtswälzen (FiW) to pass/shift... forward *(ie, taxes)*
vorweggenommene Erfindung *f* (Pat) anticipated invention
vorweggenommener Gewinnanteil *m* (Vers) anticipated bonus
Vorwegkauf *m* (com) advanced purchase
Vorwegnahme *f* (Pat) anticipation
Vorwegnahme *f* **künftiger Wertschwankungen** (com) anticipated future value fluctuations
vorwiegende Schadensursache *f*
(Re) proximate
– decisive
– preponderant... cause of injury
Vorzeichen *n*
(Math) algebraic sign
(EDV, Cobol) operational sign
Vorzeichenbit *n* (EDV) sign bit
Vorzeichenstelle *f* (EDV) sign position
Vorzeichenziffer *f* (EDV) sign digit
vorzeitige Abwicklung *f* (com) advance termination
vorzeitige Arbeitsunfähigkeit *f* (Pw) premature disablement (*or* incapacity)
vorzeitige Ausfuhr *f* (Zo) prior exportation
vorzeitige Beendigung *f* (com) premature termination *(eg, of contract or agreement)*
vorzeitige Fälligkeit *f* (Fin) accelerated maturity
vorzeitige Kündigung *f* (Re) premature termination
vorzeitige Pensionierung *f* (Pw) early retirement
vorzeitiger Rückkauf *m* (Fin) repurchase prior to maturity
vorzeitige Rückzahlung *f* (Fin) advance... redemption/repayment
vorzeitiges Kündigungsrecht *n* (Fin) right to call a loan prior to maturity
vorzeitiges Veralten *n* (Bw) obsolescence
vorzeitige Tilgung *f* (Fin) = vorzeitige Rückzahlung
vorzeitige Zahlung *f* (Fin) payment before due date
vorzeitig rückrufbarer Schuldtitel *m* (Fin) retractable maturity bond
vorzeitig tilgbar (Fin) repayable in advance
vorzeitig zurückzahlen (Fin) to repay ahead of schedule

Vorzimmer *n*
(com) anteroom
– antechamber
Vorzüge *pl* (Fin) = Vorzugsaktien
Vorzugsaktien *fpl*
(Fin) preferred stock
– (GB) preference shares
(syn, Stammprioritäten, Vorrechtsaktien, Prioritätsaktien)
Vorzugsaktionär *m*
(Fin) preferred stockholder
– (GB) preference shareholder
Vorzugsangebot *n* (com) preference offer
Vorzugsbedingungen *fpl* (com) preferential conditions
Vorzugsbehandlung *f* (com) preferential arrangements
Vorzugsdividende *f*
(Fin) dividend on preferred stock
– preferred dividend
Vorzugsdividendendeckung *f* (Fin) times preferred dividend earned
Vorzugsgläubiger *m* (Re) preferred creditor
Vorzugskauf *m* (Mk) accommodation purchase
Vorzugskonditionen *fpl* (com) preferential/concessionary... terms

Vorzugskurs *m* (Bö) preferential price *(ie, below market quotation)*
Vorzugsobligationen *fpl* (Fin) priority bonds
Vorzugspreis *m* (com) special price
Vorzugsrabatt *m* (com) preferential discount
Vorzugsrechte *npl* (Re) rights of priority
Vorzugssätze *mpl* (Fin) preferential rates
Vorzugsstammaktien *fpl*
(Fin) preferred ordinary shares
– (US) privileged common stock
Vorzugszeichnungsrecht *n* (Fin) preferential right of subscription
Vorzugszins *m* (Fin) preferential interest rate
Vorzugszoll *m* (Zo) preferential duty *(or* tariff) *(syn, Präferenzzoll)*
Vostrokonto *n* (Fin) vostro account *(opp, Nostrokonto)*
Vredeling-Richtlinie *f* (EG) Vredeling directive *(ie, EG-Richtlinienentwurf für international tätige Unternehmen zur Sicherung einer speziellen „Unterrichtung und Anhörung der Arbeitnehmer" = Worker Information and Consultation)*
VSt (StR) = Vermögensteuer
V-Steuern *fpl* (StR) assessed taxes
VStG (StR) = Vermögensteuergesetz

W

wachsende Wirtschaft *f* (Vw) growing economy
Wachstum *n* (Bw) growth
Wachstumsaktien *fpl* (Fin) growth stocks
Wachstumsanleihe *f* (Fin) premium-carrying loan
Wachstumsansatz *m* (FiW) aggregate investment approach
(cf, Diskussion der Lastenverschiebungshypothese im Zusammenhang mit der Aufnahme öffentlicher Kredite)
Wachstumsbranche *f* (com) growth/expanding... industry
Wachstumsfonds *m*
(Fin) growth
– cumulative
– no-dividend... fund
(syn, Thesaurierungsfonds; opp, Einkommensfonds)
Wachstumsgleichgewicht *n*
(Vw) steady growth
– golden age
– balanced growth
(ie, zentraler Begriff der Wachstumstheorie; syn, Expansionsgleichgewicht)
Wachstumsgrenzen *fpl* (Vw) limits to growth
Wachstumsindustrie *f* (Bw) growth industry
Wachstumskurve *f* (Stat) growth curve
Wachstumsmarkt *m* (Mk) growth market
Wachstumsmodell *n* (Vw) growth model
Wachstumsmotor *m*
(Bw) engine of growth
(eg, transform a lackluster company into an...)
(Vw) engine of economic growth

Wachstumspfad *m*
(Vw) growth path
– pathway growth
Wachstumsphase *f* (Mk) growth stage *(ie, of product life cycle)*
Wachstumspolitik *f* (Vw) growth policy
Wachstumsprojektion *f* (Vw) growth projection
Wachstumsprozeß *m* (Vw) growth process
Wachstumsrate *f* (Vw) rate of growth *(or* expansion)
Wachstumsschranken *fpl* (Vw) barriers to economic growth
Wachstumsschub *m*
(com) surge in growth
wachstumsschwacher Wirtschaftszweig *m* (Bw) flat-growth industry
Wachstumsspielraum *m* (Vw) growth potential
Wachstumsstufen *fpl* (com) stages of expansion *(ie, refers to growth rate of business correspondence)*
Wachstumstheorie *f* (Vw) theory of economic growth
Wachstumstitel *mpl* (Fin) growth stocks
Wachstumstrend *m* (Vw) trend rate of growth
Wachstumswerte *mpl* (Fin) growth stocks
Wachstumsziel *n* (Vw) (numberized) growth target
Wafer *m* (EDV) wafer *(syn, Halbleiterscheibe)*
Waffenexporte *mpl* (com) arms exports
Waffengleichheit *f* **der Tarifpartner** (Pw) balance of firepower of the bargaining partners
Wagenachskilometer *mpl* (com) car axle kilometers *(ie, product of freight train axles and kilometers covered)*

Wagenladung *f*
(com) carload
– (GB) waggon-load
(ie, minimum weight 5,000 kgs; opp, Stückgut)
Wagen *m* **mieten** (com) to rent (*or* hire) a car
Wagenpark *m*
(com) car pool
– automobile fleet
– vehicles . . . fleet/park/pool
Wagenrücklauf *m* (EDV) carriage return, CR
Wagenstandgeld *n* (com) track storage charge
Wagenteilladung *f* (com) less-than-car-load, LCL
Waggon *m*
(com) freight car
– (GB) waggon *(US spelling: wagon)*
Waggonladung *f* (com) carload lot *(opp, Stückgut)*
Wagnis *n*
(Bw) (business) risk
– hazard
Wagnisfinanzierungsgesellschaft *f* (Fin) venture
capital company
Wagniskapital *n* (Fin) venture capital
(ie, Grundformen sind:
1. seed financing;
2. start-up financing;
3. first-stage/second-stage/third-stage . . . financing;
4. bridge financing;
5. buyouts)
Wagnisse *npl* **wegen Schwankungen der Fremd-
währungskurse** (Fin) risks due to fluctuation in
currency exchange rates
Wagnisverluste *mpl* (ReW) encountered risks
Wagnisverzehr *m* (Bw) catastrophic losses of plant
and inventory
Wagniszuschlag *m* (Vers) risk premium
Wahl *f* (com) choice
– selection
– option
(com) election *(eg, by secret ballot = geheime
Wahl)*
Wahlbeteiligung *f* (com) voter turnout
Wahlbetrug *m* (com) electoral fraud
Wahl *f* **des Arbeitsplatzes** (Pw) job choice
wählen
(com) to choose *(ie, between, from)*
– to select *(ie, from, for)*
– opt *(eg, opt to receive, opt for, in favor of)*
(com) to elect *(eg, to elect to a committee; to elect
sb (as) chairman)*
Wahlfach *n*
(Pw) elective
– (GB) optional subject
wahlfreier Zugriff *m* (EDV) random (*or* direct) ac-
cess
wahlfreie Verarbeitung *f* (EDV) random proces-
sing
Wahlhandlung *f* (Vw) choice
Wahlhandlungstheorie *f* (Vw) theory of choice
Wählleitung *f* (EDV) dial (*or* switched) line *(opp,
Standleitung = leased line)*
Wahlmann *m* (com) elector
Wahlparadoxon *n* (Vw) paradox of choice
Wahlpflichtfach *n* (Pw) required elective
Wahlrecht *n* (Re) right of election *(ie, right to*

*choose one of several promised acts, §§ 262, 263
BGB)*
Wahlschuld *f* (Re) alternative obligation
*(ie, an obligation that allows obligor to choose
which of two or more things he will do; § 262
BGB)*
wahre mittlere Qualität *f* (IndE) true process average *(ie, in der Fertigung)*
wahre mittlere Qualitätslage *f* **der Fertigung** (IndE)
true process average
während der Gültigkeit des Angebots (com) during
the continuance of the offer
während der Laufzeit (Re) during the term (*or* continuance *or* currency) *(eg, of contract or agreement)*
während der Vertragsdauer (Re) at all times during
the term of this contract
wahrer Wert *m* (IndE) true value *(cf, DIN 55
350.T11)*
wahrgenommenes Risiko *n* (Vw) perceived risk
Wahrheit *f* **in der Werbung** *f* (Mk) truth in advertising
Wahrheitsfunktion *f* (Log) truth function
Wahrheitsmatrix *f* (Log) truth table
Wahrheitsmenge *f* (Log) truth set
Wahrheitswert *m* (Log) truth value
Wahrheitswertetafel *f*
(Log) truth table
(EDV) Boolean operation table
Wahrheitswertfunktor *m* (Log) truth-functional
connective (*or* operator)
Wahrnehmung *f* **von Aufgaben** (com) discharge of
duties (*or* responsibilities)
Wahrnehmung *f* **von Interessen** (Re) safeguarding
of interests
Wahrnehmung *f* **von Rechten** (Re) protection of
rights
wahrscheinliche Abweichung *f* (Stat) = wahrscheinlicher Fehler
wahrscheinliche Lebensdauer *f* (Vers) life expectancy
wahrscheinliche Restnutzungsdauer *f* (ReW) probable life
wahrscheinlicher Fehler *m* (Stat) probable error
(ie, 0.67449 σ)
wahrscheinlicher Höchstschaden *m* (Vers) probable maximum loss *(ie, under normal conditions)*
wahrscheinlicher Nutzungsgrad *m* (OR) interval
availability (of machines)
wahrscheinliche Vorräte *mpl* (Vw) potential reserves *(eg, of mineral resources)*
Wahrscheinlichkeit *f* **des Rückgangs der Aktienkurse** (Bö) downside risk
Wahrscheinlichkeit *f* **e-s Ereignisses** (Stat) probability of an event
Wahrscheinlichkeitsaussage *f* (Stat) probability
statement
Wahrscheinlichkeitsdichte *f* (Stat) probability density
Wahrscheinlichkeitsdichte *f* **der Ausfallzeit** (OR)
rate of failure
Wahrscheinlichkeitsdichtefunktion *f* (Stat) probability density function
Wahrscheinlichkeitsdichte *f* **in e-m Punkt** (Stat)
point density

Wahrscheinlichkeitsfunktion *f* (Stat) probability function

Wahrscheinlichkeitsgrad *m* (Stat) degree of probability

Wahrscheinlichkeitsgrenze *f* (Stat) probability limit

Wahrscheinlichkeitsintegral *n* (Math) probability integral

Wahrscheinlichkeitslimes *m* (Stat) probability limit

Wahrscheinlichkeitslogik *f* (Log) probability logic

Wahrscheinlichkeitsnetz *n* (Stat) probability grid

Wahrscheinlichkeitspapier *n* (Math) probability paper

Wahrscheinlichkeitsrechnung *f* (Stat) calculus of probability

Wahrscheinlichkeitssätze *mpl* (Stat) probability theorems
(ie, some of them being axioms and definitions of modern probability theory)

Wahrscheinlichkeitsschluß *m* (Stat) probable inference

Wahrscheinlichkeitsstichprobe *f* (Stat) probability sample

Wahrscheinlichkeitstheorie *f* (Stat) theory of probability

Wahrscheinlichkeitsverteilung *f* (Stat) probability distribution

wahrscheinlichste Dauer *f*
(OR) most likely time
– most probable duration

Währung *f* (Vw) currency

Währung *f* **aufwerten** (AuW) to appreciate (*or* upvalue) a currency

Wahrung *f* **gesamtwirtschaftlicher Belange** (Vw) safeguarding interests of the national economy

Währungsabkommen *n* (AuW) currency (*or* monetary) agreement

Währungsabwertung *f*
(AuW) currency depreciation
– currency devaluation
– exchange depreciation

Währungsakzept *n* (Fin) foreign currency acceptance

Währungsanleihe *f* (Fin) foreign currency (*or* external) loan

Währungsaufwertung *f* (AuW) currency revaluation (*or* upvaluation)

Währungsausgleich *m* (EG) Monetary Compensatory Amounts *(ie, in farm trade; syn, Grenzausgleich, qv)*

Währungsausschuß *m* (EG) Monetary Committee

Währungsbandbreiten *fpl* (AuW) currency bands

Währungsbehörden *fpl* (Vw) monetary authorities

Währungsbeistand *m* (AuW) monetary support

Währungsbestände *mpl*
(AuW) currency (*or* monetary) reserves
– holdings of currency

Währungsbezeichnung *f* (Fin) currency denomination *(cf, ISO Code)*

Währungsblock *m* (Fin) currency (*or* monetary) bloc

Währungsdeckung *f* (AuW) currency cover

Währungsdumping *n* (AuW) exchange-rate dumping *(ie, through lower rate of foreign currency)*

Währungseinheit *f*
(Vw) unit of currency
– currency unit

Währungseinlagen *fpl* (Fin) foreign currency deposits

Währungsexperte *m* (Vw) expert on foreign exchange markets

Währungsfonds *m* (IWF) = International Monetary Fund

Währungsgebiet *n* (AuW) currency area
(ie, countries whose reserve holdings are denominated primarily in the currency of another or whose currencies are more or less formally linked to another)

Währungsgeschäft *n* (Fin) currency transaction

Währungsgewinn *m*
(Fin) foreign exchange earnings
– exchange gain

Währungsgleichsfonds *m*
(AuW) equalization fund
– (GB) Exchange Equalization Account

Währungsguthaben *npl* (Fin) foreign exchange balances
(syn, Fremdwährungsguthaben)

Währungshüter *m* (Vw, infml) guardian of the currency *(ie, the central bank)*

Währungsklauseln *fpl* (Fin) currency clauses *(syn, Valutaklauseln)*

Währungskonto *n* (Fin) foreign exchange account *(syn, Fremdwährungskonto, Devisenkonto)*

Währungskonvertibilität *f* (Vw) currency convertibility

Währungskorb *m*
(Fin) currency basket
– (infml) currency cocktail
(ie, methods of determining the value of a financial asset or currency as a weighted average of market exchange rates; a basket can contain two or more currency components; cf, Korbwährung)
– B-unit
(ie, made up of five currencies: USD, GBP, DM, FRF, CHF; großvolumige Handelseinheit)

Währungskorb *m* **des EWS** (AuW) ECU basket

Währungskredit *m* (Fin) foreign currency loan *(syn, Devisenkredit, Valutakredit)*

Währungskrise *f* (AuW) monetary (*or* currency) crisis

Währungskurs *m* (Fin) exchange rate

Währungskursstabilität *f* (Vw) exchange stability

Währungsmechanismus *m* (Vw) monetary mechanism

Währungsoption *f* (Fin) currency option

Währungsordnung *f* (Vw) = Währungssystem

Währungsparität *f* (AuW) monetary (*or* currency) parity

Währungspolitik *f* (Vw, AuW) monetary policy

währungspolitisch (Vw) in terms of monetary policy

währungspolitisches Instrumentarium *n* (Vw) instruments of monetary policy

währungspolitische Zusammenarbeit *f* (AuW) monetary cooperation

Währungsreform *f* (Vw) currency reform

Währungsrelationen *fpl* (AuW) currency relations

Währungsreserven *fpl*
(AuW) currency (*or* monetary) reserves
– foreign exchange reserves (*or* holdings)

– reserve balances
– reserve (asset) holdings
(ie, gold, foreign exchange holdings, special drawing rights, and IWF reserve positions)
Währungsrisiko *n*
(Fin) currency exposure (*or* risk)
– foreign exchange risk
Währungsscheck *m* (Fin) foreign currency check
Währungsschlange *f* (AuW) currency snake
Währungsspekulant *m* (Fin) currency speculator
Währungsstabilität *f* (Vw) monetary stability
Währungsstabilitätszone *f* (EG) zone of monetary stability
Währungsswap *m* (Fin) cross currency swap *(cf, Swap)*
Währungssystem *n*
(Vw) monetary system
– currency regime
Währung *f* **stützen**
(AuW) to support
– to prop up
– to underpin . . . a currency
Währungsumrechnung *f*
(ReW) (foreign) currency translation
Währungsumstellung *f* (Vw) = Währungsreform
Währungsunion *f* (AuW) monetary (*or* currency) union
Währungsverbund *m* (AuW) currency bloc
Währungsverfall *m* (Vw) currency erosion (*or* decline)
Währungsverlust *m* (AuW) loss on exchange
Währungsverluste *mpl* (Fin) currency losses
Währungszuschlag *m* (com) exchange markup
(ie, added to base rates in ocean shipping)
Wahrung *f* **von Gläubigerinteressen** (ReW) protection of creditors' claims
Waisenbeihilfe *f* (SozV) orphan's one-off allowance
(ie, in statutory accident insurance)
Waisengeld *n* (SozV) orphan's pension *(ie, paid under pension schemes for public employees and for farmers)*
Waisenrente *f* (SozV) orphan's pension *(ie, paid under statutory pension and accident insurance schemes)*
Wandelanleihe *f*
(Fin) convertible bond
– convertible
– (GB) convertible loan stock
(ie, verbrieft das Recht, die Schuldverschreibung in e–e Aktie der emittierenden Unternehmens umzutauschen; fixed-interest security that is convertible into the borrower's common stock; cf, § 221 I AktG)
Wandelgeschäft *n* (Bö) callable forward transaction
(ie, formulas: „per ultimo täglich" or „per ultimo auf Kündigung")
wandeln
(Re) to cancel
– to rescind
– to set aside . . . a sale
Wandelobligation *f* (Fin) = Wandelanleihe, qv
Wandeloption *f* (Fin) conversion option
Wandelprämie *f* (Fin) conversion premium
Wandelrecht *n*
(Fin) conversion privilege

– right of conversion
Wandelschuldverschreibung *f* (Fin) = Wandelanleihe, qv
Wandelschuldverschreibung *f* **mit Aktienbezugsrecht** (Fin) detachable stock warrant
Wandelvorzugsaktien *fpl* (Fin) convertible preferred stock
Wanderarbeitnehmer *m* (Pw) migrant worker
Wandergewerbe *n* (com) ambulatory (*or* itinerant) trade
Wandergewerbeschein *m* (com) now = Reisegewerbekarte
Wandergewerbesteuer *f* (StR) = Reisegewerbesteuer
Wanderung *f* (Stat) migration
Wanderungssaldo *m* (Stat) migration balance
Wandlung *f*
(Re) cancellation of sale *(ie, right to rescind contract of sale, § 462 BGB)*
(Re) cancellation of contract for work, § 634 BGB
Wandlungsaufgeld *n* (Fin) conversion premium
Wandlungsbedingungen *fpl* (Fin) conversion terms
Wandlungspreis *m* (Fin) conversion price
Wandlungsrecht *n*
(Fin) conversion privilege
– right of conversion
Wandlungsverhältnis *n* (Fin) conversion ratio
Ware *f* **abnehmen** (com) to take delivery of goods
Ware *f* **absenden**
(com) to send off
– to dispatch
– to ship . . . goods
– to dispatch an order
Ware *f* **liefern** (com) to deliver goods
Waren *fpl*
(com) goods
– commodities
– merchandise
(com) articles
– products
(ReW, EG) goods for resale
Warenakkreditiv *n* (Fin) documentary letter of credit
warenanalytischer Ansatz *m* (Mk) commodity approach of distribution
Warenanmeldung *f* (Zo) declaration of goods
Warenannahme *f*
(MaW) receipt of goods
(MaW) goods receiving department
Warenarbitrage *f* (Bö) commodity arbitrage
Warenausfuhr *f* (AuW) exportation of goods
Warenausfuhren *fpl* (AuW) merchandise exports
Warenausgang *m* (ReW) sale of withdrawal of goods
Warenausgangsbuch *n* (StR) merchandise sales book, § 144 AO
Warenausgangskontrolle *f* (Stat) outgoing-lot control
Warenausgangslager *n*
(MaW) outgoing merchandise inventory
– finished goods warehouse
Warenausstattung *f* (Mk) presentation of goods
Warenaustauschverhältnis *n* (Vw) commodity terms of trade

797

Warenautomat *m*
(com) vending machine
  – (GB) slot machine
Warenbeförderung *f* **durch Rohrleitungen** (com)
carriage of goods by pipeline
Warenbeförderung *f* **im Luftverkehr** (com) car-
riage of goods by air
Warenbeförderung *f* **unter Zollverschluß** (Zo) car-
riage of goods under customs seal
Warenbegleitschein *m*
(com) document accompanying goods
(AuW) accompanying document *(ie, may be
used instead of ‚Ausfuhrgenehmigung‘, § 21
AWV)*
(Zo) bond note
  – customs warrant
  – transshipment note
(syn, Zollbegleitschein)
Warenbeleihung *f* (Fin) lending on goods *(syn,
Warenlombard)*
Warenbeschaffungskosten *pl* (ReW) merchandise
procurement cost
Waren *fpl* **beschauen** (Zo) to examine *(or* inspect)
the goods
Warenbescheinigung *f* (EG) movement certificate
Warenbeschreibung *f* (com) description *(or* iden-
tification) of goods
Warenbestand *m*
(MaW) stock on hand
  – stock in trade
Warenbestandskonto *n* (ReW) = Wareneinkaufs-
konto
Warenbevorschussung *f* (Fin) advance on com-
modities
Warenbewegungen *fpl* (Zo) movement of goods
Warenbezeichnung *f*
(com) description *(or* identification) of goods
(Mk) trade name
Warenbezug *m* (ReW) acquisition and receipt of
goods
Warenbezugskosten *pl* (ReW) cost pertaining to
the acquisition and receipt of goods
Warenbilanz *f* (AuW) trade balance *(syn, Handels-
bilanz)*
Warenbilanzdefizit *n* (AuW) visible trade deficit
Warenbilanzüberschuß *m* (AuW) visible trade sur-
plus
Warenbörse *f* (Bö) commodity exchange
*(ie, the vast majority are markets in which a single
item is traded, such as sugar, coffee, grain, cotton,
jute, copper, tin, etc.)*
Warenbruttogewinn *m* (com) = Warenrohgewinn
Warendelkredere-Versicherung *f* (Vers) accounts
receivable insurance
Warendividende *f* (com) = Warenrückvergütung
Warendurchfuhr *f* (AuW) transit of goods
Wareneinfuhr *f* (AuW) importation of goods
Wareneinfuhren *fpl* (AuW) merchandise imports
Wareneingang *m*
(MaW) receiving
  – receipt of goods
(MaW) incoming merchandise
Wareneingangsbescheinigung *f*
(AuW) delivery verification
(MaW) delivery receipt

Wareneingangsbuch *n* (StR) merchandise purchase
book, § 143 AO
Wareneingangskontrolle *f*
(MaW) inspection of incoming shipments
  – incoming-lot control
Wareneingangsliste *f*
(MaW) incoming goods list
  – (US) receiving apron
*(ie, statement listing all date about an incoming
consignment)*
Wareneingangsschein *m* (MaW) receiving slip *(or*
ticket)
Wareneinheitsversicherung *f* (Vers) combined-risk
insurance *(Einheitsversicherung)*
Wareneinkaufskonto *n* (ReW) merchandise purchase account
Wareneinsatz *m* (com) sales input
*(ie, volume of goods required to achieve a given
turnover, valued at cost price)*
Wareneinstandswert *m* (com) cost of merchandise
sold
*(syn, Einstandspreis der verkauften Handels-
ware)*
Wareneinzelspanne *f* (Mk) item-related margin
*(ie, difference between purchase and sales prices
of a single article)*
Warenexporte *mpl* (AuW) merchandise exports
Waren *fpl* **freigeben** (com) to release goods *(eg, to
the importer on a trust receipt)*
Warenführer *m* (Zo) carrier
Warengeld *n* (Vw) commodity money
Warengeschäfte *npl* (com) commodity trade
(ie, wholesale and retail, including external trade)
Warengleichheit *f* (StR) similarity of goods
Warengruppe *f*
(Mk) class of products
  – products category
Warengruppenspanne *f* (Mk) profit margin of com-
modity group
Warengruppenverzeichnis *n* (AuW) schedule of 99
product groups
Warenhandel *m*
(AuW) commodity *(or* merchandise) trade
(Bö) commodities trading
Warenhandelsbetrieb *m* (com) trading establish-
ment
Warenhändler *m* (com) trader
Warenhaus *n*
(com) department store
  – (GB) departmental store
Warenhauskonzern *m* (com) department store
chain *(or* group)
Waren *fpl* **im freien Verkehr**
(Zo) goods in free circulation
  – goods cleared for home use
Warenimporte *mpl* (AuW) merchandise imports
Waren *fpl* **in Kommission verkaufen** (com) to sell
goods on a consignment basis
Warenkalkulation *f* (KoR) costing of merchandise
sold
Warenkonto *n* (ReW) merchandise account
Warenkorb *m*
(Vw) batch of commodities *(syn, Güterbündel,
Gütermengenkombination)*
(Stat) basket/set . . . of commodities

798

Warenkredit *m*
(Fin) commodity (*or* trade) credit
(Fin) lending on goods *(syn, Warenlombard)*
Warenkreditversicherung *f* (Vers) credit sale insurance
Warenkunde *f* (Mk) merchandise technology
Warenlager *n* (MaW) merchandise inventory
Warenlombard *m*
(Fin) advance/lending . . . on goods
– loan collateralized by commodities
(ie, heute nahezu bedeutungslos: das deutsche Recht kennt - ausgenommen vom Vermieterpfandrecht - kein besitzloses Pfandrecht; stattdessen daher Sicherungsübereignung od Sicherungsabtretung, qv)
Warenmuster *n* (com) commercial sample
Warenmuster *n* **von geringem Wert** (com) sample of small value
Warennebenkosten *pl* (MaW) incidental procurement costs
Waren *fpl* **ohne Ursprungseigenschaft** (Zo) non-originating products
Warenpapiere *npl*
(com) shipping documents
– documents of title
Warenpartie *f*
(com) parcel of goods
– lot
Warenpreisindex *m* (Stat) commodity price index
Warenpreisklausel *f*
(com) stable-value clause based on commodity price *(syn, Sachwertklausel)*
Warenproben *fpl* (com) merchandise samples
Warenrechnung *f* (Zo) commercial invoice
Warenreingewinn *m* (ReW) net profit on sales
Warenrembourskredit *m* (Fin) commercial acceptance credit
Warenreservewährung *f* (Vw) commodity reserve currency
Warenrohgewinn *m*
(com) gross profit on sales
– gross margin
(ie, in trading: net sales less merchandise costs; syn, Rohgewinn, Warenbruttogewinn)
Warenrücksendungen *fpl* (com) return of goods
Warenrückvergütung *f* (com) rebate on purchased goods
Warensendung *f* (com) consignment of goods
Warensortiment *n* (com) assortment (*or* line) of goods
Warenterminbörse *f* (Bö) commodity futures exchange
Warentermingeschäft *n* (Bö) commodity future (transaction)
(ie, agreement to buy or sell a given amount of a commodity at a future date, at a fixed price)
Warenterminhandel *m*
(Bö) commodity forward dealings (*or* trading)
Warenterminkontrakt *m* (Bö) commodity futures contract
Warenterminmarkt *m* (Bö) commodity futures market
Warenterminoptionen *fpl* (Bö) commodity options
(ie, to buy or sell commodity futures, similar to stock options)

Warentest *m* (com) comparative products test
Warenumschließung *f*
(StR) packing
– packaging
(ie, term used in turnover tax law)
Waren *fpl* **unbestimmbaren Ursprungs** (Zo) products of undetermined origin
Waren- und Dienstleistungsverkehr *m* (AuW) movement of goods and services
Warenuntergruppe *f* (com) products subcategory
Waren *fpl* **unter Zollverschluß**
(Zo) bonded goods
– goods in bond
Warenursprung *m* (com) origin of goods
Warenverkaufskonto *n* (ReW) merchandise sales account
Warenverkehr *m*
(AuW) merchandise movements
(Zo) trade
Warenverkehrsbescheinigung *f* (EG) movement certificate
Warenverpfändung *f* (Re) pledge of goods
Warenversand *m*
(com) shipping of goods
(Zo) transit operation
Warenvertreter *m* (com) agent dealing in commodities
(opp, Vertreter für Hilfsgeschäfte des Handels: Bankvertreter, Versicherungsvertreter)
Warenverzeichnis *n* (Stat) product classification
Warenvorräte *mpl*
(MaW) inventories
– goods (carried) in stock
– merchandise on hand
Warenvorschüsse *mpl* (Fin) advances on goods
Warenwährung *f* (Vw) commodity currency (*or* standard)
Warenwechsel *m*
(Fin) trade
– commercial
– commodity . . . bill *(syn, Handelswechsel)*
Warenwerbung *f* (Mk) product advertising
Warenwert *m* (com) invoiced value of goods
Warenwirtschaftssystem, WWS *n* (Mk) merchandise information system, MIS
(ie, Informationssystem im Handel zur mengen- und wertmäßigen Erfassung, Speicherung und Verarbeitung der betrieblichen Waren- und Geldströme sowie der zugehörigen Bestände)
Warenzeichen *n*
(Pat) trademark, § 1 WZG
(Mk) brand *(syn, Handelsname)*
Warenzeichen *n* **anmelden** (Pat) to apply for registration of a trademark, § 2 WZG
Warenzeichenfälschung *f* (Pat) commercial counterfeiting, §§ 24, 26 WZG
Warenzeichengesetz *n* (Re) Trademark Law
Warenzeichenlizenz *f* (Pat) trademark license
Warenzeichenmißbrauch *m* (Pat) trademark infringement, § 24 WZG
Warenzeichenpolitik *f* (Mk) branding (policy)
Warenzeichenrecht *n* (Pat) law of trademarks, §§ 1–36 WZG
Warenzeichenrolle *f* (Pat) trademark register, § 3 WZG

Warenzeichenschutz *m* (Pat) trademark protection

Warenzeichenverletzung *f* (Pat) infringement of a trademark, § 24 WZG

Warenzeichenvorschriften *fpl* (Pat, US) Trademark Rules of Practice

Waren *fpl* **zollamtlich behandeln** (Zo) to clear goods through the customs

Waren *fpl* **zur Vermietung** (Zo) goods imported on hire terms

Ware *f* **verbringen** (com) to introduce products *(eg, into a market)*

Wärmestelle *f* (IndE) fuel control department

Warmstart *m*
(EDV) warm start
– system restart

Warngrenze *f*
(Stat) warning limit
– peril points *(ie, on control charts)*

Warnstreik *m*
(Pw) demonstration
– protest
– spontaneous
– token... strike *(eg, workers staged a ...)*
– warning strike
(ie, to press an industry into granting higher wages, a shorter workweek, etc)

Warrantdiskont *m* (com) = Warrantlombard

Warrantlombard *m* (Fin) lending on goods
(ie, against delivery of warrant; rarely used in Germany)

Wartebelastung *f* (EDV) mean queue size

Wartekosten *pl* (OR) cost of waiting time *(ie, often equal to opportunity costs)*

Warteliste *f*
(com) waiting list
– rooster

warten
(IndE) to maintain
– to service

Warteraum *m* (OR) waiting space *(ie, in waiting-line models)*

Warteschlange *f*
(OR) waiting line
– queue
– line-up

Warteschlangenmodell *n* (OR) waiting-line *(or queuing)* model

Warteschlangentheorie *f* (OR) waiting-line *(or queuing)* theory *(syn, Bedienungstheorie)*

Warteschlangenverlustfaktor *m* (OR) queuing loss factor

Wartesystem *n*
(OR) waiting-line system
– queuing system

Wartetheorie *f* (Vw) waiting theory of interest *(G. Cassel)*

Wartezeit *f*
(com) waiting period
(com) detention time
(ie, of a carrier, due to lack of loading or unloading equipment)
(SozV) qualifying period
(ie, minimum period of credit for contributions needed to qualify for benefits, 180 calendar months)

(Pw, Vers) qualifying *(or* waiting*)* period
(OR) waiting time
(Mk) latency period

Wartezeitminimierung *f* (IndE) minimization of waiting time

Wartezeitproblem *n* (OR) congestion problem

Wartezimmerverfahren *n* (AuW) „waiting room" method
(ie, temporary suspense of transfer of fund to a given country)

Wartezustand *m*
(EDV) wait state
– disconnected mode, DM

Wartung *f*
(IndE) maintenance
– servicing
– upkeep

Wartung *f* **durch Fremdfirmen** (com) third-party maintenance *(or* service*)*

Wartungsdienst *m* (com) maintenance service

Wartungsfeld *n* (EDV) maintenance control panel

Wartungshandbuch *n* (IndE) maintenance manual

Wartungskosten *pl*
(KoR) maintenance cost *(or* charges*)*
– cost of upkeep

Wartungspersonal *n* (Pw) maintenance personnel *(or* staff*)*

Wartungsprogramm *n* (EDV) maintenance program

Wartungsrückstellung *f* (ReW) maintenance reserve

Wartungsunternehmen *n* (com) service contractor

Wartungsvertrag *m* (com) service *(or* maintenance*)* agreement

Wartungszeit *f* (com) maintenance time

Waschmittelgesetz *n*
(Re) Law on the Biodegradability of Detergents
– Detergent Law
(ie, protection of stretches of water and sewage plants against pollution by washing and cleaning agents)

Waschzettel *m* (Mk) blurb *(ie, relating to books)*

Wasseraktien *fpl* (Bö) heavily diluted stocks

Wasserhaushaltsgesetz *n* (Re) Water Resources Management Law
(ie, water management for the benefit of the entire community, no unavoidable contamination)

Wasserkosten *pl* (KoR) cost of water consumption

Wasserschadenversicherung *f* (Vers) water damage insurance

Wasserstraßen *fpl* (com) waterways

Wechsel *m* (WeR) bill of exchange
(ie, vorwiegend als gezogener Wechsel [Tratte = draft]; cf, § 1 WG)

Wechselabrechnung *f* (Fin) bill discount note

Wechselabschrift *f* (WeR) copy of a bill *(syn, Wechselkopie)*

Wechselabteilung *f* (Fin) bill discount and collection department

Wechselagent *m* (Fin) = Wechselmakler

Wechselakzept *n* (WeR) acceptance of a bill

Wechsel *m* **akzeptieren** (WeR) to accept a bill
(syn, Wechsel... annehmen/mit Akzept versehen; querschreiben)

Wechselannahme *f* (WeR) acceptance of a bill

Wechselarbitrage *f*
(AuW) arbitration of exchange
- cross exchange
Wechsel *m* **auf kurze Sicht** (Fin) short (dated) bill
Wechselausfertigung *f* (WeR) duplicate of a bill
(eg, first, second, third of exchange)
Wechsel *m* **ausstellen** (WeR) to make out (*or* draw) a bill
Wechselaussteller *m* (WeR) drawer of a bill
Wechselbad *n* (com, infml) continual alternations between good and bad years
Wechsel *m* **begeben** (WeR) to negotiate a bill
Wechselbestand *m* (Fin) bill holdings
Wechselbezogener *m* (WeR) drawee of a bill
Wechselblankett *n* (WeR) blank bill
Wechselbuch *n* (ReW) = Wechselkopierbuch
Wechselbürge *m*
(WeR) guarantor of a bill
- collateral acceptor
Wechselbürgschaft *f* (WeR) bill guaranty
Wechseldebitoren *pl* (ReW) bills receivable
Wechseldiskont *m* (Fin) bank discount
Wechsel *m* **diskontieren lassen** (Fin) to get a bill discounted
Wechseldiskontierung *f*
(Fin) discounting of a bill
- bill discounting
Wechseldiskontkredit *m* (Fin) discount credit
Wechseldiskontlinie *f* (Fin) discount line
Wechseldiskontsatz *m* (Fin) bill discount rate
Wechseldomizil *n* (WeR) domicile of a bill
(ie, place where a bill is made payable)
Wechsel *m* **domizilieren** (WeR) to domicile a bill
Wechseldrittausfertigung *f* (WeR) third of exchange
Wechselduplikat *n* (WeR) duplicate of a bill *(eg, first, second, third of exchange)*
Wechsel *m* **einlösen**
(Fin) to discharge
- to honor
- to meet
- to pay
- to take up ... a bill
Wechseleinlösung *f* (Fin) payment of a bill
Wechseleinreicher *m* (WeR) party presenting a bill
Wechseleinzug *m* (Fin) collection of bill *(syn, Wechselinkasso)*
Wechseleinzugsspesen *pl* (Fin) bill collection charges
Wechselfähigkeit *f* (WeR) capacity to draw bills
Wechselfälligkeit *f* (WeR) maturity of a bill
Wechselfälschung *f* (WeR) counterfeit of a bill
Wechselforderungen *fpl* (ReW) bills (*or* notes) receivable
Wechselfrist *f* (WeR) time limit for payment of a bill
Wechselgeld *n*
(com) change
- small change
(Fin) change fund *(ie, at disposal of cashier)*
Wechselgeschäft *n* (Fin) bill business
wechselgeschäftsfähig (WeR) capable of drawing bills
Wechselgesetz *n* (WeR) Law on Bills of Exchange, of 1 Apr 1934

Wechselgirant *m* (WeR) indorser of a bill
Wechselgiro *n* (WeR) indorsement of a bill
Wechselgläubiger *m* (Fin) bill creditor
Wechselhaftung *f* (WeR) liability under a bill of exchange
Wechselhandel *m* (Fin) bill brokerage
Wechselhereinnahme *f* (Fin) acceptance of a bill
Wechsel *m* **hereinnehmen** (Fin) to accept a bill
Wechsel *m* **honorieren** (WeR) = Wechsel einlösen
Wechsel *mpl* **im Bestand** (ReW) bills of exchange on hand
Wechsel *mpl* **im Umlauf** (Fin) bills in circulation
Wechselinhaber *m* (WeR) holder of a bill
Wechselinkasso *n* (Fin) collection of a bill *(syn, Wechseleinzug)*
Wechselklage *f*
(WeR) action on a dishonored bill
- suit upon a bill
- (GB) action under the Bills of Exchange Act
Wechselkommission *f* (Fin) bill broking
Wechselkonto *n* (ReW) acceptance account
Wechselkopie *f* (WeR) = Wechselabschrift
Wechselkopierbuch *n* (ReW) discount ledger
Wechselkredit *m* (Fin) acceptance (*or* discount) credit
Wechselkreditvolumen *n* (Fin) total discounts
Wechselkurs *m*
(Fin) exchange rate
- rate of exchange
Wechselkursabwertung *f* (Fin) exchange rate depreciation (*or* devaluation)
Wechselkursadjustierung *f* (AuW) exchange rate realignment
Wechselkursänderung *f* (AuW) parity change
Wechselkursanpassung *f* (AuW) exchange rate adjustment (*or* rearrangement)
Wechselkursarbitrage *f* (AuW) = Wechselarbitrage
Wechselkursberichtigung *f* (AuW) = Wechselkursanpassung
Wechselkursbewegungen *fpl* (Fin) currency movements
Wechselkurse *mpl* (Fin) currency rates
(ie, quoted as interbank exchange rates, excluding bank service charges)
Wechselkursfreigabe *f* (AuW) floating of the exchange rate
Wechselkursgarantie *f* (AuW) exchange rate guaranty
Wechselkursgefüge *n* (AuW) pattern of exchange rates
Wechselkursgewinne *mpl* (ReW) gains on currency translations
Wechselkurskorrektur *f* (AuW) = Wechselkursanpassung
Wechselkursmechanismus *m* (Fin) exchange rate mechanism, ERM
Wechselkursnotierung *f* (Fin) exchange rate quotation
Wechselkursparität *f* (Fin) exchange rate parity
Wechselkurspolitik *f* (AuW) exchange rate policy
Wechselkursregelung *f* (Fin) exchange rate arrangement
Wechselkursregelungen *fpl* (Fin) exchange rate arrangements

Wechselkursregime *n* (IWF) exchange regime
Wechselkursrelationen *fpl*
(AuW) exchange rate relations
– currency parities
Wechselkursrisiko *n* (Fin) exchange risk
Wechselkursschwankungen *fpl*
(Fin) exchange rate/currency ... fluctuations
– currency ... movements/shifts
Wechselkurssicherung *f*
(Fin) currency hedge
– exchange rate hedging
Wechselkurssicherungskosten *pl* (Fin) cost of currency hedge
Wechselkursstabilisierung *f* (AuW) stabilizing the exchange rate
Wechselkursstabilität *f* (AuW) exchange rate stability
Wechselkurssystem *n* (AuW) exchange rate system
Wechselkursumrechnung *f*
(Fin) conversion of exchange rates
(ReW) currency translation
Wechselkursumrechnungsgewinne *mpl*   (ReW) translation gains
Wechselkursverlust *m* (ReW) loss on exchange
Wechselkurtage *f* (Fin) bill brokerage
Wechsellagen *fpl* **der Konjunktur** (Vw) ups and downs of economic activity
Wechsellombard *m* (Fin) lending on bills
(ie, loans collateralized by notes outstanding)
Wechselmakler *m*
(Fin) discounter
– factor
– (GB) bill broker
Wechselmaterial *n* (Fin) bills (of exchange)
wechselnde Massenfertigung *f* (IndE) alternative mass production *(opp, parallele Massenfertigung)*
Wechselnehmer *m* (WeR) payee of a bill *(syn, Remittent)*
Wechsel *m* **nicht einlösen** (Fin) to dishonor a bill
Wechselobligo *n*
(ReW) notes payable
(Fin) bill commitments
– (liability on) bills discounted
– acceptance liabilities
(syn, Akzeptverbindlichkeiten)
Wechselparität *f* (Vw) parity of exchange
Wechselpensionsgeschäft *n* (Fin) presentment of bills at Bundesbank under prepurchase agreements
Wechselportefeuille *n* (Fin) bill holdings *(or portfolio)*
Wechselprolongation *f* (WeR) renewal of a bill
Wechsel *m* **prolongieren** (WeR) to renew a bill
Wechselprotest *m* (WeR) bill protest
Wechselprotestanzeige *f*
(WeR) mandate of protest
– notice of protest
– protest jacket
Wechselprotestkosten *pl* (WeR) protest fees
Wechselprovision *f* (Fin) bill brokerage
Wechselprozeß *m* (Re) legal proceedings related to a bill of exchange, § 602 ZPO
Wechselrechnung *f* (Fin) computation of simple discount *(syn, Diskontrechnung)*

Wechselrecht *n* (WeR) legal provisions on bills of exchange and promissory notes
Wechselrediskont *m* (Fin) rediscounting of bills
Wechsel *m* **rediskontieren** (Fin) to rediscount a bill
Wechselregreß *m* (WeR) recourse to a party liable on a bill
Wechselreiterei *f*
(WeR) bill jobbing
– kite flying
– kiting
Wechselrembours *m* (Fin) documentary acceptance credit
Wechselrückgriff *m* (WeR) = Wechselregreß
Wechselschicht *f*
(Pw) swing
– rotating
– alternate ... shift
Wechselschicht-Arbeiter *m* (Pw) swing-shift worker
Wechselschicht-Gruppe *f* (Pw) alternating shift
Wechselschriftverfahren *n* (EDV) non-return-to-zero (*or* NRZ) recording
Wechselschuldner *m* (WeR) debtor on a bill
wechselseitig beteiligte Unternehmen *npl* (com) interlocking enterprises, § 19 AktG
wechselseitige Beteiligung *f* (com) cross holdings, § 19 AktG
wechselseitige Haftung *f* (Re) cross liability
wechselseitige Überlebensversicherung *f* (Vers) joint insurance
Wechselsekunda *f* (WeR) second of exchange
Wechselskontro *n* (Fin) bill ledger
Wechselspesen *pl* (Fin) bill charges
Wechselsteuer *f* (StR) tax on drafts and bills of exchange
Wechselsteuergesetz *n* (Re) Law regulating the Tax on Drafts, Bills of Exchange, and Acceptances, as republished on 24 Juli 1959
Wechselstube *f* (Fin) exchange office *(ie, of a bank)*
Wechselstubenkurs *m* (Fin) exchange bureau rate
Wechseltaktschrift *f* (EDV) two-frequency recording mode
Wechselumlauf *m* (Fin) bills in circulation
Wechsel- und Scheckbürgschaften *fpl*
(Fin) guaranties and warranties on bills and checks
Wechselverbindlichkeiten *fpl* (ReW) bills payable
(Fin) acceptance commitments
Wechselverbindlichkeiten *fpl* **eingehen** (Fin) to enter obligations on a bill of exchange
Wechselverbindlichkeiten *fpl* **gegenüber Banken** (ReW) notes payable to banks
Wechselverpflichteter *m* (WeR) party liable on a bill of exchange
Wechselvorlage *f* (WeR) presentment of a bill
Wechsel *m* **vorlegen** (WeR) to present a bill
Wechselwähler *m*
(com) vote switcher
– swing voter
Wechsel *mpl* **weitergeben** (Fin) to rediscount bills of exchange
Wechselwinkel *m* (Math) alternate angle
Wechsel *m* **ziehen (auf)** (WeR) to draw a bill of exchange (on)
Wechselziehung *f* (WeR) drawing of a bill
Wechselzinsen *mpl* (Fin) interest paid on a bill

Wechsel *m* **zum Diskont einreichen** (Fin) to discount a bill with a bank

Wechsel *m* **zu Protest gehen lassen** (WeR) to have a bill protested

Wechsel *m* **zur Annahme vorlegen** (WeR) to present a bill for acceptance

Wechselzweitschrift *f* (WeR) second of exchange

Weg *m* (OR) path

Weg *m* **beschreiten**
(com) to start down a path

Wegebefestigungen *fpl* (ReW) sidewalks, driveways, etc.

Wegegeld *n* (com) traveling expenses

Wegelagererpatent *n* (Pat) free-lance (*or* shotgun) patent

Wegerecht *n* (Re) right-of-way

Wegeunfall *m* (Pw) travel accident *(ie, occurring to and from work)*

Wegezeit *f*
(Pw) home-to-office time
(IndE) site-to-quarters time

Wegfall *m* **der Geschäftsgrundlage**
(Re) frustration of contract
– lapse of purpose
(ie, a vital change in circumstances assumed by the parties at the time the contract was concluded)

Wegfall *m* **von Anteilen** (Fin) retirement of shares

Wegintegral *n* (Math) contour integral

wegloben (Pw, infml) to kick sb up the stairs

Wegmatrix *f* (Math) path matrix

Wegnahmerecht *n* (Re) jus tollendi
(ie, right to remove an article affixed to a thing, § 258 BGB)

Wegproblem *n* (OR) routing problem

wegrationalisieren (Pw) to abolish jobs by technological advance

wegsteuern (FiW) to skim off by taxation

Wegwerfbecher *m* (com) disposable cup

Wegwerfgesellschaft *f* (Vw, infml) throw-away society

Wegwerfgüter *npl*
(Mk) disposable products
– disposables

wegziehen
(com, infml) to move away
– to pull up one's roots

weibliche Führungskraft *f* (Pw) lady (*or* women) executive

weiches Interview *n* (Stat) permissive interview

weiche Technologien *fpl* (IndE) small-scale (*or* „soft") technologies

weiche Währung *f* (AuW) soft currency
(ie, not freely convertible or fluctuating in the exchange markets)

weichsektorierte Diskette *f* (EDV) soft-sectored diskette

Weichwährungsland *n* (AuW) soft-currency country

Weihnachtsfreibetrag *m* (StR) tax-free Christmas allowance *(ie, DM400, § 19 III EStG)*

Weihnachtsgratifikation *f* (Pw) = Weihnachtszuwendung

Weihnachtszuwendung *f*
(Pw) Christmas bonus
– cash bonus at Christmas

weiße Ware *f* (com) white goods
(ie, washing machines, freezers, cookers, dishwashers; opp, braune Ware)

Weißzone *f* (EDV) clear area *(ie, in OCR: area to be kept free of printing)*

Weisungen *fpl*
(Pw) instructions
– orders

weisungsgebunden
(Pw) bound by directives
– reporting to
– accountable to

Weisungsgewalt *f* (Bw) authority
– competence to issue instructions

Weisungskompetenz *f* (Bw) managerial authority

Weisungsrecht *n* (Pw) right to issue instructions to employees

weisungsunabhängig (com) independent of instructions
(eg, from the government, such as Deutsche Bundesbank)

weit auslegen (Re) to put a broad (*or* liberal) construction upon

weite Auslegung *f*
(Re) broad construction
– liberal interpretation
(opp, enge Auslegung = strict construction)

Weiterbegebung *f* (WeR) renegotiation

Weiterbehandlungsgebühr *f* (Pat) fee for further processing

Weiterbenutzung *f* (Pat) continued use

weiterbeschäftigen
(Pw) to continue to employ
– to keep on

Weiterbildung *f*
(com) post-qualification
– further (*or* ongoing) education

Weiterbildung *f* **in e-m nicht ausgeübten Beruf** (StR) reacquiring or updating skills used in a former profession, vocation, or business activity, § 10 I No. 7 EStG

Weiterbildungskosten *pl* (StR) retraining expenses

Weiterbildung *f* **von Führungskräften**
(Pw) executive development (*or* training)
– management development

Weitergabe *f* **von Handelswechseln** (Fin) rediscounting of commercial bills

weitergeleiteter Eigentumsvorbehalt *m* (Re) transferred reservation of ownership

weiterleihen
(Fin) to gon on lending
(Fin) to on-lend money *(eg, deposited with banks)*

weiterleiten an
(com) to pass on
– to transmit to
(com) forward to
– (GB) redirect to *(ie, instructions to post office on envelope)*

Weiterleitungskredit *m* (Fin) flow-through credit

Weiterlieferung *f* (com) delivery (*or* supply) to third party

Weiterrückversicherer *m* (Vers) retrocessionaire
(ie, the reinsurer of a reinsurer; syn; Retrozessionar)

Weiterrückversicherungsnehmer *m* (Vers) retrocedent
(ie, reinsurer placing a retrocession; syn, Retrozedent)
weiterverarbeiten (com) to reprocess
Weiterverarbeiter *m*
(com) processing firm
– processor
Weiterverarbeitung *f*
(com) processing
(IndE) downstream operations *(eg, refining and petrochemical plants)*
weiterveräußern (com) to resell
Weiterveräußerung *f* (com) resale
Weiterveräußerung *f* **an Dritte** (com) resale to third parties
Weiterveredelung *f* (com) supplementary processing
Weiterverkauf *m* (com) resale
weiterverkaufen (com) to resell
weitervermieten (Re) to re-let
Weitervermietung *f* (Re) re-letting
Weiterversendung *f* (com) redispatch
Weiterversicherung *f* (Vers) continued insurance
weites Oligopol *n* (Vw) loose oligopoly
(ie, Unternehmen sind nicht wie im Polypol durch geringe absolute Größe und weitgehende Gewinnlosigkeit gekennzeichnet; es dominiert das kapitalkräftige Unternehmen, das hohe Risiken neuer Produkte und Verfahren bewältigen kann; opp, enges Oligopol = close oligopoly)
weitreichende Marktdurchdringung *f* (Mk) blanket market penetration
Weittechnik *f* (IndE) telecommunications
Weitverkehr *m* (IndE) = Weittechnik
„Wellblech-Konjunktur" *f* (Vw) saw-tooth pattern of economic activity
Welle *f* (com) tidal wave *(eg, of bankruptcies)*
Wellpappe *f*
(com) corrugated fiberboard
– *(short form)* corrugated
Wellpappenfabrikant *m* (com) boxmaker
Weltabschluß *m*
(ReW) worldwide financial statements
– (GB) worldwide annual accounts
(ie, in den alle Konzernunternehmen mit Sitz im In- od Ausland einbezogen werden; syn, internationaler Konzernabschluß)
Welt-Aktien-Index *m* (Fin) FT-A World Index
(ie, ‚A' für ‚Actuaries'; introduced in London on March 17, 1987; spiegelt die Entwicklung von 2400 Aktien in 23 Ländern wider; 70% der gesamten Börsenwerte aller maßgeblichen Aktienmärkte der Welt)
Weltbank *f* (Fin) World Bank
(short for: International Bank for Reconstruction and Development)
Weltbilanz *f*
(ReW) worldwide balance sheet
– global financial statement
(ie, verkürzte Bezeichnung für weltweiten handelsrechtlichen Konzernabschluß; cf, Weltabschluß)
Weltbruttosozialprodukt *n* (VGR) gross world product

Welteinkommensprinzip *n* (FiW) principle of income-source neutrality
Weltfangertrag *m* (com) world fish catch
Weltfischereiertrag *m* (com) world harvest of fish
(ie, comprising demersal fish = Bodenfisch, caught near the ocean floor, and pelagic fish = pelagische Fische, caught near the surface)
Weltgetreidehandel *m* (AuW) world grain trade
Welthandel *m*
(AuW) world
– international
– global ... trade
Welthandelsgespräche *npl* (AuW) world trade talks
Welthandelskonferenz *f* (AuW) UNCTAD: United Nations Conference on Trade and Development
Welthandelskonjunktur *f* (AuW) cyclical movements in world trade
Welthandelssystem *n* (AuW) world trading system
Weltindustriezensus *m* (Stat) worldwide industrial census
Weltkonjunktur *f* (Vw) worldwide economic activity
(eg, in the absence of a revival of ...)
Weltkonzernbilanz *f*
(ReW) consolidated world accounts
– worldwide consolidated financial statement
– global annual accounts
Weltmarkt *m*
(Bw) global
– international
– world ... market
Weltmarktbedingungen *fpl* (Bw) conditions of world markets
Weltmarktpreis *m* (Bw) world market price
Weltmarktstrategie *f* (Bw) world-wide market strategy
Weltpatent *n* (Pat) universal patent
Welttextilabkommen *n* (AuW) = Multifaserabkommen, qv
Weltumsatz *m*
(Bw) worldwide sales
– sales worldwide
– world group sales
Weltunternehmen *n*
(Bw) international company *(or corporation)*
– globe-spanning business enterprise
Welt-Urheberrechts-Konvention *f* (Pat) Universal Copyright Convention, of 6 Sept 1952
Weltvorräte *mpl* (Vw) global reserves *(eg, minerals, petroleum)*
Weltwährungsfonds *m* (IWF) International Monetary Fund, IMF *(syn, Internationaler Währungsfonds, qv)*
Weltwährungssystem *n* (AuW) international monetary system
Weltwarenmärkte *mpl* (com) world commodity markets
weltweite Fertigung *f* (IndE) global manufacturing
(ie, in which components are made in one location and assembled in another)
weltweite Handelsbeziehungen *fpl* (Bw) far-flung trade connections *(ie, covering the whole world)*
weltweite Inflation *f* (Vw) worldwide inflation
weltweite Knappheit *f* (AuW) worldwide shortage (of)

weltweite Liquiditätsschwierigkeiten *fpl* (Fin) worldwide financial crunch

weltweiter Branchenführer *m* (com) world-wide industry leader

weltweite Rezession *f*
(AuW) global downturn
– world recession

Weltwirtschaft *f*
(Bw) global
– international
– world... economy

weltwirtschaftliche Lage *f* (AuW) international economic condition

Weltwirtschaftsgipfel *m* (Vw) world economic summit

Weltwirtschaftsinstitut *n* (Vw) *(Kiel-based)* Institute for World Economics

Weltwirtschaftskrise *f*
(Vw) world-wide economic crisis
(Vw) the Great Depression
– the Depression years *(ie, limited to the crisis of the 1930 s)*

Weltwirtschaftsordnung *f* (AuW) international economic order *(or* system)

Weltwirtschaftssystem *n* (AuW) = Weltwirtschaftsordnung

Wende *f* (com) turnaround
(eg, the industry's turnaround has grabbed the attention of investors)

Wendepunkt *m*
(Math) turning point
– point of inflection

Wendepunktfehler *m* (Bw) turning point error *(ie, in PR-Diagrammen, qv)*

weniger gute Adresse *f*
(Fin) borrower of lesser standing
– lesser-rated borrower

Wenn-dann-Beziehung *f* (Log) action-consequence relation

Wenn-Satz *m* (Log) if statement

Werbeabteilung *f* (Mk) advertising department

Werbeagent *m*
(Mk) advertising man
– adman

Werbeagentur *f* (Mk) advertising agency

Werbeakquisiteur *m* (Mk) advertising canvasser

Werbeaktionen *fpl* (Mk) advertising measures

Werbeanalyse *f* (Mk) advertising analysis

Werbeantwort *f* (Mk) business reply

Werbeaufwand *m* (Mk) advertising expense *(syn, Werbeaufwendungen)*

Werbebeilage *f* (Mk) stuffer

Werbeberater *m* (Mk) advertising consultant

Werbeberatung *f* (Mk) advertising agency

Werbebotschaft *f* (Mk) advertising message

Werbebranche *f* (Mk) advertising industry

Werbebrief *m* (Mk) advertising letter

Werbebroschüre *f* (Mk) brochure

Werbebudget *n* (Mk) advertising budget *(syn, Werbeetat)*

Werbedrucke *mpl* (Mk) printed advertising material *(syn, Werbedrucksachen)*

Werbedrucksachen *fpl* (Mk) printed advertising material

Werbeeinahmen *fpl* (Mk) advertising revenue

Werbeerfolg *m* (Mk) advertising effectiveness

Werbeerfolgskontrolle *f* (Mk) control of advertising effectiveness

Werbeerfolgsprognose *f* (Mk) forecast of advertising effectiveness

Werbeerfüller *m* (Mk) adopter

Werbeetat *m* (Mk) advertising budget *(syn, Werbebudget)*

Werbefachmann *m* (Mk) advertising... specialist/expert)

Werbefeldzug *m* (Mk) advertising campaign

Werbefernsehen *n* (Mk) advertising TV

Werbefläche *f*
(Mk) hoarding
– (GB) billboard

Werbeforschung *f* (Mk) advertising research

Werbegag *m* (Mk) advertising/publicity... stunt

Werbegeschenk *n*
(Mk) advertising gift
– advertising specialty
(ie, low-cost item with logo of seller on it: pens, pocket calculators, etc)

Werbegeschenke *npl* (Mk) give-away articles

Werbegrundsätze *mpl* (Mk) standards of advertising practice

werbeintensive Produkte *npl* (Mk) highly advertised products

Werbekampagne *f* (Mk) advertising campaign

Werbekonkurrenz *f* (Mk) competition through advertising

Werbekontrolle *f* (Mk) = Werbeerfolgskontrolle

Werbekosten *pl* (Mk) advertising expense *(syn, Werbeaufwand)*

Werbeleiter *m*
(Mk) advertising manager
– ad director

Werbemaßnahmen *fpl* (Mk) advertising efforts

Werbematerial *n* (Mk) advertising material

Werbemittel *n* (Mk) advertising medium

Werbemittelanalyse *f*
(Mk) analysis of advertising media
– advertisement analysis

Werbemix *m* (Mk) advertising mix

Werbemuster *n* (Mk) advertising sample

werben
(Mk) to advertise
– to promote

Werbenachlaß *m* (Mk) advertising allowance
(ie, reduction of price to sellers to encourage local advertising)

werbende Aktiva *npl*
(Bw) earning assets
(Fin) interest-bearing assets

werbende Ausgaben *fpl* (FiW) productive expenditure *(opp, transfer expenditure)*

werbendes Kapital *n* (Vw) reproductive capital

werbendes Vermögen *n* (Fin) earning assets

Werbeplakat *n*
(Mk) show bill
– billboard advertisement *(ie, large panel designed for outdoor advertising)*
– (GB) hoarding

Werbeplanung *f*
(Mk) planning of advertising
– account/media/advertising... planning

Werbepreis m (Mk) advertising price
Werbepsychologie f (Mk) advertising psychology
Werbepublikum n (Mk) advertising audience
Werber m (Mk) solicitor
Werberabatt m (Mk) advertising rebate
Werberendite f (Mk) advertising return
Werberevision f (Mk) review of promotional activities
Werberiese m (Mk) media tycoon *(eg, Kenneth Thompson)*
Werberundschreiben n (Mk) advertising circular
Werbesendung f (Mk) commercial *(ie, radio or TV; syn, Werbespot)*
Werbesendungen fpl (Mk) advertising mail (Mk) broadcast of commercials
Werbeslang m (Mk) advertising slang
Werbeslogan m (Mk) advertising slogan
Werbespot m
(Mk) advertising spot
– commercial
Werbe-Stückkosten pl (Mk) unit advertising cost
Werbetarifliste f (Mk) advertising rate list
Werbetext m (Mk) advertising copy
Werbetexten n (Mk) copy writing *(syn, Texten)*
Werbetexter m (Mk) copywriter
Werbetextstrategie f (Mk) copy ... strategy/thrust
(ie, message to be communicated)
Werbeträger mpl (Mk) advertising media *(syn, Werbemedia, Media)*
Werbeträgeranalyse f (Mk) media analysis
Werbevertreter m (Mk) advertising salesman
Werbewirkung f (Mk) impact of advertising
Werbewirtschaft f (Mk) advertising industry
Werbung f (Mk) advertising
Werbung f **durch Postwurfsendungen** (Mk) direct mail advertising
Werbung f **ohne postalischen Werbemittelversand** (Mk) unmailed direct advertising
Werbungskosten pl (StR) income-related expenses, § 9 EStG
Werbungskosten-Pauschbetrag m (StR) blanket deduction for income-related expenses, § 9a EStG
Werbungsmittler m (Mk) advertising agency (or office)
Werdegang m
(Pw) personal background
– career
Werk n
(IndE) production facility
– plant
– factory
Werkbahn f (IndE) plant-owned railroad feeder system
Werkfernverkehr m (com) plant-operated long-distance traffic
(opp, Werkverkehr, Werknahverkehr)
Werkhandelsgesellschaft f (Bw) independent selling subsidiary *(syn, Verkaufskontor)*
Werkleistungsvertrag m (Re) contract under which goods are improved, processed or converted
Werklieferung f
(Re) sale under a contract for goods and services
(StR) sale for turnover tax purposes, § 3 IV UStG

Werklieferungsvertrag m (Re) work performance contract
(ie, contract constituting mixture of sale and contract of work, § 651 BGB)
Werklohn m (Re) compensation for work, § 651 BGB
Werknahverkehr m (com) plant-operated short-haul traffic *(opp, Werkverkehr, Werkfernverkehr)*
Werknormen fpl (IndE) plant-developed standards
Werksabholung f (com) factory pickup
Werksanlagen fpl (IndE) plant facilities
Werksarzt m (Pw) plant ... doctor/physician
Werksbescheinigung f
(com) works (or mill) certificate
(ie, Betriebsaufzeichnungen dienen als Unterlage; Lieferung braucht nicht geprüft zu werden; opp, Abnahmebescheinigung)
(IndE) statement of delivery standard
Werksbuchhaltung f (ReW) plant accounting department
Werkschutz m (Bw) plant security guard
werkseigener Güterverkehr m (com) private freight traffic
Werksferien pl
(Bw) vacation close-down
– plant holiday
(ie, complete stopping of work during the holidy period; syn, Betriebsferien)
Werksgebäude n (com) factory building
Werksgrundstück n
(com) plant site
– factory-site land
werksintern (com) intra-plant
Werkskantine f (Pw) works canteen
Werkskontrolle f (Stat) manufacturer's quality control
Werkskosten pl
(KoR) manufacturing cost *(ie, fixed cost + variable cost related to manufacturing)*
– in-plant costs
Werksleiter m (IndE) plant manager
Werksleitung f (IndE) plant management
Werksnorm f (IndE) company standard
Werksparkassen fpl (Bw) company savings banks
Werkspionage f (Bw) industrial espionage
Werksprüfung f (IndE) manufacturer's inspection
Werksprüfzeugnis n (IndE) works test certificate
Werksrabatt m (com) factory rebate
Werksselbstkosten pl (KoR) factory cost price
Werkstatt f (IndE) shop
Werkstattauftrag m (IndE) job shop order
Werkstattbestand m (MaW) work-in-process inventory
Werkstattfertigung f
(IndE) job shop operation
– cellular organization of production
– blocked operation *(ie, term taken over from chemical engineering*
(ie, Zusammenfassung gleicher Maschinenarbeiten, wie Drehen, Schleifen, Fräsen, am gleichen Ort)
Werkstattfließfertigung f (IndE) job shop continuous production
Werkstattkreis m (Bw) = Qualitätszirkel

Werkstattleistungen *fpl* (IndE) production shop services

Werkstattmeister *m* (IndE) shop foreman

Werkstattmuster *n* (IndE) shop sample

Werkstattnummer *f* (IndE) shop order number

Werkstattprogrammierung *f* (IndE) shopfloor programming

Werkstattprüfung *f* (IndE) shop test

Werkstattsteuerung *f* (IndE) shop floor control
(ie, eignet sich für auftragsbezogene Fertigung und für Serienfertigung)

Werkstattzeichnung *f* (IndE) (work)shop/working... drawing

Werkstoffe *mpl* (IndE) materials
(ie, raw materials and supplies, small parts, bought-out standard parts, etc)

Werkstoffgemeinkosten *pl* (KoR) indirect material costs

Werkstoffkosten *pl* (KoR) cost of materials
(ie, mit Preisen bewertete Verbrauchsmengen an Roh-, Hilfs- und Betriebsstoffen; syn, Materialkosten, Stoffkosten)

Werkstoffplanung *f* (Bw) materials planning

Werkstofftechnik *f* (IndE) materials application technology

Werkstoffverlust *m* (IndE) loss of feedstock
(ie, difference between startup volume and finished weight)

Werkstoffzeit *f* (IndE) door-to-door time

Werkstor *n* (com) plant gate

Werksvertreter *m*
(com) manufacturer's agent
– factory representative
(ie, not independent)

Werkswohnung *f*
(Pw) factory-owned apartment
– (GB) factory-owned flat

Werkszeitschrift *f* (com) in-house journal

Werkszeitung *f*
(Bw) in-house
– company
– employee... magazine
– house organ

Werkszeugnis *n* (com) mill certificate

Werktag *m* (com) business day

Werkverkehr *m*
(com) plant-operated traffic *(ie, companies carrying their own goods)*
– (US) private carriage
(subterms: Werknahverkehr, Werkfernverkehr)

Werkverkehrsversicherung *f* (Vers) private carriage insurance

Werk *n* **verlegen** (Bw) to relocate a plant

Werkvertrag *m* (Re) contract for work
(ie, one by which one party, the contractor, promises to produce a work and the other party, the customer, promises to pay for it, §§ 631ff BGB; the chief criterion being that the contractor is not subject to any control by the customer)

Werkverwaltungsgemeinkosten *pl* (KoR) plant management overhead

Werkzeichnung *f* (com) workshop drawing

Werkzeuganforderung *f*
(IndE) tool (issue) order

Werkzeuge *npl* (ReW) small tools

Werkzeugentnahmeschein *m* (MaW) tools requisition slip

Werkzeugkosten *pl* (ReW) cost of tools

Werkzeuglager *n* (MaW) tools stores

Werkzeugmacher *m* (Pw) toolmaker

Werkzeugmaschine *f* (IndE) machine tool
(ie, stationary power-driven machine for shaping, cutting, turning, boring, drilling, or polishing solid metal parts)

Werkzeugmaschinenhersteller *m* (com) machine tool maker

Werkzeugwechselzeit *f*
(IndE) tool allowance

Wert *m* (Vw, Bw) value

Wertanalyse *f* (Bw) value analysis (*or* engineering)
(ie, Ziel: bestehende Produkte zu verbessern od bei gleichbleibenden Eigenschaften zu verbilligen; Förderung in der Bundesrepublik durch ‚Deutsches Institut für Wertanalyse', Frankfurt; examination of every constituent of a product to make sure that its cost is no greater than is necessary to carry out its function)

Wertansatz *m*
(com) amount stated
(ReW) valuation *(eg, of fixed assets; § 40 HGB)*

Wertaufbewahrungsmittel *n* (Vw) store of value
(*or* purchasing power)

Wertaufholung *f*
(ReW) reinstatement of original values
– value make-good
(ie, Pflicht zur Zuschreibung auf der Aktivseite, wenn die Gründe für bestimmte nicht planmäßige Abschreibungen weggefallen sind: where the reasons for earlier writedowns to a lower value have ceased to exist; cf, § 280 I BGB)
(StR) increased valuation on previous balance-sheet figures

Wertaufholungsgebot *n* (ReW) requirement to reinstate original values
(syn, Zuschreibungsgebot)

Wert *m* **beilegen** (ReW) to attribute value to

Wertberichtigung *f* (ReW) valuation adjustment
(ie, Wertkorrektur als Posten auf der Passivseite e–r Bilanz für zu hoch angesetzte Aktiva; entry on the liabilities side of a balance sheet, made to offset overvaluation of assets)

Wertberichtigung *f* **auf Anlagevermögen** (ReW) value adjustment of fixed assets

Wertberichtigung *f* **auf Beteiligungen** (ReW) allowance for loss on investments

Wertberichtigung *f* **auf Finanzanlagevermögen** (ReW) (indirect) writedown of permanent investment

Wertberichtigung *f* **auf Forderungen** (ReW) discount on accounts receivable

Wertberichtigung *f* **auf Sachanlagevermögen** (ReW) (indirect) provision for depreciation, depletion, and amortization of plant, property and equipment

Wertberichtigung *f* **auf Substanzverringerung** (ReW) allowance for depletion

Wertberichtigung *f* **auf Umlaufvermögen** (ReW) current-asset valuation adjustment

Wertberichtigung *f* **auf uneinbringliche Forderungen** (ReW) provision for bad debts

Wertberichtigung *f* **auf Vorratsvermögen** (ReW) inventory valuation adjustment

Wertberichtigung *f* **auf zweifelhafte Forderungen** (ReW) allowance for doubtful accounts

Wertberichtigungen *fpl* (ReW, EG) value adjustments *(ie, siehe ,Wertberichtigung')*

Wertberichtigungen *fpl* **auf Forderungen und Wertpapiere** (Fin) losses incurred or provided for on loans and securities

Wertberichtigungen *fpl* **im Kreditgeschäft** (Fin) losses on loans

Wertberichtigungskonto *n*
(ReW) valuation
– absorption
– offset ... account
(ie, a reserve for depreciation, which contains amounts that will eventually be deducted from amounts in fixed asset accounts)

Wert *m* **der Grundgesamtheit** (Stat) parental value

Wert *m* **der Zentraltendenz** (Stat) central value

Wert *m* **des fortgeführten Unternehmens**
(Bw) going concern value
– enterprise value *(cf, Teilwert nach § 10 BewG)*

Wertebereich *m* (Math) range

Wert erhalten (WeR) value received *(syn, Wert in Rechnung; obsolete phrase)*

Wertermittlung *f* **bei mehreren Beteiligten** (StR) valuation of an asset owned by more than one person, § 3 BewG

Werterneuerungsfonds *m* (ReW) earmarked taxable reserve for future price increases of plant and machinery
(syn, Maschinenerneuerungskonto, Werterneuerungskonto)

Wert *m* **e–s Anlagegegenstandes bei Außerbetriebnahme** (ReW) exit price

Wert *m* **e–s Schnittes** (Math) capacity of a cut

Wertetafel *f* (Math) value matrix

Wertetupel *n* (Math) set of variables

Wertfortschreibung *f* (StR) adjustment of assessed value, § 22 BewG
(eg, bei Grundstücken und Betriebsvermögen)

Wertgrenze *f* (Zo) value limit

Wertgrenzprodukt *n* (Vw) marginal product in terms of value

Wertkette *f* (Bw, US) value chain
(ie, M. Porter's latest coinage: segment your activities into as many ,value activities' as possible and see how each activity affects the others; helps determine what costs are in specific areas)

Wertkontingent *n* (Zo) quota by value

Wertkorrektur *m* (ReW) value adjustment

Wertlehre *f* (Re, Vw) axiology

wertlose Informationen *fpl* (EDV, infml) garbage

wertmäßig
(com) in terms of value
– in value *(eg, exports rose 16% in value)*
– by value *(eg, 30% of the market by value)*

wertmäßige Konsolidierung *f* (ReW) consolidation in terms of value

Wertmaßstab *m* (Vw) *(money as)* measure of value

Wertminderung *f*
(Bw) lost usefulness
– loss of serviceability

– decline in economic usefulness *(ie, of fixed-asset items)*
– (ReW) impairment of value

Wertminderung *f* **durch Schwund** (com) shrinkage loss

Wertnachnahme *f* (com) delivery by forwarder against payment

Wertnachweis *m* (com) evidence of value

Wertpapier *m*
(WeR) security
– (US + GB) negotiable instrument
(ie, In Form e–r Urkunde verbrieftes Vermögensrecht, zu dessen Ausübung der Besitz der Urkunde erforderlich ist; the English concept is more restricted: English law speaks of it only if holder in due course is prejudiced neither by defects in title of previous holder nor by defenses which might be available against previous holders = Wertpapier i. e. S. = Order- und Inhaberpapier)

Wertpapierabrechnung *f*
(Fin) bought (sold) note
– contract note

Wertpapierabsatz *m* (Fin) marketing of securities

Wertpapierabschreibung *f* (ReW) securities writeoff

Wertpapierabteilung *f* (Fin) securities department *(syn, Effektenabteilung)*

Wertpapieranalyse *f* (Fin) security analysis
(ie, zwecks Bewertung von Kapitalanlagemöglichkeiten; Methoden: Fundamentalanalyse, technische Analyse und Analyse psychologischer Faktoren)

Wertpapieranalytiker *m*
(Fin) security analyst
(Bö) technical analyst
– stock market analyst
– chartist
(ie, beurteilt Anlagequalität und inneren Wert sowie Kurschancen von Wertpapieren; evaluates information for the stock market as a whole, as well as for individual securities; syn, Analyst, Analytiker)

Wertpapieranlage *f* (Fin) investment in securities

Wertpapierarbitrage *f* (Fin) arbitrage in securities

Wertpapieraufstellung *f* (Fin) statement of securities

Wertpapierauftrag *m* **ohne Limit** (Bö) unlimited order

Wertpapierauslieferung *f* (Fin) delivery of securities

Wertpapierberatung *f* (Fin) investment counseling

Wertpapierbereinigungsgesetz *n* (Re) Securities Validation Act

Wertpapierbesitz *m* (Fin) security holdings

Wertpapierbesitzer *m* (Fin) security holder

Wertpapierbestand *m*
(Fin) security holdings (*or* portfolio)
– securities portfolio
(ie, may comprise: Anlagebestand, Terminbestand, Handelsbestand, qv)

Wertpapierbewertung *f* (Fin) valuation of securities

Wertpapierbörse *f*
(Bö) stock exchange

– stock market
– securities exchange
– market
(ie, exchanges on the European Continent are often called Bourses)
Wertpapierbranche *f* (Fin) securities industry
Wertpapierdarlehen *n* (Fin) loan on collateral securities
Wertpapierdepot *n*
(Fin) securities portfolio
(Fin) security deposit account
Wertpapiere *npl* (Fin) securities
(Fin, GB) stocks *(ie, includes bonds and equities)*
(ReW, EG) investments
Wertpapiere *npl* **aus dem Markt nehmen**
(Fin) to take up securities
– to take up on the market
Wertpapiere *npl* **beleihen** (Fin) to advance money on securities
Wertpapiere *npl* **der öffentlichen Hand** (Fin) public sector paper
Wertpapiere *npl* **des Anlagevermögens**
(ReW) long-term investments
(ReW, EG) investments held as fixed assets
Wertpapiere *npl* **des Umlaufvermögens**
(ReW) marketable securities
– temporary investments
– current investment
– investments held as current assets
(eg, Aktien, Kuxen, Genußscheine und festverzinsliche Wertpapiere)
Wertpapiere *npl* **i. e. S.** (WeR) negotiable instruments *(ie, payable to order or bearer; syn, Order- und Inhaberpapiere)*
Wertpapiereigengeschäfte *npl* (Fin) securities transactions for own account
Wertpapiere *npl* **lombardieren** (Fin) to advance money on securities
Wertpapieremission *f* (Fin) security issue
Wertpapiere *npl* **mit Gewinnbeteiligungsansprüchen** (ReW) profit-sharing securities
Wertpapiere *npl* **mit kurzer Laufzeit** (Fin) short-dated securities *(syn, Kurzläufer)*
Wertpapierengagement *n* (Fin) security portfolio
Wertpapiererträge *mpl* (ReW) income from securities
Wertpapiere *npl* **und Anteile** *mpl* (StR) securities and membership rights, § 11 BewG
Wertpapierfernscheck *m* (Fin) securities transfer order
Wertpapierfinanzierung *f* (Fin) financing through securities
Wertpapierfonds *m* (Fin) security-based investment fund
Wertpapiergeschäft *n*
(Fin) security transaction
(Fin) dealing *(or* trading) in securities
– securities business
Wertpapiergiroverkehr *m* (Fin) securities clearing transactions
Wertpapierhandel *m* (Bö) securities trading
Wertpapierhandelshaus *n* (Fin) securities firm
Wertpapierhändler *m*
(Fin) securities ... dealer/firm
– dealer/trade ... in securities

Wertpapierhändler *m* **im Freiverkehr** (Bö) securities dealer
Wertpapierinhaber *m* (Fin) holder of securities
Wertpapierkaufabrechnung *f* (Fin) bought note
Wertpapier-Kenn-Nummer *f*
(Fin) security code number
– security identification code
– (US) CUSIP number
(ie, im dt System Zahlen mit 6 Stellen; used to achieve uniformity in numerical identification; assigned to each security; CUSIP = Committee on Uniform Securities Identification Procedures)
Wertpapier-Kommissionsgeschäft *n* (Fin) stock broking business
Wertpapierkonto *n* (Fin) securities account
Wertpapierkredit *m* (Fin) credit based on purchase of securities
Wertpapierkurs *m* (Bö) security price *(or* quotation)
Wertpapierlieferung *f* (Fin) delivery of securities
Wertpapierlombard *m* (Fin) loan on securities
Wertpapiermakler *m* (Fin) stock broker
Wertpapiermarkt *m* (Fin) securities market
Wertpapier *n* **mit geringen Umsätzen** (Bö) low-volume security
Wertpapiernotierung *f* (Bö) quotation
Wertpapier *n* **öffentlichen Glaubens** (WeR) negotiable instrument
Wertpapierpensionsgeschäft *n*
(Fin) repurchase agreement
– repo, RP
(ie, acquisition of funds through the sale of securities, with simultaneous agreement by seller to repurchase them at a later date; rechtlich liegt ein Kaufvertrag mit Rückkaufvereinbarung vor)
Wertpapierplazierung *f* (Fin) placing of securities
Wertpapierportefeuille *n*
(Fin) security holdings
– investment/securities ... portfolio
Wertpapierposition *f* (Bö) position *(ie, current trading inventory of security dealer)*
Wertpapierrechnung *f* (Fin) computation of effective interest rate *(syn, Effektenrechnung)*
Wertpapierrecht *n* (WeR) law of negotiable instruments
(ie, umfaßt im Englischen nur Order- und Inhaberpapiere
Wertpapierrendite *f* (Fin) yield *(ie, on stocks or bonds)*
Wertpapierrückkauf *m* (Fin) repurchase of securities
Wertpapiersammelbank *f*
(Fin) securities clearing and depositing bank
– financial institution operating collective security deposits and giro transfer systems
(ie, an jedem der sieben Hauptbörsenplätze gibt es je e–e W.; verwahrt und verwaltet Wertpapierbestände; Abwicklung „stückelos", durch buchmäßige Übertragung = Effektengiroverkehr; durch die Sammelverwahrung werden gegenüber der Streifbandverwahrung [Einzelverwahrung] Kosten gespart; aus historischen Gründen auch Kassenverein genannt; cf, Deutscher Auslandskassenverein AG)
Wertpapierscheck *m* (Fin) securities transfer order

Wertpapiersparen n (Fin) investment saving

Wertpapierstatistik f (Bö) securities statistics *(eg, as issued by Deutsche Bundesbank)*

Wertpapierstückelung f (Fin) denomination of securities

Wertpapiertausch m (Fin) exchange of securities

Wertpapiertermingeschäft n (Bö) forward deal in securities

Wertpapiertransaktion f (Fin) securities transaction

Wertpapierübertragung f (Fin) transfer of securities

Wertpapierumsatz m (Bö) volume of trading

Wertpapierumsätze mpl (Bö) turnover in securities

Wertpapierverkäufe mpl **des Berufshandels** (Bö) shop selling

Wertpapierverkaufsabrechnung f (Fin) sold note

Wertpapierverrechnungskonto n (Fin) securities clearing account

Wertpapierverwaltung f (Fin) portfolio management

Wertpapierzuteilung f
(Fin) allotment of securities
(Fin) scaling down

Wertparadoxon n (Vw) paradox of value

Wertrechtanleihe f (FiW) government-inscribed debt *(syn, Wertschriftanleihe)*

Wertrechte npl (Fin) loan stock rights
(ie, not evidenced by certificates; used, for instance, in ‚Treuhandgiroverkehr'; syn, Buchef- fekten)

Wertrechtsanleihe f (Fin) government-inscribed stock
(ie, Gläubiger werden in Schuldbüchern der Emittenten – Bund, Länder usw – eingetragen)

Wertschöpfung f
(Bw) value added
– real net output
(ie, a business firm's contribution to the market value of a good or service; that is, output minus input, calculated as a firm's total sales [Verkaufs- erlöse] less expenditure on goods and services purchased from other firms services purchased from other firms [Vorleistungen])
(VGR) value added
(ie, net value added + nonfactor charges; Unter- begriffe: Bruttowertschöpfung und Net- towertschöpfung, qv)

Wertschöpfungsquote f (Bw) value-added quota

Wertschöpfungsstruktur f (Vw) value added pattern *(eg, of the total private sector of the economy)*

Wertschriftanleihe f (FiW) = Wertrechtanleihe

Wertschriften fpl (Fin) = Wertpapiere, qv

Wertschriftenclearing n (Fin) securities clearing

Wertschwankungen fpl (ReW) fluctuations in value

Wertsicherungsklausel f
(Fin) escalation
– index
– stable-value . . . clause

Wertsteigerung f
(com) appreciation
– increase/rise . . . in value
– gain *(or rise) (eg, in the value of the DM against the $)*

Wertsteigerung f **durch Neubewertung** (Bw) re- valuation surplus

Wertsteigerungsklausel f (com) escalation clause

Wertstellung f
(com) value date of invoice
(Fin) value (date) *(syn, Valutierung: „Val. per . . ." or „Wert per . . .")*
(ie, date on which bank account entry becomes effective)

Wertstellungsgewinn m (Fin) float
(ie, profit from different value dates, created by (arbitrary) processing delays in fund transfers; syn, Valutierungsgewinn, Float)

Wertsteuer f (FiW) ad valorem tax
(ie, Steuer, für die die Steuerbemessungsgrund- lage definiert ist, zB, Einkommen, Vermögen, Verkaufspreis; opp, Mengensteuer)

Werttheorie f (Vw) theory of value

Wertumsatz m (ReW) sales in terms of value

Wert- und Ursprungszertifikat n (com) certificate of value and origin

Werturteil n (Log) value judgement

Wertverlust m
(com) depreciation
– decrease in value
– loss *(or fall) (eg, in the value of the DM against the $)*

Wertzahlen fpl (StR) special factors applied to ar- rive at the fair market value of real property, § 90 BewG

Wertzeichen n (com) postage stamp

Wertzoll m
(Zo) customs duty ad valorem
– ad valorem duty

wertzollbare Waren fpl
(Zo) goods subject to ad valorem duty
– ad valorem goods

Wertzollrecht n (Re) valuation legislation

Wertzolltarif m (Zo) ad valorem tariff

Wertzuschlagklausel f (Vers) premium escalator clause *(ie, to take account of later appreciations)*

Wertzuwachs m
(com) appreciation
– accretion
– increase in value

Wertzuwachssteuer f (FiW) property increment tax

Wesensgleichheit f (Pat) identity

wesentlich (Re) material

wesentlich Beteiligte mpl (com) substantial inves- tors, § 17 EStG

wesentliche Bedingung f (Re) essential condition

wesentliche Bestandteile mpl
(com) essential features *(or traits)*
(Re) integral parts *(eg, of a contract)*
(Re) essential component parts, § 93 BGB
– immovable fixtures

wesentliche Beteiligung f
(com) substantial investment *(or equity hold- ing)*, § 17 EStG
(Bw) material interest *(syn, maßgebliche Beteili- gung)*

wesentliche Formvorschriften fpl (Re) essential re- quirements of form

wesentlicher Inhalt m (Re) main provisions *(eg, of a contract)*

wesentlicher Wettbewerb *m* (Kart) substantial competition, § 5 a I GWB *(cf, funktionsfähiger Wettbewerb)*

wesentliches Beschaffenheitsmerkmal *n* e–r Ware (Zo) essential character of an article

wesentliches Spiel *n* (OR) essential game

wesentliche Tochtergesellschaft *f* (com) major subsidiary

wesentliche Vereinbarungen *fpl* (Re) essential contract arrangements

wesentliche Vertragsverletzung *f* (Re) fundamental breach of contract

Wesentlichkeit *f* (ReW) materiality
(ie, Bilanzierungsgrundsatz der Nichterfassung geringfügiger Vorgänge)

Westeuropäische Union *f* (EG) Western European Union, WEU

Westinghouse-System *n* (IndE) leveling system

Wettbewerb *m*
(com) competition
(syn, Konkurrenz; may be: tough, intense, powerful, stiff, fierce)
– contest *(eg, for market shares)*

Wettbewerb *m* **ausschalten** (com) eliminate competition

Wettbewerb *m* **beschränken** (com) to impair competition

Wettbewerb *m* **erhalten** (com) to preserve competition

Wettbewerb *m* **fördern** (com) to promote competition

Wettbewerb *m* **lähmen** (com) to render competition inoperative

wettbewerbliche Anreize *mpl* (Bw) competitive incentives

wettbewerbliche Verhaltensmotivation *f* (Vw) spirit of competition

Wettbewerb *m* **regeln** (com) to regulate competition

Wettbewerbsausschluß *m* (Kart, US) foreclosure
(ie, rivals are unfairly shut out of markets)

Wettbewerbsbehörde *f* (Re) competition authority

wettbewerbsbeschränkende Abrede *f*
(Kart, US) combination in restraint of trade
(Kart) combination in restraint of competition

wettbewerbsbeschränkender Vertrag *m* (Kart) agreement in restraint of competition

wettbewerbsbeschränkender Zusammenschluß *m* (Kart) combination in restraint of competition

wettbewerbsbeschränkendes Verhalten *n*
(Kart) competition restraining activities
– (US) restraint of trade
– (GB) restrictive trade practices

wettbewerbsbeschränkende Vereinbarung *f* (Kart) agreement in restraint of competition

Wettbewerbsbeschränkung *f*
(Kart) restraint of competition
– (US) restraint of trade
– (GB) restrictive practices

Wettbewerbsbeschränkungen *fpl* (Vw) barriers to competition

wettbewerbsdämpfend (Kart) tending to restrain competition

Wettbewerbsdruck *m*
(com) competitive pressures
– pressures of competition *(eg, to be immune to . . .)*

wettbewerbsfähig (com) competitive

wettbewerbsfähig bleiben (com) to stay competitive

wettbewerbsfähiger Markt *m* (Vw) contestable market
(ie, concept developed by Baumol, Panzar, Willing, 1982: unrestricted free entry and exit of market participants; characterized by high efficiency in allocation of factor input)

wettbewerbsfähiger Preis *m* (com) competitive price

Wettbewerbsfähigkeit *f*
(com) competitiveness *(eg, gegenüber = against)*
– competitive strength
– competitive edge
– ability to compete *(or to meet competition)* effectively

Wettbewerbsfähigkeit *f* **erhalten**
(com) to keep one's competitive edge
– to retain competitiveness

Wettbewerbsfähigkeit *f* **stärken** (com) to reinforce one's competitive position *(eg, domestically and internationally)*

Wettbewerbsfähigkeit *f* **wiederherstellen** (com) to restore competitiveness

wettbewerbsfeindlich (Kart) detrimental to effective competition

wettbewerbsfeindliches Verhalten *n* (Kart) anti-competitive . . . behavior /practices
(ie, practices calculated to prevent or distort competition)

Wettbewerbsförderung *f* (Vw) promotion of competition

Wettbewerbsfreiheit *f* (Vw) freedom of competition *(or to compete)*

Wettbewerbsfunktionen *fpl* (Vw) functions of competition

Wettbewerbsgesetz *n* (Kart) Law Against Restraints of Competition, 1957

Wettbewerbsgesetze *npl* (Kart) competition laws

Wettbewerbsgrad *m* (Vw) level of competition

Wettbewerbshüter *mpl* (Kart) competition watchdogs
(ie, Berlin-based Federal Cartel Office; Antitrust Division and Federal Trade Commission in U. S. A., Monopolies and Mergers Commission in Great Britain)

wettbewerbsintensiv (com) intensely competitive

Wettbewerbsklausel *f*
(Kart) restraint of competition clause
– non-competition clause
– exclusive service clause
– ancillary covenant against competition
(ie, in employment contracts; syn, Konkurrenzklausel)

Wettbewerbsklima *n* (Bw) competition *(or competitive)* climate

Wettbewerbslage *f* (Bw) competitive position

Wettbewerbsmarkt *m* (Vw) competitive market

Wettbewerbsnachteil *m*
(com) competitive drawback
(eg, to eliminate the . . . for German businesses)

wettbewerbsneutral
(Bw) not affecting competition

811

Wettbewerbsneutralität *f* **herstellen** (StR) to eliminate competitive distortion

Wettbewerbsneutralität *f* **verletzen** (StR) to distort competition

Wettbewerbsnorm *f* (Kart) norm for competition

Wettbewerbspolitik *f* (Vw) competition (*or* competitive) policy

wettbewerbspolitische Gesichtspunkte *mpl* (Vw) aspects of market competition policy

Wettbewerbspreis *m*
(com) competitive price
– free market price

Wettbewerbspreisbildung *f* (Mk) competitive pricing

Wettbewerbsrecht *n*
(Kart) law on competition
– (US) antitrust law
– (GB) restrictive trade practices law
(ie, administered by the Federal Cartel Office = Bundeskartellamt, BKartA)

wettbewerbsrechtliche Konsequenzen *fpl* (Kart) competitive consequences *(eg, of corporate conduct)*

Wettbewerbsregeln *fpl*
(Kart) rules of competition
(Kart) trade practice rules
(ie, Ausnahmen vom grundsätzlichen Kartellverbot; entwickelt in der US-Antitrustrechtsprechung; e-e Art Wettbewerbskodex für e-e Branche)

wettbewerbsschädigendes Verhalten *n* (Kart, US) competitive injury

wettbewerbsschädlicher Zusammenschluß *m* (Kart) combination restraining competition

wettbewerbsschädliches Verhalten *n* (Kart, US) competitive injury

Wettbewerbsschutz *m* (Kart) protection of fair competition

wettbewerbsschwache Branchen *fpl* (Bw) industries ill-equipped to meet competition

Wettbewerbsschwächung *f* (Vw) decline of competitiveness

Wettbewerbsstrategie *f* (Mk) competitive strategy

Wettbewerbsstruktur *f* (Bw) pattern of competition

Wettbewerb *m* **stärken** (com) to reinforce/to strengthen ... competition

Wettbewerbstheorie *f* (Vw) theory of competition

Wettbewerbsverbot *n* (Re) prohibition to compete
(ie, applies to commercial clerks, voluntary apprentices, personally liable partners of OHG and KG, and managing board members, §§ 60, 82 a, 112 HGB, § 88 AktG)

Wettbewerbsvereinbarungen *fpl* (Bw) agreements to limit competition

Wettbewerbsverfälschung *f* (Kart) distortion of competition

Wettbewerbsverhalten *n* (com) competitive behavior

Wettbewerbsverschiebung *f* (Bw) shift in competitive strength

Wettbewerbsverstoß *m* (Kart) anticompetitive violation

Wettbewerbsverzerrung *f*
(Vw) distortion of competitive positions *(eg,*

among the main industrial countries)
(Kart) distortion of competition
– distorted competition
– competitive distortion

Wettbewerbsvorschriften *fpl* **verletzen** (Kart) to violate (*or* fall foul of) competition rules

Wettbewerbsvorteil *m* (com) competitive advantage (*or* edge) (over)

wettbewerbswidrig (Kart) anticompetitive

wettbewerbswidriges Verhalten *n* (Kart) anticompetitive practice

Wettbewerbswirtschaft *f* (Vw) competitive economy

Wettbewerb *m* **verdrängen** (com) to cut out (all) competition

Wettbewerb *m* **verhindern** (com) to block competition

Wettbewerb *m* **verschärfen** (com) to intensify competition

Wettbewerb *m* **verzerren** (com) to distort competition

Wettbewerb *m* **zwischen verschiedenen hierarchischen Ebenen** (Bw) vertical strain

WG (WeR) = Wechselgesetz

wichtiger Grund *m*
(com) compelling/substantial ... reason
(Re) good cause
(ie, substantial reason; legally sufficient ground or reason; der Begriffsinhalt wird von den Umständen des Einzelfalles bestimmt: depends upon the circumstances of the individual case)
(Pw) cause
(eg, aus wichtigem Grunde kündigen = to quit employment for good cause)

wichtiger Kunde *m* (com) key customer

Wicksellscher Prozeß *m* (Vw) Wicksellian cumulative process

Wicksells Idealbank *f* (Vw) Wicksell's ideal bank

Widerklage *f* **erheben** (Re) to advance a counterclaim in legal proceedings, § 33 ZPO

Widerklagen *fpl* (Re) counter and cross claims

widerlegliche Vermutung *f*
(Re) rebuttable
– inconclusive
– disputable ... presumption
(ie, may be invalidated by proof or stronger presumption; opp, unwiderlegliche Vermutung = absolute/irrebuttable/irrefutable ... presumption, qv)

widerrechtliche Aneignung *f* (Re) misappropriation

widerrechtliche Drohung *f* (Re) unlawful threat, § 123 BGB

widerrechtlicher Besitz *m* (Re) unlawful possession

Widerruf *m*
(Re) cancellation
– rescission
– revocation

Widerruf *m* **der Zulassung** (ReW) revocation of license to practise, § 11 WPO

widerrufen
(Re) to revoke
– to rescind
– to annul
– to nullify
– to void

Widerruf gültig (Bö) good till canceled

widerrufliche Bezugsberechtigung *f* (Vers) revocable appointment of beneficiary

widerrufliches Akkreditiv *n* (Fin) revocable letter of credit

Widerspruch *m* **einlegen** (Re) to file an objection

widersprüchliche Aussage *f* (Log) inconsistent statement

widersprüchliche Gleichungen *fpl* (Math) inconsistent equations

widerspruchsfrei (Log) consistent

widerspruchsfreie Gleichungen *fpl* (Math) consistent equations

Widerspruchsfreiheit *f* (Log) consistency
(ie, a set of propositions is consistent when no contradiction can be derived from the joint assertion of the propositions in the set)

Widerspruchsklage *f* (StR) third-party action against execution, § 262 AO

Widerspruchsprinzip *n* (Log) law of contradiction
(ie, p and q cannot be both true and false, at the same time and in the same respect)

Widmungsexemplar *n*
(com) complementary
– courtesy
– author's . . . copy
(syn, Autorenexemplar, Dedikationsexemplar)

wie besehen (com) = wie besichtigt

wie besichtigt (com) as inspected *(opp, wie die Ware liegt und steht)*

Wiederanlage *f* (Fin) reinvestment

Wiederanlagerabatt *m* (Fin) reinvestment discount

Wiederanlagerecht *n* (Fin) reinvestment privilege

Wiederanlage *f* **von Ertragsausschüttungen** (Fin) reinvestment of distributed earnings

Wiederanlauf *m*
(EDV) rerun
– restart

wieder anlaufen lassen (EDV) to restart

Wiederanlaufkosten *pl* (Bw) restarting costs

Wiederanlaufpunkt *m* (EDV) restart point

Wiederanlaufroutine *f* (EDV) restart routine

wiederanlegen (Fin) to reinvest

wieder ansteigen (com) to rebound *(eg, index, sales)*

Wiederaufbaubank *f* (Fin) = Kreditanstalt für Wiederaufbau

Wiederaufbereitungsanlage *f*
(IndE) reprocessing plant
– reclamation mill

Wiederauffinden *n* **von Informationen** (EDV) information retrieval *(ie, esp. through the use of a computerized system)*

wiederaufgenommene Anmeldung *f* (Pat) renewal application

Wiederaufleben *n* **e–r Versicherung** (Vers) reinstatement of a policy

Wiederaufschwung *m* (Vw) economic recovery

Wiederaufstockung *f* **des Kapitals** (Fin) issue of additional stock

Wiederausfuhr *f* (Zo) re-exportation *(syn, Re-Export)*

Wiederausfuhranmeldung *f* (Zo) re-export document

Wiederausfuhrbehandlung *f* (Zo) clearance on re-exportation

Wiederausfuhrbescheinigung *f* (Zo) re-exportation certificate

wiederausführen (Zo) to re-export

Wiederausführer *m* (Zo) re-exporter

Wiederausfuhrhandel *m*
(AuW) re-export trade
– entrepot trade

Wiederausfuhr-Kontrolle *f* (AuW) = Endanwender-Kontrolle, qv

Wiederberufung *f* (Re) reappointment

Wiederbeschaffung *f* (Bw) replacement

Wiederbeschaffungskosten *pl* (ReW) replacement cost *(syn, Wiederbeschaffungswert)*

Wiederbeschaffungsmodell *n* (OR) replacement model

Wiederbeschaffungspreis *m* (ReW) replacement price *(syn, Wiederbeschaffungskosten)*

Wiederbeschaffungsrestwert *m* (ReW) written-down current replacement cost

Wiederbeschaffungsrücklage *f*
(ReW) replacement reserve
– amount set aside for replacement

Wiederbeschaffungsversicherung *f* (Vers) replacement insurance

Wiederbeschaffungswert *m* (ReW) replacement value

Wiederbeschaffungszeit *f* (Bw) reorder cycle

Wiedereinfuhr *f* (Zo) re-importation

wieder einführen
(Vw) to reimpose *(eg, exchange controls)*
(Zo) to re-import

Wiedereinführer *m* (Zo) re-importer

Wiedereingliederung *f* **in das Erwerbsleben** (Pw) vocational reintegration

Wiedereinsetzung *f* **in den vorigen Stand**
(Re) restoration *(or* restitution) to the previous condition
– reinstatement
– *(civil law)* restitutio in integrum

wiedereinstellen
(Pw) to rehire
– to reinstate
– to reemploy

Wiedereinstellung *f*
(Pw) rehiring
– re-engagement
– re-employment

Wiedererkennungsverfahren *n* (Mk) recognition test
(syn, Wiedererkennungsprüfung)

wiedereröffnen (com) to reopen

Wiedereröffnung *f* (com) reopening

wiedererstatten
(com) to pay back
– to refund
– to reimburse
– to repay
– to return

Wiedererstattung *f*
(com) refund
– reimbursement
– repayment
– return

Wiederfangstichprobe *f* (Stat) capture-release sample

Wiedergewinnung *f*
(Fin) recovery
– payoff
Wiedergewinnungsfaktor *m* (Fin) capital recovery factor *(ie, applied in preinvestment analysis = Investitionsrechnung; syn, Annuitätsfaktor, Kapitaldienstfaktor*
Wiedergewinnungszeit *f*
(Fin) recovery time
– payback time *(or* period)
– payout time
Wiederherstellungsklausel *f* (Vers) replacement clause
Wiederherstellungswert *m* (ReW) = Reproduktionswert
Wiederholbarkeitsvarianz *f* (Stat) repeatability variance
wiederholen (EDV) to rerun
Wiederholgenauigkeit *f* (IndE) = Präzision, qv
wiederholte Folgeausbildung *f* (Pw) recurrent education
Wiederholungsadressierung *f* (EDV) repetitive addressing
Wiederholungsanforderung *f* (EDV) automatic request for repetition
Wiederholungsbefehl *m* (EDV) repetition instruction
Wiederholungsbudget *n* (FiW) rollover budget
Wiederholungsgenauigkeit *f* (Stat) = Präzision, qv
Wiederholungskäufe *mpl* (com) repeat buying
Wiederholungslauf *m* (EDV) rerun
Wiederholungsnachfrage *f* (Mk) repeat demand
Wiederholungsrabatt *m* (Mk) rebate granted for repeat advertising *(syn, Malrabatt)*
Wiederholungsstichprobe *f* (Mk) replication
Wiederholungsverfahren *n* (Stat) test-retest technique
Wiederinkraftsetzung *f*
(Vers) reinstatement
– renewal
wiederkaufen (com) to repurchase
Wiederkäufer *m* (com) repurchaser
Wiederkaufrate *f* (Mk) rebuy rate *(syn, Bedarfsdeckungsrate)*
Wiederkaufsrecht *n* (Re) right of repurchase, §§ 497 ff BGB
wiederkehrende Bezüge *pl* (StR) = wiederkehrende Leistungen
wiederkehrende Leistungen *fpl* (Re) recurrent . . . payments/benefits
wiederkehrende Nutzungen *fpl* **und Leistungen** *fpl* (StR) recurrent payments and other benefits, §§ 13–16 BewG
wiederkehrende Zahlungen *fpl* (Fin) periodical payments
Wiederverheiratung *f* (StR) remarriage
Wiederverkauf *m* (com) resale
wiederverkaufen (com) to resell
Wiederverkäufer *m* (com) reseller
Wiederverkäuferrabatt *m*
(com) trade discount
(Fin) re-allowance
Wiederverkaufspreis *m* (com) resale price
Wiederverkaufspreismethode *f* (StR) resale price method *(see: Fremdvergleich)*

Wiederverkaufsrecht *n* (com) right of resale
Wiederverkaufswert *m* (com) resale value
Wiederverwertung *f*
(com) recycling
– salvage
Wiederverwertungsrate *f* (com) recycling rate
Wiedervorlage *f* (com) re-submission
Wiedervorstellung *f* (Stat) re-submission *(ie, of an inspection lot)*
Wiederwahl *f*
(Pw) re-election
– recall
(eg, of an elected board member)
wie die Ware liegt und steht (com) as is
(opp, wie besichtigt, wie gesehen; Handelsklausel: Haftung für alle [auch verborgene] Sachmängel ist ausgeschlossen)
Wiegegeld *n* (com) weighting charge
Wiegezertifikat *n* (com) weight certificate
Wiener Schule *f* (Vw) Austrian School of Economic Thought
wilder Eigenkapitalmarkt *m* (Fin) unorganized equity market
wilder Streik *m*
(Pw) illegal
– wildcat
– unauthorized . . . strike
Wille *m* **der Parteien** (Re) intention of the parties
Willensbildung *f* (Bw) decision making
Willensbildungszentrum *n* (Bw) decision-making center
Willenseinigung *f*
(Re) agreement
– mutual assent
– meeting *(or* union) of minds
– *(civil law)* assensio mentium
– consensus ad idem
(ie, necessary for the creation of a valid contract)
Willenserklärung *f*
(Re) declaration of intention
– manifestation of intent
Willensmängel *mpl* (Re) defects of legal intent
(ie, gesetzlich geregelt: geheimer Vorbehalt, Scheingeschäft, Scherzerklärung, Irrtum, Übermittlungsirrtum, arglistige Täuschung, widerrechtliche Drohung, Formmangel, Gesetzwidrigkeit, Sittenwidrigkeit, fehlende/ beschränkte Geschäftsfähigkeit; cf, §§ 116 ff BGB)
Willenstheorie *f* (Re) doctrine of real intention *(ie, invoked in formation of contract)*
Willensübereinstimmung *f* (Re) = Willenseinigung
Wille *m* **zum Wettbewerb** (Kart) spirit of competition
willkürliche Annahme *f* (Log) arbitrary assumption
willkürliche Funktion *f* (Math) arbitrary function
willkürliche Konstante *f* (Math) arbitrary constant
willkürlicher Parameter *m* (Math) arbitrary parameter
Windfall-Profits *pl* (com) windfall profits
(ie, im Erdöl- und Erdgassektor; siehe hierzu Problem der Förderabgabe nach § 31 BBergG)
Windhandel *m*
(Bö) = Leerverkauf
Windhundverfahren *n*
(com) first-come-first-served technique

(FiW) allocation of funds on a first-come-first-served basis
(ie, vor allem Zuteilungsverfahren bei der Subventionsvergabe; Bearbeitung in der Reihenfolge ihres Eingangs)
Window-Programm *n* (EDV) window program *(syn, Programm mit Fenstertechnik)*
Windprotest *m* (WeR) protest for absence (of drawer) *(syn, Abwesenheitsprotest)*
Windungspunkt *m* (Math) branch point *(ie, of Rieman surface)*
Winkeltransformation *f* (Math) angular transformation
Winkelverwandtschaft *f* (Math) angular relationship
Winterbauförderung *f* (Vw) promotion of winter construction
Wintergeld *n* (Pw) winter bonus *(cf, § 83 AFG)*
Winterschlußverkauf *m* (com) winter sales
Winterzeit *f* (com) standard time *(opp, Sommerzeit = daylight saving time)*
wir behalten uns vor ... (Re) we reserve the right to . . .
wirkliche Adresse *f* (EDV) real address *(opp, virtual address)*
wirkliche Tara *f* (com) real tare *(syn, reelle Tara)*
wirksam
(Re) effective
– operative
wirksame Nachfrage *f* (Vw) effective demand
wirksamer Wettbewerb *m* (Vw) = funktionsfähiger Wettbewerb, qv
Wirksamkeit *f*
(Stat) effectiveness
(Bw) efficiency
– effectiveness
– efficacy
wirksam werden
(Re) to become effective (*or* operative)
– to take effect
– to come (*or* enter) into force
wirkt für und gegen (Re) is operative for and against
Wirkung *f*
(com) effect *(ie, follows necessarily from a cause)*
– consequence *(ie, follows more remotely from a cause)*
– impact *(ie, impelling or compelling; eg, impact of high tech on society)*
– efficacy *(eg, of a drug)*
Wirkung *f* **e–s Vertrages** (Re) effect (*or* operation) of a contract
Wirkung *f* **gegenüber Dritten** (Re) effect (*or* operation) as against third parties
Wirkung *f* **kraft Gesetzes** (Re) operation by law
Wirkungsanalyse *f* (Bw) impact (*or* consequences) analysis *(eg, in project evaluation)*
Wirkungsvariable *f* (Stat) effect variable
Wirkungsverzögerung *f*
(Vw) operational
– policy-effect
– time ... lag
Wirtschaft *f*
(Vw) economy (as a whole)
– trade and industry

– business sector
(Bw) business ... community/world
(ie, all business enterprises as a whole)
Wirtschaft *f* **ankurbeln** (Vw) to give a boost to the economy *(eg, by fiscal action)*
Wirtschaft *f* **in Ordnung bringen** (Vw, infml) to put the economy to rights
wirtschaftlich
(Vw) economic *(ie, related to trade and industry and to economics)*
(Bw) economical
– economy ...
– cost-effective
– low-cost
– money-saving
wirtschaftlich abhängig (com) economically dependent
wirtschaftliche angemessene Darstellung *f* (ReW) fair representation
wirtschaftliche Abhängigkeit *f* (com) economic dependence
wirtschaftliche Abschreibung *f* (Bw) functional depreciation
wirtschaftliche Anreize *mpl* (com) economic incentives
wirtschaftliche Beratung *f*
(com) commercial consulting
– advisory services of a commercial nature
wirtschaftliche Betrachtungsweise *f* (StR) economic approach
(ie, fundamental rule controlling the application and interpretation of all West German tax laws, § 1 I StAnpG; vor formaljuristischer Form = over legal form)
wirtschaftliche Bewegungsfreiheit *f*
(Kart) scope of economic activity, § 13 I GWB
– freedom of economic action
wirtschaftliche Druckmittel *npl* (Kart) economic pressure
wirtschaftliche Eingliederung *f* (Vw) economic integration
wirtschaftliche Einheit *f* (StR) economic unity
(ie, the object of valuation, consisting of one or several assets belonging to the same owner, § 2 BewG)
wirtschaftliche Entwertung *f* (ReW) non-physical depreciation (of assets)
wirtschaftliche Entwicklung *f*
(Vw) economic development
(Vw) course of the economy
– general thrust of the economy
wirtschaftliche Erholung *f*
(Vw) economic recovery
– pickup in economic activity
– rebound (*or* upswing) in the economy
wirtschaftliche Gründe *mpl* (com) commercial (*or* economic) reasons *(ie, depending on the context)*
wirtschaftliche Hauptsektoren *mpl* (Vw) main economic sectors *(ie, primary, secondary, and tertiary sectors)*
wirtschaftliche Kapazität *f* (Bw) economic capacity *(ie, output potential at the cost optimum, mostly 85% of maximum capacity)*
wirtschaftliche Konzentration *f* (Vw) economic (*or* industrial) concentration

wirtschaftliche Leistung f (Vw) economic performance

wirtschaftliche Losgröße f (IndE) minimum-efficient size, MES

wirtschaftliche Mobilität f (Vw) industrial mobility

wirtschaftliche Nutzungsdauer f (Bw) economic life

wirtschaftlicher Aufstieg m (Vw) takeoff *(ie, of a developing economy, W. Rostow)*

wirtschaftlicher Dualismus m (Vw) dual economy

wirtschaftliche Rechtsstreitigkeiten *fpl* (Re) business disputes

wirtschaftlicher Eigentümer m
(Re) beneficial/equitable . . . owner
(opp, legal or nominal owner)

wirtschaftliche Restriktionen *fpl* (Bw) economic constraints

wirtschaftlicher Geschäftsbetrieb m (StR) planned economic activities, § 2 III GewStG
(ie, wider in scope than the term ‚business'; it may include hospitals, homes for the aged or sick, and recreation centers operated by organizations)

wirtschaftlicher Sektor m
(Vw) branch of economic activity
– economic *(or* business) sector

wirtschaftlicher Umsatz m (VGR) sales on an accrual basis

wirtschaftlicher Verein m (Re) incorporated society established for economic purposes
(ie, this need not include the acquisition of profits, § 22 BGB)

wirtschaftlicher Wert m (Vw) want-satisfying ability *(ie, of goods)*

wirtschaftlicher Zusammenbruch m (Vw) complete economic breakdown

wirtschaftlicher Zusammenhang m (StR) economic connection *(or* relationship), § 9 I No. 1 EStG

wirtschaftlicher Zwang m (Re, US) commercial compulsion

wirtschaftliche Sanktionen *fpl* (Vw) = Wirtschaftssanktionen

wirtschaftliches Eigentum n (StR) beneficial ownership

wirtschaftliches Ergebnis n (com) economic performance

wirtschaftliches Gut n
(Vw) economic good
– commodity

wirtschaftliches Klima n (Bw) economic climate

wirtschaftliches Risiko n (Bw) commercial risk

wirtschaftliche Streitigkeiten *fpl* (Re) commercial disputes

wirtschaftliche Struktur f (Vw) economic structure

wirtschaftliches Ungleichgewicht n (Vw) economic disequilibrium

wirtschaftliches Verhalten n (Vw) economic behavior

wirtschaftliche Tätigkeit f (com) economic activity
(ie, of any person or entity)

wirtschaftliche Tätigkeit f **des Staates** (FiW) public-sector economic activity

wirtschaftliche Überholung f (Bw) economic obsolescence *(ie, due to causes other than wear and tear)*

wirtschaftliche und monetäre Integration f (EG) economic and monetary integration

wirtschaftliche Untereinheit f (StR) economic subunit, § 19 BewG

wirtschaftliche Vergeltungsmaßnahmen *fpl* (Vw) economic reprisals

wirtschaftliche Vorgänge *mpl* (Vw) economic processes

wirtschaftliche Ziele *npl* (Vw) economic goals *(or* objectives *or* ends)

wirtschaftliche Zusammengehörigkeit f (StR) appropriation of several individual assets to a common economic purpose, § 2 BewG

Wirtschaftlichkeit f
(Bw) economic/operational . . . efficiency
– economics
(ie, income/expenditure or production/costs)

Wirtschaftlichkeitsanalyse f
(Bw) economic feasibility study
(Bw) economic analysis

Wirtschaftlichkeitsberechnung f (Bw) = Wirtschaftlichkeitsrechnung

Wirtschaftlichkeitsprinzip n (Bw) efficiency rule
(ie, to produce at a given rate with lowest cost; or to produce at the highest rate with the same cost; syn, ökonomisches Prinzip, Rationalprinzip)

Wirtschaftlichkeitsrechnung f
(Bw) economy *(or* efficiency) calculation
– evaluation *(or* assessment) of economic efficiency
– estimate of operating economy
– feasibility study
(Fin) capital budgeting
– capital expenditure evaluation
– evaluation of investment alternatives
– investment appraisal
– preinvestment analysis
(ie, method of comparing the profitability = Vorteilhaftigkeit of alternative investment projects; syn, Rentabilitätsrechnung)

Wirtschaftlichkeitsstudie f (Bw) economic analysis

wirtschaftlich orientierte Prognose f (Bw) economic forecast *(eg, in marketing or any other segment of corporate activity)*

wirtschaftlich selbständig (Bw) economically independent

Wirtschaftsabkommen n (Re) economic accord *(eg, on cooperation in trade and science)*

Wirtschaftsablauf m (Vw) workings of the economy

Wirtschaftsaufschwung m (Vw) economic upswing

Wirtschaftsausschuß m
(com) committee on economic affairs
(Pw) joint management-employee economic committee

Wirtschaftsbarometer n (Vw) business barometer

Wirtschaftsbau m (com) commercial-construction sector

Wirtschaftsbauten *mpl* (com) industrial and commercial buildings *(syn, gewerbliche-industrielle Bauten)*

Wirtschaftsbelebung f (Vw) economic recovery

Wirtschaftsberater m (com) economic adviser

Wirtschaftsbereich m
(Vw) sector of the economy
– economic sector
– branch of the economy

– industry
(Vw) branch of economic activity
Wirtschaftsbereichspolitik f   (Vw)   sectoral
economic policy
Wirtschaftsbetriebe mpl **der öffentlichen Hand**
(FiW) = *öffentliche Wirtschaftsbetriebe*
Wirtschaftsbeziehungen fpl (Vw) economic (*or*
trade) relations
Wirtschaftsblockade f (AuW) economic blockade
Wirtschaftsdemokratie f (Vw) economic democ-
racy
Wirtschaftseinheit f
(Vw) economic unit (*or* entity)
– business entity
(opp, legal entity)
Wirtschaftsentwicklung f (Vw) economic develop-
ment
Wirtschaftsergebnis n (ReW) operating result
Wirtschaftsfachverband m (Bw) business associa-
tion
Wirtschaftsförderungsmaßnahmen fpl   (Vw)
measures to spur the economy
Wirtschaftsform f (Vw) economic system
Wirtschaftsforschung f (Vw) economic research
Wirtschaftsforschungsinstitut n (Vw) economic re-
search institute
Wirtschaftsgebiet n (AuW) economic area
Wirtschaftsgenossenschaft f   (Re)   commercial
cooperative
Wirtschaftsgeographie f (com) commercial (*or*
economic) geography
Wirtschaftsgeschehen n (Vw) economic affairs (*or*
matters)
Wirtschaftsgeschichte f
(Vw) economic history
Wirtschaftsgesellschaft f (Vw) economic society
Wirtschaftsgesetz n (Re) law affecting the economy
as a whole
*(opp, law regulating restricted areas, such as a tax
law)*
Wirtschaftsgipfel m (Vw) economic summit
Wirtschaftsgut n
(Vw) commodity
– (sometimes also) a good
(StR) (income-producing) asset
– economic good
*(ie, all items of economic value that are appropri-
ated to the use of a business and can be
capitalized, including privileges, rights, conces-
sions, § 2 BewG)*
Wirtschaftsgüter npl
(ReW) assets and liabilities
(Mk) merchandise *(syn, Handelsgüter)*
Wirtschaftsgüter npl **zur Erzielung von Einkünften**
(StR) income-producing assets
Wirtschaftsgut n **mit begrenzter Nutzungsdauer**
(Bw) limited-life asset
– wasting asset
Wirtschaftshilfe f (AuW) economic aid
Wirtschaftsinformatik f (EDV) business data pro-
cessing
(ie, a subset of computer science = Informatik)
Wirtschaftsjahr n
(com) business
– financial

– fiscal ... year
(StR) taxable year
Wirtschaftsjargon m
(com) business jargon
– (sl) business speak
Wirtschaftsjournalist m (com) business journalist
Wirtschaftsjurist m   (Re)   industrial/business ...
lawyer
Wirtschaftskreise mpl (Bw) business community
Wirtschaftskreislauf m (Vw) circular flow
Wirtschaftskrieg m (Vw) economic warfare
Wirtschaftskriminalität f (Re) white-collar crimes
Wirtschaftskrise f (Vw) economic crisis
Wirtschaftskurs m   (Vw)   general   thrust   of
economic policy
Wirtschaftsleistung f (Vw) economic performance
Wirtschaftsmacht f (Vw) economic (*or* industrial)
power
Wirtschaftsmagazin n (com) business magazine
Wirtschaftsministerium n   (com)   Economics
Ministry
Wirtschaftsordnung f (Vw) economic order *(ie, no
conceptual equivalent in English; near-sy-
nonyms: Wirtschaftssystem, Wirtschaftsverfassung)*
Wirtschaftspädagogik f
(Pw, *roughly*)   economic   and   business
pedagogics
*(ie, deals with principles and practice of training
teachers for technical and vocational schools)*
Wirtschaftsplanung f (Vw) economic planning
Wirtschaftspolitik f (Vw) economic policy
Wirtschaftspolitiker m   (Vw)   economic   policy-
maker
wirtschaftspolitische   Bedingungen fpl   (Vw)
economic policy conditions
wirtschaftspolitische Beratung f (Vw) economic
counseling
wirtschaftspolitische Grundprobleme npl (Vw) fundamental issues concerning the management of
the national economy
wirtschaftspolitisches Instrumentarium n
(Vw) instruments of economic policy
– economic policy mix
wirtschaftspolitische Ziele npl
(Vw) economic goals
(Vw) economic targets *(ie, usu. numberized)*
wirtschaftspolitische   Zusammenarbeit f   (Vw)
economic cooperation
– policy collaboration
Wirtschaftspotential n (Vw) economic strength
Wirtschaftspraxis f
(com) business *(eg, in actual business)*
(Bw) business practices
(Re) mercantile custom
Wirtschaftspresse f (com) business press
Wirtschaftsprozeß m (Vw) economic process
Wirtschaftsprüfer m
(ReW) qualified auditor
(ReW, US) certified public accountant, CPA
(ReW, GB) chartered accountant, CA
Wirtschaftsprüferkammer f (ReW) Chamber of
Auditors
Wirtschaftsprüferordnung f (ReW) ordinance for
the public accounting profession

Wirtschaftsprüferverordnung *f* (Re) Law Regulating the Profession of Certified Public Accountants, of 24 July 1961

Wirtschaftsprüfung *f*
(ReW) auditing
(ReW) audit

Wirtschaftsprüfungsgesellschaft *f*
(ReW) auditing... company/firm
– CPA... partnership/company
– CPA firm
(ie, either incorporated or unincorporated)
– (loosely) certified accountants

Wirtschaftsprüfungsstelle *f* (ReW) auditing agency

Wirtschaftsrechnen *n* (com) business/commercial... arithmetic

Wirtschaftsrechnung *f* (Stat) sample survey *(ie, made by the Federal Statistical Office)*

Wirtschaftsrecht *n*
(Re) Law of the Economy
– Economic Law
(ie, the majority view in Germany is that ‚Wirtschaftsrecht' is to be a subdivision of Administrative Law)

Wirtschaftsredakteur *m*
(com) financial editor
– (GB) City editor

Wirtschaftssanktionen *fpl*
(Vw) economic (*or* trade) sanctions
– economic reprisals

Wirtschaftssektor *m* (VGR) sector of economic activity

Wirtschaftsspionage *f*
(Bw) economic espionage
– industrial spying

Wirtschaftssprache *f*
(com) language of business
– (infml) business jargon

Wirtschaftsstabilität *f* (Vw) economic stability

Wirtschaftsstatistik *f* (Stat) business (*or* economic) statistics

Wirtschaftsstrafrecht *n* (Re) company criminal law

Wirtschaftsstraftat *f* (Re) white collar crime

Wirtschaftsstruktur *f* (Vw) economic structure

Wirtschaftsstufe *f* (Vw) stage in the economic process

Wirtschaftssubjekt *n*
(Vw) economic unit
– transactor

Wirtschaftssystem *n* (Vw) economic system
(ie, Wirtschaftssystem and Wirtschaftsordnung are often used side by side; generally the term is variously defined, depending upon the school of economic thought)

Wirtschaftsteil *m* (StR) operating properties *(ie, of an agricultural establishment, § 34 I BewG)*

Wirtschaftstheoretiker *m* (Vw) economic theorist

Wirtschaftstheorie *f* (Vw) economic theory

Wirtschaftstypen *mpl* (Bw) types of economic units

Wirtschafts- und Sozialausschuß *m* (EG) Economic and Social Committee

Wirtschafts- und Sozialwissenschaftlicher Fakultätentag *m* (com) Association of University Teachers of Business Administration

Wirtschafts- und Währungsintegration *f* (EG) economic and monetary integration

Wirtschafts- und Währungsunion *f* (EG) economic and monetary union

Wirtschaftsunion *f* (Vw) economic union

Wirtschaftsunternehmen *n* (Bw) business enterprise

Wirtschaftsverband *m*
(com) industrial (*or* trade) association
– federation of...

Wirtschaftsverbrechen *n* (Re) white-collar crime

Wirtschaftsverfassung *f* (Re) constitution of the economy
(ie, covering relations between government and private enterprise, fundamental rights such as freedom of contract and of industrial/commercial activity, and the definition of public power)

Wirtschaftsverwaltung *f* (Re) administration of the economy
(ie, concerned with the machinery and the procedures necessary for the exercise of public powers)

Wirtschaftswachstum *n*
(Vw) economic growth
– expansion of business activity

Wirtschaftswert *m* (StR) economic value *(ie, of an agricultural establishment: assessed value reduced by the rental value of the residential buildings that belong to it)*

Wirtschaftswissenschaft *f* (Vw) economics *(syn, Volkswirtschaftslehre, Nationalökonomie, Sozialökonomie)*

wirtschaftswissenschaftliche Fachsprache *f* (Vw) economic jargon

Wirtschaftswunder *n* (Vw) economic miracle
(ie, the rapid rise in economic development, industrial production, and personal affluence that occurred in West Germany after World War II)

Wirtschaftszeitreihe *f* (Stat) economic time series

Wirtschaftszeitung *f* (com) business paper

Wirtschaftszweig *m*
(Vw) branch of economic activity
(Bw) industry
– branch of industry
– trade
(Kart, US) line of commerce *(cf, Sec 7 of Clayton Act 1914)*

Wirtschaft *f* **unterbeschäftigen** (Vw) to operate the economy below its supply capabilities

Wirtschaft *f* **wächst** (Vw) economy expands *(eg, at a 1.7% rate)*

wissensbasiertes System *n*
(EDV) knowledge-based system

Wissensbasis *f* (EDV) knowledge base
(ie, Fundament e–s Espertensystems, qv; syn, Regelbasis)

Wissenschaftlicher Beirat *m* (Vw) Scientific Advisory Council *(eg, attached to the Ministry of Economics)*

wissenschaftlicher Rechner *m* (EDV) scientific computer

wissenschaftlicher Zoll *m* (Zo) scientific tariff

wissenschaftliche Unternehmensführung *f* (Bw) scientific management

Wissenschaftstheorie *f* (Log) general philosophy of science

Wissensstand *m* (Log) present body of knowledge

Witteveen-Fazilität *f* (IWF) Witteveen facility
(ie, official term „zusätzliche Finanzierungsvor-
kehrung")
Witwenabfindung *f* (SozV) lump-sum settlement
paid to widows on remarriage
Witwengeld *n* (SozV) widow's pension *(ie, paid to*
widows of public employees)
Witwenrente *f* (SozV) widow's pension
(ie, paid under statutory social insurance and ac-
cident insurance schemes)
Wochenausweis *m* (Fin) weekly return
Wochengeld *n* (SozV) = (now) Mutterschaftsgeld
Wochenhilfe *f* (SozV) = (now) Mutterschaftshilfe
Wochenmarkt *m*
(com) weekly market
– (GB) market
wöchentliche EG-Ausschreibung *f* (EG) weekly
EEC tender
wohlerworbener Besitz *m* (Re) vested possession
wohlerworbene Rechte *npl*
(com) vested . . . rights/interests
– acquired rights
(syn, Besitzstand, legitimierte Privilegien, Son-
derprivilegien)
Wohlfahrtseinrichtungen *fpl* (Pw) welfare facilities
Wohlfahrtserträge *mpl* (Vw) welfare returns
Wohlfahrtsimplikationen *fpl* (Vw) welfare implica-
tions
Wohlfahrtsökonomik *f* (Vw) welfare economics
(ie, concerned with:
1. defining economic efficiency;
2. evaluating the economic efficiency of particular
systems of resource allocation;
3. analyzing the conditions under which
economic policies may be said to have improved
social welfare)
Wohlfahrtsstaat *m* (Vw) welfare state
(ie, mit bedeutendem staatlichem Interventionis-
mus zur Umverteilung von Einkommen und Ver-
mögen; es gibt keine akzeptable Definition noch
eine geschlossene Konzeption; G. Myrdal
(schwedischer sozialistisch geprägter Sozialwis-
senschaftler) nennt ihn „ein allgemein anerkann-
tes Ideal der Bevölkerung"; verbunden mit erheb-
licher Systemverschlechterung; syn, Wohlfahrts-
ökonomik, Allokationstheorie)
Wohlfahrtstheorie *f* (Vw) welfare economics *(syn,*
Wohlfahrtsökonomik, Allokationstheorie)
wohlgeordnete Menge *f* (Math) well-ordered set
(ie, jede Teilmenge hat ein erstes Element; linear-
ly ordered set where every subset has a least ele-
ment)
wohlhabend
(com) prosperous
– well-to-do
– well-off
– (infml) well-heeled *(eg, better-heeled cus-*
tomers)
Wohlordnungssatz *m* (Math) well-ordering
theorem
Wohlstandsgesellschaft *f* (Vw) affluent society
Wohlstandsgrenze *f* (Vw) utility possibility curve in
the situation sense
wohlstandsnegative Abschließungseffekte *mpl*
(AuW) trade diversion

wohlstandspositive Aufschließungseffekte *mpl*
(AuW) trade creation
Wohltätigkeitsorganisation *f*
(com) charitable organization
– (US, infml) do-good organization
Wohnbevölkerung *f* (Stat) resident population
Wohneinheit *f*
(Stat, GB) accommodation unit
– dwelling unit
(ie, may house a single parent up to parents with
several children)
Wohngebäude *npl* (com) residential buildings
Wohngeld *n* (SozV) accommodation allowance
Wohnheim *n*
(Pw) dormitory
– (GB) hall of residence
Wohnort *m* (Re) place of residence
Wohnsitz *m* (StR) habitual residence
(ie, place where an individual occupies a resi-
dence under circumstances which indicate that he
will retain and use it not merely temporarily, § 8
AO)
Wohnsitz *m* **aufheben** (Re) to discontinue a resi-
dence
Wohnsitz *m* **begründen** (Re) to establish a resi-
dence
Wohnsitzbesteuerung *f* (StR) residence taxation
Wohnsitzfinanzamt *n* (StR) local tax office for the
taxpayer's residence or customary place of
abode, § 19 AO
Wohnsitzprinzip *n* (FiW) principle of income-
source neutrality *(ie, applied in double taxation)*
Wohnsitzstaat *m* (StR) country of ordinary resi-
dence *(opp, Quellenstaat)*
Wohnsitzvoraussetzung *f* (StR) residence requirement
Wohnsitzwechsel *m* (Re) change in residence
Wohnteil *m* (StR) residential properties *(of an a-*
gricultural establishment), § 34 I BewG
Wohn- und Wirtschaftsgebäude *npl* (StR) residen-
tial and farm buildings, § 33 II BewG
Wohnungsbau *m*
(com) residential (*or* housing) construction ·
– construction of residential property
(com) residential construction industry
Wohnungsbaudarlehen *n*
(Fin) house-building loan
– housing loan
Wohnungsbaufinanzierung *f* (Fin) housing finance
Wohnungsbaugenossenschaft *f* (com) residential
building cooperative
Wohnungsbaugesetz *n* (Re) Law on Public Sub-
sidies for the Construction of Low-Rental
Apartments
Wohnungsbaukredit *m* (Fin) housing loan
Wohnungsbau-Prämiengesetz *n* (Re) Law on the
Payment of Premiums for Financing the Con-
struction of Residential Properties
Wohnungseigentum *n*
(StR) home ownership
(StR) condominium property
– ownership right in a condominium, § 68
BewG
Wohnungseigentümergemeinschaft *f* (Re) con-
dominium owners' association

Wohnungseigentumsgesetz *n* (Re) Law on Cooperative Apartments and Proprietary Leases, of 15 March 1951, as amended
Wohnungsgrundstück *n* (com) residential real estate
Wohnungsknappheit *f* (Vw) housing shortage
Wohnungsmarkt *m* (Vw) housing market
Wohnungsneubauten *mpl*
  (com) newly constructed housing
  – new construction
Wohnungsprämiengesetz *n* (Re) Law on the Payment of Premiums for Financing the Construction of Residential Properties, as republished on 22 June 1979
Wohnungsunternehmen *n* (com) housing company
Wohnungswert *m* (StR) assessed value of residential properties, § 47 BewG
Wölbung *f* (Stat) kurtosis *(syn, Exzeß)*
wortadressierter Speicher *m* (EDV) word addressed storage
Wortadressierung *f* (EDV) word addressing
Wörterbucheintrag *m* (EDV) dictionary entry
Wort *n* **erteilen** (com) to give the floor (to)
Wortlänge *f* (EDV) word length
Wortmarke *f* (EDV) word mark

Wortmaschine *f* (EDV) word-oriented computer
wortorganisierter Speicher *m* (EDV) word-organized storage
Wortprozessor *m* (EDV) word processor
Wucher *m* (Re) usury, § 138 II BGB
Wuchermiete *f*
  (Re) extortionate rent
  – (GB) rackrent *(see: Mietwucher)*
Wucherpreis *m* (com) exorbitant price
Wucherzinsen *mpl*
  (Fin) usurious interest
  – loan shark rates
  – extortionate interest rate
Wuchsaktie *f* (Fin) growth stock
Wuchswerte *mpl* (Fin) = Wuchsaktien
Wurschtelquote *f* (com, sl) rate of muddling through
Wurzelgleichung *f* (Math) radical equation
Wurzelsegment *n* (EDV) root segment
Wurzelzeichen *n* (Math) radical sign
Wurzelziehen *n*
  (Math) extracting
  – finding
  – computing... a root of a number *(syn, Radizieren)*

X

x-bar-Karte *f* (IndE) average control chart
xerografischer Drucker *m* (EDV) xerographic printer

Z

Zahl *f* (Math) number
zahlbar (com) payable
zahlbar an Inhaber (WeR) payable to bearer
zahlbar an Order (WeR) payable to order
zahlbar bei Aufforderung (Fin) payable on demand
zahlbar bei Fälligkeit
  (Fin) payable at maturity
  – payable when due
zahlbar bei Lieferung (com) payable on delivery
zahlbar bei Sicht (WeR) payable on demand *(ie, at sight or on presentation)*
zahlbar bei Vorlage (Fin) payable on presentation
zahlbar nach einem Jahr (ReW, EG) becoming due and payble after more than one year
zahlbar nach Sicht (WeR) payable after sight
zahlbar stellen (Fin) to domiciliate
Zahlbarstellung *f* (Fin) domiciliation
Zählbogen *m* (Stat) census paper
Zahl *f* **der Beschäftigten**
  (Pw) number of employees *(or of people employed)*
  – number of people on payroll
  – labor force
Zahl *f* **der geschätzten Nutzungsjahre** (ReW)

number of years of expected life *(ie, in depreciation accounting)*
Zahl *f* **der leerverkauften Aktien** (Bö) short interest *(or position)*
Zahl *f* **der Neuabschlüsse** (com) number of new contracts
zahlen
  (com) to pay
  – (infml) to ante up
  – (sl) to cough up
  – (infml) to pony up
  (Fin) to effect
  – to make
  – to meet... payment
Zahlencode *m* (EDV) numeric (data) code
Zahlendarstellung *f* (Math) number notation *(or representation)*
Zahlendarstellung *f* **mit fester Basis** (EDV) fixed base notation
zahlende Mitglieder *npl*
  (com) paid-in membership
  – paid-up members
Zahlengerade *f* (Math) real number axis
Zahlensystem *n* (Math) number system

Zahlen *fpl* **verfälschen** (com) to cook the numbers
Zahlenwerk *n* (com) set (*or* system) of figures
Zähler *m*
  (Math) numerator
  (EDV) counter
  (EDV, Cobol) tally
Zahlgrenze *f*
  (com) bus fare zone limit
  – (GB) fare stage
Zahlkarte *f* (Fin) postal money order
Zahllast *f* (FiW) regular tax burden
Zählregister *n* (EDV) counter register
Zahlstelle *f*
  (WeR) domicile
  (Fin) appointed... paying agent/payment office) *(ie, for dividend payout)*
  (Fin) branch office
Zahlstellenabkommen *n* (Fin) paying agency agreement
  (ie, between bond issuer and bank)
Zahlstellengeschäft *n* (Fin) interest and dividend payout business
Zahlstellenprovision *f* (Fin) paying agency commission
Zahlstellenvereinbarung *f* (Fin) paying agency agreement
Zahlstellenverzeichnis *n* (Fin) list of paying agencies
Zahltag *m*
  (Pw) payday
  (WeR) date of payment, Art. 38 WG *(syn, Zahlungstag)*
Zahlung *f* (Fin) payment
Zahlung *f* **ablehnen** (Fin) to refuse payment
Zahlung *f* **auf erstes Anfordern** (Fin) payment upon first demand
Zahlung *f* **aufschieben** (Fin) to defer payment
Zahlung *f* **bei Auftragserteilung** (Fin) cash with order, c.w.o.
Zahlung *f* **bei Bestellung** (Fin) = Zahlung bei Auftragserteilung
Zahlung *f* **bei Erhalt der Ware** (Fin) payment on receipt of goods
Zahlung *f* **bei Fälligkeit** (Fin) payment when due
Zahlung *f* **bei Lieferung** (Fin) payment on delivery
Zahlung *f* **bei Verschiffung** (com) cash on shipment
Zahlung *f* **bei Vorlage** (Fin) payment on presentation
Zahlung *f* **durch Akzept** (Fin) payment by acceptance
Zahlung *f* **durch Dauerauftrag** (Fin) automatic bill paying
  (ie, bank is authorized to pay regular bills monthly)
Zahlung *f* **durch Dauerüberweisung** (Fin) automatic bill paying
Zahlung *f* **durch Scheck** (Fin) payment by check
Zahlung *f* **einstellen** (Fin) to stop (*or* suspend) payment
Zahlungen *fpl* **wieder aufnehmen** (Fin) to resume payments
Zahlung *f* **gegen Dokumente** (Fin) payment against documents
Zahlung *f* **gegen Nachnahme** (Fin) cash on delivery, COD

Zahlung *f* **gegen offene Rechnung** (Fin) clean payment
Zahlung *f* **im voraus** (Fin) payment in advance
Zahlung *f* **in offener Rechnung** (Fin) payment on open account
Zahlung *f* **in Raten** (Fin) payment by installments
Zahlung *f* **leisten**
  (Fin) to pay
  (Fin) to effect
  – to make
  – to meet... payment
Zahlungsabkommen *n* (AuW) payments agreement
Zahlungsabwicklung *f* (Fin) handling of payments
Zahlungsanweisung *f* (Fin) instruction (*or* order) to pay
Zahlungsaufforderung *f*
  (Fin) demand for payment
  – request to pay
Zahlungsaufschub *m*
  (Fin) extension of time for payment
  – respite *(ie, delay obtained for payment of sums owed)*
Zahlungsaufschub *m* **bewilligen** (Fin) to grant deferred payment
Zahlungsauftrag *m* (Fin) payment order
Zahlungsbedingungen *fpl*
  (com) terms of payment
  – terms *(eg, to sell at reasonable terms)*
Zahlungsbefehl *m* (Re) *(replaced by ,Mahnbescheid')*
Zahlungsberechtigter *m* (Fin) party entitled to payment
Zahlungsbereitschaft *f* (Fin) ability to pay
Zahlungsbeschränkungen *fpl* (AuW) exchange restrictions on payments
Zahlungsbevollmächtigter *m* (Fin) principal responsible for...
Zahlungsbilanz *f*
  (VGR) balance of payments
  – international balance of payments
  – external accounts
  (cf, zur Systematik im Anhang)
Zahlungsbilanzausgleich *m*
  (AuW) balance of payments adjustment
  – adjusting the balance of payments
Zahlungsbilanz *f* **ausgleichen** (AuW) to adjust (*or* square) the balance of payments
Zahlungsbilanzdefizit *n*
  (AuW) balance of payments deficit
  – payments deficit
  – external deficit
Zahlungsbilanz *f* **ex post** (AuW) accounting balance of payments
Zahlungsbilanzgleichgewicht *n* (AuW) balance of payments equilibrium
Zahlungsbilanzlücke *f*
  (AuW) gap in the balance of payments
  – payments gap *(eg, between the U.S. and its trading partners)*
Zahlungsbilanzmechanismus *m* (AuW) external payments mechanism
Zahlungsbilanzmultiplikator *m* (AuW) balance of payments multiplier
Zahlungsbilanzpolitik *f* (AuW) balance of payments policy

Zahlungsbilanzsaldo *m* (AuW) balance of payments outcome *(ie, surplus or deficit)*
Zahlungsbilanzsituation *f* (AuW) international payments situation
Zahlungsbilanzüberschuß *m*
(AuW) balance-of-payments surplus
– external surplus
Zahlungserinnerung *f* (Fin) prompt note
(ie, sent to an importer to remind him that payment is going to be due shortly)
zahlungsfähig
(Fin) able to pay
– solvent
Zahlungsfähiger *m* (Fin) person able to pay
Zahlungsfähigkeit *f*
(Fin) ability/capacity . . . to pay
– debt paying ability
– solvency
(syn, Solvenz; opp, Zahlungsunfähigkeit)
Zahlungsfrist *f*
(com) period of payment
– time limit for payment
Zahlungsgarantie *f* (Fin) payment guarantee
(ie, wird im Auftrag des Abnehmers der Ware zur Sicherung von Ansprüchen des Lieferanten hinausgelegt; beschränkt auf den Auslandsbereich)
Zahlungsgewohnheiten *fpl*
(Fin) payment behavior (*or* habits)
– prior payment pattern
zahlungshalber
(Re) on account of payment
– *(civil law)* datio solutionis causa
Zahlungsintervalleffekt *m* (Vw) payment interval effect *(ie, in liquidity theory)*
Zahlungsklauseln *fpl*
(com) payment terms
(ie, bestimmen Zeitpunkt der Zahlung: netto Kasse, Kasse gegen Dokumente, cash on delivery; cf, Handelsklauseln)
(Fin) payment clauses
Zahlungsmittel *n*
(Vw) means of payment
(ReW) cash
Zahlungsmittelmenge *f* (Vw) quantity of money in the economy
Zahlungsmittel-Surrogat *n* (Vw) substitute for cash
Zahlungsmittelumlauf *m* (Vw) money supply *(syn, Geldvolumen)*
Zahlungsmodalitäten *fpl* (Fin) payment policies (*or* terms) *(eg, due within 30 days and 2% discount allowed if paid in less than 10 days)*
Zahlungsmodus *m* (Fin) method of payment
Zahlungsmoral *f* (Fin) payment behavior
Zahlungsmoratorium *n* (Fin) standstill agreement
Zahlungsobergrenze *f* (Fin) maximum limit for payment
Zahlungsort *m* (Re) place of payment, § 270 BGB
Zahlungspapiere *npl* (Fin) financial documents
Zahlungspflicht *f* (Fin) obligation to pay
Zahlungspflichtiger *m* (Fin) party liable to pay
Zahlungsplan *m* (Fin) cash income and outgo plan
Zahlungsplanung *f* (Fin) cash planning
Zahlungspotential *f*
(Pw) ability to pay *(ie, argument used in pay talks*

= *Lohnverhandlungen)*
Zahlungsreihe *f*
(ReW) expenditure-receipts columns (*or* accounts)
(Fin) series of payments
Zahlungsrhythmuseffekt *m* (Vw) payment pattern effect
Zahlungsrückstände *mpl*
(Fin) backlog of payments
– payments in arrears
Zahlungsschwierigkeit *f* (Fin) temporary shortage of liquid funds
Zahlungssitten *fpl* (Fin) payment habits
Zahlungsstockung *f* (Fin) liquidity crunch
Zahlungssystem *n* (Fin) payments system
Zahlungtag *m* (WeR) day of payment, Art. 38 WG
Zahlungstermin *m* (Fin) payment date
Zahlung *f* **stunden** (Fin) to grant a respite for payment of debt
Zahlungsüberweisung *f* (Fin) payments transfer
zahlungsunfähig
(Fin) insolvent
– unable to meet one's obligations
(ie, äußert sich in der Zahlungseinstellung und ist Konkursgrund nach § 145 KO)
(Fin, GB) unable to comply with one's bargains
(esp in the matter of stock exchange firms)
zahlungsunfähiger Schuldner *m*
(Fin) defaulting/bad . . . debtor
(Re) insolvent debtor
zahlungsunfähiger Spekulant *m* (Bö) lame duck
(ie, an unsuccessful speculator)
Zahlungsunfähigkeit *f*
(Fin) inability to pay
– insolvency
(syn, Insolvenz; opp, Zahlungsfähigkeit, Solvenz)
Zahlungsverjährung *f* (StR) prescription of tax payments, § 228 AO *(opp, Festsetzungsverjährung)*
Zahlungsverkehr *m*
(Fin) money
– monetary
– payment . . . transactions
– payments
Zahlungsverkehrabwicklung *f* (Fin) handling of payments
Zahlungsverkehr *m* **mit dem Ausland** (AuW) external payments
Zahlungsverkehrssystem *n* (Fin) funds transfer system
Zahlungsverkehr *m* **zwischen Banken** (Fin) interbank payment transactions
Zahlungsverpflichtung *f*
(Fin) obligation (*or* duty) to pay
– commitment to pay
– financial obligation
Zahlungsverpflichtung *f* **eingehen**
(com) to undertake a financial commitment
– to promise to pay
Zahlungsverpflichtungen *fpl* **nachkommen** (Fin) to meet one's payments
Zahlungsverschiebungen *fpl* (Fin) shift in the pattern of payments

Zahlungsversprechen *n* (WeR) promise to pay
Zahlungsverweigerung *f* (WeR) dishonor by non-payment
Zahlungsverzug *m* (Fin) default (*or* delay) in payment
Zahlungsvorgang *m* (Fin) payments transaction
Zahlungswährung *f* (Vw) money of payment
Zahlungsweise *f* (Fin) method (*or* mode) of payment
Zahlungsziel *n*
   (com) date of required payment
   – period of payment
   – time allowed for payment
Zahlungsziel *n* **einräumen**
   (com) to allow time for payment
   – to allow a time of credit for settlement
   – to grant credit
Zahlung *f* **verweigern** (Fin) to refuse payment
Zahlung *f* **vor Fälligkeit** (Fin) payment before maturity
Zählwerk *n* (EDV) counter
Zangenpolitik *f* (Vw) pincer-like policy (*ie, of central bank*)
ZAW (Mk) = Zentralausschuß der Werbewirtschaft
ZDH (com) = Zentralverband des Deutschen Handwerks
Zebrastreifen *m*
   (com) crosswalk
   – pedestrian crossing
   (GB) Zebra (crossing)
Zechenstillegung *f*
   (Bw) mine shutdown
   – pit closure (*syn, Grubenschließung*)
Zedent *m*
   (Re) assignor
   (Vers) ceding company
   – original insurer
   – reinsured (*or* reassured)
   (*ie, in reinsurance; syn, Erstversicherer, Direktversicherer*)
zedieren
   (Re) to assign
   – to make an assignment
   (*syn, abtreten*)
   (Vers) to cede (*ie, to reinsurer*)
zedierende Gesellschaft *f* (Vers) ceding company
   (*ie, in reinsurance*)
Zehnergruppe *f*
   (IWF) Group of Ten
   – Paris Club
Zehnerkomplement *n* (EDV) ten's complement
Zehner-Logarithmus-Funktion *f* (EDV) log 10 function
Zehnertastatur *f* (EDV) numeric keyboard
Zeichen *n* (EDV) character
Zeichenabfühlung *f* (EDV) mark sensing
Zeichencode *m* (EDV) character code
Zeichendichte *f* (EDV) character density
Zeichenerkennung *f* (EDV) character recognition
Zeichenfehlerwahrscheinlichkeit *f* (EDV) character error probability
Zeichenfolge *f*
   (EDV, Cobol) character string
   (*ie, sequence of contiguous characters forming a*

COBOL word, a literal, etc; cf, DIN 66 028, Aug 1985)
   (EDV) = Zeichenreihe
zeichengebunden (EDV) character oriented
Zeichengerät *n* (EDV) data plotter (*opp, video terminal*)
Zeichengröße *f* (EDV) type font
Zeichengrößenänderung *f* (EDV) font change
Zeichenkette *f* (EDV) character string
Zeichenkettenvariable *f* (EDV) string variable
Zeichenkontur *f* (EDV) character outline
Zeichenleser *m*
   (EDV) character reader
   (EDV) mark sensing device
Zeichenpapier *n* **mit Maßeinteilung** (com) chart paper
Zeichenposition *f* (EDV, Cobol) character position
   (*cf, DIN 66 028, Aug 1985*)
Zeichenreihe *f*
   (EDV) string
   (*ie, normally a bit string or a character string; syn, String, Zeichenfolge*)
Zeichenreihen *fpl* **bilden** (EDV) to generate strings
Zeichenreihenverknüpfung *f* (EDV) string concatenation
Zeichenschablone *f* (EDV) flowcharting template
Zeichenschutz *m* (Pat) protection of brand names
Zeichenstelle *f* (EDV) character position
Zeichensteuer *f*
   (StR) revenue strip tax
   – revenue stamp tax
Zeichenstift-Plotter *m* (EDV) pen plotter
Zeichenteilmenge *f* (EDV) character subset
Zeichenverdichtung *f*
   (EDV) character crowding
   – digit compression
Zeichenvorrat *m* (EDV) character repertoire (*or* set)
Zeichenwechsel *m* (EDV) case shift (*syn, Groß-Klein-Umschaltung*)
zeichnen (Fin) to subscribe (for)
Zeichnerbank *f* (Fin) subscribing bank
Zeichner *m* **von Aktien** (Fin) subscriber to shares
Zeichnung *f*
   (com) signature
   (Fin) subscription
   (*ie, written obligation to buy a certain amount of newly issued bonds or shares*)
   (IndE) engineering drawing (*ie, from which bill of materials is prepared*)
Zeichnung *fpl* **neuer Aktien** (Fin) subscription for new shares
Zeichnungsagio *n* (Fin) subscription premium
Zeichnungsangebot *n* (Fin) subscription offer
Zeichnungsantrag *m* (Fin) subscription application
Zeichnungsbedingungen *fpl* (Fin) terms of subscription
   (*eg, stating nominal rate, subscription rate, redemption, repayment, relating to newly issued shares*)
zeichnungsberechtigt (com) authorized to sign
Zeichnungsberechtigung *f* (com) signature power
Zeichnungsbetrag *m* (Fin) share application money
Zeichnungsbevollmächtigter *m* (com) duly authorized signatory

Zeichnungsebene *f*
(EDV, CAD) layer
– level
– class *(cf, Ebenentechnik)*
Zeichnungseinladung *f*
(Fin) invitation to prospective subscribers
– invitation to subscribe
Zeichnungsformular *n* (Fin) subscription blank
Zeichnungsfrist *f* (Fin) subscription period
Zeichnungsgebühr *f* (Fin) subscription charges
Zeichnungsgründung *f* (Re) formation of an AG by
incorporators *and* subscribers
(syn, Stufengründung)
Zeichnungskartei *f* (com) file of engineering draw-
ings
Zeichnungskurs *m*
(Fin) offering price
– subscription rate
Zeichnungsprospekt *m* (Fin) issue prospectus
Zeichnungsrecht *n* (Fin) subscription right
Zeichnungsregistratur *f* (com) filing system for en-
gineering drawings
Zeichnungsrendite *f* (Fin) yield on subscription
Zeichnungsschein *m* (Fin) subscription slip
*(ie, through which purchaser of new securities a-
grees to payment on stipulated conditions, to issue
price, etc., § 185 AktG)*
Zeichnungsschluß *m* (Fin) closing of subscription
Zeichnungsstelle *f* (Fin) subscription agent
*(ie, bank accepting subscriptions for newly issued
securities)*
Zeichnungsurkunde *f* (Fin) letter of subscription
Zeichnungsvollmacht *f* (com) authority to sign
*(eg, company documents with legally binding ef-
fect)*
Zeile *f* **e–r Matrix** (Math) row of a matrix
Zeilenabstand *m* (EDV) spacing between lines
Zeilendifferenz *f* (Math) row difference
Zeilendruck *m* (EDV) line printing *(ie, of an entire
line as a unit)*
Zeilendrucker *m* (EDV) line printer
Zeileneditor *m* (EDV) line editor
Zeilenlänge *f* (EDV) line length
Zeilenmodus *m*
(EDV) line-by-line modus
– line modus
Zeilennummer *f* (EDV) line number
Zeilenpreis *m* (Mk) line rate
Zeilensegment *n* (EDV) line segment
Zeilenstandsanzeige *f* (EDV) line count
Zeilentransportunterdrückung *f* (EDV) space sup-
pression
Zeilenvektor *m* (Math) row vector
Zeilenvorschub *m* (EDV) line feed *(opp, Seiten-
vorschub = form feed, FF)*
Zeilenvorschubzeichen *n*
(EDV) new line character
– NL character
Zeilenzwischenraum *m*
(EDV) vertical line space
– line spacing
Zeile *f* **verschieben** (EDV) to pan a line
zeitabhängige Kosten *pl* (KoR) time costs
Zeitablauf *m* (Bw) lapse *(or* passage) of time
Zeitabschnitt *m*

(Math) payment interval *(ie, in computation of
annuities)*
(IndE) bucket *(ie, Planungsperiode)*
Zeitabschnittsbetrieb *m* (EDV) time slicing mode
Zeitabweichung *f* (KoR) time variance
Zeitallokation *f* (Vw) allocation of time
zeitanteilig (com) pro rata temporis
Zeitarbeit *f* (Pw) temporary work *(or* employment)
Zeitarbitrage *f* (AuW) time arbitrage
Zeitaufnahmebogen *m* (IndE) time observation *(or
study)* sheet
Zeitbestimmung *f* (Re) stipulation as to time, § 163
BGB
Zeitbezugsmethode *f* (ReW) temporal method (of
currency translation)
*(ie, der Währungsumrechnung in konsolidierten
Bilanzen: bei Bilanzpositionen, bei denen durch
Paritätsänderungen keine Wertänderungen im
Sinne der Bewertungsregeln als realisiert anzusehen sind, soll die Umrechnung mit historischen
Kursen, d. h. mit Kursen des Anschaffungszeit-
punktes, erfolgen = method of translating foreign
currency financial statements; SFAS 8 Standard
was issued by FASB in 1975: assets and liabilities
carried at past exchange prices would be translated at the historical exchange rates; superseded
in December 1981 by SFAS 52; cf, Stichtagsmethode; die meisten deutschen Konzerne wenden e–e abgemilderte Form der Zeitbezugsmethode an)*
Zeitbürgschaft *f* (Re) suretyship/guaranty limited
in time
(ie, definiert in § 777 BGB; cf, Bürgschaft)
Zeitcharter *f* (com) period time charter *(eg, two-
year commitments)*
Zeit *f* **der Aussetzung** (EG) suspension period *(ie,
relating to the value of the unit of account*
Zeitermittlung *f* (IndE) time measurement
Zeitfracht *f* (com) time freight
Zeitfrachtvertrag *m* (com) time charter
Zeit *f* **für auftragsfremde Tätigkeit** (IndE) diverted
time
Zeitgeber *m* (EDV) timer
Zeitgeberregister *n* (EDV) timer register
Zeitgeschäfte *npl*
(Bö) dealings in futures *(or* for the account)
– forward dealings *(or* transactions)
Zeithorizont *m*
(Bw) level of time
– time horizon *(or* shape)
Zeitkarte *f*
(com) season ticket
(IndE) time card *(syn, Istzeit-Meldung)*
Zeitkauf *m* (com) sale on credit terms
Zeitkomponenten *fpl* (Vw) temporal constructs
Zeitkosten *pl* (KoR) period cost *(ie, independent of
level of activity)*
zeitlich begrenzter Streik *m* (Pw) limited duration
strike
zeitliche Abgrenzung *f* (ReW) allocation of expense
unrelated to accounting period
zeitliche Beschränkung *f* (com) limitation in time
zeitliche Einsatzplanung *f* (Pw) manpower
scheduling
zeitlicher Ablauf *m* (Bw) time sequence

zeitlicher Bezug *m* (Bw) goal period
zeitlicher Korrekturfaktor *m* (Stat) time comparability factor
zeitlicher Verlauf *m* (Fin) time shape *(eg, of cash flows)*
zeitliche Umschichtung *f* **von Ausgaben** (Fin) rephasing of expenditures
zeitliche Unterschiede *mpl* (Bw) different time horizons
zeitliche Veränderung *f* **von Variablen** (Vw) time path of variables
zeitliche Verteilung *f* (Vw) time distribution *(eg, of receipts and expenditures)*
zeitliche Verteilung *f* **von Arbeitsgängen** (IndE) balancing of works
Zeitlohn *m*
   (Pw) timework rate
   – time rate
   – day rate
Zeitlohnarbeit *f*
   (Pw) timework
   – day work
Zeitlohnsatz *m* (Pw) time work rate
Zeitlohnstundenanteil *m* (IndE) time on daywork
Zeitmengenbestand *m* (MaW) inventory level as function of time
Zeitmengendefizit *n* (MaW) inventory stockout as function of time
Zeitmessung *f*
   (IndE) time measurement
   (EDV) timing
Zeitnehmer *m* (IndE) time study man
Zeitnorm *f* (IndE) standard time
zeitoptimales Programmieren *n*
   (EDV) minimum access
   – minimum delay
   – minimum latency ... coding
Zeitplanung *f* (Bw) (time) scheduling
Zeitpräferenz *f* (Vw) time preference
Zeitpräferenzrate *f* (Vw) rate of time preference
Zeitprämie *f* (Vers) time premium
Zeit *f* **pro Stück**
   (IndE) cycle time
   – (GB) floor-to-floor time *(cf, Gesamtstückzeit, Taktzeit)*
Zeitpunkt *m* **der Anleihebegebung** (Fin) = Zeitpunkt der Emission
Zeitpunkt *m* **der Anmeldung** (Pat) filing date
Zeitpunkt *m* **der Besteuerung**
   (StR) effective date
   – (GB) tax point *(eg, tax point is the delivery date, not the date of the order)*
Zeitpunkt *m* **der Emission** (Fin) date *(or* time) of issue
Zeitpunkt *m* **der Fälligkeit** (Fin) date of maturity
Zeitpunkt *m* **der Lieferung** (com) time of delivery
Zeitpunkt *m* **der Versandbereitschaft** (com) ready date
Zeitpunkt *m* **des Inkrafttretens** (Re) effective date
   – date of entry into operation
Zeitreihe *f* (Stat) time series
Zeitreihenanalyse *f* (Stat) time series analysis
Zeitrente *f*
   (Fin) annuity certain
   – temporary annuity *(opp, ewige Rente)*

Zeitscheibe *f* (EDV) time slice
Zeitscheibenverfahren *n* (EDV) time slicing
Zeitschriftenraum *m*
   (com) periodical room
   – (GB) news-room
Zeitsichtwechsel *m* (WeR) bill payable at fixed period after sight *(syn, Nachsichtwechsel)*
Zeitspanne *f* **für die Verdrängung e–s älteren Produktes** (Mk) takeover time
Zeitstudie *f* (IndE) time study
Zeitumkehrprobe *f* (Stat) time reversal test
Zeit- und Bewegungsstudien *fpl* (IndE) time and motion study
Zeitungsanzeige *f*
   (Mk) newspaper advertisement *(or* ad)
   – (GB) advert *(ie, stress on first syllable!)*
Zeitungsausschnittbüro *n*
   (com) clipping bureau
   – (GB) press cutting agency
   – cutting service
Zeitungswerbung *f* (Mk) newspaper advertising
Zeitverhalten *n* (EDV) time behavior
Zeitverschleiß *m* (ReW) depreciation based on time
   (ie, if time value of money is recognized, which typically it is not, one of the compound interest methods is appropriate; opp, Gebrauchsverschleiß)
Zeitvorgabe *f* (IndE) time standard
Zeitwechsel *m* (WeR) time draft
zeitweilige Aussetzung *f* **der Zollsätze** (Zo) temporary suspension of customs duties
zeitweiliges Floaten *n* (AuW) temporary floating
zeitweiser Arbeitsplatzwechsel *m* (Pw) job rotation
Zeitwert *m*
   (Math) end value
   (ReW) current market value *(syn, Tageswert, qv)*
Zeit-Wirkungs-Verteilung *f* (Stat) response time distribution
Zeitzähler *m* (EDV) time counter
Zeitzuschlagfaktor *m* (IndE) allowances factor
Zeitzuschlag *m* **für Ausschuß** (IndE) reject allowance
Zelle *f* (EDV) cell *(ie, smallest unit of a store)*
Zensus *m* (Stat) census
Zensusjahr *n* (Stat) census year
Zentralabteilung *f*
   (Bw) central department
   – staff department *(or* division *or* unit)
Zentralausschuß *m* **der Deutschen Werbewirtschaft**
   (Mk) *(Bonn-based)* Central Committee of the German Advertising Industry
Zentralbank *f* (Vw) central bank
zentralbankfähig (Vw) eligible for rediscount with the central bank
zentralbankfähige Aktiva *npl*
   (Fin) eligible assets *(ie, assets which the central bank is willing to monetize)*
zentralbankfähiger Wechsel *m*
   (Fin) eligible bill
   – bill eligible for rediscount
zentralbankfähige Wechsel *mpl*
   (Fin, GB) eligible paper *(ie, bank bills and fine trade bills)*

zentralbankfähige Wertpapiere *npl* (Fin) eligible paper

Zentralbankgeld *n* (Vw) central bank money *(ie, central bank notes + current accounts with the central bank)*

Zentralbankgeldmenge *f* (Vw) central bank money supply *(or* stock)

Zentralbankgeldsteuerung *f* (Vw) central bank money control

Zentralbankguthaben *n* (Vw) uncommitted reserves

Zentralbank *f* **in Anspruch nehmen** (Fin) to have recourse to the central bank

Zentralbankrat *m* (Vw) Central Bank Council

Zentralbankrat *m* **der Deutschen Bundesbank** (Vw) West German Central Bank Council *(ie, the Bundesbank's policy-making committee)*

Zentralbankreserven *fpl* (Vw) central bank reserves *(ie, gold + own reserves)*

Zentralbearbeitung *f* (Bw) centralized processing *(eg, of transferred funds)*

Zentralbegriff *m* (Log) key concept

Zentralbereich *m* (Bw) central division

Zentralbörse *f* (Bö) leading stock exchange

Zentralbüro *n* (Bw) executive office

Zentrale *f* (com) (corpoate) headquarters

zentrale Abrechnungsstelle *f*
(ReW) accounting center
– central accounting unit

zentrale Arbeitszuweisung *f* (IndE) centralized dispatching

zentrale Auftragsbearbeitung *f* (Bw) central order processing system, COP

zentrale Bearbeitung *f* (com) centralized processing *(eg, of transferred funds)*

zentrale Datenbank *f*
(EDV) data center
– central data base

zentrale Haushalte *mpl* (FiW) central and regional authorities

Zentraleinheit *f*
(EDV) central processing unit, CPU
– central unit

Zentraleinkauf *m*
(Bw) central buying
– centralized purchasing
(Bw) central buying office

zentrale Investitionsplanung *f* (Vw) central investment planning

zentrale öffentliche Stellen *fpl* (FiW) central and regional authorities

zentraler Einkauf *m* (Bw) = Zentraleinkauf

zentrale Reserven *fpl* (AuW) official reserves

zentraler Grenzwertsatz *m* (Math) central limit law *(or* theorem)

Zentraler Kapitalmarktausschuß *m* (Fin) Central Capital Market Committee *(ie, presently 11 members representing the largest West German issue banks: advises one-time issuers on time, volume and terms of a loan issue; syn, Kapitalmarktkommission, Kleine Kapitalmarktkommission)*

Zentraler Kreditausschuß *m* (Fin) Central Loans Committee

zentrales Lager *n* (MaW) central stores

zentrale Steuereinheit *f* (EDV) central control unit

zentrale Wartung *f* (IndE) centralized maintenance

zentralgeleitete Wirtschaft *f* (Vw) centrally administered economy *(W. Eucken)*

Zentralgenossenschaft *f* (com) central cooperative

Zentralisierungsgrad *m* (Bw) degree of centralization

Zentralismus *m* (Bw) centralization

Zentralkartei *f* (com) central card index

Zentralkasse *f* (Fin) central organization of credit cooperatives

Zentralmarkt *m* (com) central market

Zentralmarktausschuß *m* (Fin) Central Market Committee *(ie, voluntary agency comprising representatives from commercial, savings, and mortgage banks + one observer from Deutsche Bundesbank)*

Zentralnotenbank *f* (Vw) = Zentralbank

Zentralordinate *f* (Stat) pivot *(ie, of a linear trend)*

Zentralplanwirtschaft *f* (Vw) centrally planned economy

Zentralrat *m* **der Bundesbank** (Fin) Bundesbank Central Council

Zentralregistratur *f* (com) central filing department *(syn, Hauptablage)*

Zentralspeicher *m* (EDV) main memory

Zentralstelle *f* **für die Vergabe von Studienplätzen** (Pw) *(Dortmund-based)* Central Clearing-House for University Applicants

Zentralverband *m* **der Elektrotechnischen Industrie** (com) Central Association of the Electrical Industry

Zentralverband *m* **des Deutschen Handwerks** (com) National Association of German Skilled Crafts

Zentralverwaltungswirtschaft *f* (Vw) centrally planned economy

Zentralwert *m* (Stat) median

Zentralwertkarte *f* (IndE) = Mediankarte, qv

zentriertes Interview *n* (Mk) focussed interview

zentriertes Moment *n* (Math) central moment

Zentriwinkel *m* (Math) central angle

zerbrechlich, mit äußerster Sorgfalt behandeln (com) fragile, handle with extreme care

Zerfällen *n* **der Tage** (Math) breaking up the time element *(ie, in interest rate computation)*

zerlegen
(com) to apportion
– to break down
– to classify
to subclassify
– to itemize
to subdidivde
(IndE) to disassemble
– to break down/apart (into)

Zerlegen *n* **e-r Sendung** (com) breaking bulk *(ie, durch Großhändler: in einzelhandelsfähige Abmessungen oder Mengen)*

zerlegte Vektoren *mpl* (Math) partitioned vectors

Zerlegung *f* (IndE) disassembly

Zerlegung *f* **des Steuermeßbetrages** (StR) allocation of the tax base *(ie, among various municipalities, §§ 28ff GewStG, § 22 GrStG)*

Zerlegung *f* **e–r Kantenmenge** (Math) edge partition

Zerlegung *f* **e–r Menge** (Math) partition of a set

Zerlegung *f* **e–r Menge gerichteter Kanten** (OR) arc partition

Zerlegungsalgorithmus *m* (OR) partitioning algorithm

Zerlegungsbescheid *m* (StR) formal notice of apportionment *(ie, served by the tax office on the taxpayer, § 188 AO)*

Zerlegung *f* **von Zeitreihen** (Stat) time series decomposition

Zermelosches Axiom *n* (Math) = Auswahlaxiom, qv

Zero Bonds *pl* (Fin) zero (coupon) bonds *(ie, Abzinsungspapier ohne Zinskupon; Zinsen werden voll abdiskontiert, so daß der Ausgabepreis erheblich unter dem Rückzahlungskurs von 100% liegt; sell at discounts of par until their final maturity, when payment of principal at par plus all compound interest is made in a lump sum; syn, Nullkuponanleihen, Nullprozenter)*

zerrüttete Finanzen *pl* (Fin) shattered finances

Zerschlagungswert *m* (ReW) breakup value *(ie, term turning up in ‚Liquidationsbilanzen')*

zerstörende Einrede *f* (Re) peremptory defense *(or* exemption) *(ie, insisting that plaintiff never had the right to institute the suit or that the original right is extinguished or determined)*

zerstörende Funktionsprüfung *f* (IndE) destructive testing *(ie, intentional operation of equipment until it fails, to reveal design weaknesses)*

zerstörendes Lesen *n* (EDV) destructive read(ing)

zerstörende Werkstoffprüfung *f* (IndE) destructive materials testing *(opp, zerstörungsfreie W. = nondestructive materials testing)*

zerstörende Wirkung *f* (com) disruptive impact (on)

zerstörungsfreie Prüfung *f* (IndE) nondestructive testing *(ie, test sample is not destroyed or damaged during the process; eg, x-rays, ultra-sonics, magnetic flux)*

zerstörungsfreies Lesen *n* (EDV) non-destructive read, NDR

zerstörungsfreie Werkstoffprüfung *f* (IndE) nondestructive testing

Zertifikatskapital *n* (Fin) unit capital *(ie, of investment funds)*

Zession *f*
(Re) assignment of claim *(or* debt), §§ 398 ff BGB *(syn, Abtretung)*
(Vers) cession *(ie, in reinsurance)*

Zessionar *m*
(Re) assignee
– assign
– *(Scot)* cessionary
(syn, Abtretungsempfänger)
(Vers) reinsurer, qv

Zessionskredit *m* (Fin) advance on receivables

Zessionsurkunde *f* (Re) instrument of assignment

Zeta-Transformation *f* (Math) zeta transform

Zettelbuchhaltung *f* (ReW) slip system of accounting *(syn, Belegbuchhaltung, qv)*

Zeugnis *n*

(Pw) testimonial
– letter of reference
– (GB) chit

ZG (Zo) = Zollgesetz

ziehen (com) to sample

Ziehen *n* **mit Zurücklegen** (Stat) sampling with replacements

Ziehen *n* **ohne Zurücklegen** (Stat) sampling without replacements

Ziehung *f* (Fin) drawing

Ziehung *f* **auf das Generalkonto** (IWF) drawing on the General Account

Ziehungsavis *n* (Fin) draft advice

Ziehungsermächtigung *f*
(Fin) authority to draw
– drawing authorization
(ie, oft nur Refinanzierungsmöglichkeit des Exporteurs, ohne abstraktes Schuldversprechen der Bank; Hauptformen: authority to purchase und order to negotiate; syn, Negotiationskredit)

Ziehungsliste *f* (Fin) list of drawings

Ziehungsrechte *npl* (IWF) drawing rights

Ziel *n*
(Bw) goal
– objective
– target
(ie, the basic idea of each term is the same; target often means ‚numerisches Ziel')
(Fin) time for payment

Zieladresse *f* (EDV) destination address

Zielanalyse *f* (Bw) goal analysis

Zielantinomie *f* (Vw) conflicting goals

Zielausmaß *n*
(Bw) targeted goal
– target range

Zielband *n* (Vw) target range *(ie, of money supply growth)*

Zielbestand *m* (MaW) target inventory

Zielbeziehungen *fpl* (Vw) relations between economic policy goals *(ie, identity, neutrality, compatibility, inconsistency, conflict)*

Zielbildung *f* (Bw) goal *(or* objective) setting process

Zielentscheidungsprozeß *m* (Bw) goal formation process

Zielereignis *n* (OR) target event

Zielerfüllungsgrad *m* (Bw) degree of goal performance

Zielerreichung *f* (Bw) achievement of objectives

Zielerreichungsgrad *m* (Bw) degree of goal accomplishment

Zielerreichungs-Restriktion *f* (Bw) goal constraint *(or* restriction)

Ziele *npl* **überschreiten** (Vw) to overshoot targets *(eg, of monetary growth)*

Zielfestsetzung *f* (Bw) establishment *(or* setting) of company objectives

Zielformulierung *f*
(Bw) policy formulation
– statement of objectives

Zielfunktion *f*
(Bw) objective function *(ie, in der Unternehmenstheorie)*
(OR) objective function

(ie, Zusammenhang zwischen Entscheidungsvariablen und Zielkriterien e–s Optimierungsproblems)
zielgerichtet (Bw) goal-directed
Zielgesamtheit *f* (Mk) target population
Zielgesellschaft *f* (com) target (company)
(ie, the object of a takeover bid)
zielgesteuerte Unternehmensführung *f* (Bw) management by objectives
Zielgrößen *fpl* (com) target figures
Zielgruppe *f*
(com) target group (*or* audience)
(Mk) (intended) audience
Zielgruppenindex *m* (Mk) Target Group Index, TGI
Zielharmonie *f* (Vw) compatible (*or* complementary) goals *(syn, Zielkomplementarität od -kompatibilität)*
Zielhierarchie *f* (Bw) hierarchy of goals
Zielidentität *f* (Vw) identity of goals
Zielindifferenz *f* (Vw) indifference (*or* neutrality) of goals *(syn, Zielneutralität)*
Zielinhalt *f* (Bw) goal content
Zielinkompatibilität *f* (Vw) = Zielkonflikt
Zielkatalog *m* (Vw) goal system *(syn, Zielsystem)*
Zielknoten *m* (OR) terminal node
Zielkompatibilität *f* (Vw) = Zielkomplementarität
Zielkomplementarität *f* (Vw) complementary (*or* compatible) goals *(syn, Zielharmonie, Zielkompatibilität)*
Zielkonflikt *m*
(Bw) goal conflict
– conflicting (*or* competing) goals
– inconsistency of goals
Zielkonkurrenz *f* (Vw) = Zielkonflikt
Zielkorridor *m* (Vw) target range *(eg, of monetary growth)*
Ziel-Kurs-Zonen *fpl* (IWF) target zones
Zielland *n* (Bw) target country
Zielmarkt *m* (Mk) target market
Ziel-Mittel-Dichotomie *f* (Vw) means-ends dichotomy
Zielnachfolge *f* (Bw) goal succession
Zielneutralität *f* (Vw) neutrality (*or* indifference) of goals *(syn, Zielindifferenz)*
zielorientiertes Budget *n* (FiW) performance budget
Zielplanung *f*
(Bw) goal formation process
(Bw) target planning
Zielpreis *m*
(EG) target price
(Zo) norm price
Zielprogramm *n* (EDV, Cobol) target (*or* object) program
Zielprogrammierung *f* (OR) goal programming
Zielpunkt *m* (OR) arrival point
Ziel *n* **realisieren**
(Bw) to accomplish
– to achieve
– to attain . . . a goal
Zielrealisierung *f*
(Bw) accomplishment of goals
– achievement of objectives
Zielrevision *f* (Bw) goal analysis and review

Zielrichtung *f* (Bw) goal direction
Zielsetzung *f* (Bw) = Ziel
Zielspanne *f* (com) target range
Zielsprache *f* (EDV) target language
Zielsuche *f* (Bw) goal search
Zielsystem *n*
(Bw) system of objectives
– goal system
Zielüberprüfung *f* (Bw) = Zielrevision
Zielunabhängigkeit *f* (Vw) independence of goals
Zielvariable *f*
(Bw) goal variable
(OR) target variable
(Stat) explained variable
Zielvereinbarung *f* (Bw) agreement on (operational) targets
Zielverschiebung *f* (Bw) goal displacement
Zielvorgaben *fpl*
(Bw) defined goals and objectives
(FiW) public-sector goals and objectives
Zielwechsel *m* (Fin) time bill
Zielwidersprüchlichkeit *f*
(Vw) inconsistency of goals
– inconsistent goals
Zielzonen *fpl* (Vw) target zones
Ziffer *f*
(com) point *(eg, Ziffer 2.1.4)*
(EDV) digit
Ziffernanzeige *f* (EDV) digital display
Zifferncode *m* (EDV) numerical code
Zifferndarstellung *f* (EDV) digital notation
Ziffernrechner *m* (EDV) digital computer *(opp, Analogrechner)*
Ziffernsicherungscode *m* (EDV) number protection code
Ziffernstelle *f* (EDV) digit place (*or* position)
Ziffernumschaltung *f* (EDV) figures shift
Zigarettensteuer *f* (StR) excise tax on cigarettes
Zimmermiete *f* **am Arbeitsort** (StR) room rent at place of work
Zinnabkommen *n* (Vw) tin agreement (*or* accord)
Zins *m*
(Fin) interest
(Fin) interest rate
Zinsabbau *m* (Fin) lowering rates
zinsabhängiges Geschäft *n* (Fin) interest-based business *(ie, of banks; opp, service-based business)*
Zinsabstimmung *f* (Fin) collusion (among banks) in changing their interest rates
(eg, delay in raising rates paid on savings deposits)
zinsähnliche Aufwendungen *mpl* (ReW) interest-related expenses
zinsähnliche Erträge *mpl* (ReW) interest-related income
Zinsanleihe *f* (Fin) loan repayable on a fixed date
(ie, with or without premium; opp, Tilgungsanleihe)
Zinsanpassung *f* (Fin) interest rate adjustment
Zinsanstieg *m* (Fin) uptick in interest rates
Zinsarbitrage *f*
(Bö) interest arbitration
– interest-rate arbitrage
(ie, purchase and sale of spot and futures in

money in order to take advantage of differences in interest rates between two countries)

Zinsarbitrage-Geschäft *npl* (Bö) interest-rate arbitrage dealings

Zinsauftrieb *m*
(Fin) improvement
– upsurge
– upswing
– upturn... in interest rates

Zinsaufwendungen *fpl* (ReW) interest paid (*or* expense)

Zinsausfallrisiko *n* (Fin) interest loss risk

Zinsausgleichsteuer *f* (Fin) interest equalization tax

Zinsausschläge *mpl* (Fin) erratic rate movements

Zinsausstattung *f*
(Fin) rate of interest
(Fin) coupon rate

Zinsbeihilfen *fpl* (Fin) interest subsidies

Zinsbelastung *f* (Fin) interest load

Zinsberechnung *f* (Fin) calculation of interest

Zinsbewußtsein *n* (Fin) interest-mindedness

Zinsbogen *m* (Fin) coupon sheet

Zinsbonifikation *f* (Fin) additional interest

zinsbringend (Fin) interest bearing

Zinsdauer *f* (Finh) number of terms

Zinsdeckel *m* (Fin) cap (*ie, Höchstzins bei Cap-Floatern*)

Zinsdeckung *f*
(Fin) times interest earned ratio, qv
– coverage

Zinsdruck *m* (Fin) interest rate pressure

Zinseffekt *m* (Vw) rate of interest effect (*ie, of open market operations*)

Zinselastizität *f* (Vw) interest-rate elasticity (*ie, of money demand*)

zinsempfindlich (Fin) interest sensitive

Zinsen *mpl* **aus Bausparguthaben** (StR) interests from savings accounts with building associations

Zinsen *mpl* **aus Hypotheken und Grundschulden** (StR) interests from mortgages and other encumbrances of real property

Zinsen *mpl* **aus Sparanteilen bestimmter Versicherungsbeiträge** (StR) interest on savings portion of certain insurance premiums

Zinsen *mpl* **aus Teilschuldverschreibungen** (Fin) interest on bonds

Zinsen *mpl* **bei Aussetzung der Vollziehung** (StR) interest due while forcible collection of a tax is suspended, § 237 AO

Zinsen *mpl* **berechnen**
(Fin) to calculate interest
(Fin) to charge interest

Zinsen *mpl* **bezogen auf 360 Tage** (Fin) ordinary interest (*ie, applied in German and French*)

Zinsen *mpl* **bezogen auf 365 Tage** (Fin) exact interest (*ie, used in Great Britain and in German Civil Code*)

Zinsen *mpl* **bringen** (Fin) = Zinsen tragen

Zinsendienst *m* (Fin) interest service

Zinsen *mpl* **für Festgeldanlagen** (Fin) time deposit rates

Zinsen *mpl* **senken**
(Fin) to ease back
– to bring down
– to relax... interest rates

Zinsen *mpl* **sinken** (Fin) interest rates decline (*or* fall)

Zinsenstamm *m* (Fin) renewal coupon (*syn, Talon, Erneuerungsschein*)

Zinsen *mpl* **tragen**
(Fin) to bear
– to yield
– to generate
– to produce... interest (*ie, on the principal = Kapital*)

Zinsentspannung *f* (Fin) easing of interest rates

Zinsen *mpl* **und Tilgung** *f* (Fin) interest and repayment (of principal)

Zinsen *mpl* **und zinsähnliche Aufwendungen** *mpl* (Fin) interest and related expenses

Zinsergebnis *n* (ReW) net interest income

Zinserneuerungsschein *m* (Fin) renewal coupon

Zinserträge *mpl*
(Fin) interest income (*or* earnings)
– interest earned (*or* received)
(Vers) investment income (*ie, earned in short-term money markets*)

Zinserträge *mpl* **aus Darlehen** (Fin) interest yield on loans

Zinserträge *mpl* **aus Wertpapieren** (Fin) interest on securities

Zinsertragsbilanz *f* (Fin) interest income statement

Zinsertragskurve *f* (Fin) yield curve (*ie, spread between long-term and short-term interest rates*)

Zinserwartungen *fpl* (Fin) interest-rate expectations

Zinseszins *m* (Fin) compound interest

Zinseszinsperiode *f* (Fin) accumulation/conversion... period

Zinseszinsrechnung *f* (Fin) compound interest calculation

Zinseszinstabelle *f* (Fin) compound interest table

Zinsfälligkeitstermin *m* (Fin) interest due date

Zinsflexibilität *f* (Fin) interest rate flexibility

Zinsforderungen *fpl* (ReW) interest receivable

zinsfrei
　(Fin) free of interest
　– paying no interest (on)

zinsfreies Darlehen *n*
(Fin) interest-free loan
– non-interest-bearing loan

zinsfreies Darlehen *n* **aufnehmen** (Fin) to borrow interest-free (from)

zinsfreies Darlehen *n* **gewähren** (Fin) to lend money interest-free (to)

Zins *m* **für Ausleihungen** (Fin) lending rate

Zins *m* **für Festgeld** (Fin) fixed period interest rate

Zins *m* **für Neukredit** (Fin) incremental borrowing rate

Zinsfuß *m*
(Fin) interest rate
– rate of interest

Zinsgarantie *f* (Fin) interest payment guaranty

zinsgebundener Kredit *m* (Fin) fixed rate loan

Zinsgefälle *n*
(Fin) interest-rate
... differential/gap/spread

Zinsgefüge *n* (Fin) structure/pattern... of interest rates

Zinsgleitklausel *f* (Fin) interest escalation clause

zinsgünstige Finanzierung *f* (Fin) reduced-interest financing

zinsgünstiger Festkredit *m* (Fin) low-fixed-rate loan

zinsgünstiges Darlehen *n* (Fin) low-interest/reduced-interest . . . loan

Zinsgutschrift *f* (Fin) credit for accrued interest

Zinshedging *n* (Fin) interest hedging
(ie, kompensatorischer Abschluß von variablen oder Festzins-Geschäften, um das Zinsänderungsrisiko auf beide Bilanzseiten gleich aufzuteilen)

Zinshöhe *f* (Fin) level of interest rates

Zinshypothek *f* (Fin) redemption mortgage
(ie, debtor repays in equal annual installments; syn, Annuitätenhypothek, Tilgungshypothek, Amortisationshypothek)

zinsinduzierte Kapitalzuflüsse *mpl* (AuW) capital inflows triggered by interest rate differentials

Zinsinflation *f* (Vw) interest inflation

Zinsinstrument *n* (Fin) interest-rate tool

Zinskonditionen *fpl* (Fin) lending (*or* interest) terms

zinskongruent (Fin) at identical rates

Zinskontrakte *mpl*
(Fin) futures contracts in interest rates
– interest rates futures
– financial futures contracts
(ie, evidencing purchase or sale of a fixed amount of a financial commodity, at a price agreed at the present, on a specified future date; it facilitates the transfer of risks from parties that do not wish to bear it (hedgers) to those who are prepared to bear it (speculators); risk of loss – or possibility of gains – arises from movement in prices, interest rates, or exchange rates)

Zinskonversion *f* (Fin) interest-rate reduction through conversion *(ie, not to be confounded with ‚Zinsreduktion‘ and ‚Zinssenkung‘)*

Zinskosten *pl* (Fin) interest cost

Zins-Kredit-Mechanismus *m* (AuW) interest-credit meachanism

Zinskupon *m* (Fin) interest coupon

Zinslast *f* (Fin) interest burden (*or* load)

Zinsleiste *f* (Fin) renewal coupon

Zinsleistungen *fpl* (Fin) interest payments

zinslos (Fin) interest-free

zinsloses Darlehen *n*
(Fin) interest-free loan
– (infml) flat (*or* gift) credit

zinsloses Guthaben *n* (Fin) free balance

Zinsmanagement *n* (Fin) interest-rate management
(ie, mittels standardisierter börsengehandelter Kontrakte od frei vereinbarter, maßgeschneiderter (over-the-counter) Kontrakte)

Zinsmarge *f* (Fin) interest margin

Zinsniveau *n* (Fin) level of interest rates

Zinsniveau *n* **senken** (Fin) to lower the interest rate level
– to peg interest rates at a lower level

Zinsnote *f* (Fin) interest statement *(syn, Zinsrechnung)*

Zinsobergrenze *f*
(Fin) interest rate ceiling

– (US) cap *(eg, in the case of adjustable rate mortgages; opp, Zinsuntergrenze = collar)*

Zinsparität *f*
(Vw) interest parity
(Fin) interest rate parity
(ie, forward margins equal the interest rate differentials on equivalent securities in two financial centers involved)

Zinsperiode *f* (Fin) interest (*or* conversion) period

Zinspolitik *f* (Vw) interest rate policy

zinspolitische Abstimmung *f* (Fin) = Zinsabstimmung

Zinsreagibel (Fin) interest sensitive

Zinsrechnung *f* (Fin) computation of interest

Zinsreduktion *f* (Fin) reduction of nominal interest rate

Zinsregulierungsklausel *f* (Fin) interest adjustment clause

Zinsrisiko *n* (Fin) interest rate risk
(ie, risk of gain or loss, due to possible changes in interest rate levels)

Zinsrobust (Fin) insensitive to interest rate fluctuations

Zinssatz *m* (Fin) interest rate

Zinssätze *mpl* **bleiben hoch** (Fin) interest rates stay at present high levels

Zinssätze *mpl* **für Ausleihungen** (Fin) lending rates

Zinssätze *mpl* **für Bankkredite** (Fin) bank loan rates

Zinssätze *mpl* **für Eurodollareinlagen** (Fin) Eurodollar deposit rates

Zinssätze *mpl* **für Kurzläufer** (Fin) short rates

Zinssätze *mpl* **für Langläufer** (Fin) long rates

Zinssätze *mpl* **für Spareinlagen** (Fin) savings deposit rates

Zinssätze *mpl* **geben nach** (Fin) interest rates start moving down

Zinssatz *m* **für Festverzinsliche** (Fin) coupon rate

Zinssatz *m* **steigt**
(Fin) interest rate . . .
– moves up
– rises
– goes up
– increases

Zinsschein *m*
(Fin) interest coupon (*or* warrant)
– coupon

Zinsscheine *mpl* **einlösen** (Fin) to collect coupons

Zinsscheineinlösungsdienst *m* (Fin) coupon service

Zinsschwankungen *fpl* (Fin) interest rate fluctuations (*or* volatility)

Zinssenkung *f* (Fin) interest rate cut

Zinsspanne *f*
(Fin) interest spread (*or* margin)
– rate spread
(ie, difference between interest paid by banks on deposits and received for credits; eg, to make a buck on a thin interest spread)

Zinsspannenrechnung *f* (Fin) margin costing

Zinsspekulation *f* (Fin) interest rate speculation

Zinsspirale *f* (Vw) spiral of rising interest rates

Zinssteigerung *f*
(Fin) increase in interest rates
– (infml) run-up in interest rates

Zinsstopp *m* (Fin) interest freeze
Zinsströme *mpl* (ReW) interest flows
Zinsstruktur *f*
(Vw) interest rate regime
– term structure of interest rates
– interest rate structure
(syn, Fristigkeitsstruktur der Zinssätze, qv)
Zinsstrukturkurve *f* (Fin) yield curve
Zinssturz *m* (Fin) nosedive of interest rates *(ie, sudden large drop)*
Zinssubvention *f* (Fin) interest subsidy
Zinssubventionierung *f* (Fin) subsidizing interest rates
(eg, for loans in foreign trade)
Zinsswap *m* (Fin) interest rate swap
(ie, klassischer Swap: zwei Parteien tauschen ihre Zinszahlungen auf e-n nominellen Kapitalbetrag – üblich ist Festsatz gegen variablen Satz –, ohne dabei den Kapitalbetrag auszutauschen; cf, Swap)
Zinstage *mpl* (Fin) interest days
Zinstermin *m*
(Fin) due date for interest payment
– interest (due) date
– coupon date
Zinsterminhandel *m* (Bö) interest rate futures trading
Zinsterminkontrakt *m*
(Bö) future rate agreement, FRA
– interest future
(ie, Zinssicherungsinstrument mit symmetrischer Risikoverteilung: Rechte und Pflichten für beide Parteien; (90 Tage), mittelfristig (10 Jahre), langfristig (20–30 Jahre))
Zinsterminkontrakte *mpl*
(Bö) interest futures
– interest rate futures contracts
Zinsterminmarkt *m* (Fin) interest rate futures market
Zinstheorie *f* (Vw) theory of interest
zinstragend
(Fin) interest . . . earning/yielding
– bearing interest
zinstragendes Aktivum *n* (Fin) interest earning asset
zinstragendes Wertpapier *n* (Fin) active paper
Zinsüberschuß *m*
(Fin) net interest received
– net interest revenue
– surplus on interest earnings
Zinsübertragungsmechanismus *m* (Vw) cost-of-capital channel
Zinsumschwung *m* (Fin) interest rebound
zinsunabhängige Geschäfte *npl* (Fin) non-interest business
zinsunelastisch (Fin) interest inelastic
Zinsuntergrenze *f*
(Fin) interest rate floor
– (US) collar
(opp, Zinsobergrenze = cap)
zinsvariable Anleihe *f*
(Fin) floating rate note, FRN
– floater
(ie, Zinssatz wird alle 3 od 6 Monate der Rendite kurzfristiger Mittel am Eurogeldmarkt angepaßt;

Bezugsgröße ist der Libor-Satz, zu dem Termineinlagen am Eurogeldmarkt verzinst werden; medium to long term, evidenced by negotiable bearer notes (begebbare Inhaberschuldscheine) in denominations of at least $1,000, and with a coupon consisting of a margin usually over Libor for 3 od 6 months deposits, paid at the end of each interest period and then adjusted in line with current rates for the next period; market almost entirely by telephone or telex; syn, variabel verzinsliche Anleihe)
zinsverbilligter Kredit *m* (Fin) interest-subsidized loan
Zinsverbilligung *f* (Fin) subsidizing interest rates
Zinsverbindlichkeiten *fpl* (Fin) interest payable
Zinsverzicht *m*
(Fin) waiver of interest
– interest forgiveness
Zinswende *f* (Fin) turnaround in interest rate movements
Zinswettbewerb *m* (Fin) interest rate competition
Zinswettlauf *m* (Fin) interest rate war
Zinswucher *m* (Re) usurious interest
Zinszahlung *f* (Fin) interest payment
Zinszuschuß *m* (Fin) interest rate subsidy
Zinszyklus *m* (Vw) interest rate cycle
Zirkakurs *m* (Bö) approximate price
Zirkular *n* (com) circular letter
zirkulare Konkurrenz *f* (Vw) circular competition
Zirkularkreditbrief *m* (Fin) circular letter of credit
„Zitat" *n* (com) quote *(opp, „Zitat Ende" = unquote)*
zivile Märkte *mpl* (com) commercial markts *(opp, government military . . . markets)*
Zivilflugzeug *n* (com) commercial airliner
Zivilkammer *f* (Re) Chamber for Civil Matters
Zivilluftfahrt *f*
(com) civil (*or* commercial) aviation
– commercial air travel
Zivilprozeß *m* (Re) civil action (*or* litigation)
Zivilprozeßordnung *f* (Re) Code of Civil Procedure, of 12 Sept 1950
zivilrechtliche Haftung *f* (Re) civil liability
zögerliche Aufwärtsentwicklung *f* (com) sluggish rise *(ie, in interest rates)*
zögernde Erholung *f* (Vw) fledgling recovery
zögernde Wiederbelebung *f* (Vw) hesitant economic revival
zolähnliche Handelshemmnisse *npl* (AuW) quasi-tariff barriers
Zoll *m*
(Zo) customs duty
– (US, *also*) custom duty
– duty
– tariff
(Zo) customs *(ie, in the sense of Zollverwaltung)*
Zollabbau *m*
(Zo) duty (*or* tariff) reduction
– tariff dismanting
– reduction in tariff rates
Zollabfertigung *f* (Zo) customs clearance
Zollabfertigungsförmlichkeiten *fpl* (Zo) customs clearance procedures
Zollabfertigungsgebühren *fpl* (Zo) customs clearance charges

Zollabfertigungshafen *m* (Zo) port of clearance (*or* entry)

Zollabfertigungsschein *m* (Zo) customs declaration
– clearance certificate

Zollabkommen *n* (Zo) tariff agreement
– customs convention

Zolladungsverzeichnis *n* (Zo) customs manifest

Zollagent *m* (Zo) customs agent

Zollager *n* (Zo) bonded/customs... warehouse

Zollagergut *n* (Zo) bonded goods

Zollagerschein *m* (com) bonded/warehouse... warrant

Zollagerung *f* (Zo) customs warehouse procedure

zollähnliche Hemmnisse *npl* (AuW) quasi-tariff barriers

Zollamt *n* (Zo) customs office

zollamtlich abfertigen (Zo) to clear through the customs

zollamtlich deklarieren (Zo) to declare officially

zollamtliche Abfertigung *f* (Zo) customs clearance

zollamtliche Bearbeitung *f* (Zo) customs treatment

zollamtliche Bescheinigung *f* (Zo) customs certificate

zollamtliche Bewertung *f* (Zo) customs valuation

zollamtliche Erfassung *f* **der Waren** (Zo) customs treatment of goods

zollamtliche Überwachung *f* (Zo) customs control (*or* supervision)

Zollamtsvorsteher *m* (Zo) head of customs office

Zollanmelder *m* (Zo) declarant

Zollanmeldung *f* (Zo) customs... declaration/entry

Zollanmeldung *f* **berichtigen** (Zo) to amend the goods declaration

Zollanmeldung *f* **für die Abfertigung zum freien Verkehr** (Zo) entry for release for free circulation

Zollanpassung *f* (Zo) tariff adjustment

Zollanschlüsse *mpl* (Zo) customs enclaves, § 2 II ZG

Zollantrag *m* (Zo) customs application

Zollantrag *m* **für Inlandsverbrauch** (Zo) entry for home use

Zollantrag *m* **stellen** (Zo) to file an entry

Zollaufkommen *n* (Zo) customs revenue

Zollaufschlag *m* (Zo) customs surcharge

Zollaufsicht *f* (Zo) customs supervision

Zollausfuhrerklärung *f* (Zo) declaration outwards

Zollauskunft *f* (Zo) = Zolltarifauskunft

Zollausland *n* (Zo) foreign customs territories, § 2 ZG

Zollauslieferungsschein *m* (Zo) customs warrant

Zollausschluß *m* (Zo) part of the customs area of an adjacent country, § 2 ZG

Zollaussetzung *f* (Zo) suspension of customs duties

Zollbeamter *m* (Zo) customs officer

Zollbefreiung *f* (Zo) customs duty-free admission

Zollbefund *m* (Zo) official certification of customs treatment, § 19 ZG

Zollbegleitpapiere *npl* (Zo) customs documents accompanying a consignment
– bond papers

Zollbegleitschein *m* (Zo) bond note
– customs warranty
– transshipment note *(syn, Warenbegleitschein)*

Zollbegünstigungsliste *f* (Zo) preferential tariff list

Zollbehandlung *f* (Zo) customs treatment
– clearance of goods by customs

Zollbehörden *fpl* (Zo) customs authorities

Zollbelastung *f* (Zo) incidence of customs duties

Zollbelegnummer *f* (Zo) import entry registration number

Zollbeschau *f* (Zo) customs examination, §§ 16, 17 ZG

Zollbescheid *m* (Zo) notice of assessment, § 36 III ZG, § 155 I AO

Zollbeschränkung *f* (Zo) customs restriction

Zollbestimmungen *fpl* (Zo) customs provisions (*or* regulations)

Zollbewertung *f* (Zo) valuation for customs purposes

Zollbezirk *m* (Zo) customs district

Zollbinnenland *n* (Zo) inland customs territory, § 68 ZG

Zollbinnenlinie *f* (Zo) borderline between customs district and inland customs territory

Zollbürgschaft *f* (Zo) customs guaranty

Zolldeklaration *f* (Zo) customs declaration
– declaration
– bill of entry

Zolldisparitäten *fpl* (Zo) disparities of tariff structures

Zolldokument *n* (Zo) customs document

Zolldoppeltarif *m* (Zo) two-column tariff

Zölle *mpl* (Zo) customs duties
– duties
– tariff

Zolleinfuhrdeklaration *f* (Zo) declaration inwards
– inward manifest

Zolleinnahmen *fpl* (FiW) customs collections (*or* receipts *or* revenues)

Zolleinnahmeverlagerung *f* (Zo) deflection of customs receipts

Zollerhebung *f* (Zo) collection of customs duties

Zollerklärung *f* (Zo) customs declaration

Zollerlaß *m* (Zo) remission of duty, §§ 38 II, 40 ZG

Zollerleichterungen *fpl* (Zo) customs facilities

Zollermäßigung *f* (Zo) abatement of customs duty
– tariff reduction

Zollermittlung *f* (Zo) duty assessment

Zölle *mpl* **und Abgaben** *fpl* **gleicher Wirkung** (Zo) customs duties and charges having equivalent effect

Zölle *mpl* **und Verbrauchsteuern** *fpl* (FiW) customs duties and excise taxes

Zollfahndung *f* (Zo) customs investigation

Zollfahndungsdienst *m* (Zo) customs investigation service, § 152 GVG

Zollfahndungsstelle *f* (StR) Customs Investigation Division

Zollfaktura f (Zo) customs invoice
Zollfestsetzung f (Zo) assessment of duty
Zollflughafen m (Zo) airport of entry
Zollformalitäten fpl (Zo) = Zollförmlichkeiten
Zollförmlichkeiten fpl (Zo) customs formalities
Zollformular n (Zo) customs form
zollfrei
   (Zo) duty free
   – free of duty
zollfreie Einfuhr f
   (Zo) duty-free importation (or entry)
   – free entry
zollfreies Jahreskontingent n (Zo) annual tariff
   quota free of customs duties
zollfreie Ware f (Zo) duty-free goods
zollfreie Wiedereinfuhr f (Zo) duty return
Zollfreigebiet n (Zo) free zone, § 2 III ZG
Zollfreiheit f
   (Zo) customs exemption
   – exemption from customs duties
zollfremde Hemmnisse npl (AuW) non-tariff barriers to trade
Zollgarantie f (Fin) customs guarantee
   (ie, dient der finanziellen Absicherung auslän-
   discher Zollbehörden gegen mögliche Risiken;
   meist in Form e–r Rückgarantie hinausgelegt)
Zollgebiet n (Zo) customs territory
Zollgebühren fpl (Zo) clearance charges
Zollgesetz n (Zo) Customs Law, of 14 June 1961,
   as amended
Zollgesetzgebung f (Zo) tariff legislation
Zollgewahrsam m (Zo) customs custody
Zollgewicht n (Zo) dutiable weight, § 34 ZG
Zollgrenzbezirk m
   (Zo) customs district, §§ 68–72 ZG
   – customs surveillance zone
Zollgrenze f (Zo) customs frontier
Zollgut n (Zo) dutiable goods, § 6 AZO
Zollgutlager n (Zo) customs warehouse
Zollgutlagerung f (Zo) customs warehousing
Zollgutumwandlung f (Zo) conversion of dutiable
   goods, § 54 ZG
Zollgutversand m (Zo) customs transit
Zollgutversandanmeldung f (Zo) customs transit
   declaration
Zollhafen m
   (Zo) point of entry
   – (US) port of entry
zollhängige Waren fpl (Zo) goods in process of
   clearing
Zollharmonisierung f (EG) tariff harmonization
Zollherabsetzung f (Zo) reduction of customs
   duties
Zollhinterlegung f (Zo) customs deposit
Zollhinterziehung f
   (Zo) customs fraud
   – evasion of customs duties
Zollhoheit f (Zo) customs (or tariff) jurisdiction
Zollinhaltserklärung f (Zo) customs declaration
Zollinland n (Zo) domestic customs territory
Zollinspektion f (Zo) customs inspection
Zollkartell n (Kart) customs cartel
Zollkennzeichnungs-Vorschriften fpl (Zo) marking
   (or marks-of-origin) requirements
Zollkontingent n (Zo) tariff (rate) quota

Zollkontingent n **ausschöpfen** (Zo) to exhaust a
   tariff quota
Zollkontingent n **eröffnen** (Zo) to grant a tariff
   quota
Zollkontrolle f (Zo) customs control (or inspection)
Zollkontrollzone f (com) customs supervision zone
Zollkonzession f (Zo) tariff concession
Zollkrieg m (Zo) tariff war
Zollmakler m (Zo) customs-house broker
Zollmaßnahme f
   (Zo) tariff measure
   – customs action
Zollmauer f (Zo) tariff wall
Zollnämlichkeitsbescheinigung f (Zo) certificate for
   entry of returned products
Zollniederlage f (Zo) public customs warehouse
Zollniederlassung f (Zo) customs/bonded . . . ware-
   house
Zollpapier n **bereinigen** (Zo) to regularize *(eg, a
   temporary importation paper)*
Zollpapiere npl (Zo) customs (or clearing) docu-
   ments
Zollpapiere npl **für die vorübergehende Einfuhr**
   (Zo) temporary importation paper
zollpflichtig
   (Zo) dutiable
   (Zo) liable to duty
zollpflichtiges Gewicht n (Zo) dutiable weight
zollpflichtige Waren fpl
   (Zo) dutiable (or duty-bearing) goods
   – bonded goods
Zollplafond m (Zo) tariff ceiling
Zollplombe f (Zo) customs seal
Zollpolitik f (AuW) tariff policy
zollpolitisches Gleichgewicht n (AuW) tariff
   equilibrium
Zollpräferenzen fpl (Zo) tariff preferences
Zollpräferenzregelung f (Zo) preferential tariff ar-
   rangement
Zollpräferenzspanne f (Zo) preference margin
Zollquittung f
   (Zo) customs receipt (or voucher)
   – (GB) customs-house docket
Zollrechnung f (Zo) customs' invoice
Zollrecht n (Zo) customs legislation
zollrechtliche Behandlung f (Zo) customs treatment
zollrechtliche Behandlung f **der Waren** (Zo) cus-
   toms treatment applicable to goods
zollrechtliche Freigabe f **der Waren** (Zo) release of
   goods for free circulation
Zollrückerstattung f
   (Zo) refund of customs duties
   (Zo) abatement *(ie, on damaged imported
   goods)*
Zollrückschein m (Zo) customs debenture
Zollrückvergütung f (Zo) customs drawback
Zollrunde f (AuW) round of tariff reductions
Zollsatz m
   (Zo) rate of customs duty
   – tariff rate
Zollsätze mpl **angleichen** (Zo) to adjust (or align)
   tariff rates
Zollsatz m **Null anwenden** (Zo) to apply a zero rate
Zollsatz m **wiederanwenden** (Zo) to reimpose cus-
   toms duties

Zollschloß *n* (Zo) customs lock
Zollschranke *f* (Zo) customs (*or* duty) barrier
Zollschuld *f*
  (Zo) customs debt
  – due to customs
Zollschuppen *m* (Zo) customs shed
Zollschutz *m* (AuW) tariff protection
Zollsenkung *f*
  (AuW) tariff cut (*or* reduction)
  – duty reduction
Zollsenkungsrunde *f* (AuW, Gatt) round of tariff
  reductions
Zollsicherheit *f* (Zo) customs security
Zollstatus *m* (Zo) customs status
Zollstelle *f* **an der Grenze** (Zo) customs office at the
  frontier
Zollstelle *f* **der Bürgschaftsleistung** (EG) office of
  guaranty
Zollstelle *f* **im Landesinneren** (Zo) inland customs
  office
Zollstellen *fpl*
  (Zo) customs authorities (*or* offices)
  – (GB) customs stations (*ie, Hauptzollämter
  und Zollämter*)
Zollstrafe *f* (Zo) customs penalty
Zollstraße *f* (Zo) customs route, § 3 II ZG
Zollsystem *n* (Zo) tariff structure
Zolltara *f* (Zo) customs tare
Zolltarif *m*
  (Zo) customs tariff
  – tariff schedule
  – tariff
  – tariff number
  (Zo, US) Tariff Schedules of the United States
  (*ie, based on the Tariff Classification Act of
  1962*)
Zolltarifangleichungen *fpl* (Zo) tariff adjustments
Zolltarifauskunft *f* (StR) ruling in a customs tariff
  classification matter, § 348 AO
Zolltarifbestimmungen *fpl* (Zo) tariff provisions
Zolltarife *mpl* **ausgleichen** (AuW) to harmonize
  tariffs
Zolltarifgesetz *n* (Zo) tariff law
Zolltarifierung *f* (Zo) customs classification
Zolltarifkennziffer *f* (Zo) tariff code
zolltarifliche Behandlung *f* **der Waren** (Zo) tariff
  treatment of goods
zolltarifliche Benennung *f* (Zo) tariff description
zolltarifliche Einstufung *f* (Zo) tariff classification
Zolltarifrecht *n* (Zo) tariff laws
Zolltarifschema *n* (Zo) tariff nomenclature
Zolltheorie *f* (AuW) customs tariff theory
Zoll *m* **umgehen** (Zo) to avoid customs duty
Zoll- und Verbrauchsteueraufsicht *f* (StR) duty and
  consumption tax control
Zollunion *f* (Zo) customs union
Zollveredelung *f* (Zo) processing in bond
Zollverfahren *n* (Zo) customs procedure
Zollverfahrensvorschriften *fpl* (Zo) customs pro-
  cedural requirements
Zollverfahren *n* **zuführen** (Zo) to place under a cus-
  toms procedure
Zollvergehen *n* (Zo) infringement of customs reg-
  ulations
Zollvergünstigung *f* (Zo) tariff advantage

Zollverhandlungen *fpl* (AuW) tariff negotiations
Zollverkehr *m* (Zo) customs procedure (*or* system)
Zollversandgut *n* (Zo) goods in customs transit
Zollverschluß *m* (Zo) customs seal
Zollverschlüsse *mpl* **anlegen** (Zo) to affix customs
  seals
Zollverschlüsse *mpl* **beschädigen** (Zo) to damage
  the customs seals
Zollverschlußsystem *n* (Zo) customs sealing device
Zollvertrag *m* (Zo) tariff agreement
Zollverwaltung *f* (Zo) customs administration
Zollvollmacht *f* (Zo) customs power of attorney
Zollvorschriften *fpl* (Zo) customs regulations (*or*
  requirements)
Zollwarenverzeichnis *n* (Zo) tariff nomenclature
Zollwert *m*
  (Zo) customs (*or* dutiable) value
  – valuation for customs purposes
Zollwertabkommen *n* (AuW) Convention on the
  Customs Valuation of Goods
Zollwertanmelder *m* (Zo) declarant
Zollwertausschuß *m* (EG) Valuation Committee
Zollwertbemessung *f* (Zo) customs valuation
Zollwertbestimmung *f* (Zo) = Zollwertbemessung
Zollwertermittlung *f* (Zo) method of valuation for
  duty purposes
Zollwertkompendium *n* (Zo) Valuation Compen-
  dium
Zollwertnachprüfung *f* (Zo) verification of dutiable
  value
Zollzugeständnisliste *f* (AuW) schedule of conces-
  sions (*ie, within GATT*)
Zollzugeständnisse *npl* (AuW) tariff concessions
Zollzuschlag *m* (Zo) additional duty
Zollzuwiderhandlung *f* (Zo) offense against cus-
  toms legislation
Zollzwecke *mpl* (Zo) duty payment purposes
Zollzweigstelle *f* (Zo) customs suboffice
Zonentarif *m* (com) zone rates
zoomen (EDV) to zoom
ZPO (Re) = Zivilprozeßordnung
Zubehör *n*
  (com) accessories
  (Re) removable fixtures
  – accessory property
  (*ie, not firmly attached to the realty, but serving
  the purpose of the latter, § 97 BGB, § 68 I BewG*)
zubilligen (com) to allow
  (*eg, reasonable time*)
Zubringeranlage *f* (EDV) feeder equipment
Zubringerlinie *f*
  (com) feeder
  – branch (*ie, branch transportation line or short
  railroad*)
Zubringerverkehr *m* (com) feeder traffic
zu Buche stehen (com) capitalized (*mit* = at)
Zubuße *f* (StR) contribution to a mining company
Zuckerabschöpfung *f* (Zo) levy on sugar
Zuckerbörse *f* (Bö) sugar exchange
Zuckerhersteller *m* (com) sugar producer
Zuckerindustrie *f* (com) sugar industry
Zuckerrübenernte *f* (com) sugar beet production
Zuckersteuer *f*
  (StR) sugar tax
  – excise duty on sugar

zueignen
  (Re) to appropriate
  – to convert to one's own use
Zueignung f
  (Re) appropriation
  – conversion to one's own use *(cf, Unterschlagung)*
Zueignungswille f (Re) intention to convert to one's own use
Zufahrtsweg m (com) accommodation way *(ie, branches off a public road)*
Zufall m
  (Stat) random event
  (com) chance
  – coincidence
  – accident
zufällige Ordnung f (Stat) randomization
zufälliges Unmöglichwerden n **der Leistung** (Re) accidental impossibility of performance
Zufälligkeitsgrad m (Stat) degree of randomness
Zufallsabweichung f (Stat) random variation
zufallsähnliches Stichprobenverfahren n (Stat) quasi-random sampling
Zufallsanordnung f (Stat) random order
Zufallsausfall m (IndE) chance failure
Zufallsauswahl f (Stat) random sampling (or selection)
zufallsbedingte Programmierung f (EDV) chance-constrained programming
  (ie, nonlinear programming wherein the deterministic constraints are replaced by their probabilistic counterparts)
Zufallsbeschränkungen fpl (Stat) chance constraints
Zufallseinflüsse mpl (Stat) random factors
Zufallsereignis n (Stat) random event
Zufallsexperiment n (Stat) random experiment
Zufallsfehler m (Stat) random error
Zufallsfolge f (Math) random sequence
Zufallsgewinn m (com) windfall profit
Zufallsgrenze f (Stat) critical ratio
Zufallskomponente f (Stat) random component
Zufallsparameter m (Stat) incidental parameter
Zufallsprozeß m (Stat) random process
Zufallsreihe f (Stat) random series
Zufallsstichprobe f (Stat) random sample
Zufallsstichprobenfehler m (Stat) random sampling error
Zufallsstreuung f (Stat) chance variation
Zufallstheorie f (Stat) chance theory
Zufallsvariable f
  (Stat) random
  – stochastic
  – chance . . . variable
  – variate
Zufallsverteilung f (Stat) random distribution
Zufallszahl f (EDV) random number
Zufallszahlen fpl
  (Stat) random numbers (or digits)
  – random sampling numbers
Zufallszahlengenerator m (EDV) random number generator
Zufallszahlentafel f (Stat) random number table
zufließen
  (Re) to accrue

(Fin) to go *(eg, proceeds go to . . .)*
Zufluß m **von Kapital** (AuW) inflow (or influx) of capital
zufriedenstellend (com) satisfactory
  – pleasing
Zuführeffekte mpl (Vw) injections
zuführen
  (ReW) to carry
  – to allocate
  – to transfer
  – to make appropriation *(ie, to reserves)*
  (EDV) to gate (to)
Zuführfehler m (EDV) misfeed
Zuführung f
  (ReW) allocation
  – appropriation
  – carrying
  – transfer *(ie, to reserves)*
  (EDV) feed
Zuführungen fpl **zu Rückstellungen im Kreditgeschäft** (Fin) provision for possible loan losses
Zuführung f **mit mehrfachem Lesen** (EDV) multi-read (or multi-cycle) feeding
Zuführung f **neuen Eigenkapitals** (Fin) injection of new equity capital
Zuführungsfehler m (EDV) misfeed
Zuführung f **von Finanzmitteln** (Fin) provision of finance
Zuführung f **zu Rückstellungen für Gewährleistungs- und Schadenersatz** (ReW) provision for warranty and liability claims
Zuführung f **zu Rückstellungen für Wechselobligo** (ReW) provision for accrued notes payable
Zugabe f
  (com) bonus *(ie, sth in addition to what is usual or expected)*
  (Mk) free gift
Zugang m (com) accession *(syn, Neuanschaffung)*
Zugänge mpl (ReW) additions *(eg, of fixed assets)*
Zugänge mpl **bei den Beteiligungen** (Fin) additional investment in subsidiaries and associated companies
Zugänge mpl **im Sachanlagevermögen** (ReW) additions to property, plant, and equipment
Zugänger m (OR) branch leading into node
Zugang m **erleichtern**
  (com) to ease access (to)
zugangsbedürftig (Re) requiring communication
zugangsberechtigter Benutzer m (EDV) bona fide user
Zugangsbeschränkungen fpl
  (Vw) barriers to entry
  – restrictions of entry
  (eg, product differentiation, scale economies, patents; syn, Marktzutrittsschranken)
Zugangsbeschränkungen fpl **zu Arbeitsplätzen** (Pw) barriers to jobs *(eg, in GB durch closed shop arrangements)*
Zugangseinheiten fpl (OR) input
Zugangserleichterungen fpl (Mk) greater ease of entry into a market
Zugangsjahr n (ReW) year of acquisition
Zugangsprozeß m (OR) arrival process
Zugangsrate f (OR) arrival rate
Zugangswert m (ReW) value of additions

Zugang *m* **zu Finanzmärkten** (Fin) access to the financial markets

Zugang *m* **zur Beschäftigung** (Pw) access to employment

Zugartikel *m* (Mk) = Lockartikel

zugelassener Empfänger *m* (EG) authorized consignee

zugelassener Satz *m* **der Ausfuhrabschöpfung** (EG) tendered rate of export levy

zugelassener Versender *m* (EG) authorized consignor

zugelassenes Wertpapier *n* (Bö) registered security

zugeordneter ungerichteter Graph *m* (Math) associated undirected graph

zugesagte Mittel *pl* (Fin) promised funds

zugesicherte Eigenschaft *f* (com) warranted quality

zugesicherte Qualität *f* (com) promised quality

Zugeständnis *n*
(com) concession
(com) shading *(ie, pricing and other conditions)*

Zugewinn *m* (StR) increase in the combined net worth of spouses during marriage, § 5 I ErbStG

Zugewinngemeinschaft *f*
(StR) statutory property regime between married individuals
– equalization of combined net worth
(ie, property regime = Güterstand by which each spouse retains ownership and management of his or her property during marriage, but the increase in the combined net worth of the spouses during marriage is distributed equally, § 1363 BGB, § 5 I ErbStG)

zugreifen (EDV) to access *(eg, to file, option)*

Zugriff *m* (EDV) access *(ie, auf = to)*

Zugriffsart *f*
(EDV, Cobol) access mode
(EDV) access method *(syn, Zugriffsmethode)*

Zugriffsberechtigung *f* (EDV) access . . . authority/privilege/right

zugriffsfreie Speicherung *f* (EDV) zero access storage

Zugriffsgeschwindigkeit *f* (EDV) = Zugriffszeit

Zugriffsmethode *f* (EDV) access method *(syn, Zugriffsart)*

Zugriffsmöglichkeit *f* (EDV) accessability

Zugriffsrate *f* (EDV) access rate

Zugriffsstufe *f* (EDV) access level

Zugriffszeit *f* (EDV) access time
(ie, time required to get a byte from memory; in Millisekunden, Mikrosekunden od Nanosekunden)

zugrundeliegendes Geschäft *n* (Re) underlying transaction

zugrundeliegendes Wertpapier *n* (Bö) underlying security *(ie, security for which an option is written)*

Zug-um-Zug-Bedingung *f* (Re) concurrent condition

Zug-um-Zug-Geschäft *n* (Re) transaction requiring simultaneous performance

Zug um Zug leisten (Re) to perform contemporaneously (with) *(eg, delivery is to be concurrent with payment)*

Zug-um-Zug-Leistung *f* (Re) contemporaneous performance

Zug-um-Zug-Order *f* (Bö) alternative order *(ie, gleichzeitige Leistung: Kassageschäft)*

zugunsten von
(ReW) to the credit of
– credited to

zu hoch ausweisen (ReW) to overstate

zu jeweiligen Preisen (VGR) at current/ruling . . . prices

Zukauf *m*
(com) complementary purchase
(Bö) fresh buying

zu konstanten Preisen
(VGR) at constant prices
– in real terms
– in volume terms

zukünftiger Schaden *m* (Re) future damage *(or injury)*

Zukunftserfolgswert *m* (ReW) present value of future profits
(ie, used in valuation of enterprises as a whole; syn, Zukunftsertragwert)

Zukunftsforschung *f* (Vw) futurology

zukunftsweisend (com) trendsetting

Zulage *f*
(Pw) bonus
– premium
– extra pay

zulassen (com) to certificate *(eg, aircraft for regular service)*

zulässige Abweichung *f*
(com) allowance
(IndE) tolerance

zulässige Ausschußzahl *f* (IndE) allowable defects

zulässige Bandbreite *f* (Fin) admissible range of fluctuations

zulässige Basis *f* (OR) admissible *(or* feasible) basis

zulässige Fangquote *f* (com) allowable catch

zulässige Gesamtfangquote *f* (com) total allowable catch

zulässige Hypothese *f* (Stat) admissible hypothesis

zulässige Lösung *f* (OR) feasible solution

zulässiger Gebrauch *m* (Pat, US) fair use
(ie, justifiable use of copyrighted material = von urheberrechtlich geschütztem Material; cf, 18 USC § 107)

zulässiger Vektor *m* (OR) feasible vector

zulässiges Beweismaterial *n* (Re) competent evidence

zulässiges Kassenvermögen *n* (Pw) permissible endowment of a fund, § 4d No. 2 EStG

zulässige Untergruppe *f* (Math) admissible subgroup

zulässige Werte *mpl* **e–r Variablen** (Math) permissible values of a variable

zulässige Zahl *f* (Math) admissible number

Zulassung *f*
(com) admission
(ReW) admission to practice *(ie, as Wirtschaftsprüfer)*
(IndE) approval
– certification *(cf, zulassen)*
(IndE) homologation

Zulassungsantrag *m* (Bö) request for listing

Zulassungsausschuß *m* (Bö) Listing Committee

Zulassungsbedingungen *fpl*

(com) admission . . . requirements/standards
(Bö) listing requirements
(ie, requirements for having a security traded on a stock exchange
Zulassungsbedingungen *fpl* **für die Einfuhr** (Zo) eligibility of goods for entry
Zulassungsbescheid *m* (Bö) listing notice
(Pw) notice of admission *(ie, permitting applicant to enroll in University courses as a full-time student)*
Zulassungsbescheinigung *f* (IndE) certificate of . . . approval /conformity
Zulassungsbestimmungen *fpl* (Re) licensing requirements *(eg, for the establishment of new businesses)*
Zulassungsnummer *f* (com) registration number
Zulassungsprüfung *f* (Pw) entrance examination
Zulassungsstelle *f* (Bö) Listing Board, § 36 BörsG
Zulassungsverfahren *n*
(Bö) listing procedure
(Zo) approval procedure
Zulassungsvorschriften *fpl* (Bö) listing requirements
Zulassung *f* **von Kraftfahrzeugen** (com) car registration
Zulassung *f* **von Wertpapieren zum Börsenhandel** (Bö) admission to listing, §§ 36–49 BörsG
Zulassung *f* **zum Geschäftsbetrieb** (Re) license to conduct business
Zulassung *f* **zum Handel** (Bö) acceptance for trading on a stock exchange
Zulassung *f* **zur Börsennotierung** (Bö) admission to listing
zu Lasten
(ReW) to the debit of
– charged to
zulegen (Bö) to move ahead *(eg, security prices)*
Zuleitungsauftrag *m* (IndE) subsidiary order
Zulieferbetrieb *m* (com) = Zulieferer
Zulieferer *m*
(com) supplier
– component supplier
– outside supplier
Zulieferindustrie *f* (com) components supplying industry
Zulieferteile *npl* (com) supplied parts
Zulieferungen *fpl* (com) supplies
Zuliefervertrag *m* (com) subcontract
zum Akzept vorlegen (WeR) to present for acceptance
zum Anschaffungs- od Herstellungswert *m* (ReW) at cost
zum Diskont einreichen (Fin) to present for discount
zum Diskont gegebene Wechsel *mpl* (ReW) notes receivable discounted
zum Einzug (Fin) for collection *(ie, form of indorsement on a note or check)*
zum freien Verkehr abfertigen (Zo) to clear for home use
zum freien Verkehr freigeben
(Zo) to release for (*or* put into) free circulation
– to put on the market
zum gemeinschaftlichen Versandverfahren abfertigen (Zo) to place under a Community transit procedure

zum Handel zugelassen (Bö) admitted to dealings
zum Inkasso (Fin) for collection
zum Inkasso vorlegen (Fin) to present for payment in cash
zum Kurswert ausweisen (Fin) to report at market value
zum Nennwert (Fin) at par
zum Nennwert ausweisen (Fin) to report at principal amount
zum Streik aufrufen (Pw) to call out on strike
zumutbare Belastung *f* (StR) amount of extraordinary expenditure (= *außergewöhnliche Belastungen*) which the taxpayer can reasonably be expected to bear himself, § 33 EStG
zumutbare Eigenbelastung *f* (StR) = zumutbare Belastung
Zumutbarkeit *f* (Re) equitableness
zum Verkauf anbieten (com) to offer for sale
zum Verkauf stehen (com) to be up for sale
zum zollrechtlich freien Verkehr anmelden (Zo) to enter for free circulation
Zunahme *f* **der Geldmenge** (Fin) run-up in the money supply
Zunahme *f* **der Lagerbestände** (MaW) inventory . . . buildup/pile-up)
Zündwarenmonopol *n* (FiW) matches monopoly
Zündwarensteuer *f* (StR) excise tax on matches and tapers
zunehmende Niveaugrenzerträge *mpl* (Vw) = zunehmende Skalenerträge
zunehmender Grenznutzen *m* (Vw) increasing marginal utility
zunehmender Wettbewerb *m* (com) mounting competition
zunehmende Skalenerträge *mpl* (Vw) increasing returns to scale
zu niedrig ausweisen
(ReW) to understate
– to underreport
zu niedrig bewertete Aktie *f* (Bö) underpriced share
zuordnen
(com) to allocate
– to assign
– to attribute
Zuordnung *f*
(com) allocation
– assignment
– attribution
(Math) matching *(eg, of elements)*
Zuordnungsdefinition *f* (Log) ostensive (*or* applicative) definition
Zuordnungsfehler *m* (Stat) error of reference
Zuordnungsmeßzahl *f* (Stat) classification statistic
Zuordnungsproblem *n* (EDV) allocation/assignment . . . problem
Zuordnung *f* **von Erwerbsaufwendungen** (StR) allocation of expenses
zu pari (Fin) at par
zu Protest gehen lassen (WeR) to dishonor a bill
zur Ansicht
(com) on approal
– (GB, infml) on áppro *(ie, accented on first syllable)*
zurechenbar
(KoR) allocable to

  – chargeable to
  – identifiable with
  – traceable to
zurechenbare Fahrlässigkeit *f* (Re) imputed negligence
zurechenbare Kenntnis *f* (Re) constructive notice
zurechenbare Kosten *pl* (KoR) separable cost
zurechenbare Ursache *f* (Stat) assignable cause
zurechnen
  (KoR) to allocate to
  – to apportion to
  – to assign to
  – to charge to
  – to identify with
  – to trace to
Zurechnung *f*
  (Vw) allocation
  (KoR) allocation
  – apportionment
  – assignment
  (StR) attribution *(ie, property is attributed to its owner for tax purposes, § 39 AO, §§ 108, 120 BewG)*
Zurechnungsfähigkeit *f* (Re) capacity to be responsible for civil delicts
Zurechnungsfortschreibung *f* (StR) adjustment of assessed values on account of changed conditions, § 22 BewG
Zurechnungsproblem *n*   (Log)   classification problem
Zurechnungsregeln *fpl* (StR) attribution rules *(ie, applying to family foundations)*
zur Folge haben (com) to entail *(eg, the new project entails a lot of work)*
zur Konkurrenz abwandern
  (com) to switch to a rival
  – to take one's custom elsewhere
zur Sache kommen
  (com, sl) to get down to brass tacks
  – (GB) to get down to the put-to *(ie, taking action after all)*
zur Sprache bringen (com) to bring up
zur Tagesordnung übergehen (com) to pass to the order of the day
zur Tilgung aufgerufen (Fin) called for redemption
Zurückbehalt *m* (Re) withholding delivery *(ie, of goods)*
Zurückbehaltungsrecht *n*
  (Re) right of retention *(or* lien)
  – retaining lien
  (ie, right to retain possession of property until claim is satisfied, § 273 BGB, § 369 HGB)
Zurückbehaltungsrecht *n* **beim gegenseitigen Vertrag**
  (Re) right to refuse performance
  – right of refusal to perform
  (ie, unless the other party is willing to perform the whole of his promise at the same time, § 320 I BGB)
zurückerstatten
  (com) to pay back
  – to refund
  – to reimburse
  – to repay
  – to return

Zurückerstattung *f*
  (com) refund *(eg, on defective goods)*
  – repayment
  – reimbursement
zurückfordern
  (com) to claim back
  – to reclaim
zurückgehen
  (com) to decline
  – to decrease
  – to fall (off)
  – to come down
  – to drop (off) *(eg, prices, demand)*
zurückgelegte Beitragszeiten *fpl* (SozV) periods of coverage completed
zurückgelegte Ware *f* (com) layaway
  (ie, downpayment is made, and the goods are picked up when the balance – or final installment – has been paid)
zurückgesandte Waren *fpl* (com) goods returned
zurückgestaute Inflation *f* (Vw) repressed *(or* suppressed) inflation
zurückgestaute Preiserhöhungen *fpl* (Vw) bottled-up price increases *(ie, due to price controls)*
zurückgewiesene Lieferung *f* (Stat) rejected lot
zurückgewinnen
  (com) to get back
  – to regain
  – to recover
  – to recapture
  – to recoup
zurückhalten, sich (Bö) to move to *(or* stay on) the sidelines
Zurückhaltung *f* **der Anleger**
  (Bö) buyers' resistance
  – investor restraint
Zurückhaltung *f* **üben** (com) to take a wait-and-see attitude
zurückkaufen
  (com) to buy back
  – to repurchase
  – to purchase back
  (Bö) to buy back
  – to cover stock
  (ie, buy a security which has previously been sold shortly)
zurücklegen
  (com) to put aside
  – to put on one side *(ie, article for customer)*
Zurücknahme *f* **e–s Angebots** (Re) revocation of offer
Zurücknahme *f* **e–s Patents** (Pat) withdrawal of a patent
zurücknehmen
  (Re) to revoke *(eg, an offer)*
  (Bö) to mark down *(ie, a stock)*
zurückrufen
  (Fin) to recall
  – to withdraw
zurücksenden
  (com) to send back
  – to return
zurückstellen
  (com) to put off
  – to put aside (for the time being)

– to put on the shelf
– to shelve
– to pigeonhole
– to lay aside
zurückstufen (Pw) to downgrade
Zurückstufung *f*
(Pw) downgrading
– (fml) demotion
zurücktreten
(Re) to cancel
– to repudiate
– to rescind
– to withdraw (from)
– (infml) to pull out of
– (infml) to back out of . . . a contract
(Pw) to retire
– to resign
– to withdraw
– (infml) to step down (as/from)
zurücktreten von (Re) to cancel *(eg, a contract)*
zurückverweisen (Re) to remand a case, a decision
Zurückverweisung *f* **e–er Sache** (StR) remand of a case, § 126 III FGO
Zurückweisung *f* (Stat) rejection
Zurückweisung *f* **e–r Anmeldung** (Pat) refusal of a patent application
Zurückweisungswahrscheinlichkeit *f* (Stat) probability of rejection
Zurückweisungszahl *f* (Stat) rejection number
zurückzahlen
(com) to pay back
– (infml) to pay off (= pay back)
– to refund
– to reimburse
– to repay
– to return
– (GB) to pay off *(ie, the whole of a debt)*
Zurückzahlung *f*
(com) reimbursement
– refund
– repayment
– return
zurückziehen (com) to withdraw
– to abandon *(eg, a bid, proposal)*
zurückziehen, sich
(com, US) to backtrack
– to backpedal *(eg, from plan, promise)*
zur Unterschrift vorlegen (com) to present for signature
zur Vertretung berufen (Re) appointed to act for
zur Vorlage (com) „please re-present"
zur weiteren Veranlassung (com) for further action
zur Zeichnung auflegen (Fin) to invite subscriptions
Zusage *f*
(com) promise
– commitment
– engagement
– undertaking
zusagen
(com) to promise *(to do/that)*
– to undertake *(to do)*
– to engage *(oneself, to do)*
– to commit *(to/to doing)*
Zusagen *fpl* **aus Eigenmitteln** (Fin) lendings from own resources

Zusageprovision *f* (Fin) commitment commission (*or* fee)
Zusammenarbeit *f* (com) cooperation
zusammenarbeiten
(com) to cooperate
– to collaborate
– to work together
– to act jointly (*or* in concert)
– to join forces
– to band together
– to team up
– to pull together
zusammenbrechen
(com) to collapse
– to breakdown
– to fail completely
Zusammenbruch *m*
(com) collapse
– complete failure
– breakdown
Zusammenbruch *m* **e–s Marktes** (com) collapse of a market
zusammenfassen
(com) to sum up
– to summarize
– to outline
– to cut down
– (infml) to boil down
(com) to condense
– to combine
– to mold into
(eg, departmental budgets into a preliminary budget)
zusammenfassender Bericht *m*
(com) summary report
– summary statement
– condensed report
Zusammenfassung *f*
(com) summary
– brief outline
– précis
– résumé
Zusammenfassung *f* **der Fehlerquadrate** (Stat) pooling of error
Zusammenfassung *f* **von Klassen** (Stat) pooling of classes
zusammengefaßte Buchung *f* (ReW) compound bookkeeping entry
Zusammengefaßte Europäische Einheit *f* (EG) European Composite Unit
zusammengefaßte Sektorenkonten *npl* (VGR) consolidated sector accounts
zusammengeschlossene Unternehmen *npl* (com) consolidated companies
zusammengesetzes Ereignis *n* (OR) composite event
zusammengesetzte Arbitrage *f* (Fin) compound arbitration
zusammengesetzte Ausdrücke *mpl* (Math) combination of terms
zusammengesetzte Bedingung *f* (EDV, Cobol) combined condition
(ie, result of connecting two or more conditions with the AND or the OR logical operator; cf, DIN 66 028, Aug 1985)

839

zusammengesetzte Buchung f (ReW) compound entry

zusammengesetzte Dividende f (Fin) compound dividend

zusammengesetzte Größe f (Math) complex quantity

zusammengesetzte Häufigkeitsverteilung f (Stat) compound frequency distribution

zusammengesetzte Hypothese f (Stat) composite (or nonsimple) hypothesis

zusammengesetzte Kostenarten fpl (KoR) composite cost types

zusammengesetzte Nachfrage f (Vw) composite demand

zusammengesetzter Bruch m (Math) complex fraction

zusammengesetzter Buchungssatz m (ReW) compound entry formula (ie, in double-entry bookkeeping)

zusammengesetzte Reise f (com) combined voyage

zusammengesetzter Index m (Stat) composite index number

zusammengesetzter Multiplikator m (Vw) compound multiplier

zusammengesetzter Satz m (Log) compound proposition (or sentence)

zusammengesetztes Angebot n (Vw) composite supply

zusammengesetzte sekundäre Kostenarten fpl (KoR) composite secondary cost types

zusammengesetztes Stabdiagramm n (Stat) component bar chart

zusammengesetzte Zahl f (Math) composite number

zusammenhängender Graph m (Math) connected graph

Zusammenlegung f **von Aktien** (Fin) grouping of shares, § 222 AktG

Zusammenlegung f **von Kapazitäten** (IndE) reduction and relocation of production capacities

zusammenreißen, sich
(com, infml) to pull oneself together
– to start moving
– to show more stuff
– (GB) to pull one's socks up

zusammenschließen, sich (com) = zusammenarbeiten

Zusammenschluß m
(Bw) combination
– joining of two companies
– (infml) business link
(Kart) merger (ie, comprises mergers, acquisitions of assets or participations, as well as other forms of affiliations between enterprises, § 23 II GWB)

Zusammenschlußkontrolle f (Kart) merger control (ie, introduced in 1973 to amend the GWB; cf, § 24 GWB; syn, Fusionskontrolle)

Zusammenschlußvorhaben n
(Kart) merger plan
– proposed merger

Zusammenstoß m (EDV) contention (ie, when more than one device wishes to use another device at the same time)

zusammenstreichen

(com) to reduce steeply
– to slash
– to pare down (eg, budgets)

Zusammenveranlagung f (StR) joint assessment

Zusatz m (Re) addendum

Zusatzabschöpfung f (EG) variable additional farm levy
(ie, collected for various farm products imported from nonmember countries)

Zusatzaktie f (Fin) bonus share (syn, Gratisaktie)

Zusatzanmeldung f (Pat) additional application

Zusatzauswertung f (com) additional evaluation

Zusatzbefehl m (EDV) additional instruction

Zusatzdatensatz m (EDV) addition record
(ie, resulting from the creation of a new record during file processing)

Zusatzdividende f (Fin) additional dividend

Zusatzeinrichtungen fpl (IndE) auxiliary equipment

Zusatzerfindung f (Pat) additional invention

Zusatzfinanzierung f (Fin) front-end financing

Zusatzfunktion f (EDV) optional function

Zusatzgeräte npl (EDV) auxiliary equipment (ie, operated off-line)

Zusatzinformation f (com) ancillary information

Zusatzkapazität f (Bw) excess productive capability (eg, for manufacturing on a real-time demand basis)

Zusatzkapital n (Fin) additional capital (ie, generated by self-financing; shown on the books as open reserves)

Zusatzklausel f (Re) additional clause

Zusatzkosten pl (KoR) additional cost

Zusatzlast f (FiW) excess burden (eg, imposed by a special consumption tax)

Zusatzleistung f (Pw, infml) top-up (ie, for the highest-paid employees, such as cash bonus, share options)

Zusatzleistungen fpl
(Pw) fringe benefits
– supplements
– (US) fringe packet (eg, pension plans, etc)
(ie, in accounting, fringe benefits are counted as ancillary or additional staff costs = Personalnebenkosten)

zusätzliche Finanzierungsvorkehrung f (IWF) additional financing facility (syn, Witteveen facility)

zusätzliche Informationsschritte mpl (EDV) overhead bits

zusätzliche Mittel pl (Fin) fresh finance

zusätzlicher Aufschlag m (Mk) additional markon (ie, in retailing)

zusätzlicher Urlaub m (Pw) extra leave

Zusatzlieferanten mpl (AuW) marginal contributors

Zusatzmarkt m (Mk) fringe market

Zusatzpatent n
(Pat) additional/supplementary ... patent
– patent of addition
(ie, improvement of a patented invention)

Zusatzpfad m (OR) flow augmenting path

Zusatzpfeil m (OR) additional branch

Zusatzprämie f (Vers) extra premium

Zusatzprogramm n (EDV) add-on program

Zusatzprovision f (com) extra commission

Zusatzprüfung f (Stat) penalty test *(ie, in quality control)*
Zusatzrente f (SozV) supplementary pension
Zusatzspeicher m (EDV) auxiliary storage
Zusatzsteuer f
  (FiW) additional tax
  – surcharge
  – surtax
Zusatzvergütung f (Pw) extra pay
Zusatzversicherung f
  (Vers) additional
  – collateral
  – supplementary . . . insurance
  – (infml) „gap filler" insurance
Zusatzversorgung f (SozV) supplementary benefits
Zusatzversorgungseinrichtungen fpl **im öffentlichen Dienst** (SozV) supplementary pension funds for public employees
Zusatzvertrag m (Re) collateral *(or* accessory) contract
Zuschätzung f (StR) supplementary estimate
  (ie, of missing or incorrect information in a taxpayer's accounting system, Abschn. 29 II No. 6 EStR)
Zuschlag m
  (com) award of . . . contract/purchase order
  – bid award
  – acceptance of . . . bid/tender
  (Pw) bonus
  – premium
  (StR) addition
  (StR) surcharge
  (IndE) allowance
Zuschlag m **an den Meistbietenden** (com) knockdown to the highest bidder
Zuschlag m **bei Auftragswechsel** (IndE) job changeover allowance
Zuschlag m **bei Serienwechsel** (IndE) batch changeover allowance
zuschlagen
  (com) to award a contract
  (com) to knock down *(ie, to the highest bidder)*
Zuschlag m **erhalten**
  (com) to win/obtain . . . a contract
  – be awarded a contract *(eg, for supplying a petrochemical plant)*
Zuschlag m **erteilen**
  (com) to award a contract
  – to let out a contract *(eg, to lowest bidder)*
  – to accept a tender
Zuschlag m **für ablaufbedingte Wartezeit** (IndE) unoccupied-time allowance
Zuschlag m **für fixe und variable Gemeinkosten** (KoR) combined overhead rate
Zuschlag m **für zusätzliche Arbeiten** (IndE) extra work allowance
Zuschlagsatz m (KoR) costing rate *syn, Kalkulationszuschlag)*
Zuschlagsbasis f (KoR) allocation base *(syn, Verrechnungsgrundlage)*
Zuschlagsempfänger m (EG) successful tenderer
Zuschlagsgrundlage f (KoR) allocation base
Zuschlagskalkulation f
  (KoR) job order costing
  Auch:

– job cost system
– order cost system
– specific-order cost system
– production-order accounting
(ie, die Kostenarten werden zum Zweck der Verrechnung auf die Kostenträger (Erzeugnisse) in Einzel- und Gemeinkosten aufgeteilt; auf der Basis von Ist-, Normal- od Plankosten werden die Herstellungskosten für die Bewertung der unfertigen und fertigen Erzeugnisse ermittelt; opp, Divisionskalkulation)
Zuschlagskosten pl (KoR) = Gemeinkosten
Zuschlagsprämie f (Vers) additional premium
Zuschlagsprozentsatz m (KoR) percentage overhead rate
Zuschlagssatz m
  (KoR) costing rate
  (ie, dient der Verrechnung der Gemeinkosten)
zuschneiden auf (com) to tailor to *(eg, individual requirements)*
Zuschnittproblem n (OR) trim problem
Zuschreibung f
  (ReW) appreciation in value
  – write-up
Zuschreibung f **aus Höherbewertung** (ReW) write-up due to appreciation of assets
Zuschreibungen fpl
  (ReW) reinstated depreciation,
  § 265 II HGB
  – reversals of depreciation or expense
Zuschreibung f **von Gegenständen des Anlagevermögens** (ReW) write-up of fixed assets
Zuschuß m
  (FiW) grant
  – subsidy
  (com) contribution
  – premium
  – allowance
Zuschuß m **an Entwicklungsländer** (Vw) grant-in-aid to LDCs
Zuschußbetrieb m
  (Bw) deficiency operation
  (Bw) subsidized enterprise
Zuschüsse mpl **aus öffentlichen Mitteln** (StR) subsidies from public funds
zusichern (com) to warrant
Zusicherung f (Re) undertaking
Zusicherung f **e–r Eigenschaft** (Re) warranty of a quality
zuspielen (com) to lateral-pass *(eg, copy of a sensitive letter)*
Zustandekommen n **e–s Vertrages** (Re) formation of contract
zuständig
  (com) be in charge of *(eg, of marketing)*
  (com) competent
  – responsible
  – appropriate
zuständige Behörde f (Re) appropriate *(or* competent) authority
zuständige Organe npl (Re) appropriate organs
zuständiges Gericht n
  (Re) court in charge
  – court of competent jurisdiction
  – appropriate court

zuständige Zollstelle *f* (Zo) competent customs office

Zuständigkeit *f*
(Re) jurisdiction
– jurisdictional reach *(eg, of laws)*
(Bw) responsibility
– scope of authority
– competence

Zuständigkeit *f* **anfechten** (Re) to challenge the authority
(eg, of a judge to hear a case)

Zuständigkeit *f* **des Finanzamts** (StR) jurisdiction of tax office, § 20 AO

Zuständigkeitsbereich *m* (Bw) area of... authority/discretion
(syn, Kompetenzbereich)

Zustandsaufzeichnung *f* (EDV) environment record

Zustandsbaum *m* (Bw) stochastic tree

Zustandsparameter *m* (Bw) state parameter

Zustandsraum *m* (Bw) stochastic decision space

Zustandsregister *n* (EDV) status register

Zustandsvariable *f* (Stat) state variable

Zustandswahrscheinlichkeit *f* (OR) state probability

Zustellbezirk *m* (com) postal delivery zone

zustellen
(com) to deliver
(Re) to serve upon
– to notify by service

Zustellgebühr *f*
(com) delivery fee
– postage
(com) carriage
– cartage
(Re) fee for service

Zustellpostamt *n* (com) delivery post office

Zustellung *f*
(com) delivery
(Re) service (upon)
– serving
– notice of service

Zustellung *f* **der Klageschrift** (Re) service of process

Zustellung *f* **e–r Ladung** (Re) service of a summons

Zustellungsadresse *f* (Re) address for service

Zustellungsbevollmächtigter *m*
(Re) person authorized to accept service
(StR) resident party to whom communications can be directed

Zustellungsurkunde *f* (Re) affidavit of service

zustimmen
(com) to agree (to)
– to accept
– to consent (to)
– (infml) to fall in with *(ie, proposal, suggestion, terms of contract)*
(com) to agree with *(ie, e–r Meinung sein mit)*
(Re, fml) to assent
– concur

Zustimmung *f* (Re) (affirmative) consent *(ie, general term covering both ‚Einwilligung' and ‚Genehmigung', § 182 BGB)*

Zustimmungsfrist *f* (Re) time allowed for final consent *(or* agreement)

zuteilen
(Fin) to allot
– to scale down *(syn, repartieren)*

Zuteilung *f*
(Fin) allotment
– scaling down *(syn, Repartierung)*

Zuteilung *f* **knapper Mittel über den Preismechanismus** (Vw) rationing by the purse

Zuteilungsanzeige *f* (Fin) allotment letter

Zuteilungsbetrag *m* (Fin) allotment money

Zuteilungsempfänger *m* (Fin) allottee

Zuteilungskurs *m* (Fin) allotment price

zuteilungsreif (Fin) available for draw-downs *(ie, on building society deposits)*

Zuteilungsschein *m* (Fin) certificate of allotment

Zuteilungsstrategie *f* (EDV) scheduling discipline

Zuteilungssystem *n* (com) allocation system

Zuteilung *f* **von Fangquoten** (com) allocation of fishing

Zuteilung *f* **von Wertpapieren** (Fin) issuance of securities *(eg, to the first purchaser thereof)*

zuverlässig
(com) reliable
– dependable
(EDV) fault-tolerant

Zuverlässigkeit *f*
(IndE) reliability
– dependability
(OR) reliability *(ie, mathematical probability that a product will function for a stipulated time)*

Zuverlässigkeitsangaben *fpl* (IndE) reliability data

Zuverlässigkeitsbewertung *f* (IndE) reliability... analysis/assessment

Zuverlässigkeitsgrad *m* (IndE) reliability level

Zuverlässigkeitsrechnung *f* (Stat) calculus of reliability

zu versteuerndes Einkommen *n* (StR) taxable income, §§ 2 and 32 EStG

zu viel berechnen (com) to overcharge

zuvorkommen
(com) to win against *(ie, competitors)*
– (infml) to scoop *(eg, a trade and technology agreement with Russia, esp, by being faster than competitors)*

Zuwachs *m*
(com) growth
– addition
(Fin) appreciation
– gain
– increment

Zuwachsmindestreservesatz *m* (Vw) marginal reserve requirements

Zuwachsrate *f*
(Bw) growth rate
– rate of... growth/increase

zuweisen
(ReW) to allocate *(eg, to reserves)*
(EDV) to allocate
– to assign

Zuweisung *f*
(ReW) allocation
– transfer
(eg, allocations from profit to reserves; provision for cost of replacing assets out of current revenues)

Zuweisungsformel f (FiW) basic allocation formula *(ie, determining amounts distributed to other governmental entities)*

Zuweisungsproblem n (OR) = Zuordnungsproblem

Zuweisung f **von Mitteln** (Fin) allocation *(or appropriation)* of funds

Zuweisung f **zu Rücklagen**
(ReW) allocation to reserves
– transfer to accruals

Zuwendungsempfänger m (Re) donee beneficiary

Zuwendungsgesetz n (Re) Pension Contributions Law, 26 March 1952

Zuwiderhandlung f (Re) contravention

Zuzahlungen fpl (Fin) shareholder contributions

Zuzahlungen fpl **der Aktionäre** (Fin) additional contributions of shareholders

zuzurechnendes Einkommen n (StR) attributable income

zuzurechnendes Einkommen n **der Organgesellschaft** (StR) amount of income transferred by integrated company

zwangloses Treffen n (com) informal get-together

Zwangsanleihe f
(FiW) forced loan
(FiW) mandatory loan
– investment aid deduction
(ie, interest-free loan by high-income earners to the government, equal to 5% of income tax burden, to help encourage a general economic upswing; syn, Investitionshilfeabgabe)

Zwangsebene f (Math) constraint plant

Zwangseinziehung f (Fin) forced retirement of shares

Zwangsgeld n (Kart) enforcement fine

Zwangshypothek f (Re) forced registration of a mortgage, § 867 ZPO)

Zwangskartell n (Kart) compulsory cartel *(ie, Kartell höchster Ordnung; syn, Zwangssyndikat)*

Zwangskonversion f (Fin) forced conversion *(ie, gesetzlich verfügte Herabsetzung von Zinssätzen für Schuldverschreibungen)*

zwangsläufige Bedienungsfolge f (EDV) enforced transaction sequence

Zwangsliquidation f
(Re) involuntary liquidation
– compulsory winding-up

Zwangslizensierung f (Kart) compulsory licensing

Zwangslizenz f (Pat) compulsory license, § 15 I PatG *(ie, im Patent- und Urheberrecht)*

Zwangsmitgliedschaft f (com) compulsory membership *(eg, in chambers of industry and commerce)*

Zwangsmittel npl (StR) enforcement measures, § 328 AO

Zwangspensionierung f
(Pw) compulsory
– involuntary
– mandatory... retirement

Zwangsregulierung f (Bö) forced settlement *(syn, Exekution)*

Zwangsrücklauf m (Fin) compulsory redemption of bonds

Zwangsschlichtung f

(Re) compulsory arbitration
(Pw) compulsory settlement of disputes

Zwangssparen n (Vw) forced saving

Zwangssyndikat n (Kart) government-enforced syndicate *(ie, prohibited after 1945; syn, Zwangskartell)*

Zwangsverfahren n (StR) enforcement procedure, §§ 328 ff AO

Zwangsvergleich m (Re) legal settlement in bankruptcy, §§ 173–201 KO

Zwangsverkauf m (Re) judicial sale

Zwangsversicherung f (SozV) compulsory insurance *(syn, Pflichtversicherung, obligatorische Versicherung)*

zwangsversteigern (Re) to sell by public auction

Zwangsversteigerung f
(Re) forced
– foreclosure
– execution... sale *(ie, by way of public auction, §§ 814–824 ZPO)*

Zwangsverwaltung f (Re) forced administration of property, §§ 146 ff ZVG

Zwangsverwertung f (Pat) compulsory working

Zwangsvollstreckung f
(Re) compulsory execution
– levy upon property
(ie, against/into property, §§ 704–945 ZPO)

Zwangsvollstreckung f **durchführen** (Re) to execute against *(or levy upon)* the judgment debtor's property

Zwangsvollstreckung f **in das bewegliche Vermögen** (Re) levy of execution on movable property

Zwangsvorsorge f (SozV) coercive system of social security

Zwangswahlverfahren n (Stat) forced choice method

zwangsweiser Erwerb m (com) compulsory acquisition *(ie, of minority shareholders; not normally allowed under Geman law; but see § 305 AktG)*

Zwangswirtschaft f (Vw) command economy

Zwanziger-Ausschuß m (IWF) Committee of Twenty *(ie, set up to reform the International Monetary System; disbanded in 1974)*

Zwanziger-Klub m (IWF) Group of Twenty *(ie, constituting the Interim Committee of the IMF)*

Zweckbestimmung f (com) purpose which sth is appointed to serve

Zweckbindung f
(AuW) project tying *(ie, in granting economic aid to developing countries)*
(Fin, FiW) earmarking
– appropriation

zweckentfremden
(Fin) to divert
– to misuse *(eg, funds)*

zweckentfremdete Mittel pl (Fin) diverted/misused... funds

Zweckforschung f (Bw) applied research

zweckgebundene Einnahmen fpl (Fin) earmarked/restricted... receipts

zweckgebundene Mittel pl (Fin, FiW) earmarked funds

zweckgebundener Liquiditätsüberschuß *m* (Fin) reserve fund

zweckgebundene Rücklagen *fpl* (ReW) appropriated reserves

zweckgebundenes Kapital *n* (Fin) specific capital

zweckgebundenes Material *n* (MaW) earmarked material

Zweckgliederung *f* (Bw) task structuring *(syn, Aufgaben- od Objektgliederung)*

Zweck-Mittel-Beziehung *f* (Log) means-end relation

Zweck-Mittel-Hierarchie *f* (Bw) means-end hierarchy *(or chain)*

Zweckrationalität *f* (Bw) instrumental rationality

Zwecksparen *n* (Fin) special-purpose saving

Zwecksparunternehmen *n* (Fin) special-purpose savings bank

Zwecksteuer *f* (FiW) nonrevenue regulatory tax *(ie, as an instrument of policy; syn, Ordnungssteuer)*

Zweckverband *m* (Re) special-purpose association

Zweckvermögen *n*
(Fin) special-purpose fund
– assets earmarked for a special purpose
– conglomeration of property for a specific purpose

Zweckzuwendung *f* (StR) transfer of property for a particular purpose *(cf, § 1 I 3 ErbStG)*

Zwei-Behälter-System *n* (MaW) two-bin system

zweideutig
(com) ambiguous
(Log) equivocal

Zweideutigkeit *f*
(com) ambiguity
(Log) equivocation

zweidimensionale Verteilung *f* (Stat) bivariate distribution

Zweidrittelwert *m* (StR) two-thirds appraisal of unmatured insurance claims
(ie, based on total premiums paid, § 12 IV BewG)

Zweiersystem *n* (EDV) binary system

Zweifachbestellung *f* (com(double ordering

zweifache Einteilung *f* (Log) two-way classification

zweifach teilbarer Graph *m* (Math) bipartite graph

Zweifamilienhaus *n* (StR) two-family home
(ie, residential property with two apartments, § 75 VI BewG)

zweifelhafte Forderungen *fpl* (ReW) doubtful accounts receivable

Zweiganstalt *f* (Fin) branch
(eg, Landeszentralbanken as branches of Deutsche Bundesbank)

Zweigbetrieb *m* (com) branch operation

Zweiggeschäft *n* (Mk) branch store

zweigipfelige Verteilung *f* (Stat) bimodal distribution

zweigleisiger Vertrieb *m* (Mk) marketing at two different price levels

zweigliedrige Gesellschaft *f* (Bw) = Zweimanngesellschaft

Zweigniederlassung *f*
(com) branch (establishment)
– regional office

Zweigstelle *f* (com) branch office

Zweigstelle *f* **im Kreditwesen** (Fin) branch
(ie, replacing the older term ‚Depositenkasse')

Zweigstellenleiter *m* (com) branch manager

Zweigstellennetz *n* (com) network of branch offices *(eg, widespread . . .)*

Zweigstellensteuer *f* (StR) branch tax *(ie, declared unconstitutional in 1967)*

Zwei-Güter-Fall *m* (Vw) two-commodity case

Zweigwerk *n* (IndE) branch . . . plant/operations

Zweikreissystem *n* (ReW) dual accounting system *(ie, financial accounting and cost accounting as two separate systems, connected by an offsetting account; syn, dualistisches System)*

Zwei-Länder-Fall *m* (Vw) two-country case *(or model)*

Zwei-Länder-Zwei-Güter-Zwei-Faktoren-Modell *n* (AuW) two-by-two-by-two model

Zwei-mal-Zwei-Einteilung *f* (Stat) double dichotomy

Zweimanngesellschaft *f* (Bw) two-man company, § 142 HGB *(syn, zweigliedrige Gesellschaft)*

Zweipersonen-Nullsummenspiel *n* (OR) two-person zero-sum game

Zweipersonenspiel *n* (OR) two-person game

Zwei-Phasen-Methode *f* (OR) two-phase method *(of linear programming)*

zweiphasiges Stichprobenverfahren *n* (Stat) double *(or two-phase)* sampling

Zweiprodukttest *m* (Mk) diadic product test

Zweireihenkorrelation *f* (Stat) biserial correlation

Zweischichtler *m* (IndE) two-shift worker
(ie, working early and late shifts; opp, Einschichtler, Dreischichtler, Kontiarbeiter)

zweiseitige Ausgabe *f* (EDV) double-column output

zweiseitige exponentielle Verteilung *f* (Stat) double exponential distribution

zweiseitige Handelsgeschäfte *npl* (com) bilateral *(or two-sided)* commercial transactions

zweiseitige Leiterplatte *f* (EDV, CAD) double-sided board
(syn, doppelt kaschierte Leiterplatte)

zweiseitiger Prüfplan *m* (IndE) bilateral sampling

zweiseitiger Schuldvertrag *m* (Re) bilateral contract

zweiseitiger Test *m* (Stat) two-way test

zweiseitige Willenserklärung *f* (Re) bilateral act of the party

Zwei-Sektoren-Wirtschaft *f* (VGR) two-sector economy

Zweispaltenjournal *n* (ReW) two-column journal

Zweispaltentarif *m* (AuW) double-column tariff

zweistellig (Log) two-place

zweistellige Hypothek *f* (Re) second mortgage

zweistellige Inflation *f* (Vw) two-digit *(or double-digit)* inflation

zweistellige Inflationsrate *f* (Vw) double-digit inflation rate

zweistellige Relation *f* (Log) dyadic relation

zweistelliger Funktor *m* (Log) binary connective

zweistelliges Prädikat *n* (Log) binary predicate

Zweistufen-Markt *m* (Fin) two-tier exchange market

zweistufige Divisionskalkulation *f* (KoR) two-stage process costing *(cf, Divisionskalkulation)*

zweistufiger Stichprobenplan *m* (IndE) double-phase sampling plan

zweistufiges Besteuerungssystem *n* (StR) two-tier system of taxing
(eg, corporate profits, designed to eliminate double taxation of business profits)

zweistufiges Leitungssystem *n* (Bw) two-tier board structure (*or* system)
(ie, separates supervisory from executive functions)

zweistufiges Stichprobenverfahren *n* (IndE) = zweiphasiges Stichprobenverfahren

zweistufige Stichprobe *f* (IndE) two-stage (*or* double) sample

zweistufiges Unterprogramm *n* (EDV) two-level subroutine

zweistufiges Wechselkurssystem *n* (AuW) dual exchange rate system

zweistufige Unternehmensleitung *f* (Bw) two-tier board system
(ie, as practiced in Germany: Vorstand + Aufsichtsrat = managing board + supervisory board)

Zweitakkreditiv *n* (com) back-to-back credit

Zweitausfertigung *f* (com) duplicate

zweitbeauftragte Bank *f* (Fin) paying/intermediate ... bank *(ie, in handling letters of credit)*

Zweitbegünstigter *m*
(Re) contingent beneficiary
(Vers) secondary beneficiary

Zweitbeschäftigung *f*
(Pw) double
– secondary
– subsidiary ... employment

Zweitbest-Theorie *f* (Vw) second-best theory

zweite Ableitung *f* (Math) second-order derivative

zweite Alternative *f* (Bw) challenger *(ie, in evaluating replacement investment alternatives)*

zweite Hypothek *f*
(Re) junior
– second
– secondary ... mortgage

Zweiteilung *f*
(Log) two-way classification
– dichotomy *(syn, Dichotomie)*

Zweitemission *f* (Fin) secondary offering

zweite Originalausfertigung *f* (com) duplicate original

zweite partielle Ableitung *f* (Math) second-order partial derivative

zweiter Grenzwertsatz *m* (Stat) second limit theorem

Zweites Deutsches Fernsehen *n* (Mk) Second German Television Network

zweite Wahl *f*
(com) second-class quality
– (infml) seconds

Zweithand-Leasing *n* (Fin) second hand leasing

zweitklassig
(com) second rate
– second string *(eg, business school)*

zweitklassiges Unternehmen *n* (com, infml) also-ran *(ie, one lagging behind)*

Zweitlieferant *m* (com) second-source supplier

Zweitmarke *f* (Mk) secondary brand name

Zweitmarkt *m* (Bö) secondary market
(syn, Parallelmarkt, nicht amtlicher Markt)

Zweitname *m* (EDV) alias *syn, Alias)*

Zweitproduzent *m* (Bw) second source

Zweitschrift *f*
(com) duplicate
– second copy

Zweitschuldner *m* (Re) secondary debtor

Zweiweg-Drucken *n* (EDV) bidirectional printing
(ie, from left to right, and continued from right to left with no carriage return)

Zwei-Weg-Kommunikation *f* (EDV) two-way communication

zweiwertige Logik *f* (Log) two-valued logic

Zweiwertigkeit *f*
(Log) two-valuedness
– divalence

zweizeilig (com) double spaced

zweizeilig schreiben (EDV) to double-space

Zwillingsprüfung *f* (EDV) duplication check *(syn, Doppelprüfung)*

zwingende Bestimmung *f* (Re) mandatory provision

zwingender Beweis *m*
(com) conclusive proof
– compelling evidence

zwingend erfüllte Bedingung *f* (Log) a fortiori satisfied condition

zwingende Schlußfolgerung *f*
(Log) inescapable (*or* compelling) conclusion

zwingendes Interesse *n* (Re) compelling interest

zwingendes Recht *n*
(Re) binding law
– *(civil law)* jus strictum
(ie, legal obligations which cannot be excluded by agreement; opp, abdingbares/nachgiebiges /dispositives Recht = flexible law)

Zwischenabnahme *f*
(IndE) in-process inspection
– intermediate inspection

Zwischenabrechnung *f* (ReW) intermediate account

Zwischenabschluß *m*
(ReW) interim closing
(ReW) interim financial statement
– (GB) interim accounts

Zwischenankunftszeit *f* (OR) interarrival time

Zwischenausweis *m* (Fin) interim return

Zwischenbericht *m*
(com) intermediate (*or* interim) report
(ReW) half-yearly report

Zwischenberichterstattung *f* (ReW) interim financial reporting

Zwischenbescheid *m* (com) interim comments, reply, statement, etc.

zwischenbetriebliche Kooperation *f* (Bw) interfirm/interplant ... cooperation

zwischenbetriebliche Mobilität *f* (Pw) interplant mobility

zwischenbetrieblicher Arbeitsplatzwechsel *m* (Pw) = Arbeitskräftefluktuation, qv

zwischenbetrieblicher Gewinn *m* (Fin) intercompany profit

zwischenbetrieblicher Vergleich *m*
(Bw) comparative external analysis
– interfirm comparison

845

Zwischenbilanz *f* (ReW) interim balance sheet

Zwischencode *m* **testen** (EDV) to animate intermediate code

Zwischendividende *f*
(Fin) interim/quarter ... dividend
– fractional dividend payment
(ie, paid in anticipation of the usual periodic dividend, usually each quarter; in USA üblich, nicht in Deutschland; syn, Abschlagsdividende, Interimsdividende)
(Vers) interim bonus (*or* dividend)

Zwischenergebnis *n* (ReW) intermediate result

Zwischenergebniskonsolidierung *f* (ReW) elimination of unrealized results of intra-group transactions, § 304 HGB

Zwischenerzeugnisse *npl* (IndE) intermediate products

Zwischenfinanzierung *f*
(Fin) bridging
– interim
– intermediate ... financing/finance

Zwischenfinanzierungskredit *m* (Fin) bridging loan

zwischengeschaltete Gesellschaften *fpl* (com) interposed companies

zwischengeschaltetes Kreditinstitut *n* (Fin) intermediary banking institution

Zwischengesellschaft *f* (StR) intermediate company

Zwischengewinneliminierung *f* (ReW) elimination of intercompany profits
(ie, Gewinne aus Lieferungen und Leistungen der Unternehmen des Konsolidierungskreises untereinander, ohne daß diese L.u.L. den Konsolidierungskreis verlassen haben, sind Zwischengewinne = Differenz zwischen dem höheren Wertansatz in der Einzelbilanz des Konzernunternehmens und den Konzernanschaffungs- od Herstellungskosten)

Zwischenglieder *npl* **e–r Folge od Reihe** (Math) intermediate terms

Zwischengruppenvarianz *f* (Stat) between-group variance

Zwischenhafen *m* (com) intermediate port

Zwischenhandel *m*
(AuW) transit trade
(com) intermediate (wholesale) trade

Zwischenhändler *m*
(com) intermediary
– intermediate dealer
– middleman

Zwischenholding *f* (com) intermediate holding company

Zwischenkalulation *f* (KoR) intermediate costing

Zwischenkonsolidierung *f* (ReW) intercompany consolidation

Zwischenkonto *n* (ReW) intermediate (*or* suspense) account

Zwischenkredit *m*
(Fin) bridging
– bridge-over
– interim
– intermediate ... loan

Zwischenlager *n*
(MaW) intermediate ... inventory/store
– in-process material stores
– operational stock

– bumper store
– entrepot facilities
(ie, als Fertigungslager od Umschlaglager)

Zwischenlagerung *f* (MaW) intermediate (*or* in-process) storage

Zwischenlandung *f* (com) stopover

Zwischenlösung *f* (com) interim arrangement

Zwischenmakler *m* (com) intermediate broker *(ie, Beauftragter des Handelsmaklers; syn, Untermakler)*

Zwischenmaterial *n* (com) intermediate materials

zwischenmenschliche Beziehungen *fpl* (Pw) human relations

Zwischenprodukt *n* (Bw) intermediate product

Zwischenprüfung *f*
(MaW) interim check
– intermediate examination

Zwischenraum *m*
(EDV) space character
– space
– blank

zwischenschalten (com) to interpose

Zwischenschein *m*
(Fin) interim (stock) certificate
– (GB) scrip
(ie, provisional stocks or bonds issued to buyers of a new issue; cf, § 10 AktG; opp, permanent securities)

Zwischenspediteur *m* (com) intermediate forwarder
(ie, vom Hauptspediteur beauftragter Spediteur)

Zwischenspeicher *m*
(EDV) intermediate (*or* temporary) storage
(EDV) cache (syn, der Cache)

zwischenspeichern (EDV) to cache

zwischenstaatliche Einrichtung *f* (AuW) inter-governmental agency

zwischenstaatliches Abkommen *n* (Re) inter-governmental agreement

zwischenstädtischer Güterverkehr *m* (com) domestic intercity freight traffic

Zwischenstufe *f* (Bw) intermediate level

Zwischensumme *f*
(com) subtotal
(EDV) batch total

Zwischentermin *m*
(com) provisional deadline
(Fin) intermediate maturity
(Fin) cock/broken ... date
(ie, an off-the-run period in the Euromarket, such as 28 days; contrasts with a fixed date, which is 30, 60, 90 days etc days hence)

Zwischenurteil *n* (Re) interlocutory judgment, § 304 ZPO

Zwischenverkäufer *m* (com) intermediate seller

Zwischenverkauf vorbehalten (com) subject to sale

Zwischenverluste *mpl* (ReW) unrealized intercompany losses *(ie, must be eliminated; § 304 HGB)*

Zwischenvertrag *m* (Re) provisional agreement

Zwischenverwahrung *f* (Fin) = Drittverwahrung

Zwischenwert *m* (ReW) intermediate value

Zwischenzeugnis *n* (Pw) provisional testimonial

Zwischenziel *n* (Vw) intermediate target

Zwischenziele *npl* (Bw) intermediate goals

Zwischenzielvariable *f* (Vw) target variable

Zwischenzinsen *mpl*
  (Fin) interim interest
  (ie, Diskont bei vorzeitiger Rückzahlung der
  Schuld)
  (Fin) = Vorlagezinsen
Zwischenzollstelle *f* (Zo) intermediate office
zyklische Arbeitslosigkeit *f* (Vw) = konjunkturelle
  Arbeitslosigkeit
zyklische Entwicklung *f* (Vw) cyclical movements
zyklische Konkurrenz *f* (Vw) cyclical competition
  (R. Triffin)
zyklische Permutation *f*
  (Math) cyclic (*or* circular) permutation
  – *(or simply)* a cycle
zyklische Permutation *f* **vom Grade 2** (Math) trans-
  position
zyklischer Budgetausgleich *m* (FiW) cyclical
  budgeting

zyklisches Verhalten *n* (Vw) cyclicality
zyklisches Wachstum *n* (Vw) cyclical growth
zyklische Verlaufsstruktur *f* (Vw) cyclical pattern
zyklische Verteilung *f* (Stat) circular distribution
Zyklus *m*
  (OR) cycle
  – closed chain
  – loop
  (IndE) cycle
Zykluszeit *f*
  (IndE) cycle time
  (ie, die ein Arbeitsgang bei Taktproduktion be-
  nötigt)
  (EDV) cycle time
  (ie, Zeitspanne zwischen Impulsen des Taktge-
  bers; syn, Taktzeit)

Anhang

5.1 Gesellschaftsrechtliche Bezeichnungen

Eines der leidigsten Probleme in Texten wirtschaftlicher oder rechtlicher Art sind gesellschaftsrechtliche Titel. Ihrer Übersetzung stellen sich oft deswegen unüberwindliche Hindernisse entgegen, weil es in der jeweils anderen Sprache keine begriffliche Entsprechung gibt. Beispiele: Die Figur des Prokuristen entzieht sich einer Wort-Wort-Entsprechung; um sie im handelrechtlichen System zu verstehen, müßten ihre Merkmale vollständig aufgezählt werden (siehe etwa S. 594 dieses Bandes); der zweistufigen Gesellschaftsführung der Aktiengesellschaft (Vorstand/Aufsichtsrat) steht das einstufige System im angloamerikanischen Recht gegenüber, in dem der Board of Directors Aufgaben der Geschäftsführung und der Überwachung wahrnimmt. Hinzu kommt, daß viele Titel rechtlich nicht definiert sind und damit der Phantasie der Sprachschöpfer keine Grenzen gesetzt sind. Schließlich ist die Benennungspraxis des amerikanischen im Vergleich zum englischen Gesellschaftsrecht nicht immer einheitlich.

Die folgende Übersicht gewohnheitsmäßiger Übersetzungen wurde von der Internationalen Handelskammer zusammengestellt und veröffentlicht. Die hier verwendeten Bezeichnungen entsprechen nicht immer der in diesem Band angebotenen Terminologie. Weitere Einzelheiten, auch zum französischen Gesellschaftsrecht, sind der unten angegebenen Quelle zu entnehmen.

Deutsche Terminologie	Amerikanische Terminologie	Englische Terminologie
Aktiengesellschaft (AG)	**Stock Corporation**	**Public Limited Company (Plc)**
Mitglied des Vorstandes	Member of the Executive Board Member of the Board of Management Executive Vice President	Member of the Board of Management
Stv. Mitglied des Vorstandes	Deputy Member of the Executive Board Deputy Member of the Board of Management	Deputy Member of the Board of Management
Vorsitzender des Vorstandes	President and Chief Executive Officer Chief Executive Officer President Chairman of the Executive Board Chairman of the Board Management	Managing Director Chief Executive Officer Chairman of the Board of Management
Stv. Vorsitzender des Vorstandes	Deputy Chairman of the Executive Board Deputy Chairman of Board of Management	Vice Chairman of the Board of Management
Sprecher des Vorstandes	President and Chief Executive Officer Chief Executive Officer, CEO President Chairman of the Executive Board Chairman of the Board of Management	Managing Director Chief Executive Officer Chairman of the Board of Management
Mitglied des Aufsichtsrates	Member of the Supervisory Board	Member of the Supervisory Board
Vorsitzender des Aufsichtsrates	Chairman of the Supervisory Board	Chairman of the Supervisory Board
Stv. Vorsitzender des Aufsichtsrates	Dputy Chairman of the Supervisory Board	Vice Chairman of the Supervisory Board
Generalbevollmächtigter	General Manager	General Manager
Arbeitsdirektor	Executive for Labor Relations	Director of the Labour Relations
Prokurist	Authorized Officer	Authorised Officer
Handlungsbevollmächtigter	Assistant Manager	Assistant Manager
Aufsichtsrat	Supervisory Board	Supervisory Board
Verwaltungsrat	Administrative Board	Administrative Board

54*

Deutsche Terminologie	Amerikanische Terminologie	Englische Terminologie
Aktiengesellschaft (AG)	**Stock Corporation**	**Public Limited Company (Plc)**
Vorsitzender des Verwaltungsrates	Chairman of the Administrative Board	Chairman of the Administrative Board
Beirat	Advisory Board	Advisory Board
Hauptversammlung	Stockholders Meeting	Shareholders Meeting
	Shareholders Meeting	General Meeting
GmbH	**Closed Corporation/Privately-Held Corporation**	**Private Limited Company**
Geschäftsführer	General Manager/Managing Director	Director
Vorsitzender der Geschäftsführung	Chief Executive Officer President	Managing Director
	Chairman of the Board of Management	Chairman of the Board of Directors
Prokurist	Authorized Officer	Authorised Officer
Handlungsbevollmächtigter	Assistant Manager	Assistant Manager
Aufsichtsrat	Supervisory Board	Supervisory Board
Beirat	Advisory Board	Advisory Board
Gesellschafterversammlung	Stockholders Meeting	Shareholders Meeting/General Meeting
Gesellschafter	Shareholder/Stockholder	Shareholder/Member
OHG	**Partnership**	**Partnership**
Gesellschafter	Partner	Partner
Geschäftsführender Gesellschafter	Managing Partner	Managing Partner
Prokurist	Authorized Officer	Authorised Officer
Kommanditgesellschaft	**Limited Partnership**	**Limited Partnership**
Komplementär	General Partner	General Partner
Persönlich haftender Gesell-schafter	General Partner	General Partner
Kommanditist	Limited Partner	Limited Partner
Geschäftsführender Gesellschafter	Managing Partner	Managing Partner
GmbH & Co. KG	**Limited Partnership with Limited Company as General Partner**	**Limited Partnership with Limited Company as General Partner**
Einzelkaufmann	**Sole Proprietor**	**Sole Proprietor/Sale Trader**
Geschäftsinhaber	Proprietor	Proprietor
Geschäftsteilhaber	Co-owner	Co-owner/Co-Proprietor
Alleininhaber	Sole Proprietor	Sole Proprietor
Prokurist	Authorized Officer	Authorised Officer
Verband	**Association**	**Association**
Geschäftsführer	Managing Director	Director
Hauptgeschäftsführer	General Executive Manager	Managing Director
Präsident	President	President
Vorstand/Präsidium	Board of Directors/Executive Board	Board of Directors/Executive Board
Ehrenvorsitzender	Honorary Chairman of the Board of Directors	Honorary Chairman of the Board of Directors
Vorsitzender	Chairman of the Board of Directors	Chairman of the Executive Board
		Chairman of the Board of Directors
Hauptausschuß	Executive Committee	Executive Committee

Deutsche Terminologie	Amerikanische Terminologie	Englische Terminologie
Aktiengesellschaft (AG)	**Stock Corporation**	**Public Limited Company (Plc)**
Sonstige Titel		
Präsident	President	President
Ehrenpräsident	Honorary President	Honorary President
Generaldirektor	General Manager	General Manager
Stv. Generaldirektor	Assistant General Manager	Assistant General Manager
Generalbevollmächtigter	General Manager	General Manager
Direktor	Manager	Manager
Abteilungsdirektor	Division Manager	Division Manager
Prokurist	Authorized Officer	Authorised Officer
Handlungsbevollmächtigter	Assistant Manager	Assistant Manager
Bevollmächtigter	Authorized Representative	Authorised Representative
Leiter der Rechtsabteilung	Head of Legal Department/General Counsel	Head of Legal Department
Leiter der Personalabteilung	Head of Personnel Department	Head of Personnel Department
	Personnel Manager	Personnel Manager
Betriebsdirektor	Production Manager	Production Manager
Werksleiter	Plant Manager	Works Manager
Hauptabteilungsleiter	Head of Division	Head of Division
Bereichsleiter	Head of Department	Head of Department
Betriebsleiter	Production Manager	Product Manager

Quelle: Handelsblatt, 15. 11. 1990, S. 20.

5.2 Rentabilitätsbegriffe

1.0 Kapitalrentabilität

1.1 Gesamtkapitalrentabilität (GKR) $= \dfrac{\text{Kapitalgewinn}}{\text{Gesamtkapital}}$

1.2 Eigenkapitalrentabilität (EKR) $= \dfrac{\text{Jahresüberschuß vor Steuern}}{\text{Eigenkapital}}$

1.3 Umsatzbezogene Kapital-
rentabilität $= \dfrac{\text{Betriebsergebnis vor Steuern}}{\text{Umsatzbezogener Kapitaleinsatz}}$

2.0 Umsatzrentabilität (UR) $= \dfrac{\text{Betriebsergebnis vor Steuern}}{\text{Umsatz}}$

3.0 Betriebsrentabilität (BR) $= \dfrac{\text{kalkulatorisches Betriebsergebnis vor Steuern}}{\text{betriebsnotwendiges Kapital}}$

5.3 Du Pont-(RoI)-Kennzahlensystem

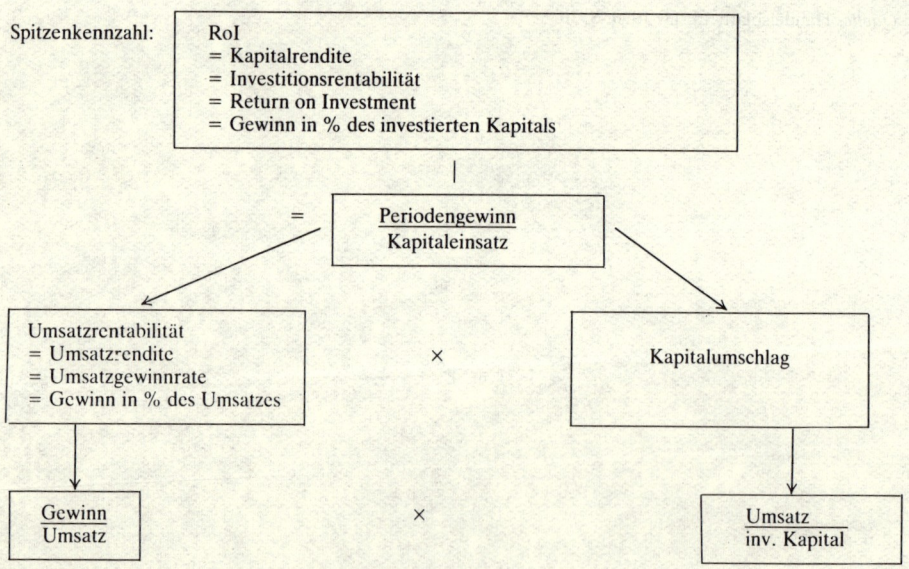

Spitzenkennzahl:

> RoI
> = Kapitalrendite
> = Investitionsrentabilität
> = Return on Investment
> = Gewinn in % des investierten Kapitals

$=$ | Periodengewinn / Kapitaleinsatz |

Umsatzrentabilität
= Umsatzrendite
= Umsatzgewinnrate
= Gewinn in % des Umsatzes

$\times$

Kapitalumschlag

Gewinn / Umsatz

$\times$

Umsatz / inv. Kapital

Erläuterungen:

1. Gewinn: Deckungsbeitrag − fixe Kosten
2. investiertes Kapital: Umlaufvermögen + Anlagevermögen
3. Umlaufvermögen: Zahlungsmittel + Forderungen + Bestände
4. Deckungsbeitrag: Nettoumsatz − variable Kosten
5. Nettoumsatz: Bruttoumsatz − Erlösschmälerungen

5.2   Profitability Concepts

1.0 Return on investment

  1.1 Total return on investment   = $\dfrac{\text{net income}}{\text{total capital}}$

  1.2 Equity return   = $\dfrac{\text{pretax annual net income}}{\text{equity capital}}$
    (= rate of return on stockholders' equity)

  1.3 Sales-related return on investment   = $\dfrac{\text{pretax operating income}}{\text{sales-related capital}}$

2.0 Percentage return on sales   = $\dfrac{\text{pretax operating income}}{\text{sales}}$

3.0 Operating return   = $\dfrac{\text{pretax ,,as if`` operating income}}{\text{necessary operating capital}}$

*

5.3   Du Pont Ratio System of Financial Control

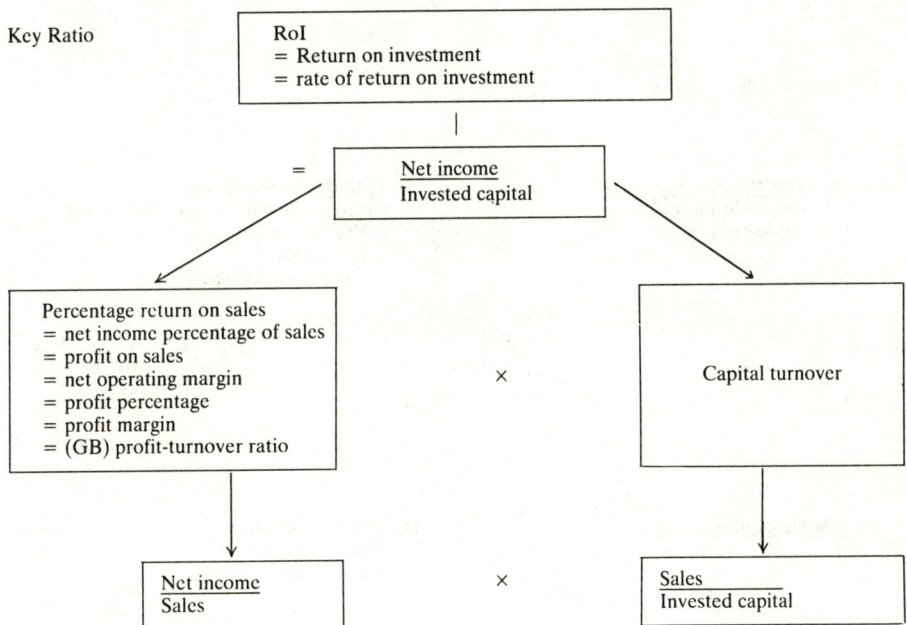

Definitions:

1. Net income: Contribution margin – fixed expenses
2. Invested capital: Current assets + fixed assets
3. Current assets: Cash + receivables + inventories
4. Contribution margin: Net sales – all variable expenses
5. Net sales: Gross sales – deductions

855

5.4 Kapitalflußrechnung

Mittelverwendung
I. Eigenkapitalminderung
   1. Gewinnausschüttung
   2. Kapitalentnahmen
   3. Bilanzverlust

II. Investitionen
   1. Anlagevermögen
      netto
      + Abschreibungen
      brutto
   2. Finanzinvestition
      netto
      + Abschreibungen
      brutto

III. Betriebsmittelzunahme
   1. Vorrätemehrungen
   2. Krediteinräumungen

IV. Schuldentilgung

V. Erhöhung liquider Mittel

Mittelherkunft
I. Kapitaleinlagen
   Außenfinanzierung
   – Innenfinanzierung

II. Cash Flow (Umsatzüberschuß)
   1. Gewinn
   2. Rücklagen
   3. Abschreibungen
   4. Rückstellungen

III. Betriebsmittelabnahme
   Finanzierung durch Kapitalfreisetzung
   1. Vorrätebau
   2. Kreditabbau
   3. Sonstiges Umlaufvermögen

IV. Schuldenaufnahme
   Außenfinanzierung
   – Fremdfinanzierung

V. Minderung liquider Mittel

5.4 Funds Statement

Uses of funds	Sources of funds
I. <u>Decrease in equity</u>	I. <u>Increase in equity</u>
1. profit distribution	external finance
2. withdrawals	– internal finance
3. loss for the year	

II. <u>Capital spending</u>	II. <u>Cash flow</u>
1. purchase of plant assets	1. net income
net	2. change in reserves
+ <u>depreciation</u>	3. depreciation, depletion and amortization
gross	4. change in provisions
2. financial investments	
net	
+ <u>writeoff</u>	
gross	

III. <u>Current operations</u>	III. <u>Current operations</u>
1. increase in inventory	capital set free by
2. lendings	1. inventory destocking
	2. loan repayment
	3. other current assets

IV. <u>Repayment of debt</u>	IV. <u>New long-term debt</u>
	external finance
	– borrowed capital

V. <u>Increase in net funds</u>	V. <u>Decrease in net funds</u>

857

5.5 Gliederung der Bilanz nach § 266 HGB

Aktivseite

A. Anlagevermögen:

I. Immaterielle Vermögensgegenstände:
1. Konzessionen, gewerbliche Schutzrechte und ähnliche Rechte und Werte sowie Lizenzen an solchen Rechten und Werten;
2. Geschäfts- oder Firmenwert;
3. geleistete Anzahlungen;

II. Sachanlagen:
1. Grundstücke, grundstücksgleiche Rechte und Bauten einschließlich der Bauten an fremden Grundstücken;
2. technische Anlagen und Maschinen;
3. andere Anlagen, Betriebs- und Geschäftsausstattung;
4. geleistete Anzahlungen und Anlagen im Bau;

III. Finanzanlagen:
1. Anteile an verbundenen Unternehmen;
2. Ausleihungen an verbundene Unternehmen;
3. Beteiligungen;
4. Ausleihungen an Unternehmen, mit denen ein Beteiligungsverhältnis besteht;
5. Wertpapiere des Anlagevermögens;
6. sonstige Ausleihungen.

B. Umlaufvermögen:

I. Vorräte:
1. Roh-, Hilfs- und Betriebsstoffe;
2. unfertige Erzeugnisse, unfertige Leistungen;
3. fertige Erzeugnisse und Waren;
4. geleistete Anzahlungen;

II. Forderungen und sonstige Vermögensgegenstände:
1. Forderungen aus Lieferungen und Leistungen;
2. Forderungen gegen verbundene Unternehmen;
3. Forderungen gegen Unternehmen, mit denen ein Beteiligungsverhältnis besteht;
4. sonstige Vermögensgegenstände;

III. Wertpapiere:
1. Anteile an verbundenen Unternehmen;
2. eigene Anteile;
3. sonstige Wertpapiere;

IV. Schecks, Kassenbestand, Bundesbank- und Postgiroguthaben, Guthaben bei Kreditinstituten

C. Rechnungsabgrenzungsposten

Passivseite

A. Eigenkapital:

I. Gezeichnetes Kapital;
II. Kapitalrücklage;
III. Gewinnrücklagen:
1. gesetzliche Rücklage;
2. Rücklage für eigene Anteile;
3. satzungsgemäße Rücklagen;
4. andere Gewinnrücklagen;
IV. Gewinnvortrag/Verlustvortrag;
V. Jahresüberschuß/Jahresfehlbetrag.

B. Rückstellungen:

1. Rückstellungen für Pensionen und ähnliche Verpflichtungen;
2. Steuerrückstellungen;
3. sonstige Rückstellungen.

C. Verbindlichkeiten:

1. Anleihen, davon konvertibel;
2. Verbindlichkeiten gegenüber Kreditinstituten;
3. erhaltene Anzahlungen auf Bestellungen;
4. Verbindlichkeiten aus Lieferungen und Leistungen;
5. Verbindlichkeiten aus der Ausnahme gezogener Wechsel und der Ausstellung eigener Wechsel;
6. Verbindlichkeiten gegenüber verbundenen Unternehmen;
7. Verbindlichkeiten gegenüber Unternehmen, mit denen ein Beteiligungsverhältnis besteht;
8. sonstige Verbindlichkeiten,
davon aus Steuern,
davon im Rahmen der sozialen Sicherheit.

D. Rechnungsabgrenzungsposten

5.5 Layout of Balance Sheet as itemized in § 266 HGB

Assets

A. Fixed Assets

  I. Intangible assets:
    1. Concessions, industrial property rights and similar rights and values, as well as licenses thereto;
    2. Goodwill;
    3. Payments on account;
  II. Tangible assets:
    1. Land and leasehold rights and buildings, including buildings on third-party land;
    2. Plant and machinery;
    3. Other fixtures and fittings, tools and equipment;
    4. Payments on account and tangible assets in course of construction;
  III. Financial assets:
    1. Shares in affiliated undertakings;
    2. Loans to affiliated undertakings;
    3. Investments;
    4. Due to undertakings with which the company is linked by virtue of participation;
    5. Investments held as fixed assets;
    6. Other loans;

B. Current assets

  I. Inventories:
    1. Raw materials and supplies;
    2. Work in progress;
    3. Finished goods and goods for resale;
    4. Payments on account;
  II. Accounts receivable and other assets:
    1. Account receivable (trade debtors);
    2. Due from affiliated companies;
    3. Due from undertakings with which the company is linked by virtue of participating interests;
    4. Other assets;
  III. Investments:
    1. Shares in affiliated companies;
    2. Own shares [treasury stock];
    3. Other investmensts;
  IV. Checks, cash on hand and on deposit with Deutsche Bundesbank, postal giro balances, cash in other banking accounts;

C. Prepayments and accured income [prepaid expenses and deferred charges]

Liabilities

A. Capital stock:

  I. Subscribed capital;
  II. Capital reserve;
  III. Revenue reserve:
    1. Legal reserve;
    2. Reserve for own shares;
    3. Reserves required under company by-laws;
    4. Other revenue reserves;
  IV. Retained profits/accumulated losses brought forward
  V. Net income/net loss for the year.

B. Accrued liabilities:

  1. Provisions for pensions and similar obligations;
  2. Provisions for taxation;
  3. Other provisions.

C. Liabilities:

  1. Loans, showing convertible loans separately;
  2. Due to banks;
  3. Advances from customers;
  4. Accounts payable;
  5. Notes payable;
  6. Due to affiliates companies;
  7. Due to undertakings with which the company is linked by virtue of participating interests;
  8. Other liabilities including tax and social security.

D. Deferred income

5.6 Gliederung der GuV-Rechnung nach § 275 HGB

I. Bei Anwendung des **Gesamtkostenverfahrens** sind auszuweisen:

1. Umsatzerlöse
2. Erhöhung oder Verminderung des Bestands an fertigen und unfertigen Erzeugnissen
3. andere aktivierte Eigenleistungen
4. sonstige betriebliche Erträge
5. Materialaufwand:
   a) Aufwendungen für Roh-, Hilfs- und Betriebsstoffe und für bezogene Waren
   b) Aufwendungen für bezogene Leistungen
6. Personalaufwand:
   a) Löhne und Gehälter
   b) soziale Abgaben und Aufwendungen für Altersversorgungen und für Unterstützung, davon für Altersversorgung
7. Abschreibungen:
   a) auf immaterielle Vermögensgegenstände des Anlagevermögens und Sachanlagen sowie auf aktivierte Aufwendungen für die Ingangsetzung und Erweiterung des Geschäftsbetriebs
   b) auf Vermögensgegenstände des Umlaufvermögens, soweit diese die in der Kapitalgesellschaft üblichen Abschreibungen überschreiten
8. sonstige betriebliche Aufwendungen
9. Erträge aus Beteiligungen, davon aus verbundenen Unternehmen
10. Erträge aus anderen Wertpapieren und Ausleihungen des Finanzanlagevermögens, davon aus verbundenen Unternehmen
11. sonstige Zinsen und ähnliche Erträge, davon aus verbundenen Unternehmen
12. Abschreibungen auf Finanzanlagen und auf Wertpapiere des Umlaufvermögens
13. Zinsen und ähnliche Aufwendungen, davon an verbundene Unternehmen
14. Ergebnis der gewöhnlichen Geschäftstätigkeit
15. außerordentliche Erträge
16. außerordentliche Aufwendungen
17. außerordentliches Ergebnis
18. Steuern vom Einkommen und Ertrag
19. sonstige Steuern
20. Jahresüberschuß/Jahresfehlbetrag

II. Bei Anwendung des **Umsatzkostenverfahrens** sind anzuweisen:

1. Umsatzerlöse
2. Herstellungskosten der zur Erzielung der Umsatzerlöse erbrachten Leistungen
3. Bruttoergebnis vom Umsatz
4. Vertriebskosten
5. allgemeine Verwaltungskosten
6. sonstige betriebliche Erträge
7. sonstige betriebliche Aufwendungen
8. Erträge aus Beteiligungen, davon aus verbundenen Unternehmen
9. Erträge aus anderen Wertpapieren und Ausleihungen des Finanzanlagevermögens, davon aus verbundenen Unternehmen
10. sonstige Zinsen und ähnliche Erträge, davon aus verbundenen Unternehmen
11. Abschreibungen auf Finanzanlagen und auf Wertpapiere des Umlaufvermögens
12. Zinsen und ähnliche Aufwendungen, davon an verbundene Unternehmen
13. Ergebnis der gewöhnlichen Geschäftstätigkeit
14. außerordentliche Erträge
15. außerordentliche Aufwendungen
16. außerordentliches Ergebnis
17. Steuern vom Einkommen und Ertrag
18. sonstige Steuern
19. Jahresüberschuß/Jahresfehlbetrag

5.6 Layout of Income Statement as itemized in § 275 HGB

I. Type of expenditure format:

1. Sales revenues
2. Increase or decrease in finished goods inventories and work in process
3. Capitalized cost of self-constructed assets
4. Other operating income
5. Cost of materials:
   a) Cost of raw materials, consumables and supplies, and of purchased materials
   b) Cost of purchased services
6. Personnel expenses:
   a) Wages and salaries
   b) Social security and other pension costs, of which in respect of old-age pensions
7. Depreciation:
   a) Of intangible fixed assets and tangible assets, and of capitalized start-up and business expansion expenses
   b) Of current assets, to the extent that it exceeds normal company depreciation
8. Other operating expenses
9. Investment income, of which from affiliated companies
10. Income from other investments and long-term loans, of which relating to affiliated companies
11. Other interest and similar income, of which from affiliated companies
12. Amortization of financial assets and investments classified as current assets
13. Interest and similar expenses
14. Results from ordinary activities
15. Extraordinary income
16. Extraordinary expense
17. Extraordinary result
18. Taxes on income
19. Other taxes
20. Net income/net loss for the year

II. Operational format:

1. Sales
2. Cost of sales
3. Gross profit on sales
4. Selling expenses
5. General administrative expenses
6. Other operating income
7. Other operating expenses
8. Investment income, of which from affiliated companies
9. Income from other investments and financial assets, of which from affiliated companies
10. Other interest and similar income, of which from affiliated companies
11. Amortization of financial assets and investments classified as current assets
12. Interest and similar expenses, of which from affiliated companies
13. Results from ordinary activities
14. Extraordinary income
15. Extraordinary expense
16. Extraordinary result
17. Taxes on income
18. Other taxes
19. Net income/net loss for the year

5.7 VGR: Produktionskonto eines Unternehmers

	1. Käufe von Vorleistungen 1.1 aus dem Ausland 1.2 im Inland		1. Verkäufe 1.1 an Unternehmen 1.2 an Staat	
	2. Abschreibungen		2. Verkäufe von Konsumgütern	
Brutto- wert- schöpfung	3. Indirekte Steuern – Subventionen		3. Verkäufe von Investitions- gütern	Brutto- produktions- wert
= Nettoproduk- tionswert	4. Nettowert- schöpfung	4.1 Löhne, Gehälter	4. Bestandsänderungen an ei- genen Erzeugnissen	
		4.2 Zinsen		
		4.3 verteilter Gewinn	5. Selbsterstellte Anlagen	
		4.4 unver- teilter Gewinn		

5.7 National Accounting: Product Account of a Business Enterprise

↑	1. Purchased materials and services 1.1 from abroad 1.2 domestic		1. Sales 1.1 to enterprises 1.2 to government	↑
	2. Depreciation		2. Sales of consumer goods	
Gross value added	3. Indirect taxes less subsidies		3. Sales of capital goods	Business gross output
=	4. Net value added	4.1 Wages, salaries	4. Increase in inventories	
Net output		4.2 Interest	5. Self-constructed assets (for own use of the enterprise)	
		4.3 Distri-buted profit		
		4.4 Undistri-buted profit		

863

5.8 VGR: Sozialprodukt und Volkseinkommen (1)

1 Einkommen aus unselbständiger Arbeit
2 Einkommen aus Unternehmertätigkeit und Vermögen
3 Abschreibungen
4 Indirekte Steuern
5 abzüglich: Subventionen

6 **Bruttoinlandsprodukt zu Marktpreisen**
7 + Saldo der Erwerbs- und Vermögenseinkommen zwischen Inländern und der übrigen Welt

8 **Bruttosozialprodukt zu Marktpreisen**
9 − Abschreibungen

10 **Nettosozialprodukt zu Marktpreisen**
11 − indirekte Steuern (abzüglich: Subventionen)

12 **Nettosozialprodukt zu Faktorkosten**
 = Volkseinkommen

*

Sozialprodukt und Volkseinkommen (2)

I. Entstehung
   1 Land- und Forstwirtschaft
   2 Bergbau, Gewinnung von Steinen und Erden
   3 Energieversorgung und Wasserversorgung
   4 Verarbeitendes Gewerbe
   5 Baugewerbe
   6 Handel, Gaststätten- und Beherbergungsgewerbe
   7 Verkehr und Nachrichtenübermittlung
   8 Übrige Bereiche
   9 Einfuhrabgaben

   10 **Bruttoinlandsprodukt zu Marktpreisen**

II. Verteilung
   1 Einkommen aus unselbständiger Arbeit
   2 Betriebsüberschuß (Einkommen aus Unternehmertätigkeit und Vermögen)
   3 Saldo der Erwerbs- und Vermögenseinkommen zwischen Inländern und der übrigen Welt
   4 **Nettosozialprodukt zu Faktorkosten (= Volkseinkommen)**
   5 Indirekte Steuern (abzüglich: Subventionen)
   6 **Nettosozialprodukt zu Marktpreisen**
   7 Saldo der laufenden Übertragungen zwischen inländischen Wirtschaftseinheiten und der übrigen Welt

   8 **Verfügbares Einkommen**

III. Verwendung
   1 Privater Verbrauch
   2 Staatsverbrauch
   3 Anlageinvestitionen
   4 Vorratsveränderung
   5 Außenbeitrag

   6 **Bruttoinlandsprodukt zu Marktpreisen**

5.8 National Product and National Income (1)

1 Compensation of employees
2 Income from property and entrepreneurship
3 Capital asset consumption
4 Indirect taxes
5 less: subsidies

6 **Gross domestic product at market prices**
7 + Net factor income payments from the rest of the world

8 **Gross national product at market prices**
9 − Capital asset consumption

10 **Net national product at market prices**
11 − Indirect taxes (less: subsidies)

12 **Net national product at factor cost**
   = National income

*

National Product and National Income (2)

I. Industrial origin of gross domestic product
  1 Agriculture and forestry
  2 Mining and quarrying
  3 Electricitiy, gas, and water
  4 Manufacturing
  5 Construction
  6 Wholesale and retail trade, hotels and restaurants
  7 Transportation and communication
  8 Others
  9 Levies on imports

  10 **Gross domestic product at market prices**

II. Distribution of national income
  1 Compensation of employees
  2 Operating surplus (income from property and entrepreneurship)
  3 Net factor income from the rest of the world
  4 **Net national income at factor cost (= national income)**
  5 Indirect taxes (less: subsidies)
  6 **Net national product at market prices**
  7 Net current transfers from the rest of the world

  8 **Disposable income**

III. Expenditure on gross national product
  1 Private consumption expenditure
  2 Government consumption expenditure
  3 Gross fixed capital formation
  4 Increase in stocks
  5 Net export of goods and services

  6 **Gross domestic product at market prices**

5.9 Schema der Zahlungsbilanz der Bundesrepublik Deutschland

A. **Leistungsbilanz**
   1.0 **Handelsbilanz**
      1.1 Ausfuhr (fob)
      1.2 Einfuhr (cif)
      Saldo
   2.0 **Dienstleistungsbilanz**
      2.1 Einnahmen
      2.2 Ausgaben
      Saldo
   3.0 **Übertragungsbilanz** (= Schenkungsbilanz, Bilanz der unentgeltlichen Leistungen)
      3.1 Privat
      3.2 Öffentlich
      Saldo
   Saldo der Leistungsbilanz

B. **Langfristiger Kapitalverkehr**
   1.0 Privat
      1.1 Direktinvestitionen
      1.2 Portfolioinvestitionen
      1.3 Kredite und Darlehen
   2.0 Öffentlich
   Saldo

C. **Grundbilanz** (A + B)

D. **Kurzfristiger Kapitalverkehr**
   1.0 Kreditinstitute
   2.0 Wirtschaftsunternehmen
   3.0 Öffentliche Hand
   Saldo

E. Saldo der statistisch nicht aufgegliederten Transaktionen (Restposten)

F. Ausgleichsposten zur Auslandsposition der Bundesbank
   1.0 Ausgleichsposten für zugeteilte Sonderziehungsrechte
   2.0 Bewertungsänderungen der Auslandspositionen
   Saldo

G. Auslandsposition der Bundesbank = Devisenbilanz
   1.0 Währungsreserven
      1.1 Gold
      1.2 Reserveposition im IWF und Sonderziehungsrechte
      1.3 Devisen und Sorten
      1.4 Verbindlichkeiten
      Änderung der Währungsreserven
   2.0 Kredite und sonstige Forderungen an das Ausland
   Änderung der Auslandsposition nach Bewertungsänderungen

5.9   System of Balance of Payments Accounts

A. **Current Account**
  1.0 **Trade Balance**
    1.1 Merchandise exports
    1.2 Merchandise imports
      Balance
  2.0 **Services**
    2.1 Receipts
    2.2 Expenditures
      Balance
  3.0 **Transfer** (or **Unilateral**) **Payments**
    3.1 Private
    3.2 Government
      Balance
  Balance on Current Account

B. **Long-term Capital**
  1.0 Private
    1.1 Direct investment
    1.2 Portfolio investment
    1.3 Advances and loans
  2.0 Government
  Balance

C. **Basic Balance** (A + B)

D. **Short-term Capital**
  1.0 Banks
  2.0 Business enterprises
  3.0 Government
  Balance

E. Statistical Discrepancies (Balancing Item)

F. Balancing Item to External Position of Bundesbank
  1.0 Balancing item to allocations of IMF special drawing rights
  2.0 Changes in valuation of external position
  Balance

G. External Position of Bundesbank
  1.0 Reserve assets
    1.1 Gold stock
    1.2 Reserve position in IMF and special drawing rights (SDRs)
    1.3 Foreign currency holdings
    1.4 Liabilities to foreigners
    Change in reserve assets
  2.0 Credits and other claims on foreigners
  Change in external position after valuation changes